KB041810

서해5도를 다시 보다

서해5도 평화백서

서울신문 평화연구소

목차

제1부 서해5도 개관

제2부 서해5도 관련 자료와 법령 및 판례

목차

제3부 서해5도 관련 기사

1부

서해5도 개관

서해5도 관련 연재기사와 연구사, 법안 정리

발간사
서해5도의 연원 · 연표
서해5도 연구사 정리: 회고와 전망
서울신문 서해5도 특집연재기사
서해평화선언(안)
서해5도 수역 평화기본법
서해5도 수역 관리기본법
서해5도 수역 평화기본법 · 관리기본법 대조표
서해5도 관리기본법안 검토 및 제안
서해의 평화 조성과 관리를 위한 행정조직 설치 방안

발간사

이석우(인하대)

I 서해5도 및 주변 수역: 접경지역·수역에 대한 현실인식의 부재

서해5도 수역은 한국-북한, 한국-중국, 북한-중국 3자 간의 해양경계 획정이 되어 있지 않은 중첩수역으로 관할권 충돌의 위험이 상존하는 지역이다. 북한에 대해 실질적인 해상경계의 역할을 하고 있는 북방한계선(NLL)을 둘러싸고 이미 남북한 간 여러 차례 군사적 충돌과 대립을 경험한 바 있으며, 관할권 미획정의 상태를 악용한 중국의 불법어업 또한 성행하고 있는 지역이다. 결과적으로 남북한, 중국 등 다자간 복잡다기한 쟁점들이 상존하는 지역으로 그에 대응하는 다양한 국내법들이 해당 지역을 관할하고 있다.

한국은 해당 수역에서 바다의 헌법이라고 일컫는 해양법에 관한 국제연합협약(유엔해양법협약), 대한민국 정부와 중화인민공화국 정부 간의 어업에 관한 협정(한중어업협정) 등 국제법과 영해 및 접속수역법, 배타적 경제수역 및 대륙붕에 관한 법률, 배타적 경제수역에서의 외국인어업 등에 대한 주권적 권리의 행사에 관한 법률(경제수역어업주권법) 등의 국내법에 근거해서 관할권을 행사하고 있다. 이외에도 해당 수역에서 거주, 활동하는 주민들의 통제를 위한 법령으로 어선안전조업법, 수산업법, 선박안전법(2020년) 등이 개정을 거듭하면서 시행되고 있다. 이외에도 어선출입항신고관리규칙, 서북도서 선박운항 규정, 서해5도 특별경비단 운영규칙 등이 시행되고 있다. 군사안보적인 측면에서 해군의 어민 통제도 이루어지고 있다.

다시 말해, 북방한계선(NLL)과 서해5도 수역에서 조업, 해상교통이나 그 밖의 해양이용 활동에서 일어날 수 있는 안보·안전 위험성을 예방하기 위해 해역이용 제한, 외국 어선의 조업금지, 조업조건 부과, 민관군 합동안전관리 등 특별한 안전관리체제를 시행하고 있다. 동 수역은 크게 특정금지구역, 어로한계선, 특정해역, 해군 통제구역 등으로 구분하여 안전관리되고 있다.

결과적으로 이들 서해5도 수역의 법적 근거는 국내법, 한중어업협정 및 정전협정 등으로 다양하다. 특정 해역의 설정 목적도 어업자원 보호, 항행 안전 확보, 군사 안보 등 다양하다. 한중해양경계가 획정되지 않았고, 남북한이 첨예하게 대립하며 서해5도를 중심으로 NLL까지 설정되어 있는 상황에서 발생하는 복잡한 양상이다. 서해에 있는 이들 특정 수역들의 법적 지위를 충분히 이해하고 준수함으로써 서해의 어업이 지속가능성을 확보하고, 우발적인 군사적 충돌을 방지하고 평화정착에 기여할 수 있다.

그럼에도 불구하고 현재 서해5도와 관련된 연구는 매우 초보적인 수준으로 평가된다. 지속적으로 진행하고 있는 서해5도 현지답사 및 『서해5도를 다시 보다: 서해5도 평화백서』 등의 출판사업을 통해 발굴, 취합, 편집되고 있는 일련의 자료들을 보면 적어도 인문사회과학 분야에서는 이제야 기초연구의 첫 단계를 시작한 것으로 판단된다. 기초연구의 축적없이 이념에 근거한 접근이나 정치학적인 담론이 제기되는 상황이다. 서해5도 수역의 해양환경, 해양자원, 해양생태계 등 해양학 분야의 연구는 접경지 수역에서 파생될 수밖에 없는 태생적인 한계가 있는 것으로 판단이 된다. 과학기술의 발달로 원격으로 내지는 인접 수역을 통한 대체 연구를 가능하게 하지만, 현장에서의 활동을 대체할 수는 없다.

그렇다면 남북한 관계, 국제·지역정치, 해양법·정책(해양자원, 해양환경 등)을 포괄하는 국가현안인 서해5도와 관련한 기초연구가 왜 아직까지도 제대로 이루어지지 않고 있는 것인가? 기초연구는 차치하더라도 왜 아직까지도 국가적 현안으로서 다루어져야 할 사안들이 현안으로써 인식되고 있지 않은 것인가?

이러한 결과는 접경수역 사안의 복합성·중요성에 대한 현실인식의 부재와 안보 논리의 무분별적인 적용을 통한 권익보호 접근성의 차단에서 비롯된 당연한 결과이다. 접경수역은 그 자체로서 가지고 있는 영토로서의 특수성이 있으며, 그렇기 때문에 다른 여타지역에서보다 관리에 있어 세심한 주의가 요구된다. 마찬가지 선상에서 안보 논리의 무분별적인 적용을 통해 해당 지역에 거주하는 주민들에 대한 행정편의상의 일방적인 통제가 지속된다면 보편적으로 보장되어야 하는 권익보호의 접근을 차단하는 행위로서 이는 철폐되어야 할 사항이다. 호의가 지속되면 권리가 된다. 마찬가지로 규제가 지속되면 의무가 된다. 안보적 이유로 적용되는 현재 시행되고 있는 규제행위에 대한 종합적이고도 개별적인 평가를 통해서 불가피한 것이 아닌 불필요한 사항들은 즉각 중단되어야 한다. 장기화된 규제 속에서 서해5도 주민들은 당연히 누려야 할 기본적인 권익을 향유하지 못하고 있다.

Ⅱ 학제간 융합적인 접근이 필수적인 서해5도 현안에 대한 인식

독도, 이어도, 북방한계선(NLL), 남부대륙붕(JDZ) 등 한반도 주변해역과 접경수역은 북극해와 남중국해, 태평양으로 이어지는 핵심 해로(海路; SLOC)이자 군사활동 요충지로 변화하고 있는 상황이다. 이 가운데 서해5도 수역과 북방한계선(NLL)을 둘러싼 남북한 간의 분쟁은 한국 현대사에 있어서 군사적인 무력 충돌의 가능성이 상존하고 있는 곳이다. 관련된 국가도 남북한과 중국을 기본적으로 하는 다자간의 분쟁 수역이며, 따라서 종합적인 국가내 관리체제가 요구되는 곳이다. 다시 말해, 서해5도 문제는 서해5도를 둘러싼 남북한, 한국과 중국, 북한과 중국 간의 다자적인 지역내 현안문제로서, 국가의 해양질서 관리체제

내에서 종합적으로 접근해야 하는 사안이다. 사안의 배경에 위치하고 있는 정전협정을 위시한 역사적인 맥락까지를 감안하면 사안의 국제성은 더욱 확대된다.

서해5도 문제는 다자적인 지역내 현안문제로서 국가의 해양질서 관리체제 내에서 종합적으로 접근해야 하는 사안이라는 의미는 기본적으로 서해5도 문제는 해양법 · 정책의 문제라는 의미이다. 결과적으로 국내에서의 대응방안 및 입법화 과정에서 해양법·정책의 시각이 반영되어야 한다. 접경수역이 유인(有人)도서인 경우, 고려해야 할 사항으로는 도서 자체인 영토(領土), 해당 도서가 향유할 수 있는 수역(水域), 그리고 해당 지역에 거주하는 주민(住民)의 세 가지 요인이 모두 고려대상으로 균형감있게 접근해야 한다.

서해5도를 구성하고 있는 백령도, 대청도, 소청도, 연평도, 소연평도는 그 도서로서의 영토적인 특성이 상이(相異)하다. 서해5도 개별 5개 도서의 영토로서의 특성에 대한 분석과 함께 이들 서해5도가 하나의 유기체(unit)로서 평가받을 수 있는 다양한 조치들이 필요하다. 연구자의 판단에 백령도, 대청도·소청도, 연평도·소연평도의 융합의 단계는 하나의 유기체(unit)로서 평가받기에 아쉬운 대목이 많다. 서해5도와 육지 간, 그리고 서해5도 상호 간의 다양한 연결망(網)의 확충이 요구된다. 하나의 생활권(生活圈)에 위치하게 하는 조치들이 시행되어야 한다.

수역은 단순히 향유할 수 있는 법적인 공간의 의미 이상을 가지고 있다. 경제(經濟)영토, 안보(安保)영토, 생활(生活)영토로서의 기능을 가지고 있다. 경계미획정 중첩수역으로서의 서해5도 수역에서 향후 경계획정이 이루어져야 할 단계까지를 상정한다면 서해5도 개별 5개 도서의 영토로서의 특성에 대한 분석과 함께 해당 부속도서에 대한 연구도 중요하다. 특히 대북관계에 있어서 백령도와 연평도, 대중국관계에 있어서의 백령도의 지리적 접근성은 매우 유미의하기에, 관련 부속도서에 대한 연구가 세심하게 병행되어야 한다. 해당 수역이 가지고 있는 구역별 경제적, 안보전략적인 중요도에 대한 판단도 필요하다. 특히 어업활동과 직결된 경제영토로서의 측면에서 해당 수역의 이용, 보전, 관리가 중요하다.

영토는 근본적으로 사람이 거주하고 있는 지역과 그렇지 않은 지역의 적용 기준이 상이하다. 도서의 경우 더욱 그러하다. 현재 서해5도에 거주하는 8,723명(2020년 12월 기준)은 그 자체로서 소중한 의미가 있다. 영토관리의 측면에서 해당 지역에 거주하는 주민들이 타 지역 주민들이 향유하는 권리에 비해 소외되거나 불합리한 제약이 발생하지 않도록 세심한 조치들이 시행되어야 한다. 상존하는 위험이 있는 해당 지역에 상주하고 있는 서해5도 주민의 안전과 보호, 그리고 그들의 생업을 보호하기 위한 여러 조치들이 서해5도지원특별법이란 형태로 존재하고 있으나, 이러한 특별법은 서해5도 수역을 분쟁수역으로 인정하고, 안보를 이유로 한 권익 제약을 전제한 상태에서, 그에 대한 보상을 추진한 법률이다. 따라서, 현재 시행되고 있는 서해5도지원특별법 등 관련 정책에서 거주 주민들의 입장이나 시각이 충실하게 반영되어야 하며, 더 나아가, 서해5도를 평화수역으로 만들어서 권익 제약 자체를 해소하려는 법제가 요구된다.

Ⅲ “서해5도 수역 법제화 프로세스 사업”의 개요

한국의 서해5도 수역의 현안에 대한 종합적인 법정책의 운영 필요성이 절실히 요구되는 시각으로 서해5도 문제에 대한 접근과 해법이 요구되고 있다. 다양한 영역과 분야에 걸친 전문가들의 참여로 진행되고 있는 “서해5도 수역 법제화 프로세스 사업”(이하 ‘법제화사업’)의 경우는 그 사안이 가지고 있는 복잡다기한 성격만큼이나 많은 분야의 연구 협력을 요구하고 있다. 사안의 역사적인 배경에 대한 정확한 이해와 함께 해당 사실관계에 대한 법리적인 분석 및 판단, 나아가서 정무적인 고려사항까지 포함해야 한다. 사안 자체가 수역·도서에 대한 현안인 관계로 해당 수역의 해양과학적인 이해는 선결적인 문제이다. 또한 추진과정에서 해당 사안의 적절한 공론화도 수반되어야 한다.

이번 배경에서 동 법제화사업은 아시아-태평양 지역의 해양법·정책과 아시아의 국제법 발전의 담론과 관련된 국제공동연구와 해외출판에 집중하고 있는 (사)아시아국제법발전연구회(DILA-KOREA)의 주관으로 지역내 현안인 서해5도 문제에 대한 법리적인 분석과 입법적인 대안 마련에 노력을 해 온 인하대 법전원; 한국의 해양문제, 특히 접경수역, 연안해역에서의 각종 현안에 대한 종합해양연구를 수행해 온 한국해양과학기술원(KIOST) 해양법·정책연구소; 설립 이후 서해5도의 중요성에 공감하고 특집기획연재 등 다양한 기고 및 기사화를 통해 동 현안의 여론 형성 및 공론화의 역할을 담당하고 있는 서울신문사 평화연구소 등 여러 기관과 연구자의 공동사업이라 할 수 있다. 이러한 학제 간의 융합적인 성격은 동북아에서의 해양안보·전략의 격변에 따라 연동될 수밖에 없는 서해5도 수역의 전략적 위상과도 관련이 있으며, 지역학, 국제정치학적인 시각에서의 접근방안 모색도 필요한 시점이다.

Ⅲ.1. 1단계 법제화 프로세스: ‘서해평화선언’, ‘서해5도 수역 평화기본법’, 그리고 ‘서해5도 수역 관리기본법’

법제화 프로세스의 기본 방향은 정전협정의 원칙에 부합하면서, 10.4 선언 및 판문점 선언의 실행을 위하여 서해5도 수역의 평화 정착, 남북 교류와 협력의 활성화, 지역 주민들의 권익 보장을 목적으로 하는 기본법의 제정을 통해 한반도의 평화 정착에 기여하는 것이다. 서해5도 수역 법제화 프로세스는 기본정신을 담고 있는 ‘서해평화선언’을 시작으로 현재 남북한 법적인 구속력이 있는 합의가 전제가 된 상태를 반영한 ‘서해5도 수역 평화기본법’과 남북한 법적인 구속력이 있는 합의가 없는 현재 상황에서 남한이 남한 관할권 행사구역 내에서 단독으로 추진할 수 있는 ‘서해5도 수역 관리기본법’으로 구성된다. 서해5도 수역 평화기본법과 서해5도 수역 관리기본법은 본질적으로 그 지향하는 바는 동일하지만, 관리기본법은 남북관계의 변수에 상관없이 독립적으로 바로 집행할 수 있는 사안들로 구성되어 있다.

그동안 남북관계에서 비롯된 서해5도 지역의 안보적 특수성과 중국어선의 불법조업에 따른 해당 지역 주민들의 생활 고충에 대한 보상적 차원에서 제기된 문제점에 대한 근원적인 해법으로 제안된 서해5도 수역 법제화 프로세스는 서해평화선언, 서해5도 수역 평화기본법, 그리고 관리기본법의 구체화 과정을 통해 현실적인 대안으로 기능할 수 있게 되었다. 특히, 남북한 법적인 구속력이 있는 합의가 없는 현재 상황에서 남한이 남한 관할권 행사 구역 내에서 단독으로 추진할 수 있도록 작업된 '서해5도 수역 관리기본법'은 국내 입법화 단계를 거치면서 가장 전향적인 입법의 전거(典據)를 제공할 수 있을 것이다. 아울러 이러한 서해5도 수역 법제화 프로세스는 전세계 분쟁지역의 평화체제 유지 및 관리에 커다란 시사점을 제공할 것으로 기대된다.

이렇듯 상기 소위 1단계 법제화 프로세스는 서해평화선언, 서해5도 수역 평화기본법, 그리고 서해5도 수역 관리기본법으로 구성되어 있다. 여기에서 강조하고 싶은 사항은 이러한 결과는 처음부터 3개의 체계가 기획된 것은 아니었고, 이는 진행과정에서 도출된 결과이다. 서해5도 관련 업무는 서해5도지원특별법이 입증하듯이 중앙행정기관 내 업무와 기능이 산재해 있다. 서해5도 지원사업은 행안부, 수역 관리 및 운영은 국방부, 해수부, 해경, 남북협력기금은 통일부, 중국과의 관계는 외교부가 담당한다. 지역 행정사항과 관련해서는 인천광역시, 옹진군청이 담당한다. 기본법과 통합행정체제가 필요한 대목이다. 연구자들이 이에 대한 해법으로 기본법을 논의해 나갔던 과정과 절차는 따라서 동 사안의 이해에 중요하다.

Ⅲ.1.1. 서해평화선언

서해평화선언은 기본적으로 정전협정에 의거하고 있다. "정전협정은 전쟁상태를 종결하고 평화상태로 나아가자는 공식 협정이며, 남북은 물론 미국과 중국도 관계된 국제적 규범이다. 그 정전협정은 해상에 군사분계선을 두지 않았으며, 서해 접경 수역에서 남북 배타적 관할수역을 3해리 인접해면(영해)으로 정하고, 그 이원(以遠)의 수역에 대하여는 남북에게 개방된 곳으로 두고자 하였다. 우리는 바로 그것이 서해 남북 평화의 진정한 기초가 될 수 있다고 생각하고, 그에 따른 '서해평화선언(가칭)'을 제안해 본다"가 기조이다. 노무현 정부에서의 '10.4' 선언에 의한 '서해평화협력특별지대' 합의와 문재인 정부에서의 '판문점 선언'에 의한 '해상 적대행위 중단 구역' 설정 합의를 강조하고, 남북 정상 간 서해평화수역과 공동어로구역 설정 합의의 실행에 대한 염원을 담고 있다.

Ⅲ.1.2. 서해5도 수역 평화기본법

서해5도 수역 평화기본법(안)은 기본적으로 모두 7개장 26개조로 구성되어 있다. 제1장 총칙, 제2장 기본계획의 수립 및 채택, 제3장 위원회 및 주무관청 신설 등, 제4장 서해5도 수역의 평화정착, 제5장 권익 보장, 제6장 사업의 시행 등, 그리고 제7장 벌칙 등이다. 서해5도 수역 평화기본법(안)은 정전협정의 원칙에 부합하면서, 10.4 선언 및 판문점 선언의 실행을 위하여 서해5도 수역의 평화 정착, 남북 교류와 협력의 활성화, 지역 주민들의 권익 보장을 목적으로 한다. 이 법에서의 서해5도 수역이란 판문점 선언에서 합의된 북한 초도 이남, 남한 덕적도 이북의 수역으로서 서해의 북방한계선 이남의 대한민국 관할 수역을 의미한다. 이 법의 어떠한 규정도 서해의 북방한계선을 포함하여 서해5도 수역에 대한 남북한의 기존 합의를 해하는 것으로 간주되어서는 아니 된다. 서해5도 수역의 평화 정착, 남북 교류와 협력의 활성화, 지역 주민들의 권익 보장에 관하여는 다른 법률에 우선하여 이 법을 적용한다.

통일부장관은 서해5도 수역의 평화 정착, 남북 교류와 협력의 활성화, 지역 주민들의 권익 보장을 위한 방안을 기획·수립·지원 및 추진하고, 그 추진 기반을 마련하기 위해 국방부, 해양수산부, 행정안전부 등 관계 중앙행정기관의 장 및 인천광역시 등 지방자치단체의 장과 협의하여 서해5도 수역 기본계획을 수립 및 채택하여야 하며, 동 기본계획은 매2년마다 재검토한다. 또한 해당 사항을 심의·의결하기 위하여 통일부 산하에 서해5도평화위원회를 두고, 관련된 사무를 관장하기 위해 통일부장관 소속으로 서해5도평화청을 설치하며, 정부는 관계 중앙행정기관의 장 및 관계 시·도지사와 협의하고 위원회의 심의·의결을 거쳐 수역을 구분하여 지정하고 그 보전과 개발·운영을 추진하거나 지원할 수 있다. 정부는 서해5도 수역의 공동이용을 도모하기 위하여 남북어업협정과 남북공동어로구역 사업을 추진하고, 서해5도에서 조업 제한 조치, 항행 제한 조치, 서해5도 주민들의 이동의 자유와 경제 활동의 제한에 대한 단계적 해제와 함께 해양경찰청의 관할권의 확대 조치를 취한다.

Ⅲ.1.3. 서해5도 수역 관리기본법

서해5도 수역 관리기본법(안)은 기본적으로 모두 7개장 24개조로 구성되어 있다. 제1장 총칙, 제2장 기본계획의 수립 및 채택, 제3장 위원회 및 주무관청 신설 등, 제4장 서해5도 수역의 관리, 제5장 권익 보장, 제6장 사업의 시행 등, 그리고 제7장 벌칙 등이다. 서해5도 수역 관리기본법(안)의 목적 및 기본원칙은 서해5도 수역 평화기본법(안)과 동일하지만 남북 사이의 합의 없이도 실현 가능한 방안을 담은 만큼 몇몇 규정에서 차이가 있다. 그동안 남북 사이에서 이상적인 내용을 담은 다양한 합의가 이루어졌으나 정치상황의 변화 등으로 성과가 지속되지 못하였다. 따라서 한반도 평화정착을 위하여 실질적이며 필요한 조치들을 입법화하여 실천할 필요가 있다. 이 법은 이를 위하여 필요한 법이라고 본다.

정부가 취해야 할 필요조치에 대하여는 조금 차이가 있다. 평화기본법은 남북평화와 공동이용 구역 확대, 남북 비무장화와 안전어로 보장, 민용 선박의 자유 항행을 정부가 취할 조치로 열거하고 있지만, 관리기본법은 이에 관한 규정을 두고 있지 않다. 이러한 조치들은 남북의 합의가 필요한 사항이므로 국내법으로 규정하기에는 다소 무리가 있다.

평화기본법은 전쟁과 분단으로 인한 인도적 문제해결과 인권 개선, 인도주의와 동포애에 따른 북한 지원을 규정하고 있으나, 관리기본법은 남북한 사회문화적 교류협력 강화, 경제협력 방안 추진과 함께 북한에 대한 인도적 지원을 규정하고 있다. 이 법은 북한에 대한 지원도 인도적인 측면에서 가능하도록 규정하고 있다. 평화기본법은 서해5도 수역 공동 이용을 위한 남북어업협정, 남북공동어로구역 사업, 중국어선 불법조업에 관한 대책을 규정하고 있으나 관리기본법은 이에 관하여 규정을 두지 않고 있다. 기본적으로 이 문제는 남북한 및 중국과 합의가 필요한 문제라고 생각된다. 관리기본법은 평화기본법에서 남북 사이의 향후 합의가 필요하거나 다소 이상적인 내용을 배제하고 서해5도 수역에서 남한이 독자적으로 취할 수 있는 사항들을 담고 있다.

Ⅲ.2. 2단계 법제화 프로세스: '서해5도평화청·서해평화협력청법', '서해5도 수역 관리기본법', 그리고 '서해5도 수역 평화조약'

서해평화선언을 포함하여 서해5도 수역 평화기본법과 관리기본법의 이원화 등 1단계 법제화 프로세스와 관련한 사안들에 대한 평가 및 추가 논의과정에서 제기된 의견은 다음과 같다.

Ⅲ.2.1. 서해5도 수역 평화기본법

먼저 평화기본법과 관련하여 첫째, 해당 법안이 구체적인 내용까지 포괄할 필요는 없는데, 현재의 평화기본법은 너무 많은 내용이 들어가 있다. 평화기본법은 기본적으로 남북한, 접근방향에 따라서 이해당사국인 중국, 미국 간의 조약적 성격이 있는 점이 반영되어야 한다. 둘째, 평화기본법은 정권의 교체나 북한의 태도에 따라 그 기본정신이 변경되어서는 안 된다. 기본정신을 담는 선언적인 성격의 수준이 반영되는 것이 적절할 듯하다. 셋째, 평화기본법은 향후 남북관계 변화에 따라 준비하는 차원에서 접근해야 하며, 남북 사이의 합의가 주민들에게 혜택으로 돌아간다는 정신이 반영되어야 한다. 그리고 넷째, 법안과 관련해서 서해5도 수역 관리기본법 일원화로 가는 것이 좋겠다. 학술적 차원에서는 두 가지 법안이 필요할지 모르지만, 입법화를 위한 역량을 결집시킨다는 차원에서 보면 하나의 법안으로 가는 것이 효율적이다. 하나의 법안으로 가되 그 안에 평화의 방향성을 담으면서도 보수와 진보를 모두 수용할 수 있는 방향으로 제정되면 좋겠다.

Ⅲ.2.2. 서해5도 수역 관리기본법

한편, 관리기본법과 관련하여 첫째, 동 법은 남북관계에 상관없이 현실적·실용적이어야 하며, 가능한 범위에서 법안을 만들어야 한다. 기존 법률과의 관계를 어떻게 설정할 것인가에 맞추어 법안을 만들어야 한다. 둘째, 관리기본법은 우선 접경지역지원특별법, 서해5도지원특별법, DMZ평화지대법(안) 등 기존의 관련 법률 및 법안과 비교·검토할 필요가 있다. 기존 법률과 최소한의 공통분모를 찾거나 그 법들의 시행령을 통해 구체화하는 방안도 고민해 봐야 한다. 둘째, 평화기본법과 마찬가지로 관리기본법에도 너무 구체적인 내용을 규정하기보다는 우선 법안을 통과시키고 계속 수정해 나가는 방향으로 가는 것이 좋겠다. 정부에게 부담되는 내용들이 있으면 시행령에서 규정하는 것도 하나의 방안이다. 경제권(조업권, 조업규칙), 불법중국어선조업문제, 정주권, 이동권 보장과 관련된 여러 문제를 해결하는데 모법(母法)의 근거로 활용되는 방향으로 제정되면 좋겠다. 즉, 단순한 구호에서 구체적인 실천을 담보하는 방향으로 진행한다.

이와 관련하여 "서해5도의 발전과 지역 주민에 대한 지원에는 국가균형발전특별법, 접경지역지원특별법, 서해5도지원특별법 등이 적용된다. 서해5도에만 적용되는 특별법을 새롭게 제정한다면 서해5도의 관리 등을 위한 특별한 조직을 설치하는 내용, 서해5도의 주민들에게 권리를 부여하는 내용, 기타 등이 포함될 수 있다. 이를 위해서는 서해5도의 관리에 관한 조직만을 신설하는 별도의 입법을 하는 방안, 서해5도지원특별법을 개정하여 서해5도 관리법안의 내용을 추가하여 새로운 입법을 하는 방안, 접경지역지원특별법을 개정하여 서해5도 관리법안의 내용을 추가하여 새로운 입법을 하는 방안을 고려할 수 있다. 법체계상의 난점을 극복하기 위해서는 두 번째의 방안이 가장 무난하다고 본다. 서해5도를 포함하여 북한과 인접한 지역의 발전을 위하여 새로운 입법이 필요하지만 이와 같은 입법은 기존의 법률과의 충돌을 야기할 수 있으므로 기존 법률 체계와의 신중한 검토를 거친 후에 추진해야 할 것이다."

Ⅲ.2.3. 서해5도평화청·서해평화협력청의 설립 및 운영 등에 관한 법률 (서해5도평화청법)

평화기본법과 관리기본법을 근간으로 하는 1단계 법제화 프로세스를 논의하는 과정에서 관리기본법 안에 서해5도와 관련한 질서를 만들 조직을 갖추고 그 조직의 활동을 규정하는 내용이 우선적으로 필요하다는 인식이 공유되었다. 서해5도 문제를 다룰 조직이 필요하다는 것은 중요한 문제이다. 다만 다른 법률과의 조율이 필요하다. 관리기본법의 취지를 조직 설립에 우선적으로 둔다면 '서해5도평화청 설립 및 운영 등에 관한 법률'처럼 접근해야 한다. 다만 관리기본법의 문제의식은 그 안에 포함되어야 한다.

이와 관련하여 제기된 문제들은 다음과 같다. 먼저 첫째, '서해5도평화청' 신설은 관련 부처의 기능을 통합하는 '원스톱 청'의 문제이다. 여러 부처의 이해관계에 따라 각종 방안이 제시될 수밖에 없다. 결정은 정치적 판단에 의해 달라질 수밖에 없고, 정치권이 합리적 판단을 할 수 있도록 여러 방안을 제공할 필요가 있다. 둘째, 서해5도의 문제는 컨트롤타워가 없다는 점이다. 행안부, 국방부, 해수부, 해경, 통일부, 외교부, 인천광역시 등이 관계하고 있다. '서해5도평화청'은 상징성뿐만 아니라 업무의 추진에 있어서도 매우 실질적인 문제이다. 특정 부처의 일개 실·국 단위로 기획되는 경우, 부처 간 업무조정 등 실질적인 역할과 기능을 기대하기 어려울 것으로 판단된다. 최소한 총리실 산하로 기획되어야 한다. 아울러 대선 후보들의 공약사항에 반영되도록 해야 한다. 셋째, '서해5도평화청'은 정부조직법 관련 사안으로 관리기본법안에서 규정하는 것이 타당한가에 대한 문제제기가 있다.

기존 송영길 의원 안에는 서해5도만이 아니라 개성공단, 육로연결 등 여러 내용이 들어가 그 대상이 매우 포괄적이다. 이 부분에 대한 입장 정리가 사전에 될 필요가 있다. 그리고 넷째, '서해5도평화청' 설립이 필요하다면 관련된 법적 근거를 찾아봐야 한다. 또한 기존 법률 중 어느 것이 서해5도와 관련되어 있는지 조사할 필요도 있다.

Ⅲ.2.4. 서해5도 수역 평화조약

실현가능성이 높지는 않지만, 서해5도 수역은 북방한계선(NLL)을 포함해 남북한과 중국의 관할권 중첩수역으로 국제법상 그 지위에 있어 논란이 있으며, 무력충돌의 위험이 상존하는 지역으로서의 특성을 반영한 접근방법이 필요하다. 소위 '서해공정' 및 중국의 서해 내해(內海)화 논란이나, 중국 해역을 침범한 외국 선박에 대한 무기 사용권한을 법제화한 중국 해경법 통과는 한국과 중국의 중첩수역인 서해5도 수역을 포함하여 지역해의 갈등 관리 능력에 취약한 한국으로서는 매우 불안정한 요인이다.

중국불법어업 문제와 관련된 대책은 따라서 남북한, 중국 간의 다자간 사안이며, 어족자원을 포함한 해양생태계의 보호·보존, 해양집행관할권 확보 등이 종합적으로 논의되어야 한다. 역설적으로 이러한 주변국과의 협력체제 완성은 한국의 해당 지역·수역의 관할권 확보·유지에 순기능적인 역할을 한다. 따라서, 기존의 선(線·line)의 개념보다 구역(區域·zone)으로 접근하는 방안을 강구한다.

한반도 주변 해양 상황의 통제력 확보를 위해선 한국뿐만 아니라 북한에 관한 연구가 함께 필요함에도 불구하고, 현재 북한에 관해서는 NLL과 관련된 문제에 집중되어 있을 뿐 해양법과 관련한 1차 자료조사조차 제대로 되어 있지 않는 상황을 반영하여, 한반도 주변 해양 안보의 안정을 위해서건 향후 통일시대를 대비하기 위해서건 북한 해양에 관한 국내법·국제법 검토는 시급히 필요하다는 인식하에 북한 해양 관련 국내법과 국제법(양자조약·다자조약)에 대한 원문 조사 및 해설 작업도 시행한다.

Ⅳ 서해5도 수역 2단계 법제화 프로세스: 진행방향과 의미

기존 1단계 법제화 프로세스에서 도출된 서해평화선언, 서해5도 수역 평화기본법, 그리고 서해5도 수역 관리기본법 체제가 가지고 있는 문제점들을 파악하고, 해당 사안에 효율적·현실적으로 접근하기 위해 2단계 법제화 프로세스는 '서해5도평화청(서해평화협력청)의 설립 및 운영 등에 관한 법률(서해5도평화청법)', '서해5도 수역 관리기본법', 그리고 '서해5도 수역 평화조약(안)'으로 진행되고 있다. 서해5도가 가지고 있는 접경지역·수역으로서의 특수성과 함께 유인도서군도(有人島嶼群島)로서 가지고 있는 영토, 수역, 주민의 보호라는 보편성을 담보하기 위해 법안의 작업을 보다 현실화한다.

특히, 서해5도평화청법과 서해5도 수역 관리기본법의 법제화 작업 과정에서 충돌의 여지가 있는 해당 법안들에 대한 전방위적인 파악을 통해 개정 · 폐지해야 하는 국내법의 현황을 분석한다. 기존 서해5도 수역 평화기본법의 서해5도 수역 평화조약(안)으로의 접근에 대한 구상을 통해 서해5도의 평화체제 안착이 남북한 간 한반도의 평화체제 안착에도 기여하며, 나아가 역내 평화안정에 기여할 것으로 판단된다. 아울러 '서해5도 수역 평화조약(안)'의 작업 과정에서 기존에 체결 · 유지되고 있는 역내 국가 간의 모든 다자 · 양자조약, 협정, 해당 국가의 관련 국내법 등에 대한 전방위적인 파악을 통해 향후 전략적 대응을 위해 취사선택해야 할 사항들에 대해 분석한다.

서해5도 수역은 남북한만의 해양 문제가 아닌 한중일 3국의 관할권이 중첩되는 수역이다. 남한과 북한 간의 서해5도 수역에서의 해양질서의 법적인 지위에 변화를 가하는 어떠한 행위는 양자 간 해양경계획정이 이루어지지 않은 한국과 중국, 북한과 중국과의 해양질서의 법적인 관계 설정에 있어서 매우 중요하다. 결과적으로 해당 수역의 관리와 분쟁해결의 해법 강구에 있어 관할권 확보 및 해양경계획정을 위한 전통적인 접근에서 유연해질 필요가 있다. 유엔해양법협약 체제는 영해, 접속수역, 배타적 경제수역, 공해 등으로 전 해역을 공간적으로 구분하여 각 공간에서 연안국과 비연안국의 권리를 기능적으로 분배하고 있는데, 서해5도 수역의 경우는 국가의 관할권이 미치는 수역을 최소화하고, 남북한 간 이해관계를 조정하면서 해당 수역을 통합적으로 관리하기 위한 방안을 강구하는 것이 필요하다. 더욱이 1974년 한일 간 합의된 북부대륙붕경계선을 제외하고 주변국과 해양경계획정이 전무한 현재의 한국의 해양질서 유지는 주변 해양강국들 간의 역학관계의 부산물로 유지되고 있다고 보는 것이 정확하다. 한국이 한반도 수역에서의 최소한도의 주도적 지위를 확보하기 위해서는 남북한 해양질서의 안정적 유지 관리는 필수요건이다. 현재의 서해상의 북방한계선(NLL)을 포함하여 정전협정에서 유래한 남북한 간의 해양경계획정에 대한 정확한 이해를 통해 한반도 해양질서의 안정적 관리 및 한반도 평화체제의 정착을 위해서 서해5도 수역의 해양공간관리의 활용에 대한 인식의 전향적인 제고가 요구된다.

서해5도 문제 해법의 정확한 좌표(座標) 설정이 필요하다. 서해5도 문제는 해당 지역의 현안이라는 사실에는 이론의 여지가 없지만, 지역내 현안의 지위를 벗어나 국가적 현안의 하나로 자리매김하는 것이 중요하다. 현재 서해5도와 관계하고 있는 정부 기관 가운데, 그 어느 기관도 대표성을 가진다고 할 수 없을 정도로 관련 현안이 산재해 있다. 인천에 지리적으로 위치하고 있는 서해5도의 위상이 국가적 과제로 자리매김하는 방식을 채택하기 위해서는 정부 관계부처 합동으로 구성, 운영, 기획, 시행되는 독도지속가능이용위원회의 독도의 지속가능한 이용을 위한 기본계획 및 관련 사항을 참조하여 준용할 필요가 있다.

서해5도 수역 법제화 프로세스 사업은 서해5도 기본법 제정을 위한 주요 현안 검토를 중심으로 기본법안의 주요 쟁점 사항 파악 및 정책적 · 법리적인 대안제시를 목적으로 하고 있다. 『서해5도를 다시 보다: 서해5도 평화백서』 출판사업은 기존에 연구된 서해5도의 인문학적, 자연환경적인 자료들을 정리한 후, 해양법·해양정책 등 사회과학적인 측면에서의 실증적인 연구를 목적으로 하고 있다.

서해5도 연원 · 연표

예대열(순천대)

서해5도 연원

서해5도는 백령도, 대청도, 소청도, 연평도, 우도를 일컫는다. 우도는 현재 군인들만 주둔하고 있기 때문에, 우도 대신 소연평도를 포함시켜 서해5도라고 부르기도 한다.

이 섬들이 서해5도라는 이름으로 함께 묶이게 된 것은 분단의 과정과 연관이 깊다. 일제하 백령도, 대청도, 소청도는 황해도 장연군에, 연평도는 벽성군에 각각 속해 있었다. 반면 우도는 경기도 강화군의 섬이었다. 해방 이후 이 섬들이 38선 이남에 위치하게 되면서 황해도에서 경기로도 관할이 바뀐 옹진군에 편입되었다. 이후 옹진군 지역은 6·25 전쟁을 거치며 북한에 재편입되었으나, 5개 섬은 정전협정에서 예외로 인정되어 유엔군 총사령관의 통제하에 두기로 했다. 이후 이 섬들은 서해5도라고 불리며 하나의 단위로 묶이게 되었다.

서해5도가 속해 있는 옹진군은 분단과 전쟁을 거치며 행정 체계상 큰 변화를 겪었다. 옹진군은 전쟁 이후 38선 이남 지역에 있던 황해도 산하 옹진군, 장연군, 벽성군 지역을 아우르며 1개 읍, 12개 면으로 재편되었다. 이후 옹진군은 1973년 7월 인천시 부천군에 속해 있던 영종면, 북도면, 용유면, 덕적면, 영흥면, 대부면 등 6개 면과 장봉, 무의, 자월 등 3개 출장소를 편입시켰다. 그러나 1989년 1월 영종면과 용유면을 인천직할시로 분리하고, 1994년 12월 대부면을 안산시에 넘겨주면서 규모가 축소되기도 했다. 이후 옹진군은 1995년 3월 경기도에서 인천광역시로 관할이 바뀌었고, 1999년 7월 송림면을 연평면으로 개칭하면서 현재와 같은 모습을 갖추게 되었다.

분단 이전 서해5도는 경제와 교류의 중심지였다.

백령도, 대청도, 소청도는 서해 한가운데 중국 산둥반도와 마주보며 한반도에서 불쑥 튀어나온 곳에 위치해 있다. 그로 인해 바다를 통해 중국의 베이징이나 랴오둥반도 또는 평양이나 한반도 북부로 가려면 반드시 이곳을 지나야 했다. 이 섬들은 고대로부터 한반도와 중국을 잇는 황해횡단로의 중간 기착지이자, 동남아시아를 비롯한 인도와 중동을 연결하는 해상 실크로드의 거점 도서였다. 황해횡단로는 고대 및 중세시기 당(唐)과 북송(北宋) 간의 교역을 위해 활발히 이용하던 항로였다.

황해횡단로는 조선시대 들어 대중국 교류가 주로 육로를 통해 이루어지다가 명청(明淸) 교체기에 이르러 후금(後金)이 등장하자 다시금 활기를 찾기 시작했다. 그러나 이 시기에 중국의 해랑적(海浪賊)과 황당선(荒唐船)이 출몰하여 약탈과 침입을 자행하기 시작하였다. 해량적은 어로와 밀무역에 종사하다가 해적으로 변모한 집단이었고, 황당선은 명청 교체기에 해량적을 대신해 조선 해안에 출몰한 중국 배들을 일컫는다. 조선 정부는 이들을 막기 위해 백령진(白翎鎭)을 재설치하고 군선(軍船)을 배치하는 등 황당선의 침입에 대비하였다.

이처럼 백령도, 대청도, 소청도 주변은 고대부터 조선시대에 이르기까지 중국과 빈번한 접촉을 해왔던 만큼 그와 관련한 유적과 설화들이 남아 있다. 대표적으로 대청도에는 원 순제(順帝)에 관한 설화가 전해진다. 그는 고려 충렬왕 17년(1330) 황실의 내분으로 대청도에 유배를 왔다가 이듬해 본국으로 돌아가 황제에 등극하였다. 설화는 순제가 황후의 계략에 빠져 자신의 눈을 뽑아 아버지 병환에 사용하기 위해 보냈지만, 유모가 젖에 담겨두었다가 유배 이후 다시 돌려주었다는 내용이 전해진다.

백령도에는 효녀 심청 이야기가 전해지고 있다. 설화에 등장하는 인당수(印塘水)를 백령도와 장산곶 사이로 비정하는 이유는 이 주변의 오랜 교류의 역사를 반영한다. 그 이야기는 백령도 부근에 거상들이 활동했음을 보여준다. 설화의 원형이 중국 닝보항 근처에서도 발견된다는 점에서 그 이야기는 백령도와 중국과의 오랜 관련성을 확인하게 해준다.

근대 이후 서양의 기선들이 '지리상의 발견'을 내세우며 동아시아로 몰려올 때 서해 한가운데 위치한 이 섬들에도 새로운 물결이 당도했다. 영국 암허스트(Amherst) 사절단의 일원이었던 리라(Lyra)호 함장 바실 홀(B.Hall)은 1817년 해로 측량을 목적으로 소청도를 방문했다. 그는 이곳에 성경을 전해주고 백령군도를 자신의 아버지 이름을 따 'Sir. James Halls Group'이라고 명명하기도 하였다. 이후 1832년 영국 상선 로드 에머스트(Rod Emerst)호는 바실 홀이 남긴 지도를 보고 동인도회사 상인들 및 선교사들을 태우고 조선을 방문하였다.

1940년대 들어 백령도는 김대건 신부에 의해 프랑스 선교사들의 입국로로 개척되면서 또다시 서양 문명이 전해지는 접경의 섬으로 부각 되었다. 조선대목구 교구장이었던 페레올(Ferreol) 주교는 1839년 '기해박해(己亥迫害)' 이후 국경 감시가 엄격해지자, 김대건으로 하여금 육로 대신 서해 해로를 통한 입국로 개척을 지시했다. 김대건 신부는 마포-강화도-연평도-백령도를 거쳐 해상에서 교구 측에 자신의 편지와 조선 지도를 전달했다. 이후 김대건 신부가 개척한 황해도 항로를 통해 13명의 선교사들이 입국했다.

한편 연평도에는 조기잡이에 관한 임경업(林慶業) 장군의 설화가 전해지고 있다. 임경업이 병자호란 당시 청나라에 볼모로 잡혀간 세자를 구하기 위해 중국으로 가던 중, 부식이 떨어지자 연평도 해안에 나뭇가지를 꺾어 개펄에 꽂아두었더니 조기가 걸려들기 시작했다는 것이다. 연평도 주변 해역은 바다의 수심이 얕고 조강(祖江)에서 나온 모래와 플랑크톤으로 인해 어족 자원이 풍부하다. 연평도는 일제시기 '조선의 3대 어장'으로 불리며 조선 각지는 물론 일본에서도 대규모 선단을 파견해 파시(波市)를 벌일 만큼 번성했던 곳이었다. 당시 연평도 어업조합의 하루 어획고는 중앙은행이었던 조선은행의 출납액보다 많았다고 할 정도였다.

그런데 분단 이후 서해5도는 교류와 풍요로움 대신 분쟁과 대결의 바다로 변해 버렸다. 1·2차 서해교전, 대청해전, 천안함 사건, 연평도 포격 사건 등을 통해 젊은 군인들이 목숨을 잃었고, 섬사람들은 6·25전쟁 이후 처음으로 피난민이 되어야 했다. 서해5도 주민들은 매일 눈앞에서 중국어선의 불법어로 행위를 목격하면서도 "오늘도 중국어선이 보여서 다행"이라는, 즉 북한의 특이동향이 없다는 '역설'을 안고서 살아가고 있다. 다시금 서해5도를 갈등과 분쟁의 바다에서 평화와 교류의 바다로 되살리기 위한 작업이 필요하다.

서해5도 연표

- 1945.11.03. 백령도·대청도·소청도(황해도 장연군 백령면), 대연평도·소연평도(황해도 벽성군 송림면), 38선 이남에 위치하면서 옹진군에 편입
- 1962.06.14. 대청도, 대청출장소 설치
- 1974.07.01. 대청도, 대청면으로 승격
- 1975.05.20. 소청도, 소청출장소 설치
- 1995.03.01. 옹진군, 경기도에서 인천광역시로 편입
- 1999.06.15. 제1차 서해교전 발생
- 1999.07.20. 연평도, 송림면에서 연평면으로 명칭 변경
- 1999.09.02. 북한, '서해해상군사분계선' 선포
- 2000.03.23. 북한, '서해5개섬통항질서' 발표
- 2001.06.30. 한중어업협정 발효
- 2002.06.29. 제2차 서해교전 발생
- 2004.06.14. 남북 해군, 서해5도 주변 수역에서 첫 교신
- 2007.10.04. 남북정상, '10·4선언' 통해 평화수역과 남북공동어로구역 설정 합의
- 2009.11.10. 대청해전 발생
- 2010.03.26. 천안함 사건 발생
- 2010.11.23. 연평도 포격 사건 발생
- 2011.06.23. '서해5도종합발전계획' 심의·의결
- 2017.04.04. 해경, '서해5도특별경비단(서특단)' 창설
- 2018.04.27. 남북정상, '판문점선언' 통해 북방한계선 일대를 평화수역으로 설정하기로 합의
- 2018.09.19. 국방장관·인민무력부장, '판문점선언 이행을 위한 군사 분야 합의서'를 통해 "남측 덕적도 이북으로부터 북측 초도 이남까지의 수역에서 포사격 및 해상 기동훈련을 중지'하기로 합의
- 2020.08.28. 어선안전조업법 시행

서해5도 연구사 정리: 회고와 전망

예대열(순천대)

1 머리말

서해5도는 백령도, 대청도, 소청도, 연평도, 우도를 일컫는다. 우도는 현재 군인들만 주둔하고 있기 때문에, 우도 대신 소연평도를 포함시켜 서해5도라고 부르기도 한다. 이 섬들이 서해5도라는 이름으로 함께 묶이게 된 것은 분단과 전쟁 때문이었다. 일제하 백령도, 대청도, 소청도는 황해도 장연군에 속해 있었고, 대연평도와 소연평도는 벽성군에 포함되어 있었다. 반면 우도는 경기도 강화군의 섬이었다. 이 섬들이 해방 이후 38선 이남에 위치하게 되면서 황해도에서 경기도로 관할이 바뀐 옹진군에 편입되었다. 이후 옹진군은 전쟁을 거치며 북한에 재편입되기도 했으나, 5개 섬은 정전협정에서 예외로 인정되어 유엔군 총사령관의 통제하에 두게 되었다. 그 후로 이 섬들은 서해5도라는 하나의 범주로 묶여 안보의 최전선이 되었다.

그러나 분단과 전쟁 이전 서해5도는 사람과 문화와 상품이 오가던 경제와 교류의 중심지였다. 이 섬들은 고대로부터 한반도와 중국을 잇는 서해 횡단로의 중간 기착지이자, 동남아시아를 비롯한 인도와 중동을 연결하는 해상 실크로드의 거점 도서였다. 심청 설화의 인당수(印塘水)로 비정되는 백령도와 장산곶 사이의 바다는 인신 공양을 해서라도 이 주변을 지나야 경제적 이득이 있었다는 점을 역으로 말해 준다. 또한 일제시기 연평도 바다는 조선의 3대 어장으로 불리며 전국은 물론 일본에서도 선단이 몰려와 파시(波市)를 벌일 만큼 호황을 누리던 곳이었다.

하지만 분단시대 서해5도 주변은 교류와 풍요로움 대신 분쟁과 대결의 바다가 되었다. 게다가 서해는 탈냉전 이후 남북관계가 전향적으로 변화되었을 때 오히려 갈등이 더욱 심화되었다. 2000년 6·15 남북정상회담 전후 동해에서는 금강산 유람선이 남북을 오갔지만, 서해에서는 군사적 충돌이 벌어졌다. 이후에도 젊은 군인들이 천안함 사건으로 인해 목숨을 잃었고, 연평도 주민들은 포격 사건으로 인해 피난민이 되어야 했다.

물론 그간 남북은 10·4선언과 판문점선언을 통해 서해를 평화로운 바다로 만들기 위한 합의를 이루었다. 사실 서해가 탈냉전의 문으로 들어갈 수 있는 계기는 이미 두 번의 정상회담을 통해 그 방안이 마련되었다고 볼 수 있다. 10·4선언은 해상경계선이라는 민감한 문제를 건드리지 않고 경제협력을 통해 서해에 평화를 정착시키겠다는 남측의 구상을 북측이 받아들인 것이다. 판문점선언은 북방한계선(Northern Limit Line, 이하 NLL) 주변에 평화수역을 설치한다고 명시함으로써 한국 사회 일각에서 벌어졌던 우려를 불식시키기도 하였다.

그러나 이와 같은 합의와 방법론에도 불구하고 그것을 풀어가야 할 국민적 합의구조는 취약하다. 2012년 대선 당시 정상회담 대화록 유출 논란에서 보듯 서해 문제는 정치권의 정쟁거리로 전락해 대화조차 쉽지 않다. 하지만 21세기 평화로운 한반도를 만들기 위해서는 남북관계의 부침은 물론 좌우 정치세력 간 이념 차이를 넘어 서해를 항구적인 평화지대로 만들기 위한 노력이 필요하다. 이를 위해 본 글에서는 그동안 서해5도 주변 수역의 관할권 문제를 둘러싼 연구의 현황을 분석하고자 한다.

2 서해 갈등의 기원과 정전협정 해석을 둘러싼 차이

서해5도 주변 수역에서 벌어진 충돌과 대립은 1953년 7월 27일 체결된 정전협정에 기원을 두고 있다. 정전협정은 전쟁을 마무리하는 절차였지만, 동시에 전후의 분단체제를 규정하는 출발점이기도 했다. 그런데 정전협정상 해상의 경계는 육상의 휴전선과 달리 명확하게 합의된 분계선이 없었다. 다만 정전협정에는 도서의 관할을 구분 짓는 기준선과 인접수역을 존중한다는 원칙만 제시되었을 뿐이었다. 특히 서해는 동해와 달리 해안선이 복잡하고 섬이 많았지만, 명확한 경계 설정 없이 갈등의 요소를 내포한 채 불완전한 형태로 합의되었다.

서해 해상분계선 설정의 불완전성은 정전회담의 의제 설정에서부터 시작되었다. 회담에서 군사분계선과 비무장지대의 설정은 제1 의제에서 다루어졌다. 그만큼 유엔과 공산 양측은 분계선의 설정 문제를 정전회담의 가장 중요한 문제로 인식하고 있었다. 그런데 제1 의제에서 합의한 군사분계선 설정은 육지에만 해당하는 것이었다. 해상분계선 설정 문제는 같은 의제에서 다루어지지 않았고 제3 의제인 '휴전감시 방법 및 기구 협상'에서 논의되었다. 그만큼 해상분계선 설정은 정전회담에서 부차적인 문제로 취급되었던 것이다.

서해 해상경계선 설정과 관련해 쟁점이 되었던 문제는 도서의 관할기준과 영해의 범위 두 가지였다.

첫째, 도서의 관할기준과 관련해 공산 측은 육상의 분계선을 해상으로 연장한 후 황해도와 경기도의 도계(道界) 북쪽에 있는 섬들에 대해서는 자신들에게 귀속시킬 것을 주장하였다. 반면 유엔 측은 북한의 후방에 있는 섬들을 대부분 점령하고 있는 전황을 반영하여 전쟁 발발 이전 통제권을 갖고 있던 섬들에 대해서는 자신들이 관할할 것을 주장하였다. 결국 양측은 황해도와 경기도 도계를 연장한 선을 기준으로 북쪽에 있는 섬들은 북한의 관할 하에 두되 5개의 섬에 대해서는 예외를 인정하는 선에서 타협하였다. 다만 양측이 합의한 선은 단지 섬들의 관할을 구분 짓는 기준이었을 뿐 해상경계선은 아니었다. 이에 관한 정전협정 원문은 다음과 같다.

> 단 황해도와 경기도의 도계선 북쪽과 서쪽에 있는 모든 섬 중에서 백령도, 대청도, 소청도, 연평도 및 우도의 도서군들을 국제연합군 총사령관의 군사 통제하에 남겨 두는 것을 제외한 기타 모든 섬들은 조선인민군 최고사령관과 중국인민지원군 사령원의 군사 통제하에 둔다. 한국(조선) 서해안에 있어서 상기 경계선 이남에 있는 모든 섬들은 국제연합군 총사령관의 군사 통제하에 남겨 둔다. …(중략)… 상기 계선 가(A)-나(B)의 목적은 다만 조선서부연해섬들의 통제를 표시하는 것이다. 이 선은 아무런 다른 의의가 없으며 또한 이에 다른 의의를 첨부하지도 못한다.[1]

▼ 그림 1 정전협정에 규정된 서해5도 수역

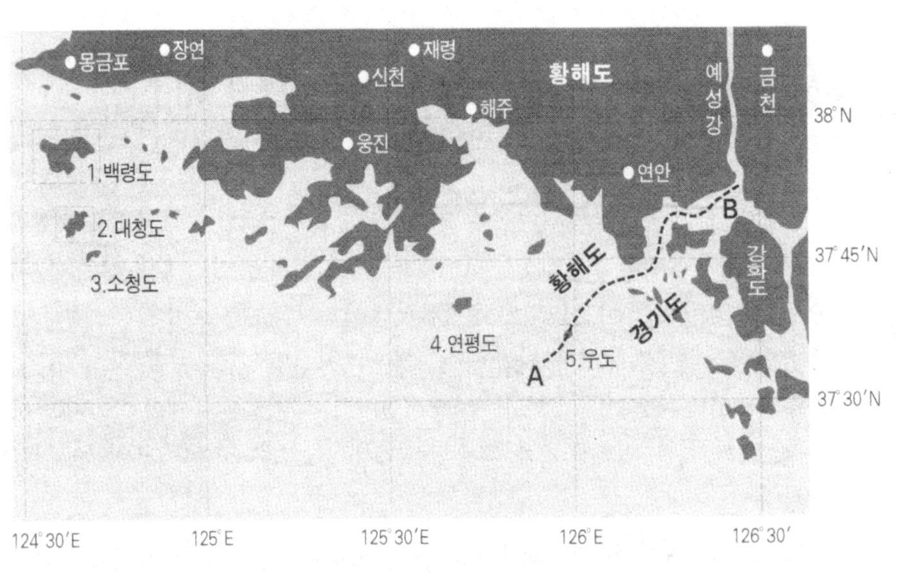

출처: 리영희, 『'북방한계선'은 합법적 군사분계선인가?』, 『반세기의 신화』, 삼인, 1999, 96쪽.

둘째, 양측은 영해의 범위와 관련해 다른 입장을 갖고 있었다. 공산 측은 해상봉쇄에 대한 우려와 기동 공간을 확보하기 위해 12해리 영해를 주장하였다. 반면 유엔 측은 당시의 국제해양법을 예로 들며 3해리 영해를 주장하였다. 결국 양측은 영해의 범위는 향후의

1 國土統一院 南北對話事務局, 『停戰協定 文本〈國·英文〉』, 國土統一院, 1988, 5~6쪽.

정치회담으로 미루고 인접해면 존중과 해상봉쇄를 금지한다는 원칙을 제시하는 선에서 합의하였다. 그래서 명칭도 영해가 아닌 연해(coastal waters)와 인접해면(contiguous waters)을 사용하게 되었다. 이에 관한 정전협정 원문은 다음과 같다.

> 본 정전협정은 적대 중의 일체 해상 군사 역량에 적용되며 이러한 해상 군사 역량은 비무장지대와 상대방의 군사 통제하에 있는 한국(조선) 육지에 인접한 해면을 존중하며 한국(조선)에 대하여 어떠한 종류의 봉쇄도 하지 못한다.[2]

이처럼 정전협정에는 도서의 관할기준을 나타내는 기준선과 인접 수역을 존중한다는 원칙만 제시되었을 뿐 양측 간에 합의된 해상경계선은 없었다. 그로 인해 기존 연구들은 대부분 서해5도 주변 수역을 둘러싼 갈등의 기원을 명확한 해상경계선이 없는 불완전한 형태의 정전협정에서 찾고 있다.[3] 이러한 입장은 후술하겠지만 NLL에 관해 대척점에 서 있는 연구들 모두 마찬가지이다.

다만 정태욱은 일련의 연구를 통해 정전협정의 기본 목적이 적대행위의 방지와 평화의 증진에 있었다며 오히려 그 정신으로 돌아갈 것을 주창하였다. 그에 의하면 육지에 휴전선이 있으니 바다에도 유사한 형태의 경계선이 있어야 한다는 것은 오히려 분단 무의식에 따른 고정관념에 불과할 따름이다. 정전협정은 바다에 남북을 가로지르는 형태의 해상경계선을 설정하지는 않았지만, 쌍방의 육지와 섬들의 인접해면을 존중하는 차원에서 불가침의 경계를 설정하였다. 아울러 인접해면이 아닌 바다는 국제해양법에 따라 누구든 자유롭게 이용할 수 있도록 규정하였다는 것이다.

즉 정전협정 체결 당시 국제법은 '공해 자유의 원칙'이 확립되어 있던 상황이었고, 아직 12해리 영해와 200해리 배타적 경제수역이 정립되기 전이었다. 그렇기 때문에 당시 유엔 측과 공산 측은 모두 바다를 남북으로 가로지르는 형태의 '휴전선'은 생각할 수 없었다고 한다. 그래서 양측은 바다의 경계 문제를 제1 의제였던 군사분계선 설정 문제가 아닌 제3 의제였던 휴전 감시 방법에서 논의했다. 즉 바다에 육상과 같은 군사분계선의 설정 문제는 애초부터 정전협정의 논의사항이 아니었다는 것이다. 이에 따라 그는 정전협정이 불완전한 형태로 합의된 것이 아니라, 오히려 상호 인접해면을 존중하고 나머지 바다에 대해서는 공동이용을 보장하는 차원으로 적극 해석할 필요가 있다고 역설한다.[4]

---

2 위의 글, 8~9쪽.

3 임규정·서주석, 「북방한계선의 역사적 고찰과 현실적 과제」, 『現代理念硏究』 14, 1999, 49쪽; 김보영, 「한국전쟁 휴전회담시 해상분계선 협상과 서해 북방한계선(NLL)」, 『사학연구』 106, 2012, 222쪽; 김보영, 「유엔군의 해상봉쇄·도서점령과 NLL」, 『한국근현대사연구』 62, 2012, 165쪽; 이상철, 『NLL 북방한계선 기원·위기·사수』, 선인, 2012, 81쪽; 김보영, 『전쟁과 휴전 –휴전회담 기록으로 읽는 한국전쟁–』, 한양대학교 출판부, 2016, 192쪽 외 다수.

4 이상의 내용은 정태욱, 「서해 북방한계선과 해상 불가침 구역의 차이」, 『한반도 평화와 북한 인권』, 한울, 2009; 정태욱, 「서해 북방한계선은 누구를 위한 것인가」, 『역사비평』 88, 2009; 정태욱, 「서해 북방한계선(NLL) 재론: 연평도 포격 사건을 계기로」, 『민주법학』 45, 2011; 정태욱, 「서해 북방한계선(NLL)의 법적 문제와 평화적 해법」, 『법학논총』 20-2, 2013; 정태욱, 「서해5도 수역 평화를 위한 하나의 제언: 정전협정으로 돌아가자」, 『민주법학』 75, 2021 참조.

3 남북의 서해 해상경계선에 대한 입장 차이

1) NLL을 둘러싼 남한 학계의 이견

남북한 서해 갈등의 핵심은 NLL이다. NLL에 관한 한국 정부의 공식 입장은 1953년 8월 30일 유엔군사령관이 남북한 간의 우발적 충돌을 방지하고 정전체제를 안정적으로 관리하기 위해 설치했다는 것이다. 당시 유엔군 입장에서는 북한의 해군력이 부재한 상태였기 때문에 한국군의 초계활동만 적절히 통제하면 서해에서 쌍방 간의 무력 충돌을 예방할 수 있었다. 이를 위해 서해5도와 북한 간의 개략적인 중간선을 통과하여 한강하구에 이르기까지 12개의 좌표를 연결하여 NLL을 설정했다고 한다.[5] 실제 2000년대 초반 기밀 해제된 해군 『작전경과보고서』에 따르면, 1953년 8월 말 현재 NLL과 유사한 선이 작전지도에 표시되어 있는 것을 확인할 수 있다.[6]

그러나 NLL은 누가, 언제, 어떻게 설정했는지 아직까지 명확하게 밝혀진 바가 없다. 한국 정부는 유엔군사령관이 NLL을 설치했다고 하지만, 정작 유엔사와 미국은 그 주장에 동의를 한 적이 없다. 주한미군 정보처 대북정보담당관과 유엔사 군사정전위원회에서 전사편찬관·분석관으로 근무한 이문항(제임스 리)에 따르면, NLL은 정전협정 직후가 아닌 1958년 유엔사 내부 작전통제선(Operational Line)으로 설치되었다고 한다. 유엔사 해군사령관은 어민들이 조기잡이 계절에 북한 연안을 넘나들면서 나포되는 일이 잦아지자 이를 통제하기 위해 NLL을 설치했다는 것이다.[7]

미국 정보기관인 CIA도 NLL에 관해 한국 정부와 다른 의견을 제시하였다. 1974년 CIA가 작성한 『The West Coast Korean Islands』라는 비밀문서에 따르면, NLL은 1965년 한국군 해군사령관에 의해 설치되었으며 1960년대 이전의 미국 문서에서 그에 관한 설치 기록을 찾을 수 없었다고 한다. CIA는 한국 정부가 NLL을 DMZ의 해상 확장이자 남북한의 경계로 간주하려고 하지만, 국제법적 근거가 없는 주장이며 그로 인해 향후 남북 간 분쟁의 씨앗이 될 수 있음을 경고하였다.[8]

이와 같은 이유로 유엔사는 1953년 7월 제1차 군사정전위원회 본회의부터 1991년 2월 제459차 본회의까지 서해에서 발생한 북한의 도발에 대해 정전협정에 근거한 인접해면 존중 원칙을 문제 삼았지 NLL을 침범했다고 항의한 적이 없었다. 아울러 유엔사는 서해5도 3해리 바깥의 바다에 대해서는 NLL 월선 여부와 상관없이 공해라는 입장을 취했다.[9] 헨리 키신저 미국 국무장관 또한 1975년 주한 미국 대사관 등에 보낸 전문에서 북방순찰한계선(Northern Patrol Limit Line, NLL의 초기 명칭)은 국제법적 지위를 갖지 않는다며 한국의 입장

5 국방부, 『북방한계선에 관한 우리의 입장』, 2002, 5쪽; 국방부, 『북방한계선(NLL)에 관한 우리의 입장(개정증보판)』, 2007, 6~7쪽.

6 海軍本部 企劃參謀室, 『作戰經過報告書(1953.7.28.~1953.12.31.)』 13, 海軍本部, 2002, 123쪽.

7 이문항, 『JSA-판문점(1953~1994)』 小花, 2001, 92쪽, 92~96쪽.

8 CIA, The West Coast Korean Islands, CIA, 1974, pp. 2~4.

9 이문항, 앞의 책, 91쪽.

을 지지할 수 없다고 밝혔다.[10]

그럼에도 한국군이 NLL을 해상분계선화 시키려고 하자, 미국과 유엔사는 재차 우려를 표명하였다. 유엔사는 1989년 6월 3일 국방부장관 앞으로 보낸 서한에서 NLL에 관해 다음과 같은 입장을 밝혔다.

> 정전협정상에는 유엔군 사령부가 북측 선박들이 단순히 북방한계선을 월선한 데 대해 항의할 권한이 없음. 그러나 북측 선박들이 서북도서 해상 3해리 이내에 들어오거나, 대한민국 선박에 대하여 발포하고 이들을 격침시키거나 나포하려는 등 명백한 도발행위를 자행할 시에는 유엔사는 북측에 대하여 항의전문 발송 및 군사정전위원회 본회의를 소집하여 북측의 행위를 항의·비난할 수 있음.[11]

이처럼 NLL은 유엔사가 정작 부정을 하는 등 사실적 측면에서 제대로 밝혀진 바가 없다. 그렇기 때문에 그간 NLL을 해상분계선으로 볼 수 있을지 여부를 두고 서로 대립되는 견해가 존재해 왔다.

우선 NLL을 해상분계선으로 볼 수 없다고 주장한 대표적인 학자는 리영희이다. 그에 의하면 서해는 정전협정에 따라 어느 쪽도 합법적으로 관할권의 배타적 권리를 주장할 수 없는 수역이다. 그런 상황에서 한국전쟁의 종식을 공약으로 내걸었던 아이젠하워는 북진통일을 외치며 전쟁의 재개를 요구하고 있던 이승만을 제어할 필요가 있었다. 이를 위해 미국은 예상치 못한 한국군의 공격을 방지하기 위한 차원에서 해상분계선이 없는 서해에 초계 범위를 제한하고자 했다. 즉 NLL은 '북방'한계선이라는 명칭에서 보듯 한국군 행동 범위의 '북방' 한계를 설정한 것이었다. 만약 그 선이 북한 군사력의 행동 범위를 제한하기 위한 목적이었다면 '북방'한계선이 아닌 '남방'한계선, 즉 SLL(Southern Limit Line)이 되었을 것이라고 한다.[12]

정태욱도 NLL은 어디까지나 남한 선박의 북방 한계를 정한 것이지, 북한 선박의 남하를 제약하는 경계를 설정한 것이 아니라는 점을 강조하였다. 정전협정상 서해는 인접해면만 설정되어 있을 뿐 나머지 바다는 자유 항해를 할 수 있는 공해나 마찬가지로 규정되어 있었다. 그렇기 때문에 유엔사가 남한 선박의 초계활동이나 어로활동의 한계를 설정하기 위해 북한으로부터 3해리를 설정해 그 안으로 들어가지 못하게 한 것은 어찌보면 당연한 조치라는 것이다. 즉 NLL은 남북 간 해상분계선이 아니라 정전협정에 따른 인접해면 존중 원칙에 따라 북한 영해를 침범하지 않고 정전체제를 유지하기 위해 설정한 선에 불과했다.[13]

반면 위의 입장과는 반대로 NLL이 영해선 또는 해상분계선으로 역할을 해왔다는 주

---

10 「키신저 "NLL 일방 설정 … 국제법 배치"」, 『경향신문』 2010.12.17.

11 국방정보부, 『군사정전위원회 편람 제2집』, 1993, 425쪽.

12 리영희, 「'북방한계선' 은 합법적 군사분계선인가?」, 『반세기의 신화』, 삼인, 1999, 111~117쪽. 이장희도 리영희의 의견을 추수하면서 NLL이 국제법적 근거가 없음을 주장하고 있다. 이장희, 「서해5도의 국제법적 쟁점과 그 대응방안 -한강하구구역, 서해5도 그리고 북방한계선을 중심으로-」, 『외법논집』 10, 2001, 52~55쪽; 이장희, 「6·29 서해교전과 북방한계선에 대한 국제법적 검토」, 『외법논집』 12, 2002, 39~40쪽.

13 정태욱, 앞의 논문, 2021, 46~48쪽.

장이 있다. 이 입장에 따른 연구[14]는 대체로 다음과 같은 논리구조를 갖고 있다.

① NLL은 불완전한 정전협정을 보완하는 차원에서 설정되었다. 정전체제는 아직 전시라는 점에서 실력을 통해 해상경계선을 관철하는 것은 문제가 되지 않는다.
② 북한은 1973년까지 NLL을 묵시적으로 인정해 왔다. 그 이후 1992년 체결된 남북기본합의서를 통해 쌍방이 관할해 온 구역을 인정한다고 했다.
③ NLL은 국제법적 논리인 '묵인', '금반언', '역사적 응고' 등의 원칙에 따라 영해선 또는 해상분계선으로 인정받을 수 있다.
④ 따라서 NLL을 넘는 것은 불법적인 침략 행위이다. 그에 따른 한국 해군의 대응은 합법적 자위권의 발동이다.

이러한 입장에 선 연구들도 유엔군 사령관이 북한과 합의 없이 일방적으로 NLL을 설치했다는 것에 동의한다. 다만 정전협정 체결 이후 남한이 서해5도 주변 수역을 실효적으로 지배해 왔으며, 북한이 1973년 군사정전위원회에서 서해 문제를 제기하기 이전까지 NLL을 묵시적으로 인정해 왔다고 주장한다. 이에 따라 NLL은 국제법상 '응고의 원칙', '실효적 지배', '묵시적 합의' 등에 의해 관습법적 지위를 확보하게 되었다고 한다. 하지만 이 주장은 NLL이 현실적으로 남북 간의 경계선 역할을 하고 있다는 것과는 별개로 사실적·이론적 차원에서 보다 엄밀하게 검토될 필요가 있다.

우선 구체적인 검토에 앞서 영해선과 군사분계선을 개념적 차원에서 엄격히 구분할 필요가 있다. 양자는 남과 북이 분단된 조건하에서 같은 결과를 가져온다고 볼 수 있지만, 엄밀히 말해 국제법·국내법적으로 법원리와 근거가 서로 다르다. 국제법적으로 영해선은 국제해양법에 규율되는 반면, 군사분계선은 전쟁법의 일환인 정전협정에 따른 문제이다. 국내법적으로도 '영해 및 접속 수역법'에 따르면, 서해 영해의 기점은 경기만 남쪽 소령도에서 시작하고 그 북쪽에 해당하는 서해5도 수역에 대해서는 어떠한 규정도 되어 있지 않다. 이와 같은 이유로 NLL의 유효성을 주장하는 연구들도 이 선은 군사경계선일 뿐 영해선이 아니라는 점을 인정하고 있다.[15]

그렇다면 과연 NLL은 해상 군사분계선으로 인정받을 수 있는 근거를 갖고 있는가? 그 주장을 하나씩 살펴보도록 하자.

첫째, NLL의 유효성을 주장하는 연구들은 정전협정이 전쟁의 일시적 중지일 뿐 현재 한반도는 준 전시상태이기 때문에 무력적 방법을 통해 일정한 영역을 차지한 것은 전쟁법

14 박종성, 『한국의 영해』, 법문사, 1985; 김정건, 『서해5도 주변 수역의 법적 지위』, 『국제법학회논총』 33-2, 1988; 유병화, 『동북아지역과 해양법』, 진성사, 1991; 김명기, 『서해 북방한계선의 국제법상 유효성의 근거』, 『국제문제』 30-8, 1998; 김현기, 『한반도 해상경계선 획정경위 및 유지실태』, 『군사논단』 16, 1998; 유병화, 『북방한계선의 법적 지위와 북한 주장의 문제점』, 『對테러研究』 22, 1999; 손기웅·허문영, 『'서해교전' 분석과 향후 북한의 태도 전망』, 『통일정세분석』 99-9, 1999; 김명기, 『북한의 NLL 무효선언과 우리의 대응책』, 『자유공론』 391, 1999; 김영구, 『북방한계선(NLL)과 서해 교전사태에 관련된 당면문제의 국제법적 분석』, 『독도, NLL 문제의 실증적 정책분석』, 다솜출판사, 2002; 최창동, 『북한의 'NLL 무효선언' 왜 부당한가, 『법학자가 본 통일문제 I』, 푸른세상, 2002; 제성호, 『북방한계선의 법적 고찰』, 『국방정책연구』 66, 2005 외 다수.

15 김명기, 앞의 논문(1998), 25쪽.

상 문제가 되지 않는다고 주장한다.[16] 그러나 고전적 국제법에서는 정전협정이 전쟁의 일시적 중단에 불과하며 종료된 것이 아니라고 보지만, 현대 국제법에서는 정전체제를 불완전하나마 평화의 상태로 보는 것이 일반적이다. 이러한 입장은 제1차 세계대전 이후 등장해 제2차 세계대전을 거치며 확립된 국제법적 관행으로서 그 대표적인 사례로 드는 것이 한국전쟁 이후 체결된 정전협정이다.[17]

또한 이와 같은 입장은 한국전쟁 이후 한반도의 평화를 관리해 온 정전체제를 무력화시킬 수 있을 뿐만 아니라 역으로 북한의 도발을 정당화시킬 수도 있다. 이 주장이 인정을 받게 되면 북한 또한 NLL을 무력화시키기 위해 서해5도 주변 수역을 분쟁화시킬 수 있고, 그 행위 또한 준 전시상태라는 명목하에 '정당화' 될 수 있기 때문이다. 정전협정은 전면적인 전쟁의 중지, 즉 휴전체제의 시작을 의미했기 때문에 쌍방 간에 벌어지는 적대적 군사행동은 그 목적에 위배 된다는 점을 상기할 필요가 있다.

둘째, NLL의 유효성을 주장하는 연구들은 한국군이 수십 년간 그 수역을 실효적으로 지배해 왔고 북한도 그 사실을 인정해 왔다는 점을 근거로 들고 있다. 즉 북한은 1973년 군사정전위원회에서 NLL 문제를 제기하기 이전까지 그 선의 존재를 묵인해 왔고, 그 이후에도 다양한 사례를 통해 인정해 왔다는 것이다. 그 예로써 1959년 발간된『조선중앙연감』에 NLL을 군사분계선으로 표시한 점, 1984년 북한이 수해 구호물자를 NLL 선상에서 인계했다는 점, 1993년 남한이 비행정보구역을 NLL에 준해 변경했을 때 아무런 이의제기를 하지 않은 점, 1991년 남북기본합의서 체결 당시 해상불가침 경계를 "지금까지 쌍방이 관할해 온 구역"으로 합의한 점 등을 들고 있다.[18]

그렇다면 이 주장들은 실제 역사적 사실에 부합하는가? 우선 북한이 정전협정 체결 이후 20년간 NLL에 대해 어떠한 문제 제기도 하지 않다가 1973년에 들어와 처음으로 부정하기 시작했다는 주장을 검토해 보자. 북한이 1973년 12월 1일 군사정전위원회 제346차 회의에서 서해5도 수역 문제를 처음으로 제기한 것은 사실이다. 북한은 서해에 '계선'이나 '정전해협'이라는 것은 규정되어 있지 않으며, 서해5도 주변 수역은 정전협정에 규정된 자신들의 연해라는 점을 주장하였다. 그러면서 남한의 배들이 서해5도 주변 수역을 통항하려면 사전에 자신들로부터 승인을 받으라고 요구하였다.

이에 대해 유엔사는 서해5도 주변은 인접해면 외에 모두 공해이기 때문에 그 주변에서는 누구든 자유롭게 항행할 수 있다는 점을 강조하였다.[19] 즉 당시 양측의 입장은 서해5도 수역에 대한 북한의 '연해(coastal waters)' 주장과 유엔사의 '공해(international waters)' 주장 간의 대립이었다. 북한은 서해5도 주변 수역이 자신들의 연해이기 때문에 사전에 승인을 받으라고 주장하였고, 유엔사는 그 주변이 공해이기 때문에 자유롭게 항행할 수 있다는 점을 강조한 것이다. 이런 점에서 당시 유엔사의 주장을 논리대로 해석하면 오히려 NLL이 공해상에 그어놓은 가상의 선일 수도 있다. 그래서 당시 유엔사는 북한의 주장이 정전협정에 규정된 인접해면 존중 원칙을 위반한 것이라고 했지, NLL의 존재에 대해 인정하고 그 선을

16 김정건, 앞의 논문, 144쪽; 김명기, 앞의 논문, 26~27쪽.

17 Yoram Dinstein, War Aggression and Self-Defence, Cambridge University Press, 2005, pp. 42~47.

18 각각의 사례에 대한 설명으로는 이상철, 앞의 책, 106~115쪽 참조.

19 合參情報參謀本部,『軍事停戰委員會便覽 4』, 國防情報本部, 1999, 312~313쪽.

넘지 말라고 요구하지는 않았다. 이와 같은 점에서 북한이 1973년까지 묵시적으로 NLL을 인정해 왔다는 주장은 실제 역사적 사실과 부합하지 않는 측면이 있다.

셋째, NLL의 유효성을 주장하는 연구들은 북한이 그동안 NLL을 인정해 왔다고 주장한다. 그 대표적 사례로 1959년 발간된 『조선중앙연감』에 NLL이 표기되어 있다는 점을 강조한다. 그러나 실제 『조선중앙연감』에 수록된 지도를 보면 서해5도와 북한이 서로 마주 보는 곳에만 일부 선이 표시되어 있을 뿐 NLL과 다르다는 것을 쉽게 확인할 수 있다.[20] 이 선을 연결하면 NLL과 유사하다고 볼 수 있을지도 모르나, 실제로는 정전협정에 규정된 인접해면을 존중하는 차원에서 그어진 것이다. 게다가 이 주장은 『조선중앙연감』이 발간되었던 1959년에 제기된 것이 아니라, 1999년 서해교전 이후 정보기관이 발표한 것을 학계가 활용한 것이었다.[21]

또 다른 사례는 1984년 북한이 수해 구호물자를 보내면서 NLL 선상에서 인계했다는 점이다. 아울러 1993년 남한이 비행정보구역을 NLL에 준해 변경했음에도 북한이 아무런 문제제기를 하지 않은 점도 근거로 제시되고 있다.[22] 그러나 수해 구호물자의 인수인계 지점을 갖고 NLL을 해상분계선으로 인정했다고 추론하는 것은 지나친 비약이다. 또한 비행정보구역은 해당 국가의 주권이 미치는 구역에 따라 설정되기는 하지만, 그것으로 영토와 영해를 구분 짓는 기준점으로 삼는다는 것은 자의적 해석에 불과하다.

한편 북한이 1991년 체결된 남북기본합의서에서 북방한계선의 존재를 인정했다고 하면 그 사실은 NLL 승인의 주요 근거가 될 수 있다. 위 합의서 제11조에는 "남과 북의 불가침 경계선과 구역은 1953년 7월 27일자 군사정전에 관한 협정에서 규정된 군사분계선과 지금까지 쌍방이 관할하여 온 구역으로 한다"고 명시되어 있다.[23] 아울러 부속합의서 제10조에는 "남과 북의 해상불가침경계선은 앞으로 계속 협의한다", "해상불가침구역은 해상불가침 경계선이 확정될 때까지 쌍방이 지금까지 관할하여 온 구역으로 한다"고 규정되어 있다.[24]

NLL의 유효성을 주장하는 연구들은 위의 합의에 명시된 "지금까지 쌍방이 관할하여 온 구역"을 NLL로 등치시켜 설명한다. 실제 당시 회담을 진행했던 임동원도 북한이 기존에 받아들이지 않았던 내용을 수용하는 모습을 보고 "뜻밖의 양보 의사를 밝혀 우리를 놀라게 했다"고 평가하기도 했다.[25] 그러나 이 조항에 대한 해석을 두고 남과 북의 견해가 일치하지는 않는다. 남한이 "쌍방이 관할하여 온 구역"을 NLL로 보는 것처럼 북한도 그 구절을 자신들이 설정한 해상경계선이나 정전협정에 규정된 인접해면으로 보고 있다.[26] 이처럼 남북기본합의서에 명시된 조항 또한 북한이 NLL을 인정하고 남북 간에 그 선을 잠정적인 해상분계선으로 합의했다고 보기에는 무리가 따른다.

---

20 조선중앙통신사, 『조선중앙연감 1959(국내편)』, 1959, 254쪽.

21 「'NLL 인정' 北 문건 발견, 국정원 서해5도 표기」, 『京鄕新聞』 1999.10.1.

22 국방부, 앞의 책, 2002, 11~12쪽.

23 統一院, 『南北基本合意書 解說』 1992, 203~204쪽.

24 「南北불가침부속합의서 全文」, 『京鄕新聞』 1992.9.18.

25 임동원, 『피스메이커 –남북관계와 북핵문제 20년–』, 중앙 books, 2008, 213쪽.

26 「미국과 남조선 괴뢰들은 우리가 제기한 서해해상경계선을 받아들여야 한다」, 『로동신문』 1999.7.22; 『정전협정 파괴자의 정체』, 『로동신문』 1999.7.25.

2) NLL에 관한 북한의 입장 변화

NLL을 비롯한 서해 해상경계선 설정은 상대방이 있는 문제라는 점에서 북한의 입장도 상세하게 연구될 필요가 있다. NLL에 관해 어떤 입장을 취하건 북한의 주장을 무시해서는 근본적인 문제의 해결이 어렵다는 점에서 편견 없이 있는 그대로 살펴보는 것은 중요하다. 나의 이익을 위해서라도 '역지사지'의 입장에서 상대방의 머릿속에 들어가 보는 것이 '백전불태'를 위한 지름길이기 때문이다. 그러나 그간 연구들은 대부분 북한의 실증적 자료에 기초해 있기보다는 NLL의 유효성을 찾기 위한 차원에서 정부나 군 당국에서 발표한 것을 발췌 또는 재인용하는 수준에 머물러 있었다.

그럼에도 북한의 1차 자료를 기반으로 서해 문제에 관한 입장을 분석한 연구들이 일부이지만 제출되었다. 이용중은 『로동신문』, 『조선중앙연감』, 『군사정전위원회 회의록』 등을 기반으로 북한의 NLL에 관한 입장을 통시적 차원에서 정리하였다.[27] 그에 따르면 북한이 공식 석상에서 NLL을 처음으로 부인한 것은 1999년 6월 15일 제1차 서해교전이 발생한 당일 판문점 장성급 회담에서였다. 이후 북한은 NLL의 부당성을 『로동신문』과 『조선중앙통신』 등 각종 선전 매체를 통해 주장하였다. 여기서 주목할 점은 북한이 NLL의 부당성을 단순히 강변하는 것이 아니라, 국제법적 근거와 유엔해양법협약에 명시된 조문을 갖고 비판하고 있다는 것이다.

북한의 주장에 따르면 모든 국가들이 국제해양법상 12해리 영해를 선포할 수 있는 상황에서 NLL의 존재는 합법적 영해에 대한 침범일 수 있다. 또한 국제해양법은 분쟁상태에 있는 경우 정전협정과 같이 양측의 합의에 기초해 새로운 경계를 설정할 것을 요구하고 있다. 그런데 NLL은 자신들과 합의 없이 일방적으로 선포한 선이므로 국제법에 대한 엄중한 위반이다. 남한이 국제법상 '응고의 원칙'과 '시효의 원칙' 등을 근거로 주장하지만, 그것은 관계국과의 합의·승인·묵인 등 복합적 요인에 의해 권한 획득을 인정받는 것이다. 그렇다면 자신들이 NLL을 인정한 적이 없는데 "누구와 합의하고, 누구의 승인을 받아, 누구의 묵인하에, 누구로부터 그런 권한을 인정받았는가?"라며 반문하고 있다.[28]

이후 북한은 1999년 7월 21일 판문점 장성급 회담을 통해 '조선 서해해상 군사분계선'을 발표하였다. 그들은 이 선의 존재 또한 국제법 원칙을 근거로 제시하며 '정당성'을 주장하였다. 북한의 주장에 따르면 이 선은 정전협정에 규정된 경기도와 황해도의 도계를 연결한 A(가)-B(나) 선을 연장했다는 점에서 국제법에 따른 합의 원칙에 부합한다. 또한 이 선은 황해도 강령반도 끝단인 등산곶과 경기도 굴업도 사이의 등거리 점, 황해도 웅도와 경기도 서격렬비도 사이의 등거리 점을 기준으로 했기 때문에 유엔해양법협약에 명시된 등거리 원칙에도 부합한다. 아울러 이 선은 끝단이 중국과의 반분 교차점과 맞닿아 있기 때문에 동아시아 국제적 관계로 고려되었다고 한다.

이용중은 이와 같은 점을 고려해 NLL에 관한 남한의 주장이 실효적 지배와 묵인의 관행 등의 측면에서 유리한 점도 있지만, 국제해양법에 근거한 북한의 논리가 보다 '합리적'

---

27 이용중, 『서해북방한계선(NLL)에 대한 남북한 주장의 국제법적 비교 분석』, 『법학논고』 32, 2010.

28 위의 논문, 553~554쪽.

이라는 평가를 하였다.[29]

▼ 그림 2 북한 주장 해상경계선(1999)과 NLL

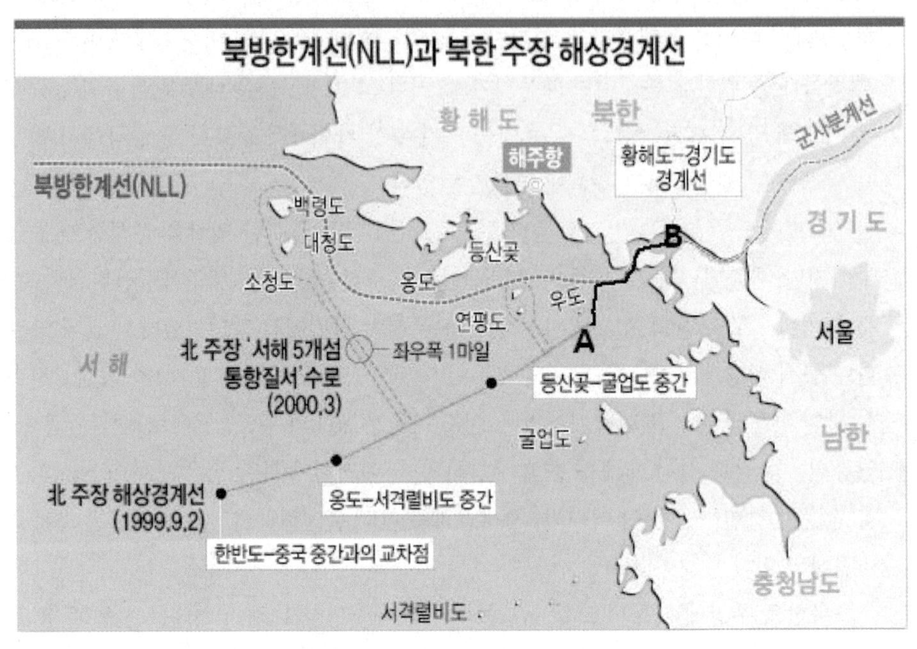

출처: 『NLL 인정하지 않던 北 … 경제적 해법 찾다』, 『서울신문』 2021.2.26.

한편 2003년 노무현 정부 출범 이후 남북 간에 서해에서의 무력 충돌 방지와 군사적 긴장 해소를 위한 논의가 시작되었다. 북한은 남북 군사 회담에서 공동어로구역 설정 등이 논의되자 과거보다 유연한 입장에서 해상경계선 설정 문제를 제기하였다. 북한은 이 문제와 관련해 단계적 접근의 필요성을 제기하면서, 남북 각각의 영해 기산선 선포 → 남북 양측의 기존 해상경계선 주장 포기 → 국제법 원칙에 따른 새로운 해상경계선 설정을 주장하였다. 그러나 남한은 북한의 주장이 NLL을 무력화시키기 위한 전술이라며 받아들이지 않았다.[30]

남북 군사 회담은 기본적으로 양측의 체제를 수호하는 군인들 간의 협의였기 때문에 민감한 해상경계선 설정에 관해 쉽게 합의에 이르지 못했다. 결국 이 문제는 남북의 정상이 정치적으로 해결해야 할 사안으로 여겨졌고, 10·4선언을 통해 '서해평화협력특별지대'라는 결과로 이어졌다. 이것은 노무현 대통령의 제안을 김정일 국방위원장이 받은 것으로서 민감한 해상경계선 문제는 건드리지 않으면서 "안보·군사 지도 위에 평화·경제 지도를 덮는 방식"[31]이었다.

29 같은 논문, 558쪽.

30 『남북 장성급 회담 北측 NLL 문제제기로 결렬』, 『한국일보』 2006.3.3; 『서해상 NLL 재설정 … 남북 간 이견 못 좁혀』, 『세계일보』 2006.5.17; 『남북 서해 공동어로 원칙 합의 장성급 회담 수역설정 논의키로』, 『한겨레』 2007.5.12.

31 『2007 남북정상회담 회의록 전문』, 『東亞日報』 2013.6.26.

그런데 남북 정상은 큰 틀에서 서해에 평화수역과 공동어로구역을 만드는데 합의했지만, 그 위치를 어디에 둘 것인가의 문제를 두고 생각이 달랐다. 노무현 대통령은 NLL은 그대로 두고 그 위를 경제적 이해관계로 덮어버리자고 했던 반면, 김정일 위원장은 NLL과 자신들이 주장하는 해상경계선 사이에 평화수역을 조성하려고 했다. 결국 이 문제는 정상회담 직후 국방부 장관과 인민무력부장 간 회담에서 논의되었지만, 최종적인 합의에 이르지 못했다.[32] 이때 북한은 아래의 그림과 같이 NLL과 유사한 개념의 '서해 해상경비계선'을 들고 나왔다.

▼ 그림 3 북한 주장 '서해 해상경비계선'

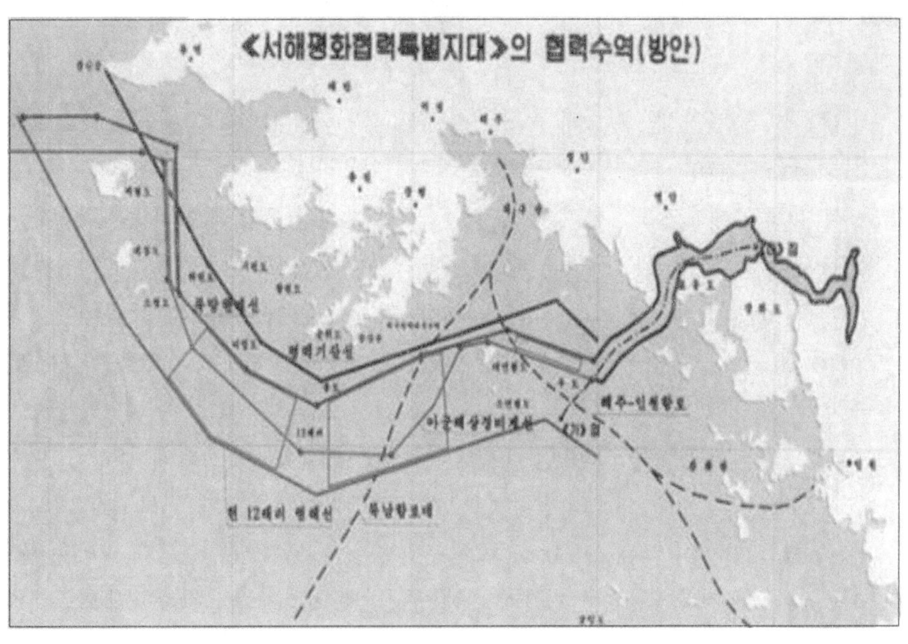

출처: 김동엽, 『북한의 해상경계선 주장 변화와 남북군사협상』, 『통일문제연구』 31-2, 2019, 57쪽.

김동엽은 '서해 해상경비계선'을 일종의 협상용이라고 평가하였다. 그에 따르면 이 선은 정상회담 이후 평화수역과 공동어로구역 설정을 위해 기존의 주장을 대신하여 새로운 대안 차원에서 제기된 것이었다. 북한은 기존의 12해리 영해선이나 1999년 발표한 '조선 서해해상 군사분계선' 대신 이 선을 제기함으로써 겉으로는 통 크게 양보하는 모습을 보였다. 하지만 평화수역과 공동어로구역을 NLL과 '서해 해상경비계선' 사이에 설정하겠다는 것은 결과적으로 NLL을 무력화시키겠다는 주장에 불과했다는 것이다.[33]

그렇지만 북한은 2018년 판문점선언과 평양선언을 통해 그동안 인정하지 않았던 NLL에 대해 "서해 북방한계선 일대를 평화수역으로 만들"겠다고 합의서에 명시하였다. 이 조

32 「北 지난달 국방회담때 NLL 재설정 공세 南 반박」, 『東亞日報』 2007.12.3.

33 김동엽, 『북한의 해상경계선 주장 변화와 남북군사협상』, 『통일문제연구』 31-2, 2019, 57~58쪽.

항의 삽입은 10·4선언 직후 남북이 평화수역과 공동어로구역의 기준점 설정에 합의하지 못해 서해에서 다시금 갈등이 비롯된 것에 대한 평가에서 비롯된 것으로 볼 수 있다. 그런 점에서 북한이 지금까지 NLL의 존재 자체를 부정하던 입장에서 이 내용에 합의했다는 점은 중요한 변화이다. 물론 이것은 북한이 NLL의 존재 자체를 인정했다는 것이지 그 선을 서해의 해상경계선으로 설정하는 데 동의했다는 것은 아니다. 그렇지만 그 변화를 포착하여 남북 간 서로의 이해관계를 얽히게 만들어 갈등과 분쟁의 여지를 줄여나가는 것은 중요하다.[34]

4 남북의 갈등을 틈탄 중국어선의 불법어로

서해에서 벌어지는 갈등과 충돌은 비단 남한과 북한 사이의 문제만은 아니다. 이곳에서는 중국어선들이 남북한 간의 갈등을 교묘히 이용하며 불법어로를 자행하고 있다. 그들은 서해5도 근해에서 조업하며 어족 자원의 고갈과 환경 오염 등 여러 문제를 발생시키고 있다. 게다가 중국은 인민해방군 해군 경비함을 동경 124도 동쪽 백령도 40km 근해까지 진입시켜 소위 '서해공정' 또는 '서해 내해(內海)화' 논란을 야기하고 있다. 중국이 이와 같은 행동을 할 수 있는 이유는 서해5도 주변이 한중 간에 200해리 배타적 경제수역이 중첩되는 수역이기 때문이다.

물론 한국과 중국은 2000년 8월 한중어업협정을 체결하여 바다에서의 상호협력을 강화해 나가기로 합의하였다. 이 협정에서 한중 사이의 수역은 크게 '과도수역', '잠정조치수역', '현행조업유지수역'의 세 부분으로 구분되었다. '과도수역'은 양국에 가까운 곳으로서 향후 배타적 경제수역을 만들어가기 위해 상대방의 어업활동을 감축하게 만든 수역이었다. 이후 양국의 '과도수역'은 2005년 6월 이후 각각의 배타적 경제수역으로 편입되었다. '잠정조치수역'은 양국의 주권적 권리 적용을 배제하고 공동으로 관리하는 일종의 중간지대이다. '현행조업유지수역'은 '잠정조치수역'의 북단과 남단에 위치해 한쪽의 법령을 다른 쪽에 적용하지 않고 기존의 방식대로 유지되는 수역이다.[35]

그런데 문제는 한중어업협정상 서해5도 수역은 '잠정조치수역' 북단에 위치하여 '현행조업유지수역'으로 설정되었다는 점이다. 이로 인해 중국어선은 서해5도 수역이 자신들의 배타적 경제수역 안에 있다는 이유로 자유롭게 어로 활동을 할 수 있게 되었다. 반면 한국어선의 경우에는 남북 간 갈등으로 인해 조업한계선이 설정되어 있고 또한 안보상의 이유로 '특정해역'으로 지정되어 있어 어로 활동에 제약을 받고 있다. 결과적으로 우리 어민들은 서해5도 수역에서 역차별을 받고 있는 반면, 중국 어민들은 말 그대로 '어부지리'를 얻고 있는 셈이다.

이에 따라 한중 양국은 양해각서를 통해 '(북부)현행조업유지수역'에서 중국어선은 한

34 예대열, 「NLL 인정하지 않던 北 … 경제적 해법 찾다」, 『서울신문』 2021.2.26.
35 박용현, 「한중어업협정상 새로운 어업수역체제에 관한 연구」, 『法學硏究』 22, 2006, 378쪽.

국의 '조업제한조치'를 존중하고, 한국어선은 양쯔강 유역에서 실시되고 있는 '자원보존조치'를 존중하기로 합의했다. 그러나 양국 간에는 양해각서의 해석을 둘러싸고 인식의 차이가 존재한다. 서해5도 수역은 한국의 입장과는 달리 북한이 주장하는 12해리 영해에도 포함되기 때문에 한국의 관할권이 미치는 '(북부)현행조업유지수역'이 과연 어디까지인가를 두고 다툼의 소지가 있기 때문이다.[36] 중국은 이 점을 활용하여 서해5도 수역에서 불법조업을 자행하다 해경이 단속하면 NLL 북쪽으로 이동했다가 단속이 사라지면 다시 내려오기를 반복한다.

이처럼 중국어선은 남북의 갈등을 틈타 불법어로를 자행하고 있음에도 불구하고 이 문제에 관한 연구는 많이 진행되지 않고 있다. 중국어선의 서해5도 수역에서의 불법조업에 관한 연구는 해경 입장에서 단속의 방식이나 제도 등의 문제에 한정되어 있다.[37] 서해5도 수역이 남북한은 물론 중국의 관할권 중첩수역으로서 국제법상 그 지위에 논란이 있는 만큼, 이 문제는 다양한 학문 분야로 연구를 확대시켜 보다 입체적으로 접근할 필요가 있다.

5 맺음말

지금까지 서해5도를 둘러싼 연구 현황을 관할권 중심으로 살펴보았다. 전근대 시기 교류의 중심이었던 서해5도는 분단 이후 남북 간 갈등의 최전선으로 변해 버렸다. 21세기 평화로운 한반도를 만들기 위해서는 정치적 입장에 따른 이념 차이를 넘어 서해를 항구적인 평화지대로 만들기 위한 노력이 필요하다. 이 문제에 관해 몇 가지 제언을 하면서 결론을 대신하고자 한다.

첫째, 역사적 사실과 현실적 상황을 고려해 서해 문제를 해결하기 위한 실질적 대안을 마련하는 것이 필요하다. NLL은 설치의 과정이 불분명하고 국제법적으로 인정받기 어려운 측면이 있다. 그러나 그 선이 현실적으로 엄연히 남북의 '경계'로서 역할을 하고 있고, 그로 인해 불안하지만 나름의 '평화'가 지속되고 있는 측면이 있다. 실제 이런 상황을 반영하여 노무현 대통령이 민감한 해상경계선 문제를 건드리지 않으면서 그 위를 평화와 경제의 지도로 덮는 방식으로서 대안을 마련하고자 했다. 이 대안이 대통령 선거를 앞두고 정쟁거리로 전락했지만, 그 효용성을 변화된 상황에 맞게 다시금 재구성할 필요가 있다.

둘째, 서해를 항구적인 평화지대로 만들기 위해서는 남과 북, 좌와 우 모두 상대방의 입장에서 문제를 '이해'해 보는 것이 필요하다. 특히 이러한 태도는 북한을 대하는 데 있어서 중요하다. '역지사지'를 통해 상대방의 입장에 서보거나 그들의 머릿속으로 들어가 보는 것이 문제 해결의 지름길이며 결국에는 그것이 나의 이익으로 돌아온다. 한 가지 고무적인 것

36 정태욱, 앞의 논문, 2021, 28쪽.

37 조동호, 「불법조업 중국어선 동향을 통해 바라본 단속제도에 대한 고찰 -어업관리단(특별사법경찰) 중심으로-」, 『한국해양경찰학회보』 2-1, 2012; 노호래, 「서해5도에서의 중국어선의 불법조업 문제」, 『한국해양경찰학회보』 5-1, 2015; 고명석, 「불법조업 중국어선 단속에 대한 고찰: NLL 인근수역과 한강하구를 중심으로」, 『한국해양경찰학회보』 6-3, 2016.

은 북한이 판문점선언을 통해 NLL을 인정하는 방향으로 변화를 보이기 시작했다는 점이다. 북한의 태도 변화는 NLL을 인정하더라도 그 반대급부로 자신들이 취할 이익을 따져봤기 때문일 것이다. 그 변화를 포착하여 서로의 이해관계를 얽히게 만드는 것이 중요하다. 평화는 실리적 이해가 서로 얽히지 않으면 자칫 모래 위의 성처럼 쉽게 무너져 내리기 때문이다.

셋째, 그동안 서해5도 연구는 관할권과 경계에 대한 연구에 집중되어 있었다. 정작 그곳에서 거주권과 이동권 등 인간의 기본적 권리를 제약받으면서 살고 있는 사람들에 관심은 상대적으로 적었다. 서해5도에서 근무하다가 목숨을 잃은 젊은 군인들의 안타까운 죽음은 말할 것도 없고, 그곳에 살고 있는 주민들 또한 한국전쟁 이후 처음으로 피난민이 되는 등 상시적인 불안을 안고 살아가고 있다. 서해5도 주민들은 매일 눈앞에서 중국어선의 불법어로 행위를 목격하면서도 "오늘도 중국어선이 보여서 다행"이라는, 즉 북한의 특이동향이 없어서 안심이라는 역설을 안고서 살아가고 있다. 서해 문제를 해결하는 데 있어서 무엇보다 그들의 입장에서 고민하고 대안을 마련하는 것이 필요하다.

서울신문 서해5도 특집연재기사

임병선(서울신문) · 이석우(인하대)

14 | 신년 기획 2021년 1월 15~16일 서울신문

협력에 웃고 포격에 운 서해… "평화경제 2막 돛 올려라"

서해 5도 가운데 하나인 대연평도에 2010년 11월 23일 오후 북한군의 공격으로 포연이 일고 있다. 서해 5도는 북한이나 중국과 분쟁의 공간으로만 인식돼 평화와 협력의 영역으로 확장해야 한다는 주장이 제기되고 있다. 서울신문 DB

서해 5도를 다시 보다

〈1〉 서해 5도 수난사와 가야 할 길

과거와 현재 '풍전등화' 서해 5도

천안함·연평도 사태때마다 위험 노출
주민 일상 멈추고 재산·경제 활동 제약
평화와 실리 출발된 2007년 10·4선언
금강산·개성공단 폐쇄… 남북 원점으로

미래 '공생관계' 모색

'안보의 항구' 해주가 무역항 변신하면
인천·영종도 특구 생산기지 윈윈 가능
中 경제특구도 서해 몰려 발전 길 열려
학술조사·서해5도지원법안 등 준비를

서해 5도와 주변 수역은 역사적으로 중국 산둥반도를 마주 보며 사람, 상품, 문화가 왕래하던 교류의 중심지였다. 예성강 하류의 벽란도가 국제항구로 번성했다. '효녀 심청'이 빠진 인당수로 백령도와 장산곶 사이가 꼽히기도 한다. 이 수역에 지역을 넘나드는 거상이 존재했음을 보여준다. 서해 5도는 19세기 아편전쟁의 먹구름을 안고 유럽 선박들이 동아시아로 몰려올 때도 주목됐다. 1816년 영국 애머스트 사절단이 중국을 방문했을 때 리라호 함장 바실 홀은 해로 측량을 위해 백령군도에 들러 성경을 처음 전했다. 이듬해 '10일간의 조선항해기'(1817년, 김석중 옮김, 삶과 꿈, 2000년)를 남겼다.

● 바람 앞의 촛불 신세… 주변부 취급

풍요로웠던 서해 5도는 분단체제 천안함, 연평도 사태가 보여주듯 북녘 해안포에 고스란히 노출된 지역이 돼버렸다. 북한 해안포 문이 열리기라도 하면 주민들의 일상은 바로 중지된다. 게다가 서해 5도 주민들은 접경지역에 산다는 이유로 재산권과 경제 활동에 제약을 받고 평균소득도 다른 지역보다 크게 떨어진다. 그런데도 서해 5도는 주변부 취급을 받아왔다. 1999년 1차 연평해전 이듬해 최초의 남북 정상회담인 2000년 6·15 공동선언 의제에서도 빠질 정도였다.

● 평화의 바다로 가는 길, 굴곡은 있기 마련

2차 연평해전 3년 뒤 남북은 2005년 7월 남북수산협력실무협의회에서 서해에 공동어로 수역을 정하기로 합의했다. 외국(중국) 불법 어선의 어로 방지 조치, 어획물 가공 및 유통에 대한 상호 협력 내용도 포함됐다. 뒤이어 남북해운합의서와 부속합의서를 통해 남측이 북측에 개방한 제주해협을 통과한 북측 선박이 2005~2009년 사이에 42척에서 245척으로 급증했다.

2007년 10·4선언은 서해를 평화와 실리의 바다로 바꾸는 시발점이었다. 서해평화협력특별지대 합의는 민감한 해상경계선 문제를 건드리지 않고 해주특구 개발, 인천~해주 항로 활성화, 공동어로를 통한 호혜적 경제구조 형성, 한강하구 공동 개발 등 서해의 평화 정착과 경제협력 선순환을 제시했다.

2003년 개성공단이 삽을 뜨고 비무장지대 문이 열렸다. 북한 군부대 역시 그만큼 뒤로 물러났다. 그러나 2008년 금강산관광 폐쇄, 2016년 개성공단 폐쇄 등을 거치면서 남북 관계는 이전으로 돌아갔다. 고착된 적대적 분단체제를 평화체제로 전환하는 과정이 순탄할 수는 없다.

1989년에도 그랬다. 경영 환경을 바꿔 남북경협-북방경제권을 구상한 정주영이 북한을 방문하고 돌아오자마자 색깔론이 득세했다. 당시 노태우 정부는 북방정책을 추진하면서도 냉전체제가 무너져가던, 절호의 기회에 분단 리스크를 돌파할 리더십도, 능력도 보이지 못했다. 결국 6·15 선언까지 10여년이 더 소요됐다.

● 적대관계를 공생관계로 바꾸는 국제 사회

한반도만 지구에 마지막 남은 냉전지역으로 남아 있다. 자랑스러울 수 없다. 적대적 제로섬 관계에서 평화의 플러스섬 관계로 남북 상황을 바꿔 지금보다 나은 환경을 후대에 물려주겠다는 문제의식이 마땅하다.

평화와 실리라는 국익을 위해 북한을 활용하는 방법을 끊임없이 상상하고 길을 뚫어야 한다. 내 생각을 관철시키려면 먼저 상대의 머릿속으로 들어가야 한다. 눈을 바깥으로 돌려보자. 국익 앞에 적대적 관계는 무상하다. 냉전체제가 극에 달했던 1972년 리처드 닉슨 미국 대통령은 한국전쟁 전장에서 '철천지 원수' 중국과 만났다. 중국의 핵무장 능력만 키워놓았던 중국 봉쇄정책을 바꾼 것이다.

서해 5도처럼 해안 접경지대를 두고 합의한 사례도 있다. 한반도 못잖은 '불구대천 원수'인 요르단과 이스라엘은 1994년 10월 평화협정을 체결하고 분쟁 해역 아카바만에서의 상호 협력과 평화 공존 프로그램을 시작했다. 1996년 1월 두 나라는 '홍해 해양 평화공원'을 지정해 지역경제와 물류를 활성화시켰다. 산호초 생태계의 손상 및 보호에 협력하면서 관광 수입까지 늘렸다.

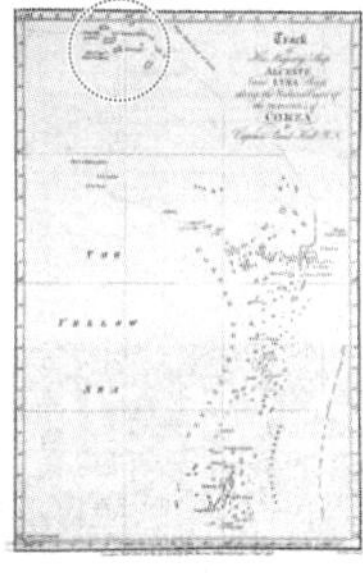

지도 왼쪽 위 빨간 원 안 'Sir James Halls Groupe'로 표기된 곳이 백령군도다.

● 평화는 이익이 얽혀야 굳어진다

한반도 평화경제 2막의 장소는 서해이다. 서해가 평화와 실리의 뱃길이 되려면 인천, 개성, 칭다오와 가까운 평안남도 해주가 중요하다. 실제로 합의했다. 10·4 선언 당시 노무현 대통령이 해주 특구를 제안했다. 오전에 김정일 국방위원장은 개미 한 마리 들어갈 틈 없이 군사시설이 있어 어렵다고 말했다. 그러나 오후에 전격적으로 받아들였다. 북한도 서해 평화 정착에 대한 의지가 그만큼 절실했다.

백령도가 남측에 안보의 섬이라면, 해주는 북한에 안보의 항구다. 현 상태에서 해주는 무역항이 될 수 없다. 해주가 무역항으로 발전하고 광역 해상경제특구가 된다면, 인천에도 큰 이익이고 영종도 특구 생산기지도 가능하다. 20여㎞ 떨어진 남북의 두 해상공단이 분업 관계로 경쟁력이 커지면 개성~해주~인천을 잇는 삼각 경제지대도 가능해진다.

중국의 경제특구 역시 서해 연안에 몰려 있다. 남북 서해 경제권이 형성되면 국제적 서해 경제권으로 커질 것이다. 그렇게 되면 낙후됐던 서해 중남부 지역도 경제 발전을 모색할 수 있다. 큰 실리가 얽히면 경계선은 적대선이 아니라 평화선이 된다.

● 새 역사는 작은 실천에서 시작된다

동북 아시아는 미중 패권 다툼으로 해역 분쟁 가능성도 커졌다. 독도, 동해, 이어도, 서해, 북방한계선(NLL), 남부대륙붕(JDZ) 등 한반도 주변 해역과 접경 수역은 북극해와 남중국해, 태평양을 잇는 핵심 해로가 되고 있다. 지역 문제로만 안일하게 볼 문제가 아니다. 서해 5도 문제는 국가적 현안일 수밖에 없는데 우리는 많은 것을 놓치고 있다.

당장 서해 공동어로구역 지정은 어렵다. 대북제재와 무관한 학술조사부터 시작하자. 한강하구 강화도에서 백령도에 이르는 해역의 생태계와 어족 자원, 기후, 수온 변화, 수심 등을 조사해야 향후 공동어로구역 및 평화수역, 어족자원 보존지역 등을 지정할 때 기초자료로 활용할 수 있다.

서해 5도 수역은 NLL을 포함해 한국, 북한, 중국 사이에 국제법에 관할권 충돌 위험이 상존한다. 이것이 엄연한 현실이다. 남북 군사적 충돌 와중에 중국의 불법 어업이 활개친다. 우리 국내법은 변화하는 국제정세나 국내적 필요에 대응하지 못하고 있다.

서해 5도 지원특별법안은 권익 제약을 전제로 보상을 추진하는 법률안이다. 하루 빨리 서해 5도를 평화수역으로 만들어 권익이 제약될 소지를 해소해야 한다. 정전협정에 부합하면서 10·4 선언과 판문점 선언 실행을 위해 서해 5도 수역의 평화 정착, 남북 교류와 협력 활성화, 주민들의 권익 보장을 위한 새로운 기본법 제정이 필요한 시점이다.

정태헌 고려대 한국사학과 교수
(남북역사학자협의회 이사장)
taehem@hanmail.net

해무 잦고 관측시설 부족… 서해5도 해양환경 인프라 '안갯속'

① 옹진 소청초 | 소청도 남쪽 37km 수심: 50m 2014년 완공

② 신안 가거초 | 가거도 남서쪽 47km 수심: 15m 2009년 완공

③ 이어(마라)초 | 마라도 남서쪽 149km 수심: 41m 2003년 완공

그래픽 강미란 기자 mrkang@seoul.co.kr

다시 보다

〈2〉 해양환경 특성과 관측의 어려움

인천~서해5도 항로 수시로 '안개 대기'
북서쪽 백령도 해무 연간 100일 정도
소청도·연평도 해역 유속도 매우 빨라
어로활동 뿐 아니라 이동권 제약 잦아
풍부한 영양 염류로 해양생물 364종

지정학적 불확실성… 학술적 접근 선행
보안자료 미공개로 학술활동 큰 제약
장비 설치·관리도 현실적으로 어려워
남한선 첨단기술·자료분석 능력 제공
북한은 공동 관측 위한 문호 개방해야

지난해 9월 해양수산부 공무원 피격 사건 때 시신 발견 지점을 기준으로 언제 어디에서 그 공무원이 근무 중이던 선박에서 바다로 떨어졌는지 논란이 빚어졌다. 해양 유관기관들이 컴퓨터 예측모델 결과들을 제시했으나, 그 누구도 어느 것이 맞다고 얘기할 수 없다는 결론에 이르렀다. 명쾌한 답을 제공할 수 있는 관측 정보가 축적돼 있지 않았기 때문이다.

서해 5도는 우리나라의 최접경에 위치해 있으며 북한과의 갈등이 고조될 때마다 주민들의 일상은 큰 영향을 받는다. 남북 간 긴장을 틈탄 중국 어선들의 불법 조업도 주민들의 생계를 위협하고 있다. 해무가 자주 끼어 어로뿐만 아니라 이동에도 제약을 받는다. 서해 5도를 잇는 항로를 모니터링하는 해양관측시설은 턱없이 부족하다.

2019년 서해 5도의 어장 확장이 결정되면서 어획량도 증가하고 도민들의 조업 시간도 늘어났다. 하지만 해양사고에 대한 위험도 덩달아 커지고 있다. 2015년 소청초 해양과학기지가 건설되면서 이 해역에 대한 해양관측시설이 확충됐지만 서해 5도는 동해와 남해에 견줘 과학적 관리를 위한 해양 인프라가 부족하다. 평화의 섬으로 나아가기 위해서는 이 해역의 현황을 제대로 파악하고 이해하는 것이 중요하다.

기상환경 서해 5도는 북서쪽으로 백령도, 대청도, 소청도가 있고 남동쪽에 연평도와 우도가 위치해 있다. 백령도에 기상청의 종관기상관측소(ASOS)와 방재기상관측소(AWS)가 있어 (초)미세먼지 관측도 수행하고 있다. 연평도에도 AWS와 (초)미세먼지 관측소가 있다. 백령도의 연중 평균 기온은 섭씨 12도 정도이며 여름철 최고 30.5도, 겨울철 최저 영하 9.7도다. 연평도의 연평균 기온은 백령도와 같지만 여름철 최고 35.1도, 겨울철 최저 영하 10.3도 정도다.

백령도의 연간 해무 일수는 100일이며 소청초 기지에서도 비슷하게 관측된다. 남해 24일, 동해 15일, 서해가 46일 정도인 데 비해 상대적으로 빈도가 높다.

해양환경 조위는 백령도에서 약 4m, 연평도 6m 정도다. 소청초 해양과학기지는 4m 정도의 조차를 보인다. 유속은 소청초 및 연평도 해역에서 2.5노트 정도로 매우 빨라 선박의 이동이나 어로에 지장을 초래한다.

남한의 한강, 임진강, 그리고 북한의 예성강 등으로부터 담수가 유입되는데 해양생태의 기초가 되는 영양염류가 매우 풍부한 곳이다. 해마다 5000t의 꽃게가 어획되며 국립수산과학원 서해수산연구소에 따르면 11목, 53종의 분류군과 자치어 15종이 보고됐다. 물범, 상괭이에 백상아리와 범고래도 종종 눈에 띈다.

하지만 서해 5도의 수산자원 분포에 대한 연구 역시 다른 바다에 견줘 많이 부족하다. 육상의 비무장지대(DMZ)처럼 어로 활동 등 민간인의 접근이 쉽지 않아 서해 5도는 국내에 보고되지 않은 생물종들이 많이 서식하는 것으로 알려져 있다.

국립해양생물자원관은 백령도에서 국내 대학, 연구소 등의 해양생명자원 기탁등록기관의 분류 전문가 54명이 참여한 가운데 신종 및 미기록종 후보 16종을 포함한 364종의 해양생물을 확보했다고 발표하기도 했다. 2010년 11월 23일 북한이 서해 연평도에 포격을 가한 뒤 이듬해 8월 해양환경공단은 연평도 갯벌을 조사했다. 그 결과 모두 113종, 조하대에선 83종, 모두 148종의 대형저서동물이 분포하는 것이 확인됐다. 물새는 한 번 조사했을 때 13종이 출현한 것으로 확인됐다.

해양관측 서해 5도를 평화의 섬으로 남북이 잘 활용하기 위해서는 그 해역의 특성을 잘 이해하고 예측할 수 있어야 한다. 하지만 지정학적인 위험 때문에 해양과학 분야의 관측 및 연구 활동은 매우 제한적으로 수행되고 있다. 국립해양조사원에서는 백령도, 연평도에서 해양관측 부이와 조위관측소를 운용 중이며 소청도 남쪽에는 소청초 해양과학기지가 설치돼 있다. 해수유동관측소는 소연평도와 소청도에서 정보를 생산하고 있다. 국립수산과학원에서는 백령도에 실시간 해양환경 어장정보 정점을 운영 중이며, 기상청에서는 소청도에 레이더식 파랑계를 운영 중이다. 많지 않은 관측자료인데도 국가 보안이 필요한 자료들은 공개하지 않아 서해 5도를 이해하기 위한 학술활동 활성화에 걸림돌이 되고 있다.

해양관측에 많은 제약이 따르는데도 서해 5도에서는 천문조에 의한 흐름(조류)이 바람 및 전향력에 의한 흐름보다 우세한 특성이 있다. 따라서 조석 성분만을 고려한 해양 모델 계산만으로도 해수의 흐름 형태를 제한적으로 재현할 수 있어 해류 및 파랑 예측을 위한 수치모델 연구는 과거부터 수행돼 왔다. 최근에는 한강, 임진강 하구의 담수 배출량을 실시간으로 반영해 염분 및 수온 변화를 예측하고 수온과 기온의 차이를 비롯한 다양한 물리적 요인을 예측해 해무 발생을 예측하는 연구가 진행되고 있다.

해양수산부에서는 서해 5도를 포함한 국내 모든 연안에 300m급 해상도로 해양예측 시스템을 운영해 조위, 유속, 수온, 염분, 파고, 파주기 등을 예측하고 있다. 특히 한강 하구부터 서해 5도를 포함하는 경기만 일대에 최소 격자 간격 10m 정도로 섬들 주변의 해양 환경을 더욱 정밀하게 예측할 수 있는 연구가 계속되고 있다. 하지만 관측 자료가 충분히 축적되지 않아 수치모델 예측 연구의 정확도를 떨어뜨리고 있다.

연구방향 서해 5도에 대한 자연환경 특성은 지정학적인 문제로 인해 본격적으로, 종합적으로 연구된 전례가 없다. 하지만 서해 5도 해역은 경기만과 인접한 독특한 해양학적 특성 때문에 아주 중요한 곳이다. 서해 전체를 이해하고 예측하는 데 이 해역의 연구가 반드시 필요하다. 이런 이유로 10여 년 전 미국 해군연구소도 국내 여러 연구팀들과 서해 5도를 광역으로 포함하는 경기만에 대한 공동 연구를 추진한 일이 있다. 따라서 남북한이 서해 5도를 평화의 섬으로 활용하기 위해서는 상호 협력하는 학술 활동을 선제적으로 수행할 필요가 있다.

지금은 국가 간 갈등이나 충돌의 위협만큼 환경에 대한 화두가 중요하고 절실한 시대이기도 하다. 따라서 서해 5도의 평화적 공동 활용이라는 측면에서 지속 가능한 개발이 반드시 전제돼야 한다. 해양의 활용으로 인해 해양환경에 나타나는 크고 작은 변화들이 앞으로 해양환경에 어떤 규모로 언제 어떻게 다시 영향을 돌려줄지 알 수 없는 일이기 때문이다. 이런 측면에서 남북한 양측이 모두 이익을 얻을 수 있도록 이 해역에 대한 학술적 접근이 먼저 이루어지는 것이 필요하다.

남한에서는 첨단 해양관측기술과 관리 능력, 그리고 자료 분석 능력을 제공하고 북한에서는 공동으로 관측할 수 있는 문호를 적극적으로 개방하는 것이 필요하다. 바다의 개성공단으로 서해 5도를 평화의 섬으로 이끌어 나갈 해양과학적 기초를 하루빨리 확보하는 것이 중요하다. 이 과정에서 서로가 얻게 되는 과학적 정보뿐만 아니라 협력을 통해 덤으로 신뢰라는 선물도 얻을 수 있을 것이다.

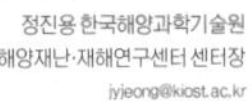

정진용 한국해양과학기술원 해양재난·재해연구센터 센터장
jyjeong@kiost.ac.kr

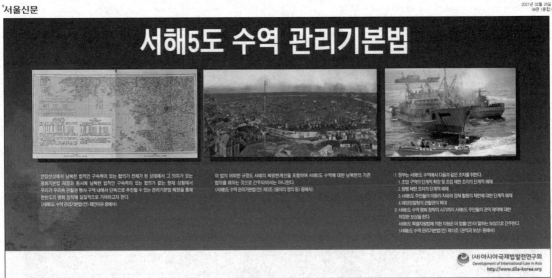

국지전·불법조업·고립 '희생의 굴레'… "서해5도 사는 게 죄인가"

서해5도를 다시 보다

〈3〉바다와 어민들의 삶

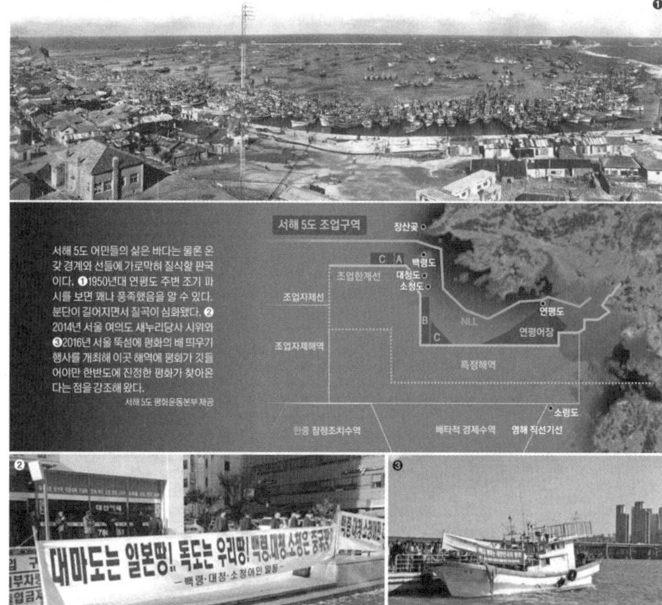

서해 5도 어민들의 삶은 바다는 물론 온갖 경계와 선들에 가로막혀 질식할 판국이다. ❶1950년대 연평도 주변 조기 파시를 보면 꽤나 풍족했음을 알 수 있다. 분단이 길어지면서 질곡이 심화됐다. ❷2014년 서울 여의도 새누리당사 시위와 ❸2016년 서울 뚝섬에 평화의 배 띄우기 행사를 개최해 이곳 해역에 평화가 깃들어야만 한반도에 진정한 평화가 찾아온다는 점을 강조해 왔다.

서해 5도 평화운동본부 제공

불순물을 제거한 사골에 물을 붓고 푹 끓이면 뽀얗고 하얀 국물이 우러나온다. 우려낸 국물은 소금, 파, 후추를 적당히 넣어서 먹으면 된다. 대한민국 바다에도 서해 5도를 넣으면 어김없이 푹 고아낸 안보의 국물이 진하게 나온다. 이 역시 '북한'이라는 소금으로 간을 맞춰 먹으면 된다.

사골과 서해 5도 모두 뼈골이 으스러지고 빠지도록 푹 고아야 한다. 이만저만한 정성이 들어가지 않으면 맛이 제대로 나오지 않기 때문이다. 구멍 뚫린 사골은 버려지지만, 서해 5도는 누군가에게 '안보의 성지'라는 훈장을 받았다. 사람들의 혀에 기억된 훈장의 맛은 어느새 익숙해졌고 쉽게 우려먹을 수 있게 됐다. 그러나 이 맛은 반드시 희생을 동반한다. 그 바다에는 피와 눈물도 담겨 있기 때문이다.

서해 5도는 1·2차 연평해전, 대청해전, 천안함 사건, 연평도 포격 등 국지전으로 인한 생명의 위협과 중국어선 불법조업으로 인한 생계의 문제, 외부와의 고립으로 인한 생활의 어려움이 있는 지역이다. 젊은 장병들도 많다. 누군가의 소중한 아들이다. 군사적 분쟁이 계속된다면, 그 아들의 아들이 또다시 아버지가 서 있는 자리를 지켜야 한다. 이 순간에도 아들을 보낸 누군가의 어머니는 아들의 무사 안녕을 기원하고 있을 것이다. 주민과 군인들 모두 국가와 국민을 위해 희생을 하고 있다.

역사적으로 이곳은 지정학적 특성상 서해 연안 방비를 위한 군사적 요충지이자 한국과 중국을 잇는 해로의 요지였다. 또한 바다는 수심이 얕고 조강에서 나온 모래와 플랑크톤으로 인해 어족자원이 풍부하다. 어민들은 평상시 어업을 기반으로 생활하면서 전쟁, 해적선 출몰 등 위기 상황이 발생할 때마다 군병으로서 또 하나의 의무를 지니고 살아왔다.

일제강점기에는 선진 조업기술이 들어오면서 5도의 조업 환경에 많은 변화가 일어났다. 연평도 조기 파시 때처럼 어선과 상선이 많을 때는 2000~3000척에 달했다. 하지만 실질적인 이익은 모두 일본인이 가져갔다.

한국전쟁 이후 5도서 어민들에게 영향을 미친 결정적 사건은 세 가지로 볼 수 있다. 첫 번째로 유엔에 의한 군사정전협정이다. 국방부가 편찬한 '6·25 전쟁사 9'에 따르면 "거래 목적상 유엔군도… 옹진과 연안반도가 계속 공산군 측의 통제하에 놓이는 것에 동의해도 좋다"고 했다. '버려진 옹진반도'는 분쟁의 바다를 잉태했고 북방한계선(NLL) 갈등으로 이어졌다. 어민들에게도 안보에 따른 규제의 족쇄가 채워졌다.

두 번째는 2000년에 체결한 한중 어업협정이다. 협정문 제9조에는 "잠정조치수역 북단에 위치한 일부수역, 과도수역 이남에 위치한 일부수역에 대해서는 별도의 협의가 없는 한 현행 어업활동을 유지하며 어업에 관한 자국의 법령을 타방 체약당사자의 국민과 어선에 대해 적용하지 아니한다"고 명시돼 있다. 사실상 주권을 강제로 행사할 수 없다. 때문에 정부는 문제가 생길 때마다 "중국 외교적 대응 강화", "해경의 단속 강화", "처벌 강화" 등 세 가지 구두선만 반복하고 있다.

> **한국전쟁 이후 군사정전협정에 '족쇄'**
> **한중어업협정 탓 주권 강제행사 못해**
> **중국 어선의 약탈·불법은 오래된 숙제**
> **안보 이유로 47년간 야간항행도 금지**
>
> **NLL영해 헌법소원 등 목소리 내기도**
> **정부서 기본권 회복 위한 행동 나서야**

중국 어선의 약탈과 불법은 조선시대 이전부터 일제강점기를 제외하고 지금까지 계속되고 있다. 조선 후기 조약을 내세워 국내 어업 영역을 무법적으로 확장해 나갔다. 이 과정에서 생존권을 위협받은 어민들은 스스로 외세와 직접 충돌했다. 1884년 백령도에서 벌어진 '청국인 살상·강도 사건'은 두 나라의 외교 문제로 비화했으나 결국 백령도 어민만 억울하게 효수됐고 관찰사는 유배됐다. 조선의 왕은 백성을 죽임으로써 안위를 지켰다.

지난해 제정된 '어선안전조업법'에 대해 어민들이 강력히 규탄하며 시위를 한 적이 있다. 이유는 5도서 어민들을 군사 통제 대상이자 형사처벌 대상자로 인식하는 정부에 대한 분노이다. 오랜 기간 중국 어선의 노략질에 재산권이 침탈되는 것을 무력하게 보면서 살았다. 그런데도 고향을 떠나지 않고 지금까지 가족의 생계와 생존을 위해 참고 견디며 살아왔다.

힘없는 선대 어민은 생존을 위해 권력에 순응하며 눈치를 보며 사는 것 외에는 별 도리가 없다고 여겼다. 국가 정책에 대해 불만을 나타내면 간첩죄로 몰릴 수도 있다는 불안감에 쥐 죽은 듯이 살아왔다. 북한에 인접한 "서해 5도에 태어나거나 사는 게 죄라면 죄지" 하고 하루하루를 버텨 왔다. 자식들에게는 "나중에 섬에 살지 말아라. 뭍으로 나가 대한민국 국민으로 떳떳하게 살아라"라고 말하면서 거친 풍랑을 헤치며 바다에 몸을 던진 사람들이다.

세 번째는 연평도 포격사건이다. 당시 겁에 질린 1300여명의 주민이 터전을 버리고 어선 등을 타고 긴급히 섬을 떠났다. 한국전쟁 이후 첫 대규모 국민 피란이었다. 그해 겨울 정부가 그들에게 마련해 준 첫 거처는 인천 연안부두 근처 찜질방이었다. 주민들은 집단 이주를 요구했다. 정부는 "NLL을 사수하려는 우리 국방안보 정책상으로도 주민들을 빠져나오게 하는 지원 대책을 하는 것은 저희들이 해서는 안 된다고 본다"며 피란 나온 지 한 달도 안 되는 주민들에게 섬으로 다시 돌아가라고 종용했다. 창살 없는 감옥에 다시 처넣은 것이나 매한가지였다.

긴 세월 서해 5도 어민들의 하루는 24시간이 아닌 12시간이었다. 안보를 이유로 47년 동안 여객선이나 어선 등의 야간 항행이 금지됐고 조업의 자유와 이동권을 제약받으며 살아 왔다. 어민들은 스스로 권리를 찾기 위해 해상시위, 중국 어선 나포, NLL 영해 헌법소원, 분단 후 최초 한강 뱃길 잇기, 해상 파시, 어장 확장을 위한 평화 깃발 게양 등 안보 민주화와 평화 경제화를 위한 다양한 활동을 펼쳤다.

평화와 안보 모두 생존과 안전의 문제를 다루고 있지만 우리나라는 분단으로 인한 이념 갈등이 오랫동안 이어지면서 정치적 의미를 많이 내포하고 있다. 대체로 진보 정권은 평화를, 보수 정권은 안보를 앞세우고 있다. 그러나 평화와 안보 모두 밀물과 썰물처럼 섬의 가장자리만 왔다 갔다 했다. 지난 시간 흔들림 없이 이 자리에 서 있었던 건 바로 어민들이다.

이들에게 중요한 것은 물때를 알고 적시에 바다로 나가야만 고기를 잡을 수 있다는 사실이다. 그리고 목숨을 담보로 하루하루를 살아가는 것이다. 이런 인내와 희생은 계속 이어져 왔다. 누군가는 이들이 섬에 사는 일만으로도 애국하는 일이라고 한 적도 있다. 정부는 어민들에게 최소한의 예의를 지켜야 한다. 그들이 현실적 의무를 다하듯, 정부도 의무를 다해야 한다.

대한민국 건국 이래 역대 정권 모두 어민들에게 수많은 약속을 했다. 그들은 더이상 새로운 약속을 요구하지 않는다. 이미 여러 차례 밝힌 약속에 부합하는 행동을 하라는 것이다. 어민들에게 평화는 생존이며 자유다. 이런 목소리는 인권이자 또 다른 주권의 표현이다. 이분들에게서 희생의 굴레를 벗겨 주고 대한민국 국민 누구나 누리는 기본권을 회복시켜 줘야 한다.

조현근
서해5도평화운동본부 정책위원
hgcho1975@gmail.com

400해리 바다 마주한 한중일… 뒤얽힌 해역 경계선 질서 찾아라

서해5도를 다시 보다 〈4〉 백령도에서 대화퇴까지 경계선의 충돌

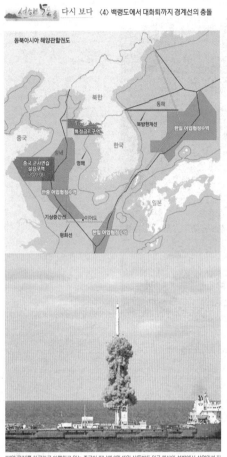

동북아시아 해양관할권도

'대양 굴기'를 차근차근 이행하고 있는 중국이 지난해 9월 15일 산둥반도 인근 해상의 선박에서 상업위성 지린(吉林) 1호 가오펀(高分) 03그룹 위성들을 535㎞ 상공의 태양동기궤도까지 운반하기 위해 창정(長征) 11호 로켓을 쏘아올리고 있다. 신화 통신 자료사진 연합뉴스

한반도 주변 해역 명확한 경계선 못 그어
한중일 관할 해역 중첩에 갈등 지속돼
中 해양굴기에 서해전역 광역조사 도발
日 제주도 남부수역 조사 이상징후 감지

주변국 공세에 NLL 법적 안정성 '위태'
해양위협에 즉각 대응할 모델 구축해야

대한민국이 관할하는 바다 면적은 43만 7000㎢다. 육지 면적 10만 266㎢의 4.4배가 된다. 백령도에서 이어도를 거쳐 독도와 대화퇴에 이른다. 해양활동과 항행, 어업과 광물자원의 원천이자 우리나라를 산유국의 반열에 올려놓은 바로 그곳이다. 바다에서 이득을 얻기 위해 각국은 경계선을 획정해야 하는데 한반도 주변 해역은 여러 이유로 명확한 경계선을 긋지 못한 채 여러 경계선들이 복잡하게 얽혀 있다. 적지 않은 이들이 국경으로 여기는 북방한계선(NLL)도 실은 아주 불안정하다.

●경계의 부재, 바다가 위험하다

1974년 한국과 일본이 합의한 북부대륙붕 경계선을 제외하고, 우리 주변 수역에는 합의된 해양경계선이 없다. 실타래처럼 복잡하게 얽힌 지도 위의 선들은 어느 것도 '내 것'인 것이 없다. 주변국과 어업, 석유·가스 등을 임시 관리하기 위한 구역일 뿐이다. 일방의 의지가 있으면 언제든 종료할 수 있다.

관할 해역 역시 가상의 중간선을 통해 산출한 결과다. 따라서 일방적으로 "내 바다"에 들어오지 말라고 하는 것도 어렵다. 1982년 채택돼 1994년 발효된 유엔해양법협약의 결과다. 협약은 연안국에 200해리 배타적경제수역(EEZ)을 선포할 수 있도록 했으나 한국과 중국, 일본이 마주 보는 바다는 400해리가 되지 않는다. 각국의 주장이 중첩되고 갈등이 발생하는 이유다. 매년 중국과 해양경계획정 회담을 진행하고 있으나, 조정하기 쉽지 않다. 그나마 일본과의 협상은 2010년 이후 정지됐다.

어선에서 시작한 불법행위는 해양조사선과 정부 선박, 군함의 기동훈련으로 이어진다. 한반도가 북극해와 남중국해, 태평양을 연결하는 핵심 해상교통로(SLOC)이자 군사적 통로로 활용될 수 있기 때문이다.

●중국, 지역해 통제의 시나리오를 가동하다

해양에 대한 중국의 전략적 인식 변화와 국제적 충돌 가능성은 2012년 제18차 공산당 보고서 '해양강국 건설'에서 예견됐다. 같은 해 다오위다오 분쟁과 남중국해 산사(三沙)시 설치, 이듬해 남중국해의 군사거점화 작업과 서해 작전구역 및 동중국해 방공식별구역 선포, 2018년 황해 대형 부이 설치와 중국 해경국의 무경부대 편입, 올해 무기 사용 근거를 확보한 중국해경법 제정 등으로 이어졌다.

해양 통제를 겨냥한 중국의 행동은 매우 일방적이고 과감하다. 작전구역을 동경 124도까지 자의적으로 설정하고 넘지 말라더니, 2018년과 지난해 스스로 그 선을 무너뜨렸다. 해양조사는 더욱 위협적이다. 2014년부터 지난해까지 서해 전역에 광역 조사를 진행하고, 이어도 남부수역은 125도를 넘어 127도까지 탐사했다. 한국과 중국이 2000년 체결, 이듬해 발효해 그나마 관리 체계가 형성된 잠정조치수역 8만 3400㎢ 역시 중국 어선의 상시적 불법 어업에 노출돼 있다.

중국과 러시아 군용기는 2016년 처음으로 동해 방공식별구역을 침범한 이후 빈도를 계속 높이고 있다. 중국 어선은 동해 황금어장인 대화퇴에 진입하는가 하면 울릉도에 피항하는 과정에서 해양질서를 어지럽히고 있다.

●일본, 해양전략의 새로운 주판을 튕기다

일본의 이상징후도 감지된다. 일본 해상보안청 최대 측량선인 4000t급의 헤이요는 지난해 8월 처음 제주도 남부수역을 조사했다. 지난 연말부터 올 초까지는 3000t급의 소요가 같은 지역을 조사했다. 다음달에는 4000t급 측량선 고요가 새로 취역한다. 모두 군사 목적의 해저지형과 지질조사가 가능하다. 일본은 특히 2016년 결정된 '해상보안체제 강화에 관한 방침' 이후 '조사→정보 구축→해석(해도)→법집행 효율화' 등 해상보안청을 축으로 하는 강력한 해양 통제력과 해양상황 파악 능력을 제고하고 있다.

일본의 독도 영유권 훼손 시도는 이미 정례화됐다. 우리 해양과학조사선이 독도 해역에 진입했을 때도 일본 해상보안청이 어김없이 방해한다. 우리 어민은 한일 어업협상 난항으로 일본 EEZ에 진입하지 못한 지 벌써 5년째가 됐다. 제7광구를 포함한 한일 남부대륙붕 공동개발수역은 시추도 하지 못한 채 2028년 협정 종료를 앞두고 있다.

●밀려오는 위협, 북방한계선 지킬 수 있는가

주변국의 공세적 해양활동은 해양안보의 핵심인 남북한 NLL의 법적 안정성에도 중대한 영향을 미칠 수 있다. 최악의 경우 남북이 아닌 외부적 요인으로 NLL이 무력화될 수도 있다.

1953년 유엔사령부가 설치한 NLL은 북한이 1973년 군사정전위원회에서 문제를 제기할 때까지 20년 동안 준수됐다. 북한이 묵인해 국제관습법으로 인정됐지만, 북한은 그 뒤 경계선 성격을 부정하고 있다.

명확한 합의가 없어 갈등 요소로 등장할 여지가 있는데 NLL의 법적 성질이 변질되거나 훼손되면 주변국뿐 아니라 남북 모두에 바람직하지 않다. 북한도 NLL이 서해뿐 아니라 동해에도 존재한다는 것을 직시해야 한다. 지금까지 모든 NLL 이슈는 서해 위주였다. 남북 충돌과 군사안보적 민감성 때문이다.

그래서일까? 북한은 NLL의 법적 성질을 무시하고 새로운 해양경계선 획정을 의도하는 듯하다. 북한에 유리할까? 전혀 그렇지 않을 수 있다. 최근 국제판례를 기준으로 볼 때 서해 지역에서 북한은 약 3050㎢의 추가 면적을 확보할 수 있는 반면 동해에서 약 2만 5850㎢를 포기해야 한다. 새로운 경계선으로 대체하면 북한은 약 2만 2780㎢를 잃는다.

오히려 남북 NLL은 서해 안보를 중시하는 남측과 수산자원이 절실한 북측의 입장을 절충해 관리하는 것이 유리하다. 한쪽만의 노력이 아니라 남북이 협력 의지를 갖고 의기투합할 때만 가능하다. 지역해양 안보의 긴장감은 신뢰를 통해 점진적으로 해소될 수 있는데 서해 NLL이 그렇다.

●바다, 상황을 통제하라

한반도 해역의 경계를 분명히 하는 일이 조기에 달성될 가능성은 적다. 충돌을 관리할 정답도 없다. 그러나 상황을 통제할 역량이 충분하다는 것을 주변국에 보여 줘야 한다. 그 모델은 남북접경지, 최외곽 경계선상의 모든 해양위협 활동을 추적하고 분석해 즉각 대응하는 군사적·비군사적 통제모델이어야 한다. 주변해역을 넘어 짧게는 350해리, 멀리는 5000해리의 직간접 범위를 포괄해야 한다.

갈 길은 멀다. 해경의 즉각적인 상황관리를 위해 해군의 하드파워, 해양과학기술의 소프트파워, 국제정보력 강화가 따라야 한다. 해양위협 통제와 대응체계 구축에 정부 차원의 적극적 지원이 조기에 이뤄져야 한다.

매혹적이지만 위협적이기도 한 바다의 질서가 바뀌는 것을 우리가 충분히 통제할 수 있어야 한다. 적성국 봉쇄에서 과학과 기술, 정보를 기반으로 하는 해양 상황의 통제력 확보로 전환된 국가해양력의 기반을 어떻게 구축할지 국가 차원의 고민이 요구된다.

양희철 한국해양과학기술원 해양법정책연구소 소장
ceaser@kiost.ac.kr

정전협정 정신으로 평화 해법 찾아야

다시 보다

〈5〉 정전협정과 국제해양법

정전협정 체결 당시 해상분계선 없어
서해5도 수역은 '민간 자유 이용' 규정
이후 EEZ 선포하면서 적대 현장 변질
남북이 다시 평화 수역으로 만들어야

서해 5도 수역을 올바르게 이해하려면 한국 정전협정에 대한 재인식이 필요하다. 한반도의 전쟁과 평화를 규율하는 정전협정은 한국전쟁의 산물이지만, 전쟁을 끝내고 평화로 나아가는 법이다. 기본 목적은 적대행위의 방지와 평화의 증진이다. 그에 따라 서해 5도 수역과 한강 하구는 뭍의 비무장지대와 달리 민간의 이용에 열린 곳으로 규정돼 있는데 우리는 이 점을 망각하고 있다.

정전협정은 남북의 접경지대를 비무장지대, 한강 하구, 서해 5도 수역 셋으로 나누고 있다. 비무장지대는 군사분계선을 마주 보며 민간인 출입과 왕래를 엄격히 통제하는 군사적 완충지대로 규정됐다. 반면 한강 하구는 군사분계선을 두지 않고, 남북 민용 선박 항행에 개방했다. 다만 군사정전위원회와 유엔사가 선박 등록과 민사 행정을 관할한다.

서해 5도 수역은 한발 나아가 군사분계선도 없을뿐더러 유엔사의 관할 수역이 따로 지정되지도 않았다. 남북의 인접 해면, 즉 영해 존중의 원칙만 천명했을 따름이다. 따라서 원칙적으로 영해만 침범하지 않으면 누구든 제3국 선박도 국제해양법에 따라 해수 이용을 자유롭게 할 수 있게 했다.

원론적으로 우리 어선이 중국 양쯔강 유역까지 가서도 조업할 수 있듯 북한의 남포 앞바다에도 갈 수 있고, 마찬가지로 북한 어선도 우리 경기만에서 어로 활동을 할 수 있다. 정전협정에 따르면 인접 해면만 침범하지 않으면 남북 어선이 자유롭게 오르내리며 조업을 할 수 있으며, 그에 대해 유엔사는 물론 누구도 간섭할 수 없다. 뭍에 휴전선이 있으니 바다에도 그런 것이 있어야 한다는 생각은 '분단 무의식'의 반영일 따름이다. 정전협정 체결 당시 국제법의 '공해자유의 원칙'(mare liberum)이 확립돼 있었고, 아직 12해리 영해와 200해리 배타적경제수역(EEZ)을 규정한 해양법이 정립되기 전이었다. 따라서 바다를 남북으로 가르는 '휴전선'은 생각할 수조차 없었다.

그런데 해군력에서 열세였던 북한은 위와 같은 '공해자유의 원칙'과 '3해리 영해'가 만족스럽지 못했다. 북한은 휴전회담 당시부터 해상 군사분계선을 언급했다. 정전협정 체결 후 군사정전위원회에서도 육상 군사분계선의 연장선이나 황해도·경기도 도계의 연장선을 해상 군사분계선으로 주장했다.

그 뒤 국제해양법의 발전으로 12해리 영해는 물론 200해리 EEZ 주장이 제기되면서 북한은 서해 5도 수역에 군사경계수역과 해상경계선을 선포했다. 그에 맞서 남한도 12해리 영해와 200해리 EEZ를 선포했다. 그리고 북방한계선(NLL)을 일종의 해상 군사분계선처럼 관철시켰다.

이렇게 서해 5도 수역은 어느덧 남북의 EEZ가 중첩되는 모순과 적대의 현장이 돼 버렸다. 3해리 영해를 제외한 수역에 '공해자유의 원칙'을 적용해 남북이 공유할 수 있게 한 정전협정의 원래 정신은 사라졌다. 서해의 긴장이 고조되면서 결국 1999년 연평해전을 시작으로 남북의 군사적 충돌이 연이어 발생했다.

남과 북이 다시 정전협정의 정신으로 돌아가 평화의 해법을 찾았으면 좋겠다. 서해 접경수역에서 남북의 배타적 구역을 3해리로 확인하고, 그 너머의 부분은 남과 북이 평화롭게 협력해 함께 이용하는 수역으로 만들어 가는 해법이다. 한반도 평화협정의 첫걸음이 될 것이다.

중국이 '해양 굴기'의 기치를 높이 들면서 황해를 비롯한 한반도 주변 수역의 긴장이 높아지고 있다. 해상 경계선 획정이 미진해 남북한과 중국, 대만, 일본이 민감한 영역 분쟁에 나설 가능성이 높다. 사진은 대만 해군이 2016년 7월 중국 군함을 향해 발사한 대함 미사일이 바다에 떨어지는 모습이다. AFP 자료사진

정태욱 인하대 법전원 교수
water@inha.ac.kr

서해5도 해상경계 획정 유연해져야

국제법에 당사국 간 공평한 경계 강조
서해5도 해상은 한중일 관할권 중첩
남북 관할권 미치는 수역 최소화하고
이해 조정해 통합 관리방안 강구해야

1982년 체결된 유엔해양법협약은 해양에서의 모든 행위에 대한 법적인 구도를 형성하고 영토 및 영역을 이유로 주장될 수 있는 해양 구역을 규정하고 있다. 영해를 획정하는 일반 규칙은 제15조에 규정돼 있는데, 경계는 두 국가 간 중간선으로 한다고 돼 있다. 그러나 이 협약은 EEZ의 경계 획정에 관한 구체적인 방법을 규정하지 않았다. 대향국 간 또는 인접국 간 EEZ 경계 획정에 관한 협약 규정은 제74조에 규정돼 있는데 "'공평한 해결'에 이르기 위해 국제법을 기초로 하는 합의에 의해 이뤄진다"고 규정하고 있다.

이에 따라 해양경계 획정 관련 법 규범은 일반적으로 국제사법기관을 통해 형성된 판례를 통해 발전하고 구체화되고 있다.

2009년 루마니아와 우크라이나의 흑해(黑海) 해양경계 사건에서 국제사법재판소(ICJ)가 적용한 해양경계 획정의 소위 '3단계 접근'은 그 뒤 판결들을 통해 일반적으로 해양경계 획정에서 실행 가능한 통상적인 방식으로 인식되고 있다.

3단계 접근법은 첫째 잠정적인 등거리선·중간선 설정, 둘째 형평에 맞는 결과를 도출하기 위해 등거리선·중간선에 조정을 요구하는 요소들이 있는지 여부를 고려, 셋째 조정된 경계선이 각국의 해안선 길이 비율과 각 당사국에 속하게 될 관련 해양 면적 비율 간의 심각한 불균형으로 인해 형평성에 맞지 않는 결과를 도출하지 않도록 점검하는 방식이다.

그렇다면 3단계 접근법을 통해 서해 5도 수역의 최종 해양경계 획정은 어떻게 될 것인가? 첫 단계에서 설정한 가상 중간선이 두 번째 단계와 세 번째 단계에서 어떤 변형을 거쳐 최종적으로 획정될 것인지는 가능성은 거의 없지만 남북한이 국제사법기관에 의뢰하면 분명해질 것이다. 남북이 양자 협상을 해결하려는 경우에도 3단계 접근법은 결과의 예측 가능성을 담보하기 때문에 원용될 가능성이 높다.

그런데 문제는 서해 5도 수역이 남북한만의 문제가 아니라 한중일 3국의 관할권이 중첩되는 수역이라는 점이다. 남북한 사이에 해양 질서의 법적인 지위에 변화를 가하는 어떤 행위라도 양자 간에 해양경계 획정이 이뤄지지 않은 한국과 중국, 북한과 중국의 해양 질서를 법적으로 설정하는 데 영향을 미칠 수 있다. 결과적으로 해당 수역의 관리와 분쟁 해결의 해법을 강구하면서 관할권 확보 및 해양경계 획정을 위한 전통적인 접근에서 유연해질 필요가 있다.

유엔해양법협약 체제는 영해, 접속수역, EEZ, 공해 등으로 공간을 나눠 각 공간에서 연안국과 비연안국의 권리를 기능적으로 분배하는데, 서해 5도 수역은 국가의 관할권이 미치는 수역을 최소화하고, 남북의 이해관계를 조정하면서 통합적으로 관리하는 방안을 강구하는 것이 중요하다.

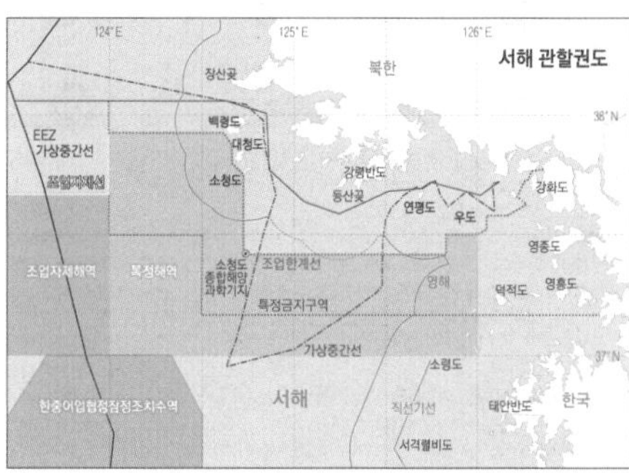

더욱이 1974년 한일 간 합의된 북부대륙붕 경계선을 제외하고 주변국과의 해양경계 획정이 전무한 현재의 해양 질서는 주변 해양강국들의 역학관계가 낳은 산물로 보는 것이 정확하다. 또 한국이 한반도 수역에서 최소한의 주도적 지위를 확보하기 위해서는 남북한 해양 질서의 안정적 유지 관리가 필수적이다.

정전협정에서 유래한 남북한 해양경계 획정에 대한 정확한 이해를 통해 한반도 해양 질서의 안정적 관리 및 한반도 평화체제의 정착을 위해 서해 5도 수역의 해양 공간 관리와 활용에 대한 인식 제고가 요구된다.

이석우 인하대 법전원 교수
leeseokwoo@inha.ac.kr

서울신문 서해5도 특집연재기사

서해5도를 다시 보다 〈6〉南·北·中 서해 수역 셈법

서해 5도는 군사적 충돌 위기나 불법 조업 단속 때나 일시적으로 관심을 받곤 했는데 이 수역을 평화롭고 안전하게 관리하며 경제적 이익을 극대화하는 쪽으로 나아가야 한다는 목소리가 나오고 있다. 사진은 중부지방해양경찰청의 중국 어선 단속 모습. 연합뉴스 자료사진

남북 '평화수역' 조성돼야… 中 자원 독점 썰물처럼 빠질 것

평화 꿈꾸는 서해 5도민… 인구소멸 위기

서해 5도는 남북관계가 나빠질 때만 언론이 앞다퉈 찾는다. 평소엔 눈길조차 주지 않는다. 그러나 이곳이 없으면 인천 앞바다도 없고, 이곳이 평화로워야 국민이 편안히 잠든다. 경제도 요동치지 않는다.

그러나 옹진군은 인구 감소로 소멸 위기에 처해 있다. 지원 정책이나 사업이 없다면 섬의 쇠락은 가속화될 것이다. 정부는 주민들의 정주 지원금으로 매월 5만~10만원을 지급하는데 안보를 위해서라도 8700여 주민에게 더 큰 지원을 해야 한다. 군인과 주민들이 공존하며 신뢰를 쌓는, 섬을 지키는 가장 좋은 방식을 좇아야 한다.

●평화수역·남북공동어로 구역 만들기 위해 안간힘

인천시는 서해 5도 평화정책을 얼마나 주도하고 있을까. 평화도시 조성에 관한 조례를 제정했다. '남북공동어로구역' 설정을 위한 법적 고찰도 했다. 서해 5도 운동본부·시민단체·인하대 로스쿨 등과 평화수역 조성 방안을 마련했다. 교육청과 평화학교 설치도 추진하고 있다. '신서해평화협력특별지대 구상안'도 준비 중이다. 과거보다 의지는 분명하다. 하지만 아직 가시적이지 못하다.

인천·옹진 100억 기금 조성
서해5도 발전계획 '제자리'
평화수역 위해 조사 시급
서해평화기본법 제정돼야

그나마 평화시정을 가늠하는 잣대가 남북협력기금이다. 지난 3년 장정민 옹진군수는 10억원, 박남춘 인천시장은 90억원을 조성했다. 서해 평화정책은 물론 남북교류를 위해 이 정도론 모자라다. 도리어 조직은 축소됐다.

'접경지역지원 특별법' 사업으로 남북평화도로의 상징인 영종도~신도 연륙교 건설이 시작됐다. 하지만 백령 공항, 대형선박 운항, 강화 교동산업단지와 해주산단 등은 지지부진하다. 당초 서해5도 종합발전계획은 지난해까지 78개 사업에 9109억원이 책정됐다. 지난해 7월 2025년까지 99개 사업에 7585억원을 집행하기로 했다. 하지만 기존 사업에 대한 평가는 제대로 했는지, 평화수역 조성과 주민들의 미래를 위한 요구가 제대로 반영됐는지 의문이다.

인천시는 백령공항의 필요성을 강조하고, 국방부도 조건부 동의했지만 지난해 말 기획재정부의 예비타당성 조사를 통과하지 못했다. 관광이나 경제성만으로 판단하는 것이 옳은지, 기재부가 안보와 서해평화 항로, 중국의 내해화(內海化)를 막을 필요성을 제대로 검토했는지 따지고 싶다.

●중국 불법어업 방지 먼저 이뤄져야

평화수역 설치를 위해 다양한 측면에서의 실태조사와 자료 축적이 필요하다. 50억원이 지원된 '개성 만월대 남북공동발굴조사'가 전범이다. 통일부의 남북협력기금이 필요하다. 해주의 바닷모래 채취가 꽃게 등의 고갈로 이어졌는지, 바닷속은 과연 어떤지 들여다볼 필요가 있다. 남북한 공동어로구역을 설치했는데 물고기가 없다면 참담할 것이다.

과거와 현재 어로 형태, 민속, 생활권, 경제공동체의 복원 등 역사적 유산과 현황에 대한 정리가 필요하다. 실향민들에 대해 기록하고 자료를 보전해 통일 후 전할 것들을 정리해야 한다.

이곳을 평화의 바다로 만드는 일은 남북한 충돌과 중국의 불법어업 방지에 일차 목표가 있다. 평화수역의 해상경계를 설정하고 생태 자원 보호구역 등도 미리 준비해야 한다. 종합발전계획과 접경지역지원 사업, 통일부의 남북협력기금이 접목돼야만 성과가 극대화된다. 서해평화기본법 제정과 서해평화청 설치가 필요한 이유다.

북한의 태도나 유엔제재를 핑계 삼지 않고 우리가 주도할 정책과 과제를 검토하고 북한과 합의해야 하는 사안, 합의가 되지 않는 경우, 합의 이후 등의 로드맵을 설정하고 단계적으로 추진해야 한다.

김민배 인하대 법전원 교수(전 인천연구원장) mbkim@inha.ac.kr

NLL 인정하지 않던 北… 경제적 해법 찾다

정전협정의 해상분계선은 지상과 달리 명확하게 규정되지 않았다. 서해의 경계는 황해도와 경기도의 도계(道界)를 연장한 선으로 그어졌다. 그마저 이 선은 군사분계선이 아니라 섬들의 관할을 나타내는 표시일 뿐이었다. 그래서 유엔사는 북방한계선(NLL)을 설정해 초계활동과 어민들의 진출 범위를 제한해 군사적 충돌을 방지하고자 했다. 이 선은 군 내부용이었기 때문에 설정 당시 북한에 통보되거나 합의되지 않았다.

●미국과 직접 대화하기 위해 서해 해상경계선 문제 제기

북한은 1973년 12월 군사정전위원회에서 서해 해상경계선 문제를 처음 제기했다. 북한이 이 문제를 들고나온 이유는 미국과 직접 대화를 시도하기 위해서였다. 북한은 데탕트 분위기에 유엔한국통일부흥위원단(UNCURK)이 해체되자 정전협정의 재논의를 염두에 두고 서해의 불완전한 경계선을 이슈로 삼으려 했다. 서해의 분쟁지역화는 한반도 문제를 미국과의 대화로만 풀려 하는 중국에 대한 항의 표시이기도 했다. 아울러 제3차 유엔해양법회의를 앞두고 영해선과 배타적 경제수역을 선점하려는 측면도 있었다.

서해 경계선 부정하던 北
불완전 합의로 서해교전
경제로 군사충돌 덮기로
'NLL' 합의서 명시 진전

서해 경계선 문제가 남북대화에서 처음 논의된 것은 1990년대 초반 남북고위급회담에서였다. 남한은 NLL이 실질적인 분계선 역할을 해 왔다며 "지금까지 쌍방이 관할해 온 구역"으로 할 것을 제안했다. 반면 북한은 양측이 합의한 적이 없다며 새로운 해상분계선의 설정을 요구했다. 결국 양측은 "해상불가침 경계선은 앞으로 계속 협의한다. 해상불가침 구역은 경계선이 확정될 때까지 쌍방이 지금까지 관할해 온 구역으로 한다"는 선에서 절충했다.

불완전한 합의는 1999년 이후 서해 교전으로 이어졌다. 북한은 군사적 충돌의 원인이 해상분계선의 합의 부재 때문이라며 새로운 경계선 설정을 요구했다. 유엔사가 응하지 않자 북한은 일방적으로 해상경계선을 선포했다. 노무현 정부는 출범 직후부터 서해에서의 무력충돌을 방지하는 조치를 마련하려고 했다. 이 문제를 논의하기 위해 남북장성급회담이 개최됐지만, 남한의 NLL 고수 원칙과 북한의 새로운 해상분계선 설정 요구는 합의될 수 없었다. 결국 노무현 대통령은 정상회담에서 서해평화협력특별지대를 제안해 김정일 위원장의 동의를 이끌어 냈다. 이 구상은 안보·군사 지도 위에 평화·경제 지도를 덮자는 것이었다. 그러나 남북은 후속 회담인 국방부 장관·인민무력부장 회담에서 공동어로구역의 기준점을 두고 다시 맞섰다. 남한은 NLL을 기준으로 한 등면적 안을 제시한 반면 북한은 어로구역을 NLL과 자신들이 선포한 해상경계선 사이에 두자고 했다.

●2018년 판문점 선언서 평화수역 설정 합의

결국 이 문제는 2018년 '판문점선언 이행을 위한 군사분야 합의서'를 통해 해결됐다. 북한이 "서해 북방한계선 일대를 평화수역으로 만든다"는 데 동의한 것이다. 물론 합의서에는 "서해 남측 덕적도 이북으로부터 북측 초도 이남까지의 수역"을 군사연습 중지구역으로 설정한다고 돼 있다. 이 안은 과거 북한이 공동어로구역의 범위를 강화만 일대까지 넓게 설정해야 한다고 주장했던 것과 일맥상통한다. 그러나 더욱 중요한 것은 북한이 그동안 인정하지 않았던 NLL을 합의서에 명시하는 데 동의했다는 점이다. 그것은 북한이 NLL을 인정하더라도 그 위를 경제적 이해관계로 덮어버리면 자신들에게도 이득이 된다는 점을 깨달았다는 것을 의미한다. 마침 그 회담을 실무적으로 책임졌던 사람이 김영철 당시 통일전선부장이었다. 그는 1990년대 남북고위급회담부터 10·4선언 이후까지 NLL 문제가 제기될 때마다 새로운 해상분계선 설정을 주장했던 인물이었다.

이처럼 북한도 변화하고 있다. 그 변화를 포착해 서로의 이해관계를 얽히게 만드는 것이 중요하다. 평화는 실리적 이해가 서로 얽히지 않으면 자칫 모래 위의 성처럼 무너져 내리기 때문이다. 갈등과 분쟁의 바다가 평화와 경제의 바다로 변화하길 기대한다.

예대열 고려대 한국사학과 강사 dyyea@korea.ac.kr

70년간 남북한 접경수역 반사이익 취한 中

서해 NLL에 대한 북한의 인식 변화는 양측의 간극이 조금씩 메워지고 있다는 뜻이다. 반면 서해의 남북 접경수역을 마주하는 중국의 태도는 더 복잡하다. 남북 NLL의 당사자는 아니지만 해양안보 측면에서 서해 5도의 질서 변화는 중국에도 매우 민감한 문제이기 때문이다. 산둥반도 웨이하이(威海)에서 백령도까지의 거리는 약 178㎞에 불과하다. NLL의 서쪽 한계는 북황해로 이동하는 통로의 중앙까지 뻗어나간다. 산둥반도 위쪽이어서 북한과 중국 모두에 불편한 것은 틀림없다. 북한과 중국의 해상활동 움직임을 모니터링하고 그 길목을 위협적으로 통제할 수 있는 조임목(choke point)이다. 한국이 통제하는 형태의 NLL이 안정화되는 일은 중국에도 매우 신경 쓰이는 일이다.

●中 지역해 전략… 해양자원 확보·핵심 해상교통로 접근·美 진입 차단

지역해 전략에서도 서해 5도에 대한 중국의 이해는 해양자원 확보, 핵심 해상교통로 접근, 군사활동의 수월성, 제3국(미국)의 진입 차단에 달려 있다. 역설적이게도 신뢰의 지속성을 확보하지 못한 남북관계는 중국의 이익을 적절히 투영하고 유지하는 발판이 됐다. NLL과 한강 하구를 싹쓸이하는 중국의 3무 어선(무허가, 무등록, 무검사)은 남북한 해상 경계선을 오가며 자원을 독점했다. 남북 해상 교류의 장벽이 된 NLL과 서해 5도 해역은 중국을 북황해와 남황해를 관통하는 핵심 통항로의 유일한 이용자로 만들어 주었다. 이 와중에 중국은 황해 124도를 작전구역으로 설정하고 광역 해양조사와 대형 부이를 설치하는 등 서해를 점진적으로 통제하기 위한 조치를 확대하고 있다. 남북한 접경수역의 민감성을 자국의 지역해 전략에 그대로 이용해 왔다.

中 해양패권 방파제 역할
남북한 접경수역 이점 누려
양측 신뢰 땐 中 반경 줄어
한반도 새 관리모델 절실

서해 5도는 국제적으로도 매우 민감하다. 중국의 해양패권을 견제하는 미국의 해양세력도 남북한 특수한 관계로 정의되는 NLL과 주변 수역 진입이 매우 조심스럽다. 이 지역은 정전협정에 따라 유엔사가 관리하는 한강 하구, 북한과 유엔사가 합의한 비무장지대와도 다르다. 국제적 민감성은 서해 5도 주변 해역에서 남북한 외의 세력 활동이 매우 제한적이라는 것을 의미한다. 이 또한 중국엔 호재로 작용한다. 중국이 제3국의 간섭과 남북의 견제에서 벗어나 자유롭게 남북을 관통하면서 서해를 통제하고, 군사적 활동 반경을 확대할 수 있는 이유다. 남과 북이 서로를 적대시하는 질서가 중국의 서해 5도 진입과 역할 안정화의 근간이 된 것이다. 그리고 지난 70여년 이런 질서를 전환시킬 만한 반전의 시나리오는 없었다.

●中, 서해 접경수역 변화 없이 현상유지만 기대

중국에 남북 서해 접경수역의 질서는 현상유지가 최선이다. 국제적으로는 남북 갈등의 완충지대이면서, 제3국의 접근을 완벽하게 차단하는 방파제다. 지역패권이 점증하는 분위기에도 이 지역만큼은 중국의 영역별 이익 진출이 여전히 가능하다. 남북한 어느 쪽도 적극적으로 방어하지 못하는 까닭이다. 그렇다고 해서 중국의 이익이 안정적인 것은 아니다. 중국의 이 지역 진출 이익을 변화시킬 요소는 있다. 남북의 관리방식 변화다. 남북이 신뢰할수록 중국의 황해 활동범위는 좁아질 수밖에 없다. 남북 접경수역의 새로운 관리 질서라는 점에서 국제적 긴장 완화를 위한 지원도 강력한 억제 수단이 될 것이다.

서해 5도와 NLL을 축으로 하는 남북의 평화적 관리모델은 지역적 파급성이 매우 크다. 일단 NLL의 역할이 경계선에 머무르지 않게 된다. NLL은 산둥반도 이북의 38도선을 넘어 북황해 중심부에 진입하는데 새 관리모델은 이 선을 축으로 하는 일정 범위의 이북과 이남을 포괄해 그려질 것이기 때문이다. 서해 5도에 대해 남북이 주도해 의사 결정을 하면 분단국 갈등 완화라는 국제적 당위성과 접목돼 호소력이 높아진다. 이렇게 되면 남북한과 중국의 서해 경계가 획정되지 않더라도 중국의 진출은 제한되고 자제될 수밖에 없다. 서해 NLL과 새 관리 모델이 지역해 전체의 행위모델로 확대될 수 있다.

양희철 한국해양과학기술원 해양정책연구소장 ceaser@kiost.ac.kr

"NLL 지키되 남북 공동 수역 확대… '서해 평화' 법제화하자"

서해5도를 다시 보다

〈7·끝〉평화선언·평화기본법·관리기본법

정태욱 인하대 교수 이석우 인하대 교수 오승진 단국대 교수

서해5도 수역은 북방한계선(NLL)을 포함해 남북한과 중국의 중첩수역으로 국제법 지위에 논란이 있으며 관할권 충돌의 위험이 상존하고 있다. 관할권 미획정을 틈탄 중국의 불법어업이 성행하고 있다. 남북한, 중국 등의 복잡다기한 쟁점들이 상존하는 지역으로 다양한 국내법들이 관할하고 있으나, 달라진 동북아 정세 및 국내적 수요에 적절하게 대처하지 못하고 있다.

이렇게 위험한 지역에 상주하는 국민의 안전과 보호, 그들의 생업을 보호하기 위한 여러 조치들이 서해5도 지원 특별법이란 형태로 존재하지만 특별법은 분쟁수역으로 인정하거나 안보를 이유로 권익을 제약하고 그에 따른 보상을 추진한 법률이라 이곳을 평화수역으로 만들어 권익 제약 자체를 해소하려는 법제가 요구된다.

정전협정의 원칙에 부합하면서 10·4 선언 및 판문점 선언의 실행을 위해 서해5도 수역의 평화 정착, 남북 교류와 협력의 활성화, 주민들의 권익 보장을 목적으로 하는 기본법 제정이 필요하다.

서해5도 수역 법제화 프로세스는 기본정신을 담은 '서해평화선언'을 비롯해 현재 남북한 법적인 구속력이 있는 합의를 전제로 한 '서해5도 수역 평화기본법'과 법적인 구속력이 있는 합의가 없는 상태에서 남한이 단독으로 추진할 수 있는 '서해5도 수역 관리기본법'으로 구성된다. 두 법은 본질적으로 지향하는 바가 같지만 관리기본법은 남북관계의 변수에 상관없이 독립적으로 바로 집행할 수 있는 사안들로 돼 있다.

●서해평화선언

평화기본법과 관리기본법은 모두 남북 정상이 판문점 선언을 통해 이룬 합의를 이행하기 위한 것이다. 해상 적대행위 중단 구역 설정 및 포 사격 훈련 등의 합의는 후속 조치가 실행되고 있다. 그러나 평화 수역 설정과 시범적 공동어로구역은 실행되지 않았다. 남측의 NLL과 북한 12해리 영해가 충돌하기 때문이다. 서해 평화 정착을 위해서는 이 걸림돌을 넘어 전향적인 후속 조치를 만들어 내야 할 것이다.

남북의 후속 합의는 남북이 공히 수용할 수 있는 원칙에서만 가능할 것이다. 그런 의미에서 우리는 다시 정전협정에 의거하고자 한다. 정전협정은 전쟁 상태를 종결하고 평화 상태로 나아가자는 공식 협정이며, 남북은 물론 미국과 중국도 관계된 국제적 규범이다. 정전협정은 해상에 군사분계선을 두지 않았으며, 서해 접경 수역에서 남북 배타적 관할수역을 3해리 인접 해면(영해)으로 정하고 그보다 먼 수역은 남북 모두에 열린 곳으로 뒀다.

우리가 제안하는 서해평화선언의 기조는 정전협정에 의거해 남북 고유의 관할 영역은 축소하고 남북 공동 이용 수역을 확대하는 것이다. 북측의 초도 이남, 남측의 덕적도 이북으로 합의한 적대행위중단 구역에서 남북의 영해를 각기 3해리로 축소하고 나머지 수역은 평화협력 수역으로 전환하는 것이다. NLL은 본래대로 남측 초계활동의 북방한계선으로 유지된다.

●서해5도 수역 평화기본법

7개장 26개조로 구성돼 있다. 정전협정의 원칙에 부합하면서 10·4 선언 및 판문점 선언의 실행을 위해 서해5도 수역의 평화 정착, 남북 교류와 협력의 활성화, 지역 주민들의 권익 보장을 목적으로 한다(안 제1조). 이 법에서의 서해5도 수역이란 판문점 선언에서 합의된 북한 초도 이남, 남한 덕적도 이북의 수역으로 서해 북방한계선 이남의 대한민국 관할 수역을 의미한다. 이 법의 어떤 규정도 서해 북방한계선을 포함해 서해5도 수역에 대한 남북한의 기존 합의를 해하는 것으로 간주되어선 안 된다(안 제3조). 서해5도 수역의 평화 정착, 남북 교류와 협력의 활성화, 지역 주민들의 권익 보장에 관해 다른 법률에 우선해 이 법을 적용한다(안 제5조).

통일부 장관은 서해5도 수역의 평화 정착, 남북 교류와 협력의 활성화, 지역 주민들의 권익 보장을 위한 방안을 기획·수립·지원 및 추진하고 그 추진 기반을 마련하기 위해 국방부, 해양수산부, 행정안전부 등 관계 중앙행정기관의 장 및 인천시 등 지방자치단체의 장과 협의해 서해5도 수역 기본계획을 수립 및 채택해야 하며 기본계획은 2년마다 재검토한다(안 제6조).

또한 해당 사항을 심의·의결하기 위해 통일부 산하에 서해5도평화위원회를 두고(안 제8조), 관련된 사무를 관장하기 위해 통일부 장관 소속으로 서해5도평화청을 설치하며(안 제9조), 정부는 관계 중앙행정기관의 장 및 관계 시·도지사와 협의하고 위원회의 심의·의결을 거쳐 수역을 구분해 지정하고 그 보전과 개발·운영을 추진하거나 지원할 수 있다(안 제10조). 정부는 서해5도 수역의 공동이용을 도모하기 위해 남북어업협정과 남북공동어로구역 사업을 추진하고(안 제11조), 서해5도에서 조업 제한 조치, 항행 제한 조치, 서해5도 주민들의 이동의 자유와 경제 활동의 제한에 대한 단계적 해제와 함께 해양경찰청 관할권의 확대 조치를 취한다(안 제15조).

●서해5도 수역 관리기본법

7개장 24개조로 구성돼 있다. 평화기본법(안)과 동일하지만 남북 사이의 합의 없이도 실현 가능한 방안을 담아 몇몇 규정에서 차이가 있다. 그동안 남북이 이상적인 내용을 담은 다양한 합의가 이루어졌으나 정치상황의 변화 등으로 성과가 지속되지 못했다. 따라서 한반도 평화정착에 실질적이며 필요한 조치들을 입법해 실행할 필요가 있다.

먼저 관리기본법 제1조는 평화기본법과 같다. 이를 위해 남북의 항구적인 평화와 화합의 증진, 공동이익의 증진 및 남북 공동번영의 추구, 남북 접경수역의 공동이용 및 도모, 국민의 생명과 안전 보장 및 편의 제공, 해양환경 보전 및 해양자원의 보존, 국민의 인식 및 참여 제고를 통한 민족공동체 의식 고취를 기본계획(안 제2조)으로 선언하고 있다.

통일부 장관은 서해5도 수역의 평화 정착, 교류와 협력의 활성화, 권익 보장 등에 관한 서해5도 기본계획을 수립해 채택하며(안 제2조), 기본계획은 연도별 시행계획에 의해 구체화된다(안 제6조). 법률에 규정된 업무를 집행하기 위한 조직으로 통일부 장관을 위원장으로 하는 서해5도평화위원회(안 제7조), 통일부 장관 소속으로 서해5도평화청을 둔다(안 제8조).

정부가 취해야 할 조치에서 약간 달라진다. 평화기본법은 남북평화와 공동이용 구역 확대, 남북 비무장화와 안전어로 보장, 민용 선박의 자유항행을 정부가 취할 조치로 열거하고 있지만, 관리기본법은 이에 관한 규정을 두지 않는다. 남북 합의가 필요한 사항이므로 국내법으로 규정하기에 무리가 있어서다.

평화기본법은 전쟁과 분단으로 인한 인도적 문제 해결과 인권 개선, 인도주의와 동포애에 따른 북한 지원을 규정하고 있으나, 관리기본법은 남북한 사회문화적 교류협력 강화, 경제협력 방안 추진과 함께 북한에 대한 인도적 지원을 규정하고 있다(안 제9조). 이 법은 북한에 대한 지원도 인도적인 측면에서 가능하도록 규정하고 있다. 평화기본법은 서해5도 수역 공동이용을 위한 남북어업협정, 남북공동어로구역 사업, 중국어선 불법조업에 관한 대책을 규정하고 있으나 관리기본법은 이에 관해 규정하지 않는다. 기본적으로 이 문제는 남북한 및 중국과 합의가 필요한 문제라고 생각돼서다.

관리기본법은 평화기본법과 마찬가지로 수역의 실태조사(안 제10조), 해양생태환경 및 해양문화유산 관련 사업(안 제11조), 남북 교류협력 지원 사업(안 제12조)을 규정하고 있다. 정부가 서해5도에서 취할 조치로 조업 구역의 단계적 확장 및 조업 제한 조치의 단계적 해제, 항행 제한 조치의 단계적 해제, 주민 이동의 자유와 경제활동의 제한에 대한 단계적 해제, 해양경찰청 관할권의 확대 등을 규정(안 제13조)한 것도 두 법안이 동일하다. 관리기본법은 평화기본 가운데 향후 남북 합의가 필요하거나 다소 이상적인 내용을 빼고 남한이 독자적으로 취할 수 있는 사항들을 담다 보니 다소 맥이 빠지는 법안이라고 볼 수 있겠다. 현 상황에서는 어쩔 수 없는 선택이라고 본다.

●서해5도 수역 법제화 프로세스

다양한 서해 수역들은 남북한과 중국의 국내법, 유엔해양법협약, 한중어업협정, 정전협정 등의 국제법이 교차하면서 법적 지위에 태생적인 한계가 있을 수밖에 없다. 수역마다 주요한 정책적 방점도 어업자원 보호, 항행 안전 확보, 군사 안보 등 여러 갈래도 나뉜다. 한중 해양경계가 획정되지 않았고 서해5도를 중심으로 NLL까지 설정돼 남북이 첨예하게 대립해 있다. 서해5도를 둘러싼 수역들의 법적 지위를 충분히 이해한 바탕에서 서해평화선언, 서해5도 수역 평화기본법과 관리기본법으로 구성된 입법화에 전향적으로 과감하게 나서야 할 것이다.

정태욱 인하대 법전원 교수 water@inha.ac.kr
이석우 인하대 법전원 교수 leeseokwoo@inha.ac.kr
오승진 단국대 법대 교수 lawosj@dankook.ac.kr

서해평화선언(안)

한국전쟁의 정전협정이 체결된 후 70년 가까이 지난 지금 한반도 상황은 여전히 불안정하고 위태롭다. 특히 서해에서의 남북간 충돌과 군인 및 민간인의 희생과 피해, 지역 주민들의 기본권 제한이 계속되고 있다. 남북 정상도 이러한 문제의식을 공유해 노무현 정부에서는 10·4 선언으로 '서해평화협력특별지대'에 대해 합의했고 문재인 정부에서는 판문점 선언으로 '해상 적대행위 중단 구역'을 설정하는 데 합의했다. 나아가 남북 정상은 서해에 평화수역과 공동어로구역을 설정하는 데에도 합의했지만 아쉽게도 아직 실행되지 않고 있다. 한반도 평화 정착과 남북의 화해 협력은 남북 모든 주민들의 평화적 생존을 위해 더이상 지체할 수 없는 민족적 과제가 아닐 수 없다. 남북 정상도 한반도 정전체제를 평화체제로 이행시켜 나가는 데 인식을 같이해 한반도 '종전선언' 추진에 합의한 바 있다. 우리는 그와 같은 한반도 평화를 위한 남북 합의를 지지하며, 한반도의 항구적 평화체제 수립은 서해5도 수역에서의 평화 정착으로부터 시작할 수 있다고 믿는다. 우리는 그와 같은 인식하에 다음과 같은 '남북 서해평화선언(안)'을 제안하는 바이다. 향후 남북 간의 정치 군사 협상, 서해 평화를 위한 국내 입법, 국내외 평화 운동에서 참고가 되고 지지될 수 있기를 기대한다.

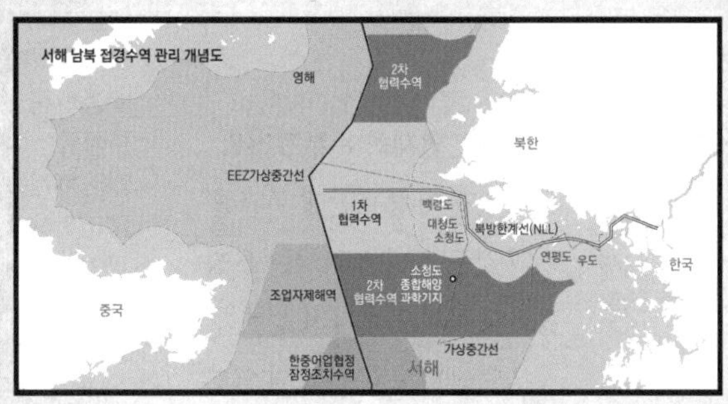

1. 남북은 서해 수역에서의 군사정전에 관한 협정을 준수하고 2018년 남북 정상의 한반도 평화와 번영, 통일을 위한 판문점 선언 및 판문점 선언 이행을 위한 군사보장합의서를 실행해 서해 수역에서의 평화와 협력을 증진한다.

2. 북은 판문점 선언과 군사보장합의서에 따라 모든 적대행위를 중지하고 황해도 초도와 경기도 덕적도 사이 수역에서의 포 사격 및 해상 기동훈련 중지와 해안포와 함포의 포구 포신 덮개 설치 및 포문폐쇄 조치 등 각종 군사연습과 무력 위협 중지 조치를 계속 이행한다.

3. 남북은 판문점 선언과 군사보장합의서에 따라 서해 북방한계선 일대를 평화수역으로 설정하고 안전한 어로 활동을 보장한다.

4. 남북은 군사보장합의서에 따라 시범공동어로구역을 설정하고 불법어로 차단 및 남북 공동순찰 대책을 추진한다.

5. 남북은 군사보장합의서에 따라 인천~해주 직항로 이용과 제주해협 통행 문제를 협의해 대책을 추진한다.

6. 남북은 군사보장합의서에 따라 한강(임진강) 하구 공동이용을 실행한다.

7. 남북은 국제해양법과 형평의 원칙에 따라 동해 및 서해의 해상불가침 경계선을 협의해 나가고 해상불가침 경계선이 확정될 때까지 정전협정에 따라 쌍방의 인접 해면을 존중한다.

8. 남북은 해상 적대행위 중단 구역에서 해양보호구역 및 남북협력사업 추진 등 남북 공동관리계획을 수립한다.

9. 남북은 해상 적대행위 중단 구역에서의 공동관리계획을 수립함에 있어 국제적 협력과 공동 대응 사항을 포함한다.

10. 남북은 해상 적대행위 중단 구역에서 국제해양법의 원칙에 따라 민용 선박의 자유항행을 보장한다.

11. 남북은 해상 적대행위 중단 구역에서 남북 어민들의 안전한 어로 활동을 보장하고 어업지도와 항행 규제를 민정 경찰이 담당하는 문제를 협의해 대책을 추진한다.

12. 남북은 해상 적대행위 중단 구역에서 남북 주민들의 인도적, 경제적 교류와 생활공동체 복원을 추진한다.

서울 중구 세종대로 124 서울신문 편집국 오피니언 담당자앞 opinion@seoul.co.kr 전화 (02)2000-9000

서해 5도, 애달픈 서쪽 막내들

서울광장

임병선
논설위원 bsnim@seoul.co.kr

**'서해 5도' 연재하며 부끄러워
독도 못잖게 중요한데 무관심
수역 갈등 관리에 취약한 우리
평화의 공간으로 다시 설계를
정부도 국민도 마음과 귀 열길**

독도는 '애달픈 국토의 동쪽 막내' 대접을 받는다. 이곳은 다르다. 이 섬들에 국민 9000여명이 살고 있어 그런가 싶기도 하다. 그저 국토의 서쪽 끝이란 믿음이 강해서일까. 그 섬들은 연평해전이나 천안함 피격, 공무원 살해, 중국 어선과의 충돌 때나 조명될 뿐이다.

평화연구소 사무국장도 맡았지만, 나 역시 무지했다. 무관심했다. 2019년 7월에야 한강과 임진강 물길이 합쳐지는 강화도 교동 앞바다가 중립수역이란 것을 알았다. 정전협정에 이곳부터 파주 장단까지 중립수역으로 설정돼 무기를 배치하지 못한다. 시선이 서해 5도까지 뻗어 나가지 못한 것은 어쩌면 당연했다.

이석우 인하대 법학전문대학원 교수를 처음 만났을 때 부끄러움을 절감한 이유다. 한국 역사와 정전협정에 철저히 무지했다는 사실에 한없이 민망했다. 지난 5일까지 7회에 걸쳐 '서해 5도를 다시 보다'를 연재하면서도 부끄러움과 자괴감은 지워지지 않았다. 맨날 지도와 선만 그리느냐는 핀잔을 들으면서 속이 상하기도 했다. 참담한 분단, 나아가 우리의 관리 의식 부재가 낳은 뼈아픈 현실인데 사람들은 모르고 지나친다.

'서해 5도를 다시 보다' 기획은 관할권이 중첩되는 수역의 갈등 관리 능력에 취약한 우리의 현주소를 드러냈다. 서해 5도 수역은 북방한계선(NLL)을 포함해 관할권이 겹치는 수역으로 국제법 지위에 있어 논란이 있으며, 무력 충돌의 위험이 상존하는 곳이다. 남북한과 중국 등 여러 주체의 복잡다기한 쟁점들이 상존하며, 다양한 국내법들이 해당 지역을 관할하고 있지만 우리는 변화하는 동북아 정세 및 국내 수요에 적절하게 대처하지 못하고 있다.

이런 판국에 최근 중국의 해군 경비함이 동경 124도를 넘어와 백령도 40㎞ 근처까지 접근했다. 서해를 내해(內海)로 만들려는 의도가 다분한 이른바 '서해공정'이 아닌가 의심스럽다. 중국 해경법은 자국 해역을 침범한 외국 선박에 대한 무기 사용권을 법제화했다. 갈등 관리에 취약한 한국이 아주 불리한 상황에 내몰릴 수 있어 정부 차원의 대비가 절실하다고 호소하고 싶다.

1994년 발효된 유엔해양법협약은 영해, 접속수역, 배타적 경제수역, 공해 등으로 모든 해역을 공간적으로 구분해 각 공간에서 연안국과 비연안국의 권리를 기능적으로 분배하는데, 서해 5도 수역은 국가의 관할권이 미치는 수역을 최소화하고, 남북한이 이해관계를 조정하면서 해당 수역을 통합적으로 관리하기 위한 방안을 강구하는 것이 필요하다는 점을 이번 기획은 보여주었다. NLL이 어떻게 설정됐는지, 정전협정에서 유래한 남북한 해양 경계가 어떻게 획정됐는지 정확히 이해하는 일이 급선무다. 한반도 해양 질서의 안정적 관리 및 한반도 평화체제의 정착을 위해 서해 5도 수역을 관리하고 활용하겠다는 인식 전환도 필요하다.

한반도 주변 해역과 접경 수역은 북극해와 남중국해, 태평양으로 이어지는 핵심 해로(海路)이자 군사활동 요충지로 변모하고 있다. 이런 상황에서 종합적인 해양법 정책의 운영 필요성이 절실하다는 점은 아무리 강조해도 지나치지 않다. 또 서해 5도의 안보적 특수성과 중국 어선의 불법조업 피해를 보상하는 차원에서 행해지던 국가의 지원 체계를 한 단계 끌어올릴 필요성을 지적하지 않을 수 없다. 이런 맥락에서 서해평화선언, 서해 5도 수역 평화기본법, 그리고 관리기본법까지 법제화 프로세스를 제안한다.

이번 연재에서 '빠진' 대목도 있다. 국민들에게 이 문제의 심각성을 피부에 와닿게 알리고 깊고 다양한 학문 분야별 현장 조사를 꾸준히 해 백서를 발간하는 일이다. 백서는 국제법, 해양학, 정책학, 지역학 등 따로 나뉘어 진행된 연구를 통합하려는 취지다. 북한 연구는 NLL과 관련해서만 자료 조사가 이뤄진 점을 돌아봐 북한의 해양법 체계도 면밀히 들여다봐야 한다.

다음달 초 가장 멀리 있는 백령도를 시작으로 다섯 섬을 답사한다. 이번 연재의 후속 작업으로 다음달 27일 서울에서 세미나도 개최할 예정이다.

이번 연재에 통일부와 해양수산부, 인천광역시, 옹진군청에서도 상당한 관심을 보였다고 한다. 한 부처 관계자는 "우리가 해야 할 일인데"라면서 "이렇게 속도감 있게 문제 제기 및 백서 발간 준비 등에 나설지 몰랐다"고 말했다. 연재에 참여한 교수, 시민단체 활동가들은 입을 모으는데 독자와 중앙정부, 지방정부, 관련 공공기관 등이 귀 기울였으면 하고 바랄 뿐이다.

"독도에 대한 관심과 열정의 일부만이라도 서해 5도에 쏟아 달라."

서해평화선언(안)

정태욱(인하대) · 이석우(인하대)

한국전쟁의 정전협정이 체결된 후 70년 가까이 지난 지금 한반도 상황은 여전히 불안정하고 위태롭다. 특히 서해에서 남북의 충돌과 군인 및 민간인의 희생과 피해, 지역 주민들의 기본권 제한은 계속되고 있다.

남북 정상도 이러한 문제의식을 공유하여, 노무현 정부에서는 '10.4' 선언으로 '서해평화협력특별지대'에 대하여 합의하였고, 문재인 정부에서는 '판문점 선언'으로 '해상 적대행위 중단 구역'을 설정하는 데에 합의하였다. 나아가 남북 정상은 서해에 평화수역과 공동어로구역을 설정하는 데에도 합의하였지만, 아쉽게도 아직 실행되지 않고 있다.

한반도 평화 정착과 남북의 화해 협력은 남북 모든 주민들의 평화적 생존을 위해 더 이상 지체할 수 없는 민족적 과제가 아닐 수 없다. 남북 정상도 한반도 정전체제를 평화체제로 이행시켜 나가는 데에 인식을 같이 하여, '10.4 선언'과 '판문점 선언'에서 한반도 '종전선언' 추진에 합의한 바 있다. 우리는 그와 같은 한반도 평화를 위한 남북 합의를 지지하며, 국내외 모든 관련 당국들이 한반도의 항구적 평화를 위해 진지한 노력을 기울여 줄 것을 촉구한다.

이에 우리는 한반도의 항구적 평화체제 수립은 우선 서해5도 수역에서의 평화 정착으로부터 시작할 수 있다는 인식 하에, 다음과 같은 '남북 서해평화선언(안)'을 제안하는 바이다. 향후 남북 간의 정치 군사 협상, 서해 평화를 위한 국내 입법, 국내외 평화 운동에서 참고가 되고 지지될 수 있기를 기대한다.

1. 남북은 서해 수역에 관한 군사정전에 관한 협정('정전협정')을 준수하고, 2018년 남북 정상의 한반도의 평화와 번영, 통일을 위한 판문점 선언('판문점 선언') 및 판문점 선언 이행을 위한 군사보장합의서('군사보장합의서')를 실행하여 서해 수역에서의 평화와 협력을 증진한다.
2. 남북은 판문점 선언과 군사보장합의서에 따라 모든 적대행위를 중지하고, 황해도 초도와 경기도 덕적도 사이의 수역('해상 적대행위 중단 구역')에서의 포사격 및 해상 기동훈련 중지와 해안포와 함포의 포구 포신 덮개 설치 및 포문폐쇄 조치 등 각종 군사연습과 무력 위협 중지 조치를 계속 이행한다.
3. 남북은 판문점 선언과 군사보장합의서에 따라 서해 북방한계선 일대를 평화수역으로 설정하고, 안전한 어로 활동을 보장한다.
4. 남북은 군사보장합의서에 따라 시범공동어로구역을 설정하고, 불법어로 차단 및 남북 공동순찰 대책을 추진한다.
5. 남북은 군사보장합의서에 따라 인천-해주 직항로 이용과 제주해협 통행 문제를 협의하여 대책을 추진한다.
6. 남북은 군사보장합의서에 따라 한강(임진강) 하구 공동이용을 실행한다.
7. 남북은 국제해양법과 형평의 원칙에 따라

동해 및 서해의 해상 불가침 경계선을 협의해 나가고, 해상불가침 경계선이 확정될 때까지 정전협정에 따라 쌍방의 인접해면을 존중한다.

8. 남북은 해상 적대행위 중단 구역에서 정전협정에 규정된 쌍방의 인접해면을 제외한 수역에 관한 남북 공동관리계획을 수립한다.
9. 남북은 해상 적대행위 중단 구역에서의 공동관리계획을 수립함에 있어 국제적 협력과 공동 대응 사항을 포함한다.
10. 남북은 해상 적대행위 중단 구역에서 국제해양법의 원칙에 따라 민용 선박의 자유항행을 보장한다.
11. 남북은 해상 적대행위 중단 구역에서 남북 어민들의 안전한 어로 활동을 보장하고, 어업지도와 항행 규제를 민정 경찰이 담당하는 문제를 협의하여 대책을 추진한다.

서해5도 수역 평화기본법

정태욱(인하대) · 이석우(인하대)
4차 수정안 (2020/12/10)

내부 진행 참고사항

2020/10/07	서해5도 수역 평화기본법 제정 관련 회의 (정태욱, 이석우)
2020/11/04	서해 접경수역 기본법(가칭) 가이드라인 발표 (정태욱)
2020/11/24	서해5도 수역 평화기본법 1차 초안 작성 (이석우)
2020/11/25	검토 의견 (오승진, 정태욱, 최태현) 제시 및 서해5도 수역 평화기본법 1차 수정안 작성 (이석우)
2020/11/30	검토 의견 (오승진) 제시 및 서해5도 수역 평화기본법 2차 수정안 작성 (이석우)
2020/12/01	법안 2원화 ('서해5도 수역 평화기본법'과 '서해5도 수역 관리기본법') 논의 (이석우, 오승진, 정태욱)
2020/12/06	서해5도 수역 평화기본법 3차 수정안 및 서해5도 수역 관리기본법 1차 초안 작성 (이석우, 오승진, 정태욱)
2020/12/10	서해5도 수역 평화기본법 4차 수정안 및 서해5도 수역 관리기본법 2차 수정안 작성 (이석우, 정태욱)

제안이유

서해5도 수역은 북방한계선(NLL)을 포함해 남북한과 중국의 중첩수역으로 국제법상 그 지위에 있어 논란이 있으며, 관할권 충돌의 위험이 상존하는 지역이다. 이미 남북한 간 여러 차례 군사적 충돌과 대립을 경험한 바 있으며, 관할권 미획정의 상태를 악용한 중국의 불법어업 또한 성행하고 있는 지역이다. 결과적으로 남북한, 중국 등 다자간 복잡다기한 쟁점들이 상존하는 지역으로 그에 대응하는 다양한 국내법들이 해당 지역을 관할하고 있으나, 동북아의 변화하는 국제정세 및 국내적 수요 상황에 적절하게 대처하지 못하고 있다.

상존하는 위험이 있는 지역에 상주하고 있는 우리 국민의 안전과 보호, 그리고 그들의 생업을 보호하기 위한 여러 조치들이 서해5도 지원 특별법이란 형태로 존재하고 있으나, 이러한 특별법은 서해5도 수역을 분쟁수역으로 인정하고, 안보를 이유로 한 권익 제약을 전제한 상태에서, 그에 대한 보상을 추진한 법률이라고 할 수 있다. 따라서, 서해5도를 평화수역으로 만들어서 권익 제약 자체를 해소하려는 법제가 요구된다고 할 수 있다.

이러한 상황하에서 정전협정의 원칙에 부합하면서, 10.4선언 및 판문점 선언의 실행을 위하여 서해5도 수역의 평화 정착, 남북 교류와 협력의 활성화, 지역 주민들의 권익 보장을 목적으로 하는 기본법의 제정을 통해 한반도의 평화 정착에 기여하려고 한다.

주요내용

가. 이 법은 정전협정의 원칙에 부합하면서, 10.4선언 및 판문점 선언의 실행을 위하여 서해5도 수역의 평화 정착, 남북 교류와 협력의 활성화, 지역 주민들의 권익 보장을 목적으로 함 (안 제1조).

나. 이 법에서의 서해5도 수역이란 판문점 선언에서 합의된 북한 초도 이남, 남한 덕적도 이북의 수역으로서 서해의 북방한계선 이남의 대한민국 관할 수역을 의미한다. 이 법의 어떠한 규정도 서해의 북방한계선을 포함하여 서해5도 수역에 대한 남북한의 기존 합의를 해하는 것으로 간주되어서는 아니 됨 (안 제3조)

다. 서해5도 수역의 평화 정착, 남북 교류와 협력의 활성화, 지역 주민들의 권익 보장에 관하여는 다른 법률에 우선하여 이 법을 적용함 (안 제5조)

라. 통일부장관은 서해5도 수역의 평화 정착, 남북 교류와 협력의 활성화, 지역 주민들의 권익 보장을 위한 방안을 기획·수립·지원 및 추진하고 그 추진 기반을 마련하기 위해 국방부, 해양수산부, 행정안전부 등 관계 중앙행정기관의 장 및 인천광역시 등 지방자치단체의 장과 협의하여 서해5도 수역 기본계획을 수립 및 채택하여야 하며, 동 기본계획은 매2년마다 재검토함 (안 제6조)

마. 서해5도 수역의 평화 정착, 남북 교류와 협력의 활성화, 지역 주민들의 권익 보장에 관한 사항을 심의·의결하기 위하여 통일부 산하에 서해5도 평화위원회를 두도록 함 (안 제8조)

바. 서해5도 수역의 평화 정착, 남북 교류와 협력의 활성화, 지역 주민들의 권익 보장과 관련된 사무를 관장하기 위해 통일부장관 소속으로 서해5도평화청을 설치함 (안 제9조)

사. 정부는 서해5도 수역의 평화 정착, 남북 교류와 협력의 활성화, 지역 주민들의 권익 보장을 위하여 관계 중앙행정기관의 장 및 관계 시·도지사와 협의하고 위원회의 심의·의결을 거쳐 수역을 구분하여 지정하고 그 보전과 개발·운영을 추진하거나 지원할 수 있음 (안 제10조)

아. 정부는 서해5도 수역의 공동 이용을 도모하기 위하여 남북어업협정과 남북공동어로구역 사업을 추진함 (안 제11조)

자. 정부는 서해5도에서 조업 제한 조치, 항행 제한 조치, 서해5도 주민들의 이동의 자유와 경제활동의 제한에 대한 단계적 해제와 함께 해양경찰청의 관할권의 확대 조치를 취함 (안 제15조)

법률 제 호

서해5도 수역 평화기본법

제1장 총칙

제1조(목적) 이 법은 1953년 7월 27일 국제연합군 총사령관과 북한군 최고사령관 및 중공인민지원군 사령원 사이에 맺은 한국 군사정전에 관한 협정의 원칙에 부합하면서, 2007년 10월4일 남북관계 발전과 평화번영을 위한 선언 및 2018년 4월 27일 한반도의 평화와 번영, 통일을 위한 판문점 선언의 실행을 위하여 서해5도 수역의 평화 정착, 남북 교류와 협력의 활성화, 지역 주민들의 권익 보장을 목적으로 한다. 서해5도 수역에서의 이러한 목적을 위한 사업은 이 법에 따른 종합적인 계획하에 단계적이고 체계적으로 추진한다.

제2조(기본원칙) 서해5도 수역의 평화 정착, 남북 교류와 협력의 활성화, 지역 주민들의 권익 보장은 다음 각 호의 기본원칙에 따라 추진되어야 한다.

1. 군사적 긴장 완화를 통한 남북의 항구적인 평화와 화합의 증진
2. 교류협력 활성화를 통한 공동이익의 증진 및 남북공동번영의 추구
3. 개발 및 발전과 남북 접경수역의 공동 이용 도모
4. 국민의 생명·안전 보장 및 편의 제공
5. 해양환경 보전 및 해양자원의 보존
6. 국민의 인식 및 참여 제고를 통한 민족공동체 의식 고취

제3조(용어의 정의 등) 이 법에서 사용하는 용어의 뜻은 다음과 같다.

1. "서해5도 수역"이란 판문점 선언에서 합의된 북한 초도 이남, 남한 덕적도 이북의 수역으로서 서해의 북방한계선 이남의 대한민국 관할 수역을 의미한다.
2. "서해5도"란 어선안전조업법상 조업한계선 이북에 위치한 인천광역시 옹진군에 속하는 백령도·대청도·소청도·연평도·소연평도와 인근 해역을 말한다.
3. 이 법의 어떠한 규정도 서해의 북방한계선

을 포함하여 서해5도 수역에 대한 남북한의 기존 합의를 해하는 것으로 간주되어서는 아니 된다.

제4조(국가의 책무) ① 정부는 서해5도 수역의 평화 정착, 남북 교류와 협력의 활성화, 지역 주민들의 권익 보장을 위한 사업(이하 "사업"이라고 한다)을 계획하고, 이를 이행하여야 한다. 정부는 예산의 범위에서 필요한 지원을 해야 한다.
② 정부는 ①항의 사업을 위한 지방자치단체와 민간의 활동을 적극 지원하고, 국민의 이해와 참여를 증진하기 위하여 다양한 국민참여 사업을 개발·시행하여야 한다.

제5조(다른 법률과의 관계) 서해5도 수역의 평화 정착, 남북 교류와 협력의 활성화, 지역 주민들의 권익 보장에 관하여는 다른 법률에 우선하여 이 법을 적용한다.

제2장 기본계획의 수립 및 채택

제6조(기본계획) ① 통일부장관은 서해5도 수역의 평화 정착, 남북 교류와 협력의 활성화, 지역 주민들의 권익 보장을 위한 방안을 기획·수립·지원 및 추진하고 그 추진 기반을 마련하기 위해 국방부, 해양수산부, 행정안전부 등 관계 중앙행정기관의 장 및 인천광역시 등 지방자치단체의 장과 협의하여 서해5도 수역 기본계획('기본계획')을 수립 및 채택하여야 한다. 기본계획은 매2년마다 재검토한다.
② 기본계획에는 서해5도 수역에 대한 다음 각 호의 사항이 포함되어야 한다.
1. 평화 정착에 관한 사항
2. 남북 교류와 협력의 활성화를 위한 추진전략 및 주요 추진과제에 관한 사항
3. 주민들의 권익 보장에 필요한 조직과 재원에 관한 사항
4. 남북 간 협력에 관한 사항
5. 국제적 협력에 관한 사항
6. 해당 지방자치단체의 역할에 관한 사항
7. 평화협력 추진에 관한 지역 주민 의견 청취 및 국민적 공론 형성에 관한 사항
8. 남북 공동 기념사업 추진에 관한 사항
9. 그 밖에 평화 정착, 남북 교류와 협력의 활성화, 지역 주민들의 권익 보장을 위하여 필요한 사항
③ 통일부장관은 다음 각 호의 어느 하나에 해당하는 자에게 기본계획 수립·변경을 위한 관련 기초 자료의 제출을 요청할 수 있다. 이 경우 협조를 요청받은 자는 특별한 사정이 없는 한 이에 따라야 한다.
1. 관계 중앙행정기관의 장
2. 관계 지방자치단체의 장
3. 관계 공공기관의 장
4. 이 법에 따라 지원을 받는 교육·연구기관 및 관련 단체
④ 통일부장관은 기본계획안을 수립하여 제8조에 따른 서해5도평화위원회의 심의·의결을 거쳐 확정한다.
⑤ 그 밖에 기본계획의 수립 및 채택에 관하여 필요한 사항은 대통령령으로 정한다.

제7조(연도별 시행계획) ① 통일부장관은 기본계획을 시행하기 위하여 연도별 시행계획(이하 "시행계획"이라 한다)을 매년 수립하여야 한다.
② 관계 중앙행정기관의 장과 지방자치단체의 장은 기본계획을 토대로 연도별 시행계획을 작성하여 통일부장관에게 제출한다.
③ 통일부장관은 제2항에 따라 제출받은 시행계획을 제8조에 따른 서해5도평화위원회의 심의·의결을 거쳐 확정한다.
④ 통일부장관은 제2항에 따라 제출받은 시행계획에 관하여 필요한 경우 계획의 조정에 관한 의견을 제시할 수 있다.
⑤ 그 밖에 시행계획의 수립 및 시행에 필요한 사항은 대통령령으로 정한다.

제3장 위원회 및 주무관청 신설 등

제8조(서해5도평화위원회) ① 서해5도 수역의 평화 정착, 남북 교류와 협력의 활성화, 지역 주민들의 권익 보장을 위하여 통일부에 서해5도평화위

원회(이하 "위원회"라 한다)를 둔다.

② 위원회는 다음 각 호의 사항을 심의·의결한다.

1. 중요 정책 및 제도 개선에 관한 사항
2. 기본계획 및 시행계획의 확정·변경 및 종합적 조정에 관한 사항
3. 중앙행정기관의 장 및 시·도지사와의 의견 조정에 관한 사항
4. 남북 간 협력에 관한 사항
5. 국제적 협력에 관한 사항
6. 중요한 사항으로서 위원장이 회의에 부치는 사항

③ 위원회는 위원장 1명, 부위원장 2명을 포함한 25명 이내의 위원으로 구성한다.

④ 위원장은 통일부장관이 되고, 부위원장 2명과 간사 1명을 둔다. 제9조에 따른 서해5도평화청장은 당연직 부위원장이 된다.

⑤ 위원은 다음 각 호의 사람으로 한다. 위촉위원은 10명 이내로 한다.

1. 당연직위원: 대통령령으로 정하는 관계 중앙행정기관의 차관급 공무원 및 관계 지방자치단체의 부단체장
2. 위촉위원: 전문지식과 경험이 풍부한 사람으로서 위원장이 위촉한 사람

⑥ 위원회의 회의에서 심의할 안건을 사전에 검토하고, 위원회에서 위임한 사항, 그 밖에 위원장이 요구하는 사항을 처리하기 위하여 위원회에 서해5도평화실무위원회(이하 "실무위원회"라 한다)를 둔다.

⑦ 그 밖에 위원회의 구성 및 운영 등에 관하여 필요한 사항은 대통령령으로 정한다.

제9조(서해5도평화청) ① 서해5도 수역의 평화 정착, 남북 교류와 협력의 활성화, 지역 주민들의 권익 보장 사무를 관장하기 위해 통일부장관 소속으로 서해5도평화청을 둔다.

② 통일부장관은 서해5도평화청의 업무를 수행하기 위하여 필요한 경우, 관계 행정기관의 장 및 지방자치단체의 장에게 「국가공무원법」 제2조제2항 및 「지방공무원법」 제2조제2항에 따른 공무원의 파견을 요청할 수 있다. 이 경우 요청을 받은 관계 중앙행정기관의 장 또는 지방자치단체의 장은 특별한 사유가 없으면 요청에 따라야 한다.

③ 그 밖에 서해5도평화청의 조직 및 운영에 관하여 필요한 사항은 대통령령으로 정한다.

제4장 서해5도 수역의 평화정착

제10조(필요조치 추진 등) ① 정부는 서해5도 수역의 평화 정착, 남북 교류와 협력의 활성화, 지역 주민들의 권익 보장을 위하여 관계 중앙행정기관의 장 및 관계 시·도지사와 협의하고 위원회의 심의·의결을 거쳐 수역을 구분하여 지정하고 그 보전과 개발·운영을 추진하거나 지원할 수 있다.

② 정부는 서해5도 수역의 평화 정착을 위해 지정된 수역에서 다음과 같은 필요한 조치를 추진한다.

1. 남북 평화와 공동이용 구역 확대를 추진한다.
2. 남북 비무장화와 안전어로 보장을 추진한다.
3. 민용 선박의 자유 항행을 보장한다.

③ 정부는 수역을 지정·조성 및 운영함에 있어서 서해5도 수역의 환경보호, 남북협력 증진, 국토의 균형발전 등을 고려하여 다음과 같은 필요한 조치를 추진한다.

1. 지속가능한 이용·개발 및 보전을 위해 인간의 해양활동과 해양자원을 통합적으로 관리할 목적으로 공동의 해양공간계획을 수립한다.
2. 해양 생태계 조사 및 보호 사업을 추진한다. 이와 관련하여 해양보호구역을 지정할 수 있다.

④ 정부는 남북간 및 국제적 협력을 통하여 다음과 같이 수역 지정·조성 및 운영 사업을 시행하거나 그 사업을 지원할 수 있다.

1. 남북한 사회문화적 교류협력을 활성화함으로써 공동생활권과 민족동질성 회복을 위해 노력한다.
2. 남북의 균형발전과 공동번영을 위한 경제협력 방안을 추진한다.
3. 전쟁과 분단으로 인한 인도적 문제해결과 인권 개선을 위해 노력해야 한다. 인도주의와 동포애의 차원에서 북한에 대한 지원을

할 수 있다.

⑤ 그 밖에 수역의 지정에 필요한 사항은 대통령령으로 정한다.

제11조(남북어업협정과 공동어로구역 추진) ① 정부는 서해5도 수역 공동이용을 위한 남북어업협정을 추진한다.

② 남북공동어로구역 사업을 추진한다. 남북공동어로구역 사업은 남북 균형발전과 공동번영의 원칙에 따라 수행한다.

③ 남북어업협정 및 남북공동어로구역 관련 협정에는 중국어선 불법조업에 관한 대책을 포함한다.

제12조 (실태조사) ① 정부는 서해5도 수역의 보전과 평화적 이용 지원에 관한 정책 또는 계획의 수립·변경을 위하여 역사, 문화, 해양, 환경, 생태 등에 관하여 조사(이하 "실태조사"라 한다)할 수 있다.

② 정부는 관계 중앙행정기관의 장 또는 지방자치단체의 장, 공공기관의 장에게 실태조사에 필요한 자료의 제출을 요청할 수 있다. 이 경우 요청을 받은 관계 중앙행정기관의 장 또는 지방자치단체의 장, 공공기관의 장은 특별한 사유가 없으면 요청에 따라야 한다.

③ 정부는 남북 간 및 국제적 협력을 통하여 서해5도 수역 전 지역에 대한 실태조사 사업을 시행하거나 그 사업을 지원할 수 있다.

④ 정부는 효율적인 실태조사를 위하여 필요하면 실태조사를 전문기관에 의뢰할 수 있으며, 실태조사의 결과를 국민에게 알리기 위하여 노력하여야 한다.

⑤ 그 밖에 실태조사와 관련하여 필요한 사항은 대통령령으로 정한다.

제13조(해양생태환경 및 해양문화유산 관련 사업)

① 정부는 서해5도 수역의 해양생태환경 및 문화적·역사적 유산을 보존·관리하고 그 가치를 국제사회에 널리 알리기 위하여 노력하여야 한다.

② 그 밖에 서해5도 수역의 문화유산 등의 국외선양 지원에 관하여 필요한 사항은 대통령령으로 정한다.

제14조 (남북 교류협력 지원) ① 정부는 서해5도 수역내 남북 교류 협력 사업을 지원한다.

② 정부는 남북 교류와 협력을 위한 남북 주민들의 왕래를 위하여 서해5도에 별도의 출입사무소를 설치한다.

③ 정부는 서해5도 수역과 관련한 남북 교류와 협력을 위한 평화적 이용사업 시행을 지원한다.

④ 정부 및 지방자치단체는 서해5도 수역과 관련한 남북 교류협력에 대하여 재정 지원을 할 수 있으며, 남북 협력기금을 사용할 수 있다.

제5장 권익 보장

제15조(권익과 보상) ① 정부는 서해5도 수역에서 다음과 같은 조치를 취한다.

1. 조업 구역의 단계적 확장 및 조업 제한 조치의 단계적 해제
2. 항행 제한 조치의 단계적 해제
3. 서해5도 주민들의 이동의 자유와 경제 활동의 제한에 대한 단계적 해제
4. 해양경찰청의 관할권의 확대

② 서해5도 수역 평화 정착의 시기까지 서해5도 주민들의 권익 제약에 대한 적정한 보상을 한다. 서해5도 특별지원법에 의한 지원은 이 법률(안)이 말하는 보상으로 간주한다.

제16조(안전 및 출입을 위한 지원) ① 개인이나 단체가 서해5도 수역에 출입하거나 물품·장비의 반입·반출이 필요한 경우, 정부는 관련 절차가 신속하게 이루어질 수 있도록 관계기관에 필요한 협조를 요청하여야 한다.

② 정부는 서해5도에서 통신 등의 기반 시설을 구축하고 추진하여야 한다.

③ 정부는 서해5도에 출입하는 자의 신변을 보호하는 조치를 취해야 한다.

제17조(국민 인식 제고와 참여) ① 정부는 서해5도 수역의 평화 정착, 남북 교류와 협력의 활성화, 지역 주민들의 권익 보장에 관한 국민의 관심 확대를 위하여 홍보 방안을 마련하여 시행할 수 있다.

② 정부는 서해5도 수역의 평화 정착, 남북 교류와 협력의 활성화, 지역 주민들의 권익 보장에 관한 국민의 이해와 참여를 증진하기 위하여 국민이 참여하는 사업을 개발·시행할 수 있다.
③ 제2항에 따른 사업은 생태·환경을 훼손하지 아니하는 범위에서 시행하여야 하며, 구체적인 범위·종류 및 비용 징수 등에 필요한 사항은 대통령령으로 정한다.

제18조(전문인력의 양성) ① 정부와 지방자치단체는 서해5도 수역의 평화 정착, 남북 교류와 협력의 활성화, 지역 주민들의 권익 보장에 필요한 전문인력을 양성할 수 있다.
② 통일부장관 및 관계 시·도지사는 적절한 인력과 시설 등을 갖춘 기관 또는 단체를 전문인력 양성기관으로 지정하여 필요한 교육 및 훈련을 실시하게 할 수 있다.
③ 통일부장관 및 관계 시·도지사는 제2항에 따라 지정된 전문인력 양성기관에 대하여 대통령령으로 정하는 바에 따라 예산의 범위에서 그 양성에 필요한 비용의 전부 또는 일부를 지원할 수 있다.
④ 제2항에 따른 전문인력 양성기관의 지정 기준 및 절차 등은 대통령령으로 정한다.

제19조(종합정보시스템 구축 및 운영) ① 통일부장관은 서해5도 수역의 평화 정착, 남북 교류와 협력의 활성화, 지역 주민들의 권익 보장에 관련된 정보를 종합적으로 관리하고, 유용한 정보를 제공하기 위하여 종합정보시스템을 구축·운영할 수 있다.
② 통일부장관은 종합정보시스템의 구축·운영을 위하여 필요한 경우에는 관계 중앙행정기관의 장, 시·도지사, 공공기관의 장 등에게 필요한 자료의 제공을 요청할 수 있다. 이 경우 자료제출을 요청받은 관계 중앙행정기관의 장 등은 특별한 사정이 없으면 이에 따라야 한다.
③ 그 밖에 종합정보시스템의 구축 및 운영과 관련하여 필요한 사항은 대통령령으로 정한다.

제20조(재정지원) ① 정부 및 지방자치단체는 이 법에 따라 서해5도 수역의 평화 정착, 남북 교류와 협력의 활성화, 지역 주민들의 권익 보장을 위하여 시행하는 사업에 대하여 재정적 지원을 할 수 있다.
② 정부는 제1항의 사업을 지원하기 위하여 「남북협력기금법」에 따른 남북협력기금을 사용할 수 있다.
③ 제1항의 사업 중에서 위원회가 필요하다고 인정하는 경우 남북협력기금을 사용할 수 있다.
④ 그 밖에 재정지원에 관하여 필요한 사항은 대통령령으로 정한다.

제6장 사업의 시행 등

제21조(사업시행자) 서해5도 수역의 평화 정착, 남북 교류와 협력의 활성화, 지역 주민들의 권익 보장을 위한 사업의 시행자(이하 "사업시행자"라 한다)는 다음 각 호의 어느 하나에 해당하는 자로 한다.

1. 정부
2. 지방자치단체
3. 「공공기관의 운영에 관한 법률」에 따른 공공기관
4. 「지방공기업법」에 따른 지방공기업
5. 대통령령으로 정하는 자격 요건을 갖춘 민간투자자
6. 「민법」 제32조에 따른 비영리 법인이거나 관련 법령에 따라 비영리 목적으로 설립된 단체

제22조(사업의 시행승인) ① 통일부장관(제21조 제1호 및 제2호에 규정된 자는 제외한다)은 사업시행자에 대하여 관계 중앙행정기관의 장 또는 지방자치단체의 장과 협의를 거쳐 사업의 시행을 승인한다.
② 제1항의 규정에 따라 사업시행자는 대통령령으로 정하는 바에 따라 사업계획과 첨부서류 등을 작성하여 통일부장관에게 제출하여야 한다.
③ 제1항에 따라 사업시행자가 승인 받은 사항을 변경하는 경우에는 통일부장관의 변경승인을

받아야 한다. 다만, 대통령령으로 정하는 경미한 사항의 변경은 그러하지 아니하다.

④ 통일부장관은 제1항에 따라 사업의 시행을 승인하거나 제3항에 따라 사업의 변경을 승인한 때에는 그 사업시행계획을 대통령령으로 정하는 바에 따라 고시하여야 한다. 다만, 국방상 기밀에 관한 사항 및 남북협력을 위해 필요한 사항은 이를 제외하고 고시할 수 있다.

⑤ 통일부장관은 다음 각 호의 어느 하나에 해당하는 경우에는 사업시행승인 또는 변경승인을 취소할 수 있다. 제3호의 경우에는 사업의 조정을 명령할 수 있다.

1. 사업의 시행을 승인받은 날로부터 2년 이내에 사업을 시작하지 아니한 경우
2. 거짓이나 그 밖의 부정한 방법으로 승인을 받은 경우
3. 사정의 변경으로 사업을 계속적으로 시행할 수 없거나 현저히 공익을 해칠 우려가 있다고 인정되는 경우

⑥ 제21조제1호 및 제2호의 사업시행자가 사업을 시행하려는 경우에는 통일부장관과 협의하여 사업시행계획을 수립하여야 하며, 그 사업시행계획을 대통령령으로 정하는 바에 따라 고시하여야 한다.

⑦ 그 밖에 사업시행 신청 및 승인, 취소 및 조정에 관하여 필요한 사항은 대통령령으로 정한다.

제23조(토지 등의 수용 · 사용) ① 국가는 서해5도 수역의 평화 정착, 남북 교류와 협력의 활성화, 지역 주민들의 권익 보장을 지원하고 그 추진 기반을 마련하기 위하여 필요한 경우에는 「공익사업을 위한 토지 등의 취득 및 보상에 관한 법률」 제3조에 따른 토지·물건 또는 권리를 수용하거나 사용할 수 있다.

② 토지 등의 수용·사용 등에 관하여 필요한 사항은 대통령령으로 정하며, 이 법에 특별한 규정이 있는 경우를 제외하고는 「공익사업을 위한 토지 등의 취득 및 보상에 관한 법률」을 준용한다.

제24조(공유수면의 점용·사용) ① 국가는 서해5도 수역의 평화 정착, 남북 교류와 협력의 활성화, 지역 주민들의 권익 보장을 지원하고 그 추진 기반을 마련하기 위하여 필요한 경우에는 「공유수면 관리 및 매립에 관한 법률」 제10조에 따라 공유수면을 점용·사용할 수 있다.

② 공유수면 점용·사용 등에 관하여 필요한 사항은 대통령령으로 정하며, 이 법에 특별한 규정이 있는 경우를 제외하고는 「공유수면 관리 및 매립에 관한 법률」을 준용한다.

제7장 벌칙 등

제25조(벌칙 적용에서 공무원 의제) 서해5도평화위원회 위원 중 공무원이 아닌 위원은 그 직무상 행위와 관련하여 「형법」과 그 밖의 법률에 따른 벌칙을 적용할 때에는 공무원으로 본다.

제26조(벌칙) ① 거짓이나 그 밖의 부정한 방법으로 제20조에 따른 재정적 지원을 받거나 다른 사람으로 하여금 제20조에 따른 지원을 받게 한 자는 5년 이하의 징역 또는 5천만원 이하의 벌금에 처한다.

② 이 법에 따른 업무와 관련하여 알게 된 군사 및 국가안보 등과 관련된 정보 또는 자료를 이 법에 따른 업무 외의 목적에 이용한 자는 3년 이하의 징역 또는 3천만원 이하의 벌금에 처한다.

③ 제1항의 미수범은 처벌한다.

부 칙

이 법은 공포 후 6개월이 경과한 날부터 시행한다.

서해5도 수역 관리기본법

정태욱(인하대) · 이석우(인하대)
2차 수정안 (2020/12/10)

내부 진행 참고사항

2020/10/07	서해5도 수역 평화기본법 제정 관련 회의 (정태욱, 이석우)
2020/11/04	서해 접경수역 기본법(가칭) 가이드라인 발표 (정태욱)
2020/11/24	서해5도 수역 평화기본법 1차 초안 작성 (이석우)
2020/11/25	검토 의견 (오승진, 정태욱, 최태현) 제시 및 서해5도 수역 평화기본법 1차 수정안 작성 (이석우)
2020/11/30	검토 의견 (오승진) 제시 및 서해5도 수역 평화기본법 2차 수정안 작성 (이석우)
2020/12/01	법안 2원화 ('서해5도 수역 평화기본법'과 '서해5도 수역 관리기본법') 논의 (이석우, 오승진, 정태욱)
2020/12/06	서해5도 수역 평화기본법 3차 수정안 및 서해5도 수역 관리기본법 1차 초안 작성 (이석우, 오승진, 정태욱)
2020/12/10	서해5도 수역 평화기본법 4차 수정안 및 서해5도 수역 관리기본법 2차 수정안 작성 (이석우, 정태욱)

제안이유

서해5도 수역은 북방한계선(NLL)을 포함해 남북한과 중국의 중첩수역으로 국제법상 그 지위에 있어 논란이 있으며, 관할권 충돌의 위험이 상존하는 지역이다. 이미 남북한 간 여러 차례 군사적 충돌과 대립을 경험한 바 있으며, 관할권 미획정의 상태를 악용한 중국의 불법어업 또한 성행하고 있는 지역이다. 결과적으로 남북한, 중국 등 다자간 복잡다기한 쟁점들이 상존하는 지역으로 그에 대응하는 다양한 국내법들이 해당 지역을 관할하고 있으나, 동북아의 변화하는 국제정세 및 국내적 수요 상황에 적절하게 대처하지 못하고 있다.

상존하는 위험이 있는 지역에 상주하고 있는 우리 국민의 안전과 보호, 그리고 그들의 생업을 보호하기 위한 여러 조치들이 서해5도 지원 특별법이란 형태로 존재하고 있으나, 이러한 특별법은 서해5도 수역을 분쟁수역으로 인정하고, 안보를 이유로 한 권익 제약을 전제한 상태에서, 그에 대한 보상을 추진한 법률이라고 할 수 있다. 따라서, 서해5도를 평화수역으로 만들어서 권익 제약 자체를 해소하려는 법제가 요구된다고 할 수 있다.

이러한 상황하에서 정전협정의 원칙에 부합하면서, 10.4선언 및 판문점 선언의 실행을 위하여 서해5도 수역의 평화 정착, 남북 교류와 협력의 활성화, 지역 주민들의 권익 보장을 목적으로 하는 평화기본법의 제정을 통해 한반도의 평화정착에 기여하려고 한다. 연장선상에서 남북한 법적인 구속력이 있는 합의가 전제가 된 상태에서 그 의미가 있는 평화기본법 제정과 동시에 남북한 법적인 구속력이 있는 합의가 없는 현재 상황에서 우리가 우리측 관할권 행사 구역 내에서 단독으로 추진할 수 있는 관리기본법 제정을 통해 한반도의 평화 정착에 실질적으로 기여하고자 한다.

주요내용

가. 이 법은 정전협정의 원칙에 부합하면서, 10.4 선언 및 판문점 선언의 실행을 위하여 서해5도 수역의 평화 정착, 남북 교류와 협력의 활성화, 지역 주민들의 권익 보장을 목적으로 함 (안 제1조).

나. 이 법에서의 서해5도 수역이란 판문점 선언에서 합의된 북한 초도 이남, 남한 덕적도 이북의 수역으로서 서해의 북방한계선 이남의 대한민국 관할 수역을 의미한다. 이 법의 어떠한 규정도 서해의 북방한계선을 포함하여 서해5도 수역에 대한 남북한의 기존 합의를 해하는 것으로 간주되어서는 아니 됨 (안 제3조)

다. 서해5도 수역의 평화 정착, 남북 교류와 협력의 활성화, 지역 주민들의 권익 보장에 관하여는 다른 법률에 우선하여 이 법을 적용함 (안 제4조)

라. 통일부장관은 서해5도 수역의 평화 정착, 남북 교류와 협력의 활성화, 지역 주민들의 권익 보장을 위한 방안을 기획·수립·지원 및 추진하고 그 추진 기반을 마련하기 위해 국방부, 해양수산부, 행정안전부 등 관계 중앙행정기관의 장 및 인천광역시 등 지방자치단체의 장과 협의하여 서해5도 수역 기본계획을 수립 및 채택하여야 하며, 동 기본계획은 매2년마다 재검토함 (안 제5조)

마. 서해5도 수역의 평화 정착, 남북 교류와 협력의 활성화, 지역 주민들의 권익 보장에 관한 사항을 심의·의결하기 위하여 통일부 산하에 서해5도 평화위원회를 두도록 함 (안 제7조)

바. 서해5도 수역의 평화 정착, 남북 교류와 협력의 활성화, 지역 주민들의 권익 보장과 관련된 사무를 관장하기 위해 통일부장관 소속으로 서해5도평화청을 설치함 (안 제8조)

사. 정부는 서해5도 수역의 평화 정착, 남북 교류와 협력의 활성화, 지역 주민들의 권익 보장을 위하여 관계 중앙행정기관의 장 및 관계 시·도지사와 협의하고 위원회의 심의·의결을 거쳐 수역을 구분하여 지정하고 그 보전과 개발·운영을 추진하거나 지원할 수 있음 (안 제9조)

아. 정부는 서해5도에서 조업 제한 조치, 항행 제한 조치, 서해5도 주민들의 이동의 자유와 경제활동의 제한에 대한 단계적 해제와 함께 해양경찰청의 관할권의 확대 조치를 취함 (안 제13조)

법률 제 호

서해5도 수역 관리기본법

제1장 총칙

제1조(목적) 이 법은 1953년 7월 27일 국제연합군 총사령관과 북한군 최고사령관 및 중공인민지원군 사령원 사이에 맺은 한국 군사정전에 관한 협정의 원칙에 부합하면서, 2007년 10월 4일 남북관계 발전과 평화번영을 위한 선언 및 2018년 4월 27일 한반도의 평화와 번영, 통일을 위한 판문점 선언의 실행을 위하여 서해5도 수역의 평화 정착, 남북 교류와 협력의 활성화, 지역 주민들의 권익 보장을 목적으로 한다. 서해5도 수역에서의 이러한 목적을 위한 사업은 이 법에 따른 종합적인 계획하에 단계적이고 체계적으로 추진한다.

제2조(기본원칙) 서해5도 수역의 평화 정착, 남북 교류와 협력의 활성화, 지역 주민들의 권익 보장은 다음 각 호의 기본원칙에 따라 추진되어야 한다.

1. 군사적 긴장 완화를 통한 남북의 항구적인 평화와 화합의 증진
2. 교류협력 활성화를 통한 공동이익의 증진 및 남북공동번영의 추구
3. 개발 및 발전과 남북 접경수역의 공동 이용 도모
4. 국민의 생명·안전 보장 및 편의 제공
5. 해양환경 보전 및 해양자원의 보존
6. 국민의 인식 및 참여 제고를 통한 민족공동체 의식 고취

제3조(용어의 정의 등) 이 법에서 사용하는 용어의 뜻은 다음과 같다.

1. "서해5도 수역"이란 판문점 선언에서 합의된 북한 초도 이남, 남한 덕적도 이북의 수역으로서 서해의 북방한계선 이남의 대한민국 관할 수역을 의미한다.
2. "서해5도"란 어선안전조업법상 조업한계선 이북에 위치한 인천광역시 옹진군에 속하는 백령도·대청도·소청도·연평도·소연평도와 인근 해역을 말한다.

3. 이 법의 어떠한 규정도 서해의 북방한계선을 포함하여 서해5도 수역에 대한 남북한의 기존 합의를 해하는 것으로 간주되어서는 아니 된다.

제4조(다른 법률과의 관계) 서해5도 수역의 평화 정착, 남북 교류와 협력의 활성화, 지역 주민들의 권익 보장에 관하여는 다른 법률에 우선하여 이 법을 적용한다.

제2장 기본계획의 수립 및 채택

제5조(기본계획) ① 통일부장관은 국방부, 해양수산부, 행정안전부 등 관계 중앙행정기관의 장 및 인천광역시 등 지방자치단체의 장과 협의하여 서해5도 수역 기본계획('기본계획')을 수립 및 채택하여야 한다. 기본계획은 매2년마다 재검토한다.

② 기본계획에는 서해5도 수역에 대한 다음 각 호의 사항이 포함되어야 한다.

1. 평화 정착에 관한 사항
2. 남북 교류와 협력의 활성화를 위한 추진전략 및 주요 추진과제에 관한 사항
3. 주민들의 권익 보장에 필요한 조직과 재원에 관한 사항
4. 남북 간 협력에 관한 사항
5. 국제적 협력에 관한 사항
6. 해당 지방자치단체의 역할에 관한 사항
7. 평화협력 추진에 관한 지역 주민 의견 청취 및 국민적 공론 형성에 관한 사항
8. 남북 공동 기념사업 추진에 관한 사항
9. 그 밖에 평화 정착, 남북 교류와 협력의 활성화, 지역 주민들의 권익 보장을 위하여 필요한 사항

③ 통일부장관은 다음 각 호의 어느 하나에 해당하는 자에게 기본계획 수립·변경을 위한 관련 기초 자료의 제출을 요청할 수 있다. 이 경우 협조를 요청받은 자는 특별한 사정이 없는 한 이에 따라야 한다.

1. 관계 중앙행정기관의 장
2. 관계 지방자치단체의 장
3. 관계 공공기관의 장
4. 이 법에 따라 지원을 받는 교육·연구기관 및 관련 단체

④ 통일부장관은 기본계획안을 수립하여 제8조에 따른 서해5도평화위원회의 심의·의결을 거쳐 확정한다.

⑤ 그 밖에 기본계획의 수립 및 채택에 관하여 필요한 사항은 대통령령으로 정한다.

제6조(연도별 시행계획) ① 통일부장관은 기본계획을 시행하기 위하여 연도별 시행계획(이하 "시행계획"이라 한다)을 매년 수립하여야 한다.

② 관계 중앙행정기관의 장과 지방자치단체의 장은 기본계획을 토대로 연도별 시행계획을 작성하여 통일부장관에게 제출한다.

③ 통일부장관은 제2항에 따라 제출받은 시행계획을 제7조에 따른 서해5도평화위원회의 심의·의결을 거쳐 확정한다.

④ 통일부장관은 제2항에 따라 제출받은 시행계획에 관하여 필요한 경우 계획의 조정에 관한 의견을 제시할 수 있다.

⑤ 그 밖에 시행계획의 수립 및 시행에 필요한 사항은 대통령령으로 정한다.

제3장 위원회 및 주무관청 신설 등

제7조(서해5도평화위원회) ① 서해5도 수역의 평화 정착, 남북 교류와 협력의 활성화, 지역 주민들의 권익 보장을 위하여 통일부에 서해5도평화위원회(이하 "위원회"라 한다)를 둔다.

② 위원회는 서해5도 수역과 관련하여 다음 각 호의 사항을 심의·의결한다.

1. 중요 정책 및 제도 개선에 관한 사항
2. 기본계획 및 시행계획의 확정·변경 및 종합적 조정에 관한 사항
3. 중앙행정기관의 장 및 시·도지사와의 의견 조정에 관한 사항
4. 남북 간 협력에 관한 사항
5. 국제적 협력에 관한 사항
6. 중요한 사항으로서 위원장이 회의에 부치는 사항

③ 위원회는 위원장 1명, 부위원장 2명을 포함한

25명 이내의 위원으로 구성한다.

④ 위원장은 통일부장관이 되고, 부위원장 2명과 간사 1명을 둔다. 제8조에 따른 서해5도평화청장은 당연직 부위원장이 된다.

⑤ 위원은 다음 각 호의 사람으로 한다. 위촉위원은 10명 이내로 한다.

1. 당연직위원: 대통령령으로 정하는 관계 중앙행정기관의 차관급 공무원 및 관계 지방자치단체의 부단체장
2. 위촉위원: 전문지식과 경험이 풍부한 사람으로서 위원장이 위촉한 사람

⑥ 위원회의 회의에서 심의할 안건을 사전에 검토하고, 위원회에서 위임한 사항, 그 밖에 위원장이 요구하는 사항을 처리하기 위하여 위원회에 서해5도평화실무위원회(이하 "실무위원회"라 한다)를 둔다.

⑦ 그 밖에 위원회의 구성 및 운영 등에 관하여 필요한 사항은 대통령령으로 정한다.

제8조(서해5도평화청) ① 통일부장관 소속으로 서해5도평화청을 둔다.

② 통일부장관은 서해5도평화청의 업무를 수행하기 위하여 필요한 경우, 관계 행정기관의 장 및 지방자치단체의 장에게 「국가공무원법」 제2조제2항 및 「지방공무원법」 제2조제2항에 따른 공무원의 파견을 요청할 수 있다. 이 경우 요청을 받은 관계 중앙행정기관의 장 또는 지방자치단체의 장은 특별한 사유가 없으면 요청에 따라야 한다.

③ 그 밖에 서해5도평화청의 조직 및 운영에 관하여 필요한 사항은 대통령령으로 정한다.

제4장 서해5도 수역의 관리

제9조(필요조치 추진 등) ① 정부는 관계 중앙행정기관의 장 및 관계 시·도지사와 협의하고 위원회의 심의·의결을 거쳐 서해5도 수역을 구분하여 지정하고 그 보전과 개발·운영을 추진하거나 지원할 수 있다.

② 정부는 수역을 지정·조성 및 운영함에 있어서 서해5도 수역의 환경보호, 남북협력 증진, 국토의 균형발전 등을 고려하여 다음과 같은 필요한 조치를 추진한다.

1. 지속가능한 이용·개발 및 보전을 위해 인간의 해양활동과 해양자원을 통합적으로 관리할 목적으로 공동의 해양공간계획을 수립한다.
2. 해양 생태계 조사 및 보호 사업을 추진한다. 이와 관련하여 해양보호구역을 지정할 수 있다.

③ 정부는 남북 간 및 국제적 협력을 통하여 다음과 같이 수역 지정·조성 및 운영 사업을 시행하거나 그 사업을 지원할 수 있다.

1. 남북한 사회문화적 교류협력을 강화한다.
2. 남북의 균형발전과 공동번영을 위한 경제협력 방안을 추진한다.
3. 정부는 북한에 대한 인도적 지원을 할 수 있다.

④ 그 밖에 수역의 지정에 필요한 사항은 대통령령으로 정한다.

제10조(실태조사) ① 정부는 서해5도 수역의 보전과 평화적 이용 지원에 관한 정책 또는 계획의 수립·변경을 위하여 역사, 문화, 해양, 환경, 생태 등에 관하여 조사(이하 "실태조사"라 한다)할 수 있다.

② 정부는 관계 중앙행정기관의 장 또는 지방자치단체의 장, 공공기관의 장에게 실태조사에 필요한 자료의 제출을 요청할 수 있다. 이 경우 요청을 받은 관계 중앙행정기관의 장 또는 지방자치단체의 장, 공공기관의 장은 특별한 사유가 없으면 요청에 따라야 한다.

③ 정부는 남북간 및 국제적 협력을 통하여 서해5도 수역 전 지역에 대한 실태조사 사업을 시행하거나 그 사업을 지원할 수 있다.

④ 정부는 효율적인 실태조사를 위하여 필요하면 실태조사를 전문기관에 의뢰할 수 있으며, 실태조사의 결과를 국민에게 알리기 위하여 노력하여야 한다.

⑤ 그 밖에 실태조사와 관련하여 필요한 사항은 대통령령으로 정한다.

제11조(해양생태환경 및 해양문화유산 관련 사업) ① 정부는 서해5도 수역의 해양생태환경 및 문화적·역사적 유산을 보존·관리하고 그 가치를 국제사회에 널리 알리기 위하여 노력하여야 한다.

② 그 밖에 서해5도 수역의 문화유산 등의 국외 선양 지원에 관하여 필요한 사항은 대통령령으로 정한다.

제12조(남북 교류협력 지원) ① 정부는 서해5도 수역내 남북 교류 협력 사업을 지원한다.

② 정부는 남북 교류와 협력을 위한 남북 주민들의 왕래를 위하여 서해5도에 별도의 출입사무소를 설치할 수 있다.

③ 정부는 서해5도 수역과 관련한 남북 교류와 협력을 위한 평화적 이용사업 시행을 지원한다.

④ 정부 및 지방자치단체는 서해5도 수역과 관련한 남북 교류협력에 관하여 재정 지원을 할 수 있으며, 남북 협력기금을 사용할 수 있다.

제5장 권익 보장

제13조(권익과 보상) ① 정부는 서해5도 수역에서 다음과 같은 조치를 취한다.

1. 조업 구역의 단계적 확장 및 조업 제한 조치의 단계적 해제
2. 항행 제한 조치의 단계적 해제
3. 서해5도 주민들의 이동의 자유와 경제 활동의 제한에 대한 단계적 해제
4. 해양경찰청의 관할권의 확대

② 서해5도 수역 평화 정착의 시기까지 서해5도 주민들의 권익 제약에 대한 적정한 보상을 한다. 서해5도 특별지원법에 의한 지원은 이 법률(안)이 말하는 보상으로 간주한다.

제14조(안전 및 출입을 위한 지원) ① 개인이나 단체가 서해5도 수역에 출입하거나 물품·장비의 반입·반출이 필요한 경우, 정부는 관련 절차가 신속하게 이루어질 수 있도록 관계기관에 필요한 협조를 요청하여야 한다.

② 정부는 서해5도에서 통신 등의 기반 시설을 구축하고 추진하여야 한다.

③ 정부는 서해5도에 출입하는 자의 신변을 보호하는 조치를 취해야 한다.

제15조(국민 인식 제고와 참여) ① 정부는 서해5도 수역의 평화 정착, 남북 교류와 협력의 활성화, 지역 주민들의 권익 보장에 관한 국민의 관심 확대를 위하여 홍보 방안을 마련하여 시행할 수 있다.

② 정부는 서해5도 수역의 평화 정착, 남북 교류와 협력의 활성화, 지역 주민들의 권익 보장에 관한 국민의 이해와 참여를 증진하기 위하여 국민이 참여하는 사업을 개발·시행할 수 있다.

③ 제2항에 따른 사업은 생태·환경을 훼손하지 아니하는 범위에서 시행하여야 하며, 구체적인 범위·종류 및 비용 징수 등에 필요한 사항은 대통령령으로 정한다.

제16조(전문인력의 양성) ① 정부와 지방자치단체는 서해5도 수역의 평화 정착, 남북 교류와 협력의 활성화, 지역 주민들의 권익 보장에 필요한 전문인력을 양성할 수 있다.

② 통일부장관 및 관계 시·도지사는 적절한 인력과 시설 등을 갖춘 기관 또는 단체를 전문인력 양성기관으로 지정하여 필요한 교육 및 훈련을 실시하게 할 수 있다.

③ 통일부장관 및 관계 시·도지사는 제2항에 따라 지정된 전문인력 양성기관에 대하여 대통령령으로 정하는 바에 따라 예산의 범위에서 그 양성에 필요한 비용의 전부 또는 일부를 지원할 수 있다.

④ 제2항에 따른 전문인력 양성기관의 지정 기준 및 절차 등은 대통령령으로 정한다.

제17조(종합정보시스템 구축 및 운영) ① 통일부장관은 서해5도 수역의 평화 정착, 남북 교류와 협력의 활성화, 지역 주민들의 권익 보장에 관련된 정보를 종합적으로 관리하고, 유용한 정보를 제공하기 위하여 종합정보시스템을 구축·운영할 수 있다.

② 통일부장관은 종합정보시스템의 구축·운영을 위하여 필요한 경우에는 관계 중앙행정기관의

장, 시·도지사, 공공기관의 장 등에게 필요한 자료의 제공을 요청할 수 있다. 이 경우 자료제출을 요청받은 관계 중앙행정기관의 장 등은 특별한 사정이 없으면 이에 따라야 한다.

③ 그 밖에 종합정보시스템의 구축 및 운영과 관련하여 필요한 사항은 대통령령으로 정한다.

제6장 사업의 시행 등

제18조(재정지원) ① 정부 및 지방자치단체는 이 법에 따라 시행하는 사업에 대하여 재정적 지원을 할 수 있다.

② 정부는 제1항의 사업을 지원하기 위하여 「남북협력기금법」에 따른 남북협력기금을 사용할 수 있다.

③ 제1항의 사업 중에서 위원회가 필요하다고 인정하는 경우 남북협력기금을 사용할 수 있다.

④ 그 밖에 재정지원에 관하여 필요한 사항은 대통령령으로 정한다.

제19조(사업시행자) 사업을 시행할 수 있는 자(이하 "사업시행자"라 한다)는 다음 각 호의 어느 하나에 해당하는 자이다.

1. 정부
2. 지방자치단체
3. 「공공기관의 운영에 관한 법률」에 따른 공공기관
4. 「지방공기업법」에 따른 지방공기업
5. 대통령령으로 정하는 자격 요건을 갖춘 민간투자자
6. 「민법」 제32조에 따른 비영리 법인이거나 관련 법령에 따라 비영리 목적으로 설립된 단체

제20조(사업의 시행승인) ① 통일부장관(제21조제1호 및 제2호에 규정된 자는 제외한다)은 사업시행자에 대하여 관계 중앙행정기관의 장 또는 지방자치단체의 장과 협의를 거쳐 사업의 시행을 승인한다.

② 제1항의 규정에 따라 사업시행자는 대통령령으로 정하는 바에 따라 사업계획과 첨부서류 등을 작성하여 통일부장관에게 제출하여야 한다.

③ 제1항에 따라 사업시행자가 승인 받은 사항을 변경하는 경우에는 통일부장관의 변경승인을 받아야 한다. 다만, 대통령령으로 정하는 경미한 사항의 변경은 그러하지 아니하다.

④ 통일부장관은 제1항에 따라 사업의 시행을 승인하거나 제3항에 따라 사업의 변경을 승인한 때에는 그 사업시행계획을 대통령령으로 정하는 바에 따라 고시하여야 한다. 다만, 국방상 기밀에 관한 사항 및 남북협력을 위해 필요한 사항은 이를 제외하고 고시할 수 있다.

⑤ 통일부장관은 다음 각 호의 어느 하나에 해당하는 경우에는 사업시행승인 또는 변경승인을 취소할 수 있다. 제3호의 경우에는 사업의 조정을 명령할 수 있다.

1. 사업의 시행을 승인받은 날로부터 2년 이내에 사업을 시작하지 아니한 경우
2. 거짓이나 그 밖의 부정한 방법으로 승인을 받은 경우
3. 사정의 변경으로 사업을 계속적으로 시행할 수 없거나 현저히 공익을 해칠 우려가 있다고 인정되는 경우

⑥ 제19조제1호 및 제2호의 사업시행자가 사업을 시행하려는 경우에는 통일부장관과 협의하여 사업시행계획을 수립하여야 하며, 그 사업시행계획을 대통령령으로 정하는 바에 따라 고시하여야 한다.

⑦ 그 밖에 사업시행 신청 및 승인, 취소 및 조정에 관하여 필요한 사항은 대통령령으로 정한다.

제21조(토지 등의 수용 · 사용) ① 국가는 사업시행을 위하여 필요한 경우에는 「공익사업을 위한 토지 등의 취득 및 보상에 관한 법률」 제3조에 따른 토지·물건 또는 권리를 수용하거나 사용할 수 있다.

② 토지 등의 수용·사용 등에 관하여 필요한 사항은 대통령령으로 정하며, 이 법에 특별한 규정이 있는 경우를 제외하고는 「공익사업을 위한 토지 등의 취득 및 보상에 관한 법률」을 준용한다.

제22조(공유수면의 점용·사용) ① 국가는 사업시행을 위하여 필요한 경우에는 「공유수면 관리 및 매립에 관한 법률」 제10조에 따라 공유수면을 점용·사용할 수 있다.

② 공유수면 점용·사용 등에 관하여 필요한 사항은 대통령령으로 정하며, 이 법에 특별한 규정이 있는 경우를 제외하고는 「공유수면 관리 및 매립에 관한 법률」을 준용한다.

제7장 벌칙 등

제23조(벌칙 적용에서 공무원 의제) 서해5도평화위원회 위원 중 공무원이 아닌 위원은 그 직무상 행위와 관련하여 「형법」과 그 밖의 법률에 따른 벌칙을 적용할 때에는 공무원으로 본다.

제24조(벌칙) ① 거짓이나 그 밖의 부정한 방법으로 제18조에 따른 재정적 지원을 받거나 다른 사람으로 하여금 제18조에 따른 지원을 받게 한 자는 5년 이하의 징역 또는 5천만원 이하의 벌금에 처한다.

② 이 법에 따른 업무와 관련하여 알게 된 군사 및 국가안보 등과 관련된 정보 또는 자료를 이 법에 따른 업무 외의 목적에 이용한 자는 3년 이하의 징역 또는 3천만원 이하의 벌금에 처한다.

③ 제1항의 미수범은 처벌한다.

부　칙

이 법은 공포 후 6개월이 경과한 날부터 시행한다.

서해5도 수역 평화기본법 · 관리기본법 대조표

정태욱(인하대) · 이석우(인하대)

	서해5도 수역 평화기본법	서해5도 수역 관리기본법	비고
제안 이유	서해5도 수역은 북방한계선(NLL)을 포함해 남북한과 중국의 중첩수역으로 국제법상 그 지위에 있어 논란이 있으며, 관할권 충돌의 위험이 상존하는 지역이다. 이미 남북한 간 여러 차례 군사적 충돌과 대립을 경험한 바 있으며, 관할권 미획정의 상태를 악용한 중국의 불법어업 또한 성행하고 있는 지역이다. 결과적으로 남북한, 중국 등 다자간 복잡다기한 쟁점들이 상존하는 지역으로 그에 대응하는 다양한 국내법들이 해당 지역을 관할하고 있으나, 동북아의 변화하는 국제정세 및 국내적 수요 상황에 적절하게 대처하지 못하고 있다. 상존하는 위험이 있는 지역에 상주하고 있는 우리 국민의 안전과 보호, 그리고 그들의 생업을 보호하기 위한 여러 조치들이 서해5도 지원 특별법이란 형태로 존재하고 있으나, 이러한 특별법은 서해5도 수역을 분쟁수역으로 인정하고, 안보를 이유로 한 권익 제약을 전제한 상태에서, 그에 대한 보상을 추진한 법률이라고 할 수 있다. 따라서, 서해5도를 평화수역으로 만들어서 권익 제약 자체를 해소하려는 법제가 요구된다고 할 수 있다. 이러한 상황하에서 정전협정의 원칙에 부합하면서, 10.4선언 및 판문점 선언의 실행을 위하여 서해5도 수역의 평화 정착, 남북 교류와 협력의 활성화, 지역 주민들의 권익 보장을 목적으로 하는 기본법의 제정을 통해 한반도의 평화 정착에 기여하려고 한다.	<하기 항목 추가 이외 좌동> ... 연장선상에서 남북한 법적인 구속력이 있는 합의가 전제가 된 상태에서 그 의미가 있는 평화기본법 제정과 동시에 남북한 법적인 구속력이 있는 합의가 없는 현재 상황에서 우리가 우리측 관할권 행사 구역 내에서 단독으로 추진할 수 있는 관리기본법 제정을 통해 한반도의 평화 정착에 실질적으로 기여하고자 한다.	

	서해5도 수역 평화기본법	서해5도 수역 관리기본법	비고
주요 내용	**가.** 이 법은 정전협정의 원칙에 부합하면서, 10.4선언 및 판문점 선언의 실행을 위하여 서해5도 수역의 평화 정착, 남북 교류와 협력의 활성화, 지역 주민들의 권익 보장을 목적으로 함 (안 제1조). **나.** 이 법에서의 서해5도 수역이란 판문점 선언에서 합의된 북한 초도 이남, 남한 덕적도 이북의 수역으로서 서해의 북방한계선 이남의 대한민국 관할 수역을 의미한다. 이 법의 어떠한 규정도 서해의 북방한계선을 포함하여 서해5도 수역에 대한 남북한의 기존 합의를 해하는 것으로 간주되어서는 아니 됨 (안 제3조) **다.** 서해5도 수역의 평화 정착, 남북 교류와 협력의 활성화, 지역 주민들의 권익 보장에 관하여는 다른 법률에 우선하여 이 법을 적용함 (안 제5조) **라.** 통일부장관은 서해5도 수역의 평화 정착, 남북 교류와 협력의 활성화, 지역 주민들의 권익 보장을 위한 방안을 기획·수립·지원 및 추진하고 그 추진 기반을 마련하기 위해 국방부, 해양수산부, 행정안전부 등 관계 중앙행정기관의 장 및 인천광역시 등 지방자치단체의 장과 협의하여 서해5도 수역 기본계획을 수립 및 채택하여야 하며, 동 기본계획은 매2년마다 재검토함 (안 제6조) **마.** 서해5도 수역의 평화 정착, 남북 교류와 협력의 활성화, 지역 주민들의 권익 보장에 관한 사항을 심의·의결하기 위하여 통일부 산하에 서해5도평화위원회를 두도록 함 (안 제8조) **바.** 서해5도 수역의 평화 정착, 남북 교류와 협력의 활성화, 지역 주민들의 권익 보장과 관련된 사무를 관장하기 위해 통일부장관 소속으로 서해5도평화청을 설치함 (안 제9조) **사.** 정부는 서해5도 수역의 평화 정착, 남북 교류와 협력의 활성화, 지역 주민들의 권익 보장을 위하여 관계 중앙행정기관의 장 및 관계 시·도지사와 협의하고 위원회의 심의·의결을 거쳐 수역을 구분하여 지정하고 그 보전과 개발·운영을 추진하거나 지원할 수 있음 (안 제10조) **아.** 정부는 서해5도 수역의 공동 이용을 도모하기 위하여 남북어업협정과 남북공동어로구역 사업을 추진함 (안 제11조)	<하기 항목 추가 이외 좌동> **아.** 정부는 서해5도 수역의 공동 이용을 도모하기 위하여 남북어업협정과 남북공동어로구역 사업을 추진함 (안 제11조)	

	서해5도 수역 평화기본법	서해5도 수역 관리기본법	비고
주요 내용	자. 정부는 서해5도에서 조업 제한 조치, 항행 제한 조치, 서해5도 주민들의 이동의 자유와 경제 활동의 제한에 대한 단계적 해제와 함께 해양경찰청의 관할권의 확대 조치를 취함 (안 제15조)		
제1장 총칙	제1조(목적) 이 법은 1953년 7월 27일 국제연합군 총사령관과 북한군 최고사령관 및 중공인민지원군 사령원 사이에 맺은 한국 군사정전에 관한 협정의 원칙에 부합하면서, 2007년 10월4일 남북관계 발전과 평화번영을 위한 선언 및 2018년 4월27일 한반도의 평화와 번영, 통일을 위한 판문점 선언의 실행을 위하여 서해5도 수역의 평화 정착, 남북 교류와 협력의 활성화, 지역 주민들의 권익 보장을 목적으로 한다. 서해5도 수역에서의 이러한 목적을 위한 사업은 이 법에 따른 종합적인 계획하에 단계적이고 체계적으로 추진한다.	제1조(목적) <좌동>	
	제2조(기본원칙) 서해5도 수역의 평화 정착, 남북 교류와 협력의 활성화, 지역 주민들의 권익 보장은 다음 각 호의 기본원칙에 따라 추진되어야 한다. 1. 군사적 긴장 완화를 통한 남북의 항구적인 평화와 화합의 증진 2. 교류협력 활성화를 통한 공동이익의 증진 및 남북공동번영의 추구 3. 개발 및 발전과 남북 접경수역의 공동 이용 도모 4. 국민의 생명·안전 보장 및 편의 제공 5. 해양환경 보전 및 해양자원의 보존 6. 국민의 인식 및 참여 제고를 통한 민족공동체 의식 고취	제2조(기본원칙) <좌동>	
	제3조(용어의 정의 등) 이 법에서 사용하는 용어의 뜻은 다음과 같다. 1. "서해5도 수역"이란 판문점 선언에서 합의된 북한 초도 이남, 남한 덕적도 이북의 수역으로서 서해의 북방한계선 이남의 대한민국 관할 수역을 의미한다. 2. "서해5도"란 어선안전조업법상 조업한계선 이북에 위치한 인천광역시 옹진군에 속하는 백령도·대청도·소청도·연평도·소연평도와 인근 해역을 말한다. 3. 이 법의 어떠한 규정도 서해의 북방한계선을 포함하여 서해5도 수역에 대한 남북한의 기존 합의를 해하는 것으로 간주되어서는 아니 된다.	제3조(용어의 정의 등) <좌동>	

	서해5도 수역 평화기본법	서해5도 수역 관리기본법	비고
제1장 총칙	제4조(국가의 책무) ① 정부는 서해5도 수역의 평화 정착, 남북 교류와 협력의 활성화, 지역 주민들의 권익 보장을 위한 사업(이하 "사업"이라고 한다)을 계획하고, 이를 이행하여야 한다. 정부는 예산의 범위에서 필요한 지원을 해야 한다. ② 정부는 ①항의 사업을 위한 지방자치단체와 민간의 활동을 적극 지원하고, 국민의 이해와 참여를 증진하기 위하여 다양한 국민참여 사업을 개발·시행하여야 한다.	<삭제>	
	제5조(다른 법률과의 관계) 서해5도 수역의 평화 정착, 남북 교류와 협력의 활성화, 지역 주민들의 권익 보장에 관하여는 다른 법률에 우선하여 이 법을 적용한다.	제4조(다른 법률과의 관계) <좌동>	
제2장 기본계획의 수립 및 채택	제6조(기본계획) ① 통일부장관은 서해5도 수역의 평화 정착, 남북 교류와 협력의 활성화, 지역 주민들의 권익 보장을 위한 방안을 기획·수립·지원 및 추진하고 그 추진 기반을 마련하기 위해 국방부, 해양수산부, 행정안전부 등 관계 중앙행정기관의 장 및 인천광역시 등 지방자치단체의 장과 협의하여 서해5도 수역 기본계획('기본계획')을 수립 및 채택하여야 한다. 기본계획은 매2년마다 재검토한다. ② 기본계획에는 서해5도 수역에 대한 다음 각 호의 사항이 포함되어야 한다. 1. 평화 정착에 관한 사항 2. 남북 교류와 협력의 활성화를 위한 추진전략 및 주요 추진과제에 관한 사항 3. 주민들의 권익 보장에 필요한 조직과 재원에 관한 사항 4. 남북 간 협력에 관한 사항 5. 국제적 협력에 관한 사항 6. 해당 지방자치단체의 역할에 관한 사항 7. 평화협력 추진에 관한 지역 주민 의견 청취 및 국민적 공론 형성에 관한 사항 8. 남북 공동 기념사업 추진에 관한 사항 9. 그 밖에 평화 정착, 남북 교류와 협력의 활성화, 지역 주민들의 권익 보장을 위하여 필요한 사항 ③ 통일부장관은 다음 각 호의 어느 하나에 해당하는 자에게 기본계획 수립·변경을 위한 관련 기초자료의 제출을 요청할 수 있다. 이 경우 협조를 요청받은 자는 특별한 사정이 없는 한 이에 따라야 한다.	제5조(기본계획) ① 통일부장관은 국방부, 해양수산부, 행정안전부 등 관계 중앙행정기관의 장 및 인천광역시 등 지방자치단체의 장과 협의하여 서해5도 수역 기본계획('기본계획')을 수립 및 채택하여야 한다. 기본계획은 매2년마다 재검토한다. ... <이하 좌동>	

	서해5도 수역 평화기본법	서해5도 수역 관리기본법	비고
제2장 기본계획의 수립 및 채택	1. 관계 중앙행정기관의 장 2. 관계 지방자치단체의 장 3. 관계 공공기관의 장 4. 이 법에 따라 지원을 받는 교육·연구기관 및 관련 단체 ④ 통일부장관은 기본계획안을 수립하여 제8조에 따른 서해5도평화위원회의 심의·의결을 거쳐 확정한다. ⑤ 그 밖에 기본계획의 수립 및 채택에 관하여 필요한 사항은 대통령령으로 정한다.		
	제7조(연도별 시행계획) ① 통일부장관은 기본계획을 시행하기 위하여 연도별 시행계획(이하 "시행계획"이라 한다)을 매년 수립하여야 한다. ② 관계 중앙행정기관의 장과 지방자치단체의 장은 기본계획을 토대로 연도별 시행계획을 작성하여 통일부장관에게 제출한다. ③ 통일부장관은 제2항에 따라 제출받은 시행계획을 제8조에 따른 서해5도평화위원회의 심의·의결을 거쳐 확정한다. ④ 통일부장관은 제2항에 따라 제출받은 시행계획에 관하여 필요한 경우 계획의 조정에 관한 의견을 제시할 수 있다. ⑤ 그 밖에 시행계획의 수립 및 시행에 필요한 사항은 대통령령으로 정한다.	제6조(연도별 시행계획) ... ③ 통일부장관은 제2항에 따라 제출받은 시행계획을 제7조에 따른 서해5도평화위원회의 심의·의결을 거쳐 확정한다. <이하 좌동>	
제3장 위원회 및 주무 관청 신설 등	제8조(서해5도평화위원회) ① 서해5도 수역의 평화 정착, 남북 교류와 협력의 활성화, 지역 주민들의 권익 보장을 위하여 통일부에 서해5도평화위원회(이하 "위원회"라 한다)를 둔다. ② 위원회는 다음 각 호의 사항을 심의·의결한다. 1. 중요 정책 및 제도 개선에 관한 사항 2. 기본계획 및 시행계획의 확정·변경 및 종합적 조정에 관한 사항 3. 중앙행정기관의 장 및 시·도지사와의 의견 조정에 관한 사항 4. 남북 간 협력에 관한 사항 5. 국제적 협력에 관한 사항 6. 중요한 사항으로서 위원장이 회의에 부치는 사항 ③ 위원회는 위원장 1명, 부위원장 2명을 포함한 25명 이내의 위원으로 구성한다.	제7조(서해5도평화위원회) ... ④ 위원장은 통일부장관이 되고, 부위원장 2명과 간사 1명을 둔다. 제8조에 따른 서해5도평화청장은 당연직 부위원장이 된다. <이하 좌동>	

	서해5도 수역 평화기본법	서해5도 수역 관리기본법	비고
제3장 위원회 및 주무 관청 신설 등	④ 위원장은 통일부장관이 되고, 부위원장 2명과 간사 1명을 둔다. 제9조에 따른 서해5도평화청장은 당연직 부위원장이 된다. ⑤ 위원은 다음 각 호의 사람으로 한다. 위촉위원은 10명 이내로 한다. 1. 당연직위원: 대통령령으로 정하는 관계 중앙행정기관의 차관급 공무원 및 관계 지방자치단체의 부단체장 2. 위촉위원: 전문지식과 경험이 풍부한 사람으로서 위원장이 위촉한 사람 ⑥ 위원회의 회의에서 심의할 안건을 사전에 검토하고, 위원회에서 위임한 사항, 그 밖에 위원장이 요구하는 사항을 처리하기 위하여 위원회에 서해5도평화실무위원회(이하 "실무위원회"라 한다)를 둔다. ⑦ 그 밖에 위원회의 구성 및 운영 등에 관하여 필요한 사항은 대통령령으로 정한다.		
제4장 서해 5도 수역의 평화 정착/ 제4장 서해 5도 수역의 관리	**제9조(서해5도평화청)** ① 서해5도 수역의 평화 정착, 남북 교류와 협력의 활성화, 지역 주민들의 권익 보장 사무를 관장하기 위해 통일부장관 소속으로 서해5도평화청을 둔다. ② 통일부장관은 서해5도평화청의 업무를 수행하기 위하여 필요한 경우, 관계 행정기관의 장 및 지방자치단체의 장에게 「국가공무원법」 제2조제2항 및 「지방공무원법」 제2조제2항에 따른 공무원의 파견을 요청할 수 있다. 이 경우 요청을 받은 관계 중앙행정기관의 장 또는 지방자치단체의 장은 특별한 사유가 없으면 요청에 따라야 한다. ③ 그 밖에 서해5도평화청의 조직 및 운영에 관하여 필요한 사항은 대통령령으로 정한다.	**제8조(서해5도평화청)** ① 통일부장관 소속으로 서해5도평화청을 둔다. <이하 좌동>	
	제10조(필요조치 추진 등) ① 정부는 서해5도 수역의 평화 정착, 남북 교류와 협력의 활성화, 지역 주민들의 권익 보장을 위하여 관계 중앙행정기관의 장 및 관계 시·도지사와 협의하고 위원회의 심의·의결을 거쳐 수역을 구분하여 지정하고 그 보전과 개발·운영을 추진하거나 지원할 수 있다. ② 정부는 서해5도 수역의 평화 정착을 위해 지정된 수역에서 다음과 같은 필요한 조치를 추진한다. 1. 남북 평화와 공동이용 구역 확대를 추진한다. 2. 남북 비무장화와 안전어로 보장을 추진한다. 3. 민용 선박의 자유 항행을 보장한다.	**제9조(필요조치 추진 등)** ① 정부는 관계 중앙행정기관의 장 및 관계 시·도지사와 협의하고 위원회의 심의·의결을 거쳐 서해5도 수역을 구분하여 지정하고 그 보전과 개발·운영을 추진하거나 지원할 수 있다. ② 정부는 수역을 지정·조성 및 운영함에 있어서 서해5도 수역의 환경보호, 남북협력 증진, 국토의 균형발전 등을 고려하여 다음과 같은 필요한 조치를 추진한다.	

	서해5도 수역 평화기본법	서해5도 수역 관리기본법	비고
제4장 서해 5도 수역의 평화 정착/ 제4장 서해 5도 수역의 관리	③ 정부는 수역을 지정·조성 및 운영함에 있어서 서해5도 수역의 환경보호, 남북협력 증진, 국토의 균형발전 등을 고려하여 다음과 같은 필요한 조치를 추진한다. 1. 지속가능한 이용·개발 및 보전을 위해 인간의 해양활동과 해양자원을 통합적으로 관리할 목적으로 공동의 해양공간계획을 수립한다. 2. 해양 생태계 조사 및 보호 사업을 추진한다. 이와 관련하여 해양보호구역을 지정할 수 있다. ④ 정부는 남북 간 및 국제적 협력을 통하여 다음과 같이 수역 지정·조성 및 운영 사업을 시행하거나 그 사업을 지원할 수 있다. 1. 남북한 사회문화적 교류협력을 활성화함으로써 공동생활권과 민족동질성 회복을 위해 노력한다. 2. 남북의 균형발전과 공동번영을 위한 경제협력 방안을 추진한다. 3. 전쟁과 분단으로 인한 인도적 문제해결과 인권개선을 위해 노력해야 한다. 인도주의와 동포애의 차원에서 북한에 대한 지원을 할 수 있다. ⑤ 그 밖에 수역의 지정에 필요한 사항은 대통령령으로 정한다.	1. 지속가능한 이용·개발 및 보전을 위해 인간의 해양활동과 해양자원을 통합적으로 관리할 목적으로 공동의 해양공간계획을 수립한다. 2. 해양 생태계 조사 및 보호 사업을 추진한다. 이와 관련하여 해양보호구역을 지정할 수 있다. ③ 정부는 남북 간 및 국제적 협력을 통하여 다음과 같이 수역 지정·조성 및 운영 사업을 시행하거나 그 사업을 지원할 수 있다. 1. 남북한 사회문화적 교류협력을 강화한다. 2. 남북의 균형발전과 공동번영을 위한 경제협력 방안을 추진한다. 3. 정부는 북한에 대한 인도적 지원을 할 수 있다. ④ 그 밖에 수역의 지정에 필요한 사항은 대통령령으로 정한다.	
	제11조(남북어업협정과 공동어로구역 추진) ① 정부는 서해5도 수역 공동이용을 위한 남북어업협정을 추진한다. ② 남북공동어로구역 사업을 추진한다. 남북공동어로구역 사업은 남북 균형발전과 공동번영의 원칙에 따라 수행한다. ③ 남북어업협정 및 남북공동어로구역 관련 협정에는 중국어선 불법조업에 관한 대책을 포함한다.	<삭제>	
	제12조(실태조사) ① 정부는 서해5도 수역의 보전과 평화적 이용 지원에 관한 정책 또는 계획의 수립·변경을 위하여 역사, 문화, 해양, 환경, 생태 등에 관하여 조사(이하 "실태조사"라 한다)할 수 있다. ② 정부는 관계 중앙행정기관의 장 또는 지방자치단체의 장, 공공기관의 장에게 실태조사에 필요한 자료의 제출을 요청할 수 있다. 이 경우 요청을 받은 관계 중앙행정기관의 장 또는 지방자치단체의 장, 공공기관의 장은 특별한 사유가 없으면 요청에 따라야 한다.	**제10조(실태조사)** <좌동>	

	서해5도 수역 평화기본법	서해5도 수역 관리기본법	비고
제4장 서해 5도 수역의 평화 정착/ 제4장 서해 5도 수역의 관리	③ 정부는 남북 간 및 국제적 협력을 통하여 서해5도 수역 전 지역에 대한 실태조사 사업을 시행하거나 그 사업을 지원할 수 있다. ④ 정부는 효율적인 실태조사를 위하여 필요하면 실태조사를 전문기관에 의뢰할 수 있으며, 실태조사의 결과를 국민에게 알리기 위하여 노력하여야 한다. ⑤ 그 밖에 실태조사와 관련하여 필요한 사항은 대통령령으로 정한다.		
	제13조(해양생태환경 및 해양문화유산 관련 사업) ① 정부는 서해5도 수역의 해양생태환경 및 문화적·역사적 유산을 보존·관리하고 그 가치를 국제사회에 널리 알리기 위하여 노력하여야 한다. ② 그 밖에 서해5도 수역의 문화유산 등의 국외 선양 지원에 관하여 필요한 사항은 대통령령으로 정한다.	제11조(해양생태환경 및 해양문화유산 관련 사업) <좌동>	
	제14조(남북 교류협력 지원) ① 정부는 서해5도 수역 내 남북 교류 협력 사업을 지원한다. ② 정부는 남북 교류와 협력을 위한 남북 주민들의 왕래를 위하여 서해5도에 별도의 출입사무소를 설치한다. ③ 정부는 서해5도 수역과 관련한 남북 교류와 협력을 위한 평화적 이용사업 시행을 지원한다. ④ 정부 및 지방자치단체는 서해5도 수역과 관련한 남북 교류협력에 대하여 재정 지원을 할 수 있으며, 남북 협력기금을 사용할 수 있다.	제12조(남북 교류협력 지원) ... ② 정부는 남북 교류와 협력을 위한 남북 주민들의 왕래를 위하여 서해5도에 별도의 출입사무소를 설치할 수 있다. <이하 좌동>	
제5장 권익 보장	제15조(권익과 보상) ① 정부는 서해5도 수역에서 다음과 같은 조치를 취한다. 1. 조업 구역의 단계적 확장 및 조업 제한 조치의 단계적 해제 2. 항행 제한 조치의 단계적 해제 3. 서해5도 주민들의 이동의 자유와 경제 활동의 제한에 대한 단계적 해제 4. 해양경찰청의 관할권의 확대 ② 서해5도 수역 평화 정착의 시기까지 서해5도 주민들의 권익 제약에 대한 적정한 보상을 한다. 서해5도 특별지원법에 의한 지원은 이 법률(안)이 말하는 보상으로 간주한다.	제13조(권익과 보상) <좌동>	

<table>
<tr><th></th><th>서해5도 수역 평화기본법</th><th>서해5도 수역 관리기본법</th><th>비 고</th></tr>
<tr><td rowspan="3">제5장
권익
보장</td><td>제16조(안전 및 출입을 위한 지원) ① 개인이나 단체가 서해5도 수역에 출입하거나 물품·장비의 반입·반출이 필요한 경우, 정부는 관련 절차가 신속하게 이루어질 수 있도록 관계기관에 필요한 협조를 요청하여야 한다.
② 정부는 서해5도에서 통신 등의 기반 시설을 구축하고 추진하여야 한다.
③ 정부는 서해5도에 출입하는 자의 신변을 보호하는 조치를 취해야 한다.</td><td>제14조(안전 및 출입을 위한 지원)
<좌동></td><td></td></tr>
<tr><td>제17조(국민 인식 제고와 참여) ① 정부는 서해5도 수역의 평화 정착, 남북 교류와 협력의 활성화, 지역 주민들의 권익 보장에 관한 국민의 관심 확대를 위하여 홍보 방안을 마련하여 시행할 수 있다.
② 정부는 서해5도 수역의 평화 정착, 남북 교류와 협력의 활성화, 지역 주민들의 권익 보장에 관한 국민의 이해와 참여를 증진하기 위하여 국민이 참여하는 사업을 개발·시행할 수 있다.
③ 제2항에 따른 사업은 생태·환경을 훼손하지 아니하는 범위에서 시행하여야 하며, 구체적인 범위·종류 및 비용 징수 등에 필요한 사항은 대통령령으로 정한다.</td><td>제15조(국민 인식 제고와 참여)
<좌동></td><td></td></tr>
<tr><td>제18조(전문인력의 양성) ① 정부와 지방자치단체는 서해5도 수역의 평화 정착, 남북 교류와 협력의 활성화, 지역 주민들의 권익 보장에 필요한 전문인력을 양성할 수 있다.
② 통일부장관 및 관계 시·도지사는 적절한 인력과 시설 등을 갖춘 기관 또는 단체를 전문인력 양성기관으로 지정하여 필요한 교육 및 훈련을 실시하게 할 수 있다.
③ 통일부장관 및 관계 시·도지사는 제2항에 따라 지정된 전문인력 양성기관에 대하여 대통령령으로 정하는 바에 따라 예산의 범위에서 그 양성에 필요한 비용의 전부 또는 일부를 지원할 수 있다.
④ 제2항에 따른 전문인력 양성기관의 지정 기준 및 절차 등은 대통령령으로 정한다.</td><td>제16조(전문인력의 양성)
<좌동></td><td></td></tr>
</table>

	서해5도 수역 평화기본법	서해5도 수역 관리기본법	비고
제5장 권익 보장	**제19조(종합정보시스템 구축 및 운영)** ① 통일부장관은 서해5도 수역의 평화 정착, 남북 교류와 협력의 활성화, 지역 주민들의 권익 보장에 관련된 정보를 종합적으로 관리하고, 유용한 정보를 제공하기 위하여 종합정보시스템을 구축·운영할 수 있다. ② 통일부장관은 종합정보시스템의 구축·운영을 위하여 필요한 경우에는 관계 중앙행정기관의 장, 시·도지사, 공공기관의 장 등에게 필요한 자료의 제공을 요청할 수 있다. 이 경우 자료제출을 요청받은 관계 중앙행정기관의 장 등은 특별한 사정이 없으면 이에 따라야 한다. ③ 그 밖에 종합정보시스템의 구축 및 운영과 관련하여 필요한 사항은 대통령령으로 정한다.	**제17조(종합정보시스템 구축 및 운영)** <좌동>	
제6장 사업의 시행 등	**제20조(재정지원)** ① 정부 및 지방자치단체는 이 법에 따라 서해5도 수역의 평화 정착, 남북 교류와 협력의 활성화, 지역 주민들의 권익 보장을 위하여 시행하는 사업에 대하여 재정적 지원을 할 수 있다. ② 정부는 제1항의 사업을 지원하기 위하여 「남북협력기금법」에 따른 남북협력기금을 사용할 수 있다. ③ 제1항의 사업 중에서 위원회가 필요하다고 인정하는 경우 남북협력기금을 사용할 수 있다. ④ 그 밖에 재정지원에 관하여 필요한 사항은 대통령령으로 정한다.	**제18조(재정지원)** ① 정부 및 지방자치단체는 이 법에 따라 시행하는 사업에 대하여 재정적 지원을 할 수 있다. <이하 좌동>	
	제21조(사업시행자) 서해5도 수역의 평화 정착, 남북 교류와 협력의 활성화, 지역 주민들의 권익 보장을 위한 사업의 시행자(이하 "사업시행자"라 한다)는 다음 각 호의 어느 하나에 해당하는 자로 한다. 1. 정부 2. 지방자치단체 3. 「공공기관의 운영에 관한 법률」에 따른 공공기관 4. 「지방공기업법」에 따른 지방공기업 5. 대통령령으로 정하는 자격 요건을 갖춘 민간투자자 6. 「민법」 제32조에 따른 비영리 법인이거나 관련 법령에 따라 비영리 목적으로 설립된 단체	**제19조(사업시행자)** 사업을 시행할 수 있는 자(이하 "사업시행자"라 한다)는 다음 각 호의 어느 하나에 해당하는 자이다. <이하 좌동>	

	서해5도 수역 평화기본법	서해5도 수역 관리기본법	비고
제6장 사업의 시행 등	**제22조(사업의 시행승인)** ① 통일부장관(제21조제1호 및 제2호에 규정된 자는 제외한다)은 사업시행자에 대하여 관계 중앙행정기관의 장 또는 지방자치단체의 장과 협의를 거쳐 사업의 시행을 승인한다. ② 제1항의 규정에 따라 사업시행자는 대통령령으로 정하는 바에 따라 사업계획과 첨부서류 등을 작성하여 통일부장관에게 제출하여야 한다. ③ 제1항에 따라 사업시행자가 승인 받은 사항을 변경하는 경우에는 통일부장관의 변경승인을 받아야 한다. 다만, 대통령령으로 정하는 경미한 사항의 변경은 그러하지 아니하다. ④ 통일부장관은 제1항에 따라 사업의 시행을 승인하거나 제3항에 따라 사업의 변경을 승인한 때에는 그 사업시행계획을 대통령령으로 정하는 바에 따라 고시하여야 한다. 다만, 국방상 기밀에 관한 사항 및 남북협력을 위해 필요한 사항은 이를 제외하고 고시할 수 있다. ⑤ 통일부장관은 다음 각 호의 어느 하나에 해당하는 경우에는 사업시행승인 또는 변경승인을 취소할 수 있다. 제3호의 경우에는 사업의 조정을 명령할 수 있다. 1. 사업의 시행을 승인받은 날로부터 2년 이내에 사업을 시작하지 아니한 경우 2. 거짓이나 그 밖의 부정한 방법으로 승인을 받은 경우 3. 사정의 변경으로 사업을 계속적으로 시행할 수 없거나 현저히 공익을 해칠 우려가 있다고 인정되는 경우 ⑥ 제21조제1호 및 제2호의 사업시행자가 사업을 시행하려는 경우에는 통일부장관과 협의하여 사업시행계획을 수립하여야 하며, 그 사업시행계획을 대통령령으로 정하는 바에 따라 고시하여야 한다. ⑦ 그 밖에 사업시행 신청 및 승인, 취소 및 조정에 관하여 필요한 사항은 대통령령으로 정한다.	**제20조(사업의 시행승인)** ... ⑥ 제19조제1호 및 제2호의 사업시행자가 사업을 시행하려는 경우에는 통일부장관과 협의하여 사업시행계획을 수립하여야 하며, 그 사업시행계획을 대통령령으로 정하는 바에 따라 고시하여야 한다. <이하 좌동>	

	서해5도 수역 평화기본법	서해5도 수역 관리기본법	비고
제6장 사업의 시행 등	**제23조(토지 등의 수용·사용)** ① 국가는 서해5도 수역의 평화 정착, 남북 교류와 협력의 활성화, 지역 주민들의 권익 보장을 지원하고 그 추진 기반을 마련하기 위하여 필요한 경우에는 「공익사업을 위한 토지 등의 취득 및 보상에 관한 법률」 제3조에 따른 토지·물건 또는 권리를 수용하거나 사용할 수 있다. ② 토지 등의 수용·사용 등에 관하여 필요한 사항은 대통령령으로 정하며, 이 법에 특별한 규정이 있는 경우를 제외하고는 「공익사업을 위한 토지 등의 취득 및 보상에 관한 법률」을 준용한다.	**제21조(토지 등의 수용·사용)** ① 국가는 사업시행을 위하여 필요한 경우에는 「공익사업을 위한 토지 등의 취득 및 보상에 관한 법률」 제3조에 따른 토지·물건 또는 권리를 수용하거나 사용할 수 있다. <이하 좌동>	
	제24조(공유수면의 점용·사용) ① 국가는 서해5도 수역의 평화 정착, 남북 교류와 협력의 활성화, 지역 주민들의 권익 보장을 지원하고 그 추진 기반을 마련하기 위하여 필요한 경우에는 「공유수면 관리 및 매립에 관한 법률」 제10조에 따라 공유수면을 점용·사용할 수 있다. ② 공유수면 점용·사용 등에 관하여 필요한 사항은 대통령령으로 정하며, 이 법에 특별한 규정이 있는 경우를 제외하고는 「공유수면 관리 및 매립에 관한 법률」을 준용한다.	**제22조(공유수면의 점용·사용)** ① 국가는 사업시행을 위하여 필요한 경우에는 「공유수면 관리 및 매립에 관한 법률」 제10조에 따라 공유수면을 점용·사용할 수 있다. <이하 좌동>	
제7장 벌칙 등	**제25조(벌칙 적용에서 공무원 의제)** 서해5도평화위원회 위원 중 공무원이 아닌 위원은 그 직무상 행위와 관련하여 「형법」과 그 밖의 법률에 따른 벌칙을 적용할 때에는 공무원으로 본다.	**제23조(벌칙 적용에서 공무원 의제)** <좌동>	
제7장 벌칙 등	**제26조(벌칙)** ① 거짓이나 그 밖의 부정한 방법으로 제20조에 따른 재정적 지원을 받거나 다른 사람으로 하여금 제20조에 따른 지원을 받게 한 자는 5년 이하의 징역 또는 5천만원 이하의 벌금에 처한다. ② 이 법에 따른 업무와 관련하여 알게 된 군사 및 국가안보 등과 관련된 정보 또는 자료를 이 법에 따른 업무 외의 목적에 이용한 자는 3년 이하의 징역 또는 3천만원 이하의 벌금에 처한다. ③ 제1항의 미수범은 처벌한다.	**제24조(벌칙)** ① 거짓이나 그 밖의 부정한 방법으로 제18조에 따른 재정적 지원을 받거나 다른 사람으로 하여금 제18조에 따른 지원을 받게 한 자는 5년 이하의 징역 또는 5천만원 이하의 벌금에 처한다. <이하 좌동>	

서해5도 관리기본법안 검토 및 제안

오승진(단국대)

Ⅰ. 서해5도 관리기본법안 주요 내용

1. 서론

1953년 휴전협정의 체결로 남북 사이의 관계는 법적 의미에서는 적대적인 관계가 종식되지 아니한 휴전상태이지만 내용상으로는 많은 변화를 겪어 왔다.

1991. 12. 13. 합의된 남북 기본합의서는 남북 사이의 관계를 나라와 나라 사이의 관계가 아닌 통일을 지향하는 과정에서 잠정적으로 형성되는 특수관계라는 전제 아래 남북화해, 남북불가침, 남북교류 및 협력에 관한 원칙에 합의하였다.

2000. 6. 15. 발표된 6·15 공동선언은 통일문제의 자주적 해결, 남측의 연합제안과 북측의 연방제안의 공통성 인정, 이산가족 방문단 교환과 비전향 장기수 문제 해결, 민족경제의 균형적 발전과 교류협력 활성화, 합의사항 실천을 위한 당국 간 대화 개최 등을 합의하였다. 이 합의는 개성공단이 가동되는 계기가 되었다.

2007. 10. 2.-4. 남북정상회담에서 합의된 10·4 선언은 남북의 교류협력을 확대하고 평화를 정착시키는 조치들을 담고 있다. 남북총리회담과 부총리급의 남북경제협력공동위원회를 설치하고 남북사회문화교류협력추진위원회를 신설하였다. 특히 10·4 선언에서 서해평화협력특별지대 설치가 합의되었으며, 개성공단 2단계 개발, 해주경제특구 건설, 안변과 남포의 조선협력단지 건설 등의 새로운 경제협력사업이 합의되었다.

2018. 4. 27. 채택된 판문점 선언은 남북관계의 전면적이며 획기적인 개선과 발전, 군사적 긴장 상태의 완화 및 전쟁 위험의 해소, 한반도의 항구적이며 공고한 평화체제의 구축에 합의하였다. 특히 남북은 군사적 긴장 상태의 완화와 전쟁 위험의 해소를 위한 조치의 하나로 서해 북방한계선 일대를 평화수역으로 만들어 우발적인 군사적 충돌을 방지하고 안전한 어로활동을 보장하기 위한 실제적인 대책을 수립하기로 합의하였다. 2018. 9. 19.에는 판문점 선언을 구체화하는 9·19 군사합의가 채택되었다.

그러나 북한은 2020. 6. 16. 탈북민들의 대북전단 살포에 대한 보복 조치로 개성 남북 공동연락사무소를 폭파하였다. 이 사무소는 2018년 4월 판문점 선언에 따라 같은 해 9월 개성공단에 설립되었지만 약 2년이 되지 아니한 시점에서 폭파되고 말았다. 이를 통하여 북한은 판문점 선언을 파기한다는 것을 상징적으로 보여 주었다.

서해에서는 남북 사이의 우발적인 군사적 충돌이 다수 발생하였으며, 앞으로도 군사적 충돌이 발생할 가능성이 높은 지역이다. 북한의 일방적인 행위로 남북 사이의 평화정착에 관한 합의가 상당한 정도로 동력을 상실하였다. 그러나 언제까지 남북대치의 상태가 계속될 것이라고 볼 수는 없다. 언제라도 남북이 기존에 합의된 협정이나 선언의 틀 안에서 평화정착 및 화해의 조치를 취할 가능성은 열려있다. 이를 위한 노력을 준비할 필요성이 있는 것이다. 이러한 인식 아래에서 서해5도의 효율적 관리를 위한 법적 틀을 마련할 필요성이 존재한다.

2. 주요 내용

서해5도 관리기본법(안)은 기본적으로 모두 7개장 24개조로 구성되어 있다. 제1장 총칙, 제2장 기본계획의 수립 및 채택, 제3장 위원회 및 주무관청 신설 등, 제4장 서해5도의 관리, 제5장 권익보장, 제6장 사업의 시행 등, 그리고 제7장 벌칙 등이다.

관리기본법의 목적은 서해5도의 평화정착, 남북 교류와 협력의 활성화, 지역 주민들의 권익 보장이며(제1조), 이를 위하여 남북의 항구적인 평화와 화합의 증진, 공동이익의 증진 및 남북 공동번영의 추구, 남북 접경수역의 공동이용, 도모, 국민의 생명, 안전 보장 및 편의 제공, 해양환경 보전 및 해양자원의 보존, 국민의 인식 및 참여 제고를 통한 민족공동체 의식 고취를 기본계획(제2조)으로 선언하고 있다.

통일부장관은 서해5도의 평화 정착, 교류와 협력의 활성화, 권익 보장 등에 관한 서해5도 기본계획을 수립하여 채택하며(제2조), 이러한 기본계획은 연도별 시행계획에 의하여 구체화된다(제6조). 법률에 규정된 업무를 집행하기 위한 조직으로 통일부장관을 위원장으로 하는 서해5도평화위원회(제7조), 통일부장관소속으로 서해5도평화청을 둔다(제8조).

남북한 사회문화적 교류협력 강화, 경제협력 방안 추진과 함께 북한에 대한 인도적 지원을 규정하고 있다(제9조). 이 법은 북한에 대한 지원도 인도적인 측면에서 가능하도록 규정하고 있다.

수역의 실태조사(제10조), 해양생태환경 및 해양문화유산 관련 사업(제11조), 남북 교류협력 지원 사업(제12조)을 규정하고 있다. 정부가 서해5도에서 취할 조치로 서해5도에서 조업 구역의 단계적 확장 및 조업 제한 조치의 단계적 해제, 항행 제한 조치의 단계적 해제, 서해5도 주민들의 이동의 자유와 경제활동의 제한에 대한 단계적 해제, 해양경찰청 관할권의 확대 등을 규정하였다(제13조).

이 법안은 서해5도에 관한 기존의 법률을 고려하지 않은 경우라면 상당히 잘 구성되어 있다고 볼 수 있다. 그러나 기존의 다른 법률을 고려한다면 법체계상 여러 문제점이 발견되어 입법이 쉽지 않음을 알 수 있다.

Ⅱ. 검토의견

1. 전체 검토

1) 제정안은 서해5도의 평화 정착, 남북 교류와 협력의 활성화, 지역 주민들의 권익 보장을 목적으로 하며, 총 24조로 구성되어 있다.

〈서해5도 관리기본법안 구성〉

제1조(목적)
제2조(기본원칙)
제3조(용어의 정의 등)
제4조(다른 법률과의 관계)
제5조(기본계획)
제6조(연도별 시행계획)
제7조(서해5도평화위원회)
제8조(서해5도평화청)
제9조(필요조치 추진 등)
제10조(실태조사)
제11조(해양생태환경 및 해양문화유산 관련 사업)
제12조(남북 교류협력 지원)
제13조(권익과 보상)
제14조(안전 및 출입을 위한 지원)
제15조(국민 인식 제고와 참여)
제16조(전문인력의 양성)
제17조(종합정보시스템 구축 및 운영)
제18조(재정지원)
제19조(사업시행자)
제20조(사업의 시행승인)
제21조(토지 등의 수용·사용)
제22조(공유수면의 점용·사용)
제23조(벌칙 적용에서 공무원 의제)
제24조(벌칙)

부 칙

공포 후 6개월이 경과한 날부터 시행

2) 서해5도의 지리적 위치 및 북한의 도발

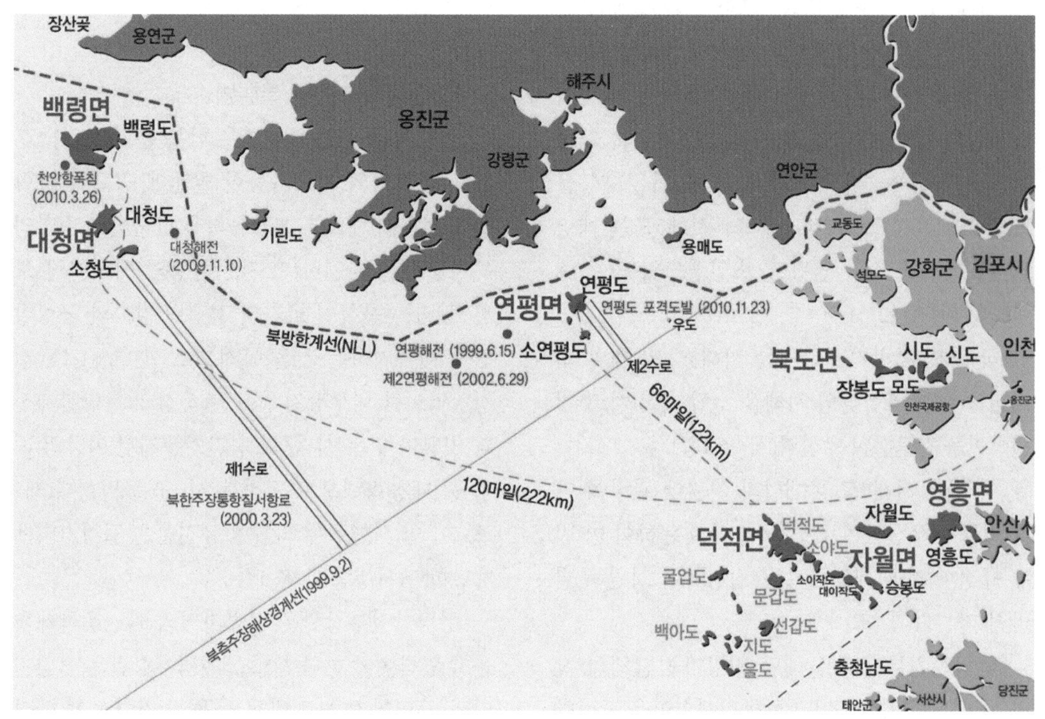

1999. 6. 15.	연평해전	2010. 3. 26.	천안함 폭침
2002. 6. 29.	제2연평해전	2010. 11. 23.	연평도 포격도발
2009. 11. 10.	대청해전		

3) 정전협정상 서해5도의 지위: 1953년 7월 27일 체결된 「국제연합군 총사령관을 일방으로 하고 조선인민군 최고사령관 및 중국인민지원군 사령관을 다른 일방으로 하는 한국 군사정전에 관한 협정」(이하 '정전협정')

제2조 13항 ㄴ): 본 정전협정이 효력을 발생한 후 10일 이내에 상대방의 한국에 있어서의 후방과 연해섬들 및 해면으로부터 그들의 모든 군사 역량, 보급물자 및 장비를 철거한다. 만일 철거를 연기할 쌍방이 동의한 이유없이 그리고 철거를 연기할 유효한 이유없이 기한이 넘어도 이러한 군사역량을 철거하지 않을 때에는 상대방은 치안을 유지하기 위하여 그가 필요하다고 인정하는 어떠한 행동이라도 취할 권리를 가진다. 상기한 연해섬이라는 용어는 본 정전협정이 효력을 발생할 때에 비록 일방이 점령하고 있더라도 1950년 6월 24일에 상대방이 통제하고 있던 섬들을 말하는 것이다. 단, 황해도와 경기도의 도계선 북쪽과 서쪽에 있는 모든 섬 중에서 백령도, 대청도, 소청도, 연평도 및 우도의 도서군들을 국제연합군 총사령관의 군사 통제하에 남겨 두는 것을 제외한 기타 모든 섬들은 조선인민군 최고사령관과 중국인민지원국 사령원의 군사통제 하에 둔다.

4) 서해5도의 국내법적 규율

서해5도에 관한 새로운 법을 제정할 때에 가장 문제가 되는 점은 기존의 다른 법률과의 중복 및 충돌이다. 서해5도에는 다른 지역에 공통적으로 적용되는 법률 이외에도 '접경지역 지원 특별법' 및 '서해5도 지원 특별법'이 적용된다. 서해5도는 접경지역 지원 특별법상의 접경지역에 해당하므로 다른 접경지역과 마찬가지로 접경지역 지원 특별법이 적용된다. 그리고 서해5도의 지원에 관하여는 특별법으로 서해5도 지원 특별법이 적용된다. 서해5도의 어업질서에 관하여는 '어선안전조업법'이 적용된다.

① 서해5도 지원 특별법

서해5도 지원 특별법은 남북 분단 현실과 특수한 지리적 여건상 북한의 군사적 위협으로 피해를 입고 있는 서해5도의 생산·소득 및 생활기반시설의 정비·확충을 통하여 정주여건을 개선함으로써 소득증대와 생활안정 및 복지향상을 도모함을 목적으로 한다(제1조). 서해5도는 백령도·대청도·소청도·연평도·소연평도와 인근 해역을 말한다(제2조).

국가 및 지방자치단체는 서해5도의 개발 및 지원을 위한 종합적인 시책을 수립·추진하고 지원방안을 강구하여야 한다(제3조 1항).

이 법은 서해5도의 개발과 지원에 관하여 다른 법률에 우선하여 적용하며, 이에 관하여 이 법에 규정한 것을 제외하고는 '접경지역 지원 특별법'에 따른다(제4조).

행정안전부장관은 해당 지방자치단체의 장 및 주민의 의견을 들어 종합발전계획안을 작성하여 관계 중앙행정기관의 장과 협의하고, 서해5도 지원위원회의 심의를 거처 확정한다(제5조 1항). 행정안전부장관은 연도별 시행계획을 수립하여 중앙행정기관의 장과 협의를 거친 후 서해5도 지원위원회의 심의를 거쳐 확정한다(제6조).

서해5도 개발 및 지원에 관한 사항을 심의하기 위하여 국무총리 소속으로 서해5도 지원위원회를 둔다(제7조 1항). 위원장은 국무총리가 된다(제7조 3항).

국가 및 지방자치단체는 종합발전계획과 연도별 시해계획을 효율적으로 추진하기 위하여 개발사업의 시행자에게 필요한 자금을 보조·융자 또는 알선하거나 그 밖에 필요한 조치를 할 수 있다(제8조 1항).

위 법에 의하여 국가 및 지방자치단체는 조세 및 부담금의 감면(제9조), 주민안전시설 우선 지원(제10조), 노후 주택개량 지원(제11조), 정주생활 지원금 지원(제12조), 공공요금 및 국민건강보험료의 감면(제13조), 생활필수품의 운송지원(제14조), 교육지원(제15조), 공공시설 및 복지시설 지원(제16조), 통일교육 및 문화·관광 시설 등에 대한 우선 지원(제17조), 농어업인 및 소상공인 경영활동 등 지원(제18조), 불법조업 방지시설 지원(제19조), 여객선 운항 손실금 지원(제20조) 등을 할 수 있다.

② 접경지역 지원 특별법

접경지역 지원 특별법은 남북 분단으로 낙후된 접경지역의 지속가능한 발전에 필요한 사항을 규정하여 새로운 성장동력을 창출하고 주민의 복지향상을 지원하며, 자연환경의 체계적인 보전·관리를 통하여 국가의 경쟁력 강화와 균형발전에 이바지하는 것을 목적으로 한다(제1조). 접경지역이란 비무장지대 또는 해상의 북방한계선과 잇닿아 있는 시·군과 민간인통제선 이남의 지역 중 대통령령으로 정하는 시·군을 말한다(제2조). 이 법 시행령에 의하면 옹진군은 접경지역에 해당한다(시행령 제2조 1항).

행정안전부장관은 접경지역의 발전종합계획을 수립하여야 한다(제5조). 환경부장관은 접경지역의 자연환경 보전대책 등을 수립하여야 한다(제7조). 시·도지사는 연도별 사업계획을 수립, 확정해야 한다(제8조).

접경지역의 발전에 관한 사항을 심의하기 위하여 행정안전부장관 소속으로 접경지역정책심의위원회(제9조), 접경지역의 발전에 관한 사항을 협의하기 위하여 접경지역발전협의회(제10조), 접경지역 발전업무를 지원하기 위하여 행정안전부장관 소속으로 접경지역발전기획단(제11조)을 둔다.

사업시행자가 사업시행계획의 승인을 받은 경우에는 다른 법률에 의한 인·허가를 받은 것으로 의제한다(제14조). 그리고 사업시행자는 토지 등을 수용 또는 사용할 수 있다(제15조).

행정안전부장관은 접경특화발전지구를 지정할 수 있으며(제17조), 국가 및 지방자치단체는 사업시행자에게 사업비를 지원할 수 있다(제18조). 그 이외에 이 법은 사업시행자에 대한 부담금의 감면(제19조), 기업 등에 대한 지원(제20조), 사회간접자본지원(제21조), 민자유치사업의 지원(제22조), 사회복지 및 통일교육 지원(제23조), 교육·문화·관광시설에 대한 지원(제24조), 농림·해양·수산업 지원(제25조), 지역 주민의 고용 및 지원(제26조), 수로 보수 등에 대한 지원(제27조) 등을 규정하고 있다.

③ 어선안전조업법

2019년 8월 제정된 어선안전조업법은 어선의 안전한 조업과 항행을 위하여 필요한 사항을 정하여 건전한 어업질서를 확립하고 국민의 생명·신체·재산을 보호함을 목적으로 한다(제1조).

동해 및 서해에는 조업한계선, 특정해역, 조업자제선, 조업자제해역 등이 설치되며(제2조), 어선은 원칙적으로 조업한계선 또는 조업자제선을 넘어 조업 또는 항행을 할 수 없다(제11조). 해양수산부장관은 특정해역에서 조업 또는 항행을 제한할 수 있다(제13조). 특정해역 또는 조업자제해역에서 조업하려는 어선은 선단을 편성하여 출항 및 조업하여야 한다(제15조).

국방부장관 또는 해양경찰청장은 국가안전보장 또는 질서유지를 위하여 해양수산부장관 또는 시·도지사에게 일시적으로 조업 또는 항행의 제한을 요청할 수 있다(제16조).

서해 북방한계선과 잇닿아 있는 접경해역 중 대통령령으로 정하는 어장에 대한 출입항은 지역관할 군부대장이 통제할 수 있다(제17조).

조업한계선 또는 조업자제선을 넘어 조업 또는 항행한 자, 특정해역에서 조업 또는 항행한 자, 서해 접경해역에서 통제에 불응한 자, 정선명령을 위반하거나 승선조사 등 필요한 조치에 따르지 아니한 자는 1년 이하의 징역 또는 1천만원 이하의 벌금에 처한다(제30조).

④ 비무장지대의 보전과 평화적 이용 지원에 관한 법률안

이 법안과 성격과 구조가 유사한 법안으로 비무장지대의 보전과 평화적 이용 지원에 관한 법률안(비무장지대법안, 전해철 의원 등 36인)이 2020년 10월 제안되어 소관위심사절차를 밟고 있는 중이다. 이 법안의 적용대상은 비무장지대이므로 서해5도와는 직접적으로 관련성이 없지만 서해5도 관리기본법안은 이 법안과 상당 부분 유사하다. 다만, 비무장지대법안은 적용대상이 비무장지대라는 점에서 서해5도를 대상으로 하는 이 법안과 차이가 있다. 비무장지대법안의 주요 내용은 다음과 같다.

가. 이 법은 비무장지대의 보전과 평화적 이용에 필요한 사항을 규정하여 비무장지대의 생태적·문화적 가치를 보전하고 평화적 이용을 지원함으로써 한반도 평화에 이바지함을 목적으로 함(안 제1조).

나. 통일부장관은 비무장지대의 보전과 평화적 이용을 지원하고 그 추진 기반을 마련하기 위한 종합계획을 5년마다 수립하고, 종합계획을 시행하기 위한 연도별 시행계획을 매년 수립하도록 함(안 제6조 및 제8조).

다. 비무장지대의 보전과 평화적 이용을 위하여 통일부에 비무장지대평화이용위원회를 두도록 함(안 제9조).

라. 정부는 비무장지대의 평화적 이용을 위하여 관계 중앙행정기관의 장 및 관계 시·도지사와 협의하고 위원회의 심의를 거쳐 비무장지대 평화이용지구를 지정하고 그 조성과 개발·운영을 추진하거나 지원할 수 있도록 함(안 제11조).

마. 정부는 비무장지대의 보전과 평화적 이용에 관한 국민의 이해와 참여를 증진하기 위하여 국민이 참여하는 사업을 개발·시행할 수 있음(안 제17조).

바. 정부와 지방자치단체는 비무장지대의 보전과 평화적 이용에 필요한 전문인력을 양성할 수 있고, 통일부장관은 비무장지대와 관련된 정보를 종합적으로 관리하고, 유용한 정보를 제공하기 위하여 종합정보시스템을 구축·운영할 수 있음(안 제18조 및 제19조).

⑤ 소결

이상에서 검토한 바에 의하면 서해5도에는 전국적으로 공통적으로 적용되는 다양한 일반법률 → 접경지역 지원 특별법 → 서해5도 지원 특별법이 있다. 적용의 순서로 본다면 특별법 우선의 원칙에 따라 서해5도 지원 특별법 → 접경지역 지원 특별법 → 공통적으로 적용되는 일반법의 순으로 적용된다. 이러한 법률 상호 간에는 중복이나 모순되는 부분이 있으나 특별법우선의 원칙에 따라 특별법이 우선 적용되므로 법률의 해석이나 적용상 어려움은 없다. 다만, 추가적으로 서해5도에

만 적용되는 특별법을 새롭게 제정한다면 서해5도의 관리 등을 위한 특별한 조직을 설치하는 내용, 서해5도의 주민들에게 권리를 부여하는 내용, 기타 등이 포함될 수 있을 것인데, 이러한 내용을 기존 법률과의 관계에서 어느 위치에 놓을 것인지에 관하여 상당한 어려움이 발생할 것으로 보인다. 이에 관하여는 몇 가지 방안을 생각해 볼 수 있다.

첫째, 서해5도의 관리에 관한 조직만을 신설하는 별도의 입법을 하는 방안이 있다. 이 방안은 다른 법률과의 충돌이나 중복을 최소화하는 방안이다. 이 방안은 서해5도관리법안에서 조직 신설에 관한 부분만을 입법화하는 방안으로 법률 상호 간의 충돌을 최소화할 수 있지만 조직 신설만을 위한 입법이라는 비판을 받을 수 있으며, 실현가능성이 그다지 높지 않을 수 있다.

둘째, 서해5도 지원 특별법을 개정하여 서해5도 관리법안의 내용을 추가하여 새로운 입법을 하는 방안이다. 이 경우에 새로운 법안은 '서해5도 관리 및 서해5도 지원에 관한 특별법'이 될 것이며, 기존의 서해5도 지원 특별법은 폐지된다. 이 방안은 서해5도의 효율적인 관리를 위한 조직과 서해5도 주민의 권익 보장에 관한 내용을 포괄적으로 담을 수 있으며, 보충적으로는 서해5도가 접경지역 지원 특별법의 적용대상으로 유지되도록 할 수 있다는 장점이 있다.

셋째, 접경지역 지원 특별법을 개정하여 서해5도 관리법안의 내용을 추가하여 새로운 입법을 하는 방안이다. 접경지역 지원 특별법에는 이미 접경지역의 관리에 관한 조직을 신설하는 내용이 포함되어 있으며, 이러한 조직은 서해5도에 관한 업무도 담당한다. 이 방안은 접경지역의 관리에 관한 조직에 서해5도를 포함시켜 서해5도만을 위한 조직을 신설한다는 비판을 피할 수 있으나 서해5도가 접경지역과 함께 취급되어 서해5도의 고유한 특징이 간과될 위험성이 있다.

법체계상의 난점을 극복하기 위해서는 두 번째의 방안이 가장 무난하다고 본다.

2. 법률의 명칭

법률안의 명칭은 서해5도 수역관리기본법 또는 서해5도 관리기본법 등으로 되어 있으나 법률의 적용대상이 서해5도 및 관련 수역이므로 법안의 명칭은 '서해5도 관리법'으로 하는 것이 적절하다. 다만, 법률에서 서해5도의 개념에 서해5도 및 인근 수역을 포함할 필요가 있다. 관리기본법으로 할 것인지 아니면 관리법으로 할 것인지 의문이 있으나 기존의 접경지역 지원 특별법의 적용대상에서 서해5도를 제외하는 경우에는 관리기본법이라는 용어가 적절하다고 본다. 그렇지 않다면 서해5도 관리법이 타당하다.

3. 목적(안 제1조)

제1조(목적) 이 법은 1953년 7월 27일 국제연합군 총사령관과 북한군 최고사령관 및 중공인민지원군 사령원 사이에 맺은 한국 군사정전에 관한 협정의 원칙에 부합하면서, 2007년 10월 4일 남북관계 발전과 평화번영을 위한 선언 및 2018년 4월 27일 한반도의 평화와 번영, 통일을 위한 판문점 선언의 실행을 위하여 서해5도 수역의 평화 정착, 남북교류와 협력의 활성화, 지역 주민들의 권익 보장을 목적으로 한다. 서해5도 수역에서의 이러한 목적을 위한 사업은 이 법에 따른 종합적인 계획하에 단계적이고 체계적으로 추진한다.

이 법안의 목적으로 남북 사이의 합의를 실행하는 것을 들고 있으나 이 법안이 남북 사이의 합의와는 직접적으로 관련성이 부족하므로 이 부분은 삭제하는 것이 바람직하다. 법안의 목적으로 간단, 명료하게 제시하는 것이 필요하다.

제안: **제0조(목적)** 이 법은 서해5도의 효율적인 관리와 지역 주민들의 권익 보장을 규정하는 것을 목적으로 한다.

4. 기본원칙

제2조(기본원칙) 서해5도 수역의 평화 정착, 남북 교류와 협력의 활성화, 지역 주민들의 권익 보장은 다음 각 호의 기본원칙에 따라 추진되어야 한다.

1. 군사적 긴장 완화를 통한 남북의 항구적인 평화와 화합의 증진
2. 교류협력 활성화를 통한 공동이익의 증진 및 남북공동번영의 추구
3. 개발 및 발전과 남북 접경수역의 공동이용 도모
4. 국민의 생명·안전 보장 및 편의 제공
5. 해양환경 보전 및 해양자원의 보존
6. 국민의 인식 및 참여 제고를 통한 민족공동체 의식 고취

이 법안은 서해5도에 관한 기본원칙을 명시하고 있으나 이는 대부분 남북 사이의 합의를 전제로 하는 것으로 그 내용도 추상적이므로 이 법안에서는 불필요한 것으로 보인다.

제안: 삭제

5. 정의 규정(안 제3조)

제3조(용어의 정의 등) 이 법에서 사용하는 용어의 뜻은 다음과 같다.

1. "서해5도 수역"이란 판문점 선언에서 합의된 북한 초도 이남, 남한 덕적도 이북의 수역으로서 서해의 북방한계선 이남의 대한민국 관할 수역을 의미한다.
2. "서해5도"란 어선안전조업법상 조업한계선 이북에 위치한 인천광역시 옹진군에 속하는 백령도·대청도·소청도·연평도·소연평도와 인근 해역을 말한다.
3. 이 법의 어떠한 규정도 서해의 북방한계선을 포함하여 서해5도 수역에 대한 남북한의 기존 합의를 해하는 것으로 간주되어서는 아니 된다.

서해5도 수역, 서해5도 등 용어의 뜻을 구체적으로 정의하고 있다. 서해5도 지원 특별법은 서해5도를 5개의 도서와 인근 해역을 포함하는 것으로 정의한다. 서해5도 수역과 서해5도의 정의가 중복되는지 확인이 필요하다. 서해5도 수역을 북방한계선 이남의 대한민국 관할 수역으로 정의하는 것은 헌법의 영토규정과 충돌할 수 있다. 따라서 제3조 1호는 삭제를 검토할 필요가 있다. 2호의 해역은 '수역'으로 수정한다. 서해5도의 개념에 서해5도와 그 수역이 포함되므로 이하의 조문에서 서해5도 수역이라는 표현을 사용할 필요가 없다. 제3조 3호는 표현을 완화할 필요가 있다.

제안: **제0조(용어의 정의 등)** 이 법에서 사용하는 용어의 뜻은 다음과 같다.

1. "서해5도"란 어선안전조업법상 조업한계선 이북에 위치한 인천광역시 옹진군에 속하는 백령도·대청도·소청도·연평도·소연평도와 인근 해역을 말한다.
2. 이 법은 서해의 북방한계선을 포함하여 서해5도에 대한 남북한의 기존 합의를 해하지 아니한다.

6. 다른 법률과의 관계

제4조(다른 법률과의 관계) 서해5도의 평화정착, 남북 교류와 협력의 활성화, 지역 주민들의 권익 보장에 관하여는 다른 법률에 우선하여 이 법을 적용한다.

서해5도의 개발과 지원에 대하여는 1차적으로 서해5도 지원 특별법이 적용되며, 2차적으로 접경지역 지원 특별법이 적용된다. 그리고 어업질서에 대하여는 어업안전조업법이 적용된다. 이 법안과 나머지 3개 법안 사이, 특히 서해5도 지원 특별법과 충돌할 가능성이 있다.

이 법안 제13조 2항은 "서해5도 수역 평화 정착의 시기까지 서해5도 주민들의 권익 제약에 대한 적정한 보상을 한다. 서해5도 특별지원법에 의한 지원은 이 법률(안)이 말하는 보상으로 간주한다."고 규정한다. 따라서 서해5도 주민들의 권익 제약에 대한 보상은 이 법안이 아니라 서해5도 지원 특별법에 따르도록 규정하고 있다. 서해5도 주민들의 권액 제약에 대한 보상은 서해5도 지원 특별법에 따르도록 함으로써 이 범위 내에서 이 법

안의 존재의의가 반감된다.

이 법안의 상당한 부분이 다른 법률과 중복 또는 충돌하므로 그 해결책으로 이 법률안의 내용을 대폭 수정하여 다른 법률과 충돌되지 않도록 수정하여 별개 입법을 하는 방안, 이 법률안의 내용을 서해5도 지원 특별법에 반영하는 방안하여 하나의 법률로 입법하는 방안, 접경지역 지원 특별법에 반영하는 방안 등을 고려할 수 있다. 다른 법률과의 관계를 어떻게 설정할 것인가 여부에 따라 이 조항의 존치 여부가 결정될 것이다.

7. 기본계획 및 연도별 시행계획의 수립

제5조(기본계획) ① 통일부장관은 국방부, 해양수산부, 행정안전부 등 관계 중앙행정기관의 장 및 인천광역시 등 지방자치단체의 장과 협의하여 서해5도 기본계획('기본계획')을 수립 및 채택하여야 한다. 기본계획은 매2년마다 재검토한다.

② 기본계획에는 서해5도에 대한 다음 각호의 사항이 포함되어야 한다.

1. 평화 정착에 관한 사항
2. 남북 교류와 협력의 활성화를 위한 추진전략 및 주요 추진과제에 관한 사항
3. 주민들의 권익 보장에 필요한 조직과 재원에 관한 사항
4. 남북 간 협력에 관한 사항
5. 국제적 협력에 관한 사항
6. 해당 지방자치단체의 역할에 관한 사항
7. 평화협력 추진에 관한 지역 주민 의견 청취 및 국민적 공론 형성에 관한 사항
8. 남북 공동 기념사업 추진에 관한 사항
9. 그 밖에 평화 정착, 남북 교류와 협력의 활성화, 지역 주민들의 권익 보장을 위하여 필요한 사항

③ 통일부장관은 다음 각 호의 어느 하나에 해당하는 자에게 기본계획 수립·변경을 위한 관련 기초 자료의 제출을 요청할 수 있다. 이 경우 협조를 요청받은 자는 특별한 사정이 없는 한 이에 따라야 한다.

1. 관계 중앙행정기관의 장
2. 관계 지방자치단체의 장
3. 관계 공공기관의 장
4. 이 법에 따라 지원을 받는 교육·연구기관 및 관련 단체

④ 통일부장관은 기본계획안을 수립하여 제8조에 따른 서해5도평화위원회의 심의·의결을 거쳐 확정한다.

⑤ 그 밖에 기본계획의 수립 및 채택에 관하여 필요한 사항은 대통령령으로 정한다.

제6조(연도별 시행계획) ① 통일부장관은 기본계획을 시행하기 위하여 연도별 시행계획(이하 "시행계획"이라 한다)을 매년 수립하여야 한다.

② 관계 중앙행정기관의 장과 지방자치단체의 장은 기본계획을 토대로 연도별 시행계획을 작성하여 통일부장관에게 제출한다.

③ 통일부장관은 제2항에 따라 제출받은 시행계획을 제7조에 따른 서해5도평화위원회의 심의·의결을 거쳐 확정한다.

④ 통일부장관은 제2항에 따라 제출받은 시행계획에 관하여 필요한 경우 계획의 조정에 관한 의견을 제시할 수 있다.

⑤ 그 밖에 시행계획의 수립 및 시행에 필요한 사항은 대통령령으로 정한다.

이 법안 제5조 및 제6조는 통일부장관이 서해5도에 관한 기본계획 및 연도별 시행계획을 수립하도록 규정하고 있으나 이 계획에는 남북 사이의 합의나 협력을 전제로 하는 내용들이 다수 포함되어 있다. 이러한 내용은 이 법률안의 내용상 불필요하다. 나아가 행정안전부장관이 확정하는 서해5도 지원 특별법의 종합발전계획안에는 다음의 사항이 포함되도록 규정되어 있다(서해5도 지원 특별법 제5조 2항).

1. 서해5도의 개발 및 지원에 관한 기본시책에 관한 사항

2. 서해5도 주민의 안전한 정주여건 조성에 관한 사항
3. 서해5도 주변 해양의 이용·개발·보전과 해양관광자원의 개발 및 농업·수산업의 진흥에 관한 사항
4. 교육·보건·의료·사회복지 및 생활환경 개선에 관한 사항
5. 도로·항만·수도 등 사회간접자본시설의 확충·정비에 관한 사항
6. 주민의 육지왕래 및 생활필수품의 원활한 유통·공급에 관한 사항
7. 주민의 안전확보를 위한 대책 마련에 관한 사항
8. 그 밖에 서해5도의 이용·개발·보전 및 주민지원에 관한 사항

그리고 접경지역 지원 특별법에 따른 발전종합계획에는 다음의 각호 사항이 포함되어야 한다(제5조 2항). 따라서 이 법안의 기본계획 및 연도별 시행계획과 접경지역 지원 특별법 제5조 2항이 중복 또는 충돌할 가능성이 있다.

1. 발전종합계획의 목표 및 기본방향에 관한 사항
2. 접경지역의 이용·개발과 보전에 관한 중장기 기본시책
3. 권역 구분 및 지구 지정에 관한 사항
4. 자연생태 및 산림자원의 조사·연구에 관한 사항
5. 자연환경의 보전·관리와 환경오염 방지에 관한 사항
6. 산림의 체계적인 보호·관리와 산지의 계획적·생태적인 보전 및 이용에 관한 사항
7. 평화통일 기반시설 또는 통일지대의 설치에 관한 사항
8. 남북한 교류·협력 활성화를 위한 사업에 관한 사항
9. 통일 이후 남북공동의 성장동력으로 활용할 지역산업의 육성에 관한 사항
10. 접경특화발전지구의 지정·개발·운영에 관한 사항
11. 군사시설의 보전 및 보안대책에 관한 사항
12. 농어업·임업 등 산업기초시설의 확충·개선에 관한 사항
13. 전기·통신·가스 시설 등 생활기반시설의 확충·개선에 관한 사항
14. 주택·상하수도 등 주거환경의 개선에 관한 사항
15. 풍수해 등 재해의 방지에 관한 사항
16. 문화재의 발굴과 보존·관리에 관한 사항
17. 관광자원의 개발과 관광산업의 진흥에 관한 사항
18. 도로·항만·공항·정보통신 등 사회간접자본의 정비와 확충에 관한 사항
19. 교육·의료·후생 시설 등 문화복지시설의 확충에 관한 사항
20. 민방위 경보, 대피시설 등 주민안전시설의 정비 및 확충에 관한 사항
21. 그 밖에 접경지역의 이용·개발과 보전에 필요한 사항

제안: 제5조와 제6조는 불필요하므로 삭제.

8. 위원회 및 주무관청 신설 등

제7조(서해5도평화위원회) ① 서해5도의 평화 정착, 남북 교류와 협력의 활성화, 지역 주민들의 권익 보장을 위하여 통일부에 서해5도평화위원회(이하 "위원회"라 한다)를 둔다.
② 위원회는 서해5도 수역과 관련하여 다음 각 호의 사항을 심의·의결한다.
1. 중요 정책 및 제도 개선에 관한 사항
2. 기본계획 및 시행계획의 확정·변경 및 종합적 조정에 관한 사항
3. 중앙행정기관의 장 및 시·도지사와의 의견 조정에 관한 사항
4. 남북 간 협력에 관한 사항
5. 국제적 협력에 관한 사항
6. 중요한 사항으로서 위원장이 회의에 부치는 사항

③ 위원회는 위원장 1명, 부위원장 2명을 포함한 25명 이내의 위원으로 구성한다.
④ 위원장은 통일부장관이 되고, 부위원장 2명과 간사 1명을 둔다. 제8조에 따른 서해5도평화청장은 당연직 부위원장이 된다.
⑤ 위원은 다음 각 호의 사람으로 한다. 위촉위원은 10명 이내로 한다.
  1. 당연직위원 : 대통령령으로 정하는 관계 중앙행정기관의 차관급 공무원 및 관계 지방자치단체의 부단체장
  2. 위촉위원 : 전문지식과 경험이 풍부한 사람으로서 위원장이 위촉한 사람
⑥ 위원회의 회의에서 심의할 안건을 사전에 검토하고, 위원회에서 위임한 사항, 그 밖에 위원장이 요구하는 사항을 처리하기 위하여 위원회에 서해5도평화실무위원회(이하 "실무위원회"라 한다)를 둔다.
⑦ 그 밖에 위원회의 구성 및 운영 등에 관하여 필요한 사항은 대통령령으로 정한다.

제8조(서해5도평화청) ① 통일부장관 소속으로 서해5도평화청을 둔다.
② 통일부장관은 서해5도평화청의 업무를 수행하기 위하여 필요한 경우, 관계 행정기관의 장 및 지방자치단체의 장에게 「국가공무원법」 제2조제2항 및 「지방공무원법」 제2조제2항에 따른 공무원의 파견을 요청할 수 있다. 이 경우 요청을 받은 관계 중앙행정기관의 장 또는 지방자치단체의 장은 특별한 사유가 없으면 요청에 따라야 한다.
③ 그 밖에 서해5도평화청의 조직 및 운영에 관하여 필요한 사항은 대통령령으로 정한다.

이 법안이 다른 법률과 다른 점은 서해5도의 관리를 위한 별도의 조직을 설립한다는 점이다. 서해5도만을 위한 별도의 행정조직의 설립 필요성이 있다면 법안 제7조와 제8조가 법안의 핵심적인 내용이 될 것이다. 다만, 서해5도 지원 특별법 제7조에 따르면 국무총리 소속으로 다음과 같이 서해5도 지원위원회가 설치되어 있다. 따라서 조직의 중복 문제가 발생할 수 있다. 서해5도 관리위원회가 설치된다면 서해5도 지원 특별법상의 서해5도 지원위원회는 폐지하는 것이 바람직할 것이다.

제7조(서해5도 지원위원회)
① 서해5도의 개발 및 지원을 위한 다음 각 호의 사항을 심의하기 위하여 국무총리 소속으로 서해5도 지원위원회(이하 "위원회"라 한다)를 둔다.
  1. 종합발전계획의 수립 및 변경에 관한 사항
  2. 연도별 시행계획의 수립 및 변경에 관한 사항
  3. 그 밖에 위원장이 필요하다고 인정하는 사항
② 위원회는 위원장 1명을 포함한 15명 이내의 위원으로 구성한다.
③ 위원회의 위원장은 국무총리가 된다.
④ 위원장은 필요하다고 인정하는 때에는 관계 중앙행정기관 및 지방자치단체에게 관련 자료의 제출을 요구할 수 있다.
⑤ 그 밖에 위원회의 구성·운영 등 필요한 사항은 대통령령으로 정한다.

나아가 접경지역 지원 특별법은 행정안전부 소속으로 접경지역정책심의위원회, 접경지역발전협의회, 접경지역발전단을 설치하고 있다(제9조, 제10조, 제11조).

서해5도와 관련된 다수의 위원회 등이 설치되고 있다. 위원회 등의 기능이 중복되거나 충돌될 가능성이 있다. 그러므로 서해5도의 관리를 위한 위원회와 서해5도 평화청의 업무를 분명히 할 필요가 있으며, 서해5도평화 위원회와 서해5도 평화청의 명칭도 기능에 맞게 '서해5도 관리위원회' 및 '서해5도 관리청' 등으로 변경할 필요가 있다.

그리고 서해5도 관리위원회와 관리청의 소속을 어느 부처로 할 것인지에 관한 검토가 필요하

다. 남북 간의 합의와 상관없이 서해5도의 관리와 지원을 위한 입법을 위해서는 국무총리, 행정안전부장관, 해양수산부장관 소속으로 설치하는 것이 바람직할 것이다. 이러한 조직은 통일부장관 소속으로 두는 것은 법체계상 다소 무리가 있다. 이 부분에 대한 추가적인 검토가 필요하다.

제안: **제0조(서해5도 관리위원회)** ① 서해5도에 관한 정책의 수립을 위하여 서해5도 관리위원회를 둔다.

② 위원회는 위원장 1명, 부위원장 2명을 포함한 25명 이내의 위원으로 구성한다.

③ 위원장은 통일부장관이 되고, 부위원장 2명과 간사 1명을 둔다. 제8조에 따른 서해5도 관리청장은 당연직 부위원장이 된다.

⑤ 위원은 다음 각 호의 사람으로 한다. 위촉위원은 10명 이내로 한다.

1. 당연직위원: 대통령령으로 정하는 관계 중앙행정기관의 차관급 공무원 및 관계 지방자치단체의 부단체장
2. 위촉위원: 전문지식과 경험이 풍부한 사람으로서 위원장이 위촉한 사람

⑥ 위원회의 회의에서 심의할 안건을 사전에 검토하고, 위원회에서 위임한 사항, 그 밖에 위원장이 요구하는 사항을 처리하기 위하여 위원회에 서해5도 관리실무위원회(이하 "실무위원회"라 한다)를 둔다.

⑦ 그 밖에 위원회의 구성 및 운영 등에 관하여 필요한 사항은 대통령령으로 정한다.

제0조(서해5도 관리청) ① 통일부장관 소속으로 서해5도 관리청을 둔다.

② 통일부장관은 서해5도 관리청의 업무를 수행하기 위하여 필요한 경우, 관계 행정기관의 장 및 지방자치단체의 장에게 「국가공무원법」 제2조제2항 및 「지방공무원법」 제2조제2항에 따른 공무원의 파견을 요청할 수 있다. 이 경우 요청을 받은 관계 중앙행정기관의 장 또는 지방자치단체의 장은 특별한 사유가 없으면 요청에 따라야 한다.

③ 그 밖에 서해5도 관리청의 조직 및 운영에 관하여 필요한 사항은 대통령령으로 정한다.

8. 서해5도의 관리

제9조(필요조치 추진 등) ① 정부는 관계 중앙행정기관의 장 및 관계 시·도지사와 협의하고 위원회의 심의·의결을 거쳐 서해5도 수역을 구분하여 지정하고 그 보전과 개발·운영을 추진하거나 지원할 수 있다.

② 정부는 수역을 지정·조성 및 운영함에 있어서 서해5도 수역의 환경보호, 남북협력 증진, 국토의 균형발전 등을 고려하여 다음과 같은 필요한 조치를 추진한다.

1. 지속가능한 이용·개발 및 보전을 위해 인간의 해양활동과 해양자원을 통합적으로 관리할 목적으로 공동의 해양공간계획을 수립한다.
2. 해양 생태계 조사 및 보호 사업을 추진한다. 이와 관련하여 해양보호구역을 지정할 수 있다.

③ 정부는 남북 간 및 국제적 협력을 통하여 다음과 같이 수역 지정·조성 및 운영 사업을 시행하거나 그 사업을 지원할 수 있다.

1. 남북한 사회문화적 교류협력을 강화한다.
2. 남북의 균형발전과 공동번영을 위한 경제협력 방안을 추진한다.
3. 정부는 북한에 대한 인도적 지원을 할 수 있다.

④ 그 밖에 수역의 지정에 필요한 사항은 대통령령으로 정한다.

법안 제9조 3항은 남북한의 합의나 협력을 전제로 하는 것으로 불필요하므로 삭제가 필요하다.

제안: **제0조(필요조치 추진 등)** ① 정부는 관계 중앙행정기관의 장 및 관계 시·도지사와 협의하고 위원회의 심의·의결을 거쳐 서해5도를 구분하여 지정하고 그 보전과 개발·운영을 추진하거나 지원할 수 있다.

② 정부는 수역을 지정·조성 및 운영함에 있어서

서해5도의 환경보호, 남북협력 증진, 국토의 균형발전 등을 고려하여 다음과 같은 필요한 조치를 추진한다.

1. 지속가능한 이용·개발 및 보전을 위해 인간의 해양활동과 해양자원을 통합적으로 관리할 목적으로 공동의 해양공간계획을 수립한다.
2. 해양 생태계 조사 및 보호 사업을 추진한다. 이와 관련하여 해양보호구역을 지정할 수 있다.

③ 그 밖에 수역의 지정에 필요한 사항은 대통령령으로 정한다.

9. 실태조사

제10조(실태조사) ① 정부는 서해5도 수역의 보전과 평화적 이용 지원에 관한 정책 또는 계획의 수립·변경을 위하여 역사, 문화, 해양, 환경, 생태 등에 관하여 조사(이하 "실태조사"라 한다)할 수 있다.

② 정부는 관계 중앙행정기관의 장 또는 지방자치단체의 장, 공공기관의 장에게 실태조사에 필요한 자료의 제출을 요청할 수 있다. 이 경우 요청을 받은 관계 중앙행정기관의 장 또는 지방자치단체의 장, 공공기관의 장은 특별한 사유가 없으면 요청에 따라야 한다.

③ 정부는 남북 간 및 국제적 협력을 통하여 서해5도 수역 전 지역에 대한 실태조사 사업을 시행하거나 그 사업을 지원할 수 있다.

④ 정부는 효율적인 실태조사를 위하여 필요하면 실태조사를 전문기관에 의뢰할 수 있으며, 실태조사의 결과를 국민에게 알리기 위하여 노력하여야 한다.

⑤ 그 밖에 실태조사와 관련하여 필요한 사항은 대통령령으로 정한다.

이 조문안의 내용은 특별한 문제가 없으므로 그대로 존치하여도 무방하다.

제안: 원안 그대로 존치

10. 해양생태환경 및 해양문화유산 관련 사업

제11조(해양생태환경 및 해양문화유산 관련 사업) ① 정부는 서해5도 수역의 해양생태환경 및 문화적·역사적 유산을 보존·관리하고 그 가치를 국제사회에 널리 알리기 위하여 노력하여야 한다.

② 그 밖에 서해5도 수역의 문화유산 등의 국외 선양 지원에 관하여 필요한 사항은 대통령령으로 정한다.

이 조문안의 내용도 특별한 문제가 없으므로 그대로 존치해도 무방하다.

제안: 원안 그대로 존치

11. 남북 교류협력 지원

제12조 (남북 교류협력 지원) ① 정부는 서해5도 수역내 남북 교류 협력 사업을 지원한다.

② 정부는 남북 교류와 협력을 위한 남북 주민들의 왕래를 위하여 서해5도에 별도의 출입사무소를 설치할 수 있다.

③ 정부는 서해5도 수역과 관련한 남북 교류와 협력을 위한 평화적 이용사업 시행을 지원한다.

④ 정부 및 지방자치단체는 서해5도 수역과 관련한 남북 교류협력에 관하여 재정 지원을 할 수 있으며, 남북 협력기금을 사용할 수 있다.

이 조문은 남북 간의 협의나 합의를 필요로 하는 내용이 포함되어 있지만 그대로 존치하여도 무방하다고 본다.

제안: 원안 그대로 존치

12. 권익과 보상

제13조(권익과 보상) ① 정부는 서해5도 수역에서 다음과 같은 조치를 취한다.

1. 조업 구역의 단계적 확장 및 조업 제한 조치의 단계적 해제
2. 항행 제한 조치의 단계적 해제
3. 서해5도 주민들의 이동의 자유와 경제 활동의 제한에 대한 단계적 해제
4. 해양경찰청의 관할권의 확대

② 서해5도 수역 평화 정착의 시기까지 서해5도 주민들의 권익 제약에 대한 적정한 보상을 한다. 서해5도 지원 특별법에 의한 지원은 이 법률(안)이 말하는 보상으로 간주한다.

법안 제13조 2항의 규정으로 서해5도 주민들의 권익 제약에 대한 보상은 서해5도 지원 특별법의 규정이 우선 적용된다. 이 법안에서 주민들의 권익 제약에 대한 보상은 제외된다. 법안 제13조 2항의 규정을 그대로 존치할 것인가 여부는 이 법안에서 서해5도 주민들의 권익 제약에 대한 적정한 보상을 포함시킬 것인가 여부와 관련되어 있다. 법안 제13조 2항을 삭제해도 무방할 것으로 보인다.

제안: **제0조(권익과 보상)** 정부는 서해5도에서 다음과 같은 조치를 취한다.

1. 조업 구역의 단계적 확장 및 조업 제한 조치의 단계적 해제
2. 항행 제한 조치의 단계적 해제
3. 서해5도 주민들의 이동의 자유와 경제 활동의 제한에 대한 단계적 해제
4. 해양경찰청의 관할권의 확대

13. 안전 및 출입을 위한 지원

제14조(안전 및 출입을 위한 지원) ① 개인이나 단체가 서해5도 수역에 출입하거나 물품·장비의 반입·반출이 필요한 경우, 정부는 관련 절차가 신속하게 이루어질 수 있도록 관계기관에 필요한 협조를 요청하여야 한다.

② 정부는 서해5도에서 통신 등의 기반 시설을 구축하고 추진하여야 한다.

③ 정부는 서해5도에 출입하는 자의 신변을 보호하는 조치를 취해야 한다.

법안 제14조 3항의 내용은 모든 국민에게 적용될 수 있는 것이므로 불필요하다. 삭제할 필요가 있다.

제안: **제0조(안전 및 출입을 위한 지원)** ① 개인이나 단체가 서해5도에 출입하거나 물품·장비의 반입·반출이 필요한 경우, 정부는 관련 절차가 신속하게 이루어질 수 있도록 관계기관에 필요한 협조를 요청하여야 한다.

② 정부는 서해5도에서 통신 등의 기반 시설을 구축하고 추진하여야 한다.

14. 국민 인식 제고와 참여

제15조(국민 인식 제고와 참여) ① 정부는 서해5도 수역의 평화 정착, 남북 교류와 협력의 활성화, 지역 주민들의 권익보장에 관한 국민의 관심 확대를 위하여 홍보 방안을 마련하여 시행할 수 있다.

② 정부는 서해5도 수역의 평화 정착, 남북 교류와 협력의 활성화, 지역 주민들의 권익 보장에 관한 국민의 이해와 참여를 증진하기 위하여 국민이 참여하는 사업을 개발·시행할 수 있다.

③ 제2항에 따른 사업은 생태·환경을 훼손하지 아니하는 범위에서 시행하여야 하며, 구체적인 범위·종류 및 비용 징수등에 필요한 사항은 대통령령으로 정한다.

이 법안의 목적에 맞게 조문을 정리할 필요가 있다.

제안: ① 정부는 서해5도의 효율적인 관리와 지역 주민들의 권익 보장을 위한 홍보 방안을 마련하여 시행할 수 있다.

② 정부는 서해5도의 효율적인 관리와 지역 주민들의 권익 보장을 위하여 국민이 참여하는 사

업을 개발·시행할 수 있다.
③ 제2항에 따른 사업은 생태·환경을 훼손하지 아니하는 범위에서 시행하여야 하며, 구체적인 범위·종류 및 비용 징수등에 필요한 사항은 대통령령으로 정한다.

15. 전문인력의 양성

제16조(전문인력의 양성) ① 정부와 지방자치단체는 서해5도 수역의 평화 정착, 남북 교류와 협력의 활성화, 지역 주민들의 권익 보장에 필요한 전문인력을 양성할 수 있다.
② 통일부장관 및 관계 시·도지사는 적절한 인력과 시설 등을 갖춘 기관 또는 단체를 전문인력 양성기관으로 지정하여 필요한 교육 및 훈련을 실시하게 할 수 있다.
③ 통일부장관 및 관계 시·도지사는 제2항에 따라 지정된 전문인력 양성기관에 대하여 대통령령으로 정하는 바에 따라 예산의 범위에서 그 양성에 필요한 비용의 전부 또는 일부를 지원할 수 있다.
④ 제2항에 따른 전문인력 양성기관의 지정 기준 및 절차 등은 대통령령으로 정한다.

이 조문은 특별한 문제가 없으므로 그대로 존치하여도 무방하다.

제안: 원안 그대로 존치

16. 종합정보시스템의 구축 및 운영

제17조(종합정보시스템 구축 및 운영) ① 통일부장관은 서해5도 수역의 평화 정착, 남북 교류와 협력의 활성화, 지역 주민들의 권익 보장에 관련된 정보를 종합적으로 관리하고, 유용한 정보를 제공하기 위하여 종합정보시스템을 구축·운영할 수 있다.
② 통일부장관은 종합정보시스템의 구축·운영을 위하여 필요한 경우에는 관계 중앙행정기관의 장, 시·도지사, 공공기관의 장 등에게 필요한 자료의 제공을 요청할 수 있다.이 경우 자료제출을 요청받은 관계 중앙행정기관의 장 등은 특별한 사정이 없으면 이에 따라야 한다.
③ 그 밖에 종합정보시스템의 구축 및 운영과 관련하여 필요한 사항은 대통령령으로 정한다.

이 조문은 특별한 문제가 없으므로 그대로 존치하여도 무방하다.

제안: 원안 그대로 존치

17. 재정지원

제안: 원안 그대로 존치

18. 사업시행자

제19조(사업시행자) 사업을 시행할 수 있는 자(이하 "사업시행자"라 한다)는 다음 각 호의 어느 하나에 해당하는 자이다.

1. 정부
2. 지방자치단체
3. 「공공기관의 운영에 관한 법률」에 따른 공공기관
4. 「지방공기업법」에 따른 지방공기업
5. 대통령령으로 정하는 자격 요건을 갖춘 민간투자자
6. 「민법」 제32조에 따른 비영리 법인이거나 관련 법령에 따라 비영리 목적으로 설립된 단체

접경지역 지원 특별법 제12조는 다음과 같이 유사한 규정을 두고 있다. 접경지역 지원 특별법 제12조가 서해5도에도 적용되므로 이 조문은 불필요하다.

제12조(사업시행자)
연도별 사업계획에 따라 시행되는 사업의 시행자(이하 "사업시행자"라 한다)는 다음 각 호의 어느 하나에 해당하는 자로 한다.

1. 국가
2. 지방자치단체
3. 「공공기관의 운영에 관한 법률」에 따른 공공기관
4. 「지방공기업법」에 따른 지방공기업
5. 민간기업(재무건전성 등이 대통령령으로 정하는 기준에 적합한 자로 한정한다)
6. 제1호부터 제4호까지의 어느 하나에 해당하는 자와 제5호에 해당하는 자가 공동으로 출자하여 설립한 법인

제안: 조문 폐지

19. 사업의 시행승인

제20조(사업의 시행승인) ① 통일부장관(제21조제1호 및 제2호에 규정된 자는 제외한다)은 사업시행자에 대하여 관계 중앙행정기관의 장 또는 지방자치단체의 장과 협의를 거쳐 사업의 시행을 승인한다.

② 제1항의 규정에 따라 사업시행자는 대통령령으로 정하는 바에 따라 사업계획과 첨부서류 등을 작성하여 통일부장관에게 제출하여야 한다.

③ 제1항에 따라 사업시행자가 승인 받은 사항을 변경하는 경우에는 통일부장관의 변경승인을 받아야 한다. 다만, 대통령령으로 정하는 경미한 사항의 변경은 그러하지 아니하다.

④ 통일부장관은 제1항에 따라 사업의 시행을 승인하거나 제3항에 따라 사업의 변경을 승인한 때에는 그 사업시행계획을 대통령령으로 정하는 바에 따라 고시하여야 한다. 다만, 국방상 기밀에 관한 사항 및 남북협력을 위해 필요한 사항은 이를 제외하고 고시할 수 있다.

⑤ 통일부장관은 다음 각 호의 어느 하나에 해당하는 경우에는 사업시행승인 또는 변경승인을 취소할 수 있다. 제3호의 경우에는 사업의 조정을 명령할 수 있다.

1. 사업의 시행을 승인받은 날로부터 2년 이내에 사업을 시작하지 아니한 경우
2. 거짓이나 그 밖의 부정한 방법으로 승인을 받은 경우
3. 사정의 변경으로 사업을 계속적으로 시행할 수 없거나 현저히 공익을 해칠 우려가 있다고 인정되는 경우

⑥ 제19조제1호 및 제2호의 사업시행자가 사업을 시행하려는 경우에는 통일부장관과 협의하여 사업시행계획을 수립하여야 하며, 그 사업시행계획을 대통령령으로 정하는 바에 따라 고시하여야 한다.

⑦ 그 밖에 사업시행 신청 및 승인, 취소 및 조정에 관하여 필요한 사항은 대통령령으로 정한다.

접경지역 지원 특별법 제13 및 제14조는 다음과 같이 유사한 규정을 두고 있다. 이 규정은 서해5도와 관련하여 다양한 행정절차를 면하고 있으므로 이 조문은 불필요하다고 보여진다.

제13조(사업의 시행승인)

① 사업시행자(제12조제1호 및 제2호에 규정된 자는 제외한다)는 사업을 시행하려는 경우 다음 각 호의 구분에 따른 지방자치단체의 장(이하 "사업승인권자"라 한다)의 승인을 받아야 한다. 이 경우 제3호에 따라 해당 시·도지사가 승인을 하려는 때에는 다른 시·도지사와 협의를 거쳐야 한다.

1. 해당 사업이 하나의 시 또는 군에서 시행되는 경우: 관할 시장·군수
2. 해당 사업이 둘 이상의 시·군에 걸쳐 시행되는 경우: 관할 시·도지사
3. 해당 사업이 다른 광역시 또는 도의 관할에 속하는 둘 이상의 시·군에 걸쳐 시행되는 경우: 사업시행 면적의 2분의 1을 초과하는 지역을 관할하는 시·도지사

② 사업승인권자는 해당 사업이 「군사기지 및 군사시설 보호법」 제2조제6호에 따른

군사기지 및 군사시설 보호구역에서 시행되는 경우에는 미리 관할부대장등과 협의하여야 한다.

③ 제1항에 따라 사업의 시행승인을 받은 자는 승인받은 사항을 변경하려는 경우에는 사업승인권자의 변경승인을 받아야 한다. 다만, 대통령령으로 정하는 경미한 사항의 변경은 그러하지 아니하다.

④ 제1항에 따라 사업의 시행승인을 받으려는 자와 제3항에 따라 사업의 변경승인을 받으려는 자는 대통령령으로 정하는 바에 따라 사업시행계획 및 투자계획 등을 사업승인권자에게 제출하여야 한다.

⑤ 사업승인권자는 제4항에 따라 제출된 사업시행계획 및 투자계획 등의 타당성 등을 검토하여 승인 여부를 결정하여야 한다.

⑥ 사업승인권자는 제1항에 따라 사업의 시행승인을 하거나 제3항에 따라 사업의 변경승인을 한 때에는 그 사업시행계획을 대통령령으로 정하는 바에 따라 고시하여야 한다. 다만, 국방상 기밀에 관한 사항은 이를 제외하고 고시할 수 있다.

⑦ 사업승인권자는 다음 각 호의 어느 하나에 해당하는 경우에는 사업시행승인 또는 변경승인을 취소할 수 있다.

1. 사업의 시행승인을 받은 날부터 2년 이내에 사업을 시작하지 아니한 경우
2. 거짓이나 그 밖의 부정한 방법으로 승인을 받은 경우
3. 사정의 변경으로 사업을 계속적으로 시행할 수 없거나 현저히 공익을 해칠 우려가 있다고 인정되는 경우

⑧ 사업승인권자는 제7항에 따라 사업의 시행승인 또는 변경승인을 취소하였을 때에는 지체 없이 그 사실을 공고하여야 한다.

⑨ 제12조제1호 및 제2호의 사업시행자가 사업을 시행하려는 경우에는 사업승인권자와 협의하여 사업시행계획을 수립하여야 하며, 그 사업시행계획을 대통령령으로 정하는 바에 따라 고시하여야 한다.

제14조(인·허가등의 의제)

① 사업시행자(제12조제1호 및 제2호에 규정된 자는 제외한다)가 제13조제1항 및 제3항에 따라 사업시행계획의 승인(변경승인을 포함한다)을 받은 경우 또는 제12조제1호 및 제2호의 사업시행자가 제13조제9항에 따라 사업시행계획을 수립하여 고시한 경우에는 사업승인권자가 제3항에 따라 관계 행정기관의 장과 협의한 사항에 대하여 다음 각 호의 허가·인가·지정·승인·협의·신고·결정 등(이하 "인·허가등"이라 한다)을 받은 것으로 보며, 제13조제6항 및 제9항에 따른 사업시행계획의 고시가 있은 때에는 다음 각 호의 법률에 따른 인·허가등의 고시 또는 공고가 있은 것으로 본다. <개정 2014.1.14, 2014.6.3, 2016.12.2, 2016.12.27, 2017.2.8, 2020.1.29, 2020.3.31>

1. 「산지관리법」 제14조 및 제15조에 따른 산지전용허가 및 산지전용신고와 같은 법 제15조의2에 따른 산지일시사용허가·신고 및 「산림자원의 조성 및 관리에 관한 법률」 제36조제1항·제4항에 따른 입목벌채등의 허가·신고
2. 「농지법」 제34조에 따른 농지의 전용허가·협의, 같은 법 제35조에 따른 농지의 전용신고 및 같은 법 제36조에 따른 농지의 타용도 일시사용허가·협의
3. 「산업집적활성화 및 공장설립에 관한 법률」 제13조제1항 또는 제20조제2항에 따른 공장설립등의 승인
4. 「하천법」 제30조에 따른 하천공사의 허가, 같은 법 제33조에 따른 하천의 점용허가 및 같은 법 제50조의2에 따른 일시적 하천수의 사용신고
5. 「수도법」 제17조에 따른 일반수도사업의 인가, 같은 법 제49조에 따른 공업용수도사업의 인가, 같은 법 제52조에 따른 전용상수도 설치의 인가 및 같은 법 제54조에 따른 전용공업용수도 설치의 인가

6.「체육시설의 설치·이용에 관한 법률」 제12조에 따른 사업계획의 승인
7.「관광진흥법」 제15조에 따른 사업계획의 승인, 같은 법 제52조에 따른 관광지 등의 지정, 같은 법 제54조에 따른 관광지등의 조성계획의 승인 및 같은 법 제55조에 따른 조성사업 시행의 허가
8.「도로법」 제25조에 따른 도로구역의 결정, 같은 법 제36조에 따른 도로공사 시행의 허가 및 같은 법 제61조에 따른 도로의 점용 허가
9.「국토의 계획 및 이용에 관한 법률」 제30조에 따른 도시·군관리계획(같은 법 제2조제4호다목 및 마목으로 한정한다)의 결정, 같은 법 제56조에 따른 토지의 분할 및 형질변경의 허가, 같은 법 제86조에 따른 도시·군계획시설사업 시행자의 지정 및 같은 법 제88조에 따른 실시계획의 인가
10.「하수도법」 제16조에 따른 공공하수도 공사의 시행허가, 같은 법 제24조에 따른 공공하수도의 점용허가 및 같은 법 제27조에 따른 배수설비의 설치 신고
11.「장사 등에 관한 법률」 제27조에 따른 분묘의 개장허가. 다만, 같은 조에 따른 공고 절차는 생략할 수 없다.
12.「도시개발법」 제11조에 따른 도시개발사업의 시행자 지정, 같은 법 제13조에 따른 조합의 설립인가 및 같은 법 제17조에 따른 실시계획의 인가
13.「택지개발촉진법」 제9조에 따른 택지개발사업실시계획의 승인
14.「초지법」 제21조의2에 따른 토지의 형질변경 등의 허가 및 같은 법 제23조에 따른 초지전용허가
15.「사도법」 제4조에 따른 사도 개설허가
16.「농어촌정비법」 제23조에 따른 농업생산기반시설의 사용허가, 같은 법 제82조에 따른 농어촌 관광휴양단지개발사업계획의 승인, 같은 법 제83조에 따른 관광농원 개발사업계획의 승인 및 같은 법 제85조에 따른 농어촌관광휴양지사업자의 신고
17.「항만법」 제9조제2항에 따른 항만개발사업 시행의 허가 및 같은 법 제10조제2항에 따른 항만개발사업실시계획의 승인
18.「소하천정비법」 제10조에 따른 소하천공사의 시행허가 및 같은 법 제14조에 따른 소하천의 점용허가
19.「해운법」 제4조에 따른 해상여객운송사업의 면허
20.「어촌·어항법」 제23조에 따른 어항개발사업시행의 허가
21.「물류시설의 개발 및 운영에 관한 법률」 제27조에 따른 물류단지개발사업시행자의 지정 및 같은 법 제28조에 따른 물류단지 개발실시계획의 승인
22.「공유수면 관리 및 매립에 관한 법률」 제8조에 따른 공유수면의 점용·사용허가, 같은 법 제17조에 따른 점용·사용 실시계획의 승인(매립면허를 받은 매립예정지는 제외한다), 같은 법 제28조에 따른 공유수면의 매립면허, 같은 법 제35조에 따른 국가 등이 시행하는 매립의 협의 또는 승인 및 같은 법 제38조에 따른 공유수면매립실시계획의 승인
23.「가축분뇨의 관리 및 이용에 관한 법률」 제11조에 따른 배출시설의 설치허가
24.「폐기물관리법」 제29조에 따른 폐기물처리시설의 설치 승인 또는 신고
25.「전기안전관리법」 제8조에 따른 자가용전기설비 공사계획의 인가 또는 신고
26.「농어촌도로 정비법」 제5조에 따른 군수 외의 자에 대한 도로 정비 허가, 같은 법 제9조에 따른 도로의 노선 지정 및 같은 법 제18조에 따른 도로의 점용허가

27. 「도시 및 주거환경정비법」 제50조 및 「빈집 및 소규모주택 정비에 관한 특례법」 제29조에 따른 사업시행계획인가
28. 「사방사업법」 제14조에 따른 벌채 등의 허가 및 같은 법 제20조에 따른 사방지의 지정해제
29. 「골재채취법」 제22조에 따른 골재채취의 허가
30. 「국유재산법」 제30조에 따른 행정재산의 사용·수익허가
31. 「집단에너지사업법」 제4조에 따른 집단에너지의 공급 타당성에 관한 협의
32. 「에너지이용 합리화법」 제10조에 따른 에너지사용계획의 협의
33. 「공간정보의 구축 및 관리 등에 관한 법률」 제86조에 따른 사업의 착수, 변경 또는 완료 사실의 신고
34. 「건축법」 제11조에 따른 건축허가, 같은 법 제14조에 따른 건축신고, 같은 법 제20조에 따른 가설건축물의 건축허가·축조신고, 같은 법 제29조에 따른 건축 협의 및 같은 법 제83조에 따른 공작물의 축조신고

② 제1항에 따른 인·허가등의 의제를 받으려는 자는 사업시행계획의 승인(변경승인을 포함한다)을 신청하거나 사업시행계획의 수립을 위하여 사업승인권자에게 협의를 요청하는 경우에는 해당 법률로 정하는 관련 서류를 함께 제출하여야 한다.
③ 사업승인권자는 제13조제1항 및 제3항에 따라 사업시행계획을 승인(변경승인을 포함한다)하거나 제13조제9항에 따라 협의를 요청받은 사업시행계획에 대하여 의견을 제시하려는 경우 그 사업시행계획에 제1항 각 호의 어느 하나에 해당하는 사항이 포함되어 있는 때에는 관계 행정기관의 장과 미리 협의하여야 한다.
④ 제3항에 따라 사업승인권자로부터 협의를 요청받은 관계 행정기관의 장은 특별한 사유가 없으면 협의를 요청받은 날부터 20일 이내에 의견을 제출하여야 하며 같은 기간 이내에 의견 제출이 없는 때에는 의견이 없는 것으로 본다.

제안: 조문안 폐지

20. 토지 등의 수용·사용

제21조(토지 등의 수용·사용) ① 국가는 사업시행을 위하여 필요한 경우에는 「공익사업을 위한 토지 등의 취득 및 보상에 관한 법률」 제3조에 따른 토지·물건 또는 권리를 수용하거나 사용할 수 있다.
② 토지 등의 수용·사용 등에 관하여 필요한 사항은 대통령령으로 정하며, 이 법에 특별한 규정이 있는 경우를 제외하고는 「공익사업을 위한 토지 등의 취득 및 보상에 관한 법률」을 준용한다.

접경지역 지원 특별법 제15조가 유사한 규정을 두고 있다. 토지보상법은 제4조의 2에서 토지등을 수용하거나 사용할 수 있는 사업은 동법 제4조 또는 별표에 규정된 법률에 따르지 아니하고는 정할 수 없고, 토지보상법 외의 다른 법률로 개정할 수 없도록 규정하고 있다. 제정안과 같이 개별법에서 토지등을 수용·사용하기 위해서는 토지보상법의 개정이 추가적으로 필요하다.

제안: 원안 그대로 유지

21. 공유수면의 점용·사용

제22조(공유수면의 점용·사용) ① 국가는 사업시행을 위하여 필요한 경우에는 「공유수면 관리 및 매립에 관한 법률」 제10조에 따라 공유수면을 점용·사용할 수 있다.
② 공유수면 점용·사용 등에 관하여 필요한 사항은 대통령령으로 정하며, 이 법에 특별한 규정이 있는 경우를 제외하고는 「공유수면 관리 및 매립에 관한 법률」을 준용한다.

제안: 원안 그대로 유지

22. 공무원 의제, 벌칙

제23조(벌칙 적용에서 공무원 의제) 서해5도 평화위원회 위원 중 공무원이 아닌 위원은 그 직무상 행위와 관련하여 「형법과 그 밖의 법률에 따른 벌칙을 적용할 때에는 공무원으로 본다.

제24조(벌칙) ① 거짓이나 그 밖의 부정한 방법으로 제18조에 따른 재정적 지원을 받거나 다른 사람으로 하여금 제18조에 따른 지원을 받게 한 자는 5년 이하의 징역 또는 5천만원 이하의 벌금에 처한다.
② 이 법에 따른 업무와 관련하여 알게 된 군사 및 국가안보 등과 관련된 정보 또는 자료를 이 법에 따른 업무 외의목적에 이용한 자는 3년 이하의 징역 또는 3천만원 이하의 벌금에 처한다.
③ 제1항의 미수범은 처벌한다.

벌칙에 관하여는 일반법의 적용을 통하여 해결할 수 있으므로 삭제하는 것을 고려할 수 있다.

제안: 삭제

Ⅲ. 서해5도에 관한 새로운 특별법 제안

1. 서해5도 관리법에 담겨야 할 내용

이상에서 검토한 바에 따라 서해5도에 관한 새로운 입법에 담겨야 할 내용을 조문화하면 다음과 같다. 이를 별도의 입법을 통하여 입법화하거나 기존의 다른 법률의 개정을 통하여 다른 법률에 삽입할 수 있을 것이다. 다만, 별도의 독립된 법률로 입법하는 경우에는 법체계상 다른 법률과의 중복이나 충돌이 발생할 가능성이 높고 이를 극복하기도 쉽지 않으므로 법체계상으로는 기존의 다른 법률에 삽입하는 것이 바람직할 것이다.

제1조(목적) 이 법은 서해5도의 효율적인 관리와 지역 주민들의 권익 보장을 규정하는 것을 목적으로 한다.

제2조(용어의 정의 등) 이 법에서 사용하는 용어의 뜻은 다음과 같다.
1. "서해5도"란 어선안전조업법상 조업한계선 이북에 위치한 인천광역시 옹진군에 속하는 백령도·대청도·소청도·연평도·소연평도와 인근 해역을 말한다.
2. 이 법은 서해의 북방한계선을 포함하여 서해5도 수역에 대한 남북한의 기존 합의를 해하지 아니한다.

제3조(서해5도 관리위원회) ① 서해5도에 관한 정책의 수립을 위하여 서해5도 관리위원회를 둔다.
② 위원회는 위원장 1명, 부위원장 2명을 포함한 25명 이내의 위원으로 구성한다.
③ 위원장은 통일부장관이 되고, 부위원장 2명과 간사 1명을 둔다. 제8조에 따른 서해5도 관리청장은 당연직 부위원장이 된다.
⑤ 위원은 다음 각 호의 사람으로 한다. 위촉위원은 10명 이내로 한다.
1. 당연직위원: 대통령령으로 정하는 관계 중앙행정기관의 차관급 공무원 및 관계 지방자치단체의 부단체장
2. 위촉위원: 전문지식과 경험이 풍부한 사람으로서 위원장이 위촉한 사람
⑥ 위원회의 회의에서 심의할 안건을 사전에 검토하고, 위원회에서 위임한 사항, 그 밖에 위원장이 요구하는 사항을 처리하기 위하여 위원회에 서해5도 관리실무위원회(이하 "실무위원회"라 한다)를 둔다.
⑦ 그 밖에 위원회의 구성 및 운영 등에 관하여 필요한 사항은 대통령령으로 정한다.

제4조(서해5도 관리청) ① 통일부장관 소속으로 서해5도 관리청을 둔다.
② 통일부장관은 서해5도 관리청의 업무를 수행하기 위하여 필요한 경우, 관계 행정기관의 장 및 지방자치단체의 장에게 「국가공무원법」 제

2조제2항 및 「지방공무원법」 제2조제2항에 따른 공무원의 파견을 요청할 수 있다. 이 경우 요청을 받은 관계 중앙행정기관의 장 또는 지방자치단체의 장은 특별한 사유가 없으면 요청에 따라야 한다.

③ 그 밖에 서해5도 관리청의 조직 및 운영에 관하여 필요한 사항은 대통령령으로 정한다.

제5조(필요조치 추진 등) ① 정부는 관계 중앙행정기관의 장 및 관계 시·도지사와 협의하고 위원회의 심의·의결을 거쳐 서해5도 수역을 구분하여 지정하고 그 보전과 개발·운영을 추진하거나 지원할 수 있다.

② 정부는 수역을 지정·조성 및 운영함에 있어서 서해5도 수역의 환경보호, 남북협력 증진, 국토의 균형발전 등을 고려하여 다음과 같은 필요한 조치를 추진한다.

1. 지속가능한 이용·개발 및 보전을 위해 인간의 해양활동과 해양자원을 통합적으로 관리할 목적으로 공동의 해양공간계획을 수립한다.
2. 해양 생태계 조사 및 보호 사업을 추진한다. 이와 관련하여 해양보호구역을 지정할 수 있다.

③ 그 밖에 수역의 지정에 필요한 사항은 대통령령으로 정한다.

제6조(실태조사) ① 정부는 서해5도 수역의 보전과 평화적 이용 지원에 관한 정책 또는 계획의 수립·변경을 위하여 역사, 문화, 해양, 환경, 생태 등에 관하여 조사(이하 "실태조사"라 한다)할 수 있다.

② 정부는 관계 중앙행정기관의 장 또는 지방자치단체의 장, 공공기관의 장에게 실태조사에 필요한 자료의 제출을 요청할 수 있다. 이 경우 요청을 받은 관계 중앙행정기관의 장 또는 지방자치단체의 장, 공공기관의 장은 특별한 사유가 없으면 요청에 따라야 한다.

③ 정부는 남북간 및 국제적 협력을 통하여 서해5도 수역 전 지역에 대한 실태조사 사업을 시행하거나 그 사업을 지원할 수 있다.

④ 정부는 효율적인 실태조사를 위하여 필요하면 실태조사를 전문기관에 의뢰할 수 있으며, 실태조사의 결과를 국민에게 알리기 위하여 노력하여야 한다.

⑤ 그 밖에 실태조사와 관련하여 필요한 사항은 대통령령으로 정한다.

제7조(해양생태환경 및 해양문화유산 관련 사업)

① 정부는 서해5도 수역의 해양생태환경 및 문화적·역사적 유산을 보존·관리하고 그 가치를 국제사회에 널리 알리기 위하여 노력하여야 한다.

② 그 밖에 서해5도 수역의 문화유산 등의 국외 선양 지원에 관하여 필요한 사항은 대통령령으로 정한다.

제8조 (남북 교류협력 지원) ① 정부는 서해5도 수역내 남북 교류 협력 사업을 지원한다.

② 정부는 남북 교류와 협력을 위한 남북 주민들의 왕래를 위하여 서해5도에 별도의 출입사무소를 설치할 수 있다.

③ 정부는 서해5도 수역과 관련한 남북 교류와 협력을 위한 평화적 이용사업 시행을 지원한다.

④ 정부 및 지방자치단체는 서해5도 수역과 관련한 남북 교류협력에 관하여 재정 지원을 할 수 있으며, 남북 협력기금을 사용할 수 있다.

제9조(권익과 보상) ① 정부는 서해5도 수역에서 다음과 같은 조치를 취한다.

1. 조업 구역의 단계적 확장 및 조업 제한 조치의 단계적 해제
2. 항행 제한 조치의 단계적 해제
3. 서해5도 주민들의 이동의 자유와 경제 활동의 제한에 대한 단계적 해제
4. 해양경찰청의 관할권의 확대

제10조(안전 및 출입을 위한 지원) ① 개인이나 단체가 서해5도 수역에 출입하거나 물품·장비의 반입·반출이 필요한 경우, 정부는 관련 절차가 신속하게 이루어질 수 있도록 관계기관에 필요한 협조를 요청하여야 한다.

② 정부는 서해5도에서 통신 등의 기반 시설을 구축하고 추진하여야 한다.

제11조(국민 인식 제고와 참여) ① 정부는 서해5도의 효율적인 관리와 지역 주민들의 권익 보장을 위한 홍보 방안을 마련하여 시행할 수 있다.

② 정부는 서해5도의 효율적인 관리와 지역 주민들의 권익 보장을 위하여 국민이 참여하는 사업을 개발·시행할 수 있다.

③ 제2항에 따른 사업은 생태·환경을 훼손하지 아니하는 범위에서 시행하여야 하며, 구체적인 범위·종류 및 비용 징수등에 필요한 사항은 대통령령으로 정한다.

제12조(전문인력의 양성) ① 정부와 지방자치단체는 서해5도의 평화 정착, 남북 교류와 협력의 활성화, 지역 주민들의 권익 보장에 필요한 전문인력을 양성할 수 있다.

② 통일부장관 및 관계 시·도지사는 적절한 인력과 시설 등을 갖춘 기관 또는 단체를 전문인력 양성기관으로 지정하여 필요한 교육 및 훈련을 실시하게 할 수 있다.

③ 통일부장관 및 관계 시·도지사는 제2항에 따라 지정된 전문인력 양성기관에 대하여 대통령령으로 정하는 바에 따라 예산의 범위에서 그 양성에 필요한 비용의 전부 또는 일부를 지원할 수 있다.

④ 제2항에 따른 전문인력 양성기관의 지정 기준 및 절차 등은 대통령령으로 정한다.

제13조(종합정보시스템 구축 및 운영) ① 통일부장관은 서해5도의 평화 정착, 남북 교류와 협력의 활성화, 지역 주민들의 권익 보장에 관련된 정보를 종합적으로 관리하고, 유용한 정보를 제공하기 위하여 종합정보시스템을 구축·운영할 수 있다.

② 통일부장관은 종합정보시스템의 구축·운영을 위하여 필요한 경우에는 관계 중앙행정기관의 장, 시·도지사, 공공기관의 장 등에게 필요한 자료의 제공을 요청할 수 있다. 이 경우 자료제출을 요청받은 관계 중앙행정기관의 장 등은 특별한 사정이 없으면 이에 따라야 한다.

③ 그 밖에 종합정보시스템의 구축 및 운영과 관련하여 필요한 사항은 대통령령으로 정한다.

제14조(재정지원) ① 정부 및 지방자치단체는 이 법에 따라 시행하는 사업에 대하여 재정적 지원을 할 수 있다.

② 정부는 제1항의 사업을 지원하기 위하여 「남북협력기금법」에 따른 남북협력기금을 사용할 수 있다.

③ 제1항의 사업 중에서 위원회가 필요하다고 인정하는 경우 남북협력기금을 사용할 수 있다.

④ 그 밖에 재정지원에 관하여 필요한 사항은 대통령령으로 정한다.

2. 서해5도 지원 특별법의 개정을 통한 입법 가능성

서해5도 관리법을 별도로 입법하는 경우에 법체계상 많은 문제점이 발생할 수 있으므로 서해5도 지원 특별법을 개정하여 필요한 조문만 삽입하는 방식이 적절할 것으로 생각된다. 예를 들어, 아래와 같이 서해5도 지원 특별법을 개정할 수 있을 것이다.

서해5도 관리 및 주민 지원에 관한 특별법

제1조(목적)

이 법은 남북 분단 현실과 특수한 지리적 여건상 북한의 군사적 위협으로 피해를 입고 있는 서해5도의 효율적인 관리와 주민의 생산·소득 및 생활기반시설의 정비·확충을 통하여 정주여건(정주여건)을 개선함으로써 지역주민의 소득증대와 생활안정 및 복지향상을 도모함을 목적으로 한다.

제2조(정의)

이 법에서 사용하는 용어의 정의는 다음과 같다.

1. "서해5도"란 인천광역시 옹진군에 속하는 백령도·대청도·소청도·연평도·소연평도와 인근 해역을 말한다.
2. "서해5도 종합발전계획"이란 제1조의 목적을 달성하기 위하여 제5조에 따라 수립하는 종합적이며 기본적인 계획을 말한다.
3. "개발사업"이란 서해5도 종합발전계획(이하 "종합발전계획"이라 한다)에 따라 시행되는 각종 사업을 말한다.

제3조(국가 등의 책무)

① 국가 및 지방자치단체는 서해5도의 개발 및 지원을 위한 종합적인 시책을 수립·추진하고 지원방안을 강구하여야 한다.

② 국가 및 지방자치단체는 종합발전계획이 효율적으로 시행될 수 있도록 예산의 범위에서 필요한 재정적 지원을 하여야 한다.

제4조(다른 법률과의 관계)

① 이 법은 서해5도의 개발과 지원에 관하여 다른 법률에 우선하여 적용한다.

② 서해5도의 개발과 지원에 관하여 이 법에 규정한 것을 제외하고는 「접경지역 지원 특별법」에 따른다. <개정 2018.6.12>

제5조(종합발전계획의 수립)

① 행정안전부장관은 해당 지방자치단체의 장 및 주민의 의견을 들어 종합발전계획안을 작성하여 관계 중앙행정기관의 장과 협의하고, 제7조에 따른 서해5도 지원위원회의 심의를 거쳐 확정한다. 확정된 종합발전계획 중 대통령령으로 정하는 중요한 사항을 변경할 때에도 또한 같다. <개정 2013.3.23, 2014.11.19, 2017.7.26>

② 종합발전계획에는 다음 각 호의 사항이 포함되어야 한다.

1. 서해5도의 개발 및 지원에 관한 기본시책에 관한 사항
2. 서해5도 주민의 안전한 정주여건 조성에 관한 사항
3. 서해5도 주변 해양의 이용·개발·보전과 해양관광자원의 개발 및 농업·수산업의 진흥에 관한 사항
4. 교육·보건·의료·사회복지 및 생활환경 개선에 관한 사항
5. 도로·항만·수도 등 사회간접자본시설의 확충·정비에 관한 사항
6. 주민의 육지왕래 및 생활필수품의 원활한 유통·공급에 관한 사항
7. 주민의 안전확보를 위한 대책 마련에 관한 사항
8. 그 밖에 서해5도의 이용·개발·보전 및 주민 지원에 관한 사항

제6조(연도별 시행계획의 수립)

행정안전부장관은 제5조에 따라 수립·확정된 종합발전계획에 따라 추진할 연도별 시행계획안을 수립하여 중앙행정기관의 장과 협의를 거친 후 제7조에 따른 서해5도 지원위원회의 심의를 거쳐 확정한다. <개정 2013.3.23, 2014.11.19, 2017.7.26>

제7조(서해5도 지원위원회) ➡ 폐지

① 서해5도의 개발 및 지원을 위한 다음 각 호의 사항을 심의하기 위하여 국무총리 소속으로 서해5도 지원위원회(이하 "위원회"라 한다)를 둔다.

1. 종합발전계획의 수립 및 변경에 관한 사항
2. 연도별 시행계획의 수립 및 변경에 관한 사항
3. 그 밖에 위원장이 필요하다고 인정하는 사항

② 위원회는 위원장 1명을 포함한 15명 이내의 위원으로 구성한다.

③ 위원회의 위원장은 국무총리가 된다.

④ 위원장은 필요하다고 인정하는 때에는 관계 중앙행정기관 및 지방자치단체에게 관련 자료의 제출을 요구할 수 있다.

⑤ 그 밖에 위원회의 구성·운영 등 필요한 사항은 대통령령으로 정한다.

제7조를 폐지하고 다음과 같이 제7조 신설

제7조(서해5도 관리위원회) ① 서해5도에 관한 정책의 수립을 위하여 서해5도 관리위원회를 둔다.

② 위원회는 위원장 1명, 부위원장 2명을 포함한 25명 이내의 위원으로 구성한다.

③ 위원장은 통일부장관(또는 행정안전부장관)이 되고, 부위원장 2명과 간사 1명을 둔다. 제8조에 따른 서해5도 관리청장은 당연직 부위원장이 된다.

⑤ 위원은 다음 각 호의 사람으로 한다. 위촉위원은 10명 이내로 한다.

1. 당연직위원: 대통령령으로 정하는 관계 중앙행정기관의 차관급 공무원 및 관계 지방자치단체의 부단체장

2. 위촉위원: 전문지식과 경험이 풍부한 사람으로서 위원장이 위촉한 사람

⑥ 위원회의 회의에서 심의할 안건을 사전에 검토하고, 위원회에서 위임한 사항, 그 밖에 위원장이 요구하는 사항을 처리하기 위하여 위원회에 서해5도 관리실무위원회(이하 "실무위원회"라 한다)를 둔다.

⑦ 그 밖에 위원회의 구성 및 운영 등에 관하여 필요한 사항은 대통령령으로 정한다.

제7조의 1 신설

제7조의 1(서해5도 관리청) ① 통일부장관(또는 행정안전부장관) 소속으로 서해5도 관리청을 둔다.

② 통일부장관(또는 행정안전부장관)은 서해5도 관리청의 업무를 수행하기 위하여 필요한 경우, 관계 행정기관의 장 및 지방자치단체의 장에게 「국가공무원법」 제2조제2항 및 「지방공무원법」 제2조제2항에 따른 공무원의 파견을 요청할 수 있다. 이 경우 요청을 받은 관계 중앙행정기관의 장 또는 지방자치단체의 장은 특별한 사유가 없으면 요청에 따라야 한다.

③ 그 밖에 서해5도 관리청의 조직 및 운영에 관하여 필요한 사항은 대통령령으로 정한다.

제7조의 2 신설

제7조의 2(필요조치 추진 등) ① 정부는 관계 중앙행정기관의 장 및 관계 시·도지사와 협의하고 위원회의 심의·의결을 거쳐 서해5도 수역을 구분하여 지정하고 그 보전과 개발·운영을 추진하거나 지원할 수 있다.

② 정부는 수역을 지정·조성 및 운영함에 있어서 서해5도 수역의 환경보호, 남북협력 증진, 국토의 균형발전 등을 고려하여 다음과 같은 필요한 조치를 추진한다.

1. 지속가능한 이용·개발 및 보전을 위해 인간의 해양활동과 해양자원을 통합적으로 관리할 목적으로 공동의 해양공간계획을 수립한다.
2. 해양 생태계 조사 및 보호 사업을 추진한다. 이와 관련하여 해양보호구역을 지정할 수 있다.

③ 그 밖에 수역의 지정에 필요한 사항은 대통령령으로 정한다.

제7조의 3 신설

제7조의 3(실태조사) ① 정부는 서해5도 수역의 보전과 평화적 이용 지원에 관한 정책 또는 계획의 수립·변경을 위하여 역사, 문화, 해양, 환경, 생태 등에 관하여 조사(이하 "실태조사"라 한다)할 수 있다.

② 정부는 관계 중앙행정기관의 장 또는 지방자치단체의 장, 공공기관의 장에게 실태조사에 필요한 자료의 제출을 요청할 수 있다. 이 경우 요청을 받은 관계 중앙행정기관의 장 또는 지방자치단체의 장, 공공기관의 장은 특별한 사유가 없으면 요청에 따라야 한다.

③ 정부는 남북 간 및 국제적 협력을 통하여 서해5도 수역 전 지역에 대한 실태조사 사업을 시행하거나 그 사업을 지원할 수 있다.

④ 정부는 효율적인 실태조사를 위하여 필요하면 실태조사를 전문기관에 의뢰할 수 있으며, 실태조사의 결과를 국민에게 알리기 위하여 노력하여야 한다.

⑤ 그 밖에 실태조사와 관련하여 필요한 사항은 대통령령으로 정한다.

제7조의 4 신설

제7조의 4(해양생태환경 및 해양문화유산 관련 사업) ① 정부는 서해5도 수역의 해양생태환경 및 문화적·역사적 유산을 보존·관리하고 그 가치를 국제사회에 널리 알리기 위하여 노력하여야 한다.

② 그 밖에 서해5도 수역의 문화유산 등의 국외 선양 지원에 관하여 필요한 사항은 대통령령으로 정한다.

제7조의 5 신설

제7조의 5(남북 교류협력 지원) ① 정부는 서해5도 수역내 남북 교류 협력 사업을 지원한다.

② 정부는 남북 교류와 협력을 위한 남북 주민들의 왕래를 위하여 서해5도에 별도의 출입사무

소를 설치할 수 있다.

③ 정부는 서해5도 수역과 관련한 남북 교류와 협력을 위한 평화적 이용사업 시행을 지원한다.

④ 정부 및 지방자치단체는 서해5도 수역과 관련한 남북 교류협력에 관하여 재정 지원을 할 수 있으며, 남북 협력기금을 사용할 수 있다.

제7조의 6 신설

제7조의 6(권익과 보상) ① 정부는 서해5도 수역에서 다음과 같은 조치를 취한다.

1. 조업 구역의 단계적 확장 및 조업 제한 조치의 단계적 해제
2. 항행 제한 조치의 단계적 해제
3. 서해5도 주민들의 이동의 자유와 경제 활동의 제한에 대한 단계적 해제
4. 해양경찰청의 관할권의 확대

제7조의 7 신설

제7조의 7(안전 및 출입을 위한 지원) ① 개인이나 단체가 서해5도 수역에 출입하거나 물품·장비의 반입·반출이 필요한 경우, 정부는 관련 절차가 신속하게 이루어질 수 있도록 관계기관에 필요한 협조를 요청하여야 한다.

② 정부는 서해5도에서 통신 등의 기반 시설을 구축하고 추진하여야 한다.

제7조의 8 신설

제7조의 8(국민 인식 제고와 참여) ① 정부는 서해5도의 효율적인 관리와 지역 주민들의 권익 보장을 위한 홍보 방안을 마련하여 시행할 수 있다.

② 정부는 서해5도의 효율적인 관리와 지역 주민들의 권익 보장을 위하여 국민이 참여하는 사업을 개발·시행할 수 있다.

③ 제2항에 따른 사업은 생태·환경을 훼손하지 아니하는 범위에서 시행하여야 하며, 구체적인 범위·종류 및 비용 징수등에 필요한 사항은 대통령령으로 정한다.

제7조의 8 신설

제7조의 8(전문인력의 양성) ① 정부와 지방자치단체는 서해5도의 평화 정착, 남북 교류와 협력의 활성화, 지역 주민들의 권익 보장에 필요한 전문인력을 양성할 수 있다.

② 통일부장관(또는 행정안전부장관) 및 관계 시·도지사는 적절한 인력과 시설 등을 갖춘 기관 또는 단체를 전문인력 양성기관으로 지정하여 필요한 교육 및 훈련을 실시하게 할 수 있다.

③ 통일부장관(또는 행정안전부장관) 및 관계 시·도지사는 제2항에 따라 지정된 전문인력 양성기관에 대하여 대통령령으로 정하는 바에 따라 예산의 범위에서 그 양성에 필요한 비용의 전부 또는 일부를 지원할 수 있다.

④ 제2항에 따른 전문인력 양성기관의 지정 기준 및 절차 등은 대통령령으로 정한다.

제7조의 9 신설

제7조의 9(종합정보시스템 구축 및 운영) ① 통일부장관(또는 행정안전부장관)은 서해5도의 평화 정착, 남북 교류와 협력의 활성화, 지역 주민들의 권익 보장에 관련된 정보를 종합적으로 관리하고, 유용한 정보를 제공하기 위하여 종합정보시스템을 구축·운영할 수 있다.

② 통일부장관(또는 행정안전부장관)은 종합정보시스템의 구축·운영을 위하여 필요한 경우에는 관계 중앙행정기관의 장, 시·도지사, 공공기관의 장 등에게 필요한 자료의 제공을 요청할 수 있다. 이 경우 자료제출을 요청받은 관계 중앙행정기관의 장 등은 특별한 사정이 없으면 이에 따라야 한다.

③ 그 밖에 종합정보시스템의 구축 및 운영과 관련하여 필요한 사항은 대통령령으로 정한다.

제7조의 10 신설

제7조의 10(재정지원) ① 정부 및 지방자치단체는 이 법에 따라 시행하는 사업에 대하여 재정적 지원을 할 수 있다.

② 정부는 제1항의 사업을 지원하기 위하여 「남북협력기금법」에 따른 남북협력기금을 사용

할 수 있다.

③ 제1항의 사업 중에서 위원회가 필요하다고 인정하는 경우 남북협력기금을 사용할 수 있다.

④ 그 밖에 재정지원에 관하여 필요한 사항은 대통령령으로 정한다.

제7조의 11 신설

제7조의 11(토지 등의 수용 · 사용) ① 국가는 사업시행을 위하여 필요한 경우에는 「공익사업을 위한 토지 등의 취득 및 보상에 관한 법률」 제3조에 따른 토지·물건 또는 권리를 수용하거나 사용할 수 있다.

② 토지 등의 수용·사용 등에 관하여 필요한 사항은 대통령령으로 정하며, 이 법에 특별한 규정이 있는 경우를 제외하고는 「공익사업을 위한 토지 등의 취득 및 보상에 관한 법률」을 준용한다.

제7조의 12 신설

제7조의 12(공유수면의 점용 · 사용) ① 국가는 사업시행을 위하여 필요한 경우에는 「공유수면 관리 및 매립에 관한 법률」 제10조에 따라 공유수면을 점용·사용할 수 있다.

② 공유수면 점용·사용 등에 관하여 필요한 사항은 대통령령으로 정하며, 이 법에 특별한 규정이 있는 경우를 제외하고는 「공유수면 관리 및 매립에 관한 법률」을 준용한다.

제8조(사업비의 지원 등)

① 국가 및 지방자치단체는 종합발전계획과 연도별 시행계획을 효율적으로 추진하기 위하여 개발사업의 시행자에게 필요한 자금을 보조·융자 또는 알선하거나 그 밖에 필요한 조치를 할 수 있다.

② 지방자치단체가 종합발전계획과 연도별 시행계획에 따라 시행하는 사업에 대한 국가의 보조금은 「보조금 관리에 관한 법률」 제10조에 따른 차등보조율과 다른 법률에 따른 보조율에도 불구하고 이를 인상하여 지원하여야 하며, 그 보조율은 대통령령으로 정한다. <개정 2018.6.12>

③ 행정안전부장관은 종합발전계획 및 연도별 시행계획의 사업시행을 지원하기 위하여 대통령령으로 정하는 바에 따라 「지방교부세법」에 따른 지방교부세를 특별지원할 수 있다. <개정 2013.3.23, 2014.11.19, 2017.7.26>

제9조(조세 및 부담금 등의 감면)

① 국가 및 지방자치단체는 종합발전계획의 원활한 시행과 주민의 경제적 부담 경감 등을 위하여 필요한 경우에는 「조세특례제한법」, 「지방세특례제한법」, 그 밖의 조세 관련 법률 및 지방자치단체의 조례로 정하는 바에 따라 서해5도 주민 등에 대하여 조세감면 등 세제상의 지원을 할 수 있다.

② 국가 및 지방자치단체는 종합발전계획에 반영된 개발사업의 원활한 시행을 위하여 필요한 경우에는 개발사업의 시행자에게 다음 각 호의 부담금 등을 감면할 수 있다.

1. 「농지법」에 따른 농지보전부담금
2. 「산지관리법」에 따른 대체산림자원조성비
3. 「개발이익환수에 관한 법률」에 따른 개발부담금
4. 「초지법」에 따른 대체초지조성비
5. 「공유수면 관리 및 매립에 관한 법률」에 따른 공유수면 점용료·사용료
6. 「소하천정비법」에 따른 유수·토지의 점용료 및 토석·모래·자갈 등 소하천 산출물의 채취료

제10조(주민안전시설 우선지원)

국가와 지방자치단체는 서해5도에 거주하는 주민의 안전을 확보하기 위하여 주민대피시설·비상급수시설, 그 밖에 대통령령으로 정하는 시설을 서해5도에 우선 설치하여야 하며 관리비를 지원할 수 있다.

제11조(노후 주택개량 지원)

① 국가 및 지방자치단체는 서해5도에 거주하는 주민의 정주여건 개선을 위한 대책을 마련하여야 한다.

② 국가는 제1항에 따라 정주여건을 개선하기 위하여 노후화된 주택의 개선을 위한 신축 및 주택 개수·보수 등에 소요되는 비용의 일부를 지원할 수 있다.

제12조(서해5도 정주생활지원금 지원)

① 국가는 주민의 안정적인 생활을 지원하기 위하여 다음 각 호의 어느 하나에 해당하는 자 중 서해5도에 일정한 기간 이상 거주한 주민에 대하여 정주생활지원금을 지급할 수 있다. <개정 2015.7.20>

1. 「주민등록법」에 따라 서해5도에 주소가 등록되어 있는 자
2. 「재한외국인 처우 기본법」 제2조제3호에 따른 결혼이민자

② 제1항에 따른 정주생활지원금의 지급대상, 지급기준이나 방법 등에 필요한 사항은 대통령령으로 정한다.

제13조(공공요금 및 국민건강보험료의 감면)

국가와 지방자치단체 등은 서해5도에 거주하는 세대의 텔레비전 수신료, 상수도요금, 전기요금, 전화요금, 수도요금 등의 공공요금 및 국민건강보험료를 감면할 수 있다.

제14조(생활필수품의 운송지원 등)

국가 및 지방자치단체는 서해5도 현지의 생활필수품 가격동향과 해상운송비 등을 조사하여 육지와의 형평성을 맞추기 위하여 노력하여야 하며, 대통령령으로 정하는 바에 따라 생활필수품의 해상운송비 중 일부를 지원할 수 있다.

제15조(교육지원)

① 국가 및 지방자치단체는 서해5도 주민 및 자녀의 학습기회 확대, 교육비의 부담경감과 교육환경의 개선에 필요한 정책을 수립하고 시행하여야 한다.

② 국가 및 지방자치단체는 서해5도에 설치된 「초·중등교육법」 제2조에 따른 학교에 재학 중인 학생의 수업료 등을 대통령령으로 정하는 바에 따라 지원할 수 있다.

③ 교육부장관은 서해5도의 교육지원과 관련하여 필요하다고 인정하는 경우에는 「지방교육재정교부금법」에 따른 교부금을 대통령령으로 정하는 바에 따라 특별지원할 수 있다. <개정 2013.3.23>

④ 교육부장관은 서해5도 주민의 자녀가 「고등교육법」 제2조의 학교에 입학하는 경우에는 대통령령으로 정하는 바에 따라 정원이 따로 있는 것으로 볼 수 있다. <개정 2013.3.23>

제16조(공공시설 및 복지시설 지원)

① 국가 및 지방자치단체는 도로·항만·수도, 그 밖에 대통령령으로 정하는 공공시설을 우선적으로 설치하거나 지원하여야 한다.

② 국가 및 지방자치단체는 양로원·장애인복지관·보육원·병원, 그 밖에 대통령령으로 정하는 복지시설을 우선적으로 설치하거나 지원하여야 한다.

제17조(통일교육 및 문화·관광 시설 등에 대한 우선지원)

① 국가 및 지방자치단체는 서해5도를 안보교육과 관광, 한반도 평화 및 화해의 장으로 만들고 통일교육을 장려하기 위하여 서해5도 견학 및 방문사업을 추진하고, 여객운임비와 행사운영비 등 이에 필요한 비용을 관계 기관 또는 단체에 지원할 수 있다. <개정 2018.6.12>

② 국가 및 지방자치단체는 서해5도에 도서관, 박물관, 문예회관 등을 포함한 문화시설, 관광·숙박·위락 시설 및 체육시설이 적절히 설치되고 유지될 수 있도록 노력하여야 한다.

제18조(농어업인 및 소상공인 경영활동 등 지원) 연혁

① 국가 및 지방자치단체는 서해5도에 거주하는 농어업인과 「소상공인기본법」 제2조에 따른 소상공인의 경영활동을 장려하기 위하여 대통령령으로 정하는 바에 따라 필요한 자금의 우선지원, 영농(영농)·영어(영어)·시설·운전 자금 및 소상공인 경영자금 등에 대한 대출상환 유예 및 기한 연장, 이자지원 등에 대한 대책을

수립하여 시행하여야 한다. <개정 2015.7.20, 2020.2.4>

② 국가 및 지방자치단체는 서해5도에 거주하는 어업인이 불특정국가의 선박으로 인한 어구 손괴 등으로 피해가 발생한 경우에는 지원대책을 강구할 수 있다. <신설 2015.7.20>

③ 해양수산부장관은 서해5도 어업인의 소득증대를 위하여 안전한 조업이 보장되는 범위에서 조업구역의 확장 및 조업시간 연장을 위하여 노력하여야 한다. <신설 2015.7.20>

[제목개정 2015.7.20]

제19조(불법조업 방지시설)

국가는 서해5도에서 조업하는 어민의 안전조업과 불법조업으로 인한 피해 방지를 위하여 시설물 설치에 필요한 사업을 지원할 수 있다.

[본조신설 2015.7.20]

제20조(여객선 운항 손실금 지원)

국가 또는 지방자치단체는 북한의 군사적 위협 증대 또는 정주여건의 특수성 등으로 인하여 여객이 현저히 감소하는 등 손실이 발생한 서해5도를 운항하는 여객선 항로 중 대통령령으로 정하는 여객선 항로에 대해서는 예산의 범위에서 손실금의 일부를 지원할 수 있다.

[본조신설 2018.6.12]

3. 별도의 독립된 법률을 제정하는 방안

만일 기존의 법률과는 별개로 서해5도에만 적용되는 독립된 법률을 제정하고자 하는 경우에는 서해5도를 접경지역 지원 특별법의 적용대상에서 분리하는 것이 법률의 체제상으로는 바람직하다고 본다. 이 문제는 기존의 접경지역 지원 특별법이 과연 서해5도에 실효적으로 적용되고 있는가 여부와 관련되어 있다. 만일 접경지역 지원 특별법이 서해5도에 유용하다면 서해5도를 이 법률의 적용대상으로 그대로 유지하는 것이 바람직할 것이다. 그렇지 않다면 서해5도를 이 법률의 적용대상에서 배제하고 새로운 입법을 하는 것이 바람직할 것이다.

서해의 평화 조성과 관리를 위한 행정조직 설치 방안

김민배(인하대)

제1장 서론

서해5도에서는 남북한에 크고 작은 사건들이 반복된다. 서해에서 남북 간 무력충돌이 국지전으로 확대되는 경우 그것이 초래할 위기는 매우 크다. 남북한 관계는 한반도 리스크를 내재하고 있기 때문이다. 한반도 리스크는 국민의 삶은 물론 경제와 안보에 주는 영향이 매우 크다. 서해의 경우 중국이나 미국 등의 동향과 정책도 중요하다. 그러므로 서해에서의 위기가 경제와 국민의 삶에 악영향을 주지 않도록 평소에 관리할 필요가 있다. 더 이상 서해에서 충돌이나 국지전이 발생하지 않도록 남북 간 교류와 협력 그리고 관리를 해야 한다. 평상시에도 해양 생태계, 어업, 천연자원, 경제특구 등을 통해 남북한이 공존하는 방안을 찾아 협력하도록 해야 한다.

한편 서해의 평화 조성과 관리를 위해 중요한 것은 지역차원에서 다뤄지고 있는 서해5도와 서해평화의 과제를 어떻게 국민적 내지 국가적 관심사가 되도록 할 것인가 하는 점이다. 그 해답은 독도에서 찾을 수 있다. 독도의 문제는 국민은 물론 국가적 차원에서 다뤄지고 있다. 독도 관련 교육 등을 지원하는 각 지방자치단체의 조례도 많다. 역사적 측면은 물론 한일의 갈등과 대립 관계 속에서 중요하게 다뤄지고 있다. 현재로서는 독도를 둘러싼 한일 간의 무력 충돌의 가능성은 서해보다 낮다. 물론 최근 산업기술의 통제와 수출 통제라는 경제적 충돌이라는 다른 차원의 한일관계를 경험하고 있다. 그러나 남북한 관계에서 충돌과 일종의 화약고인 서해의 평화는 다르다. 서해의 평화를 위해 적극적으로 개입하기를 주저하거나 조용히 지나가기만을 기대해서는 안 된다. 독도만큼 서해를 더 중시하는 정책을 실시해야 한다. 이를 위해서는 서해의 평화조성과 관리를 추진하는 정부조직을 설치할 필요가 있다.

행정안전부는 유인도서를 포함한 육지를, 해양수산부는 무인도를 포함한 바다를, 그리고 통일부는 남북관계를 책임지고 있다. 남북한 관계 개선 단계와 상황에 따라 평상시, 위기 시, 협력 시, 통일 준비기에 따라 서해의 평화 대책도 다르다. 그러한 점들을 고려하여 서해평화와 관련한 법령의 제정과 개폐 그리고 조직의 신설 과제를 검토해야 한다. 검토해야 할 대상이 되는 직접적인 법률은 '서해5도 지원특별법', '접경지역 지원특별법', '어선안전 조업법' 등이다. 이를 법령에 대한 개폐와 함께 서해 평화의 조성과 관리를 위한 새로운 법률의 제정 필요성이 제기되고 있다. 가칭 '서해평화기본법', '서해5도 지원 및 관리법' 등이다. 새로운 법률의 형식과 내용에 따라 행정조직내지 정부 조직의 구조도 다르다.

서해의 평화 조성과 관리라는 과제를 해결하기 위해서는 정책이나 계획 수립에 있어서 다양한 경험과 통찰력 그리고 전문성을 투입하는 통합적 접근이 필요하다. 정부 내부나 외부의 다른 조직에 있는 다양한 구성원들의 잠재적 지혜를 모아 해결책을 찾는 중요하다. 각 부처에 대해 협동적 계기를 만들어 정보를 공유하고 집합적 행동을 하도록 해야 한다. 범정부 차원에서 다양성과 전문성을 정책 과정에 모두 투입할 필요가 있다. 복잡한 상황에서 난제를 해결하기 위해서는 통찰력과 좋은 아이디어가 필수적이다. 난제일수록 개별 기관의 독점이나 정부가 단독적으로 집행해서는 해결할 수 없다. 다양한 네트워크를 통해 도출된 다른 시각과 해결책을 토대로 정책으로 수립하고 집행해야 한다.[1]

서해의 평화 조성과 관리를 위한 난제 해결도 마찬가지이다. 서해의 평화를 계획하고, 집행할 행정조직의 설치가 필수적이다. 본 연구에서는 서해의 평화 조성과 관리를 위한 행정조직 설치 방안에 대해 검토하고자 한다. 물론 행정조직의 설치는 관련 상위법령의 제·개정에 따라 다르게 나타날 것이다. 본 연구에서는 기존 법률의 개정 혹은 새로운 법률의 제정에 의해 설치될 행정조직에 대해 비교 검토하고자 한다. 대안으로서 국무총리 소속 서해평화위원회의 설치와 통일부 소속으로 서해평화청을 설치하는 방안을 중점적으로 검토하고자 한다.

제2장 서해 평화와 현황

Ⅰ. 서해의 평화 관련 주요 법령

서해 평화와 관련한 현행 법률은 '서해5도 지원특별법', '접경지역 지원특별법', '어선안전 조업법' 등이다. 서해 평화를 위한 행정조직을 설치하기 위해서는 이들 법령의 기능과 업무 그리고 현황 등을 검토하고, 그 한계와 대안을 모색하는 것이 필요하다.

향후 서해의 평화 조성과 관리를 위한 법률의 경우 현행의 법률을 토대로 개정하거나 혹은 새롭게 법률을 제정할 것이다.

1. 서해5도 지원 특별법과 주요사업

서해5도 지원 특별법은 남북 분단 현실과 특

1 Ho, P., Governing for the Future: What Governments can do, RSIS Working Paper, 2012, pp.5~6; 김윤권 외, 「정부3.0 시대의 공무원 인력(재)배치에 관한 연구」, 2016, 한국행정연구원, 81쪽.

수한 지리적 여건상 북한의 군사적 위협으로 피해를 입고 있는 서해5도의 생산·소득 및 생활기반시설의 정비·확충을 통하여 정주여건을 개선함으로써 지역주민의 소득증대와 생활안정 및 복지향상을 도모함을 목적으로 한다.

1) 당초 사업(안)

서해5도 지원 특별법 제5조에 따라 2011년에 수립된 '서해5도 종합발전계획'에 따르면, 서해5도에 대한 지원은 2011년부터 2020년까지 10년 동안 9개 부처에서 78개 사업에 총 사업비 9,109억원(국비 4,599억원, 지방비 2,068억원, 민자 2,442억원)을 투입할 계획이었다. 서해5도의 정주여건 개선, 지역주민의 소득증대, 생활안정 등을 위한 사업을 추진하고자 하였다. 부처별 사업 내용을 보면 다음과 같다.

▼표 부처별 사업 내용[전체]

부처명	사업내용
행정안전부	정주생활지원금 지원 해상운송비 지원 교육비 지원 노후주택 개량사업
교육부	도서아동 방과 후 돌봄학교 운영
문화체육관광부	주민복합문화체육시설 건립
농림축산식품부	노후 농기계 교체
보건복지부	의료취약지 의료지원
환경부	공공하수도 건설
국토교통부	백령공항 건설
해양수산부	백령 용기포신항 건설
산림청	조림사업

자료: 행정안전부

2) 변경사업(안)

▼표 주요 변경 사항

	현행 계획 ('11~'20)	변경 계획 ('11~'25)
사업 기간	▶'11~'20년(10개년 종합계획)	▶'11~'25년 (5년 연장)
총 사업비	▶9,109억원 * 국비 4,599, 지방비 2,068, 민자 2,442	▶7,585억원 (△1,524억원) * 국비 5,557, 지방비 1,866, 민자 162 ⇒ 대규모 민자사업 감축(△2,280)
국비 규모	▶4,599억원	▶5,557억원 (증 958억원)
소관 부처	▶9개 부처 * 행안부, 교육부, 문체부, 농식품부, 복지부, 환경부, 국토부, 해수부, 산림청	▶10개 부처(증 1개 부처) * 행안부, 교육부, 문체부, 농식품부, 복지부, 환경부, 국토부, 해수부, 산림청, 과기정통부
사업 수	▶78개 사업	▶99개 사업(증 21개 사업)
세부 사업 내용	① 주민이 희망하는 실효성 있는 사업 **계속지원**(17건) - 정주생활지원금, 노후주택 개량, 해상운송비 지원, 병원선 건조 - 하수도 건설, 노후어선 장비 개량, 해저 쓰레기 수거, 조림사업 등	
	② 지자체 의견을 반영한 **신규지원**(31건) - 해안도로 개설, 마을경관 개선, 문화체육시설 건립, 노후 체육시설 개선 - 소각시설 증설, 노후 농기계 교체, 꽃게 종자 생산시설 구축 등	
	③ 당초 사업계획 **목표 달성으로 완료조치**(43건) - 현대화된 대피시설 설치, 연평 초중고 학교 신축, 해수담수화 시설 - 보건지소 신축, 백령 배수갑문 설치, 소청도 답동항 방파제 건설 등	
	④ 여건 변화, 사업성 부족 등으로 **추진불가 사업은 제외** - 국제관광휴양단지 조성 대규모 민자유치 사업 등	
	⑤ 행정절차 이행 등으로 **중장기 검토**가 필요한 사업(4건) - 백령공항 건설(국토부), 백령항로 대형여객선 도입 지원(해수부) - 연평항 건설(해수부), 서해5도 통신망 품질 개선(과기정통부)	

2. 접경지역 지원 특별법과 사업 내용

1) 개요

접경지역 지원 특별법은 남북 분단으로 낙후된 접경지역의 지속가능한 발전에 필요한 사항을 규정하여 새로운 성장동력을 창출하고 주민의 복지향상을 지원하며, 자연환경의 체계적인 보전·관리를 통하여 국가의 경쟁력 강화와 균형발전에 이바지하는 것을 목적으로 한다. 접경권 발전지원사업 개요를 보면 국가 안보상 중첩된 규제로 발전이 정체된 접경지역에 대한 새로운 성장기반 조성을 통해 국가균형발전 도모하고자 한다.

[접경지역 지원특별법 주요 내용]

사업 기간: 2011년 ~ 2030년(20년)

지원 근거: 접경지역 지원 특별법 제18조(사업비의 지원 등)

사업 내용: '접경지역 발전종합계획'에 반영된 행안부 소관사업 추진

- 평화누리길 조성, 동서녹색평화도로 연결, 한탄강 주상절리길 조성, DMZ 평화의 길 조성, 영종~신도 평화도로 건설 사업 등

지원 형태: 직접수행, 자치단체 보조(보조율 70%)

추진 경위

- '09.12.2.: "접경초광역권 발전 기본구상" 대통령 보고
- '11.7.27.: "접경지역 발전종합계획" 심의·확정
- '19.1.23.: "접경지역 발전종합계획" 변경 심의·확정

※ 심의·조정: 접경지역정책심의위원회(위원장 국무총리에서 행안부 장관)

* 위원현황: 기재부·행안부 차관 등 30명(당연직 18, 위촉위원 12)

2) 2021년 예산 내역

▼ 표 행정안전부 예산 내역

(백만원, %)

내역	'20예산 (A)	'21예산 (B)	증감액 (C=B-A)	증감률 (C/A)
계	36,125	62,955	26,830	74.3
평화누리길 조성	7,140	16,660	9,520	133
동서녹색 평화도로 연결	13,051	19,574	6,523	50
한탄강 주상절리길 조성	6,620	6,118	△502	△7.6
DMZ 통합정보 시스템 유지관리	114	124	10	8.8
DMZ 평화의 길 조성	7,200	7,200	-	-
영종-신도 평화도로 건설	2,000	10,979	8,979	449
민통선 출입 간소화 시스템 설치	-	2,300	순증	-

자료: 행정안전부 2021회계연도 예산안 사업설명자료; 국회예산정책처, 김민철 의원 접경지역 지원특별법 일부개정법률안, 의안번호 2110028, 2021.3.16.

행정안전부가 확정한 2020년 접경지역 종합발전계획에 따르면, 7개 부처[2]에서 53개 사업에 2,163억원을 투자할 계획이다.

▼ 표 발전종합계획 2020년 전략별 사업계획

(단위: 억원)

전략명	2020년 사업계획				
	사업수(건)	계	국비	지방비	민자
계	53	2,160	1,206	829	125
생태·평화 관광 활성화	19	499	268	231	-
생활 SOC 확충 등 정주여건 개선	15	644	389	255	-
균형발전 기반 구축	8	439	140	174	125
남북 교류 협력 기반 조성	11	578	409	169	-

자료: 행정안전부

Ⅱ. 서해의 안전 관련 법령과 조례

1. 어선안전조업법

어선안전조업법은 어선의 안전한 조업과 항행을 위하여 필요한 사항을 정함으로써 건전한 어업질서를 확립하고 국민의 생명·신체·재산을 보호함을 목적으로 한다. '어선안전조업법'의 주무기관은 해양수산부(어선안전정책과-어선 안전), 해양수산부(지도교섭과-접경수역 월선, 나포 등 관리)이다.

2 행정안전부, 국토교통부, 문화체육관광부, 과학기술정보통신부, 해양수산부, 환경부, 산림청.

2. 서북도서방위사령부령

서북도서방위사령부령은 대통령령으로 국방부(조직관리담당관)이 주무기관이다. 이 영에 의하면 해군에 서북도서방위사령부를 둔다. 서북도서방위사령부는 서북도서(西北島嶼)와 그에 연(連)하는 책임구역의 방위, 책임지역에서의 국지도발대비계획의 수립과 그 이행을 위한 준비 및 시행, 민·관·군·경 통합방위작전 등의 임무를 수행한다.

3. 서북도서 선박운항 규정

'서북도서 선박운항 규정'의 주무기관은 인천지방해양수산청(선원해사안전과)이다. 이 규정은 서북도서에 운항하는 선박의 운항항로, 테러·피랍·피습에 대비한 출·입항 절차 및 운항관련 관계기관의 임무 등에 관한 사항을 규정함을 목적으로 한다. '서북도서'라 함은 인천광역시 옹진군에 속하는 백령도·대청도·소청도·대연평도·소연평도 등 북방한계선 인근 도서를 말한다. '운항통제 관계기관'이라 함은 해군 제2함대사령부(인천해역방어사령부), 인천지방해양수산청, 인천해양경찰서, 인천광역시, 옹진군을 말한다.

4. 인천광역시 평화도시 조성에 관한 조례

'인천광역시 평화도시 조성에 관한 조례'의 주무기관은 인천광역시이다. 이 조례는 인천광역시를 국제적인 평화도시로 발전시키고,「남북교류협력에 관한 법률」,「남북관계 발전에 관한 법률」 및「통일교육 지원법」 등 남북평화 정착을 위한 법령의 시행에 필요한 사항을 규정함을 목적으로 한다.

이 조례는 시민의 화합과 남북교류협력 및 통일교육을 통해 평화도시로서의 역량을 키우고 시민들이 평화로운 삶을 누릴 수 있도록 함을 기본이념으로 한다. 평화도시 조성에 관한 사항을 심의하고 중요시책을 협의하기 위하여 인천광역시 평화도시조성 위원회를 둔다. 위원회는 위원장 2명과 부위원장 1명을 포함하여 30명 이내의 위원으로 성별을 고려하여 구성한다.

5. 서해5도서 비상사태 발생 시 주민생활안정을 위한 특별지원 조례

'서해5도서 비상사태 발생 시 주민생활안정을 위한 특별지원 조례'의 주무기관은 인천광역시 옹진군(서해5도지원팀)이다. 이 조례는 북한의 위협과 긴장이 상존하는 서해5도서에서 1·2차 연평해전, 대청해전, 천안함 사건, 연평도 포격도발과 같은 비상사태가 발생할 경우 주민소산과 이동, 전재민 구호 및 수용대책과 주민생활안정 및 생계대책, 피해복구에 따른 특별 지원대책을 규정함을 목적으로 한다. 옹진군수는 서해5도서에 비상사태가 발생할 경우 주민의 안전보장과 피해예방을 위해 대책을 수립 조치하여야 한다.

6. 서해평화 관련 법령 및 자치법규 총괄

법령 등	주무관청	관련부서
서해5도 지원 특별법	행정안전부 (지역균형발전과)	
접경지역 지원 특별법	행정안전부 (지역균형발전과)	
어선안전 조업법	해양수산부(어선안전정책과-어선안전), 해양수산부(지도교섭과-접경수역 어업질서(월선, 나포 등) 관리)	국방부장관, 군부대장, 해양경찰청장, 해양경찰서장, 시도지사
서해5도 해상운송비 지원 지침	행정안전부 (지역균형발전과)	
서해5도 교육비 지원 지침	행정안전부 (지역균형발전과)	
서해5도 노후주택 개량사업 지원 지침	행정안전부 (지역균형발전과)	
서해5도 정주생활 지원금 지원 지침	행정안전부 (지역균형발전과)	
서북도서 방위사령부령	국방부 (조직관리담당관)	
서북도서 선박운항 규정	인천지방해양수산청(선원해사안전과),	해군 제2함대사령부(인천해역방어사령부), 인천지방해양수산청, 인천해양경찰서, 인천광역시, 옹진군, 어선안전조업국, 인천항만공사, 한국해양교통안전공단(인천지부)

서해5도 특별경비단 운영규칙	중부지방해양경찰청(서해5도특별경비단)	
서해5도 특별경비단 특수진압대 운영규칙	중부지방해양경찰청(서해5도특별경비단)	
인천광역시 평화도시 조성에 관한 조례	인천광역시	
인천광역시 서해5도 운항 여객선 지원 조례	인천광역시	
옹진군 서해5도 견학 및 방문사업 지원 조례	인천광역시 옹진군(서해5도지원팀)	
서해5도서 비상사태 발생 시 주민생활안정을 위한 특별지원 조례	인천광역시 옹진군(서해5도지원팀)	

Ⅲ. 국회에서 논의 중인 서해5도 관련 법령과 현황

1. 정부조직법 개정안(서해평화협력청 설치안)

국회 차원에서 서해평화협력청을 설치하고자 하는 개정안의 주요 내용은 다음과 같다. '4·27 판문점 선언을 통해 남북은 서해평화 정착 및 남북교류 활성화를 지향하며 서해평화협력특별지대를 조성할 것에 합의하였다. 이와 같은 서해평화협력특별지대 조성의 발전적·체계적 추진을 위해서는 이에 관한 사무를 전담할 중앙행정기관을 신설하여 추진의 구심점을 마련하는 한편, 관련 사무에 대한 전문성 및 책임성을 확보하는 것이 필요할 것이다. 이에 서해평화협력특별지대 조성에 관한 사무를 관장하는 서해평화협력청 신설의 법적 근거를 마련함으로써 서해평화정착 이행의 기틀을 마련하려는 것이다'. 구체적으로 정부조직법 제31조제2항 및 제3항을 신설하고자 하는 내용이다. '서해평화협력특별지대 조성에 관한 사무를 관장하기 위하여 통일부장관 소속으로 서해평화협력청을 둔다. 서해평화협력청에 청장 1명과 차장 1명을 두되, 청장은 정무직으로 하고, 차장은 고위공무원단에 속하는 일반직공무원으로 보한다.'[3]

2. 서해5도 지원 특별법 일부개정안

1) 백령공항 관련 개정안

- 서해5도 지원 특별법 일부개정 법률안(김교흥 의원 등10인)

2) 지원 대상 확대 개정안

- 서해5도 지원 특별법 일부개정 법률안(배준영 의원 등 10인)
- 서해수호희생자 단체설립에 관한 법률안(성일종 의원 등 10인)
- 서해5도 지원 특별법 일부개정 법률안(김병욱 의원 등 12인)

제3장 행정조직의 비교적 고찰

Ⅰ. 정부조직법과 현황

1. 정부조직법 제2조

정부조직의 설치와 관련된 정의와 기준은「정부조직법」과「행정기관의 조직과 정원에 관한 통칙」에 규정되어 있다. 일반적으로 독임제 행정기관은 기능상 부·처·청으로 구분한다. 중앙행정기관의 설치 근거는 정부조직법 제2조 제2항이다 : '중앙행정기관은 이 법에 따라 설치된 부·처·청과 다음 각 호의 행정기관으로 하되, 중앙행정기관은 이 법 및 다음 각 호의 법률에 따르지 아니하고는 설치할 수 없다'

1.「방송통신위원회의 설치 및 운영에 관한 법률」제3조에 따른 방송통신위원회
2.「독점규제 및 공정거래에 관한 법률」제35조에 따른 공정거래위원회

---

3 정부조직법 일부개정법률안(송영길 의원 대표발의); 의안 번호 6174; 발의연월일: 2020. 12. 07; 발의자: 송영길·강민정·김영호·박찬대·양정숙·윤관석 윤재갑·이성만·이용빈 정일영·허종식 의원(11인).

3.「부패방지 및 국민권익위원회의 설치와 운영에 관한 법률」 제11조에 따른 국민권익위원회
4.「금융위원회의 설치 등에 관한 법률」 제3조에 따른 금융위원회
5.「개인정보 보호법」 제7조에 따른 개인정보보호위원회
6.「원자력안전위원회의 설치 및 운영에 관한 법률」 제3조에 따른 원자력안전위원회
7.「신행정수도 후속대책을 위한 연기·공주지역 행정중심복합도시 건설을 위한 특별법」 제38조에 따른 행정중심복합도시건설청
8.「새만금사업 추진 및 지원에 관한 특별법」 제34조에 따른 새만금개발청'

제26조(행정각부) ① 대통령의 통할하에 다음의 행정각부를 둔다.

2. 조직

첫째, 부(部) 단위 기관이다. 부는 전 국민을 대상으로 하여 일반적인 국가기능을 행정대상별 또는 기능별로 구분하여 수행하는 기관이다. 대통령이나 국무총리의 하위 행정기관이자 계선기관으로써 정책집행과 정책기획기능을 균형 있게 요구하는 것이 특징이다. 설치 시 기능이 중복되지 않도록 한다. '부'는 정책수립 및 집행의 기본단위이다. "부"는 대통령과 국무총리의 통할 하에 일반적인 국가기능을 기능 또는 행정대상별로 구분하여 수행하는 중앙행정기관이다.

문재인 정부의 행정 각부는 기획재정부, 교육부, 과학기술정보통신부, 외교부, 통일부, 법무부, 국방부, 행정안전부, 문화체육관광부, 농림축산식품부, 산업통상자원부, 보건복지부, 환경부, 고용노동부, 여성가족부, 국토교통부, 해양수산부, 중소벤처기업부 등 18개이다.

둘째, 처(處) 단위 기관이다. 처는 국무총리 소속의 중앙행정기관으로 참모기관이며, 정책기획기능을 강조한다. 행정기관을 기술적 또는 절차적으로 지원하는 기능을 한다. 행정 각부 업무의 조정하는 기능을 한다. 한 부에 관장시키기 것이 불합리한 성질의 기능을 수행하는 기관이다. "처"는 참모적 기능을 수행하는 국무총리 소속의 중앙행정기관으로, 업무지원에 중심을 두고 있다. 처는 국가보훈처, 인사혁신처, 법제처, 식품의약품안전처 등 4개이다.

셋째, 청(廳) 단위 기관이다. 청은 행정 각부 산하의 중앙행정기관으로 정책 집행기능을 강조한다. 주로 각 부(部)가 수행하는 기능 중에서 업무 독자성이 높고 그 업무 범위가 전국에 영향을 미치는 사무에 해당한다. 성과가 가시적이고 명확한 것이 특징이다. '청'의 상위기관으로 중앙부처나 위원회를 고려한다. "청"은 부서에 속한 특정 업무의 집행기능을 수행한다. "청"은 업무의 독자성이 높고 사무를 주로 수행하는 중앙행정기관이다(행정안전부, 2012). 청은 국세청, 검찰청, 경찰청, 통계청, 기상청 등 18개이다.

넷째, 합의제 행정기관으로는 위원회가 있다. 행정기관에는 그 소관사무의 일부를 독립하여 수행할 필요가 있는 경우에 법률이 정하는 바에 의하여 행정위원회 등 합의제 행정기관을 둘 수 있다. 소속에 따라 헌법상 설치기관, 대통령·총리 소속 기관, 각 부처 소속기관으로 분류할 수 있다. 법령상 위원회는 합의제 행정기관인 행정위원회와 자문위원회로 구분한다. 행정위원회는 부·처·청과 마찬가지로 독립적 지위를 지닌다.

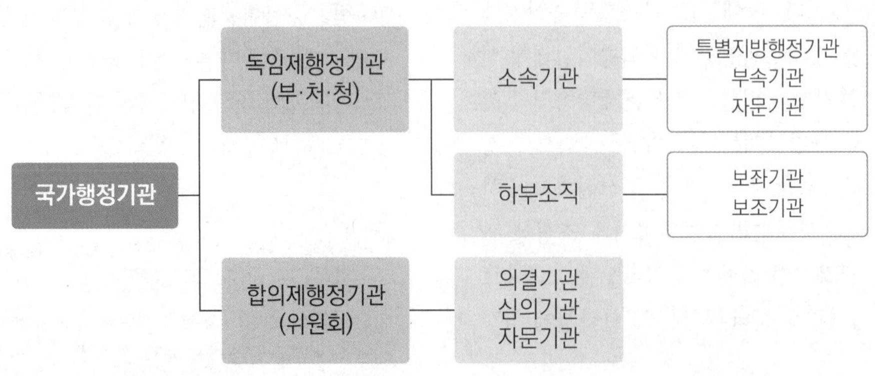

법률에 근거하여 설치되며 사무국 등 하부조직을 설치할 수 있다. 자문위원회는 대통령령을 근거로 설립될 수 있고, 원칙적으로는 하부조직을 설치할 수는 없다(행정안전부, 2007). 위원회는 방송통신위원회, 공정거래위원회, 국민권익위원회, 금융위원회, 개인정보보호위원회, 원자력안전위원회 등 6개이다.

Ⅱ. 청 조직

1. 청 조직과 부의 관계

중앙행정기관의 하나인 청 조직은 부 소속으로 설치하도록 규정되어 있으므로 항상 소관 부 조직과의 관계가 문제가 된다. 청이 부 조직에 소속되어 있어 법률과 예산 측면에서 상당한 제약을 받고 있다. 청 조직은 외형상으로는 부 소속하에 독립된 별도의 조직 형태이지만 실제로는 소속된 부의 감독을 받는다. 정부조직법 제7조 제4항도 각 행정기관의 장·차관 내지 차장은 중요 정책수립에 관하여 그 소속 청의 장을 직접 지휘할 수 있다고 규정하고 있다. 규정의 내용은 기본적으로 예산, 중요 정책사항 등의 승인 및 보고 등이다.

정부조직법상 행정부의 국회에 대한 책임 문제와 관련하여, 국회는 국무위원인 장관에 대해서만 책임을 물어 해임 건의를 할 수 있다. 그러므로 국무위원이 아닌 청장에 대해서는 소관 부의 장관이 책임지고 감독하도록 규정한 것으로 해석하기도 한다. 인사, 예산, 조직, 법령 제·개정 등과 같은 중요한 행정관리 활동들에 대해서도 청장은 장관의 관리 감독을 받거나 혹은 상위 부 조직을 경유해서 업무를 진행시키도록 되어 있다.

2. 청 조직의 한계

헌법 제75조와 제95조에 따르면 대외적 구속력이 있는 법규명령을 발할 수 있는 주체는 대통령, 총리, 행정 각 부의 장에 한정한다. 청은 대외적 구속력이 없는 행정규칙만을 제정할 수 있다. 법령제정권은 헌법 제95조에 의해 국무총리와 행정 각 부의 권한으로 규정하고 있다. 처와 청 단위 행정기관에 법령제정권을 부여하는 것은 헌법 개정이 필요한 사항이다. 청 조직은 부 산하보다 국무총리 산하의 처 조직으로 위상을 갖기 위해 노력한다. 국무총리에 소속되어 있는 것이 부에 소속되어 있는 것보다 훨씬 운용의 폭이 넓고 자율성이 많다는 점 때문이다.

대통령과 국무총리, 국무위원이 아닌 국무총리실장, 법제처장, 국가보훈처장, 식품의약품안전처장 및 그 밖에 법률로 정하는 공무원의 국무회의 출석 및 의안제출 건의권은 정부조직법 제13조에 규정되어 있다. 여기서 '그 밖에 법률로 정하는 공무원'이란 주로 개별 법률에 의해 만들어진 위원회의 장을 의미한다. 청장의 의안제출 건의권에 대해서는 현행법상 근거규정이 없다.

3. 부·처·청 요약

	처	청
권한	• 부령 발동 불가, 국무총리령 가능 • 처장은 국무회의, 차장은 차관회의 참석 및 직접 안건발표 가능	• 독자적으로 부령 발동 불가, 고시·예규 등 가능 • 국무회의, 차관회의 등 참석 불가능
장점	• 정책 입안, 심의, 조정 가능 • 부처 소관 정책 지원 조정 가능 • 국가적 정책 총괄 가능 • 부처별 고유기능 활용 가능 • 부처 이기주의 극복에 용이	• 정책집행 및 전달체계 일원화 • 지역기반 서비스 전달체계 구축 용이 • 중복수혜 방지 재정 효율성 제고 • 부처별 고유기능 활용 가능 • 정책 초기 단계에 적절
단점	• 정책집행 및 전달체계 개선 한계 • 부처 자치단체 협력 필요 • 중복 수혜방지 어려움 • 정책 초기 단계에서 부적절 • 정책집행,조직 필요	• 정책 관련 부처 총괄 한계 • 부처 정책조정 한계 • 정책기획개발을 위한 부 소속 조직 필요 • 기획조정을 위한 부 소속 위원회 필요 • 부처 이기주의 극복 어려움

출처: 허준영, 「국가발전과 통합 제고를 위한 이민행정체계 구축방안」, 한국행정연구원, 2017.

위상	부(部)	처(處)	청(廳)
정의	대통령이나 국무총리의 하위 행정기관	국무총리 소속의 중앙행정기관	행정 각부 산하의 중앙행정기관
역할	계선 기관(line organization)	참모기관(staff organization)	계선기관(line organization)

기능	정책집행 기능, 정책기획 기능 균형 있게 요구	정책기획 기능 강조	정책집행기능 강조
설치 기준	- 정책 수립 기능과 정책집행 기능의 비중이 처·청에 비하여 중간 정도인 기관 - 전 국민을 대상으로 하는 일반적인 국가기능을 기능 또는 행정대상별로 구분하여 수행하는 기관 - 기능영역이 중복되지 아니하도록 설치 - 하부조직(보조기관+보좌기관)의 수가 비교적 많은 기관 - 고위 공무원단급 보조기관의 수가 5개 이상	- 부 · 청에 비하여 정책수립 기능의 비중이 큰 기관 - 행정기관을 기술적 · 절차적으로 지원하는 기능 또는 행정 각부 업무의 조정 기능 또는 어느 한부에 관장시키는 것이 불합리한 성질의 기능을 수행하는 기관 정부 조직설계 표준모델 개발 - 하부조직(보조기관+보좌기관)의 수가 비교적 중간 정도인 기관 - 고위 공무원단급 보조기관의 수가 4개 이상	- 집행적 기능을 주로 수행하는 기관 - 행정 각부가 수행하는 기능 중에서 업무의 독자성이 높고 업무의 범위가 전국에 미치는 사무를 수행하는 경우 - 비교적 기능 수행의 성과가 가시적이고 명확한 기관 - 하부조직(보조기관+보좌기관)의 수가 비교적 적은 기관 - 고위 공무원단급 보조기관의 수가 3개 이상

출처: 허준영, 「국가발전과 통합 제고를 위한 이민행정체계 구축방안」, 한국행정연구원, 2017.

제4장 서해의 평화 조성과 관리를 위한 행정조직 설치 방안

본 연구의 대상인 「서해의 평화 조성과 관리를 위한 정부(행정)조직의 설치 방안」은 향후 제정 내지 개정될 모법의 규정에 따르게 된다. 일반적으로 정부조직법을 개정하는 방식, 특별법을 제정하는 방식, 기존의 법령을 개폐하는 방식 등을 검토할 수 있다. 서해의 평화 조성과 관리를 위한 행정조직의 구체적인 설치방안은 다음과 같다. 대통령 소속 위원회로 설치하는 방안, 중앙행정기관 내에 설치하는 방안, 청으로 설치하는 방안 등이다.

Ⅰ. 대통령 소속 위원회로 설치하는 방안

대통령 소속 위원회는 정부마다 다르게 운영하고 있다. 문재인 정부는 국정과제협의회를 운영하고 있으며, 이에 속한 위원회는 8개이다. 즉, 정책기획위원회 · 일자리위원회 · 4차산업혁명위원회 · 저출산고령사회위원회 · 자치분권위원회 · 국가균형발전위원회 · 국가교육회의 · 북방경제협력위원회 등이다.

1. 자치분권위원회 모델

자치분권위원회는 자치분권 및 지방행정체제 개편을 추진하기 위하여 대통령 소속으로 설치된 위원회이다(제44조). 대통령 소속 자치분권위원회의 법령 근거는 '지방자치분권 및 지방행정체제개편에 관한 특별법'이다. 주무부서는 행정안전부 자치분권제도과이다.

위원회는 위원장 1명과 부위원장 2명을 포함한 27명의 위원으로 구성하며, 위원은 당연직위원과 위촉위원으로 구성한다. 위원회의 업무를 효율적으로 심의하기 위하여 위원회에 분과위원회, 전문위원회를 둘 수 있다. 위원회의 사무를 효율적으로 처리하기 위하여 위원회에 사무기구를 둘 수 있다. 사무기구의 구성 및 운영에 필요한 사항은 대통령령으로 정한다(제47조).

자치분권기획단은 자치분권위원회의 운영 지원, 회의심의 안건 준비 등 사무를 효율적으로 처리하기 위하여 위원회 내에 설치된 조직이다. 기획단 조직을 보면 기획단장을 중심으로 기획총괄과, 소통협력담당관, 분권지원담당관, 자치분권국, 자치제도과, 지방행정체제 개편 및 메가시티 지원TF, 자치혁신과, 자치경찰제도과 등을 두고 있다.

2. 국가균형발전위원회 모델

국가균형발전위원회는 지역 간의 불균형을 해소하고 지역의 특성에 맞는 자립적 발전을 통하여 국민생활의 균등한 향상과 국가균형발전의 효율적 추진을 위한 주요정책에 대하여 대통령에게 자문하기 위한 것이다. 주요 기능으로 국가균형발전의 기본방향과 관련 정책의 조정, 국가균형발전계획, 국가균형발전시책 및 사업의

문재인 정부 조직 개편

18부처 5처 17청, 2원 4실 6위원회(52개) ▶ **18부 4처 18청 7위원회, 2원 4실 1처(54개)**

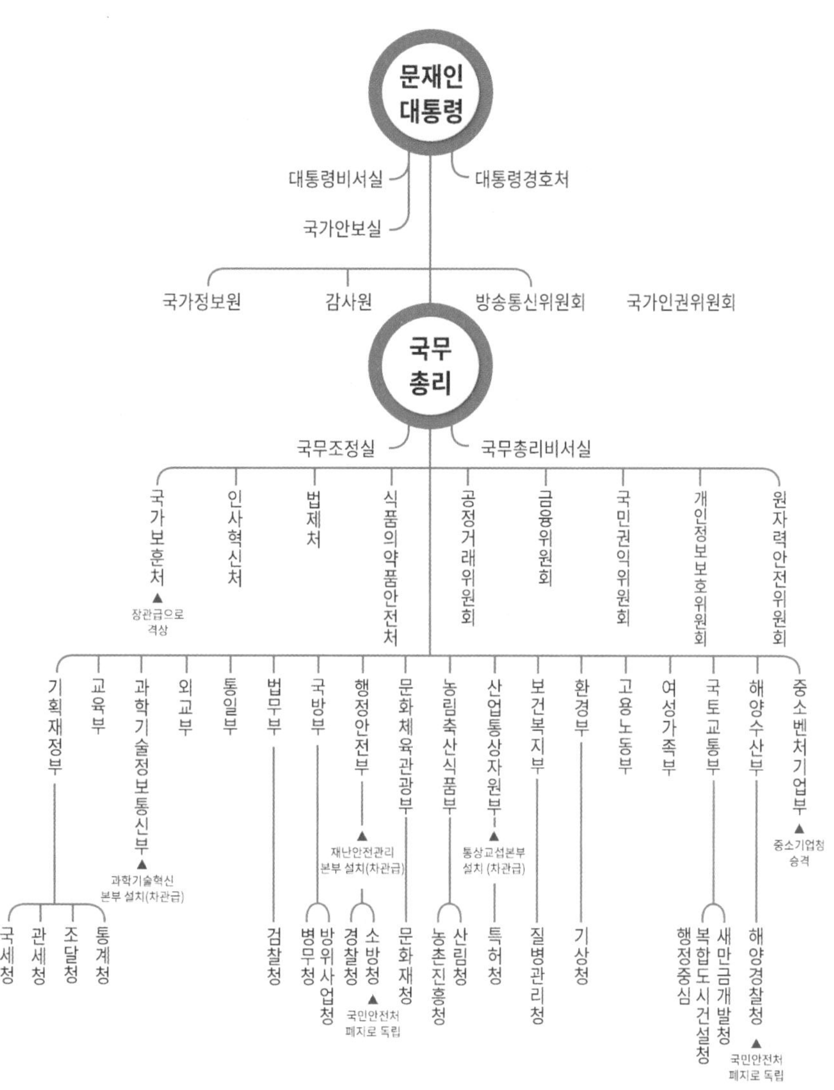

조사·분석·평가·조정, 국가균형발전지표의 개발·관리 등에 관한 사항을 심의·의결한다.

위원장 1명을 포함한 당연직 위원과 위촉위원 34명 이내로 구성한다. 자문위원은 국가균형발전위원회의 업무와 관련된 사항에 대하여 자문하기 위하여 200명 이내 구성한다. 국가균형발전기획단은 국가균형발전위원회의 사무를 처리하기 위하여 국가균형발전위원회 소속으로 설치한다. 국가균형발전기획단은 정책조정실, 광역정책국, 총괄기획국, 지역혁신국, 지역균형국, 대외협력국, 대변인실, 운영지원과, 지역대학지원TF으로 구성한다. 지원연구기관은 산업연구원, 국토연구원, 한국지방행정연구원, 한국농촌경제연구원 등이다.

국가균형발전기획단의 업무를 지원하고, 시·도지사가 시·도 계획을 효과적으로 수립·시행할 수 있도록 산업통상자원부 등 관계 중앙행정기관에 국가균형발전지원단(이하 "지원단"이라 한다)을, 국가균형발전지원단이 설치되지 아니한 중앙행정기관(대통령 소속 기관 및 국무총리 소속 기관을 포함한다)에 국가균형발전지원팀을 둘 수 있다.

3. 북방경제협력위원회 모델

북방경제협력위원회는 유라시아지역 국가와의 교통·물류 및 에너지 등 분야에서의 연계성 강화를 통하여 우리 경제의 미래 성장 동력을 창출하고 남·북한 통일의 기반을 구축하기 위한 경제협력에 필요한 주요 정책에 관한 사항을 효율적으로 심의·조정하기 위하여 대통령 소속으로 설치하고 있다. 법령의 근거는 북방경제협력위원회의 설치 및 운영에 관한 규정(대통령령 제28254호)이며, 기획재정부(국제경제과)가 주무부서이다.

위원장 1명을 포함하여 30명 이내의 위원으로 성별을 고려하여 구성한다. 위원회의 업무를 지원하기 위하여 위원회에 간사위원 1명을 두며, 간사위원은 제3항 제2호의 위원이 된다. 위원회는 전문위원회·특별위원회 및 자문단을 설치·운영할 수 있다. 위원회의 운영을 지원하고 업무를 수행하기 위하여 위원회에 북방경제협력위원회지원단을 둔다. 지원단에 단장 1명을 두며, 단장은 대통령비서실의 북방경제협력 정책을 보좌하는 비서관이 된다.

4. 정리 요약

대통령 소속 위원회의 특징을 요약하면 다음과 같다.

구분	자치분권 위원회	국가균형발전 위원회	북방경제협력 위원회
법령	지방자치분권 및 지방행정체제개편에 관한 특별법, 행정안전부(자치분권제도과), 044-205-3307	국가균형발전특별법, 산업통상자원부(지역경제총괄과), 044-203-4419, 기획재정부(지역예산과), 044-215-7551	북방경제협력위원회의 설치 및 운영에 관한 규정, 기획재정부(국제경제과), 044-215-7631
소속	대통령 소속 위원회	대통령 소속 위원회	대통령 소속 위원회
구성	- 위원장 1명과 부위원장 2명을 포함한 27명의 위원 - 당연직위원: 기획재정부장관, 행정안전부장관, 국무조정실장	- 위원장 1명(위촉직), 34명 이내의 위원 - 당연직위원: 기획재정부장관 등 13부 장관, 「지방자치법」 제182조제1항제1호 및 제3호에 따른 협의체의 대표자 등	- 위원장 1명을 포함하여 30명 이내 - 위원장은 전문가 등 대통령이 위촉
구성	-위촉위원: 대통령 추천 6명, 국회의장 추천 10명, 「지방자치법」 제165조에 따른 지방자치단체의 장 등의 협의체의 대표자가 각각 2명씩 추천하는 8명 - 위원장 및 부위원장 1명은 위촉위원 중에서 대통령이 위촉, 부위원장 중 1명은 행정안전부장관	- 위촉위원: 「지방자치법」 제182조에 따른 협의체의 대표자가 추천한 자 등 20명 이내, 위촉위원의 과반수는 위촉일 현재 1년 이상 수도권이 아닌 지역에 주소를 둔 자	- 당연직: 기획재정부장관, 외교부장관, 통일부장관, 산업통상자원부장관, 대통령비서실의 경제정책에 관한 업무를 담당하는 보좌관 - 위촉위원: 북방경제협력 관련 분야에 전문적 지식이나 경험이 풍부한 사람
사무기구	- 자치분권기획단(위원회 내 설치) - 단장: 고위공무원(대통령비서실 자치분권 비서관 겸임가능), 민간인(해당 비서관과 공동수행) - 자치분권지원단(행정안전부에 설치)	- 국가균형발전기획단(위원회 내 설치) - 단장: 대통령비서실의 국가균형발전업무를 담당하는 비서관이 겸직 - 한국산업기술진흥원에 지역혁신지원센터를 설치·운영 - 국가균형발전지원단(산업통상자원부 등 중앙부처) 혹은 팀(대통령 및 국무총리소속기관) - 산업연구원에 국가균형발전연구센터를 설치·운영	- 북방경제협력위원회지원단(위원회 내 설치) - 단장 1명을 두며, 단장은 대통령비서실의 북방경제협력 정책을 보좌하는 비서관

기타 기구	-분과위원회, 전문위원회, 전문요원 -조사 · 연구, 설문조사, 공청회 및 세미나 개최 등	-시·도 지역혁신협의회 등 -시·군·구 지역혁신협의회	전문위원회 · 특별위원회 및 자문단

5. 대통령 소속 위원회로 설치하는 방안

가칭 '서해평화위원회'를 대통령 소속 위원회로 설치하는 경우 다음과 같은 점들이 검토되어야 한다. 가칭 '서해평화위원회'를 대통령 소속 위원회로 하는 경우 대통령의 통일과 평화에 대한 의지를 나타낼 수 있다. 남북관계의 특수성에 비춰보면 가칭 '서해평화위원회'를 설치하여 평상시 남북관계의 소통과 협력, 서해의 무력 충돌 방지와 공존을 추구할 필요가 있다. 서해에서 남북 간 충돌에 의한 국지전의 위험성을 회피하고, 남북 간 해역 및 육상 교류 등을 통해 평화수역의 조성은 물론 공동 발전의 계기를 마련하자는 것이다. 따라서 남북관계의 특수성과 서해에서의 위기 대응이라는 차원에서 대통령 소속 위원회로 가칭 '서해평화위원회'를 설치하는 것이 평화 정착과 통일을 향한 하나의 방안이라고 할 수 있다.

대통령 소속 위원회로 가칭 '서해평화위원회'를 설치하는 경우 기존의 자치분권위원회, 국가균형발전위원회, 북방경제협력위원회 등의 모델을 따를 수 있다. 행정조직과 관련하여 대통령 소속 위원회는 위원회 내에 사무기구나 기획단 등을 설치할 필요가 있다. 대통령 소속 위원회의 경우 '북방경제협력위원회'와 같이 대통령령으로 설치가 가능하다. 다만 위원회 조직의 존속이 한시적이며, 예산과 정원 등에 한계가 있다.

Ⅱ. 중앙행정기관 내에 설치하는 방안

1. 행정안전부 내 서해5도 지원위원회(위원장 국무총리)

행정안전부장관은 해당 지방자치단체의 장 및 주민의 의견을 들어 종합발전계획안을 작성하여 관계 중앙행정기관의 장과 협의하고, 제7조에 따른 서해5도 지원위원회의 심의를 거쳐 확정한다. 확정된 종합발전계획 중 대통령령으로 정하는 중요한 사항을 변경할 때에도 또한 같다. 종합발전계획에는 서해5도의 개발 및 지원에 관한 기본시책에 관한 사항, 서해5도 주민의 안전한 정주 여건 조성에 관한 사항 등이 포함되어야 한다.

법령 근거는 서해5도 지원 특별법이며, 행정안전부(지역균형발전과)가 주무부서이다. 서해5도의 개발 및 지원을 위한 사항을 심의하기 위하여 국무총리 소속으로 서해5도 지원위원회를 둔다. 위원회는 위원장 1명을 포함한 15명 이내의 위원으로 구성한다. 위원회의 위원장은 국무총리가 된다.

2. 행정안전부 내 접경지역정책심의위원회(위원장 행정안전부 장관)

국가는 접경지역의 이용·개발과 보전을 위한 종합적인 시책을 수립·추진하고 지원 방안을 마련하여야 한다. 국가와 지방자치단체는 지역주민의 참여와 관계 지방자치단체와의 협력을 통하여 접경지역의 이용·개발과 보전을 조화롭게 이룰 수 있도록 계획과 정책을 마련하여 시행하여야 한다. 행정안전부장관은 접경지역의 조화로운 이용·개발과 보존을 통하여 해당 지역을 발전시키기 위한 발전종합계획을 수립하여야 한다. 이 경우 접경지역의 자연환경 보전과 국가 안보상의 특수성을 반영하고 국토종합계획 등을 고려하여야 한다.

접경지역의 발전에 관한 사항을 심의하기 위하여 행정안전부장관 소속으로 접경지역정책심의위원회를 둔다. 접경지역정책심의위원회는 위원장을 포함한 30명 이내의 위원으로 구성하며, 위원장은 행정안전부장관이 된다(국무총리에서 장관으로 개정 2020. 10. 20.). 접경지역의 발전에 관한 사항을 심의하기 위하여 행정안전부장관 소속으로 접경지역정책심의위원회를 둔다(제9조). 위원회의 회의에서 심의할 안건을 사전에 검토하고, 위원회에서 위임한 사항, 그 밖에 위원장이 요구하는 사항을 처리하기 위하여 위원회에 접경지역정책심의실무위원회를 둔다. 접경지역의 발전에 관한 사항을 협의하기 위하여 관계 지방자치단체의 장 등 공무원과 민간 전문가로 구성하는 접경지역발전협의회를 둔다. 접경지역발전협의회는 공동위원장 3명을 포함한 30명 이내의 위원으로 구성한다. 공동위원장은 인천광역시장, 경기도지사 및 강원도지사로 한다.

접경지역 발전업무를 효율적으로 수행하고 위원회의 사무를 지원하기 위하여 행정안전부장관 소속으로 접경지역발전기획단을 둔다. 접경지역발전기획단(시행령 제13조). 법 제11조제1항에 따른 접경지역발전기획단의 단장은 행정안전부의 고위공무원단에 속하는 일반직공무원 중 행정안전부장관이 지명하는 사람이 된다.

3. 정리 및 요약

서해5도 지원법과 접경지역 지원법의 주요 내용을 요약하면 다음과 같다.

구분	서해5도	접경지역
법령	서해5도 지원 특별법(서해5도법) 행정안전부(지역균형발전과), 044-205-3521	접경지역 지원 특별법(약칭: 접경지역법) 행정안전부(지역균형발전과), 044-205-3517
소속	국무총리 소속 위원회	행정안전부장관 소속 접경지역정책심의위원회
구성	- 위원장 1명(국무총리), 15명 이내의 위원 - 당연직: 기획재정부장관·교육부장관·통일부장관·국방부장관·행정안전부장관·문화체육관광부장관·농림축산식품부장관·산업통상자원부장관·보건복지부장관·환경부장관·국토교통부장관·해양수산부장관·국무조정실장·인천광역시장 - 위촉위원: 없음	- 위원장 1명(행안부장관), 30명 이내의 위원 - 위원: 기획재정부차관 등 15개 부, 인천광역시장, 경기도지사, 강원도지사, 전문가 12명 - 접경지역정책심의실무위원회(위원장 행정안전부차관) - 기획재정부 15부의 고위공무원단, 인천광역시 행정부시장, 경기도지사가 지명하는 경기도의 행정부지사 및 강원도 행정부지사
사무기구	- 간사: 행안부 차관	- 접경지역발전기획단(행안부 내 설치 - 단장: 행정안전부의 고위공무원
기타기구		- 접경지역발전협의회의: 공동위원장 3명(인천광역시장, 경기도지사 및 강원도지사)을 포함한 30명 이내의 위원, 법령에서 정한 시·군의 시장 및 군수, 인천광역시, 경기도 및 강원도 연구원의 원장, 전문가 등
예산	7,585억원(2025년까지)	2,163억원(2020년 기준)

4. 중앙행정기관 내 설치 방안

정부의 중앙 행정기관인 부처 내에 행정조직을 설치하는 방안이다. 현재 서해5도는 서해5도 지원 특별법이나 접경지역 지원 특별법의 대상이다. 서해평화와 관련한 새로운 정부 조직이나 행정조직을 설치하기 위해서는 서해5도 지원 특별법이나 접경지역 지원 특별법의 개정 혹은 폐지가 필요하다. 서해5도 지원 특별법의 경우 일종의 한시법이고, 그 조직이나 기능 등에서 미약하다. 접경지역 지원 특별법은 서해5도와 인근 해역에 대한 현안을 해결하는 데 있어 한계가 있다. 특히 접경지역 특별법이 DMZ이나 육지를 상대로 하고 있다. 그러므로 남북한 무력 충돌이나 갈등이 현실화하고 있는 서해5도의 해역이나 항로 그리고 바다로 인접한 북한과의 평화수역 조성에 적합한 법률로 기능하기에는 한계가 존재한다.

만약 서해의 평화조성과 관리를 위한 정부 조직을 설치하는 경우 주무 부처를 어느 부처로 할 것인가. 서해5도와 인근 해역의 남북한 연계성과 특성 그리고 남북한 관계와 통일을 고려하는 경우 통일부가 된다. 서해5도 지원 특별법이나 접경지역 지원 특별법에서 대상으로 삼고 있는 유인도서를 강조하는 경우 행정안전부가 주무 부서가 된다. 서해5도의 해역이나 항로 그리고 어민들의 안전과 생활 등을 고려하면 해양수산부가 주무 부서로 검토될 수 있다. 주무 부처가 결정되면 중앙행정기관인 부처 내에 기획단 등을 설치하는 방안이다. 서해 평화업무의 업무의 규모나 기능 등에서 검토할만하다. 그러나 현행 법령과 정부 조직의 구조로 볼 때 한 부처가 서해평화와 관련한 업무와 역할을 관장할 수 없는 현실적인 한계가 있다.

Ⅲ. 청으로 설치하는 방안

1. 행복도시법과 건설청 모델

'신행정수도 후속대책을 위한 연기·공주지역 행정중심복합도시 건설을 위한 특별법(약칭: 행복도시법)'은 수도권의 지나친 집중에 따른 부작용을 없애기 위하여 새롭게 조성하는 행정중심복합도시의 건설 방법 및 절차를 규정함으로써 국가의 균형발전과 국가경쟁력 강화에 이바지함을 목적으로 한다. 주무부서는 국토교통부(복합도시정책과)이다.

행정중심복합도시 건설을 효율적으로 추진하기 위한 관련 중요 정책을 심의하기 위하여 국토교통부장관 소속으로 행정중심복합도시건설 추진위원회를 둔다. 위원회는 위원장 2명을 포함한 30명 이내의 위원으로 구성한다(제31조). 위원장은 국토교통부장관과 민간 전문가 중에서 대통령이 위촉하는 사람이 된다.

행정중심복합도시 건설업무를 효율적으로 추진하기 위하여 국토교통부장관 소속으로 행정중심복합도시건설청(이하 "건설청"이라 한다)을 둔다. 건설청은 「정부조직법」 제2조에 따른 중앙행정기관으로서 그 소관 사무를 수행한다. 건설청에 청장 1명과 차장 1명을 두되, 청장은 정무직으로 하고, 차장은 일반직 국가공무원으로 보(補)한다.

2. 새만금사업법과 새만금개발청 모델

'새만금사업 추진 및 지원에 관한 특별법(약칭: 새만금사업법)'은 새만금사업지역을 환경친화적 첨단복합용지로 개발·이용 및 보전함으로써 국토균형발전과 국가경쟁력 강화에 이바지함을 목적으로 한다. 새만금위원회의 설치근거는 새만금사업 추진 및 지원에 관한 특별법이며, 주무부처는 국토교통부(복합도시정책과)이다.

새만금사업지역의 효율적인 개발·관리 및 환경보전 등 중요 사항을 심의하기 위하여 국무총리 소속으로 새만금위원회를 둔다. 새만금위원회는 위원장 2명을 포함하여 30명 이내의 위원으로 구성한다. 위원장은 국무총리와 대통령이 위촉하는 사람이 되고, 위원은 관계 중앙행정기관의 장, 새만금청장, 전라북도지사 등이다.

새만금사업의 원활한 추진과 효율적인 지원을 위하여 국무총리 소속으로 새만금사업추진지원단(이하 "지원단"이라 한다)을 설치한다. 지원단은 새만금사업과 관련된 정책의 통합·조정 및 새만금위원회 운영 등에 관한 업무를 수행한다.

새만금사업추진지원단은 「새만금사업 추진 및 지원에 관한 특별법 시행령」 제30조의2제1항 각 호의 업무 외에 새만금사업과 관련된 정책의 통합·조정 및 새만금위원회 운영과 관련하여 국무총리가 지시하는 사항을 수행한다.

새만금사업의 원활한 추진과 효율적인 관리를 위하여 국토교통부장관 소속으로 새만금개발청(이하 "새만금청"이라 한다)을 둔다. 새만금청은 「정부조직법」 제2조에 따른 중앙행정기관으로서 그 소관 사무를 수행한다. 새만금청에 청장 1명과 차장 1명을 두되, 청장은 정무직으로 하고, 차장은 고위공무원단에 속하는 일반직 국가공무원으로 한다.

3. 정리 및 요약

신행정수도 후속대책을 위한 연기·공주지역 행정중심복합도시 건설을 위한 특별법과 새만금사업 추진 및 지원에 관한 특별법을 정리하면 다음과 같다.

구분	행정중심복합도시	새만금사업
법령	신행정수도 후속대책을 위한 연기·공주지역 행정중심복합도시 건설을 위한 특별법 (약칭: 행복도시법) [시행 2021. 4. 6.] [법률 제17873호, 2021. 1. 5., 일부개정] 국토교통부(복합도시정책과), 044-201-3686	새만금사업 추진 및 지원에 관한 특별법 (약칭: 새만금사업법) [시행 2021. 6. 23.] [법률 제17742호, 2020. 12. 22., 일부개정] 국토교통부(복합도시정책과), 044-201-3689
소속	국토교통부장관 소속 행정중심복합도시건설추진위원회	국무총리 소속 위원회

구성	- 위원회는 위원장 2명(국토부 장관, 민간인)을 포함한 30명 이내의 위원 - 당연직: 국토교통부장관, 기획재정부차관 등, 건설청장 - 위촉직: 전문가 등	- 새만금위원회: 위원장 2명을 포함하여 30명 이내의 위원 - 위원장은 국무총리와 대통령이 위촉하는 사람 - 당연직 위원: 기획재정부장관 등 9부, 국무조정실장, 새만금청장 및 전라북도지사 - 위촉직: 전문가 등 - 간사: 국무조정실과 새만금개발청 소속 공무원 중 국무총리인 위원장이 지명하는 사람
사무기구	- 간사: 행안부 차관	- 새만금사업추진지원단(국무총리 소속)
기타기구	- 소위원회는 5명 이상 7명 이하 위원 - 100명 이내의 자문위원회	- 통합심의위원회: 위원장 1명 및 부위원장 1명을 포함하여 30명 이하의 위원 - 분과위원회: 토지개발 분과위원회, 환경대책 분과위원회(10명 이내의 위원)
	- 건설청의 설치(국토교통부장관 소속), 행정중심복합도시건설청(이하 "건설청"이라 한다)은「정부조직법」제2조에 따른 중앙행정기관으로서 그 소관 사무를 수행<신설 2020. 6. 9.> - 건설청에 청장 1명과 차장 1명을 두되, 청장은 정무직, 차장은 일반직 국가공무원	- 새만금개발청의 설치(국토교통부장관 소속), 새만금청은「정부조직법」제2조에 따른 중앙행정기관으로서 그 소관 사무를 수행 - 새만금청에 청장 1명과 차장 1명, 청장은 정무직, 차장은 고위공무원단

4. 가칭 '서해평화청'으로 설치 방안

정부조직으로 가칭 '서해평화청'을 설치하는 방안이다. 관련 모법에 의해 서해평화청을 설치하는 경우 업무와 기능 등에서 재조정해야 할 과제가 있다. 각 부처로 나뉘어 있는 서해평화의 문제는 국무총리를 위원장으로 하는 서해평화위원회가 통합적으로 조율할 필요가 있다. 부처별로 나뉘어 있는 서해의 평화조성과 관리를 위해 관련 업무를 통합하고, 남북한 무력 충돌의 방지와 평화협력을 위한 새로운 조직의 설치를 검토할 필요가 있다.

가칭 '서해평화청'을 설치하는 경우 주무 부서를 어디로 할 것인가. 주무부처로는 무인도서와 해양을 생각하는 경우 해양수산부, 유인도서와 현행 서해5도 지원 특별법이나 접경지역 지원 특별법을 생각하는 경우 행정안전부가 주무부로 검토될 수 있다. 그러나 서해의 평화조성과 관리를 위한 과제는 남북한 간의 평화협력에 관한 사항이 핵심이므로 통일부를 주무부처로 하는 것이 타당하다고 생각한다.

서해평화를 위한 정부 조직의 모델로서 새만금청 사례를 검토할 수 있다. 새만금청은 정부조직법이 아닌 특별법에 설치 근거가 있다. 그리고 새만금청은 국무총리가 위원장인 위원회, 주무부서로서 국토부, 그리고 새만금청을 설치하고 있다. 새만금청을 서해평화청의 모델로 하는 경우 국무총리가 위원장인 위원회, 주무 부서로서 통일부, 그리고 서해평화청을 설치하는 정부 조직 개편안이다. 서해평화청이 담당해야 할 기능은 기존의 중앙행정기관이나 지방자치단체 등이 갖고 있는 업무 등을 재조정해야 한다. 구체적으로 국제법 관련 업무, 국내 법령관련업무, 타 부서의 서해 평화 조성과 관리 등의 업무가 될 것이다.

서해의 평화조성과 관리에 관련된 다양한 업무를 효율적이고, 통합적으로 수행하기 위해서는 서해평화청 내에 각 부처를 대변하는 국을 설치할 필요가 있다. 현행 업무와 조직 등을 고려할 때 해양수산, 행정안전, 안보통일 등과 관련한 각 국의 설치가 필요하다. 결론적으로 국무총리 소속 서해평화위원회 설치, 통일부 소속의 서해평화청 설치, 서해평화청 내 각 국의 설치 등으로 연계되는 정부조직을 설치해야 한다.

제5장 가칭 '서해평화청' 업무

Ⅰ. 국내외 관련 법령 등으로 본 업무

서해평화청의 업무를 관련 국내외 법령의 차원에서 살펴보면 다음과 같다. 해당 법령과 관련된 업무를 관련 부처와 함께 혹은 독자적으로 가칭 '서해평화청'이 수행해야 할 것이다.

1. 국제법 관련 업무

첫째, 국제법과 관련하여 서해 수역의 경우 해양법에 관한 국제연합 협약(국제해양법: United Nations Convention on the Law of the Sea, 1982년 체결, 1994년 발효), 대한민국 정부와 중화인민공화국 정부 간의 어업에 관한 협정(한중 어업협정, 2001년 체결 발효) 등이 있다.

둘째, 정전협정과 관련된 업무로서 한국 정전협정(Korean Armistice Agreement, 1953), 정전협정 준수에 관한 유엔사 규정(UNC-Reg-551-4, 2019) 등이 있다.

셋째, UN제재와 관련된 업무로서 안보리결의 1718호(2006.10.14.)-대북제재위원회, 안보리결의 1874호(2009.6), 안보리결의 2087호(2013.1), 안보리결의 2094호(2013.3)-대량살상무기 개발 기여 통제, 안보리결의 2270호(2016.3), 안보리결의 2321호(2016.11)-경제 전반 제재, 안보리결의 2356호(2017.6), 안보리결의 2371호(2017.8) - 해산물 수출금지, 합작사업금지, 안보리결의 2375호(2017.11) - 비상업적 공공 인프라 프로젝트 외 금지, 안보리결의 2397호(2017.12) 등이 있다.

넷째, 국제법 관련 국내 법령과 관련한 업무로서 영해 및 접속수역 법(법률 제15429호, 2018.6.14), 배타적 경제수역 및 대륙붕에 관한 법률(법률 제14605호, 2017.3.21), 배타적 경제수역에서의 외국인어업 등에 대한 주권적 권리의 행사에 관한 법률(법률 제14605호, 2017.3.21) 등이 있다.

2. 주요 국내 법령 관련 업무

첫째, 주민 규제를 위한 법령 관련 업무로서 어선안전조업법(법률 제1569호, 2019.8.27. 제정, 2020.8.28. 시행), 어선안전조업법 시행령(대통령령 제30976호, 시행 2020.8.28.), 어선안전조업 규정(해양수산부 고시 제2020-133호, 시행 2020.8.28), 수산업법(법률 제17091호, 시행 2020.3.24.), 수산업법 시행령(대통령령 제30621호, 시행 2020.4.14.), 선박안전법(법률 제17028호, 시행2020.8.19), 선박안전법 시행령(대통령령 제30876호, 시행 2020.7.30), 선박안전법 시행규칙(해양수산부령 제420호, 시행 2020.7.30), 어선출입항신고관리규칙(해양경찰청훈령 제188호, 시행 2020.8.28), 서북도서방위사령부령(대통령령 제28266호, 시행 2017.9.5), 서북도서 선박운항 규정(인천지방해양수산청고시 제2020-153호, 시행 2020.10.23.), 서해5도 특별경비단 운영규칙(중부지방해양경찰청 훈령 제20호, 시행 2019.12.3) 등이 있다.

둘째, 주민 지원을 위한 법령 관련 업무로서 서해5도 지원 특별법(법률 제15630호, 시행 2018.12.13.), 서해5도 지원 특별법 시행령(대통령령 제29323호, 시행 2018.12.13), 접경지역 지원 특별법(법률 제16902호, 시행 2020.7.30), 접경지역 지원 특별법 시행령(대통령령 제29421호, 시행 2019.1.1), 서해5도 교육비 지원 지침(행정안전부 고시 제2017-1호, 시행 2017.7.26), 서해5도 노후주택 개량사업 지원 지침(행정안전부 고시 제2017-1호, 시행 2017.7.26.), 서해5도 정주생활지원금 지원 지침(행정안전부 고시 제2018-6호, 시행 2018.1.12.), 서해5도 해상운송비 지원 지침(행정안전부 고시 제2019-36호, 시행 2019.4.24.) 등이 있다.

셋째, 인천광역시와 옹진군 자치법규도 관련 업무로서 인천광역시 평화도시 조성에 관한 조례(인천광역시 조례 제6005호, 시행 2018.10.8), 인천광역시 서해5도 운항 여객선 지원 조례(인천광역시 조례 제5722호, 시행 2017.1.1), 서해5도서 비상사태 발생 시 주민생활안정을 위한 특별지원 조례(인천광역시 옹진군 조례, 제2326호, 시행 2020.3.17), 옹진군 서해5도 견학 및 방문사업 지원 조례(인천광역시 옹진군조례 제2191호, 시행 2016.9.28) 등이 있다.

Ⅱ. 현행 중앙행정기관 관련 업무

1. 통일부 관련 업무

통일부 관련 업무와 그 소속기관 직제 시행규칙에 의하면 교류협력실의 다음과 같은 업무가 있다. 가칭 '서해평화청'의 관련 업무로서 예시할 수 있다.

제6조의2(교류협력실) ⑨ 남북접경협력과장은 다음 사항을 분장한다.

1. 비무장지대 및 서해접경지역 인근 해역 등 남북 접경지대(이하 "남북 접경지대"라 한다)의 평화적 이용에 관한 정책의 수립·시행 및 사후관리
2. 남북 접경지대의 평화적 이용에 관한 중장기 계획 수립
3. 남북 접경지대의 평화적 이용에 관한 법령 및 제도의 입안 또는 기획
4. 민간단체 등의 남북 접경지대의 평화적 이용에 대한 기획·조정·승인 및 지원
5. 남북 접경지대의 평화적 이용과 관련된 남북한 주민의 접촉·왕래에 대한 기획·조정·승인 및 지원
6. 남북 접경지대의 평화적 이용과 관련된 남북한 간 실무회담 대책의 수립
7. 남북 접경지대의 평화적 이용과 관련된 협력사업의 승인 및 협력사업을 하는 자에 대한 지도·감독·행정조사 및 조정명령
8. 남북 접경지대의 평화적 이용과 관련된 국내외 관계기관과의 협조
9. 남북 접경지대의 평화적 이용에 관한 동향의 분석 및 통계 유지
10. 남북 접경지대의 평화적 이용과 관련된 남북협력기금 지원 지침 및 기준 마련에 관한 사항
11. 남북 접경지대의 평화적 이용과 관련된 민관협력체계 구축

2. 해양수산부 관련 업무

해양수산부 관련 업무와 그 소속기관 직제 시행규칙에 의하면 해양정책실의 다음과 같은 업무가 있다. 가칭 '서해평화청'의 관련 업무로서 예시할 수 있다.

제10조(해양정책실) ③ 실장은 다음 사항을 분장한다.

1. 해양수산정책에 관한 중·장기 종합계획의 수립·조정 및 시행
2. 해양수산발전위원회 운영 및 해양 관련 단체의 육성·지원
12. 해양개발 관련 정책의 총괄·기획·조정 및 시행
13. 해양자원의 개발 및 해양과학기술 연구 인프라의 구축
14. 조력, 조류, 파력, 온도차 발전 등 해양에너지 개발에 관한 업무
21. 해양레저관광 진흥에 관한 업무
30. 해양영토관리 기본계획 수립
31. 배타적 경제수역·대륙붕 등 해양영토의 통합관리
32. 해양영토 관련 국제동향 파악 및 국제협력에 관한 사항
38. 무인도서의 보전 및 관리
44. 해양공간 기본계획 및 관리계획의 수립
47. 해양공간정보의 수집·조사 및 해양공간정보체계의 구축·운영
50. 연안의 이용·보전에 관한 업무
52. 해양쓰레기 관리 기본계획 수립 및 시행

3. 행정안전부 관련 업무

행정안전부 관련 업무와 그 소속기관 직제 시행규칙에 의하면 지방자치분권실의 다음과 같은 업무가 있다. 가칭 '서해평화청'의 관련 업무로서 예시할 수 있다.

제11조(지방자치분권실) ㉓ 지역균형발전과장은 다음 사항을 분장한다.

1. 지역발전 추진과 관련된 업무의 총괄·조정
4. 저발전 지역 등 지원 및 관련 정책의 연구·개발
5. 인구감소지역 자립 촉진·활력 제고 및 효율적 지원을 위한 통합 지원사업 추진
6. 도서(島嶼)종합개발 10개년 계획 및 연차별 계획의 수립
7. 도서특성화개발을 위한 제도 연구 및 관련 법령의 개정, 도서 관련 통계의 작성·관리
8. 도서진단 및 도서사업 관계 부처 합동평가단의 구성·운영
10. 접경지역지원 종합개발계획 및 연차별계획의 수립·지원
12. 접경지역 범위 선정, 연차별지표 조사 및 제도개선

13. 남북공동 협력지구의 지정 및 협력사업의 추진
14. 평화벨트 구축 및 평화시범도시 도입 방안의 마련·시행
25. 「서해5도 지원 특별법」의 운영 및 발전종합계획의 수립 지원
27. 민군복합형관광미항 관련 지역발전계획의 수립 및 추진

Ⅲ. 특별법 관련 업무

1. 서해5도 지원 특별법

서해5도 지원 특별법에 의하면 다음과 같은 업무가 있다. '서해5도 지원 특별법'은 서해의 평화조성과 관리를 위한 법률의 개정 혹은 제정에 따라 달라 질수 있다. 가칭 '서해평화청'의 관련 업무로서 예시할 수 있다.

제5조(종합발전계획의 수립) ① 행정안전부장관은 해당 지방자치단체의 장 및 주민의 의견을 들어 종합발전계획안을 작성하여 관계 중앙행정기관의 장과 협의하고, 제7조에 따른 서해5도 지원위원회의 심의를 거쳐 확정한다. 확정된 종합발전계획 중 대통령령으로 정하는 중요한 사항을 변경할 때에도 또한 같다.

② 종합발전계획에는 다음 각 호의 사항이 포함되어야 한다.

1. 서해5도의 개발 및 지원에 관한 기본시책에 관한 사항
2. 서해5도 주민의 안전한 정주여건 조성에 관한 사항
3. 서해5도 주변 해양의 이용·개발·보전과 해양관광자원의 개발 및 농업·수산업의 진흥에 관한 사항
4. 교육·보건·의료·사회복지 및 생활환경 개선에 관한 사항
5. 도로·항만·수도 등 사회간접자본시설의 확충·정비에 관한 사항
6. 주민의 육지왕래 및 생활필수품의 원활한 유통·공급에 관한 사항
7. 주민의 안전확보를 위한 대책 마련에 관한 사항
8. 그 밖에 서해5도의 이용·개발·보전 및 주민지원에 관한 사항

제6조(연도별 시행계획의 수립) 행정안전부장관은 제5조에 따라 수립·확정된 종합발전계획에 따라 추진할 연도별 시행계획안을 수립하여 중앙행정기관의 장과 협의를 거친 후 제7조에 따른 서해5도 지원위원회의 심의를 거쳐 확정한다.

2. 접경지역 지원 특별법

접경지역 지원 특별법에 의하면 다음과 같은 업무가 있다. '접경지역지원 특별법'은 서해의 평화조성과 관리를 위한 법률의 개정 혹은 제정에 따라 일부 개정될 수 있다. 가칭 '서해평화청'의 관련 업무로서 예시할 수 있다.

① 행정안전부장관은 접경지역의 조화로운 이용·개발과 보존을 통하여 해당 지역을 발전시키기 위한 발전종합계획을 수립하여야 한다. 이 경우 접경지역의 자연환경 보전과 국가 안보상의 특수성을 반영하고 다음 각 호의 사항을 고려하여야 한다.

1. 「국토기본법」 제6조에 따른 국토종합계획
2. 「수도권정비계획법」 제4조에 따른 수도권정비계획
3. 「군사기지 및 군사시설 보호법」 제16조에 따른 보호구역등 관리기본계획
4. 「지역 개발 및 지원에 관한 법률」 제7조에 따른 지역개발계획

② 발전종합계획에는 다음 각 호의 사항이 포함되어야 한다.

1. 발전종합계획의 목표 및 기본방향에 관한 사항
2. 접경지역의 이용·개발과 보전에 관한 중장기 기본시책
7. 평화통일 기반시설 또는 통일지대의 설치에 관한 사항
8. 남북한 교류·협력 활성화를 위한 사업에 관한 사항
9. 통일 이후 남북공동의 성장동력으로 활용

할 지역산업의 육성에 관한 사항

10. 접경특화발전지구의 지정 · 개발 · 운영에 관한 사항
17. 관광자원의 개발과 관광산업의 진흥에 관한 사항
18. 도로·항만·공항·정보통신 등 사회간접자본의 정비와 확충에 관한 사항
19. 교육·의료·후생 시설 등 문화복지시설의 확충에 관한 사항
20. 민방위 경보, 대피시설 등 주민안전시설의 정비 및 확충에 관한 사항
21. 그 밖에 접경지역의 이용·개발과 보전에 필요한 사항

Ⅳ. 기존 법령 관련 행정 각부 업무

1. 섬 관련 법률

'무인도서법'에 의한 업무와 '도서생태계법'에 의한 업무도 가칭 '서해평화청'의 업무가 될 수 있다. 이를 위한 관련 법령의 개정이 필요하다. 무인도서의 보전 및 관리에 관한 법률은 무인도서와 그 주변해역의 보전 및 관리에 관하여 필요한 사항을 정함으로써 무인도서와 그 주변해역을 체계적으로 관리하여 공공복리의 관리에 이바지함을 목적으로 한다.

주무부서는 해양수산부(해양영토과)이다. 국가와 지방자치단체는 무인도서와 그 주변해역이 훼손되거나 무분별하게 이용·개발되지 아니하도록 하는 등 무인도서의 적정한 보전·관리에 필요한 시책을 수립·시행하여야 한다. 해양수산부장관은 무인도서 및 그 주변해역의 효율적인 보존·관리를 위하여 무인도서 및 그 주변해역에 대한 종합정보체계를 구축·운영할 수 있다. 종합관리계획은 「연안관리법」제30조 제1항에 따른 중앙연안관리심의회의 심의를 거쳐 확정된다.

독도 등 도서지역의 생태계 보전에 관한 특별법은 특정도서(特定島嶼)의 다양한 자연생태계, 지형 또는 지질 등을 비롯한 자연환경의 보전에 관한 기본적인 사항을 정함으로써 현재와 미래의 국민 모두가 깨끗한 자연환경 속에서 건강하고 쾌적한 생활을 할 수 있도록 함을 목적으로 한다.

주무부서는 환경부(자연생태정책과)이다. 환경부장관은 수자원, 화석, 희귀 동식물, 멸종위기 동식물, 그 밖에 우리나라 고유 생물종의 보존을 위하여 필요한 도서 등에 해당하는 경우 특정도서로 지정할 수 있다. 환경부장관은 특정도서의 자연생태계등을 보전하기 위하여 10년마다 특정도서보전 기본계획을 수립하고 관계 중앙행정기관의 장과 협의한 후 이를 확정한다.

우리나라 전역에 분포하고 있는 도서는 총 3,348개로, 무인도서 2,876개(85.9%)와 유인도서 472개(14.1%)로 이루어져 있다. 전체 도서 면적은 3,853㎢로 전 국토의 약 3.8%를 차지하며, 유인도서 면적은 3,777㎢로 전체 도서 면적의 98.0%를 차지한다.

▼표 전국 도서현황

구분	전체도서	유인도서	무인도서
도서 수(개)	3,348 (100.0%)	472 (14.1%)	2,876 (85.9%)
도서 면적(㎢)	3,853 (100.0%)	3,777 (98.0%)	76 (2.0%)

자료: 김경신 외, 『무인도서의 합리관리를 위한 제도개선 방안 연구』, 해양수산부, 2017

▼표 시도별 도서현황

구분		합계	부산	인천	울산	경기	강원
도서 면적 (㎢)	합계	3,853	41.999	700	0.04	4.963	0.26
	유인	3,777	37	691	0	4.233	0
	무인	76	4.71	8.29	0.04	0.73	0.26
도서 수 (개)	합계	3,339	48	151	3	46	34
	유인	463	3	40	0	5	0
	무인	2,876	45	111	3	41	34

구분		충남	전북	전남	경북	경남	제주
도서 면적 (㎢)	합계	166	38	1,829	72	931	15
	유인	158	36	1,788	72	921	14
	무인	8.49	2.29	40.45	0.14	9.13	1.84
도서 수 (개)	합계	268	105	2,011	43	564	66
	유인	32	25	267	3	80	8
	무인	236	80	1,744	40	484	58

자료: 홍장원 외 , 「도서지역 해양관광 발전전략 연구」, 2018, 한국해양수산개발원

▼표 섬 관련 부처별 정책사업 영역

(단위: %, 복수응답)

구분	해양수산부	행정안전부	문화체육관광부	환경부	농림축산식품부	국토교통부
섬 정주 여건 정비 개선	**66.7**	**30.0**	33.3	13.3	10.0	20.0
주민 여가 문화 확대	43.3	30.0	**80.0**	3.3	6.7	10.0
섬 관광 활성화	46.7	6.7	**93.3**	10.0	6.7	13.3
주민 공동체 역량 강화	46.7	**53.3**	30.0	3.3	**20.0**	10.0
영토 관리	56.7	23.3	6.7	13.3	-	**63.3**
환경 관리	**56.7**	3.3	10.0	**66.7**	-	10.0
자원 보전·관리	46.7	-	60.0	**50.0**	-	10.0

자료: 홍장원 외, 「도서지역 해양관광 발전전략 연구」, 2018, 한국해양수산개발원

2. 접경지역

지역 이미지는 장소성과 역사적 사건에 따라 시대적 상징성을 갖지만, 정책 등 제도적 장치 가미를 통하여 국민적 인식의 전환을 제고시키기도 한다. 당초 일반법이었던 접경지역 지원법의 목적에는 규정되어 있던 평화통일의 기반조성이라는 중요한 민족적 가치가 2011년 특별법에서는 사라지게 되면서 접경지역이 가지고 가야 할 평화통일의 가치와 이미지가 저하된 경향이 있다는 평가에 주목해야 한다.

접경지역은 남북분단으로 이중 삼중의 중복 규제가 발생하여 발전이 저해되고 주민들이 불안감을 지니고 살아가는 삶의 질이 저하되는 곳이다. 군사분계선에 인접한 지역으로 군부대와 밀접한 관계를 형성해 오고 있는 지역이다. 지난 60여 년 동안 군사시설로 인한 피해를 받았으나, 국민적 관심은 적은 곳이다. 남북이 대치된 상황에서 오랜 기간 소외되고 낙후된 지역이다. 각종 군사 규제, 산림규제 등으로 인한 개발이 저해되는 지역이다. 주민의 생활권이 군부대 통제로 제한된 곳이 대부분이므로 전국에서 낙후도가 높은 지역이다.[4]

접경지역에 대한 평가는 서해5도의 경우에도 시사하는 점이 많다. 구체적인 조사가 필요하다. 하지만 그 결과는 접경지역에 대한 평가와 큰 차이가 없을 것으로 생각된다.

▼표 접경지역 지원제도 정책방향에 관한 우선순위

접경지역 지원제도 우선순위	획득점수	100점 환산
통일정책 차원의 경제·사회·문화적 지원 보장	116	100
군사시설 규제완화 시범지역 지정 및 추진	114	98
관련계획과의 연계 강화	103	89
남북한 접경지역 교통인프라 공동계획 수립	74	64
접경지역 지원사업 대상 조정	58	50
평화통일특별지역 조성 조성기금 도입	41	35
접경지역 범위 재설정	39	34
접경지역 인식 재정립 및 홍보 강화	38	33
면 단위 행정지역 지원예산 투입	31	27
연차별 사업평가 및 모니터링 보고서 작성	9	9

자료: 유현아, 이상준, 「접경지역 지원제도 개선방안 연구」, 국토연구원, 2018.

3. 서해 평화체제 구축 남북합의사항 등 현안

1) 합의 사항 등

분야	세부 추진 내용	기대효과
평화수역 지정	평화수역과 공동어로구역의 대상 지역과 범위 협의 후 2008년 상반기 공동어로 사업 착수, 민간선박 해주 직항로 이용 협의(2007년 12월)	우발적 충돌 방지, 공동어로, 민간선박의 운항과 해상수송 보장, 제3국 불법조업 방지

4 유현아, 이상준, 「접경지역 지원제도 개선방안 연구」, 국토연구원, 2018.

경제특구 건설	해주항 개발, 해주지역 경제협력 특별구역 건설 2008년 구체적인 사업 계획 확정	개성공단과 연계하여 발전
한강하구 공동이용	한강하구 공동 조사 후 2008년 골재채취 사업 착수	

자료: 남정호, 서해평화수역 조성을 위한 정책방향 연구, 2018, 한국해양수산개발원

2) 남북한 미이행 및 중단사항

구 분	협의 및 중단 사항	비고
남북한 합의사항	공동어로, 공동순찰, 해주직항로 개설, 한강하구 모래채취	실무협의 과정에서 합의 실패
	해주항 개발,해주경제특구 설치	실무협의 실적 부재
	북한선박 제주해협 통과	2005. 8~2010. 5
남한 내 제안 구상	한강하구 항만 개발, 한강하구~북한 연계 관광, 초국경 해양공간계획(Transboundary MSP), 공동 파시, 공동 해양보호구역 지정 및 생태계 보호, 해양에너지 개발, 나들섬 개발, 연육교 건설	공식회담 실적 부재

자료: 남정호, 서해평화수역 조성을 위한 정책방향 연구, 2018, 한국해양수산개발원

3) 남북한 현안 사항

합의사항 및 구상	현안 사항	비고
공동어로 구역 지정	기준선 갈등(NLL vs. 경비계선)	남-북 쟁점
	수산자원 및 어업실태 정보 부족	
	남북한 어획 능력 불균형	남-북 쟁점
	공동어로에 대한 남한 내 갈등	남-남 쟁점
	해양 치안 담당 기구 전력 차이	남-북 쟁점
항만 개발 및 항로 개설	항만 개발에 따른 물동량 확보	
	항만 개발 후 남북 항만 경쟁	남-북 쟁점(장기)
	항로 개설을 위한 준설 비용 확보	남-남 쟁점
	준설에 따른 환경생태계 영향	남-남 쟁점, 환경 현안
해양에너지 개발	생태계 훼손, 자원감소	남-남 쟁점, 남-북 쟁점
한강하구 모래 채취	생태계 훼손, 자원감소	남-남 쟁점, 환경 현안
평화도로 건설, 나들 섬	생태계 훼손, 자원감소, 재해	남-남 쟁점
해양생태계 보호	낮은 우선순위	남-남 쟁점, 환경 현안
기타	서해경제 공동특구 공간·사업 범위	추진 필요
	평화수역과 공동어로구역의 관계	추진 필요
	서해평화 체제 구축 거버넌스 구상	설치 필요
	공간의 체계적 이용 전략	수립 필요

자료: 남정호, 서해평화수역 조성을 위한 정책방향 연구, 2018, 한국해양수산개발원(필자 일부 수정)

Ⅴ. 정리

서해평화청의 업무를 다음과 같은 업무를 추진해야 할 것이다. 첫째, 서해의 평화 조성과 관리를 위한 남북문제의 해결노력이다. 서해 접경 수역에서는 남북 해양 경계의 문제로 남북 사이에 심각한 분쟁과 충돌이 지속되고 있다. 남한의 NLL, 영해, 배타적 경제수역과 북한의 군사경계 수역, 영해, 배타적 경제수역 사이의 다툼이 해소되지 않고 있기 때문에 서해평화청의 주요 업무가 될 것이다.

둘째, 서해5도 등의 주민과 어민들에 대한 규제의 문제다. 북한과의 분쟁이 지속되면서 서해 접경 수역은 분쟁 수역화 되었다. 그에 따라 국내 법적으로 어민과 주민들에 대한 통제 정책이 실시되고 있다. 조업한계선 설정, 특정해역 설정, 선박 운항의 제약 등으로 주민들의 조업권, 이동권, 재산권 등이 제한되고 있다. 서해의 평화 조성과 관리를 위해 남북한 사이에 규제와 통제를 합리적으로 조정하는 노력이 필요하다.

셋째, 중국어선의 불법조업 문제이다. 서해 주요 해역에 대하여는 한중어업협정을 체결하였다. 그러나 서해 접경 수역인 북위 37도선 이북 수역에 대하여는 경계획정을 하지 못하였다. 중국 어선들의 서해 접경 수역 어로 활동이 증가하면서 국내법적으로는 특정 금지 구역을 설정하였다.

하지만 북한 관할권과 중첩되는 수역에서 중국 어선을 단속하는 데에는 한계가 있다.[5] 중국어선의 불법 조업이 서해의 평화 조성과 진흥에 위해가 되고 있다는 점을 감안하여, 이를 해결하기 위한 노력을 해야 한다.

구체적으로 서해평화청의 경우 다음과 같은 업무를 계획하고, 추진해야 할 것이다. 첫째, 법령을 기준으로 보면 국제법 관련 업무와 주요 국내 법령 관련 업무가 그 대상이다. 둘째, 현행 중앙행정기관 관련 업무와 관련하여 통일부 관련 업무, 해양수산부 관련 업무, 행정안전부 관련 업무 중 서해 관련 업무를 재조정하여 수행해야 한다. 셋째, 현행의 서해5도 지원 특별법과 접경지역 지원 특별법상의 업무도 포함해야 한다. 넷째, 섬 관련 업무도 일부 수행해야 한다. 그리고 다섯째, 서해평화체제 구축을 위한 남북합의사항과 중단 현안 등을 해결해야 할 것이다.

제6장 가칭 '서해평화청'의 직제 모델

Ⅰ. 행정중심복합도시건설청 직제 개요

행정중심복합도시건설청 직제는 대통령령에 근거하고 있다. 이 영은 「신행정수도 후속대책을 위한 연기·공주지역 행정중심복합도시 건설을 위한 특별법」 제38조에 따라 국토교통부장관 소속으로 설치하는 행정중심복합도시건설청의 조직 및 직무범위 그 밖에 필요한 사항을 규정함을 목적으로 한다. 주무관청은 국토교통부(복합도시정책과), 행정안전부(경제조직과), 행정중심복합도시건설청(혁신행정담당관)이다.

건설청에 운영지원과, 도시계획국 및 기반시설국을 둔다. 청장 밑에 대변인 1명을 두고, 차장 밑에 기획조정관 1명을 둔다(제4조). 차장은 고위공무원단에 속하는 일반직공무원으로 보한다(제5조). 건설청에 두는 공무원의 정원은 별표로 정한다. 공동캠퍼스 조성 업무를 지원하기 위하여 「행정기관의 조직과 정원에 관한 통칙」 제25조제1항에 따라 2023년 1월 24일까지 별표 3에 따른 한시정원을 행정중심복합도시건설청에 둔다.

행정중심복합도시건설청 공무원 정원표 (제16조제1항 관련)	
총계	135
정무직 계	1
청장(차관급)	1
일반직 계	134
고위공무원단	4
3급 또는 4급 이하	130

행정중심복합도시건설청 공무원 한시정원표 (제17조 관련)	
1. 제17조제1항 관련 한시정원 (존속기한: 2023년 1월 24일)	
총계	3
일반직 계	3
6급 이하	3
2. 제17조제2항 관련 한시정원 (존속기한: 2023년 3월 31일)	
총계	2
일반직 계	2
5급 이하	2
3. 제17조제3항 관련 한시정원 (존속기한: 2023년 3월 31일)	
총계	1
일반직 계	1
7급	1

행정중심복합도시건설청 한시조직에 두는 공무원 정원표 (제18조제4항 관련)	
공공건축추진단(존속기한: 2022년 6월 6일)	
총계	6
일반직 계	6
고위공무원단	1
3급 또는 4급 이하	5

Ⅱ. 새만금개발청 직제 개요

새만금개발청 직제는 대통령령에 근거하고 있다. 이 영은 「새만금사업 추진 및 지원에 관한 특별법」 제34조에 따라 국토교통부장관 소속으로 설치하는 새만금개발청의 조직 및 직무범위,

5 인하대 산학협력단, 「남북공동어로구역 설정을 위한 법적 고찰 연구 보고서」, 2020.11. 참조.

그 밖에 필요한 사항을 규정함을 목적으로 한다. 주무관청은 새만금개발청(혁신행정담당관), 행정안전부(경제조직과), 국토교통부(규제개혁법무담당관)이다.

새만금개발청에 운영지원과, 개발전략국 및 개발사업국을 둔다. 청장 밑에 대변인 1명을 두고, 차장 밑에 기획조정관 1명을 둔다(제3조). 차장은 고위공무원단에 속하는 일반직공무원으로 보한다(제4조). 새만금개발청에 두는 공무원의 정원은 별표와 같다.

새만금개발청 공무원 정원표 (제11조제1항 관련)	
총계	136
정무직 계	1
청장(차관급)	1
일반직 계	135
고위공무원단	4
3급 또는 4급 이하	131

새만금개발청 한시조직에 두는 공무원 정원표 (제10조제2항 관련)	
신재생에너지기반과(존속기한: 2023년 6월 7일)	
총계	3
일반직 계	3
서기관 또는 기술서기관	1
행정사무관 · 공업사무관 · 농업사무관 · 임업사무관 · 해양수산사무관 · 환경사무관 · 시설사무관 · 전산사무관 · 방송통신사무관 또는 방재안전사무관	1
행정주사보 · 공업주사보 · 농업주사보 · 임업주사보 · 해양수산주사보 · 환경주사보 · 시설주사보 · 전산주사보 · 방송통신주사보 또는 방재안전주사보	1

Ⅲ. 청의 직제 정리 및 요약

구분	행정중심복합도시 직제	새만금사업 직제
법령	행정중심복합도시건설청 직제 [시행 2021. 3. 30.] [대통령령 제31571호, 2021. 3. 30., 일부개정] 국토교통부(복합도시정책과), 044-201-3685 행정안전부(경제조직과), 044-205-2345 행정중심복합도시건설청(혁신행정담당관), 044-200-3081	새만금개발청 직제 [시행 2021. 7. 6.] [대통령령 제31872호, 2021. 7. 6., 타법개정] 새만금개발청(혁신행정담당관), 063-733-1145 행정안전부(경제조직과), 044-205-2342 국토교통부(규제개혁법무담당관), 044-201-3225
소속	국토교통부장관 소속 행정중심복합도시건설 추진위원회	국무총리 소속 위원회
조직	- 건설청에 청장 1명과 차장 1명을 두되, 청장은 정무직, 차장은 일반직 국가공무원 - 청장 밑에 대변인 1명(4급), 차장 밑에 기획조정관 1명(고위공무원단) - 차장: 고위공무원단	- 새만금청에 청장 1명과 차장 1명, 청장은 정무직, 차장은 고위공무원단 - 청장 밑에 대변인 1명(4급), 차장 밑에 기획조정관 1명(고위공무원단) - 차장: 고위공무원단
	- 운영지원과(3급 또는 4급) - 도시계획국(고위공무원단) - 기반시설국(고위공무원단)	- 운영지원과(3급 또는 4급) - 개발전략국(고위공무원단) - 개발사업국(고위공무원단)
한시 조직	- 2022년 6월 6일까지 공공건축추진단 존속(단장 1명, 고위공무원단)	- 2023년 6월 7일까지 신재생에너지기반과 존속(과장 1명, 4급)
인건비 및 기본경비 평균	연평균 153억원	연평균 139억원

▼ 표 새만금개발청 및 행정중심복합도시건설청 인건비 및 기본경비 예산 현황: 2017~2021년

(단위: 억원)

구분		2017	2018	2019	2020	2021	평균
새만금 개발청	소계	119	130	143	151	150	139
	인건비	89	101	113	114	113	106
	기본경비	30	29	30	37	37	33
행정 중심 복합 도시	소계	147	148	155	158	155	153
	인건비	113	117	124	125	123	120
	기본경비	34	31	31	33	32	32

주) 2021년은 정부 확정 예산안

자료: 예산안 사업설명자료를 바탕으로 국회예산정책처 작성[6]

Ⅳ. '서해평화청' 설치 시 직제 방안

서해평화청 직제 관련 대통령령은 「서해의 평화조성과 관리를 위한 특별법」 제0조에 따라 통일부장관 소속으로 설치하는 서해평화청의 조직 및 직무범위, 그 밖에 필요한 사항을 규정함을 목적으로 한다. 서해평화청은 서해평화를 위한 정책, 사업의 총괄·조정, 기본계획 수립 및 변경 등 서해평화에 관한 사무를 관장한다.

서해평화청에 운영지원과, 해양수산국, 행정안전국, 남북협력국을 둔다. 청장 밑에 대변인 1명을 두고, 차장 밑에 기획조정관 1명을 둔다. 차장은 고위공무원단에 속하는 일반직공무원으로 보한다. 대변인은 4급으로 보한다. 기획조정관은 고위공무원단에 속하는 일반직공무원으로 보한다. 운영지원과장은 3급 또는 4급으로 보한다.

해양수산국에 국장 1명을 두며, 국장은 고위공무원단에 속하는 일반직공무원으로 보한다. 행정안전국에 국장 1명을 두며, 국장은 고위공무원단에 속하는 일반직공무원으로 보한다. 남북협력국에 국장 1명을 두며, 국장은 고위공무원단에 속하는 일반직공무원으로 보한다.

「행정기관의 조직과 정원에 관한 통칙」 제12조제3항 및 제14조제4항에 따라 서해평화청에 두는 보좌기관 또는 보조기관은 서해평화청에 두는 정원의 범위에서 통일부령으로 정한다. 서해평화청에 두는 공무원의 정원은 별표와 같다. 서해평화청에 두는 공무원의 직급별 정원은 통일부령으로 정한다. 서해평화 사업을 지원하기 위하여 「행정기관의 조직과 정원에 관한 통칙」 제25조제1항에 따라 0000년 0월 00일까지 별표에 따른 한시정원을 서해평화청에 둔다.

6 국회예산정책처, 정부조직법 일부개정법률안(송영길 의원 대표발의); 의안 번호 6174; 발의연월일: 2020.12.07; 발의자: 송영길·강민정·김영호·박찬대·양정숙·윤관석 윤재갑·이성만·이용빈 정일영·허종식 의원(11인).

제7장 정리 및 결론: 서해의 평화 조성과 관리를 위한 행정조직 설치 방안

Ⅰ. 서해평화위원회 및 서해평화청의 설치 개요

1. 행정조직 설치 법적 근거

가칭 '서해의 평화조성과 관리를 위한 행정조직 설치에 관한 특별법'(혹은 000 법률 시행령)'을 제정한다.

2. 조직의 개요

1) **서해평화위원회 설치:** 국무총리 소속으로 서해평화위원회를 설치한다.

2) **서해평화청 설치:** 통일부 소속으로 가칭 '서해평화청'을 설치한다.

3) **서해평화지원단 설치:** 서해평화위원회 내에 국무총리 소속으로 서해평화지원단을 설치한다.

3. 주요 내용

1) 기본계획의 수립 등: 서해평화청장은 서해의 평화조성과 관리를 추진하기 위하여 기본계획을 수립하여야 한다. 인천광역시장은 기본계획에 대한 사항을 서해평화청장에게 제안할 수 있다.

2) 서해평화위원회의 설치 및 운영: 서해의 평화조성과 관리를 관한 중요 사항을 심의하기 위하여 국무총리 소속으로 서해평화위원회를 둔다. 서해평화위원회는 위원장 2명을 포함하여 30명 이내의 위원으로 구성한다. 위원장은 국무총리와 대통령이 위촉하는 사람(* 민간 전문가 등)이 되고, 위원은 관계 중앙행정기관의 장과 위촉받은 사람이 된다. 서해평화위원회의 효율적인 운영 및 지원을 위하여 간사를 두되, 국무조정실과 서해평화청 소속 공무원 중 국무총리인 위원장이 지명하는 사람으로 한다.

3) 서해평화지원단 설치 등: 서해평화위원회의 효율적인 지원을 위하여 국무총리 소속으로 서해평화지원단(이하 "지원단"이라 한다)을 설치한다. 지원단은 서해평화사업과 관련된 정책의 통합·조정 및 서해평화위원회 운영 등에 관한 업무를 수행한다.

4) 서해평화청의 설치 등: 서해의 평화조성과 협력 그리고 지원과 효율적인 관리를 위하여 통일부 장관 소속으로 서해평화청을 둔다. 서해평화청은 「정부조직법」 제2조에 따른 중앙행정기관으로서 그 소관 사무를 수행한다. 서해평화청에 청장 1명과 차장 1명을 두되, 청장은 정무직으로 하고, 차장은 고위공무원단에 속하는 일반직 국가공무원으로 한다.

5) 서해평화청장의 업무: 서해평화청장은 서해의 평화조성과 협력 그리고 지원과 효율적인 관리에 관련한 정책의 통합·조정·집행에 관한 업무를 수행한다.

6) 관계 기관 등에의 협조 요청: 서해평화위원회·통일부장관 또는 서해평화청장은 그 업무 수행을 위하여 필요하다고 인정하는 경우에는 관계 행정기관의 장 및 관계 기관·단체의 장에게 자료·자문 등의 지원을 요청할 수 있다. 이 경우 자료·자문을 요청 받은 기관·단체의 장은 특별한 사유가 없으면 그 요청에 따라야 한다.

7) 임직원의 파견 요청 등 : 서해평화청장은 그 업무수행을 위하여 필요한 때에는 관계 행정기관 소속의 공무원 및 관계 기관·법인·단체 등의 임직원의 파견 또는 겸임을 요청할 수 있다.

Ⅱ. 서해평화청 직제 개요

1. 개요

1) 목적: 이 대통령령은 「서해의 평화 조성 및 관리를 위한 특별법」 제0조에 따라 통일부장관 소속으로 설치하는 서해평화청의 조직 및 직무범위, 그 밖에 필요한 사항을 규정함을 목적으로 한다.

2) 직무: 서해평화청은 서해의 평화조성과 협력 그리고 지원과 효율적인 관리를 위한 정책, 사업의 총괄·조정, 기본계획 수립 및 변경 등 서해평화에 관한 사무를 관장한다.

2. 조직

1) 개요: 서해평화청에 운영지원과, 해양수산국, 행정안전국, 남북협력국을 둔다. 청장 밑에 대변인 1명을 두고, 차장 밑에 기획조정관 1명을 둔다.

2) 차장 등: 차장은 고위공무원단에 속하는 일반직공무원으로 보한다. 대변인은 4급으로 보한다. 기획조정관은 고위공무원단에 속하는 일반직공무원으로 보한다. 운영지원과장은 3급 또는 4급으로 보한다.

3) 해양수산국: 해양수산국에 국장 1명을 둔다. 국장은 고위공무원단에 속하는 일반직공무원으로 보한다. 국장은 서해평화관련 해양수산업무의 총괄 및 집행 등을 분장한다.

4) 행정안전국: 행정안전국에 국장 1명을 둔다. 국장은 고위공무원단에 속하는 일반직공무원으로 보한다. 국장은 서해평화 관련 지역 내 주민지원, 시설물의 재난 및 안전관리에 관한 사항 등을 분장한다.

5) 남북협력국: 남북협력국에 국장 1명을 둔다. 국장은 고위공무원단에 속하는 일반직공무원으로 보한다. 국장은 서해평화 관련 남북 사업의 종합계획의 수립·시행에 관한 사항 등을 분장한다.

6) 서해평화청에 두는 공무원의 정원: 서해평

화청에 두는 공무원의 정원은 별표와 같다. 서해평화청에 두는 공무원의 직급별 정원은 통일부령으로 정한다. 서해평화청에 두는 공무원의 정원 중 00명(5급 0명, 6급 0명)은 행정안전부, 00명(5급 0명, 6급 0명)은 해양수산부 소속 공무원으로 각각 충원하여야 한다.

7) 한시정원: 서해평화 사업을 지원하기 위하여 「행정기관의 조직과 정원에 관한 통칙」 제25조제1항에 따라 0000년 0월 00일까지 별표에 따른 한시정원을 서해평화청에 둔다.

Ⅲ. 서해평화지원단 개요

1. 개요

1) 목적: 이 훈령은 「서해의 평화조성과 관리를 위한 특별법 시행령」 제0조 제0항에서 규정한 사항 외에 서해평화지원단의 구성 및 운영에 필요한 사항을 규정함을 목적으로 한다.

2) 기능: 서해평화지원단(이하 "지원단"이라 한다)은 「서해의 평화조성과 관리를 위한 특별법 시행령」 제0조 제0항 각 호의 업무 외에 서해의 평화 조성과 관리와 관련된 정책의 통합·조정 및 서해평화위원회 운영과 관련하여 국무총리가 지시하는 사항을 수행한다.

2. 조직

1) 단장: 지원단에 단장 1명을 둔다. 단장은 국무조정실 00실장이 겸임하고, 부단장은 일반직공무원 중에서 국무총리가 지명하는 사람이 된다.

2) 단원: 지원단의 단원은 관계 행정기관에서 파견된 공무원 및 관계 기관·단체 등에서 파견된 임직원으로 한다. 지원단은 업무 수행을 위하여 필요한 때에는 예산의 범위에서 관련 분야 전문가를 직원으로 둘 수 있다.

3) 관계 기관 등에의 협조 요청: 지원단은 업무 수행을 위하여 필요한 때에는 전문지식과 경험이 있는 관계 공무원 또는 관계 전문가의 의견을 듣거나 관계 기관·단체 등에 대하여 필요한 자료 및 의견 제출 등 협조를 요청할 수 있다.

4) 자문위원: 단장은 업무수행과 관련하여 필요하다고 인정할 때에는 행정기관·정부투자기관 또는 정부출연연구기관 등의 직원 및 대학교수 등 관련 전문가를 자문위원으로 위촉할 수 있다.

5) 운영세칙: 이 훈령에서 정한 사항 외에 지원단의 운영에 관하여 필요한 사항은 단장이 정한다.

제8장 법령 예시: 서해의 평화 조성과 관리를 위한 행정조직 설치 법령

Ⅰ. 서해의 평화 조성과 관리를 위한 행정조직 설치에 관한 특별법(혹은 000 법률 시행령)

통일부(00과)

제1조(목적) 이 법은 서해의 평화 조성과 협력 그리고 지원과 효율적인 관리를 위한 정책 추진을 통하여 남북한 관계의 평화협력은 물론 서해지역의 발전에 이바지함을 목적으로 한다.

* '서해평화기본법'(서해5도지원특별법, 서해평화관리법 등) 제 00조에 따라 서해평화청의 설치를 목적으로 한다.

제2조(정의) 이 법에서 사용하는 용어의 뜻은 다음과 같다.

1. "서해5도"란 인천광역시 옹진군에 속하는 백령도·대청도·소청도·연평도·소연평도와 인근 해역을 말한다.
2. "서해 접경지역"이란 1953년 7월 27일 체결된 「군사정전에 관한 협정」에 따라 설치된 비무장지대 또는 해상의 북방한계선과 잇닿아 있는 시·군과 「군사기지 및 군사시설 보호법」 제2조제7호에 따른 민간인통제선 이남(以南)의 지역 중 민간인통제선과의 거리 및 지리적 여건 등을 기준으로 하여 대통령령으로 정한 인천광역시 강화군, 옹진군을 말한다.

제3조(다른 법률과의 관계) 이 법은 서해의 평화 조성과 관리에 관하여 다른 법률에 우선하여 적용한다.

제4조(국가 및 지방자치단체의 책무) ① 국가와 지방자치단체는 서해의 평화 조성과 관리를 위하여 상호 협력하여야 한다.

② 국가와 지방자치단체는 서해의 평화 조성과 관리를 위해 재원조달계획 등을 수립하여 필요한 재원이 반영되도록 노력하여야 한다.

제5조(기본계획의 수립 등) ① 서해평화청장은 서해의 평화 조성과 관리를 추진하기 위하여 기본계획을 수립하여야 하며, 사회적·경제적 여건변화 등 필요에 따라 기본계획을 변경할 수 있다.

1. 서해5도와 서해접경지역 인근 해역 등 관리를 위한 기본 계획 수립
2. 서해5도와 서해접경지역 인근 해역 등 종합개발계획 및 연차별계획의 수립
3. 서해5도와 서해접경지역 인근 해역 등 해양수산정책에 관한 중·장기 종합계획의 수립
4. 서해5도와 서해접경지역 인근 해역 등 해양영토관리 기본계획 및 국제협력에 관한 사항
5. 서해5도와 서해접경지역 인근 해역 등 경제공동특구 지정 및 남북공동 협력사업의 추진
6. 서해5도와 서해접경지역 인근 해역 등 접경지대의 평화적 이용에 관한 정책의 수립 및 관리
7. 서해5도와 서해접경지역 인근 해역 등 평화수역과 공동어로구역의 대상 지역과 관리 계획
8. 서해5도와 서해접경지역 인근 해역 등 항만개발 및 항로 개설 계획에 관한 사항
9. 서해5도와 서해접경지역 인근 해역 등 해양자원 정책의 계획 및 시행에 관한 사항
10. 기타 서해5도와 서해접경지역 인근 해역 등 관련 업무로 대통령령으로 정한 사항

② 인천광역시장은 기본계획에 대한 사항을 서해평화청장에게 제안할 수 있다. 이 경우 서해평화청장은 기본계획을 수립하거나 변경하려는 때에는 이를 반영할 수 있다.

제6조(서해평화위원회의 설치 및 운영) ① 서해의 평화 조성과 관리에 관한 중요 사항을 심의하기 위하여 국무총리 소속으로 서해평화위원회를 둔다.

② 서해평화위원회는 다음 각 호의 사항을 심의한다.

1. 제5조의 기본계획에 관한 사항
2. 서해의 평화조성과 관리에 관련된 중요한 사항
3. 그 밖에 위원장이 필요하다고 인정하여 회의에 부치는 사항

③ 서해평화위원회는 위원장 2명을 포함하여 30명 이내의 위원으로 구성한다.

④ 위원장은 국무총리와 대통령이 위촉하는 사람(*민간전문가 등)이 되고, 위원은 다음 각 호의 사람이 된다.

1. 관계 중앙행정기관의 장(* 시행령으로 규정 : 통일부 장관, 기획재정부장관, 국방부장관, 과학기술정보통신부장관, 행정안전부장관, 문화체육관광부장관, 농림축산식품부장관, 산업통상자원부장관, 환경부장관, 국토교통부장관, 해양수산부장관, 국무조정실장 등)
2. 인천광역시장
3. 서해평화청장, 해양경찰청장
4. 국무총리가 위촉하는 민간전문가 등

⑤ 서해평화위원회를 구성할 때는 위원의 3분의 1 이상을 통일·해양·섬· 관광·생태·역사 분야 전문가 등으로서 서해의 평화 조성과 운영에 이바지할 수 있는 지식과 경험이 풍부한 민간전문가로 한다.

⑥ 서해평화위원회의 효율적인 운영 및 지원을 위하여 간사를 두되, 국무조정실과 서해평화청 소속 공무원 중 국무총리인 위원장이 지명하는 사람으로 한다.

⑦ 서해평화위원회는 그 효율적 운영을 위하여 필요한 경우에는 대통령령으로 정하는 사항을 심의하기 위하여 분과위원회를 둘 수 있다.

⑧ 그 밖에 서해평화위원회 및 분과위원회의 구성 및 운영에 관하여 필요한 사항은 대통령령으로 정한다.

제7조 (서해평화지원단 설치 등) ① 서해평화위원회의 효율적인 지원을 위하여 국무총리 소속으로 서해평화지원단(이하 "지원단"이라 한다)을 설치한다.

② 지원단은 서해평화사업과 관련된 정책의 통합·조정 및 서해평화위원회 운영 등에 관한 업무를 수행한다.

③ 지원단의 구성 및 운영에 필요한 사항은 대통령령으로 정한다.

제8조(서해평화청의 설치 등) ① 서해평화사업의 원활한 추진과 지원 그리고 효율적인 관리를 위하여 통일부 장관 소속으로 서해평화청을 둔다.

② 서해평화청은 「정부조직법」 제2조에 따른 중앙행정기관으로서 그 소관 사무를 수행한다.

③ 서해평화청에 청장 1명과 차장 1명을 두되, 청장은 정무직으로 하고, 차장은 고위공무원단에 속하는 일반직 국가공무원으로 한다.

④ 서해평화청의 조직·운영 및 그 밖에 필요한 사항은 대통령령으로 정한다.

제9조(서해평화청장의 업무) 서해평화청장은 서해평화사업과 관련한 정책의 통합·조정·집행에 관한 다음 각 호의 업무를 수행한다.

1. 제5조의 기본계획의 수립 및 변경에 관한 사항
2. 제6조의 서해평화위원회의 지원에 관한 사항
3. 서해의 평화 조성과 관리를 위한 업무의 총괄·조정
4. 이 법 또는 다른 법률에서 서해평화청장의 업무로 규정한 업무
5. 그 밖에 대통령령으로 정하는 업무

제10조(관계 기관 등에의 협조 요청) 위원회·통일부장관 또는 서해평화청장은 그 업무 수행을 위하여 필요하다고 인정하는 경우에는 관계 행정기관의 장 및 관계 기관·단체의 장에게 자료·자문 등의 지원을 요청할 수 있다. 이 경우 자료·자문을 요청 받은 기관·단체의 장은 특별한 사유가 없으면 그 요청에 따라야 한다.

제11조 (임직원의 파견 요청 등) ① 서해평화청장은 그 업무수행을 위하여 필요한 때에는 관계 행정기관 소속의 공무원 및 관계 기관·법인·단체 등의 임직원의 파견 또는 겸임을 요청할 수 있다.

② 서해평화청장은 그 업무수행을 위하여 필요한 때에는 관련 분야의 전문가를 임기제공무원으로 둘 수 있다.

부 칙

Ⅱ. 서해의 평화 조성과 관리를 위한 '서해평화청 직제'

[대통령령 서해평화청(00담당관)]

제1조(목적) 이 영은 「서해의 평화 조성 및 관리에 관한 특별법(시행령)/혹은 서해평화기본법」 제0조에 따라 통일부장관 소속으로 설치하는 서해평화청의 조직 및 직무범위, 그 밖에 필요한 사항을 규정함을 목적으로 한다.

제2조(직무) 서해평화청은 서해의 평화 조성 및 관리를 위한 정책, 사업의 총괄·조정, 기본계획 수립 및 변경 등 서해평화에 관한 사무를 관장한다.

제3조(하부조직) ① 서해평화청에 운영지원과, 해양수산국, 행정안전국, 남북협력국을 둔다.

② 청장 밑에 대변인 1명을 두고, 차장 밑에 기획조정관 1명을 둔다.

제4조(차장) 차장은 고위공무원단에 속하는 일반직공무원으로 보한다.

제5조(대변인) ① 대변인은 4급으로 보한다.

② 대변인은 다음 사항에 관하여 청장을 보좌한다.

1. 주요정책에 관한 대국민 홍보계획의 수립·조정과 정책 홍보의 협의·지원에 관한 사항
2. 청 내 업무의 대외 정책발표 및 브리핑 지원

에 관한 사항
3. 언론보도 내용의 확인, 정정보도 등에 관한 사항
4. 온라인 대변인 지정·운영 등 소셜 미디어 정책소통 총괄·점검 및 평가
5. 그 밖에 정책홍보 관리 및 정보 지원에 관한 사항

제6조(기획조정관) ① 기획조정관은 고위공무원단에 속하는 일반직공무원으로 보한다.
② 기획조정관은 다음 사항에 관하여 차장을 보좌한다.
1. 각종 정책과 계획 수립의 총괄·조정
2. 각종 지시사항 및 청 내 국정과제의 점검·관리
3. 국회와 관련된 업무의 총괄
4. 서해평화위원회 지원에 관한 사항
5. 예산의 편성, 예산의 집행의 조정 및 결산에 관한 사항
6. 청 내 정부혁신 관련 과제 발굴·선정, 추진상황 확인·점검 및 관리
7. 청 내 조직과 정원의 관리
8. 성과관리 계획의 수립 및 총괄·조정과 정부업무평가에 관한 사항
9. 법령 제·개정 등 법제업무와 소송사무의 총괄
10. 감사, 공직기강 및 부패방지에 관한 사항
11. 청 내 민원제도 개선 및 민원업무의 총괄
12. 각종 인·허가에 관한 사항
13. 청 내 정보화 업무의 총괄·조정 및 추진

제7조(운영지원과) ① 운영지원과장은 3급 또는 4급으로 보한다.
② 운영지원과장은 다음 사항을 분장한다.
1. 공무원의 임용·복무·교육훈련과 그 밖에 인사에 관한 사항
2. 공무원의 급여·연금 및 복리후생에 관한 사항
3. 보안 및 관인의 관리
4. 문서의 분류·접수·발송
5. 정보공개, 기록물의 관리 및 기록관 운영에 관한 사항
6. 물품·용역·공사 등의 계약에 관한 사항
7. 국유재산·물품의 관리, 예산의 운용 및 회계에 관한 사항
8. 안전관리·재난상황 및 위기상황관리기관과의 연계체계 구축·운영
9. 직장예비군·민방위대의 관리 및 비상대비 훈련에 관한 사항
10. 그 밖에 청 내 다른 부서의 소관에 속하지 아니하는 사항

제8조(해양수산국) ① 해양수산국에 국장 1명을 둔다.
② 국장은 고위공무원단에 속하는 일반직공무원으로 보한다.
③ 국장은 다음 사항을 분장한다.
1. 서해5도와 서해접경지역 인근 해역 등 해양수산정책에 관한 종합계획의 수립·조정 및 시행
2. 서해5도와 서해접경지역 인근 해역 등 해양자원 정책의 총괄·기획·조정 및 시행
3. 서해5도와 서해접경지역 인근 해역 등 평화수역과 공동어로구역에 관한 업무
4. 서해5도와 서해접경지역 인근 해역 등 해양관광 진흥에 관한 업무
5. 서해5도와 서해접경지역 인근 해역 등 무인도서의 보전 및 관리에 관한 업무
6. 서해5도와 서해접경지역 인근 해역 등 해양영토관리 및 국제협력에 관한 사항
7. 서해5도와 서해접경지역 인근 해역 등 항만개발 및 항로 개설에 관한 사항
8. 기타 서해평화관련 해양수산 업무로 정한 사항

제9조(행정안전국) ① 행정안전국에 국장 1명을 둔다.
② 국장은 고위공무원단에 속하는 일반직공무원으로 보한다.
③ 국장은 다음 사항을 분장한다.
1. 서해5도와 서해접경지역 인근 해역 등 지역발전 추진과 관련된 종합개발계획 및 연차

별계획의 수립·지원
2. 서해5도와 서해접경지역 인근 해역 등 남북 공동 협력지구의 구축 및 협력사업의 추진
3. 서해5도와 서해접경지역 인근 해역 등 주민의 안전한 정주여건 조성 및 안전 확보에 관한 사항
4. 서해5도와 서해접경지역 인근 해역 등 사회간접자본시설의 확충·정비에 관한 사항
5. 서해5도와 서해접경지역 인근 해역 등 평화통일 기반시설에 관한 사항
6. 기타 서해평화관련 행정안전국의 업무로 정한 사항

제10조(남북협력국) ① 남북협력국에 국장 1명을 둔다.
② 국장은 고위공무원단에 속하는 일반직공무원으로 보한다.
③ 국장은 다음 사항을 분장한다.
1. 서해5도와 서해접경지역 인근 해역 등의 평화적 이용에 관한 정책의 수립 및 관리
2. 서해5도와 서해접경지역 인근 해역 등과 관련된 남북한 교류 등에 대한 기획 및 지원
3. 서해5도와 서해접경지역 인근 해역 등의 평화적 이용과 관련된 사업의 인허가에 관한 사항
4. 서해5도와 서해접경지역 인근 해역 등 남북한 교류·협력 활성화를 위한 사업에 관한 사항
5. 서해5도와 서해접경지역 인근 해역 등 서해경제 공동특구 지정 및 사업에 관한 사항
6. 기타 서해평화관련 남북협력국의 업무로 정한 사항

제11조(위임규정) 「행정기관의 조직과 정원에 관한 통칙」 제12조 제3항 및 제14조 제4항에 따라 서해평화청에 두는 보좌기관 또는 보조기관은 서해평화청에 두는 정원의 범위에서 통일부령으로 정한다.

제12조(서해평화청에 두는 공무원의 정원) ① 서해평화청에 두는 공무원의 정원은 별표와 같다. 다만, 필요한 경우에는 별표에 따른 총 정원의 00퍼센트를 넘지 않는 범위에서 통일부령으로 정원을 따로 정할 수 있다.
② 서해평화청에 두는 공무원의 직급별 정원은 통일부령으로 정한다.
③ 서해평화청에 두는 공무원의 정원 중 00명(5급 0명, 6급 0명)은 행정안전부, 00명(5급 0명, 6급 0명)은 해양수산부 소속 공무원으로 각각 충원하여야 한다. 이 경우 서해평화청장은 충원방법 및 절차 등에 관하여 각 해당 기관의 장과 미리 협의하여야 한다.

제13조(한시정원) 서해평화 사업을 지원하기 위하여 「행정기관의 조직과 정원에 관한 통칙」 제25조제1항에 따라 0000년 0월 00일까지 별표에 따른 한시정원을 서해평화청에 둔다.

부칙

제1조(시행일) 이 영은 0000년 0월 0일부터 시행한다.
제2조(기능 이관에 따른 공무원의 이체) 이 영 시행 당시 00부 소속 공무원 6명(5급 1명, 6급 2명, 7급 2명, 기능9급 1명), 00 소속 공무원 1명(6급 1명), 00부 소속 공무원 1명(5급 1명)은 이 영 시행일부터 서해평화청 소속 공무원으로 보아 이를 서해평화청으로 이체한다.

Ⅲ. 서해의 평화 조성과 관리를 위한 '서해평화지원단 구성 및 운영에 관한 규정'

[국무총리훈령, 국무조정실(서해평화지원단)]

제1조(목적) 이 훈령은 「서해의 평화 조성 및 관리에 관한 특별법 시행령」 제0조에서 규정한 사항 외에 서해평화지원단의 구성 및 운영에 필요한 사항을 규정함을 목적으로 한다.

제2조(기능) 서해평화지원단(이하 "지원단"이라 한다)은 「서해의 평화 조성 및 관리에 관한 특별법 시행령」 제0조 각 호의 업무 외에 서해평화와

관련된 정책의 통합·조정 및 서해평화위원회 운영과 관련하여 국무총리가 지시하는 사항을 수행한다.

제3조(구성) ① 지원단에 단장 1명을 둔다.

② 단장은 국무조정실 00실장이 겸임하고, 부단장은 일반직공무원 중에서 국무총리가 지명하는 사람이 된다.

③ 지원단의 단원은 관계 행정기관에서 파견된 공무원 및 관계 기관·단체 등에서 파견된 임직원으로 한다.

④ 지원단은 업무 수행을 위하여 필요한 때에는 예산의 범위에서 관련 분야 전문가를 직원으로 둘 수 있다.

제4조(관계 기관 등에의 협조 요청) 지원단은 업무 수행을 위하여 필요한 때에는 전문지식과 경험이 있는 관계 공무원 또는 관계 전문가의 의견을 듣거나 관계 기관·단체 등에 대하여 필요한 자료 및 의견 제출 등 협조를 요청할 수 있다.

제5조(자문위원) 단장은 업무수행과 관련하여 필요하다고 인정할 때에는 행정기관·정부투자기관 또는 정부출연연구기관 등의 직원 및 대학교수 등 관련 전문가를 자문위원으로 위촉할 수 있다.

제6조(조사 및 연구 의뢰) ① 지원단은 그 업무에 관한 사항을 검토하기 위하여 필요한 때에는 관계 전문가 또는 관계 기관·단체 등에 조사 또는 연구를 의뢰할 수 있다.

② 제1항에 따른 조사 또는 연구를 의뢰하는 경우에는 예산의 범위에서 필요한 경비를 지급할 수 있다.

제7조(포상 추천) 단장은 지원단에 파견된 공무원 또는 임직원 중 지원단에 기여한 공적이 크거나 직무를 성실히 수행한 사람에 대하여 포상 대상자로 추천하도록 원 소속기관의 장에게 요청할 수 있다.

제8조(보수 등) 지원 단에 파견된 공무원 또는 임직원의 보수는 원 소속기관에서 지급한다. 다만, 수당·여비, 그 밖의 필요한 경비는 예산의 범위에서 지원단에서 지급할 수 있다.

제9조(운영세칙) 이 훈령에서 정한 사항 외에 지원단의 운영에 관하여 필요한 사항은 단장이 정한다.

2부

서해5도 관련 자료와 법령 및 판례

서해5도 관련 각종 지도
서해5도 관련 남북한 합의문
서해5도 관련 조약 등 국제법 분야의 자료
서해5도 관련 국회 발의된 법안 및 각종 자료
어선안전조업법 관련 자료
서해5도 관련 주요 법원 판결
서해5도 관련 주요 행정입법

서해5도 관련 각종 지도

양희철(KIOST) · 이석우(인하대)

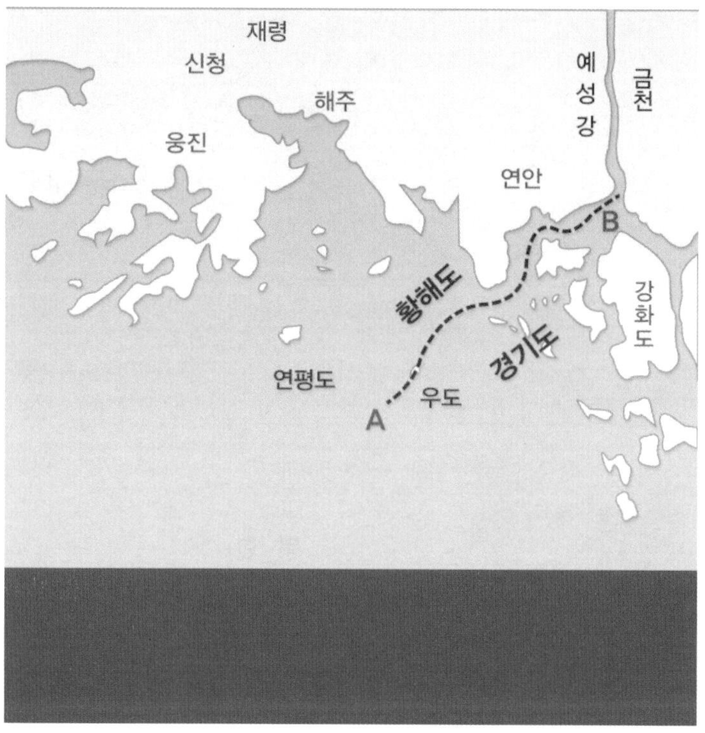

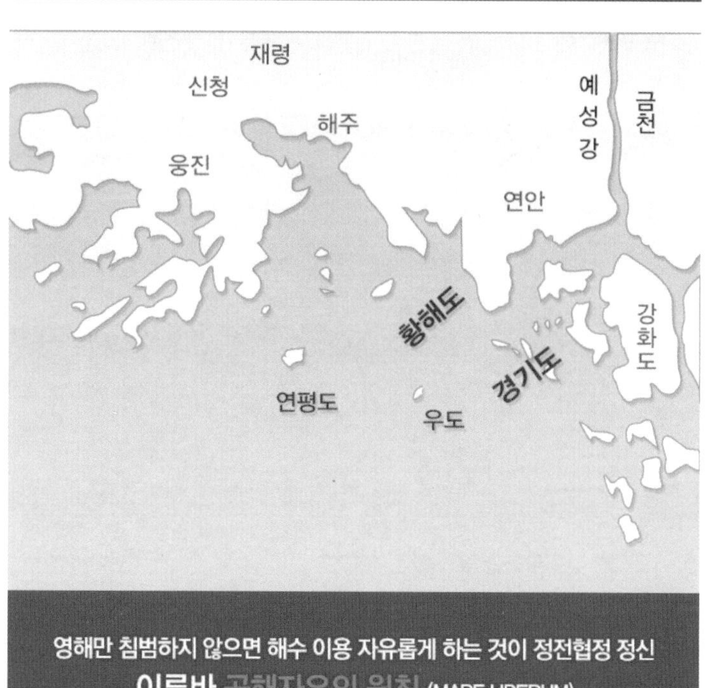

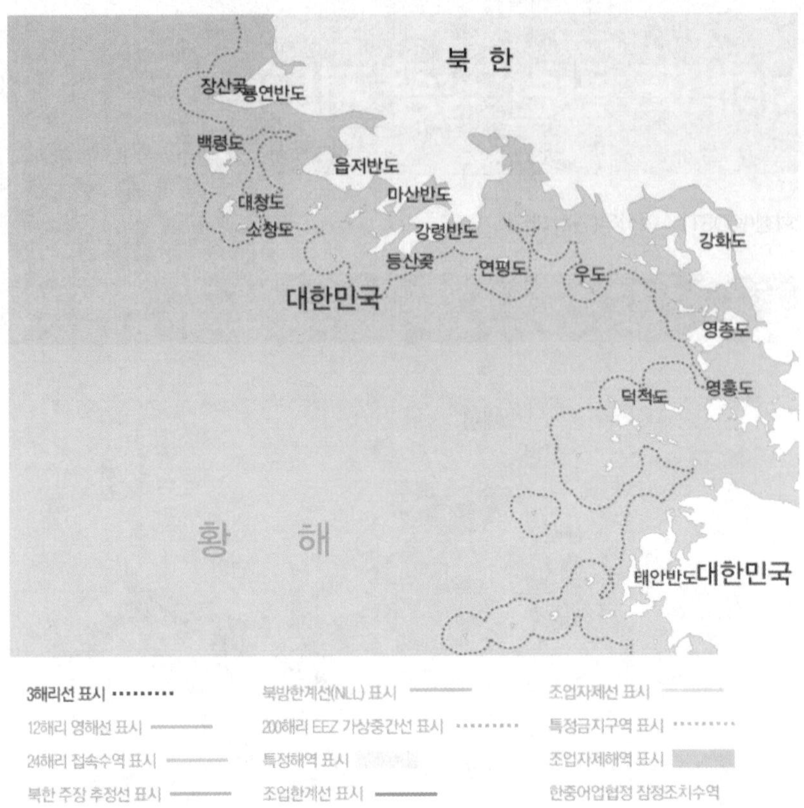
북 한
장산곶
룡연반도
백령도
읍저반도
마산반도
대청도
소청도
강령반도
등산곶
연평도
우도
강화도
대한민국
영종도
덕적도
영흥도
황 해
태안반도
대한민국
3해리선 표시
12해리 영해선 표시
24해리 접속수역 표시
북한 주장 추정선 표시
북방한계선(NLL) 표시
200해리 EEZ 가상중간선 표시
특정해역 표시
조업한계선 표시
조업자제선 표시
특정금지구역 표시
조업자제해역 표시
한중어업협정 잠정조치수역

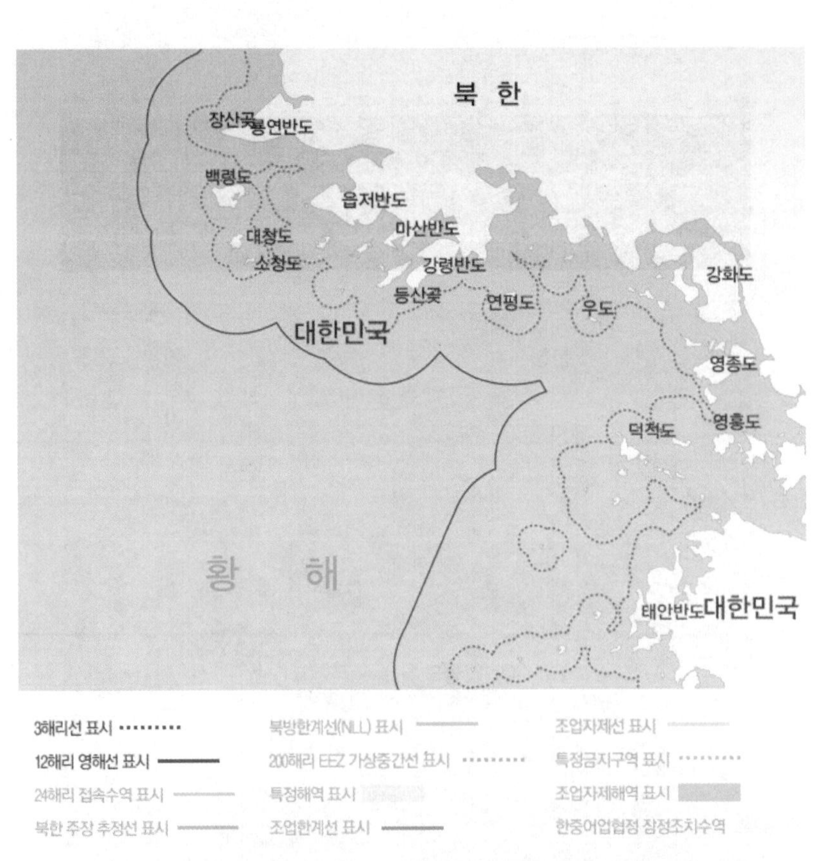
북 한
장산곶
룡연반도
백령도
읍저반도
마산반도
대청도
소청도
강령반도
등산곶
연평도
우도
강화도
대한민국
영종도
덕적도
영흥도
황 해
태안반도
대한민국
3해리선 표시
12해리 영해선 표시
24해리 접속수역 표시
북한 주장 추정선 표시
북방한계선(NLL) 표시
200해리 EEZ 가상중간선 표시
특정해역 표시
조업한계선 표시
조업자제선 표시
특정금지구역 표시
조업자제해역 표시
한중어업협정 잠정조치수역

북 한
장산곶
옹연반도
백령도
읍저반도
대청도
마산반도
소청도
강령반도
등산곶
연평도
우도
강화도
대한민국
영종도
덕적도
영흥도
황 해
태안반도
대한민국
3해리선 표시
12해리 영해선 표시
24해리 접속수역 표시
북한 주장 추정선 표시
북방한계선(NLL) 표시
200해리 EEZ 가상중간선 표시
특정해역 표시
조업한계선 표시
조업자제선 표시
특정금지구역 표시
조업자제해역 표시
한중어업협정 잠정조치수역

북 한
장산곶
옹연반도
백령도
읍저반도
대청도
마산반도
소청도
강령반도
등산곶
연평도
우도
강화도
대한민국
영종도
덕적도
영흥도
황 해
태안반도
대한민국
3해리선 표시
12해리 영해선 표시
24해리 접속수역 표시
북한 주장 추정선 표시
북방한계선(NLL) 표시
200해리 EEZ 가상중간선 표시
특정해역 표시
조업한계선 표시
조업자제선 표시
특정금지구역 표시
조업자제해역 표시
한중어업협정 잠정조치수역

북 한
장산곶
룡연반도
백령도
읍저반도
대청도
마산반도
소청도
강령반도
강화도
등산곶
연평도
우도
대한민국
영종도
덕적도
영흥도
황 해
태안반도
대한민국

3해리선 표시 ·········
12해리 영해선 표시
24해리 접속수역 표시
북한 주장 추정선 표시
북방한계선(NLL) 표시
200해리 EEZ 가상중간선 표시 ·········
특정해역 표시
조업한계선 표시
조업자제선 표시
특정금지구역 표시 ·········
조업자제해역 표시
한중어업협정 잠정조치수역

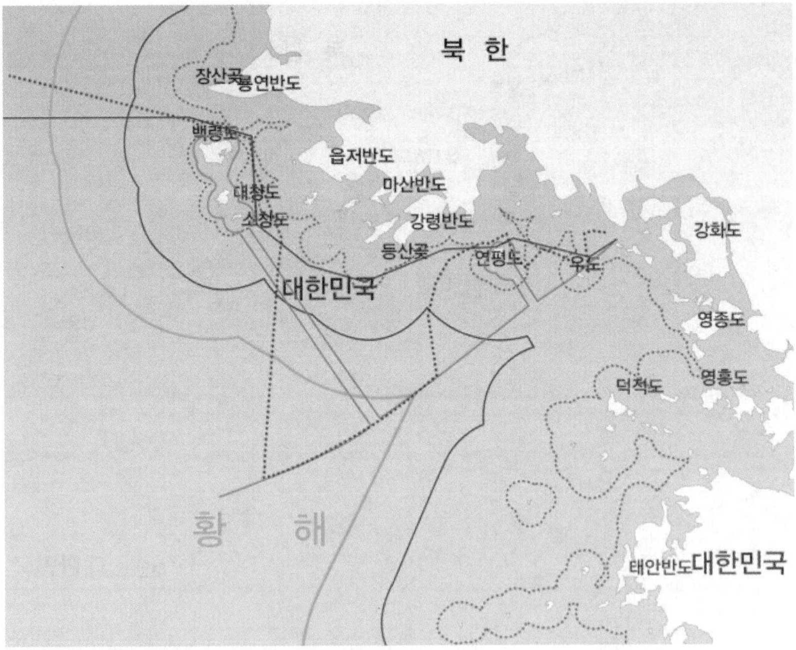
북 한
장산곶
룡연반도
백령도
읍저반도
대청도
마산반도
소청도
강령반도
강화도
등산곶
연평도
우도
대한민국
영종도
덕적도
영흥도
황 해
태안반도
대한민국

3해리선 표시 ·········
12해리 영해선 표시
24해리 접속수역 표시
북한 주장 추정선 표시
북방한계선(NLL) 표시
200해리 EEZ 가상중간선 표시 ·········
특정해역 표시
조업한계선 표시
조업자제선 표시
특정금지구역 표시 ·········
조업자제해역 표시
한중어업협정 잠정조치수역

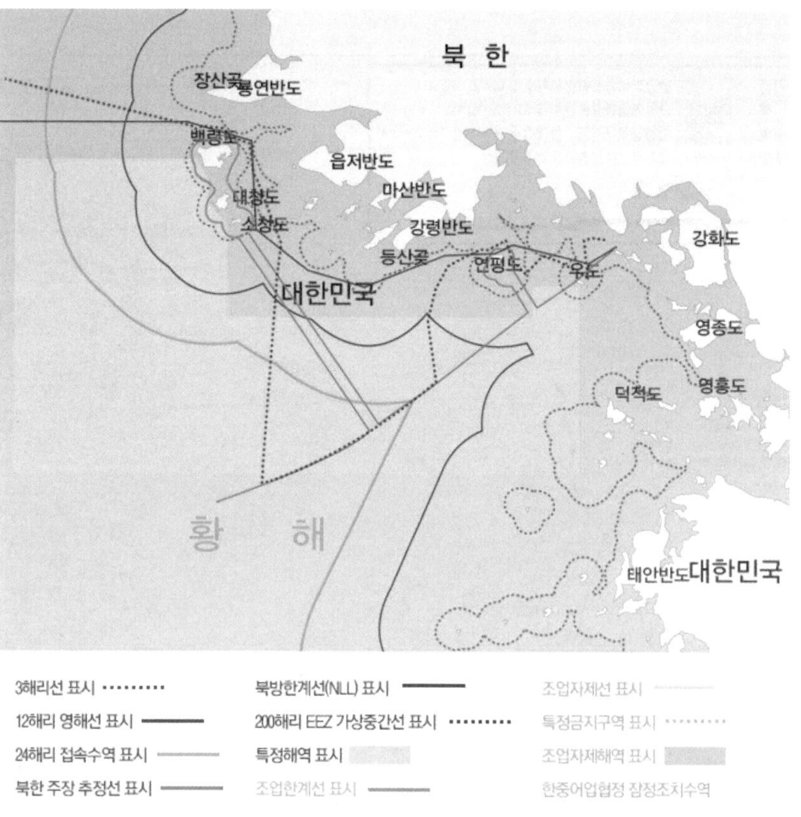

북 한
장산곶
룡연반도
백령도
읍저반도
마산반도
대청도
소청도
강령반도
강화도
등산곶
연평도
우도
대한민국
영종도
덕적도
영흥도
황 해
태안반도
대한민국
3해리선 표시
북방한계선(NLL) 표시
조업자제선 표시
12해리 영해선 표시
200해리 EEZ 가상중간선 표시
특정금지구역 표시
24해리 접속수역 표시
특정해역 표시
조업자제해역 표시
북한 주장 추정선 표시
조업한계선 표시
한중어업협정 잠정조치수역

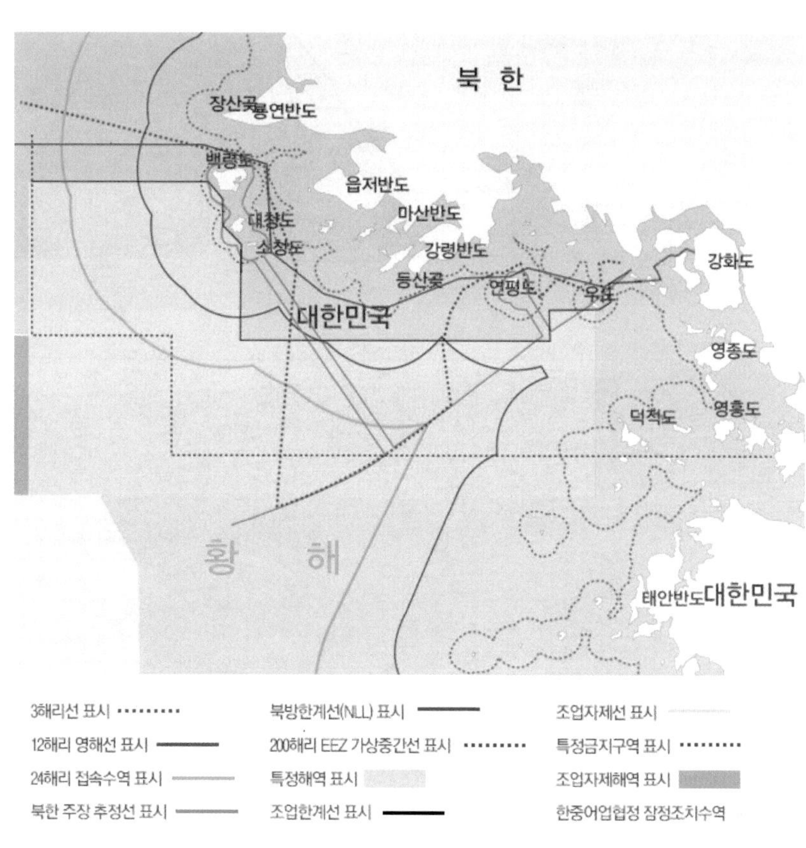

북 한
장산곶
룡연반도
백령도
읍저반도
마산반도
대청도
소청도
강령반도
강화도
등산곶
연평도
우도
대한민국
영종도
덕적도
영흥도
황 해
태안반도
대한민국
3해리선 표시
북방한계선(NLL) 표시
조업자제선 표시
12해리 영해선 표시
200해리 EEZ 가상중간선 표시
특정금지구역 표시
24해리 접속수역 표시
특정해역 표시
조업자제해역 표시
북한 주장 추정선 표시
조업한계선 표시
한중어업협정 잠정조치수역

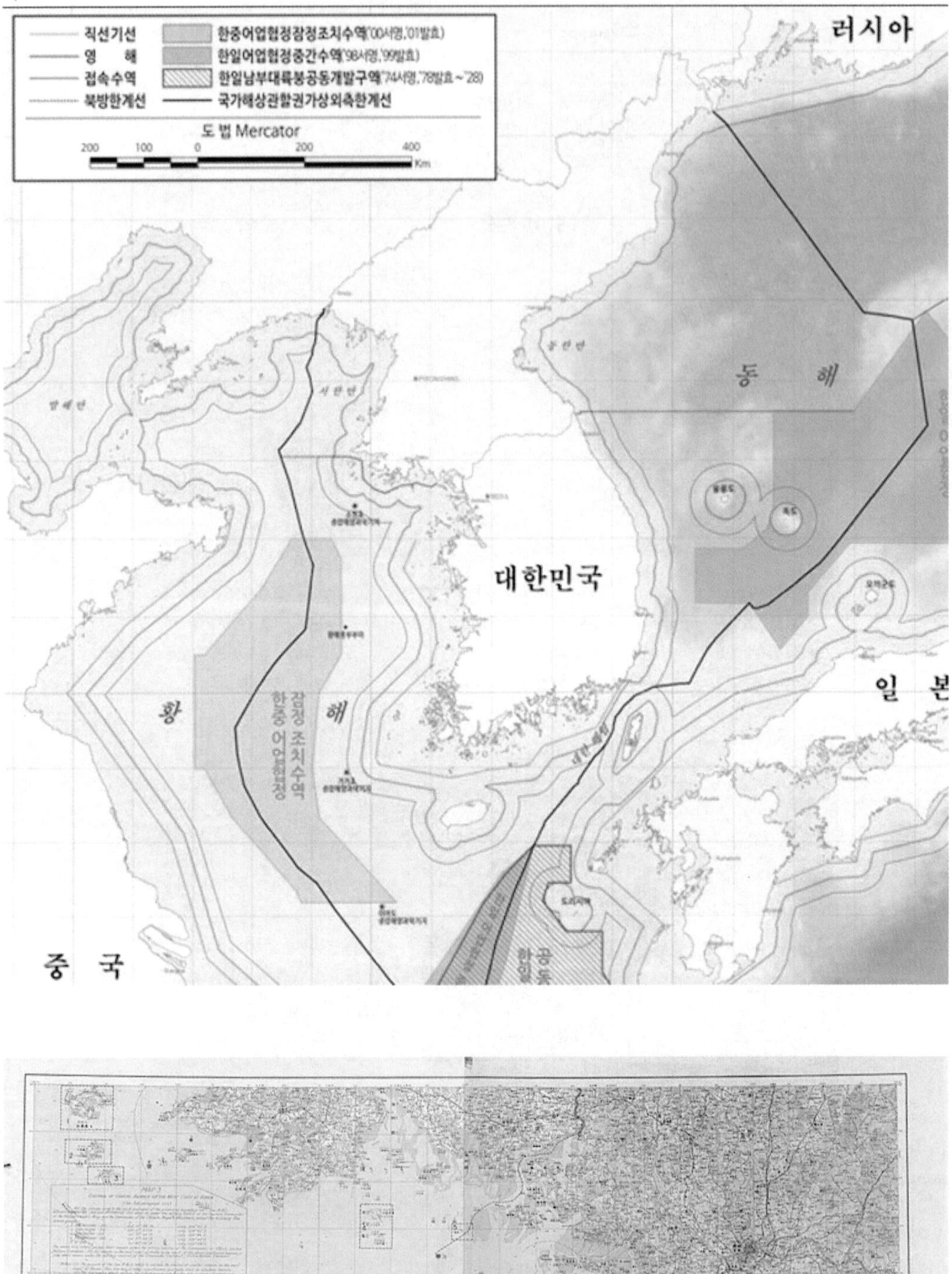

직선기선
영 해
접속수역
북방한계선
한중어업협정잠정조치수역('00서명,'01발효)
한일어업협정중간수역('98서명,'99발효)
한일남부대륙붕공동개발구역('74서명,'78발효~'28)
국가해상관할권가상외측한계선
도 법 Mercator
200 100 0 200 400
Km
러시아
동 해
대한민국
일 본
황 해
한중 어업협정 잠정 조치수역
중 국

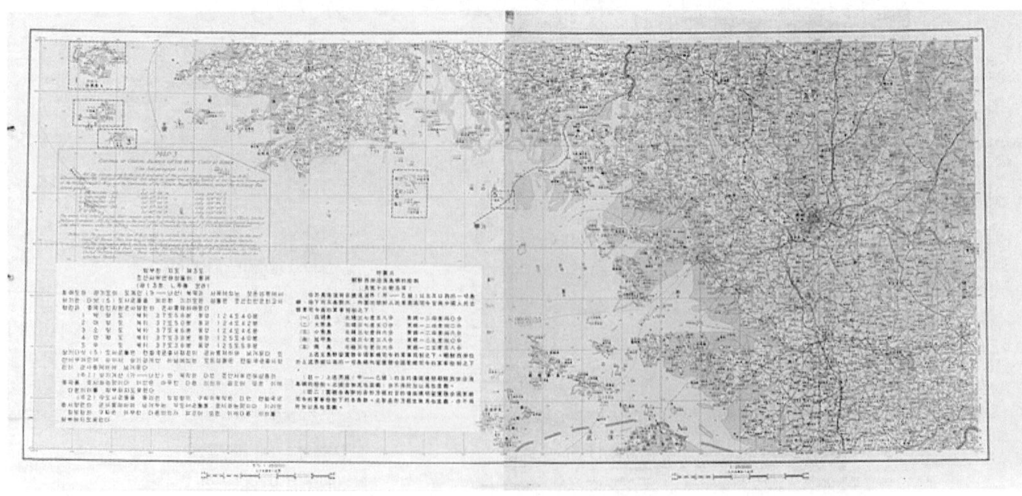

정전협정 제1조 군사분계선과 비무장지대 제5항 한강 하구의 수역

예성강
차봉리
풍덕리
창게리
황해도
B
나
임진강
37°50′N
고호리
경기도
한 강
교동도
굴당초
37°45′N
강화읍
한강
황해도
강화도
경기도
석모도
함박도
37°40′N
불음도
주문도
A
가
우도
126°E
126°15′
126°30′
126°40′

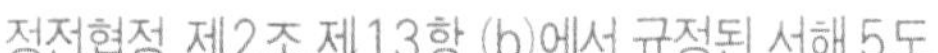
정전협정 제2조 제13항 (b)에서 규정된 서해 5도

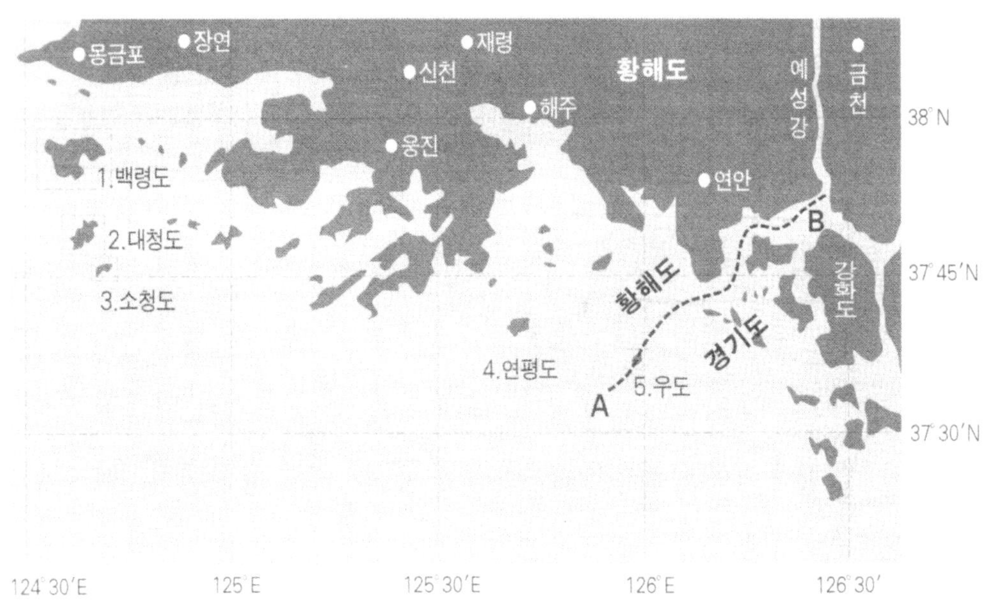

우리나라 서해 관할권도

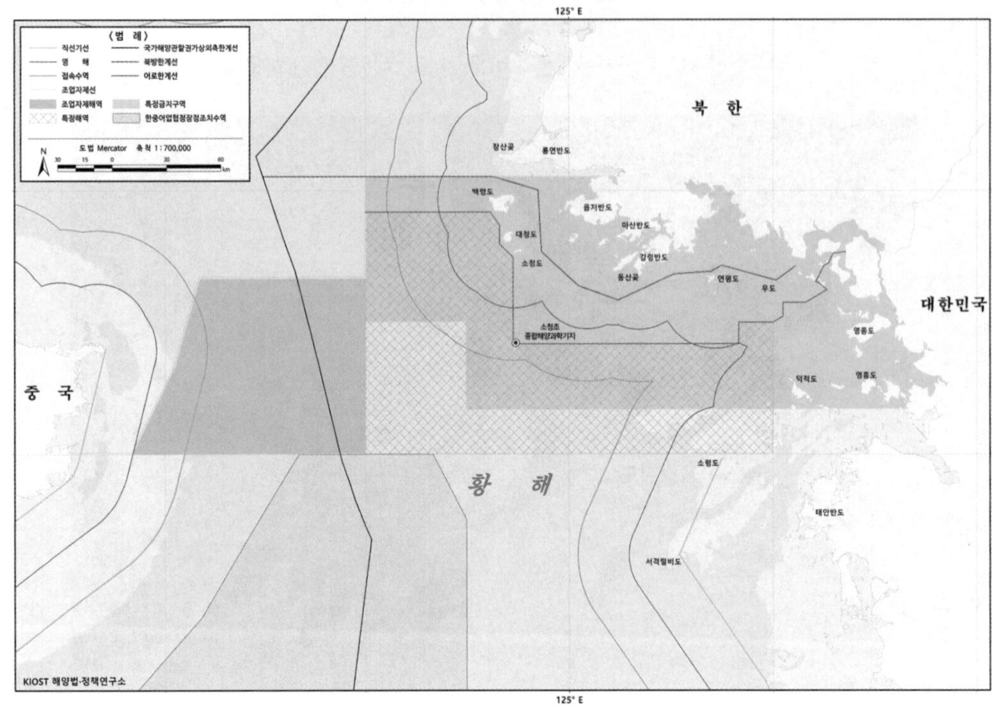

우리나라 서해 관할권도

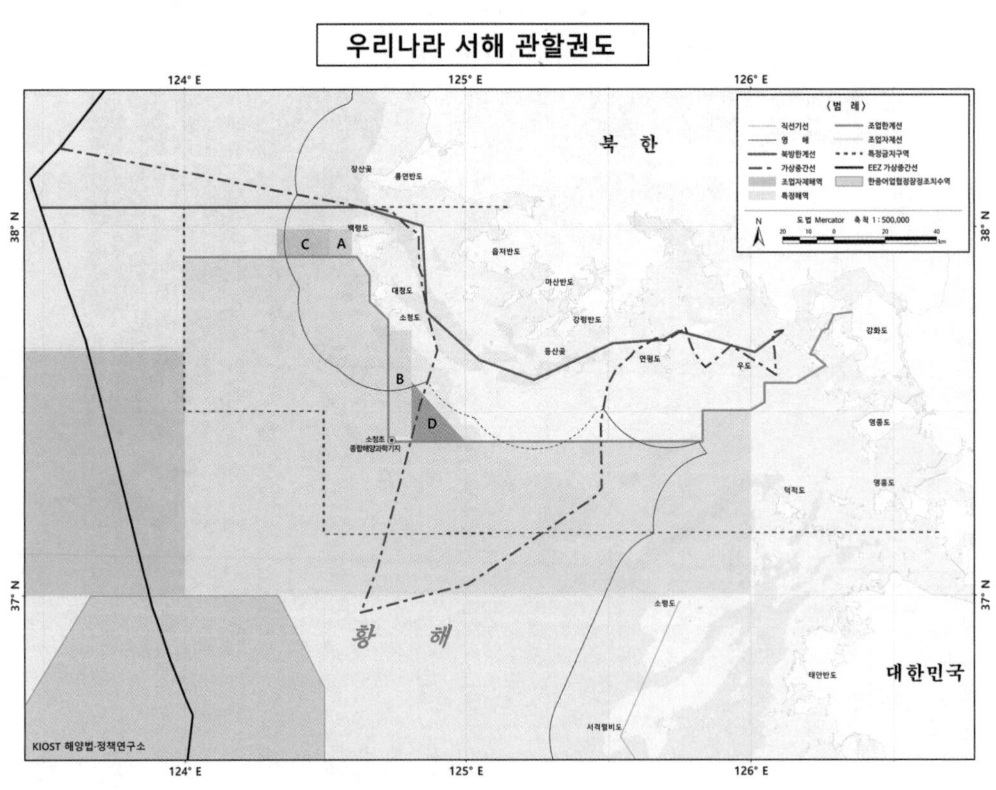

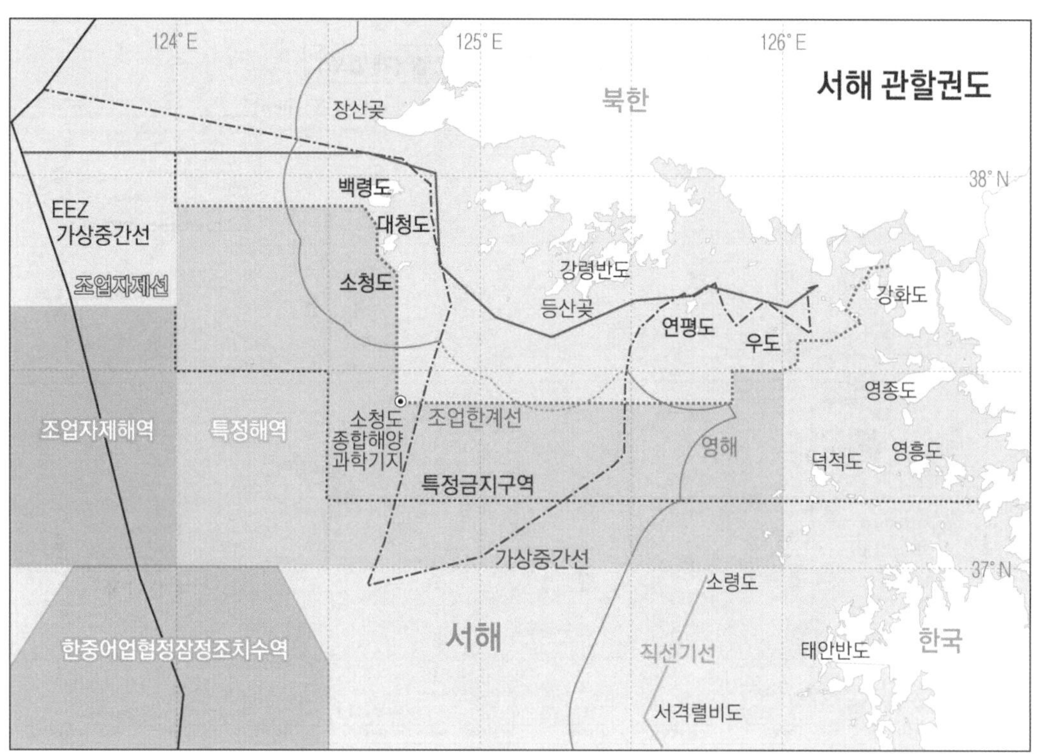

서해 관할권도
124° E
125° E
126° E
38° N
37° N
북한
장산곶
백령도
대청도
소청도
EEZ
가상중간선
조업자제선
강령반도
등산곶
연평도
우도
강화도
영종도
조업자제해역
특정해역
소청도
종합해양
과학기지
조업한계선
특정금지구역
영해
덕적도
영흥도
가상중간선
소령도
한중어업협정잠정조치수역
서해
직선기선
태안반도
한국
서격렬비도

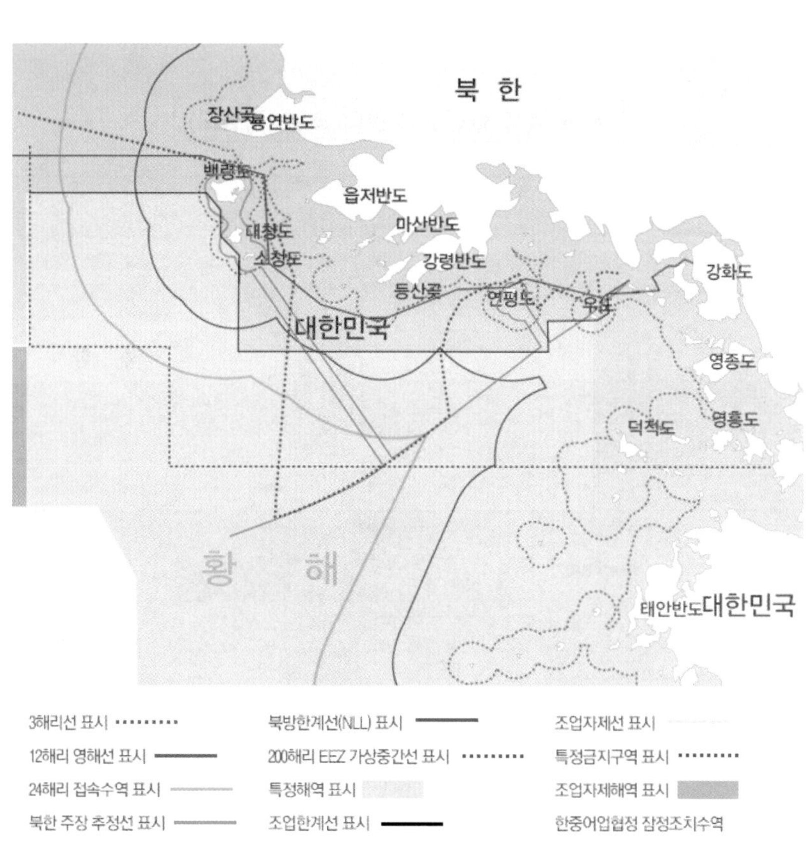

북 한
장산곶
용연반도
백령도
옹저반도
마산반도
대청도
소청도
강령반도
등산곶
연평도
우도
강화도
대한민국
영종도
덕적도
영흥도
황 해
태안반도
대한민국
3해리선 표시
12해리 영해선 표시
24해리 접속수역 표시
북한 주장 추정선 표시
북방한계선(NLL) 표시
200해리 EEZ 가상중간선 표시
특정해역 표시
조업한계선 표시
조업자제선 표시
특정금지구역 표시
조업자제해역 표시
한중어업협정 잠정조치수역

서해 남북 접경수역 협력 모델 (개념도)

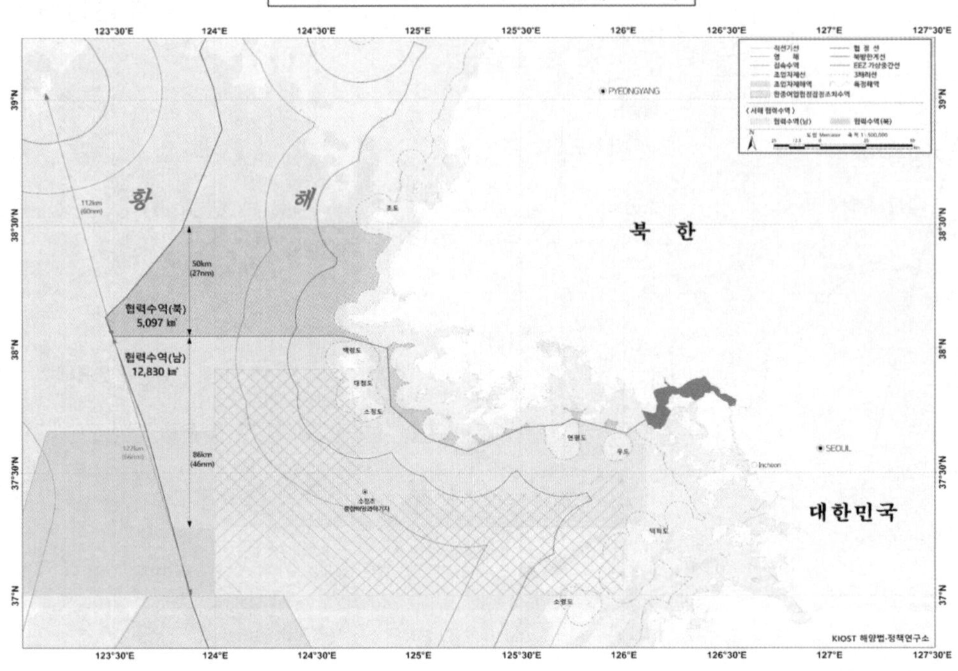

서해 남북 접경수역 관리 모델 (개념도)

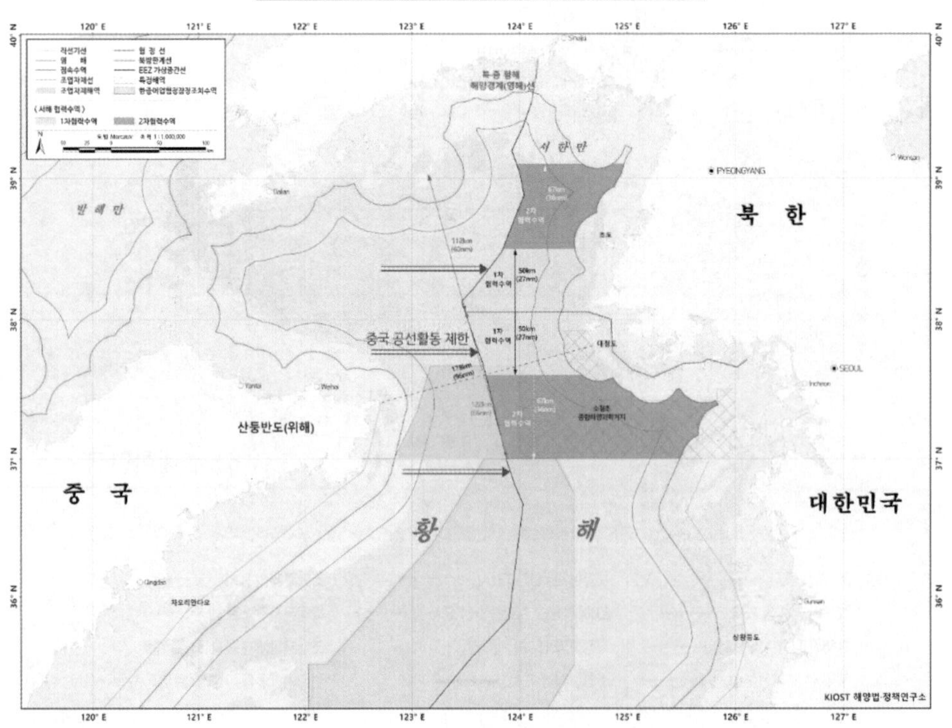

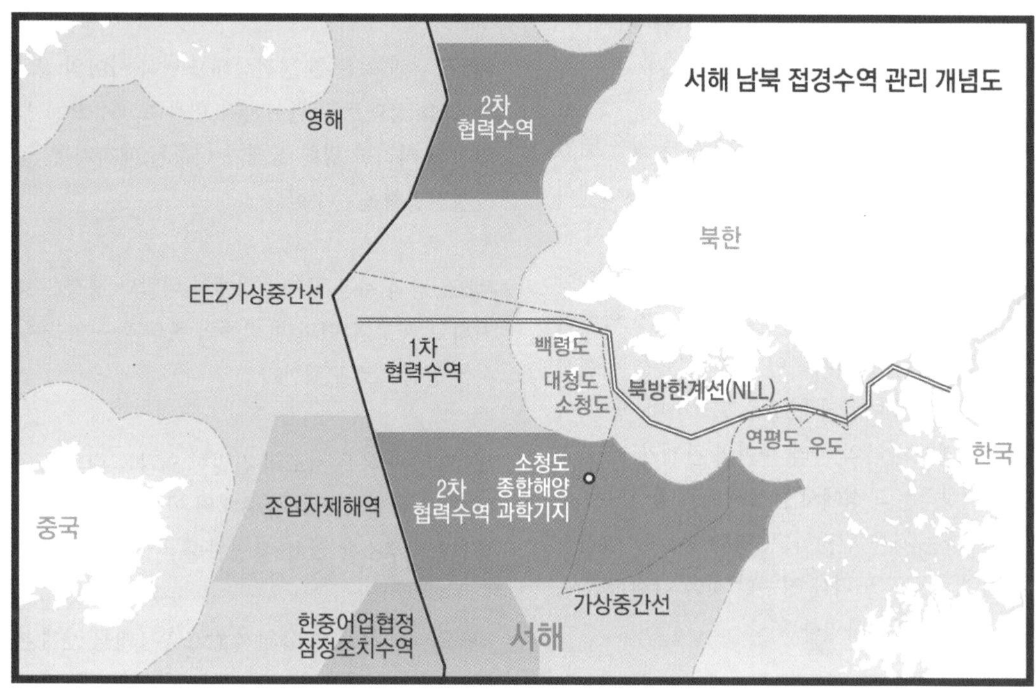
서해 남북 접경수역 관리 개념도
2차
협력수역
영해
북한
EEZ가상중간선
1차
협력수역
백령도
대청도
소청도
북방한계선(NLL)
연평도
우도
한국
소청도
종합해양
과학기지
2차
협력수역
조업자제해역
중국
가상중간선
한중어업협정
잠정조치수역
서해

서해5도 관련 남북한 합의문

예대열(순천대) · 이석우(인하대)

남북 사이의 화해와 불가침 및 교류·협력에 관한 합의서

남과 북은 분단된 조국의 평화적 통일을 염원하는 온 겨레의 뜻에 따라, 7·4남북공동성명에서 천명된 조국통일 3대 원칙을 재확인하고, 정치 군사적 대결상태를 해소하여 민족적 화해를 이룩하고, 무력에 의한 침략과 충돌을 막고 긴장 완화와 평화를 보장하며, 다각적인 교류·협력을 실현하여 민족공동의 이익과 번영을 도모하며, 쌍방 사이의 관계가 나라와 나라 사이의 관계가 아닌 통일을 지향하는 과정에서 잠정적으로 형성되는 특수관계라는 것을 인정하고, 평화 통일을 성취하기 위한 공동의 노력을 경주할 것을 다짐하면서, 다음과 같이 합의하였다.

제1장 남북화해

제1조 남과 북은 서로 상대방의 체제를 인정하고 존중한다.

제2조 남과 북은 상대방의 내부문제에 간섭하지 아니한다.

제3조 남과 북은 상대방에 대한 비방·중상을 하지 아니한다.

제4조 남과 북은 상대방을 파괴, 전복하려는 일체 행위를 하지 아니한다.

제5조 남과 북은 현 정전상태를 남북 사이의 공고한 평화 상태로 전환시키기 위하여 공동으로 노력하며 이러한 평화 상태가 이룩될 때까지 현 군사정전협정을 준수한다.

제6조 남과 북은 국제무대에서 대결과 경쟁을 중지하고 서로 협력하며 민족의 존엄과 이익을 위하여 공동으로 노력한다.

제7조 남과 북은 서로의 긴밀한 연락과 협의를 위하여 이 합의서 발효 후 3개월 안에 판문점에 남북연락사무소를 설치·운영한다.

제8조 남과 북은 이 합의서 발효 후 1개월 안에 본회담 테두리 안에서 남북정치분과위원회를 구성하여 남북화해에 관한 합의의 이행과 준수를 위한 구체적 대책을 협의한다.

제2장 남북불가침

제9조 남과 북은 상대방에 대하여 무력을 사용하지 않으며 상대방을 무력으로 침략하지 아니한다.

제10조 남과 북은 의견대립과 분쟁문제들을 대화와 협상을 통하여 평화적으로 해결한다.

제11조 남과 북의 불가침 경계선과 구역은 1953년 7월 27일자 군사정전에 관한 협정에 규정된 군

사분계선과 지금까지 쌍방이 관할하여 온 구역으로 한다.

제12조 남과 북은 불가침의 이행과 보장을 위하여 이 합의서 발효 후 3개월 안에 남북군사 공동위원회를 구성·운영한다. 남북군사공동위원회에서는 대규모 부대이동과 군사연습의 통보 및 통제문제, 비무장지대의 평화적 이용문제, 군 인사교류 및 정보교환 문제, 대량살 상무기와 공격능력의 제거를 비롯한 단계적 군축 실현문제, 검증문제 등 군사적 신뢰 조성과 군축을 실현하기 위한 문제를 협의·추진한다.

제13조 남과 북은 우발적인 무력 충돌과 그 확대를 방지하기 위하여 쌍방 군사 당국자 사이에 직통 전화를 설치·운영한다.

제14조 남과 북은 이 합의서 발효 후 1개월 안에 본회담 테두리 안에서 남북군사분과위원회를 구성하여 불가침에 관한 합의의 이행과 준수 및 군사적 대결상태를 해소하기 위한 구체적 대책을 협의한다.

제3장 남북교류·협력

제15조 남과 북은 민족경제의 통일적이며 균형적인 발전과 민족 전체의 복리향상을 도모하기 위하여 자원의 공동개발, 민족 내부 교류로서의 물자교류, 합작투자 등 경제교류와 협력을 실시한다.

제16조 남과 북은 과학, 기술, 교육, 문화·예술, 보건, 체육, 환경과 신문, 라디오, 텔레비전 및 출판물을 비롯한 출판·보도 등 여러분야에서 교류와 협력을 실시한다.

제17조 남과 북은 민족 구성원들의 자유로운 왕래와 접촉을 실현한다.

제18조 남과 북은 흩어진 가족·친척들의 자유로운 서신거래와 왕래와 상봉 및 방문을 실시하고 자유의사에 의한 재결합을 실현하며, 기타 인도적으로 해결할 문제에 대한 대책을 강구한다.

제19조 남과 북은 끊어진 철도와 도로를 연결하고 해로, 항로를 개설한다.

제20조 남과 북은 우편과 전기통신교류에 필요한 시설을 설치·연결하며, 우편·전기통신 교류의 비밀을 보장한다.

제21조 남과 북은 국제무대에서 경제와 문화 등 여러 분야에서 서로 협력하며 대외에 공동으로 진출한다.

제22조 남과 북은 경제와 문화 등 각 분야의 교류와 협력을 실현하기 위한 합의의 이행을 위하여 이 합의서 발효 후 3개월 안에 남북경제교류·협력공동위원회를 비롯한 부문별 공동위원회들을 구성·운영한다.

제23조 남과 북은 이 합의서 발효 후 1개월 안에 본회담 테두리 안에서 남북교류·협력분과 위원회를 구성하여 남북교류·협력에 관한 합의의 이행과 준수를 위한 구체적 대책을 협의한다.

제4장 수정 및 발효

제24조 이 합의서는 쌍방의 합의에 의하여 수정·보충할 수 있다.

제25조 이 합의서는 남과 북이 각기 발효에 필요한 절차를 거쳐 그 문본을 서로 교환한 날부터 효력을 발생한다.

1991년 12월 13일

남북고위급회담	북남고위급회담
남측대표단 수석대표	북측대표단 단장
대한민국	조선민주주의인민공화국
국무총리 정원식	정무원총리 연형묵

'남북 사이의 화해와 불가침 및 교류·협력에 관한 합의서'의 '제2장 남북불가침'의 이행과 준수를 위한 부속합의서

남과 북은 '남북 사이의 화해와 불가침 및 교류·협력에 관한 합의서'의 '제2장 남북불가침'의 이행과 준수 및 군사적 대결상태를 해소하기 위한 구체적 대책을 협의한 데 따라 다음과 같이 합의하였다.

제1장 무력불사용

제1조 남과 북은 군사분계선 일대를 포함하여 자기 측 관할 구역 밖에 있는 상대방의 인원과 물자, 차량, 선박, 함정, 비행기 등에 대하여 총격, 포격, 폭격, 습격, 파괴를 비롯한 모든 형태의 무력사용 행위를 금지하며 상대방에 대하여 피해를 주는 일체 무력도발 행위를 하지 않는다.

제2조 남과 북은 무력으로 상대방의 관할구역을 침입 또는 공격하거나 그의 일부, 또는 전부를 일시라도 점령하는 행위를 하지 않는다. 남과 북은 어떠한 수단과 방법으로도 상대방 관할 구역에 정규무력이나 비정규무력을 침입시키지 않는다.

제3조 남과 북은 쌍방의 합의에 따라 남북 사이에 오가는 상대방의 인원과 물자·수송 수단들을 공격, 모의공격하거나 그 진로를 방해하는 일체 적대 행위를 하지 않는다.
이 밖에 남과 북은 북측이 제기한 군사분계선 일대에 무력을 증강하지 않는 문제, 상대방에 대한 정찰활동을 하지 않는 문제, 상대방의 영해·영공을 봉쇄하지 않는 문제와 남측이 제기한 서울지역과 평양지역의 안전보장문제를 남북군사공동위원회에서 계속 협의한다.

제2장 분쟁의 평화적 해결 및 우발적 무력충돌 방지

제4조 남과 북은 상대방의 계획적이라고 인정되는 무력침공 징후를 발견하였을 경우 즉시 상대측에 경고하고 해명을 요구할 수 있으며 그것이 무력충돌로 확대되지 않도록 필요한 사전 대책을 세운다.
남과 북은 쌍방의 오해나 오인, 실수 또는 불가피한 사고로 인하여 우발적 무력충돌이나 우발적 침범 가능성을 발견하였을 경우 쌍방이 합의한 신호규정에 따라 상대측에 즉시 통보하며 이를 방지하기 위한 사전 대책을 세운다.

제5조 남과 북은 어느 일방의 무력집단이나 개별적인 인원과 차량, 선박, 함정, 비행기 등이 자연재해나 항로미실과 같은 불가피한 사정으로 상대측 관할구역을 침범하였을 경우 침범측은 상대측에 그 사유와 적대의사가 없음을 즉시 알리고 상대측의 지시에 따라야 하며 상대측은 그를 긴급 확인한 후 그의 대피를 보장하고 빠른 시일 안에 돌려보내기 위한 조치를 취한다. 돌려보내는 기간은 1개월 이내로 하며 그 이상 걸릴 수도 있다.

제6조 남과 북 사이에 우발적인 침범이나 우발적인 무력충돌과 같은 분쟁문제가 발생하였을 경우 쌍방의 군사당국자는 즉각 자기측 무장집단의 적대행위를 중지시키고 군사직통전화를 비롯한 빠른 수단과 방법으로 상대측 군사당국자에게 즉시 통보한다.

제7조 남과 북은 군사분야의 모든 의견대립과 분쟁문제들을 쌍방 군사당국자가 합의하는 기구를 통하여 협의 해결한다.

제8조 남과 북은 어느 일방이 불가침의 이행과 준수를 위한 이 합의서를 위반하는 경우 공동조사를 하여야 하며 위반사건에 대한 책임을 규명하고 재발방지대책을 강구한다.

제3장 불가침 경계선 및 구역

제9조 남과 북의 지상불가침 경계선과 구역은 군사정전에 관한 협정에 규정한 군사분계선과 지금까지 쌍방이 관할하여온 구역으로 한다.

제10조 남과 북의 해상불가침 경계선은 앞으로 계속 협의한다.
해상불가침구역은 해상불가침 경계선이 확정될 때까지 쌍방이 지금까지 관할하여온 구역으로 한다.

제11조 남과 북의 공중불가침 경계선과 구역은 지상 및 해상 불가침 경계선과 관할구역의 상공으로 한다.

제4장 군사직통전화의 설치·운영

제12조 남과 북은 우발적 무력충돌과 확대를 방지하기 위하여 남측 국방부장관과 북측 인민무력부장 사이에 군사직통전화를 설치·운영한다.

제13조 군사직통전화의 운영은 쌍방이 합의하는 통신수단으로 문서통신을 하는 방법 또는 전화문을 교환하는 방법으로 하며 필요한 경우 쌍방 군사당국자들이 직접 통화할 수 있다.

제14조 군사직통전화의 설치·운영과 관련하여 제기되는 기술실무적 문제들은 이 합의서가 발효된 후 빠른 시일 안에 남북 각기 5명으로 구성되는 통신실무자접촉에서 협의 해결한다.

제15조 남과 북은 이 합의서 발효 후 50일 이내에 군사직통전화를 개통한다.

제5장 협의·이행기구

제16조 남북군사공동위원회는 남북합의서 제12조와 '남북군사공동위원회 구성·운영에 관한 합의서' 제2조에 따르는 임무와 기능을 수행한다.

제17조 남북군사분과위원회는 불가침의 이행과 준수 및 군사적 대결상태를 해소하기 위하여 더 필요하다고 서로 합의하는 문제들에 대하여 협의하고 구체적인 대책을 세운다.

제6장 수정 및 발효

제18조 이 합의서는 쌍방의 합의에 따라 수정·보충할 수 있다.

제19조 이 합의서는 쌍방이 서명하여 교환한 날부터 효력을 발생한다.

1992년 9월 17일

남북고위급회담	북남고위급회담
남측대표단 수석대표	북측대표단 단장
대한민국	조선민주주의인민공화국
국무총리 정원식	정무원총리 연형묵

남북해운합의서

남과 북은 2000년 6월 15일에 발표된 역사적인 남북공동선언에 따라 진행되는 경제교류와 협력이 나라와 나라 사이가 아닌 우리민족 내부의 사업이라고 인정하면서 남과 북 사이의 해상운송 및 항만 분야의 발전과 상호협력을 도모하기 위하여 다음과 같이 합의한다.

제1조 정의

1. 이 합의서에서 '선박'이라 함은 남과 북의 해상운송회사가 소유하거나 임차하여 운영하는 상선을 말하며, 다음 선박은 포함되지 않는다.
   가. 어선(어획물 운반선 제외)
   나. 군 전용 선박 및 비상업용 정부선박
2. 이 합의서에서 '선원'이라 함은 선박에 승선하여 업무에 종사하는 사람으로서 제6조 제1항에 규정된 신분증명서를 소지하고 당해 선박의 선원명부에 등록되어 있는 사람을 말한다.
3. 이 합의서에서 '여객'이라 함은 선박에 승선한 선원 이외의 사람을 말한다.
4. 이 합의서에서 '해사당국'이라 함은 남과 북의 해사업무를 관장하는 권한있는 기관을 말한다.

제2조 적용범위

이 합의서는 남과 북의 선박이 제4조 제2항에 지정된 항구 간을 직접 운항하거나 제3국을 경유하여 남과 북 사이의 항구 간을 운항하는 경우에 적용한다. 다만, 제3국과 상대측 항구 간의 화물 또는 여객을 운송하는 경우에는 이를 적용하지 아니한다.

제3조 남북 해상운송

1. 남과 북은 자기측이 승인하고 상대측의 허가를 받은 선박에 대하여 이 합의서 및 부속합의서 관련 규정에 따라 운항할 수 있도록 보장한다. 단, 운항선박은 상대측 경비함정과 통신초소의 호출 시 응답하여야 한다.
2. 남과 북은 해상운송을 원활하게 하기 위하여 상대측 선박에 대한 통관수속 등 관련절차를 신속하고 간소하게 처리하도록 한다.
3. 남과 북은 선박들이 쌍방 해역을 운항하면서 통행분리체계를 준수하며, 항행경보를 받아 그 요구를 철저히 지키도록 한다.
4. 남과 북은 제4조 제2항에 지정된 자기측 항구 간을 항행하는 도중에 상대측 해역을 통과하는 항로를 이용할 경우에는 상대측 당국에 사전 통보하여야 한다.
5. 남과 북은 선박들의 상대측 항구에로의 입항 시 상대측 항구의 입항질서에 준하며 상대측 항관례와 안내에 따른다.

제4조 항로개설

1. 남과 북은 쌍방 간의 해상항로를 나라와 나라 사이가 아닌 민족내부의 항로로 인정한다.
2. 남과 북은 여객 및 물자를 원활하게 운송하기 위하여 남측의 인천·군산·여수·부산·울산·포항·속초항과 북측의 남포·해주·고성·원산·흥남·청진·나진항 간에 해상항로를 개설하며, 향후 남과 북이 합의하여 추가 해상항로를 개설한다.
3. 남과 북은 자기측의 선박이 해상항로가 개설되지 아니한 상대측의 항만에 기항하고자 할 경우에는 사전에 상대측 해사당국의 허가를 받아야 한다.
4. 남과 북은 선박이 안전하고 원활하게 운항하기 위하여 해상항로를 보장하고, 해상항로대를 지정·운영하며, 항행경보를 비롯한 해상정보를 상호 통보한다.

제5조 운항선박에 대한 대우

1. 남과 북은 항만 내에서 자기측의 선박과 동등한 대우를 상대측의 선박에 부여한다.
2. 제1항에 관한 사항은 선박 및 화물에 대한 항만시설의 사용료 부과, 화물의 하역 및 여객의 승하선을 위한 항만의 이용, 항만용역의 제공 및 편의시설의 사용 등에 적용한다.

제6조 행정증서의 상호인정

1. 남과 북은 상대측의 해사당국에 의해 발행된 선적을 증명하는 증서, 톤수증서 및 기타 선박관련 서류와 선원 신분증명서를 상호 인정한다.
2. 남과 북은 상대측의 해사당국에 의해 발행된 톤수증서를 비치한 선박에 대해서는 자기측 항만에서 재측정하지 않으며, 톤수를 기준으로 선박에 부과되는 모든 비용은 이 톤수증서를 기초로 하여 산출한다.

제7조 해양사고 시 등의 상호 협력

1. 남과 북은 자기측의 해역에서 상대측의 선박에 충돌, 좌초, 전복, 화재 등의 해양사고나 긴급환자가 발생된 때에는 가장 가까운 항구에 긴급피난을 보장하며, 모든 지원과 보호조치를 제공하고 인명 및 재산의 구조와 해양오염 방제를 위하여 필요한 응급조치를 취한다.
2. 남과 북은 제1항의 경우에 상대측 해사당국에 신속하게 통보하며, 필요한 경우 해사당국간 협의를 통하여 공동으로 구조·구난 또는 해양오염 방제를 실시한다.
3. 남과 북은 해양사고를 당한 상대측 선박이 적재한 화물을 자기측의 육상에 임시로 보관할 필요가 있을 때에는 필요한 시설을 제공하여야 하며, 이 경우 시설사용료는 면제한다.

제8조 선원 및 여객의 상륙 관련 문제

1. 남과 북의 선박이 상대측 항구에 체류하는 동안 선원 및 여객은 상대측 당국의 허가를 받아 상륙할 수 있으며 상대측의 안내와 질서에 따른다.

   상대측 선원 및 여객에 대하여 상륙을 불허할 경우에는 그 이유를 상대측 해사당국에 통보하여야 한다.
2. 남과 북은 선원과 여객의 신변안전과 무사귀환을 보장한다.
3. 남과 북은 긴급한 치료를 필요로 하는 선원 및 여객이 있는 경우, 이에 필요한 기간동안 자기측의 영역에 체류할 수 있도록 보장한다.
4. 남과 북은 제3항의 사유로 인하여 당해 선박의 선원교체가 필요한 경우에는 새로이 승선하는 선원이 당해 선박에 신속히 승선할 수 있도록 보장한다.

제9조 선박의 통신

1. 남과 북은 선박이 상대측 해역에서 자기 해상운송회사나 그 대리점 및 쌍방 당국 등에 필요한 통신을 할 수 있도록 보장한다.

   북측은 남측 선박이 북측 해역을 항행 중이거나 항구에 정박 중 직접 통신이 가능할 수 있도록 관련 규정들을 빠른 시일내에 개정하도록 한다.
2. 남과 북은 제7조의 규정에 의한 해양사고나 긴급환자가 발생된 때에 선박 및 쌍방 당국 간에 신속하고 원활한 통신을 할 수 있는 긴급통신수단을 보장한다.

제10조 해운용역 수익금의 송금

남과 북은 상대측의 해상운송회사가 자기측의 영역에서 얻은 해운용역 수익금을 국제교환통화로 자유롭게 송금 및 결제할 수 있도록 보장한다.

제11조 정보교환 및 기술교류

1. 남과 북은 제3조 제1항, 제7조 제2항 및 제8조 제1항 등에 규정된 사항을 상대측에 통보하고 해상 기상정보 등 선박운항에 필요한 정보를 교환하기 위하여 해사 당국 간에 통신망을 구성 운영한다.
2. 남과 북은 쌍방의 항만시설 개선, 기타 해상운송 분야의 발전을 위한 기술협력을 진행한다.

제12조 국제협약 및 국제관행의 준용

남과 북은 이 합의서에 규정되지 아니한 사항에 대해서는 남북 사이에 체결된 합의서의 관련 규정을 우선적으로 적용하고, 그 외의 경우에는 국제협약 및 국제관행을 따른다.

제13조 해사당국 간 협의기구 구성·운영

남과 북은 해운 및 항만관련 분야의 교류·협력을 촉진하고 해양사고 방지 등을 위하여 남북 해사당국 간 협의기구를 구성·운영하도록 한다.

제14조 분쟁해결

1. 남과 북은 이 합의서의 이행과정에서 발생되는 분쟁은 당사자 사이의 협의의 방법으로 해결하는 것을 원칙으로 하고, 분쟁이 당사자간의 협의로 해결되지 않을 경우에는 남북 해사당국 간 협의기구를 통하여 해결한다. 다만「남북 사이의 상사분쟁 해결절차에 관한 합의서」가 발효되면 그에 따른다.
2. 남과 북은 이 합의서의 해석 및 적용과 관련하여 발생하는 분쟁은 제13조의 규정에 의한 남북 해사 당국 간 협의기구 또는 남북장관급회담에서 협의·해결한다.

제15조 효력발생 및 수정·보충

1. 이 합의서는 남과 북이 서명하고 각기 발효에 필요한 절차를 거쳐 그 문본을 교환한 날로부터 효력을 발생한다.
2. 이 합의서는 필요한 경우 쌍방의 합의에 의하여 합의서를 수정·보충할 수 있다. 수정·보충되는 조항은 제1항의 절차를 거쳐 발효된다.
3. 이 합의서의 이행을 위한 세부사항은 부속합의서를 채택하여 적용한다.

2004년 5월 28일

남측을 대표하여	북측을 대표하여
남북장관급회담	북남상급회담
남측대표단 수석대표	북측대표단 단장
대한민국	조선민주주의인민공화국
통일부장관 정세현	내각 책임참사 권호웅

부록

쌍방의 합의서에서 다음의 용어는 같은 의미를 지닌다.

남측	북측
해상운송	해상수송
해상운송회사	해상운수기관
임차	용선
어획물	물고기
소지	소유
해사당국	해운당국
통관	통과
해역	수역
항행경보	항해경보
하역	상하선
용역	봉사
해양사고	해상재난
전복	침몰
보호조치	구원조치
방제	제거
구조·구난	구조
무사귀환	안전송환
대리점	대리인
관행	관례
준용	적용
교류·협력	협력

남북 해상 항로대

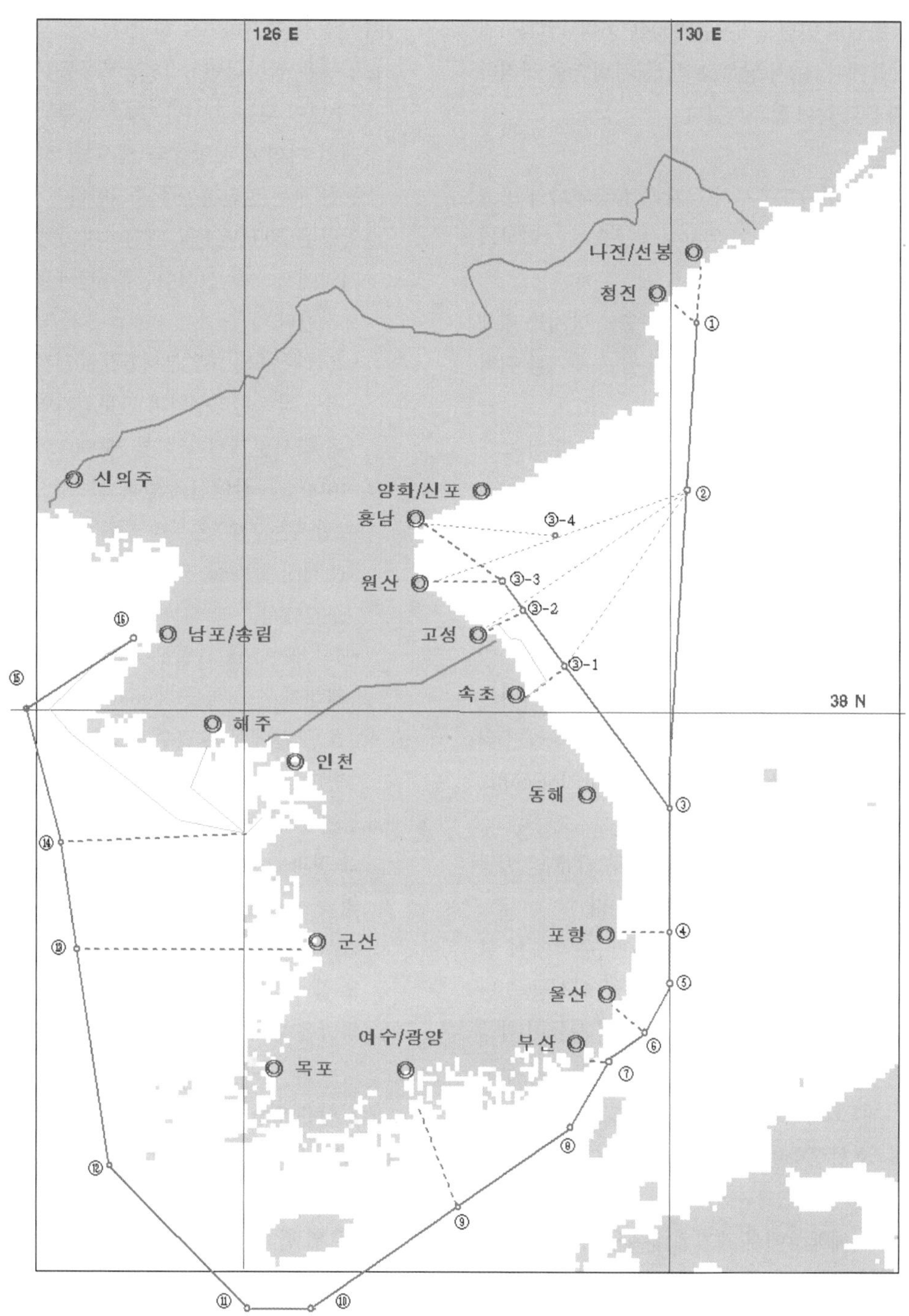
126 E
130 E
38 N
나진/선봉
청진
신의주
양화/신포
흥남
원산
고성
속초
남포/송림
해주
인천
동해
군산
포항
울산
여수/광양
부산
목포
①
②
③
③-1
③-2
③-3
③-4
④
⑤
⑥
⑦
⑧
⑨
⑩
⑪
⑫
⑬
⑭
⑮
⑯

서해 해상에서 우발적 충돌 방지와 군사분계선 지역에서의 선전활동 중지 및 선전수단 제거에 관한 합의서

대한민국 국방부와 조선민주주의인민공화국 국방위원회 인민무력부는 2004년 6월 3일과 4일 설악산에서 제2차 남북장성급군사회담을 개최하고 다음과 같이 합의하였다.

1. 쌍방은 한반도에서의 군사적 긴장완화와 공고한 평화를 이룩하기 위하여 공동으로 노력하기로 하였다.
2. 쌍방은 서해해상에서 우발적 충돌 방지를 위해 2004년 6월 15일부터 다음과 같은 조치를 취하기로 하였다.
   ① 쌍방은 서해해상에서 함정(함선)이 서로 대치하지 않도록 철저히 통제한다.
   ② 쌍방은 서해해상에서 상대측 함정(함선)과 민간선박에 대하여 부당한 물리적 행위를 하지 않는다.
   ③ 쌍방은 서해해상에서 쌍방 함정(함선)이 항로미실, 조난, 구조 등으로 서로 대치하는 것을 방지하고 상호 오해가 없도록 하기 위하여 국제상선공통망(156.8Mhz, 156.6Mhz)을 활용한다.
   ④ 쌍방은 필요한 보조수단으로 기류 및 발광신호규정을 제정하여 활용한다.
   ⑤ 쌍방은 서해해상의 민감한 수역에서 불법적으로 조업을 하는 제3국 어선들을 단속·통제하는 과정에서 우발적 충돌이 발생할 수 있다는 데 견해를 같이하고 이 문제를 외교적 방법으로 해결하도록 하는 데 상호협력하며 불법조업선박의 동향과 관련한 정보를 교환한다.
   ⑥ 서해해상에서 제기된 문제들과 관련한 의사교환은 당분간 서해지구에 마련되어 있는 통신선로를 이용한다.

   쌍방은 서해해상 충돌방지를 위한 통신의 원활성과 신속성을 보장하기 위하여 2004년 8월 15일까지 현재의 서해지구 통신선로를 남북관리구역으로 따로 늘여 각기 자기측 지역에 통신연락소를 설치하며, 그를 현대화하는데 상호 협력한다.
3. 쌍방은 한반도의 군사적 긴장을 완화하고 쌍방 군대들 사이의 불신과 오해를 없애기 위해 군사분계선 지역에서의 선전활동을 중지하고 선전수단들을 제거하기로 하였다.
   ① 쌍방은 역사적인 6·15 남북공동선언 발표 4주년이 되는 2004년 6월 15일부터 군사분계선 지역에서 방송과 게시물, 전단 등을 통한 모든 선전활동을 중지한다.
   ② 쌍방은 2004년 8월 15일까지 군사분계선 지역에서 모든 선전수단을 3단계로 나누어 제거한다.
   - 1단계는 6월 16일부터 6월 30일까지 서해지구 남북관리구역과 판문점지역이 포함된 군사분계선 표식물 제0001호부터 제0100호 구간에서 시범적으로 실시하며,
   - 2단계는 7월 1일부터 7월 20일까지 군사분계선 표식물 제0100호부터 제0640호 구간에서,
   - 3단계는 7월 21일부터 8월 15일까지 군사분계선 표식물 제0640호부터 제1292호 구간에서 선전수단들을 완전히 제거한다.

   ③ 쌍방은 단계별 선전수단 제거가 완료되면 그 결과를 상대측에 통보하며 각각 상대측의 선전수단 제거 결과를 자기측 지역에서 감시하여 확인하되 필요에 따라 상호검증도 할 수 있다.
   ④ 쌍방은 단계별 선전수단 제거가 완료되면 각각 그 결과를 언론에 공개한다.
   ⑤ 쌍방은 앞으로 어떤 경우에도 선전수단들을 다시 설치하지 않으며 선전활동도 재개하지 않는다.
4. 쌍방은 위 합의사항들을 구체적으로 실천하기 위하여 후속 군사회담을 개최하기로 한다.

2004년 6월 4일

남북장성급군사회담	남북장성급군사회담
남측 수석대표	북측 단장
준장 박정화	소장 안익산

「서해해상에서 우발적 충돌방지와 군사분계선지역에서의 선전활동 중지 및 선전수단 제거에 관한 합의서」의 부속합의서

대한민국 국방부와 조선민주주의인민공화국 국방위원회 인민무력부는 2004년 6월 4일 제2차 남북장성급군사회담에서 합의한 「서해해상에서 우발적 충돌방지와 군사분계선지역에서의 선전활동 중지 및 선전수단 제거에 관한 합의서」의 이행을 위하여 2004년 6월 10일부터 12일까지 진행된 남북장성급 군사회담 실무대표회담에서 다음과 같이 합의하였다.

1. 서해해상에서의 우발적 충돌방지 조치 문제

1) 남북 서해 함정 간 공용주파수 설정·운영

① 국제상선공통망의 주주파수는 156.8Mhz, 보조주파수는 156.6Mhz로 설정·운영하되, 주주파수는 1분 동안에 통화를 끝낼 수 있을 때에 사용하며, 통화시간이 그 이상으로 지속되거나 장애 등의 영향으로 통화가 불가능한 경우에는 보조주파수로 넘어가고, 보조주파수를 이용할 수 없을 경우에는 다시 주주파수로 넘어와서 1~16채널 범위 내에서 임의의 주파수를 선정하여 운영할 수 있다.

② 쌍방 함정들이 상대측 함정들을 호출하는 경우 남측 함정 호출부호는 '한라산'으로, 북측 함정 호출부호는 '백두산'으로 한다. 호출 시 감명도 상태를 확인할 수 있으며 이때 감명도 상태를 1~5까지의 숫자로 대답하고, 감명도가 낮을 경우 출력을 높일 것을 요구할 수 있다.

쌍방 함정들 사이 교신설정은 다음과 같은 방법으로 한다.

남측: "백두산, 백두산, 여기는 한라산 감명도?"
북측: "한라산, 한라산, 여기는 백두산, 감명도 다섯"

③ 해당 해역에 일방의 함정이 2척 이상 있을 경우, 지휘함정들 사이에만 교신한다.

④ 쌍방은 교신 간 상대측을 자극하는 불필요한 발언을 하지 않는다.

2) 기류 및 발광신호 제정·활용

① 쌍방은 국제신호서의 국제신호체계와 남북 간 특수한 상황을 고려하여 부록 1과 같이 기류 및 발광신호를 보조수단으로 추가 제정하여 활용한다.

② 이 신호방법은 국제상선공통망으로 통신이 불가능하거나, 쌍방 함정이 불가피하게 접근하게 될 경우(기관고장, 조난, 기상악화로 인한 항로미실 등)에 사용한다.

③ 기류는 함정 마스트 좌우현 최외곽 기류줄 또는 최상부에 계양한다.

④ 야간에 함정 신호등화는 마스트에 있는 홍등 1개 또는 점멸등(소리 제외)을 켜고, 탐조등으로 기류신호에 해당하는 국제 모르스 전신부호를 상대측 함정이 응답할 때까지 반복하여 송신한다.

--- --- ---

상호 교신을 위한 발광신호는 호출시 AA AA AA(·−·−·−)로, 응답시 _______TTTTT(−)로 한다.

3) 불법조업선박의 동향과 관련한 정보교환

① 쌍방 관련 군사당국 간 불법조업선박의 동향과 관련된 정보는 일일 1회(09시) 교환한다.

② 일일정보교환은 서해지구에 마련되어 있는 통신선로를 통하여 부록 2의 양식에 따라 한다.

③ 쌍방 간 교환할 정보의 내용은 불법조업선박들의 조업시간, 위치, 척수로 한다.

4) 서해해상에서 우발적 충돌방지를 위한 통신선로 및 통신연락소 설치·운영

① 서해해상에서 우발적 충돌방지를 위한 새로운 통신선로와 통신연락소 설치 및 운영에 관한 사항은 6월 중 통신실무자접촉을 통하여 협의해 나간다.

② 새로운 통신선로 및 통신연락소 설치 후 통신장애 발생 시 쌍방은 즉시 다른 연락방법을 통

하여 이를 통보하고 빠른 시간안에 각기 자기측 관할지역을 책임지고 복구한다.

③ 새로운 통신선로는 2004년 8월 12일 오전 9시 서해지구 남북관리구역 도로 동쪽 5m 부근 군사분계선상에서 연결하며 시험통화는 10시에 한다.

5) 통신 운영

① 통신수단(유선, 무선, 기류 및 발광신호)은 상시 송·수신이 가능한 상태를 유지하며 상대측이 호출 시 즉각 응답하여야 한다.

② 서해지구 통신선로를 이용한 정기 통신시험은 일일 2회(09시, 16시) 실시한다.

③ 서해해상에서 우발적 충돌방지와 관련하여 긴급한 연락사항이 발생할 경우 서해지구 통신선로를 이용하여 통보한다.

④ 서해해상에서의 우발적 충돌방지를 위한 합의를 이행하기 위하여 2004년 6월 14일 통신수단별 운영시험을 부록 3과 같이 실시한다.

2. 군사분계선 지역에서의 선전활동 중지 및 선전수단 제거 조치 문제

쌍방은 군사분계선지역에서의 선전활동 중지 및 선전수단 제거 조치문제를 동시행동원칙에 따라 해결한다.

1) 쌍방은 2004년 6월 15일 0시부터 군사분계선 지역에서 일체 선전활동을 중지한다.

① 방송과 게시물, 전광판, 전단 등을 통한 모든 선전활동과 풍선, 기구를 이용한 각종 물품살포를 중지한다.

② 상대측 군인들이 보이는 곳에서 그들을 대상으로 하여 진행하는 모든 선전활동을 중지한다.

2) 쌍방은 2004년 6월 16일 0시부터 8월 15일 17시까지 군사분계선 지역의 모든 선전수단을 3단계로 나누어 제거한다.

① 쌍방은 상대측 지역에서 보이거나 들리지 않도록 하는 원칙에서 선전수단을 철저히 제거한다.

② 제거 대상의 범위는 쌍방 간 군사분계선지역에서 상대측을 향한 자기측 체제선전 및 상대측이 비방·중상·선동으로 인식하는 모든 확성기, 돌글씨, 입간판, 전광판, 전단, 선전그림, 선전구호 및 글 등을 포함한다.

③ 점등탑, 석상, 석탑 등 종교시설물에 대해서는 가림막 설치 등의 방법으로 상대측에 영향을 주지 않도록 조치한다.

④ 선전중지와 선전수단 제거대상에는 한강하구, 서해 연안지역과 섬들에 설치된 선전수단들도 포함되며, 이 지역의 선전수단 제거는 1단계 기간에 한다.

⑤ 쌍방은 단계별 제거 완료 7일 이전에 상대측이 제거해야 할 대상의 위치(군사분계선 표식물 기준), 형태, 내용을 포함한 목록을 교환하여 쌍방이 이 목록에 따라 선전수단 제거 결과를 검증한다.

⑥ 불가피한 이유로 제거일정이 늦어지는 경우 쌍방은 그 이유와 변경된 일정을 상대측에 즉시 통보하고 합의에 따라 그 일정을 조정할 수 있다.

⑦ 선전수단제거 검증은 육안으로 확인하는 것을 원칙으로 하되, 의문점이 발견될 경우에는 통지문을 통해 의견을 교환하며 쌍방 간 의견차이가 있을 경우 실무대표회담을 통해 협의, 조정한다.

⑧ 쌍방은 매 단계별로 선전수단 제거완료 1일 전 실무대표회담을 열고 그 결과를 최종 확인한 후 다음 단계 제거작업을 시작한다. 필요 시 쌍방 합의하에 3~5명의 검증단을 구성하여 약속된 시간에 군사분계선상에서 서로 만나 상대측의 안내를 받아 현장을 확인한다.

⑨ 쌍방은 매 단계가 끝나는 마지막 날에 그 결과를 언론에 발표한다.

3. 수정·보충 및 발효

① 본 합의서는 남북장성급군사회담 남측 수석대표와 북측 단장 간 서명하여 교환한 날로부터 효력을 발생한다.

② 본 합의서는 필요 시 상호 합의에 따라 수

정·보충할 수 있다.

③ 합의서는 2부 작성되었으며, 두 원본은 같은 효력을 가진다.

2004년 6월 12일

남북장성급군사회담 남측 수석대표 준장 박정화	남북장성급군사회담 북측 단장 소장 안익산

[부록 1]

NO	신호내용	신호 방법	기류 및 발광 표시	
			기류(깃발)	발광(불빛)
1	아측은 변침, 남하(복귀)중이다.	2		· · - - -
2	아측은 변침, 북상(복귀)중이다.	3		· · · - -
3	아측은 적대행위 의도는 없다.	4		· · · · -
4	항로미실된 선박을 확인(구조)하기 위하여 간다.	5		· · · · ·
5	조난된 선박을 확인(구조)하기 위하여 간다.	6		- · · · ·
6	함정의 기관이 비정상이다.	7		- - · · ·
7	함정의 조종성능이 나쁘다.	8		- - - · ·
8	아측은 너의 신호를 이해, 수신하였다.	9		- - - - ·
9	귀측의 신호를 수신했으나, 이해하지 못하겠다.	0		- - - - -

[부록 2]

정보교환 통지문

통 지 문 No.	
① 일시: 년 월 일 시 분 ② 발신: ③ 수신: ④ 불법조업어선 자료 ○ 조업시간: ○ 위 치: ○ 척 수:	
송신 담당자	(계급) (성명)

[부록 3]

시험통신계획

1. 대 상

1) No.1 대상: 연평도 1구역 함정 ↔ 육도 함정
2) No.2 대상: 연평도 2구역 함정 ↔ 등산곶 함정
3) No.3 대상: 대청도 3구역 함정 ↔ 기린도 함정
4) No.4 대상: 대청도 4구역 함정 ↔ 월래도 함정
5) No.5 대상: 백령도 서남 5구역 함정 ↔ 장산곶 함정

2. 일 자: 2004년 6월 14일(월)

3. 시 간

1) 현재위치에서 통신시험

① No.1 대상: 09:00 ~ 09:15
② No.2 대상: 09:30 ~ 09:45
③ No.3 대상: 10:00 ~ 10:15
④ No.4 대상: 10:30 ~ 10:45
⑤ No.5 대상: 11:00 ~ 11:15

2) 기동하면서 통신

① No.1 대상: 09:15 ~
② No.3 대상: 10:15 ~

4. 주파수

제상선공통망 주주파수 제16번 채널 (156.8Mhz), 보조주파수 제12번 채널 (156.6Mhz)

5. 호출부호

1) No.1 대상 : 남 (한라산-1) ↔ 북 (백두산-1)
2) No.2 대상 : 남 (한라산-2) ↔ 북 (백두산-2)
3) No.3 대상 : 남 (한라산-3) ↔ 북 (백두산-3)
4) No.4 대상 : 남 (한라산-4) ↔ 북 (백두산-4)
5) No.5 대상 : 남 (한라산-5) ↔ 북 (백두산-5)

6. 통신방법

1) 현재위치에서 통신시험

① 국제상선공통망의 주주파수에서 먼저 교신하고, 신호에 따라 보조주파수로 전환하여 교신한 후 필요한 정보를 교환하고 통신시험을 완료한다.

〈예〉
남 → 백두산 - 1, 백두산 - 1, 여기는 한라산 - 1 감명도?
북 → 한라산 - 1, 한라산 - 1, 여기는 백두산 - 1 감명도 좋음
남 → 채널 12번 전환
북 → 수신완료

② 신호 호출순서

	주주파수에서	보조주파수에서
No.1 구역	북측이 먼저 호출	남측이 먼저 호출
No.2 구역	남측이 먼저 호출	북측이 먼저 호출
No.3 구역	북측이 먼저 호출	남측이 먼저 호출
No.4 구역	남측이 먼저 호출	북측이 먼저 호출
No.5 구역	북측이 먼저 호출	남측이 먼저 호출

2) 기동하면서 통신

쌍방 함정들은 현 경비위치에서 교신설정을 끝낸 후 상대측 함정 방향으로 5노트의 속도로 기동하며 기류 및 발광시험을 한 다음 즉시 자기 위치로 돌아간다.

① 제1구역에서의 시험은 09시 15분부터 남측이 먼저 호출하면 북측이 응답하는 방법으로,
② 제3구역에서의 시험은 10시 15분부터 북측이 먼저 호출하면 남측이 응답하는 방법으로 진행한다.
③ 함정들은 국제상선공통망을 지속 유지하며 어느 일방 함정이 기류를 게양하고 발광신호를 보내면 상대측 함정은 응답신호를 하고 통신기로 식별상태를 통보한다.
④ 쌍방 함정들은 시험도중 어느 일방이 시험중지를 요구하면 즉시 중지하고 자기 위치로 돌아간다.

7. 유선 통신을 이용한 정보교환 시험계획

1) 일시: 2004년 6월 14일 09시

2) 내용

합의된 정보교환양식에 기초하여 제3국어선들의 조업시간, 위치, 척수를 통보하는 방법으로 한다.

남북수산협력실무협의회 제1차 회의 합의서

남과 북은 남북경제협력추진위원회 제10차 회의 합의에 따라 2005년 7월 25일부터 27일까지 개성에서 남북수산협력실무협의회 제1차 회의를 진행하였다.

회의에서 쌍방은 6. 15 남북공동선언의 기본 정신에 따라 서해상에서의 평화정착과 남북어민들의 공동이익을 실현하기 위한 수산협력 문제들을 협의하고 다음과 같이 합의하였다.

1. 남과 북은 평화정착과 공동이익의 원칙에서 서해상의 일정한 수역을 정하여 공동어로를 진행하기로 한다.
   - ○ 공동어로 수역과 공동어로 시작 시기는 남북군사당국회담에서 합의되는 데 따라 확정하기로 한다.
   - ○ 공동어로에서의 어로기간, 어선 수 및 어구 이용, 입어료 등에 대해서는 쌍방이 합의하여 정한다.
2. 남과 북은 서해상의 정해지는 수역에서 쌍방의 어선이 아닌 불법어선들의 어로활동 방지를 위해 출입을 통제하는 조치를 상호 협력하기로 한다.
3. 남과 북은 수산물 생산, 가공 및 유통 분야에서의 협력사업을 진행 나가며 이를 위한 구체적인 문제들은 남북수산협력 실무접촉에서 협의하기로 한다.
4. 남과 북은 수산물 생산향상을 위해 우량품종의 개발을 공동으로 추진하며 이를 위한 수산 분야 기술교류를 진행한다.
5. 남과 북은 제3구 어장진출에 서로 협력하기로 한다.
6. 남북수산협력 실무접촉 날짜와 장소는 앞으로 문서교환방식으로 협의 확정하기로 한다.

2005년 7월 27일

남북경제협력추진위원회	북남경제협력추진위원회
남측위원장	북측단장
대한민국	조선민주주의인민공화국
재정경제부 차관	건설건재공업성 부상
박병원	최영건

"남북해운합의서"의 이행과 준수를 위한 부속합의서의 수정·보충 합의서

남과 북은 2004년 5월 28일에 채택한 "남북해운합의서의 이행과 준수를 위한 부속합의서"의 별표 1의 해상항로대를 다음과 같이 수정·보충한다.

1. 남과 북은 외곽항로대 참조점에 ⑩-1(33-45-00n, 127-41-00e)과 ⑪-1(33-40-00n, 125-06-00e)을 추가한다.
2. 남과 북은 각 참조점을 순차적으로 연결한 선을 기준으로 외곽항로대를 설정하기로 한다. 다만, 참조점 ⑨~⑫ 구간은 ⑨~⑩~⑪~⑫를 연결한 선과 ⑨~⑩-1~⑪-1~⑫를 연결한 선을 각각 기준으로 한다.
3. 남과 북은 참조점 ⑩-1과 ⑪-1을 연결한 구간에 대해서는 좌우 1마일씩 2마일의 외곽항로대 폭을 설정한다.
4. 남과 북의 해상운송회사는 부속합의서 제1조에 의한 선박운항 허가 신청시 ⑨~⑫ 구간에 대해서는 어느 항로대를 이용할지를 선박운항 허가 신청서에 명시하여야 한다.
5. 이 수정·보충 합의서는 남과 북이 서명하고 각기 발효에 필요한 절차를 거쳐 그 문본을 교환한 날로부터 효력을 발생한다.

2005년 8월 10일

남북관계 발전과 평화번영을 위한 선언

대한민국 노무현 대통령과 조선민주주의인민공화국 김정일 국방위원장 사이의 합의에 따라 노무현 대통령이 2007년 10월 2일부터 4일까지 평양을 방문하였다.

방문기간 중 역사적인 상봉과 회담들이 있었다.

상봉과 회담에서는 6·15 공동선언의 정신을 재확인하고 남북관계발전과 한반도 평화, 민족공동의 번영과 통일을 실현하는 데 따른 제반 문제들을 허심탄회하게 협의하였다.

쌍방은 우리민족끼리 뜻과 힘을 합치면 민족번영의 시대, 자주통일의 새시대를 열어 나갈수 있다는 확신을 표명하면서 6·15 공동선언에 기초하여 남북관계를 확대·발전시켜 나가기 위하여 다음과 같이 선언한다.

1. 남과 북은 6·15 공동선언을 고수하고 적극 구현해 나간다.

남과 북은 우리민족끼리 정신에 따라 통일문제를 자주적으로 해결해 나가며 민족의 존엄과 이익을 중시하고 모든 것을 이에 지향시켜 나가기로 하였다.

남과 북은 6·15 공동선언을 변함없이 이행해 나가려는 의지를 반영하여 6월 15일을 기념하는 방안을 강구하기로 하였다.

2. 남과 북은 사상과 제도의 차이를 초월하여 남북관계를 상호존중과 신뢰 관계로 확고히 전환시켜 나가기로 하였다.

남과 북은 내부문제에 간섭하지 않으며 남북관계 문제들을 화해와 협력, 통일에 부합되게 해결해 나가기로 하였다.

남과 북은 남북관계를 통일 지향적으로 발전시켜 나가기 위하여 각기 법률적·제도적 장치들을 정비해 나가기로 하였다.

남과 북은 남북관계 확대와 발전을 위한 문제들을 민족의 염원에 맞게 해결하기 위해 양측 의회 등 각 분야의 대화와 접촉을 적극 추진해 나가기로 하였다.

3. 남과 북은 군사적 적대관계를 종식시키고 한반도에서 긴장 완화와 평화를 보장하기 위해 긴밀히 협력하기로 하였다.

남과 북은 서로 적대시하지 않고 군사적 긴장을 완화하며 분쟁문제들을 대화와 협상을 통하여 해결하기로 하였다.

남과 북은 한반도에서 어떤 전쟁도 반대하며 불가침의무를 확고히 준수하기로 하였다.

남과 북은 서해에서의 우발적 충돌방지를 위해 공동어로수역을 지정하고 이 수역을 평화수역으로 만들기 위한 방안과 각종 협력사업에 대한 군사적 보장조치 문제 등 군사적 신뢰구축조치를 협의하기 위하여 남측 국방부 장관과 북측 인민무력부 부장 간 회담을 금년 11월 중에 평양에서 개최하기로 하였다.

4. 남과 북은 현 정전체제를 종식시키고 항구적인 평화체제를 구축해 나가야 한다는 데 인식을 같이하고 직접 관련된 3자 또는 4자 정상들이 한반도지역에서 만나 종전을 선언하는 문제를 추진하기 위해 협력해 나가기로 하였다.

남과 북은 한반도 핵문제 해결을 위해 6자회담 「9·19 공동성명」과 「2·13 합의」가 순조롭게 이행되도록 공동으로 노력하기로 하였다.

5. 남과 북은 민족경제의 균형적 발전과 공동의 번영을 위해 경제협력사업을 공리공영과 유무상통의 원칙에서 적극 활성화하고 지속적으로 확대 발전시켜 나가기로 하였다.

남과 북은 경제협력을 위한 투자를 장려하고 기반시설 확충과 자원개발을 적극 추진하며 민족내부협력사업의 특수성에 맞게 각종 우대조건과 특혜를 우선적으로 부여하기로 하였다.

남과 북은 해주지역과 주변해역을 포괄하는 「서해평화협력특별지대」를 설치하고 공동어로

구역과 평화수역 설정, 경제특구건설과 해주항 활용, 민간선박의 해주직항로 통과, 한강하구 공동이용 등을 적극 추진해 나가기로 하였다.

남과 북은 개성공업지구 1단계 건설을 빠른 시일안에 완공하고 2단계 개발에 착수하며 문산-봉동 간 철도화물수송을 시작하고, 통행·통신·통관 문제를 비롯한 제반 제도적 보장조치들을 조속히 완비해 나가기로 하였다.

남과 북은 개성-신의주 철도와 개성-평양 고속도로를 공동으로 이용하기 위해 개보수 문제를 협의·추진해 가기로 하였다.

남과 북은 안변과 남포에 조선협력단지를 건설하며 농업, 보건의료, 환경보호 등 여러 분야에서의 협력사업을 진행해 나가기로 하였다.

남과 북은 남북 경제협력사업의 원활한 추진을 위해 현재의 「남북경제협력추진위원회」를 부총리급 「남북경제협력공동위원회」로 격상하기로 하였다.

6. 남과 북은 민족의 유구한 역사와 우수한 문화를 빛내기 위해 역사, 언어, 교육, 과학기술, 문화예술, 체육 등 사회문화 분야의 교류와 협력을 발전시켜 나가기로 하였다.

남과 북은 백두산관광을 실시하며 이를 위해 백두산-서울 직항로를 개설하기로 하였다.

남과 북은 2008년 북경올림픽 경기대회에 남북응원단이 경의선 열차를 처음으로 이용하여 참가하기로 하였다.

7. 남과 북은 인도주의 협력사업을 적극 추진해 나가기로 하였다.

남과 북은 흩어진 가족과 친척들의 상봉을 확대하며 영상편지 교환사업을 추진하기로 하였다.

이를 위해 금강산면회소가 완공되는 데 따라 쌍방 대표를 상주시키고 흩어진 가족과 친척의 상봉을 상시적으로 진행하기로 하였다.

남과 북은 자연재해를 비롯하여 재난이 발생하는 경우 동포애와 인도주의, 상부상조의 원칙에 따라 적극 협력해 나가기로 하였다.

8. 남과 북은 국제무대에서 민족의 이익과 해외 동포들의 권리와 이익을 위한 협력을 강화해 나가기로 하였다.

남과 북은 이 선언의 이행을 위하여 남북총리회담을 개최하기로 하고, 제1차 회의를 금년 11월 중 서울에서 갖기로 하였다.

남과 북은 남북관계 발전을 위해 정상들이 수시로 만나 현안 문제들을 협의하기로 하였다.

2007년 10월 4일
평양

대한민국	**조선민주주의인민공화국**
대통령	**국방위원장**
노무현	**김정일**

「남북관계 발전과 평화번영을 위한 선언」 이행에 관한 제1차 남북총리회담 합의서

2007년 10월 평양에서 진행된 역사적인 남북정상회담에서 채택된 「남북관계 발전과 평화번영을 위한 선언」에 따라 그 이행을 위한 제1차 남북총리회담이 11월 14일부터 16일까지 서울에서 진행되었다.

남과 북은 「남북관계 발전과 평화번영을 위한 선언」이 남북관계를 보다 높은 단계로 발전시키며 한반도 평화와 민족공동의 번영과 통일을 실현하기 위한 새로운 국면을 열어나가는 데서 중대한 의의를 가진다는 데 인식을 같이하고 이를 성실히 이행하기 위해 다음과 같이 합의하였다.

제1조 남과 북은 6·15공동선언의 우리민족끼리 정신에 따라 남북관계를 상호 존중과 신뢰의 관계로 확고히 전환시키며 통일지향적으로 발전시켜 나가기 위한 조치들을 적극 취해나가기로 하였다.

① 남과 북은 매년 6월 15일을 화해와 평화번영, 통일의 시대를 열어나가는 민족공동의 기념일로 하기 위해 각기 내부절차를 거쳐 필요한 조치를 취하기로 하였다.

② 남과 북은 내년 6·15공동선언 발표 8주년 기념 남북공동행사를 당국과 민간의 참가하에 서울에서 진행하기로 하였다.

③ 남과 북은 남북관계를 통일지향적으로 발전시켜 나가기 위하여 각기 법률·제도적 장치들을 정비해 나가는 문제 등을 협의해 나가기로 하였다.

④ 남과 북은 양측 의회를 비롯한 각 분야의 대화와 접촉을 활성화해 나가며 쌍방 당국은 남북국회회담을 적극 지원하기로 하였다.

제2조 남과 북은 서해지역의 평화와 공동의 이익을 위하여 「서해평화협력특별지대」를 설치하기로 하였다.

① 남과 북은 서해상에서 공동어로 및 민간선박의 운항과 해상수송을 보장하기 위하여 서해상의 일정한 수역을 평화수역으로 지정하고 관리해 나가기로 하였다.

② 남과 북은 평화수역과 공동어로구역의 대상지역과 범위를 호혜의 정신에 따라 별도로 협의하여 확정하고 2008년 상반기 안으로 공동어로사업에 착수하기로 하였다.

③ 남과 북은 공동어로구역의 효율적 운영과 수산분야에서의 협력문제를 12월 중 「서해평화협력특별지대추진위원회」 산하의 분과위원회를 통해 협의 해결하기로 하였다.

④ 남과 북은 해주지역에 「경제협력특별구역」(「해주경제특구」)을 건설하고 개성공단과의 연계를 통해 점차 발전시켜 나가기로 하였다.

⑤ 남과 북은 「해주경제특구」 건설에 따른 해상물동량의 원활한 처리를 위해 해주항을 민족공동의 이익에 부합되게 활용하기로 하였다.

⑥ 남과 북은 「해주경제특구」와 해주항 개발을 위한 실무접촉과 현지조사를 금년 중에 실시하며 2008년 안으로 구체적인 사업계획을 협의 확정하기로 하였다.

⑦ 남과 북은 한강하구에서 2008년 안으로 골재채취사업에 착수하기로 하고 빠른 시일 안에 실무접촉과 현지 공동조사를 실시하기로 하였다.

⑧ 남과 북은 민간선박의 해주직항로 이용과 관련한 항로대 설정, 통항절차 등의 문제를 12월 중에 「남북경제협력공동위원회」 산하의 「남북 조선 및 해운협력분과위원회」를 개최하여 협의 해결하기로 하였다.

⑨ 남과 북은 「해주경제특구」 건설에 따라 이 지역에 대한 출입, 체류, 통신, 통관, 검역, 자금유통 등 법률·제도적 장치를 마련하는 문제를 협의해 나가기로 하였다.

⑩ 남과 북은 장관급을 위원장으로 하는 「서해평화협력특별지대추진위원회」를 구성하기로 하고 「서해평화협력특별지대추진위원회 구성·운영에 관한 합의서」를 채택하였다.

⑪ 남과 북은 「서해평화협력특별지대추진위원회」 제1차 회의를 12월 중 개성에서 개최하기로 하였다.

제3조 남과 북은 민족경제의 균형적 발전과 공동번영을 위한 경제협력을 적극 추진하기로 하였다.

1) 도로 및 철도분야 협력

① 남과 북은 경의선 도로와 철도의 공동이용과 물류유통의 활성화를 위해 2008년부터 개성-평양 고속도로와 개성-신의주 철도 개보수에 착수하기로 하고, 이를 위한 현지조사를 금년 중에 실시하기로 하였다.

② 남과 북은 개성-평양 고속도로 개보수를 위한 실무접촉을 11월 28일부터 29일까지, 개성-신의주 철도 개보수를 위한 실무접촉을 11월 20일부터 21일까지 개성에서 진행하기로 하였다.

③ 남과 북은 2008년 베이징올림픽 경기대회 남북응원단의 경의선 열차 이용을 위한 철길보수를 진행하기로 하였다.

④ 남과 북은 개성-평양 고속도로, 개성-신의주 철도의 개보수와 공동이용에 필요한 설계, 설비, 자재, 인력 등을 적기에 보장하기로 하였다.

⑤ 남과 북은 「남북경제협력공동위원회」 산하에 「남북도로협력분과위원회」와 「남북철도협력분과위원회」를 구성하기로 하였다.

2) 조선협력단지 건설

① 남과 북은 안변지역에 선박블록공장 건설을 2008년 상반기 안에 착수하며 단계적으로 선박건조 능력을 확대하기로 하였다.

② 남과 북은 남포의 영남배수리공장에 대한 설비현대화와 기술협력사업, 선박블록공장 건설 등을 가까운 시일 안에 적극 추진하기로 하였다.

③ 남과 북은 안변과 남포지역에 대한 제2차 현지조사를 12월 중에 실시하기로 하였다.

④ 남과 북은 조선협력단지 건설에 따라 안변과 남포지역에 대한 출입, 체류, 통신, 통관, 검역, 자금유통 등 법률·제도적 장치를 마련하는 문제를 협의 해결하기로 하였다.

⑤ 남과 북은 「남북경제협력공동위원회」 산하에 「남북 조선 및 해운협력분과위원회」를 구성·운영하며 제1차 회의를 12월 중에 부산에서 개최하여 조선협력단지 건설과 운영을 위한 구체적인 협의를 진행하기로 하였다.

3) 개성공단 건설

① 남과 북은 개성공단 활성화를 위해 1단계 건설을 빠른 시일 안에 완공하고 2단계 개발에 필요한 측량·지질조사를 금년 12월 중에 진행하며 2008년 안에 2단계 건설에 착수하기로 하였다.

② 남과 북은 개성공단 1단계 사업의 활성화를 위해 필요한 근로인력을 적기에 보장하고 근로자들의 숙소건설 등에 협력해 나가기로 하였다.

③ 남과 북은 개성공단 근로자들의 출퇴근을 위한 도로 건설 및 열차운행 문제를 협의 추진해 나가기로 하였다.

④ 남과 북은 금년 12월 11일부터 문산-봉동 간 철도화물 수송을 시작하며, 이를 위한 판문역 임시 컨테이너 야적장과 화물작업장 건설, 신호·통신·전력체계 및 철도연결구간 마감공사를 조속히 추진하기로 하였다.

⑤ 남과 북은 문산-봉동 간 화물열차운행을 위해 11월 20일부터 21일까지 개성에서 남북철도실무접촉을 개최하고 「남북사이의 열차운행에 관한 기본합의서의 부속서」를 채택하며, 「남북철도운영공동위원회」 제1차 회의를 12월 초에 개성에서 진행하기로 하였다.

⑥ 남과 북은 남측 인원들과 차량들이 07시부터 22시까지 개성공단에 편리하게 출입할 수 있도록 금년 내에 통행절차를 개선하고, 2008년부터 인터넷, 유·무선전화 서비스를 시작하기 위한 1만회선 능력의 통신센터를 금년 내에 착공하며, 통관사업의 신속성과 과학성을 보장하기 위한 물자하차장 건설 등을 추진하는 문제를 협의해 나가기로 하였다.

⑦ 남과 북은 개성공단 건설을 적극 추진하며, 통행·통신·통관 문제와 관련한 합의사항을 이행하기 위해 개성공단 건설 실무접촉을 12월 초에 개성에서 진행하기로 하였다.

⑧ 남과 북은 「남북경제협력공동위원회」 산하에 「개성공단협력분과위원회」를 구성·운영하기로 하였다.

4) 자원개발, 농업, 보건의료 등 분야별 협력

① 남과 북은 이미 합의한 단천지구광산 투자 등 지하자원 개발협력과 관련하여 제3차 현지조사를 12월 중에 진행하며 2008년 상반기 안으로 구체적인 사업계획을 협의 확정하기로 하였다.

② 남과 북은 이미 합의한 농업 분야의 협력사업들을 구체적으로 이행하며 종자생산 및 가공시설, 유전자원 저장고 건설 등을 금년 중에 착수하기로 하였다.

③ 남과 북은 병원, 의료기구, 제약공장 현대화 및 건설, 원료지원 등을 추진하고 전염병 통제와 한의학 발전을 위해 적극 협력하기로 하였다.

④ 남과 북은 쌍방이 관심하는 수역에서의 수산물 생산과 가공, 유통 등을 위해 서로 협력하기로 하였다.

⑤ 남과 북은 산림녹화 및 병해충방제, 환경오염방지를 위한 협력사업을 추진하기로 하였다.

⑥ 남과 북은 지하자원 개발, 농업, 보건의료, 수산, 환경보호 분야의 협력을 위해 「남북경제협력공동위원회」 산하에 분과위원회들을 구성·운영하기로 하였다.

5) 「남북경제협력공동위원회」 구성·운영

① 남과 북은 경제협력사업의 원활한 추진을 위해 남북총리회담 산하에 부총리급을 위원장으로 하는 「남북경제협력공동위원회」를 구성하기로 하고 「남북경제협력공동위원회 구성·운영에 관한 합의서」를 채택하였다.

② 남과 북은 「남북경제협력공동위원회」 제1차 회의를 12월 4일부터 6일까지 서울에서 개최하기로 하였다.

제4조 남과 북은 역사, 언어, 교육, 문화예술, 과학기술, 체육 등 사회문화분야의 교류와 협력을 발전시키기 위한 조치를 취하기로 하였다.

① 남과 북은 장관급을 위원장으로 하는 「남북사회문화협력추진위원회」를 구성하기로 하고 역사유적과 사료발굴 및 보존, 「겨레말큰사전」 공동편찬, 교육기자재와 학교시설 현대화, 공동문화행사, 과학기술인력양성, 과학기술협력센터 건설, 기상정보교환 및 관측장비 지원, 2008년 베이징올림픽경기대회 공동응원을 비롯한 사회문화협력사업들을 협의 추진하기로 하였다.

② 남과 북은 백두산과 개성관광사업이 원만히 진행될 수 있도록 적극 협력하며 서울-백두산 직항로 개설을 위한 실무접촉을 12월 초에 개성에서 진행하기로 하였다.

③ 남과 북은 2008년 베이징올림픽 경기대회에 남북응원단이 경의선 열차를 이용하여 참가하는 문제와 관련한 실무접촉을 12월 중에 진행하기로 하였다.

④ 남과 북은 「남북사회문화협력추진위원회」를 2008년 상반기 중에 개최하고, 기상정보교환과 관측장비 지원 등 기상협력을 위한 실무접촉을 금년 12월 중에 진행하기로 하였다.

제5조 남과 북은 민족의 화해와 단합을 도모하는 견지에서 인도주의 분야의 협력사업을 적극 추진하기로 하였다.

① 남과 북은 12월 7일 금강산면회소의 쌍방 사무소 준공식을 진행하며 2008년 새해를 맞으며 흩어진 가족과 친척들의 영상 편지를 시범적으로 교환하기로 하였다.

② 남과 북은 11월 28일부터 30일까지 금강산에서 제9차 남북적십자회담을 개최하고 흩어진 가족과 친척들의 상봉 확대 및 상시 상봉, 쌍방 대표들의 금강산면회소 상주, 전쟁시기와 그 이후 소식을 알 수 없게 된 사람들의 문제 등을 협의하기로 하였다.

제6조 남과 북은 자연재해가 발생하는 경우 상호 통보 및 피해확대 방지를 위한 조치를 신속히 취하며 동포애와 상부상조의 원칙에서 피해복구 등에 적극 협력하기로 하였다.

제7조 남과 북은 남북총리회담을 6개월에 1회 진행하며, 제2차 회담을 2008년 상반기에 평양에서 개최하기로 하였다.

제8조 수정 및 발효

① 이 합의서는 쌍방의 합의에 의해 수정·보충할 수 있다.

② 이 합의서는 남과 북이 각기 발효에 필요한 절차를 거쳐 문본을 교환한 날부터 효력을 발생한다.

2007년 11월 16일

남북총리회담	**북남총리회담**
남측 수석대표	**북측 단장**
대한민국	**조선민주주의인민공화국**
국무총리 한덕수	**내각총리 김영일**

서해평화협력특별지대추진위원회 구성·운영에 관한 합의서

남과 북은 「남북관계 발전과 평화번영을 위한 선언」에 따라 해주지역과 주변해역을 포괄하는 서해평화협력특별지대 조성사업을 추진해 나가기 위하여 「서해평화협력특별지대추진위원회」(이하 "위원회"라고 한다)를 다음과 같이 구성·운영하기로 합의하였다.

제1조 위원회는 다음과 같이 구성한다.

① 위원회는 쌍방에서 각기 위원장을 포함하여 5~7명으로 구성한다.

② 위원장은 장관급으로 하며, 위원들의 급은 각기 편리한 대로 한다.

③ 쌍방은 위원장과 위원들을 교체할 경우 이를 상대측에 통보한다.

④ 수행원은 각기 5~7명으로 하며 필요에 따라 쌍방이 합의하여 조정할 수 있다.

⑤ 쌍방은 필요한 경우 합의에 따라 위원회 산하에 분과위원회를 둘 수 있다. 우선 「해주경제특구협력분과위원회」, 「해주항개발협력분과위원회」, 「공동어로협력분과위원회」, 「한강하구협력분과위원회」를 설치·운영한다.

제2조 위원회의 기능은 다음과 같다.

① 위원회는 쌍방 당국 사이의 「해주경제특구」와 해주항 개발, 공동어로, 한강하구 공동이용 등 서해평화협력특별지대와 관련한 사업들을 주관한다.

위원회 산하 분과위원회의 기능과 사업들은 위원회 회의를 통해 확정한다.

② 위원회는 「서해평화협력특별지대」 조성에 따라 민간차원에서 진행하는 협력사업과 관련하여 쌍방 당국 사이의 협력이 필요한 사항들을 협의 추진한다.

③ 위원회는 분과위원회들의 활동을 종합·조정한다.

제3조 위원회는 다음과 같이 운영한다.

① 위원회 회의는 분기에 1회 진행하는 것을 원칙으로 하며, 필요한 경우 쌍방이 합의하여 개최할 수 있다.

② 위원회와 분과위원회 회의는 서울, 평양 또는 쌍방이 합의하는 장소에서 개최할 수 있다.

③ 위원회 회의는 쌍방 위원장이 공동으로 운영한다.

④ 위원회와 분과위원회 회의는 비공개로 하는 것을 원칙으로 하며 쌍방의 합의에 따라 해당 전문가들을 참가시킬 수 있다.

⑤ 위원회와 분과위원회 회의를 위하여 상대측 지역을 왕래하는 인원들에 대한 편의 보장과 회의 기록 등 실무절차는 관례대로 한다.

⑥ 위원회 운영과 관련한 그 밖의 필요한 사항은 쌍방이 협의하여 정한다.

제4조 위원회와 분과위원회의 합의사항은 쌍방 위원장이 합의서에 서명한 날부터 또는 서명 후 각기 발효에 필요한 절차를 거쳐 그 문본을 교환한 날부터 효력을 발생한다.

제5조 이 합의서는 쌍방의 합의에 따라 수정·보충할 수 있다.

제6조 이 합의서는 쌍방이 서명하고 교환한 날부터 효력을 발생한다.

2007년 11월 16일

남북총리회담	북남총리회담
남측 수석대표	북측단장
대한민국	조선민주주의인민공화국
국무총리 한덕수	내각총리 김영일

「남북관계 발전과 평화번영을 위한 선언」 이행을 위한 남북국방장관회담 합의서

제2차 남북국방장관회담이 2007년 11월 27일부터 29일까지 평양에서 진행되었다.

회담에서 쌍방은 역사적인 정상회담에서 채택된 「남북관계 발전과 평화번영을 위한 선언」의 이행을 위한 군사적 대책을 토의하고 다음과 같이 합의하였다.

1. 쌍방은 군사적 적대관계를 종식시키고 긴장 완화와 평화를 보장하기 위한 실제적인 조치를 취하기로 하였다.
   ① 쌍방은 적대감 조성 행동을 하지 않으며 남북 사이에 제기되는 모든 군사관계 문제를 상호 협력하여 평화적으로 처리하기로 하였다.
   ② 쌍방은 2004년 6월 4일 합의를 비롯하여 이미 채택된 남북간 군사적 합의들을 철저히 준수해 나가기로 하였다.
   ③ 쌍방은 지상·해상·공중에서의 모든 군사적 적대행위를 하지 않기로 하였다.
   ④ 쌍방은 충돌을 유발시키지 않도록 제도적 장치들을 수정·보완하며 우발적 충돌이 발생하는 경우에는 즉시적인 중지대책을 취한 다음 대화와 협상을 통하여 해결하기로 하였다.

이를 위해 쌍방 사이에 이미 마련된 통신연락체계를 현대화하고, 협상통로들을 적극 활용·확대해 나가기로 하였다.

2. 쌍방은 전쟁을 반대하고 불가침 의무를 확고히 준수하기 위한 군사적 조치들을 취하기로 하였다.
   ① 쌍방은 지금까지 관할하여 온 불가침 경계선과 구역을 철저히 준수하기로 하였다.
   ② 쌍방은 해상불가침경계선 문제와 군사적 신뢰구축 조치를 남북군사공동위원회를 구성·운영하여 협의·해결해 나가기로 하였다.
   ③ 쌍방은 무력 불사용과 분쟁의 평화적 해결 원칙을 재확인하고 이를 위한 실천적 대책을 마련하기로 하였다.
3. 쌍방은 서해 해상에서 충돌을 방지하고 평화를 보장하기 위한 실제적인 대책을 취하기로 하였다.
   ① 쌍방은 서해 해상에서의 군사적 긴장을 완화하고 충돌을 방지하기 위해 공동어로구역과 평화수역을 설정하는 것이 절실하다는데 인식을 같이하고, 이 문제를 남북장성급 군사회담에서 빠른 시일 안에 협의·해결하기로 하였다.
   ② 쌍방은 한강하구와 임진강하구 수역에 공동 골재채취 구역을 설정하기로 하였다.
   ③ 쌍방은 서해 해상에서의 충돌 방지를 위한 군사적 신뢰보장 조치를 남북군사공동위원회에서 협의·해결하기로 하였다.
4. 쌍방은 현 정전체제를 종식시키고 항구적인 평화체제를 구축해 나가기 위해 군사적으로 상호 협력하기로 하였다.
   ① 쌍방은 종전을 선언하고 평화체제를 구축해 나가는 것이 민족의 지향과 요구라는데 인식을 같이하기로 하였다.
   ② 쌍방은 종전을 선언하기 위한 여건을 조성하기 위하여 필요한 군사적 협력을 추진해 나가기로 하였다.
   ③ 쌍방은 전쟁시기의 유해발굴 문제가 군사적 신뢰조성 및 전쟁종식과 관련된 문제라는데 이해를 같이하고 추진대책을 협의·해결해 나가기로 하였다.
5. 쌍방은 남북교류협력사업을 군사적으로 보장하기 위한 조치들을 취하기로 하였다.
   ① 쌍방은 민족의 공동번영과 군사적 긴장 완화에 도움이 되는 교류협력에 대하여 즉시적인 군사적 보장대책을 세우기로 하였다.
   ② 쌍방은 「서해평화협력특별지대」에 대한 군사적 보장대책을 세워나가기로 하였다.

쌍방은 서해공동어로, 한강하구 공동이용 등 교류협력 사업에 대한 군사적 보장대책을 별도로 남북군사실무회담에서 최우선적으로 협의·해결하기로 하였다.

쌍방은 북측 민간선박들의 해주항 직항을 허용하고, 이를 위해 항로대 설정과 통항절차를 포암한 군사적 보장조치를 취해 나가기로 하였다.

③ 쌍방은 개성·금강산 지역의 협력사업이 활성화되도록 2007년 12월 11일부터 개시되는 문산-봉동간 철도화물 수송을 군사적으로 보장하기로 합의하였으며, 남북관리구역의 통행·통신·통관을 위한 군사보장합의서를 2007년 12월초 판문점 통일각에서 남북군사실무회담을 개최하여 협의·채택하기로 하였다.

④ 쌍방은 백두산 관광이 실현되기 전까지 직항로 개설과 관련한 군사적 보장조치를 협의·해결하기로 하였다.

6. 쌍방은 본 합의서의 이행을 위한 협의기구들을 정상적으로 가동하기로 하였다.

① 제3차 남북국방장관회담은 2008년 중 적절한 시기에 서울에서 개최하기로 하였다.

② 남북군사공동위원회는 구성되는데 따라 제1차 회의를 조속히 개최하기로 하였다.

7. 본 합의서는 쌍방 국방부장관이 서명하여 발효에 필요한 절차를 거쳐 문본을 교환한 날부터 효력을 발생한다.

① 이 합의서는 필요에 따라 쌍방이 합의하여 수정·보충할 수 있다.

② 이 합의서는 각기 2부 작성되었으며, 같은 효력을 가진다.

2007년 11월 29일

대한민국	조선민주주의인민공화국
국방부장관	인민무력부장
김장수	김일철

남북경제협력공동위원회 제1차 회의 합의서

남과 북은 「남북관계발전과 평화번영을 위한 선언」을 이행하기 위한 제1차 남북총리회담 합의에 따라 「남북경제협력공동위원회」 제1차 회의를 2007년 12월 4일부터 6일까지 서울에서 진행하였다.

남과 북은 민족경제의 균형적 발전과 공동의 번영을 위해 남북경제협력사업을 적극 활성화하고 지속적으로 확대 발전시켜 나가야 한다는 데 대해 인식을 같이하고 다음과 같이 합의하였다.

제1조 남과 북은 경의선 철도 및 도로의 공동이용과 물류유통의 활성화를 위하여 개성-평양 고속도로와 개성-신의주철도 개보수를 적극 추진하기로 하였다.

① 남과 북은 2008년 2월 12일부터 13일까지 개성에서 「남북도로협력분과위원회」 제1차 회의를 개최하고 개성-평양 고속도로 현지조사 결과를 토대로 개보수의 범위와 공동이용 문제 등을 협의하기로 하였다.

② 남과 북은 2008년 1월 22일부터 23일까지 개성에서 「남북철도협력분과위원회」 제1차 회의를 개최하고, 개성-신의주 철도의 개보수의 범위와 추진방향, 공동이용을 비롯한 실무적 문제, 2008년 베이징 올림픽 남북응원단의 열차이용을 위한 철도 긴급보수 문제 등을 협의하기로 하였다.

제2조 남과 북은 안변과 남포지역에서의 조선협력단지 건설과 민간선박의 해주직항로 이용문제 등에 적극 협력하기로 하였다.

① 남과 북은 안변지역의 선박블록공장 건설과 남포지역의 영남배수리공장 현대화 및 선박블록공장 건설을 위한 제2차 현지조사를 12월 11일부터 진행하기로 하였으며, 북측은 현지조사와 관련한 전력시설, 근로인력 보장 등에 관한 자료와 편의를 보장하기로 하였다.

② 남과 북은 안변과 남포지역의 조선협력단지 건설과 관련하여 출입, 체류, 통신, 통관, 검역, 자금유통 등 필요한 제도적 장치들을 마련하는 문제를 협의해 나가기로 하였다.

③ 남과 북은 안변과 남포지역의 조선협력단지 건설과 민간선박의 해주직항로 통과, 통행질서 등의 문제들을 협의추진하기 위하여 「남북조선 및 해운협력분과위원회」 제1차 회의를 12월 25일부터 28일까지 부산에서 진행하기로 하였다.

제3조 남과 북은 개성공단 활성화를 위한 제반 문제들을 조속히 해결해 나가기로 하였다.

① 남과 북은 개성공단 1단계 사업에 필요한 북측 근로인력의 충원에 협력하며, 이와 관련한 북측 근로자 숙소 건설, 개성공단 근로자들의 출퇴근 편의를 위한 도로건설과 이용, 문산-개성간 통근열차운행 문제를 협의해 나가기로 하였다.

② 남과 북은 개성공단 2단계 개발을 위한 측량과 지질조사를 12월 17일부터 시작하기로 하였다.

③ 남과 북은 12월 20일부터 21일까지 개성에서 「개성공단협력분과위원회」 제1차 회의를 진행하고, 남측 인원과 차량들이 7시부터 22시까지 개성공단에 편리하게 출입하도록 하며, 통관사업의 신속성과 과학성을 보장하기 위해 물자하차장을 건설하는 문제 등을 협의하기로 하였다.

제4조 남과 북은 지하자원 등 자원개발협력 문제를 협의 해결해 나가기 위하여 「남북자원개발협력분과위원회」를 구성·운영하기로 하고 제1차 회의를 2008년 1월 중 개성에서 진행하며, 단천지역의 광산 투자협력과 관련한 제3차 현지 공동조사를 12월 20일부터 26일까지 하기로 하였다.

제5조 남과 북은 농업 및 수산분야의 협력사업을 호혜적인 방식으로 추진하기로 하였다.

① 남과 북은 종자생산 및 가공시설과 유전자원 저장고건설 등의 사업을 추진하기 위해 12월 21일부터 25일까지 현지조사를 진행하기로 하고, 검역 및 방역, 유전자원 교류 및 공동연

구, 농업과학기술 교류 등 협력사업을 2008년 안에 착수하기로 하였다.

② 남과 북은 「제1차 남북수산협력실무협의회」에서 합의한 사업을 적극 추진하기로 하고 우선 북측 동해의 일정한 수역에서 입어 및 어로, 수산물 가공 및 우량품종개발, 양식협력사업 등을 협의 추진하기로 하였다.

③ 남과 북은 농업 및 수산 분야 협력사업을 협의 추진하기 위하여 12월 14일부터 15일까지 개성에서 「남북농수산협력분과위원회」 제1차 회의를 개최하기로 하였다.

제6조 남과 북은 보건의료 및 환경보호분야 협력사업을 적극 추진하기로 하였다.

① 남과 북은 병원, 의료기구, 제약공장 현대화 및 건설, 원료지원, 전염병 통제와 한의학 발전 등 보건의료 협력을 위한 실태조사를 빠른 시일 안에 진행하기로 하고, 약솜공장 건설을 우선적으로 협의 추진하기로 하였다.

② 남과 북은 양묘장 조성과 이용, 산림녹화 및 병해충방제 사업을 2008년부터 진행하고, 생태계 보존과 환경오염 저감 등 환경보호 분야 협력을 적극 추진하기로 하였다.

③ 남과 북은 보건의료 및 환경보호 분야 협력사업을 협의 추진하기 위하여 「남북보건의료·환경보호협력분과위원회」 제1차 회의를 12월 20일부터 21일까지 개성에서 진행하기로 하였다.

제7조 남과 북은 남북경제협력사업과 관련한 출입·체류·통신·통관, 청산결제, 상사중재 등 투자환경 조성 및 제도적 보장 문제들을 협의 추진하기 위하여 「남북경제협력제도분과위원회」를 구성·운영하기로 하고, 제1차 회의를 2008년 4월초에 개성에서 진행하기로 하였다.

제8조 남과 북은 수출 및 투자확대를 위한 다양한 협력방안을 협의해 나가기로 하였다.

제9조 남과 북은 「남북경제협력공동위원회」 제2차 회의를 2008년 상반기 중 평양에서 진행하기로 하였다.

제10조 이 합의서는 쌍방 합의에 따라 수정·보충할 수 있으며, 쌍방이 서명하고 각기 발효에 필요한 절차를 거쳐 그 문본을 교환한 날부터 효력을 발생한다.

2007년 12월 6일

남북경제협력공동위원회	북남경제협력공동위원회
남측위원장	북측위원장
대한민국	조선민주주의인민공화국
부총리 겸 재정경제부장관	내각 부총리
권오규	전승훈

남북농수산협력분과위원회 제1차 회의 합의서

남과 북은 남북경제협력공동위원회 제1차 회의에서 합의한 농업 및 수산분야 협력사업을 적극 추진하기 위해 2007년 12월 14일부터 15일까지 개성에서 남북농수산협력분과위원회 제1차 회의를 진행하고 다음과 같이 합의하였다.

1. 남과 북은 종자생산 및 가공시설, 유전자원 저장고 건설을 올해 안에 착수하고, 조속히 완료하기로 한다.
   ① 남과 북은 종자생산 및 가공시설, 유전자원 저장고 건설을 위하여 금년 12월 21일부터 25일까지 현지 조사를 실시하며 조사단 규모는 20명 이내로 하기로 하고, 관련 연구기관 등을 포함한 제반 부지 조건을 조사하기로 한다.
   ② 남과 북은 건설의 원활한 추진을 위해 북측은 부지, 인력, 기초자료와 남측 인원들의 현장 방문 및 설비, 물자의 반입 등을 위한 편의를 보장하고, 남측은 공장건설을 위한 기술과 설비, 물자를 제공하기로 한다.
   필요 시 종자생산 및 가공시설과 유전자원 저장고의 정상적인 운영을 위한 설비, 물자 등에 대한 대책을 쌍방이 협의하여 마련해 나가기로 한다.
   ③ 남과 북은 건설 규모와 건설계획 등의 협의를 위해 2008년 1월 개성에서 실무접촉을 진행하기로 한다.
   ④ 남과 북은 우량종자 생산 및 관리기술 교류, 유전자원 교환, 유전자원 수집·보존·이용 등을 위한 공동연구를 추진하기로 하고 이와 관련한 전문가 기술협의를 2008년 3월 중에 개성에서 진행하기로 한다.
2. 남과 북은 동식물의 검역체계를 확립하며 동식물 방역에 관한 기술과 정보를 상호 교환해나가면서 중요 검역소의 검사·소독장비의 현대화, 가축 질병의 예방·진단·치료약품 협력을 우선 추진하기로 한다. 이를 위해 2008년 1월 중에 개성에서 실무접촉을 진행하기로 한다.
3. 남과 북은 과수, 채소, 잠업, 축산, 농업과학기술 분야에서의 협력을 적극 추진하기로 한다.
4. 남과 북은 수산 분야에서 공동의 이익을 위해 협력사업을 적극 추진해나가기로 한다.
   ① 남과 북은 2008년 중에 북측 동해 수역의 일정한 어장에서 남측 어선이 입어 및 어로를 진행하도록 적극 협력하기로 한다.
   이와 관련하여 협력대상 수역선정, 입어료에 해당하는 어구 자재 등의 제공 및 어장 이용 조건과 방법, 기타 실무적인 문제 등을 적극 협의해 나가기로 한다.
   ② 남과 북은 수산물 생산과 가공, 우량품종 개발, 양식분야에서 적극 협력하기로 한다.
   이를 위해 2008년 상반기 내에 현지 조사를 진행하며 구체적인 협력대상과 규모, 방법 등은 앞으로 협의·확정하기로 한다.
   ③ 남과 북은 생산 및 가공된 수산물의 효율적 유통을 위하여 적극 협력하기로 한다.
   ④ 남과 북은 수산협력 사업의 원활한 추진을 위해 2008년 초에 개성에서 별도의 실무접촉을 가지기로 한다.
5. 남과 북은 「남북농수산협력분과위원회」 제2차 회의와 기타 실무접촉 날짜와 장소들은 문서교환 방식으로 협의하여 확정하기로 한다.
6. 이 합의서는 쌍방 합의에 따라 수정·보충할 수 있으며, 쌍방이 서명하고 교환한 날부터 효력을 발생한다.

2007년 12월 15일

남북농수산협력분과 위원회 남측위원장	북남농수산협력분과 위원회 북측위원장
박현출	리만성

서해평화협력특별지대추진위원회 제1차 회의 합의서

남과 북은 2007년 12월 28일부터 29일까지 개성에서 서해평화협력특별지대추진위원회 제1차 회의를 개최하였다.

남과 북은 서해지역에서 평화와 공동번영을 실현하기 위해 「남북관계발전과 평화번영을 위한 선언」과 그 이행을 위한 제1차 남북총리회담 합의를 성실히 이행해나가는 것이 중요하다는 데 인식을 같이하고 다음과 같이 합의하였다.

제1조 남과 북은 해주경제특구 건설을 개성공업지구와의 연계를 통해 점차 발전시켜 나가기로 하였다.

① 남과 북은 2008년 상반기 내에 「해주경제특구 협력분과위원회」를 개최하고 다음과 같은 문제들을 협의·해결하기로 하였다.

가. 해주경제특구 건설을 단계적으로 추진하며 규모를 점차 확대하는 문제

나. 현지조사결과에 기초하여 구체적인 사업계획을 확정하는 문제

다. 시범단지를 조성하고 착공식을 진행하는 문제

라. 해주경제특구와 개성공업지구와의 보완적인 관계를 실현하는 문제

마. 해주경제특구 건설을 위한 법률·제도적 장치를 조속히 마련하고 사업계획이 확정되는 시기에 맞추어 이를 완비하는 문제 등

② 남과 북은 해주지역에 대한 현지공동조사를 2008년 1월 31일경에 실시하기로 하고 북측은 자료제공과 시설 방문 등 제반 편의를 보장하기로 하였다.

이와 관련하여 2008년 1월 합의되는 날짜에 개성에서 실무접촉을 가지고 조사단의 방문경로와 인원·조사방법 등을 협의하기로 하였다.

제2조 남과 북은 해주항을 민족공동의 이익에 부합되게 공동으로 개발하고 활용하기로 하였다.

① 남과 북은 해주항에 대한 현지조사를 해주경제특구에 대한 현지조사와 함께 실시하기로 하였다.

② 남과 북은 2008년 상반기 내에 「해주항개발협력분과위원회」를 개최하여 다음과 같은 문제들을 협의·해결하기로 하였다.

가. 현지 조사결과에 기초하여 구체적인 사업계획을 확정하는 문제

나. 해주항 개발을 해주경제특구 개발 과정에 맞추어 단계적으로 확대해 나가는 문제

다. 현존 부두 개보수와 항로확보, 단계별 부두 확장에 대한 구체적인 착수 시기와 방안을 확정하는 문제 등

제3조 남과 북은 남북장성급 군사회담에서 공동어로구역과 평화수역이 설정되는 데 따라 공동어로를 실시하기로 하고 2008년 상반기 안에 「공동어로협력분과위원회」를 개최하여 다음과 같은 문제들을 협의·해결하기로 하였다.

① 서해 공동어로 실시를 위한 구체적인 문제들을 협의·확정하는 문제

② 수산자원의 보호와 효율적인 활용을 위해 노력하는 문제

③ 공동어로구역을 남북 공동의 이익과 평화보장에 기여하는 방향에서 관리운영하는 문제

④ 서해에서의 수산물 생산과 가공·유통·수산분야 기술교류를 비롯한 협력사업들을 추진하는 문제 등

제4조 남과 북은 한강하구를 단계적으로 개발하고 공동으로 이용해 나가기 위하여 2008년 상반기 내에 「한강하구협력분과위원회」를 개최하여 다음과 같은 문제들을 협의·해결하기로 하였다.

① 한강하구에 대한 현지 조사를 공동으로 실시하는 문제

② 공동조사 결과에 기초하여 사업계획을 협의·확정하며 골재채취 사업에 착수하는 문제

③ 한강하구 시범 골재채취 등 공동이용 사업을 효율적으로 추진하기 위해 상설적인 공동이행기구를 설치하는 문제

④ 한강하구 골재채취로 인한 환경영향평가 문제 등

제5조 남과 북은 서해평화협력특별지대 추진위원회 제2차 회의를 2008년 상반기 안에 개최하며, 추진위원회 2차 회의 및 그 산하에 「해주경제특구협력분과위원회」, 「해주항개발협력분과위원회」, 「한강하구협력분과위원회」, 「공동어로협력분과위원회」의 구체적인 개최 일정과 장소는 문서교환의 방법으로 협의·확정하기로 하였다.

제6조 수정 및 발효
이 합의서는 쌍방의 합의에 의해 수정·보충할 수 있다.
이 합의서는 남과 북이 서명하고 각기 발효에 필요한 절차를 거쳐 문본을 교환한 날부터 효력을 발생한다.

2007년 12월 29일

서해평화협력특별지대 추진위원회 남측위원장	서해평화협력특별지대 추진위원회 북측위원장
대한민국 대통령비서실 통일외교안보정책실장	조선민주주의인민공화국 국토환경보호상
백종천	박송남

한반도의 평화와 번영, 통일을 위한 판문점선언

대한민국 문재인 대통령과 조선민주주의인민공화국 김정은 국무위원장은 평화와 번영, 통일을 염원하는 온 겨레의 한결같은 지향을 담아 한반도에서 역사적인 전환이 일어나고 있는 뜻깊은 시기에 2018년 4월 27일 판문점 「평화의 집」에서 남북정상회담을 진행하였다.

양 정상은 한반도에 더 이상 전쟁은 없을 것이며 새로운 평화의 시대가 열리었음을 8천만 우리 겨레와 전 세계에 엄숙히 천명하였다.

양 정상은 냉전의 산물인 오랜 분단과 대결을 하루빨리 종식시키고 민족적 화해와 평화번영의 새로운 시대를 과감하게 열어나가며 남북관계를 보다 적극적으로 개선하고 발전시켜 나가야 한다는 확고한 의지를 담아 역사의 땅 판문점에서 다음과 같이 선언하였다.

1. 남과 북은 남북관계의 전면적이며 획기적인 개선과 발전을 이룩함으로써 끊어진 민족의 혈맥을 잇고 공동번영과 자주통일의 미래를 앞당겨 나갈 것이다.

   남북관계를 개선하고 발전시키는 것은 온 겨레의 한결같은 소망이며 더이상 미룰 수 없는 시대의 절박한 요구이다.

   ① 남과 북은 우리 민족의 운명은 우리 스스로 결정한다는 민족자주의 원칙을 확인하였으며 이미 채택된 남북 선언들과 모든 합의들을 철저히 이행함으로써 관계 개선과 발전의 전환적 국면을 열어나가기로 하였다.

   ② 남과 북은 고위급회담을 비롯한 각 분야의 대화와 협상을 빠른 시일 안에 개최하여 정상회담에서 합의된 문제들을 실천하기 위한 적극적인 대책을 세워나가기로 하였다.

   ③ 남과 북은 당국 간 협의를 긴밀히 하고 민간교류와 협력을 원만히 보장하기 위하여 쌍방 당국자가 상주하는 남북공동연락사무소를 개성지역에 설치하기로 하였다.

   ④ 남과 북은 민족적 화해와 단합의 분위기를 고조시켜 나가기 위하여 각계각층의 다방면적인 협력과 교류, 왕래와 접촉을 활성화하기로 하였다.

   안으로는 6·15를 비롯하여 남과 북에 다 같이 의의가 있는 날들을 계기로 당국과 국회, 정당, 지방자치단체, 민간단체 등 각계각층이 참가하는 민족공동행사를 적극 추진하여 화해와 협력의 분위기를 고조시키며, 밖으로는 2018년 아시아경기대회를 비롯한 국제경기들에 공동으로 진출하여 민족의 슬기와 재능, 단합된 모습을 전 세계에 과시하기로 하였다.

   ⑤ 남과 북은 민족 분단으로 발생된 인도적 문제를 시급히 해결하기 위하여 노력하며, 남북적십자회담을 개최하여 이산가족·친척 상봉을 비롯한 제반 문제들을 협의 해결해 나가기로 하였다.

   당면하여 오는 8·15를 계기로 이산가족·친척 상봉을 진행하기로 하였다.

   ⑥ 남과 북은 민족경제의 균형적 발전과 공동번영을 이룩하기 위하여 10.4 선언에서 합의된 사업들을 적극 추진해나가며, 1차적으로 동해선 및 경의선 철도와 도로들을 연결하고 현대화하여 활용하기 위한 실천적 대책들을 취해 나가기로 하였다.

2. 남과 북은 한반도에서 첨예한 군사적 긴장 상태를 완화하고 전쟁 위험을 실질적으로 해소하기 위하여 공동으로 노력해 나갈 것이다.

   한반도의 군사적 긴장 상태를 완화하고 전쟁 위험을 해소하는 것은 민족의 운명과 관련되는 매우 중대한 문제이며 우리 겨레의 평화롭고 안정된 삶을 보장하기 위한 관건적인 문제이다.

   ① 남과 북은 지상과 해상, 공중을 비롯한 모든 공간에서 군사적 긴장과 충돌의 근원으로 되는 상대방에 대한 일체의 적대행위를 전면 중지하기로 하였다.

   당면하여 5월 1일부터 군사분계선 일대에서 확성기 방송과 전단 살포를 비롯한 모든 적대행위들을 중지하고 그 수단을 철폐하며, 앞으로 비무장지대를 실질적인 평화지대로 만들어 나가기로 하였다.

② 남과 북은 서해 북방한계선 일대를 평화수역으로 만들어 우발적인 군사적 충돌을 방지하고 안전한 어로활동을 보장하기 위한 실제적인 대책을 세워나가기로 하였다.

③ 남과 북은 상호 협력과 교류, 왕래와 접촉이 활성화되는 데 따른 여러 가지 군사적 보장대책을 취하기로 하였다.

남과 북은 쌍방 사이에 제기되는 군사적 문제를 지체없이 협의 해결하기 위하여 국방부장관회담을 비롯한 군사당국자 회담을 자주 개최하며 5월 중에 먼저 장성급 군사회담을 열기로 하였다.

3. 남과 북은 한반도의 항구적이며 공고한 평화체제 구축을 위하여 적극 협력해 나갈 것이다.

한반도에서 비정상적인 현재의 정전상태를 종식시키고 확고한 평화체제를 수립하는 것은 더 이상 미룰 수 없는 역사적 과제이다.

① 남과 북은 그 어떤 형태의 무력도 서로 사용하지 않는 데 대한 불가침 합의를 재확인하고 엄격히 준수해 나가기로 하였다.

② 남과 북은 군사적 긴장이 해소되고 서로의 군사적 신뢰가 실질적으로 구축되는 데 따라 단계적으로 군축을 실현해 나가기로 하였다.

③ 남과 북은 정전협정체결 65년이 되는 올해에 종전을 선언하고 정전협정을 평화협정으로 전환하며 항구적이고 공고한 평화체제 구축을 위한 남·북·미 3자 또는 남·북·미·중 4자회담 개최를 적극 추진해 나가기로 하였다.

④ 남과 북은 완전한 비핵화를 통해 핵 없는 한반도를 실현한다는 공동의 목표를 확인하였다.

남과 북은 북측이 취하고 있는 주동적인 조치들이 한반도 비핵화를 위해 대단히 의의 있고 중대한 조치라는데 인식을 같이하고 앞으로 각기 자기의 책임과 역할을 다하기로 하였다.

남과 북은 한반도 비핵화를 위한 국제사회의 지지와 협력을 위해 적극 노력해 나가기로 하였다.

양 정상은 정기적인 회담과 직통전화를 통하여 민족의 중대사를 수시로 진지하게 논의하고 신뢰를 굳건히 하며, 남북관계의 지속적인 발전과 한반도의 평화와 번영, 통일을 향한 좋은 흐름을 더욱 확대해 나가기 위하여 함께 노력하기로 하였다.

당면하여 문재인 대통령은 올해 가을 평양을 방문하기로 하였다.

2018년 4월 27일
판문점

대한민국	조선민주주의인민공화국
대통령	국무위원회 위원장
문재인	김정은

9월 평양공동선언

대한민국 문재인 대통령과 조선민주주의인민공화국 김정은 국무위원장은 2018년 9월 18일부터 20일까지 평양에서 남북정상회담을 진행하였다.

양 정상은 역사적인 판문점선언 이후 남북 당국 간 긴밀한 대화와 소통, 다방면적인 민간교류와 협력이 진행되고, 군사적 긴장완화를 위한 획기적인 조치들이 취해지는 등 훌륭한 성과들이 있었다고 평가하였다.

양 정상은 민족자주와 민족자결의 원칙을 재확인하고, 남북관계를 민족적 화해와 협력, 확고한 평화와 공동번영을 위해 일관되고 지속적으로 발전시켜 나가기로 하였으며, 현재의 남북관계 발전을 통일로 이어갈 것을 바라는 온 겨레의 지향과 여망을 정책적으로 실현하기 위하여 노력해 나가기로 하였다.

양 정상은 판문점선언을 철저히 이행하여 남북관계를 새로운 높은 단계로 진전시켜 나가기 위한 제반 문제들과 실천적 대책들을 허심탄회하고 심도있게 논의하였으며, 이번 평양정상회담이 중요한 역사적 전기가 될 것이라는 데 인식을 같이 하고 다음과 같이 선언하였다.

1. 남과 북은 비무장지대를 비롯한 대치지역에서의 군사적 적대관계 종식을 한반도 전 지역에서의 실질적인 전쟁위험 제거와 근본적인 적대관계 해소로 이어나가기로 하였다.
   ① 남과 북은 이번 평양정상회담을 계기로 체결한 「판문점선언 군사분야 이행합의서」를 평양공동선언의 부속합의서로 채택하고 이를 철저히 준수하고 성실히 이행하며, 한반도를 항구적인 평화지대로 만들기 위한 실천적 조치들을 적극 취해나가기로 하였다.
   ② 남과 북은 남북군사공동위원회를 조속히 가동하여 군사분야 합의서의 이행실태를 점검하고 우발적 무력충돌 방지를 위한 상시적 소통과 긴밀한 협의를 진행하기로 하였다.
2. 남과 북은 상호호혜와 공리공영의 바탕 위에서 교류와 협력을 더욱 증대시키고, 민족경제를 균형적으로 발전시키기 위한 실질적인 대책들을 강구해나가기로 하였다.
   ① 남과 북은 금년내 동, 서해선 철도 및 도로 연결을 위한 착공식을 갖기로 하였다.
   ② 남과 북은 조건이 마련되는 데 따라 개성공단과 금강산관광 사업을 우선 정상화하고, 서해경제공동특구 및 동해관광공동특구를 조성하는 문제를 협의해나가기로 하였다.
   ③ 남과 북은 자연생태계의 보호 및 복원을 위한 남북 환경협력을 적극 추진하기로 하였으며, 우선적으로 현재 진행 중인 산림분야 협력의 실천적 성과를 위해 노력하기로 하였다.
   ④ 남과 북은 전염성 질병의 유입 및 확산 방지를 위한 긴급조치를 비롯한 방역 및 보건·의료 분야의 협력을 강화하기로 하였다.
3. 남과 북은 이산가족 문제를 근본적으로 해결하기 위한 인도적 협력을 더욱 강화해나가기로 하였다.
   ① 남과 북은 금강산 지역의 이산가족 상설면회소를 빠른 시일내 개소하기로 하였으며, 이를 위해 면회소 시설을 조속히 복구하기로 하였다.
   ② 남과 북은 적십자 회담을 통해 이산가족의 화상상봉과 영상편지 교환 문제를 우선적으로 해결해나가기로 하였다.
4. 남과 북은 화해와 단합의 분위기를 고조시키고 우리 민족의 기개를 내외에 과시하기 위해 다양한 분야의 협력과 교류를 적극 추진하기로 하였다.
   ① 남과 북은 문화 및 예술 분야의 교류를 더욱 증진시켜 나가기로 하였으며, 우선적으로 10월 중에 평양예술단의 서울공연을 진행하기로 하였다.
   ② 남과 북은 2020년 하계올림픽경기대회를 비롯한 국제경기들에 공동으로 적극 진출하며, 2032년 하계올림픽의 남북공동개최를 유치하는 데 협력하기로 하였다.
   ③ 남과 북은 10·4 선언 11주년을 뜻깊게 기

념하기 위한 행사들을 의의있게 개최하며, 3·1운동 100주년을 남북이 공동으로 기념하기로 하고, 그를 위한 실무적인 방안을 협의해 나가기로 하였다.

5. 남과 북은 한반도를 핵무기와 핵위협이 없는 평화의 터전으로 만들어나가야 하며 이를 위해 필요한 실질적인 진전을 조속히 이루어나가야 한다는 데 인식을 같이 하였다.
   ① 북측은 동창리 엔진시험장과 미사일 발사대를 유관국 전문가들의 참관 하에 우선 영구적으로 폐기하기로 하였다.
   ② 북측은 미국이 6·12 북미공동성명의 정신에 따라 상응조치를 취하면 영변 핵시설의 영구적 폐기와 같은 추가적인 조치를 계속 취해나갈 용의가 있음을 표명하였다.
   ③ 남과 북은 한반도의 완전한 비핵화를 추진해나가는 과정에서 함께 긴밀히 협력해나가기로 하였다.
6. 김정은 국무위원장은 문재인 대통령의 초청에 따라 가까운 시일 내로 서울을 방문하기로 하였다.

2018년 9월 19일

대한민국	조선민주주의인민공화국
대통령	국무위원장
문재인	김정은

역사적인 「판문점선언」 이행을 위한 군사분야 합의서

남과 북은 한반도에서 군사적 긴장 상태를 완화하고 신뢰를 구축하는 것이 항구적이며 공고한 평화를 보장하는 데 필수적이라는 공통된 인식으로부터 「한반도의 평화와 번영, 통일을 위한 판문점선언」을 군사적으로 철저히 이행하기 위하여 다음과 같이 포괄적으로 합의하였다.

1. 남과 북은 지상과 해상, 공중을 비롯한 모든 공간에서 군사적 긴장과 충돌의 근원으로 되는 상대방에 대한 일체의 적대행위를 전면 중지하기로 하였다.

① 쌍방은 지상과 해상, 공중을 비롯한 모든 공간에서 무력 충돌을 방지하기 위해 다양한 대책을 강구하였다.

쌍방은 군사적 충돌을 야기할 수 있는 모든 문제를 평화적 방법으로 협의·해결하며, 어떤 경우에도 무력을 사용하지 않기로 하였다.

쌍방은 어떠한 수단과 방법으로도 상대방의 관할구역을 침입 또는 공격하거나 점령하는 행위를 하지 않기로 하였다.

쌍방은 상대방을 겨냥한 대규모 군사훈련 및 무력증강 문제, 다양한 형태의 봉쇄·차단 및 항행방해 문제, 상대방에 대한 정찰행위 중지 문제 등에 대해 '남북군사공동위원회'를 가동하여 협의해 나가기로 하였다.

쌍방은 군사적 긴장 해소 및 신뢰구축에 따라 단계적 군축을 실현해 나가기로 합의한 「판문점선언」을 구현하기 위해 이와 관련된 다양한 실행 대책들을 계속 협의하기로 하였다.

② 쌍방은 2018년 11월 1일부터 군사분계선 일대에서 상대방을 겨냥한 각종 군사연습을 중지하기로 하였다.

지상에서는 군사분계선으로부터 5km 안에서 포병 사격훈련 및 연대급 이상 야외기동훈련을 전면 중지하기로 하였다.

해상에서는 서해 남측 덕적도 이북으로부터 북측 초도 이남까지의 수역, 동해 남측 속초 이북으로부터 북측 통천 이남까지의 수역에서 포사격 및 해상 기동훈련을 중지하고 해안포와 함포의 포구·포신 덮개 설치 및 포문폐쇄 조치를 취하기로 하였다.

공중에서는 군사분계선 동 서부 지역 상공에 설정된 비행금지구역 내에서 고정익항공기의 공대지유도무기사격 등 실탄사격을 동반한 전술훈련을 금지하기로 하였다.

③ 쌍방은 2018년 11월 1일부터 군사분계선 상공에서 모든 기종들의 비행금지구역을 다음과 같이 설정하기로 하였다.

고정익항공기는 군사분계선으로부터 동부지역(군사분계선표식물 제0646호부터 제1292호 까지의 구간)은 40km, 서부지역(군사분계선표식물 제0001호부터 제0646호까지의 구간)은 20km를 적용하여 비행금지구역을 설정한다.

회전익항공기는 군사분계선으로부터 10km로, 무인기는 동부지역에서 15km, 서부지역에서 10km로, 기구는 25km로 적용한다.

다만, 산불진화, 지·해상 조난구조, 환자 후송, 기상 관측, 영농지원 등으로 비행기 운용이 필요한 경우에는 상대측에 사전 통보하고 비행할 수 있도록 한다. 민간 여객기(화물기 포함)에 대해서는 상기 비행금지구역을 적용하지 않는다.

④ 쌍방은 지상과 해상, 공중을 비롯한 모든 공간에서 어떠한 경우에도 우발적인 무력충돌 상황이 발생하지 않도록 대책을 취하기로 하였다.

이를 위해 지상과 해상에서는 경고방송 → 2차 경고방송 → 경고사격 → 2차 경고사격 → 군사적 조치의 5개 단계로, 공중에서는 경고교신 및 신호 → 차단비행 → 경고사격 → 군사적 조치의 4개 단계의 절차를 적용하기로 하였다.

쌍방은 수정된 절차를 2018년 11월 1일부터 시행하기로 하였다.

⑤ 쌍방은 지상과 해상, 공중을 비롯한 모든

공간에서 어떠한 경우에도 우발적 충돌이 발생하지 않도록 상시 연락체계를 가동하며, 비정상적인 상황이 발생하는 경우 즉시 통보하는 등 모든 군사적 문제를 평화적으로 협의하여 해결하기로 하였다.

2. 남과 북은 비무장지대를 평화지대로 만들어 나가기 위한 실질적인 군사적 대책을 강구하기로 하였다.
   ① 쌍방은 비무장지대 안에 감시초소(GP)를 전부 철수하기 위한 시범적 조치로 상호 1km 이내 근접해 있는 남북 감시초소들을 완전히 철수하기로 하였다. [붙임1]
   ② 쌍방은 판문점 공동경비구역을 비무장화하기로 하였다. [붙임2]
   ③ 쌍방은 비무장지대내에서 시범적 남북공동유해발굴을 진행하기로 하였다. [붙임3]
   ④ 쌍방은 비무장지대 안의 역사유적에 대한 공동조사 및 발굴과 관련한 군사적 보장대책을 계속 협의하기로 하였다.
3. 남과 북은 서해 북방한계선 일대를 평화수역으로 만들어 우발적인 군사적 충돌을 방지하고 안전한 어로활동을 보장하기 위한 군사적 대책을 취해 나가기로 하였다.
   ① 쌍방은 2004년 6월 4일 제2차 남북장성급 군사회담에서 서명한 '서해 해상에서의 우발적 충돌 방지' 관련 합의를 재확인하고, 전면적으로 복원·이행해 나가기로 하였다.
   ② 쌍방은 서해 해상에서 평화수역과 시범적 공동어로구역을 설정하기로 하였다. [붙임4]
   ③ 쌍방은 평화수역과 시범적 공동어로구역에 출입하는 인원 및 선박에 대한 안전을 철저히 보장하기로 하였다.
   ④ 쌍방은 평화수역과 시범적 공동어로구역 내에서 불법어로 차단 및 남북 어민들의 안전한 어로활동 보장을 위하여 남북 공동순찰 방안을 마련하여 시행하기로 하였다.
4. 남과 북은 교류협력 및 접촉·왕래 활성화에 필요한 군사적 보장대책을 강구하기로 하였다.
   ① 쌍방은 남북관리구역에서의 통행·통신·통관(3통)을 군사적으로 보장하기 위한 대책을 마련하기로 하였다.
   ② 쌍방은 동·서해선 철도·도로 연결과 현대화를 위한 군사적 보장대책을 강구하기로 하였다.
   ③ 쌍방은 북측 선박들의 해주직항로 이용과 제주해협 통과 문제 등을 남북군사공동위에서 협의하여 대책을 마련하기로 하였다.
   ④ 쌍방은 한강(임진강) 하구 공동이용을 위한 군사적 보장대책을 강구하기로 하였다. [붙임5]
5. 남과 북은 상호 군사적 신뢰구축을 위한 다양한 조치들을 강구해 나가기로 하였다.
   ① 쌍방은 남북군사당국자 사이에 직통전화 설치 및 운영 문제를 계속 협의해 나가기로 하였다.
   ② 쌍방은 남북군사공동위원회 구성 및 운영과 관련한 문제를 구체적으로 협의·해결해 나가기로 하였다.
   ③ 쌍방은 남북 군사당국 간 채택한 모든 합의들을 철저히 이행하며, 그 이행상태를 정기적으로 점검·평가해 나가기로 하였다.
6. 이 합의서는 쌍방이 서명하고 각기 발효에 필요한 절차를 거쳐 그 문본을 교환한 날부터 효력을 발생한다.
   ① 합의서는 쌍방의 합의에 따라 수정 및 보충할 수 있다.
   ② 합의서는 2부 작성되었으며, 같은 효력을 가진다.

2018년 9월 19일

대한민국	조선민주주의인민공화국
국방부장관	인민무력상
송영무	로광철

[붙임 4]

서해 해상에서 우발적 충돌방지 및 평화수역 설정, 안전한 어로활동 보장

1. 평화수역 설정

1) 평화수역 범위

평화수역 범위는 쌍방의 관할 하에 있는 섬들의 지리적 위치, 선박들의 항해밀도, 고정항로 등을 고려하여 설정하되, 구체적인 경계선은 남북군사공동위에서 협의하여 확정하기로 하였다.

2) 평화수역 출입 질서

① 평화수역에는 쌍방의 비무장선박들만 출입한다. 해군 함정들이 평화수역으로 불가피하게 진입하여야 할 필요성이 제기되는 경우에는 상대측에 사전 통보하고 승인하에 출입한다.

② 평화수역 내에서 활동하는 선박 수는 쌍방이 협의하여 결정한다.
선박들의 평화수역 출입 및 활동 계획은 48시간 전에 상호 통보한다.

③ 평화수역 출입시간은 4월부터 9월까지는 7시부터 18시, 10월부터 3월까지는 8시부터 17시까지로 하며, 필요한 경우 상호 협의하여 변경할 수 있다.

3) 평화수역에서의 행동 질서

① 평화수역에서 남측 선박은 평화수역 북경계선을, 북측선박은 평화수역 남경계선을 넘지 않으며, 평화적 활동으로만 한정한다.
평화수역을 벗어나 상대측 수역에서 상대측에 대한 적대행위를 하는 선박들에 대해서는, 적대행위를 즉시 제지시키고 상대측에 통보한 후 남과 북이 협의하여 처리한다.

② 평화수역에서 쌍방 선박들은 식별을 위하여 가로 900mm×세로 600mm 크기의 한반도기를 남측 선박은 마스트 좌현 기류줄에, 북측 선박은 마스트 우현 기류줄에 게양한다.

③ 평화수역에서 심리전 행위를 비롯하여 상대측을 자극하는 일체 언행을 하지 않는다.

④ 평화수역에서 민간선박들 사이에 우발적인 충돌이 발생하는 경우 즉시 자기 측의 모든 선박 등을 평화수역 밖으로 철수시키고, 남북 군통신선 혹은 남북 군사실무회담을 통하여 사태를 수습하며 재발 방지 대책을 철저히 세운다.

4) 평화수역에서 인도주의적 협력 문제

개별 인원과 선박, 함정, 항공기 등이 기관고장, 조난, 기상악화로 인한 항로미실 등 불가피한 상황으로 평화수역에 들어가는 경우 상대측에 연락 수단을 통해 즉시 통보한다.

평화수역 안에서 상기와 같은 긴급한 상황이 발생할 경우 상호 협력하여 필요한 조치를 취한다.

5) 평화수역 활용

쌍방은 서해 평화수역을 군사적 긴장 완화 신뢰구축 및 공영·공리 원칙에 맞게 해양측량·공동조사, 민간선박 운항 등 평화적으로 활용하기 위한 방안을 계속 협의하기로 하였다.

2. 시범 공동어로구역 설정

1) 시범 공동어로구역 범위

시범 공동어로구역 범위는 남측 백령도와 북측 장산곶 사이에 설정하되, 구체적인 경계선은 남북군사공동위원회에서 협의하여 확정하기로 하였다.

2) 시범 공동어로구역 운용 질서

① 시범 공동어로구역에서 조업하고자 하는 어선들은 기관(소속)명칭, 선장(대표자), 선원명단, 어선명, 출입경로, 조업일자 등이 기록된 출입신청 문건을 출입예정 2일(48시간) 전까지 상대측에 제출한다.

② 쌍방 해당기관은 어선의 출항예정 1일(24시간) 전까지 출입신청서 검토 결과(동의 여부)를 상대측에 통보하되, 출입이 허가되지 않는 선박에 대해서는 타당한 사유와 함께 통보한다.

③ 쌍방 해당기관은 시범 공동어로구역 내에서 일정 기간 연속조업을 신청한 어선들에 대하여 최대 5일간까지 공동어로구역 내 체류를 허가한다.
④ 시범 공동어로구역에 출입하는 어선들은 상호 승인한 경로를 이용하며 쌍방 어업지도선의 통제를 받도록 한다.
⑤ 향후 평화수역 내에 공동어로구역을 확대하여 설정하는 경우, 남북 어선들의 공동어로구역 출입질서와 관련한 사항은 상호 협의하여 시행한다.

3. 불법어선 차단 및 안전한 어로활동 보장을 위한 공동순찰

1) 남북공동순찰대 조직

① 쌍방은 해경정(경비정)으로 '남북공동순찰대'를 조직한다.
공동순찰정은 250톤급 이하로 한다.
② 공동순찰을 실시하는 순찰정은 쌍방이 각각 3척(총 6척)으로 하며 합의에 따라 척수를 조정할 수 있다.
③ 남북공동순찰대의 순찰정들은 가로 900mm×세로 600mm 크기의 황색 깃발을 선박 마스트 상단 부분에 게양한다.

2) 남북공동순찰대의 임무

① 서해 해상의 시범 공동어로구역을 통하여 평화수역에 진입하는 제3국 불법 어선들을 차단하며, 상호 긴밀하게 협조하여 단속 처리한다.
② 시범 공동어로구역에 출입하는 남북 어선들과 어업지도선들의 항행질서를 통제한다.
③ 기관고장, 조난, 기상악화 등으로 표류하는 쌍방의 선박들을 구조하고 인도주의적 원칙에 따라 돌려 보낸다.

3) 남북공동순찰대의 운용

① 남북공동순찰대의 순찰정들은 공동어로구역 내로 진입을 금지한다. 다만, 공동어로구역내 조난, 인명구조 등 긴급한 상황 발생 시에는 상대측에 통보 후 진입할 수 있다.
② 공동순찰은 조업 일정과 제3국 불법조업선박 차단 등과 연계하여 필요에 따라 쌍방이 합의한 날짜에 진행한다.
③ 공동순찰은 주간(4월부터 9월까지는 8시부터 18시까지, 10월부터 3월까지는 9시부터 17시까지)에 진행하는 것을 원칙으로 하며 자기측 공동순찰대의 순찰계획은 24시간 전에 상대측에 통보한다.
야간에 발생하는 상황은 쌍방이 협의하여 처리한다.
④ 공동순찰은 공동어로구역 외곽선을 따라 순방향 또는 역방향으로 상호 합의하여 기동한다.
⑤ 남북공동순찰대는 각기 자기측 상부의 지휘에 따라 행동하며, 쌍방 순찰정간 교신, 호출부호 등은 2004년 「6·4합의서」를 준용하여 적용한다.
⑥ 공동순찰 과정에서 상대측을 자극하는 발언이나 행동을 하지 않으며, 상황 발생 시 즉시 순찰정을 격리시키고 상호 협의를 통해 문제를 해결한다.

[붙임 5]

한강 (임진강) 하구 공동이용의 군사적 보장

1. 공동이용수역 설정

① 남측의 김포반도 동북쪽 끝점으로부터 교동도 서남쪽 끝점까지, 북측의 개성시 판문군 임한리로부터 황해남도 연안군 해남리까지 70km에 이르는 한강(임진강) 하구 수역을 공동이용수역으로 설정한다.

② 공동이용수역 안에서 제기되는 모든 군사 실무적 문제들은 쌍방이 협의하여 처리한다.

2. 공동조사

① 공동이용수역에 대한 현장 조사는 2018년 12월 말까지 공동으로 진행한다.

② 공동조사단은 쌍방에서 해당 전문가를 포함하여 각각 10여 명의 인원들로 구성한다.

③ 공동조사에 필요한 장비, 기재, 선박 이용 문제는 상호 협조한다.

④ 현장조사 인원들은 상대측을 자극하는 발언이나 행동을 금지하며, 폭발물 및 각종 무기, 총탄 등을 휴대하지 않는다.

⑤ 공동조사 중 자연재해 등 긴급상황이 발생하는 경우 가까운 상대측 지역에 정박할 수 있으며 상대측 인원들의 신변 안전과 편의를 보장한다.

3. 공동이용수역에서의 군사적 보장 대책

① 공동이용수역에 출입하는 인원 및 선박(선박의 형태, 길이 및 톤수, 출입목적, 탑승인원 수, 적재화물)에 대한 관련 내용을 작성하여 서해지구 남북 군통신선을 통해 1일 전에 상호 통보한다.

② 공동이용수역내 쌍방이 합의한 위치에 각측 통행검사소를 설치하고 출입 인원과 선박들에 대한 통행검사를 진행한다.

③ 공동이용수역에 항행하는 선박들은 상대측 경계선으로부터 100m 이내에 접근하지 못한다.

④ 공동이용수역에서 선박들의 통행시간은 육안으로 관측이 가능한 계절적 특성을 고려하여 4월 1일부터 9월 30일까지는 7시부터 19시까지, 10월1일부터 3월31일까지는 8시부터 18시까지로 한다.

⑤ 공동이용수역에서 항행하는 인원 및 선박들은 정찰 및 감시 장비, 폭발물 및 각종 무기, 총탄 등을 일체 휴대하지 않는다.

⑥ 공동이용수역에서 상대측을 자극하는 발언이나 행동을 하지 않는다.

⑦ 쌍방 선박은 상호 충돌을 피하기 위한 항행신호 교환을 제외하고 상대측 선박과 연락 및 통신을 할 수 없다.

⑧ 공동이용수역 내에서 선박이나 인원이 표류하거나 기타 요인에 의하여 긴급한 상황이 발생하는 경우 인도주의 원칙에서 상호 협력한다.

4. 공동이용수역에서의 남북 교류협력 관련 군사적 보장 대책은 쌍방 협의를 통해 마련해 나간다.

서해5도 관련 조약 등 국제법 분야의 자료

예대열(순천대) · 이석우(인하대)

국제연합군 총사령관을 일방으로 하고 조선인민군 최고사령관 및 중국인민 지원군 사령관을 다른 일방으로 하는 한국 군사정전에 관한 협정

서언

국제연합군 총사령관을 일방으로 하고 조선인민군 최고사령관 및 중국인민지원군 사령관을 다른 일방으로 하는 하기의 서명자들은 쌍방에 막대한 고통과 유혈을 초래한 한국 충돌을 정지시키기 위하여서 최후적인 평화적 해결이 달성될 때까지 한국에서의 적대행위와 일체 무장행동의 완전한 정지를 보장하는 정전을 확립할 목적으로 하기 조항에 기재된 정전조건과 규정을 접수하며 또 그 제약과 통제를 받는데 각자 공동 상호 동의한다. 이 조건과 규정들의 의도는 순전히 군사적 성질에 속하는 것이며, 이는 오직 한국에서의 교전 쌍방에만 적용한다.

제1조 군사분계선과 비무장지대

1. 한 개의 군사분계선을 확정하고 쌍방이 이 선으로부터 각기 2km씩 후퇴함으로써 적대군대 간에 한 개의 비무장지대를 설정한다. 한 개의 비무장지대를 설정하여 이를 완충지대로 함으로써 적대행위의 재발을 초래할 수 있는 사건의 발생을 방지한다.
2. 군사분계선의 위치는 첨부한 지도에 표시한 바와 같다.
3. 비무장지대는 첨부한 지면에 표시한 북방 경계선 및 남방 경계선으로써 이를 확정한다.
4. 군사분계선은 하기와 같이 설정한 군사정전위원회의 지시에 따라 이를 명백히 표식한다. 적대 쌍방 사령관들은 비무장지대와 각자의 지역 간의 경계선에 따라 적당한 표식물을 세운다. 군사정전위원회는 군사분계선과 비무장지대의 양 경계선에 따라 설치한 일체 표식물의 건립을 감독한다.
5. 한강하구의 수역으로서 그 한쪽 강안이 일방의 통제하에 있고 그 다른 한쪽 강안이 다른 일방의 통제하에 있는 곳은 쌍방의 민용선박의 항행에 이를 개방한다. 첨부한 지도에 표시한 부분의 한강하구의 항행규칙은 군사정전위원회가 이를 규정한다. 각방 민용선박이 항행함에 있어서 자기 측의 군사통제 하에 있는 육지에 배를 대는 것은 제한받지 않는다.
6. 쌍방은 모두 비무장지대 내에서 또는 비무장지대로부터 비무장지대에 향하여 어떠한 적대행위도 감행하지 못한다.
7. 군사정전위원회의 특정한 허가 없이는 어떠한 군인이나 민간인이나 군사분계선을 통과함을 허가하지 않는다.

8. 비무장지대 내의 어떠한 군인이나 민간인이나 그가 들어가려고 요구하는 지역사령관의 특정한 허가 없이는 어느 일방의 군사통제 하에 있는 지역에도 들어감을 허가하지 않는다.
9. 민사행정 및 구제사업의 집행에 관계되는 인원과 군사정전위원회의 특정한 허가를 얻고 들어가는 인원을 제외하고는 어떠한 군인이나 민간인이나 비무장지대에 들어감을 허가하지 않는다.
10. 비무장지대 내의 군사분계선 이남의 부분에 있어서의 민사행정 및 구제사업은 국제연합군 총사령관이 책임진다. 비무장지대 내의 군사분계선 이북의 부분에 있어서의 민사행정 및 구제사업은 조선인민군 최고사령관과 중국인민지원군사령관이 공동으로 책임진다. 민사행정 및 구제사업을 집행하기 위하여 비무장지대에 들어갈 것을 허가받는 군인 또는 민간인의 인원수는 각방 사령관이 각각 이를 결정한다. 단, 어느 일방이 허가한 인원의 총수는 언제나 1,000명을 초과하지 못한다. 민사행정, 경찰의 인원수 및 그가 휴대하는 무기는 군사정전위원회가 이를 규정한다. 기타 인원은 군사정전위원회의 특정한 허가 없이는 무기를 휴대하지 못한다.
11. 본조의 어떠한 규정이든지 모든 군사정전위원회, 그의 보조 인원, 그의 공동감시소조 및 소조의 보조 인원, 그리고 하기와 같이 설립한 중립국감독위원회, 그의 보조 인원, 그의 중립국시찰소조 및 소조의 보조 인원과 군사정전위원회로부터 비무장지대 출입과 비무장지대 내에서의 두 지점이 비무장지대 내에 전부 들어있는 도로로써 연락되지 않는 경우에 이 두 지점 간에 반드시 경과 하여야 할 통로를 왕래하기 위하여 어느 일방의 군사 통제하에 있는 지역을 통과하는 이동의 편리를 허여한다.

제2조 정화(停火) 및 정전의 구체적 조치

가. 총칙

12. 적대 쌍방 사령관들은 육해공군의 모든 부대와 인원을 포함한 그들의 통제하에 있는 모든 무장역량이 한국에 있어서의 일체 적대행위를 완전히 정지할 것을 명령하고 또 이를 보장한다. 본 항의 적대행위의 완전 정지는 본 정전협정이 조인된지 12시간 후부터 효력을 발생한다.(본 정전협정의 기타 각항의 규정이 효력을 발생하는 일자와 시간에 대하여서는 본 정전협정 제63항 참조)
13. 군사정전의 확고성을 보장함으로써 쌍방의 한급 높은 정치회담을 진행하여 평화적 해결을 달성하는 것을 이롭게 하기 위하여 적대 쌍방 사령관들은

ㄱ. 본 정전협정 중에 따로 규정한 것을 제외하고 본 정전협정이 효력을 발생한 후 72시간 내에 그들의 일체 군사역량, 보급 및 장비를 비무장지대로부터 철거한 후 비무장지대 내에 존재한다고 알려져 있는 모든 폭발물, 지뢰원, 철조망 및 기타 군사정전위원회 또는 그의 공동감시소조 인원의 통행 안전에 위험이 미치는 위험물들은 이러한 위험물이 없다고 알려져 있는 모든 통로와 함께 이러한 위험물을 설치한 군대의 사령관이 반드시 군사정전위원회에 이를 보고한다. 그 다음에 더 많은 통로를 청소하여 안전하게 만들며, 결국에 가서는 72시간의 기간이 끝난 후 45일 내에 모든 이러한 위험물은 반드시 군사정전위원회 지시에 따라, 또 그 감독하에 비무장지대 내로부터 이를 제거한다. 72시간의 기간이 끝난 후 군사정전위원회의 감독하에서 45일의 기간 내에 제거작업을 완수할 권한을 가진 비무장부대와 군사정전위원회가 특히 요청하였으며 또 적대 쌍방 사령관들이 동의한 경찰의 성질을 가진 부대 및 본 정전협정 제10항과 제11항에서 허가한 인원 이외에는 쌍방의 어떠한 인원이든지 비무장지대에 들어가는 것을 허락하지 않는다.

ㄴ. 본 정전협정이 효력을 발생한 후 10일 이내에 상대방은 한국에 있어서의 후방과 연해도서 및 해면으로부터 그들의 모든 군사역량 보급물자 및 장비를 철거한다. 만일 철거를 연기할 쌍방이 동의한 이유 없이 또 철거를 연기할 유효한 이유 없이 기한이 넘어도 이러한 군사역량을 철거하지 않을 때는 상대방은 치안

을 유지하기 위하여 그가 필요하다고 인정하는 어떠한 행동이라도 취할 권리를 가진다. 상기한 연해도서라는 용어는 본 정전협정이 효력을 발생할 때에 비록 일방이 점령하고 있더라도 1950년 6월 24일에 상대방이 통제하고 있던 도서 중에서 백령도(북위 37도 58분, 동경 124도 40분), 대청도(북위 37도 50분, 동경 124도 42분), 소청도(북위 37도 46분, 동경 124도 46분), 연평도(북위 37도 38분, 동경 125도 40분) 및 우도(북위 37도 36분, 동경 125도 58분)의 도서군들을 국제연합군 총사령관의 군사통제 하에 남겨두는 것을 제외한 기타 모든 도서는 조선인민군 최고사령관과 중국인민지원군사령관의 군사 통제하에 둔다. 한국 서해안에 있어서 상기 경계선 이남에 있는 모든 도서는 국제연합군 총사령관의 군사통제 하에 남겨 둔다.

ㄷ. 한국 경외(境外)로부터 증원하는 군사 인원을 들여오는 것을 중지한다. 단 아래에 규정한 범위 내의 부대와 인원의 윤환(輪還) 임시임무를 담당한 인원이 한국에의 도착 및 한국 경외에서 단기 휴가를 하였거나 혹은 임시임무를 담당하였던 인원의 한국에의 귀환은 이를 허가한다. '윤환'의 정의는 부대 혹은 인원이 한국에서 복무를 개시하는 다른 부대 혹은 인원과 교체하는 것을 말하는 것이다. 윤환 인원은 오직 본 정전협정 제43항에 열거한 출입항을 경유하여서만 한국으로 들어오며 또 한국으로부터 내어갈 수 있다. 윤환은 일인(一人) 대(對) 일인의 교환기초 위에서 진행한다. 단 어느 일방이든지 일력월(一曆月) 내에 윤환정책 하에서 한국 경외로부터 35,000명 이상의 군사 인원을 들여오지 못한다. 만일 일방의 군사 인원을 들여오는 것이 해당측이 본 정전협정 효력발생일로부터 한국으로 들여온 군사 인원의 총수로 하여금 같은 날짜로부터 한국을 떠난 해당측 군사 인원의 누계 총수를 초과하게 할 때는 해당측의 어떠한 군사 인원도 한국으로 들여올 수 없다. 군사 인원의 한국에의 도착 및 한국으로부터의 이거(離去)에 관하여 매일 군사정전위원회와 중립국감시위원회에 보고한다. 이 보고는 입경과 출경의 지점 및 매개 지점에서 입경하는 인원과 출경하는 인원의 숫자를 포함한다. 중립국감시위원회는 그의 중립국시찰소조를 통하여 본 정전협정 제43항에 열거한 출입항에서 상기의 허가된 부대 및 인원의 윤환을 감독하며 정찰한다.

ㄹ. 한국 경외로부터 증원하는 작전비행기, 장갑차량, 무기 및 탄약을 들여오는 것을 정지한다. 단 정전기간에 파괴, 파손, 손모(損耗) 또는 소모된 작전비행기, 장갑차량, 무기 및 탄약은 같은 성능과 같은 유형의 물건을 일대일로 교환하는 기초위에서 교체할 수 있다. 이러한 작전비행기, 장갑차량, 무기 및 탄약은 오직 본 정전협정 제43항에 열거한 출입항을 경유하여서만 한국으로 들어올 수 있다. 교체의 목적으로 작전비행기, 장갑차량, 무기 및 탄약을 한국으로 반입할 필요를 확인하기 위하여 이러한 물건의 매차(每次) 반입에 관하여 군사정전위원회와 중립국감독위원회에 보고한다. 이 보고 중에서 교체되는 처리정황을 설명한다. 교체되어 한국으로부터 내어가는 물건은 오직 본 정전협정 제43항에 열거한 출입항을 경유하여서만 내어갈 수 있다. 중립국감독위원회는 그의 중립국시찰소조를 통하여 본 정전협정 제43항에 열거한 출입항에서 상기의 허가된 작전비행기, 장갑차량, 무기 및 탄약의 교체를 감독하며 감시한다.

ㅁ. 본 정전협정 중의 어떠한 규정이든지 위반하는 각자의 지휘하에 있는 인원을 적당히 처벌할 것을 보장한다.

ㅂ. 매장지점이 기록에 있고 분묘가 확실히 존재하고 있다는 것이 판명된 경우에는 본 정전협정이 효력을 발생한 후, 일정한 기한 내에 그의 군사통제 하에 있는 한국지역에 상대방의 분묘 등록 인원이 들어오는 것을 허가하여 이러한 분묘 소재지에 가서 해당측의 이미 죽은 전쟁포로를 포함한 죽은 군사 인원의 시체를 발굴하고 또 반출하여 가도록 한다. 상기 사업을 진행하는 구체적 방법과 기한은 군사정전위원회가 이를 결정한다. 적대 쌍방 사령관들은 상대방의 죽은 군사 인원의 매장지점에 관계되는 얻을 수 있는 일체 재료를 상대방

에 제공한다.

ㅅ. 군사정전위원회와 그의 공동감시소조가 하기와 같이 지정한 그들의 직책과 임무를 집행할 때에 충분한 보호 및 일체의 가능한 방조와 협력을 한다. 중립국감독위원회 및 그의 중립국시찰소조의 쌍방이 합의한 주요 교통선을 경유하여 중립국감독위원회본부와 본 정전협정 제43항에 열거한 출입항 간을 왕래할 때와 또 중립국감독위원회본부와 본 정전협정 위반사건이 발생하였다고 보고된 지점 간을 왕래할 때에 충분한 통행상의 편리를 준다. 불필요한 지연을 방지하기 위하여 주요 교통선이 막히든지 통행할 수 없는 경우에는 다른 통로와 수송기재를 사용할 것을 허가한다.

ㅇ. 군사정전위원회 및 중립국감독위원회와 그 각자에 속하는 소조에 요구되는 통신 및 운수상 편리를 포함한 보급상의 원조를 제공한다.

ㅈ. 군사정전위원회 본부 부근 비무장지대 내의 자기측 지역에 각각 한 개의 적당한 비행장을 건설·관리·유지한다. 그 용도는 군사정전위원회가 결정한다.

ㅊ. 중립국감독위원회와 중립국송환위원회의 전체 위원 및 기타 인원이 모두 자기의 직책을 적당히 집행함에 필요한 자유와 편리를 가지도록 보장한다. 이에는 인가된 외교 인원이 국제관례에 따라 통상적으로 향유하는 바와 동등한 특권, 대우 및 면제권을 포함한다.

14. 본 정전협정은 쌍방의 군사통제 하에 있는 적대 중의 일체 지상군사역량에 적용되며, 이러한 지상군사역량은 비무장지대와 상대방의 군사통제 하에 있는 한국지역을 존중한다.

15. 본 정전협정은 적대 중의 일체 해상군사역량은 비무장지대와 상대방의 군사통제 하에 있는 한국육지에 인접한 해면을 존중하며 한국에 대하여 어떠한 종류의 봉쇄도 하지 못한다.

16. 본 정전협정은 적대 중의 일체 공중군사역량은 비무장지대와 상대방의 군사통제 하에 있는 한국지역 및 이 지역에 인접한 해면의 상공을 존중한다.

17. 본 정전협정의 조항과 규정을 준수하며, 집행하는 책임은 본 정전협정에 조인한 자와 그의 후임 사령관에게 속한다. 적대 쌍방 사령관들은 각각 그들의 지휘하에 있는 군대 내에서 일체의 필요한 조치와 방법을 취함으로써 그 모든 소속 부대 및 인원이 본 정전협정의 전체 규정을 철저히 준수하는 것을 보장한다. 적대 쌍방 사령관들은 상호 적극 협력하며 군사정전위원회 및 중립국감독위원회와 적극 협력함으로써 본 정전협정 전체 규정의 문구와 정신을 준수하도록 한다.

18. 군사정전위원회와 중립국감독위원회 및 그 각자에 속하는 소조의 사업 비용은 적대 쌍방이 균등하게 부담한다.

나. 군사정전위원회

1. 구성

19. 군사정전위원회를 설립한다.

20. 군사정전위원회는 10명의 고급장교로 구성하되 그중의 5명은 국제연합군 총사령관이 이를 임명하며, 그중의 5명은 조선인민군 최고사령관과 중국인민지원군사령관이 공동으로 이를 임명한다. 위원 10명 중에서 각방의 3명은 장급(將級)에 속하여야 하며 각방의 나머지 2명은 소장, 준장, 대령 혹은 그와 동급인 자로 할 수 있다.

21. 군사정전위원회 위원은 그 필요에 따라 참모 보조 인원을 사용할 수 있다.

22. 군사정전위원회는 필요한 행정 인원을 배치하여 비서처를 설치하되, 그 임무는 동 위원회의 기록, 서기, 통역 및 동 위원회가 지정하는 기타 직책의 집행을 협조하는 것이다. 쌍방은 각기 비서처에 비서장 1명, 보조 비서장 1명 및 비서처에 필요한 서기, 전문 기술 인원을 임명한다. 기록은 영문, 한국문 및 중국문으로 작성하되 세 가지 글은 동등한 효력을 가진다.

23.

ㄱ. 군사정전위원회는 처음엔 10개의 공동감시소조를 두어 그 협조를 받는다. 소조의 수는 군사정전위원회의 쌍방 수석위원회의 합의를 거쳐 감소할 수 있다.

ㄴ. 매개의 공동감시소조는 4명 내지 6명의 영

관급 장교로 구성하되 그중의 반수는 국제연합군 총사령관이 이를 임명하며 그중의 반수는 조선인민군 최고사령관과 중국인민지원군 사령관이 공동으로 이를 임명한다. 공동감시소조의 사업상 필요한 운전수, 서기, 통역 등의 부속 인원은 쌍방이 이를 제공한다.

2. 책임과 권한

24. 군사정전위원회의 전반적 임무는 본 정전협정의 실시를 감독하며 본 정전협정의 어떠한 위반사건이든지 협의하여 처리하는 것이다.

25. 군사정전위원회는

ㄱ. 본부를 판문점(북위 37도 57분 29초, 동경 126도 0분 00초) 부근에 설치한다. 군사정전위원회는 동 위원회의 쌍방 수석위원의 합의를 거쳐 그 본부를 비무장 지대 내의 다른 한 지점에 이설(移設)할 수 있다.

ㄴ. 공동기구로서 사업을 진행하며 의장을 두지 않는다.

ㄷ. 그가 수시로 필요하다고 인정하는 절차 규정을 채택한다.

ㄹ. 본 정전협정 중 비무장지대와 한강하구에 관한 각 규정의 집행을 감독한다.

ㅁ. 공동감시소조의 사업을 지도한다.

ㅂ. 본 정전협정의 어떠한 위반사건이든지 협의하여 처리한다.

ㅅ. 중립국감독위원회로부터 받은 본 정전협정 위반사건에 관한 일체 조사보고 및 일체 기타 보고와 회의 기록은 즉시로 적대 쌍방 사령관들에게 이를 전달한다.

ㅇ. 하기한 바와 같이 설립한 전쟁포로송환위원회와 실향사민귀향협조위원회(失鄕私民歸鄕協調委員會)의 사업을 전반적으로 감독하며 지휘한다.

ㅈ. 적대 쌍방 사령관 간에 통신을 전달하는 중개역할을 담당한다. 단 상기의 규정은 쌍방 사령관들이 사용하고자 하는 어떠한 다른 방법을 사용하여 상호 통신을 전달하는 것을 배제하는 것으로 해석할 수 없다.

ㅊ. 그의 공작 인원과 그의 공동감시소조의 증명, 문건 및 휘장 또 그 임무집행 시에 사용하는 일체의 차량, 비행기 및 선박의 식별표지를 발급한다.

26. 공동감시소조의 임무는 군사정전위원회가 본 정전협정 중의 비무장지대 및 한강하구에 관한 각 규정의 집행을 감독함을 협조하는 것이다.

27. 군사정전위원회 또는 그중 어느 일방의 수석위원은 공동감시소조를 파견하여 비무장지대나 한강하구에서 발생하였다고 보고된 본 정전협정 위반사건을 조사할 권한을 가진다. 단 동 위원회 중의 어느 일방의 수석위원이든지 언제나 군사정전위원회가 아직 파견하지 않은 공동감시소조의 반수 이상을 파견할 수 없다.

28. 군사정전위원회 또는 동 위원회의 어느 일방의 수석위원은 중립국감독위원회에 요청하여, 본 정전협정 위반사건이 발생하였다고 보고된 비무장지대 이외의 지점에 가서 특별한 감시와 시찰을 행할 권한을 가진다.

29. 군사정전위원회가 본 정전협정 위반사건이 발생하였다고 확정한 때에는 즉시로 그 위반사건을 적대 쌍방 사령관들에게 보고한다.

30. 군사정전위원회가 본 정전협정의 어떠한 위반사건이 만족하게 시정되었다고 확정한 때에는 이를 적대 쌍방 사령관들에게 보고한다.

3. 총칙

31. 군사정전위원회는 매일 회의를 연다. 쌍방의 수석위원은 합의하여 7일을 넘지 않는 휴회를 할 수 있다. 단 어느 일방의 수석위원이든지 24시간 전의 통고로써 이 휴회를 끝낼 수 있다.

32. 군사정전위원회의 일체 회의 기록의 부본은 매번 회의 후 될 수 있는 대로 속히 적대 쌍방 사령관들에게 송부한다.

33. 공동감시소조는 군사정전위원회에 동 위원회가 요구하는 정기보고를 제출하며 또 이 소조들이 필요하다고 인정하거나 또는 동 위원회가 요구하는 특별보고를 제출한다.

34. 군사정전위원회는 본 정전협정에 규정한 보고 및 회의 기록의 문건철 두벌을 보관한다. 동 위원회는 그 사업진행에 필요한 기타의 보고기록 등의 문건철 두 벌을 보관할 권한을 가진다. 동 위원회의 최후 해산시에는 상기 문건

철을 쌍방에 각 한 벌씩 나누어 준다.

35. 군사정전위원회는 적대 쌍방 사령관들에게 본 정전협정의 수정 또는 증보(增補)에 대한 건의를 제출할 수 있다. 이러한 개정 건의는 일반적으로 더 유효한 정전을 보장할 것을 목적으로 하는 것이어야 한다.

다. 중립국감독위원회

1. 구성

36. 중립국감독위원회를 설정한다.

37. 중립국감독위원회는 4명의 고급장교로 구성하되, 그중의 2명은 국제연합군 총사령관이 지명한 중립국, 즉 스웨덴 및 스위스가 이를 임명하며, 그중의 2명은 조선인민군 최고사령관과 중국인민지원군사령관이 공동으로 지명한 중립국, 즉 폴란드 및 체코슬로바키아가 이를 임명한다. 본 정전협정에서 쓴 중립국이라는 용어의 정의는 그 전투부대가 한국에서의 적대행위에 참가하지 않은 국가를 말하는 것이다. 동 위원회에 임명되는 위원은 임명하는 국가의 무장부대로부터 파견될 수 있다. 매개 위원은 후보위원 1명을 지정하여 그 정위원이 어떠한 이유로 출석할 수 없게 되는 회의에 출석하게 한다. 이러한 후보위원은 그 정위원과 동일한 국적에 속한다. 일방이 지명한 중립국 위원의 출석자 수와 다른 일방이 지명한 중립국 위원의 출석자 수가 같을 때에는 중립국감독위원회는 곧 행동을 취할 수 있다.

38. 중립국감독위원회의 위원은 그 필요에 따라 각기 해당 중립국가가 제공한 참모 보조 인원을 사용할 수 있다. 이러한 참모 보조 인원은 본 위원회의 후보위원으로 임명될 수 있다.

39. 중립국감독위원회에 필요한 행정위원을 제공하도록 중립국에 요청하여 비서처를 설치하되 그 임무는 동 위원회에 필요한 기록, 서기, 통역 및 동 위원회가 지정하는 기타 직책의 집행을 협조하는 것이다.

40.

ㄱ. 중립국감독위원회는 처음엔 20개의 중립국감독소조를 두어 그 협조를 받는다. 소조의 수는 군사정전위원회의 쌍방 수석위원의 합의를 거쳐 감소할 수 있다. 중립국감독소조는 오직 중립국감독위원회에 대하여서만 책임을 지며 그에 보고하며 또 지도를 받는다.

ㄴ. 매개 중립국감독소조는 최소 4명의 장교로 구성하되 이 장교는 영관급으로 하는 것이 적당하며, 이 중의 반수는 국제연합군 총사령관이 지명한 중립국에서 내고, 또 그중의 반수는 조선인민군 최고사령관과 중국인민지원군 사령관이 공동으로 지명한 중립국에서 낸다. 중립국시찰소조에 임명되는 조원은 임명하는 국가의 무장부대에서 이를 낼 수 있다. 각 소조의 직책집행을 편리하게 하기 위하여 정황의 요구에 따라 최소 2명의 조원으로 구성되는 분조를 설치할 수 있다. 그 두 조원 중의 1명은 국제연합군 총사령관이 지명한 중립국에서 내며 1명은 조선인민군 최고사령관과 중국인민지원군 사령관이 공동으로 지명한 중립국에서 낸다. 운전수, 서기, 통역, 통신원과 같은 부속 인원 및 각 소조의 임무 집행에 필요한 비품은 각방 사령관이 비무장지대 내 및 자기측 군사통제 지역 내에서 수요에 따라 이를 공급한다. 중립국감독위원회는 동 위원회 자체와 중립국시찰소조들에 그가 요망하는 상기의 인원 및 비품을 제공할 수 있다. 단 이러한 인원은 중립국감독위원회를 구성한 그 중립국의 인원이어야 한다.

2. 책임과 권한

41. 중립국감독위원회의 임무는 본 정전협정 제13항 ㄷ목, 제13항 ㄹ목 및 제28항에 규정한 감독, 감시, 시찰 및 조사의 직책을 집행하며 이러한 감독, 감시, 시찰 및 조사의 결과를 군사정전위원회에 보고하는 것이다.

42. 중립국감독위원회는

ㄱ. 본부를 군사정전위원회의 본부 부근에 설치한다.

ㄴ. 그가 수시로 필요하다고 인정하는 절차규정을 채택한다.

ㄷ. 그 위원 및 그 중립국감시소조를 통하여 본 정전협정 제13항 ㄷ목, 제13항 ㄹ목에 규정한 감독과 시찰을 진행하며 또 본 정전협

정 위반사건이 발생하였다고 보고된 지점에서 본 정전협정 제28항에 규정한 특별감시와 시찰을 진행한다. 작전비행기, 장갑차량, 무기 및 탄약에 대한 중립국시찰소조의 시찰은 소조로 하여금 증원하는 작전비행기, 장갑차량, 무기 및 탄약을 한국으로 들여옴이 없도록 확실히 보장할 수 있게 한다. 단 이 규정은 어떠한 작전 비행기, 장갑차량, 무기 또는 탄약의 어떠한 비밀설계 또는 특점(特點)을 시찰 또는 검사할 권한을 주는 것으로 해석할 수 없다.

ㄹ. 중립국시찰소조의 사업을 지도하며 감독한다.

ㅁ. 국제연합군 총사령관의 군사통제지역 내에 있는 본 정전협정 제43항에 열거한 출입항에 5개의 중립국시찰소조를 주재시키며 조선인민군 최고사령관과 중국인민지원군 사령관의 군사통제지역 내에 있는 본 정전협정 제43항에 열거한 출입항에 5개의 중립국시찰소조를 주재시킨다. 처음에는 따로 10개의 중립국이동시찰소조를 후비로 설치하되 중립국감독위원회 본부 부근에 주재시킨다. 그 수는 군사정전위원회 쌍방 수석위원의 합의를 거쳐 감소할 수 있다. 중립국이동시찰소조 중 군사정전위원회의 어느 일방 수석위원의 요청에 응하여 파견하는 소조는 언제나 그 반수를 초과할 수 없다.

ㅂ. 보고된 본 정전협정 위반사건을 전목(前目) 규정의 범위 내에서 지체 없이 조사한다. 이에는 군사정전위원회 또는 동 위원회 중의 어느 일방 수석위원이 요청하는 보고된 본 정전협정 위반사건에 대한 조사를 포함한다.

ㅅ. 그의 공작인원과 그의 중립국감시소조의 증명문건 및 휘장, 또 그 임무 집행시에 사용하는 일체 차량, 비행기 및 선박의 식별표지를 발급한다.

43. 중립국감시소조는 하기한 각 출입항에 주재한다.

국제연합군의 군사통제지역

인천(북위 37도 28분, 동경 126도 38분)
대구(북위 35도 52분, 동경 128도 36분)
부산(북위 35도 06분, 동경 129도 02분)
강릉(북위 37도 45분, 동경 128도 54분)
군산(북위 35도 59분, 동경 126도 43분)

조선인민군과 중국인민지원군의 군사통제지역

신의주(북위 40도 06분, 동경 124도 24분)
청진(북위 41도 46분, 동경 129도49분)
흥남(북위 39도 50분, 동경 127도 37분)
만포(북위 41도 09분, 동경 126도 18분)
신안주(북위 39도 36분, 동경 125도 36분)

중립국시찰소조들은 첨부한 지도에 표시한 지역 내와 교통선에서 통행상 충분한 편리를 받는다.

3. 총칙

44. 중립국감독위원회는 매일 회의를 연다. 중립국감독위원회는 합의하여 7일을 넘지 않는 휴회를 할 수 있다. 단 어느 위원이든지 24시간 전의 통고로써 이 휴회를 끝낼 수 있다.

45. 중립국감독위원회의 일체 회의기록 부본은 매번 회의 후 가급적 속히 군사정전위원회에 송부한다. 기록은 영문, 한국문 및 중국문으로 작성한다.

46. 중립국시찰소조는 그의 감독, 감시, 시찰 및 조사의 결과에 관하여 중립국감독위원회가 요구하는 정기보고를 동 위원회에 제출하며 또 이 소조들이 필요하다고 인정하거나 동 위원회가 요구하는 특별보고를 제출한다. 보고는 소조 총체(總體)가 이를 제출한다. 단 그 소조의 개별적 조원 1명 또는 수명이 이를 제출할 수 있다. 개별적 조원 1명 또는 수명이 제출한 보고는 다만 참고적 보고로 간주한다.

47. 중립국감독위원회는 중립국시찰소조가 제출한 보고의 부본을 그가 접수한 보고에 사용된 글로써 지체 없이 군사정전위원회에 송부한다. 이러한 보고는 번역 또는 심의, 결정, 수속 때문에 지체시킬 수 없다. 중립국감독위원회는 실제 가능한 한 속히 이러한 보고를 심의 결정하며 그의 판정서를 우선 군사정전위원회에 송부한다. 중립국감독위원회의 해당 결정을 접수하기 전에는 군사정전위원회는 이

런 어떠한 보고에 대하여서도 최종적 행동을 취하지 못한다. 군사정전위원회의 어느 일방 수석위원의 요청이 있을 때에는 중립국감독위원회의 위원과 그 소조의 조원은 곧 군사정전위원회에 참석하여 제출된 어떠한 보고에 대하여서든지 설명한다.

48. 중립국감독위원회는 본 정전협정이 규정하는 보고 및 회의기록의 문건철 두 벌을 보관한다. 동 위원회는 그 사건 진행에 필요한 기타의 보고, 기록 등의 문건철 두 벌을 보관할 권한을 가진다. 동 위원회의 최후 해산 시에는 상기 문건철을 쌍방에 각 한 벌씩 나누어 준다.

49. 중립국감독위원회는 군사정전위원회에 본 정전협정의 수정 또는 증보에 대한 건의를 제출할 수 있다. 이러한 개정 건의는 일반적으로 더 유효한 정전을 보장할 것을 목적으로 하는 것이어야 한다.

50. 중립국감독위원회 또는 동 위원회의 매개 위원은 군사정전위원회의 임의의 위원과 통신 연락을 취할 권한을 가진다.

제3조 전쟁포로에 관한 조치

51. 본 정전협정이 효력을 발생하는 당시에 각방(各方)이 수용하고 있는 전체 전쟁포로의 석방과 송환은 본 정전협정 조인 전에 쌍방이 합의한 하기 규정에 따라 집행한다.

ㄱ. 본 정전협정이 효력을 발생한 후 60일 이내에 각방은 그 수용하에 있는 송환을 견지하는 전체 전쟁포로를 포로된 당시에 그들이 속한 일방에 집단적으로 나누어 직접 송환 인도되며 어떠한 저애도 가하지 못한다. 송환은 본 조의 각 항 관계 규정에 의하여 완수한다. 이러한 인원의 송환 수속을 촉진시키기 위하여 각방은 정전협정 조인 전에 직접 송환될 인원의 국적별로 분류한 총수를 교환한다. 상대방에 인도되는 전쟁포로의 각 집단은 국적별로 작성한 명부를 휴대하되 이에는 성명, 계급(계급이 있으면) 및 수용번호 또는 군번호를 포함한다.

ㄴ. 각방은 직접 송환하지 않은 나머지 전쟁포로를 그 군사통제와 수용하(收容下)로부터 석방하여 모두 중립국송환위원회에 넘겨 본 정전협정 부록 '중립국송환위원회 직권의 범위'의 각조 규정에 의하여 처리케 한다.

ㄷ. 세 가지 글을 병용하므로 인하여 발생할 수 있는 오해를 피하기 위하여 본 정전협정의 용어로서 일방이 전쟁포로를 상대방에 인도하는 행동을 그 전쟁포로의 국적과 거주지의 여하를 불문하고 영문 중에서는 "REPATRIATION" 한국문 중에서는 '송환', 중국문 중에서 '遣返'이라고 규정한다.

52. 각방은 본 정전협정의 효력 발생에 의하여 석방되며 송환되는 어떠한 전쟁포로든지 한국 충돌 중의 전쟁 행동에 사용하지 않을 것을 보장한다.

53. 송환을 견지하는 전체 병상 전쟁포로는 우선적으로 송환한다. 가능한 범위 내에서 포로된 의무인원을 병상 전쟁포로와 동시에 송환하여 도중에서 의료와 간호를 제공하도록 한다.

54. 본 정전협정 제51항 ㄱ목에 규정한 전체 전쟁포로의 송환은 본 정전협정이 효력을 발생한 후 60일의 기한 내에 완료한다. 이 기한 내에 각방은 책임지고 그가 수용하고 있는 상기 전쟁포로의 송환을 실제 가능한 한 속히 완료한다.

55. 판문점을 쌍방의 전쟁포로 인도인수 지점으로 정한다. 필요한 때에는 전쟁포로송환위원회는 기타의 전쟁포로 인도인수 지점을 비무장지대 내에 증설할 수 있다.

56.

ㄱ. 전쟁포로송환위원회를 설립한다. 동 위원회는 영관급 장교 6명으로 구성하되 그중 3명은 국제연합군 총사령관이 이를 임명하며, 그중 3명은 조선인민군 최고사령관과 중국인민지원군 사령관이 공동으로 이를 임명한다. 동 위원회는 군사정전위원회의 전반적 감독과 지도하에서 책임지고 쌍방의 전쟁포로 송환에 관계되는 구체적 계획을 조절하며 쌍방이 본 정전협정 중의 전쟁포로 송환에 관계되는 일체 규정을 실시하는 것을 감독한다. 동 위원회의 임무는 전쟁포로들이 쌍방 전쟁포로수용소로부터 전쟁포로 인도인수 지점에 도달

하는 시간을 조절하며 필요할 때에는 병상 전쟁포로의 수송 및 복리에 요구되는 특별한 조치를 취하며 본 정전협정 제57항에서 설립된 공동적십자소조의 전쟁포로 송환 협조사업을 조절하며 본 정전협정 제53항과 제54항에 규정한 전쟁포로 실제 송환조치의 실시를 감독하며 필요할 때에는 추가적 전쟁포로 인도인수 지점을 선정하여 전쟁포로 인도인수 지점의 안전조치를 취하며 전쟁포로 송환에 필요한 기타 관계임무를 집행하는 것이다.

ㄴ. 전쟁포로송환위원회는 그 임무에 관계되는 어떠한 사항에 대하여 합의에 도달하지 못할 때는 이러한 사항을 즉시로 군사정전위원회에 제기하여 결정하도록 한다. 전쟁포로송환위원회는 군사정전위원회 본부 부근에 그 본부를 설치한다.

ㄷ. 전쟁포로송환위원회가 전쟁포로 송환계획을 완수한 때에는 군사정전위원회가 즉시로 이를 해산시킨다.

57.

ㄱ. 본 정전협정이 효력을 발생한 후 즉시로 국제연합군에 군대를 제공하고 있는 각국의 적십자 대표를 일방으로 하고 조선민주주의 인민공화국 적십자 대표와 중화인민공화국 적십자 대표를 다른 일방으로 하여 조직되는 공동적십자소조를 설립한다. 공동적십자소조는 전쟁포로의 복리에 요망되는 인도주의적 복무로서 쌍방이 본 정전협정 제51항 ㄱ목에 규정한 송환을 견지하는 전체 전쟁포로의 송환에 관계되는 규정을 집행하는 것을 협조한다. 이 임무를 완수하기 위하여 공동 적십자소조는 전쟁포로 인도인수 지점에서 쌍방이 전쟁포로 인도인수 사업을 협조하며 쌍방의 전쟁포로수용소를 방문하여 위문하며 전쟁포로의 위문과 전쟁포로의 복리를 위한 선물을 가지고 가서 분배한다. 공동적십자소조는 전쟁포로수용소에서 전쟁포로 인도인수 지점으로 가는 도중에 있는 전쟁포로에게 복무를 제공할 수 있다.

ㄴ. 공동적십자소조는 다음과 같은 규정에 의하여 조직한다.

(1) 한 소조는 각방의 본국 적십자로부터 각기 대표 10명씩을 내어 쌍방 합하여 20명으로 구성하며 전쟁포로 인도인수 지점에서 쌍방 전쟁포로의 인도인수를 협조한다. 동 소조의 의장은 쌍방 적십자사 대표가 매일 윤번으로 담당한다. 동 소조의 사업과 복무를 전쟁포로송환위원회가 이를 조절한다.

(2) 한 소조는 각방의 본국 적십자사로부터 각기 대표 30명씩을 내어 쌍방 합하여 60명으로 구성하며 조선인민군 및 중국인민지원군 관리하의 전쟁포로수용소를 방문하며 또 전쟁포로수용소에서 전쟁포로 인도인수 지점으로 가는 도중에 있는 전쟁포로에게 복무를 제공할 수 있다. 조선민주주의인민공화국 적십자사 또는 중화인민공화국 적십자사의 대표가 동 소조의 의장을 담당한다.

(3) 한 소조는 각방의 본국 적십자사로부터 각기 대표 30명씩을 내어 쌍방 합하여 60명으로 구성하며 국제연합군 관리하의 전쟁포로수용소를 방문하며 또 전쟁포로수용소에서 전쟁포로 인도인수 지점으로 가는 도중에 있는 전쟁포로에게 복무를 제공할 수 있다. 국제연합군에 군대를 제공하고 있는 한나라의 적십자 대표가 동 소조의 의장을 담당한다.

(4) 각 공동적십자소조의 임무 집행의 편의를 위하여 정황이 필요로 할 때에는 최소 2명의 소조원으로 구성하는 분조를 설립할 수 있다. 분조 내에서 각방은 동등한 수의 대표를 가진다.

(5) 각방 사령관은 그의 군사통제 지역 내에서 사업하는 공동적십자 소조에 운전수, 서기 및 통역과 같은 부속 인원 및 각 소조가 그 임무 집행상 필요로 하는 장비를 공급한다.

(6) 어떠한 공동적십자소조든지 동 소조의 쌍방 대표가 동의하는 때에는 그 인원수를 증감할 수 있다. 단 이는 전쟁포로송환위원의 인가를 거쳐야 한다.

ㄷ. 각방 사령관은 공동적십자소조가 그의 임무를 집행하는 데 충분한 협조를 주며, 또 그

의 군사통제지역 내에서 책임지고 공동적십자소조 인원들의 안전을 보장한다. 각방 사령관은 그의 군사통제지역 내에서 사업하는 이러한 소조에 요구되는 보급, 행정 및 통신상의 편의를 준다.

ㄹ. 공동적십자소조는 본 정전협정 제51항 ㄱ목에 규정한 송환을 견지하는 전체 전쟁포로의 송환계획이 완수되었을 때에는 즉시로 해산한다.

58.

ㄱ. 각방 사령관은 가능한 범위 내에서 속히 그러나 본 정전협정이 효력을 발생한 후 10일 이내에 상대방 사령관에게 다음과 같은 전쟁포로에 관한 재료를 제공한다.

(1) 제일 마지막 번에 교환한 자료의 마감한 일자 이후에 도망한 전쟁포로에 관한 완전한 재료

(2) 실제로 실행할 수 있는 범위 내에서 수용기간 중에 사망한 전쟁 포로의 성명, 국적, 계급별 및 기타의 식별자료 또한 사망일자, 사망원인 및 매장지점에 관한 재료

ㄴ. 만일 위에 규정한 보충 자료의 마감한 일자 이후에 도망하였거나 또는 사망한 어떠한 전쟁포로가 있으면 수용한 일방은 본 조 제58항 ㄱ목의 규정에 의하여 관계자료를 전쟁포로송환위원회를 거쳐 상대방에 제공한다. 이러한 자료는 전쟁포로 인도인수 계획을 완수할 때까지 10일에 1차씩 제공한다.

ㄷ. 전쟁포로 인도인수 계획을 완수한 후에 본래 수용하고 있던 일방에 다시 돌아온 어떠한 도망 전쟁포로도 이를 군사정전위원회에 넘기어 처리한다.

59.

ㄱ. 본 정전협정이 효력을 발생하는 당시에 국제연합군 총사령관의 군사통제지역에 있는 자로서 1950년 6월 24일에 본 정전협정에 확정된 군사분계선 이북에 거주한 전체 사민(私民)에 대하여서는 그들이 귀향하기를 원한다면 국제연합군 총사령관은 그들이 군사분계선 이북지역에 돌아가는 것을 허용하며 협조한다. 본 정전협정이 효력을 발생하는 당시에 조선인민군 최고사령관과 중국인민지원군사령관의 군사통제지역에 있는 자로서 1950년 6월 24일에 본 정전협정에 확정된 군사분계선 이남에 거주한 전체 사민에 대하여서는 그들이 귀향하기를 원한다면 조선인민군 최고사령관과 중국인민지원군 사령관은 그들이 군사분계선 이남지역에 돌아가는 것을 허용하며 협조한다. 각방 사령관은 책임지고 본목(本目) 규정의 내용을 그의 군사통제지역에 광범히 선포하며 또 적당한 민정당국을 시켜 귀향하기를 원하는 이러한 전체 사민에게 필요한 지도와 협조를 주도록 한다.

ㄴ. 본 정전협정이 효력을 발생하는 당시에 조선인민군 최고사령관과 중국인민지원군 사령관은 군사통제지역에 있는 전체 외국적의 사민 중 국제연합군 총사령관의 군사통제지역으로 가기를 원하는 자에게는 그가 국제연합군 총사령관의 군사통제지역으로 가는 것을 허용하며 협조한다. 본 정전협정이 효력을 발생하는 당시에 국제연합군 총사령관의 군사통제지역에 있는 전체 외국적의 사민 중 조선인민군 최고사령관과 중국인민지원군 사령관은 군사통제지역으로 가기를 원하는 자에게는 그가 조선인민군 최고사령관과 중국 인민지원군 사령관의 군사통제지역으로 가는 것을 허용하며 협조한다. 각방 사령관은 책임지고 본 목 규정의 내용을 그의 군사통제지역에 광범히 선포하며 또 적당한 민정당국을 시켜 상대방 사령관의 군사통제 지역으로 가기를 원하는 이러한 전체 외국적의 사민에게 필요한 지도와 협조를 주도록 한다.

ㄷ. 쌍방의 본 조 제59항 ㄱ목에 규정한 사민의 귀향과 본 조 59항 ㄴ목에 규정한 사민의 이동을 협조하는 조치는 본 정전협정이 효력을 발생한 후 될 수 있는 한 속히 개시한다.

ㄹ.

(1) 실향사민귀향협조위원회를 설립한다. 동위원회는 영관급 장교 4명으로 구성하되 그중 2명은 국제연합군 총사령관이 이를 임명하며 그중 2명은 조선인민군 최고사령

관과 중국인민지원군 사령관이 공동으로 이를 임명한다. 동 위원회는 군사정전위원회의 전반적 감독과 지도밑에 책임지고 상기 사민의 귀향을 협조하는 데 관계되는 쌍방의 구체적 계획을 조절하며 또 상기 사민의 귀향에 관계되는 본 정전협정 중의 일체 규정을 쌍방이 집행하는 것을 감독한다. 동 위원회의 임무는 운수조치를 포함한 필요한 조치를 취함으로써 상기 사민의 이동을 촉진 및 조절하며 상기 사민의 군사분계선을 통과하는 월경지점을 선정하며 월경지점의 안전조치를 취하며 또 상기 사민 귀향을 완료하기 위하여 필요한 기타 임무를 집행하는 것 이다.

(2) 실향사민귀향협조위원회는 그의 임무에 관계되는 어떠한 사항이든지 합의에 도달할 수 없을 때에는 이를 곧 군사정전위원회에 제출하여 결정하게 한다. 실향사민귀향협조위원회는 그의 본부를 군사정전위원회의 본부 부근에 설치한다.

(3) 실향사민귀향협조위원회가 그의 임무를 완수할 때에는 군사정전위원회가 즉시로 이를 해산시킨다.

제4조 쌍방 관계정부들에의 건의

60. 한국문제의 평화적 해결을 위하여 쌍방 군사령관은 쌍방의 관계 각국 정부에 정전협정이 조인되고 효력을 발생한 후 삼개월 내에 각기 대표를 파견하여 쌍방의 한급 높은 정치회의를 소집하고 한국으로부터의 모든 외국군대의 철수 및 한국 문제의 평화적 해결 문제들을 협의할 것을 이에 건의한다.

제5조 부칙

61. 본 정전협정에 대한 수정과 증보는 반드시 적대 쌍방 사령관들의 상호 합의를 거쳐야 한다.

62. 본 정전협정의 각 조항은 쌍방이 공동으로 접수하는 수정 및 증보 또는 쌍방의 정치적 수준에서의 평화적 해결을 위한 적당한 협정 중의 규정에 의하여 명확히 교체될 때까지는 계속 효력을 가진다.

63. 제12항을 제외한 본 정전협정의 일체 규정은 1953년 7월 27일 22시부터 효력을 발생한다.

1953년 7월 27일 10시에 한국 판문점에서 영문, 한국문 및 중국문으로써 작성한다.

이 3개 국어에 의한 각 협정의 본문은 동등한 효력을 가진다.

국제연합군 총사령관	조선인민군 최고사령관	중국인민지원군 사령원
미국 육군대장 마크 더블유. 클라크	조선민주주의 인민공화국 원수 김일성	팽덕회

참석자

국제연합군 대표단 수석 대표	조선인민군 및 중국인민지원군 대표단
미국 육군 중장 윌리암 케이. 해리슨	조선인민군 대장 남일

군사정전위원회 회의록

○ 제73차 회의(1956.11.10.)

■ 조중측

- 남조선 이승만 집단들은 우리측 지역 동·서해안에 무장 선박을 침입시켜 평화적 어업에 종사하는 우리측 어선을 습격하여 살해·납치하였음. 1956.10.29. 남조선 무장선박 4척이 우리측 해안에 침입하여 우리어선 '승리호'에 탄 어민 김대봉 외 12명과 어선을 납치하였음.

○ 제74차 회의(1956.12.15.)

■ 조중측

- 1956.12.2. 당신측 무장인원 집단이 우리측 황해남도 옹진군 갈항리에 침입하여 주민 가옥을 습격, 주민을 살해하고 납치하였음. 이는 정전협정 서언 및 제12항, 제14항, 제15항을 위반한 것임. 당신측이 납치해 간 김광수 소년을 즉시 그의 부모에 돌려 보내줄 것을 요구함. 이뿐만 아니라 당신측은 우리측 연해 및 해안지대에서 우리측 주민들을 강제 납치하여 갔음. 그들의 명단을 당신측에 넘기겠음. 이들을 즉시 돌려 보내기 바람.

○ 제89차 회의(1958.11.25.)

■ 유엔측

- 1958년 11월 18일 당신측은 인천 남쪽 입파도에 무장 선박을 어선으로 위장하여 침투시켰음. 이를 수상히 여긴 우리측 경찰이 이를 조사하려 접근하자 수명을 부상시키고 1명을 납치해 갔음. 납치한 경관을 즉시 송환하고 이와 같은 약탈행위를 중지 바람.

○ 제91차 회의(1958.12.19.)

■ 조중측

- 우리 공화국 당국은 남조선 어부들의 무거운 부담과 비참한 생활을 덜어주기 위하여 우리측은 1955년 동포애적 성의를 발휘하여 남조선 어부들이 수속만 밟으면 우리측 영해에서 어로작업을 할 수 있도록 조치했는데도 당신측의 방해로 실현되지 못하고 있음.

○ 제92차 회의(1958.12.29.)

■ 조중측

- 1958년 12월 29일 조선민주주의인민공화국 내무상과 수산상은 남반부 어민들이 금번 명태 성어기에 일정한 수속을 거쳐 우리측 공동어로구역에서 고기잡이를 허가하는 공동성명을 발표하였음. 그러나 우리의 이 정당한 제의는 당신측의 방해 책동으로 말미암아 실현되지 못하고 있음. 남반부 어민들이 비법적으로 우리측 영해에 들어오는 문제들을 근본적으로 해결해야 함. 군정위는 정전협정 위반 행위가 발생하지 않도록 책임적인 조치를 취하며 정전협정과 관련된 문제를 해결할 임무를 지니고 있음. 따라서 나는 당신측이 우리측의 제의를 접수하여 남반부 어민들이 우리측 동쪽 어로 구역에 와서 어로작업을 할 수 있도록 적극 협조 보장하여 줄 것을 요구함.

○ 제93차 회의(1959.1.3.)

■ 유엔측

- 지난번 회의에서 당신측이 제의한 대한민국 어부의 어로 활동에 대해 검토해 보았음. 군사정전위원회는 군사적 기구로 순전히 군사적인 문제에만 그 효력이 미치는 것임. 따라서 당신측의 제의는 정치적 성격을 갖는 문제로 본 위원회에서 다룰 적절한 문제가 아님. 당신측은 선전 노력을 촉진하기 위해 본 문제를 고안한 것임.
- 지난 2개월 동안 당신측은 대한민국 어부 54명과 어선 9척을 불법 나포하였으며 이 중 20명의 어부와 어선 2척을 아직도 불법 억류하고 있음. 이들의 석방을 요구함.

■ 조중측

- 남반부 어민들의 비참한 생활을 개선하기 위한 우리측 제의에 대해 당신측이 거절한 것을 유감으로 생각함. 일방의 주민이 다른 일방의 관할 하의 해상에 들어가며 활동하는 경우, 이것이 군사정전위원회의 관심사로 되지 않을 수 없음. 남반부 어민들의 우리측 어로구역 내에서 활동이 군사정전위원회의 임무와 무관하다면 당신은 무엇 때문에 자주 어선 문제를 군

정위에 제기하였는가?

○ 제107차 회의(1959.9.10.)

■ 조중측

• 당신측은 각양각색의 방법과 형태로 간첩 파괴 분자들을 우리측에 침입시켜 우리측에 대한 악랄한 적대행위를 하였음. 몇 가지 예를 들면 1954년 8월 30일 당신측 미 제8군 정보처 8097 소속 간첩을 우리측 비무장지대에 침투시킴. 1955년 7월 22일 당신측은 57미리 비반총포, 45미리 로켓트포, 경기관총 등을 휴대하고 선박을 이용, 평북 운무도 해상에 침투시킴. 이들은 우리측 어선 3척과 어민 20명을 납치해 가다가 우리측 경비대에 의해 1척의 어선과 24명의 무장간첩은 체포되었음. 1956년 12월 2일 8명의 당신측 간첩 집단이 황해남도 옹진군 갈항리에 침입 주민을 살해하고 도주하였음. 1957년 8월 5일 당신측 무장 선박은 대수압도 부근 해상에 침입하여 우리측 어선 1척과 어부 안상진 외 6명을 납치하였음.

○ 제108차 회의(1959.9.18.)

■ 조중측

• 1959년 8월 18일 당신측 탱크 상륙함 제606호가 우리측 기린도 연해에 침입하였음. 이때 순찰 중이던 우리측 경비정이 이를 발견하고 경고 신호를 하자 당신측 상륙함은 우리측에 대해 맹렬한 사격을 한 후 도주하였음. 이는 정전협정 제12항 및 제15항의 난폭한 위반임. 나는 정전협정 제13항 ㅁ목에 의해 위반자들을 엄격히 처벌할 것을 당신에게 요구함.

○ 제123차 회의(1960.7.27.)

■ 조중측

• 1960년 7월 22일 당신측 해군 함선 1척이 우리측 연해도서인 비압도 부근 해상을 침입하였음. 우리측 경비정의 경고에도 불구하고 당신측 함선은 우리측에 포격을 가하고 도주하였음.

■ 유엔측

• 당신의 발언은 과거에 우리가 참을성을 갖고 수차례 들어온 거짓 선전 자료에 대한 하나의 실례를 보여주는 것임. 당신측이 주장한 해상사건에 대한 당신측의 범행을 우리측에 뒤집어 씌우기 위한 수작임. 당신이 말한 우리측 함선은 화물수송용으로 설계된 용역용 선박임. 해 선박은 무장을 하지 않은 소형선박으로 저속용임. LCU 1106호는 7월 22일 백령도에서 인천으로 향하고 있었으며 백령도 거주 인원을 위한 식량 및 보급품 운반을 정기적으로 하여오던 바임. 우리측 선박은 아무 신호 없이 당신측 선박으로부터 수백 발의 기관총 및 포탄 공격을 받고 1명이 사망하고 1명이 부상 당하였음. 이는 엄중한 정전협정 위반임. 재발 방지를 위한 조치를 하기 바람.

○ 제132차 회의(1961.1.4.)

■ 조중측

• 1960년 12월 9일 당신측 해군 함선들이 고기잡이를 하고 돌아가는 우리측 어선들을 비법적으로 나포하였음. 우리의 송환 요구에도 당신측은 시간을 끌다가 사건 발생 14일이 지나서야 그들 중 28명 만을 돌려보내고, 아직도 10명의 우리측 어민들을 계속 억류하고 있음. 당신측은 억류 중인 선박을 즉시 돌려 보내기 바람.

■ 유엔측

• 당신의 주장은 사실과 다름. 12월 19일 우리측 초계정은 엔진 고장으로 표류하고 있는 당신측 무장 선박 2척을 발견하고 안전한 곳으로 당신측 선박을 끌고 왔음. 우리측은 어떠한 인원도 강제로 억류하지는 않음. 잔류 인원들은 그들의 자유 의사에 따라 대한민국에 남게된 것임. 정전협정 조인 후 당신측에 돌아갈 기회가 있었지만 송환을 거부한 인원들이 많았음을 당신측은 알고 있을 것임. 최근에 1,500명의 동부 독일 사람들이 자유를 찾아 서부 독일로 피난해 왔음을 상기하기 바람. 남한지역에 잔류한 10명의 선원들에게도 자유로운 대한민국에 잔류하겠는가, 아니면 당신측 지배 하에 돌아가겠는가 여부를 선택할 권리가 있음.

■ 조중측

• 우리측 연해에 침입한 당신측 해군 함선들이 우리측 어선을 포위하고 위협 사격을 하여 인천까지 끌고 갔음. 당신측은 우리측 어민들을 강제 심문하면서 각종 고문을 자행하고 위협과 회유로 그들을 강제 억류한 것임. 음흉한 정치적 목적을 위하여 우리측 어민들을 강제 억류하고 있는 당신측의 음모 행위를 절대로 용서하지 않을 것임.

■ 유엔측

• 당신측 선원들은 우리측 지역에 머물러 있는 동안 최고의 대우를 받았음. 그들은 구출되던 순간부터 인도적인 대우를 받았음. 우리측은 당신측 선원들이 왜 선박에 무장을 하였는가에 대해 심문을 한 바, 그들은 "우리는 잡히는 대로 무조건 처형될 것이니 그럴 바에는 피값이라도 하고 잡히라는 지령을 받았지만 우리 선박의 무장이 너무 빈약하여 싸울 수 없었다"라고 진술하였음. 정전협정에는 자신의 의사에 반하여 인원들을 강제 송환하라는 규정은 없음. 당신측 선원 10명은 자유로운 선택에 의한 것임.

○ 第133차 회의(1961.1.13.)

■ 조중측

• 지난번 회의에서 나는 당신측에 우리측 선원 10명과 화물 및 어민들의 소지품을 돌려보낼 것을 요구한 바 있음. 어민들은 우리측에 돌려보내는 것은 정전협정에 의해 당신측의 회피할 수 없는 의무이며 책임임. 그러나 당신측은 이를 거부하였음. 당신측은 우리측 어선들에 실렸던 100kg의 어획물, 38건의 어로 도구 및 500kg의 식량과 각종 소지품들을 빼앗아 갔음. 우리측 어부들과 화물 등을 즉시 돌려 보낼 것을 강력히 촉구함.

■ 유엔측

• 12월 19일 발생한 사건에 대해 지난번 회의에서도 분명히 말한 바 있음. 우리측 경비정은 12월 19일 07:30경, 당신측 연안 수역 밖에 있는 순위도 남방 21km 공해상에서 당신측 선박 2척을 발견하였음. 이 선박들은 조난 중이며 풍랑으로 인하여 우리측 지역으로 표류하고 있었음. 이 배들은 발동 능력을 상실하여 침몰할 위기에 처해 있어 우리측 선박이 이들을 안전지대로 안착시켰음. 이들 선박에는 기관총과 수정의 소총 등이 있었음. 당신측 선원들은 구조된 때부터 인도적인 대우를 받았음. 10명의 어부는 자유의사에 따라 남한에 잔류하게 될 것임.

○ 第134차 회의(1961.1.24.)

■ 조중측

• 당신측이 강제 납치하여 강제 억류하고 있는 우리측 어민 10명과 우리측 어선에 실렸던 화물 및 어민들의 개인 소지품 일체를 즉시 우리측에 돌려 보내주기 바람.

○ 第136차 회의(1961.3.2.)

■ 조중측

• 당신측이 해군 함선들을 우리측 연해에 계속 침투시키는 것은 조선에서 긴장 상태를 고조시켜 반미 구국투쟁을 벌이고 있는 남조선 인민들의 이목을 딴데로 돌리려는 술책임. 당신측은 정전협정을 준수할 의사가 전혀 없으며 미 제국주의자들이야말로 조선 인민의 원수임을 똑똑히 보여주는 것임.

○ 第138차 회의(1961.3.21.)

■ 조중측

• 지난 3월 14일 당신측은 비법적으로 해군 함선을 우리측 연해에 침입시켜 우리측 연해 도서를 포격하였음. 정전협정 의도대로 조선에서 유혈 충돌을 방지하며 조선 정전을 공고항 평화로 전환을 위해서는 당신측의 새 전쟁 도발 흉책이 저지되어야 하며 정전협정의 모든 규정과 조항이 준수되어야 함.

■ 유엔측

• 지난 3월 14일 대한민국 선박 1척이 통상적인 초계 임무 중 당신측 지역의 월래도에 위치한 포대로부터 대구경포 사격을 받았음. 우리측 선박은 백령도로부터 3마일 안에 있었으며 월래도로부터는 4.5마일이라 떨어진 곳임. 당신

측 해역에 들어가지 않은 우리측 선박에 대하여 당신측은 끝까지 추적하면서 사격을 가하였음. 평화통일을 원한다는 당신측 발언은 모두 거짓임이 입증된 것임.

○ 제140차 회의(1961.4.22.)

■ 유엔측

- 군사정전협정은 해역에 관하여는 구체적인 어구로써 규정한 바는 없지만 육지에서와 마찬가지로 해상에서도 정화(停火)를 실시할 의도임은 명백함. 우리측은 대한민국에 근접한 해역을 순찰하였는 바 이는 침범과 근접을 방지하고 우리측의 인원과 재산을 보호하기 위함임. 한강하구 서쪽 수역에 곧 춘기 고기잡이가 시작될 것임. 나는 쌍방의 어선들이 아무 사고없이 그들의 노력을 추구할 수 있기를 바라며 당신의 주의를 환기하는 바임.

○ 제145차 회의(1961.9.16.)

■ 유엔측

- 1961.9.9. 우리측 초계정 1척이 서해안 연평도 부근에서 당신측 선박 1척을 가로 막았음. 당신측 선박은 남한에 간첩을 상륙시킬 목적으로 우리측 지역의 인접수역을 침범하였음. 우리측 선박이 접근하자 당신측 선박은 기관총과 소총을 발사하였음. 우리측의 대응사격으로 당신측 선박은 침몰되었음. 당신측의 정전협정 위반에 대해 비난하는 바임.

■ 조중측

- 당신측은 반미 구국투쟁에 나선 남조선 인민들을 투옥, 학살하기 위하여 "간첩"이니 "정탐"이니 하고 떠벌이고 있음.

■ 유엔측

- 9월 9일 당신측 간첩선이 침몰된 연후에 시체 1구를 찾아냈으며 시체에서 당신측 인원을 입증하는 증거물이 발견되었음. 시체 반환을 원한다면 절차 문제를 공동일직장교를 통하여 마련하겠음. 정전협정은 연평도 및 서해안 앞바다에 있는 4개의 섬들에 대하여 국제연합군에게 군사통제권을 부여하고 있으니 만큼 국제연합군은 이들 섬과 인접수역의 안전을 보장하기 위하여 해군에 의한 초계를 설정, 유지해 나갈 필요성을 느끼게 되었음.

○ 제148차 회의(1961.12.15.)

■ 조중측

- 지난 회의에서 우리측은 당신들의 해군 함정들이 우리측 해안 침입에 대해 항의한 바 있음. 그러나 당신측은 11월 26일, 11월 27일 그리고 12월 2일과 5일 계속해서 우리측 연해에 해군 함선을 침입시켰음.

■ 유엔측

- 대한민국의 해군 경비정들은 어업활동을 통제하며 보호하기 위하여 동·서해안에서 활동하여 왔음. 이런 활동의 필요성은 계속되고 있음. 우리측이 이들 함정의 활동을 조사한 결과, 이들의 활동이 아주 정확하고 용의주도함을 보여주고 있음. 남한의 함선들이 당신측 수역에 침입하지 않았음을 자신있게 말할 수 있음.

○ 제153차 회의(1962.7.10.)

■ 유엔측

- 1962.6.14. 당신측 고속 어뢰정 1척이 우리측 군사통제 하의 도서인 백령도 부근에 접근하여 수분간 배회하다 돌아갔음. 이는 정전협정 서언 및 정전협정 제15항 위반임.

○ 제154차 회의(1962.7.20.)

■ 조중측

- 1962.7.10. 당신측 중형 상륙함 609호는 우리측 연해에 침입하여 유동하다가 백령도 방향으로 이탈하였음. 또한 당신측 호송 경비함 65호도 같은 날 우리측 해상을 침범 후 도주하였음. 이는 정전협정 제12항, 제15항 및 제17항을 위반한 것임.

○ 제155차 회의(1962.8.29.)

■ 조중측

- 당신측이 제153차 회의에서 6월 14일 우리측 무장선박이 백령도 근방에서 당신측 선박에 위협적 행동을 하였다는데 조사를 하였는바 당신측 주장은 허위임이 판명됨.

- 1962.8.7. 당신측 해군 함정 1척이 서해 우리측 각회도 근방에서 어로작업 중이던 우리측 어선 금강1호와 5명의 어민들을 강제 납치하여 갔음. 당신측은 범죄 행위를 솔직히 인정해야 하며 억류 중인 어선 및 어민들을 즉시 송환하기 바람.

■ 유엔측

- 나는 8월 24일부 당신에게 보낸 서한에서 밝혔듯이 우리측은 당신측의 어떠한 어선 및 어부도 강제 납치한 사실이 없음.
- 당신측은 1954년 이후 우리측 연해에 기뢰를 설치하여 우리측 인원들을 다수 살상케 하였음.

○ 제162차 회의(1962.12.28.)

■ 조중측

- 1962.12.23. 연평도 방향에서 나타난 당신측 해적선 1척은 서해의 우리측 도서인 무도로부터 1마일 떨어진 해상에 불법 침입하였음. 우리측 경비선이 경고하자 당신측 해적선은 수천 발의 포탄과 총탄 공격을 감행한 후 도주하였음.

■ 유엔측

- 1962.12.23. 일상적인 순찰 임무를 수행중이던 우리측 초계정 1척은 당신측 도서 중의 하나인 무도 근방에서 갑자기 나타난 중무장한 당신측 해군의 고속주정 2척으로부터 불의의 공격을 받았음. 당신측의 살인적 사건을 통하여 국제연합군 해군 3명이 살해되고 3명이 부상 당하였음. 당신측은 이 적대적 살인행위에 대해 전적으로 책임을 져야 함.

■ 조중측

- 지난 11월 24일부터 12월 9일까지 로케트함과 구축함을 비롯한 30여 척의 각종 해군함선을 통해 우리측 연해에 집단적으로 침입시킨 미제 침략계층의 추악한 도발행위는 정전협정에 대한 난폭한 위반이며 조선해면을 봉쇄하는 야만적인 해적행위임.

○ 제168차 회의(1963.5.17.)

■ 조중측

- 5월 11일에는 당신측 로케트 포함 311호는 우리측 연해인 황해남도 강령군 쌍교리 연안에 침입하여 어로작업 중인 우리측 안강망선 1298호에 대해 로케트포와 각종 중무기로 800여 발의 사격을 감행하였음. 이때 당신측 경호함 58호, 59호 그리고 중형 상륙함 606호가 우리측 어선을 포위하고 당신측 로케트함의 공격행위를 엄호하고 있었음. 결과 우리측 어선은 파손되었으며 3명의 우리측 어민은 무참히 학살당하고 기타 인원들이 중경상을 입었음.

■ 유엔측

- 당신이 말한 5월 11일 사건에 대해서 나는 상세한 보고를 받았음. 5월 11일 서해상에서 초계임무를 수행중인 우리측 초계정 1척은 정체불명의 선박 1척이 연평도 서쪽 12km 지점에서 우리측을 향해 이동해 오고 있는 것을 발견하였음. 우리측 초계정이 접근하여 수하하고 정체를 파악하려 하자 정체불명의 선박은 돌연 발포하여 우리측 인원 1명이 부상을 입었음. 이에 우리측은 자위 조치를 취하지 않을 수 없게 만들었음. 정체가 밝혀진 당신측 선박은 당신측의 다른 선박에 의해 예인되어 갔음.
- 우리측 지역을 향해 이동해 오는 정체불명의 선박은 언제나 즉각적인 조사를 받게 되어 있음. 여기 정전협정 상의 공식 지도에는 우리측 선박들이 과거 8년을 두고 그 아래로 초계하여 온 것을 표시하는 푸른 선이 있음. 이는 쌍방이 인정하는 사실임. 어떠한 경우라도 우리측 선박들은 이 선의 이북으로 이동해 가지 않음.
- 1963년 5월 14일 우리측 어선 1척이 짙은 안개 때문에 서해 상에서 방향을 잃었음. 우리측 선박은 한 집단의 당신측 어선들이 우리측 선박인 줄 알고 악의 없이 접근하였음. 이때 당신측 어선들이 타고 있던 당신측 무장인원들은 우리 선박에 대해 돌연 사격을 가했으며 그 결과 우리측 어민 1명이 살해되었음. 우리측 선박은 적 지역에 있음을 깨닫고 신속히 남쪽으로 이동하여 왔음. 비무장한 우리측 선박에 대해 경고없이 부당한 사격을 한 당신측의 행위는 살인행위이며 나는 이에 강경히 항의함.

○ 제170차 회의(1963.5.27.)

■ 유엔측

- 나는 168차 회의에서 당신측 무장선박이 우리측 어부 1명을 살해한 사건의 경위를 설명한 바 있음. 과오로 인하여 당신측 수역에 들어간 우리측 어선에 대해 당신측은 경고도 없이 발포함으로써 우리측 어부 1명을 살해하였음.
- 1963.5.22. 정체불명의 선박 1척이 남쪽 방향으로 이동 중 우리측 초계정으로부터 수하를 당하였음. 우리측은 당신측 어업협동조합 소속인 범선형 어선 부포 제12호가 일상적인 어로 항해 중 짙은 안개로 인하여 방향을 잃은 것으로 확인하였음. 당해 선박은 2정의 소총과 46발의 실탄을 제외하고는 어선이 보통 가지고 다닐만한 식량 등을 가지고 있었음. 당신측 어선 부포 제12호는 무기와 탄약 등을 제외하고 승무원 3명과 하물 및 기재도구 일체와 함께 오늘 아침 우리측에 의해 석방될 것임. 그리고 무기와 탄약은 공동일직장교회의를 통하여 당신측에 반환될 것임.

■ 조중측

- 당신측은 금년 4월 하순부터 오늘까지 1개월여 기간에 무려 15회에 걸쳐 해군 함선들을 우리측 연해에 침입시켜 우리측 어민들을 습격, 납치, 살해하였음.
- 1963.5.21. 18시경 안개 낀 틈을 이용하여 당신측 해군 함선들은 우리측 해역에 불법 침입하여 어로작업 중인 우리측 어선과 3명의 어민들을 강제 납치하여 갔음.
- 당신측에 의해 강제 납치되어 간 우리측 어민들이 살아 있으며 금번 사건의 직접적인 조직자들과 집행자들이 사건의 진상을 잘 알고 있는데 그런 거짓말을 할 수 있는가? 당신측이 우리측 어민들을 그들의 어선 및 화물과 함께 오늘 아침 우리측에 돌려 보냈다는 당신의 발언에 주의하였음.

○ 제176차 회의(1963.8.3.)

■ 조중측

- 1963년 7월 23일 당신측은 서해 해상을 통하여 무장간첩 집단을 우리측에 잠입시킴. 노광호를 책임자로 하는 4명의 무장집단은 장산곶 해안 연선에 상륙하여 우리측에 적대행위를 하다 7월 26일 우리측에 의해 일망타진 되었음. 또한 7월 19일, 7월 21일도 당신측 무장첩자가 우리측 지역에 침입하여 적대행위를 감행하였음.

○ 제177차 회의(1963.8.20.)

■ 조중측

- 1963년 8월 7일 우리측 어선 건강망 1230호가 서해상에서 어로작업을 하고 있었음. 당신측 무장습격 집단 10여 명이 야음을 이용 우리측 어선에 공격을 하여 3명의 우리측 어민이 부상을 당하였음. 여기에 증거물로서 카빈총과 탄환 및 탄피들이 있음.
- 당신측은 각종 폭발물들을 조수를 이용하여 서해의 우리측 해안으로 띄워 보내고 있음. 이 폭발물들은 통조림, 비누갑, 치약, 만년필 뚜껑 및 고무공 등 장난감 모양으로 만들어진 것임.

■ 유엔측

- 1963년 5월 10일 우리측 어선 태양호가 8명의 선원을 태우고 서해에서 어로작업을 위해 대천의 신흑항을 출발했음. 그후 해 선박은 행방불명이 되었음. 2개월이 지난 후 7월 26일에 해 선박이 나타나 모든 사실을 보고하였음. 즉 이들은 연평도 서쪽 수마일 지점에서 당신측 초계정에 의해 공격을 받고 선원 1명(송부권, 46세)이 피살되고 선박 및 나머지 7명은 당신측에 피랍됨. 당신측은 이들 선원들로부터 남한의 정보를 얻기 위해 갖은 고문을 한 끝에 이들이 사용가치가 없다고 판단되자 이들을 석방한 것임.

○ 제180차 회의(1963.12.7.)

■ 유엔측

- 당신측이 주장하는 해상 위반사건은 근거 없는 허위임. 당신측은 지난 159차 회의 시 당신측 정부가 남한 어부들의 당신측 영해에서의 고기잡이를 허용한다고 말하였던 바가 있음. 지금 당신은 이들 어부들이 당신측 해역을 침범했다고 비난하는 것인가? 국제수역에서 발생하는 사건은 군정위 회의에서 토의할 적절

한 문제가 아님.

■ 조중측

• 당신은 우리측 연해를 "공해"라고 하며 당신측 해군 함선을 "어선"이라고 생떼를 쓰면서 사실을 왜곡함으로써 정직성 및 성실성이 결여된 태도를 보이고 있음.

• 우리는 과거와 마찬가지로 앞으로도 남조선 어민들의 어로작업을 보장할 것임. 그러나 어로자업을 빙자하여 해군 함선을 우리측 연해에 침입시켜 적대행위를 하는 것은 용서하지 않을 것임.

○ 제184차 회의(1964.6.30.)

■ 조중측

• 1964년 6월 17일 당신측 6명의 무장집단이 우리측 연해인 각회도 북방 2km 해역에서 어로작업 중인 우리측 어선을 불법침입하여 범죄행위를 감행하였음. 당신측 비적들은 기관총과 카빈총으로 우리측 어민들을 무자비하게 살해하고 어민 박지수를 끌고 도주하였음. 당신은 정전협정에 의거 책임자를 처벌하고 우리측 어민 박지수를 돌려보내기 바람.

■ 유엔측

• 당신측이 주장하는 우리측의 당신측 어선 침범 및 어부 납치사건은 당신측의 6월 18일부 서한에 근거하여 철저히 조사하였으나 당신측 비난은 철저히 조작된 것임이 명백함.

○ 제185차 회의(1964.7.28.)

■ 조중측

• 나는 여러 차례에 걸쳐서 지난 6월 17일 당신측이 해적단을 우리측 연해에 침입시켜 강제 납치해간 우리측 어민 박지수를 송환할 것을 요구한 바 있음. 그러나 당신측은 계속 그를 억류하고 있음. 당신은 언제 그를 우리측에 돌려보내겠는가?

○ 제188차 회의(1964.9.11.)

■ 조중측

• 조선민주주의인민공화국 남조선어민구제위원회에서 다음 사실을 남조선 해당 기관들에 전달할 것을 나에게 의뢰하였음.

• 최근 서해 해상에서 조선인민군 해병들과 수산 노동자들의 노력에 의해 구원된 200여 명의 남조선 어민들은 지금 우리측의 따뜻한 동포애적 보호를 받고 있음. 인민공화국 남조선 어민구제위원회는 남조선 해당 기관에서 파견하는 인원들이 9월 15일 판문점을 경유하여 해주에 와서 직접 남조선 어민들을 접수할 것을 희망하고 있음. 이들이 체재하는 동안 신변 안전은 물론 이동의 자유와 생활상 편의를 충분히 제공받게 될 것임.

• 1964년 9월 7일 서해상에서 당신측 경호함 53호는 우리측 부근 해상에 침입하여 장시간 유동하였음.

■ 유엔측

• 우리측은 당신측의 구제위원회 제의에 주의했으며 이를 해당 기관에 전달할 것임. 어부들이 건강하게 돌아갈 수 있는데도 불구하고 당신이 그들을 선편으로 돌아가도록 허가하지 않는 것은 놀라운 일임.

■ 조중측

• 남조선 어부들이 고향에 돌아가는 문제는 전적으로 남조선 당국에 달려있음.

■ 유엔측

• 대한민국 사람들은 구출하기 위해 노력한 당신측 수병들의 인도적인 행동에 감사하고 있음. 또한 당신들이 이들 어부에게 베푼 간호에 대해 감사하는 바임.

○ 제189차 회의(1964.9.14.)

■ 조중측

• 나는 지난 188차 회의에서 인민공화국 남조선 어민구제위원회가 남조선 해당 기관에서 해준에 직접 와서 남조선 어부들을 데려갈 것을 남조선 해당 기관에 전달할 것을 당신측에 요구한 바 있음. 당신측은 9월 12일 나에게 보낸 서한에서 "적절한 당국"에 전했다고 하였음. 그 "적절한 당국"이란 어디를 말하며 그 관계 당국의 대답은 무엇인가?

■ 유엔측

• 당신측의 제의는 대한민국 정부에 전달되었으

며 그의 입장은 나의 서한에서 당신에게 밝힌 바 있음.

■ 조중측

- 우리측은 조난당한 남조선 어민들의 인도인수 문제에 대해서 결코 미국인인 당신들과 토의하기를 원하지 않고 있음. 우리는 남조선 어민들을 당신들에게 인도하지 않을 것임.
- 장지량씨!(한국측 대표, 공군 소장) 당신은 남조선 어민들을 찾아가겠다는 말을 무엇 때문에 직접 하지 못하는가? 당신은 무엇 때문에 남조선 어민들을 데려가는 문제를 미국 사람들에게 맡기지 않으면 안 되는 것인가?

■ 유엔측

- 남한의 어부들이 건강하고 선박이 수리되었다면 그들을 선전거리로 이용하지 말고 즉시 선박을 이용하여 돌려 보내기 바람. 만약 선박이 부족하면 나머지 어부들은 공동경비구역을 통해 돌려 보내도 무방함.

■ 조중측

- 남조선 어민들은 군사 인원도 아니며 적대행위에 가담했다가 체포된 포로인원도 아님. 때문에 중립국감독위원회나 군사정전위원회는 남조선 어민을 관리할 권한도 책임도 없음.

○ 제190차 회의(1964.10.8.)

■ 조중측

- 당신측은 우리측 어민들을 습격, 살해, 납치할 목적으로 1964년 10월 3일 우리측 연해인 각회도 부근 해상에 무장간첩 집단을 침입시켜 도발적인 적대 행위를 감행하였음. 당신측 인원 2명은 우리측에 체포되어 지금 우리측 수중에 있음. 당신측은 정전협정 서언 및 제12항, 15항 및 제17항을 난폭하게 유린하였음.

■ 유엔측

- 당신측은 지난 8월 7일~8일에 걸쳐 부산 서남쪽 남해도에 간첩들을 상륙시키려고 시도하다 5명이 생명을 잃고 2명이 부상을 입었으며 선박 1척을 상실하는 결과를 가져왔음. 그럼에도 당신측이 간첩문제를 운운하는 것은 가소로운 일임.

○ 제191차 회의(1964.10.19.)

■ 조중측

- 1964년 10월 11일 당신측 무장간첩단이 우리측 연해인 각회도 부근에 은밀히 침입하여 정상적인 어로작업을 하고 있던 우리측 어선에 대해 야만적인 적대 행위를 감행하였음. 당신측 해적들은 우리측 어선에 수류탄을 던지며 수백발의 카빈총을 난사하였으며 그중 4명이 우리측 어선에 올라와 어부를 납치하려 했음.

■ 유엔측

- 10월 11일 사건에 대해서는 조사 후 답변을 주겠음. 정전협정 체결 이래 당신측은 325건 이상의 해상 위반사건을 들어 우리측을 비난하였음. 그러나 조사 결과 단 1건만이 진실한 것으로 판명되었으며 우리는 당해 위반사건을 시인하였음.

○ 제207차 회의(1965.5.10.)

■ 조중측

- 1965년 4월 30일 당신측은 서해상에서 평화적인 어로작업을 하고 있던 우리측 인원 2명을 강제 납치하여 갔음. 우리측 어부 황찬곤, 엄경수와 그들의 선박을 함께 즉시 돌려 보내기 바람.

■ 유엔측

- 해상경계선은 눈으로 보아서 알아볼 수 있는 경계선이 그어져 있는 것이 아님. 망망한 바다위에서 어부들은 고기떼만을 쫓아 앞으로 내닫다가 공산주의자들의 인민경찰에 잡혀서 끌려가고 맘. 대한민국 국립경찰은 서해에서 조기잡이에 종사하고 있는 어선들을 위해 특별보호조치를 취할 것이라고 어제 발표하였음. 이 조치는 서해 군사분계선 부근에서 조기잡이를 하는 동안 북한 공산 초계정에 이해 납치되지 않도록 어선을 보호하기 위한 것임.

○ 제207차 회의(1965.6.4.)

■ 조중측

- 우리측은 지난 4월 30일 당신측 무장선박이 서해 상에서 강제 납치해 간 우리측 어부 황찬곤과 엄경수 및 선박을 넘겨줄 것을 몇 차례 요구하였으나 아직도 돌려보내지 않고 있음. 이

들을 즉시 송환바람.

■ 유엔측

- 지난 5월 10일 회의에서 당신은 우리측 무장 선박이 4월 30일 당신측 인원 2명을 납치하여 갔다고 주장한 바, 우리측은 관련된 자료들을 제공해 줄 것을 요청하였음. 그러나 당신측은 그들의 이름만을 알려 주었음. 당신이 좀 더 상세한 자료들을 제공해 줄 때까지 우리측으로서는 더 이상 조치를 진행하는 것이 불가능함.

○ 第217차 회의(1965.11.4.)

■ 유엔측

- 당신이 회의를 요청했을 때 나는 지난 10월 29일 서해 개흙바다 바닥에서 당신측 무장인원들에 의해서 피납된 100명이 넘는 우리측 어민 및 아녀자들의 조속한 송환에 관한 것이 회의의 개최 목적으로 생각하였음. 평양방송은 10월 30일 "서해 우리 공화국 북반부 영해로 들어와 고기잡이를 하던 100명이 넘는 남조선 어민들은 지금 공화국 해당 기관에 보호를 받고 있다. 이들 어부들은 곧 고향으로 송환될 것이다"라고 발표하였음. 나는 본 문제를 해결하기 위하여 쌍방 비서장으로 하여금 어민들과 아녀자들의 조속한 송환을 위한 절차 마련을 위해 회의를 갖도록 할 것을 제의함.

■ 조중측

- 당신측 요구 내용은 검토하고 차후에 말하겠음. 당신측은 지난 10월 28일~31일 사이에 해군 함선들을 통해 우리측 해안에 침투시킴. 당신측의 정전협정 제15항 위반 행위에 대해 강력히 항의하는 바임.
- 당신이 남조선 어민들에 대해 걱정할 필요는 없으며 더욱이 조선 사람들끼리 해결할 문제에 대해 간섭할 필요가 없음. 이 문제는 우리 조선사람끼리 해결할 것임.

■ 유엔측

- 100여 명의 대한민국 어부 및 부녀자를 잡아 가면서 당신측의 무장인원이 취한 행동은 전적으로 부당한 것임. 어민 납치 행위는 그 자체가 정전협정 서언에 직접 위배되는 적대 행위임.

○ 第218차 회의(1965.11.30.)

■ 유엔측

- 당신측이 대한민국 남자, 여자 그리고 미성년자들을 납치 시 무장침략행위를 감행했는 바, 이는 정전협정의 서언과 동협정 제12항, 14항 및 제17항에 대한 위반 행위임. 이는 군정위가 토의할 적절한 문제임. 1965년 6월 9일 대한민국 해군이 당신에 무장 어선 2척을 나포했을 때 당신측은 이를 군정위가 토의할 문제라고 주장한 바 있음.

○ 第248차 회의(1967.6.1.)

■ 조중측

- 지난 5월 27일 10시경 당신측 호위구축함 71호, 철제구잠함 708호 등 10여 척의 함선들이 황해남도 강령군 동암리 서해 앞바다에 불법 침입하여 동암리 해안 일대에 20분 동안 700여 발의 포탄 공격을 하였음. 이는 당신측이 정전을 파괴하고 조선에서 새로운 침략전쟁을 도발하기 위한 모범적인 책동에 더욱 더 집요하게 매달리고 있다는 것을 보여주고 있는 것임.

■ 유엔측

- 1967년 5월 27일 당신측의 2척의 초계정과 2대의 해안포대가 대연평도 서쪽 공해상에서 정상적인 순찰임무 중인 3척의 대한민국 해군 함정에 대해 포사격을 하였음. 당신측은 20분여 동안 포사격을 계속 하였으며 우리측의 응사를 받은 후에 포격을 중지하였음. 나는 이번 사건에 대한 철저한 조사를 진행할 것을 요구함.
- 당신측은 대한민국 어부들에 대해 동포애를 발휘하여 그들의 복지에 대해서 요란하게 떠들어 댄 사실이 있음. 그러나 당신들의 행동은 전혀 부합되지 않음. 지난 5월 27일 08시 10분경에 당신측의 한 척의 초계정이 무장하지 않은 1척의 대한민국 어선을 공격하였음. 당신측의 비열한 행동은 어부 1명(신영춘 34세)을 희생시켰음. 이 사람은 6명의 자녀를 둔 한 가정의 가장임. 고인의 가족들이 당신네들을 과연 같은 "동포"로 생각하겠는가?

○ 제302차 회의(1970.6.9.)

■ 조중측

• 당신들 미제 침략자들은 지난 6월 5일 무장간첩선 I-2를 우리측 연해에 침입시켜 엄중한 무장 도발행위를 감행하였음. 1시 30분경 이 간첩선은 우리측 해주 앞바다까지 깊이 침입하여 왔음. 우리측의 경고에도 불구하고 이 간첩선은 계속 접근하면서 우리측을 향해 사격을 가하였음. 또한 미제 침략자들은 연평도로부터 맹렬한 포사격을 감행하였음. 우리측의 강력한 대응사격으로 당신측의 무장간첩선은 바다 속으로 처박히고 말았음. 이 간첩선은 기관총으로 중무장한 120톤급임. 당신측은 정전협정 15항, 16항, 17항을 난폭하게 유린한 것임.

■ 유엔측

• 6월 5일 연평도 서해 공해상에서 일어난 사건에 관해 당신이 한 발언은 사실과 거리가 먼 것임. 당신네 해군 함정들이 평화적인 목적에 종사하고 있는 1척의 대한민국 해군 선박을 습격하여 나포하여 갔음. 이 소함정은 20명의 승무원이 타고 있었으며 당해 해역 내에서 어선들의 활동을 감시하는 일상적인 임무를 수행하고 있었음. 해당 선박과 20명의 해군 인원들은 즉각 송환하기 바람. 우리측 공동경비구역 경비대는 인원들을 인수할 준비를 갖추고 있음. 당신네 함정들은 아무 경고도 없이 공해 상에 있는 해 선박에 접근하여 포문을 열었음. 이는 공공연한 침략 행위임. 우리측은 자위조치를 위해 이 선박을 지원코자 연평도로부터 사격을 가한 것임.

○ 제307차 회의(1970.10.23.)

■ 조중측

• 지난 6월 5일 서해 해주 앞바다 우리측에 불법 침입 후 정탐 및 적대행위를 하다 격침된 I-2 간첩선을 끌어내어 조사를 실시하였음. 이 사진은 I-2 간첩선의 전모를 보여주고 있음. 당신측의 주장대로 120톤 급의 방송선이 아니라 해군정보부 8296부대 소속 180톤 급의 전문적인 무장 간첩선임.

■ 유엔측

• 당신측은 인도주의적인 입장에서 I-2 승무원들의 상태에 대한 자세한 정보를 우리에게 알려주어야 함. 지난 공동경비구역에서의 당신측의 인원들이 싸움을 미리 계획하고 이를 이용하여 1명의 국제연합군측 경비 인원을 살해하려고 시도했음. 중립국 감독위원들은 당시의 광경이 너무도 잔인무도하였기 때문에 자신의 생명의 위협을 무릅쓰고 국제연합군측 경비 인원의 생명을 구했던 것임.

○ 제311차 회의(1971.1.12.)

■ 조중측

• 당신들 미제침략자들은 지난 1월 6일 서해의 우리측 연해에 무장간첩선을 침입시켜 계획적인 정탐과 적대 행위를 감행하였음. 우리측 장병들이 간첩선을 발견하고 정지할 것을 요구하자 당신측 악당들은 우리측 함정에 대해 총격을 가하며 도주하였음. 우리측은 자위적인 조치를 취하여 간첩선 1척을 격침하여 수장시켰음.

■ 유엔측

• 나는 제308차 회의에서 지난 11월 8일 당신측의 무장간첩 1명이 인천 서북 쪽에 위치한 율도에서 체포되었음을 말한 바 있음. 그 간첩 강의구는 대한민국 출신으로 한국전쟁 당시 북한군에 붙잡혀 북으로 끌려 갔었음. 그는 1970년 1월부터 간첩 교육을 받기 전까지 탄광에서 일을 하였음. 그는 11월 8일 율도에 상륙하자마자 발견되어 체포되었음. 강의구와 대담한 내용의 영화를 보여주겠음(12분 동안 영화 상영).

○ 제314차 회의(1971.4.1.)

■ 조중측

• 지난 3월 14일 저녁 미제 침략자들은 서해 교동도로부터 맞은 편에 있는 우리의 평화적인 주민 지역을 향하여 수백 발의 대구경 기관총 사격을 가하는 악랄한 무장도발을 감행하였음. 또한 당신측은 3월 18일, 19일에 비무장지대 내에 57미리 무반동포 및 60미리 박격포 등을 불법 설치하고 우리측 지역 내에 여러 발의

포사격을 실시하였음. 그리고 3월 21일, 24일에는 우리측 지역에 대하여 수백발의 기관총 사격을 실시하였으며 무장간첩을 우리측 지역에 침투시켰음.

■ 유엔측

• 당신측이 주장한 사건 내용들은 우리측이 오늘 회의에 대비해서 조사한 바에 의하면 전혀 근거없는 내용들임.

○ 제328차 회의(1972.3.2.)

■ 조중측

• 지난 2월 11일 공화국 북반부 어선단은 정상적인 어로작업 구역인 산동반도 동쪽 해상에서 고기잡이를 하고 있었음. 최근 공화국 북반부를 반대하는 무장 도발을 각 방면에 걸쳐 강화하여온 박정희 괴뢰도당은 이날 저녁 5시 30분 경에 이 수역에 군용 비행기와 해군 함선들을 내몰아 우리 어선단을 향하여 100여 발의 총포 사격을 감행하는 악랄한 무장 도발을 감행하였음.

○ 제346차 회의(1973.12.1.)

■ 조중측

• 당신측은 지난 11월 27일과 28일에 구축함 91호, 96호가 서해안 백령도, 대청도, 소청도 서쪽 해상에 침투하여 우리측에 대한 정탐행위와 우리측 해군 함선들의 정상적인 수행 임무를 수행하지 못하도록 고의적으로 방해하는 도발적인 적대 행위를 감행하였음. 정전협정 제13항 ㄴ목을 보면 "황해도와 경기도의 도계선 북쪽과 서쪽에 있는 모든 섬 중에서 백령도, 대청도, 소청도, 연평도, 우도의 도서군들을 연합군 총사령관의 군사 통제 하에 남겨두는 것을 제외한 기타 모든 섬들을 조선인민군 최고사령관과 중국인민지원군 사령원의 군사 통제 하에 둔다"라고 규정하고 있음. 이 5개 도서군은 우리측 연해 안에 있음. 정전협정 어느 조항에도 서해의 해면에서 "계선"이나 "정전협정"이라는 것이 규정되어 있는 것이 없음. 서해의 5개 섬들의 수역을 포괄하는 이 해면은 우리의 연해임. 우리의 연해에서 우리의 해군 함선들이 자유로이 항행하는 것은 정상적인 것임.

■ 유엔측

• 우리측은 당신측이 비난한 서해 해역에 대해 철저한 경계를 유지하고 우리측 함정들이 정전협정을 위반하지 않도록 하기 위해 이 해역 내에 있는 우리측 해군 함정들의 이동을 철저하게 통제했던 것임. 지난 11월 28일 아침에 두 척의 당신측 초계함들이 정전협정 제15항을 위반하고 소청도 인접수역을 침범하였음.

• 당신측은 서해5개 도서가 당신측 연해 내에 있다고 규정하고 있다고 말했음. 그러나 정전협정 13항 ㄴ목은 그같은 규정을 기술하고 있지 않음. 우리측 선박들은 공해 상에서와 또는 우리측 도서들에 인접한 수역에서만 활동했음을 말해두는 바임.

■ 조중측

• 황해도와 경기도의 경계선 북쪽의 해면은 우리측의 연해임. 도대체 우리측 연해가 어떻게 공해라고 할 수 있는가? 만일 당신측이 앞으로 서해의 우리측 연해에 있는 백령도, 대청도, 소청도, 연평도, 우도 해상으로 드나들려 하는 경우에는 우리측에 신청하고 사전 승인을 받아야 함.

■ 유엔측

• 우리측이 서해 5개 도서로 항행하는데 허가를 요청해야 한다는 당신측의 제의는 전적으로 가소로운 짓임. 우리측은 정전협정이 서명된 이래 20년에 걸쳐 자유롭게 이들 섬들을 선박으로 왕래해 오고 있는 것임.

○ 제347차 회의(1973.12.24.)

■ 조중측

• 당신측은 지난 12월 6일, 11일, 13일에 구축함, 로켓트함, 경호함 등을 우리측 서해 연해에 침투시켜 정탐행위를 하다 나갔음. 또한 SR-71 고공정찰기를 우리 지역 상공에 침투시켜 정찰 활동을 하였으며, 비무장지대에서 우리측 지역을 향해 적대행위를 하였음.

■ 유엔측

• 서해 5개 도서들은 두말할 여지도 없이 우리측의 군사통제 하에 있음. 당해 섬들에는 약

15,000명의 대한민국 시민들이 살고 있는 바, 그들은 이들 섬들을 왕래하는 선박들의 정기적 운항에 의존하고 있음. 우리측은 이들 주민에 대한 책임을 지고 있음. 당신측은 우리측 선박을 괴롭히고 도발하는 범죄를 자행해오고 있음. 지난 12월 18일 당신측은 인천과 백령도 간 운행하는 여객선이 항해하도록 되어 있는 항로 상의 소청도 인접수역에 들어왔음.

- 5개 도서들은 육지이며 국제연합군의 통제 하에 있는 바, 이 섬들에 인접한 해면은 대한민국의 다른 어떠한 육지에 인접한 해면과 마찬가지로 존중되어야 함. 당해 도서들에 자유로운 항해를 방해하는 것은 정전협정 15항을 위반한 것임.

○ 제348차 회의(1974.2.28.)

■ 유엔측

- 우리측은 최근 당신측이 자행한 잔인무쌍한 범죄행위에 대해 항의하기 위해 오늘 회의를 소집하였음. 지난 2월 15일에 발생한 수원 32호 및 33호 사건임. 인천항을 떠나 3월 5일 인천항에 다시 돌아올 예정이었음. 이들 중 수원 32호에 14명, 33호에도 14명의 선원이 탑승하고 있었음. 2월 15일 수원 32, 33호는 좀 더 나은 어장을 찾아 공해상을 따라 북쪽으로 항해하였음. 이때 당신측의 포사격으로 수원 32호는 침몰되었음. 유일한 생존자 김근식과 수원 33호를 당신측은 강제 나포하여 갔음. 처음에 수원 33호를 남쪽으로 가도록 지시해 놓고 후에 강제 나포해간 이유는 무엇인가?

■ 조중측

- 어선으로 가장하고 우리측 연해에 불법적으로 침입한 당신측 간첩선들은 정탐행위를 계속하면서 장산곶 서북쪽 해상까지 침입하였음. 우리측 인민군 해군 함선들이 즉시 물러갈 것을 요구하였으나 끝내 이에 응하지 않았음. 우리측 함선이 접근하자 수원 32호는 옆으로 선회하던 우리 함선을 들이 받았으며 33호는 현장에서 우리측에 나포되었음.

■ 유엔측

- 우리측은 금번 사건과 관련하여 소위 자백이라는 것을 세 번이나 들었음. 처음에는 방송으로 그 다음에는 녹음으로, 끝으로는 녹화테이프를 시청하였음. 당신측이 제시한 증거물은 증거로써 아무런 가치도 없는 것들임. 수원 33호와 승무원, 32호의 생존자를 즉시 송환할 것을 다시 한 번 요구함.

○ 제351차 회의(1974.6.7.)

■ 유엔측

- 지난 2월 15일 공해 상에서 당신측은 어로작업에 종사하고 있던 수원 32호를 격침시키고 14명의 어부가 승선한 수원 33호를 납치해간 지 4개월이 경과하였음. 이들 죄없는 어부들을 즉시 송환하기 바람.

○ 제354차 회의(1974.9.12.)

■ 유엔측

- 당신이 서해의 우리측 5개 도서들에 관련된 정전협정을 계속해서 고의적으로 그릇 해석하는 것은 우리 쌍방 사이에 긴장을 부질없이 조성하는 것이며 해당 구역에서 엄중한 사건이 야기될 잠재성을 심대하게 증가시키는 것임.

○ 제355차 회의(1974.10.25.)

■ 유엔측

- 1973년 11월 28일부터 12월 18일 사이에 당신네 초계정들이 대한민국 5개 도서군, 즉 백령도, 대청도, 소청도, 연평도 그리고 우도 인접수역에 수차례 침범하였음. 당신네 초계정들이 소청도 해안선 1,200미터 지점까지 접근한 때도 있었음. 이들 5개 섬은 언제나 대한민국 영토로 되어 있으며 한국전쟁 중에는 국제연합군 군사 통제하에 있었음. 국제연합군은 정전 서명 후 20년 이상을 이 5개 도서들을 자유롭게 왕래하여 왔음.

○ 제359차 회의(1975.2.21.)

■ 유엔측

- 1974년 2월 15일 공해 상에서 어로작업 중인 대한민국 수원 32호를 격침시키고 수원 33호 및 어부 14명을 납치해 갔으며, 1964년 6월 28

일 경찰 경비정 863호를 격침시키고 생존자들을 납치하여 갔음. 수원 33호 및 당신측이 강제 억류하고 있는 인원들을 돌려보내기 바람.

○ 제360차 회의(1975.3.3.)

■ 조중측

• 지난 2월 26일 12척으로 구성된 우리 신의주 수산사업소 먼바다 어선단은 고기잡이를 하여 오던 서해 옹진반도 부근 공해상에서 어로작업을 하고 있었음. 남조선 호전분자들은 이날 계획적으로 구축함을 비롯한 수많은 군함과 비행기들을 출동시켜 우리의 어선들을 포위하고 무차별적인 함포사격을 하면서 납치를 기도하였음. 이어서 군함이 우리의 2451호 고기배를 들이받아 침몰시키는 야수적 만행을 감행하였음.

■ 유엔측

• 지난 2월 26일 정체를 알 수 없는 두 척의 선박이 백령도 남서쪽에 있는 것이 발견되었음. 당해 수역에서 대한민국 어선들이 부주의로 인해 방향을 잃고 북쪽으로 들어가는 것을 방지하기 위해 당해 해역을 순찰중이던 두 척의 대한민국 함정이 정체를 알 수 없는 선박들을 조사하고, 만일 이 선박들이 대한민국 어선들이라면 남쪽으로 호송하기 위해 현장에 파견되었음. 우리측 경비함은 당해 선박에 자동무기들과 각종 통신장비가 장치되어 있는 것을 발견하였음. 당해 선박들은 우리측의 경고사격을 무시하였음. 현장에 파견된 우리측 구축함이 이들 선박의 정체를 확인하려는 과정에서 선박들 중 1척과 우발적 충돌 사건이 발생하였음. 그후 우리측 함정은 정체 불명의 선박들의 추격을 중단하고 침몰하는 선박의 인원들을 구출하기 위한 작업에 착수하였음. 우리측은 2시간 여의 생존자 구출 작업을 실시하였음. 이때까지는 어느 쪽도 정전협정을 위반하지 않았음. 그러나 그후에 당신측도 도합 11차례에 걸쳐서 항공기를 국제연합군이 통제하고 있는 백령도, 대청도 및 소청도 상공에 침입시킴으로써 정전협정 제16항 및 17항을 위반하였음.

■ 조중측

• 당신측의 행위는 조선에서 새로운 침략전쟁을 일으키며 남조선 인민들에 대한 파쇼적 폭압을 더욱 강화함으로써 무너져가는 식민지 파쇼통치를 수습해 보려는데 목적이 있음. 그리고 평화적인 어로작업 중인 어선단에 함포사격을 가하고서 정전협정 위반이 아니라고 하는 것은 도대체 무슨 수작인가?

■ 유엔측

• 2월 26일 사건에 대해 요약해서 말한다면, 첫째 당신측 무장선박들은 우리측 서해 해역에 들어왔기 때문에, 대한민국 어선에 위협이 될 가능성이 있으며, 둘째 대한민국 해군 선박이 해상 절차에 따라 그들에게 수하했으며, 셋째 당신측 선박들이 수하에 불응하고, 넷째 우발적 충돌 사건이 발생하여 숫자를 알 수 없는 당신측 선원들이 사망하였음. 다섯째 이 시점에서 어느 쪽도 정전협정 위반이 발생하지 않았지만 당신측의 해군 선박과 항공기의 현장 파견으로 당신측은 정전협정을 위반한 것임.

○ 제390차 회의(1978.7.3.)

■ 조중측

• 지난 6월 27일 18시 남포 수산사업소 안강망선 제512호는 황해남도 용연군 장산곶 앞바다에서 고기잡이를 하다가 짙은 안개로 인하여 항로를 잃고 항로를 찾으려고 노력하고 있었음. 이때 남조선 괴뢰도당은 구축함, 고속적 등을 동원하여 북상하는 우리 어선을 나포하려는 기도가 실패하게 되자, 20시 30분경 우리 어선에 포사격을 가하여 배를 침몰시키고 어민을 납치해 가는 만행을 감행하였음. 당신측이 정 이렇게 나오면 재미없음. 우리측은 금번의 서해상의 해적 행위를 정전협정과 국제법에 대한 유린행위로서 간주하며 이는 긴장 상태를 가일층 격화시키고 전쟁을 끌어가려는 공공연한 도전행위를 강경히 항의하는 바임. 강제로 납치해 간 우리 어민 전원을 지체없이 돌려보내기 바람.

■ 유엔측

• 6월 27일 18시경 한 척의 선박이 남쪽으로 향

하고 있는 것이 레이다에 포착되었음. 이 배는 결코 방향을 잃은 듯이 보이지는 않았음. 또한 당해 선박은 대한민국 도서인 백령도 연산 1천 야드 위치까지 남쪽으로 계속 항진하고 있었으며 1천 야드 거리는 대한민국 인접 수역의 훨씬 안쪽에 들어있는 거리임. 당신측의 경비정 2척이 대한민국 인접 수역으로 접근해 왔는 바, 이는 정전협정 제12항에 대한 위반임. 우리측 경비정 및 구축함의 경고사격에 당신측 경비정은 북쪽으로 되돌아 갔음. 우리측 경비정이 정체 불명의 선박에 접근했을 때 해당 선박의 목조 선체가 손상을 입었으며 침수되어 침몰하였음. 우리측은 그후 5명의 생존자들을 구출하였음. 지난 4월 28일과 5월 19일 사건과 마찬가지로 이번에도 가해자는 당신측임.

• 국제연합군은 인도적인 배려와 정전협정 정신을 준수하여 송환을 희망하는 자는 돌려보낼 것임. 당해 선박의 부선장인 오이섭씨는 대한민국에 남을 것을 희망하였음. 그의 말을 녹화한 테이프를 보여주겠음. 오늘 12시에 비서장들이 회합하여 송환 절차를 토의할 것을 제의함. 이들 승무원들(4명)은 오늘 당신측으로 송환될 수 있음. 제452차 비서장회의에서 당신네 승무원들이 송환된 이후에 일어났던 옷을 벗어던지는 우스꽝스러운 광대놀음을 벌이지 않기를 바람.

■ 조중측

• 당신측의 주장은 모두 허위이며 기만행위임. 강제 억류하고 있는 우리 어민 전원을 지체없이 돌려보내기 바람. 남의 사람들을 강제로 붙잡아다가 억류해 두고 있으면서 자유를 선택하도록 하자는 법이 어디 있는가? 회의를 끝내고 1시간 후에 쌍방 비서장들이 만나 우리 인민들의 송환을 위한 세부 절차를 토의하도록 할 것을 제의함.

○ 제422차 회의(1983.10.31.)

■ 조중측

• 10월 10일에는 서해 장산곶 앞 우리측 영해에 2척의 쾌속정을 침입시키는 고의적인 도발 행위를 감행하였음.

■ 유엔측

• 2척의 우리측 경비정이 "장산곶 앞"을 침범하였다는 당신측 주장은 조사결과 허위임이 증명되었음.

○ 제440차 회의(1987.10.14.)

■ 조중측

• 지난번 회의에서 나는 당신측이 2척의 전투함정을 서해의 우리 영해에 침입시킨데 대하여 항의하고 엄중히 경고한 바 있음. 그럼에도 불구하고 당신측은 지난 10월 7일 정전협정을 위반하고 우리측 영해 깊이 간첩선을 불법침입시켜 엄중한 정탐과 도발행위를 감행하였음. 10월 7일 0시 40분경 당신측 선박은 우리 영해 깊이 침입하였음. 우리측 해군 경비정이 그 선박의 정체를 확인하기 위하여 충돌하여 해당 선박에 접근하였음. 정체 불명의 선박에 대하여 국적을 확인하는 것은 주권국가의 응당한 권리이며 국제 관례임. 그러나 이 선박은 남쪽으로 도주하기 시작하였으며 우리 경비정을 들이받으려 하였음. 당신측 선박은 우리측의 단속에서 빠져나갈 수 없게 되자 무작정 우리 선박을 들이받고 침몰되었음. 우리측의 조사 과정을 녹화한 필름을 보여주겠음(녹화 필름 방영).

• 우리측은 당신측이 음흉한 군사 정치적 목적 밑에 정전협정을 위반하고 우리 영해 깊이 간첩선을 침투시킨 것을 강경히 항의함. 동시에 우리에 대한 적대 행위와 반공대결 소동을 지체 없이 중지할 것을 당신측에 강력히 요구함.

■ 유엔측

• 당신측은 한반도에 긴장이 고조되었다는 것을 보여주기 위한 노력의 일환으로 무근거한 사건들이 발생했다고 주장하는 우리측 어선을 침몰시켜 놓고 그 책임을 우리측에 전가시키기 위해 이 회의를 소집한 것임. 우리측은 당신측이 자행한 이 비겁한 행위를 강력히 항의하기 위해 이 자리에 나왔음.

• 1987년 10월 7일 05시 경에 1척의 북한 무장함정이 무고한 대한민국 어선 1척(진영 31호)을 서해 백령도 서쪽 약 40해리 지점의 공해 상에

서 공격하여 침몰시켰음. 당신측은 이 야만적인 행위에 대해서 솔직히 시인하고 책임있는 조치를 위한 후 그 결과를 군정위에 보고해야 함. 당신들의 야만적인 행위에 대해서 추석 명절의 공휴일을 즐기고 있던 대한민국 국민들은 분노하고 있음. 당신측의 야만적인 행위로 11명의 어부들이 살해되었으며 다행히도 1명이 남한의 해군 함정에 의해 구조되었음. 유일한 생존자의 면담 내용을 들어보기로 하겠음(녹화 테이프 방영).

○ 제449차 회의(1989.7.14.)

■ 조중측

• 지난 6월 23일 남조선 해군 전투함정 3척이 서해 장산곶 앞 우리 영해에 침입하였음. 우리 해군 경비정이 출동하자 당신측 함정들은 도주하였음. 이는 정전협정 제15항에 대한 위반임. 특히 지난 5월 7일에는 서해 옹진반도 우리측 영해 깊이 침입하였던 당신측 선박이 우리의 응당한 조치에 의해 나포되었으나 우리는 그들이 잘못을 시인한 조건에서 동포애와 인도적 견지로 배와 선원들을 모두 돌려보냈음. 그 이후 당신측은 5월 12일, 18일, 19일에도 계속해서 전투 함선들을 우리측 해역에 침투시켰음. 이러한 때에 지난 6월 20일 당신들은 서해 해상에서 사건을 방지하는 문제를 가지고 협상하자는 편지를 우리에게 보내왔음. 서해 5개 도서 수역을 중심으로 벌어지는 당신측의 연이은 해상 침입사건, 새삼스러운 편지, 그리고 이 수역에서 북이 긴장을 격화시키고 있다는 거짓보도, 이 모든 것은 결코 우연한 일치가 아니며 그 어떤 목적을 추구하고 있다는 것이 명백한 사실로 증명되고 있음.

■ 유엔측

• 내가 지난 6월 20일에 당신에게 보낸 서한 중에 지적한 바와 같이 우리측은 쌍방이 다같이 원하지 않는 사건들을 방지하려는 진지한 노력의 일환으로 당신측 함정들과의 근접을 피하기 위해 우리측의 모든 함정들의 이동을 통제하고 있음.

○ 제457차 회의(1990.8.20.)

■ 조중측

• 당신측은 지난 7월 28일 우리측 옹진반도 서쪽과 장산곶 서북쪽 우리 영해에 2차에 걸쳐 4척의 전투함선을 침입시키는 군사적 도발을 감행하였음. 8월에도 당신측은 계속해서 우리측 해역을 침범하였음. 지난 7월 31일에는 비무장지대 내에 탱크 및 기관총 등을 끌어들였으며, 8월 4일에는 "표지물 보수"라는 구실 하에 수많은 무장 인원들을 비무장지대 내에 끌어들였음.

2000년 8월3일 북경에서 서명
2001년 6월 30일 발효

대한민국 정부와 중화인민공화국 정부 간의 어업에 관한 협정

대한민국 정부와 중화인민공화국 정부는, 1982년 12월 10일자 "해양법에 관한 국제연합협약"의 관련규정에 따라, 공동관심사항인 해양생물자원의 보존과 합리적 이용을 도모하고, 해상에서의 정상적인 조업질서를 유지하며, 어업분야에서의 상호협력을 강화·증진하기 위하여, 우호적인 협상을 통하여, 다음과 같이 합의하였다.

제1조

이 협정이 적용되는 수역(이하 "협정수역"이라 한다)은 대한민국의 배타적 경제수역과 중화인민공화국의 배타적 경제수역으로 한다.

제2조

1. 각 체약당사자는 이 협정과 자국의 관계법령의 규정에 따라, 자국의 배타적 경제수역에서 타방체약당사자의 국민 및 어선이 어업활동을 하는 것을 허가한다.
2. 각 체약당사자의 권한있는 당국은 이 협정의 부속서 ⅰ 및 자국의 관계법령의 규정에 따라 타방체약당사자의 국민 및 어선에 대하여 입어허가증을 발급한다.

제3조

1. 각 체약당사자는 자국의 배타적 경제수역에서 타방체약당사자의 국민 및 어선에게 허용하는 어획가능어종·어획할당량·조업기간·조업구역 및 기타 조업조건을 매년 결정하고, 이를 타방체약당사자에게 통보한다.
2. 각 체약당사자는 제1항에 정한 사항을 결정함에 있어서 자국의 배타적 경제수역 내 해양생물자원의 상태, 자국의 어획능력, 전통적 어업활동, 상호입어의 상황 및 기타 관련요소를 고려하여야 하며, 제13조의 규정에 의하여 설치되는 한·중 어업공동위원회의 협의결과를 존중하여야 한다.

제4조

1. 일방체약당사자의 국민 및 어선은 타방체약당사자의 배타적 경제수역에서 어업활동을 함에 있어서 이 협정과 타방체약당사자의 관계법령의 규정을 준수하여야 한다.
2. 각 체약당사자는 자국의 국민 및 어선이 타방체약당사자의 배타적 경제수역에서 어업활동을 함에 있어서 타방체약당사자의 관계법령에 규정된 해양생물자원의 보존조치 및 기타 조건과 이 협정의 규정을 준수하도록 필요한 조치를 취하여야 한다.
3. 각 체약당사자는 자국의 관계법령에 규정된 해양생물자원의 보존조치와 기타 조건을 타방체약당사자에게 지체없이 통보하여야 한다.

제5조

1. 각 체약당사자는 자국의 관계법령에 규정된 해양생물자원의 보존조치와 기타 조건을 타방체약당사자의 국민 및 어선이 준수하도록 국제법에 따라 자국의 배타적 경제수역에서 필요한 조치를 취할 수 있다.
2. 나포되거나 억류된 어선 또는 승무원은 적절한 보증금이나 기타 담보를 제공한 후에는 즉시 석방되어야 한다.
3. 일방체약당사자는 타방체약당사자의 어선 또는 승무원을 나포하거나 억류한 경우에는 취하여진 조치와 그 후에 부과된 처벌에 관하여 타방체약당사자에게 적절한 경로를 통하여 신속하게 통보하여야 한다.

제6조

제2조 내지 제5조의 규정은 협정수역 중 제7조·제8조 및 제9조에서 지정한 수역을 제외한 부분에 대하여 적용한다.

제7조

1. 다음 각목의 점을 순차적으로 직선으로 연결하는 선에 의하여 둘러싸이는 수역(이하 "잠정조치수역"이라 한다)에 대하여는 제2항 및 제3항

의 규정을 적용한다.

가. 북위 37도 00분, 동경 123도 40분의 점 (a1)

나. 북위 36도 22분 23초, 동경 123도 10분 52초의 점 (a2)

다. 북위 35도 30분, 동경 122도 11분 54초의 점 (a3)

라. 북위 35도 30분, 동경 122도 01분 54초의 점 (a4)

마. 북위 34도 00분, 동경 122도 01분 54초의 점 (a5)

바. 북위 34도 00분, 동경 122도 11분 54초의 점 (a6)

사. 북위 33도 20분, 동경 122도 41분의 점 (a7)

아. 북위 32도 20분, 동경 123도 45분의 점 (a8)

자. 북위 32도 11분, 동경 123도 49분 30초의 점 (a9)

차. 북위 32도 11분, 동경 125도 25분의 점 (a10)

카. 북위 33도 20분, 동경 124도 08분의 점 (a11)

타. 북위 34도 00분, 동경 124도 00분 30초의 점 (a12)

파. 북위 35도 00분, 동경 124도 07분 30초의 점 (a13)

하. 북위 35도 30분, 동경 124도 30분의 점 (a14)

거. 북위 36도 45분, 동경 124도 30분의 점 (a15)

너. 북위 37도 00분, 동경 124도 20분의 점 (a16)

더. 북위 37도 00분, 동경 123도 40분의 점 (a17)

2. 양 체약당사자는 해양생물자원의 보존과 합리적 이용을 위하여, 제13조의 규정에 의하여 설치되는 한·중 어업공동위원회의 결정에 따라 잠정조치수역에서 공동의 보존조치 및 양적인 관리조치를 취하여야 한다.

3. 각 체약당사자는 잠정조치수역에서 어업활동을 하는 자국의 국민 및 어선에 대하여 관리 및 기타 필요한 조치를 취하고, 타방체약당사자의 국민 및 어선에 대하여는 관리 및 기타 조치를 취하지 아니한다. 일방체약당사자가 타방체약당사자의 국민 및 어선이 한·중 어업공동위원회의 결정을 위반하는 것을 발견한 경우, 그 사실에 대하여 해당 국민 및 어선의 주의를 환기시킬 수 있으며, 그 사실 및 관련 정황을 타방체약당사자에게 통보할 수 있다. 타방체약당사자는 그 통보를 존중하여야 하며, 필요한 조치를 취한 후 그 결과를 상대방에게 통보한다.

제8조

1. 이 협정이 발효한 날부터 4년까지 다음 (1) 및 (2)의 각 점을 순차적으로 직선으로 연결하는 선에 의하여 둘러싸이는 수역(이하 "과도수역"이라 한다)에 대하여는 제2항 내지 제4항의 규정을 적용한다.

(1) 한국측 과도수역 좌표

가. 북위 35도 30분, 동경 124도 30분의 점 (k1)

나. 북위 35도 00분, 동경 124도 07분 30초의 점 (k2)

다. 북위 34도 00분, 동경 124도 00분 30초의 점 (k3)

라. 북위 33도 20분, 동경 124도 08분의 점 (k4)

마. 북위 32도 11분, 동경 125도 25분의 점 (k5)

바. 북위 32도 11분, 동경 126도 45분의 점 (k6)

사. 북위 32도 40분, 동경 127도 00분의 점 (k7)

아. 북위 32도 24분 30초, 동경 126도 17분의 점 (k8)

자. 북위 32도 29분, 동경 125도 57분 30초의 점 (k9)

차. 북위 33도 20분, 동경 125도 28분의 점 (k10)

카. 북위 34도 00분, 동경 124도 35분의 점 (k11)

타. 북위 34도 25분, 동경 124도 33분의 점 (k12)

파. 북위 35도 30분, 동경 124도 48분의 점 (k13)

하. 북위 35도 30분, 동경 124도 30분의 점 (k14)

(2) 중국측 과도수역 좌표

가. 북위 35도 30분, 동경 121도 55분의 점 (c1)
나. 북위 35도 00분, 동경 121도 30분의 점 (c2)
다. 북위 34도 00분, 동경 121도 30분의 점 (c3)
라. 북위 33도 20분, 동경 122도 00분의 점 (c4)
마. 북위 31도 50분, 동경 123도 00분의 점 (c5)
바. 북위 31도 50분, 동경 124도 00분의 점 (c6)
사. 북위 32도 20분, 동경 123도 45분의 점 (c7)
아. 북위 33도 20분, 동경 122도 41분의 점 (c8)
자. 북위 34도 00분, 동경 122도 11분 54초의 점 (c9)
차. 북위 34도 00분, 동경 122도 01분 54초의 점 (c10)
카. 북위 35도 30분, 동경 122도 01분 54초의 점 (c11)
타. 북위 35도 30분, 동경 121도 55분의 점 (c12)

2. 각 체약당사자는 과도수역에서 점진적으로 배타적 경제수역 제도를 실시하기 위하여 적절한 조치를 취하여야 하며, 타방체약당사자측 과도수역에서 조업을 하는 자국의 국민 및 어선의 어업활동을 점진적으로 조정·감축하여 균형을 이루도록 노력한다.
3. 양 체약당사자는 과도수역에서 제7조제2항 및 제3항과 동일한 보존 및 관리조치를 취하여야 하고, 또한 공동승선·정선·승선검색 등을 포함한 공동감독검사 조치를 취할 수 있다.
4. 양 체약당사자는 각각 타방체약당사자측 과도수역에서 조업하는 자국 어선에게 허가증을 발급하고, 또한 그 어선의 명부를 상호 교환한다.
5. 이 협정이 발효한 날부터 4년이 경과한 후에는 과도수역에 대하여 제2조 내지 제5조의 규정이 적용된다.

제9조

양 체약당사자는 제7조제1항에 지정된 잠정조치수역의 북단이 위치한 위도선 이북의 일부수역과 제7조제1항에 지정된 잠정조치수역 및 제8조제1항에 지정된 과도수역 이남의 일부수역에서는 양 체약당사자 간에 별도의 합의가 없는 한 현행 어업활동을 유지하며 어업에 관한 자국의 법령을 타방체약당사자의 국민과 어선에 대하여 적용하지 아니한다.

제10조

각 체약당사자는 항행 및 조업의 안전을 확보하고, 해상에서의 정상적인 조업질서를 유지하며, 해상사고를 원활하고 신속하게 처리하기 위하여 자국의 국민 및 어선에 대하여 지도 기타 필요한 조치를 취하여야 한다.

제11조

1. 일방체약당사자의 국민 및 어선이 타방체약당사자의 연안에서 해난이나 기타 긴급사태를 당한 경우, 타방체약당사자는 가능한 한 구조 및 보호를 제공함과 동시에 이에 관한 상황을 일방체약당사자의 관계당국에게 신속히 통보하여야 한다.
2. 일방체약당사자의 국민 및 어선은 악천후나 기타 긴급한 사태로 피난할 필요가 있을 때에는 이 협정의 부속서 ii 의 규정에 따라 타방체약당사자의 관계당국에 연락을 취하고 타방체약당사자의 항구 등에 피난할 수 있다. 해당 국민 및 어선은 타방체약당사자의 관계법령을 준수하고 관계당국의 지시를 따라야 한다.

제12조

양 체약당사자는 해양생물자원의 보존과 합리적 이용에 관한 과학적 연구(필요한 자료교환을 포함한다)를 위하여 협력을 강화하여야 한다.

제13조

1. 양 체약당사자는 이 협정의 실시를 더욱 용이하게 하기 위하여 한·중 어업공동위원회(이하 "위원회"라 한다)를 설치한다. 위원회는 양 체약당사자가 각각 임명하는 1인의 대표 및 약간명의 위원으로 구성되며, 필요한 경우 전문분과위원회를 설치할 수 있다.
2. 위원회의 임무는 다음과 같다.
   (1) 아래 사항을 협의하고 양 체약당사자의 정부에게 권고한다.

가. 제3조의 규정에 의하여 타방체약당사자의 국민 및 어선에게 허용하는 어획가능어종·어획할당량 기타 구체적 조업조건에 관한 사항

나. 조업질서의 유지에 관한 사항

다. 해양생물자원의 상태와 보존에 관한 사항

라. 양국간 어업협력에 관한 사항

(2) 필요한 경우, 이 협정의 부속서의 개정과 관련하여 양 체약당사자의 정부에게 권고할 수 있다.

(3) 제7조 및 제8조의 규정에 관한 사항을 협의하고 결정한다.

(4) 이 협정의 집행현황과 기타 이 협정과 관련된 사항을 연구한다.

3. 위원회의 모든 권고와 결정은 양 체약당사자 대표간의 합의에 의하여서만 이를 한다.

4. 양 체약당사자의 정부는 제2항(1)의 권고를 존중하고, 제2항(3)의 결정에 따라 필요한 조치를 취하여야 한다.

5. 위원회는 대한민국과 중화인민공화국에서 교대로 매년 한 차례씩 회의를 개최한다. 필요한 경우 양 체약당사자의 합의를 거쳐 임시회의를 개최할 수 있다.

제14조

이 협정의 어떠한 규정도 해양법상의 제반 사안에 관한 각 체약당사자의 입장을 저해하는 것으로 해석되어서는 아니 된다.

제15조

이 협정의 부속서는 이 협정의 불가분의 일부를 구성한다.

제16조

1. 이 협정은 양 체약당사자가 각자 국내법상의 절차를 완료한 후, 이를 통보하는 공한을 서로 교환하는 날부터 그 효력이 발생한다.
2. 이 협정은 5년간 유효하며, 그 후에는 제3항의 규정에 따라 종료될 때까지 계속하여 유효하다.
3. 일방체약당사자는 타방체약당사자에게 1년 전에 서면으로 통보하여 최초 5년 기한의 만료 시 또는 그 후 언제라도 이 협정을 종료시킬 수 있다.

이상의 증거로서 아래 대표는 각자의 정부로부터 정당하게 권한을 위임받아 이 협정에 서명하였다.

2000년 8월 3일 북경에서 서명하였으며, 동등하게 정본인 한국어 및 중국어로 각 2부 작성하였다.

대한민국 정부를 위하여	중화인민공화국 정부를 위하여

부속서 i

각 체약당사자는 이 협정 제2조제2항의 규정에 의하여 입어허가에 관한 아래 조치를 취한다.

1. 각 체약당사자의 권한있는 당국은 타방체약당사자의 권한있는 당국으로부터 이 협정 제3조에 정한 결정을 서면으로 통보받은 후 타방체약당사자의 권한있는 당국에게 타방체약당사자의 배타적경제수역에서 어업활동을 하고자 하는 자국의 국민과 어선에 대한 입어허가증의 발급을 신청한다. 타방체약당사자의 권한있는 당국은 이 협정 및 자국의 관계법령의 규정에 따라 허가증을 발급한다. 각 체약당사자의 권한있는 당국은 허가증의 발급에 있어 적절한 요금을 징수할 수 있다.
2. 각 체약당사자의 권한있는 당국은 입어에 관한 절차규정(허가증의 신청과 발급, 어획량에 관한 통계자료제출, 어선의 표지 및 조업일지의 기재 등)을 타방체약당사자의 권한있는 당국에게 서면으로 통보하여야 한다.
3. 허가를 받은 어선은 허가증을 조타실의 보이기 쉬운 장소에 부착하고, 타방체약당사자가 규정한 어선 표지를 명확히 표시하여야 한다.

부속서 ii

이 협정 제11조제2항의 규정은 아래 규정에 따라 실시한다.

1. 대한민국 정부가 지정하는 연락처는 해양경찰관서로 한다. 중화인민공화국 정부가 지정하는 연락처는 관련 항구를 관할하는 항구감독기관으로 한다.
2. 구체적인 연락방법에 대하여는 이 협정 제13조의 규정에 의하여 설치되는 한·중 어업공동위원회에서 상호 통보한다.
3. 각 체약당사자의 어선이 타방체약당사자가 지정하는 연락처에 연락하는 내용은 다음과 같다.

   선박명·호출신호·현재위치(위도·경도)·선적항·총톤수·전장·선장의성명·선원수·피난이유·피난요청목적지·도착예정시각 및 통신연락방법

서해5도 관련 국회 발의된 법안 및 각종 자료

오정미(법무법인 이공) · 이석우(인하대)

〈서해5도 관련 입법 리서치〉

2021. 6. 22. 기준

* 현재 서해5도특별법(약칭: 서해5도법) 시행 중
* 기존 서해5도 지원특별법은 주민들의 권익 제약하는 한계 있어 평화수역 전제로 한 남북교류, 주민의 권익을 보장하는 ① 서해5도 수역평화기본법(안)[1], ② 서해5도 수역관리기본법(안)[2]이 추진되고 있음

Ⅰ. 현재 국회에 계류 중인 법안 (총 3건)

1. 2021-05-26

서해5도 지원 특별법 일부개정법률안 (2110385) - 김교흥 의원 (계류중/ 소관위접수)

■ 제안이유 및 주요내용

서해5도는 지리적 특수성으로 인해 주민의 안전과 생명의 위협(1,2차 연평해전, 대청해전, 천안함 사건, 연평도 포격 등)에 상시 노출되어 있고, 중국 어선의 불법조업으로 인한 생계 문제와 외부와의 고립으로 인한 생활의 어려움 등 삼중고에 시달리고 있음.

1 남북 법적구속력이 있는 합의를 전제로 함

2 남북 법적구속력이 없는 현 상황에서 남한이 남한 관할권 내에서 단독으로 추진할 수 있는 법안

특히 유일한 교통수단인 여객선은 최근 3년 연평균 73일의 결항과 33회의 지연운항으로 주민(1만 2천여 명)의 이동권이 제한되어 생활의 불편이 심대하게 초래되고 있음.

이에 백령공항 건설사업을 추진하여 백령도, 대청도, 소청도 주민 등의 이동권을 보장하고 지역산업(관광)을 육성하여 해당 지역 주민의 생활안정과 복리를 증진하기 위함(안 제5조 및 제16조).

2. 2020-11-30

서해5도 지원 특별법 일부개정법률안 (2105883) - 배준영 의원 (계류중/ 소관위심사)

■ 제안이유 및 주요내용

서해5도 지원 특별법은 남북 분단 현실과 특수한 지리적 여건상의 문제로 생산·소득 및 생활기반시설의 정비·확충을 통해 정주 여건을 개선함으로써 주민의 소득증대와 생활안전 및 복지향상을 도모하고 있음.

그런데 해당 지역은 북한과 근접하여 군사적 위협의 가능성에 항상 노출되어 있고 각종 규제와 제약으로 인하여 낙후 정도가 심화되고 있으나, 「서해5도 지원 특별법」의 적용만으로는 정주 여건의 개선, 지역경제 활성화 등이 어려운 상황임.

이에 현행법을 특수한 지리적 여건 등으로 국가적 관심이 필요한 서해5도에 대형여객선과 어업

지도선을 도입·운영하기 위한 비용의 일부를 지원을 가능하게 하며, 서해5도민들에게 농수산물의 해상운송비와 「통합방위법」 제17조에 따른 대피명령으로 인해 입은 경제적 피해를 일부 지원할 수 있도록 관련 규정을 정비하고자 함(안 제18조제2항, 제21조부터 제23조까지 신설).

3. 2020-06-25

서해5도 지원 특별법 일부개정법률안(2100997) - 김병욱 의원 (계류중/ 소관위심사)

■ 제안이유 및 주요내용

서해5도 지원 특별법은 남북 분단 현실과 특수한 지리적 여건상 북한의 군사적 위협으로 피해를 입고 있는 서해5도의 생산·소득 및 생활기반시설의 정비·확충을 통해 정주여건을 개선함으로써 지역주민의 소득증대와 생활안전 및 복지향상을 도모하고 있음.

그런데 경상북도 울릉도·독도는 서해5도와 마찬가지로 동해 유일의 접경지역으로서 서해5도와 같이 특수한 지정학적 위치를 차지하고 있고, 육지에서 130km 이상 떨어져 있어 연 평균 80일 이상은 육지로 입·출항하기 어려운 도서지역임.

그럼에도 불구하고 기존의 관련 법률만으로는 울릉도·독도 지역 주민들에 대한 안전한 주거환경 확보와 생활안전 및 복지향상을 위한 정책적 지원시책이 충분히 제시되지 않고 있음.

이에 서해5도법의 지원 대상에 울릉도와 독도를 추가함으로써 남북 분단 현실과 특수한 지리적 여건 등으로 국가적 관심이 필요한 지역에 정책적 지원을 가능하게 하려는 것임.

Ⅱ. 과거 서해5도 법안들 검토 (총 16건) (2005년~2018년)

1. 2005-10-14

서해5도 개발 및 지원에 관한 특별법안(172952) - 박승환 의원/ 임기만료폐기

■ 제안이유

인천광역시 옹진군에 속하는 연평도·대청도 등 서해5도 지역은 남북 분단으로 인한 특수한 지리적 여건 및 중국과의 어업협정 체결로 인하여 어업활동에 많은 제한을 받고 있으며, 매년 꽃게잡이 철마다 중국 어선들이 북방한계선 인근 해상에 대규모로 출몰하여 불법조업을 감행함에 따라 해당 지역주민들의 생계가 크게 위협받고 있음.

남북 분단으로 인하여 낙후된 접경지역에 대한 개발과 피해보상 등의 근거는 현행 「접경지역지원법」에도 규정되어 있으나 서해5도 지역에 대한 실제 지원은 매우 미비한 실정이므로 서해5도의 생활·교육·관광·환경 등 실태조사, 개발을 위한 사업 지원 및 각종 특례를 주요 내용으로 하는 지원법을 마련하여 해당 지역주민의 생활안정 및 복지증진을 도모하려는 것임.

■ 주요내용

가. 법률의 제명과 목적에 부합하게 서해5도·서해5도 개발종합계획·개발사업·어업인의 용어를 정의함(안 제2조).

나. 인천광역시장은 제9조의 서해5도개발위원회 심의를 거쳐 서해5도 개발종합계획을 수립하고, 이를 인천광역시의회의 동의 및 행정자치부장관의 승인을 얻어 결정함(안 제5조 및 제6조).

다. 인천광역시장은 제5조의 개발종합계획에 따른 연도별 투자계획 및 시행계획을 수립하고 각각 행정자치부장관의 승인을 얻도록 함(안 제7조 및 제8조).

라. 서해5도의 개발 및 지원을 위한 각종 사항을 심의하기 위하여 인천광역시장 소속하에 서해5도개발위원회를 둠(안 제9조).

마. 서해5도 개발·지원을 위하여 주민의 생활·교육·환경 등 실태조사를 실시하고, 사업비의 지원·부담금의 감면·어업인에 대한 지원 특례 등 각종 지원 및 특례 규정을 명시함(안 제10조 내지 제23조).

2. 2010-11-29

서해5도 지역 지원 특별법안(1810055)- 신학용 의원/ 대안반영폐기

■ 제안이유

인천광역시 옹진군에 속하는 연평도·백령도·대청도·소청도·소연평도 등 서해5도 지역 주민들은 남북 분단으로 인한 특수한 지리적 여건 및 북한의 위협으로 인하여 생업활동에 많은 제한을 받고 있으며, 특히 2010.11.23일 자행된 북한의 기습적인 포격으로 인하여 사상자가 발생하고 가옥이 전소되는 등 주민들의 생존권이 위협받고 있음.

남북 분단으로 인하여 낙후된 접경지역에 대한 개발과 피해보상 등의 근거는 현행 「접경지역지원법」에도 규정되어 있으나, 동북아의 화약고라고 불리울 만큼 직접적인 북한의 위협 아래 놓여 있는 서해5도 지역과 지역주민에 대한 정부의 지원은 매우 미흡함.

따라서 서해5도 지역 주민들의 생활·교육·관광·환경 여건 등을 지원할 뿐 아니라, 해당 지역을 종합적으로 개발하기 위해 각종 지원 및 특례를 명시한 특별법을 마련하여, 해당 지역주민의 생존권을 보장하고, 생활안정 및 복지향상을 도모하고자 함.

■ 주요내용

가. 법률의 제명과 목적에 부합하게 서해5도·서해5도 주민의 용어를 정의함(안 제2조).

나. 인천광역시장은 서해5도 종합계획을 수립하고, 행정안전부장관의 승인을 얻어 결정함(안 제5조 및 제6조).

다. 인천광역시장은 제5조의 개발종합계획에 따른 연도별 시행계획을 수립하고 각각 행정안전부장관의 승인을 얻도록 함(안 제7조).

라. 서해5도에 대한 개발·지원을 위하여 사업비의 지원·부담금의 감면·서해5도민에 대한 지원 특례 등 각종 지원 및 특례 규정을 명시함(안 제8조부터 제14조까지).

3. 2010-11-29

서해5도 지원 특별법안(1810057)- 박상은 의원/ 대안반영폐기

■ 제안이유

인천광역시 옹진군에 속하는 연평도·백령도·대청도 등 서해5도 지역은 남북 분단으로 인한 특수한 지리적 여건으로 인해 북한의 빈번한 군사적 위협으로 인해 해당 지역주민들의 안전과 생계가 크게 위협받고 있으며 2010년 11월 23일 발생한 연평도 포격 도발 이후 주민들의 심리적 불안이 가중되고 있음.

서해5도를 포함한 접경지역에 대한 지원의 근거는 현행 「접경지역지원법」에도 규정되어 있으나 해상을 통해 북한과 직접 접하고 있는 서해5도 지역 주민들이 각종 위험에도 불구하고 지역에 대한 애착을 갖고 생활할 수 있도록 안전한 주거환경과 소득증대를 위한 실질적인 지원정책을 뒷받침하기에는 부족한 면이 많이 있음.

서해5도 주민이 국가안보상의 특수한 여건으로 인한 환경적 어려움을 극복하고 서해5도의 이용·보존과 개발을 위한 사업지원과 각종 특례를 주요 내용으로 하는 특별법을 마련하여 해당 지역 주민의 생활안정 및 복지증진을 도모하려는 것임.

■ 주요내용

가. 법률의 제명과 목적에 부합하게 서해5도·서해5도 종합발전계획·개발사업의 용어를 정의함(안 제2조).

나. 행정안전부장관은 인천광역시장 및 옹진군수의 의견을 수렴하여 서해5도 종합발전계획안을 작성하고 관련 중앙행정기관과의 협의와 서해5도 지원위원회의 심의를 거쳐 서해5도 종합발전계획수립하도록 함(안 제4조).

다. 행정안전부장관은 제5조의 종합발전계획에 따른 연도별 시행계획을 수립하고 서해5도 지원심의위원회의 심의를 거쳐 확정하도록 함(안 제5조).

라. 서해5도의 개발 및 지원을 위한 각종 사항을 심의하기 위하여 국무총리를 위원장으로 하는 서해5도 지원심의위원회를 둠(안 제6조).

마. 서해5도 개발·지원을 위하여 사업비의 지원, 부담금의 감면, 국고보조비율 인상, 노후주택 개량 지원, 고등학교 수업료 감면, 주민에 대한 정주생활지원금 지급 등 각종 지원 및 특례 규정을 명시함(안 제7조부터 제14조까지).

4. 2010-12-01

서해5도 지역 지원 특별법안(1810095) - 이명수 의원/ 대안반영폐기

■ 제안이유

인천광역시 옹진군에 속하는 연평도·소연평도·백령도·대청도·소청도 등 서해5도 지역주민들은 남북분단으로 인한 특수한 지리적 여건 및 북한의 빈번한 군사적 위협으로 안전과 생업활동이 위협받고 있으며, 특히 2010년 11월 23일 연평도에서 발생한 북한의 포격에 의한 무력도발로 사상자가 발생하고 가옥과 공공건물이 전소되는 등 주민들의 생존권이 크게 위협받고 심리적 불안이 가중되고 있음.

서해5도를 비롯한 접경지역에 대한 개발과 피해보상 등의 근거는 현행 「접경지역지원법」에도 규정되어 있으나, 직접적인 북한의 위협에 직면해 있는 서해5도 지역과 주민들의 안전한 주변환경 및 안정된 생활환경을 위한 정부의 지원은 매우 부족함.

따라서 서해5도 지역과 주민들의 남북분단에 따른 국가안보상의 특수한 여건으로 인한 환경적 어려움을 극복하고 주민의 안전을 확보하는 한편 주거·교육·환경 및 해당지역을 종합적으로 개발하기 위한 각종 지원 및 특례를 주요내용으로 하는 특별법을 마련하여 해당 지역주민의 생활안정 및 복지증진을 도모하고자 함.

■ 주요내용

가. 법률의 제명과 목적에 부합하게 서해5도·서해5도 주민의 용어를 정의함(안 제2조).

나. 행정안전부장관은 관할 지방자치단체의 장 및 주민의 의견을 들어 종합발전계획안을 수립하고, 관계 중앙행정기관의 장과 협의하여 서해5도 지원심의위원회의 심의를 거쳐 확정함(안 제5조).

다. 서해5도의 개발 및 지원을 위한 각종사항을 심의하기 위해 국무총리를 위원장으로 하는 서해5도 지원심의위원회를 둠(안 제7조).

라. 북한의 공격 등으로 긴급사태 발생 시 손실 및 피해 지원, 긴급피난시설 확보 및 지원을 함(안 제9조, 제14조).

마. 북한의 공격 등으로부터 인명피해를 줄이기 위해 모든 주택에 지하대피시설 설치 및 비상물품 비치를 의무화함(제10조).

바. 주민의 생활안정을 위해 각종 정주여건 및 교육 여건 개선을 위한 지원을 강화함(안 제11조, 제12조).

사. 국민의 안보의식고취를 위한 안보교육시설 확충 및 지원을 함(안 제13조).

아. 서해5도 개발 및 지원을 위한 각종 조세 및 부담금 감면을 함(안 제15조).

5. 2010-12-08

■ 서해5도 지원 특별법안(대안)(1810175)

– 원안가결

■ 대안의 제안경위

가. 2010년 11월 29일 신학용 의원이 대표발의한 「서해5도 지역 지원 특별법안」, 박상은 의원이 대표발의한 「서해5도 지원 특별법안」, 전현희 의원이 대표발의한 「연평도 피해주민의 지원에 관한 특별법안」을 제294회국회(정기회) 제10차 행정안전위원회(2010. 11. 30)에 상정하여 제안설명 및 검토보고와 대체토론을 거쳐 법안심사소위원회에 회부함.

나. 2010년 12월 1일 이명수 의원이 대표발의한 「서해5도 지역 지원 특별법안」은 법안심사소위원회에 바로 회부함.

다. 제294회국회(정기회) 제6차 법안심사소위원회(2010. 12. 3)에서 종합·심사한 결과, 4건의 법률안은 이를 각각 본회의에 부의하지 아니하기로 하고 이를 통합·조정한 「서해5도 지원 특별법안(대안)」을 제안하기로 하였음.

라. 제294회국회(정기회) 제11차 행정안전위원회(2010. 12. 6)에서 법안심사소위원회의 의견을 받아들여 위원회 대안을 제안하기로 의결함.

■ 대안의 제안이유

인천광역시 옹진군에 속하는 연평도·백령도·대청도 등 서해5도 지역은 해상을 통해 북한과 직접 접하고 있는 특수한 지리적 여건으로 인해 북한의 빈번한 군사적 위협이 발생하여 주민

들의 안전과 생계가 위협받고 있음.

현재「접경지역지원법」등에 의하여 서해5도에 대한 지원이 이루어지고 있으나, 서해5도 주민에 대해 안전한 주거환경 확충방안 및 소득증대 방안 등이 충분히 제시되지 않고 있으므로 주민에 대한 실질적인 지원방안으로 보기에 다소 미흡한 상황임.

특히 서해5도는 2010년 11월 23일 북한의 연평도 포격 사건에서 드러났듯이 북한과의 군사적 충돌발생 시 주민 대피시설 및 육지로의 대피방안 부족으로 인하여 주민들이 위험에 처할 수 있고, 생업활동이 장기간 저해될 우려가 있는 지역임.

따라서 서해5도 주민이 안전 및 생계에 대한 불안감 없이 거주할 수 있도록 제정안은 행정안전부장관은 서해5도 종합발전계획 및 연도별 시행계획을 수립하고 국무총리를 위원장으로 하는 서해5도 지원위원회 심의를 거쳐 이를 확정하도록 하여 관계부처와의 원활한 협조를 통해 서해5도에 보다 적극적인 지원이 이루어지도록 하고, 부담금 감면, 국고보조율 인상, 정원외 입학, 노후주택 개량 지원 등을 통해 주민의 삶의 질을 개선하도록 하며, 주민대피시설을 확충하여 서해5도를 주민이 안전에 대한 불안감 없이 거주할 수 있는 지역으로 조성하려는 것임.

■ 대안의 주요내용

가. 법률의 제명과 목적에 부합하게 서해5도·서해5도 종합발전계획·개발사업의 용어를 정의함(안 제2조).

나. 이 법은 서해5도의 개발과 지원에 관한 사항에 한하여 다른 법률에 우선하여 적용하고, 이 법의 규정에 의한 것을 제외하고는「접경지역지원법」의 규정에 의하도록 함(안 제4조).

다. 행정안전부장관은 해당 지방자치단체의 장 및 주민의 의견을 들어 종합발전계획안을 작성하여 관계 중앙행정기관의 장과 협의하고 서해5도 지원위원회의 심의를 거쳐 확정하도록 함(안 제5조).

라. 행정안전부장관은 제5조의 종합발전계획에 따른 연도별 시행계획을 수립하고 서해5도 지원위원회의 심의를 거쳐 확정하도록 함(안 제6조).

마. 서해5도의 개발 및 지원을 위한 각종 사항을 심의하기 위하여 국무총리를 위원장으로 하는 서해5도 지원위원회를 둠(안 제7조).

바. 국가와 지방자치단체는 주민대피시설·비상급수시설 등을 서해5도에 우선 설치하도록 하고 사후 관리비를 지원할 수 있도록 함(안 제10조).

사. 국가는 노후화된 주택의 개선을 위한 신축 및 주택 개·보수 등에 소요되는 비용의 일부를 지원할 수 있도록 함(안 제11조).

아. 서해5도 주민에 대한 정주생활지원금 지원, 생활필수품의 해상운송비 지원, 초·중·고등학교 등에 재학 중인 학생의 수업료 감면, 서해5도 주민 자녀의 대학교 정원외 입학 및 농어업인의 경영활동을 위해 필요한 자금의 우선지원 등 각종 지원 규정을 둠(안 제12조부터 제18조까지).

6. 2013-05-06

서해5도 지원 특별법 일부개정법률안(1904842)- 박상은 의원/ 대안반영폐기

■ 제안이유

서해최북단 NLL에 인접한 서해5도는 최근 북한의 군사도발 위협으로 관광객 감소 등으로 주민생계에 막대한 타격을 받고 있는 가운데 연평도에서는 북한이탈주민이 어선을 훔쳐 월북하는 사건까지 발생하여 연평도 포격 사건을 경험한 서해5도는 주민불안감이 고조되는 등 정주여건이 열악해지고 있어 접경지역 최일선에서 안보방파제 역할을 하고 있는 서해5도 주민의 정주여건 개선을 강화하기 위하여 관련 규정을 정비하려는 것임.

■ 주요내용

가. 결혼이민자의 경우 주민등록과 상관없이「가족관계의 등록 등에 관한 법률」에 따라 혼인신고를 한 경우에도 정주생활지원금을 받을 수 있도록 대상자를 확대 함(안제12조).

나. 경영활동 지원대상의 범위를 농어업인에서 소매업인을 추가하고, 서해5도 어업인이 불특정 국가의 선박 및 남북한 긴장에 따른 조업손실과 어구손괴 등으로 피해가 발생한 경우 지원대책을 강구하여야 하며, 어업인의 소득증대를 위하여

조업구역 확장과 조업시간 연장을 위하여 노력하고, 기존 어업허가를 득한 어선은 허가정수와는 별도로 어업의 종류별로 허가를 받은 것으로 간주 하도록 함(안제18조 신설).

다. 수산자원 보호 및 불법조업 방지를 위하여 시설물 설치에 필요한 사업을 지원할 수 있도록 함(안제19조 신설).

라. 서해5도 항로에서 운항하는 여객선이 안정적으로 운항될 수 있도록 여객선 운영에 따른 결손비용을 지원할 수 있도록 함(안제20조 신설).

7. 2014-07-09

서해5도 지원 특별법 일부개정법률안(1911107)- 이학재 의원/ 임기만료폐기

■ 제안이유 및 주요내용

강화군은 북한과의 거리가 강화 본도를 기준으로 해상 1.8㎞에 불과한 북한과의 최인접 지역으로, 서해5도 보다도 북한과 더 가까운 거리에 위치하고 있음. 또한 군 비상 시 서해5도와 동일하게 통제를 받고 있어 주민들의 생활여건이 매우 열악한 실정임.

이처럼 강화군은 서해5도와 군사적·지리적 여건이 매우 비슷함에도 불구하고 강화군 주민은 서해5도 주민과 달리 중앙 정부의 관련 지원을 받지 못하고 있음.

이에 강화군에 속하는 도서 중 북한과 인접해 있고 연륙교량 건설계획이 없는 미법도·서검도·주문도·아차도·볼음도·말도를 현행법의 지원 대상 지역에 포함시켜, 강화6도에 대해서도 정주여건 개선 등을 통해 주민의 생활안정 및 복지향상을 도모하려는 것임(안 제2조제1호의2 등).

8. 2015-01-05

서해5도 지원 특별법 일부개정법률안(1913545)-박남춘 의원/ 철회

■ 제안이유 및 주요내용

서해5도는 남북 분단 현실과 특수한 지리적 여건상 북한의 위협으로 피해를 입고 있어 지역주민의 생활안정과 복지향상 등에 특별한 지원이 필요함.

남북의 군사대치라는 특수한 현실에 의해 서해5도 어장은 어장별 어업지도선 없이는 조업을 할 수 없음. 그럼에도 담당 어업지도선이 노후화되어 운항을 하지 못하는 경우가 종종 있어 어선도 출어하지 못하는 사례가 속출하고 있으나 지방자치단체의 예산부족으로 어업지도선의 대체 건조가 이루어지지 못하고 있음.

또한, 중국어선의 불법조업 등으로 어족자원이 고갈되고, 어구가 훼손되는 등 어업피해가 증가하고 있으나 접경지역의 특성상 직접적인 지도단속이 어려워 이를 효과적으로 차단하고, 수산자원 조성에도 기여할 수 있는 대형 인공어초 등의 설치가 필요한 실정임.

이에 서해5도의 특수성을 감안하여 국가가 해당 지방자치단체의 어업지도사업에 대해서는 국비를 지원토록 하고, 불법조업 방지 시설을 설치·지원할 수 있도록 하는 등 서해5도에 대한 지원을 강화하여 서해5도 주민의 소득증대와 생활안정 등을 도모하고 외국어선의 불법조업 등으로부터 어족자원을 보호하고자 함(안 제18조제2항 및 제19조 신설).

9. 2015-01-12

서해5도 지원 특별법 일부개정법률안(1913644) - 박남춘 의원/ 대안반영폐기

■ 제안이유 및 주요내용

서해5도는 남북 분단 현실과 특수한 지리적 여건상 북한의 위협으로 피해를 입고 있어 지역주민의 생활안정과 복지향상 등에 특별한 지원이 필요함.

남북의 군사대치라는 특수한 현실에 의해 서해5도 어장은 어장별 어업지도선 없이는 조업을 할 수 없음. 그럼에도 담당 어업지도선이 노후화되어 운항을 하지 못하는 경우가 종종 있어 어선도 출어하지 못하는 사례가 속출하고 있으나 지방자치단체의 예산부족으로 어업지도선의 대체 건조가 이루어지지 못하고 있음.

또한, 중국어선의 불법조업 등으로 어족자원이 고갈되고, 어구가 훼손되는 등 어업피해가 증

가하고 있으나 접경지역의 특성상 직접적인 지도 단속이 어려워 이를 효과적으로 차단하고, 수산자원 조성에도 기여할 수 있는 대형 인공어초 등의 설치가 필요한 실정임.

이에 서해5도의 특수성을 감안하여 국가가 해당 지방자치단체의 어업지도사업에 대해서는 국비를 지원토록 하고, 불법조업 방지 시설을 설치·지원할 수 있도록 하는 등 서해5도에 대한 지원을 강화하여 서해5도 주민의 소득증대와 생활안정 등을 도모하고 외국어선의 불법조업 등으로부터 어족자원을 보호하고자 함(안 제18조제2항 및 제19조 신설).

10. 2015-04-23

중국어선 등 외국어선의 서해5도 주변수역 조업에 따른 서해안지역 어업인 지원 특별법안(1914840) - 박남춘 의원/ 임기만료폐기

■ 제안이유

현재 서해5도 주변수역은 중국어선의 조업이 증가하면서 우리나라의 서해안의 회귀·회유성 어류 어획량이 감소하고 있는 추세임. 뿐만 아니라 중국어선의 조업과정에서 국내 어선에 위해를 가하는 등 어선·어구 등이 파손되는 등 피해를 주고 있음.

최근 중국 내에서 수산물 수요 증가에 따른 수산물의 가격 상승은 중국어선의 서해5도 주변수역의 진출을 가속화시킬 수 있음. 이에 따라 꽃게 및 조기 등 회귀·회유성 어류 포획의 감소로 인한 서해안지역 어업인의 경제적 어려움은 가중될 것으로 예상됨. 이에 피해 받고 있는 서해안지역 어업인의 지원을 위하여 해양수산부장관은 종합지원계획과 연도별 시행계획을 수립하고, 국가와 지방자치단체는 이에 따른 사업비를 지원하도록 하며 유통·가공 시설을 정비·확충하여 해당 지역 수산업의 경쟁력을 강화하고자 함.

또한 식량안보의 확보와 해양환경의 보호를 위하여 국가는 중국 등 외국과의 수산분야에서 외교적 협력을 통하여 중국어선 등 외국어선의 불법조업을 감소시키고 서해5도 주변수역에서 서해안지역 어업인이 조업이 원활할 수 있도록 노력하도록 하려는 것임.

■ 주요내용

가. 서해안지역 어업인의 지원을 위하여 해양수산부장관은 해당 지방자치단체의 장 및 서해안지역 어업인의 의견을 들어 종합지원계획안을 작성하며, 연도별 시행계획안을 수립함(안 제5조 및 제6조).

나. 서해안지역 어업인 지원에 관한 사항을 심의하기 위하여 국무총리 소속으로 외국어선 불법조업 피해대책위원회를 둠(안 제7조).

다. 해양수산부장관은 중국어선 등 외국어선의 서해5도 주변수역에서 조업으로 어획량 감소 또는 어선·어구 파손이 발생한 어업자에 대하여 그 손실액을 보전할 수 있도록 함(안 제8조).

라. 서해안지역 어업인의 어족자원 보호와 어획량 증대를 위하여 수산종묘 방류, 인공어초 조성, 해중림(海中林) 설치, 바다목장 설치과 해양환경 개선 등 그 밖에 대통령령으로 정하는 사업을 우선하여 지원할 수 있음(안 제11조).

마. 그 밖에 서해안지역 어업인의 소득증대와 경쟁력 강화를 위하여 유통·가공시설, 어업생산 기반시설 정비·확충, 복지시설 지원 등, 어업인 경영활동 등 지원을 할 수 있음(안 제12조부터 제15조까지).

바. 서해안의 어족자원 보호를 위하여 국가는 서해에서의 중국어선 등 외국어선의 불법조업을 감소시키고 서해안지역 어업인이 조업할 수 있도록 중국 등 외국과의 외교적 협력을 하도록 하려는 것임(안 제18조).

사. 서해안지역 어업인을 지원하기 위하여 외국어선의 불법조업에 따른 벌금 등을 수산발전기금으로 편입하여 피해어업인 지원사업 등에 사용함(안 제19조).

■ 참고사항

이 법률안은 박남춘 의원이 대표발의한 「수산업법 일부개정법률안」(의안번호 제14842호) 및 「배타적 경제수역에서의 외국인어업 등에 대한 주권적 권리의 행사에 관한 법률 일부개정법률안」(의안번호 제14841호)의 의결을 전제로 하는

것이므로 같은 법률안이 의결되지 아니하거나 수정의결되는 경우에는 이에 맞추어 조정하여야 할 것임.

11. 2015-06-24

서해5도 지원 특별법 일부개정법률안(대안)(1915738) - 위원장/ 원안가결

■ 제안이유

서해5도는 남북 분단 현실과 특수한 지리적 여건상 북한의 위협으로 피해를 입고 있어 지역 주민의 생활안정과 복지향상 등에 특별한 지원이 필요함. 이에 서해5도 거주자에 대한 정주생활지원금 대상 확대 및 경영활동 지원대상 확대, 서해5도 어민들의 소득증대와 불법조업으로 인한 피해 방지를 위한 지원대책 마련 등 접경지역 최일선에서 안보방파제 역할을 하고 있는 서해5도 주민의 정주여건 개선을 강화하기 위하여 관련 규정을 정비하려는 것임.

■ 주요내용

가. 「재한외국인 처우 기본법」에 따른 결혼이민자 중 일정 기간 이상 서해5도에 거주한 경우에도 정주생활지원금을 받을 수 있도록 대상자를 확대함(안 제12조제1항).

나. 경영활동 지원대상에 「소상공인 보호 및 지원에 관한 법률」에 따른 소상공인을 추가함(안 제18조제1항).

다. 서해5도에 거주하는 어업인이 불특정 국가의 선박으로 인한 어구 손괴 등으로 피해가 발생한 경우 국가 및 지방자치단체가 지원대책을 강구할 수 있도록 하고, 해양수산부장관은 어업인의 소득증대를 위하여 안전조업이 보장되는 범위에서 조업구역 확장과 조업시간 연장을 위하여 노력하도록 함(안 제18조제2항 및 제3항 신설).

라. 국가는 서해5도 어민의 안전조업과 불법조업으로 인한 피해 방지를 위하여 시설물 설치에 필요한 사업을 지원할 수 있도록 함(안 제19조 신설).

12. 2015-10-28

서해5도 지원 특별법 일부개정법률안(1917435) - 정갑윤 의원/ 임기만료 폐기

■ 제안이유 및 주요내용

최근 비무장지대에서 발생한 북한의 목함지뢰 도발과 이어진 서부전선 포격도발로 남북 간에는 일촉즉발의 준전시상황에까지 이르게 되었음.

그리하여 서해5도 주민들은 정부의 대피명령에 따라 열악한 대피소에서 대피명령이 해제될 때까지 생업을 중단한 채 대피생활을 할 수밖에 없었고, 그 피해는 감내하기 어려운 상당한 수준이었음.

이에 국가는 「통합방위법」 제17조에 따른 대피명령으로 인해 대피 기간 동안 생업에 종사하는 주민이 입은 경제적 피해에 대하여 예산의 범위에서 그 일부를 지원할 수 있도록 하려는 것임(안 제20조 신설).

13. 2016-06-14

서해5도 지원 특별법 일부개정법률안(2000243)- 안상수 의원/ 수정가결

■ 제안이유

서해최북단 NLL에 위치한 서해5도서는 국가안보, 영토 및 영해 수호, 접속수역 및 EEZ 관리 그리고, 영토(영해)의 최외곽지역으로 국내,외에 미치는 영향 등 지정학적 중요성과 위상이 타 연안 지자체보다 월등히 높은 것으로 인정되고 있으나, 행정, 경제,사회, 문화, 교육, 의료, 교통 등 불리한 여건에 의해 재정자립도, GRDP, 주민의 생활환경 수준 등에 있어서는 전국 최하위 그룹에 속해 있어 지역 간 균형 발전 및 형평성 추구 차원에서 서해5도 주민들의 생활안정과 복지향상 등에 특별한 지원이 필요하여 관련 규정을 정비하려는 것임.

■ 주요내용

가. 서해5도(백령도·대청도·소청도·연평도·소연평도)는 천혜의 자연 환경과 안보관광 등 특화된 관광자원을 보유했음에도, 높은 해상교통비 부담으로 매년 방문객이 감소하여 서해5도 관광객에게 여객운임의 일부를 지원하여 침체된 지역경제

를 회복하고자 함(안 제17조제1항).

나. 서해5도 어업인이 불특정 국가의 선박 및 남북한 긴장에 따른 조업손실 및 피해가 발생한 경우 지원 대책을 강구하여야 하며, 어업인의 소득증대와 어족자원 보호를 위하여 신규 어선의 전입을 제한하고, 기존 어업허가를 받은 어선은 어업의 허가 및 신고 등에 관한 규칙 별표2의 연안어업의 종류별 허가정수에도 불구하고 관할 기초지자체장이 어업의 종류별 허가를 할 수 있도록 함(안 제18조제2항, 안 제18조제4항 신설).

다. 남북의 군사대치라는 특수한 현실에 의해 서해5도 어장은 어장별 어업지도선 없이는 조업을 할 수 없음. 그럼에도 담당 어업지도선이 노후화되어 운항을 하지 못하는 경우가 종종 있어 어선도 출어하지 못하는 사례가 속출하고 있으나 지방자치단체의 예산부족으로 어업지도선의 대체건조가 이루어지지 못하고 있어 서해5도 특수성을 감안하여 어업지도사업 등에 국비를 지원할 수 있도록 함(안 제19조, 안 제19조제2항 신설) .

라. 서해5도는 북한의 군사적인 위협과 중국어선으로 인한 피해 등이 발생되는 특수한 지역으로 이 도서에 거주하는 주민이 안정적으로 거주할 수 있도록 서해5도 지원 특별법으로 주민의 정주환경을 지원하고 있음. 그러나 서해5도에서 오전에 출발하는 여객선은 선원 숙박비 등 운영비가 추가적으로 발생하고 육지출발 여객선보다 상대적으로 이용객수가 적음에 따라 운영 선사의 경영수지가 악화되어 운항 포기로 이어지고 있고, 이로 인해 도서지역 주민의 공공시설 이용, 의료진료 등 생활 불편이 초래되고 있음.

이에 서해5도 지역 주민의 육지왕래 수단인 오전 여객선 운항이 두절되지 않고 지속적으로 운항되어 안정적인 주민 생활이 영위 될 수 있도록 도서출발 운항선사에 손실금을 지원 하려는 것임(안 제20조 신설).

마. 서해5도서의 경우, 타 지역보다 해상운반비, 인건비 등의 할증으로 건축비용이 약 1.5배 이상 소요되고 있으며, 인허가 절차 처리를 위한 육지체류비용과 높은 설계비 및 행정비용 등은 추가적인 부담으로 작용하고 있음.

이에, 토지형질변경허가가 수반되는 건축행위 시 건축법 제11조(건축허가) 또는 같은법 제14조(건축신고) 규정에 따른 인·허가를 받은 경우에는 「국토의 계획 및 이용에 관한 법률」 제56조에 따른 개발행위허가, 「산지관리법」 제14조 및 제15조에 따른 산지전용허가와 산지전용신고, 같은법 제15조의2에 따른 산지일시사용허가·신고, 「농지법」 제34조, 제35조 및 제43조에 따른 농지전용허가·신고 및 협의 등은 허가를 받은 것으로 의제하여(단, 실 거주목적일 확률이 높고, 토지형질변경규모가 적은 100㎡ 이하 소규모 주택에 한함) 서해5도 주민들의 삶의 질 향상과 자발적 주거환경개선 노력을 촉진하고자 함(안 제17조제1항, 제18조제2항·제4항, 제19조, 제20조 및 제21조 신설).

14. 2016-11-03

서해5도 지원 특별법 일부개정법률안(2003247) - 박남춘 의원/ 임기만료폐기

■ 제안이유 및 주요내용

서해5도는 최북단 도서지역이라는 지리적 특성상 농수산물을 육상으로 운반하는 데 해상운송비용이 많이 들기 때문에, 서해5도 농어업인이 현지에서 생산하는 농수산물을 육지로 공급할 경우 가격 경쟁력이 떨어져 농어업 경영에 어려움을 겪고 있음.

따라서 서해5도 지역경제의 활성화를 도모하고, 현지의 값싸고 질 좋은 농수산물을 적정 가격으로 육지의 소비자에게 공급할 수 있도록 하기 위해서는 재정적 지원이 필요함.

이에 국가 및 지방자치단체는 농어업인이 서해5도에서 생산한 농수산물을 판매를 목적으로 육지로 운반할 경우에는 그 농수산물의 해상운송비 중 일부를 대통령령으로 정하는 바에 따라 지원할 수 있도록 하려는 것임(안 제18조제2항 신설).

15. 2016-12-20

서해5도 지원 특별법 일부개정법률안(2004494)-김성원 의원/ 임기만료폐기

■ 제안이유 및 주요내용

비무장지대에서 발생했던 북한의 목함지뢰 도발,

이어진 서부전선 포격도발, 연평도 포격 사건 등 북한의 도발이 있을 때마다 접경지역 주민들은 큰 피해를 받고 있음.

특히 접경지역 주민들은 정부의 대피명령에 따라 열악한 대피소에서 대피명령이 해제될 때까지 생업을 중단한 채 대피생활을 할 수밖에 없었고, 그 피해는 상당한 수준이었음.

이에 국가는 「통합방위법」 제17조에 따른 대피명령으로 인해 대피 기간 동안 생업에 종사하는 주민이 입은 경제적 피해에 대하여 예산의 범위에서 그 일부를 지원할 수 있도록 하려는 것임(안 제20조 신설).

16. 2018-10-26

서해5도 지원 특별법 일부개정법률안(2016097) - 안상수 의원/ 임기만료 폐기

■ 제안이유

서해5도 해역은 지정학적 특수성으로 인해 다른 해역과 달리 군사적 충돌과 중국어선 불법조업 방지 등을 위해 국가에서 어로한계선이나 조업자제선을 정하고 어민들은 어업지도선 인솔 하에 어로를 해야 하는 특수성이 있기 때문에 해당 지방자치단체는 다른 해역의 통상적인 어업지도선 수량을 월등히 초과하는 어업지도선을 운영할 수밖에 없는 상황이므로 초과분 어업지도선의 구입과 운영에 대해서는 국가가 지원할 필요가 있어서 관련 근거 규정을 마련하고자 하는 것임.

■ 주요내용

국가는 서해5도 해역의 특수성으로 인하여 다른 해역보다 추가로 필요하게 된 어업지도선에 대해서는 어업지도선의 구입, 운영에 소요되는 경비의 일부를 해당 지방자치단체에 지원하도록 하되, 다른 해역보다 추가로 필요하게 된 어업지도선의 수량은 행정안전부장관과 해양수산부장관이 협의하여 정하도록 함(안 제21조 신설).

17. 2010-11-30

연평도 피해주민의 지원에 관한 특별법안(20101129)-전현희 의원/ 대안반영폐기

→ 서해5도지원특별법안(대안)으로 포함됨

■ 제안이유

2010년 11월 23일 피습으로 인천광역시 옹진군 연평도 주민들은 많은 인적·물적 피해와 이루 말할 수 없는 정신적 피해를 입었음. 더욱이, 계속되는 군사적 긴장상황은 주민들의 생명과 안전을 위협할 수 있어 주민들이 지금까지 가꾸고 지켜온 삶의 터전을 잃고 생계수단을 걱정해야 하는 처지에 놓여 있음.

이에 주민들의 피해구제 및 복구를 위해 국가와 지방자치단체에 대하여 긴급생계지원과 피해복구를 빠른 시일 내에 실시할 수 있도록 책무를 규정하는 것은 물론, 피해 주민들의 생명과 안전을 위해 구조적 측면에서 이주대책 및 생계지원대책을 강구할 수 있도록 함으로써 피해 주민들이 다시 평화롭고 건강한 일상으로 돌아올 수 있도록 하려는 것임.

■ 주요내용

가. 이 법은 2010년 11월 23일 피습당한 연평도 지역의 피해복구와 주민에 대한 지원에 필요한 사항을 정하여, 연평도 지역에 대한 피해구제 및 주민지원에 이바지함을 목적으로 함(안 제1조).

나. 피해에 대한 조속한 복구와 주민 지원을 위해 국무총리를 위원장으로 하는 연평도지역피해특별대책위원회를 둠(안 제5조).

다. 피해를 입은 주민은 국방부장관이나 지방자치단체의 장에게 신고한 후 피해주민단체를 결성할 수 있음(안 제7조).

라. 국가와 지방자치단체는 연평도 지역 주민 중 이주를 희망하는 주민에 대하여 이주대책을 수립하고 지원하여야 함(안 제9조).

마. 국가와 지방자치단체는 연평도 지역주민의 생업피해 보상 및 이주대책을 위한 계속적인 경제활동의 보장을 지원하여야 함(안 제10조).

바. 국가와 지방자치단체는 연평도 지역 주민에게 긴급생계지원, 주거지원, 의료지원, 교육지원과 같은 긴급지원을 실시하여야 함(안 제11조).

사. 국가와 지방자치단체는 연평도 지역 안에 거주하는 세대의 전기요금, 수도요금, 국민건강보

험료의 감면을 위하여 관계 행정기관의 협의를 거쳐 시행하여야 함(안 제13조).

아. 국가와 지방자치단체는 11월 23일 피습에 따른 사망자와 그 유가족 그리고 부상자에 대하여 지원하여야 함(안 제14조).

북한의 서해 북방한계선 침범행위 및 무력도발에 대한 결의안

의안번호: 151977

제안일자: 1999. 6. 17.

제안자: 국방위원장 (원안가결)

■ 주문

國會는 한반도 평화정착을 위한 우리의 계속된 對北和解政策에도 불구하고 지난 6月 7日이후 계속적으로 자행되고 있는 북한함정들의 서해 北方限界線 침범행위에 대하여 온 국민과 함께 이를 즉각 중지할 것을 北韓政權에 엄중히 촉구하는 바이다.

북한함정들의 이같은 침범행위와 武力挑發은 南北 基本合意書와 停戰協定에 대한 명백한 위반일 뿐만 아니라 남북한 간의 진정한 화해와 협력을 바라는 우리 國民의 염원에 정면으로 배치되는 행위로서 결코 묵과할 수 없다.

이에 우리 國會는 북한의 이와 같은 北方限界線 침범행위와 武力挑發에 대하여 全國民의 단호한 의지를 하나로 모아 다음과 같이 決議한다.

1. 國會는 북한함정의 北方限界線 침범행위와 무력도발이 「남북사이의 화해와 불가침 및 교류·협력에 관한 합의서」와 停戰協定을 위반한 행위이므로 北韓政權은 이러한 행위를 즉각 중지할 것을 엄중히 촉구한다.
2. 國會는 지난 6月 7日부터 계속되어 온 북한의 北方限界線 침범행위와 무력사용을 糾彈하며 이로 인해 야기된 모든 책임은 전적으로 북한측에 있음을 분명히 밝힌다.
3. 國會는 북한정권이 韓半島의 平和와 安全을 위협할 수 있는 모든 문제에 대하여 대화를 통해 平和的으로 해결하기 위한 우리의 노력에 呼應할 것을 촉구한다.
4. 國會는 우리 政府와 軍이 북한의 北方限界線 침범 및 무력도발에 단호하고 철저하게 대처하기를 바라며, 북한의 어떠한 挑發行爲도 신속히 차단하는데 만전을 기해 줄 것을 촉구한다.

5. 國會는 온 국민과 함께 북한정권의 어떠한 挑發과 侵犯行爲에 대해서도 단호히 대처할 수 있는 국민적 安保態勢를 갖추는 데 앞장설 것이다.
6. 國會는 國際社會가 한반도의 평화와 안전이 북한정권에 의해 끊임없이 威脅받고 있는 사태를 直視하고, 북한의 武力策動을 억제하는 데 긴밀히 협력해 줄 것을 촉구한다.

1999. 6. 18. 제204회 국회 (임시회) 제3차 본회의 회의록

1. 북한의 서해북방한계선 침범행위 및 무력도발에 대한 결의안

(14시13분)

○**의장 박준규**의사일정 제1항 북한의 서해북방한계선 침범행위 및 무력도발에 대한 결의안을 상정합니다. 그러면 존경하는 박세환 의원 나오셔서 제안설명해 주시기 바랍니다.

○**국방위원장대리 박세환**국방위원회 박세환 의원입니다.

북한의 서해북방한계선 침범행위 및 무력도발에 대한 결의안에 대한 제안이유를 말씀드리겠습니다.

1999년 6월 7일부터 계속된 북한 측의 서해북방한계선 침범행위는 급기야 6월 15일 우리 해군이 이를 저지하는 과정에서 북한함정이 선제사격을 해 옴으로써 우리 해군함정이 자위권 차원에서 대응사격을 하는 무력충돌로 이어졌으며 북한 측의 이러한 북방한계선 침범행위와 무력도발은 남북기본합의서와 정전협정의 명백한 위반일 뿐 아니라 남북한 간 화해와 협력을 바라는 우리 정부의 노력과 국민의 염원에 정면으로 배치되는 행위입니다.

따라서 국회는 전 국민의 단호한 의지를 하나로 모아 북한의 이러한 도발행위를 강력히 규탄하고 정부의 강력한 대응을 촉구하는 한편 북한의 도발 책동에 대한 엄중한 경고와 함께 우리의 결연한 안보태세를 대내외에 천명하기 위하여 당 위원회 의결로 결의안을 제안하게 된 것입니다.

다음은 주문의 내용 중 결의사항을 말씀드리겠습니다.

1. 국회는 북한함정의 북방한계선 침범행위와 무력도발이 남북 사이의 화해와 불가침 및 교류·협력에 관한 합의서와 정전협정을 위반한 행위이므로 북한정권은 이러한 행위를 즉각 중지할 것을 엄중히 촉구한다.
2. 국회는 지난 6월 7일부터 계속되어 온 북한의 북방한계선 침범행위와 무력사용을 규탄하며 이로 인해 야기된 모든 책임은 전적으로 북한 측에 있음을 분명히 밝힌다.
3. 국회는 북한정권이 한반도의 평화와 안전을 위협할 수 있는 모든 문제에 대하여 대화를 통해 평화적으로 해결하기 위한 우리의 노력에 호응할 것을 촉구한다.
4. 국회는 우리 정부와 군이 북한의 북방한계선 침범 및 무력도발에 단호하고 철저하게 대처하기를 바라며 북한의 어떠한 도발행위도 신속히 차단하는 데 만전을 기해 줄 것을 촉구한다.
5. 국회는 온 국민과 함께 북한정권의 어떠한 도발과 침범행위에 대해서도 단호히 대처할 수 있는 국민적 안보태세를 갖추는 데 앞장설 것이다.
6. 국회는 국제사회가 한반도의 평화와 안전이 북한정권에 의해 끊임없이 위협받고 있는 사태를 직시하고 북한의 무력책동을 억제하는 데 긴밀히 협력해 줄 것을 촉구한다.
7. 국회는 우리 국민은 물론 한반도의 평화를 바라는 온 세계인들과 함께 앞으로 북한의 태도를 예의주시해 나갈 것이며 어떠한 평화 위협 행위에도 흔들림 없이 결연하게 대처해 나갈 것임을 명백히 천명한다.

기타 자세한 내용은 배부해 드린 유인물을 참고해 주시기 바라며 아무쪼록 당 위원회에서 제안한 이 결의안을 만장일치로 채택하여 주시기 바랍니다.

감사합니다.

○ **의장 박준규** 그러면 북한의 서해북방한계선 침범행위 및 무력도발에 대한 결의안에 대해서 의결하고자 합니다.

모두 이의가 없으십니까?

(「없습니다」 하는 의원 있음)

가결되었음을 선포합니다.

7. 國會는 우리 국민은 물론 韓半島의 평화를 바라는 온 세계인들과 함께 앞으로 北韓의 태도를 예의주시해 나갈 것이며, 어떠한 평화 威脅行爲에도 흔들림 없이 決然하게 대처해 나갈 것임을 명백히 闡明한다.

提案理由

1999年 6月 7日부터 계속된 北韓側의 서해 北方限界線 침범행위는 급기야 6月 15日 우리 海軍이 이를 저지하는 과정에서 북한 함정이 先制射擊해 옴으로써 우리 海軍艦艇이 自衛權 次元에서 對應射擊을 하는 무력충돌로 이어졌음.

북한측의 이러한 北方限界線 침범행위와 武力挑發은 南北 基本合意書와 停戰協定의 명백한 위반일 뿐 아니라 남북한 간 화해와 협력을 바라는 우리 政府의 노력과 國民의 염원에 정면으로 背馳되는 행위임.

따라서 국회는 全國民의 단호한 의지를 하나로 모아 북한의 이러한 挑發行爲를 강력히 糾彈하고 정부의 강력한 대응을 促求하는 한편 북한의 挑發策動에 대한 엄중한 경고와 함께 우리의 결연한 安保態勢를 對內外에 천명하기 위하여 決議案을 발의하고자 함.

〈서해5도 특별법〉

1. 서해5도 개발 및 지원에 관한 특별법안 (박승환 의원 대표발의, 임기만료 폐기)

의안번호 172952

발의연월일: 2005. 10. 14.

발의자: 박승환 권오을 김무성 김병호 김양수 김정권 김정훈 김희정 박세환 서병수 심재덕 유기준 이계경 이성권 이윤성 이인기 이혜훈 조성래 조일현 홍문표 홍미영 의원(21인)

제안이유 및 주요내용

■ 제안이유

인천광역시 옹진군에 속하는 연평도·대청도 등 서해5도 지역은 남북 분단으로 인한 특수한 지리적 여건 및 중국과의 어업협정 체결로 인하여 어업활동에 많은 제한을 받고 있으며, 매년 꽃게잡이 철마다 중국 어선들이 북방한계선 인근 해상에 대규모로 출몰하여 불법조업을 감행함에 따라 해당 지역주민들의 생계가 크게 위협받고 있음.

남북 분단으로 인하여 낙후된 접경지역에 대한 개발과 피해보상 등의 근거는 현행 「접경지역지원법」에도 규정되어 있으나 서해5도 지역에 대한 실제 지원은 매우 미비한 실정이므로 서해5도의 생활·교육·관광·환경 등 실태조사, 개발을 위한 사업 지원 및 각종 특례를 주요 내용으로 하는 지원법을 마련하여 해당 지역주민의 생활안정 및 복지증진을 도모하려는 것임.

■ 주요내용

가. 법률의 제명과 목적에 부합하게 서해5도·서해5도 개발종합계획·개발사업·어업인의 용어를 정의함(안 제2조).

나. 인천광역시장은 제9조의 서해5도개발위원회 심의를 거쳐 서해5도 개발종합계획을 수립하고, 이를 인천광역시의회의 동의 및 행정자치부장관의 승인을 얻어 결정함(안 제5조 및 제6조).

다. 인천광역시장은 제5조의 개발종합계획에 따른 연도별 투자계획 및 시행계획을 수립하고 각각 행정자치부장관의 승인을 얻도록 함(안 제7조 및 제8조).

라. 서해5도의 개발 및 지원을 위한 각종 사항을 심의하기 위하여 인천광역시장 소속하에 서해5도개발위원회를 둠(안 제9조).

마. 서해5도 개발·지원을 위하여 주민의 생활·교육·환경 등 실태조사를 실시하고, 사업비의 지원·부담금의 감면·어업인에 대한 지원 특례 등 각종 지원 및 특례 규정을 명시함(안 제10조 내지 제23조).

법률 제 호

서해5도 개발 및 지원에 관한 특별법안

제1조(목적) 이 법은 남북 분단으로 인한 특수한 지리적 여건 및 중화인민공화국과의 어업협정 체결로 인하여 어업활동에 제한을 받고 있는 서해5도 지역의 개발 및 지원에 관한 사항을 규정함으로써 해당 지역주민의 생활안정 및 복지향상에 이바지함을 목적으로 한다.

제2조(정의) 이 법에서 사용하는 용어의 정의는 다음과 같다.

1. "서해5도"라 함은 인천광역시 옹진군에 속하는 백령도·대청도·소청도·연평도·우도 및 대통령령으로 정하는 인근 해역을 말한다.
2. "서해5도개발종합계획"이라 함은 제1조의 목적을 달성하기 위하여 제5조의 규정에 의하여 수립하는 종합적이며 기본적인 계획을 말한다.
3. "개발사업"이라 함은 제2호의 규정에 의한 서해5도개발종합계획에 의하여 시행되는 각종 사업을 말한다.
4. "어업인"라 함은 「수산업법」 제41조의 규정에 의하여 어업의 허가를 받은 어업자, 「수산업법」 제46조의 규정에 의하여 어획물운반업의 등록을 한 어획물운반업자 및 어업자·어획물운반업자를 위하여 어업 또는 어획물운반업에 종사하는 어선원을 총칭한다.

제3조(국가 등의 책무) ① 국가는 서해5도의 개발·지원을 위한 종합적인 시책을 수립·추진하고 그 방안을 강구하여야 한다.

② 인천광역시는 해당 주민의 참여와 다른 지방자치단체와의 협력을 통하여 서해5도가 발전될 수 있도록 필요한 계획과 시책을 수립·시행하여야 한다.

③ 국가 및 인천광역시는 제5조의 종합계획이 효율적으로 시행될 수 있도록 예산의 범위 안에서 필요한 재정지원을 하여야 한다.

제4조(다른 법률과의 관계) 서해5도의 개발 및 지원에 관하여 이 법의 규정에 의한 것을 제외하고는 「접경지역지원법」의 규정에 의한다.

제5조(서해5도개발종합계획의 수립) ① 인천광역시장(이하 "시장"이라 한다)은 제9조의 규정에 의한 서해5도개발위원회의 심의를 거쳐 서해5도개발종합계획(이하 "종합계획"이라 한다)을 수립하여야 한다.

② 종합계획에는 다음 각 호의 사항이 포함되어야 한다.

1. 서해5도의 개발·지원에 관한 기본시책에 관한 사항
2. 해양의 이용·개발에 관한 사항
3. 농업·수산업의 진흥에 관한 사항
4. 보건·의료·사회복지 및 생활환경 개선에 관한 사항
5. 도로·교통·항만 등 사회간접자본시설에 관한 사항
6. 어선감척·어항정비 등에 대한 어업인의 지원에 관한 사항
7. 어촌체험마을 등 관광자원 개발에 관한 사항
8. 개발사업에 필요한 재원의 조달에 관한 사항
9. 그 밖에 시장이 필요하다고 인정하는 사항

③ 종합계획은 다른 법령에 의한 종합계획에 우선한다. 다만, 군사에 관한 사항은 그러하지 아니하다.

④ 종합계획의 수립절차 및 방법에 관하여 필요한 사항은 조례로 정한다.

제6조(종합계획의 결정 등) ① 시장은 종합계획을 인천광역시의회(이하 "시의회"라 한다)의 동의를 얻고 행정자치부장관의 승인을 얻어 이를 결정한다. 이 경우 행정자치부장관은 관계 행정기관의 장과 협의하여야 한다.

② 시장은 종합계획을 변경할 필요가 있거나 행정자치부장관이 그 변경을 요청하는 때에는 시의회의 동의를 얻어 이를 변경할 수 있다.

③ 시장은 종합계획을 변경하거나 폐지할 경우 관련 주민의 재산상 손실을 방지하기 위한 예방대책을 강구하여야 한다.

제7조(연도별 투자계획) ① 시장은 종합계획에 따른 연도별 투자계획을 수립하여 행정자치부장관의 승인을 얻어야 한다. 이를 변경하고자 할 때에도 또한 같다.

② 제1항의 연도별 투자계획의 내용·수립절차 등에 관하여 필요한 사항은 조례로 정한다.

제8조(시행계획) ① 시장은 종합계획에 따라 추진할 시행계획을 수립하여 행정자치부장관의 승인을 얻어야 한다. 이를 변경하고자 할 때에도 또한 같다.

② 행정자치부장관은 제1항의 규정에 따른 시행계획을 승인하고자 할 때에는 관계 중앙행정기관의 장과 협의하여야 한다.

③ 시행계획의 내용·수립절차 등에 관하여 필요한 사항은 조례로 정한다.

제9조(서해5도개발위원회) ① 서해5도의 개발 및 지원을 위한 다음 각 호의 사항을 심의하기 위하여 시장 소속하에 서해5도개발위원회(이하 "위원회"라 한다)를 둔다.

1. 종합계획의 수립 및 변경에 관한 사항
2. 연도별 투자계획과 시행계획의 수립 및 변경에 관한 사항
3. 그 밖에 위원장이 필요하다고 인정하는 사항

② 위원회는 위원장 1인을 포함한 15인 이내의 위원으로 구성한다.

③ 위원회의 위원장은 시장으로 한다.

④ 위원회의 위원은 조례가 정하는 바에 따라 시장이 임명 또는 위촉하는 자로 한다.

⑤ 그 밖에 위원회의 구성·운영 등에 관하여 필요한 사항은 조례로 정한다.

제10조(실태조사의 실시) ① 시장은 관련 행정기관의 장과 협의하여 서해5도 주민의 생활·교육·교통·통신·관광·환경 등에 대한 실태조사를 실시하고 이를 종합계획에 반영하여야 한다.

② 제1항의 규정에 의한 실태조사의 시기 및 방법 등에 관하여 필요한 사항은 조례로 정한다.

제11조(사업비의 지원) 국가 및 인천광역시는 제8조의 규정에 의한 시행계획을 효율적으로 추진하기 위하여 예산의 범위 안에서 개발사업의 시행자에게 필요한 자금을 보조·융자 또는 알선하거나 그 밖에 필요한 조치를 할 수 있다.

제12조(부담금의 감면) 국가 및 인천광역시는 개발사업의 원활한 시행을 위하여 필요한 경우 개발사업의 시행자에게 「개발이익환수에 관한 법률」·「농지법」·「초지법」 및 「산지관리법」이 정하는 바에 따라 개발부담금·농지조성비·대체초지조성비 및 대체산림자원조성비를 감면할 수 있다.

제13조(어업인에 대한 지원의 특례) ① 정부는 「어업협정체결에 따른 어업인 등의 지원 및 수산업발전특별법」 제4조 내지 제17조의 규정에 불구하고 서해5도의 어업인에 대하여는 같은 법 제2조제3호의 규정에 의한 지원금을 대통령령이 정하는 바에 따라 인상하여 지급할 수 있다.

② 정부는 「농어업인 부채경감에 관한 특별조치법」 제3조 내지 제7조의 규정에 불구하고 서해5도의 어업인에 대하여는 같은 법 제2조제4호 및 제5호의 규정에 의한 정책자금·상호금융자금을 대통령령이 정하는 바에 따라 특별 지원할 수 있다.

제14조(어업구조조정의 촉진) ① 정부는 「어업협정체결에 따른 어업인 등의 지원 및 수산업발전특별법」 제19조의 규정에 의하여 서해5도 인근 해역의 어업구조조정에 필요한 시책과 지원대책을 강구하여야 한다.

② 정부는 서해5도의 어업구조 개선을 위하여 「농어촌발전 특별조치법」 제11조의 규정에 불구하고 대통령령이 정하는 바에 따라 특별 어선감척을 할 수 있다.

제15조(기르는어업의 육성) 정부는 서해5도 지역을 「기르는어업육성법」 제7조의 규정에 의한 기르는어업 개발지구로 지정하고, 「어업협정체결에 따른 어업인 등의 지원 및 수산업발전특별법」 제20조의 규정에 의한 기르는어업센터를 설립·운영하여야 한다.

제16조(전화촉진) 정부는 서해5도지역의 전화(電化)를 촉진하기 위하여 「농어촌 전기공급사업 촉진법」 제3조의 규정에 불구하고 전기수요자의 일시부담금의 비율을 낮게 책정할 수 있다.

제17조(공공시설의 우선 설치) 도로·항만·수도 그 밖에 대통령령이 정하는 시설(이 조에서 "공공시설"이라 한다)을 주관하는 관계 행정기관의 장은 서해5도에 당해 공공시설을 우선적으로 설치하여야 한다.

제18조(교육재정지원의 특례) 교육인적자원부장관은 서해5도의 개발·지원과 관련하여 필요하다고 인정하는 경우에는 「지방교육재정교부금법」에 의한 교부금을 대통령령이 정하는 바에 따라 특별 지원할 수 있다.

제19조(국고보조금의 인상 지원) 서해5도에서 「보조금의 예산 및 관리에 관한 법률」 제9조 단서의 규정에 의한 보조금지급 대상사업을 시행하는 경우 그에 대한 국가의 보조금은 「보조금의 예산 및 관리에 관한 법률」 제10조의 규정에 의한 차등보조율과 다른 법률에 의한 보조율에 불구하고 대통령령이 정하는 보조율에 따라 이를 인상하여 지원할 수 있다.

제20조(생태 · 경관보전지역의 지정) 시장은 서해5도를 「자연환경보전법」 제23조의 규정에 의한 생태·경관보전지역으로 지정·관리하여야 한다.

제21조(관광진흥사업의 지원) 시장은 서해5도의 관광진흥을 위하여 낚시터·휴양림·어촌체험마을 등 관광시설의 조성사업에 필요한 지원을 할 수 있다.

제22조(여객 운임에 대한 보조) ① 육지와 서해5도 간을 운항하는 여객운송업자는 「해운법」 제8조의 규정에 의한 운임과 요금을 서해5도 주민에 대하여는 일반승객보다 낮게 정하여야 한다.

② 서해5도 인근 해역을 영업구역으로 하는 유선사업자 및 도선사업자는 「유선 및 도선사업법」 제34조의 규정에 의하여 서해5도 주민의 운임을 일반승객보다 낮게 정하여야 한다.

③ 시장은 제1항 또는 제2항의 규정에 의한 손실보전에 소요되는 비용의 전부 또는 일부를 보조금으로 지급할 수 있다.

제23조(생활필수품의 운송지원 등) 시장은 서해5도의 지역실정 등을 감안하여 주민이 필요로 하는 물자를 적시에 지원받을 수 있도록 조치하여야 한다.

제24조(권한의 위임) 시장은 이 법에 의한 권한 또는 업무의 일부를 조례가 정하는 바에 의하여 관할 군수 등에게 위임하거나 개발사업의 시행자에게 위탁할 수 있다.

제25조(벌칙) 허위로 이 법에 의한 지원 또는 보조금을 지급받은 자는 2년 이하의 징역 또는 2천만원 이하의 벌금에 처한다.

부 칙

이 법은 공포 후 6개월이 경과한 날부터 시행한다.

비용추계서

1. 「접경지역지원법」에 의한 지원의 부족

- 접경지역지원법에 의한 종합계획상 서해5도와 관련하여 14개 사업이 추진중임. 정주기반시설확충, 보건지소 신축 및 의료장비보강, 쓰레기 소각로 설치, 옹진 쓰레기 매립장설치, 간이상수도 개발, 옹진 재활용 집하장 설치, 옹진 상수도 관로 및 물탱크 교체, 양식시설 설치 등에 사업비 1,370억원을 투입할 계획이나 현재 투입된 금액은 극히 작아 실질적인 지원이 이루어지고 있지 못함.

2. 「서해5도 개발 및 지원에 관한 특별법」 실시로 발생하는 비용

(1) 제10조에 의한 실태조사 비용

- 서해5도의 생활·교육·교통·통신·관광·환경 등에 대한 실태조사 실시에 비용 1억원 발생.

(2) 특별 어선 감척실시에 따른 비용

- 서해5도에는 2,470 어업인이 263척의 어선을 가지고 있음(2000년 기준). 그러나 현재 북방한계선으로 인한 어업시간의 제한 및 산란기로 인한 어획 기간 등의 제한으로 인하여 어민들의 생계가 곤란한 상태임. 이에 어업인의 어선 감축에 대한 현실적인 보상이 이루어져야 함.
- 어선 한 척당 최소 2억원의 보상이 이루어져야 함. 이때 총 어선 50척을 감척하는 경우 100억원의 비용이 발생함.

(3) 기르는 어업으로의 전환에 따른 양식 지원 비용

- 수산자원고갈로 인한 어업인의 어획량 감소에 따른 생계 곤란을 해결하기 위하여 양식어업의 활성화를 꾀함. 연평도 2개소(피조개 40ha, 바지락 230톤), 백령도 3개소(내파성가두리 5ha, 가리비양식 10

ha), 대청도 1개소(내파성가두리 3ha) 등 6개소의 양식장을 조성하는 데 총 15억 6천만원이 발생함.

(4) 관광 진흥사업 지원 비용

- 소청도 분바위 전망대 및 휴게시설의 설치(7억원), 연평도 해안 구름다리 설치(20억원), 대청도 등산로 개설 및 체육시설 설치(5억원), 백령도 연꽃단지 조성(30억원), 연평도 및 백령도 안보전시관 건립(25억원), 어촌체험 관광마을 조성(14억) 등을 설치하는 데 총 104억원의 비용이 발생함.

(5) 여객 운임에 대한 보조 비용

- 옹진군 인구 대비 노인거주자가 16%를 초과하고 있으며 생활수준이 열악하여 육지로의 출타도 어려운 실정임. 이에 노인들이 인천에 거주하는 가족들과의 자유로운 왕래를 위해서 선박비 포함한 교통수당을 지급함. 2005년 5월 현재 65세 노인인구가 대청도, 연평도, 백령도 등에 1,206명이 있는바 1인당 5만원을 지급하는 경우 총 7억 2천만원의 비용이 발생함.
- 도서 주민들을 대상으로 여객선 요금을 시비로 50% 지원하는 인천시 조례가 현재 집행되고 있어 여객선 운임 보조 규정을 법에 규정하는 것으로는 비용이 추가로 발생하지 않음.

(6) 농기계 구입비 보조 비용

- 현재 농림사업시행지침에 농기계 구입 시 농민들에게 융자금을 지원하고 있으나, 영세한 농업소득으로 상환능력이 부족하여 부채만 가중되고 있는 상황으로, 농기계 구입 시 융자금 지원을 정부 보조금으로 지원하도록 함.
- 농기계 한 대당 평균적으로 200만원을 지원하고, 100대를 지원하는 경우 2억원의 비용 발생함.

3. 총 소요비용

- 서해5도에 대한 지원사업으로 총 229억 8천만원이 소요됨.

2. 서해5도 지역 지원 특별법안 (신학용 의원 대표발의, 대안반영 폐기)

의안번호 1810055
발의연월일: 2005. 11. 29.
발의자: 신학용 전현희 백원우 박기춘 의원(4인), 찬성자 83인

제안이유 및 주요내용

■ 제안이유

인천광역시 옹진군에 속하는 연평도·백령도·대청도·소청도·소연평도 등 서해5도 지역 주민들은 남북 분단으로 인한 특수한 지리적 여건 및 북한의 위협으로 인하여 생업활동에 많은 제한을 받고 있으며, 특히 2010.11.23일 자행된 북한의 기습적인 포격으로 인하여 사상자가 발생하고 가옥이 전소되는 등 주민들의 생존권이 위협받고 있음.

남북 분단으로 인하여 낙후된 접경지역에 대한 개발과 피해보상 등의 근거는 현행 「접경지역지원법」에도 규정되어 있으나, 동북아의 화약고라고 불리울 만큼 직접적인 북한의 위협 아래 놓여 있는 서해5도 지역과 지역주민에 대한 정부의 지원은 매우 미흡함.

따라서 서해5도 지역 주민들의 생활·교육·관광·환경 여건 등을 지원할 뿐 아니라, 해당 지역을 종합적으로 개발하기 위해 각종 지원 및 특례를 명시한 특별법을 마련하여, 해당 지역주민의 생존권을 보장하고, 생활안정 및 복지향상을 도모하고자 함.

■ 주요내용

가. 법률의 제명과 목적에 부합하게 서해5도·서해5도 주민의 용어를 정의함(안 제2조).

나. 인천광역시장은 서해5도 종합계획을 수립하고, 행정안전부장관의 승인을 얻어 결정함(안 제5조 및 제6조).

다. 인천광역시장은 제5조의 개발종합계획에 따른 연도별 시행계획을 수립하고 각각 행정안전부장관의 승인을 얻도록 함(안 제7조).

라. 서해5도에 대한 개발·지원을 위하여 사업비의 지원·부담금의 감면·서해5도민에 대한 지원 특례 등 각종 지원 및 특례 규정을 명시함(안 제8조부터 제14조까지).

법률 제 호

서해5도 지역 지원 특별법안

제1장 총칙

제1조(목적) 이 법은 남북 분단 현실과 특수한 지리적 여건상 북한군의 위협에 끊임없이 시달려온 서해5도 지역과 그 주민들을 위한 정부의 지원 등에 관한 사항을 규정함으로써 해당 지역주민의 생활안정 및 복지향상을 도모함을 목적으로 한다.

제2조(정의) 이 법에서 사용하는 용어의 정의는 다음과 같다.

1. "서해5도"라 함은 인천광역시 옹진군에 속하는 백령도·대청도·소청도·연평도·소연평도 및 대통령령으로 정하는 인근 해역을 말한다.
2. "서해5도 주민"이라 함은 주민등록법에 따라 서해5도에 주민등록을 하고 거주를 목적으로 상주하는 자를 말한다.

제2장 서해5도 지역 개발 종합계획의 수립 등

제5조(서해5도 지역 개발 종합계획의 수립) ① 인천광역시장(이하 "시장"이라 한다)은 서해5도 지역 개발 종합계획(이하 "종합계획"이라 한다)을 수립하여야 한다.

② 종합계획에는 다음 각 호의 사항이 포함되어야 한다.

1. 종합계획의 목표 및 기본방향에 관한 사항
2. 도로·철도·선박 등 교통시설과 항만 등 사회간접자본 시설의 정비 및 확충에 관한 사항
3. 농업·어업·임업 등 산업기초시설의 확충·개선에 관한 사항
4. 전기·통신·가스 등 생활기반시설의 확충·개선에 관한 사항
5. 교육·의료·후생시설, 그 밖에 문화 복지시설의 확충에 관한 사항
6. 주택·상하수도 등 주거환경의 개선에 관한 사항
7. 풍수해 등 재해의 방지에 관한 사항
8. 관광자원의 개발과 관광산업의 진흥에 관한 사항
9. 그 밖에 이 법의 목적을 달성하기 위하여 필요하다고 인정하는 사항

③ 시장은 종합계획을 작성하기 전 해당 지역주민 대표자의 의견을 수렴하여야 한다.

제6조(종합계획의 결정 등) ① 시장은 종합계획을 작성하여 행정안전부장관의 승인을 얻어 이를 결정한다. 이 경우 행정안전부장관은 국방부 장관 및 관계 행정기관의 장과 협의하여야 한다.

② 시장은 종합계획을 변경할 필요가 있거나 행정안전부장관이 그 변경을 요청하는 때에는 이를 변경할 수 있다. 다만, 대통령령으로 정하는 경미한 사항을 변경하는 경우에는 그러하지 아니하다.

제7조(연도별 시행계획) ① 시장은 종합계획에 따른 연도별 시행계획을 수립하여 행정안전부장관의 승인을 얻어야 한다. 이를 변경하고자 할 때에도 또한 같다.

② 행정안전부장관은 제1항에 따른 시행계획을 승인하고자 할 때에는 국방부 장관 및 관계 중앙행정기관의 장과 협의하여야 한다.

제3장 서해5도 지역 지원 및 특례

제8조(사업비의 지원) ① 국가 및 인천광역시는 제7조에 따른 시행계획을 효율적으로 추진하기 위하여 사업의 시행승인을 받은 자에게 필요한 자금을 보조·융자 또는 알선하거나 그 밖에 필요한 조치를 할 수 있다.

② 인천광역시가 서해5도에서 종합계획 또는 연도별 시행계획에 따라 시행하는 사업에 대한 국가의 보조금은 「보조금의 예산 및 관리에 관한 법률」 제10조에 따른 차등보조율과 다른 법률에 따른 보조율에도 불구하고 보조금을 인상하여 지원하여야 하며, 구체적인 보조율은 대통령령으로 정한다.

제9조(부담금의 감면) 국가와 인천광역시는 종합계획과 연도별 시행계획을 효율적으로 추진하기 위하여 필요한 경우에는 「개발이익환수에 관한 법률」, 「초지법」, 「공유수면 관리 및 매립에 관한 법률」 및 「하천법」에서 정하는 바에 따라 서해5도에 대하여 개발부담금, 대체초지조성비, 공유수면점·사용료, 하천점용료 및 하천수 사용료를 감면할 수 있다.

제10조(긴급사태로 인한 손실에 대한 지원) ① 북한의 공격, 그 밖에 대통령령으로 정하는 사태로 인한 서해5도 주민의 정신·신체·재산상 손실에 대하여 국가는 손실액의 전부 또는 일부를 지원할 수 있다.

② 제1항에 따른 서해5도 주민의 손실액과 지원액 산정 및 구체적 지원방법은 대통령령으로 정한다.

제11조(주민안전시설 우선지원) 주민대피시설·비상급수시설, 그 밖에 대통령령으로 정하는 시설을 주관하는 중앙 행정기관의 장은 서해5도에 해당 시설을 우선 설치하여야 하며 사후 관리비를 지원할 수 있다.

제12조(주민정주여건 우선 지원) ① 국가는 서해5도 주민의 정주여건 개선을 위한 대책을 우선적으로 마련하여야 한다.

② 국가는 도로·항만·수도, 그 밖에 대통령령으로 정하는 공공시설을 우선적으로 설치하거나 지원하여야 한다.

③ 국가는 서해5도 주민의 정주여건 개선을 위하여 대통령령으로 정하는 바에 따라 노후주택의 개보수 비용 등을 지원할 수 있다.

④ 국가는 양로원·장애인복지관·보육원·병원, 그 밖에 대통령령으로 정하는 복지시설을 우선적으로 설치하거나 지원하여야 한다.

⑤ 국가는 서해5도 주민들이 국가유공자 수당, 그 밖의 다른 법률에 의한 수당을 받고 있는지 여부를 불문하고 대통령령으로 정하는 바에 따라 정주수당을 지급할 수 있다.

⑥ 국가는 서해5도 주민들의 생활개선을 위하여 텔레비전 수신료, 상수도 요금, 전기요금, 전화요금 등 공공요금에 대하여 대통령령으로 정하는 바에 따라 할인 등 혜택을 지원할 수 있다.

⑦ 국가는 대통령령으로 정하는 바에 따라 육지와 서해5도를 왕복 운항하는 「해운법」 제11조의 여객운송사업 운임·요금과 대형여객선 건조·운영에 필요한 비용을 지원할 수 있으며, 서해5도의 생활필수품 가격동향과 해상운송비 등을 조사하여 대통령령으로 정하는 바에 따라 생활필수품 해상운송비의 전부 또는 일부를 지원할 수 있다.

제13조(교육우선지원) ① 교육인적자원부장관은 서해5도의 교육지원과 관련하여 필요하다고 인정하는 경우에는 「지방교육재정교부금법」에 의한 교부금을 대통령령으로 정하는 바에 따라 특별 지원 할 수 있다.

② 교육인적자원부장관은 서해5도 주민 자녀의 대학특례입학 등 대통령령으로 정하는 바에 따라 서해5도 주민 자녀의 교육과 관련하여 특별한 지원을 할 수 있다.

제14조(통일교육 및 문화 · 관광시설에 대한 우선 지원) ① 관계 중앙행정기관의 장은 서해5도를 안보교육과 관광, 한반도 평화 및 화해의 장으로 만들고 통일교육을 장려하기 위하여 접경지역 견학 및 방문사업을 추진하고, 이에 필요한 비용을 관계기관 또는 단체에 지원할 수 있다.

② 관계 중앙행정기관의 장은 접경지역에 도서관, 박물관, 문예회관 등을 포함한 문화시설, 관광·숙박·위락시설 및 체육시설이 적절히 설치되고 유지될 수 있도록 하여야 한다.

제15조(권한의 위임) 인천광역시장은 이 법에 의한 권한 또는 업무의 일부를 조례가 정하는 바에 의하여 관할 기초자치단체장 등에게 위임하거나 사업 시행자에게 위탁할 수 있다.

제16조(벌칙) 허위로 이 법에 의한 지원 또는 보조금을 지급받은 자는 2년 이하의 징역 또는 2천만원 이하의 벌금에 처한다.

부칙

이 법은 공포한 날부터 시행한다.

서해5도 지역 지원에 관한 특별법안 비용추계서

Ⅰ. 비용추계 요약

1. 재정수반요인

제정안은 서해5도서 종합계획 추진을 위한 사업비 지원(제8조), 주민정주여건을 위한 지원(제12조), 문화·관광시설 설치(제14조) 등에 소요되는 비용이 발생함.

2. 비용추계의 전제

이 법안의 시행일이 공포한 날로부터 시행한다고 되어 있으므로 추계기간은 2011년부터 2015년까지 5개년으로 하고 사업별 세부 비용추계는 서해5도서 종합계획에 주로 근거함.

3. 비용추계의 결과

〈예 시〉

구분＼연도		2011	2012	2013	2014	2015	합 계
지출	국 비	700	800	800	600	600	3,500
	지 방 비	60	100	100	120	120	500
	소 계 (a)	760	900	900	720	720	4,000
수입	○						
	○						
	소 계(b)						
□총 비용 (a–b)		760	900	900	720	720	4,000

4. 부대의견

본 추계결과는 추계에 사용된 전제가 변경될 경우 달라질 수 있음.

Ⅱ. 비용추계의 상세내역

(Ⅰ) 주민정주여건 지원

(단위:억원)

구분＼연도	2011	2012	2013	2014	2015	합 계
국비	250	350	350	400	400	1,750
지 방 비	50	70	70	80	80	350
소 계	300	420	420	480	480	2,100

(Ⅱ) 주민안전시설 지원

(단위:억원)

구분＼연도	2011	2012	2013	2014	2015	합 계
국비	400	300	300			1,000
지 방 비						
소 계	400	300	300			1,000

(Ⅲ) 교육 · 문화 · 관광시설 지원 등

(단위:억원)

구분＼연도	2011	2012	2013	2014	2015	합 계
국비	50	150	150	200	200	750
지 방 비	10	30	30	40	40	150
소 계	60	180	180	240	240	900

3. 서해5도 지원 특별법안 (박상은 의원 대표발의, 대안반영폐기)

의안번호: 1810057
발의연월일: 2010. 11. 29.
발의자: 박상은 의원, 찬성자 170인

제안이유 및 주요내용

■ 제안이유

인천광역시 옹진군에 속하는 연평도·백령도·대청도 등 서해5도 지역은 남북 분단으로 인한 특수한 지리적 여건으로 인해 북한의 빈번한 군사적 위협으로 인해 해당 지역주민들의 안전과 생계가 크게 위협받고 있으며 2010년 11월 23일 발생한 연평도 포격 도발 이후 주민들의 심리적 불안이 가중되고 있음.

서해5도를 포함한 접경지역에 대한 지원의 근거는 현행 「접경지역지원법」에도 규정되어 있으나 해상을 통해 북한과 직접 접하고 있는 서해5도 지역 주민들이 각종 위험에도 불구하고 지역에 대한 애착을 갖고 생활할 수 있도록 안전한 주거환경과 소득증대를 위한 실질적인 지원정책을 뒷받침하기에는 부족한 면이 많이 있음.

서해5도 주민이 국가안보상의 특수한 여건으로 인한 환경적 어려움을 극복하고 서해5도의 이용·보존과 개발을 위한 사업지원과 각종 특례를 주요 내용으로 하는 특별법을 마련하여 해당 지역 주민의 생활안정 및 복지증진을 도모하려는 것임.

■ 주요내용

가. 법률의 제명과 목적에 부합하게 서해5도·서해5도 종합발전계획·개발사업의 용어를 정의함(안 제2조).

나. 행정안전부장관은 인천광역시장 및 옹진군수의 의견을 수렴하여 서해5도 종합발전계획안을 작성하고 관련 중앙행정기관과의 협의와 서해5도 지원위원회의 심의를 거쳐 서해5도 종합발전계획수립하도록 함(안 제4조).

다. 행정안전부장관은 제5조의 종합발전계획에 따른 연도별 시행계획을 수립하고 서해5도 지원심의위원회의 심의를 거쳐 확정하도록 함(안 제5조).

라. 서해5도의 개발 및 지원을 위한 각종 사항을 심의하기 위하여 국무총리를 위원장으로 하는 서해5도 지원심의위원회를 둠(안 제6조).

마. 서해5도 개발·지원을 위하여 사업비의 지원, 부담금의 감면, 국고보조비율 인상, 노후주택 개량지원, 고등학교 수업료 감면, 주민에 대한 정주생활지원금 지급 등 각종 지원 및 특례 규정을 명시함(안 제7조부터 제14조까지).

법률 제 호

서해5도 지원 특별법안

제1조(목적) 이 법은 2010년 11월 23일 발생한 연평도 포격 사건 등 북한의 군사적 위협으로 피해를 입고 있는 서해5도의 생산·소득 및 생활기반시설의 정비·확충을 통하여 정주여건을 개선함으로써 지역주민의 소득증대와 생활안정 및 복지향상을 도모함을 목적으로 한다.

제2조(정의) 이 법에서 사용하는 용어의 정의는 다음과 같다.

1. "서해5도"란 인천광역시 옹진군에 속하는 백령도·대청도·소청도·연평도·소연평도와 인근 해역을 말한다.
2. "서해5도 종합발전계획"란 제1조의 목적을 달성하기 위하여 제4조에 따라 수립하는 종합적이며 기본적인 계획을 말한다.
3. "개발사업"이란 서해5도 종합발전계획(이하 "종합발전계획"이라 한다)에 따라 시행되는 각종 사업을 말한다.

제3조(국가 등의 책무) ① 국가 및 지방자치단체는 서해5도의 개발 및 지원을 위한 종합적인 시책을 수립·추진하고 그 방안을 강구하여야 한다.

② 국가 및 지방자치단체는 종합발전계획이 효율적으로 시행될 수 있도록 예산의 범위에서 필요한 재정적 지원을 하여야 한다.

제4조(종합발전계획의 수립) ① 행정안전부장관은 관할 지방자치단체의 장 및 주민의 의견을 들어 종합발전계획안을 작성하여 관계 중앙행정기관의 장과 협의하고, 제6조에 따른 서해5도 지원심의위원회의 심의를 거쳐 확정한다. 확정된 사업을 변경할 때도 같다.

② 종합발전계획에는 다음 각 호의 사항이 포함되어야 한다.

1. 서해5도의 개발 및 지원에 관한 기본시책에 관한 사항
2. 서해5도 주민의 안전한 정주여건 조성에 관한 사항
3. 서해5도 주변 해양의 이용·개발·보전 및 해양관광자원의 개발 및 농업·수산업의 진흥에 관한 사항
4. 보건·의료·사회복지 및 생활환경 개선에 관한 사항
5. 도로·교통·항만 등 사회간접자본시설의 정비·확충에 관한 사항
6. 주민의 육지왕래 및 생활필수품의 원활한 유통·공급을 위한 지원보조에 관한 사항
7. 그 밖에 서해5도의 이용·개발·보전 및 주민지원에 관한 사항

제5조(연도별 시행계획의 수립) 행정안전부장관은 제4조에 따라 수립·확정된 종합발전계획에 따라 추진할 연도별 시행계획안을 수립하여 중앙행정기관의 장과 협의를 거친 후 서해5도 지원심의위원회의 심의를 거쳐 확정한다.

제6조(서해5도 지원심의위원회) ① 서해5도의 개발 및 지원을 위한 다음 각 호의 사항을 심의하기 위하여 국무총리 소속으로 서해5도 지원심의위원회(이하 "위원회"라 한다)를 둔다.

1. 종합발전계획의 수립 및 변경에 관한 사항
2. 연도별 시행계획의 수립 및 변경에 관한 사항
3. 그 밖에 위원장이 필요하다고 인정하는 사항

② 위원회는 위원장 1인을 포함한 15인 이내의 위원으로 구성한다.

③ 위원회의 위원장은 국무총리로 한다.

④ 위원장은 필요하다고 인정하는 때에는 관계 중앙행정기관 및 지방자치단체에게 관련 자료의 제출을 요구할 수 있다.

⑤ 그 밖에 위원회의 구성·운영 등에 관하여 필요한 사항은 대통령령으로 정한다.

제7조(사업비의 지원 등) ① 국가 및 지방자치단체는 종합발전계획과 연도별 시행계획을 효율적으로 추진하기 위하여 개발사업의 시행자에게 필요한 자금을 보조·융자 또는 알선하거나 그 밖에 필요한 조치를 할 수 있다.

② 지방자치단체가 종합발전계획과 연도별 시행계획에 따라 시행하는 사업에 대한 국가의 보조금은 「보조금의 예산 및 관리에 관한 법률」 제10조에 따른 차등보조율과 다른 법률에 따른 보조율에도 불구하고 이를 인상하여 지원하되, 그 보조율은 대통령령으로 정한다.

③ 행정안전부장관은 종합발전계획 및 연도별 시행계획의 사업시행을 지원하기 위하여 대통령령으로 정하는 바에 따라 「지방교부세법」에 의한 지방교부세를 특별지원할 수 있다.

제8조(노후 주택개량 지원) ① 국가 및 지방자치단체는 서해5도에 거주하는 주민의 정주여건 개선을 위한 대책을 마련하여야 한다.

② 국가는 제1항에 따라 정주여건을 개선하기 위하여 노후화된 주택의 개선을 위한 주택 개·보수 등에 소요되는 비용의 일부를 지원할 수 있다.

제9조(교육여건의 개선 및 교육지원) ① 국가 및 지방자치단체는 서해5도 주민 및 자녀의 학습기회 확대, 교육비의 부담 경감과 교육환경의 개선에 필요한 정책을 수립하고 시행하여야 한다.

② 국가 및 지방자치단체는 서해5도에 설치된 「초·중등교육법」 제2조에 따른 학교에 재학 중인 학생의 수업료 등을 대통령령으로 정하는 바에 따라 지원할 수 있다.

제10조(농어업인 경영활동 등 지원) 국가 및 지방자치단체는 서해5도에 거주하는 농어업인의 경영활동을 장려하기 위하여 대통령령으로 정하는 바에 따라 필요한 자금 등을 우선하여 지원할 수 있다.

제11조(정주생활지원금 지원) ① 국가는 주민의 안정적인 생활을 지원하기 위하여 서해5도에 「주민등록법」에 따라 주소가 등록되어 있고, 일정한 기간 이상 거주한 주민에 대하여 정주생활지원금을 지급할 수 있다.

② 제1항에 따른 정주생활지원금의 지급대상, 지급기준이나 방법 등에 필요한 구체적인 사항은 대통령령으로 정한다.

제12조(공공요금에 대한 할인 등) 국가 및 지방자치단체는 서해5도에 거주하는 주민의 생활여건을 개선하기 위하여 다음 각 호의 어느 하나에 해당하는 기관의 텔레비전 수신료, 상수도 요금, 전기요금, 전화요금 등 공공요금의 할인 등 우대조치를 할 수 있도록 노력하여야 한다.

1. 국가 및 지방자치단체
2. 국가 및 지방자치단체가 설립하거나 출연한 기관이나 법인 등

제13조(생활필수품의 운송지원 등) 국가 및 지방자치단체는 서해5도 현지의 생활필수품 가격동향과 해상운송비 등을 조사하여 육지와의 형평성을 맞추기 위해 노력하여야 하며, 대통령령이 정하는 바와 따라 생활필수품의 해상운송비 중 일부를 지원할 수 있다.

제14조(조세 및 부담금 등의 감면) ① 국가 및 지방자치단체는 종합발전계획의 원활한 시행과 주민의 경제적 부담 경감 등을 위하여 필요한 경우에는 「조세특례제한법」, 「지방세특례제한법」, 그 밖의 조세 관련 법률 및 지방자치단체의 조례로 정하는 바에 따라 조세감면 등 세제상의 지원을 할 수 있다.

② 국가 및 지방자치단체는 서해5도 종합발전계획에 반영된 개발사업의 원활한 시행을 위하여 필요한 경우에는 개발사업의 시행자에게 「농지법」 및 「산지관리법」 등이 정하는 바에 따라 농지조성비 및 대체산림자원조성비 등을 감면할 수 있다.

부 칙

이 법은 공포 후 1개월이 경과한 날부터 시행한다.

서해5도 지원 특별법안 비용추계서 미첨부 사유서

1. 재정수반요인

동 법안은 서해5도의 개발·지원을 위하여 종합발전계획의 수립 및 사업비의 지원, 노후주택 개량 지원, 교육비의 부담 경감, 농어업인 경영활동 지원, 정주생활지원금 지급, 각종 공공요금에 대한 할인, 생활필수품의 운송지원, 각종 조세 및 부담금의 감면 등 각종 지원 및 특례 규정을 명시하여(안 제7조부터 제14조까지), 이에 상응하는 재정수반요인이 발생함.

2. 미첨부 근거 규정

「의안의 비용추계 등에 관한 규칙」 제3조 제1항제3호에 해당함.

3. 미첨부 사유

동 법안에서 규정하고 있는 각종 사업계획의 미수립 및 범위 미확정으로, 현재 상태에서 상기 재정수반요인에 따른 재정소요가 어느 정도 발생할 것인지 추정하기 어려움.

4. 서해5도 지역 지원 특별법안 (이명수 의원 대표발의, 대안반영폐기)

의안번호: 1810095

발의연월일: 2010. 12. 1.

발의자: 이명수 권선택 김낙성 김용구 김창수 류근찬 박선영 변웅전 이영애 이용희 이재선 이진삼 이회창 임영호 조순형 의원(15인)

제안이유 및 주요내용

■ 제안이유

인천광역시 옹진군에 속하는 연평도·소연평도·백령도·대청도·소청도 등 서해5도 지역주민들은 남북분단으로 인한 특수한 지리적 여건 및 북한의 빈번한 군사적 위협으로 안전과 생업활동이 위협받고 있으며, 특히 2010년 11월 23일 연평도에서 발생한 북한의 포격에 의한 무력도발로 사상자가 발생하고 가옥과 공공건물이 전소되는 등 주민들의 생존권이 크게 위협받고 심리적 불안이 가중되고 있음.

서해5도를 비롯한 접경지역에 대한 개발과 피해보상 등의 근거는 현행 「접경지역지원법」에도 규정되어 있으나, 직접적인 북한의 위협에 직면해 있는 서해5도 지역과 주민들의 안전한 주변환경 및 안정된 생활환경을 위한 정부의 지원은 매우 부족함.

따라서 서해5도 지역과 주민들의 남북분단에 따른 국가안보상의 특수한 여건으로 인한 환경적 어려움을 극복하고 주민의 안전을 확보하는 한편 주거·교육·환경 및 해당지역을 종합적으로 개발하기 위한 각종 지원 및 특례를 주요내용으로 하는 특별법을 마련하여 해당 지역주민의 생활안정 및 복지증진을 도모하고자 함.

■ 주요내용

가. 법률의 제명과 목적에 부합하게 서해5도·서해5도 주민의 용어를 정의함(안 제2조).

나. 행정안전부장관은 관할 지방자치단체의 장 및 주민의 의견을 들어 종합발전계획안을 수립하고, 관계 중앙행정기관의 장과 협의하여 서해5도 지원심의위원회의 심의를 거쳐 확정함(안 제5조).

다. 서해5도의 개발 및 지원을 위한 각종사항을 심의하기 위해 국무총리를 위원장으로 하는 서해5도 지원심의위원회를 둠(안 제7조).

라. 북한의 공격 등으로 긴급사태 발생 시 손실 및 피해 지원, 긴급피난시설 확보 및 지원을 함(안 제9조, 제14조).

마. 북한의 공격 등으로부터 인명피해를 줄이기 위해 모든 주택에 지하대피시설 설치 및 비상물품 비치를 의무화함(제10조).

바. 주민의 생활안정을 위해 각종 정주여건 및 교육여건 개선을 위한 지원을 강화함(안 제11조, 제12조).

사. 국민의 안보의식고취를 위한 안보교육시설 확충 및 지원을 함(안 제13조).

아. 서해5도 개발 및 지원을 위한 각종 조세 및 부담금 감면을 함(안 제15조).

법률 제 호

서해5도 지역 지원 특별법안

제1장 총칙

제1조(목적) 이 법은 2010년 11월 23일 발생한 연평도 포격 사건 등 남북분단으로 인한 특수한 지리적 여건 및 북한의 빈번한 군사적 위협에 시달려온 서해5도 지역과 그 주민들을 위한 정부의 지원 등에 관한 사항을 규정함으로써 해당 지역주민의 생활안정 및 복지향상을 도모함을 목적으로 한다.

제2조(정의) 이 법에서 사용하는 용어의 정의는 다음과 같다.

1. "서해5도"란 인천광역시 옹진군에 속하는 연평도·소연평도·백령도·대청도·소청도와 인근 해역을 말한다.
2. "서해5도 주민"이라 함은 「주민등록법」에 따라 서해5도에 주민등록을 하고 거주를 목적으로 상주하는 자를 말한다.
3. "서해5도 종합발전계획"이란 제1조의 목적을 달성하기 위해 제5조에 따라 수립하는 종합적이며 기본적인 계획을 말한다.
4. "개발사업"이란 서해5도 종합발전계획(이하 "종합발전계획"이라 한다)에 따라 시행되는 각종 사업을 말한다.

제3조(국가 등의 책무) ① 국가와 지방자치단체는 서해5도의 개발·지원을 위한 종합적인 시책을 수립·추진하고 지원방안을 강구하여야 한다.

② 국가와 지방자치단체는 종합발전계획이 효율적으로 시행될 수 있도록 필요한 재정적 지원을 하여야 한다.

제4조(다른 법률과의 관계) ① 이 법은 서해5도의 개발과 지원에 관한 사항에 한하여 다른 법률에 우선하여 적용한다.

② 서해5도의 개발과 지원에 관하여 이 법의 규정에 의한 것을 제외하고는 「접경지역지원법」의 규정에 의한다.

제2장 서해5도 지역 종합발전계획 수립등

제5조(종합발전계획의 수립) ① 행정안전부장관은 관할 지방자치단체의 장 및 주민의 의견을 들어 종합발전계획안을 수립하고, 관계 중앙행정기관의 장과 협의하여 제7조에 따른 서해5도 지원심의위원회의 심의를 거쳐 확정한다. 이를 변경하고자 할 때에도 같다.

② 종합발전계획에는 다음 각 호의 사항이 포함되어야 한다.

1. 종합발전계획의 목표 및 기본방향에 관한 사항
2. 북한의 공격 등으로 인한 피해 및 손실 지원에 관한 사항
3. 주택의 지하대피소 설치 및 비상물품 등의 지원에 관한 사항
4. 도로·항만·수도 등 사회간접자본시설의 확충·정비에 관한 사항
5. 주택의 신축 및 개보수 지원에 관한 사항
6. 양로원·복지관·보육원·병원 등 복지시설의 확충·정비에 관한 사항
7. 텔레비전수신료 및 상수도·전기·전화요금 등 공공요금의 할인 등의 우대조치에 관한 사항
8. 정주생활자금의 지원 등에 관한 사항
9. 농어업 경영활동 지원에 관한 사항
10. 생활필수품 해상운송비 지원에 관한 사항
11. 주민 및 주민자녀의 교육지원에 관한 사항
12. 안보교육 시설 확충 및 지원에 관한 사항

13. 긴급피난 지원에 관한 사항

14. 그 밖에 서해5도의 이용·개발·보전 및 주민지원에 관한 사항

제6조(연도별 시행계획 수립) 행정안전부장관은 제5조에 따라 수립·확정된 종합발전계획에 따라 추진할 연도별 시행계획안을 수립하여 중앙행정기관의 장과 협의를 거친 후 서해5도 지원심의위원회의 심의를 거쳐 확정한다.

제7조(서해5도 지원심의위원회) ① 서해5도의 종합발전계획의 수립·시행을 위한 다음 각 호의 사항을 심의하기 위하여 국무총리 소속으로 서해5도 지원심의위원회(이하 "위원회"라 한다)를 둔다.

1. 종합발전계획의 수립·시행에 관한 사항
2. 연도별 시행계획의 수립·시행에 관한 사항
3. 그 밖에 위원장이 필요하다고 인정하는 사항

② 위원회는 위원장 1인을 포함한 15인 이내의 위원으로 구성한다.

③ 위원회의 위원장은 국무총리로 한다.

④ 위원장은 필요하다고 인정하는 때에는 관계 중앙행정기관 및 지방자치단체에게 회의에 참석하여 발언하게 할 수 있으며, 관련 자료의 제출을 요구할 수 있다.

⑤ 그 밖에 위원회의 구성·운영 등에 관하여 필요한 사항은 대통령령으로 정한다.

제3장 서해5도 지역 지원 특례

제8조(사업비의 지원 등) ① 국가 및 지방자치단체는 제5조 및 제7조의 규정에 의한 종합발전계획 및 연도별 시행계획을 추진하기 위하여 개발사업의 시행자에게 필요한 자금을 보조·융자 또는 알선하거나 그 밖에 필요한 조치를 할 수 있다.

② 지방자치단체가 종합발전계획 및 연도별 시행계획에 따라 시행하는 사업에 대한 국가의 보조금은 「보조금의 예산 및 관리에 관한 법률」 제10조에 따른 차등보조율과 다른 법률에 따른 보조율에도 불구하고 이를 인상하여 지원해야 하며, 그 보조율은 대통령령으로 정한다.

③ 행정안전부장관은 종합발전계획 및 연도별 시행계획의 사업시행을 지원하기 위하여 대통령령으로 정하는 바에 따라 「지방교부세법」에 의한 지방교부세를 특별 지원할 수 있다.

제9조(긴급사태로 인한 손실지원) ① 국가 및 지방자치단체는 북한의 공격 기타 대통령령이 정하는 사태로 인한 서해5도 주민의 정신적·신체적·재산상의 손실과 피해에 대하여 손실액의 전부 또는 일부를 지원할 수 있다.

② 제1항에 따른 서해5도 주민의 손실액과 지원액 산정 및 구체적 지원 방법은 대통령령으로 정한다.

제10조(주민안전시설 지원) ① 국가 및 지방자치단체는 서해5도 지역 주민의 안전을 확보하기 위한 대책을 마련하여야 한다.

② 국가 및 지방자치단체는 제1항에 따라 서해5도 지역 모든 주택에 대해 지하대피시설을 갖추도록 한다.

③ 제2항에 따라 설치된 대피시설에는 주민이 일정기간 생활할 수 있는 비상물품을 비치하도록 한다.

④ 국가와 지방자치단체는 제2항에 따른 대피시설 신축 및 개보수비용과 비상물품 확보 비용의 전부 또는 일부를 부담한다.

⑤ 국가와 지방자치단체는 주민이 공동으로 이용할 수 있는 대피시설·비상급수시설 그 밖에 대통령령이 정하는 시설을 우선적으로 신설 또는 증·개축한다.

제11조(정주생활여건 지원) ① 국가 및 지방자치단체는 서해5도 지역주민의 정주여건 개선을 위한 대책을 우선적으로 마련하여야 한다.

② 국가와 지방자치단체는 서해5도 지역주민의 정주여건 개선을 위하여 도로·항만·수도 그 밖에 대통령령이 정하는 공공시설을 설치하거나 지원하여야 한다.

③ 국가와 지방자치단체는 서해5도 주민의 정주여건 개선을 위해 주택의 신축 및 개보수 비용 등을 지원할 수 있다.

④ 국가와 지방자치단체는 서해5도 지역 내 양로원·장애인복지관·보육원·병원 그 밖에 대통령령이 정하는 복지시설을 설치하거나 지원하여야 한다.

⑤ 국가 및 지방자치단체는 주민의 생활여건을 개선하기 위하여 텔레비전 수신료, 상수도 요금, 전기요금, 전화요금 등 공공요금에 대하여 대통령령이 정하는 바에 따라 할인 등 우대조치를 할 수 있다.

⑥ 국가는 서해5도 주민의 안정적인 생활을 지원하기 위하여 정주생활자금을 지원할 수 있으며, 구체적인 정주생활자금의 지급대상, 지급기준, 지급방법 등은 대통령령으로 정한다.

⑦ 국가 및 지방자치단체는 서해5도에 거주하는 농어업인의 경영활동을 지원하기 위하여 대통령령이 정하는 바에 따라 필요한 자금 등을 우선하여 지원할 수 있다.

⑧ 국가 및 지방자치단체는 대통령령이 정하는 바에 따라 서해5도 주민의 생활필수품 해상운송비의 전부 또는 일부를 지원할 수 있다.

제12조(교육지원) ① 국가 및 지방자치단체는 서해5도 주민 및 자녀의 학습기회 확대, 교육비의 부담경감과 교육환경의 개선에 필요한 정책을 수립하고 시행하여야 한다.

② 국가 및 지방자치단체는 제1항에 따라 「초·중등교육법」 제2조에 따른 학교에 재학 중인 학생의 수업료 등을 대통령령이 정하는 바에 따라 지원할 수 있다.

③ 교육과학기술부장관은 제1항에 따라 대학특례입학 등 대통령령이 정하는 바에 따라 특별 지원할 수 있다.

제13조(안보교육지원) ① 국가 및 지방자치단체는 2010년 11월 23일 발생한 연평도 민간인 피폭시설 일부를 안보교육용으로 보전한다.

② 국가 및 지방자치단체는 연평도 및 여타 4개 지역에 안보교육관 및 숙박시설 등을 설치한다.

③ 국가 및 지방자치단체는 안보교육을 위해 견학 및 방문사업을 추진하고 수송비 및 숙박비를 지원할 수 있다.

제14조(긴급피난지원) ① 국가와 지방자치단체는 북한의 공격 등으로 비상사태 발생시 서해5도 주민을 위한 긴급피난시설을 확보해야 한다.

② 국가 및 지방자치단체는 서해5도 주민의 긴급피난 시설로의 피난과정에 발생하는 비용의 전부 또는 일부를 부담한다.

③ 긴급피난시설의 확보 및 지원에 관한 구체적인 사항은 대통령령으로 정한다.

제15조(조세 및 부담금 감면) ① 국가 및 지방자치단체는 종합발전계획의 원활한 시행과 주민의 경제적 부담 경감들을 위하여 필요한 경우에는 「조세특례제한법」, 「지방세특례제한법」, 그 밖의 조세 관련 법률 및 지방자치단체의 조례로 정하는 바에 따라 조세감면 등 세제상의 지원을 할 수 있다.

② 국가 및 지방자치단체는 종합발전계획에 반영된 개발 사업의 원활한 시행을 위하여 필요한 경우에는 개발사업의 시행자에게 「농지법」, 「산지관리법」, 「개발이익환수에 관한 법률」 등이 정하는 바에 따라 농지보전부담금, 대체산림자원조성비, 개발부담금 등을 감면할 수 있다.

부 칙

이 법은 공포한 날부터 시행한다.

서해5도 지원 특별법안 비용추계서 미첨부 사유서

1. 재정수반요인

동 법안은 지원위원회의 설치 및 서해5도 지역과 주민을 위한 종합발전계획을 수립 및 시행하면서 사업비의 지원, 정주생활여건 조성, 긴급사태로 인한 손실지원, 주민안전시설 지원,정주생활여건 지원, 교육지원, 안보교육시설지원, 긴급피난지원, 각종 조세 및 부담금의 감면 등의 지원 및 특례 규정을 명시하여(안 제7조부터 제15조까지), 이에 상응하는 재정수반요인이 발생함.

2. 미첨부 근거 규정

「의안의 비용추계 등에 관한 규칙」 제3조 제1항제3호에 해당함.

3. 미첨부 사유

동 법안에서 규정하고 있는 지원위원회의 경우 위원이 확정되어 있지 않고, 그 운영과 관련하여서는 대통령령이 정해져야 비용추계가 가능하므로 아직 어느 정도의 규모로 운영할 것인지를 추정하기가 어려움. 또한 종합발전계획의 수립 및 범위에 의한 사업계획이 시행되지 않았으므로 현재 상태에서 상기 재정수반요인에 따른 재정소요가 어느 정도 발생할 것인지 추정하기 어려움.

5. 서해5도 지역 지원 특별법안 (대안) (행정안전위원장)

의안번호: 1810175

발의연월일: 2010. 12. 8.

제안이유 및 주요내용

■ 대안의 제안경위

가. 2010년 11월 29일 신학용 의원이 대표발의한 「서해5도 지역 지원 특별법안」, 박상은 의원이 대표발의한 「서해5도 지원 특별법안」, 전현희의원이 대표발의한 「연평도 피해주민의 지원에 관한 특별법안」을 제294회국회(정기회) 제10차 행정안전위원회(2010. 11. 30)에 상정하여 제안설명 및 검토보고와 대체토론을 거쳐 법안심사소위원회에 회부함.

나. 2010년 12월 1일 이명수 의원이 대표발의한 「서해5도 지역 지원 특별법안」은 법안심사소위원회에 바로 회부함.

다. 제294회국회(정기회) 제6차 법안심사소위원회(2010. 12. 3)에서 종합·심사한 결과, 4건의 법률안은 이를 각각 본회의에 부의하지 아니하기로 하고 이를 통합·조정한 「서해5도 지원 특별법안(대안)」을 제안하기로 하였음.

라. 제294회국회(정기회) 제11차 행정안전위원회(2010. 12. 6)에서 법안심사소위원회의 의견을 받아들여 위원회 대안을 제안하기로 의결함.

■ 대안의 제안이유

인천광역시 옹진군에 속하는 연평도·백령도·대청도 등 서해5도 지역은 해상을 통해 북한과 직접 접하고 있는 특수한 지리적 여건으로 인해 북한의 빈번한 군사적 위협이 발생하여 주민들의 안전과 생계가 위협받고 있음.

현재 「접경지역지원법」 등에 의하여 서해5도에 대한 지원이 이루어지고 있으나, 서해5도 주민에 대해 안전한 주거환경 확충방안 및 소득증대방안 등이 충분히 제시되지 않고 있으므로 주민에 대한 실질적인 지원방안으로 보기에 다소 미흡한 상황임.

특히 서해5도는 2010년 11월 23일 북한의 연평도 포격 사건에서 드러났듯이 북한과의 군사적 충돌발생 시 주민 대피시설 및 육지로의 대피방안 부족으로 인하여 주민들이 위험에 처할 수 있고, 생업활동이 장기간 저해될 우려가 있는 지역임.

따라서 서해5도 주민이 안전 및 생계에 대한 불안감 없이 거주할 수 있도록 제정안은 행정안전부장관은 서해5도 종합발전계획 및 연도별 시행계획을 수립하고 국무총리를 위원장으로 하는 서해5도 지원위원회 심의를 거쳐 이를 확정하도록 하여 관계부처와의 원활한 협조를 통해 서해5도에 보다 적극적인 지원이 이루어지도록 하고, 부담금 감면, 국고보조율 인상, 정원외 입학, 노후주택 개량 지원 등을 통해 주민의 삶의 질을 개선하도록 하며, 주민대피시설을 확충하여 서해5도를 주민이 안전에 대한 불안감 없이 거주할 수 있는 지역으로 조성하려는 것임.

■ 대안의 주요내용

가. 법률의 제명과 목적에 부합하게 서해5도·서해5도 종합발전계획·개발사업의 용어를 정의함(안 제2조).

나. 이 법은 서해5도의 개발과 지원에 관한 사항에 한하여 다른 법률에 우선하여 적용하고, 이 법의 규정에 의한 것을 제외하고는 「접경지역지원법」의 규정에 의하도록 함(안 제4조).

다. 행정안전부장관은 해당 지방자치단체의 장 및 주민의 의견을 들어 종합발전계획안을 작성하여 관계 중앙행정기관의 장과 협의하고 서해5도 지원위원회의 심의를 거쳐 확정하도록 함(안 제5조).

라. 행정안전부장관은 제5조의 종합발전계획에 따른 연도별 시행계획을 수립하고 서해5도 지원위원회의 심의를 거쳐 확정하도록 함(안 제6조).

마. 서해5도의 개발 및 지원을 위한 각종 사항을 심의하기 위하여 국무총리를 위원장으로 하는 서해5도 지원위원회를 둠(안 제7조).

바. 국가와 지방자치단체는 주민대피시설·비상급수시설 등을 서해5도에 우선 설치하도록 하고 사후관리비를 지원할 수 있도록 함(안 제10조).

사. 국가는 노후화된 주택의 개선을 위한 신축 및 주택 개·보수 등에 소요되는 비용의 일부를 지원할 수 있도록 함(안 제11조).

아. 서해5도 주민에 대한 정주생활지원금 지원, 생활필수품의 해상운송비 지원, 초·중·고등학교 등에 재학 중인 학생의 수업료 감면, 서해5도 주민 자녀의 대학교 정원외 입학 및 농어업인의 경영활동을 위해 필요한 자금의 우선지원 등 각종 지원 규정을 둠(안 제12조부터 제18조까지).

법률 제 호

서해5도 지원 특별법안

제1조(목적) 이 법은 남북 분단 현실과 특수한 지리적 여건상 북한의 군사적 위협으로 피해를 입고 있는 서해5도의 생산·소득 및 생활기반시설의 정비·확충을 통하여 정주여건(定住與件)을 개선함으로써 지역주민의 소득증대와 생활안정 및 복지향상을 도모함을 목적으로 한다.

제2조(정의) 이 법에서 사용하는 용어의 정의는 다음과 같다.

1. "서해5도"란 인천광역시 옹진군에 속하는 백령도·대청도·소청도·연평도·소연평도와 인근 해역을 말한다.
2. "서해5도 종합발전계획"이란 제1조의 목적을 달성하기 위하여 제4조에 따라 수립하는 종합적이며 기본적인 계획을 말한다.
3. "개발사업"이란 서해5도 종합발전계획(이하 "종합발전계획"이라 한다)에 따라 시행되는 각종 사업을 말한다.

제3조(국가 등의 책무) ① 국가 및 지방자치단체는 서해5도의 개발 및 지원을 위한 종합적인 시책을 수립·추진하고 지원방안을 강구하여야 한다.

② 국가 및 지방자치단체는 종합발전계획이 효율적으로 시행될 수 있도록 예산의 범위에서 필요한 재정적 지원을 하여야 한다.

제4조(다른 법률과의 관계) ① 이 법은 서해5도의 개발과 지원에 관하여 다른 법률에 우선하여 적용한다.

② 서해5도의 개발과 지원에 관하여 이 법의 규정에 따른 것을 제외하고는 「접경지역지원법」의 규정에 따른다.

제5조(종합발전계획의 수립) ① 행정안전부장관은 해당 지방자치단체의 장 및 주민의 의견을 들어 종합발전계획안을 작성하여 관계 중앙행정기관의 장과 협의하고, 제7조에 따른 서해5도 지원위원회의 심의를 거쳐 확정한다. 확정된 종합발전계획 중 대통령령으로 정하는 중요한 사항을 변경할 때에도 또한 같다.

② 종합발전계획에는 다음 각 호의 사항이 포함되어야 한다.

1. 서해5도의 개발 및 지원에 관한 기본시책에 관한 사항
2. 서해5도 주민의 안전한 정주여건 조성에 관한 사항
3. 서해5도 주변 해양의 이용·개발·보전 및 해양관광자원의 개발 및 농업·수산업의 진흥에 관한 사항
4. 교육·보건·의료·사회복지 및 생활환경 개선에 관한 사항
5. 도로·항만·수도 등 사회간접자본시설의 확충·정비에 관한 사항
6. 주민의 육지왕래 및 생활필수품의 원활한 유통 공급에 관한 사항
7. 주민의 안전확보를 위한 대책 마련에 관한 사항
8. 그 밖에 서해5도의 이용·개발·보전 및 주민지원에 관한 사항

제6조(연도별 시행계획의 수립) 행정안전부장관은 제5조에 따라 수립·확정된 종합발전계획에 따라 추진할 연도별 시행계획안을 수립하여 중앙행정기관의 장과 협의를 거친 후 서해5도 지원위원회의 심의를 거쳐 확정한다.

제7조(서해5도 지원위원회) ① 서해5도의 개발 및 지원을 위한 다음 각 호의 사항을 심의하기 위하여 국무총리 소속으로 서해5도 지원위원회(이하 "위원회"라 한다)를 둔다.

1. 종합발전계획의 수립 및 변경에 관한 사항
2. 연도별 시행계획의 수립 및 변경에 관한 사항
3. 그 밖에 위원장이 필요하다고 인정하는 사항

② 위원회는 위원장 1명을 포함한 15명 이내의 위원으로 구성한다.

③ 위원회의 위원장은 국무총리로 한다.

④ 위원장은 필요하다고 인정하는 때에는 관계 중앙행정기관 및 지방자치단체에게 관련 자료의 제출을 요구할 수 있다.

⑤ 그 밖에 위원회의 구성·운영 등 필요한 사항은 대통령령으로 정한다.

제8조(사업비의 지원 등) ① 국가 및 지방자치단체는 종합발전계획과 연도별 시행계획을 효율적으로 추진하기 위하여 개발사업의 시행자에게 필요한 자금을 보조·융자 또는 알선하거나 그 밖에 필요한 조치를 할 수 있다.

② 지방자치단체가 종합발전계획과 연도별 시행계획에 따라 시행하는 사업에 대한 국가의 보조금은 「보조금의 예산 및 관리에 관한 법률」 제10조에 따른 차등보조율과 다른 법률에 따른 보조율에도 불구하고 이를 인상하여 지원하여야 하며, 그 보조율은 대통령령으로 정한다.

③ 행정안전부장관은 종합발전계획 및 연도별 시행계획의 사업시행을 지원하기 위하여 대통령령으로 정하는 바에 따라 「지방교부세법」에 따른 지방교부세를 특별지원할 수 있다.

제9조(조세 및 부담금 등의 감면) ① 국가 및 지방자치단체는 종합발전계획의 원활한 시행과 주민의 경제적 부담 경감 등을 위하여 필요한 경우에는 「조세특례제한법」, 「지방세특례제한법」, 그 밖의 조세 관련 법률 및 지방자치단체의 조례로 정하는 바에 따라 서해5도 주민 등에 대하여 조세감면 등 세제상의 지원을 할 수 있다.

② 국가 및 지방자치단체는 종합발전계획에 반영된 개발사업의 원활한 시행을 위하여 필요한 경우에는 개발사업의 시행자에게 다음 각 호의 부담금 등을 감면할 수 있다.

1. 「농지법」에 따른 농지보전부담금
2. 「산지관리법」에 따른 대체산림자원조성비
3. 「개발이익환수에 관한 법률」에 따른 개발부담금
4. 「초지법」에 따른 대체초지조성비
5. 「공유수면 관리 및 매립에 관한 법률」에 따른 공유수면 점용료·사용료
6. 「소하천정비법」에 따른 유수·토지의 점용료 및 토석·모래·자갈 등 소하천 산출물의 채취료

제10조(주민안전시설 우선지원) 국가와 지방자치단체는 서해5도에 거주하는 주민의 안전을 확보하기 위하여 주민대피시설·비상급수시설, 그 밖에 대통령령으로 정하는 시설을 서해5도에 우선 설치하여야 하며 관리비를 지원할 수 있다.

제11조(노후 주택개량 지원) ① 국가 및 지방자치단체는 서해5도에 거주하는 주민의 정주여건 개선을 위한 대책을 마련하여야 한다.

② 국가는 제1항에 따라 정주여건을 개선하기 위하여 노후화된 주택의 개선을 위한 신축 및 주택 개·보수 등에 소요되는 비용의 일부를 지원할 수 있다.

제12조(서해5도 정주생활지원금 지원) ① 국가는 주민의 안정적인 생활을 지원하기 위하여 서해5도에 「주민등록법」에 따라 주소가 등록되어 있고, 일정한 기간 이상 거주한 주민에 대하여 정주생활지원금을 지급할 수 있다.

② 제1항에 따른 정주생활지원금의 지급대상, 지급기준이나 방법 등에 필요한 사항은 대통령령으로 정한다.

제13조(공공요금 및 국민건강보험료의 감면) 국가와 지방자치단체 등은 서해5도에 거주하는 세대의 텔레비전 수신료, 상수도 요금, 전기요금, 전화요금, 수도요금 등의 공공요금 및 국민건강보험료를 감면할 수 있다.

제14조(생활필수품의 운송지원 등) 국가 및 지방자치단체는 서해5도 현지의 생활필수품 가격동향과 해상운송비 등을 조사하여 육지와의 형평성을 맞추기 위해 노력하여야 하며, 대통령령으로 정하는 바에 따라 생활필수품의 해상운송비 중 일부를 지원할 수 있다.

제15조(교육지원) ① 국가 및 지방자치단체는 서해5도 주민 및 자녀의 학습기회 확대, 교육비의 부담경감과 교육환경의 개선에 필요한 정책을 수립하고 시행하여야 한다.

② 국가 및 지방자치단체는 서해5도에 설치된 「초·중등교육법」 제2조에 따른 학교에 재학 중인 학생의 수업료 등을 대통령령으로 정하는 바에 따라 지원할 수 있다.

③ 교육과학기술부장관은 서해5도의 교육지원과 관련하여 필요하다고 인정하는 경우에는 「지방교육재정교부금법」에 따른 교부금을 대통령령으로 정하는 바에 따라 특별지원할 수 있다.

④ 교육과학기술부장관은 서해5도 주민의 자녀가 「고등교육법」 제2조의 학교에 입학하는 경우에는 대통령령으로 정하는 바에 따라 정원이 따로 있는 것으로 볼 수 있다.

제16조(공공시설 및 복지시설 지원) ① 국가 및 지방자치단체는 도로·항만·수도, 그 밖에 대통령령으로 정하는 공공시설을 우선적으로 설치하거나 지원하여야 한다.

② 국가 및 지방자치단체는 양로원·장애인 복지관·보육원·병원, 그 밖에 대통령령으로 정하는 복지시설을 우선적으로 설치하거나 지원하여야 한다.

제17조(통일교육 및 문화 · 관광시설에 대한 우선 지원) ① 국가 및 지방자치단체는 서해5도를 안보교육과 관광, 한반도 평화 및 화해의 장으로 만들고 통일교육을 장려하기 위하여 서해5도 견학 및 방문사업을 추진하고, 이에 필요한 비용을 관계기관 또는 단체에 지원할 수 있다.

② 국가 및 지방자치단체는 서해5도에 도서관, 박물관, 문예회관 등을 포함한 문화시설, 관광·숙박·위락시설 및 체육시설이 적절히 설치되고 유지될 수 있도록 노력하여야 한다.

제18조(농어업인 경영활동 등 지원) 국가 및 지방자치단체는 서해5도에 거주하는 농어업인의 경영활동을 장려하기 위하여 대통령령으로 정하는 바에 따라 필요한 자금의 우선 지원, 영농(營農)·영어(營漁)·시설·운전 자금 등에 대한 대출상환 유예 및 기한 연장, 이자 지원 등에 대한 대책을 수립하여 시행하여야 한다.

부 칙

이 법은 공포 후 1개월이 경과한 날부터 시행한다.

6. 서해5도 지원 특별법 일부개정법률안 (박상은 의원 대표발의, 대안반영폐기)

의안번호: 1904842

발의연월일: 2013. 5. 6.

발의자: 박상은 이장우 안효대 이명수 박남춘 강석호 유승우 홍일표 최원식 윤진식 최봉홍 의원(11인)

제안이유 및 주요내용

■ 제안이유

서해최북단 NLL에 인접한 서해5도는 최근 북한의 군사도발 위협으로 관광객 감소 등으로 주민생계에 막대한 타격을 받고 있는 가운데 연평도에서는 북한이탈주민이 어선을 훔쳐 월북하는 사건까지 발생하여 연평도 포격 사건을 경험한 서해5도는 주민불안감이 고조되는 등 정주여건이 열악해지고 있어 접경지역 최일선에서 안보방파제 역할을 하고 있는 서해5도 주민의 정주여건 개선을 강화하기 위하여 관련 규정을 정비하려는 것임.

■ 주요내용

가. 결혼이민자의 경우 주민등록과 상관없이 「가족관계의 등록 등에 관한 법률」에 따라 혼인신고를 한 경우에도 정주생활지원금을 받을 수 있도록 대상자를 확대 함(안제12조).

나. 경영활동 지원대상의 범위를 농어업인에서 소매업인을 추가하고, 서해5도 어업인이 불특정 국가의 선박 및 남북한 긴장에 따른 조업손실과 어구손괴 등으로 피해가 발생한 경우 지원대책을 강구하여야 하며, 어업인의 소득증대를 위하여 조업구역 확장과 조업시간 연장을 위하여 노력하고, 기존 어업허가를 득한 어선은 허가정수와는 별도로 어업의 종류별로 허가를 받은 것으로 간주 하도록 함(안제18조 신설).

다. 수산자원 보호 및 불법조업 방지를 위하여 시설물 설치에 필요한 사업을 지원할 수 있도록 함(안제19조 신설).

라. 서해5도 항로에서 운항하는 여객선이 안정적으로 운항될 수 있도록 여객선 운영에 따른 결손비용을 지원할 수 있도록 함(안제20조 신설).

법 제 호

서해5도 지원 특별법 일부개정법률안

서해5도 지원 특별법 일부를 다음과 같이 개정한다.

제12조제1항 전단 중 "「주민등록법」에 따라 주소가 등록되어 있고,"를 "「주민등록법」에 따라 주소가 등록되어 있는 자와 「가족관계의 등록 등에 관한 법률」에 따라 혼인신고를 한 결혼이민자 중"으로 한다.

제18조를 다음과 같이 한다.

제18조(농어업인 및 소상공인 경영활동 등 지원) ① 국가 및 지방자치단체는 서해5도에 거주하는 농어업인 및 소매업인의 경영활동을 장려하기 위하여 대통령으로 정하는 바에 따라 필요한 자금의 우선지원, 영농(營農)·영어(營漁)·시설·운전 자금, 소매업 경영자금 등에 대한 대출상환 유예 및 기한 연장, 이자지원 등에 대한 대책을 수립하여 시행하여야 한다.

② 국가 및 지방자치단체는 서해5도에 거주하는 어업인이 불특정국가의 선박 및 남북한 긴장에 따른 조업손실과 어구 손괴 등으로 피해가 발생한 경우에는 지원대책을 강구하여야 한다.

③ 해양수산부장관은 서해5도 어업인의 소득증대를 위하여 조업구역의 확장 및 조업시간 연장을 위하여 노력하여야 한다.

④ 서해5도 지역은 신규어선의 전입을 제한하고 기존 어업허가를 득한 어선에 한하여는 「어업의 허가 및 신고 등에 관한 규칙」 별표2의 허가정수와는 별도로 어업의 종류별로 허가를 받은 것으로 본다.

제19조를 다음과 같이 신설한다.

제19조(불법조업 방지시설) 서해5도에서 조업하는 어민의 안전조업과 수산자원 보호 및 불법조업 방지를 위하여 시설물 설치에 필요한 사업을 지원할 수 있다.

제20조를 다음과 같이 신설한다.

제20조(사회간접자본 지원) 국가 또는 지방자치단체는 서해5도 주민의 교통편의를 위하여 서해5도 항로에서 운항하는 여객선이 안정적으로 운항될 수 있도록 여객선 운영에 따른 결손비용을 지원할 수 있다.

부 칙

이 법은 공포한 날부터 시행한다.

7. 서해5도 지역 특별법 일부개정법률안 (이학재 의원 대표발의, 임기만료폐기)

의안번호: 1911107

발의연월일: 2014. 7. 9.

발의자: 이학재 손인춘 이한성 유승우 박대출 박명재 문대성 황진하 신성범 김성찬 홍일표 안덕수 이자스민 이에리사 의원 (14인)

제안이유 및 주요내용

■ 제안이유 및 주요내용

강화군은 북한과의 거리가 강화 본도를 기준으로 해상 1.8㎞에 불과한 북한과의 최인접 지역으로, 서해5도 보다도 북한과 더 가까운 거리에 위치하고 있음. 또한 군 비상 시 서해5도와 동일하게 통제를 받고 있어 주민들의 생활여건이 매우 열악한 실정임.

이처럼 강화군은 서해5도와 군사적·지리적 여건이 매우 비슷함에도 불구하고 강화군 주민은 서해5도 주민과 달리 중앙 정부의 관련 지원을 받지 못하고 있음.

이에 강화군에 속하는 도서 중 북한과 인접해 있고 연륙교량 건설계획이 없는 미법도·서검도·주문도·아차도·볼음도·말도를 현행법의 지원 대상 지역에 포함시켜, 강화6도에 대해서도 정주여건 개선 등을 통해 주민의 생활안정 및 복지향상을 도모하려는 것임(안 제2조제1호의2 등).

법률 제 호

서해5도 지원 특별법 일부개정법률안

서해5도 지원 특별법 일부를 다음과 같이 개정한다.

제명 "서해5도 지원 특별법"을 "서해5도 및 강화6도 지원 특별법"으로 한다.

제1조 중 "5도의"를 "5도 및 강화6도의"로 한다.

제2조에 제1호의2를 다음과 같이 신설하고, 같은 조 제2호 중 "종합발전계획"을 "및 강화6도 종합발전계획"으로 하며, 같은 조 제3호 중 "5도 종합발전계획"을 "5도 및 강화6도 종합발전계획"으로 한다.

1의2. "강화6도"란 인천광역시 강화군에 속하는 미법도·서검도·주문도·아차도·볼음도·말도와 인근 해역을 말한다.

제3조제1항 중 "5도"를 "5도 및 강화6도(이하 "서해5도 등"이라 한다)"로 한다.

제4조제1항 및 제2항 중 "5도의"를 각각 "5도 등의"로 한다.

제5조제1항 전단 중 "5도"를 "5도 등"으로 하고, 같은 조 제2항제1호 중 "5도의"를 "5도 등의"로 하며, 같은 항 제2호 및 제3호 중 "5도"를 각각 "5도 등"으로 하고, 같은 항 제8호 중 "5도의"를 "5도 등의"로 한다.

제6조 중 "5도"를 "5도 등"으로 한다.

제7조의 제목 중 "5도"를 "5도 등"으로 하고, 같은 조 제1항 각 호 외의 부분 중 "5도의"를 "5도 등의"로, "5도"를 "5도 등"으로 한다.

제9조제1항 중 "5도"를 "5도 등"으로 한다.

제10조 중 "5도에"를 각각 "5도 등에"로 한다.

제11조제1항 중 "5도에"를 "5도 등에"로 한다.

제12조의 제목 중 "5도"를 "5도 등"으로 하고, 같은 조 제1항 중 "5도에"를 "5도 등에"로 한다.

제13조 중 "5도에"를 "5도 등에"로 한다.

제14조 중 "5도"를 "5도 등"으로 한다.

제15조제1항 중 "5도"를 "5도 등"으로 하고, 같은 조 제2항 중 "5도에"를 "5도 등에"로 하며, 같은 조 제3항 중 "5도의"를 "5도 등의"로 하고, 같은 조 제4항 중 "5도"를 "5도 등"으로 한다.

제17조제1항 중 "5도를"을 "5도 등을"로, "5도"를 "5도 등"으로 하고, 같은 조 제2항 중 "5도에"를 "5도 등에"로 한다.

제18조 중 "5도에"를 "5도 등에"로 한다.

부 칙

이 법은 공포 후 6개월이 경과한 날부터 시행한다.

서해5도 지원 특별법 일부개정법률안 비용추계서

I. 비용추계 요약

1. 재정수반요인

개정안은 현행「서해5도 지원 특별법」에 따른 지원대상에 북한과 인접해 있고 연륙교량 건설계획이 없는 등 서해5도(백령도, 대청도, 소청도, 연평도, 소연평도)와 비슷한 군사적·지리적 여건 하에 있는 강화6도(미법도, 서검도, 주문도, 아차도, 볼음도, 말도)를 포함하는 내용이다.

이에 따라 강화6도 주민을 위한 주민안전시설 우선지원(안 제10조), 노후 주택개량 지원(안 제11조제1항), 정주생활지원금 지원(안 제12조제1항), 생활필수품의 운송지원(안 제14조), 교육지원(안 제15조), 통일교육 및 문화·관광 시설 등에 대한 우선지원(안 제17조), 농어업인 경영활동 등 지원(안 제18조)이 이루어져 추가 재정소요가 발생할 것으로 예상된다.

2. 비용추계의 전제

가. 개정안은 공포 후 6개월이 경과한 후부터 시행하도록 하고 있고 법률안과 관련 예산안 심의기간을 고려하여, 추계기간을 2015년부터 2019년까지 5년으로 한다. 이후에도 지속적인 재정소요는 존재한다.

나. 개정안이 시행될 경우「서해5도 종합발전계획」에 따라 현재 서해5도에 대하여 이루어지고 있는 지원 수준으로 강화6도에 대한 지원이 이루어진다고 가정한다.

3. 비용추계의 결과

개정안에 따라 강화6도를「서해5도 지원 특별법」의 지원 대상에 포함할 경우, 아래 [표 1]과 같이 2015년 38억 6,100만원(국비 30억 8,900만원, 지방비 7억 7,200만원)을 비롯하여 향후 5년간 총 203억 1,600만원(국비 162억 5,400만원, 지방비 40억 6,100만원)의 재정소요가 발생할 것으로 추정된다.

▼표 1 개정안에 따른 추가 재정소요: 2015년~2019년

(단위: 백만원)

	2015	2016	2017	2018	2019	합계
정주생활지원금 (안 제12조제1항)	442	442	442	442	442	2,210
– 국비	354	354	354	354	354	1,770
– 지방비	88	88	88	88	88	440
기타 지원 (안 제10조 · 제11조 · 제14조 · 제15조 · 제17조 · 제18조)	3,419	3,521	3,620	3,721	3,825	18,106
– 국비	2,735	2,817	2,896	2,977	3,060	14,484
– 지방비	684	704	724	744	765	3,621
합계	**3,861**	**3,963**	**4,062**	**4,163**	**4,267**	**20,316**
– 국비	3,089	3,171	3,250	3,331	3,414	16,254
– 지방비	772	792	812	832	853	4,061

4. 부대의견

개정안에 따라 강화6도를 지원 대상에 포함시키는 내용의 개정이 이루어질 경우 이에 맞추어 '서해5도 및 강화6도 종합발전계획' 및 '연도별 시행계획'을 새로 수립하도록 명확히 규정할 필요가 있다.

따라서 동 개정안의 부칙 조항에 "안전행정부장관은 이 법 시행 전에 강화6도 지원에 관한 사항이 포함된 종합발전계획 및 연도별 시행계획을 수립하고, 이 법 시행 후 1개월 내에 해당 종합발전계획 및 연도별 시행계획을 확정하여야 한다"는 등의 법 시행을 원활히 하기 위한 준비조항을 둘 필요가 있다.

II. 비용추계 상세내역

1. 비용추계 대상 및 방법

가. 비용추계 대상

개정안은 현행 「서해5도 지원 특별법」에 따른 지원대상에 북한과 인접해 있고 연륙교량 건설계획이 없는 등 서해5도(백령도, 대청도, 소청도, 연평도, 소연평도)와 비슷한 군사적·지리적 여건 하에 있는 강화6도(미법도, 서검도, 주문도, 아차도, 볼음도, 말도)를 포함하는 내용이다.

이에 따라 강화6도 주민을 위한주민안전시설 우선지원(안 제10조), 노후 주택개량 지원(안 제11조제1항), 정주생활지원금 지원(안 제12조제1항), 생활필수품의 운송지원(안 제14조), 교육지원(안 제15조), 통일교육 및 문화·관광 시설 등에 대한 우선지원(안 제17조), 농어업인 경영활동 등 지원(안 제18조)이 이루어져 추가 재정소요가 발생할 것으로 예상된다.[3]

나. 비용추계 방법

동 비용추계서에서는 개정안이 시행될 경우 「서해5도 종합발전계획」에 따라 현재 서해5도에 대하여 이루어지고 있는 지원 수준으로 강화6도에 대한 지원이 이루어진다고 가정하여 해당 소요재정을 추계한다.

〈 비용 추계 방법〉

추가 재정소요 = 강화6도에 대하여 서해5도 수준의 지원을 실시하는 경우 소요재정

2. 강화6도 현황

강화6도는 인천광역시 강화군에 소재하고 있으며, 군사분계선 이북지역인 황해도 연안군과 인접한 도서지역이다. 인구는 2012.12.31. 기준 총 738명에 가구 수는 409호이다.

3 조세 및 부담금 등의 감면(안 제9조제1항)은 「조세특례제한법」 등 관련 법률의 뒷받침이 있어야 하고, 공공요금 및 국민건강보험료의 감면(안 제13조)은 직접적인 국가재정 지출을 수반하지 아니하므로 추계대상에서 제외한다.

▼ 표 2 강화6도 현황

(단위: 호, 명)

도서명	가구	인구			소재지
		합계	남자	여자	
강화6도 합계	409	738	362	376	강화군
서검도	42	74	34	40	삼산면
미법도	14	24	12	12	삼산면
주문도	171	349	164	185	서도면
아차도	25	40	17	23	서도면
볼음도	143	232	124	108	서도면
말도	14	19	11	8	서도면

주: 인구는 2012. 12. 31. 기준

자료: 안전행정부(2014.6) 자료를 재구성

▼ 그림 1 강화6도 위치도

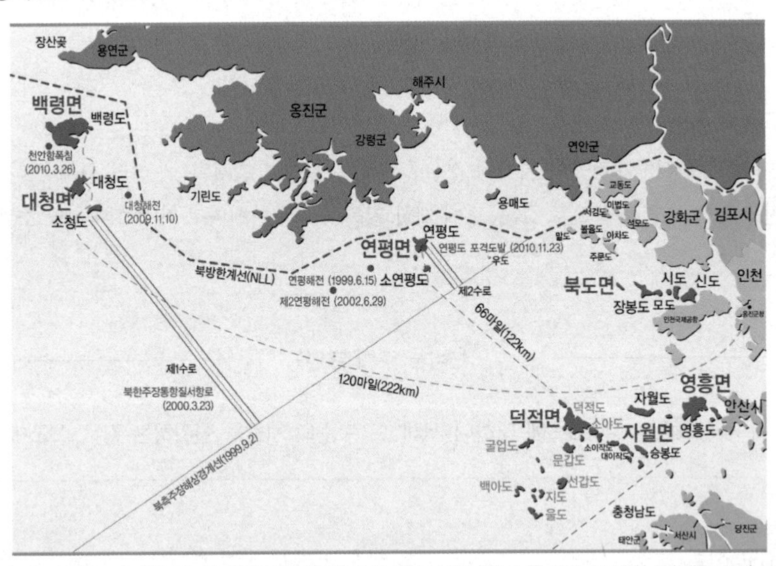

주: 강화군 소재 교동도 남서쪽 및 석모도 서쪽의 검은색 점선으로 별도 표시한 도서가 '강화6도'임

자료: 안전행정부(2014.6)

3. 「서해5도 종합발전계획」에 따른 지원 현황

정부는 2011년에 주민·지방자치단체 의견수렴 및 관계부처 협의를 거쳐 2011년부터 2020년까지 10개년 간 총사업비 9,109억원(국비 4,599억원, 지방비 2,068억원, 민자 2,442억원) 규모의 「서해5도 종합발전계획」(이하 "종합계획"으로 약칭)을 심의·확정하였다.

종합계획은 「서해5도 지원 특별법」에 근거하여 다음 표와 같이 ① 주민생활안정 및 삶의 질 향상(1,444억원), ② 쾌적하고 살기좋은 주거환경 조성(931억원), ③ 주민안전 및 대피체계 강화(726억원), ④ 해상교통 개선 및 생활기반시설 확충(1,626억원), ⑤ 경쟁력 있는 일자리 소득창출 기반 구축(832억원), ⑥ 지역특화 관광개발 및 평화거점 육성(3,550억원) 등을 주요내용으로 하고 있다.

▼ 표 3 「서해5도 종합발전계획」의 주요내용

(단위: 억원)

구분	사업	사업비('11~'20)	관련규정*	소관부처
주민생활 및 삶의 질 향상	정주생활금 및 해상운송비 지원, 교육 의료 지원 등 15개 사업	1,444	제12조 제13조 제14조 제15조	안행부 교육부 복지부 문체부 산림청
살기 좋은 주거환경 조성	노후주택개량, 슬레이트 지붕 개선 등 2개 사업	931	제11조	안행부 환경부
주민안전 및 대피체계 강화	주민 대피시설 현대화, 노후대피시설 보수 및 유지관리 등 4개 사업	726	제10조	안행부
해상교통 및 주기반시설 확충	항만시설 정비, 상·하수도 사업 등 20개 사업	1,626	제16조	국토부 농식품부 환경부
일자리 창출 및 소득 기반 구축	바다 목장 조성, 지역 특산물 명품화 등 17개 사업	832	제18조	농식품부
지역특화 개발 및 국제거점 육성	해양·생태관광자원 개발, 국제 평화 관광단지 조성 등 20개 사업	3,550	제17조	국토부 문체부 환경부
합 계		9,109		.

주: '관련규정'은 「서해5도 지원 특별법」의 관련규정임.
자료: 안전행정부 자료를 재구성

종합계획 수립 이후 4년간(2011~14년) 서해5도에 지원된 금액은 총 1,913억원(국비 1,438억원, 지방비 431억원, 민자 44억원)이다.[4] 이는 당초 계획된 10년간(2011~20년) 총사업비 9,109억원의 21.0%에 해당하는 금액이다.

▼ 표 4 서해5도 지원 내역

(단위: 억원)

구 분	사 업 비				비고
	계	국비	지방비	민자	
2011	531	426	105	-	주민생활안정지원, 안보교육장 등 7개 사업
2012	478	370	89	19	노후주택 개량, 바다목장 등 26개 사업
2013	491	380	99	12	정주생활안정지원, 부잔교설치 등 36개 사업
2014	413	262	138	13	정주생활안정지원, 노후주택개량 등 41개사업
합 계	1,913	1,438	431	44	2011~20년 총사업비(9,109억원)의 21.0%

주: 2011년 국민성금 및 음악회 모금으로 조성된 120억원은 포함되어 있지 아니함
자료: 안전행정부(2014.6) 자료를 재구성

4 2011년 531억원(국비 426억원, 지방비 105억원), 2012년 478억원(국비 370억원, 지방비 89억원, 민자 19억원), 2013년 491억원(국비 380억원, 지방비 99억원, 민자 12억원)이며, 2014년 관련 예산액은 413억원(국비 62억원, 지방비 138억원, 민자 13억원)이다. 종합계획 수립 전인 2010년에 연평도 지역에 지원한 309억원은 제외하였다.

4. 강화6도 지원 포함 시 추가재정소요

가. 정주생활지원금 지원 (안 제12조제1항)

안 제12조제1항은 정주생활지원금 지원 대상에 강화6도에 주소가 등록되어 있고, 일정한 기간 이상 거주한 주민에 대하여 정주생활지원금을 지급할 수 있도록 규정하고 있다.[5]

현재 서해5도 주민에 대한 정주생활지원금은 지급일을 기준으로 「주민등록법」에 따라 6개월 이상 서해5도에 주소가 등록되어 있고, 주소를 등록한 날부터 실제 거주한 기간이 6개월 이상인 주민을 대상으로 지급되며,[6] 지급금액은 1인당 매월 5만원이다.[7]

강화6도 주민에 대한 정주생활지원금 역시 서해5도 수준으로 지급되고, 2012. 12 기준 거주인구(738명) 수준으로 인구가 계속 유지되며, 거주인구 모두 지원기준을 충족한다고 가정하였을 때,[8] 2015년부터 향후 5년간 예상 추가재정소요는 22억 1,000만원(국비 17억 7,000만원, 지방비 4억 4,000만원)으로 예상된다.[9]

▼표 5 개정안에 따른 추가 재정소요(정주생활지원금): 2015년~2019년

(단위: 백만원)

	2015	2016	2017	2018	2019	합계
정주생활지원금 (안 제12조제1항)	442	442	442	442	442	2,210
– 국비	354	354	354	354	354	1,770
– 지방비	88	88	88	88	88	440

주 1. 향후 5년간 2012.12.31. 기준 인구 수(738명)을 유지한다고 가정
2. 정주생활지원금은 현행 5만원 수준을 유지한다고 가정

나. 기타 지원

주민안전시설 우선지원(안 제10조), 노후 주택개량 지원(안 제11조제1항), 생활필수품의 운송지원(안 제14조), 교육지원(안 제15조), 통일교육 및 문화 · 관광 시설 등에 대한 우선지원(안 제17조), 농어업인 경영활동 지원(안 제18조) 등의 지원은 재량지출에 해당하는 항목으로서 현 시점에서 정확한 예측이 어렵다.

다만, 정주생활지원금(안 제12조제1항) 부분을 제외한[10] 기타 지원은 현재 서해5도에 대하여 이루어진 지원 수준으로 인구[10] 수에 비례하여 이루어질 것이라고 가정한다면, 2015년 34억 1,900만원을 비롯하여 향후 5년간 181억 600만원(국비 144억 8,400만원, 지방비 36억 2,100만원)[12]의 추가 재정소요가 있을 것으로 예상된다.

5 강화군은 2014년 「강화군 도서 주민 정주생활지원금 지원 조례」(인천광역시강화군조례 제2161호, 2014.2.10.)를 제정한 바 있으나, 법령에 위반된다는 이유로 안전행정부장관이 대법원에 직접 제소한 상태이다(2014.3.26. 강화뉴스 보도).

6 다만, 「공무원수당 등에 관한 규정」, 「지방공무원 수당 등에 관한 규정」, 그 밖의 법령에 따라 특수지근무수당을 지급받는 사람에게는 정주생활지원금을 지급하지 않되, 주민등록 및 실제 거주기간 요건을 갖춘 주민이 자녀를 출산한 경우 그 자녀에 대해서는 「주민등록법」에 따라 서해5도에 주소를 등록한 달부터 정주생활지원금을 지급한다(「서해5도 지원 특별법 시행령」 제7조 참조).

7 「서해5도 정주생활지원금 지원 지침」(행정안전부 고시 제2011-8호) 제4조

8 인천광역시에 따르면 서해5도 지원사업을 통하여 4년간 서해5도의 인구가 13.7%(2010년 8,438명→2013년 9,498명) 증가하는 효과가 있었다고 하고 있으나(2014.3.25. 인천광역시 보도자료), 강화6도와 서해5도는 면적 등에서 차이가 큰데다 강화6도의 인구는 738명으로 비교적 많지 않아 동 인구증가율을 고려하더라도 전체적인 비용에 미치는 영향이 크지 않다는 점을 고려하여 동 추계에서는 지원으로 인한 인구 증가 요인은 감안하지 않았다

9 주민생활안정 지원금에 소요되는 비용은 국가가 80%, 지방자치단체가 20%를 각각 부담하고 있다.

▼ 표 6 개정안에 따른 추가 재정소요(기타 지원): 2015년~2019년

(단위: 백만원)

	2015	2016	2017	2018	2019	합계
기타 지원 (안 제10조 · 제11조 · 제14조 · 제15조 · 제17조 · 제18조)	3,419	3,521	3,620	3,721	3,825	18,106
– 국비	2,735	2,817	2,896	2,977	3,060	14,484
– 지방비	684	704	724	744	765	3,621

주 1. 인구에 비례하여 2011~14년의 기간 동안 서해5도 지원금 수준으로 지원된다고 가정
2. 국회예산정책처 전망 물가상승률 반영(2016년 3.0%, 2017년 2.8%이며, 2018년 이후는 2.8%로 가정)

5. 비용추계 결과

개정안에 따라 강화6도를 「서해5도 지원 특별법」의 지원 대상에 포함할 경우, 아래 [표 7]과 같이 2015년 38억 6,100만원(국비 30억 8,900만원, 지방비 7억 7,200만원)을 비롯하여 향후 5년간 총 203억 1,600만원(국비 162억 5,400만원, 지방비 40억 6,100만원)의 재정소요가 발생할 것으로 추정된다.

▼ 표 7 개정안에 따른 추가 재정소요: 2015년~2019년

(단위: 백만원)

	2015	2016	2017	2018	2019	합계
정주생활지원금 (안 제12조제1항)	442	442	442	442	442	2,210
– 국비	354	354	354	354	354	1,770
– 지방비	88	88	88	88	88	440
기타 지원 (안 제10조 · 제11조 · 제14조 · 제15조 · 제17조 · 제18조)	3,419	3,521	3,620	3,721	3,825	18,106
– 국비	2,735	2,817	2,896	2,977	3,060	14,484
– 지방비	684	704	724	744	765	3,621
합계	3,861	3,963	4,062	4,163	4,267	20,316
– 국비	3,089	3,171	3,250	3,331	3,414	16,254
– 지방비	772	792	812	832	853	4,061

10 정주생활지원금은 앞서 별도로 추계하였으므로 제외하는 것이다.

11 2012.12 기준 강화6도(738명)의 인구는 서해5도(9,175명) 인구의 약 8.0%이고, 정주생활지원금을 제외한 서해5도에 대한 연평균 예산지원액(기타 지원분)은 425억원인 점을 고려하면, 강화6도에 대한 기타 지원은 1년에 34.2억원 가량에 이를 것이라고 예상할 수 있다.

12 서해5도 지원사업은 대부분 국가가 80%, 지방자치단체가 20%를 각각 부담하는 형태인 점을 고려하여 강화6도 지원사업에 대한 부담비율을 일률적으로 국가 80%, 지방자치단체 20%로 가정한 것이다.

8. 서해5도 지원 특별법 일부개정법률안 (박남춘 의원 대표발의, 철회)

의안번호: 1913545

발의연월일: 2015. 1. 5.

발의자: 박남춘 부좌현 김성곤 신경민 정청래 김승남 최민희 장하나 김제남 전해철 이찬열 문병호 윤관석 신학용 김광진 홍영표 남인순 박민수 의원(18인)

제안이유 및 주요내용

■ 제안이유 및 주요내용

서해5도는 남북 분단 현실과 특수한 지리적 여건상 북한의 위협으로 피해를 입고 있어 지역주민의 생활안정과 복지향상 등에 특별한 지원이 필요함.

남북의 군사대치라는 특수한 현실에 의해 서해5도 어장은 어장별 어업지도선 없이는 조업을 할 수 없음. 그럼에도 담당 어업지도선이 노후화되어 운항을 하지 못하는 경우가 종종 있어 어선도 출어하지 못하는 사례가 속출하고 있으나 지방자치단체의 예산부족으로 어업지도선의 대체 건조가 이루어지지 못하고 있음.

또한, 중국어선의 불법조업 등으로 어족자원이 고갈되고, 어구가 훼손되는 등 어업피해가 증가하고 있으나 접경지역의 특성상 직접적인 지도단속이 어려워 이를 효과적으로 차단하고, 수산자원 조성에도 기여할 수 있는 대형 인공어초 등의 설치가 필요한 실정임.

이에 서해5도의 특수성을 감안하여 국가가 해당 지방자치단체의 어업지도사업에 대해서는 국비를 지원토록 하고, 불법조업 방지 시설을 설치·지원할 수 있도록 하는 등 서해5도에 대한 지원을 강화하여 서해5도 주민의 소득증대와 생활안정 등을 도모하고 외국어선의 불법조업 등으로부터 어족자원을 보호하고자 함(안 제18조제2항 및 제19조 신설).

법률 제 호

서해5도 지원 특별법 일부개정법률안

서해5도 지원 특별법 일부를 다음과 같이 개정한다.

제18조 제목 외의 부분을 제1항으로 하고, 같은 조 제1항(종전의 제목 외의 부분) 중 "운전"을 "농수산물 운송시설·운전"으로 하고, 같은 조에 제2항을 다음과 같이 신설한다.

② 국가는 서해5도에서 어로 한계선 등 지역적 특성으로 인한 제한에 의해 발생하는 어업인의 어로활동상 지장을 최소화하도록 필요한 시설과 장비를 갖추는 등 예산 및 행정지원을 하여야 한다.

제19조를 다음과 같이 신설한다.

제19조(수산자원조성 등 지원시설) 국가는 서해5도에서 조업하는 어민의 안전조업과 수산자원보호 및 불법조업 방지를 위한 시설 및 설치에 필요한 사업을 지원하여야 한다.

부 칙

이 법은 공포 후 6개월이 경과한 날부터 시행한다.

서해5도지원 특별법 일부개정법률안 비용추계서 미첨부 사유서

1. 재정수반요인

○ 개정안을 통해 국가가 어업지도사업 및 농수산물 운송시설, 불법조업 방지 시설을 설치·지원할 경우 그에 따른 예산이 수반되어야 함(안 제18조제2항 및 제19조).

2. 미첨부 근거 규정

○ 「의안의 비용추계 등에 관한 규칙」 제3조 제1항 단서 중 제3호 '의안의 내용이 선언적·권고적인 형식으로 규정되는 등 기술적으로 추계가 어려운 경우'에 해당함.

3. 미첨부 사유

○ 현 시점에서 어업지도사업 및 농수산물 운송시설, 불법조업 방지시설의 규모와 지원수준을 예측하거나 기술적으로 추계하기가 어려움.

9. 서해5도 지원 특별법 일부개정법률안 (박남춘 의원 대표발의, 대안반영폐기)

의안번호: 1913644
발의연월일: 2015. 1. 12.
발의자: 박남춘 부좌현 김성곤 신경민 정청래 김승남 최민희 장하나 김제남 전해철 이찬열 문병호 윤관석 신학용 김광진 홍영표 남인순 박민수 의원(18인)

제안이유 및 주요내용

■ 제안이유 및 주요내용

서해5도는 남북 분단 현실과 특수한 지리적 여건상 북한의 위협으로 피해를 입고 있어 지역주민의 생활안정과 복지향상 등에 특별한 지원이 필요함.

남북의 군사대치라는 특수한 현실에 의해 서해5도 어장은 어장별 어업지도선 없이는 조업을 할 수 없음. 그럼에도 담당 어업지도선이 노후화되어 운항을 하지 못하는 경우가 종종 있어 어선도 출어하지 못하는 사례가 속출하고 있으나 지방자치단체의 예산부족으로 어업지도선의 대체 건조가 이루어지지 못하고 있음.

또한, 중국어선의 불법조업 등으로 어족자원이 고갈되고, 어구가 훼손되는 등 어업피해가 증가하고 있으나 접경지역의 특성상 직접적인 지도단속이 어려워 이를 효과적으로 차단하고, 수산자원 조성에도 기여할 수 있는 대형 인공어초 등의 설치가 필요한 실정임.

이에 서해5도의 특수성을 감안하여 국가가 해당 지방자치단체의 어업지도사업에 대해서는 국비를 지원토록 하고, 불법조업 방지 시설을 설치·지원할 수 있도록 하는 등 서해5도에 대한 지원을 강화하여 서해5도 주민의 소득증대와 생활안정 등을 도모하고 외국어선의 불법조업 등으로부터 어족자원을 보호하고자 함(안 제18조제2항 및 제19조 신설).

법률 제 호

서해5도 지원 특별법 일부개정법률안

서해5도 지원 특별법 일부를 다음과 같이 개정한다.

제18조 제목 외의 부분을 제1항으로 하고, 같은 조 제1항(종전의 제목 외의 부분) 중 "영농(營農)"을 "농수산물 운송시설 지원, 영농(營農)"으로 하며, 같은 조에 제2항을 다음과 같이 신설한다.

② 국가는 서해5도에서 어로 한계선 등 지역적 특성으로 인한 제한에 의해 발생하는 어업인의 어로활동상 지장을 최소화하도록 필요한 시설과 장비를 갖추는 등 예산 및 행정지원을 하여야 한다.

제19조를 다음과 같이 신설한다.

제19조(수산자원조성 등 지원시설) 국가는 서해5도에서 조업하는 어민의 안전조업과 수산자원보호 및 불법조업 방지를 위한 시설 및 설치에 필요한 사업을 지원하여야 한다.

부 칙

이 법은 공포 후 6개월이 경과한 날부터 시행한다.

서해5도 지원 특별법 일부개정법률안 비용추계서 미첨부 사유서

1. 재정수반요인

○ 개정안을 통해 국가가 어업지도사업 및 농수산물 운송시설, 불법조업 방지 시설을 설치·지원할 경우 그에 따른 예산이 수반되어야 함(안 제18조제2항 및 제19조).

2. 미첨부 근거 규정

○ 「의안의 비용추계 등에 관한 규칙」 제3조제1항 단서 중 제3호 '의안의 내용이 선언적·권고적인 형식으로 규정되는 등 기술적으로 추계가 어려운 경우'에 해당함.

3. 미첨부 사유

○ 현 시점에서 어업지도사업 및 농수산물 운송시설, 불법조업 방지시설의 규모와 지원수준을 예측하거나 기술적으로 추계하기가 어려움.

10. 서해5도 지원 특별법 일부개정법률안(대안) (안전행정위원장, 원안가결)

의안번호: 1915738
발의연월일: 2015. 6. 24.
제안자: 안전행정위원장

1. 대안의 제안경위

발의(제출)자	제안일	심 사 경 과
박상은 의원	2013. 5. 6.	제316회(임시회) 제1차 전체회의(2013.6.17) 상정 후 제안설명, 검토보고 및 대체토론을 거쳐 법안심사소위원회 회부
박남춘 의원	2015. 1.12.	「국회법」 제58조제4항에 따라 법안심사소위원회에 직접 회부(2015.2.11.)

제332회(임시회) 제4차 법안심사소위원회(2015. 4. 30)는 위 2건의 법률안을 본회의에 부의하지 아니하기로 하고 각 법률안의 내용을 통합하여 이를 위원회 대안으로 제안하기로 함.

제332회(임시회) 제3차 안전행정위원회(2015. 4. 30)는 소위원회의 심사결과를 받아들여 이를 위원회 대안으로 제안하기로 의결함.

※ 제332회(임시회) 제3차 안전행정위원회(2015. 4. 30) 비용추계서 생략 의결

2. 대안의 제안이유

서해5도는 남북 분단 현실과 특수한 지리적 여건상 북한의 위협으로 피해를 입고 있어 지역주민의 생활안정과 복지향상 등에 특별한 지원이 필요함. 이에 서해5도 거주자에 대한 정주생활지원금 대상 확대 및 경영활동 지원대상 확대, 서해5도 어민들의 소득증대와 불법조업으로 인한 피해 방지를 위한 지원대책 마련 등 접경지역 최일선에서 안보방파제 역할을 하고 있는 서해5도 주민의 정주여건 개선을 강화하기 위하여 관련 규정을 정비하려는 것임.

3. 대안의 주요내용

가. 「재한외국인 처우 기본법」에 따른 결혼이민자 중 일정 기간 이상 서해5도에 거주한 경우에도 정주생활지원금을 받을 수 있도록 대상자를 확대함(안 제12조제1항).

나. 경영활동 지원대상에 「소상공인 보호 및 지원에 관한 법률」에 따른 소상공인을 추가함(안 제18조제1항).

다. 서해5도에 거주하는 어업인이 불특정 국가의 선박으로 인한 어구 손괴 등으로 피해가 발생한 경우 국가 및 지방자치단체가 지원대책을 강구할 수 있도록 하고, 해양수산부장관은 어업인의 소득증대를 위하여 안전조업이 보장되는 범위에서 조업구역 확장과 조업시간 연장을 위하여 노력하도록 함(안 제18조제2항 및 제3항 신설).

라. 국가는 서해5도 어민의 안전조업과 불법조업으로 인한 피해 방지를 위하여 시설물 설치에 필요한 사업을 지원할 수 있도록 함(안 제19조 신설).

법률 제 호

서해5도 지원 특별법 일부개정법률안

서해5도 지원 특별법 일부를 다음과 같이 개정한다.

제12조제1항 중 "서해5도에 「주민등록법」에 따라 주소가 등록되어 있고,"를 "다음 각 호의 어느 하나에 해당하는 자 중 서해5도에"로 하고, 같은 항에 각 호를 다음과 같이 신설한다.

1. 「주민등록법」에 따라 서해5도에 주소가 등록되어 있는 자
2. 「재한외국인 처우 기본법」 제2조제3호에 따른 결혼이민자

제18조 제목 중 "농어업인"을 "농어업인 및 소상공인"으로 하고, 같은 조 중 "농어업인의"를 "농어업인과 「소상공인 보호 및 지원에 관한 법률」 제2조에 따른 소상공인의"로, "자금 등에"를 "자금 및 소상공인 경영자금 등에"로 하며, 제18조 제목 외의 부분을 제1항으로 하고, 같은 조에 제2항 및 제3항을 각각 다음과 같이 신설한다.

② 국가 및 지방자치단체는 서해5도에 거주하는 어업인이 불특정국가의 선박으로 인한 어구 손괴 등으로 피해가 발생한 경우에는 지원대책을 강구할 수 있다.

③ 해양수산부장관은 서해5도 어업인의 소득증대를 위하여 안전한 조업이 보장되는 범위에서 조업구역의 확장 및 조업시간 연장을 위하여 노력하여야 한다.

제19조를 다음과 같이 신설한다.

제19조(불법조업 방지시설) 국가는 서해5도에서 조업하는 어민의 안전조업과 불법조업으로 인한 피해 방지를 위하여 시설물 설치에 필요한 사업을 지원할 수 있다.

부 칙

이 법은 공포 후 6개월이 경과한 날부터 시행한다.

11. 서해5도 지원 특별법 일부개정법률안 (정갑윤 의원 대표발의, 임기만료폐기)

의안번호: 1917435

발의연월일: 2015. 10. 28.

발의자: 정갑윤 윤후덕 안상수 한기호 정문헌 김영우 송영근 안홍준 최봉홍 김광림 의원(10인)

제안이유 및 주요내용

최근 비무장지대에서 발생한 북한의 목함지뢰 도발과 이어진 서부전선 포격도발로 남북 간에는 일촉즉발의 준전시상황에까지 이르게 되었음.

그리하여 서해5도 주민들은 정부의 대피명령에 따라 열악한 대피소에서 대피명령이 해제될 때까지 생업을 중단한 채 대피생활을 할 수밖에 없었고, 그 피해는 감내하기 어려운 상당한 수준이었음.

이에 국가는 「통합방위법」 제17조에 따른 대피명령으로 인해 대피 기간 동안 생업에 종사하는 주민이 입은 경제적 피해에 대하여 예산의 범위에서 그 일부를 지원할 수 있도록 하려는 것임(안 제20조 신설).

법률 제 호

서해5도 지원 특별법 일부개정법률안

법률 제13400호 서해5도 지원 특별법 일부개정법률 일부를 다음과 같이 개정한다.

제20조를 다음과 같이 신설한다.

제20조(대피로 인한 경제적 피해 지원) ① 국가는 「통합방위법」 제17조에 따른 대피명령으로 인해 대피 기간 동안 생업에 종사하는 주민이 입은 경제적 피해에 대하여 예산의 범위에서 그 일부를 지원할 수 있다.

② 제1항에 따른 대피로 인한 경제적 피해의 지원대상, 지원기준이나 방법 등에 필요한 사항은 대통령령으로 정한다.

부 칙

이 법은 2016년 1월 21일부터 시행한다.

12. 서해5도 지원 특별법 일부개정법률안 (안상수 의원 대표발의, 수정가결)

의안번호: 2000243

발의연월일: 2016. 6. 14.

발의자: 안상수 정유섭 장병완 유성엽 박준영 박찬우 성일종 이학재 김석기 조훈현 신동근 황영철 박남춘 홍일표 김순례 의원(15인)

제안이유 및 주요내용

■ 제안이유

서해최북단 NLL에 위치한 서해5도서는 국가안보, 영토 및 영해 수호, 접속수역 및 EEZ 관리 그리고, 영토(영해)의 최외곽지역으로 국내·외에 미치는 영향 등 지정학적 중요성과 위상이 타 연안 지자체보다 월등히 높은 것으로 인정되고 있으나, 행정, 경제,사회, 문화, 교육, 의료, 교통 등 불리한 여건에 의해 재정자립도, GRDP, 주민의 생활환경 수준 등에 있어서는 전국 최하위 그룹에 속해 있어 지역간 균형 발전 및 형평성 추구 차원에서 서해5도 주민들의 생활안정과 복지향상 등에 특별한 지원이 필요하여 관련 규정을 정비하려는 것임.

■ 주요내용

가. 서해5도(백령도·대청도·소청도·연평도·소연평도)는 천혜의 자연 환경과 안보관광 등 특화된 관광자원을 보유했음에도, 높은 해상교통비 부담으로 매년 방문객이 감소하여 서해5도 관광객에게 여객운임의 일부를 지원하여 침체된 지역경제를 회복하고자 함(안 제17조제1항).

나. 서해5도 어업인이 불특정 국가의 선박 및 남북한 긴장에 따른 조업손실 및 피해가 발생한 경우 지원 대책을 강구하여야 하며, 어업인의 소득증대와 어족자원 보호를 위하여 신규 어선의 전입을 제한하고, 기존 어업허가를 받은 어선은 어업의 허가 및 신고 등에 관한 규칙 별표2의 연안어업의 종류별 허가정수에도 불구하고 관할 기초지자체장이 어업의 종류별 허가를 할 수 있도록 함(안 제18조제2항, 안 제18조제4항 신설).

다. 남북의 군사대치라는 특수한 현실에 의해 서해5도 어장은 어장별 어업지도선 없이는 조업을 할 수 없음. 그럼에도 담당 어업지도선이 노후화되어 운항을 하지 못하는 경우가 종종 있어 어선도 출어하지 못하는 사례가 속출하고 있으나 지방자치단체의 예산부족으로 어업지도선의 대체건조가 이루어지지 못하고 있어 서해5도 특수성을 감안하여 어업지도사업 등에 국비를 지원할 수 있도록 함(안 제19조, 안 제19조제2항 신설) .

라. 서해5도는 북한의 군사적인 위협과 중국어선으로 인한 피해 등이 발생되는 특수한 지역으로 이 도서에 거주하는 주민이 안정적으로 거주할 수 있도록 서해5도 지원 특별법으로 주민의 정주환경을 지원하고 있음. 그러나 서해5도에서 오전에 출발하는 여객선은 선원 숙박비 등 운영비가 추가적으로 발생하고 육지출발 여객선보다 상대적으로 이용객수가 적음에 따라 운영 선사의 경영수지가 악화되어 운항 포기로 이어지고 있고, 이로 인해 도서지역 주민의 공공시설 이용, 의료진료 등 생활 불편이 초래되고 있음.

이에 서해5도 지역 주민의 육지왕래 수단인 오전 여객선 운항이 두절되지 않고 지속적으로 운항되어 안정적인 주민 생활이 영위 될 수 있도록 도서출발 운항선사에 손실금을 지원 하려는 것임(안 제20조 신설).

마. 서해5도서의 경우, 타 지역보다 해상운반비, 인건비 등의 할증으로 건축비용이 약 1.5배 이상 소요되고 있으며, 인허가 절차 처리를 위한 육지체류

비용과 높은 설계비 및 행정비용 등은 추가적인 부담으로 작용하고 있음.

이에, 토지형질변경허가가 수반되는 건축행위 시 건축법 제11조(건축허가) 또는 같은법 제14조(건축신고) 규정에 따른 인·허가를 받은 경우에는 「국토의 계획 및 이용에 관한 법률」 제56조에 따른 개발행위허가, 「산지관리법」 제14조 및 제15조에 따른 산지전용허가와 산지전용신고, 같은 법 제15조의2에 따른 산지일시사용허가·신고, 「농지법」 제34조, 제35조 및 제43조에 따른 농지전용허가·신고 및 협의 등은 허가를 받은 것으로 의제하여(단, 실 거주목적일 확률이 높고, 토지형질변경규모가 적은 100㎡ 이하 소규모 주택에 한함) 서해5도 주민들의 삶의 질 향상과 자발적 주거환경개선 노력을 촉진하고자 함(안 제17조제1항, 제18조제2항·제4항, 제19조, 제20조 및 제21조 신설).

법률 제 호

서해5도 지원 특별법 일부개정법률안

서해5도 지원 특별법 일부를 다음과 같이 개정한다.

제17조제1항 중 "이에 필요한 비용을 관계기관 또는 단체에 지원할 수 있다"를 "여객운임비와 행사운영비 등 이에 필요한 비용을 지원할 수 있다"로 한다.

제18조제2항 중 "어구 손괴 등으로 피해가 발생한 경우에는 지원대책을 강구할 수 있다"를 "어구손괴와 조업손실, 남북한 긴장에 따른 조업통제에 따른 조업손실 및 피해가 발생한 경우에는 지원대책을 강구하여야 한다"로 하고, 같은 조에 제4항을 다음과 같이 신설한다.

④ 서해5도 지역은 신규어선의 전입을 제한하고, 기존 어업허가를 받은 어선은 어업의 허가 및 신고 등에 관한 규칙 별표2의 연안어업의 종류별 허가정수에도 불구하고 관할 시장·군수·구청장이 어업의 종류별 허가를 할 수 있다.

제19조의 제목 "(불법조업방지시설)"을 "(수산자원조성 및 어업활동지원)"으로 하고, 같은 조 제목 외의 부분을 제1항으로 하며, 같은 조에 제2항을 다음과 같이 신설한다.

② 국가는 서해5도에서 어로 한계선 등 지역적 특성으로 인한 제한에 의해 발생하는 어업인의 어로활동상 지장을 최소화하도록 필요한 시설과 장비를 갖추는 등 예산 및 행정지원을 하여야 한다.

제20조를 다음과 같이 신설한다.

제20조(여객선 운항 손실금 지원) 국가는 서해5도에 거주하는 주민의 육지왕래 편의증진을 위하여 대통령령으로 정하는 바에 따라 서해5도 여객선 운항에 따른 손실금을 지원할 수 있다.

제21조를 다음과 같이 신설한다.

제21조(건축인 · 허가 간소화) 서해5도서에서 건축하는 연면적 100㎡ 이하의 주거용 건축물은 다음 각 호의 허가나 신고를 받지 아니한다.

1. 「국토의 계획 및 이용에 관한 법률」 제56조에 따른 개발행위허가
2. 「산지관리법」 제14조와 제15조에 따른 산지전용허가와 산지전용신고, 같은 법 제15조의2에 따른 산지일시사용허가·신고
3. 「농지법」 제34조, 제35조 및 제43조에 따른 농지전용허가·신고 및 협의

부 칙

이 법은 공포 후 6개월이 경과한 날부터 시행한다.

서해5도 지원 특별법 일부개정법률안 비용추계서

I. 비용추계 결과

개정안에 따라 서해5도 관광객에 대한 여객운임을 지원하고, 조업손실로 인한 피해를 지원해주는 경우, 추가재정소요는 2018년 18억 5,500만원, 2022년 18억 7,100만원 등 2018년부터 2022년까지 5년간 총 60억 3,100만원(연평균 12억 600만원)이 소요될 것으로 예상된다.

▼표 1 개정안에 따른 추가 재정소요: 2018~2022년

(단위: 백만원)

	2018	2019	2020	2021	2022	합 계	연평균
관광객 여객운임비 지원(안 제17조)	213	217	221	225	229	1,105	221
조업통제 손실 지원 (안 제18조)	1,642	0	1,642	0	1,642	4,926	985
합 계	1,855	217	1,863	225	1,871	6,031	1,206

주: 단수조정으로 인하여 합계에 차이가 발생할 수 있음

II. 재정수반요인

가. 여객운임비 및 행사운영비 지원(안 제17조)

개정안에서 국가 및 지방자치단체로 하여금 서해5도 견학 및 방문사업을 추진하면서 여객운임비와 행사운영비 등 이에 필요한 경비를 지원할 수 있도록 규정함에 따라 추가 재정소요가 예상된다.

나. 조손실 등에 대한 지원(안 제18조)

개정안에서 국가 및 지방자치단체로 하여금 불특정국가의 선박으로 인한 어구손괴뿐만 아니라 남북한 긴장에 따른 조업통제로 인한 피해에 대한 지원대책을 강구하도록 규정함에 따라 추가 재정소요가 예상된다.

다. 어업인의 어로활동 지원(안 제19조)

개정안에서 국가로 하여금 서해5도에서 어로한계선 등 지역적 특성으로 인한 제한에 의해 발생하는 어업인의 어로활동상 지장을 최소화하도록 필요한 시설과 장비를 갖추는 등 예산 및 행정지원을 하도록 규정하고 있다.

라. 여객선 운항 손실금 지원(안 제20조)

개정안에서 국가로 하여금 서해5도에 거주하는 주민의 육지왕래 편의증진을 위하여 대통령령으로 정하는 바에 따라 서해5도 여객선 운항에 따른 손실금을 지원할 수 있도록 규정하고 있다.

III. 비용추계의 전제

(1) 안 제17조에서 서해5도 여객운임비와 행사운영비를 지원할 수 있도록 규정하고 있는데, 행사운영비의 경우 해당 지방자치단체 자의적 행사이므로 해당 지방자치단체 예산의 범위 내에서 집행한다고 가정하여 추계의 대상에서 제외한다. 여객운임비의 경우 기존 지방자치단체가 부담하는 금액 중 절반을 국가가 부담한다고 가정한다.

(2) 안 18조에서 남북한 긴장에 따른 조업통제로 조업손실 및 피해가 발생하는 경우 지원 대책을 강구하도록 규정하고 있다. 본 추계에서는 조업통제 일수 동안 금지된 출어로 인하여 얻을 수 있는 소득의 절반을 국가 및 지방자치단체가 서해5도 어업인에게 보전한다고 가정한다. 조업통제 일수 동안 금지된 출어로 인하여 얻을 수 있는 소득은 연간 어업 평균소득을 일할 계산하여 출어가 금지된 조업통제 기간에 곱하여 구한다.

(3) 안 제19조에서 "어로활동상 지장을 최소화하도록 필요한 시설과 장비"를 지원하도록 규정하고 있다. 그런데 어로활동상 지장을 최소화하는 시설 및 장비를 개정안에서 구체적으로 규정하지 않고 있어 그 의미를 자의적으로 해석할 여지가 있다. 따라서 본 추계에서는 서해5도 소관 행정기관(인천광역시)의 의견을 바탕으로 이러한 시설과 장비를 "어업지도선"이라고 가정한다. 그런데 현재 인천광역시는 서해5도 인근해역에 대한 어업지도업무를 위하여 5척의 어업지도선 건조하여 운영하고 있다.[13] 따라서 어업지도선 운영 또는 현대화 등은 개정안 시행과 무관하게 추진되고 있는 사업으로서 개정안 시행으로 인하여 추가 재정소요가 발생한다고 보기 힘든 점이 있다.

(4) 안 제20조에서 국가로 하여금 서해5도 여객선의 운항 손실금을 지원하도록 규정하고 있다. 그런데 해양수산부에서는 채산성이 없는 항로를 보조항로로 지정하여 항로에 대한 선사의 운항결손액을 지원함으로써 도서민의 안정적인 해상교통 수단 확보 및 정주여건 개선하기 위한 "낙도보조항로 결손보상금" 세부사업을 이미 추진하고 있다. 따라서 개정안 시행과 무관하게 다른 법률에 따라 항로 운항 손실금 지원이 필요한 항로에 대해서는 국가가 손실금의 일부를 지원하고 있으므로 개정안이 시행된다하더라도 추가 재정소요가 발생하지는 않을 것으로 예상된다.

(5) 개정안의 부칙에서 공포 후 6개월이 경과한 날부터 시행하도록 규정함에 따라 심사·의결 기간 등을 고려하여 추계기간을 2018년부터 2022년까지로 하며, 이후에도 재정소요는 발생한다.

(6) 물가상승률 등을 반영한 경상가격을 기준으로 추계한다.[14]

13 「수산업법 시행령」 제48조(수산업자 등에 대한 필요한 조치) 행정관청은 법 제70조제2항에 따라 어업인, 어획물운반업자, 어획물운반업종사자 또는 수산물가공업자에게 다음 각 호의 조치를 할 수 있다.
1. 어업인, 어획물운반업자, 어획물운반업종사자 또는 수산물가공업자에 대한 교육
2. 수산시설물, 어획물운반업시설물 및 수산물가공업시설물의 관리에 관한 지도
3. 수산물의 유통체계에 대한 지도
4. 어선의 해상안전조업 및 어업질서 유지
5. 고용조건의 개선에 대한 지도
6. 수산계열 학교의 교사 및 학생의 실습을 위한 승선 등의 협조
7. 수산에 관한 해외취업 및 해외훈련의 조정 · 지도
8. 해외어장 개발에 대한 지도
9. 외국으로부터 해외수역 입어허가를 받으려는 어업인에 대한 조정 · 지도

14 소비자물가상승률(CPI)

(단위: %)

연도	2015	2016	2017	2018	2019	2020	2021	2022
CPI	0.7	1.2	1.6	1.8	1.8	1.8	1.8	1.8

자료: 국회예산정책처, 「2016년 및 중기 경제전망」(2015. 9) 및 「2016년 수정 경제전망」(2016. 6)

IV. 비용추계 상세내역

1. 추계의 대상 및 방법

현재 인천광역시는 서해5도 관광객의 여객운임을 지원하고 있으므로 개정안 시행으로 현재보다 초과하여 지원하는 여객운임이 추가 재정소요가 될 것이다. 조업손실 피해 보상금은 기존 지급사례가 없는 신규 재정소요로서 본 추계에서는 남북한 긴장에 따른 조업통제 기간과 일할 계산한 어업 평균소득을 곱한 값으로 추정한다.

〈 비용추계 산식 〉

총 재정소요 = 여객운임비 추가 지원 비용 + 조업손실 피해 지원 비용

2. 변수별 추계

가. 여객운임비 지원(안 제17조)

현재 인천광역시 옹진군은 인천에서 백령도, 대청도, 연평도 등 서해5도를 관광목적으로 1박 이상 여행하는 사람을 대상으로 여객운임의 35%를 편성된 예산의 범위 내에서 2013년도부터 지원하고 있다.[15][16] 여객운임 지원현황과 관련하여 2013년부터 2015년까지 옹진군이 지원한 여객운임 현황을 살펴보면 다음과 같다.

▼표 2 옹진군의 여객운임비 지원현황: 2013~2015년

(단위: 명)

	지원기간	지원대상 (이용객)	지원금액 (백만원)	월 평균 이용객	1인당 지원액(원)
2013년	3월~12월 (10개월)	26,028	1,261	2,603	48,448
2014년	3월~11월 (9개월)	32,335	1,280	3,593	39,586
2015년	3월~9월 (7개월)	31,817	1,375	4,545	43,216
평균	8.7개월	30,060	1,305	3,580	43,750

주: 1인당 지원액이 다른 이유는 인천항에서 연평도, 대청도 등 서해5도 여객운임이 다르기 때문임

자료: 인천광역시 자료를 바탕으로 국회예산정책처 작성

15 인천항에서 백령도까지의 운임은 왕복 146,000원이며, 이 중 절반은 관광객 본인(전체의 50%)이 부담하고, 그 나머지에서 70%는 옹진군(전체의 35%)이 부담하며, 30%는 해운선사(전체의 15%)가 부담하고 있다.

16 해양수산부는 도서민에 대하여 운항요금의 일부를 「해운법」 제44조(여객선 이용자에 대한 운임 및 요금지원) 등에 따라 "내항여객선 운임보조" 세부사업에서 지원하고 있으며, 2016년도의 경우 운임지운을 위하여 128억원 정도의 예산을 편성하고 있다.

이전의 표에서 보듯이 옹진군은 매년 평균 13억 500만원의 예산으로 30,060명 정도의 서해5도 관광객 여객운임을 지원하였고, 여객운임 지원기간은 연평균 8.7개월 정도이었다. 한편, 개정안이 시행되더라도 이전과 동일한 규모의 예산을 여객운임비로 지원하는 경우, 여객운임비 지원 주체가 옹진군에서 옹진군 및 국가로 이원화되는 것뿐 이므로 국가재정 측면에서 재정수지에 변동은 없을 것으로 예상된다.

▼ 표 3 현재 수준의 여객운임비가 지원되는 경우: 2018~2022년

(단위: 백만원)

구분	2018	2019	2020	2021	2022
1인당 지원액(원)	45,793	46,617	47,456	48,310	49,180
지원대상(명/월)	3,580	3,580	3,580	3,580	3,580
지원기간(월)	8.7	8.7	8.7	8.7	8.7
여객운임비 합계	1,426	1,452	1,478	1,505	1,532
– 지방비	713	726	739	752	766
– 국비	713	726	739	752	766

주: 1인당 지원액은 매년 소비자물가상승률만큼 변동한다고 가정하였음

그런데 2013년부터 2015년까지의 여객운임비 지원기간을 살펴보면, 지원기간이 10개월에서 7개월로 줄어들었는데 이는 관광 수요의 증가로 미리 편성된 여객운임비 지원 예산이 소진되었기 때문으로 보인다. 개정안에서는 여객운임비 지원과 관련하여 그 기간을 한정하지 않고 있으므로 개정안이 시행되는 경우 지원기간은 8.7개월에서 10개월로 연장될 것으로 예상된다.[17] 따라서 연장된 1.3개월 동안 지원되는 여객운임비만큼 추가 재정소요가 발생될 것으로 예상되며, 동 비용은 이전과 동일하게 국가 및 옹진군이 50%씩 부담한다고 가정한다. 이를 정리하여 나타내면 다음과 같다.

▼ 표 4 개정안에 따른 여객운임비 추가재정소요: 2018~2022년

(단위: 백만원)

구분	2018	2019	2020	2021	2022
1인당 지원액(원)(A)	45,793	46,617	47,456	48,310	49,180
지원대상(명/월)(B)	3,580	3,580	3,580	3,580	3,580
지원기간(월)(C)	1.3	1.3	1.3	1.3	1.3
여객운임비 합계(A×B×C)	213	217	221	225	229
– 지방비	107	108	110	112	114
– 국비	107	108	110	112	114

17 인천광역시 담당자는 여객운임비 지원기간은 당초 3월부터 12월까지 10개월이었으나 편성된 예산의 조기 소진 등으로 지원기간이 줄어들고 있다고 한다.

나. 조업손실 지원(안 제18조)

본 추계의 전제에서 조업통제 기간만큼 어업평균소득금액의 절반을 지원한다고 가정한 바 있다. 우선 서해5도에서 발생한 조업통제 현황을 살펴보면 다음과 같다.

▼표 5 최근 발생한 조업통제 현황: 2010~2014년

(단위: 일)

구분	2010	2011	2012	2013	2014
조업통제 기간	30	0	30	0	30

자료: 인천광역시

위의 표와 관련하여 해당관청에서는 매 2년마다 가을철에 30일 정도 조업통제가 발생하여 왔다고 말하고 있다. 본 추계에서는 최근의 발생 사례 및 관련자의 경험 등을 바탕으로 매 2년마다 30일간의 조업통제가 발생할 것이라고 가정한다. 이를 정리하면 다음과 같다.

▼표 6 서해5도 조업통제 전망: 2018~2022년

(단위: 일)

구분	2018	2019	2020	2021	2022
조업통제 기간	30	0	30	0	30

통계청의 어업 경영조사자료에 따라 2010년부터 2014년 동안 어업평균 수지는 정리하면 다음의 표와 같다.

▼표 7 어업별 평균 수입 및 지출의 평균값: 2010~2014년

(단위: 백만원)

구분	2010	2011	2012	2013	2014
총수입 평균(A)	927	1,267	1,172	1.155	1,099
총지출 평균(B)	816	1,011	982	988	968
순수입 평균(A-B)	111	256	190	167	131

注: 총수입은 어업별 수입의 평균을 평균한 값이며, 총지출은 어업별 평균 비용(출어비, 임금 및 관리비, 감가상각비 등)을 평균한 값임

자료: 통계청의 어업경영조사

어업별 평균소득의 평균(순수입 평균)은 조업량, 출어비(유류비 등), 인건비 등에 따라 변동될 수 있으며 앞으로의 어업별 평균소득의 평균값의 추세를 정확하게 예측하기 어려운 점이 있어 본 추계에서는 최근 3년 어업별 평균소득의 평균(순수입 평균)이 추계기간 동안 유지된다고 가정한다. 이러한 경우 이 금액(어업평균소득)은 연간 1억 6,300만원 정도이다.

인천광역시에 따르면 서해5도에 등록된 어선은 총 244척이라고 하며, 이전의 논의에서 조업통제는 매 2년에 30일 정도 발생하고, 비용추계의 전제에서 조업통제 일수만큼 수입이 감소된 평균소득의 절반을 국가 및 지방자치단체가 지원한다고 가정하였다. 이상의 논의를 바탕으로 개정안에 따라 조업통제 피해를 지원하는 경우의 추가재정소요를 정리하면 다음과 같다.

▼ 표 8 조업통제 피해 보전금 전망: 2018~2022년

(단위: 백만원, 일, 척)

구분	2018	2019	2020	2021	2022
어업평균소득(A)	163	163	163	163	163
조업통제일수(B)	30	0	30	0	30
평균 피해액(C=A×B/365)	13	0	13	0	13
등록 어업수(어선수)(D)	244	0	244	0	244
피해추정액(E=C×D)	3,269	0	3,269	0	3,269
피해 지원금(E×50%)	1,634	0	1,634	0	1,634

주: 단수조정으로 인하여 합계에 차이가 발생할 수 있음

다. 어로활동 지원(안 제19조)

본 추계의 전제에서 어업인의 어로활동상 지장을 최소화하도록 필요한 시설과 장비를 어업지도 업무에 사용되는 어업지도선이라고 가정한 바 있다. 이와 관련하여 현재 서해5도(옹진군)에 배치된 어업지도선 현황을 살펴보면 다음과 같다.

▼ 표 9 인천광역시 옹진군(서해5도) 어업지도선 현황

서해5도 관할해역			어업지도선 현황						
관할어장	면적	어선	선 명	톤수	속력(노트)	승무원	건조일	선령	비고
–	-	-	인천214호	132	8	7	'77.11	40년	용도폐지
백령어장	563㎢(56,300ha)	107척	인천216호	51	20	6	'95.09	21년	
			인천227호	45	18	6	'96.09	20년	
대청어장	1,831㎢(183,100ha)	75척	인천226호	43	18	6	'95.12	21년	
			인천232호	113	23	7	'06.04	10년	
연평어장	801㎢(80,100ha)	62척	인천228호	52	18	6	'96.09	20년	
합계	3,195㎢(319,500ha)	244척	6척	-	-	38	-	-	-

자료: 인천광역시

앞의 표에서 보는 바와 같이 서해5도를 관할하는 어업지도선 중 현재 운영 중인 어업지도선은 현재 5척이다. 「법인세법 시행규칙」에 따르면 선박의 최대 내용연수는 15년이나 해양수산부는 선박 연령이 25년 이상인 선박에 대하여 대체건조 하고 있다.[18 19] 따라서 어업지도선의 경우에도 내용연수가 26년 이상에 도달하는 선박에 대해서만 대체건조가 가능할 것으로 예상된다. 해양수산부는 어업지도선을 2개년에 걸쳐 건조하고 있으므로 내용연수가 26년에 도달하는 옹진군의 어업지도선의 경우에는 내용연수가 24년이 되는 해에 예산을 확보하여 건조를 시작해야 할 것으로 예상된다. 현재 운영 중인 옹진군의 어업지도선의 내용연수와 건조시기를 추정하면 다음과 같다.

▼표 10 인천광역시 옹진군(서해5도) 어업지도선의 내용연수 도달 시기 및 건조시작 시기

(단위: 년)

어업건조선	건조일	2016	2017	2018	2019	2020	2021	2022
인천216호	'95.09	21	22	23	24	25	26	27
인천227호	'96.09	20	21	22	23	24	25	26
인천226호	'95.12	21	22	23	24	25	26	27
인천228호	'96.09	20	21	22	23	24	25	26

주: 인천232호의 경우 2006년도에 건조되어 추계기간 동안 내용연수에 도달하지 않음. 위의 표에서 색칠한 칸은 해당 어업건조선의 건조 시작 시기를 의미함

위의 표에서와 같이 개정안이 시행되는 경우 2019년에 2척 및 2020년도에 2척의 어업지도선 건조를 시작해야 될 것으로 예상된다. 한편 인천광역시에 따르면 어업지도선을 건조하는 경우 1톤당 1억원의 건조비용이 평균적으로 소요된다고 한다. 최근의 불법어업 근절 등을 위하여 어업지도선을 대형화하여 건조하고 있다는 점과 2006년도에 건조한 인천232호의 경우 톤수가 113톤인 점을 감안하여 내용연수에 도달한 어업지도선는 인천232호와 동일한 톤수로 건조한다고 가정한다. 따라서 각각의 어업지도선 건조에 1척당 113억원의 비용이 소요될 것으로 예상된다. 이를 정리하여 나타내면 다음과 같다.

▼표 11 어업지도선 대체건조 시기 및 비용: 2018~2022년

(단위: 억원)

구분	2018	2019	2020	2021	2022	합 계
인천216호	-	56.5	56.5	-	-	113
인천227호	-	-	56.5	56.5	-	113
인천226호	-	56.5	56.5	-	-	113
인천228호	-	-	56.5	56.5	-	113
합 계	0	113	226	113	0	452

18 「법인세법 시행규칙」 [별표 5] 건축물 등의 기준내용연수 및 내용연수범위표(제15조제3항관련)

19 해양수산부 예산사업 중 "관공선건조 및 운영" 세부사업 설명자료 참조

그런데 어업건조선이 대체건조 시기에 도달하는 경우에는 동 개정안 시행과 무관하게 대체건조할 것으로 예상되고, 대체건조 예정이 어업지도선의 톤수 또한 동 개정안 시행과 무관하게 대형화될 것으로 예상된다. 따라서 개정안이 시행된다하더라도 어업지도선 건조비용 지원과 관련하여 추가 재정소요가 발생한다고 보기 힘들다.

라. 여객선 운항 손실금 지원(안 제20조)

개정안에서 국가로 하여금 서해5도에 거주하는 주민의 육지왕래 편의증진을 위하여 대통령령으로 정하는 바에 따라 서해5도 여객선 운항에 따른 손실금을 지원하도록 규정하고 있다. 이와 관련하여 해양수산부는 "낙도보조항로 결손보상금" 세부사업에서 도서민 교통권 확보를 위해 선사가 운항을 기피하는 항로에 대한 운항결손액을 지원하고 있으며 2016년도의 경우 107억원의 예산을 편성하고 있다.[20] 같은 법 제16조에서 낙도보조항로로 지정되지 않는 경우라도 해양수산부장관을 항로운항을 명령할 수 있고, 이에 따른 비용을 지원할 수 있는 근거 규정을 마련하고 있다.[21] 따라서 서해5도 항로 운항에 따른 결손금은 현행 법률에 따라 지원이 가능하므로 개정안 시행으로 추가 재정소요가 발생한다고 보기 힘들다.

20 「해운법」 제15조(보조항로의 지정과 운영) ① 해양수산부장관은 도서주민의 해상교통수단을 확보하기 위하여 필요하다고 인정되면 국가가 운항에 따른 결손금액을 보조하는 항로(이하 "보조항로"라 한다)를 지정하여 내항여객운송사업자 중에서 보조항로를 운항할 사업자(이하 "보조항로사업자"라 한다)를 선정하여 운영하게 할 수 있다.
② 제1항에 따라 지정된 보조항로의 운항계획과 운항선박의 관리 등 보조항로의 운영과 관련한 사항은 해양수산부장관이 보조항로사업자와 합의하여 정한다.
③ 해양수산부장관은 제2항에 따라 합의하여 정한 보조항로의 운영에 대하여 평가하여 우수 보조항로사업자에 대한 우대조치 등을 할 수 있다. 이 경우 평가의 방법·절차와 결과의 활용 등에 관한 세부사항은 해양수산부장관이 정하여 고시한다.
④ 해양수산부장관은 보조항로사업자가 제2항의 합의사항을 위반하거나 제3항에 따른 평가 결과 해당 보조항로사업자가 더 이상 보조항로를 운영하기에 알맞지 아니하다고 인정되면 해당 보조항로사업자의 선정을 취소할 수 있다.
⑤ 해양수산부장관은 보조항로사업자가 운항하는 선박의 수리 등으로 인하여 보조항로의 선박운항이 중단될 것이 우려되면 제33조에도 불구하고 그 보조항로사업자에게 선박대여업의 등록을 하지 아니한 자로부터 여객선을 대여받아 운항하게 할 수 있다.
⑥ 해양수산부장관은 제1항에 따라 지정된 보조항로의 운영과 관련하여 다음 각 호의 어느 하나에 해당하는 사유가 발생한 때에는 보조항로의 지정을 취소할 수 있다.
1. 해당 도서에 연륙교(連陸橋)가 설치된 경우
2. 수송수요의 증가 등으로 인하여 운항결손액에 대한 보조금 없이 해당 항로의 운항을 할 수 있게 된 경우
3. 수송수요의 뚜렷한 감소 등으로 인하여 보조항로 지정의 필요성이 없게 된 경우

21 「해운법」 제16조(여객선의 운항명령 등) ① 해양수산부장관은 다음 각 호의 어느 하나에 해당하는 경우에는 일정한 기간을 정하여 여객운송사업자에게 여객선의 운항을 명할 수 있다.
1. 제15조제1항에 따라 선정된 보조항로사업자가 없게 된 경우
2. 운항 여객선 주변 해역에서 재해 등 긴급한 상황이 발생한 경우
3. 여객선이 운항되지 아니하는 도서주민의 해상교통로 확보를 위하여 그 주변을 운항하는 여객선으로 하여금 해당 도서를 경유하여 운항하게 할 필요가 있는 경우
② 해양수산부장관은 제1항에 따른 운항명령의 사유가 소멸된 때에는 그 명령을 취소하여야 한다.
③ 해양수산부장관은 제1항에 따른 운항명령을 따름으로 인한 손실과 제2항에 따른 운항명령의 취소로 인한 손실을 보상하여야 한다.
④ 제3항에 따른 손실보상의 결정과 그 지급방법에 관하여 필요한 사항은 대통령령으로 정한다.

3. 추계 결과

개정안에 따라 서해5도 관광객에 대한 여객운임을 지원하고, 조업손실로 인한 피해를 지원해주는 경우, 추가재정소요는 2018년 18억 5,500만원, 2022년 18억 7,100만원 등 2018년부터 2022년까지 5년간 총 60억 3,100만원(연평균 12억 600만원)이 소요될 것으로 예상된다.

▼ 표 7 개정안에 따른 추가 재정소요: 2018~2022년

(단위: 백만원)

	2018	2019	2020	2021	2022	합 계	연평균
관광객 여객운임비 지원(안 제17조)	213	217	221	225	229	1,105	221
조업통제 손실 지원 (안 제18조)	1,642	0	1,642	0	1,642	4,926	985
합 계	1,855	217	1,863	225	1,871	6,031	1,206

주: 단수조정으로 인하여 합계에 차이가 발생할 수 있음

13. 서해5도 지원 특별법 일부개정법률안 (박남춘 의원 대표발의, 임기만료폐기)

의안번호: 2003247

발의연월일: 2016. 11. 3.

발의자: 박남춘 이정미 윤소하 전혜숙 서영교 김정우 이찬열 어기구 윤관석 전해철 박찬대 송영길 인재근 의원(13인)

제안이유 및 주요내용

서해5도는 최북단 도서지역이라는 지리적 특성상 농수산물을 육상으로 운반하는 데 해상운송 비용이 많이 들기 때문에, 서해5도 농어업인이 현지에서 생산하는 농수산물을 육지로 공급할 경우 가격 경쟁력이 떨어져 농어업 경영에 어려움을 겪고 있음.

따라서 서해5도 지역경제의 활성화를 도모하고, 현지의 값싸고 질 좋은 농수산물을 적정 가격으로 육지의 소비자에게 공급할 수 있도록 하기 위해서는 재정적 지원이 필요함.

이에 국가 및 지방자치단체는 농어업인이 서해5도에서 생산한 농수산물을 판매를 목적으로 육지로 운반할 경우에는 그 농수산물의 해상운송비 중 일부를 대통령령으로 정하는 바에 따라 지원할 수 있도록 하려는 것임(안 제18조제2항 신설).

법률 제 호

서해5도 지원 특별법 일부개정법률안

서해5도 지원 특별법 일부를 다음과 같이 개정한다.

제18조제2항 및 제3항을 각각 제3항 및 제4항으로 하고, 같은 조에 제2항을 다음과 같이 신설한다.

② 국가 및 지방자치단체는 농어업인이 서해5도에서 생산한 농수산물을 판매를 목적으로 육지로 운반할 경우에는 그 농수산물의 해상운송비 중 일부를 대통령령으로 정하는 바에 따라 지원할 수 있다.

부 칙

이 법은 공포 후 3개월이 경과한 날부터 시행한다.

14. 서해5도 지원 특별법 일부개정법률안 (김성원 의원 대표발의, 임기만료폐기)

의안번호: 2004494

발의연월일: 2016. 12. 20.

발의자: 김성원 박인숙 김정재 박명재 윤상현 김도읍 이우현 정유섭 권석창 이은권 정태옥 박찬우 의원(12인)

제안이유 및 주요내용

비무장지대에서 발생했던 북한의 목함지뢰 도발, 이어진 서부전선 포격도발, 연평도 포격 사건 등 북한의 도발이 있을 때마다 접경지역 주민들은 큰 피해를 받고 있음.

특히 접경지역 주민들은 정부의 대피명령에 따라 열악한 대피소에서 대피명령이 해제될 때까지 생업을 중단한 채 대피생활을 할 수밖에 없었고, 그 피해는 상당한 수준이었음.

이에 국가는 「통합방위법」 제17조에 따른 대피명령으로 인해 대피 기간 동안 생업에 종사하는 주민이 입은 경제적 피해에 대하여 예산의 범위에서 그 일부를 지원할 수 있도록 하려는 것임(안 제20조 신설).

법률 제 호

서해5도 지원 특별법 일부개정법률안

법률 제13400호 서해5도 지원 특별법 일부개정법률 일부를 다음과 같이 개정한다.

제20조를 다음과 같이 신설한다.

제20조(대피로 인한 경제적 피해 지원) ① 국가는 「통합방위법」 제17조에 따른 대피명령으로 인해 대피 기간 동안 생업에 종사하는 주민이 입은 경제적 피해에 대하여 예산의 범위에서 그 일부를 지원할 수 있다.

② 제1항에 따른 대피로 인한 경제적 피해의 지원대상, 지원기준이나 방법 등에 필요한 사항은 대통령령으로 정한다.

부 칙

이 법은 2016년 1월 21일부터 시행한다.

서해5도 지원 특별법 일부개정법률안 비용추계서 미첨부사유서

I. 재정수반요인

가. 대피명령으로 인한 경제적 피해 지원 (안 제27조의2)

개정안에서 국가로 하여금 「통합방위법」 제17조에 따른 대피명령으로 인한 대피 기간 동안 생업에 종사하는 주민이 입은 경제적 피해를 예산의 범위 내에서 일부 지원하도록 규정함에 따라 추가 재정소요가 예상된다.[22]

II. 미첨부 근거규정

「의안의 비용추계 등에 관한 규칙」 제3조제1항 단서 중 제3호(의안의 내용이 선언적·권고적인 형식으로 규정되는 등 기술적으로 추계가 어려운 경우)에 해당한다.

22 「통합방위법」 제17조(대피명령) ① 시·도지사 또는 시장·군수·구청장은 통합방위사태가 선포된 때에는 인명·신체에 대한 위해를 방지하기 위하여 즉시 작전지역에 있는 주민이나 체류 중인 사람에게 대피할 것을 명할 수 있다.
② 제1항에 따른 대피명령(이하 "대피명령"이라 한다)은 방송·확성기·벽보, 그 밖에 대통령령으로 정하는 방법에 따라 공고하여야 한다.
③ 안전대피방법과 대피명령의 실시방법·절차 등에 관하여 필요한 사항은 대통령령으로 정한다.
「통합방위법 시행령」 제28조(대피명령의 방법) 법 제17조제2항에서 "대통령령으로 정하는 방법"이란 다음 각 호의 방법을 말한다.
1. 텔레비전·라디오 또는 유선방송 등의 방송
2. 중앙 및 지방의 일간신문에의 게재
3. 전단 살포
4. 비상연락망을 통한 구두전달
5. 타종(打鐘), 경적(警笛) 또는 신호기(信號旗)의 게양

III. 미첨부 사유

개정안에서 통합방위사태 선포에 따른 대피명령 발령으로 인하여 경제적 피해를 입은 서해5도 주민에 대하여 예산의 범위 내에서 지원하도록 규정하고 있다.[23] 따라서 서해5도의 소득 및 가구 수 등에 따라 경제적 피해에 대한 지원금액이 결정될 것으로 예상된다. 소득과 관련하여 통계청에서 실시한 어가경제조사 자료에 따르면 2015년 기준으로 어가의 연평균 소득은 4,390만원 정도이며, 2011년부터 2015년까지 연평균 3.25%씩 증가하였다. 농가의 경우에는 2015년 기준으로 연평균 소득은 3,722만원 정도이며, 2011년부터 2015년까지 연평균 5.41%씩 증가하였다.[24] 한편 2014년 12월말 기준으로 서해5도의 농가는 1,145세대이며 어가는 1,193세대이다.[25]

개정안에서 경제적 피해에 대한 지원 방법 등은 대통령령에서 정하도록 규정하고 있는데, 본 추계에서는 통합방위사태 선포에 따라 발령된 대피명령으로 인한 가구당 경제적 피해액을 가구당 연평균소득액을 365일로 나눈 값에 대피발령 기간을 곱한 값이라고 가정한다.

한편 국방부에 따르면 2005년부터 2016년까지 지난 12년 동안 「통합방위법」에 따라 통합방위사태가 선포되어 대피명령이 발령된 기간은 2010년 11월 23일부터 12월 28일까지로서 36일 동안이며 발령지역은 인천광역시 옹진군 연평면뿐이라고 한다. 이러한대피명령 발령사례를 바탕으로 볼 때, 통합방위사태 선포에 따른 대피명령은 우발적으로 발생되어 과거의 통계자료를 바탕으로 언제, 어느 지역에 발령될지 기술적으로 추정하기 어려운 점이 있다.[26] 따라서 동 개정안은 현재의 상태에서 기술적으로 추계하기 어려운 경우로서 미첨부 3호 사유에 해당된다.

23 서해5도란 인천광역시 옹진군에 속하는 백령도·대청도·소청도·연평도·소연평도와 인근 해역을 말하여, 행정구역으로는 인천광역시 옹진군 연평면, 백령면, 대청면이다. 「2015 옹진군 기본통계」 자료에 따르면 동 지역의 인구는 9,277명이다.

24 「통계청」의 가계조사 결과

〈어가경제조사〉

(단위: 천원, %)

	2011	2012	2013	2014	2015	연평균 증가율
연평균 소득	38,623	37,381	38,586	41,015	43,895	3.25

〈농가경제조사〉

(단위: 천원, %)

	2011	2012	2013	2014	2015	연평균 증가율
연평균 소득	30,148	31,031	34,524	34,950	37,215	5.41

15. 서해5도 지원 특별법 일부개정법률안 (안상수 의원 대표발의, 임기만료폐기)

의안번호: 2016097

발의연월일: 2018. 10. 26.

발의자: 안상수 홍문표 윤상현 유성엽 유의동 신동근 민경욱 김용태 정유섭 박찬대 김광림 김세연 이학재 엄용수 홍철호 박맹우 의원(16인)

제안이유 및 주요내용

■ 제안이유

서해5도 해역은 지정학적 특수성으로 인해 다른 해역과 달리 군사적 충돌과 중국어선 불법조업 방지 등을 위해 국가에서 어로한계선이나 조업자제선을 정하고 어민들은 어업지도선 인솔 하에 어로를 해야 하는 특수성이 있기 때문에 해당 지방자치단체는 다른 해역의 통상적인 어업지도선 수량을 월등히 초과하는 어업지도선을 운영할

25 「2015 옹진군 기본통계」, 인천광역시 옹진군, 2015. 12.

26 참고로 2018년도에 연평면에 이전과 동일하게 36일 동안의 통합방위사태 선포에 따른 대피명령이 발령된다고 가정하고 개정안에 따라 피해를 보상한다면, 어가에는 25억 8,286만원(=어가연평균소득/365일×36일×542세대)이 소요되고, 농가에는 4억 4,705만원(=농가가연평균소득/365일×36일×104세대)이 소요될 것으로 예상된다.

수밖에 없는 상황이므로 초과분 어업지도선의 구입과 운영에 대해서는 국가가 지원할 필요가 있어서 관련 근거 규정을 마련하고자 하는 것임.

■ 주요내용

국가는 서해5도 해역의 특수성으로 인하여 다른 해역보다 추가로 필요하게 된 어업지도선에 대해서는 어업지도선의 구입, 운영에 소요되는 경비의 일부를 해당 지방자치단체에 지원하도록 하되, 다른 해역보다 추가로 필요하게 된 어업지도선의 수량은 행정안전부장관과 해양수산부장관이 협의하여 정하도록 함(안 제21조 신설).

> 법률 제 호
>
> **서해5도 지원 특별법 일부개정법률안**
>
> 제21조를 다음과 같이 신설한다.
>
> **제21조(어업지도선 지원)** ① 국가는 서해5도 해역의 특수성으로 인하여 다른 해역보다 추가로 필요하게 된 어업지도선(지방자치단체가 구입·운영하는 것을 말한다. 이하 이 조에서 같다)에 대해서는 국가가 그 구입·운영경비의 일부를 해당 지방자치단체에 지원한다.
>
> ② 제1항에서 추가로 필요하게 된 어업지도선은 행정안전부장관과 해양수산부장관이 협의하여 인정하는 것을 말한다.
>
> 부 칙
>
> 이 법은 2020년 1월 1일부터 시행한다.

16. 서해5도 지원 특별법 일부개정법률안 (김병욱 의원 대표발의, 계류중, 소관위 심사[27])

의안번호: 2100997

발의연월일: 2020. 6. 25.

발의자: 김병욱 추경호 박덕흠 김희국 김정재 황보승희 태영호 임이자 구자근 정희용 김석기 김용판 의원(12인)

제안이유 및 주요내용

서해5도 지원 특별법은 남북 분단 현실과 특수한 지리적 여건상 북한의 군사적 위협으로 피해를 입고 있는 서해5도의 생산·소득 및 생활기반시설의 정비·확충을 통해 정주여건을 개선함으로써 지역주민의 소득증대와 생활안전 및 복지향상을 도모하고 있음.

그런데 경상북도 울릉도·독도는 서해5도와 마찬가지로 동해 유일의 접경지역으로서 서해5도와 같이 특수한 지정학적 위치를 차지하고 있고, 육지에서 130km 이상 떨어져 있어 연 평균 80일 이상은 육지로 입·출항하기 어려운 도서지역임.

그럼에도 불구하고 기존의 관련 법률만으로는 울릉도·독도 지역 주민들에 대한 안전한 주거환경 확보와 생활안전 및 복지향상을 위한 정책적 지원시책이 충분히 제시되지 않고 있음.

이에 서해5도법의 지원 대상에 울릉도와 독도를 추가함으로써 남북 분단 현실과 특수한 지리적 여건 등으로 국가적 관심이 필요한 지역에 정책적 지원을 가능하게 하려는 것임.

27 2021. 8. 8. 현재

법률 제 호

서해5도 지원 특별법 일부개정법률안

서해5도 지원 특별법 일부를 다음과 같이 개정한다.

제명 "서해5도 지원 특별법"을 "서해5도 및 울릉도·독도 지원 특별법"으로 한다.

제1조 중 "북한의 군사적 위협으로 피해를 입고 있는 서해5도"를 "국가의 영토주권을 공고히 하고 국가 균형발전에 이바지하기 위해 서해5도 및 울릉도·독도"로 한다.

제2조제1호 중 "5도"를 "5도 및 울릉도·독도"로, "인근"을 "경상북도 울릉군에 속하는 울릉도·독도 및 그 인근"으로 하고, 같은 조 제2호 및 제3호 중 "5도"를 각각 "5도 및 울릉도·독도"로 한다.

제3조제1항 중 "5도"를 "5도 및 울릉도·독도"로 한다.

제4조제1항 중 "5도"를 "5도 및 울릉도·독도"로 하고, 같은 조 제2항 중 "5도"를 "5도 및 울릉도·독도"로, "「접경지역 지원 특별법」"을 "「접경지역 지원 특별법」, 「독도 등 도서지역의 생태계 보전에 관한 특별법」 등"으로 한다.

제5조제1항 전단, 같은 조 제2항제1호·제2호·제3호 및 제8호 중 "5도"를 각각 "5도 및 울릉도·독도"로 한다.

제6조 중 "중앙행정기관의 장"을 "중앙행정기관의 장 및 해당 지방자치단체의 장"으로, "5도"를 "5도 및 울릉도·독도"로 한다.

제7조의 제목 및 제1항 각 호 외의 부분 중 "5도"를 각각 "5도 및 울릉도·독도"로 한다.

제7조의2부터 제7조의4까지를 각각 다음과 같이 신설한다.

제7조의2(사업시행자) ① 연도별 사업계획에 따라 시행되는 사업의 시행자(이하 "사업시행자"라 한다)는 다음 각 호의 어느 하나에 해당하는 자로 한다.

1. 국가
2. 지방자치단체
3. 「공공기관의 운영에 관한 법률」 제4조에 따른 공공기관
4. 「지방공기업법」 제49조에 따라 설립된 지방공사
5. 민간기업(재무건전성 등이 대통령령으로 정하는 기준에 적합한 자로 한정한다)

② 제1항 각 호의 사업시행자가 시행할 수 있는 사업의 대상과 범위 등은 대통령령으로 한다.

제7조의3(사업시행계획의 승인 등) ① 사업시행자(제7조의2제1항제1호 및 제2호에 규정된 자는 제외한다)는 사업을 시행하려는 경우 사업시행계획을 수립하여 해당 지방자치단체장(관할구역을 벗어난 지역을 포함하는 경우에는 해당 광역자치단체장을 말한다. 이하 "사업승인권자"라 한다)의 승인을 받아야 한다.

② 제1항에 따라 사업시행계획의 승인을 받은 자는 승인받은 사항을 변경하려는 경우에는 사업승인권자의 변경승인을 받아야 한다. 다만, 대통령령으로 정하는 경미한 사항을 변경하는 경우에는 그러하지 아니하다.

③ 제1항에 따라 사업시행계획의 승인을 받으려는 자와 제2항에 따라 사업시행계획의 변경승인을 받으려는 자는 대통령령으로 정하는 바에 따라 사업시행계획 및 투자계획 등을 사업승인권자에게 제출하여야 한다.

④ 사업승인권자는 제3항에 따라 제출된 사업시행계획 및 투자계획 등의 타당성 등을 검토하여 사업시행계획의 승인 여부를 결정하여야 한다.

⑤ 사업승인권자는 제1항에 따라 사업시행계획의 승인을 하거나 제2항에 따라 사업시행계획의 변경승인을 한 때에는 그 사업시행계획을 대통령령으로 정하는 방에 따라 고시하여야 한다. 다만, 국방상 기밀에 관한 사항은 이를 제외하고 고시할 수 있다.

⑥ 사업승인권자는 다음 각 호의 어느 하나에 해당하는 경우에는 사업시행계획의 승인 또는 변경승인을 취소할 수 있다.

1. 사업시행계획의 승인을 받은 날부터 2년 이내에 사업을 시작하지 아니한 경우
2. 거짓이나 그 밖의 부정한 방법으로 사업시행계획의 승인을 받은 경우
3. 사정의 변경으로 사업을 계속적으로 할 수 없거나 현저히 공익을 해칠 우려가 있다고 인정되는 경우

⑦ 사업승인권자는 제6항에 따라 사업시행계획의 승인 또는 변경승인을 취소하였을 때에는 지체 없이 그 사실을 공고하여야 한다.

⑧ 제7조의2제1항제1호 및 제2호의 사업시행자가 사업을 시행하려는 경우에는 사업승인권자와 협의하여 사업시행계획을 수립하여야 하며, 그 사업시행계획을 대통령령으로 정하는 바에 따라 고시하여야 한다.

제7조의4(인 · 허가등의 의제) ① 사업시행자(제7조의2제1항제1호 및 제2호에 규정된 자는 제외한다)가 제7조의3제1항에 따라 사업시행계획의 승인(제7조의3제2항에 따른 변경승인을 포함한다)을 받은 경우 또는 제7조의2제1항제1호 및 제2호의 사업시행자가 제7조의3제8항에 따라 사업시행계획을 수립하여 고시한 경우에는 사업승인권자가 제3항에 따라 관계 행정기관의 장과 협의한 사항에 대하여 다음 각 호의 허가·인가·지정·승인·협의·신고·결정 등(이하 "인·허가등"이라 한다)을 받은 것으로 보며, 제7조의3제5항 및 제8항에 따른 사업시행계획의 고시가 있은 때에는 다음 각 호의 법률에 따른 인·허가등의 고시 또는 공고가 있은 것으로 본다.

1. 「가축분뇨의 관리 및 이용에 관한 법률」 제11조에 따른 배출시설의 설치허가
2. 「건축법」 제11조에 따른 건축허가, 같은 법 제20조에 따른 가설건축물의 건축허가·축조신고 및 같은 법 제29조에 따른 건축 협의
3. 「공유수면 관리 및 매립에 관한 법률」 제8조에 따른 공유수면의 점용·사용허가, 같은 법 제17조에 따른 점용·사용 실시계획의 승인(매립면허를 받은 매립예정지는 제외한다), 같은 법 제28조에 따른 공유수면의 매립면허, 같은 법 제35조에 따른 국가 등이 시행하는 매립의 협의 또는 승인 및 같은 법 제38조에 따른 공유수면매립실시계획의 승인
4. 「골재채취법」 제22조에 따른 골재채취의 허가
5. 「관광진흥법」 제15조에 따른 사업계획의 승인, 같은 법 제52조에 따른 관광지등의 지정, 같은 법 제54조에 따른 관광지등의 조성계획의 승인 및 같은 법 제55조에 따른 조성사업 시행의 허가
6. 「국유재산법」 제30조에 따른 행정재산의 사용·수익허가
7. 「국토의 계획 및 이용에 관한 법률」 제30조에 따른 도시·군관리계획(같은 법 제2조제4호다목 및 마목으로 한정한다)의 결정, 같은 법 제56조에 따른 토지의 분할 및 형질변경의 허가, 같은 법 제86조에 따른 도시·군계획시설사업 시행자의 지정 및 같은 법 제88조에 따른 실시계획의 인가

8. 「농어촌도로 정비법」 제9조에 따른 도로의 노선 지정 및 같은법 제18조에 따른 도로의 점용허가
9. 「농어촌정비법」 제23조에 따른 농업생산기반시설의 목적 외 사용승인, 같은 법 제82조에 따른 농어촌 관광휴양단지 개발사업계획의 승인, 같은 법 제83조에 따른 관광농원 개발사업계획의 승인 및 같은 법 제85조에 따른 농어촌 관광휴양지사업자의 신고
10. 「농지법」 제34조에 따른 농지의 전용허가·협의 및 같은 법 제35조에 따른 농지의 전용신고
11. 「도로법」 제25조에 따른 도로구역의 결정, 같은 법 제36조에 따른 도로공사 시행의 허가 및 같은 법 제61조에 따른 도로의 점용 허가
12. 「사도법」 제4조에 따른 사도 개설허가
13. 「사방사업법」 제14조에 따른 벌채 등의 허가 및 같은 법 제20조에 따른 사방지의 지정해제
14. 「산림자원의 조성 및 관리에 관한 법률」 제36조제1항·제4항에 따른 입목벌채등의 허가·신고
15. 「산지관리법」 제14조 및 제15조에 따른 산지전용허가 및 산지전용신고와 같은 법 제15조의2에 따른 산지일시사용허가·신고
16. 「소하천정비법」 제10조에 따른 소하천등의 정비허가 및 같은법 제14조에 따른 소하천등의 점용 등의 허가
17. 「수도법」 제17조에 따른 일반수도사업의 인가
18. 「어촌·어항법」 제23조에 따른 어항개발사업시행의 허가
19. 「장사 등에 관한 법률」 제27조에 따른 분묘의 개장허가. 다만, 같은 조에 따른 공고 절차는 생략할 수 없다.
20. 「전기사업법」 제62조에 따른 자가용전기설비 공사계획의 인가 또는 신고
21. 「체육시설의 설치·이용에 관한 법률」 제12조에 따른 사업계획의 승인
22. 「초지법」 제21조의2에 따른 토지의 형질변경 등의 허가 및 같은 법 제23조에 따른 초지전용허가
23. 「공간정보의 구축 및 관리 등에 관한 법률」 제86조에 따른 사업의 착수, 변경 또는 완료 사실의 신고
24. 「택지개발촉진법」 제9조에 따른 택지개발사업 실시계획의 승인
25. 「폐기물관리법」 제29조에 따른 폐기물처리시설의 설치 승인 또는 신고
26. 「하수도법」 제16조에 따른 공공하수도 공사의 시행허가, 같은 법 제24조에 따른 공공하수도의 점용허가 및 같은 법 제27조에 따른 배수설비의 설치신고
27. 「하천법」 제30조에 따른 하천공사 시행의 허가, 같은 법 제33조에 따른 하천의 점용허가 및 같은 법 제38조에 따른 홍수관리구역 안에서의 행위허가
28. 「항만법」 제9조에 따른 항만공사 시행의 허가 및 같은 법 제10조에 따른 항만공사실시계획의 승인
29. 「해운법」 제4조에 따른 해상여객운송사업의 면허

② 제1항에 따른 인·허가등의 의제를 받으려는 자는 사업시행계획의 승인(변경승인을 포함한다)을 신청하거나 사업시행계획의 수립을 위하여 사업승인권자에게 협의를 요청하는 경우에는 해당 법률에서 정하는 관련 서류를 함께 제출하여야 한다.

③ 사업승인권자는 제7조의3제1항에 따라 사업시행계획을 승인(변경승인을 포함한다)하거나 제7조의3제8항에 따라 협의를 요청받은 사업시행계획에 대하여 의견을 제시하려는 경우 그 사업시행계획에 제1항 각 호의 어느 하나에 해당하는 사항이 포함되어 있는 때에는 관계 행정기관의 장과 미리 협의하여야 한다.

④ 제3항에 따라 사업승인권자로부터 협의를 요청받은 관계 행정기관의 장은 특별한 사유가 없으면 협의를 요청받은 날부터 30일 이내에 의견을 제출하여야 하며 같은 기간 이내에 의견 제출이 없는 때에는 의견이 없는 것으로 본다.

제8조제1항 중 "개발사업의 시행자"를 "제7조의3에 따른 사업의 시행승인을 받은 자"로 한다.

제9조제1항 중 "5도"를 "5도 및 울릉도·독도"로 한다.

제10조 중 "5도"를 각각 "5도 및 울릉도·독도"로 한다.

제11조제1항 중 "5도"를 "5도 및 울릉도·독도"로 한다.

제12조의 제목 중 "5도"를 "5도 및 울릉도·독도"로 하고, 같은 조 제1항 각 호 외의 부분 및 제1호 중 "5도"를 각각 "5도 및 울릉도·독도"로 한다.

제13조 중 "5도"를 "5도 및 울릉도·독도"로 한다.

제14조 중 "5도"를 "5도 및 울릉도·독도"로 한다.

제15조제1항부터 제4항까지 중 "5도"를 각각 "5도 및 울릉도·독도"로 한다.

제16조의 제목 중 "공공시설"을 "사회기반시설"로 하고, 같은 조 제1항 중 "도로·항만·수도, 그 밖에 대통령령으로 정하는 공공시설을 우선적으로 설치하거나"를 "「사회기반시설에 대한 민간투자법」 제2조제1호에 따른 사회기반시설을 우선적으로 설치·유지 및 보수하는 것을"로 한다.

제17조의 제목 중 "통일"을 "통일·역사"로 하고, 같은 조 제1항 중 "5도"를 각각 "5도 및 울릉도·독도"로, "통일"을 "통일·역사"로 하며, 같은 조 제2항 중 "5도"를 "5도 및 울릉도·독도"로 한다.

제18조제1항 · 제2항 및 제3항 중 "5도"를 각각 "5도 및 울릉도·독도"로 한다.

제19조 중 "5도"를 "5도 및 울릉도·독도"로 한다.

제20조 중 "5도"를 "5도 및 울릉도·독도"로 한다.

제21조부터 제23조까지를 각각 다음과 같이 신설한다.

제21조(기금의 설치 및 재원) ① 서해5도 및 울릉도·독도지역의 생활기반시설의 정비·확충 등에 필요한 비용을 충당하기 위하여 서해5도 및 울릉도·독도지원기금(이하 "기금"이라 한다)을 설치한다.
② 기금은 다음 각 호의 재원으로 조성한다.
1. 정부로부터의 출연금
2. 정부 외의 자가 출연 또는 기부하는 현금, 물품, 그 밖의 재산
3. 기금의 운용수익금
4. 그 밖에 대통령령으로 정하는 수입금

제22조(기금의 용도) 기금은 다음 각 호의 어느 하나에 해당하는 용도로 운용한다.
1. 제8조에 따른 사업비의 지원
2. 제10조에 따른 주민안전시설 지원
3. 제11조에 따른 노후 주택개량 지원
4. 제12조에 따른 정주생활지원금 지원
5. 제14조에 따른 생활필수품의 운송지원
6. 제15조에 따른 교육지원
7. 제16조에 따른 사회기반시설 및 복지시설 지원

8. 제17조에 따른 통일·역사교육 및 문화·관광 시설 지원
9. 제18조에 따른 농어업인 및 소상공인 경영활동 지원
10. 제19조에 따른 불법조업 방지시설 지원
11. 제20조에 따른 여객선 운항 손실금 지원
12. 그 밖에 생활기반시설 등의 정비·확충을 위하여 대통령령으로 정하는 비용

제23조(기금의 관리 · 운용) ① 기금은 행정안전부장관이 관리·운용한다.
② 기금의 관리·운용에 필요한 사항은 대통령령으로 정한다.

부 칙

이 법은 공포 후 6개월이 경과한 날부터 시행한다.

비용추계서 미첨부 사유서

Ⅰ. 재정수반요인

이 법의 지원 대상에 울릉도·독도 포함(안 제1조 및 제2조)

이 법의 제명을 「서해5도 및 울릉도·독도 지원 특별법」으로 개정하고, 이 법에 따른 지원 대상에 울릉도와 독도를 포함

Ⅱ. 미첨부 근거 규정

「의안의 비용추계 등에 관한 규칙」 제3조제1항제3호

의안의 내용이 선언적·권고적인 형식으로 규정되는 등 기술적으로 추계가 어려운 경우에 해당

Ⅲ. 미첨부 사유

개정안에 따라 이 법의 대상에 울릉도와 독도가 포함될 경우, 지원받을 수 있는 사항은 다음과 같음

▼표 1 이 법에 따른 지원 사항

조문	지원 내용
사업비 등의 지원(제8조)	• 개발사업의 시행자에게 자금을 보조·융자 또는 알선 • 보조금 지원사업에 대한 보조율 인상 지원 • 지방교부세 중 특별교부세 지원
조세 및 부담금 등의 경감(제9조)	• 주민 등에 대한 조세 감면 • 개발사업 시행자에 대한 각종 부담금 등 감면
주민안전시설 우선지원(제10조)	• 주민대피시설·비상급수시설 등의 우선 설치 및 관리비 지원
노후 주택개량 지원(제11조)	• 노후주택 신축 및 주택 개·보수 비용 지원
정주생활지원금 지원(제12조)	• 일정 기간 이상 거주 주민에 대한 생활정주지원금 지급
공공요금 및 국민건강보험료 감면(제13조)	• TV 수신료, 상수도·전기·전화·수도요금 등의 공공요금 및 국민건강보험료 감면
생활필수품의 해상운송 지원(제14조)	• 생활필수품의 해상운송비 중 일부를 지원
교육지원(제15조)	• 「초·중등교육법」에 따른 학교 재학생의 수업료 등 지원 • 지방교육재정교부금의 특별지원 • 「고등교육법」에 따른 학교의 입학 특례
공공시설 및 복지시설 지원(제16조)	• 도로·항만·수도 등 공공시설의 우선 설치 또는 지원 • 양로원·장애인복지관·보육원·병원 등 복지시설의 우선 설치 또는 지원
통일교육 및 문화 · 관광 시설 등에 대한 우선지원(제17조)	• 견학 및 방문사업 추진 기관 및 단체에 대한 여객운임비와 행사운영비 등 비용 지원
농어업인 및 소상공인 지원(제18조)	• 농어업인과 소상공인에 대한 자금 우선지원, 영농·영어·시설·운전 자금 및 소상공인 경영자금 등에 대한 대출상환 유예 및 기한 연장, 이자지원 • 어구 손괴 등으로 인한 피해 지원
불법조업 방지시설(제19조)	• 안전조업과 불법조업 피해 방지를 위한 시설물 설치사업 지원
여객선 운항 손실금 지원(20조)	• 손실이 발생한 여객선 항로에 대한 손실금 일부 지원

현행법 제5조에 따라 2011년에 수립된 '서해5도 종합발전계획'에 따르면, 서해5도25에 대한 지원은 2011년부터 2020년까지 10년 동안 9개 부처에서 78개 사업에 총 사업비 9,109억원(국비 4,599억원, 지방비 2,068억원, 민자 2,442억원)을 투입하여 서해5도의 정주여건 개선, 지역주민의 소득증대, 생활안정 등을 위한 사업을 추진함

부처별 사업 내용을 보면 다음과 같음

▼ 표 2 부처별 사업 내용

부처명	사업내용
행정안전부	정주생활지원금 지원 해상운송비 지원 교육비 지원 노후주택 개량사업
교육부	도서아동 방과 후 돌봄학교 운영
문화체육관광부	주민복합문화체육시설 건립
농림축산식품부	노후 농기계 교체
보건복지부	의료취약지 의료지원
환경부	공공하수도 건설
국토교통부	백령공항 건설
해양수산부	백령 용기포신항 건설
산림청	조림사업

자료: 행정안전부

2019년 12월 말 기준으로 서해5도와 울릉도의 현황을 비교해 보면 다음과 같음

▼ 표 3 서해5도와 울릉도 현황

구 분	인구(명)	면적(㎢)	세대수
서해5도	8,892	75.23	5,274
• 연평면	2,112	7.41	1,375
• 백령면	5,281	52.20	3,004
• 대청면	1,499	15.62	895
울 릉 도	9,617	72.94	5,426
• 울릉읍	6,766	21.43	3,810
• 서면	1,412	27.23	753
• 북면	1,439	24.28	863

자료: 행정안전부, 「지방자치단체 행정구역 및 인구 현황」(2019. 12. 31. 현재)

그러나, 이 법에 따라 수립한 '서해5도 종합발전계획'은 서해5도의 지정학적 환경, 인문·사회적 환경 및 산업·경제적 환경 등을 고려한 중장기 사업계획임

서해5도의 지리적 위치, 건축물, 토지이용 및 규제, 생태관광자원 및 문화재, 도로, 항만 및 해양 교통시설, 주민복지 및 편의시설, 정보통신 등 인문·사회적 환경과 수산업 인구 및 수산물 생산 현황, 농업 인구 및 농산물 생산, 사업체 수 및 종사자수, 관광객 및 관광산업 등 산업·경제적 환경 등을 조사·분석한 결과를 바탕으로 발전여건과 잠재력을 분석·계획하고, 이를 달성하기 위하여 수립된 추진전략 및 과제, 과제별 소요예산 등을 연도별로 정리한 계획과 사업기간, 주관부처 등 일정계획을 결합한 것임

따라서, 개정안에 따라 울릉도·독도에 대한 종합계획을 수립·추진하기 위해서는 우선 지정학적 환경, 인문·사회적 환경 및 산업·경제적 환경에 대한 분석이 선행되어야 함

이러한 환경 분석을 바탕으로 국내외 사례분석 등을 통한 울릉도·독도 발전여건과 잠재력 분석·계획, 이를 달성하기 위한 발전과제 도출 작업 등이 필요하나 현재의 상황에서 환경 분석 결과에 따라 정책적으로 결정되는 발전목표, 목표 달성을 위한 전략 등을 결정하기에는 어려운 점이 있음

서해5도와 울릉도·독도는 인문·사회적 환경, 산업·경제적 환경이 상이하므로 서해5도 종합발전계획에서 도출된 발전전략을 울릉도·독도 발전과 관련하여 동일하게 적용하기 어려운 점이 있음

개정안은 기존 서해5도에 울릉도·독도를 포함하는 종합발전계획을 수립·시행하도록 규정하고 있음

그런데, 현재의 상태에서 기존 서해5도와 지정학적 환경, 인문·사회적 환경 및 산업·경제적 환경 등이 상이한 울릉도·독도에 대하여 기존 서해5도와 관련하여 수립된 종합발전계획을 동일하게 적용하기 어려운 점이 있음

즉 현재의 상태에서 전략 수립 및 전략 이행을 위한 세부과제 도출뿐만 아니라 과제 추진에 필요한 사업비 또한 추정하기 어려움

울릉도·독도 발전을 위한 목표 및 전략 등이 수립되지 않은 상태에서 전략 이행을 위한 추진과제 도출 및 이를 위한 추가 재정소요 등을 추정하기 어려운 점이 있음

따라서 개정안에 따른 추가 재정소요를 현 시점에서 추계하는 데 한계가 있어 동 개정안은 기술적으로 추계가 어려우므로「의안의 비용추계 등에 관한 규칙」 제3조제1항제3호의 미첨부 사유에 해당

▼ 참고 서해5도 주민 지원 사업(행정안전부 소관)

사업명	사업규모	사업내용
정주생활지원금 지원	연간 약 40억원 (국비)	서해5도에 주민등록 및 실거주한 주민으로 6개월 이상 10년 미만 거주자 월 5만원, 10년 이상 거주자 월 10만원 지원
해상운송비 지원	연간 약 10억원 (국비)	유류 및 가스의 안정적인 공급, 육지와 도서간 물가격차 완화를 위해 운송비 지원 ※ 생필품 유류(55원/ℓ, 14백만ℓ) 가스(450원/kg, 1백만kg)
교육비 지원		서해5도에 주민등록이 되어있고, 서해5도에 설치된 고등학교에 재학중인 학생의 입학금, 수업료, 학교운영지원비 지원 ※ 고교 무상교육 실시에 따라 '21년부터 미지원
노후주택 개량사업	연간 약 20억원	서해5도 주택 소유자로 주민등록 실거주 기간이 1년 이상이며, 30년 이상된 주택 중 균열, 부식으로 수리를 요하는 주택 개·보수 ※ 국비(2,000만원), 지방비 포함 동당 최대 40백만원 지원(자부담 20% 이상)

자료: 행정안전부

17. 서해5도 지원 특별법 일부개정법률안 (배준영 의원 대표발의, 계류중, 소관위 심사[29])

의안번호: 2105883

발의연월일: 2020. 11. 30.

발의자: 배준영 이용 허종식 이주환 박덕흠 조수진 김병욱 유의동 이영 윤주경 의원(10인)

제안이유 및 주요내용

서해5도 지원 특별법은 남북 분단 현실과 특수한 지리적 여건상의 문제로 생산·소득 및 생활기반시설의 정비·확충을 통해 정주여건을 개선함으로써 주민의 소득증대와 생활안전 및 복지향상을 도모하고 있음.

그런데 해당 지역은 북한과 근접하여 군사적 위협의 가능성에 항상 노출되어 있고 각종 규제와 제약으로 인하여 낙후 정도가 심화되고 있으나, 「서해5도 지원 특별법」의 적용만으로는 정주 여건의 개선, 지역경제 활성화 등이 어려운 상황임.

이에 현행법을 특수한 지리적 여건 등으로 국가적 관심이 필요한 서해5도에 대형여객선과 어업지도선을 도입·운영하기 위한 비용의 일부를 지원을 가능하게 하며, 서해5도민들에게 농수산물의 해상운송비와 「통합방위법」 제17조에 따른 대피명령으로 인해 입은 경제적 피해를 일부 지원할 수 있도록 관련 규정을 정비하고자 함(안 제18조제2항, 제21조부터 제23조까지 신설).

법률 제　　호

서해5도 지원 특별법 일부개정법률안

서해5도 지원 특별법 일부를 다음과 같이 개정한다.

제18조에 제2항 및 제3항을 각각 제3항 및 제4항으로 하고, 같은 조에 제2항을 다음과 같이 신설한다.

② 국가 및 지방자치단체는 농어업인이 서해5도에서 생산한 농수산물을 판매를 목적으로 육지로 운반할 경우에는 그 농수산물의 해상운송비 중 일부를 대통령령으로 정하는 바에 따라 지원할 수 있다.

제21조를 다음과 같이 신설한다.

제21조(여객선 도입 및 운영지원) 국가 또는 지방자치단체는 서해5도를 운항하는 여객선의 대형화와 현대화를 위하여 예산의 범위내에서 여객선 도입 및 운영을 위한 비용의 일부를 지원할 수 있다.

제22조를 다음과 같이 신설한다.

제22조(어업지도선 지원) ① 국가는 서해5도 해역의 특수성으로 인하여 다른 해역보다 추가로 필요하게 된 어업지도선(지방자치단체가 구입·운영하는 것을 말한다. 이하 이 조에서 같다)에 대해서는 국가가 그 구입·운영경비의 일부를 해당 지방자치단체에 지원한다.

② 제1항에서 추가로 필요하게 된 어업지도선은 행정안전부장관과 해양수산부장관이 협의하여 인정하는 것을 말한다.

제23조를 다음과 같이 신설한다.

제23조(대피로 인한 경제적 피해 지원) ① 국가는 「통합방위법」 제17조에 따른 대피명령으로 인해 대피 기간 동안 생업에 종사하는 주민이 입은 경제적 피해에 대하여 예산의 범위에서 그 일부를 지원할 수 있다.

② 제1항에 따른 대피로 인한 경제적 피해의 지원대상, 지원기준이나 방법 등에 필요한 사항은 대통령령으로 정한다.

29 2021. 8. 8. 현재

부 칙

제1조(시행일) 이 법은 공포 후 3개월이 경과한 날부터 시행한다.

제2조(다른 법령과의 관계) 이 법 시행 당시 다른 법령에서 종전의 「서해5도 지원 특별법」 또는 그 규정을 인용하고 있는 경우에 이 법 가운데 그에 해당하는 규정이 있으면 종전의 규정을 갈음하여 이 법 또는 이 법의 해당 규정을 인용한 것으로 본다.

비용추계서 미첨부 사유서

Ⅰ. 재정수반요인

농수산물 해상운송비 지원(안 제18조)

국가 및 지방자치단체는 농어업인이 서해5도에서 생산한 농수산물을 판매를 목적으로 육지로 운반할 경우에는 그 농수산물의 해상운송비 중 일부를 대통령령으로 정하는 바에 따라 지원할 수 있음

여객선 도입 및 운영지원(안 제21조)

국가 또는 지방자치단체는 서해5도를 운항하는 여객선의 대형화 현대화를 위하여 예산의 범위에서 여객선 도입 및 운영을 위한 비용의 일부를 지원할 수 있음

어업지도선 지원(안 제22조)

국가는 서해5도 해역의 특수성으로 인하여 다른 해역보다 추가로 필요하게 된 어업지도선에 대해서 그 구입·운영경비의 일부를 해당 지방자치단체에 지원함

대피로 인한 경제적 피해지원(안 제23조)

국가는 「통합방위법」에 따른 대피명령으로 인해 대피 기간 동안 생업에 종사하는 주민이 입은 경제적 피해에 대하여 예산의 범위에서 그 일부를 지원할 수 있음

Ⅱ. 미첨부 근거 규정

「의안의 비용추계 등에 관한 규칙」 제3조제1항제3호

의안의 내용이 선언적·권고적인 형식으로 규정되는 등 기술적으로 추계가 어려운 경우에 해당

Ⅲ. 미첨부 사유

1. 농수산물 해상운송비 지원(안 제18조)

개정안에 따르면 국가와 지방자치단체는 농어업인이 서해5도에서 생산한 농수산물을 판매를 목적으로 육지로 운반할 경우, 그 농수산물의 해상운송비 중 일부를 지원할 수 있도록 하여 추가 재정 소요가 발생

서해5도에서 생산한 농수산물을 유통하는 데 발생하는 비용은 그 방법에 따라 택배비와 선박운송비로 구분할 수 있음

택배비용의 경우 배송물의 크기에 따라 5,000원에서 12,000원 물류비용이 발생[30]

선박운송비의 경우 거리에 따라 1톤 화물차량 기준(왕복) 40만 7,000에서 55만 4,000원 물류비용이 발생[31]

---

30 택배비용

(단위: 원)

구분	5kg까지(80㎝까지*)	10kg까지(100㎝까지)	20kg까지(120㎝까지)	30kg까지(160㎝까지)
택배비용	5,000	8,500	10,000	12,000

* 가로+세로+높이

31 선박운송비

(단위: 천원)

구분	연평도	백령도	대청도
차량(1톤 화물) 선적비 (왕복)	407	554	554

옹진군에 따르면 현재 옹진군 농수산물 유통물류비의 70% 정도를 지방자치단체에서 보조하고 있음

농수산물 유통비의 경우, 2019년에 45,338건에 4억 5,120만원을 지원하였음

다만, 개정안은 해상운송비의 지원 기준 등 세부사항을 대통령령으로 정하도록 규정하고 있어 현재로서는 개정안에 따른 추가 재정소요를 추계하기 어려움

2. 여객선 도입 및 운영지원(안 제21조)

개정안은 국가 또는 지방자치단체로 하여금 서해5도를 운항하는 여객선의 대형화와 현대화를 위하여 예산의 범위에서 도입 및 운영을 위한 비용의 일부를 지원할 수 있도록 규정하여 추가 재정소요 발생

행정안전부에 따르면, 인천-백령항로를 운항하는 대형쾌속 카페리여객선의 건조비용은 약 550억이 소요되는 것으로 파악됨

다만, 현재로서는 개정안에 따라 추후 대형화와 현대화가 필요한 여객선의 수를 예측하기 어렵고, 여객선 운항에 따른 운영비의 산출도 우며, 국가나 지방자치단체의 지원 기준, 지원 범위 등도 예측하기 어려워 추계가 곤란함

3. 어업지도선 지원(안 제22조)

개정안은 서해5도 해역의 특수성으로 인하여 다른 해역보다 추가로 필요하게 된 어업지도선에 대해서는 국가가 그 구입·운영경비의 일부를 해당 지방자치단체에 지원하도록 규정하여 추가 재정소요 발생

2019년 기준 서해5도에는 7척의 어업지도선이 도입·운영 중에 있음

현재 운영 중인 어업지도선 중 20년 이상의 선령인 어업지도선이 4척임

▼표 1 서해5도 어업지도선 도입 및 운영 현황

(2019년 기준)

위치	선 명	중량(톤)	속력(knot)	건조연도	선령(년)	승선정원 현황(명)			
						계	승무원(현원)	여객	임시
계	7척	645.31				352	74(51)	36	41
인천	옹진갈매기호	117	33	2018. 1	2	49	8(6)	-	41
	옹진해당화호	7.31	45	2017.11	3	12	2(0)	-	10
연평	인천228호	56	14	1996. 7	24	30	8(6)	-	22
백령	인천216호	52	22	1995. 8	25	31	8(6)	-	23
	인천227호	47	20	1996. 8	24	23	6(6)	-	17
대청	인천226호	46	15	1995.11	25	19	7(6)	-	12
	인천232호	113	23	2006. 3	13	49	10(6)	-	39

자료: 옹진군

최근 3년간 어업지도선의 운영에 따른 예산은 14억 8,600만원임

▼ 표 2 서해5도 어업지도선 예산: 2017~2019년

(단위: 백만원)

구 분	예산액	집 행 액			
		계	유류비	유지관리	검사수리
2017	1,640	1,620	765	347	508
2018	1,300	1,295	756	227	312
2018	1,333	1,290	620	200	470
평균	1,486	1,474	832	230	412

자료: 옹진군

어업지도선을 1척 건조하는 데 소요되는 비용은 약 100억원으로 추정되며, 운영비는 연간 약 3억 5,000만원이 발생하는 것으로 추정됨

옹진군에 따르면 어업지도선(150톤, 25Knot 기준) 1척 건조에 약 100억원이 소요되는 것으로 파악됨

또한 어업지도선 운영비로는 약 3억 5,000만원이 소요되는 것으로 추정됨[32]

다만, 현재로서는 개정안에 따라 추가로 필요하게 될 어업지도선의 수, 어업지도선의 재원, 국가의 지원범위 등을 예측할 수 없어 추계가 곤란함

4. 대피로 인한 경제적 피해지원(안 제23조)

개정안은 국가가 「통합방위법」에 따른 대피명령으로 인해 대피 기간 동안 생업에 종사하는 주민이 입은 경제적 피해에 대하여 예산의 범위에서 그 일부를 지원할 수 있도록 규정하여 추가 재정소요 발생

옹진군에 따르면, 2018년 기준 서해5도 지역 주민 중 농가의 연평균 소득은 1,578만원, 어가의 연평균 소득은 2,271만원으로 파악됨

32 어업지도선 1척당 연간 운영비

(단위: 백만원)

계	유류비	유지관리비	검사수리비
350	200	50	100

▼ 표 3 서해5도 농 · 어가 연평균 소득

(2018년 기준, 단위: 백만원)

구 분	계	연평면	백령면	대청면
농가 수(가구)	1,039	76	775	188
총 농업소득	16,400	590	15,230	580
가구당 농업 소득	15.78	7.76	19.65	3.09
어가 수(가구)	1,307	512	473	322
총 어가소득	29,690	19,800	5,330	4,560
가구당 어업 소득	22.71	38.67	11.26	14.16

자료: 옹진군

현재로서는 「통합방위법」에 따른 대피명령의 발생 여부, 발생 횟수, 대피 기간 등을 예측할 수 없고, 대피로 인한 경제적 피해의 지원 대상, 지원 기준 등을 알 수 없어 추계가 곤란함

따라서, 개정안에 따른 재정소요의 변화를 현 시점에서 추계하는 데 한계가 있어 동 개정안은 기술적으로 추계가 어려우므로 「의안의 비용추계 등에 관한 규칙」 제3조제1항제3호의 미첨부 사유에 해당

18. 서해5도 지원 특별법 일부개정법률안 (김교흥 의원 대표발의, 계류중, 소관위 접수[33])

의안번호: 2110385

발의연월일: 2021. 5. 26.

발의자: 김교흥 김수흥 김홍걸 박찬대 배준영 배진교 양정숙 유동수 정정순 허종식 의원(10인)

제안이유 및 주요내용

서해5도는 지리적 특수성으로 인해 주민의 안전과 생명의 위협(1,2차 연평해전, 대청해전, 천안함 사건, 연평도 포격 등)에 상시 노출되어 있고, 중국어선의 불법조업으로 인한 생계 문제와 외부와의 고립으로 인한 생활의 어려움 등 삼중고에 시달리고 있음.

특히 유일한 교통수단인 여객선은 최근 3년 연평균 73일의 결항과 33회의 지연운항으로 주민(1만 2천여 명)의 이동권이 제한되어 생활의 불편이 심대하게 초래되고 있음.

이에 백령공항 건설사업을 추진하여 백령도, 대청도, 소청도 주민 등의 이동권을 보장하고 지역산업(관광)을 육성하여 해당 지역 주민의 생활 안정과 복리를 증진하기 위함(안 제5조 및 제16조).

법률제호

서해5도 지원 특별법 일부개정법률안

서해5도 지원 특별법 일부를 다음과 같이 개정한다.

제5조제2항제5호 중 "항만"을 "항만·공항"으로 한다.

제16조제1항 중 "항만"을 "항만·공항"으로 한다.

부 칙

이 법은 공포한 날부터 시행한다.

33 2021. 8. 8. 현재

서해교전에서 침몰한 참수리 357정의 전쟁기념관 이전 촉구 결의안 (폐기)

의안번호: 176549

제안일자: 2007. 5. 2.

제안자: 원혜영 의원 외 44인(강창일 고조흥 김명자 김부겸 김원기 김재윤 김태홍 김학송 김현미 김형주 노현송 문학진 문희상 민병두 박재완 박찬석 박찬숙 배기선 신상진 신중식 안상수 안영근 양형일 엄호성 오영식 우상호 유기준 유기홍 유재건 유필우 이경재 이계진 이광철 이목희 이성구 이영호 이인영 이인제 이해봉 장복심 정청래 채수찬 최성 황진하)

■ 주문

올해 6월 29일은 서해교전에서 북한 경비정으로부터 기습을 당해 꽃다운 우리 젊은이 여섯 명이 장렬히 산화한 지 5주기가 되는 날이다. 우리 정부는 전사자들의 고귀한 희생을 기리고 장병들의 정신교육과 안보의식 고취를 위하여 해군 2함대 사령부 안에 이를 기념하는 조형물과 교전 당시 침몰했던 참수리 357정을 전시하고 있다.

특히, 서해교전에서 침몰했던 참수리호는 당시 치열했던 교전상황의 흔적이 고스란히 남아 있어 관람하는 것만으로도 장병뿐만 아니라, 국민 모두에게 살아있는 교육적 가치를 제공하고 있다.

그러나 참수리호가 지방의 군부대 안에 위치하다 보니, 일반 국민들이 보다 가까이서 손쉽게 관람하는데 다소 제약이 있고, 국민들에게 안보의 중요성과 평화의 소중함을 일깨우도록 하는 등의 교육적 가치 제공에도 한계가 있다.

이에 대한민국 국회는 우리 정부에 대하여 다음과 같이 결의한다.

1. 대한민국 국회는 우리 정부가 서해교전에서 침몰했던 참수리 357정을 용산 전쟁기념관으로 이전할 것을 촉구한다.

■ 제안이유

서해교전 5주기를 맞아 해군 2함대 사령부에 전시되어 있는 서해교전에서 침몰한 참수리 357정을 용산 전쟁기념관으로 옮기기 위한 캠페인과 서명운동이 벌어지고 있다.

이러한 움직임은 참수리호를 2함대 사령부에 전시할 당시인 2002년부터 시민단체를 중심으로 꾸준하게 전개되어 왔으며, 국회차원에서도 국정감사 등을 통해 수차례 제기되어 온 바 있다.

특히 지난 2004년에는 故 한상국 중사의 미망인이 직접 나서서 전쟁기념관으로 이전을 요구했으나 받아들여지지 않자 타국으로 떠나기도 했다.

군 당국은 현재 해군 장병들의 정신교육의 장으로 활용하고 있고, 관람절차가 간소화되어 희망하는 국민이면 누구라도 관람이 가능하며, 이전하게 될 경우 분해 및 재조립 시 피탄구(258개소)가 손상되는 등 원형복원이 쉽지 않다는 점을 들어 반대 입장을 피력하고 있다.

그러나 참수리호가 지방의 군부대 안에 위치해 있다 보니 일반 국민이 접근하는 데는 여전히 시간·공간적 한계가 있고, 이전에 따른 기술적인 문제 역시 정부차원의 이전결정만 내려진다면 얼마든지 최소화할 수 있는 방안마련이 가능할 것으로 판단된다.

그리고 무엇보다 참수리호는 어느 특정 군이나 부대 장병들만의 정신교육용 전유물이 아니라, 국민 모두가 함께 공유함으로써 안보의 중요성과 평화의 소중함을 일깨우도록 하는 기념비적 상징물이자, 역사적 교훈이다.

따라서 올해 서해교전 5주기를 기념하여 보다 많은 국민들이 서해교전의 역사적 흔적을 보다 가까이서 손쉽게 관람할 수 있도록 참수리 357정을 전쟁기념관으로 이전할 것을 촉구한다.

〈서해교전에서 침몰한 참수리 357정의 전쟁기념관 이전 촉구 결의안 비용추계서 미첨부 사유서〉

1. 재정수반요인

: 참수리호를 용산 전쟁기념관으로 이전할 경우 분해·재조립 및 운반·설치에 따른 비용이 수반될 것으로 예상됨.

2. 미첨부 근거 규정

: 「의안의 비용추계 등에 관한 규칙」 제3조제1항 제1호

3. 미첨부 사유

: 의안이 시행될 경우 예상되는 비용이 연평균 10억원 미만임.

〈제268회 국회(임시회)
심사보고서〉

(중략)

■ 종합의견

서해교전에서 침몰한 참수리 357정을 용산 전쟁기념관으로 이전한다면 접근성이 용이하여 많은 국민이 관람함으로써 국민 전체적으로 안보의식을 고양할 수 있는 계기가 될 수 있을 것이나, 수송에 따른 선체와 피탄구의 원형 훼손을 최소화하는 조치와 아울러 관광성 관람으로 변질되는 것을 방지하기 위한 특별한 전시공간 확보와 전시기법의 개발이 필요할 것이며, 현행대로 제2함대 사령부에 전시한다면 장병의 승전의지 고양에 적극적으로 활용할 수 있고, 현장에서 견학하는 국민들은 생생한 인상을 받아 안보교육 효과를 높일 수 있는 장점은 있으나, 많은 국민이 쉽게 관람할 수 없다는 단점을 고려하여, 참수리 357정의 이전 여부를 신중히 결정하여야 할 것으로 판단됨.

■ 대체토론의 요지

- 접근성 측면에서 보면 이전의 필요성은 있으나, 26억 원의 이전비용을 투입할 필요가 있는가. 오히려 전사자들에 대한 예우와 유가족들이 국가에 대해 갖는 마음에 신경을 쓸 필요가 있음.
- 전쟁기념관의 전시공간이 복잡한데 참수리 357정을 전시할 공간이 충분한지 의문임. 북한과 협의하여 해상으로 수송할 방법을 탐색해 볼 것.
- 국방부장관은 해군에서 정신교육 사료로 활용할 수 있도록 이전하지 않는 것이 타당하다는 의견임.

■ 소위원회 심사내용

(법률안심사소위원장 안영근 위원)

참수리 357정을 용산 전쟁기념관으로 이전할 경우 접근성이 용이하여 많은 국민들이 쉽게 관람할 수 있고, 안보의식 고양을 위한 좋은 계기가 될 수 있다는 점이 인정되지만, 현행처럼 현장에 전시하여 장병들의 승전의지를 고양하는 것이 무엇보다 중요하며, 전쟁기념관 이전 시 선체가 훼손될 수 있다는 문제점 등을 고려하여, 동 결의안은 불가피하게 본회의에 부의하지 아니하기로 의결함.

서해5도 지역 지원 특별법안

[신학용 의원 대표발의]

서해5도 지원 특별법안

[박상은 의원 대표발의]

검토보고서

2010. 11.

행 정 안 전 위 원 회

수 석 전 문 위 원

Ⅰ. 제안경과

1. 신학용 의원 대표발의안

2010년 11월 29일 발의되어 동년 11월 29일자로 우리 위원회에 회부되었음.

2. 박상은 의원 대표발의안

2010년 11월 29일 발의되어 동년 11월 29일자로 우리 위원회에 회부되었음.

Ⅱ. 제안이유 및 주요내용

[신학용 의원안]

1. 제안이유

인천광역시 옹진군에 속하는 연평도·백령도·대청도·소청도·소연평도 등 서해5도 지역 주민들은 남북 분단으로 인한 특수한 지리적 여건 및 북한의 위협으로 인하여 생업활동에 많은 제한을 받고 있으며, 특히 2010.11.23일 자행된 북한의 기습적인 포격으로 인하여 사상자가 발생하고 가옥이 전소되는 등 주민들의 생존권이 위협받고 있음.

남북 분단으로 인하여 낙후된 접경지역에 대한 개발과 피해보상 등의 근거는 현행 「접경지역 지원법」에도 규정되어 있으나, 동북아의 화약고라고 불리울 만큼 직접적인 북한의 위협 아래 놓여 있는 서해5도 지역과 지역주민에 대한 정부의 지원은 매우 미흡함.

따라서 서해5도 지역 주민들의 생활·교육·관광·환경 여건 등을 지원할 뿐 아니라, 해당 지역을 종합적으로 개발하기 위해 각종 지원 및 특례를 명시한 특별법을 마련하여, 해당 지역주민의 생존권을 보장하고, 생활안정 및 복지향상을 도모하고자 함.

2. 주요내용

가. 법률의 제명과 목적에 부합하게 서해5도·서해5도 지역 개발종합계획·개발사업·어업인의 용어를 정의함(안 제2조).

나. 인천광역시장은 서해5도 종합계획을 수립하고, 행정안전부장관의 승인을 얻어 결정함(안 제5조 및 제6조).

다. 인천광역시장은 제5조의 개발종합계획에 따른 연도별 시행계획을 수립하고 각각 행정안전부장관의 승인을 얻도록 함(안 제7조).

라. 서해5도에 대한 개발·지원을 위하여 사업비의 지원·부담금의 감면·서해5도민에 대한 지원 특례 등 각종 지원 및 특례 규정을 명시함(안 제8조부터 제14조까지).

[박상은 의원 대표발의]

1. 제안이유

인천광역시 옹진군에 속하는 연평도·백령도·대청도 등 서해5도 지역은 남북 분단으로 인한 특수한 지리적 여건으로 인해 북한의 빈번한 군사적 위협으로 인해 해당 지역주민들의 안전과 생계가 크게 위협받고 있으며 2010년 11월 23일 발생한 연평도 포격 도발 이후 주민들의 심리적 불안이 가중되고 있음.

서해5도를 포함한 접경지역에 대한 지원의 근거는 현행 「접경지역 지원법」에도 규정되어 있으나 해상을 통해 북한과 직접 접하고 있는 서해5도 지역 주민들이 각종 위험에도 불구하고 지역에 대한 애착을 갖고 생활할 수 있도록 안전한 주거환경과 소득증대를 위한 실질적인 지원정책을 뒷받침하기에는 부족한 면이 많이 있음.

서해5도 주민이 국가안보상의 특수한 여건으로 인한 환경적 어려움을 극복하고 서해5도의 이용·보존과 개발을 위한 사업지원과 각종 특례를 주요 내용으로 하는 특별법을 마련하여 해당 지역 주민의 생활안정 및 복지증진을 도모하려는 것임.

2. 주요내용

가. 법률의 제명과 목적에 부합하게 서해5도·서해5도 종합발전계획·개발사업의 용어를 정의함(안 제2조).

나. 행정안전부장관은 인천광역시장 및 옹진군수의 의견을 수렴하여 서해5도 종합발전계획안을 작성하고 관련 중앙행정기관과의 협의와 서해5

도 지원위원회의 심의를 거쳐 서해5도 종합발전계획수립하도록 함(안 제5조).

다. 행정안전부장관은 제5조의 종합발전계획에 따른 연도별 시행계획을 수립하고 서해5도 지원위원회의 심의를 거쳐 확정하도록 함(안 제6조).

라. 서해5도의 개발 및 지원을 위한 각종 사항을 심의하기 위하여 국무총리를 위원장으로 하는 서해5도 지원위원회를 둠(안 제7조).

마. 서해5도 개발·지원을 위하여 사업비의 지원, 부담금의 감면, 국고보조비율 인상, 노후주택 개량 지원, 고등학교 수업료 감면, 주민에 대한 정주생활지원금 지급 등 각종 지원 및 특례 규정을 명시함(안 제8조~14조).

Ⅲ. 검토의견

1. 법안의 추진배경 및 취지

신학용 의원과 박상은 의원이 대표발의한 2건의 「서해5도 지원 특별법안」은 서해5도 지역에 대한 체계적인 지원을 규정하고 있는 바, 2010년 11월 23일 발생한 연평도 포격 등 북한의 군사적 위협으로 인해 북한과 직접 대치하는 서해5도(백령도, 대청도, 소청도, 대연평도, 소연평도 및 인근 해역)에 거주하는 주민의 안전과 생계가 위협받고 있는 상황을 감안할 때, 동 제정안을 통해 서해5도에 거주하는 주민들이 안심하고 거주할 수 있는 정주여건을 조성할 수 있을 것으로 보임.

동 제정법의 필요성을 검토해보면 다음과 같음.

첫째, 현재 서해5도에 대해서는 「접경지역 지원법」에 의한 지원이 이루어지고 있으나, 「접경지역 지원법」적용 대상 지역의 94%[34]가 육지로서 도로 등 육지중심의 제반시설에 대한 지원을 규정하고 있어 서해5도의 특수성을 반영하기에는 미흡한 측면이 있으므로 별도의 지원을 위한 법률제정은 그 필요성이 인정될 수 있을 것으로 보임.

둘째, 서해5도 지역은 남북 간에 대치가 이루어지고 있는 곳으로서군사훈련 및 남북 간 군사적 충돌로 인하여 생업활동 저해우려가 있는 지역이고, 도서 지역이라는 특수성으로 인하여 북한의 공격이 있을 때 주민의 대응이 어렵다는 점에서 볼 때, 주민들의 거주시설, 안전시설 개선 및 생활지원금 지급 등 국가차원의 지원필요성이 인정된다고 봄.

특히 서해5도는 이번 북한의 연평도 포격 사건에서 드러났듯이 비상상황 시 주민 대피시설 및 육지로의 대피방안 부족으로 인해 불안감이 가중되고 있는바, 제정안은 서해5도의 특수성을 반영한 종합발전계획 수립을 통해 주민지원을 강화하여 서해5도를 주민이 안전 및 생계에 대한 불

▼그림 서해5도(백령도, 대청도, 소청도, 대연평도, 소연평도) 위치도

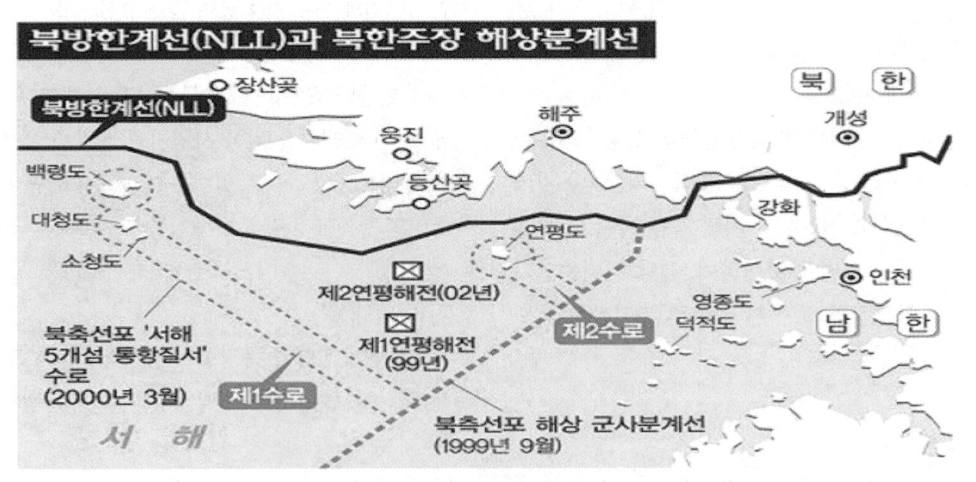

34 강화도 411.33㎢, 서해5도 69.2㎢로 도서지역은 총 480.53㎢임. 총 접경지역은 8,080㎢임.

안감 없이 거주할 수 있는 지역으로 조성하려는 취지로서 타당한 것으로 보임.

한편 동 제정안과 관련하여 전현희 의원이 대표발의한 「연평도 피해주민의 지원에 관한 특별법안」(이하 "연평도 특별법")이 행정안전위원회에 회부(2010. 11. 29)되어 있는 바, 동 법안은 2010년 11월 23일 북한군의 연평도 포격으로 인해 발생한 인적·물적 피해에 대한 보상과 향후 지원에 관한 사항을 담고 있음.

이와 관련하여 신학용 의원과 박상은 의원이 대표발의한 2건의 「서해5도 지원 특별법안」은 향후 서해5도의 정주여건 향상을 위한 정부 차원의 특별한 지원을 담고 있는 반면, 「연평도 특별법」의 경우에는 11월 23일 발생한 북한군의 포격으로 인한 연평도 지역의 인적·물적 피해보상에 관한 사항을 담고 있어 양 법안의 기본 제정 취지는 일응 상이한 것으로 보임.

그러나 「서해5도 지원 특별법안」의 경우에도 북한의 공격 등으로 인한 긴급사태에 대한 손실 지원규정과 주민안전시설 지원규정이 있는 등 「연평도 특별법」과 일부 중복되는 측면이 있고, 향후 서해5도 지역에 유사한 피해가 발생하는 경

▼표 서해5도 지원 특별법안 및 연평도 특별법 비교

구 분	서해5도 지역 지원 특별법안	서해5도 지원 특별법안	연평도 피해주민의 지원에 관한 특별법안
발의의원 및 발의일	신학용 의원 (2010. 11. 29)	박상은 의원 (2010. 11. 29)	전현희 의원 (2010. 11. 29)
종합발전계획 수립	인천광역시장 수립 (행안부장관 승인)	행안부장관 수립 (지원심의위원회 심의)	-
연도별 시행계획	인천광역시장 수립 (행안부장관 승인)	행안부장관 수립 (지원심의위원회 심의)	-
서해5도 지원심의위원회	-	총리실 소속으로 설치 (위원장: 총리, 15인 이내)	연평도지역피해대책특별위원회 설치 (총리실 소속)
사업비 지원	보조금 인상 지원	보조금 인상 지원 지방교부세 특별지원	-
부담금 감면	개발부담금, 대체초지조성비, 공유수면점·사용료, 하천점용료, 하천수 사용료 감면	조세관련 법률에 따른 세제상 지원, 농지조성비 및 대체산림자원조성비 감면	-
긴급사태 손실지원	북한의 공격 등으로 인한 주민의 정신·신체·재산상 손실액 지원	-	사망자 및 유가족, 부상자에 대한 지원 생업피해 보상
주민안전시설 우선지원	주민대피시설, 비상급수시설 등 우선설치 및 사후 관리비 지원	-	피해대피시설 확충 등 안전대책 마련
주민정주여건 우선지원	노후주택 개보수 지원 정주수당 지급 수신료, 상수도, 전기·전화 등 공공요금 지원 생활필수품 해상운송비 지원 대학특례입학 지방교육재정교부금 특별지원 양로원 등 복지시설 지원 여객선 운임 지원 도로 등 SOC 설치지원 여객선 건조·운영 지원 접경지역 견학사업 추진 문화·관광·체육시설 설치	노후주택 개보수 지원 정주생활지원금 지급 수신료, 상수도, 전기·전화 등 공공요금 지원 생활필수품 해상운송비 지원 초·중등 교육비 지원 농어업인 경영자금 지원	이주희망자에 대한 이주대책 수립 및 지원 이주민 지원대책 긴급복지지원법에 따른 긴급지원 실시 영어·시설·운전자금에 대한 대출상황 유예 및 기한 연장, 이자지원 공공요금 및 국민건강보험료 감면
벌 칙	허위로 지원 또는 보조금 수령자에 대한 벌칙 (2년 이하 징역, 2천만원 이하 벌금)		

우 이에 대한 보상을 위해서는 다시 관련 특별법을 제정해야 하는 입법경제적 문제도 발생할 수 있다는 점을 감안할 때,

「연평도 특별법」상의 피해보상 관련 규정을 최대한 「서해5도 지원 특별법안」에 반영하고, 부칙에서 이번에 발생한 피해부터 관련 규정을 적용하도록 함으로써, 이번 연평도 사안에 대한 피해보상이 가능하게 하는 한편, 향후 유사한 피해가 서해5도에 발생하는 경우 별도의 특별법 제정없이 「서해5도 지원 특별법안」으로 신속하게 보상이 가능하도록 양 법안을 통합하여 제정하는 방안도 검토할 수 있을 것으로 보임.

2. 대상지역

박상은 의원안 및 신학용 의원안 제2조는 "서해5도"란 인천광역시 옹진군에 속하는 백령도·대청도·소청도·연평도·소연평도와 인근해역을 의미한다고 규정하고 있음.

서해5도는 "해상의 북방한계선 이남지역 중 대통령령으로 정하는 지역"으로서, 「접경지역 지원법」제2조의 "접경지역"의 정의에 포함되어 지원을 받아온 지역임.

▼표 서해5도 현황

면	도서	가구(수)	인구(명)	어선(척)
계		4,223	8,386	251
연평면	연평도	863	1,614	51
	소연평도	71	142	15
백령면	백령도	2,515	5,078	107
대청면	대청도	609	1,270	62
	소청도	165	282	16

(2010년 10월 말 기준)

현행 「접경지역 지원법」 및 시행령에 따른 접경지역은 15개시·군의 98개 읍·면·동(8,080㎢)이며, 이중 인천광역시 옹진군의 연평면, 백령면, 대청면의 5개 도서지역(연평도, 소연평도, 백령도, 대청도, 소청도)인 서해5도 지역은 총 69.2㎢로 전체 접경지역 면적의 0.86%에 불과함.

이에 따라 현재 「접경지역 지원법」은 접경지역 면적의 대부분인 육지중심의 지원을 규정하고 있으므로[35] 서해5도의 특수성을 반영한 지원이 이루어지기에는 다소 미흡한 측면이 있는 바,

제정안은 서해5도 지역의 특수성을 감안한 범정부차원의 특별한 지원을 규정함으로써, 지역주민의 소득증대 및 열악한 생활환경을 개선할 수 있을 것으로 봄.

3. 종합발전계획 및 연도별 시행계획의 수립

박상은 의원안 및 신학용 의원안은 공통적으로 서해5도 지역에 대한 종합발전계획 및 연도별 시행계획을 수립하도록 하고 있으나, 수립주체 및 절차에 대해서는 상이하게 규정하고 있음.

이를 보다 구체적으로 살펴보면, 박상은 의원안은 행정안전부장관이 인천광역시장 및 옹진군수의 의견을 수렴하여 서해5도 종합발전계획안을 작성하고, 관련 중앙행정기관과 협의 및 서해5도 지원심의위원회의 심의를 거쳐 서해5도 종합발전계획을 확정하도록 하고 있음.

반면 신학용 의원안은 인천광역시장이 해당 지역 주민 대표자의 의견을 수렴하여 지역 개발 종합계획을 수립하고 행정안전부 장관의 승인을 얻어 이를 결정하도록 규정하고 있음.

종합발전계획의 수립주체 및 절차와 관련하여, 종합발전계획의 경우 다양한 중앙부처와 관련되는 사항이 포함되어 있어 부처간 협의해야할 사항이 다수 포함될 것으로 보이고, 특히 종합발전계획 추진시 필요한 재정문제와 관련하여 정부차원의 적극적인 지원이 필요하다는 점 등을 감안할 때,

신학용 의원안처럼 지방자치단체의 장이 수립하도록 하기 보다는 행정안전부장관이 주민 및 지방자치단체의 의견을 수렴하여 국무총리실 산하에 설치되는 서해5도 지원심의위원회(위원장: 국무총리)의 심의를 거쳐 종합발전계획을 수립하도록 하는 방안이 중앙정부 차원의 적극적인 계획추진 및 지원에 있어 보다 용이할 것으로 보이며, 다만, 종합발전계획 수립 시 해당 지방자치단체의 의견을 보다 충실히 반영하기 위하여 단순한 의견수렴 절차가 아니라 지방자치단체의 장과 협의하도록 할

35 도서지역의 교통상황개선을 위한 선박에 대한 지원보다는 도로에 대한 지원이 보다 활발하게 이루어지고 있음.

▼그림 종합발전계획 등 수립절차 비교

박상은 의원안	신학용 의원안
종합발전계획안 작성 (행안부장관) (단체장 및 주민의견청취)	지역 개발 종합계획 수립 (인천광역시장) (지역주민 대표자 의견수렴)
▼	▼
관계 중앙행정기관의 장과 협의	행안부장관 승인 후 (승인 시 행안부장관은 관계 부처와 협의) 인천광역시장이 결정
▼	▼
서해5도 지원심의위원회 (위원장:총리, 위원:15인 이내) 심의·확정	(별도의 심의위원회 없음)
▼	▼
연도별 시행계획 수립 (행안부장관)	연도별 시행계획 수립 (인천광역시장)
▼	▼
중앙행정기관의 장과 협의	행안부장관 승인 (승인 시 행안부장관은 관계 부처와 협의)
▼	
서해5도 지원심의위원회 심의·확정	

필요가 있는 것으로 보임.

다음으로 종합발전계획에 포함되는 사항과 관련하여 박상은 의원안은 총 6가지 사항을 규정하여 보다 포괄적으로 규정하고 있는 반면, 신학용 의원안은 총 9가지 사항을 규정하여 세부적인 사항을 규정하고 있는 바, 구체적인 포함사항은 법안심사과정에서 논의할 서해5도 지역발전을 위해 반영되는 사항을 감안하여 규정할 필요가 있는 것으로 보임.

▼표 종합발전계획의 내용 비교

박상은 의원안	신학용 의원안
• 서해5도의 개발 및 지원에 관한 기본시책에 관한 사항	• 종합계획의 목표 및 기본방향에 관한 사항
• 서해5도 주민의 안전한 정주여건 조성에 관한 사항	• 주택·상하수도 등 주거환경의 개선에 관한 사항
• 서해5도 주변 해양의 이용·개발·보전 및 해양관광자원의 개발 및 농업·수산업의 진흥에 관한 사항	• 농업·어업·임업 등 산업기초시설의 확충·개선에 관한 사항
• 보건·의료·사회복지 및 생활환경 개선에 관한 사항	• 교육·의료·후생시설, 그 밖에 문화 복지시설의 확충에 관한 사항
• 도로·교통·항만 등 사회간접자본시설의 정비확충에 관한 사항	• 도로·철도·선박 등 교통시설과 항만 등 사회간접자본 시설의 정비 및 확충에 관한 사항
	• 전기·통신·가스 등 생활기반시설의 확충·개선에 관한 사항
	• 풍수해 등 재해의 방지에 관한 사항
	• 관광자원의 개발과 관광산업의 진흥에 관한 사항
• 그 밖에 서해5도의 이용·개발·보전 및 주민지원에 관한 사항	• 그 밖에 이 법의 목적을 달성하기 위하여 필요하다고 인정하는 사항

4. 국가보조금 지원 비율 인상 및 의무화

박상은 의원안 제7조 및 신학용 의원안 제8조는 종합발전계획 및 연도별 사업계획에 따라 지방자치단체가 시행하는 사업에 대한 국가보조금은 「보조금의 예산 및 관리에 관한 법률」 제10조[36]에 따

36 「보조금의 예산 및 관리에 관한 법률」 제10조(차등보조율의 적용) ① 기획재정부장관은 매년 지방자치단체에 대한 보조금예산을 편성할 때에 필요하다고 인정되

른 차등보조율과 다른 법률에 따른 보조율에도 불구하고 인상하여 지원하도록 규정하고 있음.

현재 서해5도가 속해있는 인천광역시 옹진군의 낮은 재정자립도를 감안할 때 자치단체의 효율적인 개발사업 시행을 위해서는 국가지원을 강화할 필요가 있다는 점에서, 두 제정안은 국고보조금 지원비율을 인상하여 도서개발사업 지원비율을 확대할 수 있도록 근거 규정을 마련하여 국비확보를 용이하게 하려는 취지로 타당하다고 봄.

한편, 박상은 의원안 제7조 제3항은 위의 내용에 추가하여 종합발전계획 및 연도별 시행계획의 사업시행을 지원하기 위하여 대통령령으로 정하는 바에 따라 「지방교부세법」에 의한 지방교부세를 특별 지원할 수 있도록 규정하는 내용도 포함하고 있음.

이는 종합발전계획의 개발사업을 위해 지방교부세를 특별지원 할 수 있는 근거를 규정하여 향후 서해5도에 대한 교부세 지원이 보다 원활하게 이루어지도록 하려는 것인바 제정안의 취지는 타당한 것으로 봄.[37]

는 보조사업에 대하여는 당해 지방자치단체의 재정사정을 감안하여 기준보조율에 일정률을 가감하는 차등보조율을 적용할 수 있다. 이 경우 기준보조율에 일정률을 차감하는 차등보조율은 지방교부세법에 의한 보통교부세를 교부받지 아니하는 지방자치단체에 한하여 적용할 수 있다.

② 제1항의 차등보조율과 그 적용대상이 되는 지방자치단체의 범위 및 적용기준등에 관한 사항은 대통령령으로 정한다.

37 「주한미군기지 이전에 따른 평택시 등의 지원 등에 관한 특별법」 제34조 및 「주한미군 공여구역주변지역 등 지원 특별법」 제34조에서 "지방교부세를 특별지원할 수 있다"고 규정하고 있는 등 동일한 내용의 입법례가 있음.

5. 주민정주여건 등 우선 지원

▼표 서해5도 지원 특별법안 및 연평도 특별법 비교

구 분	서해5도 지역 지원 특별법안 (신학용 의원안)	서해5도 지원 특별법안 (박상은 의원안)	연평도 특별법 (전현희 의원안)
주민정주여건 우선지원	노후주택 개보수 지원 정주수당 지급 수신료, 상수도, 전기·전화 등 공공요금 지원 생활필수품 해상운송비 지원 대학특례입학 지방교육재정교부금 특별지원 양로원 등 복지시설 지원 여객선 운임지원 도로 등 SOC 설치지원 여객선 건조·운영지원 접경지역 견학사업 추진 문화·관광·체육시설 설치	노후주택 개보수 지원 정주생활지원금 지급 수신료, 상수도, 전기·전화 등 공공요금 지원 생활필수품 해상운송비 지원 초·중등 교육비 지원 농어업인 경영자금 지원	이주희망자에 대한 이주대책 수립 및 지원 이주민 지원대책 긴급복지지원법에 따른 긴급지원 실시 영어·시설·운전자금에 대한 대출상황 유예 및 기한 연장, 이자지원 공공요금 및 국민건강보험료 감면 사망자 및 유가족, 부상자에 대한 지원

신학용 의원과 박상은 의원이 대표발의한 2건의 「서해5도 지원 특별법안」은 주민의 정주여건 개선을 위하여 노후주택 개량 및 정주생활지원금(정주수당) 지급, 수신료·상수도 등 공공요금 지원, 생활필수품 해상운송비 지원 등을 동일하게 규정하고 있으나, 신학용 의원안은 대학특례입학 및 여객선 건조·운영에 필요한 비용을 지원할 수 있도록 하는 등 정주여건 개선을 위한 비용 지원을 보다 다양하게 규정하고 있음.

한편 「연평도 특별법」을 보면, 생업피해 보상 및 이주민 지원대책, 공공요금 및 국민건강보험료 감면 등 「서해5도 지원 특별법안」의 정주여건 개선 내용과 유사한 부분이 있는 바, 향후 함께 논의할 필요성이 있다고 보임.

구체적으로 「서해5도 지원 특별법안」의 내용을 검토하면 다음과 같음.

가. 노후 주택개량 지원

박상은 의원안 제8조 및 신학용 의원안 제12조[38]는 국가 및 지방자치단체는 서해5도에 거주하는 주민의 정주여건 개선을 위한 대책을 마련하도록 하고 국가는 노후화된 주택의 개선을 위한 주택 개·보수 등에 소요되는 비용의 일부를 지원할 수 있도록 규정하는 내용임.

현재 주택 총 3,499동 중 개량대상 노후주택[39]은 2,638동으로 전체의 75.3%에 달하고 있으나 이에 대한 지원은 미비한 상황으로, 인천시는 최대 2,000만원을 지원하지만 주민 본인 부담이 30%이며, 농림부는 연이율 3%로 최대 5,000만원을 융자하고 있으나 주민의 원금상환 부담이 높아 신청 사례가 저조하여 주민의 거주환경 개선이 미비한 상황임.

이에 따라 제정안은 국비지원 강화를 통해 보조규모를 확대하고 지자체의 부담을 경감하려는 취지로써, 노후화된 주택개선을 통해 주민들이 보다 나은 환경에서 생활할 수 있도록 하는 점에서 타당하다고 보임.

나. 서해5도 정주생활지원금 지급

박상은 의원안 제11조 및 신학용 의원안 제12조는 국가는 주민의 안정적인 생활을 지원하기 위하여 서해5도에 「주민등록법」에 따라 주소가 등록되어 있고 일정한 기간 이상 거주한 주민에 대하여 정주생활지원금(정주수당)을 지급할 수 있도록 규정하고 지급대상, 지급기준이나 방법 등에 필요한 구체적인 사항은 대통령령으로 정하도록 규정하고 있음.

서해5도는 북한과의 대치로 인하여 군사적 충돌 및 군사훈련에 따라 생업활동이 저해될 수 있는 가능성이 늘 존재하고 있으므로, 국가 차원에서 정주생활지원금(정주수당)을 지급하여 서해5도에 거주하는 주민의 생활안정을 보장하려는 것으로 타당하다고 봄.

38 신학용 의원안은 노후주택의 개보수 비용 지원주체로서 지자체는 제외하고 국가의 경우에 대해서만 규정하고 있음.

39 1990년 이전에 건축된 주택을 노후주택으로 봄.

다. 교육 · 문화 · 관광 시설에 대한 지원

박상은 의원안 제9조는 국가 및 지방자치단체는 서해5도 주민 및 자녀의 학습기회 확대, 교육비의 부담 경감과 교육환경의 개선에 필요한 정책을 수립하고 시행하도록 하고, 서해5도에 설치된 「초·중등교육법」 제2조에 따른 학교에 재학 중인 학생의 수업료 등을 지원할 수 있도록 규정하여 서해5도 주민의 정착의지를 고취시키려는 취지임.

현재 서해5도지역의 고등학교에 재학중인 학생수는 2010년 129명으로 2007년 162명 대비 25.6% 감소한 수준으로 나타나고 있는 등 지역의 공동화가 우려되므로 서해5도 지역의 장기적인 발전 및 인재양성을 위하여 섬 소재 학교에 재학중인 학생에 대한 지원의 필요성이 인정된다고 보임.

한편, 신학용 의원안 제13조는 교육인적자원부장관은 서해5도의 교육지원과 관련하여 필요하다고 인정하는 경우에는 「지방교육재정교부금법」에 의한 교부금의 특별 지원 및 서해5도 주민 자녀의 대학특례입학 등 특별한 지원을 할 수 있도록 규정하고 있음.

이는 서해5도의 교육지원과 관련하여 필요하다고 인정하는 경우에는 「지방교육재정교부금법」[40]에 의한 교부금의 특별 지원을 할 수 있도록 규정함으로써, 향후 서해5도에 대한 교부금의 특별 지원이 보다 원활하게 이루어지도록 하려는 것인바 제정안의 취지는 타당한 것으로 봄.

40 제5조의2(특별교부금의 교부) ① 교육과학기술부장관은 다음 각호의 구분에 따라 특별교부금을 교부한다. 다만, 제3호의 규정에 의한 금액의 사용잔액이 예상되는 경우에는 교육과학기술부장관이 지방교육행정 및 지방교육재정의 운용실적이 우수한 지방자치단체에 대한 재정지원의 재원으로 사용할 수 있다.

1. 「지방재정법」 제58조의 규정에 의하여 전국에 걸쳐 시행하는 교육관련 국가시책사업으로 따로 재정지원계획을 수립하여 지원하여야 할 특별한 재정수요가 있는 때: 특별교부금 재원의 100분의 60에 해당하는 금액
2. **기준재정수요액의 산정방법으로 포착할 수 없는 특별한 지역교육현안수요가 있는 때: 특별교부금 재원의 100분의 30에 해당하는 금액**
3. 보통교부금의 산정기일후에 발생한 재해로 인하여 특별한 재정수요가 있거나 재정수입의 감소가 있는 때: 특별교부금 재원의 100분의 10에 해당하는 금액

6. 주민안전시설 우선지원 및 긴급사태로 인한 손실에 대한 지원

▼표 서해5도 지원 특별법안 및 연평도 특별법 비교

구 분	서해5도 지원 특별법안 (박상은 의원안)	서해5도 지역 지원 특별법안 (신학용 의원안)	연평도 특별법 (전현희 의원안)
긴급 사태 손실 지원	-	북한의 공격 등으로 인한 주민의 정신·신체·재산상 손실액 지원	사망자 및 유가족, 부상자에 대한 지원 생업피해 보상
주민 안전 시설 우선 지원	-	주민대피시설, 비상급수시설 등 우선 설치 및 사후 관리비 지원	피해대피시설 확충 등 안전대책 마련

신학용 의원안 제10조는 북한의 공격 등으로 인한 서해5도 주민의 정신·신체·재산상 손실에 대하여 국가는 손실액의 전부 또는 일부를 지원할 수 있도록 규정하고, 신학용 의원안 제11조는 주민대피시설·비상급수시설 등을 주관하는 중앙행정기관의 장은 서해5도에 해당 시설을 우선 설치하여야 하며 사후 관리비를 지원할 수 있도록 규정하고 있음.

2010년 11월 23일 북한의 기습적인 포격 발생시 주민 대피시설의 노후화 및 비상급수시설 부족으로 인해 주민들이 불편을 겪었으므로 제정안은 중앙행정기관의 장이 주민대피시설 등 위급한 상황시 필수적으로 요구되는 시설을 설치하여, 서해5도 주민의 위급상황에 대한 우려를 불식시키고 일상생활에 안정감을 제고하며 생업에 전념할 수 있도록 하려는 취지로서 타당한 측면이 있다고 보임.

서해5도 지역 지원 특별법안 심 사 보 고 서

2010. 12. .
행정안전위원회

Ⅰ. 심사경과

가. 제안일자 및 제안자: 2010. 11. 29, 신학용 의원 대표발의

나. 회부일자: 2010. 11. 29

다. 상정 및 의결일자:

- 제294회 국회(정기회) 제10차 행정안전위원회(2010. 11. 30)
  - 상정, 제안설명, 검토보고, 대체토론 후 소위회부
- 제294회 국회(정기회) 제6차 법안심사소위원회(2010. 12. 3)
  - 상정, 본회의에 부의하지 아니하기로 함
- 제294회 국회(정기회) 제11차 행정안전위원회(2010. 12. 6)
  - 본회의에 부의하지 아니하기로 함

Ⅱ. 제안설명의 요지 (제안설명자: 신학용 의원)

서해5도 지역을 종합적으로 개발하기 위해 인천광역시장은 서해5도 종합계획을 수립하고, 서해5도에 대한 개발·지원을 위하여 사업비의 지원·부담금의 감면·서해5도민에 대한 지원 특례 등 각종 지원 및 특례 규정을 명시하여 해당 지역 주민의 생존권을 보장하고, 생활안정 및 복지향상을 도모하고자 함.

Ⅲ. 전문위원 검토보고의 요지 (수석전문위원 최 연 호)

1. 법안의 추진배경 및 취지

신학용 의원과 박상은 의원이 대표발의한 2건의 「서해5도 지원 특별법안」은 서해5도 지역에 대한 체계적인 지원을 규정하고 있는 바, 2010년

11월 23일 발생한 연평도 포격 등 북한의 군사적 위협으로 인해 북한과 직접 대치하는 서해5도(백령도, 대청도, 소청도, 대연평도, 소연평도 및 인근 해역)에 거주하는 주민의 안전과 생계가 위협받고 있는 상황을 감안할 때, 동 제정안을 통해 서해5도에 거주하는 주민들이 안심하고 거주할 수 있는 정주여건을 조성할 수 있을 것으로 보임.

동 제정법의 필요성을 검토해보면 다음과 같음.

첫째, 현재 서해5도에 대해서는 「접경지역 지원법」에 의한 지원이 이루어지고 있으나, 「접경지역 지원법」적용 대상 지역의 94%[41]가 육지로서 도로 등 육지중심의 제반시설에 대한 지원을 규정하고 있어 서해5도의 특수성을 반영하기에는 미흡한 측면이 있으므로 별도의 지원을 위한 법률제정은 그 필요성이 인정될 수 있을 것으로 보임.

둘째, 서해5도 지역은 남북 간에 대치가 이루어지고 있는 곳으로서군사훈련 및 남북 간 군사적 충돌로 인하여 생업활동 저해우려가 있는 지역이고, 도서 지역이라는 특수성으로 인하여 북한의 공격이 있을 때 주민의 대응이 어렵다는 점에서 볼 때, 주민들의 거주시설, 안전시설 개선 및 생활지원금 지급 등 국가차원의 지원필요성이 인정된다고 봄.

특히 서해5도는 이번 북한의 연평도 포격 사건에서 드러났듯이 비상상황 시 주민 대피시설 및 육지로의 대피방안 부족으로 인해 불안감이 가중되고 있는바, 제정안은 서해5도의 특수성을 반영한 종합발전계획 수립을 통해 주민지원을 강화하여 서해5도를 주민이 안전 및 생계에 대한 불안감 없이 거주할 수 있는 지역으로 조성하려는 취지로서 타당한 것으로 보임.

한편 동 제정안과 관련하여 전현희 의원이 대표발의한 「연평도 피해주민의 지원에 관한 특별법안」(이하 "연평도 특별법")이 행정안전위원회에 회부(2010. 11. 29)되어 있는 바, 동 법안은 2010년 11월 23일 북한군의 연평도 포격으로 인해 발생한 인적·물적 피해에 대한 보상과 향후 지원에 관한 사항을 담고 있음.

이와 관련하여 신학용 의원과 박상은 의원이 대표발의한 2건의 「서해5도 지원 특별법안」은 향후 서해5도의 정주여건 향상을 위한 정부 차원의 특별한 지원을 담고 있는 반면, 「연평도 특별법」의 경우에는 11월 23일 발생한 북한군의 포격으로 인한 연평도 지역의 인적·물적 피해보상에 관한 사항을 담고 있어 양 법안의 기본 제정 취지는 일응 상이한 것으로 보임.

그러나 「서해5도 지원 특별법안」의 경우에도 북한의 공격 등으로 인한 긴급사태에 대한 손실 지원규정과 주민안전시설 지원규정이 있는 등 「연평

▼그림 서해5도(백령도, 대청도, 소청도, 대연평도, 소연평도) 위치도

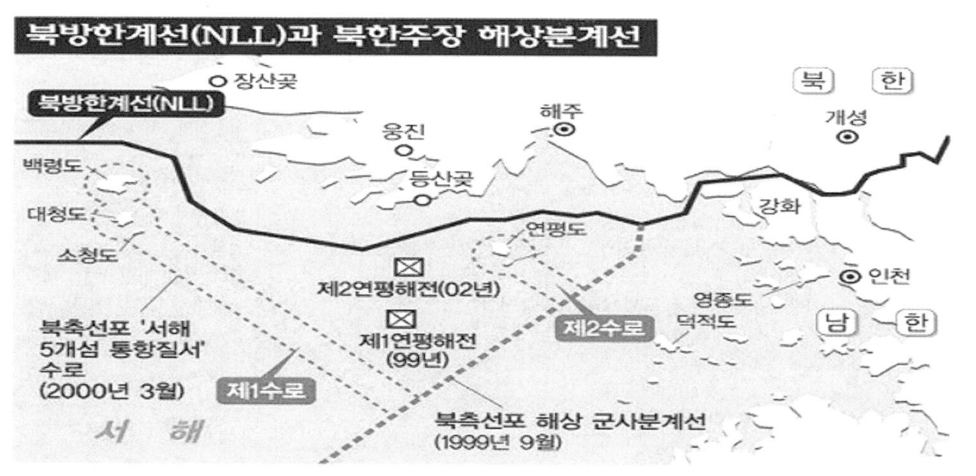

41 강화도 411.33㎢, 서해5도 69.2㎢로 도서지역은 총 480.53㎢임. 총 접경지역은 8,080㎢임.

도 특별법」과 일부 중복되는 측면이 있고, 향후 서해5도 지역에 유사한 피해가 발생하는 경우 이에 대한 보상을 위해서는 다시 관련 특별법을 제정해야 하는 입법경제적 문제도 발생할 수 있다는 점을 감안할 때,

「연평도 특별법」상의 피해보상 관련 규정을 최대한 「서해5도 지원 특별법안」에 반영하고, 부칙에서 이번에 발생한 피해부터 관련 규정을 적용하도록 함으로써, 이번 연평도 사안에 대한 피해보상이 가능하게 하는 한편, 향후 유사한 피해가 서해5도에 발생하는 경우 별도의 특별법 제정없이 「서해5도 지원 특별법안」으로 신속하게 보상이 가능하도록 양 법안을 통합하여 제정하는 방안도 검토할 수 있을 것으로 보임.

2. 대상지역

박상은 의원안 및 신학용 의원안 제2조는 "서해5도"란 인천광역시 옹진군에 속하는 백령도·대청도·소청도·연평도·소연평도와 인근해역을 의미한다고 규정하고 있음.

서해5도는 "해상의 북방한계선 이남지역 중 대통령령으로 정하는 지역"으로서, 「접경지역 지

▼표 서해5도 지원 특별법안 및 연평도 특별법 비교

구 분	서해5도 지역 지원 특별법안	서해5도 지원 특별법안	연평도 피해주민의 지원에 관한 특별법안
발의의원 및 발의일	신학용 의원 (2010. 11. 29)	박상은 의원 (2010. 11. 29)	전현희 의원 (2010. 11. 29)
종합발전계획 수립	인천광역시장 수립 (행안부장관 승인)	행안부장관 수립 (지원심의위원회 심의)	-
연도별 시행계획	인천광역시장 수립 (행안부장관 승인)	행안부장관 수립 (지원심의위원회 심의)	-
서해5도 지원심의 위원회	-	총리실 소속으로 설치 (위원장: 총리, 15인 이내)	연평도지역피해대책특별위원회 설치 (총리실 소속)
사업비 지원	보조금 인상 지원	보조금 인상 지원 지방교부세 특별지원	-
부담금 감면	개발부담금, 대체초지조성비, 공유수면점·사용료, 하천점용료, 하천수 사용료 감면	조세관련 법률에 따른 세제상 지원, 농지조성비 및 대체산림자원 조성비 감면	-
긴급사태 손실지원	북한의 공격 등으로 인한 주민의 정신·신체·재산상 손실액 지원	-	사망자 및 유가족, 부상자에 대한 지원 생업피해 보상
주민안전시설 우선지원	주민대피시설, 비상급수시설 등 우선 설치 및 사후 관리비 지원	-	피해대피시설 확충 등 안전대책 마련
주민정주여건 우선지원	노후주택 개보수 지원 정주수당 지급 수신료, 상수도, 전기·전화 등 공공요금 지원 생활필수품 해상운송비 지원 대학특례입학 지방교육재정교부금 특별지원 양로원 등 복지시설 지원 여객선 운임 지원 도로 등 SOC 설치지원 여객선 건조·운영 지원 접경지역 견학사업 추진 문화·관광·체육시설 설치	노후주택 개보수 지원 정주생활지원금 지급 수신료, 상수도, 전기·전화 등 공공요금 지원 생활필수품 해상운송비 지원 초·중등 교육비 지원 농어업인 경영자금 지원	이주희망자에 대한 이주대책 수립 및 지원 이주민 지원대책 긴급복지지원법에 따른 긴급지원 실시 영어·시설·운전자금에 대한 대출 상황 유예 및 기한 연장, 이자지원 공공요금 및 국민건강보험료 감면
벌 칙	허위로 지원 또는 보조금 수령자에 대한 벌칙 (2년 이하 징역, 2천만원 이하 벌금)		

원법」 제2조의 "접경지역"의 정의에 포함되어 지원을 받아온 지역임.

▼표 서해5도 현황

면	도서	가구(수)	인구(명)	어선(척)
계		4,223	8,386	251
연평면	연평도	863	1,614	51
	소연평도	71	142	15
백령면	백령도	2,515	5,078	107
대청면	대청도	609	1,270	62
	소청도	165	282	16

(2010년 10월 말 기준)

현행 「접경지역 지원법」 및 시행령에 따른 접경지역은 15개시·군의 98개 읍·면·동(8,080㎢)이며, 이중 인천광역시 옹진군의 연평면, 백령면, 대청면의 5개 도서지역(연평도, 소연평도, 백령도, 대청도, 소청도)인 서해5도 지역은 총 69.2㎢로 전체 접경지역 면적의 0.86%에 불과함.

이에 따라 현재 「접경지역 지원법」은 접경지역 면적의 대부분인 육지중심의 지원을 규정하고 있으므로[42] 서해5도의 특수성을 반영한 지원이 이루어지기에는 다소 미흡한 측면이 있는 바,

제정안은 서해5도 지역의 특수성을 감안한 범정부차원의 특별한 지원을 규정함으로써, 지역주민의 소득증대 및 열악한 생활환경을 개선할 수 있을 것으로 봄.

3. 종합발전계획 및 연도별 시행계획의 수립

박상은 의원안 및 신학용 의원안은 공통적으로 서해5도 지역에 대한 종합발전계획 및 연도별 시행계획을 수립하도록 하고 있으나, 수립주체 및 절차

▼그림 종합발전계획 등 수립절차 비교

박상은 의원안	신학용 의원안
종합발전계획안 작성 (행안부장관) (단체장 및 주민의견청취)	지역 개발 종합계획 수립 (인천광역시장) (지역주민 대표자 의견수렴)
▼	▼
관계 중앙행정기관의 장과 협의	행안부장관 승인 후 (승인 시 행안부장관은 관계 부처와 협의) 인천광역시장이 결정
▼	▼
서해5도 지원심의위원회 (위원장:총리, 위원:15인 이내) 심의·확정	(별도의 심의위원회 없음)
▼	▼
연도별 시행계획 수립 (행안부장관)	연도별 시행계획 수립 (인천광역시장)
▼	▼
중앙행정기관의 장과 협의	행안부장관 승인 (승인 시 행안부장관은 관계 부처와 협의)
▼	
서해5도 지원심의위원회 심의·확정	

42 도서지역의 교통상황개선을 위한 선박에 대한 지원보다는 도로에 대한 지원이 보다 활발하게 이루어지고 있음.

▼표 종합발전계획의 내용 비교

박상은 의원안	신학용 의원안
• 서해5도의 개발 및 지원에 관한 기본시책에 관한 사항	• 종합계획의 목표 및 기본방향에 관한 사항
• 서해5도 주민의 안전한 정주여건 조성에 관한 사항	• 주택·상하수도 등 주거환경의 개선에 관한 사항
• 서해5도 주변 해양의 이용·개발·보전 및 해양관광자원의 개발 및 농업·수산업의 진흥에 관한 사항	• 농업·어업·임업 등 산업기초시설의 확충·개선에 관한 사항
• 보건·의료·사회복지 및 생활환경 개선에 관한 사항	• 교육·의료·후생시설, 그 밖에 문화 복지시설의 확충에 관한 사항
• 도로·교통·항만 등 사회간접자본시설의 정비·확충에 관한 사항	• 도로·철도·선박 등 교통시설과 항만 등 사회간접자본 시설의 정비 및 확충에 관한 사항
	• 전기·통신·가스 등 생활기반시설의 확충·개선에 관한 사항
	• 풍수해 등 재해의 방지에 관한 사항
	• 관광자원의 개발과 관광산업의 진흥에 관한 사항
• 그 밖에 서해5도의 이용·개발·보전 및 주민지원에 관한 사항	• 그 밖에 이 법의 목적을 달성하기 위하여 필요하다고 인정하는 사항

에 대해서는 상이하게 규정하고 있음.

이를 보다 구체적으로 살펴보면, 박상은 의원안은 행정안전부장관이 인천광역시장 및 옹진군수의 의견을 수렴하여 서해5도 종합발전계획안을 작성하고, 관련 중앙행정기관과 협의 및 서해5도 지원심의위원회의 심의를 거쳐 서해5도 종합발전계획을 확정하도록 하고 있음.

반면 신학용 의원안은 인천광역시장이 해당 지역 주민 대표자의 의견을 수렴하여 지역 개발 종합계획을 수립하고 행정안전부 장관의 승인을 얻어 이를 결정하도록 규정하고 있음.

종합발전계획의 수립주체 및 절차와 관련하여, 종합발전계획의 경우 다양한 중앙부처와 관련되는 사항이 포함되어 있어 부처간 협의해야 할 사항이 다수 포함될 것으로 보이고, 특히 종합발전계획 추진 시 필요한 재정문제와 관련하여 정부차원의 적극적인 지원이 필요하다는 점 등을 감안할 때,

신학용 의원안처럼 지방자치단체의 장이 수립하도록 하기 보다는 행정안전부장관이 주민 및 지방자치단체의 의견을 수렴하여 국무총리실 산하에 설치되는 서해5도 지원심의위원회(위원장: 국무총리)의 심의를 거쳐 종합발전계획을 수립하도록 하는 방안이 중앙정부 차원의 적극적인 계획추진 및 지원에 있어 보다 용이할 것으로 보이며, 다만 종합발전계획 수립 시 해당 지방자치단체의 의견을 보다 충실히 반영하기 위하여 단순한 의견수렴 절차가 아니라 지방자치단체의 장과 협의하도록 할 필요가 있는 것으로 보임.

다음으로 종합발전계획에 포함되는 사항과 관련하여 박상은 의원안은 총 6가지 사항을 규정하여 보다 포괄적으로 규정하고 있는 반면, 신학용 의원안은 총 9가지 사항을 규정하여 세부적인 사항을 규정하고 있는 바, 구체적인 포함사항은 법안심사과정에서 논의할 서해5도 지역발전을 위해 반영되는 사항을 감안하여 규정할 필요가 있는 것으로 보임.

4. 국가보조금 지원 비율 인상 및 의무화

박상은 의원안 제7조 및 신학용 의원안 제8조는 종합발전계획 및 연도별 사업계획에 따라 지방자치단체가 시행하는 사업에 대한 국가보조금은 「보조금의 예산 및 관리에 관한 법률」 제10조[43]에 따른 차등보조율과 다른 법률에 따른 보조율에도 불구하고 인상하여 지원하도록 규정하고 있음.

현재 서해5도가 속해있는 인천광역시 옹진군의 낮은 재정자립도를 감안할 때 자치단체의 효율적인 개발사업 시행을 위해서는 국가지원을 강화할 필요가 있다는 점에서, 두 제정안은 국고보조금 지원비율을 인상하여 도서개발사업 지원비율을 확대

43 「보조금의 예산 및 관리에 관한 법률」 제10조(차등보조율의 적용) ① 기획재정부장관은 매년 지방자치단체에 대한 보조금예산을 편성할 때에 필요하다고 인정되는 보조사업에 대하여는 당해 지방자치단체의 재정사정을 감안하여 기준보조율에 일정률을 가감하는 차등보조율을 적용할 수 있다. 이 경우 기준보조율에 일정률을 차감하는 차등보조율은 지방교부세법에 의한 보통교부세를 교부받지 아니하는 지방자치단체에 한하여 적용할 수 있다.
② 제1항의 차등보조율과 그 적용대상이 되는 지방자치단체의 범위 및 적용기준등에 관한 사항은 대통령령으로 정한다.

할 수 있도록 근거 규정을 마련하여 국비확보를 용이하게 하려는 취지로 타당하다고 봄.

한편, 박상은 의원안 제7조 제3항은 위의 내용에 추가하여 종합발전계획 및 연도별 시행계획의 사업 시행을 지원하기 위하여 대통령령으로 정하는 바에 따라 「지방교부세법」에 의한 지방교부세를 특별 지원할 수 있도록 규정하는 내용도 포함하고 있음.

이는 종합발전계획의 개발사업을 위해 지방교부세를 특별지원 할 수 있는 근거를 규정하여 향후 서해5도에 대한 교부세 지원이 보다 원활하게 이루어지도록 하려는 것인바 제정안의 취지는 타당한 것으로 봄.[44]

5. 주민정주여건 등 우선 지원

▼표 서해5도 지원 특별법안 및 연평도 특별법 비교

구 분	서해5도 지역 지원 특별법안 (신학용 의원안)	서해5도 지원 특별법안 (박상은 의원안)	연평도 특별법 (전현희 의원안)
주민 정주 여건 우선 지원	노후주택 개보수 지원 정주수당 지급 수신료, 상수도, 전기·전화 등 공공요금 지원 생활필수품 해상운송비 지원 대학특례입학 지방교육재정 교부금 특별 지원 양로원 등 복지시설 지원 여객선 운임 지원 도로 등 SOC 설치지원 여객선 건조·운영 지원 접경지역 견학 사업 추진 문화·관광·체육시설 설치	노후주택 개보수 지원 정주생활지원금 지급 수신료, 상수도, 전기·전화 등 공공요금 지원 생활필수품 해상운송비 지원 초·중등 교육비 지원 농어업인 경영자금 지원	이주희망자에 대한 이주대책 수립 및 지원 이주민 지원 대책 긴급복지지원법에 따른 긴급지원 실시 영어·시설·운전자금에 대한 대출상환 유예 및 기한 연장, 이자지원 공공요금 및 국민건강보험료 감면 사망자 및 유가족, 부상자에 대한 지원

신학용 의원과 박상은 의원이 대표발의한 2건의 「서해5도 지원 특별법안」은 주민의 정주여건 개선을 위하여 노후주택 개량 및 정주생활지원금(정주수당) 지급, 수신료·상수도 등 공공요금 지원, 생활필수품 해상운송비 지원 등을 동일하게 규정하고 있으나, 신학용 의원안은 대학특례입학 및 여객선 건조·운영에 필요한 비용을 지원할 수 있도록 하는 등 정주여건 개선을 위한 비용 지원을 보다 다양하게 규정하고 있음.

한편 「연평도 특별법」을 보면, 생업피해 보상 및 이주민 지원대책, 공공요금 및 국민건강보험료 감면 등 「서해5도 지원 특별법안」의 정주여건 개선 내용과 유사한 부분이 있는 바, 향후 함께 논의할 필요성이 있다고 보임.

구체적으로 「서해5도 지원 특별법안」의 내용을 검토하면 다음과 같음.

가. 노후 주택개량 지원

박상은 의원안 제8조 및 신학용 의원안 제12조[45]는 국가 및 지방자치단체는 서해5도에 거주하는 주민의 정주여건 개선을 위한 대책을 마련하도록 하고 국가는 노후화된 주택의 개선을 위한 주택 개·보수 등에 소요되는 비용의 일부를 지원할 수 있도록 규정하는 내용임.

현재 주택 총 3,499동 중 개량대상 노후주택[46]은 2,638동으로 전체의 75.3%에 달하고 있으나 이에 대한 지원은 미비한 상황으로, 인천시는 최대 2,000만원을 지원하지만 주민 본인 부담이 30%이며, 농림부는 연이율 3%로 최대 5,000만원을 융자하고 있으나 주민의 원금상환 부담이 높아 신청 사례가 저조하여 주민의 거주환경 개선이 미비한 상황임.

이에 따라 제정안은 국비지원 강화를 통해 보조규모를 확대하고 지자체의 부담을 경감하려는 취지로써, 노후화된 주택개선을 통해 주민들이 보다 나은 환경에서 생활할 수 있도록 하는 점에서 타당하다고 보임.

44 「주한미군기지 이전에 따른 평택시 등의 지원 등에 관한 특별법」 제34조 및 「주한미군 공여구역주변지역 등 지원 특별법」 제34조에서 "지방교부세를 특별지원할 수 있다"고 규정하고 있는 등 동일한 내용의 입법례가 있음.

45 신학용 의원안은 노후주택의 개보수 비용 지원주체로서 지자체는 제외하고 국가의 경우에 대해서만 규정하고 있음.

46 1990년 이전에 건축된 주택을 노후주택으로 봄.

나. 서해5도 정주생활지원금 지급

박상은 의원안 제11조 및 신학용 의원안 제12조는 국가는 주민의 안정적인 생활을 지원하기 위하여 서해5도에 「주민등록법」에 따라 주소가 등록되어 있고 일정한 기간 이상 거주한 주민에 대하여 정주생활지원금(정주수당)을 지급할 수 있도록 규정하고 지급대상, 지급기준이나 방법 등에 필요한 구체적인 사항은 대통령령으로 정하도록 규정하고 있음.

서해5도는 북한과의 대치로 인하여 군사적 충돌 및 군사훈련에 따라 생업활동이 저해될 수 있는 가능성이 늘 존재하고 있으므로, 국가 차원에서 정주생활지원금(정주수당)을 지급하여 서해5도에 거주하는 주민의 생활안정을 보장하려는 것으로 타당하다고 봄.

다. 교육 · 문화 · 관광 시설에 대한 지원

박상은 의원안 제9조는 국가 및 지방자치단체는 서해5도 주민 및 자녀의 학습기회 확대, 교육비의 부담 경감과 교육환경의 개선에 필요한 정책을 수립하고 시행하도록 하고, 서해5도에 설치된 「초·중등교육법」 제2조에 따른 학교에 재학 중인 학생의 수업료 등을 지원할 수 있도록 규정하여 서해5도 주민의 정착의지를 고취시키려는 취지임.

현재 서해5도지역의 고등학교에 재학중인 학생수는 2010년 129명으로 2007년 162명 대비 25.6% 감소한 수준으로 나타나고 있는 등 지역의 공동화가 우려되므로 서해5도 지역의 장기적인 발전 및 인재양성을 위하여 섬 소재 학교에 재학중인 학생에 대한 지원의 필요성이 인정된다고 보임.

한편, 신학용 의원안 제13조는 교육인적자원부장관은 서해5도의 교육지원과 관련하여 필요하다고 인정하는 경우에는 「지방교육재정교부금법」에 의한 교부금의 특별 지원 및 서해5도 주민 자녀의 대학특례입학 등 특별한 지원을 할 수 있도록 규정하고 있음.

이는 서해5도의 교육지원과 관련하여 필요하다고 인정하는 경우에는 「지방교육재정교부금법」[47]에 의한 교부금의 특별 지원을 할 수 있도록 규정함으로써, 향후 서해5도에 대한 교부금의 특별 지원이 보다 원활하게 이루어지도록 하려는 것인바 제정안의 취지는 타당한 것으로 봄.

6. 주민안전시설 우선지원 및 긴급사태로 인한 손실에 대한 지원

▼표 서해5도 지원 특별법안 및 연평도 특별법 비교

구 분	서해5도 지원 특별법안 (박상은 의원안)	서해5도 지역 지원 특별법안 (신학용 의원안)	연평도 특별법 (전현희 의원안)
긴급 사태 손실 지원	-	북한의 공격 등으로 인한 주민의 정신·신체·재산상 손실액 지원	사망자 및 유가족, 부상자에 대한 지원 생업피해 보상
주민 안전 시설 우선 지원	-	주민대피시설, 비상급수시설 등 우선 설치 및 사후 관리비 지원	피해대피시설 확충 등 안전대책 마련

신학용 의원안 제10조는 북한의 공격 등으로 인한 서해5도 주민의 정신·신체·재산상 손실에 대하여 국가는 손실액의 전부 또는 일부를 지원할 수 있도록 규정하고, 신학용 의원안 제11조는 주민대피시설·비상급수시설 등을 주관하는 중앙행정기관의 장은 서해5도에 해당 시설을 우선 설치하여야 하며 사후 관리비를 지원할 수 있도록 규정하고 있음.

2010년 11월 23일 북한의 기습적인 포격 발생시 주민 대피시설의 노후화 및 비상급수시설 부족으로 인해 주민들이 불편을 겪었으므로 제정안은

47 제5조의2(특별교부금의 교부) ① 교육과학기술부장관은 다음 각호의 구분에 따라 특별교부금을 교부한다. 다만, 제3호의 규정에 의한 금액의 사용잔액이 예상되는 경우에는 교육과학기술부장관이 지방교육행정 및 지방교육재정의 운용실적이 우수한 지방자치단체에 대한 재정지원의 재원으로 사용할 수 있다.
1. 「지방재정법」 제58조의 규정에 의하여 전국에 걸쳐 시행하는 교육관련 국가시책사업으로 따로 재정지원계획을 수립하여 지원하여야 할 특별한 재정수요가 있는 때: 특별교부금 재원의 100분의 60에 해당하는 금액
2. 기준재정수요액의 산정방법으로 포착할 수 없는 특별한 지역교육현안수요가 있는 때: 특별교부금 재원의 100분의 30에 해당하는 금액
3. 보통교부금의 산정기일 후에 발생한 재해로 인하여 특별한 재정수요가 있거나 재정수입의 감소가 있는 때: 특별교부금 재원의 100분의 10에 해당하는 금액

중앙행정기관의 장이 주민대피시설 등 위급한 상황 시 필수적으로 요구되는 시설을 설치하여, 서해5도 주민의 위급상황에 대한 우려를 불식시키고 일상생활에 안정감을 제고하며 생업에 전념할 수 있도록 하려는 취지로서 타당한 측면이 있다고 보임.

Ⅳ. 대체토론 요지

- 서해5도에 대한 지원은 현행 접경지역 지원법 및 도서개발촉진법 등에 근거하여 가능한 측면이 있으나, 보다 적극적인 지원을 위해서는 동 법안 제정이 필요하다는 의견
- 동 법안 제정 시 접경지역 지원법과의 관계를 명확히 규정하여야 한다는 의견
- 동 법안은 주민에게 도움이 되는 각종 지원방안을 규정함으로써 서해5도가 공동화되는 것을 방지하려는 것이지만, 연평도 포격 사건 이후 안전 등의 문제로 인해 이주하려는 주민들이 있으므로 이주대책 등 정부차원의 방안이 필요할 것이라는 의견

Ⅴ. 소위원회 심사내용 (소위원장: 진영 의원)

본회의에 부의하지 아니하기로 하고, 서해5도 지원 관련 법률안 및 전현희 의원이 대표발의한 「연평도 피해주민의 지원에 관한 특별법안」 등 총 4건의 법률안을 통합·조정한 위원회 대안을 제안하기로 의결함

Ⅵ. 찬반토론의 요지

없음

Ⅶ. 심사결과

본회의에 부의하지 아니하기로 함

연평도 피해주민의 지원에 관한 특별법안 (전현희 의원 대표발의, 대안반영 폐기)

의안번호: 1810056
발의연월일: 2010.11.29.
발의자: 전현희 신학용 백원우 박기춘 의원(4인)
찬성자: 83인

■ 제안이유

2010년 11월 23일 피습으로 인천광역시 옹진군 연평도 주민들은 많은 인적·물적 피해와 이루 말할 수 없는 정신적 피해를 입었음. 더욱이, 계속되는 군사적 긴장상황은 주민들의 생명과 안전을 위협할 수 있어 주민들이 지금까지 가꾸고 지켜온 삶의 터전을 잃고 생계수단을 걱정해야 하는 처지에 놓여 있음.

이에 주민들의 피해구제 및 복구를 위해 국가와 지방자치단체에 대하여 긴급생계지원과 피해복구를 빠른 시일 내에 실시할 수 있도록 책무를 규정하는 것은 물론, 피해 주민들의 생명과 안전을 위해 구조적 측면에서 이주대책 및 생계지원 대책을 강구할 수 있도록 함으로써 피해 주민들이 다시 평화롭고 건강한 일상으로 돌아올 수 있도록 하려는 것임.

■ 주요내용

가. 이 법은 2010년 11월 23일 피습당한 연평도 지역의 피해복구와 주민에 대한 지원에 필요한 사항을 정하여, 연평도 지역에 대한 피해구제 및 주민지원에 이바지함을 목적으로 함(안 제1조).

나. 피해에 대한 조속한 복구와 주민 지원을 위해 국무총리를 위원장으로 하는 연평도지역피해특별대책위원회를 둠(안 제5조).

다. 피해를 입은 주민은 국방부장관이나 지방자치단체의 장에게 신고한 후 피해주민단체를 결성할 수 있음(안 제7조).

라. 국가와 지방자치단체는 연평도 지역 주민 중 이주를 희망하는 주민에 대하여 이주대책을 수립하고 지원하여야 함(안 제9조).

마. 국가와 지방자치단체는 연평도 지역주민의 생

업피해 보상 및 이주대책을 위한 계속적인 경제활동의 보장을 지원하여야 함(안 제10조).

바. 국가와 지방자치단체는 연평도 지역 주민에게 긴급생계지원, 주거지원, 의료지원, 교육지원과 같은 긴급지원을 실시하여야 함(안 제11조).

사. 국가와 지방자치단체는 연평도 지역 안에 거주하는 세대의 전기요금, 수도요금, 국민건강보험료의 감면을 위하여 관계 행정기관의 협의를 거쳐 시행하여야 함(안 제13조).

아. 국가와 지방자치단체는 11월 23일 피습에 따른 사망자와 그 유가족 그리고 부상자에 대하여 지원하여야 함(안 제14조).

법률 제 호

연평도 피해주민의 지원에 관한 특별법안

제1조(목적) 이 법은 2010년 11월 23일 피습당한 연평도 지역의 피해복구와 주민에 대한 지원에 필요한 사항을 정하여, 연평도 지역에 대한 피해구제 및 주민지원에 이바지함을 목적으로 한다.

제2조(정의) 이 법에서 사용하는 용어의 정의는 다음과 같다.

1. "연평도 지역"이란 2010년 11월 23일 피습으로 인하여 인적 · 물적 피해를 입은 인천광역시 옹진군 연평면 일대 도서지역을 말한다.
2. "이주대책"이란 군사피습에 따른 피해로 생활의 근간을 상실하게 되는 주민의 이주를 위한 구체적인 대책을 말한다.
3. "경제활동 지원 대책"이란 군사피습으로 주민이 경제활동을 하지 못하게 됨으로써 발생된 피해에 대한 지원대책과 계속되는 군사적 긴장상황에서 주민의 생명과 안전을 위하여 주민이 타 지역으로 이주한 경우 계속적으로 경제활동을 할 수 있도록 돕는 지원 대책을 말한다.

제3조(적용범위) 이 법은 2010년 11월 23일 인천광역시 옹진군 연평면 일대 도서지역 피습으로 인한 인적·물적 피해에 대하여 적용한다.

제4조(다른 법률과의 관계) 이 법은 연평도 지역의 피해복구와 주민지원에 관한 사항에 관하여 다른 법률에 특별한 규정이 있는 경우를 제외하고는 이 법으로 정하는 바에 따른다.

제5조(연평도지역피해특별대책위원회) ① 연평도 지역 피해구제 및 주민지원의 조속한 지원을 위하여 국무총리 소속으로 연평도지역피해특별대책위원회(이하 "대책위원회"라 한다)를 둔다.

② 대책위원회는 위원장 1명을 포함하여 15명 이내의 위원으로 한다.

③ 대책위원회의 위원장은 국무총리로 하고, 위원은 대통령령으로 정하는 중앙행정기관의 장 및 관계기관·지방자치단체의 장으로 한다.

④ 대책위원회는 필요한 지원조직을 둘 수 있다.

⑤ 그 밖에 대책위원회의 조직 및 운영 등에 필요한 사항은 대통령령으로 정한다.

제6조(대책위원회의 기능 등) ① 대책위원회는 다음 각 호의 사무를 수행한다.

1. 주민의 긴급 생계 지원에 관한 사항
2. 주민의 이주대책 수립 및 지원에 관한 사항
3. 주민 생업 중단 관련 보상지원에 관한 사항
4. 주민의 이직 지원 등 경제활동 안정화 대책 수립과 지원에 관한 사항
5. 연평도 지역 피해복구 대책 및 지원에 관한 사항
6. 피해주민단체 지원에 관한 사항
7. 연평도 지역 피해대피시설 확충 등 주민 안전 대책을 위한 사항

연평도 피해주민의 지원에 관한 특별법안 비용추계서 미첨부 사유서

1. 재정수반요인

○ '10년 11월 23일 갑작스럽게 피해를 당한 우리 군과 연평도 지역주민에 대한 조속한 지원을 위한 동 법안은 아래의 재정수반요인이 있음
- 피습 후 이주희망 주민에 대한 이주대책 수립 및 지원
- 피습 후 연평도 지역주민에 대한 생계보장 및 경제활동(구직) 지원
- 연평도 지역주민에 대한 생업피해 및 긴급복지원
- 연평도 지역 내 거주민들의 수도요금 및 국민건강보험료 감면
- 부상자, 사망자 유가족에 대한 지원

2. 미첨부 근거 규정

○ 「의안의 비용추계 등에 관한 규칙」 제3조 제1항 단서 중 제3호 "의안의 내용이 선언적·권고적인 형식으로 규정되는 등 기술적으로 어려운 경우"에 해당함

3. 미첨부 사유

○ 동 법안은 2010년 11월 23일 피습으로 2명의 군장병과 2명의 민간인이 사망했고, 피해복구가 전혀 이뤄지지 않은 상황에서 정부 제출한 인적 피해, 물적 피해를 확인하여 어려웠으며

○ 법안에 따른 지원시 언제부터 언제까지 어떤 지원 대상자들에게 지원하는지를 대통령령에 위임되어 있으므로, 정확한 지원액이 특정되지 않은 관계로 비용을 추계하기 어려운 부분이 있음.

연평도 피해주민의 지원에 관한 특별법안

심 사 보 고 서

2010.12. .

행정안전위원회

Ⅰ. 심사경과

가. 제안일자 및 제안자: 2010. 11. 29, 전현희 의원 대표발의

나. 회부일자: 2010. 11. 29

다. 상정 및 의결일자:

- 제294회 국회(정기회) 제10차 행정안전위원회(2010. 11. 30)
  - 상정, 제안설명, 검토보고, 대체토론 후 소위회부
- 제294회 국회(정기회) 제6차 법안심사소위원회(2010. 12. 3)
  - 상정, 본회의에 부의하지 아니하기로 함
- 제294회 국회(정기회) 제11차 행정안전위원회(2010. 12. 6)
  - 본회의에 부의하지 아니하기로 함

Ⅱ. 제안설명의 요지 (제안설명자: 전현희 의원)

2010년 11월 23일 피습으로 인천광역시 옹진군 연평도 주민들은 많은 인적·물적 피해와 이루 말할 수 없는 정신적 피해를 입었으므로, 주민들의 피해구제 및 복구를 위해 국가와 지방자치단체에 대하여 긴급생계지원과 피해복구를 빠른 시일내에 실시할 수 있도록 책무를 규정하는 것은 물론, 피해 주민들의 생명과 안전을 위해 구조적 측면에서 이주대책 및 생계지원 대책을 강구할 수 있도록 함으로써 피해 주민들이 다시 평화롭고 건강한 일상으로 돌아올 수 있도록 하려는 것임.

Ⅲ. 전문위원 검토보고의 요지 (전문위원 손 충 덕)

1. 제정의 필요성

동 제정안은 2010년 11월 23일 북한의 연평도 포격[48]으로 인해 발생한 인적·물적 피해, 생업중단 등으로 어려움을 겪고 있는 연평도 주민들을 지원하기 위한 것으로, 국무총리 소속 하에 "연평도지역피해특별대책위원회"를 두고, 국가 및 지방자치단체가 지역주민들의 '인적·물적 피해의 복구'와 함께 이주대책, 경제활동지원대책 등과 같은 '적극적인 생계대책'을 마련하여 지원하도록 하는 것을 주요내용으로 하고 있음.

먼저, '인적·물적 피해의 복구'와 관련하여, 「민

▼표 서해5도 지원 특별법안과의 비교

구분	서해5도 지역 지원 특별법안	서해5도 지원 특별법안	연평도 피해주민의 지원에 관한 특별법안
대표발의	신학용 의원	박상은 의원	전현희 의원
종합발전계획 수립	인천광역시장 수립 (행안부장관 승인)	행안부장관 수립 (지원심의위원회 심의)	-
연도별 시행계획	인천광역시장 수립 (행안부장관 승인)	행안부장관 수립 (지원심의위원회 심의)	-
서해5도 지원심의위원회	-	총리실 소속으로 설치 (위원장: 총리, 15인 이내)	연평도지역피해대책 특별위원회 설치 (총리실 소속)
사업비 지원	보조금 인상 지원	보조금 인상 지원 지방교부세 특별지원	-
부담금 감면	개발부담금, 대체초지조성비, 공유수면점·사용료, 하천점용료, 하천수 사용료 감면	조세관련 법률에 따른 세제상 지원, 농지조성비 및 대체산림자원조성비 감면	-
긴급사태 손실지원	북한의 공격 등으로 인한 주민의 정신·신체·재산상 손실액 지원	-	-
주민안전시설 우선지원	주민대피시설, 비상급수시설 등 우선 설치 및 사후 관리비 지원	-	피해대피시설 확충 등 안전대책 마련
주민정주여건 우선지원	노후주택 개보수 지원, 정주수당 지급, 수신료·상수도·전기·전화 등 공공요금 지원, 생활필수품 해상운송비 지원, 대학특례입학, 지방교육재정교부금 특별지원, 양로원 등 복지시설 지원, 여객선 운임 지원, 도로 등 SOC 설치지원, 여객선 건조·운영 지원, 접경지역 견학사업 추진, 문화·관광·체육시설 설치	노후주택 개보수 지원, 정주생활지원금 지급, 수신료·상수도·전기·전화 등 공공요금 지원, 생활필수품 해상운송비 지원, 초·중등 교육비 지원, 농어업인 경영자금 지원	이주희망자에 대한 이주대책 수립 및 지원, 생업피해 보상 및 이주민 지원대책 긴급복지지원법에 따른 긴급 지원, 영어·시설·운전자금에 대한 대출상환 유예 및 기한 연장과 이자지원, 공공요금 및 국민건강보험료 감면, 사망자와 그 유가족, 부상자에 대한 지원
벌 칙	허위로 지원 또는 보조금 수령자자에 대한 벌칙 (2년 이하 징역, 2천만원 이하 벌금)	-	-

48 북한의 '연평도 포격'은 호국훈련과는 무관한 해상훈련을 실시하던 우리 군을 향해 11월 23일 오후 2시 34분부터 3시 41분까지 두 차례에 걸쳐 북한이 연평도와 인근 해상으로 170여발 이상의 포사격을 감행한 사건으로 군인 · 민간인 사망자가 2인씩 발생하였음.

방위기본법」[49] 등 현행 관련법령에 의하여서도 지원할 수 있는 측면이 없지 않으나, 연평도 지역 피해복구를 위한 전담대책기구를 두고 관계기관들이 합동하여 종합적인 대책을 마련함으로써, 보다 효과적이고 신속한 복구지원이 가능할 것으로 기대됨.

그러나 향후 서해5도 지역이나 그 밖의 접경지역에서 북한의 도발로 인해 유사한 피해가 다시 발생할 경우에도 매번 특별법을 제정하여 지원할 것인지, 이러한 점도 함께 검토할 필요가 있는 것으로 보임.

다음으로, '적극적인 생계대책'의 마련 및 지원과 관련하여서는, 이번 사태로 인해 생업 등에 있어서 동일한 어려움을 겪고 있는 백령도 등 인접지역과의 형평성을 고려할 필요가 있고, 특히, 연평도 지역주민들에 대한 이주대책은 결과적으로 연평도를 군인들만 주둔하게 되는 무인도화를 초래할 수도 있다는 점에서그 정책적 타당성에 대한 검토가 필요한 것으로 판단됨.

한편, 이번 사태와 관련하여 박상은 의원이 대표발의한 「서해5도 지원 특별법안」(2010.11.29)과 신학용 의원이 대표발의한 「서해5도 특별법안」(2010.11.29)이 행정안전위원회에 함께 회부되어 있는바, 이상 2건의 법률안은 향후 서해5도의 정주여건 향상을 위한 정부 차원의 특별한 지원을 담고 있다는 점에서 동 제정안의 이주대책과는 다소 상반된 점이 있는 것으로 보임.

또한, 이들 법률안의 경우에도 북한의 공격 등으로 인한 긴급사태에 대한 손실 지원규정과 주민안전시설 지원규정이 있는 등 동 제정안과 일부 중복되는 측면도 있음.

이와 같은 점들을 종합적으로 살펴볼 때, 서해5도 지역의 공통된 사항은 「서해5도 지원 특별법안」에 반영하고, 동 제정안에는 이 번 사태로 인한 연평도 지역의 특수한 사항만을 규정하도록 이들 법안을 통합·조정할 필요가 있는 것으로 보임.

2. 지원대책기구의 설치 · 운영 등

안 제5조제1항은 연평도 지역 피해 구제 및 주민 지원을 위하여 국무총리 소속 하에 연평도지역피해특별대책위원회(이하 "대책위원회"라 함)를 두도록 하고 있음.

〈제 정 안〉

제5조(연평도지역피해특별대책위원회) ① 연평도 지역 피해구제 및 주민지원의 조속한 지원을 위하여 국무총리 소속으로 연평도지역피해특별대책위원회(이하 "대책위원회"라 한다)를 둔다.
② 대책위원회는 위원장 1명을 포함하여 15명 이내의 위원으로 한다.
③ 대책위원회의 위원장은 국무총리로 하고, 위원은 대통령령으로 정하는 중앙행정기관의 장 및 관계기관·지방자치단체의 장으로 한다.
④ 대책위원회는 필요한 지원조직을 둘 수 있다.
⑤ 그 밖에 대책위원회의 조직 및 운영 등에 필요한 사항은 대통령령으로 정한다.

제6조(대책위원회의 기능 등) ① 대책위원회는 다음 각 호의 사무를 수행한다.
1. 주민의 긴급 생계 지원에 관한 사항
2. 주민의 이주대책 수립 및 지원에 관한 사항
3. 주민 생업 중단 관련 보상지원에 관한 사항
4. 주민의 이직 지원 등 경제활동 안정화 대책 수립과 지원에 관한 사항
5. 연평도 지역 피해복구 대책 및 지원에 관한 사항
6. 피해주민단체 지원에 관한 사항
7. 연평도 지역 피해대피시설 확충 등 주민 안전대책을 위한 사항
8. 피습에 따른 사망자, 부상자를 위한 사항
9. 그 밖에 위원장이 부의하는 사항

먼저, 대책위원회의 성격과 권한에 관한 명확한 정함이 없어 동 대책위원회가 연평도 지역주민

---

49 제2조(정의) 이 법에서 사용하는 용어의 뜻은 다음과 같다.
1. "민방위"란 적의 침공이나 전국 또는 일부 지방의 안녕 질서를 위태롭게 할 재난(이하 "민방위사태"라 한다)으로부터 주민의 생명과 재산을 보호하기 위하여 정부의 지도하에 주민이 수행하여야 할 방공(防空), 응급적인 방재(防災)·구조·복구 및 군사 작전상 필요한 노력 지원 등의 모든 자위적 활동을 말한다.
2. (생 략)
제4조(재정상의 조치) ① 국가 및 지방자치단체는 민방위사태의 예방과 신속한 수습 및 복구 등을 위하여 필요한 재정상의 조치를 강구하여야 한다.
② 국가는 지방자치단체에 대하여 대통령령으로 정하는 바에 따라 제1항에 따른 조치에 필요한 경비의 전부 또는 일부를 보조하는 등 재정상의 지원을 할 수 있다.

지원 등에 관한 자문을 위한 위원회인지 심의·의결을 위한 위원회인지 불분명한 측면이 있음.

동 대책위원회의 설치목적이 행정안전부 등 중앙행정기관, 지방자치단체, 그 밖의 관계기관 등의 소관에 속하는 사항을 통합·조정함으로써, 효과적으로 연평도 지역주민을 지원하는 것이라고 볼 때, 심의·의결기관으로 명확히 규정하는 것이 필요한 것으로 보이며, 이 경우 안 제6조에서 대책위원회의 사무로 규정하고 있는 사항들은 심의·의결사항으로 함께 변경할 필요가 있음.

한편, 제정안 제9조 내지 제14조는 국가 및 지방자치단체가 연평도 지역주민들에 대한 이주 지원, 경제활동 지원 등을 위한 대책을 수립·시행하도록 규정하고 있으나, 이에 따라 수립되는 지원대책과 대책위원회의 소관사무가 다소 중복되는 측면이 있는바, 대책위원회, 국가 및 지방자치단체 상호 간의 역할을 명확히 규정할 필요가 있는 것으로 판단됨.

〈제 정 안〉

제9조(이주대책 수립 및 지원) ① 국가와 지방자치단체는 연평도 지역 주민 중 이주를 원하는 주민에 대하여 이주대책을 수립하고 지원하여야 한다.
②·③ (생략)

제10조(경제활동 지원 대책 수립 및 지원) ① 국가와 지방자치단체는 연평도 지역 주민의 생업피해 보상 및 제9조 이주대책에 따른 계속적인 경제활동 보장을 위한 지원대책을 수립하여 시행하여야 한다.
② ~ ④ (생략)

제11조(긴급지원) ① 국가와 지방자치단체는 연평도 지역 주민에게 긴급생계지원, 주거지원, 의료지원, 교육지원 등 「긴급복지지원법」 제9조에 해당되는 긴급지원을 실시하여야 한다.
② (생략)

제12조(영어 · 시설 · 운전 자금 등 상환기한 연장 및 이자지원) ① 국가와 지방자치단체는 연평도 지역 피해주민의 영어·시설·운전 자금 등에 대한 대출상환 유예 및 기한 연장, 이자지원 등에 대한 대책을 수립하여 시행하여야 한다.
② (생략)

제13조(공공요금 및 국민건강보험료의 감면) ① 국가와 지방자치단체는 연평도 지역 안에 거주하는 세대의 전기요금, 수도요금, 국민건강보험료의 감면을 위하여 관계 행정기관의 협의를 거쳐 시행하여야 한다.
② (생략)

제14조(사망자와 부상자에 대한 지원) ① 국가와 지방자치단체는 연평도 지역의 피습으로 인한 사망자와 그 유가족 그리고 부상자에 대하여 지원하여야 한다.
② (생략)

3. 주민단체의 피해신고

제정안 제7조는 연평도 주민들이 대통령령으로 정하는 바에 따라 단체를 구성하여 국방부장관이나 지방자치단체장에게 이번 사태로 인한 피해를 신고할 수 있도록 규정하고 있음.

〈제 정 안〉

제7조(피해주민단체) ① 피해를 입은 주민은 대통령령으로 정하는 바에 따라 단체를 구성하여 국방부장관이나 지방자치단체의 장에게 신고할 수 있다.
② 대책위원회는 필요한 경우 제1항에 따라 신고된 단체의 대표를 참석시켜 의견을 들을 수 있다. 이 경우 피해주민단체가 복수인 경우에는 대통령령으로 정하는 바에 따라 하나의 대표자를 선정하게 할 수 있다.

이와 같이 제정안은 주민들의 피해신고 접수기관을 복수로 규정하고 있는바, 이는 주민들의 신고편의 등을 고려한 것으로 보이나, 업무처리의 일관성 등을 고려하여 접수기관을 지방자치단체로 일원화하는 것이 바람직할 것으로 보임.

한편, 피해주민단체의 신고기한을 정하지 않는 경우 장기간 피해조사 및 복구지원 등이 표류할 가능성도 있으므로, 일정한 범위 내에서 신고기한을 정하도록 대통령령으로 위임할 필요가 있음.

4. 그 밖의 사항들

가. 연평도 지역의 정의

안 제2조제1호에 따르면 "연평도 지역"은 "연

평면 일대 도서지역"을 말하는바, 이는 직접적인 피해를 입은 연평도뿐만 아니라 같은 생활권인 인근 도서지역을 지원대상 지역으로 포함시키기 위한 것으로 보임.

〈제 정 안〉

제2조(정의) 이 법에서 사용하는 용어의 정의는 다음과 같다.
1. "연평도 지역"이란 2010년 11월 23일 피습으로 인하여 인적·물적 피해를 입은 인천광역시 옹진군 **연평면 일대 도서지역**을 말한다.
2.·3. (생략)

그러나 "연평면 일대 도서지역"에 대한 해석상의 범위가 불분명할 수 있고, 행정구역상 연평면에는 연평도 인근 도서지역[50]이 포함되므로, 지원대상 지역을 "연평면"으로만 규정해도 될 것임.

나. 적용범위 등

제정안 제3조는 이 법의 적용범위를 정하고 있으나, 제1조 목적조항 등을 통해서 적용범위가 명확히 규정되어 있는 만큼, 그 규정의 필요성은 크지 않은 것으로 판단됨.

〈제 정 안〉

제1조(목적) 이 법은 2010년 11월 23일 피습당한 연평도 지역의 피해복구와 주민에 대한 지원에 필요한 사항을 정하여, 연평도 지역에 대한 피해구제 및 주민지원에 이바지함을 목적으로 한다.

제3조(적용범위) 이 법은 2010년 11월 23일 인천광역시 옹진군 연평면 일대 도서지역 피습으로 인한 인적·물적 피해에 대하여 적용한다.

Ⅳ. 대체토론 요지

- ○ 서해5도에 대한 지원은 현행 접경지역 지원법 및 도서개발촉진법 등에 근거하여 가능한 측면이 있으나, 보다 적극적인 지원을 위해서는 동 법안 제정이 필요하다는 의견
- ○ 동 법안 제정 시 접경지역 지원법과의 관계를 명확히 규정하여야 한다는 의견
- ○ 동 법안은 주민에게 도움이 되는 각종 지원 방안을 규정함으로써 서해5도가 공동화되는 것을 방지하려는 것이지만, 연평도 포격사건 이후 안전 등의 문제로 인해 이주하려는 주민들이 있으므로 이주대책 등 정부차원의 방안이 필요할 것이라는 의견

Ⅴ. 소위원회 심사내용 (소위원장: 진영 의원)

본회의에 부의하지 아니하기로 하고, 이 법률안 및 3건의 서해5도 지원 관련 법률안 등 총 4건의 법률안을 통합·조정한 위원회 대안을 제안하기로 의결함

Ⅵ. 찬반토론의 요지

없음

Ⅶ. 심사결과

본회의에 부의하지 아니하기로 함

50 유인도인 소연평도와 무인도인 모이도·구지도·장재도 등

연평도 피해주민의 지원에 관한 특별법안

검 토 보 고 서

[전현희 의원 대표발의]

2010. 11.

행 정 안 전 위 원 회
전문위원

Ⅰ. 제안경과

전현희 의원이 대표발의한 연평도 피해주민의 지원에 관한 특별법안은 2010년 11월 29일자로 제안되어 2010년 11월 29일자로 우리 위원회에 회부되었음.

Ⅱ. 제안이유 및 주요내용

1. 제안이유

2010년 11월 23일 피습으로 인천광역시 옹진군 연평도 주민들은 많은 인적·물적 피해와 이루 말할 수 없는 정신적 피해를 입었음. 더욱이, 계속되는 군사적 긴장상황은 주민들의 생명과 안전을 위협할 수 있어 주민들이 지금까지 가꾸고 지켜온 삶의 터전을 잃고 생계수단을 걱정해야 하는 처지에 놓여 있음.

이에 주민들의 피해구제 및 복구를 위해 국가와 지방자치단체에 대하여 긴급생계지원과 피해복구를 빠른 시일 내에 실시할 수 있도록 책무를 규정하는 것은 물론, 피해 주민들의 생명과 안전을 위해 구조적 측면에서 이주대책 및 생계지원대책을 강구할 수 있도록 함으로써 피해 주민들이 다시 평화롭고 건강한 일상으로 돌아올 수 있도록 하려는 것임.

2. 주요내용

가. 이 법은 2010년 11월 23일 피습당한 연평도 지역의 피해복구와 주민에 대한 지원에 필요한 사항을 정하여, 연평도 지역에 대한 피해구제 및 주민지원에 이바지함을 목적으로 함(안 제1조).

나. 피해에 대한 조속한 복구와 주민 지원을 위해 국무총리를 위원장으로 하는 연평도지역피해특별대책위원회를 둠(안 제5조).

다. 피해를 입은 주민은 국방부장관이나 지방자치단체의 장에게 신고한 후 피해주민단체를 결성할 수 있음(안 제7조).

라. 국가와 지방자치단체는 연평도 지역주민 중 이주를 희망하는 주민에 대하여 이주대책을 수립하고 지원하여야 함(안 제9조).

마. 국가와 지방자치단체는 연평도 지역주민의 생업피해 보상 및 이주대책을 위한 계속적인 경제활동의 보장을 지원하여야 함(안 제10조).

바. 국가와 지방자치단체는 연평도 지역주민에게 긴급생계지원, 주거지원, 의료지원, 교육지원과 같은 긴급지원을 실시하여야 함(안 제11조).

사. 국가와 지방자치단체는 연평도 지역 안에 거주하는 세대의 전기요금, 수도요금, 국민건강보험료의 감면을 위하여 관계 행정기관의 협의를 거쳐 시행하여야 함(안 제13조).

아. 국가와 지방자치단체는 11월 23일 피습에 따른 사망자와 그 유가족 그리고 부상자에 대하여 지원하여야 함(안 제14조).

Ⅲ. 검토의견

1. 제정의 필요성

동 제정안은 2010년 11월 23일 북한의 연평도 포격[51]으로 인해 발생한 인적·물적 피해, 생업중단 등으로 어려움을 겪고 있는 연평도 주민들을 지원하기 위한 것으로,

국무총리 소속 하에 "연평도지역피해특별대책위원회"를 두고, 국가 및 지방자치단체가 지역주민들의 **'인적 · 물적 피해의 복구'**와 함께 이주대책, 경제활동지원대책 등과 같은 **'적극적인 생계대책'**을 마련하여 지원하도록 하는 것을 주요내용으로 하고 있음.

먼저, **'인적 · 물적 피해의 복구'**와 관련하여,

「민방위기본법」[52] 등 현행 관련법령에 의하여서도 지원할 수 있는 측면이 없지 않으나, 연평도 지역 피해복구를 위한 전담대책기구를 두고 관계기관들이 합동하여 종합적인 대책을 마련함으로써, 보다 효과적이고 신속한 복구지원이 가능할 것으로 기대됨.

그러나 향후 서해5도 지역이나 그 밖의 접경지역에서 북한의 도발로 인해 유사한 피해가 다시 발생할 경우에도 매번 특별법을 제정하여 지원할 것인지, 이러한 점도 함께 검토할 필요가 있는 것으로 보임.

다음으로, **'적극적인 생계대책'**의 마련 및 지원

51 북한의 '연평도 포격'은 호국훈련과는 무관한 해상훈련을 실시하던 우리 군을 향해 11월 23일 오후 2시 34분부터 3시 41분까지 두 차례에 걸쳐 북한이 연평도와 인근 해상으로 170여발 이상의 포사격을 감행한 사건으로 군인·민간인 사망자가 2인씩 발생하였음.

과 관련하여서는,

이번 사태로 인해 생업 등에 있어서 동일한 어려움을 겪고 있는 백령도 등 인접지역과의 형평성을 고려할 필요가 있고,

특히, 연평도 지역주민들에 대한 이주대책은 결과적으로 연평도를 군인들만 주둔하게 되는 무인도화를 초래할 수도 있다는 점에서그 정책적 타당성에 대한 검토가 필요한 것으로 판단됨.

한편, 이번 사태와 관련하여 박상은 의원이 대표발의한 「서해5도 지원 특별법안」(2010.11.29)과

▼표 서해5도 지원 특별법안과의 비교

구분	서해5도 지역 지원 특별법안	서해5도 지원 특별법안	연평도 피해주민의 지원에 관한 특별법안
대표발의	신학용 의원	박상은 의원	전현희 의원
종합발전계획 수립	인천광역시장 수립 (행안부장관 승인)	행안부장관 수립 (지원심의위원회 심의)	-
연도별 시행계획	인천광역시장 수립 (행안부장관 승인)	행안부장관 수립 (지원심의위원회 심의)	-
서해5도 지원심의 위원회	-	총리실 소속으로 설치 (위원장: 총리, 15인 이내)	연평도지역피해대책 특별위원회 설치 (총리실 소속)
사업비 지원	보조금 인상 지원	보조금 인상 지원 지방교부세 특별지원	-
부담금 감면	개발부담금, 대체초지조성비, 공유수면점·사용료, 하천점용료, 하천수 사용료 감면	조세관련 법률에 따른 세제상 지원, 농지조성비 및 대체산림자원 조성비 감면	-
긴급사태 손실지원	북한의 공격 등으로 인한 주민의 정신·신체·재산상 손실액 지원	-	-
주민안전시설 우선지원	주민대피시설, 비상급수시설 등 우선 설치 및 사후 관리비 지원	-	피해대피시설 확충 등 안전대책 마련
주민정주여건 우선지원	노후주택 개보수 지원, 정주수당 지급, 수신료·상수도·전기·전화 등 공공요금 지원, 생활필수품 해상운송비 지원, 대학특례입학, 지방교육재정교부금 특별지원, 양로원 등 복지시설 지원, 여객선 운임 지원, 도로 등 SOC 설치지원, 여객선 건조·운영 지원, 접경지역 견학사업 추진, 문화·관광·체육시설 설치	노후주택 개보수 지원, 정주생활지원금 지급, 수신료·상수도·전기·전화 등 공공요금 지원, 생활필수품 해상운송비 지원, 초·중등 교육비 지원, 농어업인 경영자금 지원	이주희망자에 대한 이주대책 수립 및 지원, 생업피해 보상 및 이주민 지원대책 긴급복지지원법에 따른 긴급 지원, 영어·시설·운전자금에 대한 대출상환 유예 및 기한 연장과 이자지원, 공공요금 및 국민건강보험료 감면, 사망자와 그 유가족, 부상자에 대한 지원
벌 칙	허위로 지원 또는 보조금 수령자에 대한 벌칙 (2년 이하 징역, 2천만원 이하 벌금)	-	-

52 제2조(정의) 이 법에서 사용하는 용어의 뜻은 다음과 같다.

1. "민방위"란 적의 침공이나 전국 또는 일부 지방의 안녕 질서를 위태롭게 할 재난(이하 "민방위사태"라 한다)으로부터 주민의 생명과 재산을 보호하기 위하여 정부의 지도하에 주민이 수행하여야 할 방공(防空), 응급적인 방재(防災)·구조·복구 및 군사 작전상 필요한 노력 지원 등의 모든 자위적 활동을 말한다.
2. (생략)

제4조(재정상의 조치) ①국가 및 지방자치단체는 민방위사태의 예방과 신속한 수습 및 복구 등을 위하여 필요한 재정상의 조치를 강구하여야 한다.

② 국가는 지방자치단체에 대하여 대통령령으로 정하는 바에 따라 제1항에 따른 조치에 필요한 경비의 전부 또는 일부를 보조하는 등 재정상의 지원을 할 수 있다.

신학용 의원이 대표발의한 「서해5도 특별법안」(2010.11.29)이 행정안전위원회에 함께 회부되어 있는바,

이상 2건의 법률안은 향후 서해5도의 정주여건 향상을 위한 정부 차원의 특별한 지원을 담고 있다는 점에서 동 제정안의 이주대책과는 다소 상반된 점이 있는 것으로 보임.

또한, 이들 법률안의 경우에도 북한의 공격 등으로 인한 긴급사태에 대한 손실 지원규정과 주민안전시설 지원규정이 있는 등 동 제정안과 일부 중복되는 측면도 있음.

이와 같은 점들을 종합적으로 살펴볼 때, 서해5도 지역의 공통된 사항은 「서해5도 지원 특별법안」에 반영하고, 동 제정안에는 이번 사태로 인한 연평도 지역의 특수한 사항만을 규정하도록 이들 법안을 통합·조정할 필요가 있는 것으로 보임.

2. 지원대책기구의 설치 · 운영 등

안 제5조제1항은 연평도 지역 피해 구제 및 주민 지원을 위하여 국무총리 소속 하에 연평도지역피해특별대책위원회(이하 "대책위원회"라 함)를 두도록 하고 있음.

〈제 정 안〉

제5조(연평도지역피해특별대책위원회) ① 연평도 지역 피해구제 및 주민지원의 조속한 지원을 위하여 국무총리 소속으로 연평도지역피해특별대책위원회(이하 "대책위원회"라 한다)를 둔다.

② 대책위원회는 위원장 1명을 포함하여 15명 이내의 위원으로 한다.

③ 대책위원회의 위원장은 국무총리로 하고, 위원은 대통령령으로 정하는 중앙행정기관의 장 및 관계기관·지방자치단체의 장으로 한다.

④ 대책위원회는 필요한 지원조직을 둘 수 있다.

⑤ 그 밖에 대책위원회의 조직 및 운영 등에 필요한 사항은 대통령령으로 정한다.

제6조(대책위원회의 기능 등) ① 대책위원회는 다음 각 호의 사무를 수행한다.

1. 주민의 긴급 생계 지원에 관한 사항
2. 주민의 이주대책 수립 및 지원에 관한 사항
3. 주민 생업 중단 관련 보상지원에 관한 사항
4. 주민의 이직 지원 등 경제활동 안정화 대책 수립과 지원에 관한 사항
5. 연평도 지역 피해복구 대책 및 지원에 관한 사항
6. 피해주민단체 지원에 관한 사항
7. 연평도 지역 피해대피시설 확충 등 주민 안전대책을 위한 사항
8. 피습에 따른 사망자, 부상자를 위한 사항
9. 그 밖에 위원장이 부의하는 사항

먼저, 대책위원회의 성격과 권한에 관한 명확한 정함이 없어 동 대책위원회가 연평도 지역주민 지원 등에 관한 자문을 위한 위원회인지 심의·의결을 위한 위원회인지 불분명한 측면이 있음.

동 대책위원회의 설치목적이 행정안전부 등 중앙행정기관, 지방자치단체, 그 밖의 관계기관 등의 소관에 속하는 사항을 통합·조정함으로써, 효과적으로 연평도 지역주민을 지원하는 것이라고 볼 때, 심의·의결기관으로 명확히 규정하는 것이 필요한 것으로 보이며,

이 경우 안 제6조에서 대책위원회의 사무로 규정하고 있는 사항들은 심의·의결사항으로 함께 변경할 필요가 있음.

한편, 제정안 제9조 내지 제14조는 국가 및 지방자치단체가 연평도 지역주민들에 대한 이주 지원, 경제활동 지원 등을 위한 대책을 수립·시행하도록 규정하고 있으나,

이에 따라 수립되는 지원대책과 대책위원회의 소관사무가 다소 중복되는 측면이 있는바, 대책위원회, 국가 및 지방자치단체 상호간의 역할을 명확히 규정할 필요가 있는 것으로 판단됨.

〈제 정 안〉

제9조(이주대책 수립 및 지원) ① 국가와 지방자치단체는 연평도 지역 주민 중 이주를 원하는 주민에 대하여 이주대책을 수립하고 지원하여야 한다.

②·③ (생략)

제10조(경제활동 지원 대책 수립 및 지원) ① 국가와 지방자치단체는 연평도 지역 주민의 생업피해 보상 및 제9조 이주대책에 따른 계속적인 경제활동 보장을 위한 지원대책을 수립하여 시행하여야 한다.

② ~ ④ (생략)

> **제11조(긴급지원)** ① 국가와 지방자치단체는 연평도 지역 주민에게 긴급생계지원, 주거지원, 의료지원, 교육지원 등 「긴급복지지원법」 제9조에 해당되는 긴급지원을 실시하여야 한다.
> ② (생략)
>
> **제12조(영어 · 시설 · 운전 자금 등 상환기한 연장 및 이자지원)** ① 국가와 지방자치단체는 연평도 지역 피해주민의 영어·시설·운전 자금 등에 대한 대출상환 유예 및 기한 연장, 이자지원 등에 대한 대책을 수립하여 시행하여야 한다.
> ② (생략)
>
> **제13조(공공요금 및 국민건강보험료의 감면)** ① 국가와 지방자치단체는 연평도 지역 안에 거주하는 세대의 전기요금, 수도요금, 국민건강보험료의 감면을 위하여 관계 행정기관의 협의를 거쳐 시행하여야 한다.
> ② (생략)
>
> **제14조(사망자와 부상자에 대한 지원)** ① 국가와 지방자치단체는 연평도 지역의 피습으로 인한 사망자와 그 유가족 그리고 부상자에 대하여 지원하여야 한다.
> ② (생략)

3. 주민단체의 피해신고

제정안 제7조는 연평도 주민들이 대통령령으로 정하는 바에 따라 단체를 구성하여 국방부장관이나 지방자치단체장에게 이번 사태로 인한 피해를 신고할 수 있도록 규정하고 있음.

〈제 정 안〉

> **제7조(피해주민단체)** ① 피해를 입은 주민은 대통령령으로 정하는 바에 따라 단체를 구성하여 국방부장관이나 지방자치단체의 장에게 신고할 수 있다.
> ② 대책위원회는 필요한 경우 제1항에 따라 신고된 단체의 대표를 참석시켜 의견을 들을 수 있다. 이 경우 피해주민단체가 복수인 경우에는 대통령령으로 정하는 바에 따라 하나의 대표자를 선정하게 할 수 있다.

이와 같이 제정안은 주민들의 피해신고 접수기관을 복수로 규정하고 있는바, 이는 주민들의 신고편의 등을 고려한 것으로 보이나, 업무처리의 일관성 등을 고려하여 접수기관을 지방자치단체로 일원화하는 것이 바람직할 것으로 보임.

한편, 피해주민단체의 신고기한을 정하지 않는 경우 장기간 피해조사 및 복구지원 등이 표류할 가능성도 있으므로, 일정한 범위 내에서 신고기한을 정하도록 대통령령으로 위임할 필요가 있음.

4. 그 밖의 사항들

가. 연평도 지역의 정의

안 제2조제1호에 따르면 "연평도 지역"은 "연평면 일대 도서지역"을 말하는바, 이는 직접적인 피해를 입은 연평도뿐만 아니라 같은 생활권인 인근 도서지역을 지원대상 지역으로 포함시키기 위한 것으로 보임.

〈제 정 안〉

> **제2조(정의)** 이 법에서 사용하는 용어의 정의는 다음과 같다.
> 1. "연평도 지역"이란 2010년 11월 23일 피습으로 인하여 인적·물적 피해를 입은 인천광역시 옹진군 **연평면 일대 도서지역**을 말한다.
> 2.·3. (생략)

그러나 "연평면 일대 도서지역"에 대한 해석상의 범위가 불분명할 수 있고, 행정구역상 연평면에는 연평도 인근 도서지역[52]이 포함되므로, 지원대상 지역을 "연평면"으로만 규정해도 될 것임.

나. 적용범위 등

제정안 제3조는 이 법의 적용범위를 정하고 있으나, 제1조 목적조항 등을 통해서 적용범위가 명확히 규정되어 있는 만큼, 그 규정의 필요성은 크지 않은 것으로 판단됨.

---

53 유인도인 소연평도와 무인도인 모이도·구지도·장재도 등

〈제 정 안〉

제1조(목적) 이 법은 2010년 11월 23일 피습당한 연평도 지역의 피해복구와 주민에 대한 지원에 필요한 사항을 정하여, 연평도 지역에 대한 피해구제 및 주민지원에 이바지함을 목적으로 한다.

제3조(적용범위) 이 법은 2010년 11월 23일 인천광역시 옹진군 연평면 일대 도서지역 피습으로 인한 인적·물적 피해에 대하여 적용한다.

연평도 피해주민의 지원에 관한 특별법안

심 사 보 고 서

2010.12. .

행정안전위원회

Ⅰ. 심사경과

가. 제안일자 및 제안자: 2010. 11. 29, 전현희 의원 대표발의

나. 회부일자: 2010. 11. 29

다. 상정 및 의결일자:

- 제294회 회(정기회) 제10차 행정안전위원회 (2010. 11. 30)
  - 상정, 제안설명, 검토보고, 대체토론 후 소위회부
- 제294회 국회(정기회) 제6차 법안심사소위원회(2010. 12. 3)
  - 상정, 본회의에 부의하지 아니하기로 함
- 제294회 국회(정기회) 제11차 행정안전위원회(2010. 12. 6)
  - 본회의에 부의하지 아니하기로 함

Ⅱ. 제안설명의 요지 (제안설명자: 전현희 의원)

2010년 11월 23일 피습으로 인천광역시 옹진군 연평도 주민들은 많은 인적·물적 피해와 이루 말할 수 없는 정신적 피해를 입었으므로, 주민들의 피해구제 및 복구를 위해 국가와 지방자치단체에 대하여 긴급생계지원과 피해복구를 빠른 시일내에 실시할 수 있도록 책무를 규정하는 것은 물론, 피해 주민들의 생명과 안전을 위해 구조적 측면에서 이주대책 및 생계지원 대책을 강구할 수 있도록 함으로써 피해 주민들이 다시 평화롭고 건강한 일상으로 돌아올 수 있도록 하려는 것임.

Ⅲ. 전문위원 검토보고의 요지 (전문위원 손 충 덕)

1. 제정의 필요성

동 제정안은 2010년 11월 23일 북한의 연평도 포격[54]으로 인해 발생한 인적·물적 피해, 생업중단 등으로 어려움을 겪고 있는 연평도 주민들을 지원하기 위한 것으로,

국무총리 소속 하에 "연평도지역피해특별대책위원회"를 두고, 국가 및 지방자치단체가 지역주민들의 '인적·물적 피해의 복구'와 함께 이주대책, 경제활동지원대책 등과 같은 '적극적인 생계대책'을 마련하여 지원하도록 하는 것을 주요내용으로 하고 있음.

먼저, '인적·물적 피해의 복구'와 관련하여,

「민방위기본법」[55] 등 현행 관련법령에 의하여서도 지원할 수 있는 측면이 없지 않으나, 연평도 지역 피해복구를 위한 전담대책기구를 두고 관계

▼표 서해5도 지원 특별법안과의 비교

구분	서해5도 지역 지원 특별법안	서해5도 지원 특별법안	연평도 피해주민의 지원에 관한 특별법안
대표발의	신학용 의원	박상은 의원	전현희 의원
종합발전계획 수립	인천광역시장 수립 (행안부장관 승인)	행안부장관 수립 (지원심의위원회 심의)	-
연도별 시행계획	인천광역시장 수립 (행안부장관 승인)	행안부장관 수립 (지원심의위원회 심의)	-
서해5도 지원심의 위원회	-	총리실 소속으로 설치 (위원장: 총리, 15인 이내)	연평도지역피해대책 특별위원회 설치 (총리실 소속)
사업비 지원	보조금 인상 지원	보조금 인상 지원 지방교부세 특별지원	-
부담금 감면	개발부담금, 대체초지조성비, 공유수면점·사용료, 하천점용료, 하천수 사용료 감면	조세관련 법률에 따른 세제상 지원, 농지조성비 및 대체산림자원조성비 감면	-
긴급사태 손실지원	북한의 공격 등으로 인한 주민의 정신·신체·재산상 손실액 지원	-	-
주민안전시설 우선지원	주민대피시설, 비상급수시설 등 우선 설치 및 사후 관리비 지원	-	피해대피시설 확충 등 안전대책 마련
주민정주여건 우선지원	노후주택 개보수 지원, 정주수당 지급, 수신료·상수도·전기·전화 등 공공요금 지원, 생활필수품 해상운송비 지원, 대학특례입학, 지방교육재정교부금 특별지원, 양로원 등 복지시설 지원, 여객선 운임 지원, 도로 등 SOC 설치지원, 여객선 건조·운영 지원, 접경지역 견학사업 추진, 문화·관광·체육시설 설치	노후주택 개보수 지원, 정주생활지원금 지급, 수신료·상수도·전기·전화 등 공공요금 지원, 생활필수품 해상운송비 지원, 초·중등 교육비 지원, 농어업인 경영자금 지원	이주희망자에 대한 이주대책 수립 및 지원, 생업피해 보상 및 이주민 지원대책 긴급복지지원법에 따른 긴급 지원, 영어·시설·운전자금에 대한 대출상환 유예 및 기한 연장과 이자지원, 공공요금 및 국민건강보험료 감면, 사망자와 그 유가족, 부상자에 대한 지원
벌 칙	허위로 지원 또는 보조금 수령자에 대한 벌칙 (2년 이하 징역, 2천만원 이하 벌금)	-	-

54 북한의 '연평도 포격'은 호국훈련과는 무관한 해상훈련을 실시하던 우리 군을 향해 11월 23일 오후 2시 34분부터 3시 41분까지 두 차례에 걸쳐 북한이 연평도와 인근 해상으로 170여발 이상의 포사격을 감행한 사건으로 군인·민간인 사망자가 2인씩 발생하였음.

기관들이 합동하여 종합적인 대책을 마련함으로써, 보다 효과적이고 신속한 복구지원이 가능할 것으로 기대됨.

그러나 향후 서해5도 지역이나 그 밖의 접경지역에서 북한의 도발로 인해 유사한 피해가 다시 발생할 경우에도 매번 특별법을 제정하여 지원할 것인지, 이러한 점도 함께 검토할 필요가 있는 것으로 보임.

다음으로, '적극적인 생계대책'의 마련 및 지원과 관련하여서는,

이번 사태로 인해 생업 등에 있어서 동일한 어려움을 겪고 있는 백령도 등 인접지역과의 형평성을 고려할 필요가 있고,

특히, 연평도 지역주민들에 대한 이주대책은 결과적으로 연평도를 군인들만 주둔하게 되는 무인도화를 초래할 수도 있다는 점에서그 정책적 타당성에 대한 검토가 필요한 것으로 판단됨.

한편, 이번 사태와 관련하여 박상은 의원이 대표발의한 「서해5도 지원 특별법안」(2010.11.29)과 신학용 의원이 대표발의한 「서해5도 특별법안」(2010.11.29)이 행정안전위원회에 함께 회부되어 있는바,

이상 2건의 법률안은 향후 서해5도의 정주여건 향상을 위한 정부 차원의 특별한 지원을 담고 있다는 점에서 동 제정안의 이주대책과는 다소 상반된 점이 있는 것으로 보임.

또한, 이들 법률안의 경우에도 북한의 공격 등으로 인한 긴급사태에 대한 손실 지원규정과 주민안전시설 지원규정이 있는 등 동 제정안과 일부 중복되는 측면도 있음.

이와 같은 점들을 종합적으로 살펴볼 때, 서해5도 지역의 공통된 사항은 「서해5도 지원 특별법안」에 반영하고, 동 제정안에는 이번 사태로 인한 연평도 지역의 특수한 사항만을 규정하도록 이들 법안을 통합·조정할 필요가 있는 것으로 보임.

2. 지원대책기구의 설치 · 운영 등

안 제5조제1항은 연평도 지역 피해 구제 및 주민 지원을 위하여 국무총리 소속 하에 연평도지역피해특별대책위원회(이하 "대책위원회"라 함)를 두도록 하고 있음.

〈제 정 안〉

제5조(연평도지역피해특별대책위원회) ① 연평도 지역 피해구제 및 주민지원의 조속한 지원을 위하여 국무총리 소속으로 연평도지역피해특별대책위원회(이하 "대책위원회"라 한다)를 둔다.

② 대책위원회는 위원장 1명을 포함하여 15명 이내의 위원으로 한다.

③ 대책위원회의 위원장은 국무총리로 하고, 위원은 대통령령으로 정하는 중앙행정기관의 장 및 관계기관·지방자치단체의 장으로 한다.

④ 대책위원회는 필요한 지원조직을 둘 수 있다.

⑤ 그 밖에 대책위원회의 조직 및 운영 등에 필요한 사항은 대통령령으로 정한다.

제6조(대책위원회의 기능 등) ① 대책위원회는 다음 각 호의 사무를 수행한다.

1. 주민의 긴급 생계 지원에 관한 사항
2. 주민의 이주대책 수립 및 지원에 관한 사항
3. 주민 생업 중단 관련 보상지원에 관한 사항
4. 주민의 이직 지원 등 경제활동 안정화 대책 수립과 지원에 관한 사항
5. 연평도 지역 피해복구 대책 및 지원에 관한 사항
6. 피해주민단체 지원에 관한 사항
7. 연평도 지역 피해대피시설 확충 등 주민 안전대책을 위한 사항
8. 피습에 따른 사망자, 부상자를 위한 사항
9. 그 밖에 위원장이 부의하는 사항

먼저, 대책위원회의 성격과 권한에 관한 명확한 정함이 없어 동 대책위원회가 연평도 지역주민 지원 등에 관한 자문을 위한 위원회인지 심의·의결을

55 제2조(정의) 이 법에서 사용하는 용어의 뜻은 다음과 같다.

1. "민방위"란 적의 침공이나 전국 또는 일부 지방의 안녕 질서를 위태롭게 할 재난(이하 "민방위사태"라 한다)으로부터 주민의 생명과 재산을 보호하기 위하여 정부의 지도하에 주민이 수행하여야 할 방공(防空), 응급적인 방재(防災)·구조·복구 및 군사 작전상 필요한 노력 지원 등의 모든 자위적 활동을 말한다.
2. (생략)

제4조(재정상의 조치) ① 국가 및 지방자치단체는 민방위사태의 예방과 신속한 수습 및 복구 등을 위하여 필요한 재정상의 조치를 강구하여야 한다.

② 국가는 지방자치단체에 대하여 대통령령으로 정하는 바에 따라 제1항에 따른 조치에 필요한 경비의 전부 또는 일부를 보조하는 등 재정상의 지원을 할 수 있다.

위한 위원회인지 불분명한 측면이 있음.

동 대책위원회의 설치목적이 행정안전부 등 중앙행정기관, 지방자치단체, 그 밖의 관계기관 등의 소관에 속하는 사항을 통합·조정함으로써, 효과적으로 연평도 지역주민을 지원하는 것이라고 볼 때, 심의·의결기관으로 명확히 규정하는 것이 필요한 것으로 보이며,

이 경우 안 제6조에서 대책위원회의 사무로 규정하고 있는 사항들은 심의·의결사항으로 함께 변경할 필요가 있음.

한편, 제정안 제9조 내지 제14조는 국가 및 지방자치단체가 연평도 지역주민들에 대한 이주 지원, 경제활동 지원 등을 위한 대책을 수립·시행하도록 규정하고 있으나,

이에 따라 수립되는 지원대책과 대책위원회의 소관사무가 다소 중복되는 측면이 있는바, 대책위원회, 국가 및 지방자치단체 상호간의 역할을 명확히 규정할 필요가 있는 것으로 판단됨.

〈제 정 안〉

제9조(이주대책 수립 및 지원) ① 국가와 지방자치단체는 연평도 지역 주민 중 이주를 원하는 주민에 대하여 이주대책을 수립하고 지원하여야 한다.
②·③ (생략)

제10조(경제활동 지원 대책 수립 및 지원) ① 국가와 지방자치단체는 연평도 지역 주민의 생업피해 보상 및 제9조 이주대책에 따른 계속적인 경제활동 보장을 위한 지원대책을 수립하여 시행하여야 한다.
② ~ ④ (생략)

제11조(긴급지원) ① 국가와 지방자치단체는 연평도 지역 주민에게 긴급생계지원, 주거지원, 의료지원, 교육지원 등 「긴급복지지원법」 제9조에 해당되는 긴급지원을 실시하여야 한다.
② (생략)

제12조(영어 · 시설 · 운전 자금 등 상환기한 연장 및 이자지원) ① 국가와 지방자치단체는 연평도 지역 피해주민의 영어·시설·운전 자금 등에 대한 대출상환 유예 및 기한 연장, 이자지원 등에 대한 대책을 수립하여 시행하여야 한다.
② (생략)

제13조(공공요금 및 국민건강보험료의 감면) ① 국가와 지방자치단체는 연평도 지역 안에 거주하는 세대의 전기요금, 수도요금, 국민건강보험료의 감면을 위하여 관계 행정기관의 협의를 거쳐 시행하여야 한다.
② (생략)

제14조(사망자와 부상자에 대한 지원) ① 국가와 지방자치단체는 연평도 지역의 피습으로 인한 사망자와 그 유가족 그리고 부상자에 대하여 지원하여야 한다.
② (생략)

3. 주민단체의 피해신고

제정안 제7조는 연평도 주민들이 대통령령으로 정하는 바에 따라 단체를 구성하여 국방부장관이나 지방자치단체장에게 이번 사태로 인한 피해를 신고할 수 있도록 규정하고 있음.

〈제 정 안〉

제7조(피해주민단체) ① 피해를 입은 주민은 대통령령으로 정하는 바에 따라 단체를 구성하여 국방부장관이나 지방자치단체의 장에게 신고할 수 있다.
② 대책위원회는 필요한 경우 제1항에 따라 신고된 단체의 대표를 참석시켜 의견을 들을 수 있다. 이 경우 피해주민단체가 복수인 경우에는 대통령령으로 정하는 바에 따라 하나의 대표자를 선정하게 할 수 있다.

이와 같이 제정안은 주민들의 피해신고 접수기관을 복수로 규정하고 있는바, 이는 주민들의 신고편의 등을 고려한 것으로 보이나, 업무처리의 일관성 등을 고려하여 접수기관을 지방자치단체로 일원화하는 것이 바람직할 것으로 보임.

한편, 피해주민단체의 신고기한을 정하지 않는 경우 장기간 피해조사 및 복구지원 등이 표류할 가능성도 있으므로, 일정한 범위 내에서 신고기한을 정하도록 대통령령으로 위임할 필요가 있음.

4. 그 밖의 사항들

가. 연평도 지역의 정의

안 제2조제1호에 따르면 "연평도 지역"은 "연평

면 일대 도서지역"을 말하는바, 이는 직접적인 피해를 입은 연평도뿐만 아니라 같은 생활권인 인근 도서지역을 지원대상 지역으로 포함시키기 위한 것으로 보임.

〈제 정 안〉

제2조(정의) 이 법에서 사용하는 용어의 정의는 다음과 같다.

1. "연평도 지역"이란 2010년 11월 23일 피습으로 인하여 인적·물적 피해를 입은 인천광역시 옹진군 **연평면 일대 도서지역**을 말한다.
2.·3. (생략)

그러나 "연평면 일대 도서지역"에 대한 해석상의 범위가 불분명할 수 있고, 행정구역상 연평면에는 연평도 인근 도서지역[56]이 포함되므로, 지원대상 지역을 "연평면"으로만 규정해도 될 것임.

나. 적용범위 등

제정안 제3조는 이 법의 적용범위를 정하고 있으나, 제1조 목적조항 등을 통해서 적용범위가 명확히 규정되어 있는 만큼, 그 규정의 필요성은 크지 않은 것으로 판단됨.

〈제 정 안〉

제1조(목적) 이 법은 2010년 11월 23일 피습당한 연평도 지역의 피해복구와 주민에 대한 지원에 필요한 사항을 정하여, 연평도 지역에 대한 피해구제 및 주민지원에 이바지함을 목적으로 한다.

제3조(적용범위) 이 법은 2010년 11월 23일 인천광역시 옹진군 연평면 일대 도서지역 피습으로 인한 인적·물적 피해에 대하여 적용한다.

Ⅳ. 대체토론 요지

○ 서해5도에 대한 지원은 현행 접경지역 지원법 및 도서개발촉진법 등에 근거하여 가능한 측면이 있으나, 보다 적극적인 지원을 위해서는 동 법안 제정이 필요하다는 의견

56 유인도인 소연평도와 무인도인 모이도·구지도·장재도 등

○ 동 법안 제정 시 접경지역 지원법과의 관계를 명확히 규정하여야 한다는 의견

○ 동 법안은 주민에게 도움이 되는 각종 지원방안을 규정함으로써 서해5도가 공동화되는 것을 방지하려는 것이지만, 연평도 포격 사건 이후 안전 등의 문제로 인해 이주하려는 주민들이 있으므로 이주대책 등 정부차원의 방안이 필요할 것이라는 의견

Ⅴ. 소위원회 심사내용 (소위원장: 진영 의원)

본회의에 부의하지 아니하기로 하고, 이 법률안 및 3건의 서해5도 지원 관련 법률안 등 총 4건의 법률안을 통합·조정한 위원회 대안을 제안하기로 의결함

Ⅵ. 찬반토론의 요지

없음

Ⅶ. 심사결과

본회의에 부의하지 아니하기로 함

연평도 피해주민의 지원에 관한 특별법안

(전현희 의원 대표발의)

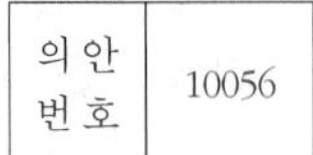

의안번호	10056

발의연월일: 2010.11.29.
발의자: 전현희·신학용·백원우 박기춘 의원(4인)
찬성자: 83인

■ 제안이유

2010년 11월 23일 피습으로 인천광역시 옹진군 연평도 주민들은 많은 인적·물적 피해와 이루 말할 수 없는 정신적 피해를 입었음. 더욱이, 계속되는 군사적 긴장상황은 주민들의 생명과 안전을 위협할 수 있어 주민들이 지금까지 가꾸고 지켜온 삶의 터전을 잃고 생계수단을 걱정해야 하는 처지에 놓여 있음.

이에 주민들의 피해구제 및 복구를 위해 국가와 지방자치단체에 대하여 긴급생계지원과 피해복구를 빠른 시일 내에 실시할 수 있도록 책무를 규정하는 것은 물론, 피해 주민들의 생명과 안전을 위해 구조적 측면에서 이주대책 및 생계지원 대책을 강구할 수 있도록 함으로써 피해 주민들이 다시 평화롭고 건강한 일상으로 돌아올 수 있도록 하려는 것임.

■ 주요내용

가. 이 법은 2010년 11월 23일 피습당한 연평도 지역의 피해복구와 주민에 대한 지원에 필요한 사항을 정하여, 연평도 지역에 대한 피해구제 및 주민지원에 이바지함을 목적으로 함(안 제1조).

나. 피해에 대한 조속한 복구와 주민 지원을 위해 국무총리를 위원장으로 하는 연평도지역피해특별대책위원회를 둠(안 제5조).

다. 피해를 입은 주민은 국방부장관이나 지방자치단체의 장에게 신고한 후 피해주민단체를 결성할 수 있음(안 제7조).

라. 국가와 지방자치단체는 연평도 지역 주민 중 이주를 희망하는 주민에 대하여 이주대책을 수립하고 지원하여야 함(안 제9조).

마. 국가와 지방자치단체는 연평도 지역주민의 생업피해 보상 및 이주대책을 위한 계속적인 경제활동의 보장을 지원하여야 함(안 제10조).

바. 국가와 지방자치단체는 연평도 지역 주민에게 긴급생계지원, 주거지원, 의료지원, 교육지원과 같은 긴급지원을 실시하여야 함(안 제11조).

사. 국가와 지방자치단체는 연평도 지역 안에 거주하는 세대의 전기요금, 수도요금, 국민건강보험료의 감면을 위하여 관계 행정기관의 협의를 거쳐 시행하여야 함(안 제13조).

아. 국가와 지방자치단체는 11월 23일 피습에 따른 사망자와 그 유가족 그리고 부상자에 대하여 지원하여야 함(안 제14조).

법률 제 호

연평도 피해주민의 지원에 관한 특별법안

제1조(목적) 이 법은 2010년 11월 23일 피습당한 연평도 지역의 피해복구와 주민에 대한 지원에 필요한 사항을 정하여, 연평도 지역에 대한 피해구제 및 주민지원에 이바지함을 목적으로 한다.

제2조(정의) 이 법에서 사용하는 용어의 정의는 다음과 같다.

1. "연평도 지역"이란 2010년 11월 23일 피습으로 인하여 인적·물적 피해를 입은 인천광역시 옹진군 연평면 일대 도서지역을 말한다.
2. "이주대책"이란 군사피습에 따른 피해로 생활의 근간을 상실하게 되는 주민의 이주를 위한 구체적인 대책을 말한다.
3. "경제활동 지원 대책"이란 군사피습으로 주민이 경제활동을 하지 못하게 됨으로써 발생된 피해에 대한 지원대책과 계속되는 군사적 긴장상황에서 주민의 생명과 안전을 위하여 주민이 타 지역으로 이주한 경우 계속적으로 경제활동을 할 수 있도록 돕는 지원 대책을 말한다.

제3조(적용범위) 이 법은 2010년 11월 23일 인천광역시 옹진군 연평면 일대 도서지역 피습으로 인한 인적·물적 피해에 대하여 적용한다.

제4조(다른 법률과의 관계) 이 법은 연평도 지역의 피해복구와 주민지원에 관한 사항에 관하여 다른 법률에 특별한 규정이 있는 경우를 제외하고는 이 법으로 정하는 바에 따른다.

제5조(연평도지역피해특별대책위원회) ① 연평도 지역 피해구제 및 주민지원의 조속한 지원을 위하여 국무총리 소속으로 연평도지역피해특별대책위원회(이하 "대책위원회"라 한다)를 둔다.

② 대책위원회는 위원장 1명을 포함하여 15명 이내의 위원으로 한다.

③ 대책위원회의 위원장은 국무총리로 하고, 위원은 대통령령으로 정하는 중앙행정기관의 장 및 관계기관·지방자치단체의 장으로 한다.

④ 대책위원회는 필요한 지원조직을 둘 수 있다.

⑤ 그 밖에 대책위원회의 조직 및 운영 등에 필요한 사항은 대통령령으로 정한다.

제6조(대책위원회의 기능 등) ① 대책위원회는 다음 각 호의 사무를 수행한다.

1. 주민의 긴급 생계 지원에 관한 사항
2. 주민의 이주대책 수립 및 지원에 관한 사항
3. 주민 생업 중단 관련 보상지원에 관한 사항
4. 주민의 이직 지원 등 경제활동 안정화 대책 수립과 지원에 관한 사항
5. 연평도 지역 피해복구 대책 및 지원에 관한 사항
6. 피해주민단체 지원에 관한 사항
7. 연평도 지역 피해대피시설 확충 등 주민 안전 대책을 위한 사항
8. 피습에 따른 사망자, 부상자를 위한 사항
9. 그 밖에 위원장이 부의하는 사항

제7조(피해주민단체) ① 피해를 입은 주민은 대통령령으로 정하는 바에 따라 단체를 구성하여 국방부장관이나 지방자치단체의 장에게 신고할 수 있다.

② 대책위원회는 필요한 경우 제1항에 따라 신고된 단체의 대표를 참석시켜 의견을 들을 수 있다. 이 경우 피해주민단체가 복수인 경우에는 대통령령으로 정하는 바에 따라 하나의 대표자를 선정하게 할 수 있다.

제8조(주민 안전 대책) 국가와 지방자치단체는 연평도 지역 주민의 생명과 안전을 위하여 피해대피시설을 확충하는 등 주민 안전 대책을 마련하여야 한다.

제9조(이주대책 수립 및 지원) ① 국가와 지방자치단체는 연평도 지역 주민 중 이주를 원하는 주민

에 대하여 이주대책을 수립하고 지원하여야 한다.

② 국가와 지방자치단체는 제1항에 따른 이주대책 및 지원대책 수립 시 주민의 의견을 충분히 반영하여야 한다.

③ 제1항에 따른 이주민 선정기준, 이주 지원 방법, 지방자치단체 간 협의 및 지원 등에 관한 사항은 대통령령으로 정한다.

제10조(경제활동 지원 대책 수립 및 지원) ① 국가와 지방자치단체는 연평도 지역 주민의 생업피해 보상 및 제9조 이주대책에 따른 계속적인 경제활동 보장을 위한 지원대책을 수립하여 시행하여야 한다.

② 국가와 지방자치단체는 생업피해 보상을 위한 조사 및 평가를 위하여 제4조에서 규정한 특별대책위원회 내에 전문가로 구성된 소위원회를 구성하여 운영할 수 있다.

③ 국가와 지방자치단체는 이주 주민들의 경제활동 보장을 위한 지원 대책 수립에 있어 이직 지원 대책 및 자영업 활동 지원 대책을 포함하여야 한다.

④ 제1항에 따른 피해보상 방법 및 절차, 규모, 이직 지원 방법 등은 대통령령으로 정한다.

제11조(긴급지원) ① 국가와 지방자치단체는 연평도 지역 주민에게 긴급생계지원, 주거지원, 의료지원, 교육지원 등 「긴급복지지원법」 제9조에 해당되는 긴급지원을 실시하여야 한다.

② 제1항에 따른 긴급지원 실시 내용과 대상, 요건 등에 관한 사항은 대통령령으로 정한다.

제12조(영어 · 시설 · 운전 자금 등 상환기한 연장 및 이자지원) ① 국가와 지방자치단체는 연평도 지역 피해주민의 영어·시설·운전 자금 등에 대한 대출상환 유예 및 기한 연장, 이자지원 등에 대한 대책을 수립하여 시행하여야 한다.

② 제1항에 따른 대출자금 종류 및 지원 규모, 지원 대상 및 기간 등은 대통령령으로 정한다.

제13조(공공요금 및 국민건강보험료의 감면) ① 국가와 지방자치단체는 연평도 지역 안에 거주하는 세대의 전기요금, 수도요금, 국민건강보험료의 감면을 위하여 관계 행정기관의 협의를 거쳐 시행하여야 한다.

② 제1항에 따른 감면내용 및 대상세대의 요건, 감면의 범위 등에 필요한 사항은 대통령령으로 정한다.

제14조(사망자와 부상자에 대한 지원) ① 국가와 지방자치단체는 연평도 지역의 피습으로 인한 사망자와 그 유가족 그리고 부상자에 대하여 지원하여야 한다.

② 제1항에 따른 지원에 관하여 기준 및 절차 등에 필요한 사항은 대통령령으로 정한다.

부 칙

이 법은 공포한 날부터 시행한다.

연평도 피해주민의 지원에 관한 특별법안 비용추계서 미첨부 사유서

1. 재정수반요인

○ '10년 11월 23일 갑작스럽게 피해를 당한 우리 군과 연평도 지역주민에 대한 조속한 지원을 위한 동 법안은 아래의 재정수반요인이 있음
- 피습 후 이주희망 주민에 대한 이주대책 수립 및 지원
- 피습 후 연평도 지역주민에 대한 생계보장 및 경제활동(구직) 지원
- 연평도 지역주민에 대한 생업피해 및 긴급복지원
- 연평도 지역 내 거주민들의 수도요금 및 국민건강보험료 감면
- 부상자, 사망자 유가족에 대한 지원

2. 미첨부 근거 규정

○「의안의 비용추계 등에 관한 규칙」 제3조 제1항 단서 중 제3호 "의안의 내용이 선언적·권고적인 형식으로 규정되는 등 기술적으로 어려운 경우"에 해당함

3. 미첨부 사유

○ 동 법안은 2010년 11월 23일 피습으로 2명의 군장병과 2명의 민간인이 사망했고, 피해복구가 전혀 이뤄지지 않은 상황에서 정부 제출한 인적 피해, 물적 피해를 확인하여 어려웠으며

○ 법안에 따른 지원 시 언제부터 언제까지 어떤 지원 대상자들에게 지원하는지를 대통령령에 위임되어 있으므로, 정확한 지원액이 특정되지 않은 관계로 비용을 추계하기 어려운 부분이 있음.

4. 작성자

전현희 의원실, 김민식 비서관(788-2929)

서해5도 지역 지원 특별법안

심 사 보 고 서

2010.12. .
행정안전위원회

Ⅰ. 심사경과

가. 제안일자 및 제안자: 2010. 12. 1, 이명수 의원 대표발의

나. 회부일자: 2010. 12. 2

다. 상정 및 의결일자:

- 소위로 바로 회부
- 제294회 국회(정기회) 제6차 법안심사소위원회(2010. 12. 3)
  - 상정, 본회의에 부의하지 아니하기로 함
- 제294회 국회(정기회) 제11차 행정안전위원회(2010. 12. 6)
  - 본회의에 부의하지 아니하기로 함

Ⅱ. 제안설명의 요지 (제안설명자: 이명수 의원)

서해5도 지역 주민들의 남북분단에 따른 국가안보상의 특수한 여건으로 인한 환경적 어려움을 극복할 수 있도록 주거·교육·환경 및 해당지역을 종합적으로 개발하기 위한 각종 지원 및 특례를 규정하여 지역주민의 생활안정 및 복지증진을 도모하고자 하며, 주민의 안전을 확보하는 방안을 강구하려는 것임.

Ⅲ. 전문위원 검토보고의 요지

국회법 제58조 제4항에 따라 바로 소위에 회부하여 검토보고를 거치지 않았음

Ⅳ. 대체토론 요지

○ 서해5도에 대한 지원은 현행 접경지역 지원법 및 도서개발촉진법 등에 근거하여 가능한 측면이 있으나, 보다 적극적인 지원을 위해서는 동 법안 제정이 필요하다는 의견

○ 동 법안 제정 시 접경지역 지원법과의 관계를 명확히 규정하여야 한다는 의견

○ 동 법안은 주민에게 도움이 되는 각종 지원방안을 규정함으로써 서해5도가 공동화되는 것을 방지하려는 것이지만, 연평도 포격 사건 이후 안전 등의 문제로 인해 이주하려는 주민들이 있으므로 이주대책 등 정부차원의 방안이 필요할 것이라는 의견

Ⅴ. 소위원회 심사내용 (소위원장: 진영 의원)

본회의에 부의하지 아니하기로 하고, 서해5도 지원 관련 법률안 및 전현희 의원이 대표발의한 「연평도 피해주민의 지원에 관한 특별법안」 등 총 4건의 법률안을 통합·조정한 위원회 대안을 제안하기로 의결함

Ⅵ. 찬반토론의 요지

없음

Ⅶ. 심사결과

본회의에 부의하지 아니하기로 함

서해5도 지원 특별법안 검토보고

「서해5도 지원 특별법안」에 대하여 체계와 자구를 검토한 결과를 보고드리겠음.

국무총리를 위원장으로 하는 서해5도 지원위원회를 두고, 행정안전부장관은 해당 지방자치단체의 장 및 주민의 의견을 듣는 등 절차를 거쳐 서해5도 종합발전계획안을 작성하며, 주민대피시설·비상급수시설 등의 우선 설치·지원, 서해5도 주민에 대한 정주생활지원금 지원, 생활필수품의 해상운송비 지원, 초·중·고등학교 등에 재학 중인 학생의 수업료 감면, 서해5도 주민 자녀의 대학교 정원외 입학 및 농어업인의 경영자금의 우선지원 등 국가 및 지방자치단체의 주민에 대한 실질적인 지원 규정을 두는 것을 그 내용으로 하고 있음.

제정안의 체계와 자구에 대하여 검토한 결과 경미한 자구수정[57]외 별다른 문제점이 없는 것으로 보았음.

(전문위원 이 금 로)

▼별첨자료

행안위 의결안	법사위 수정안
제1조 정주여건을	제1조 정주여건(定住與件)을
제4조 ① 관한 사항에 한하여 ② 의한, 의한다.	제4조 ① 관하여 . ② 따른, 따른다.
제7조 ② 1인, 15인 ⑤ 등에 관하여 필요한	제7조 ② 1명, 15명 ⑤ 등 필요한
제9조(조세 및 부담금 등의 감면) ① 국가 및 지방자치단체는 --------- 조세감면 등 세제상의 지원을 할 수 있다.	제9조(조세 및 부담금 등의 감면) ① 국가 및 지방자치단체는 --------- 서해5도 주민 등에 대하여 조세감면 등 세제상의 지원을 할 수 있다.
제9조 ② 국가 및 지방자치단체는 종합발전계획에 반영된 개발사업의 원활한 시행을 위하여 필요한 경우에는 개발사업의 시행자에게 「농지법」, 「산지관리법」, 「개발이익환수에 관한 법률」, 「초지법」, 「공유수면 관리 및 매립에 관한 법률」 및 「소하천정비법」 등이 정하는 바에 따라 농지보전부담금, 대체산림자원조성비, 개발부담금, 대체초지조성비, 공유수면 점·사용료, 유수·토지의 점용료 및 토석·모래·자갈 등 소하천 산출물의 채취료 등을 감면할 수 있다.	제9조 ② 국가 및 지방자치단체는 종합발전계획에 반영된 개발사업의 원활한 시행을 위하여 필요한 경우에는 개발사업의 시행자에게 다음 각 호의 부담금 등을 감면할 수 있다. 1. 「농지법」에 따른 농지보전부담금 2. 「산지관리법」에 따른 대체산림자원조성비 3. 「개발이익환수에 관한 법률」에 따른 개발부담금 4.~6. (생 략)
제10조(주민안전시설 우선지원) 사후 관리비를 지원할 수 있다.	제10조(주민안전시설 우선지원) 관리비를 지원할 수 있다.
제12조(정주생활지원금 지원)	제12조(서해5도 정주생활지원금 지원)
제17조(통일교육 및 문화 · 관광시설에 대한 우선 지원)적절히 설치되고 유지될 수 있도록 하여야 한다.	제17조(통일교육 및 문화 · 관광시설에 대한 우선 지원)적절히 설치되고 유지될 수 있도록 노력하여야 한다.
제18조(농어업인 경영활동 등 지원)영어·시설·운전 자금	제18조(농어업인 경영활동 등 지원) 영농(營農)·영어(營漁)·시설·운전 자금

57 별첨자료 참조.

서해5도 지원 특별법안(대안)

의안 번호	

제안연월일: 2010. 12.
제안자: 행정안전위원장

1. 대안의 제안경위

가. 2010년 11월 29일 신학용 의원이 대표발의한 「서해5도 지역 지원 특별법안」, 박상은 의원이 대표발의한 「서해5도 지원 특별법안」, 전현희 의원이 대표발의한 「연평도 피해주민의 지원에 관한 특별법안」을 제294회국회(정기회) 제10차 행정안전위원회(2010. 11. 30)에 상정하여 제안설명 및 검토보고와 대체토론을 거쳐 법안심사소위원회에 회부함.

나. 2010년 12월 1일 이명수 의원이 대표발의한 「서해5도 지역 지원 특별법안」은 법안심사소위원회에 바로 회부함.

다. 제294회국회(정기회) 제6차 법안심사소위원회(2010. 12. 3)에서 종합·심사한 결과, 4건의 법률안은 이를 각각 본회의에 부의하지 아니하기로 하고 이를 통합·조정한 「서해5도 지원 특별법안(대안)」을 제안하기로 하였음.

라. 제294회국회(정기회) 제11차 행정안전위원회(2010. 12. 6)에서 법안심사소위원회의 의견을 받아들여 위원회 대안을 제안하기로 의결함.

2. 대안의 제안이유

인천광역시 옹진군에 속하는 연평도·백령도·대청도 등 서해5도 지역은 해상을 통해 북한과 직접 접하고 있는 특수한 지리적 여건으로 인해 북한의 빈번한 군사적 위협이 발생하여 주민들의 안전과 생계가 위협받고 있음.

현재 「접경지역 지원법」 등에 의하여 서해5도에 대한 지원이 이루어지고 있으나, 서해5도 주민에 대해 안전한 주거환경 확충방안 및 소득증대방안 등이 충분히 제시되지 않고 있으므로 주민에 대한 실질적인 지원방안으로 보기에 다소 미흡한 상황임.

특히 서해5도는 2010년 11월 23일 북한의 연평도 포격 사건에서 드러났듯이 북한과의 군사적 충돌발생 시 주민 대피시설 및 육지로의 대피방안 부족으로 인하여 주민들이 위험에 처할 수 있고, 생업활동이 장기간 저해될 우려가 있는 지역임.

따라서 서해5도 주민이 안전 및 생계에 대한 불안감 없이 거주할 수 있도록 제정안은 행정안전부장관은 서해5도 종합발전계획 및 연도별 시행계획을 수립하고 국무총리를 위원장으로 하는 서해5도 지원위원회 심의를 거쳐 이를 확정하도록 하여 관계부처와의 원활한 협조를 통해 서해5도에 보다 적극적인 지원이 이루어지도록 하고, 부담금 감면, 국고보조율 인상, 정원외 입학, 노후주택 개량 지원 등을 통해 주민의 삶의 질을 개선하도록 하며, 주민대피시설을 확충하여 서해5도를 주민이 안전에 대한 불안감 없이 거주할 수 있는 지역으로 조성하려는 것임.

3. 대안의 주요내용

가. 법률의 제명과 목적에 부합하게 서해5도·서해5도 종합발전계획·개발사업의 용어를 정의함(안 제2조).

나. 이 법은 서해5도의 개발과 지원에 관한 사항에 한하여 다른 법률에 우선하여 적용하고, 이 법의 규정에 의한 것을 제외하고는 「접경지역 지원법」의 규정에 의하도록 함(안 제4조).

다. 행정안전부장관은 해당 지방자치단체의 장 및 주민의 의견을 들어 종합발전계획안을 작성하여 관계 중앙행정기관의 장과 협의하고 서해5도 지원위원회의 심의를 거쳐 확정하도록 함(안 제5조).

라. 행정안전부장관은 제5조의 종합발전계획에 따른 연도별 시행계획을 수립하고 서해5도 지원위원회의 심의를 거쳐 확정하도록 함(안 제6조).

마. 서해5도의 개발 및 지원을 위한 각종 사항을 심의하기 위하여 국무총리를 위원장으로 하는 서해5도 지원위원회를 둠(안 제7조).

바. 국가와 지방자치단체는 주민대피시설·비상급수시설 등을 서해5도에 우선 설치하도록 하고 사후 관리비를 지원할 수 있도록 함(안 제10조).

사. 국가는 노후화된 주택의 개선을 위한 신축 및 주택 개·보수 등에 소요되는 비용의 일부를 지원할 수 있도록 함(안 제11조).

아. 서해5도 주민에 대한 정주생활지원금 지원, 생활필수품의 해상운송비 지원, 초·중·고등학교 등에 재학 중인 학생의 수업료 감면, 서해5도 주민 자녀의 대학교 정원외 입학 및 농어업인의 경영활동을 위해 필요한 자금의 우선지원 등 각종 지원 규정을 둠(안 제12조부터 제18조까지).

법률 제 호

서해5도 지원 특별법안

제1조(목적) 이 법은 남북 분단 현실과 특수한 지리적 여건상 북한의 군사적 위협으로 피해를 입고 있는 서해5도의 생산·소득 및 생활기반시설의 정비·확충을 통하여 정주여건(定住與件)을 개선함으로써 지역주민의 소득증대와 생활안정 및 복지향상을 도모함을 목적으로 한다.

제2조(정의) 이 법에서 사용하는 용어의 정의는 다음과 같다.

1. "서해5도"란 인천광역시 옹진군에 속하는 백령도·대청도·소청도·연평도·소연평도와 인근 해역을 말한다.
2. "서해5도 종합발전계획"이란 제1조의 목적을 달성하기 위하여 제4조에 따라 수립하는 종합적이며 기본적인 계획을 말한다.
3. "개발사업"이란 서해5도 종합발전계획(이하 "종합발전계획"이라 한다)에 따라 시행되는 각종 사업을 말한다.

제3조(국가 등의 책무) ① 국가 및 지방자치단체는 서해5도의 개발 및 지원을 위한 종합적인 시책을 수립·추진하고 지원방안을 강구하여야 한다.

② 국가 및 지방자치단체는 종합발전계획이 효율적으로 시행될 수 있도록 예산의 범위에서 필요한 재정적 지원을 하여야 한다.

제4조(다른 법률과의 관계) ① 이 법은 서해5도의 개발과 지원에 관하여 다른 법률에 우선하여 적용한다.

② 서해5도의 개발과 지원에 관하여 이 법의 규정에 따른 것을 제외하고는 「접경지역 지원법」의 규정에 따른다.

제5조(종합발전계획의 수립) ① 행정안전부장관은 해당 지방자치단체의 장 및 주민의 의견을 들어 종합발전계획안을 작성하여 관계 중앙행정기관의 장과 협의하고, 제7조에 따른 서해5도 지원위원회의 심의를 거쳐 확정한다. 확정된 종합발전계획 중 대통령령으로 정하는 중요한 사항을 변경할 때에도 또한 같다.

② 종합발전계획에는 다음 각 호의 사항이 포함되어야 한다.

1. 서해5도의 개발 및 지원에 관한 기본시책에 관한 사항
2. 서해5도 주민의 안전한 정주여건 조성에 관한 사항
3. 서해5도 주변 해양의 이용·개발·보전 및 해양관광자원의 개발 및 농업·수산업의 진흥에 관한 사항
4. 교육·보건·의료·사회복지 및 생활환경 개선에 관한 사항
5. 도로·항만·수도 등 사회간접자본시설의 확충·정비에 관한 사항
6. 주민의 육지왕래 및 생활필수품의 원활한 유통 공급에 관한 사항
7. 주민의 안전확보를 위한 대책 마련에 관한 사항
8. 그 밖에 서해5도의 이용·개발·보전 및 주민지원에 관한 사항

제6조(연도별 시행계획의 수립) 행정안전부장관은 제5조에 따라 수립·확정된 종합발전계획에 따라 추진할 연도별 시행계획안을 수립하여 중앙행정기관의 장과 협의를 거친 후 서해5도 지원위원회의 심의를 거쳐 확정한다.

제7조(서해5도 지원위원회) ① 서해5도의 개발 및 지원을 위한 다음 각 호의 사항을 심의하기 위하여 국무총리 소속으로 서해5도 지원위원회(이하 "위원회"라 한다)를 둔다.

1. 종합발전계획의 수립 및 변경에 관한 사항
2. 연도별 시행계획의 수립 및 변경에 관한 사항
3. 그 밖에 위원장이 필요하다고 인정하는 사항

② 위원회는 위원장 1명을 포함한 15명 이내의 위원으로 구성한다.

③ 위원회의 위원장은 국무총리로 한다.

④ 위원장은 필요하다고 인정하는 때에는 관계 중앙행정기관 및 지방자치단체에게 관련 자료의 제출을 요구할 수 있다.

⑤ 그 밖에 위원회의 구성·운영 등 필요한 사항은 대통령령으로 정한다.

제8조(사업비의 지원 등) ① 국가 및 지방자치단체는 종합발전계획과 연도별 시행계획을 효율적으로 추진하기 위하여 개발사업의 시행자에게 필요한 자금을 보조·융자 또는 알선하거나 그 밖에 필요한 조치를 할 수 있다.

② 지방자치단체가 종합발전계획과 연도별 시행계획에 따라 시행하는 사업에 대한 국가의 보조금은 「보조금의 예산 및 관리에 관한 법률」 제10조에 따른 차등보조율과 다른 법률에 따른 보조율에도 불구하고 이를 인상하여 지원하여야 하며, 그 보조율은 대통령령으로 정한다.

③ 행정안전부장관은 종합발전계획 및 연도별 시행계획의 사업시행을 지원하기 위하여 대통령령으로 정하는 바에 따라 「지방교부세법」에 따른 지방교부세를 특별지원할 수 있다.

제9조(조세 및 부담금 등의 감면) ① 국가 및 지방자치단체는 종합발전계획의 원활한 시행과 주민의 경제적 부담 경감 등을 위하여 필요한 경우에는 「조세특례제한법」, 「지방세특례제한법」, 그 밖의 조세 관련 법률 및 지방자치단체의 조례로 정하는 바에 따라 서해5도 주민 등에 대하여 조세감면 등 세제상의 지원을 할 수 있다.

② 국가 및 지방자치단체는 종합발전계획에 반영된 개발사업의 원활한 시행을 위하여 필요한 경우에는 개발사업의 시행자에게 다음 각 호의 부담금 등을 감면할 수 있다.

1. 「농지법」에 따른 농지보전부담금
2. 「산지관리법」에 따른 대체산림자원조성비
3. 「개발이익환수에 관한 법률」에 따른 개발부담금
4. 「초지법」에 따른 대체초지조성비
5. 「공유수면 관리 및 매립에 관한 법률」에 따른 공유수면 점용료·사용료
6. 「소하천정비법」에 따른 유수·토지의 점용료 및 토석·모래·자갈 등 소하천 산출물의 채취료

제10조(주민안전시설 우선지원) 국가와 지방자치단체는 서해5도에 거주하는 주민의 안전을 확보하기 위하여 주민대피시설·비상급수시설, 그 밖에 대통령령으로 정하는 시설을 서해5도에 우선 설치하여야 하며 관리비를 지원할 수 있다.

제11조(노후 주택개량 지원) ① 국가 및 지방자치단체는 서해5도에 거주하는 주민의 정주여건 개선을 위한 대책을 마련하여야 한다.

② 국가는 제1항에 따라 정주여건을 개선하기 위하여 노후화된 주택의 개선을 위한 신축 및 주택 개·보수 등에 소요되는 비용의 일부를 지원할 수 있다.

제12조(서해5도 정주생활지원금 지원) ① 국가는 주민의 안정적인 생활을 지원하기 위하여 서해5도에 「주민등록법」에 따라 주소가 등록되어 있고, 일정한 기간 이상 거주한 주민에 대하여 정주생활지원금을 지급할 수 있다.

② 제1항에 따른 정주생활지원금의 지급대상, 지급기준이나 방법 등에 필요한 사항은 대통령령으로 정한다.

제13조(공공요금 및 국민건강보험료의 감면) 국가와 지방자치단체 등은 서해5도에 거주하는 세대의 텔레비전 수신료, 상수도 요금, 전기요금, 전화요금, 수도요금 등의 공공요금 및 국민건강보험료를 감면할 수 있다.

제14조(생활필수품의 운송지원 등) 국가 및 지방자치단체는 서해5도 현지의 생활필수품 가격동향과 해상운송비 등을 조사하여 육지와의 형평성을 맞추기 위해 노력하여야 하며, 대통령령으로 정하는 바에 따라 생활필수품의 해상운송비 중 일부를 지원할 수 있다.

제15조(교육지원) ① 국가 및 지방자치단체는 서해5도 주민 및 자녀의 학습기회 확대, 교육비의 부담경감과 교육환경의 개선에 필요한 정책을 수립하고 시행하여야 한다.

② 국가 및 지방자치단체는 서해5도에 설치된

「초·중등교육법」 제2조에 따른 학교에 재학 중인 학생의 수업료 등을 대통령령으로 정하는 바에 따라 지원할 수 있다.

③ 교육과학기술부장관은 서해5도의 교육지원과 관련하여 필요하다고 인정하는 경우에는 「지방교육재정교부금법」에 따른 교부금을 대통령령으로 정하는 바에 따라 특별지원할 수 있다.

④ 교육과학기술부장관은 서해5도 주민의 자녀가 「고등교육법」제2조의 학교에 입학하는 경우에는 대통령령으로 정하는 바에 따라 정원이 따로 있는 것으로 볼 수 있다.

제16조(공공시설 및 복지시설 지원) ① 국가 및 지방자치단체는 도로·항만·수도, 그 밖에 대통령령으로 정하는 공공시설을 우선적으로 설치하거나 지원하여야 한다.

② 국가 및 지방자치단체는 양로원·장애인복지관·보육원·병원, 그 밖에 대통령령으로 정하는 복지시설을 우선적으로 설치하거나 지원하여야 한다.

제17조(통일교육 및 문화 · 관광시설에 대한 우선 지원) ① 국가 및 지방자치단체는 서해5도를 안보교육과 관광, 한반도 평화 및 화해의 장으로 만들고 통일교육을 장려하기 위하여 서해5도 견학 및 방문사업을 추진하고, 이에 필요한 비용을 관계기관 또는 단체에 지원할 수 있다.

② 국가 및 지방자치단체는 서해5도에 도서관, 박물관, 문예회관 등을 포함한 문화시설, 관광·숙박·위락시설 및 체육시설이 적절히 설치되고 유지될 수 있도록 노력하여야 한다.

제18조(농어업인 경영활동 등 지원) 국가 및 지방자치단체는 서해5도에 거주하는 농어업인의 경영활동을 장려하기 위하여 대통령령으로 정하는 바에 따라 필요한 자금의 우선지원, 영농(營農)·영어(營漁)·시설·운전 자금 등에 대한 대출상환 유예 및 기한 연장, 이자지원 등에 대한 대책을 수립하여 시행하여야 한다.

부 칙

이 법은 공포 후 1개월이 경과한 날부터 시행한다.

서해5도 지원 특별법 일부개정법률안

(박상은 의원 대표발의)

의안번호	4842

발의연월일: 2013.5.6.
발의자: 박상은·이장우·안효대
이명수·박남춘·강석호
유승우·홍일표·최원식
윤진식·최봉홍 의원(11인)

■ 제안이유

서해최북단 NLL에 인접한 서해5도는 최근 북한의 군사도발 위협으로 관광객 감소 등으로 주민생계에 막대한 타격을 받고 있는 가운데 연평도에서는 북한이탈주민이 어선을 훔쳐 월북하는 사건까지 발생하여 연평도 포격 사건을 경험한 서해5도는 주민불안감이 고조되는 등 정주여건이 열악해지고 있어 접경지역 최일선에서 안보방파제 역할을 하고 있는 서해5도 주민의 정주여건 개선을 강화하기 위하여 관련 규정을 정비하려는 것임.

■ 주요내용

가. 결혼이민자의 경우 주민등록과 상관없이 「가족관계의 등록 등에 관한 법률」에 따라 혼인신고를 한 경우에도 정주생활지원금을 받을 수 있도록 대상자를 확대함(안 제12조).

나. 경영활동 지원대상의 범위를 농어업인에서 소매업인을 추가하고, 서해5도 어업인이 불특정 국가의 선박 및 남북한 긴장에 따른 조업손실과 어구손괴 등으로 피해가 발생한 경우 지원대책을 강구하여야 하며, 어업인의 소득증대를 위하여 조업구역 확장과 조업시간 연장을 위하여 노력하고, 기존 어업허가를 득한 어선은 허가정수와는 별도로 어업의 종류별로 허가를 받은 것으로 간주하도록 함(안 제18조 신설).

다. 수산자원 보호 및 불법조업 방지를 위하여 시설물 설치에 필요한 사업을 지원할 수 있도록 함(안 제19조 신설).

라. 서해5도 항로에서 운항하는 여객선이 안정적으로 운항될 수 있도록 여객선 운영에 따른 결손비용을 지원할 수 있도록 함(안 제20조 신설).

법제 호

서해5도 지원 특별법 일부개정법률안

서해5도 지원 특별법 일부를 다음과 같이 개정한다.

제12조 제1항 전단 중 "「주민등록법」에 따라 주소가 등록되어 있고,"를 "「주민등록법」에 따라 주소가 등록되어 있는 자와 「가족관계의 등록 등에 관한 법률」에 따라 혼인신고를 한 결혼이민자 중"으로 한다.

제18조를 다음과 같이 한다.

제18조(농어업인 및 소상공인 경영활동 등 지원)
① 국가 및 지방자치단체는 서해5도에 거주하는 농어업인 및 소매업인의 경영활동을 장려하기 위하여 대통령으로 정하는 바에 따라 필요한 자금의 우선지원, 영농(營農)·영어(營漁)·시설·운전 자금, 소매업 경영자금 등에 대한 대출상환 유예 및 기한 연장, 이자지원 등에 대한 대책을 수립하여 시행하여야 한다.
② 국가 및 지방자치단체는 서해5도에 거주하는 어업인이 불특정국가의 선박 및 남북한 긴장에 따른 조업손실과 어구 손괴 등으로 피해가 발생한 경우에는 지원대책을 강구하여야 한다.
③ 해양수산부장관은 서해5도 어업인의 소득증대를 위하여 조업구역의 확장 및 조업시간 연장을 위하여 노력하여야 한다.
④ 서해5도 지역은 신규어선의 전입을 제한하고 기존 어업허가를 득한 어선에 한하여는 「어업의 허가 및 신고 등에 관한 규칙」 별표2의 허가정수와는 별도로 어업의 종류별로 허가를 받은 것으로 본다.

제19조를 다음과 같이 신설한다.

제19조(불법조업 방지시설) 서해5도에서 조업하는 어민의 안전조업과 수산자원 보호 및 불법조업 방지를 위하여 시설물 설치에 필요한 사업을 지원할 수 있다.

제20조를 다음과 같이 신설한다.

제20조(사회간접자본 지원) 국가 또는 지방자치단체는 서해5도 주민의 교통편의를 위하여 서해5도 항로에서 운항하는 여객선이 안정적으로 운항될 수 있도록 여객선 운영에 따른 결손비용을 지원할 수 있다.

부 칙

이 법은 공포한 날부터 시행한다.

▼표 신 · 구조문대비표

현행	개정안
제12조(서해5도 정주생활지원금 지원) ① 국가는 주민의 안정적인 생활을 지원하기 위하여 서해5도에 「주민등록법」에 따라 주소가 등록되어 있고, 일정한 기간 이상 거주한 주민에 대하여 정주생활지원금을 지원할 수 있다. ② (생략)	**제12조(서해5도 정주생활지원금 지원)** ① ------------------- ------------------------------ 「주민등록법」에 따라 주소가 등록되어 있는 자와 「가족관계의 등록 등에 관한 법률」에 따라 혼인신고를 한 결혼이민자 중 ------------------------------------- -------------. ② (현행과 같음)
제18조(농어업인 경영활동 등 지원) 국가 및 지방자치단체는 서해5도에 거주하는 농어업인의 경영활동을 장려하기 위하여 대통령령으로 정하는 바에 따라 필요한 자금의 우선지원, 영농(營農)·영어(營漁)·시설·운전 자금 등에 대한 대출상환 유예 및 기한 연장, 이자지원 등에 대한 대책을 수립하여 시행하여야 한다.	**제18조(농어업인 및 소상공인 경영활동 등 지원)** ① 국가 및 지방자치단체는 서해5도에 거주하는 농어업인 및 소매업인의 경영활동을 장려하기 위하여 대통령령으로 정하는 바에 따라 필요한 자금의 우선지원, 영농(營農)·영어(營漁)·시설·운전 자금, 소매업 경영자금 등에 대한 대출상환 유예 및 기한 연장, 이자지원 등에 대한 대책을 수립하여 시행하여야 한다.
<신설>	② 국가 및 지방자치단체는 서해5도에 거주하는 어업인이 불특정국가의 선박 및 남북한 긴장에 따른 조업손실과 어구 손괴 등으로 피해가 발생한 경우에는 지원대책을 강구하여야 한다.
<신설>	③ 해양수산부장관은 서해5도 어업인의 소득증대를 위하여 조업구역의 확장 및 조업시간 연장을 위하여 노력하여야 한다.
<신설>	④ 서해5도 지역은 신규어선의 전입을 제한하고 기존 어업허가를 득한 어선에 한하여는 「어업의 허가 및 신고 등에 관한 규칙」별표2의 허가정수와는 별도로 어업의 종류별로 허가를 받은 것으로 본다.
<신설>	제19조(불법조업 방지시설) 서해5도에서 조업하는 어민의 안전조업과 수산자원 보호 및 불법조업 방지를 위하여 시설물 설치에 필요한 사업을 지원할 수 있다.
<신설>	제20조(사회간접자본 지원) 국가 또는 지방자치단체는 서해5도 주민의 교통편의를 위하여 서해5도 항로에서 운항하는 여객선이 안정적으로 운항될 수 있도록 여객선 운영에 따른 결손비용을 지원할 수 있다.

서해5도 지원 특별법 일부개정법률안 비용추계서 미첨부사유서

1. 재정수반요인

개정안 제12조, 제18조, 제19조, 제20조 따르면 정주생활지원금의 대상자 확대, 경영활동 지원 대상의 범위 확대, 조업손실과 어구손괴 등 피해 발생 시, 지원대책, 수산자원보호 및 불법조업방지 시설설치 지원, 여객선 운영에 따른 결손비용 지원 등 이에 상응하는 재정수반요인이 발생함.

2. 미첨부 근거 규정

「의안의 비용추계 등에 관한 규칙」 제3조제1항제3호(의안의 내용이 선언적, 권고적인 형식으로 규정되는 등 기술적으로 추계가 어려운 경우)에 해당한다.

3. 미첨부 사유

개정안의 입법취지는 각종 정부의 지원대책 마련 및 범위 미확정 등으로 현재 상태에서 상기 재정수반요인에 따른 재정소요가 어느 정도 발생할 것인지 추정하기 어려움

4. 작성자

작성자 이름	박상은 의원실 박상혁 비서관
연락처	02-788-2126

서해5도 지원 특별법 일부개정법률안

[박상은 의원 대표발의]

검토보고서

2013.6

안 전 행 정 위 원 회
수 석 전 문 위 원

Ⅰ. 제안경과

개정안은 2013년 5월 6일 발의되어 2013년 5월 7일 우리 위원회에 회부되었음.

Ⅱ.제안이유 및 주요내용

1. 제안이유

서해최북단 NLL에 인접한 서해5도는 최근 북한의 군사도발 위협으로 관광객 감소 등으로 주민생계에 막대한 타격을 받고 있는 가운데 연평도에서는 북한이탈주민이 어선을 훔쳐 월북하는 사건까지 발생하여 연평도 포격 사건을 경험한 서해5도는 주민불안감이 고조되는 등 정주여건이 열악해지고 있어 접경지역 최일선에서 안보방파제 역할을 하고 있는 서해5도 주민의 정주여건 개선을 강화하기 위하여 관련 규정을 정비하려는 것임.

2. 주요내용

가. 결혼이민자의 경우 주민등록과 상관없이 「가족관계의 등록 등에 관한 법률」에 따라 혼인신고를 한 경우에도 정주생활지원금을 받을 수 있도록 대상자를 확대함(안 제12조).

나. 경영활동 지원대상의 범위를 농어업인에서 소매업인을 추가하고, 서해5도 어업인이 불특정 국가의 선박 및 남북한 긴장에 따른 조업손실과 어구손괴 등으로 피해가 발생한 경우 지원대책을 강구하여야 하며, 어업인의 소득증대를 위하여 조업구역 확장과 조업시간 연장을 위하여 노력하고, 기존 어업허가를 득한 어선은 허가정수와는 별도로 어업의 종류별로 허가를 받은 것으로 간주하도록 함(안 제18조 신설).

다. 수산자원 보호 및 불법조업 방지를 위하여 시설물 설치에 필요한 사업을 지원할 수 있도록 함(안 제19조 신설).

라. 서해5도 항로에서 운항하는 여객선이 안정적으로 운항될 수 있도록 여객선 운영에 따른 결손비용을 지원할 수 있도록 함(안 제20조 신설).

Ⅲ. 검토의견

1. 결혼이민자에 대한 정주생활지원금 지급

동 개정안은 결혼이민자의 경우 주민등록과 상관없이 「가족관계의 등록 등에 관한 법률」에 따라 혼인신고를 한 경우에도 정주생활지원금을 받을 수 있도록 대상자를 확대하고자 하는 내용임(안 제12조).

▼표 1 개정안 조문대비표

현행	개정안
제12조(서해5도 정주생활지원금 지원) ① 국가는 주민의 안정적인 생활을 지원하기 위하여 서해5도에 「주민등록법」에 따라 주소가 등록되어 있고, 일정한 기간 이상 거주한 주민에 대하여 정주생활지원금을 지원할 수 있다. ② (생략)	제12조(서해5도 정주생활지원금 지원) ① --- 「주민등록법」에 따라 주소가 등록되어 있는 자와 「가족관계의 등록 등에 관한 법률」에 따라 혼인신고를 한 결혼이민자 중 ---. ② (현행과 같음)

최근 북한의 군사도발 위협 등으로 불안감이 고조되는 등 정주여건이 열악해지고 있는 서해5도 주민의 지원을 확대하려는 개정안의 취지에는 동의함.

다만, 국적법에 따라 외국인의 국적취득 방법이 다양하고 다른 외국인의 귀화요건[58]과의 형평성문제, 다문화가정의 위장결혼 및 국민정서 등을 고려할 필요가 있으며,

또한, 개정안과 같이 「가족관계의 등록 등에 관한법률」에 따른 혼인신고 사항으로는 결혼이민자에 대한 판단여부를 확인할 수 없으므로 「재한외국인 처우 기본법」 제2조 제3호[59]의 결혼이민자의 범

58 「국적법」 제5조(일반귀화 요건)·제6조(간이귀화 요건 제7조(귀화요건 요건)
① 일반귀화: 5년이상 계속하여 대한민국에 주소가 있는자
② 간이귀화: 배우자가 외국인으로 대한민국 국민과 혼인한 상태에서 2년이상 계속하여 주소가 있거나, 혼인후 3년이 지나고 혼인상태에서 대한민국에 1년이상 계속하여 주소가 있는자
③ 특별귀화: 대한민국에 특별한 공로자, 대한민국 국익에 기여한 것으로 인정된자

59 「재한외국인 처우 기본법」 제2조(정의)

위를 명확하게 할 필요가 있는 것으로 보임.

▼표 2 수정안 조문대비표

현행	개정안
제12조(서해5도 정주생활지원금 지원) ① 국가는 주민의 안정적인 생활을 지원하기 위하여 서해5도에 「주민등록법」에 따라 주소가 등록되어 있는 자와 「가족관계의 등록 등에 관한 법률」에 따라 혼인신고를 한 결혼이민자 중 일정한 기간 이상 거주한 주민에 대하여 정주생활지원금을 지원할 수 있다.	제12조(서해5도 정주생활지원금 지원) ① -- 「주민등록법」에 따라 주소가 등록되어 있는 자와 「재한외국인 처우 기본법」 제2조 제3호에 따른 결혼이민자 중 --.

▼표 3 서해5도 외국인 현황

도서별	입국사유(단위: 명)								
	계	결혼이민	영주	방문취업	비전문취업	특정활동	동반	기업투자	방문동거
총계	60	15명	2명	13명	22명	3명	1명	1명	3명
연평	28	4		5	15		1	1	2
소연평	3				3				
대청	1	1							
소청	1		1						
백령	27	10	1	8	4	3			1

2. 소상공인의 경영활동 지원 등

개정안은 현행법상 경영활동 지원대상의 범위가 '농어업인'으로 한정된 것을 '소매업인'도 포함하여 소매업의 경영자금 등을 지원하려는 것임(안 제18조 제1항).

개정안은 기존 경영활동의 지원대상이 '농어업인'으로 한정된 것을 확대하여 '소매업인'에게도 경영자금 등을 지원하려는 것은 서해5도에 거주하는 주민들에 대한 형평성 차원에서 타당한 것으로 봄.

3. "결혼이민자"란 대한민국 국민과 혼인한 적이 있거나 혼인관계에 있는 재한외국인을 말한다.

▼표 4 수정안 조문대비표

현행	개정안
제18조(농어업인 경영활동 등 지원) 국가 및 지방자치단체는 서해5도에 거주하는 농어업인의 경영활동을 장려하기 위하여 대통령령으로 정하는 바에 따라 필요한 자금의 우선지원, 영농(營農)·영어(營漁)·시설·운전 자금 등에 대한 대출상환 유예 및 기한 연장, 이자지원 등에 대한 대책을 수립하여 시행하여야 한다.	제18조(농어업인 및 소상공인 경영활동 등 지원) ① 국가 및 지방자치단체는 서해5도에 거주하는 농어업인 및 소매업인의 경영활동을 장려하기 위하여 대통령령으로 정하는 바에 따라 필요한 자금의 우선지원, 영농(營農)·영어(營漁)·시설·운전 자금, 소매업 경영자금 등에 대한 대출상환 유예 및 기한 연장, 이자지원 등에 대한 대책을 수립하여 시행하여야 한다.

▼표 5 서해5도 소상공인 현황(2011년 기준)

구분	소상공인 현황(단위: 개소)							
	계	5인 미만 사업자			10인 미만 사업자			
		도·소매업	음식업	숙박업	광업	제조업	건설업	운수업
계	373	90	146	74	1	24	15	23
연평도	60	15	25	12		1	5	2
백령도	239	56	107	30	1	19	10	16
대청도	74	19	14	32		4		5

3. 조업손실 등 피해에 대한 지원대책 강구

동 개정안은 국가 및 지방자치단체가 서해5도에 거주하는 어업인이 불특정국가의 선박 및 남북한 긴장에 따른 조업손실과 어구 손괴 등으로 피해가 발생한 경우에는 지원대책을 강구하도록 하고 있음(안 제18조 제2항 신설).

▼표 6 개정안 조문대비표

현행	개정안
제18조(농어업인 경영활동 등 지원) <신설>	제18조(농어업인 및 소상공인 경영활동 등 지원) ② 국가 및 지방자치단체는 서해5도에 거주하는 어업인이 불특정국가의 선박 및 남북한 긴장에 따른 조업손실과 어구 손괴 등으로 피해가 발생한 경우에는 지원대책을 강구하여야 한다.

서해5도의 조업손실은 중국어선에 의한 불법조업 뿐만 아니라 어장환경 변화와 해수온도의 변화 등 복합적인 요인으로 발생되며 중국어선에 의한 어구손괴 발생 시 한·중 민간약정에 따라 중국 측에 피해 배상을 청구를 할 수 있도록 되어 있음.

또한, 군사 훈련 등 국방상 필요에 의한 출어 제한 등으로 인한 조업손실은 「수산업법」 제81조[60]와 제34조 제1항[61]에 따라 보상대상에서 제외토록 규정하고 있으며, 이는 서해 전(全) 해역에서 일어날 수 있는 문제로 서해5도 해역만 한정하여 지원할 경우 타 지역과의 형평성 문제가 제기될 수 있음.

4. 조업구역의 확장

동 개정안은 "국가 및 지방자치단체는 서해5도 어업인의 소득증대를 위하여 조업구역의 확장과 조업시간 연장을 위해 노력하여야 한다"라고 규정하고 있음(안 제18조 제3항 신설).

60 「수산업법」 제81조(보상) ① 다음 각 호의 어느 하나에 해당하는 처분으로 인하여 손실을 입은 자는 그 처분을 행한 행정관청에 보상을 청구할 수 있다.

1. 제34조제1항제1호부터 제6호까지 또는 제35조제6호(제34조제1항제1호부터 제6호까지의 규정에 해당하는 경우를 말한다)에 해당하는 사유로 인하여 이 법에 따른 면허·허가를 받거나 신고한 어업에 대하여 제한 등의 처분을 받았거나 제14조에 따른 어업면허의 유효기간 연장이 허가되지 아니한 경우. 다만, 제34조제1항제1호부터 제3호까지의 규정(제49조제1항과 제3항에서 준용하는 경우를 말한다)에 해당하는 사유로 허가를 받거나 신고한 어업이 제한되는 경우는 제외한다.

61 「수산업법」 제34조(공익의 필요에 의한 면허어업의 제한 등) ① 시장·군수·구청장은 다음 각 호의 어느 하나에 해당하면 면허한 어업을 제한 또는 정지하거나 어선의 계류(繫留) 또는 출항·입항을 제한할 수 있다. 〈개정 2013.3.23〉

1. 수산자원의 증식·보호를 위하여 필요한 경우
2. 군사훈련 또는 주요 군사기지의 보위(保衛)를 위하여 필요한 경우
3. 국방을 위하여 필요하다고 인정되어 국방부장관이 요청한 경우

▼표 7 개정안 조문대비표

현행	개정안
제18조(농어업인 경영활동 등 지원) <신설>	제18조(농어업인 및 소상공인 경영활동 등 지원) ③ 국가 및 지방자치단체는 서해5도 어업인의 소득증대를 위하여 조업구역의 확장과 조업시간 연장을 위해 노력하여야 한다.

서해5도의 어업인의 소득증대를 위하여 국가 및 지방자치단체는 주간 시간대에 안전조업이 확보된 범위안에서 조업구역의 확장과 조업시간 연장을 위해 노력하는 것은 가능한 것으로 봄.

5. 어업허가의 예외적용

동 개정안은 서해5도 지역은 신규어선의 전입을 제한하고 기존 어업허가를 득한 어선에 한하여는 모든 연안어업의 허가를 받은 것으로 본다고 규정하고 있음(안 제18조 제4항 신설).

▼표 8 개정안 조문대비표

현행	개정안
제18조(농어업인 경영활동 등 지원) <신설>	제18조(농어업인 및 소상공인 경영활동 등 지원) ④ 서해5도 지역은 신규어선의 전입을 제한하고 기존 어업허가를 득한 어선에 한하여는 「어업의 허가 및 신고 등에 관한 규칙」별표2의 허가정수와는 별도로 어업의 종류별로 허가를 받은 것으로 본다.

개정안에서 규정하고 있는 통합 어업허가는 제도상 존재하지 않는 제도이며, 어업허가를 받은 어선 모두가 연안어업(8종)[62]의 종류를 허용하여 어업이 가능토록 할 경우 주요 어종의 출현시기에 그 어종의 자원상태와 상관없이 집중 포획함으로써

62 「수산업법 시행령」 제25조(연안어업의 종류) ① 연안개량안강망어업 ② 연안선망어업 ③ 연안통발어업 ④ 연안조망어업 ⑤ 연안선인망어업 ⑥ 연안자망어업 ⑦ 연안들망어업 ⑧ 연안복합어업

수산자원이 고갈될 수 있으며, 이 경우 서해5도 지역의 어업기반을 상실할 위험성도 있음.

6. 불법조업 방지를 위한 시설물 설치

동 개정안은 서해5도에서 조업하는 어민의 안전조업과 수산자원 보호 및 불법조업 방지를 위하여 시설물 설치에 필요한 사업을 지원할 수 있도록 규정하고 있음(안 제19조 신설).

▼ 표 9 개정안 조문대비표

현행	개정안
<신설>	제19조(불법조업 방지시설) 서해5도에서 조업하는 어민의 안전조업과 수산자원 보호 및 불법조업 방지를 위하여 시설물 설치에 필요한 사업을 지원할 수 있다.

개정안은 서해5도에서 조업하는 어민의 수산자원 보호를 위하여 시설물 설치에 필요한 사업을 지원하려는 취지는 타당한 것으로 보임.

다만, 개정안과 같이 서해5도 어민들을 위한 안전조업과 불법조업 방지를 위한 시설물 설치는 사실상 현실성이 없으나, 수산자원보호를 위한 시설물 설치 지원은 가능하므로 조문제목을 "수산자원 조성[63] 등 시설 지원"으로 수정할 필요가 있음.

7. 여객선 운영의 결손비용 지원

동 개정안은 서해5도 항로에서 운항하는 여객선이 안정적으로 운항될 수 있도록 여객선 운영에 따른 결손비용을 지원할 수 있도록 규정하고 있음(안 제20조 신설).

▼ 표 10 개정안 조문대비표

현행	개정안
<신설>	제20조(사회간접자본 지원) 국가 또는 지방자치단체는 서해5도 주민의 교통편의를 위하여 서해5도 항로에서 운항하는 여객선이 안정적으로 운항될 수 있도록 여객선 운영에 따른 결손비용을 지원할 수 있다.

현행 「해운법」 제15조에 따른 결손금액을 보조하기 위해서는 보조항로[64]로 지정되어야 하나, 서해5도 항로에 여객선이 정기적으로 운항하고 있고, 여객인원이 계속 증가하는 추세[65]이므로 보조항로 지정은 현행법상 어려울 것으로 보이며, 보조항로가 아님에도 불구하고 결손 비용을 지원하는 것은 타 도서지역과의 형평성을 고려할 필요가 있음.

담당 입법조사관	김 복 현
연락처	788-2683

63 「수산자원관리법」 제41조(수산자원조성사업) ① 행정관청은 기본계획 및 시행계획에 따라 다음 각 호의 사업을 포함하는 수산자원 조성을 위한 사업(이하 "수산자원조성사업"이라 한다)을 시행할 수 있다.
1. 인공어초의 설치사업
2. 바다목장의 설치사업
3. 해중림(海中林)의 설치사업
4. 수산종묘의 방류사업
5. 해양환경의 개선사업
6. 그 밖에 수산자원조성을 위하여 필요한 사업으로서 해양수산부장관이 정하는 사업

64 보조항로: 국가가 해상교통수단 확보하기 위해 사업자 및 수익성이 없는 항로를 보조항로로 지정하여 선박건조·운항 등 관련 비용을 지원하는 제도임(해운법 제15조)

65 서해5도 여객선 수송실적 현황('08 ~'13년)
※ 자료출처: 인천지방해양항만청 연안여객 수송실적 '13.5월은 자료 미발표에 따라, 해운조합 매표시스템 활용

참고 1 서해5도 지원특별법 개정 관련 법률

□ 재한외국인 처우 기본법 제2조(정의)

1. "재한외국인"이란 대한민국의 국적을 가지지 아니한 자로서 대한민국에 거주할 목적을 가지고 합법적으로 체류하고 있는 자를 말한다.
2. "재한외국인에 대한 처우"란 국가 및 지방자치단체가 재한외국인을 그 법적 지위에 따라 적정하게 대우하는 것을 말한다.
3. "결혼이민자"란 대한민국 국민과 혼인한 적이 있거나 혼인관계에 있는 재한외국인을 말한다.

□ 국적법 제5조 · 제6조 제7조(귀화요건)

제5조(일반귀화 요건) 외국인이 귀화허가를 받기 위하여서는 제6조나 제7조에 해당하는 경우 외에는 다음 각 호의 요건을 갖추어야 한다.

1. 5년 이상 계속하여 대한민국에 주소가 있을 것
2. 대한민국의 「민법」상 성년일 것
3. 품행이 단정할 것
4. 자신의 자산(資産)이나 기능(技能)에 의하거나 생계를 같이하는 가족에 의존하여 생계를 유지할 능력이 있을 것
5. 국어능력과 대한민국의 풍습에 대한 이해 등 대한민국 국민으로서의 기본 소양(素養)을 갖추고 있을 것

제6조(간이귀화 요건) ① 다음 각 호의 어느 하나에 해당하는 외국인으로서 대한민국에 3년 이상 계속하여 주소가 있는 자는 제5조제1호의 요건을 갖추지 아니하여도 귀화허가를 받을 수 있다.

1. 부 또는 모가 대한민국의 국민이었던 자
2. 대한민국에서 출생한 자로서 부 또는 모가 대한민국에서 출생한 자
3. 대한민국 국민의 양자(養子)로서 입양 당시 대한민국의 「민법」상 성년이었던 자

② 배우자가 대한민국의 국민인 외국인으로서 다음 각 호의 어느 하나에 해당하는 자는 제5조 제1호의 요건을 갖추지 아니하여도 귀화허가를 받을 수 있다.

1. 그 배우자와 혼인한 상태로 대한민국에 2년 이상 계속하여 주소가 있는 자
2. 그 배우자와 혼인한 후 3년이 지나고 혼인한 상태로 대한민국에 1년 이상 계속하여 주소가 있는 자
3. 제1호나 제2호의 기간을 채우지 못하였으나, 그 배우자와 혼인한 상태로 대한민국에 주소를 두고 있던 중 그 배우자의 사망이나 실종 또는 그 밖에 자신에게 책임이 없는 사유로 정상적인 혼인 생활을 할 수 없었던 자로서 제1호나 제2호의 잔여기간을 채웠고 법무부장관이 상당(相當)하다고 인정하는 자
4. 제1호나 제2호의 요건을 충족하지 못하였으나, 그 배우자와의 혼인에 따라 출생한 미성년의 자(子)를 양육하고 있거나 양육하여야 할 자로서 제1호나 제2호의 기간을 채웠고 법무부장관이 상당하다고 인정하는 자

제7조(특별귀화 요건) ① 다음 각 호의 어느 하나에 해당하는 외국인으로서 대한민국에 주소가 있는 자는 제5조제1호·제2호 또는 제4호의 요건을 갖추지 아니하여도 귀화허가를 받을 수 있다. <개정 2010.5.4>

1. 부 또는 모가 대한민국의 국민인 자. 다만, 양자로서 대한민국의 「민법」상 성년이 된 후에 입양된 자는 제외한다.
2. 대한민국에 특별한 공로가 있는 자
3. 과학·경제·문화·체육 등 특정 분야에서 매우 우수한 능력을 보유한 자로서 대한민국의 국익에 기여할 것으로 인정되는 자

② 제1항제2호 및 제3호에 해당하는 자를 정하는 기준 및 절차는 대통령령으로 정한다. <개정 2010.5.4>

□ 수산업법 제34조(공익의 필요에 의한 면허어업의 제한)

제34조(공익의 필요에 의한 면허어업의 제한 등) ① 시장·군수·구청장은 다음 각 호의 어느 하나

에 해당하면 면허한 어업을 제한 또는 정지하거나 어선의 계류(繫留) 또는 출항·입항을 제한할 수 있다. <개정 2013.3.23>

1. 수산자원의 증식·보호를 위하여 필요한 경우
2. 군사훈련 또는 주요 군사기지의 보위(保衛)를 위하여 필요한 경우
3. 국방을 위하여 필요하다고 인정되어 국방부장관이 요청한 경우

□ 수산업법 시행령 제25조(연안어업의 종류)

1. 연안개량안강망어업: 총톤수 8톤 미만의 동력어선으로 안강망류 어망(주목망을 포함한다)을 사용하여 수산동물을 포획하는 어업
2. 연안선망어업: 무동력어선 또는 총톤수 8톤 미만의 동력어선으로 선망 또는 양조망을 사용하여 수산동물을 포획하는 어업
3. 연안통발어업: 무동력어선 또는 총톤수 8톤 미만의 동력어선으로 통발을 사용하여 수산동물을 포획하는 어업
4. 연안조망어업: 총톤수 8톤 미만의 동력어선으로 망 입구에 막대를 설치한 조망을 사용하여 새우를 포획하는 어업
5. 연안선인망어업: 총톤수 8톤 미만의 동력어선으로 인망(저인망은 제외한다)을 사용하여 멸치를 포획하는 어업(강원도만 해당된다)
6. 연안자망어업: 무동력어선 또는 총톤수 10톤 미만의 동력어선으로 유자망 또는 고정자망을 사용하여 수산동물을 포획하는 어업
7. 연안들망어업: 무동력어선 또는 총톤수 10톤 미만의 동력어선으로 초망 또는 들망을 사용하여 수산동물을 포획하는 어업
8. 연안복합어업: 무동력어선 또는 총톤수 10톤 미만의 동력어선으로 하는 다음 각 목의 어업
   가. 낚시어업: 주낙·외줄낚시 또는 채낚기로 수산동물을 포획하는 어업
   나. 문어단지어업: 문어단지를 사용하여 수산동물을 포획하는 어업(강원도는 제외한다)
   다. 손꽁치어업: 손으로 꽁치를 포획하는 어업
   라. 패류껍질어업: 소라·피뿔고둥 등 패류 껍질을 사용하여 수산동물을 포획하는 어업
   마. 패류미끼망어업: 그물로 만든 주머니에 미끼를 넣어 패류를 포획하는 어업(제9조제4항에 따른 서해안만 해당된다)

□ 해운법 제15조(선박건조의 지원-보조항로)

제15조의2(선박건조의 지원) ① 국가는 보조항로를 운항하는 선박에 대하여 선박건조에 소요되는 비용을 지원할 수 있다.

② 제1항에 따른 국고지원의 대상이 되는 선박 및 건조된 선박의 운항에 관련된 사업자의 선정 등에 필요한 사항은 대통령령으로 정한다.

시행령 제11조(운항결손액의 결정 및 지급방법)

① 법 제15조제1항에 따른 운항결손액은 해당 보조항로사업자가 보조항로사업의 운영을 위하여 지출한 비용에서 수익을 뺀 비용을 말하며, 그 세부적인 항목은 해양수산부령으로 정한다.

참고 2 서해5도 어장 일반현황

□ 서해5도 기존어장 일반현황

○ 서해5도서 어장면적: 3,114㎢(연평 776㎢, 백령·대청 2,338㎢)

어장구역 구분		면 적	조업어선	비 고
기존 어장	연평도 주변어장	776㎢	연평 어선	
	A어장	57㎢	백령 어선	
	B어장	176㎢	대청, 소청 어선	
	C어장	138㎢	백령, 대청, 소청 어선	
	대청어장	1,599㎢		
	백령·대소청주변어장	368㎢		
	계	**3,114㎢**	**248척**	
확장 어장	백령 · 대청구역	100㎢	동북 방향	참고3-1 도면
	연평도 주변	60㎢	동북 20㎢, 서북 40㎢	
	계	160㎢		

※ 자료출처: 옹진군청

□ 서해5도 어업허가 현황

(단위: 개)

면 별	총 계	연안복합	연안자망	연안통발	연안안강망	비 고
계	280	192	67	9	12	
연평면	88	38	40	5	5	
백령면	104	93	4	3	4	
대청면	88	61	23	1	3	

※ 자료출처: 옹진군청

참고 3 서해5도 어업허가 구역 현황

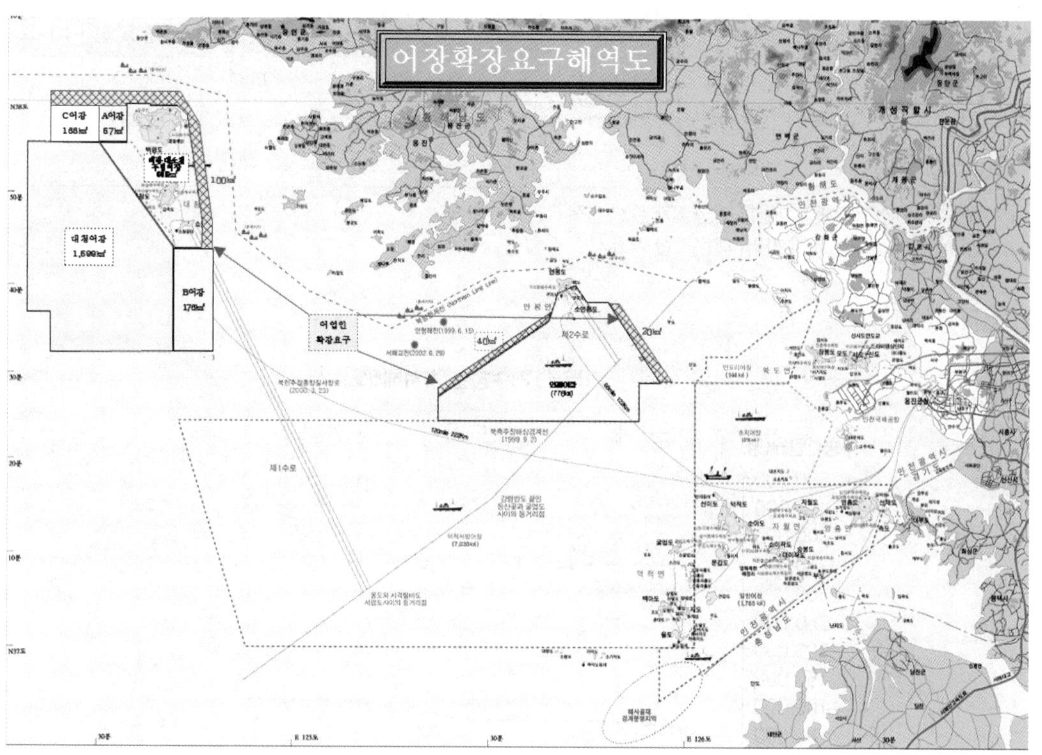

참고 4 서해5도 소상공인 현황(2011년 기준)

구분	소상공인 현황(단위: 개소)							
	계	5인 미만 사업자			10인 미만 사업자			
		도 · 소매업	음식업	숙박업	광업	제조업	건설업	운수업
계	373	90	146	74	1	24	15	23
연평도	60	15	25	12		1	5	2
백령도	239	56	107	30	1	19	10	16
대청도	74	19	14	32		4		5

※ 자료출처: 옹진군청

참고 5 서해5도 여객선 수송실적 현황('08 ~'13년)

구 분	계	08년	09년	10년	11년	12년	13년(5월)	비 고
계	2,008,002	348,506	346,013	305,564	392,738	452,184	162,997	
백령노선	1,536,495	285,177	272,897	231,262	284,741	340,783	121,635	
연평노선	471,507	63,329	73,116	74,302	107,997	111,401	41,362	

※ 자료출처: 인천지방해양항만청 연안여객 수송실적
'13.5월은 자료 미발표에 따라, 해운조합 매표시스템 활용

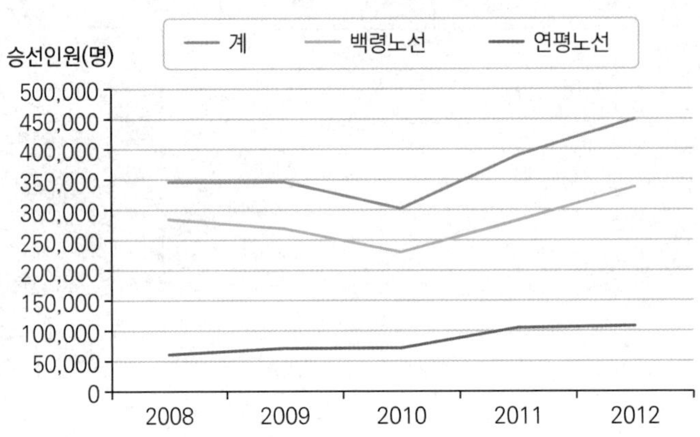

서해5도 지원 특별법 일부개정법률안 심사보고서

2015. 6. .
안전행정위원회

1. 심사경과

가. 발의일자 및 발의자: 2013년 5월 6일, 박상은 의원 등 10인

나. 회부일자: 2013년 5월 7일

다. 상정 및 의결일자

- 제316회국회(임시회) 제1차 안전행정위원회(2013. 6. 17)
  - 상정·제안설명·검토보고·대체토론·소위회부
- 제332회국회(임시회) 제4차 법안심사소위원회(2015. 4. 30)
  - 상정·심사·의결(대안반영폐기)
- 제332회국회(임시회) 제3차 안전행정위원회(2015. 4. 30)
  - 상정·소위심사보고·의결(대안반영폐기)

2. 제안설명의 요지 (제안설명: 박상은 의원)

■ 제안이유

서해 최북단 NLL에 인접한 서해5도는 최근 북한의 군사도발 위협으로 관광객 감소 등으로 주민생계에 막대한 타격을 받고 있는 가운데 연평도에서는 북한이탈주민이 어선을 훔쳐 월북하는 사건까지 발생하여 연평도 포격 사건을 경험한 서해5도는 주민불안감이 고조되는 등 정주여건이 열악해지고 있어 접경지역 최일선에서 안보방파제 역할을 하고 있는 서해5도 주민의 정주여건 개선을 강화하기 위하여 관련 규정을 정비하려는 것임.

■ 주요내용

가. 결혼이민자의 경우 주민등록과 상관없이 「가족관계의 등록 등에 관한 법률」에 따라 혼인신고를 한 경우에도 정주생활지원금을 받을 수 있도록 대상자를 확대함(안 제12조).

나. 경영활동 지원대상의 범위를 농어업인에서 소매업인을 추가하고, 서해5도 어업인이 불특정 국가의 선박 및 남북한 긴장에 따른 조업손실과 어구손괴 등으로 피해가 발생한 경우 지원대책을 강구하여야 하며, 어업인의 소득증대를 위하여 조업구역 확장과 조업시간 연장을 위하여 노력하고, 기존 어업허가를 득한 어선은 허가정수와는 별도로 어업의 종류별로 허가를 받은 것으로 간주하도록 함(안 제18조 신설).

다. 수산자원 보호 및 불법조업 방지를 위하여 시설물 설치에 필요한 사업을 지원할 수 있도록 함(안 제19조 신설).

라. 서해5도 항로에서 운항하는 여객선이 안정적으로 운항될 수 있도록 여객선 운영에 따른 결손비용을 지원할 수 있도록 함(안 제20조 신설).

3. 전문위원 검토보고의 요지 (수석전문위원 손충덕)

가. 결혼이민자에 대한 정주생활지원금 지급

동 개정안은 결혼이민자의 경우 주민등록과 상관없이 「가족관계의 등록 등에 관한 법률」에 따라 혼인신고를 한 경우에도 정주생활지원금을 받을 수 있도록 대상자를 확대하고자 하는 내용임(안 제12조).

▼표 1 개정안 조문대비표

현행	개정안
제12조(서해5도 정주생활지원금 지원) ① 국가는 주민의 안정적인 생활을 지원하기 위하여 서해5도에 「주민등록법」에 따라 주소가 등록되어 있고, 일정한 기간 이상 거주한 주민에 대하여 정주생활지원금을 지원할 수 있다.	제12조(서해5도 정주생활지원금 지원) ① -- 「주민등록법」에 따라 주소가 등록되어 있는 자와 「가족관계의 등록 등에 관한 법률」에 따라 혼인신고를 한 결혼이민자 중 ---.
② (생략)	② (현행과 같음)

최근 북한의 군사도발 위협 등으로 불안감이 고조되는 등 정주여건이 열악해지고 있는 서해5도 주민의 지원을 확대하려는 개정안의 취지에는 동의함.

다만, 국적법에 따라 외국인의 국적취득 방법이 다양하고 다른 외국인의 귀화요건[66]과의 형평성문제, 다문화가정의 위장결혼 및 국민정서 등을 고려할 필요가 있으며,

또한, 개정안과 같이 「가족관계의 등록 등에 관한법률」에 따른 혼인신고 사항으로는 결혼이민자에 대한 판단여부를 확인할 수 없으므로 「재한외국인 처우 기본법」 제2조 제3호[67]의 결혼이민자의 범위를 명확하게 할 필요가 있는 것으로 보임.

▼표 2 수정안 조문대비표

현행	개정안
제12조(서해5도 정주생활지원금 지원) ① 국가는 주민의 안정적인 생활을 지원하기 위하여 서해5도에 「주민등록법」에 따라 주소가 등록되어 있는 자와 「가족관계의 등록 등에 관한 법률」에 따라 혼인신고를 한 결혼이민자 중 일정한 기간 이상 거주한 주민에 대하여 정주생활지원금을 지원할 수 있다.	제12조(서해5도 정주생활지원금 지원) ① -- 「주민등록법」에 따라 주소가 등록되어 있는 자와 「재한외국인 처우 기본법」 제2조 제3호에 따른 결혼이민자 중 --.

▼표 3 서해5도 외국인 현황

도서별	입국사유(단위: 명)								
	계	결혼이민	영주	방문취업	비전문취업	특정활동	동반	기업투자	방문동거
총계	60	15명	2명	13명	22명	3명	1명	1명	3명
연평	28	4		5	15		1	1	2
소연평	3				3				
대청	1	1							
소청	1		1						
백령	27	10	1	8	4	3			1

나. 소상공인의 경영활동 지원 등

개정안은 현행법상 경영활동 지원대상의 범위가 '농어업인'으로 한정된 것을 '소매업인'도 포함하여 소매업의 경영자금 등을 지원하려는 것임(안 제18조 제1항).

▼표 4 개정안 조문대비표

현행	개정안
제18조(농어업인 경영활동 등 지원) 국가 및 지방자치단체는 서해5도에 거주하는 농어업인의 경영활동을 장려하기 위하여 대통령령으로 정하는 바에 따라 필요한 자금의 우선지원, 영농(營農)·영어(營漁)·시설·운전 자금 등에 대한 대출상환 유예 및 기한 연장, 이자지원 등에 대한 대책을 수립하여 시행하여야 한다.	제18조(농어업인 및 소상공인 경영활동 등 지원) ① 국가 및 지방자치단체는 서해5도에 거주하는 농어업인 및 소매업인의 경영활동을 장려하기 위하여 대통령령으로 정하는 바에 따라 필요한 자금의 우선지원, 영농(營農)·영어(營漁)·시설·운전 자금, 소매업 경영자금 등에 대한 대출상환 유예 및 기한 연장, 이자지원 등에 대한 대책을 수립하여 시행하여야 한다.

개정안은 기존 경영활동의 지원대상이 '농어업인'으로 한정된 것을 확대하여 '소매업인'에게도 경영자금 등을 지원하려는 것은 서해5도에 거주하는 주민들에 대한 형평성 차원에서 타당한 것으로 봄.

---

66 「국적법」 제5조(일반귀화 요건)·제6조(간이귀화 요건 제7조(귀화요건 요건)
① 일반귀화: 5년이상 계속하여 대한민국에 주소가 있는자
② 간이귀화: 배우자가 외국인으로 대한민국 국민과 혼인한 상태에서 2년이상 계속하여 주소가 있거나, 혼인후 3년이 지나고 혼인상태에서 대한민국에 1년이상 계속하여 주소가 있는자
③ 특별귀화: 대한민국에 특별한 공로자, 대한민국 국익에 기여한 것으로 인정된자

67 「재한외국인 처우 기본법」 제2조(정의)
3. "결혼이민자"란 대한민국 국민과 혼인한 적이 있거나 혼인관계에 있는 재한외국인을 말한다.

▼ 표 5 서해5도 소상공인 현황(2011년 기준)

구분	소상공인 현황(단위: 개소)							
	계	5인 미만 사업자			10인 미만 사업자			
		도·소매업	음식업	숙박업	광업	제조업	건설업	운수업
계	373	90	146	74	1	24	15	23
연평도	60	15	25	12		1	5	2
백령도	239	56	107	30	1	19	10	16
대청도	74	19	14	32		4		5

다. 조업손실 등 피해에 대한 지원대책 강구

동 개정안은 국가 및 지방자치단체가 서해5도에 거주하는 어업인이 불특정국가의 선박 및 남북한 긴장에 따른 조업손실과 어구 손괴 등으로 피해가 발생한 경우에는 지원대책을 강구하도록 하고 있음(안 제18조 제2항 신설).

▼ 표 6 개정안 조문대비표

현행	개정안
제18조(농어업인 경영활동 등 지원) <신설>	제18조(농어업인 및 소상공인 경영활동 등 지원) ② 국가 및 지방자치단체는 서해5도에 거주하는 어업인이 불특정국가의 선박 및 남북한 긴장에 따른 조업손실과 어구 손괴 등으로 피해가 발생한 경우에는 지원대책을 강구하여야 한다.

서해5도의 조업손실은 중국어선에 의한 불법조업뿐만 아니라 어장환경 변화와 해수온도의 변화 등 복합적인 요인으로 발생되며 중국어선에 의한 어구손괴 발생 시 한·중 민간약정에 따라 중국 측에 피해 배상을 청구를 할 수 있도록 되어 있음.

또한, 군사 훈련 등 국방상 필요에 의한 출어 제한 등으로 인한 조업손실은 「수산업법」 제81조[68]와 제34조 제1항[69]에 따라 보상대상에서 제외토록 규정하고 있으며, 이는 서해 전(全) 해역에서 일어날 수 있는 문제로 서해5도 해역만 한정하여 지원할 경우 타 지역과의 형평성 문제가 제기될 수 있음.

라. 조업구역의 확장

동 개정안은 "국가 및 지방자치단체는 서해5도 어업인의 소득증대를 위하여 조업구역의 확장과 조업시간 연장을 위해 노력하여야 한다"라고 규정하고 있음(안 제18조 제3항 신설).

▼ 표 7 개정안 조문대비표

현행	개정안
제18조(농어업인 경영활동 등 지원) <신설>	제18조(농어업인 및 소상공인 경영활동 등 지원) ③ 국가 및 지방자치단체는 서해5도 어업인의 소득증대를 위하여 조업구역의 확장과 조업시간 연장을 위해 노력하여야 한다.

서해5도의 어업인의 소득증대를 위하여 국가 및 지방자치단체는 주간 시간대에 안전조업이 확보된 범위 안에서 조업구역의 확장과 조업시간 연장을 위해 노력하는 것은 가능한 것으로 봄.

68 「수산업법」 제81조(보상) ① 다음 각 호의 어느 하나에 해당하는 처분으로 인하여 손실을 입은 자는 그 처분을 행한 행정관청에 보상을 청구할 수 있다.
1. 제34조제1항제1호부터 제6호까지 또는 제35조제6호(제34조제1항제1호부터 제6호까지의 규정에 해당하는 경우를 말한다)에 해당하는 사유로 인하여 이 법에 따른 면허·허가를 받거나 신고한 어업에 대하여 제한 등의 처분을 받았거나 제14조에 따른 어업면허의 유효기간 연장이 허가되지 아니한 경우. 다만, 제34조제1항제1호부터 제3호까지의 규정(제49조제1항과 제3항에서 준용하는 경우를 말한다)에 해당하는 사유로 허가를 받거나 신고한 어업이 제한되는 경우는 제외한다.

69 「수산업법」 제34조(공익의 필요에 의한 면허어업의 제한 등) ① 시장·군수·구청장은 다음 각 호의 어느 하나에 해당하면 면허한 어업을 제한 또는 정지하거나 어선의 계류(繫留) 또는 출항·입항을 제한할 수 있다. 〈개정 2013.3.23〉
1. 수산자원의 증식·보호를 위하여 필요한 경우
2. 군사훈련 또는 주요 군사기지의 보위(保衛)를 위하여 필요한 경우
3. 국방을 위하여 필요하다고 인정되어 국방부장관이 요청한 경우

마 어업허가의 예외적용

동 개정안은 서해5도 지역은 신규어선의 전입을 제한하고 기존 어업허가를 득한 어선에 한하여는 모든 연안어업의 허가를 받은 것으로 본다고 규정하고 있음(안 제18조 제4항 신설).

▼ 표 8 개정안 조문대비표

현행	개정안
제18조(농어업인 경영활동 등 지원) <신설>	제18조(농어업인 및 소상공인 경영활동 등 지원) ④ 서해5도 지역은 신규어선의 전입을 제한하고 기존 어업허가를 득한 어선에 한하여는 「어업의 허가 및 신고 등에 관한 규칙」 별표2의 허가정수와는 별도로 어업의 종류별로 허가를 받은 것으로 본다.

개정안에서 규정하고 있는 통합 어업허가는 제도상 존재하지 않는 제도이며, 어업허가를 받은 어선 모두가 연안어업(8종)[70]의 종류를 허용하여 어업이 가능토록 할 경우 주요 어종의 출현시기에 그 어종의 자원상태와 상관없이 집중 포획함으로써 수산자원이 고갈될 수 있으며, 이 경우 서해5도 지역의 어업기반을 상실할 위험성도 있음.

바. 불법조업 방지를 위한 시설물 설치

동 개정안은 서해5도에서 조업하는 어민의 안전조업과 수산자원 보호 및 불법조업 방지를 위하여 시설물 설치에 필요한 사업을 지원할 수 있도록 규정하고 있음(안 제19조 신설).

70 「수산업법 시행령」 제25조(연안어업의 종류) ① 연안개량안강망어업 ② 연안선망어업 ③ 연안통발어업 ④ 연안조망어업 ⑤ 연안선인망어업 ⑥ 연안자망어업 ⑦ 연안들망어업 ⑧ 연안복합어업

▼ 표 9 개정안 조문대비표

현행	개정안
<신설>	제19조(불법조업 방지시설) 서해5도에서 조업하는 어민의 안전조업과 수산자원 보호 및 불법조업 방지를 위하여 시설물 설치에 필요한 사업을 지원할 수 있다.

개정안은 서해5도에서 조업하는 어민의 수산자원 보호를 위하여 시설물 설치에 필요한 사업을 지원하려는 취지는 타당한 것으로 보임.

다만, 개정안과 같이 서해5도 어민들을 위한 안전조업과 불법조업 방지를 위한 시설물 설치는 사실상 현실성이 없으나, 수산자원보호를 위한 시설물 설치 지원은 가능하므로 조문제목을 "수산자원 조성[71] 등 시설 지원"으로 수정할 필요가 있음.

사. 여객선 운영의 결손비용 지원

동 개정안은 서해5도 항로에서 운항하는 여객선이 안정적으로 운항될 수 있도록 여객선 운영에 따른 결손비용을 지원할 수 있도록 규정하고 있음(안 제20조 신설).

71 「수산자원관리법」 제41조(수산자원조성사업) ① 행정관청은 기본계획 및 시행계획에 따라 다음 각 호의 사업을 포함하는 수산자원 조성을 위한 사업(이하 "수산자원조성사업"이라 한다)을 시행할 수 있다.
1. 인공어초의 설치사업
2. 바다목장의 설치사업
3. 해중림(海中林)의 설치사업
4. 수산종묘의 방류사업
5. 해양환경의 개선사업
6. 그 밖에 수산자원조성을 위하여 필요한 사업으로서 해양수산부장관이 정하는 사업

▼표 10 개정안 조문대비표

현행	개정안
<신설>	제20조(사회간접자본 지원) 국가 또는 지방자치단체는 서해5도 주민의 교통편의를 위하여 서해5도 항로에서 운항하는 여객선이 안정적으로 운항될 수 있도록 여객선 운영에 따른 결손비용을 지원할 수 있다.

현행 「해운법」 제15조에 따른 결손금액을 보조하기 위해서는 보조항로[72]로 지정되어야 하나, 서해5도 항로에 여객선이 정기적으로 운항하고 있고, 여객인원이 계속 증가하는 추세[73]이므로 보조항로 지정은 현행법상 어려울 것으로 보이며, 보조항로가 아님에도 불구하고 결손 비용을 지원하는 것은 타 도서지역과의 형평성을 고려할 필요가 있음.

4. 대체토론의 요지

없음.

5. 소위원회 심사내용 (법안심사소위원장: 조원진 의원)

본회의에 부의하지 아니하기로 하고, 서해5도 지원 특별법 일부개정법률안을 통합·조정한 위원회 대안을 제안하기로 의결함.

6. 찬반토론의 요지

없음.

7. 심사결과

대안반영폐기

72 보조항로: 국가가 해상교통수단 확보하기 위해 사업자 및 수익성이 없는 항로를 보조항로로 지정하여 선박건조·운항 등 관련 비용을 지원하는 제도임(해운법 제15조)

73 서해5도 여객선 수송실적 현황('08 ~' 13년)
※자료출처: 인천지방해양항만청 연안여객 수송실적 '13.5월은 자료 미발표에 따라, 해운조합 매표시스템 활용

서해5도 지원 특별법 일부개정법률안

[이학재 의원 대표발의]

검토보고서

2014. 11.

안 전 행 정 위 원 회
수 석 전 문 위 원

Ⅰ. 제안경과

개정안은 2014년 7월 9일 제출되어 2014년 7월 10일 우리 위원회에 회부되어 옴.

Ⅱ. 제안이유 및 주요내용

강화군은 북한과의 거리가 강화 본도를 기준으로 해상 1.8㎞에 불과한 북한과의 최인접 지역으로, 서해5도 보다도 북한과 더 가까운 거리에 위치하고 있음. 또한 군 비상 시 서해5도와 동일하게 통제를 받고 있어 주민들의 생활여건이 매우 열악한 실정임.

이처럼 강화군은 서해5도와 군사적·지리적 여건이 매우 비슷함에도 불구하고 강화군 주민은 서해5도 주민과 달리 중앙 정부의 관련 지원을 받지 못하고 있음.

이에 강화군에 속하는 도서 중 북한과 인접해 있고 연륙교량 건설계획이 없는 미법도·서검도·주문도·아차도·볼음도·말도를 현행법의 지원 대상 지역에 포함시켜, 강화6도에 대해서도 정주여건 개선 등을 통해 주민의 생활안정 및 복지향상을 도모하려는 것임(안 제2조 제1호의2 등).

Ⅲ. 검토의견

1. 개정안의 내용

개정안은 「서해5도 지원 특별법」(이하 서해5도법이라 함)의 대상에 강화6도인 미법도, 서검도, 주문도, 아차도, 볼음도, 말도를 포함하려는 것임.

개정안의 취지는 강화6도가 서해5도와 유사하게 북한과 인접하고있어 각종 위험에 노출되어 있는 만큼, 서해5도법상의 지원을 통해 정주여건을 개선하여 강화6도 주민의 생활안정 및 복지 향상을 도모하려는 것으로 보임.

개정안에 따르는 경우 ① 안전행정부장관은 강화6도에 대한 종합발전계획 및 연도별 시행계획을 수립하여야 하고, ② 국가 및 지방자치단체는 강화6도에 조세, 부담금 및 공공요금의 감면, 노후 주택개량, 정주생활지원금, 해상 운송비, 학생의 수업료 등을 지원할 수 있음.

▼그림 강화6도 위치

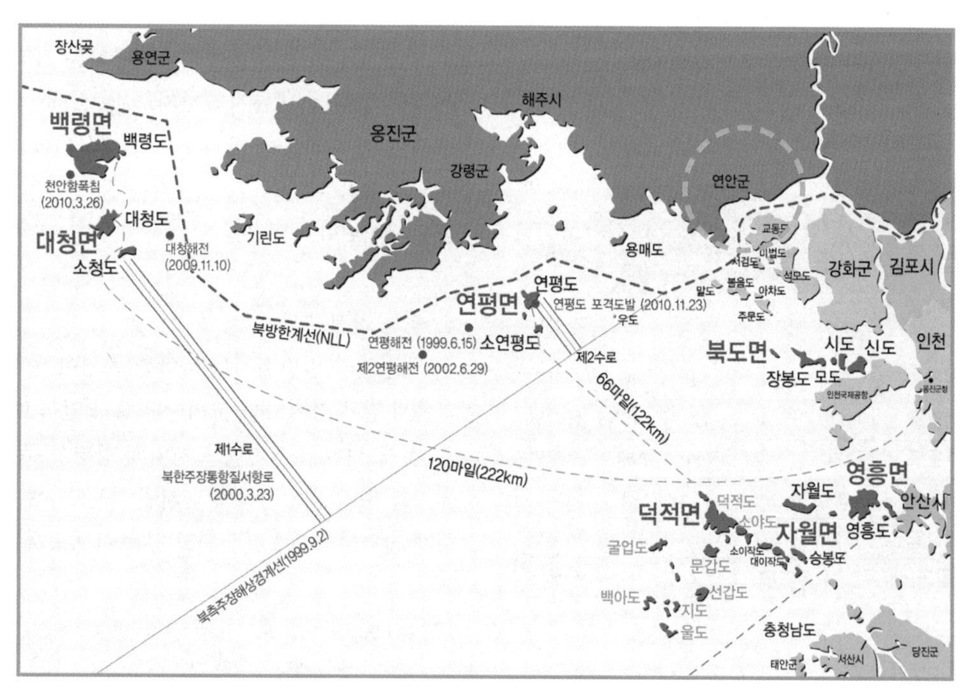

▼표 신 · 구조문 대비표

현행	개정안
서해5도 지원 특별법	서해5도 및 강화6도 지원 특별법
제1조(목적) 이 법은 남북 분단 현실과 특수한 지리적 여건상 북한의 군사적 위협으로 피해를 입고 있는 서해5도의 생산·소득 및 생활기반시설의 정비·확충을 통하여 정주여건(定住與件)을 개선함으로써 지역주민의 소득증대와 생활안정 및 복지향상을 도모함을 목적으로 한다.	제1조(목적) -- --------5도 및 강화6도의--- --.
제2조(정의) 이 법에서 사용하는 용어의 정의는 다음과 같다. 1. (생략) <신설>	제2조(정의) --. 1. (현행과 같음) 1의2. "강화6도"란 인천광역시 강화군에 속하는 미법도·서검도·주문도·아차도·볼음도·말도와 인근 해역을 말한다.

2. 강화6도 현 상황 및 개정안에 따른 추가 지원 사항

강화6도는 군사분계선 이북 지역인 황해도 연안군과 인접한 인천광역시 강화군에 소재하고 있는 도서지역으로, 2012년 12월31일 기준으로 인구수는 738명이며, 가구 수는 409호임.

▼표 강화6도 현황

(단위: 호, 명)

도서명	가구	인구			소재지
		합계	남자	여자	
강화6도 합계	409	738	362	376	강화군
서검도	42	74	34	40	삼산면
미법도	14	24	12	12	삼산면
주문도	171	349	164	185	서도면
아차도	25	40	17	23	서도면
볼음도	143	232	124	108	서도면
말도	14	19	11	8	서도면

현재 강화6도는 「접경지역 지원 특별법」상 접경지역에 해당되어, 사회간접자본의 지원, 복지시설 지원, 교육·문화·관광시설에 대한 지원, 농림·해양·수산업에 대한 지원, 지역 주민 우선 고용 등의 혜택을 받고 있음.

강화6도가 서해5도법의 적용을 받게 되는 경우 제4조 제1항[74]에 따라 서해5도법을 우선 적용받게 되며, 이에 따라 추가로 주민안전시설의 우선적 지원, 노후 주택개량 지원, 1인당 5만원의 정주생활지원금 지원, 공공요금 및 국민건강 보험료의 감면, 생활필수품의 운송 지원, 교육지원 및 농어업인 경영활동 지원을 받게 됨.

안전행정부 자료에 따르면 현재 산출 가능한 추가 지원 금액은 매년주민정주 생활금 6억 2,900만원, 고교교육비 및 해상운송비 6억 4,400만원과 노후주택개량(총 605채)에 필요한 193억 6,000만원[75]임.

▼표 개정안에 따른 산출 가능 추가 예산 소요액

(단위: 백만원)

구분	주민정주 생활금	고교교육비 및 해상운송비	노후주택 개량
필요액	629(1년)	14.6(1년)	19,360

3. 부처 의견

안전행정부는 접경지역에 해당하는 기타 '도서'뿐만 아니라 '내륙지역'까지도 유사 지원을 요구하는 경우 과도한 예산소요가 예상됨에 따라 재정 운용에 부담이 된다는 점을 들어 개정안의 수용이 어렵다는 입장임.

4. 종합의견

개정안의 입법취지는 타당한 측면이 있으나, 다음과 같은 점에 대해 고려할 필요가 있어 보임.

첫째, 다른 접경지역 도서와의 형평성 문제를 지적할 수 있음. 「접경지역 지원 특별법」에 따라 현재 접경지역으로 분류되고 있는 서해도서는 서

74 제4조(다른 법률과의 관계) ① 이 법은 서해5도의 개발과 지원에 관하여 다른 법률에 우선하여 적용한다.

75 1주택에 개량에 평균 3,200만원이 필요함.

해5도를 포함하여 총 36곳으로, 강화6도만 지원을 확대하는 경우 다른 도서와의 형평성 문제를 유발할 수 있음.

▼표 접경지역 지원 특별법 대상 서해도서

시·도	시·군·구	도서수	도서명
인천	강화군	8	교동도, 석모도, **서검도, 미법도, 주문도, 볼음도, 아차도, 말도(강화6도)**
	옹진군	23	신도, 시도, 모도, 장봉도, 연평도, 소연평도, 백령도, 대청도, 소청도, 덕적도, 소야도, 문갑도, 백아도, 울도, 굴업도, 지도, 자월도, 대이작도, 소이작도, 승봉도, 영흥도, 선재도, 측도

둘째, 「서해5도 지원 특별법」의 제정취지를 고려할 필요가 있음. 동법은 2010년 11월 23일 발생한 연평도 포격 사건 이후 서해5도 지역 주민들의 안전한 주거환경과 소득증대 등을 목적으로 제정되었다는 특수성을 고려하였을 때, 군사적·지리적 여건이 유사하다는 이유만으로 강화6도에 대한 지원을 확대하는 것은 다소 무리가 있어 보임.

따라서, 이러한 사항을 종합하였을 때 동 개정안에 따른 강화6도에 대한 지원확대는 신중한 심사가 필요한 것으로 봄.

문의처
조흥연 입법조사관(788-2196)

서해5도 지원 특별법 일부개정법률안 (박남춘 의원 대표발의)

의안 번호	13644

발의연월일: 2015.1.12.
발의자: 박남춘·부좌현·김성곤 신경민·정청래·김승남 최민희·장하나·김제남 전해철·이찬열·문병호 윤관석·신학용·김광진 홍영표·남인순·박민수 의원(18인)

■ 제안이유 및 주요내용

서해5도는 남북 분단 현실과 특수한 지리적 여건상 북한의 위협으로 피해를 입고 있어 지역주민의 생활안정과 복지향상 등에 특별한 지원이 필요함.

남북의 군사대치라는 특수한 현실에 의해 서해5도 어장은 어장별 어업지도선 없이는 조업을 할 수 없음. 그럼에도 담당 어업지도선이 노후화되어 운항을 하지 못하는 경우가 종종 있어 어선도 출어하지 못하는 사례가 속출하고 있으나 지방자치단체의 예산부족으로 어업지도선의 대체 건조가 이루어지지 못하고 있음.

또한, 중국어선의 불법조업 등으로 어족자원이 고갈되고, 어구가 훼손되는 등 어업피해가 증가하고 있으나 접경지역의 특성상 직접적인 지도 단속이 어려워 이를 효과적으로 차단하고, 수산자원 조성에도 기여할 수 있는 대형 인공어초 등의 설치가 필요한 실정임.

이에 서해5도의 특수성을 감안하여 국가가 해당 지방자치단체의 어업지도사업에 대해서는 국비를 지원토록 하고, 불법조업 방지 시설을 설치·지원할 수 있도록 하는 등 서해5도에 대한 지원을 강화하여 서해5도 주민의 소득증대와 생활안정 등을 도모하고 외국어선의 불법조업 등으로부터 어족자원을 보호하고자 함(안 제18조 제2항 및 제19조 신설).

법률 제 호

서해5도 지원 특별법 일부개정법률안

서해5도 지원 특별법 일부를 다음과 같이 개정한다.

제18조 제목 외의 부분을 제1항으로 하고, 같은 조 제1항(종전의 제목 외의 부분) 중 "영농(營農)"을 "농수산물 운송시설 지원, 영농(營農)"으로 하며, 같은 조에 제2항을 다음과 같이 신설한다.

② 국가는 서해5도에서 어로 한계선 등 지역적 특성으로 인한 제한에 의해 발생하는 어업인의 어로활동상 지장을 최소화하도록 필요한 시설과 장비를 갖추는 등 예산 및 행정지원을 하여야 한다.

제19조를 다음과 같이 신설한다.

제19조(수산자원조성 등 지원시설) 국가는 서해5도에서 조업하는 어민의 안전조업과 수산자원보호 및 불법조업 방지를 위한 시설 및 설치에 필요한 사업을 지원하여야 한다.

부 칙

이 법은 공포 후 6개월이 경과한 날부터 시행한다.

▼표 신 · 구조문대비표

현행	개정안
제18조(농어업인 경영활동 등 지원) 국가 및 지방자치단체는 서해5도에 거주하는 농어업인의 경영활동을 장려하기 위하여 대통령령으로 정하는 바에 따라 필요한 자금의 우선지원, 영농(營農)·영어(營漁)·시설·운전 자금 등에 대한 대출상환 유예 및 기한 연장, 이자지원 등에 대한 대책을 수립하여 시행하여야 한다.	제18조(농어업인 경영활동 등 지원) ① --농수산물 운송시설 지원, 영농(營農)---.
<신설>	② 국가는 서해5도에서 어로 한계선 등 지역적 특성으로 인한 제한에 의해 발생하는 어업인의 어로활동상 지장을 최소화하도록 필요한 시설과 장비를 갖추는 등 예산 및 행정지원을 하여야 한다.
<신설>	제19조(수산자원조성 등 지원시설) 국가는 서해5도에서 조업하는 어민의 안전조업과 수산자원보호 및 불법조업 방지를 위한 시설 및 설치에 필요한 사업을 지원하여야 한다.

서해5도 지원 특별법 일부개정법률안 비용추계서 미첨부 사유서

1. 재정수반요인

개정안을 통해 국가가 어업지도사업 및 농수산물 운송시설, 불법조업 방지 시설을 설치·지원할 경우 그에 따른 예산이 수반되어야 함(안 제18조 제2항 및 제19조).

2. 미첨부 근거 규정

「의안의 비용추계 등에 관한 규칙」 제3조 제1항 단서 중 제3호 '의안의 내용이 선언적·권고적인 형식으로 규정되는 등 기술적으로 추계가 어려운 경우'에 해당함.

3. 미첨부 사유

현 시점에서 어업지도사업 및 농수산물 운송시설, 불법조업 방지시설의 규모와 지원수준을 예측하거나 기술적으로 추계하기가 어려움.

4. 작성자

작성자 이름	박남춘 의원실 하진미 비서관
연락처	788-2302

서해5도 지원 특별법 일부개정법률안 심사보고서

2015. 6. .
안전행정위원회

1. 심사경과

가. 발의일자 및 발의자: 2015년 1월 12일, 박남춘 의원 등 18인

나. 회부일자: 2015년 1월 13일

다. 상정 및 의결일자

- 제332회국회(임시회) 제4차 법안심사소위원회(2015. 4. 30)
  - 상정·심사·의결(대안반영폐기)

  ※「국회법」 제58조 제4항에 따라 법안심사소위원회에 직접 회부
- 제332회국회(임시회) 제3차 안전행정위원회(2015. 4. 30)
  - 상정·소위심사보고·의결(대안반영폐기)

2. 제안설명의 요지
(제안설명: 박남춘 의원)

서해5도는 남북 분단 현실과 특수한 지리적 여건상 북한의 위협으로 피해를 입고 있어 지역주민의 생활안정과 복지향상 등에 특별한 지원이 필요함.

남북의 군사대치라는 특수한 현실에 의해 서해5도 어장은 어장별 어업지도선 없이는 조업을 할 수 없음. 그럼에도 담당 어업지도선이 노후화되어 운항을 하지 못하는 경우가 종종 있어 어선도 출어하지 못하는 사례가 속출하고 있으나 지방자치단체의 예산부족으로 어업지도선의 대체 건조가 이루어지지 못하고 있음.

또한, 중국어선의 불법조업 등으로 어족자원이 고갈되고, 어구가 훼손되는 등 어업피해가 증가하고 있으나 접경지역의 특성상 직접적인 지도단속이 어려워 이를 효과적으로 차단하고, 수산자원 조성에도 기여할 수 있는 대형 인공어초 등의 설치가 필요한 실정임.

이에 서해5도의 특수성을 감안하여 국가가 해당 지방자치단체의 어업지도사업에 대해서는 국비를 지원토록 하고, 불법조업 방지 시설을 설치·지원할 수 있도록 하는 등 서해5도에 대한 지원을 강화하여 서해5도 주민의 소득증대와 생활안정 등을 도모하고 외국어선의 불법조업 등으로부터 어족자원을 보호하고자 함(안 제18조 제2항 및 제19조 신설).

3. 전문위원 검토보고의 요지
(수석전문위원 박수철)

「국회법」 제58조 제4항에 따라 법안심사소위원회에 직접 회부됨에 따라 검토보고서가 없음.

4. 대체토론의 요지

없 음.

5. 소위원회 심사내용
(법안심사소위원장: 조원진 의원)

본회의에 부의하지 아니하기로 하고, 서해5도 지원 특별법 일부개정법률안을 통합·조정한 위원회 대안을 제안하기로 의결함.

6. 찬반토론의 요지

없음.

7. 심사결과

대안반영폐기

중국어선 등 외국어선의 서해5도 주변수역 조업에 따른 서해안지역 어업인 지원 특별법안 (박남춘 의원 대표발의)

의안 번호	14840

발의연월일: 2015.4.23.
발의자: 박남춘·부좌현·강창일 김상희·이개호·최재성 윤관석·김광진·민홍철 이학재 의원(10인)

■ 제안이유

현재 서해5도 주변수역은 중국어선의 조업이 증가하면서 우리나라의 서해안의 회귀·회유성 어류 어획량이 감소하고 있는 추세임. 뿐만 아니라 중국어선의 조업과정에서 국내 어선에 위해를 가하는 등 어선·어구 등이 파손되는 등 피해를 주고 있음.

최근 중국 내에서 수산물 수요 증가에 따른 수산물의 가격 상승은 중국어선의 서해5도 주변수역의 진출을 가속화시킬 수 있음. 이에 따라 꽃게 및 조기 등 회귀·회유성 어류 포획의 감소로 인한 서해안지역 어업인의 경제적 어려움은 가중될 것으로 예상됨.

이에 피해 받고 있는 서해안지역 어업인의 지원을 위하여 해양수산부장관은 종합지원계획과 연도별 시행계획을 수립하고, 국가와 지방자치단체는 이에 따른 사업비를 지원하도록 하며 유통·가공 시설을 정비·확충하여 해당 지역 수산업의 경쟁력을 강화하고자 함.

또한 식량안보의 확보와 해양환경의 보호를 위하여 국가는 중국 등 외국과의 수산분야에서 외교적 협력을 통하여 중국어선 등 외국어선의 불법조업을 감소시키고 서해5도 주변수역에서 서해안지역 어업인이 조업이 원활할 수 있도록 노력하도록 하려는 것임.

■ 주요내용

가. 서해안지역 어업인의 지원을 위하여 해양수산부장관은 해당 지방자치단체의 장 및 서해안지역 어업인의 의견을 들어 종합지원계획안을 작성하며, 연도별 시행계획안을 수립함(안 제5조 및 제6조).

나. 서해안지역 어업인 지원에 관한 사항을 심의하기 위하여 국무총리 소속으로 외국어선 불법조업 피해대책위원회를 둠(안 제7조).

다. 해양수산부장관은 중국어선 등 외국어선의 서해5도 주변수역에서 조업으로 어획량 감소 또는 어선·어구 파손이 발생한 어업자에 대하여 그 손실액을 보전할 수 있도록 함(안 제8조).

라. 서해안지역 어업인의 어족자원 보호와 어획량 증대를 위하여 수산종묘 방류, 인공어초 조성, 해중림(海中林) 설치, 바다목장 설치과 해양환경 개선 등 그 밖에 대통령령으로 정하는 사업을 우선하여 지원할 수 있음(안 제11조).

마. 그 밖에 서해안지역 어업인의 소득증대와 경쟁력 강화를 위하여 유통·가공시설, 어업생산 기반시설 정비·확충, 복지시설 지원 등, 어업인 경영활동 등 지원을 할 수 있음(안 제12조부터 제15조까지).

바. 서해안의 어족자원 보호를 위하여 국가는 서해에서의 중국어선 등 외국어선의 불법조업을 감소시키고 서해안지역 어업인이 조업할 수 있도록 중국 등 외국과의 외교적 협력을 하도록 하려는 것임(안 제18조).

사. 서해안지역 어업인을 지원하기 위하여 외국어선의 불법조업에 따른 벌금 등을 수산발전기금으로 편입하여 피해어업인 지원사업 등에 사용함(안 제19조).

■ 참고사항

이 법률안은 박남춘 의원이 대표발의한 「수산업법 일부개정법률안」(의안번호 제14842호) 및 「배타적 경제수역에서의 외국인어업 등에 대한 주권적 권리의 행사에 관한 법률 일부개정법률안」(의안번호 제14841호)의 의결을 전제로 하는 것이므로 같은 법률안이 의결되지 아니하거나 수정의결되는 경우에는 이에 맞추어 조정하여야 할 것임.

법률 제 호

중국어선 등 외국어선의 서해5도 주변수역 조업에 따른 서해안지역 어업인 지원 특별법안

제1조(목적) 이 법은 중국어선 등 외국어선의 서해 북한수역 조업의 증가로 인하여 회귀·회유 어류의 포획 감소 등으로 피해를 받고 있는 서해안지역 어업인의 어획량 회복, 소득증대와 생활안정을 도모함을 목적으로 한다.

제2조(정의) 이 법에서 사용하는 용어의 정의는 다음과 같다.

1. "서해안지역"이란 경기도, 인천광역시, 충청남도, 전라북도, 전라남도 관할 구역 중에서 대통령령으로 정하는 거리 이내에서 서해안 해안선과 연접한 지역을 말한다.
2. "서해5도"란 「서해5도 지원 특별법」 제2조제1호의 서해5도를 말한다.
3. "어업인"이란 「농어업·농어촌 식품산업 기본법」 제3조제2호나목의 어업인을 말한다.
4. "지원사업"이란 서해안 어업인 종합지원계획과 연도별 시행계획에 따라 시행되는 각종 사업을 말한다.

제3조(국가 등의 책무) ① 국가와 지방자치단체는 서해안지역 어업인의 소득증대와 생활안정을 도모하기 위한 종합적인 시책을 수립·추진하고 지원방안을 강구하여야 한다.

② 국가와 지방자치단체는 종합적인 시책이 효율적으로 시행될 수 있도록 예산의 범위에서 필요한 재정적 지원을 하여야 한다.

제4조(다른 법률과의 관계) 이 법은 서해안 주변수역에서 중국어선 등 외국어선의 조업에 따른 서해안지역 어업인 지원에 관하여 다른 법률에 우선하여 적용된다.

제5조(서해안지역 어업인 종합지원계획의 수립) ① 서해안지역 어업인 종합지원계획(이하 "종합지원계획"이라 한다. 이하 같다)이란 제1조의 목적을 달성하기 위하여 수립하는 종합적이고 기본적인 계획을 말한다.

② 해양수산부장관은 해당 지방자치단체의 장 및 서해안지역 어업인의 의견을 수렴하여 종합지원계획안을 작성하여 관계 중앙행정기관의 장과 협의하고, 제7조에 따른 서해안지역 어업인 지원위원회의 심의를 거쳐 확정한다.

③ 해양수산부장관은 확정된 종합지원계획 중 대통령령으로 정하는 중요한 사항을 변경할 때에는 제7조에 따른 서해안지역 어업인 지원위원회의 심의를 거쳐야 한다.

④ 종합지원계획에는 다음 각 호의 사항이 포함되어야 한다.

1. 서해안지역 어업인 지원에 관한 기본시책
2. 서해안지역 어업인의 소득증대
3. 중국어선의 불법조업 방지 대책 및 피해지원
4. 서해안지역 어족자원 보호
5. 서해안지역 어업인의 어촌 정주여건의 조성
6. 어업기반시설 및 유통·가공시설 확충·정비
7. 서해안지역 어업의 새로운 어장 개척
8. 그 밖에 서해안지역 어업인의 삶의 질 향상을 위한 지원대책으로서 대통령령으로 정하는 사항

⑤ 해양수산부장관은 종합지원계획을 수립하기 위하여 필요한 경우에는 관계 중앙행정기관의 장 또는 시·도지사에게 관련 자료의 제출을 요청할 수 있다. 이 경우 자료제출을 요청받은 관계 중앙행정기관의 장 또는 시·도지사는 특별한 사유가 없으면 이에 협조하여야 한다.

제6조(연도별 시행계획의 수립) 해양수산부장관은 제5조에 따라 수립·확정된 종합지원계획에 따라 추진할 연도별 시행계획안을 수립하여 중앙행정기관의 장과 협의를 거친 후 제7조에 따른 서해안지역 어업인 지원위원회의 심의를 거쳐 확정한다.

제7조(외국어선 불법조업 피해대책위원회의 설치 및 구성) ① 서해안지역 어업인 지원에 관한 다

음 각 호의 사항을 심의하기 위하여 국무총리 소속으로 외국어선 불법조업 피해대책위원회(이하 "위원회"라 한다)를 두며, 위원회에서는 다음 각 호의 사항을 심의한다.

1. 종합지원계획의 수립 및 변경
2. 연도별 시행계획의 수립 및 변경
3. 그 밖에 서해안지역 어업인 지원을 위하여 위원장이 필요하다고 인정하는 사항

② 위원회는 위원장 1명을 포함한 15명 이내의 위원으로 구성한다.

③ 위원회의 위원장은 국무총리가 되고, 위원은 각 호의 사람이 된다.

1. 기획재정부장관 · 국방부장관 · 외교부장관 · 통일부장관 · 행정자치부장관 · 보건복지부장관 · 국토교통부장관 · 해양수산부장관 · 국민안전처장관 · 국무조정실장과 그 밖에 대통령령으로 정하는 중앙행정기관의 장
2. 어업인 또는 어업인단체의 대표자와 어촌의 복지 · 교육 · 지역개발 분야에 풍부한 학식과 경험이 있는 사람으로서 위원장이 위촉하는 사람

④ 제3항제2호에 따른 위원의 임기는 2년으로 한다.

⑤ 위원회에 간사위원 1명을 두되, 간사위원은 해양수산부장관이 된다.

⑥ 위원회는 그 업무수행을 위하여 필요한 경우 관계 행정기관의 소속공무원 또는 관련 기관 · 단체의 임직원의 파견을 요청할 수 있다.

⑦ 위원회의 업무를 효율적으로 수행하기 위하여 위원회에 해양수산부장관을 위원장으로 하는 외국인 불법조업 피해대책실무위원회(이하 "실무위원회"라 한다)를 둔다.

⑧ 위원회의 운영 및 실무위원회의 구성 · 기능 · 운영 등에 관하여 필요한 사항은 대통령령으로 정한다.

제8조(피해어업자에 대한 지원 및 피해보전) ① 국가 및 지방자치단체는 중국어선 등 외국어선의 서해5도 주변수역에서 조업으로 어획량 감소 또는 어선 · 어구 파손이 발생한 어업자에 대하여 지원대책을 강구하여야 한다.

② 국가 및 지방자치단체는 중국어선 등 외국어선의 서해5도 주변수역에서 조업으로 인하여 어획량 감소 또는 어선 · 어구 파손 등 피해가 발생한 어업인에 대하여 그 어업인이 피해사실을 소명하는 경우 피해사실에 대한 실태조사를 하여야 하며, 실태조사결과 피해발생이 확인되는 경우 그 피해를 보전해 줄 수 있다.

③ 제2항에 따른 피해보전의 본전대상, 지급 및 산출방법, 그 밖에 필요한 사항은 대통령령으로 정한다.

제9조(조업구역 확장 및 조업시간 연장) 국가 및 지방자치단체는 중국어선 등 외국어선의 서해5도 주변수역에서 조업으로 인하여 피해가 발생한 어업인의 소득증대를 위하여 조업구역 확장과 조업시간 연장을 위하여 노력해야 한다.

제10조(사업비의 지원 등) ① 국가와 지방자치단체는 종합지원계획을 효율적으로 추진하기 위하여 지원사업의 시행자에게 필요한 자금을 보조 · 융자 또는 알선하거나 그 밖에 필요한 조치를 할 수 있다.

② 지방자치단체가 종합지원계획과 연도별 시행계획에 따라 시행하는 사업에 대한 국가의 보조금은 「보조금 관리에 관한 법률」 제10조에 따른 차등보조율과 다른 법률에 따른 보조율에도 불구하고 이를 인상하여 지원하여야 하며, 그 보조율은 대통령령으로 정한다.

제11조(어족자원 보호사업 우선지원) 국가와 지방자치단체는 서해안지역 어업인의 어족자원 보호와 어획량 증대를 위하여 수산종묘 방류, 인공어초 조성, 해중림(海中林) 설치, 바다목장 설치와 해양환경 개선 등 그 밖에 대통령령으로 정하는 사업을 우선하여 지원할 수 있다.

제12조(유통 · 가공시설 지원) 국가와 지방자치단체는 서해안지역 어업인의 소득보전을 위하여 수산물 유통 · 가공 시설의 확충 및 정비사업을 지원할 수 있다.

제13조(어업생산 기반시설 정비 · 확충 지원) 국가와 지방자치단체는 서해안지역 어업인의 어항 등 대통령령으로 정하는 어업생산 기반시설의 정비·확충을 지원할 수 있다.

제14조(복지시설 지원) 국가와 지방자치단체는 서해안지역 어업인의 삶의 질 향상을 위하여 도서관, 양로원, 장애인복지관, 보육원, 병원, 외국인 어선원 복지시설 및 그 밖에 대통령령으로 정하는 복지시설을 설치하거나 그 필요한 경비를 지원할 수 있다.

제15조(어업인 경영활동 등 지원) 국가와 지방자치단체는 서해안지역에 거주하는 어업인의 경영활동을 장려하기 위하여 대통령령으로 정하는 바에 따라 필요한 자금의 우선지원, 영어(營漁)·시설운영·운전비에 관한 자금 등의 대출상환 유예, 기한 연장, 이자지원 등에 대한 대책을 수립하여 시행하여야 한다.

제16조(실태조사) ① 해양수산부장관은 서해안지역 어업인에 대한 효율적인 지원을 위하여 외국어선으로 인한 서해안지역 어업인의 피해에 대하여 연 1회이상 실태조사를 하여야 한다.

② 해양수산부장관은 서해안지역 어업인의 피해 실태조사를 위하여 필요한 경우에는 관계 중앙행정기관의 장, 지방자치단체의 장, 「공공기관의 운영에 관한 법률」에 따른 공공기관의 장, 피해를 받은 서해안지역 어업인 또는 어업 관련 단체의 장에게 관련 자료를 요청할 수 있다. 이 경우 자료를 요청받은 관계 중앙행정기관의 장 등은 특별한 사정이 없으면 이에 협조하여야 한다.

③ 제1항에 따른 실태조사의 범위와 방법 등에 필요한 사항은 대통령령으로 정한다.

제17조(불법조업 단속 및 방지시설 설치) ① 국가는 서해안지역 어업인을 위하여 서해 수역에서 외국어선의 불법조업을 감소시키고 서해안지역 어업인이 안전하게 조업할 수 있도록 외국어선의 불법조업에 대한 단속에 노력을 하여야 한다.

② 국가는 서해5도에서 조업하는 어업인의 안전조업과 수산자원 보호 및 불법조업 방지를 위하여 필요한 시설물 설치에 관한 사업을 지원할 수 있다.

제18조(국가의 외교적 노력) 국가는 서해안지역 어업인을 위하여 서해 수역에서 외국어선의 불법조업을 감소시키고 서해안지역 어업인이 조업할 수 있도록 수산분야에서 외교적 노력을 하여야 한다.

제19조(재정지원) ① 국가는 제8조부터 제17조까지의 서해안 어업인 지원 사업 등에 필요한 자금에 대하여 「수산업법」 제76조에 따른 수산발전기금에서 지원할 수 있다.

부 칙

이 법은 공포 후 6개월이 경과한 날부터 시행한다.

중국어선 등 외국어선의 서해5도 주변수역 조업에 따른 서해안지역 어업인 지원 특별법안 (박남춘 의원 대표발의, 임기만료 폐기)

의안번호: 1914840
발의연월일: 2015. 4. 23.
발의자: 박남춘·부좌현·강창일·김상희·이개호·최재성·윤관석·김광진·민홍철·이학재 의원(10인)

제안이유 및 주요내용

■ 제안이유

현재 서해5도 주변수역은 중국어선의 조업이 증가하면서 우리나라의 서해안의 회귀·회유성 어류 어획량이 감소하고 있는 추세임. 뿐만 아니라 중국어선의 조업과정에서 국내 어선에 위해를 가하는 등 어선·어구 등이 파손되는 등 피해를 주고 있음.

최근 중국 내에서 수산물 수요 증가에 따른 수산물의 가격 상승은 중국어선의 서해5도 주변수역의 진출을 가속화시킬 수 있음. 이에 따라 꽃게 및 조기 등 회귀·회유성 어류 포획의 감소로 인한 서해안지역 어업인의 경제적 어려움은 가중될 것으로 예상됨. 이에 피해 받고 있는 서해안지역 어업인의 지원을 위하여 해양수산부장관은 종합지원계획과 연도별 시행계획을 수립하고, 국가와 지방자치단체는 이에 따른 사업비를 지원하도록 하며 유통·가공 시설을 정비·확충하여 해당 지역 수산업의 경쟁력을 강화하고자 함.

또한 식량안보의 확보와 해양환경의 보호를 위하여 국가는 중국 등 외국과의 수산분야에서 외교적 협력을 통하여 중국어선 등 외국어선의 불법조업을 감소시키고 서해5도 주변수역에서 서해안지역 어업인이 조업이 원활할 수 있도록 노력하도록 하려는 것임.

■ 주요내용

가. 서해안지역 어업인의 지원을 위하여 해양수산부장관은 해당 지방자치단체의 장 및 서해안지역 어업인의 의견을 들어 종합지원계획안을 작성하며, 연도별 시행계획안을 수립함(안 제5조 및 제6조).

나. 서해안지역 어업인 지원에 관한 사항을 심의하기 위하여 국무총리 소속으로 외국어선 불법조업 피해대책위원회를 둠(안 제7조).

다. 해양수산부장관은 중국어선 등 외국어선의 서해5도 주변수역에서 조업으로 어획량 감소 또는 어선·어구 파손이 발생한 어업자에 대하여 그 손실액을 보전할 수 있도록 함(안 제8조).

라. 서해안지역 어업인의 어족자원 보호와 어획량 증대를 위하여 수산종묘 방류, 인공어초 조성, 해중림(海中林) 설치, 바다목장 설치과 해양환경 개선 등 그 밖에 대통령령으로 정하는 사업을 우선하여 지원할 수 있음(안 제11조).

마. 그 밖에 서해안지역 어업인의 소득증대와 경쟁력 강화를 위하여 유통·가공시설, 어업생산 기반시설 정비·확충, 복지시설 지원 등, 어업인 경영활동 등 지원을 할 수 있음(안 제12조부터 제15조까지).

바. 서해안의 어족자원 보호를 위하여 국가는 서해에서의 중국어선 등 외국어선의 불법조업을 감소시키고 서해안지역 어업인이 조업할 수 있도록 중국 등 외국과의 외교적 협력을 하도록 하려는 것임(안 제18조).

사. 서해안지역 어업인을 지원하기 위하여 외국어선의 불법조업에 따른 벌금 등을 수산발전기금으로 편입하여 피해어업인 지원사업 등에 사용함(안 제19조).

■ 참고사항

이 법률안은 박남춘 의원이 대표발의한 「수산업법 일부개정법률안」(의안번호 제14842호) 및 「배타적 경제수역에서의 외국인어업 등에 대한 주권적 권리의 행사에 관한 법률 일부개정법률안」(의안번호 제14841호)의 의결을 전제로 하는 것이므로 같은 법률안이 의결되지 아니하거나 수정의결되는 경우에는 이에 맞추어 조정하여야 할 것임.

법률 제　호

중국어선 등 외국어선의 서해5도 주변수역 조업에 따른 서해안 지역 어업인 지원 특별법안

제1조(목적) 이 법은 중국어선 등 외국어선의 서해 북한수역 조업의 증가로 인하여 회귀·회유 어류의 포획 감소 등으로 피해를 받고 있는 서해안지역 어업인의 어획량 회복, 소득증대와 생활안정을 도모함을 목적으로 한다.

제2조(정의) 이 법에서 사용하는 용어의 정의는 다음과 같다.

1. "서해안지역"이란 경기도, 인천광역시, 충청남도, 전라북도, 전라남도 관할 구역 중에서 대통령령으로 정하는 거리 이내에서 서해안 해안선과 연접한 지역을 말한다.
2. "서해5도"란 「서해5도 지원 특별법」 제2조제1호의 서해5도를 말한다.
3. "어업인"이란 「농어업·농어촌 식품산업 기본법」 제3조제2호나목의 어업인을 말한다.
4. "지원사업"이란 서해안 어업인 종합지원계획과 연도별 시행계획에 따라 시행되는 각종 사업을 말한다.

제3조(국가 등의 책무) ① 국가와 지방자치단체는 서해안지역 어업인의 소득증대와 생활안정을 도모하기 위한 종합적인 시책을 수립·추진하고 지원방안을 강구하여야 한다.

② 국가와 지방자치단체는 종합적인 시책이 효율적으로 시행될 수 있도록 예산의 범위에서 필요한 재정적 지원을 하여야 한다.

제4조(다른 법률과의 관계) 이 법은 서해안 주변수역에서 중국어선 등 외국어선의 조업에 따른 서해안지역 어업인 지원에 관하여 다른 법률에 우선하여 적용된다.

제5조(서해안지역 어업인 종합지원계획의 수립) ① 서해안지역 어업인 종합지원계획(이하 "종합지원계획"이라 한다. 이하 같다)이란 제1조의 목적을 달성하기 위하여 수립하는 종합적이고 기본적인 계획을 말한다.

② 해양수산부장관은 해당 지방자치단체의 장 및 서해안지역 어업인의 의견을 수렴하여 종합지원계획안을 작성하여 관계 중앙행정기관의 장과 협의하고, 제7조에 따른 서해안지역 어업인 지원위원회의 심의를 거쳐 확정한다.

③ 해양수산부장관은 확정된 종합지원계획 중 대통령령으로 정하는 중요한 사항을 변경할 때에는 제7조에 따른 서해안지역 어업인 지원위원회의 심의를 거쳐야 한다.

④ 종합지원계획에는 다음 각 호의 사항이 포함되어야 한다.

1. 서해안지역 어업인 지원에 관한 기본시책
2. 서해안지역 어업인의 소득증대
3. 중국어선의 불법조업 방지 대책 및 피해지원
4. 서해안지역 어족자원 보호
5. 서해안지역 어업인의 어촌 정주여건의 조성
6. 어업기반시설 및 유통·가공시설 확충·정비
7. 서해안지역 어업의 새로운 어장 개척
8. 그 밖에 서해안지역 어업인의 삶의 질 향상을 위한 지원대책으로서 대통령령으로 정하는 사항

⑤ 해양수산부장관은 종합지원계획을 수립하기 위하여 필요한 경우에는 관계 중앙행정기관의 장 또는 시·도지사에게 관련 자료의 제출을 요청할 수 있다. 이 경우 자료제출을 요청받은 관계 중앙행정기관의 장 또는 시·도지사는 특별한 사유가 없으면 이에 협조하여야 한다.

제6조(연도별 시행계획의 수립) 해양수산부장관은 제5조에 따라 수립·확정된 종합지원계획에 따라 추진할 연도별 시행계획안을 수립하여 중앙행정기관의 장과 협의를 거친 후 제7조에 따른 서해안지역 어업인 지원위원회의 심의를 거쳐 확정한다.

제7조(외국어선 불법조업 피해대책위원회의 설치 및 구성) ① 서해안지역 어업인 지원에 관한 다음 각 호의 사항을 심의하기 위하여 국무총리 소속으로 외국어선 불법조업 피해대책위원회(이하 "위원회"라 한다)를 두며, 위원회에서는 다음 각 호의 사항을 심의한다.

1. 종합지원계획의 수립 및 변경
2. 연도별 시행계획의 수립 및 변경
3. 그 밖에 서해안지역 어업인 지원을 위하여 위원장이 필요하다고 인정하는 사항

② 위원회는 위원장 1명을 포함한 15명 이내의 위원으로 구성한다.

③ 위원회의 위원장은 국무총리가 되고, 위원은 각 호의 사람이 된다.

1. 기획재정부장관·국방부장관·외교부장관·통일부장관·행정자치부장관·보건복지부장관·국토교통부장관·해양수산부장관·국민안전처장관·국무조정실장과 그 밖에 대통령령으로 정하는 중앙행정기관의 장
2. 어업인 또는 어업인단체의 대표자와 어촌의 복지·교육·지역개발 분야에 풍부한 학식과 경험이 있는 사람으로서 위원장이 위촉하는 사람

④ 제3항제2호에 따른 위원의 임기는 2년으로 한다.

⑤ 위원회에 간사위원 1명을 두되, 간사위원은 해양수산부장관이 된다.

⑥ 위원회는 그 업무수행을 위하여 필요한 경우 관계 행정기관의 소속공무원 또는 관련 기관·단체의 임직원의 파견을 요청할 수 있다.

⑦ 위원회의 업무를 효율적으로 수행하기 위하여 위원회에 해양수산부장관을 위원장으로 하는 외국인 불법조업 피해대책실무위원회(이하 "실무위원회"라 한다)를 둔다.

⑧ 위원회의 운영 및 실무위원회의 구성·기능·운영 등에 관하여 필요한 사항은 대통령령으로 정한다.

제8조(피해어업자에 대한 지원 및 피해보전) ① 국가 및 지방자치단체는 중국어선 등 외국어선의 서해5도 주변수역에서 조업으로 어획량 감소 또는 어선·어구 파손이 발생한 어업자에 대하여 지원대책을 강구하여야 한다.

② 국가 및 지방자치단체는 중국어선 등 외국어선의 서해5도 주변수역에서 조업으로 인하여 어획량 감소 또는 어선·어구 파손 등 피해가 발생한 어업인에 대하여 그 어업인이 피해사실을 소명하는 경우 피해사실에 대한 실태조사를 하여야 하며, 실태조사결과 피해발생이 확인되는 경우 그 피해를 보전해 줄 수 있다.

③ 제2항에 따른 피해보전의 본전대상, 지급 및 산출방법, 그 밖에 필요한 사항은 대통령령으로 정한다.

제9조(조업구역 확장 및 조업시간 연장) 국가 및 지방자치단체는 중국어선 등 외국어선의 서해5도 주변수역에서 조업으로 인하여 피해가 발생한 어업인의 소득증대를 위하여 조업구역 확장과 조업시간 연장을 위하여 노력해야 한다.

제10조(사업비의 지원 등) ① 국가와 지방자치단체는 종합지원계획을 효율적으로 추진하기 위하여 지원사업의 시행자에게 필요한 자금을 보조·융자 또는 알선하거나 그 밖에 필요한 조치를 할 수 있다.

② 지방자치단체가 종합지원계획과 연도별 시행계획에 따라 시행하는 사업에 대한 국가의 보조금은 「보조금 관리에 관한 법률」 제10조에 따른 차등보조율과 다른 법률에 따른 보조율에도 불구하고 이를 인상하여 지원하여야 하며, 그 보조율은 대통령령으로 정한다.

제11조(어족자원 보호사업 우선지원) 국가와 지방자치단체는 서해안지역 어업인의 어족자원 보호와 어획량 증대를 위하여 수산종묘 방류, 인공어초 조성, 해중림(海中林) 설치, 바다목장 설치와 해양환경 개선 등 그 밖에 대통령령으로 정하는 사업을 우선하여 지원할 수 있다.

제12조(유통 · 가공시설 지원) 국가와 지방자치단체는 서해안지역 어업인의 소득보전을 위하여 수산물 유통·가공 시설의 확충 및 정비사업을 지원할 수 있다.

제13조(어업생산 기반시설 정비 · 확충 지원) 국가와 지방자치단체는 서해안지역 어업인의 어항 등 대통령령으로 정하는 어업생산 기반시설의 정비·확충을 지원할 수 있다.

제14조(복지시설 지원) 국가와 지방자치단체는 서해안지역 어업인의 삶의 질 향상을 위하여 도서관, 양로원, 장애인복지관, 보육원, 병원, 외국인 어선원 복지시설 및 그 밖에 대통령으로 정하는 복지시설을 설치하거나 그 필요한 경비를 지원할 수 있다.

제15조(어업인 경영활동 등 지원) 국가와 지방자치단체는 서해안지역에 거주하는 어업인의 경영활동을 장려하기 위하여 대통령령으로 정하는 바에 따라 필요한 자금의 우선 지원, 영어(營漁)·시설운영·운전비에 관한 자금 등의 대출상환 유예, 기한 연장, 이자지원 등에 대한 대책을 수립하여 시행하여야 한다.

제16조(실태조사) ① 해양수산부장관은 서해안지역 어업인에 대한 효율적인 지원을 위하여 외국어선으로 인한 서해안지역 어업인의 피해에 대하여 연 1회이상 실태조사를 하여야 한다.

② 해양수산부장관은 서해안지역 어업인의 피해 실태조사를 위하여 필요한 경우에는 관계 중앙행정기관의 장, 지방자치단체의 장, 「공공기관의 운영에 관한 법률」에 따른 공공기관의 장, 피해를 받은 서해안지역 어업인 또는 어업 관련 단체의 장에게 관련 자료를 요청할 수 있다. 이 경우 자료를 요청받은 관계 중앙행정기관의 장 등은 특별한 사정이 없으면 이에 협조하여야 한다.

③ 제1항에 따른 실태조사의 범위와 방법 등에 필요한 사항은 대통령령으로 정한다.

제17조(불법조업 단속 및 방지시설 설치) ① 국가는 서해안지역 어업인을 위하여 서해 수역에서 외국어선의 불법조업을 감소시키고 서해안지역 어업인이 안전하게 조업할 수 있도록 외국어선의 불법조업에 대한 단속에 노력을 하여야 한다.

② 국가는 서해5도에서 조업하는 어업인의 안전조업과 수산자원 보호 및 불법조업 방지를 위하여 필요한 시설물 설치에 관한 사업을 지원할 수 있다.

제18조(국가의 외교적 노력) 국가는 서해안 지역 어업인을 위하여 서해 수역에서 외국어선의 불법조업을 감소시키고 서해안지역 어업인이 조업할 수 있도록 수산분야에서 외교적 노력을 하여야 한다.

제19조(재정지원) ① 국가는 제8조부터 제17조까지의 서해안 어업인 지원 사업 등에 필요한 자금에 대하여「수산업법」제76조에 따른 수산발전기금에서 지원할 수 있다.

부 칙

이 법은 공포 후 6개월이 경과한 날부터 시행한다.

〈검토보고서, 2016. 5. 〉

(중략)

3. 검토의견

가. 중국어선의 불법조업 현황 및 피해규모

2001년 6월 한·중 어업협정 발효 이후 우리 배타적 경제수역(EEZ)에서 조업할 수 있는 중국어선의 수와 어획할당량은 꾸준히 감소한 반면, 중국의 수산물 소비 증가, 중국의 연안오염 및 수산자원 고갈 등으로 우리 EEZ에서 허가받지 않고 수산물을 포획·채취하거나 각종 제한·조건을 위반한 중국어선의 불법 어업활동이 성행하고 있음.

중국어선의 불법조업으로 인해 수산자원이 감소하고 우리 어업인이 설치한 어구가 파손되는 등 피해가 발생하고 있고, 단속 과정에서 중국선원의 저항으로 우리 공무원이 사망하는 사고도 발생한 바 있음.

중국어선의 불법조업 등으로 우리 어업이 입는 피해규모를 정확하게 조사한 자료는 없으나, 피해어획량 등에 따라 해양수산부는 연간 약 2,900억원 내지 4,300억원의 피해가 발생하는 것으로, 한국수산회 수산정책연구소는 연간 약 1조 3,500억원의 피해가 발생하는 것으로 각각 추정

▼표 중국어선 불법조업 등 단속현황 (단위: 척)

구 분	나포 (A+B+C)	배타적 경제수역			영해침범 (B)	특정금지 (C)
		계(A)	무허가	제한조건 위반 등		
2011	534	485	170	315	32	17
2012	467	402	106	296	31	34
2013	487	440	149	291	34	13
2014	341	298	85	213	24	19
2015	568	541	110	431	11	16

*자료: 해양수산부

▼표 중국어선 불법조업으로 인한 피해규모(추정)

구 분	해양수산부	한국수산회 수산정책연구소
□ 피해 어획량	8만톤 ~ 12만톤	675,000톤
산출근거	• 우리수역에 입어하는 합법 중국 저인망어선의 연간 척당 평균 어획량은 40톤 정도 • 연간 불법어선 규모를 2천척 ~ 3천척으로 추정 시 8만톤 ~ 12만톤 어획 추정	• 중국 저인망 1일 평균어획량을 3톤으로 추정하고, 연간 150일 (성어기, 4 ~ 5월, 10 ~ 12월) 조업 시 450톤 어획 • 불법어선 규모를 1,500척으로 추정 시 675,000톤 어획
□ 피해 어획고	2,900억원 ~ 4,300억원	1조 3,500억원
산출근거	• 2012년 해면어업 톤당 단가(362만원)를 적용, 연간 어획량(8만톤~12만톤) 대입 계산	• 2012년 국내 저인망류의 톤당 평균단가(200만원)을 적용, 연간 어획량(675,000톤)을 대입 계산

*자료: 해양수산부

하고 있음.

나. 검토의견

조직·인력·장비 등 단속역량 강화, 벌칙 강화, 외교적 대응 등 중국어선의 불법조업을 근절하기 위한 우리 정부의 노력에도 불구하고 중국어선의 불법조업으로 인해 우리나라 어업과 어업인에게 직·간접적인 피해가 발생하고 있으며, 우리나라 연근해생산량이 약 106만톤(2014년말 기준)인 점에 비추어 피해규모도 상당한 수준이라 할 수 있음.

이에 중국어선 불법조업 등으로 인해 서해안지역 어업인이 입은 피해를 적절히 보전하고, 정부가 종합지원계획 및 시행계획에 따라 서해안지역 어업인의 생활안정과 소득증대 등을 위해 다양한 지원책을 강구토록 하려는 제정안의 취지는 바람직한 것으로 판단됨.

다만, 다음과 같은 점을 고려할 때 특별법의 제정은 신중한 논의가 필요하다고 보여짐.

첫째, 중국어선의 불법조업으로 인한 어업피해는 서해안지역에만 국한된 것이 아니고 동해안지역과 제주도를 포함한 남해안지역에서도 발생하고 있음. 따라서 특별법을 제정하는 경우 그 적용범위를 특정지역에 국한할 것이 아니라 중국어선의 불법조업으로 피해를 입는 지역 전부를 대상으로 하는 것이 형평성에 부합하는 것으로 보임.[76]

둘째, 현재 서해5도(백령도·대청도·소청도·연평도·소연평도와 인근 해역)의 생산·소득 및 생활기반시설의 정비·확충을 통해 정주여건을 개선함으로써 지역주민의 소득증대와 생활안정 및 복지향상을 도모하기 위해 「서해5도 지원 특별법(2010. 12. 27. 제정)」이 시행되고 있음.

제정안	서해5도 지원 특별법
제8조(피해어업자에 대한 지원 및 피해보전) ① 국가 및 지방자치단체는 중국어선 등 외국어선의 서해5도 주변수역에서 조업으로 어획량 감소 또는 어선·어구 파손이 발생한 어업자에 대하여 지원대책을 강구하여야 한다. ②·③ (생략)	**제18조(농어업인 및 소상공인 경영활동 등 지원)** ② 국가 및 지방자치단체는 서해5도에 거주하는 어업인이 불특정국가의 선박으로 인한 어구 손괴 등으로 피해가 발생한 경우에는 지원대책을 강구할 수 있다.
제9조(조업구역 확장 및 조업시간 연장) 국가 및 지방자치단체는 중국어선 등 외국어선의 서해5도 주변수역에서 조업으로 인하여 피해가 발생한 어업인의 소득증대를 위하여 조업구역 확장과 조업시간 연장을 위하여 노력해야 한다.	③ 해양수산부장관은 서해5도 어업인의 소득증대를 위하여 안전한 조업이 보장되는 범위에서 조업구역의 확장 및 조업시간 연장을 위하여 노력하여야 한다.
제17조(불법조업 단속 및 방지시설 설치) ① (생략) ② 국가는 서해5도에서 조업하는 어업인의 안전조업과 수산자원 보호 및 불법조업 방지를 위하여 필요한 시설물 설치에 관한 사업을 지원 할 수 있다.	**제19조(불법조업 방지시설)** 국가는 서해5도에서 조업하는 어민의 안전조업과 불법조업으로 인한 피해 방지를 위하여 시설물 설치에 필요한 사업을 지원할 수 있다.

그리고 「서해5도 지원 특별법」에 어구 손괴 등으로 발생한 피해에 대한 지원대책 강구, 조업구역 확장과 조업시간 연장을 위한 국가의 노력의무, 안전조업과 불법조업으로 인한 피해방지를 위한 시설물 설치 지원 근거가 포함되어 제정안의 목적이 일부 달성된 것으로 볼 수 있음.

셋째, 서해안지역 어업인을 위해 제정안에서 규정하고 있는 사업비 지원(안 제10조), 어족자원 보호사업 우선지원(안 제11조), 유통·가공시설 지원(안 제12조), 어업생산 기반시설 정비·확충 지원(안 제13조), 어업인 경영활동 지원(안 제15조) 등과 같은 지원책은 현재도 「수산업법」, 「어촌·어항법」, 「수산자원관리법」 및 「수산물 유통의 관리 및 지원에 관한 법률」 등에 근거가 있기 때문에 예산이 확보되는 경우 서해안지역 어업인을 대상으로 지원이 가능할 것으로 보여짐.

76 현재 농림축산식품해양수산위원회에는 '외국어선의 동해 북한수역 조업에 따른 동해안지역 어업인 지원 특별법안(정문헌 의원 대표발의, 2012. 10. 19.)'이 회부되어 있음. 동 법안은 중국어선의 불법조업 등으로 피해를 입는 동해안지역 어업인을 지원하기 위한 것으로, 지원대상지역이 다른 것을 제외하고 법안의 내용이나 체계는 제정안과 동일하거나 유사함.

검토보고

■ 중국어선 등 외국어선의 서해5도 주변수역 조업에 따른 서해안지역 어업인 지원 특별법안 (박남춘 의원 대표발의)

■ 배타적 경제수역에서의 외국인어업 등에 대한 주권적 권리의 행사에 관한 법률 일부개정법률안 (박남춘 의원 대표발의)

■ 수산업법 일부개정법률안(박남춘 의원 대표발의)

2016. 5.

농림축산식품해양수산위원회

전문위원 석 영 환

[중국어선 등 외국어선의 서해5도 주변수역 조업에 따른 서해안지역 어업인 지원 특별법안]

Ⅰ. 제안경위

가. 제 안 자: 박남춘 의원 등 10인

나. 제 안 일: 2015. 4. 23.

다. 회 부 일: 2015. 4. 24.

Ⅱ. 제안이유

현재 서해5도 주변수역은 중국어선의 조업이 증가하면서 우리나라의 서해안의 회귀·회유성 어류 어획량이 감소하고 있는 추세임. 뿐만 아니라 중국어선의 조업과정에서 국내 어선에 위해를 가하는 등 어선·어구 등이 파손되는 등 피해를 주고 있음.

최근 중국 내에서 수산물 수요 증가에 따른 수산물의 가격 상승은 중국어선의 서해5도 주변수역의 진출을 가속화시킬 수 있음. 이에 따라 꽃게 및 조기 등 회귀·회유성 어류 포획의 감소로 인한 서해안지역 어업인의 경제적 어려움은 가중될 것으로 예상됨.

이에 피해 받고 있는 서해안지역 어업인의 지원을 위하여 해양수산부장관은 종합지원계획과 연도별 시행계획을 수립하고, 국가와 지방자치단체는 이에 따른 사업비를 지원하도록 하며 유통·가공 시설을 정비·확충하여 해당 지역 수산업의 경쟁력을 강화하고자 함.

또한 식량안보의 확보와 해양환경의 보호를 위하여 국가는 중국 등 외국과의 수산분야에서 외교적 협력을 통하여 중국어선 등 외국어선의 불법조업을 감소시키고 서해5도 주변수역에서 서해안지역 어업인이 조업이 원활할 수 있도록 노력하도록 하려는 것임.

Ⅲ. 주요내용

가. 서해안지역 어업인의 지원을 위하여 해양수산부장관은 해당 지방자치단체의 장 및 서해안지역 어업인의 의견을 들어 종합지원계획안을 작성하며, 연도별 시행계획안을 수립함(안 제5조 및 제6조).

나. 서해안지역 어업인 지원에 관한 사항을 심의하기 위하여 국무총리 소속으로 외국어선 불법조업 피해대책위원회를 둠(안 제7조).

다. 해양수산부장관은 중국어선 등 외국어선의 서해5도 주변수역에서 조업으로 어획량 감소 또는 어선·어구 파손이 발생한 어업자에 대하여 그 손실액을 보전할 수 있도록 함(안 제8조).

라. 서해안지역 어업인의 어족자원 보호와 어획량 증대를 위하여 수산종묘 방류, 인공어초 조성, 해중림(海中林) 설치, 바다목장 설치과 해양환경 개선 등 그 밖에 대통령령으로 정하는 사업을 우선하여 지원할 수 있음(안 제11조).

마. 그 밖에 서해안지역 어업인의 소득증대와 경쟁력 강화를 위하여 유통·가공시설, 어업생산 기반시설 정비·확충, 복지시설 지원 등, 어업인 경영활동 등 지원을 할 수 있음(안 제12조부터 제15조까지).

바. 서해안의 어족자원 보호를 위하여 국가는 서해에서의 중국어선 등 외국어선의 불법조업을 감소시키고 서해안지역 어업인이 조업할 수 있도록 중국 등 외국과의 외교적 협력을 하도록 하려는 것임(안 제18조).

사. 서해안지역 어업인을 지원하기 위하여 외국어선의 불법조업에 따른 벌금 등을 수산발전기금으로 편입하여 피해어업인 지원사업 등에 사용함(안 제19조).

■ 참고사항

이 법률안은 박남춘 의원이 대표발의한 「수산업법 일부개정법률안」(의안번호 제14842호) 및 「배타적 경제수역에서의 외국인어업 등에 대한 주권적 권리의 행사에 관한 법률 일부개정법률안」(의안번호 제14841호)의 의결을 전제로 하는 것이므로 같은 법률안이 의결되지 아니하거나 수정의결되는 경우에는 이에 맞추어 조정하여야 할 것임.

Ⅳ. 검토의견

1. 제정배경

제정안은 중국어선의 서해 북한수역 내 조업 증가와 우리 배타적 경제수역 내에서의 무허가 어업활동 등으로 인해 어획량 감소, 어선 및 어구 파손 등의 피해를 입는 우리나라 서해안지역 어업인을 지원하기 위한 목적에서 발의되었음.

2. 제정안의 주요내용

제정안은 중국어선의 불법조업 등으로 인해 피해를 입는 서해안지역 어업인을 지원하기 위해 국무총리를 위원장으로 하는 외국어선불법조업피해대책위원회의 심의를 거쳐 해양수산부장관이 종합지원계획과 연도별 시행계획을 수립하도록 하고, 국가 또는 지방자치단체가 서해안지역 어업인 지원을 위해 어획량 감소 등에 따른 피해보전, 조업구역 확장과 조업시간 연장, 어족자원 보호사업 우선지원, 유통·가공시설 및 복지시설 지원, 어업생산 기반시설 정비·확충, 그리고 불법조업 단속 및 방지시설 설치 등의 대책을 마련하거나 노력하도록 하고 있음.

3. 검토의견

가. 중국어선의 불법조업 현황 및 피해규모

2001년 6월 한·중 어업협정 발효 이후 우리 배타적 경제수역(EEZ)에서 조업할 수 있는 중국어선의 수와 어획할당량은 꾸준히 감소한 반면, 중국의 수산물 소비 증가, 중국의 연안오염 및 수산자원 고갈 등으로 우리 EEZ에서 허가받지 않고 수산물을 포획·채취하거나 각종 제한·조건을 위반한 중국어선의 불법 어업활동이 성행하고 있음.

중국어선의 불법조업으로 인해 수산자원이 감소하고 우리 어업인이 설치한 어구가 파손되는 등 피해가 발생하고 있고, 단속 과정에서 중국 선원의 저항으로 우리 공무원이 사망하는 사고도 발생한 바 있음.

▼표 중국어선 불법조업 등 단속현황 (단위: 척)

구 분	나포 (A+B+C)	배타적 경제수역			영해침범 (B)	특정금지 (C)
		계(A)	무허가	제한조건 위반 등		
2011	534	485	170	315	32	17
2012	467	402	106	296	31	34
2013	487	440	149	291	34	13
2014	341	298	85	213	24	19
2015	568	541	110	431	11	16

▼표 중국어선 불법조업으로 인한 피해규모(추정)

구 분	해양수산부	한국수산회 수산정책연구소
ㅁ피해 어획량	8만톤 ~ 12만톤	675,000톤
산출근거	• 우리수역에 입어하는 합법 중국 저인망어선의 연간 척당 평균 어획량은 40톤 정도 • 연간 불법어선 규모를 2천척 ~ 3천척으로 추정 시 8만톤 ~ 12만톤 어획 추정	• 중국 저인망 1일 평균어획량을 3톤으로 추정하고, 연간 150일 (성어기, 4 ~ 5월, 10 ~ 12월) 조업 시 450톤 어획 • 불법어선 규모를 1,500척으로 추정 시 675,000톤 어획
ㅁ피해 어획고	2,900억원 ~ 4,300억원	1조 3,500억원
산출근거	• 2012년 해면어업 톤당 단가(362만원)를 적용, 연간 어획량(8만톤~12만톤) 대입 계산	• 2012년 국내 저인망류의 톤당 평균단가(200만원)을 적용, 연간 어획량(675,000톤)을 대입 계산

*자료: 해양수산부

중국어선의 불법조업 등으로 우리 어업이 입는 피해규모를 정확하게 조사한 자료는 없으나, 피해어획량 등에 따라 해양수산부는 연간 약 2,900억원 내지 4,300억원의 피해가 발생하는 것으로, 한국수산회 수산정책연구소는 연간 약 1조 3,500억원의 피해가 발생하는 것으로 각각 추정하고 있음.

나. 검토의견

조직·인력·장비 등 단속역량 강화, 벌칙 강화, 외교적 대응 등 중국어선의 불법조업을 근절하기 위한 우리 정부의 노력에도 불구하고 중국어선의 불법조업으로 인해 우리나라 어업과 어업인에게 직·간접적인 피해가 발생하고 있으며, 우리나라 연근해생산량이 약 106만톤(2014년말 기준)인 점에 비추어 피해규모도 상당한 수준이라 할 수 있음.

이에 중국어선 불법조업 등으로 인해 서해안지역 어업인이 입은 피해를 적절히 보전하고, 정부가 종합지원계획 및 시행계획에 따라 서해안지역 어업인의 생활안정과 소득증대 등을 위해 다양한 지원책을 강구토록 하려는 제정안의 취지는 바람직한 것으로 판단됨.

다만, 다음과 같은 점을 고려할 때 특별법의 제정은 신중한 논의가 필요하다고 보여짐.

첫째, 중국어선의 불법조업으로 인한 어업피해는 서해안지역에만 국한된 것이 아니고 동해안지역과 제주도를 포함한 남해안지역에서도 발생하고 있음. 따라서 특별법을 제정하는 경우 그 적용범위를 특정지역에 국한할 것이 아니라 중국어선의 불법조업으로 피해를 입는 지역 전부를 대상으로 하는 것이 형평성에 부합하는 것으로 보임.[77]

둘째, 현재 서해5도(백령도·대청도·소청도·연평도·소연평도와 인근 해역)의 생산·소득 및 생활기반시설의 정비·확충을 통해 정주여건을 개선함으로써 지역주민의 소득증대와 생활안정 및 복지향상을 도모하기 위해 「서해5도 지원 특별법(2010. 12. 27. 제정)」이 시행되고 있음.

제정안	서해5도 지원 특별법
제8조(피해어업자에 대한 지원 및 피해보전) ① 국가 및 지방자치단체는 중국어선 등 외국어선의 서해5도 주변수역에서 조업으로 어획량 감소 또는 어선·어구 파손이 발생한 어업자에 대하여 지원대책을 강구하여야 한다. ②·③ (생략)	제18조(농어업인 및 소상공인 경영활동 등 지원) ② 국가 및 지방자치단체는 서해5도에 거주하는 어업인이 불특정국가의 선박으로 인한 어구 손괴 등으로 피해가 발생한 경우에는 지원대책을 강구할 수 있다.
제9조(조업구역 확장 및 조업시간 연장) 국가 및 지방자치단체는 중국어선 등 외국어선의 서해5도 주변수역에서 조업으로 인하여 피해가 발생한 어업인의 소득증대를 위하여 조업구역 확장과 조업시간 연장을 위하여 노력해야 한다.	③ 해양수산부장관은 서해5도 어업인의 소득증대를 위하여 안전한 조업이 보장되는 범위에서 조업구역의 확장 및 조업시간 연장을 위하여 노력하여야 한다.
제17조(불법조업 단속 및 방지시설 설치) ① (생략) ② 국가는 서해5도에서 조업하는 어업인의 안전조업과 수산자원 보호 및 불법조업 방지를 위하여 필요한 시설물 설치에 관한 사업을 지원 할 수 있다.	제19조(불법조업 방지시설) 국가는 서해5도에서 조업하는 어민의 안전조업과 불법조업으로 인한 피해방지를 위하여 시설물 설치에 필요한 사업을 지원할 수 있다.

그리고 「서해5도 지원 특별법」에 어구 손괴 등으로 발생한 피해에 대한 지원대책 강구, 조업구역 확장과 조업시간 연장을 위한 국가의 노력의무, 안전조업과 불법조업으로 인한 피해방지를 위한 시설물 설치 지원 근거가 포함되어 제정안의 목적이 일부 달성된 것으로 볼 수 있음.

셋째, 서해안지역 어업인을 위해 제정안에서 규정하고 있는 사업비 지원(안 제10조), 어족자원 보호사업 우선지원(안 제11조), 유통·가공시설 지원(안 제12조), 어업생산 기반시설 정비·확충 지원(안 제13조), 어업인 경영활동 지원(안 제15조) 등과 같은 지원책은 현재도 「수산업법」, 「어촌·어항법」, 「수산자원관리법」 및 「수산물 유통의 관리 및 지원에 관한 법률」 등에 근거가 있기 때문에 예산이 확보되는 경우 서해안지역 어업인을 대상으로 지원이 가능할 것으로 보여짐.

77 현재 농림축산식품해양수산위원회에는 '외국어선의 동해 북한수역 조업에 따른 동해안지역 어업인 지원 특별법안(정문헌 의원 대표발의, 2012. 10. 19.)'이 회부되어 있음. 동 법안은 중국어선의 불법조업 등으로 피해를 입는 동해안지역 어업인을 지원하기 위한 것으로, 지원대상지역이 다른 것을 제외하고 법안의 내용이나 체계는 제정안과 동일하거나 유사함.

[배타적 경제수역에서의 외국인어업 등에 대한 주권적 권리의 행사에 관한 법률 일부개정법률안]

Ⅰ. 제안경위

가. 제 안 자: 박남춘 의원 등 11인
나. 제 안 일: 2015. 4. 23.
다. 회 부 일: 2015. 4. 24.

Ⅱ. 제안이유 및 주요내용

최근 배타적 경제수역에서 외국선박의 불법 어업활동이 크게 증가하여 우리 어족자원이 고갈될 위기에 처해있으나, 불법 어업활동에 대한 처벌수위가 낮아 이러한 행위가 줄어들고 있지 않은 만큼 외국선박의 불법 어업활동을 보다 강력하게 제재할 필요성이 커지고 있음.

또한, 현행법에 따라 납부된 벌금이나 추징금이 일반회계로 귀속되어 외국선박의 불법 어업활동의 직접 피해자인 어업인과 무관하게 사용되고 있는 실정임.

이에 현행법상의 벌금을 상향 조정하고, 납부된 벌금이나 추징금이 수산발전기금으로 귀속되도록 하여 외국선박의 불법조업에 따른 어업인 지원사업 등을 위해 직접 사용될 수 있도록 하려는 것임(안 제17조, 제17조의2 및 제22조의2).

■ 참고사항

이 법률안은 박남춘 의원이 대표발의한 「중국어선 등 외국어선의 서해5도 주변수역 조업에 따른 서해안지역 어업인 지원 특별법안」(의안번호 제14840호) 및 「수산업법 일부개정법률안」(의안번호 제14842호)의 의결을 전제로 하는 것이므로 같은 법률안이 의결되지 아니하거나 수정의결되는 경우에는 이에 맞추어 조정하여야 할 것임.

Ⅲ. 검토의견

개정안은 이 법을 위반한 자에 대한 벌칙을 강화하고, 이 법에 따라 집행된 벌금 및 추징금을 수산발전기금으로 납입하도록 하려는 것임.

1. 벌금액 한도 인상 (안 제17조 및 제17조의2)

개정안은 특정금지구역(배타적 경제수역 중 어업자원의 보호 또는 어업조정을 위하여 대통령령으로 정하는 구역)에서 또는 해양수산부장관의 허가를 받지 않고 어업활동을 한 외국인 등에 대한 벌금액 한도를 2억원에서 4억원으로, 검사나 사법경찰관의 정선명령을 따르지 아니한 선박의 소유자 또는 선장에 대한 벌금액 한도를 1억원에서 2억원으로 각각 인상하려는 것임.

개정안은 배타적 경제수역에서 중국어선 등의 불법조업이 증가하여 우리 어업인에게 피해를 미치고 있음에도 처벌수위가 낮아 불법적 어업활동이 근절되지 않고 있기 때문에 보다 강력한 제재를 위해 벌금액 한도를 높이고자 하는 것으로 외국어선의 조업질서 확립에 기여할 수 있을 것으로 예상되나, 다음과 같은 점을 고려할 필요가 있음.

첫째, 2012년 5월 개정안과 같은 취지에서 이 법을 개정하여 제17조에 따른 벌금액 한도를 1억원에서 현행 2억원으로 인상하였음. 그러나 그동안은 무허가 조업 등 주요 사범에 대해 법정액 한도(2억원)에도 불구하고 실제로는 최고 1억 5,000만원의 벌금을 구형해 왔으며, 불법조업의 근절을 위해 2015년 2월 이후에야 비로소 최고금액인 2억원을 구형하기로 한 바 있음.[78]

따라서, 이러한 형사처벌 강화가 불법조업의 근절이나 감소에 미치는 효과 및 영향 등을 지켜본 후에 개정 여부를 결정해도 될 것으로 보임.

둘째, 현재 중국은 정선명령 불응에 대한 벌금이 없고, 일본은 300만엔(약 2,700만원) 이하의 벌금에 처하고 있어 현재도 우리나라의 벌금액 한도가 주변국에 비해 상당히 높은 수준에 해당하는 것으로 파악됨.

셋째, 벌금액이 과도할 경우 불법으로 어업활동을 한 자가 벌금을 납부하지 않고 노역장 유치

78 중국 등 외국어선 불법조업 사범 형사처벌 강화, 대검찰청, 2015. 2. 10.

를 선택할 우려가 있으며,[79] 이 경우 불법조업의 감소에 기여하는 효과는 예상한 만큼 크지 않고 오히려 노역장 등 관리비용 부담을 초래할 수도 있음.

2. 벌금 및 추징금의 수산발전기금 귀속 (안 제22조의2 신설)

개정안은 이 법에 따라 집행된 벌금과 추징금을 수산발전기금으로 납입하도록 하려는 것임.

현행	개정안
<신설>	제22조의2(벌금 및 추징금 납입) 정부는 제17조, 제17조의2, 제18조부터 제20조까지 또는 제22조에 따라 집행된 벌금과 제21조*에 따라 추징된 금액을 「수산업법」 제76조에 따른 수산발전기금에 납입하여야 한다.

*제21조(몰수 또는 추징) 제17조, 제18조 또는 제19조의 죄를 범한 자가 소유하거나 소지하는 어획물 및 그 제품, 선박, 어구(漁具) 또는 그 밖의 어업활동등에 사용한 물건은 몰수할 수 있다. 다만, 그 물건의 전부 또는 일부를 몰수할 수 없을 때에는 그 가액(價額)을 추징할 수 있다.

중국어선 등의 불법적 어업활동으로 인해 우리 어업인이 피해를 입기 때문에 불법행위를 한 자로부터 거둔 벌금 및 추징금을 피해어업인을 위해 사용하고자 하는 개정안의 내용은 타당성이 있으며, 동 금액을 수산발전기금으로 귀속할지 여부는 입법정책의 문제로 판단됨.

▼표 연도별 담보금 징수 현황

구분	2011	2012	2013	2014	2015
금액 (백만원)	14,416	17,149	24,417	18,997	26,449

현재 「국가재정법」 및 개별 법률에 따라 설치된 기금 중 벌금을 수입(재원)으로 하는 기금으로 범죄피해자보호기금이 있음. 동 기금은 범죄피해자 보호·지원에 필요한 자금을 확보·공급하기 위해 설치된 기금으로, 「형사소송법」 제477조 제1항에 따라 집행된 벌금의 6%를 재원으로 조성하고 있음.[80]

다만, 기획재정부와 법무부가 벌금은 일반회계로 귀속되는 것이 바람직하다는 입장을 가지고 있으므로, 벌금을 수산발전기금으로 납입하는 것이 어려울 경우 이 법에 따라 국고에 귀속되는 담보금을 피해지역의 수산자원조성사업, 피해 어업인 지원 등의 용도로만 사용하도록 하는 방안을 고려할 수 있을 것으로 보임.[81]

담보금과 성격은 다르지만 「철도사업법」의 경우 과징금을 ⅰ) 철도사업 종사자의 양성·교육훈련이나 그 밖의 자질향상을 위한 시설 및 철도사업 종사자에 대한 지도업무의 수행을 위한 시설의 건설·운영, ⅱ) 철도사업의 경영개선이나 그 밖에 철도사업의 발전을 위하여 필요한 사업, ⅲ) ⅰ) 및 ⅱ)의 목적을 위한 보조 또는 융자 외의 용도로는 사용할 수 없도록 하고 있음(「철도사업법」 제17조 제4항).

79 「형법」
제69조(벌금과 과료) ① 벌금과 과료는 판결확정일로부터 30일내에 납입하여야 한다. 단, 벌금을 선고할 때에는 동시에 그 금액을 완납할 때까지 노역장에 유치할 것을 명할 수 있다.
② 벌금을 납입하지 아니한 자는 1일 이상 3년 이하, 과료를 납입하지 아니한 자는 1일 이상 30일 미만의 기간 노역장에 유치하여 작업에 복무하게 한다.

80 「범죄피해자보호기금법」
제4조(기금의 조성) ① 기금은 다음의 재원으로 조성한다.
1. 제2항에 따른 벌금 수납액
2. 「범죄피해자 보호법」 제21조제2항에 따라 대위하여 취득한 구상금
3.·4. (생략)
② 정부는 「형사소송법」 제477조제1항에 따라 집행된 벌금에 100분의 6 이상의 범위에서 대통령령으로 정한 비율을 곱한 금액을 기금에 납입하여야 한다.
③ (생략)

81 불법어업 예방 및 근절을 위한 한국의 처벌 제도 개선 연구, 박민규, 해양정책연구(제29권 제2호), 한국해양수산개발원.

[수산업법 일부개정법률안]

Ⅰ. 제안경위

가. 제 안 자: 박남춘 의원 등 11인

나. 제 안 일: 2015. 4. 23.

다. 회 부 일: 2015. 4. 24.

Ⅱ. 제안이유 및 주요내용

「배타적 경제수역에서의 외국인어업 등에 대한 주권적 권리의 행사에 관한 법률」에 따르면 배타적 경제수역에서 조업하는 외국선박 등이 동법상의 명령 또는 제한이나 조건 등을 위반할 경우 벌금을 부과하거나 추징을 할 수 있음.

그러나 납부된 벌금이나 추징금이 일반회계로 귀속되기 때문에 외국선박 등의 불법 어업활동의 피해자인 어업인과 무관하게 사용되고 있는 실정임.

이에 벌금 및 추징금이 수산발전기금으로 귀속되도록 하여 외국어선의 불법조업에 따른 어업인 지원사업 등을 위해 직접 사용될 수 있도록 하려는 것임(안 제76조, 제77조 및 제79조).

■ 참고사항

이 법률안은 박남춘 의원이 대표발의한 「중국어선 등 외국어선의 서해5도 주변수역 조업에 따른 서해안지역 어업인 지원 특별법안」(의안번호 제14840호) 및 「배타적 경제수역에서의 외국인어업 등에 대한 주권적 권리의 행사에 관한 법률 일부개정법률안」(의안번호 제14841호)의 의결을 전제로 하는 것이므로 같은 법률안이 의결되지 아니하거나 수정의결되는 경우에는 이에 맞추어 조정하여야 할 것임.

Ⅲ. 검토의견

개정안은 「배타적 경제수역에서의 외국인어업 등에 대한 주권적 권리의 행사에 관한 법률」에 따라 집행되는 벌금 및 추징금을 수산발전기금으로 납입하도록 하고, 수산발전기금의 용도(지출)에 「중국어선 등 외국어선의 서해5도 주변수역 조업에 따른 서해안지역 어업인 지원 특별법」에 따른 지원사업을 추가하려는 것임.

현행	개정안
제76조(기금의 설치) 정부는 어업경영기금의 지원, 수산물 유통구조개선 및 가격안정, 경쟁력 있는 수산업 육성에 필요한 재원을 확보하기 위하여 수산발전기금(이하 "기금"이라 한다)을 설치한다.	제76조(기금의 설치) --육성, 외국어선 불법조업에 따른 어업인 지원사업에------------------------------------.
제77조(기금의 조성) ① 기금은 다음 각 호의 재원으로 조성한다.	제77조(기금의 조성) ① -----------------------------------.
1. ~ 16. (생략)	1. ~ 16. (현행과 같음)
<신설>	17. 「배타적 경제수역에서의 외국인어업 등에 대한 주권적 권리의 행사에 관한 법률」 제22조의2에 따라 납입되는 금액
② (생략)	② (현행과 같음)
제79조(기금의 용도) ① 기금은 다음 각 호의 사업을 위하여 필요한 경우에 융자 등의 방법으로 지원할 수 있다.	제79조(기금의 용도) ① ---.
1. ~ 15. (생략)	1. ~ 15. (현행과 같음)
<신설>	16. 「중국어선 등 외국어선의 서해5도 주변수역 조업에 따른 서해안지역 어업인 지원 특별법」에 따른 지원사업
② ~ ④ (생략)	② ~ ④ (현행과 같음)

개정안은 박남춘 의원이 각각 대표발의한 「배타적 경제수역에서의 외국인어업 등에 대한 주권적 권리의 행사에 관한 법률 일부개정법률안(의안번호 1914841)」 및 「외국어선의 서해5도 주변수역 조업에 따른 서해안지역 어업인 지원 특별법안(의안번호 19114840)」의 의결을 전제로 하는 것임.

따라서, 제정안 및 개정안의 심사결과에 따라 개정여부 및 방향을 결정하면 될 것으로 보이며, 「수산업·어촌 발전 기본법(2015. 12. 23. 시행)」의 제정으로 수산발전기금의 법적 근거가 이 법에서 제정법(제46조부터 제50조까지)으로 변경된 점을 심사 시 반영할 필요가 있음.

담 당 자	국회 농림축산식품해양수산위원회 입법조사관김 정 규
연 락 처	02-788-3410 (FAX 02-788-3361)
이 메 일	jgkim@na.go.kr

서해5도 지원 특별법 일부개정법률안(대안) 검 토 보 고

Ⅰ. 법률안의 주요내용

○ 「재한외국인 처우 기본법」에 따른 결혼이민자 중 일정 기간 이상 서해5도에 거주한 경우에도 정주생활지원금을 받을 수 있도록 하고(안 제12조 제1항), 경영활동 지원 대상에 「소상공인 보호 및 지원에 관한 법률」에 따른 소상공인을 추가함(안 제18조 제1항).

○ 서해5도에 거주하는 어업인이 불특정 국가의 선박으로 인한 어구 손괴 등으로 피해가 발생한 경우 국가 및 지방자치단체가 지원대책을 강구할 수 있도록 하고, 해양수산부장관은 어업인의 소득증대를 위하여 안전조업이 보장되는 범위에서 조업구역 확장과 조업시간 연장을 위하여 노력하도록 함(안 제18조 제2항 및 제3항 신설).

○ 국가는 서해5도 어민의 안전조업과 불법조업으로 인한 피해 방지를 위하여 시설물 설치에 필요한 사업을 지원할 수 있도록 함(안 제19조 신설).

Ⅱ. 검토의견

○ 체계·자구를 검토한 결과 별다른 문제점이 없는 것으로 보임.

(수석전문위원 남 궁 석)

서해5도 지원 특별법 일부개정법률안(대안)

의 안 번 호	

제안연월일: 2015.6.
제안자: 안전행정위원장

1. 대안의 제안경위

발의 (제출)자	제안일	심 사 경 과
박상은 의원	2013. 5. 6.	제316회(임시회) 제1차 전체회의(2013.6.17) 상정 후 제안설명, 검토보고 및 대체토론을 거쳐 법안심사소위원회 회부
박남춘 의원	2015. 1.12.	「국회법」 제58조 제4항에 따라 법안심사소위원회에 직접 회부(2015.2.11.)

제332회(임시회) 제4차 법안심사소위원회(2015. 4. 30)는 위 2건의 법률안을 본회의에 부의하지 아니하기로 하고 각 법률안의 내용을 통합하여 이를 위원회 대안으로 제안하기로 함.

제332회(임시회) 제3차 안전행정위원회(2015. 4. 30)는 소위원회의 심사결과를 받아들여 이를 위원회 대안으로 제안하기로 의결함.

※ 제332회(임시회) 제3차 안전행정위원회(2015. 4. 30) 비용추계서 생략 의결

2. 대안의 제안이유

서해5도는 남북 분단 현실과 특수한 지리적 여건상 북한의 위협으로 피해를 입고 있어 지역주민의 생활안정과 복지향상 등에 특별한 지원이 필요함. 이에 서해5도 거주자에 대한 정주생활지원금 대상 확대 및 경영활동 지원대상 확대, 서해5도 어민들의 소득증대와 불법조업으로 인한 피해 방지를 위한 지원대책 마련 등 접경지역 최일선에서 안보방파제 역할을 하고 있는 서해5도 주민의 정주여건 개선을 강화하기 위하여 관련 규정을 정비하려는 것임.

3. 대안의 주요내용

가. 「재한외국인 처우 기본법」에 따른 결혼이민자 중 일정 기간 이상 서해5도에 거주한 경우에도 정주생활지원금을 받을 수 있도록 대상자를 확대함(안 제12조 제1항).

나. 경영활동 지원대상에 「소상공인 보호 및 지원에 관한 법률」에 따른 소상공인을 추가함(안 제18조 제1항).

다. 서해5도에 거주하는 어업인이 불특정 국가의 선박으로 인한 어구 손괴 등으로 피해가 발생한 경우 국가 및 지방자치단체가 지원대책을 강구할 수 있도록 하고, 해양수산부장관은 어업인의 소득증대를 위하여 안전조업이 보장되는 범위에서 조업구역 확장과 조업시간 연장을 위하여 노력하도록 함(안 제18조 제2항 및 제3항 신설).

라. 국가는 서해5도 어민의 안전조업과 불법조업으로 인한 피해 방지를 위하여 시설물 설치에 필요한 사업을 지원할 수 있도록 함(안 제19조 신설).

법률 제 호

서해5도 지원 특별법 일부개정법률안

서해5도 지원 특별법 일부를 다음과 같이 개정한다.

제12조제1항 중 "서해5도에 「주민등록법」에 따라 주소가 등록되어 있고,"를 "다음 각 호의 어느 하나에 해당하는 자 중 서해5도에"로 하고, 같은 항에 각 호를 다음과 같이 신설한다.

1. 「주민등록법」에 따라 서해5도에 주소가 등록되어 있는 자
2. 「재한외국인 처우 기본법」제2조제3호에 따른 결혼이민자

제18조 제목 중 "농어업인"을 "농어업인 및 소상공인"으로 하고, 같은 조 중 "농어업인의"를 "농어업인과 「소상공인 보호 및 지원에 관한 법률」제2조에 따른 소상공인의"로, "자금 등에"를 "자금 및 소상공인 경영자금 등에"로 하며, 제18조 제목 외의 부분을 제1항으로 하고, 같은 조에 제2항 및 제3항을 각각 다음과 같이 신설한다.

② 국가 및 지방자치단체는 서해5도에 거주하는 어업인이 불특정국가의 선박으로 인한 어구 손괴 등으로 피해가 발생한 경우에는 지원대책을 강구할 수 있다.

③ 해양수산부장관은 서해5도 어업인의 소득증대를 위하여 안전한 조업이 보장되는 범위에서 조업구역의 확장 및 조업시간 연장을 위하여 노력하여야 한다.

제19조를 다음과 같이 신설한다.

제19조(불법조업 방지시설) 국가는 서해5도에서 조업하는 어민의 안전조업과 불법조업으로 인한 피해 방지를 위하여 시설물 설치에 필요한 사업을 지원할 수 있다.

부 칙

이 법은 공포 후 6개월이 경과한 날부터 시행한다.

▼표 신 · 구조문대비표

현행	개정안
제12조(서해5도 정주생활 지원금 지원) ① 국가는 주민의 안정적인 생활을 지원하기 위하여 서해5도에 「주민등록법」에 따라 주소가 등록되어 있고, 일정한 기간 이상 거주한 주민에 대하여 정주생활지원금을 지급할 수 있다.	제12조(서해5도 정주생활 지원금 지원) ① --다음 각 호의 어느 하나에 해당하는 자 중 서해5도에---.
<신설>	1. 「주민등록법」에 따라 서해5도에 주소가 등록되어 있는 자
<신설>	2. 「재한외국인 처우 기본법」제2조제3호에 따른 결혼이민자
② (생략)	② (현행과 같음)
제18조(농어업인 경영활동 등 지원) 국가 및 지방자치단체는 서해5도에 거주하는 농어업인의 경영활동을 장려하기 위하여 대통령령으로 정하는 바에 따라 필요한 자금의 우선지원, 영농(營農)·영어(營漁)·시설·운전 자금 등에 대한 대출상환 유예 및 기한 연장, 이자지원 등에 대한 대책을 수립하여 시행하여야 한다.	제18조(농어업인 및 소상공인 경영활동 등 지원) ① ----------------------------농어업인과 「소상공인 보호 및 지원에 관한 법률」제2조에 따른 소상공인의--자금 및 소상공인 경영자금 등에--.
<신설>	② 국가 및 지방자치단체는 서해5도에 거주하는 어업인이 불특정국가의 선박으로 인한 어구 손괴 등으로 피해가 발생한 경우에는 지원대책을 강구할 수 있다.
<신설>	③ 해양수산부장관은 서해5도 어업인의 소득증대를 위하여 안전한 조업이 보장되는 범위에서 조업구역의 확장 및 조업시간 연장을 위하여 노력하여야 한다.
<신설>	제19조(불법조업 방지시설) 국가는 서해5도에서 조업하는 어민의 안전조업과 불법조업으로 인한 피해 방지를 위하여 시설물 설치에 필요한 사업을 지원할 수 있다.

서해5도 지원 특별법 일부개정법률안(대안)

의안 번호	15738

제안연월일: 2015.6.
제안자: 안전행정위원장

1. 대안의 제안경위

발의 (제출)자	제안일	심 사 경 과
박상은 의원	2013. 5. 6.	제316회(임시회) 제1차 전체회의(2013.6.17) 상정 후 제안설명, 검토보고 및 대체토론을 거쳐 법안심사소위원회 회부
박남춘 의원	2015. 1.12.	「국회법」 제58조 제4항에 따라 법안심사소위원회에 직접 회부(2015.2.11.)

제332회(임시회) 제4차 법안심사소위원회(2015. 4. 30)는 위 2건의 법률안을 본회의에 부의하지 아니하기로 하고 각 법률안의 내용을 통합하여 이를 위원회 대안으로 제안하기로 함.

제332회(임시회) 제3차 안전행정위원회(2015. 4. 30)는 소위원회의 심사결과를 받아들여 이를 위원회 대안으로 제안하기로 의결함.

※ 제332회(임시회) 제3차 안전행정위원회(2015. 4. 30) 비용추계서 생략 의결

2. 대안의 제안이유

서해5도는 남북 분단 현실과 특수한 지리적 여건상 북한의 위협으로 피해를 입고 있어 지역주민의 생활안정과 복지향상 등에 특별한 지원이 필요함. 이에 서해5도 거주자에 대한 정주생활지원금 대상 확대 및 경영활동 지원대상 확대, 서해5도 어민들의 소득증대와 불법조업으로 인한 피해 방지를 위한 지원대책 마련 등 접경지역 최일선에서 안보방파제 역할을 하고 있는 서해5도 주민의 정주여건 개선을 강화하기 위하여 관련 규정을 정비하려는 것임.

3. 대안의 주요내용

가. 「재한외국인 처우 기본법」에 따른 결혼이민자 중 일정 기간 이상 서해5도에 거주한 경우에도 정주생활지원금을 받을 수 있도록 대상자를 확대함(안 제12조 제1항).

나. 경영활동 지원대상에 「소상공인 보호 및 지원에 관한 법률」에 따른 소상공인을 추가함(안 제18조 제1항).

다. 서해5도에 거주하는 어업인이 불특정 국가의 선박으로 인한 어구 손괴 등으로 피해가 발생한 경우 국가 및 지방자치단체가 지원대책을 강구할 수 있도록 하고, 해양수산부장관은 어업인의 소득증대를 위하여 안전조업이 보장되는 범위에서 조업구역 확장과 조업시간 연장을 위하여 노력하도록 함(안 제18조 제2항 및 제3항 신설).

라. 국가는 서해5도 어민의 안전조업과 불법조업으로 인한 피해 방지를 위하여 시설물 설치에 필요한 사업을 지원할 수 있도록 함(안 제19조 신설).

법률제 　호

서해5도 지원 특별법 일부개정법률안

서해5도 지원 특별법 일부를 다음과 같이 개정한다.

제12조제1항 중 "서해5도에 「주민등록법」에 따라 주소가 등록되어 있고,"를 "다음 각 호의 어느 하나에 해당하는 자 중 서해5도에"로 하고, 같은 항에 각 호를 다음과 같이 신설한다.

1. 「주민등록법」에 따라 서해5도에 주소가 등록되어 있는 자
2. 「재한외국인 처우 기본법」 제2조제3호에 따른 결혼이민자

제18조 제목 중 "농어업인"을 "농어업인 및 소상공인"으로 하고, 같은 조 중 "농어업인의"를 "농어업인과 「소상공인 보호 및 지원에 관한 법률」 제2조에 따른 소상공인의"로, "자금 등에"를 "자금 및 소상공인 경영자금 등에"로 하며, 제18조 제목 외의 부분을 제1항으로 하고, 같은 조에 제2항 및 제3항을 각각 다음과 같이 신설한다.

② 국가 및 지방자치단체는 서해5도에 거주하는 어업인이 불특정국가의 선박으로 인한 어구 손괴 등으로 피해가 발생한 경우에는 지원대책을 강구할 수 있다.

③ 해양수산부장관은 서해5도 어업인의 소득증대를 위하여 안전한 조업이 보장되는 범위에서 조업구역의 확장 및 조업시간 연장을 위하여 노력하여야 한다.

제19조를 다음과 같이 신설한다.

제19조(불법조업 방지시설) 국가는 서해5도에서 조업하는 어민의 안전조업과 불법조업으로 인한 피해 방지를 위하여 시설물 설치에 필요한 사업을 지원할 수 있다.

부 칙

이 법은 공포 후 6개월이 경과한 날부터 시행한다.

▼표 신 · 구조문대비표

현행	개정안
제12조(서해5도 정주생활지원금 지원) ① 국가는 주민의 안정적인 생활을 지원하기 위하여 서해5도에 「주민등록법」에 따라 주소가 등록되어 있고, 일정한 기간 이상 거주한 주민에 대하여 정주생활지원금을 지급할 수 있다.	제12조(서해5도 정주생활지원금 지원) ① ---------------------------------------다음 각 호의 어느 하나에 해당하는 자 중 서해5도에---.
<신설>	1. 「주민등록법」에 따라 서해5도에 주소가 등록되어 있는 자
<신설>	2. 「재한외국인 처우 기본법」 제2조제3호에 따른 결혼이민자
② (생략)	② (현행과 같음)
제18조(농어업인 경영활동 등 지원) 국가 및 지방자치단체는 서해5도에 거주하는 농어업인의 경영활동을 장려하기 위하여 대통령령으로 정하는 바에 따라 필요한 자금의 우선지원, 영농(營農)·영어(營漁)·시설·운전 자금 등에 대한 대출상환 유예 및 기한 연장, 이자지원 등에 대한 대책을 수립하여 시행하여야 한다.	제18조(농어업인 및 소상공인 경영활동 등 지원) ① ----------------------------농어업인과 「소상공인 보호 및 지원에 관한 법률」제2조에 따른 소상공인의--자금 및 소상공인 경영자금 등에---.
<신설>	② 국가 및 지방자치단체는 서해5도에 거주하는 어업인이 불특정국가의 선박으로 인한 어구 손괴 등으로 피해가 발생한 경우에는 지원대책을 강구할 수 있다.
<신설>	③ 해양수산부장관은 서해5도 어업인의 소득증대를 위하여 안전한 조업이 보장되는 범위에서 조업구역의 확장 및 조업시간 연장을 위하여 노력하여야 한다.
<신설>	제19조(불법조업 방지시설) 국가는 서해5도에서 조업하는 어민의 안전조업과 불법조업으로 인한 피해 방지를 위하여 시설물 설치에 필요한 사업을 지원할 수 있다.

서해5도 지원 특별법 일부개정법률안 (정갑윤 의원 대표발의)

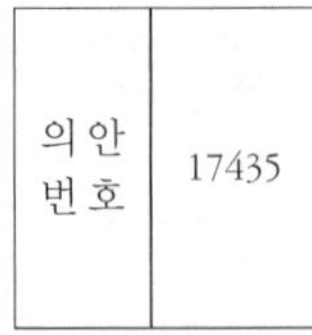

의안 번호	17435

발의연월일: 2015.10.28.
발의자: 정갑윤·윤후덕·안상수 한기호·정문헌·김영우 송영근·안홍준·최봉홍 김광림 의원(10인)

■ 제안이유 및 주요내용

최근 비무장지대에서 발생한 북한의 목함지뢰 도발과 이어진 서부전선 포격도발로 남북 간에는 일촉즉발의 준전시상황에까지 이르게 되었음.

그리하여 서해5도 주민들은 정부의 대피명령에 따라 열악한 대피소에서 대피명령이 해제될 때까지 생업을 중단한 채 대피생활을 할 수밖에 없었고, 그 피해는 감내하기 어려운 상당한 수준이었음.

이에 국가는 「통합방위법」 제17조에 따른 대피명령으로 인해 대피 기간 동안 생업에 종사하는 주민이 입은 경제적 피해에 대하여 예산의 범위에서 그 일부를 지원할 수 있도록 하려는 것임(안 제20조 신설).

법률 제 호

서해5도 지원 특별법 일부개정법률안

법률 제13400호 서해5도 지원 특별법 일부개정법률 일부를 다음과 같이 개정한다.

제20조를 다음과 같이 신설한다.

제20조(대피로 인한 경제적 피해 지원) ① 국가는 「통합방위법」 제17조에 따른 대피명령으로 인해 대피 기간 동안 생업에 종사하는 주민이 입은 경제적 피해에 대하여 예산의 범위에서 그 일부를 지원할 수 있다.

② 제1항에 따른 대피로 인한 경제적 피해의 지원 대상, 지원기준이나 방법 등에 필요한 사항은 대통령령으로 정한다.

부 칙

이 법은 2016년 1월 21일부터 시행한다.

▼표 신 · 구조문대비표

현행	개정안
법률 제13400호 서해5도 지원 특별법 일부개정법률 <신설>	법률 제13400호 서해5도 지원 특별법 일부개정법률 제20조(대피로 인한 경제적 피해 지원) ① 국가는 「통합방위법」 제17조에 따른 대피명령으로 인해 대피 기간 동안 생업에 종사하는 주민이 입은 경제적 피해에 대하여 예산의 범위에서 그 일부를 지원할 수 있다. ② 제1항에 따른 대피로 인한 경제적 피해의 지원 대상, 지원기준이나 방법 등에 필요한 사항은 대통령령으로 정한다.

서해5도 지원 특별법 일부개정법률안 (안상수 의원 대표발의)

의안 번호	243

발의연월일: 2016.6. 14.
발의자: 안상수·정유섭·장병완 유성엽·박준영·박찬우 성일종·이학재·김석기 조훈현·신동근·황영철 박남춘·홍일표·김순례 의원(15인)

■ 제안이유

서해최북단 NLL에 위치한 서해5도서는 국가안보, 영토 및 영해 수호, 접속수역 및 EEZ 관리 그리고, 영토(영해)의 최외곽지역으로 국내·외에 미치는 영향 등 지정학적 중요성과 위상이 타 연안 지자체보다 월등히 높은 것으로 인정되고 있으나, 행정·경제·사회·문화·교육·의료·교통 등 불리한 여건에 의해 재정자립도, GRDP, 주민의 생활환경 수준 등에 있어서는 전국 최하위 그룹에 속해 있어 지역간 균형 발전 및 형평성 추구 차원에서 서해5도 주민들의 생활안정과 복지향상 등에 특별한 지원이 필요하여 관련 규정을 정비하려는 것임.

■ 주요내용

가. 서해5도(백령도·대청도·소청도·연평도·소연평도)는 천혜의 자연 환경과 안보관광 등 특화된 관광자원을 보유했음에도, 높은 해상교통비 부담으로 매년 방문객이 감소하여 서해5도 관광객에게 여객운임의 일부를 지원하여 침체된 지역경제를 회복하고자 함(안 제17조 제1항).

나. 서해5도 어업인이 불특정 국가의 선박 및 남북한 긴장에 따른 조업손실 및 피해가 발생한 경우 지원 대책을 강구하여야 하며, 어업인의 소득증대와 어족자원 보호를 위하여 신규 어선의 전입을 제한하고, 기존 어업허가를 받은 어선은 어업의 허가 및 신고 등에 관한 규칙 별표2의 연안어업의 종류별 허가정수에도 불구하고 관할 기초지자체장이 어업의 종류별 허가를 할 수 있도록 함(안 제18조 제2항, 안 제18조 제4항 신설).

다. 남북의 군사대치라는 특수한 현실에 의해 서해5도 어장은 어장별 어업지도선 없이는 조업을 할 수 없음. 그럼에도 담당 어업지도선이 노후화되어 운항을 하지 못하는 경우가 종종 있어 어선도 출어하지 못하는 사례가 속출하고 있으나 지방자치단체의 예산부족으로 어업지도선의 대체 건조가 이루어지지 못하고 있어 서해5도 특수성을 감안하여 어업지도사업 등에 국비를 지원할 수 있도록 함(안 제19조, 안 제19조 제2항 신설).

라. 서해5도는 북한의 군사적인 위협과 중국어선으로 인한 피해 등이 발생되는 특수한 지역으로 이 도서에 거주하는 주민이 안정적으로 거주할 수 있도록 서해5도 지원 특별법으로 주민의 정주환경을 지원하고 있음. 그러나 서해5도에서 오전에 출발하는 여객선은 선원 숙박비 등 운영비가 추가적으로 발생하고 육지출발 여객선보다 상대적으로 이용객수가 적음에 따라 운영 선사의 경영수지가 악화되어 운항 포기로 이어지고 있고, 이로 인해 도서지역 주민의 공공시설 이용, 의료진료 등 생활 불편이 초래되고 있음.

이에 서해5도 지역 주민의 육지왕래 수단인 오전 여객선 운항이 두절되지 않고 지속적으로 운항되어 안정적인 주민 생활이 영위 될 수 있도록 도서출발 운항선사에 손실금을 지원하려는 것임(안 제20조 신설).

마. 서해5도서의 경우, 타 지역보다 해상운반비, 인건비 등의 할증으로 건축비용이 약 1.5배 이상 소요되고 있으며, 인허가 절차 처리를 위한 육지 체류비용과 높은 설계비 및 행정비용 등은 추가적인 부담으로 작용하고 있음.

이에 토지형질변경허가가 수반되는 건축행위 시 건축법 제11조(건축허가) 또는 같은법 제14조(건축신고) 규정에 따른 인·허가를 받은 경우에는「국토의 계획 및 이용에 관한 법률」 제56조에 따른 개발행위허가,「산지관리법」 제14조 및 제15조에 따른 산지전용허가와 산지전용신고, 같은 법 제15조의2에 따른 산지일시사용허가·신고,「농지법」 제34조, 제35조 및 제43조에 따른 농지전용허가·신고 및 협의 등은 허가를 받은 것으로 의제하여(단, 실 거주목적일 확률이 높고, 토지형질변경 규모가 적은 100㎡ 이하 소규모 주택에 한함) 서해

5도 주민들의 삶의 질 향상과 자발적 주거환경개선 노력을 촉진하고자 함(안 제17조 제1항, 제18조 제2항·제4항, 제19조, 제20조 및 제21조 신설).

법률 제 호

서해5도 지원 특별법 일부개정법률안

서해5도 지원 특별법 일부를 다음과 같이 개정한다.

제17조제1항 중 "이에 필요한 비용을 관계 기관 또는 단체에 지원할 수 있다"를 "여객운임비와 행사운영비 등 이에 필요한 비용을 지원할 수 있다"로 한다.

제18조제2항 중 "어구 손괴 등으로 피해가 발생한 경우에는 지원대책을 강구할 수 있다"를 "어구 손괴와 조업손실, 남북한 긴장에 따른 조업통제에 따른 조업손실 및 피해가 발생한 경우에는 지원대책을 강구하여야 한다"로 하고, 같은 조에 제4항을 다음과 같이 신설한다.

④ 서해5도 지역은 신규어선의 전입을 제한하고, 기존 어업허가를 받은 어선은 어업의 허가 및 신고 등에 관한 규칙 별표2의 연안어업의 종류별 허가정수에도 불구하고 관할 시장·군수·구청장이 어업의 종류별 허가를 할 수 있다.

제19조의 제목 "(불법조업방지시설)"을 "(수산자원조성 및 어업활동지원)"으로 하고, 같은 조 제목 외의 부분을 제1항으로 하며, 같은 조에 제2항을 다음과 같이 신설한다.

② 국가는 서해5도에서 어로 한계선 등 지역적 특성으로 인한 제한에 의해 발생하는 어업인의 어로활동상 지장을 최소화하도록 필요한 시설과 장비를 갖추는 등 예산 및 행정지원을 하여야 한다.

제20조를 다음과 같이 신설한다.

제20조(여객선 운항 손실금 지원) 국가는 서해5도에 거주하는 주민의 육지왕래 편의증진을 위하여 대통령령으로 정하는 바에 따라 서해5도 여객선 운항에 따른 손실금을 지원할 수 있다.

제21조를 다음과 같이 신설한다.

제21조(건축인 · 허가 간소화) 서해5도서에서 건축하는 연면적 100㎡ 이하의 주거용 건축물은 다음 각 호의 허가나 신고를 받지 아니한다.

1. 「국토의 계획 및 이용에 관한 법률」 제56조에 따른 개발행위허가
2. 「산지관리법」 제14조와 제15조에 따른 산지전용허가와 산지전용신고, 같은 법 제15조의2에 따른 산지일시사용허가·신고
3. 「농지법」 제34조, 제35조 및 제43조에 따른 농지전용허가·신고 및 협의

부　칙

이 법은 공포 후 6개월이 경과한 날부터 시행한다.

▼표 신 · 구조문대비표

현행	개정안
제17조(통일교육 및 문화 · 관광 시설 등에 대한 우선 지원) ① 국가 및 지방자치단체는 서해5도를 안보교육과 관광, 한반도 평화 및 화해의 장으로 만들고 통일교육을 장려하기 위하여 서해5도 견학 및 방문사업을 추진하고, 이에 필요한 비용을 관계 기관 또는 단체에 지원할 수 있다.	제17조(통일교육 및 문화 · 관광 시설 등에 대한 우선 지원) ① --, 여객운임비와 행사운영비 등 이에 필요한 비용을 지원할 수 있다.
제18조(농어업인 및 소상공인 경영활동 등 지원) ① (생략)	제18조(농어업인 및 소상공인 경영활동 등 지원) ① (현행과 같음)
② 국가 및 지방자치단체는 서해5도에 거주하는 어업인이 불특정국가의 선박으로 인한 어구 손괴 등으로 피해가 발생한 경우에는 지원대책을 강구할 수 있다.	② -- 어구손괴와 조업손실, 남북한 긴장에 따른 조업통제에 따른 조업손실 및 피해가 발생한 경우에는 지원대책을 강구하여야 한다.
③ (생략)	③ (현행과 같음)
<신설>	④ 서해5도 지역은 신규어선의 전입을 제한하고 기존 어업허가를 득한 어선에 한하여는 어업의 허가 및 신고 등에 관한 규칙 별표2의 연안어업의 종류별 허가정수에도 불구하고 관할 시장·군수·구청장이 어업의 종류별 허가를 할 수 있다.
제19조(불법조업방지시설) 국가는 서해5도에서 조업하는 어민의 안전조업과 불법조업으로 인한 피해방지를 위하여 시설물 설치에 필요한 사업을 지원할 수 있다.	제19조(수산자원조성 및 어업활동지원) ① (제목 외의 부분과 같음)
<신설>	② 국가는 서해5도에서 어로 한계선 등 지역적 특성으로 인한 제한에 의해 발생하는 어업인의 어로활동상 지장을 최소화하도록 필요한 시설과 장비를 갖추는 등 예산 및 행정지원을 하여야 한다.
<신설>	제20조(여객선 운항 손실금 지원) 국가는 서해5도에 거주하는 주민의 육지왕래 편의증진을 위하여 대통령령으로 정하는 바에 따라 서해5도 여객선 운항에 따른 손실금을 지원할 수 있다.
<신설>	제21조(건축 인·허가 간소화) 서해5도서에서 건축하는 연면적 100㎡ 이하의 주거용 건축물은 다음 각 호의 허가나 신고를 받지 아니한다. 1. 「국토의 계획 및 이용에 관한 법률」 제56조에 따른 개발행위허가 2. 「산지관리법」 제14조와 제15조에 따른 산지전용허가와 산지전용신고, 같은 법 제15조의2에 따른 산지일시사용허가·신고 3. 「농지법」 제34조, 제35조 및 제43조에 따른 농지전용허가·신고 및 협의

서해5도 지원 특별법 일부개정법률안

검토보고서

[안상수 의원 대표발의안]

2016. 11.

안전행정위원회

수석전문위원 박수철

Ⅰ. 제안경위

가. 제 안 자: 안상수 의원 등 15인

나. 제 안 일: 2016. 6. 14.

다. 회 부 일: 2016. 6. 15.

Ⅱ. 제안이유 및 주요내용

1. 제안이유

서해최북단 NLL에 위치한 서해5도서는 국가안보, 영토 및 영해 수호, 접속수역 및 EEZ 관리 그리고, 영토(영해)의 최외곽지역으로 국내·외에 미치는 영향 등 지정학적 중요성과 위상이 타 연안 지자체보다 월등히 높은 것으로 인정되고 있으나, 행정·경제·사회·문화·교육·의료·교통 등 불리한 여건에 의해 재정자립도, GRDP, 주민의 생활환경 수준 등에 있어서는 전국 최하위 그룹에 속해 있어 지역 간 균형 발전 및 형평성 추구 차원에서 서해5도 주민들의 생활안정과 복지향상 등에 특별한 지원이 필요하여 관련 규정을 정비하려는 것임.

2. 주요내용

가. 서해5도(백령도·대청도·소청도·연평도·소연평도)는 천혜의 자연 환경과 안보관광 등 특화된 관광자원을 보유했음에도, 높은 해상교통비 부담으로 매년 방문객이 감소하여 서해5도 관광객에게 여객운임의 일부를 지원하여 침체된 지역경제를 회복하고자 함(안 제17조 제1항).

나. 서해5도 어업인이 불특정 국가의 선박 및 남북한 긴장에 따른 조업손실 및 피해가 발생한 경우 지원 대책을 강구하여야 하며, 어업인의 소득증대와 어족자원 보호를 위하여 신규 어선의 전입을 제한하고, 기존 어업허가를 받은 어선은 어업의 허가 및 신고 등에 관한 규칙 별표2의 연안어업의 종류별 허가정수에도 불구하고 관할 기초지자체장이 어업의 종류별 허가를 할 수 있도록 함(안 제18조 제2항, 안 제18조 제4항 신설).

다. 남북의 군사대치라는 특수한 현실에 의해 서해5도 어장은 어장별 어업지도선 없이는 조업을 할 수 없음. 그럼에도 담당 어업지도선이 노후화되어 운항을 하지 못하는 경우가 종종 있어 어선도 출어하지 못하는 사례가 속출하고 있으나 지방자치단체의 예산부족으로 어업지도선의 대체 건조가 이루어지지 못하고 있어 서해5도 특수성을 감안하여 어업지도사업 등에 국비를 지원할 수 있도록 함(안 제19조, 안 제19조 제2항 신설).

라. 서해5도는 북한의 군사적인 위협과 중국어선으로 인한 피해 등이 발생되는 특수한 지역으로 이 도서에 거주하는 주민이 안정적으로 거주할 수 있도록 서해5도 지원 특별법으로 주민의 정주환경을 지원하고 있음. 그러나 서해5도에서 오전에 출발하는 여객선은 선원 숙박비 등 운영비가 추가적으로 발생하고 육지출발 여객선보다 상대적으로 이용객수가 적음에 따라 운영 선사의 경영수지가 악화되어 운항 포기로 이어지고 있고, 이로 인해 도서지역 주민의 공공시설 이용, 의료진료 등 생활 불편이 초래되고 있음.

이에 서해5도 지역 주민의 육지왕래 수단인 오전 여객선 운항이 두절되지 않고 지속적으로 운항되어 안정적인 주민 생활이 영위 될 수 있도록 도서출발 운항선사에 손실금을 지원하려는 것임(안 제20조 신설).

마. 서해5도서의 경우, 타 지역보다 해상운반비, 인건비 등의 할증으로 건축비용이 약 1.5배 이상 소요되고 있으며, 인허가 절차 처리를 위한 육지 체류비용과 높은 설계비 및 행정비용 등은 추가적인 부담으로 작용하고 있음.

이에 토지형질변경허가가 수반되는 건축행위 시 건축법 제11조(건축허가) 또는 같은법 제14조(건축신고) 규정에 따른 인·허가를 받은 경우에는 「국토의 계획 및 이용에 관한 법률」 제56조에 따른 개발행위허가, 「산지관리법」 제14조 및 제15조에 따른 산지전용허가와 산지전용신고, 같은 법 제15조의2에 따른 산지일시사용허가·신고, 「농지법」 제34조, 제35조 및 제43조에 따른 농지전용허가·신고 및 협의 등은 허가를 받은 것으로 의제하여(단, 실 거주목적일 확률이 높고, 토지형질변경 규모가 적은 100㎡ 이하 소규모 주택에 한함) 서해5도 주민들의 삶의 질 향상과 자발적 주거환경개선 노력을 촉진하고자 함(안 제17조 제1항, 제18조 제2항·제4항, 제19조, 제20조 및 제21조 신설).

Ⅲ. 검토의견

1. 서해5도 견학 · 방문사업 비용지원 대상 예시

개정안은 국가와 지방자치단체가 서해5도 견학·방문사업의 추진을 위하여 지원할 수 있는 비용에 여객운임비와 행사운영비 등의 예시를 추가하려는 것임(안 제17조 제1항 후단).

▼ 표 조문대비표

현행	개정안
제17조(통일교육 및 문화 · 관광 시설 등에 대한 우선 지원) ① 국가 및 지방자치단체는 서해5도를 안보교육과 관광, 한반도 평화 및 화해의 장으로 만들고 통일교육을 장려하기 위하여 서해5도 견학 및 방문사업을 추진하고, 이에 필요한 비용을 관계 기관 또는 단체에 지원할 수 있다.	제17조(통일교육 및 문화 · 관광 시설 등에 대한 우선 지원) ① --, 여객운임비와 행사운영비 등 이에 필요한 비용을 지원할 수 있다.
② (생략)	② (현행과 같음)

개정안은 백령도, 대청도, 연평도 등 서해5도가 천혜의 자연환경과 안보관광 등 특화된 관광자원을 보유하고 있음에도 방문객 감소[82]로 지역경제가 침체되고 있다고 보아 서해5도 관광객 등에게 여객운임비와 행사운영비 등의 지원을 명시하려는 취지로 이해됨.

현재 여객운임비의 경우 인천광역시 옹진군에서는 2013년도부터 인천에서 관광목적의 1박 이상 여행하는 사람을 대상으로 여객운임의 35%를 편성된 예산의 범위에서 지원하고 있는바,[83][84] 지금과 같은 지원내역과 방식을 유지할 경우 개정안에 따르더라도 국가나 지방자치단체의 추가 지원은 발생하지 않을 것으로 보이나, 국가에 대한 지방자치단체의 지원 요구가 있을 경우 국고지원[85] 문제가 발생할 여지는 있다고 생각됨.

▼ 표 옹진군의 여객운임비 지원현황: 2013~2015년

(단위: 명)

	지원 기간	지원 대상 (이용객)	지원 금액 (백만원)	월 평균 이용객	1인당 지원액 (원)
2013년	3월~12월 (10개월)	26,028	1,261	2,603	48,448
2014년	3월~11월 (9개월)	32,335	1,280	3,593	39,586
2015년	3월~9월 (7개월)	31,817	1,375	4,545	43,216
평균	8.7개월	30,060	1,305	3,580	43,750

자료: 인천광역시 자료를 바탕으로 국회 예산정책처에서 작성

행사운영비의 경우 국가나 지방자치단체가 행사를 주최할 경우 그에 소요되는 비용을 부담하게 될 것이므로 행사운영비 지원 문제가 발생할 소지가 없다고 보이지만, 민간에서 행사를 개최하면서 그에 소요되는 경비의 지원을 요구할 경우 이에 대비한 추가적 재원 확보 문제가 발생할 가능성이 있다고 보임.

따라서, 개정안은 여객운임비와 행사운영비에 대한 재정 부담이 발생할 가능성이 있다는 점에서, 재정당국 등 정부측 의견을 들어 입법정책

82 〈서해5도 이용객 현황:2013~2015년 (단위: 명)〉

구 분	항 로	2013년	2014년	2015년
일반 항로	인천/백령	373,206	295,783	305,185
	인천/연평	108,894	98,224	99,303

인천광역시는 '서해5도 방문의 해' 사업 효과도 있었음을 고려하면 사실상 이용객은 더 감소한 것으로 보아야 한다는 입장을 밝힘.

83 인천항에서 백령도까지의 운임은 왕복 146,000원이며, 이 중 절반은 관광객 본인(전체의 50%)이 부담하고, 그 나머지에서 70%는 옹진군(전체의 35%)이 부담하며, 30%는 해운선사(전체의 15%)가 부담하고 있음.

84 해양수산부는 도서민에 대하여 운항요금의 일부를 「해운법」 제44조(여객선 이용자에 대한 운임 및 요금 지원) 등에 따라 "내항여객선 운임보조" 세부사업에서 지원하고 있으며, 2016년도의 경우 운임지원을 위하여 약 128억원의 예산을 편성하고 있음.

85 국회 예산정책처의 비용 추계에 따르면, 개정안에 따른 여객운임비 추가 재정소요가 지원기간 10개월, 국가 및 옹진군의 부담비율을 50%로 전제할 경우 2018년부터 2022년까지 연평균 2억 1,300만원으로 예측된다고 함.

적으로 판단할 사항[86]이라 생각됨.

2. 조업손실 등에 대한 지원

개정안은 국가 및 지방자치단체로 하여금 불특정국가의 선박으로 인한 어구 손괴 등의 피해에 대하여 지원대책을 강구할 수 있도록 한 현행법의 규정범위를 확장하여, 불특정국가의 선박으로 인한 어구손괴 외의 조업 손실, 남북한 긴장에 따른 조업통제에 따른 조업손실 및 피해에 대한 지원대책을 추가하려는 것임(안 제18조 제2항).

▼표 조문대비표

현행	개정안
제18조(농어업인 및 소상공인 경영활동 등 지원) ① (생략)	제18조(농어업인 및 소상공인 경영활동 등 지원) ① (현행과 같음)
② 국가 및 지방자치단체는 서해5도에 거주하는 어업인이 불특정국가의 선박으로 인한 어구 손괴 등으로 피해가 발생한 경우에는 지원대책을 강구할 수 있다.	② --- 어구손괴와 조업손실, 남북한 긴장에 따른 조업통제에 따른 조업손실 및 피해가 발생한 경우에는 지원대책을 강구하여야 한다.

서해5도에 거주하는 어업인이 주로 활동하는 관내 어장도는 다음과 같은바,

배타적 경제수역[87] 및 그 인접수역인 잠정조치

▼그림 서해5도 거주 어업인이 주로 활동하는 관내 어장도

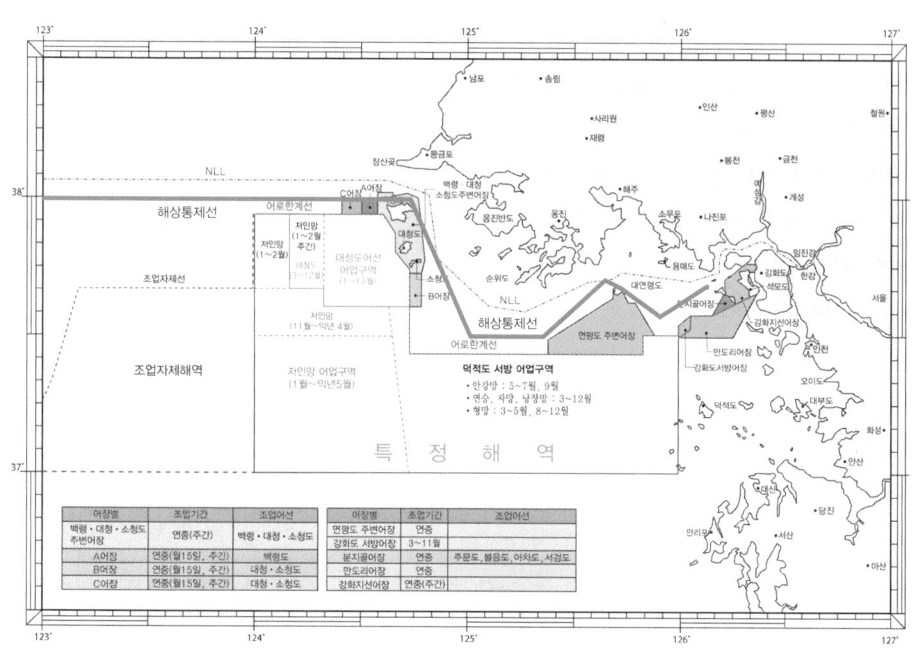

어장별	조업기간	조업어선
백령 · 대청 · 소청도 주변어장	연중(주간)	백령 · 대청 · 소청도
A어장	연중(월15일, 주간)	백령도
B어장	연중(월15일, 주간)	대청 · 소청도
C어장	연중(월15일, 주간)	대청 · 소청도

어장명	조업기간	조업어선
연평도 주변어장	연중	
강화도 서방어장	3~11월	
분지골어장	연중	주문도, 볼음도, 아차도, 서검도
만도리어장	연중	
강화지선어장	연중(주간)	

자료: 인천광역시

86 한편 2016. 6. 23. 발의된 도서지역 대중교통 육성 및 지원에 관한 법률안(정유섭 의원 대표발의)에서도 국가 또는 지방자치단체는 도서지역 여객선 및 도선의 대중교통화와 도서지역 주민의 교통편의를 증진하기 위하여 예산의 범위에서 선박 이용객에 대한 운임과 요금의 일부를 지원하는 내용이 포함되어 있음.

87 협약에 따라 「영해 및 접속수역법」 제2조에 따른 기선(基線)으로부터 그 바깥쪽 200해리의 선까지에 이르는 선까지에 이르는 수역 중 대한민국의 영해를 제외한 수역(「배타적 경제수역법」 제2조 제1항)을 말하며, 우리나라와 중국 간에는 「대한민국 정부와 중화인민공화국 정부간의 어업에 관한 협정」 및 자국의 관계법령의 규정에 따라, 자국의 배타적 경제수역에서 타방체약당사자의 국민 및 어선이 어업활동을 하는 것을 허가하는 것으로 규정하고 있음(「대한민국 정부와 중화인민공화국 정부 간의 어업에 관한 협정」 제2조 제1항).

수역[88] 등에서 중국 어선과 함께 조업하는 과정에서 어구가 얽히는 등의 문제가 빈번히 발생하였고, 이에 2003. 12.「한국수산회와 중국어업협회 간 어업 안전 조업에 관한 약정」(약칭 '한·중 민간어업약정')이 체결되어 어선 해상사고에 관한 피해배상 내용을 규정하게 되었음.

그러나 어구 손실 외에도 중국 어선의 불법조업에 의한 조업손실 문제가 심각하다는 문제가 계속 제기[89]되었는바, 이러한 피해에 대하여도 지원대책을 강구하도록 하려는 개정안의 취지는 타당한 측면이 있다고 보임.

다만, 조업손실은 중국어선에 의한 불법조업뿐만 아니라 어장환경 변화와 해수온도의 변화 등 복합적 요인으로 발생하는 것이라는 점을 감안할 때, 불법조업과 조업손실 간 인과관계의 규명이 어려워질 가능성이 있다는 측면도 함께 고려[90]할 필요가 있을 것으로 생각됨.

또한, 남북한 긴장에 따른 조업통제에 따른 조업손실 및 피해에 대한 지원 부분에 관해서는,「수산업법」에 따라 "국방을 위하여 필요하다고 인정되어 국방부장관이 요청하는 경우 어업을 제한 또는 정지하거나 어선의 계류 또는 출항·입항을 제한"(제34조 제1항 제3호, 제49조 제1항 및 제3항)하는 규정이 있는바, 서해5도는 북한과 인접한 지리적 특성으로 인하여 남북한 긴장관계가 조성될 경우 조업이 통제되어 그로 인한 손실을 입을 가능성이 높고, 특히 주로 자연시설에 기반한 어업을 대상으로 하는 면허어업[91]은 상대적으로 피해가 적을 수 있으나 허가어업[89] 등은 원래 기후, 금어기[90] 등 실질적으로 조업을 할 수 없는 상황이 불가피하게 존재하는 특성이 있으므로 남북한 긴장으로 인한 조업통제까지 겹칠 경우 그 타격이 상당할 것으로 예측되므로, 그에 따른 지원대책을 강구하도록 하려는 개정안의 취지에는 일응 타당한 측면이 있다고 보임.

이와 관련해서는, 허가어업과 신고어업의 경우 국방상 이유로 어업을 제한 또는 정지하는 경우 등에 관하여 손실보상에서 제외된다는 명시적 규정(「수산업법」 제81조 제1항 제1호 단서)을 두고 있고, 남북한 긴장에 따른 군사 훈련 등으로 인한 조업

88 「대한민국 정부와 중화인민공화국 정부 간의 어업에 관한 협정」 제7조 및 제8조에 '잠정조치수역' 및 '과도수역'의 구체적 영역이 규정되어 있음.

89 이광남·정진호, 「중국어선 불법어업에 따른 수산부문 손실 추정」, 『수산경영론집』 제45권 제2호, 2014. pp.81~82에 따르면 2012년 기준으로 우리나라의 배타적 경제수역 내 중국의 불법조업에 따른 직접적인 수산자원 감소가 67만 5,000톤, 연간 평균 손실금액은 약 1조 3천억원으로 추정되었으며, 이는 우리나라 수산물 총 생산량의 21.2%, 연근해어업 생산량의 61.9%, 금액적으로는 총 생산금액의 17.6%, 연근해어업 생산금액의 34.2%에 해당한다고 함.

90 제19대국회 안전행정위원회의 서해5도 지원 특별법 일부개정법률안에 대한 법안심사 소위원회 심사 결과, 조업손실에 대해서는 정확한 인정 범위 및 다른 지역과의 형평성 문제가 제기될 수 있다는 이유로 유보됨.

91 「수산업법」 제8조(면허어업) ① 다음 각 호의 어느 하나에 해당하는 어업을 하려는 자는 시장·군수·구청장의 면허를 받아야 한다. 다만, 외해양식어업을 하려는 자는 해양수산부장관의 면허를 받아야 한다.

1. 정치망어업(定置網漁業): 일정한 수면을 구획하여 대통령령으로 정하는 어구(漁具)를 일정한 장소에 설치하여 수산동물을 포획하는 어업
2. 해조류양식어업(海藻類養殖漁業): 일정한 수면을 구획하여 그 수면의 바닥을 이용하거나 수중에 필요한 시설을 설치하여 해조류를 양식하는 어업
3. 패류양식어업(貝類養殖漁業): 일정한 수면을 구획하여 그 수면의 바닥을 이용하거나 수중에 필요한 시설을 설치하여 패류를 양식하는 어업
4. 어류등양식어업(魚類等養殖漁業): 일정한 수면을 구획하여 그 수면의 바닥을 이용하거나 수중에 필요한 시설을 설치하거나 그 밖의 방법으로 패류 외의 수산동물을 양식하는 어업
5. 복합양식어업(複合養殖漁業): 제2호부터 제4호까지 및 제6호에 따른 양식어업 외의 어업으로서 양식어장의 특성 등을 고려하여 제2호부터 제4호까지의 규정에 따른 서로 다른 양식어업 대상품종을 2종 이상 복합적으로 양식하는 어업
6. 마을어업: 일정한 지역에 거주하는 어업인이 해안에 연접한 일정한 수심(水深) 이내의 수면을 구획하여 패류·해조류 또는 정착성(定着性) 수산동물을 관리·조성하여 포획·채취하는 어업
7. 협동양식어업(協同養殖漁業): 마을어업의 어장 수심의 한계를 초과한 일정한 수심 범위의 수면을 구획하여 제2호부터 제5호까지의 규정에 따른 방법으로 일정한 지역에 거주하는 어업인이 협동하여 양식하는 어업
8. 외해양식어업: 외해의 일정한 수면을 구획하여 수중 또는 표층에 필요한 시설을 설치하거나 그 밖의 방법으로 수산동식물을 양식하는 어업

통제는 서해5도 뿐만 아니라 다른 해역에서도 일어날 수 있다는 점을 아울러 고려하여, 입법적 검토[91]를 할 필요가 있다고 생각됨.

한편, 국가 및 지방자치단체로 하여금 지원대책의 강구를 법적 의무로 강제하게 되면 그 지원을 위한 예산 확보 방안 등이 수반되어야 할 것이므로 정부 등의 의견 청취가 필요하다고 보이는데, 행정자치부 및 관계 행정부처(해양수산부, 기획재정부)는 불특정 국가 선박의 불법조업과 조업손실 간 인과관계 규명이 곤란하여 직접적인 손실액의 지원이 어렵고, 「수산업법」 규정과의 관계 등을 들어 국방상 이유로 인한 조업손실에 대해서도 지원할 수 없다는 입장을 밝히고 있음.

3. 신규어선 전입 제한 및 어업허가의 자율화

개정안은 어업인의 소득 증대와 어족자원 보호를 위하여 신규 어선의 전입을 제한하고, 기존에 어업허가를 받은 어선의 경우는 「어업의 허가 및 신고 등에 관한 규칙」 별표2의 연안어업의 종류별 허가정수에도 불구하고 관할 기초자치단체의 장이 자율적으로 어업의 종류별 허가를 하도록 하려는 내용임(안 제18조 제4항 신설).

▼표 조문대비표

현행	개정안
제18조(농어업인 및 소상공인 경영활동 등 지원) <신 설>	제18조(농어업인 및 소상공인 경영활동 등 지원) ④ 서해5도 지역은 신규어선의 전입을 제한하고 기존 어업허가를 득한 어선에 한하여는 어업의 허가 및 신고 등에 관한 규칙 별표2의 연안어업의 종류별 허가정수에도 불구하고 관할 시장·군수·구청장이 어업의 종류별 허가를 할 수 있다.

서해5도 지역은 남북 분단 현실과 특수한 지리적 여건상 북한의 군사적 위협으로 피해를 입을 가능성이 높아 특별법을 통하여 지원하고 있는 곳으로서, 지역주민의 어업활동 등을 두텁게 보호해야 할 필요성이 크므로 신규 어선의 전입을 제한하는 등 특별한 조치가 요구될 수는 있다고 보임.

다만, 이미 현행 「수산업법」(제34조 제1항 제1호부터 제6호[95])에서 허가어업에 대하여 공익의 보호, 어업조정 또는 수산자원의 번식·보호를 위하여 필

92 「수산업법」제41조(허가어업) ① 총톤수 10톤 이상의 동력어선(動力漁船) 또는 수산자원을 보호하고 어업조정(漁業調整)을 하기 위하여 특히 필요하여 대통령령으로 정하는 총톤수 10톤 미만의 동력어선을 사용하는 어업(이하 "근해어업"이라 한다)을 하려는 자는 어선 또는 어구마다 해양수산부장관의 허가를 받아야 한다.
② 무동력어선, 총톤수 10톤 미만의 동력어선을 사용하는 어업으로서 근해어업 및 제3항에 따른 어업 외의 어업(이하 "연안어업"이라 한다)에 해당하는 어업을 하려는 자는 어선 또는 어구마다 시·도지사의 허가를 받아야 한다.
③ 다음 각 호의 어느 하나에 해당하는 어업을 하려는 자는 어선·어구 또는 시설마다 시장·군수·구청장의 허가를 받아야 한다.
1. 구획어업: 일정한 수역을 정하여 어구를 설치하거나 무동력어선 또는 총톤수 5톤 미만의 동력어선을 사용하여 하는 어업. 다만, 해양수산부령으로 정하는 어업으로 시·도지사가 「수산자원관리법」 제36조 및 제38조에 따라 총허용어획량을 설정·관리하는 경우에는 총톤수 8톤 미만의 동력어선에 대하여 허가할 수 있다.
2. 육상해수양식어업: 인공적으로 조성한 육상의 해수면에서 수산동식물을 양식하는 어업
3. 삭제〈2015.6.22.〉

93 「수산자원관리법」 제14조 제5항, 「수산자원관리법 시행령」 제6조 제1항 및 별표 1 등 참조.

94 제19대국회 안전행정위원회의 서해5도 지원 특별법 일부개정법률안에 대한 법안심사소위원회 심사에서도 다른 지역과의 형평성이 문제될 수 있다고 지적되었음.

95 제34조(공익의 필요에 의한 면허어업의 제한 등) ① 시장·군수·구청장은 다음 각 호의 어느 하나에 해당하면 면허한 어업을 제한 또는 정지하거나 어선의 계류(繫留) 또는 출항·입항을 제한할 수 있다.
1. 수산자원의 증식·보호를 위하여 필요한 경우
2. 군사훈련 또는 주요 군사기지의 보위(保衛)를 위하여 필요한 경우
3. 국방을 위하여 필요하다고 인정되어 국방부장관이 요청한 경우
4. 선박의 항행·정박·계류 또는 수저전선(水底電線)의 부설을 위하여 필요한 경우
5. 「해양환경관리법」 제23조제1항 단서에 따른 폐기물 해양배출로 인하여 배출해역 바닥에서 서식하는 수산동물의 위생관리가 필요한 경우
6. 「공익사업을 위한 토지 등의 취득 및 보상에 관한 법률」 제4조의 공익사업을 위하여 필요한 경우
7. ~ 9. (생략)

요하다고 인정되는 경우 행정관청이 어업의 제한 또는 어선의 계류 등을 할 수 있고, 신규 어선의 전입 자체를 제한하는 것은 지나친 규제가 될 수 있다는 점을 고려하여, 입법적 검토[96]를 할 필요가 있다고 생각됨.

한편, '어업의 종류별 허가정수'는 「수산업법」 제41조 제4항, 「어업의 허가 및 신고 등에 관한 규칙」(해양수산부령) 제3조 제2항 및 별표 2에 근거하는 것으로, 2014. 1. 23. 별표 2의 개정을 통하여 「선박안전 조업규칙」 제20조 제2항[97]에 따라 어로한계선을 넘어 설정된 조업수역에 대하여, 해당 어업의 허가권자[98]가 어업의 종류별 시·도별 허가의 정수 범위에서 어로한계선 인근지역 읍·면 또는 도서별로 어업의 종류별 허가의 정수를 별도로 정할 수 있다는 내용과 함께 특히 서해5도 지역의 읍·면 또는 도서별 어업의 종류별 허가의 정수를 정하고자 할 때 이미 해당 읍·면·도서별로 허가된 어업허가의 정수 범위에서 정하도록 하면서 그 허가된 어업의 적용사항을 규정하고 있는데, 이에 따라 2015. 8. 옹진군에서는 서해5도 어장에 대한 연안어업 허가정수 조정을 완료하였음(별첨 자료 참조).

「어업의 허가 및 신고 등에 관한 규칙」의 개정에서 '서해5도 지역의 읍·면 또는 도서'를 특별히 언급한 데서 볼 수 있는 바와 같이, '어업의 종류별 허가정수'의 적용에 관하여 서해5도 지역에 대하여 예외를 둘 필요성에 대해서는 일응 공감대가 형성된 측면이 있다고 보이지만, 「서해5도 지원 특별법」에서 수산업 관계법령에 규정되어 있는 내용에 대한 예외적 사항을 둘 경우 기존 법 체계에 변경을 초래하는 측면도 있다는 점을 고려하여 입법적 검토[99]를 할 필요가 있다고 생각됨.

한편, 행정자치부는 신규어선 전입 제한은 새로운 규제를 양산할 우려가 있고, 어업허가를 자율화할 경우 특정 시기에 특정 자원의 집중 조업으로 수산자원이 고갈될 우려가 있음을 들어 수용이 곤란하다는 의견을 개진하고 있으며, 해양수산부는 현행 법령상으로도 시·도지사가 연안어업 조업수역을 제한할 수 있고, 어업허가 제도는 「수산업법」 소관으로 별도 법률에서 예외를 규정할 경우 어업허가 제도에 혼란이 발생할 수 있으며, 접경수역의 특수성을 감안하여 옹진군이 전체 허가 정수 범위 내에서 재량적으로 어업 종류를 조정·변경 가능하도록 관련 법령이 개정되었으므로 「서해5도 지원 특별법」의 해당 부분 개정 내용은 수용하기 어렵다는 입장을 밝히고 있음.

4. 어로활동을 위한 시설과 장비 지원

개정안은 서해5도 어장에서의 안전한 조업을 위해 필요한 어업지도선의 대체건조 등 어업지도사업에 필요한 시설과 장비에 국비를 지원할 수 있는 근거를 마련하려는 것임(안 제19조 제2항 신설).

---

96 제19대국회 안전행정위원회의 서해5도 지원 특별법 일부개정법률안에 대한 법안심사소위원회 심사에서도 신규 어선 전입 제한은 헌법상 직업의 자유를 과도하게 제한할 수 있는 측면이 있다는 점도 감안되어야 함이 논의되었음.

97 제20조(월선의 금지 등) ① 선박은 제3조에 따른 어로한계선이나 제6조에 따른 조업자제선을 넘어 어로 또는 항해를 하여서는 아니 된다.
② 제1항에도 불구하고 다음 각 호의 어느 하나에 해당하는 어선은 어로한계선이나 조업자제선을 넘어 어로 또는 항해를 할 수 있다.
1. 어로한계선 인근지역·도서의 어선. 이 경우 어로 및 항해를 할 수 있는 범위와 기간 등은 해양수산부장관이 관계 기관의 장과 협의·결정하여 고시한다.
2. 「남북교류 협력에 관한 법률」에 따라 정부의 승인을 받은 어선 또는 외국정부의 입어허가를 받아 해당 외국수역에 출어하는 어선. 이 경우 출입항로 등은 해양수산부장관이 관계 기관의 장과 협의·결정하여 고시하거나 통보한다.

98 개정 전에는 인천광역시장 또는 강원도지사로 되어 있었음.

99 제19대국회 안전행정위원회의 서해5도 특별법 일부개정법률안에 대한 법안심사소위원회 심사에서도 유사한 논의에서 수산자원에 미치는 영향 등도 고려되어야 함이 지적되었음.

▼표 조문대비표

현행	개정안
제19조(불법조업방지시설) 국가는 서해5도에서 조업하는 어민의 안전조업과 불법조업으로 인한 피해방지를 위하여 시설물 설치에 필요한 사업을 지원할 수 있다.	제18조(수산자원조성 및 어업활동지원) ① (제목 외의 부분과 같음)
<신 설>	② 국가는 서해5도에서 어로한계선 등 지역적 특성으로 인한 제한에 의해 발생하는 어업인의 어로활동상 지장을 최소화하도록 필요한 시설과 장비를 갖추는 등 예산 및 행정지원을 하여야 한다.

「수산업법」 및 「선박안전 조업규칙」에 따라 연근해어선의 안전조업을 위하여 제정된 해양수산부의 고시인 「어선안전조업규정」에서는 어로한계선[100]이나 조업자제선[101]을 월선하여 어로 또는 항해할 수 있는 범위를 정하면서, A어장(백령도 서방해역 안), B어장(소청도 남방해역 안), C어장(백령도 서방해역 안)에서 조업하려는 어선은 "조업기간 중 월 15일(주간) 이내에서 옹진군 어업지도선(행정선을 포함한다)의 인솔 하에 어로를 하여야 한다"고 규정(제5조 제3항)하고 있으므로 서해5도 어장 지역의 지리적 특수성을 감안하여 어선의 피랍방지 및 안전조업 지도 등을 위한 어업지도선이 필요하다는 점은 현행 법령상 인정되고 있는 것으로 생각됨.

현재 서해5도의 어업지도선은 백령 2척, 대청 2척, 연평 1척, 대체건조 1척 등 총 6척으로, 1994년부터 2001년까지는 어업지도선의 유류비에 대하여 국비가 50% 지원되었으나, 2000년 지방교부세에 포괄적으로 농림수산사업비가 반영되면서 교부세가 증액(13.27%→15%)되었고 「보조금 관리에 관한 법률 시행령」 별표의 개정(2008. 9. 8.)으로 어업지도선 건조사업이 국고 보조대상 사업에서 제외되면서 국비 지원은 중단된 상황임.

서해5도의 경우 북한과 대치하고 있는 접경 해역으로 어선의 안전조업을 위하여 어업지도선이 필수적으로 요구되는 측면이 있다고 보이므로, 이에 대하여 국가가 예산 및 행정지원을 하여야 한다는 개정안의 취지는 일응 타당하다고 생각됨.

다만, 지방교부세를 통하여 이미 지원하고 있는 부분이 있음에도 이를 다시 국비로 지원해야 할 것인지 여부에 대해서는 이 사무가 지방자치단체의 고유사무인지 국가사무인지 여부 등을 판단하여 결정할 필요가 있고, 자체적으로 지도선을 건조한 다른 지방자치단체[102]의 형평성의 문제가 발생

▼표

선 명	제 원					어장 현황			비 고
	톤 수	속 력 (노트)	승무원	건조일	선 령	어 선	관할어장	면 적	
계 (6척)	436톤		30명			240척		3,199㎢	
인천214호	132	8	2	77.11	39년	-	용도폐기	-	대체건조 중
인천227호	45	20	5	96.09	20년	106척	백령	567㎢	
인천216호	51	20	6	95.09	21년				
인천226호	43	15	5	95.12	21년	75척	대청	1,831㎢	
인천232호	113	20	6	06.04	10년				
인천228호	52	15	6	96.09	20년	59척	연평	801㎢	

자료: 인천광역시

100 「선박안전 조업규칙」 제3조 참조.

101 「선박안전 조업규칙」 제6조(조업자제선) 조업자제선은 서해 조업자제해역 및 동해 대화퇴해역에서 어로금지나 항해금지를 표시하는 선으로서 해양수산부장관이 관계 중앙행정기관의 장과 협의를 거쳐 정하여 고시하는 선을 말한다.

102 2000년 이후 부산 3, 인천 1, 경기 2, 강원 1, 전북 3, 경북 2, 충남 5, 전남 8, 경남 1, 제주 1 등 27척이 자체 건조되었음(자료: 기획재정부).

할 가능성도 있다는 점 등을 고려[103]하여, 입법 여부를 결정[104]하여야 할 것으로 보이는 한편, 개정안의 내용에서는 그 입법취지로 보이는 어업지도선의 대체건조 등에 관한 지원이 드러나 있지 않으므로, "국가는 서해5도를 관할하는 지방자치단체의 어업지도선 운영 등에 소요되는 경비의 일부를 지원할 수 있다"는 등의 입법적 대안을 고려할 수 있다고 생각됨.

개정안과 관련하여, 행정자치부 및 해양수산부는 개정안의 입법에는 다른 지역과의 형평성 등의 이유로 부정적 견해를 피력하면서, 필요할 경우 국가지도선을 추가로 건조하여 서해5도에 배치하는 방안을 검토할 수 있다는 입장을 밝히고 있음.

5. 여객선 운항 손실금 지원

개정안은 서해5도 지역 주민의 육지왕래 수단인 여객선 운항이 두절되지 않도록 도서출발 운항선사에 손실금을 지원하려는 것임(안 제20조 신설).

▼표 조문대비표

현행	개정안
<신 설>	제20조(여객선 운항 손실금 지원) 국가는 서해5도에 거주하는 주민의 육지왕래 편의 증진을 위하여 대통령령으로 정하는 바에 따라 서해5도 여객선 운항에 따른 손실금을 지원할 수 있다.

인천광역시에 따르면, 백령도의 경우 인천까지 편도 5시간 정도가 소요되어 당일 왕복을 하기 위해서는 오전에 출발하는 여객선이 반드시 필요함에도 불구하고 수익성 저조로 운항선사가 폐업하는 등 지역주민의 불편이 심각한 수준에 달하고 있다고 생각되는데, 지역주민의 정주 여건 개선을 위해서는 수익성이 저조하더라도 여객선 운항이 지속되어야 할 필요성이 있는바, 그에 따른 손실금을 지원하려는 개정안의 취지에는 타당한 측면이 있다고 보임.

다만, 현행법상 여객선 운항에 따른 손실금을 지원하는 대상은 「해운법」상의 보조항로[105]에 한정되어 있는바, 서해5도는 정기적으로 여객선이 운항하는 항로로서 보조항로가 아님에도 특별히 여객선 운항에 따른 손실금을 지원한다면, 다른 지방자치단체와의 형평성 논란이 발생할 가능성이 있으므로, 이러한 점을 고려[106]하여 입법정책적으로 판단[107]하여야 할 것으로 생각됨.

한편, 기획재정부는 「해운법」에 따라 항로에 대하여는 동일한 기준을 적용하여야 함에도 특정 항로에 대하여 지원을 하는 것은 형평성에 어긋난다는 입장이며, 행정자치부와 해양수산부는 서해5도 주민들의 교통복지 향상을 위하여 필요성은 인정하되 지방자치단체도 재원을 함께 부담하여야 한다는 입장을 밝히고 있음.

6. 건축 인 · 허가 간소화

개정안은 서해5도에서 건축하는 소규모 주거용 건축물에 대하여 개발행위허가 등을 받지 아니하도록 하려는 것임(안 제21조 신설).

103 제19대국회 안전행정위원회의 「서해5도 지원 특별법」에 대한 법안심사소위원회 심사에서도 노후 어업지도선에 대하여 각 행정부처의 협의를 거쳐 대책이 마련되어야 함이 지적되었음.

104 한편, 2016. 6. 23. 여객선 및 도선 중 노후 선박 교체에 대하여 국가가 건조자금 및 친환경 선박으로의 교체 비용 일부를 지원할 수 있도록 하는 내용을 포함한 도서지역 대중교통 육성 및 지원에 관한 법률안(정유섭 의원 대표발의)도 발의된 상태임.

105 「해운법」 제15조(보조항로의 지정과 운영) ① 해양수산부장관은 도서주민의 해상교통수단을 확보하기 위하여 필요하다고 인정되면 국가가 운항에 따른 결손금액을 보조하는 항로(이하 "보조항로"라 한다)를 지정하여 내항여객운송사업자 중에서 보조항로를 운항할 사업자(이하 "보조항로사업자"라 한다)를 선정하여 운영하게 할 수 있다.

106 제19대국회 안전행정위원회의 서해5도 지원 특별법 일부개정법률안에 대한 법안심사소위원회 심사에서도 여객선 운항에 따른 손실금 지원에 대하여 다른 지역과의 형평성 등의 문제가 제기되었음.

107 한편, 2016. 6. 23. 발의된 도서지역 대중교통 육성 및 지원에 관한 법률안(정유섭 의원 대표발의)에서도 국가는 적자노선을 운영하는 대중교통운영자에게 그 항로운영에 대한 손실보전을 하도록 하는 내용이 포함되어 있음.

▼표 연안여객 수송추이(2007~2015년)

항로	2007년	2008년	2009년	2010년	2011년	2012년	2013년	2014년	2015년
인천/백령	262,045	285,177	272,897	231,262	284,741	340,783	373,206	295,783	305,185
인천/연평	58,037	63,329	73,116	74,302	107,997	111,401	108,894	98,224	99,303

▼표 조문대비표

현행	개정안
<신 설>	제21조(건축 인 · 허가 간소화) 서해5도서에서 건축하는 연면적 100㎡ 이하의 주거용 건축물은 다음 각 호의 허가나 신고를 받지 아니한다. 1. 「국토의 계획 및 이용에 관한 법률」제56조에 따른 개발행위허가 2. 「산지관리법」 제14조와 제15조에 따른 산지전용허가와 산지전용 신고, 같은 법 제15조의2에 따른 산지일시사용허가·신고 3. 「농지법」 제34조, 제35조 및 제43조에 따른 농지전용허가 · 신고 및 협의

현행 다수의 법률에서는 개발사업 등 시행 시 여러 법률에 따른 인·허가를 받아야 하는 경우, 각각의 인·허가를 받도록 하면 많은 시간과 비용이 소요되어 사업의 신속한 시행에 부담이 될 수 있다는 점을 감안하여 '인·허가 의제' 제도[108]를 도입하고 있음.

이러한 '인·허가 의제'는 규제완화 및 효율적 사업진행을 위하여 그 필요성이 인정되는 것으로, 개발사업과 관련이 없는 법률[109]에도 확대되어 가는 추세라 보임.

그러나, 개정안의 내용은 '인·허가 의제' 제도와 같은 행정절차 간소화[110]를 넘어 일정한 규모 이하의 주거용 건축물에 대하여 인·허가를 받지 않도록 하는 것인바, 각 개별법에서 국토의 효율적 개발과 보존을 위하여 규정하고 있는 개발행위허가 등을 서해5도에만 한정하여 면제를 하는 것은 다른 지역과의 형평성, 전체 법률 체계와의 정합성 등에서 문제제기가 따를 수 있다는 점을 고려하여 입법 여부를 판단하여야 할 것으로 보임.

108 「주한미군 공여구역주변지역 등 지원 특별법」 제29조, 「제주특별자치도 설치 및 국제자유도시 조성을 위한 특별법」 제148조 등

109 「박물관 및 미술관 진흥법」 제20조 등

110 법률안의 표지부인 '주요내용'에는 인·허가 의제로 표현되어 있음.

참고 서해5도 어장 연안어업 허가정수 조정 현황

도서별	어업의 종류	허가건수	허가정수 조정	증 감	비 고
합 계	계	189	189	0	ㅇ 전환대상: 159척 (백령 94, 대청 65) ㅇ 전환신청: 103척 (백령 56, 대청 47) ㅇ 미신청: 56척 (백령 38, 대청 18)
	연안개량안강망	8	21	13	
	연안통발	6	96	90	
	연안자망	28	11	△17	
	연안복합	147	61	△86	
백 령	계	102	102	0	
	연안개량안강망	4	10	6	
	연안통발	4	53	49	
	연안자망	5	1	△4	
	연안복합	89	38	△51	
대 청	계	87	87	0	
	연안개량안강망	4	11	7	
	연안통발	2	43	41	
	연안자망	23	10	△13	
	연안복합	58	23	△35	

자료: 행정자치부

서해5도 지원 특별법 일부개정법률안 심 사 보 고 서

2018. 5.
행정안전위원회

1. 심사경과

가. 제출일자 및 제출자: 2016년 6월 14일, 안상수 의원 등 15인

나. 회부일자: 2016년 6월 15일

다. 상정 및 의결일자

- 제346회국회(정기회) 제10차 안전행정위원회(2016. 11. 7.)
  - 상정·제안설명·검토보고·대체토론·소위회부
- 제346회국회(정기회) 제1차 행정 및 인사법심사소위원회(2016. 11. 9.)
  - 상정·심사
- 제348회국회(임시회) 제1차 행정 및 인사법심사소위원회(2017. 1. 10.)
  - 상정·심사
- 제353회국회(임시회) 제1차 행정 및 인사법심사소위원회(2017. 8. 29.)
  - 상정·심사
- 제356회국회(임시회) 제2차 행정 및 인사법심사소위원회(2017. 2. 22.)
  - 상정·심사·의결(수정가결)
- 제356회국회(임시회) 제3차 행정안전위원회(2018. 2. 22.)
  - 상정·소위심사보고·의결(수정가결)

2. 제안설명의 요지 (제안설명: 안상수 의원)

서해최북단 NLL에 위치한 서해5도서는 국가안보, 영토 및 영해 수호, 접속수역 및 EEZ 관리 그리고, 영토(영해)의 최외곽지역으로 국내·외에 미치는 영향 등 지정학적 중요성과 위상이 타 연안 지자체보다 월등히 높은 것으로 인정되고 있으나, 행정·경제·사회·문화·교육·의료·교통 등 불리한 여건에 의해 재정자립도, GRDP, 주민의 생활환경 수준 등에 있어서는 전국 최하위 그룹에 속해 있어 지역 간 균형 발전 및 형평성 추구 차원에서 서해5도 주민들의 생활안정과 복지향상 등에 특별한 지원이 필요하여 관련 규정을 정비하려는 것임.

3. 전문위원 검토보고의 요지 (수석전문위원 김부년)

가. 서해5도 견학·방문사업 비용지원 대상 예시

개정안은 국가와 지방자치단체가 서해5도 견학·방문사업의 추진을 위하여 지원할 수 있는 비용에 여객운임비와 행사운영비 등의 예시를 추가하려는 것임(안 제17조 제1항 후단).

▼표 조문대비표

현행	개정안
제17조(통일교육 및 문화 · 관광 시설 등에 대한 우선 지원)	제17조(통일교육 및 문화 · 관광 시설 등에 대한 우선 지원)
① 국가 및 지방자치단체는 서해5도를 안보교육과 관광, 한반도 평화 및 화해의 장으로 만들고 통일교육을 장려하기 위하여 서해5도 견학 및 방문사업을 추진하고, 이에 필요한 비용을 관계 기관 또는 단체에 지원할 수 있다.	① --, 여객운임비와 행사운영비 등 이에 필요한 비용을 지원할 수 있다.
② (생략)	② (현행과 같음)

개정안은 백령도, 대청도, 연평도 등 서해5도가 천혜의 자연환경과 안보관광 등 특화된 관광자원을 보유하고 있음에도 방문객 감소[111]로 지역경제가 침체되고 있다고 보아 서해5도 관광객 등에게 여객운임비와 행사운영비 등의 지원을 명시하려는 취지로 이해됨.

현재 여객운임비의 경우 인천광역시 옹진군에

111 〈서해5도 이용객 현황: 2013~2015년(단위: 명)〉

구 분	항 로	2013년	2014년	2015년
일반항로	인천/백령	373,206	295,783	305,185
	인천/연평	108,894	98,224	99,303

인천광역시는 '서해5도 방문의 해' 사업 효과도 있었음을 고려하면 사실상 이용객은 더 감소한 것으로 보아야 한다는 입장을 밝힘.

서는 2013년도부터 인천에서 관광목적의 1박 이상 여행하는 사람을 대상으로 여객운임의 35%를 편성된 예산의 범위에서 지원하고 있는바,[112 113] 지금과 같은 지원내역과 방식을 유지할 경우 개정안에 따르더라도 국가나 지방자치단체의 추가 지원은 발생하지 않을 것으로 보이나, 국가에 대한 지방자치단체의 지원 요구가 있을 경우 국고지원[114] 문제가 발생할 여지는 있다고 생각됨.

▼표 옹진군의 여객운임비 지원현황: 2013~2015년

(단위: 명)

	지원 기간	지원 대상 (이용객)	지원 금액 (백만원)	월 평균 이용객	1인당 지원액 (원)
2013년	3월~12월 (10개월)	26,028	1,261	2,603	48,448
2014년	3월~11월 (9개월)	32,335	1,280	3,593	39,586
2015년	3월~9월 (7개월)	31,817	1,375	4,545	43,216
평균	8.7개월	30,060	1,305	3,580	43,750

자료: 인천광역시 자료를 바탕으로 국회 예산정책처에서 작성

행사운영비의 경우 국가나 지방자치단체가 행사를 주최할 경우 그에 소요되는 비용을 부담하게 될 것이므로 행사운영비 지원 문제가 발생할 소지가 없다고 보이지만, 민간에서 행사를 개최하면서 그에 소요되는 경비의 지원을 요구할 경우 이에 대비한 추가적 재원 확보 문제가 발생할 가능성이 있다고 보임.

따라서, 개정안은 여객운임비와 행사운영비에 대한 재정 부담이 발생할 가능성이 있다는 점에서, 재정당국 등 정부측 의견을 들어 입법정책적으로 판단할 사항[115]이라 생각됨.

나. 조업손실 등에 대한 지원

개정안은 국가 및 지방자치단체로 하여금 불특정국가의 선박으로 인한 어구 손괴 등의 피해에 대하여 지원대책을 강구할 수 있도록 한 현행법의 규정범위를 확장하여, 불특정국가의 선박으로 인한 어구손괴 외의 조업 손실, 남북한 긴장에 따른 조업통제에 따른 조업손실 및 피해에 대한 지원대책을 추가하려는 것임(안 제18조 제2항).

▼표 조문대비표

현행	개정안
제18조(농어업인 및 소상공인 경영활동 등 지원) ① (생략)	제18조(농어업인 및 소상공인 경영활동 등 지원) ① (현행과 같음)
② 국가 및 지방자치단체는 서해5도에 거주하는 어업인이 불특정국가의 선박으로 인한 <u>어구 손괴 등으로 피해가 발생한 경우에는 지원대책을 강구할 수 있다.</u>	② -- <u>어구손괴와 조업손실, 남북한 긴장에 따른 조업통제에 따른 조업손실 및 피해가 발생한 경우에는 지원대책을 강구하여야 한다.</u>

서해5도에 거주하는 어업인이 주로 활동하는 관내 어장도는 다음과 같은바, 배타적 경제수역[116]

112 인천항에서 백령도까지의 운임은 왕복 146,000원이며, 이 중 절반은 관광객 본인(전체의 50%)이 부담하고, 그 나머지에서 70%는 옹진군(전체의 35%)이 부담하며, 30%는 해운선사(전체의 15%)가 부담하고 있음.

113 해양수산부는 도서민에 대하여 운항요금의 일부를 「해운법」 제44조(여객선 이용자에 대한 운임 및 요금지원) 등에 따라 "내항여객선 운임보조" 세부사업에서 지원하고 있으며, 2016년도의 경우 운임지원을 위하여 약 128억원의 예산을 편성하고 있음.

114 국회 예산정책처의 비용 추계에 따르면, 개정안에 따른 여객운임비 추가 재정소요가 지원기간 10개월, 국가 및 옹진군의 부담비율을 50%로 전제할 경우 2018년부터 2022년까지 연평균 2억 1,300만원으로 예측된다고 함.

115 한편 2016. 6. 23. 발의된 도서지역 대중교통 육성 및 지원에 관한 법률안(정유섭 의원 대표발의)에서도 국가 또는 지방자치단체는 도서지역 여객선 및 도선의 대중교통화와 도서지역 주민의 교통편의를 증진하기 위하여 예산의 범위에서 선박 이용객에 대한 운임과 요금의 일부를 지원하는 내용이 포함되어 있음.

116 협약에 따라 「영해 및 접속수역법」 제2조에 따른 기선(基線)으로부터 그 바깥쪽 200해리의 선까지에 이르는 선까지에 이르는 수역 중 대한민국의 영해를 제외한 수역(「배타적 경제수역법」 제2조 제1항)을 말하며, 우리나라와 중국 간에는 「대한민국 정부와 중화인민공화국 정부 간의 어업에 관한 협정」 및 자국의 관계법령의 규정에 따라, 자국의 배타적 경제수역에서 타방체약당사자의 국민 및 어선이 어업활동을 하는 것을 허가하는 것으로 규정하고 있음(「대한민국 정부와 중화인민공화국 정부간의 어업에 관한 협정」 제2조 제1항).

▼그림 서해5도 거주 어업인이 주로 활동하는 관내 어장도

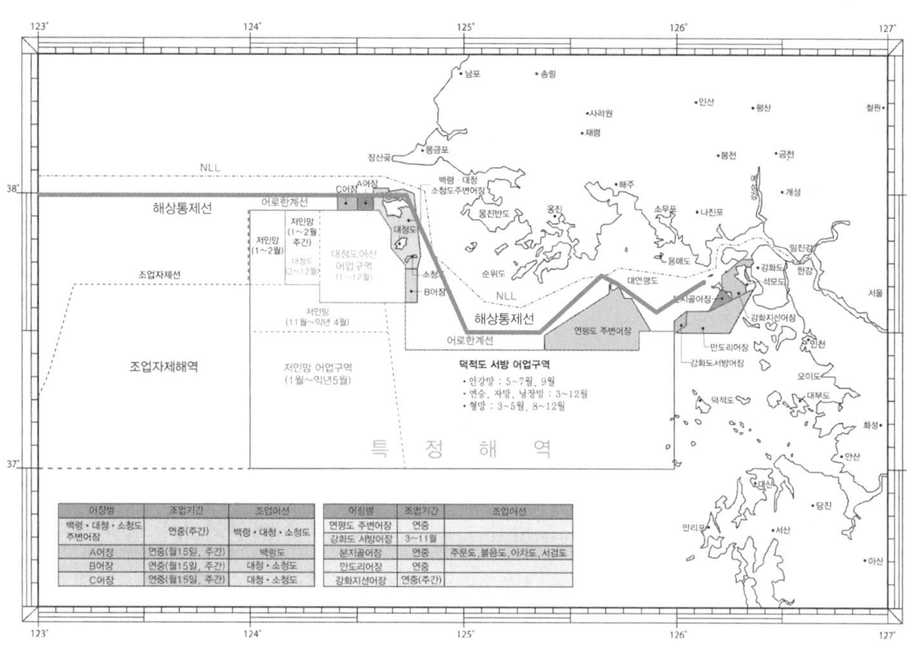

어장별	조업기간	조업어선
백령 · 대청 · 소청도 주변어장	연중(주간)	백령 · 대청 · 소청도
A어장	연중(월15일, 주간)	백령도
B어장	연중(월15일, 주간)	대청 · 소청도
C어장	연중(월15일, 주간)	대청 · 소청도

어장별	조업기간	조업어선
연평도 주변어장	연중	
강화도 서방어장	3~11월	
분지골어장	연중	주문도, 볼음도, 아차도, 서검도
만도리어장	연중	
강화지선어장	연중(주간)	

자료: 인천광역시

및 그 인접수역인 잠정조치수역[117] 등에서 중국 어선과 함께 조업하는 과정에서 어구가 얽히는 등의 문제가 빈번히 발생하였고, 이에 2003. 12. 「한국수산회와 중국어업협회 간 어업 안전 조업에 관한 약정」(약칭 '한·중 민간어업약정')이 체결되어 어선 해상사고에 관한 피해배상 내용을 규정하게 되었음.

그러나 어구 손실 외에도 중국 어선의 불법조업에 의한 조업손실 문제가 심각하다는 문제가 계속 제기[118]되었는바, 이러한 피해에 대하여도 지원대책을 강구하도록 하려는 개정안의 취지는 타당한 측면이 있다고 보임.

다만, 조업손실은 중국어선에 의한 불법조업 뿐만 아니라 어장환경 변화와 해수온도의 변화 등 복합적 요인으로 발생하는 것이라는 점을 감안할 때, 불법조업과 조업손실 간 인과관계의 규명이 어려워질 가능성이 있다는 측면도 함께 고려[119]할 필요가 있을 것으로 생각됨.

또한, 남북한 긴장에 따른 조업통제에 따른 조업손실 및 피해에 대한 지원 부분에 관해서는, 「수산업법」에 따라 "국방을 위하여 필요하다고 인정되어 국방부장관이 요청하는 경우 어업을 제한 또는 정지하거나 어선의 계류 또는 출항·입항을 제한"(제34조 제1항 제3호, 제49조 제1항 및 제3항)하는 규정이 있는바, 서해5도는 북한과 인접한 지리적 특성으로 인하여 남북한 긴장관계가 조성될 경우 조업이 통제되어 그로 인한 손실을 입을 가능성이 높고, 특히 주로 자연시설에 기반한 어업을 대상으로 하는 면허어업[120]은 상대적으로 피해가 적

117 「대한민국 정부와 중화인민공화국 정부 간의 어업에 관한 협정」 제7조 및 제8조에 '잠정조치수역' 및 '과도수역'의 구체적 영역이 규정되어 있음.

118 이광남·정진호, 「중국어선 불법어업에 따른 수산부문 손실 추정」, 『수산경영론집』 제45권 제2호, 2014. pp.81~82에 따르면 2012년 기준으로 우리나라의 배타적 경제수역 내 중국의 불법조업에 따른 직접적인 수산자원 감소가 67만 5,000톤, 연간 평균 손실금액은 약 1조 3천억원으로 추정되었으며, 이는 우리나라 수산물 총 생산량의 21.2%, 연근해어업 생산량의 61.9%, 금액적으로는 총 생산금액의 17.6%, 연근해어업 생산금액의 34.2%에 해당한다고 함.

119 제19대국회 안전행정위원회의 서해5도 지원 특별법 일부개정법률안에 대한 법안심사 소위원회 심사 결과, 조업손실에 대해서는 정확한 인정 범위 및 다른 지역과의 형평성 문제가 제기될 수 있다는 이유로 유보됨.

120 「수산업법」 제8조(면허어업) ① 다음 각 호의 어느 하나에 해당하는 어업을 하려는 자는 시장·군수·구

을 수 있으나 허가어업[118] 등은 원래 기후, 금어기[119] 등 실질적으로 조업을 할 수 없는 상황이 불가피하게 존재하는 특성이 있으므로 남북한 긴장으로 인한 조업통제까지 겹칠 경우 그 타격이 상당할 것으로 예측되므로, 그에 따른 지원대책을 강구하도록 하려는 개정안의 취지에는 일응 타당한 측면이 있다고 보임.

이와 관련해서는, 허가어업과 신고어업의 경우 국방상 이유로 어업을 제한 또는 정지하는 경우 등에 관하여 손실보상에서 제외된다는 명시적 규정(「수산업법」 제81조 제1항 제1호 단서)을 두고 있고,

남북한 긴장에 따른 군사 훈련 등으로 인한 조업 통제는 서해5도 뿐만 아니라 다른 해역에서도 일어날 수 있다는 점을 아울러 고려하여, 입법적 검토[120]를 할 필요가 있다고 생각됨.

한편, 국가 및 지방자치단체로 하여금 지원대책의 강구를 법적 의무로 강제하게 되면 그 지원을 위한 예산 확보 방안 등이 수반되어야 할 것이므로 정부 등의 의견 청취가 필요하다고 보이는데, 행정자치부 및 관계 행정부처(해양수산부, 기획재정부)는 불특정 국가 선박의 불법조업과 조업손실 간 인과관계 규명이 곤란하여 직접적인 손실액의 지원이 어렵고, 「수산업법」 규정과의 관계 등을 들어 국방상 이유로 인한 조업손실에 대해서도 지원할 수 없다는 입장을 밝히고 있음.

다. 신규어선 전입 제한 및 어업허가의 자율화

개정안은 어업인의 소득 증대와 어족자원 보호를 위하여 신규 어선의 전입을 제한하고, 기존에 어업허가를 받은 어선의 경우는 「어업의 허가

청장의 면허를 받아야 한다. 다만, 외해양식어업을 하려는 자는 해양수산부장관의 면허를 받아야 한다.

1. 정치망어업(定置網漁業): 일정한 수면을 구획하여 대통령령으로 정하는 어구(漁具)를 일정한 장소에 설치하여 수산동물을 포획하는 어업
2. 해조류양식어업(海藻類養殖漁業): 일정한 수면을 구획하여 그 수면의 바닥을 이용하거나 수중에 필요한 시설을 설치하여 해조류를 양식하는 어업
3. 패류양식어업(貝類養殖漁業): 일정한 수면을 구획하여 그 수면의 바닥을 이용하거나 수중에 필요한 시설을 설치하여 패류를 양식하는 어업
4. 어류등양식어업(魚類等養殖漁業): 일정한 수면을 구획하여 그 수면의 바닥을 이용하거나 수중에 필요한 시설을 설치하거나 그 밖의 방법으로 패류 외의 수산동물을 양식하는 어업
5. 복합양식어업(複合養殖漁業): 제2호부터 제4호까지 및 제6호에 따른 양식어업 외의 어업으로서 양식어장의 특성 등을 고려하여 제2호부터 제4호까지의 규정에 따른 서로 다른 양식어업 대상품종을 2종 이상 복합적으로 양식하는 어업
6. 마을어업: 일정한 지역에 거주하는 어업인이 해안에 연접한 일정한 수심(水深) 이내의 수면을 구획하여 패류·해조류 또는 정착성(定着性) 수산동물을 관리·조성하여 포획·채취하는 어업
7. 협동양식어업(協同養殖漁業): 마을어업의 어장 수심의 한계를 초과한 일정한 수심 범위의 수면을 구획하여 제2호부터 제5호까지의 규정에 따른 방법으로 일정한 지역에 거주하는 어업인이 협동하여 양식하는 어업
8. 외해양식어업: 외해의 일정한 수면을 구획하여 수중 또는 표층에 필요한 시설을 설치하거나 그 밖의 방법으로 수산동식물을 양식하는 어업

121 「수산업법」 제41조(허가어업) ① 총톤수 10톤 이상의 동력어선(動力漁船) 또는 수산자원을 보호하고 어업조정(漁業調整)을 하기 위하여 특히 필요하여 대통령령으로 정하는 총톤수 10톤 미만의 동력어선을 사용하는 어업(이하 "근해어업"이라 한다)을 하려는 자는 어선 또는 어구마다 해양수산부장관의 허가를 받아야 한다.

② 무동력어선, 총톤수 10톤 미만의 동력어선을 사용하는 어업으로서 근해어업 및 제3항에 따른 어업 외의 어업(이하 "연안어업"이라 한다)에 해당하는 어업을 하려는 자는 어선 또는 어구마다 시·도지사의 허가를 받아야 한다.

③ 다음 각 호의 어느 하나에 해당하는 어업을 하려는 자는 어선·어구 또는 시설마다 시장·군수·구청장의 허가를 받아야 한다.

1. 구획어업: 일정한 수역을 정하여 어구를 설치하거나 무동력어선 또는 총톤수 5톤 미만의 동력어선을 사용하여 하는 어업. 다만, 해양수산부령으로 정하는 어업으로 시·도지사가 「수산자원관리법」 제36조 및 제38조에 따라 총허용어획량을 설정·관리하는 경우에는 총톤수 8톤 미만의 동력어선에 대하여 허가할 수 있다.
2. 육상해수양식어업: 인공적으로 조성한 육상의 해수면에서 수산동식물을 양식하는 어업
3. 삭제〈2015.6.22.〉

122 「수산자원관리법」 제14조 제5항, 「수산자원관리법 시행령」 제6조 제1항 및 별표 1 등 참조

123 제19대국회 안전행정위원회의 서해5도 지원 특별법 일부개정법률안에 대한 법안심사소위원회 심사에서도 다른 지역과의 형평성이 문제될 수 있다고 지적되었음.

및 신고 등에 관한 규칙」 별표2의 연안어업의 종류별 허가정수에도 불구하고 관할 기초자치단체의 장이 자율적으로 어업의 종류별 허가를 하도록 하려는 내용임(안 제18조 제4항 신설).

▼표 조문대비표

현행	개정안
제18조(농어업인 및 소상공인 경영활동 등 지원) <신 설>	제18조(농어업인 및 소상공인 경영활동 등 지원) ④ 서해5도 지역은 신규어선의 전입을 제한하고 기존 어업허가를 득한 어선에 한하여는 어업의 허가 및 신고 등에 관한 규칙 별표2의 연안어업의 종류별 허가정수에도 불구하고 관할 시장·군수·구청장이 어업의 종류별 허가를 할 수 있다.

서해5도 지역은 남북 분단 현실과 특수한 지리적 여건상 북한의 군사적 위협으로 피해를 입을 가능성이 높아 특별법을 통하여 지원하고 있는 곳으로서, 지역주민의 어업활동 등을 두텁게 보호해야 할 필요성이 크므로 신규 어선의 전입을 제한하는 등 특별한 조치가 요구될 수는 있다고 보임.

다만, 이미 현행 「수산업법」(제34조 제1항 제1호부터 제6호[124])에서 허가어업에 대하여 공익의 보호, 어업조정 또는 수산자원의 번식·보호를 위하여 필요하다고 인정되는 경우 행정관청이 어업의 제한 또는 어선의 계류 등을 할 수 있고, 신규 어선의 전입 자체를 제한하는 것은 지나친 규제가 될 수 있다는 점을 고려하여, 입법적 검토[125]를 할 필요가 있다고 생각됨.

한편, '어업의 종류별 허가정수'는 「수산업법」 제41조 제4항, 「어업의 허가 및 신고 등에 관한 규칙」(해양수산부령) 제3조 제2항 및 별표 2에 근거하는 것으로, 2014. 1. 23. 별표 2의 개정을 통하여 「선박안전 조업규칙」 제20조 제2항[126]에 따라 어로한계선을 넘어 설정된 조업수역에 대하여, 해당 어업의 허가권자[127]가 어업의 종류별 시·도별 허가의 정수 범위에서 어로한계선 인근지역 읍·면 또는 도서별로 어업의 종류별 허가의 정수를 별도로 정할 수 있다는 내용과 함께 특히 서해5도 지역의 읍·면 또는 도서별 어업의 종류별 허가의 정수를 정하고자 할 때 이미 해당 읍·면·도서별로 허가된 어업허가의 정수 범위에서 정하도록 하면서 그 허가된 어업의 적용사항을 규정하고 있는데, 이에 따라 2015. 8. 옹진군에서는 서해5도 어장에 대한 연안어업 허가정수 조정을 완료하였음(별첨 자료 참조).

「어업의 허가 및 신고 등에 관한 규칙」의 개정

124 제34조(공익의 필요에 의한 면허어업의 제한 등) ① 시장·군수·구청장은 다음 각 호의 어느 하나에 해당하면 면허한 어업을 제한 또는 정지하거나 어선의 계류(繫留) 또는 출항·입항을 제한할 수 있다.
1. 수산자원의 증식·보호를 위하여 필요한 경우
2. 군사훈련 또는 주요 군사기지의 보위(保衛)를 위하여 필요한 경우
3. 국방을 위하여 필요하다고 인정되어 국방부장관이 요청한 경우
4. 선박의 항행·정박·계류 또는 수저전선(水底電線)의 부설을 위하여 필요한 경우
5. 「해양환경관리법」 제23조 제1항 단서에 따른 폐기물 해양배출로 인하여 배출해역 바닥에서 서식하는 수산동물의 위생관리가 필요한 경우
6. 「공익사업을 위한 토지 등의 취득 및 보상에 관한 법률」 제4조의 공익사업을 위하여 필요한 경우
7. ~ 9. (생략)

125 제19대국회 안전행정위원회의 서해5도 지원 특별법 일부개정법률안에 대한 법안심사소위원회 심사에서도 신규 어선 전입 제한은 헌법상 직업의 자유를 과도하게 제한할 수 있는 측면이 있다는 점도 감안되어야 함이 논의되었음.

126 제20조(월선의 금지 등) ① 선박은 제3조에 따른 어로한계선이나 제6조에 따른 조업자제선을 넘어 어로 또는 항해를 하여서는 아니 된다.
② 제1항에도 불구하고 다음 각 호의 어느 하나에 해당하는 어선은 어로한계선이나 조업자제선을 넘어 어로 또는 항해를 할 수 있다.
1. 어로한계선 인근지역·도서의 어선. 이 경우 어로 및 항해를 할 수 있는 범위와 기간 등은 해양수산부장관이 관계 기관의 장과 협의·결정하여 고시한다.
2. 「남북교류 협력에 관한 법률」에 따라 정부의 승인을 받은 어선 또는 외국정부의 입어허가를 받아 해당 외국수역에 출어하는 어선. 이 경우 출입항로 등은 해양수산부장관이 관계 기관의 장과 협의·결정하여 고시하거나 통보한다.

127 개정 전에는 인천광역시장 또는 강원도지사로 되어 있었음.

에서 '서해5도 지역의 읍·면 또는 도서'를 특별히 언급한 데서 볼 수 있는 바와 같이, '어업의 종류별 허가정수'의 적용에 관하여 서해5도 지역에 대하여 예외를 둘 필요성에 대해서는 일응 공감대가 형성된 측면이 있다고 보이지만, 「서해5도 지원 특별법」에서 수산업 관계법령에 규정되어 있는 내용에 대한 예외적 사항을 둘 경우 기존 법 체계에 변경을 초래하는 측면도 있다는 점을 고려하여 입법적 검토[128]를 할 필요가 있다고 생각됨.

한편, 행정자치부는 신규어선 전입 제한은 새로운 규제를 양산할 우려가 있고, 어업허가를 자율화할 경우 특정 시기에 특정 자원의 집중 조업으로 수산자원이 고갈될 우려가 있음을 들어 수용이 곤란하다는 의견을 개진하고 있으며, 해양수산부는 현행 법령상으로도 시·도지사가 연안어업 조업수역을 제한할 수 있고, 어업허가 제도는 「수산업법」 소관으로 별도 법률에서 예외를 규정할 경우 어업허가 제도에 혼란이 발생할 수 있으며, 접경수역의 특수성을 감안하여 옹진군이 전체 허가 정수 범위 내에서 재량적으로 어업 종류를 조정·변경 가능하도록 관련 법령이 개정되었으므로 「서해5도 지원 특별법」의 해당 부분 개정 내용은 수용하기 어렵다는 입장을 밝히고 있음.

라. 어로활동을 위한 시설과 장비 지원

개정안은 서해5도 어장에서의 안전한 조업을 위해 필요한 어업지도선의 대체건조 등 어업지도사업에 필요한 시설과 장비에 국비를 지원할 수 있는 근거를 마련하려는 것임(안 제19조 제2항 신설).

▼표 조문대비표

현행	개정안
제19조(불법조업방지시설) 국가는 서해5도에서 조업하는 어민의 안전조업과 불법조업으로 인한 피해방지를 위하여 시설물 설치에 필요한 사업을 지원할 수 있다.	제18조(수산자원조성 및 어업활동지원) ① (제목 외의 부분과 같음)
<신설>	② 국가는 서해5도에서 어로한계선 등 지역적 특성으로 인한 제한에 의해 발생하는 어업인의 어로활동상 지장을 최소화하도록 필요한 시설과 장비를 갖추는 등 예산 및 행정지원을 하여야 한다.

「수산업법」 및 「선박안전 조업규칙」에 따라 연근해어선의 안전조업을 위하여 제정된 해양수산부의 고시인 「어선안전조업규정」에서는 어로한계선[129]이나 조업자제선[130]을 월선하여 어로 또는 항해할 수 있는 범위를 정하면서, A어장(백령도 서방해역 안), B어장(소청도 남방해역 안), C어장(백령도 서방해역 안)에서 조업하려는 어선은 "조업기간 중 월 15일(주간) 이내에서 옹진군 어업지도선(행정선을 포함한다)의 인솔 하에 어로를 하여야 한다"고 규정(제5조 제3항)하고 있으므로 서해5도 어장 지역의 지리적 특수성을 감안하여 어선의 피랍방지 및 안전조업 지도 등을 위한 어업지도선이 필요하다는 점은 현행 법령상 인정되고 있는 것으로 생각됨.

현재 서해5도의 어업지도선은 백령 2척, 대청 2척, 연평 1척, 대체건조 1척 등 총 6척으로, 1994년부터 2001년까지는 어업지도선의 유류비에 대하여 국비가 50% 지원되었으나, 2000년 지방교부세에 포괄적으로 농림수산사업비가 반영되면서 교부세가 증액(13.27%→15%)되었고 「보조금 관리에 관한 법률 시행령」 별표의 개정(2008. 9. 8.)으로 어업지도선 건조사업이 국고 보조대상 사업에서 제외되면서 국비 지원은 중단된 상황임.

서해5도의 경우 북한과 대치하고 있는 접경 해역으로 어선의 안전조업을 위하여 어업지도선이 필수적으로 요구되는 측면이 있다고 보이므로, 이에 대하여 국가가 예산 및 행정지원을 하여야 한

128 제19대국회 안전행정위원회의 서해5도 특별법 일부개정법률안에 대한 법안심사소위원회 심사에서도 유사한 논의에서 수산자원에 미치는 영향 등도 고려되어야 함이 지적되었음.

129 「선박안전 조업규칙」 제3조 참조.

130 「선박안전 조업규칙」 제6조(조업자제선) 조업자제선은 서해 조업자제해역 및 동해 대화퇴해역에서 어로금지나 항해금지를 표시하는 선으로서 해양수산부장관이 관계 중앙행정기관의 장과 협의를 거쳐 정하여 고시하는 선을 말한다.

다는 개정안의 취지는 일응 타당하다고 생각됨.

다만, 지방교부세를 통하여 이미 지원하고 있는 부분이 있음에도 이를 다시 국비로 지원해야 할 것인지 여부에 대해서는 이 사무가 지방자치단체의 고유사무인지 국가사무인지 여부 등을 판단하여 결정할 필요가 있고, 자체적으로 지도선을 건조한 다른 지방자치단체[131]의 형평성의 문제가 발생할 가능성도 있다는 점 등을 고려[132]하여, 입법 여부를 결정[133]하여야 할 것으로 보이는 한편, 개정안의 내용에서는 그 입법취지로 보이는 어업지도선의 대체건조 등에 관한 지원이 드러나 있지 않으므로, "국가는 서해5도를 관할하는 지방자치단체의 어업지도선 운영 등에 소요되는 경비의 일부를 지원할 수 있다"는 등의 입법적 대안을 고려할 수 있다고 생각됨.

개정안과 관련하여, 행정자치부 및 해양수산부는 개정안의 입법에는다른 지역과의 형평성 등의 이유로 부정적 견해를 피력하면서, 필요할 경우 국가지도선을 추가로 건조하여 서해5도에 배치하는 방안을 검토할 수 있다는 입장을 밝히고 있음.

마. 여객선 운항 손실금 지원

개정안은 서해5도 지역 주민의 육지왕래 수단인 여객선 운항이 두절되지 않도록 도서출발 운항선사에 손실금을 지원하려는 것임(안 제20조 신설).

▼표 조문대비표

현행	개정안
<신 설>	제20조(여객선 운항 손실금 지원) 국가는 서해5도에 거주하는 주민의 육지왕래 편의 증진을 위하여 대통령령으로 정하는 바에 따라 서해5도 여객선 운항에 따른 손실금을 지원할 수 있다.

인천광역시에 따르면, 백령도의 경우 인천까지 편도 5시간 정도가 소요되어 당일 왕복을 하기 위해서는 오전에 출발하는 여객선이 반드시 필요함에도 불구하고 수익성 저조로 운항선사가 폐업하는 등 지역주민의 불편이 심각한 수준에 달하고 있다고 생각되는데, 지역주민의 정주 여건 개선을 위해서는 수익성이 저조하더라도 여객선 운항이 지속되어야 할 필요성이 있는바, 그에 따른 손실금을 지원하려는 개정안의 취지에는 타당한 측면이 있다고 보임.

다만, 현행법상 여객선 운항에 따른 손실금을 지원하는 대상은 「해운법」상의 보조항로[134]에 한정되어 있는바, 서해5도는 정기적으로 여객선이

▼표 연안여객 수송추이(2007~2015년)

항로	2007년	2008년	2009년	2010년	2011년	2012년	2013년	2014년	2015년
인천/백령	262,045	285,177	272,897	231,262	284,741	340,783	373,206	295,783	305,185
인천/연평	58,037	63,329	73,116	74,302	107,997	111,401	108,894	98,224	99,303

131 2000년 이후 부산 3, 인천 1, 경기 2, 강원 1, 전북 3, 경북 2, 충남 5, 전남 8, 경남 1, 제주 1 등 27척이 자체 건조되었음(자료: 기획재정부).

132 제19대국회 안전행정위원회의 「서해5도 지원 특별법」에 대한 법안심사소위원회 심사에서도 노후 어업지도선에 대하여 각 행정부처의 협의를 거쳐 대책이 마련되어야 함이 지적되었음.

133 한편, 2016. 6. 23. 여객선 및 도선 중 노후 선박 교체에 대하여 국가가 건조자금 및 친환경 선박으로의 교체 비용 일부를 지원할 수 있도록 하는 내용을 포함한 도서지역 대중교통 육성 및 지원에 관한 법률안(정유섭 의원 대표발의)도 발의된 상태임.

134 「해운법」 제15조(보조항로의 지정과 운영) ① 해양수산부장관은 도서주민의 해상교통수단을 확보하기 위하여 필요하다고 인정되면 국가가 운항에 따른 결손금액을 보조하는 항로(이하 "보조항로"라 한다)를 지정하여 내항여객운송사업자 중에서 보조항로를 운항할 사업자(이하 "보조항로사업자"라 한다)를 선정하여 운영하게 할 수 있다.

운항하는 항로로서 보조항로가 아님에도 특별히 여객선 운항에 따른 손실금을 지원한다면, 다른 지방자치단체와의 형평성 논란이 발생할 가능성이 있으므로, 이러한 점을 고려[135]하여 입법정책적으로 판단[136]하여야 할 것으로 생각됨.

한편, 기획재정부는 「해운법」에 따라 항로에 대하여는 동일한 기준을 적용하여야 함에도 특정 항로에 대하여 지원을 하는 것은 형평성에 어긋난다는 입장이며, 행정자치부와 해양수산부는 서해5도 주민들의 교통복지 향상을 위하여 필요성은 인정하되 지방자치단체도 재원을 함께 부담하여야 한다는 입장을 밝히고 있음.

바. 건축 인 · 허가 간소화

개정안은 서해5도에서 건축하는 소규모 주거용 건축물에 대하여 개발행위허가 등을 받지 아니하도록 하려는 것임(안 제21조 신설).

▼표 조문대비표

현행	개정안
<신설>	제21조(건축 인·허가 간소화) 서해5도서에서 건축하는 연면적 100㎡ 이하의 주거용 건축물은 다음 각 호의 허가나 신고를 받지 아니한다. 1. 「국토의 계획 및 이용에 관한 법률」제56조에 따른 개발행위허가 2. 「산지관리법」 제14조와 제15조에 따른 산지전용허가와 산지전용 신고, 같은 법 제15조의2에 따른 산지일시사용허가·신고 3. 「농지법」 제34조, 제35조 및 제43조에 따른 농지전용허가 · 신고 및 협의

현행 다수의 법률에서는 개발사업 등 시행 시 여러 법률에 따른 인·허가를 받아야 하는 경우, 각각의 인·허가를 받도록 하면 많은 시간과 비용이 소요되어 사업의 신속한 시행에 부담이 될 수 있다는 점을 감안하여 '인·허가 의제' 제도[137]를 도입하고 있음.

이러한 '인·허가 의제'는 규제완화 및 효율적 사업진행을 위하여 그 필요성이 인정되는 것으로, 개발사업과 관련이 없는 법률[138]에도 확대되어 가는 추세라 보임.

그러나, 개정안의 내용은 '인·허가 의제' 제도와 같은 행정절차 간소화[139]를 넘어 일정한 규모 이하의 주거용 건축물에 대하여 인·허가를 받지 않도록 하는 것인바, 각 개별법에서 국토의 효율적 개발과 보존을 위하여 규정하고 있는 개발행위허가 등을 서해5도에만 한정하여 면제를 하는 것은 다른 지역과의 형평성, 전체 법률 체계와의 정합성 등에서 문제제기가 따를 수 있다는 점을 고려하여 입법 여부를 판단하여야 할 것으로 보임.

135 제19대국회 안전행정위원회 법안심사소위원회의 서해5도 지원 특별법 일부개정법률안 심사에서도 여객선 운항에 따른 손실금 지원에 대하여 다른 지역과의 형평성 등 문제가 제기되었음.

136 한편, 2016. 6. 23. 발의된 도서지역 대중교통 육성 및 지원에 관한 법률안(정유섭 의원 대표발의)에서도 국가는 적자노선을 운영하는 대중교통운영자에게 그 항로운영에 대한 손실보전을 하도록 하는 내용이 포함되어 있음.

137 「주한미군 공여구역주변지역 등 지원 특별법」 제29조, 「제주특별자치도 설치 및 국제자유도시 조성을 위한 특별법」 제148조 등.

138 「박물관 및 미술관 진흥법」 제20조 등.

139 법률안의 표지부인 '주요내용'에는 인·허가 의제로 표현되어 있음.

참고 2 서해5도 어장 연안어업 허가정수 조정 현황

도서별	어업의 종류	허가건수	허가정수 조정	증감	비 고
합 계	계	189	189	0	○ 전환대상: 159척 (백령 94, 대청 65) ○ 전환신청: 103척 (백령 56, 대청 47) ○ 미신청: 56척 (백령 38, 대청 18)
	연안개량안강망	8	21	13	
	연안통발	6	96	90	
	연안자망	28	11	△17	
	연안복합	147	61	△86	
백 령	계	102	102	0	
	연안개량안강망	4	10	6	
	연안통발	4	53	49	
	연안자망	5	1	△4	
	연안복합	89	38	△51	
대 청	계	87	87	0	
	연안개량안강망	4	11	7	
	연안통발	2	43	41	
	연안자망	23	10	△13	
	연안복합	58	23	△35	

자료: 행정안전부

4. 대체토론의 요지

없음.

5. 소위원회 심사내용 (행정 및 인사법심사소위원장 권은희)

개정안의 내용 중 서해5도 견학·방문 사업에 필요한 비용으로 여객운임비와 행사운영비 등이 지원됨을 분명히 하고, 거주 주민의 정주여건 개선을 위하여 여객선 운항에 따른 손실금지원의 법률적 근거를 마련하는 부분을 수용하고, 손실금 지원의 근거를 두는 대신 서해5도를 운항하는 여객선 항로 중 지원 대상 항로를 대통령령에 위임하도록 하는 등 수정하여 의결함.

6. 찬반토론의 요지

없음

7. 수정안의 요지

국가 및 지방자치단체가 여객운임비와 행사운영비 등의 비용을 지원하는 대상을 명확하게 하고, 백령도 주민을 대상으로 운행하기에 현저한 여객 감소로 손실이 발생하고 있는 백령도 출발 오전 배편에 지원이 이루어질 수 있도록 법문을 일부 수정함(안 제17조 제1항 및 제20조).

8. 심사결과

수정가결

9. 법제사법위원회 체계 · 자구심사내용

법제사법위원회의 체계·자구심사를 거쳤음.

※ 심사보고서 첨부서류

1. 서해5도 지원 특별법 일부개정법률안에 대한 수정안
2. 서해5도 지원 특별법 일부개정법률안

서해5도 지원 특별법 일부개정법률안에 대한 수정안

제안연월일: 2018.2.
제안자: 행정안전위원장

수정이유 및 수정주요내용

국가 및 지방자치단체가 여객운임비와 행사운영비 등의 비용을 지원하는 대상을 명확하게 하고, 백령도 주민을 대상으로 운행하기에 현저한 여객감소로 손실이 발생하고 있는 백령도 출발 오전 배편에 지원이 이루어질 수 있도록 법문을 일부 수정함(안 제17조제1항 및 제20조).

서해5도 지원 특별법 일부개정법률안에 대한 수정안

서해5도 지원 특별법 일부개정법률안 일부를 다음과 같이 수정한다.

제4조제2항 중 "「접경지역지원법」"을 "「접경지역 지원 특별법」"으로 한다.

제8조제2항 중 "「보조금의 예산 및 관리에 관한 법률」"을 "「보조금 관리에 관한 법률」"로 한다.

안 제17조제1항 중 "지원할 수 있다"를 "관계 기관 또는 단체에 지원할 수 있다"로 한다.

안 제20조를 다음과 같이 한다.
제20조(여객선 운항 손실금 지원) 국가 또는 지방자치단체는 북한의 군사적 위협 증대 또는 정주여건의 특수성 등으로 인하여 여객이 현저히 감소하는 등 손실이 발생한 서해5도를 운항하는 여객선 항로 중 대통령령으로 정하는 여객선 항로에 대해서는 예산의 범위에서 손실금의 일부를 지원할 수 있다.

▼표 수정안조문대비표

현 행	개정안	수정안
제4조(다른 법률과의 관계) ① (생략)		제4조(다른 법률과의 관계) ① (현행과 같음)
② 서해5도의 개발과 지원에 관하여 이 법에 규정한 것을 제외하고는 「접경지역지원법」에 따른다.		② --「접경지역 지원 특별법」-----------.
제8조(사업비의 지원 등) ① (생략)		제8조(사업비의 지원 등) ① (현행과 같음)
② 지방자치단체가 종합발전계획과 연도별 시행계획에 따라 시행하는 사업에 대한 국가의 보조금은 「보조금의 예산 및 관리에 관한 법률」 제10조에 따른 차등보조율과 다른 법률에 따른 보조율에도 불구하고 이를 인상하여 지원하여야 하며, 그 보조율은 대통령령으로 정한다.		② --「보조금 관리에 관한 법률」---.
③ (생략)		③ (현행과 같음)
제17조(통일교육 및 문화 · 관광 시설 등에 대한 우선 지원) ① 국가 및 지방자치단체는 서해5도를 안보교육과 관광, 한반도 평화 및 화해의 장으로 만들고 통일교육을 장려하기 위하여 서해5도 견학 및 방문사업을 추진하고, 이에 필요한 비용을 관계 기관 또는 단체에 지원할 수 있다.	제17조(통일교육 및 문화 · 관광 시설 등에 대한 우선 지원) ① --여객운임비와 행사운영비 등 이에 필요한 비용을 지원할 수 있다.	제17조(통일교육 및 문화 · 관광 시설 등에 대한 우선 지원) ① --관계 기관 또는 단체에 지원할 수 있다.
② (생략)	② (현행과 같음)	② (현행과 같음)
<신설>	제20조(여객선 운항 손실금 지원) 국가는 서해5도에 거주하는 주민의 육지왕래 편의 증진을 위하여 대통령령으로 정하는 바에 따라 서해5도 여객선 운항에 따른 손실금을 지원할 수 있다.	제20조(여객선 운항 손실금 지원) 국가 또는 지방자치단체는 북한의 군사적 위협 증대 또는 정주여건의 특수성 등으로 인하여 여객이 현저히 감소하는 등 손실이 발생한 서해5도를 운항하는 여객선 항로 중 대통령령으로 정하는 여객선 항로에 대해서는 예산의 범위에서 손실금의 일부를 지원할 수 있다.

서해5도 지원 특별법 일부개정법률안 (안상수 의원 대표발의)

의안 번호	243

발의연월일: 2016.6. 14.
발의자: 안상수·정유섭·장병완 유성엽·박준영·박찬우 성일종·이학재·김석기 조훈현·신동근·황영철 박남춘·홍일표·김순례 의원(15인)

■ 제안이유

서해최북단 NLL에 위치한 서해5도서는 국가안보, 영토 및 영해 수호, 접속수역 및 EEZ 관리 그리고, 영토(영해)의 최외곽지역으로 국내·외에 미치는 영향 등 지정학적 중요성과 위상이 타 연안 지자체보다 월등히 높은 것으로 인정되고 있으나, 행정·경제·사회·문화·교육·의료·교통 등 불리한 여건에 의해 재정자립도, GRDP, 주민의 생활환경 수준 등에 있어서는 전국 최하위 그룹에 속해 있어 지역 간 균형 발전 및 형평성 추구 차원에서 서해5도 주민들의 생활안정과 복지향상 등에 특별한 지원이 필요하여 관련 규정을 정비하려는 것임.

■ 주요내용

가. 서해5도(백령도·대청도·소청도·연평도·소연평도)는 천혜의 자연 환경과 안보관광 등 특화된 관광자원을 보유했음에도, 높은 해상교통비 부담으로 매년 방문객이 감소하여 서해5도 관광객에게 여객운임의 일부를 지원하여 침체된 지역경제를 회복하고자 함(안 제17조 제1항).

나. 서해5도 어업인이 불특정 국가의 선박 및 남북한 긴장에 따른 조업손실 및 피해가 발생한 경우 지원 대책을 강구하여야 하며, 어업인의 소득증대와 어족자원 보호를 위하여 신규 어선의 전입을 제한하고, 기존 어업허가를 받은 어선은 어업의 허가 및 신고 등에 관한 규칙 별표2의 연안어업의 종류별 허가정수에도 불구하고 관할 기초지자체장이 어업의 종류별 허가를 할 수 있도록 함(안 제18조 제2항, 안 제18조 제4항 신설).

다. 남북의 군사대치라는 특수한 현실에 의해 서해5도 어장은 어장별 어업지도선 없이는 조업을 할 수 없음. 그럼에도 담당 어업지도선이 노후화되어 운항을 하지 못하는 경우가 종종 있어 어선도 출어하지 못하는 사례가 속출하고 있으나 지방자치단체의 예산부족으로 어업지도선의 대체건조가 이루어지지 못하고 있어 서해5도 특수성을 감안하여 어업지도사업 등에 국비를 지원할 수 있도록 함(안 제19조, 안 제19조 제2항 신설).

라. 서해5도는 북한의 군사적인 위협과 중국어선으로 인한 피해 등이 발생되는 특수한 지역으로 이 도서에 거주하는 주민이 안정적으로 거주할 수 있도록 서해5도 지원 특별법으로 주민의 정주환경을 지원하고 있음. 그러나 서해5도에서 오전에 출발하는 여객선은 선원 숙박비 등 운영비가 추가적으로 발생하고 육지출발 여객선보다 상대적으로 이용객수가 적음에 따라 운영 선사의 경영수지가 악화되어 운항 포기로 이어지고 있고, 이로 인해 도서지역 주민의 공공시설 이용, 의료진료 등 생활 불편이 초래되고 있음.

이에 서해5도 지역 주민의 육지왕래 수단인 오전 여객선 운항이 두절되지 않고 지속적으로 운항되어 안정적인 주민 생활이 영위될 수 있도록 도서출발 운항선사에 손실금을 지원하려는 것임(안 제20조 신설).

마. 서해5도서의 경우, 타 지역보다 해상운반비, 인건비 등의 할증으로 건축비용이 약 1.5배 이상 소요되고 있으며, 인허가 절차 처리를 위한 육지체류비용과 높은 설계비 및 행정비용 등은 추가적인 부담으로 작용하고 있음.

이에, 토지형질변경허가가 수반되는 건축행위 시 건축법 제11조(건축허가) 또는 같은법 제14조(건축신고) 규정에 따른 인·허가를 받은 경우에는 「국토의 계획 및 이용에 관한 법률」 제56조에 따른 개발행위허가, 「산지관리법」 제14조 및 제15조에 따른 산지전용허가와 산지전용신고, 같은 법 제15조의2에 따른 산지일시사용허가·신고, 「농지법」 제34조, 제35조 및 제43조에 따른 농지전용허가·신고 및 협의 등은 허가를 받은 것으로 의제하여(단, 실 거주목적일 확률이 높고, 토지형질변경 규모가 적은 100㎡ 이하 소규모 주택에 한함) 서해

5도 주민들의 삶의 질 향상과 자발적 주거환경개선 노력을 촉진하고자 함(안 제17조 제1항, 제18조 제2항·제4항, 제19조, 제20조 및 제21조 신설).

법률 제　　호

서해5도 지원 특별법 일부개정법률안

서해5도 지원 특별법 일부를 다음과 같이 개정한다.

제4조제2항 중 "「접경지역지원법」"을 "「접경지역 지원 특별법」"으로 한다.

제8조제2항 중 "「보조금의 예산 및 관리에 관한 법률」"을 "「보조금 관리에 관한 법률」"로 한다.

제17조제1항 중 "이에 필요한 비용"을 "여객운임비와 행사운영비 등 이에 필요한 비용"으로 한다.

제20조를 다음과 같이 신설한다.

제20조(여객선 운항 손실금 지원) 국가 또는 지방자치단체는 북한의 군사적 위협 증대 또는 정주여건의 특수성 등으로 인하여 여객이 현저히 감소하는 등 손실이 발생한 서해5도를 운항하는 여객선 항로 중 대통령령으로 정하는 여객선 항로에 대해서는 예산의 범위에서 손실금의 일부를 지원할 수 있다.

부　칙

이 법은 공포 후 6개월이 경과한 날부터 시행한다.

▼표 신 · 구조문대비표

현행	개정안
제4조(다른 법률과의 관계) ①(생략)	제4조(다른 법률과의 관계) ①(현행과 같음)
② 서해5도의 개발과 지원에 관하여 이 법에 규정한 것을 제외하고는 「접경지역지원법」에 따른다.	② ---「접경지역 지원 특별법」-----------.
제8조(사업비의 지원 등) ①(생략)	제8조(사업비의 지원 등) ①(현행과 같음)
② 지방자치단체가 종합발전계획과 연도별 시행계획에 따라 시행하는 사업에 대한 국가의 보조금은 「보조금의 예산 및 관리에 관한 법률」 제10조에 따른 차등보조율과 다른 법률에 따른 보조율에도 불구하고 이를 인상하여 지원하여야 하며, 그 보조율은 대통령령으로 정한다.	② --「보조금 관리에 관한 법률」---.
③(생략)	③(현행과 같음)
제17조(통일교육 및 문화 · 관광 시설 등에 대한 우선 지원) ① 국가 및 지방자치단체는 서해5도를 안보교육과 관광, 한반도 평화 및 화해의 장으로 만들고 통일교육을 장려하기 위하여 서해5도 견학 및 방문사업을 추진하고, 이에 필요한 비용을 관계 기관 또는 단체에 지원할 수 있다.	제17조(통일교육 및 문화 · 관광 시설 등에 대한 우선 지원) ① --여객운임비와 행사운영비 등 이에 필요한 비용-------------------------------.
②(생략)	②(현행과 같음)
<신설>	제20조(여객선 운항 손실금 지원) 국가 또는 지방자치단체는 북한의 군사적 위협 증대 또는 정주여건의 특수성 등으로 인하여 여객이 현저히 감소하는 등 손실이 발생한 서해5도를 운항하는 여객선 항로 중 대통령령으로 정하는 여객선 항로에 대해서는 예산의 범위에서 손실금의 일부를 지원할 수 있다.

서해5도 지원 특별법 일부개정법률안에 대한 수정안

제안연월일: 2018.2.
제안자: 행정안전위원장

수정이유 및 수정주요내용

국가 및 지방자치단체가 여객운임비와 행사 운영비 등의 비용을 지원하는 대상을 명확하게 하고, 백령도 주민을 대상으로 운행하기에 현저한 여객 감소로 손실이 발생하고 있는 백령도 출발 오전 배편에 지원이 이루어질 수 있도록 법문을 일부 수정함(안 제17조 제1항 및 제20조).

서해5도 지원 특별법 일부개정법률안에 대한 수정안

서해5도 지원 특별법 일부개정법률안 일부를 다음과 같이 수정한다.

제4조제2항 중 "「접경지역지원법」"을 "「접경지역 지원 특별법」"으로 한다.

제8조제2항 중 "「보조금의 예산 및 관리에 관한 법률」"을 "「보조금 관리에 관한 법률」"로 한다.

안 제17조제1항 중 "지원할 수 있다"를 "관계 기관 또는 단체에 지원할 수 있다"로 한다.

안 제20조를 다음과 같이 한다.
제20조(여객선 운항 손실금 지원) 국가 또는 지방자치단체는 북한의 군사적 위협 증대 또는 정주 여건의 특수성 등으로 인하여 여객이 현저히 감소하는 등 손실이 발생한 서해5도를 운항하는 여객선 항로 중 대통령령으로 정하는 여객선 항로에 대해서는 예산의 범위에서 손실금의 일부를 지원할 수 있다.

▼표 수정안조문대비표

현 행	개정안	수정안
제4조(다른 법률과의 관계) ① (생략)		제4조(다른 법률과의 관계) ① (현행과 같음)
② 서해5도의 개발과 지원에 관하여 이 법에 규정한 것을 제외하고는 「접경지역지원법」에 따른다.		② ---「접경지역 지원 특별법」-----------.
제8조(사업비의 지원 등) ① (생략)		제8조(사업비의 지원 등) ① (현행과 같음)
② 지방자치단체가 종합발전계획과 연도별 시행계획에 따라 시행하는 사업에 대한 국가의 보조금은 「보조금의 예산 및 관리에 관한 법률」 제10조에 따른 차등보조율과 다른 법률에 따른 보조율에도 불구하고 이를 인상하여 지원하여야 하며, 그 보조율은 대통령령으로 정한다.		② ---「보조금 관리에 관한 법률」--.
③ (생략)		③ (현행과 같음)
제17조(통일교육 및 문화 · 관광 시설 등에 대한 우선 지원) ① 국가 및 지방자치단체는 서해5도를 안보교육과 관광, 한반도 평화 및 화해의 장으로 만들고 통일교육을 장려하기 위하여 서해5도 견학 및 방문사업을 추진하고, 이에 필요한 비용을 관계 기관 또는 단체에 지원할 수 있다.	제17조(통일교육 및 문화 · 관광 시설 등에 대한 우선 지원) ① ---여객운임비와 행사운영비 등 이에 필요한 비용을 지원할 수 있다.	제17조(통일교육 및 문화 · 관광 시설 등에 대한 우선 지원) ① ---관계 기관 또는 단체에 지원할 수 있다.
② (생략)	② (현행과 같음)	② (현행과 같음)
<신설>	제20조(여객선 운항 손실금 지원) 국가는 서해5도에 거주하는 주민의 육지왕래 편의 증진을 위하여 대통령령으로 정하는 바에 따라 서해5도 여객선 운항에 따른 손실금을 지원할 수 있다.	제20조(여객선 운항 손실금 지원) 국가 또는 지방자치단체는 북한의 군사적 위협 증대 또는 정주여건의 특수성 등으로 인하여 여객이 현저히 감소하는 등 손실이 발생한 서해5도를 운항하는 여객선 항로 중 대통령령으로 정하는 여객선 항로에 대해서는 예산의 범위에서 손실금의 일부를 지원할 수 있다.

서해5도 지원 특별법 일부개정법률안 (안상수 의원 대표발의)

의안 번호	243

발의연월일: 2016.6. 14.
발의자: 안상수·정유섭·장병완 유성엽·박준영·박찬우 성일종·이학재·김석기 조훈현·신동근·황영철 박남춘·홍일표·김순례 의원(15인)

■ 제안이유

서해최북단 NLL에 위치한 서해5도서는 국가안보, 영토 및 영해 수호, 접속수역 및 EEZ 관리 그리고, 영토(영해)의 최외곽지역으로 국내·외에 미치는 영향 등 지정학적 중요성과 위상이 타 연안 지자체보다 월등히 높은 것으로 인정되고 있으나, 행정·경제·사회·문화·교육·의료·교통 등 불리한 여건에 의해 재정자립도, GRDP, 주민의 생활환경 수준 등에 있어서는 전국 최하위 그룹에 속해 있어 지역간 균형 발전 및 형평성 추구 차원에서 서해5도 주민들의 생활안정과 복지향상 등에 특별한 지원이 필요하여 관련 규정을 정비하려는 것임.

■ 주요내용

가. 서해5도(백령도·대청도·소청도·연평도·소연평도)는 천혜의 자연 환경과 안보관광 등 특화된 관광자원을 보유했음에도, 높은 해상교통비 부담으로 매년 방문객이 감소하여 서해5도 관광객에게 여객운임의 일부를 지원하여 침체된 지역경제를 회복하고자 함(안 제17조 제1항).

나. 서해5도 어업인이 불특정 국가의 선박 및 남북한 긴장에 따른 조업손실 및 피해가 발생한 경우 지원 대책을 강구하여야 하며, 어업인의 소득증대와 어족자원 보호를 위하여 신규 어선의 전입을 제한하고, 기존 어업허가를 받은 어선은 어업의 허가 및 신고 등에 관한 규칙 별표2의 연안어업의 종류별 허가정수에도 불구하고 관할 기초지자체장이 어업의 종류별 허가를 할 수 있도록 함(안 제18조 제2항, 안 제18조 제4항 신설).

다. 남북의 군사대치라는 특수한 현실에 의해 서해5도 어장은 어장별 어업지도선 없이는 조업을 할 수 없음. 그럼에도 담당 어업지도선이 노후화되어 운항을 하지 못하는 경우가 종종 있어 어선도 출어하지 못하는 사례가 속출하고 있으나 지방자치단체의 예산부족으로 어업지도선의 대체 건조가 이루어지지 못하고 있어 서해5도 특수성을 감안하여 어업지도사업 등에 국비를 지원할 수 있도록 함(안 제19조, 안 제19조 제2항 신설).

라. 서해5도는 북한의 군사적인 위협과 중국어선으로 인한 피해 등이 발생되는 특수한 지역으로 이 도서에 거주하는 주민이 안정적으로 거주할 수 있도록 서해5도 지원 특별법으로 주민의 정주환경을 지원하고 있음. 그러나 서해5도에서 오전에 출발하는 여객선은 선원 숙박비 등 운영비가 추가적으로 발생하고 육지출발 여객선보다 상대적으로 이용객수가 적음에 따라 운영 선사의 경영수지가 악화되어 운항 포기로 이어지고 있고, 이로 인해 도서지역 주민의 공공시설 이용, 의료진료 등 생활 불편이 초래되고 있음.
이에 서해5도 지역 주민의 육지왕래 수단인 오전 여객선 운항이 두절되지 않고 지속적으로 운항되어 안정적인 주민 생활이 영위될 수 있도록 도서출발 운항선사에 손실금을 지원하려는 것임(안 제20조 신설).

마. 서해5도서의 경우, 타 지역보다 해상운반비, 인건비 등의 할증으로 건축비용이 약 1.5배 이상 소요되고 있으며, 인허가 절차 처리를 위한 육지 체류비용과 높은 설계비 및 행정비용 등은 추가적인 부담으로 작용하고 있음.
이에, 토지형질변경허가가 수반되는 건축행위 시 건축법 제11조(건축허가) 또는 같은법 제14조(건축신고) 규정에 따른 인·허가를 받은 경우에는「국토의 계획 및 이용에 관한 법률」 제56조에 따른 개발행위허가,「산지관리법」 제14조 및 제15조에 따른 산지전용허가와 산지전용신고, 같은 법 제15조의2에 따른 산지일시사용허가·신고,「농지법」 제34조, 제35조 및 제43조에 따른 농지전용허가·신고 및 협의 등은 허가를 받은 것으로 의제하여(단, 실 거주목적일 확률이 높고, 토지형질변경 규모가 적은 100㎡ 이하 소규모 주택에 한함) 서해5도 주민들의 삶의 질 향상과 자발적 주거환경개선 노력을 촉진하고자 함(안 제17조 제1항, 제18조 제2항·제4항, 제19조, 제20조 및 제21조 신설).

법률 제　　호

서해5도 지원 특별법 일부개정법률안

서해5도 지원 특별법 일부를 다음과 같이 개정한다.

제4조제2항 중 "「접경지역지원법」"을 "「접경지역 지원 특별법」"으로 한다.

제8조제2항 중 "「보조금의 예산 및 관리에 관한 법률」"을 "「보조금 관리에 관한 법률」"로 한다.

제17조제1항 중 "이에 필요한 비용"을 "여객운임비와 행사운영비 등 이에 필요한 비용"으로 한다.

제20조를 다음과 같이 신설한다.

제20조(여객선 운항 손실금 지원) 국가 또는 지방자치단체는 북한의 군사적 위협 증대 또는 정주여건의 특수성 등으로 인하여 여객이 현저히 감소하는 등 손실이 발생한 서해5도를 운항하는 여객선 항로 중 대통령령으로 정하는 여객선 항로에 대해서는 예산의 범위에서 손실금의 일부를 지원할 수 있다.

부　칙

이 법은 공포 후 6개월이 경과한 날부터 시행한다.

▼표 신 · 구조문대비표

현행	개정안
제4조(다른 법률과의 관계) ① (생략)	제4조(다른 법률과의 관계) ① (현행과 같음)
② 서해5도의 개발과 지원에 관하여 이 법에 규정한 것을 제외하고는 「접경지역지원법」에 따른다.	② ---------------------------------「접경지역 지원 특별법」----------.
제8조(사업비의 지원 등) ① (생략)	제8조(사업비의 지원 등) ① (현행과 같음)
② 지방자치단체가 종합발전계획과 연도별 시행계획에 따라 시행하는 사업에 대한 국가의 보조금은 「보조금의 예산 및 관리에 관한 법률」 제10조에 따른 차등보조율과 다른 법률에 따른 보조율에도 불구하고 이를 인상하여 지원하여야 하며, 그 보조율은 대통령령으로 정한다.	② --「보조금 관리에 관한 법률」--.
③ (생략)	③ (현행과 같음)
제17조(통일교육 및 문화 · 관광 시설 등에 대한 우선 지원) ① 국가 및 지방자치단체는 서해5도를 안보교육과 관광, 한반도 평화 및 화해의 장으로 만들고 통일교육을 장려하기 위하여 서해5도 견학 및 방문사업을 추진하고, 이에 필요한 비용을 관계 기관 또는 단체에 지원할 수 있다.	제17조(통일교육 및 문화 · 관광 시설 등에 대한 우선 지원) ① --여객운임비와 행사운영비 등 이에 필요한 비용-----------------------------------.
② (생략)	② (현행과 같음)
<신설>	제20조(여객선 운항 손실금 지원) 국가 또는 지방자치단체는 북한의 군사적 위협 증대 또는 정주여건의 특수성 등으로 인하여 여객이 현저히 감소하는 등 손실이 발생한 서해5도를 운항하는 여객선 항로 중 대통령령으로 정하는 여객선 항로에 대해서는 예산의 범위에서 손실금의 일부를 지원할 수 있다.

서해5도 지원 특별법 일부개정법률안 (박남춘 의원 대표발의)

의안 번호	3247

발의연월일: 2016.11.3.
발의자: 박남춘·이정미·윤소하 전혜숙·서영교·김정우 이찬열·어기구·윤관석 전해철·박찬대·송영길 인재근 의원(13인)

제안이유 및 주요내용

서해5도는 최북단 도서지역이라는 지리적 특성상 농수산물을 육상으로 운반하는 데 해상운송 비용이 많이 들기 때문에, 서해5도 농어업인이 현지에서 생산하는 농수산물을 육지로 공급할 경우 가격 경쟁력이 떨어져 농어업 경영에 어려움을 겪고 있음.

따라서 서해5도 지역경제의 활성화를 도모하고, 현지의 값싸고 질 좋은 농수산물을 적정 가격으로 육지의 소비자에게 공급할 수 있도록 하기 위해서는 재정적 지원이 필요함.

이에 국가 및 지방자치단체는 농어업인이 서해5도에서 생산한 농수산물을 판매를 목적으로 육지로 운반할 경우에는 그 농수산물의 해상운송비 중 일부를 대통령령으로 정하는 바에 따라 지원할 수 있도록 하려는 것임(안 제18조 제2항 신설).

법률 제 호

서해5도 지원 특별법 일부개정법률안

서해5도 지원 특별법 일부를 다음과 같이 개정한다.
제18조제2항 및 제3항을 각각 제3항 및 제4항으로 하고, 같은 조에 제2항을 다음과 같이 신설한다.
② 국가 및 지방자치단체는 농어업인이 서해5도에서 생산한 농수산물을 판매를 목적으로 육지로 운반할 경우에는 그 농수산물의 해상운송비 중 일부를 대통령령으로 정하는 바에 따라 지원할 수 있다.

부 칙

이 법은 공포 후 3개월이 경과한 날부터 시행한다.

▼표 신 · 구조문대비표

현행	개정안
제18조(농어업인 및 소상공인 경영활동 등 지원) ① (생략)	제18조(농어업인 및 소상공인 경영활동 등 지원) ① (현행과 같음)
<신설>	② 국가 및 지방자치단체는 농어업인이 서해5도에서 생산한 농수산물을 판매를 목적으로 육지로 운반할 경우에는 그 농수산물의 해상운송비 중 일부를 대통령령으로 정하는 바에 따라 지원할 수 있다.
② • ③ (생략)	③ • ④ (현행 제2항 및 제3항과 같음)

서해5도 지원 특별법 일부개정법률안 검토보고서

[박남춘 의원 대표발의안]

[김성원 의원 대표발의안]

2017. 2.

안전행정위원회

수석전문위원 박수철

Ⅰ. 제안경위

의안번호	제안자	제안일	회부일
3247	박남춘 의원 등 13인	2016년 11월 3일	2016년 11월 4일
4494	김성원 의원 등 12인	2016년 12월 20일	2016년 12월 21일

Ⅱ. 제안이유 및 주요내용

1. 박남춘 의원 대표발의안

서해5도는 최북단 도서지역이라는 지리적 특성상 농수산물을 육상으로 운반하는 데 해상운송비용이 많이 들기 때문에, 서해5도 농어업인이 현지에서 생산하는 농수산물을 육지로 공급할 경우 가격 경쟁력이 떨어져 농어업 경영에 어려움을 겪고 있음.

따라서 서해5도 지역경제의 활성화를 도모하고, 현지의 값싸고 질 좋은 농수산물을 적정 가격으로 육지의 소비자에게 공급할 수 있도록 하기 위해서는 재정적 지원이 필요함.

이에 국가 및 지방자치단체는 농어업인이 서해5도에서 생산한 농수산물을 판매를 목적으로 육지로 운반할 경우에는 그 농수산물의 해상운송비 중 일부를 대통령령으로 정하는 바에 따라 지원할 수 있도록 하려는 것임(안 제18조 제2항 신설).

2. 김성원 의원 대표발의안

비무장지대에서 발생했던 북한의 목함지뢰 도발, 이어진 서부전선 포격도발, 연평도 포격 사건 등 북한의 도발이 있을 때마다 접경지역 주민들은 큰 피해를 받고 있음.

특히 접경지역 주민들은 정부의 대피명령에 따라 열악한 대피소에서 대피명령이 해제될 때까지 생업을 중단한 채 대피생활을 할 수밖에 없었고, 그 피해는 상당한 수준이었음.

이에 국가는 「통합방위법」 제17조에 따른 대피명령으로 인해 대피 기간 동안 생업에 종사하는 주민이 입은 경제적 피해에 대하여 예산의 범위에서 그 일부를 지원할 수 있도록 하려는 것임(안 제20조 신설).

Ⅲ. 검토의견

1. 박남춘 의원 대표발의안

개정안은 농어업인이 서해5도에서 생산한 농수산물을 판매를 목적으로 육지로 운반할 경우 그 농수산물의 해상운송비 중 일부를 대통령령으로 정하는 바에 따라 지원할 수 있도록 하려는 것임(안 제18조 제2항 신설).

▼표 조문대비표

현행	개정안
제18조(농어업인 및 소상공인 경영활동 등 지원) ① (생략)	제18조(농어업인 및 소상공인 경영활동 등 지원) ① (현행과 같음)
<신설>	② 국가 및 지방자치단체는 농어업인이 서해5도에서 생산한 농수산물을 판매를 목적으로 육지로 운반할 경우에는 그 농수산물의 해상운송비 중 일부를 대통령령으로 정하는 바에 따라 지원할 수 있다.
②・③ (생략)	③・④ (현행 제2항 및 제3항과 같음)

개정안은 대청도, 연평도 등 서해5도에서 생산한 농수산물을 육지로 운반할 경우 해상운송비용으로 인하여 가격이 상승하고, 결과적으로 가격 경쟁력이 떨어지게 되는 문제점을 해소하고자 해상운송비 중 일부를 지원하려는 취지로 이해됨.

현재 서해5도의 해상운송비 및 택배비는 다음 표와 같은바, 서해5도에서 생산된 농수산물은 육지로 운송되는 과정에서 이미 운송비로 인한 가격의 부담이 가중되고 있다고 볼 수 있음.

이에 대하여 서해5도가 속하여 있는 인천광역시 및 옹진군에서는 시·군비를 통한 지원을 하고 있는데, 서해5도 주민의 69.8%가 농·수산업 등 1차 산업에 종사[140]하고 있어 실효적 지원이 지속

140 옹진군 연구용역보고서, "생활필수품 해상운송비 원가계산 및 생활필수품 선정·추진계획 연구용역", 2013. 8. 참조; 이 보고서에 따르면 수산업의 경우 대청도·연평도 등 서해5도 일대 조기·꽃게·홍어·까나리·우럭·복어 등이 어획되고 있고, 농업의 경우 산지가 많아 경지율이 낮음에도 불구하고 토지

□ **여객선 선박비용** * 백령, 연평, 대청 요금 동일

○ 포장재 크기(가로+세로+높이) 150㎝* 기준 → 10,000원

* 라면박스 크기

□ **화물선**

○ 백령, 대청(미래해운) * 연평항로 운행 안 함

- 20kg 이하, 포장재 크기(가로+세로+높이) 140㎝→7,000원
- 20～30kg, 포장재 크기(가로+세로+높이) 140㎝→ 11,000원

※ 30kg 초과되는 물품은 별도의 차량에 선적하여 운반

□ **택배비용(우체국)** * 제주도 제외 전국 동일(백령, 연평, 대청 요금 동일)

(단위: 원)

구분	2kg까지 (60㎝까지*)	5kg까지 (80㎝까지)	10kg까지 (120㎝까지)	20kg까지 (140㎝까지)	30kg까지 (160㎝까지)
방문접수	4,000	5,000	6,500	8,000	9,500
창구접수	3,500	4,000	5,500	7,000	8,500

* 가로+세로+높이

※ 30kg 이상은 택배 받지 않음.

자료: 행정자치부

적으로 필요하다는 현실 및 서해5도의 정주요건 개선은 지정학적으로 영토 수호와도 밀접한 관련이 있다는 점을 감안할 때, 국가 예산에서 해상 운송비의 일부를 지원하려는 개정안의 입법취지에는 타당한 측면이 있다고 보임.

다만, 서해5도 주민의 정주여건 개선을 위하여 현재에도 생활필수품의 경우에는 육지에서 서해5도로 운반하는 데에 드는 해상운송비의 일부를 예산의 범위에서 지원할 수 있도록 하고 있다는 점(「서해5도 지원 특별법」 제14조,[141] 「서해5도 지원 특별법 시행령」 제8조[142] 및 행정자치부 고시 '서해5도 해상운송비 지원 지침'[143]), 개정안과 같은

▼표 서해5도 농·수산물 유통 지원 현황(2016년)

(단위: 원)

구분	예산액	집행액	비 고
소계	3억 780만	2억 4,688만	
수산물 유통 물류비지원	1억 5,100만	1억 50,00만	수산물의 유통물류비 (택배비 등) 지원
농산물 유통 물류비지원	1억 5,680만	9,688만	농산물의 유통물류비 (택배비 등) 지원

※ 시비 : 군비 = 50% : 50%

가 비옥하여 다양한 작물이 재배되고 있다고 함.

141 「서해5도 지원 특별법」 제14조(생활필수품의사업계획의 수립) 국가 및 지방자치단체는 서해5도 현지의 생활필수품 가격 동향과 해상운송비 등을 조사하여 육지와의 형평성을 맞추기 위하여 노력하여야 하며, 대통령령으로 정하는 바에 따라 생활필수품의 해상운송비 중 일부를 지원할 수 있다.

142 「서해5도 지원 특별법 시행령」 제8조(생활필수품 해상운송비의 지원) ① 행정자치부장관 및 지방자치단체는 법 제14조에 따라 유류, 가스, 연탄, 목재펠릿, 그 밖의 생활필수품을 육지에서 서해5도로 운반하는 데에 드는 해상운송비의 일부를 예산의 범위에서 지원할 수 있다.

143 이 지침에 따르면 "해상운송비"란 항만 상·하역요금, 선임비 및 현지운반비 등을 포함한 비용을 뜻하고, 이 중 "선임비"는 육지에서 서해5도로 생활필수품을 운송하는 데 소요되는 선박의 운임비를, "현지운반비"는 서해5도에서 생활필수품을 운반하는 데 소요되는 비용을 뜻함.

구분	생산량 (단위)	육지 반출량 (단위)	해상 운송비 (단위)	택배비 (단위)
수산물	1,535,340kg	1,535,340kg	59,114,000원	91,879,000원
농산물	1,028,298kg	131,221kg	246,400원	51,053,900원

자료: 인천광역시[144]

내용이 「농어업인 삶의 질 향상 및 농어촌지역 개발촉진에 관한 특별법」 제35조의3[145]에 규정되어 있다는 점, 서해5도에서 생산되는 농수산물의 육지로의 해상운송비의 지원은 운송업체 등보다도 서해5도에 거주하는 농수산업 종사자에 대한 실질적 지원을 궁극적 목표로 한다고 본다면, 서해5도 지역에는 농어업인의 소득안정 등을 위하여 '조건불리지역[146] 수산직접지불금'(수산직불금, 「농어업인 삶의 질 향상 및 농어촌지역 개발촉진에 관한 특별법」 제40조[147] 및「수산직접지불제 시행에 관한 법률」 제3조[148]) 및 '조건불리 농업직접직불금'(농가직불금, 「농어업인 삶의 질 향상 및 농어촌지역 개발촉진에 관한 특별법」 제40조 및 「세계무역기구협정의 이행에 관한 특별법」제11조제2항,[149]

144 표에 따르면, 택배비 등을 포함한 유통물류비는 시와 군 예산으로 상당 부분 지원됨.

145 「농어업인 삶의 질 향상 및 농어촌지역 개발촉진에 관한 특별법」제35조의3(내항 화물운송사업 운임 및 요금 지원) 국가와 지방자치단체는 농어업인이 도서지역에서 생산한 「농업 · 농촌 및 식품산업 기본법」 제3조제6호가목에 따른 농산물(*농업활동으로 생산되는 산물)과 「수산물 · 어촌 발전 기본법」제3조제1호가목에 따른 어업활동으로부터 생산되는 산물(* 수산동식물을 포획(捕獲) · 채취(採取)하거나 양식하는 산업, 염전에서 바닷물을 자연 증발시켜 소금을 생산하는 산업인 '어업' 활동으로부터 생산되는 산물)을 육지로 운반할 경우에는 예산의 범위에서 「해운법 제23조제1호에 따른 내항 화물운송사업(*국내항과 국내항 사이에서 운항하는 해상화물운송사업)의 운임 및 요금을 지원할 수 있다.

※ 이 조항에 근거하여 울릉군에서도 지역에서 생산되는 농수산품에 대한 화물 수송 운임에 대한 지원이 이루어지고는 있으나, 도비와 군비가 50:50으로 지원되는 실정임. 기획재정부에 따르면, 이 조항에 근거하여 국비가 지원되는 사례는 없다고 함.

146 이 사업은 2012년과 2013년 육지에서 50km, 30km 떨어진 섬을 대상으로 각각 시범적으로 실시되다가 2014년부터 육지로부터 8km 이상 떨어진 섬에 거주하는 어가로까지 대상이 대폭 확대되었고, 육지로부터 8km 미만의 섬이라도 정기여객선 운항 횟수가 1일 3회 미만이면 조건불리지역에 포함되도록 하였음(2014. 3. 25. 해양수산부 보도자료 참조)

147 「농어업인 삶의 질 향상 및 농어촌지역 개발촉진에 관한 특별법」 제40조(조건불리지역에 대한 특별지원) ① 국가와 지방자치단체는 영농·영어조건이 불리하여 농어업소득이 낮은 농어촌(이하 "조건불리지역"이라 한다)에 거주하는 주민의 생활안정에 필요한 대책을 마련하여야 한다.

② 국가와 지방자치단체는 조건불리지역의 지역사회를 유지하기 위하여 조건불리지역에 거주하는 주민이 경관 보전활동, 농어촌관광, 도시와 농어촌의 교류 등 지역활성화를 위하여 하는 사업에 필요한 지원을 할 수 있다.

148 「수산직접지불제 시행에 관한 법률」 제3조(조건불리지역 수산직접지불제도의 시행) 해양수산부장관은 어업인의 소득안정 등을 위하여 어업생산성 및 정주여건이 불리한 도서지역에서 어업을 영위하는 어업인에게 조건불리지역 수산직접지불금(이하 "수산직불금"이라 한다)을 지급할 수 있다.

제4조(조건불리지역의 선정 등) ① 해양수산부장관은 도서지역과 육지의 거리, 어업생산성, 정주여건 등을 고려하여 조건불리지역을 선정하여 고시하고 이를 특별자치도지사·시장·군수 또는 자치구의 구청장(이하 "특별자치도지사등"이라 한다)에게 알려야 한다.

② 특별자치도지사등은 조건불리지역을 읍·면·동장에게 알리고, 읍·면·동장은 해당 읍·면·동 게시판에 10일 이상 공고하여야 한다.

③ 제2항에 따른 공고의 내용, 절차 등에 필요한 사항은 해양수산부령으로 정한다.

제5조(수산직불금 신청) ① 제4조에 따른 조건불리지역에 거주하는 어업인으로서 다음 각 호의 어느 하나에 해당하는 자는 수산직불금을 신청할 수 있다. 다만, 어업을 주업으로 하지 아니하거나 「소득세법」 또는 「종합부동산세법」 과세표준의 중위 이상을 적용받는 사람 중에서 대통령령으로 정하는 수입과 재산을 보유하고 있는 어가 또는 어업인은 제외한다.

1. 어업 경영을 통한 수산물의 연간 판매액이 120만원 이상인 사람
2. 1년 중 60일 이상 어업에 종사하는 사람

② 수산직불금을 신청하는 자는 어가 단위로 수산직불금을 신청하여야 하며, 같은 어가의 어업인이 중복하여 신청할 수 없다.

149 「세계무역기구협정의 이행에 관한 특별법」 제11조(국내지원 정책의 시행) ① 정부는 협정 발효 후 조속한 시일 내에 수출품에 대한 신용보증과 수출시장에 대한 정보 제공 등 협정에서 허용하는 수출시장 개척에 대한 지원제도를 확충하여야 한다.

② 정부는 협정 발효 후 조속한 시일 내에 농림수산업의 생산자를 보호하기 위하여 협정에서 허용하는 다음 각 호의 지원조치를 강구하여야 한다.

1. 생산 통제를 목적으로 한 직접지불

「농산물의 생산자를 위한 직접지불제도 시행규정」 제3조)을 통한 지원이 이루어지고 있는 점을 감안하여 입법정책적으로 결정할 사항이라 생각됨.

참고로, 개정안에 대하여 행정자치부는 서해5도 농수산물의 가격 경쟁력 확보를 위한 해상운송비 지원의 입법취지에는 공감하나, 타 지역과의 형평성 및 조건불리 직불금 등과의 중복지원 문제 등을 고려하여 신중한 검토를 요한다는 입장이고, 기획재정부 역시 육지부의 산간 오지 등과의 형평성 및 중복지원 가능성 문제를 들어 반대하는 입장임.

2. 김성원 의원 대표발의안

개정안은 남북 분단 현실과 지리적 여건상 북한의 군사적 위협이 빈번하게 발생하고 있는 서해5도의 특수성을 고려하여, 정부의 대피명령으로 인한 주민의 경제적 피해에 대하여 지원할 수 있도록 근거를 명시하려는 것임(안 제20조 신설).

▼표 조문대비표

현행	개정안
<신설>	제20조(대피로 인한 경제적 피해 지원) ① 국가는 「통합방위법」 제17조에 따른 대피명령으로 인해 대피기간 동안 생업에 종사하는 주민이 입은 경제적 피해에 대하여 예산의 범위에서 그 일부를 지원할 수 있다.
	② 제1항에 따른 대피로 인한 경제적 피해의 지원대상, 지원기준이나 방법 등에 필요한 사항은 대통령령으로 정한다.

서해5도 지역은 남북한 해상 교전 및 2010년 연평도 포격 사건 등 북한의 위협이 우리나라 영토 중 어느 곳보다도 심각하게 현실적 위험으로 발생하였던 곳으로서, 그에 따라 주민들이 국가의 명령에 따라 대피하는 경우가 발생할 가능성 또한 높다고 보임.

개정안에서는 서해5도 지역에 「통합방위법」 제17조[150]에 근거하여 대피명령이 발해질 경우

2. 영세농(零細農) 등을 위한 보조
3. 토양 등 환경보전을 위한 유기농, 경종농(耕種農)에 대한 보조
4. 농림수산업 재해에 대한 지원
5. 생산과 연계되지 아니하는 소득보조

「농산물의 생산자를 위한 직접지불제도 시행규정」(대통령령) 제3조(직접지불제도의 시행) ① 농림축산식품부장관은 농가의 소득안정, 영농 규모화 촉진, 친환경농업 활성화, 지역활성화, 농촌지역의 경관 형성 및 관리를 위하여 직접 소득보조금을 지급하는 각종 지원제도(이하 "직접지불제도"라 한다)를 시행한다.
② 직접지불제도는 경영이양직접지불제도, 친환경농업직접지불제도, 친환경안전축산물직접지불제도, 조건불리지역직접지불제도, 경관보전직접지불제도 및 밭농업직접지불제도로 구분한다.

150 「통합방위법」 제17조(대피명령) ① 시·도지사 또는 시장·군수·구청장은 통합방위사태가 선포된 때에는 인명·신체에 대한 위해를 방지하기 위하여 즉시 작전지역에 있는 주민이나 체류 중인 사람에게 대피할 것을 명할 수 있다.
② 제1항에 따른 대피명령(이하 "대피명령"이라 한다)은 방송·확성기·벽보, 그 밖에 대통령령으로 정하는 방법에 따라 공고하여야 한다.
③ 안전대피방법과 대피명령의 실시방법·절차 등에 관하여 필요한 사항은 대통령령으로 정한다.
제2조(정의) 이 법에서 사용하는 용어의 뜻은 다음과 같다.
1. "통합방위"란 적의 침투·도발이나 그 위협에 대응하기 위하여 각종 국가방위요소를 통합하고 지휘체계를 일원화하여 국가를 방위하는 것을 말한다.
2. "국가방위요소"란 통합방위작전의 수행에 필요한 다음 각 목의 방위전력(防衛戰力) 또는 그 지원 요소를 말한다.
가. 「국군조직법」 제2조에 따른 국군
나. 국민안전처·경찰청 및 그 소속 기관과 「제주특별자치도 설치 및 국제자유도시 조성을 위한 특별법」에 따른 자치경찰기구
다. 국가기관 및 지방자치단체(가목과 나목의 경우는 제외한다)
라. 「예비군법」 제1조에 따른 예비군
마. 「민방위기본법」 제17조에 따른 민방위대
바. 제6조에 따라 통합방위협의회를 두는 직장
3. "통합방위사태"란 적의 침투·도발이나 그 위협에 대응하여 제6호부터 제8호까지의 구분에 따라 선포하는 단계별 사태를 말한다.
4. "통합방위작전"이란 통합방위사태가 선포된 지역에서 제15조에 따라 통합방위본부장, 지역군사령관, 함대사령관 또는 지방경찰청장(이하

생업에 종사하는 국민의 경제적 피해에 대한 지원을 규정하고 있는바, 북한의 침투·도발이나 위협 등에 대응하여 선포된 통합방위사태에서는 주민의 생명 및 신체의 안전이 가장 시급히 보호되어야 할 필요가 있으므로 다른 법익에 대한 보호가 한시적으로 일부 유보될 수는 있다고 생각되나, 대피 기간 동안 생업에 종사하지 못함으로써 입게 되는 경제적 손실은 대피명령이 발해지는 특정 시기 혹은 기간의 장단(長短)에 따라 그 정도가 심각한 상태에 이를 수 있다는 점을 감안해 볼 때, 국가가 그 피해에 대하여도 일정 부분 지원을 하려는 개정안의 입법취지에는 타당한 측면이 있다고 보임.

다만, 「통합방위법」에 따른 대피명령은 서해5도 이외의 지역에 대해서도 내려질 수 있다는 점에서 다른 지역 주민이 입은 경제적 피해와의 형평성 문제와 함께, 국가 재정이 소요된다는 측면에서 정부 측의 의견을 청취하여 입법정책적으로 결정할 사안이라 생각되며, 입법적으로 수용할 경우에 개정안 부칙의 '이 법은 2016년 1월 21일부터 시행한다'는 규정은 조정되어야 할 것으로 판단됨.

개정안에 대하여 행정자치부는 「통합방위법」에 따른 대피명령으로 인한 피해를 지원할 경우 이와 유사한 「민방위기본법」[151]에 따른 대피명령으로 인한 주민피해나 서해5도 외 다른 지역과의 형평성 및 국방상 필요에 의한 어업제한으로 인하여 발생한 조업손실은 보상에서 제외되고 있는 「수산업법」[152] 등과의 체계 정합성 측면에서 문제

"작전지휘관"이라 한다)이 국가방위요소를 통합하여 지휘·통제하는 방위작전을 말한다.
5. "지역군사령관"이란 통합방위작전 관할구역에 있는 군부대의 여단장급(旅團長級) 이상 지휘관 중에서 통합방위본부장이 정하는 사람을 말한다.
6. "갑종사태"란 일정한 조직체계를 갖춘 적의 대규모 병력 침투 또는 대량살상무기(大量殺傷武器) 공격 등의 도발로 발생한 비상사태로서 통합방위본부장 또는 지역군사령관의 지휘·통제하에 통합방위작전을 수행하여야 할 사태를 말한다.
7. "을종사태"란 일부 또는 여러 지역에서 적이 침투·도발하여 단기간 내에 치안이 회복되기 어려워 지역군사령관의 지휘·통제 하에 통합방위작전을 수행하여야 할 사태를 말한다.
8. "병종사태"란 적의 침투·도발 위협이 예상되거나 소규모의 적이 침투하였을 때에 지방경찰청장, 지역군사령관 또는 함대사령관의 지휘·통제하에 통합방위작전을 수행하여 단기간 내에 치안이 회복될 수 있는 사태를 말한다.
9. "침투"란 적이 특정 임무를 수행하기 위하여 대한민국 영역을 침범한 상태를 말한다.
10. "도발"이란 적이 특정 임무를 수행하기 위하여 대한민국 국민 또는 영역에 위해(危害)를 가하는 모든 행위를 말한다.
11. "위협"이란 대한민국을 침투·도발할 것으로 예상되는 적의 침투·도발 능력과 기도(企圖)가 드러난 상태를 말한다.
12. "방호"란 적의 각종 도발과 위협으로부터 인원·시설 및 장비의 피해를 방지하고 모든 기능을 정상적으로 유지할 수 있도록 보호하는 작전 활동을 말한다.
13. "국가중요시설"이란 공공기관, 공항·항만, 주요 산업시설 등 적에 의하여 점령 또는 파괴되거나 기능이 마비될 경우 국가안보와 국민생활에 심각한 영향을 주게 되는 시설을 말한다.

151 「민방위기본법」 제33조(민방위 경보) ① 국민안전처장관, 시·도지사, 시장·군수·구청장, 「접경지역 지원 특별법」에 따른 접경지역의 읍장·면장·동장 또는 대통령령으로 정하는 자는 민방위사태가 발생하거나 발생할 우려가 있는 때 또는 민방위 훈련을 실시하는 때에는 대통령령으로 정하는 바에 따라 민방위 경보를 발할 수 있다.

152 「수산업법」제34조(공익의 필요에 의한 면허어업의 제한 등) ① 시장·군수·구청장은 다음 각 호의 어느 하나에 해당하면 면허한 어업을 제한 또는 정지하거나 어선의 계류(繫留) 또는 출항·입항을 제한할 수 있다.
1. 수산자원의 증식·보호를 위하여 필요한 경우
2. 군사훈련 또는 주요 군사기지의 보위(保衛)를 위하여 필요한 경우
3. 국방을 위하여 필요하다고 인정되어 국방부장관이 요청한 경우
4. 선박의 항행·정박·계류 또는 수저전선(水底電線)의 부설을 위하여 필요한 경우
5. 「해양환경관리법」 제23조제1항 단서에 따른 폐기물 해양배출로 인하여 배출해역 바닥에서 서식하는 수산동물의 위생관리가 필요한 경우
6. 「공익사업을 위한 토지 등의 취득 및 보상에 관한 법률」 제4조의 공익사업을 위하여 필요한 경우
7. 어업활동과 관련한 안전사고의 예방 등 해양수산부령으로 정하는 사유에 해당하는 경우
8. 어업권자가 이 법, 「어장관리법」 또는 「수산자원관리법」을 위반하거나 이 법, 「어장관리법」 또는 「수산자원관리법」에 따른 명령·처분이나 그 제한·조건을 위반한 경우

가 있으므로 수용하기 곤란하다는 입장임.

참고로, 국회 예산정책처는 이 개정안에 대한 비용추계에 대하여 '통합방위사태 선포에 따른 대피명령은 우발적으로 발생되어 과거의 통계자료를 바탕으로 언제, 어느 지역에 발령될지 기술적으로 추정하기 어려운 점이 있어 「의안의 비용추계 등에 관한 규칙」 제3조 제1항 단서 중 제3호(의안의 내용이 선언적·권고적인 형식으로 규정되는 등 기술적으로 추계가 어려운 경우)에 해당한다'는 입장을 밝힌 바 있음.

---

9. 어업권자가 외국과의 어업에 관한 협정 또는 일반적으로 승인된 국제법규와 외국의 수산에 관한 법령을 위반한 경우

제81조(보상) ① 다음 각 호의 어느 하나에 해당하는 처분으로 인하여 손실을 입은 자는 그 처분을 행한 행정관청에 보상을 청구할 수 있다.

1. 제34조제1항제1호부터 제6호까지 또는 제35조제6호(제34조제1항제1호부터 제6호까지의 규정에 해당하는 경우를 말한다)에 해당하는 사유로 인하여 이 법에 따른 면허·허가를 받거나 신고한 어업에 대하여 제한 등의 처분을 받았거나 제14조에 따른 어업면허의 유효기간 연장이 허가되지 아니한 경우. **다만, 제34조제1항제1호부터 제3호까지의 규정(제49조제1항과 제3항에서 준용하는 경우를 말한다)에 해당하는 사유로 허가를 받거나 신고한 어업이 제한되는 경우는 제외한다.**

참고 서해5도 조건불리 직불금 지급 현황

① 수산직불금

□ 사업개요

○ 지원근거: 「농어업인의 삶의 질 향상 및 농어촌지역 개발촉진에 관한 특별법」 제40조 등

○ 지원금액: 어가당 50만원

※ 어업인에게 70%(35만원), 마을기금으로 30%(15만원) 지급

○ 대상지역

- 육지로부터 8㎞ 이상 떨어진 도서
- 육지로부터 8㎞ 미만 떨어진 도서 중 정기여객선 운항횟수가 1일 3회 미만이며, 연육교가 없는 섬

○ 지원자격

- 수산물 연간 판매액 120만원 이상인 자
- 1년 중 60일 이상 어업에 종사하는 자

○ 제외대상

- 주민등록 기준으로 조건불리지역 외에 주소를 둔 사람
- 국민건강보험법 제6조의 규정에 의한 직장 가입자
- 농업 조건불리지역 직불금을 50만원 이상 지원받은 어업인

□ 지원현황(2016년)

구분		계	연평면	백령면	대청면
지급자(명)		561	336	112	113
지원금(천원)	계	280,500	168,000	56,000	56,500
	개인	196,350	117,600	39,200	39,550
	마을	84,150	50,400	16,800	16,950

② 농가직불금

□ 사업개요

○ 지원근거: 「농어업인의 삶의 질 향상 및 농어촌지역 개발촉진에 관한 특별법」 제40조 등

○ 지원금액: ha당 50만원

○ 대상지역

- 농업 생산성이 낮고 정주여건이 불리한 지역으로 경지율*이 22% 이하이고 경지경사도가 14% 이상인 농지면적을 50% 이상 포함하고 있는 법정리

* (경지율) 한 지역에 농작물 재배를 목적으로 하는 면적의 비율, (경지면적/총면적) ×100

※ 도서지역은 경지율 및 경사도 관계없이 모두 포함

○ 제외대상

- 「농업소득의 보전에 관한 법률」에 따라 지급되는 쌀소득·밭농업 직불금과 중복 지원 금지

* (고정직접지불금) 농작물의 생산량 및 가격의 변동과 상관없이 논농업 또는 밭농업에 종사하는 농업인등에게 지급하는 보조금

* (변동직접지불금) 논농업으로 이용되는 농지에서 쌀을 생산하는 농업인등에게 해당 연도에 생산한 쌀의 수확기 평균가격이 목표가격에 미달하는 경우에 지급하는 보조금

□ 지원현황(2016년)

구분	계	연평면	백령면	대청면
대상농가	535	29	435	71
면적(ha)	310	10	279	21
지원금(천원)	153,990	5,209	138,440	10,341

자료: 행정자치부

서해5도 지원 특별법 일부개정법률안 (김성원 의원 대표발의)

의안 번호	4494

발의연월일: 2016.12.20.
발의자: 김성원·박인숙·김정재 박명재·윤상현·김도읍 이우현·정유섭·권석창 이은권·정태옥·박찬우 의원(12인)

제안이유 및 주요내용

비무장지대에서 발생했던 북한의 목함지뢰 도발, 이어진 서부전선 포격도발, 연평도 포격 사건 등 북한의 도발이 있을 때마다 접경지역 주민들은 큰 피해를 받고 있음.

특히 접경지역 주민들은 정부의 대피명령에 따라 열악한 대피소에서 대피명령이 해제될 때까지 생업을 중단한 채 대피생활을 할 수밖에 없었고, 그 피해는 상당한 수준이었음.

이에 국가는 「통합방위법」 제17조에 따른 대피명령으로 인해 대피 기간 동안 생업에 종사하는 주민이 입은 경제적 피해에 대하여 예산의 범위에서 그 일부를 지원할 수 있도록 하려는 것임(안 제20조 신설).

법률 제 호

서해5도 지원 특별법 일부개정법률안

법률 제13400호 서해5도 지원 특별법 일부개정법률 일부를 다음과 같이 개정한다.

제20조를 다음과 같이 신설한다.

제20조(대피로 인한 경제적 피해 지원) ① 국가는 「통합방위법」 제17조에 따른 대피명령으로 인해 대피 기간 동안 생업에 종사하는 주민이 입은 경제적 피해에 대하여 예산의 범위에서 그 일부를 지원할 수 있다.

② 제1항에 따른 대피로 인한 경제적 피해의 지원 대상, 지원기준이나 방법 등에 필요한 사항은 대통령령으로 정한다.

부 칙

이 법은 2016년 1월 21일부터 시행한다.

▼표 신 · 구조문대비표

현행	개정안
법률 제13400호 서해5도 지원 특별법 일부개정법률 <신설>	법률 제13400호 서해5도 지원 특별법 일부개정법률 제20조(대피로 인한 경제적 피해 지원) ① 국가는 「통합방위법」 제17조에 따른 대피명령으로 인해 대피 기간 동안 생업에 종사하는 주민이 입은 경제적 피해에 대하여 예산의 범위에서 그 일부를 지원할 수 있다. ② 제1항에 따른 대피로 인한 경제적 피해의 지원 대상, 지원기준이나 방법 등에 필요한 사항은 대통령령으로 정한다.

서해5도 지원 특별법 일부개정법률안 (안상수 의원 대표발의)

의안 번호	16097

발의연월일: 2018.10.26.
발의자: 안상수·홍문표·윤상현 유성엽·유의동·신동근 민경욱·김용태·정유섭 박찬대·김광림·김세연 이학재·엄용수·홍철호 박맹우 의원(16인)

■ 제안이유

서해5도 해역은 지정학적 특수성으로 인해 다른 해역과 달리 군사적 충돌과 중국어선 불법조업 방지 등을 위해 국가에서 어로한계선이나 조업자제선을 정하고 어민들은 어업지도선 인솔 하에 어로를 해야 하는 특수성이 있기 때문에 해당 지방자치단체는 다른 해역의 통상적인 어업지도선 수량을 월등히 초과하는 어업지도선을 운영할 수밖에 없는 상황이므로 초과분 어업지도선의 구입과 운영에 대해서는 국가가 지원할 필요가 있어서 관련 근거 규정을 마련하고자 하는 것임.

■ 주요내용

국가는 서해5도 해역의 특수성으로 인하여 다른 해역보다 추가로 필요하게 된 어업지도선에 대해서는 어업지도선의 구입·운영에 소요되는 경비의 일부를 해당 지방자치단체에 지원하도록 하되, 다른 해역보다 추가로 필요하게 된 어업지도선의 수량은 행정안전부장관과 해양수산부장관이 협의하여 정하도록 함(안 제21조 신설).

법률 제　　호

서해5도 지원 특별법 일부개정법률안

제21조를 다음과 같이 신설한다.

제21조(어업지도선 지원) ① 국가는 서해5도 해역의 특수성으로 인하여 다른 해역보다 추가로 필요하게 된 어업지도선(지방자치단체가 구입·운영하는 것을 말한다. 이하 이 조에서 같다)에 대해서는 국가가 그 구입·운영경비의 일부를 해당 지방자치단체에 지원한다.

② 제1항에서 추가로 필요하게 된 어업지도선은 행정안전부장관과 해양수산부장관이 협의하여 인정하는 것을 말한다.

부　칙

이 법은 2020년 1월 1일부터 시행한다.

▼표 신 · 구조문대비표

현행	개정안
<신설>	제21조(어업지도선 지원) ①국가는 서해5도 해역의 특수성으로 인하여 다른 해역보다 추가로 필요하게 된 어업지도선(지방자치단체가 구입·운영하는 것을 말한다. 이하 이 조에서 같다)에 대해서는 국가가 그 구입·운영경비의 일부를 해당 지방자치단체에 지원한다. ②제1항에서 추가로 필요하게 된 어업지도선은 행정안전부장관과 해양수산부장관이 협의하여 인정하는 것을 말한다.

서해5도 지원 특별법 일부개정법률안 (金炳旭 의원 대표발의)

의 안 번 호	997

발의연월일: 2020.6.25.
발의자: 金炳旭·추경호·박덕흠 김희국·김정재·황보승희 태영호·임이자·구자근 정희용·김석기·김용판 의원(12인)

제안이유 및 주요내용

서해5도 지원 특별법은 남북 분단 현실과 특수한 지리적 여건상 북한의 군사적 위협으로 피해를 입고 있는 서해5도의 생산·소득 및 생활기반시설의 정비·확충을 통해 정주여건을 개선함으로써 지역주민의 소득증대와 생활안전 및 복지향상을 도모하고 있음.

그런데 경상북도 울릉도·독도는 서해5도와 마찬가지로 동해 유일의 접경지역으로서 서해5도와 같이 특수한 지정학적 위치를 차지하고 있고, 육지에서 130km 이상 떨어져 있어 연 평균 80일 이상은 육지로 입·출항하기 어려운 도서지역임.

그럼에도 불구하고 기존의 관련 법률만으로는 울릉도·독도 지역 주민들에 대한 안전한 주거환경 확보와 생활안전 및 복지향상을 위한 정책적 지원시책이 충분히 제시되지 않고 있음.

이에 서해5도법의 지원 대상에 울릉도와 독도를 추가함으로써 남북 분단 현실과 특수한 지리적 여건 등으로 국가적 관심이 필요한 지역에 정책적 지원을 가능하게 하려는 것임.

법률 제 호

서해5도 지원 특별법 일부개정법률안

서해5도 지원 특별법 일부를 다음과 같이 개정한다.
제명 "서해5도 지원 특별법"을 "서해5도 및 울릉도·독도 지원 특별법"으로 한다.

제1조 중 "북한의 군사적 위협으로 피해를 입고 있는 서해5도"를 "국가의 영토주권을 공고히 하고 국가 균형발전에 이바지하기 위해 서해5도 및 울릉도·독도"로 한다.

제2조제1호 중 "5도"를 "5도 및 울릉도·독도"로, "인근"을 "경상북도 울릉군에 속하는 울릉도·독도 및 그 인근"으로 하고, 같은 조 제2호 및 제3호 중 "5도"를 각각 "5도 및 울릉도·독도"로 한다.

제3조제1항 중 "5도"를 "5도 및 울릉도·독도"로 한다.

제4조제1항 중 "5도"를 "5도 및 울릉도·독도"로 하고, 같은 조 제2항 중 "5도"를 "5도 및 울릉도·독도"로, "「접경지역 지원 특별법」"을 "「접경지역 지원 특별법」, 「독도 등 도서지역의 생태계 보전에 관한 특별법」 등"으로 한다.

제5조제1항 전단, 같은 조 제2항제1호·제2호·제3호 및 제8호 중 "5도"를 각각 "5도 및 울릉도·독도"로 한다.

제6조 중 "중앙행정기관의 장"을 "중앙행정기관의 장 및 해당 지방자치단체의 장"으로, "5도"를 "5도 및 울릉도·독도"로 한다.

제7조의 제목 및 제1항 각 호 외의 부분 중 "5도"를 각각 "5도 및 울릉도·독도"로 한다.

제7조의2부터 제7조의4까지를 각각 다음과 같이 신설한다.
제7조의2(사업시행자) ① 연도별 사업계획에 따

라 시행되는 사업의 시행자(이하 "사업시행자"라 한다)는 다음 각 호의 어느 하나에 해당하는 자로 한다.

1. 국가
2. 지방자치단체
3. 「공공기관의 운영에 관한 법률」 제4조에 따른 공공기관
4. 「지방공기업법」 제49조에 따라 설립된 지방공사
5. 민간기업(재무건전성 등이 대통령령으로 정하는 기준에 적합한 자로 한정한다)

② 제1항 각 호의 사업시행자가 시행할 수 있는 사업의 대상과 범위 등은 대통령령으로 한다.

제7조의3(사업시행계획의 승인 등) ① 사업시행자(제7조의2제1항제1호 및 제2호에 규정된 자는 제외한다)는 사업을 시행하려는 경우 사업시행계획을 수립하여 해당 지방자치단체장(관할구역을 벗어난 지역을 포함하는 경우에는 해당 광역자치단체장을 말한다. 이하 "사업승인권자"라 한다)의 승인을 받아야 한다.

② 제1항에 따라 사업시행계획의 승인을 받은 자는 승인받은 사항을 변경하려는 경우에는 사업승인권자의 변경승인을 받아야 한다. 다만, 대통령령으로 정하는 경미한 사항을 변경하는 경우에는 그러하지 아니하다.

③ 제1항에 따라 사업시행계획의 승인을 받으려는 자와 제2항에 따라 사업시행계획의 변경승인을 받으려는 자는 대통령령으로 정하는 바에 따라 사업시행계획 및 투자계획 등을 사업승인권자에게 제출하여야 한다.

④ 사업승인권자는 제3항에 따라 제출된 사업시행계획 및 투자계획 등의 타당성 등을 검토하여 사업시행계획의 승인 여부를 결정하여야 한다.

⑤ 사업승인권자는 제1항에 따라 사업시행계획의 승인을 하거나 제2항에 따라 사업시행계획의 변경승인을 한 때에는 그 사업시행계획을 대통령령으로 정하는 방에 따라 고시하여야 한다. 다만, 국방상 기밀에 관한 사항은 이를 제외하고 고시할 수 있다.

⑥ 사업승인권자는 다음 각 호의 어느 하나에 해당하는 경우에는 사업시행계획의 승인 또는 변경승인을 취소할 수 있다.

1. 사업시행계획의 승인을 받은 날부터 2년 이내에 사업을 시작하지 아니한 경우
2. 거짓이나 그 밖의 부정한 방법으로 사업시행계획의 승인을 받은 경우
3. 사정의 변경으로 사업을 계속적으로 할 수 없거나 현저히 공익을 해칠 우려가 있다고 인정되는 경우

⑦ 사업승인권자는 제6항에 따라 사업시행계획의 승인 또는 변경승인을 취소하였을 때에는 지체 없이 그 사실을 공고하여야 한다.

⑧ 제7조의2제1항제1호 및 제2호의 사업시행자가 사업을 시행하려는 경우에는 사업승인권자와 협의하여 사업시행계획을 수립하여야 하며, 그 사업시행계획을 대통령령으로 정하는 바에 따라 고시하여야 한다.

제7조의4(인 · 허가등의 의제) ① 사업시행자(제7조의2제1항제1호 및 제2호에 규정된 자는 제외한다)가 제7조의3제1항에 따라 사업시행계획의 승인(제7조의3제2항에 따른 변경승인을 포함한다)을 받은 경우 또는 제7조의2제1항제1호 및 제2호의 사업시행자가 제7조의3제8항에 따라 사업시행계획을 수립하여 고시한 경우에는 사업승인권자가 제3항에 따라 관계 행정기관의 장과 협의한 사항에 대하여 다음 각 호의 허가·인가·지정·승인·협의·신고·결정 등(이하 "인·허가등"이라 한다)을 받은 것으로 보며, 제7조의3제5항 및 제8항에 따른 사업시행계획의 고시가 있은 때에는 다음 각 호의 법률에 따른 인·허가등의 고시 또는 공고가 있은 것으로 본다.

1. 「가축분뇨의 관리 및 이용에 관한 법률」 제11조에 따른 배출시설의 설치허가
2. 「건축법」 제11조에 따른 건축허가, 같은 법 제20조에 따른 가설건축물의 건축허가·축조신고 및 같은 법 제29조에 따른 건축 협의
3. 「공유수면 관리 및 매립에 관한 법률」 제8조에 따른 공유수면의 점용·사용허가, 같은 법 제17조에 따른 점용·사용 실시계획의 승

인(매립면허를 받은 매립예정지는 제외한다), 같은 법 제28조에 따른 공유수면의 매립면허, 같은 법 제35조에 따른 국가 등이 시행하는 매립의 협의 또는 승인 및 같은 법 제38조에 따른 공유수면매립실시계획의 승인
4. 「골재채취법」 제22조에 따른 골재채취의 허가
5. 「관광진흥법」 제15조에 따른 사업계획의 승인, 같은 법 제52조에 따른 관광지등의 지정, 같은 법 제54조에 따른 관광지등의 조성계획의 승인 및 같은 법 제55조에 따른 조성사업 시행의 허가
6. 「국유재산법」 제30조에 따른 행정재산의 사용·수익허가
7. 「국토의 계획 및 이용에 관한 법률」 제30조에 따른 도시·군관리계획(같은 법 제2조제4호다목 및 마목으로 한정한다)의 결정, 같은 법 제56조에 따른 토지의 분할 및 형질변경의 허가, 같은 법 제86조에 따른 도시·군계획시설사업 시행자의 지정 및 같은 법 제88조에 따른 실시계획의 인가
8. 「농어촌도로 정비법」 제9조에 따른 도로의 노선 지정 및 같은법 제18조에 따른 도로의 점용허가
9. 「농어촌정비법」 제23조에 따른 농업생산기반시설의 목적 외 사용승인, 같은 법 제82조에 따른 농어촌 관광휴양단지 개발사업계획의 승인, 같은 법 제83조에 따른 관광농원개발사업계획의 승인 및 같은 법 제85조에 따른 농어촌관광휴양지사업자의 신고
10. 「농지법」 제34조에 따른 농지의 전용허가·협의 및 같은 법 제35조에 따른 농지의 전용신고
11. 「도로법」 제25조에 따른 도로구역의 결정, 같은 법 제36조에 따른 도로공사 시행의 허가 및 같은 법 제61조에 따른 도로의 점용 허가
12. 「사도법」 제4조에 따른 사도 개설허가
13. 「사방사업법」 제14조에 따른 벌채 등의 허가 및 같은 법 제20조에 따른 사방지의 지정해제
14. 「산림자원의 조성 및 관리에 관한 법률」 제36조제1항·제4항에 따른 입목벌채등의 허가·신고
15. 「산지관리법」 제14조 및 제15조에 따른 산지전용허가 및 산지전용신고와 같은 법 제15조의2에 따른 산지일시사용허가·신고
16. 「소하천정비법」 제10조에 따른 소하천등의 정비허가 및 같은법 제14조에 따른 소하천등의 점용 등의 허가
17. 「수도법」 제17조에 따른 일반수도사업의 인가
18. 「어촌·어항법」 제23조에 따른 어항개발사업시행의 허가
19. 「장사 등에 관한 법률」 제27조에 따른 분묘의 개장허가. 다만, 같은 조에 따른 공고절차는 생략할 수 없다.
20. 「전기사업법 」 제62조에 따른 자가용전기설비 공사계획의 인가 또는 신고
21. 「체육시설의 설치·이용에 관한 법률」 제12조에 따른 사업계획의 승인
22. 「초지법」 제21조의2에 따른 토지의 형질변경 등의 허가 및 같은 법 제23조에 따른 초지전용허가
23. 「공간정보의 구축 및 관리 등에 관한 법률」 제86조에 따른 사업의 착수, 변경 또는 완료 사실의 신고
24. 「택지개발촉진법」 제9조에 따른 택지개발사업 실시계획의 승인
25. 「폐기물관리법」 제29조에 따른 폐기물처리시설의 설치 승인 또는 신고
26. 「하수도법」 제16조에 따른 공공하수도 공사의 시행허가, 같은 법 제24조에 따른 공공하수도의 점용허가 및 같은 법 제27조에 따른 배수설비의 설치 신고
27. 「하천법」 제30조에 따른 하천공사 시행의 허가, 같은 법 제33조에 따른 하천의 점용허가 및 같은 법 제38조에 따른 홍수관리구역 안에서의 행위허가
28. 「항만법」 제9조에 따른 항만공사 시행의 허가 및 같은 법 제10조에 따른 항만공사 실시계획의 승인

29. 「해운법」 제4조에 따른 해상여객운송사업의 면허

② 제1항에 따른 인·허가등의 의제를 받으려는 자는 사업시행계획의 승인(변경승인을 포함한다)을 신청하거나 사업시행계획의 수립을 위하여 사업승인권자에게 협의를 요청하는 경우에는 해당 법률에서 정하는 관련 서류를 함께 제출하여야 한다.

③ 사업승인권자는 제7조의3제1항에 따라 사업시행계획을 승인(변경승인을 포함한다)하거나 제7조의3제8항에 따라 협의를 요청받은 사업시행계획에 대하여 의견을 제시하려는 경우 그 사업시행계획에 제1항 각 호의 어느 하나에 해당하는 사항이 포함되어 있는 때에는 관계 행정기관의 장과 미리 협의하여야 한다.

④ 제3항에 따라 사업승인권자로부터 협의를 요청받은 관계 행정기관의 장은 특별한 사유가 없으면 협의를 요청받은 날부터 30일 이내에 의견을 제출하여야 하며 같은 기간 이내에 의견 제출이 없는 때에는 의견이 없는 것으로 본다.

제8조제1항 중 "개발사업의 시행자"를 "제7조의3에 따른 사업의 시행승인을 받은 자"로 한다.

제9조제1항 중 "5도"를 "5도 및 울릉도·독도"로 한다.

제10조 중 "5도"를 각각 "5도 및 울릉도·독도"로 한다.

제11조제1항 중 "5도"를 "5도 및 울릉도·독도"로 한다.

제12조의 제목 중 "5도"를 "5도 및 울릉도·독도"로 하고, 같은 조 제1항 각 호 외의 부분 및 제1호 중 "5도"를 각각 "5도 및 울릉도·독도"로 한다.

제13조 중 "5도"를 "5도 및 울릉도·독도"로 한다.

제14조 중 "5도"를 "5도 및 울릉도·독도"로 한다.

제15조제1항부터 제4항까지 중 "5도"를 각각 "5도 및 울릉도·독도"로 한다.

제16조의 제목 중 "공공시설"을 "사회기반시설"로 하고, 같은 조 제1항 중 "도로·항만·수도, 그 밖에 대통령령으로 정하는 공공시설을 우선적으로 설치하거나"를 "「사회기반시설에 대한 민간투자법」 제2조제1호에 따른 사회기반시설을 우선적으로 설치·유지 및 보수하는 것을"로 한다.

제17조의 제목 중 "통일"을 "통일·역사"로 하고, 같은 조 제1항 중 "5도"를 각각 "5도 및 울릉도·독도"로, "통일"을 "통일·역사"로 하며, 같은 조 제2항 중 "5도"를 "5도 및 울릉도·독도"로 한다.

제18조제1항·제2항 및 제3항 중 "5도"를 각각 "5도 및 울릉도·독도"로 한다.

제19조 중 "5도"를 "5도 및 울릉도·독도"로 한다.

제20조 중 "5도"를 "5도 및 울릉도·독도"로 한다.

제21조부터 제23조까지를 각각 다음과 같이 신설한다.

제21조(기금의 설치 및 재원) ① 서해5도 및 울릉도·독도지역의 생활기반시설의 정비·확충 등에 필요한 비용을 충당하기 위하여 서해5도 및 울릉도·독도지원기금(이하 "기금"이라 한다)을 설치한다.

② 기금은 다음 각 호의 재원으로 조성한다.

1. 정부로부터의 출연금
2. 정부 외의 자가 출연 또는 기부하는 현금, 물품, 그 밖의 재산
3. 기금의 운용수익금
4. 그 밖에 대통령령으로 정하는 수입금

제22조(기금의 용도) 기금은 다음 각 호의 어느 하나에 해당하는 용도로 운용한다.

1. 제8조에 따른 사업비의 지원
2. 제10조에 따른 주민안전시설 지원
3. 제11조에 따른 노후 주택개량 지원

4. 제12조에 따른 정주생활지원금 지원
5. 제14조에 따른 생활필수품의 운송지원
6. 제15조에 따른 교육지원
7. 제16조에 따른 사회기반시설 및 복지시설 지원
8. 제17조에 따른 통일·역사교육 및 문화·관광 시설 지원
9. 제18조에 따른 농어업인 및 소상공인 경영활동 지원
10. 제19조에 따른 불법조업 방지시설 지원
11. 제20조에 따른 여객선 운항 손실금 지원
12. 그 밖에 생활기반시설 등의 정비·확충을 위하여 대통령령으로 정하는 비용

제23조(기금의 관리 · 운용) ① 기금은 행정안전부장관이 관리·운용한다.

② 기금의 관리·운용에 필요한 사항은 대통령령으로 정한다.

부 칙

이 법은 공포 후 6개월이 경과한 날부터 시행한다.

▼표 신 · 구조문대비표

현행	개정안
서해5도 지원 특별법	서해5도 및 울릉도 · 독도 지원 특별법
제1조(목적) 이 법은 남북분단 현실과 특수한 지리적 여건상 북한의 군사적 위협으로 피해를 입고 있는 서해5도의 생산·소득 및 생활기반시설의 정비·확충을 통하여 정주여건(定住與件)을 개선함으로써 지역주민의 소득증대와 생활안정 및 복지향상을 도모함을 목적으로 한다.	제1조(목적) --국가의 영토주권을 공고히 하고 국가 균형발전에 이바지하기 위해 서해5도 및 울릉도·독도--.
제2조(정의) 이 법에서 사용하는 용어의 정의는 다음과 같다.	제2조(정의) --.
1. "서해5도"란 인천광역시 옹진군에 속하는 백령도·대청도·소청도·연평도·소연평도와 인근 해역을 말한다.	1. -----5도 및 울릉도·독도--경상북도 울릉군에 속하는 울릉도·독도 및 그 인근--------------.
2. "서해5도 종합발전계획"이란 제1조의 목적을 달성하기 위하여 제5조에 따라 수립하는 종합적이며 기본적인 계획을 말한다.	2. -------5도 및 울릉도·독도---.
3. "개발사업"이란 서해5도 종합발전계획(이하 "종합발전계획"이라 한다)에 따라 시행되는 각종 사업을 말한다.	3. ---------------------5도 및 울릉도·독도---.
제3조(국가 등의 책무) ① 국가 및 지방자치단체는 서해5도의 개발 및 지원을 위한 종합적인 시책을 수립·추진하고 지원방안을 강구하여야 한다.	제3조(국가 등의 책무) ① ---------------------------5도 및 울릉도·독도--.
② (생략)	② (현행과 같음)
제4조(다른 법률과의 관계) ① 이 법은 서해5도의 개발과 지원에 관하여 다른 법률에 우선하여 적용한다.	제4조(다른 법률과의 관계) ① ------------5도 및 울릉도·독도--.
② 서해5도의 개발과 지원에 관하여 이 법에 규정한 것을 제외하고는 「접경지역 지원 특별법」에 따른다.	② --「접경지역 지원 특별법」, 「독도 등 도서지역의 생태계 보전에 관한 특별법」 등-------.
제5조(종합발전계획의 수립) ① 행정안전부장관은 해당 지방자치단체의 장 및 주민의 의견을 들어 종합발전계획안을 작성하여 관계 중앙행정기관의 장과 협의하고, 제7조에 따른 서해5도 지원위원회의 심의를 거쳐 확정한다. 확정된 종합발전계획 중 대통령령으로 정하는 중요한 사항을 변경할 때에도 또한 같다.	제5조(종합발전계획의 수립) ① ---5도 및 울릉도·독도------------------. ---.
② 종합발전계획에는 다음 각 호의 사항이 포함되어야 한다.	② --.
1. 서해5도의 개발 및 지원에 관한 기본시책에 관한 사항	1. -----5도 및 울릉도·독도--------------------------
2. 서해5도 주민의 안전한 정주여건 조성에 관한 사항	2. -----5도 및 울릉도·독도-----------------------
3. 서해5도 주변 해양의 이용·개발·보전과 해양관광자원의 개발 및 농업·수산업의 진흥에 관한 사항	3. -----5도 및 울릉도·독도--
4. ~ 7. (생략)	4. ~ 7. (현행과 같음)

현행	개정안
8. 그 밖에 서해5도의 이용·개발·보전 및 주민 지원에 관한 사항	8. -------------5도 및 울릉도·독도-----------------------
제6조(연도별 시행계획의 수립) 행정안전부장관은 제5조에 따라 수립·확정된 종합발전계획에 따라 추진할 연도별 시행계획안을 수립하여 중앙행정기관의 장과 협의를 거친 후 제7조에 따른 서해5도 지원위원회의 심의를 거쳐 확정한다.	**제6조(연도별 시행계획의 수립)** -- 중앙행정기관의 장 및 해당 지방자치단체의 장------------------5도 및 울릉도·독도----------------------------------.
제7조(서해5도 지원위원회) ① 서해5도의 개발 및 지원을 위한 다음 각 호의 사항을 심의하기 위하여 국무총리 소속으로 서해5도 지원위원회(이하 "위원회"라 한다)를 둔다.	**제7조(서해5도 및 울릉도·독도 지원위원회)** ① -----5도 및 울릉도·독도---5도 및 울릉도·독도---.
1. ~ 3. (생략)	1. ~ 3. (현행과 같음)
② ~ ⑤ (생략)	② ~ ⑤ (현행과 같음)
<신설>	**제7조의2(사업시행자)** ① 연도별 사업계획에 따라 시행되는 사업의 시행자(이하 "사업시행자"라 한다)는 다음 각 호의 어느 하나에 해당하는 자로 한다. 1. 국가 2. 지방자치단체 3. 「공공기관의 운영에 관한 법률」 제4조에 따른 공공기관 4. 「지방공기업법」 제49조에 따라 설립된 지방공사 5. 민간기업(재무건전성 등이 대통령령으로 정하는 기준에 적합한 자로 한정한다) ② 제1항 각 호의 사업시행자가 시행할 수 있는 사업의 대상과 범위 등은 대통령령으로 한다.
<신설>	**제7조의3(사업시행계획의 승인 등)** ① 사업시행자(제7조의2제1항제1호 및 제2호에 규정된 자는 제외한다)는 사업을 시행하려는 경우 사업시행계획을 수립하여 해당 지방자치단체장(관할구역을 벗어난 지역을 포함하는 경우에는 해당 광역자치단체장을 말한다. 이하 "사업승인권자"라 한다)의 승인을 받아야 한다.
	② 제1항에 따라 사업시행계획의 승인을 받은 자는 승인받은 사항을 변경하려는 경우에는 사업승인권자의 변경승인을 받아야 한다. 다만, 대통령령으로 정하는 경미한 사항을 변경하는 경우에는 그러하지 아니하다. ③ 제1항에 따라 사업시행계획의 승인을 받으려는 자와 제2항에 따라 사업시행계획의 변경승인을 받으려는 자는 대통령령으로 정하는 바에 따라 사업시행계획 및 투자계획 등을 사업승인권자에게 제출하여야 한다. ④ 사업승인권자는 제3항에 따라 제출된 사업시행계획 및 투자계획 등의 타당성 등을 검토하여 사업시행계획의 승인 여부를 결정하여야 한다. ⑤ 사업승인권자는 제1항에 따라 사업시행계획의 승인을 하거나 제2항에 따라 사업시행계획의 변경승인을 한 때에는 그 사업시행계획을 대통령령으로 정하는 방에 따라 고시하여야 한다. 다만, 국방상 기밀에 관한 사항은 이를 제외하고 고시할 수 있다. ⑥ 사업승인권자는 다음 각 호의 어느 하나에 해당하는 경우에는 사업시행계획의 승인 또는 변경승인을 취소할 수 있다. 1. 사업시행계획의 승인을 받은 날부터 2년 이내에 사업을 시작하지 아니한 경우 2. 거짓이나 그 밖의 부정한 방법으로 사업시행계획의 승인을 받은 경우 3. 사정의 변경으로 사업을 계속적으로 할 수 없거나 현저히 공익을 해칠 우려가 있다고 인정되는 경우

현행	개정안
	⑦ 사업승인권자는 제6항에 따라 사업시행계획의 승인 또는 변경승인을 취소하였을 때에는 지체 없이 그 사실을 공고하여야 한다. ⑧ 제7조의2제1항제1호 및 제2호의 사업시행자가 사업을 시행하려는 경우에는 사업승인권자와 협의하여 사업시행계획을 수립하여야 하며, 그 사업시행계획을 대통령령으로 정하는 바에 따라 고시하여야 한다.
<신설>	제7조의4(인 · 허가등의 의제) ① 사업시행자(제7조의2제1항제1호 및 제2호에 규정된 자는 제외한다)가 제7조의3제1항에 따라 사업시행계획의 승인(제7조의3제2항에 따른 변경승인을 포함한다)을 받은 경우 또는 제7조의2제1항제1호 및 제2호의 사업시행자가 제7조의3제8항에 따라 사업시행계획을 수립하여 고시한 경우에는 사업승인권자가 제3항에 따라 관계 행정기관의 장과 협의한 사항에 대하여 다음 각 호의 허가·인가·지정·승인·협의·신고·결정 등(이하 "인·허가등"이라 한다)을 받은 것으로 보며, 제7조의3제5항 및 제8항에 따른 사업시행계획의 고시가 있은 때에는 다음 각 호의 법률에 따른 인·허가등의 고시 또는 공고가 있은 것으로 본다. 1. 「가축분뇨의 관리 및 이용에 관한 법률」 제11조에 따른 배출시설의 설치허가 2. 「건축법」 제11조에 따른 건축허가, 같은 법 제20조에 따른 가설건축물의 건축허가·축조신고 및 같은 법 제29조에 따른 건축 협의

현행	개정안
	3. 「공유수면 관리 및 매립에 관한 법률」 제8조에 따른 공유수면의 점용·사용허가, 같은 법 제17조에 따른 점용·사용 실시계획의 승인(매립면허를 받은 매립예정지는 제외한다), 같은 법 제28조에 따른 공유수면의 매립면허, 같은 법 제35조에 따른 국가 등이 시행하는 매립의 협의 또는 승인 및 같은 법 제38조에 따른 공유수면매립실시계획의 승인 4. 「골재채취법」 제22조에 따른 골재채취의 허가 5. 「관광진흥법」 제15조에 따른 사업계획의 승인, 같은 법 제52조에 따른 관광지등의 지정, 같은 법 제54조에 따른 관광지등의 조성계획의 승인 및 같은 법 제55조에 따른 조성사업 시행의 허가 6. 「국유재산법」 제30조에 따른 행정재산의 사용·수익허가 7. 「국토의 계획 및 이용에 관한 법률」 제30조에 따른 도시·군관리계획(같은 법 제2조제4호다목 및 마목으로 한정한다)의 결정, 같은 법 제56조에 따른 토지의 분할 및 형질변경의 허가, 같은 법 제86조에 따른 도시·군계획시설사업 시행자의 지정 및 같은 법 제88조에 따른 실시계획의 인가 8. 「농어촌도로 정비법」 제9조에 따른 도로의 노선 지정 및 같은법 제18조에 따른 도로의 점용허가 9. 「농어촌정비법」 제23조에 따른 농업생산기반시설의 목적 외 사용승인, 같은 법 제82조에 따른 농어촌 관광휴양단지 개발사업계획의 승인, 같은 법 제83조에 따른 관광농원 개발사업계획의 승인 및 같은 법 제85조에 따른 농어촌관광휴양지사업자의 신고

10.「농지법」 제34조에 따른 농지의 전용허가·협의 및 같은 법 제35조에 따른 농지의 전용신고
11.「도로법」 제25조에 따른 도로구역의 결정, 같은 법 제36조에 따른 도로공사 시행의 허가 및 같은 법 제61조에 따른 도로의 점용 허가
12.「사도법」 제4조에 따른 사도 개설허가
13.「사방사업법」 제14조에 따른 벌채 등의 허가 및 같은 법 제20조에 따른 사방지의 지정해제
14.「산림자원의 조성 및 관리에 관한 법률」 제36조제1항·제4항에 따른 입목벌채등의 허가·신고
15.「산지관리법」 제14조 및 제15조에 따른 산지전용허가 및 산지전용신고와 같은 법 제15조의2에 따른 산지일시사용허가·신고
16.「소하천정비법」 제10조에 따른 소하천등의 정비허가 및 같은법 제14조에 따른 소하천등의 점용 등의 허가
17.「수도법」 제17조에 따른 일반수도사업의 인가
18.「어촌·어항법」 제23조에 따른 어항개발사업시행의 허가
19.「장사 등에 관한 법률」 제27조에 따른 분묘의 개장허가. 다만, 같은 조에 따른 공고 절차는 생략할 수 없다.
20.「전기사업법」 제62조에 따른 자가용전기설비 공사계획의 인가 또는 신고
21.「체육시설의 설치·이용에 관한 법률」 제12조에 따른 사업계획의 승인
22.「초지법」 제21조의2에 따른 토지의 형질변경 등의 허가 및 같은 법 제23조에 따른 초지전용허가
23.「공간정보의 구축 및 관리 등에 관한 법률」 제86조에 따른 사업의 착수, 변경 또는 완료 사실의 신고
24.「택지개발촉진법」 제9조에 따른 택지개발사업 실시계획의 승인
25.「폐기물관리법」 제29조에 따른 폐기물처리시설의 설치 승인 또는 신고
26.「하수도법」 제16조에 따른 공공하수도 공사의 시행허가, 같은 법 제24조에 따른 공공하수도의 점용허가 및 같은 법 제27조에 따른 배수설비의 설치 신고
27.「하천법」 제30조에 따른 하천공사 시행의 허가, 같은 법 제33조에 따른 하천의 점용허가 및 같은 법 제38조에 따른 홍수관리구역 안에서의 행위허가
28.「항만법」 제9조에 따른 항만공사 시행의 허가 및 같은 법 제10조에 따른 항만공사 실시계획의 승인
29.「해운법」 제4조에 따른 해상여객운송사업의 면허

② 제1항에 따른 인·허가등의 의제를 받으려는 자는 사업시행계획의 승인(변경승인을 포함한다)을 신청하거나 사업시행계획의 수립을 위하여 사업승인권자에게 협의를 요청하는 경우에는 해당 법률에서 정하는 관련 서류를 함께 제출하여야 한다.

③ 사업승인권자는 제7조의3제1항에 따라 사업시행계획을 승인(변경승인을 포함한다)하거나 제7조의3제8항에 따라 협의를 요청받은 사업시행계획에 대하여 의견을 제시하려는 경우 그 사업시행계획에 제1항 각 호의 어느 하나에 해당하는 사항이 포함되어 있는 때에는 관계 행정기관의 장과 미리 협의하여야 한다.

	④ 제3항에 따라 사업승인권자로부터 협의를 요청받은 관계 행정기관의 장은 특별한 사유가 없으면 협의를 요청받은 날부터 30일 이내에 의견을 제출하여야 하며 같은 기간 이내에 의견 제출이 없는 때에는 의견이 없는 것으로 본다.
제8조(사업비의 지원 등) ① 국가 및 지방자치단체는 종합발전계획과 연도별 시행계획을 효율적으로 추진하기 위하여 개발사업의 시행자에게 필요한 자금을 보조·융자 또는 알선하거나 그 밖에 필요한 조치를 할 수 있다.	제8조(사업비의 지원 등) ① ---제7조의3에 따른 사업의 시행승인을 받은 자---.
②•③ (생략)	②•③ (현행과 같음)
제9조(조세 및 부담금 등의 감면) ① 국가 및 지방자치단체는 종합발전계획의 원활한 시행과 주민의 경제적 부담 경감 등을 위하여 필요한 경우에는 「조세특례제한법」, 「지방세특례제한법」, 그 밖의 조세 관련 법률 및 지방자치단체의 조례로 정하는 바에 따라 서해5도 주민 등에 대하여 조세 감면 등 세제상의 지원을 할 수 있다.	제9조(조세 및 부담금 등의 감면) ① --5도 및 울릉도·독도--.
② (생략)	② (현행과 같음)
제10조(주민안전시설 우선지원) 국가와 지방자치단체는 서해5도에 거주하는 주민의 안전을 확보하기 위하여 주민대피시설·비상급수시설, 그 밖에 대통령령으로 정하는 시설을 서해5도에 우선 설치하여야 하며 관리비를 지원할 수 있다.	제10조(주민안전시설 우선지원) ---------------------------5도 및 울릉도·독도--5도 및 울릉도·독도-----------------------------.
제11조(노후 주택개량 지원) ① 국가 및 지방자치단체는 서해5도에 거주하는 주민의 정주여건 개선을 위한 대책을 마련하여야 한다.	제11조(노후 주택개량 지원) ① ----------------------------5도 및 울릉도·독도---.
② (생략)	② (현행과 같음)

제12조(서해5도 정주생활지원금 지원) ① 국가는 주민의 안정적인 생활을 지원하기 위하여 다음 각 호의 어느 하나에 해당하는 자 중 서해5도에 일정한 기간 이상 거주한 주민에 대하여 정주생활지원금을 지급할 수 있다.	제12조(서해5도 및 울릉도·독도 정주생활지원금 지원) ① ---5도 및 울릉도·독도---.
1. 「주민등록법」에 따라 서해5도에 주소가 등록되어 있는 자	1. -------------------------5도 및 울릉도·독도------------------------
2. (생략)	2. (현행과 같음)
② (생략)	② (현행과 같음)
제13조(공공요금 및 국민건강보험료의 감면) 국가와 지방자치단체 등은 서해5도에 거주하는 세대의 텔레비전 수신료, 상수도요금, 전기요금, 전화요금, 수도요금 등의 공공요금 및 국민건강보험료를 감면할 수 있다.	제13조(공공요금 및 국민건강보험료의 감면) -----------------------------5도 및 울릉도·독도---.
제14조(생활필수품의 운송지원 등) 국가 및 지방자치단체는 서해5도 현지의 생활필수품 가격동향과 해상운송비 등을 조사하여 육지와의 형평성을 맞추기 위하여 노력하여야 하며, 대통령령으로 정하는 바에 따라 생활필수품의 해상운송비 중 일부를 지원할 수 있다.	제14조(생활필수품의 운송지원 등) ---------------------------5도 및 울릉도·독도--.
제15조(교육지원) ① 국가 및 지방자치단체는 서해5도 주민 및 자녀의 학습기회 확대, 교육비의 부담경감과 교육환경의 개선에 필요한 정책을 수립하고 시행하여야 한다.	제15조(교육지원) ①----------------------------5도 및 울릉도·독도---.
② 국가 및 지방자치단체는 서해5도에 설치된 「초·중등교육법」 제2조에 따른 학교에 재학 중인 학생의 수업료 등을 대통령령으로 정하는 바에 따라 지원할 수 있다.	② ---------------------------5도 및 울릉도·독도---.
③ 교육부장관은 서해5도의 교육지원과 관련하여 필요하다고 인정하는 경우에는 「지방교육재정교부금법」에 따른 교부금을 대통령령으로 정하는 바에 따라 특별지원할 수 있다.	③ -------------------5도 및 울릉도·독도--.

현행	개정안
④ 교육부장관은 서해5도 주민의 자녀가 「고등교육법」 제2조의 학교에 입학하는 경우에는 대통령령으로 정하는 바에 따라 정원이 따로 있는 것으로 볼 수 있다.	④ ------------------5도 및 울릉도·독도---.
제16조(공공시설 및 복지시설 지원) ① 국가 및 지방자치단체는 도로·항만·수도, 그 밖에 대통령령으로 정하는 공공시설을 우선적으로 설치하거나 지원하여야 한다.	제16조(사회기반시설 및 복지시설 지원) ① ------------------------「사회기반시설에 대한 민간투자법」 제2조제1호에 따른 사회기반시설을 우선적으로 설치·유지 및 보수하는 것을---------------.
② (생략)	② (현행과 같음)
제17조(통일교육 및 문화 · 관광 시설 등에 대한 우선지원) ① 국가 및 지방자치단체는 서해5도를 안보교육과 관광, 한반도 평화 및 화해의 장으로 만들고 통일교육을 장려하기 위하여 서해5도 견학 및 방문사업을 추진하고, 여객운임비와 행사운영비 등 이에 필요한 비용을 관계 기관 또는 단체에 지원할 수 있다.	제17조(통일 · 역사교육 및 문화 · 관광 시설 등에 대한 우선지원) ① ----------------------5도 및 울릉도·독도를------------------------------------통일·역사------------------------5도 및 울릉도·독도--.
② 국가 및 지방자치단체는 서해5도에 도서관, 박물관, 문예회관 등을 포함한 문화시설, 관광·숙박·위락 시설 및 체육시설이 적절히 설치되고 유지될 수 있도록 노력하여야 한다.	② ---------------------------5도 및 울릉도·독도---.
제18조(농어업인 및 소상공인 경영활동 등 지원) ① 국가 및 지방자치단체는 서해5도에 거주하는 농어업인과 「소상공인기본법」 제2조에 따른 소상공인의 경영활동을 장려하기 위하여 대통령령으로 정하는 바에 따라 필요한 자금의 우선지원, 영농(營農)·영어(營漁)·시설·운전 자금 및 소상공인 경영자금 등에 대한 대출상환 유예 및 기한 연장, 이자지원 등에 대한 대책을 수립하여 시행하여야 한다.	제18조(농어업인 및 소상공인 경영활동 등 지원) ① ---------------------------5도 및 울릉도·독도---.
② 국가 및 지방자치단체는 서해5도에 거주하는 어업인이 불특정국가의 선박으로 인한 어구 손괴 등으로 피해가 발생한 경우에는 지원대책을 강구할 수 있다.	② ---------------------------5도 및 울릉도·독도---.
③ 해양수산부장관은 서해5도 어업인의 소득증대를 위하여 안전한 조업이 보장되는 범위에서 조업구역의 확장 및 조업시간 연장을 위하여 노력하여야 한다.	③ ----------------------5도 및 울릉도·독도--.
제19조(불법조업 방지시설) 국가는 서해5도에서 조업하는 어민의 안전조업과 불법조업으로 인한 피해 방지를 위하여 시설물 설치에 필요한 사업을 지원할 수 있다.	제19조(불법조업 방지시설) ------------5도 및 울릉도·독도--.
제20조(여객선 운항 손실금 지원) 국가 또는 지방자치단체는 북한의 군사적 위협 증대 또는 정주여건의 특수성 등으로 인하여 여객이 현저히 감소하는 등 손실이 발생한 서해5도를 운항하는 여객선 항로 중 대통령령으로 정하는 여객선 항로에 대해서는 예산의 범위에서 손실금의 일부를 지원할 수 있다.	제20조(여객선 운항 손실금 지원) --5도 및 울릉도·독도--.
<신설>	제21조(기금의 설치 및 재원) ① 서해5도 및 울릉도·독도지역의 생활기반시설의 정비·확충 등에 필요한 비용을 충당하기 위하여 서해5도 및 울릉도·독도지원기금(이하 "기금" 이라 한다)을 설치한다. ② 기금은 다음 각 호의 재원으로 조성한다. 1. 정부로부터의 출연금 2. 정부 외의 자가 출연 또는 기부하는 현금, 물품, 그 밖의 재산 3. 기금의 운용수익금 4. 그 밖에 대통령령으로 정하는 수입금

<신설>	제22조(기금의 용도) 기금은 다음 각 호의 어느 하나에 해당하는 용도로 운용한다. 1. 제8조에 따른 사업비의 지원 2. 제10조에 따른 주민안전시설 지원 3. 제11조에 따른 노후주택개량 지원 4. 제12조에 따른 정주생활지원금 지원 5. 제14조에 따른 생활필수품의 운송지원 6. 제15조에 따른 교육지원 7. 제16조에 따른 사회기반시설 및 복지시설 지원 8. 제17조에 따른 통일 · 역사교육 및 문화·관광 시설 지원 9. 제18조에 따른 농어업인 및 소상공인 경영활동 지원 10. 제19조에 따른 불법조업 방지시설 지원 11. 제20조에 따른 여객선 운항 손실금 지원 12. 그 밖에 생활기반시설 등의 정비·확충을 위하여 대통령령으로 정하는 비용
<신설>	제23조(기금의 관리 · 운용) ① 기금은 행정안전부장관이 관리·운용한다. ② 기금의 관리·운용에 필요한 사항은 대통령령으로 정한다.

제382회국회(정기회)
제2차 행정안전위원회

서해5도 지원 특별법 일부개정법률안 검토보고

▣ **김병욱 의원 대표발의(의안번호 제2100997호)**

2020.9.

행정안전위원회
수석전문위원 정성희

Ⅰ. 개요

1. 제안경위

가. 발의자: 김병욱 의원 등 12인

나. 발의연월일: 2020. 6. 25.

다. 회부연월일: 2020. 6. 29.

2. 제안이유 및 주요내용

서해5도 지원 특별법은 남북 분단 현실과 특수한 지리적 여건상 북한의 군사적 위협으로 피해를 입고 있는 서해5도의 생산·소득 및 생활기반시설의 정비·확충을 통해 정주여건을 개선함으로써 지역주민의 소득증대와 생활안전 및 복지향상을 도모하고 있음.

그런데 경상북도 울릉도·독도는 서해5도와 마찬가지로 동해 유일의 접경지역으로서 서해5도와 같이 특수한 지정학적 위치를 차지하고 있고, 육지에서 130km 이상 떨어져 있어 연 평균 80일 이상은 육지로 입·출항하기 어려운 도서지역임.

그럼에도 불구하고 기존의 관련 법률만으로는 울릉도·독도 지역 주민들에 대한 안전한 주거환경 확보와 생활안전 및 복지향상을 위한 정책적 지원 시책이 충분히 제시되지 않고 있음.

이에 서해5도법의 지원 대상에 울릉도와 독도를 추가함으로써 남북 분단 현실과 특수한 지리적 여건 등으로 국가적 관심이 필요한 지역에 정책적 지원을 가능하게 하려는 것임.

Ⅱ. 검토의견

1. 이 법 지원 대상에 울릉도와 독도를 추가함

가. 개정안 요지

○ 개정안은 이 법의 지원 대상에 울릉도와 독도를 추가함.

나. 개정안 조문대비표

현행	개정안
서해5도 지원 특별법	서해5도 및 울릉도 · 독도 지원 특별법
제1조(목적) 이 법은 남북 분단 현실과 특수한 지리적 여건상 북한의 군사적 위협으로 피해를 입고 있는 서해5도의 생산·소득 및 생활기반시설의 정비·확충을 통하여 정주여건(定住與件)을 개선함으로써 지역주민의 소득증대와 생활안정 및 복지향상을 도모함을 목적으로 한다.	제1조(목적) ---국가의 영토주권을 공고히 하고 국가 균형발전에 이바지하기 위해 서해5도 및 울릉도·독도--.
제2조(정의) 이 법에서 사용하는 용어의 정의는 다음과 같다.	제2조(정의) --.
1. "서해5도"란 인천광역시 옹진군에 속하는 백령도·대청도·소청도·연평도·소연평도와 인근 해역을 말한다.	1. -----5도 및 울릉도·독도---경상북도 울릉군에 속하는 울릉도·독도 및 그 인근--------------.
2. "서해5도 종합발전계획"이란 제1조의 목적을 달성하기 위하여 제5조에 따라 수립하는 종합적이며 기본적인 계획을 말한다.	2. --------5도 및 울릉도·독도---.
3. "개발사업"이란 서해5도 종합발전계획(이하 "종합발전계획"이라 한다)에 따라 시행되는 각종 사업을 말한다.	3. ----------------------5도 및 울릉도·독도--.
제3조(국가 등의 책무) ① 국가 및 지방자치단체는 서해5도의 개발 및 지원을 위한 종합적인 시책을 수립·추진하고 지원방안을 강구하여야 한다.	제3조(국가 등의 책무) ① ----------------------------5도 및 울릉도·독도---.
② (생략)	② (현행과 같음)
제4조(다른 법률과의 관계) ① 이 법은 서해5도의 개발과 지원에 관하여 다른 법률에 우선하여 적용한다.	제4조(다른 법률과의 관계) ① -------------5도 및 울릉도·독도---.
② 서해5도의 개발과 지원에 관하여 이 법에 규정한 것을 제외하고는 「접경지역 지원 특별법」에 따른다.	② ---「접경지역 지원 특별법」, 「독도 등 도서지역의 생태계 보전에 관한 특별법」 등-------.

현행	개정안
제5조(종합발전계획의 수립) ① 행정안전부장관은 해당 지방자치단체의 장 및 주민의 의견을 들어 종합발전계획안을 작성하여 관계 중앙행정기관의 장과 협의하고, 제7조에 따른 서해5도 지원위원회의 심의를 거쳐 확정한다. 확정된 종합발전계획 중 대통령령으로 정하는 중요한 사항을 변경할 때에도 또한 같다.	제5조(종합발전계획의 수립) ① ------------5도 및 울릉도·독도------------------. ------------.
② 종합발전계획에는 다음 각 호의 사항이 포함되어야 한다.	② ------------.
1. 서해5도의 개발 및 지원에 관한 기본시책에 관한 사항	1. -----5도 및 울릉도·독도------------
2. 서해5도 주민의 안전한 정주여건 조성에 관한 사항	2. -----5도 및 울릉도·독도------------
3. 서해5도 주변 해양의 이용·개발·보전과 해양관광자원의 개발 및 농업·수산업의 진흥에 관한 사항	3. -----5도 및 울릉도·독도------------
4. ~ 7. (생략)	4. ~ 7. (현행과 같음)
8. 그 밖에 서해5도의 이용·개발·보전 및 주민 지원에 관한 사항	8. ------------5도 및 울릉도·독도------------
제6조(연도별 시행계획의 수립) 행정안전부장관은 제5조에 따라 수립·확정된 종합발전계획에 따라 추진할 연도별 시행계획안을 수립하여 중앙행정기관의 장과 협의를 거친 후 제7조에 따른 서해5도 지원위원회의 심의를 거쳐 확정한다.	제6조(연도별 시행계획의 수립) ------------중앙행정기관의 장 및 해당 지방자치단체의 장-------5도 및 울릉도·독도------------.
제7조(서해5도 지원위원회) ① 서해5도의 개발 및 지원을 위한 다음 각 호의 사항을 심의하기 위하여 국무총리 소속으로 서해5도 지원위원회(이하 "위원회"라 한다)를 둔다.	제7조(서해5도 및 울릉도·독도 지원위원회) ① -----5도 및 울릉도·독도------------5도 및 울릉도·독도------------.
1. ~ 3. (생략)	1. ~ 3. (현행과 같음)
② ~ ⑤ (생략)	② ~ ⑤ (현행과 같음)
제8조(사업비의 지원 등) ① 국가 및 지방자치단체는 종합발전계획과 연도별 시행계획을 효율적으로 추진하기 위하여 개발사업의 시행자에게 필요한 자금을 보조·융자 또는 알선하거나 그 밖에 필요한 조치를 할 수 있다.	제8조(사업비의 지원 등) ① ------------제7조의3에 따른 사업의 시행승인을 받은 자------------.
②·③ (생략)	②·③ (현행과 같음)
제9조(조세 및 부담금 등의 감면) ① 국가 및 지방자치단체는 종합발전계획의 원활한 시행과 주민의 경제적 부담 경감 등을 위하여 필요한 경우에는 「조세특례제한법」, 「지방세특례제한법」, 그 밖의 조세 관련 법률 및 지방자치단체의 조례로 정하는 바에 따라 서해5도 주민 등에 대하여 조세 감면 등 세제상의 지원을 할 수 있다.	제9조(조세 및 부담금 등의 감면) ① ------------5도 및 울릉도·독도------------.
② (생략)	② (현행과 같음)
제10조(주민안전시설 우선 지원) 국가와 지방자치단체는 서해5도에 거주하는 주민의 안전을 확보하기 위하여 주민대피시설·비상급수시설, 그 밖에 대통령령으로 정하는 시설을 서해5도에 우선 설치하여야 하며 관리비를 지원할 수 있다.	제10조(주민안전시설 우선 지원) ------------5도 및 울릉도·독도------------5도 및 울릉도·독도------------.
제11조(노후 주택개량 지원) ① 국가 및 지방자치단체는 서해5도에 거주하는 주민의 정주여건 개선을 위한 대책을 마련하여야 한다.	제11조(노후 주택개량 지원) ① ------5도 및 울릉도·독도------------.
② (생략)	② (현행과 같음)
제12조(서해5도 정주생활지원금 지원) ① 국가는 주민의 안정적인 생활을 지원하기 위하여 다음 각 호의 어느 하나에 해당하는 자 중 서해5도에 일정한 기간 이상 거주한 주민에 대하여 정주생활지원금을 지급할 수 있다.	제12조(서해5도 및 울릉도·독도 정주생활지원금 지원) ① ------------5도 및 울릉도·독도------------.
1. 「주민등록법」에 따라 서해5도에 주소가 등록되어 있는 자	1. ------------5도 및 울릉도·독도------------
2. (생략)	2. (현행과 같음)
② (생략)	② (현행과 같음)
제13조(공공요금 및 국민건강보험료의 감면) 국가와 지방자치단체 등은 서해5도에 거주하는 세대의 텔레비전 수신료, 상수도요금, 전기요금, 전화요금, 수도요금 등의 공공요금 및 국민건강보험료를 감면할 수 있다.	제13조(공공요금 및 국민건강보험료의 감면) ------------5도 및 울릉도·독도------------.

제14조(생활필수품의 운송지원 등) 국가 및 지방자치단체는 서해5도 현지의 생활필수품 가격동향과 해상운송비 등을 조사하여 육지와의 형평성을 맞추기 위하여 노력하여야 하며, 대통령령으로 정하는 바에 따라 생활필수품의 해상운송비 중 일부를 지원할 수 있다.	제14조(생활필수품의 운송지원 등) -----5도 및 울릉도·독도-----.
제15조(교육지원) ① 국가 및 지방자치단체는 서해5도 주민 및 자녀의 학습기회 확대, 교육비의 부담경감과 교육환경의 개선에 필요한 정책을 수립하고 시행하여야 한다.	제15조(교육지원) ①-----5도 및 울릉도·독도-----.
② 국가 및 지방자치단체는 서해5도에 설치된 「초·중등교육법」 제2조에 따른 학교에 재학 중인 학생의 수업료 등을 대통령령으로 정하는 바에 따라 지원할 수 있다.	② -----5도 및 울릉도·독도-----.
③ 교육부장관은 서해5도의 교육지원과 관련하여 필요하다고 인정하는 경우에는 「지방교육재정교부금법」에 따른 교부금을 대통령령으로 정하는 바에 따라 특별 지원할 수 있다.	③ -----5도 및 울릉도·독도-----.
④ 교육부장관은 서해5도 주민의 자녀가 「고등교육법」 제2조의 학교에 입학하는 경우에는 대통령령으로 정하는 바에 따라 정원이 따로 있는 것으로 볼 수 있다.	④ -----5도 및 울릉도·독도-----.
제16조(공공시설 및 복지시설 지원) ① 국가 및 지방자치단체는 도로·항만·수도, 그 밖에 대통령령으로 정하는 공공시설을 우선적으로 설치하거나 지원하여야 한다.	제16조(사회기반시설 및 복지시설 지원) ① -----「사회기반시설에 대한 민간투자법」 제2조제1호에 따른 사회기반시설을 우선적으로 설치·유지 및 보수하는 것을-----.
② (생략)	② (현행과 같음)
제17조(통일교육 및 문화 · 관광 시설 등에 대한 우선지원) ① 국가 및 지방자치단체는 서해5도를 안보교육과 관광, 한반도 평화 및 화해의 장으로 만들고 통일교육을 장려하기 위하여 서해5도 견학 및 방문사업을 추진하고, 여객운임비와 행사운영비 등 이에 필요한 비용을 관계 기관 또는 단체에 지원할 수 있다.	제17조(통일 · 역사교육 및 문화 · 관광 시설 등에 대한 우선지원) ① -----5도 및 울릉도·독도를-----통일·역사-----5도 및 울릉도·독도-----.
② 국가 및 지방자치단체는 서해5도에 도서관, 박물관, 문예회관 등을 포함한 문화시설, 관광·숙박·위락 시설 및 체육시설이 적절히 설치되고 유지될 수 있도록 노력하여야 한다.	② -----5도 및 울릉도·독도-----.
제18조(농어업인 및 소상공인 경영활동 등 지원) ① 국가 및 지방자치단체는 서해5도에 거주하는 농어업인과 「소상공인기본법」 제2조에 따른 소상공인의 경영활동을 장려하기 위하여 대통령령으로 정하는 바에 따라 필요한 자금의 우선 지원, 영농(營農)·영어(營漁)·시설·운전 자금 및 소상공인 경영자금 등에 대한 대출상환 유예 및 기한 연장, 이자지원 등에 대한 대책을 수립하여 시행하여야 한다.	제18조(농어업인 및 소상공인 경영활동 등 지원) ① -----5도 및 울릉도·독도-----.
② 국가 및 지방자치단체는 서해5도에 거주하는 어업인이 불특정국가의 선박으로 인한 어구 손괴 등으로 피해가 발생한 경우에는 지원대책을 강구할 수 있다.	② -----5도 및 울릉도·독도-----.
③ 해양수산부장관은 서해5도 어업인의 소득증대를 위하여 안전한 조업이 보장되는 범위에서 조업구역의 확장 및 조업시간 연장을 위하여 노력하여야 한다.	③ -----5도 및 울릉도·독도-----.
제19조(불법조업 방지시설) 국가는 서해5도에서 조업하는 어민의 안전조업과 불법조업으로 인한 피해 방지를 위하여 시설물 설치에 필요한 사업을 지원할 수 있다.	제19조(불법조업 방지시설) -----5도 및 울릉도·독도-----.

제20조(여객선 운항 손실금 지원) 국가 또는 지방자치단체는 북한의 군사적 위협 증대 또는 정주여건의 특수성 등으로 인하여 여객이 현저히 감소하는 등 손실이 발생한 서해5도를 운항하는 여객선 항로 중 대통령령으로 정하는 여객선 항로에 대해서는 예산의 범위에서 손실금의 일부를 지원할 수 있다.	제20조(여객선 운항 손실금 지원) --5도 및 울릉도·독도--.

다. 검토사항

○ 개정안은 「서해5도 지원 특별법」의 지원 대상에 울릉도와 독도를 추가하면서, 제명을 「서해5도 및 울릉도·독도 지원 특별법」으로 변경하는 것으로, 특수한 지리적 여건 등으로 국가적 관심이 필요한 지역에 정책적 지원을 가능하게 하려는 취지임.

○ 울릉도·독도 지역은 대한민국 최동단이라는 지정학적 특수성과 육지에서 130km 이상 떨어져 있어 연 평균 80일 이상 입·출항이 제한되는 지리적 특수성이 있는 지역으로, 울릉도·독도 지역 주민들에 대한 안전한 주거환경 확보와 생활안전 및 복지향상을 꾀하는 개정안이 시행될 경우 의의를 가질 것으로 생각됨.

다만, 「서해5도 지원 특별법」은 당초 2010.11.23. 연평도 포격에 따라 특수한 지리적 여건과 안보상 위협으로 피해를 입고 있는 서해5도서를 대상으로 지원하여 주민들의 지속적인 정주를 보장하기 위하여 제정된 법이며,

울릉도와 독도, 그리고 서해5도에 대한 지원을 하나의 법률 안에서 함께 규정하는 것이 효과적일만큼 지역 간 여건 및 특성에 대한 유사성이 인정되는지 여부를 논의할 필요가 있음.

또한, 울릉도·독도 지역은 지역적 중요성과 특수성에 따라 이미 다양한 법령의 적용을 받고 있다는 점에서, 기존 법률과의 중복가능성 및 정합성 등에 대한 검토가 필요할 것으로 보임.

(1) 「도서개발 촉진법」 및 「독도의 지속가능한 이용에 관한 법률」과의 중복 가능성

○ 현행 「도서개발 촉진법」에 따르면, 울릉도는 개발대상도서 가운데 하나로 지정되어 있으며[153][154], 사업계획의 수립[155]을 통해 주민소득 증대와 생활수준 향상을 위한 주거환경 및 시설 개선 등을 포함한 사업을 시행하고 있음.

---

153 경상북도 소재 개발대상도서로는 울릉도와 죽도가 있음.

154 「도서개발 촉진법」 제4조(개발대상도서의 지정)
① 이 법의 목적을 달성하기 위하여 개발이 필요하다고 인정되는 도서를 개발대상도서(이하 "지정도서"라 한다)로 지정한다.
② 지정도서는 행정안전부장관이 특별시장·광역시장·도지사 또는 특별자치도지사(이하 "시·도지사"라 한다)의 신청에 의하여 제14조에 따른 도서개발심의위원회(이하 "도서개발심의위원회"라 한다)의 심의를 거쳐 지정한다. 이를 변경할 때에도 같다.

155 「도서개발 촉진법」 제6조(사업계획의 수립)
① 지정도서를 관할하는 시·도지사는 대통령령으로 정하는 바에 따라 사업계획을 작성하여 행정안전부장관에게 제출하여야 한다.
② 행정안전부장관은 도서개발심의위원회의 심의를 거쳐 제1항에 따른 사업계획 작성을 위하여 필요한 지침과 기준을 정할 수 있다.
③ 제1항에 따른 사업계획에는 다음 각 호의 사항이 포함되어야 한다.
1. 주민소득 증대와 생활수준 향상을 위하여 필요한 주거환경 및 시설의 개선에 관한 사항
2. 산업진흥과 자원개발을 위하여 필요한 기반시설 설치에 관한 사항
3. 도서지역의 교통·통신의 편익증진을 위하여 필요한 운송 및 교통수단과 통신시설의 개선·확충에 관한 사항
4. 풍수해나 재해 등을 방지하기 위하여 필요한 방파제·방조제 시설과 산림녹화 등 국토 보전에 관한 사항
5. 주민의 복지증진을 위하여 필요한 교육·후생·의료·문화 및 전기 시설의 설치·개선에 관한 사항
6. 도서지역 환경보전에 관한 사항
7. 생활필수품의 원활한 유통·공급을 위한 지원·보조 등에 관한 사항
8. 국가안전보장을 위하여 필요한 시설에 관한 사항
9. 그 밖에 도서개발을 위하여 필요한 사항

○ 독도와 관련하여서는, 「독도의 지속가능한 이용에 관한 법률」[156]에서 해양수산부장관으로 하여금 독도 안 시설 등의 관리 및 운용, 독도 거주민의 지원에 관한 사항 등을 포함한 기본계획을 수립하고 시행하도록 하고 있음.

따라서 개정안에 따라 다른 법에 우선하여(안 제4조) 울릉도와 독도에 대한 종합발전계획을 별도로 수립하고 세부 사업을 시행할 것인지 여부는, 전국의 다른 도서지역과 울릉도·독도 간의 지원상 형평성, 기존 법률에 따라 진행되고 있는 사업과의 유사성 등을 종합적으로 고려할 필요가 있음.

(2) 「독도 등 도서지역의 생태계 보전에 관한 특별법」과의 정합성 문제

○ 개정안은 서해5도 및 울릉도·독도의 개발과 지원에 관하여 다른 법률에 우선하도록 하면서, 이 법에 규정한 것을 제외하고는 「접경지역 지원 특별법」, 「독도 등 도서지역의 생태계 보전에 관한 특별법(약칭: 도서생태계법)」 등에 따르도록 함.

현행	개정안
제4조(다른 법률과의 관계) ① 이 법은 서해5도의 개발과 지원에 관하여 다른 법률에 우선하여 적용한다.	제4조(다른 법률과의 관계) ① -------------5도 및 울릉도·독도--.
② 서해5도의 개발과 지원에 관하여 이 법에 규정한 것을 제외하고는 「접경지역 지원 특별법」에 따른다.	② --「접경지역 지원 특별법」, 「독도 등 도서지역의 생태계 보전에 관한 특별법」 등-------.

○ 「도서생태계법」은 독도 등 특정도서[157]의 자연환경 보전에 관한 기본을 정하는 법[158]으로, 특정도서에서는 건축물의 신축·증축 등의 행위는 원칙적으로 제한되나, 군사·항해·조난구호 행위 등 법률에 명시된 경우에 한하여 행위제한을 배제[159]하고 있으며, 「도서개발 촉진법」의 사업계획에 따른 개발이 그 경우에 해당함.

---

156 「독도의 지속가능한 이용에 관한 법률」 제5조(기본계획의 내용) 기본계획에는 다음 각 호의 사항이 포함되어야 한다.
1. 독도와 독도 주변 해역의 지속가능한 이용에 관한 기본구상 및 추진목표
2. 독도와 독도 주변 해역의 생태계와 자연환경의 보전에 관한 사항
3. 독도 주변 해역의 해양수산자원의 합리적인 이용에 관한 사항
4. 독도 주변 해역의 해양수산자원의 이용을 위한 연구·조사에 관한 사항
5. 독도 안 시설 등의 관리 및 운용에 관한 사항
6. 독도와 연계한 관광 촉진에 관한 사항
7. 독도 거주민의 지원에 관한 사항
8. 독도 취항 선박의 지원에 관한 사항
9. 독도 주변 해양과학 연구를 위한 시설물의 설치에 관한 사항
10. 독도 관련 민간단체 지원에 관한 사항
11. 독도와 관련한 교육과 홍보활동에 관한 사항
12. 독도 관련 국제협력 증진에 관한 사항
13. 제1호부터 제12호까지의 규정에 따른 사업을 시행하는 데에 드는 경비의 산정 및 재원조달 방안에 관한 사항
14. 제1호부터 제12호까지에서 규정한 사항 외에 독도의 지속가능한 이용에 관한 사항

157 「독도 등 도서지역의 생태계 보전에 관한 특별법」 제2조(정의) 이 법에서 사용하는 용어의 뜻은 다음과 같다.
1. "특정도서"란 사람이 거주하지 아니하거나 극히 제한된 지역에만 거주하는 섬[이하 "무인도서(無人島嶼)등"이라 한다]으로서 자연생태계·지형·지질·자연환경(이하 "자연생태계등"이라 한다)이 우수한 독도 등 환경부장관이 지정하여 고시하는 도서(島嶼)를 말한다.

158 「독도 등 도서지역의 생태계 보전에 관한 특별법」 제1조(목적) 이 법은 특정도서(特定島嶼)의 다양한 자연생태계, 지형 또는 지질 등을 비롯한 자연환경의 보전에 관한 기본적인 사항을 정함으로써 현재와 미래의 국민 모두가 깨끗한 자연환경 속에서 건강하고 쾌적한 생활을 할 수 있도록 함을 목적으로 한다.

159 「독도 등 도서지역의 생태계 보전에 관한 특별법」 제8조(행위제한)
① 누구든지 특정도서에서 다음 각 호의 어느 하나에 해당하는 행위를 하거나 이를 허가하여서는 아니 된다.
1. 건축물 또는 공작물(工作物)의 신축·증축
2. 개간(開墾), 매립, 준설(浚渫) 또는 간척
3. 택지의 조성, 토지의 형질변경, 토지의 분할
4. 공유수면(公有水面)의 매립
5. 입목·대나무의 벌채(伐採) 또는 훼손
6. 흙·모래·자갈·돌의 채취(採取), 광물의 채굴(採掘) 또는 지하수의 개발
7. 가축의 방목, 야생동물의 포획·살생 또는 그 알의 채취 또는 야생식물의 채취
8. 도로의 신설

따라서, 개정안과 「도서생태계법」의 관계를 명확히 하기 위해서는, 「도서생태계법」의 개정을 통해 행위제한의 예외 조항에 이 법에 따른 개발행위 등을 명시해줄 필요가 있을 것으로 보임.

○ 한편, 안 제4조는 이 법과 다른 법률과의 관계를 명확하게 하기 위한 것으로, 제4조제2항의 '서해5도' 를 '서해5도 및 울릉도·독도'로 수정할 필요가 있음.

2. 사업 시행에 관련한 규정 신설

가. 개정안 요지

○ 개정안은 사업시행에 관련된 규정을 두면서, 인·허가등의 의제 조항을 신설함.

---

9. 특정도서에 서식하거나 도래하는 야생동식물 또는 특정도서에 존재하는 자연적 생성물을 그 섬 밖으로 반출(搬出)하는 행위
10. 특정도서로 「생물다양성 보전 및 이용에 관한 법률」 제2조제8호에 따른 생태계교란 생물을 반입(搬入)하는 행위
11. 폐기물을 매립하거나 버리는 행위
12. 인화물질을 이용하여 음식물을 조리하거나 야영을 하는 행위
13. 지질, 지형 또는 자연적 생성물의 형상을 훼손하는 행위 또는 그 밖에 이와 유사한 행위

② 제1항에도 불구하고 다음 각 호의 어느 하나에 해당하는 경우에는 제1항을 적용하지 아니한다.
1. 군사·항해·조난구호(遭難救護) 행위
2. 천재지변 등 재해의 발생 방지 및 대응을 위하여 필요한 행위
3. 국가가 시행하는 해양자원개발 행위
4. 「도서개발 촉진법」 제6조제3항의 사업계획에 따른 개발 행위
5. 「문화재보호법」에 따라 문화재청장 또는 시·도지사가 필요하다고 인정하는 행위

③ 제2항에 따른 행위를 한 자는 그 행위의 내용과 결과를 대통령령으로 정하는 바에 따라 환경부장관에게 신고하거나 통보하여야 한다. 다만, 환경부장관의 허가를 받은 경우에는 그러하지 아니하다.

나. 개정안 조문대비표

현행	개정안
<신설>	제7조의2(사업시행자) ① 연도별 사업계획에 따라 시행되는 사업의 시행자(이하 "사업시행자"라 한다)는 다음 각 호의 어느 하나에 해당하는 자로 한다. 1. 국가 2. 지방자치단체 3. 「공공기관의 운영에 관한 법률」 제4조에 따른 공공기관 4. 「지방공기업법」 제49조에 따라 설립된 지방공사 5. 민간기업(재무건전성 등이 대통령령으로 정하는 기준에 적합한 자로 한정한다) ② 제1항 각 호의 사업시행자가 시행할 수 있는 사업의 대상과 범위 등은 대통령령으로 한다.
<신설>	제7조의3(사업시행계획의 승인 등) ① 사업시행자(제7조의2제1항제1호 및 제2호에 규정된 자는 제외한다)는 사업을 시행하려는 경우 사업시행계획을 수립하여 해당 지방자치단체장(관할구역을 벗어난 지역을 포함하는 경우에는 해당 광역자치단체장을 말한다. 이하 "사업승인권자"라 한다)의 승인을 받아야 한다. ② 제1항에 따라 사업시행계획의 승인을 받은 자는 승인받은 사항을 변경하려는 경우에는 사업승인권자의 변경승인을 받아야 한다. 다만, 대통령령으로 정하는 경미한 사항을 변경하는 경우에는 그러하지 아니하다. ③ 제1항에 따라 사업시행계획의 승인을 받으려는 자와 제2항에 따라 사업시행계획의 변경승인을 받으려는 자는 대통령령으로 정하는 바에 따라 사업시행계획 및 투자계획 등을 사업승인권자에게 제출하여야 한다.

	④ 사업승인권자는 제3항에 따라 제출된 사업시행계획 및 투자계획 등의 타당성 등을 검토하여 사업시행계획의 승인 여부를 결정하여야 한다. ⑤ 사업승인권자는 제1항에 따라 사업시행계획의 승인을 하거나 제2항에 따라 사업시행계획의 변경승인을 한 때에는 그 사업시행계획을 대통령령으로 정하는 바에 따라 고시하여야 한다. 다만, 국방상 기밀에 관한 사항은 이를 제외하고 고시할 수 있다. ⑥ 사업승인권자는 다음 각 호의 어느 하나에 해당하는 경우에는 사업시행계획의 승인 또는 변경승인을 취소할 수 있다. 1. 사업시행계획의 승인을 받은 날부터 2년 이내에 사업을 시작하지 아니한 경우 2. 거짓이나 그 밖의 부정한 방법으로 사업시행계획의 승인을 받은 경우 3. 사정의 변경으로 사업을 계속적으로 할 수 없거나 현저히 공익을 해칠 우려가 있다고 인정되는 경우 ⑦ 사업승인권자는 제6항에 따라 사업시행계획의 승인 또는 변경승인을 취소하였을 때에는 지체 없이 그 사실을 공고하여야 한다. ⑧ 제7조의2제1항제1호 및 제2호의 사업시행자가 사업을 시행하려는 경우에는 사업승인권자와 협의하여 사업시행계획을 수립하여야 하며, 그 사업시행계획을 대통령령으로 정하는 바에 따라 고시하여야 한다.
<신설>	제7조의4(인 · 허가등의 의제) ① 사업시행자(제7조의2제1항제1호 및 제2호에 규정된 자는 제외한다)가 제7조의3제1항에 따라 사업시행계획의 승인(제7조의3제2항에 따른 변경승인을 포함한다)을 받은 경우 또는 제7조의2제1항제1호 및 제2호의 사업시행자가 제7조의3제8항에 따라 사업시행계획을 수립하여 고시한 경우에는 사업승인권자가 제3항에 따라 관계 행정기관의 장과 협의한 사항에 대하여 다음 각 호의 허가·인가·지정·승인·협의·신고·결정 등(이하 "인·허가등"이라 한다)을 받은 것으로 보며, 제7조의3제5항 및 제8항에 따른 사업시행계획의 고시가 있은 때에는 다음 각 호의 법률에 따른 인·허가등의 고시 또는 공고가 있은 것으로 본다. 1. 「가축분뇨의 관리 및 이용에 관한 법률」 제11조에 따른 배출시설의 설치허가 2. 「건축법」 제11조에 따른 건축허가, 같은 법 제20조에 따른 가설건축물의 건축허가·축조신고 및 같은 법 제29조에 따른 건축 협의 3. 「공유수면 관리 및 매립에 관한 법률」 제8조에 따른 공유수면의 점용·사용허가, 같은 법 제17조에 따른 점용·사용 실시계획의 승인(매립면허를 받은 매립예정지는 제외한다), 같은 법 제28조에 따른 공유수면의 매립면허, 같은 법 제35조에 따른 국가 등이 시행하는 매립의 협의 또는 승인 및 같은 법 제38조에 따른 공유수면매립실시계획의 승인 4. 「골재채취법」 제22조에 따른 골재채취의 허가

	5. 「관광진흥법」 제15조에 따른 사업계획의 승인, 같은 법 제52조에 따른 관광지등의 지정, 같은 법 제54조에 따른 관광지등의 조성계획의 승인 및 같은 법 제55조에 따른 조성사업 시행의 허가 6. 「국유재산법」 제30조에 따른 행정재산의 사용·수익허가 7. 「국토의 계획 및 이용에 관한 법률」 제30조에 따른 도시·군관리계획(같은 법 제2조제4호다목 및 마목으로 한정한다)의 결정, 같은 법 제56조에 따른 토지의 분할 및 형질변경의 허가, 같은 법 제86조에 따른 도시·군계획시설사업 시행자의 지정 및 같은 법 제88조에 따른 실시계획의 인가 8. 「농어촌도로 정비법」 제9조에 따른 도로의 노선 지정 및 같은법 제18조에 따른 도로의 점용허가 9. 「농어촌정비법」 제23조에 따른 농업생산기반시설의 목적 외 사용승인, 같은 법 제82조에 따른 농어촌 관광휴양단지 개발사업계획의 승인, 같은 법 제83조에 따른 관광농원 개발사업계획의 승인 및 같은 법 제85조에 따른 농어촌관광휴양지사업자의 신고 10. 「농지법」 제34조에 따른 농지의 전용허가·협의 및 같은 법 제35조에 따른 농지의 전용신고 11. 「도로법」 제25조에 따른 도로구역의 결정, 같은 법 제36조에 따른 도로공사 시행의 허가 및 같은 법 제61조에 따른 도로의 점용 허가 12. 「사도법」 제4조에 따른 사도 개설허가
	13. 「사방사업법」 제14조에 따른 벌채 등의 허가 및 같은 법 제20조에 따른 사방지의 지정해제 14. 「산림자원의 조성 및 관리에 관한 법률」 제36조제1항·제4항에 따른 입목벌채등의 허가·신고 15. 「산지관리법」 제14조 및 제15조에 따른 산지전용허가 및 산지전용신고와 같은 법 제15조의2에 따른 산지일시사용허가·신고 16. 「소하천정비법」 제10조에 따른 소하천등의 정비허가 및 같은법 제14조에 따른 소하천등의 점용 등의 허가 17. 「수도법」 제17조에 따른 일반수도사업의 인가 18. 「어촌·어항법」 제23조에 따른 어항개발사업시행의 허가 19. 「장사 등에 관한 법률」 제27조에 따른 분묘의 개장허가. 다만, 같은 조에 따른 공고 절차는 생략할 수 없다. 20. 「전기사업법」 제62조에 따른 자가용전기설비 공사계획의 인가 또는 신고 21. 「체육시설의 설치·이용에 관한 법률」 제12조에 따른 사업계획의 승인 22. 「초지법」 제21조의2에 따른 토지의 형질변경 등의 허가 및 같은 법 제23조에 따른 초지전용허가 23. 「공간정보의 구축 및 관리 등에 관한 법률」 제86조에 따른 사업의 착수, 변경 또는 완료 사실의 신고 24. 「택지개발촉진법」 제9조에 따른 택지개발사업 실시계획의 승인

	25.「폐기물관리법」 제29조에 따른 폐기물처리시설의 설치 승인 또는 신고 26.「하수도법」 제16조에 따른 공공하수도공사의 시행허가, 같은 법 제24조에 따른 공공하수도의 점용허가 및 같은 법 제27조에 따른 배수설비의 설치 신고 27.「하천법」 제30조에 따른 하천공사 시행의 허가, 같은 법 제33조에 따른 하천의 점용허가 및 같은 법 제38조에 따른 홍수관리구역 안에서의 행위허가 28.「항만법」 제9조에 따른 항만공사 시행의 허가 및 같은 법 제10조에 따른 항만공사 실시계획의 승인 29.「해운법」 제4조에 따른 해상여객운송사업의 면허 ② 제1항에 따른 인·허가 등의 의제를 받으려는 자는 사업시행계획의 승인(변경승인을 포함한다)을 신청하거나 사업시행계획의 수립을 위하여 사업승인권자에게 협의를 요청하는 경우에는 해당 법률에서 정하는 관련 서류를 함께 제출하여야 한다. ③ 사업승인권자는 제7조의3제1항에 따라 사업시행계획을 승인(변경승인을 포함한다)하거나 제7조의3제8항에 따라 협의를 요청받은 사업시행계획에 대하여 의견을 제시하려는 경우 그 사업시행계획에 제1항 각 호의 어느 하나에 해당하는 사항이 포함되어 있는 때에는 관계 행정기관의 장과 미리 협의하여야 한다.

	④ 제3항에 따라 사업승인권자로부터 협의를 요청받은 관계 행정기관의 장은 특별한 사유가 없으면 협의를 요청받은 날부터 30일 이내에 의견을 제출하여야 하며 같은 기간 이내에 의견제출이 없는 때에는 의견이 없는 것으로 본다.

다. 검토사항

○ 인·허가등 의제 조항은 하나의 주된 인허가를 받으면 다른 허가·인가 등 관련되는 인·허가 등을 함께 받은 것으로 간주하는 제도로, 특정 개발사업을 시행할 때에 여러 법률에 규정된 인·허가 등을 각각 받도록 하면 많은 시간과 비용이 소요되어 사업의 신속한 시행에 부담이 될 수 있어 이러한 문제를 해소하기 위해 개발사업과 관련한 법률에서 인·허가 의제를 도입하고 있는 입법례[160]를 확인할 수 있음.

○ 개정안은 사업시행계획의 승인 또는 수립·고시의 경우에, 사업 승인권자가 관계 행정기관의 장과 협의한 사항에 대하여 허가·인가·지정 등을 받은 것으로 의제하는 것으로, 「건축법」에 따른 건축허가 등 29개의 법률에서 규정하고 있는 58개 사무에 대하여 인·허가 의제를 도입하고 있음.

인·허가 의제의 도입에 따라 지역 개발이 용이해질 것으로 보이나, 현행 「서해5도 지원 특별법」의 목적은 "생산·소득 및 생활기반시설의 정비·확충을 통하여 주민들의 정주여건을 개선"하는 것이며, 개정안에서 인·허가 의제를 도입하는 사업의 분야 및 정도가 다소 광범위하게 규정되고 있는 바, 인·허가 의제 제도의 도입 여부 및 규모에 대해서는 실제 이법을 통해서 달성하고자 하는 목적 및 취지에 대한 검토와 관계 행정기관의 의견을 청취할 필요가 있을 것으로 보임.

160 「제주특별자치도 설치 및 국제자유도시 조성을 위한 특별법」 등에서 유사한 입법례를 확인할 수 있음.

3. 기금 설치 및 운용에 관한 규정 신설

가. 개정안 요지

○ 개정안은 서해5도 및 울릉도·독도지역의 지원을 위하여 서해5도 및 울릉도·독도지원기금을 설치함.

나. 개정안 조문대비표

현행	개정안
<신설>	제21조(기금의 설치 및 재원) ① 서해5도 및 울릉도·독도지역의 생활기반시설의 정비·확충 등에 필요한 비용을 충당하기 위하여 서해5도 및 울릉도·독도지원기금(이하 "기금" 이라 한다)을 설치한다. ② 기금은 다음 각 호의 재원으로 조성한다. 1. 정부로부터의 출연금 2. 정부 외의 자가 출연 또는 기부하는 현금, 물품, 그 밖의 재산 3. 기금의 운용수익금 4. 그 밖에 대통령령으로 정하는 수입금
<신설>	제22조(기금의 용도) 기금은 다음 각 호의 어느 하나에 해당하는 용도로 운용한다. 1. 제8조에 따른 사업비의 지원 2. 제10조에 따른 주민안전시설 지원 3. 제11조에 따른 노후주택개량 지원 4. 제12조에 따른 정주생활지원금 지원 5. 제14조에 따른 생활필수품의 운송지원 6. 제15조에 따른 교육지원 7. 제16조에 따른 사회기반시설 및 복지시설 지원 8. 제17조에 따른 통일 · 역사교육 및 문화·관광 시설 지원 9. 제18조에 따른 농어업인 및 소상공인 경영활동 지원 10. 제19조에 따른 불법조업 방지시설 지원 11. 제20조에 따른 여객선 운항 손실금 지원 12. 그 밖에 생활기반시설 등의 정비·확충을 위하여 대통령령으로 정하는 비용
<신설>	제23조(기금의 관리 · 운용) ① 기금은 행정안전부장관이 관리·운용한다. ② 기금의 관리·운용에 필요한 사항은 대통령령으로 정한다.

다. 검토사항

○ 개정안은 서해5도 및 울릉도·독도지원기금 설치 근거를 두면서, 재원 조성 방법 및 용도 등에 대하여 규정함.

기금의 설치와 관련하여서는, 「국가재정법」[161]에서 규정하고 있는 기금 신설 요건에 부합하는지, 특히 중·장기적으로 안정적인 재원조달이 가능한지, 일반회계보다 기금으로 사업을 수행하는 것이 더 효과적인지에 대한 검토가 필요할 것으로 보임.

○ 한편, 기획재정부에서는 개정안에 대하여 기금 설치요건이 부적합하며, 기금 신설은 특별회계·기금 통폐합을 지속 추진 중인 정부의 재정운용 원칙에도 배치된다는 입장임.

문의처
02)6788-5337

161 「국가재정법」 제5조(기금의 설치)
① 기금은 국가가 특정한 목적을 위하여 특정한 자금을 신축적으로 운용할 필요가 있을 때에 한정하여 법률로써 설치하되, 정부의 출연금 또는 법률에 따른 민간부담금을 재원으로 하는 기금은 별표 2에 규정된 법률에 의하지 아니하고는 이를 설치할 수 없다.
② 제1항의 규정에 따른 기금은 세입세출예산에 의하지 아니하고 운용할 수 있다.

서해5도 지원 특별법 일부개정법률안 (배준영 의원 대표발의)

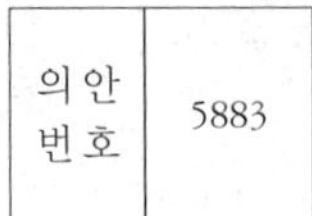

의안 번호	5883

발의연월일: 2020.11.30.
발의자: 배준영·이용·허종식
이주환·박덕흠·조수진
金炳旭·유의동·이영
윤주경 의원(10인)

제안이유 및 주요내용

서해5도 지원 특별법은 남북 분단 현실과 특수한 지리적 여건상의 문제로 생산·소득 및 생활기반시설의 정비·확충을 통해 정주 여건을 개선함으로써 주민의 소득증대와 생활안전 및 복지향상을 도모하고 있음.

그런데 해당 지역은 북한과 근접하여 군사적 위협의 가능성에 항상 노출되어 있고 각종 규제와 제약으로 인하여 낙후 정도가 심화되고 있으나, 「서해5도 지원 특별법」의 적용만으로는 정주 여건의 개선, 지역경제 활성화 등이 어려운 상황임.

이에 현행법을 특수한 지리적 여건 등으로 국가적 관심이 필요한 서해5도에 대형여객선과 어업지도선을 도입·운영하기 위한 비용의 일부를 지원을 가능하게 하며, 서해5도민들에게 농수산물의 해상운송비와 「통합방위법」 제17조에 따른 대피명령으로 인해 입은 경제적 피해를 일부 지원할 수 있도록 관련 규정을 정비하고자 함(안 제18조 제2항, 제21조부터 제23조까지 신설).

제14조(특별회계 및 기금의 신설에 관한 심사)
① 중앙관서의 장은 소관 사무와 관련하여 특별회계 또는 기금을 신설하고자 하는 때에는 해당 법률안을 입법예고하기 전에 특별회계 또는 기금의 신설에 관한 계획서(이하 이 조에서 "계획서"라 한다)를 기획재정부장관에게 제출하여 그 신설의 타당성에 관한 심사를 요청하여야 한다.
② 기획재정부장관은 제1항의 규정에 따라 심사를 요청받은 경우 기금에 대하여는 제1호부터 제4호까지의 기준에 적합한지 여부를 심사하고, 특별회계에 대하여는 제4호 및 제5호의 기준에 적합한지 여부를 심사하여야 한다. 이 경우 미리 자문회의에 자문하여야 한다.
1. 부담금 등 기금의 재원이 목적사업과 긴밀하게 연계되어 있을 것
2. 사업의 특성으로 인하여 신축적인 사업추진이 필요할 것
3. 중·장기적으로 안정적인 재원조달과 사업추진이 가능할 것
4. 일반회계나 기존의 특별회계·기금보다 새로운 특별회계나 기금으로 사업을 수행하는 것이 더 효과적일 것
5. 특정한 사업을 운영하거나 특정한 세입으로 특정한 세출에 충당함으로써 일반회계와 구분하여 회계처리할 필요가 있을 것

③ 기획재정부장관은 제2항의 규정에 따른 심사 결과 특별회계 또는 기금의 신설이 제2항의 규정에 따른 심사기준에 부합하지 아니한다고 인정하는 때에는 계획서를 제출한 중앙관서의 장에게 계획서의 재검토 또는 수정을 요청할 수 있다.

법률제 호

서해5도 지원 특별법 일부개정법률안

서해5도 지원 특별법 일부를 다음과 같이 개정한다.

제18조에 제2항 및 제3항을 각각 제3항 및 제4항으로 하고, 같은 조에 제2항을 다음과 같이 신설한다.

② 국가 및 지방자치단체는 농어업인이 서해5도에서 생산한 농수산물을 판매를 목적으로 육지로 운반할 경우에는 그 농수산물의 해상운송비 중 일부를 대통령령으로 정하는 바에 따라 지원할 수 있다.

제21조를 다음과 같이 신설한다.

제21조(여객선 도입 및 운영지원) 국가 또는 지방자치단체는 서해5도를 운항하는 여객선의 대형화와 현대화를 위하여 예산의 범위 내에서 여객선 도입 및 운영을 위한 비용의 일부를 지원할 수 있다.

제22조를 다음과 같이 신설한다.

제22조(어업지도선 지원) ① 국가는 서해5도 해역의 특수성으로 인하여 다른 해역보다 추가로 필요하게 된 어업지도선(지방자치단체가 구입·운영하는 것을 말한다. 이하 이 조에서 같다)에 대해서는 국가가 그 구입·운영경비의 일부를 해당 지방자치단체에 지원한다.

② 제1항에서 추가로 필요하게 된 어업지도선은 행정안전부장관과 해양수산부장관이 협의하여 인정하는 것을 말한다.

제23조를 다음과 같이 신설한다.

제23조(대피로 인한 경제적 피해 지원) ① 국가는 「통합방위법」 제17조에 따른 대피명령으로 인해 대피 기간 동안 생업에 종사하는 주민이 입은 경제적 피해에 대하여 예산의 범위에서 그 일부를 지원할 수 있다.

② 제1항에 따른 대피로 인한 경제적 피해의 지원 대상, 지원기준이나 방법 등에 필요한 사항은 대통령령으로 정한다.

부 칙

제1조(시행일) 이 법은 공포 후 3개월이 경과한 날부터 시행한다.

제2조(다른 법령과의 관계) 이 법 시행 당시 다른 법령에서 종전의 「서해5도 지원 특별법」 또는 그 규정을 인용하고 있는 경우에 이 법 가운데 그에 해당하는 규정이 있으면 종전의 규정을 갈음하여 이 법 또는 이 법의 해당 규정을 인용한 것으로 본다.

▼표 신 · 구조문대비표

현행	개정안
제18조(농어업인 및 소상공인 경영활동 등 지원) ① 국가 및 지방자치단체는 서해5도에 거주하는 농어업인과 「소상공인기본법」 제2조에 따른 소상공인의 경영활동을 장려하기 위하여 대통령령으로 정하는 바에 따라 필요한 자금의 우선 지원, 영농(營農)·영어(營漁)·시설·운전 자금 및 소상공인 경영자금 등에 대한 대출상환 유예 및 기한 연장, 이자지원 등에 대한 대책을 수립하여 시행하여야 한다.	제18조(농어업인 및 소상공인 경영활동 등 지원) ① --.
<신설>	② 국가 및 지방자치단체는 농어업인이 서해5도에서 생산한 농수산물을 판매를 목적으로 육지로 운반할 경우에는 그 농수산물의 해상운송비 중 일부를 대통령령으로 정하는 바에 따라 지원할 수 있다.
② • ③ (생략)	③ • ④ (현행 제2항 및 제3항과 같음)
<신설>	제21조(여객선 도입 및 운영지원) 국가 또는 지방자치단체는 서해5도를 운항하는 여객선의 대형화와 현대화를 위하여 예산의 범위 내에서 여객선 도입 및 운영을 위한 비용의 일부를 지원할 수 있다.
<신설>	제22조(어업지도선 지원) ① 국가는 서해5도 해역의 특수성으로 인하여 다른 해역보다 추가로 필요하게 된 어업지도선(지방자치단체가 구입·운영하는 것을 말한다. 이하 이 조에서 같다)에 대해서는 국가가 그 구입·운영경비의 일부를 해당 지방자치단체에 지원한다. ② 제1항에서 추가로 필요하게 된 어업지도선은 행정안전부장관과 해양수산부장관이 협의하여 인정하는 것을 말한다.
<신설>	제23조(대피로 인한 경제적 피해 지원) ① 국가는 「통합방위법」 제17조에 따른 대피명령으로 인해 대피기간 동안 생업에 종사하는 주민이 입은 경제적 피해에 대하여 예산의 범위에서 그 일부를 지원할 수 있다. ② 제1항에 따른 대피로 인한 경제적 피해의 지원대상, 지원기준이나 방법 등에 필요한 사항은 대통령령으로 정한다.

정부조직법 일부개정법률안 (송영길 의원 대표발의, 위원회 심사[162])

의안번호: 2106174

발의연월일: 2020.12.07.

발의자: 송영길 강민정 김영호 박찬대 양정숙 윤관석 윤재갑 이성만 이용빈 정일영 허종식 의원 (11인)

제안이유 및 주요내용

4·27 판문점 선언을 통해 남북은 서해평화 정착 및 남북교류 활성화를 지향하며 서해평화협력특별지대를 조성할 것에 합의하였음.

이와 같은 서해평화협력특별지대 조성의 발전적·체계적 추진을 위해서는 이에 관한 사무를 전담할 중앙행정기관을 신설하여 추진의 구심점을 마련하는 한편, 관련 사무에 대한 전문성 및 책임성을 확보하는 것이 필요할 것임.

이에 서해평화협력특별지대 조성에 관한 사무를 관장하는 서해평화협력청 신설의 법적 근거를 마련함으로써 서해평화정착 이행의 기틀을 마련하려는 것임(안 제31조 제2항 및 제3항 신설).

법률 제 호

정부조직법 일부개정법률안

정부조직법 일부를 다음과 같이 개정한다.

제31조 제목 외의 부분을 제1항으로 하고, 같은 조에 제2항 및 제3항을 각각 다음과 같이 신설한다.

② 서해평화협력특별지대 조성에 관한 사무를 관장하기 위하여 통일부장관 소속으로 서해평화협력청을 둔다.

③ 서해평화협력청에 청장 1명과 차장 1명을 두되, 청장은 정무직으로 하고, 차장은 고위공무원단에 속하는 일반직공무원으로 보한다.

부 칙

이 법은 공포 후 6개월이 경과한 날부터 시행한다.

162 2021. 8. 9. 현재

비용추계서 미첨부 사유서

Ⅰ. 재정수반요인

서해평화협력청 신설(안 제31조)

통일부장관 소속으로 서해평화협력청을 두고 청장 1명과 차장 1명을 두되, 청장은 정무직으로, 차장은 고위공무원단에 속하는 일반직공무원으로 보함

Ⅱ. 미첨부 근거 규정

「의안의 비용추계 등에 관한 규칙」 제3조 제1항 제3호

의안의 내용이 선언적·권고적인 형식으로 규정되는 등 기술적으로 추계가 어려운 경우에 해당

Ⅲ. 미첨부 사유

개정안은 서해평화협력특별지대 조성에 관한 사무를 관장하는 서해평화협력청을 신설하려는 것임

개정안은 「한반도의 평화와 번영, 통일을 위한 판문점 선언」(2018. 4.27.) 등을 통해 남북한이 서해평화 정착 및 남북교류 활성화를 위한 서해평화협력특별지대를 조성할 것에 합의한 바,[163] 이와 관련된 사무를 전담하여 추진할 중앙행정기관으로 서해평화협력청을 신설하려는 것임

개정안이 시행될 경우 서해평화협력청의 신설로 기획, 예산, 계약, 청사관리 등 신설부처 운영을 위한 행정지원 인력과 사업부서의 신설 등이 예상되는데 현재로서는 조직의 규모와 인력을 예측하기 어려움

서해평화협력청과 같이 특정지역 개발을 위한 별도의 청 단위 행정기관으로 새만금개발청과 행정중심복합도시건설청이 있음

새만금개발청의 조직 정원 134명(1관 2국 12과 1팀, '20. 3월 기준)

행정중심복합도시건설청의 조직 정원 145명 (1관 2국 1단 13과 1팀, '20. 7월 기준)

사업비를 제외한 기관운영을 위한 새만금개발청과 행정중심복합도시건설청의 연도별 인건비 및 기본경비 현황은 아래와 같음

새만금개발청이 연평균 139억원, 행정중심복합도시건설청이 연평균 153억원임

▼표 1 새만금개발청 및 행정중심복합도시 건설청 인건비 및 기본경비 예산 현황: 2017~2021년

(단위: 억원)

구 분		2017	2018	2019	2020	2021	평균
새만금 개발청	소 계	119	130	143	151	150	139
	인건비	89	101	113	114	113	106
	기본경비	30	29	30	37	37	33
행정 중심 복합 도시	소 계	147	148	155	158	155	153
	인건비	113	117	124	125	123	120
	기본경비	34	31	31	33	32	32

주) 2021년은 정부 확정 예산안

자료: 예산안 사업설명자료를 바탕으로 국회예산정책처 작성

서해평화협력청의 신설에 따른 청사신축비나 청사임차료도 필요하나 조직이나 인원 규모에 따른 청사 규모 및 위치를 예측하기 어려움

또한, 서해평화협력지대에서의 남북한간 협력사업 범위도 명확하지 않은 현 시점에서는 소요 비용을 추계하기 곤란

163 서해평화협력특별지대 조성 사업은 2007년 「남북관계 발전과 평화번영을 위한 선언」(10.4선언)에서 합의되었다가 남북한 관계 경색으로 이행되지 못한 사업임.

서해평화협력지대에서의 남북한 간 교류사업은 남북한 간의 관계 개선여부가 큰 영향을 미칠 것으로 보이나 현 시점에서는 남북 관계의 개선 여부를 예측하기도 어려움

다만, 서해평화협력청의 청장과 차장의 임명에 따른 재정소요는 2021년부터 2025년까지 5년간 16억 6,000만원으로 추계됨

개정안에 따른 사업이나 조직의 확대가 없고, 기존 정부 청사의 공간을 조정하여 사용한다는 가정 하에 청장과 차장의 보수 및 부담금만 추계

최근 3년 간(2018~2020년) 공무원임금 상승률(2.4%) 적용

공무원 연금 등 기관부담금 요율은 2021년 12.75%, 2022년 12.88%, 2023년 13.01%, 2024년 이후 13.14%를 각각 적용

▼표 2 서해평화협력청 신설에 따른 청장 및 차장 인건비 추가 재정 소요: 2021년~2025년

(단위: 백만원)

구 분	2021	2022	2023	2024	2025	합계
청장 (차관급)	168	172	177	182	187	886
차장 (1급상당)	148	151	155	158	162	774
합계	316	323	332	340	349	1,660

주 1) 차장의 연봉액은 1급(상당) 고위공무원의 연봉 상한액 적용
2) 수당은 직급보조비, 정액급식비, 가족수당(배우자 1인)만 적용하고, 연가보상비는 개인차가 있으므로 제외
3) 단수조정으로 인하여 합계에 차이가 발생 가능

자료: 「공무원보수규정」 및 「공무원수당 등에 관한 규정」을 바탕으로 국회예산정책처 작성

개정안에 따른 재정소요의 변화를 현 시점에서 추계하는 데 한계가 있어 동 개정안은 기술적으로 추계가 어려우므로 「의안의 비용추계 등에 관한 규칙」 제3조 제1항 제3호의 미첨부 사유에 해당

〈2021. 2. 검토보고서- 행정안전위원회 수석전문위원 정성희〉

서해평화협력청 신설(송영길 의원안 제31조 제2항·제3항 신설)

가. 개정안 주요내용

개정안은 통일부장관 소속으로 서해평화협력청을 신설하려는 것임(안 제31조 제2항·제3항 신설).

나. 개정안 조문대비표

현행	개정안
제31조(통일부) (생략)	제31조(통일부) ① (현행 제목 외의 부분과 같음)
<신설>	② 서해평화협력특별지대 조성에 관한 사무를 관장하기 위하여 통일부장관 소속으로 서해평화협력청을 둔다.
<신설>	③ 서해평화협력청에 청장 1명과 차장 1명을 두되, 청장은 정무직으로 하고, 차장은 고위공무원단에 속하는 일반직공무원으로 보한다.

다. 검토의견

개정안은 서해평화협력특별지대 조성에 관한 사무를 관장하게 하기 위하여 통일부장관 소속으로 서해평화협력청을 신설하려는 것으로,

이는 과거 2007년의 이른바 10·4 남북공동선언 및 2018년 4월의 이른바 4·27 판문점 선언을 통해 서해평화협력특별지대 조성에 대한 일정 수준의 합의가 이루어진 바 있는 점을 감안하여 해당 업무를 주도적으로 추진할 주체를 신설하려는 취지로 보임.

〈과거 남북정상회담 중 서해 관련 내용〉

구 분	내 용
남북관계 발전과 평화번영을 위한 선언 ('07.10. 4)	(전략) 6·15 공동선언에 기초하여 남북관계를 확대·발전시켜 나가기 위하여 다음과 같이 선언한다. 5. (전략) 남과 북은 해주지역과 주변 해역을 포괄하는 **서해평화협력특별지대를 설치**하고 공동어로구역과 평화수역 설정, 경제특구건설과 해주항 활용, 민간선박의 해주직항로 통과, 한강하구 공동이용 등을 적극 추진해 나가기로 하였다. (후 략)
한반도의 평화와 번영, 통일을 위한 판문점 선언 ('18. 4.27)	(전략) 양 정상은 냉전의 산물인 오랜 분단과 대결을 하루 빨리 종식시키고 민족적 화해와 평화번영의 새로운 시대를 과감하게 열어나가며 남북관계를 보다 적극적으로 개선하고 발전시켜 나가야 한다는 확고한 의지를 담아 역사의 땅 판문점에서 다음과 같이 선언하였다. (중 략) 2. 남과 북은 한반도에서 첨예한 군사적 긴장상태를 완화하고 전쟁위험을 실질적으로 해소하기 위하여 공동으로 노력해 나갈 것이다. **② 남과 북은 서해 북방한계선 일대를 평화수역으로 만들어 우발적인 군사적 충돌을 방지하고 안전한 어로 활동을 보장하기 위한 실제적인 대책을 세워나가기로 하였다.** (후 략)

자료: 통일부

우발적인 군사 충돌 방지 및 남북경제협력 등을 위해 서해평화협력특별지대 조성의 중요성 및 필요성이 인정되며 그 조성을 위해서는 통상적으로 평화수역 설정·남북공동어로·산업단지 건설·교통인프라 조성 등의 업무가 필요할 것으로 예측되는데,

〈서해평화 사업별 관련부처 현황〉

부처명	관련 주요사업
통일부	남북경제협력, 통일경제특구, 사회문화교류, 인도적 지원 등
국방부	NLL 평화수역 설정, 공동어로, 군사지역 각종 행위 관련 등
해수부	남북공동어로, 해상파시(波市), 연안항로 등 해양수산산업 분야
국토부	육상·항공 등 교통인프라, 교통평화산업단지 조성 등

자료: 행정안전부

이러한 서해평화협력특별지대 조성 업무가 발전적·체계적으로 추진되기 위해서는 관련 사무를 각 소관 중앙행정기관에서 분절적으로 추진하기 보다 전담 행정기관을 신설하여 구심점을 마련하는 것이 보다 효율적인 측면이 있다는 점에서 개정안의 취지가 타당한 측면이 있음.

특히, 국가행정기관 중에서도 새만금개발청[164]이나 행정중심복합도시건설청[165]의 경우에서 보는 바와 마찬가지로 국가 전체적인 업무가 아닌 특정 지역의 개발 업무 추진을 위해 별도의 청 단위 행정기관을 두는 사례가 있는바, 개정안에서의 서해평화협력청의 경우에도 이와 유사한 성격으로 이해됨.

다만, 중앙행정기관을 신설하면 인력과 예산이 소요되므로 그 설치의 필요성과 시급성을 함께 고려할 필요가 있는데, 서해평화협력특별지대 조성의 중요성에도 불구하고, 4·27 판문점 선언 등의 후속조치 관련 내용이 아직 구체적으로는 확정 및 공개되지 않아 그 조성 지원을 위한 구체적인 조직 및 인력 배치가 어려운 면이 있을 뿐 아니라, 실제로 서해평화협력특별지대 조성 추진 시에는 그 추진업무의 효율성 확보를 위해 남북 간 관계 외에도 UN 및 미국의 대북 경제제재, 향후 북미 간 협상 등의 경과를 좀 더 살펴본 후 추진되어야 할 필요가 있다는 점을 함께 고려할 필요가 있을 것으로 보임.

참고로 행정안전부는 서해지역에 국한된 평화정착 기능만 분리하여 중앙행정기관을 설치할 경우, 평화정착 관련 정책이 지역적으로 분절되어 종합적 관점에서의 추진이 곤란해질 우려가 있으므로 특정부처가 전담하게 하는 개정안은 보다 신중히 검토할 필요가 있다는 입장임.

164 「새만금사업 추진 및 지원에 관한 특별법」 제34조(새만금개발청의 설치 등) ① 새만금사업의 원활한 추진과 효율적인 관리를 위하여 국토교통부장관 소속으로 새만금개발청(이하 "새만금청"이라 한다)을 둔다.

165 「신행정수도 후속대책을 위한 연기·공주지역 행정중심복합도시 건설을 위한 특별법」

서해수호단체기념사업회법안 (성일종 의원 대표발의, 철회)

의안번호: 2106372

발의연월일: 2020.12.11.

발의자: 성일종 하태경 권은희 태영호 박진 권영세 조수진 김태흠 양금희 신원식 의원(10인)

제안이유 및 주요내용

■ 제안이유

제1차 연평해전, 제2차 연평해전, 천안함 폭침, 연평도 포격 사건 등 북한의 피격으로 인해 우리나라의 장병이 사망하거나 상이를 입는 사건이 지속적으로 발생하고 있음.

북한군의 기습적인 피격에도 우리나라의 국가안보가 유지될 수 있는 것은 서해바다를 지키며 군인의 임무를 완수한 그들의 희생과 헌신이 있었기 때문인 만큼 그 정신을 기리고 계승할 필요가 있음.

이에 서해를 수호하다 상이를 입거나 사망한 장병과 유족 등을 예우하고 그 정신을 계승하기 위한 사업 등을 수행하고, 국민의 애국정신을 함양하기 위하여 서해수호단체기념사업회를 설립·운영하는 근거를 마련하려는 것임.

■ 주요내용

가. 이 법은 서해수호단체기념사업회를 설립하여 제1차 연평해전, 제2차 연평해전, 천안함 폭침, 연평도 포격 사건 등 서해를 수호하다 상이를 입거나 사망한 사람과 유족 등을 예우하고 그 정신을 계승하기 위한 사업을 수행함으로써 국민의 애국정신 함양에 이바지함을 목적으로 함(안 제1조).

나. 서해수호단체기념사업회는 법인으로 함(안 제3조).

다. 제1차 연평해전, 제2차 연평해전, 천안함 폭침, 연평도 포격 사건 등 서해를 수호하다 상이를 입어 「국가유공자 등 예우 및 지원에 관한 법률」 제4조 제1항 제4호에 따른 전상군경으로 결정을 받은 사람 또는 사망하여 「국가유공자 등 예우 및 지원에 관한 법률」 제4조 제1항 제3호에 따른 전몰군경으로 결정을 받은 사람의 유족은 서해수호단체기념사업회의 회원이 될 수 있음(안 제4조).

라. 서해수호단체기념사업회는 서해수호 관련 자료의 수집·보존·관리·전시 및 조사·연구, 홍보·교육 및 이에 관한 각종 간행물의 제작, 관련 학예활동, 서해수호 관련 역사 연구 등의 사업을 수행함(안 제7조).

마. 서해수호단체기념사업회에는 회장 1명과 부회장 3명을 포함한 11명 이내의 이사와 감사 1명을 둠(안 제8조).

바. 서해수호단체기념사업회의 업무를 처리하게 하기 위하여 사무처를 둠(안 제14조).

사. 국가와 지방자치단체는 예산의 범위에서 서해수호단체기념사업회의 사업과 업무수행에 필요한 경비를 보조할 수 있음(안 제15조).

아. 국가 또는 지방자치단체는 서해수호단체기념사업회의 설립과 운영을 위하여 필요한 경우 서해수호단체기념사업회에 국유재산이나 공유재산을 무상으로 대부할 수 있음(안 제16조).

법률 제 　호

서해수호단체기념사업회법안

제1조(목적) 이 법은 서해수호단체기념사업회를 설립하여 제1차 연평해전, 제2차 연평해전, 천안함 폭침, 연평도 포격 사건 등 서해를 수호하다 상이를 입거나 사망한 사람과 유족 등을 예우하고 그 정신을 계승하기 위한 사업을 수행함으로써 국민의 애국정신 함양에 이바지함을 목적으로 한다.

제2조(정의) 이 법에서 사용하는 용어의 정의는 다음과 같다.

1. "제1차 연평해전"이란 1999년 6월 15일 서해 연평도 인근 북방한계선 남쪽에서 발생한 해상 전투를 말한다.
2. "제2차 연평해전"이란 2002년 6월 29일 서해 연평도 인근 북방한계선 남쪽에서 발생한 해상 전투를 말한다.
3. "천안함 폭침"이란 2010년 3월 26일 백령도 서남방 해상에서 경계 임무수행 중이던 해군 소속 천안함이 북한 잠수정 어뢰에 의한 공격으로 침몰한 사건을 말한다.
4. "연평도 포격 사건"이란 2011년 11월 23일 서해 연평도를 향해 북한이 포격을 한 사건을 말한다.

제3조(법인격) 서해수호단체기념사업회(이하 "기념사업회"라 한다)는 법인으로 한다.

제4조(회원) 다음 각 호에 해당하는 사람은 기념사업회의 회원이 될 수 있다.

1. 제1차 연평해전, 제2차 연평해전, 천안함 폭침, 연평도 포격 사건 등 서해를 수호하다 상이를 입어 「국가유공자 등 예우 및 지원에 관한 법률」 제4조제1항제4호에 따른 전상군경으로 결정을 받은 사람
2. 제1차 연평해전, 제2차 연평해전, 천안함 폭침, 연평도 포격 사건 등 서해를 수호하다 사망하여 「국가유공자 등 예우 및 지원에 관한 법률」 제4조제1항제3호에 따른 전몰군경으로 결정을 받은 사람의 유족

제5조(기념사업회의 설립) ① 기념사업회는 그 주된 사무소의 소재지에서 설립등기를 함으로써 성립한다.

② 제1항에 따른 설립등기사항은 다음 각 호와 같다.

1. 목적
2. 명칭
3. 주된 사무소의 소재지
4. 임원의 성명과 주소
5. 공고의 방법

제6조(정관) ① 기념사업회의 정관에는 다음 각 호의 사항이 포함되어야 한다.

1. 목적
2. 명칭
3. 주된 사무소의 소재지
4. 사업과 그 집행에 관한 사항
5. 조직에 관한 사항
6. 임원 및 직원에 관한 사항
7. 이사회의 운영에 관한 사항
8. 자산 및 회계에 관한 사항
9. 정관의 변경에 관한 사항
10. 공고에 관한 사항

② 기념사업회는 정관을 변경하려는 경우에는 국가보훈처장의 인가를 받아야 한다.

제7조(사업) 기념사업회는 다음 각 호의 사업을 수행한다.

1. 서해수호 관련 자료의 수집·보존·관리·전시 및 조사·연구
2. 서해수호 관련 기념사업에 관한 홍보·교육 및 이에 관한 각종 간행물의 제작 및 배포

3. 서해수호 관련 학예활동
4. 서해수호 관련 역사 연구
5. 제1호부터 제4호까지의 사업에 부대되는 사업

제8조(임원) ① 기념사업회에 임원으로서 회장 1명과 부회장 3명을 포함한 11명 이내의 이사와 감사 1명을 둔다.
② 회장은 국가보훈처장이 임면(任免)하고, 부회장은 이사회에서 선임하며, 이사는 회장의 제청으로 국가보훈처장이 임면한다.
③ 감사는 국가보훈처장이 임면한다.
④ 회장을 제외한 임원은 비상근(非常勤)으로 한다.

제9조(임원의 임기) ① 회장 및 부회장을 포함한 이사의 임기는 3년, 감사의 임기는 2년으로 하며 연임할 수 있다.
② 보궐임원의 임기는 전임자 임기의 남은 기간으로 한다.

제10조(임원의 직무) ① 회장은 기념사업회를 대표하여 그 업무를 총괄하고, 소속 직원을 지휘·감독한다.
② 회장이 부득이한 사유로 직무를 수행할 수 없는 때에는 이사회에서 부회장 중 1명을 그 직무대행자로 선정한다.
③ 이사는 이사회에 출석하여 기념사업회의 업무에 관한 중요 사항을 심의·의결하고, 이사회 또는 이사장으로부터 위임받은 사항을 처리한다.
④ 감사(監事)는 기념사업회의 업무 및 회계에 관한 사항을 감사(監査)한다.

제11조(임원의 결격사유) 다음 각 호의 어느 하나에 해당하는 사람은 기념사업회의 임원이 될 수 없다.
1. 대한민국 국민이 아닌 사람
2. 「국가공무원법」 제33조 각 호의 어느 하나에 해당하는 사람
3. 정관으로 임원이 될 수 없도록 정한 사람

제12조(이사회) ① 기념사업회의 업무에 관한 중요 사항을 심의·의결하기 위하여 기념사업회에 이사회를 둔다.
② 이사회는 회장 및 부회장을 포함한 이사로 구성한다.
③ 이사장은 이사 중에서 호선(互選)하며, 이사회를 소집하고 그 의장이 된다. 다만, 재적이사 3분의 1 이상이 찬성하여 이사회의 소집을 요구할 때에는 이사장은 지체 없이 이사회를 소집하여야 한다.
④ 이사회는 정관에 특별한 규정이 없으면 재적이사 과반수의 출석과 출석이사 과반수의 찬성으로 의결한다.
⑤ 감사는 이사회에 출석하여 의견을 진술할 수 있다.

제13조(이사회의 기능) 이사회는 다음 각 호의 사항을 심의·의결한다.
1. 사업계획과 예산 및 결산에 관한 사항
2. 정관의 변경에 관한 사항
3. 임원의 임면에 관한 사항
4. 재산의 취득·관리 및 처분에 관한 사항
5. 정관에 따라 그 권한에 속하는 사항
6. 그 밖에 기념사업회의 운영상 중요한 사항으로서 이사장이 이사회의 회의에 부치는 사항

제14조(사무처) ① 기념사업회의 업무를 처리하게 하기 위하여 기념사업회에 사무처를 둔다.
② 사무처에 관한 사항은 정관으로 정한다.

제15조(보조금 및 출연 등) ① 국가와 지방자치단체는 예산의 범위에서 기념사업회의 사업과 업무수행에 필요한 경비를 보조할 수 있다.

② 개인·법인 또는 단체는 기념사업회의 업무수행을 지원하기 위하여 기념사업회에 금전이나 그 밖의 재산을 출연하거나 기부할 수 있다.

제16조(국유재산 · 공유재산의 무상 대부 등)
① 국가 또는 지방자치단체는 기념사업회의 설립과 운영을 위하여 필요한 경우에는 「국유재산법」 또는 「공유재산 및 물품 관리법」에도 불구하고 기념사업회에 국유재산이나 공유재산을 무상(無償)으로 대부할 수 있다.
② 제1항에 따른 대부의 조건·절차 등에 관하여 필요한 사항은 대통령령으로 정한다.

제17조(회계연도) 기념사업회의 회계연도는 정부의 회계연도에 따른다.

제18조(사업계획 및 예산의 승인) 기념사업회는 매 회계연도의 사업계획서 및 예산서를 해당 회계연도 개시 전까지 국가보훈처장에게 제출하여 승인을 받아야 한다. 승인받은 사업계획 및 예산의 주요 내용을 변경하려는 경우에도 또한 같다.

제19조(결산보고) 기념사업회는 국가보훈처장이 지정하는 공인회계사의 검사를 받은 매 회계연도의 세입·세출결산서를 해당 회계연도 종료 후 60일 이내에 국가보훈처장에게 보고하여야 한다.

제20조(자료의 열람 · 복사 등의 요청 등) ① 기념사업회는 국가, 지방자치단체, 교육기관, 연구단체, 그 밖의 관계인에 대하여 자료의 열람·복사·대여 또는 위탁전시 등을 요청할 수 있다.
② 기념사업회는 제1항에 따라 자료의 열람·복사·대여 또는 위탁전시 등을 요청할 때에는 국가 또는 지방자치단체 외의 자에 대하여는 대통령령으로 정하는 바에 따라 정당한 대가를 지급하여야 한다.

제21조(지도 · 감독) 국가보훈처장은 기념사업회의 업무를 지도·감독한다.

제22조(준용) 기념사업회에 관하여 이 법에서 규정한 것 외에는 「민법」 중 재단법인에 관한 규정을 준용한다.

부 칙

제1조(시행일) 이 법은 공포 후 6개월이 경과한 날부터 시행한다.

제2조(설립준비) ① 국가보훈처장은 이 법이 공포된 날부터 60일 이내에 8명 이내의 기념사업회 설립위원을 위촉하여 설립에 관한 사무를 담당하게 하여야 한다.
② 설립위원은 위촉된 날부터 30일 이내에 제6조제1항에 따른 정관을 작성하여 국가보훈처장의 인가를 받아야 한다.
③ 설립위원은 제2항에 따라 국가보훈처장으로부터 정관의 인가를 받은 때에는 지체 없이 연명으로 제5조에 따른 기념사업회의 설립등기를 한 후 회장에게 업무를 인계하여야 한다.
④ 설립위원은 제3항에 따라 업무인계를 한 때에는 해촉된 것으로 본다.

제3조(재단법인 천안함재단에 관한 경과조치)
① 이 법 시행 당시의 재단법인 천안함재단(이하 "구법인"이라 한다)은 이사회 의결에 따라 그 모든 재산과 권리·의무를 이 법에 따라 설립될 기념사업회가 승계하도록 국가보훈처장의 승인을 신청한다.
② 제1항에 따라 국가보훈처장의 승인을 받은 구법인은 이 법에 따른 기념사업회의 설립과 동시에 「민법」 중 법인의 해산 및 청산에 관한 규정에도 불구하고 해산된 것으로 보며, 구법인에 속하였던 모든 재산과 권리·의무는 기념사업회가 승계한다.
③ 구법인의 임원은 기념사업회의 설립과 동시에 그 임기가 종료된 것으로 본다.

④ 구법인의 직원은 기념사업회의 설립과 동시에 기념사업회의 직원으로 임명된 것으로 본다.

⑤ 제2항에 따라 기념사업회에 승계될 재산의 가액은 기념사업회 설립등기일 전일의 장부 가액으로 한다.

제384회국회(임시회)
제2차 행정안전위원회

서해5도 지원 특별법 일부개정법률안 검토보고

▣ **배준영 의원 대표발의(의안번호 제2105883호)**

2021.2.

행정안전위원회
수석전문위원 정성희

Ⅰ. 제안경위

1. 발의자: 배준영 의원 등 10인
2. 발의연월일: 2020. 11. 30.
3. 회부연월일: 2020. 12.1.

Ⅱ. 제안이유 및 주요내용

서해5도 지원 특별법은 남북 분단 현실과 특수한 지리적 여건상의 문제로 생산·소득 및 생활기반시설의 정비·확충을 통해 정주여건을 개선함으로써 주민의 소득증대와 생활안전 및 복지향상을 도모하고 있음.

그런데 해당 지역은 북한과 근접하여 군사적 위협의 가능성에 항상 노출되어 있고 각종 규제와 제약으로 인하여 낙후 정도가 심화되고 있으나, 「서해5도 지원 특별법」의 적용만으로는 정주 여건의 개선, 지역경제 활성화 등이 어려운 상황임.

이에 현행법을 특수한 지리적 여건 등으로 국가적 관심이 필요한 서해5도에 대형여객선과 어업지도선을 도입·운영하기 위한 비용의 일부를 지원을 가능하게 하며, 서해5도민들에게 농수산물의 해상운송비와 「통합방위법」 제17조에 따른 대피명령으로 인해 입은 경제적 피해를 일부 지원할 수 있도록 관련 규정을 정비하고자 함(안 제18조 제2항, 제21조부터 제23조까지 신설).

Ⅲ. 검토의견

1. 서해5도에 대한 지원 확대

가. 개정안의 주요내용

현행	개정안
제18조(농어업인 및 소상공인 경영활동 등 지원) ① 국가 및 지방자치단체는 서해5도에 거주하는 농어업인과 「소상공인기본법」 제2조에 따른 소상공인의 경영활동을 장려하기 위하여 대통령령으로 정하는 바에 따라 필요한 자금의 우선 지원, 영농(營農)·영어(營漁)·시설·운전 자금 및 소상공인 경영자금 등에 대한 대출상환 유예 및 기한 연장, 이자지원 등에 대한 대책을 수립하여 시행하여야 한다.	제18조(농어업인 및 소상공인 경영활동 등 지원) ① --.
<신설>	② 국가 및 지방자치단체는 농어업인이 서해5도에서 생산한 농수산물을 판매를 목적으로 육지로 운반할 경우에는 그 농수산물의 해상운송비 중 일부를 대통령령으로 정하는 바에 따라 지원할 수 있다.
②·③ (생략)	③·④ (현행 제2항 및 제3항과 같음)
<신설>	제21조(여객선 도입 및 운영지원) 국가 또는 지방자치단체는 서해5도를 운항하는 여객선의 대형화와 현대화를 위하여 예산의 범위 내에서 여객선 도입 및 운영을 위한 비용의 일부를 지원할 수 있다.
<신설>	제22조(어업지도선 지원) ① 국가는 서해5도 해역의 특수성으로 인하여 다른 해역보다 추가로 필요하게 된 어업지도선(지방자치단체가 구입·운영하는 것을 말한다. 이하 이 조에서 같다)에 대해서는 국가가 그 구입·운영경비의 일부를 해당 지방자치단체에 지원한다. ② 제1항에서 추가로 필요하게 된 어업지도선은 행정안전부장관과 해양수산부장관이 협의하여 인정하는 것을 말한다.

<신설>	제23조(대피로 인한 경제적 피해 지원) ① 국가는 「통합방위법」 제17조에 따른 대피명령으로 인해 대피기간 동안 생업에 종사하는 주민이 입은 경제적 피해에 대하여 예산의 범위에서 그 일부를 지원할 수 있다.
	② 제1항에 따른 대피로 인한 경제적 피해의 지원대상, 지원기준이나 방법 등에 필요한 사항은 대통령령으로 정한다.

개정안은 서해5도에 대한 지원을 확대하기 위하여 농수산물에 대한 해상운송비 지원 등의 근거 규정을 마련함.

나. 검토의견

서해5도[166]는 남북 분단 현실과 특수한 지리적 여건상 지역주민의 소득 증대와 생활안정 및 복지향상 등을 위해 특별한 지원이 필요한 지역으로, 「서해5도 지원 특별법」[167]은 해당 지역에 대하여 조세 및 부담금 등의 감면, 노후 주택개량 지원, 서해5도 정주생활지원금 지원, 생활필수품의 운송지원 등의 근거 규정을 담고 있음.

개정안은 서해5도에 대한 지원을 확대하여 주민들의 정주여건 개선과 지역경제 활성화에 보탬이 되려는 취지로, 서해5도 지역의 특수성을 고려해 볼 때, 개정안의 취지는 타당한 측면이 있다고 할 것임. 개별 조문에 대한 검토는 다음과 같음.

(안 제18조 제2항) 개정안은 국가 및 지방자치단체로 하여금 서해5도에서 생산한 농수산물이 판매를 목적으로 육지로 운반될 경우에 해상운송비 중 일부를 지원할 수 있도록 근거를 마련하려는 것으로, 도서 지역에서 생산되는 농수산물에 대한 운송비용 지원을 통해 가격경쟁력 향상 및 주민 소득증대를 도모하기 위한 취지로 보임.

개정안과 관련하여서는, 도서지역에서 생산한 농수산물에 대하여 「농어업인 삶의 질 향상 및 농어촌지역 개발촉진에 관한 특별법」에서 이미 동일한 내용의 규정[168]이 마련되어 있음을 고려할 필요가 있음.

한편, 행정안전부는 서해5도는 현재 지방비로 농수산물 택배 및 일반 운송비를 이미 지원하고 있으며[169], 다른 조건불리지역과의 형평성 문제로 신중한 검토가 필요하다는 의견이며, 기획재정부 역시 다른 지역과의 형평성 문제 및 농수산 공익직불금과 중복지원 등을 감안하여 신중한 검토가 필요하다는 의견을 개진함.

(안 제21조) 개정안은 국가 또는 지방자치단체가 서해5도를 운항하는 여객선 도입 및 운영을 위한 비용의 일부를 지원할 수 있도록 그 근거를 마련하려는 것으로, 서해5도 주민의 원활한 육지 왕래를 보장하려는 취지로 보임.

이에 대하여 행정안전부는 서해5도를 운항하는 여객선의 대형화와 현대화를 위하여 예산의 지원은 「해운법」에 의해 보조항로로 지정되어야 하나[170], 보조항로가 아님에도 지원하는 것은 타 도서지역과의 형평성을 고려할 필요가 있다는 입장이며, 기획재정부에서는 「해운법」에 따라 연안선

166 인천광역시 옹진군에 속하는 백령도·대청도·소청도·연평도·소연평도와 인근 해역을 말함.

167 **「서해5도 지원 특별법」** 제1조(목적) 이 법은 남북 분단 현실과 특수한 지리적 여건상 북한의 군사적 위협으로 피해를 입고 있는 서해5도의 생산·소득 및 생활기반시설의 정비·확충을 통하여 정주여건(定住與件)을 개선함으로써 지역주민의 소득증대와 생활안정 및 복지향상을 도모함을 목적으로 한다.

168 **「농어업인 삶의 질 향상 및 농어촌지역 개발촉진에 관한 특별법」** 제35조의3(내항 화물운송사업 운임 및 요금 지원) 국가와 지방자치단체는 농어업인이 도서지역에서 생산한 「농업·농촌 및 식품산업 기본법」 제3조제6호가목에 따른 농산물과 「수산업·어촌 발전 기본법」 제3조제1호가목에 따른 어업활동 및 같은 호 마목에 따른 양식업활동으로부터 생산되는 산물을 육지로 운반할 경우에는 예산의 범위에서 「해운법」 제23조제1호에 따른 내항 화물운송사업의 운임 및 요금을 지원할 수 있다.

169 농수산물 유통물류비 지원 사업으로, 옹진군에 주소를 둔 농어업인 또는 단체에 대하여 유통물류비의 70%를 지원 중에 있음. 사업 설명 자료를 참고자료로 첨부함.

170 **「해운법」** 제15조(보조항로의 지정과 운영)
① 해양수산부장관은 도서주민의 해상교통수단을 확보하기 위하여 필요하다고 인정되면 국가가 운항에 따른 결손금액을 보조하는 항로(이하 "보조항로"라 한다)를 지정하여 내항여객운송사업자 중에서 보조항로를 운항할 사업자(이하 "보조항로사업자"라 한다)를 선정하여 운영하게 할 수 있다.

박 현대화 펀드를 통해 선박 건조 지원이 이루어지고 있음을 고려해 볼 때,[171] 별도 규정 신설의 실익이 낮다는 의견을 제시함.

(안 제22조) 개정안은 국가가 어업지도선의 구입·운영경비의 일부를 지원할 수 있는 근거를 마련하는 것으로, 서해5도 해역은 지정학적 특수성으로 인해 어선의 안전 조업을 위하여 어업지도선이 필수적으로 요구되는 상황이고, 이에 대하여 국비를 지원하여 서해5도 주민들의 소득증대와 생활안정을 도모할 수 있다는 점에서 개정안의 취지는 타당한 측면이 있다고 보임.

개정안에 대하여 행정안전부는 해양수산부, 기획재정부 등 관계기관과의 사전 협의가 필요하다는 입장이며, 기획재정부에서는 지방자치단체 소유 어업지도선 건조는 지방자치단체 고유사무로 해당 자치단체의 재원으로 추진하는 것이 타당하다는 입장임.

(안 제23조) 개정안은 「통합방위법」[172]에 따른 대피명령으로 인해 대피 기간 동안 생업에 종사하는 주민이 입은 경제적 피해에 대하여 국가가 그 일부를 지원할 수 있도록 함.

---

② 제1항에 따라 지정된 보조항로의 운항계획과 운항선박의 관리 등 보조항로의 운영과 관련한 사항은 해양수산부장관이 보조항로사업자와 합의하여 정한다.

③ 해양수산부장관은 제2항에 따라 합의하여 정한 보조항로의 운영에 대하여 평가하여 우수 보조항로사업자에 대한 우대조치 등을 할 수 있다. 이 경우 평가의 방법·절차와 결과의 활용 등에 관한 세부사항은 해양수산부장관이 정하여 고시한다.

④ 해양수산부장관은 보조항로사업자가 제2항의 합의사항을 위반하거나 제3항에 따른 평가 결과 해당 보조항로사업자가 더 이상 보조항로를 운영하기에 알맞지 아니하다고 인정되면 해당 보조항로사업자의 선정을 취소할 수 있다.

⑤ 해양수산부장관은 보조항로사업자가 운항하는 선박의 수리 등으로 인하여 보조항로의 선박운항이 중단될 것이 우려되면 제33조에도 불구하고 그 보조항로사업자에게 선박대여업의 등록을 하지 아니한 자로부터 여객선을 대여받아 운항하게 할 수 있다.

⑥ 해양수산부장관은 제1항에 따라 지정된 보조항로의 운영과 관련하여 다음 각 호의 어느 하나에 해당하는 사유가 발생한 때에는 보조항로의 지정을 취소할 수 있다.

1. 해당 도서에 연륙교(連陸橋)가 설치된 경우
2. 수송수요의 증가 등으로 인하여 운항결손액에 대한 보조금 없이 해당 항로의 운항을 할 수 있게 된 경우
3. 수송수요의 뚜렷한 감소 등으로 인하여 보조항로 지정의 필요성이 없게 된 경우

⑦ 보조항로의 지정 및 운영과 관련하여 보조항로의 지정절차, 보조항로사업자의 선정 방법, 운항결손액의 결정과 지급방법 등에 관하여 필요한 사항은 대통령령으로 정한다.

제15조의2(선박건조의 지원) ① 국가는 보조항로를 운항하는 선박에 대하여 선박건조에 소요되는 비용을 지원할 수 있다.

② 제1항에 따른 국고지원의 대상이 되는 선박 및 건조된 선박의 운항에 관련된 사업자의 선정 등에 필요한 사항은 대통령령으로 정한다.

171 「해운법」 제38조(선박확보 등을 위한 지원)

① 정부는 해운업의 면허를 받거나 등록을 한 자(이하 "해운업자"라 한다)가 다음 각 호의 어느 하나에 해당하는 사업을 하는 경우 재정적 지원이 필요하다고 인정되면 대통령령으로 정하는 바에 따라 자금의 일부를 보조 또는 융자하게 하거나 융자를 알선할 수 있다.

1. 국내의 항구 사이를 운항하는 선박의 수입
2. 선박 시설의 개량이나 대체
3. 선박의 보수
4. 선박현대화지원사업에 따른 선박의 건조(建造)

② 정부는 제1항제1호 또는 제4호에 따른 사업이 낡은 선박을 바꾸기 위한 것인 경우에는 다른 사업에 우선하여 자금의 일부를 보조 또는 융자하게 하거나 융자를 알선할 수 있다.

제39조(선박현대화지원사업을 위한 자금조성 등) ① 정부는 선박현대화지원사업에 따른 선박의 건조사업을 효율적으로 지원하기 위하여 매년 필요한 자금을 대통령령으로 정하는 바에 따라 조성할 수 있다.

② 해양수산부장관은 선박현대화지원사업을 위하여 해운업자를 선정하려면 그 선정 기준을 마련하여야 한다. 이 경우 다음 각 호의 어느 하나에 해당하는 자가 우선적으로 선정될 수 있도록 하여야 한다.

1. 장기화물운송계약을 체결한 자
2. 경제선형(經濟船型) 선박을 건조하려는 자

172 「통합방위법」 제17조(대피명령)

① 시·도지사 또는 시장·군수·구청장은 통합방위사태가 선포된 때에는 인명·신체에 대한 위해를 방지하기 위하여 즉시 작전지역에 있는 주민이나 체류 중인 사람에게 대피할 것을 명할 수 있다.

② 제1항에 따른 대피명령(이하 "대피명령"이라 한다)은 방송·확성기·벽보, 그 밖에 대통령령으로 정하는 방법에 따라 공고하여야 한다.

③ 안전대피방법과 대피명령의 실시방법·절차 등에 관하여 필요한 사항은 대통령령으로 정한다.

통합방위[173]사태에서는 주민의 생명 및 신체의 안전이 가장 시급히 보호되어야 할 필요가 있으므로 다른 법익에 대한 보호보다 우선될 수는 있다고 생각되나, 대피 기간 동안 발생하는 경제적 손실이 대피명령이 발해지는 특정 시기 또는 기간에 따라 그 정도가 심각한 상태에 이를 수 있다는 점을 감안하여 국가가 그 피해에 대하여 일정 부분을 지원하려는 취지로 보임.

개정안에 대해서는 「통합방위법」에 따른 대피명령은 서해5도 이외의 지역에 대해서도 내려질 수 있어 다른 지역 주민이 입은 경제적 피해와의 형평성 문제가 발생할 수 있다는 점과, 「수산업법」에서는 국방상 필요에 의한 어업제한으로 인하여 발생한 조업손실은 보상에서 제외하고 있음[174]을 함께 고려하여 결정할 사안으로 보임.

행정안전부는 대피명령으로 인한 피해를 지원할 경우 이와 유사한 「민방위기본법」에 따른 민방위 경보발령[175] 등으로 인한 주민의 경제적 피해 및 서해5도를 제외한 다른 지역과의 형평성 제기가 우려된다는 입장을 표함.

문의처
02)6788-5337

173 「통합방위법」 제2조(정의) 이 법에서 사용하는 용어의 뜻은 다음과 같다.
1. "통합방위"란 적의 침투·도발이나 그 위협에 대응하기 위하여 각종 국가방위요소를 통합하고 지휘체계를 일원화하여 국가를 방위하는 것을 말한다.

174 「수산업법」 제34조(공익의 필요에 의한 면허어업의 제한 등)
① 시장·군수·구청장은 다음 각 호의 어느 하나에 해당하면 면허한 어업을 제한 또는 정지하거나 어선의 계류(繫留) 또는 출항·입항을 제한할 수 있다.
1. 수산자원의 증식·보호를 위하여 필요한 경우
2. 군사훈련 또는 주요 군사기지의 보위(保衛)를 위하여 필요한 경우
3. 국방을 위하여 필요하다고 인정되어 국방부장관이 요청한 경우
4. 선박의 항행·정박·계류 또는 수저전선(水底電線)의 부설을 위하여 필요한 경우
5. 「해양폐기물 및 해양오염퇴적물 관리법」 제7조제2항에 따른 폐기물 해양배출로 인하여 배출해역 바닥에서 서식하는 수산동물의 위생관리가 필요한 경우
6. 「공익사업을 위한 토지 등의 취득 및 보상에 관한 법률」 제4조의 공익사업을 위하여 필요한 경우
7. 「어선안전조업법」 제27조제1항 각 호에 해당하여 해양수산부장관의 요청을 받은 경우
8. 어업권자가 이 법, 「어장관리법」, 「양식산업발전법」 또는 「수산자원관리법」을 위반하거나 이 법, 「어장관리법」, 「양식산업발전법」 또는 「수산자원관리법」에 따른 명령·처분이나 그 제한·조건을 위반한 경우
9. 어업권자가 외국과의 어업에 관한 협정 또는 일반적으로 승인된 국제법규와 외국의 수산에 관한 법령을 위반한 경우

제81조(보상) ① 다음 각 호의 어느 하나에 해당하는 처분으로 인하여 손실을 입은 자는 그 처분을 행한 행정관청에 보상을 청구할 수 있다.
1. 제34조제1항제1호부터 제6호까지 또는 제35조제6호(제34조제1항제1호부터 제6호까지의 규정에 해당하는 경우를 말한다)에 해당하는 사유로 인하여 이 법에 따른 면허·허가를 받거나 신고한 어업에 대하여 제한 등의 처분을 받았거나 제14조에 따른 어업면허의 유효기간 연장이 허가되지 아니한 경우. 다만, 제34조제1항제1호부터 제3호까지의 규정(제49조제1항과 제3항에서 준용하는 경우를 말한다)에 해당하는 사유로 허가를 받거나 신고한 어업이 제한되는 경우는 제외한다.
2. 제72조제2항에 따른 측량·검사에 장애가 되는 물건에 대하여 이전명령이나 제거명령을 받은 경우

175 「민방위기본법」 제33조(민방위 경보)
① 행정안전부장관, 시·도지사, 시장·군수·구청장, 「접경지역 지원 특별법」에 따른 접경지역의 읍장·면장·동장 또는 대통령령으로 정하는 자는 민방위사태가 발생하거나 발생할 우려가 있는 때 또는 민방위 훈련을 실시하는 때에는 대통령령으로 정하는 바에 따라 민방위 경보를 발할 수 있다.
② 행정안전부장관 및 시·도지사는 신속한 민방위 경보 발령과 전파를 위하여 민방위 경보 통제소를 설치·운영하여야 한다.
③ 제1항에 따라 민방위 경보가 발령되면 「건축법」 제2조제2항제8호에 따른 운수시설, 「유통산업발전법」 제2조제3호에 따른 대규모점포 및 「영화 및 비디오물의 진흥에 관한 법률」 제2조제10호에 따른 영화상영관의 관리주체는 신속하게 민방위 경보를 건물 내에 전파하여야 한다.
④ 제3항에 따른 운수시설, 대규모점포 및 영화상영관 중 민방위 경보 대상과 그 밖에 필요한 사항은 대통령령으로 정한다.

참고 농수산물 유통물류비 지원사업 추진현황(옹진군)

◇ 도서지역에서 생산되는 수산물의 출하비용(유통물류비)지원으로 수산물의 가격경쟁력 향상 및 어가소득증대 도모

◇ 도서지역의 농산물 유통물류비 과다 지출에 대하여, 농가에 유통물류비를 지원함으로써 농산물 판매 경쟁력 향상을 도모하고, 지원단가를 현실화 하고자 함

□ 사업개요

○ 사 업 명: 농수산물 유통물류비 지원

○ 사업기간: 2020. 1. ~ 12.

○ 사 업 비: 589백만원(옹진군 전체)

○ 보조비율: 보조 70%, 자부담 30%

○ 지원대상: 옹진군에 주소를 둔 농어업인 또는 단체

○ 지원내용

- 택 배 비: 우체국택배, 일반택배
- 도 선 료: 화물선 및 여객선을 이용한 해상운송료

□ 유통물류비 지원현황 (2019년 서해5도 지원실적)

○ 농산물 지원

농 산 물	계	연평면	백령면	대청면
지급건수	20,135	22	19,380	733
지원금 (천원)	126,010	10	122,000	4,000

○ 수산물 지원

농 산 물	계	연평면	백령면	대청면
지급건수	25,247	925	7,906	16,416
지원금 (천원)	189,000	39,000	42,000	108,000

서해수호희생자 단체설립에 관한 법률안 (성일종 의원 대표발의, 위원회 심사[176])

의안번호: 2107841

발의연월일: 2021.2.2.

발의자: 성일종 김태흠 권영세 태영호 조수진 박 진 양금희 하태경 박덕흠 신원식 의원(10인)

제안이유 및 주요내용

■ 제안이유

제2차 연평해전, 천안함 피격 사건, 연평도 포격 도발 사건 등 북한의 피격으로 인해 우리나라의 장병이 사망하거나 상이를 입는 사건이 지속적으로 발생하고 있음.

북한군의 기습적인 피격에도 우리나라의 국가안보가 유지될 수 있는 것은 서해바다를 지키며 군인의 임무를 완수한 그들의 희생과 헌신이 있었기 때문인 만큼 그 정신을 기리고 계승할 필요가 있음.

이에 서해를 수호하다 상이를 입거나 사망한 장병과 유족 등을 예우하고 그 정신을 계승하기 위한 사업 등을 수행하고, 국민의 애국정신을 함양하기 위하여 서해수호희생자 단체를 설립·운영하는 근거를 마련하려는 것임.

■ 주요내용

가. 이 법은 서해수호희생자 단체를 설립하여 제2차 연평해전, 천안함 피격 사건, 연평도 포격 도발 사건 등 서해를 수호하다 상이를 입거나 사망한 사람과 유족 등을 예우하고 그 정신을 계승하기 위한 사업을 수행함으로써 국민의 애국정신 함양에 이바지함을 목적으로 함(안 제1조).

나. 서해수호 희생자 단체는 법인으로 함(안 제3조).

다. 제2차 연평해전, 천안함 피격 사건, 연평도 포격 도발 사건 등 서해를 수호하다 상이를 입어 「국가유공자 등 예우 및 지원에 관한 법률」 제4조 제1항 제4호에 따른 전상군경으로 결정을 받은 사람 또는 사망하여 「국가유공자 등 예우 및 지원에 관한 법률」 제4조 제1항 제3호에 따른 전몰군

176 2021. 8. 9. 현재

경으로 결정을 받은 사람의 유족, 그 밖에 서해를 수호하기 위한 각 전투에 직접 참가한 장병은 서해수호 희생자 단체의 회원이 될 수 있음(안 제4조).

라. 서해수호 희생자 단체는 서해수호 관련 자료의 수집·보존·관리·전시 및 조사·연구, 홍보·교육 및 이에 관한 각종 간행물의 제작, 관련 학예활동, 서해수호 관련 역사 연구, 서해수호희생자의 명예선양 및 추모 등의 사업을 수행함(안 제7조).

마. 서해수호 희생자 단체에는 회장 1명과 부회장 3명을 포함한 11명 이내의 이사와 감사 1명을 둠(안 제8조).

바. 서해수호희생자 단체의 업무를 처리하게 하기 위하여 사무처를 둠(안 제15조).

사. 국가와 지방자치단체는 예산의 범위에서 서해수호희생자 단체의 사업과 업무수행에 필요한 경비를 보조할 수 있음(안 제16조).

아. 국가 또는 지방자치단체는 서해수호희생자 단체의 설립과 운영을 위하여 필요한 경우 서해수호희생자 단체에 국유재산이나 공유재산을 무상으로 대부할 수 있음(안 제17조).

■ 참고사항

이 법률안은 성일종 의원이 대표발의한 「국유재산특례제한법 일부개정법률안」(의안번호 제7842호)의 의결을 전제로 하는 것이므로 같은 법률안이 의결되지 아니하거나 수정의결되는 경우에는 이에 맞추어 조정되어야 할 것임.

법률 제 호

서해수호희생자 단체설립에 관한 법률안

제1조(목적) 이 법은 서해수호희생자 단체를 설립하여 제2차 연평해전, 천안함 피격 사건, 연평도 포격 도발 사건 등 서해를 수호하다 상이를 입거나 사망한 사람과 유족 등을 예우하고 그 정신을 계승하기 위한 사업을 수행함으로써 국민의 애국정신 함양에 이바지함을 목적으로 한다.

제2조(정의) 이 법에서 사용하는 용어의 정의는 다음과 같다.

1. "제2차 연평해전"이란 2002년 6월 29일 서해 연평도 인근 북방한계선 남쪽에서 발생한 해상 전투를 말한다.
2. "천안함 피격 사건"이란 2010년 3월 26일 백령도 서남방 해상에서 경계 임무 수행 중이던 해군 소속 천안함이 북한 잠수정 어뢰에 의한 공격으로 침몰한 사건을 말한다.
3. "연평도 포격 도발 사건"이란 2010년 11월 23일 서해 연평도를 향해 북한이 포격을 한 사건을 말한다.

제3조(법인격) 서해수호희생자 단체는 법인으로 한다.

제4조(회원) 다음 각 호에 해당하는 사람은 서해수호희생자 단체의 회원이 될 수 있다.

1. 제2차 연평해전, 천안함 피격 사건, 연평도 포격 도발 사건 등 서해를 수호하다 상이를 입어 「국가유공자 등 예우 및 지원에 관한 법률」 제4조제1항제4호에 따른 전상군경으로 결정을 받은 사람

2. 제2차 연평해전, 천안함 피격 사건, 연평도 포격 도발 사건 등 서해를 수호하다 사망하여 「국가유공자 등 예우 및 지원에 관한 법률」 제4조제1항제3호에 따른 전몰군경으로 결정을 받은 사람의 유족
3. 제1호 및 제2호에 해당하는 사람 외에 제2차 연평해전 당시 참수리 357호정에 탑승한 승조원, 천안함 피격 사건 당시 천안함 승조원, 연평도 포격 도발 사건 당시 연평 부대원 등 서해를 수호하기 위한 각 전투에 참가한 장병

제5조(서해수호희생자 단체의 설립) ① 서해수호희생자 단체는 그 주된 사무소의 소재지에서 설립등기를 함으로써 성립한다.

② 제1항에 따른 설립등기사항은 다음 각 호와 같다.

1. 목적
2. 명칭
3. 주된 사무소의 소재지
4. 임원의 성명과 주소
5. 공고의 방법

제6조(정관) ① 서해수호희생자 단체의 정관에는 다음 각 호의 사항이 포함되어야 한다.

1. 목적
2. 명칭
3. 주된 사무소의 소재지
4. 사업과 그 집행에 관한 사항
5. 조직에 관한 사항
6. 임원 및 직원에 관한 사항
7. 총회 및 이사회에 관한 사항
8. 자산 및 회계에 관한 사항
9. 정관의 변경에 관한 사항
10. 공고에 관한 사항

② 서해수호희생자 단체는 정관을 변경하려는 경우에는 국가보훈처장의 인가를 받아야 한다.

제7조(사업) 서해수호희생자 단체는 다음 각 호의 사업을 수행한다.

1. 서해수호 관련 자료의 수집·보존·관리·전시 및 조사·연구
2. 서해수호 관련 기념사업에 관한 홍보·교육 및 이에 관한 각종 간행물의 제작 및 배포
3. 서해수호 관련 학예활동
4. 서해수호 관련 역사 연구
5. 서해수호희생자의 명예선양 및 추모사업
6. 제1호부터 제5호까지의 사업에 부대되는 사업

제8조(임원) ① 서해수호희생자 단체에 임원으로서 회장 1명과 부회장 3명을 포함한 11명 이내의 이사와 감사 1명을 둔다.

② 회장, 부회장, 이사 및 감사는 총회에서 선출한다.

제9조(임원의 임기) ① 회장 및 부회장을 포함한 이사의 임기는 3년, 감사의 임기는 2년으로 하며 연임할 수 있다.

② 보궐임원의 임기는 전임자 임기의 남은 기간으로 한다.

제10조(임원의 직무) ① 회장은 서해수호희생자 단체를 대표하여 그 업무를 총괄하고, 소속 직원을 지휘·감독한다.

② 회장이 부득이한 사유로 직무를 수행할 수 없는 때에는 이사회에서 부회장 중 1명을 그 직무대행자로 선정한다.

③ 이사는 이사회에 출석하여 서해수호희생자 단체의 업무에 관한 중요 사항을 심의·의결하고, 이사회 또는 이사장으로부터 위임받은 사항을 처리한다.

④ 감사(監事)는 서해수호희생자 단체의 업무 및 회계에 관한 사항을 감사(監査)한다.

제11조(임원의 결격사유) 다음 각 호의 어느 하나에 해당하는 사람은 서해수호희생자 단체의 임원이 될 수 없다.

1. 대한민국 국민이 아닌 사람
2. 「국가공무원법」 제33조 각 호의 어느 하나에 해당하는 사람
3. 정관으로 임원이 될 수 없도록 정한 사람

제12조(총회) ① 총회는 회장·부회장·사무총장·이사 및 감사와 대의원으로 구성한다.
② 제1항의 대의원정수·선임방법 및 총회의 사록 등에 관한 사항은 정관으로 정한다.

제13조(이사회) ① 서해수호희생자 단체의 업무에 관한 중요 사항을 심의·의결하기 위하여 서해수호희생자 단체에 이사회를 둔다.
② 이사회는 회장 및 부회장을 포함한 이사로 구성한다.
③ 이사장은 이사 중에서 호선(互選)하며, 이사회를 소집하고 그 의장이 된다. 다만, 재적이사 3분의 1 이상이 찬성하여 이사회의 소집을 요구할 때에는 이사장은 지체 없이 이사회를 소집하여야 한다.
④ 이사회는 정관에 특별한 규정이 없으면 재적이사 과반수의 출석과 출석이사 과반수의 찬성으로 의결한다.
⑤ 감사는 이사회에 출석하여 의견을 진술할 수 있다.

제14조(이사회의 기능) 이사회는 다음 각 호의 사항을 심의·의결한다.

1. 사업계획과 예산 및 결산에 관한 사항
2. 정관의 변경에 관한 사항
3. 임원의 임면에 관한 사항
4. 재산의 취득·관리 및 처분에 관한 사항
5. 정관에 따라 그 권한에 속하는 사항
6. 그 밖에 서해수호희생자 단체의 운영상 중요한 사항으로서 이사장이 이사회의 회의에 부치는 사항

제15조(사무처) ① 서해수호희생자 단체의 업무를 처리하게 하기 위하여 서해수호희생자 단체에 사무처를 둔다.
② 사무처에 관한 사항은 정관으로 정한다.

제16조(보조금 및 출연 등) ① 국가와 지방자치단체는 예산의 범위에서 서해수호희생자 단체의 사업과 업무수행에 필요한 경비를 보조할 수 있다.
② 개인·법인 또는 단체는 서해수호희생자 단체의 업무수행을 지원하기 위하여 서해수호희생자 단체에 금전이나 그 밖의 재산을 출연하거나 기부할 수 있다.

제17조(국유재산 · 공유재산의 무상 대부 등)
① 국가 또는 지방자치단체는 서해수호희생자 단체의 설립과 운영을 위하여 필요한 경우에는 「국유재산법」 또는 「공유재산 및 물품 관리법」에도 불구하고 서해수호희생자 단체에 국유재산이나 공유재산을 무상(無償)으로 대부할 수 있다.
② 제1항에 따른 대부의 조건·절차 등에 관하여 필요한 사항은 대통령령으로 정한다.

제18조(회계연도) 서해수호희생자 단체의 회계연도는 정부의 회계연도에 따른다.

제19조(사업계획 및 예산의 승인) 서해수호희생자 단체는 매 회계연도의 사업계획서 및 예산서를 해당 회계연도 개시 전까지 국가보훈처장에게 제출하여 승인을 받아야 한다. 승인받은 사업계획 및 예산의 주요 내용을 변경하려는 경우에도 또한 같다.

제20조(결산보고) 서해수호희생자 단체는 국가보훈처장이 지정하는 공인회계사의 검사를 받은 매 회계연도의 세입·세출결산서를 해당 회계연도 종료 후 60일 이내에 국가보훈처장에게 보고하여야 한다.

제21조(자료의 열람 · 복사 등의 요청 등) ① 서해수호희생자 단체는 국가, 지방자치단체, 교육기관, 연구단체, 그 밖의 관계인에 대하여 자료의 열람·복사·대여 또는 위탁전시 등을 요청할 수 있다.

② 서해수호희생자 단체는 제1항에 따라 자료의 열람·복사·대여 또는 위탁전시 등을 요청할 때에는 국가 또는 지방자치단체 외의 자에 대하여는 대통령령으로 정하는 바에 따라 정당한 대가를 지급하여야 한다.

제22조(준용) 서해수호희생자 단체에 관하여 이 법에서 규정한 것 외에는 「민법」 중 재단법인에 관한 규정을 준용한다.

부 칙

제1조(시행일) 이 법은 공포 후 6개월이 경과한 날부터 시행한다.

제2조(설립준비) ① 국가보훈처장은 이 법이 공포된 날부터 60일 이내에 8명 이내의 서해수호희생자 단체 설립위원을 위촉하여 설립에 관한 사무를 담당하게 하여야 한다.

② 설립위원은 위촉된 날부터 30일 이내에 제6조제1항에 따른 정관을 작성하여 국가보훈처장의 인가를 받아야 한다.

③ 설립위원은 제2항에 따라 국가보훈처장으로부터 정관의 인가를 받은 때에는 지체 없이 연명으로 제5조에 따른 서해수호희생자 단체의 설립등기를 한 후 회장에게 업무를 인계하여야 한다.

④ 설립위원은 제3항에 따라 업무인계를 한 때에는 해촉된 것으로 본다.

비용추계서

Ⅰ. 비용추계 결과

제정안에 따라 서해수호희생자 단체를 설립·운영하는 경우 추가재정소요는 2022년 7억 7,800만원, 2026년 8억 5,800만원 등 2022년부터 2026년까지 5년간 총 40억 8,800만원(연평균 8억 1,800만원)이 발생할 것으로 추계됨

▼표 1 제정안에 따른 추가재정소요: 2022~2026년

(단위: 백만원)

	2022	2023	2024	2025	2026	합계	연평균
서해수호 희생자 단체의 설립 · 지원	778	797	817	838	858	4,088	818

자료: 국회예산정책처

Ⅱ. 재정수반요인

서해수호희생자 단체 설립 · 지원

서해수호희생자 단체를 설립하여 제2차 연평해전, 천안함 피격 사건, 연평도 포격 도발 사건 등 서해를 수호하다 상이를 입거나 사망한 사람과 유족 등을 예우하도록 함에 따라 인건비·운영비 등의 추가 재정소요가 예상됨

Ⅲ. 비용추계의 전제

제정안에 따라 서해수호희생자 단체에 대하여 운영 등에 필요한 보조금 지원 시 소요비용은 현재 국가보훈처의 '보훈단체 운영' 사업에서 지원하고 있는 13개 공법단체 중 서해수호희생자 단체 회원 수(1,319명)와 규모가 유사한 특수임무유공자회(3,221명)에 대한 지원단가 등을 기준으로 산정

제정안은 각 단체의 본부에 임원을 회장 1명·부회장 3명·이사 1명·감사 1명·사무총장 1명을 두도록 하고 있으나, 본 추계에서는 현행 13개 공법단체 지원 기준에 따라 각 단체의 본부에 회장 1명·부회장 1명·사무총장 1명·국장 3명·과장 2명·사원 3명·운전원 1명을 두고 지부가 있는 경우 각 단체의 지부에는 지부장·국장·사원을 각 1명씩 두는 것으로 가정

안 부칙 제2조에서는 서해수호희생자 단체를 설립하려는 경우 8명 이내의 회원으로 구성된 설립위원회를 각각 구성하도록 규정하고 있는데, 이 경우 회의수당[177] 등의 비용이 발생할 것이나 미미할 것으로 예상되어 추계 대상에서 제외함

제정안 부칙은 법 공포 후 6개월부터 시행하도록 규정하고 있는데, 법안 심의의결 기간 및 예산 확보 등을 고려하여, 추계기간은 2022년부터 2026년까지 5년으로 함

Ⅳ. 비용추계 상세 내역

1. 추계의 대상 및 방법

제정안에 따른 재정수반요인은 국가 또는 지방자치단체로부터 보조금을 지급받는 공법단체에 서해수호희생자 단체를 추가하는데 따른 비용으로 인건비, 운영비(사업비 포함)를 지원하는 것으로 하여 산출함

이때, 인건비 및 운영비는 현재 국가보훈처의 '보훈단체 운영'사업에서 지원하고 있는 13개 보훈단체 중 특수임무유공자회(3,221명)가 서해수호희생자 단체와 회원 수가 유사한 것으로 보이므로, 이를 기준으로 산출

177 위원회 참석비는 법령 등에 의하여 설치된 위원회에 참석한 위원에 대하여 1일당 150,000원(서면심사 100,000원)을 지급하되, 참석시간이 2시간 이상일 경우에는 1일 1회에 한하여 50,000원을 추가 지급할 수 있으며, 원격지에서 참석하는 경우에는 교통비·식비·숙박비를 예산의 범위 내에서 여비(220목) 또는 일반수용비(210-01목)로 추가 지급할 수 있음(기획재정부, 「2021년도 예산 및 기금운용계획 집행지침」, p162~163).

〈비용추계 산식〉

추가재정소요 = 서해수호희생자 단체 운영 등 보조금 = $\sum_t$(인건비$_t^{a)}$ + 운영비$_t^{b)}$)

이때, t는 추계연도(2022~2026년)

a) 인건비$_{j,t}$ = $\sum_{i=1}^{10}$(인원$_{it}$ × 1인당 인건비$_{it}$)
이 때, t는 추계연도(2022~2026년), i는 10개 직급(본부: 회장 1명, 부회장 1명, 사무총장 1명, 국장 3명, 과장 2명, 사원 3명, 운전원 1명 / 지부: 지부장 1명, 국장 1명, 사원 1명)

- 1인당 인건비$_{it}$ = 1인당 인건비$_{i(t-1)}$ × $(1+\alpha_t)\times(1+\beta_t+\gamma_t)$
이때, t는 추계연도(2022~2026년), 1인당 인건비$_{i(t=2021)}$는 유사단체인 특수임무유공자회의 직급별 1인당 인건비, α는 인건비 증가율(국가보훈처 산정 인상률 3.00%), β는 기관부담금 비중(민간 기준, 건강보험/장기요양보험/국민연금/고용보험/산재보험), γ는 퇴직금 적립비중(1/12)

b) 운영비$_t$ = (사무비$_t$ + 단체행사비$_t$ + 중앙회활동비$_t$) + (지부운영비$_t$ × branch)
이때, t는 추계 연도(2022~2026년)

- branch = 5개(서해수호희생자 단체 지부)
- 특수임무유공자회의 지원단가인 사무비(연 4,036만원), 단체행사비(연 4,500만원), 중앙회활동비(연 2,229만원), 지부운영비(월 43.8만원×12개월)를 적용하여 산출

2. 서해수호희생자 단체의 설립 및 지원

제정안에 따라 제2차 연평해전, 천안함 피격 사건, 연평도 포격 도발 사건 등 서해를 수호하다 상이를 입거나 사망한 사람과 그 유족 및 전투 참가 장병 등 서해수호희생자 단체 회원 인원 현황은 다음 표와 같음

▼표 2 서해수호희생자 단체 회원 인원 현황 (2021. 2.)

(단위: 명)

	전상군경	전몰군경유족	기 타	합 계
제2차 연평해전 (2002.6.29.)	10	6	11	27[1]
천안함 (2010.3.29.)	12	46	46	104[2]
연평도 포격 (2010.11.23.)	13	2	1,173	1,188[3]
합 계	35	54	1,230	1,319

주 1. 제2차 연평해전 당시 참수리 357호정에 탑승한 승조원(해군 확인)

2. 천안함 피격 사건 당시 천안함 승조원(해군 확인)

3. 연평도 포격 도발 사건 당시 연평 부대원(해병대 확인)

자료: 국가보훈처

본 추계에서는 제정안에 따라 서해수호희생자 단체에 대하여 운영 등에 필요한 보조금 지원 시 소요비용은 현재 국가보훈처의 '보훈단체 운영'사업에서 지원하고 있는 13개 공법단체 중 가장 근접한 회원 수 규모를 가진 '특수임무유공자회'(3,221명)의 예산안을 기준으로 산출하기로 함[178]

현재 국가보훈처의 '보훈단체 운영'사업에서는 13개 보훈단체에 대하여 인건비, 운영비(사무비, 중앙회 활동비, 지부 활동비, 사업비 등)를 지원하고 있으며, 13개 공법 보훈단체에 대한 2021년 지원예산은 245억 7,900만원임([표 2] 참조)

▼표 3 13개 공법 보훈단체 국고보조 현황: 2021년

(단위: 명, 백만원)

단체명	회원수	국비			
		인건비	운영비	사업비	합 계
광복회	8,325	1,712	639	45	2,396
상이군경회	110,018	2,706	783	214	3,703
전몰군경유족회	77,651	1,694	764	78	2,536
전몰군경미망인회	58,975	1,307	788	22	2,117
무공수훈자회	55,671	1,763	806	310	2,879
재일학도의용군동지회	6	163	50	95	308
4·19민주혁명회	179	187	102	0	289
4·19혁명희생자유족회	167	163	78	8	249
4·19혁명공로자회	277	161	91	3	255
특수임무유공자회	3,221	1,442	197	377	2,016
고엽제전우회	138,418	1,814	741	197	2,752
6.25참전유공자회	77,937	1,554	834	166	2,554
월남참전자회	104,403	1,554	828	143	2,525
합 계	635,248	16,220	6,701	1,658	24,579

주 1. 광복회, 상이군경회, 4·19민주혁명회는 각각 사업비에서 복지회관 및 4·19도서관 운영비 제외

2. 상이군경회는 재활체육 관련 사업비 16억 3,000만원을 사업비에서 미반영하였고, 무공수훈자회는 국가유공자 장례단 사업비 6억 2,600만원을 사업비에서 반영하지 아니하였음

자료: 국가보훈처

제정안에 따른 서해수호희생자 단체의 설립·운영 비용은 다음과 같이 산출함

178 국가보훈처자료에 따르면, 서해수호희생자 단체 회원 인원을 1,319명으로 산정하고 있어 특수임무유공자회 3,221명보다도 4·19혁명희생자유족회 167명에 더 근접하므로 이를 기준으로 인건비 및 운영비 산정.

단체 조직 규모

서해수호희생자 단체의 규모 및 조직은 전체 추정 회원 규모(1,319명)와 회원 수가 가장 근접한 특수임무유공자회(3,221명)와 동일하게 본부 인원은 12명(회장 1명, 부회장 1명, 사무총장 1명, 국장 3명, 과장 2명, 사원 3명, 운전원 1명)으로 구성하고, 산하조직으로 5개37의 지부는 각 3명(지부장 1명, 국장 1명, 사원 1명)씩 총 15명으로 구성하는 것으로 가정

인건비

13개 공법단체의 직급별 1인당 인건비를 적용하여 산정한 금액에 인건비 증가율(국가보훈처 산정 인건비 인상률 3.00%), 기관부담금 비중(민간기준, 건강보험/장기요양보험/국민연금/고용보험/산재보험)[179]과 퇴직금 적립 비중(1/12)[180]을 적용하여 산출

운영비

운영비는 특수임무유공자회의 지원단가인 사무비(연 4,036만원), 중앙회 활동비(연 2,229만원), 단체 행사비(연 4,500만원), 지부운영비(월 43.8만원)로 구분하여 산출하며, 최근 3년간 증감이 없으므로 추계기간 동안 동일하게 유지하여 추정

▼표 4 특수임무유공자회 직급별 인건비 및 운영비 등 예산: 2021년

(단위: 명, 천원)

			단 가(월)	인원 구성안	연 봉(비용) 총 액
봉 급(인건비)	중앙회	회장	2,082	1	24,984
		부회장	1,817	1	21,804
		감사[3)]	1,817	0	0
		사무총장	1,770	1	21,240
		국(부)장	1,713	3	61,668
		과장	1,623	2	38,952
		직원	1,596	3	57,456
		운전원	1,701	1	20,412
	지 부	지부장	1,657	17	338,028
		사무국장	1,612	17	328,848
		직원	1,596	17	325,584
운영비 중앙회 활동비 단체 행사비 지부운영비		중앙회사무비등	-	-	40,359
		-	-	22,290	
		-	-	45,000	
		438	17	89,352	
퇴직충당금(인건비)			-	-	97,579
보험료(인건비)			-	-	105,935
합 계			-	-	1,639,491

주 1. 인건비는 13개 공법 단체의 직급별 단가이며, 운영비는 특수임무유공자회의 단가 적용
2. 보험료는 2021년 인건비 대비 민간보험요율 8.55% 적용
3. 13개 공법단체 중 감사는 현재 비교적 규모가 큰 상이군경회, 6 · 25참전유공자회, 월남참전자회 등 3개 공법단체에서만 운영되고 있음

자료: 국가보훈처 자료를 바탕으로 국회예산정책처 재작성

추계 결과 서해수호희생자 단체는 2022년부터 2026년까지 40억 8,800만원의 추가 재정소요가 예상됨

179 법정부담금 요율은 국가보훈처 자료에 따라 건강보험, 노인장기요양보험, 국민연금, 고용보험, 산재보험의 민간 인건비 기관부담금을 더하여 9%로 산출하되, 추계기간 중 인상되지 않는 것으로 가정.

180 임원(회장, 부회장, 감사, 사무총장)은 퇴직적립금이 부여되지 않음.

▼표 5 서해수호희생자 단체 설립 · 운영에 따른 추가재정소요: 2022~2026년

(단위: 백만원)

		2022	2023	2024	2025	2026	합 계
인건비	봉급	555	571	588	606	624	2,944
	퇴직충당금	40	42	43	44	45	214
	보험료	50	51	53	55	56	265
	소 계 (A)	645	664	684	705	725	3,423
운영비	사무비 등	40	40	40	40	40	200
	단체 행사비	45	45	45	45	45	225
	중앙회 활동비	22	22	22	22	22	110
	지부 운영비	26	26	26	26	26	130
	소 계 (B)	133	133	133	133	133	665
합 계 (C=A+B)		778	797	817	838	858	4,088

주 1. 봉급은 중앙회와 지부 인건비를 합산한 금액임
2. 사무비 등은 공공요금, 수용비, 차량유지비 등을 포함한 금액임
3. 단체행사비는 사업계획서 및 보조금 교부 신청서 검토 후 지원여부 및 교부금액 결정

자료: 국가보훈처자료를 바탕으로 국회예산정책처 재작성

3. 추계 결과

제정안에 따른 추가재정소요는 2022년 7억 7,800만원, 2026년 8억 5,800만원 등 2022년부터 2026년까지 5년간 총 40억 8,800만원(연평균 8억 1,800만원)이 발생할 것으로 추계됨

▼표 6 제정안에 따른 추가재정소요: 2022~2026년

(단위: 백만원)

	2022	2023	2024	2025	2026	합 계	연평균
서해수호 희생자 단체 설립 · 지원	778	797	817	838	858	4,088	818

〈검토보고서〉
2021. 4. 정무위원회 전문위원 김상수

1. 제정안의 입법 배경 및 구성 체계

제정안은 제2연평해전, 천안함 사건 등 서해에서 전투 또는 근무 중 상이를 입거나 사망한 군인 및 경찰과 그 유족 등을 회원으로 하는 단체를 설립·운영할 수 있도록 법적 근거를 마련하기 위해 별도의 법률을 제정하려는 것으로, 총 22개 조문의 본칙과 2개 조문의 부칙으로 구성되어 있음.

동 제정안은 「국가유공자 등 단체 설립에 관한 법률」의 총칙 및 보칙 조문과 유사한 법률 체계를 따르고 있어 법제적 측면에서 특별한 문제점은 없는 것으로 보임.[182]

▼표 서해수호희생자 단체설립에 관한 법률안 구성 체계

구 분	조 제목
제1조	목적
제2조	정의
제3조	법인격
제4조	회원
제5조	서해수호희생자 단체의 설립
제6조	정관
제7조	사업
제8조	임원
제9조	임원의 임기
제10조	임원의 직무
제11조	임원의 결격사유
제12조	총회
제13조	이사회
제14조	이사회의 기능
제15조	사무처
제16조	보조금 및 출연 등
제17조	국유재산·공유재산의 무상 대부 등
제18조	회계연도
제19조	사업계획 및 예산의 승인

구 분	조 제목
제20조	결산보고
제21조	자료의 열람·복사 등의 요청 등
제22조	준용
부 칙	
제1조	시행일
제2조	설립준비

2. 제정안의 입법 필요성

제1연평해전(1999. 6. 15.), 제2연평해전(2002. 6. 29.), 천안함 피격 사건(2010. 3. 26.), 연평도 포격 사건(2010. 11. 23.) 등 서해에서 근무 중 북한과의 교전 등으로 사망하거나 다친 군인이나 경찰공무원 중 국가유공자로 등록된 사람은 2021년 2월 현재 총 159명임.

▼표 서해수호 관련 국가유공자 등록 현황

(단위: 명)

구분	총 대상자	전사 (전몰 군경)	전상 등록 현황					미 신청	복무 중
			소계	등록 (전상)	등급 미달	요건 비 해당	진행 중		
계	159	54	55	37	11	3	4	19	31
제1 연평 해전	11	-	4	2	1	1	-	5	2
제2 연평 해전	26	6	12	10	2	-	-	3	5
천안함	104	46	24	12	6	2	4	10	24
연평도	18	2	15	13	2	-	-	1	-

자료: 국가보훈처

제정안은 서해 수호 관련 국가유공자와 그 유족, 서해 수호 관련 전투에 참가한 장병까지 아우르는 단체를 설립하여 희생자 등을 예우하고 그 정신을 계승하기 위한 선양사업 등을 수행하고자 법적 근거 마련을 위한 입법 취지임.

다만, 해당 유공자 및 그 유족은 현재도 각각 상이군경회, 전몰군경미망인회, 무공수훈자회 등 현존 공법단체의 회원이 되어 활동이 가능하고, 현재 14개 공법단체는 개별 전투나 사건이 아니라 현행 법률 체계와 동일하게 유공자 유형별로 인정하고 있음을 감안하여 제정 필요성을 논의할 필요가 있다고 보임.

3. 주요 내용별 검토

가. 목적 및 정의(안 제1조 및 제2조)

제정안 제1조는 서해 수호 중 상이를 입거나 사망한 사람과 그 유족 등을 예우하고 그 정신을 계승하기 위한 사업을 수행함으로써 국민의 애국심 함양에 이바지하기 위해 '서해수호희생자 단체'를 설립하는 것을 동 법률의 목적으로 규정하고 있음.

또한, 제정안 제2조는 동 제정안에서 정의하는 전투 또는 사건을 서해에서 발생한 '제2차 연평해전', '천안함 피격 사건', '연평도 포격 도발 사건'으로 규정하고, 각 사건의 발생일 및 장소, 발생 원인 등을 정의하고 있음.

제정안
제1조(목적) 이 법은 서해수호희생자 단체를 설립하여 제2차 연평해전, 천안함 피격 사건, 연평도 포격 도발 사건 등 서해를 수호하다 상이를 입거나 사망한 사람과 유족 등을 예우하고 그 정신을 계승하기 위한 사업을 수행함으로써 국민의 애국정신 함양에 이바지함을 목적으로 한다. **제2조(정의)** 이 법에서 사용하는 용어의 정의는 다음과 같다. 1. "제2차 연평해전"이란 2002년 6월 29일 서해 연평도 인근 북방한계선 남쪽에서 발생한 해상 전투를 말한다. 2. "천안함 피격 사건"이란 2010년 3월 26일 백령도 서남방 해상에서 경계 임무수행 중이던 해군 소속 천안함이 북한 잠수정 어뢰에 의한 공격으로 침몰한 사건을 말한다. 3. "연평도 포격 도발 사건"이란 2010년 11월 23일 서해 연평도를 향해 북한이 포격을 한 사건을 말한다.

그런데, 1999년 6월 15일 발생한 제1연평해전에서도 상이를 입은 국가유공자가 발생한 바 있고, 사건 당시 다치거나 사망한 경우 뿐만 아니라 생존자가 사건 이후 외상 후 스트레스 장애(PTSD: Post Traumatic Stress Disorder) 등을 판정받아 국가유공자로 등록되기도 함.[181]

따라서, 동 제정안이 서해 수호 중 발생한 사건으로 인한 희생자 등을 예우하고 선양하기 위한 목적이므로, 제정안 제1조 및 제2조와 제4조 회원 규정에 '제1차 연평해전'을 추가하여 제1연평해전의 희생자 또한 동 제정안의 대상으로 포함하는 것이 필요하다고 보임.

나. 회원(안 제4조)

제정안 제4조는 '서해수호희생자 단체'의 회원으로 제1호 및 제2호에 따른 '제2차 연평해전', '천안함 피격 사건', '연평도 포격 도발 사건' 등 서해를 수호하다 상이를 입거나 사망하여 국가유공자로 결정받은 사람과 그 유족을 규정하고 있음.

또한, 같은 조 제3호는 국가유공자 외에 각 사건 당시 잠수함 등에 탑승했던 승조원 및 각 전투에 참가한 장병 또한 단체의 회원으로 규정하고 있음.

제정안
제4조(회원) 다음 각 호에 해당하는 사람은 서해수호희생자 단체의 회원이 될 수 있다. 1. 제2차 연평해전, 천안함 피격 사건, 연평도 포격 도발 사건 등 서해를 수호하다 상이를 입어 「국가유공자 등 예우 및 지원에 관한 법률」 제4조제1항제4호에 따른 전상군경으로 결정을 받은 사람 2. 제2차 연평해전, 천안함 피격 사건, 연평도 포격 도발 사건 등 서해를 수호하다 사망하여 「국가유공자 등 예우 및 지원에 관한 법률」 제4조제1항제3호에 따른 전몰군경으로 결정을 받은 사람의 유족 3. 제1호 및 제2호에 해당하는 사람 외에 제2차 연평해전 당시 참수리 357호정에 탑승한 승조원, 천안함 피격 사건 당시 천안함 승조원, 연평도 포격 도발 사건 당시 연평 부대원 등 서해를 수호하기 위한 각 전투에 참가한 장병

회원 범위에 대하여 국가보훈처는 제정안 제4조제1호의 국가유공자법상 전상군경으로 결정된 사람은 「국가유공자 등 단체 설립에 관한 법률」에 따라 '대한민국상이군경회'의 회원이 될 수 있으며, 제정안 제4조 제2호의 전몰군경의 경우 '대한민국전몰군경유족회'와 '대한민국전몰군경미망인회'의 회원이 되어 활동할 수 있으므로,[182] 보훈단체의 난립 우려 등으로 기존 보훈단체가 반대하고 있는 입장 등을 고려할 필요가 있다는 입장임.

---

181 천안함 사건 생존자 중 2021년 2월 현재 상이자로 등록·결정된 12명 중 9명이 PTSD 질환으로 국가유공자로 등록되어 있음(참고자료 1 서해수호 관련 국가유공자 등록 현황(20쪽) 참조).

182 **「국가유공자 등 단체 설립에 관한 법률」** 제3조(회원) 다음 각 호의 어느 하나에 해당하는 사람은 각 단체의 회원이 될 수 있다.
1. 대한민국상이군경회의 회원: 「국가유공자 등 예우 및 지원에 관한 법률」 제4조제1항제4호 및 제6호에 해당하는 사람
2. 대한민국전몰군경유족회의 회원: 「국가유공자 등 예우 및 지원에 관한 법률」 제4조제1항제3호 및 제5호에 해당하는 사람의 유족 또는 같은 항 제4호 및 제6호에 해당하는 사람의 유족 중 같은 법에 따라 보상금을 받는 사람(제3호에 해당하는 사람과 미성년자는 제외한다). 다만, 보상금을 받는 유족이 없는 경우에는 「국가유공자 등 예우 및 지원에 관한 법률」 제5조제1항 각 호에 규정된 선순위자로 하되, 순위가 같은 사람이 2명 이상인 경우에는 나이가 많은 사람이 우선한다.
3. 대한민국전몰군경미망인회의 회원: 「국가유공자 등 예우 및 지원에 관한 법률」 제4조제1항제3호 및 제5호에 해당하는 사람의 유족 또는 같은 항 제4호 및 제6호에 해당하는 사람의 유족 중 같은 법에 따른 보상금을 받는 유족인 처(妻)
4. ~ 9. (생 략)

▼표 제정안에 대한 관련 단체 의견

단체명	단체 의견
대한민국 상이군경회	ㅇ 상이군경회 등 기존 보훈단체 회원 가입이 가능함 ㅇ 서해수호단체를 별도로 단체 구성 시 유사한 단체 설립 요구가 난립하여 기존 보훈단체가 분열될 우려가 있으므로 반대, 무분별한 보훈단체 양산 지양
대한민국전몰 군경유족회	ㅇ 사건에 따라 개별 공법단체를 설립할 경우 6.25전쟁 당시 다부동전투 등 사상자가 큰 전투별로 단체 설립 요구가 급증할 우려, 개정 반대
대한민국전몰 군경미망인회	ㅇ 기존 단체에 해당자가 회원 가입이 가능하므로 이중적으로 무분별하게 단체를 설립하는 것은 바람직하지 않으므로 반대

자료: 국가보훈처

한편, 국가보훈처는 「국가보훈처와 그 소속기관의 직제」에 따라 '국가유공자와 그 유족, 5·18민주유공자, 특수임무유공자에 대한 예우 및 지원, 보훈보상대상자, 고엽제후유의증환자, 제대군인에 대한 지원 그 밖에 보훈에 관한 사항'을 관장하도록 하고 있음.[183]

그런데, 제정안 제4조제3호에 따른 승조원 또는 각 전투에 참가한 장병은 국가보훈처 소관의 보훈대상자의 범위에 포함되지 않으므로, 현행 보훈단체의 설립과 구성에 관한 입법례를 감안하여 국가보훈처 소관의 유공자 단체의 회원은 보훈대상자인 유공자 및 유족의 자격을 갖출 필요가 있다고 보임.

183 「국가보훈처와 그 소속기관의 직제」 제3조(직무) 국가보훈처는 국가유공자와 그 유족에 대한 예우 및 지원, 5·18민주유공자·특수임무유공자에 대한 예우, 보훈보상대상자·고엽제후유의증환자·제대군인에 대한 지원, 그 밖에 법령으로 정하는 보훈에 관한 사무를 관장한다.

다. 사업(안 제7조)

제정안 제7조는 서해수호희생자 단체의 사업으로 서해수호 관련 자료 수집·조사 등과 기념사업에 관한 홍보·교육, 학예활동 및 역사 연구, 명예선양 및 추모 사업 등을 수행하도록 규정하고 있음.

제정안
제7조(사업) 서해수호희생자 단체는 다음 각 호의 사업을 수행한다. 1. 서해수호 관련 자료의 수집·보존·관리·전시 및 조사·연구 2. 서해수호 관련 기념사업에 관한 홍보·교육 및 이에 관한 각종 간행물의 제작 및 배포 3. 서해수호 관련 학예활동 4. 서해수호 관련 역사 연구 5. 서해수호희생자의 명예선양 및 추모 사업 6. 제1호부터 제5호까지의 사업에 부대되는 사업

제정안 제7조 각 호에 따른 사업은 동 단체의 설립·운영 목적 달성을 위해 필요한 사업으로 보이나, 다른 보훈 관련 공법단체의 사업이 일반적으로 회원 간 친목 도모와 복지 증진 등을 위한 사업을 규정하고 있는 바와는 차이가 있음.

▼표 보훈 관련 단체 사업 규정

참전유공자법	고엽제법
제24조(사업) 6·25참전유공자회는 다음 각 호의 사업을 행한다. 1. 6·25전쟁 참전유공자 상호 간의 상부상조를 위한 친목도모 2. 6·25전쟁 참전유공자의 복지증진 및 권익신장 3. 6·25전쟁 참전유공자의 명예선양 및 추모사업 4. 호국정신 함양 및 애국심 고취 5. 제1호부터 제4호까지의 사업 수행을 위한 부대사업	제13조(사업) 고엽제전우회는 다음 각 호의 사업을 행한다. 1. 고엽제관련자 상호 간의 상부상조를 통한 친목도모 2. 고엽제관련자의 복지증진 및 권익사업 3. 고엽제관련자의 명예선양 및 추모사업 4. 호국정신 함양 및 애국심 고취 5. 제1호부터 제4호까지의 사업수행을 위한 부대사업 등

특수임무유공자법	재향군인회법
제58조(사업) ① 특수임무유공자회는 다음 각 호의 사업을 행한다. 1. 특수임무유공자와 그 유족 상호 간의 상부상조를 통한 친목도모 2. 특수임무유공자와 그 유족의 복지증진 및 권익신장 3. 특수임무유공자의 명예선양 및 추모사업 4. 호국정신 함양 및 애국심 고취 5. 제1호부터 제4호까지의 사업수행을 위한 수익사업과 부대사업	제4조의2(사업) 재향군인회는 제1조의 목적을 달성하기 위하여 다음 각 호의 사업을 한다. 1. 재향군인회의 회원(이하 "회원"이라 한다) 상호 간의 상부상조를 통한 친목도모 2. 회원의 복지 증진 및 권익 신장 3. 향토방위의 협조 및 지원 4. 국제재향군인회와의 친선 유지 및 유대 강화 5. 호국정신의 함양 및 고취 6. 제1호부터 제5호까지의 사업을 수행하기 위한 수익사업 및 부대사업

또한, 제정안 제7조 제1호의 서해수호 관련 자료의 '조사·연구' 사업과 관련하여 현재 천안함 사건 등 해당 사건의 조사는 국방부 소속의 조사단(또는 민군합동조사단)이 수행하거나 대통령 소속의 군 사망사고진상규명위원회에서 실시하고 있으므로,[184] 동 제정안의 조사권한이 상충 또는 중복되고 있으며, 동 제정안이 서해수호 희생자 및 그 유족의 예우 등을 목적으로 하고 있어 입법취지를 달성하기 위한 사업 범위에 '조사·연구' 사업을 포함하는 것이 타당한지를 논의할 필요가 있다고 보임.

참고로, 현재 제2연평해전 관련 '피앤에프(Peace&Freedom) 재단'과 천안함 사건 관련 '천안함 재단'이 국가보훈처 소관 재단법인으로 등록되어 활동 중이며, 해당 재단의 정관에 목적사업으로 관련 추모사업 및 유가족 지원 사업 등을 수행하도록 규정하고 있음.[185]

라. 임원(안 제8조 ~ 제11조)

제정안 제8조부터 제11조까지는 서해수호희생자 단체의 임원으로 회장과 부회장을 포함한 11인 이내의 이사와 감사를 두도록 하고, 임원의 임기 및 직무와 결격사유를 동 법률에서 정하고 있음.

제정안
제8조(임원) ① 서해수호희생자 단체에 임원으로서 회장 1명과 부회장 3명을 포함한 11명 이내의 이사와 감사 1명을 둔다. ② 회장, 부회장, 이사 및 감사는 총회에서 선출한다. 제9조(임원의 임기) ① 회장 및 부회장을 포함한 이사의 임기는 3년, 감사의 임기는 2년으로 하며 연임할 수 있다. ② 보궐임원의 임기는 전임자 임기의 남은 기간으로 한다. 제10조(임원의 직무) ① 회장은 서해수호희생자 단체를 대표하여 그 업무를 총괄하고, 소속 직원을 지휘·감독한다. ② 회장이 부득이한 사유로 직무를 수행할 수 없는 때에는 이사회에서 부회장 중 1명을 그 직무대행자로 선정한다. ③ 이사는 이사회에 출석하여 서해수호희생자 단체의 업무에 관한 중요 사항을 심의·의결하고, 이사회 또는 이사장으로부터 위임받은 사항을 처리한다. ④ 감사(監事)는 서해수호희생자 단체의 업무 및 회계에 관한 사항을 감사(監査)한다. 제11조(임원의 결격사유) 다음 각 호의 어느 하나에 해당하는 사람은 서해수호희생자 단체의 임원이 될 수 없다. 1. 대한민국 국민이 아닌 사람 2. 「국가공무원법」 제33조 각 호의 어느 하나에 해당하는 사람 3. 정관으로 임원이 될 수 없도록 정한 사람

184 「국방부와 그 소속기관 직제」 제3조(직무) 국방부는 국방에 관련된 군정 및 군령과 그 밖에 군사에 관한 사무를 관장한다.
「군 사망사고 진상규명에 관한 특별법」 제3조(위원회의 설치) 군사망사고에 관한 조사를 위하여 대통령 소속으로 군사망사고진상규명위원회(이하 "위원회"라 한다)를 둔다.

185 참고자료 4 서해수호 관련 법인 현황(25쪽) 참조.

이에 대하여 국가보훈처는 동 단체가 보훈 관련 공법단체로 설립되고 운영하기 위하여 기존 보훈단체의 임원 등에 관한 체계와 통일성을 기할 필요가 있다고 보이므로, 이와 관련된 「국가유공자 등 단체 설립에 관한 법률」 등의 임원에 대한 규정에 맞추어 수정할 필요가 있다는 의견임.

▼표 국가유공자 단체법상 임원 관련 규정

구분	국가유공자 등 단체 설립에 관한 법률(개별법 동일)
임원 수 (선출, 직무 등)	제6조(임원) ① 각 단체의 본부에 다음 각 호의 임원을 둔다. 다만, 이사의 수는 정관으로 정한다. 1. 회장 1명 2. 부회장 2명 3. 이사 4. 감사 2명 ② 각 단체에 사무총장 1명을 둔다. ③ 회장, 부회장, 이사 및 감사는 총회에서 선출한다. ④ 사무총장은 이사 중에서 회장이 임명하며 이사회의 승인을 받아야 한다. ⑤ 회장은 단체를 대표하고 단체의 업무를 총괄한다. ⑥ 부회장은 회장을 보좌하며 회장이 부득이한 사유로 업무를 수행할 수 없을 때에는 회장이 지명하는 부회장이 그 직무를 대행한다. ⑦ 감사(監事)는 각 단체의 회계와 회계에 관련된 업무를 감사(監査)한다. ⑧ 사무총장은 회장의 지시를 받아 각 단체의 업무를 처리한다. ⑨ 회장, 부회장, 이사, 감사 및 사무총장은 회원이어야 한다.
임원의 임기	정관에 명시
임원 결격 사유	정관에 명시

마. 총회 및 이사회(안 제12조 ~ 제14조)

제정안 제12조부터 제14조까지는 서해수호희생자 단체의 총회 및 이사회의 구성과 기능 등에 관한 사항을 규정하고 있음.

제정안
제12조(총회) ① 총회는 회장·부회장·사무총장·이사 및 감사와 대의원으로 구성한다. ② 제1항의 대의원정수·선임방법 및 총회의사록 등에 관한 사항은 정관으로 정한다. **제13조(이사회)** ① 서해수호희생자 단체의 업무에 관한 중요 사항을 심의·의결하기 위하여 서해수호희생자 단체에 이사회를 둔다. ② 이사회는 회장 및 부회장을 포함한 이사로 구성한다. ③ 이사장은 이사 중에서 호선(互選)하며, 이사회를 소집하고 그 의장이 된다. 다만, 재적이사 3분의 1 이상이 찬성하여 이사회의 소집을 요구할 때에는 이사장은 지체 없이 이사회를 소집하여야 한다. ④ 이사회는 정관에 특별한 규정이 없으면 재적이사 과반수의 출석과 출석이사 과반수의 찬성으로 의결한다. ⑤ 감사는 이사회에 출석하여 의견을 진술할 수 있다. **제14조(이사회의 기능)** 이사회는 다음 각 호의 사항을 심의·의결한다. 1. 사업계획과 예산 및 결산에 관한 사항 2. 정관의 변경에 관한 사항 3. 임원의 임면에 관한 사항 4. 재산의 취득·관리 및 처분에 관한 사항 5. 정관에 따라 그 권한에 속하는 사항 6. 그 밖에 서해수호희생자 단체의 운영상 중요한 사항으로서 이사장이 이사회의 회의에 부치는 사항

동 단체의 업무에 관한 중요 사항의 심의·의결 기구로 이사회를 두도록 하고, 이사회에서 심의·의결하는 사항을 법률로써 규정하고 있음.

이는 보훈 관련 공법단체에 관한 일반적인 사항을 규율하고 있는 「국가유공자 등 단체 설립에 관한 법률」[186]상 이사회의 심의·의결 등 세부사항은 정관으로 정하도록 규정하고 있는 것과 비교할 때, 이사회 등 조직 구성 및 기능에 대한 주요사항을 정관이 아닌 법률에서 규정하도록 하여 법적 안정성 제고 측면에서 타당한 것으로 보임.

186 「국가유공자 등 단체 설립에 관한 법률」 제10조(총회) ① 각 단체의 총회는 회장, 부회장, 이사, 사무총장, 지부장 및 대의원으로 구성한다. 다만, 회원의 수가 300명 미만인 단체는 총회를 구성할 때 대의원에 관하여 정관으로 달리 정할 수 있다.
② 총회의 소집, 의결사항 및 회의방법 등은 정관으로

바. 보조금 등 지원(안 제16조 및 제17조)

제정안 제16조 및 제17조는 국가와 지방자치단체가 서해수호희생자 단체의 사업과 업무 수행에 필요한 비용을 지원할 수 있도록 예산 지원의 법적 근거를 마련하고, 국·공유재산에 대한 무상 대부가 가능하도록 규정하고 있음.

제정안
제16조(보조금 및 출연 등) ① 국가와 지방자치단체는 예산의 범위에서 서해수호희생자 단체의 사업과 업무수행에 필요한 경비를 보조할 수 있다. ② 개인·법인 또는 단체는 서해수호희생자 단체의 업무수행을 지원하기 위하여 서해수호희생자 단체에 금전이나 그 밖의 재산을 출연하거나 기부할 수 있다. **제17조(국유재산 · 공유재산의 무상 대부 등)** ① 국가 또는 지방자치단체는 서해수호희생자 단체의 설립과 운영을 위하여 필요한 경우에는 「국유재산법」 또는 「공유재산 및 물품 관리법」에도 불구하고 서해수호희생자 단체에 국유재산이나 공유재산을 무상(無償)으로 대부할 수 있다. ② 제1항에 따른 대부의 조건·절차 등에 관하여 필요한 사항은 대통령령으로 정한다.

현재 대한민국상이군경회 등 보훈단체는 「국가유공자 등 단체 설립에 관한 법률」[187] 및 각 개별법에 따라 보조금 교부 및 국·공유재산의 무상 대부 지원을 받고 있으므로, 동 제정안에 따라 서해수호희생자단체가 설립될 경우 예산 지원 또한 포함하는 것이 적절하다고 보임.

한편, 제정안 제17조에 따른 국유재산 무상 대부의 경우 「국유재산특례제한법」의 개정이 필수적이므로, 기획재정위원회에 회부된 「국유재산특례제한법 일부개정법률안」[188]의 심사경과를 함께 고려하여야 할 것임.

사. 기타 사항(부칙)

제정안
부 칙 **제1조(시행일)** 이 법은 공포 후 6개월이 경과한 날부터 시행한다. **제2조(설립준비)** ① 국가보훈처장은 이 법이 공포된 날부터 60일 이내에 8명 이내의 서해수호희생자 단체 설립위원을 위촉하여 설립에 관한 사무를 담당하게 하여야 한다. ② 설립위원은 위촉된 날부터 30일 이내에 제6조제1항에 따른 정관을 작성하여 국가보훈처장의 인가를 받아야 한다. ③ 설립위원은 제2항에 따라 국가보훈처장으로부터 정관의 인가를 받은 때에는 지체 없이 연명으로 제5조에 따른 서해수호희생자 단체의 설립등기를 한 후 회장에게 업무를 인계하여야 한다. ④ 설립위원은 제3항에 따라 업무인계를 한 때에는 해촉된 것으로 본다.

제정안은 부칙에서 동 법률은 공포 후 6개월 후부터 시행하도록 하고, 공포 후 60일 내에 국가보훈처장이 8명 이내의 설립위원을 위촉하며, 위촉된 설립위원은 30일 내에 정관을 작성하여 국가보훈처장의 인가를 받도록 규정하고 있음.

정한다.

제11조(대의원) 각 단체의 대의원의 정수(定數) 및 선임방법 등은 정관으로 정한다.

제12조(이사회) ① 이사회는 회장, 부회장 및 이사로 구성한다.

② 회장은 천재지변이나 그 밖의 긴급한 사태의 발생으로 인하여 총회의 소집이 매우 곤란하다고 인정할 때에는 처장의 승인을 받아 이사회로 하여금 총회의 권한을 대행하게 할 수 있다. 이 경우 의결사항은 다음에 소집되는 총회의 승인을 받아야 한다.

③ 이사회에 관한 사항은 정관으로 정한다.

187 「국가유공자 등 단체 설립에 관한 법률」 제13조(보조금) 국가나 지방자치단체는 예산의 범위에서 각 단체의 운영 등에 필요한 보조금을 교부할 수 있다.

제13조의2(국유 · 공유 재산의 우선 매각 등) ① 국가나 지방자치단체는 각 단체의 운영 및 복지사업을 위하여 필요하다고 인정하는 경우에는 「국유재산법」 또는 「공유재산 및 물품 관리법」에도 불구하고 국유재산 또는 공유재산을 우선 매각할 수 있고, 유상 또는 무상으로 대부하거나 사용 · 수익하게 할 수 있다.

② 국가나 지방자치단체는 각 단체의 운영 및 복지사업을 위하여 필요하다고 인정하는 경우에는 「물품관리법」 또는 「공유재산 및 물품 관리법」에도 불구하고 「물품관리법」 제2조제1항에 따른 물품 또는 「공유재산 및 물품 관리법」 제2조제2호에 따른 물품을 무상으로 양여하거나 유상 또는 무상으로 대부할 수 있다.

188 「국유재산특례제한법 일부개정법률안」(성일종 의원 대표발의, 의안번호 2107842)

부칙 제2조는 동 제정안이 공포 후 6개월 후에 시행되도록 하기 위해서 단체의 설립 준비에 관한 사항을 규정하고 있으나, 부칙 제2조 제3항에서 설립 등기 후 임원인 회장에게 업무를 인계하도록 하고 있으므로, 회장 선출을 위한 최초의 총회 개최에 대한 규정이 보완되어야 할 것으로 보임.

서해5도 지원 특별법 일부개정법률안 (김교흥 의원 대표발의)

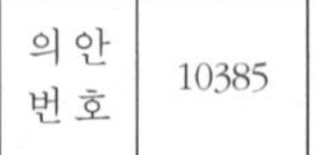

의안 번호	10385

발의연월일: 2021.5.26.
발의자: 김교흥·김수흥·김홍걸 박찬대·배준영·배진교 양정숙·유동수·정정순 허종식 의원(10인)

제안이유 및 주요내용

서해5도는 지리적 특수성으로 인해 주민의 안전과 생명의 위협(1·2차 연평해전, 대청해전, 천안함 사건, 연평도 포격 등)에 상시 노출되어 있고, 중국어선의 불법조업으로 인한 생계 문제와 외부와의 고립으로 인한 생활의 어려움 등 삼중고에 시달리고 있음.

특히 유일한 교통수단인 여객선은 최근 3년 연평균 73일의 결항과 33회의 지연운항으로 주민(1만 2천여 명)의 이동권이 제한되어 생활의 불편이 심대하게 초래되고 있음.

이에 백령공항 건설사업을 추진하여 백령도·대청도·소청도 주민 등의 이동권을 보장하고 지역산업(관광)을 육성하여 해당 지역 주민의 생활안정과 복리를 증진하기 위함(안 제5조 및 제16조).

법률 제　　호

서해5도 지원 특별법 일부개정법률안

서해5도 지원 특별법 일부를 다음과 같이 개정한다.

제5조제2항제5호 중 "항만"을 "항만·공항"으로 한다.

제16조제1항 중 "항만"을 "항만·공항"으로 한다.

부 칙

이 법은 공포한 날부터 시행한다.

▼표 신 · 구조문대비표

현행	개정안
제5조(종합발전계획의 수립) ① (생략)	제5조(종합발전계획의 수립) ① (현행과 같음)
② 종합발전계획에는 다음 각 호의 사항이 포함되어야 한다.	② ---.
1. ~ 4. (생략)	1. ~ 4. (현행과 같음)
5. 도로·항만·수도 등 사회간접자본시설의 확충·정비에 관한 사항	5. ----항만·공항----------------------------------
6. ~ 8. (생략)	6. ~ 8. (현행과 같음)
제16조(공공시설 및 복지시설 지원) ① 국가 및 지방자치단체는 도로·항만·수도, 그 밖에 대통령령으로 정하는 공공시설을 우선적으로 설치하거나 지원하여야 한다.	제16조(공공시설 및 복지시설 지원) ① ---------------------------항만·공항---.
② (생략)	② (현행과 같음)

2부　서해5도 관련 자료와 법령 및 판례

어선안전조업법 관련 자료

이석우(인하대) · 오승진(단국대)

어선안전조업법
[시행 2020. 8. 28]
[법률 제16569호, 2019. 8. 27, 제정]

해양수산부(어선정책팀)
044-200-5527, 5528

제1장 총칙

제1조(목적) 이 법은 어선의 안전한 조업(조업)과 항행(航行)을 위하여 필요한 사항을 정함으로써 건전한 어업질서를 확립하고 국민의 생명·신체·재산을 보호함을 목적으로 한다.

제2조(정의) 이 법에서 사용하는 용어의 뜻은 다음 각 호와 같다.

1. "어선"이란 「어선법」 제2조제1호 각 목의 어느 하나에 해당하는 선박을 말한다.
2. "조업"이란 해상에서 어선·어구를 사용하여 수산동식물을 포획·채취하는 행위와 이를 목적으로 어구 등 시설물을 설치하는 행위를 말한다.
3. "조업한계선"이란 조업을 할 수 있는 동해 및 서해의 북쪽한계선으로서 대통령령으로 정하는 선을 말한다.
4. "특정해역"이란 동해 및 서해의 조업한계선 이남(以南)해역 중 어선의 조업과 항행이 제한된 해역으로서 대통령령으로 정하는 범위의 해역을 말한다.
5. "조업자제선"이란 조업자제해역의 동해 및 서해의 북쪽한계선으로서 대통령령으로 정하는 선을 말한다.
6. "조업자제해역"이란 북한 및 러시아 등의 배타적 경제수역(EEZ)과 인접한 동해특정해역의 이동(以東)해역 및 서해특정해역의 이서(以西)해역 중 어선의 조업과 항행이 제한된 해역으로서 대통령령으로 정하는 범위의 해역을 말한다.
7. "일반해역"이란 「원양산업발전법」 제2조제10호에 따른 해외수역을 제외한 해역 중 특정해역 및 조업자제해역을 제외한 모든 해역을 말한다.
8. "항포구"란 어선이 조업 또는 항행 등을 위하여 출항 또는 입항(이하 "출입항"이라 한다)하는 항구 또는 포구를 말한다.
9. "신고기관"이란 어선의 출입항 신고업무를 담당하는 해양경찰서 소속 파출소, 출장소 및 해양경찰서장이 민간인으로 하여금 출입항 신고업무를 대행하게 하는 대행신고소를 말한다.
10. "교신가입"이란 무선설비가 설치된 어선의 선주가 「전파법」 제19조에 따라 무선국 개설허가를 받고 어선안전조업본부에 가입하는 것을 말한다.

제3조(적용범위) 이 법은 대한민국 국민(국내법에

따라 설립된 법인과 국내 어업허가 등을 받은 외국인·외국법인을 포함한다)과 대한민국 정부가 소유하는 모든 어선에 대하여 적용한다. 다만, 어업지도선, 원양어업에 종사하는 어선 등 대통령령으로 정하는 어선은 그러하지 아니하다.

제4조(다른 법률과의 관계) 어선의 안전한 조업 및 항행에 관하여는 다른 법률에 특별한 규정이 있는 경우를 제외하고는 이 법에서 정하는 바에 따른다.

제5조(국가와 지방자치단체의 책무) 국가와 지방자치단체는 어선의 안전한 조업과 항행이 이루어질 수 있도록 필요한 정책을 마련하여야 한다.

제6조(조업을 하는 자의 책무) 조업을 하는 자(어선의 소유자를 포함한다. 이하 같다)는 국가와 지방자치단체가 정한 어선의 안전을 위한 정책에 협조하여야 하며 안전한 조업 및 항행을 위하여 노력하여야 한다.

제7조(어선안전조업기본계획의 수립 등) ① 해양수산부장관은 관계 행정기관의 장과 협의하여 어선의 안전한 조업과 항행을 위한 어선안전조업기본계획(이하 "기본계획"이라 한다)을 5년마다 수립하여야 한다.

② 기본계획에는 다음 각 호의 사항이 포함되어야 한다.

1. 어선안전조업에 관한 중·장기 정책에 관한 사항
2. 어선사고의 발생현황과 원인 분석, 감소 목표
3. 어선안전조업제도의 개선에 관한 사항
4. 어선사고를 예방하기 위한 교육·홍보 등에 관한 사항
5. 어선안전조업을 위한 정책 및 기술 등의 연구·개발에 관한 사항
6. 어선안전을 위한 연차별 세부 추진계획 및 투자계획
7. 그 밖에 어선의 안전한 조업과 항행을 위하여 필요한 사항

③ 제1항에 따른 기본계획의 수립과 변경, 그 밖에 기본계획의 시행에 필요한 사항은 대통령령으로 정한다.

제2장 출입항 신고 등

제8조(출입항 신고) ① 항포구에 출입항하려는 어선의 소유자 또는 선장은 신고기관에 신고하여야 한다. 다만, 「수산업법」 제27조제1항에 따라 관리선 사용지정을 받은 어선 또는 같은 조 제3항에 따라 사용승인을 받은 어선은 다음 각 호의 어느 하나에 해당하는 해역에 출어하는 경우에만 신고한다.

1. 특정해역
2. 조업자제해역
3. 관할 해양경찰서장이 치안유지나 국방을 위하여 필요하다고 인정하여 관계 기관의 장과 협의를 거쳐 지정한 해역

② 제1항에도 불구하고 「어선법」 제5조의2제1항 단서에 따라 해양경찰청장이 정하는 어선위치발신장치를 갖추고 이를 정상적으로 작동하여 출입항하는 어선은 제1항에 따른 출입항 신고를 한 것으로 본다. 다만, 다음 각 호의 어느 하나에 해당하는 경우에는 그러하지 아니하다.

1. 최초로 신고하는 경우
2. 승선원 명부 등 어선출입항신고서의 내용에 변동이 있는 경우
3. 특정해역이나 조업자제해역에 출어하는 경우

③ 제1항에 따른 출입항 신고를 하려는 어선의 소유자 또는 선장은 신고인 인적사항, 승선원 명부 등 해양수산부령으로 정하는 사항을 기재한 어선출입항신고서를 제출하여야 한다.

④ 제1항에 따른 출입항 신고의 절차 및 방법과 그 밖에 필요한 사항은 해양수산부령으로 정한다.

제9조(항포구의 출입항 제한) ① 어선은 신고기관이 설치되지 아니한 항포구에는 출입항하여서는 아니 된다. 다만, 기상 악화에 따른 피항, 기관 고장 등으로 인한 표류, 그 밖의 부득이한 사정이 있

는 경우에는 그러하지 아니하다.

② 제1항 단서에 따라 어선이 항포구에 입항한 경우 어선의 선장은 입항한 항포구 인근에 있는 신고기관에 신고하여야 한다.

제10조(출항 등의 제한) ① 신고기관의 장은 해상에 대하여 기상특보가 발효된 때에는 어선의 출항을 제한할 수 있다.

② 어선의 선장은 해상에 대하여 기상특보가 발효된 때에는 해양수산부령으로 정하는 어선의 안전조치 및 준수사항에 따라야 한다.

③ 제1항에 따른 출항제한의 기준·방법 및 절차에 필요한 사항은 해양수산부령으로 정한다.

제3장 특정해역 등에서의 조업 또는 항행 제한

제11조(조업한계선 또는 조업자제선의 이탈 금지) 어선은 조업한계선 또는 조업자제선을 넘어 조업 또는 항행을 하여서는 아니 된다. 다만, 조업한계선 또는 조업자제선 인근지역의 어선 등 대통령령으로 정하는 경우에는 그러하지 아니하다.

제12조(출어등록) ① 특정해역 또는 조업자제해역에서 조업하려는 어선의 소유자 또는 선장은 신고기관에 출어등록을 하여야 한다. 이 경우 출어등록의 유효기간은 대통령령으로 정한다.

② 제1항에 따른 출어등록의 절차·방법 등은 해양수산부령으로 정한다.

제13조(특정해역에서의 조업 또는 항행의 제한)

① 해양수산부장관은 어선의 안전한 조업과 항행을 위하여 필요한 경우 관계 중앙행정기관의 장과 협의를 거쳐 특정해역에서의 어업별 조업구역 및 기간 등을 제한할 수 있다.

② 특정해역에서 조업을 하는 자는 해양수산부령으로 정하는 안전장비를 갖춘 어선으로 조업 또는 항행을 하여야 한다.

③ 제1항에 따른 특정해역에서의 어업별 조업구역 및 기간 등은 해양수산부장관이 정하여 고시한다.

제14조(특정해역 외의 해역에서의 조업 또는 항행의 제한) ① 해양수산부장관은 어선의 안전한 조업과 항행을 위하여 필요한 경우 관계 중앙행정기관의 장과 협의하여 특정해역 외의 해역에서의 조업 또는 항행을 제한할 수 있다.

② 동해 조업자제해역에 출어하는 어선은 해양수산부령으로 정하는 바에 따라 특정해역 이남의 일반해역으로 항행하여야 한다.

③ 제1항에 따라 조업 또는 항행을 제한할 수 있는 해역 및 기간 등은 해양수산부장관이 정하여 고시한다.

제15조(어선의 선단 편성 조업) ① 특정해역 또는 조업자제해역에서 조업하려는 어선은 선단(船団)을 편성하여 출항하고 조업하여야 한다. 다만, 어선장비의 고장, 인명사고 등 불가피한 경우에는 선단 편성 조업에서 이탈할 수 있다.

② 무선설비가 없는 어선으로서 「영해 및 접속수역법」 제2조에 따른 영해 내 기선으로부터 12해리 밖의 일반해역에서 조업하려는 어선은 무선설비가 있는 어선과 선단을 편성하여 신고기관에 신고하여야 한다.

③ 제1항 및 제2항에 따른 어선의 선단 편성 방법 및 선단 조업, 선단 이탈 등에 관하여 필요한 사항은 해양수산부령으로 정한다.

제16조(일시적인 조업 또는 항행의 제한) ① 국방부장관 또는 해양경찰청장은 국가안전보장 또는 질서유지를 위하여 필요한 경우 해양수산부장관, 광역시장·도지사·특별자치도지사(이하 "시·도지사"라 한다)와 협의하여 해양수산부장관 또는 시·도지사에게 일정한 해역에서 지정된 기간 동안 조업 또는 항행의 제한을 요청할 수 있다. 다만, 국방부장관 또는 해양경찰청장은 조업 또는 항행을 즉시 제한하지 아니하면 어선의 안전한 조업 또는 항행에 중대한 영향이 있다고 판단하는 경우 조업 또는 항행을 제한할 수 있다. 이 경우 국방부장관 또는 해양경찰청장은 해양수산부장관, 해당 시·도지사 및 관계기관에 즉시 통보하여야 한다.

② 해양수산부장관 또는 시·도지사는 제1항에 따

른 요청을 받은 때에는 해양수산부령이 정하는 바에 따라 일시적으로 조업 또는 항행의 제한을 할 수 있다.

③ 제1항에 따른 일시적인 조업 및 항행의 제한의 방법 및 절차 등에 관하여 필요한 사항은 대통령령으로 정한다.

제17조(서해 접경해역의 통제) ① 서해 북방한계선과 잇닿아 있는 접경해역 중 대통령령으로 정하는 어장에 대한 출입항은 신고기관의 협조를 받아 그 지역 관할 군부대장이 통제할 수 있다.

② 제1항에서 정하는 어장을 관할하는 관계 기관의 장은 어선의 불법조업 및 조업구역 이탈 방지 등 안전조업 지도에 노력하여야 한다.

③ 제1항 및 제2항에 따른 출입항 통제 및 안전조업 지도 등의 범위 및 방법 등에 관하여 필요한 사항은 대통령령으로 정한다.

제18조(조업보호본부의 설치 · 운영) ① 해양경찰청장은 특정해역의 조업보호에 관한 다음 각 호의 사무를 처리하기 위하여 해양경찰관서에 조업보호본부를 설치·운영할 수 있다.

1. 조업보호를 위한 경비 및 단속
2. 어선의 출입항 및 출어등록의 현황 파악과 출어선(出漁船)의 동태 파악
3. 해양사고 구조
4. 조업을 하는 자의 위법행위의 적발·처리 및 관계 기관 통보
5. 특정해역에 출입하는 어획물운반선의 통제

② 조업보호본부의 설치 및 운영에 관하여 필요한 사항은 대통령령으로 정한다.

제4장 어선의 안전한 조업과 항행을 위한 사업 등

제19조(어선의 안전한 조업과 항행을 위한 사업) ① 해양수산부장관은 어선의 안전한 조업과 항행을 위하여 다음 각 호의 사업을 수행할 수 있다.

1. 조업어선의 위치파악
2. 조업정보의 제공
3. 조업한계선 또는 조업자제선의 이탈·피랍 방지 등 안전조업 지도
4. 해상통합방위 지원사업
5. 한·일, 한·중 배타적 경제수역(EEZ) 조업어선 관리
6. 어업인 안전조업교육
7. 어선사고 예방 및 신속구조를 위한 무선설비 시스템 운영
8. 어선안전종합관리시스템 운영·관리
9. 그 밖에 해양수산부장관이 필요하다고 인정하는 사업

② 해양수산부장관은 제1항의 사업 중 일부를 「수산업협동조합법」에 따라 설립된 수산업협동조합중앙회(이하 "중앙회"라 한다)에 위탁할 수 있다. 이 경우 해양수산부장관은 중앙회에 필요한 경비를 지원할 수 있다.

③ 중앙회는 제2항에 따른 위탁 사무를 수행하기 위해 어선안전조업본부(이하 "안전본부"라 한다)을 설치·운영할 수 있다.

제20조(지도 · 감독) ① 해양수산부장관은 안전본부의 소관업무에 관하여 지도·감독할 수 있다.

② 해양수산부장관은 필요하다고 인정하는 경우 안전본부의 업무·회계 및 재산에 관한 사항을 보고하게 하거나 소속 공무원으로 하여금 안전본부의 장부·서류 또는 그 밖의 물건을 검사하게 할 수 있다.

제21조(어선 교신가입 및 위치통지) ① 「어선법」 제5조에 따른 무선설비가 설치된 어선의 소유자는 해양수산부령으로 정하는 바에 따라 어선이 주로 출입항하는 항포구를 관할하는 안전본부에 교신가입하여야 한다.

② 제1항에 따라 교신가입한 어선이 출항할 때에는 지정된 시간에 맞추어 안전본부에 그 위치를 통지하여야 한다.

③ 어선이 제2항에 따라 지정된 시간까지 위치통지의무를 이행하지 않는 경우 해양수산부장관은 해당 어선의 위치를 확인하고, 수색·구조기관 등에 통보하는 등 필요한 조치를 하여야 한다.

④ 제2항에 따른 해역별 위치통지 횟수 및 절차,

제3항에 따른 위치확인 방법, 수색·구조기관 등에의 통보방법 및 절차에 관한 사항은 대통령령으로 정한다.

제22조(선장의 의무) ① 어선의 선장(이하 "선장"이라 한다)은 해양수산부령으로 정하는 방법으로 긴급사태에 관한 경보를 청취하여야 한다.

② 선장은 다음 각 호의 선박 또는 안전본부로부터 위험상황을 전파받거나 대피하도록 통보를 받은 경우에 즉시 이에 따라야 하며, 무선설비가 설치된 어선은 대피상황을 지체 없이 안전본부에 통보하여야 한다.

1. 해양수산부 또는 지방자치단체의 어업지도선
2. 해양경찰관서 함정
3. 해군함정

제23조(정선 등) ① 해양수산부장관, 국방부장관 및 해양경찰청장은 어선이 이 법을 위반하였다고 인정되는 경우에는 정선(停船)·승선조사 등 필요한 명령이나 조치를 할 수 있다.

② 제1항에 따른 정선명령을 위한 정선신호 방법 및 승선조사 등에 관하여 필요한 사항은 해양수산부령으로 정한다.

제24조(구명조끼의 착용) ① 어선에 승선하는 자는 기상특보 발효 등 해양수산부령이 정하는 요건 발생 시 안전한 조업과 항행을 위해 구명조끼를 착용하여야 한다.

② 해양수산부장관은 해양수산부령이 정하는 자로 하여금 제1항에 따른 요건 발생 시 어선에 승선하는 자가 구명조끼를 착용하였는지를 확인하게 할 수 있다.

제25조(안전조업교육) ① 어선의 소유자와 선장, 기관장, 통신장 또는 그 직무를 대행하는 자는 조업질서의 유지 및 안전한 조업을 위하여 필요한 교육(이하 "안전조업교육"이라 한다)을 이수하여야 한다.

② 제1항에 따른 안전조업교육의 종류, 시행기관, 실시방법 등 그 밖의 필요한 사항은 해양수산부령으로 정한다.

제5장 보칙

제26조(재정지원) ① 해양수산부장관 또는 지방자치단체의 장은 어선의 사고 및 인명피해 예방을 위해 필요하다고 인정하는 경우에는 예산의 범위에서 보조금을 교부하거나 자금을 융자할 수 있다.

② 제1항에 따른 지원대상 사업 등 필요한 사항은 대통령령으로 정한다.

제27조(행정처분) ① 해양수산부장관은 「수산업법」에 따른 어업 또는 「양식산업발전법」에 따른 양식업의 허가나 면허를 받았거나 어업의 신고를 한 자 또는 어획물운반업의 등록을 한 자가 다음 각 호의 어느 하나에 해당하는 경우에는 해당 어업 또는 양식업의 허가, 면허, 신고, 등록(이하 "어업허가등"이라 한다)업무를 관할하는 지방자치단체의 장에게 어업허가등을 취소하거나 3개월 이내의 기간을 정하여 해당 어업허가등을 정지할 것을 요청할 수 있다.

1. 제8조제1항 및 제2항에 따른 출입항 신고를 하지 아니하거나 거짓으로 한 경우
2. 제10조에 따른 출항 등의 제한을 위반한 경우
3. 제11조에 따른 조업한계선 또는 조업자제선의 이탈 금지를 위반한 경우
4. 제12조에 따른 출어등록을 하지 아니하고 출어하거나 거짓 또는 그 밖의 부정한 방법으로 출어등록을 한 경우
5. 제13조에 따른 특정해역에서의 조업 또는 항행의 제한을 위반한 경우
6. 제14조에 따른 특정해역 외의 해역에서 조업 또는 항행의 제한을 위반한 경우
7. 제15조를 위반하여 선단을 편성하여 조업하지 아니하거나 정당한 사유 없이 선단에서 이탈한 경우
8. 제16조에 따른 일시적인 조업 또는 항행의 제한을 위반한 경우
9. 제17조에 따른 서해 접경해역의 통제에 불응한 경우
10. 제23조에 따른 정선명령을 위반하거나 승선조사 등 필요한 조치에 따르지 아니한 경우

② 제1항에 따라 어업허가등의 취소 또는 정지 요청을 받은 지방자치단체의 장은 정당한 사유가 없으면 이에 따라야 한다.

제28조(위반행위에 대한 지도단속) ① 해양수산부장관은 이 법에 따른 명령·처분·제한·조건을 위반하여 조업을 하는 자에 대한 지도·단속을 할 수 있다. 이 경우 해양수산부장관은 「수산업법」 제72조에 따른 어업감독 공무원에게 그 지도·단속 업무를 수행하게 할 수 있다.

② 어업감독 공무원에 관하여는 이 법에서 규정한 것을 제외하고는 「수산업법」의 관련 규정을 준용한다.

제29조(권한의 위임) 해양수산부장관 또는 해양경찰청장은 이 법에 따른 권한의 일부를 대통령령으로 정하는 바에 따라 그 소속기관의 장 또는 지방자치단체의 장에게 위임할 수 있다.

제6장 벌칙

제30조(벌칙) 다음 각 호의 어느 하나에 해당하는 자는 1년 이하의 징역 또는 1천만원 이하의 벌금에 처한다.

1. 제11조를 위반하여 조업한계선 또는 조업자제선을 넘어 조업 또는 항행한 자
2. 제13조를 위반하여 특정해역에서 조업 또는 항행한 자
3. 제17조를 위반하여 서해 접경해역의 통제에 불응한 자
4. 제23조를 위반하여 정선명령을 위반하거나 승선조사 등 필요한 조치에 따르지 아니한 자

제31조(양벌규정) 법인의 대표자, 법인 또는 개인의 대리인, 사용인 그 밖의 종업원이 그 법인 또는 개인의 업무에 관하여 제30조 각 호의 어느 하나에 해당하는 위반행위를 하면 그 행위자를 벌하는 외에 그 법인 또는 개인에게도 해당 조문의 벌금을 과(課)한다. 다만, 법인 또는 개인이 그 위반행위를 방지하기 위하여 해당 업무에 관하여 상당한 주의와 감독을 게을리하지 아니한 경우에는 그러하지 아니하다.

제32조(과태료) ① 다음 각 호의 어느 하나에 해당하는 자에게는 5백만원 이하의 과태료를 부과한다.

1. 제21조제1항을 위반하여 안전본부에 교신가입을 하지 아니한 자
2. 제21조제2항을 위반하여 안전본부에 위치통지를 하지 아니하거나 허위로 통지한 자
3. 제22조제2항을 위반하여 어업지도선, 함정 또는 안전본부로부터 위험 및 대피신호를 받고 이에 따르지 아니한 자

② 다음 각 호의 어느 하나에 해당하는 자에게는 3백만원 이하의 과태료를 부과한다.

1. 제9조제1항 본문을 위반하여 신고기관이 설치되지 아니한 항포구에 출입항한 자
2. 제9조제2항을 위반하여 입항한 항포구 인근에 있는 신고기관에 신고를 하지 아니한 자
3. 제22조제1항을 위반하여 긴급사태에 관한 경보를 청취하지 아니한 자
4. 제24조를 위반하여 구명조끼를 착용하지 아니한 자
5. 제25조를 위반하여 안전조업교육을 이수하지 아니한 자

③ 제1항 및 제2항에 따른 과태료는 대통령령으로 정하는 바에 따라 해양경찰청장 또는 시장·군수·구청장이 부과·징수한다.

부칙<제16569호, 2019. 8. 27.>

제1조(시행일) 이 법은 공포 후 1년이 경과한 날부터 시행한다.

제2조(행정처분에 관한 경과조치) 이 법 시행 전의 위반행위에 대하여 행정처분을 적용할 때에는 종전의 규정에 따른다.

제3조(다른 법률의 개정) 수산업법 일부를 다음과 같이 개정한다.

제34조제1항제7호를 다음과 같이 한다.

7. 「어선안전조업법」 제27조제1항 각 호에 해

당하여 해양수산부장관의 요청을 받은 경우 제34조제3항을 삭제하고, 같은 조 제4항 중 "제1항제8호나 제9호에"를 "제1항제7호부터 제9호까지에"로 한다.

어선안전조업법 시행령안

1. 제정이유

해상에서 어선의 조업과 항행 중 부주의 등으로 인한 충돌, 침몰 등의 사고가 빈발하고 있고, 서해5도 해역에서는 남·북한 대치상황으로 인한 사고위험이 상존하고 있으며, 중국어선의 불법조업 등도 우리 어선의 안전조업에 위험요소가 되고 있는바, 어선사고의 예방과 사고 발생 시 신속한 대응을 위한 국가의 지원과 노력이 필요한 상황이지만 체계적인 법률적·제도적 장치가 미흡한 실정임.

이에 따라 「어선안전조업법」이 제정(법률 제16569호, 2019.8.27. 공포)되었고, 법 시행일에 맞춰(2020.8.28.) 어선안전조업기본계획의 수립·변경·제출 방법, 일시적 조업·항해의 제한 방법 및 절차, 서해접경해역의 통제어장 범위, 출입항 통제 등 절차, 해역별·기상별 위치통지 횟수 및 절차 등 법률에서 위임된 사항과 그 시행을 위하여 필요한 사항을 정하려는 것임.

2. 주요내용

가. 시행령 제정 목적 및 조업한계선 등에 대한 정의(안 제1·2조)

나. 어선안전기본계획의 수립·변경·제출 방법 및 어선안전시행계획 수립·시행의 세부절차(안 제4·5·6조)

다. 신고기관이 없는 항포구의 출입항 가능한 구체적 절차(안 제7조)

라. 조업한계선 또는 조업자제선 이탈 금지 예외사유(안 제8조)

마. 출어등록의 유효기관(안 제9조)

바. 일시적 조업·항해의 제한 방법 및 절차(안 제10조)

사. 서해접경해역의 통제어장 범위, 출입항 통제 및 안전조업지도 절차·방법(안 제11·12·13조)

아. 위치통지 횟수 및 절차, 위치 미통지시 위치확인 방법 등(안 제15·16조)

자. 어선 사고 및 인명피해 예방을 위한 재정지원 가능 대상 사업(제17조)

차. 과태료 부과 세부기준(안 제21조)

3. 참고사항

가. 관계법령: 생　략

나. 예산조치: 별도조치 필요 없음

다. 합　　의: 해당사항 없음

라. 기　　타: 특이사항 없음

대통령령 제 호

어선안전조업법 시행령안

제1장 총 칙

제1조(목적) 이 영은 「어선안전조업법」에서 위임된 사항과 그 시행에 필요한 사항을 규정함을 목적으로 한다.

제2조(조업한계선 등) ① 「어선안전조업법」(이하 "법"이라 한다) 제2조제3호에서 "대통령령으로 정하는 선"이란 별표1, 별도1 및 별도2에 따른 선을 말한다.

② 법 제2조제4호에서 "대통령령으로 정하는 범위의 해역"이란 별표2에 따른 해역을 말한다.

③ 법 제2조제5호에서 "대통령령으로 정하는 선"이란 별표3에 따른 선을 말한다.

④ 법 제2조제6호에서 "대통령령으로 정하는 범위의 해역"이란 별표4에 따른 해역을 말한다.

제3조(적용제외) 법 제3조 단서에서 "대통령령으로 정하는 어선"이라 함은 다음 각 호의 어선을 말한다.

1. 국가·지방자치단체나 「공공기관의 운영에 관한 법률」제4조에 따른 공공기관의 소유선박
2. 「내수면어업법」제2조제5호에 따른 내수면어업에 종사하는 어선
3. 「원양산업발전법」제2조제2호에 따른 원양어업에 종사하는 어선

제4조(어선안전조업기본계획의 수립과 변경) ① 해양수산부장관은 기본계획을 수립하는 경우 관계 행정기관의 장과 협의하여야 한다.

② 해양수산부장관은 기본계획을 수립하거나 변경하기 위하여 필요하다고 인정하는 경우에는 관계 중앙행정기관의 장, 특별시장·광역시장·도지사·특별자치도지사(이하 "시·도지사"라 한다), 시장·군수·구청장(자치구의 구청장을 말한다. 이하 같다), 「공공기관의 운영에 관한 법률」 제4조에 따른 공공기관의 장(이하 "공공기관의 장"이라 한다), 어선안전과 관련된 기관·단체 또는 개인에 대하여 관련 자료의 제출, 의견의 진술 또는 그 밖에 필요한 협력을 요청할 수 있다. 이 경우 요청을 받은 자는 특별한 사유가 없으면 이에 따라야 한다.

제5조(어선안전조업시행계획) ① 해양수산부장관은 기본계획을 시행하기 위하여 매년 어선안전조업시행계획(이하 "시행계획"이라 한다)을 수립·시행하고 이에 필요한 재원을 확보하기 위하여 노력하여야 한다.

② 해양수산부장관은 시행계획의 수립을 위하여 필요하다고 인정하는 경우에는 관계 중앙행정기관의 장, 시·도지사, 시장·군수·구청장, 공공기관의 장, 어선안전조업과 관련된 기관·단체 또는 개인에 대하여 관련 자료의 제출, 의견의 진술 또는 그 밖에 필요한 협력을 요청할 수 있다. 이 경우 요청을 받은 자는 특별한 사유가 없으면 이에 따라야 한다.

③ 해양수산부장관은 시행계획을 수립하려는 경우에는 시행계획의 수립지침을 작성하여 중앙행정기관의 장, 시·도지사, 시장·군수·구청장, 공공기관의 장에게 통보하여야 한다.

④ 관계 중앙행정기관의 장, 시·도지사, 시장·군수·구청장 및 공공기관의 장(이하 이 조에서 "기관별 작성권자"라 한다)은 제3항에 따라 수립지침을 통보받은 경우에는 매년 10월 31일까지 다음 연도의 기관별 어선안전시행계획(이하 이 조에서 "기관별 시행계획"이라 한다)을 작성하여 해양수산부장관에게 제출하여야 한다.

⑤ 해양수산부장관은 제4항에 따라 제출받은 기관별 시행계획이 기본계획에 위반되거나 그 보완이 필요하다고 인정하는 경우에는 해당 시행계획의 수정이나 보완 등을 요청할 수 있다. 이 경우 기관별 작성권자는 특별한 사유가 없으면 그 수정이나 보완 등에 관한 사항을 반영하여 지체 없이 해양수산부장관에게 제출하여야 한다.

⑥ 해양수산부장관은 제4항 및 제5항에 따라 제출받은 기관별 시행계획을 종합·조정하여 시

행계획을 확정한다.

⑦ 기관별 작성권자는 매년 2월 말일까지 전년도 시행계획의 추진실적을 해양수산부장관에게 제출하여야 한다.

제6조(기본계획의 국회제출) 해양수산부장관은 기본계획을 수립하거나 변경한 때에는 관계 중앙행정기관의 장 및 시·도지사에게 통보하고 지체 없이 국회에 제출하여야 한다.

제7조(신고기관이 없는 항포구의 출입항) ① 법 제9조제1항의 "그 밖의 부득이한 사정"이란 다음 각 호의 경우를 말한다.

1. 신고기관이 설치되지 않은 항포구가 선장의 주거지와 인접하여 출입항하는 경우
2. 그 밖에 출입항이 부득이하게 필요하다고 신고기관의 장이 인정하는 경우

② 제1항에 따라 신고기관이 없는 항포구를 출입항하는 어선이 법 제8조제2항에 따라 어선위치발신장치로 자동출입항하는 경우에는 법제9조제2항의 신고를 한 것으로 본다.

제8조 (조업한계선 또는 조업자제선 이탈 금지의 예외) 법 제11조 단서에 따라 조업한계선 또는 조업자제선을 넘어 조업 또는 항행을 할 수 있는 경우는 다음 각 호와 같다.

1. 조업한계선 또는 조업자제선 인근 지역·도서의 어선이 해양수산부령으로 정하는 조업 및 항행 할 수 있는 범위와 기간 안에서 조업 또는 항행하는 경우
2. 「남북교류 협력에 관한 법률」제20조에 따라 정부의 승인을 받은 어선 또는 외국정부의 입어허가를 받아 해당 외국수역에 출어하는 어선이 해양수산부령으로 정하는 출입항로를 항해하는 경우

제9조 (출어등록의 유효기간) 법 제12조제1항에 따른 출어등록의 유효기간은 등록일로부터 1년으로 한다.

제10조 (일시적인 조업 또는 항행의 제한의 방법 및 절차) ① 해양수산부장관 또는 시·도지사는 법 제16조제3항에 따라 일시적인 조업 및 항행을 제한하는 경우에는 다음 각 호의 사항을 해양수산부 또는 시·도 누리집에 고시하여야 하며, 관할 안전본부는 해당지역을 조업 또는 항행하는 어선에 이를 무선설비, Fax 등을 활용하여 알려야 한다.

1. 조업 또는 항행 제한의 목적
2. 조업 또는 항행 제한 해역의 시간, 기간 및 범위
3. 기타 어선의 안전을 위하여 필요한 사항

② 해양수산부장관 또는 시·도지사는 일시적인 조업 및 항행 제한의 필요성이 없게 된 때에는 국방부장관 또는 해양경찰청장과 협의하여 지체없이 조업 또는 항행의 제한을 해제하고 이를 고시하여야 한다.

제11조(서해 접경해역의 통제 어장) 법 제17조제1항의 "대통령령으로 정하는 어장"이라 함은 다음 각 호에서 정하는 도서와 그 주변해역(제8조제1항에 따른 조업 및 항행 할 수 있는 어장을 말한다)으로 한다.

1. 백령도
2. 대청도
3. 소청도
4. 연평도
5. 강화도

제12조(출입항 통제의 방법) ① 신고기관의 장은 법 제8조에 따라 제11조에 따른 서해 접경해역의 통제 어장(이하 "통제 어장"이라고 한다)에 출어하는 어선에 대한 항포구의 출입항을 관리한다.

② 관할 군부대장은 국가안보 및 작전상 통제 어장에 대한 어선의 출입항 통제가 필요한 경우 신고기관의 장에게 통보하고, 통보를 받은 신고기관의 장은 신고기관이 위치한 항포구에서의 출입항 통제에 협조하여야 한다.

제13조(안전조업 지도의 범위 및 방법) ① 법 제17조제2항에 따라 관할 어업관리단장 및 지방자치단체장(이하 "관할 지자체장"라 한다)은 통제 어장

에서의 불법어업을 단속하고 조업구역을 이탈한 어선에 대한 복귀 명령조치를 하여야 한다.

② 관할 군부대장은 국가안보 및 작전상 필요한 경우 관할 어업관리단장 및 관할 지방자치단체장에 통제 어장의 안전조업지도와 관련된 사항을 요청할 수 있으며 요청을 받은 기관의 장은 이에 협조하여야 한다.

제14조(조업보호본부의 운영 등) ① 법 제18조제2항에 따라 속초해양경찰서에 동해조업보호본부를, 인천해양경찰서에 서해조업보호본부를 설치한다.

② 조업보호본부는 해당 해양경찰서에 소속된 경찰공무원으로 구성하고 해당 해양경찰서장을 조업보호본부장으로 한다.

③ 조업보호본부장은 조업보호 업무의 원활한 수행을 위하여 필요한 경우 관할 군부대 등 관계기관의 장과 협의하여 상호 연락관을 파견할 수 있다.

④ 조업보호본부장은 조업보호본부의 효율적인 운영을 위하여 조업보호본부에 조업보호협의회를 설치·운영할 수 있다.

⑤ 제4항에 따른 조업보호협의회의 구성·기능 및 운영에 관하여 필요한 사항은 조업보호본부장이 관계기관의 장과 협의하여 정한다

제15조(위치통지의 횟수 및 절차 등) ① 법 제21조제2항에 따라 출항하는 어선은 출항지를 관할하는 수협 어선안전조업본부(이하, "안전본부"라 한다)에 다음 각 호와 같이 위치(위도와 경도를 말한다)를 통지하여야 한다. 다만 특정해역에 출어하는 경우에는 해당 특정해역을 관할하는 안전본부에 통지하여야 한다.

② 제1항에 따른 통지횟수는 다음 각 호와 같다. 이 경우, 출항 또는 최종 위치통지 시각을 기점으로 24시간을 1일로 한다.

1. 특정해역 출어선: 1일 3회 이상(매 통지 간 최소 6시간 이상 간격)
2. 조업자제해역 출어선: 1일 2회 이상(매 통지 간 최소 8시간 이상 간격)
3. 일반해역 출어선: 1일 1회 이상(매 통지 간 최소 12시간 이상 간격)

③ 기상특보시에 조업 또는 항행중인 어선은 전 해역에서 다음 각 호와 같이 위치를 통지하여야 한다. 이 경우, 위치통지 시간은 기상특보 발효시간을 기점으로 한다.

1. 풍랑특보: 매 12시간 간격
2. 태풍특보: 매 4시간 간격

④ 제1항에 따른 위치통지와 제3항에 따른 위치통지가 겹칠 경우 짧은 간격의 하나의 위치통지를 적용한다.

⑤ 제1항의 규정에도 불구하고, 출항지 관할 안전본부 또는 해역 관할 안전본부와 교신이 불가능할 때에는 인근 안전본부에 위치를 통보하여야 한다.

제16조(위치확인 방법 등) ① 출항지 또는 특정해역을 관할하는 안전본부는 위치보고를 하지 아니한 어선에 대해, 법 제21조 제3항에 따라 무선통신을 이용한 방송 및 어선안전종합관리시스템 활용 등의 방법으로 위치를 확인하여야 한다.

② 출항지 또는 특정해역을 관할하는 안전본부는 위치통지를 미이행한 어선이 다음 각호의 시기까지 제1항에 따른 위치확인이 안 될 경우에는 해당어선을 법 제2조제9호에 따른 신고기관 및 관할 어업관리단에 통보하여야 한다.

1. 특정해역 출어선: 위치통지 미이행 후 6시간 경과 시
2. 조업자제해역 출어선: 위치통지 미이행 후 8시간 경과 시
3. 일반해역 출어선: 위치통지 미이행 후 12시간 경과 시
4. 풍랑특보시 출어선: 위치통지 미이행 후 12시간 경과 시
5. 태풍특보시 출어선: 위치통지 미이행 후 4시간 경과 시

③ 안전본부는 어선 위치보고와 관련된 정보를 해양수산부 및 해양경찰청에 전자적인 방법으로 공유할 수 있다.

제17조(지원대상 사업) 법 제26조제2항에 따른 지원대상 사업은 다음 각 호와 같다.

1. 어선 안전사고 예방 및 대응 기술의 진흥사업
2. 법 제19조제1항제1호부터 제8호까지의 사업
3. 안전장비 및 설비 지원사업
4. 그 밖에 해양수산부장관 또는 지방자치단체의 장이 어선의 사고예방 및 대응을 위해 필요하다고 인정하는 사업

제18조 (출입항 정보의 제공) 해양수산부장관은 어선의 출입항 정보를 해양경찰청장 또는 해양경찰서장에게 요청할 수 있으며 요청받은 해양경찰청장 또는 해양경찰서장은 전자적인 방법 등으로 제공할 수 있다.

제19조(권한의 위임) 해양경찰청장은 법 제8조에 따른 출입항 신고업무의 권한을 소속기관의 장에게 위임한다.

제20조(고유식별정보의 처리) 해양수산부장관(법 제19조 및 제29조에 따라 해양수산부장관의 권한을 위임·위탁받은 자를 포함한다)은 각 호의 사무를 수행하기 위하여 불가피한 경우「개인정보 보호법 시행령」 제19조에 따른 주민등록번호, 여권번호 또는 외국인등록번호가 포함된 자료를 처리할 수 있다.

1. 법 제8조에 따른 출입항신고에 관한 업무
2. 법 제12조에 따른 출어등록에 관한 업무
3. 법 제21조에 따른 어선 교신가입 또는 위치통지에 관한 업무
4. 법 제25조에 따른 안전조업교육에 관한 업무
5. 법 제19조에 따른 어선사고 예방 및 구조에 관한 업무

제21조(과태료의 부과기준) ① 법 제32조제3항에 따른 과태료의 부과기준은 별표5와 같다.

부 칙

제1조(시행일) 이 영은 2020년 8월 28일부터 시행한다.

제2조(다른 법령의 개정) 「해사안전법 시행령」 일부를 다음과 같이 개정한다.

제21조제2항제13호 중 "(여객선 및 어선은 제외한다)"를 "(여객선은 제외한다)"로 하고, 같은 조 제4항 중 "여객선과 어선에 대한"을 "여객선에 대한"으로 한다.

시행령 별표 목차

■ 어선안전조업법 시행령 [별표 1]

조업한계선(제2조제1항 관련)

동해조업한계선: 다음의 각 점을 차례로 연결하는 선	서해조업한계선: 다음의 각 점을 차례로 연결하는 선
가. 북위 38도 33분 09.83초와 강원도 고성군 현내면 저진리 해안선의 교차점 나. 북위 38도 33분 09.83초, 동경 132도 34분 07.58초	가. 강화도 창후리항 선착장 최끝단 나. 교동도 읍내리 남산포항 선착장 최끝단 다. 미법도 최동단 라. 서검도 최동단 마. 볼음도 최남단 바. 주문도 최서단 사. 주문도 최남단 아. 북위 37도 34분 40.04초, 동경 126도 09분 31.70초 자. 북위 37도 34분 40.04초, 동경 126도 02분 52.74초 차. 북위 37도 31분 31.06초, 동경 126도 02분 52.74초 카. 북위 37도 30분 10.07초, 동경 125도 59분 52.76초 타. 북위 37도 30분 10.07초, 동경 125도 49분 52.81초 파. 북위 37도 25분 10.10초, 동경 125도 49분 52.81초 하. 북위 37도 25분 10.08초, 동경 124도 43분 33.18초 거. 북위 37도 44분 54.94초, 동경 124도 43분 33.17초 너. 북위 37도 47분 54.92초, 동경 124도 39분 38.19초 더. 북위 37도 52분 09.89초, 동경 124도 39분 38.19초 러. 북위 37도 55분 09.87초, 동경 124도 36분 59.20초 머. 북위 37도 55분 09.86초, 동경 123도 59분 53.41초

■ 어선안전조업법 시행령 [별표 2]

특정해역의 범위(제2조제2항 관련)

동해특정해역: 조업한계선과 다음의 각 점을 차례로 연결하는 선 내의 영역	서해특정해역: 조업한계선과 다음의 각 점을 차례로 연결하는 선 내의 영역
가. 북위 38도 33분 09.83초, 동경 132도 34분 07.58초 나. 북위 38도 00분 10.06초, 동경 132도 49분 50.53초 다. 북위 38도 00분 09.97초, 동경 130도 09분 51.38초 라. 북위 38도 15분 09.86초, 동경 129도 59분 51.43초 마. 북위 38도 15분 15.84초와 육안과의 교차점	가. 북위 37도 30분 10.07초, 동경 125도 59분 52.76초 나. 북위 37도 00분 10.28초, 동경 125도 59분 52.77초 다. 북위 37도 00분 10.25초, 동경 123도 59분 53.42초 라. 북위 37도 55분 09.86초, 동경 123도 59분 53.41초

■ 어선안전조업법 시행령 [별표 3]

조업자제선의 범위(제2조제3항 관련)

동해조업자제선: 다음의 각점을 차례로 연결하는 선	서해조업자제선: 다음의 각 점을 차례로 연결하는 선
가. 북위38도33분09.83초, 동경132도34분07.58초 나. 북위38도33분09.84초, 동경132도59분38.45초 다. 북위38도37분09.82초, 동경132도59분38.44초 라. 북위38도53분09.71초, 동경133도02분50.41초 마. 북위39도29분09.48초, 동경133도26분50.24초 바. 북위39도51분54.35초, 동경134도11분19.97초 사. 북위40도33분09.16초, 동경135도59분49.33초 아. 북위42도00분08.60초, 동경136도49분48.92초 자. 북위42도00분08.60초선	가. 북위37도55분09.86초, 동경123도59분53.41초 나. 북위37도40분09.97초, 동경123도59분53.41초 다. 북위37도40분09.96초, 동경123도10분13.69초 라. 북위37도20분10.09초, 동경123도02분53.73초 마. 북위37도00분10.23초, 동경122도50분08.81초 바. 북위37도00분10.23초, 동경122도50분08.81초에서 정 서쪽으로 중국 산둥반도 동단과 만나는 점

■ 어선안전조업법 시행령 [별표 4]

조업자제해역의 범위(제2조제4항 관련)

동해 조업자제해역: 다음의 점을 순차로 연결한 선내의 해역	서해 조업자제해역: 다음의 점을 순차로 연결한 선내의 해역
가. 북위38도37분09.82초, 동경132도59분38.44초 나. 북위38도53분09.71초, 동경133도02분50.43초 다. 북위39도29분09.48초, 동경133도26분50.24초 라. 북위39도51분54.35초, 동경134도11분19.97초	가. 북위37도00분10.09초, 동경123도59분53.41초 나. 북위37도40분09.97초, 동경123도59분53.41초 다. 북위37도40분09.96초, 동경123도10분13.69초 라. 북위37도20분10.09초, 동경123도02분53.73초 마. 북위37도00분10.23초, 동경122도50분08.81초 바. 북위37도00분, 동경122도50분15초

■ 어선안전조업법 시행령 [별표 5]

과태료의 부과기준(제21조 관련)

1. 일반기준

가. 하나의 위반행위가 둘 이상의 과태료 부과기준에 해당하는 경우에는 그 중 금액이 큰 과태료 부과기준을 적용한다.

나. 위반행위의 횟수에 따른 과태료의 가중된 부과기준은 최근 1년간 같은 위반행위로 과태료 부과처분을 받은 경우에 적용한다. 이 경우 기간의 계산은 위반행위에 대하여 과태료 부과처분을 받은 날과 그 처분 후 다시 같은 위반행위를 하여 적발된 날을 기준으로 한다.

다. 나목에 따라 가중된 부과처분을 하는 경우 가중처분의 적용 차수는 그 위반행위 전 부과처분 차수(나목에 따른 기간 내에 과태료 부과처분이 둘 이상 있었던 경우에는 높은 차수를 말한다)의 다음 차수로 한다.

라. 부과권자는 다음의 어느 하나에 해당하는 경우에는 제2호에 따른 과태료 금액의 2분의 1의 범위에서 그 금액을 줄일 수 있다. 다만, 과태료를 체납하고 있는 위반행위자의 경우에는 그러하지 아니하다.

1) 위반행위자가 「질서위반행위규제법 시행령」 제2조의2제1항 각 호의 어느 하나에 해당하는 경우

2) 위반행위가 사소한 부주의나 오류로 인한 것으로 인정되는 경우

3) 위반행위자의 법 위반상태를 시정하거나 해소하기 위한 노력이 인정되는 경우

4) 그 밖에 위반행위의 정도, 위반행위의 동기와 결과 등을 고려하여 그 금액을 줄일 필요가 있다고 인정되는 경우

2. 개별기준

(단위: 만원)

위반행위	근거 법조문	과태료 금액		
		1차 위반	2차 위반	3차 이상 위반
가. 제21조제1항을 위반하여 안전본부에 교신가입을 하지 아니한 경우	법 제32조 제1항제1호	150	250	500
나. 제21조제2항을 위반하여 안전본부에 위치통지를 하지 아니하거나 허위로 통지한 경우	법 제32조 제1항제2호	150	250	500
다. 제22조제2항을 위반하여 어업지도선, 함정 또는 안전본부로부터 위험상황을 전파 받거나 대피하도록 통보받고 이에 따르지 아니한 경우	법 제32조 제1항제3호	150	250	500
라. 제9조제1항 본문을 위반하여 신고기관이 설치되지 아니한 항포구에 출입항한 경우	법 제32조 제2항제1호	90	150	300
마. 제9조제2항을 위반하여 입항한 항포구 인근에 있는 신고기관에 신고를 하지 아니한 경우	법 제32조 제2항제2호	90	150	300
바. 제22조제1항을 위반하여 긴급사태에 관한 경보를 청취하지 아니한 경우	법 제32조 제2항제3호	90	150	300
사. 제24조를 위반하여 구명조끼를 착용하지 아니한 경우	법 제32조 제2항제4호	90	150	300
아. 제25조를 위반하여 안전조업교육을 이수하지 아니한 경우	법 제32조 제2항제5호	90	150	300

■ 어선안전조업법 시행령 [별도 1]

동해조업한계선도(제2조제1항 관련)

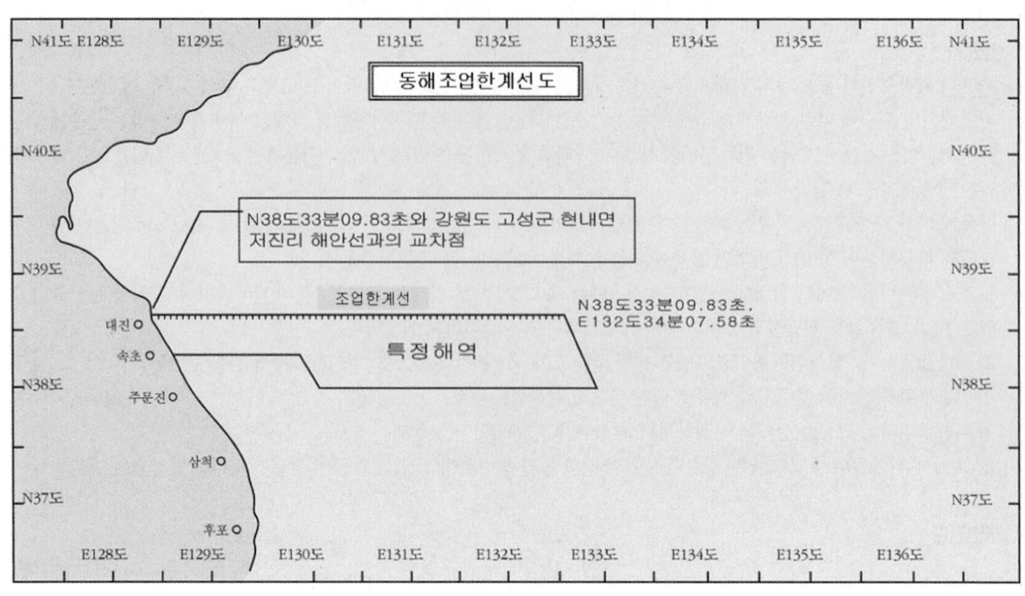

■ 어선안전조업법 시행령 [별도 2]

서해조업한계선도(제2조제1항 관련)

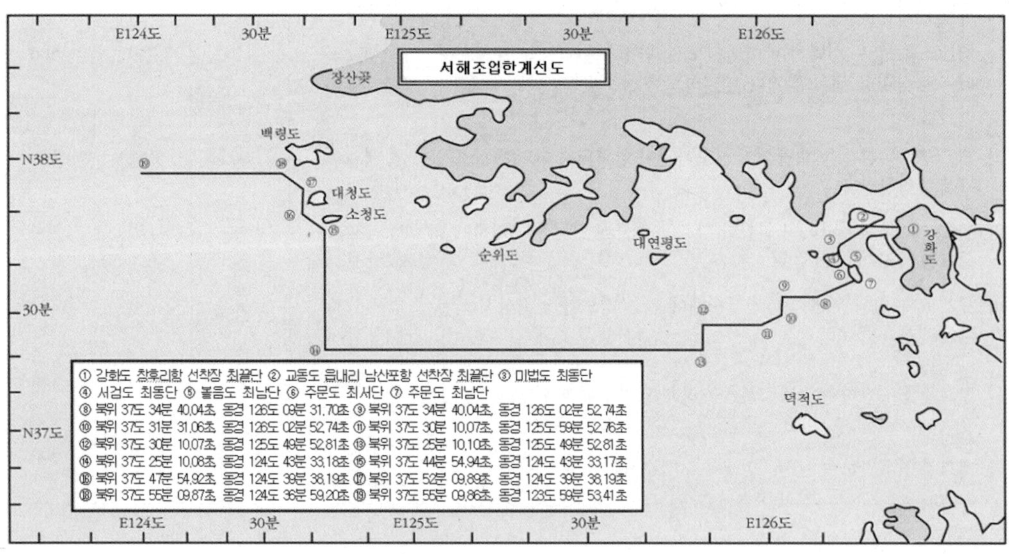

어선안전조업법 시행규칙안

1. 제정이유

해상에서 어선의 조업과 항행 중 부주의 등으로 인한 충돌, 침몰 등의 사고가 빈발하고 있고, 서해5도 해역에서는 남·북한 대치상황으로 인한 사고위험이 상존하고 있으며, 중국어선의 불법조업 등도 우리 어선의 안전조업에 위험요소가 되고 있는바, 어선사고의 예방과 사고 발생 시 신속한 대응을 위한 국가의 지원과 노력이 필요한 상황이지만 체계적인 법률적·제도적 장치가 미흡한 실정임.

이에 따라 「어선안전조업법」이 제정(법률 제16569호, 2019.8.27. 공포)되었고, 법 시행일에 맞춰(2020.8.28.) 출입항 신고의 세부절차 및 방법, 기상특보 시 출항제한의 기준 및 안전조치·준수사항, 조업한계선 또는 조업자제선을 넘어서는 어장의 명칭과 범위, 어선의 선단 편성·운영 방법 및 선단 이탈 가능 절차, 구명조끼의 착용 요건, 안전조업교육의 종류·시행기관·실시방법 등 법률에서 위임된 사항과 그 시행을 위하여 필요한 사항을 정하려는 것임.

2. 주요내용

가. 시행규칙의 제정 목적 및 출입항 신고의 세부절차 및 방법(안 제1·2조)

나. 기상특보 시 출항제한의 기준 및 안전조치·준수사항 등(안 제3조)

다. 조업한계선 또는 조업자제선을 넘어서는 어장의 명칭과 범위 등(안 제4조)

라. 출어등록의 신청 방법 및 출어등록 관리 절차 등(안 제5조)

마. 특정해역에서 조업하는 어선의 의무 안전장비(안 제6조)

바. 어선의 선단 편성·운영 방법, 선단 이탈 가능 절차 등(안 제8조)

사. 교신가입신청 방법 및 관리 절차, 해지 가능 사유(안 제10조)

아. 긴급사태 경보청위 방법(안 제11조)

자. 구명조끼의 착용 요건 및 착용 여부 단속 기관(안 제13조)

차. 안전조업교육 종류, 시행기관, 실시방법 등(안 제14조)

3. 참고사항

가. 관계법령: 생　략

나. 예산조치: 별도조치 필요 없음

다. 합　　의: 해당사항 없음

라. 기　　타: 특이사항 없음

해양수산부령 제 호

어선안전조업법 시행규칙안

제1조(목적) 이 규칙은 「어선안전조업법」 및 같은 법 시행령에서 위임된 사항과 그 시행에 필요한 사항을 규정함을 목적으로 한다.

제2조(출입항신고의 절차 등) ① 「어선안전조업법」(이하 "법"이라 한다) 제8조제1항에 따라 출입항을 신고하려는 어선의 소유자 또는 선장은 별지 제1호서식의 어선출입항신고서를 작성하여 출항하고자 하는 항포구의 신고기관(법 제2조제9호의 신고기관을 말한다)에 제출하고, 신고기관의 확인을 받아 어선에 비치하여야 한다. 다만, 법 제8조 제1항 각 호에 규정한 해역으로의 출입항 신고와 동조제2항제1호 및 제2호에 해당하는 신고의 경우에는 해양경찰서 소속 파출소, 출장소(이하 "해양경찰서 신고기관"이라 한다)에 신고하여야 한다.

② 제1항에도 불구하고 총톤수 5톤 미만 어선의 소유자 또는 선장은 다음 각 호의 경우를 제외하고는 전화 또는 정보통신망을 이용하여 출입항하는 항포구를 관할하는 신고기관에 출입항 신고를 할 수 있다.

1. 최초로 신고하는 경우
2. 어선출입항 신고서의 선명, 선주, 선장, 어선제원 및 선원명부에 변동이 있는 경우
3. 특정해역이나 조업자제해역에 출어하는 경우

③ 어선의 소유자 또는 선장이 법 제8조제2항에 따라 어선위치발신장치로 출입항하는 경우 어선출입항신고서의 내용 중 조업업종, 조업해역 및 입항예정 장소는 해당 어선의 최근 어선출입항신고서의 신고내용과 동일한 것으로 하며 입항예정 일시는 평균조업일수를 출항일시에 더한 시간으로 한다.

④ 어선의 소유자 또는 선장은 어선이 출항한 후 제1항부터 제3항에 따라 신고한 조업해역, 입항예정 일시·장소를 변경하고자 할 때에는 해양경찰서 신고기관에 신고하거나 관할 안전본부에 통지 하고, 통지를 받은 안전본부는 이를 해당 해양경찰서 신고기관에 통지하여야 한다.

⑤ 해양경찰청은 선박의 출항 및 입항을 효율적으로 관리하기 위하여 선박 출항·입항 종합정보시스템을 구축·운영할 수 있다.

제3조(출항제한의 기준 등) ① 법 제10조제2항 및 제3항에 따른 기상특보가 발효된 때의 어선의 안전조치 및 준수사항과 출항제한의 기준·방법 및 절차는 별표1과 같다.

② 제1항에도 불구하고 11월 1일부터 다음 해 3월 31일까지의 기간에 풍랑주의보 발효시에는 30톤 미만 어선은 출항을 금지하며 신고기관의 장은 태풍내습으로 인한 기상특보(풍랑주의보)발효시 30톤 미만 어선에 대하여는 출항을 통제하여야 한다.

③ 제1항 및 제2항에도 불구하고 풍랑주의보 발효시라도 관할 신고기관의 장은 현지해상 기상이 출어 조업에 지장이 없다고 판단될 때에는 별표2의 기준에 따라 출어 조업할 수 있도록 조치할 수 있다.

제4조(조업한계선 또는 조업자제선을 넘어서는 어장의 명칭과 범위 등) ① 「어선안전조업법 시행령」(이하 "영"이라 한다) 제8조 제1호에 따라 설정하는 어장의 명칭·범위 및 조업조건 등은 별표3과 같다.

② 영 제8조 제2호에 따라 외국정부로부터 입어허가를 받아 당해 외국수역에서 조업하고자 하는 경우는 동경 133도44분50.12초선 이동의 조업자제선을 넘어서 항행할 수 있다.

제5조(출어등록 절차 등) ① 법 제12조에 따라 출어등록을 하고자 하는 자는 별지 제2호서식의 출어등록신청서를 해양경찰서 신고기관의 장에게 제출하여야 한다.

② 해양경찰서 신고기관의 장은 출어등록을 한 자에 대하여 출어등록번호를 부여하고 별지 제3호서식의 출어등록증을 발급하여야 한다. 이 경우 출어등록번호는 일반어선과 어획물운

반선을 구분하여 부여한다.

③ 해양경찰서 신고기관의 장은 제2항에 따라 출어등록증을 발급한 때에는 별지 제4호서식의 출어등록대장에 기록·보관하고 관할 어업관리단 및 관할 안전본부에 통보하여야 한다.

④ 제3항의 출어등록대장은 전자적 처리가 불가능한 특별한 사유가 있는 경우 외에는 전자적 방법으로 기록·관리하여야 한다.

제6조(특정해역 조업어선 안전장비) 법 제13조제2항에 따른 "해양수산부령으로 정하는 안전장비"는 무선설비·구명설비·나침반·해도를 말한다. 다만, 특정해역과 인접하고 있는 지역의 어업인이 보유하는 무동력어선 및 10톤 미만의 동력어선은 예외로 하되, 닻과 노를 갖추어야 한다.

제7조(특정해역외의 해역에서의 조업 또는 항해의 허용해역) ① 법 제14조제2항에 따라 주문진항 이북에 위치한 항포구를 출항하는 어선으로서 동해 조업자제해역에 출어하는 어선은 주문진항 방향으로 남하한 후 특정해역 이남 일반해역으로 항해하여야 하며, 입항 시에도 이에 준한다.

② 제1항에 따라 동해조업자제해역에 출어하고자 하는 어선은 해양수산부장관이 고시하는 장비를 갖추고 이를 작동하여야 한다.

제8조(어선의 선단(船團) 편성 등) ① 법 제15조제3항에 따라 선단을 편성 하려는 어선의 소유자 또는 선장은 해당 어선의 업종, 성능, 지역 및 선장 간의 유대관계 등을 고려하여 2척 이상으로 선단을 편성하고, 선단의 대표자는 이를 관할 안전본부에 통보하여야 한다. 다만, 출항신고 또는 출어등록 시 선단을 편성하는 경우에는 해양경찰서 신고기관에 통보할 수 있다.

② 제1항에도 불구하고 특정해역 또는 조업자제해역에 출입하는 어획물운반선은 선단 편성에서 제외한다.

③ 제1항에 따라 동일선단에 편성된 각 어선의 소유자 또는 선장은 조업 중 관할 안전본부의 안전조업에 관한 지시에 따라야 한다.

④ 선단은 가시거리 내의 같은 어장에서 조업하여야 하며, 조난사고 발생 시 조난된 사람을 신속히 구조할 수 있도록 최대한의 지원을 제공하여야 한다.

⑤ 제4항에도 불구하고 선단을 구성하는 어선의 소유자 또는 선장이다음 각 호의 어느 하나에 해당하는 사유로 선단을 이탈하는 것이 불가피할 경우에는 관할 안전본부의 승인을 받아야 한다.

1. 어선설비의 고장
2. 인명사고 발생
3. 어획량에 따른 이동
4. 일반해역으로의 이동
5. 기상악화에 따른 피항(避航)
6. 어구·어법의 특성상 가시거리 내의 같은 어장에서 조업하는 것이 현저히 곤란한 경우

⑥ 제5항에 따라 선단 이탈을 통보받은 안전본부는 관할 신고기관 및 어업관리단에 어선의 이탈을 지체없이 통보하고, 잔류어선이 1척일 경우에는 그 어선을 다른 선단에 편입시켜야 한다. 다만, 제5항제5호 및 제6호에 해당하는 경우에는 다른 어선단에 편입시키지 아니할 수 있다.

⑦ 특정해역 또는 조업자제해역에서 조업하려는 어선이 선단을 편성하여 출항 할 수 없을 경우에는 조업 중인 선단에 편입하게 할 수 있다.

제9조(어선안전종합관리시스템 운영 · 관리 등)

① 법 제19조제8호에 따른 어선안전종합관리시스템을 이용하고자 하는 중앙행정기관, 지방자치단체 또는 「공공기관의 운영에 관한 법률」 제4조에 따른 공공기관(이하 "관계기관"이라 한다)의 장은 해양수산부장관에게 어선안전종합관리시스템의 연계요청을 하여야 한다.

② 해양수산부장관은 관계기관의 장이 어선안전종합관리시스템의 연계를 요청하는 경우, 그 사유를 검토하여 타당하다고 인정되면 이를 제공할 수 있다.

③ 제1항에 따라 어선안전종합관리시스템을 연계할 경우에는 연계기관 간 협정을 체결하여야 하며, 시스템 연계작업 및 운영에 소요되는 비용은 연계를 요청한 기관에서 부담한다.

제10조(교신가입신청) ① 법 제21조제1항에 따라 교신가입하려는 어선의 소유자는 별지 제5호서식의 교신가입신청서를 어선이 주로 출입항하는 항포구를 관할하는 안전본부에 제출하여야 한다.
② 제1항에 따라 교신가입신청서를 접수한 안전본부는 별지 제6호서식의 교신가입증을 발급하고 이를 어선안전종합관리시스템에 기록·관리하여야 한다.
③ 교신가입한 어선이 다음 각호의 어느 하나에 해당하는 경우 가입을 해지할 수 있다.
1. 「어선법」 제19조에 따라 등록 말소 된 경우
2. 「전파법」 제25조의2 및 제72조에 따라 무선국의 폐지 또는 개설허가가 취소 된 경우
3. 「수산업법」 제30조에 따라 휴업 신고 및 어업권을 포기한 경우
④ 제3항에 따라 교신가입을 해지하는 경우에는 교신가입시 제출한 교신가입신청서류를 해지일로부터 5일 이내에 파기하고 어선의 조업 및 운항정보는 어선안전종합관리시스템에 저장·관리하여야 한다.

제11조(긴급사태 경보청취) 법 제22조제1항에 따라 무선설비가 설치된 어선은 매시 정각부터 3분동안 통신기를 개방하여 긴급사태경보에 관한 사항을 청취하여야 하며, 라디오가 있는 어선은 뉴스 시간마다 긴급사태경보에 관한 뉴스를 청취하여야 한다.

제12조(정선신호방법 등) ① 법 제23조제2항에 따른 해양수산부령이 정하는 정선신호 방법은 다음 각 호와 같다.
1. 국가 어업지도선, 해양경찰청 함정, 국방부 함정이 주간에는 황색 및 흑색표지를 교차하여 연결한 정선명령신호기를 게양한 경우
2. 국가 어업지도선, 해양경찰청 함정, 국방부 함정이 야간에는 기적을 한번은 짧게, 한번은 길게 연이어 울리거나 빛을 짧게, 길게 순으로 계속 비추는 경우
3. 해양경찰 및 대한민국 국적의 항공기가 어선의 상공에서 선회하거나 조명탄, 해상위치표시탄을 투하한 경우
4. 방송이나 육성으로 정선명령을 받은 경우
② 법 제23조제2항에 따라 국가 어업지도선, 해양경찰청 함정, 국방부 함정이 승선조사를 할 경우에는 승선조사를 받는 어선의 선장에게 소속, 성명, 승선조사의 목적과 이유를 고지하여야 한다.

제13조(구명조끼의 착용 요건 등) ① 법 제24조제1항에 따른 구명조끼의 착용요건은 다음 각 호와 같다.
1. 기상특보 발효
2. 기상예비특보 발효
② 법 제24조제2항에 따른 "해양수산부령이 정하는 자"란 「수산업법」 제72조의 어업감독공무원 및 「해양경찰법」 제13조의 해양경찰청 소속 공무원을 말한다.

제14조(안전조업교육 종류, 시행기관, 실시방법 등) ① 법 제25조제2항에 따른 안전조업교육은 어선의 소유자와 선장, 기관장, 통신장, 그 밖에 이에 준하는 직무를 수행하는 자를 대상으로 시행하는 정기교육과 특정해역에 출어하는 어선의 소유자와 선장, 기관장, 통신장, 그 밖에 이에 준하는 직무를 수행하는 자를 대상으로 시행하는 특별교육으로 구분한다.
② 제1항에 따른 정기교육은 수협중앙회장이 시행하며, 특별교육은 조업보호본부장이 시행한다.
③ 제1항에 따른 정기교육을 효율적으로 하기 위하여 수협중앙회장은 사전에 시장·군수·구청장(자치구의 구청장을 말한다), 해양경찰서장 및 지방해양수산청장(이하, "관계기관의 장"이라 한다)에게 교육실시에 관한 협조를 요청할 수 있으며, 협조 요청을 받은 관계기관의 장은 적극 협조하여야 한다.
④ 제1항에 따른 정기교육과 특별교육은 동시에 실시할 수 있으며, 수협중앙회장과 조업보호본부장은 상호 교육에 필요한 협조를 하여야 한다.
⑤ 안전조업교육 시행기관은 교육별 이수자에게 별지 제7호서식의 안전조업교육 이수증을 발급하여야 한다. 이 경우 안전조업교육 유효기

간은 교육을 받은 날로부터 1년으로 한다.

⑥ 제5항 후단에도 불구하고 다음 각 호의 경우에는 안전조업교육 유효기간을 연장할 수 있다.

1. 천재지변, 질병·사고 등의 사유로 안전조업교육을 받을 수 없는 경우
2. 안전조업교육 과정이 개설되지 않는 등의 사유로 안전조업교육을 받기가 곤란하다고 해양수산부장관이 인정하는 경우

⑦ 안전조업교육 시행기관은 안전조업교육 이수자를 별지 제8호서식의 안전조업교육 이수자 관리대장에 기록·관리하여야 하며 전자적 처리가 불가능한 특별한 사유가 있는 경우 외에는 관리대장을 전자적 방법으로 기록·관리하여야 한다.

⑧ 제1항에 따른 교육 대상자, 내용 및 시간은 별표4와 같다.

부 칙

제1조(시행일) 이 규칙은 2020년 8월 28일부터 시행한다.

제2조(다른 법령의 개정) ①「선박안전조업규칙」은 이를 폐지한다.

②「해사안전법 시행규칙」 일부를 다음과 같이 개정한다.

별표 10 제2호가목4)를 다음과 같이 신설한다.

4)「어선안전조업법」에 따른 어선

별표 10 제2호 비고 제1호를 삭제한다.

시행령 별표 목차

별지 번호	별지 제목
1	출(입)항신고서(제2조제1항 관련)
2	출어등록신청서(제5조제1항 관련)
3	출어등록증(제5조제2항 관련)
4	출어등록대장(제5조제3항 관련)
5	교신가입신청서(제10조제1항 관련)
6	교신가입증(제10조제2항 관련)
7	안전조업교육(정기·특별)이수증(제14조제5항 관련)
8	안전조업교육 이수자 관리대장(제14조제7항 관련)
별표 번호	**별표 제목**
1	기상특보 발효시 어선조치 및 준수사항과 출항제한의 기준방법절차 (제3조제1항 관련)
2	기상특보(풍랑주의보) 발효 중 출어허용 가능해역 (제3조제3항 관련)
3	조업한계선 이북해역에 위치한 어장의 명칭·범위 및 조업조건 (제4조제1항 관련)
4	어선안전조업교육 교육대상자·교육내용 및 교육기간 (제14조제8항 관련)

■ 어선안전조업법 시행규칙 [별지 제1호서식]

(앞 쪽)

선 명		어선출입항신고서	처리기간
			즉 시

선주	성 명		주민등록번호	
	주 소		연락처(전화)	
선 장	성 명		주민등록번호	
	주 소		연락처(전화)	

어선 제원	어선번호		톤 수		허 가 업 종	
	선적항		통신 기기			

출입항신고사항(평균조업일수 일)

출 항								입 항		
일시	출항지	조업 업종	조업 해역	입항 예정		신고자 성명 (인)	확인 (인)	일시	장소	확인 (인)
				일시	장소					

210㎜ × 297㎜[인쇄용지(특급) 70g/㎡]

(뒤 쪽)

선원명부

선명: (톤), 어선번호:

연 번	직 책	성 명	주민등록번호	연락처	주 소	면허 및 수첩 번호

210㎜ × 297㎜(일반용지 60g/㎡)

■ 어선안전조업법 시행규칙 [별지 제2호서식]

<table>
<tr><td colspan="6" rowspan="2">특정(조업자제)해역
출어등록신청서</td><td>처리기간</td></tr>
<tr><td>즉시</td></tr>
<tr><td rowspan="3">신
청
인</td><td>성 명</td><td></td><td colspan="2">주민등록번호</td><td colspan="2"></td></tr>
<tr><td>연락처</td><td></td><td colspan="2">주 소</td><td colspan="2"></td></tr>
<tr><td>선 명</td><td></td><td>톤 수</td><td></td><td>선 종</td><td></td></tr>
<tr><td rowspan="3">등록
사항</td><td>어선번호</td><td></td><td>마력수</td><td></td><td>최 대
승선원 수</td><td>명</td></tr>
<tr><td>조업업종</td><td></td><td colspan="2">어업허가번호</td><td colspan="2"></td></tr>
<tr><td>비 고</td><td colspan="5"></td></tr>
</table>

<table>
<tr><td colspan="5">교 육 이 수 자</td></tr>
<tr><td>직 책</td><td>성 명</td><td>주민등록번호</td><td>연락처</td><td>주 소</td></tr>
<tr><td>선주</td><td></td><td></td><td></td><td></td></tr>
<tr><td>선장</td><td></td><td></td><td></td><td></td></tr>
<tr><td>기관장</td><td></td><td></td><td></td><td></td></tr>
<tr><td>통신장</td><td></td><td></td><td></td><td></td></tr>
<tr><td></td><td></td><td></td><td></td><td></td></tr>
</table>

「어선안전조업법 시행규칙」제5조제1항에 따라 위와 같이 출어등록을 신청합니다.

년 월 일

신청인 성명 (인) 또는 서명

파출소(출장소) 소장 귀하

<table>
<tr><td rowspan="2">구비서류: 없음</td><td>수수료</td></tr>
<tr><td>없음</td></tr>
</table>

210㎜ × 297㎜(일반용지 60g/㎡)

■ 어선안전조업법 시행규칙 [별지 제3호서식]

(앞 쪽)

출 어 등 록 증

등록번호: 선 명: 호

어선번호: 톤 수: 톤

조업업종: 조업어업허가번호 :

직책	성명	생년월일	연락처	주 소
선주				
선장				
기관장				
통신장				

위와 같이 「어선안전조업법 시행규칙」제5조제2항에 따라 출어등록을 마쳤으므로 이 증을 발급합니다.

년 월 일

○ ○ 해양경찰서
○ ○ ○ 파출소(출장소)장

210㎜ × 297㎜[인쇄용지(특급)60g/㎡]

(뒤 쪽)

주의사항

1. 이 증의 유효기간은 발급일부터 1년이며 유효기간이 지나면 다시 발급받아야 합니다.

2. 이 증을 분실하면 발급기관에 즉시 신고하여 다시 발급받아야 합니다.

3. 선장이 변경되었을 때에는 발급기관에 신고하여 확인을 받아야 합니다.

4. 이 증은 타인에게 양도하지 못합니다.

■ 어선안전조업법 시행규칙 [별지 제4호서식]

출어등록대장

연번	등록일자	등록번호	선명	톤수	마력	조업 업종	어업허가번호	최대 승선원 수	선주 성명	선주 연락처

297㎜ × 210㎜(일반용지 60g/㎡)

■ 어선안전조업법 시행규칙 [별지 제5호서식]

가입번호		교신가입신청서		처리기간
호출명칭				즉시

선주	성 명		주민등록번호	
	주 소		연락처	
			비상 연락처	
선 장	성 명		주민등록번호	
	주 소		연락처	
			비상 연락처	

어선정보	선 명		톤 수	
	어선번호		주 업 종	
	선 적 항		소속조합	

「어선안전조업법 시행규칙」 제10조제1항에 따라 위와 같이 교신가입을 신청합니다.

20 년 월 일

신 청 인 성 명 : (날인 또는 서명)

○○어선안전조업국장 귀하

※ 구비서류

1. 무선국허가증 사본 1부.
2. 어업허가증 사본 또는 어업허가확인서(운반선 또는 부속선은 선박검사증서 사본) 1부.

210㎜ × 297㎜ [인쇄용지(특급) 70g/㎡]

■ 어선안전조업법 시행규칙 [별지 제6호서식]

제　　호

교신가입증

어선번호:

선 명:

톤 수:

호출부호:

위 선박의 교신가입을 확인합니다.

년　월　일

○ ○ 어선안전조업국장

55㎜ × 85㎜[인쇄용지(특급) 120g/㎡]

■ 어선안전조업법 시행규칙 [별지 제7호서식] (앞 쪽)

제 호

안전조업교육(정기 · 특별) 이수증

성 명 :

생년월일 :

위 사람은 「어선안전조업법 시행규칙」 제14조제5항에 따른 교육을 이수하였습니다.

년 월 일

수산업협동조합장(조업보호본부장) ㊞

※ 이 증은 타인에게 양도하지 못하며, 분실 시 발급기관에 즉시 신고하여 다시 발급받아야 합니다.

55㎜ × 85㎜ [인쇄용지(특급) 120g/㎡]

(뒤 쪽)

안전조업교육 이수 내용			
구분(정기·특별)	교육 이수일	교육이수 확인자	인
		소속: 직급: 성명:	
		소속: 직급: 성명:	
		소속: 직급: 성명:	
		소속: 직급: 성명:	
		소속: 직급: 성명:	

■ 어선안전조업법 시행규칙 [별지 제8호서식]

안전조업교육(정기 · 특별) 이수자 관리대장

일련번호	선명	성명	직책	주민등록번호	교육 이수일	이수증발급일	이수증발급자	비고

297㎜ × 210㎜(일반용지 60g/㎡)

■ 어선안전조업법 시행규칙 [별표 1]

기상특보 발효시 어선의 안전조치 및 준수사항과 출항제한의 기준 · 방법 및 절차(제3조제1항 관련)

구분	기 상 상 태	출항제한	어선의 안전조치 및 준수사항
태풍 주의보	태풍으로 인하여 강풍, 풍랑, 호우, 폭풍해일 현상 등이 주의보 기준에 도달할 것으로 예상될	전 어선 출항금지	1. 해양수산부 또는 지방자치단체의 어업지도선, 해양경찰관서 함정의 출어선 안전해역 이동 및 항·만 대피 명령 준수 2. 전 어선 통신기(라디오)개방 경보 청취
태풍경보	태풍으로 인하여 다음 중 어느 하나에 해당하는 경우 ① 강풍(또는 풍랑) 경보 기준에 도달할 것으로 예상될 때 ② 총 강우량이 200mm이상 예상될 때 ③ 폭풍해일 경보 기준에 도달할 것으로 예상될 때	전 어선 출항금지	1. 해양수산부 또는 지방자치단체의 어업지도선, 해양경찰관서 함정의 출어선 안전해역 이동 및 항·만 대피 명령 준수 2. 전 어선 통신기(라디오)개방 경보 청취
풍랑 주의보	해상에서 풍속 14m/s 이상이 3시간이상 지속되거나 유의파고가 3m 이상이 예상될 때	15톤 미만 어선 출항금지	1. 해양수산부 또는 지방자치단체의 어업지도선, 해양경찰관서 함정의 출어선 안전해역 이동 및 항·만 대피 명령 준수 2. 전 어선 통신기(라디오)개방 경보 청취
풍랑경보	해상에서 풍속 21m/s 이상이 3시간이상 지속되거나 유의파고가 5m 이상이 예상될 때	전 어선 출항금지	1. 해양수산부 또는 지방자치단체의 어업지도선, 해양경찰관서 함정의 출어선 안전해역 이동 및 항·만 대피 명령 준수 2. 전 어선 통신기(라디오)개방 경보 청취
폭풍해일 주의보	천문조, 폭풍, 저기압 등의 복합적인 영향으로 해수면이 상승하여 발효기준 값 이상이 예상될 때. 다만, 발효기준 값은 지역별로 별도지정	-	1. 해양수산부 또는 지방자치단체의 어업지도선, 해양경찰관서 함정의 항내 정박선 안전지대 대피 명령 준수 2. 전 어선 통신기(라디오)개방 경보 청취
폭풍해일 경보	천문조, 폭풍, 저기압 등의 복합적인 영향으로 해수면이 상승하여 발효기준 값 이상이 예상될 때. 다만, 발효기준 값은 지역별로 별도지정	-	1. 해양수산부 또는 지방자치단체의 어업지도선, 해양경찰관서 함정의 항내 정박선 안전지대 대피 명령 준수 2. 전 어선 통신기(라디오)개방 경보 청취

비고(備考)

1. 해양경찰청장은 기상청에서 예보하는 기상특보에 따라 출항 제한한다.
2. 해양경찰청장은 기상특보 발효 이전이라도 기상 상황 등을 감안하여 어선의 출항 제한을 할 수 있다.
3. 해양수산부 또는 지방자치단체의 어업지도선, 해양경찰관서 함정은 기상특보 발효시 출어선에 대해 안전한 해역으로의 이동 및 항·만으로 대피 명령을 내릴 수 있다. 다만 기상특보 발효 이전이라도 기상 상황 및 대피 시간을 감안하여 출어선에 대해 안전한 해역으로의 이동 및 항·만으로 대피 명령을 내릴 수 있다.
4. 관할 안전본부는 기상특보 발효시 기상특보 내용과 출어선 안전조치 및 준수사항 등을 매시간 방송하고 신속히 대피하도록 계도하며 출어선의 대피 상황을 매 4시간마다 어선안전조업본부를 경유하여 해양수산부에 보고하고 필요시에 유관기관(해양경찰서, 시·군)에도 통보하여야 한다.

■ 어선안전조업법 시행규칙 [별표 2]

기상특보(풍랑주의보) 발효 중 출어허용 가능해역(제3조제3항 관련)

구 역	기 간	출어허용톤수
1. 인천 · 경기도연안 인천항~영종도~용유도~덕적도~이작도~풍도~서산군 화곡을 차례로 연결한 내측 해역	3. 1-12.31까지	5톤이상
2. 강원도 연안 7마일 이내 해역 <개정 94. 7.11>	1. 1-12.31까지	5톤이상
3. 충청남도 연안 천수만	1. 1-12.31까지	5톤이상
4. 전라남도 연안 여자만, 가막만, 광양만	1. 1-12.31까지	5톤이상
5. 경상북도 연안 3마일 이내 해역 <개정 99. 7.5>	1. 1-12.31까지	5톤이상
6. 경상남도 연안 진주만, 고성만, 진해만	1. 1-12.31까지	5톤이상
7. 기 타 현지의 해상기상으로 보아 출어에 지장이 없다고 판단되는 내만 또는 도서 주위해역	1. 1-12.31까지	5톤이상

■ 어선안전조업법 시행규칙 [별표 3]

조업한계선 이북해역에 위치한 어장의 명칭 · 범위 및 조업조건 (제4조제1항 관련)

Ⅰ. 일반 조건

1. 동해 및 서해의 조업한계선 부근(저도어장, 백령·대청·소청도 주변어장, A어장 및 C어장을 포함한다)에 설치한 어망이 기상악화, 북상조류 등 부득이한 사유로 조업한계선 이북 또는 이동으로 흘러 들어간 경우 관내 수산업협동조합장(이하 "조합장"이라 한다)은 어망회수를 위한 항해신청을 할 수 있으며, 관할 함대사령관(이하 "사령관"이라 한다)은 일시적으로 어망회수 작업을 위한 항해를 승인할 수 있다. 이 경우 신청 및 승인에 관한 절차는 다음 각목과 같다.
   가. 조합장은 흘러 들어간 어망의 위치·종류·수량·회수희망일 및 소유자 등을 확인한 후 관할 시장·군수를 경유하여 항해신청을 하여야 한다.
   나. 관할 시장·군수는 가목의 경우에 관할 조업보호본부장과 협의를 거친 후 그 의견서를 첨부하여 사령관에게 송부하여야 한다.
   다. 사령관은 군사상황 및 제반 여건을 고려하여 어망회수 작업에 참여하는 어선의 수, 항해의 범위 및 기간을 정하여 승인할 수 있다.
   라. 신청기간
   1) 동해: 매년 9월1일부터 다음 해 4월30일까지
   2) 서해: 매년 3월1일부터 6월30일까지, 매년 9월1일부터 12월31일까지
2. 저도어장, 동해 북방어장 및 A어장, B어장, C어장, D어장에 대하여는 관할 시·도지사 또는 조업보호본부장은 출어선에 대한 안전보호를 위한 지침을 해당 지역을 관할하는 시장·군수, 군부대장, 조합장과 협의를 거쳐 수립 시행하여야 한다.

Ⅱ. 어장별 범위 및 조업조건

어장의 명칭	어장의 범위 및 조업조건
저도 어장	1. 조업구역 등 강원도 고성군 저도주위 해역 중 가목부터 라목까지의 각 점을 차례로 연결하는 선내의 해역에 대하여는 강원도 고성군 어선(근해트롤 · 근해통발 · 중형기선저인망 업종을 제외한다)에 한하여 조업을 할 수 있다. 다만, 마목의 각 점을 연결하는 선내의 해역에는 어구를 설치할 수 없다. 가. 북위38도34분09.68초와 고성군 현내면 지경리 해안선과의 교차점 나. 북위38도34분09.69초, 동경128도30분06.89초 다. 북위38도33분09.69초, 동경128도30분06.89초 라. 북위38도33분09.69초와 고성군 현내면 저진리 해안선과의 교차점 마. 북위38도34분09.68초, 동경128도26분08.92초, 북위38도34분09.68초, 동경128도26분28.92초, 북위38도33분09.69초, 동경128도26분08.92초, 북위38도33분09.69초, 동경128도26분28.92초 2. 조업기간: 4월1일부터 12월31일까지 3. 조업시간: 주간
동해 북방 어장	1. 조업구역 등 동해조업한계선 이북 해역 중 다음 각 점을 차례로 연결하는 선내의 해역에 대하여는 강원도 어선(근해트롤 · 중형기선저인망 업종을 제외한다)에 한하여 조업을 할 수 있다. 가. 북위38도35분09.68초, 동경128도31분06.89초 나. 북위38도35분09.69초, 동경129도08분36.69초 다. 북위38도33분09.71초, 동경129도08분36.69초 라. 북위38도33분09.71초, 동경128도31분06.89초 2. 조업기간: 10월1일부터 다음 해 3월31일까지 3. 조업시간: 주간
연평도 주변 어장	1. 조업구역 등 대연평도 주위의 가목부터 타목까지의 각 점을 차례로 연결하는 선내의 해역. 다만, 파목의 각 점과 하목의 각 점 및 갸목의 각 점을 연결하는 선내의 해역에는 어구를 설치할 수 없다. 가. 대연평도 최동단 나. 북위37도38분00초, 동경125도44분25초 다. 북위37도38분00초, 동경125도45분58초 라. 북위37도32분00초, 동경125도54분30초 마. 북위37도30분10.07초, 동경125도51분25초 바. 북위37도30분10.07초, 동경125도49분52.81초 사. 북위37도25분10.10초, 동경125도49분52.81초 아. 북위37도25분10.09초, 동경125도10분00초

구분	내용
연평도 주변 어장	자. 북위37도30분10.06초, 동경125도24분 52.95초 차. 북위37도32분35.04초, 동경125도29분 52.92초 카. 북위37도38분00.01초, 동경125도39분 57.86초 타. 대연평도 최서단 파. 북위37도34분23.64초, 동경125도33분 15.00초, 북위37도34분45.13초, 동경 125도33분55.00초, 북위37도25분10.09 초, 동경125도33분55.00초, 북위37도25 분10.09초, 동경125도33분15.00초 하. 북위37도37분01.30초, 동경125도38분 08.54초, 북위37도37분21.00초, 동경 125도41분33.00초, 북위37도38분37.45 초, 동경125도44분04.49초, 북위37도 38분22.00초, 동경125도44분12.86초, 북위37도37분03.00초, 동경125도41분 39.00초, 북위37도 35분27.60초, 동경 125도41분39.00초, 북위37도35분27.60 초, 동경125도45분00.00초, 북위37도 36분44초, 동경125도47분46초, 북위37 도36분36초, 동경125도47분57초, 북위 37도35분15.00초, 동경125도45분00.00 초, 북위37도35분15.00초, 동경125도41 분39.00초, 북위37도33분30.00초, 동경 125도41분39.00초, 북위37도33분30.00 초, 북위125도41분18.00초, 북위37도 37분00.00초, 동경125도41분18.00초, 북위37도36분37.39초, 동경125도37분 24.00초 가. 북위37도29분35초, 동경125도23분10 초, 북위37도25분11초, 동경125도23분 10초, 북위37도25분11초, 동경125도22 분30초, 북위37도29분21초, 동경125도 22분30초 2. **조업기간**: 연중 3. **조업시간**: 일출 전 30분부터 일몰 후 30분 까지 4. **기타**: 다음 각 목의 점을 차례로 연결하는 선내의 해역에서는 연평도 선적 어선에 한하여 4월1일부터 5월30일까지 및 10월1일 부터 11월30일까지는 일출 전 30분부터 일몰 후 1시간까지로 한다. 가. 북위37도35분20초, 동경125도37분50초 나. 북위37도30분00초, 동경125도37분50초 다. 북위37도30분00초, 동경125도46분30초 라. 북위37도35분20초, 동경125도46분30초
백령 · 대청 · 소청도 주변 어장	1. **조업구역** 백령도, 대청도 및 소청도 주위의 다음의 각 점을 차례로 연결하는 선내의 해역 가. 북위37도55분09.87초, 동경124도35분 53.21초 나. 북위37도59분39.84초, 동경124도35분 53.20초 다. 북위37도59분39.84초, 동경124도39분 53.18초 라. 북위37도59분09.84초, 동경124도39분 53.18초 마. 북위37도59분09.84초, 동경124도39분 53.18초에서 백령도 최동단 정동해상 800미터의 점에 이르는 백령도 북동쪽 해안선으로부터 800미터의 선 바. 소청도의 최동단 정동해상 1마일의 점 사. 북위37도43분09.96초, 동경124도47분 20.15초 아. 북위37도43분09.95초, 동경124도43분 33.17초 자. 북위37도55분09.87초, 동경124도31분 13.23초 2. **조업기간**: 연중 3. **조업시간**: 일출 전 30분부터 일몰 후 30분 까지
A어장	1. **조업구역 등** 백령도 서방해역 중 다음의 각 점을 차례로 연결하는 선내의 해역에 대하여는 백령도 어선에 한하여 조업을 할 수 있다. 가. 북위37도59분39.84초, 동경124도35분 53.20초 나. 북위37도59분39.84초, 동경124도31분 13.23초 다. 북위37도55분09.87초, 동경124도31분 13.23초 라. 북위37도55분09.87초, 동경124도35분 53.21초 2. **조업기간**: 연중(월 15일 이내) 3. **조업시간**: 일출 전 30분부터 일몰 후 30분 까지 4. **기타**: 옹진군 어업지도선(행정선 포함)의 인솔 하에 조업을 하여야 한다.
B어장	1. **조업구역 등** 소청도 남방해역 중 다음 각 점을 차례로 연결하는 선내의 해역에 대하여는 대청도, 소청도 어선에 한하여 조업을 할 수 있다. 가. 북위37도43분09.96초, 동경124도48분 30초 나. 북위37도43분09.96초, 동경124도43분 33.17초 다. 북위37도26분00초, 동경124도43분 33.17초 라. 북위37도26분00초, 동경124도48분30초 2. **조업기간**: 연중(월 15일 이내) 3. **조업시간**: 일출 전 30분부터 일몰 후 30분 까지 4. **기타**: 옹진군 어업지도선(행정선 포함)의 인솔 하에 조업을 하여야 한다.

C어장	1. 조업구역 등 백령도 서방해역중 다음의 각 점을 차례로 연결하는 선내의 해역에서는 백령도·대청도·소청도 어선에 한하여 조업을 할 수 있다. 가. 북위37도59분40초, 동경124도31분 13.23초 나. 북위37도55분09.86초, 동경124도31분 13.23초 다. 북위37도55분09.87초, 동경124도19분 53.30초 라. 북위37도59분40초, 동경124도19분 53.30초 2. 조업기간: 연중(월 15일 이내) 3. 조업시간: 일출 전 30분부터 일몰 후 30분까지 4. 기타: 옹진군 어업지도선(행정선 포함)의 인솔 하에 조업을 하여야 한다.
D어장	1. 조업구역 등 소청도 남방해역 중 다음 각 점을 차례로 연결하는 선내의 해역에 대하여는 백령도·대청도·소청도 어선에 한하여 조업을 할 수 있다. 가. 북위37도35분00초, 동경124도48분30초 나. 북위37도25분10.09초, 동경125도00분 00초 다. 북위37도25분10.09초, 동경124도48분 30초 2. 조업기간: 연중(월 15일 이내) 3. 조업시간: 일출 전 30분부터 일몰 후 30분까지 4. 기타: 옹진군 어업지도선(행정선 포함)의 인솔 하에 조업을 하여야 한다.
강화도 서방 어장	1. 조업구역 서해 조업한계선과 다음의 각 점을 차례로 연결하는 선내의 해역 가. 북위37도34분40.04초, 동경126도02분 52.74초 나. 북위37도32분40.05초, 동경125도58분 22.76초 다. 북위37도30분10.07초, 동경125도58분 22.76초 2. 조업기간: 3월1일부터 11월30일까지 3. 조업시간: 주간
분지골 어장	1. 조업구역 서해 조업한계선과 다음의 각 점을 차례로 연결하는 선내의 해역에서는 주문도·볼음도·아차도 및 서검도 어선에 한하여 조업을 할 수 있다. 가. 볼음도 최남단 나. 북위37도34분40.04초, 동경126도09분 31.70초 2. 조업기간: 연중 3. 조업시간: 주간 4. 기타: 강화군 어업지도선(행정선 포함)의 인솔 하에 조업을 하여야 한다.

■ 어선안전조업법 시행규칙 [별표 4]

안전조업교육 대상자 · 내용 및 기간(제14조제8항 관련)

교육과정	교육대상자	교육시행기관	교육내용	교육기간
정기교육	어선의 소유자와 선장, 기관장, 통신장, 그 밖에 이에 준하는 직무를 수행하는 자	수협중앙회	질서유지 및 안전한 조업 등	연 1회 4시간
특별교육	특정해역에 출어하는 어선의 소유자와 선장, 기관장, 통신장, 그 밖에 이에 준하는 직무를 수행하는 자	조업보호본부	월선·피랍 대비 안전사항 등	연 1회 2시간

주 :

1. 법 제25조 제1항에서 지정한 교육이수 대상자 외의 선원에게는 선장이 그 교육받은 내용을 전달하는 전달교육을 하여야 한다.
2. 안전조업교육은 수협중앙회장의 책임 아래 조합단위로 교육대상자 명부를 작성하여 연 1회 4시간 교육(정기교육 미 이수자는 보충교육)을 한다.
3. 특별교육은 조업보호본부장의 책임 아래 피교육자 명부를 작성하여 연 1회 2시간 교육(특별교육 미 이수자는 보충교육)을 한다.
4. 교육시행기관의 장은 필요하다고 인정되는 경우에는 교육대상자의 관할 지역 해당 기관(수협, 해양경찰서)에 위탁 및 외부전문기관·전문가를 초빙하여 교육을 실시할 수 있다.

어선안전조업법의 행위 및 형사처벌 규정에 대한 검토

오승진(단국대)

1. 머리말

어선안전조업법(이하 '법')은 2019. 8. 27. 제정되어 2020. 8. 28. 시행될 예정이다. 이 법의 시행을 위한 시행령과 시행규칙은 2020. 4. 14. 입법예고 되었다. 법 제1조에 의하면 이 법은 어선의 안전한 조업과 항행을 위한 사항을 정하여 건전한 어업질서를 확립하고 국민의 생명, 신체, 재산을 보호하는 것을 목적으로 한다. 그러나 이 법에 대하여는 민간인에 대한 과도한 행위제한과 처벌을 규정하고 있다는 비판이 제기되고 있다.

2. 행위 규제

서해5도 해역에는 조업한계선과 조업자제선이 설치되어 있으며, 조업한계선 이남의 해역을 특정해역, 특정해역의 서쪽 해역을 조업자제해역이라고 부른다(법 2조). 이에 따라 이 법은 어선에 대하여 일정한 행위를 규제하고 있다.

첫째, 조업한계선 또는 조업자제선의 이탈이 금지된다. 서해에서 어선이 특정해역, 조업자제해역 등에 출어하는 경우에는 신고기관에 신고하여야 하며(법 8조), 어선은 조업한계선 또는 조업자제선을 넘어 조업 또는 항행을 할 수 없다(법 제11조). 다만, 조업한계선 또는 조업자제선 인근 지역의 어선 등은 대통령령이 정하는 예외적인 경우에 한하여 조업한계선 또는 조업자제선을 넘어 조업 또는 항행할 수 있다(법 11조 단서). 법 11조 단서에 따라 조업한계선 또는 조업자제선을 넘어 조업 또는 항행을 할 수 있는 경우란 조업한계선 또는 조업자제선 인근 지역·도서의 어선이 해양수산부령으로 정하는 조업 및 항행할 수 있는 범위와 기간 안에서 조업 또는 항행하는 경우를 포함한다(법시행령 8조 1항).

둘째, 특정해역에서의 조업 또는 항행이 제한된다(법 13조). 해양수산부장관은 어선의 안전한 조업과 항행을 위하여 특정해역에서의 어업별 조업구역 및 기간 등을 제한할 수 있다(법 13조).

셋째, 서해 접경지역에서 지역 관할 군부대장의 통제에 따라야 한다. 서해 북방한계선과 잇닿아 있는 접경지역 중 대통령으로 정하는 어장에 대한 출입항은 신고기관의 협조를 받아 그 지역 관할 군부대장이 통제할 수 있다(법 17조 1항). 같은 조 제1항의 어장을 관할하는 관계 기관의 장은 어선의 불법조업 및 조업구역 이탈 방지 등 안전조업의 지도에 노력하여야 한다(2항). 같은 조 제1항 및 제2항에 따른 출입항 통제 및 안전조업지도 등의 범위 및 방법에 관하여 필요한 사항은 대통령령으로 정한다(3항). 지역 관할 군부대장이 통제할 수 있는 어장은 백령도, 대청도, 소청도, 연평도, 강화도 및 그 주변해역(시행령 제8조 제1항에 따른 조업 및 항행할 수 있는 어장)이다(법시행령 11조). 그 주변수역이란 어선이 조업한계선 또는 조업자제선을 넘어 조업 또는 항행하는 경우를 의미한다(법시행령 8조). 법시행규칙 4조 1항의 별표 3은 조업한계선 또는 조업자제선을 넘어서는 어장의 명칭, 범위 및 조업조건을 규정하고 있는데, 서해에서는 연평도 주변어장, 백령·대청·소청도 주변어장, A어장, B어장, C어장, D어장, 분지골어장이 설정되어 있다. 관할어업관리단장 및 지방자치단체장은 통제어장에서의 불법어업을 단속하고 조업구역을 이탈한 어선에 대하여 복귀명령조치를 해야 한다(법시행령 13조). 관할 군부대장은 이에 관련된 사항을 관할 지자체장에게 요청할 수 있다.

넷째, 해양수산부장관, 국방부장관 및 해양경찰청장은 어선에 대하여 정선·승선조사 등 필요한 명령이나 조치를 취할 수 있다(법 23조).

3. 처벌규정

이 법은 벌칙조항을 두고 있는데, 제11조를 위반하여 조업한계선 또는 조업자제선을 넘어 조업 또는 항행한 자, 제13조를 위반하여 특정해역에서 조업 또는 항행한 자, 제17조를 위반하여 서해 접경해역의 통제에 불응한 자, 제23조를 위반하여 정선명령을 위반하거나 승선조사 등 필요한 조치에 따르지 아니한 자에 대하여 1년 이하의 징역 또는 1천만원 이하의 벌금에 처한다(30조). 서해5도 및 그 주변수역이 다른 수역에 비하여 특수한 상황인 것은 분명하지만 엄격한 행위규제와 더불어 형사처벌규정을 둔 것이 문제가 될 수 있다.

첫째, 조업한계선 또는 조업자제선을 넘어 조업 또는 항행한 행위, 특정해역에서 조업 또는 항행한 행위는 비교적 행위의 태양이 분명하여 위반자도 비교적 명확하게 자신의 행위를 인식할 여지가 있다고 볼 수 있다.

둘째, 서해 접경해역의 통제에 불응한 자를 처벌하는 것은 행위의 태양이 분명하지 아니한 문제점이 있다. 위반한 자 조차도 자신의 행위가 통제에 불응한 것인지 명확하게 인식하지 못하는 경우가 많을 것이며, 사법기관도 통제 불응의 고의를 입증하기 매우 어려워 형사재판 자체가 장기화될 가능성이 높다. 통제불응의 행위를 구체적으로 정의하기 어려우므로 형사처벌보다 행정질서벌인 과태료가 적절한 것으로 보인다.

셋째, 정선명령을 위반하거나 승선조사 등 필요한 조치에 따르지 아니한 자를 처벌하는 것도 행위의 태양이 불분명하여 위의 경우와 동일한 문제가 발생할 수 있다.

넷째, 서해 접경지역에서 항행 및 조업에 대하여 국방부 및 지역 관할 군부대장이 어선에 대한 통제권한을 행사하고 있다. 민간인이 직접적으로 군부대의 명령을 따르도록 하고 이에 위반할 경우에는 처벌하는 구조로 되어 있다. 군인이 아닌 민간인이 직접적으로 군부대장의 명령을 따르도록 규정하는 것이 과연 가능한지 의문이 든다.

다섯째, 종전에 해사안전법 110조에 따라 명령위반, 조치 불응에 대하여 과태료를 부과하던 전례에 비추어 처벌이 과도한 것으로 보인다. 자료에 의하면 2010년부터 2020년 6월까지 서해5도 수역에서 조업안전, 조업구역, 출입항 규정 등의 위반, 통제불응 등에 대하여 모두 179건의 처벌 및 행정처분이 있었으며, 이 중에서 벌금형에 처해진 경우는 2건에 불과하였다.

4. 결론

이상을 종합할 때에 관할 지역 군부대장의 통제에 불응한 자를 형사처벌하는 규정은 행위의 태양을 명확히 하여 과태료 부과로 전환할 필요가 있으며, 정선명령을 위반하거나 승선조사 등 필요한 조치에 따르지 아니한 경우에도 과태료 부과가 적절한 것으로 보인다. 나아가 관할 지역 군부대장이 해양경찰을 통하여 어선을 통제하는 체제를 수립하는 것이 적절하다고 본다.

서해5도 관련 주요 법원 판결

오정미(법무법인 이공) · 이석우(인하대)

1. 중국 어선들의 불법조업 관련 국가 등의 책임 범위에 관한 판결

가. 서울중앙지방법원 2006. 2. 7. 선고 2004가합13699 판결 [손해배상(기)] / 기각

<판결요지>
원고 : 서해5도 어민 289명
피고 : 대한민국

원고들은 피고가 서해5도 인근의 북방한계선을 남하하여 불법으로 꽃게 기타 어패류를 남획하는 중국어선들을 단속하고 위 문제를 외교적으로 해결할 의무가 있음에도 이를 해태하여 서해5도 인근 어장에서 조업하는 원고들의 어획량이 격감하였다고 주장하며, 피고를 상대로 이로 인하여 원고들이 입은 정신적 손해의 배상을 청구하였다.
법원은 단속이 어려운 여러 사정을 고려하면 당국이 단속 관련 임무를 해태하였다고 보기 어렵다고 판단하여 원고(주민들)가 패소한 사건이다. (2010년 연평도 포격 사건 이후 서해5도 특별지원법이 제정됨)

(1) 사실관계

인천광역시 옹진군에 속하는 연평도·대청도 등 서해5도 지역은 남북 분단으로 인한 특수한 지리적 여건 및 중국과의 어업협정 체결로 인하여 어업활동에 많은 제한을 받고 있으며, 매년 꽃게잡이 철마다 중국 어선들이 북방한계선 인근 해상에 대규모로 출몰하여 불법조업을 감행함에 따라 해당 지역주민들의 생계가 크게 위협받고 있었다. 2006년 당시 남북 분단으로 인하여 낙후된 접경지역에 대한 개발과 피해보상 등의 근거는 「접경지역지원법」에도 규정되어 있으나 서해5도 지역에 대한 실제 지원은 매우 미비한 실정이었다.

(2) 법원의 주요 판단

법원은 다음과 같이 중국어선들의 불법조업에 대한 사법경찰권 행사 주체와 외교 당국의 책임을 나누어 판단하였다.

① **중국어선들의 불법조업에 대하여 사법경찰권이 있는 해군, 해경 및 이들을 지휘하는 국방부장관, 해군참모총장, 인천해양경찰청장, 해양수산부장관 등이 원고들을 위하여 중국어선들의 불법조업을 단속할 의무가 있음에도 이를 해태하였는지**

"서해5도 해상은 남한 면적의 4.5배에 달하는 **광대한 면적**인데다가, 중국어선들은 낮에는 북방한계선 이북에서 조업하고 밤에는 북방한계선 남쪽으로 내려와 조업하다 우리 해군 및 해경의 단속이 있으면 북방한계선을 넘어 도주하는 방식을 주로 취하는데 우리 해군 및 해경으로서는 남북한 경비함정

간의 우발적 충돌 가능성이 있어 **단속에 어려움이 있는 점**, 꽃게 기타 어패류는 북방한계선을 넘나들며 서식하고 있는데 북측 경비정의 단속이 적극적이지 않은 상황에서 **북방한계선 이남에서의 단속만으로는 어업자원의 보호에 한계가 있을 수밖에 없는 점**, 피고 산하 인천해양경찰서와 해군 제2함대 사령부에서 중국어선의 불법조업이 증가함에 따라 **단속활동을 강화해 온 점** 등에 비추어 보면, 중국어선들에 대한 단속실적이 불충분하다 하여 해군, 해경 및 그 감독을 담당한 기관들이 **임무를 해태하였다고 볼 수 없다.**"

② **외교통상부장관 및 그 소속 외교관들이 중국어선들의 불법조업을 막기 위한 적절한 외교적 조치를 취할 임무가 있음에도 불구하고 이 임무를 해태하였는지**

"외교통상부는 2003년 5월 이래 다양한 외교채널을 통해 수십여 차례 중국 측에 시정조치를 요구하였고, 2004년 6월에는 북한과 사이에 제3국 불법조업 선박에 대한 정보를 서해지구 통신선로를 이용해 매일 한차례 교환하기로 합의하는 등 **서해5도 주변의 긴장완화 및 불법조업 단속강화를 위한 외교적 노력을 기울인 사실을 인정**할 수 있는 바, 위 인정 사실에 이 사건은 **외교통상부가 일차적으로 그 위험배제에 나서야만 원고들의 권리를 보호할 수 있는 경우에 해당한다고 볼 수 없는 점, 외교통상부장관 기타 담당 외교관들이 관련 직무를 수행함에 있어서 법령을 위반하였다고 볼 아무런 근거가 없는 점** 등 이 사건 변론에 나타난 제반 사정을 고려하면 중국어선들의 불법조업이 근절되거나 적어도 원고들이 기대하는 수준으로 감소되지 않았다는 사정만으로 외교통상부장관 기타 담당 외교관들이 원고들을 위하여 필요한 조치를 취하지 아니하였고 그것이 현저하게 불합리하여 위법한 정도에 이르렀다고 인정하기 어렵다."

나. 헌법재판소 2017. 3. 6. 2017헌마202 영해 및 접속수역법제2조제2항등위헌확인/ 각하

<결정요지>

청구인 : 인천시 옹진군에 속하는 백령도, 대청도, 소청도, 연평도, 소연평도(이하 '서해5도'라 한다)에 거주하는 국민들 (중국어선 불법조업 서해5도 대책위원회와 서해5도 생존과 평화를 위한 인천시민대책위원회 소속)

청구인들은 **"현행법령이 영해기선을 인천 옹진군 덕적면 소령도까지만 규정하는데, 서해5도 등 인천 앞바다의 영해표시가 안 돼 우리나라 영해표시기준에 공백이 있다"** 면서 "정부가 이런 문제를 해결하지 않아 **중국 어선의 불법조업으로부터 충분히 보호받지 못하고 있으며**, 영토권, 행복추구권, 평등권, 거주·이전의 자유, 직업선택의 자유, 재산권 등을 침해받고 있다"며 입법 부작위를 다투는 헌법소원을 제기하였다.

헌법재판소는 "서해5도에 대해 통상의 기선을 정하고 있으므로 별도로 영해로 선포하는 행위가 없더라도, 국내법적으로나 국제법적으로 서해5도 해안의 저조선으로부터 그 바깥쪽 12해리의 선까지에 이르는 수역은 영해가 된다"는 이유로 각하결정을 내린 사건이다.

(1) 사실관계

「영해 및 접속수역법」 제1조는 대한민국의 영해는 기선으로부터 측정해 그 바깥쪽 12해리의 선까지에 이르는 수역으로 한다고 규정하고 있다. 또 같은 법 제2조는 통상의 기선은 대한민국이 공식적으로 인정한 대축척해도에 표시된 해안의 저조선으로 하되(1항), 지리적 특수사정이 있는 수역의 경우에는 대통령령으로 정하는 기점을 연결하는 직선을 기선으로 할 수 있다고 규정하고 있다(2항). 그러나 이 법의 위임을 받아 제정된 '영해 및 접속수역법 시행령'은 서해5도에 대한 기점은 설정하지 않고 있다.

(2) 헌법재판소의 주요 판단

헌법재판소는 "영해 및 접속수역법 및 해양법에 관한 국제연합 협약은 당사국은 통상기선으로부터 12해리를 넘지 않는 범위에서 영해의 폭을 설정할 권리를 가진다고 규정하면서, 서해5도에 관해 통상기선을 적용하고 있는 바, **서해5도 해안의 저조선으로부터 그 바깥쪽 12해리의 선까지에 이르는 수역은 국제법적으로 보더라도 영해가 된다**"고 밝혔다.

이어 "서해5도에 대해 통상의 기선을 정하고 있으므로 **별도로 영해로 선포하는 행위가 없더라도, 국내법적으로나 국제법적으로 서해5도 해안의 저조선으로부터 그 바깥쪽 12해리의 선까지에 이르는 수역은 영해가 된다**"며 헌법재판소는 청구인들이 주장하는 이 사건 입법부작위는 존재하지 않는다"고 하여 각하 결정을 내렸다.

2. 서해5도 이슈와 관련한 표현의자유, 알 권리 관련 판결

가. 서울행정법원 2015. 1. 22. 선고 2014구합62449 판결 [제재조치명령취소] / 원고 승소

<판결요지>
원고 : 재단법인 씨비에스
피고 : 방송통신위원회
재판경과 :
서울고등법원 2015.8.19.선고 2015누34627 판결 (방송통신위원회의 항소를 기각, 방송통신위원회 상고)
대법원 2015.12.23.선고 2015두51804 판결(방송통신위원회의 상고를 기각하여 원심 확정)

방송통신위원회는 CBS 방송에서 한 출연자가 "NLL에서 훈련하니까 연평도 폭격사건이 발생한 것"이라고 하며 마치 **연평도 포격 사건이 한미군사훈련으로 촉발된 것처럼 단정하는 발언**하는데, 이를 방관하여 방송심의에 관한 규정(이하 '심의규정'이라고 한다) 제9조 제2항이 정한 방송의 공정성 및 균형성과 제14조가 정한 **방송의 객관성을 위반하였다는 이유로 방송법 제100조 제1항 제4호에 근거하여 CBS에게 '주의' 제재처분**을 하였다. 이에 CBS는 방송통신위원회를 상대로 제재조치명령취소소송을 제기하였다.

법원은 이 사건 방송의 공정성·균형성과 객관성 준수 여부에 관하여 보건대, 위 인정사실에 변론 전체의 취지를 더하여 알 수 있는 아래와 같은 사정에 비추어 볼 때 이 사건 **방송이 공정성 · 균형성과 객관성을 상실하였다고 볼 수 없고 따라서 이와 전제가 다른 이 사건 처분은 위법하다고 하여 처분을 취소**하라는 판결을 내렸다.

(1) 사실관계

CBS 라디오 채널의 프로그램에서 진행자가 D 신부를 인터뷰하는 과정에서 다음과 같은 발언을 한 것이 심의규정 및 방송법을 위반한 것으로 피고는 원고에게 '주의' 제재처분을 하였다.

> *"엔엘엘(NLL)은 독도보다 예민한 분쟁지역인데 거기서 한미 군사훈련을 하면 어떻게 되겠느냐"*
> *"엔엘엘에서 훈련하니까 연평도 포격사건이 발생한 것이다."* 등

(2) 법원의 주요 판단

아래와 같이 법원은 **인터뷰의 공정성 등은 뉴스 프로그램의 그것보다 완화된 기준이 적용**되어야 하며, D 신부의 발언은 사실의 적시라기보다 연평도 포격 사건의 발생원인에 대한 **개인적인 견해**에 해당한다고 판단하며, 해당 발언은 연평도 포격 사건의 발생원인에 대한 표현의 자유 영역에 속한다고 보았다.

> "위와 같은 인터뷰 부분의 성격, 청취자의 성향 등에 비추어 볼 때, 인터뷰 부분의 공정성·균형성과 객관성은 뉴스 프로그램보다는 완화된 기준이 적용된다고 봄이 타당하다. - 중략 – 따라서 진행자가 인터뷰 당

시 적절한 질문이나 반론을 하지 못했다고 하더라도 인터뷰 직후 인터뷰 대상자의 발언에 대하여 충분한 반박이나 논평이 이루어졌다면 방송의 공정성 ·균형성을 침해하였다고 볼 수 없다."

나. 서울행정법원 2010. 12. 24. 선고 2010구합22689 [정보공개청구거부처분취소] / 원고 패소

<판결요지>
원고 : 군인권센터
피고 : 국방부장관

군인권센터는 국방부에 **천안함 침몰원인**을 밝히기 위해 필요하다는 이유로 침몰당시 인근해안초소의 열상감지장치(TOD) 영상자료 일체 등을 공개하라고 요구했지만 국방부가 이들 정보들이 군사기밀이거나 공개될 경우 군사작전에 막대한 지장을 초래한다는 이유로 공개를 거부하자 정보공개거부처분 취소 소송을 제기했다.
법원은 "원고들이 요구한 천안함침몰 당시 열상감지장치(TOD) 영상자료 등은 비공개대상정보를 규정한 공공기관의정보공개에관한법률 제9조1항 제2호 소정의 **'국가안전보장 · 국방 등에 관한 사항으로서 공개될 경우 국가의 중대한 이익을 현저히 해할 우려가 있다고 인정되는 정보'** 라고 봐야 한다"고 판시하면서 원고 패소 판결을 내린 사건이다.

(1) 사실관계

천안함의 침몰원인에 대하여 북한의 어뢰공격에 의한 격침설, 좌초 내지 선체의 피로파괴에 의한 침몰설 등 여러 주장이 난무하는 가운데, 원고는 2010. 4. 13. 피고에게 **천안함의 침몰원인을 밝히기 위해 필요하다는 이유**로 별지 최초 공개청구대상 정보목록 기재 정보의 공개를 요구하였다.

(2) 법원의 주요 판단

법원은 "천안함침몰사고 이후 악화되고 있는 남북간의 군사대치상황을 고려하면 군사정보보안의 중요성이 더욱 강조될 수밖에 없다"며 "원고들이 요구한 천안함침몰 당시 열상감지장치(TOD) 영상자료 등은 비공개대상정보를 규정한 공공기관의정보공개에관한법률 제9조1항 제2호 소정의 **'국가안전보장 · 국방 등에 관한 사항으로서 공개될 경우 국가의 중대한 이익을 현저히 해할 우려가 있다고 인정되는 정보'** 라고 봐야 한다"고 원고의 해당 청구를 기각하였다.

법원은 기타 '천안함의 2010년3월분 항박일지'와 '천안함의 2009년, 2010년 정비내역서 중 선박의 수선과 관련해 조선소에서 선체하부 페인팅과 관련한 수선기록 일체', '2010년3월26일 21시부터 24시까지의 국방부장관 및 해군참모총장의 지시사항' 등의 자료에 대해서는 천암함 침몰로 멸실되거나 애초부터 존재하지 않았다는 이유로 해당 청구는 각하하였다.

3. 조업을 하던 국민이 북한으로 넘어간 행위에 관한 형사 판결

(가.~다. 사건들에 대하여) 이 사건들은 어부인 피고인들이 어로작업을 하다가 북한 구역으로 넘어가게 되어 반공법위반, 수산업법위반으로 기소된 사건들이다. 미필적 고의가 인정되지 않아 무죄인 경우도 있었으나, 사건 당시 감금 등 위법한 수사로 인하여 유죄가 인정된 후, 재심 끝에 무죄를 받을 수 있게 된 안타까운 사건도 있었다.

가. 대법원 1974. 8. 30. 선고 73도2489 판결 [국가보안법위반,반공법위반] / 무죄

<판결요지>
피고인들은 1971.7.26. 05:00경 인천항을 출항하여 대청도 방향으로 운항도중 짙은 농무로 항해위치와 방향을 잡지 못하고 방황하다가 녹무중의 항해방법에 따라 정박이 가능한 해역에서 그곳이 소청도 근해 해상일 것으로 인정하고 안개가 개일 때까지 일단 정박하고 있다가 같은날 21:00경 북한 괴뢰집단의 함정에

의해 나포되었다. 또한 피고인들이 납치된 후 북괴구성원의 지시에 따라 북괴를 찬양하고, 그들의 물음에 알고 있는 사실을 답변 제공하고, 북괴로부터 물품을 받는 등 행위를 하였다.
법원은 **지시에 따르지 않으면 피고인들이 생명에 위협을 받게 되고 대한민국으로의 귀환이 불가능하리라는 취지의 협박**을 받아 그와 같은 행위를 한 것이라는 점을 인정하여 무죄가 선고된 사건이다.

(1) 사실관계

법원은 대청도 및 소청도 근해 해상의 특성을 반영하여 다음과 같이 사실관계를 확정하였다.

> "피고인들이 1971.7.26. 05:00경 선이 운반선인 대청호로 인천항을 출항하여 대청도 방향으로 운항도중 짙은 농무로 항해위치와 방향을 잡지 못하고 방황하다가 농무중의 항해방법에 따라 정박이 가능한 해역에서 그곳이 소청도 근해 해상일 것으로 인정하고 안개가 개일 때까지 일단 정박하고 있다가 같은날 21:00경 북한 괴뢰집단의 함정에 의해 나포된 사실이 인정되고 그 나포지역이 군사분계선의 북쪽 지역인 여부도 명확하지 아니하며, 위 대청호는 소형선박으로 나침판 기타 항해에 필요한 충분한 창구를 갖추지 못한 소규모 연안 운반선에 불과하여 피고인들은 육안, 목측 등으로 대청도까지 운항하려고 하였던 사실을 인정한 다음 피고인들이 특히 군사분계선을 탈출할 의사나 그렇게 될런지도 모른다는 인식 즉 미필적 고의가 인정될만한 아무런 자료가 없다."

(2) 법원의 주요 판단

대법원은 다음과 같이 원심 판단을 확정하면서, 피고인들의 행위는 형법12조 소정의 강요에 의한 행위에 해당한다고 판단하였다.

> "원심은, 적어도 피고인들이 위 상고이유 제1점에 대한 판단에서 본바와 같은 경위로 북괴함정에 납치되어간 이상, 그곳에서 피고인들이 북괴구성원의 지시에 따라 원판시와 같이 북괴를 찬양하고, 그들의 물음에 알고 있는 사실을 답변 제공하고, 북괴로부터 물품을 받는 등 행위를 함에 있어, **자유없는 북괴지배 지역내에서 북괴구성원의 지시에 따르지 않으면 피고인들이 생명에 위협을 받게 되고 대한민국으로의 귀환이 불가능하리라는 취지의 협박을 받아 그와 같은 행위를 한 것**으로서, 피고인들의 위 행위는 필경 살기 위하여 부득이한 행위라는 취지의 판단을 하고 있는바, 원판결의 위와같은 사실인정이나 판단에 위법사유가 없으며, 거기에 강요된 행위의 법리를 오해한 위법이 있다고 할 수 없다."

→ 형법 제12조(강요된 행위) 저항할 수 없는 폭력이나 자기 또는 친족의 생명, 신체에 대한 위해를 방어할 방법이 없는 협박에 의하여 강요된 행위는 벌하지 아니한다.

나. 대법원 1975. 1. 28. 선고 73도2207 판결 [수산업법위반 · 반공법위반 · 국가보안법위반 · 간첩음모] / 무죄

<판결요지>
어부인 피고인들은 당초 이남인 연평도 근해에서 어군을 따라 어로작업을 하다가 유망과 함께 표류하게 되어 어로저지선은 물론 군사분계선까지를 넘게 되었다. 피고인들은 군사분계선의 월선사실까지는 모르고 유망인 양작업을 하던 중 적지인 구월봉 쪽에서 북괴경비정이 남하함을 발견하고, 급히 시동을 걸어 뱃머리를 남쪽으로 돌려 도주하였으나 힘이 미치지 못하여 북괴경비정에 의하여 피납되었다.

대법원은 어부인 피고인들이 어로저지선을 넘어 어업을 하였다고 하더라도 북괴경비정이 출현하는 경우 납치되어 가더라도 좋다고 생각하면서 어로저지선을 넘어서 어로작업을 한 것이 아니라면 북괴집단의 구성원들과 회합이 있을 것이라는 미필적 고의가 있었다고 단정할 수 없다고 하여 무죄가 선고된 사건이다.

(1) 사실관계

법원은 다음과 같이 군사분계선 인근의 특성을 반영하여 사실관계를 확정하였다.

> "다음 피고인 6, 7의 경우 같은 피고인들 및 선원 이OO, 오OO의 경찰에서의 진술을 종합하면 같은 피고인들은 판시 일시경 어선 '요나호'를 타고 당초 이남인 연평도 근해에서 어군을 따라 어로작업을 하다가 유망과 함께 표류하게 되어 어로저지선은 물론 군사분계선까지를 넘게된 바, - 이하 생략 -"

(2) 법원의 주요 판단

대법원은 다음과 같이 군사분계선 인근 해상에서 어업에 종사하는 국민들에 대해 납북 위험성 및 북한집단의 구성원과의 회합에 대한 예측가능성이 있다고 판단하였다.

> "일반적으로 볼 때 피고인들이 자의로 어로저지선이나 군사분계선을 넘어 어로작업을 하면 소론과 같이 북괴경비정에 의하여 납북될 위험성이 있고, 또 피납된 후에는 북한집단의 구성원들과의 회합이 있으리라는 것을 예견할 수 있다고 하겠다."

대법원은 이 사건 사실관계에 근거하여 다음과 같은 이유로 피고인들의 행위를 무죄로 판단한 원심을 확정하였다.

> "피고인들이 북괴 경비정에 의하여 납치될 것을 예견하고도 이를 무릅쓰고 어로저지선과 군사분계선을 넘어 어로작업을 하였다고 할 수는 없고, 또 위 피고인 2, 3, 4, 5 등은 그들이 취하는 방법대로 하면 비록 군사분계선으로 부터 2마일 남쪽에 위치한 어로저지선을 순간적으로 넘는다 하더라도 능히 북괴경비정 등으로부터의 납치를 피할 수 있을 것이라고 믿고 한 짓으로 인정되어 이 또한 납치를 예견하고서도 이를 감행한 것이라 볼 수는 없다."

다. 전주지방법원군산지원 2019. 7. 11. 선고 2018재고합2 판결 [가. 반공법위반 나. 수산업법위반] / 재심 무죄

<재심대상 판결요지>
1968. 5. 24. 12:00경 동 O에 승선하여 경기도 **연평도 근해 해상**에서 어로작업 중 피고인들은 점심을 먹으면서 선장인 피고인 A이 동장소 동북쪽 **군사분계선 넘어 북괴 지배하에 있는 지역인 안골**에 들어가야만 고기를 많이 잡을 수 있으니 동 안골에 들어가서 어료작업을 할 것을 제의하자 피고인 E, 같은 D, 같은 C, 같은 F, 같은 B들은 모두 동 제의에 찬동하여, 4회에 걸쳐 동 O를 운항하여 군사분계선을 월선, 동안골에 들어가 어료작업함으로써 반국가 단체인 북괴의 지배하에 있는 지역으로 각 탈출하였다.
피고인들은 반공법위반 등 공소사실로 전주지방법원 군산지원 68고3084호로 공소가 제기되었고, 위 법원은 1969. 2. 20. 공소사실 중 아래 재심대상 공소사실 기재와 같은 반공법위반, 수산업법위반 부분을 모두 유죄로 인정하여 피고인 A에게 징역 3년 및 자격정지 3년을, 피고인 B에게 징역 1년 및 자격정지 1년, 집행유예 2년을, 피고인 C, D, F에게 각 징역 1년 및 자격정지 1년을, 피고인 E에게 징역 2년 및 자격정지 2년을 각 선고하였다(이하 '재심대상판결'이라 한다).

(1) 사실관계: 재심개시 결정 이유

재심청구인들은 2018. 7. 2. 이 법원에 재심대

상판결에 대하여 재심을 청구하였고, 이 법원은 2019. 3. 19. "피고인들은 군산경찰서 소속 경찰관들에 의하여 구금된 1968. 11. 4.부터 적어도 72시간 내에 긴급구속에 대한 사후 구속영장을 발부받지 못한 상태로 계속하여 구금되어 있었으므로, 피고인들에 대한 각 구속영장이 적법하게 발부·집행되기까지는 불법 구금되었다고 봄이 타당하고, 한편, 불법체포·불법감금죄는 그 법정형이 '7년 이하의 징역과 10년 이하의 자격정지'이고, 앞서 본 것과 같은 불법체포, 감금된 일자에 비추어 보면, 위 범죄는 구 형사소송법(2007. 12. 21. 법률 제8730호로 개정되기 전의 것, 위 개정 법률 부칙 제3조에 의하여 그 시행 전에 범한 죄에 대하여는 종전의 규정을 적용한다) 제249조 제1항 제4호에서 정한 **공소시효 5년이 경과되었음**이 명백하다.

따라서 이 사건은 공소의 기초가 된 수사에 관여한 경찰관들이 그 직무에 관한 죄를 범하였다고 증명되었는데도 유죄판결을 얻을 수 없는 사실상, 법률상의 장애가 있는 경우로서 형사소송법 제422조에서 정하는 '확정판결을 얻을 수 없는 때'에 해당하므로, 이 사건 재심대상판결에는 형사소송법 제420조 제7호에서 정한 재심사유가 있다"는 이유로 재심대상판결 중 유죄부분에 관하여 재심개시결정을 하였다.

(2) 법원의 주요 판단

재심대상 공소사실을 인정하는 취지의 피고인들 및 공동피고인들의 각 법정진술, 피고인들 및 공동피고인들의 각 법정진술이 기재된 공판조서, 검사 작성 피고인들 및 공동피고인들에 대한 각 피의자신문조서, 진술조서는 모두 임의성 없는 자백의 증거능력 배제를 규정한 형사소송법 제309조 및 임의성 없는 진술의 증거능력 배제를 규정한 형사소송법 제317조에 의하여 그 증거능력을 인정할 수 없다고 하여 무죄를 선고한 사건이다.

4. 서해5도 관련 사건에 국가보안법이 적용된 판결

가. 대법원 2020. 6. 11. 선고 2016도1688 판결 [국가보안법위반(이적단체의구성등), 국가보안법위반(찬양 · 고무등)] / 천안함 폭침 옹호 혐의 무죄

<판결요지>

피고인들은 2006년부터 북한의 체제를 선전할 목적으로 매년 토론회, 통일학술제전 등을 개최해 북한의 선군정치, 강성대국론 등을 선전·찬양하는 등 이적활동을 한 혐의로 2011년 기소됐다.

원심은 "청학연대는 대한민국을 미제국주의의 식민지로 인식하고 북한의 선군정치 등 사상에 동조한 사실이 인정된다"며 이적단체 가입 등의 혐의를 유죄로 인정했으나, 이들이 성명서를 통해 **천안함 폭침을 옹호했다는 혐의**에 대해서는 **"국가안보와 밀접하고 국민의 관심이 높은 만큼 북한과 무관하게 의혹을 품고 진상규명을 주장할 수 있다"며 무죄로 판단**하였으며, 대법원은 청학연대 측과 검찰의 상고를 모두 기각하고 원심을 확정한 사건이다.

(1) 사실관계

원심은 이 사건 공소사실 중 다음과 같이 **천안함 폭침을 옹호한 행위를 그 외 행위와 구분지어 판단**하였다.

① 피고인 A에 대한 '제2차 E'와 '2011 여름 F' 각 개최로 인한 국가보안법 위반(찬양·고무등), ② 피고인 C에 대한 '2008 제3회 G H' 개최로 인한 국가보안법 위반(찬양·고무등), ③ 피고인 D에 대한 '2009 여름 F', '2010 겨울 F 및 I', 'J 학생위원회(준) 총회' 각 개최로 인한 국가보안법 위반(찬양·고무등), ④ 피고인 A, B, D에 대한 '북한의 천안함 폭침사건' 관련 이적동조와 이적표현물 제작·반포로 인한 각 국가보안법 위반(찬양·고무등), ⑤ 피고인 A, B에 대한 '북한의 연평도 포격 사건' 관련 이적동조와 이적표현물 제작·반포로 인한 각 국

가보안법 위반(찬양·고무등), ⑥ 피고인 D에 대한 '북한의 연평도 포격 사건' 관련 2010. 11. 25.자 성명서 발표로 인한 이적동조와 이적표현물 제작·반포로 인한 각 국가보안법 위반(찬양·고무등)

(2) 법원의 주요 판단

원심에서 법원은 천안함 폭침과 관련한 의혹 제기 및 진상규명에 관한 부분은 국가보안법을 위반하지 않았다고 판단하면서도, 아래와 같이 **통일문제 논의와 관련한 표현의 자유 한계**를 적시한 바 있다.

> "남북이 대치하고 있는 현 분단체제 하에서 통일문제를 논의하더라도, **북한을 통일의 동반자로 인식하고 북한 사회와 북한 주민들에게 동질감 내지 친근감을 갖는 것**과 주체사상을 지도이념으로 한 북한 정치체제와 김정일의 선군정치, 대남혁명노선 등을 무비판적으로 찬양·지지하는 것은 명백히 구분하여야 할 개념이다."

나. 대전지방법원서산지원 1991. 2. 1. 선고 90고단635 판결 [국가보안법위반] / 선고유예

<판결요지>
피고인은 어로 작업 중 백령도 근해에서 납북되어 북한에서 교육을 받고 북한을 찬양하여 국가보안법을 위반한 혐의로 기소되었으나, 선고유예 판결을 받은 사건이다.

<재판경과>
대전지방법원 1993. 2. 26. 선고 91노289 판결, 무죄 선고
피고인이 검찰 및 제1심 제3회 공판기일에 공소사실을 자백하였으나, 사법경찰관 사무취급 작성의 김석▽, 장동♡, 차정해, 강진▣, 차우◈, 차일▲에 대한 진술조서 등 그 판시와 같은 증거들은 증거능력이 없어 피고인의 자백을 뒷받침한 보강증거가 되지 못하므로 범죄의 증명이 없는 경우에 해당한다고 판단
대법원 1994. 7. 29 선고 93도955 판결, 무죄부분 일부 파기 환송

(1) 사실관계

피고인은 1984. 3.부터 인천항 소속 어선에 승선하여 어부로 종사하던 중 1985. 2. 5. 15:00경 조업하던 중 서해안 백령도 근해에서 납북되어 같은 달 28일까지 24일간 북한지역에 체류하면서 그 지도원들로부터 "북한부에는 집없는 사람이 없다. 모두 직장이 있고 탁아소가 있어 일할 수 있다. 무료로 치료해준다"는 등의 교육을 받았으며 피고인 단독으로도 귀환하던 북조선의 좋은 점을 설명, 찬양하라는 교양 교육을 받았고 일반지령사항으로 "귀환하면 2, 3년간은 말하지 말고 사찰이 심하지 않을 때 가족 친구 농어민 순서로 북한의 사회와 통일방안 등을 선전하라"는 지령을 받았다. 이에 피고인은 남판으로 귀환하여 북한 체제를 찬양하는 발언을 하였다.

(2) 법원의 주요 판단

항소심에서 법원은 이 사건에서 **납북이라는 사실관계 특성**을 반영하여 형사소송법 제310조상 이른바 자백의 보강법칙을 엄격하게 적용한 것으로 보인다.

> "그렇다면 **피고인의 위 각 자백을 보강할만한 증거가 없는 이 사건에 있어서 이 사건 각 공소사실은 범죄의 증명이 없는 경우에 귀착**되므로 이 사건 공소사실과 같은 내용의 발언이 국가의 존립 안전을 위태롭게 하거나 자유민주적 기본질서에 위해를 줄 명백한 위험이 있는지의 여부에 관하여 나아가 판단할 필요없이 이 사건 공소사실에 대하여는 형사소송법 제325조 후단에 의하여 무죄의 선고를 하여야 할 것"

→ 형사소송법 제310조(불이익한 자백의 증거능력) 피고인의 자백이 그 피고인에게 불이익한 유일의 증거인 때에는 이를 유죄의 증거로 하지 못한다.

5. 중국인의 불법어업 행위에 관한 형사 판결

(가.~다. 사건들에 대하여) 법원은 외국인의 불법어업 행위에 관하여 중대범죄로 판단하면서 양형기준으로 다음과 같은 기준을 든 바 있다.

> "이 사건 범행은 피고인들이 대한민국의 영해에서 어업활동을 하여 대한민국의 어업자원의 적정한 보존 관리에 관한 질서를 해친 것으로 중대범죄라 할 것이다. 그 형을 정함에 있어 **피고인들의 어획량, 어선의 규모나 특성, 어획 방식, 침범 횟수, 피고인들이 맡은 역할, 피고인들의 처벌전력 등 제반사정**을 고려하여 주문과 같이 정한다." **(인천지방법원 2014. 11. 13. 선고 2014고단7262 판결)**

→ 영해 및 접속수역법 제5조(외국선박의 통항) ② 외국선박이 통항할 때 다음 각 호의 행위를 하는 경우에는 대한민국의 평화·공공질서 또는 안전보장을 해치는 것으로 본다. 다만, 제2호부터 제5호까지, 제11호 및 제13호의 행위로서 관계 당국의 허가·승인 또는 동의를 받은 경우에는 그러하지 아니하다.

…

10. 어로(漁撈)

…

가. 인천지방법원 2014. 11. 13 선고 2014고단7262 판결 [영해및접속수역법위반] / 징역 8월

<사실관계>
피고인들은 중국 국적의 외국인들로 2014. 9. 2. 06:00경 북위 37도 40분, 동경 124도 57분(소청도 남동방 10.7마일, 영해 1.3마일 침범) 대한민국 영해에 도착하여 통발어구 1,200개를 투망한 후 양망하여 꽃게를 포획한 것을 비롯하여 2014. 9. 29.경 같은 해상에서 같은 방법으로 꽃게를 포획할 때까지 총 26일 동안(2014. 9. 23. 및 2014. 9. 28. 제외) 1일 평균 300kg의 꽃게를 포획하여 총 7,800kg 상당의 꽃게를 포획하는 등 대한민국 영해 내에서 불법 어업활동을 하였다.

나. 인천지방법원 2013. 10. 14. 선고 2013고단5744 판결 [영해및접속수역법위반] / 벌금 100,000,000원

<사실관계>
중국국적의 피고인은 2013. 8. 30. 21:00경 중국 요녕성 **시 *항에서 다른 선원 5명과 함께 통발 약 400개를 적재하여 위 어선을 출항시킨 다음, 같은 달 31. 17:00경 대한민국 영해 안으로 진입하여 인천 옹진군 소청도 남동방 7.5 마일 해상(북위 37도 42분, 동경124도 54분, 대한민국 영해 4.5 마일 침범)에 이르러 통발 약 320개를 투망한 후 그 무렵부터 같은 해 9. 1. 10:03경까지 그 부근에서 수회 통발을 투·양망하여 꽃게 약120kg을 포획하였다.

다. 인천지방법원 2015. 8. 26. 선고 2015고합386 판결 [특수공무집행방해치상/영해및접속수역법위반] / 피고인 별로 각 20,000,000원

<사실관계>
피고인들은 공모하여 2015. 5. 25. 03:00경 중국 요녕성 동항시 동항항에서 위 단어포 8201호, 단어포 8202호에 각 저인망 어구 2틀을 적재하고 조업하기 위하여 출항(피고인 황○○○는 2015. 6. 8. 00:00경 승선)한 후, 같은 달 27일 경 특정금지구역을 약 1.8마일 침범한 인천 옹진군 대청면 소청도 남동방 약 23.2마일 해상(북위 37도34분, 동경 125도11분)에서 저인망 어구를 투망하고, 이후 같은 해 6. 19.경까지 인천 옹진군 대청면 소청도 인근 해역의 대한민국 특정금지구역과 영해를 옮겨 다니며 약 1시간 인망, 20분 양망을 반복하는 방법으로 1일 1~3회씩 조업을 하였다. 또한 피고인들은 공모하여 다중의 위력을 보이며 위험한 물건을 휴대하고 대한민국 해경의 불법조업 어선에 대한 정선, 승선, 검색 및 나포 등에 관한 정당한 직무집행을 방해하였다.

라. 인천지방법원 2017. 5. 11. 선고 2017고단2602 판결 [영해및접속수역법위반] / 징역 1년 및 벌금 10,000,000원

〈판결요지〉

피고인은 영해및접속수역법 제5조 제2항 제10호(영해 내 어로행위의 점)외에 같은 법 제6조에 따른 정선 조치를 거부하였고, 법원은 해양자원의 약탈을 위한 영해 침범, 정선명령을 무시한 도주, 불법어로의 심각성과 이에 대응한 해양주권 확립의 필요성 등을 반영하여 징역형과 벌금형이 병과된 사건이다.

〈사실관계〉

피고인은 2017. 4. 2. 23:00경 대한민국 영해인 인천 옹진군 연평도 남동방 9.2마일에서 유자망 어구 2틀(그물 10폭)을 투망하고 북한 해역으로 이동하여 대기하다가, 재차 2017. 4. 4. 01:00경 위 인천 옹진군 연평도 남동방 9.2마일 지점으로 이동하여 추가로 유자망 어구 2틀을 재 투망한 후, 같은 날 01:38경 위 해상 부근에서 최초 투망했던 유자망 어구를 양망하던 중, 대한민국 서해5도특별경비단 특수진압대 고속단정에 발각되었다. 전속력으로 북측으로 도주하다가 같은 날 01:49경 대한민국 영해인 위 지점 부근 해상(북위 37도38.42분, 동경 125도54.01분, 영해 15.2해리 침범)에서 대한민국 서해5도특별경비단에 의하여 나포되었다.

→ 영해및접속수역법 제6조(정선 등) 외국선박(외국의 군함 및 비상업용 정부선박은 제외한다. 이하 같다)이 제5조를 위반한 혐의가 있다고 인정될 때에는 관계 당국은 정선(停船)·검색·나포(拿捕), 그 밖에 필요한 명령이나 조치를 할 수 있다.

제8조(벌칙) ② 제6조에 따른 명령이나 조치를 거부·방해 또는 기피한 외국선박의 승무원이나 그 밖의 승선자는 2년 이하의 징역 또는 1억원 이하의 벌금에 처한다.

마. 인천지방법원 2018. 12. 20. 선고 2018고단8056 판결 [배타적 경제수역에서의외국인어업등에대한주권적권리행사에관한법률위반]/ 벌금 130,000,000원

〈판결요지〉

외국인은 특정금지구역이 아닌 배타적 경제수역에서 어업활동을 하려면 선박마다 해양수산부장관의 허가를 받아야 한다. 그러나 중국 국적의 피고인은 허가 없이 특정금지구역이 아닌 대한민국 배타적 경제수역에서 어업활동을 하여 벌금형을 받은 사건이다.

〈사실관계〉

중국국적의 피고인은 해양수산부장관의 허가를 받지 아니하고 2018. 10. 28. 21:00경(한국시각, 이하 동일) 중국 산동성 석도항에서 이 사건 어선에 저인망 어구 1틀(길이 30m, 폭 20m)을 적재하고 종선인 D와 함께 출항하여 잠정조치수역에서 조업하다 어획량이 부진하자 대한민국 해역에서 조업을 하기로 마음먹었다.

그리하여 피고인은 2018. 10. 30. 12:00경 인천 옹진군 백령도 남서방 약 52.8해리(37-06.00N, 124-00.00E) 해상에서 위 저인망 어구 1틀을 투망하여 끌줄을 고정한 다음 종선과 일정한 거리를 유지하면서 약 120도 3노트로 저창을 예망하기 시작하였고, 같은 날 13:30경 같은 군 백령도 남서방 약 51.5해리(37-05.00N, 124-04.00E)에서 양망하여 대구 약 560kg, 잡어 약 30kg을 포획하였다.

→ 배타적 경제수역에서의 외국인어업 등에 대한 주권적 권리 행사에 관한 법률 제5조(어업의 허가 등) ① 외국인은 특정금지구역이 아닌 배타적 경제수역에서 어업활동을 하려면 선박마다 해양수산부장관의 허가를 받아야 한다.

6. 서울중앙지방법원 2006. 2. 7. 선고 2004가합13699 판결 [손해배상(기)]

판결요지

(1) 원고들의 주장

원고들은 피고가 서해5도 인근의 북방한계선을 남하하여 불법으로 꽃게 기타 어패류를 남획하는 중국어선들을 단속하고 위 문제를 외교적으로 해결할 의무가 있음에도 이를 해태하여 서해5도 인근 어장에서 조업하는 원고들의 어획량이 격감하였다고 주장하며, 피고를 상대로 이로 인하여 원고들이 입은 정신적 손해의 배상을 청구하였다.

(2) 법원의 판단

가. 어업허가를 받은 원고들의 해당 어업을 할 수 있는 지위는 독점적 권리는 아니나 재산권으로 보호받을 가치는 있다 할 것인바(대법원 2002. 2. 26. 선고 2000다72404 판결 참조), 원고들 중 다수가 중국어선들의 불법조업으로 어획량이 감소하였음이 인정되므로, 중국어선들의 위와 같은 불법조업은 위 원고들의 위와 같은 권리에 대한 침해가 된다.

나. 경찰관의 재량권 행사는 일반적으로 경찰관의 전문적 판단에 기한 합리적인 재량에 위임되어 있는 것이나, 구체적인 사정에 따라 경찰관이 그 권한을 행사하여 필요한 조치를 취하지 아니하는 것이 현저하게 불합리하다고 인정되는 경우에는 그러한 권한의 불행사는 직무상의 의무를 위반한 것이 되어 위법한 것이 된다(대법원 2004. 9. 23. 선고 2003다49009 판결 참조). 그러나, 서해5도 해상은 남한 면적의 4.5배에 달하는 광대한 면적인 데다가, 중국어선들은 낮에는 북방한계선 이북에서 조업하고 밤에는 북방한계선 남쪽으로 내려와 조업하다 우리 해군 및 해경의 단속이 있으면 북방한계선을 넘어 도주하는 방식을 주로 취하는데 우리 해군 및 해경으로서는 남북한 경비함정간의 우발적 충돌 가능성이 있어 단속에 어려움이 있는 점, 꽃게 기타 어패류는 북방한계선을 넘나들며 서식하고 있는데 북측 경비정의 단속이 적극적이지 않은 상황에서 북방한계선 이남에서의 단속만으로는 어업자원의 보호에 한계가 있을 수밖에 없는 점, 피고 산하 인천해양경찰서와 해군 제2함대 사령부에서 중국어선의 불법조업이 증가함에 따라 단속활동을 강화해 온 점 등에 비추어보면, 중국어선들에 대한 단속실적이 불충분하다 하여 해군, 해경 및 그 감독을 담당한 기관들이 임무를 해태하였다고 볼 수 없다.

다. 국민의 생명, 신체, 재산 등에 대하여 절박하고 중대한 위험상태가 발생하였거나 발생할 우려가 있어서 국가가 초법규적, 일차적으로 그 위험배제에 나서지 아니하면 국민의 생명, 신체, 재산 등을 보호할 수 없는 경우가 아니라면 원칙적으로 공무원이 관련 법령을 준수하여 직무를 수행하였다면 그와 같은 공무원의 부작위를 가지고 위법하다고 할 수는 없다(대법원 1998. 10. 13. 선고 98다18520 판결 참조).

외교통상부는 중국 정부에 수십여 차례 시정조치를 요구하고 2004년 6월에는 북한과 사이에 제3국 불법조업 선박에 대한 정보를 교환하기로 합의하는 등 외교적 노력을 기울인 사실이 있는바, 이 사건은 외교통상부가 일차적으로 위험배제에 나서야만 원고들의 지위를 보호할 수 있는 경우는 아니고, 외교통상부장관 기타 담당 외교관들이 관련 직무를 수행함에 있어서 법령을 위반하였다고 볼 근거도 없으므로, 중국어선들의 불법조업이 원고들이 기대하는 수준으로 감소되지 않았다는 사정만으로 외교통상부장관이나 담당 외교관들이 임무를 해태하였다고 볼 수도 없다.

전 문

원고 서해5도 어민 289명

피고 대한민국

변론종결 2005. 12. 27.

판결선고 2006. 2. 7.

주문

1. 원고들의 청구를 모두 기각한다.
2. 소송비용은 원고들의 부담으로 한다.

청구취지

피고는 각 원고에게 30,000,000원씩 및 위 각 금원에 대한 이 판결 선고일부터 완제일까지 연 20%의 각 비율에 의한 금원을 지급하라.

이유

1. 기초사실

가. 원고들은 수산업법 제41조 및 어업자원보호법 제2조에 따라 인천광역시 옹진군수로부터 어선 및 어구, 어업의 종류와 명칭, 조업방법, 조업시기, 허가기간, 허가구역, 포획·채취물의 종류 등을 특정하여 어업허가를 받고 인천광역시 옹진군 관내 5개 도서인 대청도, 소청도, 백령도, 연평도, 우도(이하 '서해5도'라고 한다) 주변 어장에서 2000년경부터 꽃게잡이 기타 어로활동을 해왔다(다만 원고들 중 일부는 2003년 내지 2004년경부터 조업을 중단하였다).

나. 서해5도의 조업구역은 수산업법, 선박안전조업규칙 및 어선안전조업규정에 의하여 서해특정해역, 면적 750㎢의 연평도 주변어장, 면적 411㎢의 백령도 등 주변어장 (백령·대청·소청 주변어장과 a어장, b어장, c어장 등으로 세분된다) 등으로 나뉘어 있는데, 서해특정해역은 어로한계선 내의 어업구역으로 6개의 구역으로 세분되어 각 구역마다 일정한 조업기간동안 일정한 조업방식에 의한 조업만이 허가되어 있고, 위 연평도 주변어장과 백령도 등 주변어장은 어로한계선 및 조업자제선을 월선하여 조업하는 것이 예외적으로 허용된 구역으로, 주간에 한하여 조업기간 중 월 10일 이내에서 어업지도선 인솔 하에 조업이 가능하다.

다. (1) 어업자원보호법 제2조와 수산업법 제41조는 관할수역 내에서 어업을 하고자 하는 자에게 관할청의 허가를 받도록 하고 있고, 어업자원보호법 제3조, 수산업법 제57조, 제94조는 허가받지 않은 어업을 금지하고 이에 위반자를 형사처벌하도록 하고 있으며, 어업자원보호법 제4조, 수산업법 제62조, 제63조는 허가위반행위의 단속을 위하여 해군함정의 승무장교, 사병 및 어업감독공무원에게 사법경찰권을 부여하고 있다.

(2) 배타적 경제수역에서의 외국인어업 등에 대한 주권적 권리의 행사에 관한 법률은 대한민국의 배타적 경제수역에서 행하여지는 외국인의 어업활동에 관한 우리나라의 주권적 권리의 행사 등에 관하여 필요한 사항을 규정함으로써 해양생물자원의 적정한 보존·관리 및 이용에 이바지함을 목적으로 하는 법률로(제1조), 배타적 경제수역[배타적 경제수역법 제2조에 의하면 영해 및 접속수역법에 규정된 기선으로부터 그 외측 200해리의 선까지에 이르는 수역 중 대한민국의 영해(일반적으로 기선으로부터 그 외측 12해리의 선까지에 이르는 수역이다)를 제외한 수역을 말한다] 중 어업자원의 보호 또는 어업조정을 위하여 대통령령이 정하는 구역(이하 '특정금지구역'이라고 한다)에서의 외국인의 어업활동을 전면적으로 금지하고, 그 이외의 수역에 대하여는 해양수산부장관의 허가를 받아 어업활동을 하도록 규정하고 있다(제4조, 제5조). 위와 같은 금지조항을 위반한 외국인은 형사처벌을 받으며(제17조), 검사나 어업감독공무원은 위반행위의 단속을 위하여 당해 선박의 선장이나 기타 위반자에 대하여 정선·승선·검색·나포 등 필요한 조치를 취하는 등 단속활동을 할 수 있다(제23조, 시행령 제7조).

(3) 영해 및 접속수역법은 외국선박이 관계당국의 허가를 얻지 아니하고 영해에서 어로행위를 하는 경우 대한민국의 평화·공공질서 또는 안전보장을 해치는 것으로 간주하도록 하고 있고(제5조 제2항), 위반자를 형사처벌하도록 하고 있으며(제7조), 이를 위하여 관계당국에게 외국선박의 정선·검색·나포 기타 필요한 명령이나 조치를 할 수 있는 권한을 부여하고 있다(제6조).

라. 중국어선들은 2000년 이전부터 서해안의 배타적 경제수역에서 불법조업을 해오다가, 2002년경부터 본격적으로 북방한계선을 넘나들며 주로 망이 촘촘한 그물을 이용하여 바닥까지 훑는 저인망 어업방식으로 꽃게 기타 어패류를 남획하기 시작하였다. 이를 구체적으

로 살펴보면 2002년 2월 이후 백령도 서북방 15 내지 20마일 북방한계선 이북에 중국어선의 조업이 증가하여 5월 이후 최대 80여척(일일 평균, 이하 같다)이 조업을 하였고, 이 중 10 내지 20여척이 북방한계선을 침범하여 조업을 하였고, 2002년 10월, 11월에는 조업어선이 100여척으로 증가하였고, 이 중 50 내지 60 여척이 북방한계선을 침범하여 조업을 하였고, 2003년 1월에서 3월 사이에는 백령도 서북방의 북방한계선 북방에서 100여척이 조업을 하였고, 북방한계선 침범조업은 10 내지 20 여척이었고, 2003년 4월에서 6월 사이에는 북방한계선을 따라 소청도 동방 및 순위도 남방 해역까지 40 내지 50여척이 진입하여 불법조업을 하였고, 2003년 9월에서 11월 사이에는 백령도 동방에서 연평도 북방까지 북방한계선 근해에서 최대 400여척이 불법조업을 하였고, 이 중 북방한계선을 침범하여 조업한 어선은 40 내지 80여척에 이르렀고, 2004년 2월까지는 중국어선의 조업이 다소 감소하였으나 2004년 3월부터 7월까지는 백령도 서북방에서 연평도 북방에 이르기까지 100여척이 불법조업을 실시하였으며 이 중 10 내지 20여척이 북방한계선을 침범하여 조업하였고, 2004년 8월에서 10월까지는 중국어선의 조업이 50 내지 60여척으로 감소하였고 이 중 5 내지 10 여척이 북방한계선을 침범하여 조업하였고, 2004년 11월, 12월에는 백령도 서북방, 대청도 동방 및 연평도 서북방 해역 북방한계선 북방에서 60 내지 80여척이 불법조업을 하였으며, 이 중 북방한계선을 침범한 어선은 10 내지 15여척이었다. 중국어선의 불법조업은 그 규모는 축소되었으나 2005년 11월 현재에도 계속되고 있다.

마. 서해5도 어장의 어획량은 2002년 전반기에 459톤, 후반기에 1,562톤, 2003년 전반기에 1,508톤, 후반기에 663톤, 2004년 전반기에 92.06톤을 각 기록하였는데, 2004년 전반기의 어획량은 2002년 전반기의 20%, 2003년 전반기의 6.1%에 불과하였다. 또한 연평도 어장의 주된 수입원인 꽃게의 어획량은 2003년 9월부터 감소하기 시작하였는 바, 2003년 9월 한 달간 꽃게 어획량은 255톤으로 2001년 9월의 어획량 630톤의 40%, 구분 계 연도별 2000년 2001년 2002년 2003년 2004년 2005년 5월 계 281척 29척 39척 25척 127척 109척 41척 2002년 9월의 어획량 555톤의 45%에 불과하였다. 이에 따라 원고들 중 다수가 2002년 및 2003년에 비하여 어획량이 감소하는 피해를 보았다.

바. 이와 같은 어획량 감소의 원인으로는 중국어선의 위와 같은 남획 외에도 수온 변화로 인한 어군형성 부진, 바닷속에 방치된 폐어구 기타 원인으로 인한 해양오염 등이 거론되고 있다.

사. 한편, 피고 산하 인천해양경찰서와 해군 제2함대 사령부는 해군과 해경의 합동작전 등을 통하여 2000년경부터 북방한계선을 침범하여 불법조업을 하는 중국어선들을 단속하여 왔으며 2002년 이후 경비정을 전진 배치하고, 500톤급 경비정마다 2척 이상의 고무보트를 탑재하고 나포전문 경찰관과 특공대원을 승선시켜 2002년에는 199척이 155회 작전수행을 하였고, 2003년에는 1614척이 651회 작전수행을 하였다. 2003년 11월 경부터는 나포어선의 선장에게만 벌금을 부과하던 관행에서 벗어나 나포선박을 압류하고 선장 및 항해사를 구속하기 시작하여 승선원의 구속이 2002년의 19명에서, 2003년의 107명, 2004년의 137명으로 증가하였다. 2000년부터 2005년까지 나포된 어선 수는 아래 표 기재와 같다.

[인정근거] 다툼 없는 사실, 갑 제1, 2호증, 갑 제3호증의 1 내지 8, 갑 제4호증, 갑 제6호증의 1 내지 200, 갑 제7호증의 1 내지 199, 갑 제8호증의 1 내지 200, 갑 제9호증의 1, 4, 갑 제10호증의 1 내지 28, 갑 제12호증의 1 내지 21, 갑 제13호증의 1 내지 10, 갑 제15호증의 1 내지 170, 갑 제16호증의 1 내지 102, 갑 제17호증의 1 내지 173, 갑 제18호증의 1, 2, 3, 갑 제19호증의 1 내지 9, 을 제1호증의 1, 2, 을 제2, 3, 5, 6, 7호증의 각 기재, 증인 소외 1, 2, 3의 각 증언, 이 법원의 현장검증 및 녹화테이프 검증 결과, 이 법원의 옹진수산업협동조합, 인천해양경찰서장, 해군 제2함대 사령관, 인천세무서장에 대한 각 사실조회결과, 변론 전체의 취지

2. 원고들의 주장

중국어선들은 2000년경부터 서해5도 인근해상 북방한계선을 넘나들며 불법조업을 해오다 2003년 3월경에 이르러서부터는 본격적으로 북방한계선을 넘어 꽃게와 기타 어패류를 싹쓸이하였다. 이 때문에 서해5도 인근 어장이 황폐화되어 원고들이 수산업법 제41조 및 어업자원보호법 제2조에 의하여 부여받은 독점적 어업권이 침해되어 막대한 손해를 입게 되었다. 이는 서해5도의 영해방위 수호책임을 지는 국방부장관과 해군참모총장, 중국어선들의 불법조업 단속의무가 있는 인천해양경찰청장, 해양수산부장관, 위와 같은 불법조업을 막기 위하여 외교활동을 행할 의무가 있는 외교통상부장관 기타담당 외무관 등 국가공무원들이 그 임무를 해태하여 중국어선의 단속 기타 필요한 조치를 취하지 않아 일어난 것이므로, 피고는 원고들이 위와 같이 재산권을 침해당함으로써 입은 정신적 고통에 대하여 위자료를 지급할 의무가 있다.

3. 판단

가. 위 1의

가. 항 기재에 의하여 인정되는 원고들의 어업허가 내용에 비추어 보면 원고들이 받은 어업허가는 일정한 종류의 어업을 일반적으로 금지하였다가 일정한 경우 이를 해제하여 주는 것으로서 원고들의 주장하는 바와 같은 독점적 권리는 아니라 할 것이다. 따라서 중국어선들이 원고들의 조업구역 내에서 불법조업을 하였다는 사실만으로 원고들의 어업허가에 따른 권리가 침해되었다고 볼 수는 없다. 다만, 어업허가를 받은 자가 그 허가에 따라 해당 어업을 함으로써 재산적인 이익을 얻는 면에서 보면 어업허가를 받은 자의 해당 어업을 할 수 있는 지위는 재산권으로 보호받을 가치가 있다 할 것인바(대법원 1998. 2. 27. 선고 97다46450 판결, 대법원 2002. 2. 26. 선고 2000다72404 판결 등 참조), 위 인정사실에 의하면 원고들 중 다수가 중국어선들의 불법조업으로 어획량이 감소하였음이 인정되고 어획량 감소의 정도는 위 원고들의 수인 한도를 넘는다 할 것이므로, 중국어선들의 위와 같은 불법조업은 위 원고들의 해당 어업을 할 수 있는 지위에 대한 침해가 된다 할 것이다.

나. 나아가 피고가 중국어선들의 불법행위로부터 원고들의 위와 같은 지위를 보호할 임무를 해태하였는지에 관하여 본다.

(1) 먼저 중국어선들의 불법조업에 대하여 사법경찰권이 있는 해군, 해경 및 이들을 지휘하는 국방부장관, 해군참모총장, 인천해양경찰청장, 해양수산부장관 등이 원고들을 위하여 중국어선들의 불법조업을 단속할 의무가 있음에도 이를 해태하였는지에 대하여 본다.

경찰은 범죄의 예방, 진압 및 수사와 함께 국민의 생명, 신체 및 재산의 보호 등과 기타 공공의 안녕과 질서유지도 직무로 하고 있고, 그 직무의 원활한 수행을 위하여 경찰관직무집행법, 형사소송법 등 관계법령에 의하여 여러 가지 권한이 부여되어 있으므로, 구체적인 직무를 수행하는 경찰관으로서는 제반 상황에 대응하여 자신에게 부여된 여러 가지 권한을 적절하게 행사하여 필요한 조치를 취할 수 있는 것이고, 그러한 권한은 일반적으로 경찰관의 전문적 판단에 기한 합리적인 재량에 위임되어 있는 것이며, 다만 경찰관에게 권한을 부여한 취지와 목적에 비추어 볼 때 구체적인 사정에 따라 경찰관이 그 권한을 행사하여 필요한 조치를 취하지 아니하는 것이 현저하게 불합리하다고 인정되는 경우에는 그러한 권한의 불행사는 직무상의 의무를 위반한 것이 되어 위법하게 된다(다만, 어업자원보호법, 수산업법, 배타적 경제수역에서의 외국인어업 등에 대한 주권적 권리의 행사에 관한 법률, 영해 및 접속수역법에 의하여 해군 또는 해경에게 부여된 불법조업 단속의무는 위 법률들의 목적이 어업자원의 보호, 수산업의 발전, 주권의 실효적 행사 등에 있음에 비추어 보아 전적으로 또는 부수적으로 원고들과 같은 어업허가를 받은 자들의 이익을 보호하기 위하여 설정된 것이라 할 수 없으므로, 위 법률들에 기초하여 해군, 해경 및 이들의 지휘를 담당한 기관들에게 원고들을 위한 단속의무가 발생한다고 볼 수는 없다).

이 사건에 관하여 보건대, 갑 제5호증의 1, 2, 갑 제9호증의 1, 을 제1호증의 1, 갑 제19호증의 5의 각 기재와 이 법원의 현장검증결과에 변론 전체의 취지를 종합하면, 서해5도 해상은 남한 면적의 4.5배인 447,000㎢에 달하는 광대한 면적인 데다가, 북방한계선 주변 해상은 남북한 해군이 이미 두 차례에 걸쳐 무력충돌을 빚은 민감한 수역이어서 단속과정에서 남북한 경비함정간의 우발적 충돌 가능성이 있어 단속에 어려움이 있는 사실, 중국어선들은 이 점을 이용하여 낮에는 북방한계선 이북에서 조업활동을 하고 밤이 되면 북방한계선 남쪽으로 내려와 조업을 하다가 우리 해군 및 해경의 단속이 있으면 북방한계선을 넘어 도주하는 방식을 주로 취하고 있는 사실, 꽃게 및 기타 어패류는 북방한계선을 넘나들며 서식하고 있는데 북측 경비정의 단속이 적극적이지 않은 상황에서 북방한계선 이남에서의 불법어획 단속만으로는 어업자원의 보호에 한계가 있을 수밖에 없는 사실이 인정되는바, 위와 같은 사정에 위 1의 사.항 기재와 같이 인정되는 해군과 해경의 단속활동 내용을 종합하여 보면, 2000년 이래 북방한계선을 남하하여 서해5도 인근 어장에서 불법조업을 한 중국어선들에 대한 단속실적이 충분하지 못하였다는 사정만으로 해군, 해경 및 그 감독을 담당한 기관들이 그 권한을 행사하여 원고들을 위하여 필요한 조치를 취하지 아니하였고 그것이 현저하게 불합리하여 위법한 정도에 이르렀다고 보기 어렵다.

(2) 다음으로 외교통상부장관 및 그 소속 외교관들이 중국어선들의 불법조업을 막기 위한 적절한 외교적 조치를 취할 임무가 있음에도 불구하고 이 임무를 해태하였는지에 대하여 본다.

국민의 생명, 신체, 재산 등에 대하여 절박하고 중대한 위험상태가 발생하였거나 발생할 우려가 있어서 국민의 생명, 신체, 재산 등을 보호하는 것을 본래적 사명으로 하는 국가가 초법규적, 일차적으로 그 위험배제에 나서지 아니하면 국민의 생명, 신체, 재산 등을 보호할 수 없는 경우에는 형식적 의미의 법령에 근거가 없더라도 국가나 관련공무원에 대하여 그러한 위험을 배제할 작위의무를 인정할 수 있을 것이지만, 그와 같은 절박하고 중대한 위험상태가 발생하였거나 발생할 우려가 있는 경우가 아니라면 원칙적으로 공무원이 관련 법령을 준수하여 직무를 수행하였다면 그와 같은 공무원의 부작위를 가지고 위법하다고 할 수는 없다(대법원 1998. 10. 13. 선고 98다18520 판결 참조).

이 사건에 관하여 보건대, 갑 제5호증의 1, 2, 을 제4호증의 1, 2, 3, 을 제8, 18호증의 각 기재에 변론 전체의 취지를 종합하면, 외교통상부는 2003년 5월 이래 다양한 외교채널을 통해 수십여 차례 중국 측에 시정조치를 요구하였고, 2004년 6월에는 북한과 사이에 제3국 불법조업 선박에 대한 정보를 서해지구 통신선로를 이용해 매일 한차례 교환하기로 합의하는 등 서해5도 주변의 긴장완화 및 불법조업 단속강화를 위한 외교적 노력을 기울인 사실을 인정할 수 있는바, 위 인정사실에 이 사건은 외교통상부가 일차적으로 그 위험배제에 나서야만 원고들의 권리를 보호할 수 있는 경우에 해당한다고 볼 수 없는 점, 외교통상부장관 기타 담당 외교관들이 관련 직무를 수행함에 있어서 법령을 위반하였다고 볼 아무런 근거가 없는 점 등 이 사건 변론에 나타난 제반 사정을 고려하면 중국어선들의 불법조업이 근절되거나 적어도 원고들이 기대하는 수준으로 감소되지 않았다는 사정만으로 외교통상부장관 기타 담당 외교관들이 원고들을 위하여 필요한 조치를 취하지 아니하였고 그것이 현저하게 불합리하여 위법한 정도에 이르렀다고 인정하기 어렵다.

(3) 따라서 피고가 원고들에 대한 보호의무를 해태하였다는 원고들의 주장은 이유 없다.

4. 결론

그렇다면, 원고들의 청구는 나머지 점에 대하여 나아가 살펴볼 필요 없이 이유 없으므로 이를 모두 기각하기로 하여, 주문과 같이 판결한다.

재판장 판사 정현수 판사 송각엽 판사 박현정

헌법재판소
제2지정재판부
결정

사 건 2017헌마202 영해 및 접속수역법 제2조 제2항 등 위헌확인
청 구 인 [별지]와 같음
결 정 일 2017. 3. 28.

주 문

이 사건 심판청구를 각하한다.

이 유

1. 사건개요

청구인들은 인천시 옹진군에 속하는 백령도, 대청도, 소청도, 연평도, 소연평도(이하 '서해5도'라 한다)에 거주하는 국민들로서, 주로 어업에 종사하고 있다.

'영해 및 접속수역법'은 대한민국의 영해는 기선으로부터 측정하여 그 바깥쪽 12해리의 선까지에 이르는 수역으로 한다고 규정하면서(제1조), 통상의 기선은 대한민국이 공식적으로 인정한 대축척해도에 표시된 해안의 저조선으로 하되(제2조 제1항), 지리적 특수사정이 있는 수역의 경우에는 대통령령으로 정하는 기점을 연결하는 직선을 기선으로 할 수 있다고 규정하고 있다(제2조 제2항). 위임을 받아 제정된 '영해 및 접속수역법 시행령' 제2조, 별표 1은 서해5도에 대한 기점은 설정하지 아니하고 있다.

청구인들은 '영해 및 접속수역법' 제2조 제2항, 동법 시행령 제2조가 서해5도에 대한 기선을 정하지 아니한 입법부작위(이하 '이 사건 입법부작위'라 한다)로 인하여 주변 수역이 영해로 선포되지 아니한 결과, 관계 당국은 중국 어선들의 불법어로행위로부터 청구인들을 충분하게 보호하지 못하고 있고 이로 인하여 자신들의 영토권, 행복추구권, 평등권, 거주·이전의 자유, 직업의 자유, 재산권이 침해된다고 주장하면서, 2017. 3. 6. 이 사건 입법부작위의 위헌확인을 구하는 이 사건 헌법소원심판을 청구하였다.

2. 판단

가. 헌법소원의 심판청구가 적법하게 성립하려면 그 대상이 되는 공권력의 행사 또는 불행사가 존재하여야 하고, 그러한 공권력의 행사 또는 불행사가 존재하지 아니하는 경우에는 그 심판청구는 부적법하다(헌재 1996. 6. 26. 89헌마30 참조).

나. 서해5도에 관한 국내법상 규정은 다음과 같다. '영해 및 접속수역법'은 영해의 폭을 측정하기 위한 통상의 기선은 해안의 저조선으로 하되(제2조 제1항), 다만 지리적 특수사정이 있는 수역으로서 대통령령으로 정하는 기점이 있는 경우 위 기점을 연결하는 직선을 기선으로 채택하고 있다(제2조 제2항). 따라서 '영해 및 접속수역법' 제2조 제2항, 동법 시행령 제2조, 별표 1(이하 위 조항들을 합하여 '영해 및 접속수역법 제2조 제2항 등'이라 한다)에 의하여 기점이 정해지지 아니한 수역에 대해서는 동법 제2조 제1항에 따른 통상의 기선에 따라 영해의 폭을 측정하게 된다.

그런데 '영해 및 접속수역법' 제2조 제2항 등은 서해5도에 관하여 기점을 정하고 있지 아니하므로, 서해5도에는 통상의 기선이 적용되는바, 서해5도 해안의 저조선으로부터 그 바깥쪽 12해리의 선까지에 이르는 수역은 별도로 영해를 선포하는 행위가 없더라도 당연히 영해가 된다(제1조 참조).

다. 서해5도에 관한 국제법상 규정은 다음과 같다. '해양법에 관한 국제연합 협약'(이하 '이 사건 협약'이라 한다)은 1994. 11. 16. 발효되었고, 대한민국은 1995. 12. 1. 국회의 동의를 받아 1996. 1. 29. 국제연합 사무총장에게 비준서를 기탁하였으며, 이에 이 사건 협약은 대한민국에서 1996. 2. 28. 조약 제1328호로 발효되었다. 이 사건 협약에 따르면, 모든 국가는 위 협약에 따라 결정된 기선으로부터 12해리를 넘지 아니하는 범위에서 영해의 폭을 설정할 권리를 가지고(제3조), 영해의 폭을 측정하기 위한 통상기선은 위 협약에 달리 규정된 경우를 제외하고는 연안국이 공인한 대축척해도에 표시된 해안의 저조선으로 하며(제5조), 다만

해안선이 깊게 굴곡이 지거나 잘려들어간 지역, 또는 해안을 따라 아주 가까이 섬이 흩어져 있는 지역에서는 영해기선을 설정함에 있어서 적절한 지점을 연결하는 직선기선의 방법이 사용될 수 있다(제7조 제1항). 당사국은 제7조에 따라 결정되는 영해기선 및 그로부터 도출된 한계는 그 위치를 확인하기에 적합한 축척의 해도에 표시하거나 또는 측지자료를 명기한 각 지점의 지리적 좌표목록으로 이를 대체할 수 있고(제16조 제1항), 이러한 해도나 지리적 좌표목록을 적절히 공표하며, 그 사본을 국제연합 사무총장에게 기탁한다(제16조 제2항). 이 사건 협약 제16조는 직선기선에 따라 영해기선을 결정하는 경우에 적용되므로, 통상기선에 따라 영해기선을 결정하는 경우에 위 조항은 적용되지 아니한다.

이 사건 협약 제3조, 제5조에 의하면 당사국은 통상기선으로부터 12해리를 넘지 아니하는 범위에서 영해의 폭을 설정할 권리를 가지고, 앞서 살펴본 바와 같이 대한민국은 서해5도에 관하여 통상기선을 적용하고 있는바, 서해5도 해안의 저조선으로부터 그 바깥쪽 12해리의 선까지에 이르는 수역은 국제법적으로 보더라도 영해가 된다.

라. 이상을 종합하여 보면, '영해 및 접속수역법' 및 이 사건 협약은 서해5도에 대하여 통상의 기선을 정하고 있어 별도로 영해로 선포하는 행위가 없더라도, 국내법적으로나 국제법적으로 서해5도 해안의 저조선으로부터 그 바깥쪽 12해리의 선까지에 이르는 수역은 영해가 되는바, 청구인들이 주장하는 이 사건 입법부작위는 존재하지 아니한다. 따라서 헌법소원의 대상이 되는 공권력의 불행사 자체가 존재하지 아니하므로, 이를 대상으로 하는 심판청구는 부적법하다.

3. 결론

그렇다면 헌법재판소법 제72조 제3항 제4호에 의하여 이 사건 심판청구를 각하하기로 하여, 관여 재판관 전원의 일치된 의견으로 주문과 같이 결정한다.

재판장	재판관	김창종	김 창 종
	재판관	안창호	안 창 호
	재판관	서기석	서 기 석

[별지]
청구인 목록
장○헌 외 632인

청구인들의 대리인
1. 변호사 이승경
2. 법무법인 로웰, 담당변호사 윤대기
3. 법무법인 케이앤피, 담당변호사 박소영
4. 변호사 최승철
5. 법무법인 덕양, 담당변호사 한은석
6. 변호사 한필운
7. 변호사 김재용

결재선

서울남부지방법원 2014. 3. 25. 선고 2013가합104616 판결 [손해배상(기)]

재판경과

서울고등법원 2019. 11. 20. 선고 2019나2026036 판결
대법원 2019. 6. 13. 선고 2014다220798 판결
서울고등법원 2014. 7. 31. 선고 2014나2011862 판결
서울남부지방법원 2014. 3. 25. 선고 2013가합104616 판결

전 문

원 고 임○○
서울 ○○구 ○○동○○
소송대리인 변호사 박×묵, 이△안
소송대리인 법무법인 동화 담당변호사 이◇정
피 고 박○○
서울 ○○구 ○○동○○
소송대리인 변호사 박▣수
변 론 종 결 2014. 3. 4.
판 결 선 고 2014. 3. 25

주 문

1. 피고는 원고에게 2,000,000원 및 이에 대하여 2013. 8. 21.부터 2014. 3. 25.까지는 연 5%의, 그 다음날부터 다 갚는 날까지는 연 20%의 각 비율에 의한 금원을 지급하라.
2. 원고의 나머지 청구를 기각한다.
3. 소송비용 중 9/10는 원고가, 나머지는 피고가 각 부담한다.
4. 제1항은 가집행할 수 있다.

청 구 취 지

피고는 원고에게 200,000,000원 및 이에 대하여 이 사건 소장 부본 송달 다음날부터 다 갚는 날까지 연 20%의 비율에 의한 금원을 지급하라.

이 유

1. 기초사실

가. 원고와 피고는 모두 제19대 국회의원으로, 원고는 ○○당 소속, 피고는 ○○당 소속이다.

나. 원고는 2013. 7. 27. 인천광역시가 백령도에서 개최한 정전60주년 예술작품 전시행사에 참석하였는데, 피고가 2013. 7. 30. "천안함 46용사의 영혼이 잠들어 있는 백령도 청정해역에 종북의 상징인 임 모 국회의원을 대동해 행사를 치르는 송 시장"이라는 내용이 포함된 성명서(이하 '이 사건 성명서'라 한다)를 발표하였다.

[인정근거] 다툼 없는 사실, 갑 제1호증의 기재, 변론 전체의 취지

2. 원고의 주장

피고는 이 사건 성명서를 통해 원고를 '종북의 상징'이라고 지칭하였는바, 이로 인해 원고는 종북의원으로 인식되어 정치인으로서의 명예가 심각하게 훼손되었다. 설령 위 표현이 원고의 명예를 훼손하는 것이 아니라 하더라도, 이는 원고에 대한 경멸적 인신공격에 해당하여 원고의 인격권을 심각하게 침해하였으므로, 피고는 원고에게 손해를 배상할 책임이 있다.

3. 손해배상책임의 인정 여부

가. 피해자의 특정 여부

피고는, 일반적인 사람들로서는 이 사건 성명서 중 "임 모 국회의원"이라는 표현이 원고를 지칭하는 것임을 알 수 없었다고 주장한다. 그런데 명예훼손에 의한 불법행위가 성립하려면 피해자가 특정되어 있어야 하지만, 그 특정을 할 때 반드시 사람의 성명이나 단체의 명칭을 명시해야만 하는 것은 아니고, 사람의 성명을 명시하지 않거나 두문자(頭文字)나 이니셜만 사용한 경우라도 그 표현의 내용을 주위 사정과 종합하여 볼 때 그 표시가 피해자를 지목하는 것을 알아차릴 수 있을 정도이면 피해자가 특정되었다고 할 것인바(대법원 2009. 2. 26. 선고 2008다27769 판결 등 참조), 현재 국회의원 중 임씨 성을 가진 사람은 원고를 포함하여 2명뿐이고, 위 정전60주년 예술작품 전시 행사에 참석한 사람 중 임씨 성을 가진 국

회의원은 원고뿐이었던 점, 게다가 원고가 1989. 6.경 평양에서 개최된 세계청년학생축전에 참가한 후 국가보안법위반죄로 처벌받은 사실이 일반인들에게도 비교적 널리 알려져 있는 점 등을 고려하면, 위 "임 모국회의원"이라는 표현이 원고를 지칭하는 것임을 충분히 알 수 있으므로, 피해자가 특정되었다고 할 것이다.

나. 명예훼손 여부

1) 민법상 불법행위가 되는 명예훼손이란 공연히 사실을 적시함으로써 사람의 품성, 덕행, 명성, 신용 등 인격적 가치에 대하여 사회적으로 받는 객관적인 평가를 침해하는 행위를 말한다. 타인의 사회적 평가를 침해할 가능성이 있을 정도로 구체성이 있는 사실을 명시적으로 적시한 표현행위가 명예훼손이 될 수 있음은 물론이고, 의견 내지 논평을 표명하는 형식의 표현행위라 하더라도 그 전체적 취지에 비추어 의견의 근거가 되는 숨겨진 기초 사실에 대한 주장이 묵시적으로 포함되어 있는데다가 그 사실이 타인의 사회적 평가를 침해할 수 있다면 명예훼손에 해당할 수 있지만, 순수하게 의견만을 표명하는 것은 타인의 명예를 훼손하는 행위가 될 여지가 없다(대법원 1999. 2. 9. 선고 98다31356 판결, 대법원 2001. 1. 19. 선고 2000다10208 판결, 대법원 2002. 1. 22. 선고 2000다37524, 37531 판결 등 참조).

2) 그런데 이 사건 성명서 중 원고와 관련된 부분은 "종북의 상징인 임 모 국회의원"이라는 표현뿐이고, 위 표현은 원고에 대한 피고의 의견 내지 논평을 표명한 것에 불과할 뿐 그 자체로서 원고의 사회적 평가를 침해할 만한 구체적 사실을 적시한 것이라고 보기 어렵다. 더구나 이 사건 성명서 중 위 표현을 제외한 나머지 부분은 모두 송영길 인천광역시장을 비난하는 내용으로 구성되어 있어, 위 표현의 앞뒤 문맥이나 전체적 취지를 고려하더라도 원고가 대한민국의 정체성을 부정하고 북한의 주체사상을 신봉한다고 평가받을 만한 어떠한 행동을 하였는지 여부 등에 관하여 전혀 알 수 없으므로, 위 표현이 원고의 명예를 훼손할 만한 구체적 사실을 암시한다거나 묵시적으로 그 기초가 되는 사실을 적시하고 있다고 보기 어렵다.

3) 따라서 이 사건 성명서가 원고의 명예를 훼손하였다고 볼 수 없다.

다. 인격권 침해 여부

1) 표현행위자가 타인에 대하여 비판적인 의견을 표명하였다는 사유만으로 이를 위법하다고 볼 수는 없지만, 만일 표현행위의 형식 및 내용 등이 모욕적이고 경멸적인 인신공격에 해당하거나 혹은 타인의 신상에 관하여 다소간의 과장을 넘어서서 사실을 왜곡하는 공표행위를 함으로써 그 인격권을 침해한다면, 이는 명예훼손과는 별개 유형의 불법행위를 구성할 수 있다(대법원 2009. 4. 9. 선고 2005다65494 판결 등 참조).

2) 이 사건에 관하여 보건대, 피고는 어떠한 구체적인 논거도 제시하지 않은 채 원고를 "종북의 상징인 임 모 국회의원"이라고 지칭하였는바, '종북'이라는 말이 대체로 대한민국의 정통성을 부정하고 북한의 주체사상을 신봉한다는 뜻으로 사용되고 있는 점, 원고의 지위나 휴전 상태인 우리나라의 현실 등을 고려할 때 '종북의 상징'이라는 표현은 원고의 국회의원으로서의 자격과도 연관될 수 있는 중대한 사안인 점 등을 종합해 보면, 위와 같은 표현은 원고에 대한 모욕적이고 경멸적인 인신공격에 해당한다고 할 것이다.

3) 그렇다면 피고는 이 사건 성명서를 통해 원고의 인격권을 침해하였다고 할 것이므로, 원고에게 이로 인한 손해를 배상할 책임이 있다.

4. 손해배상의 범위

원고와 피고의 지위, 피고가 이 사건 성명서를 발표하게 된 경위, 이 사건 성명서 중 원고와 관련된 표현이 차지하는 비중 및 그 표현의 내용 등을 여러 사정을 참작하여, 위자료 액수는 200만 원으로 정한다.

따라서 피고는 원고에게 위자료 200만 원 및 이에 대하여 불법행위일인 이 사건 성명서 발표일 이후로서 원고가 구하는 바에 따라 이 사건 소장 부본 송달 다음날인 2013. 8. 21.부터 피고가 그 이행의무의 존부나 범위에 관하여 항쟁함이 상당하다고 인정되는 이 판결 선고일인 2014. 3.

25.까지는 민법이 정한 연 5%의, 그 다음날부터 다갚는 날까지는 소송촉진 등에 관한 특례법이 정한 연 20%의 각 비율에 의한 지연손해금을 지급할 의무가 있다.

5. 결론

그렇다면 원고의 이 사건 청구는 위 인정범위 내에서 이유 있어 인용하고, 나머지 청구는 이유 없어 기각하기로 하여 주문과 같이 판결한다.

재판장 판사 김종원 판사 유형웅 판사 이정현

서울행정법원 2010. 12. 24. 선고 2010구합22689 판결 [정보공개청구거부처분취소]

전 문

원고 군■▲센터

피고 국방부장관

변론종결 2010. 11. 12.

판결선고 2010. 12. 24

[주문]

1. 이 사건 소 중 천안함의 2001. 3.분 항박일지, 천안함의 2009년, 2010년 정비내역서 중 선박의 수선과 관련하여 조선소에서 한 선체 하부 페인팅과 관련한 수선기록 일체, 2010. 3. 26. 21:00부터 24:00까지의 국방부장관 및 해군참모총장의 지시사항, 2010. 3. 26. 당일 해군전술자료체계(korea naval tactical data system, 이하 'kntds'라 한다) 기록 및 관련 운용일지 중 사고 발생 전까지의 것에 대한 각 정보공개거부처분 취소청구 부분을 각하한다.
2. 원고의 나머지 청구를 기각한다.
3. 소송비용은 원고가 부담한다.

[이유]

1. 처분의 경위

아래의 각 사실은 당사자 사이에 다툼이 없거나, 갑 제2, 3호증, 갑 제4호증의 1~23, 을 제1~4호증의 각 기재에 변론 전체의 취지를 종합하면 인정할 수 있다.

가. 해군 2함대 소속 초계함인 천안함은 2009. 3. 26. 백령도 주변 해역을 항해하던 중 21:22경 침몰하였고, 그로 인해 천안함에 승선한 해군 장병 46인이 사망하였다.

나. 천안함의 침몰원인에 대하여 북한의 어뢰공격에 의한 격침설, 좌초 내지 선체의 피로파괴에 의한 침몰설 등 여러 주장이 난무하는 가운데, 원고는 2010. 4. 13. 피고에게 천안함의 침몰원인을 밝히기 위해 필요하다는 이유로 별지 최초 공개청구대상 정보 목록 기재 정보의 공개를 요구하였다.

다. 피고는 2010. 5. 6. 원고가 공개를 청구한 위 정보들이 군사기밀로 분류되었거나 공개될 경우 군사작전에 막대한 지장을 초래하여 공개를 거부할 필요가 있는 정보에 해당하는 등 공공기관의 정보공개에 관한 법률(이하 '정보공개법'이라 한다) 제9조 제1항 제1, 2, 5호 소정의 비공개대상정보에 해당한다는 이유로 정보공개청구를 거부하였 다(이하 '이 사건 처분'이라 한다).

라. 그 후 천안함의 침몰원인을 조사한 민·군 합동조사단(이하 '합조단'이라 한다)은 2010. 5. 20. 천안함의 침몰원인이 "북한에서 제조한 폭약 250kg 규모의 중어뢰에 의 한 수중 폭발로 인한 것"이라고 발표하였다.

2. 원고의 주장

해군 초계함인 천안함이 침몰하여 46인의 해군 장병이 사망하는 안타까운 사고가 발생하였으나, 그 발생원인을 둘러싸고 어뢰에 의한 침몰이라거나 좌초에 의한 침몰이라는 등의 논란이 계속되었다. 합조단은 천안함이 북한의 중어뢰에 피격되어 침몰하였다고 발표하였으나, 합조단이 제시한 증거들이 최초 군의 사고 정황에 대한 발표 내용과 모순되는 점이 있어 합조단의 발표 이후에도 그러한 논란이 끊이지 않고 있는 실정이다.

이 사건 공개청구대상 정보 목록 기재 각 정보는 천안함 침몰 당시의 천안함의 침몰 장면이 녹화되어 있거나, 천안함의 침몰 원인, 침몰 위치, 침몰 당시의 항로, 침몰 전후의 상황 등을 확인할 수 있는 직·간접적인 자료에 해당하므로, 위와 같은 논란을 불식시키고 천안함 침몰의 원인 규명에 관한 국민의 알권리를 충족하기 위해서는 최소한 별지 이 사건 공개청구대상 정보 목록 기재 정보의 공개가 필수적인 반면, 공개로 인하여 초래될 국가 안전보장에 대한 위험은 미미한 정도에 그쳐 모두 실질적인 비밀의 가치가 없는 것들임에도, 피고는 정보공개법 제9조 제1항 제1, 2, 5호의 사유를 들어 공개를 거부하는 이 사건 처분을 하였으므로, 이사건 처분은 위법하여 취소되어야 한다.

3. 이 사건 소 중 일부 부적법 부분에 대한 판단

가. 피고의 본안전 항변에 대한 판단

(1) 피고의 본안전 항변

피고는 원고가 공개를 구하는 정보 중 2010. 3.분 항박일지, 천안함의 2009년, 2010년 정비내역서 중 선박의 수선과 관련하여 조선소에서 한 선체 하부 페인팅과 관련한 수선기록 일체, 2010. 3. 26. 21:00부터 24:00까지의 국방부장관 및 해군참모총장의 지시사항 등은 멸실되었거나 존재하지 아니하므로, 이 부분 정보에 대한 공개청구는 법률상 이익이 없어 부적법하다고 주장한다.

(2) 판단

(가) 정보공개제도는 공공기관이 보유·관리하는 정보를 그 상태대로 공개하는 제도라는 점 등에 비추어 보면, 정보공개를 구하는 자가 공개를 구하는 정보를 행정기관이 보유·관리하고 있을 상당한 개연성이 있다는 점을 입증함으로써 족하지만, 공공기관이 그 정보를 보유·관리하고 있지 아니한 경우에는 특별한 사정이 없는 한 정보공개거부처분의 취소를 구할 법률상의 이익이 없다(대법원 2006. 1. 13. 선고 2003두9459 판결 등 참조).

(나) 그런데, 원고가 공개를 구하는 정보 중 아래의 정보는 아래와 같은 이유로 멸실되었거나 처음부터 존재하지 아니하는 것이어서, 원고가 아래의 정보에 대한 공개거부처분의 취소를 구할 법률상 이익이 없다고 볼 수 없으므로, 이 사건 소 중 아래의 정보에 대한 공개거부처분 취소 부분은 부적법하고, 피고의 본안전 항변은 이유 있다.

① 2010. 3.분 천안함 항박일지

을제6호증의 1의 기재에 의하면, 2001. 3.분 천안함 항박일지는 천안함 침몰 당시 천안함 내부에 보관되어 있었던 사실, 침몰되었던 천안함이 인양된 이후로 2010. 6. 15.까지 수거작업을 한 결과 천안함 내에 보관 중인 군사기밀 문건 389건 중353건이 수거되었지만 위 2001. 3.분 항박일지는 수거되지 아니한 사실을 각 인정할 수 있는바, 위 인정사실에 의하면 2001. 3.분 항박일지는 천안함의 침몰로 인해 멸실되었다고 봄이 상당하다.

② 천안함의 2009년, 2010년 정비내역서 중 선박의 수선과 관련하여 조선소에서 한 선체 하부 페인팅과 관련한 수선기록 원고가 위와 같은 수선기록이 있다는 점에 관하여 별다른 증거를 제시하지 못하고 있는 반면, 을제6호증의 2(확인서)의 기재 및 선박 수선 관련 자료에 대한 이 법원의 비공개열람 심리결과에 변론 전체의 취지를 종합하면, 선체 하부의 페인팅 작업을 위해서는 반드시 상가(함정을 육상에 들어 올려놓는 것) 작업이 필요한데, 천안함은 2009년도에 1회 상가 작업이 이루어졌을 뿐 2010년에는 상가 작업이 이루어지지 아니하였으며, 2009년 상가 작업 시에도 페인팅 작업이 이루어졌다는 기록이 없는 사실을 인정할 수 있는바, 이러한 점에 비추어보면 위와 같은 수선기록을 피고가 보유·관리하고 있을 상당한 개연성이 있다는 점을 원고가 입증하였다고 볼 수 없고, 오히려 그러한 수선기록이 존재하지 않는다고 봄이 상당하다.

③ 천안함 침몰 당일인 2010. 3. 26. 21:00부터 24:00까지의 국방부장관 및 해군참모총장의 지시사항 을제6호증의 3~6의 각기재에 의하면, 2010. 3. 26. 21:00부터 24:00까지의 국방부장관 및 해군참모총장의 천안함 관련 지시사항으로서 문서·테이프 등의 매체에 기록되어 관리되는 정보는 존재하지 아니한 사실을 인정할 수 있다.

(다) 직권 판단직권으로 보건대, 해군전술자료체계 관련 자료에 관하여, 원고는 피고에 대한 정보공개청구 당시 2010. 3. 26. 사고 이후의 것의 공개를 요구하였다가, 그정보공개청구가 거부되자 그러한 거부처분을 취소하여 달라는 이 사건 소에 이르러 이를 2010. 3. 26. 당일 kntds 기록 및 관련 운용일지로 정정하였는바, 2010. 3. 26. 당일 중 천안함 침몰사고 발생 전의 kntds 기록 및 관련 운용일지는 최초 피고에 대한 공개청구대상 정보에 포함되지 아니하였고, 그에 따라 위 정보에 대한 거부처분도 존재하지 아니하므로, 이 사건 소 중 2010. 3. 26. 당일 중 천안함 침몰사고 발생 전의 kntds 기록 및 관련 운용일지에 관한 공개거부처분의 취소를 구하는 것은 부존재하는 처분의 취소를 구하는 것이어서 부적법하다.

4. 나머지 정보에 대한 공개거부처분의 적법 여부

가. 관련법령

★ 공공기관의 정보공개에 관한 법령 제3조(정보공개의 원칙)

★ 공공기관의 정보공개에 관한 법령 제9조(비공개대상정보)

★ 공공기관의 정보공개에 관한 법령 제20조(행정소송)

★ 군사기밀보호법 제3조(군사기밀의 구분)

★ 군사기밀보호법 제4조(군사기밀의 지정원칙 및 지정권자)

★ 군사기밀보호법 시행령 제3조(군사기밀의 등급구분)

★ 군사기밀보호법 시행령 제4조(군사기밀의 지정권자)

나. 판단

(1) 천안함 사건 발생 당일인 2010. 3. 26. 18:00~24:00까지 천안함이 촬영된 백령도 지역 tod 동영상 일체

을제7호증의 기재에 위 정보에 대한 이 법원의 비공개열람 심사결과 및 변론 전체의 취지를 종합하면, 백령도에 설치된 열상감지장치(thermal observation device, 이하 'tod'라 한다) 초소에서 천안함의 모습이 담긴 tod 동영상이 촬영된 사실, 그런데, 위 tod의 동영상 화면에는 tod의 감시구역이 나타나 있고, tod의 원거리 및 근거리 촬영의 패턴, 방위각, tod 영상에 나타나는 주변 지형 등 tod 화면에 나오는 여러 자료를 통해 tod의 감시 패턴 및 tod 초소의 대략적인 위치의 파악이 가능한 사실, 그 천안함 관련 영상의 내용이 정상 항해중인 천안함의 모습, 함수와 함미가 분리되어 있고 함수가 표류하는 모습 등 기존에 이미 3차례에 걸쳐 공개된 천안함 관련 영상들과 크게 차이나지 않는 사실, 위 동영상을 촬영한 tod 초소는 북한과의 최근접 지역의 감시 및 경계를 담당하는 초소인 사실이 각 인정되는바, 이러한 tod 감시구역과 감시 패턴, tod 초소의 위치 등의 정보는 이것이 노출될 경우 유사 시 적군의 침투경로의 설정 또는 tod 초소의 선제 타격에 악용될 소지가 있고, 천안함 침몰 사고 이후 악화되고 있는 남북 간의 군사대치상황을 고려하면 이러한 군사정보의 보안의 중요성이 더욱 강조될 수밖에 없는 반면, 위 정보상의 천안함 관련 영상이 대부분 이미 공개된 것이어서 공개로 인해 얻을 이익이 그리 크다고 할 수 없는 점 등의 제반 사정을 고려하면, 위 정보는 정보공개법 제9조 제1항 제2호 소정의 '국가안전보장·국방 등에 관한 사항으로서 공개될 경우 국가의 중대한 이익을 현저히 해할 우려가 있다고 인정되는 정보'라고 봄이 상당하다.

(2) 천안함의 2009년, 2010년도 항박일지 중 항해기록, 기관사용, sonar 운용에 관한 항박일지(2010. 3.분 항박일지는 제외)

을제5호증, 을제6호증의 1, 을제8호증의 각 기재 및 위 정보에 대한 이 법원의 비공개열람 심사결과에 변론 전체의 취지를 종합하면, 위 정보에는 천안함의 시간대별 속도 및 항로, 유류 등의 군수현황, 4시간별 천안함의 현황, 작전, 근무내역 등이 기재되어 있고, 그러한 기재내용에 의하면 천안함의 항로 및 위치, 전투장비의 준비 및 운용, 부대의 준비태세 및 활동사항, 함정의 작전활동 등의 내용을 파악할 수 있으며, 원고가 구하는 항해기록, 기관사용, sonar(sound navigation ranging, 수중음파탐지기) 운용에 관한 정보는 위와 같은 내용과 혼재되어 있어, 위와 같은 내용의 노출 없이 항해기록, 기관사용, sonar 운용에 관한 정보만을 공개하는 것이 사실상 불가능한 사실, 작성일로부터 1년 이내의 항박일지는 해군작전사령부에서 대외비로 분류하고 있는 사실을 각 인정할 수 있는바, 이러한 정보가 공개될 경우 천안함이 초계임무를 수행하던 북방한계선(nll) 부근에서 행하여진 함정의 작전 내용 및 초계항해의 항로, 천안함과 동급함정의 일반 작전 및 근무 사항 등의 정보가 알려지게 되어 해군의 nll에서의 감시·경계임무 또는 적군의 아군 초계함급 함정에 대한 공격시 이를 방어함에 지장을 초래할 우려가 있다고 봄이 상당하므로, 위 정보는 정보공개법 제9조 제1항 제2호 소정의 '국가안전보장·국방 등에 관한 사항으로서 공개될 경우 국가의 중대한 이익을 현저히 해할 우려가 있다고 인정되는 정보'라고 봄이 상당하다.

(3) 천안함의 2009년, 2010년 정비내역서 중

조달청으로부터 받은 선박관련 장비목록(특히, 군함의 신호장비)

군함의 장비는 대부분 적에 대한 공격과 적으로부터의 공격에 대한 방어라는 군함 고유의 목적에 기여하기 위한 것으로서 개개의 장비를 그러한 군함의 공격 및 방어 체계와 분리해서 볼 수 없는 것인바, 천안함의 장비목록, 그 중에서도 신호장비에 대한 목록이 공개될 경우 그러한 천안함 및 천안함과 동급 함정의 신호장비의 규격, 구체적인 제원, 교환주기 등이 노출되고, 나아가 이러한 신호장비와 체계를 이룬 공격 및 방어 체계에 대한 파악도 용이하게 될 우려가 있으므로, 위 정보도 정보공개법 제9조 제1항 제2호 소정의 '국가안전보장·국방 등에 관한 사항으로서 공개될 경우 국가의 중대한 이익을 현저히 해할 우려가 있다고 인정되는 정보'라고 봄이 상당하다.

(4) 천안함 사건 발생 당일인 2010. 3. 26. 21:00부터 24:00까지의 해군 2함대 사령관, 해병대 6여단장의 천안함 관련 긴급상황의 교신에 관한 부분 을제8호증의 기재 및 이 법원의 위 정보에 대한 비공개열람 심사결과에 변론 전체의 취지를 종합하면, 해군 2함대 사령관의 지시사항은 군사기밀보호법상 3급 비밀로 분류되고, 해병대 6여단장의 지시사항은 대외비로 분류되고 있는 사실, 2010. 3. 26. 21:00부터 24:00까지의 해군 2함대 사령관의 지시사항에는 해군 작전 지휘에 사용되는 통신수단, 함정별 세부적 임무, 무장 장착 및 탐지장비의 운용 등에 관한 정보가 포함되어 있고, 같은 시간대의 해병대 6여단장의 지시사항에도 해병대 작전지휘에 사용되는 통신수단, 비상상황 시의 부대 및 보유 장비의 이동 및 전투배치 등에 따른 소요 시간 및 이동·배치 후의 위치, 부대가 보유한 장비의 내역 및 가동 상태 등에 관한 정보가 포함되어 있는 사실이 각 인정되는바, 이러한 정보가 공개될 경우 함대 또는 부대의 작전수행현황 및 지휘체계, 비상시의 대응체계, 부대 또는 함대의 구성 및 보유 장비 등의 정보가 노출되어 아군의 대북 경계 및 피격시 대응·방어임무에 지장을 초래할 우려가 있어 보이므로, 이러한 정보는 정보공개법 제9조 제1항 제1호 소정의 '다른 법률 또는 법률이 위임한 명령에 의하여 비밀 또는 비공개 사항으로 규정된 정보' 내지 같은 항 제2호 소정의 '국가안전보장·국방 등에 관한 사항으로서 공개될 경우 국가의 중대한 이익을 현저히 해할 우려가 있다고 인정되는 정보'라고 봄이 상당하다.

(5) 2010. 3. 26. 당일 해군전술자료처리체계(kntds) 기록 및 관련 운용일지

을제5, 8호증의 각 기재 및 이 법원의 위 정보에 대한 비공개심리결과에 변론 전체의 취지를 종합하면, kntds는 해군의 육상지휘소, 수상함, 잠수함, 항공기 및 전탐감시대 등을 연결하여 전술정보를 실시간으로 파악하고 전술지휘 및 통제가 가능하도록 하기 위해 설치된 것으로서, kntds의 정보는 군사기밀보호법상 2급 군사기밀로 분류된 사실, kntds의 전술 디스플레이 화면상에는 작전해역에서의 적 및 아군함정의 현재 위치 및 항적, 전탐감시대(레이더)의 위치 및 경비구역, 각해군 함정의 담당 경비구역 등의 전술 자료 등이 표시되도록 되어 있는 사실이 인정되는 바, 위 정보가 공개될 경우 아군 레이더탐지 취약 범위, 레이더의 위치, nll에서의 해군 함정의 담당구역 및 경계·감시임무 수행 방법 등의 정보가 노출되어, 유사시 적군의 침투·우회경로의 설정 또는 레이더 기지의 선제 타격에 악용될 소지가 있어, 이러한 kntds 정보의 중요도 및 보안의 필요성, 남북 긴장관계가 지속되는 현재의 정세에 비추어 볼 때, 비록 위 정보가 공개됨으로써 천안함의 침몰 전후의 항로 및 침몰 위치가 보다 분명해져 침몰 원인의 규명에 도움이 될 수 있을지라도, 위 정보의 공개로 인해 초래되는 안보상의 우려를 방지해야 할 공익적 요청이 더욱 중요하다고 보아야 할 것이므로, 위정보는 정보공개법 제9조 제1항 제1호 소정의 '다른 법률 또는 법률이 위임한 명령에 의하여 비밀 또는 비공개 사항으로 규정된 정보' 내지 같은 항 제2호 소정의 '국가안전보장·국방 등에 관한 사항으로서 공개될 경우 국가의 중대한 이익을 현저히 해할 우려가 있다고 인정되는 정보'라고 봄이 상당하다.

(6) 소결

따라서, 위 (1) 내지 (5)항의 각 정보는 모두 정보공개법 제9조 제1항 제1호 내지 제2호 소정의

비공개대상정보에 해당하므로, 이와 같은 취지에서 위 각 정보의 공개를 거부한 이 사건 처분은 적법하다.

5. 결론

따라서, 이 사건 소 중 천안함의 2001. 3.분 항박일지, 천안함의 2009년, 2010년 정비내역서 중 선박의 수선과 관련하여 조선소에서 한 선체 하부 페인팅과 관련한 수선기록 일체, 천안함 사건 발생 당일 2010. 3. 26. 21:00부터 24:00까지의 국방부장관 및 해군참모총장의 지시사항 및 2010. 3. 26. 당일 kntds 기록 및 관련 운용일지 중 사고 발생 전까지의 것에 대한 정보공개거부처분 취소 청구 부분은 부적법하여 이를 각하하고, 원고의 나머지 청구는 이유 없어 기각하기로 하여 주문과 같이 판결한다.

재판장 판사 000 판사 000 판사 000

c; 최초 공개청구대상 정보 목록

○ 3. 26. 일몰 이후 해안 소초에서(다수의 소초일 경우 모두) 촬영한 열상감시장치(tod) 영상자료 일체(해안 소초별)

○ 천안함 2009년, 2010년도 항해일지 일체

○ 천안함 첫 항해 이후 정비관련 자료 일체

○ 3. 26. 사건 발생 이후 천안함 관련 국방부장관 지시사항 문서 일체

○. 3. 26. 사건 발생 이후 천안함 관련 해군참모총장 지시사항 문서 일체

○ 3. 26. 사건 발생 이후 천안함 관련 평택 제2함대 사령관 지시사항 문서 일체

○ 3. 26. 사건 발생 이후 해병대 6여단장 지시사항 문서 일체

○ 3. 26. 사건 발생 이후 kntds(해군전술지휘통제체계) 관련 자료 일체

○ 천안함 승조원 휴대전화 단말기 대수.끝.

c;이 사건 공개청구대상 정보 목록

○ 천안함 사건 발생 당일인 2010. 3. 26. 18:00~24:00까지 천안함이 촬영된 백령도 지역 tod 동영상 일체

○ 천안함의 2009년, 2010년도 항박일지 중 항해기록, 기관사용, sonar 운용에 관한 항박일지

○ 천안함의 2009년, 2010년 정비내역서 중 (1) 조달청으로부터 받은 선박관련 장비목록(특히, 군함의 신호장비), (2) 선박의 수선과 관련하여 조선소에서 한 선체 하부의 페인팅과 관련한 수선기록 일체

○ 천안함 사건 발생 당일인 2010. 3. 26. 21:00부터 24:00까지의 국방부장관, 해군참모총장, 해군 2함대 사령관, 해병대 6여단장의 천안함 관련 긴급상황의 교신에 관한 부분

○ 2010. 3. 26. 당일 해군전술자료처리체계(kntds) 기록 및 관련 운용일지.끝.

인천지방법원 2014. 11. 13. 선고 2014고단7262 판결 [영해및접속수역법위반]

전 문

피 고 인 1. 왕OOOO (690506-5000000), 선장

2. 황OOO (770925-5000000), 항해사

3. 왕OO (660808-5000000), 기관사

피고인들 주거 불상

피고인들 국적 중국

검 사 이대헌(기소), 김형철(공판)

변 호 인 변호사 박현수(피고인 모두를 위한 국선)

판 결 선 고 2014. 11. 13

주 문

피고인 왕OOOO를 징역 1년, 피고인 황OOO, 왕OO를 각 징역 8월에 각 처한다.

압수된 증 제1호의 매각대가 800,000원을 피고인 왕OOOO로부터 몰수한다.

이 유

범 죄 사 실

피고인 왕OOOO는 중국 요녕성 단동 선적 단어포 OOOO호(목선, 통발, 45톤, 승선원10명)의 선장으로서 선원관리 및 어업활동에 대해 선주를 대리하는 총 책임자이고, 피고인 황OOO는 단어포 2799호의 항해사로서 물품 관리 및 어구 투·양망 조업 시 갑판에서 현장지휘 등 선장을 보좌하는 자이고, 피고인 왕OO는 단어포 2799호의 기관사로서 기관을 원활히 작동하여 안전 항해 및 어업활동이 용이하도록 선박 내 기관과 유류관리 등의 업무를 담당하며 선장을 보좌하는 자이다.

피고인 왕OOOO, 황OOO는 2014. 8. 31. 23:00경 중국 요녕성 동항항에서 승선원 8명, 통발어구 1,200개를 적재하고 백령도 북쪽 NLL을 따라 항해하여 2014. 9. 2. 06:00경 대한민국 영해에 도착하였고, 피고인 왕OO는 2014. 9. 6. 10:00경 성명불상의 전기관사가 하선하자 어획물 운반선을 이용하여 위 단어포 2799호에 기관사로 일하기 위해 승선하였다.

피고인 왕OOOO, 황OOO는 2014. 9. 2. 06:00경 북위 37도 40분, 동경 124도 57분(소청도 남동방 10.7마일, 영해 1.3마일 침범) 대한민국 영해에 도착하여 통발어구 1,200개를 투망한 후 양망하여 꽃게를 포획한 것을 비롯하여 2014. 9. 29.경 같은 해상에서 같은 방법으로 꽃게를 포획할 때까지 총 26일 동안(2014. 9. 23. 및 2014. 9. 28. 제외) 1일 평균 300kg의 꽃게를 포획하여 총 7,800kg 상당의 꽃게를 포획하였고, 피고인 왕OO는 위와 같이 2014. 9. 6. 위 단어포 2799호에 기관사로 일하기 위해 승선하여 그때부터 2014. 9. 29.경까지 피고인 왕OOOO, 피고인 황OOO에 가담하여 총 22일 동안(2014. 9. 23. 및 2014. 9. 28. 제외) 1일 평균 300kg의 꽃게를 포획하여 총 6,600kg상당의 꽃게를 포획하였다.

이로써 피고인들은 공모하여 대한민국 영해 내에서 불법 어업활동을 하였다.

증거의 요지

피고인들의 법정진술, 중국어선 나포 상황도, 채증자료, 압수조서 및 압수목록

법령의 적용

1. 범죄사실에 대한 해당법조: 각 영해 및 접속수역법 제7조 제1항 전단, 제5조 제2항 제10호, 형법 제30조(포괄하여, 징역형 선택)
1. 몰수(피고인 왕OOOO): 영해 및 접속수역법 제7조 제1항 후단, 형사소송법 제132조 제1항

양형의 이유

이 사건 범행은 피고인들이 대한민국의 영해에서 어업활동을 하여 대한민국의 어업자원의 적정한 보존·관리에 관한 질서를 해친 것으로 중대범죄라 할 것이다. 그 형을정함에 있어 피고인들의 어획량, 어선의 규모나 특성, 어획 방식, 침범 횟수, 피고인들이 맡은 역할, 피고인들의 처벌전력 등 제반사정을 고려하여 주문과 같이 정한다.

판사 설충민

서해5도 관련 주요 행정입법

오정미(법무법인 이공) · 이석우(인하대)

행정안전부_법령

서해5도 교육비 지원 지침

[행정안전부고시 제2011-9호, 2011.2.25., 제정]

행정안전부(지역발전과), 02-2100-4364

제1조(목적) 이 지침은 「서해5도 지원 특별법」 제15조제2항 및 같은 법 시행령 제9조에 따라 서해5도에 설치된 고등학교에 재학하는 학생에게 교육비를 지급함을 목적으로 한다.

제2조(정의) 이 지침에서 사용하는 용어의 뜻은 다음과 같다.

1. "서해5도"란 인천광역시 옹진군에 속하는 백령도·대청도·소청도·연평도·소연평도를 말한다.
2. "고등학교"란 「초·중등교육법」 제2조에 따라 서해5도에 설치된 고등학교를 말한다.
3. "교육비"란 입학금, 수업료 및 학교운영지원비를 말한다.

제3조(지원대상) 교육비 지원대상자는 신청일 현재 「주민등록법」에 따라 서해5도에 주소가 등록되어있고, 고등학교에 입학하거나 재학하는 학생으로 한다.

제4조(지원신청 · 지급시기) ① 해당 고등학교의 장은 다음 각호의 사항을 확인하여 별지 제1호 서식에 따라옹진군수에게 분기별로 교육비 지원을 신청한다.

1. 다른 법령에 따른 교육비 지원 또는 감면 여부
2. 휴학, 퇴학 등의 사유로 인한 교육과정 중단 여부

② 제1항에 따라 교육비 지원 신청서를 제출받은 옹진군수는 지원 대상자를 확정하고, 교육비를 매분기 납입기한 전에 해당 고등학교의 학비지급 계좌에 입금하여야 한다.

제5조(전 · 출입자 지급기준) 서해5도 지역의 고등학교로 전입하는 경우에는 다음 달부터 교육비를 지급하고, 서해5도 지역 이외의 고등학교로 전출하는 경우에는 전출하는 날이 속하는 달까지의 교육비를 지급한다. 다만, 휴학이나 퇴학 등의 사유로 학업이 중단 될 때에는 휴학이나 퇴학한 날까지 계산하여 지급한다.

제6조(교육비 반환) ① 옹진군수는 교육비가 과다 지급된 경우에는 그 금액을 반환 요구하여야 한다.

② 옹진군수는 다음 각 호의 어느 하나에 해당하는 경우 지급한 교육비의 전부 또는 일부를 반환 요구하여야 한다.

1. 법령에 의하여 입학(재입학 및 편입학을 포함한다. 이하 같다)을 할 수 없거나 학업을 계속할 수 없는 경우
2. 입학허가를 받은 자가 입학포기의 의사를 표시한 경우
3. 재학중인 자가 자퇴의 의사를 표시한 경우
4. 본인의 질병·사망 또는 천재지변이나 기타 부득이한 사유로 당해학교에 입학을 하지 아니하게 되거나 학업을 계속하지 아니하게 된 경우

제7조(자체 세부계획 수립 · 시행) 교육비의 반환금액 및 절차 등 본 지침에 명시되지 않은 사항에 대해서는 옹진군수가 자체 세부계획을 수립하여 시행할 수 있다.

제8조(정산보고) ① 해당 고등학교의 장은 교육비 반환금액에 대하여 별지 제2호 서식에 따라 분기별로 학적변동 등을 확인하여 옹진군수에게 정산보고하여야 한다.

② 옹진군수는 매분기 지급현황을 다음 달 10일까지 인천광역시장을 거쳐 행정안전부장관에게 보고하여야 한다.

제9조(감독) 옹진군수는 교육비의 적절한 집행 여부를 확인하고, 필요시 적절한 조치를 할 수 있다.

부칙 <제2011-9호, 2011.2.25>

이 고시는 고시한 날부터 시행한다.

서해5도 노후주택 개량사업 지원 지침

[행정안전부고시 제2012-134호, 2012.4.24, 제정]
[행정안전부고시 제2013-1호, 2013.1.15, 일부개정]
[행정자치부고시 제2014-1호, 2014.11.25, 타법개정]
[행정안전부고시 제2017-1호, 2017.7.26, 일부개정]

행정안전부(지역발전과), 02-2100-4364

제1조(목적) 이 지침은 「서해5도 지원 특별법」 제11조(노후 주택개량 지원)에 따라 서해5도 주민의 주거환경을 개선하기 위하여 노후주택 개량을 지원함을 목적으로 한다.

제2조(정의) 이 지침에서 사용하는 용어의 뜻은 다음과 같다.

1. "서해5도"란 인천광역시 옹진군에 속하는 백령도·대청도·소청도·연평도·소연평도를 말한다.
2. "노후주택 개량사업"이란 서해5도의 노후주택에 대한 개·보수 또는 개축 등을 지원하는 것을 말한다.
3. "개·보수"란 주택의 지붕, 기둥, 벽체 등 내·외부를 개조하거나 보수하는 것을 말한다.
4. "개축"이란 기존 건축물의 전부 또는 일부를 철거하고 그 대지 안에 종전과 동일한 규모의 범위 내에서 건축물을 다시 축조하는 것을 말한다.
5. "사업대상자"라 함은 주택의 소유권자 또는 「건축법」 제2조제1항제12호의 건축주를 말한다.
6. "시공업자"라 함은 「건축법」 제2조제1항제16호의 공사 시공자를 말한다.

제3조(지원 대상 및 범위) ① 이 지침은 서해5도에 건축되어 30년 이상 된 주택의 개·보수에 적용한다. 부속건축물은 지원 대상에서 제외한다.
② 주택의 노후가 심하여 개축이 불가피한 경우, "옹진군 건축위원회"의 심의를 거쳐 개축할 수 있다.

제4조(보조금 지원기준) 보조금 지원한도는 동당 최고 4,000만원으로 1회 한하여 지원하고, 자기부담금은 총공사비의 20% 이상으로 한다. 다만, 사업의 효율적인 추진을 위하여 필요한 경우에는 지방비를 추가 지원할 수 있다.

제5조(지원 신청 및 자격) ① 보조금을 지원 받으려는 자는 별지 제1호 서식에 따라 옹진군수에게 사업을 신청하여야 한다.
② 지원 자격은 서해5도에 건축물을 소유하고 사업신청 전년도 말 기준으로 주민등록 및 실제 거주 기간이 1년 이상인 자로 한다. 다만, 다주택 소유자는 실 거주 주택에 한한다.

제6조(대상자 확정 및 통보) 옹진군수는 거주기간, 건축연도, 건축물 노후정도, 자부담, 소득수준 등을 종합적으로 고려하여 대상자를 선정한 후 그 결과를 별지 제2호 서식에 따라 신청인에게 통보하여야 한다.

제7조(보조금 신청 및 지급) ① 사업대상자가 보조금을 지급 받고자 하면 사업의 진도에 따라 다음 각 호의 서류를 제출하여야 한다.

1. 보조금 교부 신청서(별지 제3호 서식)
2. 준공(기성) 보고서(별지 제4호 서식)
3. 보조금 지급 청구서(별지 제5호 서식)

② 옹진군수는 사업대상자가 자기부담금을 우선 집행하도록 하고, 준공 또는 기성 검사를 실시한 후 보조금을 사업대상자에게 지급한다. 단, 사업대상자가 동의할 경우 시공업자에게 직접 지급할 수 있다.

제8조(보조금의 반환) 옹진군수는 보조금을 교부받은 자가 다음 각 호의 어느 하나에 해당한다고 인정될 때는 보조금의 교부를 중지하거나 교부한 보조금의 전부 또는 일부의 반환을 명할 수 있다.

1. 보조금을 목적 이외의 용도에 사용한 때
2. 법령 또는 조례에 의한 감독상의 명령을 이

행하지 아니할 때

3. 허위 또는 부정한 방법으로 보조금을 교부 받았을 때

제9조(보고) 옹진군수는 매분기 사업추진 현황을 다음 달 20일까지 인천광역시장을 거쳐 행정안전부장관에게 제출하여야 한다.

제10조(자체 세부계획 수립 · 시행) 보조금의 반환 절차 등 본 지침에 명시되지 않은 사항에 대해서는 옹진군수가 자체 세부계획을 수립하여 시행할 수 있다.

부칙 <제2014-1호, 2014.11.25>

이 규정은 발령한 날부터 시행한다.

부칙 <제2017-1호, 2017.7.26>

이 규정은 발령한 날부터 시행한다.

서해5도 해상운송비 지원 지침

[행정안전부고시 제2011-10호, 2011.2.25., 제정]
[행정자치부고시 제2014-1호, 2014.11.25., 타법개정]
[행정안전부고시 제2017-1호, 2017.7.26., 일부개정]

행정안전부(지역발전과), 02-2100-4364

제1조(목적) 이 지침은 「서해5도 지원 특별법」 제14조 및 같은 법 시행령 제8조에 따라 서해5도주민의 생활필수품 해상운송에 필요한 비용을 지원함을 목적으로 한다.

제2조(정의) 이 지침에서 사용하는 용어의 뜻은 다음과 같다.

1. "서해5도"란 인천광역시 옹진군에 속하는 백령도·대청도·소청도·연평도·소연평도를 말한다.
2. "생활필수품"이란 육지에서 서해5도로 운반하는 유류, 가스, 연탄, 목재펠릿을 말한다.
3. "해상운송비"란 항만 상·하역요금, 선임비 및 현지운반비 등을 포함한 비용을 말한다.
4. "운송자"란 생활필수품을 육지에서 서해5도로 운송하는 업체 및 단체를 말한다.
5. "선임비"란 육지에서 서해5도로 생활필수품을 운송하는데 소요되는 선박의 운임비를 말한다.
6. "현지운반비"란 서해5도에서 생활필수품을 운반하는데 소요되는 비용을 말한다.

제3조(지원대상) 제5조에 따른 협약을 체결하고 생활필수품을 육지에서 서해5도로 운반하는 운송자로 한다.

제4조(지원범위) 인천지방해양항만청장이 정하는 항만 상·하역 요금과 그 밖에 옹진군수가 정하는 선임비 및 현지운반비를 지원한다. 다만, 선임비 및 현지운반비 단가는 서해5도의 해상운송 현실을 고려하여 "옹진군 물가대책위원회"의 심의를 거쳐 결정한다.

제5조(협약 체결) 옹진군수는 운송자와 해상운송비 지원을 위한 협약을 체결할 수 있다.

제6조(신청 및 지급절차) ① 해상운송비를 지원 받으려는 운송자는 별지 제1호 서식에 따라 옹진군수에게해상운송사업계획서를 제출하여야 한다.

② 운송자는 다음달 10일까지 별지 제2호 서식에 따라 옹진군수에게 해상운송비 교부신청서를 제출하여야 한다.

③ 제2항에 따른 해상운송비를 교부 신청할 때에는 해당하는 다음 각 호의 서류를 첨부하여야 한다.

1. 주문 업체와 공급처 간 생활필수품 거래명세표
2. 주문 업체와 운송자 간 생활필수품 운반물량확인서
3. 항만 노조의 생활필수품 상·하역 물량확인서

④ 옹진군수는 제3항의 신청서류를 검토하여 접수일부터 10일 이내에 별지 제3호 서식에 따라 교부결정서를 통지하고 해상운송비를 지급한다.

제7조(지급중지 및 반환) 옹진군수는 다음 각 호의 어느 하나에 해당하는 경우 해상운송비 지급을 중지하거나, 지급한 해상운송비의 전부 또는 일부를 반환 요구하여야 한다.

1. 협약 체결 조건을 위반한 경우
2. 해상운송을 거부하거나 다수의 민원이 발생한 경우
3. 회사의 부도·파산·해산 등으로 해상운송이 불가능한 경우
4. 그 밖에 부정한 방법으로 지원금을 교부받은 경우

제8조(자체 세부계획 수립 · 시행) 해상운송비의 반환 금액 및 절차 등 본 지침에 명시되지 않은 사항에 대해서는 옹진군수가 자체 세부계획을 수립하여 시행할 수 있다.

제9조(보고) 옹진군수는 매분기 지급현황을 다음 달 10일까지 인천광역시장을 거쳐 행정안전부장관에게 보고하여야 한다.

제10조(감독) 인천광역시장 또는 옹진군수는 해상운송비 보조금의 적정한 집행을 기하기 위하여 운송자에 대하여 소속공무원으로 하여금 집행 및 정산에 필요한 증빙자료를 검사 또는 제출하게 할 수 있으며 감독상 필요한 처분을 할 수 있다.

부칙 <제2014-1호, 2014.11.25>

이 규정은 발령한 날부터 시행한다.

부칙 <제2017-1호, 2017.7.26>

이 규정은 발령한 날부터 시행한다.

서해 5도 정주생활지원금 지원 지침

[시행 2018. 1. 12.] [행정안전부고시 제2018-6호, 2018. 1. 12., 일부개정.]

행정안전부(지역균형발전과), 044-205-3521

제1조(목적) 이 지침은 「서해5도 지원 특별법」 제12조에 따른 정주생활지원금의 1인당 지급 금액 등 법령에서 명시하지 아니한 세부사항에 대하여 규정함을 목적으로 한다.

제2조(정의) 이 지침에서 사용하는 용어의 뜻은 다음과 같다.

1. "서해5도"란 인천광역시 옹진군에 속하는 백령도·대청도·소청도·연평도·소연평도를 말한다.
2. "정주생활지원금"이란 「서해5도 지원 특별법 시행령」(이하 "영"이라 한다) 제7조제1항에 따른 지원금(이하 "지원금"이라 한다)을 말한다.

제3조(지급대상 및 기준) ① 지원금 지급대상은 영 제7조제1항에 따라 지급일을 기준으로 다음 각 호의 어느 하나에 해당하는 사람으로 한다. 다만, 「공무원수당 등에 관한 규정」, 「지방공무원수당 등에 관한 규정」, 그 밖의 법령에 따라 특수지근무수당을 지급받는 사람은 제외한다.

1. 「주민등록법」에 따라 6개월 이상 서해5도에 주소가 등록되어 있고, 등록한 날부터 실제 거주한 기간이 6개월 이상인 자
2. 「재한외국인 처우 기본법」 제2조제3호에 따른 결혼이민자는 「출입국관리법」에 따라 6개월 이상 서해5도에 체류지가 등록되어 있고, 등록한 날부터 실제 체류한 기간이 6개월 이상인 자

② 제1항에 해당하는 사람 중 10년 이상 서해5도에 주소나 체류지가 등록되어 있고, 등록한 날부터 실제 거주한 기간이 10년 이상인 사람에게는 지원금을 추가하여 지원할 수 있다.

③ 사망자는 사망한 날이 속하는 달까지 지원금을 지급한다.

제4조(지급액) ① 제3조제1항에 해당하는 사람의 지원금은 1인당 매월 5만원으로 한다.

② 제3조제2항에 해당하는 사람의 지원금은 1인당 매월 10만원으로 한다.

제5조(지급신청 및 확정) ① 지원금을 지급 받으려는 사람은 별지 제1호 서식에 따라 거주지 마을 이장의 실제 거주 확인을 받아 최초 지급 해당월 15일(토요일이나 공휴일인 경우에는 그 다음날로 한다)까지 주소지 관할 면장에게 신청하여야 한다. 다만, 지원금을 지급 받으려는 사람이 미성년자나 의사무능력자인 경우에는 친권자, 후견인 및 담당공무원이 신청할 수 있다.

② 계속 지급대상자는 매년 1월 20일까지 별지 제1호 서식에 따라 옹진군수에게 신청서를 제출하여야 한다. 다만, 기상이변·장기출타 등 관할 면장이 인정하는 부득이한 경우에는 제1항의 절차를 준용한다.

③ 주소지 관할 면장은 지원금 지급대상자의 실제 거주 여부를 확인하여야 한다.

④ 영 제7조제3항 단서 및 본문 외 각 호에 따라 지급대상자가 세대주 또는 배우자에게 지급하여 줄 것을 신청할 경우에는 별지 제2호 서식에 따른 동의서를 제출하여야 한다.

⑤ 제1항에 따라 신청을 받은 옹진군수는 지급대상자를 확정하고, 그 결과를 신청인에게 통보하여야 한다.

제6조(지급시기 및 방법) 지원금은 매달 마지막 날(토요일이나 공휴일인 경우에는 그 전날로 한다)에 신청자의 금융기관이나 우편관서의 계좌에 입금하는 방법으로 지급한다.

제7조(지원금 심사위원회 구성 · 운영) ① 옹진군수는 지원금 지급에 관한 다음 각 호의 사항을 심사하기 위하여 옹진군에 지원금 심사위원회(이하 "위원회"라 한다)를 둔다.

1. 지원금 지급 세부계획 수립에 관한 사항
2. 지원금 지급 대상자 적격 여부에 관한 사항
3. 지급정지 및 반환 등에 관한 사항

4. 그 밖에 위원장이 필요하다고 인정하는 사항

② 위원회의 위원장은 부군수가 된다.

③ 위원회는 위원장 1명을 포함한 15인 이내로 구성한다.

④ 위촉직 위원은 정주생활지원에 대한 학식과 경험이 풍부한 사람 중에서 옹진군수가 위촉한다.

⑤ 위원 중 위촉직 위원의 임기는 2년으로 한다.

⑥ 지원금 지급 심사를 효율적으로 지원하기 위하여 연평면·백령면·대청면에 실무위원회를 둘 수 있다.

제8조(지원금의 반환) 옹진군수는 지원금을 받은 사람이 「주민등록법」 등 관련 법령을 위반하였거나 부당한 방법으로 지급을 받은 경우에는 지원금의 전부 또는 일부를 반환 요구하여야 한다.

제9조(자체 세부계획 수립 · 시행) 지원금의 반환 금액 및 절차 등 본 지침에 명시되지 않은 사항에 대해서는 옹진군수가 자체 세부계획을 수립하여 시행할 수 있다.

제10조(보고) 옹진군수는 매분기 지급현황을 다음 달 10일까지 인천광역시장을 거쳐 행정안전부장관에게 보고하여야 한다.

부칙 <제2018-6호, 2018. 1. 12.>

이 규정은 발령한 날부터 시행한다.

행정안전부고시 제2019-36호

「서해5도 지원 특별법」 제14조 및 같은 법 시행령 제8조에 따라 해상운송비 지원에 관한 신청 및 지급 절차 등에 관한 세부사항을 정한 「서해5도 해상운송비 지원 지침」을 개정하였기에 다음과 같이 고시합니다.

2019년 4월 24일
행정안전부장관

서해5도 해상운송비 지원 지침

제1조(목적) 이 지침은 「서해5도 지원 특별법」 제14조 및 같은 법 시행령 제8조에 따라 서해5도 주민의 생활필수품 해상운송에 필요한 비용을 지원함을 목적으로 한다.

제2조(정의) 이 지침에서 사용하는 용어의 뜻은 다음과 같다.

1. "서해5도"란 인천광역시 옹진군에 속하는 백령도·대청도·소청도·연평도·소연평도를 말한다.
2. "생활필수품"이란 육지에서 서해5도로 운반하는 유류, 가스, 연탄, 목재펠릿을 말한다.
3. "해상운송비"란 항만 상·하역요금, 선임비 및 현지운반비 등을 포함한 비용을 말한다.
4. "운송자"란 생활필수품을 육지에서 서해5도로 운송하는 업체, 단체, 개인 등을 말한다.
5. "선임비"란 육지에서 서해5도로 생활필수품을 운송하는데 소요되는 선박의 운임비를 말한다.
6. "현지운반비"란 서해5도에서 생활필수품을 운반하는데 소요되는 비용을 말한다.

제3조(지원대상) 제5조에 따른 협약을 체결하고 생활필수품을 육지에서 서해5도로 운반하는 운송자로 한다.

제4조(지원범위) 인천지방해양항만청장이 정하는 항만 상·하역 요금과 그 밖에 옹진군수가 정하는 선임비 및 현지운반비를 지원한다. 다만, 선임비 및 현지운반비 단가는 서해5도의 해상운송 현실을 고려하여 "옹진군 물가대책위원회"의 심의를 거쳐 결정한다.

제5조(협약 체결) 옹진군수는 운송자와 해상운송비 지원을 위한 협약을 체결할 수 있다.

제6조(신청 및 지급절차) ① 해상운송비를 지원 받으려는 운송자는 별지 제1호 서식에 따라 옹진군수에게 해상운송사업계획서를 제출하여야 한다.

② 운송자는 다음달 10일까지 별지 제2호 서식에 따라 옹진군수에게 해상운송비 교부신청서를 제출하여야 한다.

③ 제2항에 따른 해상운송비를 교부 신청할 때에는 해당하는 다음 각 호의 서류를 첨부하여야 한다.

1. 주문 업체와 공급처 간 생활필수품 거래명세표
2. 주문 업체와 운송자 간 생활필수품 운반물량확인서
3. 항만 노조의 생활필수품 상·하역 물량확인서

④ 옹진군수는 제3항의 신청서류를 검토하여 접수일부터 10일 이내에 별지 제3호 서식에 따라 교부결정서를 통지하고 해상운송비를 지급한다.

제7조(지급중지 및 반환) 옹진군수는 다음 각 호의 어느 하나에 해당하는 경우 해상운송비 지급을 중지하거나, 지급한 해상운송비의 전부 또는 일부를 반환 요구하여야 한다.

1. 협약 체결 조건을 위반한 경우
2. 해상운송을 거부하거나 다수의 민원이 발생한 경우
3. 회사의 부도·파산·해산 등으로 해상운송이 불가능한 경우
4. 그 밖에 부정한 방법으로 지원금을 교부받은 경우

제8조(자체 세부계획 수립 · 시행) 해상운송비의

반환 금액 및 절차 등 본 지침에 명시되지 않은 사항에 대해서는 옹진군수가 자체 세부계획을 수립하여 시행할 수 있다.

제9조(보고) 옹진군수는 매분기 지급현황을 다음달 10일까지 인천광역시장을 거쳐 행정안전부장관에게 보고하여야 한다.

제10조(감독) 인천광역시장 또는 옹진군수는 해상운송비 보조금의 적정한 집행을 기하기 위하여 운송자에 대하여 소속공무원으로 하여금 집행 및 정산에 필요한 증빙자료를 검사 또는 제출하게 할 수 있으며 감독상 필요한 처분을 할 수 있다.

부 칙

이 고시는 고시한 날부터 시행한다.

해양수산부_법령

서해5도 어업인 정책자금 이자감면 등에 관한 규정

제1조(목적) 이 지침은 「서해5도 지원 특별법 시행령」 제13조제2항에서 규정한 군사적 위협이나 그 밖의 군사적 요인이 발생하여 영어 활동 중단으로 어업인의 경영활동이 어려워진 경우 영어를 위하여 대출받은 정책자금에 대한 대출상환유예 및 기한연장을 하거나 이자감면을 위해 필요한 사항을 정하는 것을 목적으로 한다.

제2조(적용범위) 이 고시는 영어자금 등의 단기성 운영자금으로 이차보전의 대상이 되는 정책자금에 적용한다.

제3조(이자감면 등 신청) ① 영어를 위하여 대출받은 정책자금에 대한 대출상환 유예 및 기한연장 또는 이자감면을 받기를 원하는 어업인은 제4조에 따라 옹진군수로부터 발급받은 별지 제1호서식의 피해사실확인서를 대출받은 금융기관에 제출하여야 한다.

② 제1항에 따른 피해사실확인서를 제출한 어업인에 대한 정책자금 대출상환 유예·기한연장 및 이자감면 기간은 2년으로 하고, 이자감면율은 100%로 한다.

제4조(피해사실확인서 발급) ① 옹진군수는 서해5도에 거주하는 어업인이 정책자금에 대한 대출상환 유예 및 기한연장 또는 이자감면을 받기 위하여 피해사실확인서의 발급을 요청한 경우에는 이를 발급할 수 있다.

② 제1항에 따른 피해사실확인서를 발급받으려는 자는 별지 제1호서식의 피해사실확인서를 옹진군수에게 제출하여야 한다.

③ 옹진군수는 제1항에 의한 피해사실확인서를 발급한 경우에는 발급사실을 별지 제2호서식의 피해사실확인서 발급대장에 기록하고 관리하여야 한다.

제5조(재검토기한) 해양수산부장관은 이 고시에 대하여 「훈령·예규 등의 발령 및 관리에 관한 규정」에 따라 2019년 1월1일을 기준으로 매3년이 되는 시점(매 3년째의 12월 31일까지를 말한다)마다 그 타당성을 검토하여 개선 등의 조치를 하여야 한다.

부 칙

이 고시는 발령한 날부터 시행한다.

[별지 제1호서식] (앞 쪽)

<table>
<tr><td colspan="4">피해사실확인서
발급번호: 제 호</td><td>처리기간
7일</td></tr>
<tr><td rowspan="2">신청인</td><td>① 주 소</td><td colspan="3"></td></tr>
<tr><td>② 성 명
(상호명)</td><td></td><td>③ 생년월일
(법인번호)</td><td></td></tr>
<tr><td rowspan="4">허가
(신고)
사항
(※어업인
만 기재)</td><td>④ 허가(신고)번호</td><td></td><td>⑤ 허가(유효)기간</td><td></td></tr>
<tr><td>⑥ 어업의 종류
및 방법</td><td></td><td>⑦ 포획·채취물의
종류</td><td></td></tr>
<tr><td>⑧ 조업구역</td><td></td><td>⑨ 어업의 시기</td><td></td></tr>
<tr><td>⑩ 사용어선의 종
류 및 총톤수</td><td></td><td>⑪ 사용 어선의
명칭 및 어선번호</td><td></td></tr>
<tr><td>피해내역</td><td colspan="4"></td></tr>
<tr><td>용 도</td><td colspan="4"></td></tr>
<tr><td>제출처</td><td colspan="4"></td></tr>
<tr><td colspan="5">「서해5도 지원 특별법 시행령」제13조 제2항에 따른 지원을 받기 위하여 서해5도 어업인 정책자금 이자감면 등에 관한 규정에 따라 피해사실의 확인을 신청합니다.

년 월 일

신청인: (서명 또는 날인)

옹진군수 귀하</td></tr>
<tr><td colspan="5">위 사실을 확인함

년 월 일

옹진군수(직인)</td></tr>
<tr><td colspan="5">※ 본 증명은 발급일로부터 3개월간 유효합니다.</td></tr>
</table>

210㎜ × 297㎜(일반용지 60g/㎡(재활용품))

※ 이 신청서는 아래와 같이 처리됩니다. (뒤 쪽)

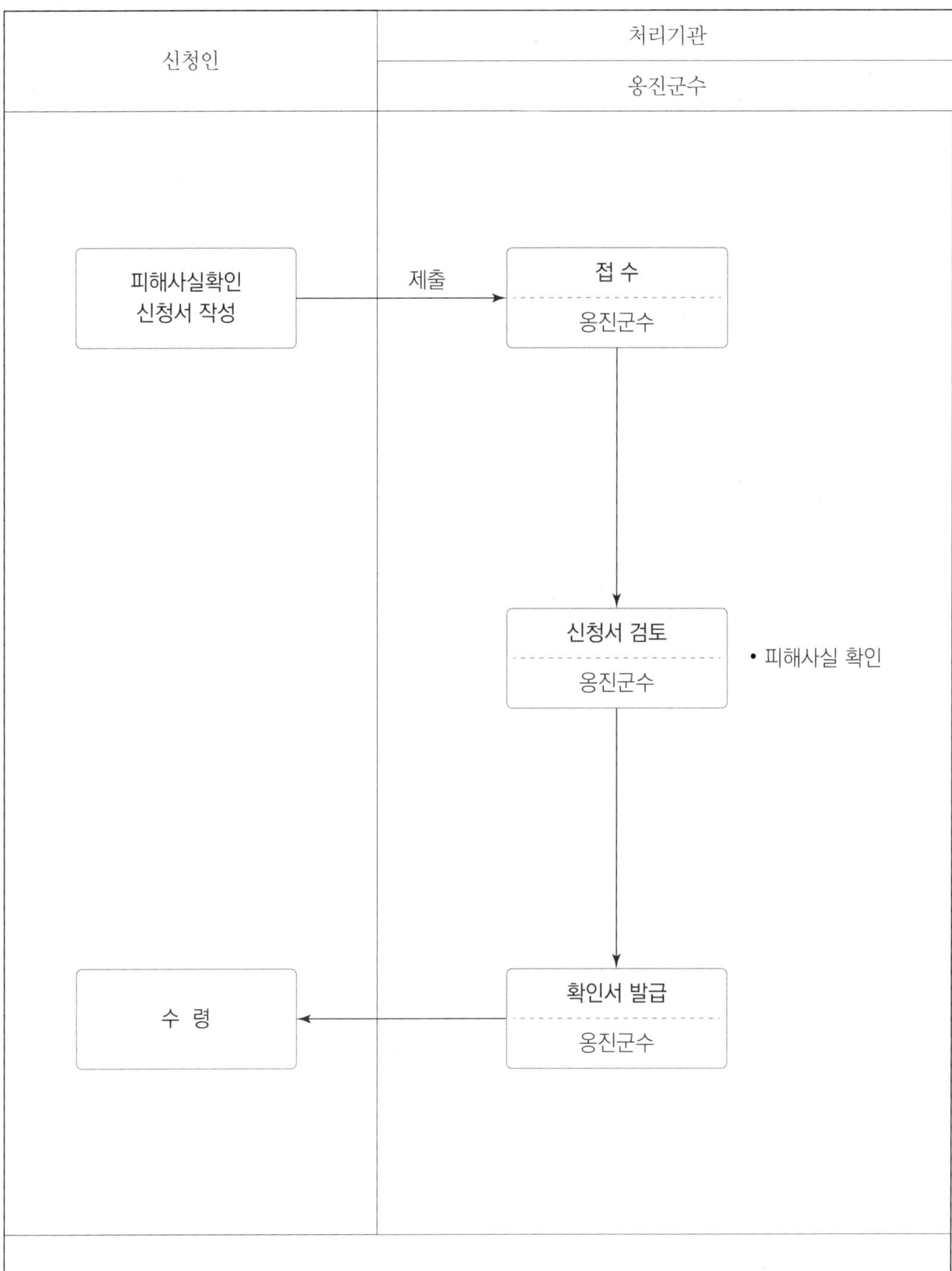

<작성시 주의사항>

1. 피해내역에는 군사적 위협이나 그 밖의 군사적 요인이 발생하여 영어 활동 중단으로 발생한 피해사실을 기재하여야 합니다. 단, 구체적인 피해사실을 증명하기 어려운 경우는 영어활동 중단 기간 등을 기재합니다.
2. 옹진군수는 피해사실 확인서를 발급하기 전에 피해사실을 확인하여야 합니다.
3. 발급번호는 일련번호를 부여합니다.

[별지 제2호 서식]

피해사실확인서 발급대장

발급번호	신청자			피해내역	용도	제출처
	주소	성 명	생년월일			

※ 발급번호는 일련번호를 부여한다.

297×210㎜(일반용지 60g/㎡(재활용품))

해양수산부 제2019-72호

「서해5도 어업인 정책자금 이자감면 등에 관한 규정」을 다음과 같이 폐지합니다

2019년 06월 03일
해양수산부장관

서해5도 어업인 정책자금 이자감면 등에 관한 규정 폐지안

「서해5도 어업인 정책자금 이자감면 등에 관한 규정(해양수산부 고시 제2018-118호)」을 폐지한다.

부 칙

이 고시는 발령한 날부터 시행한다.

▌연평도 포격전 전사자 위령탑

▌대청도의 해변

해경, 옹진군 등_법령

행정자치부 -「접경지역 지원 특별법」 제14조에 따른 인 · 허가등의 의제가 「서해5도 지원 특별법」 제4조제2항에 따라 서해5도 종합발전계획의 연도별 시행계획의 개발사업에 대해서도 적용되는지(「서해5도 지원 특별법」 제4조제2항 등 관련)

[15-0278, 2015. 6. 17., 행정자치부]

[질의요지]

「접경지역 지원 특별법」 제14조에 따른 인·허가등의 의제 규정이 「서해5도 지원 특별법」에 따른 서해5도 종합발전계획의 연도별 시행계획의 개발사업에도 적용되는지?

〈질의 배경〉

- ○ 환경부에서는 접경지역 발전종합계획에 해당하지 아니하는 관광·연구시설을 「서해5도 지원 특별법」상 연도별 시행계획의 개발사업으로 대청도에 설치하고자 하면서 그 효율적 시행을 위하여 「접경지역 지원 특별법」 제14조에 따른 다른 법률의 인·허가 의제의 규정을 적용할 수 있는지 행정자치부에 질의함.
- ○ 행정자치부는 "「접경지역 지원 특별법」 제14조에 따른 인·허가등의 의제 규정을 「서해5도 지원 특별법」 제4조제2항에 따라 「서해5도 지원 특별법」상 연도별 시행계획의 개발사업에 적용할 수 있는지" 법제처에 해석을 요청함.

[회답]

「접경지역 지원 특별법」 제14조에 따른 인·허가등의 의제 규정은 「서해5도 지원 특별법」 제6조에 따른 서해5도 종합발전계획의 연도별 시행계획의 개발사업에는 적용되지 않습니다.

[이유]

「서해5도 지원 특별법」 제4조제2항에서는 서해5도의 개발과 지원에 관하여 이 법에 규정한 것을 제외하고는 「접경지역 지원 특별법」에 따른다고 규정하고 있고, 같은 법 제5조제1항에서는 행정자치부장관은 해당 지방자치단체의 장 및 주민의 의견을 들어 종합발전계획안을 작성하여 관계중앙행정기관의 장과 협의하고, 제7조에 따른 서해5도 지원위원회의 심의를 거쳐 확정한다고 규정하고 있으며, 같은 법 제6조에서는 행정자치부장관은 제5조에 따라 수립·확정된 종합발전계획에 따라 추진할 연도별 시행계획안을 수립하여 중앙행정기관의 장과 협의를 거친 후 제7조에 따른 서해5도 지원위원회의 심의를 거쳐 확정한다고 규정하고 있습니다.

한편, 「접경지역 지원 특별법」 제14조제1항에서는 사업시행자(국가 및 지방자치단체는 제외함)가 사업시행계획의 승인을 받은 경우 또는 국가 및 지방자치단체가 사업시행자로서 사업시행계획을 고시한 경우 사업승인권자가 관계행정기관의 장과 협의한 사항에 대하여 허가·인가·지정·승인·협의·신고·결정 등(이하 "인·허가등"이라 함)을 받은 것으로 보도록 규정하고 있는바, 이 사안은 「접경지역 지원 특별법」 제14조에 따른 인·허가등의 의제 규정이 「서해5도 지원 특별법」에 따른 서해5도 종합발전계획의 연도별 시행계획의 개발사업에도 적용되는지에 관한 것이라 하겠습니다.

먼저, 주된 인·허가에 관한 사항을 규정하고 있는 법률에서 주된 인·허가가 있으면 다른 법률에 의한 인·허가를 받은 것으로 의제하는 인·허가 의제제도는, 행정기관의 권한에 변경을 가져오는 것이므로 행정조직법정주의의 원리에 비추어 의제되는 인·허가는 개별 법률에서 명시적으로 규정한 경우에만 인정되고, 의제되는 인·허가의 효력도 그 법률에서 명시적으로 규정한 것에 한정된다고 할 것입니다(법제처 2009. 2. 25. 회신 09-0012 해석례 참조). 따라서, 「서해5도 지원 특별법」에서 같은 법 제5조 및 제6조에 따라 종합발전계획과 그에 따른 연도별 시행계획이 확정되는 경우 「접경지역 지원 특별법」 제14조제1항 각 호에 규정된 인·허가등을 받은 것으로 본다고 명시적으로 규정하고 있지 않는 한, 「서해5도 지원 특별법」 제4조제2항에서 "서해5도의 개발과 지원에 관하여 이 법에 규정한 것을 제외하고는 「접경지역 지원 특별법」에 따른다"는 규정만으로는, 「서해5도 지원 특별법」상 종합발전계획 및 그에 따른 연도별 시행계획의 확정으로 인해 「접경지역 지원 특별법」 제14조제1항 각 호의 인·허가등이 의제된다고 보기는 어렵다고 할 것입니다.

또한, 「접경지역 지원 특별법」 제14조제1항에서는 같은 법 제8조에 따른 연도별 사업계획에 따라 시행되는 사업을 시행하기 위하여 사업시행자(국가 및 지방자치단체는 제외함)가 사업시행계획의 승인을 받은 경우 또는 국가 및 지방자치단체가 사업시행자로서 사업승인권자와 협의하여 사업시행계획을 수립·고시한 경우에 같은 항 각 호에 규정된 인·허가등의 고시·공고가 있는 것으로 보게 됩니다. 반면, 「서해5도 지원 특별법」에서는 행정자치부장관이 같은 법 제5조에 따른 종합발전계획 및 같은 법 제6조에 따른 연도별 시행계획을 각각 확정하고, 국가 및 지방자치단체는 같은 법 제8조에 따라 그 종합발전계획과 연도별 시행계획을 효율적으로 추진하기 위하여 개발사업의 시행자에게 필요한 자금 지원이나 「지방교부세법」에 따른 지방교부세의 특별지원 등의 규정만 두고 있는바, 의제 대상 행위와 그 절차 등이 특정되지 아니한 상태에서 다른 법률의 인·허가등을 의제할 수도 없다고 할 것입니다.

따라서, 「접경지역 지원 특별법」 제14조에 따른 인·허가등의 의제 규정은 서해5도 종합발전계획의 연도별 시행계획의 개발사업에는 적용되지 않는다고 할 것입니다.

옹진군 서해5도 견학 및 방문사업 지원 조례

[시행 2016. 9. 28.] [인천광역시옹진군조례 제2191호, 2016. 9. 28., 제정]

인천광역시 옹진군(서해5도지원팀), 032-899-2561

제1조(목적) 이 조례는 「서해5도 지원 특별법」 제17조에 따라 서해5도 견학 및 방문사업을 추진하기 위하여 필요한 사항을 규정함을 목적으로 한다.

제2조(정의) 이 조례에서 사용하는 용어의 뜻은 다음과 같다.

1. "서해5도 복무 군인 현지 탐방"이란 서해5도에 복무하는 군인들을 대상으로 전역 전에 서해5도를 탐방할 수 있는 기회를 제공하는 것을 말한다.
2. "안보교육"이란 특수한 지리적 여건 상 북한의 군사적 위협으로 피해를 입고 있는 서해5도 지역을 방문하여 안보교육에 참여하거나 체험하는 것을 말한다.

제3조(지원사업) 옹진군수(이하 "군수"라 한다)는 서해5도 견학 및 방문사업의 일환으로 다음 각 호의 지원사업을 실시하고 예산의 범위 내에서 필요한 비용을 지원할 수 있다.

1. 서해5도 복무 군인 현지 탐방 운영
2. 안보교육 지원
3. 서해5도 견학 및 방문사업을 위한 홍보
4. 그 밖에 군수가 필요하다고 인정하는 사업

제4조(지원대상) 서해5도 견학 및 방문사업 지원 대상은 다음 각 호와 같다.

1. 서해5도 복무 군인
2. 「초·중등교육법」 제2조에 따른 학교
3. 국가·지방자치단체 및 공공기관

제5조(지원계획의 수립) ① 군수는 제3조에 따른 지원 사업을 효율적이고 체계적으로 시행하기 위하여 해당 연도에 추진할 지원 사업에 관한 기본계획을 수립하여야 한다.

② 제1항의 기본계획에는 다음 각 호의 사항이 포함되어야 한다.

1. 전년도 사업 실적 및 결과
2. 해당 연도에 추진할 지원사업의 내용 및 추진계획
3. 그 밖에 제3조에 따른 지원사업의 시행에 필요한 사항

제6조(공공시설의 이용) 군수는 제3조에 따른 지원사업과 관련하여 각종 공공시설을 이용하는 경우에는 사용료·입장료의 전부 또는 일부를 감면할 수 있다.

제7조(업무의 위임) 군수는 제3조에 따른 지원사업의 일부를 해당지역 면장에게 위임할 수 있다.

제8조(시행규칙) 이 조례의 시행에 관하여 필요한 사항은 규칙으로 정할 수 있다.

부칙(2016. 9. 28. 조례 제2191호)

이 조례는 공포한 날부터 시행한다.

인천광역시 서해5도 운항 여객선 지원 조례

[시행 2017. 1. 1.] [인천광역시조례 제5722호, 2016. 11. 14., 일부개정]

인천광역시

제1조(목적) 이 조례는 서해5도를 운항하는 여객선에 대하여 소요 비용의 일부를 지원함으로써 서해5도의 안정적인 해상교통 여건을 마련하고 시민의 교통 편의와 서해5도의 정주 여건 개선 및 지역경제 활성화에 기여함을 목적으로 한다.

제2조(정의) 이 조례에서 사용하는 용어의 뜻은 다음과 같다.

1. "서해5도"란 「서해5도 지원 특별법」 제2조제1호에 따른 백령도·대청도·소청도·연평도·소연평도를 말한다.
2. "여객선"이란 「해운법」(이하 "법"이라 한다) 제3조 및 제4조에 따라 내항 정기 여객운송사업 면허를 받은 선박을 말한다.
3. "여객선사"란 법 제3조 및 제4조에 따라 내항 정기 여객운송사업 면허를 받아 여객선을 운항하는 자를 말한다.
4. "유류보조금"(이하 "보조금"이라 한다)이란 여객선 운항 시 일일 유류비에서 일일 운항수입(여객 및 화물 운송에 따른 수입금을 모두 포함한다)을 감한 금액에 대하여 여객선사가 옹진군(이하 "군"이라 한다)에 신청서를 제출하여 수리·지급된 것을 말한다.
5. "동절기"라 함은 매년 12월부터 다음연도 2월까지를 말한다.

제3조(보조금의 지원) ① 인천광역시장(이하 "시장"이라 한다)은 서해5도를 매일 정기 왕복하는 여객선에 대하여 동절기 운항에 소요되는 유류비의 일부를 보조금으로 지원할 수 있다.

② 제1항에 따른 보조금은 해당 여객선을 운영하는 여객선사에게 지급한다.

③ 보조금은 예산의 범위 내에서 월별로 지급하되, 여객선별 연간 1억원을 초과할 수 없다.

④ 시장은 자금을 옹진군수(이하 "군수"라 한다)에게 교부하고, 여객선사는 해당 월의 정산자료 및 증명서류를 첨부하여 익월 10일까지 군수에게 보조금 지급을 신청하며, 군수는 제출된 신청서를 검토하여 익월 20일까지 지급함을 원칙으로 한다.

⑤ 시장 또는 군수는 매일 왕복의 정상적인 운항을 하지 않은 여객선에 대해서는 해당 월의 보조금을 지급해서는 안 된다. 다만, 기상악화, 정기휴항, 정기검사, 긴급한 수리, 기타 부득이한 사유로 인한 휴항 및 결항은 예외로 한다.

제4조(예산의 분담) 시장은 군수와 협의하여 보조금의 일정액을 군에서 분담하게 할 수 있다.

제5조(업무협약) 군수는 보조금의 지급과 관련하여 필요한 사항에 대하여 여객선사와 업무협약을 체결할 수 있다.

제6조(관계공무원의 검사 등) ① 시장 또는 군수는 보조금의 투명한 집행을 위하여 정기적으로 여객선사에 승선실적 등 자료제출을 요구할 수 있고, 필요하다고 인정한 때에는 관계공무원으로 하여금 검사를 하게 할 수 있다.

② 여객선사는 제1항에 따른 요구 또는 검사에 대하여 특별한 사유가 없는 한 적극 협조하여야 한다.

③ 시장 또는 군수는 제1항에 따른 검사결과에 따라 필요시 시정요구나 환수 등 조치를 취해야 한다.

제7조(준용) 이 조례에서 정하지 아니한 사항은 「인천광역시 재정운영 조례」에서 정하는 바에 따른다. <개정 2015-4-13> <타 조례 제5722호 부칙 제5조에 따른 개정 2016-11-14 시행 2017-01-01>

제8조(시행규칙) 이 조례의 시행에 필요한 사항은 규칙으로 정한다.

부칙<2016-11-14 조례 제5722호
(인천광역시 재정운영 조례)>

제1조(시행일)
이 조례는 2017년 1월 1일부터 시행한다.

제2조(다른 조례의 폐지)(생 략)

제3조(주민참여위원회 위원 임기에 대한 특례)(생 략)

제4조(경과조치)(생 략)

제5조(다른 조례의 개정)
(이전 생 략)
인천광역시 서해5도 운항 여객선 지원 조례 일부를 다음과 같이 개정한다.
제7조중 "「인천광역시 지방보조금 관리 조례」"를 "「인천광역시 재정운영 조례」"로 한다.
(이하 생 략)

제6조(다른 자치법규와의 관계)(생 략)

서해5도서 비상사태 발생시 주민생활안정을 위한 특별지원 조례

[시행 2020. 7. 10.] [인천광역시옹진군조례 제2344호, 2020. 7. 10., 일부개정]

인천광역시 옹진군(서해5도지원팀),
032-899-2561

제1조(목적) 이 조례는 북한의 위협과 긴장이 상존하는 서해5도서에서 1·2차 연평해전, 대청해전, 천안함 사건, 연평도 포격도발과 같은 비상사태가 발생할 경우 주민소산과 이동, 전재민 구호 및 수용대책과 주민생활안정 및 생계대책, 피해복구에 따른 특별 지원대책을 규정함을 목적으로 한다.

제2조(정의) 이 조례에서 사용하는 용어의 뜻은 다음과 같다.

1. "서해5도서"란 백령도, 대청도, 소청도, 연평도, 소연평도를 말한다.
2. "비상사태"란 북한이 서해5도서를 대상으로 전면전·국지전·무장공비 침투 등 무력공격을 감행하여 민간인에게 피해를 주거나 재산이 파괴 또는 손상되는 상황이 발생하여 주민소산·구호·이동·피해복구를 위한 특별한 조치가 필요한 경우를 말한다.
3. "긴급구호"란 피해주민들의 생계유지, 교육, 건강증진, 위로금 및 일시생활비 지급 등 대책을 수립 시행함을 말한다.

제3조(책임) 옹진군수(이하 "군수"라 한다)는 서해5도서에 비상사태가 발생할 경우 주민의 안전보장과 피해예방을 위해 대책을 수립 조치하여야 한다.

제4조(비상근무) ① 군수는 비상사태가 발생할 시 「옹진군 공무원 당직 및 비상근무 규칙」에 따라 비상소집 및 근무명령을 발령하고 상황실을 설치·운영하여야 한다.

② 주민의 안전 및 생활안정을 도모하고, 재산 및 공공시설물의 피해예방과 복구를 위해 부군수를 본부장으로 하는 대책반을 편성하여 운영하여야 한다.

제5조(긴급구호 및 피해복구) ① 군수는 비상사태시 사망자, 부상자 등에 대한 조치 및 진료, 피해복구 등 대책을 강구하여 실시하여야 한다.

② 비상사태에 따라 발생한 피난민 등에 대해서는 임시 수용시설과 거주를 확보하여 보호하고 위로금, 일시생활비 등을 지급할 수 있으며 진료, 교육을 포함한 주민생활안정 대책을 수립 시행하여야 한다.

③ 피해지역의 주민들이 정신적·물질적·신체적 피해를 당한 것이 확실하고 그에 따른 보상을 요구할 경우 관계기관과 협의하여 조치할 수 있다.

제6조(긴급구호 및 보상심의위원회 구성 등) ① 군수는 긴급구호 등을 추진할 경우 피해주민들의 의견 반영과 공정한 집행을 위하여 피해주민 측에서 추천하는 주민과 옹진군(이하 "군"이라 한다)의 관련 공무원 및 외부인사로 구성된 옹진군 긴급구호 및 보상심의위원회(이하 "위원회"라 한다)를 둔다. <개정 2011. 8. 2.>

② 위원회는 다음 각호의 사항을 심의·의결한다.

1. 지급대상 및 범위
2. 지급금액
3. 기타 군수가 필요하다고 판단되는 사항과 위원회의 운영에 관한 사항

③ 위원회는 위원장 1인을 포함한 15인 이내의 위원으로 구성하되 위원장은 부군수로 하고, 부위원장은 기획조정실장과 피해주민 측 대표 1인이 공동으로 하며, 위원은 군 소속 공무원 중 복지지원실장, 수산과장, 서해5도지원담당관, 보건소장과 구호 및 보상 등에 관하여 학식과 경험이 풍부한 외부인사 3명, 피해주민 측에서 추천한 5명을 군수가 임명 또는 위촉한다. <개정 2011. 8. 2.> <개정 2016. 12. 29.>

④ 위원장은 위원회를 소집하고, 위원회의 업무를 총괄하며 위원장이 부득이한 사유로 직무를 수행할 수 없을 때에는 부위원장 중 기획조

정실장이 그 직무를 대행한다.

⑤ 회의는 재적위원 과반수 이상의 출석과 출석위원 과반수의 찬성으로 의결한다. <개정 2011. 8. 2.>

⑥ 위원회의 사무를 처리하기 위하여 간사 1인을 두되, 간사는 소관 실과소 담당급으로 지정한다.

⑦ 회의에 출석한 위촉 위원에 대하여는 예산의 범위 안에서 참석수당 및 여비를 지급할 수 있다.

제7조(긴급구호비 등의 결정) 긴급구호비 등의 지급금액을 위원회의 심의를 거쳐 군수가 결정한다.

제8조(결정 통지) 군수는 긴급구호비나 보상금이 결정 되었을 시에는 5일 이내에 지급대상자에게 결정사항을 개별통지 또는 군 홈페이지에 게시하여야 한다.

제9조(수령권자 및 지급청구) ① 긴급구호비 또는 보상금의 지급시 수령권자는 피해자 본인으로 하고 피해자가 미성년자인 경우에는 법정대리인, 사망한 경우에는 법정상속인으로 한다.

② 긴급구호비 또는 보상금의 수령권자는 지급금액 결정 통지일로부터 60일 이내에 지급청구를 하여야 한다. 다만, 해외거주자, 국외출타자, 재소자 등 부득이 기간 내에 청구할 수 없는 경우에는 위원회의 결정으로 연장할 수 있다.

제10조(환수) 군수는 긴급구호비나 보상금을 지급 받은 자가 다음 각호에 해당하는 부정한 방법으로 청구 및 수령했을 때에는 보상금의 전부 또는 일부를 환수하여야 한다.

1. 부적정한 자격이나 사기로 지급받은 경우
2. 과오지급 또는 이중으로 지급받은 경우

제11조(시행규칙) 이 조례의 시행에 관하여 필요한 사항은 규칙으로 정한다.

부칙(2010. 12. 15 조례 제1963호)

① (시행일) 이 조례는 공포한 날부터 시행한다.

② (경과조치) 이 조례 시행 전에 이루어진 긴급구호비 또는 보상금과 기타 관련 행위는 이 조례에 의한 것으로 본다.

부칙(2011. 08. 02 조례 제1990호)

이 조례는 공포한 날부터 시행한다.

부칙(2015. 1. 6.조례 제2098호)

이 조례는 공포한 날부터 시행한다.

부칙(2016. 12. 29.조례 제197호)

이 조례는 공포한 날부터 시행한다.

부칙(2017. 7. 31. 조례 제2230호)

제1조(시행일) 이 조례는 공포한 날부터 시행한다.

제2조(다른 조례의 개정) ①부터 ②까지 생략

③ 서해5도서 비상사태 발생시 주민생활안정을 위한 특별지원 조례를 다음과 같이 개정한다.

제6조제3항 중 "복지지원실장"을 "복지지원과장"으로 한다.

④부터 ⑬까지 생략

부칙(2018. 3.28. 조례 제2259호)

제1조(시행일) 이 조례는 공포한 날부터 시행한다.

제2조(다른 조례의 개정) ① 서해5도 비상사태 발생시 주민생활안정을 위한 특별지원 조례 일부를 다음과 같이 개정한다.

제6조 중 "기획실장"을 "기획조정실장"으로 하고, "서해5도지원단장"을 "서해5도지원과장"으로 한다.

②부터 ·까지 생략

부칙(2020. 3. 17.조례 제2326호)

이 조례는 공포한 날부터 시행한다.

부칙(2020. 7. 10. 조례 제2344호)

제1조(시행일) 이 조례는 공포한 날부터 시행한다.

제2조(경과조치) 생략

제3조(다른 조례의 개정) ①부터 ·까지 생략

- 서해5도서 비상사태 발생시 주민생활안정을 위한 특별지원 조례 일부를 다음과 같이 개정한다.

제6조 "복지지원과장"은 "복지지원실장"으로 하고, "서해5도지원과장"은 "서해5도지원담당관"으로 하며, "기획실장"을 "기획조정실장"으로 한다.

- 생략

서해5도특별경비단 운영규칙

[시행 2021. 5. 28.] [중부지방해양경찰청훈령 제37호, 2021. 5. 28., 일부개정.]

중부지방해양경찰청(서해5도특별경비단), 032-835-3816

제1장 총칙

제1조(목적) 이 규칙은 서해5도특별경비단(이하 "서특단"이라 한다) 운영에 관한 사항을 규정함을 목적으로 한다.

제2조(적용범위) 이 규칙은 서특단 운영에 관하여 다른 규정에 따로 정한 경우를 제외하고 이 규칙을 적용한다.

제2장 조직 및 임무

제3조(조직) ① 서특단에는 경비지원과, 경비작전과, 특수진압대를 두고, 경비지원과에는 기획운영계·교육훈련계·경리계·정비보급계·정보통신계, 경비작전과에는 경비작전계·외사계·상황실, 특수진압대에는 교육훈련지원팀·(연평·대청) 특수진압팀·특수기동정운영팀을 둔다.

② 서특단 소속 함정은 해양경찰청장의 편제명령에 따른다.

제4조(임무) 서특단 임무는 다음 각 호와 같다.

① 전담임무

1. 불법조업 외국어선 단속
2. 불법조업 외국어선과 필요시 기타 외사사범의 수사 및 사후처리
3. 북한 국지도발에 대비 우리국민 보호활동
4. 접적해역 관할 군부대와 업무협조

② 지원임무

1. 월선 북어선 또는 귀순어선·어민에 대한 초동조치
2. 각종 해양사고 및 해양오염 사고에 관한 초동조치
3. 그 밖에 전담임무 이외의 초동조치

제5조(지휘) ① 서해5도특별경비단장(이하 "서특단장"이라 한다)은 배속 함정의 지휘권을 갖는다. 다만, 연평·대청·백령전진기지에 배치된 특수진압대의 지휘권은 특수진압대장에게 위임할 수 있다.

② 중부지방해양경찰청장(이하 "중부지방해경청장"이라 한다)은 구난사항과 그 밖의 임무수행을 위하여 필요한 경우에는 제1항의 규정에도 불구하고 서해5도특별경비단 배속함정을 지휘 할 수 있다.

③ 서특단장은 경비구역 내에서 제4조(임무) 제1항에 명시된 전담임무 이외 제2항의 지원임무 상황 발생 시 권한의 범위 내에서 초동조치 후 지체 없이 인천해양경찰서장(이하 "인천해경서장"이라 한다)에게 상황 지휘권을 인계한다.

④ 특수진압대 및 함정의 지휘책임 한계는 다음 표와 같다.

제3장 사무분장

제6조(경비지원과) 경비지원과는 다음 각 호의 사무를 분장한다.

① 기획운영계 업무

1. 기획운영에 관한 기획 및 조정
2. 보안업무(문서·시설 포함)의 종합지도
3. 관인 관리 및 수·발 보존관리
4. 소속 공무원의 근태 사항
5. 소속 공무원의 인사관리 및 상훈 업무
6. 주요업무계획의 수립 및 심사평가에 관한 사항
7. 청사 자체경비 및 방호계획의 수립 시행
8. 당직 지정 및 연가·병가·휴가·출장 등 복무에 관한 업무
9. 용도품 운영계획 수립 및 집행과 공공요금 수납업무
10. 우편물 수·발, 문서고 관리, 문서채송에 관한 업무
11. 일일·주간 및 월간 업무보고의 총괄
12. 각급상사 지시사항 처리의 총괄
13. 의전 및 행사·회의에 관한 사항
14. 소속 공무원의 승진 및 채용시험에 관한 사항

15. 사무분장의 조정 및 주관쟁의 심의·조정
16. 소속 공무원의 전사·전상·순직 및 공상에 관련되는 업무
17. 위문·기부금품 접수에 관한 사항
18. 의무경찰의 복무 및 인사
19. 의무경찰의 정원 및 인사기록관리
20. 의경 복무위반자 단속 업무
21. 의무경찰 정훈 및 보훈에 관한 사항
22. 감찰에 관한 계획수립 및 시행
23. 감찰첩보 수집 조사·처리 및 내부고발에 관한 사항
24. 청문감사 교육에(특별교양 교육 포함) 관한 사항
25. 부패방지 및 기관청렴도에 관한 사항
26. 그 밖에 단 내 다른 과와 과내 다른 계의 주관에 속하지 아니하는 사항

② 교육훈련계 업무
1. 교육훈련 계획수립 및 시행
2. 직장훈련 계획 수립 및 시행
3. 교육훈련 예산운영 관리
4. 교육훈련의 집행 및 평가 업무
5. 우수함정 선발에 관한 사항
6. 교육훈련대상자 선발 및 관리
7. 그 밖에 교육훈련에 관한 사항

③ 경리계 업무
1. 예산의 집행 및 결산
2. 현금출납 및 유가증권 취급관련 업무
3. 계약 및 물품구매에 관한 사항
4. 세입·세출 예산편성 요구 및 이월에 관한 사항
5. 국유재산관리업무
6. 관서운영경비 집행, 점검 등 취급에 관한 사항
7. 그 밖에 경리업무에 관한 사항

④ 정비보급계 업무
1. 예속함정 수리계획 수립 및 집행
2. 함정 수리진행에 관한 사항
3. 차량 등 관리운용에 관한 사항
4. P.M.S 이행실태 확인점검에 관한 사항
5. 방탄정의 유지·관리에 관한 사항
6. 함정유류 수급 및 관리
7. 물품의 취득·보관·사용·출납·관리업무
8. 함수품 및 기관부속 수급에 관한 사항
9. 물품의 불용결정 및 처분에 관한 사항
10. 재물조사 및 재물조정 업무
11. 함정 먹는 물 관리에 관한 사항
12. 경찰공무원(의무경찰 포함한다) 급대여품 등 개인장구 관리
13. 무기·탄약·화학·진압장비 관리운용에 관한 사항
14. 경찰복제 및 피복에 관한 사항
15. 비축물자 보관 및 관리에 관한 사항
16. 그 밖에 물품관리 등 보급업무

⑤ 정보통신계 업무
1. 정보통신 주요 업무 계획의 수립
2. 정보통신 관련 예산의 집행에 관한 사항
3. 정보통신 보안에 관한 사항
4. 무선국 검사 및 허가에 관한 사항
5. IT관제실, 통신망관리실·무선정비실·보안실 운영에 관한 사항
6. 정보통신장비·시스템 관리 및 유지보수에 관한 사항
7. 정보통신 물품 수급관리에 관한 사항
8. 통신·항해 전자장비 관리에 관한 사항
9. 정보통신 회선관리 및 공공요금 집행에 관한 사항
10. 정보통신망 중계소관련 업무에 관한 사항
11. 개인정보보호 업무에 관한 사항
12. 정보통신 보안 시스템 관리 및 지도점검에 관한 사항
13. 그 밖에 정보통신 업무

제7조(경비작전과) 경비작전과는 다음 각 호의 사무를 분장한다.

① 경비작전계 업무
1. 경비함정 운용
2. 작전계획 수립
3. 불법외국어선 단속지침 수립
4. 해상특수기동대(함정) 운영에 관한 지도 및 감독
5. 비상소집 및 비상연락망 관리에 관한 업무
6. 경비함정에 대한 교육, 훈련

7. 그 밖에 과내 다른 계의 주관에 속하지 아니하는 사항
8. 과내 서무에 관한 사항

② 외사계 업무
1. 불법조업 외국어선과 그 밖에 외사사범에 대한 관련 사건수사
2. 불법조업 외국어선과 그 밖에 외사사범에 대한 첩보수집 및 관리
3. 불법조업 외국어선과 그 밖에 외사사범에 대한 유관기관 협력에 관한 사항
4. 불법조업 외국어선 나포 관련 초동수사 및 증거 수집관련 소속 경찰관에 대한 교육
5. 소속 경찰관 첩보평가 및 관리
6. 불법 외국어선 처리 관련 행정지원 등 그 밖에 외사 업무에 관한 사항

③ 상황실 업무
1. 해상치안 상황의 접수·전파 및 처리
2. 불법외국어선 단속관련 상황처리
3. 북한 국지도발시 우리 국민 보호 활동에 관한 상황처리
4. 긴급 상황 발생 시 초동조치
5. 일일기상의 파악 및 전파
6. 상황판 및 각종 현황관리 기록유지
7. 상황실 내 SAR통신장비 운용

④ 삭제

제7조의2(특수진압대) 특수진압대의 사무분장은 따로 규칙으로 정한다.

제4장 인사위원회 및 순환인사

제8조(인사위원회의 설치 · 운영) ① 서특단 소속 공무원 및 의무경찰의 인사운영에 필요한 사항을 심의하고 추천하기 위해 인사위원회를 둔다.

② 인사위원회는 위원장을 포함하여 5인 이상 7인 이하의 위원으로 구성한다.

③ 위원장과 위원은 소속 공무원 중에서 서특단장이 임명한다. 다만, 위원은 인사추천위원회에 부쳐진 대상자의 계급보다 상위계급 또는 선임자로, 위원장은 위원보다 상위계급 또는 선임자로 구성한다.

제9조(인사위원회의 사무) ① 인사위원회는 다음 각 호의 사항을 심의하여 중부지방해경청장에게 추천한다.
1. 승진, 고충심사 및 정기전보에 대한 사항
2. 순환인사 결정에 대한 사항
3. 징계결정에 대한 사항
4. 그 밖의 중요 인사운영에 대한 사항

② 인사위원회는 위원 과반수 이상의 출석과 출석위원 과반수 이상의 찬성으로 의결한다. 단, 가·부 동수일 경우에는 위원장이 결정한다.

③ 위원 또는 간사는 위원장이 공식적으로 발표한 사항 이외의 토의된 내용을 누설해서는 아니 된다.

제10조(경찰관순환인사) 서특단장은 매년 12월 31일 기준으로 소속 경감 이하 경찰공무원의 근무희망 부서를 조사하고, 그 결과에 따라 서특단장과 인천해경서장은 순환인사를 실시하여야 한다.

제11조(의무경찰관리) ① 서특단장과 인천해경서장은 의무경찰의 인력운용 등에 관한 사항을 상호 협의하여 결정한다.

② 그 밖에 의무경찰에 관한 사항은 「해양경찰청 의무경찰 관리 규칙」을 따른다.

제12조(포 상) 서특단장은 소속 직원 중 다음 각 호의 1에 해당하는 자가 있을 때에는 표창할 수 있다.
1. 불법조업 외국어선 나포·퇴거·차단 및 호송 등에 기여한 자
2. 천재지변 기타 위난 발생 시 재해예방과 인명구조에 있어 남의 모범이 될 만한 공적을 세우거나 선행을 한 자
3. 경찰업무수행의 능률향상 및 발전에 기여한 자
4. 장기간 복무하면서 맡은 바 임무를 성실히 수행하여 남의 모범이 될 만한 자
5. 그 밖에 공공의 안녕과 질서유지에 기여한 공적이 남의 모범이 될 만한 자

제5장 해양경비활동

제13조(해양경비구역) 서특단의 경비구역은 해양경비규칙에 의하여 지정된 구역으로 한다.

제14조(출동명령) ① 함정의 출동은 월간 함정운용계획에 따라 서특단장의 출동명령에 따른다. 다만 긴급 상황이 발생한 경우에는 유·무선 전화 등을 이용하여 구두로 지시할 수 있다.

② 출동명령을 받은 함·정장은 해양경비 임무수행에 필요한 유류, 청수, 주·부식, 탄약 등을 「해양경찰 경비규칙」의 기준에 따라 적재하여야 한다.

③ 경비함정 출동에 따른 출항 전 점검은 함정훈련교범의 출항 전 부서별 준비사항을 따른다.

제15조(경비방법) ① 광역구역은 서특단장 지휘하에 대형함정을 운영하여 경비한다. 다만, 치안수요 증가 등 필요시에는 중형함정도 경비 하게 할 수 있다.

② 서특단 구역은 서특단장 지휘 하에 중형함정을 운영하여 경비한다. 다만, 치안수요 증가 등 필요시에는 대형함정도 경비 하게 할 수 있다.

③ 광역구역 경비함정은 항공순찰 결과를 공유하여 해·공 입체적 경비활동이 이루어질 수 있도록 한다.

④ 광역구역에서는 우리어선 NLL 월선·조업 방지, 외국어선 불법조업 감시·단속, 북한 상선 감시, 수색구조, 한중간 EEZ 경계획정 및 대륙붕 관련 분쟁 대응에 중점을 두고, 경비단 구역에서는 우리어선 NLL 월선·조업 방지, 외국어선 불법조업 감시·단속 등에 중점을 두고 경비활동을 수행한다.

제16조(경비함정 배치) ① 서특단장은 경비구역별 1일 1척씩 경비함정을 배치하고 긴급수리·상황발생·치안수요 등을 고려, 중부지방해경청장의 승인을 얻은 경우에는 경비구역 및 경비함정 배치를 조정할 수 있다.

② 서특단장은 해상치안상황 및 외국어선 분포도 등에 따라 중부지방해경청장의 승인을 얻어 중부지방해양경찰청 관할내에서 경비단 임무를 수행할 수 있다.

제6장 함정 및 특수진압대 운용 등

제17조(함정운용) ① 서특단 소속 함정은 출동, 정비, 출동대기(훈련·휴무)의 3교대 개념으로 운용함을 원칙으로 한다. 다만, 중형함정은 별도 지침을 수립하여 복수승조원을 운용할 수 있다.

② 제1항에도 불구하고 긴급한 사유 및 함정수리 등 필요시에는 3교대 근무를 변경하여 실시할 수 있다.

③ 정박 중인 함정은 계획된 정비와 교육·훈련을 실시하여야 하며, 복수승조원을 운영하는 중형함정은 교대팀과 인계팀이 공동으로 정비하여야 한다.

제18조(특수진압대 편성 · 운용) 별도의 규칙으로 정한다.

제19조(전진기지근무) ① 서특단장은 소속 직원 및 의무경찰에 대해 서해5도 꽃게성어기나 특별단속 등 필요시 전진기지에 근무하게 할 수 있다.

② 전진기지 근무는 교대근무를 원칙으로 하되, 별도 지침을 정하여 운영한다.

제7장 대기함정

제20조(대기함정지정 · 지휘) ① 서특단장은 서특단 및 인천해경서 소속 함정 중 대기함정을 매일 1척씩 지정하여 통합 운용한다.

② 대기함정은 불법조업 외국어선 관련 상황발생 시에는 서특단장이, 그 외 상황발생 시에는 인천해경서장이 지휘할 수 있다.

제21조(대기함정운영) ① 대기함·정장은 전용부두 정문당직자 운용, 나포 불법외국어선 감시 등 전용부두 전반적인 안전관리 임무수행 및 전용부두에서 발생하는 상황에 대하여 초동조치를 하여야 한다.

② 그 밖에 대기함정운영에 관한 사항은 「함정 운영관리 규칙」에 따른다.

제22조 삭제

부칙 <제37호, 2021. 5. 28.>

이 규칙은 발령한 날부터 시행한다.

서해5도특별경비단 특수진압대 운영규칙

[시행 2021. 5. 28.] [중부지방해양경찰청훈령 제38호, 2021. 5. 28., 일부개정.]

중부지방해양경찰청(서해5도특별경비단), 032-835-3222

제1장 총칙

제1조(목적) 이 규칙은 서해5도특별경비단 운영규칙 제18조에 따라 서해5도특별경비단(이하 "서특단"이라 한다.) 소속 특수진압대의 편성·운영·복무, 교육·훈련, 장비운용 등 특수진압대 운영에 필요한 사항에 대하여 규정함을 목적으로 한다.

제2조(적용) 특수진압대의 운영에 관하여 다른 규정에 있는 것을 제외하고는 이 규칙을 적용한다.

제3조(정의) 이 규칙에서 사용하는 용어의 뜻은 다음 각 호와 같다.

1. 「특수진압대」란 NLL을 침범한 불법조업 외국어선 나포단속 및 퇴거를 주 임무로 하고 그 밖에 특수임무를 수행하기 위해 편성·운영되는 단위조직을 말한다.
2. 「특수진압팀」이란 본조 제1호의 임무를 수행하기 위해 단정1척을 운영하는 최소단위 조직을 말한다.
3. 「교육·훈련지원팀」이란 특수진압대 임무수행에 대해 현장 보급지원 및 현장관리, 상황관리 지원과 특수진압대에 필요한 예산, 교육훈련, 장비관리 등 업무를 하는 팀을 말한다.
4. 「특수기동정 운용팀」이란 특수진압대 임무수행을 위한 특수기동정을 운용하는 최소단위 조직을 말한다.
5. 「특수임무」란 주 임무 외에 해상특수범죄 초동조치 및 진압 지원, 해상경호, 해상대테러 지원 및 해난구조 초동조치 등의 임무를 말한다.
6. 「교대근무」란 근무조를 나누어 일정한 계획에 의한 반복 주기에 따라 교대로 업무를 수행하는 근무형태를 말한다.
7. 「야간근무」란 근무지에서 야간(18:00~다음날 09:00) 중 일정한 계획에 의해 교대로 근무를 수행하는 것을 말한다.
8. 「임무대기태세」란 야간근무를 지정받지 않은 상태에서 즉시출동이 가능한 상태로 근무지 내에서 대기하는 것을 말한다.
9. 「휴게」란 교대근무자 또는 연일 근무자가 근무 중 청사 내에서 쉬는 시간을 말한다.
10. 「출동」이란 제5조의 임무를 수행하기 위해 근무지에서 근무하는 것을 말한다.
11. 「비번」이란 교대근무자가 출동임무 종료 후 다음 출동임무 시작 전까지 근무지 외 지역 등에서 자유롭게 쉬는 것을 말한다.
12. 「임무수행」이란 출동 중 임무수행을 위해 출항을 하거나 근무지에서 제5조의 업무 등을 수행하는 것을 말한다.
13. 「방탄정」이란 불법외국어선 단속활동, 해난구조와 테러예방 및 진압 임무를 수행하는 고속단정을 말한다.
14. 「특수기동정」이란 불법조업 외국어선 단속 임무, 해양사고 대응 임무, 해양테러 및 PSI 상황 대응 임무를 수행하는 함정을 말한다.

제2장 조직 및 임무

제4조(조직) 서특단에 특수진압대를 두고 그 하부에 교육·훈련지원팀, 대청 및 연평 특수진압팀, 특수기동정 운용팀을 둔다.

제5조(임무) ① 교육·훈련지원팀은 다음 각 호의 임무를 수행한다.

1. 특수진압대 운영 총괄
2. 특수진압대 편성 및 운용방법 지정
3. 각종 업무계획 및 교육훈련 계획 수립
4. 인적·물적 자원 관리, 보급 지원
5. 공용장비 등 진압장비 관리 및 지원
6. 소속 공무원의 복무 및 그 밖에 서무 업무

② 특수진압팀은 다음 각 호의 임무를 수행한다.

1. NLL 침범 불법 외국어선 검문검색 및 검거
2. 해상특수범죄 단속 등 초동조치 및 지원
3. 해양관련 경호경비 및 국가중요행사의 안전 활동 지원
4. 해상대테러 지원에 관한 사항
5. 자체 교육훈련 계획 수립 및 집행에 관한 사항
6. 해난구조·구급 초동조치 및 지원과 관련 장비 관리·운영

③ 특수기동정 운용팀은 다음 각 호의 임무를 수행한다.

1. 특수진압팀 임무 수행 지원
2. 특수기동정 운용 중인 항해, 기관 등 주요장비 수리 및 관리
3. 자체 교육훈련 계획 수립 및 집행에 관한 사항

제6조(편성 · 운영) ① 서해5도특별경비단장(이하 "서특단장"이라 한다)은 교육·훈련지원팀, 연평도와 대청도에 특수진압팀 및 특수기동정 운용팀을 배치 운영하고, 편성기준은 다음 각 호를 기준으로 하여 운영한다. 단, 서특단장이 필요하다고 판단하는 경우 배치지역 및 인원·장비를 조정하여 운영할 수 있다.

1. 교육·훈련지원팀
2. 연평특수진압팀 : 3개팀, 각 1개팀 3교대
3. 대청특수진압팀 : 3개팀, 각 1개팀 3교대
4. 특수기동정 운용팀

② 각 팀의 인적구성은 특공 직별 경찰관을 중심으로 편성하되 통역요원, 항해·기관 직별 경찰관과 구조 및 구급 직별 경찰관 각 1명을 포함하여 편성할 수 있다. 단, 인력사정 감안 항해·기관·구급 직별 경찰관은 관련 면허 또는 자격을 가진 자로 대체 편성할 수 있다.

③ 특수진압팀 세부 편성기준 및 개인별 임무는 「불법외국어선 단속 매뉴얼」을 준용한다.

④ 진압대원의 임무에 대하여는 진압팀장의 의견을 들어 진압대장이 지정한다.

제6조의2(특수기동정의 편성 · 운영 등) 특수기동정의 편성·운영 및 교육·훈련 등은 서특단장이 따로 정한다.

제3장 지휘 및 근무

제7조(지휘 · 감독) ① 서특단장은 특수진압대 편성, 운영, 관리, 교육·훈련 및 복무 상황 등을 지휘·감독한다.

② 특수진압대장은 서특단장을 보좌하여 특수진압대원 편성, 운영 및 교육·훈련에 관한 사항과 그 외 특수진압대 운영에 관한 사항을 담당한다.

③ 각 특수진압팀장은 각각의 진압팀을 지휘하여 임무를 수행한다.

④ 특수기동정 운용팀장은 운용팀을 지휘하여 임무를 수행한다.

제8조(근무) ① 특수진압대장(교육·훈련지원팀원 포함)은 필요시 특수진압팀에 편성하여 운영하고, 특수진압팀, 특수기동정 운용팀은 출동, 일근(교육·훈련), 비번 등으로 3교대 근무를 원칙으로 한다. 단, 서특단장이 필요하다고 판단하는 경우 각 팀의 근무를 조정할 수 있다.

② 각 특수진압팀, 특수기동정 운용팀의 출동기간은 7일을 기준으로 한다. 단, 서특단장은 이 규칙 제6조 제1항의 단서에 따라 특수진압대 운영을 탄력적으로 할 수 있다

③ 각 특수진압팀장은 출동기간 중 다음 각 호를 포함하는 업무계획을 수립·시행하여야 한다.

1. 외국선박의 불법행위 방지를 위한 순찰
2. 자체교육·훈련
3. 체력관리 프로그램

④ 특수기동정 운용팀장은 출동기간 중 다음 각 호를 포함하는 업무계획을 수립·시행하여야 한다.

1. 특수기동정 운용에 따른 정비·관리 계획
2. 자체 운용 교육·훈련 계획
3. 체력관리 프로그램

⑤ 각 특수진압팀장은 출동이 끝나기 전에 특수진압팀별로 비번기간 동안 각 팀별로 평일 중 3일간 교육·훈련을 포함하는 근무계획을 수립·시행하여야 한다. 다만, 3교대근무가 아닌 경우에는 제14조 연간 교육훈련계획에 따라 실시한다.

⑥ 출동중인 각 특수진압팀, 특수기동정 운용팀

은 야간 근무자를 지정 야간 긴급태세에 대비하며, 야간근무를 지정받지 않은 경찰관은 임무대기태세를 유지하여야 한다. 단, 2개 이상의 진압팀이 임무수행 및 교육·훈련 등으로 동일지역에 배치되는 경우 야간근무를 통합하여 운영할 수 있다.

⑦ 특수기동정 및 방탄정 고장으로 인한 수리진행시 공사감독관으로 지정 운영할 수 있다.

제9조(근무교대 요령) ① 출동팀은 본단 출근하여 진압장비 등을 지참 후 출동하고, 출동 종료팀은 본단 복귀 후 서식-3 양식에 따라 출동결과보고서를 작성하여 서특단장에 보고한다.

② 각 특수진압팀장은 주요 취급사항, 중요업무 지시사항, 장비 등을 정확하게 인계인수하여 업무의 연속성을 유지하고, 임무수행에 차질이 없도록 하여야 한다.

③ 기상특보로 인한 교대 불가시에는 제6조제1항 및 제8조제1항에 따라 출동시까지 교육·훈련 지원팀 일근 근무 또는 현지 통합 근무를 한다.

제10조(근무내용의 변경) ① 특수진압팀원이 근무지를 변경하고자 할 경우 특수진압대장에게 보고하여야 한다.

② 특수진압대장은 소속 대원이 변경되었을 경우 특수진압팀내 개인별 임무를 수정하여야 한다.

제11조(근무기록 및 보고) ① 각 특수진압팀장은 매일 근무사항에 대한 내용을 서식-1 양식에 의거 기록 유지하여야 한다.

② 근무일지의 기록에 관한 지침은 별도로 정하며 보존연한은 3년으로 한다.

③ 특수진압팀장은 해상순찰 등을 실시할 경우 그 계획에 대하여 유·무선 전화 등을 이용하여 서특단장에게 보고하여야 한다. 단, 긴급상황 발생시 선조치 후보고 할 수 있으며, 이 경우 상황이 진정된 즉시 서특단장에게 보고하여야 한다.

④ 특수진압팀장은 서식-2 양식에 따라 일일 활동결과를 매일 17:00기준으로 작성하여 서특단장에게 보고하여야 한다.

⑤ 특수진압팀장은 출동임무 종료후 서식-3 양식에 따라 출동결과보고서를 작성하여 서특단장에게 보고하여야 한다.

제12조(휴게) ① 서특단장은 대원의 업무효율과 건강관리를 위하여 치안수요 등을 감안, 휴게를 실시하여야 한다.

② 휴게 방법, 휴게 시간 등 구체적인 사항은 특수진압대장이 정한다.

③ 특수진압대장은 지정된 휴게시간이라 할지라도 임무수행 상 부득이 하다고 인정되는 경우에는 제1항의 규정에 따른 휴게시간을 주지 아니하거나, 근무를 조정할 수 있다.

제13조(복제 등) ① 특수진압팀원은 출동시 기동복을 착용하며, 불법외국선박 나포 등 임무수행시에는「특수직무경찰관 복제규칙」제4조 제4호의 해상특수기동대 진압복을 착용한다.

② 제1항의 규정에도 불구하고 특수진압팀원은「특수직무경찰관 복제규칙」이 개정될 때까지 특공대 근무복(훈련복) 및 구조대 근무복을 혼용할 수 있다.

③ 특수임무 수행시 착용하는 보호장구 및 진압장구 등은「불법외국어선 단속 매뉴얼」을 준용한다.

제14조(교육 · 훈련) ① 서특단장은 매년 12월에 다음 년도 연간교육훈련계획을 수립 집행한다.

② 특수진압대장은 제1항의 연간교육훈련계획에 따라 매월 자체계획을 수립·시행한다.

③ 특수진압대에서 실시하여야 할 교육·훈련 종목은 별표와 같다.

제15조(지도점검) ① 서특단장은 특수진압대 운영실태를 년 1회 이상 교육·훈련 상태 및 임무수행능력 등에 대한 지도·점검할 수 있다.

② 서특단장은 제1항의 규정에 따른 지도점검 결과 부적절한 운영사례가 있을 경우 그 시정을 명하여야 한다.

③ 특수진압대장은 특수진압대의 임무수행능력 유지를 위해 성어기 전 특수진압대에 대한 지

도·점검을 실시할 수 있다.

제4장 해양작전활동

제16조(작전구역) ① 특수진압대의 활동구역은 서특단의 작전구역으로 한다. 단, 서특단장은 특수기동정, 방탄정의 안정성을 고려하여 활동구역을 제한할 수 있다.

제17조(임무수행방법) ① 연평특수진압팀은 불법외국어선 나포, 퇴거 및 차단 작전시 해군함정 및 규칙 제16조의 규정에 따른 서특단 구역을 담당하는 경비함정과 합동작전을 수행함을 원칙으로 한다.

② 대청특수진압팀은 불법외국어선 나포, 퇴거 및 차단을 위한 단독작전을 지양하며, 규칙 제16조의 규정에 따른 서특단 구역 및 중부광역 1구역을 담당하는 경비함정과 합동작전을 수행함을 원칙으로 한다.

③ 서특단장은 필요시 특수진압대를 대형함정에 편승시켜 단속임무를 수행토록 할 수 있다.

④ 특수진압대는 NLL주변해역의 외국어선 불법조업 감시·단속 등에 중점을 두고 임무를 수행한다.

⑤ 각 특수진압팀은 서특단 구역을 담당하는 경비함정과 수시로 정보교환을 통해 유기적인 협력체계를 유지하여야 한다.

제18조(임무수행지시) 각 특수진압팀장은 활동구역에 대하여 수시 순찰을 실시하며, 서특단장이 필요하다고 판단하는 경우 별도의 임무수행지시를 할 수 있다. 다만 긴급상황이 발생한 경우에는 유·무선 전화 등을 이용하여 구두로 지시할 수 있다.

제19조(임무수행태세) ① 특수기동정, 방탄정은 임무수행에 필요한 유류를 충분히 적재하여야 하며, 즉시 임무수행이 가능하도록 정비유지하여야 한다.

② 특수기동정, 방탄정의 출항 전 점검은 장비설명서(운영자 매뉴얼)에 따른다.

제5장 무기 · 탄약 및 장비관리

제20조(무기 · 탄약 및 장비관리 등) ① 특수진압대 임무수행에 필요한 장비의 지참 기준은 「불법외국어선 단속 매뉴얼」의 기준을 준용하며, 무기, 탄약의 보관 및 관리는 「무기탄약류 등 관리규칙」을 준용한다. 단, 관련 시설이 완비될 때까지 해당지역 파출소 무기고 등에 위탁 보관할 수 있다.

② 특수진압팀장은 출동교대 전에 무기·탄약 및 차량, 방탄정 등 주요장비의 이상유무를 확인 후, 인계인수를 하여야 한다.

③ 개인 및 공용화기의 사용시에는 경찰관직무집행법, 해양경비법, 해상총기사용가이드라인 및 무기사용매뉴얼을 준수하여야 한다.

제21조(차량) ① 특수진압대장은 배치된 차량을 항상 안전관리 및 치안활동에 투입할 수 있도록 선량한 관리자로서의 의무를 다하여야 한다.

② 차량의 운행 구역은 배치된 도서에 한정하며 고장 수리 등으로 운행 불가 한 경우 대체차량을 투입할 수 있다.

③ 차량은 불가피한 경우를 제외하고는 2명 이상 탑승을 원칙으로 하고, 차량 운전자는 제1종 보통운전면허 이상을 소지하여야 한다.

④ 차량은 경력 및 장비의 이동 등 공적업무수행 외에 사적으로 운행할 수 없다.

⑤ 그 밖의 차량 관리운용에 관한 사항은 「경찰차량 관리규칙」을 준용한다.

제22조(특수기동정, 방탄정) ① 특수기동정, 방탄정은 특수진압대의 임무수행을 위하여 연평도 및 대청도에 배치하며, 서특단장 지시를 받아 특수진압대장이 운용한다.

② 특수기동정, 방탄정은 상시 운용이 가능하여야 한다. 다만, 현지 기상 등을 고려하여 운항여부를 판단하여 운용한다.

③ 특수진압대장은 특수기동정, 방탄정을 원활하게 운용할 수 있도록 자체 교육훈련을 실시하고 관내 지형과 특성을 숙지시켜야 한다.

④ 특수기동정, 방탄정 운항시에는 운항전 서특단에 운항계획을 구두 보고하여야 하며, 불법외국어선을 발견 검문검색 등의 긴급상황이

발생한 경우 선조치 후보고 할 수 있다. 단, 이 경우 상황이 안정됨과 동시에 유·무선 등을 통해 진행사항을 서특단에 보고하여야 한다.

제23조(특수기동정, 방탄정 안전사항) ① 특수진압대장은 특수기동정, 방탄정의 안전한 운용을 위하여 필요한 예방조치와 인명 및 재산의 보호에 최선을 다하여야 한다.

② 특수진압대장은 기상악화나 농무 등으로 인하여 임무수행이 불가능하거나 안전에 위험이 있다고 판단될 때에는 안전해역으로 피항 또는 양육하여야 한다.

③ 특수기동정, 방탄정 운항시에는 구명조끼, 구명환 등 인명구조장비와 무전기, TRS 등 통신장비를 필히 적재하여야 한다.

제24조(특수기동정, 방탄정 등 장비관리) ① 특수진압대장은 특수기동정, 방탄정 등의 고장예방과 효율적인 장비관리를 위하여 관리책임자를 지정할 수 있다.

② 특수기동정, 방탄정 관리책임자는 운항 전·후 이상 유무를 확인하고, 다음 각 호의 사항을 이행하여야 한다.

1. 계류색, 침수여부 및 주유상태 등
2. 해상 이물질에 의한 추진기의 변형여부 확인 및 이물질 제거
3. 장비설명서(운영자 매뉴얼)에 따른 주기별 점검 및 관리
4. 긴급출동이 가능하도록 항상 최상의 장비상태 유지
5. 기상 악화 등으로 운용이 불가능한 경우 피항 또는 양육 및 도난 예방 등

③ 서특단장은 외국어선의 불법조업 동향 등 치안수요를 감안, 특수기동정, 방탄정을 전문업체에 위탁·정비하기 위하여 배치지역에서 이동시킬 수 있다.

제25조(신장비의 도입 및 운영) 특수진압대장은 제13조 제3항의 규정에도 불구하고 특수임무 수행과 관련하여 필요하다고 판단되는 경우 신장비를 도입 운영하거나 변경할 수 있다.

제6장 그 밖에 사항

제26조(다른 규칙의 준용) 본 규칙에 규정되지 아니한 사항은 「해양경찰 경비규칙」 「해양경찰청 함정운영관리 규칙」, 「무기·탄약류 등 관리 규칙」, 「함정정비규칙」에서 정하는 바에 따른다.

제27조 삭제

부칙 <제38호, 2021. 5. 28.>

이 규칙은 발령한 날부터 시행한다.

대청도의 바다

백령도의 바다

3부

서해5도 관련 기사

서울신문에 실린 서해5도 관련 주요 기사
로동신문에 실린 서해5도 관련 주요 기사

서울신문에 실린 서해5도 관련 주요 기사

임병선(서울신문) · 강국진(서울신문) · 예대열(순천대)

대한매일신보(大韓每日申報) 서해5도 관련 기사

■ 죠쳥감독(1904.11.17.)

일공ᄉ가 외부로 죠회ᄒ기를 귀국 히쥬 연평도 부근게 도ᄂᆡ에 우리 히군셩 소용건축물로 ᄒ여곰이 제감독ᄒᄂᆞᆫ 사름이 히디 방관의 계신칙ᄒ기를 청ᄒ니 임시 감독케ᄒ라 ᄒ엿더라

■ 셤ᄭᆞ지쎗나(1907.8.3.)

작일 ᄂᆡ부판젹국에 일인 아모씨가 드러와셔 대연평도와 쇼연평도와 오류도라ᄒᄂᆞᆫ 셤이잇스니 어ᄃᆡ붓친 싸이며 ᄇᆡᆨ셩이 몃집이나 그 셤에셔 사ᄂᆞᆫ지 ᄌᆞ셰히 칙탐ᄒ거ᄂᆞᆯ 히국쟝이 그 연고를 무른ᄃᆡ 일인의 ᄃᆡ답이 그 싸이 만일 정부에 미인것이면 내가 정부에 교셥ᄒ여 쟝ᄎᆞᆺ ᄀᆡ간ᄒ고 살겟노라 ᄒ엿다더라

■ ᄇᆡᆨ령도의병(1907.12.7.)

거월 십삼일에 황히도 ᄇᆡᆨ령도에 의병 삼십여명이 히쥬디방으로브터 청국 ᄇᆡ를 ᄐᆞ고 건너 온다홈을 듯고 그 근쳐 쇼청도로 피란ᄒ야 류경환을 ᄐᆞ고 진남포로 향ᄒ엿ᄂᆞᆫᄃᆡ 의병은 일인의 집을 쇼화ᄒ고 리쟝 리모를 잡아내여 일인을 도주케ᄒ엿다고 무수란타ᄒ며 돈 팔십환을 토식ᄒ여 갓다더라

■ 웬일인고(1910.2.20.)

황히도 쟝연군쥬ᄉ 챠남식씨가 공무를 인ᄒ여 음력 작년 십일월오 일에 두쥬일 동안을 한뎡ᄒ고 ᄇᆡᆨ령도로 향ᄒ여 갓ᄂᆞᆫᄃᆡ 지금ᄭᆞ지 쇼식이 업ᄂᆞᆫ고로 챠시의 부인이 쥬야로 근심ᄒᆞᆫ다더라

■ 디방경형(1908.5.3.)

거월 십칠일 연안군 미샤 칠리허에 의병 십칠명이 와셔 거긔 ᄆᆡ엿던 청인에 쇼금ᄉᆡ ᄒᆞᆫ쳑을 ᄲᆡ아슨 후에 연평도로 향ᄒ얏다 ᄒ고

■ 일인의 말 좀 드러보아(1910.5.7.)

어경과장 일인 암원은 일인들에게 ᄃᆡᄒ여 말ᄒ기를 황히도 히안에ᄂᆞᆫ 보물이 심히 만흘ᄲᅮᆫ더러 각죵 어업을 경영홀 됴흔어쟝인ᄃᆡ 죵ᄅᆡ로 그 디방이 대단소요홈으로 일인 어부들이 감히 침범치못ᄒ던바-라 지금은 디방 소요도 침식된 모양인즉 일인 어부가 만히가셔 어업을 경영홈이 필요ᄒ고 쏘 연평도에 죠긔잡ᄂᆞᆫ 어업은 한인이 ᄆᆡ년 십만환 이샹에 리익을 엇고 쟝산곳 방면에 대도어라ᄂᆞᆫ 싱선잡ᄂᆞᆫ거슨 청인의 어○ 수십쳑이 잇ᄂᆞᆫᄃᆡ 그ᄇᆡ ᄆᆡ쳑에 ᄆᆡ일 잡ᄂᆞᆫ 싱션이 십여환 어치가 되ᄂᆞᆫ 터인즉 일인 어부가 그 어업을 시작ᄒ면 대단ᄒᆞᆫ 리익을 엇으리라 ᄒ엿다더라

매일신보(每日申報) 서해5도 관련 기사

■ **無線電信 規則 製定(1910.12.1.)**

木浦, 小靑島, 月尾島의 無線電信工事ᄂᆞᆫ 各其 通信을 交換ᄒᆞ야 極히 良好ᄒᆞᆫ 結果ᄅᆞᆯ 得ᄒᆞ얏ᄂᆞᆫᄃᆡ 珍島冲의 黃門島에도 無線電信을 架設ᄒᆞ기로 定ᄒᆞ야 木浦의 工事를 終了ᄒᆞᆫ 光濟号ᄂᆞᆫ 不日間 黃門島로 向ᄒᆞᆯ터이라 ᄒᆞ며 目下 該無線電信은 其開始가 太早ᄒᆞᆷ으로써 單히 海上警備航路標識用에 供ᄒᆞ야 船舶의 來往 等을 通ᄒᆞᆷ에 不過ᄒᆞᆯ지로되 來年度브터ᄂᆞᆫ 一般公衆의 電報도 取扱ᄒᆞᆯ터인 故로 通信規則을 依ᄒᆞ야 右에 關ᄒᆞᆫ 諸規則을 制定ᄒᆞᄂᆞᆫ 중이라더라

■ **無線電信 利用(1910.12.7.)**

仁川觀測所員의 談을 據ᄒᆞᆫ즉 無線電信의 裝置가 有ᄒᆞᆫ 遠隔ᄒᆞᆫ 島嶼나 航海 中의 汽船으로브터 陸上觀測所에 對ᄒᆞ야 氣象을 通報ᄒᆞ고 此로 因ᄒᆞ야 海上의 低氣壓 所在와 及襲來ᄒᆞᄂᆞᆫ 方向을 豫知ᄒᆞ야 九死에 一生을 得ᄒᆞᆫ 實例가 不少ᄒᆞᆫᄃᆡ 近者 臺灣海峽에셔 嘉代丸 八幡丸의 二隻이 無線電信의 通報ᄅᆞᆯ 依ᄒᆞ야 航進路에 暴風雨의 襲來ᄒᆞᆷ을 豫知ᄒᆞ고 趁卽 航路ᄅᆞᆯ 變更ᄒᆞ야 無事히 海難을 免ᄒᆞ얏다ᄒᆞ며 朝鮮 近海의 海難이 頻煩ᄒᆞᆫ 海邊에셔ᄂᆞᆫ 特히 海上의 氣象을 豫告ᄒᆞᄂᆞᆫ 必要가 有ᄒᆞᆫ즉 過日에 竣成ᄒᆞᆫ 月尾島, 小靑島, 木浦, 光濟號 及 不日 告成ᄒᆞᆯ 港門島의 無線電信을 利用ᄒᆞ야 氣象通信을 開始ᄒᆞᆯ터이라 目下 航路標識觀測所와 符號 及 其他에 對ᄒᆞ야 協議ᄒᆞᄂᆞᆫ 中인즉 通信을 實施ᄒᆞ기ᄂᆞᆫ 明年春頃이라더라

■ **風高船破의 頻頻, 배 파산도 많이 난다(1912.5.5.)**

거월 이십ᄉᆞ일에 인천항(仁川港)에 거류ᄒᆞᄂᆞᆫ ᄂᆡ디인 숑본요오랑(松本要五郎)의 소유 풍범션 쥭촌환(竹村丸)이라ᄂᆞᆫ ᄇᆡᄂᆞᆫ 곡식 구ᄇᆡᆨ셕을 싯고 황ᄒᆡ도 연평도(延平島)로 가다가 ᄇᆡ밋으로 물이 드러셔 파션되얏ᄂᆞᆫᄃᆡ ᄇᆡ를 탓던 사ᄅᆞᆷ은 륙디로 피란ᄒᆞ야 무ᄉᆞᄒᆞ얏스나 손해ᄂᆞᆫ ᄉᆞ쳔여원에 달ᄒᆞ얏다더라

■ **三生二死의 慘聞, 연평바다의 ᄇᆡ 파산 셋은 살고 둘은 죽어(1912.5.16.)**

지나간 칠일 오후 삼시경에 풍범션 일쳑이 인쳔으로브터 진남포로 향ᄒᆞ다가 그 잇튼날 오젼 삼시경에 북풍이 별안간에 일어나셔 연평도(延平島) 근쳐에셔 ᄇᆡ가 가라안진고로 그 ᄇᆡ를 탓던 사ᄅᆞᆷ들은 돗ᄃᆡ를 의지ᄒᆞ야 오인즁 삼인은 살고 이인의 신톄ᄂᆞᆫ 언의 곳으로 떠나려 갓ᄂᆞᆫ지 혹은 어ᄃᆡ가셔 살앗ᄂᆞᆫ지 아지 못한다더라(인쳔지국)

■ **破船(1912.5.21.)**

삼일에 죠션인 오긔션(吳긔善)의 쇼유 풍범션 한쳑은 황ᄒᆡ도 연편도(延平島)에셔 파션이 되얏ᄂᆞᆫᄃᆡ ᄇᆡ를 탓던 사ᄅᆞᆷ은 무ᄉᆞᄒᆞ얏스나 손해ᄂᆞᆫ 일쳔삼ᄇᆡᆨᄉᆞ십원에 달ᄒᆞ얏다더라

■ **京畿道의 漁船 石魚漁(1913.5.1.)**

京畿道廳에셔ᄂᆞᆫ 每年 石魚期에 數百萬圓의 魚獲이 有ᄒᆞᆫ바 本年度에 임의 魚獲期에 入ᄒᆞ얏슴으로 去月 魚船 二百隻餘를 全羅北道 七山灘附近에 出漁케 ᄒᆞ얏ᄂᆞᆫᄃᆡ 該灘은 最早終期인 故로 其內百餘隻은 漸次 黃海道 延平島 附近에 出漁ᄒᆞᄂᆞᆫ 中인ᄃᆡ 道廳에셔ᄂᆞᆫ 尙數隻을 出漁케ᄒᆞ고져 準備 中인바 準備가 終了ᄒᆞ면 早速 出漁ᄒᆞ리라더라

■ **黃海 延平島 豐漁(1913.6.7.)**

仁川을 根據로ᄒᆞᆫ 內地 及 京畿道 漁夫 約三百隻의 一團은 全南의 石首魚를 了ᄒᆞ고 曩者 黃海道 延平島에 轉漁 中인바 終漁期가 되야 續續 歸來 中인ᄃᆡ 本年은 非常ᄒᆞᆫ 豐漁라 客月 下旬頃에ᄂᆞᆫ 多ᄒᆞ면 千圓少 ᄒᆞ야도 六百圓의 漁獲이 有ᄒᆞ얏다더라

■ **漁船의 仁川 根據(1913.7.5.)**

仁川을 根據地ᄒᆞᄂᆞᆫ 內地人 漁業者ᄂᆞᆫ 岡山福岡佐賀의 三縣인ᄃᆡ 是等○ 釣業者ᄂᆞᆫ 北方은 黃海道 大靑島로브터 南方은 忠南 鹿島에 至ᄒᆞᄂᆞᆫ 間에 出漁ᄒᆞ야 漁場이 比較的 遠隔ᄒᆞᆷ으로 捕獲

魚ᄂᆞᆫ 各自 漁船 又ᄂᆞ 母船이 산치로 仁川市場에 運送ᄒᆞ며 其他 仁川 沖셔 捕獲ᄒᆞᄂᆞᆫ 鱸, 鯖, 鱧, 沙魚, 蝦等은 直接 市場에 賣出ᄒᆞᆫ다ᄒᆞ며 本年은 天候가 順調ᄒᆞ야 相當ᄒᆞᆫ 漁獲이 有ᄒᆞ다ᄂᆞᆫᄃᆡ 요컨ᄃᆡ 販路가 豐富홈으로 附近 一般漁夫ᄂᆞᆫ 最歡迎ᄒᆞᄂᆞᆫ바오 今後 益益 出漁船의 增加를 見ᄒᆞ리라더라

■ 仁川 鱇鮟網 漁船 退散(1913.7.11.)

延平島 沿海에 福岡縣 長淵郡 佐賀縣 等의 內地 漁船이 石首魚의 漁期가 終了ᄒᆞ얏슴으로 客月 仁川海에 漁業을 目的ᄒᆞ야 蝟集ᄒᆞᆫ 七十隻餘ᄂᆞᆫ 目下 該海岸에셔ᄂᆞᆫ 一隻이 一日 二圓의 漁獲이 有ᄒᆞᆯ ᄲᅮᆫ이오 魚類의 來集이 無홈으로 去月日에 全部가 內地로 向ᄒᆞ야 歸還ᄒᆞ얏더라

■ 日鮮漁民 紛擾, 연평도에셔 큰 야단이 낫셔, 무슨 ᄭᅡ닭은 아직 알 수 업셔(1914.6.2.)

황히도 히쥬군(海州郡) 연평도(延平島)에셔 거월 스무일헤날 오후 여섯시에 내디인과 죠션 어민 ᄉᆞ이에 무삼 시비가 일어나 대단히 분요ᄒᆞ얏다ᄂᆞᆫᄃᆡ 그 ᄂᆡ용의 ᄌᆞ셔ᄒᆞᆫ ᄉᆞ실은 아지 못ᄒᆞ나 목하에 됴사ᄒᆞᄂᆞᆫ 즁이라더라(海支發)

■ 日鮮漁民 紛擾詳報, 연평도 큰 야단의 뒤소식, 나모통 한 ᄀᆡ로 란리가 나(1914.6.3.)

어제 뎐보 우편으로 게저ᄒᆞᆫ 바와 ᄀᆞᆺ치 황히도 ᄒᆡ쥬군 연평도(延平島) 근변에서 요ᄉᆞ이죠기(石首魚)와 도미들 잡노라고 바다에 잇ᄂᆞᆫ 일션인의 어부 수ᄇᆡᆨ명이 오월 이십칠일 오후 황혼때에 연평도에셔 셔로 얼크러져셔 싸호다가 부샹쟈가 만이 낫다ᄂᆞᆫᄃᆡ 연평도 근쳐ᄂᆞᆫ ᄒᆡ마다 요ᄉᆞ이 시긔가 되면 죠긔잡ᄂᆞᆫ 시긔가 되ᄂᆞᆫ고로 ᄂᆡ디 좌하(佐賀) 복강(福岡) 웅본(熊本) 장긔(長崎) 등 각쳐의 어민이 다수 회집ᄒᆞ고 그외에 죠션 어민 등도 무수ᄒᆞ게 와 모히ᄂᆞᆫ 곳인ᄃᆡ 본년에ᄂᆞᆫ 더욱 만아 어션이 일쳔여 쳑이나 되ᄂᆞᆫ고로 취테ᄒᆞ기 위ᄒᆞ야 본년은 특히 ᄒᆡ쥬경찰셔로부터 순사 일명과 순사보 일명을 ᄉᆞ월 하순부터 림시 츌장케 ᄒᆞ얏고 경무부에셔ᄂᆞᆫ 경비션을 파송ᄒᆞ야 ᄒᆡ륙으로 보호취톄케 ᄒᆞ야 고요ᄒᆞ게 지ᄂᆡ엿스나 증왕에 ᄂᆡ디인 아모가 그 셤에 사ᄂᆞᆫ 죠션인 강희원(姜熙元)이라 ᄒᆞᄂᆞᆫ 사ᄅᆞᆷ에게 비인 나무통 한ᄀᆡ를 맛기여 두엇ᄂᆞᆫᄃᆡ 강희원은 그 통에 젓을 담아 두엇더니 강희원은 그후 오월 이십칠일 오후 륙시경에 그 통의 쥬인 ᄂᆡ지인 아모가 강희원의 집을 차자가셔 그 통을 도로 달나ᄒᆞᆫ즉 그 통은 임의 젓갈 담은 것이 되얏슴으로 셜왕셜ᄅᆡ에 피ᄎᆞ에 닷홈이 되야 구타 디경에 일으럿슴으로 이틔환(伊泰煥)이라 ᄒᆞᄂᆞᆫ 쟈이 즁지ᄒᆞ야 싸홈을 말니고ᄌᆞ ᄒᆞ얏스나 효력이 업고 더욱 싸홈은 커짐을 보고 죠션인은 여러 사ᄅᆞᆷ이 그곳으로 가셔 강희원을 도아 일대 젼징을 일우엇ᄂᆞᆫᄃᆡ 그 말을 듯고 경관은 급히 츌장ᄒᆞ야 진압ᄒᆞ얏스나 이틔환의 쳐ᄂᆞᆫ 그 요란에 엽구리를 ᄎᆡ여 ᄉᆞᆼ샹ᄒᆞ얏ᄂᆞᆫ고로 ᄂᆡ디인 의ᄉᆞ가 진심 치료ᄒᆞᄂᆞᆫ즁 ᄂᆡ디인 수명이 쏘다시 죠션인을 구타ᄒᆞ얏슴으로 죠션 어부도 분로ᄒᆞ야 ᄂᆡ디 어부들을 에워사고 무수 구타ᄒᆞᄂᆞᆫ고로 ᄂᆡ디인 어부 등은 쫏겨 그곳 ᄂᆡ디인의 집으로 드러간즉 죠션 어부 이십여명은 돌질을 시작ᄒᆞ야 그릇과 물품을 모다 씨치고 불온ᄒᆞᆫ 힝동이 무쇼부지 ᄒᆞ던즁 ᄂᆡ디인은 과불뎍즁ᄒᆞ야 도주코ᄌᆞ할 즈음에 ᄂᆡ디인 어부 ᄉᆞ오ᄇᆡᆨ 명은 단테로 달려드러 쳐음에 마진 ᄂᆡ디인 두ᄉᆞᆷ은 임의 죠신인 이십여명에게 피살ᄒᆞ얏다ᄒᆞ며 요란을 부리고 밤즁에 집집마다 침입ᄒᆞ야 거동이 불온홈으로 경관은 듁을 힘을 ᄃᆞ야 학살을 당ᄒᆞᆫ 일이 업슴으로 무수히 셜유ᄒᆞ야 간긴히 진경ᄒᆞ얏스나 ᄂᆡ디 어부ᄂᆞᆫ 본년에ᄂᆞᆫ 고기도 만히 잡지 못ᄒᆞ얏슬 ᄲᅮᆫ 안이라 고지잡을 긔한도 멀지 않이홈으로 이십팔일 오후에 인쳔, 목포, 군산 방면으로 토향ᄒᆞ야 둘너가게 하얏고 이번 요란은 심히 굉대ᄒᆞ얏스나 다힝히 ᄉᆞ샹쟈ᄂᆞᆫ 업셧고 두어 사ᄅᆞᆷ만 조곰 부샹ᄒᆞ얏슬 ᄲᅮᆫ이라더라

■ 地方通信: 延平後報(海州)(1914.6.9.)

仝郡 延平島 日鮮漁夫의 騷動된 事ᄂᆞᆫ 累報ᄒᆞᆫ바 去二十七日夜喧爭 仝時에 無關係者 金在鳳은 醉酒ᄒᆞ야 無精神的 往來ᄒᆞ다가 內地漁夫 四百餘名 搜索 紛擾 中에셔 被殺ᄒᆞ얏고 其木桶을 任受ᄒᆞ얏던 姜世昌의 妻ᄂᆞᆫ 五六個月의 任胎中인바 腹部를 ○○ᄒᆞ야 落胎ᄒᆞᆯ 模樣이라ᄂᆞᆫᄃᆡ 本道 ○務部長 及 本郡守 兩氏ᄂᆞᆫ 現今 出張 取

調 中이라더라

■ 地方通信: 延島詳報(海州)(1914.6.13.)

同島 騷擾 件의 詳報를 據훈즉 其時 被殺되얏다는 金在鳳은 數時間 後에 回生후얏고 被打된 胎母도 何等의 欠損이 無후다더라

■ 地方通信: 延島續報(海州)(1914.6.16.)

仝島에셔 日鮮人 漁夫의 騷動훈 事는 累報훈바 其時 見害훈 것은 朝鮮人의 漁網 三四百圓 價値와 其他 穀類 器具 等 數百圓 價値인디 本道 警務部에셔 精密히 取調훈 結果로 去十三日 群山港에셔 朝鮮人 犯者 一名을 逮捕후얏다고 仝日 警務部에 電報가 到着후얏다더라(以上黃海支局發)

■ 地方通信: 延島後報(海州)(1914.6.23.)

仝島 日鮮漁民의 喧爭훈 바는 累報후얏거니와 該犯子를 搜索 中이드니 群山, 仁川 等地에셔 鮮人 二名 內地人 二名을 捕縛후야 去十九日 仁川警察署에셔 海州警察署로 押送후얏다더라

■ 地方通信: 諸犯越交(海州)(1914.6.30.)

仝 延平島에셔 日鮮漁夫의 騷動犯者 仁川居住 中村金太郎(三二) 仝 平野鶴松(三二) 長崎縣 居 下鄕東浦松(二七) 佐賀居 山下太郎兵衛(三三) 仁川居 金千石(二一) 等 七人을 海州警察署에셔 嚴囚 取調 中이더니 去二十五日에 仝地方法院檢事局으로 越交후얏다더라

■ 地方通信: 檢事出張(海州)(1914.7.2.)

仝郡 地方法院 遠藤檢事는 延平島 日鮮漁夫喧爭事件에 關후야 調査홀 必要가 有홈으로 去卄九日 同院 書記 洪明厚氏를 同伴 出張후얏다더라

■ 朝鮮의 無線電信(1914.7.28.)

朝鮮 無線通信의 裝置는 總計 四個所인디 其所在地는 月尾島, 木浦, 港門島(木浦港), 小靑島(海州冲)가 主要 處로 光濟丸 及 通航의 君鑑等으로 感電후는 者인디 아즉 公衆用으로 使用홈에 至치 안이후얏스나 該設備는 舊韓國時代의 承繼훈 者이라더라

■ 쑉 죽은 몸 다시 살아(1914.8.8.)

지난달 이십팔일 오후 네시쯤 되여 인쳔경찰셔 관니 룡유면(龍遊面) 거잠리(巨蠶里) 삼통 칠호에 사는 ·경션옥(鄭善玉)의 소유션 고기비에 동리에 사는 리챵셩(李昌成) 송완근(宋完根) 박만흥(朴萬興) 됴죵신(趙鍾信) 정은슌(鄭銀順) 다셧 사름이 고기잡기 위후야 황히도(黃海道) 연평도(延平島)로 갓다가 도라오는 길에 강화(江華) 쥬문도(珠文島) 부근 히즁에 일으러 갑작이 폭풍우를 만나 엇지홀줄 모르다가 그티나 잠혹히 업푸러지미 션인들은 죽을 힘을 다후야 일졔히 헤염을 쳣스나 젼기 은슌은 종신의 힘은 졈졈 파리후여 가는즁 산곳치 크고 밍렬훈 물결이 덥허눌러 수즁에 가라안고 남어지 셰사름은 간신히 비젼을 잡고 비 가는디로 써나려 오다가 인면은 지텬이라 쳔힝으로 이때 맛촘 부쳔군 영죵면(永宗面) 젼소리(前所里) 십일통 십호 션부 강규옥(姜圭玉)이와 기타 삼수명이 역시 어션을 타고 지난달 삼십일 오젼 팔시경에 그 압흐로 지나려 후는즁 젼기 셰사름이 소리를 질너 즉시 무수히 구원되엿다는디 손히금은 디략 이빅여원이라더라

■ 仁川 小月尾島局着 無線電信, 泰平한 靑島視察團員 대쳥도에 일시뎡박(1915.2.28.)

쳥도시찰단을 티운 함경환(咸鏡丸)은 풍파를 인후야 이십륙일 오젼 두시 황히도 대쳥도(大靑島)에 비를 디엿는 단원은 원긔가 미우 왕셩후며 항로는 하로가드틔여 질예 뎡이더라(이십륙일 오후 오시삼십분 인쳔 쇼월미도 무션뎐신국 발신)

함경환 통신 단원은 모다 무수

쇼쳥도(小靑島)의 무션뎐신을 비러셔 젼즁의 젼황을 보홈이 십륙일 오젼 두시 풍파가 졈졈 심후야 항히가 곤난홈으로 부득이 쇼쳥도에 비를 디엿스나 비가 심히 흔들니는고로 대쳥도로 옴겨와셔 일후 회복되기를 기다리고 잇는즁 쳥도에 도착홀 시간이 느져지는고로 쇼쳥도의 무션

뎐신으로 이뜻을 쳥도에 알게ᄒᆞ기 위ᄒᆞ야 본사에 통신을 힝ᄒᆞᆫ 일이라

오후

여섯시 뎐신으로 인쳔관측쇼에셔 『뎌긔압이 임의굿다 안젼ᄒᆞᆫ 항히를 비노라』ᄂᆞᆫ 통신이 잇다고 등ᄃᆡ의 간슈로부터 통지가 이ᄇᆡ에 왓슴으로 이뜻을 단원 일동의게 젼ᄒᆞ니 모다 희식이 만면ᄒᆞ야 무션뎐신이 바다길 가ᄂᆞᆫ데 필요홈을 감탄ᄒᆞ며 여러가지 자미잇ᄂᆞᆫ 여흥에 우슘쇼리ᄂᆞᆫ ᄇᆡ안을 진동ᄒᆞ고 단원은 모다 무ᄉᆞᄒᆞ더라…(쳥도시찰단 간부발, 이십칠일 오젼 칠시 인천 쇼월미도 무션뎐신국 도착 무션뎐신)

避難은 團員 慰安 가족은 안심ᄒᆞᆯ 일

이에 긔지ᄒᆞᆫ 뎐보를 보고 원전(原田) 죠션우션회샤 샤장을 방문ᄒᆞ고 그리약 이를 드른즉 그만ᄒᆞᆫ 바룸에ᄂᆞᆫ 아모 샹관업시 넉넉히 갈터인ᄃᆡ 그ᄃᆡ로 바로 갓더면 아모 일도 업시 쳥도에 도착ᄒᆞ얏슬 것을 그러케 쳥도로 피난ᄒᆞᆫ 것은 션쟝과 션원들은 넉넉히 쳥도로 직힝ᄒᆞᆯ 밋음이 잇지만은 다만 ᄇᆡ에 익지 못ᄒᆞᆫ 여러 단원 제군은 여간 풍파라도 겁을 ᄂᆡ일듯ᄒᆞᆫ고로 이를 안심케 ᄒᆞ기 위ᄒᆞ야 일시 피란홈에 지나지 못ᄒᆞᄂᆞᆫ 일이라 그로 인ᄒᆞ야 단원 졔씨ᄂᆞᆫ 쳥도에 도착ᄒᆞᆯ 날이 하로씀 느진 대신에 대쳥도에셔ᄂᆞᆫ 여흥도 잇셔셔 하로를 유쾌히 잘지ᄂᆡ엿슬 듯 ᄒᆞᄂᆡ가 가족은 모다 안심을 ᄒᆞ시고 아모 념려ᄒᆞ실 것이 업다ᄒᆞ며

黃海ᄂᆞᆫ 다시 靜穩 이십칠일에ᄂᆞᆫ 도챡

또 그 회샤의 영업과원의계 무러본즉 함경환이 황ᄒᆡ도 연안의 대쳥도에 도챡ᄒᆞ얏스면 아모 걱정 업슬 것이라 대쳥도라ᄂᆞᆫ 곳은 인쳔에셔 진남포 가ᄂᆞᆫ 항로에 한 피란곳인ᄃᆡ 이곳에만 ᄇᆡ가 드러가면 아모 념려도 업스며 그만 풍셜에ᄂᆞᆫ 그ᄃᆡ로 쳥도ᄭᆞ지 직힝ᄒᆞ얏스나 쥬위가 ᄌᆞ상ᄒᆞᆫ 션쟝은 만션의 계칙으로 이러ᄒᆞᆫ 슈단을 취ᄒᆞᆫ데 지나지 못ᄒᆞ나 그러치만 벌셔 바룸도 자고 일긔도 회복이 되얏슨즉 뎐보가 경셩에 도챡ᄒᆞ얏슬 ᄯᅢ에ᄂᆞᆫ 함경환은 아마 다시 낫을 ᄲᅦ이고 평온히 진힝ᄒᆞᄂᆞᆫ 길에 잇을 듯 ᄒᆞᄂᆞᆫ 일로 평안히 이십칠일에ᄂᆞᆫ ᄒᆡ가 지기 젼에 틔평히 쳥도에 도착ᄒᆞ얏슬줄 밋노라 이런 고로 단원 제군의 가족도 아조 안심ᄒᆞ고 유쾌ᄒᆞᆫ 리약이나 드르실 날을 고ᄃᆡᄒᆞᄂᆞᆫ 것이 됴흘 듯 ᄒᆞ다ᄒᆞ며 인쳔관측소원의 말을 드른즉 이십칠일브터ᄂᆞᆫ 산동디방의 뎐긔가 회복되얏슨즉 황ᄒᆡᄂᆞᆫ 극히 평온ᄒᆞ리라더라

咸鏡丸 出發 시십륙일 져녁에

함경환(咸鏡丸)은 이십륙일 오후 팔시 대쳥도를 ᄯᅥ나 쳥도(靑島)로 향ᄒᆞ얏더라(쇼월미도 무션뎐신국 도착)

■ 延坪島의 漁期, 臨時出張所 新設(1915.4.22.)

黃海道 海州郡 延平島 近海에 對ᄒᆞᆫ 石首魚 獵은 多獵好望ᄒᆞᆫ 點에 對ᄒᆞ야 道沿海에 其此를 未見ᄒᆞᆯᄲᅮᆫ 안이라 他道에 對ᄒᆞ야도 決코 遜色이 無ᄒᆞ며 昨年 不獵이라 稱ᄒᆞ던 漁期에도 四十万圓의 漁額이 有ᄒᆞ얏고 一昨年 豊獵時에ᄂᆞᆫ 八十万圓으로 概算ᄒᆞ얏더라 然而 昨年 六月 些細ᄒᆞᆫ 動機로 漁夫와 鮮民 數百名이 大乱鬪를 開始事例가 有ᄒᆞᆷ으로 道當局 及 警務官憲은 斯業의 發展을 思ᄒᆞ고 本年은 임의 漁期에 入ᄒᆞ얏슴으로 特히 深甚ᄒᆞᆫ 主意를 拂ᄒᆞ나 監督ᄒᆞᆯ 所轄 海州署 巡査 以外 多數의 憲兵巡査를 增派ᄒᆞ기로 ᄒᆞ고 且該 延平島에ᄂᆞᆫ 平時 巡査 等의 駐在ᄒᆞᄂᆞᆫ 事 無ᄒᆞᆷ으로 四月 二十四日브터 特히 臨時出張所를 設ᄒᆞ고 警官이 駐在ᄒᆞ야 漁業終了期ᄭᆞ지ᄂᆞᆫ 水上警備船과 相矣ᄒᆞ야 昨春과 如ᄒᆞᆫ 大乱鬪ᄂᆞᆫ 斷然코 未發에 防遏ᄒᆞᆯ 것은 勿論이오 漁民의 保護 利益을 擴進ᄒᆞ리라고 某當局은 明言ᄒᆞ더라

■ 支那海賊, 졀히의 고도에서 슌사와 셔로 총질(1915.5.26.)

이십ᄉᆞ일 오후 한시에 황ᄒᆡ도(黃海道) 장산곳(長山串) 남편에 잇ᄂᆞᆫ ᄇᆡᆨ령도(白翎島)에 단발ᄒᆞᆫ 지나인 삼명이 도라단이ᄂᆞᆫ고로 그곳 쥬직쇼 죡립(足立) 순사가 슈상히 보고 위션 쥬직소에 인치ᄒᆞ야 됴사ᄒᆞᄂᆞᆫ 즁에 그놈들은 별안간에 륙혈포를 ᄭᅳᄂᆡ여 죡립슌사에게 발포ᄒᆞ고 그 틈을 타 도주ᄒᆞᆫ고로 그 슌사ᄂᆞᆫ 즉시 그 쥬직소에 잇

ᄂᆞᆫ 총을 들고 뒤를 좃차 ᄒᆡ안에 이르니 그곳에도 오륙명의 지나인이 잇셔 오련발 총으로 쥭립 순사에게 ᄃᆡ고 발포ᄒᆞ며 또 부근에 명박즁이던 두척의 지나 장구션에셔도 다수ᄒᆞᆫ 지나인이 나와 그 순사에게 총을 노으나 순사ᄂᆞᆫ 지지 안이ᄒᆞ고 총을 놋ᄂᆞᆫ 즁에 그 셤에 사ᄂᆞᆫ 안괘(安掛)라ᄂᆞᆫ 일본 사ᄅᆞᆷ드 ᄂᆞ와 응원ᄒᆞ얏스나 그 순사ᄂᆞᆫ 탄약 ᄉᆞᆷ사십발 밧게 가지지 안이ᄒᆞ .ㅑ얏슴으로 즁지ᄒᆞ얏더니 오후 오시경이 됨ᄋᆡ 그 지나인은 장구션을 타고 ᄇᆡᆨ령도 남편에 도주ᄒᆞ얏더라 이 소동 즁에 이ᄀᆡ도오랑이라ᄒᆞᄂᆞᆫ 일본 사ᄅᆞᆷ은 허리에 총을 맛고 또 쇼도한 머리가 즉ᄉᆞ하얏더라 이 급보가 이르ᄆᆡ 몽금포(夢金浦) 경찰셔장 촌교경부ᄂᆞᆫ 즉시 부하를 다리고 ᄇᆡᆨ령도에 향ᄒᆞ얏고 황ᄒᆡ도 경무부에셔ᄂᆞᆫ 이 뜻으로 경귀와 평냥도에 타뎐ᄒᆞ고 도쥬ᄒᆞᆫ 장구션의 잡기를 쳥ᄒᆞ얏ᄂᆞᆫᄃᆡ 이ᄂᆞᆫ 필경 지나 ᄒᆡ적션인듯 ᄒᆞ다더라

■ 海賊後聞, ᄇᆡᆨ령도 지나ᄒᆡ적 후문(1915.5.28.)

임의 보도ᄒᆞᆷ과 ᄀᆞᆺ치 지난 이십삼일 황ᄒᆡ도 ᄇᆡᆨ령도(白翎島)에 습ᄅᆡᄒᆞ얏던 지나인 ᄒᆡ적에 ᄃᆡᄒᆞ야ᄂᆞᆫ 일반히 ᄌᆞ셰히 아ᄂᆞᆫ바어니와 도주ᄒᆞᆫ 지나 ᄒᆡ적의 ᄇᆡ 두쳑 ᄂᆡ에 한 쳑은 ᄉᆞᄇᆡᆨ셕 가량 싯ᄂᆞᆫ 것이오 기타ᄂᆞᆫ 오ᄇᆡᆨ셕 가량 싯ᄂᆞᆫ 것으로 모다 ᄇᆡ마다 검은 빗으로 만든 돗ᄃᆡ를 달엇다ᄂᆞᆫᄃᆡ 도적의 ᄯᅥ러트린 탄약을 ᄉᆞᆲ혀본즉 군용 오연발총(軍用五連發銃)으로 연긔업ᄂᆞᆫ 화약을 ᄉᆞ용ᄒᆞᄂᆞᆫ 것과 갓고 그ᄯᅢ 부샹ᄒᆞ엿던 ᄂᆡ디인은 이십ᄉᆞ일 오젼 두시에 쥭엇다ᄂᆞᆫᄃᆡ 목하 경찰셔와 헌병ᄃᆡ에셔ᄂᆞᆫ 극력 ᄒᆡ적의 ᄒᆡᆼ위롤 슈ᄉᆞᄒᆞᄂᆞᆫ 즁이라더라

■ 鯱丸의 沿海巡邏(1915.6.5.)

○者 黃海道 白翎島에 支那 海賊船이 ○來ᄒᆞ얏슴으로 因하야 邇來ᄂᆞᆫ ○附近○ 漁場으로 ᄒᆞᄂᆞᆫ 漁業者 及 航海業者ᄂᆞᆫ 安堵치 못ᄒᆞᆷ으로 立花警務總長은 遂回警備船을 回航케 ᄒᆞ야 相當히 警戒를 加할 必要가 有ᄒᆞᆷ으로 元水雷艇 되얏던 鯱丸이 全羅南道 沿海를 巡邏 中인 故로 此를 派遣ᄒᆞ야 平安, 黃海 兩道 沿海를 巡邏ᄒᆞ고 海賊船 又ᄂᆞᆫ 密漁船 取締ᄒᆞᆯ 豫定이라더라

■ 果是海賊, ᄇᆡᆨ령도를 습격ᄒᆞᆫ 쟈ᄂᆞᆫ 과연 지나 ᄒᆡ적의 일단(1915.6.5.)

지나간 이삼일에 지나 풍범션 두쳑이 황ᄒᆡ도(黃海道) ᄇᆡᆨ령도에 츌현ᄒᆞ야 그 ᄇᆡ에 탓던 지나인 수명이 그 셤에 거쥬ᄒᆞᄂᆞᆫ 관민과 권총을 시작ᄒᆞ야 인축을 샹ᄒᆡᄒᆞᆫ 후에 부지기쳐로 도망ᄒᆞ야 일시 경찰관셔롤 소동케 ᄒᆞ던 ᄉᆞ건은 지금 아직 졔군의 긔억ᄒᆞᄂᆞᆫ 바지며 당시 지나인 등의 죵젹이 과연 ᄒᆡ젹인가 안인가 ᄒᆞᆷ에 ᄃᆡᄒᆞ야ᄂᆞᆫ 누구던지 의문으로 녁이던 터리더니 지금 대련의 통신을 본즉 그 흉ᄒᆡᆼ쟈ᄂᆞᆫ 의심ᄒᆞᆯ 것업ᄂᆞᆫ 지ᄂᆞ ᄒᆡ젹인줄은 판단ᄒᆞ게될 긔회가 왓더라 삼십일에 금주(金州)시 석관ᄂᆡ 황록도(黃鹿島)에 거주ᄒᆞᄂᆞᆫ 풍범션 항덕순호션쟝송길량(恒德順號船長宗吉良)이라ᄂᆞᆫ 자이 민졍셔에 츌두ᄒᆞ야 삼산도 부근 ᄒᆡ샹에셔 ᄒᆡ젹의 포로가 되얏다가 겨우 목슘만 살어왓다 고 죠난 당시의 모양을 말ᄒᆞ얏ᄂᆞᆫᄃᆡ 그 샤롬은 션원 칠명과 죠쌀 이ᄇᆡᆨ셕을 실고 오월 십ᄉᆞ일에 대련을 ᄯᅥ나 위ᄒᆡ위(威海威)로 가다가 그날 오젼 사시셩 삼산도 부근에셔 년치ᄂᆞᆫ 무비삼십 젼후요 신식 륙혈포와 로국식 소총 십구뎡을 유ᄃᆡᄒᆞᆫ ᄒᆡ젹 십이숨명 실은 젹션을 맛낫ᄂᆞᆫᄃᆡ ᄒᆡ젹 등은 쇼총 셰방을 노아 위협ᄒᆞ고 ᄇᆡ를 ᄲᅢ슨후에 모다 이 ᄇᆡ로 올라 션원을 포박ᄒᆞ고 ᄇᆡ가 묵업다ᄒᆞ야 실엇던 죠살 ᄉᆞ십셕 가량 물에 풀엇스며 십칠일 황젹ᄌᆞ 압바다에셔 또 ᄇᆡ 한쳑을 ᄲᅢ서 ᄒᆡ젹의 반은 이곳에 난호아 타고 항ᄒᆡᄒᆞ다가 이십이일죠에 ᄇᆡᆨ령도에 도착ᄒᆞ아ᄒᆡ진후에 ᄒᆡ젹 등은 무긔를 가지고 하륙ᄒᆞ더니 일본인 ᄉᆞ명 죠션인 일명과 교젼ᄒᆞᆫ 결과에 죠션인 한명은 죽고쇼 한머리ᄂᆞᆫ 류탄에 마져 죽엇스나 죵ᄅᆡ 아모 물건도 엇지 못ᄒᆞ고 ᄇᆡ로 드러왓ᄂᆞᆫ디 그동안에 ᄇᆡ 한쳑은 ᄒᆡ젹의 하륙ᄒᆞᆫ 틈을 타 도주ᄒᆞᆫ고로 일동의 한덕순호에 타고 다시 습격을 계획ᄒᆞᄂᆞᆫ 즁에 ᄒᆡ아에ᄂᆞᆫ 다슈 ᄒᆞᆫ사ᄅᆞᆷ이 나온고로 즉시 닷을 ᄲᅢ여 다려나다가 이십팔일 오후 삼시 경에 ᄒᆡ양도셔 남편에셔 장산도민의 ᄇᆡ 비연(飛燕)호를 잡어 젼부 올머간 고로 숑길량 이하ᄂᆞᆫ 비로소 소ᄉᆡᆼᄒᆞᆫ 듯 ᄒᆞᆫ성각으로 이십일에 텬진에 귀착ᄒᆞ야 그 젼후 ᄉᆞ졍을 보고ᄒᆞ얏ᄂᆞᆫᄃᆡ ᄒᆡ젹의 괴규ᄂᆞᆫ 삼십셰 가량 연ᄃᆡ 머릿각고 양복을

입엇스며 그 외에도 머릿각지 안은 쟈는 삼명 밧게 업는딕 다 신식교육을 밧은 쟈인 듯 ᄒᆞ며 지나 사름의 직산은 략탈치 안이 ᄒᆞᆫ다더라

■ 延坪島의 風害(1915.6.12.)

去四月 日本郡 延平島 巡査出張所에셔 海州警察署에 報告ᄒᆞᆫ 狀況을 據ᄒᆞᆫ즉 現今 延平島 沿海에셔ᄂᆞᆫ 石首魚獲에 從事ᄒᆞᄂᆞᆫ 內鮮人 漁船이 二千餘隻이라 本月 三日 午後 八時브터 暴風雨의 虞가 有ᄒᆞ야 警戒 中이더니 四月 午前 五時頃브터 風浪이 益益 强烈ᄒᆞᆫ지라 滿潮時를 際ᄒᆞ야 入港繫留 中의 各 船舶은 激浪 怒濤의 危險이 劇迫홈으로 巡査出張所에셔ᄂᆞᆫ 島民 四十餘名 及 內鮮人 在留者 二十餘名의 出動을 催ᄒᆞ고 各員이 總出ᄒᆞ야 指揮救護ᄒᆞᆫ 結果 多數ᄂᆞᆫ 破傷을 免ᄒᆞ얏스나 遂히 內地船 全破 七, 半破 四, 朝鮮船 全破 三, 一部破 一, 計 十五隻의 破傷을 生ᄒᆞ야 船舶의 損害가 二千八百五十三圓六錢 漁具 其他의 損害가 二千四百九十一圓九十八錢 計 六千三百四十五圓五十八錢의 巨額에 達ᄒᆞ얏고 幸히 人畜의 死傷은 無ᄒᆞ더라

■ 延平島 出張郵便(1916.5.14.)

遞信局에셔ᄂᆞᆫ 黃海道 延平島의 漁期 二個月間의 漁夫의 爲替送金이 三十萬圓 以上에 達ᄒᆞ야 道廳으로부터 郵便事務出張 取扱의 交涉이 有ᄒᆞ얏슴으로 取調ᄒᆞᆫ 結果 一兩日 中브터 戰後八會 一回 約 三日間式 海州郵便局에셔 係員을 派ᄒᆞ야 郵便爲替郵便引受電報受附 等을 爲케 ᄒᆞ기로 決定ᄒᆞ얏다더라

■ 朝鮮의 燈臺(二), 姉妹島 燈臺守 談(1916.10.7.)

此 小靑島ᄂᆞᆫ 客月 十八日 以後로 濃霧가 頻煩히 襲來ᄒᆞ야 隱蔽케 되ᄂᆞᆫ 天候의 險惡홈이 繼續되야 臺員 等은 寸時도 間斷업시 霧警를 實施 中이더니 同月 二十八日 午前 九時頃에 南方으로 조곰식 들이던 笛聲은 漸次로 갓가히 들리며 本臺로 發ᄒᆞᄂᆞᆫ 警聲에 對ᄒᆞ야 答號가 歷歷ᄒᆞ야 미우 近距離 位置에 達ᄒᆞ얏슴으로 臺員은 勿論 家族ᄭᆞ지라도 驚愕不勝ᄒᆞ다가 同十一時頃에 至ᄒᆞ야 濃霧의 稍晴ᄒᆞᆫ 後에 大形 二檣柱汽船이 本臺의 西方側面으로 約 一海되ᄂᆞᆫ 位置에 碇泊ᄒᆞ얏슴을 確認ᄒᆞ고 同午後 八時 四十分頃에 船長의 代理로 事務長 及 運轉士 其他 船員 數名이 船人夫 數名을 同伴ᄒᆞ야 本臺를 訪ᄒᆞ고 食料品이 缺乏되야 全船이 거의 餓死之境에 至ᄒᆞ얏스니 救助를 願홈으로 其 原因을 質問ᄒᆞᆫ즉 同船은 仁川港을 拔錨ᄒᆞ야 鎭南浦로 向ᄒᆞ고 航行 中에 濃霧가 漸次로 深厚홈을 加ᄒᆞ야 海上에셔 漂迫홈이 數日에 亘ᄒᆞ야 食料品이 缺乏되야 小靑島를 距ᄒᆞᆫ 約 十里 外洋에셔 燈臺로 發ᄒᆞᄂᆞᆫ 霧笛을 비로소 問ᄒᆞ얏스나 船員 等은 霧笛을 判知치 못ᄒᆞ야 曰是曰非로 決치 못ᄒᆞ다가 船長이 燈臺表를 檢ᄒᆞᆫ 後 其 音響홈으로 小靑島 燈臺인 바룰 知ᄒᆞ야 一同에 此를 告知ᄒᆞ야 餓死를 免ᄒᆞ얏노라 ᄒᆞ며 是ᄂᆞᆫ 船員의 餓死를 免ᄒᆞᆯ쁜 안이라 船體의 安全도 亦保홈은 長山丸 船長이 霧警號의 利用法을 善知홈에 不外홈이로다 以上의 事實은 航路標識을 當ᄒᆞᆯ 境遇에 航海者의 手段으로 不慮의 災禍를 免홈을 得ᄒᆞᆯ 바ᄂᆞᆫ 勿論이어니와 平時에도 標識이 잇슴은 航運 上의 經濟上 利益이 多大ᄒᆞ도다 假合 仁川에 入港ᄒᆞᄂᆞᆫ 船이 夜間브터ᄂᆞᆫ 翁島燈臺(仁川港口) 부근 ᄭᆞ지 來코ᄌᆞ 하면 主意가 甚ᄒᆞᆫ 船은 此處에 停船ᄒᆞ고 其翌日을 待ᄒᆞ야 入港ᄒᆞ거니와 翁島燈臺에ᄂᆞ 霧警號의 設備도 有ᄒᆞ니 此를 目標로 삼고 進航ᄒᆞ며 鼻島등대(仁川港口)를 視ᄒᆞ며 其針路를 定ᄒᆞ려니와 特히 濃霧時에ᄂᆞᆫ 此翁島의 霧警號가 幾何ᄂᆞ 航海者를 安心케 홈은 可知ᄒᆞᆯ이로다 途中에도 無用ᄒᆞᆫ 停船으로 時間 中 所費ᄒᆞᄂᆞᆫ 石炭 及 其他의 消耗品費를 省客홈을 得ᄒᆞ니 經濟上 第一 有益ᄒᆞᆯ ○가 되니 朝鮮 全岸의 亘ᄒᆞᆫ 바를 金額으로 換算ᄒᆞ면 經濟上 莫大ᄒᆞᆫ 利益이 有ᄒᆞ니 燈臺의 建設費用은 決코 少額이 아니나 如斯히 常時 船舶에도 享有ᄒᆞᄂᆞᆫ 利益과 또 其 破壞를 免ᄒᆞᄂᆞᆫ 事에 此ᄒᆞᆯ시면 찰아리 少額이라 홈이로다 要컨ᄃᆡ 航海者가 燈臺를 航海의 母라 ᄒᆞᄂᆞᆫ 稱號가 皆 如此홈으로 出ᄒᆞᆯ줄 信ᄒᆞ노라

■ 虎疫消息: 延坪島에 發生, 연평도에도 괴질(1916.10.28.)

황히도(黃海道) 히쥬군(海州郡) 숑림면(松林面) 연평도(延平島)에셔는 오륙일젼브터 호렬즈가 류힝되야 지나간 이십일일에 셰사롬이 발병되야 죽은고로 지금 방역ᄒᆞ기에 야단이라더라

■ 時節 맛난 只今의 延平, 무슈히 모혀드는 조기잡이 비, 방 한간 세금이 이십오륙원식 됨(1917.5.10.)

인쳔에셔 슈로로 약 ᄉᆞ빅리 되는 셔북방에 연평도라는 졀히고도가 잇다 이 셤은 황히도 히쥬 압헤 잇셔 인가는 겨우 이빅호 가량이라 겨울에는 황히의 모진 바롬과 암담ᄒᆞᆫ 눈과 밋친듯이 뛰노는 물질에 싸여 거쥬민들은 거위 집거싱활을 경영ᄒᆞ나 봅바롬이 졈졈 부러와셔 죠긔떼 모혀드는 삼ᄉᆞ월경이 되면 갓가운 곳으로는 목포 군산 츙쳥도 황히도 인쳔 부근 일디로부터 멀니는 일본의 이원현(愛媛縣) 록도현(鹿島縣)으로부터 일쳔 수빅쳑의 어션이 모여드러 맛치 젼장과 ᄀᆞᆺ치 된다 요사이 그 셤을 시찰ᄒᆞ고 온 모 어업가의 말을 드른즉 연평도는 함경도의 명티어, 젼라남도의 민어 등과 갓치 됴션 삼대 어장 즁 하나이며 조긔잡이로 유명ᄒᆞᆫ 곳이라 미년 삼월 말일 ᄉᆞ월 초싱으로브터 약 일ᄀᆡ월 동안은 한참 셩황 죠흔 디목이라 이 ᄯᅢ가 되면 일본 됴션의 어부 약 일만명이 연평으로 쏘다져 드러오며 그 뒤를 ᄯᅡ러 미음녀가 역시 오빅명 가량식은 몰녀든다 두부집도 드러오고 샤진관도 ᄀᆡ업되고 연극, 옥돌, 목욕탕 등이 열니며 슐집이 좍 돌너 안는다 이와ᄀᆞᆺ치 평시의 졀히의 고도는 일시에 뒤집히는 듯ᄒᆞᆫ 혼잡을 일으는바 인가라고는 이빅호 밧게 안이 되는 고로 이 때에는 집셰가 별안간 폭등ᄒᆞ야 방 한간에 오륙원 가량이며 히상에셔 갓가온 집이면 한간에 십오륙원도 례ᄉᆞ 밧는다 ᄯᅡ러셔 슐집 ᄀᆞᆺ흔 것도 빅사디 우에 공셕을 쌀고 ᄉᆞ면에 쟝막을 들너 그 안에셔 장ᄉᆞ를 ᄒᆞ는 터인즉 기타 물졍은 가히 알바이오 또 물건 갑도 평균 갑졀 이샹을 밧는다 ᄒᆞ니 이러ᄒᆞᆫ 대목을 한번만 치르면 움푹움푹 남을 것은 물론이라 금년에도 수빅쳑의 어션이 모혀들ᄌᆞ 황히도슈리죠합에셔는 의ᄉᆞ를 파견ᄒᆞ야 림시병원을 열고 목포슈산조합의 슌라션은 션ᄂᆡ에 우편국을 셜비ᄒᆞ야 일젼부터 동도에 향ᄒᆞ얏고 인쳔으로부터는 춍독부시험션 쳔도환(千島丸)이 싱션 실기 위ᄒᆞ야 이삼일 젼에 츌항ᄒᆞ고 경긔도의 어로젼습선(漁撈傳習船)도 또 금명 일간 츌발ᄒᆞᆯ 터이오 인쳔슈산죠합지부에셔도 슌라션이 간다 또 인쳔 히쥬간의 긔션은 륙일부터 하로 걸너콤 동도에 긔항ᄒᆞ게 되얏다 그쁜 안이라 어ᄃᆡ로셔 왓는지 미음녀 오륙명이 돌연히 낫타나셔 그막 우노러 먹는 남ᄌᆞ들은 못살니는ᄃᆡ 이뒤로부터 그 슈가 졈졈 느러낫이면 빅사 디히 안에셔 노닐며 밤이면 어화 홍등이 불야셩을 일우는 즁에셔 관현 소ᄅᆡ를 귀압푸도록 들녀준다 이러ᄒᆞᆫ 광경은 륙디에셔 아지 못ᄒᆞ는 광경

■ 時節 맛난 只今의 延平, 도ᄃᆡ의 슈풀과 어션의 긔관, 일ᄀᆡ월간 팔십만원의 어획(1917.5.11.)

죠긔잡이 쳘이 되면 륙샹의 번창홈은 임의 긔슐ᄒᆞᆫ 바와 ᄀᆞᆺ치 굉쟝ᄒᆞᆫ 쟈어니와 바다도 또ᄒᆞᆫ 위대ᄒᆞᆫ 긔관을 일운다 고ᄃᆡ의 목죠병선 모양으로 싱긴 ᄇᆡ와 됴션의 보통 ᄇᆡ와 가타 각죵의 어션들 이쳔쳑 ᄂᆡ외나 한 곳에 모혀드는 터인즉 이를 륙디에셔 보면 한 셤의 젼톄가 거위 돗대 수풀에 싸인듯ᄒᆞᆫ 모양을 이룬 바다는 일면 어션 그림ᄌᆞ의 덥히여 ᄇᆡ머리와 ᄇᆡ머리는 셔로 부듸치며 로졋는 소ᄅᆡ는 셔로 마죠쳐 그 분요ᄒᆞ고 황겁홈이 하빅의 부로지즘과 갓다 이러ᄒᆞᆫ 어션들을 물ᄯᅢ를 맛츄어 일졔히 즁류로 흘너 나가며 싱션잡이를 시작ᄒᆞ는 것이라 이ᄯᅢ에도 망망한 큰 바다에는 길고 긴 어션의 죵렬이 싱기여 다시 긋지는 곳을 볼 슈 업다 또 그 어션 사이를 바느질 ᄒᆞ듯이 드나다는 사오빅여 쳑의 어물ᄇᆡ들은 잡힌 죠긔를 사는ᄇᆡ 돗헤 사롬을 밧은면셔 죵힝히 도라단이며 발동긔션도 그 사이에 셕겨 단이나니 그 위대ᄒᆞᆫ 광경은 도뎌히 붓으로 다 긔록지 못ᄒᆞᆯ 바이라 이와갓치 다수ᄒᆞᆫ 사롬과 ᄇᆡ로써 어획ᄒᆞᆫ 수요는 얼마나 되는가 ᄒᆞ면 겨우 일ᄀᆡ월 동안에 팔십만원 ᄂᆡ외의 ᄆᆡᄆᆡ는 잇스리라 바다에 숨어 잇는 무진장의 부원은 슈년젼ᄭᆞ지 겨우 그 일부 분밧게 못견져 ᄂᆞ더니 됴선업계의

발달은 맛참ᄂᆡ 이 무한의 부원을 ᄀᆡ탁ᄒᆞ얏다 어획물의 쳐리ᄂᆞᆫ 극히 유망ᄒᆞ니 어획긔가 되면 연안의 어상들이 다ᄋᆡᆨ의 ᄌᆞ금을 가지고 연평도에 이르며 간단업시 ᄆᆡ수션을 파견ᄒᆞ야 사드리고 한편으로ᄂᆞᆫ 석유발동긔션으로써 일쵸의 여유도 업시 본토에 운반ᄒᆞᆫ다 그럼으로 어업쟈들은 ᄉᆡᆼ션을 물밧게 ᄯᅳᄂᆡ여 노으면셔 곳 현금을 밧을 수 잇게 되ᄂᆞᆫ 것이라 우극 됴션 안에셔ᄂᆞᆫ 죠긔가 무한 먹히ᄂᆞᆫ고로 ᄌᆞ본가ᄂᆞᆫ 징투ᄒᆞ야가며 사드리ᄂᆞᆫ 것이라 이러ᄒᆞᆫ 터임으로 지금은 일본에셔도 어션들이 나와셔 년년 연평도의 죠긔잡이ᄂᆞᆫ 셩황이 되여간다 이 츄셰로 젼진ᄒᆞ면 이 길지 안은 어업긔에 ᄇᆡᆨ만원 이상의 어획을 엇음도 머지안은 쟝ᄅᆡ의 일이 되리라

■ 延平島 漁況(1917.5.16.)

黃海道 延平島에 在ᄒᆞᆫ 石首魚 漁業은 昨年보다 約 十五六日이 遲ᄒᆞ야 本月 二日頃브터 開始ᄒᆞ얏ᄂᆞᆫᄃᆡ 目下ᄂᆞᆫ 初期임으로 充分ᄒᆞᆫ 漁獲이 無ᄒᆞ나 漁船 一隻에 一潮의 漁獲高ᄂᆞᆫ 約 一噸(八千尾)이오 價額은 八圓 乃至 十圓인ᄃᆡ 盛漁期ᄂᆞᆫ 本月 中旬 以降의 豫想이라더라

■ 暴風 延平을 襲ᄒᆞᆷ, 어션의 손ᄒᆡ가 다대, 한 사ᄅᆞᆷ은 부지 거쳐(1917.5.17.)

황ᄒᆡ도(黃海道) ᄒᆡ쥬군(海州郡) 송림면(松林面) 연평도(延平島)에셔ᄂᆞᆫ 요ᄉᆞ히가 한챵 고기잡이 할 ᄯᆡ가 되야 각디로브터 드러오ᄂᆞᆫ 어션이 다수ᄒᆞᆫᄃᆡ 본월 칠일밤 ᄅᆡ로 폭풍이 일어나셔 익일되ᄂᆞᆫ 팔일 오젼 다섯시 경에ᄂᆞᆫ 풍랑으로 위ᄒᆞ야 항ᄂᆡ에 졍박ᄒᆞ얏던 어션 아홉쳑은 닷줄이 ᄭᅳᆫ허지며 바위 ᄲᅮ리 혹은 션톄ᄭᅵ리 츙돌되야 침몰파손ᄒᆞᆫ 것이 불소ᄒᆞᆫ바 승죠원은 간신히 상륙 피난ᄒᆞ얏ᄂᆞᆫᄃᆡ 젼남 목포 사ᄂᆞᆫ 어부 박모(二十四)ᄂᆞᆫ 맛참ᄂᆡ 죵적이 업셔젓고 어구 기타 짐들의 류실ᄒᆞᆫ 것이 불소ᄒᆞᆫ바 손ᄒᆡᄂᆞᆫ 합계 일쳔칠ᄇᆡᆨ오십여원에 달ᄒᆞ얏다더라

■ 延平島의 石首魚(1917.6.13.)

黃海道 延平列島 沿海에 在ᄒᆞᆫ 本年의 石首魚 漁業은 初期ᄂᆞᆫ 不漁인 模樣임으로 出漁船의 一部ᄂᆞᆫ 平安北道 方面으로 轉漁ᄒᆞ얏

■ 漁道가 變化ᄒᆞ야 漁夫의 狼狽, 연평의 조긔잡이(1917.6.13.)

연평도 조긔잡이 긔한즁 약 일ᄀᆡ월 동안 츌댱 ᄒᆞ얏다가 슈일 젼에 귀임ᄒᆞᆫ 됴션슈산죠합인쳔지부댱 즁셔남길(中西楠吉)씨의 이약이를 듯건ᄃᆡ ᄆᆡ년 오월 초ᄉᆡᆼ으로부터 잡히기 시작ᄒᆞᄂᆞᆫ 것인ᄃᆡ 본년은 약 십일간이나 지연되야 오월 즁슌으로부터 본월 초슌ᄭᆞ지 한참 잡혓셧다 그러ᄒᆞᆫᄃᆡ 엇지ᄒᆞᆫ 원인으로 인ᄒᆞᆷ인지 ᄒᆡ마다 연평도 셔남편 바다에셔 잡히던 죠긔가 본년은 ᄒᆡ쥬에셔 머지 안이ᄒᆞᆫ 륙디 방면에셔 잡히게 된 ᄭᆞ닭으로 어쟝의 구역은 넓게 되고 바닥은 셔투룹게 되야 어션 즁에ᄂᆞᆫ 그물 닷 등의 어구를 파손ᄒᆞᆫ 사ᄅᆞᆷ이 만흐며 일시ᄂᆞᆫ 비상히 황겁ᄒᆞ게 지ᄂᆡᆫ 자도 잇셧더라 ᄯᅡ러셔 잘길 잡어든 사ᄅᆞᆷ은 수쳔원의 치식 잡엇고 운슈 불ᄒᆡᆼᄒᆞᆫ 사ᄅᆞᆷ은 ᄇᆡᆨ오륙십원밧게 못잡엇스며 본년과 갓치 어획ᄒᆞᆫ 자가 심ᄒᆞᆫ ᄒᆡᄂᆞᆫ 쳐음이라 ᄒᆞ더라 연평도의 어획은 본월 사오일경 ᄭᆞ지에 대강 맛친바 작년보다 약 이십삼활은 덜 잡혓스며 ᄉᆡ어션 슈도 다른 ᄒᆡ에 비교ᄒᆞ면 심히 젹어 겨우 오ᄇᆡᆨ쳑 ᄂᆡ외에 불과 ᄒᆞ얏ᄂᆞᆫᄃᆡ 이러ᄒᆞᆫ 어션 즁 약 이ᄇᆡᆨ쳑은 평안북도 원도 방면에 그 남아지ᄂᆞᆫ 인쳔 군산 근ᄒᆡ로 헛터져 갓더라

■ 延平島의 漁況(1917.7.12.)

黃海道 海州郡 延平島에 在ᄒᆞᆫ 本年 石首魚業은 去月에 終了ᄒᆞ얏ᄂᆞᆫᄃᆡ 出漁船은 內鮮人 五百五十六隻이오 漁獲 總價格은 十六萬四千七百九十九圓五十錢이오 一隻 平均 二百九十六圓四十錢이니 此를 昨年의 四百七十隻 十九萬二千百二十圓 卽 一隻의 平均 漁獲高 四百二圓七十六錢에 對此ᄒᆞ면 本年度ᄂᆞᆫ 成績이 稍稍不良ᄒᆞ얏고 本年 仝島에셔ᄂᆞᆫ 內地人 角岡喜十郎氏가 肥料製造業을 開始ᄒᆞ야 試驗的으로 五十叺 價格 七百五十圓을 製造ᄒᆞ얏ᄂᆞᆫᄃᆡ 아직 利益을 見키 不能ᄒᆞ나 將來 有望ᄒᆞ고 且進ᄒᆞ야 魚油를 製造코져 ᄒᆞᆫ다ᄒᆞ니 一般 魚類廢物을 利用ᄒᆞᆯ 方針으로 同島의 一大事業

을 見홈에 至ᄒᆞ리라더라

■ 延平島의 石首魚, 黃海道의 名産, 深尾 黃海第一部長 談(1917.7.29.)

余ᄂᆞᆫ 本年 三月 四日에 當地를 發ᄒᆞ야 黃海道에 赴任ᄒᆞ얏ᄂᆞᆫᄃᆡ 各宗 事業에 就ᄒᆞ야 一一히 實地 見分을 畢ᄒᆞᆫ 域에ᄂᆞᆫ 達치 못ᄒᆞ얏노라

黃海道ᄂᆞᆫ 余의 豫想으로 大通路를 棄ᄒᆞ고 狹路로 入ᄒᆞᆫ 樣으로 貧弱ᄒᆞᆫ 處인줄로 思ᄒᆞ얏더니 赴任ᄒᆞ야 見ᄒᆞᆫ즉 案外에 良好ᄒᆞᆫ 處오 天産工産이 共히 優秀ᄒᆞ고 物資의 集散이 日로 繁激을 加ᄒᆞ니

延平島의 漁業과 如홈은 朝鮮 三大漁場의 一로 數ᄒᆞᄂᆞᆫ비 되고 특히 石首魚ᄂᆞᆫ 一漁期의 産額이 二十萬圓 內外에 達ᄒᆞᄂᆞᄃᆡ 勿論 此ᄂᆞᆫ 鮮魚의 時價이어니와 道에셔ᄂᆞᆫ 更히 此를 開ᄒᆞ야 ○청를 ᄒᆞᄂᆞᆫ 등 多少의 加工制作을 行케홀 方針을 取ᄒᆞᄂᆞᆫ 中이라 年年히 漁期가 되면 各地에셔 集合ᄒᆞᄂᆞᆫ 漁船舷舳 相摩ᄒᆞ야 延平島ᄂᆞᆫ 不時의 殷賑을 演出ᄒᆞ니 延平島의 漁業은 確實히 黃海道의 誇홀만 ᄒᆞᆫ 자라

■ 石魚漁船이 難破, 연평도 압바다에셔(1918.6.5.)

황히도(黃海道) 옹진군(翁津郡) 남면(南面) 셔츄리(西秋里) 강진윤(姜鎭允, 四十四)은 어부 네명과 함씌 일빅이십셕 실ᄂᆞᆫ 풍범션을 타고 오월 이십륙일 오젼 셰시경에 연평도 압바다에셔 조긔잡이를 ᄒᆞ던즁 풍파로 인ᄒᆞ야 션톄가 암초에 부듸치여 파션되고 승조원은 간신히 상륙ᄒᆞ엿ᄂᆞᆫᄃᆡ 손히 약 삼십오십원이라더라

■ 延平島 石首漁(1918.6.9.)

朝鮮 西海岸에 石首魚期ᄂᆞᆫ 大躰 此를 三期에 分ᄒᆞ야 기 第一期ᄂᆞᆫ 全南 蝟島 附近이요 第二期ᄂᆞᆫ 黃海道 延平島 附近이오 第三期ᄂᆞᆫ 平北 龍岩浦 附近이라ᄂᆞᆫᄃᆡ 延平島 附近은 例年 四月 卄五六日브터 漁獲을 開始ᄒᆞ야 六月 卄五日頃에ᄂᆞᆫ 終了ᄒᆞ나 本年에도 亦 例年과 如히 目下 盛況으로 漁業을 開始 中인ᄃᆡ 四月 下旬브터 五月十八日ᄭᆞ지 水揚高ᄂᆞᆫ 一萬七千圓 內外에 達ᄒᆞ얏고 五月 卄二日브터 卄八日ᄭᆞ지 盛漁期ᄂᆞᆫ 大概 天候가 不順ᄒᆞ얏슴으로 極히 良好치 못ᄒᆞ야 所期ᄒᆞᆫ 成績을 擧키 不能ᄒᆞ리라더라

■ 延平島의 漁況(1918.7.13.)

黃海道 延平島에 在ᄒᆞᆫ 石首魚 漁期ᄂᆞᆫ 六月 中旬으로써 終ᄒᆞ얏ᄂᆞᆫᄃᆡ 本期 中의 成績은 出漁船數 內鮮○共 例年에 比ᄒᆞ면 著히 減少ᄒᆞ얏더라 其 理由ᄂᆞᆫ (一) 本年은 內地山上 某가 內地人 及 朝鮮漁夫에 대하야 前金을 貸與ᄒᆞ야 群山 冲合에 在ᄒᆞᆫ 鯛漁業에 從事케 ᄒᆞ얏슴으로 各自 自由漁業에 從事홀 事들 不得ᄒᆞᆫ 者 百餘隻에 達ᄒᆞᆫ 事와 (二) 安東縣 及 平南 漢川 方面의 出漁者ᄂᆞᆫ 例年 本島를 經由ᄒᆞ얏스나 本年은 다 直接 航行ᄒᆞᆫ 事와 (三) 鮮人 舊來의 仲船網에 ○錯網의 減少홈은 內地式 鮟鱇網에 利益을 知ᄒᆞ고 此에 代홈에 依ᄒᆞᆫ 것이라 然而 漁業의 狀況은 第一期에 在ᄒᆞᆫ 成績 甚히 不良ᄒᆞᆫ 事와 第二期 盛漁期에셔도 天候 大概 不良ᄒᆞ얏슴으로 一般히 悲觀ᄒᆞ얏슴에 不拘ᄒᆞ고 例年에 不劣ᄒᆞᆫ 漁獲高가 有ᄒᆞ야 特히 本年은 魚價 ○騰의 結果 金額 二十六萬三千三百七十圓인ᄃᆡ 前年의 十六萬四千七百九十九圓에 對比ᄒᆞ면 約 六割의 增加ᄒᆞᆫ 好成績을 擧ᄒᆞ얏다더라

■ 各 島嶼에다 居住制限, 이후 일년 동안을 비일 혐의쟈 구명(1918.9.4.)

오젼에 경무춍감부에셔 일도롤 밧은 비일혐의쟈 구명은 동부에셔 취됴ᄒᆞᆫ 결과 범죄를 구셩홀 디경에ᄂᆞᆫ 이루지 안니ᄒᆞ엿스나 이ᄃᆡ로 노와주면 쏘 됴션 안에셔 불명ᄒᆞᆫ 힝동을 홀ᄂᆞᆫ지도 알수엄ᄂᆞᆫ고로 치안 방히의 념려가 잇슴으로써 젼부 본년 팔월삼십일부터 이후 일긔년 동안 좌긔와 갓치 각두셕 디역에 거쥬 졔한을 명ᄒᆞ엿더라 (慶尙南道 欲知島에) 原籍 平安北道 寧邊郡 康鎭濟 (京畿道 石毛島에) 原籍 元山府 李安德 (全羅南道 智島에) 原籍 忠淸南道 洪城郡 方元眞 (全羅南道 箕佐島에) 原籍 咸鏡北道 淸津郡 黃雲三 (全羅南道 草島에) 原籍 咸鏡北道 明川郡 文龍雲 (平安北道 身彌島에) 原籍 咸鏡北道 會寧郡 金鶴萬 (黃海道 白翎島에) 元籍 京城

樂園洞 李範宇 (京畿道 靈興島에) 原籍 咸鏡北道 金昌石 (忠淸南道 安眠島에) 原籍 咸鏡南道 三知郡 閔台植

■ 大靑島捕鯨狀況(1919.1.19.)

日韓捕鯨會社 經營 黃海道 長淵郡 大靑島 捕鯨事業은 開始 以來 成績이 不良ᄒᆞ야 一頭도 捕鯨치 못ᄒᆞ얏더니 十一月 下旬 以來 牡長 六十七尺 價格 九千圓 同 牡長 六十八尺 價格 九千圓 同 牡長 七十三尺 價格 一萬圓 三頭의 捕獲이 유ᄒᆞ얏더라

■ 大鯨三頭捕獲, 일한포경회사에서 (1919.1.23.)

일한포경회사(日韓捕鯨會社)에셔 경영ᄒᆞᄂᆞᆫ 황ᄒᆡ도(黃海道) 댱연군(長淵郡) 대쳥도(大靑島)의 고릭잡ᄂᆞᆫ ᄉᆞ업은 ᄀᆡ시 이릭로 셩젹이 조치 못ᄒᆞ야 한머리도 잡지 못ᄒᆞ얏ᄂᆞᆫᄃᆡ 십일월 하슌 이릭로 암고릭 기리 륙십칠쳑의 한머리 가격 구쳔원과 또 기리 륙십팔쳑 한머리 구쳔원과 또 기리 칠십삼쳑 한머리 일만원 의치의 셰머리를 잡엇다더라

■ 共同丸 坐礁, 다힝히 큰일은 면히 (1919.3.16.)

인쳔(仁川) 지푸(芝罘) 대련(大連) 간을 항힝ᄒᆞᄂᆞᆫ 아파공동긔션주식회사의 소유 이십이 공동환(共同丸) 약 일쳔돈은 지나간 륙일 오젼 열시 삼십분 대련을 츌항ᄒᆞ야 셕탄 일쳔이빅오십돈을 실고 인쳔에 향ᄒᆞ야 항힝즁 팔일 싀벽에 황히도 소쳥도등ᄃᆡ 부근에 당도ᄒᆞᄌᆞ 안긔로 인ᄒᆞ야 나아가ᄂᆞᆫ 길을 그릇ᄒᆞ야 암쵸에 츙돌ᄒᆞ얏스나 다힝히 언친 것은 면ᄒᆞ고 침수가 업셔셔 그ᄃᆡ로 항히를 계속ᄒᆞᆫ 바 지나간 구일 오젼 팔시 인쳔에 입항ᄒᆞ야 션챵에 드러왓더라 그 빅의 손샹은 제항훌제 암초에 츙돌ᄒᆞᆫ 터임으로 빅머리의 올흔편 쪽이 조곰 웃즈러질뿐이요 기타ᄂᆞᆫ 지장이 업ᄂᆞᆫᄃᆡ 가쟝 다힝ᄒᆞᆫ 것은 구녕을 뚤치 안어셔 바다물이 드러오지 안어셔 침몰이 되지 안은 일이라 그빅ᄂᆞᆫ 인쳔에셔 응급슈리를 약간ᄒᆞ고 대련쳔긔 죠션소로 보닉여 슈션을 훌 쟉뎡이라더라

■ 時節을 맛ᄂᆞᆫ 延平島—, 젼라남도 우도에셔ᄂᆞᆫ 잘 잡히고도 손히봐(1919.5.18.)

됴션 연안의 어업즁 뎨일로 손곱을 만ᄒᆞᆫ 셔히안의 셕수어(石首魚) 어업은 믹년 ᄉᆞ월부터 젼라남도 위도(蝟島)에셔 시작되고 그 다음은 오월 상슌에 황히도(黃海道) 연평도(延平島)로 옴겨 가지고 이곳에셔 또 싱션을 모○ 평북 연안에ᄭᆞ지 넘어가ᄂᆞᆫᄃᆡ 최근 위도라ᄂᆞᆫ 셤을 것쳐셔 인쳔에 와셔 연평도로 고기잡이 하러갈 ᄎᆞ로 준비 즁인 어업자의 말을 들은즉 본년 위도의 죠긔잡이ᄂᆞᆫ 년례에 엄ᄂᆞᆫ 희한한 풍어이나 ᄂᆞ디의 경황이 됴치 못ᄒᆞᆫ 영향인지 믹년에 그리 잘 드러오던 링지션(冷載船)도 본년은 아죠 그 그림ᄌᆞ도 볼 수 업시 일향 오지 안음과 또 연안 각디에셔 오ᄂᆞᆫ 즁 미션도 디방 소요의 영향을 밧은 일과 ᄌᆞ본금을 변통치 못ᄒᆞ야 조곰도 드러오지 안키 ᄯᅢ문에 위도에셔 고기잡이 ᄒᆞᄂᆞᆫ 쟈ᄂᆞᆫ 대타격을 입어셔 시가 일쳔원 가량의 어획이 잇지만은 엇더케 쳐분훌 방법이 업셔셔 그ᄃᆡ로 바리ᄂᆞᆫ 셰 음으로 파ᄂᆞᆫ 자도 잇고 혹은 반씀 부픽ᄒᆞᆫ 것을 인쳔으로 가지고 와셔 간신히 쳐분ᄒᆞᄂᆞᆫ 쟈들도 잇기 ᄯᅢ문에 ᄯᅢ맛난 고기잡이도 맛참닉 아모 소용이 업시 된 것은 심히 유감이라 ᄒᆞ겟고 또 본년은 도쳐에 됴션인 어부를 고용훌 수가 업셔셔 쟈못 곤난ᄒᆞᆫ바 삭젼의 폭등은 고ᄉᆞᄒᆞ고 어부가 아죠 엄ᄂᆞᆫ 것은 일반어업쟈와 함씌 고통을 당ᄒᆞᄂᆞᆫ 바이라 ᄒᆞ며 최근 대연평도로부터 도라온 사름의 말을 드른즉 고기잡이 시졀에든 그 셤의 요ᄉᆞ히 경황은 실로 번셩ᄒᆞ야 믹년과 갓치 각쳐에 혓가가들을 만히 짓고 어부들의 돈을 싸아닉이기 위ᄒᆞ야 밤낫으로 노릭와 가야금 기타 삼미션 소릭가 끈일 ᄉᆞ이 업셔 대단 번셩ᄒᆞᆫ 모양이라더라

■ 光州: 延平島 漁況(1919.6.2.)

務安郡 石橋 水産僑舍ᄂᆞᆫ 漁業傳習次 延平島에 赴ᄒᆞ얏다가 其 歸來 後의 談에 依ᄒᆞᆫ즉 漁期ᄂᆞᆫ 五月 十二日브터 二十日ᄭᆞ지 漁獲高ᄂᆞᆫ 一隻 一千三百圓브터 最低 五十圓 平均 五百圓 見當 漁船은 鮮船 百五十隻 內地人 漁船 三百四十五隻이오 魚價 石首魚 一尾 一錢三厘 乃至 八厘의 間을 往來ᄒᆞ고 前年보다 豐漁이오 料理店은

內地人 八戶 酌婦 十九名이 잇고 鮮人은 三戶 二十五名을 算ᄒᆞ야 미우 段盛ᄒᆞ다 ᄒᆞ더라

■ 沿海 貝類 海藻類 調査 終了(1920.3.9.)

總督府에셔ᄂᆞᆫ 朝鮮沿海의 淺所에 棲息ᄒᆞᄂᆞᆫ 貝類 海藻類의 分布 及 繁殖의 狀況을 調査ᄒᆞ기 爲ᄒᆞ야 大正四年頃브터 淺海探險事業을 開始ᄒᆞ얏ᄂᆞᆫᄃᆡ 大正四年에ᄂᆞᆫ 咸北의 北端 豆滿江 口로브터 始ᄒᆞ야 漸次 南下ᄒᆞ야 明川郡ᄭᆞ지 探險을 終ᄒᆞ 貼貝 帆立貝 海鼠 混布 和布의 棲息繁茂의 ○을 確知ᄒᆞ고 大正五年에ᄂᆞᆫ 南鮮沿海 一帶를 調査ᄒᆞ야 麗水灣의 王珧貝 及 貼貝 慶尙南道 沿海 搗布을 分布 棲息을 確實히 調査ᄒᆞ얏ᄂᆞᆫᄃᆡ 麗水의 珧玉貝ᄂᆞᆫ 潮流로 一時 減少ᄒᆞ얏스나 尙○ 三年間은 採取홀 餘望이 有ᄒᆞ고 又 慶南의 搗布ᄂᆞᆫ 釜山 以北에 在ᄒᆞ야 其年産額 沃度灰 十五○斤 內外를 製홈을 可得ᄒᆞᄂᆞᆫᄃᆡ 海女에 佑ᄒᆞ아 十分 採取ᄒᆞ얏스며 大正六年은 四年事業을 繼續ᄒᆞ야 咸北 明川郡에셔 開始ᄒᆞ고 咸南 江原 兩道의 有用 貝類 海藻類의 調査를 爲ᄒᆞ얏고 大正七年은 全羅北道 忠南道 沿海의 有用 貝類 分布를 調査ᄒᆞ고 黃海道 大東灣 大靑島 附近의 海鼠伊多良貝ᄂᆞᆫ 忠南 外煙列島 附近의 海鼠貼貝의 棲息을 認ᄒᆞ고 大正八年度ᄂᆞᆫ 平北 及 全南 沿海의 探險을 終홀 豫定으로 目下 頻頻히 調査인즉 四月 中에ᄂᆞᆫ 此 成績을 發表홀지라 此로 因ᄒᆞ야 愈愈 全鮮의 淺海探險을 終了ᄒᆞ게 되얏다 云云

■ 鯨漁業 解禁(1921.4.27.)

總督府에셔ᄂᆞᆫ 近來 朝鮮近海의 鯨漁業을 每年 五月 一日부터 九月 末日ᄭᆞ지 金地ᄒᆞ얏ᄂᆞᆫ대 今年度부터 此를 撤廢ᄒᆞ고져 府令으로 發布ᄒᆞ얏더라 朝鮮에 在ᄒᆞ 鯨漁ᄂᆞᆫ 右와 如히 十一月부터 翌年 四月末日ᄭᆞ지 半年 間에 在ᄒᆞ야도 尙 二百頭의 産獲이 有ᄒᆞᆫ바 産地ᄂᆞᆫ 主로 大黑山島 大靑島 蔚山 箭津으로 從來 五月부터 九月ᄭᆞ지 漁獲을 禁ᄒᆞ얏슴으 鯨生殖 時期인 ᄭᆞ닭인ᄃᆡ 鯨은 何時에 던시 生殖홈을 發見ᄒᆞ얏슴과 內地 其他에셔ᄂᆞᆫ 禁漁期限이 無ᄒᆞᆫᄭᆞ닭으로 今 同此를 改正홈에 至ᄒᆞᆫ 것이다더라

■ 『모히』商 檢事局에 무역하다십히 ᄒᆞᆫ 자(1922.9.28.)

ᄒᆡ쥬군(海州郡) ᄒᆡ주면(海州面) 북욱뎡(北旭町) 리셩학(李成學, 三一)이란 자ᄂᆞᆫ 약죵상 허가도 업시 모루히네 약과 고ᄭᆡ인을 판ᄆᆡ하다가 발각이 되야 해쥬경찰셔(海州警察署)에 검거되야 져간 엄즁ᄒᆞᆫ 취됴를 밧든즁 지ᄂᆞᆫ 십구일에 일건 셔류와 갓치 ᄒᆡ쥬디장법원(海州地方法院) 검사국(檢事局)으로 넘어갓다ᄂᆞᆫ대 그 사실을 듯건대 피고 리셩학은 본시 불량자로셔 쟉년 십이월 분에 도박죄로 ᄒᆡ주디방법원에셔 벌금(罰金) 륙십원에 쳐ᄒᆞᆫ 일도 잇ᄂᆞᆫ대 이것을 긔준홀 ᄉᆡᆼ각은 아니하고 항상 죠치 못한 ᄒᆡᆼ위를 하며 모루히네 약을 파라셔 부당ᄒᆞᆫ 리익을 취코져 하야 지ᄂᆞᆫ 륙월 륙일경에 경셩(京城) 황금졍(黃金町) 엇던 ᄆᆡ약상에 가셔 모루히네 이십병과 고ᄭᆡ인 한병을 대금 일ᄇᆡᆨ삼십팔원에 사가지고 ᄒᆡ주군(海州郡) 연평도(延坪島)에 가셔 팔고져 하다가 즁도에 경찰관에게 발현되야 몰수를 당하얏스며 동월 십일 오젼에 경셩에셔부터 연평도로 향하야 써날 ᄯᅢ에 ᄒᆡ주군 북욱뎡 사ᄂᆞᆫ 장의범(張義範)에게 주사 이회 분을 양여 하얏으며 또다시 동군셔 명뎡 전순경(全舜政)을 경셩에 보내여 모루히네 십일병을 대급 칠십칠원에 ᄆᆡ득하야 본년 칠월 샹순경에 전순경의게 모루히네 셰병을 대금 이십일원에 판ᄆᆡᄒᆞᆫ 사실이 아울너 발각이 된 것이라더라(ᄒᆡ쥬)

■ 延平島와 郵便所(1924.7.3.)

黃海道 延平島ᄂᆞᆫ 石首魚의 漁場으로 有名하야 遞信局에셔ᄂᆞᆫ 每年 六月中의 約 一個月은 延平島에 海州郵便局의 臨時出張所를 設置하고 漁業關係의 便利를 圖하던바 本年度의 出張所 狀況을 聞하면 亦是 本年코 相當한 豐漁이나 財界의 沈衰로 仲買人의 活躍이 不如意하야 盛漁期에셔 貯藏用 原鹽의 缺乏으로 前年 最低 一尾 八厘의 時勢가 本年은 一尾 四厘로 低落하야 出漁者 一般이 不利의 狀態이라ᄂᆞᆫ대 出張所 取扱의 成績은 前年과 大差가 無하야 郵便引受 三千九百五十通 爲替 五百五十口, 金額 八萬七千六百餘圓에 達하얏스며 特히 郵便貯金

은 新規 預入 百八十口로 其金額 八千百五十六 圓에 達하얏다더라

■ 夢金浦 延平島에 臨時郵便事務, 약 삼주일 동안만(1926.4.17.)

황해도 몽금포(夢金浦) 압에 잇는 연평도(延平島)는 석수어(石首魚)가 만히 잡히는 어산디로 유명한데 매년 오월 상순경이 되면 어선과 어업관계자 등이 각처로 모혀드러 수쳔여명 어업자가 대셩황을 이르키는바 톄신국에셔는 셩어긔(盛漁期) 약 삼주일 간을 특히 해주(海州)우편국에 명령하야 우편사무원을 림시로 츌장케 하야 보통우편(郵便) 사무와 및 위테(爲替) 뎌금(貯金) 등 사무 취급을 개시하기로 하얏다더라

■ 小靑島 燈台(1927.4.5.)

수션공사로 인하야 가등(假燈)을 설치하얏던 황해도 소쳥도등대(小靑島燈臺)는 금번 공사가 완료되얏슴으로 젼갓치 륙만일쳔촉광의 불을 켜게 되앗다더라

■ 實弟의 土地를 抵當하야 橫領, 分與한 土地의 移動을 機會로, 二百五十圓을 借用(1927.4.16.)

黃海道 延坪島는 朝鮮 沿海에 잇서서 石首魚의 豐漁地로 著○하야 每年의 漁獲高는 一漁期에 六萬圓을 突破하는 盛況을 呈함으로 每年 漁期에는 多數한 漁船이 延坪島를 根據로 蝟集하야 內地로부터 來航하는 內地人의 漁船만해도 三百隻을 不下하며 또 朝鮮 內의 內鮮人 漁船도 每年 四百隻 以上을 算하며 發動機船과 其他의 仲買船 運搬船 等도 五百隻 以上이며 更히 此에 附隨하야 渡島하는 料理屋, 飮食店, 雜貨商, 湯屋, 理髮店 其他의 營業者도 爭先 開業하야 一時는 非常한 繁昌을 見케되는바 그 盛漁期는 四月의 末頃부터 六月까지 繼續됨으로 此等 漁業者의 利便을 計키 爲하야 此 漁期間에는 每年 郡의 出張所 警察官의 出張所 水産會社 出張所 등을 設置케 되며 遞信局에서도 每年 海州郵便局에서 吏員을 派遣하야 郵便物의 受付 交付 爲替 貯金의 受拂事務를 取扱케 하얏는대 本年에도 例年과 如히 約 一個月 間 出張所를 設置하고 事務取扱을 行케 한다더라

■ 三十名의 漁夫 一團 延平島에서 大行悖, 경관에까지 대항하다 필경 십륙명이 검거되엿다(1927.5.16.)

[海州] 지난 십일 오후 열시경에 해쥬군 송림연 연평도(延平島)에서 삼십여명의 어부와 경관 사이에 츙돌이 잇섯다는 보고가 해쥬경찰서에 도챡되엇슴으로 해쥬셔에서는 식목서장이 부하 칠팔명을 다리고 경비션으로 현쟝에 급힛히야 십여명의 범힝자를 검거하여 가지고 십이일에 도라왓는대 이졔 어부들과 경관 사히에 충돌된 원인을 죠사한 바에 의하면 해쥬 남본졍에셔 료리업 하는 추월관에서 지금으로부터 한달 젼에 연평도로 작부 사오명을 다라고 츄월관 쥬인 리국향(李菊香)이란 녀자가 젼긔 연평도에서 역시 추월관이란 료리업을 시작하얏든바 영업을 시작한 후로 까닭업시 해쥬서 온 추월관은 건방지며 불진졀하다는 일부의 쇼문이 잇셧슬 뿐더러 역시 손님도 졈잔은 손임이 만히 리왕한 관계로 일부에셔는 리유업시 비평이 심하야 오든즁 지난 십일에 돌연히 남도 지방의 어부 삼십여명이 달녀드러 술을 팔나거니 왜 대답이 업느냐 하야 말성으로부터 무작졍 하고 함부로 여옥과 긔구를 파괴하며 여러가지 힝패가 심한 즁이 관경을 본 쥬재쇼에셔는 경관이 급힝하야 진졍하기에 노력하얏스나 무리한 어부들은 종시 듯지 안코 경관까지 포위한 후 란리를 시작하려 힛스나 당지 청년단의 결사적 대항에 경관과 청년단과 한편이 져셔 어부들을 대항하얏다하며 츄월관의 손해는 현금 륙십원과 긔구 파괴를 합하야 약 이빅팔십여원이나 되며 검거된 자는 원적을 부산에 둔 리영숙(李永淑, 四一) 경상남도 남해군 우명길(禹明吉, 四九) 외 십륙명이라는대 쥬모자라 할 수 잇는 졔쥬도에 원적을 둔 김차모(金次謨, 三八)은 어래도 공적을 감추어 바리엇는내 경관 일대는 남어지 범힝자를 톄포하기에 노력 즁이라더라

■ 七大漁港 修築案 中 延坪島만 築港, 島民은 狂喜雀躍(1929.8.13.)

緊大縮의 斧鐵을 加한 事業 中에도 土木營繕費, 鐵道費 等이 甚하고 그 中에도 工事請負入札을 急히 할 事業은 다시 되지 아니하는 것도 업다 土木關係의 補助事業 中 延坪島 漁港의 修築이다 此는 本年度 四萬圓, 明年도 三萬七千圓의 二個年 繼續事業인데 緊縮風 以前에 入札한 것이나 今回에는 削減의 厄을 免하얏다 他六 漁港修築은 遺憾이지마는 削減 延長의 運命에 遭하고 獨히 延坪島 뿐은 厄을 免함은 奇蹟이라 하겟더라

■ 漁獲期에 限하야 郵便事務를 取扱, 연평도와 부포에 설치(1930.5.10.)

조기(石首魚)의 소산지로 일홈이 놉흔 黃海道 海州郡 延平島와 및 翁津郡 釜浦 부근 일대는 오월부터 륙월 초순까지의 사이에 고기잡이 배가 일천여 척이 모혀드 륙십만원 어치의 조기를 잡는 성황을 이루는 터이나 종릭 통신긔관이 업서 유감이더니 遞信局에서는 약 한달 동안 海州局으로부터 국원을 파송하야 延平島 釜浦에 臨時出張所를 설치하고 郵便 爲替 貯金 保險 등의 사무를 취급한다는데 延平島는 오월 이일 釜浦는 오월 칠일에 사무를 개시하엿다

■ 船躰만 沈沒 十三名船員은 救助, 연평도 바다의 중국선 난파(1930.10.17.)

[仁川] 금월 륙일에 위해위(威海衛)를 출발하야 인천으로 오든 중국인 우희전(于希田)의 소유 범선 팔십칠돈은 지난 십일 오후 여덜시경에 황해도(黃海道) 연평도(延平島) 부근을 통과하다가 암초에 부대치어 침몰되엇는데 손해는 선체에 팔천원 원염(原鹽) 이십만근 합하야 약 이만원에 달한다 하며 선부 우희전 외 십삼명은 무사히 연평도로 상륙하얏다고 한다

■ 石首魚 産地인 延坪島의 埠頭, 黃海道當局 竣工式 準備(1931.3.22.)

[海州] 年産 百萬圓의 石首魚의 産地로 全朝鮮에 唯一인 海州 延坪島는 昭和四年 九月부터 地方費 十五萬圓을 投하야 埠頭 改築의 工事에 着手하엿는바 오는 四月 末頃에 竣工이 될 것으로 方今 道當局에서는 竣工式 準備를 하는 中이다

■ 石首魚 漁場인 延坪島 漁港, 卄六日 竣工式 擧行, 關係官民 多數 招請(1931.4.17.)

[海州] 石首魚 漁場으로 全鮮 惟一인 延坪島 漁港改築工事는 再昨年 七月부터 工事에 着手하엿는바 지난 四月 十五日로 竣工을 하게 되여 오는 二十六日에는 그의 竣工式을 擧行코자 方今 土木當局에서는 準備 中이라는바 當日 竣工式에 來賓으로 本府關係者, 道廳關係者, 海州記者團, 海州各官公署長, 道平議員 等 百三四十名을 招請하야 當日의 盛況을 豫期하리라 한다

■ 石首魚의 名産地 延坪島 築港 完成, 十五萬四千圓의 工費를 投하야, 盛漁期에 竣工되어 歡喜絶頂(1931.4.28.)

[海州] 西海岸의 水産富庫인 黃海道 延坪島 近海는 年産 百萬圓을 算하는 石首魚 漁場으로 全鮮 一位를 占하고 잇스나 元來 延坪島는 地勢的으로 北으로는 山岳을 負하야 잇스나 東南으로는 數個의 散在하야 잇는 小島가 잇는 外에는 風波를 막을만한 地理的 또는 施設이 업서 四五月 漁期에는 全朝鮮 各地의 漁船은 實로 千을 超하나 그러케 蝟集하엿든 漁船들도 一時 不意의 暴浪을 맛나면 避難할 만한 安全地帶가 업슴으로 할 수 업시 難破의 慘狀을 만나는 漁船이 不尠함으로 黃海道 當局에서는 年來의 懸案으로써 延坪島를 根據로 南風의 激浪을 防止하는 同時 避難船의 完全地帶를 맨들고자 計劃 中이든바 昭和四年 七月부터 三個年의 繼續事業으로 十五萬四千圓의 工費를 投하야 工事에 着手 中이든바 現今 그의 竣工을 보게 되여 지난 卄六日에 道當局에서는 官民 有志 百三卄餘名을 招請하야 午前 八時에 海州를 出發하야 專用船으로 延坪島 工事現場에 赴하야 盛大히 竣工式을 擧行하엿는데 韓知事의 式辭와 八卷 土木課長의 工事報告가 잇슨 後 式을 맛치고 一同은 未久의 盛漁期를 압두고 날로 繁華하야 가는 孤島의 歡樂境인 延坪島 港內와 近海의 漁狀을 視察하고 午後 四時에 歸海하얏다

工事內容

延坪島와 堂島 間에 延長 九百四十一米의 防波堤를 築造하야 港內 繫船上 安全을 期하도록 하엿는데 그 防波堤는 天福이 五米高가 干潮面에서 八米이고 提心은 〇.〇一五 立米의 捨石을 使用하엿스며 表面 及 外側은 〇.〇六 立米 內側은 〇.〇三立米 內外의 捨石으로써 張立被覆하고 또 繫船主들 鐵筋混瀫土로 三十六個를 樹立하엿다

■ **延坪島 防波堤 築造는 劃時期的 施設, 漁業發展을 爲하야 慶幸 莫甚, 韓 黃海道知事 式辭(1931.4.28.)**

[海州] 延坪島漁港修築工事는 玆에 竣工되여 本日 그 竣工式을 擧行함에 當하야 各位의 臨場의 榮을 得함은 本官의 欣幸하는 바이다 延坪島港 近海는

石首魚 漁場으로 全朝鮮內 第一이라 稱하는 바 每年 四月 中旬부터 六月 상순까지 漁期는 本港을 根據로 集來하는 漁船 實로 千數百隻에 達하야 此의 漁獲高는 年年 七十萬圓을 下치 아니하는 狀態이나 本港의 地勢는 北으로 山岳, 東南으로 點在한 數個의 島嶼가 有하야 僅히 風波를 避하나

一朝荒天에 際會하야 激浪이 襲來하는 때는 多數의 漁船은 遠方의 安全地帶를 찻게 되여 碎地에 天候가 回復한다 하면 임이 時刻을 失하야 目前의 利를 逸하며 或은 또 港內에 〇船한 것이라도 隨時로 避難키 不能하야 激浪에 難破되는 것이 不尠하다 그리하야 漁港으로서의 價値를 傷케할 쑨 아니라 또한 天然의 寶庫를 開拓함에 遺憾의 點이 만흔 것이다 그럼으로 本港의 修築은 多年間 懸案이엿스나

財政關係로 그를 實現 못하엿슴은 甚히 遺憾이엿다 그러나 昭和四年度에 至하야 多年 要望을 容하야 三個年 事業으로 國庫로부터 七萬七千圓의 補助를 受하야 總工費 十五萬四千圓으로써 本港의 地形上 第一 危險한 西南의 風波를 防止하야 漁船의 繫留를 安全케 하기 爲하야 港內 西側에 延長 九百四十一米 全의 防波堤를 築造코자 同年 七月 初旬 工事에 着手하야 爾來 二十二個月로 이에 完成을 見케 됨은 참으로

慶幸을 不堪하는 바이다 惟컨대 本港은 本道 水産業의 發展에 伴하야 極히 重要한 使命을 가진 곳으로 將來로 幾多의 改善을 期할 點도 만흐나 本工事의 完成에 依하야 漁港으로써 從來의 缺陷을 補足하리라 確信하는 바이다 그리고 旣成施設의 利用에 就하야는 地方官民 同心同力으로 充分히

機能을 發揮케 함에 留意하야 遺憾이 無토록 期하기를 切望하는 中이며 玆에 竣工式 擧行에 際하야 一言으로서 式辭를 代한다

■ **延坪島行(上), 石首魚場으로 有名한 延坪바다, 자는 곳이 칠성판인 눈물겨운 선원생활, 海州支局 一記者(1931.5.1.)**

황해도의 연평도(延坪島)는 전남의 칠산(七山)과 평북의 용암(龍岩)을 합하야 조기의 삼대 어장이라 하나 조기(石首魚)의 어장으로는 연평도가 수위(首位)의 자리를 점하고 잇서 그의 이름만은 임이 세상에 알니여 젓스니 다만 유감이 엿든 것은 이러한 큰 어항(漁港)으로서의 설비(設備)가 업섯든 것이다 그리하야 황해도 당국에서는 삼년 전부터 거액을 듸리여 수천의 어선을 보호할 만한 방파제(防波堤)를 싸어서 지금의 준공식을 보게 되엿다 기자는 그를 참관할 길을 기회로 임이 이름 잇는 그곳은 과연 엇더타나를 적어보려 한다=海州 呂生記

新興한 龍塘浦港 産業 活躍에 邁進

四월 二十六일에 거행하는 연평도어항공사 준공식(延坪島漁港工事竣工式)에 참관을 하려거든 아츰 여들시에 해룡자동자(海龍自動車)로 모히라는 초대장을 밧고는『이 기회에는 꼭 한번 가보와야 겟다고』 째맛침 일요일임에 불구하고 불야살야 이른 앗츰밥을 지강대강하고 자동차부에까지 나가니 발서 대부분은 써나가고 늦게 나온 멧사람의 동업자들이 잇고 그외에는『농기나모노』 다히고 얼골을 씹푸린 듯한 표정을 가고 잇는 주최자 측의 사람들쑨이 남아 잇섯다 마음으로 당당한 생각을 가지고 급급히 일행들은 자동차로 용당포(龍塘浦)로 향하엿다

용당포까지 가면서 생각하기는 필경 우리들 때문에 배가 떠나지 못하고 기다리려니 하엿드니 용당포에 도착하니 한 사람도 배에는 드러가지 아니하고 방금 공사를 급히 하고 잇는 축항(築港) 공사들만 구경하고 잇다 그 때야 비로소 생각이 나서 프로그람을 들처보니 용당 출범 시간은 아홉시다 이번의 청첩은 해주 사람에게 한가지 아니하고 다른 지방 사람들까지 청하엿슴으로 일부러 용당포 축항공사를 구경시킬 시간을 너흔 줄을 모르고 그 구경을 특별히 하지 아니하여도 조흘 이곳에 잇는 바로서는 너무 급하게 군 것이 도리여 후회를 하며 할 수 업시 압흐로 三十분이나 되는 시간을 기달엿다

용당포 축항공사는 그의 준공기가 압흐로 반년 밧게는 남지 아니하엿슴으로 대강한 공사만은 거진 다 되여서 그의 규모가 엇지 되엿다는 것은 지금 보와도 알 수가 잇다 인천(仁川)이나 부산(釜山) 갓튼 곳은 말치 안코서라도 그 외에 이름 잇는 항만(港灣)으로 그의 축항비가 적어도 二三百萬원이 되지 아니한 곳이 업슴으로 보와 불과 五十萬원 짜리의 용당포 축항이라면 그의 규모가 엇더할 것을 알 수가 잇슬 것이다 그러나 그것만이라도 완성되면 이천 돈의 배는 정박할 수 잇다 하니 그만한 배라도 빈배(空船)는 다 몰 수 업는 것이니 二천돈의 배가 용당포에 정박하게 하기 까지는 금후 해주(海州)로서 볼만한 산업적(産業的) 활약이 잇서야 할 것이다 이러한 용당포의 축항이니 비록 그의 공비가 五十萬원이라 하여 그의 규모가 볼 것이 업다고는 할 수 없다

뭇에는 島田 靑脈, 바다엔 漁船 閑釣

아홉시의 출범 시간은 되엿스나 아즉 지사(知事)가 나오지 아니함으로 엇지된 일인가 하고 물어보니 지사는 몸도 편치 아니하고 또 일긔가 조치 못하다 하야 오지 안는다 한○ 과연 승선장(乘船場) 입구에는 천긔예보(天氣豫報)가 써 잇는데 ○雨 이리 한 글자가 보이엇다 그러나 風자가 업슴으로 배 타러는 사람으로는 다행이나 한편 마음으로는 흐리고 또 배가 오면 바람이 불지 아니할터가 만무한데 손님들의 마음을 안심식히기 위하야 風자만은 일부러 빼엿나 하는 불안한 생각을 가지고 점점 흐리여 오는 듯한 하늘만을 연방 처다 보며 그래도 오즉 서해의 보고(西海寶庫) 연평도를 기여코 보겟다는 일점의 마음으로 한 사람도 빠지지 아니하고 일행은 부두에 목을 매고 기다리는 소응환(小鷹丸)애 올낫다 동업자 일단은 가장 영리한 듯이 一二등실에는 사람이 만어 자리가 좁을 것이라 하야 삼등실에다 자리를 잡앗스나 오십명 정원에다 필십명이나 담앗스니 어니 곳을 물론하고 선실마다 초만원(超滿員)을 이루엇다 그리하야 우리들의 영리한 계획은 여지 업시 실패를 당하엿다 이번 일행 중 원래의 손으로는 황주 조동순(趙東淳)씨와 공화 려운혁(呂運赫)씨 재령 강익하(姜益夏)씨 신원 김기수(金基秀)씨 등이 참여하서 조격한 인사를 맛치고는 만담(漫談)이 무르녹은 봄객을 가득 실은 七十 돈에 적은 배는 용당포를 떠나 봄물결을 헤치기 시작하엿다 때때로 먹점(墨點) 갓튼 렬도(列島)를 지날 적마다 섬 밧에는 보리빗이 푸르고 어부들의 낙시배는 이곳저곳 한가로이 프른바다에 흐터저 잇서 말업시 바다에 봄을 전히야 주엇다 일행들 봄바다에 취하야 일기가 점점 침울하여 감도 깨닷지 못하고 청용반도(靑龍半島)를 바라보며 일로 연평도를 바라고 다라나는 소응환(小鷹丸) 갑판을 복잡케 하엿다 이번 일행의 인솔자(引率者)라 할 팔권(八卷) 토목과장(土木課長)은 일긔가 조치 못하여 미안하다는 뜻을 표하며 씨의 본래 포용성이 풍부한 표정으로 일반의 원만을 엿도록 이곳저곳으로 다니며 허트러진 이야기와 연평도에 대한 설명 등 하기에 매우 분주하엿다

■ 延坪島行(中), 石首魚場으로 有名한 延坪바다, 자는 곳이 칠셩판인 눈물겨운 선원생활, 海州支局 一記者(1931.5.2.)

자는 곳 七星板인 可憐한 船人 生活

그리고 연평도와는 사무적(事務的)으로 깁흔 관게를 가지고 잇는 송림면장 리희태(李羲泰)씨는 연평도의 사정과 또 선인(船人)들의 생활상태을 자세히 설명하여 주엇다 씨는 선인들의 생활을 설명할 때 『一선인(船人)들의 생활은

다만 륙디에서 말로 듯는 것보다는 그 실지를 본다면 참으로 처참한 사실이 얼마든지요 일전 폭풍에도 우리 면(面)에서도 절나도 칠산포(七山浦)로 조기잡이를 간 배가 세척이나 행방불병이 되여 지금까지 소식이 업스니 그들은 필경 파선을 당하야 二十여명 선원이 죽은 것이 분명함니다 차라리 한번 죽은 사람은 그의 생활을 면할 수가 이슬 것이나 九사一생으로 멧번식 죽을 경을 당하고도 그 생활을 도저히 면치 못하는 것은 선인들의 생활임니다 일전 신문(新聞)에도 게재된 사실이나 우리 면(面)에서 머지 아니한 등산포(登山浦)에서 해태(海苔)를 캐려 갓든 배 두척이 폭풍에 불니여 경기도(京畿道)까지 불니여 가서 무인도(無人島)에 표착하야 일주일 간이나 초근목피(草根木皮)로 연명을 하다 겨우 구조되여 집으로 도라왓스나 그들은 또 잇튼날부터라도 그 생활을 다시 게속하고 잇습니다』라고 일일히 그들의 눈물겨운 실지 생활을 설명하엿다 『먹는 것은 사잡밥요 자는 것은 칠성판』 이만 그들의 생활도 『천생만민은 필수즉업』이란 허트러진 관념(觀念)으로 지나가는 한 곡조의 노래가 티 듯고 잇든 바다의 사정을 등지고 잇는 그들이야 뉘가 그러한 사실이 인생의 가장 눈물겨운 산력사의 한 페지라는 것을 아랏스랴? 흐릿하엿든 하늘에는 점점 검은 구름이 농후하여지고 약간의 빗방울이 갑판우 써러지는 것을 무심히 바라보나 하늘과 바다 우의 그들의 생활을 그리여 볼 때에는 저윽히 불안한 마음을 늣기엿다

西海의 絶景孤島 歡樂境으로 突變

예정시간보다는 三十분 가량 지체되여 정오 열두시에 목적한 연평도에 상륙하엿다 다행히 배에 잇슬 때에는 비가 왓스나 연평도에 상륙하니 오든 비는 좀 멈추엇다 일행은 공사현장(工事現場)을 구경하고 식(式)을 거행하기 전에 연평도 항내(港內)를 구경하기로 하엿다 『연평도가 이러케 조용한 곳인가』하고 일행은 놀낫다 지금 갓타서는 조용하기 짝이 업는 적은 해안벽촌(海岸僻村)에 지나지 아니한다 그러나 아즉 고기잡이 나간 배들이 드러오지 아니하여서 것흐로는 그러케 보이나 항내를 드러서 보니 과연 불원하야 성어긔(盛漁期)를 마지할 고도(孤島)의 환락경(歡樂境)은 전개될 요소가 가득 차 잇다 이 때의 어긔(漁期)만 지나가면 그야말로 절영고도(絶影孤島)인 연평도는 발서부터 림시로 통신긔관(通信機關)인 우편소가 생기고 경관 파출소가 설비되고 리발소(理髮所) 잡화상(雜貨商) 려관 음식점 요리집 등 각종의 도회적(都會的) 교향악(交響樂)은 고도의 환락으로 전개가 된다 그리하야 불과 二百호 가량 밧게는 되지 아니하는 연평도는 방난(房難)이 여간 안임으로 방 한 간에 四五十圓=약 오십이간식 하고서도 엇지 할 수가 업서 보전으로다 막을 치고 영업을 함으로 그러케 림시로 가설하는 막의 수가 매년 백여 집(막)이나 된다 한다 그리하야 긔지(基地) 한 평에 내지 十五원=그역 十五일간을 주고 어드나 이른 봄부터 예약(豫約)을 하지 아니하면 그역 적당한 자리를 엇지 못한다

■ **延坪島行(下), 石首魚場으로 有名한 延坪바다, 자는 곳이 칠셩판인 눈물겨운 선원생활, 海州支局 一記者(1931.5.3.)**

바다에 봄이 오면 뭇에는 人山人海
돈 실너 가자네 돈 실너 가자네 연평바다로
돈실너 가자네

이 노래는 고기잡이를 나가는 어부(漁夫)만의 소리가 아니다 장사꾼 음식장사 술장사 매춘부 도박꾼 철을 짜라 모혀드는 각색의 사람들은 돈을 실너 오는 것이다 그리하야 어긔(漁期)의 연평도는 확실히 별유천지(別有天地)이다 인산어해(人山漁海)를 이를 어성긔(漁盛期)만 된다면 수천의 어부들은 상륙하야 오래동안 바다 우의 적막한 생활로서 지상의 환락에 맘썻 도취할 때 이것을 기회로 하야 돈을 실너 모여드는 술장사 매춘부들은 전선 각지에서 발서부터 모혀들기 시작하는바 성어긔에 이르면 적어도 四五百명은 된다 이러케 색색으로 모혀드는 수만의 사람들은 오즉 서해의 보고(西海寶庫)인 연평바다에서 연산(年産) 百萬원의 조기(石首魚)가 산출하는 것을 밋는 싸닭이다 그리하야 이 연평에서 산출하는 조기의 어선(漁船)들은 부포(釜浦)와 룡호도(龍湖島)와 결성포(結城浦) 등지에 근

거를 둔 배도 약간 잇스나 대부분이 연평도(延坪島) 어항(漁港)에 근거를 두엇다 그리하야 인천 진남포 등의 대소비지(大消費地)를 비롯하야 각지에서 모여드는 출매선(出買船)은 전부 연평도로 오게 되는 것이다 그럼으로 연평도는 완전한 어항으로서 그의 직무를 다하고 잇다 그리하야 연평도는 지리적(地理的)으로 인천 경성 진남포 평양 등의 대소비지를 린접하엿고 또 어산이 풍부한 리상적 어항으로 실로 서해의 자랑인 동시 황해도(黃海道)의 보고(寶庫)이다

男耕女採三味境 團欒한 島民生活

이러케 일시에 번창을 이루는 연평도도 어긔(漁期)가 지나간다면 교통이 두절되고 제반 도회적(都會的) 시설이 철페되여 도민(島民)들은 다시 한가로이 밧을 매고 논을 심으며 부녀자들은 해안에 흐터져 해산물을 채취하는 등 소연한 도시의 문명을 등지고 경건한 원시적 생활을 계속한다 연평도는 二百여 호의 단란한 부락을 지여잇서 千여명의 도민들은 가족적(家族的)으로 생활을 하는데 그들은 대부분이 농업(農業)을 하는 중 자작농(自作農)을 하는 사람이 도민의 절반 이상이고 그 외에 소작(小作)을 하는 사람들도 풍부한 해산의 부업으로 그들의 생활은 일반적으로 빈곤함을 아지 못하야 금일의 조선농촌의 참상으로 보와 또한 연평도는 별유천지의 감이 잇다 그리고 이러한 천애고도(天涯孤島)에도 그들을 지도할 만한 은인(恩人)은 잇스니 그는 해주(海州)의 생장으로 발서 도민생활을 한지 十년이나 되는 전덕규(全德奎)라는 선각자(先覺者)이다 씨는 방금 장년시대로 일즉이 전문학교(專門學校)를 맛치고 교회에 종사를 하다가 원대한 포부를 가지고 그 섬에 생활을 시작한 후 금일까지 十년 동안을 도민 교화에 힘을 써 강습소(講習所)를 설립하야 도민의 자제를 교육하며 청년회(靑年會)를 조직하야 그들의 수양(修養)과 미풍(美風)을 장려하여 씨의 노력으로서 도민들의 생활향상에 적지 아니한 공헌을 하엿스며 또한 압흐로 씨의 포부(抱負)의 실현과 갓치 도민의 밧는 행복은 크리라 한다 오후 세시나 되여 식을 맛치고 일행은 현장에서 간단 축배의 잔을 들냐할제 난데업는 미인군(美人群)의 습격을 당하야 분면홍협(粉面紅頰)의 무르녹은 추파(秋波)는 바야흐로 봄바다 거치른 물결을 어즈려 할 때 사정 모르는 주석(主席)에서는 날이 점을면 천후가 조치 못하다는 구실로 페회의 만세를 고창하엿다

春水如天碧且悠
畵船無恙泛中流
延坪新勢防波堤
漁夫不復風雨憂

일행 중에 경앙하는 김종호(金鍾護) 선생의 긔행시(紀行詩) 일절을 비러다 적어 노코 다음의 붓은 끈어 버리자

■ 黃海道 沿海上 難破의 眞相, 날을 싸라 속속 판명되는 중, 警察部 調査 發表(1931.8.23.)

[海州] 지난 十八일 밤에 졸지에 습래한 폭풍우로 인하야 황해도 각지에도 피해가 불소하엿다 함은 보도한 바와 갓고 또 그중에 근해(近海) 연선(沿線)에 피해가 더욱 심하여 그간 황해도 경찰부에서는 경비선(警備船)을 출동식혀 조사중이든바 임이 보도한 외에 지난 二十一일까지 판명된 피해는 다음과 갓다

延坪島

해주(海州) 연평도(延坪島)에서는 지난 十八일 밤에 폭풍이 일기 시작하자 근해로 고기잡이 갓든 배들은 전부 연평도 항내(港內)로 모혀 드럿스나 발동긔선(發動機船) 두 척이 파궤되고 범선(帆船) 七척은 전부 부서지고 반쯤 부서진 것이 十여척이며 그 배의 파궤로 인하야 사망자가 二명 중상자가 四十九명 행방불명된 사람이 九명이라 한다

■ 行衛不明 十餘名 中 屍體로 二個 發見, 家屋 일코 家丈 일어 미친듯이 海邊에 痛哭하는 遺族의 慘狀, 延坪島 遭難 詳報(1931.8.27.)

[海州] 지난 八月 十八一에 襲來한 暴風雨로 因하야 黃海道 延坪島에서는 港內에 繫留하엿든 四十餘隻의 漁船이 全部 遭難을 當하야 全破된 배가 十一隻이나 되며 死者가 十一名이나 되고 그 외에 負傷된 者가 數十名 家屋 破壞가 數

十戶에 達하야 悽慘한 그의 全滅 狀態는 目不忍見이라 함온 旣報한 바이나 當日이 悽慘한 光景과 그 後의 救濟狀況을 드르면 아래와 갓다

淡淡 暗海上에 怒濤만 狂然해

激浪에 파뭇친 當夜의 延坪島

八月 十八日 午後 八時부터 襲來하는 暴風으로 延坪島 近海에서 出漁 中이든 漁船 四十餘隻은 延坪島 港內로 避難을 하엿스나 同 十一時부터 暴風은 激甚하야 繫留하엿든 漁船들은 全部 닷이 끈어져 激浪에 싸이여 방중에 暴風雨도 咫尺을 分別할 수 업슴으로 배와 배는 서로 衝突하야 破傷 沈沒하나 其中의 人命을 救할 길이 업섯다 그들을 救濟코자 決死的으로 出動한 延坪青年會員들은 總出動으로 活動을 하야 싸스燈火로 海上의 길을 引導하며 決死的으로 活動을 하야 激浪에 싸힌 數百의 人命을 救濟하엿스나 그 中 老弱 十餘名은 할 수 업시 行方을 찻지 못하엿든 바 翌日에 겨우 二名의 事體를 發見하고 그 外는 아즉 屍體를 찻지를 못하엿다 한다

배는 破片되고 집은 터만 남어

그들의 前途는 다만 暗澹할 쑨

翌日 아츰 延坪 海岸에는 쌔여진 船片과 派潰된 家屋 等으로 그의 光景은 悽慘한 中 遭難者들의 遺族들은 海岸으로 모혀드러 哀痛하는 것은 目不忍見이엿스며 數百의 生活의 根據를 이른 배 이른 漁夫들과 집 이른 島民들의 救濟는 焦眉의 急務이엿스나 그리한 救濟機關이 업슴으로 그들의 生活은 엇지나 될는지 前途가 悲慘하며 그곳 青年會에서는 힘잇는대로 救濟에 努力을 하야 臨時로 그들을 收容하야 食事를 供하며 外地方 漁夫들은 ○간의 旅費를 주어 歸還식히나 그것으로 그들을 圓滿히 救濟할 수가 업다 한다

現在 防波堤론 安心키 어려워

安全한 施設이 무엇보다 急務

延坪島는 全鮮 首位의 石首魚 産地로 黃海道에서는 그의 完全한 漁港을 만들기 爲하야 十五萬圓의 工費로 昨年에 延坪港의 防波堤 工事를 하야 그의 竣工까지 되엿스나 그 防波堤는 西南風만을 막을 수 잇스나 今番 暴風가튼 東南風에는 何等의 効가 업슴으로 現在 狀況으로 安心하고 避難할 漁港이 되지 못함으로 理想的 漁港을 만들녀면 東南風을 막을 防波堤의 施設을 하지 아니하다 안될 것을 今番 經驗으로 切實히 感하게 되여 一般 漁夫들과 島民들은 이러한 要望을 當局에 陳情하야 實現키에 努力하리라 한다

■ 船員 六名 中 三名은 生還, 세명은 필경 죽은 듯, 延坪島 破船 後聞(1931.10.4.)

[海州] 황해도(黃海道) 옹진군(翁津郡) 흥미면(興嵋面) 례진리(禮津里) 리성춘(李成春)의 소유선을 동리 김덕운(金德雲, 二五)외 다섯 명이 타고 해주 연평도(延坪島) 부근으로 출어 중 지난번 폭풍으로 행방불명이 되엿다 함은 당시 보도한 바이나 지난 二일 옹진경찰서(甕津警察署)로부터 경찰부(警察部)에 드러온 보고에 의하면 그간 여섯명 중 세명은 쌔여진 뱃조각을 타고 구조되여 해주 룡매도(龍媒島)에 표착하야 사라도라왓스나 그 외의 세명은 지금까지 행방불명임으로 그들의 가족들은 죽은 것으로 단념하엿다는데 그 행방불명된 사람의 주소 성명은 다음과 갓다

翁津郡 興嵋面 禮津里 金德運(二五)

長淵郡 大安面 夢金浦里 洪在斗(二六)

平北 宣川郡 群山面 蓬山里 李澤浩(三〇)

■ 生活의 根據 이른 延坪島의 漁民, 지난 八月의 暴風雨로 因하야 島內 有志 救濟策 講究(1931.11.1.)

[海州] 海州群 松林面 延坪島는 지난 八月 暴風雨로 因하야 島民들의 被害가 莫甚하야 島民 有志와 公共團體에서는 相扶相助하야 그의 對策을 講究하엿스나 生活根據를 일은 그들을 永久 救濟키는 困難하야 二百餘 戶의 島民 中 現在 悲慘한 地境에 싸저 하로밧비 救濟策이 업스면 그들의 流離狀態를 免치 못할 島民이 七十餘 戶에 達하는 바 그곳 有志들은 오즉 社會의 同情이 엇기를 바라로 危期에 陷한 그들 救濟를 爲하야 活動을 하는 중이다

■ **瓮津 大靑島에서 巨鯨을 捕獲, 長七十二尺 胴四十七尺 時價 四萬餘圓(1931.12.6.)**

[海州] 黃海道 甕津郡 大靑島 近海는 年來 東洋捕鯨會社의 捕鯨區로 年年이 作業을 하는바 今年度 十一月 七日부터 捕鯨船 二雙으로 作業을 開始한바 例年보다 成績이 良好하야 十二月 一日까지 三頭를 捕獲하엿다는데 그중 第一 큰 것은 長이 七十二尺 胴廻가 四十一尺 肉이 十一萬斤으로 近年 稀有의 巨物로 時價 四萬餘圓이라 한다

■ **捕鯨地로 有名한 大靑島에는 世界的 逸品의 大理石 産出, 建築界에 誇矜할 良質 道當局에서 宣傳(1932.2.24.)**

[海州] 長淵郡 大靑島는 鯨의 産地로 有名하야 內外 捕鯨會社에서 年年히 捕獲하는 鯨은 年數十 頭에 達하는바 最近 大靑島 特産으로 大理石을 發見하엿다는데 그 品質은 實로 朝鮮內 엇던 곳의 産品보다도 優秀할 쑨 아니라 外地産을 凌駕할만하다는데 黃海道 當局에서는 그의 販路 擴張과 宣傳에 努力하야 最近 京城方面에서는 使用量이 날로 느러가며 漸次 內地 進出에 努力을 하는바 不遠하야 大靑島 大理石의 特産은 鯨과 가티 內外에 宣傳될 것이라 한다

■ **延坪島 石首魚, 盛漁期는 卄三日頃(1932.5.5.)**

[海州] 全鮮에 惟一한 石首魚 漁場인 黃海道 延坪島는 漁盛時期를 압두고 各地에서 모혀드는 各種 營業者들로 絶海孤島의 延坪島는 年年히 때만 되면 이루는 一大 歡樂境을 이루엇는바 海州에서 派出하는 郵便所와 警察官駐在所까지 발서 設置가 되고 今年부터는 延坪島에 無線電信裝置까지 하야 海上의 情報를 連絡케 하야 漁業者의 便宜를 圖케 하엿스며 今年 漁況은 氣候關係로 例年보다 約 一週間은 느즐 것이라 하야 盛漁期는 來二十三一로 二十八日까지라 하며 氣候의 突變만 업스면 今年은 豐漁를 豫想하고 잇다 한다

■ **延坪島 石首魚, 漁期는 例年보다 二週日 遲延(1932.5.9.)**

[海州] 海州 延坪島 近海에 出漁 中이든 漁船은 方今 延坪島에 入港하기 始作하는데 지난 四月 末에 入港 漁船 수는 아즉 僅 六十餘隻 其他船 二十餘隻이나 五月 一日 大潮時부터는 激增하야 六日頃에는 大部分 集合될 것으로 現在는 一隻의 漁獲 石首魚는 二千尾 가량으로 時勢는 千尾 十八圓壹이며 本年은 水溫이 低下하야 漁期는 十數日間 遲延될 것이고 漁船을 相對로 한 商人들은 料理店 八戶, 酌婦 二十一名, 飮食店 二十三戶 그外 理髮屋, 雜貨屋, 湯屋, 遊戰業, 獸肉販賣店, 代書業 等 各種 營業者가 五十餘戶나 되는 바 압흐로 盛漁期를 압두고 近日은 每日갓치 모혀드는 中이다

■ **延坪島의 石首魚場 今年 漁獲 總決算, 漁船八百隻에 漁獲高 七十萬圓, 時勢 低落으로 損害는 巨額(1932.6.15.)**

[海州] 石首魚 漁場으로 惟一한 延坪島는 지난 端午 前으로써 總決算을 하게 되엿는데 今年度 石首魚 漁獲狀況은 從業船 總收入 八百隻에 漁獲高는 七十萬圓에 達하야 一隻 平均 八百五十圓 假量이나 되며 今年度는 例年보다는 豐漁이엿스나 時勢가 低落하야 一尾 平均 六厘 밧게는 되지 아니하야 換算額高로는 例年을 超하지 못하엿다 하며 今年度 出漁船의 本籍 別은 아래와 갓다

黃海道 一八, 京畿道 五一, 全北道 二五, 慶南道 九, 忠南道 四七, 全南道 二一一, 平南道 一六, 平北도 一, 長崎縣 三五, 佐賀縣 四六, 熊本縣 七, 福岡縣 十九

■ **延坪島 漁船은 蝦漁에 集中, 龍媒島 蝦漁는 豐漁 豫想, 時勢는 一斗 三十錢(1932.6.29.)**

[海州] 黃海道의 蝦漁 産額은 二十萬圓을 超하야 黃海道 水産의 重要한 位를 點하고 잇는바 現在가 蝦漁期의 時期로 延坪島의 石首魚 漁獲을 終한 漁船들은 蝦産地인 海州 龍媒島 近海로 集中되여 延坪島의 繁華는 全部 龍媒島로 移動되엿다는데 今年의 蝦漁는 例年에 比하야 豐漁

를 豫想한다는데 時價는 一斗 三十錢 內外라 한다

■ 大靑島漁港 年內로 修築 實現(1932.9.22.)

[海州] 西海의 漁港인 甕津郡 大靑島는 從來 港岸의 施設이 업서 漁民들의 不便이 적지 아니하는바 今般 黃海道 當局에서는 時局匡土木工事費를 利用하야 大靑島 港岸施設을 計畫하고 今年 來로 工事에 着手코자 準備 中인데 總工費는 二萬圓이라 하며 竣工期는 明春 內로 되리라 한다

■ 小靑島燈臺에 無線標識機, 항해에 큰 도움(1932.12.14.)

항해(航海) 중의 선박에 대한 무선방위측정(無線方位測定)에는 무선라침(無線羅針)과 무선표식(無線標識) 등의 두 가지 종류가 잇는데 체신성(遞信省)에서는 수년전부터 실시를 하게 되엇스나 조선에서는 작년부터 전남(全南) 항문도(港門島)에 『데레훈겐』식 방향탐기긔(方向探知機)를 설치하여 『라듸오·곤파스』를 시험적으로 개시하엿스나 지금까지 아즉 시험에 잇는 중임으로 아즉 그 효과는 알 수 없다고 하며 금번에 또다시 황해도 소청도등대(小靑島燈臺)에다 무선표식국(無線標識局)을 두고 무선표식자동조종장치(無線標識自動操縱裝置)를 하엿다고 한다

■ 延坪島 石首魚 盛漁期 臨迫, 只今부터 豊漁豫想(1933.5.4.)

[海州] 石首魚 漁場으로 唯一한 黃海道 延坪島의 盛漁期는 압흐로 旬日을 隔하야 今月 中旬만 되면 延坪島를 中心으로 黃海道 沿海에는 實로 魚山을 이를 것이다 그런데 今年의 石首魚 漁況은 엇더할가 黃海道水産試驗場에서는 試漁한 結果 非常한 成績을 得하야 今年은 例年에 듬○ 豊漁를 豫想한다하며 現在 時勢로는 千尾에 對하야 七十圓 乃至 十九圓 假量이라 한다

■ 時節 맛난 延坪島 漁船帆檣林立, 一攫千金의 商人이 雲集하야, 料理飮食店等 櫛比(1933.5.7.)

[海州] 時節만 오면 別天地의 歡樂境을 이루는 東洋 一의 石首魚 漁場 延坪島는 臨迫한 人山魚海를 압두고 各地에서 一攫千金을 꿈꾸고 集中하는 投機師 그들을 相對로 모든 歡樂의 施設인 料理店, 飮食店, 雜貨商 등 온 方今 續續 入道하야 大繁華를 이루고 잇스며 現在 出漁 中의 漁船은 約 二百餘隻이나 아즉 南朝鮮 漁場의 배가 도라오지 아니하야 幾分 閑散한 바 今月 二十五日頃의 盛漁期가 되면 南朝鮮 漁船도 總集中하리라 하며 臨時施設인 郵便所, 郡出張所, 水産出張所, 警官駐在所 등도 着着 設置 中이라 한다

■ 小靑島 西北 海上에서 汽船이 衝突沈沒, 한 척은 침몰을 겨우 면하엿다, 乘員 全部 無事救助(1933.5.24.)

경무국착전=卄三일 오전 九시 卅분 동경(東經) 百卄회도 卅七문 북위(北緯) 卅七도 五十분되는 황해도 장연군(長淵郡) 소청도(小靑島) 서북 七해리 부근에서 정전(町田)소유 기선 신광환(神光丸)(三,〇八六噸)과 삼보(三寶)기선 회사소유 정환(淀丸)(二,一九三噸)이 정면출동하야 신광환은 즉시 침몰되고 승조원 卅六명은 정환(淀丸)에 옵기어 탓는데 전부 무사하얏는바 침몰될 신광환(神光丸)에서는 목하 무선전신으로 SOS를 발하고 잇다 그 후 상보는 아즉 불명하다 한다

■ 神光丸 乘組員 三十六名 仁川着, 소청도 부근서 충돌되여 生死 念慮되던 一行(1933.5.28.)

긔보=지난 卄三일 오전에 황해도 장연군(長淵郡) 소청도(小靑島)에서 정전(町田) 소유 신광환(神光丸)과 정환(淀丸)이 충돌되어 신광환이 대파되엇는데 전긔 신광환 선장 이등고길(伊藤高吉, 四五)씨 이하 승조원 三七六명은 그당시 정환(淀丸)에 피란하야 금 卄五일 오전 七시경에 무사히 인천(仁川)에 상륙하야 방금 동대긔점 일선해운회사(日鮮海運會社)의 보호를 밧고 잇는 중인바 정환(淀丸)도 배꾀리(舳)가 대파되어 응급수리를 한 후 간신히 진행하야 인천에 입항하게 된 것이라 하며 금번에 침몰된 신광환의 손해액은 상품과 선체까지 약 卄三만원 가량이라고 한다

금번 침몰된 신광환 선장 이등(伊藤)씨는 그 당시 상황을 다음과 가티 말하였다.

신광환은 지난 卄二일 대동강구(大同江口) 보산(保山)에서 삼정(三井)회사에서 흥남질소회사(興南窒素會社)로 보내는 무연분탄(無煙粉炭) 四천二백돈을 실고 동일 저녁에 출범하야 흥남으로 향하얏다가 그 이튼날인 二十三일 오전 九시 卄분경에 귀항도중 소청도 부근에서 농무를 만나 경적을 울이고 진행하든 중 정환도 농무에 가리어 채 보지를 못하야 서로 끝이 충돌되게 된 것입니다 충돌되어 침몰되기 까지는 약 二十분 간을 요하엿습니다 그리고 우리들은 금일 밤에 륙로로 신호에 도라가겟습니다

■ **延坪島 石首魚 好漁를 繼續, 一隻 平均 七萬尾 漁獲, 時勢는 普通物 七八圓(1933.5.29.)**

[海州] 黃海道 延坪島의 石首魚 漁期는 滿潮까지 漸次 水溫의 上昇에 伴하야 比較的 好漁를 繼續하야 왓스나 第一 盛漁期는 次回潮로 方今 延坪島와 龍湖島 近海에는 約 一千隻의 漁船이 集中되여 晝夜作業을 兼行하고 잇는 바 方今 獲漁量은 一隻 平均 六七萬尾로 例年에 比하야 豐漁의 狀況으로 現在 石首魚 時勢는 千尾에 對하야 上 十一圓 下 五圓 普通 七八圓이라 한다

■ **大靑島 捕鯨場 客月中 三尾 捕獲(1933.12.17.)**

[海州] 長淵郡 大靑島 東洋捕鯨會社 捕鯨場에서는 十一月 初부터 作業을 開始하야는바 十一月 中의 捕鯨 成績은 良好하야 六二尺이나 되는 것을 三頭나 捕獲하얏다 한다

■ **延坪島 一帶에 貝類 採取 旺盛, 六十餘 隻의 漁船이 모여드러, 每日 採取에 從事中(1934.2.28.)**

[海州] 海州 延坪島 近海는 石首魚 漁場으로 全朝鮮 一의 이름을 가지고 잇는바 最近 그의 近海에서는 조개(貝類)가 發見하야 採捕를 試驗한 結果 그외 成績이 非常히 良好하야 方今 延坪島 近海를 中心으로 그의 採取船이 六十餘隻에 達하야 現在 狀況으로는 年産 五萬圓은 突破하리라 하야 最近 製造業者가 同島에 競爭的으로 進出하야 製造方法 等의 改良도 硏究 中이며 그의 結果 帛乾(錦乾)을 試驗한 바 從來 鹽辛品보다 成績이 良好하야 海州郡 當局에서도 漁○振興上 그의 改良 增殖을 極力 奬勵하는바 그의 改良製品은 各地에서 非常한 賞贊을 博하고 잇다

■ **延坪島 豊漁를 豫想코 모혀드는 사람들, 漁期를 압두고 空前의 殷盛, 各種 施設도 進行中(1934.4.25.)**

[海州] 全朝鮮 唯一의 石首魚 漁場으로 이미 이름이 알니여 잇는 黃海道 延坪島는 年産 百萬圓의 漁産地로 漁期만 되면 實로 人山魚海의 盛況을 이루어 絶海孤島에도 봄만 오면 別天地를 이루는데 今年도 漁期가 압흐로 旬日바게는 隔하지 아니 하엿슴으로 各地로부터 漁船들은 임이 出漁準備도 다 되여 차차 모혀들기 始作한다는데 그들의 漁船을 目標하고 모혀드는 各種 營業者들은 임이 延坪島를 中心으로 近海 沿岸으로 集中되여 발서부터 今年 漁場의 大盛況을 豫想케 하며 五月 初旬부터는 警察官駐在所와 郵便所 등 諸般施設을 完備하려 하며 特히 라듸오의 施設까지 完備하여 海上 生活者들의 慰安을 圖하리라 하며 今年은 例年보다 特히 繁華를 感想케 하는 것은 石首魚와 갓치 延坪島를 中心으로 大豊漁를 뭎한 延坪島 特産의 馬鹿貝는 同漁場의 特異한 景氣를 지여이스며 또 방금 開鑛 中인 延坪島鑛山이 또한 大繁昌을 이루어 잇슴으로 今年度 延坪島 景氣는 實로 볼만한 것을 豫想한다

■ **延坪島 臨時通信, 無電도 連絡(1934.5.4.)**

黃海道 延坪島는 이제는 盛漁期에 入하얏슴으로 遞信局에서는 例年과 가티 五月 七日부터 四十日間 海州郵便局臨時出張所를 設置할 터인데 本年은 特히 京城無線과도 連絡을 取키로 되엿다

■ **延坪島 一帶에 石首魚 大豊漁, 市價도 例年보다 二三圓 低廉(1934.5.17.)**

[海州] 漁期中 氣候 順調로 出漁船들은 非常한 景氣를 뭎하야 例年에 업는 大豊漁를 豫想하는바 발서부터 延坪島를 中心으로 沿革 一帶

에는 人山魚海로 大混雜을 이르켜 잇는데 現在 延坪島의 石首魚 時勢는 千尾에 十二圓 乃至 二十圓으로 例年에 比하야 平均 二三圓 低價이며 盛漁期는 今月 中旬으로 下旬까지로 이대로 氣候만 順調되면 盛漁期에는 非常한 豊魚로 低價를 呈하리라 한다

■ 狂浪 가로막힌 遠海, 出漁船 消息 杜絶, 三日夜도 暴風은 依然, 延平 海上의 慘禍(1934.6.5.)

[海州] 二일 오전 二시부터 동十시까지 사이에 대작한 폭풍으로 인하야 서해안 지방 피해가 불소하리라 하야 황해도(黃海道) 경찰부(警察部)에서는 그 피해 상황을 지급조사 하는중 二일 오전까지 도착한 옹진(翁津) 용호도(龍湖島)의 피해상황은 긔보하엿스나 그후 二일 오후까지 도착한 연평도(延坪島) 부근 석숭어 어선(漁船)의 피해상황은 당일 폭풍우로 인하야 근해에 출어 중이든 어선 六백여척은 연평도(延坪島) 항내에 피난을 하엿스나 원체 폭풍이 강렬하야 그중 二백여척의 어선이 파손되고 사자(死者) 四명 중경상자(重輕傷者) 十五명을 내엿스며 그 외 七백五十여 명의 조난자는 방금 그곳 수산회출장소(水産會出張所)와 군(郡)출장소 경찰관출장소 등에 수용하고 구조 중이며 부상자는 그곳에 림시 주재한 三인의 의사(醫師)가 응급수당을 하는 중인에 그 외항(外港) 외에도 상당한 피해가 잇슬 것이나 아즉 진상을 알 수 업고 또 三일 밤에도 폭풍은 게속하엿스나 아즉까지도 소식 두절로 그 안부를 알 수 업다

■ 至急 出動한 警備船 暴風으로 進航不能, 할수업시 다시 도라와 가지고 風靜浪息을 苦待中(1934.6.5.)

[海州] 연평도(延坪島) 조난사건의 급보를 접한 황해도경찰부(黃海道警察部)에서는 오(吳) 보안과장(保安課長) 전중(田中) 위생과장(衛生課長) 조뢰(早瀨) 해주서장(海州書狀)을 비롯한 구호반(救護班)을 三일 오전 八시 경비선으로 현장에 급행시키려 하엿스나 게속하는 폭풍으로 항행치 못하고 도중에서 도라와서 다시 풍파의 정온을 기다려 써나기로 하고 준비를 하고 잇느 중이라 한다

■ 損害 總額은 五十萬圓, 조난자 수용 장소가 좁아서 救護가 如意치 안타(1934.6.5.)

[경무국착전] 二일 오전 二시 반부터 동十시경까지 황해도 서남해안 一대에 폭풍우가 잇서 연평도(延平島)에 정박 중인 어선(漁船) 六백척 중 二백척이 조난되어 동일 오후 三시까지에 판명된 사자(死者) 五명 중경상자 十五명에 달하얏고 그외 조난자 二백명은 연평도에 잇는 수산회사출장소 군(郡)출장소 기타 민가에 수용 중인데 수용할 장소가 업기 째문에 곤난 중이다 그리고 해중에 출어 중인 약 六백척의 어선의 조난 상황은 목하 전혀 불명한데 경비선은 룡당포(龍塘浦) 연안의 풍파가 놉하 난파(難破)될 염려가 잇슴으로 전부 륙지에 인양(引揚) 하얏는데 아즉 풍파가 침식되지 안엇스나 출동준비를 하고 잇다 또 장연(長淵) 몽금포(夢金浦)에 배속 중인 경비선도 동일 저녁부터 다시 폭풍우가 잇서 출동치 못하고 잇다 그리고 옹진(翁津)군 연안도 다소 피해가 잇는 모양인데 연평도에는 의사 三명이 잇서 의료에 종사하고 잇고 도경찰부에서는 보안과장 위생과장 이하 부원이 구호에 당하고 잇는바 三일 오후 六시 싸지에 판명된 피해는 난파선 三백척 조난자 五백명 사체 발견 四명 동불명 六十七 해상 출어선은 六十척으로 생사가 불명한데 총 손해는 五十만원 가량이다

■ 忠南道에서도 救護班 急行, 시험선과 경비선이 급출동, 出漁者數 不明 焦燥(1934.6.5.)

[大殿支局電話] 황해도 연평도의 어선조난사건에 대한 전보가 四일 아츰 충남도청에 도착하야 충남도 경찰부에서는 충남도민으로서 연평도 기타에 출어 중인 어부가 만흘 것이라 하야 四일 오전 八시 수산시험선(水産試驗船) 충남환(忠南丸)에 구조반을 실고 당지로 급행 하얏으며 제二반으로 경비선 제二광환(光丸)이 오후 한시에 또 써나기로 되어 보안과(保安課) 토록(土屋) 경부보는 수륙의 련락을 하기 위하야 오후 한시 四十五분 특급으로 해주(海州)로 향하야 출발을 하얏는데 례년에는 이째가 되면 충남

에서 약 八十척 전후의 조기잡이 배가 연평 부근으로 출어를 하얏섯는데 금년에는 몃척이나 떠낫는지를 알지 못하는 터임으로 연안 각군의 경찰서를 통하야 이를 조사하도록 도경찰부는 명령을 발하얏다

■ **慶南 在籍의 遭難船 不明(1934.6.5.)**

[釜山特電] 황해(黃海) 연평도(延平島) 해상의 폭풍으로 인하야 조난한 경남 어선은 四일 아츰까지에 판명된 것이 연승어선 七十三척 안흥중선이 二척이나 목하 동방면은 조기의 성산기임으로 피해선박도 증가될 모양으로서 상세한 피해정도를 알 수 업슴으로 통신을 연락키 위하야 경남어업조합연합회에서는 김(金)서기가 조난현장에 향하야 四일 조급행하이다 더욱 부산에 정박중인 본부식산국의 조풍환(朝風丸)도 금조 六시 三十분 응원키 위하야 연평도로 향하야 출발하얏다

■ **五百名 收容 救助코도 依然 失踪 六十餘隻, 延平島 無電 三日夜에 全通, 判明된 死者는 四名(1934.6.5.)**

[海州] 연평도(延平島) 어선조난사건은 三일 오후까지 폭풍이 계속하야 황해도경찰부(黃海道警察部)의 구원반(救援班)도 현장 출발을 연기하고 풍파의 진정을 기다리고 잇는데 그곳 무선전신(無線電信)도 동시에 고장이 생기여 더욱 통신이 두절되여 곤난하든바 지금 수리를 가한 결과 二일밤 十시 겨우 통신이 전통되여서 三일 오후 三시 해주우편국에 도착한 상보에 의하면 어선(漁船)의 파손이 三백척 사자(死者)가 四명 현재 상륙(上陸) 수용되여 잇는 조난자가 五백명 중부상자가 六十七명이고 행방불명된 배가 六十여 척으로 연평도 현장은 인가 지옥을 이루어 실로 처참한 상황은 형언할 수 업스며 현재 대체로 본 손해는 약 五六十만원에 달하리라 예상된다고 한다

■ **遭難船隻千五百餘, 判明 死者 七名 負傷 七十名, 被害事態 意外 重大(1934.6.5.)**

[四日朝警務局着電] 황해도 연평도(延坪島) 부근 해안의 어선 피해는 三일 오후 十시까지 판명된 것이 사자(死者) 七명 부상자 七十명 향방불명이 다수에 달한 모양인데 조난어선은 전부 一천五백여척이라 한다 총독부식산국에서는 피해가 중대함을 우려하고 경남수산시험선(慶南水産試驗船) 조풍환(朝風丸)을 四일 오전 五시에 부산을 출발식혀 동지에 급행케 하얏고 경무국에서는 인천의 제一경비선에 구원구(救援具)를 실고 四일 오전 四시반 인천을 출발하야 동지로 출동식혓는데 황해도에서는 경비선 작환(鵲丸)과 봉환(鳳丸)에 도 보안과장과 기타 경찰부원이 구원 재료를 휴대하고 四일 오전 五시 룡당포를 써나 피해현장으로 급행하엿다

■ **呂特派員 第一報(1934.6.5.)**

[延坪島呂德鉉發電] 연평도의 조난사건은 상상 이상의 비참한 현상을 연출하야 四일 오전 九시에 황해도경찰부 구호반과 가티 현장에 도착 상륙하얏다 四일 오전 十시 현재에 판명된 피해를 보면 사자 十三명 행위불명 二백명 잔파선 二六四척 반파선 三척에 달하야 발동선 六척이 해안 일대로 주회하며 수사를 계속한 결과 조난자의 수가 증가하는 중이며 손해 총액은 三十四만원으로 추정되는데 조난자 중에는 부상자 一四四명은 목하 구호 중이다 그리고 조난자들은 자기의 고향으로 돌녀 보내는 중이며 피해상태는 점차 판명되는 중이다 조난선을 각도별로 보면 황해 三五四척 경긔 二七 충남 二二 전북 一七 전남 九六 경남 七五 내지의 ○이 三척이다

■ **鵲丸出動(1934.6.5.)**

인천경찰서에서는 도 경찰부의 명령에 의하야 금 四일 새벽 경비선(警備船) 제육작환(鵲丸)을 이번의 큰 풍해를 바든 황해도 연평어장(延坪漁場)의 조난어선 구조의 목적으로 현장에 급파하엿다

■ 山積한 船隻破片, 압다투는 황황한 걸음, 조난자의 정경 가엽기 긋업고, 成算 못서는 救濟策(1934.6.5.)

[延坪島本社特派員發電] 황해도 당국의 구호반과 가티 四일 아침에 조난당한 연평도 현장에 상륙하엿다 산과 가티 싸인 파선의 사이를 헤치고 고심리에 상륙한 때는 조난자들의 구조반오기를 기다리려 현장은 도저히 상상하는 이상의 참상을 이루엇다 현장은 전도가 엇더케 해야할지 성산이 서지 안는 참상을 이루엇다 구조된 조난자를은 압흘 닷투어 자긔 집으로 도라가는 중이엇다 四일까지 판명된 조난상황은 다음과 갓다

조난선 二백九十四척 중에 파선이 二백六十四 반파된 것이 三十척 행위불명선 三十척 사자 十三척 부상자 一백四十四명 행위불명 二백명 조난자 一천七백七十六명 손해총액 三十四만원에 달하엿다

이외에도 판명되지 안은 조난자도 만은 모양이며 구호반은 맹렬하게 활동 중이다

■ 洶湧怒濤의 바다바라 울부짓는 家族들, 六十척 써나간 배소식이 끈처, 鎭南浦港頭의 涙景(1934.6.5.)

[平壤支局電話] 二일 새벽에 습래한 폭풍우로 인하야 연평도 부근에서 수백여 척의 조기잡이 배가 조난되엿다는 소식이 보도되자 진남포 부근의 어부로서도 이번에 연평으로 조기잡이를 써난 어선이 약 六十여 척이나 잇서 도라올 시기가 임이 지낫스나 도라오지 아니함으로 이 배들도 역시 조난된 것이라고 하야 조기잡이 간 어부들의 처자권속들은 항구로 모혀들어 바다 밧글 내여다 보면서 울며불며 자기의 가족이 도라오기를 기대리고 잇서 진남포 항구는 곡성이 창천한 중인에 三일 오후에 진남포 압바다에서는 소나무를 실고 항구로 드러오는 목선 한 척이 침몰되여 약 四백원의 손해를 당하고 다행이 인명에는 관계가 업선는 일이 잇서 전기 六十여 척의 출어선의 안부도 극히 염려되는 중이라 한다

■ 延平島 三大漁場의 한곳으로, 年産額 百餘萬圓(1934.6.5.)

연평도는 룡당포(龍塘浦)항을 상거한 二十四 해리의 황해 해상에 잇는 섬으로서 조선에서는 三대어장의 하나로 유명한 곳이다 섬의 주민은 불과 二백여호 인구 一천명 내외밧게 되지 안으나 녹음 짓흔 六월경이 되면 조기잡이 배가 빈번하게 모혀 들어서 멀니는 장긔(長崎) 웅본(熊本) 좌하(佐賀) 복강(福岡) 등지의 출어선 도가 해서 수천 척의 어선이 집중한다 그래서 조기잡이 때에는 우편국 경관출장소 무선전신국까지 특설되여 고기잡이 때의 인구는 일약 二만명 이상에 달하는 성황을 이루고 년산액 백만원을 돌파한다고 하는 곳이다

■ 漁船의 被害 三二四隻, 遭難人數 一七七名, 道別 難破船은 全南이 首位, 判明된 延坪 海亂(1934.6.6.)

黃海道警察部發四日午後三時警務局着電=四일 오후 三시까지에 판명된 연평도 어선피해 상황은 다음과 갓다

漁船全潰 二六四隻 同不明 三〇隻 同半壞 三〇隻 合計 三二四隻

死者 四名 同不明 十三名 負傷 一四四名 遭難者 一七一名

遭難漁船의 道別 黃海 五四隻 京畿 二七隻 忠南 二二隻 全北 一七隻 全南 九六隻 慶南 七五隻 佐賀 三三隻

■ 群山서 出漁턴 七隻은 失踪, 十척 중에 二척은 무사하고 一隻은 難破 確實(1934.6.6.)

[全州] 일전의 폭풍우로 각지 어선(漁船)의 피해가 불소한 중 본도 거주어민으로 출어(出漁) 중(中)에 잇는 어민이 만허 당국자는 관게 각지에 대하야 상황을 조사 중인바 三일 정오경에 『二일 아츰 황해도 연평도(延平島) 부근에서 대폭풍우로 인하야 전북 어선이 다수히 난파(難破) 되엇스니 지급히 구호하야 달나는』 전북 어업자 일동의 명의로 친 전보가 고(高) 전북지사(全北知事)에게 도착되어 도 당국에서는 즉시 황해도지사에게 상세한 조사를 의뢰하는 동시

에 당면의 구급을 부탁하는 전보를 치고 四일 아츰에는 본도 수산시험선(水産試驗船)을 당지로 급파하는 동시에 어청도(於靑島)에 정박 중인 본부시험선에도 의뢰하야 급행케 하얏다는데 四일 정오ᄭᅡ지 판명된 것은 군산(群山)으로부터 출어중인 十척 어선 중 七척이 행방불명이요 一척은 난파 二척은 다행히 무사하다는바 난파선의 인명은 구조되엇다 하며 각지의 상황이 판명되면 상당한 피해가 잇슬 모양이라 한다

■ 全南 救助船 延平에 急行(1934.6.6.)

全南警察部發四日午後四時警務局着電 = 연평도(延平島) 부근 조난어선에 대하야 전남도로부터는 수산회사의 어선 무등산환(無等山丸)(六六돈)에 수산회사 직원 二명과 의사 一명을 편승식혀 현장으로 급행케 하얏다

■ 延平島 慘跡 차저, 船隻 損害 三十四萬圓 絶信 失踪者 二百餘名, 判明된 死者 氏名과 出身地, 海州支局 呂特派員 發信(1934.6.6.)

연평도(延平島)의 폭풍우 조난사건의 급보를 접한 황해도경찰부에서는 오(吳) 보안과장 조뢰(早瀨) 해주서장과 전중(田中) 위생과장이 구조대를 인솔하고 三일 오전 八시 현장에 급행하려 하엿스나 게속하는 폭풍으로 격랑이 심하야 예정대로 출발을 못하고 四일 오전 五시에 이르러 겨우 경찰관의 사군 하합(河合) 내무주임 이하 수산게원 등 二十여 명의 구조반(救助班)이 의료기구와 식양 등을 실고 경비선(警備船) 제七호작환(鵲丸)과 수산시험선 해룡환(海龍丸)으로 출발하야 동 九시 영평도 현장에 도착하자 전중(田中) 위생과장(衛生課長)의 지휘로 부상자를 응급 수당하며 중상된 사람은 해주도립의원으로 보내고 ᄯᅩ 一방 피해진상을 조사하엿는데 당일(四日) 오전ᄭᅡ지 적확히 판명된 바에 의하면 ▲ 鮟鱇網漁船 全潰 九十八隻 半潰 十六隻 ▲ 空釣延漁船 全潰 七十四隻 半潰 十隻 ▲ 浦貝漁船 全潰 二十六隻 ▲ 發動機船 全潰 七隻 ▲ 商船 全潰 五十九隻 半潰 四隻으로 전궤된 선수가 二백 六十四척 반궤된 것이 三十척으로 그의 손해만이 약 三十四만원 가량이고 그외 현재 판명된 조난자 수는 一천七백七十六인으로 죽은 사람이 十三인 행위불명된 자가 약 二백명인바 그의 확실히 죽은 것으로 판명된 사람의 성명은 다음과 갓다

▲ 京畿道 富川郡 松內面 浦里 趙善貞(三五) 同 趙在弘(六〇) 同 黃基雲(四〇) 同 〇〇乭(三五) 同 李石順(三八)

▲ 〇〇郡 德積面 鎭里 朴在龍 同 金〇〇(三六) 同 張東植(四五) 同 〇〇成(五〇) 同 金性範(四四) 〇大男(三六) 同 鄭某(二二) 〇基春(四〇) 同 張錫祚(四〇)

▲ 全南 高興郡 東江面 竹岩里 李某(二六)

■ 千三百餘尺 出漁船 歸還한건 九百隻, 남어지 三四백척은 어느 곳에 搜査作業 크게 困難(1934.6.6.)

전기에 피해 상항은 四일 오전ᄭᅡ지 판명된 것 ᄲᅮᆫ 아니라 그의 조사방법도 피해자로부터 일일히 구제사무소(救濟事務所)로 차자와 신고를 한 것에 의한 것으로 금후도 게속하야 피해자의 신고가 부절함으로 과연 그의 참말로 피해된 것은 아직ᄭᅡ지 정확한 수자를 발견할 수 업다 그 ᄲᅮᆫ 아니라 육지와 달나 해상의 피해라 조사방법이 비상히 곤난하고 ᄯᅩ 조난 당일 〇곳 유일한 통신긔관인 무선〇의 고장으로 각지의 통신이 두절되여 구조하기가 느즌 관게도 잇다 - 무전(無電)의 고장이 속출하야 통신련락상에 비상한 불편이 잇다 그리하야 현재 판명된 피해 중 행위 불명된 배가 三十여 척으로 그의 승조원(乘組員)이 약 二백명 가량된다 하나 그는 다만 평시부터 육지와 연락이 잇든 배나 ᄯᅩ는 이번 조난 사이에 목격을 하엿든 배ᄲᅮᆫ으로 그 외에도 배와 선원이 가티 종적을 이른 것이 적지 아니하리라 예상되는데 이에 대하야 조난자들의 말을 드르면 최근 연평도의 어기(漁期)가 종말이 되여오는 관게로 발서 다른 곳으로 올마간 배도 잇슬 것이나 그래도 아직ᄭᅡ지 연평도 근해에 잇든 배는 적어도 一천 二三백척은 잇섯슬 것으로 연평항 내에 드러온 배는 七백여척 박게는 되지 아니하고 ᄯᅩ 룡진(甕津) 용호도(龍湖島) 방면에 피난한 것이 二백여 척 잇다하나 그 외에도 아직ᄭᅡ

지 종적을 모르는 것이니 二三백 척은 될 것으로 그의 천여명이나 될 승조원들의 생사는 실로 우려된다고 한다 그리하야 그들의 행방을 찾고자 경찰부 구조대에서는 四일 오전 十시부터 발동기선 六척을 출동하야 해상수삭망(海上搜索網)을 느리고 활동을 개시하엿는데 그의 수사방면은

▲ 海龍丸 – 巡威島, 龍湖島 近海 方面

▲ 新生丸 – 延坪島 近海

▲ 日水丸 – 興嵋面 月峰 近海

▲ 濱田丸 – 大小睡鴨島 近海

▲ 水産丸 – 龍媒島 近海

▲ 海豐丸 – 東江海岸 方面

이와가티 활동하는바 그의 피해 상항은 금후 엇더케 발견될는지 주목되여 이 급보를 드른 관계 각도(各道)에서는 속속 응원구조선을 발동식히는데 四일 오전까지 구조본부에 드러온 소식에 의하면 경기도수산회(京畿道水産會)와 전남수산회(全南水産會)에서 응원구조선을 파송하엿다 한다

■ **배깨어저 업서진 뒤 목숨은 사러 무엇, 깨여지는 배를 부둥켜 잡고 激浪에 삼켜진 生靈(1934.6.6.)**

조난 당일은 간조(干潮)의 관계로 어선 대부분이 그 전날부터 입항을 하야 七백 五十여 척이 게류하고 잇자 二일 오전 二시부터 이러나는 폭풍을 따라 들물의 파도는 점점 심하야 당일 아츰 六시경에는 항내에 갓득 찻든 배가 격랑(激浪)에 휩싸여 배와 배는 서로 부듸처 산산히 깨여지고 선창에는 깨여진 뱃조각이 듸러밀녀 산가티 싸이게 되자 항내는 우름과 아우성 소리에 폭풍우를 겸하야 실로 형언할 수 업는 인간지옥을 이루엇스나 순간에 이러나는 천변이라 도저히 사람의 힘으로는 엇지할 수 업서 다만 아우성 소리만 하날에 찻슬뿐 경각에 사나운 파도에 휩쌔여 드러갈 줄 알면서도『배가 깨여지고 사람은 사라 무엇하느냐!』하는 배와 생명을 가티하는 선원들은 그래도 부서저 가는 뱃조각을 붓들고 필경 생명을 갓치하야 파도에 휩쓸려 드러나는 처참한 광경은 실로 사람의 눈으로 볼 수 업는 인간비극이엿다 그후 폭풍은 지나갓스나 이러버린 부모처자를 부르며 동무를 찻는 조난자들의 우름소리는 아즉까지 연평도 항내에 가득찻다 三일부터 그곳 수산회에서는 조난자를 응원하야 파선된 선체의 인양작업을 하는데 파선된 뱃 밋창에서 지금까지 사체를 五명 밧게는 발견치 못하엿다는데 시일이 경과되여 사체 발견이 비상히 곤난하다고 한다

■ **遭難者 歸鄕시킬 方法을 講究, 자비로 도라갈 수 잇는 사람 千餘名 中에 極少數(1934.6.6.)**

이번에 조난된 사람 중 본군(海州郡) 부근 사람을 제하고 타도 사람으로 연평도에 구조 수용되엿든 사람은 당일 一천 七백여명이나 되엿스나 그후 자비로 려비를 할 수 잇는 사람은 속속 고향으로 도라가고 도저히 자력으로 가지 못할 사람이 대부분 되여 구조당국(救助當局)에서는 四일 오후 소속된 뱃주인(問屋)을 소집하야 그들의 귀환식힐 방법을 토의하엿는데 원체 만은 수의 사람이라 개인으로 도저히 주선을 할 수 업슴으로 그들의 실정에 의하야 구조당국에서 상당한 보조를 주어서라도 전부 불일 내로 귀환식힐 방침이라 한다

■ **近海 風浪 依然히 놉하 遭難 實情의 調査 不能, 激浪에 싸혀서 慘死體 隱顯, 새로히 발견하야 건진 것이 네개이엇다, 延坪漁場 被害 後聞(1934.6.7.)**

黃海道警察部發六日午前一時警務局着電 = 연평도(延坪島) 부근 해안의 폭풍우 피해는 아즉 해상에 풍파가 놉하 그 상세한 진상을 알 길이 업는데 작五일 오후 三시 까지에 판명된 것은 기보한 사자(死者) 외에 다시 四명의 사체를 발견하얏고 조란어부의 총수는 조선인 八백九십二명 내지인 六십四명 합게 九백五십七인으로 이를 출어지별(出漁地別)로 보면 ▲ 佐賀縣 十五名 ▲ 長崎 二十九名 ▲ 全南 三百六十三名(內朝鮮人 卅名) ▲ 京畿 朝鮮人 一名 ▲ 慶南 朝鮮人 五百卅八名 ▲ 忠南 朝鮮人 十三名 ▲ 全北 朝鮮人 七名이다 황해도경찰부에서 출동한 구원대는 사자(死者)의 처지 부상자의 수당에 노력하는 동시에 조난어부의 송환(送還)에

대하야 알선 중인데 오일 인천(仁川) 잇는 림겸문옥(林兼問屋)에서 조난어부 九백 십八명의 송환(送還)을 담당하기로 되어 어선(漁船)을 련결(連結)식혀 발동긔선으로 라로도(羅老島)까지 예항(曳航) 하기로 하엿스나 풍파가 아직 침○되지 안어 출동치 못하고 六일 아츰 총독부로 대형어선(大型漁船)을 보내여 달나는 의뢰가 왓슴으로 총독부에서는 인천항에 잇는 경비선 三척과 수산회사시험선 一척의 사용을 허락하는 一방 대형어선의 파견에 대하야 고려 중이다

■ **災難漁夫 送還코자 鎭海 驅逐艦 出動, 조선우선의 앵도환도 급출동, 各道 警備船도 急行(1934.6.7.)**

[海州支局呂特派員電話] 연평도(延坪島) 부근에 산재한 리재민을 송환하기 위하야 룡당포(龍塘浦)에 정박 중인 조선우선회사의 소속긔선 앵도환(櫻島丸)(一三○○噸)은 금六일 오전 十一시 룡당포를 출발하야 연평도로 급행하엿고 진해(鎭海) 요항부에서는 구축함 련(蓮) 一척이동 오전 七시 卄분에 리재민 송환을 응원차 연평도를 향하야 급행하엿스며 수산시험선 조풍환(朝風丸)도 목포에서 연평도를 향하야 급행하얏고 경남 전북 전남 충남 경긔 좌하현 등 각지에서도 경비선을 파견하엿다 전긔 앵도환은 三백명을 실을 수 잇고 구축함과 조풍환도 상당한 인원을 태울 수 잇다 한다

■ **忠南 管下의 出漁船 遭難狀況 尙不明, 교통불비로 조사진행상 곤난, 舒川 瑞山 兩郡서만 一四四名(1934.6.7.)**

[大田] 황해바다를 엄습한 폭풍우로 말미아마 서해(西海) 일대의 풍랑(風浪) 피해는 매일 신문지상을 통하야 보도되는 바어니와 황해 연평도(延平島) 부근에서 조난한 어선 가운데는 충남 관내의 어선이 대부분이라는 황해도청의 통첩을 바든 충남에서는 재작일 보도한 바와 가티 수산조사시험선(水産調査試驗船) 충남환(忠南丸)과 경비선 제이광환(第二光丸)에 구호반을 실러어 현장에 급거 출발시키엿거니와 이 조난선 가운데 충남에서 몃척의 어선이 그 부근으로 갓는지 그 수효와 인수를 조사하기 위하야 충남당국은 해안 디대의 각 경찰긔관을 총동원 시키는 一방 각군 청원을 독려하야 세밀한 조사를 시작하엿스나 교통긔관이 불편한 해안지대이니만치 용이하게 보고를 접하지 못하여서 초조한 중에 잇는데 五일 오후 네시까지 보고가 온 곳은 서천(舒川) 서산(瑞山) 두 경찰서인데 연평도(延坪島) 부근으로 출범한 어선은 아래와 갓고 이에 딸은 一백四十四명의 생명이 엇더케 되엿는지 몰라서 가족들은 아우성을 치고 잇다고 한다

■ **慰問品食糧 災地에 遝至(1934.6.7.)**

[海州電話] 조난당한 연평도에는 황해도 당국으로부터 장(張) 참여관이 석곡(石谷) 회계과장을 대동 위문품과 식량을 가지고 현장에서 활동하는 중이며 그 외에는 충남 보안과에서 토옥(土屋) 경부보가 전북 수산과에 ○는 태전(太田) 주사가 작五일 밤에 해주에 도착하야 휴대한 위문품 식량을 가지고 현장으로 급행하엿고 금六일 오후 一시 반에는 총독부 사회과에서 강전(岡田) 속관이 해주에 도착하엿다 한다

■ **延坪島 漁船 遭難으로 第二防波堤 要望, 總工費 十萬圓이면 充分, 갈바람은 막엇스나 마파람이 걱정, 道 當局도 同情 深厚(1934.6.8.)**

[海州] 황해도 연평도(延坪島)의 이번 폭풍조난 사건은 연평도가 석수어(石首魚) 어장으로 개장된 이래 처음 당한 막대한 피해로 그 실황은 실로 형언할 수 업는 상상 이상의 처참한 상태를 이루엇는데 연평도는 지리적으로 보와 해주용당포(龍塘浦)를 거하기 약 四十해리나 되는 절애고도(絶崖孤島)이나 일즉부터 석수어(石首魚) 어장으로는 전남 칠산포(七山浦)며 평북 용암포(龍巖浦)와 가티 전조선에 三대어장으로 그의 연산액이 百만원 이상에 달하야 황해도의 보고(寶庫)가 되여 잇서 四월 중순부터 六월 중순에 항한 어기만 되면 각지에서 모혀드는 어선은 수천 척에 달하나 그의 유익한 근거지인 연평도항(延坪島港)에는 지리적으로 동서남풍(東西南風)을 막을만한 시설이 업슴을 유감으로 생각한 황해도(黃海道) 당국(當局)에서는 소화六년도에

十五만 四千여 원의 공비를 투하야 제일 위험한 서남풍(西南風)을 막을만한 연장 九百四十一미돌에 방파제(防波堤)를 축조하야 종래보다는 더욱이 안전지대가 되엿스나 남어지 문제 문제는 동남풍(東南風)을 막을 제방이 업서 그 도민(島民)들은 그의 실현을 요망하야 작년 십이월에 도당국에 진정까지 하엿스나 예산관게로 아직 구체안이 업는바 이번의 재해도 맹렬한 동남풍으로 인하야 그와 가티 조난된 것으로 도당국에서도 심히 유감으로 생각할 뿐 아니라 도민들은 이번 조난사건을 긔하야 하로밧비 그를 실현하도록 노력하리라 하는바 그의 제二방파제를 축조함에는 약 二十만원의 공비를 요하리라 한다

■ **忠南 出漁 船員 一部 몬저 送還, 아즉도 실종한 것이 十五척, 土屋警部補 報告(1934.6.8.)**

[大田] 황해 연평도(延坪島) 부근에서 조난된 어선 가운데는 충남 관내의 어선이 다수이라는 정보를 바든 충남도 당국에서는 해로(海路)로 경비선과 수산시험선 두 척이 구호반을 실고 현장으로 급행하고 륙로(陸路)로 경찰부 보안과 토옥(土屋) 경부보가 해주(海州)에 가서 수륙 쌍방으로 응급구호에 진력하게 되엿다는 것은 이미 보도한 바어니와 六일 오후 三시까지의 현장정보를 토옥 경부보가 경찰부로 통전한데 의하면 아래와 갓거니와 아직도 十五척 이상의 어선이 어듸 잇는지 종적을 몰라서 수사 중으로 그들의 생명은 매우 염려된다고 하는데 어선 二十五척과 승조원 一백十九명은 무사히 구하여 七일 충남으로 도라 오리라 한다

■ **風靜 浪息코도 依然 絶信, 二百餘名의 生還 無望, 이곳 저곳에 써올으는 시체, 구축함으로 이재민을 송환할 수는 업다, 驅逐艦은 近海 搜査(1934.6.9.)**

[海州發] 연평도(延坪島) 어선조난사건은 날이 갈수록 행방불명된 사람이 증가하는 상태로 조난된 이후 행방불명으로 六일까지 판명되지 아니하야 필경 죽은 것으로 단념한 사람은 이미 보도한 十四명의 사망자 외에 또 十四명이 발견되엿는데 그 성명은

京畿道 富川郡 德積面 蘇耶里 鄭基昌 同 金藤安 同 姜珍山

同郡 蘇南面 西浦里 趙光洪

同郡 德積面 鎭里 金吉燮 同 金聖周

京畿道 江華郡 吉祥面 草芝里 李文昌

外 姓名 未詳者가 七名

그 외에 연평도(延坪島)와 밀접한 관게를 가지고 분명히 그 근해에 출어 중이든 배가 三十여 척이나 행방불명이 되어 그의 승조원 一척 六명 평균 二백四명도 아즉까지 한명의 행방도 판명되지 아니 하엿다 그리고 육일 옹진군(翁津郡) 창린도(昌麟島)에도 사체 三개가 표착하엿다 하나 아즉 성명은 판명되지 아니 하엿스며 연평도 어긔가 종말이 되여가는 관게로 평북 용암포(龍巖浦)로 회항 중 옹진(甕津) 장연(長淵) 해안(海岸) 방면에서 조난된 어선도 적지 아니하리라 하야 六일 연평도에 도착한 구축함(驅逐艦)은 즉시 대청도(大靑島) 방면을 수색한 후 七일은 인천에 입항할 예정으로 조난자(遭難者)를 구축함으로 환송식키기는 불능하고 각지에서 온 응원선들은 전부 소형의 경비선임으로 방금 구조당국에서는 대형의 화물선(貨物船)을 교섭하는 등 운반선에 곤난을 당하고 잇다 하야 각도 응원당국에서도 그 대책을 강구하는 중 전남(全南)에서는 그 응원선으로 목포(木浦) 정박한 금강환(金剛丸)을 十일 오전 十시 출발식혀 연평도로 급행하는 중이라 한다

■ **罹災 一,四三四名의 大部分 送還 終了, 남어 잇는 四백명도 금명 중에, 七日까지 判明된 被害(1934.6.9.)**

黃海道警察部張發八日午前十時警務局着電 = 연평도(延坪島) 어선 피새상항은 작 七일까지 판명된 ○이

死者 二名 同行方不明 卅四名

漁船全潰 二七五隻 同半壞 卄五隻

으로 리재자 一천四백卅四명 중 내지로 송환할 리재자는 좌하현(佐賀縣)으로부터 작환(鵲丸)이 출동하야 전부 송환을 미치엿고 그 외에 각도로부터도 구제하기 위하야 경남(慶南) 발동선 二척 전북(全北)수산회시험선 一척 충남(忠

南)시험선과 경비선 각 一척 전남(全南)경비선 二척이 출동하야 수사(搜査)와 송환(送還)을 개시하야 경남으로 五백九十三명 전북으로 卄五명 경긔도로 十一명 전남으로 一백四十七명 충남으로 卄七명을 각 금일 아츰까지에 각각 송환하얏다 그리고 나머지 四백명도 금명일 중으로 전부 송환하기로 되엇다

■ **지금까지 알려진 것은 九年一毛에 不過, 긔막힌 참상은 형언할 수 업다, 仁川에 다은 櫻島丸으로 送還災民 談(1934.6.9.)**

[仁川] 조우긔선앵도환(朝郵汽船櫻島丸)은 六일 신의주(新義州)로부터 인천(仁川)으로 황해도 연평도(延坪島)에 긔항하야 지난 폭풍우에 조란당한 피란민 十四인을 태우고 七일 오전 十一시 반 인천에 입항하엿는대 피란자들의 말을 들으면 당국의 조사한 것은 일부에 지나지 못하며 파선된 어선은 지금도 작고 늘어가며 조란사자들도 속속 판명 중이라는대 발견된 사자들은 동 면사무소에서 가매장을 한다고 한다

■ **洋上 根據地 漁港으로 完全 優秀한 設備, 금번의 참화는 불완전이 원인, 面目 새로워질 延坪(1934.6.10.)**

이번 폭풍우에 피해를 입은 연평도(延坪島)의 어항(漁港)은 본시 그 설비가 불완전한 까닭이 엇슴으로 공비(工費) 十만원의 경비로 이○참해와 가튼 날이 ○대로 일도록 충분한 설비를 하기로 총독부 당국에서 결정된 모양인데 이 경비 十만원은 도비(道費)로 반분은 국고로 보조하리라는바 그 내용인즉 수년 전에 十五만원을 들여 수축한 방파제(防波堤)가 얏흠으로 이 방파제의 동남(東南)의 일부를 증축하야 양상근거지어항(洋上根據地漁港)으로서의 만전을 기하기로 되엇는데 이것이 완성되면 조선에서는 처음보는 안전한 양상근거지어항이 실현되리라 한다 그리고 공사의 착수는 느저도 금추(今秋)에는 황해도 당국의 지도로 행하게 되리라 한다

■ **延坪海 遭難 漁夫들 九日까지 全部 送還, 배 한척 二十원, 十원 구조금과 五十名 一團에 救助 白米 一俵(1934.6.11.)**

[海州] 연평도(延坪島) 조난사건의 조난자(遭難者) 一七七○명은 그간 구조당국에서 전력을 다하야 송환(送還)을 주선한 결과 六일에 五백九十八명 七일에 二백三十二명으로 九일까지는 전부 본적지에 송환될 모양이고 그외 자력으로 도라간 사람이 약 八백에 달하엿다 그리고 그들 구조방법으로는 전궤된 배 한척에 대하야 내지 방면의 것 二十원식 조선 내의 것 十원식을 보조하여 주고 도라가는 사람 五十명 一단에 백미 一표식을 각기 황해도수산회(黃海道水産會)에서 주어 보냇다

■ **延坪島 漁船 遭難時 白翎島 被害 酷甚, 漁船 全潰 流失과 作業場 流失, 損害 一萬七千餘圓(1934.6.28.)**

[海州] 지난 六月 二日 西海岸 暴風雨로 因한 延坪島 漁船 遭難事件은 當時 詳報하여스나 그後 交通 不便으로 被害를 알수업는 西海岸 絶崖列島의 被害가 續續 判明되는바 지난 二十五日 黃海道 警察部에 到着한 長淵郡 白翎島의 被害 狀況은 意外로 甚大하야 全潰 流失이 一雙 荷物帆船의 全潰 一雙 其他 東洋捕鯨會社 作業場 流失 등으로 그 損害가 一萬七千餘圓에 達하엿다 한다

■ **災害復舊에 努力하야 聖恩鴻大에 奉副, 延坪島 暴風害 下賜金에 對하야, 鄭黃海道知事 謹話(1934.7.10.)**

[海州] 지난 六月 二日 暴風雨로 因하야 黃海道 石首魚場 延坪島를 中心으로 西海岸 漁船 被害는 未曾有의 慘狀을 呈하얏는바 그 罹災民의 窮狀을 御軫念하샤 天皇 皇后 兩陛下께옵서는 救恤金을 御下賜하옵섯는데 그를 拜受한 鄭黃海道知事는 恐懼感激하야 다음과 가티 謹話하얏다

六月 二日 午前 二時半부터 同十一까지 本道 沿岸 就中 海州郡 松林面 延坪島間 近一帶에서 未曾有의 暴風이 襲來하야 當時 石首魚의

盛漁期로 멀리 長崎 及 佐賀縣으로부터 本道外 南朝鮮 五個道에서 出漁하엿든바 그의 慘害는 人命의 死傷 及 行衛不明 二百人 船舶의 行衛不明 及 破壞 四百七十九隻 家屋의 破壞 十七戶에 達하야 罹災民의 窮狀은 實로 慘憺하엿습니다 今回 그의 慘狀이 天聽에 達하사 惶恐하옵게도 天皇 皇后 兩陛下께옵서는 그 罹災民의 窮狀을 御軫念하옵서 罹災民을 御救恤하시옵고자 御內帑金 御下賜의 恩命을 拜하온 것은 참으로 恐懼感激에 不堪하는 바임니다 謹히 優渥하옵신 聖旨를 奉體하와 早速 罹災民 及 遺族에 傳達함과 가티 官民 一致協力하야 災害의 復興에 努力이야 鴻大하옵신 天恩을 萬分一이라도 奉副코자 함니다

■ 御下賜金 傳達式 擧行, 延坪島 出漁 罹災民에 (1934.9.12.)

[汶山] 延坪島 出漁 中 暴風雨로 遭難한 罹災民 救恤의 御下賜金 傳達式은 十日 午後 二時부터 坡州郡에서 各 官公署代表 出席裡에 安聖○ 郡守로부터 聖旨傳達 御下賜金을 在記 四名에 交附하얏다

汶山里 鄭致萬 崔壽永 崔龍石

交河面 金華善

■ 黃海篇 全朝鮮에 供給하는 延坪島의 石首魚, 黃州 林檎 龍湖 海苔는 넘우 名高, 錦乾은 漁村經濟 潤澤(1935.1.5.)

延坪의 石首魚 超躍的인 錦乾

돈 실너가자 延坪바다로…의 石首魚는 朝鮮 三大漁場에서도 第一位를 占하고 잇스며 그의 年產은 百萬圓을 突破하야 黃海道 水產에 가장 重要한 地位를 가지고 잇고 延坪產 石首魚는 全朝鮮으로 販路를 가지고 잇슬 쑨 아니라 內地方面에까지 消費되여 漁期에 集中되는 漁船도 全朝鮮 各地 及 內地 方面 것이 大部分이다 그리고 最近 數年來 延坪島와를 中心으로 生產되는 錦乾(改良貝)은 實로 超躍的 發展으로 昨年度 產額이 五十萬圓에 達하야 道當局에서도 積極 奬勵計劃으로 邁進 中 그의 產量은 實로 無盡藏인 것이 發見되여 產地에서는 大活氣를 呈하고 잇고 그의 消費地로 朝鮮內地는 勿論이고 臺灣 南支那 方面에서 大好評을 得하야 主產地 龍媒島漁業組合에서 每月 共販 入札을 할 때에은 朝鮮內 商人과 臺灣 等 商人과 競爭이 激化되여 入札價格은 非常히 高價에 達하여 例年 百斤에 對하야 八圓 乃至 十二圓 가량의 것이 昨秋부터는 突然 二十圓을 突破하엿다 그리하야 生產者와 奬勵當局을 놀나게 하얏다 그리고 斡旋局에서는 方今 滿洲國 方面에 消費市場을 開拓코자 努力 중으로 海州 改良貝의 前途는 實로 洋洋할 쑨 아니라 不遠한 將來에 本道 產業에 首位를 占하게 될 것을 疑心 아니 한다

■ 私財까지 投하야 漁村 振興에 盡力, 島民의 崇拜를 一身에 밧는 大靑島 金學善氏 (1935.1.9.)

長淵郡 白翎面 大靑里 大靑島漁業組合長 金鶴善氏는 黃海道 漁村 振興의 功勞者이며 先覺者로 昭和八年 九月 地方 漁村民들은 氏의 功績을 讚揚하기 爲하야 同島 海岸 山腹에 頌德碑를 建設하야 本道 水產界에 偉觀을 呈하엿는데 그는 엇더한 功績이 잇섯든가 氏는 今年 七十二歲의 老齡으로 그의 平生을 社會奉公과 公益事에 盡力할 쑨 아니라 特히 漁民保護와 漁業振興에 實로 氏의 功績이 偉大하야 島民들은 氏를 活佛과 가티 崇拜한다 氏는 또한 自手成家로 累萬의 財產을 成하엿는데 晩年에 氏는 社財를 不願하고 公益을 爲하야 傾力하엿다 懸在 大小靑島의 漁獲權은 明治四十二年 以來 氏가 免許를 受하야 外來의 漁權者를 防止하고 一般 島民에게 開放하야 同島民들은 비로소 外來의 威脅을 밧지 아니하고 安全 就業을 하게되엿다 그리고 氏는 島民의 生活 向上을 爲하야 獻身하는 同時 教育의 急務를 先覺하고 大正十年에 氏는 社財를 傾하야 私塾을 經營하엿고 그後 氏의 努力으로 公立普通學校로 完成을 보게되엿다 大正十二年 懸在 漁業組合을 設立하고 組合長이 되여 漁村振興開發 島民 民風改善 等에 全力을 傾注하야 氏는 道와 本府에서 水產功勞者로 教育功勞者로 表彰을 受한 것이 數回에 끈치지 아니하야 그것만으로도 氏의 功績이 엇더한 것을

알 수 잇다

■ **大靑島捕鯨會社 捕鯨成績良好 年頭에 三首를 捕獲(1935.1.27.)**

[海州] 黃海道 大靑島 東洋捕鯨會社 捕鯨場의 今年 作業은 例年보다 約 一個月 늣게 一月 十一日부터 始作하엿는데 作業開始 以來 不過 二週에 二十四日 現在로 임이 三頭를 捕獲하야 例年에 업는 成績으로 會社側에서는 今年度 大景氣를 豫想하고 발서부터 氣勢를 올니고 잇다 昨年은 全 捕獲數가 十三頭 밧게 되지 아니하야 平均 年 捕鯨數 三十頭에 比하야 未曾有의 不景氣이엿다 한다

■ **仁川鎭南浦間 新航路 開始, 森信會社에서(1935.3.29.)**

[仁川] 朝鮮人 船舶業者로서 相當한 業績을 擧하야 오는 森信汽船株式會社(本店 江華)는 今般 仁川鎭南浦線을 新設하야 來 四月 一日부터 海域丸을 就航식혀 沿岸의 物資運輸 及 旅客의 取扱을 開始할 터인대 寄港地는 龍湖島, 蘇江, 九味浦, 小靑島, 大靑島, 白翎島, 夢金浦, 金山浦라 한다

■ **延坪島로 돈 실러 온 배 벌서 千餘隻 集中, 石首魚의 盛漁期를 압두고 豫想 外의 繁榮 招來(1935.5.5.)**

[海州] 黃海道 延坪島의 石首魚 漁場에는 方今 臨迫된 盛漁期를 압두고 漸次 繁雜을 이루어가는데 지난 四月 末로 海州警察署 郵便局 等 모든 機關에서 臨時派遣을 하야 治安 通信 交通의 便을 圖하는 等 各種 施設이 임이 完備되엿다 그리고 지금까지 記憶이 새로운 延坪島의 昨年 漁期 暴風被害의 慘狀으로 今年 漁期에 多少 影響을 豫想하여스나 目下의 現狀을 보면 도리여 豫想 外의 繁盛을 이루고 잇다하며 今年 漁況도 또한 稀有의 豊魚를 보이고 잇고 石首魚 時勢도 다른 景氣上昇에 따라 例年 업든 好勢를 傳하고 잇다 그리고 第一盛漁期는 今月 中旬頃인데 이 盛漁期에 一攫千金을 目標하고 方今 各地에서는 集中되는 『延坪바다로 돈 실너온 배』가 발서 延坪 近海를 中心으로 千隻을 超하엿다 한다

■ **延坪 고기잡이 나가 안 도라오는 漁船, 남은 다- 무사히 도라 왓는데 四船隻 二十四乘員(1935.5.5.)**

[海州] 긔보=인천(仁川) 근해(近海) 부천군(富川郡) 덕적면(德積面) 목덕도(木德島) 부근 해상에 파선(破船)의 표류물(漂流物)이 발견되엇다는 긔별을 듯고 七일 새벽 부천군 청원과 가티 경비선 작환(鵲丸)으로써 현장에 급행하든 인천경찰서원은 당일 저녁에 귀인하얏는대 그들의 보고에 의하면 목덕도 부근 해상을 모조리 수○ 하얏스나 파선은 고사하고 아모 표류를 한아도 발견치 못하얏슴으로 ○도에 백아도(白亞島)와 울도(蔚島)에 상륙하야 조사한 결과 다음과 가튼 개의 사실을 주민들에게 드럿다 한다

■ **盛漁中 延坪島에 臨時 通信施設(1935.5.9.)**

遞信局에서는 黃海道 海州郡 延坪島에 每年 盛漁期 中 海州郵便局臨時出張所를 設置하고 郵便物의 受付 交附 及 爲替 貯金의 受拂事務를 取扱하여 왓는데 今年에도 無線電信의 設備를 하고 京城無線電信局과 交信해서 連絡을 取하기로 되엇다 開設期間은 五月 十日頃부터 約 四十日 間이다

■ **漁船 暴風에 顚覆, 乘組員 六名이 失踪(1935.5.17.)**

[海州] 장연군(長淵郡) 백령면(白翎面) 대청리(大靑里) 안경춘(安京春)의 소유 어선(漁船)이 지난 十二일에 박창문(朴昌文) 외 八명이라고 대청도(大靑島) 근해(近海)에서 출어 중 十三日 폭풍으로 배가 전복되여 승조원 九명 중 三명은 항해 중의 대청환(大靑丸)에 구조되엿스나 남어지 六명은 아즉 생사가 불명이라 한다

■ **小靑島燈臺 修繕中 失光(1935.5.24.)**

황해도(黃海道) 소청도(小靑島) 등대(燈臺)는 안개(霧) 신호기게(信號機械)를 수리하기 위하야 지난 二十일부터 당분간 사용할 수 업게 되엿슴으로 부근을 동과하는 선박들은 주의를 요

한다

■ 延坪島의 石首魚, 一千餘隻이 出漁(1935.5.24.)

朝鮮의 三大漁場 中 하나인 黃海道 延坪島 附近의 石首魚는 近年에 듬은 豐漁로 現在 一千餘隻의 漁船이 漁撈에 從事하고 잇는바 그 中에는 二百餘隻의 發動機船이 活躍하고 잇스며 今年의 石首魚 時勢도 相當한 高價를 呈하고 잇서 漁業者 間에는 豊盛한 氣分이 濃厚한 바가 잇서 지난 十六日까지 延坪島의 臨時郵便所를 通하야 故鄕으로 送金한 것만 三萬四百餘圓에 達하엿다 한다

■ 延坪島 豊漁로 汶山浦口 殷盛, 굴비의 洪水時代를 現出(1935.5.28.)

[汶山] 朝鮮의 三大漁場의 하나인 黃海道 延坪島 附近의 石首魚는 近年의 듬은 豐漁라 한다 이로써 汶山浦口에는 延坪島로부터 市日마다 石首魚를 滿載한 漁船 數十隻이다 어서 活氣를 띄우며 汶山市場은 俄然 『굴비』로 大繁昌을 이루고 잇다

■ 延坪島의 石首魚 龍岡 近海에 移動, 大群 廻로 豐漁 豫想(1935.5.31.)

黃海道 延坪島를 中心으로 한 漁業이 稀有의 豐漁로 마지막을 告하려고 하는데 平南道 甘川 龍岡 近海에 石首魚群이 廻遊하야 漁村一帶는 俄然 活氣를 呈하고 잇다 이것은 延坪島의 石首魚가 移動하여 온 째문으로 例年 四十萬圓 內外의 漁獲이 잇는바 今年은 昨年에 比하야 漁期도 빨르며 魚群量도 非常히 豐富하며 價格도 例年에 比하야 二割高를 보히고 잇서 一帶는 매우 活氣를 呈하고 잇다

■ 延坪島 出漁한 三十隻 漁船, 고기잡이 나간 뒤로 폭풍이 불어, 遭難 與否가 念慮(1935.6.5.)

황해도(黃海道) 연평도(延坪島)에 출어(出漁) 중이든 어선(漁船) 十三척은 三일 오후 七시까지 귀범(歸帆)치 안는데 작일의 폭풍우로 엇더한 피해는 업섯는가를 우러하야 당국에서는 연안 일대를 엄중히 경계 중이다

■ 遭難 漁船으로 警備線 出動, 三十척이 조난 햇다는 정보로 黃海道警察部 應援(1935.6.7.)

[海州] 긔보 삼일 폭풍으로 황해도 연평도(延坪島) 근해에서 어선(漁船) 三十척이 행방불명 되엿다는 급보를 접한 황해도경찰부와 해주경찰서에서는 경비선(警備船)을 출동하려 하여스나 풍랑이 심하야 출항치 못하고 대기중 五일 오전에야 용당포(龍塘浦)에서 경비선 용호도(龍湖島)에서 『수산시험선』이 각각 출발하엿다 수색선(捜索船)의 활동의 제일보에 의하면 연평도(延坪島) 서해안(西海岸)에서 승조원 업는 어선 한척이 전복되여 표류하는 것을 발견하엿다 한다

■ 鵲丸急行 조난어선 정보로(1935.6.7.)

지난 三일 황해도 연평도(延坪島) 근해에 출어 중이든 조난어선은 五일 연평도 서안 근해에서 어선 一척이 전복되여 잇는 것을 발견하고 쏘다른 어선은 용강도(龍江島)에 피난 중이고 삼일 부포(釜浦) 어항에 피난한 어선 二十척이 연평도에서 조난 당한 어선으로 인정됨으로 五일 아츰에 경비선 작환(鵲丸)이 현장에 급행하엿다

■ 延坪 出漁船 三十隻 無事한 것 判明, 용강도와 부포어항에 피난, 難破船은 單 一隻(1935.6.8.)

황해도 연평도 근해에 출어 중이든 어선 三十여척은 용강도(龍江島)와 부포어항(釜浦漁港)으로 무사히 피난된 것이 판명되엿으며 연평도 부근에서 一척의 어선이 파손되엇스나 손해는 약 七十원 가량이 잇설슬 뿐이다

■ 石首魚의 凶漁는 水溫 過高가 原因, 今年 水溫帶는 幅員이 狹少, 海洋調査結果 判明(1935.7.10.)

朝鮮漁業의 王座를 占領하고 잇는 石首魚의 今年度 漁獲은 非常한 不漁로 水溫이 過高한데

起因한 것으로 推測되고 잇섯는바 全南水産試驗場 試驗船 海洋丸이 二個月에 亘하야 西海岸一帶의 海洋調査를 行하야 魚群의 棲息狀態를 硏究한 結果 다음과 가튼 資料가 報告되엿다

一. 延坪島 近海에서는 海底水溫 十三度 以上일 때 大量 漁獲은 바랄 수 업고 鮟鱇網의 一回 漁獲이 五千尾 二下일 때가 만타

二. 魚群의 密集은 比較的 水溫의 差가 甚한 二種의 水帶가 相接하는 場所에 만타 卽 十一度 乃至 十二.五度 內外의 水帶와 十四度 乃至 十五度 假量의 水帶가 收相 接하는 場所로 特히 今年과 가치 一般的으로 漁船의 漁獲의 差가 甚함은 前記 個所에 投網하엿는가 안하엿는가에 依한 것으로 推測됨으로 今後로는 이 點에 留意할 必要가 잇다

三. 今年은 十一度 乃至 十二度의 水溫帶는 幅員이 比較的 좁고 또 漁場을 急速히 通過하여버린데 反하야 石首魚의 産卵水溫인 十三度 乃至 十五度로 十四度에 각가운 水帶로 幅員이 대단히 넓어서 三十浬(延坪島 附近)에 싸지 達함으로 棲息適溫水帶의 範圍가 넓고 쌀어서 密集이 업고 大體로 薄漁이 엇스며 過溫이 産卵時期를 若干 빨르게 한 原因도 되엇다

■ 長淵 松禾의 玉筋魚 年産 十五滿圓 (1935.7.20.)

長淵 松禾 兩郡의 玉筋魚는 本島 漁業中 延坪島의 石首魚에 다음가는 重要 漁業으로 해에 쌀어 豊凶은 잇스나 一個年 平均 十五六萬圓을 不下하며 이것은 日支貿易을 主眼으로 하고 잇는바 최근 日支關係에 支障이 생겨 本魚의 市勢도 暴落하야 當 漁業者들이 困境에 싸저잇슴으로 當局에서도 이에 對한 對策 講究에 腐心中이던 바 最近 平南 黃海의 山間地方에 坂路를 開拓하게 되야 價格도 百斤當 十六圓이라는 高價를 示現하고 잇스며 兼하야 今年에는 豊獲을 하게 되야 長淵郡 大小靑島 白翎島 夢金浦 地方의 漁獲은 製品 一萬三千 俵價額 三十萬圓에 達하는 好況을 보이고 잇다

■ 붓방아(1935.7.27.)

[海州] 장연군(長淵郡) 대청도(大靑島) 부근 해상에서 지난 七월 十五일에 엇던 내지인 여자의 시체가 표류하는 것을 통행하는 어선(漁船)이 발견하고 건저내여 대청도(大靑島) 부락민들이 그곳에 가매장을 하고 당지 주재소를 통하야 장연경찰서(長淵署)에 신고하얏스나 해상교통이 불편하야 지난 卄一일 동서에서는 공의를 대동하고 현장에 출장하야 시체를 해부한 결과 나히는 卄二三에 가량 되엿스며 의복으로 보아 중류 이상의 여자인듯하나 그 신원은 알 수 업다하야 방금 주사중이라 한다

■ 延坪島普校 敎舍 建築 落成(1935.9.6.)

[海州] 石首魚 漁場으로 이름 놉흔 海州 延坪島는 從來 島民 兒童의 敎育機關이 업서 全德奎氏 等 當地 有志는 그간 公立普通學校期成會를 組織하고 活動 中이든 바이며 校舍가 完成되여 來十二日 盛大히 落成祝賀會를 開催하리라 한다

■ 臨津江 堤防 修築費 面負擔이 五千圓, 貧寒한 臨津面으로 負擔할 수 업다, 代表者가 上道陳情(1935.10.23.)

[汶山] 汶山은 臨津江의 潮水干滿으로 훌륭한 浦江를 形成하야 仁川 江華島 漢江 延坪島 各地와 海産物 其他 穀物의 運輸去來가 頻繁하야 經濟의 助長이 큰 反面에 夏節을 當하면 每年 臨津江의 增水汎濫으로 汶山平野 十餘萬坪과 市街는 俄然 水國化 하야 被害가 甚大할 쑨만 안니라 市街는 漸次로 萎縮 退廢하는 慘狀이다 이에 汶山市民 代表가 上道하야 道費와 國費로서 堤防을 築造하여 달나고 陳情하엿든 터로 道에서는 堤防築造에 一萬五千圓으로 其中 道費로 一萬圓 面費로 五千圓이 計上되엿다는바 이의 地盤檢査를 하고자 技術者를 十日 前븟허 派遣하여 約 一個月 限하야 行한다는데 臨津面에서는 이 面費 五十圓을 到底히 勘當할 수 업는 터이므로 市民代表로 臨津面長 李承烈 金奎泰 郵便所長 力武昇 諸氏가 全部 道費로 하여 달나고 富永 道知事에 陳情코자 十八日 上京하

여 活動 中인바 成不成은 汶山市民의 死活問題임으로 注目과 期待가 크다

■ 流氷 過多로 汽船 坐礁 軍用機로 食糧 投下(1936.1.23.)

[鎭南浦特電] 동영환(東榮丸)은 卄일 오후 九시 대청도(大靑島)에 도착하엿는데 검산환(劍山丸)은 석도(席島) 근해에 좌초되엇고 소준환(小樽丸)은 卄一일 오전 七시경 지리도(地理島)에서 卄二도 가량 되는 지점에 잇고 대련환(大連丸)은 卄일 오후 九시 반경 덕○도(○○島) 동쪽 二해리의 지점○○ 좌초되어 철야 리초(離礁)○ 노력한 결과 간신히 치초가 되얏스나 卄一일 오전 九시경 또다시 좌초되엇다 지금 리주(離洲)할여고 하나 빙원(氷原)을 버서나는대는 상당한 시일을 요하게 될터임으로 전혀 진남환(鎭南丸)의 활동을 긔대하고 잇는 중으로 승조원은 전부 피로에 저저잇다 검산환(劍山丸) 외 각 쇄빙선(碎氷船)의 행동은 자못 위험하게 되어 식양도 결핍되고 가장 위험한 형편에 빠저 잇슴으로 항공수송이나 또는 석도(席島)에서 빙상수송(氷上輸送)의 의뢰를 하는 신호가 왓다 천세환(千歲丸)은 덕도(德島) 남동 二『마일』에서 좌초가 되엇는데 수심 四『미돌』로 오전 七시 五十五분 경에 리주(離洲)에 노력하야 선수(船首)를 남방으로 향하엿스나 역시 리주가 곤난하나 卄一일 밤에는 조수가 잇슴으로 다소 여망이 잇다 선체에는 이상이 업스나 검산환은 卄一일 오후 一시 자매도(姉妹島) 등대 二七六도 六되는 지점에서 식량의 공수하기를 비행六련대로 의뢰하엿슴으로 비행六련대에서는 즉시 검산환에 대하야 卄二일 아츰밥을 공수할 예정인바 천세환(千歲丸)과 대련환(大連丸)은 二十一일 오후 四시경 리주되엇다

■ 大靑島 近海 流氷의 危險(1936.2.2.)

[遞信局入電] 一일 아침부터 대청도(大靑島) 소청도(小靑島) 부근 해상항로(海上航路)에 만흔 류빙이 잇다는데 방금 서남(西南)으로 이동중인바 당분간 이 상태가 계속될 것 갓다는데 항행 선박들은 주의하지 안흐면 안될 것이라 한다

■ 仁川船主協會 肥料運賃協定, 十二日 役員會 열고(1936.2.15.)

[仁川] 仁川船主協會에서는 十二日 午後 海事出張所 內에서 役員會를 開催하고 仁川港 內陸上荷物 取扱費 及 黃海道 方面 肥料運賃의 協定을 行하엿는대 그 內容은 다음과 갓다

• 陸上取扱費

一. 標準 穀類(四斗八) 壹個

二. ○○○○○ 到着日부터

三. 保管規程 露積保管 一日에 二厘, 倉庫保管 一日에 三厘

四. 가방料 從前대로 使用하면 一回 一圓을 荷主로부터 領受(以上은 三月 一日부터 實施)

(單位 錢)

地名	十貫入 肥料	豆粕	豊年豆粕	石灰窒素
海州	六	四五	六	四五
碑石浦	八	四六	八	四六
蘇江	八	四六	八	四六
湖浦	九	四七	九	四七
九味浦	九	四七	九	四七
德洞	一二	四九	一二	四九
大靑島	一二	四九	一二	四九
小靑島	一二	四九	一二	四九
白翎島	一二	四九	一二	四九

■ 漁港 修築案 避難港도 新設(1936.1.27.)

最近 十年 間의 漁船遭難 狀況을 보면 實로 內地의 約 五倍를 示하고 잇서 將來 優良 漁船의 普及과 港○施設의 充實로 이 對策을 講究하기 爲하야 漁船保險制度 또는 漁船遭難救濟施設을 實施를 要○ 中인데 總督府에서는 이 方策의 하나로서 漁港의 修築 避難港의 施設을 今後에 可及的 迅速히 實施할 모양인데 修築工事의 實施豫定 港은 大體로 左와 如하다

漁港(擴張工事를 含함)

雄基, 羅津(咸北) 新浦(咸南) 長箭, 注文津, 竹邊(江原) 欲知島, 統營, 馬山(慶南) 楸子島, 大黑山島(全南) 群山(全北) 外煙島(忠南) 延坪島, 大靑島(黃海) 鎭南浦, 身彌島(平北)

避難港(追加工事를 含함)

西水羅外 五巷(咸北) 新昌, 前進(咸南) 巨津外 六港(江原) 松羅外 七港(慶北) 方漁津, 三千浦外 九港(慶南), 鞍馬島, 巨文島, 蝟島外 十二港(全南) 安興外 三港(忠南) 蔚島, 屈業島, 小舜島(京畿) 夢金浦外 四港(黃海) 加五浦, 吹螺島外 四港(平南) 圓島, 艾島(平北)

■ **黃海改 良貝의 新漁場 發見, 年産 百萬圓을 豫想(1936.4.10.)**

[海州] 黃海道 近海의 特産인 改良貝(一名 馬鹿貝)는 年産額 十萬圓에 達하야 本道 水産의 重要한 地位를 占領하고 잇는바 當局에서도 그의 所望性에 鑑하야 近海의 漁場을 調査하든 中 最近 延坪島 東南 五浬地點 二內 海底에 無盡藏으로 馬鹿貝가 養殖되어 잇는 것을 發見하고 方今 그의 漁場開拓을 準備하는 中인데 水深이 깁흔 關係로 從來 淺海 採取方式으로는 되지 아니하리라 하며 그 漁場만을 開拓하면 黃海道 改養貝 生産은 一躍 年百萬圓은 되리라고 水産當局에서는 大滿悅이라 한다

■ **石首魚 漁業者 延坪島로 集中, 漁期는 五月 上旬(1936.4.11.)**

[海州] 延坪島 石首魚 漁期를 압두고 발서부터 海州를 비롯하야 各地에서 漁船을 相對한 營業者들이 雲集하야 漁期의 殷盛을 예상하고 잇는데 금년은 작동 이래 기후 低溫으로 因하야 例年보다 約 二週間은 漁期가 遲延되여 五月 上旬부터야 되리라 한다

■ **貝類 移殖事業(1936.5.8.)**

京畿道水産試驗場에서는 從來 水産會에서 하여온 魚貝의 移殖其他事業을 同所 新設과 同時에 引繼하기로 되엇는데 그 첫 事業으로 黃海道 延平島에서 貝類 五十石을 富川郡 龍遊面 舞衣島에 移殖하기로 되엇다

■ **延坪島 漁場서 郵便事務 取扱(1936.5.19.)**

朝鮮의 三大漁場의 하나인 海州郡 延坪島에 海州郵便所에서는 每年 臨時郵便取扱所를 設置하야 出漁者 其他 當地에 雲集하는 業者의 通信連絡의 便利를 圖謀하여 오는 中인데 今年에도 漁期에 들어감에 따러 十五日頃부터 臨時郵便取扱所를 두기로 하엿다 한다

■ **西海岸 一帶의 石首石 大豊, 價格도 比前 好勢(1936.6.12.)**

全南道 蝟島로부터 黃海道 延坪島 附近 一帶는 石首魚의 大群이 襲來하야 各 漁船은 모다 大漁旗를 세우고 各 漁港을 中心으로 雲集하고 잇는데 延坪島 附近에는 千五百餘隻 蝟島 北方 漁物에는 二百五十六隻의 漁船이 出漁하야 一隻當 十萬尾 乃至 十五萬尾 假量의 漁獲을 하고 잇는데다가 千尾入 一箱當 價格은 四圓五十錢 乃至 五圓五十錢을 示現하야 例年보다 八十錢 乃至 一圓二三十錢의 高價로 漁場은 近年에 듬은 活況을 보이고 잇다

■ **延坪島의 櫻鰕, 製造希望 殺到(1936.6.27.)**

延坪島의 石首魚 漁獲은 漸次 終幕을 告하게 되고 六月 下旬부터는 새우(櫻鰕) 漁에 들어갈 터인바 昨年은 蝦製造業者가 延坪島 地元民 五六名에 不過하엿엇는데 今年은 벌서 四十餘名에 達하는 盛況을 보이고 잇는데 同島 漁業組合에서는 할 수 업시 抽籤에 依하야 製造場所를 決定하기로 되엇다

■ **延坪島의 石首魚 記錄的 豊漁 示現, 漁期 延長으로(1936.6.28.)**

[海州] 朝鮮의 三大漁場의 하나인 黃海道 延坪島 漁場의 石首魚 漁獲狀況은 例年에 업는 豐漁로 漁獲高 百五十萬圓은 넉넉히 突破할 것으로 豫測되는바 이것은 豐漁와 時勢高에도 原因이 잇지만 特히 今年은 一種의 奇現象이라고 볼 수 잇는 漁期 延長이 相當히 好影響을 주고 잇다 卽 例年의 漁期는 五月 下旬 乃至 六月 上旬까지가 常例이엇는데 今年은 氣候와 潮流關係로 尙今도 引潮에는 盛히 漁獲되고 잇서 約 四五百隻의 漁船이 殘留하야 活躍하고 잇다

■ 延坪島 一帶 白蝦漁로 活況, 郵便事務도 取扱 (1936.7.26.)

石首魚의 漁期를 마친 黃海道 延坪島는 繼續하야 白蝦의 盛漁期에 들어 各地로부터 約 七百隻의 漁船이 蝟集하야 大活況을 呈하고 잇는데 이에 伴하야 蝦製造 商人도 雲集하야 벌서 工場도 三十個所나 設置하고 잇슴으로 海州郵便局에서는 다시 지난 二十日부터 八月 末까지 臨時出張所를 두고 郵便事務를 取扱 中이라 한다

■ 延坪島의 白蝦漁, 今年도 豐漁를 豫想 (1936.8.2.)

黃海道 沿岸의 延坪島 及 龍媒島에서 七月初부터 八月 二十日頃까지 約 一個月 半에 亘하야 漁獲되는 白蝦는 每年 五十萬圓을 突破하고 잇는 터인데 今年에도 七月 初旬부터 漁獲을 始作하야 現在는 入漁船 六百餘隻에 達하고 잇서 이의 八萬斤 十二萬圓의 漁獲을 하고 잇는데 이것은 延坪 龍媒 兩島의 漁業組合에서 共同으로 煮乾하야 海州港을 거치어 安東 大連 仁川 鎭南浦 各地에 搬出되는데 取引價格은 最高 百斤當 十五圓 五十錢 最低 十一圓 假量이라 한고

■ 黃海 濁浪에 일흔 두채 집과 倉庫, 손해는 六千圓 가량 될 모양, 大延坪島에 생긴 일 (1936.9.13.)

[海州] 폭풍과 탁류(濁流)가 심한 황해(黃海)는 황해도경찰부(黃海道警察部)에서 방금 해안을 경계하고 잇는 중인데 九일 오후 五시경 대연평도(大延坪島)에 탁류로 인하야 가옥 두 채가 써나려 가고 창고 하나를 유실하엿다 손해는 六千원에 달하엿스며 자세한 것은 방금 조사 중이다

■ 黃海道 警備船 仁川 海上 慘報 듯고 延坪島 視察 出發(1936.10.7.)

[海州] 이번 태풍으로 인하야 인천(仁川)에 다수 참보가 잇섯슴으로 황해도 경비선(警備船)은 만일을 염려하고 四일 연평도(延坪島) 자익도(自翌島) 방면으로 시찰을 나갓는데 황해는 별로 사고가 업슬 모양으로 추축되나 자세한 것은 五일 오후 도착된 다음에야 판명되리라 한다

■ 怨恨품고 사람죽인 十九名 送局(1936.10.22.)

[海州] 지난 五일 오후 二시경 장연군(長淵郡) 백령도(白翎島)에서 과거의 분한 것을 품은 남포리(南浦里) 장익찬(張翼贊, 四九)이가 친족 十九명을 다리고 문석호(文錫鎬, 四九)를 난타하야 죽인 사건은 그간 송화검사분국(松禾檢事分局)에서 전부 취조를 밧다가 일단락되어 지난 十七일 일건 서류화 함께 해주법원검사국(海州法院檢事局)으로 송치하엿는데 송국된 사람은 다음과 갓다

長淵郡 白翎面 南浦里 拘束 張翼贊 外 八名, 同 張斗禹(二九) 外 十名

■ 黃海漁組聯合會 第一回 總會 開催, 役員 選擧도 完了(1936.12.12.)

[海州] 七日 黃海道 會議室에서 黃海道漁業聯合會 發會式을 擧行하엿다함은 本報에 保導한 바어니와 當日 午後 一時 三十分부터 이어서 同組合 第一回 總會를 開催하엿는데 漁組聯合會는 道內 十一 漁組로 組織되엇다 처음 組織한 總會이니만치 이날 하로에 긋흘 맛치지 못하고 其翌日까지 會를 거듭하야 左記와 如한 役員을 選擧하고 七條目의 議案에 드러가서도 無事可決되어 圓滿히 閉會하엿다

議案

一. 規約更正認可個所 報告의 件
二. 諸規程 制定의 件
三. 昭和十一年度 事業計劃 及 經費豫算의 件
四. 昭和十一年度 經費賦課徵收 方法의 件
五. 起債 及 其償還 方法의 件
六. 本會 委託販賣費 事業에 關한 件
七. 監事選任의 件

選擧된 信任 役員

理事長 上島敏氣

監事 尹○求(龍媒島漁組 理事), 福島小次郎(龍湖島漁組 理事), 畝木重虎(夢金浦漁組 理事),

通常委員 金德奎(延坪島漁組 理事), 林容夏(龍媒島漁組 組合長), 吳順根(漁化島漁組 理事),

李泰亨(葛順漁組 理事), 崔應祥(麒昌漁組 書記), 金容相(龍泉漁組 理事), 朴京學(大靑島漁組 書記), 湯淺勝次(埰島漁組 理事)

特別議員 原信, 池貫一, 盧蒼顔

書記 李承薰, 山本徹

■ **延坪島 海上에 五百魚船 集結 조기잡이 最高潮(1937.4.29.)**

[江華] 석수어(石首魚)의 왕국인 강화서해(江華西海) 연평(延坪)해 방면에는 춘난긔를 당하자 조기잡이 어선들이 출범긔가 닥처 왓슴으로 전선 굴지의 이 어장인 연평도(延坪島) 방면에는 벌서부터 五백여척의 어선이 집중하여 본격적 어장이 전개되고 잇는바 예년에 비하야 금년은 일기가 온화한 관계로 약 十五일 가량이 이르른다고 하는데 五월 十일경에는 무려 八천 수백척의 어선이 집중될 것으로 예상된다고 한다

■ **조기 大豊漁로 江華 西海岸 活況, 延坪島의 本格的 漁期(1937.5.12.)**

[江華] 강화서해 연평어긔(延坪漁期)는 조기잡이로 유명한바 연평바다의 금년 조기잡이는 례년에 비하야 보름가량이나 일러 서연평도를 비롯하야 각 연안 포구 등지의 각 어항에는 멀니 목포(木浦) 제주도(濟州島) 통영(統營) 군산(群山) 룡암포(龍岩浦) 등지로부터 해산물 무역상과 수백명의 화류게 아씨들이 모여드러 대활황을 일우엇스나 아직까지 조기가 그리 만히 잡히지 안엇슴으로 강화 연해 각 어항에서는 환산한 늣김을 가지고 잇는바 지난 초순경부터 비로소 성어긔(盛漁期)는 본격적으로 드러가게 되얏슴으로 안강망(鮟鱇網)을 준비해 가지고 석수어군(石首漁群)의 래습을 기대려서 어획하려고 대긔(待機) 중이든 수천 척의 어선들은 총동원하야 매일 수천 동의 조기를 잡고 잇슴으로서 해안 일대에 거주하는 어민들은 자못 활긔를 씌고 잇다고 한다

■ **不漁로 終幕한 延坪島 조기잡이, 漁組의 共同販賣 斡旋으로 比較的 收入은 增加(1937.6.7.)**

[海州] 全鮮을 通하여 三大漁物의 하나인 延平島는 年年 百萬에 갓가음 石首魚(조긔)의 漁獲에 依하여 全嶋의 주민쁜만 안이라 隣近 住民에게까지 적지 안은 生活의 潤澤을 더저 왓스나 今年은 意外로 延坪近海에서의 魚獲期의 短逼으로 例年 百萬圓에 갓가읍든 漁獲高가 不過 七十五萬餘圓으로 그나머도 今年度부터 實施한 延坪島漁業組合의 斡旋으로 比較的 高價(一同 一千尾代 最高 二十七圓으로 最低 十四圓 普通 十八圓 程度)의 維持로 因緣한 것이라는데 前記 共同販賣는 今年度 가처운으로 實施 初인 關係上 多小 前例도 參酌하여 一部는 自由買賣도 默認하엿다 한다 그러나 元體가 不漁로 漁業組合이 極力 高價○○ 努力하엿스나 亦是 漁民生活의 保障은 破壞되고 말엇다 이제 그 不漁의 原因을 調査한 바에 依하면 全南 一帶의 豊漁로 漁船의 北上이 遲延된 結果 延坪 近海에 漁船이 集中되엿슬 時는 발서 魚群이 産卵을 完了하고 다시 北方으야 溯游를 開始한 때문이라 한다 따라서 全嶋民은 勿論 臨時營業者 料理屋 飮食店 等 二百五十餘戶도 莫大한 打擊을 밧덧다 한다

■ **五月中 仁川 魚水揚高, 十萬여원 거액(1937.6.12.)**

[仁川] 지난 五월 중은 연평도(延坪島)의 석수어(石首魚) 성어기(盛漁期)이엿섯는데 천후(天候)가 너무 순조로워 긔온(氣溫) 관계로 근년에 듬은 불황을 늣기엿섯는데 다행이 예년보다 연승주(延繩舟)의 비상한 활약으로 도리여 작년 동기보다 인천항 수양고(水揚高)가 각종어(各種魚)를 합하야 四萬관여 금액으로 약 一萬八千여원이 증가이라고 한다 五월중 통게를 보면 인천항 수양고가 十三萬八千四百九十二관 가격으로 十萬四千三十五圓여라 하며 제一 수위가 석수어(石首魚) 五萬三千四百여관이라 한다

■ 不漁의 蝦漁場에 珍! 鱈群 大擧 襲來, 仁川 延坪島 近海 漁民에 朗報, 本府 技術員 調査中(1937.12.19.)

半島 唯一의 小蝦의 生産地로서 有名한 仁川 近海로부터 黃海道 延坪島 附近에 亘한 蝦漁業은 每年 二百五六十萬圓 內外에서 生産額을 나타내고 잇섯는데 今年은 潮流關係로 例年에 업는 不漁의 現狀에 잇고 從來의 蝦漁場에는 ○의 大群이 襲來하얏기 때문에 漁業者 等은 底曳網으로써 操業에 從事하고 잇스나 大豊漁로 總督府 水産課에서는 이 珍現象에 關하야 技術員을 派遣하야 目下 調査 中이다

■ 一網 千金의 조기잡이 二千餘 漁船 蝟集, 江華 毛老는 大體로 終幕 告하고 今後 舞臺는 延坪島(1938.5.14.)

[江華] 전조선을 통하야 조기(石首魚)잡이 어장으로서 왕좌를 차지하고 잇는 강화(江華) 모로(毛老) 조기잡이는 一천 수백척의 어선이 근년에 보기듬은 대활항으로 五십만원이라는 엄청나는 수자를 낫타내고 이번 보름살이(十五日)까지에 모로 조기잡이는 종막을 고하고 잇는데 벌서부터 강화서해(江華西海)인 연평도(延坪島)에도 출범긔를 당하야 조기잡이 어선이 동해안(東海岸)을 비롯하야 내지 남선으로부터 속속 집중하고 잇서서 벌서 연평도 부근 바다를 무대로 하야 조기잡이에 활동하야 잇는 어선은 七백여 척에 활동하야 잇는 어선은 七백여 척에 달하고 잇다 금년은 해풍(海風)이 심하엿스나 일긔는 온화한 까닭으로 어긔가 퍽 이르다는데 금월 하순경에 이르면 최고조에 드러갈 것으로서 무려 二천여 척의 어선이 집중되여 전에 업는 대활기를 띄우리라 한다

■ 延坪島 石首魚 漁獲成績 大不振, 比 昨年度 約 四割 以上의 減少, 一尾 十錢의 高價(1938.5.28.)

[仁川] 石首魚(조긔) 漁獲期인 仁川 近海와 延坪島에 漁獲成績이 不振하다는바 昨年度에 比하야 約 四割 以上의 減少라 하며 이로 因하야 仁川魚市場에 買賣時價가 前年 同期에 比하야 十割 以上이나 騰貴되여 石首魚 一尾에 一躍 十錢이란 놀나운 時價를 뭍하고 잇다

■ 江華 西島의 조기잡이 아즉도 好況을 繼續, 每日 三四百隻 大小漁船이 各地로부터 蝟集, 延坪島를 도려 凌駕(1938.6.7.)

조기잡이로 한창 재미를 본 강화서도(江華西島) 一대는 최근 전에 업는 호경기를 보히어 속속 각 지방의 어선(漁船)들이 모혀들고 잇는 형편으로 요새는 멀리 전남(全南) 평남(平南) 황해(黃海) 등지로부터 큰 어선까지도 모여들고 잇다 한다 조기잡이로는 황해도의 연평(延坪)이 중심이엿스나 요새는 이서도 방면으로 이동이 되어 하로에도 三四백척의 조개배가 이동하고 잇다 한다 압흐로 게속해서 민어잡이의 성어기(盛漁期)가 될 것임으로 어장의 위생설비와 또는 어항경기(漁港景氣)를 경계하고저 강화경찰서에서는 이곳에 경찰관을 파견하야 경계 중이며 경기도 산업과에서도 시험선을 파견하리라고 한다

■ JODK, 예는 延坪島요(1939.5.16.)

경성중앙방송국(JODK)에서는 이번에 조선에서는 첫 시험인 고기잡이의 실항방송(實況放送)을 첫여름의 선물로 전국에 중게하기로 되어 방금 그 준비에 밧분 중이다 마이크를 통해 전국에 소개될 고기잡이는 황해도 연평도(延坪島) 압바다의 유명한 조기잡이인데 바다와 싸호는 어부들의 힘찬 노래와 괴상한 소리를 질으며 뛰노는 조기떼들의 모양을 현지에서 록음(錄音)하야가지고 이것을 이달 하순씀 전국에 중게방송할 모양이다 록음기술원 一행 七명은 경기도 수산과의 북한산환(北漢山丸)으로 근일 중에 인천(仁川)을 써날 터인데 수산왕국(水産王國) 조선을 내외에 선전하는데 조흔 기회라 하야 수산과에서도 적극적으로 이를 후원하리라 한다

■ 延坪島 조기잡이 實况 錄音에 成功, DK 放送計畫 順調(1939.6.1.)

[仁川] 조기의 노는 소리와 초하(初夏)의 해상에 조기떼를 좃차 어획에 분투하고 잇는 어선

정경(漁船情景)을 녹음(錄音)으로 하야 전국에 방송을 기하고자 경성방송국에서는 인천 경기도 수산시험장조사선 북한산환(北漢山丸) 급 백구환(白鷗丸)에 방송국원 六명이 편승하고 지난 二十二일 인천항을 출범하야 조기의 어장으로 유명한 연평도(延坪島) 서방 육리(六浬)의 지점에서 조기 대군의 습래를 기다려 녹음에 성공하고 지난 二十四일 밤에 인천에 입항하엿다는 바를 일간 마이쿠를 통하야 전국에 방송할 터이라고 한다

■ **延坪島 조기 豐漁로 仁川 漁獲高 增加, 五月中 十八萬餘圓(1939.6.16.)**

[仁川] 어항 인천에 五월 중 어획고를 경기도 어업조합연합회 조사에 의하면 十八만 八천 四백 五十五원 六전에 달한다는 바 전년 동기에 비하면 一약 五만여 원의 격증이라 하며 이에 격증된 원인은 천후 순조와 연평도(延坪島) 조기잡이가 예년에 업는 풍어인 관계이라고 한다

■ **延坪島 조기잡이 今年 漁獲高 二百萬圓(1939.6.26.)**

[海州] 전선(全鮮) 제一의 석수어(石首魚) 어장인 연평도(延坪島) 근해에 석수어 어업(漁業)은 예년과 갓치 사월 말에 시작되야 六월 상순에 맛치엿는데 출어선(出漁船)은 전라남북(全羅南北) 경남(慶南) 평안남북(平安南北) 경기(京畿) 급 서해안(西海岸) 각지 멀리 내지(內地)로부터 오는 통어선(通魚船)을 합해 一천二백여 척에 달하며 용호도(龍湖島) 연평도(延坪島) 부포(釜浦) 해주항결성포(海州港結城浦)를 근거로 조업하는데 五월 二十일 전후에는 미증유에 어획으로 예년에 업는 성황을 이루어 당어기를 통해 석수어 어획고(漁獲高)는 二백만원에 달하야 전년의 어획고 一백八十만원에 비해 二十만원의 증가라는바 각지 어업조합에서 위탁판매한 금액 급 기타 포구(浦口)에서 판매된 금액은 아래와 갓다

龍湖島漁業組合 委託販賣高 二十二萬圓
延坪島漁業組合 委託販賣高 三十萬圓
海州港結城浦漁聯 委託販賣高 十六萬圓
釜浦 二十萬圓
挹川其他 一百萬圓

■ **黃海道 沿海의 玉筋魚(1939.6.26.)**

[海州] 황해도(黃海道) 장연군(長淵郡) 몽금포(夢金浦) 백영도(白翎島) 대청도(大靑島) 송화군(松禾郡) 초도(椒島) 연해에서 어획(漁獲)하는 옥근어(玉筋魚)는 근년에 업는 풍어(豐漁)로 건옥근어(乾玉筋魚) 제조고(製造高)는 다수 증가되야 지난 五월 상순부터 각지 어업조합(漁業組合)에서 진남포(鎭南浦) 대안 안악군(安岳郡) 저도(猪島)에 잇는 황해도 어업조합연합회(黃海道漁業組合聯合會) 위탁판매소(委託販賣所)에 송하(送荷)하고 잇스며 제품이 또한 양호하야 각 시장에서 활황(活況)을 보이고 잇는 현상으로 현재 까지의 판매고(販賣高)는 三十八만원에 달해 조선 내는 물론 내지(內地) 지나(支那) 방면까지 수이출된다하며 오는 七월 말까지 출회(出廻)할 판매고 총계는 六十五만원으로 전년 동기 三十五만원에 비해 三十만원의 증가를 예상한다고 한다

■ **延坪島 燈台 設置, 海州서 本府에 陳情(1939.7.13.)**

[海州] 海州港은 不凍港으로 北支를 指呼 間에 相對하고 잇스며 背後에 西鮮의 大寶庫를 등저 잇고 또 滿浦線을 通해 멀니 中部滿洲의 大富源을 連擊해 此等 物資를 呑吐할 終端港으로써 將次 鮮內 物資의 北支 進出上 所謂 黃海 루트로의 地理的으로 가장 優位에 處해 잇스며 또 輓近港灣擴充工事의 進捗에 伴하야 各種의 大工業이 勃興하야 道內 豐富한 各種 恣原의 開發과 共히 輸移出 貿易이 進展되야 將來 工業港 及 貿易港으로 크게 ○目 되어 잇슴에 따라 最近 海州港에 出入하는 船舶은 益益 頻繁하게 되엿는데 差等 船舶에 對한 航路標識이 아직 充分히 設備되지 못햇슬 뿐 아니라 適當한 場所에 燈臺가 업서 出入船舶에 不便이 甚함으로 이로 말미아마 貿易發展에 影響이 甚大하다 하야 지난 十一日 海州商工會議所 及 滿洲港繁榮協會에서는 海州港 貿易의 發展上 至急히 大延坪島

에다 燈臺를 設置해 달나고 本府 遞信局長 並 財務局長에게 燈臺設置 要望에 對하야 陳情書를 提出하엿다 한다

■ 黃海 小靑島에서 英國 汽船 坐礁(1939.12.3.)

진남포(鎭南浦) 무전발신 체신국 입전에 의하면 영국기선 『핫타-롯크』호는 『필립된. 리가스티』로부터 기융(基隆)을 지나 진남포에 항하야 항행중 三十일 오후 열시 북위(北緯) 三十七도 三十八분 동경(東經) 一백二十四도 四十八분 소청도(小靑島) 황해도 북동 五마일 만의 지점에서 ○으로 말미암아 좌초(坐礁)되엿다 인명과 선체는 무사하나 당지 대리점으로부터 구조선을 급히 보내어 一일 오후 다섯시경에 현장에 도착될 모양이고 당국은 그 배와 긴밀한 연락을 취하고 잇다

■ 延坪島 蝟島에 通信機關 設置(1940.5.7.)

황해도 연평도(延坪島)와 전라남도 령광위도(靈光蝟島)로 조선 유수한 어장으로 조기잡이가 한창인데 이때 각처로부터 모히는 어업자들의 편의를 보와 이 두 곳에 림시 통신기관을 설치하고 일반의 전보 취급과 우편 위체 저금의 령수지불 사무를 보게 되엿는데 그 기일은 다음과 갓다

延坪島 六日 六月 中旬

蝟島 七日 六月 下旬

■ 延坪島 조기잡이 一日 漁獲高 十萬圓 蝟集漁船만 千餘隻(1940.5.7.)

[海州] 碧城郡 松林面에 잇는 延坪島는 石首魚 漁場으로 全鮮 一의 首位를 占하고 잇는 大漁場인바 每年 四月末頃부터 始作하야 五月 末까지의 約 一個月間 漁業하게 된다는데 現在에 漁場에 蝟集한 魚船數는 千餘隻으로 멀리 內地의 長崎 佐賀 福岡 山口 等 各縣에서와 朝鮮 內에서는 全羅南北道 慶尙南北道 忠淸南北道 平安南北道 等地에서 漁船 及 商船에 모혀드는 外 其外 雜貨商 飮食店 料理店 藝娼妓 酌婦 等 無慮 萬餘名 以上의 人員이 集中되야 延坪島는 文字 그대로 人山人海를 이루워 大混亂을 呈하고 잇다 하며 一日의 漁獲高는 十萬圓 以上을 突破하고 잇다는데 오는 十日頃부터 約 二週間에 盛漁期로 이 盛漁期에 잇서는 一日의 漁獲高가 二十餘萬圓 以上으로 이 石首魚의 漁獲高는 한 漁期에 잇서 즉어도 二百萬圓 以上을 突破한다는 바 今年의 漁期에 잇서는 至今의 漁獲의 成績으로 보아 總漁獲高 三百萬圓 以上은 八無慮히 突破하리라고 한다

■ 延坪島 조기豊漁, 今年 收獲高 二百萬圓을 豫想(1940.5.27.)

[海州] 석수어(石首魚) 어장(漁場)으로 전선에 유명한 연평도(延坪島) 어장의 지난 四월 중순 이래 五월 十일까지의 석수어의 어획고는 백만원을 돌파하고 잇다는바 이번 오월 말까지의 어획 예상고는 二백만원 이상을 돌파하리라는데 작년 중의 어기에 비하야 이 석수어의 어획수량은 다소 감소를 보고 잇스나 이 석수어의 가격이 작년보다 고등한 관게로 작년의 어획고에 비해 하등의 감소된바 업시 二백만원 이상을 돌파케 될 것이라고 한다

■ 延坪島 根據 조기·織物 等 密輸, 支那人一黨 檢擧 取調(1940.7.23.)

[海州] 관동주(關東州) 성자관(城子關)에 사는 생어상(生魚商) 왕연과(王連科)와 왕연과와 동거하고 잇는 갈성산(葛成山)은 벽성군(碧城郡) 송림면(松林面) 연평도(延坪島)에서 조기(石首魚)와 기타 생선을 매입하야 이것을 대련(大連) 방면으로 밀수하야 폭리를 보고저 지난 六월 초순경에 대련서 연평도로 와서 동 十五일부터 二十五일까지 두번에 약 一만원 가량의 조기를 매입하야 이를 대련으로 밀수하야 큰 이익을 취하고는 이에 자미를 붓쳐 다시 제三차로 조기를 사려고 七월 초순경 인천(仁川)을 들러 인천에 살고 잇는 역시 관동주 출생의 포목상(布木商) 리옥유(李玉有)와 공모하고 밀매의 목적으로 인천서 견직물(絹織物)과 면직물(綿織物)등 시가 二천五백여원 어치 물품을 매입하야 이를 배 가운데 감쪽갓치 실코는 다시 연평도로 가서 조기를 사서 싯고서는 대련 방면으로 항행하랴는 기미를 연평도에 사는 빈전감조(濱田勘助)가

조사해 알고 지난 十일 해주서에 밀고하엿슴으로 그 서에서는 즉시 형사대를 연평도로 출동시켜 왕연과 이옥유 등의 일당을 일망타진을 하여다가 방금 그 서에서 엄중 취조 중이라는데 이에 조사가 끝나는대로 그들을 수출입품(輸出入品)에 관한 림시조치법(臨時措置法) 외국위체관리법(外國爲替管理法) 관세법위반(關稅法違反) 등 죄명으로 불일간 송국할 터이라 한다

■ **郵便取扱所와 無線電信局 設置, 延坪島民이 大擧 陳情(1940.7.30.)**

[海州] 황해도의 심장부가 되는 해주항(海州港)의 관문인 연평도(延坪島)는 반도 서해안에 잇서 유일의 대어장(大漁場)으로 년산(年産) 어획고(漁獲高)는 五백여만원에 달하야 국가의 자원을 제공해 오는 국보적 존재일 뿐 아니라 신동아 건설의 백년대게를 확립함에 잇서도 가장 긴절한 자원획득지로 이 자원획득 확충책에 대한 시설로 소홀히 할 수 업다하야 연평도에다가 우편취급소(郵便取扱所)와 사설무선전신국(私設無線電信局)을 설치해 달라고 동 연평도어업조합(延坪島漁業組合)에서와 동 도민대표 김기만(金基萬) 외 一백三명은 지난 二十七일 본부 체신국(遞信局)에와 황해도 당국에 이를 진정(陳情)한바 잇섯다 한다

■ **커가는 漁場 延坪島, 諸般 施設을 完備, 防波堤 築造, 堂島 埋立, 倉庫 建築(1940.7.31.)**

[海州] 석수어(石首魚) 어장(漁場)으로 전선에 유명한 연평도(延坪島)의 모든 시설을 금년도부터 연평도어업조합(延坪島漁業組合)에서 이를 시행하고저 황해도 당국와 이를 절충 중으로 근근이 이를 실시 하리라는바 이 시설 계획중에 중요한 것을 든다면 연평도 동남방(東南方) 방파제(防波堤) 축조(築造)로 이는 도비(道費)로 이를 실시하기로 하고 그 조합에서는 十만원을 기채 제공하야 일반어업자로부터 년년 기금적립금(基金積立金)을 도비 중에서 제공하게 하려하며 또는 연평도 엽헤 잇는 당도(堂島) 매립(埋立)을 이 비용은 약 八만원으로 이는 국고보조(國庫補助)와 및 도비보조(道費補助) 밋헤 그 조합의 사업으로 연평도 압 남쪽에 잇는 당도의 전면을 약 一만평 가량 매립하야 여기다가 위탁판매소(委託販賣所) 약출장(躍出場) 빙장고(氷藏庫) 창고 기타 일반의 시설를 당지에 설치하여써 연평도 어장에 대한 동 조합의 사명을 완수하랴하며 또는 자금 약 二만오천원을 가지고 창고 중에 염장(鹽藏) 탕크를 시설하야 춘기에 잇서 석수어 염치(鹽漬)와 및 그 제품 저장의 창고로 일반조합원들로 공동 사용케 할 터이며 또는 一만二천원의 비용으로 건하(乾蝦) 공동제조장(共同製造場) 三개소를 건조하랴 하며 그 외에 중유(重油) 탕크선(船) 병빙장고 등을 설치하리라는데 이상의 모든 시설이 완비하는 날에는 어장으로서의 연평도의 제반 설비가 전선적으로 보아 유명해질 터이라 한다

■ **郵便所 設置 陳情, 長淵郡 白翎島民들이 (1940.7.31.)**

[長淵] 長淵郡 白翎島는 西海岸의 유一한 漁業地帶로서 현재 호수가 一千七百 戶에 달하며 近 萬名의 人口가 集中하고 잇는 적지 안흔 섬으로서 通信機○이 업슴으로 郵便物을 夢金浦 郵便所에서 一週日에 한번식 배달하여준다는바 그것도 日氣나 不順할 때에는 二週日이 지난 뒤에야 配達하는 일이 종종함으로 아무리 급한 通信이라도 十餘日이 지난 후에야 밧게 된다는바 一般島民들은 一大 유감으로 생각하야 每日 一回 往復하는 定期連絡船을 利用하야 郵便物을 配達하도록 白翎島에 郵便取扱所를 設置하야 주기를 체신당국에 진정서를 제출하엿다는바 一般住民들은 하로밧비 實現되기를 熱望한다고 한다

■ **조기잡이 空前의 豊漁, 延坪島 一帶 漁民에 朗色(1941.5.22.)**

[黃海支社發] 조기 어장(漁場)으로 전선에 유명한 벽성군(碧城郡) 송림면(松林面)에 잇는 연평도(延坪島) 어장에서 지난 十五일까지 석수어 잡은 수량을 조사한 바에 의하면 약 三十만 관으로 그 가격은 十五만 六백여원에 달하야 작년 동기 어획고 七만여원 보담 배 이상의 성적을 올리

고 잇는데 五월 十五일 이후로부터가 성어기(盛漁期)임으로써 오는 五월말 까지는 적어도 어획고 二백만원 이상을 돌파하리라 하야 금년도 어항은 자못 조흔 성적을 예기하게 된다고 한다

■ "莫恨當時非命死" 七年前 破船 溺死者 三百五名 延坪島에서 慰靈祭(1941.6.8.)

[黃海支社發] 조기잡이로 전선에서 유명한 황해도 연평(延坪)은 지금으로부터 七년전 六월 二일에 때아닌 폭풍우가 습래하야 때맛츰 성어기가 되여 각 도로부터 모혀든 수천 척의 어선이 모힌 시기이엿슴으로 엇지할 길이 업시 수장에 떠잇는 배와 연평에 정박 중인 배들이 난을 맛나 사상자 三백五명과 리재자 일천팔백여명에 어선 三백二十사척을 분쇄식히엿는데 황해도수산회에서는 해마다 위령제(慰靈祭)를 거행하야 당시 무참히도 조난한 원혼을 위로하고 잇섯다 금년에도 지난 二일 황해도수산회 주최로 도 수산관게직원 및 어업조합직원 등 백여명이 모혀 제七회 위령제를 거행하엿는데 황해도수산회 촉탁 송산씨는 다음과 가튼 시로 원혼을 위로하엿다고 한다

英雄無語水無聲
不覺同淸淚白横
莫恨當時非命死
至今○口傳芳名

■ "새우잡이" 百萬圓, 睡鴨 延坪 等地 大活氣(1941.7.12.)

[黃海支社發] 새우 어장(漁場)으로 일홈잇는 벽성군(碧城郡) 송림면(松林面)의 수압도(睡鴨島), 연평도(延坪島) 근해는 연백군(延白郡) 증산포(增山浦) 해안 일대에서 년년 백만원 가량의 새우잡이를 하게 되야 이 새우를 말려서는 지나와 만주로 수출하며 또는 이를 젓 담아 도내는 물론 도외로도 평안남북도와 경기도에 매출하고 잇는데 이 새우잡이는 六월 중순경부터 시작하야 八월 중순에는 이를 맛친다고 한다 그런데 금년에는 생우가 잘 잡히여 十일 현재로의 새우잡은 수량은 六천표 가량으로 그 가격은 三十만원에 달하야 작년 동기의 새우잡은 수량 천표(五萬圓)에 비하여 五배 이상의 증가를 보이고 잇는데 오는 八월 중순까지 새우잡을 수량은 적어도 二만표 이상을 예상하고 잇다하며 가격은 약 백만원 이상을 돌파하고 잇다 한다

■ 延坪島의 主人公 完山德奎氏(舊全德奎)(1941.11.1.)

氏는 海州府 東榮町 出生으로써 이제로부터 三十年 前에 延坪島로 移去하야 同島에서 私立海星講習所를 設置하야 氏가 卽接으로 敎鞭을 잡아 育英事業에 從事하다가 지난 昭和九年에 同島에 漁業組合이 新設되자 初代 理事로 任命되야 만흔 功績을 남기고 同十一年에 職을 辭하고 海産物委託販賣와 其他 漁業에 從事하며 同島에다 國民學校를 ○○하고저 道當局에 陳情하야 이를 實現시켯스며 延坪島와 海州 間, 延坪島와 仁川 間에 航路를 열고저 仁川汽船會社에 交涉하야 이에 成功하엿스며 同十四年부터는 郵便物을 取扱하여 島民의 便益을 주는 等 延坪島 發展에 만흔 功獻이 잇는 人格과 手腕이 具備한 德望家로써 現在 全島의 主人公 자리를 占하고 잇다

■ 延坪島漁業組合 監事 松林面協議員 木村善萬氏(舊李善萬)(1941.11.1.)

氏는 海州府內 出生으로 延坪島에 居住하며 石首魚業에 從事하는 一方 延坪島漁業組合의 監事와 松林面協議圓 等의 公職을 가지고 잇스며 天主教 篤信者로써 信仰生活을 하는 氏는 宗教家的 立場에서 島民 教化와 指導에 全力하고 잇는 人格者이다

■ 延坪島의 紹介(1941.11.1.)

延坪島는 行政上으로 보면 黃海道 碧城郡 松林面 內의 延坪里로써 戶數는 겨우 七百戶 가량의 小島이나 大海州灣口에 位置하야 朝鮮 西海에 잇서서의 大水産 寶庫를 一人이 獨占하고 잇는 듯한 地勢를 가지고 잇다 卽 本島 近海는 日本 一의 石首魚 漁場으로 널리 알려저 잇다 그러고 陽春 四月頃이 되면 慶南 全南 全北 忠南北 京畿 平南北의 各道는 勿論 널리 內地로는 熊本 佐賀 長崎 福岡 等의 諸縣에서 無慮 二千餘隻

의 漁船이 蝟集하야 其操業하는 光景은 戰場化를 呈하고 잇스며 또 漁期로는 比較的 짤바 四月中旬으로부터 六月 下旬에는 操業을 맛치게 되는데 이 사이에 水揚高는 約 三百五十萬圓에 達하며 또 本漁業에 附隨하여 各地에서 모혀드는 雜貨商은 勿論 料理店 飮食店 等 諸種의 雜多한 商人이 群集하여 一夜로써 大都會의 繁華한 商業地를 이루게 된다 이에 一孤島인 漁村이 이갓치 變態하는 光景은 다른 漁場에 比較할 수 업슬 것으로 生覺된다 이갓치 延坪島를 繁雜케 함은 石首魚의 漁業에 依한 것으로써 이 石首魚는 古來 李太宗時代부터 勃興한 것으로 卽 本島 近海는 黃海 一帶에 棲息하는 石首魚의 大産卵場이 되는 까닭으로 이에 適溫水帶가 出現하게 되면 滿抱한 卵을 ○한 雄魚가 먼저 本島 附近에 來遊한다 그러면 이 雌群에게 지지 안고 雄群도 쌜니 追遊하여 大體로 一周間만 되면 雌雄이 제各其 모혀드러 産卵 放精하야 所謂 受精卵을 海面에 남기게 되는데 一尾에 對하야 約 二十萬 乃至 五十萬 粒의 卵을 生産하고 잇다 한다 卽 이 卵은 이에 二週間만 되면 孵化하여 所謂 稚子가 되고 自力으로 索餌하야 처음으로 大海를 自由로히 濶步하게 되야 三年 乃至 四年만에는 훌륭한 石首魚가 되어 다시 出生地인 故鄕 延坪島 近海로 來遊하게 된다 한다 그런데 本漁業의 現時局下에 잇서서의 使命은 如何한가? 本漁業은 西海岸의 特徵인 바의 潮流를 利用하야 所謂 鮟鱇網 漁法에 依하게 되는데 거의 機械○漁船을 必要치 안흠으로 이에짜라 現時局下의 重要 難點이 되어 잇는 重油配給 等의 困難과 影響을 밧지 안흐며 安全히 漁業할 수 잇는 것이다 그래서 西海岸에 잇서 石首魚 漁業의 크나큰 强味가 될 뿐 아니라 戰時下 魚類로써의 蛋白質 榮養의 補給源으로도 더욱 重大한 使命을 가지고 잇는 바다 道當局에 잇서서는 本漁業의 獎勵助長策으로써 漁船의 乾造補助 漁獲物處理場 設置補助의 擴大도 勿論 近時 漁業用 資材의 配給統制에 伴하야 漁撈業도 右資材에 짜라 計畫生産을 樹立하여 益益 健實한 增産을 期待하게 된다 그리고 이에 數年間 後에는 적어도 五六百萬圓의 漁獲高는 容易하리라고 豫想된다

■ **延坪島漁業組合 仲買人 山村炳鉉氏(舊崔炳鉉)(1941.11.1.)**

氏는 延坪島 出生으로써 日用雜貨食料品, 船具, 原鹽 丸大 等을 販賣하고 잇는 一方 延坪島 漁期에다 仲買人으로 活躍하고 잇는 同島의 有力者로써 現在 延坪島漁業組合 監事, 延坪島公立國民學校 學務委員 等의 公職을 가지고 잇는 篤志者이다

■ **延坪島區長 光永仲善氏(舊李鉉昔)(1941.11.1.)**

氏는 全南 靈光郡 出生으로써 約 十年 前부터 延坪島에 移居해 와서 漁業을 經營하는 同時에 延坪島區長으로 잇스며 島民을 指導하는 一方 延坪島漁業組合議員 同島 衛生組合副組合長 等의 公職을 가지고 잇는 同島의 代表的 人物로써 人格과 德望이 具備한 篤志者이다

■ **延坪島漁業組合 仲買人 金厚宗石氏(舊金宗石)(1941.11.1.)**

氏는 海州府 南本町 出生으로써 少年時代부터 商業界에 나아가 奮鬪努力하야 成功한 立志傳 中의 人物로써 지난 大正十一年에 延坪島로 移住하여 旅館과 海産物商을 經營하는 一方 延坪島漁業組合 仲買人으로써 每漁期마다 百萬圓에 갓가운 海産物을 仲買하는 仲買業界에 巨物이다

■ **延坪島漁業組合理事 金商圭氏(1941.11.1.)**

氏는 大正六年 東京 明治大學 法科를 卒業하고 故鄕인 全南 莞島로 도라가 時代의 思潮에 물드러 當時 流行하든 赤色思想에 感化되여 左翼陣營에서 第一線 鬪士로서 活躍타가 同九年에 이에서 깨다른바 잇서 國體와 相反되는 이 조치 못한 思想을 깨끗이 淸算한 다음 ○生의 길을 발버 同十年에 莞島○花漁業組合 理事로 就任하는 同時에 全心 誠意로 漁業者의 指導와 그들의 便宜를 圖하기에 努力하고 잇다가 同十三年 延坪島漁業組合 理事로 轉職하야 就任以來 그의 業績으로는 延坪島의 無線電信의 設置 醫療機關이 不備한 同島에 公醫를 두게 하여

島民들의 衛生保健의 設備를 完全히 하는 等 其 外에 잇서는 漁民들과 相互協力하여 水産開發에 全力을 다하고 잇는 人格과 信望이 놉은 道內 模範的 青年理事이다

■ **延坪島 商業界의 巨頭 池田泰元氏(舊池泰元)(1941.11.1.)**

氏는 海州府內 出生으로써 府營公設市場에서 商業을 經營하는 한편 延坪島에다 支店을 設置하여 布木, 雜貨, 食料品 等을 販賣하는 同島 第一의 巨商으로써 또한 數隻의 漁船을 가지고 漁業까지 經營하고 잇는 活動家인데 延坪島漁業組合의 議員으로의 公職도 가지고 잇는 巨商이다

■ **五百萬圓 조기잡이, 活氣 씐 延坪島 快報(1941.5.14.)**

[黃海支社發] 石首魚 漁場으로 全鮮에 有名한 碧城郡 松林面에 잇는 延坪島 近海에는 漁期에 드러슴으로 本道內 各地에서는 勿論 西鮮地方에서는 平南北을 비롯하여 南鮮으로는 全羅南北 忠淸南北道 各地에서와 또는 멀니 內地에서도 漁船이 蝟集하여 이에 그 數는 一千四五百隻에 達하게 된다 그런데 이에 漁期는 지난 一頃부터 오는 六月 中旬頃이라는바 이 漁期 中에는 漁船 外에 運搬船 또는 商船이 모혀드는 外에 또한 各種 商人 藝唱妓와 飮食店 또는 料理業者들이 모혀들어 一個 漁村인 延坪島가 不時에 都會地로 化하고 만다 한다 그런데 지난 十日까지의 漁獲高는 六萬餘圓에 達하야 昨年 同期에 漁獲高 九千餘圓에 對比하야 約 五萬圓 以上의 增加를 뵈이고 잇다 그러고 이에 盛漁期는 오는 十六日頃이라는바 今年은 漁獲의 成績이 良好하야 오는 六月 中旬頃 終漁期까지에는 적어도 五百餘萬圓의 漁獲高를 보리라고 豫想된다

■ **조기잡이 한창, 延坪島 近海에 每日 千五百隻 出動(1941.5.15.)**

[仁川] 인천항을 중심으로 서해안 일대의 명물인 조기(石首魚)가 때를 차저서 연평도(延坪島) 부근으로부터 인천 근해로 밀려들어 매일가치 고기잡이 배가 一천五백척이 바다로 나가서 저녁이면 산떠미처럼 실고 와서 그야말로 글자 그대로 어획 경기로의 개가를 불르고 잇서 경인간 인사의 식탁을 화려하게 꾸미는데 이에 인천경기도어업조련합회에 조사한 바에 의하면 이제부터 조기는 본격적으로 최성기(最盛期)에 이르렷스며 지난 四월 말까지의 어획고가 七十만원에 달하엿다 아프로 六월 말까지는 적어도 四백만원은 돌파하리라 하야 수산 경기도의 고함을 지고 있다

■ **"조기" 大豊獲 六五〇萬圓 突破(1941.6.16.)**

[黃海支社發] 石首魚 漁場으로 全鮮에 有名한 碧城郡 松林面 延坪島 近海에서 지난 四월 初旬頃부터 六月 十日頃까지의 漁期間에 잇서의 石首魚의 漁獲高는 約 六百五十萬圓을 突破하고 잇다 그런데 이 中에서 延坪島漁業組合에서 取扱한 委託販賣高 十萬圓을 筆頭로 龍湖島漁組 取扱額 三十五萬圓 釜浦가 十五萬圓 興嵋가 十二萬圓 結城이 十五萬圓으로써 이에 各地漁組 取扱額이 百六十萬圓에 達하며 이外에 海上에서 自由로히 販賣된 金額이 約 四百五十萬圓의 巨額에 達하고 잇서 昨年度의 漁獲高 約 五百萬圓에 對比하야 約 百五十萬圓의 增加를 뵈이고 잇다

■ **石首魚 漁期 迫頭, 延坪島 近海에 漁船 五千餘隻 蝟集(1943.4.13.)**

[海州] 石首魚 漁場으로 全鮮에 有名한 碧城郡 松林面에 잇는 延坪島의 漁期도 目睹에 迫到하고 잇다 그래서 海州郵便局에서는 오는 四月 下旬까지 이에 延坪島에다 郵便局出張所를 開設하리라 한다 그런데 오는 五月 初의 漁期에 드러는 道內는 勿論 道外로는 平安南北道를 비롯하야 忠淸南北, 全羅南北, 慶尙南道에서와 또는 멀니 內地의 長崎, 佐賀, 熊本 等 또는 商船과 運搬船은 無慮 五千餘隻에 達한다 하며 各地에서 모혀드는 商人, 娼妓, 酌婦 其他營業者, 漁夫船員 等 數萬名에 達하야 一個 漁村의 延坪島는 不時에 都會化하는 盛觀을 이룬다하며 이에 盛漁期는 五月 中旬頃이라 한다

■ 延坪島의 漁獲高, 一千萬餘圓 以上을 突破(1943.4.24.)

[海州] 石首魚 漁場으로 全鮮에 有名한 碧城郡 松林面에 잇는 延坪島의 漁期는 每年 四月二十日頃으로부터 五月 中旬頃까지로써 今年은 지난 四月 十七日에 石首魚群이 뻘니도 延坪島 近海에 낫나타 昨年보다 漁期가 速히 到來하게 되엿다 한다 그런데 오는 五月 中旬이 盛漁期로써 今年의 漁獲 豫定高는 적어도 七百萬圓以上을 突破하리라 한다 그러고 石首魚 外의 蝦其他의 雜魚의 漁獲高까지 合하면 一千萬圓 以上은 無難하리라는바 四月 二十日 現在의 漁船의 蝟集한 數는 五百餘隻에 達하고 잇다는바 盛漁期에는 漁船만 二千餘隻 其他 運搬船과 商船을 合하면 無慮 五千餘隻에 達하는 盛觀을 보게 된다고 한다

■ 石首漁業場 視察, 黃海道會 議員들이 延坪島에(1943.5.14.)

[海州] 碧城郡 松林面에 잇는 延坪島는 石首魚 漁場으로써 朝鮮 三大漁場 中 第一의 稱에 잇는 有名한 漁場이다 그래서 一漁期의 漁獲高는 五百萬圓 以上을 突破하고 잇스며 各地에서 蝟集하는 漁船 또는 商船 等은 三千隻에 達하야 漁期의 約 四十日(五月 初旬부터)間 道內는 殷賑을 極하게 된다 한다 그런데 黃海道에서는 道會 議員들을 오는 五月 二十日頃 同島에 出張시켜 同漁場의 盛況을 視察케 하리라 한다

■ 延坪島漁場 警察部長 一行 視察(1943.5.23.)

[海州] 조기漁場으로 全鮮에 有名한 延坪島에서 漁獲하는 石首魚의 年産額은 約 七百萬圓(六百五十一萬貫)에 達하고 잇다 그리고 이 外에도 칼치 새우 等 其他 雜魚의 年産額도 約 三百萬圓 以上으로 이에 本島에 잇서서의 魚獲 年産額은 一千萬圓을 突破하고 잇다 그런데 이 조기잡이의 漁期는 四月 末부터 六月 中旬까지라 하며 盛漁期는 五月 中旬頃이라 한다 그런데 橋本黃海道警察部長은 同漁場을 視察하고저 高山保安課長 松下 海州警察署長 太田 同署 經濟主任 平田 海州港駐在所長 外 關係職員 五六名을 帶同하고 五月 十九日 延坪島를 視察하게 되엇다 그래서 當日 午後 三時頃 同島에 到着하자 金 漁業組合 理事 松村林林 面長 峰津 公醫 中村 國民學校長 等의 出迎으로 當地 臨時警察官駐在所 漁業組合 또는 其他를 視察하고 金 漁業理事로부터 漁業狀況의 報告를 듯고 同午後四時頃 同島를 出發하야 歸任하엿다 한다

■ 延坪島 조기잡이 七百萬圓을 突破(1943.6.5.)

[海州] 石首魚 漁場으로 全鮮에 有名한 延坪島 近海의 漁獲狀況을 調査한 바에 依하면 初漁期에는 不漁狀況에 잇섯스나 中期 以後로 好漁를 繼續하야 漁期를 通하야 前年보다 漁獲成績이 良好하다 한다 그런데 지난 五月末까지의 各 漁業組合에 漁獲物을 委託한 狀況을 보면 延坪島漁業組合이 八十萬圓 龍湖島漁業組合이 四十萬圓 釜浦組合이 三十五萬圓 興嵋組合이 十五萬圓 漁業組合聯合會가 二十二萬圓으로 이에 合計 百九十萬圓을 突破하고 잇다 그런데 이 外에 海上에서 自由販賣된 漁獲高가 二百萬圓 以上에서 其他가 百萬圓으로 總漁獲高는 五百萬圓을 무난히 突破하고 잇다 한다 그러고 이에 終漁期는 오는 十日頃이라는바 終漁期까지의 漁獲高는 적어도 七百萬圓은 無慮히 突破하리라고 한다

■ 延坪島에 燈臺(1943.10.14.)

[海州] 石首魚 漁場으로 全鮮에 有名한 碧城郡 松林面에 잇는 延坪島에다가 遞信局에서는 오는 昭和十九年度에 燈臺를 設置하기로 되엿다 그래서 黃海道에서는 이에 所要될 資材其他를 斡旋 또는 準備하기로 되엿다

■ 二千頭 確保 目標, 延坪島에 緬羊 飼育場(1943.10.16.)

[海州] 碧城郡에서는 同郡 松林面에 잇는 大延坪島 及 小延坪島의 兩島에다 一大 緬羊飼育場을 建設하고저 昨年부터 延坪島에다 緬羊三十八頭를 試驗的으로 飼育하고 잇다 그런데 今年의 生産率을 보면 實로 百十퍼센트요 同生育律도 백퍼센트로 이의 育成狀況도 滿點이라

한다 그래서 郡에서는 緬羊 二千頭를 確保할 計畫으로 目下 郡農會가 陣頭에 나서 關係遼路와 이 延坪島의 放牧地 入手에 힘쓰고 잇다 그럼으로 近近 이에 解決을 보는대로 土地를 入手하고 곳 養舍建築에 着手하리라 한다 그런데 同延坪島는 緬羊의 飼育場으로서는 非常한 好適地로 放牧地로서의 綠草도 豊富하며 또 緬羊이 第一 실혀하는 『미노하마다라모기』 『오호구로야부가기』가 업스며 其他 野獸의 襲擊을 밧을 걱정도 업서 緬羊飼育에는 最適地이다

■ 漁船 三千餘隻 蝟集, 石首漁 盛漁期 압둔 延坪島 漁場(1944.4.18.)

[海州] 石首魚場으로 全鮮에 有名한 黃海道 碧城郡 松林面에 잇는 延坪島는 朝鮮이 三大漁場으로 널리 알려지고 잇다 그런데 이에 漁期는 오는 四月 二十日頃부터 約 一個月 間으로써 이에 盛漁期는 五月 十日頃이라 한다 그런데 漁期를 압두고 朝鮮 內에서는 黃海道 內는 물론 平南北, 京畿, 忠南北, 全南北, 慶南北 各地를 비롯하여 널리 內地의 長崎, 福岡, 佐賀, 鹿兒島 等의 各縣에서도 이에 漁船이 蝟集하야 그 數는 三千餘隻 以上의 大多數에 達한다고 한다 그리고 其外에도 石首魚의 運搬船 商船 等이 또한 千餘隻이 모혀든다 하며 이에 漁業者를 相對로 各地에서 諸般 商人 또는 飮食店營業者 酌婦 等 其他 無數百餘名이 群集하야 一個 小漁村이든 延坪島는 不時에 都會地化 한다고 한다 그런데 一漁期에 이 漁場에서 漁獲하는 石首魚의 漁獲高는 約 二千萬圓 以上을 突破하고 잇다 한다 그래서 黃海道 産業課에서는 道 漁業組合聯合會 또는 延坪島漁業組合 등을 先導 奬勵하야 一般漁業者로 하여 石首魚 漁獲生産에 萬○○업기를 期하게 하여써 決戰必勝 食糧物 增山 確保를 圖하게 하고 잇다

■ 왓다 조기떼, 延坪島 最盛期는 廿五六日頃(1944.5.19.)

조기떼가 산뗌이가치 몰려드는 황해도 연평도(延坪島)의 조기잡이는 반도수산계의 명물로서 널리 알려지고 잇거니와 이미 고기떼의 一부가 수일전부터 인천(仁川) 근해를 거처서 연평도 근해까지 왓는데 이것을 마지한 어선의 일부는 五, 六일 전부터 출동하야 어획을 개시하엿다 그런데 압서온 조기떼에 뒤이어 몰려오는 더 큰 떼로 二十六, 七일경부터는 최절정에 달하야 일대 조기잡이가 시작되는데 금년에도 조기 풍년을 목표로 오다(織田) 본부 수산과장 등이 十九일 총독부 시험선(試驗船)을 타고 섬의 어업 근거지에 가서 낫과 밤을 가리지 안코 어업증산에 김○하고 잇는 바다의 용사들을 고무 격려한다 연평도의 조기는 소위 한사리의 어업으로서 대체로 이십일 가량되는 어기(漁期)에 승부를 결정하므로 이 짧은 기간에 전선에서 생산되는 조기의 총수획고 一천만원 중 그 절반 가량이 이곳에서 난다 금년에도 조수관게로 어기가 다소 느저젓스나 조기떼가 몰려 들어오는 상황은 매우 조흐므로 이대로 나아간다면 예년의 기록을 돌파하야 조기 풍년이 들 것으로 예상되며 지금이 섬주위 백리 압바다는 어선떼가 우렁찬 뱃노래와 함께 활발한 활동을 하고잇서 장관을 이루고 잇다

■ 織田 本府水産課長 等 來道(1944.5.24.)

[海州] 織田 本府水産課長 外 一行 五名은 延坪島 近海 漁場에서의 鮟鱇網漁業狀況을 視察하고저 五月 十九日 仁川을 出發하야 來道하야 延坪島 漁場의 鮟鱇網漁業狀況을 視察하고 其翌日인 五月 二十日 午後 五時頃 來海하야 道로 礒井知事를 訪問하여 來道에 人事를 行한 다음 金光農商部長 小兒山産業課長 等과 會見하야 鮟鱇網漁業狀況 또는 其他 道內 漁業에 對한 說明을 廳取한 다음 當夜는 海州에서 一泊하고 二十一日 午前 十時四十分 海州驛着 列車로 出發하야 歸城하엿다

■ 조기 百八十萬貫, 한 집에 十貫式 配給(1944.5.26.)

황해에 서해안을 오르는 조기떼는 충남에서 경기를 거처 지금 황해도 연평도(延坪島) 근처에서 한참 잡고 잇는데 잡은 조기 중 경성으로 입하될 조기가 아프로 二주일 동안에 백八十만

관이나 된다 이러케 들어오는 조기를 부에서는 조선인 가정의 굴비용으로 한 가정에 대하야 十관식 배급을 하기로 되엿슴으로 이번 배급은 먼저 먹지 말고 말려 두어야 한다

■ 勤勞者에게 石首魚 特配(1944.6.16.)

[長淵] 食糧增産에 싸우는 勤勞者에게 石首魚를 配給한다 즉 載寧郡에서는 食糧增産에 싸우는 勤勞者에게 石首魚를 先物하고저 遣股産地인 延坪島에 係員을 派遣하야 萬般周旋을 다한 結果 이즘 一千貫이 入荷되야 今般 配給할 豫定이라고 한다

■ 延坪島 조기잡이 漁獲高 五百萬圓 突破(1945.4.26.)

[海州] 조기잡이(石首魚) 어장(漁場)으로 전선에 유명한 벽성군(碧城郡) 송림면(松林面)에 잇는 연평도(延坪島) 근해에는 조기의 어기인 四월 二十五일경 짜지 황해도 내는 물논이요 경기(京畿), 평남북(平南北)을 비롯하여 전라남북(全羅南北), 경상남북(慶尙南北), 충청남북(忠淸南北) 등 조선 내에서와 멀리 내지의 사가(佐賀), 후쑤오까(福岡), 나가사끼(長崎) 등 구주지방에서부터 위집하는 어선은 무려 三천여 척에 달하고 잇다 한다 그러고 이외에도 운반선 상선 등을 합하면 四천여 척에 달함과 동시에 이에 어업자, 상인, 기타 각종 영업자가 모혀들어 일개 어촌에 지나지 안는 연평도는 불시에 대도회로 회하고 만다는바 이에 치안의 안전과 일반적 취체를 행하고저 해주경찰서에서는 임시로 경찰관 주재소를 설치하며 해주우편국에서는 임시우편소를 설치하야 어획대금의 우송을 위한 ○○○ 사무 급 전신전화 또는 기타 일반 우편 사무를 취급하고 잇다 그런데 어기는 대개 二개월 간으로써 이에 석수어의 어획금액은 년년히 五백만 원 이상을 돌파하고 잇다 한다 그러고 오는 四월 二十七일경부터는 이에 조기잡이를 시작하리라 한다

■ 조기잡이는 지금이 한참, 水産戰士에 食糧 其他를 特配(1945.5.5.)

[海州] 지난 四월 二十八일로 전초전(前哨戰)의 막을 연 연평도(延坪島) 조기잡이는 이달 五일로부터 十二일 짜지의 제일조(第一潮) 二十일부터 二十八일 짜지의 제二조로 최성기를 마지하게 되는데 이 긔간에 동원될 어업선의 수는 어선 八백척, 운반선 八백五십척, 게 약 千六백척에 오르고 여기에 어업전사 약 一만여 명이 어울러 연평 룡매(龍媒) 부포(釜浦) 용호도(龍湖島)를 중심으로 일대 어렵전을 전개할 터이다 여기 호응하야 도 수산당국에서도 이들 바다에 조전하는 산업전사에 대하야 식량의 기준량 이외에 특배를 실시하기로 하야 사기를 더욱 붓도두고 잇는데 그 량은 육상량(陸上量) 조기 백관에 대하야 도내 어선은 二승四홉(도외는 二승二홉) 운반선에 대하여서는 육상량 百관당 二승의 율로 특배를 하는 일방 소곰, 면사양말, 작업복, 사쓰 등을 확보하야 축차 책임량을 돌파한 업자에게 배급할 방침이다

■ 조기잡이 數量 四萬貫을 突破(1945.5.30.)

[海州] 조기잡이 어장으로 전서에 유명한 벽성군(碧城郡) 송림면(松林面)에 잇는 연평도(延坪島) 근해에서는 지난 초순경부터 조기잡이를 시작하엿다는바 이에 이달 二十四일짜지 어획한 수량은 五만관으로써 해주어업조합(海州漁組)에는 二천五백관 부포어업조합(釜浦漁組)에는 五천관 용호도어업조합(龍湖島漁組)에는 一만관 흥미어업조합(興嵋漁組)에는 四천관이 입하되엿스며 기타 九천관은 해상에서 매매된 것이라 한다 그런데 금년도 어기에 잇서 어획할 예정 수량은 二백만 관으로 이에 성어기는 오는 六월 중순경이라는바 二백만 관을 어획하여서 이 중에서 ○○○만 관은 본부로 반출하며 남어지 ○○○○○만 관은 돈내에서 수요케 하리라 한다

■ 石首魚 集荷에 現地로 監視臺(1945.6.3.)

부민의 식탁에 오르지 안는 철맛난 조기의 행방을 찾고저 생산현장으로 생산과 집하를 독

려하고 반입도중 가로새는 것을 미연에 막는 감시대를 보낸다 전날 가트면 이지음 조기가 한창이오 또한 지금 황해도 연평도(延坪島) 연안을 중심으로 조기잡이가 한창인데도 불구하고 부내에는 일체로 드러오지 안코 잇다 생산현장에는 각지로부터 조기잡이 배가 집중하야 잡히는 대로 경성 등 소비지로 반입케 하고 잇는데 일부 악덕업자들의 발호로 지정된 장소로 조기배가 드러오지 못하고 중도에서 비밀거래로 새버리고 만다 이때문에 부내로 드러오는 수량도 전연 업다십히 되여 경성부 경제 제二과에서는 생산현지로 생산과 집하 독려부대를 파견하엿고 한편 경찰의 응원아래 반입 도중의 해변 요지로 취체선과 운반선을 가지고 가서 비밀거래의 미연방지와 철저한 취체를 하야 집하계획 수량을 채워 일반배급에 만전을 다하도록 하고 잇다

■ 조기잡이 業績 不良, 漁獲高 不過 二十萬貫 (1945.6.17.)

[海州] 조기잡이 어장으로 전선에 유명한 벽성군 송림면에 잇는 연평도(延坪島) 어장에 잇서 금년의 조개잡이 성적은 자못 불량하야 六월 十일 현재로 불과 二十만 관의 어획고를 뵈이고 잇셔 근래에 보지 못한 불량한 업적을 나타내고 잇다 그런데 금년에 잇서의 어획 예정 수량은 二백만 관으로써 ○○에 납입할 수량만도 八十만 관에 달하고 잇다 그런데 예정 수량보다 一활에 지나지 못하는 어획고를 뵈이고 잇서 군수 또는 민수에 잇서 이에 밋치는 영향은 자못 크리라고 예상된다 그런데 금년에 잇서 이갓치 조기잡이가 안된 원인은 제일 첫째로 천후의 관게가 크다하나 다음으로는 조기잡을 어선의 수가 적엇다는데 크나큰 원인이 된다고 한다 이갓치 어선의 출동이 적엇슴은 어업용 모든 물자의 입수난과 기타의 사정이 잠재되여 잇겟스나 이를 지도 알선하는 당국자에게도 다소의 책임에 잇스리라 하야 금년에는 이에 실패를 보앗스나 명년에는 이갓흔 실패를 거듭하지 안토록 관민이 일치 협력하여야 되겟다 하야 모다가 이에 깁흔 관심을 가지고 잇다 한다

■ 조기 대신 새우 잡이 제반물자 알선한다 (1945.6.29.)

[海州] 조기잡이 어장으로 전선에 유명한 연평도(延坪島) 어장에 잇서의 금년의 어획 업적은 자못 불량하야 부내를 비롯하여 도내 각지에는 조기의 그림자도 볼 수 업써 반도안 가정에 잇서는 년중의 찬쌈을 준비치 못하게 되여 이에 밋치는 영향은 자못 크리라고 예상된다 그래서 도에셔는 이에 대책으로써 새우잡이를 적극 장여하여 이를 젓담쎄 하야 반도안 가정의 찬쌈으로 수요케 하리라 한다 그러고 명년에 잇서는 조기잡이 어업자에 대하여 모든 물자의 알선 지도에 노력하여써 조기잡이를 활발 또는 명낭히 하도록 이에 주력하리라 한다

서울신문 서해5도 관련 기사

■ 북한군정찰대 상사 귀순 어제 백령도로(1990.9.8.)

군당국은 7일 "오늘 하오 2시 30분쯤 경기도 옹진군 백령면 백령도 동쪽 해안 아군 해병초소에 북한군 정찰대 소속 이덕남 상사(24)가 고무보트를 타고 귀순해 왔다"고 발표했다. 군당국은 이 상사가 이날 상오부터 서해안 장산곶 일대에서 잠수훈련을 받다 부대를 떠나 남쪽으로 내려왔다고 밝혔다.

■ 선원 2명 탄 어선 또 납북 서해 백령도 근해서(1991.2.10.)

서해에서 조업 중이던 우리 어선 1척이 지난 5일에 이어 9일 또 다시 북한 경비정에 의해 강제 납북됐다. 9일 수산청은 이날 상오 서해 백령도 서북방 해상에서 고기잡이를 하던 충남 서산수협 소속 제2승영호(10톤급)가 북한 경비정에 의해 납치됐다고 발표했다. 납북된 제2승영호에는 우리 선원 2명이 타고 있는 것으로 알려졌다. 올해 들어 우리 어선이 납치되기는 지난 5일 서해에서 강제 납북된 한두수산 소속 남해006호에 이어 두 번째이다.

■ 서해 7개 접적해역 항로 제외, 연안여객선 선착장 임검 폐지(1992.4.26.)

경찰청은 25일 그동안 전국 3백23개 연안여객선 선착장에서 승객 및 화물을 대상으로 실시해오던 임검 제도를 오는 27일부터 서해 7개 접적해역 항로를 제외하고는 모두 폐지하기로 했다. 이에 따라 출발지와 기착지 등에서 이중으로 임검을 실시하는데 따른 출발 지연 등의 불편이 해소되게 됐다. 경찰청은 임검 제도를 폐지하는 대신 통학생·출퇴근자·상인 등 섬주민에게는 정기승선권을 발급하고 일반승객은 금속탐지기와 주민등록증 식별기로 신원만 확인하기로 했다. 임검이 계속 실시되는 7개 취약항로는 인천에서 백령도·연평도·덕적도·장봉도와 충남 서산을 오가는 5개 항로와 강화에서 주문도·불음도를 잇는 2개 항로이다. 경찰은 이와 함께 그동안 정원 초과, 위험물탑재 등을 점검하던 승무 경찰관의 업무를 선장과 청원경찰에게 넘겨주고 경찰관은 지상에서 선박통제 업무를 맡도록 했다. 경찰청 관계자는 이날 "7개 항로를 제외한 항로는 승선신고서를 토대로 실시되는 컴퓨터 조회에서 신원 특이자로 나타나는 사람들만을 대상으로 검문 검색을 하게 되는 만큼 사실상 임검 제도가 폐지되는 것"이라고 설명했다.

■ 중국 어선 영해 침범 우리어선 선장 납치 계기로 본 실태(1992.6.25.)

중국 어선들이 우리나라 영해를 침범해 해적행위를 일삼는 일이 최근 들어 부쩍 늘고 있다. 이들은 주로 야음을 틈타 우리나라 어업자원보호선을 넘어 연안 깊숙이 들어와서는 저인망 그물로 고기를 남획, 씨를 말리고 있다. 더욱이 중국 어선들은 불법조업에 항의하는 우리 어선의 그물을 고의로 망쳐 놓는가 하면 심지어 우리 어선을 들이받고는 그대로 달아나기도 한다. 지난 21일엔 중국 선원들이 불법어로작업을 제지하는 부산 선적 안강망어선 제304호 삼정호에 올라가 쇠파이프 등으로 우리 선원들을 구타한 뒤 선장 고해룡씨를 납치해 간 충격적인 사건이 발생하기도 했다. 중국 어선들의 해적행위는 제주도 남서쪽 영해는 물론 군산 앞바다와 연평도 근해, 여수 앞바다, 포항 앞바다 등 거의 우리나라 전 해상에 걸쳐 이뤄지고 있다. 중국 어선들이 잡아가는 고기는 봄과 여름에는 주로 제주도 남서쪽 수역과 군산 서쪽 수역에서 갈치와 홍어류를, 그리고 가을과 겨울에는 제주도 남방해역에서 병어·조기·갈치류를 잡는 등 철따라 이동하면서 어족자원을 계속 훑어가고 있다.

5년간 2천여회

해경 집계에 따르면 중국 어선들은 지난 88년 이후 지금까지 모두 2천 1백 58회에 걸쳐 우리의 어업자원 보호수역과 영해를 침범했으며 연도별로 보면 88년 1백 80여 회에서 89년엔 1백 92회, 90년 3백 57회, 92년 9백 65회로 매년 크게 늘어났고 올해 들어서만 벌써 4백 64회나 기록하고 있다. 중국 어선들의 행패로 우리 어선이 피해를 입은 사례도 부지기수다. 지난 21일의 삼정호 선장 납치사건 이외에 지난달 27일에는 제주도 남서쪽 1백 30마일 해상에서 조업 중이던 인천 선적 유자망어선 제15덕성호(93톤)가 중국 어선에 배 뒷편을 받쳐 1천만원 상당의 피해를 입었으며 하루 전인 26일에는 전남 신안군 홍도 서남쪽 90마일 해상에서 조업하고 있던 군산 선적 기선 저인망어선 제2공진호(34톤)가 중국 어선과 충돌한 뒤 강제로 중국 쪽으로 끌려가다 간신히 풀려나기도 했다. 수산청 관계자에 따르면 중국 어선들이 우리나라 영해를 침범하는 사례가 이같이 계속 증가하고 있는 것은 최근 중국이 공업화가 가속되면서 양자강 하류 해역과 산동성 근해등 중국 연안이 크게 오염, 어종이 부족해지자 이른바 '동진'을 계속하고 있기 때문이라는 것이다. 게다가 중국정부는 우리정부가 설정한 어업자원보호구역이 "국제법에 위배된다"며 인정을 하지 않고 있어 중국 어선의 우리 수역 침범을 방조하는 태도를 보이고 있다는 것이다.

중국연방 오염영향

또 그동안 우리 정부가 중국과의 관계를 고려해 미온적인 태도를 취해 온 것도 주요한 원인 가운데 하나라는 것이 관계 전문가의 지적이다. 다시 말해 양국 정부 사이에 아직 상호규제에 관한 아무런 협약이 없는데다 우리 정부는 그동안 공해상으로의 추방방침으로 일관해 중국 어선의 영해 침범이 습성화됐다는 지적이다. 뿐만 아니라 중국 어선들의 이같은 횡포에 우리 어선들이 일방적으로 피해를 당하고만 있는 것은 중국 어선들은 대부분 대형어선인데다 대규모 선단을 이뤄 조업하고 있는데 비해 우리 어선들은 소형어선끼리 소규모 선단을 이뤄 조업하기 때문이라는 것이다. 또한 해경 등이 사고신고를 접수해 해상순찰 중인 경비정이나 구난함을 즉시 출동시킨다 해도 공해상으로 달아나는 중국 어선은 뒤쫓기에는 역부족이어서 이렇다 할 효과를 거두지 못하고 있는 실정이다.

경비정 단속 미흡

그러나 전문가는 물론 어민들은 이제 더이상 이같은 불법행위를 그대로 방치해서는 안 된다고 입을 모으고 있다. 한·중간의 관계 개선도 좋지만 주권수호 차원에서 강력히 대응해야 한다는 것이 한목소리이다. 또한 현재 수협중앙회와 중국 동항해어업협회 간에 민간차원으로 맺어져 있는 '해상사고처리에 관한 합의서'를 더욱 발전시켜 양국 정부 차원의 상호규제방안을 마련해야 한다는 지적도 나오고 있다. 여기에 현재 해군과 해경, 수산청이 각기 별도로 운용하고 있는 단속체계를 보다 효율적으로 다시 조정해야 하며 특히 3면이 바다인 우리나라로서는 중국은 물론 북한 일본 러시아 등과 끊임없는 어로 분쟁이 있을 것이 예상되므로 하루빨리 부족한 경비정과 구난함 등의 장비와 인력을 보강해야 할 것으로 전문가들은 강조했다.

■ 동·서해어장 15,600㎢ 새달 확대 조업규칙 개정 입법예고(1992.7.10.)

지금까지 어로작업이 금지됐던 인천 서쪽 서해 일부 해역과 동해 북위 38도선 부근 일부 해역이 새 어장으로 확장돼 빠르면 다음 달부터 조업이 가능해진다. 또 조업자제해역과 특정 해역에 대한 승선지도원제도가 폐지돼 조업 규제가 크게 완화된다. 수산청은 9일 이같은 내용을 골자로 하는 '선박안전조업규칙' 개정안을 입법예고 했다. 이 개정안은 서해 한가운데에 직선으로 설정되어 있는 어로한계선(동경 1백24도선)을 없애고 대신 기존의 어로한계선에서 중국 산동반도 쪽으로 인접한 수역에 남북 40마일, 동서 30마일의 새 어장을 만들도록 했다. 이로 인해 이곳에 3천 3백㎢의 어장이 새로 생겨 연간 1백 20억원 정도의 어민소득 증대가 기대된다. 또 서해에서는 북한 관할수역과 인접해 그동안 어로작업이 금지됐던 특정해역의 북쪽에 강화도 만도리어장 20㎢, 연평도어장 2백 80㎢가 각각 확장된다. 또 동해의 경우도 어로통제해역인 특정해역이 현행 북위 37도 27분 이북에서 38도 이북으로 북상 조정돼 1만 2천㎢의 수역이 특정해역에서 일반해역으로 바뀌어 어선들에 대한 규제가 크게 완화되고 속초 북방 저도어장도 0·6㎢가 늘어난다. 이번 개정안이 다음 달에 공포돼 시행에 들어가면 동·서해 연근해어장 1만 5천 6백여㎢가 확장돼 조업이 가능해진다. 이 개정안은 또 현장 안전조업을 지도하고 피랍을 방지하기 위해 지난 74년부터 특정해역과 조업자제해역에 출어하는 선단어선에 지도원들이 직접 승선해오던 승선지도원제도를 폐지, 자율적인 조업을 유도하기로 되어 있다. 정부가 지난 3월에 이미 동·서해어장 일부를 확장한데 이어 또 다시 어장을 늘리고 조업규제를 완화하기로 한 것은 한반도 주변 여건과 남북관계가 개선된데 따른 것이다.

■ 동서해어장 확장 1만5천㎢ 늘어 (1992.9.4.)

수산청은 3일 동·서해 어장을 부분 확장하는 것을 골자로 한 선박안전조업규칙을 최종확정, 오는 5일 자로 공포해 10월 1일부터 시행키로 했다. 이에 따라 어로를 할 수 없는 수역인 동해 특정해역이 현행 북위 37도 27분 이북에서 38도 이북으로 북상 조정돼 1만 2천㎢의 수역이 확장되고 서해 특정해역 바깥쪽에 3천 3백㎢, 연평도 어장에 2백 80㎢의 어장이 늘어난다. 수산청은 또 지난 74년부터 동·서해 특정해역 및 조업자제해역에 실시해 오던 승선지도원제를 폐지해 각 어선이 자율적으로 안전조업을 하도록 조치했다.

■ 인천~백령도 쾌속선 연내 운항 3시간 만에 주파(1992.10.24.)

인천~백령도 간에 시속 50노트의 공기부양식 쾌속선이 오는 연말부터 운항되게 된다. (주)세모는 23일 경남 고성 조선소에서 국내 최초로 시속 50노트의 초고속여객선 '데모크라시'호를 건조, 인천~백령도간을 3시간만에 주파할 계획이라고 밝혔다. 가볍고 견고한 FRP재료로 건조된 '데모크라시'호는 파도에 의한 선체충격과 요동을 최소화하는 첨단장비를 장착, 파고 3~4m의 악천후에도 고속주행이 가능하다.

■ 선박 1척 납북, 선원 2명은 구조 (1993.9.18.)

국방부는 북한이 지난 16일 하오 1시 30분쯤 서해안 대청도 인근 해역에서 북한 영해로 넘어간 1.5톤급 우리 어물운반선 '명복호'(선장 최영기·27)를 나포해 갔다고 17일 발표했다. 당시 명복호에는 최선장과 선원 김태일씨(46·경기 옹진군 백령면 가을2리 708)등 2명만이 타고 있었으며 이들은 즉각 출동한 우리 해군 경비정 3척에 의해 모두 구조됐다. 우리 해군은 명복호의 월경 사실을 인지하고 경비정을 출동시켜 최씨 등을 경비정에 태우고 명복호를 로프에 매달아 예인해 오던 중 북한 경비정이 계속 방해를 하며 위협해 무력 충돌의 위험이 있다고 판단하고 예인을 포기, 복귀했으며 북한측은 우리 해군이 철수한 뒤 명복호를 나포해 갔다는 것이다.

■ "백령도 서쪽 '12마일 영해' 검토" (1993.10.14.)

국방위의 해군본부에 대한 감사에서 김홍렬 해군참모총장은 "지난 53년 유엔군사령관에 의해 접적지역으로서 북방한계선을 적용해 오고 있는 서해5도서 중 백령도 서측에 대해 영해 12마일을 선포하는 문제를 외무·법부·국방부에서 신중히 검토 중"이라고 밝혔다. 김 총장은 또 일본함정의 독도 근해 침범에 대한 대책과 관련, "노후 병기와 통신시설을 보완하고 경비함정을 상시 대비하는 체제를 갖추고 있다"면서 "올해 말까지 독도에 레이더 설치작업을 마무리 지을 방침"이라고 말했다.

■ 한·중 어업협정 적극 추진, 서해 어자원 보호, 백령도 등 불법어로 규제 (1993.12.12.)

정부는 오는 13일부터 17일까지 서울에서 열리는 제1차 한·중 어업회담에서 중국 어선의 불법 어로행위를 철저히 규제해줄 것을 촉구할 방침이다. 정부는 또 서해 및 중국해 동부지역 어업자원 보존 및 관리 문제 등 장기적인 어업협력기반을 강화하기 위해 한·중 어업협정체결을 적극 추진할 계획이다. 이와 함께 중국이 희망하고 있는 긴급피난 등에 관한 협정체결 문제와 민간차원에서 작성, 처리할 수 있는 '어선사고처리합의서'의 존속 문제도 협의할 예정이다. 외무부의 한 당국자는 11일 "중국 어선이 우리 해역에 들어와 무질서하게 조업함으로써 우리 어민들에게 피해를 주고 있다"고 지적하고 "이번 회담에서는 특히 안보용으로 설정된 백령도 부근 해역에서 중국 어선이 불법조업을 하지 못하도록 중국측에 강력한 규제를 촉구할 방침"이라고 밝혔다.

■ 표류 북 선박 1척 구조, 서해상서 2명 승선, 백령도 유인(1994.1.28.)

군 당국은 27일 상오 11시쯤 서해 백령도 동쪽 5마일 해상에서 표류하고 있던 북한의 무동력 전마선 1척을 발견, 해군 고속정을 긴급출동시켜 백령도로 예인해 조사하고 있다고 밝혔다. 북한 육도에서 출항한 것으로 보이는 이 1톤급 전마선에는 20대 남자 2명이 타고 있었으나 모두 실신 상태여서 현재 의료진이 응급조치하고 있다고 군당국은 설명했다. 국방부는 이들이 회복되는 대로 개인의사를 존중해 인도적 차원에서 신병조치를 할 방침이다.

■ 구조 두 북한 병사 돌려보낸다, 본인들 의사 존중(1994.1.30.)

정부는 군사분계선을 넘어온 북한 현역군인 2명을 본인들의 의사에 따라 1953년 휴전 이후 처음으로 북한으로 송환키로 했다. 국방부는 29일 북방한계선 이남 서해 백령도 근해에서 표류하다 지난 27일 우리 해군 함정에 의해 구조된 북한군 2명을 인도적인 차원에서 본인들의 의사에 따라 판문점을 통해 북한으로 송환키로 했다고 발표했다. 이들 북한군은 조선인민경비대 소속으로 하사 김철진(23)과 상등병 김경철(20)이다. 우리 정부의 이 같은 전례 없는 조치는 교착상태에 빠져있는 남북대화 분위기를 조성해보기 위한 것으로 받아들여진다. 국방부는 구조 당시 실신 상태에 놓여있던 이들을 서울 수도통합병원으로 후송, 치료해 왔으며 최근 귀순 여부에 대한 의사를 타진한 결과 이들이 일관되게 북한송환을 희망함에 따라 이를 존중하기로 결정했다고 밝혔다. 이들은 군 당국의 조사에서 "김정일 어버이께서 내년에는 통일이 반드시 이루어진다고 교시했다"며 북한으로 돌아갈 뜻을 분명히 했다. 국방부는 이들이 북한군인 신분인데다 유엔군이 관리하는 해상에서 구조됐다는 점 등을 들어 이날 군사정전위원회를 통해 북한측에 송환 결정을 통보했다. 이들 북한군은 군사정전위 협의가 끝나는 대로 송환될 예정이며 협의에는 한달 쯤의 시일이 걸려 송환시기는 2월말 쯤이 될 것으로 보인다.

국방부는 이에 앞서 지난 27일 정전위를 통해 표류 중인 북한군 2명을 구조했다고 북한에 통보했었다. 송환되는 북한군인 2명은 지난 25일 황해남도 용연군 오차신리 일명 장산곶에 설치된 근무초소에서 해상 50m 앞에 쳐놓은 고기잡이 그물을 걷기 위해 전마선(무동력선)을 타고 출항했다가 높은 파도와 강풍에 밀려 표류하던 중 지난 27일 상오 11시쯤 북방한계선 1마일 남쪽에서 출동한 우리 해군 함정에 의해 구조됐었다. 국방부는 78년 두 차례 북한 주민이 표류·선박 침몰 등의 사고로 우리측에 구조돼 자유의사에 의해 북한으로 송환된 적은 있으나 북한 현역군인이 표류해 왔다가 다시 돌아간 일은 없었다고 설명했다. 지난 78년 5월 동해상에서 민간인 신분의 승무원 8명이 타고 있는 간첩선이 침몰, 우리 해군이 구조했으나 구조자 전원이 북한송환을 요구해 같은 해 6월 정전위를 통해 북한으로 송환한 바 있다.

■ 북한 병사 2명 어제 돌려보내(1994.2.2.)

국방부는 1일 하오 3시 판문점에서 열린 제509차 군사정전위원회 비서장회의를 통해 지난달 27일 백령도 근해에서 표류하다 우리 해군 함정에 의해 구조된 조선인민경비대소속 하사 김철진(23)과 상등병 김경철(19) 등 북한 병사 2명을 북한으로 되돌려 보냈다. 이날 회의에서 유엔군 비서장 포레스터 칠튼 대령은 기조연설을 통해 "이번 송환은 이들이 고향에 가고 싶다는 의사를 표명함에 따라 한국정부가 인도적 차원에서 이를 받아들여 이루어진 것"이라면서 "이들에 대한 신속한 송환은 진정한 협력의 의미와 평화적 의도를 반영하는 것"이라고 강조했다.

■ 어선 한 척 월북, 시계 흐려 방향 착오(1994.7.5.)

수산청은 4일 "선적을 알 수 없는 목선 한 척이 이날 상오 4시 30분쯤 연평도 서남해상에서 시계 불량으로 방향 착오를 일으켜 북쪽으로 넘어간 것으로 보인다"고 밝혔다. 수산청은 "자세한 내용을 확인하고 있으며, 만약 북한이 실종된 어선을 보호 중일 경우 인도주의적 차원에서 송환을 요청할 계획"이라고 말했다.

■ 백령도 서방 7마일 어로한계선 확대 (1994.11.12.)

수산청은 11일 어로한계선을 백령도 서방 7마일 해역까지 확대하는 내용의 어선안전조업규정을 개정, 고시했다. 이에 따라 백령도 서방 지역에 10㎢ 넓이의 어장이 새로 생김으로써 어민들은 우럭과 놀래미 등의 어획량이 늘어나 연간 약 19억 원의 소득을 더 올리게 됐다. 이곳은 지난 92년부터 대청도와 소청도 어민들이 어황 불황을 이유로 조업허용을 요구하던 곳이다.

■ 우성호 북 경비정 피랍 이모저모, 나침반 의존 귀항, 북방한계선 넘은 듯 (1995.5.31.)

'86 우성호'(선장 김부곤)의 선사인 우성수산 직원들은 30일 인천 어업무선국으로부터 피랍 소식을 통보받고 망연자실. 이 회사의 관계자는 "'86 우성호'가 중국에서 풀려나 귀항 중이라는 소식을 듣고 '85호'도 조만간 풀려날 것으로 기대 했는데 무슨 날벼락이냐"며 한숨. '86 우성호'는 지난 27일 하오 4시쯤 '85 우성호'(선장 김수원, 선원 9명)와 함께 산동반도 동남방 13마일 해상에서 조업하다 불법 어로 혐의로 중국 경비정에 의해 나포돼 영성항으로 끌려갔었다. 중국측은 벌금으로 미화 4만 달러를 요구했으나 현금이 없자 '85호'를 인질로 잡고 '86호'만 석방한 것으로 알려졌다. 우성수산 대표 한씨는 "'85호' 선장 김씨가 '중국인들이 총을 겨누며 서명하지 않으면 죽여버리겠다고 위협하고 있으나 버티고 있다'며 '외교 경로를 통해 빨리 해결해 달라'고 어업무선국을 통해 전해왔다"고 전언. 해양경찰청과 우성수산은 '86 우성호'의 피랍 소식을 가족들에게 알리기 위해 연락을 취하고 있으나 선원명부에 기록된 연락처와 실제 거주지가 다른 사람들이 많아 혼선. 선원 신홍광씨(37)의 경우 승선자 명단의 주소는 인천 중구 선화동 30의 4이나 지난 93년 12월 30일 주민등록지를 인천 중구 중앙동 2가 17로 이전했으며 실제 거주지는 김포군으로 확인됐다. 해경은 중국으로부터 풀려난 피랍 어선이 나침판에 의존해 인천항으로 귀항하다 북방한계선을 침범한 것 같다며 "낮 12시 45분쯤 북한 경비정의 총격으로 선원 1명이 쓰러졌으며 곧 경비정이 배 옆에 와 붙었다"는 선장 김씨의 교신을 끝으로 통신이 두절됐다고 전언.

■ 북 경비정 우리 어선 총격 납북, 8명 탄 '제86 우성호'(1995.5.31.)

국방부는 30일 낮 중국에 나포됐다 풀려나 인천으로 돌아오던 우리 저인망어선 1척이 북한 경비정으로부터 공격을 받은 뒤 북으로 피랍됐다고 발표했다. 피랍된 어선은 인천 우성수산(대표 박원순, 77) 선적의 '제86호 우성호'(1백3톤)로 이날 낮 12시 50분께 서해 북방한계선 이북 28.8㎞(백령도 서북방 40㎞) 해상에서 북측의 공격을 받은 뒤 나포됐다. 이 배에는 선장 김부곤씨(34·인천시 남동구 만수동 906) 등 선원 8명이 승선 중이었다. 피랍과정에서 북한측 총격으로 2명이 사망하고 1명이 부상했다는 첩보가 접수됐으나 사실 여부는 확인되지 않았다. 이와 관련 정부의 한 고위관계자는 성명 미상의 선원 1명이 부상 당한 사실은 '86 우성호'와의 마지막 교신에서 확인됐으나 2명이 피살됐다는 첩보는 아직 확인되지 않고 있다고 밝혔다. '86 우성호'는 지난 27일 하오 4시께 중국 산동반도 동남방 중국 영해상에서 조업 중 중국어로통제선에 의해 명성항으로 나포됐다가 이날 사흘 만에 풀려나 인천항으로 복귀하던 중 서해 북방한계선을 넘는 바람에 피격당한 것으로 알려졌다. '86 우성호'와 함께 중국에 나포됐던 '85 우성호'(선장 김수원, 30)는 아직 중국측에 의해 억류 중인 것으로 알려졌다. 사태 발생 후 우리 군은 즉각 인근 해역의 어선을 복귀토록 조치했으며 즉각 대응태세에 돌입했다고 국방부가 밝혔다. 이와 관련 국방부의 한 소식통은 피랍 직전 '86 우성호'가 우리측과의 교신에서 "북한 배가 쫓아온다. 몇 명이 당했는데 배가 격침될 것 같다"고 타전한 뒤 교신이 두절 됐다고 전했다. 한편 정부는 30일 납북된 인천 선적의 우성호와 선원들의 송환을 인도적 차원에서 대한적십자사를 통해 북한 적십자측에 촉구키로 했다. 정부는 이날 하오 송영대 통일원차관 주재로 긴급 유관 부처 간부협의를 갖고 납북어선과 선원들의 송환을 위해서는 우선 적십자사를 통한 노력이 필요하다고 보고 이같이 의견을 모았다. 이에 따라 대한적십자사(총재 강영훈)는 31일 강총재 명의의 대북 전화통지문 또는 대북 성명 및 국제적십자사에 보내는 협조요청문 등을 통해 납북어선과 선원들의 송환을 촉구하는 등 필요한 조치를 취할 예정이다.

북한은 30일 하오 중앙방송을 통해 북한 "영해를 불법 침입한 정체불명의 선박을 나포했다"고 밝혔다. 북한 중앙방송은 이날 하오 5시 보도에서 "낮 12시 40분 서해 영해를 불법 침입한 정체불명의 선박을 나포했다"고 전하고 현재 "해당 기관에서 이 선박을 조사하고 있다"고 밝힌 것으로 도쿄로부터 전해졌다. 중앙방송은 불법 침입한 이 선박에 대해 "인민군 해군 경비정이 강력한 자위적 조치로 예고 사격을 했으나 계속 도주해 결정적 조치로 나포했다"고 말했다.

■ [사설] 북은 납북어선 즉각 송환하라 (1995.6.2.)

북한 경비정이 우리의 비무장 어선에 총격을 가해 선원을 살상하고 납북한 것은 반민족적이며 비인도적인 행위다. 납북된 '제86 우성호'가 나침반 고장으로 항로를 잘못 잡아 북방한계선을 넘은 것으로 알려지고 있지만 이 배가 무장을 갖추지 않은 꽃게잡이 보조어선에 불과하고 납북지점이 북한영토에서 12해리 이상 떨어진 공해상이었다는 점, 그리고 이런 정황을 쉽게 분별할 수 있는 대낮에 무차별 총격을 가해 사상자를 낸 것은 어떤 변명으로도 용납될 수 없는 만행이 아닐 수 없다. 북한 당국은 이같은 불법적인 과잉대응을 솔직히 시인 사과하고 납북어부들을 지체없이 송환해 주기 바란다. 북한에 의한 우리 어선 납북은 어제 오늘의 일이 아니다. 56년 '제3 선진호'가 동해에서 피랍된 것을 시발로 16차례에 이른다. 이중 87년 1월 15일 서해 백령도 근처 공해상에서 납치된 '제27 동진호' 선원 12명을 포함 25명의 어부가 아직 돌아오지 못하고 있다. 그뿐 아니다. 휴전 이후 강제 납북돼 지금까지 억류돼 있는 사람은 429명이나 된다. 우리 정부는 인도주의 문제에 대해서는 정치적 문제나 핵 문제와 연계시키지 않고 어떤 남북현안보다도 이를 최우선으로 해결해야 한다는 일관된 입장을 견지해왔고 그동안 여러 차례 남북적십자회담의 재개를 촉구해 왔다. 이번에도 우리 정부는 대한적십자사를 통해 납북어부들을 조속히 송환해 줄 것을 정중히 요청했다. 그러나 북한이 어떤 반응을 보일지 아직은 불투명하다. 북한은 최근 정전협정의 무력화를 꾀하며 비무장지대 정찰 병사들에게 군사분계선 남측지역을 고의적으로 침범케 하는 등 일련의 무력시위를 벌여온 만큼 이번 사건을 정치적으로 악용할 우려도 없지 않다. 그럴 경우 북한은 국제사회의 지탄을 면치 못할 것이다. 우리 정부는 최근 아무 전제조건 없이 북한에 쌀을 제공하겠다고 제의했다. 따라서 북한 당국도 조건 없이 납북어부들을 돌려보내야 한다. 남북이 인도적인 문제를 이런 식으로 풀어간다면 신뢰는 쌓이게 될 것이고 민족화해에도 유익한 결과를 가져올 것이다. 북한 당국의 성의 있는 반응을 다시 한번 촉구한다.

■ "우성86호 중에 나포안돼"(1995.6.3.)

북한 경비정에 피랍된 '제86우성호'는 중국 어로통제선에 나포돼 중국 산동반도 영성항에서 억류됐던 것이 아니라 중국측의 나포를 피해 달아났다가 피랍된 것으로 2일 확인됐다. 해군 및 수산청 관계자들은 이날 "당초 모선인 '제85우성호'만 중국 어로통제선에 나포됐으며 자선인 '제86우성호'는 중국측의 나포를 피해 달아났었던 사실이 확인됐다"고 밝혔다. 이들 관계자는 "'제85호'가 중국측에 나포된 뒤 산동반도 근해에 머물고 있던 '86호'와 무선 교신을 통해 중국측이 영해침범죄로 미화 4만 달러의 벌금을 물어야 풀어주겠다고 했으니 인천으로 돌아가서 이 사실을 선주에게 전하라"는 연락을 받고 "'제86호'는 중국측의 나포를 피해 산동반도 근해를 출발하면서 수산청 어업무선국과 무선을 통해 '85호'의 나포 사실을 알리면서 인천항으로 귀항하겠다고 교신했던 것으로 보인다"고 말했다. '제86 우성호'가 "해군의 착오에 따른 항로유도 잘못"으로 북한 해역을 침범, 피납 됐다는 주장이 제기되면서 우성호의 항로 유도경로가 과연 어떠했는지에 대해 논란이 빚어지고 있다. 해군은 2일 이와 관련, 우성호와 무선통신을 유지했던 천안함 함장 등 군 관계자는 물론, 해경 관계자들까지 참석시킨 가운데 상황전모를 밝혔다. 해군과 해경은 우성호가 해군항로 유도 잘못이 아니라 나침반 고장이나 실수로 항로착오를 일으킨 것으로 보인다고 결론지었다. 이들에 따르면 "29일 하오 3시 5분쯤 중국에 억류된 우성호의 모선이 보낸 '86우성호'가 인천으로 출발한다"는 내용의 무선통신을 해경이 접수, 상황이 시작됐다. 해경은 즉시 해군 2함대사령부에 우성호의 유도를 부탁했고 사령부는 인근 해역을 초계 중인 천안함에 임무를 주었다. 천안함은 우성호와의 거리가 1백 50㎞로 레이더 포착이 불가능하자 우성호와 매 시간마다 교신을 갖고 방향을 확인했다. 우성호는 교신에서 "1백도, 8~9노트를 유지하고 있다"고 말해 정상 항로임이 확인됐다. 천안함은 다음날 새벽 2시 28분쯤 방향 1백 20도에 9노트로 항해 중인 선박을 레이더로 처음 포착, 해경측에 확인을 부탁한 뒤 우성호를 무선으로 불러 "확인을 위해 침로를 75도로 일시 변경하라"고 지시했다. 천안함은 또 인근 해역의 235해군함정에 해당 선박을 식별할 것을 요청, 새벽 3시 20분쯤 이 선박이 화물선 성광호임을 확인했다. 천안함은 이에 따라 우성호에 방향을 1백 도로 다시 수정할 것을 지시했다. 이어 해경은 새벽 5시쯤 해군측이 확인을 요청한 해역을 지나는 선박이 챌린저호인 것을 육안식별했다. 이때부터 우성호 위치탐색에 본격적으로 나선 해경은 방향탐지 장비를 동원, 우성호가 산동반도 북측 해양도 쪽으로 진행했음을 알아냈다. 해군은 방탐장비가 없어 해경의 위치탐색 결과를 기다렸다. 이어 상오 9시 14분 해경은 우성호가 군사분계선 윗쪽 기린도 북방에 위치하고 있는 것을 확인했고 해군 레이더기지도 상오 10시 30분 백령도 북방에 우성호가 있음을 찾아냈다.

■ 중 어선 서해 '특정해역' 불법어로 증가 (1995.8.4.)

중국 어선이 서해의 특정해역을 침범, 조업하는 사례가 크게 늘어나 어족이 황폐되는 것은 물론 남북간의 우발적인 긴장을 유발하는 것으로 나타났다. 특정해역은 우리측이 군사적인 목적으로 선박안전조업규칙 등에 따라 북방한계선 주변의 영해 밖에 설정, 어로행위를 엄격히 제한하고 있는 수역이다. 그러나 중국 어선은 지난 90년부터 특정해역을 침범, 조업을 하기 시작했으며 이 같은 불법조업은 지난해 2천 33척을 기록한데 이어, 올 들어 6월까지만 해도 2천 32척으로 급증하고 있다. 관계 당국에 따르면 중국 어선은 50~1백척씩 집단으로 해역을 침범해와 어족자원이 고갈되고, 인근 우리 어민의 어구를 손상시키기도 한다는 것이다. 특히 지난 6월 6일 소청도 동남방 12마일 북방한계선 근해에서 북상하며 조업하던 중국 어선을 남북한의 경비함정이 동시에 추격하다 대치하는 등, 남북한측 함정이 우발적으로 긴장을 유발하는 사례가 빈번히 발생하는 것으로 나타났다. 정부는 그동안 3차례의 한·중어업 실무회담 등을 통해 중국측에 불법조업을 단속해달라고 강력히 요청했으나, 불법조업은 계속 늘어나는 상황이다. 정부는 이에 따라 2일 장정연 중국대사를 외무부로 불러 문제의 심각성을 설명하고 지난 3개월 동안 불법조업을 하다 적발된 중국 어선 2백 9척의 명단을 중국측에 전달했다.

■ 28일 상위 국감중계(1995.9.29.)

한화갑 의원(국민회의)은 인천지방해운항만청에 대한 감사에서 "현재 (주)세모가 독점 운항하고 있는 인천-백령도 항로에 진도운수(주)가 싼 운임을 내세우며 운항 신청을 냈는데도 3차례나 반려됐다"면서 독점노선의 경쟁 항로화를 촉구. 박욱종 인천지방 해운항만청장은 "백령도 항로에 신규 운항신청을 반려한 것은 이 노선에 수송수요가 적어 경쟁이 심화되면 덤핑으로 인한 비용 절감으로 안전운항이 위협받을 우려가 크기 때문"이라고 답변.

■ "군은 국민의 자존심" 격려, 전방지역 시찰 이모저모(1996.4.11.)

이수성 국무총리가 10일 현직 국무총리로는 처음으로 국토의 최서북단, 최전방 기지인 백령도를 방문했다. 이총리의 이날 백령도 방문은 북한군의 판문점 무장시위 이후 백령도를 포함한 서해5도에 대한 도발 가능성이 큰 것으로 예상되고 있는 상황에서 이루어진 만큼 빈틈없는 경계 속에 이루어졌다. 이총리는 철저한 보안이 이루어진 가운데 이날 상오 이상무 해병대 사령관의 안내로 용산 미군기지에서 헬기에 탑승. 이총리 일행이 탄 2대의 UH60 헬기에는 총리의 공식행사로는 이례적으로 2대의 중기관총을 좌우에 배치, 만약의 사태를 대비. 이총리 일행은 인천 남동공단과 덕적도 상공을 거쳐 ㄷ자로 크게 우회, 직선으로 비행하면 40분이면 도달할 수 있는 백령도에 80분 만에 도착. 이총리는 백령도 수비를 맡고 있는 해병 청룡부대 상황실에서 배상기 여단장으로부터 현황보고를 받은 뒤 "전국이 선거 분위기에 휩싸여 있지만 요즘 가장 애쓰는 분들을 누군가는 돌아보는 것이 옳겠다고 생각해 오게 됐다"고 방문 이유를 설명. 이총리는 이어 "정치적 견해를 달리하는 사람은 있을 수 있지만 온 국민은 여러분을 신뢰하고 있다"고 전제하고 "해병이 없으면 국민들이 어떻게 안심하고 살 수 있겠느냐"면서 "여러분은 우리 국민의 자존심"이라고 고마움을 표시. 이총리는 이어 북한 땅인 장산곶과 월래도가 한눈에 내려다보이는 184고지에 올라 망원경으로 적진을 살피며 경계근무 중인 장병들을 격려. 이총리는 백령도는 장산곶으로부터 17km, 월래도로부터 11km로서 1백 73km 떨어진 인천보다는 오히려 평양이 더 가깝다는 설명을 듣고는 초소장에게 "휘하 장병들에게 정부와 모든 국민들을 대신해 감사하다는 말을 꼭 전해달라"고 당부. 이총리는 이날 청룡부대 여단본부 사병식당에서 장병들과 함께 줄을 서 배식을 받은 뒤 담소를 나누며 오찬. 이총리는 옆에 앉은 병사들에게 "고향이 어디냐", "휴가는 언제 다녀왔느냐", "언제 입대했느냐"며 깊은 관심을 표시. 이총리는 이 자리에서 "나는 총리지만 그 이전에 시민의 한사람, 아버지뻘 되는 사람으로 여러분을 자랑스럽게 생각하며 후방의 한 사람 한 사람도 모두 여러분을 자랑스럽게 생각하고 있는 것이 엄연한 사실"이라고 격려. 군부대 순시를 마친 이총리는 백령면사무소를 방문, 이응규 면장으로부터 현황 설명을 들은 뒤 마을 유지 30여 명과 차를 나누며 대화. 주민들은 도로포장에 예산을 더 배정해달라는 등의 숙원사업 해결 민원도 제기했으나 한 주민은 백령도를 지키는 장병들의 휴식공간의 필요성을 제기, 이에 이총리는 "돌아가면 적극 연구해 보겠다"고 답변.

■ 초긴장 DMZ, 총리 군수뇌 전방방문 배경(1996.4.11.)

이수성 국무총리와 이양호 국방부장관이 10일 최전선인 서해 백령도와 1사단을 각각 방문한 것은 북한의 어떠한 도발도 한 치의 빈틈도 없이 격퇴하고 응징한다는 정부의 의지를 직접 일선 장병들에게 전달하겠다는 뜻을 담고 있다. 백령도와 1사단은 북한이 도발을 일으킬 가능성이 가장 높은 해상과 지상 지역으로 군 당국에서 평가하고 있는 만큼 북한의 판문점 무력시위 이후 총리와 국방부장관의 첫 최전방 방문지로서의 상징성이 있다. 이총리와 이장관은 이날 최전방을 지키는 장병들에게 "북한군이 도발해 오면 우리 군은 즉각적이고도 단호히 응징하라"고 지시했다. 전날 육해공군 참모총장들이 북한군이 군사분계선을 넘어오면 교전규칙에 따라 즉각 조치하라고 지시한 것과 같은 맥락이다. 특히 내각을 이끌고 있는 이총리가 백령도를 직접 찾은 것은 북한측에 오판을 하지 못하도록 하는 강력한 경고메시지를 정부 차원에서 전달한 것과 다름없다. 또 이번 사태와 관련 총리와 국방장관이 최전방을 방문함으로써 국민들에게는 선거 정국에도 불구, 정부가 할 일은 다하고 있음을 과시했다는 측면도 있다. 국민들이 대북 대비태세에 만전을 기하고 있는 정부를 믿고 생업에 종사할 수 있도록 안심시킨다는 것이다. 이와 함께 오지나 전방에서 적과 대치하고 있는 장병들을 격려함으로써 임전무퇴의 군 사기를 진작한다는 의미도 있다. 북한의 김광진 인민무력부 부부장은 9일에도 "남한이 실전을 작정했다는 것이 명백해졌다"면서 "미국과 남한이 우리의 영토, 영공, 영해를 침범한다면 강력한 자위적 조치로 조선반도에서 전쟁의 근원을 송두리째 쓸어내겠다"는 강경 발언을 되풀이했다. 이처럼 북한이 판문점이나 휴전선 비무장지대에서 도발할 가능성이 상존하고 있는 상황에서 이총리와 이장관의 이날 최전선 방문은 군의 철통같은 대비태세를 점검하고 '결전의지'를 북돋우는 한편 북한의 오판을 막는 경고도 있는 다목적용으로 풀이되고 있다.

■ 북 경비정 서해 한계선 침범, 90분 만에 되돌아가(1996.4.22.)

국방부는 19일 서해 연평도 서남방 16㎞ 해상에서 북한 해군 고속경비정 2척이 북방한계선을 넘어 약 1시간 30분 동안 항해하다 긴급 출동한 우리 해군의 차단에 의해 북쪽으로 복귀했다고 20일 발표했다. 국방부에 따르면 19일 상오 11시 40분쯤 북한의 2백 톤급 고속경비정 7척이 북방한계선 북방 6㎞ 지점에서 기동훈련에 들어갔으며 이어 10분 뒤에 2척이 북방한계선 남쪽으로 1㎞가량 넘어왔다는 것이다. 이에 따라 우리 해군은 상오 11시 42분쯤 즉각 고속정 6대와 호위함, 초계함 3척을 포함해 모두 9척의 군함을 출동시켜 북한 경비정 10㎞ 해역까지 접근, 북한 경비정의 남하를 차단하는 무력시위를 벌였으며 북한 경비정은 남쪽으로 내려온지 1시간 30분만인 하오 1시 20분쯤 북으로 복귀했다. 국방부 관계자는 "이번 북한 경비정의 북방한계선 월선행위는 일단 최근 기상 상태가 좋아져 북한 해군이 기동훈련을 벌이다가 우발적으로 일어난 것으로 보인다"고 말했으나 "최근 북한의 판문점 무력시위에 이어 이같은 상황이 발생한 만큼이 해역에 경비함을 투입, 경계를 강화하는 한편 북한의 도발시 교전규칙에 따라 단호히 대응할 것"이라고 말했다.

■ 북 경비정 5척 또 침범, 서해 연평도 부근(1996.5.24.)

북한 고속경비정 5척이 23일 새벽 서해 연평도 북방한계선을 침범, 우리측 해역에서 해상시위를 하다가 우리 해군의 제지로 1시간 27분 만에 북쪽으로 되돌아갔다. 이는 북한이 지난 4월 4일 정전협정 의무 포기를 선언한 이후 7번째 무력 행동이다. 국방부는 이날 북한 고속경비정 5척이 이날 상오 5시 51분쯤 서해 북방한계선을 침범, 남하하다 긴급출동한 우리 해군의 제지로 북쪽으로 되돌아갔다고 발표했다. 국방부에 따르면 이날 상오 5시 24분쯤 북한 고속경비정 10여 척이 기동훈련에 들어갔으며 이어 5시 51분쯤 5척이 일제히 남하해 연평도 서남쪽 29㎞ 해역, 서해 북방한계선을 7㎞가량 침범했다. 이에 따라 우리 공군은 전투기 비상 출동대기 태세에 돌입하는 한편 우리 해군의 호위함, 초계함 및 고속경비정 12척이 긴급출동, 북한 경비정 2백 70m 부근까지 접근해 북한 경비정의 남하를 차단하고 깃발과 방송 등을 통해 북방한계선 침범행위를 경고하고, 북쪽으로 복귀할 것을 촉구했다. 북한 경비정은 상오 6시 10분쯤 북쪽으로 선수를 돌려 복귀하기 시작했으며 북방한계선을 침범한 지 1시간 27분만인 상오 7시 18분에 복귀를 마쳤다. 국방부는 성명을 통해 "지난 17일 북한군의 군사분계선 월경에 대한 우리측의 강력한 경고에도 불구하고 자행된 정전협정 무력화 시도이며 한반도의 군사 긴장을 고조시키는 위험한 도발행위"라고 규정, "우리 군은 북한군의 불법 침범을 결코 용납치 않을 것이며 북한의 도발로 인해 야기될 어떠한 결과에 대해서도 이는 전적으로 북한의 책임임을 다시 한 번 분명히 밝혀둔다"고 경고했다. 북한 경비정이 올들어 해상 북방한계선을 월선한 것은 이번이 3번째이다. 지난 4월 19일 북한 경비정 2척이 기동훈련을 하던 중 북방한계선을 넘었으며, 지난 11일에는 조업 중이던 중국 어선을 단속하던 북한 경비정 1척이 월선했었다. 합동참모본부 작전참모차장 정화언 소장은 "5척이나 되는 북한 경비정이 일제히 남하해 북방한계선을 침범한 것은 최근 몇 년간 처음 있는 일로 이번 침범행위는 한반도에 군사긴장을 고조시키려는 북한의 치밀한 의도에 따라 이뤄진 것으로 보인다"며 "앞으로 이같은 일이 재발할 경우 교전규칙에 따라 철저히 응징할 것"이라고 말했다.

■ 백령도 군인부인 '예비군' 창설(1996.6.2.)

백령도에 주둔하고 있는 해병 흑룡부대 군인

가족 가운데 부녀자 91명이 1일 부대 내 흑룡극장에서 여자예비군부대 발대식을 갖고 활동을 시작. 장교 부인 29명, 하사관 부인 62명 등 91명 4개 소대로 구성된 이 예비군부대는 사격·화생방·응급처치 및 안보 교육을 받는 등 향토방위 훈련에 참가하게 되며 전시에는 취사, 환자 응급처치 등 전투근무지원 임무를 수행할 계획. 백령도에는 그동안 주민 20여 명으로 구성된 여자예비군 부대가 우리나라 최초로 구성돼 있었으나 최근 주민의 잦은 전출입 등으로 활동이 저조해지자 이날 군인 가족으로 구성된 예비군부대가 새로 창설된 것. 남편이 부대 참모(중령)로 근무중인 최영숙씨(39)는 "미국 해병대의 군인가족은 현역 해병과 동일한 실전훈련을 통해 아버지와 남편의 군생활을 이해함으로써 일체감을 얻고 있다"며 "최전선인 백령도를 지키는 일을 남편과 해병대에만 맡겨둘 것이 아니라 미약한 힘이나마 안보에 보탬이 되기 위해 부대에 자원했다"고 말했다.

■ 북 경비정 3척 또 침범, 어제 연평도 부근 (1996.6.15.)

북한 고속경비정 3척이 14일 하오 서해 연평도 북방한계선을 침범, 우리측 해역에 머물다 우리 해군의 제지로 2시간 49분 만에 북쪽으로 되돌아갔다. 북한 경비정이 해상 북방한계선을 월선한 것은 올 들어 4번째다. 국방부는 이날 북한 고속경비정 3척이 하오 2시 35분부터 9～12분 간격으로 서해 연평도 서남쪽 10마일 해상에서 북방한계선을 잇따라 침범, 남하하다 긴급출동한 우리 해군의 고속정 등 7척의 제지로 하오 5시 24분 북쪽으로 복귀했다고 발표했다. 국방부는 "이들 북한 고속정은 북방한계선 이북에서 근접 조업중이던 북한 어선의 남하를 막을 목적으로 북방한계선을 월선한 것으로 보이며, 지난 5월과는 달리 무력시위의 의도는 없는 것으로 본다"고 분석했다. 당시 북방한계선 북쪽에는 북측 어선 14척이 조업 중이었다. 이에 따라 우리 해군은 고속정 5척과 호위함 1척, 초계함 1척 등 7척을 긴급출동시켜 2～3㎞ 거리에서 북한 경비정의 남하를 차단하는 한편 만일의 사태에 대비, 전투기의 비상출동 대기태세에 돌입했다.

■ 북 해군 서해 활동 강화, 국방부 발표 (1996.10.4.)

국방부는 3일 백령도 등 서해5도 부근 해상에서의 북한 선박 활동이 빈번해지고 있는 북한군의 이상징후를 포착, 북한의 '대남보복' 발언과 관련해 긴급 대응책 마련에 들어갔다. 이에 따라 군 당국은 서해5도에 주둔하고 있는 해병대 등에 특별경계령을 하달하는 한편 해군 함정의 즉각 대응 기동태세를 점검하고 있다. 군의 한 관계자는 "최근 북한 선박의 움직임이 활발해지고 있는 것이 포착됐다"면서 "이들 선박이 어선인지 군함인지는 정확히 파악할 수 없으나 북한 해군의 것으로 추정되고 있다"고 밝혔다. 북한 해군은 서해 함대사령부에 6개 전대 3백25척의 함정을 보유하고 있으며 이 가운데 60%를 전방 지역에 배치하고 있다. 이와 관련 이양호 국방장관은 "백령·연평·우도 등 서해5도는 38선 이북에 위치, 유사시 아군의 지원이 가장 어려운 만큼 북한의 기습도발 가능성이 매우 높은 지역"이라며 "서해5도 등에 대한 북한의 국지적 도발 가능성에 철저히 대비해야 할 것"이라고 강조했다. 북한은 지난 62년 연평도에서 아군 초계정에 포격을 가해 국군 3명이 전사한 것은 물론 어선 등의 납북 등 6·25전쟁 이후 서해5도에서 수백 건의 크고 작은 도발을 저질러왔다. 이장관은 서해5도는 물론 군사분계선이나 후방지역에서 예상될 수 있는 북한의 기습적인 도발에 대한 유형별 대책을 수립, 철저히 대비하라고 지시했다. 이어 "북한의 위협이 제기된 이후 나타난 북한군의 동향을 철저히 감시하고 특히 대표적인 도발 징후로 꼽힐 수 있는 예비전력인 기계화군단의 전방 이동 등 이상징후를 예의 주시하라"고 시달했다. 이장관은 이날 상오 전 합동참모본부 지휘통제실에서 김동진 합참의장 등 군 수뇌부가 배석한 가운데 강화된 군사대비태세 및 통합방위 대비태세 이행상황을 점검하고 이같이 지시했다. 이에 앞서 국방부는 2일 하오 8시 30분을 기해 전 군에 군사대비태세 강화지시를 내린데 이어 하오 10시 합참을 통해 정부 각 관서 및 지방자치단체까지 적용되는 통합방위태세 강화지침을 시달했다.

■ "우리 군을 믿는다" 백령도 주민 차분, 현지 르포(1996.10.5.)

4일 하오 북한 황해도 옹진반도가 한눈에 들어오는 인천시 옹진군 백령도. 북한의 보복위협 발언으로 전군에 비상이 걸린 것과는 달리 이곳 주민은 일상적인 분위기를 유지하고 있었다. "북한의 상투적인 발언으로 우리가 우왕좌왕한다면 결과적으로 그들의 목적을 간접적으로 도와주는 결과입니다." 남북간의 긴장관계가 형성될 때마다 파급효과가 대표적으로 거론되온 지역치고는 다소 뜻밖이라는 느낌이다. 그만큼 우리 군의 경계태세를 믿고 있으며 어떤 형태의 도발행위도 물리치겠다는 각오로도 보였다. 주민은 북한이 만일 국지적 도발을 감행해올 경우 이곳이 가장 가능성이 높은 지역인 것으로 알고 이같은 사실에 대비해 철저한 반공정신으로 무장돼 있다. 축협 백령지소장 박신범씨(46)는 "이같은 지리적 특성 때문에 세계 어느 곳에서도 백령도 주민만큼 군민이 따로 없는 철저한 안보의식으로서 무장된 지역도 없다"며 "만일 북한이 무모한 도발을 해올 경우 그것은 곧 자멸을 초래할 것"이라고 입술을 굳게 다물었다. 북한은 6·25 이후 서해5도 부근에서 크고 작은 수백건의 군사적 도발을 저질러왔다. 올 들어서만도 3차례나 북한 경비정이 북방한계선을 넘어와 우리측 함정과 대치하는 등 20차례 도발을 감행했다. 그러나 주민은 그때마다 군 이상의 전의를 보였으며 이에 따른 안보의식만 날이 갈수록 높아졌다. 최근에는 지난 89년 4월 군인가족 등으로 창설된 여자예비군까지도 모임을 갖고 이번 사태와 관련, 적극적인 대책을 마련 중이다. 특히 4일 북방한계선 북측 작전구역 내에서 미그기가 수십대 출현하는 움직임을 보이자 해군과 공조체제 아래 해상경계를 강화하고 있으며 휴가를 나간 사병도 속속 자원 귀대하고 있다. 조업 나가는 어선을 선단으로 편성, 어업지도선과 함께 출어하도록 하고 규정된 조업구역을 벗어나지 않도록 지도하고 있다.

■ 북 수송기 백령도 부근 정찰, 우리군 즉각 비상경계·발진태세(1996.10.5.)

북한의 '대남보복'발언으로 전 군에 비상경계령이 내려진 가운데 4일 하오 3시쯤 서해 백령도 부근 북한 영공에서 저고도 침투용 수송기인 AN2기 수대가 비행한 것으로 알려졌다. 정부의 한 소식통에 따르면 이날 하오 3시쯤 북한 공군의 저고도, 저고속 항공기인 AN2기 수대가 백령도 인근 북한 영공에 비행하다 개성 북쪽 태탄기지에 착륙한 뒤 바로 모기지로 돌아갔다. 이 소식통은 "태탄기지가 덕산기지보다 서북쪽에 위치해 있어 북한의 AN2기가 남하를 한 것은 아니며 과거에도 옹진반도 쪽으로 비행훈련을 종종 실시한 적이 있어 통상적인 훈련으로 판단된다"고 말했다. 한편 우리 군은 북한 AN2기의 비행사실이 포착되자 백령도 해병부대를 중심으로 비상경계태세를 강화했으며 공군도 긴급발진태세를 갖췄던 것으로 알려졌다.

■ "국토방위 남자만의 몫 아니다", 백령도 여자예비군 7년째(1996.10.6.)

"백령도는 남자들만 지키는 곳이 아닙니다." 최근 북한의 도발 위협으로 군사충돌 위험성이 가장 높은 우리나라 '최북단의 섬' 백령도. 이곳에 국내에서 유일하게 여자 예비군 중대가 벌써 7년째 활약하고 있다는 사실을 아는 사람은 많지 않지만, 3개 소대 98명의 여자 예비군들의 각오는 어느 때보다 강하다. 5일 여자 예비군 소대장들은 중대 본부에 긴급 집합, 북한 도발 위협에 따른 대책을 논의하고 비상연락망을 통해 유사시 활동지침을 각 소대원들에게 숙지시키느라 바쁘게 움직였다. 이들은 젊은 남자들이 육지로 떠나 예비군 구성원들이 차츰 줄어들자 89년 4월 여자 예비군 중대를 창설했다. 30-60대까지 다양한 연령층으로 구성된 주부들로서 군인 가족들도 상당수 참여하고 있다. 이들은 평소 향토방위 훈련 때는 남자 대원들과 함께 참호 속에 뛰어들어 강도 높은 훈련을 받아왔다. 지난 4월 북한의 정전협정 무시 선언 때는 두 차례의 사격훈련을 실시했으며 올해 6·25 때도 K2소총으로 실전 사격훈련을 거뜬히 소화해 냈다. 백령도 초대 해병부대장을 역임한 오상규씨(90년 타계)의 미망인 김영숙씨(64, 백령면 진촌1리)는 "90년 백령도 초대 해병부대장을 지낸 남편이 타계한 뒤 예비군에 자원했다"면서 "백령도를 공략할 수 있다는 북한군의 망상을 여자 예비군들이 깨부수겠다"고 말했다. 팔각모에 빨간 해병대 명찰을 단 예비군 소대장 윤련옥씨(45, 진촌2리)도 "백령도를 지키는 것은 남자들만의 몫이 아니다"면서 "북한군이 쳐들어 온다면 언제라고 총을 들고 전선에 나갈 준비가 돼 있다"고 말했다. 백령도는 인천에서 173㎞나 떨어져 있으나 북한 장산곶의 닭 울음소리가 들리는 겨우 12㎞ 거리여서 북한군 쾌속정이 불과 20분이면 도달할 수 있는 곳이다. 서해 군사 전략 요충지인 이곳은 만일 전쟁이 일어나면 북한군이 제일 먼저 노리게 될 것임은 불 보듯 뻔하다. "일단 전투상황이 벌어지면 후방의 지원을 받을 수 있는 시간적 여유가 전혀 없습니다. 백령도는 국군과 주민들이 함께 사수해야 합니다." 안개가 자욱한 백령도 주변 바다는 거친 파도만 일렁일 뿐 갈매기도 숨 죽인듯 팽팽한 정적에 싸여 있었다.

■ 일단 '통상적 연습비행' 판단, 북 도발위협 AN2기 정찰 저의(1996.10.6.)

4일 하오 북한의 특수요원 침투용인 AN2기가 동·서해안 부근 내륙에서 잇따라 비행한데 대한 당국의 분석이 분분하다. 합참은 AN2기의 비행이 현재 북한에서 실시되고 있는 '국가판정검열'의 하나라고 추정하는데 무게를 싣고 있다. 북한은 봄과 가을 2차례 전군을 대상으로 군기 및 훈련태세 등을 종합적으로 점검하는 '국가판정검열'을 실시한다. 군 당국의 분석으로는 현재 북한군은 검열을 실시하고 있으며 3일 북한의 전방 군단에 내려진 것으로 알려진 경계강화 등 근무강화 지시도 이 검열의 일환으로 여겨지고 있다. 이 때문에 합참이 AN2기의 비행 직후 가동한 위기조치반도 특별한 의미가 없는 것으로 잠정 결론을 내렸다. 물론 이때 AN2기가 비행한 지역과 인접한 백령도 등에 특별경계 지시가 강화돼 내려졌고 우리 공군의 긴급발진태세도 갖추어졌다. 군의 한 관계자는 "북한이 여러 경로를 통해 대남 협박 발언을 계속하고 있는 시점에서 AN2기의 비행을 다각도로 분석한 결과, '통상적인 비행'인 것"이라고 말했다.

그러나 AN2기가 저고도의 침투용 수송기라는 점 때문에 비행 목적에 대해 갖가지 추측이 나오고 있다. 구 소련에서 개발된 AN2기는 북한이 중국의 기술지원을 받아 생산한 30대를 포함해 1백여대 보유하고 있다. 착륙거리가 100m에 불과, 골프장 같은 풀밭에도 쉽게 착륙할 수 있다. 레이더에 잘 잡히지 않아 게릴라 침투에 이용되며 조종사를 뺀 12명을 태울 수 있다. 이 비행기에 대한 우리 공군의 사전탐지율이 10%도 안돼 방비 대책이 시급하다는 지적이 국회국방위 소속의 천용택 의원(국민회의)에 의해 제기되기도 했다.

그러나 군은 실제 침투 때는 여러 대가 비행하기 때문에 레이더에 포착될 수밖에 없으며 만일 1~2대 밖에 침투하지 않더라도 대공 방어망에 의해 격추된다는 것이다. 일부 전문가는 하지만 4일 비행과 관련, 통상적인 훈련이 아니라면 우리의 대북 정보감시태세를 확인하는 한편 서해5도나 우리 전방지역의 침투를 상정한 훈련일 가능성도 배제할수 없다는 분석이다. 특히 지난 4월 정전협정 파기선언 직후 중무장한 북한군이 판문점에서 3차례나 무력시위를 감행했던 점으로 미뤄 볼 때 이번 AN2기의 비행도 이같은 맥락에서 무력시위용이라는 분석도 나오고 있다.

■ 국방위(국감초점)(1996.10.9.)

7일 국회 국방위에서는 해군본부를 상대로 북한 잠수함에 '무방비'에 가깝도록 취약했던 해군력이 집중 성토됐다. 공군본부는 북한의 공중침투를 사전 차단해야 하는 대공 방어망이 도마 위에 올랐다. 여야 의원들은 북한의 국지도발 가능성이 높은 서해5도의 방어태세부터 점검했다. 정동영 의원(국민회의)은 "백령도는 북한이 고속경비정으로 12분, 비행기로 3분이면 도착 가능한 북한의 침공목표 1호"라고 우려했다. 박세환 의원(신한국당)은 "북한은 올해 서해 북방한계선(NLL) 월선을 세차례 시도했다"고 했고, 임복진 의원(국민회의)은 "80년 이후 우리 어선의 피랍사례가 13건"이라며 대책을 물었다. 공중 침투의 가능성과 관련, 허대범(신한국당)·정동영(국민회의) 의원은 "북한이 AN2기 300여 대로 산악지역 침투시 현재 레이더는 사전탐지율이 10% 미만"이라고 걱정했다. 의원들은 현재의 해군 장비로는 북한 잠수함 사전탐지가 사실상 불가능하다는 점은 인정했다. 하지만 장비탓으로만 돌리지 말고 대잠 작전능력의 강화를 위해 총력을 기울일 것을 주문했다. 정석모 의원(자민련)은 "해군장비 소요를 제기해 국방부가 'NO'해도 주저앉지 않는 해군지휘부의 의지가 있어야 한다"고 주문했다. 대양해군 건설 필요성도 제기됐다. 김복동(자민련)·하경근(민주당) 의원은 해상수송로의 안전 확보를, 허대범 의원은 주변국 해군에 대한 견제능력 강화 필요성을 역설했다. 이광학 공참총장은 "적 방공망 파괴와 무력화를 위해 고성능 무인기 확보를 적극 추진하고 있다"고 밝혔다. 안병태 해참총장은 "잠수함을 추가 도입, 해군력을 보강하고 국산 구축함도 곧 진수할 것"이라고 말했다.

■ 코앞에 웅크린 북의 포대행렬, 이홍구 대표 백령도 안보나들이(1996.10.23.)

신한국당 이홍구 대표위원이 22일 서해 최북단 백령도를 찾았다. 인천시 옹진군 백령면. 북위 37도 57분. 바다 건너 불과 17㎞ 앞에 펼쳐진 북녘땅 장산곶이 한눈에 들어왔다. 이날 상오 국회 대표연설을 통해 안보태세의 중요성을 거듭 강조한 이대표는 곧바로 헬기를 타고 1시간 20분 만에 이곳에 도착했다. 손학규 제1정조위원장과 김형오 기획조정위원장, 김철 대변인, 이완구 대표비서실장, 그리고 당 소속 국방위원인 박세환·허대범 의원, 이곳이 지역구인 서정화 의원 등이 동행했다. 이대표의 백령도 방문은 20년 전 정훈장교들에게 특강을 하기 위해 방문한 이후 처음이라는 전문이다.

백령도 경비를 맡고 있는 해병대 6여단 본부에 도착한 이대표는 배상기 여단장으로부터 최근 북한군의 동향과 아군의 경계태세 등에 대해 보고를 받은 뒤 장병들의 노고를 격려했다. 이대표는 "최전방 백령도를 지키는 임무는 다른 어느 임무보다 중요하다"며 "경계태세를 완벽히 해 나라와 섬·주민을 보호하는데 최선을 다해 달라"고 당부했다. 이대표는 이어 백령도에서 가장 높은 807 관측소에 올라 북한군 포대가 즐비하게 배치돼 있는 장산반도 해안을 살펴본 뒤 백령도 서안의 공군 관제대대를 방문, 장병들을 격려했다. 이어 이대표는 백령면 사무소를 찾아 주민으로부터 최전방 생활의 고충을 전해 듣고 위로했다. 이대표의 백령도 방문은 지난 4월 이수성 국무총리 방문 이후 최근 여권 고위인사로는 두 번째. 이른바 대권주자 가운데 대중적 인지도가 상대적으로 낮게 평가되는 인사가 이대표다. 일련의 행보가 범상해 보이지 않는 대목이다.

■ 북 어선 연평도해상 표류, 기관고장 추정… 20대 남자 1명 탑승(1996.11.23.)

인천 해양경찰서는 22일 북방한계선 남쪽 서해상에서 표류 중인 1톤급 북한 어선 1척을 발견, 23일 상오 인천항으로 예인키로 했다고 밝혔다. 이 배에는 자신의 이름을 정광선이라고 밝힌 20대 남자 1명이 타고 있는 것으로 알려졌다. 이 배는 22일 낮 12시 15분쯤 우리측 어업자원보호구역인 인천시 옹진군 소연평도 남서쪽 21.5마일 해상에서 표류하고 있는 것을 해경 경비정이 발견했었다. 이 배 탑승자는 발견 당시 손도끼를 들고 해경 경비정의 접근을 거부해오다 22일 밤늦게 구조를 요청했다. 해경은 이 배가 지난 20일 황해도 기린도 인근 해상에서 조업을 하다 기관 고장으로 표류한 것으로 보고 있다.

■ 서해표류 북 선박 예인, 승선자 해군 잠수요원, 국방부 송환키로(1996.11.24.)

해양경찰청은 23일 북방한계선 남쪽 서해 앞바다 연평도에서 기관 고장으로 표류 중이던 1톤급 북한 고기잡이배에 타고 있던 정광선씨(20)를 구조해 이날 상오 5시쯤 인천 해경전용 부두로 호송했다고 밝혔다. 당초 우리측의 구조를 완강히 거부하던 정씨는 지난 22일 하오 9시 30분쯤 심경의 변화를 일으켜 이날 0시 10분쯤 경비정에 옮겨 타 호송됐다. 해경은 정씨를 조사한 결과 북한 해군 잠수요원인 정광선(함경북도 청진시 운종2동 32반) 전사(우리의 상병에 해당)인 것으로 조사됐으며 예인될 당시 외투 속에 전사 계급장을 보관하고 있었다고 밝혔다. 한편 국방부는 정광선 전사를 본인의 자유의사에 따라 군사정전위를 통해 조속한 시일 안에 송환키로 했다고 23일 밝혔다.

■ 첫 북 보트피플 14명 귀순, 어제 백령도 근해서 발견(1997.5.13.)

북한 주민 2가족 14명이 배를 타고 북한을 탈출, 12일 하오 귀순해왔다. 국방부는 이날 하오 4시 28분쯤 서해안 백령도 서남방 5.7마일 해상에서 북한 주민 14명을 태운 북한 선박 1척이 남하 중인 것을 우리 해군 함정이 발견, 귀순의사를 확인했다고 발표했다. 귀순자는 선장 안선국씨(49) 가족 6명, 기관장 김원형씨(57) 가족 8명 등 14명으로 성인 남자 5명, 성인 여자 5명, 남녀 어린이 각각 2명씩이다. 북한 주민 일가족이 선박을 이용해 곧바로 남하, 귀순하기는 이번이 처음이다. 이들은 해군 함정에서 해경 경비정으로 옮겨타고 13일 새벽 2시쯤 인천항에 도착했다. 관계 당국은 이들을 모처로 데려가 귀순 이유와 탈출 경로 등에 대해 조사 중이다. 선장 안씨 가족은 지난 9일 상오 11시 30분쯤 32톤급 목제 어선을 타고 신의주를 출발했다. 북한 당국의 감시를 피하려고 중국 깃발을 다는 등 중국 어선 '오상어 3043호'로 위장했다. 선박은 10일 하오 1시쯤 신의주에 이웃해 있는 평북 철산군 통천리 부두에 도착했다. 기관장 김씨 가족은 비슷한 시간 거주지인 신의주에서 자동차 편으로 출발, 10일 하오 9시쯤 통천리 부두에 도착해 대기 중이던 배에 올랐다. 이들은 11일 하오 1시 통천리 부두를 떠나 남하를 계속, 25시간에 걸친 항해 끝에 12일 하오 2시 25분쯤 초계 중인 우리 해군 함정에 발견됐다. 이어 귀순의사를 밝힌 뒤 2시간쯤 뒤에 해군 함정에 옮겨탔다. 이들은 "평소 라디오를 통해 알게 된 남한 사회를 동경해왔다"고 귀순동기를 설명했다. 관계 당국은 귀순자들의 건강 상태가 양호하다고 밝혔다. 이들이 타고 온 선박은 서해안 대청도로 예인됐다. 지난 87년 김만철씨 일가족 11명은 어선을 타고 동해안을 통해 일본에 도착, 망명을 신청한 뒤 대만을 거쳐 귀순했었다. 지난 1월 22일에도 북한 주민 김영진 유송일씨 가족 8명이 중국에서 배를 타고 서해안 북격렬비열도에 도착, 집단으로 귀순했었다.

■ 어선 타고 "필사의 남행" 나흘, 북 두 가족 귀순까지(1997.5.13.)

북한 주민 안선국씨(46)와 김원형씨(57) 일가족 14명의 탈출 과정은 피 말리는 위기의 순간으로 점철된 극적인 드라마였다. 32톤짜리 목제 어선에 의지, 나흘 동안의 사투 끝에 자유의 땅을 밟았다는 안도감에 이들은 마냥 눈물만 흘렸다. "라디오 수신기를 통해 평소 남한 사회를 동경해 왔습니다" 탈출 선박에서 우리 해군 함정으로 옮겨탄 이들은 떨림과 감격에 한동안 제대로 말을 잇지 못했다. 안씨는 탈출선박의 선장, 김씨는 기관장. 배는 조선해상인민군 1669부대 소속 수산부 부업선이었다. 두사람의 거주지는 신의주였다. 이들은 평소 라디오를 통해 간간히 전해들은 남한사회를 이심전심으로 동경했고 누가 먼저랄 것도 없이 탈출의 기회만 엿보고 있었다. 그러던 중 평북 철산군 동천리 수산부업선 부두에 정박 중이던 중국 어선의 출항일이 지난 10일이라는 사실을 알아냈고 이날을 D데이로 잡기로 했다. '잡히면 끝장'이라는 불안감이 엄습할 때마다 망설이기도 했지만 자유에 대한 그리움이 마음을 다잡아 주었다. 먹을 것이 없어 굶어 죽는 사람까지 생기는 북한은 생지옥과 다름 없었다. 선장 안씨가 9일 가족과 함께 신의주를 출발, 다음 날인 10일 통천리 부두에서 기관장 김씨의 가족을 태우기로 약속하고 헤어졌다. 배는 중국 어선으로 위장하기로 미리 짜 두었다. 9일 상오 11시 30분 안씨는 가족 5명을 배에 태우고 신의주항을 출발했다. 중국 어선 '오상어 3043호'로 위장했다. 중국 깃발을 배 위에 내걸었다. 김씨는 자동차에 가족을 태우고 신의주를 떠나 철산으로 향했다. 배는 이튿날인 10일 하오 1시 동천리 부두에 도착했다. 이어 하오 9시쯤 부두에 도착한 김씨 가족은 어둠을 틈타 배에 올랐다. 이들이 동천리 부두를 출발한 시간은 다음 날인 11일 하오 1시. 중국 선단을 따라 부두를 빠져나왔다. 목숨은 하늘에 맡겼다. 얼마 동안 배를 몰다 야간항해를 위해 4시간 가량을 철산 앞바다의 탑도에서 대기했다. 하오 8시가 되자 남서쪽으로 선수를 잡고 9시간 가량을 항해한 뒤 남동쪽으로 방향을 틀어 다시 7시간을 달렸다. 얼마를 달렸을까. 동이 트면서 이들은 백령도 부근에서 어로작업 중인 중국 어선단을 발견, 합류했다. 북한 경비정이 있는지를 감시하며 남한 해군 함정이 다가오기를 기다렸다. 12일 하오 2시 25분쯤. 먼발치에서 남한 해군 함정이 시야에 들어 왔다. 중국 어선의 움직임을 감시 중이던 773 경비정이었다. 망설일 것도 없이 중국 선단에서 빠져 나왔다. 이어 해군함정이 보내는 신호에 따라 귀순의사를 밝히고 해군함정의 뒤를 따랐다. 이 때가 하오 4시 28분. 이들이 해군함정에 옮겨탈 당시 목선의 중앙 밑부분은 침수된 상태였다. 그리고 4시간 후에는 서해 해상에 폭풍주의보가 발효됐다.

■ 북 경비정 1척 영해 침범, 어제 백령도 부근 55분간(1997.5.30.)

북한 고속 경비정 1척이 29일 하오 2시5분쯤 서해 백령도 서북쪽 해상에서 북방한계선(NLL)을 5.6km 월경해 우리 영해에서 55분간 머물다 되돌아 갔다고 합동참모본부가 밝혔다. 함참 관계자는 "북방한계선을 침범한 북한 경비정은 황해남도 장산곶 월례도에 주둔 중인 경비정"이라면서 "북한 경비정은 긴급출동한 우리 해군 초계함 1척과 고속정 3척이 가까이 접근, 경계 태세에 들어가자 북한으로 되돌아갔다"고 말했다. 북한 경비정은 지난해 모두 13차례 서해 북방한계선을 침범했으나 올 들어서는 처음이다.

■ 북 경비정 함포 사격, 서해 침범… 해군 고속정에 3발 쏜 뒤 도주(1997.6.6.)

5일 하오 1시 51분쯤 서해 연평도 서쪽 13km 지점에서 북한 경비정 1척이 북한 어선 9척과 함께 북방한계선(NLL)을 3.2km 가량 침범, 남하하다 이를 막기 위해 출동한 우리 해군 고속정 3척 뒷쪽을 향해 함포 3발을 발사한 뒤 50여분 동안 대치하다 하오 2시 40분쯤 되돌아갔다. 우리 해군 고속정도 위협사격으로 함포 2발을 쏘았다. 대치 당시 양측 함정은 900m가량 떨어져 있었다. 합동참모본부에 따르면 북한 경비정과 어선은 하오 1시 30분쯤부터 북방한계선 주변을 배회하다 남쪽으로 내려왔다. 서해에서의 남북한간 포격은 95년 10월 6일 우리 해군 함정이 북방한계선 부근의 미확인 선박을 확인하려고 다가가자 황해도 옹진군 마합도에 배치된 북한의 해안포가 사격한 이후 처음이다. 국방부 관계자는 "북한 경비정은 연평도 북방에서 조업 중이던 북한 어선 9척을 감시하던 중이었으며 북한 어선이 북방한계선을 넘어 남하하자 북한 경비정도 뒤따라 침범한 것으로 보인다"고 밝혔다.

■ "남한서 북 어선 납치기도", 북 중앙방송(1997.6.6.)

북한의 중앙방송은 5일 서해 연평도 근해에서의 북한 경비정 함포사격과 관련, "남한측이 북한 어선에 대한 납치를 기도한 것으로 남측의 무장도발 행위"라며 대남 비난 선전을 폈다. 중앙방송은 "이번 함포사격은 남측이 위기로부터의 출로를 북남대결과 긴장 격화에서 찾으려는 계획적인 책동"이라고 주장했다.

■ [사설] 남북 우발충돌 확전 안되게(1997.6.7.)

5일 서해 연평도 근해에서 벌어졌던 남북경비정간 포격전은 우발적인 사건이 확전으로 비화될 수도 있다는 위험성을 새삼 일깨워 주었다는 점에서 중요하다. 군 당국은 이번 일을 북한의 의도된 군사 행위라기보다는 우발적인 사고로 일단 정리하고 있다. 군이 그렇게 보는 것은 지난달 북한의 두 가족이 해상 탈북한 일로 북한 경비대가 민감해 있는데다 3발의 함포도 우리 선단에 직접적인 공격을 하려했다기 보다는 위협사격의 성격을 띠었다고 보는데 근거를 두고 있는 것 같다. 군의 판단이 그렇다면 더없이 다행한 일이다. 사태를 과장하는 것은 남북관계를 불필요하게 왜곡시킬 수도 있으므로 사실을 가감 없이 보려는 것은 바람직한 태도다. 그러나 우리가 우려하는 것은 이번 사태의 경우 양측이 위급한 상황에서도 현명하게 대처해주었기 망정이지 자칫 어느 한쪽이 직접적인 공격을 가했다고 가정할 경우 결과가 어떻게 되었겠느냐 하는 것이다. 굶주리는 북한 주민들의 해상탈북 사태가 앞으로 많아지리라는 것은 충분히 예상할 수 있는 일이다. 그런 일이 잦아질 경우 남북간 무력충돌의 위험도 그만큼 커지는 것이다. 이번 사태를 귀감 삼아 우발사고가 국지전이나 전면전으로 비화하는 일이 없도록 안전장치를 마련해야 할 것이다. 53년 선포된 북방한계선(NLL)이란 것이 남북간 논란의 여지가 없지 않아 서해상에 분쟁의 여지는 언제나 있는 셈이다. 현재 북한측이 군사정전위원회를 일방적으로 보이콧하고 있어 이러한 군사적 분쟁을 조정하거나 개선할 창구마저 없는 형편이다. 어떤 일이 있어도 전쟁만은 막아야 하며 더구나 그것이 우발사고에 의한 확전이라면 어처구니없는 일이다. 일단 군사정전위가 다시 정상 가동돼야 할 것이다. 그리고 나아가 92년 합의 서명된 남북군사공동위원회의 조속한 설치도 추진돼야 할 것이다.

■ 북 경비정 북방한계선 침범, 연평도부근 5시간 머물다 돌아가(1997.7.4.)

합동참모본부는 북한 경비정 1척이 2일 하오 10시 49분쯤 서해의 북방한계선(NLL)을 침범, 연평도 서남쪽 14마일 해상에서 5시간 가량 머물다 해군 함정이 출동하자 돌아갔다고 3일 밝혔다. 합참 관계자는 "북한 경비정이 황해남도 등산곶 앞바다에서 조업을 하다 단속을 피해 남하하는 중국 어선을 4~5척을 추격하는 과정에서 북방한계선의 남쪽 3마일까지 내려왔다"면서 "연평도 주둔 아군 고속정 3척이 출동하자 3일 상오 3시 50분쯤 되돌아 갔다"고 말했다. 그러나 우리 군은 이번 북방한계선 침범이 의도적인 도발이 아니라고 판단, 경고방송을 하지 않았다고 덧붙였다.

■ 북 경비정 또 북방한계선 침범, 어제 연평도 부근(1997.7.5.)

북한 경비정 한 척이 4일 상오 8시 52분쯤 서해 연평도 서남쪽 27.78㎞ 해상에서 북방한계선(NLL)을 2.78㎞가량 침범한 뒤 아군 고속정 5척이 대응 기동하자 1시간 50여분 만에 북으로 돌아갔다. 합동참모본부 관계자는 "북측 지역인 등산곶에 머물던 북한 경비정 한 척이 북한 영해 근처에서 조업 중이던 중국 어선 단속차 남하하다 NLL을 넘은 것으로 보인다"고 말했다. 이에 앞서 지난 2일 하오 10시 49분에도 북한 경비정 한 척이 중국 어선을 단속하다가 서해 북방한계선을 침범, 5시간 동안 머물다 되돌아갔었다.

■ 북적 "실종자 없다" 통보, 연평도 인양 사체 관련(1997.7.20.)

북한은 지난달 20일 서해 소연평도 부근 해상에서 우리측이 인양한 사체 1구를 북한에 인도하겠다는 대한적십자사의 제의(14일)에 대해 "자체 조사결과 실종된 사람이 없다"고 19일 통보해 왔다. 이성호 북한 적십자회위원장 대리는 이날 판문점 적십자 연락사무소 직통 전화를 통해 강영훈 한적 총재에게 보낸 전화통지문에서 "해당 기관을 통해 알아본 결과 최근 우리의 경내에는 실종된 사람이 없다"고 말했다.

■ 서해 공해 괴잠수정 출현-해군 늑장출동…中도주(1999.3.27.)

26일 오전 서해 공해상에서 괴함정이 우리 고기잡이 그물에 걸렸다는 신고에도 불구하고 군 당국의 현장 출동이 늦어 괴함정의 정체 등을 직접 확인하는데 실패했다. 26일 해군에 따르면 오전 9시 25분쯤 대청도 서쪽 63마일 공해상에서 우리어선 흑룡호 선원들은 어망 수거 작업을 하던 중 정체불명의 잠수정이 그물에 걸린 것을 발견, 어업무선국을 통해 신고했다. 해군은 그러나 신고를 받은지 1시간이 지난 10시 20분에야 호위함과 초계함 등을 출동시켰고 11시 30분쯤 이 함정이 그물을 끊고 산둥반도 쪽으로 사라졌다는 선원들의 신고에 따라 추적을 포기했다. 해군 관계자는 "선체에 '225'라는 숫자가 씌어 있었다는 선원들의 진술 등을 토대로 연감을 확인한 결과 길이 76.6m 폭 6.7m 1,800톤 급의 중국 잠수함으로 드러났다"면서 "발견 지점이 공해상이어서 적극적인 조치를 취하지 않았다"고 해명했다.

■ 北경비정 이틀째 영해침범…무력사용은 안해(1999.6.10.)

북한 경비정 6척이 9일 오전 6시 20분에서 8시 사이 연평도 서북방 10㎞ 해상에서 북방한계선(NLL)을 넘어 또 다시 우리 영해를 침범했다. 특히 이날 오전 6시 35분쯤 NLL 남쪽 2.5㎞ 해상에서 남북 경비정간 접촉사고가 일어나 긴장이 높아지고 있다. 북한은 오전 11시 30분쯤 어선 15척을 추가로 남하시켜 모두 30척이 NLL 선상으로부터 북방 4㎞ 사이에서 꽃게잡이를 계속하고 있다. 합참 관계자는 "우리 해군이 고속정 8척을 투입, 북방한계선을 넘어오는 북한 경비정을 밀어내는 과정에서 우리 고속정 1척과 북한 경비정 1척이 서로 부딪치는 가벼운 충돌 사고가 발생했다"면서 "접촉사고 과정에서 양측은 무력사용을 자제해 무력 충돌은 없었다"고 말했다.

■ 北 잇단 영해침범 속뜻 '북방한계선 無力化'(1999.6.10.)

8일과 9일 북한군 경비정의 연이은 영해 침범 도발은 동원된 어선 및 경비정의 수가 종전에 비해 규모가 크다는 특징을 보이고 있다. 거기다 한 번에 몇 시간 정도 머물다 되돌아가며 연간 20~30차례 되풀이하던 종전의 월선(越線) 행위와는 달리 이틀에 걸쳐 북방한계선(NLL)을 넘었으며, 우리 해군 경비정의 경고 방송 등에도 불구하고 11시간 정도씩 머무는 '배짱'을 부리고 있다. 따라서 북한의 거듭된 월선은 '고의적 도발' 행위이며 복잡한 계산이 저변에 깔려 있다는 게 군 당국의 분석이다.

먼저 북한군과 어민들이 심각한 경제난 속에 '돈'이 되는 꽃게잡이 조업에 매달리면서 영해 침범이란 위험을 무릅쓴 것으로 해석해 볼 수 있다. 실제 연평도 인근 해역은 꽃게의 국내 소비량 가운데 30% 이상을 공급하는 황금어장이며 5~7월은 본격적인 꽃게잡이 철로, 북한은 어선 15척과 경비정 6척을 보내 지난 7일부터 조업 중이다. 그러나 북한이 끈질기게 영해 침범을 되풀이하는 데는 이같은 경제적 이유 말고도 NLL 무력화를 겨냥한 고도의 정치적인 의도가 깔려 있다는 분석이 보다 설득력을 갖는다. 북한은 남북간 서해 경계선으로 우리측이 설정한 NLL 대신 12마일까지를 영해라고 주장하며 매년 20~30차례씩 NLL을 넘나들고 있다. 특히 북한은 남북화해 분위기에 편승, 우리측이 무력 사용 등 강력한 군사적 대응을 하지 못할 것이라는 계산 아래 '꽃게잡이'라는 명분을 내세워 대규모 어선과 경비정을 NLL 아래로 남하시키며 서해 경계선의 확대를 꾀하고 있는 것으로 보인다. 아울러 북한은 오는 21일로 예정된 남북차관회담 등 남북화해 분위기에 불만을 가질 수 있는 내부 강경파를 다독거리고 주민들의 결속도 강화해야 하는 긴박한 내부 사정도 있었을 것으로 관측된다. 또 대북 포용정책을 펴며 북한의 변화를 요구해온 남한 정부나 미국 등 국제사회를 향해 '강성 군사대국'의 기조가 결코 흔들리지 않았다는 점도 과시하고 싶었던 것으로 풀이된다. 결국 북한은 심각한 군사적 마찰로 확산되지 않을 것이라는 판단 아래 우리 정부의 대화의지 등을 '시험'하는 등 다각적인 정치적 목적을 갖고 '제한된 도발'을 반복하고 있는 것으로 볼 수 있다.

■ 북방한계선(NLL)과 완충지역이란(1999.6.11.)

최근 북한 경비정들이 수시로 침범하고 있는 북방한계선(NLL, Northern Limit Line)은 지난 53년 유엔군 사령부가 정전협정 체결 직후 서해5도인 백령도, 대청도, 소청도, 연평도, 우도를 따라 그은 해안 경계선이다. 정전협정 체결 당시 유엔군과 북한군은 육지에 대해서 군사분계선을 긋고 이를 기준으로 남북 4㎞에 이르는 비무장지대를 설치했다. 하지만 해상에 있어서 북한과 유엔사는 서로의 주장이 달라 정전협정상 도서(섬)에 대한 규정만 했을 뿐 해상경계선에 관한 명확한 규정을 도출하지 못했다. 이 때문에 유엔군은 함정과 항공기의 북상 방지 및 어선과 선박의 피랍방지를 위해 일방적으로 NLL을 설정했다. 국제법상 통용되는 개념은 아니지만 이후 남북은 암묵적인 동의하에 NLL을 해상경계선으로 삼아왔다. 북한은 NLL에 대해 명백한 수긍을 하지 않았지만 지난 92년 9월 남북기본합의서 부속합의서에서 지금까지 관할해온 구역을 '해상불가침' 경계선으로 삼는데 동의했다. 완충지역(Buffer Zone)은 남북간 우발적 월경(越境)에 따른 무력 충돌을 막기 위해 유엔군 사령관이 지난 53년 남쪽지역 폭 1-5㎞ 구역에 설정했다. 과거에도 북한 경비정의 월경행위는 종종 있었지만 대개 단시간에 그쳤으며 우리 해군의 경고 방송으로 별 충돌 없이 물러났다는 것이 외교부의 설명이다. 그러나 이번 사건은

3일씩이나 북한이 완충구역을 교묘히 활용해 계속해서 우리 영해를 침범하고 있어 보다 근본적인 대책 마련이 절실하다는 지적이다.

■ 일촉즉발 위기감 속…꽃게잡이 어민 한숨 (1999.6.11.)

"적 경비정이 또 다시 월선하고 있다. 즉각 출동하라." 10일 새벽 4시 45분. 연평도 해군기지에서 비상 대기 중이던 우리 고속정 편대에 긴급 출동명령이 내려졌다. 새벽 0시 20분 북한 경비정 4척이 북방한계선(NLL) 북쪽으로 철수한 지 불과 3시간 20분 만이었다. '2분 대기조'인 고속정 2척은 전속력으로 기지를 떠나 새벽 5시 25분쯤 연평도 서쪽 10㎞ 해상에서 밤새 경계 중이던 고속정 2척 및 초계정 1척과 합류, 4일째 영해를 침범한 북한 경비정에 대한 퇴각 작전에 돌입했다. 일촉즉발의 위기감이 고조됐다. 아침 6시 3분 북한 경비정 3척이 추가로 월선, NLL 남쪽 0.5～3.5㎞ 사이에 머물자 해군 고속정 12척은 1.5～2㎞ 정도 거리를 유지한 채 육안과 레이더를 통해 북한 경비정들의 움직임을 감시하며 경고방송 및 기적, 발광장치 등의 수단을 동원, "즉각 퇴각하라"고 명령했다. 해군은 최일선 해상에 고속정 12척과 초계함 2척 등 함정 14척이 2㎞ 정도의 거리를 유지한 채 북한 경비정 4척을 포위토록 하는 등 3중의 전선을 구축했다. 고속정 정장(艇長) A모 대위는 무기나 함정속도 등 모든 면에서 압도적으로 우세해 교전이 벌어지면 우리 고속정 1척으로도 4～6척의 북한 경비정을 격침할 수 있다며 20여명의 대원들을 격려했다.

이같은 극도의 긴장 속에서도 10톤 안팎의 북한 어선 20척은 4일째 NLL 북쪽 바다에서 꽃게잡이를 계속했다. 이날 오후 인천시 옹진군 연평도. 파고가 1m 안팎으로 잔잔한데다 안개마저 걷혀 꽃게잡이에는 아주 좋은 날씨건만 주민들은 섬에 묶인 채 발만 동동 굴렀다. "요즘 하루는 다른 때 한 달과 비교할 정도로 중요한 시기인데…" 주민들은 꽃게 성어기(5～6월)를 맞아 섬 내 55척 선박이 꽃게를 잡아 하루 3억～4억원의 수입을 올리다가 4일째 조업을 못하자 불만을 터뜨렸다. 특히 서해5도서 가운데 백령·대청도 어장은 이날부터 통제가 해제된 데 비해 연평도에는 출어금지가 계속되자 격한 감정마저 내비치고 있다. 연평도 어민회장 신승원(申承元·61)씨는 "북한 경비정이 지키는 가운데 북한 어선들이 꽃게잡이를 하듯이 우리 어선도 경비정 보호 아래 조업을 강행해야 한다"고 말했다. 연평도는 주민 1,350명 가운데 700여명이 꽃게잡이로 생계를 유지하고 있으며, 연평도 꽃게가 서해안에서 잡히는 꽃게의 80% 정도를 차지하고 있다. 이날 인천 연안부두 경매장에서는 꽃게가 최고 140% 오른 가격에 거래됐다. 백령·대청·연평도 등 서해5도서를 찾는 관광객도 줄어들고 있다. (주)진도해운 등 인천과 서해5도서를 운항하는 여객선사에 따르면 최근 3일간 승객이 20% 가량 줄었으며 단체 관광객들의 예약 취소가 잇따르고 있다.

■ '출어금지'로 매일 1억 이상 손해 (1999.6.11.)

북한 경비정의 서해상 북방한계선(NLL)침범으로 취해졌던 서해5도서 해역의 어로금지조치가 9일 서쪽 해상만 제한적으로 해제됐다. 그러나 북한 경비정 월선 지점과 가까운 동쪽바다는 10일까지 출어금지 조치가 풀리지 않아 꽃게잡이 어민들이 큰 어려움을 겪고 있다. 사흘째 발이 묶인 대연평도와 소연평도 남서쪽 연평어장은 우리나라의 대표적인 꽃게 어장. 옹진군청에 따르면 지난해 1,447톤의 꽃게를 잡아 78억 6,100만원의 어획고를 올렸다. 꽃게잡이가 3월부터 시작돼 5～6월에 절정을 이루는 점을 감안할 때 요즘은 1년 중 가장 풍성하게 꽃게를 잡아 올리는 철이어서 어민들의 피해는 더욱 큰 셈이다. 연평도 내 선박 50여 척이 꽃게잡이 제철을 맞아 하루 1만여 kg의 꽃게를 잡아올리고 있었지만 출어금지로 매일 1억2,000～1억5,000만원의 손해를 보고 있다. 옹진군청 어업지도계 관계자는 "꽃게 산란기인 다음달 1일부터 8월31일까지 2개월 동안은 꽃게잡이가 금지되기 때문에 요즘이 꽃게잡이 어민들에게 1년 농사를 갈무리하는 것이나 마찬가지"라며 "안전을 위해 조업을 금지하는 것은 좋지만 조업금지가 장기화 돼 시기를 놓치면 그 피해가 너무 크다"고 말했다. 백령·대청어장(백령도 대청도 소청도)의 경우 까나리와 멸치, 우럭, 해삼, 전복 등이 많이 잡히는 곳이다. 이 지역은 제한적이긴 하지만 10일부터 74척이 오전 11시부터 오후 4시까지 조업을 시작했다.

■ 국방위 '영해침범' 대책 질타(1999.6.11.)

10일 오후 열린 국회 국방위원회에서는 '북한 경비정의 북방한계선 월선(越線)'사건이 집중적으로 다뤄졌다. 당초 한영수(韓英洙) 국방위원장 등 국방위원들은 이날부터 오는 19일까지 무기 구매 체계 등을 알아보기 위해 미국을 방문할 예정이었지만 이 사건으로 무기 연기했다. 회의에서 야당 의원들은 대북 포용정책에 따른 안보상의 허점과 국방부의 소극적 대처를 주로 파고들었다. 반면 여당 의원들은 출어통제로 인한 어민 피해 축소와 안보 유관기관 간의 유기적 협조 쪽에 초점을 맞췄다. 한나라당 서청원(徐淸源) 의원은 "국방부의 자료가 상황만 담았지 분석이 빠져 있다"고 지적했다. 또 "북한은 북방한계선을 넘은 어선을 보호하기 위해 경비정까지 따르는데 우리는 어선을 후방으로 복귀시키고 있다"며 국방부의 소극적 자세를 질책했다. 같은 당 허대범(許大梵) 의원은 해군 출신임을 강조하며 "지난 50년간 우리 해군이 사수해온 북방한계선을 허물어뜨리고 있다"고 비난했다. 이어 "북한의 행위는 명백한 정전협정 및 남북기본합의서 위반이며 군사도발인데도 국방부의 대북성명에는 애매모호한 용어들로 가득 차 있다"며 그 이유를 따졌다. 허 의원은 또 "완충지역은 우리 군이 작전상 만들었는데 왜 언론에 발설해 북한에게 침입할 수 있는 명분을 주고 있느냐"며 발설자의 문책을 주장했다. 국민회의 권정달(權正達) 의원은 "이번 사건으로 연평도와 덕적도, 백령도 인근 300여 척의 어선이 발이 묶였으며 연평도에서만 매일 5억원 이상의 어민 피해가 빚어지고 있다"고 주장했다. 군사작전 때라도 범위를 한정해 어민피해를 최소화하는 방안을 강구하라고 국방부에 촉구했다. 같은 당 임복진(林福鎭) 의원은 "이번 사건을 해군에만 맡기지 말고 공군과 육군을 포함한 국방부 차원에서 예의주시해야 한다"고 충고했다. "언제까지 사격 경고만 할 것이냐"면서 비공개라도 인내의 한계선이 어디까지고 해결책이 무엇인지 밝히라고 요구했다. 자민련 김종호(金宗鎬) 의원은 "국방부 자료에 왜 도발이나 침투가 아닌, '월선'이란 용어를 썼느냐"며 이번 사건을 보는 국방부의 명확한 시각을 밝힐 것을 촉구했다.

■ [사설] 북, 경비정침범 중단하라(1999.6.11.)

북한 경비정이 3일 동안 잇따라 서해 연평도 부근 북방한계선(NLL)을 넘어우리 영해를 침범하는 위험한 도발을 계속하고 있다. 우리 군의 적절한 대응으로 지금까지 큰 불상사는 없어 다행이지만 양쪽 경비정이 해상 접촉사고를 일으키는 등 위태로운 긴장사태가 이어지고 있다. 자칫 무력충돌 가능성마저 없지 않으며 최근 들어 모처럼 조성되고 있는 남북대화 분위기마저 깨뜨릴까 걱정된다. 북방한계선은 지난 53년 휴전협정 후 줄곧 지켜져 온 해상의 군사분계선이다. 군사협정상에는 바다의 분계선이 명시돼 있지 않지만 북방한계선을 경계로 서해5도 인근 해역을 우리가 관할해 왔고, 북한도 이를 묵시적으로 인정해왔다. 그뿐 아니라 지난 92년 발효된 남북기본합의서는 "남과 북의 경계선은 휴전협정에 규정된 군사분계선과 지금까지 쌍방이 관할해 오던 구역으로 한다"고 명시하고 있다. 물론 북한 경비정이나 어선이 북방한계선을 넘어온 것은 이번이 처음은 아니다. 해마다 20~30회씩 있어온 일이며 우리 경비정이 월경(越境)을 경고하면 그대로 물러가는 것이 상례였다. 그러나 이번 북한의 행위는 과거와 분명히 다르다. 비록 완충지역을 벗어나지는 않고 있지만 우리 경비정의 경고도 무시한 채 장시간 버티며 대치하고 9일부터 같은 상황을 날마다 되풀이하고 있다. 더구나 북한은 이번 사태가 일어나기 전인 지난 6일부터 방송을 통해 "남한 전투함선이 북한 영해를 침범하는 도발행위를 감행했고 거듭되는 군사도발로 무력충돌이 일어날 수 있는 긴박한 사태가 조성됐다"며 책임을 우리측에 떠넘기고 있다. 우리는 지금 북한의 식량난 해소를 돕기 위해 25만톤의 비료를 북한에 보내고 있다. 오는 21일에는 남북 차관급회담이 합의돼 있다. 모처럼 남북의 화해 분위기가 익어가는 시점에 북한이 느닷없이 긴장사태를 조성하는 의도가 무엇인지 이해하기 어렵다. 우리의 방어태세를 시험해 본다거나 꽃게 황금어장을 확보하려는 의도라는 것은 납득하기 힘들다. 휴전 후 46년간 기정사실화된 북방한계선을 인정하지 않으려는 의도도 부질없어 보인다. 어떤 이유로든 남북대화 분위기를 깬다는 것은 북한에 아무런 도움이 되지 않는다. 북한은 무모한 경비정 침범행위를 즉각 중단해야 한다. 불필요한 긴장 조성은 남북 모두에 불행할 뿐이다. 정부도 포용정책과 함께 북한의 도발은 강력히 응징한다는 확고한 의지와 자세를 보여주어야 할 것이다.

■ '힘에는 힘' 실력응징, 軍당국 대응 전략 (1999.6.12.)

서해 연평도 서쪽 해상에 일촉즉발의 위기가 고조되고 있다. 군 당국이 북한 경비정의 영해 침범 도발을 더이상 묵과하지 않겠다며 '충돌식 밀어내기' 작전에 돌입했기 때문이다. 군 당국은 11일 오전 10시 "조만간 상황을 종료시키겠다"고 밝힌지 불과 1시간 40분 만에 밀어내기 작전을 개시, 단호한 의지를 내외에 확인시켜줬다. 군 당국은 절대적으로 우세한 힘으로 북한을 압도, 사태를 해결하겠다는 입장을 거듭 천명하고 있다. "강력한 힘만이 평화를 담보할 수 있다"는 인식을 기저에 깔고 있다. 이에 따라 앞으로도 가능한 한 발포 등 군사적 충돌은 피하되 대형 함정의 '물리력'을 사용해 북한 경비정을 북쪽으로 밀어내든지 최악의 경우 들이받거나 나포한다는 전략을 고수할 것으로 보인다. 실제 131-420톤 정도에 불과한 북한 경비정을 최신예 고속정이나 1,200톤급 초계함, 1,500톤급 호위함으로 밀어붙이는 것은 어려운 일이 아니라는 게 군의 설명이다. 다만 이 과정에서 북측의 반발로 불가피하게 빚어질 무력충돌의 가능성을 크게 우려하며 만반의 대비책을 강구하고 있다. 군 고위관계자는 "북한이 해안포 등으로 반격해올 수 있는 가능성을 고려해 시나리오 별로 다양한 대응책을 세워놓고 있다"고 밝혔다. 군 당국이 이미 해군작전사령부 소속 상륙함(LST)을 비롯해 초계함, 호위함, 구축함 등 수십 척의 함정을 연평도 근해에 출동토록 긴급 지시한 것도 북한의 다양한 도발 시나리오에 대비한 것이다. 아울러 동해와 남해에서 작전 중이던 일부 함정들도 해당 해역으로 급파하는 한편 연평도 및 백령도 군부대에 해안포와 함대함(艦對艦) 유도탄 발사 대비태세를 갖추도록 했다. 또 공군 전투기의 비상출동 시간을 단축하고 공중감시활동을 강화토록 지시하고, 특전사 대원 및 공격용 헬기인 코브라의 비상출동 대기명령도 내렸다.

■ 北경비정 4척 들이받아 격퇴(1999.6.12.)

북한 경비정들이 닷새째 북방한계선(NLL)을 넘어 남하한 11일 서해안 연평도 서방 해상에서는 우리 해군 고속정 2대가 북한 경비정 1척을 뒤에서 충돌해 NLL 북쪽으로 밀어내는 작전이 펼쳐졌다. 하지만 퇴각했던 북한 경비정은 다시 NLL 남쪽으로 내려와 우리 해군 함정과 신경전을 벌였다. 합참은 11일 오전 11시 40분부터 낮 12시 10분 사이에 연평도 서방 11.7㎞ 지점의 북방한계선(NLL)을 넘어 남쪽 10~11㎞ 해역까지 내려온 북한 경비선 6척을 '고속정 돌격 기동'으로 NLL 북쪽으로 밀어냈다고 밝혔다. 북한 경비정 4척은 오전 4시 NLL을 침범했고 이어 2척이 오전 10시 48분쯤 추가로 침범했다. 충돌 과정에서 우리 고속정은 경미한 손상을 당했으나 임무수행에 지장이 없으며 북한 경비정 4척도 약간의 피해를 봤으나 피해 정도는 알려지지 않고 있다. 해군 고속정으로부터 고의 충돌을 당한 4척 등 NLL을 넘었던 북한 경비정 6척 모두 10노트의 속도로 퇴각, 오후 2시 15분쯤 NLL 북쪽으로 물러갔다. 하지만 35분 뒤인 오후 2시 50분쯤 북한 경비정 4척은 NLL 남쪽 1㎞에서 북쪽 6㎞ 사이에서 조업 중인 어선 20여 척과 함께 다시 NLL을 넘어왔다.

이에 앞서 국방부는 이날 오전 조성태(趙成台) 국방장관과 김진호(金辰浩) 합참의장 등 군 수뇌부가 참석한 가운데 긴급 군사상황 회의를 열고 육·해·공군 전력을 총동원해 북한의 월선행위에 대응키로 결정했다. 이에 따라 군 당국은 해군작전사령부 소속 상륙함(LST)과 초계함, 호위함, 구축함 등 수십 척을 연평도 근해에 출동시켰다. 공군은 전투기의 비상 출동시간을 단축하고 공중감시 초계활동을 강화했으며 육군은 서해안 충돌로 야기될수 있는 돌발사태에 대비, 해안경계를 강화하고 특전사도 비상대기에 들어갔다. 조 장관은 이날 오전 존 틸럴리 주한 미군 사령관과 긴급회동을 갖고 사태 악화시 미군 전력의 증강배치를 요청했으며 미군은 위기조치반을 가동, 만약의 사태에 대비했다. 한편 주한 유엔군사령부는 이날 오후 3시 30분 북한측에 NLL 침범행위를 논의하기 위해 판문점 장성급회담을 즉시 개최할 것을 요청했으며 북한측은 이를 접수했다고 밝혔다.

■ 닻내린 연평도 어민들(1999.6.14.)

북한 경비정의 북방한계선(NLL) 남침이 연일 계속되고 있는 가운데 연평도 어민들은 13일에도 사실상 조업을 못해 허탈해하고 있다. 지난 11일부터 어업통제가 부분 해제됐지만 대연평도 어선 47척은 이날 모두 출어를 못했고, 소연평도 어선 21척 가운데 10척만 조업에 나섰다. 이는 1마일씩 거리를 두고 연평도에서 서쪽으로 1~24번까지 설치된 꽃게어장 가운데 1~3번, 14~24번 구간은 아직까지 조업이 허용되지 않고 있기 때문이다. 북방한계선에 인접한 이 구간은 꽃게 밀집지역이고 나머지 구간은 대체로 수익성이 떨어지는 곳이다. 오성호 선장 박태원(朴泰元·40)씨는 "연평어장 가운데 통제되고 있는 구역이 꽃게가 가장 많이 잡히는 곳"이라며 "우리 어장이 그곳에 있는 바람에 현장에 가보지도 못하고 있다"고 한숨을 쉬었다. 전날인 12일에는 연평도 인근 해역에 가시거리 200m 미만의 짙은 안개가 끼여 단 한 척의 어선도 출어하지 못했다. "금어기가 시작되는 7월 전까지 꽃게를 잡아 1년 동안 먹고 사는데 이런 식으로 조업을 못하게 되면 어떻게 살아가야 할지 막막합니다." 연평도 선주와 선장 50여명은 지난 12일 면사무소에서 대책회의를 갖고 조업구역 제한조치 철회 등을 군 당국에 요구했다.

■ 北 영해침범 7일째 연평도·현지 표정(1999.6.14.)

북한 경비정들이 7일째 북방한계선(NLL)을 침범한 13일 서해 연평도 주둔 해병대 등 군부대에는 팽팽한 긴장감이 감돌았다. 완전 무장한 장병들은 비상경계령 속에 삼엄한 경계태세를 유지하며 북한쪽 움직임에 촉각을 곤두세웠다. 장병들의 외출 외박은 오래전 금지된 상태다. 섬 정상의 해상 전담 감시대는 24시간 비상근무 체제에 돌입, 북한 경비정의 동태를 추적하고 있었다. 초소간의 비상연락망도 수시로 점검했다. 부대 관계자는 "연일 긴박한 상황 속에 해상감시와 경계근무를 강화, 물 샐 틈 없는 대비태세를 갖추고 있다"고 밝혔다. 이수용(李秀勇) 해군 참모총장은 이날 연평도를 방문, 지난 11일 '충돌식 밀어내기'로 북한 경비정을 퇴각시킨 해군 고속정 편대장 오태식(吳泰植)소령 등 승조원들을 격려했다. 이총장은 "온 국민이 용감하게 북한 경비정을 물리친 여러분을 자랑스러워하고 있다"면서 "그러나 아직 상황이 끝나지 않았으니 충무공의 후예답게 혼신의 힘을 다해 최선을 다해 달라"고 당부했다. '충돌작전'을 수행한 고속정 가운데 1척은 충돌 당시의 충격 때문에 앞부분 왼쪽이 50~60㎝ 가량 파손됐고 옆면의 페인트도 곳곳이 벗겨져 있었다. 승조원들은 성공적인 작전 수행으로 사기가 충천한 듯 모두 상기된 표정이었다. 편대장 조태만 소령은 "모든 장병들의 사기가 높지만 사태가 장기화 하면 피로가 누적돼 원활한 작전 수행에 차질이 생길까 걱정된다"고 말했다. 현지 군 관계자들은 "전투가 벌어지더라도 우리의 전력이 훨씬 뛰어나 걱정할 것 없다"고 자신감을 보였다.

■ 유엔司·北 내일 '영해침범' 회담(1999.6.14.)

북한의 영해 침범 도발로 촉발된 한반도의 긴장 상태를 해소하기 위한 유엔사와 북한군간 장성급회담이 오는 15일 오전 10시 판문점에서 열린다. 주한 유엔군사령부는 13일 북한 경비정의 연평도 인근 해역 침범사건을 다루기 위해 유엔사-북한군간 장성급회담을 개최하자는 유엔사측의 제의를 북한측이 수락했다고 밝혔다. 국방부는 장성급회담에 참석하는 유엔사측 대표를 통해 지난 7일부터 시작된 북한의 영해 침범행위를 정전협정 위반으로 간주, 엄중 항의할 방침이다. 회담에는 유엔사측에서 마이클 던 소장(미국)과 존 베이커(영국), 금기연(琴琦淵) 준장(한국), 프란세즈 토레스 대령(프랑스) 등 4명이, 북한측은 이찬복 중장과 조동현 소장, 박임수 대좌 등 3명이 참석한다. 한편 전군에 비상경계령이 내려진 가운데 북한 경비정과 어선들이 13일에도 서해상 영해를 침범, 7일째 북방한계선(NLL)을 넘나들며 우리 해군과 대치했다. 해군은 북한 경비정의 추가 남하를 저지하기 위해 고속정 10여 척을 북한 경비정에 근접 배치한 데 이어 완충구역 남쪽 40km 해역에 3,200톤급 구축함과 4,000톤급 구조함, 초계함, 호위함 등을 배치, 비상상황에 대비했다. 차영구(車榮九) 국방부 대변인은 이날 오후 성명을 발표, "북한측의 NLL 침범은 명백한 불법 행위이며 중대한 도발"이라고 경고하고 북한측에 도발 행위를 즉각 중단할 것을 거듭 촉구했다.

■ 긴박한 '西海대치' 7일째 이모저모 (1999.6.14.)

국방부는 13일 북한 경비정과 어선들이 1주일째 영해를 침범하자 지난 9일에 이어 두 번째 대변인 성명을 발표, 이번 사태에서 처음으로 '중대한 도발'이라는 표현을 사용해 북한을 비난하면서 강력히 대응하겠다고 거듭 밝혔다. 북한 꽃게잡이 어선 8척은 이날 오전 6시 옹진군 연평도 서방 10km 지점의 북방한계선(NLL) 아래 1.5km까지 넘어와 조업을 시작했다. 이어 오전 6시 20분쯤 북한 경비정이 2척씩, 모두 4척이 NLL을 월선, 영해를 침범했다. 이들은 NLL 남쪽 500m~8km 완충지역에서 퇴각을 종용하는 우리 해군과 신경전을 펴다 오전 8시 50분쯤 모두 퇴각했다. 북한 어선 3척은 함께 물러갔으나 5척은 조업을 계속했다. 북한 경비정 7척은 오전 11시쯤 다시 NLL 2~5km 지점까지 침범했다. 해군은 10여척의 고속정을 근접 배치, 북한 경비정과 어선을 감시하는 한편 만일의 사태에 대비, 한계선 이남 40km 해역에 초계함과 호위함을 배치했다. 특히 '제2의 작전'을 전개할 경우 북한 경비정을 완전히 NLL 북쪽으로 밀어낸다는 원칙 아래 수심이 낮은 해당 해역에서도 활동할 수 있는 상륙함(LST) 및 해군의 신예 전투함인 3,200톤급 광개토대왕함과 4,000톤급 구조함을 제2선에 배치했다.

■ 北어뢰정 영해 침범, 13일 한계선 10km 남하(1999.6.15.)

북한어뢰정 3척이 지난 13일 서해 연평도 인근 북방한계선(NLL)을 침범한 사실이 새로 드러났다. 북한의 침범행위가 강경쪽으로 치닫고 있는 것이다. 북한은 14일 오전에도 어뢰정 3척을 NLL에 인접한 북쪽 해역에 대기시킨 가운데 오전 7시부터 경비정 3척과 어선 15척을 NLL 남쪽으로 내려보내 해군과 대치했다. 합참에 따르면 북한 어뢰정 3척은 13일 오후 4시부터 3시간 동안 NLL을 넘어 10km까지 내려와 '고속 시위기동'을 벌였다. 북한 어뢰정은 14일 오전 또 다시 남하를 시도했으나 우리 고속정 2대가 이를 발견하고 추격하자 NLL을 넘지 않고 북쪽 해역에 머물렀다.

군 당국은 북한이 장성급 회담 개최를 앞두고 NLL 일대가 북한 영해임을 내세우기 위해 어뢰정을 동원, 긴장을 고조시키고 있는 것으로 보고 도발을 감행해오면 강력히 응징하기로 했다. 군 관계자는 "지난 11일 해군 고속정들이 북한 경비정을 '충돌식' 작전으로 밀어낸 이후 북한은 최대 속도 43-52노트로 고속정보다도 기동력이 뛰어난 어뢰정 3척을 증강해 '치고 빠지기식'으로 우리 고속정에 대한 '박치기' 공격을 하는 등 반격을 시도하고 있다"고 밝혔다. 군 당국은 남북 함정간 우발적인 군사적 충돌을 막기 위해 '밀어내기' 작전을 자제하는 대신 고속정 10여 대를 NLL 인근에 보내 북한 경비정의 움직임을 감시토록 하고 초계함과 호위함, 구축함, 구조함, 상륙함(LST) 등을 배치해 북한측의 공격에 대비토록 했다.

군당국은 14일 작전구역을 뺀 연평도, 백령도 등 서해5도 해상에서의 조업을 전면 허용했다. 한편 유엔사와 북한군은 15일 오전 10시 판문점에서 장성급 회담을 열고 북한의 서해 영해 침범 사태를 논의한다. 유엔사측은 회담에서 북한측에 침범행위에 대한 사과와 함께 북한 경비정 등 함정과 어선을 무조건 선(先) 철수시킬 것을 요구할 것으로 알려졌다. 이에 대해 북한측은 12해리 영해를 주장하면서 우리 해군이 오히려 북한 영해를 침범, 도발했다는 억지 논리를 펼 것으로 보인다.

■ 국방부, 철수 불응땐 제2충돌작전 시사 (1999.6.15.)

군 당국은 15일 열리는 장성급회담을 앞두고 북한이 경비정에 이어 13일에는 어뢰정까지 투입하자 그 의도에 대해 촉각을 곤두세웠다. 차영구(車榮九) 국방부 대변인은 14일 오전 서해 상황을 설명하면서 "북한 어뢰정 2~3척이 지난 13일 오후 4시 북방한계선(NLL) 남쪽 10㎞까지 내려와 3시간 동안 고속 기동시위를 했다"면서 "군 당국은 중대한 변화라고 분석, 강력한 대응태세를 갖추고 있다"고 설명했다. 차대변인은 "북한이 어뢰정을 동원한 것은 장성급회담을 유리하게 이끌기 위한 술책으로 보인다"면서 "무력도발을 감행할 경우 철저히 응징하겠다"고 강조했다. 군 당국은 북한이 초강수로 대응하자 북한의 꽃게잡이가 상당 기간 지속될 것임을 예고하는 게 아니냐면서 '제2의 밀어내기' 작전을 전개할 가능성을 배제하지 않고 있다. 국방부 고위관계자는 "판문점 장성급 회담에서 북한측이 우리측의 '선(先) 철수' 요구에 선선히 응할지 불투명하다"고 말했다. 그는 "북한도 서해 사태의 장기화에 부담을 느끼고 철수할 명분을 찾고 있는 것으로 판단된다"면서 "그러나 북한측이 '남한측이 북한의 영해를 먼저 침입했다'면서 미국이나 유엔사와 NLL 협상을 하겠다고 주장할 경우 우리 정부나 유엔사측이 제시할 '타협안'은 없다"고 덧붙였다. 군 당국은 일부 언론에 지난 11일 우리 고속정의 '밀어내기' 공격으로 북한 승조원 1명이 숨지고 2명이 중상을 입었다는 '설(說)'이 보도되자 북한측이 장성급회담에서 오히려 우리측에 피해보상을 요구하는 등 악용할 수 있다며 미확인 보도를 자제할 것을 강력히 요청했다. 북한 경비정과 꽃게잡이 어선들은 8일째 NLL 침범을 계속했다. 오전 7시쯤 북한 경비정 2척이 옹진군 연평도 서방 10㎞ 지점의 NLL 남쪽 3.5㎞까지 넘어온 데 이어 낮 12시쯤 한 척이 추가로 영해를 침범했다. 북한 어선 24척도 NLL 북쪽 3~4㎞ 해역에서 밤샘 조업을 했으며 오전 8시쯤 이중 6척이 남쪽으로 내려와 완충구역 내에서 조업을 했다. 어선들은 오후 늦게까지 NLL을 넘나들며 조업을 계속했다.

■ '남북한 西海 교전' 北함정 1척 격침 5척 대파(1999.6.16.)

북한 경비정의 영해 침범 9일째인 15일 연평도 인근 서해상에서 남북 해군함정 사이에 함포사격을 동원한 교전사태가 발생했다. 교전으로 북한 어뢰정(승조원 17명) 1척이 침몰하고 경비정 1척은 반침몰, 경비정 1척은 화재로 기동 불능 상태에 빠졌고 경비정 4척은 대파된 채 북방한계선(NLL) 북쪽으로 달아났다. 북한군의 인명피해는 확인되지 않고 있다. 우리 고속정 1척과 초계함 1척도 기관실 등이 일부 파손됐으며 고속정 정장과 대원 등 7명이 부상, 수도통합병원으로 긴급 후송됐다.

군 당국은 연평도와 백령도 등 서해5도 지역에 대북 전투준비태세인 '데프콘 3'에 준하는 전투대비령과 적의 도발 위협이 심각할 때 내리는 '워치콘 2'를 발령, 비상경계에 돌입했다. 합참은 이날 "우리 고속정들이 북방한계선(NLL)을 넘어 영해를 침범한 북한 경비정과 어뢰정 수척을 저지하는 과정에서 북한 경비정의 기관포 공격을 받자 즉각 응사, 북한 어뢰정 1척을 침몰시키는 등 경비정 6척과 어뢰정 1척에 치명타를 가했다"고 발표했다. 그러나 북한 관영 중앙통신은 "남조선 당국자들이 엄중한 무장 도발을 감행, 인민군 군인들의 생명이 엄중히 위협당했다"면서 "함선 1척이 침몰되고 3척이 심히 파손됐다"고 보도했다.

합참에 따르면 해군 고속정과 초계함 10여 척은 이날 오전 9시 20분쯤 북방한계선 인접 해역에서 영해를 침범한 북한 경비정 6척과 어뢰정 3척을 충돌 공격으로 저지하는 작전을 펼쳤다. 이에 9시 25분쯤 북한 경비정이 25㎜ 기관포 공격을 감행했고 우리 해군은 초계함의 76㎜ 함포와 고속정의 40㎜ 기관포 등으로 즉각 응사했다. 교전은 오전 9시 30분까지 5분간 계속됐다. 해군은 교전 직후 남쪽에 대기 중이던 초계함과 구조함, 호위함, 상륙정(LST) 등 20여 척의 함정을 현장으로 긴급 출동시켰으나 북한 서해안에 배치된 사정거리 83-95㎞인 지대함 미사일과 100㎜ 해안포의 공격징후가 포착됨에 따라 고속정을 제외한 대형 함정을 다시 완충구역 이남으로 퇴각시켰다. 또 북한이 보복 공격을 감행할 가능성에 대비, 연평도 해군기지에 정박 중이던 모든 함정을 비상 출동시켜 완충구역 남단에 추가 배치하는 한편 동해와 남해상에서 활동 중이던 함정 일부에 대해서도 출동 명령을 내렸다. 공군은 초계비행 및 비상대기 전투기를 평상시보다 2배로 증강, 배치했으며 육군도 비상경계태세에 돌입했다. 조업에 나선 모든 어선에 대해서는 긴급대피령이 내려졌다. 이에 앞서 북한은 이날 오전 7시 15분부터 꽃게잡이 어선 20척과 경비정 6척, 어뢰정 3척을 북방한계선 남쪽 2㎞ 해역까지 내려보냈다.

한편 김진호(金辰浩) 합참의장은 이날 오후 존 틸럴리 주한 미군사령관과 한미군사위원회 공식회의를 갖고 한미연합군의 협력방안 등에 대해 논의했다. 회의에서 한미 양측은 "판문점 장성급회담이 개최되는 시점에 북한이 우리 해군 함정에 먼저 공격을 한 것은 명백한 도발행위로 정전협정을 위반한 것"이라고 규정, 한미 공동 대응책을 긴밀히 협의하기로 했다. 양측은 이와 함께 유엔군 사령관의 대북경고 및 재발 방지 요구 향후 연합방위태세 확립에 필요한 미군 전력의 신속 지원 등에 합의했다.

서해상 남북 교전으로 인해 부상, 육군수도통합병원 응급실로 후송된 해군 장병 7명의 명단은 다음과 같다. 대위 허욱, 대위 안지영, 상사 문동진, 하사 서득원, 하사 유중삼, 하사 이경민, 상병 안태성.

■ 꽝… 꽝… 꽝 포성에 섬전역 긴장 (1999.6.16.)

전 부대원들 전투배치 15일 오전 연평도 앞바다에서 북한과 우리 해군 사이에 교전이 벌어졌다는 소식이 전해지자 이곳 군부대는 즉각 전투태세에 돌입했다. "꽝 꽝 꽝"하는 포성이 터지자마자 지휘관들은 전 부대원을 전투배치한 뒤 참모들과 함께 지하 벙커 상황실에 자리잡고 상부에서 내려오는 작전명령을 점검하는 등 부산하게 움직였다. 연평도에 주둔하며 레이더로 해상감시 임무를 수행하는 해군 293부대는 전 부대원이 완전군장을 갖추고 비상근무에 돌입했다. 연평도 앞바다 2㎞ 지점에 설치된 해군 바지선 근처에서는 150톤급 고속정은 물론, 1000톤이 넘는 대형 초계함과 전함들이 빠른 속도로 기동했다. 부두에서 배를 타고 나간 남편과 시아버지를 초조하게 기다리던 주민 김순용(金順容·39)씨는 초계함과 전함을 가리키며 "연평도에서 계속 살았지만 대형 군함이 기동하는 것은 처음"이라면서 불안한 모습을 감추지 못했다. 연평도 경비를 담당하고 있는 해병대 9518부대도 106고지 대공감시 포병반에 "서해에서 교전으로 예상되는 포성이 들린다"는 급보가 날아들자 즉각 비상경계 태세에 돌입했다. 해안경비 소대장 강병석(姜炳碩·25) 중위는 "소대원들은 이런 때를 대비해 평소 충실히 훈련했다"면서 "어떠한 상황이 닥쳐도 충분히 대응할 수 있다"고 자신에 찬 목소리로 말했다. 이웃 공군기지에서는 조종사들이 비상출동 명령이 내려지면 즉각 출동할 수 있도록 시동을 걸고 기내 '전투대기'에 돌입했다. 백령도 등 서해 5개 도서와 인근 바다에 대한 전투공중초계(CAP)도 강화됐다.

■ 연평도 주민들(1999.6.16.)

짙은 회색구름이 하늘을 가린 15일 오전 9시 25분 연평도. 난데없는 포성이 섬을 뒤흔들었다. 앞바다에 정박해 있던 150톤급 고속정 5척이 편대를 이뤄 쏜살같이 서쪽 수평선 너머로 줄달음쳤다. 집안에 있던 주민들은 포성에 놀라 밖으로 뛰어나왔다. 일부 주민들은 "난리가 난 것 아니냐, 훈련이 있다면 면사무소에서 미리 방송을 했을텐데…"하고 웅성거렸다. 조업제한이 해제돼 첫 조업에 나서게 된 꽃게잡이배 50여 척은 마음이 급한 듯 새벽 5시부터 시동을 걸고 출어만을 기다렸다. 아침 7시 '풍어의 노래'가 나오자 어선들은 '부웅'하는 뱃고동을 울리며 10~15노트의 전속력으로 연평도 서쪽 어장으로 출어했다. "꽝 꽝, 드르륵" 요란한 포성과 총성이 울린 것은 어선들이 그물을 풀어놓고 한창 작업에 열중하던 때였다. 선원들은 "북쪽에서 발포한 것 아니야"라면서 일손을 멈추고 북쪽을 불안하게 바라봤다. 9시45분. "긴급사태 발생, 모든 선박은 즉시 가까운 포구로 귀환하라"는 어업 지도선의 급박한 지시가 무전기로 흘러나왔다. 꽃게잡이 배들은 그물을 바다에 버려둔 채 급히 돌아왔다. 12시가 지나도 돌아오지 않은 선원의 가족들은 발을 동동 굴렀다. 오후 1시 20분이 돼서야 모든 선박들이 당섬 부두와 소연평도에 닻을 내렸다. 연평도에는 교전 소식을 들은 뭍의 친지들 전화가 빗발쳐 한때 전화가 불통됐다. 면사무소와 파출소 직원들은 주민 대피 계획을 점검하며 부산하게 움직였다. 7년째 꽃게잡이를 하고 있는 제3진흥호 선장 김재선(金在善·42)씨는 "올해 꽃게잡이는 끝났다"면서 허망한 표정으로 수평선만 바라보고 있었다.

■ 정치권 반응(1999.6.16.)

여야는 15일 서해 연평도 해상에서 발생한 남북 함정간 교전사태와 관련, 각각 성명을 내고 깊은 우려를 표명했다. 그러나 우리 해군의 즉각적이고 민첩한 대응에 대해서는 적절했다고 평가했다.

국민회의. 오후 2시 김영배(金令培) 총재권한대행 주재로 긴급 확대간부회의를 열고 대책을 논의했다. 해군 병사들이 슬기롭고 지혜롭게 대처한 노력을 평가하고 어려운 때일수록 북한의 도발에 대해 초당적으로 대처해 안보상의 허점이 없도록 했다. 16일 국회 본회의를 열어 대북 결의안을 채택하자는 것을 당론으로 확정했다. 이영일(李榮一)대변인은 "연평도 교전 사태는 불행한 일로 매우 우려하지 않을 수 없다"고 전제, "북한이 선제 공격을 하면 우리 군은 즉각 응사해서 적의 도발행위를 응징해야 한다"고 강조했다.

자민련. 오전 마포 당사에서 박용옥(朴庸玉) 국방차관 등 군 관계자가 참석한 가운데 긴급 안보정세 회의를 여는 도중 교전상황을 전해 들었다. 우리 군의 대응이 적절했다고 평가한 뒤 단호한 대처를 함께 주문했다. 이양희(李良熙) 대변인은 "북한의 무력도발은 천인공노할 적대행위"라면서 "모든 사태의 책임은 북한 당국에 있으며 북측은 엄중한 책임을 면치 못할 것"이라고 경고했다.

한나라당. 오전 11시쯤 이회창(李會昌) 총재 주재로 긴급 총재단·당직자 연석회의를 열어 대책을 숙의했다. 안택수(安澤秀)대변인은 "우리 해군의 민첩하고 효과적인 군사대응은 적절한 것으로 평가한다"면서 "장병들의 노고에 정중한 치하를 보낸다"고 밝혔다. 또 "북한 당국은 정전협정을 엄정 준수하고 평화적인 남북한 관계가 유지되도록 남침도발을 포기할 것을 강력 촉구한다"면서 "정부는 금강산 관광과 비료 보내기를 즉각 중단해야 할 것"이라고 촉구했다.

■ 시민 반응, 차분한 대처(1999.6.16.)

15일 아침 연평도 해상에서 남북한 해군의 교전 소식이 전해지자 시민들은 불안한 마음으로 뉴스에 귀를 기울였다. 고속버스 터미널과 철도역 대합실 등에서는 뉴스 속보가 방송되는 TV 앞에 모여 상황 변화에 촉각을 곤두세웠다. 많은 시민들이 불안감에 일찍 귀가, 도심의 유흥가는 한밤에도 한산한 편이었다. 그러나 '생필품 사재기' 등 동요하는 모습은 거의 찾아볼 수 없었다. 대형할인점과 백화점 식품매장의 생필품 판매량은 평소와 비슷했다. 경실련은 성명을 통해 "남북한 당국은 유엔사의 제안대로 서해 완충구역의 병력을 철수시키고 남북합의서 12조에 따라 하루빨리 군사공동위원회를 열어 대화로 문제를 풀기 바란다"고 밝혔다. 주부 김명숙(金明淑·34·경기도 고양시 일산구 마두동)씨는 "9일 전 북한 경비정이 침범했을 때부터 불안감을 느꼈는데 교전소식을 듣고 전쟁이 날것 같아 두렵다"고 털어놓았다. 의류 수출입업체 직원 강인녕(姜仁寧·25·여)씨는 "경기가 회복되는 시점에서 이런 일이 터져 외국인 바이어들이 발길을 돌릴까 걱정된다"고 말했다. 성균관대 정치외교학과 김성주(金成柱·48)교수는 "정부의 햇볕정책이 포용과 유연성만을 강조하는 문제점이 있다는 것을 드러낸 사건"이라면서 "정전협정 이후 체결했던 협약들은 계속 유지하되 대북 문제는 강경하게 대처해야 한다"고 지적했다.

대우증권 홍보팀 김효상(金孝相·35) 대리는 "남북 교전으로 주가가 크게 하락했지만 외국 지사에 확인해본 결과, 외국 투자가들은 사태를 심각하게 받아들이지는 않는 것 같다"고 말했다.

■ "그래도 금강산은 간다"(1999.6.16.)

서해 연평도 해상에서의 남북 해군간 교전으로 민간차원의 남북경협이 위기를 맞고 있다. 정부의 햇볕정책에 따라 재계가 추진해 온 금강산 관광 등 대북 경협사업의 차질이 당분간 불가피할 것으로 예상된다. 그러나 재계는 이번 사태로 경협중단 등의 최악의 사태는 초래되지 않을 것으로 보고 있다. 현대는 정주영(鄭周永) 명예회장이 소떼 501마리를 몰고 방북한 1주년(16일)을 하루 앞두고 이같은 사태가 발생하자 당혹감을 감추지 못하고 있다. 현대는 일단 남북경협사업은 정치 상황과 관계없이 진행한다는 대원칙에 변함이 없기 때문에 16일부터 중국 베이징에서 열리는 북한 아시아·태평양위원회측과의 종합토론회를 예정대로 열기로 했다. 아직까지 정부의 별다른 지시가 없어 김고중(金高中) 부사장 등 현대아산 대표단을 베이징으로 파견했다. 이날 저녁 출항 예정인 봉래호 승객들의 예약 취소사태는 일어나지 않았으며 예정대로 출항했다. 또한 현대는 장전항 현지사무소와 긴급 연락을 취하는 등 상주인력 399명의 신변안전 대책을 마련하는 등 만일의 사태에 대비하는 모습이다. 사태가 장기화 될 경우 정 명예회장의 방북과 오는 7월의 현대농구팀 친선경기, 서해안공단 조성사업 등의 경협사업의 차질을 우려하고 있다. 이같은 움직임에도 불구, 윤종용(尹鍾龍) 삼성전자 사장 등 16명으로 구성된 삼성 방북단은 이날 낮 12시 30분 베이징에서 통일부의 최종 승인을 거쳐 고려민항 편으로 방북했다. 그러나 삼성은 방북단과의 연락망을 구축하는 등 비상근무에 들어갔다. 대우도 남포공단에 운영 중인 의류공장 사업이 차질을 빚을까 촉각을 곤두세우고 있다. 전경련 관계자는 "그동안의 사례를 감안하면 더이상 남북간 군사적 긴장이 고조되지 않는 한 경협중단 등 최악의 상황은 초래되지 않을 것"이라고 내다봤다.

■ 외신들 '교전사실' 긴급보도(1999.6.16.)

해외 언론들은 15일 남북한 해군의 연평도 인근 해역에서의 교전 사실을 주요 뉴스로 일제히 보도하며 비상한 관심을 보였다. 언론들은 이번 사태로 14개월 만의 첫 정부 차원의 남북 접촉인 오는 21일로 예정된 베이징(北京) 차관급 회담의 성사 여부에 촉각을 곤두세우며 남북관계의 전반적인 악화를 우려했다. 미국의 CNN방송은 사건 발생 직후 짤막한 사실 보도로 시작, 이후 서울 특파원을 직접 연결해 충돌상황을 상세히 보도했다. NBC와 CBS 등 주요 방송들도 코소보 관련 뉴스와 함께 주요 소식으로 보도했다. 방송들은 처음엔 화면 없이 한반도 지도를 배경으로 자막 처리하다가 한국 국방부가 제공한 북한 경비정 자료화면을 띄우면서 방송 중요도를 높여나갔다. 미국 언론들은 페리 조정관의 방북이 며칠 지나지 않은 시점에 발생한 총격사건이란 점에서 북한의 정확한 의도를 조명하려고 애썼다. 뉴욕타임스도 서해상의 남북 해군 함정간 교전 사실과 한국군의 비상경계태세를 상세히 보도했다. 타임스는 '한국 해상 교전으로 북한측 함정 격침'이란 제목의 도쿄(東京)발 기사를 통해 한국 국방부 발표와 그간의 남북 해군 대치 상황을 전했다. 아사히(朝日) 요미우리(讀賣) 등 일본의 주요 신문들은 15일 석간의 머리기사로 비중있게 취급했다. 방송들도 이날 낮 뉴스 시간부터 서울 특파원을 연결, 첫 소식으로 전했으며, 공영 NHK TV도 정오 뉴스부터 주요 소식으로 보도했다. 일본 언론들은 지난 7일부터 시작된 북한 경비정의 군사분계선 침입을 전하면서 "한국군이 자위권 차원에서 응사, 총격전이 발생해 북한에 총격전의 책임이 있다"는 한국 합참 발표를 인용해 보도했다. 일본 언론들도 이번 충돌이 베이징 차관급 회의에 악영향을 미칠 것으로 보인다면서 남북관계의 악화를 조심스럽게 점쳤다. AP, AFP, 중국의 신화(新華)통신 등 세계 주요 통신은 오전 10시 직후부터 교전 뉴스를 전세계로 긴급 타전했다. 베이징 방송은 "북한이 단 한번도 북방한계선을 인정한 적이 없어 쌍방간 군사 대치가 끊이지 않았다"고 덧붙였다. 홍콩 라디오 방송(RTHK)과 영국 BBC 방송 등도 이날 이 사건을 주요 뉴스로 신속히 보도하는 등 남북관계의 변화 추이에 관심을 보였다.

■ 긴박했던 10분(1999.6.16.)

"드르륵 드르륵…" 15일 오전 9시25분 남북 경비정이 대치하고 있는 서해 연평도 앞바다에서 갑작스런 총성이 울렸다. 북한 경비정이 우리 경비정에 쏜 기관총 소리였다. "꽝 꽝 꽝" '즉각 응사하라'는 긴박한 지시가 떨어지자마자 우리 해군의 함포가 불을 뿜었다. 9일째 대치하던 남북 경비정의 무력 충돌은 80톤급 북한 경비정 2척이 오전 7시 25분 북방한계선(NLL) 남쪽 2㎞까지 침범하면서 시작됐다. 이어 오전 8시 30분 420톤급 북한 경비정 4척이 함포를 우리 쪽으로 겨누고 어뢰정 3척의 호위를 받으며 우리 영해로 넘어왔다.

오전 9시 7분. "함정속도를 최고속도로, 후미를 가격하라." 해군 고속정(참수리호·150톤급) 편대장의 명령이 떨어졌다. 조성태(趙成台) 국방장관으로부터 적극적인 '봉쇄작전' 명령을 받은 우리 해군은 고속정 8척과 1,200톤급 초계함 2척을 동원, NLL을 침범한 북한 경비정을 포위, 압박해 들어갔다. 해군 고속정 1척이 420톤급 북한 경비정을 향해 돌진했다. 북 경비정도 우리의 '밀어내기'에 대항해 원을 그리며 돌아 '박치기식'으로 맞받아쳐 쫓고 쫓기는 해상질주가 시작됐다. 오전 9시 20분, 우리 배에 들이받혀 선체 뒷부분이 부서진 80톤급 북한 어뢰정이 주춤 물러섰다. 상황이 다급해지자 옆에 있던 420톤급 북한 경비정에 탑승한 사병 10여 명이25㎜ 기관총으로 우리 고속정을 향해 선제 조준사격을 시작했다. 총탄은 우리 해군 고속정의 기관실에 명중됐다. 갑작스런 공격을 받은 승조원들은 편대장의 응사 명령에 따라 고속정의 40㎜ 발칸포로 즉각 대응 사격에 들어갔다. 고속정을 호위하던 초계함도 76㎜함포의 불을 댕겼다. "꽝 꽝 꽝" "드르륵 드르륵" 남북 경비정과 어뢰정들의 교전은 시뻘건 불길 속에서 5분여 동안 계속됐다. 우리 해군은 월등히 우세한 화력을 앞세워 물살을 가르며 북한 함정을 향해 돌진, 함포와 기관포로 집중 사격을 가했다. 우리의 76㎜ 포탄에 명중된 북한 어뢰정 한 척이 크게 부서져 침몰하기 시작했다. 경비정 한 척은 반쯤은 물에 잠긴 채 꼼짝하지 못할 정도로 부서졌다. 다른 경비정 한 척은 불길에 휩싸였다. 오전 9시 30분부터 북한 경비정과 어뢰정들은 퇴각하기 시작, 오전 10시쯤 NLL 이북으로 넘어갔다.

■ 北경비정 南下않고 NLL대치(1999.6.17.)

서해교전이 있은지 하루가 지난 16일 북한은 경비정들을 서해 북방한계선(NLL) 주변에 대기시켰으나 남쪽으로 내려보내지는 않았다. 그러나 국방부는 북한의 재도발 가능성에 대비, 다양한 작전을 마련하는 등 긴장감을 늦추지 않고 있다. 미국은 하와이 주둔 미 해군의 핵추진 잠수함 여러 척을 남해에 배치하는 등 주한미군의 군사력을 대폭 증강시킨 것으로 알려졌다. 주한미군 관계자에 따르면 공중조기경보기(AWACS)와 전자전기 EA-6, 대잠초계기 P-3C 등도 이날 일본 오키나와와 요코스카, 하와이, 알래스카 등의 미군기지를 출발, 17일부터 18일 사이에 한반도에 도착한다. 사정 450～2,500㎞의 토마호크 미사일을 장착한 이지스급 순양함도 미군기지를 출발, 수일 안에 한반도 주변 해상에 포진할 예정이다. 코소보 사태로 걸프해역으로 이동했던 키티호크 항공모함도 한반도 긴장이 고조됨에 따라 이날 페르시아만을 출발, 오는 20일쯤 요코스카항에 도착할 예정인 것으로 전해졌다. 미군은 한반도 상황이 악화되면 미국 본토의 전력을 추가로 동원하는 방안도 적극 검토 중인 것으로 알려졌다. 조성태(趙成台) 국방부장관은 이날 북한이 경비정을 NLL 남쪽으로 내려보내거나 서해안의 지상군 및 해·공군 전력을 투입해 공격을 시도할 가능성에 대비해 대응방안을 수립하라고 전군에 지시했다. 이에 따라 공군은 모든 비행단에 출격태세 상태를 유지토록 지시하는 한편 초계비행을 하루 평균 40대에서 80대로 2배 늘렸으며 정보수집기 RF기의 비행을 평소 1대에서 2대로 늘렸다. 육군은 중북부 방공포부대에 무장대기 명령을 내렸다. 합참에 따르면 북한의 꽃게잡이 어선 24척이 이날 오전 8시쯤부터 북방한계선 북쪽 4～5㎞ 부근에 몰려와 조업활동을 시작했으며 이 가운데 10여척은 북방한계선까지 내려왔다가 기상이 악화되자 북쪽으로 물러났다. 합참 관계자는 "오후 3시를 기해 남해서부 및 서해남부 해상에 폭풍주의보가 내려진 데 이어 오후 4시를 기해 백령도 연평도를 포함한 서해중부 해상에도 폭풍주의보가 발효돼 소형함정의 출동을 자제하고 있다"면서 "북측도 나쁜 기후조건 등으로 더이상 남하하지 못하고 있다"고 말했다. 그러나 기상이 좋아지면 또 다시 남하할 가능성을 배제할 수 없다고 밝혔다.

■ 빗속 출어 긴장감 역력(1999.6.17.)

조업 재개된 연평도 르포 16일 새벽 연평도 부둣가. 제법 굵은 빗방울이 뱃전을 때리고 있었다. 먼동이 트기 전부터 출어준비를 시작한 선원들의 얼굴엔 전날의 악몽이 채 가시지 않은 듯 긴장감이 역력했다. 오전 7시. 출어를 알리는 '풍어의 노래'가 나왔다. 새벽 5시쯤부터 시동을 걸어놓고 조바심을 달래던 선원들은 군과 해양경찰의 조업 허가에 가슴을 쓸어내리며 닻을 올려 연평도 서쪽 꽃게어장으로 향했다. 11년째 꽃게잡이를 하고 있는 선원 성도경(成道慶·32)씨는 점심 반주용 '막소주'를 안고 배에 오르며 "조업허가가 나와 다행이지만 어제처럼 도중에 돌아오는 일이 일어날까봐 모두가 걱정하고 있다"고 털어놓았다. 찌푸린 하늘에 빗줄기가 계속되고 바람도 거셌지만 선원들은 "언제 조업이 중단될지 알 수 없다"면서 평소보다 더 부지런히 손을 놀렸다. 오전 9시30분쯤에는 해군의 440톤급 냉동보급선이 연평도 주둔 부대에 공급할 쌀, 고기, 야채, 라면 등 식량과 보급품을 싣고 들어왔다. 해군 관계자는 "이번 사태 때문에 함정 대부분이 바다에 나가 있어 보급물자도 2배 이상 많이 나르고 있다"면서 하역을 마치자마자 서둘러 부두를 떠났다. 연평초등학교에 다니는 군인 자녀 7명은 이날 호국의 달 행사의 하나로 비상 대기중인 아버지에게 편지를 썼다. 2학년 최덕성(8)군은 "아빠가 지켜주셔서 안심이지만 하루빨리 아빠와 축구를 하며 놀고 싶다"는 마음을 전했다. 15일 남북한 교전으로 뱃머리를 인천으로 돌렸던 페리여객선 '실버스타'호는 낮 12시 30분쯤 정원의 절반인 168명을 태우고 연평도 안목선착장에 도착했다. 휴가 중이던 67명의 장병들은 긴장된 표정으로 급히 부대로 향했다. 연평도 일대에는 하루종일 장병들을 태운 군용트럭들이 분주하게 움직였다. 바다로 나갔던 대부분 어선들은 이날 오후 4시를 기해 서해 5도 상에 내려진 폭풍주의보 때문에 예정보다 일찍 부두로 돌아왔다. 선원 유호봉(40)씨는 "그물이 많이 망가져 있었지만 그나마 조업을 해 다행"이라면서도 "내일은 또 어떻게 될지 알 수 없으니…" 라고 말끝을 흐리며 담배를 피워물었다.

■ 철통경계 속 꽃게잡이 분주, 연평·백령도 주민 표정(1999.6.18.)

서해의 남북 대치가 진정 국면에 들어선 17일 백령도와 연평도 주민들의 표정은 한결 밝아졌다. 새벽부터 어선들은 어장으로 나갔고 부두에서 갓 잡아 온 꽃게를 운반하는 주민들의 얼굴에는 웃음이 넘쳤다. 군 장병들은 추가 도발 가능성에 대비, 긴장을 늦추지 않은 채 북쪽의 움직임에 촉각을 곤두세웠다.

연평도. 동이 트지 않은 새벽. 당섬과 내항, 소연평도 부두에서 출어 준비를 하는 선원들의 표정은 밝았다. 전날 잡은 꽃게 26톤이 무사히 인천항에 도착했다는 소식도 들려왔다. 때마침 폭풍주의보도 해제돼 바다는 잔잔했다. 아침 7시. 하늘 높이 구름이 걸린 연평도에 '풍어의 노래'가 메아리쳤다. 연화3호 기관장 김동수(金東壽·46)씨는 "앞으로 계속 출어한다면 손해를 어느정도 보충할 수 있을 것"이라면서 힘차게 닻을 올렸다. 인천 연안부두를 아침 8시에 떠난 페리여객선 '실버스타'호는 제 시각인 12시 정각 연평도에 도착했다. 그러나 배에서 내린 사람은 52명 뿐이었다. 아직도 전운이 가시지 않았음을 느끼게 했다. 해질무렵 돌아온 배마다 싱싱한 꽃게가 가득 실려 있었다. 재성1호 선주 박재복(朴在福·32)씨는 "바다도 잔잔해 작업이 순조로웠다"며 모처럼 환하게 웃었다.

백령도. "백령도는 우리가 지킵니다." 북한군의 기습도발을 여러 차례 경험했던 서해 최북단 백령도 주민들은 사태가 진정되고 있다는 소식에도 경계의 고삐를 늦추지 않았다. 백령예비군 김정현(金定顯·38) 면대장은 "예비군들은 유사시 전투에 투입할 수 있도록 연락체계를 유지하고 있다"면서 "주민들에게 대피호 정비와 비치물 확인 작업 등을 독려하고 있다"고 설명했다. 50여 명의 여자예비군도 출동태세를 수시로 점검하고 있다. 89년 4월 자발적으로 조직된 백령도 여자예비군은 주민들과 장교 및 하사관 부인들로 짜여져 있다. 20·30대 젊은이들이 주축이지만 50·60대도 있다. 여자예비군은 매년 사격 등의 훈련을 한다. 여자예비군 소대장 윤연옥(尹蓮玉·48·백령면 진촌2리)씨는"북측의 어떠한 도발에도 적극 대응할 준비가돼 있다"고 말했다. 백령종고 학생자치회도 매일 조직을 점검하고 있다. 131명의 학생들은 매년 두차례 흑룡부대에 입소, 실탄사격훈련, 화생방, 기초유격 등을 받아왔다. 6·25 때 서해5도를 지키며 용맹을 떨쳤던 유격대 '동키부대'와 평양 침투조원으로 활약했던 '켈로부대' 출신 노인들도 결의를 다졌다.

■ 北 "서해 북방한계선 무효"(1999.9.3.)

북한군 총참모부는 2일 낮 12시 조선중앙방송 특별보도를 통해 지난 6월 교전의 원인이 됐던 서해의 북방한계선(NLL)을 무효화하고 황해도와 경기도의 경계선을 중국과의 해상경계선까지 연장하는 해상 군사분계선을 일방적으로 선포했다. 북한군은 자신들이 설정한 해상 군사분계선 이북 지역을 '해상 군사경계수역'으로 설정한 뒤 "해상 군사분계선을 지키기 위해 여러가지 수단과 방법을 행사하겠다"고 위협했다. 북한의 주장대로라면 백령·대청·소청·연평도와 우도 등 서해5도가 해상 군사분계선 이북에 놓이게 된다. 북한군은 "서해 해상 군사경계선 설정 문제를 미군측과 협상의 방법으로 해결하려 했으나 미군측이 이에 응하지 않고 자신들이 설정한 북방한계선을 고집하고 있어 해상 군사경계수역을 지킬 목적으로 해상 군사분계선을 선언한다"고 밝혔다. 이에 앞서 북한군은 지난 1일 판문점에서 열린 장성급 회담에서 "조선 인민군은 자기측 수역을 지키기 위해 단호하고 결정적인 조치를 취하겠다"고 주장했었다. 한편 국방부는 북한군 총참모부의 특별보도와 관련, "NLL은 협상의 대상이 될 수 없다"는 기존의 방침을 분명히 했다. 국방부 관계자는 "해상불가침경계선 문제는 남북기본합의서에 따라 남북군사공동위원회에서 논의할 사안"이라고 지적하고 "새로운 해상불가침경계선이 합의될 때까지 지금의 NLL을 고수하겠다"고 밝혔다. 이 관계자는 "북한군의 특별성명 발표에도 불구하고 서해상에서는 아직 특별한 도발 징후가 포착되지 않고 있다"면서 "장성급 회담에서 북한군 대표가 '단호하고 결정적인 조치를 취하겠다'고 공언한 이후 만반의 대비책을 강구하고 있다"고 덧붙였다.

■ 정부 대응전략(1999.9.3.)

북한의 서해상 북방한계선(NLL) '무효' 선언에 대한 정부의 방침은 단호하다. 북한의 주장을 받아들일 수 없다는 것으로 압축된다. 만일 북한의 주장을 수용한다면 백령도 등 서해5도를 통제할 방법이 없기 때문이다. 황원탁(黃源卓) 청와대 외교안보수석도 "현재의 NLL은 지난 53년 휴전협정 체결 이래 지금까지 남북 쌍방이 지켜온 실질적인 해상경계선"이라며 북한의 주장을 일축했다. 다시 말해 남북간 교류·협력에 관한 기본합의서의 규정에 위배된다는 지적이다. 이러한 정부의 기본 입장은 '장성급회담에서 미국과의 협상'이라는 북측의 요구에 대한 반응에서도 분명히 드러난다. 황수석은 "장성급회담에서 해결할 문제가 아니라 남북기본합의서에 의거해 남북군사공동위에서 해결해야 할 문제"라며 "북측에 이를 여러 차례 전달했다"고 전했다. 북한의 이번 선언은 미국과의 미사일 협상 등을 앞두고 정치·군사·경제적 이득을 함께 노리려는 북한 특유의 '다목적용 포석'이라는 설명이다. 정부의 이러한 태도에는 남북간 대화로 이 문제를 풀어가자는 간접제의의 성격을 담고 있다. 홍순영(洪淳瑛) 외교부장관도 최근 "북한이 NLL에 불만이 있다면 남북이 합의한 협의기구인 남북군사공동위에서 논의하면 될 것"이라는 의사를 밝힌 바 있다. 황수석도 "협의의 주체는 미국과 북한이 아닌 남북군사공동위"라며 "재조정 여부는 그 다음의 문제"라고 말해 대화 가능성을 열어두었다. 그러나 당장 북측이 우리측의 간접 대화 요구에 응할 가능성은 기대하기 어렵다. 북측이 '군사통제 수역'으로 공포한 게 새삼스런 일이 아닌데다 문제를 해결하려는 의도보다 쟁점화하려는 차원에서 거론한 까닭이다. 휴전 당사자인 미국과 베를린 협상 등을 앞두고 있어 국제 이슈화하는데 주력할 공산이 크다는 게 정부의 판단이다. 따라서 남북 기본합의에 따른 입장을 고수하면서 북한의 태도를 지켜본다는 게 정부의 입장이다.

■ [사설] 'NLL 무효 선언'철저 대비를 (1999.9.4.)

북한은 2일 인민군 총참모부 특별발표를 통해 서해 북방한계선(NLL)을 무효화하고 일방적인 해상군사수역을 선포했다. 북한이 일방적으로 선포한 해상군사수역에는 백령도를 비롯한 서해 5도가 포함돼 있어 NLL을 둘러싼 남북간의 긴장 고조는 물론 군사적 충돌의 위험성까지 높아지고 있다. 북한은 장성급회담을 통해 새로운 해상

경계선의 설정을 주장했으며 이같은 논의가 성사되지 않을 경우 결정적 조치를 취하겠다는 위협을 가했고 마침내 NLL 무효선언이라는 돌출카드를 던졌다. 북한의 결정적인 조치가 군사적 내용을 포함하고 있어 제2의 서해교전사태의 가능성을 배제할 수 없다. 물론 북한이 북방한계선의 무효를 선언하고 나선 이면에는 몇 가지 현실적 의도가 깔려 있다고 본다. 강성대국을 과시하고 있는 북한으로서는 지난 6월 서해교전에서 입은 상처와 불명예를 회복하기 위한 군사적 조치가 필요했을 것으로 판단된다. 더욱이 이번 해상군사수역 선포는 6.25동란 때의 실지(失地) 회복이라는 상징적 의미까지 포함돼 있다. 또 오는 7일 독일 베를린에서 열리는 북·미 고위급회담에서 협상의제로 상정하기 위한 전략으로 볼 수 있다. 미국을 위협했던 미사일 문제가 최근 위협효과가 떨어짐에 따라 새로운 분쟁카드가 필요했다는 분석도 가능하다. NLL 무효선언 이후 대미평화협정 체결 전략추진을 강화할 것은 불을 보듯 자명하다. 우리의 대북 포용정책을 무력화시키고 남북기본합의서 이행을 기피하기 위한 대남전략도 함께 작용했다고 보아 마땅하다. 그러나 북한의 이같은 의도는 명분 없는 도발이라는 비난을 피할 수 없다. 북방한계선은 53년 휴전협정 이후 46년간 준수돼온 남북간의 실질적인 해상경계선이다. 때문에 북한이 국제해양법의 등거리 원칙에 의거한 새로운 해양경계선의 설정을 주장하려면 합법적 방법을 강구해야 한다. 남북기본합의서에 따라 남북군사공동위원회에서 논의하고 해결 방법을 찾을수 있다. 북한이 이같은 합리적 방법을 외면하고 일방적 해상군사수역을 선포한 것은 어떤 이유로도 정당화 될 수 없다. 따라서 정부는 북한의 부당성을 엄중하게 경고하고 앞으로 예상되는 북한의 군사도발 가능성에 철저한 대비책을 갖춰야 한다. 우리 군(軍)도 북한이 해상뿐만 아니라 육상과 공중 등 전방위적인 돌출행동을 자행할 것으로 예상됨으로 대북 경계태세에 만전을 기해야 한다. 그런 면에서 국방부 합동참본부가 "북한이 북방한계선을 침범할 경우 이를 도발로 간주하고 결코 용납하지 않겠다"는 단호한 입장을 밝힌 것은 시의적절한 대응으로 평가된다. 북한은 무모한 도발 모험을 즉각 중단하고 냉철한 판단으로 한반도 평화정착에 협력하기 바란다.

■ 영토분쟁 쟁점화로 '실리 챙기기' (2000.3.24.)

북한 인민군 해군사령부가 23일 서해상 '5개 섬 통항질서'를 발표한 것은 대미·대남 협상에서 유리한 위치를 선점하기 위한 것으로 해석된다. 영토분쟁을 쟁점화해 미국과 남측으로부터 양보를 얻어내고 현재 진행중인 각종 협상에서 유리한 위치를 점하는 수단, 즉 협상카드로 이용하려는 의도가 담겨 있다는 분석이다. 특히 북미협상이 중요한 전기를 맞고 있는 상황에서 서해의 안전을 담보로 미국을 압박, 북측의 명분을 강화하면서 실리도 거머쥐겠다는 계산도 깔려있는 것으로 보인다. 북한은 그동안에도 핵 또는 미사일로 '한반도의 위기상황'을 연출, 이를 외교적 협상자원으로 활용하며 미국 등으로부터 경제적·외교적 실익을 챙겨왔다. 이같은 시각에서 북측의 발표도 입장과 명분을 강화하고 협상력을 높이기 위한 포석이지 실제적인 행동을 염두에 둔 것으로는 보이지 않는다. 북측은 해당 지역이 남측에 의해 확보돼 있는 상황을 무시하고 물리력을 동원, 문제를 일으키진 않을 것이란 분석도 같은 맥락에서다. 북측이 이번 발표에서 해상 영유권을 주장하면서도 우리측 섬들의 해로를 이용할 수 있도록 설정한 것도 국제사회를 의식한 합리성 확보 노력으로 보인다. 정부 당국에선 이번 발표가 지난해 9월 북측의 북방한계선(NLL) 무효화 발표 이후 후속 조치의 성격을 갖고 있다고 해석한다. 대내적인 체제결속과 합리화를 위한 성격도 갖고 있다는 평가다. 경제난과 체제붕괴 위기에 직면해있는 북한으로선 정권 차원에서 대남·대외관계의 성과를 과시할 필요가 있다는 것이다. 또 지난해 6월 '서해해전'에서의 '참패'를 어떤 식으로든 합리화하고 정리하는 계기가 필요했다는 해석이다. 한편 일부 전문가들은 북측이 이 문제를 대남 관계정상화의 속도를 조절하는 수단으로 이용할 수도 있다고 주목하고 있다. 북측이 이번 발표와 관련, 행동에 어느 정도의 강도와 무게를 부여할지 남북관계 진전의 새로운 풍향계란 해석이다.

■ 정부 대응 어떻게(2000.3.24.)

군은 23일 북한 해군사령부가 "백령도·연평도 등 서해5도 출입은 지정된 수로를 통해서만 가능하다"는 내용의 '5개섬 통항질서'를 선포한 데 대해 즉각 '절대 수용불가' 입장을 천명했다. 또 현행 북방한계선(NLL)을 그대로 사수하겠으며 북측이 이를 침범할 경우 도발로 간주, 응징하겠다는 단호함도 보였다. 군의 이같은 입장은 이날 예정돼 있던 국가안전보장회의(NSC) 상임위에서 폭넓게 논의된 끝에 결정된 것으로 알려졌다. 지난해 9월 북한군 총참모부가 이른바 '조선 서해해상 군사분계선'을 선포하자 곧바로 합동참모본부 명의로 대응했듯이 이번에도 북측의 발표기관과 '격'을 맞춰 해군본부 대변인 명의로 정부의 입장을 천명했다.

북측이 이날 방송을 통해 서해안 '5개섬 통항질서'를 발표하자 국방부와 합참은 곧바로 김종환(金鍾煥·육군 중장) 정책보좌관과 정영진(丁永振·육군 중장) 합참작전본부장 주재로 각각 긴급대책회의를 열고 군의 대응태세를 점검했다. 주한미군과의 긴밀한 협의절차도 진행된 것으로 전해졌다. 군은 북한의 '엄포'가 꽃게잡이 철과 4·13총선을 앞두고 우리 사회 내부의 혼란을 조성하려는 의도에서 비롯된 것이라고 분석하고 일단 맞대응은 하되 지나치게 강경하게 대응하면 북한의 전술에 휘말릴 소지가 있다고 판단하고 있다. 즉 북한의 '5개섬 통항질서' 선포는 정치성 짙은 계산된 행위로파악하고 있다. 그러나 만약의 사태에 대비해 첩보위성과 정찰기 등을 통해 북한군의 움직임에 촉각을 곤두세우고 있다. 북측의 도발유형에 따른 대응태세 시나리오를 정밀 재점검하는 작업에도 들어갔다. 정 합참작전본부장은 "오늘자로 서해에 경계강화 지시를 내린 것 외에 별도의 군사적 조치는 취하지 않았다"면서 "그러나 만일의 사태에 대비해 북한군의 동향을 예의 주시하고 있다"고 말했다. 군은 6월부터 시작되는 꽃게잡이 철을 앞두고 지난해의 연평해전과 같은 북한군의 도발이 있을 수 있는 것으로 보고 만반의 대응태세를 갖추고 있다.

■ 北 발표 '통항질서' 요지(2000.3.24.)

조선 인민군 해군사령부가 23일 발표한 '5개섬 통항질서'의 요지는 다음과 같다.

1. 백령·대청·소청도 주변수역을 1구역, 연평도 주변수역을 2구역, 우도 주변수역을 3구역으로 한다. 제1·2·3구역에서의 미군측 함정들과 민간선박들은 우리측에 적대적인 통항이 아닌 이상 통항 자유를 가진다.

2. 제1구역으로 드나드는 모든 미군측 함정들과 민간선박들은 제1수로를 통하여, 제2구역으로 드나드는 모든 미군측 함정들과 민간선박들은 제2수로를 통해서만 통항할 수 있다. 원칙적으로 우리측 영해에 있는 미군측 관할 하의 섬들에 비행기가 드나들 수 없으며 부득이한 경우 모든 비행기들은 이 수로 상공을 통해서만 비행할수 있다.

3. 제1·2·3구역과 제1·2수로들에서 미군측 함선들과 민간선박들은 공인된 국제항행 규칙들을 엄격히 준수하여야 한다.

4. 미군측 함정들과 민간선박 및 비행기들이 지정된 구역과 수로를 벗어나는 경우 그것은 곧 우리측 영해 및 군사통제수역과 영공을 침범하는 것으로 된다.

5. 제정된 수로통항 시 우리측의 행동에 그 어떤 위협이나 지장을 주어서는 안 되며 이 수로들과 통항구역이 우리 함정들과 민간선박들의 통항을 가로막는 구역이나 수로로 될 수 없다.

6. 이번에 제정한 통항구역과 수로는 어디까지나 미군측 관할하의 섬들이 우리측 영해에 위치하고 있는 점을 고려하여 설정한 것이며 이 구역과 수로가 미군측 수역으로는 될 수 없다.

■ "北위협…생업지장 걱정" 서해5도 주민들 불안감(2000.3.24.)

북한의 '통항질서' 발표 소식이 전해진 23일 연평도와 백령도 등 서해5도 주민들은 지난해 6월 연평해전을 떠올리며 불안감을 감추지 못했다. 특히 꽃게철이 내달로 다가온 시점에서 '사태'가 터지자 또 조업통제 등으로 생업에 지장을 받을 것 같다고 우려했다. 주민은 올 꽃게잡이를 위해 많은 돈을 들여 어선을 교체하는 등 많은 돈을 들여온 터다. 연평도 어민회 신승원 의장(61·인천 옹진군의원)은 "북한의 위협이 어제 오늘의 일이 아니지만 걱정이 앞선다"며 "꽃게 조업이 본격화되기 전까지 사태가 잘 해결되길 바란다"고 말했다. 일부에서 꽃게잡이를 놓고 우려하는 것과 달리 많은 섬지역 주민들은 그동안 수차례 반복되어 온 북한의 위협에 무감각해진 듯 애써 담담해 하려는 기색이 역력했다. 백령도의 부두회집 주인 김명산(69)씨는 "북한의 통항질서 발표는 언어도단"이라며 "북한이 또 다시 남침 위협을 했다고 해서 눈 하나 깜짝하지 않는다"고 말했다. 한편 인천 지방해양수산청과 해양경찰청은 북한의 '서해5도 통항질서' 전문을 파악하는 등 사태를 주시하며, 인천~백령항로와 연평 연안항로의 안전한 여객선 운항 등에 대한 대책 마련에 부심하고 있다.

■ 북한의 '서해5도 통항질서' 발표에 대한 정부 대책은(2000.3.25.)

북한의 23일 '서해 5개섬 통항질서' 발표에 대한 정부 대응은 겉으론 별 움직임이 보이지 않을 만큼 차분하다. 비상사태에 대비, 확고한 안보태세를 갖추겠지만 '무반응이 상책'이란 태도다. "북측 시도가 국제법을 위반한 터무니없는 행위"라고 일축하면서도 의미 부여는 크게 하지 않겠다는 자세다. 이를 부각시켜 대내외적으로 '문제화'(이슈화)하는 것이 북측 의도란 분석이다. 정부는 북측의 통항질서 발표 직후 박재규(朴在圭) 통일부장관 주재로 국가안전보장회의(NSC) 상임위원회를 열어 대응책을 논의했지만 정부차원의 입장 발표는 하지 않았다. 북측이 조선인민군 해군사령부 명의로 발표한 것을 감안, 해군본부 대변인성명으로 공식 입장을 발표하도록 했다. 정부는 그러나 남북이 직접 이 문제를 논의할 수 있다는 입장이다. "영토문제는 협상 대상이 될 수 없다"는 입장이지만 북측이 요구할 경우 "남북군사공동위원회 등 남북기본합의서상의 절차에 따라 논의할 수 있다"는 것이다. 또 이참에 남북간 군사긴장을 완화하기 위한 각종 현안을 논의할 당국간 직접 대화를 북측에 촉구할 방침이다. 아울러 유엔군사령부와 북한 간의 중단된 서해 북방한계선(NLL) 관련 회담의 재개여부에도 주목하고 있다. 북한은 지난해 9월 NLL 무효화 선언 이후 유엔군사령부측과의 관련 회담을 중단해왔다. 북한의 무력도발에 대한 정부의 입장은 단호하다. 지난해 6월 서해해전과 같은 사건이 또 다시 발생할 경우, "힘으로 대응한다"고 강조하고 있다. 북측이 육지의 포병을 이용, 우리 선박을 국지적으로 공격할 가능성에도 대비하고 있는 것으로 알려지고 있다. 정부는 북한의 이번 발표가 '한반도의 불안정성'을 강조, 대내외적으로 명분을 강화하고 실리를 취하겠다는 시도로 보고 있다. 따라서 북측 의도에 말리지 않는 것이 필요하다고 강조한다.

■ [사설] 북방한계선 유린 좌시못해 (2000.3.25.)

북한은 23일 인민군 해군사령부 중대보도를 통해 '서해5도 통항질서(通航秩序)'라는 것을 공포함으로써 또 다시 서해상의 긴장을 고조시키고 있다. 북한이 일방적으로 공포한 통항질서는 백령도를 비롯한 서해5도 출입은 자신들이 지정한 수로를 통해서만 가능하다는 것이다. 만약 통항질서가 지켜지지 않을 경우 "혁명무력은 경고 없는 행동으로 대답할 것"이라는 협박성 발언까지 했다. 북한의 이번 통항질서 공포는 지난 53년 휴전협정 체결시 유엔사측이 설정한 북방한계선(NLL)의 무효화 기도를 위한 계획된 도발 행위다.

지난해 6월 서해교전사태 이후 초래된 긴장 분위기가 9개월 만에 다시 악화되는 양상을 보이고 있어 귀추가 주목된다. 특히 북한의 이번 조치는 북방한계선 유린행위일 뿐만 아니라 휴전협정을 위반한 고의적 도발행위라는 점에서 심각성을 더해주고 있다. 서해5도 주민들의 통항과 이 지역에 주둔하고 있는 병력의 이동배치 등 안보문제와 직결되고 있어 자칫 대규모 군사충돌 사태가 발생할 것으로 우려된다는 점을 고려하면 더욱 그렇다.

북한이 국제해양법 상에도 없는 요상한 개념의 통항질서라는 것을 공포한 저의에는 몇 가지 현실적 의도가 깔려 있다고 본다. 막대한 경제적 이익이 걸려 있는 꽃게잡이 철을 맞아 꽃게어장을 확보하려는 속셈이 강하다. 또 국회의원 선거를 앞둔 민감한 시기에 전격적으로 발표함으로써 남한의 정치·사회적 불안을 야기시키려는 전형적 대남전략 의도가 깔려 있다. 이번 조치를 담보로 남한과 미국으로부터 최대한의 양보를 얻어내려는 목적도 함께 작용한 것으로 분석된다. 그리고 북방한계선 문제를 공론화해서 휴전협정을 파기시키고 미국과의 평화협정체결을 위한 고도의 압박전술이라는 분석도 가능하다. 이와 함께 서해5도에 대한 관할권 문제를 제기함으로써 북한 내부의 침체된 분위기를 전환시켜 보려는 등 다목적 카드를 마련하기 위한 조치라고 볼 수 있겠다. 정부는 북한의 이같은 의도를 정확히 간파하고 냉철한 자세로 대처해야 한다. 무엇보다 지난해와 같은 군사적 충돌은 없어야 할 것이다. 북방한계선 문제 수역에 남북 공동어로구역을 설정함으로써 돌파구를 찾는 것도 바람직한 방안이다. 이번 조치가 4·13총선에 악용되서는 안 되며 위기를 기회로 만드는 전향적 대응방안을 모색해야 할 것이다. 북한은 서해상에서의 무모한 도발을 자제하고 남북기본합의서에 따라 합법적 해결 방법을 강구해야 한다. 북한이 이같은 합리적 방법을 외면하고 일방적 해상군사수역을 선포한 것은 어떤 이유로도 정당화될 수 없다. 북한은 무모한 도발 모험을 즉각 중단하고 한반도 평화정착에 협력하기 바란다.

■ 北 '통항질서' 발표 이후 백령도 표정 (2000.3.27.)

북한의 장산곶이 선명하게 보이는 서해안의 접경지역 백령도는 아무런 동요 없이 평온했다. 26일 오후 인천시 옹진군 백령도 선착장. 북한이 지난 23일 우리의 서해5도에 대해 일방적으로 소위 '통항질서'라는 것을 발표했지만 인천과 이곳을 오가는 여객선은 정상 운항되고 있었다. 이날 낮 12시 40분 인천을 출발한 데모크라시호는 5시간 만인 오후 5시 40분 백령도에 안착했다. 혹시 있을지 모를 북한의 도발에 대비해 평소 이용하던 항로인 북위 37도 20분에서 남쪽으로 5마일가량 떨어진 37도 15분 항로를 이용했기 때문에 운항시간이 30분 늘어났다. 선장 김성칠(金成七·42)씨는 "새 항로는 파도가 심하고 우회하기 때문에 여러모로 불편하다"면서 "하루빨리 항로가 정상화돼야 할 것"이라고 말했다. 백령도는 북한의 황해도 장산반도와 불과 17㎞ 간격을 두고 대치하고 있어 남북한 긴장관계가 형성될 때마다 주목을 받는 지역이다. 그러나 이곳을 지키는 해병 흑룡부대 장병들은 이러한 시선이 오히려 부담스럽다. 북한의 도발에 언제든지 응전할 준비가 돼 있기에 '긴급사태'라는 말이 어울리지 않는다. 지난해 9월 북한이 일방적으로 북방한계선(NLL) 무효를 선언했을 때도 전혀 흔들림 없이 평상시처럼 경계태세를 펼쳤던 장병들이다. 양형준(梁亨準·21) 일병은 "전략적 요충지인 이곳을 지키지 못하면 나라 전체가 위험에 빠지므로 한치의 땅도, 바다도 적에게 내줄 수 없다"고 단호하게 말했다.

단호한 군의 경계태세와는 달리 주민들은 지극히 평온한 생활을 유지하고 있다. 고기잡이 등 생업에만 열중할 뿐 북한의 동태에는 누구도 신경쓰지 않는다. 이날도 평소와 다름없이 어선들은 정상조업에 나섰다. 오히려 "우리는 아무렇지도 않은데 언론이 호들갑을 떨어 불안감을 조성한다"며 불만마저 털어 놓는다. 이번 북한 선언에 대해서도 주민들은 "또 문제를 일으킬 때가 됐나 보다"는 정도의 반응만 보인다. 항상 위기상황에서 살아온 사람들만이 가질 수 있는 여유가 듬뿍 배어 있는 것이다.

그렇다고 안보의식이 희박한 것은 절대 아니다. 백령도에서 일정 기간 있어본 사람들은 이곳만큼 주민들의 반공정신이 투철한 지역도 드물 것이라고 입을 모은다. 백령도는 6·25 당시 황해도 일대에서 활동하는 유격대와 켈로부대의 전초기지였고 주민의 상당수가 북한에서 남하한 실향민이다. 따라서 반공정신이 자동적으로 몸에 배어 있다. 고등학생들이 아직까지 사격과 유격훈련 등으로 구성된 교련을 받고 있으며 전국에서 유일하게 여자예비군이 편성돼있다. 엄명용(嚴明鎔·53)씨는 "무슨 일이 있을 때마다 언론이 관심을 가져주는 것은 고맙지만 백령도만큼 안전한 지역도 없다는 사실을 알아줬으면 한다"고 말했다.

■ 北 '통항질서'선언 연평도 르포(2000.3.29.)

연평도를 비롯한 서해5도 근해에는 북방한계선(NLL)을 사이에 두고 남북 사이에 긴장감이 어느 때보다 고조되고 있다. 28일로 북측이 일방적으로 이른바 '통항질서'를 발표한 지 엿새째. 아직까지는 큰 불상사가 없었지만 며칠 앞으로 다가온 꽃게잡이 철이 본격화되면 상황은 언제 반전될지 모른다는 긴박감이 가시지 않고 있다. 북측의 어선들이 해군의 철통같은 경계에도 불구하고 북방한계선 주위에 몰려 조업을 하고 있다는 얘기들이 이어지는 형편이고 보면 연평도 근해 꽃게잡이 어장을 놓고 양측의 첨예한 탐색전이 불을 뿜고 있는 셈이다. 연평도 주민들은 요즘 연평해전으로 지난해 6월 무려 보름이나 꽃게잡이에 나설 수 없었던 악몽을 떨치려 애를 쓰고 있다. 이곳의 꽃게잡이 배는 55척. 북방한계선 주위의 이른바 '완충구역'으로 출어한다면 하루 어획고는 대략 3만 5,000kg 내외. 현지에서 1kg에 1만5,000원 정도이고 보면 하루 5억여원에 이른다. 서해의 깊은 바다에서 겨울을 보낸 꽃게는 3월부터 서서히 북상하기 시작, 4월초 하나둘 연평도 근해에도착해 6월까지 머물며 산란을 한다. 주민들은 조급한 나머지 지난 20일부터 시험삼아 꽃게조업에 나섰었다. 씨알이 예년보다 굵었다. 마음은 벌써 어장으로 달려가 있던 터에 북측의 '통항질서'가 터졌다. 가슴이 덜컹했다. 지난해 연평해전에서 패한 뒤 9월에는 일방적으로 북방한계선 무효화를 선언하고는 연평도 해역을 영해라고 우겨대고 있다. 이번에는 통항질서로 한술 더 떴다. 4월말 본격적인 꽃게잡이 철이 되면 북한 어선들이 어로한계선을 넘어올 가능성은 어느 때보다 높다. 북한 어선들이 요즘 북방한계선 바로 위 해역에 몰려 있다는 사실이 군 정보망에 체크 됐다며 주민들은 걱정이 태산이다. 북측 어선들이 북방한계선을 넘어와 조업을 하면 북측 함정들은 보호라는 구실로 따라 내려온다. 바로 지난해 6월 상황이다. 더구나 연평도 주민들은 지난해 손실을 만회하기 위해 집집마다 많게는 800만원씩 들여 꽃게 틀을 어장에 추가로 설치하는 등 만반의 준비를 해온 터라 북측을 바라보는 주민들의 표정은 어둡기만 하다. 연평도 어민회 이진구(李鎭龜·41) 총무는 "지난해와 같은 사태가 벌어져 또 다시 조업을 못하게 되면 정말 큰일"이라며 "당국의 확고한 대책이 빨리 마련 됐으면 좋겠다"고 말했다.

■ 北, 越境어선 하루만에 송환(2000.6.17.)

서해 백령도 해상에서 조업 중 북방한계선(NLL)을 넘어 북한 해역으로 들어간 우리 어선에 대해 북한 군 당국이 선박과 선원 2명 등을 하루만에 돌려보내는 파격적인 조치를 취했다. 북한 군 당국은 지난 15일 조업 도중 스크류에 그물이 걸려 북한 해역에서 표류하던 3.37톤 결성호(선장 장태신·57·백령도 진촌리)를 북한 경비병에 의해 황해남도 용연군 모야동으로 유도했으나 16일 오전 9시쯤 송환 조치했다. 결성호는 이날 낮 12시 20분쯤 백령도로 무사 귀환했다. 북한 군 당국이 북방한계선을 넘은 우리 선박과 선원에 대해 하루 만에 송환한 것은 처음이다. 이는 남북정상회담으로 조성된 화해와 협조 분위기 속에서 이뤄진 것으로 보인다. 합참 관계자는 "북한 군 당국은 15일 밤 선원 2명의 가족 상황과 월경 경위 등을 간략하게 심문했으며 귀환 의사를 확인한 뒤 취침케 하고 다음날 오전 9시쯤 송환시킨 것으로 조사됐다"고 밝혔다. 또 "이들은 나포 후 북한 군인들과 잡담을 나누는 등 다소 자유로운 분위기에서 조사를 받았으며 배에 있던 라면을 끓여먹기도 했다"면서 "다음날 아침 북한군이 제공한 아침밥을 먹었고 북한군이 스크류에 걸린 밧줄을 풀어줬다고 진술했다"고 말했다.

■ 북한관광 서해뱃길 추진(2000.11.4.)

인천과 북한 황해도를 잇는 서해 관광 뱃길이 열릴 전망이다. 인천시는 인천~백령도~황해도 장산곶~구월산~백천온천~성불사를 잇는 3박 4일의 관광코스를 개발하기로 하고 현재 사업 타당성을 조사하고 있다고 3일 밝혔다. 박상은(朴商銀) 인천시 정무부시장은 "인천시의 서해 관광코스 개발사업에 대해 통일부가 지원하고 있고, 북한도 긍정적 반응을 보여 늦어도 내년 말까지 관광길이 열릴 수 있을 것"이라고 말했다. 인천시는 백령도와 북한의 구월산·백천온천 등에서 각각 숙박을 하는 3박 4일 코스를 계획하고 있으며 우선 숙박이 가능한 유람선을 띄운 뒤 이들 3곳에 호텔을 건립해 육지에서 숙박하는 방안을 마련하고 있다. 시는 이를 위해 15~17일 관련 부서 직원들을 연평·백령도에 파견, 주민 의견을 수렴하고 호텔 건립부지를 물색할 계획이다. 인천시는 서해 관광 뱃길 사업에 대해 통일부가 허가하고 북한이 최종 합의하면 관광업체 선정에 나설 방침이다. 구월산에서는 평양은 물론 남포와 해주·개성 등이 내려다 보이며, 백천온천은 한반도 내 최고의 온천으로 꼽혀 서해 뱃길 관광이 인기를 끌 것으로 보인다. 박 정무부시장은 "서해 관광코스는 황해도와 평안남도를 볼 수 있어 관광여행이라기보다는 고향 방문길이 될 것"이라며 "특히 인천은 서울·경기도와 가까워 많은 실향민과 관광객이 몰릴 것으로 예상된다"고 말했다.

■ 서해5도 영해 다툼 재연 조짐(2000.11.16.)

지난 6월 남북정상회담을 전후로 잠잠해졌던 서해5도 인근 수역의 남북 관할권 다툼이 북측의 '남한 함정 영해침범' 주장으로 재연될 조짐이다. 북한 조선중앙통신은 지난 14일 밤 남측 함정 4척이 이날 오전 8시 30분쯤 여러 척의 어선에 끼어 장산곶 서쪽 영해를 침범했다고 주장했다. 지난 3월 23일 백령·대청·소청·연평·우도 등 서해 5도에 대한 일방적으로 통항로를 지정·선포한 지 9개월 만에 영해침범 주장을 되풀이했다. 우리측은 정전체제의 평화체제 전환을 바라는 북측 의도와 관련이 있는 것으로 분석하고 있다.

합참은 15일 '북측 주장에 대한 해명'을 통해 "북한 영해를 침범했다는 북한측 보도는 사실이 아니며 양측 모두 북방한계선(NLL)을 넘지 않았다"고 밝혔다. 합참에 따르면 북측 경비정은 오전 8시 55분부터 10시 22분까지 NLL 북방 0.5마일 해상에서, 우리측 고속정은 NLL 남방 2.5마일 해상에서 오전 8시 56분부터 10시 26분까지 각각 기동했다. 지난 5일, 6일, 13일에도 동일한 상황이 반복됐다고 강조했다.

■ 표류중 예인된 北선박·선원 사흘만에 송환(2001.1.19.)

지난 16일 서해 북방한계선(NLL) 남쪽 해상에서 기상악화로 표류중 백령도로 예인된 3톤짜리 북한 민간선박 1척과 선원 2명이 18일 오전 남북합동 해상작전에 의해 북측에 인계됐다. 이날 남북한 해군 함정은 서해 북방한계선(NLL)지점에서 대기, 분단 이후 처음으로 민간선박을 넘겨주고 받는 해상작전을 펼쳤다. 우리 해군 고속정이 인계장소에 도착한 오전 8시 27분부터 북한 경비정이 예인을 시작한 8시 48분까지 21분 동안의 숨막히는 작전이었다. 선박을 넘겨준 지점은 공교롭게도 양측이 99년 6월 '서해교전'을 벌인 지점이었다. 양측은 이날 NLL 해상에서 500m 거리를 두고 작전을 폈으며, 북측 경비정은 적대행위를 하지 않겠다는 표시로 포구를 위로 올린 채 NLL 해상으로 접근했다고 합참은 전했다. 남측은 특히 이 작전을 위해 출동하는 북측 경비정에게 NLL 해상의 좌표를 통보했고, 북한 경비정은 우리측이 제시한 지점에서 대기했다. 선박에는 북한 주민 윤영수(53·평북)·리명원(52)씨 등 2명이 탔으며 남측은 이 선박에 350만원짜리 30마력 엔진을 장착해 주고 연료와 음식·내의 등을 전달했다.

■ 北경비정 1척 NLL 침범…22분간 머물다 돌아가(2001.4.10.)

9일 오후 3시 44분쯤 북한 경비정 1척이 서해 북방한계선(NLL) 남측 해상을 3마일 가량 침범, 약 22분간 머물다 북측으로 돌아갔다. 합동참모본부는 이날 "북측 경비정 1척이 서해 백령도서 북방 6마일 지점인 NLL 남측 영해를 침범한 뒤 오후 4시 6분쯤 북측으로 복귀했다"면서 "당시 장산곶 앞바다에는 북한 어선 1척이 조업 중이었으며 북한 경비정의 월경은 어선 지도 차원의 단순한 영해 침범으로 보인다"고 밝혔다. 합참은 "북측 경비정이 NLL을 넘자 대청도에서 초계 근무 중이던 우리측 고속정 3척이 즉각 현장으로 가 대응했다"고 설명했다.

■ 北경비정 NLL침범 해석 분분(2001.4.11.)

10일 북한 경비정이 이틀 연속 서해 북방한계선(NLL)을 침범한 배경을 놓고 분석이 분분하다. 합참은 이날 북측 경비정의 잇따른 월선에 대해 "단순어업지도일 뿐 특이동향도 의도도 없다"고 발표했지만 최근 소강상태에 빠진 남북관계 기상도로 미뤄 심상치 않다는 분석이 나오고 있다. 특히 북한 경비정의 '해상국경' 침범은 토머스 슈워츠 한미연합사령관이 미 의회에서 북한의 군사적 위협이 더 커졌다고 언급한 것과 관련, 파장이 예상된다. 북한 경비정의 월선은 다분히 의도적이라는 것이다. 올 들어 네 번의 월선이 모두 서해상에서 일어났다는 점도 북한이 서해 5개섬 통항질서를 선포한 이후 명확한 사후 조치를 취하고 있지 않은 상태에서 우리측의 반응을 떠보기 위한 속셈이 엿보인다는 풀이다. 첫 월선은 지난 2월 5일 백령도 동북방 3마일 지점에서 일어났다. 두 번째는 3월 3일 연평도 서방 11마일 지점에서, 세 번째는 지난 9일 백령도 서북방 6마일 지점에 각각 기동했다. 두 번 모두 0.5마일, 3마일을 넘어왔다가 되돌아갔다. 합참 관계자는 그러나 "지난달 28일 동해 NLL 2마일 북측 해상에서 침몰 중이던 캄보디아 선적 상선 1척의 구조신호를 받은 우리 해경정이 북측의 묵인 아래 NLL을 넘어 들어가 선원 17명을 전원 구조한 사례로 미뤄 북측이 의도적으로 NLL을 침범한 것으로 보기는 어렵다"고 설명했다.

■ 北경비정 2척 또 NLL 침범(2001.4.11.)

북한 경비정 2척이 10일 오전 9시 25분쯤 서해 연평도 서방 19.8㎞ 지점인 북방한계선(NLL) 남측 영해를 또 침범했다가 북측으로 돌아갔다. 올 들어 북측 경비정이 NLL을 월선한 것은 지난 2월 5일과 지난달 3일, 지난 9일에 이어 4번째이다. 합참은 "150톤 규모의 북한 경비정 1척이 오전 9시 25분부터 15분간, 200톤 규모의 1척이 오전 9시 30분부터 6분간 각각 NLL을 1.98㎞ 가량 넘어 머문 뒤 되돌아갔다"며 "지난 9일과 마찬가지로 단순한 어로지도로 보인다"고 밝혔다. 이날 NLL 북측 해상에는 500톤 규모의 미확인 선박과 어물 운반선 2척이 활동 중이었으며, 해군은 연평도 인근에서 초계 중이던 고속정 편대 4척을 긴급 출동시켜 대응했다.

■ 北 경비정 또 NLL월선(2001.4.20.)

북한 경비정 1척이 19일 오전 1시 16분부터 1시 30분까지 14분 동안 서해 백령도 인근 북방한계선(NLL)을 넘어 2·16㎞쯤 내려왔다가 복귀했다. 북한 경비정이 올 들어 NLL을 넘어 우리측 영해를 침범한 것은 지난 2월 5일, 3월 3일, 지난 9일과 10일에 이어 다섯 번째다. 합참은 "북한 경비정이 장산곶 서방 해상에서 백령도 쪽으로 이동하는 미식별 소형 선박 2척을 확인하는 과정에서 단순 월선한 것으로 추정된다"고 밝혔다. 북측 경비정이 NLL을 넘자 우리 해군 고속정 2척이 긴급 출동, 대응했으며 중국 어선으로 식별된 선박을 공해상으로 항해토록 유도했다.

■ 北상선 1척 또 영해침범(2001.6.5.)

제주해협을 무단 침범했던 북한 상선 3척 중 2척이 4일 동해와 서해 북방한계선(NLL)을 각각 통과해 북으로 돌아간데 이어 이날 오후 3시 15분쯤 중국 평산을 출항, 청진으로 가는 북한 상선 대흥단호(6,390톤급)가 소흑산도 서방 14마일 서방 해상에서 사전 통보 없이 영해를 침범했다. 석탄 8,560톤을 실고 승무원 41명이 탄 대흥단호는 해군과의 교신에서 "제주해협을 통과하겠다"고 밝힌 뒤 항해를 강행, 이날 오후 9시 30분 제주해협에 진입했다. 해군은 초계함 1척과 고속정 3척 등을 긴급 출동시켜 무선교신 등을 통해 영해진입 저지를 시도했으나 6,000톤이 넘는 대형 선박의 무단 침범을 막지 못했다. 이날 오후 11시 김동신(金東信) 국방장관과 조영길(曺永吉) 합참의장은 긴급 참모회의를 소집, 대흥단호의 영해진입에 따른 군사적 조치 등 대응방안을 논의했다. 정부는 이날 오후 판문점을 통해 북한에 전화통지문을 보내 사전 통고 절차 없이 북한 선박이 우리 영해를 통과한데 유감의 뜻을 전했다. 특히 앞으로 남한 영해를 통과할 경우 충분한 기간을 두고 우리 당국에 신고, 승인을 받을 것을 촉구한 뒤 또 다시 무단으로 영해를 침범할 경우 강력 대처하겠다고 통보했다. 국방부는 이와 함께 "북한상선의 영해 침범 및 NLL무단 월선문제를 논의하기 위한 회담을 6일 오전10시 개최하자"고 북측 판문점대표부를 통해 제의했다. 이에 앞서 김 국방장관은 국회 국방위 업무보고에서 "사후 재발시 군사적 조치를 포함, 강력하게 대처하겠다"고 말했다. 합참 김근태(金近泰·준장) 작전차장은 "북한 상선이 또 다시 영해나 NLL을 통과할 경우 유엔사 교전규칙과 작전예규에 따라 경고 및 위협사격 등 강력히 대응하겠다"고 밝혀 사전 통보 없는 북한 상선의 통과를 허용하지 않을 방침임을 분명히 했다. 한편 청진2호와 백마강호의 NLL 통과를 묵인한 합참의 조치는 지난 3일 저녁 긴급 소집된 국가안전보장회의(NSC) 상임위원회 회의 결과에 따른 것으로 앞으로 북한 상선이 사전 통보하면 영해는 물론 NLL 통과를 사실상 허용하겠다는 뜻으로 해석돼 향후 논란이 예상된다. 합참은 "청진2호(1만5,600톤급)가 4일 오전 11시 5분쯤 서해 연평도 인근 NLL을 통과했으며 이에 앞서 백마강호(2,700톤급)도 오전 5시 10분쯤 동해 NLL을 통과했다"고 발표했다. 북한 선박이 서해 NLL을 남쪽에서 넘은 것은 53년 정전협정체결 이후 처음이다. 북한은 이번 사태와 관련, 침묵으로 일관하고 있다. 조선중앙방송과 평양방송은 4일 오후 8시 보도에서 남한 청년학생에게 '반미투쟁 선봉대'가 될 것을 촉구하는 프로 등을 내보냈을 뿐 마지막 뉴스시간인 오후 10시까지 북한 상선의 영해침범과 관련해 한 보도를 전혀 내보내지 않았다.

■ 北월선 "일과성 아니다" 비상(2001.6.5.)

북한 상선 1척이 4일 또 다시 소흑산도 서쪽 해상에서 영해를 침범하자 국방부와 통일부 등 정부 관련부처는 대책회의를 열고 사태 파악 및 대응책 마련에 진력하는 모습이었다.

통일부. 이날 오후 부랴부랴 대북 통지문을 보내 엄중 항의하는 등 부산한 움직임을 보였다. 통일부는 지난 2일 북한 상선 3척이 처음으로 제주해협을 침범했을 때만 해도 '일과성 시위' 가능성에 무게를 두었다. 우리의 영해 개념을 흔들려는 의도보다는 일본의 대북 지원 쌀 30만 톤을 최단거리로 수송하려는 뜻이 강할 것이라는 판단이었다. 그러나 보수세력을 중심으로 '주권포기'라는 반발이 제기되고 북한 선박의 영해 침범이 또 다시 이어지자 당혹스러운 표정을 감추지 못했다. 한 당국자는 "남한 정부를 완전히 무시하는 북측 행태 때문에 국민을 설득하기가 쉽지 않아 고민"이라고 말했다. 통일부는 일단 대북통지문 전달을 기점으로 더 이상의 무단 영해 침범을 용인하지 않겠다는 뜻을 분명히 했다. 당국자는"통지문을 보낸 만큼 향후 무단 영해 침범은 단계별로 강력 대응 하겠다"고 밝혔다. 통일부는 그럼에도 불구하고 이번 사태가 남북화해의 걸림돌이 되선 안된다는 입장이다. 따라서 지난 3일 국가안전보장회의(NSC)에서 사전 통보를 조건으로 영해 통과를 허용키로 한 정책 기조는 이어 나가기로 했다. 고위 당국자는 "상선의 경우 사전통보를 조건으로 북방한계선(NLL)도 통과할 수 있도록 남북간 해운합의서를 체결하는 방안을 추진하겠다"고 말했다.

국방부. 국회 국방위에 참석 중 북한 대홍단호의 남해안 영해 침입 사실을 보고받고 국방부로 급거 복귀한 김동신(金東信) 국방장관은 "비상사태에 준하는 마음가짐으로 근무하라"고 참모들에게 지시했다. 이어 합참 통제실로부터 북한 상선의 움직임을 실시간으로 보고받으며 참모진과 대책을 숙의했다. 합참 고위관계자는 "장관이 북한 상선을 영해 밖으로 몰아내기 위해 군사력을 사용해야 할지, 사용한다면 시점은 언제로 할지 등을 고심 중인 것으로 안다"고 말했다. 합참은 그러나 오후 3시 15분쯤 영해를 침범한 대홍단호가 다시 영해 밖으로 나가 영해기선을 따라 항해하는 바람에 영해 침범으로 봐야하는지 여부를 놓고 우왕좌왕했다. 결국 제주해협 진입을 영해 침범으로 판단키로 결정했다는 후문이다. 김 장관과 조영길(曺永吉) 합참의장은 대홍단호가 오후 9시 30분쯤 제주해협으로 본격 진입하자 오후 11시쯤 긴급 대책회의를 소집했다. 해군과 해경은 초계함 1척과 고속정 편대(3대), 해경함 1척 등 5척을 동원해 합동으로 영해 침범 차단작전을 펼쳤다. 하지만 대홍단호가 제주해협에 진입한 시간이 야간인데다 6,000톤이 넘는 대형 선박이어서 움직임을 제지하는 데 큰 어려움을 겪고 있는 것으로 알려졌다.

■ 北상선 침범과 남북관계(2001.6.5.)

북한 민간선박 2척이 북방한계선(NLL)을 넘어 북한으로 돌아간데 이어 4일 또 다시 1척이 제주해협 통과를 강행 중이다. 북측으로서는 우리 정부의 영해 및 NLL 고수 의지를 '시험'해 본 것으로 해석된다. 정부가 이를 저지하려면 유엔사의 교전 규칙에 따라 차단, 경고, 위협사격 순으로 군사력을 동원하는 길밖에 없다. 국방부와 합참 등 군수뇌부의 표정에는 2년전 서해 연평해전이 재현될 수 있다는 일촉즉발의 팽팽한 위기감이 흐르고 있다.

영해 통과 허용에 따른 득. 정부가 야당 및 국내 보수세력의 반발을 무릅쓰고 영해 및 NLL 통과를 허용한 데는 극심한 유류난을 겪고 있는 북한의 처지를 감안, 6·15 남북정상회담 정신을 바탕으로 한 남북경협 차원의 배려가 깔려 있다. 답보상태에 놓인 남북관계를 풀어 보겠다는 고육지책이기도 하다. 통일부 당국자는 이와 관련 "일본이 북한에 지원하는 쌀 50만 톤 가운데 아직 30만 톤 가량이 남아있기 때문에 북한이 이를 운반하기 위한 최단거리 이동통로를 확보하려는 의도도 있는 것으로 보인다"고 말했다. 일본에서 북한 남포나 해주방면으로 이동하는 선박의 경우 제주해협을 통과한 뒤 서해상에서 NLL을 우회하지 않고 곧바로 해주항으로 들어가면 이틀 정도 일정을 줄일 수 있다는 합참의 풀이도 이를 뒷받침한다.

영해 통과 허용에 따른 실. 정부가 청진2호 등 3척의 영해 운항과 NLL 월선을 전격 허용한 것은 초동단계에서 대응미숙이라는 지적이다. 앞으로 사전 통보나 허가요청 등 필요한 조치를 취하는 북한 민간선박에 한해 제주해협 통과는 물론 NLL 통과도 긍정 검토키로 한 것은 북한의 '계산된 전술'에 말려든 결과라는 지적도 만만치 않다. 제주해협을 통과한 북한 상선 2척이 '보란 듯이' NLL을 통과한 뒤 또 다른 1척이 제주해협 통과를 강행한 점이 북측의 계산된 의도를 잘 반영한다. 군사력 등 물리력을 동원, 영해를 지키지 않는 한 이 같은 시도는 계속될 것이라는 전망이 우세하다. 북측이 우리 정부의 인도주의적 방침을 정치적으로 이용, 새로운 항로 개척이라는 명분 아래 정전협정과 NLL 무력화를 계속해 기도할 경우 남북간의 새로운 분쟁거리가 될 뿐이라는 주장이다.

■ 북한 해상침범 왜 했나(2001.6.5.)

북한이 4일 민간선박을 내세워 제주 인근 영해를 침범한데 이어 서해 북방한계선(NLL)을 통과한 속셈에 궁금증이 쏠리고 있다. 일본 홋카이도를 떠나 북한 해주로 항해하던 북한 상선 청진2호는 3일 우리 영해인 제주해협을 침범한 뒤 공해로 나갔다가 4일 서해 백령도 인근 NLL을 아래서부터 침범해 해주항으로 입항했다. 청진2호의 이동 통로는 북측이 일방적으로 주장하고 있는 해상 군사분계선 안쪽이므로 북측으로서는 전혀 문제가 되지 않는다는 입장인 것으로 알려졌다. 우리측의 주장과 정면으로 충돌하고 있는 것이다. 이 때문에 당초 일본과 중국을 오가는 민간선박의 경비 절감을 위해 제주해협의 '무해(無害) 통항권'을 요구하는 것으로 분석됐던 북측의 노림수는 한 단계 더 나아가 'NLL 무력화'가 아니냐는 지적이 제기되고 있다. 북한은 이미 99년 9월 2일 NLL 무효화 선언에 이어 같은 달 10일 노동당 등 23개 정당·단체의 성명을 통해 "해상 군사분계선을 침범하면 자위권을 총동원해 타격하겠다"고 발표한 바 있다. 그 뒤 해군사령부 중대 보도를 통해 '서해5도 통항질서'를 공포했다. 북한의 일련의 조치는 긴장 고조를 통해 주민들의 내부결속을 다지려는 의도를 담고 있는 것으로 해석된다. 전문가들은 북한이 북·미 대화 등을 겨냥, NLL 문제를 새로운 협상카드로 활용하려 한다는 분석을 제기하고 있다. 향후 군사협상에서 유리한 고지를 선점하겠다는 속셈에서 'NLL 카드'를 다시 꺼내 들었다는 것이다. 제성호(諸成鎬) 중앙대 교수는 "북한이 미 부시 행정부와의 대화 재개를 앞둔 시점에서 해양 문제를 새로운 대미 협상카드로 만들려는 의도가 보인다"고 내다봤다. 우리 정부의 차분한 조치에 긍정적인 반응을 보이는 시각도 있다. 세종연구소 이종석(李鍾奭) 연구위원은 "북한이 남쪽의 6·15 공동선언 이행 의지를 시험하는 동시에 경제 항로를 개척하려는 두 가지 의도를 가진 것 같다"며 "정부의 차분한 대응은 북한 협상파의 입지를 강화시킬 수 있을 것"이라고 주장했다.

■ NLL통과 허용 검토(2001.6.6.)

정부는 최근 북한 상선의 북방한계선(NLL) 통과 및 영해 침범과 관련, 남북한 합의를 거쳐 민간선박의 NLL 통과를 허용할 방침인 것으로 알려졌다. 통일부 고위 당국자는 5일 "제주해협 통과와 달리 NLL 통과는 남북 당국이 합의로 결정할 사안"이라며 "남북이 해운합의서를 채택할 경우 군

함 및 군수물자 수송선박을 제외한 사전통보된 민간선박의 NLL 통과를 추진하겠다"고 말했다. 이 당국자는 "NLL은 북한 선박뿐 아니라 남북 경협과 관련한 우리 선박의 운항에도 많은 지장을 주고 있는 것이 현실"이라며 "다만 백령도 부근의 서해바다에서의 어로작업에 대해서는 남북 당국이 별도의 어업협정을 맺어 결정할 사안"이라고 덧붙였다. 이에 앞서 쌀 1만 톤을 싣고 일본 홋카이도를 출발, 우리 영해인 제주해협으로 접근하던 1만 3,900톤급 북한 상선 청천강호가 오전 1시쯤 제주해협 인근 해상까지 접근했다가 북한 상부의 긴급 지시에 따라 항로를 틀어 공해상인 제주 동남쪽으로 우회했다. 청진강호는 현재 서해 공해상으로 북상 중이다. 원산을 출발, 일본으로 가던 212톤급 국사봉1호도 이날 오후 1시 20분쯤 독도 인근 해상에서 동해 공해상으로 항로를 바꿨다. 이는 지난 2일 이후 무해(無害)통항권을 내세우며 4차례나 영해를 침범했던 북한이 국가안전보장회의(NSC) 상임위의 사전통보 요구와 우리 군의 강력대처 방침 천명 이후 태도를 바꾼 것으로, 향후 추이가 주목된다. 황의돈(黃義敦·준장) 국방부 대변인은 이날 "북한 선박의 영해침범 사태가 일단락된 것으로 보기에는 아직 이른감이 있다"면서 "하지만 청천강호와 국사봉호의 영해 이탈이 통일부장관 및 비서장회의 전통문 접수과정에서 보인 북한측의 태도 변화와도 연관이 있는 것으로 파악된다"고 말해 남북관계 정상화 조짐을 시사했다. 앞서 이날 오전 1시 제주해협을 통과한 대홍단호는 해경과의 무선교신을 통해 "영해를 침범할 의사가 없다"고 밝혔다. 해군과 해경은 이날 대홍단호가 제주해협에 진입하자 1만 톤급 군수지원선 등 9척의 함정을 동원해 공해상으로 밀어내기 작전을 벌였으며, 이 과정에서 북한 상부의 영해 이탈 지시가 내려진 것으로 알려졌다. 한편 정치권은 이날도 북한 상선에 대한 정부와 군의 유연한 대응을 비판했다. 한나라당 최병렬(崔秉烈) 부총재는 이날 국회 대표연설에서 "명백한 도발과 국권 유린에 대해, 북한이 공식 요청하면 무해통항권을 인정하겠다는 이 정부에 우리의 안보를 맡겨놓을 수 있을지 의심스럽다"고 비판했으며, 자민련 이양희(李良熙) 사무총장도 "남북 교류협력은 교류협력이고 안보는 안보이므로, 국민을 안심시켜주길 촉구한다"고 가세했다.

■ 北 상선 침범 '자제'(2001.6.7.)

북한 상선들의 영해 침범이 6일 일단 진정 국면에 접어들었다. 정부의 강경대응 방침에도 불구, 지난 5일 제주해협을 통과해 긴장을 몰고 왔던 대홍단호는 우리측의 요구에 순응, 울릉도와 독도 사이로 향하던 향로를 바꿔 독도를 우회해 목적지인 청진 쪽으로 항해 중이다. 지난 5일 밤 11시 30분쯤 우리 해군 대잠초계기(P-3C)에 의해 백령도 공해상에서 최초로 식별된 대동강호(9,700톤급) 역시 이날 서해 공해상을 통해 남하중이다. 대동강호는 선원 46명과 6,300톤의 소금을 싣고 남포항을 출항, 동해안 흥남항으로 항해중이다. 해경에 따르면 대동강호는 서해 북방한계선(NLL)을 우회해 공해상으로 남하하고 있으며 제주도를 우회해 대한해협으로 빠져나갈 예정이다. 합참 박정화(朴貞和·대령) 해상작전 과장은 "이 항로는 그동안 북한 상선들이 이용해온 통상해로"라면서 "대홍단호와 대동강호는 우리측 요구에 순순히 응하고 있으며 또 다른 선박들의 이상징후는 없다"고 말했다. 그러나 우리측이 이날 오전 10시 판문점에서 열자고 제의한 군사정전위원회 비서장급 회의는 북측의 무응답으로 무산됐다.

■ [사설] NLL개념 재정립할 때(2001.6.9.)

최근 북한 상선이 우리의 북방한계선(NLL)을 넘은 것이 '침범'이냐, '통과'냐를 놓고 논란이 일고 있는 가운데 합동참모본부는 7일 '침범'으로 몰아붙이는 것은 지나치다는 입장을 밝혔다. 합참은 지난 2일 이후 동·서 NLL을 '침범'한 북 선박은 지난 3일 서해 연평도 북서방 5마일 지점을 통과한 청진2호 1척뿐이라고 밝혔다. 함참의 인식은 동·서해의 NLL 가운데서도 우리 군의 '경비구역'에 해당하는 NLL을 넘어가면 '침범'이고, 그 외곽의 '감시구역'을 지나면 그동안에도 남북 민간선박들이 이 지역을 수시로 넘나든 점에 비추어 단순 '통과'로 봐야 한다는 것이다. 통상 서해 NLL은 한강하구에서 백령도를 거쳐, 다시 백령도 서쪽 42마일까지, 동해 NLL은 동해안 저진에서 동쪽으로 218마일까지로 돼 있으나 실제 군 작전권이 미치는 지점은 이보다 훨씬 줄어든 구역이다. 사실 NLL은 1953년 8월30일 유엔군사령부(UNC)가 우방국의 함정 및 항공기 초계활동의 북방 한계를 규정한 내부 작전규칙으로 해군부대에 시달한 것이며, 정전협정상에도 아무런 규정이 없다. 상대방인 북한에도 통보를 하지 않았다고 한다. 그러나 정전체제가 지속되면서 NLL 남쪽 바다는 우리 군이 실효적 지배를 해온 것도 현실이다. 정부와 군은 차제에 실질적으로 경비구역에 포함되는 동·서해상의 NLL의 개념을 재정립하여 국민들에게 대략적이나마 알릴 필요가 있다고 본다. 이번 북 상선의 NLL 통과를 두고 일부에서는 '주권 퍼주기'라고까지 비난하고 있는데 이를 차단하기 위해서라도 NLL의 정리된 개념을 알려야 할 것이다. 또 남북간에는 현재 정전체제가 유지되고는 있으나 작년 남북정상회담 이후 화해·협력 시대로 크게 전환되고 있다. 이러한 현실을 감안하여 남북대화의 큰 틀에서 국방장관회담 개최를 통해 NLL에 대한 협의를 해야 할 것이다. 북한도 대외 물자 교류의 활성화를 위해 항로 단축이 요청된다면 상호주의 원칙 아래 남북장관급회담에서 해결점을 찾는 데 적극 나서야 할 것이다.

■ NLL수역 축소 검토(2001.6.16.)

정부가 해상 북방한계선(NLL) 수역에서의 우리 군 작전예규를 현실에 맞게 고치고, 작전 범위도 대폭 축소하는 내용의 개선안을 마련 중인 것으로 알려졌다. 이는 최근 북한 상선의 NLL 침범과 월선이 잇따르면서 동해 218마일(백령도 기점), 서해 40마일(저진 기점)에 걸쳐 동서로 그어져 있는 NLL을 사수하는 데 따른 현실적인 문제점을 인정한 것으로 풀이된다. 정부 고위관계자는 15일 "지난 53년 유엔군에 의해 일방 선언된 NLL에서의 군 작전예규와 수호범위 등이 그동안 한 차례도 수정되지 않고 원용돼 북한 상선 침범 등의 상황발생 시 여러 가지 문제점이 노출됐다"면서 "해군이 현재의 NLL 수역을 전면 사수한다는 것은 현실적으로 무리"라고 밝혔다.

국회 국방위원회도 종합적인 개선방안을 마련토록 군 당국에 요구한 것으로 알려졌다. 군 관계자들은 이 경우 NLL을 ▲ 절대 사수구역 ▲ 경비구역 ▲ 공해권 개념 등으로 세분화해 공포하는 방안 등이 고려될 것으로 내다봤다. 그러나 군 등 일각에서는 NLL을 세분화 할 경우 NLL 수역이 사실상 축소될 우려가 있으며, 이는 향후 북한 군함은 물론 일본, 중국 등 주변국의 군사작전 반경을 넓혀주는 결과를 초래할 수 있다며 '신중론'을 내놓고 있다. 한편 합참은 이날 일본에서 동해 원산항으로 향하던 북한의 소형 화물선 남포호(392톤급)가 지난 14일 밤 11시 10분쯤 동해 저진항 동쪽 82마일 해상 NLL을 넘어 북상했다고 밝혔다. 합참은 그러나 "남포호가 통과한 NLL 지점은 우리 해군의 작전구역 외곽지역으로 NLL을 침범한 것은 아니다"라고 설명했다.

■ 北어선 사격퇴치 의미, '재침 불용' 경고 메시지(2001.6.25.)

군이 24일 새벽 북방한계선(NLL)을 침범한 북한 어선에 대해 경고사격을 한 것은 앞으로 유사 사태 발생 시 같은 조치를 취할 것이라는 점에서 시사하는 바가 크다. 이는 유엔군사령부의 교전규칙과 해군 작전예규에 따른 것으로 영해 수호를 위한 우리 군의 강력한 의지를 보여주면서 북한에 경고 메시지를 띄운 셈이다. 합참 관계자는 "우리 군의 대응은 시정(視程)이 불량한 야간에 9톤급 목선을 효율적으로 식별했으며, 작전예규에 따라 정상조치를 취했다는 점 등에서 우리 군의 경계태세가 완벽하다는 것을 입증한다"고 자평했다. 현장의 2함대사령관이 오전 4시 46분쯤 합참에 상황을 최초보고한 뒤 작전을 전개했으며, 합참의장에게는 '선 조치, 후 보고'의 작전예규에 따라 오전 5시 16분쯤 보고되는 등 대응 및 보고 체계에도 문제가 없었다는 것이다. 합참은 경고사격 배경에 대해 최근 영해를 침범한 상선의 경우 우리측의 '통신검색'에 순순히 응했지만, 이번에는 어선 규모는 작지만 '횃불 투척' 등 위협적인 행동을 벌였기 때문이라고 밝혔다. 어선이 국제법적 지위에서 상선과 다르다는 점도 이번 작전 과정에 고려됐다는 설명이다. 이와 관련 군 고위관계자는 "국제법의 적용을 받는 상선과 국내법의 적용을 받는 어선에 대해 취할 수 있는 조치는 다르다"면서 "지난번에 NLL을 침범한 북한의 배는 상선인데다 저항을 하지 않아 평화적인 방법으로 퇴각시켰지만 이번에 침범한 북한의 배는 어선인데다 검색에 불응해 경고사격을 하게 된 것"이라고 설명했다. 어선은 영해를 침범할 경우, 배타적 경제수역에 관한 법(EEZ법), 어업에 관한 법 등으로 침범과 동시에 어로활동을 할 것으로 의심을 받기 때문에 영해 침범을 금지하고 있다. 다만 해당국으로부터 미리 허가를 받을 때에는 영해 통과나 어업이 가능하다는 게 전문가들의 견해다. 하지만 이 경우에도 허가받은 양보다 많이 채취하거나 허가받은 장소를 벗어날 경우에는 나포될 수 있다는 것이다. 상선은 영해를 침범할 때 항만법상 해당국에 신고만 하면 된다. 그러나 상선도 해양을 오염시키는 등의 행위를 할 때는 나포될 수 있다.

■ 해군 경고사격 퇴치(2001.6.25.)

서해 북방한계선(NLL)을 침범한 북한 어선 1척이 우리 해군의 경고사격을 받고 퇴각한 사건이 발생했다. 합동참모본부는 24일 새벽 2시 50분쯤 서해 백령도 인근 NLL을 침범한 북한 어선(9톤급) 1척에 대해 경고사격을 가해 NLL 북쪽으로 퇴각시켰다고 발표했다. 합참은 이날 선원 5명이 탄 북한 어선이 서해 백령도 서북방 4.5마일 해상의 NLL을 2.5마일 가량 침범한 채 남하하자 대청도 해상에서 초계 중이던 해군 고속정 편대를 긴급 출동시켜 기적과 경고방송 등 검색을 시도했다. 북한 어선은 그러나 검색과 정선 요구에 불응한 채 접근하는 우리 해군 고속정에 횃불과 각목, 쇠파이프를 휘두르며 저항했다. 이에 따라 해군 고속정은 새벽 4시 45분쯤 3차례 경고방송을 실시한 뒤 4시 52분쯤 북한 어선 전방 45m 해상에 K-2소총 공포탄 9발을 발사하는 등 경고사격을 가했다고 합참은 밝혔다. 경고사격이 가해지자 북한 어선은 "기관 시동 후 올라갈테니 접근말라"며 북상 의사를 표시한 뒤 선수를 북으로 돌려 새벽 5시 27분쯤 NLL을 넘어 북측으로 퇴각했다. NLL 침범 후 2시간 37분 만이다. 우리 해군 함정이 NLL을 넘은 북측 선박에 대해 무력 대응한 것은 99년 6월 서해교전 이후 처음이다. 합참은 "해군 고속정이 퇴각하지 않을 경우 경고 사격한다는 방송을 3차례나 실시했는데도 북한 어선은 각목, 쇠파이프, 식칼 등으로 위협해 부득이 경고사격을 가했다"고 밝혔다. 합참은 또 당시 NLL 해상에는 중국 어선 10~20여척이 조업 중이었으며 경고사격 후 북측의 특이한 군사 동향은 없었다고 전했다. 청와대는 군 당국의 이번 조치와 관련, "작전예규와 규정에 따른 타당한 대응"이라고 평가했다. 여야 정치권도 논평을 내고 "우리 군의 영해 수호의지를 보여준 적절한 조치였다"며 모처럼 한 목소리를 냈다.

■ NLL 접경해역 조업구역 확대(2001.6.29.)

북방한계선(NLL)과 인접한 접경해역의 조업구역이 대폭 확대 된다. 해양수산부는 28일 동해와 서해 어로한계선 북쪽에 각각 '동해북방어장', '분지골어장'을 신설하고 백령도 서방 'A어장'과 소청도 남방 'B어장' 규모를 약 30㎢씩 확장한다고 밝혔다. 해양부는 지난 3월부터 국방부 등 관계기관과 지속적인 협상을 벌인 결과 해양주권 확보와 어민 생활고 해소 차원에서 어장 확대를 결정했다고 설명했다. 신설된 동해 북방어장 해역은 68㎢로 매년 10월에서 다음해 3월까지 조업이 허용된다. 13㎢ 규모의 서해 분지골어장은 연중 허용된다. 해양부는 어장 신설과 함께 백령도·소청도 인근 A·B·C어장의 조업기간도 월 4일에서 10일로 연장할 방침이다. 3~11월까지였던 강화도 만도리 어장의 조업일수도 1년으로 연장됐다.

■ '한중어협 발효' 인천 앞바다 르포, 해경 '특정해역' 삼엄한 경비(2001.6.30.)

한·중 어업협정 발효를 하루 앞둔 29일 인천시 옹진군 소청도 서남방 20마일 해역. 비가 간간이 내리고 짙은 안개가 낀 가운데 해양경찰청 소속 경비정 267함(250톤)은 시속 7~8노트의 저속으로 항해하며 중국 어선들의 동향을 감시하고 있었다. 중국 어선들도 어업협정을 의식한 듯 서너척씩 무리를 지어 특정해역(북위 37도 이북, 동경 124~126도) 밖으로 이동하고 있었다. 특정해역은 황금어장으로 알려져 중국 어선들이 자주 출현, 꽃게잡이 등을 하던 곳이었으나 한·중 어업협정에 따라 30일부터 중국 어선의 조업이 금지된다. 충남 격렬비열도 인근 해역에서 조업을 하던 40여 척의 중국 어선도 28일부터 29일 사이 서북방으로 철수했다.

배타적 경제수역(EEZ)의 경우 중국 어선의 조업이 허가제로 바뀌는 반면 특정해역은 전면금지되기 때문에 한·중 어업협정의 성패가 달린 곳. 따라서 이곳을 지키는 해경 대원들의 표정에는 긴장감이 흐르고 있다. 강신만(姜信晩·49·경감) 267함장은 "지금은 중국 어선들이 특정해역 밖으로 물러나고 있지만 다시 이곳으로 몰려들지 않으리라고는 아무도 장담할 수 없기 때문에 경계를 늦출 수 없다"고 말했다. 해경의 고민은 여기에 있다. 중국 어선들이 다시 등장할 가능성은 농후하지만 경계해역이 종전 영해 12해리에서 배타적 경제수역 80~100해리로 대폭 늘어났기 때문이다. 면적으로 치면 8만 6,000㎢에서 44만 7,000㎢로 늘어났다. 자그만치 이남 면적의 4.5배에 해당되는 해역이다.

더구나 중국 어선의 불법조업은 날이 갈수록 늘어나는 추세다. 지난해 모두 62척이 불업 조업을 하다 나포됐으나 올해 들어서는 6월 초 현재 49척이 검거됐다. 해경측은 어업협정 발효 직후인 7월 1일부터 9월 15일까지 북위 35도 이북(목포 이북) 지역이 금어기이기 때문에 중국 어선과의 쫓고 쫓기는 숨바꼭질은 9월 이후에 본격화될 것으로 전망했다. 하지만 해경의 인원과 장비는 전과 다름이 없다. 해경이 보유하고 있는 237척의 경비정 가운데 배타적 경제수역에서 임무 수행이 가능한 함정으로 평가되는 200톤급 이상 중형은 49척에 불과하다. 특히 높은 파도나 안개 등 기상이좋지 않을 때도 단속이 가능한 1,000톤급 이상 대형 경비정은 11척에 지나지 않는다. 강 경감은 "장비 탓만 할 수 없는 상황이므로 기존의 경비정과 인원을 최대한 효율적으로 활용해 우리 어업수역을 중국 어선으로부터 보호하겠다"는 결연한 의지를 밝혔다.

■ EEZ침범 중국 어선 2척 韓·中어협 발효 후 첫 나포(2001.7.2.)

한·중 어업협정이 지난달 30일 0시를 기해 발효된 이후 처음으로 중국 어선 2척이 우리 배타적 경제수역(EEZ·특정해역)에서 조업을 하다 1일 오후 해경에 적발됐다. 해양경찰청은 중국 다롄(大連) 선적 유자망 어선 요장어 6479호(93톤급·승선원 7명)와 요대중어 0567호(50톤급·승선원 6명)등 2척이 1일 오후 4시30분~5시 우리 EEZ을 18마일침범, 인천시 옹진군 소청도 남서쪽 30마일 해상에서 조업 중인 것을 적발했다고 1일 밝혔다. 이들 어선은 인천해경 소속 경비정 2척에 나포돼 인천항으로 압송 중이며 2일 오전 인천항에 도착 예정인데 지난달 30일 발효된 한·중 어업협정으로 넓어진 우리 수역을 침범한 첫 사례가 됐다. 인천해경은 이들 어선의 선장 등을 상대로 우리 조업구역을 침범한 경위를 조사, 척당 1,000만~2,000만원 씩의 벌금을 부과하고 어획물을 압수한 뒤 추방할 예정이다.

■ EEZ조업 中어선 3척 나포(2001.7.3.)

중국 어선 1척이 또 다시 우리 배타적 경제수역(EEZ)에서 조업을 하다 해경에 적발돼 한·중어업협정 발효 이후 적발된 중국 어선이 3척으로 늘어났다. 2일 오전 7시 10분쯤 인천시 옹진군 소청도 남서쪽 41마일 해상에서 조업 중이던 중국 다롄(大連) 선적 요장어 6978호(30톤급 통발어선)가 우리측 EEZ를 2마일 가량 침범한 혐의로 인천 해경서 경비함에 나포됐다. 나포된 중국 어선들은 협정 발효에 앞서 수개월 전 출항한 탓에 협정 발효 사실을 모르고 있었다고 주장하고 있다. 해경은 앞으로 '영해 위주 경비체제'에서 'EEZ 위주 경비체제'로 전환, 경비함들을 EEZ선에 전진 배치하는 한편, 헬기 항공순찰도 주 7~8회에서 12~13회로 늘리는 등 서해 해상경비를 강화한다는 방침이다.

■ 어협 후 中어선 불법조업 급증(2001.10.6.)

지난 6월 한·중 어업협정이 발효된 이후 중국 어선들이 배타적 경제수역(특정금지구역)을 침범, 불법조업을 하는 행위가 늘고 있다. 인천해양경찰서는 지난달 29일 오전 10시쯤 인천시 옹진군 대청도 남서방 33마일 해상에서 특정금지구역을 3마일 침범해 불법조업을 하던 중국 어선 '요동어 40230호'를 붙잡았다. 앞선 28일에도 옹진군 소청도 남서방 45마일 해상에서 특정금지구역을 6마일 침범, 조업하던 중국 호시도 선적 '요호어 2029호' 등 2척을 나포했다. 해경에 따르면 지난 6월 30일 한·중 어업협정 발효 이후 지금까지 우리나라 배타적 경제수역을 넘어 조업을 벌이다 나포된 중국 어선은 모두 15척이다. 지난해 7~9월에는 4척에 불과했다. 그러나 한·중 어업협정으로 해경의 경계수역이3~4배 넓어진 점을 감안하면 실제로 불법조업을 벌이는 중국 어선은 이보다 훨씬 많을 것으로 추정된다. 적발된 중국 어선은 7~8월이 우리나라와 중국 모두 금어기인 점을 감안하면 9월에 집중된 것이다. 특히 올 가을 서해안 꽃게가 수년 만에 대풍을 보이고 있어 중국 어선들의 불법조업은 더욱 기승을 부릴 것으로 보인다.

■ 인천~백령도 카페리호 취항(2002.4.17.)

서해 최북단 섬인 옹진군 백령도에도 카페리가 올 하반기쯤 운항될 전망이다. 16일 인천지방해양수산청에 따르면 여객선사인 진도운수(주)가 인천~백령도 항로에 카페리 '골든진도호(653톤급)'를 취항하겠다는 사업계획을 밝혔다. 인천해양청은 골든진도호의 선착장이 될 백령도 남포리 장촌 부두에 카페리가 접안할 수 있는지 여부를 현장 조사한 뒤 결격사유가 없을 경우 다음주 허가를 내줄 방침이다. 319명의 승객과 승용차 30대를 수용할 수 있는 골든진도호는 현재 백령항로를 운항 중인 다른 3척의 쾌속 여객선과는 달리 차량을 실을 수 있고 중간 기항지인 대청·소청도를 들르지 않고 직항한다.

■ '꽃게잡이 충돌' 재발 우려(2002.5.6.)

최근 꽃게잡이 철을 맞아 서해 백령도 인근에서 북한 어선과 경비정이 수시로 북방한계선(NLL)을 넘는 바람에 군 당국이 비상에 걸렸다. 자칫 99년의 '연평해전'과 같은 남북간 군사적 충돌마저 우려된다는 분위기다. 지난 4일 오전 10시 13분 북한 경비정 1척이 백령도 서북방 4.8㎞ 해상에서 NLL을 넘어 2.1㎞까지 내려왔다 50여분 만에 돌아갔다고 합동참모본부가 밝혔다. 합참은 "북한 경비정이 인근에서 조업 중이던 중국 어선들을 단속하다 조류에 밀려 남하한 것 같다"면서 "해군 고속정 편대가 즉시 출동, 경고방송을 하자 물리적 충돌 없이 물러 갔다"고 밝혔다. 전날인 3일 오후 2시 20분에도 연평도 서방 12.8㎞ 해상에서 북한 꽃게잡이 어선 6척과 경비정 2척이 NLL을 3.2㎞까지 넘었다가 우리측의 경고를 받고 1시간 40분 만에 돌아갔다. 올들어 북한 경비정 등이 NLL을 넘은 것은 6번째다. 해양수산부에 따르면 최근 북측은 남북관계가 평온하자 노골적으로 NLL 남쪽에서 조업을 강행하고 있다. 북측은 특히 중국 어선들의 불법 꽃게잡이 조업을 막는다는 이유로 무장 경비정 등을 집중 배치해 놓았다. 여기에 지난해부터 백령도와 소청도 일대 우리측 어로한계선도 NLL 남쪽 2.9㎞까지 확대되면서 남북 어선들이 NLL 인근의 꽃게 황금어장을 놓고 신경전을 벌이고 있다. 이와 함께 99년 6월 '연평해전' 이후 북측은 "유엔사령부가 53년 정한 NLL은 무효"라고 주장하며 '서해 해상 군사분계선'을 일방적으로 발표해 놓은 상태여서 남북한 당국간 논의가 시급한 실정이다.

■ 中 선원들 해경 폭행 도주(2002.5.20.)

서해 특정금지구역을 침범한 어선에 타고 있던 중국 선원들이 자신들을 검거하려는 해양경찰관들을 선상에서 흉기와 둔기로 위협, 폭행한 뒤 달아난 사건이 발생했다. 지난 18일 오전 9시쯤 인천시 옹진군 대청도 서방 34.5마일 해상에서 중국 선적 쌍끌이 저인망어선 노영어 0011호, 0012호 등 두 척이 서해 특정금지구역 1.3마일을 침범해 불법조업을 하다 인천해양경찰서 소속 300톤급 경비함에 적발됐다. 해경은 고속 고무보트를 이용, 두 척의 어선에 각각 경찰 3명씩을 승선시켜 중국 선원 등을 제압했으나 인근에 있던 중국 어선 두 척 중 한 척이 접근, 손도끼와 칼·쇠파이프 등으로 경찰관들을 위협했다. 이에 해경은 이 배에도 무장경찰관 4명을 투입했으나 선원들을 제압하지 못했고 노영어 0011호와 0012호에 있던 선원들도 흉기와 둔기로 경찰관들을 위협하며 검거에 불응했다. 해경은 M16 소총 실탄 10여 발을 공중에 쏘며 중국 선원들을 제압하려 했으나 선원들의 저항이 격렬해 노영어 0011호, 0012호에 있던 6명의 해경은 고속보트를 타고 철수했고 이름을 알지 못하는 어선에 타고 있던 경찰관 네 명은 바다에 뛰어내려 구조됐다. 중국 어선 네 척은 해경의 검거망을 피해 모두 중국 방향으로 도주했다. 해경은 중국 공안부 변방국에 우리측 해경에 폭력을 행사한 선박에 대한 검거와 조사를 강력히 요구했다.

■ 北선박 올 14차례 월경 예상된 '제2 꽃게 전쟁'(2002.6.30.)

29일 서해상에서 발생한 남북한 해군의 포격전은 지난 99년 6월 서해교전에 이어 '제2의 꽃게 전쟁'으로 충분히 예상된 충돌이었다. 해마다 3월 말부터 6월만 되면 서해 연평도 인근 해상에서는 우리 어선뿐 아니라 북한과 중국 어선까지 끼어들어 경쟁적으로 꽃게잡이에 나선다. 북한은 외화벌이를 위해 꽃게잡이를 독려하고 있는 것으로 알려졌다. 이 과정에서 북한 어선 및 경비정이 북방한계선(NLL)을 매년 15차례 정도 침범하곤 했다. 올 들어서만 지난 1월 4일부터 14차례 NLL을 넘어왔다. 교전 하루 전인 28일 오전 9시 24분 쯤에도 연평도 서북방 10.8㎞ 해상에서 꽃게잡이 북한 어선을 감시하던 북측 경비정 2척이 NLL을 넘었다가 1시간 10분 만에 되돌아갔다. 지난 20일 새벽에는 연평도 서남쪽 40㎞ 해상에서 NLL을 넘어 표류 중인 북한 어선 3척이 우리 해군 고속정에 발견돼 조사를 받은 뒤 오후 5시쯤 호위를 받으며 북쪽으로 되돌아가는 일까지 일어났다. NLL 침범 사례는 2000년까지 거슬러 올라가면 모두 41차례나 된다. 가장 서쪽인 백령도 부근에서 20차례, 대청도·소청도에서 6차례, 연평도 근처에서 15차례씩 각각 발생했다. 해양수산부에 따르면 최근 몇 년 사이 중국 근해가 크게 오염되면서 중국의 대규모 꽃게잡이 어선단이 백령도 근해까지 접근, 북한 어선 및 경비정과 자주 마찰을 빚었던 것으로 알려졌다. 특히 북측 어선들은 남북관계가 순조롭게 진행되면서 노골적으로 NLL을 넘어 남쪽 해역에서 조업을 강행한데다 지난해 6월 말부터는 우리 어선의 어로한계 구역이 NLL 근처까지 확대됨에 따라 3국의 어선이 황금어장을 놓고 치열한 경쟁을 벌였다. 따라서 이번 교전사태는 외화벌이 어선 보호 임무를 띤 북한 경비정들이 우리 고속정의 귀환 경고방송에 신경질적인 반응을 보이다 의도적으로 무력을 사용한 것으로 판단된다. 이와 관련 합참 관계자는 "3년 전 서해교전에서 피해를 크게 입었던 북한 경비정들이 어선보호를 이유로 보복성 공격을 감행한 것으로 보인다"고 말했다.

■ 아군 4명 전사(2002.6.30.)

서해교전이 발생한 지 3년 만에 29일 또 다시 서해상에서 남북한 해군이 포격전을 벌이는 사태가 발생했다. 이날 오전 10시 25분쯤 서해 북방한계선(NLL) 남쪽 5.4㎞ 연평도 서쪽 해상에서 남북한 함정 사이에 교전이 발생, 우리 해군 24명이 전사하거나 다쳤다. 북한 경비정의 포격으로 윤영하(尹永夏·28·해사 50기) 대위 등 4명이 전사하고, 이해영 상사 등 19명이 부상을 입었으며, 한상국(韓相國·27·조타장·부사관 155기) 중사가 실종됐다. 해군은 교전 해역에서 밤새 수색작업을 벌였다. 이날 교전은 북측 경비정 2척과 우리 고속정 6척이 450m 앞까지 접근한 상태에서 우리측의 퇴거 통보를 무시한 북측 경비정 1척이 갑자기 함포 1발을 조준 사격, 우리 고속정 1척의 조타실을 명중시키면서 일어났다. 교전은 우리측 초계함 2척이 가세, 해군 함정 7척과 북측 경비정 2척 사이에 함포와 기관포 사격을 주고받으며 25분간 이뤄졌다. 이 과정에서 북측 경비정 1척이 화염에 휩싸인 채 북쪽으로 도주했으나 정확한 피해는 확인되지 않았다. 그러나 수백여 발의 아군 포격으로 20~30명의 사상자가 발생했을 것으로 군 당국은 추정했다. 교전이 발생하자 국방부와 합동참모본부는 오전 11시를 기해 전군에 긴급 경계태세 강화지시를 내렸다. 주한 유엔군사령부는 이날 오후 북측에 전화통지문을 보내 장성급 회담을 갖자고 제의했으나 북측은 어떠한 답변도 보내지 않은 채 장성급 회담에 불응했다. 이에 리온 라포트 주한 유엔군사령관은 성명을 내 북한 도발 행위를 규탄하고, 북한에 대해 정전협정 위반사항 공동조사에 응할 것을 촉구했다. 한편 국방부는 이번 교전의 우리측 희생자 4명 모두를 1계급씩 특진, 추서했다.

■ "30~40분 총성·포성 계속 정신없이 어선 철수시켜"(2002.6.30.)

"'빵'하는 소리와 함께 불꽃이 두 번 번쩍거리다 시커먼 연기가 하늘로 치솟아 올랐어요." 29일 오전 연평도 해상에서 조업을 지도하다 남북 교전 상황을 4마일 정도 떨어진 곳에서 지켜본 인천시 옹진군 소속 어업지도선(130톤급) 선장 김종운(金鍾雲·51)씨는 "당시 해상의 시정(視程)이 좋지 않아 어떤 함정이 피격됐는지 정확히 알 수 없었지만 함정에서 검은 연기가 솟았다"며 당시 긴박했던 상황을 전했다. 김 선장은 이어 "총소리와 포성이 뒤섞여 30~40분간 교전이 계속됐다"면서 "어선들을 철수시키느라 정신이 없어 교전 상황을 자세히 보지 못했지만 전쟁을 방불케 했다"고 말했다. 김 선장은 "어선들은 무사히 돌아왔지만 많은 해군들이 인명피해를 입어 안타깝다"고 말했다.

■ 우리 피해 왜 컸나, 무방비상태 '虛' 찔려(2002.6.30.)

29일 발생한 서해 연평도 부근 교전에서 우리 해군의 피해는 4명 전사, 1명 실종, 19명 부상 등 고속정 1척에 타고 있던 승조원 27명 가운데 24명이 피해를 입었다. 고속정은 예인 중에 침몰했다. 이에 반해 우리 고속정을 선제 타격한 북한 경비정은 화염에 휩싸인 채 북쪽으로 도주했다. 상당히 파괴된 것으로 추정되지만 정확한 인명 및 함정 피해는 확인되지 않았다. 이번에 우리측 피해가 큰 것은 그동안 서해상에서 북한 경비정과 어선이 자주 우리측을 넘어왔고, 이 날도 평소와 다름없이 북측 경비정에 근접해 경고방송을 하다 '허'를 찔렸기 때문이다. 예상치 못한 상황과 450m에 불과한 거리에서 북측의 선제 함포 공격 1발로 심각한 피해를 입은 것이다. 북한은 99년의 서해교전 이후 사거리 15.5㎞의 85㎜ 함포를 수동식에서 자동식으로 교체한 것으로 알려졌다. 아울러 북측은 통상적인 경고사격도 없이 격침시키기 위한 조준사격을 한 것으로 보인다. 합참 관계자는 "무방비 상태에서 선제 기습공격을 받아 피해가 컸다"고 말해 서해교전에 대한 보복성 공격이었다는 관측을 낳고 있다. 따라서 이번 교전사태 이후 우리 군 당국이 상황판단을 너무 안이하게 한 것 아니냐는 책임추궁이 군 안팎에서 불거질 것으로 보이며, 이후 서해상에서 조업하는 선박 등에 대한 경계태세가 크게 강화될 전망이다.

■ 北방송 보도문(2002.6.30.)

남조선군이 서해 해상에서 우리 인민군 해군 경비함에 총포사격을 가하는 엄중한 군사적 도발을 감행했다. 군사 소식통에 의하면 29일 남조선군이 서해 해상에서 정상적인 해상 경계근무를 수행하고 있던 우리 인민군 해군 경비함들에 총포사격을 가하는 엄중한 군사적 도발을 감행했다. 10시 10분경 10여 척의 어선들과 함께 연평도 서남쪽 우리측 영해 깊이까지 침입한 남조선 해군전투함선들의 행동을 저지시키려고 출동한 우리 해군 경비함에 대하여 적 전투함선들은 수백 발의 총포 사격을 가했다. 이에 대응하여 아군 함선은 부득불 자위적 조치를 취하지 않을 수 없었으며 결국 쌍방간에 교전이 벌어지고 손실들이 있었다. 이번 사건은 철저히 남조선 군부의 계획적인 군사적 도발행위이다. 최근에만도 남조선군은 거의 매일같이 전투함선들과 어선들을 우리측 영해 깊이 침투시켰으며, 우리 해군 경비함들이 출동하면 일단 물러나는 척하면서 이 수역의 정세를 긴장시켜왔다. 남조선 군 당국자들은 서해 해상에서 그 어떤 충격적인 사건을 일으킴으로써 완화의 길을 걷고 있는 북남 관계를 긴장·격화시키려고 꾀했다. 남조선 군 당국자들은 이번 무장도발 사건의 책임에서 결코 벗어날 수 없으며, 이러한 도발 책임이 가져올 엄중한 후과에 대하여 심사숙고하고 경거망동하지 말아야 한다.

■ 北의도와 남북관계, 햇볕정책 긴장완화 물거품 위기(2002.6.30.)

월드컵 폐막을 하루 앞두고 발생한 남한 고속정과 북한 경비정간 교전으로 가뜩이나 답보상태에서 벗어나지 못하던 남북관계는 본격적인 냉각기로 접어들 것으로 보인다. 특히 우리 정부의 단호한 대응에 대해 북한은 '남조선의 선제공격에 따른 자위조치'라며 강력히 우겨 상당한 파장이 예상된다. 우리 정부가 내세워온 햇볕정책의 성과인 '긴장 완화'가 결정적인 타격을 입었고, 남한이 대선정국으로 접어드는 시점이라는 점에서 한반도 기류는 급속히 얼어붙을 전망이다.

전문가들 중에는 북한 김정일(金正日)위원장의 지시가 아니라 군부, 특히 99년 연평도 해전에서 대패한 해군의 명예회복 차원에서 이뤄진 일이라고 해석하는 사람이 좀 더 많은 편이다. 정부 관계자도 "최근 북한의 월드컵 한국전 방송 등 일련의 움직임으로 볼 때 김위원장의 지시로 단정하기는 힘들다"면서 군부 차원의 단순 도발 쪽에 무게를 실었다. 그러나 김 위원장이 북한의 강성 이미지를 국제사회에 다시 부각시킴과 동시에, 앞으로 전개될 북·미대화 재개 테이블의 지렛대로 삼기 위해 직접 지휘한 것이라는 시각도 만만찮다. 또 북·미관계와 남북관계 진전에 대항하는 군부의 조직적 반발일 가능성도 제기된다. 남한의 월드컵 성공에 찬물을 끼얹기 위해서라는 분석도 일부 있다. 예상대로 사태 책임을 남한측에 떠넘기며 강경한 자세를 보인 북한은 일단 발생한 상황을 체제 유지를 위한 내부결속 수단으로 활용할 것이란 관측이다.

지난 99년 6월 서해교전이 발생한 이후에도 남북관계는 차갑게 경색됐다. 당시 교전에서 우리측에 대패한 북한은 교전 다음 날 조국평화통일위원회 성명을 내고 남한과의 모든 접촉을 중지한다고 밝혔다. 다음해 6·15 남북정상회담 개최가 합의되기 전까지 냉각상태는 계속됐다. 현재 남북관계가 더이상 나빠질 것도 없다는 주장도 있지만, 조기 관계정상화 기대는 일단 멀어졌다는 분석이다. 정부 당국자는 "7월 북·미대화 재개와 맞물려 남북관계 개선도 기대했지만 전반적으로 재검토하지 않을 수 없다"고 말했다. 지난 5월 남북 경제협력추진위원회 무산 이후 교착상태에 빠진 가운데서도 이어져 온 민간 부문의 접촉도 움츠러들 수밖에 없을 것 같다. 그러나 99년 상황에서도 비료가 북한측에 지원됐고 금강산 관광도 끊어지지 않았다는 점에서 남북관계가 아주 단절되는 상황으로 가지는 않을 것이란 지적도 있다.

■ 연평도 어민 반응·표정(2002.7.1.)

30일 오후 인천시 옹진군 연평도. 이곳 앞바다 곳곳에는 혹시라도 있을지 모를 북한의 재도발을 분쇄하려는 해군 함정들이 '발톱을 드러낸 듯한' 모습으로 경계를 펴고 있어 전날 남북한 함정 간에 발생한 교전이 아직 끝나지 않은 '현재상황'이란 인상을 주기에 충분했다. 부두 입구에는 3년 전 북방한계선(NLL)을 침범한 북한 함정들을 우리 해군이 크게 격파한 것을 기념하는 '연평전승비'가 버티고 있어 분단의 후유증을 부단히 겪어야만 했던 이 섬의 숙명적 상황을 짐작케 했다. 섬 안에서는 분향소로 향하는 촌로들의 구부정한 발걸음이 이어졌다. 어민들은 이날 누가 먼저라고 할 것도 없이 면사무소로 몰려들어 서해교전으로 산화한 해군 장병들을 기리기 위한 합동분향소를 설치했다.

"어민들이 북방한계선 인근에서 조업할 때마다 해군 경비정들이 둘러싸고 보호해 줘 장병들은 우리에게 가족이나 다름없지요." 분향을 마친 이양만(李良萬·67)씨는 "국가와 어민들을 지키기 위해 꽃다운 젊은이들이 죽어야만 하는 현실이 가슴 아프다"면서 "곧 통일이라도 될 듯하더니 왜 이같은 일이 반복되는지 알 수 없다"고 탄식했다. 주민들이 슬픔을 추스르자마자 눈앞에 무겁게 다가오는 것은 '현실적인' 문제다. 교전 이후 조업금지 조치로 발이 묶인 어선 30여 척이 부두에서 기약 없는 대기상태에 들어가 생계에 타격을 입을 것은 불을 보듯 뻔하기 때문이다. 연평해전 당시에도 주민들은 15일간 주업인 꽃게잡이를 못한 데다 여름철 관광객마저 끊겨 막대한 손실을 입은 바 있다. 7·8월이 꽃게 산란기 보호를 위한 금어기여서 지난번보다는 피해가 적을 것이라는 예상도 있지만 한창 막판 그물 맛을 보던 차에 내려진 조업금지령은 어민들의 가슴을 후벼팠다. "주민들은 실제로는 5·6월 두 달간 꽃게잡이를 해 1년을 먹고살기 때문에 조업 금지는 극약과 다름없습니다." 특히 올해는 꽃게 흉어로 어획량이 지난해의 절반에도 못 미쳤기 때문에 생활비와 자녀 학비 등을 걱정하는 어민들이 늘고 있다. 이 때문에 교전 때 총성과 포성이 요동치는 가운데서도 조금이라도 꽃게를 더 잡기 위해 철수 지시에 일부러 늑장을 부린 어민들도 있었다는 후문이다. 연평도 어촌계 박근섭(朴根燮·59)씨는 "금어기에도 다른 어류를 잡거나 어망 철거 등 후속 작업을 위해 바다에 나갈 일이 많은데 이번 사태가 장기화 될까봐 크게 걱정된다"고 말했다.

■ 북한군 30명 이상 사상, 합참 작전차장 브리핑(2002.7.1.)

지난 29일 벌어진 서해교전 당시 북한 경비정에 타고 있던 승조원 50명 가운데 적어도 30명 이상이 우리 해군의 대응사격으로 죽거나 다친 것으로 보인다고 군 당국이 30일 밝혔다. 안기석 합참작전차장은 브리핑을 통해 "우리측 편대장에 따르면 '북한 경비정에 수백 발이 집중돼 함정의 포를 돌리는 요원들이 거의 다 나가 떨어졌다'고 한다"면서 "우리 초계함에 장착된 70㎜, 40㎜ 포는 전부 컴퓨터 처리를 하기 때문에 명중률이 높아 군에서도 북측에 30명 이상 사상자가 났다고 본다"고 말했다. 한편 해군은 구축함 1척과 초계함 2척, P3C 해상초계기를 포함해 평택 2함대 대기전력을 모두 연평해역으로 급파, 북한의 추가 도발에 대비하고 있다고 밝혔다. 이에 따라 해군 전력은 평소보다 2배 이상 늘어났고, 공군도 KF-16 등 초계비행을 계속하는 등 평소보다 경계를 강화하고 있는 가운데, 안기석 차장은 "북한측의 특이동향은 없으며 평소와 다름 없다"고 말했다. 해군은 서해교전 과정에서 실종된 한상국(27) 중사를 찾기 위해 연평도 해역에서 대대적인 수색작업을 벌이고 있다. 이번 사건을 통해 '경고방송-경고사격-위협사격-타격사격'으로 이어지는 현 교전규칙에 문제점이 제기되는 것과 관련, 안기석 차장은 "북측이 선제사격할 의도가 보이면 (선제사격을) 할 수도 있지만, 가장 정확한 의도는 포에서 화염이 나와야 하는 것"이라고 전제한 뒤 "신중하게 검토해 방안을 찾고 있다"고 덧붙였다.

■ 北 대응책 전망, "NLL은 北영해" 집중공세 펼 듯(2002.7.1.)

북한이 연평도 교전 후 이틀 동안 보인 반응은 세 가지다. 교전 첫날인 29일 조선중앙방송을 통해 "남조선의 선제공격에 의한 자위권 차원"이라고 강변했다. 이어 30일에는 유엔군사령부의 장성급 회담 제의에 대해 "북방한계선(NLL)을 제거하지 않으면 회담에 응하지 않겠다"고 밝혔다. 오후에는 해군사령부 대변인이 나서 남측의 북측 선제공격 주장이 계획적이고 비열한 날조극이라고 비난했다.

이 세 가지 반응으로 북한의 의도 및 향후 대응 수순 윤곽이 대체적으로 드러났다. 99년 6월 교전 당시 조국평화통일위원회(조평통)가 나서 남한을 비난하고, 남북교류 중단을 선언한 것과 비교된다. 전체적으로 수세적이라는 느낌을 주고 있다. 정부 관계자는 30일 조선중앙방송의 내용에 대해 북한이 향후 대응수위를 놓고 고민하고 있는 것으로 보인다며 강경 일변도로 치닫지는 않을 것으로 내다봤다. 그는 교전 후 첫 반응에서 '응징'했다는 류의 공세적 단어가 빠진 것과 함께 조평통 등을 통한 공식적 후속조치에 대한 언급이 없었다는 점을 꼽았다. 특히 남북한 교전 사상 이례적으로 군 대변인이 나선 것에 주목했다. 북한 해군 대변인은 "남조선 해군 함선과 어선들이 거의 매일 우리 영해에 들어 왔지만 세계축구선수권대회(월드컵) 사정을 고려, 자제해 왔다"고 밝히는 등 북측의 입장을 해명하는 듯한 뉘앙스를 풍기고 있다. 이번 교전이 북한 김정일(金正日) 위원장이 지시한 상명하복식 작품이 아니라 해군이 독자적으로 단행한 행동임을 부각시키려는 의도가 짙다는 관측이다. 이로 미뤄볼 때 북한은 1차적으로는 그동안 주장해온 'NLL 무력화'에 초점을 맞춰 남한 및 유엔사와의 줄다리기를 시도할 것이라는 관측이다. 당분간 남측에 책임을 떠넘기면서 NLL이 국제법상 북한에서 12해리 이내이기 때문에 북한 영해라는 선전에 주력할 것으로 보인다. 장성급 회담에 전제조건을 붙인 만큼 장성급회담에도 당분간 응하지 않을 것으로 보인다. 한 당국자는 북한이 이달 예정된 북·미 대화를 통해 자신의 입장을 전달할 계산을 하고 있는 것 같다고 말했다.

■ 정부 다단계 대응책 마련, 美·日·中·러와 공조 강화(2002.7.1.)

지난 29일 발생한 '제2차 서해교전'과 관련, 정부는 일단 "강력한 안보에 바탕을 둔 대북 포용정책"의 기조를 유지하는 선에서 향후 대응책을 마련하기로 했다. 교전 발생 이틀째인 30일 정치권에서 햇볕정책에 대한 강력한 반대 논리가 터져 나오는데 대해 당혹해하면서도 "(비판적)목소리는 듣되 햇볕정책은 유효하다"는 입장이다. 정부는 일단 국방부 차원에서는 사과요구 등 단호한 대응책에 나서는 한편, 외교부와 통일부가 추진해온 기존 대북 포용정책은 유지키로 했다. 국방부는 북한이 30일 NLL 무효를 유엔사 장성급 회담 전제조건으로 제시하자, 대응책 마련에 부심하고 있다. 정부는 특히 이달 예정된 북·미 대화가 열리는 게 현 사태 해결에도 도움이 된다는 판단하에 북·미 대화 성공을 위한 막바지 노력을 하는 모습이다. 정부는 29일 밤 미국측에 연평도 교전 상황 등을 설명하고 미 특사 파견이 계획대로 진행되기를 바란다는 의사를 공식적으로 전달한 것으로 알려졌다. 정부 당국자는 "아직 이번 사건 이후 북·미대화 여부에 대한 미국측의 입장이 우리측에 전달된 것은 없다"면서 "앞으로 며칠 더 두고 봐야 할 것"이라고 말했다. 정부는 그러나 임동원(林東源) 특사의 방북 이후 합의된 남북경제협력추진위원회를 북한이 무산시킨 데 이어 또 다시 남북교전 상황이 발생함으로써 미국측의 매파를 자극하지 않을까 극히 우려하는 모습이다. 정부는 이와 함께 서해 도발사건 발생 이틀째인 30일 미·일·중·러 등 주요 우방과 공조체제를 강화하고 사태추이 및 향후 대응책을 긴밀히 협의해 나가기로 했다. 통일부는 이날 남북 교류협력사업을 예정대로 추진하며, 정책 변화는 없다고 밝혔다. 통일부의 한 관계자는 "교전사태의 진상이 일단 명확히 밝혀져야 한다"면서 오히려 "한반도의 긴장과 군사대치 상황에서 오는 위기를 해소하기 위해선 민간차원의 교류·협력 등이 지속돼야 하는 게 아니냐"고 조심스레 밝혔다.

■ 북방한계선 문제점(2002.7.2.)

6·29 서해교전 발생 배경에는 서해상의 휴전선이라고 할 수 있는 북방한계선(NLL)에 대한 분명한 규정이 마련되지 않았기 때문이라는 지적이 많다. 즉 NLL에 대한 남한과 북한, 유엔사의 입장과 견해가 모두 제각각이다 보니 북측의 억측이나 무력 도발에 대해 우리와 유엔사측의 적극 대응이 어려워지는 측면도 있다. 따라서 이번 교전 사태를 계기로 한국과 미국 사이에 관련 규정을 명확하게 만들고 이를 토대로 해상경계선의 재설정을 포함한 남북한 당국자간의 논의가 시급하다는 주장이 설득력을 얻고 있다.

NLL의 탄생 배경

1953년 7월 27일 휴전협정이 체결, 발효되면서 유엔사령부는 휴전선의 서쪽 연장선보다 북쪽에 위치한 서해 도서에서 해군 병력을 철수시키며 백령·대청·소청·연평·우도 등 서해 5개 도서를 포함하는 현재의 NLL을 임의로 설정했다. 그 뒤 별다른 탈이 없다가 꼭 20년 만인 73년 10~11월 두 달 사이에 북한은 43차례에 걸쳐 NLL을 불법 침범했다가 돌아가곤 했다. 그해 12월 1일 열린 제346차 군사정전위원회에서 북측 수석대표는 느닷없이 서해 6개 도서(북한은 대연평도와 소연평도를 별도로 구분, 6개 도서라고 함) 해역에 대한 관할권을 주장했다. 북측은 이어 77년 6월 200해리 경제수역과 50해리 군사경계수역을 일방적으로 선언했다. 지난 92년 2월 남북고위급회담에서 맺은 남북기본합의서와 그 부속합의서를 통해 남북한은 서로 현재의 관할 구역을 인정하는 데에는 합의했으나 북측이 세부 협상에서 다시 문제를 제기해 논의가 무산됐다. 99년 6월 또 다시 의도적으로 NLL을 침범, 서해상에서 우리 해군과 무력충돌을 했고 이번에 똑같은 사태가 재현됐다.

유엔사·남한·북한의 주장

NLL에 대한 남북한의 시각 차이는 현재로선 논의가 불가능할 정도로 크다. 우리는 "NLL이 임의로 설정되었다고 하더라도 현실적으로 엄연히 존재하며 북측도 이를 묵인해 온 만큼 군사분계선과 똑같은 해상경계선"이라고 보고 있다. 반면 북측은 아예 "NLL은 존재하지 않는다"고 주장하고 있다. 북측은 황해도와 경기도의 도 경계선을 서쪽으로 연장한 선이 새 해상 군사경계선이 돼야 하며, 따라서 서해 6개 도서는 자신들의 관할권 지역에 있다고 억지를 부리고 있다. 그러나 문제는 한국과 유엔사의 입장도 중요한 부분에서 다르다는 것이다. 유엔사의 경우 NLL은 지난 53년 자신들이 군사상 필요에 따라 임의로 설정한 것인 만큼 이를 북측이 침범했을 경우 선별 대응하도록 규정하고 있다. 해양전문가들은 "이를 유추 해석하면 단순 침범에 대해서는 무력 대응할 수 없고 다만 침범 후 먼저 적대적 도발행위를 했거나 서해 5개도의 3해리 안으로 접근했을 때에만 물리력을 동원할 수 있도록 한 것으로 해석될 수도 있다"고 설명했다. NLL에 대한 명확한 근거 규정이 없어 북측의 도발에 빌미를 제공하고 있다는 지적이다.

개선방안

한국해양대 김영구(金榮球) 교수는 "우리와 미국간에도 NLL에 대한 세부 지침이 없다 보니 북측의 도발에 속수무책일 수밖에 없다"면서 "한·미간 협의를 통해 관련 규정을 마련 또는 정비한 뒤 남북간 논의가 시급히 진행돼야 한다"고 말했다. 김 교수는 다만 "지난 99년 서해교전 이후 미국측이 "한국정부의 입장을 존중한다는 뜻을 전해 온 것은 괄목한만한 대목"이라고 말했다. 당시 미국은 서해교전을 "공해상에서 발생한 남북 해군의 충돌"로 규정했다가 우리측의 항의를 받았다. 해양 전문가들이 주장하는 남북간에 논의할 내용을 종합하면 ▲ 해상 및 공중에서의 군사활동 충돌을 막기 위한 불가침 경계선 및 남북 협약 마련 ▲ 통상활동을 위한 주요 해로 지정 및 통항방식 설정 ▲ 합리적인 해상의 경제·군사경계선 마련 등이다. 특히 새로운 해상·공중 불가침 경계선 또는 경제·군사경계선에 대해서는 서해의 소령도~하산도~소연평도~웅도~소청도~대청도로 이어지는 직선기선을 기준으로 재설정하는 것이 바람직하다는 의견이 조심스럽게 제기되고 있다.

■ 연평도 주민들의 비애(2002.7.2.)

옹진군 연평도 주민들은 태연하다. 서해교전 이후 이 섬으로 몰려든 취재진들은 주민들에게 '긴박한' 답변을 유도하는 듯한 질문을 하고, 보도 또한 섬 전체가 긴장감에 휩싸여 있다는 식이 주류지만 주민들은 지극히 일상적이다. 갈매기가 나는 바닷가에서 어망을 손질하거나 논에 농약을 뿌리는 모습에서는 접적(接敵)지역에서 오랫동안 살아온 사람들만이 가질 수 있는 '여유'가 느껴진다. 지난 1999년 6월 있었던 연평해전 당시에도 마찬가지였다. 주민들은 오히려 호들갑 떠는 언론에 불만을 표시하곤 한다. 무슨 일이 있을 때마다 섬 전체가 비상사태인 듯한 보도를 함으로써 관광객 감소 등 '현실적인' 피해를 입는다고 불평한다. 연평해전이 나던 여름에도 관광객이 예년의 20%에도 못 미쳐 주민들이 생계 곤란을 겪었다고 한다. 한 주민은 "언론이 마치 연평도에서 전쟁이 난 것처럼 떠들어대는데 누가 관광을 오겠느냐"고 반문했다. 주민들은 군 당국의 조업금지 조치에 대해서도 노골적으로 드러내지는 않지만 불만이 많다. 북한의 재도발에 대비한 군 작전상 출어를 금지시키는 것은 이해되지만 사태가 진정된 뒤에도 도식적인 조업 금지가 계속되는 것은 문제라고 지적한다. 연평해전 당시에도 '상황'과 관계없는 조업 금지가 15일이나 이어져 5·6월에 한정된 꽃게 농사를 망쳤다고 주장한다. 그렇다고 이곳 주민들이 자신들의 이해관계만 고려하고 국가관이 해이한 것은 아니다. 교사나 경찰관 등 연평도에 일정 기간 근무한 사람들은 이곳 주민들에게는 투철한 국가관이 생활 속에 배어 있다고 입을 모은다. 다만 주민들은 자신들이 계속 분단의 피해자가 되어야 하는 현실에 비애를 느끼는 것 같다. "아무런 잘못이 없는 우리가 왜 생계와 자식 학비를 걱정해야 되느냐"는 하소연이 섬 내에 팽배해 있다. 이는 자연스레 정부의 대북정책에 대한 강한 비판으로 이어진다. 좀 조용하게 만들 수 없느냐는 것이다. 북한에 대해 햇볕정책을 추구해온 정부가 이번 서해교전으로 난처한 입장에 처한 것을 안다. "그래도 그늘에는 햇볕을 내려쬐어야 한다"는 당위도 충분히 이해한다. 하지만 "북한에 계속 퍼준 결과가 고작 이것이냐"는 연평 주민들의 불만도 정부가 한 번 쯤은 귀담아 들을 필요가 있을 것 같다.

■ 서해교전 당일 우리어선 조업경계선 이탈 "불법어로 통제중 피습" 논란(2002.7.3.)

서해교전 당일 우리 어선 일부가 북방한계선(NLL)까지는 아니지만 조업경계선을 넘어 불법 어로행위를 하는 바람에 우리 해군 경비정이 어선들을 통제하느라 분주했다는 주장이 제기돼 논란이 일고 있다. 조업경계선 북쪽 1.5마일, NLL 남쪽 4.5마일 해상에 위치한 적색선(어로 저지선)에 우리 어선 상당수가 불법으로 그물을 쳐놓았고 군은 그물 철거를 위한 조업구역 이탈을 한때 허용한 것으로 알려졌다. 2일 연평도 어민 등에 따르면 교전 당일 조업허가를 받은 어선 56척 가운데 10여 척이 꽃게잡이에 열중한 나머지 해군 함정 6척의 통제를 벗어나 정해진 작업구역을 이탈한 것으로 전해졌다. 우리 해군은 어선들을 급히 남쪽으로 유도했으나 어선 1~2척이 통제를 무시한 채 달아나 우리 고속정과 어선간의 추격전마저 벌어진 와중에 북한 경비정이 갑자기 NLL을 침범, 선제사격을 했다는 것이다. 어민 최모(39)씨는 "꽃게 흉년에 금어기마저 앞둔 시점이어서 서해교전 직전인 29일에도 어선들이 조업경계선을 이탈, 어로작업을 하다 북한 경비정이 나타나 강제철수했다"고 말했다. 지난달 27·28일에도 10~30척 정도가 조업구역을 이탈, 적색선 구역에서 조업하다 해군의 조치에 따라 강제철수를 반복한 것으로 전해졌다. 어민들은 "지난달 27일 새벽 6시 출어 전 해군 경비정이 연평도 당섬에 정박해 있던 어선들에 27~30일 적색선에 쳐놓은 그물 철거를 위한 조업이 가능하다"는 방송을 했고 "해군 2함대와 해병대 연평부대가 어민회에 허가 공문까지 보냈다"고 주장했다. 주민 이모(39)씨는 "올 들어서만 우리 어선이 12차례나 조업경계선을 벗어났다"면서 "꽃게 욕심을 참지 못한 어민과 사실상 조업구역 이탈을 묵인한 군 당국에도 이번 교전에 일부 책임이 있다"고 안타까워 했다. 이에 대해 합동참모본부는 어선 1척이 어로한계선과 한계선 밖 0.5~1마일 사이를 드나들었을 뿐이고, 이탈 어선을 교전·피격 함정과는 다른 고속정 328호가 통제했으며, 조류에 밀려 조업구역 밖으로 나간 그물 철거는 꽃게잡이가 끝나는 6월 말 이후 허용해온 관례에 따라 이번에도 7월 초에 허용할 계획이었다고 해명했다. 북한은 연평도 인근에서 잡은 꽃게 대부분을 중국으로 수출, 주요 외화벌이 수단으로 활용한다.

■ 南北 공동어로구역 검토(2002.7.4.)

정부는 지난달 29일 발생한 서해교전 사태의 문제를 근본적으로 해결할 방안 가운데 서해상 3~4곳에 '남북한 공동어로구역'을 설정하는 문제를 신중하게 검토 중인 것으로 알려졌다. 정부 관계자는 3일 "이번 서해교전 사태가 지난 99년 6월 교전사태와 같은 이유에서 발생한 만큼 근본적인 해결책을 찾는 것이 급선무"라면서 "사태 해결의 첫 단추는 남북한 공동어로구역을 설정하는 것이 될 수도 있을 것"이라고 밝혔다. 그러나 이 관계자는 "북방한계선(NLL)에 대한 검토 문제는 북측이 요구하는 사항으로, 신중한 접근이 필요한 만큼 현재 진행 중인 한국과 미국간의 관련 협의가 끝나면 그것을 토대로 남북간의 접촉이 가능할 것"이라고 덧붙였다. 정부가 검토 중인 것으로 알려진 공동어장은 NLL을 중심으로 우도 서쪽과 연평도를 감싸는 해역, 소청도 서쪽과 북한의 옹도 주변 해역, 백령도 동쪽과 북한 옹진반도 서쪽 해역, 백령도 남쪽 해역 등이다. 주로 현재 NLL과 북측이 자신들의 해역이라고 주장하는 해상경계선 사이다. 이와 함께 서해 상에서 우발적인 군사적 충돌을 막기 위한 남북간 관련협약 체결 및 주요 해로지정 방안도 마련하고 있는 것으로 알려졌다. 이와 별도로 국방부는 지난 1일부터 주한 유엔군사령부와 NLL을 둘러싼 문제에 대한 전반적인 검토 작업에 착수한 것으로 알려졌다. 한·미 군 당국이 검토 중인 내용은 ▲ NLL 이남 해역의 공동 대응태세 지침 마련 ▲ 공동어로구역 설정에 따른 군사협조 등으로 전해졌다. 특히 국방부는 서해상에 대한 함정기동 정보 공유 등도 미국측에 요구할 것으로 알려졌다.

유엔군사령부(사령관 리언 라포트 육군 대장)는 6·29 서해교전 사태 해결을 위한 장성급 회담을 열자고 북측에 다시 제의했다고 밝혔다. 한편 김대중(金大中) 대통령은 이날 오후 김동신(金東信) 국방장관으로부터 북한의 서해도발 사태와 관련한 종합보고를 받는 자리에서 "동일한 사태가 발생할 때에는 규정에 의해 엄격히 처리하라" 고 지시한 것으로 알려졌다. 김 대통령은 또 "군은 완벽한 대비태세를 갖춰 이런 상황이 다시는 발생하지 않도록 하라"고 거듭 주문한 것으로 전해졌다.

■ 南 북방한계선·北 경계선 해석 차이 해상 무력충돌의 '씨앗'(2002.7.4.)

남북한 사이에 실질적인 군사분계선인 북방한계선(NLL)과 북측이 주장하는 해상경계선의 차이가 서해에서 무력 충돌의 근본적인 원인이라는 것이 대다수 전문가들의 지적이다. 북한의 방송들이 6·29 서해교전 직후 "남조선이 해상경계선을 넘어 먼저 도발했다"고 억측 보도한 데에는 그들 나름의 주장을 근거로 하고 있다. 우리 어선들이 연평도 주변 NLL을 넘어 이번 사태가 비롯됐다는 일부의 관측은 사실무근으로 확인됐으나, 정부 차원에서 무력 충돌의 재발 방지를 위해 적극적으로 문제해결에 나서야 한다는 목소리가 높다.

NLL과 해상경계선

연평도 북단 3㎞ 지점에 어업통제선이 지나간다. 어민들은 어떠한 경우에도 이 통제선 바깥쪽 어장에서 조업할 수 없다. 어업통제선북쪽 2.7㎞에 월선(越線)을 경고하는 어로저지선(적색선)이 있다. 저지선 북쪽 8.1㎞ 지점을 지나는 선이 지난 53년 유엔군사령부가 정한 NLL이다. 반면 북측이 주장하는 해상경계선은 우도를 중심으로 서남쪽 45도로 이어지는 직선이다. 이번에 교전이 발생한 곳은 적색선을 3㎞ 가까이 지난 연평도 서북쪽 지점이다. 해군 2함대 소속 고속정과 북측의 경비정은 NLL을 사이에 두고 대치하고 있으나, 북측은 NLL 우리측 안쪽까지 관할 해역이라고 주장하고 있다. 적색선 주변에서 우리 어선들이 불법조업을 하면 가끔씩 북측 경비정이 출몰하는 원인도 여기에 있다.

연평도 주민의 어로 실태

최근들어 연평도 꽃게잡이 어선 56척 가운데 상당수가 통제선 안쪽 어장을 벗어나 적색선 주변에서 어로 활동을 하고 있는 실정이다. 연평도 해안경찰대가 파악한 바로는 교전이 발생하기 직전인 지난달 27일과 28일에 각각 30여척씩 이곳에서 불법조업을 했다는 것이다. 그 곳에는 해군 고속정의 순찰을 방해하기 위한 버려진 어망이 수없이 떠다닌다. 이례적으로 이틀에 걸쳐 북한 경비정이 그 해역에 출몰한 것이 이때다. 그러나 27일 새벽 조업통제권을 지닌 해병 6여단이 주민들의 요구에 못이겨 적색선 주변의 조업을 허락했다는 어민들의 증언은 해군측의 해명과 다른 만큼 3일 현지에 파견된 합참전비태세검열단의 조사가 필요한 부분이다. 어민들은 이른바 "손때가 덜 묻은 어장"을 찾아 자꾸 북쪽으로 진출하고 해군 고속정은 이를 막느라 자주 숨바꼭질을 하는 처지다. 따라서 저지선과 NLL 사이 8.1㎞ 해역은 북한 경비정, 남한 고속정과 함께 우리 어선들이 가끔 뒤엉키는 곳이다.

남북 공동어로구역 설정

정부가 서해 5개도 해역의 문제해결에 중점을 두고 있는 부분은 무엇보다 남북한간의 군사적 충돌을 막기 위한 제도적 장치를 마련하는 데 있다. 한국해양대 김영구(金榮球) 교수는 "공동어로구역 설정과 주요 해로 공동지정 문제가 비교적 쉬운 문제해결 방안일 것"이라고 말했다. 국방부의 다른 관계자는 "북측은 장관급회담에서 동해 원산항 주변 해역에 공동어로구역을 설정할 것을 먼저 제안한 일도 있는 만큼 합리적인 평화유지 방안으로 추진될 수 있을 것"이라고 밝혔다.

미국측 북의 도발증거 확보 리언 라포트 유엔군사령관은 지난 1일 국방부를 방문, "대북 감시·정찰 활동을 크게 강화했다"고 밝혔다. 합참과 해군은 미군이 한반도 상공을 맴도는 첩보위성과 U-2 정찰기의 첩보 수집을 통해 북한 경비정의 선제공격 장면이나 피해규모 등을 확인할 수 있는 사진 및 영상자료를 확보한 것으로 보고 정보제공을 요청한 것으로 알려져 있다. 미군측은 99년 서해교전 당시에는 북측 함정들이 피해 규모를 해군기지와 평양 등에 보고하는 내용을 감청하는 데 성공, 사상자 수를 정확히 파악한 바 있다.

■ 국방부 5가지 증거 제시, "北 NLL 인정했었다"(2002.7.5.)

6·29 서해교전 사태로 다시 논란을 빚고 있는 북방한계선(NLL)을 북한 스스로 인정했던 증거가 있다. 국방부는 북한이 1959년 발간한 조선중앙연감의 지도 등 북측의 NLL 불인정 주장을 반박하는 증거 다섯 가지를 담은 '한반도 군비통제' 보고서를 4일 공개했다.

조선중앙연감에 NLL 표시

북한의 조선중앙통신사가 1959년 11월 10일 인쇄하고 같은 달 30일 발행한 연감의 국내편 지도를 보면' 현재의 NLL을 점선으로 표시했다. 즉 강화 교동도 북쪽과 북한 연백평야 남쪽 사이를 지나는 군사분계선은 굵은 선으로 표시했고, 우도 북쪽 해안부터 이어지는 NLL은 연평도 북쪽을 감싸고 돌은 뒤 서쪽의 백령도도 우리측 관할로 표시했다. 지도는 황해도와 서해의 축척을 120만분의 1로 줄였는데도 시·도·군 소재지와 도로 및 철도, 명승지 등을 세밀하게 그렸다. 특히 북한은 지도에 대한 설명에서 NLL에 대해 '서해상의 군사분계선'이라고 스스로 밝히고 있다.

NLL 이북에 있던 선박에 대한 공격은 부당 주장

1963년 5월 연평도 인근 해상으로 북측의 간첩선이 내려오다 우리 해군에 발각돼 공격받고 도주하는 사건이 발생했다. 당시 북측은 판문점에서 열린 제168차 군사정전위원회에서 서해상의 지도를 제시하며 "문제의 선박이 NLL 이북 해역에 있었는데 남측이 공격했다"며 도리어 항의했다.

NLL 선에서 수해물자 전달

84년 9월 29일～10월 5일 북한 적십자사는 우리측에 수해 구호물자를 전달하면서 전달 지점을 북한 비압도 앞 NLL 선상으로 정했다. 당시 북측은 정전협정 및 국제법상의 서해 관할권 문제를 들어 군함이 포함된 호송선단이 NLL을 서로 넘지 않도록 하자고 제안했다.

NLL을 중심으로 국제비행정보구역 설정

지난 93년 국제민간항공기구(ICAO)는 한반도의 비행정보구역을 재설정하면서 변경안을 항공항행계획(ANP) 문서로 공고하고 해당 국가의 이견을 물었다. ICAO는 북한과 남한의 비행정보구역을 구분하는 경계를 대체로 휴전선보다 북쪽인 북위 38도 38분으로 정했다. 이 직선은 연평도 북쪽 9㎞쯤을 지나는데 현재의 NLL과 거의 일치한다. 그러나 북측은 아무런 불만도 제기하지 않았던 것으로 확인됐고 지금도 이 비행정보구역은 유효하다.

99년 교전 이후에도 NLL 월선을 경고하면 순순히 후퇴

북측은 99년 서해교전이나 지난달 29일 교전이 끝난 뒤에 무장 함정을 NLL 북방으로 후퇴시켰다. 현재 우리 해군도 만일의 사태를 대비해 NLL로부터 8.1㎞ 떨어진 어로저지선(적색선) 부근에 있다.

■ 北경비정 2척 7분 간격 남하 등 이상징후 알고도 대응 안했다, 합참 현장조사 확인(2002.7.6.)

지난달 29일 서해교전 당시 북한 경비정이 북방한계선(NLL)을 넘을 때 작전을 지휘했던 2함대 사령부(사령관 丁秉七, 해군 소장)가 상황을 제대로 파악하지 못해 전술적 초기대응이 잘못됐던 것으로 5일 군 조사결과 밝혀졌다.

경기도 평택의 2함대사령부와 연평도 교전 현장에서 조사를 벌이고 있는 합동참모본부 전비태세검열실(실장 裵相基 해병 소장)은 이같은 내용을 골자로 하는 서해교전 전술조사 보고서를 국방부장관 등에게 보고한 뒤 7일 오전 발표할 예정이다. 전비태세검열실이 지적한 2함대 지휘부의 문제점은 북한 경비정이 27, 28일에 NLL을 넘어 남하했을 때에는 북한 어선과 중국 어선을 단속하기 위한 것이었으나, 교전 당시인 29일에는 NLL 근처에서 북한 어선들이 전혀 포착되지 않았다는 점을 간과한 사실이다.

즉 경비정 2척이 7분 간격으로 남하하는 이상 징후를 한국해군전술정보시스템(KNTDS)을 통해 파악한 뒤에도 아무런 대응조치를 지시하지 않았다는 것이다. 교전 당시 군에는 평소보다 한 단계 높은 'B+급'의 월드컵 대비태세 조치가 내려져 있었다. 이 때문에 이날 오전 10시1분 북한 경비정이 NLL을 침범한 직후 초계함에 출동지시를 내릴 때 '고속순항' 명령을 내렸다면 도주하는 북한 경비정이 NLL을 넘기 전에 초계함의 유효사거리 안에 들어와 결정적인 포격을 실시, 격침도 가능했을 것으로 조사 결론을 내렸다.

이와 함께 피격된 참수리 357호와 함께 기동하는 358호(편대장 소령 김찬)의 지휘부는 교전 직후 357호의 피해상황을 '부상자 4~5명'으로 보고하는 바람에 경미한 충돌로 판단한 2함대사령부가 치명상을 입고 도주하는 북한 경비정을 더 이상 뒤쫓지 못하도록 사격중지 명령을 내렸다고 결론지었다. 그러나 연평도를 관할하는 해병 6여단이, 어선들이 불법적으로 어로저지선 주변까지 조업하도록 방치했다는 부분에 대해서는 어민들을 상대로 한 탐문 조사가 필요하다고 보고 1차 조사에서는 결론을 유보한 것으로 알려졌다.

■ 교전직전 어선 34척 어업구역 이탈 조업, 합참 조사결과 확인(2002.7.8.)

서해교전이 발생하기 직전인 지난달 29일 새벽 연평도 어선 20여척이 어업통제선을 벗어나 조업했으며, 그보다 남쪽 어장인 덕적도 서쪽 어장에서도 어선 14척이 통제선을 넘었던 것으로 확인됐다. 이에 따라 어로보호 지원차 출항했던 해군 고속정 6척은 조업구역으로 복귀할 것을 종용했던 것으로 7일 합동참모본부의 조사 결과 드러났다. 연평도 어선 56척은 서해교전 당일 새벽 꽃게를 잡기 위해 출항했으며, 이중 20여척이 오전 7시 30분부터 어업통제선을 벗어나 어장 3.6㎞ 북쪽, 북방한계선(NLL) 9.9㎞ 남쪽 지역에서 꽃게잡이를 시작했다. 당시 북한에서도 어선 20여척이 NLL로부터 7.2㎞ 떨어진 육도 해군기지 근해에서, 10척이 5.4㎞ 떨어진 등산곶 기지 근해에서 조업했다. 해군 제2함대사령부는 어민들의 조업지역을 벗어난 불법조업이 서해교전에서 해군 작전에 일부 방해가 됐다고 판단, 조업 통제를 강화하기로 했다. 이에 따라 ▲ 해경·수산행정당국·해군의 어선통제 협조체제 강화 ▲ 성어기에 해군 고속정의 추가운용 및 해경 경비정·어로지도선의 증편 ▲ 조업구역 이탈 등 불법어로선박 처벌규정 강화 등을 적극 추진할 방침이다.

■ 불법조업·어민회 로비 의혹에 연평도 어민들 반목(2002.7.9.)

서해교전 이후 인천시 옹진군 연평도 어민들 간에 갈등이 일고 있다. 8일 옹진군 주민들에 따르면 어선이 조업경계선을 넘어 불법조업을 한 것이 서해교전의 불씨를 제공했다는 폭로가 어민들 사이에서 나온 데 이어, 어민회가 불법조업 무마를 위해 군에 로비를 했다는 의혹마저 제기되자 어민들 사이에 편이 갈려 반목이 심화되고 있다. 김모씨 등 일부 어민들은 지난 3일 "어민들이 군당국의 묵인 아래 수시로 어로한계선을 벗어나 북방한계선 인근에서 조업을 해왔다"고 언론에 폭로했다. 이로 인해 군 당국은 물론 어민들에게도 비난이 쏟아지자 어민회 주류를 이루는 어민들은 '누워서 침뱉기' 식의 무책임한 폭로라며 극도로 분개하고 있다. 신승원(申承元·64) 어민회장은 "불순한 의도를 가진 사람들이 사실을 침소봉대한 것"이라고 폭로 배경을 비하했다. 또 연평도 재향군인회장 신남석(申南石·52)씨 등 어민 60여명이 8일 "어민회가 어민들로부터 받은 회비 일부를 불법조업에 따른 로비자금으로 써왔다"고 주장하자 파장이 일파만파로 번지고 있다. 이들은 "어민회가 소속 어선 56척으로부터 2년간 회비 및 쓰레기처리 비용으로 1억 1,200만원을 거둬들였으나 쓰레기 처리비의 경우 매년 한 차례씩 인부 2명을 고용한 것이 고작이다"면서 사용처 공개를 요구하고 있다. 이들이 한발 더 나아가 어민회의 비리와 부패를 감시하기 위해 도서지역 최초로 시민단체를 발족시키겠다고 선언하자 어민회 측은 명예 훼손으로 고발하겠다며 강력 반발하고 있다. 서해교전이 화해무드에 젖어 있던 남북한을 긴장상태로 몰아넣은 것은 물론 단단한 단결력을 자랑하던 섬 주민들마저 분열시키는 결과를 낳고 있다.

■ 서해교전 연평도 최율씨네 소망 "새해에는 순한 양처럼 남북 함께 꽃게잡이를" (2002.12.31.)

"새해엔 남북이 뱃머리를 나란히 한 채 사이좋게 꽃게를 잡았으면 좋겠습니다." 인천광역시 옹진군 연평도 주민 최율(崔律·47·연평면 연평리)씨 가족은 새해를 이틀 앞둔 30일 오후 부둣가 옆에 위치한 '연평해전 승전비'를 찾았다. 4년 전 우리 해군이 북방한계선을 침범한 북한 경비정을 뱃머리로 밀어낸 사건을 기념한 것이다. 최씨와 아내 오정숙(45)씨는 서해교전으로 어느 때보다 가슴앓이를 했던 2002년을 되돌아보며 만감이 엇갈리는 표정을 지었다. 이들은 자식 세대에서는 반드시 통일이 돼 삶의 터전인 서해에서 비극이 되풀이되지 않기를 바란다며 덕현(17·연평고 1년)·덕준(15·연평중 2년)·덕규(5) 세 아들의 손을 꼬옥 쥐었다. 최씨는 "얼마 전 덕준이가 같은 민족끼리 총부리를 겨눈 것을 기념해 승전비를 세웠다는 사실이 창피하다고 말하는 것을 듣고 얼마나 속이 뜨끔했는지 모른다"고 털어놨다. 그러면서 최씨 부부는 지난 6월말 서해교전의 쓰라린 기억을 떠올렸다. 당시 1,500여명의 꽃게잡이 어민들은 남북한의 긴장 고조에 따른 조업중단 조치로 밤잠을 설쳐야 했다. 서해교전이 일어난 6월 29일 오전 최씨는 부둣가 근처에서 '진흥 7호'를 타고 꽃게를 잡고 있었다. 갑자기 북한쪽 바다에서 '펑'하는 군함의 대포 소리가 계속 들려왔다. 근처에서 조업 중인 주민들이 전화를 걸어 "빨간 바가지(북한 경비정)가 쳐들어왔다"고 다급하게 소리쳤다. 아내 오씨는 "부상한 해군 병사를 후송하는 작업을 도운 주민들로부터 현장의 참상을 전해 듣고 너무 안타까워 눈물이 쏟아졌다"고 회상했다. 그러나 더 견디기 힘들었던 것은 잦은 조업구역 이탈이 북쪽 경비정이 내려오도록 빌미를 준게 아니냐는 뭍 사람들의 시선이었다. 최씨 부부는 "내년에는 마음 놓고 어구질을 할 수 있다면 더 바랄게 없겠다"고 입을 모았다. 이들은 최근 북한 핵문제를 다룬 언론 보도가 나올 때마다 가슴이 덜컥 내려 앉는다며 "이제 간신히 고비를 넘겼는데 또 다시 조업하기 힘든 분위기가 오면 어떡하느냐"며 발을 굴리기도 했다. 특히 최씨 가족은 노무현(盧武鉉) 대통령 당선자에게 올해는 남북간 화합과 신뢰의 한 해가 될 수 있도록 힘써 달라고 주문했다. 집에서 인터넷을 통해 바깥 소식을 거의 매일 접하고 있다는 장남 덕현군은 "남북이 평화적으로 하나가 될 수 있도록 노 당선자가 '남북화합' 정책을 일관되게 추진했으면 좋겠다"고 야무지게 당부했다. 아내 오씨는 "학교를 믿지 못해 연평도 아이들은 인천으로 나가고, 뭍 아이들은 외국으로 나가는 서글픈 교육 현실을 바로잡아달라"고 부탁했다. "남북 정전협정 50주년이 되는 2003년이 남북 화합의 해가 될 수 있기를 간절히 바랍니다." 최씨 가족 뒤로 저물어가는 서해 하늘이 유난히 붉게 물들었다.

■ 北어선 NLL월선 심상찮다, 올들어 7번째… 정부 의도성여부 분석(2003.5.29.)

1999년과 2002년 남북한 군 당국간 교전이 발생한 서해안에서 최근 북한 어선이 북방한계선(NLL)을 넘는 행위가 잇따르자 정부와 군 당국이 대책 마련을 서두르는 등 바짝 긴장하고 있다. 이와 관련 정부는 28일 오후 대한적십자사를 통해 북측에 전화통지문을 보내 NLL 월선으로 불필요한 긴장이 조성되는 데 대해 우려를 표명하면서 재발방지를 촉구했다. 또 앞서 지난 26일엔 청와대·국정원·국방부·통일부 관계자들을 서해 백령도 일대로 보내 남북한 어민과 중국 어민들의 조업실태와 문제점 등에 대한 실사작업을 벌인 상태다. 정부 당국자는 "서해 연평도 부근 NLL 주변에서는 수백여척의 중국 어선들도 남북한 어민들과 함께 조업을 하고 있어 자칫 중국 어선이 남북한 해역을 침범하는 과정에서 이를 막는 남북한 군 당국간 마찰로 이어질 가능성도 있다"며 "금명간 대책을 마련할 계획"이라고 말했다. 북한 어선들의 NLL 월선은 올들어서만 7차례 발생했다. 지난 1월과 3월 한 차례씩 NLL을 넘었다. 또 26일에는 6척이 집단으로, 27일에는 세 차례에 걸쳐, 28일에도 2척의 북한 어선들이 연평도 인근 NLL을 넘나들었다. 군 당국은 지난 26일 이전의 북한 어선 월선에 대해서는 단순 실수에 의한 침범으로 분석했었다.

■ 北어선에 경고포격 배경, '의도된 월선' 판단 강경대응(2003.6.2.)

해군이 1일 서해 백령도 근해의 북방한계선(NLL)을 넘은 북한 어선들에 경고포격 및 사격을 가한 것은 북한 어선들의 최근 움직임이 조업상 '단순 실수'가 아닐 수 있다는 판단에 따른 것이다. 지난해 6월 방심하다가 '6·29 서해교전' 사태를 맞은 뼈아픈 경험도 강경 대응의 배경이 되고 있다. 이번 경고에도 불구 북한 어선들의 NLL 월선이 다시 이어진다면 서해상에서 남북한 군 당국 간 긴장감은 어느 때보다 높아질 전망이다.

경고사격 배경

합참은 이날 5차례에 걸쳐 이뤄진 경고 포격·사격에 대해 "북한 어선들의 NLL 침범이 5월 26일 이후 거의 매일 이뤄진 데다 이날은 우리측의 경고방송이나 시위기동에도 전혀 응할 움직임을 보이지 않았기 때문"이라고 밝혔다. 정부는 앞서 지난달 28일 최근의 잇단 NLL 침범과 관련, "서해상에서의 긴장 고조가 우려된다"며 북한측에 어선 통제를 강화해 줄 것을 공식 요청한 바 있다. 이같은 요청에도 불구하고 북한 어선들의 NLL 침범은 계속돼 왔으며 이날은 우리측의 경고방송과 시위 기동에도 응하지 않음으로써 다분히 의도적 침범이라는 분석을 낳고 있다. 합참의 윤원식(해군 대령) 해상작전과장은 "최근의 잇단 NLL 침범 상황으로 볼 때 우리측의 강력한 의지를 밝힐 필요가 있다는 판단에 따라 작전지침에 근거해 경고사격을 하게 됐다"고 말했다. 우리 군 당국이 북한측의 어선에 대해 함포 등을 이용해 경고포격까지 가한 것은 처음 있는 일이다. 어선에 대해서는 경고사격 정도에 그친 게 관례였다.

북한 어선 침범 집단화 주목

최근 서해상에서 북한 어선의 NLL 침범이 잇따르면서 남북한간 군사적 불상사가 발생하는 것 아니냐는 우려가 제기된다. 올 들어 북한 선박이 서해 NLL을 침범한 것은 모두 11차례 35척에 이른다. 특히 지난달 26일 이후로는 거의 매일 NLL을 넘어왔으며 최근엔 어선의 수도 집단으로 바뀌었다. 이에 따라 우리 정부는 최근 청와대와 통일부·국방부·국정원 등으로 구성된 국가안전보장회의(NSC) 관계자들이 직접 서해 백령도 일대를 찾아 남북한 어민과 중국 어민들의 조업실태와 문제점 등에 대한 실사를 벌였으며 대책 마련에 들어간 상태였다.

당국 분석과 향후 전망

국방부 당국은 북한 어선들의 잇따른 침범이 과실일 수도 있고, 고의에 의한 것일 수도 있다며 아직 최종 결론은 유보한 채 면밀한 분석작업을 진행 중이라고 밝혔다. 이번의 경고사격 이후 북한 어선들이 어떤 움직임을 보이느냐에 따라 그동안의 월선 배경을 이해할 수 있다는 것이다. 하지만 북한 당국이 그동안 NLL 자체를 인정하지 않으려 한 데다 경우에 따라선 의도적인 월선을 계속할 가능성도 있어 자칫 서해에서의 긴장이 쌍방의 충돌로 이어질 가능성도 배제할 수 없는 상황이다.

■ 연평 꽃게어선 긴장속 정상조업(2003.6.2.)

서해 연평도 근해 북방한계선(NLL)을 침범한 북한 어선들에 대해 우리 해군이 경고 포격을 했던 1일 연평도 꽃게잡이 어선들은 긴장감 속에 정상조업을 벌였다. 인천해양경찰서 연평출장소에 따르면 이날 오전 6시 대연평도 29척, 소연평도 20척 등 모두 49척의 꽃게잡이 어선이 근해 연평도 어장으로 나가 조업을 벌였으나 해군 경고 포격으로 인한 조업 중단이나 조기 복귀는 없었다. 어선들은 평소와 마찬가지로 이날 오후 6시쯤 부두로 돌아왔다. 하지만 연평도 어민들은 지난해 상반기 꽃게 어황이 극심한 흉작을 보였던 것과는 달리 올 들어 꽃게 대풍을 누리고 있는 상황에서 북한 어선들의 잇단 월선이 악재로 작용하진 않을까 우려하는 표정이다. 5월 말 현재 연평어장에서 잡힌 꽃게는 380톤으로 지난해 같은 기간 144톤에 비해 3배 가까이 늘어났다. 올해 꽃게가 풍어를 이루자 연평도 부근 어장은 남북한 어선 및 중국 어선들이 벌이는 '꽃게잡이 삼파전'에 휩쓸렸다. 어민들은 북한 어선들이 올 들어 벌써 10번째 NLL을 침범한 것은 풍어를 맞은 꽃게잡이와 무관치 않다고 보고 있다. 중국 어선들도 주로 연평어장 인근지역에서 불법으로 꽃게는 물론 홍어·우럭·놀래미 등을 닥치는대로 잡고 있다. 중국 어선이 연평어장 및 백령·대청도 어장에서 조업을 하다 해경에 나포된 것은 5월 말 현재 23척. 지난해 같은 기간에는 10척에 불과했다.

■ 서해 NLL '꽃게 어장' 남북공동어로구역 제안(2003.6.5.)

꽃게잡이 철이면 되풀이되는 서해 북방한계선(NLL) 관련 갈등의 해소책으로 남북 공동어로수역이 거론되고 있다. 장영달 국회 국방위원장은 3일 성명을 내고 꽃게철만이라도 NLL 부근에서 공동어로수역을 설정하는 방안을 정부에 제안했다. 이장희 한국외국어대 교수와 정욱식 평화네트워크 대표도 이날 참여연대와 평화군축센터가 공동주최한 토론회에서 "꽃게잡이 남북공동어로수역을 지정해야 한다"고 목소리를 높였다. 그러나 전문가들은 4일 "북한은 6·25 전쟁 이후 줄곧 NLL 자체를 인정해 오지 않고 있다"며 "서해상에서 남북간 충돌을 피하기 위해 우리측이 공동어로수역 지정을 제안한다고 하더라도 북측이 이를 거부할 가능성이 크다"고 내다봤다. 또 꽃게가 집중 서식하고 있는 백령도와 연평도 사이 해역은 현재 NLL 아래 쪽에 위치한 남측 해역인 만큼, 공동어로수역을 지정할 경우 우리 어민에게만 피해를 줄 가능성이 높기 때문에 정부도 쉽게 추진할 수 없다.

■ NLL 인정않는 북한, 남북 당국 논의까진 '험로'(2003.6.7.)

북방한계선(NLL)은 휴전 직후인 1953년 8월 유엔군 사령부가 서해상에서 남북간 함정과 항공기가 활동할 수 있는 한계선을 그은 것이다. 북한은 유엔사가 사전 협의 없이 일방적으로 설정했다는 점을 들어 지금까지 이를 인정하지 않고 있다. 그동안 북한의 어선과 경비정들이 NLL을 넘은 사례가 적지 않았으며, 이를 두고 우리 정부는 북한이 의도적으로 NLL 무력화 시도를 하고 있다고 보고 있다. 북한은 지난 99년에는 해상군사분계선을 설정, 이 선의 북쪽 수역을 인민군측 해상 군사통제수역으로 한다고 일방적으로 선언하기도 했다. 이 선은 NLL에서 남서쪽으로 훨씬 내려 그은 것으로 그럴 경우 남측 영토인 서해5도가 모두 북측 지역에 편입되게 된다. 이런 상황에서 남북 공동어로수역 지정 논의는 시작부터 난관에 봉착하게 된다. 논의가 시작되려면 그 전제로 북한이 NLL 자체를 인정해야 하기 때문이다. 한 북한 전문가는 4일 "우리측이 공동어로수역 지정을 제안한다고 하더라도 북측이 이를 거부할 가능성이 크다"고 내다봤다. 또 우리측도 공동어로수역 지정을 받아들이기 어려운 현실적인 배경이 있다. 꽃게가 집중 서식하고 있는 백령도와 연평도 사이 해역은 현재 NLL 아래 쪽에 위치한 남측 해역인 만큼, 공동어로수역을 지정할 경우 북한 어선들에만 이득을 가져다 줄 가능성이 높기 때문이다.

■ 공동어로수역 현실성 있나, 서해 NLL 주변 남북이 함께 꽃게 잡는다면…(2003.6.7.)

서해 북방한계선(NLL) 주변 지역을 남북 공동어로수역으로 설정하자는 논의가 활발하게 이뤄지고 있다. 지난 몇 년간 꽃게잡이 철인 6월에 북한 어선의 NLL 월선이 남북간의 군사적 충돌로 이어졌기 때문에 아예 남북 당국의 합의 하에 공동어로수역을 지정, 군사충돌 가능성을 사전에 방지하자는 것이다. 남북 공동어로수역 설치의 논의 과정과 가능성을 짚어 보자.

전두환 정권 때 일부 학자 처음 제기

남북 공동어로수역이 처음 거론되기 시작한 것은 80년대 중반부터이다. 당시 전두환 정권에서 남북이 공동어로수역을 논의할 분위기는 아니었지만, 일부 학자들이 장기적인 남북경제협력 차원에서 문제를 제기했다고 한다. 92년에는 수산청이 노태우 당시 대통령에게 남북교류협력 차원의 공동어로수역 추진방안을 보고한 바 있다. 정부 내에서 공동어로구역 논의가 본격화된 것은 김대중 정부 들어서이다. 처음에는 남북경협사업의 일환으로 검토됐으나 1999년과 2002년 서해 교전을 겪으며 남북긴장 완화 차원으로 논의의 방향이 바뀌었다. 남북공동어로수역 아이디어는 미국에서도 나왔다. 한반도 전문가인 셀리그 해리슨 미 국제정책연구소 선임연구원은 지난해 국내 신문 기고를 통해 조기와 게가 풍부한 연평도 북쪽에서 공동어로수역에 합의해야 한다고 제안했다. 해리슨 연구원은 "남북이 모두 이 수역에 어선을 띄울 수 있어야 한다"면서 "군함은 물론 안된다"고 밝혔다. 해리슨 연구원은 "이런 목표를 우선 실현한 뒤, 훨씬 더 어려운 목표인 NLL을 대체하는 새로운 남북 해상경계선 설정 협상에 들어가야 한다"고 주장했다. 그는 "남북은 새 경계선을 어떻게 그을지를 놓고 매우 엇갈린 제안을 내놓았지만 둘 다 해양법 원칙에 맞지 않는 것이었다"면서 "그럼에도 남쪽은 경계선 획정을 두고 평양과 유엔군사령부가 참여하는 3자협상을 제안해야 한다"고 주장했다.

정치권 · 시민단체 '적극 찬성' 정부 '신중'

정치권과 시민단체, 언론계 일부에서는 공동어로수역 설치를 적극 지지하고 있다. 장영달 국회 국방위원장은 지난 3일 성명을 내고 "꽃게철만이라도 NLL 부근에서 공동어로수역을 설정하라"고 정부에 제안했다. 민노당은 5일 "서해에 공동어로구역을 설정하라"고 정부에 촉구했다. 참여연대 등이 3일 'NLL, 평화적 관리방안을 찾아라'라는 주제로 개최한 토론회에서는 공동어로수역 설치와 관련한 다양한 의견이 제시됐다. 정욱식 평화네트워크 대표는 NLL 이남과 어로저지선 이북 사이를 '남북한 공동어로구역'으로 지정하자고 제안했다. 정 대표는 구체적인 방법으로 ▲ 특정 기간에 공동어로구역에서 남북한 어선이 공동으로 조업하는 방식 ▲ 남북한 어선이 하루씩 교대로 조업하는 방식 ▲ 남한이 북한에 대가를 지불하고 공동어로구역을 사는 방식 등을 제시했다. 한국외대 이장희(법학과) 교수도 남북 쌍방은 평화통일 시점까지 서해5도 주변의 3해리를 섬 연안수역으로 인정하고 나머지 수역에 대해서는 '꽃게잡이 남북공동어로수역'으로 지정, 경협차원에서 '남북공동어로협력합의서'를 체결하자고 주장했다. 그러나 정부는 신중한 태도를 보인다. 국방부는 확실한 '불가' 통일부는 "시간을 두고 검토할 문제"라고 말한다.

北입장 · 경제적 가치 검토해야

정부내 일부에서는 서해뿐만 아니라 동해까지 묶어 공동어로수역을 추진해보자는 아이디어도 나온다. 지난 2000년 전국어민총연합회는 북측의 민족경제협력연합회측과 남북어업협력합의서를 체결한 바 있다. 내용은 북측의 동해 은덕어장에서 남측의 어선이 조업할 수 있도록 한다는 것이다. 당시 합의는 정부의 사전승인을 받지 않아 논란이 일어나는 바람에 더이상 추진되지 못했다. 그러나 북측이 지난 2000년 12월 4차 남북장관급회담에서 "남측에 동해 어장을 제공할 의사가 있다"고 밝히며 어업협력 문제가 공식화됐다. 이에 따라 양측은 이 문제를 협의하기로 합의는 했으나 구체적인 날짜는 잡지 못하고 있는 상태다. 이와 관련, 통일부 관계자는 "먼저 북측이 제공할 정확한 어장을 설정한 뒤 경제적 가치가 있는지 등의 기본적인 조사부터 선행돼야 한다"고 말했다. 정부 고위관계자는 "공동어로수역은 정치·군사 등 남북관계의 전반적인 협력관계가 순조롭게 이뤄질 때 가능한 것"이라면서 "단순히 어업 문제만 따로 떼내어 논의할 수는 없을 것"이라고 말했다.

■ 본사기자 '연평호' 동승기, 꽃게어선 조업지도 긴장의 하루(2003.6.9.)

"동진 2호, 귀소 위치가 어떻게 되는지 불러 주세요." 서해 연평도 남서쪽 6마일 해상에서 어업지도선 '연평 518호' 선장 변진익(57)씨가 무전기 마이크에 대고 다급하게 소리쳤다. "(북위)37도 28, (동경)125도 37, (뱃머리 방향)270도에 (속도)15노트입니다" 연평호 왼쪽 20m 지점에서 조업 중이던 동진 2호의 답신이었다. 변 선장은 곧바로 경고 메시지를 날렸다. "지금 조업구역 바깥으로 조금 나왔으니 배 방향을 180도 틀어 안쪽으로 들어간 다음 조업하십시오."

"조업구역 벗어났습니다"

연평호는 인천 옹진군 연평면 소속 어업지도선. 연평 어민의 조업구역 이탈을 막는 등 해상에서 조업을 지도한다. 급할 때는 연평도 주민의 119구조대나 비상 교통수단으로 이용된다. 현충일 연휴에도 '꽃게철'을 놓치지 않으려는 연평도 내 50여척의 어선이 매일 조업구역에 몰려 들었다. 변 선장은 35년 경력의 베테랑이지만 7일 오전에도 긴장된 표정으로 3명의 선원들과 하루를 시작했다. 변 선장은 "꽃게잡이가 한창인 지난달 말부터 북한이나 중국 어선이 자주 나타나 잠시도 마음을 놓을 수 없다"며 주변을 꼼꼼히 살폈다. 연평호는 이날 오전 8시쯤 연평도 남쪽 1마일 지점 조업구역 맨 윗머리에 도착했다. 이어 조업구역에서 약간 바깥쪽으로 벗어나 남하를 시작했다. 우리 꽃게잡이 어선이 조업구역을 이탈하는지 살피기 위해서다.

섬 응급환자 긴급수송도

연평호는 연평도와 소연평도에서 위급한 환자가 발생하는 등 '긴급 상황'에도 대처하고 있다. 변변한 수술 시설이 없는 이곳에서 뭍으로 환자를 실어 나르는 '수상 앰뷸런스' 역할을 해야 하기 때문이다. 그래서 연평호는 휴일이 없다. 뭍에서 자녀 결혼식을 치러야 하는데 기상악화로 여객선이 끊어져 발을 동동 구르는 주민도 연평호의 비상 승객이 된다.

긴급 무전, "중국 어선 출몰"

"중국 어선이 지금 연평도 남서쪽 9마일 해상 조업구역 근처에 나타남. 즉시 조치 바람" 중국 어선의 출몰을 알리는 긴급 무전이 연평호 기관실 스피커를 통해 울려 퍼졌다. 점심 반주로 마신 소주 몇 잔으로 아직 붉은 기운이 감돌던 변 선장의 얼굴이 순간 굳어졌다. "이놈들 또 나타났군. 얼마나 해 먹겠다고 이렇게 난리인지. 쯧쯧…" 해가 저무는 오후 6시, 어선들의 안전 귀항을 확인한 연평호는 서둘러 뱃머리를 돌렸다.

■ 백령도 현지어장 르포, 남북 빠진 NLL 꽃게어장 中어선 '싹쓸이'(2003.9.29.)

가을 꽃게철을 맞아 중국 어선들이 백령도 앞바다를 휩쓸고 있다. 남북관계 등을 고려해 우리 어선은 서해 북방한계선(NLL) 아래 어로한계선을 넘지 못하는 반면 중국 어선들은 맘대로 돌아다니는 것이다. 이같은 중국 어선은 지난 5~6월 한 번에 수백척씩 나타났다가 자취를 감추더니, 가을 꽃게철이 돌아오자 이달 들어 다시 부쩍 늘고 있다. "저 놈들 또 나타났구먼. 북쪽으로 조금 더 올라가자우", "중국 배들이 어로한계선 위쪽에 있어 가기 어려울 것 같은데요…", "그래도 갈 데까지는 가 봐야지. 왜 여기까지 오는 거야. 에이…" 26일 오후 3시, 북위 38.03도 동경 124.38도 백령도 두문진 북서쪽으로 채 1㎞도 되지 않는 해상에 중국 어선 2척이 눈앞에 들어왔다. 해군·해경과 함께 백령도 어로해상을 지키는 옹진군 어업지도선 인천 227호의 항해사 김원국(42)씨의 손놀림이 금세라도 좇아갈 듯 빨라졌다. 그러나 잠시 뒤 해병대 레이더 기지에서 "어로한계선을 이탈하지 말라"는 지시가 무선을 통해 전달됐다. 해군 소속 함정을 제외한 어떠한 선박도 북위 38도 부근인 어로한계선을 이탈할 수 없기 때문이다. 김 항해사는 "눈 앞에서 중국 배들이 우리 물고기들을 다 잡아가고 있는디…"라고 아쉬워하며 선수를 남쪽으로 돌렸다.

중국 어선들이 북쪽으로 도망가면 손쓸 수 없어

이날 오전 6시 하루 일과를 시작한 42톤급 인천 227호 어업지도선에는 아침부터 긴장감이 팽팽하게 감돌았다. 가을 꽃게철을 맞아 중국 어선들이 밤낮을 가리지 않고 백령도 해상에 출몰하고 있기 때문이다. 이들은 수십척에서 많게는 400~500척씩 일렬로 몰려 다니며, 백령도와 대청도, 소청도 해상에서 바닥까지 긁는 저인망 그물로 꽃게, 광어, 멸치, 고둥 등을 마구잡이로 잡아들인다. 심지어 북쪽 땅인 황해도 해주 해상 NLL을 따라 연평도까지 내려온다. 하지만 이들에 대한 단속은 쉽지 않다. 어업지도선이나 해군 경비정이 다가가면 NLL 북쪽으로 달아나기 때문이다. 인천 227호 주용진(29) 기관사는 "중국 배들은 10톤정도 소형 선박이 대부분이고 낡은 탓에 최고 속력이 7, 8노트(1노트는 시속 약 1.8㎞)로 느리다"면서도 "다들 레이더를 장착하고 있어 우리가 20노트 이상의 속력으로 다가가면 NLL을 사이에 두고 숨바꼭질하듯 북쪽 해상으로 얼른 달아난다"

고 털어놨다. 인천 227호는 이날 이틀째 중국에서 우리 해상으로 들어오는 길목인 백령도 북쪽과 서쪽 대청 서방 어업구역을 순찰했다. 김 항해사는 "해군이 '외교 문제가 생길 수 있다"며 중국 배를 단속하지 않아 우리 어민들만 죽어나고 있다" 고 분통을 터뜨렸다. 그는 "오늘은 그믐이라 물살이 거세고 고기가 잘 잡히지 않아 중국 어선이 적지만 물살이 잔잔해지면 수십 수백척씩 온다"고 말했다.

생존 위협 겪는 백령도 어민들

120가구가 넘는 백령도 어민들의 불만은 이미 극에 달해 있었다. 중국 어선들에 의해 지역 어장의 '씨'가 말라 생계유지조차 어려운 실정이라고 했다. 지역 특산품인 까나리액젓을 만드는 까나리 어획량은 지난해 7.5톤에서 10분의 1인 0.75톤으로 줄었다. 이번 달부터 조업 허가가 난 꽃게는 구경하기조차 어려웠다. 이날 오후 6시 백령도 용기포로 조업을 마치고 돌아온 뉴코리아호 선장 김만양(45·진촌5리)씨는 "꽃게 제철인데도 하루에 10 kg도 못 잡아 20만원 벌이도 못했다"면서 "매일 기름값과 인건비도 못 건지는 판이니 고등학교 다니는 애들 학비를 어떻게 댈지 걱정"이라며 한숨을 내쉬었다. 주민 심정순(47·진촌5리)씨는 "중국 배들이 어장을 망가뜨리는 것은 물론 올해만 해도 300만원 짜리 어구 5개를 망가뜨리는 바람에 이래저래 1억원 가까이 빚을 졌다"면서 "고교 3년생인 아들이 '내가 빚 갚아야 돼?'라고 물어올 때마다 가슴이 무너진다"고 하소연했다. 심씨는 "정부가 태풍 수해를 입은 수재민에게는 보상금을 지급하면서 우리에게는 아무런 도움도 주지 않고 있다" 며 정부의 수수방관을 꼬집었다. 지역 관계자들은 정부가 중국과의 직접 협상 등으로 문제해결에 적극 나서 줄 것을 바라고 있다. 옹진군청 관계자는 "남북 긴장관계 등을 고려해 북방한계선 근처에서 조업하는 중국 어선들을 단속할 방법이 없다면 외교적 협상으로 문제를 풀어야 한다"면서 "현재의 어로한계선 구역을 북쪽으로 더 올리거나, 2개월로 한정된 대청도 서쪽 해상의 어로 제한을 완화하는 게 필요하다"고 말했다.

■ 최종남 연화리 어촌계장의 한탄 (2003.9.29.)

이미 체념한 탓일까. 인천광역시 옹진군 백령도에서 가장 큰 어민단체인 연화리 어촌계 최종남(사진·56) 계장은 쉽사리 말문을 열지 않았다. "아무리 뭍 사람들에게 중국배 얘기를 해도 소용없시다"라며 담배 연기만 연거푸 내뿜었다. 백령도 주민들이 중국 어선 때문에 겪는 시름은 최 계장의 얼굴에 깊이 팬 주름만 보더라도 충분히 짐작할 수 있었다. 최 계장은 백령도 부근 해상에서만 32년째 고집스럽게 '물질'을 해오고 있다. 등허리가 꼬부라지며 겨우 자식들을 대학 공부까지 시켰다. 최 계장의 한탄은 계속됐다. 백령도 앞바다를 밤마다 훤히 밝히는 중국 어선 불빛만 보면 밤잠을 설치기 일쑤라는 그는 "중국 사람들은 '새끼는 잡지 않는다'는 바다 사람의 불문율도 지키지 않는다"면서 "꽃게 어장에서 나오는 게 멸치, 고둥, 놀래미 등으로 주산물이 바뀌고 있다"고 말했다. 멸치잡이를 주로 하는 최 계장만 해도 중국 어선들 때문에 올해 큰 손해를 봤다. 멸치 평균 어획량이 2만 4,000kg 선에서 올해는 절반 가까이 줄어들었다. 게다가 kg당 7,000원 안팎의 단가가 절반 이하로 떨어지는 바람에 창고에 그냥 쌓아둔 것도 많다. 최 계장은 "중국 어선들이 어망까지 찢어놓는 일도 비일비재 하다"면서 "두문진에서 조업을 하는 80여 가구 어민들 대부분 수천만원에서 수억원의 빚을 지고 있는 상태"라고 말했다. 이 지경이 되다 보니 최근에는 어민들이 어선을 관광선으로 개조해 불법 관광영업에 나서는 일도 많아지고 있다. 주민들이 호구지책으로 관광객 1인당 7만~8만원씩 받고 5척의 임시 관광선을 운영하고 있는 것이다. 최 계장은 "목구멍이 포도청이라 불법 관광 영업으로 근근이 생계를 이어가고 있다"면서 "정부의 대폭적인 지원이나 중국 어선에 대한 강경 대응이 없다면 백령도에는 조만간 '대한민국 국민'이 한 사람도 남아 있지 않을 것"이라며 관광객들에게로 발걸음을 옮겼다.

■ 中어선 불법조업 왜 잦나(2003.9.29.)

2001년 6월 한·중 어업협정 이후 배타적 경제수역(EEZ)인 동경 124도를 넘나들며 조업하던 어선들이 요즘은 북방한계선(NLL)을 타고 백령·대청도 동쪽 해역까지 침범하고 있다. 남북한 완충해역이어서 어족자원이 풍부한 데다 단속의 손길이 상대적으로 취약한 NLL을 집중 공략하고 있다. 중국 어선들의 불법조업은 6·25 정전 이후부터 계속돼 왔으나 한·중 어업협정 이후 조직적으로 이뤄지고 있다. 불법조업을 하다 해경에 나포된 중국 어선은 2000년 29척, 2001년 39척, 2002년 25척에 달하다가 올해는 9월 25일 현재 82척으로 급증했다. 중국 어선들은 해경이 단속하면 NLL 이북 해역으로 도주, 추적가능 거리가 2~3마일에 불과하기 때문에 검거에 어려움이 따른다. 이들은 검거해도 골칫거리다. 영해법이나 배타적 경제수역법을 적용해 1,000만~3,000만원의 벌금을 부과하고 있으나 중국 어선 대부분이 영세해 80% 가량이 벌금을 못낸다. 이 경우 선장을 구속시키고 선원들은 공해상으로 추방한다. 당국은 여러 차례 중국측에 어선 단속을 강화해 줄 것을 요청했으나 어선 대부분이 개인에게 임대해준 것이어서 실질적인 통제가 이뤄지지 않고 있다.

■ [사설] 도둑맞는 서해어장 방치할 건가 (2003.10.27.)

서해 연평도 근해 북방한계선(NLL) 인근 수역이 중국 어선들의 불법 침범 조업으로 황금 어자원을 도둑맞고 있는데도 당국은 속수무책이다. 우리 어민의 조업은 통제되고 중국 어선들은 수백 척씩 들어와 광어·꽃게·우럭·잡어 등을 싹쓸이해가고 있다. 참다 못한 서해 어민들이 집단으로 어선을 몰고 중국 어선들을 향해 돌진하는 사태까지 벌어졌다. NLL 인근 수역은 우리나라 어선만 조업할 수 있는 배타적 경제수역(EEZ)이다. 그러나 당국은 북한과의 군사적 충돌 위험을 우려해 우리 어선의 조업을 통제하고 있다. 그 사이 중국 어선들은 매일 밤 수백척씩 선단을 이뤄 NLL을 넘어와 저인망으로 밑바닥까지 훑어 물고기 씨를 말리고 있다. 그런데도 해경과 해군 등은 제대로 손을 쓰지 못하고 있다. 중국 어선들은 해경의 고속정이 접근하면 NLL 북쪽으로 달아나 단속도 어려운 실정이다. 서해 어장 문제를 더 이상 방치해선 안 된다. 한국의 어장에서 한국 어선들은 고기를 못잡고, 중국 어선들만 어부지리를 누리는 상황을 언제까지 바라보고만 있을 건가. 해경과 해군은 먼저 중국 어선들의 불법 조업에 대한 감시를 대폭 강화해 어장과 어민 보호에 보다 적극적으로 나서야 한다. 그러나 이것만으로는 부족하다. 꽃게철만 되면 북한 어선들의 월선 조업과 이로 인해 '꽃게 전쟁'을 치러야 하는 문제도 아울러 해결책이 강구돼야 할 것이다. 『대한매일』은 이미 그런 방안의 하나로 남북이 NLL을 기점으로 한 공동어로구역을 설정하는 문제를 제기한 바 있다. 그것이 우리의 NLL 관할권을 확보하면서도 인근 수역의 긴장 관계를 해소하고 남북의 어민을 함께 보호할 수 있는 길이 될 것이다.

■ "중국 어선 조업 피해는 정부책임" 서해5도서 어민 보상 요구(2003.12.25.)

인천시 옹진군 서해5도서 어민들이 정부가 중국 어선의 싹쓸이 불법조업을 막지 못해 막대한 피해를 입었다며 보상을 요구하고 나섰다. 24일 백령 어민들에 따르면 백령도의 주 소득원으로 6~7월에 잡는 까나리의 올 어획량은 모두 87톤으로 지난해 같은 기간 600여톤의 14.5%에 머물렀다. 꽃게의 경우도 지난해 어획량의 절반에 못 미치고 있다. 이에 대해 어민들은 "올해 북방한계선 인근 해상에서 중국 어선들의 싹쓸이 불법조업이 기승을 부렸기 때문"이라고 주장하고 있다. 이처럼 어획량이 줄면서 주민들의 빚이 늘어 서해5도서 어민들이 진 빚이 대략 400억원에 이를 것으로 추산된다. 서해교전으로 인해 조업을 못한 연평 어민 41명은 지난해 22억원의 특별자금을 얻어 썼으나 대부분 갚을 방도가 없어 막막한 형편이다. 주민들은 이에 따라 특별자금 지원과 부채 상환기간 연장 등을 요구하고 있으나 관계기관의 반응은 냉담하기만 하다. 해양부는 꽃게잡이 연평 어민들에게 특별자금 추가지원은 어렵고, 상환기간도 50% 상환조건으로 1년을 연장한 적이 있어 추가 재연장은 타지역 어민과의 형평성에 맞지 않아 곤란하다는 입장이다. 다만 특별자금을 지원받지 못한 서해5도서 어민에 대해선 지원 타당성과 필요성을 입증될 경우 지원방안을 검토한다는 수준이다.

■ 남북 해군함정 분단 이후 첫 교신 순간(2004.6.15.)

"백두산(북측 해군을 지칭) 하나, 백두산 하나, 여기는 한라산(남측 해군을 지칭) 하나, 발광신호 확인", "한라산 하나, 한라산 하나, 여기는 백두산 하나. 감명도는…" 14일 오전 9시 서해 연평도 서쪽 3마일 부근의 북방한계선(NLL) 인근 해상. 남측 고속정 한 척이 북한 육도에서 장산곶으로 이동하는 북측 함정과 무선 교신을 시작했다. 분단 사상 첫 남북 해군 함정간의 교신은 이렇게 시작됐다. "여기는 감명도(통신음의 크기와 맑기) 둘. 소리를 더 높여라" 통신음 상태를 조정한 양측은 본격적인 교신에 들어갔다. 남북은 이날 연평도와 대청도 백령도 등 NLL 인근 해상 5개 구역에서 국제상선통신망(주 주파수 156.8㎒,보조 주파수 156.6㎒)을 이용해 2시간가량 무선교신에 성공했다. 지난 1999년과 2002년 서해상에서 벌어진 두 차례의 남북간 교전이 낯설게 느껴질 정도였다. 연평도 1구역과 대청도 3구역 해상에서는 각각 오전 9시15분, 10시 15분부터 5노트 속도로 남하하는 북측 함정을 향해 2척의 남측 고속정이 접근하면서 기동 시험도 실시했다. 두 번째 시험교신에 성공한 361 고속정의 유재근 편대장(36·소령·해사 46기)은 "오늘 교신에 성공함으로써 서해상 군사적 충돌위험이 줄어들 것으로 생각한다"고 만족감을 표시했다. 900m 거리까지 근접한 함정들은 이어 시각신호 확인에 돌입했다. 시각신호는 상선통신망의 사용이 불가능하거나 기관고장 등으로 불가피하게 접근했을 경우 사용되는 발광(불빛)과 기류(깃발) 신호를 말한다. 먼저 우리 함정에서 네 차례의 짧은 불빛과 한 차례의 긴 불빛이 뿜어져 나왔다. 아측은 적대행위 의도가 없다는 뜻이다. 북측 함정에서는 "귀측 신호를 확인했다"는 의미로 네 차례의 긴 불빛과 한 차례의 짧은 불빛이 '회신' 됐다. 이어 "적대행위가 없다"는 뜻의 4번 깃발이 남측 함정의 마스트에 내걸렸다. 한편 양측은 경의선 도로·연결 구간에 매설된 유선 통신망을 이용, 이날 오전 9시 NLL 해상에서 불법 조업중인 어선의 조업시간과 위치, 척수 등의 정보를 처음으로 교환했다.

■ 인천~서해5도 쾌속선 취항(2004.7.10.)

본격적인 주5일 근무제 실시와 휴가철을 맞아 인천과 서해5도서간 항로에 초쾌속선과 카페리 등이 잇따라 취항한다. 9일 인천지방해양수산청에 따르면 ㈜우리고속훼리 소속 '씨플레인호(288톤급)'가 인천~연평도 항로에 새로 투입돼 이날 오전 9시 30분 인천 연안여객터미널에서 첫 운항에 나섰다. 이 여객선은 인천~덕적도~연평도 항로를 1일 1회 왕복 운항하게 된다. 237명을 태울 수 있는 이 배는 최대 속력이 37.5노트로 인천에서 연평도까지 2시간 20분 가량 소요돼 기존 여객선 4시간보다 크게 단축된다. 씨플레인호 취항으로 인천~연평도 항로에는 1일 1회 편도 운항하는 '실버스타호(569톤급)'와 한 달에 10회 가량 운항하는 '오클랜드호(136톤급)' 등 모두 3척의 여객선이 운항하게 된다. 인천해양청 관계자는 "주5일제 근무제를 맞아 섬을 찾는 관광객이 늘 것으로 보고 여객선사들이 경쟁적으로 고급화, 대형화 된 여객선을 투입하고 있다"고 말했다.

■ 北경비정 첫 NLL침범 우리해군 경고사격에 퇴각(2004.7.15.)

북한 경비정 1척이 14일 오후 서해 북방한계선(NLL)을 넘었다가 우리 해군의 경고사격을 받고 퇴각했다. 남북한 군 당국이 우발적인 무력 충돌 방지를 위해 서해상에서 핫라인을 가동한 지난달 15일 이후 북한 경비정이 NLL을 침범하거나, 경고사격이 이뤄진 것은 이번이 처음이다. 합동참모본부에 따르면 북한 경비정은 이날 오후 4시 47분쯤 연평도 서방 15마일 해상에서 불법 조업 중인 중국 어선을 단속하는 과정에서 NLL을 0.7마일까지 침범했다가 우리 해군 함정의 경고사격을 받고 7분 만에 북상했다. 해군 함정은 북한 경비정이 황해도 등산곶을 떠나 남하하던 도중 NLL을 월선하는 것을 발견, 경비정에서 6마일 떨어진 해상까지 접근해 핫라인으로 활용 중인 국제상선 공통망을 이용해 경고 방송에 들어갔다. 해군은 NLL 월선 직전인 오후 4시 40분쯤 "귀함은 NLL쪽으로 접근 중이다. 즉각 북상하라"

고 경고했다. 이어 북한 경비정이 NLL을 넘는 것을 보고 "즉각 북상하지 않으면 경고사격 하겠다"고 3차례에 걸쳐 추가 경고 방송을 했다. 하지만 북한 경비정이 4차례의 경고 방송에도 불구하고 NLL 침범을 중단하지 않자, 4시 54분쯤 함포 2발을 발사해 5시 1분쯤 NLL 북쪽으로 내쫓았다. 합참은 북한 경비정이 NLL을 침범할 당시 북쪽 해상에 중국 어선 4척이 조업 중이었던 점에 비춰 불법어로 단속과정에서 우발적으로 NLL을 침범한 것으로 분석하고 있다. 하지만 평소 정상 가동되던 함정간 교신이 이날 제대로 이뤄지지 않은 점에 비춰 장성급회담 이후 조성된 긴장 완화 분위기를 틈타 한국군의 NLL 수호 의지를 시험하기 위한 시도였을 가능성도 배제하지 않고 있다. 한편 북한 경비정은 지난해 모두 5번 NLL을 침범했으며, 경고사격은 3차례 이뤄졌다.

■ 北, NLL 무더기 월선…경고사격 받고 퇴각(2004.11.2.)

북한 경비정 3척이 1일 오전 서해상 북방한계선(NLL)을 침범했다가 해군 함정의 경고 방송과 경고사격을 받고 퇴각했다. 합동참모본부에 따르면 이날 오전 10시 25분쯤 북한 경비정 2척이 NLL 쪽으로 접근했다가, 해군 고속정으로부터 경고 방송을 받고도 불응한 채 10시 54분쯤 서해상을 침범했다. 이들 경비정은 NLL을 넘어 계속 남하하다가 11시 3분과 9분 두 차례에 걸친 추가 경고 방송이 이어지자 1척은 11시 15분쯤 북상했고 나머지 1척은 NLL 남방 2.7마일 해상까지 내려와 "우리는 침범하지 않았다. 제3국 어선을 단속 중이다"라고 응신했다. 해군 고속정은 경고 방송 수신 이후에도 북한 경비정이 남하를 계속한 점에 비춰 우리 영해를 고의로 침범한 것이 명백하다고 보고 11시 22분과 30분에 각각 3회에 걸쳐 40㎜ 기관포로 경고사격을 가했다. 경고사격을 받은 북한 경비정은 11시 40분쯤 NLL을 넘어 북상했으나, 12시 1분쯤 다시 영해를 침범했으며 12시 8분쯤 우리 해군 초계함의 76㎜ 함포 경고사격이 4회 계속되자 퇴각했다. 연평도 서방 25마일 해상에서도 이날 오전 11시쯤 북한 경비정 1척이 NLL 남쪽 0.9마일까지 월선했다가 해군의 경고 통신을 받고 11시 24분쯤 북상했다. 북한 경비정들이 영해를 침범한 서해 소청도 동방 및 연평도 서방 NLL 부근에는 이날 중국 어선 80여척이 조업 중이었다. 그동안 북한 경비정이 1척씩 NLL을 넘은 적은 있으나, 이번처럼 3척이 무더기로 월선한 것은 이례적이다. 군 당국은 북한 경비정의 무더기 월선이 우리 해군의 대응 태세를 점검하기 위한 의도가 있는 것으로 보고 있다. 하지만 최근 중국 어선들이 9월 금어기간이 끝나 서해상 불법 조업 행위가 급증하고 있는 점에 비춰 북측 주장대로 불법 어로 단속과정에서 우발적으로 NLL을 넘었을 가능성도 배제하지 않고 정확한 의도를 분석 중이다.

■ 北경비정 NLL 월선… 6분만에 북상(2004.12.8.)

7일 오전 11시 59분쯤 서해 소청도 동남방 10마일 해상에서 북한 경비정 1척이 북방한계선(NLL)을 0.2마일가량 침범했다가 6분 만인 12시 5분쯤 북상했다. 합동참모본부에 따르면 해군은 북 경비정의 NLL 월선과 관련, 총 7차례에 걸쳐 북상을 요구하는 경고 통신을 보냈다. 북 경비정은 그러나 우리측의 교신에 아무런 반응을 보이지 않다가 NLL 북상 후인 12시 10분쯤 2차례에 걸쳐 "중국 어선을 단속 중이다. 우리가 단속할 테니 신경쓰지 마라"고 응신해 왔다.

■ "꽃게 싹쓸이" 中에 879억 손배소(2005.3.25.)

백령도·연평도·대청도 등 서해5도 어민 293명은 24일 "중국 정부가 중국 어선들의 싹쓸이 조업을 방치해 막대한 피해를 주고 있다"면서 중국 후진타오 주석과 리빈 주한 중국대사를 상대로 879억원의 손해배상 청구 소송을 서울중앙지법에 냈다. 이들은 소장에서 "2000년부터 서해 북방한계선을 중심으로 중국 어선이 몰려와 꽃게와 어패류 등을 싹쓸이해 서해어장이 황폐화되고 있다"면서 "중국 정부가 지난 1998에 체결된 한·중 어업협정을 제대로 이행하지 않고 자국 어선단에 대한 관리·감독을 소홀히 한 탓에 이들의 불법조업으로 서해5도 어민들이 재산상 막대한 손해를 입었다"고 주장했다.

■ 불법조업 중국 어선 4척 어민들이 잡아 해경에 넘겨(2005.5.2.)

인천 연평도 어민들이 1일 북방한계선(NLL) 남방 180m 해역에서 불법 조업 중인 중국 어선 4척을 7시간 동안 억류하다 인천해양경찰서로 넘겼다. 해경은 중국 선원을 영해 및 접속수역법 위반 혐의로 입건할 방침이다. 인천해경에 따르면 연평도 꽃게잡이 어선 30여척은 이날 오전 10시 50분쯤 인천시 옹진군 연평도 북서쪽 0.4마일 지점에서 중국 어선 4척을 에워싸고 연평도로 예인해 왔다. 중국 어선은 30~50톤급 형망어선으로 선원 25명이 타고 있었다. 연평도 어선들은 이날 조업을 나갔다 중국 어선이 보이자 선박 통신망을 이용, 실력행사에 나서기로 뜻을 모았다. 한꺼번에 조업구역을 벗어나 NLL 남방 180m 지점까지 쫓아가 중국 어선을 붙잡았다. NLL 남방 2마일 해역은 해군조차 접근이 제한된 곳이다. 해군은 어선의 집단행동을 감지하자마자 고속정 4척을 투입했지만 동시에 움직이는 30척을 막지 못했다. 어민들은 한때 중국 선원을 강제 억류하고 해군의 인계 요청을 거부했었다. 중국 어선의 '싹쓸이 조업'으로 극심한 꽃게 흉작이 계속되자 어민들이 집단행동에 나선 것이다. 인천지역 꽃게 어획고는 2002년 1만 4281톤(1,180억 4,000만원), 2003년 6,547톤(829억 7,000만원), 지난해 1,390톤(292억 8,000만원)으로 2년 전에 비해 10분의 1 수준으로 떨어졌다. 중국 어선들이 남북 상황을 악용, NLL을 넘나들며 꽃게 등 어족자원을 싹쓸이하기 때문. 낮에는 NLL 위쪽에서 조업하다 밤에 해군의 감시를 피해 한계선을 넘고 있다. 최율 연평어민회장은 "해경이 중국 어선의 불법 조업에 대한 근본적 대책을 마련하지 않고 있다"면서 "앞으로 생존권을 지키기 위해 우리 스스로 중국 어선에 대해 강력히 대처할 것"이라고 말했다.

■ [사설] 꽃게어장 경비 어민이 떠맡나(2005.5.3.)

서해 북방한계선(NLL) 주변수역에서의 '꽃게 전쟁'이 방치할 수 없는 상태에 이르렀다. NLL을 경계로 남북이 대치하고 있는 틈을 노려 중국 어선들이 꽃게를 싹쓸이하는 정도가 너무 심하다. 엊그제는 연평도의 우리 꽃게잡이 어선들이 NLL 바로 밑까지 북상해 중국 어선 4척을 붙잡아 왔다. 폭발하고 있는 우리 어민들의 분노를 풀어주지 않으면 이같은 집단행동은 계속될 것이다. 서해 해상에서 남북 군사충돌이 다시 발생할 우려도 있다. 매년 꽃게잡이 철이면 서해상에서 남북한과 중국 간의 신경전이 치열했다. 중국 어선이 낮에는 NLL 북쪽, 밤에는 남쪽에서 꽃게가 내려오는 길목을 막고 불법조업을 일삼았다. 북측은 경비 능력 미비로 이들을 단속하지 않고 있고, 남측은 북측과 군사 충돌을 염려해 적극적인 제재에 나서지 못하고 있다. 지난해 인천지역 꽃게 어획고는 2년 전에 비해 10분의 1로 줄었다. 올해도 중국 어선 300여척이 선단을 이뤄 불법조업을 하고 있다. 눈 앞에서 황금어장이 약탈당하는 것을 참다못한 어민들이 어로한계선을 넘어 중국 어선 추격에 나선 것이다. 해경은 중국 어선을 처벌하고, 어로한계선을 넘은 우리 어선에도 벌금을 물릴 예정이라고 한다. 이런 식의 사후조치로는 문제가 해결되지 않는다. 해군은 꽃게잡이 철의 우발충돌을 방지하기 위해 무인정찰기를 운영하는 방안을 검토 중이라지만, 이 역시 근본 대책이 못된다. 서해 NLL 주변에 남북공동어로구역을 설정하는 방안을 추진해야 한다. 군사적 고려 때문에 더 이상 시간을 늦추면 안 된다. 꽃게잡이 철에 한시적으로 공동어로구역을 설정하는 방법을 북한과 우선 협상해봐야 할 것이다. 그에 앞서 지난해 6월 개설된 해상 핫라인을 활성화해 중국 어선의 불법행위 제재에 남북이 협력해야 한다.

■ EEZ침범 中 어민에 해경4명 부상(2005.5.27.)

해양경찰관 4명이 서해 배타적 경제수역(EEZ)에서 불법조업 중인 중국 어선을 나포하는 과정에서 중국 어민들이 휘두른 쇠파이프에 맞아 중·경상을 입었다. 26일 인천해양경찰서에 따르면 해경 경비함 '501호(500톤급)'는 지난 24일 오전 1시 30분쯤 인천시 옹진군 백령도 서방 27마일 해상에서 중국 어선 2척이 우리측 EEZ 1.5마일을 침범한 사실을 확인하고 나포에 나섰다. 해양경찰관과 전경 12명은 보트를 타고 중국 어선 2척에 접근, 어선 1척은 제압했으나 다른 어선에 타고 있던 중국 어민 18명은 쇠파이프를 휘두르며 격렬하게 저항했다. 이 과정에서 검거조 팀장인 최모 경사가 쇠파이프에 얼굴을 맞아 쓰러졌고 중국 선원들은 최 경사를 바다에 던졌다. 최 경사가 바다에 빠지자 나머지 대원 5명은 최 경사를 구하기 위해 바다로 뛰어들었고, 다른 어선에 있던 대원 6명도 보트를 타고 물에 빠진 대원들을 건져 올렸다. 중국 어선들은 이 틈을 타 도주했다.

■ 서해안 경계망 '구멍'(2006.6.1.)

중국 어선과 북한 선박이 잇따라 해군과 해경의 감시망을 뚫고 인천시 옹진군 섬까지 접근해 해안 경계체제에 허점을 드러냈다. 지난 달 30일 0시 10분쯤 옹진군 연평도 북쪽에서 불법으로 꽃게잡이를 하던 중국 어선 '요동어 558호(8톤)'가 연평도에 접근, 선장 쑨톄핑(38)이 부상당한 선원 창징핑(36)을 들쳐 업고 섬에 들어와 구조요청을 해 주민들이 119구조대에 신고했다. 부상 선원은 북방한계선(NLL) 북쪽에서 꽃게잡이를 하던 중 전날 오후 7시쯤 다른 중국 선원과 술을 마시며 채무관계로 말다툼을 하다 흉기에 배를 찔린 것으로 밝혀졌다. 이 선원은 인천으로 긴급 후송돼 인하대병원에서 수술을 받아 생명에는 지장이 없는 상태다. 하지만 중국 어선이 북방한계선을 넘어 연평도에 상륙하기까지 3시간가량 걸렸지만, 군경은 이를 발견하지 못했다. 더욱이 군과 행정기관이 경비정과 어업지도선을 집중 투입해 중국 어선의 불법조업을 단속하던 시기여서 경계망에 허점을 드러냈다는 지적이다. 이에 앞서 지난 25일 오후 1시 30분쯤 북한 주민 A(42)씨와 부인(39), 아들 2명(16,13세) 등 일가족 4명이 목선을 타고 옹진군 울도 인근 해상까지 들어왔다. 이 목선은 어선들이 발견해 해경에 신고하는 바람에 관계 당국에 적발됐다. 인천 남서쪽 72km에 있는 울도는 북방한계선에서 깊숙이 내려온 지점임에도 군과 해경은 어선이 신고하기 전까지 목선의 이동 경로를 파악하지 못했다. 해경은 "중국 어선과 북한 목선은 작아 레이더에 잡히지 않는데다 안개가 끼는 등 기상 상태가 좋지 않아 발견하지 못했다"고 말했다.

■ 연평도 꽃게어선 감축(2006.10.18.)

최근 꽃게 어획량이 급감해 어려움을 겪고 있는 옹진군 연평도 어선이 행정당국의 보상을 받아 대폭 줄어들 전망이다. 17일 해양수산부와 인천시에 따르면 75억원의 국·시비를 들여 내년부터 2년간 어민들에게 보상비를 지급하고 꽃게 어선을 줄일 계획이다. 어민들이 중국 어선 불법조업 등에 따른 꽃게어획량 감소로 어선의 보상 매입을 수차례 요구한 데 따른 것이다. 감축대상 어선은 전체 자망어선 53척 가운데 30척으로 매년 15척씩 1척당 약 2억 5,000만원의 보상비를 받고 감축된다. 그러나 연평도 어민들은 척당 3억 2,000만~3억 5,000만원을 요구하고 있어 합의에 진통이 예상된다.

■ NLL은 어떤 선(2007.8.13.)

'NLL(northern limit line)'이란 약칭으로 불리는 서해 북방한계선은 1953년 정전 직후 마크 웨인 클라크 유엔군 사령관이 선포한 해상경계선으로 서해 백령도·대청도·소청도·연평도·우도의 5개 섬 북단과 북한이 관할하는 옹진반도 사이의 중간선을 말한다. 자신들과 협의 없이 일방적으로 선포됐다는 이유로 북한은 아직까지 '비법적(非法的)'인 선이라며 남과 북의 해상경계선으로 인정하지 않고 있다. NLL의 '태생적 한계'는 1953년 7월 27일 정전협정을 맺을 당시 육상 군사분계선(MDL)만 합의하고 해상경계선은 확정하지 못한 데서 비롯된다. 당시 북한은 경기도와 황해도 경계의 연장선을, 유엔군은 서해5도가 모두 포함된 경계선을 고집해 접점을 찾는 데 실패했다. 결국 유엔사는 남북간 해상충돌을 막고 정전상태의 안정적 관리를 위해 NLL을 선포한다. 하지만 군사분계선(MDL)과 달리 해·공군의 초계활동 범위를 규정하는 '작전 한계선' 성격을 띠었던 까닭에 북한에는 정식으로 통고하지 않았다. 북한이 NLL을 문제 삼기 시작한 것은 해군력 증강에 자신감을 갖게 된 1970년대부터다. 73년 12월 군사정전위원회 346차 회의에서 서해5도의 접속수역은 자신들의 영해이며, 이곳을 통과하는 선박들은 사전 허가를 받아야만 한다고 주장했던 것. 이어 1977년 8월 인민군최고사령부 이름으로 '해상경계선'을 선포하고, 1999년 '조선서해 해상경계선'과 2000년의 '5개섬 통항질서'를 발표하면서 NLL의 '무실화'를 시도하기에 이른다. 우리 정부도 1992년 맺은 남북기본합의서 부속 불가침합의서를 통해 "해상 불가침 구역은 해상불가침경계선이 확정될 때까지 쌍방이 지금까지 관할하여 온 구역으로 한다"며 NLL의 '잠정적' 성격을 인정했다. 이양호 전 국방장관도 1996년 7월 국회 대정부 질문에서 "NLL은 우리 어선이 실수로 월북할 것을 우려해 임의로 설정한 경계선인 만큼 북에서 넘어와도 정전협정 위반과는 무관한 것"이라고 답변하기도 했다. 다만 새로운 해상경계선이 확정될 때까지는 NLL이 '실질적인 분계선'으로서 준수돼야 한다는 게 정부의 공식입장이다. NLL을 둘러싼 남북의 대립은 결국 1999년 연평해전과 2002년 서해교전으로 이어져 양측 모두 수십명의 사망자를 내는 참극을 빚었다.

■ '해상접경' 인천 NLL 논란(2007.9.20.)

서해 북방한계선(NLL) 문제가 해당 지자체인 인천에서 '뜨거운 감자'로 부각되고 있다. 인천시의회는 18일 제158회 임시회 본회의를 열고 "남북정상회담시 북방한계선 의제 채택 반대 건의안"을 만장일치로 채택했다. 남북한 군사적 신뢰가 구축되지 않은 상태에서, 정상회담에서 NLL 의제 채택에 반대한다는 뜻을 분명히 한 것. 시의회는 건의안을 통해 "NLL은 연평해전과 서해교전 등 남북 군사대치가 빈번한 상태에서 평화의 수호선"이라며 "정상회담에서 의제로 채택해 재조정하게 되면 인천 앞바다까지 북한 함정이 접근하는 상황이 벌어지게 될 것"이라고 경고했다. 아울러 정부는 NLL 논의를 즉각 중단하고 부처간 의견 조율과 국민적 공감대를 충분히 형성한 후에 논의할 것을 주문했다. 그러나 서해교전과 같은 비극이 또 다시 일어나지 않기 위해서는 이번 정상회담에서 NLL 문제를 심층적으로 논의해야 한다는, 정반대의 주장도 제기되고 있다. '6·15공동선언실천 남측위원회 인천본부'가 같은 날 인천 부평구청에서 개최한 강연회에서 이장희 평화통일시민연대 상임대표는 "NLL에 대한 근본적 해결 없이 서해와 한반도 평화 정착은 어렵다"며 "정상회담 의제로 다뤄져 합리적인 대안이 나올 수 있도록 해야 한다"고 밝혔다. 이 대표는 "정전협정을 평화협정으로 교체하는 문제가 거론되는 마당에 국제법상 논란의 여지가 있는 NLL 문제를 논의조차 않는다는 것은 이해하기 힘들다"면서 전향적인 자세를 주문했다. 또 "NLL에 대한 명확한 합의가 없는 한 꽃게가 많은 NLL 주변지역에서 남북한의 군사력 충돌은 계속될 것"이라고 강조했다. 아울러 그는 이번 정상회담에서 NLL 문제의 성급한 해결을 기대해선 안 되며, 이 문제가 걸림돌이 된다면 남북 군사공동위원회나 국방장관 회담에서 논의할 수 있다고 덧붙였다. 한편 일각에서는 NLL 해법으로 '해양평화공원'을 거론해 주목받고 있다. 한국해양수산개발원(KMI)은 NLL 인근을 해양평화공원으로 지정하고 남북한이 공동관리함으로써 수산·문화자원을 보호하고 군사적 긴장을 완화할 수 있다고 주장했다. 한국해양수산개발원 남정호 박사는 지난달 NLL 수역을 관할하는 인천 옹진군에서 열린 토론회에서 "접경해역에 해양평화공원이 조성되면 중국 어선 불법어업 감시 강화, 수산자원 서식지 보전, 해양환경 개선 등을 꾀할 수 있다"고 주장했다. 남 박사는 이어 "서해 접경해역 전체를 해양평화공원으로 조성하는 게 현실적으로 어렵다면 우선 분쟁이 잦은 연평도 일대를 시범해역으로 지정해 운영하는 것도 남북 긴장 완화에 도움이 될 것"이라고 말했다.

■ "공동어로수역 어획 쿼터제 실시해야"(2007.10.5.)

남북 접경지역인 서해5도 주민과 경기 북부지역 주민들은 4일 발표된 남북정상회담 내용에 대한 기대감을 표시했다. 하지만 실천의 중요성을 주문했다. 서해5도 주민들은 서해 북방한계선(NLL) 인근의 남북 공동어로수역 설정 합의 내용에 대한 기대가 컸다. 많은 주민은 공동어로수역 설정에 따른 어획량 증대와 지역경제 활성화에 기대를 내비쳤다. 백령도 어민 이근수(55)씨는

"NLL 쪽으로 나아갈수록 꽃게가 더 많이 잡히지만 지금까지는 접근하지 못했는데 앞으로 이 수역에서 조업을 할 수 있게 되면 어민들 살림도 펴지게 될 것"이라고 기대했다. 하지만 일부 주민들은 그동안 통제돼 있던 NLL 인근 수역이 개방되면 무분별한 조업으로 어족자원이 고갈될 가능성이 있다며 '쿼터제' 등을 통한 어획량 제한조치가 필요하다고 주장했다. 김재식(46) 연평도 선주협의회장은 "NLL 인근은 많은 어족들의 산란장 역할을 해왔는데 앞으로 이곳에서 조업이 무분별하게 이뤄지면 어족자원이 1년도 못 가 고갈되는 최악의 상황도 예상된다"고 말했다. 경기 북부권 주민들도 앞으로 농업뿐만 아니라 경제, 관광, 문화, 산업 등 다양한 분야로 교류가 확대될 것으로 기대했다. 경기 북부지역의 개발도 가속화될 것으로 예상했다. 파주시 문산읍 주민들은 '남북관계 발전과 평화번영을 위한 선언'에 문산~개성간 경의선 화물열차 운행이 포함됐다는 소식이 전해지자 지역발전을 앞당기게 됐다며 환영을 표시했다. 주민들은 화물열차가 운행되면 민자로 추진되고 있는 서울~문산간 고속도로 개통 시기가 앞당겨지고 화물기지가 설치돼 지역상권이 활성화되는 계기가 될 것으로 기대했다. 경기도는 남북교류사업과 관련, 우선 민선 4기 출범 직후부터 추진해온 한강하구 퇴적 모래 채취사업을 본격 추진할 수 있을 것으로 기대했다. 한강, 예성강, 임진강 등 한강하구(유역면적 130만㎢) 지역은 남북분단 이후 준설작업을 하지 않아 엄청난 양의 골재가 있을 것으로 추정되는 지역이다. 한강하구에서 수도권 연간 수요량(4500만㎥)의 24배에 달하는 10억 8000만㎥의 골재를 채취할 수 있을 뿐 아니라 높아진 하상(河床)을 낮춰 한강, 임진강 유역의 수해도 예방하고 해운을 활성화할 수 있을 것으로 전망했다. 특히 생태계의 보고로 알려진 파주시 군내면~연천군 신서면에 이르는 휴전선 DMZ 남·북측 지역 80㎢에 평화생태공원을 조성하는 방안도 본격적으로 추진할 방침이다. 판문점, 땅굴 견학 등 단순한 안보관광에서 벗어나 생태·역사·문화·군사유적지를 체험하고 전쟁의 상흔을 피부로 느낄 수 있도록 다양한 프로그램과 테마파크를 건립하는 방안을 검토하고 있다. 양진철 정책기획심의관은 "남북 정상이 폭넓은 교류협력사업을 펼치기로 합의함에 따라 그동안 경기도가 추진해 왔거나 구상했던 각종 사업들이 보다 구체화 될 수 있는 계기가 마련됐다"고 말했다.

■ 서해 평화지대와 NLL 향배(2007.10.8.)

남북이 '2007 정상선언'을 통해 접경수역에서의 공동어로와 직항로 개설 등 군사적 긴장완화 방안의 큰 틀에 합의함에 따라 서해 북방한계선(NLL)을 사이에 둔 군사적 대치 국면이 새 전기를 맞게 됐다. 이번 합의에 대해선 군사 문제를 경제적 공동이익의 관점에서 접근하는 '발상의 전환'을 통해 서해 평화 정착의 돌파구를 열었다는 평가가 일반적이다. 그러나 군과 보수진영 일각에선 NLL 무력화로 이어져 해상안보를 위태롭게 할 것이란 지적도 나온다.

평화체제 구축때까지 거론 않기로 입장 정리

군 일각에선 NLL을 건드리지 않고 공동어로수역과 직항로를 운영하기란 불가능하며, 결국 NLL 무력화로 이어질 수밖에 없다고 주장한다. 정부도 이번 합의로 NLL이 사라지는 것은 아니지만 위상 변화가 불가피하다는 점을 인정한다. 천호선 청와대 대변인은 7일 "(NLL 없이 공동어로수역은 있을 수 없다는) 김장수 국방장관과 (NLL이 영토적 개념이 아니라는) 이재정 통일부 장관의 얘기는 NLL의 양 측면을 다 보여주는, 둘 다 옳은 얘기"라면서 "발상을 전환해 제의하고 북의 동의를 받은 것"이라고 설명했다. 천 대변인과 정부 관계자 발언을 종합해 보면 남북은 공동어로수역과 직항로를 운영하는 선에서 NLL 문제를 더 이상 거론하지 않는다는 쪽으로 입장 정리를 한 것으로 보인다. 양측이 경제적 실익을 나눠 가진 데다, 평화체제가 구축되면 자연스러운 해소 방안이 나올 수 있는 만큼 굳이 거론해 상황을 경색시키지 말자는 암묵적 합의인 셈이다. 국방부 관계자도 "북한의 NLL 재설정 요구는 실상 직항로와 공동어로 등 경제적 이익 확보를 노린 측면이 컸다"면서 "경제적 손실을 감수하면서 새삼 재론할 가능성은 낮다"고 관측했다.

공동어로·평화수역, 부처간 해석차

주목되는 사실은 서해 문제를 둘러싼 정상간 합의의 핵심인 '공동어로수역'과 '평화수역'에 대해 부처간 개념 정리가 명확하지 않다는 점이다. 4일 정상선언문 발표 직후 통일부가 내놓은 해설자료는 공동어로수역과 평화수역이 별개의 수역이란 인상을 강하게 풍긴다. 공동어로수역에 대해선 "남북 어민들이 공동 조업"하는 '경제수역' 개념으로, 평화수역은 어업활동이 불가능한 특정 수역에 설치하는 일종의 '해상 비무장지대'로 규정하고 있는 것이다. 그러나 국방부 입장은 다르다. 군사회담을 총괄하는 국방부 관계자는 5일 "공동어로수역을 해보고, 잘 되면 평화수역으로 간다는 의미 아니겠느냐"고 말했다. 이 같은 해석의 차이는 두 수역에 대해 언급한 정상선언문 3항과 5항의 차이에서 비롯된 것으로 보인다. 실제 군사적 긴장완화 방안을 다룬 3항에서는 두 개념을 '조건부 선후관계'로 규정하고 있는 반면, 서해평화협력지대(한강하구~연평도)를 다룬 5항에서는 '병렬 관계'로 규정하고 있다.

직항로 허용, 안보위협 낮아

해주 직항로 허용에 따른 안보위협 문제도 제기되지만 '지나친 기우'라는 평가가 많다. 해군 관계자는 "직항로가 열리더라도 육상 분계선의 '통문'처럼 폭 1㎞ 안팎의 항로만 열어주게 된다"면서 "경계를 수행하는 군 입장에선 부담이 될 수는 있지만 수도권 방어로 직결될 사안은 아니다"라고 일축했다. 관심을 끄는 대목은 연평도를 기준으로 동쪽 해역에 설치될 평화수역이다. 해군 관계자는 "북측이 해주항 개방의 상응 조치로 연평도·우도 등에 설치된 고속정 기지와 해병대 병력, 해안포대 등의 후방철수를 요구할 수 있다"면서 "군사적 신뢰가 쌓인다면 논의의 여지는 있다고 본다"고 말했다.

■ 공동어로수역 설정땐 서해5도 주민만 조업(2007.10.10.)

남북정상선언의 후속 조치로 서해에 남북 공동어로수역이 설정되면 연평·소청·백령도 등 서해5도 주민들에게만 이 해역에서의 어업권이 보장될 것으로 보인다. 강무현 해양수산부 장관은 9일 인천 연평도와 백령도를 방문, 이 지역 어민들과 간담회를 갖고 이같이 밝혔다. 남측 공동어로수역은 북방한계선(NLL)을 중심으로 백령도와 연평도 사이 해역에 설정될 가능성이 크다. 강 장관은 "공동어로구역의 조업은 다른 지역 어업인들과 협의해 서해5도 주민들만 조업할 수 있도록 유도할 예정"이라고 밝혔다. 그는 이어 "남측 어선이 북측 바다에 가서 어업을 할 수 있겠지만 북측 어선이 남측으로 내려와 어업을 할 가능성은 낮다"고 말했다. 강 장관은 또 "공동어로구역이 확정되면 바다 목장화 사업 등 합리적인 방법으로 중국 어선의 싹쓸이조업 때문에 고갈 위기에 처한 어족 자원을 회복시키고 백령도 신항만 개발 공사 사업이 조기 완공될 수 있도록 노력 하겠다"고 덧붙였다.

■ [사설] 공동어로수역 기준선은 NLL이어야 (2007.10.19.)

남북간 미묘한 현안에 대해서 정부 당국자의 언급은 신중해야 한다. 북한을 오도함으로써 추후 협상에 차질을 빚을 수 있고, 공연히 남남(南南) 갈등을 부추길 우려가 있다. 노무현 대통령이 지난주 "서해 북방한계선(NLL)은 영토선이 아니다"라고 말해 소모적인 논쟁이 벌어졌다. 청와대가 "NLL은 실질적인 해상경계선"이라고 해명해 시비가 봉합되는 듯했으나 이재정 통일부 장관의 연이은 발언이 파문을 일으키는 상황은 정말 걱정스럽다. 이 장관은 그제 국정감사에서 서해 공동어로수역과 관련, NLL을 기준으로 등거리·등면적 원칙을 고수하지 않을 수 있다고 답변했다. 이제까지 정부가 지켜온 원칙을 깨는 언급이었다. 북한은 그동안 장성급회담을 통해 NLL 한참 밑에 공동어로수역을 만들자고 주장해왔다. 공동어로를 넘어 군사경계선으로서 NLL을 무력화하려는 의도가 깔려 있었다. 북측의 의도를 알고 있는 이 장관이 미묘한 사안을 쉽게 거론한 점은 경솔했다. 같은 날 국감에서 김장수 국방부 장관은 "NLL이 해상 불가침경계선이라는 원칙아래 공동어로수역을 논의할 것"이라고 밝혔다. 핵심 각료가 다른 얘기를 하니까 국민들은 혼란스럽고, 정부를 신뢰하기 어렵게 된다. 남북정상회담에서 합의한 대로 서해를 평화의 바다로 만들기 위해서는 NLL을 무시하면 안 된다. 공동어로수역을 NLL을 기준으로 지정하되 백령도와 연평도 사이 해역별 특성에 따라 융통성을 둘 수 있다고 본다. 해상교통이 빈번하고 수도권에 인접한 연평·강화 구간은 해양생태계 보존사업이나 바다목장사업을 공동수행하는 평화수역이 어울릴 것이다. NLL을 재조정하는 문제는 남북한과 미국 등 한반도 관련국간 군사 신뢰가 구축되어 새로운 평화체제가 확립될 때 논의하면 된다. 새달 열릴 예정인 남북 총리회담, 국방장관회담에서 북측이 이런 방안을 수용하도록 적극 설득하기 바란다.

■ 옹진군 연평 꽃게어장 확대 요구 (2008.5.31.)

중국 어선들의 불법어업과 고유가로 어려움을 겪고 있는 옹진군 연평도 어민들이 꽃게어장 확장을 요구하고 나섰다. 30일 옹진군에 따르면 전날 조윤길 군수 등이 참석한 가운데 열린 간담회에서 연평 어민들은 "중국 어선의 싹쓸이 조업 등으로 연평어장의 꽃게 어획량이 감소하고 있는 만큼 어장 확대가 반드시 필요하다"고 주장했다. 연평면 측도 "연평어장은 북으로는 북방한계선(NLL), 남으로는 덕적도 서방어장이 있어 서쪽에서 유입되는 꽃게잡이에 한정돼 있다"며 "어획량이 줄어들면서 조업구역을 이탈하는 어선들이 늘고 있다"고 호소했다. 이에 군은 연평어장을 동서로 합쳐 76㎢ 정도 확장해줄 것을 국방부 등 관계기관에 건의할 방침이다. 조윤길 옹진군수는 "꽃게잡이 때문에 어민들이 조업구역을 이탈하는 것을 근본적으로 방지하려면 합리적인 범위 내에서 어로구역을 확대하는 것이 바람직하다"고 말했다.

■ 中어선, 北경비정 추정 선박에 피격 (2008.9.30.)

서해안의 북한 수역에서 조업 중이던 중국 어선이 북한 경비정으로 추정되는 함정에 피격된 뒤 부상자가 우리 영해로 넘어온 사건이 발생했다. 29일 해양경찰에 따르면 지난 27일 오전 9시 30분쯤 백령도 북서방 해상에서 조업 중이던 중국 어선 '요동운 146호' 선장이 부상 당했다며 구호 요청을 해와 해군 측에 통보했다. 해군 함정은 오전 11시쯤 중국 선박으로 가 부상당한 선장 쿵모(44) 등 2명을 인계받아 백령도로 이송했다. 사고 해역은 북방한계선(NLL) 북쪽 수역인 것으로 알려졌다. 중국 어선에는 7명이 타고 있었으며 선장 등을 인계한 뒤 어디론가 떠났다. 중국 선원들은 해경에게 "백령도 북서방 해역에서 대기 중 소형 목선이 다가와 포탄 2발을 발사했다"고 진술했다.

■ 北 서해훈련 해안포 2배·전투기 6배 늘어 (2009.5.9.)

꽃게 철을 맞은 서해 북방한계선(NLL)에서 북한군의 군사적 동향이 육·해·공 전방위로 활발해진 것으로 관측됐다. 지난 2~3월 북한 경비정이 NLL을 세 차례 침범해 우리 군이 이에 대응, 기동했던 것으로 드러났다. 8일 해병대에 따르면 북한군은 서해 북부지역에 배치된 해안포 사격 훈련이 전년 같은 기간보다 2배, 공군 전투기 기동 횟수는 6배 정도 늘어났다. 북한 경비정은 지난 2~3월 연평도 인근의 북한 섬인 '무도' 아래의 NLL을 세 차례 침범하는 등 지속적으로 NLL을 넘나들며 신경질적인 반응을 보이고 있는 것으로 전해졌다. 북한군은 연평도 북방의 대수압도에서 올해 들어 현재까지 모두 19차례에 걸쳐 1,000여 발의 포사격 훈련을 진행했다. 포탄이 해상에 떨어지며 일으킨 대형 물기둥도 관측됐다. 연평도를 타격할 수 있는 북한의 대수압도에는 사거리 27㎞의 130㎜ 해안포 8문, 연평도 북쪽 장재도에는 사거리 12㎞의 76.2㎜ 해안포 8문이 각각 배치돼 있다. 또 연평도에서 12㎞ 떨어진 북한 옹진반도와 해주항 주변에는 사거리 17㎞의 152㎜ 평곡사포 등이 100여 문 이상 배치돼 있고 자동화돼 분당 5~6발을 발사할 수 있다. 동굴 진지에 숨겨진 해안포는 레일을 깔아 이동시킬 수 있으며 대부분 포가 위장막이 걷힌 채 갱 밖으로 노출된 상태다. 북한 공군도 공대지 공격과 야간 비행훈련 횟수를 부쩍 늘리고 있다. 황해도 과일 비행장에서 출격한 미그기들은 시속 800~900㎞로 지난 1월 17일 이후 현재까지 전술조치선에 1,087 차례나 접근해 우리 공군 전투기들도 대응 출격했다. 지난달 21일에는 황해도 태탄 비행장을 이륙한 북한 전투기 4대가 전술조치선을 넘어 해주까지 비행해 긴장을 조성했다. 전술조치선은 우리 군이 백령도 북쪽 64㎞ 상공에 가상으로 설정한 선으로 북한 전투기들이 이 선에 접근하게 되면 우리 전투기가 긴급 출격해 대응하게 된다. 북한 전투기가 전술조치선을 넘을 경우 3~4분이면 백령도 상공에 도달하게 되고 백령도에 배치된 지대공 미사일인 미스트랄 진지에는 즉각 비상이 걸린다. 군 관계자는 "북한군이 해안포 사격 훈련을 부쩍 강화했으며 전술기(전투기와 폭격기)의 기동도 매우 활발해지고 있다"며 "우리 해군 함정이 기동하면 북한 함정도 맞기동하는 등 팽팽한 긴장감이 조성된 상태"라고 말했다. 현재 연평도 인근 NLL 해상에는 붉은색 '오성홍기'를 단 중국 어선 100여 척이 선단을 이뤄 조업하고 있다. 일부 중국 선원들은 연평도 앞 2.8㎞ 지점에 있는 북한 '석도'(무인도)에 텐트를 치고 숙영을 하는 등 무단 점유를 하고 있는 것으로 포착됐다.

■ "이번엔 다를지도…" 초긴장(2009.5.28.)

북한과 인접한 서해5도 주민들은 긴장감을 감추지 못했다. 연평도 인근 해상 등에서 우리 해군과 북한군의 충돌이 있을 때마다 예상과 달리 평온함을 유지해온 이곳 주민들이지만 이번에는 과거와 다른 양상이 전개될지도 모른다는 우려에 상당한 압박감을 드러내고 있다. 특히 주민들은 북측이 "남측 5개 섬(백령도, 대청도, 소청도, 연평도, 우도)의 법적 지위 및 일반 선박들의 안전 항해를 담보할 수 없다"며 서해5도서를 직접 겨냥한 것을 주목하고 있다. 이 지역 어민들은 꽃게잡이가 한창인 이때 북한 측의 위협이 어로통제로 이어져 조업 중단이 장기화 될 것을 우려하고 있다. 연평도 동부리 주민 전모(42)씨는 27일 "현재 조업하는 데는 문제가 없다"며 "대부분 주민들이 평소와 다름없이 생활하고 있지만 북측의 추가 도발로 자칫 조업이 통제될까 걱정이 앞선다"고 말했다. 또 다른 주민 소모(54)씨는 "북한이 초상집에 폭탄을 잇달아 던지는 꼴"이라며 "북측이 이번에는 서해5도를 직접 거론해 신경이 쓰이지만 주민들이 크게 동요하는 움직임은 없다"고 밝혔다. 연평도 동사무소 직원 이모(36)씨는 "북한의 도발이 있을 때마다 이곳 주민들의 동태를 묻는 언론사 전화가 잇따르지만, 주민들이 실제로 우려하는 것은 북한의 도발보다 이에 따른 조업 중단"이라며 섬 주민들의 특수성을 설명했다. 해양경찰청과 군 당국은 북측의 움직임을 예의주시하는 한편 어선 보호와 해상 경계를 강화하고 있다.

■ 北 "서해상 안전항해 담보못해"(2009.5.28.)

북한이 27일 남한 정부의 대량 살상무기 확산 방지구상(PSI) 전면 참여를 선전포고로 규정하고 실제적인 행동 조치로 대응할 것이라고 경고했다. 우리 정부가 북한의 제2차 핵실험에 대응해 PSI에 전면 참여하기로 결정한 지 하루 만이다. 북측은 서해 안전을 담보할 수 없다고 주장, 서해 5개 섬 인근에서의 도발 가능성이 점점 높아지고 있다. 북한군 판문점 대표부는 이날 성명을 통해 남한 정부의 PSI 전면 참여가 조선반도(한반도)를 전쟁상태로 몰아넣었다고 주장했다. 성명은 남한의 PSI 전면 참여를 "우리(북한)에 대한 선전포고로 간주할 것"이라며 "평화적인 우리 선박들에 대한 단속, 검색행위를 포함해 그 어떤 사소한 적대행위도 우리 공화국의 자주권에 대한 용납 못할 침해로 낙인하고 즉시 강력한 군사적 타격으로 대응할 것"이라고 했다. 성명은 "(북)조선 서해 우리(북한)의 해상군사분계선 서북쪽 영해에 있는 남측 5개 섬(백령도, 대청도, 소청도, 연평도, 우도)의 법적 지위와 그 주변수역에서 행동하는 미제 침략군과 괴뢰 해군 함선 및 일반 선박들의 안전항해를 담보할 수 없게 될 것"이라고 강조했다. 북한은 1999년 6월 제1차 연평해전이 발발한 뒤인 그해 9월 2일 인민군 총참모부 '특별보도'를 통해 서해 격렬비열도부터 등산곶까지의 해상 대부분을 북쪽 관할 수역으로 한다고 일방적으로 발표했다. 2000년 3월에는 '서해 5개섬 통항질서'를 발표하고 남측 선박은 북측이 지정한 2개의 수로를 통해서만 운항할 수 있다고 선언했다. 성명은 또 "더이상 정전협정의 구속을 받지 않을 것"이라며 "정전협정이 구속력을 잃는다면 법적 견지에서 조선반도는 곧 전쟁상태로 되돌아가기 마련이며 우리 혁명무력은 그에 따르는 군사적 행동으로 넘어가게 될 것"이라고 주장했다. 성명은 "(남측의

PSI 전면 참여는) 국제법은 물론 교전 상대방에 대하여 '어떠한 종류의 봉쇄'도 하지 못하게 된 조선 정전협정에 대한 난폭한 유린이고 명백한 부정"이라고 밝혔다. 정전협정 제15조에 "한국(남북한을 의미)에 대하여 어떠한 종류의 봉쇄도 하지 못한다"고 명시한 대목을 문제 삼은 것으로 보인다. 북한 조국평화통일위원회(조평통)도 이날 성명을 통해 "우리는 전시에 상응한 실제적인 행동 조치로 대응할 것"이라고 협박했다.

■ 李대통령·합참 "냉철·단호 대응" (2009.5.28.)

합동참모본부는 27일 북한이 서해5도 주변의 선박 안전 항해를 위협한 것과 관련, "만일 북한이 도발할 경우 단호하게 대응할 것"이라고 밝혔다. 합참 이기식(해군준장) 정보작전처장은 이날 성명을 통해 "우리 군은 북한 핵실험 사실을 인지한 직후 대북감시와 경계태세를 강화했다"면서 "(26일) 전군 주요 지휘관 회의를 열어 대응 방향을 결정하고 군사대비태세를 확립하고 있다"면서 그같이 말했다. 합참은 "우리 군은 강력한 한·미 연합방위태세를 바탕으로 북한이 도발할 경우에는 단호하게 대응할 것"이라고 강조했다. 이어 "국민 여러분께서는 우리 군의 확고한 대비태세를 믿고 안심하길 바란다"고 당부했다. 군 당국은 특히 서해 북방한계선(NLL) 일대 대비태세를 강화하고 있다. 군은 NLL 해상에 한국형 구축함 1척을 전진 배치하고 백령도와 연평도에도 K-9 자주포와 대공미사일을 증강 배치했다. 이명박 대통령은 이날 대통령 외교안보 자문단과의 오찬 도중 조선인민군 판문점 대표부의 성명에 관해 보고 받고, "관련 부처들이 냉철하게 대응하라"고 지시했다.

■ [사설] 北 서해 도발에 철저히 대비하라 (2009.5.28.)

정부가 대량살상무기 확산방지구상(PSI) 전면 참여를 선언한 지 하루 만에 북한의 반응이 나왔다. 북한군 판문점 대표부는 어제 "선전포고로 간주할 것"이라면서 서해 5개 도를 둘러싼 무력시위 가능성을 예고했다. 백령도 등 남측 5개 도의 법적 지위와 주변 수역의 안전 항해를 담보할 수 없다고 엄포를 놓았다. 일반 선박까지 공격할 수 있다고 밝힌 것은 북한 당국이 이성을 잃고 있음을 시사한다. 때문에 이전과는 다른 특단의 안보 대비책이 필요하다. 북한은 1999년 9월과 2000년 3월에 서해 북방한계선(NLL)을 부정하는 발표를 한 적이 있다. 그래도 그때는 좁은 지역이나마 우리 선박의 운항 수로를 인정했었다. 이번에는 서해5도를 고립시키겠다는 뜻을 밝히면서 정전협정의 무력화를 주장했다. 북한은 2차 핵실험을 하면 미국·중국 등이 유화적으로 나올 줄로 기대했을 것이다. 그러나 오바마 행정부는 유엔 안보리 제재와는 별개로 북한을 테러지원국으로 재지정하고 금융제재도 병행하는 방안을 검토 중이다. 중국 역시 강경하다. 궁지에 몰린 북한이 대화로 나와야 마땅하지만 판단력을 잃고 어떤 도발을 할지 심히 우려스럽다. 지금 서해5도가 도발의 1차 대상으로 떠오르고 있는 것이다. 북한의 무모한 무력시위가 가져올 파장은 가늠하기 어렵다. 서해5도 NLL 해역뿐 아니라 군사분계선(MDL) 전역에서 경계수위를 한층 높여야 한다. 해상과 육상을 넘어 영공 침범도 초전 격퇴할 수 있는 태세를 갖추길 바란다. 주한미군과의 협조체제를 완벽히 구축함으로써 도발 징후를 미리 포착해 사전 대응을 하는 게 중요하다. 그리고 재래식 전투와 함께 북한의 핵 위협에 맞서 중장기적인 관점에서 안보 전략을 재검토해야 한다. 북한이 핵 재처리 시설을 재가동하고 미사일 실험을 하는 한편으로 군사적으로 국지도발을 감행하더라도 우리 정부와 국민은 흔들림 없이 의연하게 대처해 나가야 할 것이다.

■ 백령도 "北 또 떠드네요"(2009.5.29.)

28일 우리나라 최북단 섬인 백령도. 동틀 무렵이면 황해도 장산곶의 닭 울음소리가 바람에 묻혀 들려오는 듯한 착각을 일으킬 정도로 북한과 가깝다. 북한이 핵실험과 동해안 미사일 발사에 이어 서해안 미사일 발사 징후까지 풍기는 상황에서 어느 지역보다 주목받는 곳이다. 한국전쟁 전후의 사정으로 미뤄 북한이 국지적 도발을 감행해 올 경우 가장 가능성이 높은 지역으로 꼽히기도 한다. 하지만 이곳 주민들의 반응은 기자의

'예단'을 무색하게 만든다. 한 주민은 "우리는 아무렇지도 않은데 무슨 일만 생기면 언론이 서해 5도를 들먹이며 호들갑을 떨어 불안감을 조성한다"며 노골적으로 불만을 토로했다. 이러한 것이 허세가 아님을 섬 전체가 '실제상황'으로 대변하고 있다. 주민들은 이날 모두 생업에 열중하며 지극히 일상적인 생활을 영위하는 모습이었다. 이번 북한의 위협에 대해서도 "또 문제를 일으킬 때가 됐나 보다"는 정도의 반응을 보였다. 접경지역에서 오래 살아온 사람들만이 가질 수 있는 여유가 듬뿍 배어 있다.

주민 대부분 일상적 생업에 열중

백령도 주민 박창옥(51)씨는 "북한의 동태에 우리가 우왕좌왕하면 그들의 목적을 간접적으로 도와주는 결과만 초래할 것"이라고 강조했다. 백령중앙교회 황성문(56) 목사는 "북한이 아무리 떠들어대도 이곳 사람들은 좀처럼 동요하지 않는다"고 말했다. 이날 백령도 어선 127척은 평소와 다름없이 오전 6시쯤부터 출항해 서해 북방한계선(NLL) 인근에서 조업을 벌였다. 두무진부두 등에서는 어구를 손질하거나 까나리·미역 등을 말리는 작업들이 평상시와 다름없이 진행됐다. 인근 대청도·연평도 등에서도 어로작업이 정상적으로 이뤄졌다. 인천과 서해 섬지역을 잇는 12개 항로의 연안여객선도 평소처럼 운항했다.

여객선 정상운항·단체관광객도 많아

백령도를 찾은 단체관광객들도 적지 않게 눈에 띄었다. 일행 35명과 함께 울산에서 섬 관광을 왔다는 김향심(55·여)씨는 "일정을 취소하자는 의견이 있었지만 며칠 새 무슨 일이 있겠느냐 싶어 왔다"고 말했다. 그렇다고 주민들의 마음이 편한 것만은 아니다. 어민들은 봄철 고기잡이가 한창인 이때 북측 위협이 당국의 어로통제로 이어져 조업 중단이 장기화 되는 사태를 우려하고 있다. 백령도 남산리 어촌계장 이용선(56)씨는 "지금 까나리잡이가 한창인데 상황이 나빠져 조업에 영향을 미칠까 걱정된다"면서 "북측의 추가 도발로 자칫 조업이 통제되면 큰 일"이라고 밝혔다. 어민 김모(43)씨는 "서해교전과 NLL 무효화 선언 등 북한의 도발이 있을 때마다 조업중단이 반복됐다"면서 "어업 손실은 말할 것도 없고 관광객들마저 크게 줄어 손해가 막심했다"고 강조했다.

함정 호위 속 조업… 바다엔 긴장감

실제로 바다 상황은 심각하다. 북한이 서해5도를 오가는 선박에 대한 안전을 보장하지 못한다고 공표한 이래 NLL을 사이에 두고 남북 간에 일촉즉발의 긴장감이 형성되고 있다. 선박들은 일일이 해군 함정의 호위를 받으며 운항하고 있으며, 어선도 정부 및 옹진군 어업지도선의 철저한 감독 아래 조업하고 있다. 2002년 2차 연평해전 당시 우리 어선이 어로한계선을 넘어감으로써 북측의 도발에 빌미를 제공했던 것과 같은 일이 되풀이되지 않도록 하기 위해서다. 옹진군 관계자는 "만일의 사태에 대비해 어선들이 NLL에서 가급적 멀리 떨어져 조업하도록 단속을 강화하고 있다"고 말했다. 군 당국은 서해 북방한계선 인근에서 북측의 국지적 도발 가능성이 높다고 보고 경계태세를 강화하고 있다.

中어선 하루 100척 공해로 철수

이날 연평해역에서 조업을 하던 중국 어선들이 줄을 지어 백령도와 북한 월내도 사이 NLL을 타고 공해상으로 빠져나가는 장면이 목격됐다. 이날 하루 철수한 중국 어선만 100척에 이른다. 해경 관계자는 "중국 어선들이 남북한 간의 좋지 않은 기류를 감지하고 충돌시 불똥이 튈 것을 우려해 빠진 것 같다"고 밝혔다. 군 관계자는 "서해를 담당하는 해군과 해병대를 비롯한 전군에서 경계태세를 강화하고 있으며 북한의 군사 동향을 파악하는 데 주력하고 있다"고 말했다. 백령도 주둔 해병대 관계자는 "경계태세를 강화, 감시·관측을 철저히 하고 있으며 북한의 도발에 언제든지 응전할 준비가 돼 있다"고 강조했다.

■ 평소처럼 꽃게 잡지만 7년전 악몽이… (2009.6.1.)

31일 찾은 인천 옹진군 연평어장은 조업경계선 밖에 설치된 꽃게잡이 어구(틀)를 조업구역 안으로 옮기는 어민들의 움직임으로 분주했다. 지난 29일 평택 해군 2함대사령부에서 열린 민·관·군 합동회의에서 발표된 지침에 따른 것이다. 당국은 북한이 도발하는 데 빌미가 되지 않도록 연평 어민들에게 조업구역을 준수하고, 조업경계선 밖 어구를 제거할 것을 당부했다. 조업경계선과 1.5마일 떨어진 어로저지선(적색선) 사이는 황금어장으로 알려져 일부 어민들이 이곳에 관행적으로 어구를 설치해 왔다. 평소 당국의 지시에 고분고분하지만은 않은 어민들이지만 이날은 사태의 심각성을 간파한 듯 어구 이동작업이 신속하게 이뤄졌다. 2002년 6월 2차 연평해전 당시 우리 해군은 어민들의 조업구역 이탈에 대한 단속을 펴느라 북측 도발에 제대로 대처하지 못했다는 지적을 받았다. 옹진군 어업지도선 '214호' 선장 김강하(53)씨는 "어민들이 해군 함정 및 지도선박들의 지시에 적극 협조하고 있다"고 말했다. 연평 어민들은 북한이 노골적으로 서해 5개 섬을 지목해 위협한 이후에도 평소대로 조업을 해왔다. 이날도 연평도 꽃게잡이 어선 32척(소연평도 11척 포함) 가운데 수리 중인 4척을 제외한 28척이 연평어장에서 조업활동을 했다. 봄철 조업기간이 한 달밖에 남지 않은 데다, 알이 꽉 찬 암게 수확이 끝 무렵이어서 그물을 다루는 어민들의 손놀림은 더욱 분주했다. 이달 중순쯤이면 수게에 비해 2배가량 비싼 암게는 거의 자취를 감추게 된다. 연평도 어촌계장 김광춘(47)씨는 "5·6월 두 달간 꽃게를 잡아 한해 살림살이의 근간을 마련해야 하기에 북한의 움직임에 신경이 쓰인다"고 밝혔다. 아직까지는 별다른 일은 생기지 않았지만 상황이 바뀌어 언제 조업이 중단될지 모른다는 중압감이 어민들의 어깨를 짓누른다. 어민들은 1차 연평해전(1999년 6월)과 2차 연평해전 당시 조업이 중단돼 막대한 손실을 입었던 쓰라린 기억이 있다. 이모(49)씨는 "연평해전 당시 보름씩 조업을 하지 못해 수천 만원의 손실을 봤는데 이번에도 그런 사태가 벌어지면 큰일"이라고 강조했다. 이 와중에도 중국 어선들의 움직임은 어민들의 비위를 긁어놓고 있다. 며칠새 공해상으로 많이 빠져나갔다고는 하지만, 이날 해군 레이더기지가 관측한 결과 아직도 75척이 연평도 인근 해역에 있는 것으로 파악됐다. 북한의 위협이 있기 전에는 160척에 달했다. 김모(45)씨는 "중국 어선들이 밤에 연평도와 우도 사이에서 조업을 하다 아침이 되면 북방한계선(NLL)으로 돌아가는 일을 되풀이하고 있다"고 밝혔다.

■ 中 어선 철수는 禁漁期 때문?(2009.6.2.)

백령도·연평도 등 서해5도 인근 해상에서 불법 조업을 하던 중국 어선이 최근 갑자기 사라진 것과 관련해 각종 설이 제기되고 있다. 1일 해경에 따르면 서해 북방한계선(NLL) 인근 해상에서 조업을 하던 중국 어선 480여척 가운데 70% 이상이 북한이 서해5도 선박 운항을 위협한 직후 공해상으로 빠져나갔다. 이를 두고 일각에서는 북한의 도발 가능성을 예고하는 징후일 수 있다는 진단이 나오고 있다. 즉 북한 측이 도발에 앞서 장애가 될 수 있는 중국 어선들에 직접 철수를 지시하거나 중국 당국에 요청해 철수 조치가 이뤄졌다는 분석이다. 또 중국 당국이 자체 판단에 따라 자국 어선들에 철수를 지시했을 것이라는 분석도 나온다. NLL을 오르내리며 조업하는 중국 어선들이 남북한 경비정이 단속하는 과정에서 충돌할 수 있기 때문에 이를 예방하려는 조치라는 것이다. 하지만 무엇보다 설득력이 있는 것은 중국 금어기(禁漁期)가 임박해 중국 어선들이 스스로 철수했을 것이라는 관측이다. 중국 금어기는 6월 1일 시작되는데, 남북간 사태에 불안감을 느낀 중국 어민은 북한의 발표 직후 철수하고, 심각성을 못 느낀 어민은 철수를 늦추고 있다는 것이다. 실제로 북한이 서해5도의 안전을 위협한 지난달 27일 481척이었던 중국 어선은 28일 231척, 29일 120척으로 급격히 줄어들었다가 30일에는 149척으로 다소 늘어났다. 31일에도 149척이 유지됐으며, 1일에는 99척으로 또 다시 줄어들었다. 때문에 북한 또는 중국 당국의 통제 아래 이뤄진 조직적인 철수였다면 이같이 들쭉날쭉할 리 없다는 분석이 제기된다.

■ 연평어장 남쪽 하향 재조정론(2009.6.4.)

서해상에서 남북한 간에 긴장 관계가 펼쳐질 때마다 주목받는 인천 옹진군 연평도 꽃게잡이 어장에 대한 재조정의 필요성이 제기되고 있다.

연평도 동서로 삼각형 모양으로 형성된 연평어장(764㎢)은 서쪽 윗 부분은 북방한계선(NLL)과 불과 4마일밖에 떨어져 있지 않다. 바다에는 경계를 표시하는 선이 없어 어민들이 조업에 열중하다 보면, 조업 구역을 이탈하는 일이 발생한다. 또 어민들은 꽃게가 많이 잡히는 조업구역 밖으로 의도적으로 넘어가기도 한다. 2000년대 들어 꽃게 어획량이 줄어들면서 이런 현상이 심화됐다. 때문에 이를 단속하는 해군 함정과 어선 간의 쫓고 쫓기는 신경전이 펼쳐지며, 나아가 남북한 충돌의 빌미를 제공하기도 한다. 실제로 2002년 6월 발생한 2차 연평해전은 조업구역을 벗어난 어선을 해군 함정이 단속하는 과정에서 발생했다. 올해도 어민들은 조업경계선 밖에 어구를 설치했다가 북한이 서해5도를 직접 겨냥해 위협하고 나서자 곧바로 이곳에서 철수했다. 이 때문에 남북한 충돌 가능성 완화 차원에서 NLL과 근접된 연평어장을 남쪽으로 하향 조정할 필요성이 제기되고 있다. 군 관계자는 "NLL과 근접한 서쪽 조업경계만이라도 다소 조정해서 남북 충돌 가능성을 줄여야 할 것"이라고 말했다. 하지만 어민들은 서북쪽이 꽃게가 많이 나오는 황금어장인 만큼 조업 구역 조정은 상상조차 할 수 없다는 입장이다. 옹진군은 연평어장 전체 면적을 확장하면 어획량 감소, 조업 구역이탈 문제 등이 해소될 것으로 보고 있다. 이런 맥락에서 지난해 어장을 서쪽으로 76㎢ 정도 확장해줄 것을 국방부에 건의했으나 받아들여지지 않았다. 서북쪽으로 확장할 경우 NLL에 인접한 어장이 전반적으로 늘어나고, 서남쪽으로 확장하면 연평어장과 남쪽으로 붙은 특정해역(덕적 서방어장)의 조업에 영향을 미쳐 또 다른 민원의 소지가 있기 때문이다. 특정 해역에서 조업을 펴는 인천 닻자망협회는 오히려 특정 해역을 북쪽으로 2마일 가량 늘려줄 것을 요구하고 있다. 조윤길 옹진군수는 "현실적으로 여러가지 어려움이 있겠지만 조업구역 이탈을 근본적으로 방지하려면 합리적인 범위에서 어로 구역을 확장하는 것이 바람직하다"고 말했다.

■ 北경비정 서해 NLL 침범(2009.6.5.)

북한 경비정 1척이 4일 오후 서해 북방한계선(NLL)을 침범한 뒤 우리 군의 경고를 받고 돌아갔다. 북한군이 지난달 27일 "서해상에서 한국과 미국 선박의 안전항해를 담보할 수 없다"고 위협한 이후 첫 NLL 침범이다.

합동참모본부는 이날 "북한 경비정 1척이 오후 2시47분쯤 연평도 서쪽 해상 NLL을 1.6㎞가량 침범한 후 우리 해군 고속정의 경고통신을 받고 오후 3시38분쯤 퇴각했다"고 밝혔다. 북한 경비정의 NLL 침범은 지난 2월 두 차례 발생한 후 이번이 올해 세 번째이다.

북측 경비정 1척이 NLL에 접근한 것은 중국 어선 3척이 NLL 이남으로 남하하면서 일어났다. 우리 군은 경비정이 NLL에 바짝 다가서자 "귀측은 우리 관할 해역에 접근 중이다"라고 첫 번째 경고통신을 보냈다.

이후 NLL을 넘자 해군은 북측 경비정에 "우리 관할 해역을 침범했다. 즉각 북상하라"는 두 번째 경고통신을 보냈다. 북한 경비정은 일체 응신하지 않았다.

북한 경비정의 NLL쪽 이동이 해군 '전술지휘체계'(KNTDS) 스크린에 포착된 순간 한국형 구축함 KDX-1과 1000톤급 초계함 등이 북상 기동을 시작했다. 공군 F-15K 등도 출격 태세에 들어갔다. 합참 관계자는 "우리 군은 예규와 교전 규칙에 따라 정상적으로 대응했다"고 말했다. 북한 경비정 1척은 50여분 동안 연평도 서쪽 해상 12㎞ 지점에 머물렀다. 우리 군의 경고통신에도 장시간 NLL 이남에 대기한 것이다. 합참 관계자는 "북측 경비정이 단속 과정에서 남하한 선박이 북한 어선인지 중국 어선인지 식별이 쉽지 않아 계속 주시했던 것으로 보인다"고 분석했다.

우리 군의 대응 기동이 활발해지고 NLL을 침범한 중국 어선이 북상을 시작하자 북측 경비정도 함께 북상했다.

합참은 과거 NLL 침범 유형과 흡사한 '우발적 월선'으로 판단하고 있다. 그러나 북한이 긴장을 조성하기 위해 의도적으로 NLL을 침범했을 가능성을 배제하지 않고 북한군의 움직임을 주시하고 있다. 현재 서북도서 NLL 인근에는 중국 어선 20여척이 조업 중이다.

■ 서해 NLL인근 조업 중국 어선 모두 철수(2009.6.10.)

연평도 등 서해5도 북방한계선(NLL) 인근에서 불법 조업 중이던 중국 어선이 모두 철수한 것으로 나타났다. 해군은 NLL 인근에 함정을 증강 배치해 북한군의 도발에 대비하고 있다. 군의 한 소식통은 9일 "예기치 않은 사태에 대비해 NLL 인근에 함정을 증강 배치했다"고 밝혔다. 해군은 이달 초 실전 배치된 440톤급 고속경비정 윤영하함과 3,200톤급 한국형 구축함 KDX 1을 NLL 인근에 전진 배치한데 이어 7일 추가로 함정을 증파한 것으로 알려졌다. 현재 NLL 인근에는 구축함과 호위함 등 해군 함정 수십 척이 북한이 보유한 실크웜 미사일의 사거리 밖에 배치돼 경계 태세를 취하고 있다. 군 당국에 따르면 북한군의 특이 동향은 포착되지 않고 있다. 그러나 군은 북한이 해안포나 미사일을 발사하는 등 도발을 일으킬 경우 K-9 자주포와 F-15K 전투기, 해군 함포 등 육·해·공군 전력을 가동해 발사 지점을 타격한다는 계획을 세웠다.

■ 남북해군, 서해교전…북측 함정 반파(2009.11.10.)

남북 해군이 10일 오전 서해상에서 교전했으나 우리측 사상자는 없는 것으로 알려졌다. 정부 고위 소식통을 인용한 연합뉴스에 따르면 남북한 해군 함정은 이날 오전 11시 28분쯤 서해 대청도 인근 해상에서 서로 사격을 했다. 이 소식통은 "이 소식통은 "우리 측에서 NLL을 넘어온 북한 경비정을 향해 경고사격을 했다. 그러나 북한 선박이 계속 남하해 격파사격을 했으며, 북측도 대응사격을 했다"고 전했다. 그는 "우리 측 사상자는 없으며 북한 함정은 반파돼 되돌아갔다"며 "당시 해상에 한국 어선 9척이 있었지만 모두 안전지대로 이동시켰다"고 설명했다.

■ 南, 2.2㎞ 월선하자 경고사격… 北 즉각 기관포 불 뿜어(2009.11.11.)

10일 오전 11시37분. 서해 북방한계선(NLL)의 대청도 동쪽 11.3㎞ 해상. '뚜뚜뚜뚜'. 북 경비정의 기관포가 화염을 내뿜기 시작했다. 북측 경비정의 선수를 차단하고 경고사격을 하던 남측 고속정에 대한 직접사격이 시작된 것이다. 지난 2002년 6월29일 제2차 연평해전에 이어 7년 만에 남북 해군이 서해상에서 무력 충돌한 순간이다. 남북 해군은 서해에서 1999년 6월 15일, 2002년 6월 29일에 이어 이날까지 3차례 충돌을 빚었다. 합동참모본부에 따르면 북한 경비정 1척이 백령도 레이더기지에 처음 포착된 시각은 오전 10시 33분. 북 경비정이 남하를 지속하자 해군 2함대 소속 참수리 고속정 1개 편대(3척 구성)가 "귀측은 우리 해역에 과도하게 접근했다. 즉시 북상하라"는 경고방송을 오전 11시22분부터 시작했다. 북 경비정은 5분 뒤 대청도 동쪽 11.3㎞ 지점에서 NLL을 침범했다. 북 경비정은 선수를 남쪽으로 돌린 채 밀고 내려왔다. 해군 고속정은 11시32분까지 모두 5차례 경고방송을 보냈지만 북 경비정은 NLL을 이미 2.2㎞가량 침범한 상태였다. 북 경비정을 저지하던 해군 고속정 2척은 오전 11시36분 교전규칙에 따라 북 경비정의 선수 전방에 경고사격을 가했다. 그 순간 북 경비정은 고속정을 향해 기관포 50여 발을 직접 사격했다. 해군은 확전에 대비, 1,000톤급 초계함 2척을 후방 10㎞ 지점에 대기시켰다. 우리 고속정은 좌현 함교와 조타실 사이의 외부 격벽에 15발을 맞았으나 인명 피해는 없었다. 군 관계자는 "북 경비정이 참수리 고속정의 조타실을 집중 조준사격했지만 2차 연평해전 후 조타실 전면을 방탄 소재로 교체해 피해가 발생하지 않았다"고 설명했다. 남측 고속정도 응사를 시작했다. 40㎜ 함포 200여발로 대응사격을 가했다. 교전은 오전 11시 37분부터 11시 39분까지 2분 동안 벌어졌다. 피해는 북측이 컸다. 참수리 고속정은 20㎜ 기관포 2문, 30~40㎜ 함포 1문으로 무장하고 있으며 사격 정확도가 높은 자동사격통제장치를 보유하고 있다. 반면 북한 경비정은 수동으로 사격을 해 정확도가 떨어진다. 이 과정에서 북 경비정은 연기를 내뿜기 시작했고 육안으로 관측할 때 '반파' 수준의 피해를 입고 북상한 것으로 알려졌다. 해군은 북 경비정이 NLL 북방으로 돌아간 것을 확인한 후 완충지역 밖으로 물러섰다. 합참 관계자는 "북한 측의 정확한 피해 상황은 확인되지 않고 있다"고 말했다. 그러나 현장에서는 북한군 1명이 사망하고 3명이 부상했다는 첩보가 나오고 있다. 이날 교전을 전후로 북한 해안포와 실크웜, 샘릿 지대함미사일 등의 발사 징후는 포착되지 않은 것으로 전해졌다. 합참은 교전 전후로 KF-16 4대를 서해 해역에 출동시킨 것으로 알려졌다. 군과 한·미 정보당국은서해 NLL 일대뿐 아니라 북한군의 전 전선에서의 추가 도발을 감시하고 있다.

■ 남북 서해교전… 北경비정 반파 퇴각 (2009.11.11.)

남북한 해군 함정이 10일 오전 11시 37분 서해 북방한계선(NLL) 이남 대청도 인근 해상에서 교전을 벌였다. 남북한 해군이 서해에서 교전한 것은 1999년 6월 15일과 2002년 6월 29일에 이어 세 번째다. 이명박 대통령은 긴급 안보장관 회의를 주재, 대응 방안을 논의했다. 남북 교전에 따라 최근 해빙 기류를 보이던 남북관계에 어떤 영향을 미칠지 주목된다. 합참은 이날 "북한 경비정이 서해 대청도 동쪽 11.3㎞ 지점의 NL L을 2.2㎞가량 침범해 우리 해군이 여러 차례 경고 통신을 했으나 이를 무시하고 계속 남하했다"면서 "해군은 북측 경비정에 경고사격을 하겠다는 경고 통신까지 했으나 물러나지 않아 교전 규칙에 따라 경고사격을 가했다"고 말했다. 김태영 국방부 장관은 이날 오후 긴급소집된 국회 국방위 전체회의에서 서해교전에 따른 북한의 보복 가능성이 있다고 밝혔다.

北 "사죄 · 책임적인 조치" 요구

북한 경비정은 남측 고속정을 향해 50여 발의 사격을 가했으며 우리 고속정은 좌현 함교와 조타실 사이 외부 격벽에 15발을 맞았으나 인명과 장비의 피해는 발생하지 않았다. 북측 함정은 연기가 날 정도로 반파되어 북한으로 되돌아간 것으로 알려졌다. 당시 해상에는 우리 어선 9척이 있었으나 모두 안전지대로 이동 조치됐다. 교전은 오전 11시 37분부터 11시 39분까지 2분간 벌어졌다. 북한 경비정은 11시 40분 NLL을 통과해 북한으로 복귀했다. 합참은 "북한 경비정이 먼저 NLL을 침범하고 이에 대해 경고하는 과정에서 우리 측 경비정을 먼저 직접 조준 사격함으로써 발생한 유감스러운 사건"이라면서 "우리 측은 이에 엄중 항의하며 재발 방지를 촉구한다"고 말했다. 북한군 최고사령부는 조선중앙통신 보도를 통해 "남조선 군 당국은 이번 무장도발 사건에 대해 우리(북한)측에 사죄하고 앞으로 다시는 이와 같은 도발 행위가 일어나지 않도록 책임적인 조치를 취해야 한다"고 주장했다.

MB "상황 악화 없게 침착 대응"

이 대통령은 이날 오후 긴급 안보관계장관 회의를 주재, 상황보고를 받고 향후 대응 방안을 논의했다. 이 대통령은 보고를 받은 직후 김 장관에게 전화를 걸어 "국민들이 불안해하지 않도록 안보태세 강화에 만전을 기하도록 하라"면서 "특히 더이상 상황이 악화되지 않도록 침착하고 의연하게 대응하라"고 지시했다.

■ 北 도발 의도 뭘까(2009.11.11.)

10일 서해 북방한계선(NLL)에서 발생한 남북 해군간 교전과 관련, 북한의 의도가 무엇인지 주목되고 있다. 북·미 대화가 물밑에서 진행 중인데다 남북간 대화·협력을 모색하는 과정에서 쌍방간 직접적 군사 충돌이 벌어졌기 때문이다. 이번 서해교전을 야기한 북측 의도에 대해 ▲ 우발적 충돌 ▲ 정치·군사적 압박 카드 ▲ 북 군부의 독자적 군사행동 등 다갈래로 분석되고 있다. 정부는 일단 우발적 충돌에 무게를 싣고 있는 모양새다. 정운찬 국무총리는 이날 국회에서 북측 경비정이 중국 어선을 단속하는 과정에서 서해 NLL을 월선해 '우발적 충돌'이 벌어졌다고 말했다. 꽃게 철을 맞은 대청도 일대에는 남북 어선뿐 아니라 중국 어선까지 조업 중이라는 점에서 북측 경비정이 일상적 단속 기동을 벌이다 충돌했을 수 있다는 진단이다. 그러나 북측 경비정은 통상 NLL에 접근해도 남측 고속정의 경고 방송이 나오면 북상했다. 전례에 비춰보면 이번 교전을 우발 충돌이라고 볼 수 있는지에 의문이 제기된다. 특히 북측 경비정은 남측 고속정이 5차례에 걸쳐 경고 방송을 했지만 선수를 계속 NLL 이남으로 돌렸다. 우리 해군이 교전규칙에 따라 경고사격을 가하자 북측 경비정이 직접사격 즉 남측 선체와 승조원에 대한 '조준사격'을 가했다는 게 합동참모본부의 발표이다. 우발적 충돌이라고 보기에는 의심쩍은 구석이 적지 않다.

군사 전문가들은 이번 교전을 북측의 전통적인 '양동작전(陽動作戰)'의 일환으로도 분석하고 있다. 정치적으로는 오는 18일로 예정된 버락 오바마 미국 대통령의 방한을 앞두고 한반도 긴장지수를 고조시켜 북한의 존재감을 과시해야 할 전술적 필요성이 있다는 설명이다. 북·미 직접 대화를 압박하려는 계산이 깔려 있을 수 있다는 분석이 많다. 반복적인 체제 추스르기를 위한 북한 내부 결집의 일환일 수도 있다. 김연수 국방대 교수는 "북측으로선 우리가 언제든 문제를 일으킬 수 있으니 대화를 해야 한다는 대남 메시지로 활용할 수 있고 호전적인 군부로선 남쪽에만 매달리지 않고 주체적으로 국면을 주도한다는 점을 과시할 수 있는 기회"라고 설명했다. 김태우 한국국방연구원(KIDA) 국방현안연구위원장은 "정상적인 상황이라면 북한이 이번 사태를 통해 얻을 이익이 크게 없어 보인다는 점에서 단순 압박 카드로 볼 수 있을지 의문"이라며 "지역 군부대의 독자적 행동이라면 앞으로도 충돌은 반복될 수 있다"고 우려했다.

■ 섬 주민 반응(2009.11.11.)

남북한 함정 간 대청도 해상 교전에도 불구하고 대청도와 인근 섬 주민들은 별다른 동요 없이 일상생활을 하고 있다. 대청도 주민 이모(48)씨는 "텔레비전 정오 뉴스를 보고 남북 충돌사실을 알았다"면서 "우리측 피해가 궁금해 해군기지가 있는 선진포항 근처에 가보니 평소 정박하는 함정 4척이 멀쩡히 있어 다행스럽게 생각 했다"고 말했다. 대청면사무소의 한 직원은 "마을에서 희망근로사업을 점검하던 중 갑자기 '쾅' 소리가 들려 날씨가 흐려서 천둥 치는 소리인 줄 알았다"면서 "이곳 주민들은 이번 사태로 어업이 통제될까 걱정하고 있다"고 밝혔다.

대청도 인근 소청도, 백령도 주민들도 이구동성으로 천둥 소리인 줄 알았다고 말했다. 교전 당시 인근에 우리 어선 9척이 있었던 것으로 군이 발표한 것과 관련, 대청·백령면사무소 측은 이날 풍랑주의보가 발효돼 대청도 어선 106척과 백령도 어선 120척이 모두 출어하지 못했다고 밝혔다.

■ [사설] 北 국지도발, 단호하되 차분히 대응해야(2009.11.11.)

해군함정이 어제 서해 대청도 동쪽 북방한계선(NLL)을 2.2㎞ 침범한 북한 경비정을 교전 끝에 격퇴했다. 우리 측 사상자는 없으며 북한 경비정은 반파돼 퇴각했다. 해군은 유엔사 교전규칙에 따라 5차례에 걸친 경고 통신을 무시하고 남하하는 북 경비정에 경고사격을 했다. 그 순간 북 경비정은 우리 고속정을 향해 50여발의 직접사격을 가했으며 군은 대응 격파사격에 나섰다고 합참은 밝혔다. 우리는 북한의 예기치 않은 도발에 대해 단호하게 대처한 군의 대응태세가 적절했다고 평가한다. 북한 경비정이 해상 국경선을 멋대로 넘는 것을 바라보고 있을 수는 없는 일이다. 군은 NLL은 물론 해안포의 위협사격 등 지상과 해상, 공중에서 감행하는 북한의 우발적인 도발 상황에 대해 '작전계획 5028'에 따라 현장에서 상황을 종결시킬 수 있도록 즉각적인 무력 대응 태세를 갖추고 있다. '발사지점 타격화'라는 안보 원칙에 따라 상응하는 대가를 지불하도록 훈련받았고, 이를 실행에 옮긴 것이다. 북한의 무력시위 또는 국지도발 가능성은 상존해 왔다. 2002년 6월 29일 2차 서해교전 발발 이후 남·북한 함정 간의 교전은 7년 만의 일이지만, 1999년 6월 15일 1차 서해교전 이후 지금까지 NLL 월선 행위는 19차례나 발생했다. 3차례의 교전상황 말고도 우리 측의 경고 및 함포 사격 사례가 4차례 있었다. 1996년 강릉 잠수함 침투사건 등 10회가 넘는 국지도발이 자행됐다. 이번 NLL 침범도 위협은 가하되 전쟁은 피한다는 북한 특유의 '통제된 압박' 전략의 한 방법일 가능성이 농후하다. 북·미 대화를 겨냥한 긴장 조성용이다. 경제 회생에 찬물을 끼얹지는 않을까 걱정하는 목소리도 높지만, 우리 경제의 기초체력은 그 정도로 허약하지 않다. 다행스럽게도 개성공단과 금강산에 특이 동향은 없다고 한다. 추가 도발 가능성을 예의주시하면서 만반의 경계 태세를 갖추면 된다.

■ 北, 서해 NLL 항행금지(2010.1.27.)

북한이 25일 서해 백령도 인근 해상에 '항행금지구역'을 선포한 것이 뒤늦게 알려졌다. 군 관계자는 26일 "북한이 25일부터 3월 29일까지 백령도 오른쪽 해상 1곳과 대청도 오른쪽 해상 1곳을 각각 항행금지구역으로 선포했다"면서 "북방한계선(NLL) 이남으로 보긴 힘들고 NLL을 걸쳐서 그 이북 지역에 해당 한다"고 밝혔다. 관계자는 "따라서 민간선박과 어선의 항해에는 지장이 없는 상황"이라고 말했다. 하지만 그동안 북한이 선포한 항행금지구역은 NLL 훨씬 이북이었다는 점에서, 북한이 NLL을 포함시킨 의도에 관심이 집중되고 있다. NLL 수역이 항행금지구역에 포함된 것은 처음이다. 국방부는 "서해 일원에서 북한군의 특이동향은 아직 포착되지 않고 있다"면서 "북한군의 동향을 주시하고 있으며 어떠한 우발상황에도 대처할 수 있는 만반의 대비 태세를 갖추고 있다"고 밝혔다. 시기상 북한의 이번 선포는 최근 개성공단 3통(통행·통관·통신) 문제 해결을 위한 군사실무회담 제안에 대해 우리 정부가 유보적인 입장을 밝힌 직후 나온 것이어서 주목된다. 앞서 북한 해군사령부는 지난해 12월 21일 대변인 성명을 통해 "남조선 군부 호전광들의 무모한 군사적 도발 책동에 대응해 우리(북한) 해군은 아군 서해상 군사분계선 수역을 해안 및 섬 포병 구분대의 '평시 해상사격 구역'으로 선포한다"고 밝힌 바 있다. 북한은 지난해 5월 2차 핵실험을 앞두고 함경북도 김책시 연안 130㎞ 해역을 항행금지구역으로 선포한 적이 있다. 6월 말에도 동해에 항행금지구역을 선포한 뒤 지대함 단거리 미사일을 발사했다. 10월에도 항행금지구역을 선포했으나 실제로 미사일을 발사했다.

■ 北, NLL에 주·야간 해안포 발사(2010.1.28.)

북한이 27일 서해 백령도 인근 북방한계선(NLL) 이북 북측 해상 2곳에 3차례에 걸쳐 최대 100여 발의 해안포를 발사했다. 우리 군은 북측에서 오전에 처음 발포했을 때에는 즉각 경고사격으로 대응했다. 북한이 NLL을 향해 해안포를 쏘기는 처음이다. 정부 당국자는 "양측이 허공에 대고 사격한 것이므로 인명·재산 피해는 없다"고 말했다. 그러나 북한군은 "서해 해상에서 인민군 부대의 포 실탄 사격 훈련은 앞으로도 계속될 것"이라고 밝혔다. 앞서 북한은 지난 25일부터 29일까지 5일 동안 백령도와 대청도 동쪽 방면 NLL 이북 지역에서 해상사격을 실시하겠다고 러시아 해상교통 문자방송인 나브텍스(NAVTEX)를 통해 인근 국가에 통보한 것으로 뒤늦게 국립해양조사원을 통해 알려졌다. 따라서 항행금지기간(1월 25일~3월 29일)과는 별개로 북한군의 사격이 29일 끝날지 주목된다.

합동참모본부에 따르면, 북한군은 오전 9시 5분부터 20여 분간 백령도 오른쪽 NLL 너머 북측 수역에 해안포를 단속(斷續)적으로 발사했다. 이어 9시 45분부터 30여 분간 대청도 오른쪽 NLL 너머 북측 해역에 해안포를 쏘는 등 오전에만 40~60발을 퍼부었다. 또 오후 3시 25분과 저녁 8시쯤 백령도 오른쪽 북측 수역에 다시 수십발씩 발사했다. 포탄이 떨어진 지점은 지난 25일 북한이 선포한 2곳의 항행금지구역 안이다. NLL로부터 북쪽으로 2.7㎞ 지점에 주로 낙하했다. 합참은 "우리 군은 9시 5분 북한이 발사한 포탄을 레이더로 감지, 경고 및 자위 차원에서 벌컨포 100여 발을 우리 수역 허공에 발사했다"고 밝혔다. 이어 "오전에 3차례, 오후에 2차례 해상통신망을 통해 북측에 경고 통신을 보냈다"고 말했다. 합참은 백령도 해병부대로부터 상황을 접수한 뒤 위기조치를 취하고 육·해·공군의 합동전력을 대기시켰다. 당시 해상에 어선은 없었으며 서해5도를 오가는 여객선도 정상 운항 중이라고 합참은 밝혔다.

사태 발생 직후 정부는 청와대에서 정정길 대통령실장 주재로 긴급 안보대책회의를 열어 상황을 점검했다. 정부는 북한의 해상포 발사를 명백한 도발행위로 규정하고 엄중하지만 차분한 대응을 하기로 했다. 북한군 총참모부는 조선중앙통신 보도를 통해 "서해 해상에서 연례적인 포 실탄 사격훈련을 진행했다"면서 "우리 수역에서 계획적으로 진행하는 훈련에 대해서는 그 누구도 논할 여지가 없다"고 주장했다. 한편 현인택 통일부 장관은 기자들에게 "북한의 태도는 적잖게 실망스럽고 불필요한 긴장 조성은 즉시 중단돼야 한다"고 말했다.

■ 北 해안포 100여발 "쿵·쿵"… 백령도 앞 바다 물기둥 치솟아(2010.1.28.)

27일 오전 9시 5분쯤 서해를 감시하고 있던 우리 군의 레이더에 북한군에서 넘어온 것으로 보이는 포탄 비행곡선이 잡혔다. 이틀 전 북측의 항행금지구역 선포로 잔뜩 긴장하고 있던 백령도의 우리 해병대는 즉각 벌컨포로 허공을 향해 경고사격을 퍼부었다. 북측의 포탄들은 '다행히' 백령도 오른쪽 방면 북방한계선(NLL)으로부터 불과 2.7㎞ 떨어진 북측 수역에 떨어졌다. 아주 정교한 사격으로 볼 수 있다. NLL에 최대한 근접하게 쏘면서도 선을 넘지 않으려는 의도가 읽힌다. "쿵…쿵…쿵" 하는 북한군의 포사격은 1회에 5~10발씩 끊어졌다 이어졌다를 20여 분간 계속했다. 포탄이 떨어진 해상에는 커다란 물기둥이 솟았다. 포탄이 NLL을 넘지 않은 것을 확인한 우리 군은 북측이 전면전을 원치는 않는다고 판단, 대응사격은 하지 않았다. 대신 9시 35분부터 경고 통신을 3차례 보냈다. "귀측에서 사격을 실시해서 백령도 근해에 포탄이 떨어졌다. 긴장을 조성하지 말고 즉각 사격을 중단하라. 중단하지 않으면 상응한 조치를 취하겠다"는 내용이었다. 하지만 이런 경고가 무색하게도 9시 45분부터 북측의 사격은 재개됐다. 이번엔 대청도 오른쪽 방면 NLL 이북 지역 바닷물이 하늘로 솟았다. 역시 NLL로부터 2.7㎞ 떨어진 곳에 포탄들이 떨어졌다. 북측의 포사격은 10시 16분까지 이어졌다. 오전에만 40~60발을 쐈다. 북한군은 5시간가량 지난 오후 3시 25분 다시 포문을 열었다. 20~30발을 쐈다. 북한은 오후 8시쯤 또 추가 사격을 했다. 정황상 북한군의 포탄은 옹진반도나 그 인근에 배치된 해안포에서 날아온 것으로 추정된다. 합참은 그러나 "발포 위치는 아직 정밀 분석 중이라 단정적으로 말할 수 없다"고 밝혔다. 합참은 또 "우리 군의 벌컨포 대응사격은 우리 수역 안을 탄착점으로 하고 있기 때문에 대응사격이 아닌 경고사격으로 정의하는 게 맞다"고 했다.

경고사격은 적을 직접 향하는 대응사격과 달리 공중의 포탄을 향해 발사하는 것을 말한다. 이번의 경우 벌컨포 사거리상 우리가 쏜 탄환이 우리 해상에 떨어졌다. 이런 대응은 우리 군 교전규칙의 '비례성' 원칙을 준수한 데 따른 것이다. 일종의 '행동 대 행동'이다. 이는 과도한 대응으로 인한 확전을 막기위한 조치다. 만일 이날 북한의 포탄이 NLL을 넘어 우리 해상에 떨어졌다면 우리 군도 북측 해상을 향해 포를 발사해 대응에 나서게 된다. 북한이 우리 함정이나 육지를 향해 쏜다면 우리 역시 그에 상응한 대응사격을 가하게 된다. 교전규칙은 2004년 7월 '경고방송→경고사격→격파사격'으로 단순화됐다. 2002년 제2연평해전 당시 교전규칙이 5단계로 돼 있어 큰 피해를 본 것을 감안해서다. 지난해 11월 10일 대청해전에서 우리의 손실을 최소로 하면서 승리한 주요인으로는 교전규칙을 단순화했기 때문이라는 분석이 많았다.

■ [사설] 北 해안포 도발 해봤자 또 허사다 (2010.1.28.)

북한이 어제 수차례에 걸쳐 백령도와 대청도 인근 북방한계선(NLL) 해상에 해안포 수십발씩을 쏘아대는 공격을 감행했다. 비록 해안포가 NLL 북쪽 해상을 겨눴고 우리도 경고사격 대응에 그쳐 교전으로 치닫지는 않았지만 중대한 상황이 아닐 수 없다. 엄포성 발언의 대남 압박과 협상 제의의 강온 양면전술을 번갈아 써오던 중 또 다시 터진 북의 도발에 혀를 내두를 수밖에 없다. 해안포 사격 전날만 해도 6·15공동선언 10주년 남북 공동행사를 제의해 왔던 북한이다. 북의 얄팍한 의도에 흔들리지 않은 채 대북 정책기조를 거듭 다잡아야 할 것이다. 북의 NLL 해안포 사격은 최근 잇단 대남 협박술의 연장선에 있다. 유엔의 제재로 경제·외교분야에서 극심한 압박을 받아온 데다 지난해 화폐개혁 이후 심해진 혼란과 갈등을 외부로 돌릴 타깃으로 NLL을 택했다고 봐야 한다. 서해 백령도와 대청도 오른쪽 해상 두 곳을 항행금지구역으로 선포한 지 이틀 만의 전격 도발이고 종전의 엄포성 조치와는 달리 실제 해안포를 발사한 것은 다급해진 속사정을 노출한 것이나 다름 없다. 북이 해안포 사격 탄착점으로 삼은 NLL 해상은 1953년 휴전시 유엔군이 설정한 실질적 해상분계선이다. 이 해역에서의 모험 도발은 남북간 전면전을 촉발할 우려가 높을 뿐만 아니라 국제적으로도 큰 분란과 문제를 빚을 무모한 행동인 것이다. 행여 6자회담의 복귀에 앞서 조건으로 제시한 평화협정 체결에 유리한 입장을 점유하기 위해 NLL 무력화를 시도했다면 오산임을 명심해야 할 것이다. 북은 이날 서해 해상에서 사격훈련을 계속할 것이며 NLL을 인정하지 않겠다는 입장을 거듭 밝혔다. 미국이 북의 비핵화와 대북제재 유지를 고수하는 상황에서 '늑대소년'식의 허튼 엄포는 비웃음과 비난만 살 뿐 득 될 게 없다. 눈앞에 걸린 개성공단 실무회담과 후속 군사실무회담, 개성·금강산 관광재개 실무회담에서 더 많은 실익과 조건을 얻으려면 성실한 대화의 자세가 긴요할 것이다. 우리 정부도 군사적 도발에 단호하게 대처하면서 북의 위협에 휘둘리는 식의 양보는 하지 않는다는 기조를 일관되게 유지해 가야 할 것이다.

■ 해군 초계함 '천안함' 서해상에서 침몰(2010.3.26.)

해군의 포항급 초계함(PCC) 1척이 서해상에서 원인 미상의 폭발이 발생해 침몰된 것으로 확인됐다. 군 소식통에 따르면 침몰한 초계함은 해군 2함대 소속의 천안함(PCC-772)으로, 서해의 백령도와 대청도 사이의 해역에서 훈련을 하고 있었던 것으로 밝혀졌다. 사고는 밤 9시 30분경 천안함 함미에서 원인 모를 폭발이 일어나면서 파공이 발생, 침수가 시작된 것으로 알려졌다. 현재 2함대의 모든 군함과 해경 경비정이 사고 해역으로 출동해 구조작업을 실시하고 있다. 사고가 난 천안함에는 104명의 해군 장병이 승조해 있으며 지금까지 58명이 구조됐다. 천안함은 지난 1989년에 취역했으며 1,200톤급 포항급 초계함의 14번째 함이다. 1,200톤급으로 길이는 88m, 폭은 10m이며 최고속도는 약 34노트에 이른다. 주요 무장으로 76㎜ 함포 2문과 40㎜ 쌍열포 2문을 갖추고 있으며 대잠 무장으로는 MK32 3연장 어뢰발사기 2문, MK9 폭뢰 12발 등을 탑재하고 있다. 최근 들어 하픈 대함 미사일 4발을 추가로 장비하기도 했다. 한편 폭발 원인이 북한이 부설한 기뢰나 해안포 공격일 가능성이 제기돼 긴장감이 높아지고 있다. 이와 관련해 청와대는 긴급 안보관계 장관회의를 소집해 원인분석과 대응을 마련 중이다.

■ '천안함' 침몰 원인은 북측 공격? 내부 폭발?(2010.3.27.)

26일 밤 9시 45분경 서해의 백령도 인근 해상에서 원인 미상의 폭발로 침몰한 '천안함'에 대한 의문이 증폭되고 있다. 승조원이 104명이나 될 뿐만 아니라 길이가 88m에 이르는 전투함이 이렇다 할 손도 써보지 못하고 침수가 시작된 지 3시간 만에 허무하게 가라앉았기 때문이다. 현재 제기되는 원인은 크게 3가지로, 북측의 공격과 내부에서의 폭발, 암초에 의한 선체 파손 등이다. 이중 암초에 의한 선체 파손은 사고 해역이 해군 함정들이 자주 왕래하는 곳이었다는 점에서 가능성이 제일 낮다.

북측 공격에 의한 침몰?

사고 발생 직후 침몰 원인에 대해 북측의 공격에 의한 것이라는 추측성 보도가 난무했으나 위성사진과 레이더 기록을 분석해본 결과 관련된 흔적을 찾지 못했다. 실제로 북한이 천안함을 공격을 하기 위해선 대함미사일, 해안포 등을 사용해야 하지만 이 경우, 백령도나 대청도의 병력과 각종 정찰장비 등에 의해 사격이 관측됐을 것이다. 어뢰정을 이용한 어뢰 공격도 가능성이 희박하다. 2002년 제2연평해전 이후 교전수칙이 대폭 수정됐기 때문이다. 만약 어뢰정이 북방한계선(NLL)을 침범하면 경고사격에 이어 바로 격파사격을 실시하기 때문에 어뢰정이 접근하기 전에 이를 격침시켰을 가능성이 있다. 또 이와 같은 교전상황은 함대사령부에서도 네트워크(KNTDS)를 통해 지켜볼 수 있다. 잠수함이나 잠수정의 어뢰공격을 받았을 수도 있지만 북측이 사고 이후 별다른 징후를 보이지 않고 있다는 점에서 가능성이 작다. 잠수함을 이용해 수상함을 공격하는 것은 의도성이 짙은 적대행위에 해당한다. 또 잠수함에서 어뢰를 발사할 때는 발사관에 물을 채우는 소리나 발사구 개폐음, 압축공기를 이용한 발사음 등 여러 소음이 발생하기 때문에 천안함이나 인근에서 함께 작전 중이던 속초함(PCC-778)

의 소나(음파탐지기)에 탐지됐을 것이다. 북측이 미리 부설한 기뢰에 의한 폭발일 가능성도 제기되고 있다. 하지만 사고 해역은 수심이 낮아 잠수함을 이용한 기뢰부설이 힘들고 부설하더라도 그 기뢰에 민간인의 피해가 발생할 수 있다는 문제가 있다.

내부 폭발?

여러 매체를 통해 보도됐듯이 천안함은 밤 9시 45분경 폭발이 발생해 약 3시간 뒤인 새벽 12시를 넘겨서야 침몰했다. 만약 선저 탄약고에 저장된 수백 발의 탄약이 폭발했다면 천안함은 순식간에 가라앉거나 산산조각이 났을 것이다. 다만 함미의 76㎜ 함포의 상비탄약고(72포 R/S)에 저장한 일부 탄약이 폭발했을 땐 이런 결과가 나올 수 있다. 또 함미에서 폭발이 있었다는 증언에 따라 함미의 폭뢰 투사기에 장착된 폭뢰가 폭발했을 가능성이 제기됐다. 하지만 이 폭뢰는 수중에서 터뜨려도 100m가 넘는 물기둥이 치솟을 만큼 위력적이라 폭뢰가 원인이라면 천안함이 3시간이나 물 위에 떠 있지는 못했을 것이다. 함 내부의 연료탱크가 폭발했을 가능성도 있다. 그러나 이 역시 천안함이 20년간 무사히 운용 중이라는 점이 반론으로 제기된다. 특히 천안함 같은 포항급 초계함은 총 24척이 건조돼 지난 1984년부터 운용됐지만 이와 같은 사례는 단 한 번도 발생하지 않았다. 기계적 결함이나 운용상의 문제점일 가능성이 크게 낮아지는 부분이다.

■ "밤 11시부터 10여분 끊임없이 포 소리" (2010.3.27.)

해군 천안함의 선저가 원인 모를 충격으로 폭발해 침몰하기 시작한 지 1시간 15분쯤 지나 사고 부근인 백령도 주변은 요란한 포격 소리로 한때 전쟁터를 방불케 했다. 백령도 신촌리 한 주민은 "오후 11시부터 10여분 동안 포 소리가 끊임없이 들렸다"며 "보통 훈련상황과는 달랐다"고 초기 순간을 전했다. 칠흑 같은 어둠을 뚫고 여러 대의 헬기가 백령도 상공을 수시로 비행했다. 백령도는 군·관·민 할 것 없이 비상이 걸렸다. 사고가 난 백령도 해상은 파고가 높지 않았고, 바람도 강하지 않았다. 주민들은 수시간 뒤에 아닌 것으로 알려졌지만, 처음에 북한의 도발 가능성이 제기되자 공포에 휩싸였다. 전화로 경찰서 및 관공서, 외지에 있는 가족들과 쉴새 없이 연락을 주고받는 모습이었다.

그러나 27일 새벽 1시가 넘어 북한과의 교전 가능성이 낮다는 청와대 관계자 등의 언급이 언론을 통해 흘러나오자 주민들은 다소 안도하는 모습을 보였다. "2시간여 동안 천당과 지옥을 오갔다"고 마을 주민들은 전했다. 백령파출소 임채일 경위는 "군과 해병, 경찰 전 직원이 동원돼 수색작업을 하고 있다"면서 "밤 12시쯤 다리 골절상을 당한 해병 1명이 병원으로 후송됐다"고 말했다. 임 경위는 "사고가 난 초계함 관련 병사"라고 밝혔다. 백령도 내 유일한 종합병원인 인천의료원 백령병원도 침몰 중인 함정에서 구조된 승무원들을 진료하기 위해 의료진을 비상대기시켰다. 인천의료원 관계자는 "오후 10시쯤 군 당국으로부터 병상 50개를 준비하라는 연락을 받고 공중보건의와 간호사 등 10여명의 의료진이 전원 대기했다"고 말했다. 한편 합참은 백령도 주민의 포격 소리 증언과 관련해 "포 소리는 조명탄을 발사한 것으로 확인됐다"면서 "백령도에 주둔한 부대에서 발사했다"고 밝혔다.

■ 한밤의 급보… 긴박한 靑… 국민들 초긴장 (2010.3.27.)

서해 백령도 인근 해상에서 해군 초계함이 침몰 중이라는 뉴스가 26일 밤 11시쯤 TV를 통해 전해지면서 고요했던 주말 밤이 발칵 뒤집혔다. 침몰 장소가 남북한 군이 종종 충돌했던 서해상이라는 점에서 긴장지수는 급상승했다. 침몰 시간이나 승선 인원 등 기초적인 '사실'부터가 즉각적으로 확인되지 않았다. 밤 9시 40분에 침몰하기 시작했다는 관측에서부터 침몰 시간이 9시 30분쯤이라는 뉴스까지 갖가지 전언이 혼재했다. 승선 인원도 "104명" "150명" 등으로 엇갈렸다. 침몰 원인 역시 당장 알려지지 않았다. 해군 자체 사고일 가능성과 북한군의 도발일 수도 있다는 두 가지 관측이 양 갈래로 제기됐다. "평소 듣던 우리 군의 훈련 포사격 소리에 비해 아주 큰 소리였다"

는 백령도 주민의 전언은 불안감을 키웠다. 이명박 대통령 주재로 밤 10시쯤 긴급 안보장관회의가 열렸다는 소식도 사건의 파장이 간단치 않을 것임을 시사했다. 물에 빠진 장병들이 구조되고 있다는 긴박한 뉴스가 시시각각 이어졌다. 청와대와 국방부는 자정이 넘도록 "사고 원인을 파악 중에 있다"고 했다. 침몰 시간이 한밤중이라 원인 파악과 구조에 어려움을 겪고 있다는 얘기가 전해졌다. 시간이 지나면서 침몰 시간은 밤 9시 45분이고 배 밑바닥에 구멍이 뚫린 게 직접적인 침몰 원인으로 확인됐다는 소식이 국방부 쪽에서 전해졌다. 이에 따라 암초에 부딪혀 구멍이 뚫렸거나 북한군의 어뢰 공격으로 침몰했을 가능성이 우선적으로 제기됐다. 군 관계자는 "최소한 북으로부터 미사일이나 포 공격은 없었다"면서 "북한의 어뢰 공격이나 북한군이 수중에 부설해 놓은 기뢰에 의한 폭발 등 모든 가능성을 열어두고 있다"고 말했다. 다른 관계자는 "침몰 당시 인근에 있던 속초함에서 레이더에 잡힌 북쪽의 어떤 물체를 향해 76㎜ 함포로 경고사격을 한 것으로 안다"고 말해 교전 가능성까지 제기됐다. 국방부는 다만 주민들이 들었다고 신고한 커다란 폭발음에 대해서는 "물에 빠진 장병을 구하기 위해 쏘아 올린 조명탄"이라고 밝혔다. 반면 청와대 쪽 설명은 국방부와 다소 차이가 났다. 27일 0시 30분쯤부터 청와대는 이번 사고의 원인이 북한군의 도발 때문은 아닐 것이란 가능성에 무게를 실었다. 청와대 관계자는 "침몰 지역은 북방한계선(NLL)에서 비교적 먼 남쪽 바다로, 북한군이 자주 출몰했던 곳은 아니다"라고 말했다. 속초함의 사격도 북한군에 대한 게 아니라 새 떼를 쫓기 위한 발포로 확인됐다면서, 교전은 없었다고 했다. 사고 지점 부근에 암초가 많다는 얘기와 함께 선박 자체의 고장이 침몰 원인일 수 있다는 관측도 나왔다. 우리 해군 전함의 침몰은 이번이 처음은 아니다. 지난 1967년 1월 19일 해군 당포함(PCE-56)이 동해상에서 북한군 해안포대의 공격을 받고 침몰한 일이 있었다. 당시 어선들의 월경을 막기 위해 초계 중이던 당포함은 북한군의 공격으로 전사 및 실종 39명, 부상자 40명 등 총 79명의 인명 피해를 냈다.

■ 오늘 1만 4,000톤급 독도함, 美 구조함 투입 (2010.3.29.)

천안함 침몰과 관련한 군의 실종자 수색작업이 28일 이어졌지만 사고 지점의 유속이 빠른 데다 바닷속 시야가 확보되지 않아 어려움을 겪었다. 군은 이날 수색작업을 위해 구난함인 광양함(3,000톤급)을 사고 현장에 배치했다. 실종자 수색을 위해 민간인 다이버들도 참여시킬 방침인 것으로 알려졌다. 합참은 이날 제주함 등 초계함 세 척이 천안함의 구명복과 안전모, 부력방탄복 등을 해상에서 회수했다고 밝혔다. 29일엔 실종자 수색작업에 아시아 최대 수송함인 독도함(1만 4,000톤급)과 미 해군 구조함이 투입된다. 군 관계자는 "진해에 있는 독도함을 침몰 사고 해상으로 긴급 투입하기로 결정했다"면서 "독도함은 29일 밤늦게 서해 백령도 인근 사고 현장에 도착할 예정"이라고 밝혔다. 그는 "독도함은 사고 해상에 정박해 '모항(母航)'으로서 탐색·구조 작업을 총괄 지휘할 것"이라며 "독도함에는 고속단정을 실어 현장을 수시로 지원하게 될 것"이라고 말했다. 지난 2007년 7월 취역한 독도함이 서해 북방한계선(NLL) 인근 해상에서 임무를 수행하는 것은 취역 이후 처음이다.

원태재 국방부 대변인은 이날 서울 용산동 국방부 청사에서 브리핑을 갖고 "이달 초 실시된 독수리 훈련에 참가했던 미 해군 구조함이 내일(29일) 아침 9시에 도착, 구조작업에 투입된다"고 밝혔다. 그는 선체 인양작업과 관련, "구체적인 계획을 세우지 않았지만, 민간 크레인을 이용해 인양할 예정"이라고 밝혔다. 이명박 대통령은 이날 "(사고 원인을) 철저하게 조사하고 내용이 나오는 대로 한 점 의혹 없이 모두 다 공개하라"고 지시했다. 이 대통령은 청와대에서 안보관계장관회의를 주재하면서 "모든 가능성을 염두에 두고 조사하되, 섣부르게 예단해서는 안 된다. 예단을 근거로 혼란이 생겨서는 안 된다"면서 이같이 말했다고 박선규 대변인이 전했다. 이 대통령은 "현 단계에서 가장 중요한 것은 생존자 구조다. 실종자들이 살아있다는 믿음을 갖고 마지막까지 최선을 다해 달라"면서 "현장 상황이 어려운 것을 알지만 가능한 조치를 다해 달라"고 당부했다. 이어 "실종자

가족들의 안타까운 마음을 헤아려 진행 상황을 소상하게 설명하라"면서 "필요 이상 불안이 생기지 않도록 모두 각자 위치에서 흔들리지 말고 임무를 수행해 달라"고 말했다. 이 대통령은 "많은 실종자가 나왔지만 해군의 초동대응은 잘됐다고 생각한다"면서 "피해는 말할 수 없이 안타깝지만, 그나마 초기대응이 잘 이뤄져서 더 큰 피해를 막았다고 생각한다"고 말했다. 청와대 외교안보라인의 핵심 관계자는 사고 원인과 관련, "내부폭발, 외부공격 등 가능성을 모두 열어놓고 있지만, 폭발 직전까지 아무런 특이정황이 없었다는 보고로 볼 때 외부 공격 가능성은 점점 더 낮아지고 있다"고 말했다. 한편 국회 국방위는 29일 오후 2시 김태영 국방부 장관을 출석시킨 가운데 사고 원인 등에 대한 조사 내용을 듣는다.

■ "21시 25분쯤 '펑' 소리 뒤 정전" "선체 오른쪽 직각으로 기울어"(2010.3.29.)

서해 백령도 인근 해역에서 침몰한 초계함 천안함의 함장 최원일 중령은 폭발 당시 상황에 대해 "내부나 외부의 충격에 의한 것으로 보인다"면서 "26일 오후 9시 25분쯤 '펑' 하는 폭발음이 들린 후 선체가 오른쪽으로 직각 형태로 기울었고 이후 발전·통신 등 모든 교신수단이 두절됐다"고 설명했다. 최 함장은 27일 오후 경기 평택 해군 2함대사령부 동원예비군 안보교육관에서 실종자 가족 등 400여명이 참석한 가운데 가진 브리핑에서 이같이 밝혔다. 다음은 일문일답.

사고 경위는?

26일 오후 9시 25분쯤이다. 함장실에서 작전 계획을 검토 중이었다. 그때 '펑' 소리와 함께 선체가 직각 형태로 오른쪽으로 기울었다. 폭발과 동시에 내 몸이 50㎝가량 날아올랐고, 책상 밑에 깔렸다. 이후 모든 교신수단이 끊겼다.

사고 원인은 어떻게 분석하나?

내부나 외부의 충격에 의한 것으로 보인다. 순식간에 선체가 반파돼 배 반쪽은 없어진 상태였다. 눈으로 직접 보고 확인한 사항이다.

폭발 후 상황은?

폭발음이 난 다음 전원이 끊겨 암흑상황이었고 함장실에 5분가량 갇혀 있었다. 누군가 밖에서 망치로 깨고 문을 열어줘 올라가 보니 이미 선체의 후미 반쪽은 없어진 상태였다.

안에서 화약 냄새가 났다는 얘기가 있다. 비명 소리는 들었나?

화약 냄새는 안 났다. 폭발로 인해 유류 탱크에서 기름이 샌 것으로 보인다. 폭발음만 들었다.

장교들만 모두 생존한 이유는 무엇인가?

함정 지휘소가 모두 함수 부위에 위치해 있다. 함교나 전투상황실 등이 모두 배 상부에 위치하고 있어서 장교들 모두 살아남았다. 사고 후 함장실에서 올라와 줄과 로프, 소화호스까지 이용해 마지막까지 남은 승조원들을 끌어올리고 이함했다. 함장으로서 지휘 책임을 통감한다. 죄송하다.

사고 전에도 3차례 바닥에 물이 스며들어 수리했다고 들었다. 배가 노후해 사고난 것 아니냐?

그런 적 없다. 이번 작전에 나갈 때 모든 장비와 선체에 문제가 없었다.

지금 시급한 문제는 실종자들에 대한 탐색 · 인양 구조작업인데 진행 상황은?

나도 탐색 구조작업을 하다 오늘 오후 부대로 복귀했다. 군과 해경 등이 온 역량을 동원해 탐색·구조작업에 최선을 다하고 있다.

■ 金국방 "北기뢰 흘러왔을 수도 있어"(2010.3.30.)

이명박 대통령은 29일 "실종자들이 몰려 있을 것으로 추정되는 함미(艦尾)의 위치를 확인했으니 모든 인력과 장비를 총동원해 최대한 신속하게 수색작업에 나서 달라"고 지시했다. 이 대통령은 오전 청와대에서 수석비서관 회의를 주재하기에 앞서 국가위기상황센터에서 천안함 함미를 발견했다는 보고를 받은 뒤 이같이 말했다고 김은혜 대변인이 전했다. 이 대통령은 특히 "생존자가 있다는 희망을 버려서는 안 된다"면서 "또 한 점 의혹이 생기지 않도록 원인을 철저히 조사하라"고 거듭 주문했다. 이어 "현장에서 수색작업을 돕고 있는 민간 잠수사들에게도 최대한 협조하고, 이들의 안전에도 문제가 없도록 해 달라"고 당부했다. 이 대통령은 수석비서관회의에서 "당분간 비상체제를 지속하겠다"면서 "국정에 소홀함이 없도록 각 부처가 노력해 달라"고 당부했다. 김 대변인은 기뢰에 의한 사고일 가능성이 높다는 일부 지적과 관련, "현재 특별히 어느 원인에 대해 중점을 두고 있지는 않다"면서 "(선체를) 인양해 봐야 정확한 원인을 알 수 있는 상황"이라고 말했다. 청와대 관계자는 "대통령은 오늘부터 실시간 상시 점검체제를 유지하면서 가급적 일정은 정상적으로 소화한다는 계획"이라고 말했다. 김태영 국방부 장관은 이날 천안함 침몰사고 원인과 관련, "서해상에 한국군의 기뢰는 없기 때문에 그로 인한 폭발 가능성은 없었다고 본다"고 말했다. 그는 오후 소집된 국회 국방위원회 전체회의에 출석해 "현재 서해안에 기뢰가 있느냐"는 민주당 문희상 의원의 질문에 "전시가 되면 운용할 계획은 있지만, 현재로서는 한국군이 기뢰를 깔아놓지 않았다"고 답했다. 김 장관은 한나라당 이윤성 의원의 질문에도 "제가 합참의장을 하던 2008년에도 (기뢰로 인한 폭발사고) 가능성에 대한 이야기가 있었기 때문에 두 달 동안 (백령도) 지역에 기뢰가 있을 가능성을 모두 탐색했고, 폭뢰를 개조해 설치했던 시설 등을 모두 수거했다"고 설명했다. 하지만 김 장관은 "그러나 다른 어떤 방법에 의해 기뢰가 설치되는 것을 막을 수는 없겠지만…"이라고 덧붙였다. 김 장관은 "북한 기뢰가 흘러들어와 우리 지역에 있을 수 있다"면서 "북한은 과거 6·25 전쟁 당시 4,000여기의 기뢰를 옛소련으로부터 수입해 3,000여기를 동해와 서해에 설치했다"고 밝혔다. 김 장관은 "많은 기뢰를 제거했지만 기뢰가 물속에 있어 100% 수거는 안 됐을 것"이라며 "1959년에도 (북한 기뢰가) 한 발 발견된 바 있고, 1984년에도 제거된 바 있다"고 부연했다.

■ 이 대통령 백령도 현장 전격 방문 (2010.3.31.)

이명박 대통령이 30일 천안함 침몰사고 현장인 백령도를 전격 방문했다. 역대 대통령 중 백령도를 방문한 것은 이 대통령이 처음이다. 백령도는 인근에 북한의 지대함 유도탄과 해안포가 집중 배치돼 있는 접경지역이다. 이 대통령은 오전 전용 헬기 편으로 청와대를 출발, 낮 12시 5분쯤 사고 현장에 출동해 있는 독도함에 내려 해군 관계자들로부터 현황을 보고받았다. 이어 고무보트를 타고 독도함에서 2.3㎞ 떨어진 광양함에 도착, 구조상황을 지켜보고 실종자 가족들을 만나 위로했다. 이 대통령은 다시 고무보트 편으로 독도함에 돌아왔다가 헬기 편으로 백령도에 주둔한 해병 6여단에 도착해 관련 보고를 받았다. 이 대통령은 "가족뿐 아니라 전 국민이 귀한 생명을 한 사람이라도 빨리 찾아내길 기다리고 있다"면서 "가장 중요한 것은 선체를 건지는 것보다 46명을 먼저 구조해야 하는 것이 아닌가 생각한다"고 말했다. 이어 "시간이 흘렀다고 하지만 기다리는 가족과 국민을 봐서라도 이 자체(구조)가 가장 중요하다"고 강조했다. 이 대통령은 "최전방 분단지역 북방한계선(NLL), 가장 위험한 지역에 근무하는 (병사는), 전시체제에서 전쟁에 참여하는 병사와 똑같다고 생각한다"면서 "(이번 실종자도) 최전방 위험지역에서 국가를 위해 전투하다 희생된 병사와 같이 인정하고 대우해야 한다"고 말했다. 이어 "국가가 존립하는 가장 중요한 의미는 한 사람의 생명을 지키고, 그 다음에 재산을 지키는 것"이라고 강조했다. 김성찬 해군참모총장은 탄약고 폭발 여부를 묻는 이 대통령의 질문에 "탄약고 폭발 정황은 확인되지 않고 있다"며 "탄약은 폭발하지 않은 것으로 본다"고 답변했다. 다른 해군 관계자도 "함수 쪽 절단 부위 사진 촬영과 떠오른 물체를 보면 폭발이나 그을음 흔적은 없고 불에 탄 물체도 없다"며 "내부 폭발은 없었던 것으로 보인다"고 보고했다. 이 대통령은 해병 6여단을 방문해서는 "앞으로 북한이 6자회담을 통해 핵을 포기할 때까지 철통 같은 경계를 늦춰선 안 된다. 우리가 강할 때 방어가 될 수 있다"고 강조했다. 이어 "나라 위해 희생한 사람들에 대해서는 특별한 관심을 갖고 끝까지 보호하고 예우를 강화하려고 한다"면서 "이번 사태를 계기로 만일 사상자가 생긴다면 앞으로 나라 위해 목숨 바친 사람들에 대한 예우를 높여야 한다는 계획을 갖고 있다"고 말했다. 박선규 청와대 대변인은 "이 대통령의 백령도 방문이 '깜짝 방문'으로 해석되지 않기를 바란다"면서 "오늘 방문은 이 대통령이 이번 사고를 보는 인식의 위중함, 여전히 실종상태에 있는 병사들에 대한 안타까운 마음을 드러낸 것"이라고 설명했다.

■ 한 명이라도… 목숨건 구조 중 UDT 1명 숨져(2010.3.31.)

군은 30일 천안함 실종자를 찾기 위해 해난구조대(SSU) 등 민·관 합동 구조대를 동원했으나 별다른 성과를 거두지 못했다. 이 과정에서 수중에서 탐색 작업을 하던 해군 수중폭파팀(UDT) 요원 한주호(53) 준위가 의식을 잃고 숨졌다. 합참은 서해 백령도 인근 해상에서 침몰한 천안함 함수(艦首·뱃머리) 부분의 함장실에 외부로 밧줄을 연결하는 작업을 마쳤지만, 물흐름이 빨라 진입에 어려움을 겪었다. 밤 10시 25분까지 수색했지만 실종자를 찾는 데 진전은 없었다. 구조대는 오후 3시 20분쯤 전날에 이어 함미 복도로 연결된 문틈을 통해 공기통 2개 분량의 공기를 주입했다. 해군 관계자는 "구조작업에 적당한 '정조'(停潮·조류의 흐름이 약해지는 때) 시간을 전후해 유속 등을 지켜보며 계속 수색했지만 실종자를 찾지는 못했다"고 설명했다. 물살이 가장 빠른 '사리'가 이날부터 다음 달 2일까지 계속돼 실종자 수색은 쉽지 않을 전망이다. 함수 쪽 탐색작업을 맡았던 한 준위는 작업 40분 남짓만인 오후 3시 20분쯤 저체온증과 호흡곤란으로 의식을 잃어 응급의료장비가 갖춰진 미군 구조함 살보함으로 긴급 후송됐지만 끝내 숨을 거뒀다. 3도 안팎의 차가운 물 속에서 한계시간을 넘겨 구조작업을 벌였기 때문으로 보인다.

이명박 대통령은 청와대에서 한 준위의 순직을 보고받고 "유감스럽다"면서 "실종자 구출도 중요하지만 안전도 중요하다고 당부했는데, 이런 일이 발생해 안타깝다"고 말했다고 이동관 홍보수석이 전했다. 이 대통령은 "빠른 조치가 물론 중요하지만 앞으로 더욱 안전에 유의하면서 실종자 구조작업을 펼쳐달라"고 당부했다. 고인의 장례식은 경기 성남 국군수도통합병원에서 엄수된다.
군은 천안함 침몰 닷새째를 맞아 해저에 가라앉은 함미(艦尾·배꼬리)와 함수에 생존해 있을지 모를 실종자들을 구조하기 위해 선체 진입과 선내 수색에 힘을 쏟았다. 생존자들의 최대 생존 한계시간으로 상정된 '69시간'이 전날 오후 6시 30분으로 지나버렸지만, 구조작업은 계속됐다. SSU와 UDT, 특전사 요원 170여 명은 함수와 함미로 나뉘어 선체 접근을 시도했다. 이들은 구조작업이 더디자 유속이 빠른 시간대에도 수색을 계속했다. 백령도 인근 침몰 현장에서 동남쪽으로 6.4㎞ 떨어진 해저에서 함수 선체의 진입로를 확보한 게 가장 큰 성과였다. UDT 요원들이 수심 20m 아래에 있는 함수의 함장실 출입구를 열고 외부와 닿는 '밧줄(와이어)'을 연결하는 데 성공했다. 일단 진입로가 확보되자 이들은 조를 나눠, 한 조가 잠수해 5~7분 동안 출입구 안쪽을 탐색하며 밧줄을 걸어 진척 상황을 표시하면 다음 조가 이어받아 작업을 진행하는 식으로 생존자를 찾았다. 하지만 열악한 시계(視界)와 낮은 수온, 5.3노트(시속 9.8㎞)의 빠른 물흐름 때문에 어려움을 겪었다. 실종자들이 몰려 있을 것으로 추정되는 함미는 함수 쪽보다 구조작업이 더 힘들었다. 군은 새벽 2시부터 함미가 있는 지점에 고무보트로 접근했지만, 시계 불량과 빠른 유속으로 구조작업이 쉽지 않았다. 가까스로 SSU 잠수사들이 오전 7시 40분부터 100분 남짓 함미 선체에 접근해 진입로 확보를 시도했다. 하지만 조명등을 비추고도 30㎝ 앞을 분간할 수 없을 정도로 시야가 흐려 어려움이 따랐다. 함미 선체가 왼쪽으로 90도 기울어져 있어 내부 복도가 갯벌로 막혀 있는 데다, 폭발 충격으로 격실문이 뒤틀어져 진입을 가로막았다. 군은 선체의 벌어진 틈 사이로 산소를 주입하는 작업을 병행했다.

■ 美 "北개입 추정할 근거 현재 없어"(2010.3.31.)

미국 국무부는 29일(현지시간) 서해 백령도 인근에서 발생한 초계함 '천안함' 침몰 원인과 관련, 현 시점에서 북한의 개입에 따른 것으로 추정할 만한 근거는 없다고 밝혔다. 제임스 스타인버그 국무부 부장관은 워싱턴 외신기자센터에서 가진 기자회견에서 "침몰 사고 원인과 관련해 북한 연계 가능성을 배제하고 있느냐"는 질문에 "사고에 제3자가 개입했다고 믿을 근거는 없다"고 말했다. 스타인버그 부장관은 "분명한 것은 충분한 조사가 이뤄져야 한다는 점"이라면서 "하지만 그것이(북한의 개입이) 사고 원인이라고 믿을 만한 근거는 없는 것으로 안다"고 덧붙였다. 필립 크롤리 국무부 공보담당 차관보도 정례브리핑에서 "북한 개입 가능성을 배제하지 않는다"는 김태영 국방장관의 발언에 대해 "그에 대한 판단은 한국 정부에 맡겨야 할 것"이라고 말했다. 크롤리 차관보는 다만 "선체 자체 외의 다른 요인이 있었다는 것을 파악했다고 생각하지 않는다"고 말했다.

■ '北 개입' 딴 목소리…정부·軍 누가 맞나 (2010.4.1.)

도대체 누구의 말이 맞나? 천안함 침몰 사고 원인을 둘러싸고 정부 당국자와 군 관계자들 사이에서 서로 다른 목소리가 새어 나와 혼란을 부추기고 있다는 비판이 끊이지 않는다. 이명박 대통령은 천안함 침몰사고의 원인과 관련, "섣부른 예단을 하지 말라"고 여러 차례 밝혔다. 확실한 물증이 없는 상태에서 원인이 거론되면 불필요한 오해를 살 수 있고, 상황에 따라서는 예기치 않은 '역풍'을 맞을 수도 있어서다. 하지만 침몰한 당일부터 예단에 가까운 말이 나왔다. 선을 긋고 있다는 인상을 받을 정도였다. 지난 30일 백령도 현장을 방문 했을때도 김성찬 해군 참모총장이 "어뢰 가능성을 배제 못한다"고 보고하자, 이 대통령이 즉각 "(사고 원인을) 절대 예단하지 말라"고 두 차례나 반복해서 강조했다. 사고가 발생한 지난 26일 밤 이후 사고 원인을 둘러싼 정부 당국자의 발언은 도무지 종잡을 수 없다. 27일 새벽 김은혜 청와대 대변인은 사고 원인과 관련, "현재로선 북한과의 연계는 확실치 않다"고 밝혔다. 상황이 발발한지 몇 시간 안 된 시점이라 당연한 판단이다. 그러나 이후 군 관계자나 청와대 다른 관계자들의 "북한군의 개입 가능성은 낮다", "정황상 외부(북한) 공격 가능성은 점점 낮아지고 있다"는 발언이 이어졌다. 북한군의 특이 동향이 없었다는 점을 근거로 들면서, 북한이 연계됐을 가능성은 처음부터 아예 선을 그었다.

이처럼 정부가 사고 원인으로 북한을 완전히 배제한 것 같은 분위기가 이어지면서 보수층을 중심으로 반박 여론이 거세지기 시작했다. 이런 와중에 김태영 국방부 장관은 지난 29일 국회 국방위에 출석, "정부나 국방부 할 것 없이 북한의 개입 가능성이 없다고 한 적은 없다"고 한발을 뺐다. 이전까지 분위기와는 180도 바뀌어서 북한이 배후에 있을 수 있다는 묘한 뉘앙스를 풍기는 발언으로 읽혔다. 여기다 처음부터 군은 '내부 폭발' 가능성은 낮다고 강조해왔기 때문에 혼란은 더 가중됐다. 30일 해군 핵심 관계자는 이 대통령에게 "내부 폭발은 없었던 것으로 보인다"고까지 보고했다. 청와대의 핵심 관계자는 31일 "수색을 총 지휘해야 할 김태영 장관이 29일 국회에 출석한 것도 모양새는 좋지 않았다"면서 "너무 세세하게 보고한 것도 잘한 것은 아니다"라고 비판했다. 사고 원인을 둘러싼 북한 연계설을 놓고 청와대는 '고민'에 빠져 있다. 북한이 연계됐다면 남북관계는 급속히 경색될 가능성이 높기 때문이다. 상당수 보수층이 북한의 소행이라고 믿는 상황이다. 김은혜 대변인은 "청와대 대변인의 발표내용이 정부의 공식입장"이라면서 "모든 가능성을 열어두고 있다는 게 현재 정확한 판단"이라는 원론적인 입장을 되풀이했다.

■ "속초함, 北 기습공격 후 도주로 판단해 격파 사격"(2010.4.2.)

국방부는 1일 언론 등에서 제기된 천안함 사고 관련 의혹에 대해 조목조목 해명하는 자료를 내놓았다. 국방부는 당초 사고 원인과 관련해 40여 가지 쟁점을 세분화해 설명할 예정이었지만 또 다른 의혹을 낳을 수 있다는 판단으로 쟁점을 10여 개로 묶어 설명했다. 국방부에 따르면, 천안함은 3월 16일 평택항을 출항해서 백령도 근해에서 경비임무를 수행하다 26일 오후 9시 22분쯤 침몰했다.

새 떼에 76㎜ 함포사격?

국방부는 천안함과 인근에서 작전 중이던 속초함이 76㎜ 함포사격을 한 것에 대해 새 떼가 아니라 북의 반잠수정이라는 의혹에 대해 자세히 해명했다. 국방부에 따르면, 속초함은 사고 현장에서 남쪽 49㎞ 근해에서 중국 어선 180여 척을 감시하고 있었다. 천안함 침몰 상황이 벌어졌을 때 2함대사령부는 A급 비상경계태세를 발령하고 속초함에 백령도 서방 현장으로 향하라는 지시를 내렸다. 속초함이 백령도에 이동하는 도중 2함대에서는 현장에 이미 충분한 세력이 있으므로 현장으로 가지 말고 혹시 모를 불순세력에 의한 피습에 대비해 백령도 서방으로 가서 차단을 하라는 지시를 받았다. 백령도 서방으로 항해하던 속초함은 오후 10시 55분에 백령도 북방에서 고속으로 북상하는 표적을 포착했다. 이에 속초함은 2함대에 사격 허가를 요청, 허가를 받고 11시부터 경고사격 후 격파사격을 실시했고, 11시 5분 표적이 북방한계선(NLL)을 넘어가자 사격을 중지했다. 표적은 11시 8분 사라졌다가 9분에 다시 포착됐고 이후 육상으로 올라가 11분에 다시 사라졌다.

국방부는 또 북한군 항공기를 포착한 것은 27일 0시 33분이었으며 그 위치는 NLL 북방이었다면서 시간이나 위치를 고려할 때 침몰사고와 전혀 무관하다고 밝혔다. 국방부는 속초함이 사격을 끝낸 후 레이더 상에 포착된 물체를 분석했고 새 떼로 판단했다고 밝혔다. 새 떼로 추정하는 이유로, 국방부는 표적이 한 개에서 두 개로 분리됐다가 다시 합치는 현상이 2회 반복됐고, 소음과 물결(wake)이 식별되지 않았으며, 표적이 최종적으로 사라진 지점이 육지에 해당한다는 점 등을 꼽았다. 특히 속초함 레이더는 해수면 레이더로 함정포착용이지만 수면에 가깝게 나는 새 떼도 포착할 수 있다고 했다.

이 같은 국방부의 설명은 천안함 사고 발생 직후 군은 사고 원인이 '북의 공격'일 수도 있다고 판단하고 있었음을 시사하는 대목이다. 가장 가까운 거리에 있던 속초함을 불러 경계 상황을 펼치고 레이더에 나타난 점들에 대해 즉각 대응한 정황 등이 이를 뒷받침한다. 게다가 속초함이 격파사격을 실시한 시간이 밤 11시쯤인 점을 고려할 때 '새 떼'가 그 시각에 해수면 위를 낮게 날아 이동했다는 점은 쉽게 납득되지 않는 부분이다.

왜 연안으로 기동했나?

천안함은 초계함 임무가 해상 경계인 점에서 볼 때 백령도 연안에서 2㎞ 안팎으로 기동하면서 작전을 진행 중이었다. 이와 관련, 북의 잠수정을 발견하고 쫓아가거나 특수임무를 수행한 것은 아닌지에 대한 의문도 제기됐다. 국방부는 이에 대해 "천안함이 백령도에 다소 근접해 기동한 것은 북한의 새로운 공격형태에 대응해 경비작전 시 지형적 이점을 이용하는 측면이었다"고 설명했다. 최원일 함장 부임 후 이 같은 훈련을 10여 회 실시했다고 설명했다. 하지만 사고 당시 단순한 작전 중이었는지 아니면 다른 이유가 있었는지 여부는 확인해 주지 않았다. 김태영 국방부 장관은 전날 기자간담회에서 천안함이 연안에 인접해 이동한 것과 관련, "풍랑이 세서 그쪽으로 간 것"이라면서 "기본적으로 의심하고 보면 안 된다"고 말했다. 천안함이 작전 중이었는지 여부에 대해서도 장관의 발언과 국방부의 설명내용이 다른 점 등을 고려하면 사고 당일 천안함의 연안 기동 작전 목적에 많은 의문부호를 달게 만든다.

사고발생 시간과 초동조치

천안함 침몰 이후 사고 발생 시간은 끊임없이 논란의 대상이 됐다. 국방부는 당초 26일 오후 9시 45분에서 9시 30분, 다시 9시 25분으로 시간을 변경해 발표했다. 발생 시간이 명확하지 않은 상태에서 최근 백령도 해병대원의 열영상촬영 장면이 공개되면서 사고 발생 시간에 대한 의문이 증가하고 있다. 국방부는 이에 대해 "사고 발생 시간에 대해 사고 초기 그런 점이 있었다"고 인정하면서 "정확성보다는 신속성을 강조해 다소 오차가 있었다"고 해명했다. 또 함장 진술과 보고 시간, 해병대원이 녹화한 장면, 한국지질자원연구원에서 침몰 당시 측정한 지진파 발생 시간 등을 종합해 최초 사고 발생 시간은 26일 오후 9시 22분쯤으로 보고 있다고 설명했다. 이와 함께 침몰 당시 초동조치가 적절했는지 여부에 대해 "함장을 포함한 장교들은 극한 상황 속에서도 승조원과 함께 구조활동을 했으며 적절한 조치를 했다"고 설명했다.

천안함 상태 최상?

천안함이 정비 부족으로 침몰했다는 의혹에 대해 군은 그동안 최상의 장비로 성능을 유지하기 위해 노력했다고 설명했다. 국방부는 “천안함과 같은 초계함의 경우 3년마다 정기 수리를 실시하고 연 2회 야전정비를 실시한다”면서 “필요시 자체 정비를 실시하도록 규정하고 있다”고 설명했다. 이 규정에 따라 천안함은 2008년 8월부터 10월까지 정기정비를 실시했으며 지난해 야전정비 2회, 자체정비 1회를 실시했다고 밝혔다. 또 올해 2월 자체정비를 했고, 장비 고장으로 인해 작전 임무를 중지한 사례는 없었다고 못 박았다. 특히 2008년 정기정비 기간 중 선체를 육상에 들어올려 확인한 결과 선저(배바닥)를 포함해 선체 마모도, 노후도 등에서 특이사항이 없었다고 설명했다. 최근 새롭게 사고 원인으로 떠오르고 있는 ‘피로파괴’와 관련, 천안함에서 그 피로파괴의 근거를 찾아볼 수 없다는 취지로 해석된다. 하지만 피로파괴는 배의 균열 등을 육안으로 확인해서 예방할 수 있는 사안이 아닌 선체에 누적된 하중으로 갑작스럽게 배의 일부가 절단되는 현상으로 사전 정비로도 감지할 수 없다는 것이 전문가들의 설명이다.

위기대응 매뉴얼 있다?

이번 사고가 위기대응 매뉴얼이 없어 더욱 커졌다는 의혹과 관련, 국방부는 충분한 매뉴얼을 보유하고 있다고 반박했다. 국방부는 “함정은 작전 임무 수행 중 적의 유도탄 공격, 화생방 공격, 어뢰 및 폭뢰 공격, 화재 및 선체 손상 등 비상상황에 대비해 각 제대별 위기대응 지침서를 운용하고 있다”고 설명했다. 특히 “천안함처럼 우발적인 해상사고 발생 시 현장 지휘관은 긴박한 상황을 고려해 먼저 조치하고 나중에 보고 하도록 돼 있다”면서 “함장은 비상시에 대비한 절차에 따라 생존자 확인 및 구조를 위해 최우선적으로 모든 조치를 강구했다”고 밝혔다. 국방부는 함정훈련 중 함정이탈 훈련을 해마다 20회씩 실시한다고 설명했지만 15회는 출동준비, 2회는 수리, 나머지는 전투력 검열과 소화방수 훈련이 1회씩 포함돼 있어 실질적인 이함훈련이 이뤄지는지는 불분명하다.

어선 침몰 천안함 먼저 발견?

천안함이 침몰한 후 군은 실종자들이 있을 것으로 추정되는 함미 부분을 찾지 못했다. 사고 발생 사흘 만인 28일 음향탐지기 소나(SONAR)를 갖고 있는 옹진함이 도착해 함미를 발견했지만 이보다 먼저 민간어선인 해덕호가 어군탐지기를 이용해 발견했다는 사실이 알려지면서 군이 적극적으로 수색에 나서지 않고 있다는 비난을 받았다. 이에 대해 국방부는 해덕호로부터 수중 물체를 포착했다는 통보를 받고 기뢰탐지함인 옹진함이 같은 날 오후 도착해 최종 식별했다고 밝혔다. 또 “먼저 수색에 나섰던 속초함의 소나는 잠수함을 찾는 데 쓰이고, 어군탐지기는 물속 바닥까지 탐지하는데 쓸 수 있는 차이가 있기 때문”이라고 설명했다.

생존자들 입단속?

군이 천안함 생존 병사들을 병원 한 곳에 수용해서 외부와의 접촉을 막는 것은 숨기는 것이 있기 때문이라는 의혹에 대해 국방부는 “사실이 아니다”고 부인했다. 국방부는 “작은 불만도 쉽게 인터넷에 올리는 요즘의 신세대 병사들의 특성을 고려해 볼 때 입단속을 한다는 것은 불가능한 일”이라면서 “실종자 가족과 국민의 궁금증을 해소하기 위해 대표성 있는 함장으로 하여금 인터뷰를 하도록 했다”고 밝혔다. 그러면서 “현재 생존자들은 자신들만 살아 돌아왔다는 자책감으로 정신적 고통을 받고 있어 상당 기간 치료와 안정이 필요하다”며 “사안이 안정되는 대로 생존자들의 증언도 공개토록 할 예정”이라고 했다.

■ 軍 “北 잠수정 개입 가능성 낮다”(2010.4.2.)

국방부는 1일 북한군의 잠수함 또는 잠수정이 천안함 침몰에 개입했을 가능성이 매우 낮다는 입장을 밝혔다. 국방부는 ‘천안함 침몰 관련 국방부 입장’이라는 보도자료에서 “국방부는 다양한 정보자산을 활용해 북한의 활동을 감시하고 있고, 특히 잠수함(정), 반잠수정 등과 같은 선박의 움직임에 대해서는 철저히 추적 관리하고 있다”

면서 "사고 당일의 움직임 여부도 당연히 파악했으며, 당시 사고 인근지역에서 북한의 잠수함(정) 활동 정황이 발견되지 않았고 투입 가능성도 매우 낮은 것으로 현재는 판단하고 있다"고 했다. 국방부는 "사고 당시 천안함은 승인된 정상적인 경비구역 내에서 임무를 수행하고 있었으며, 백령도에 다소 근접해 기동한 것은 북한의 새로운 공격 형태에 대응하여 경비작전시 지형적 이점을 이용하는 측면이 있었다"고 밝혔다.

국방부는 사고 직후 인근 속초함에서 발포한 것과 관련, "천안함 침몰로 2함대사령부가 해상경계태세를 A급으로 격상 발령한 상태에서 북방한계선(NLL) 남단에서 경계를 서던 속초함의 사격통제 레이더에 백령도 북방에서 42노트(시속 77.7㎞)로 고속 북상하는 물체가 포착되자 이를 적 함정이 천안함을 공격한 뒤 도주하는 것으로 판단, 2함대사의 승인을 받아 경고사격 후 격파사격을 5분간 실시한 것"이라고 밝혔다. 국방부는 천안함의 사고발생 시각을 지난달 26일 오후 9시 22분쯤으로 다시 정정했다. 군은 26일 밤 사고 직후 해병부대에서 열상감시장비(TOD)로 촬영한 40분 분량의 침몰 장면 영상을 전부 공개했다. 영상에 따르면 천안함은 선체 중앙 부분에 있는 가스터빈실이 칼로 잘린 듯 곡선형태로 절단됐다. 처음부터 함미는 바닷 속으로 사라져 보이지 않았으며 함수만 보였다. 영상은 사고 당일 백령도 기지에서 TOD 운용병이 폭발음을 듣고 상급부대에 보고한 뒤 오후 9시 23분 46초부터 녹화한 것이다. 군은 천안함의 사고 당일 교신록은 공개하지 않았다.

■ 軍도 北공격 사실상 배제… 다시 미궁 속으로(2010.4.2.)

천안함 침몰사고의 원인이 북한군 때문은 아닐 것이라는 시각을 국방부가 1일 강력히 시사했다. 사고 발생 초기, 주로 청와대 쪽에서 북한군의 개입 가능성이 낮다는 식의 얘기가 나온 적은 있었지만, 군 측에서 이를 공식적으로 밝힌 것은 처음이다. 국방부는 북한 잠수함(정)의 개입 가능성을 완전히 배제하지는 않았지만, 해명의 주조(主潮)는 북한군의 공격 때문이 아니라는 쪽에 확실히 쏠려 있다는 느낌이다. 이에 따라 사고 원인이 다시 미궁으로 빠지는 분위기다. 국방부는 그동안 북한군의 공격 근거로 제시돼 온 3가지 의혹에 대해 군사기밀적인 내용까지 공개하면서 강한 어조로 해명했다. 먼저 북한군 잠수함이나 잠수정의 침투를 사전에 포착하지 못한 것 아니냐는 의구심을 사실상 반박했다. "다양한 정보자산을 활용해 북한의 활동을 감시하고 있고 특히 잠수함(정)은 더욱 철저히 추적 관리하고 있다는 것"이다. 그러면서 사고 당일 북한 잠수정의 움직임 여부도 "당연히" 파악했다고 강조했다. 소형 잠수정이 몰래 잠입하면 레이더에 잡히지 않는다는 일부 군사 전문가들의 우려를 넘어설 만큼 발달된 감시 기술을 보유, 운용하고 있다는 뉘앙스로 들린다. 첨단 감시·정보 체계를 운용하고 있는 미군 측이 사고 직후 "북한군이 개입했다는 근거가 없다"고 했던 것과도 일맥상통한다. 국방부는 천안함이 사고 당일 이례적으로 섬 근처로 근접한 것도 북한 잠수정을 쫓기 위한 차원이 아니었다고 주장했다. 최근 북한군이 북방한계선(NLL) 쪽으로 해안포 사격을 벌인 것을 염두에 두고 천안함이 백령도 등 섬을 방패 삼아 기동한 것이며, 최근 들어 이처럼 함장에게 기동 범위와 관련 폭넓은 융통성을 부여하고 있다는 '비밀'을 공개했다.

사고 당일 속초함이 발포한 것도 북한 잠수정을 명확히 발견했기 때문이 아니라고 설명했다. 당시 천안함 침몰 직후 A급 해상경계 태세가 발동됨에 따라 속초함이 해상의 휴전선이라 할 수 있는 NLL에서 잔뜩 긴장한 채 경계하던 중 레이더에 뭔가가 잡히자 즉각 발포했다는 것이다. 나중에 표적의 궤적을 찬찬히 분석해 보니 그것이 새 떼의 특성을 보였다는 것이다. 고작 새 떼 따위에 벌컨포가 아닌 76㎜ 주포를 쏜 이유에 대해서는 레이더에 잡힌 물체까지의 거리가 9.3㎞여서 유효사거리가 12㎞인 주포를 이용했다고 비교적 '설득력 있게' 설명했다. 벌컨포의 사거리는 2㎞에 불과하다. 국방부의 주장대로 북한군의 개입 가능성이 매우 낮다면, 사고 원인은 다시 내부폭발 쪽으로 돌려진다. 하지만 선체가 두 동강이 났고 화약 냄새가 나지 않았다는 생존자들의 증언에 미뤄 내부폭발 개연성도 옅은 상황이다. 이에 따라 일각에서는 암초에 충돌한 것 아니냐는 주장이 다시 고개를 들고 있다. 군은 당초 사고 해역에 암초가 없다고 했지만 섬 가까이에는 암초가 있다는 얘기도 들린다. 노후한 선체 용접 부분이 암초에 부딪혀 갈라지면서 두 동강이 났을 가능성이 있다. 하지만 국방부는 "천안함에 대해 정기적으로 정비를 했다"면서 선체 결함을 인정하지 않았다.

■ "침몰 당시 인공폭발 추정 지진파" (2010.4.2.)

천안함 침몰 당시의 지진파를 분석한 결과, 기뢰나 어뢰 등에 의한 인공적인 폭발이 선행된 것으로 조사됐다. 천안함이 암초에 부딪혔거나, 노후화로 파괴됐다는 피로파괴 추정은 근거가 약한 것으로 판명됐다. 천안함 침몰이 어뢰 또는 기뢰에 따른 것이라는 주장은 천안함이 침몰한 지난달 26일 오후 9시 22분쯤 한국지질자원연구원의 백령도 관측소에서 탐지한 지진파를 분석한 결과 제기됐다. 천안함 침몰 당시 탐지한 지진파에서는 P파가 S파보다 비슷하거나 크게 감지됐다. 홍태경 연세대 지구시스템과학과 교수는 "보통 자연적인 지진이 발생하면 진행 방향과 같은 방향으로 움직이는 P파보다 진행 방향과 직각으로 움직이는 S파가 큰 진폭으로 움직인다"면서 "천안함 침몰 당시 탐지된 지진파에서는 P파의 진폭이 S파와 같거나 크게 나타났는데, 이는 핵실험과 같이 인공적인 폭발이 생겼을 때 나타나는 현상"이라고 말했다. 이어 "당시 T파가 함께 감지됐는데 해상지진이나 해상폭발과 같은 환경에서만 나타나는 것"이라고 덧붙였다. 홍 교수는 "천안함 침몰 당시 관측소에서 파악된 진도 1.5 규모 지진과의 거리를 토대로 폭발량을 계산하면 TNT 178㎏ 정도로, 이는 2차 세계대전 당시 사용했던 일반적인 폭탄의 파괴력과 비슷하다"고 말했다. 또 논란이 되고있는 천안함 침몰 시간과 관련해서는 "지진파를 탐지한 관측소까지의 거리가 8㎞에 불과하기 때문에 침몰 현장에서 관측소까지 지진파가 도달하는 시간은 1~2초에 불과했을 것"이라고 했다. 인공적인 폭발의 경우 외부 폭파 외에 내부 폭발 가능성도 점칠 수 있지만, 천안함이 분리된 단면에서는 내부 폭발 흔적이 드러나지 않은 것으로 알려졌다.

■ 지진파의 '증언'은 폭발(2010.4.2.)

해군은 천안함 침몰 추정 시간을 4차례 바꿨다. 당초 지난달 26일 오후 9시 45분에서 30분으로, 다음에 25분으로 변경했다. 최종적으로 군은 1일 지진파가 탐지된 시각을 근거로 9시 21분에 천안함이 침몰했다고 확정했다. 이런 식의 혼란상은 2001년 뉴욕 9·11테러가 발생했을 때에도 나타났다. 당시 수많은 목격자가 있었고, 현장 기록 영상이 있었음에도 불구하고 테러에 이용된 비행기와 월드트레이드센터에 충돌한 정확한 시각 추정을 놓고 이견이 있었다. 이때 당국이 활용한 자료가 지진파였다. 주변 지진 관측소의 자료를 토대로 사건 발생 시각을 역추적했다. 이처럼 지진파는 인공폭발 규모와 발생 시각, 폭발 지역 등을 파악할 때 유용한 근거가 된다. 특히 지진파의 두 종류인 P파와 S파의 형태를 활용해 인공폭발인지, 자연 지진인지 여부를 파악하기도 한다. 자연 지진이 났을 때, P파는 지진과 같은 방향으로 움직이는 파장으로 지진계에 가장 먼저 기록된다. S파는 진행 방향에 수직으로 움직이는 파장으로, 보통 P파보다 높은 운동 값을 갖는다. 그런데 인공폭발의 경우 한 곳에서 집중적으로 일시에 폭발이 일어나기 때문에 P파의 규모가 S파보다 오히려 커지는 경우가 관찰된다. 홍태경 연세대 지구시스템과학과 교수는 "북한이 핵실험을 했을 때에도 P파와 S파의 구분이 불명확한 모양의 지진파가 감지될 때가 있었다"면서 "P파가 커지는 모습은 인공적인 폭발이 생겼을 때 볼 수 있는 현상"이라고 말했다. P파와 S파의 모양은 천안함이 암초에 부딪혔을 가능성을 배제하는 근거로 활용될 수도 있다고 홍 교수는 설명했다. 그는 "암초와 부딪혔다면 수직 압력이 발생해 자연 지진 상태에서와 마찬가지로 P파보다 S파가 크게 나와야 한다"고 말했다. 같은 이유로 홍 교수는 천안함의 피로파괴 가능성도 낮게 봤다. 홍 교수는 "노후된 배의 용접면이 절단되는 것만으로는 규모 1.5 수준의 지진이 났을 때와 같은 에너지를 발생 시키기 어렵다"면서 "설사 함미가 바닥에 부딪혀 지진파가 발생했다고 하더라도 P파가 S파보다 낮게 나타나야 한다"고 했다. 백령도에서 탐지된 P파와 S파만으로 천안함 침몰 정황을 파악하기는 어렵다는 반론도 있다. 침몰 지점이 백령도에서 가깝기 때문에 P파와 S파가 거의 같은 시각에 관측지점에 도착, 분석 도구로 활용하기 어렵기 때문이라는 것이다.

■ 金국방 "어뢰 가능성이 좀 더 실질적"(2010.4.3.)

김태영 국방부 장관은 2일 천안함 침몰 원인과 관련, "어뢰와 기뢰에 의한 침몰 가능성이 모두 있지만 어뢰 가능성이 좀더 실질적이 아닌가 생각한다"고 밝혔다. 김 장관은 국회 본회의 긴급현안 질문에서 한나라당 김동성 의원이 "어뢰나 기뢰일 가능성이 있느냐"고 묻자 이같이 답했다. 김 장관은 그러나 "사고 당일 소나(SONAR·음파탐지)병이 어뢰 접근을 확인할 수 없었다고 했다"고 덧붙였다. 그는 북한군의 개입 가능성에 대해 "북한 해군기지에 있는 잠수정을 계속 관찰했는데, 지난달 24일부터 27일까지 확실히 보이지 않은 잠수정 2척이 있다"면서 "그러나 기지에서 백령도까지의 거리가 멀고 잠수함은 느리게 움직일 수밖에 없어 이번 사건과의 연관성은 별로 없는 것으로 판단하고 있다"고 했다. 김 장관은 암초 충돌 개연성에 대해서는 "사고 당일 풍랑이 워낙 강해 가능성을 배제할 수 없다"면서도 "현실성은 다소 떨어진다"고 했다. '피로파괴' 가능성과 관련해서는 "그런 것도 가능하지만 천안함은 낡은 것이 아니어서 피로파괴될 정도는 아니다"고 했다. 내부폭발 여부에 대해서도 "포탄은 발사와 동시에 안전장치가 풀려야만 폭발하기 때문에 가능성은 낮다"고 밝혔다. 김 장관은 "침몰 당시 열상감지장비(TOD)를 찍는 병사가 물기둥을 본 것 같다는 진술을 했고 기름냄새가 났다는 진술도 있다"고 했다.

■ "쾅! 소리에 정전… 펑! 소리에 배가 90도 기울어"(2010.4.8.)

천안함 생존 장병들이 침몰 13일 만에 공개석상에 처음 모습을 드러냈다. 최원일 함장을 포함한 생존 승조원 58명 가운데 57명이 7일 오전 경기 성남 국군수도병원 강당에서 가진 기자회견에서 침몰 당시 상황을 증언했다. 중환자실에 입원해 있는 신은총 하사는 참석하지 못했다. 다음은 일문일답.

사고발생 보름이 다 돼가는데 가족들은 실종 장병을 애타게 기다리고 있다. 함장도 살아있을 것으로 기대하나?

(최원일 함장) 실종된 장병들이 제 옆에 있는 것처럼 느껴진다. 살아 있다는 희망을 계속 갖고, 복귀 신고하는 날을 기다리고 있다.

사고 해역에서의 주 임무는 무엇이었나.

(최 함장) 2008년 8월에 부임해 20개월 근무했다. 그 구역은 누구보다 자신 있는 구역이고 16회 정도 경비했다. 주요 임무는 도발대비 태세 유지였다.

정확한 사고발생 시간은? 사고 시각에 대한 논란이 일고 있다. 과연 몇시 쯤 사고가 났나?

(작전관 박연수 대위) 함교에 당직사관이 확인할 수 있는 컴퓨터 모니터가 있다. 마지막으로 직접 확인한 시간이 21시 24분이다. 그 시간에 대해 정확성은 판단할 수 없다.

9시 16분쯤 백령도 방공진지에서 큰 소음을 들었다고 보고했다. 들린 게 있나?

(통신장 허순행 상사) 9시 14분부터 18분까지 통화를 했다. 함 내부에서 들렸다면 분명 전화를 끊고 상황 파악을 했을 것이다. 하지만 안 들렸다.

(갑판병 황보상준 일병) 9시 16분 당시 좌현 함교 외부 당직이었다. 16분대에 일체의 소리를 듣지 못했다.

디젤엔진이나 기관실 등에서 폭발 소리를 들었나?

(정종욱 상사) 함정이 6노트(11㎞) 저속일 때는 디젤엔진으로 기동한다. 군 생활 17년 됐는데 배에서 폭발했다는 것은 전혀 들은 바 없다.

포술장의 최초 보고 내용과 '피격'이라고 한 것의 의미는?

(최 함장) 비상통신기와 휴대전화가 살아있는 것을 확인했다. 그러나 제가 계속 통신기를 잡고 있으면 현장 구조가 어려워 옆에 허순행 상사를 위치시켜 지시한 내용을 전파하라고 했다. "뭐에

맞은 것 같고 충격이 너무 컸다"고 우리끼리 얘기했다.

(김광보 중위) 밖으로 올라가 휴대전화로 함대 지통실에 보고했다. 너무 정신이 없어 지통실 전화가 아니라 군부대 교환대를 이용했고 어떤 말을 했는지 정확히 기억 안 난다. 상황장교가 전화를 받았고 제가 처한 위치나 상황, 구조요청 등을 두서없이 말해서 기억이 안 난다.

함장이 사고 시각을 침몰 다음날 27일 9시 25분으로 했다가 28일 번복한 이유는?

(최 함장) 당시 전술지휘체계(KNTDS) 컴퓨터 자료를 검색하던 중 우측화면에서 오후 9시 23분으로 확인했다. 저는 사고 다음날 바로 현장에 가서 선체나 실종자 상황을 지휘, 보좌하고 있었다.

'꽝' 소리가 두 번 났는데, 파편을 본 사람 있나?

(전탐장 김수길 상사) 자지 않고 있었기 때문에 '꽝, 꽝' 소리를 두 번 느꼈다. 처음 '쿵' 하는 소리는 어디에 부딪힌 줄 알고 제가 바로 전탐실로 향했고, 이후의 '꽝'하는 소리는 약간의 폭음과 전등이 떨어지는 소리가 함께 들렸다.

사고 순간에 폭발음이 났다고 발표가 됐다. 그 이후 어떤 상황이 벌어졌는가?

(병기장 오성탁 상사) '꽝' 하는 소리와 함께 몸이 공중에 붕 떴고 정전이 됐다. 정신을 차려보니 암흑세계였다. 아무 것도 안보였다. 발밑에 걸리는 게 있어서 만져보니 출입문이 바닥에 있었다. 순간 다시 '펑' 하는 소리와 함께 배가 90도로 기울었다. '꽝' 소리는 귀가 아플 정도로 컸다. 문 주위의 컴퓨터 책상이 모두 무너져 문이 안 열렸다. 가족 생각이 머리를 스쳤다. 살겠다는 일념으로 손에 잡히는 집기를 모두 치워서 15분 만에 밖으로 나왔다. 외부에 의한 충격으로 생각했다.

화약 냄새라든지 폭발 징후라고 느꼈던 것들이 있었나?

(오 상사) 제가 탄약을 담당하는 병기장이라서 잘 아는데 만약 화약이 있으면 불이 나고 냄새가 진동했을 것이다. 그 순간 화약 냄새는 전혀 안 났다.

갑판에 있었던 사람이 있었나. 물기둥은 봤나?

(김 상사) 침실에 들어가는데 '쿵' 소리 후 3~5초 있다가 다시 '꽝' 소리 났다. 90도로 배가 기울고 있다는 느낌을 받았다. 외부 소화 호스 타고 5~7분 걸려 탈출하고 난 뒤 달빛 보고 외부로 향하려고 하는데 외부 함미가 없었다. 물이 찰랑거리는 소리를 들을 수 있었다. 함정은 야간이 되면 등화관제를 실시한다. 적에게 발견되지 않기 위해 각종 문을 닫고 있다. 기본적인 항해등만 켜고 항해해 물기둥은 실제적으로 볼 수 없다.

천안함이 오래됐다. 물이 새는 등 내부 문제는 없었나?

(기관장 이채권 대위) 물이 샌다고 하는 경우는 잘 모르는 대원들이 함정 내부에 온도차에 의해서 파이프에 물이 맺히는 경우를 두고 말한 것이다. 외부에서 물이 스며드는 건 전혀 없었다.

마지막으로 안전점검 받은 일자는?

(이 대위) 부임한 지 50일가량 됐는데 정확히 기억하지 못한다. 하지만 출항 2~3일 전부터 작동을 시작하니까 장비나 선체의 노후는 아니라고 본다.

사고 후 구조대가 오기까지 한 시간 동안 함장 지시는. 뭐하고 기다렸나?

(박 대위) 함교에서 좌현 통로로 외부로 나온 뒤 구조선이 오기 전까지 구조 세력이 왔을때 선체에 접근을 해서 어느 방향으로 대원들을 이함시킬지 함장으로부터 지시를 받았다.

(통신관 박세준 중위) 전투상황실 당직이었다. 쿵 하는 소리와 함께 많은 장비들이 떨어졌다. 전탐실에서 끼어있었던 하사 2명을 구조한 뒤 올라와서 심리적으로 불안해하는 대원들을 안정시키는 임무를 했다.

(김덕원 소령) 우현으로 배가 기울고 함장실 앞에 있는 외부 도어를 풀고 가장 먼저 올라왔다. 확인 결과 함미가 안보였다. 여러 대원들이 갑판 상으로 올라오고 있었다. 밑에서는 함장실이 잠겨 있어서 풀려고 노력했고 함장이 구출된 뒤 인원파악 하라는 지시가 있었다. 통신망으로 상황전파 후 침착하게 함장 지시에 따라 대처하면서 구조 세력이 오는 것을 기다렸다.

사병들 가운데 함미를 사고 직후 본 사람 있나. 구조 직후 함장이 말을 자제하라고 지시했나?

(최 함장) 해경이 지시하는 대로 움직였다. 나는 사관실로 이동했고, 병들은 치료 휴식을 위해 해경정에 있는 침실에 배치됐다. 해경에서 지휘보고가 이뤄졌다. 참모총장, 작전사령관과 통화해 보고를 했다. 휴대전화 회수는 사실이다. 구조가 해경, 고속정 등 여러 곳에서 이뤄졌고 당시 피 흘리고 다리 골절된 사람이 있었기 때문에 혼란방지 차원이었다.

암초 가능성이 있다고 보나?

(김병남 상사) 암초에 걸리면 기본적으로 찢어지는 소리가 나고 배가 출렁인다. 외부 충격이 아닐까 생각한다.

최초 상황 시 사고 원인에 대한 보고는 없었나?

(최 함장) 당시는 급박한 구조 상황이었다. 사고 원인은 차후였다. 오후 10시 32분 통화할 때 충격을 받은 것 같다고 말했다. 외부 충격으로 느꼈다.

어뢰, 기뢰, 암초, 내부폭발, 선체폭발 등 사고 가능성을 어떻게 보나?

(최 함장) 정말 답답한 심정이다. 세상이 생명과 같은 천안함을 제발 있는 그대로 이해해 줬으며 감사하겠다. 아직도 옆에 있는 듯 장병들이 가슴에 묻혀있다. 누구보다 슬퍼할 실종자 가족들 생각뿐이다.

사고 직전에 구체적으로 어떤 상황이었나? 비상상황인가, 휴식 상황인가?

(박 대위) 함교 당직사관으로서 정상근무 중이었다. 특이한 일이 있었다면 나한테 보고가 됐을 거다. 따로 보고된 바가 없는 것으로 기억한다.

사고 직전이나 혹은 그 이전이라도 함정의 소나(음파탐지기)에 이상징후 포착된 것 있나?

(홍승현 하사) 특별한 음탐 신호가 없었다. 당직자는 정상 근무였다.

사고직전 외부와 통화했던 승조원들 어떤 내용으로 통화했나? 끊을 만한 상황이 있었나?

(허 상사) 오후 9시 14분부터 18분 몇 초까지 전탐실 후부 계단에서 집사람, 딸과 통화했다. 아내가 임신한 상태라서 관련해서 통화했고 딸에게는 엄마가 많이 힘드니까 도와주라고 했다. 이상 상황은 없었고 바로 통신실로 복귀했다.

(기관장 이채권 대위) 기관장이 상황이 있거나 주로 근무하는 위치는 기관조정실이다. 당시 정말 특별상황이 있었다면 고속추진을 준비해야 하기 때문에 내가 당연히 기관조정실에 있어야 한다. 아무런 조짐이 없었다.

후타실에 5명이 있던 것으로 추정된다. 왜 갔을 것으로 보나?

(오 상사) 저는 운동을 좋아해 그 시간대면 거기 가 있는다. 사고발생 한 시간 반 전에 가서 늘 운동했었다. 그날은 업무보고 때문에 후타실에 안 갔다. 추정되는 5명은 항상 운동하는 인원이다.

함미부근 후타실에서 운동할 때 어떤 복장으로 가나?

(전준영 병장) 속옷 내의와 반바지를 입고 한다. 운동을 했다면 복장이 그랬을 거다. 나는 침실서 쉬고 있었는데 특별한 상황이 없었기에 속옷만 입고 있었다.

■ 합동조사단 5대 의혹 해명(2010.4.8.)

민·군 합동조사단은 7일 천안함 침몰사건과 관련한 의혹에 대해 1차 조사결과를 발표했다. 주요 의혹과 해명을 짚어 본다. 합조단은 발생 시간을 "3월 26일 오후 9시 22분"으로 확정했다. 생존자와 실종자들의 휴대전화 통화기록, 해군 전술지휘체계(KNTDS) 기록시간, 천안함과 해군 2함대 사령부 간 국제상선공통망 교신내용, 한국지질자원연구원과 기상청의 지진파 감지 시간 등을 근거로 내놓았다.

① 천안함 침몰 시각은?

합조단은 휴대전화 통화기록을 통해 오후 9시 16분쯤 침몰했다는 일부의 의혹을 일축했다. 실종자 한 명이 사고 당일 오후 9시 16분에 가족과 통화하던 도중 "지금은 비상상황이니 나중에 통화하자"고 말했다는 진술과 관련, "통신사실 확인자료 분석 결과 통화한 사실이 없었다"고 밝혔다. 또 차모 하사의 문자메시지 중단 의혹에 대해선 "실종자인 차 하사가 여자친구에게 오후 9시 16분 42초에 마지막 문자를 보냈으나 여자친구가 응답하지 않은 것으로 확인됐다"고 밝혔다. 합조단은 오후 9시 16~22분에 통화한 내역도 새로 공개했다. 생존자 휴대전화 통화내역 조회 결과 A상사와 그의 부인이 오후 9시 14분 11초에서 오후 9시 18분 52초까지 4분 41초간 통화한 사실이 나왔다. B하사에게 그의 대학 후배가 오후 9시 14분 31초와 사고 직전인 오후 9시 21분 25초에 문자를 발송한 기록도 찾았다. 통화기록 조회 내용 중에는 실종된 C상병의 동생이 집 전화를 이용해 오후 9시 17분 19초~21분 47초 실종된 D중사의 휴대전화로 3차례 전화를 걸어 C상병과 통화했던 기록도 나왔다. KNTDS 기록은 보다 논리적인 정황 증거 역할을 했다. 합조단 조사 결과 천안함으로부터 발신되는 자함 위치신호가 오후 9시 21분 57초에 중단됐다. 백령도 지진파 관측소가 진도 1.5 규모의 지진파를 감지한 오후 9시 21분 58초, 백령도 기상대 관측소가 지진파를 탐지한 오후 9시 22분쯤도 KNTDS의 기록시간과 거의 일치한다. 천안함과 2함대사령부가 국제상선공통망으로 오후 9시 19분 30초에서 오후 9시 20분 3초 사이 33초간 교신한 내용도 공개됐다. 당시 2함대사는 "갈매기 232(천안함), 여기는 갈매기200(2함대사) 감도 있습니까"라고 호출했고, 천안함은 "여기는 갈매기 232 이상"이라고 답신했다. 또 2함대사가 "여기는 갈매기200, 감도 양호 감도 양호 이상"이라고 통신망 유지상태를 물었고, 천안함은 "귀국 감도 역시 양호 교신 끝"이라고 답신했다.

② 섬엔 왜 가까이 갔나?

천안함이 수심이 얕은 백령도 남쪽 1.8㎞ 해안을 이동한 것과 관련, '정상적인 운항'이 아니라는 의문들이 제기됐었다. 수심이 낮아 암초에 걸려 좌초되거나 물흐름이 빨라 초계함이 운항하기에는 위험한 곳이라는 이유에서다. 백령도 어민들도 "사고 지점은 까나리어장 안쪽으로 바다 위에 흰색 부표를 띄워 어장을 표시하기 때문에 해군 함정은 항상 어장 남쪽으로 다녔다"는 진술들이 잇따랐다. 합동조사단은 사고 발생 지점을 백령도 남쪽 2.5㎞라고 고쳐 발표했다. 생존 승조원들의 진술, KNTDS 기록 등을 근거로 군의 최초 발표보다 남쪽으로 700m 더 아래쪽이라고 밝혔다. 또 천안함은 지난해 11월 10일 대청해전 이전에는 백령도 서북쪽 경비구역 안에서 기동했으나, 같은 달 24일 2함대사령부의 지침에 따라 백령도 서남쪽 지역으로 조정된 경비구역에서 작전하게 됐다고 한다. 합조단은 "천안함의 기동수역은 홍합여, 연봉 등 암초가 있는 백령도 남쪽 지역으로부터 9~10㎞ 떨어져 있다"고 밝혀, 운항 안전성에 이상이 없다고 판단 했었다. 천안함 함장으로 부임한 지 20개월 된 최원일 함장이 그동안 사고발생 지역에서 16차례 임무를 수행해 지리적으로 익숙했다는 판단과 함께다.

③ 당시 작전 중이었나?

지난 3일 일부 언론이 보도한 '군 상황일지'에 따르면 해경의 보고 일지에는 '3월 26일 오후 9시 15분' 천안함의 위치를 위도 37도 50, 경도 124도 36으로 기록돼 있다. 군이 당초 '오후 9시 22분'을 기준으로 천안함의 사고 지점을 위도 37도 55, 경도 124도 37로 밝힌 것과 비교할 때 천안함이 7분 사이에 9.4㎞쯤 북상한 것이 된다. 이를 두고 일각에선 "천안함이 가스터빈 엔진까지 가동하며 시속 40노트(시속 74㎞) 이상으로 빠르게 북상한 게 북한 잠수정 등에 의한 긴급한 작전이 벌어진 게 아니냐"는 추측을 내놨다. 이에 대해 합동조사단은 이날 "천안함은 사고 당시 정상 기동하고 있었다"고 주장했다. 합조단에 따르면 사고 전날인 지난달 25일 풍랑주의보가 발효돼 경비구역을 빠져나와 대청도 동남쪽으로 피항했던 천안함은 사고 당일 오전 8시 20분부터 정상 경비구역에서 정상적인 작전 임무를 했다. 또 "지난달 26일 오후 8시 이후 야간 당직근무자 29명을 제외한 인원이 휴식이나 정비 활동을 하고 있었다"면서 "비상 기동하고 있었다면 전원 근무 형태를 유지하고 있었어야 한다"고 설명했다. 합조단은 "천안함은 사고 발생 전 백령도 북서쪽으로 시속 6.3노트(시속 11.3㎞)로 정상 기동하고 있었다"고 강조했다.

④ 침몰 원인 좌초였나?

천안함 사고 뒤에 일부 공개된 해경 보고서에 따르면 해군 2함대사령부 당직사관이 해경정 지원을 요청하며 "백령도 서쪽 우리 함정에서 좌초됐다는 얘기가 나오고 있다"고 말했다. 그래서 "천안함이 암초에 걸려 물이 새고, 피항(避航)하기 위해 빠르게 기동하다가 결국 두 동강난 게 아니냐"는 추측을 낳았다. 하지만 합조단은 "상황 전파가 잘못됐다"는 결론을 내렸다. 합조단은 "사고 당일 오후 9시 28분 천안함 포술장에게서 휴대전화로 최초 상황보고를 받은 2함대 상황장교는 포술장이 다급해 하며 빨리 구조해 달라는 뜻의 말을 하면서 좌초되었다고 보고했고, 다시 좌초되었냐고 묻자 포술장이 좌초라고 말했다는 진술을 했다"고 밝혔다. 이에 대해 천안함 포술장은 "당황해 빨리 구조해 달라는 말을 했지만 정확히 무슨 말을 했는지 기억 못한다"고 진술했다. 합조단은 "급박한 상황에서 경황이 없어 정확한 용어 사용이 되지 않았다"고 밝혔다.

⑤ 5명 후타실 왜 갔나?

해군 2함대사령부는 지난달 26일 천안함 침몰 사건 뒤 생존자들의 진술을 통해 실종자들의 당시 선내 위치를 설명하면서 "후타실에 5명이 있었다"고 밝혔다. 이를 두고 초계함 승조 경력자들은 "일반적으로 후타실은 출입금지 구역으로, 5명이나 있었다는 건 조타장치에 문제가 있어 후타실에서 배를 조종해야 할 급박한 상황이 발생한 것"이라고 짐작했다. 하지만 합조단은 "후타실에 있던 5명은 운동을 하고 있었던 것"이라고 해명했다. 후타실에는 배의 엔진과 스크루가 연결되어 방향을 잡는 조타장치가 있다. 예전에는 후타실이 개방되지 않았지만 최근 승조원들의 선내 체육활동을 위한 운동기구를 후타실에 갖다 놓으면서 체력단련실로 활용됐다. 생존 승조원들도 "후타실에 휴식 시간 때 운동을 하려고 자주 들어갔다"는 진술도 나왔다. 합조단은 "만약 긴급상황이었다면 장교와 함께 병력이 투입되는데, 사고 당시 하사 3명과 수병 등만 있었던 것으로 추정돼 긴급상황은 없었던 것으로 확인됐다"고 설명했다.

■ 해병 TOD는 천안함 폭발장면 정말 못봤나 (2010.4.9.)

천안함 침몰 원인을 조사하고 있는 민·군 합동조사단은 지난 7일 해병 6여단 디지털 영상기록장치(DVR)에 남아 있던 침몰 당시 TOD 화면을 새로 공개했다. DVR은 초소에서 TOD로 찍은 화면을 실시간으로 상급부대 상황실 등에서도 함께 볼 수 있도록 전송해주고 동시에 자동녹화하는 장치다. 새로 공개된 동영상은 지난달 31일과 1일 두 차례에 걸쳐 공개됐던 백령도 해병 6여단 소속 238초소의 TOD 동영상의 앞부분에 해당한다. 여기엔 그동안 볼 수 없었던 함미(艦尾, 배 뒷부분)의 침몰 직전 모습이 담겨 있었다. 군이 지난 1일 40분 분량의 TOD 화면을 공개하며 "더 이상의 동영상은 없다. 순식간에 가라앉아 함미 부분이 찍힌 동영상이 없다"고 했던 게, 또 다시 뒤집힌 셈이다. 군은 지난달 31일 처음 TOD 동영상 1분 20초 분량의 편집본을 공개할 때도 "찍힌 모든 부분"이라고 했다가 이튿날 곧바로 40분 분량의 전체 영상을 공개했다. 그래서 침몰 원인을 추정할 수 있는 폭발 장면이 더 있을 것이란 의심의 눈초리가 적지 않다. 특히 해병이 애초부터 DVR을 통한 자동 녹화 시스템을 모르고 있진 않았을 것이란 지적도 나온다. 새로 공개된 영상은 사고 당일 천안함이 오후 9시 2분 26초부터 3초간 정상 기동하는 장면과 함수(艦首, 배 앞부분)와 분리된 함미가 오후 9시 22분 38초부터 1분 1초간 빠르게 가라앉는 장면을 담고 있다.

軍 "폭발음 듣고 TOD 돌려" 해명

하지만 사고 발생 시각부터 영상 시작 부분까지는 불과 38초의 간격에 불과한데 TOD의 녹화 버튼을 안 눌러도 DVR로 자동녹화되는 시스템이라면 천안함이 폭발할 때 영상도 있을 것이란 의문이 제기된다. 이에 국방부 원태재 대변인은 8일 "폭발 순간을 담은 영상은 없다"고 거듭 부인하면서 "TOD 운영병이 천안함이 지나가자 딴 곳을 감시하다가 폭발음을 듣고 TOD 카메라를 그쪽으로 다시 돌린 것으로 보여, 이 TOD 화면을 전송받는 DVR 기록에도 폭발 때 영상은 없을 것"이라고 해명했다.

"해병 상황실선 사고 순간 봤을수도"

그러나 국내 한 보안업체의 DVR 전문가는 "일선 소초의 TOD 감시화면이 DVR로 소대·중대·대대·여단에까지 중계되는데 모든 부대가 한꺼번에 한눈을 팔고 있던 게 아니라면 천안함 침몰 장면을 못 봤다는 게 이해하기 어렵다"면서 "더구나 백령도 같은 접경지역은 TOD를 24시간, 사각지대가 없도록 겹쳐서 운영하는 게 가장 기본"이라고 말했다. 이와 함께 이제서야 함미가 침몰하는 영상을 찾아냈다는 것과 관련, "해병이 자동녹화 기능을 몰랐다"는 군의 해명도 선뜻 납득되지 않는다는 지적도 있다. 하지만 TOD 운영병 출신 예비군들은 사고 초기부터 인터넷 게시판 등에서 "TOD는 자동 녹화된다"는 사실을 밝혀왔다.

■ 다도해함은 비밀작전 중?(2010.4.9.)

다도해함은 뭘 하고 있을까. 천안함 침몰 해상 인근지역에서 활동하는 다도해함의 행적에 관심이 쏠리고 있다. 잠수정 모함으로만 알려진 다도해함이 백령도 인근에 있는 이유는 공식적으로는 감압장치인 챔버를 가지고 있다는 이유에서다. 하지만 행동반경이 작은 잠수정의 모함인 다도해함은 그 자체가 군사기밀에 속한다. 이런 다도해함이 백령도 인근에서 기동하는 이유에 대해 군 안팎에서는 "뭔가 은밀히 찾고 있다"거나 "작전을 준비 중"이라는 등 여러 관측이 나오고 있다. 7일 천안함 침몰 원인 규명 합동조사단의 발표에 따르면 해군 2함대사령부는 천안함 침몰 시각(오후 9시 22분) 25분 뒤인 9시 47분 인천 옹진군 덕적도에 있던 대잠(對潛)헬기인 링스헬기 1대를 백령도로 전개하도록 지시했다. 슈퍼링스로도 불리는 링스헬기는 수중에서 활동하는 잠수함을 찾아내는 능력이 있다. 링스헬기는 줄에 매달린 '디핑(dipping) 소나'를 바다에 넣어 '액티브(active)' 소나로 잠수함(정)을 탐지한다. 당시 속초함 등이 사고현장으로 즉시 출동했고 '새떼'를 적으로 오인해 사격까지 했다는 군의 발표를 보면 군은 천안함이 잠수함(정) 등의 수중무기에 의해 피격됐을 가능성을 최우선적으로 고려했던 것으로 풀이된다. 최원일 함장이 사건 발생 당시 2함대사 22전대장과의 통화에서 "뭐에 맞은 것 같습니다"라고 말한 것도 이 같은 정황을 뒷받침 한다. 군 소식통은 8일 "군은 당시 천안함이 잠수정 종류로부터 어뢰 피격을 받아 침몰한 것으로 판단해 보고했던 것으로 알고 있다"면서 "공격한 잠수정을 잡았는지 놓쳤는지는 알 길이 없다"고 말했다. 그는 "최근 대북관계를 고려할 때 이번 상황에 대해 북의 개입을 적극적으로 말하는 것은 금기시되고 있어 사건 초동 단계에서 극도로 조심스러운 입장이었던 것으로 알고 있다"고 전했다. 사고 직후 군은 링스헬기 기동과 대잠경계태세 발령에 대해 함구했다. 군사비밀이라는 이유에서다. 하지만 합조단의 발표를 보면 군은 당시 상황을 잠수함(정)에 의한 피격으로 판단했을 가능성이 높다.

■ '연돌' 안보여… "절단면 강한 충격" 방증(2010.4.13.)

천안함이 침몰한 지 17일 만인 12일 함미(艦尾·배 뒷부분)의 일부분이 물 위로 모습을 드러냈다. 크레인과 연결된 체인 두 가닥으로 수면 위까지 끌어 올려진 채 45m의 깊은 수심과 풍랑을 피해 백령도 연안 4.6㎞, 수심 25m 지점으로 온 천안함 함미는 폭발로 함수(艦首)를 잃은 을씨년스러운 모습이었다. 하지만 선체를 두 동강 낸 대규모 폭발과 빠른 물살에도 76㎜ 주포와 40㎜ 부포를 그대로 간직하고 있었다. 천안함 전체 길이 88m 가운데 39m쯤만 남은 함미에는 가스터빈실 윗부분에 달렸던 연돌이 떨어져 모습을 찾아볼 수 없었다. 절단면 바로 옆에 우뚝 솟아 있어야 할 연돌이 보이지 않은 것은 절단면에 강한 충격이 있었음을 방증하는 대목이다. 갑판 2층 연돌이 있던 바로 뒤편 불뚝 솟은 추적레이더실과 40㎜ 부포 사이에는 함대함 미사일인 하푼미사일 발사대 2문이 고스란히 위용을 품고 있었다. 또 40㎜ 부포와 하푼미사일 사이에는 회색빛으로 칠해진 기다란 어뢰 3기가 침몰 전 그대로 나란히 누워 있었다. 주갑판 모습은 물속에 가라앉아 확인되진 않았지만 주갑판 뒷부분에 있는 76㎜ 주포가 파도에 부딪혀 모습을 드러내 놓고 있었다. 선체의 절단면 부분은 해상크레인인 '삼아 2200호'와 마주하고 있어 안쪽을 들여다 볼 순 없었지만, 끊겨나간 듯한 지점의 윗부분이 녹색 그물로 감싸여 있는 것을 희미하게나마 확인할 수 있었다. 군은 수면 위로 모습을 드러낸 함미에 실종자 44명 전원이 있을 것으로 추정하고 있다.

■ "천안함, 北잠수정이 어뢰로 타격"
(2010.5.19.)

천안함 침몰 원인을 조사 중인 국방부와 민·군 합동조사단은 북한 잠수정이 근접 거리에서 발사한 어뢰에 천안함이 두 동강 났다고 결론을 낸 것으로 18일 알려졌다. 군 소식통에 따르면 북한 잠수정이 서해 북방한계선(NLL) 서쪽 원거리로 돌아 남측 해역으로 내려온 뒤 백령도 인근 해안에서 경계임무를 수행 중이던 천안함의 서쪽으로 접근해 어뢰를 발사했다는 내용이 20일 합조단 발표에 포함된다. 이는 천안함 사태가 북한의 소행이라는 점을 매우 구체적으로 적시하는 것이다. 군 당국은 또 폭발 당시 떨어져 나간 디젤기관을 최근 인양해 평택 2함대사령부로 옮겼으며, 기관실 부분도 함미 침몰해역 인근 해저에서 발견해 인양을 준비 중이다. 합조단은 인양된 디젤기관에서 화약 성분 검출 작업을 진행하고 있는 것으로 전해졌다. 합조단은 또 천안함 침몰 해역에서 어뢰의 일부 파편을 발견했으며 이 파편이 우리 군이 7년전 수거해 확보하고 있는 북한의 훈련용 어뢰와 재질이 동일한 것임을 확인한 것으로 전해졌다. 군 관계자는 "최근 천안함 침몰 해저에서 어뢰 프로펠러임을 알아볼 수 있을 정도의 비교적 멀쩡한 파편을 확보했다"고 밝혔다. 한편 천안함 생존 장병들은 모두 본인이 근무하기를 원하는 부대에 배치될 예정이다. 국방부 관계자는 "6월 둘째주 해군 정기인사 때 천안함 생존 장병 전원을 지원하는 부대로 보내 줄 방침"이라며 "대부분의 생존 장병이 육상근무를 희망하고 있고 5명만 해상근무를 지원했다"고 밝혔다.

■ 어뢰에 한글·번호 '스모킹 건' 北 겨냥
(2010.5.20.)

천안함 침몰 원인과 가해자를 밝혀줄 '스모킹 건(smoking gun·결정적 증거)'이 발견된 것으로 알려졌다. 자칫 영구미제로 남을 것이란 우려까지 낳았던 이번 사건에서 극적 반전이 이뤄진 셈이다.

① 어뢰 스크루 파편의 문자들

군은 지난 주말 조사결과 발표 전 마지막 기회라는 생각으로 쌍끌이 어선을 이용해 백령도 사건해역 인근 해저를 촘촘히 수색하던 중 어뢰 스크루 파편을 발견했다. 스크루라는 것을 알 수 있을 정도로 형태가 보존되어 있으며 번호까지 적혀 있는 것으로 알려졌다. 또 파편에서 숫자와 한글같은 문자 형태를 발견한 것으로 전해졌다. 아라비아 숫자 '1'이 적혀 있고 한글 '번'이 명확하지 않지만 적혀 있는 것으로 알려졌다. 덕분에 조사결과 발표에 북한의 소행을 명시할지 고민하던 합조단의 분위기는 반전됐다. 합조단은 현재 문자의 서체를 확인 중이다. 단지 문자만으로 북한에서 사용하는지 여부를 확인할 수 없기 때문에 북에서 사용하는 서체와 일치하는지 여부를 확인하는 작업이다.

② 스크루 재질

게다가 스크루 파편의 재질도 결정적 증거가 될 수 있다. 발견된 스크루 파편이 앞서 발견됐던 3㎜ 정도의 알루미늄 합금보다 훨씬 조각이 커 재질 분석에 용이해졌기 때문이다. 어뢰의 스크루가 천안함 같은 수상함이나 잠수함에 쓰이는 것과는 다른 합금 재질이란 점을 고려하면 이 파편이 어뢰의 스크루라는 것을 객관적이고 과학적으로 증명하는 셈이다. 미국과 독일 등 서방에서 사용되는 어뢰의 스크루는 플라스틱 종류를 사용하는 반면, 중국과 러시아 등에서 개발된 어뢰의 경우 대부분 특수 알루미늄을 사용하고 있는 것으로 알려져 있어 어뢰 제조국을 찾는데 결정적인 단서가 되는 것이다. 특히 제조국을 찾고 식별된 일련번호를 대조하면 어뢰를 수입한 나라를 확인할 수 있게 된다. 이번에 수거된 스크루가 알루미늄 합금인 데다 합금 방법이 정교하지 않고 조잡한 것으로 알려져 미국이나 독일 등에서 제조된 가능성은 낮은 것으로 군 당국은 보고 있다. 게다가 앞서 발견된 파편 중 일부가 우리 군이 7년 전 확보한 북한의 훈련용 어뢰 재질과 동일한 것으로 분석됐다는 점도 주목된다.

③ 화약

이와 함께 천안함 연돌(연통) 부분과 침몰 해저에서 발견된 화약 등이 증거가 되는지에 대해선 아직까지 명확하지 않다. 현재 합조단에서 확인한 화약은 RDX와 HMX, TNT 등인데 이 물질은 모두 일반적인 폭발물에서 모두 사용되고 있기 때문이다. 배합 비율과 입자 구조에 대한 분석을 통해 화약 제조 방식을 찾아낼 수 있지만 현재까지 합조단이 발견한 화약흔은 극소량인 것으로 알려져 있다. 일각에서 스크루를 추진하기 위한 화약이 7년 전 군이 확보한 북한의 훈련용 어뢰에서 나온 화약과 일치한다는 주장이 나오고 있지만 그 근거가 명확치 않다. RDX나 HMX의 경우 폭속(폭발속도)을 높인 고폭약에 사용되는 물질로 스크루 추진을 위한 이른바 연료로 사용되는 화약과는 다르다는 것이다. TNT의 경우 대부분의 화약에 사용되지만 이 경우도 직접 연관성을 찾는데는 무리라는 것이다. 어뢰에 사용된 화약임을 입증할 순 있지만 가해자를 찾는데 결정적 증거가 될 순 없다는 것이다. 국내의 한 화약전문가는 "폭속을 높인 화약을 분석하면 화약을 제조한 시설이 어느 나라에서 만든 것인지 추정할 수 있지만 단순히 RDX나 HMX, TNT만으로 확인할 수 있는 것이 아니고 물질의 분자구조까지 확인해야 하는 부분으로 쉽지 않은 과정"이라고 말했다.

■ "130톤급 北 잠수정 서해 우회침투…근접 공격 추정"(2010.5.21.)

천안함 침몰 원인을 조사해온 민·군 합동조사단은 20일 조사결과를 발표하면서 "북한의 연어급(130톤급) 잠수정이 야간에 서해 외곽을 우회해 침투한 뒤 천안함에 근접한 것으로 보인다"고 밝혔다. 합조단은 또 "잠수정이 북한 기지를 이탈한 것은 파악했지만 우리 해역까지 침투해 공격하리라고는 예상하지 못했다"고 설명했다. 다음은 합조단과의 일문일답.

북한 잠수정은 서해안에 어떻게 침투했나. 잠수함 종류는 무엇인가?

상어급(300톤급) 잠수함 1척과 연어급 잠수정 1척이 기지에서 이탈해 활동한 것이 포착됐다. 사용된 어뢰 종류와 작전 해역 수심 등을 종합한 결과 연어급 잠수정이 이번 도발에 사용된 것으로 분석됐다. 침투경로는 수중으로 서해 외곽을 우회한 것으로 추정된다. 치명적인 공격을 위해 야간에 목표를 식별하면서 천안함에 근접해 타격한 것으로 보인다.

도주 경로는?

현장을 신속히 이탈해 침투경로로 되돌아간 것으로 파악됐다.

사전에 공격을 막지 못한 이유는?

잠수함 방어대책은 대단히 어렵다. 가장 쉬운 대응은 (잠수함이) 기지에 있을 때 식별하는 것이다. 기지를 이탈해 잠항이 시작되면 세계 어느 나라의 과학기술도 탐색하기 어렵다. 이번에도 기지 이탈은 식별했지만 설마 우리 해역까지 침범해서 공격하리라고는 예상하지 못했다. 그래서 충분히 대처하지 못했다.

증거물을 수집한 쌍끌이 어선은 어떻게 운영했나?

사고 해역의 조류와 수심 때문에 어려움을 겪었다. 국내외 사례를 수집해 봤더니 우리 공군이 전투기 추락사고 때 동해안과 서해안에서 쌍끌이 어선을 이용해 기체를 찾은 사례를 파악했다. 그래서 업체를 수소문한 뒤 4월17일부터 1주일간 그물망을 제작했고 지난달 3일 시험운용했다.

증거물을 찾은 위치는?

폭발원점을 중심으로 500야드(457m)를 설정, 25야드(23m)씩 나눠서 조업했다. 어뢰가 떨어진 지역이 폭발원점에서 30~40m 근처로 추정된다는 정보를 바탕으로 폭발원점 근방을 조류를 고려하며 운항했다. 폭발원점에서 약간 위쪽 부분에서 증거물이 채증된 것으로 파악한다.

물기둥이 발견됐다고 강조한 이유는?

물기둥은 수중에서 폭약이 근거리에서 폭발할 경우 대부분 발생한다. 천안함 사건에서 물기둥이 발생했다는 근거는 네 가지다. 첫째, 백령도 초병이 해상에서 높이 약 100m, 폭이 20～30m의 하얀 섬광기둥을 발견했다고 진술했다. 둘째, 천안함의 좌현 견시병이 폭발과 동시에 넘어진 상태에서 얼굴에 물방울이 튀었다고 진술했다. 셋째, 생존자들이 천안함을 탈출할 때 좌현 외벽 부분의 움푹 들어간 부분에 물이 고여서 발목이 빠졌다는 진술을 했다. 넷째, 폭약이 폭발해 발생한 잔재들이 함수 포탑에서 함미 포탑에 이르기까지 대부분 하단면 일대에서 검출됐지만 선체 전반적인 부분에서 검출됐다는 것이다. 이런 모든 정황을 종합해 봤을 때 천안함 침몰 사건은 물기둥이 발생한 결과라고 확인할 수 있었다.

■ 합동조사단 발표문 요약(2010.05.21.)

합동조사단은 20일 발표문을 통해 "천안함은 가스터빈실 좌현 하단부에서 감응 어뢰의 강력한 수중폭발에 의해 선체가 절단돼 침몰한 것으로 판단된다"고 밝혔다. 다음은 발표문 요약.

선체 손상부위 분석 결과

충격파와 버블효과로 인해 선체의 용골(함정 뼈대)이 함정 건조 당시와 비교했을 때 위쪽으로 크게 변형됐고, 외판은 급격하게 꺾이고 선체에는 파단된 부분이 있었다. 주갑판은 가스터빈실 내 장비의 정비를 위한 대형 개구부 주위를 중심으로 파단 됐고, 좌현쪽이 위쪽으로 크게 변형됐으며, 절단된 가스터빈실 격벽은 크게 훼손·변형됐다. 함수·함미의 선저가 아래쪽에서 위쪽으로 꺾인 것도 수중폭발을 입증한다. 함정이 좌우로 심하게 흔들리는 것을 방지해 주는 함안정기에 나타난 강력한 압력 흔적, 선저 부분의 수압 및 버블흔적, 열흔적이 없는 전선의 절단 등은 강력한 충격파와 버블효과가 함정의 절단 및 침몰의 원인이었음을 입증한다.

관련자 진술 · 시체검안 결과

생존자들은 거의 동시적인 폭발음을 1~2회 청취했으며, 충격으로 쓰러진 좌현 견시병의 얼굴에 물이 튀었다는 진술과 백령도 해안 초병이 2~3초간 높이 약 100m의 백색 섬광 기둥을 관측했다는 진술 내용 등은 수중폭발로 발생한 물기둥 현상과 일치했다. 시체 검안 결과 파편상과 화상의 흔적은 발견되지 않았고, 골절과 열창 등이 관찰되는 등 충격파 및 버블효과 현상과 일치했다.

지진파 · 공중음파 분석 결과

지진파는 4곳에서 진도 1.5 규모로 감지됐으며, 공중음파는 11곳에서 1.1초 간격으로 2회 감지됐다. 지진파와 공중음파는 동일 폭발원이었으며, 이것은 수중폭발에 의한 충격파와 버블효과 현상과 일치한다.

결정적 증거물

어뢰의 추진동력부인 프로펠러를 포함한 추진모터와 조종장치 등을 수거했다. 이 증거물은 북한이 해외로 수출할 목적으로 배포한 어뢰 소개 자료의 설계도에 명시된 크기와 형태가 일치했으며, 추진부 뒷부분 안쪽에 '1번'이라는 한글 표기는 우리가 확보하고 있는 북한의 어뢰 표기 방법과도 일치한다. 이러한 모든 증거는 수거한 어뢰 부품이 북한에서 제조됐다는 것을 확인해 준다.

결론

천안함은 어뢰에 의한 수중 폭발로 발생한 충격파와 버블효과에 의해 절단돼 침몰됐고, 폭발위치는 가스터빈실 중앙으로부터 좌현 3m, 수심 6~9m 정도이며, 무기체계는 북한에서 제조한 고성능 폭약 250kg 규모의 어뢰로 확인됐다.

■ 北 연어급 잠수정 존재 부인… 사실일까? (2010.5.29.)

천안함이 북한 잠수정의 어뢰공격으로 침몰했다는 우리나라의 주장에 대해 북한의 국방위원회가 반박하고 나섰다. 28일 북한의 최고 군사기구인 국방위원회는 이례적으로 기자회견을 열고 "민·군 합동조사단의 조사결과는 날조된 것"이라며 반박했다. 이 자리에서 박림수 정책국장은 "우리에게는 연어급 잠수정, 상어급 잠수정이 없고 130톤짜리 잠수정도 없다"고 주장했다. 이어 "130톤짜리 잠수정이 1.7톤짜리 중어뢰를 싣고 해군기지에서 떠나서 공해를 돌아서 ㄷ자형으로 와서 그 배를 침몰하고 또 다시 돌아간다는 게 군사상식으로 이해가 가느냐"며 "이치에 맞지 않는 소리"라고 말했다. 하지만 백령도와 가장 가까운 북한의 잠수함 기지인 '비파곶 기지'는 백령도와 직선거리로 불과 80여 ㎞ 떨어져 있을 뿐이며 합조단의 주장대로 공해상으로 돌아온다 하더라도 200여 ㎞면 도달할 수 있다. 지난 1998년 속초 앞바다에서 꽁치잡이 어선의 그물에 걸려 나포된 '유고급' 잠수정의 경우 길이가 20m, 수중배수량은 70톤에 불과하지만 잠항해서 140~150㎞를 갈 수 있다. 이에 반해 연어급 잠수정은 길이 30m, 무게는 120톤으로 유고급 잠수정보다 50%이상 큰 선체를 가지고 있어 항속거리도 크게 연장됐을 것으로 추정된다. 세계의 주요 군사전문지들은 연어급 잠수정과 이란의 '가디르(Ghadir)'급 잠수정을 동급으로 판단하고 있다. 이란이 가디르급 잠수정을 자신들이 독자 개발한 것으로 밝히고 있지만 전문가들은 북한의 기술지원이 있었다고 보고 있기 때문이다. 실제로 이란이 지난 2007년에 취역시킨 가디르급 잠수정은 수중배수량 120톤에 길이 29m로 연어급과 같은 크기다. 잠수정 내부에 533㎜ 어뢰발사관 2문을 갖추고 있다는 점도 동일하다. 김태영 국방장관도 지난 24일 국회 진상조사특위에서 연어급 잠수정과 관련해 "2005년 이후부터 보이고 있으며 상어급보다 작고 속도가 빨라졌다"며 "이 잠수정은 길이 7m의 어뢰를 쏠 수 있으며 잠수정 내에서 어뢰를 발사하는 형태"라고 언급하고 있다.

■ 北 국방위 평양서 이례적 내외신 회견 (2010.5.29.)

북한이 천안함 사태에 대한 관련성을 부인하는 대대적인 외교전에 나섰다. 천안함 사태와 관련, 북한에 대한 국제사회의 비난이 높아지고 한·중 정상회담 등 북한에 대한 강력한 제재 방안이 논의되고 있는 가운데 북한이 국제사회를 상대로적극적인 선전전에 돌입한 것이다. 북한 국방위원회 박림수 정책국장은 28일 평양의 인민문화궁전에서 열린 내외신 기자회견에서 "우리에게는 연어급 잠수정이요, 무슨 상어급 잠수정도 130톤짜리 잠수정도 없다"고 주장했다고 조선중앙TV와 평양방송이 전했다.

각국 대사관 관계자들도 초청

기자회견에는 일본의 교도통신 등 외신들과 평양주재 각국 대사관 관계자들이 초대됐다. 북한 최고 권력자 김정일이 위원장을 맡고 있는 최고권력기관 국방위원회가 외신들을 초청해 기자회견을 열기는 처음이다. 박 국장은 회견에서 "130톤짜리 잠수정이 1.7톤짜리 중어뢰를 싣고 해군기지에서 떠나 공해를 돌아 ㄷ자형으로 와서 그 배를 침몰시키고 또 다시 돌아간다는 게 군사상식으로 이해가 가느냐"며 "이치에 맞지 않는 소리"라고 주장했다. 박 국장은 우리 국방부가 제시한 북한 어뢰 관련 소책자에 대해 "어뢰를 수출하면서 그런 소책자를 준 적이 없다"며 "세상에 어뢰를 수출하면서 그 어뢰의 설계도까지 붙여주는 나라가 어디에 있느냐"고 반문했다. 회견에 배석한 국방위 정책국의 리선권 대좌는 남측의 증거물로 제시한 어뢰에 쓰인 '1번' 글자와 관련, "우리는 무장장비에 번호를 매길 때 기계로 새긴다"며 매직으로 쓰인 것 같은 글자는 '조작'이라고 주장했다.

"무장장비 번호 기계로 새겨"

그는 "북에서는 광명성 1호 등 '호'라는 표현을 쓰지 '번'이라는 표현은 사용하지 않는다"며 "번이라는 표현은 축구선수나 농구선수 같은 체육선수에게만 쓴다"고 지적했다. 리 대좌는 "남측은 가스터빈을 공개해야 한다"며 "이번 사건이 어뢰공격에 의한 것이었다면 터빈이 없어졌을 것"이라고 말했다. 박 국장은 회견을 마치면서 "선군의 기치 아래 핵 억제력 강화에 총력을 기울여 온 것은 오늘과 같은 첨예한 사태에 대비하기 위한 것이었다"며 "핵무기를 포함해 세계가 아직 상상할 수도, 예측할 수도 없는 우리의 강위력한 물리적 수단은 진열품이 아니다"라고 위협했다. 그동안 북한은 지난 3월 백령도 인근에서 발생한 천안함 침몰과 관련해 지속적으로 관련성을 부인해 왔으며 이와 관련한 보복이나 제재가 있을 경우 '전면전'에 나설 수 있다고 위협해 왔다.

■ 러 천안함조사단 검증 착수(2010.6.1.)

민·군 합동조사단의 천안함 침몰 사건 조사 결과를 검증하기 위한 러시아의 전문가 3명이 31일 입국했다. 이들은 입국 즉시 검증 활동에 착수했다. 특히 이번 조사단의 검증 결과는 북한을 유엔 안전보장이사회에 회부하는 데 대한 러시아의 입장을 결정할 주요 변수이기 때문에 주목된다. 군 관계자는 이날 "러시아의 천안함 조사단이 입국해 국방부청사의 군사지휘본부에서 민·군 합동조사단의 조사결과 브리핑을 청취한다"면서 "1일부터 합조단의 과학수사 및 폭발유형 분석 등 분과위별로 조사 결과를 설명 듣고 확인할 것"이라고 밝혔다. 이어 러시아 전문가들은 두 동강 난 천안함 선체가 보존돼 있는 경기도 평택 해군 제2함대사령부와 천안함이 침몰한 백령도 해역을 방문할 예정인 것으로 알려졌다. 잠수함과 어뢰 전문가들로 구성된 이들은 결정적 증거인 어뢰 추진부 등에 대해서도 직접 확인하고 검증할 예정이다. 이들은 오는 4일까지 합조단의 조사결과를 검증한다. 이어 조사에 참여했던 전문가들과 토의과정을 갖는 등 7일까지 국내에 체류하면서 조사활동을 벌인다. 러시아 전문가들은 조사내용을 토대로 보고서를 작성, 본국에 보고할 것으로 전해졌다.

■ 그날 새 떼는 없었다?(2010.6.11.)

감사원은 10일 천안함 침몰 이후 출동한 해군 속초함이 추격·발포한 해상 표적물의 실체가 북한 반잠수정인지, 새 떼인지 결론을 내리지 못했다고 밝혔다. 군이 사건 초기부터 새 떼에 대한 오인 사격이라고 강력히 주장했던 것과는 다른 결론이다. 속초함은 사고 당일 오후 10시55분쯤 사격통제 레이더상에 서해 백령도 북방에서 42노트(시속 74㎞)로 고속 북상하는 미상의 물체를 포착했다. 이를 적 함정이 천안함을 공격한 후 숨어 있다가 도주하는 것으로 판단한 속초함은 해군 2함대사령부의 승인을 받아 경고사격 후 11시1분부터 5분간 76㎜함포 130발로 격파사격했다. 합참과 민·군합동조사단은 지난 4월1일 1차 조사결과 발표 때 "사격 후 물체를 분석한 결과 레이더상에서 표적이 한 개에서 두 개로 분리됐다가 다시 합치는 현상이 2회 반복됐기에 새떼 항적"이라고 밝혔다. 하지만 감사원은 속초함이 추격·발포한 해상표적물의 실체와 관련, "전술지휘체계(KNTDS), 열상감시장비(TOD), 레이더사이트 영상 및 조류 전문가 자문 등을 통해 정밀조사했지만 실체에 대한 결론을 내리기 어려웠다"며 군 발표를 뒤집었다. 감사원은 특히 속초함이 천안함 침몰 당시 상부 보고 과정에서 "북한 신형 반잠수정으로 판단된다"고 보고했던 사실도 처음 밝혀냈다. 또 해군 2함대사령부가 속초함의 보고와 달리 상부에 새 떼로 보고하도록 지시한 사실도 드러났다. 감사원 관계자는 "속초함이 27일 0시 21분 1차 보고 때는 격파 사격 대상을 '북한 신형 반잠수정'이라고 했다가, 같은 날 오전 2시 52분 2차 보고 때는 2함대사의 지시로 새 떼라고 보고했다"면서 "속초함 승조원들은 다시 감사원 조사 때는 "반잠수정으로 판단한다는 소신을 밝혔다"고 말했다. "군(軍)이 사고 원인을 정확히 파악하지 못하고 속초함이 공격 의심 물체에 대한 추격·격파에도 실패하자 책임 추궁을 피하려고 축소한 게 아니냐"는 의심이 드는 대목이다. 대신 천안함 침몰 당시 북한 반잠수정이 실제로 남하해 있었는지, 속초함이 격파 사격했던 물체가 무엇인지 등은 미궁 속으로 빠졌다.

■ 中, 한·미 서해훈련 공식반대(2010.7.9.)

중국 정부가 공식적으로 한·미 서해 합동군사훈련 반대를 선언했다. 친강(秦剛) 중국 외교부 대변인은 8일 정례브리핑에서 "중국은 외국 군함과 군용기가 황해(서해) 및 중국 근해에서 중국의 안보 이익에 영향을 미치는 활동을 하는 것에 대해 결연히 반대한다"고 말했다. 앞서 지난 1일 인민해방군 마샤오톈(馬曉天) 부총참모장이 홍콩 봉황TV와의 인터뷰를 통해 반대 입장을 밝히긴 했지만, 중국이 정부 차원에서 서해 합동군사훈련과 관련해 반대 입장을 분명하게 밝힌 것은 처음이다. 한·미 양국은 일단 공식 반응을 자제한 가운데 중국 정부의 의도를 파악하고 나섰다. 그러나 한·미는 유엔 안보리에서의 천안함 논의가 매듭지어지는 대로 서해 합동군사훈련을 실시한다는 방침 아래 훈련 시점을 조율하고 있는 상황이어서 중국과의 외교 마찰 가능성이 점쳐진다.

中 "각국 냉정·절제 유지를"

친 대변인은 브리핑에서 "중국의 입장은 일관되고 명확하다"면서 "우리는 이미 관련 부문에 엄중한 입장을 밝혔다"고 말했다. 그는 "관련 각국이 냉정과 절제를 유지해 한반도 지역 정세의 긴장을 격화시키는 행동을 하지 않기를 희망한다"고 덧붙였다. 중국 측은 공식 입장 발표 전에 이

미 우리 정부에 관련 내용을 전달한 것으로 알려졌다. 이와 관련, 주중 한국대사관의 한 관계자는 "중국 측이 서해 군사훈련에 대해 한반도 안정에 역효과가 날 수 있다는 수준의 반대 입장을 전달해 왔다"고 전하면서 "이에 우리 측은 한·미 서해 군사훈련 계획이 방어적 훈련이고, 규모와 시기가 아직 결정되지 않았다는 수준에서 답변했다" 고 말했다. 친 대변인은 유엔 안보리에서 논의 중인 천안함 사건과 관련한 중국의 입장 변화를 묻는 질문에는 "중국은 한반도의 안정과 평화라는 대국적인 견지에서 출발해 이 문제를 적절하게 처리해야 한다는 입장을 여러 차례 밝혔다"면서 "중국은 이를 위해 당사국들과 대화를 계속하길 희망한다"고 말했다. 중국이 한·미 양국의 서해 합동군사훈련에 이처럼 민감하게 반응하는 것과 관련해 일부 군사전문가들은 중국의 아시아 패권 추구 및 대(對) 타이완 전략과 무관치 않은 것으로 해석하고 있다. 한 전문가는 "작전반경이 수백km에 이르는 항모전단의 서해 진입은 중국으로서는 큰 위협"이라면서 "더욱이 중국은 타이완 해협 위기시 미 항모의 개입을 얼마나 늦출 수 있는지에 촉각을 곤두세우고 있다"고 말했다. 중국이 반대 이유로 내세우는 한반도 정세의 긴장 고조는 핑계일 수 있다는 얘기다. 외교부 산하 싱크탱크인 중국국제문제연구소의 취싱(曲星) 소장도 7일 외신기자 간담회에서 "(한·미 합동군사훈련이) 공해상에서 이뤄지지만 중국에는 매우 민감한 문제" 라고 강조했다.

軍 "서해는 美7함대 작전구역"

이에 한·미 양국 정부는 공식 반응을 보이지 않았으나, 군 일각에서는 서해훈련이 국가주권의 문제라는 입장을 피력해 이를 둘러싼 한·미 양국과 중국 간 갈등이 고조될 가능성을 내비쳤다. 군 관계자는 "미 7함대는 서태평양지역에서 임무를 수행하는 만큼 작전구역에 한반도의 동해, 남해뿐 아니라 서해도 당연히 포함된다"면서 "최근 미 7함대 소속 이지스 구축함이 태안 앞바다에서 훈련을 하기도 했다"고 설명했다. 실제로 한·미는 지난 3월 천안함 피격 직전 백령도 사고 해상으로부터 남쪽으로 170km 떨어진 태안해상에서 미 7함대 소속 이지스 구축함이 참여한 가운데 키 리졸브연습 일환으로 대잠수함 훈련을 하기도 했다. 국방부 관계자는 "한·미 연합훈련은 군사주권에 관한 문제"라며 "중국과 러시아는 지난해 7월부터 8월까지 양국 영토를 오가며 반테러 합동군사훈련을 실시했지만 어느 나라도 이를 문제 삼지 않았다"고 반박했다.

■ 서해 백령도 해역서 새달 대잠훈련 (2010.7.17.)

군은 다음달 중순부터 진행되는 을지프리덤가디언(UFG) 연습을 전후해 서해 대(對)잠수함 훈련을 실시하기로 했다. 또 오는 10월 13일부터 이틀간 '대량살상무기 확산방지구상(PSI)' 차원의 역내 해상차단 훈련을 부산항 인근 바다에서 실시한다.

4,500톤급 한국형 구축함 등 참가

군 관계자는 16일 "서해 대잠 훈련은 이달 말 동해에서 미 7함대 소속 항공모함 조지 워싱턴호가 참가하는 대규모 한·미 연합훈련에 이은 후속 훈련"이라면서 "이 훈련에 참가하는 미군 전력은 우리 해군과 정기적인 대잠수함 훈련에 참가하는 전력 정도가 될 것"이라고 밝혔다. 대잠수함 훈련에 참가하는 전력은 미국의 핵추진 잠수함 또는 구축함 1~2척 정도다. 우리 해군 전력은 4500톤급 한국형 구축함(KDX-Ⅱ)과 1800톤급 및 1200톤급 잠수함, 해상초계기(P-3C), 헬기, 공군의 F-15K, KF-16 전투기 등이 참가할 예정이다. 훈련은 여러 개의 가상 시나리오를 통해 잠수함 탐지, 수색, 공격훈련 등으로 진행된다. 특히 그동안 잠수함(정) 침투가 어려울 것으로 방심해 왔던 서해 백령도 인근 해역에서도 일부 훈련을 실시하는 방안도 고려 중인 것으로 알려졌다.

PSI훈련엔 美·日 등 아·태국 참가

PSI 차원의 역내 해상차단 훈련이 실시되기는 처음이다. 그동안 우리 군은 해외에서 실시되는 역외 해상차단 훈련에만 참가해 왔다. 천안함 사건 이후 군은 북한의 도발에 대한 대응방안으로 역내 훈련을 선언했었다. 류제승 국방정책기획관은 "역내 PSI 훈련에는 미국, 일본, 호주, 싱가포르 등 아·태지역 국가들도 참가한다"고 말했다. 이번 훈련에는 구축함과 지원함 등 3~5척의 함정과 해상초계기, 헬기, 해군 및 해경의 선박승선 특공대 등이 투입될 예정이다. 군은 이보다 앞서 9월 중 호주에서 실시되는 역외 PSI 선박 차단훈련에도 참가할 계획이다.

北 추가도발땐 심리전 재개

국방부는 북한이 추가로 도발하면 본격적으로 심리전을 재개하겠다는 의지도 피력했다. 류 기획관은 "대북 확성기는 11곳에 설치했고 북한의 추가 도발 시 추가 제재수단으로 활용할 계획"이라고 밝혔다. 그는 "심리전단 살포는 6개 작전기지에서 준비를 완료했고 11종 123만장을 보유하고 있다"며 "주요 20개국(G20) 정상회의와 북한의 반응, 남북관계 상황 등을 종합 고려해 실시 시기를 결정하겠다"고 말했다. 국방부 관계자는 "북한이 대북 확성기에 대한 조준 사격을 경고하는 등 민감한 반응을 보이는 것은 심리전 재개 준비가 북한에 상당한 압박수단으로 작용함을 보여준다"며 "북한이 추가로 도발하면 심리전을 즉각 재개할 방침"이라고 했다.

■ 北 "서해훈련 물리적 대응타격"(2010.8.4.)

북한군 전선서부지구사령부는 천안함 사태의 대응 조치로 우리 군이 5~9일 백령도 등 서해5도 인근 해상에서 실시하는 사격 훈련계획에 대해 "강력한 물리적 대응타격으로 진압할 것"이라고 밝혔다고 조선중앙통신이 3일 보도했다. 사령부는 '통고문'을 통해 "8월에 들어서면서 백령도, 대청도, 연평도 인근 수역에서 지상, 해상, 수중 타격 수단들을 동원하여 벌이려는 괴뢰 군부 호전광들의 해상사격소동은 단순한 훈련이 아니라 신성한 우리 공화국 영해에 대한 노골적인 군사적 침공행위이며 불법 무법의 '북방한계선'을 끝까지 고수해보려는 무모한 정치적 도발"이라며 이같이 위협했다. 통고문은 또 "이번 해상사격소동은 우리의 자위권을 노린 직접적인 군사적 침공행위"라면서 "이미 내외에 엄숙히 선포한 바와 같이 조선 서해에는 오직 우리가 설정한 해상분계선만이 있을 뿐"이라고 주장했다. 북한군은 1999년 6월 1차 연평해전 직후 열린 판문점 장성급회담에서 서해의 새로운 해상분계선을 주장했고, 같은 해 9월 북한군 총참모부의 '특별보도'를 통해 북방한계선(NLL) 무효화를 선언한 뒤 NLL 이남까지 내려온 '인민군 해상 군사통제수역'을 일방적으로 정했다. 이와 관련, 우리 군의 한 고위관계자는 "북한의 예민한 발언에 대해 즉각적인 대응을 할 필요는 없는 것으로 판단하고 있다"면서 "다만 훈련 전후 북한군의 움직임 등을 예의주시할 필요는 있을 것으로 보인다"고 전했다. 우리 군은 북한의 천안함 공격에 따른 대응 차원에서 5~9일 서해 전역에서 육·해·공 합동 대잠수함 훈련을 단독으로 처음 실시할 계획이다.

■ 北, 서해 NLL 인근에 해안포 130발 발사(2010.8.10.)

북한이 9일 서해 북방한계선(NLL) 인근 북쪽 해상에 해안포 130여 발을 발사했다. 우리 군의 서해상 합동훈련이 끝난 오후 5시 직후다. 군 관계자는 "북한이 오늘 오후 5시 30분부터 3분간 백령도 북방 NLL 인근 해상에서 10여 발의 포사격을 실시했고, 오후 5시 52분부터 6시 14분까지 연평도 북방 NLL 인근 해상에 120여 발을 추가로 발사했다"면서 "NLL 이남으로 포탄이 넘어오지는 않았다"고 밝혔다. 합동참모본부 관계자는 "해군은 오후 5시 49분에 경계 및 전투 대비태세를 강화했고, 5시 53분에는 남북 간 지정된 무선통신망으로 북한에 경고 방송을 했다"면서 "오후 6시 14분 이후에는 추가 사격이 없는 상태"라고 설명했다.

청와대는 상황이 발생하자마자 지하 벙커에 있는 국가위기관리센터에서 김진형 센터장(해군 제독)과 이희원 안보특보가 화상회의시스템을 통해 주요 군 지휘부와 회의를 갖고 지휘에 나섰다. 청와대 외교안보 라인의 관계자는 "방송 속보가 나가기 훨씬 전에 이명박 대통령과 외교안보수석 등 관련 참모들에게 위기관리센터에서 상황이 거의 동시에 보고됐다고 보면 된다"고 말했다. 군은 북한의 해안포 사격이 그동안 언급한 '물리적 타격'인지 여부에 대해 분석 중이다. 군 고위 관계자는 "북한이 NLL 쪽으로 해안포를 집중 발사한 만큼 군의 합동훈련에 대한 대응조치로 보인다"고 말했다. 청와대도 군의 훈련에 대한 북한의 대응 사격으로 보고 있지만, 정확한 원인을 조사중이라고 밝혔다. 군은 북한군의 두 차례 포사격 이후 추가 포사격 가능성에도 촉각을 곤두세우고 있다.

■ [사설] 북 해안포 도발 단호하되 냉철하게 대처해야(2010.8.11.)

북한의 해안포 도발위협이 심상치 않다. 북한군이 그제 발사한 해안포 117발 중 10여발이 서해 북방한계선(NLL)을 넘었으며, 이중 2발이 NLL 남쪽으로 500여m 떨어진 연평도 해상에 떨어졌다고 한다. 예사롭게 보아 넘길 일이 아니다. 남쪽을 조준한 의도적 사격이라면 사태가 심각하다. 지난 1월에도 400발 이상을 쏘았지만 NLL을 넘어오지 않았다는 점을 상기해야 한다. 1000여발을 쏜 지난해 1월 때도 마찬가지였다. 당시 포탄이 NLL을 넘지 않도록 애쓴 정황이 역력했다. 이번 도발을 단순 실수라고 보기 어렵다. 만약 북한이 단 한 발이라도 NLL 남쪽을 겨냥해 의도적으로 사격했다면 천안함 사건 이후 136일 만의 새로운 차원의 도발로 기록될 것이다. 북한 군부가 서해 기동훈련에 대해 수차례 경고했던 대로 "강력한 물리적 대응타격"을 실행에 옮긴 것으로도 해석 가능하다. 따라서 북한군 해안포 도발의 저의를 축소하려 한 우리 군의 미온적 초기대응을 탓하지 않을 수 없다. 군은 애초 북측의 해안포 도발을 서해훈련 대응용으로 분석하면서, 해안포가 NLL을 넘지 않았다는 점을 강조했다. 일부 해안포가 NLL 남쪽에 떨어지는 것을 목격했다는 초병의 진술마저 무시했다. 천안함 침몰 직후 속초함에 의해 발견된 미식별 표적물을 '새떼'라고 은폐·왜곡했던 전력(前歷)을 떠올리게 한다. 북한군은 지난해 초부터 서해 해안포 전력을 30% 이상 증강해 왔다. 사거리 12~34㎞의 북한군 해안포 1,000문과 사거리 46~95㎞의 지대함 미사일도 다수 배치돼 있다. 백령도와 연평도 등 서해5도상 우리 해군 함정이 사정권에 들어 있다. 향후 북한 군부가 불장난을 저지른다면 함포능력이 떨어지는 함정간 교전보다 지리적으로 유리한 해안포를 쏠 개연성이 높다. 군은 군사적으로 판단해야 한다. 사건을 확대시키지 않고, 혹시 일어날지 모를 확전을 피하고자 자위권 행사를 꺼린다면 바람직한 군의 자세가 아니다. 북한군의 해안포 도발은 계속될 것으로 보인다. 이번 기회에 해안포 대응능력을 전면 재점검하고, 위기 대응 매뉴얼도 대폭 보강할 것을 당부한다.

■ "어뢰 아닌 좌초" 北, 천안함 '진상공개장' 발표(2010.11.3.)

북한이 천안함 사건에 대한 우리 측 민·군합동조사단의 최종보고서를 조목조목 반박하고 나섰다. 북한은 2일 조선중앙통신을 통해 '국방위원회 검열단 진상공개장'을 내놓았다. 북한 국방위가 지난 5월 28일 내외신 기자회견을 열어 우리 측의 천안함 사건 조사결과에 대해 반박하긴 했지만, 검열단 명의로 '진상공개장'을 발표한 것은 이번이 처음이다. '진상공개장'에는 어뢰추진체의 '1번' 글씨, 물기둥 형성, 알루미늄 흡착물, 좌초 가능성, 열상감시장비(TOD) 동영상 등에 대한 반론이 담겨졌다. 천안함 침몰 원인도 '어뢰 공격'이 아닌 '좌초'라고 주장했다. 북한은 그러면서 우리 측 조사결과를 "황당무계한 날조극"이라고 비판하며 결백을 주장했다. 북한은 어뢰의 재질부터 걸고넘어졌다. 민·군합동조사단이 천안함 피격사건의 결정적 증거로 제시한 어뢰추진체를 '알루미늄합금쪼각'이라고 부르면서 이는 북한의 어뢰가 아님을 인정하는 결정적 증거라고 반박했다. 북한은 "우리 해군이 보유한 어뢰는 알루미늄합금이 아닌 강철합금재료로 만든 '주체어뢰'"라고 주장했다. 이어 "해군이 보유한 주체어뢰의 어뢰강철합금편을 남측에 직접 넘겨줄 용의가 있다"고 밝혔다. 어뢰추진체에 쓰인 '1번' 글씨도 조작됐다고 주장했다. 북한 군수공업부문에선 어떤 부속품이나 기재를 만들 때 필요한 숫자를 펜으로 쓰지 않고 새기고 있으며 '번'이 아닌 '호'를 붙인다는 것이다. 강한 폭발에도 어뢰추진체에 쓰인 '1번' 잉크가 증발하지 않은 사실에 대해서도 의문을 제기했다. 합조단의 주장대로 함선 공격에 250kg 정도의 폭약량이 사용됐다면 어뢰추진체 후부의 온도는 낮게는 325℃, 높게는 1000℃

이상 올라갈 수 있고 이 정도 온도면 잉크가 완전히 타버린다고 했다. 천안함 선체에서 HMX, RDX, TNT 등 폭약성분이 발견됐지만 어뢰추진체에선 폭약성분이 나오지 않은 점도 '조작'의 증거라고 주장했다. 북한은 "백령도와 대청도 사이에는 암초가 많은데 천안함 관련 자료들이 좌초가 침몰 원인임을 입증하고 있다"고 주장했다. 이어 "미국과 역적패당이 천안호 사건을 떠들어대면서 반공화국 대결소동에 광분하면 할수록 우리는 2차, 3차로 날조극의 정체를 까밝힐 것"이라고 덧붙였다. 하지만 국방부는 "어뢰추진체 프로펠러는 기본적으로 알루미늄 합금으로 만들기 때문에 알루미늄을 쓰지 않는다는 것은 말이 안 된다"면서 "나머지 북한의 주장은 남한에서 제기된 의혹을 반복한 수준"이라고 일축했다.

■ 北, 연평도 정밀 조준 포격(2010.11.24.)

북한군이 23일 오후 2시 34분부터 약 1시간 동안 서해 연평도에 대포 100여발을 발사, 우리 군인은 물론 민간인들까지 큰 인명피해를 입었다. 북한군이 군인과 민간인을 가리지 않고 남한의 육지를 표적으로 공격한 것은 1953년 휴전 이후 처음 있는 일로, 한반도에 군사적 충돌 위기가 고조되고 있다. 특히 민간인 피해가 확인될 경우 민간인에 대한 군사공격을 전쟁범죄 행위로 규정한 제네바협약을 위반하는 셈이어서 공격 책임자는 전범재판에 회부될 수도 있다. 통일부는 오는 25일로 예정됐던 남북적십자회담을 무기한 연기하기로 하는 등 남북관계가 급속히 경색되고 있다.

이명박 대통령은 포격 직후 청와대에서 긴급수석비서관회의와 외교안보장관회의를 잇달아 소집했다. 이어 합참 지휘통제실을 찾은 이 대통령은 "아직도 북한이 공격태세를 갖추고 있음을 볼 때 추가 도발도 예상되므로 몇 배의 화력으로 응징해야 한다"면서 "다시는 도발할 수 없을 정도로 막대한 응징을 해야 한다"고 말했다. 이 대통령은 이어 "민간에 대한 무차별 공격은 대단히 중대한 사안"이라면서 "우리 군은 성명 발표와 같은 행정적인 것보다 행동으로 보여줘야 한다. 백 번의 성명보다 행동으로 대응하는 것이 군의 의무"라고 강조했다.

합동참모본부에 따르면 북한군은 오후 2시 34분부터 2시 55분까지, 이어 오후 3시 10분부터 4시 42분까지 해안포와 곡사포 100여 발을 연평도로 발사했다. 이 중 수십 발이 군부대로 떨어져 서정우 병장과 문광욱 이병 등 해병대원 2명이 숨지고 16명이 중경상을 입었다. 나머지 수십 발은 민가로 떨어져 주민 3명이 다쳤고 건물과 산야 곳곳에서 불길이 치솟았다. 이에 우리 군도 K9 자주포로 북한 해안포 기지를 향해 80여 발을 응사, 북한군에 상당한 피해가 있을 것으로 예상한다고 합참은 밝혔다. 합참은 북측이 오전 8시 20분 우리 측에 "남측이 북측 영해로 포사격을 하면 좌시하지 않겠다"는 내용의 전통문을 보내왔지만 "우리는 훈련을 하겠다고 했다"면서 "우리 군이 연례 훈련의 일환으로 백령도와 연평도 사이에서 포사격 훈련을 하던 중 북측이 백령도 서쪽 및 연평도 남쪽 우리 측 지역으로 사격을 했다"고 밝혔다. 북측의 도발 직후 군은 국지 도발 최고 대비태세인 '진돗개 하나'를 발령하고 전군의 경계태세를 강화하는 한편 한미연합사령부와 연합위기관리태세 선포를 논의했다.

유엔 안전보장이사회는 북한의 연평도 포격 문제를 다루기 위한 긴급회의를 곧 소집할 것으로 알려졌다. 프랑스의 한 외교 소식통은 AFP통신에 "오늘 또는 내일 중에 안보리 긴급회의를 준비 중에 있으며 우리는 이를 적극 찬성한다"고 말했다. 반기문 유엔 사무총장도 이날 이번사태와 관련, 유엔 안전보장이사회 의장에게 전화를 걸어 심각한 우려를 표명했다. 미국, 일본 등 세계 각국 정부는 북한의 도발을 즉각 규탄하고 나섰다. 미 백악관은 사건 발생 4시간여 만인 23일 새벽 4시 33분(현지시간) 홈페이지를 통해 성명을 발표하고 "북한에 대해 호전적 행동을 중단할 것을 요구하며 강력히 규탄한다"고 밝혔다.

■ "포탄 비오듯… 삽시간에 온동네 불바다" 공포에 떨어(2010.11.24.)

23일 오후 2시 34분쯤 인천 연평도에 북한군이 발사한 포탄이 중심가에 쉴새 없이 떨어지면서 집이 날아가고 일부 가옥과 산이 불바다로 변하는 등 평온하던 마을이 삽시간에 아수라장으로 돌변했다. 1,300여명의 주민들은 "실제상황, 긴급 대피하라"라는 안내방송을 듣고 방공호와 연평중고등학교 등에 마련된 대피소로 몸을 피했다. 앞을 분간하기 어려울 정도로 마을 전체가 연기로 휩싸였고, 희생자도 속출한 것으로 전해졌다. 일부 주민은 어선으로 연평도를 떠나 인천으로 피신했다.

'포격' 연평면사무소… 주민들 "어디로 대피해야 하나"

피격으로 전력 선로가 끊겨 민가 절반 가량이 정전된 탓에 밤이 되자 칠흙 같은 어둠만 연평도를 감쌌다. 이동전화 기지국도 피해를 입어 휴대전화도 불통 됐다. 주민들은 촛불 등을 켜고 추위를 견디면서 두려움에 밤을 지샜다. 김운한 인천해경 연평출장소장은 "산과 마을 전체가 불에 타 연기로 휩싸였다. 사람들 모두 대피소로 대피하고 있어서 누가 불을 끄고 있는지 파악이 안 된다"고 말했다. 주민 김모(35)씨는 "집 안에 있다가 갑자기 쾅 소리가 나서 밖에 나와 봤더니 온 동네가 불바다가 됐다"고 말했다. 주민 이모씨는 "포탄이 떨어진 뒤 안개가 낀 것처럼 사방이 뿌옇고 어둡다"고 말했다. 또 다른 이모씨는 "포탄이 떨어지는 바람에 10여 가구 이상의 민가가 불타고 있는 걸 봤다"며 "산불도 났고 실전상황이니까 대피하라는 안내방송을 듣고 집 밖으로 뛰쳐나가 인근 중학교로 대피했다"고 말했다. 또 다른 주민은 "마을이 초토화 됐다. 암흑천지다"면서 "마을 전체가 불에 타고 있고 주민들이 모두 대피소나 다리 밑에 숨어 있다"고 말했다. 주민 안모씨(57)는 "600여 세대가 살고 있는 마을에 포탄이 비 오듯이 떨어져 전쟁이 난 줄 알았다"며 "안내방송을 듣고 학교 등으로 대피했다"고 밝혔다. 대피소로 미처 피하지 못한 주민들은 포탄이 떨어지지 않는 방향인 당섬으로 대피했고, 일부 주민은 가까운 군 진지로 피하기도 했다. 연평도에는 1,300여명의 주민이 거주하고 있으나 꽃게 조업철을 맞아 외지 선원들이 들어와 사람들이 평상시보다 많았다.

오후 3시 50분 이후 포성이 가라앉았지만 주민들은 혹시 추가 포격이 있을지 몰라 대피소에 계속 머물렀으며, 일부 주민들은 당섬 부두로 달려가 상황을 지켜봤다. 박모(46)씨는 "두 차례에 걸쳐 발생한 연평해전 당시에도 우왕좌왕하지 않았던 주민들이지만 이번에는 포탄이 마을로 직접 떨어져 무척 놀랐다"면서 "북한이 전쟁을 각오하지 않고서는 민간마을에 포탄을 퍼부을 수 있겠는가"라고 말했다. 최부경 연평파출소장은 "저녁때가 돼서야 순찰을 돌면서 주민 피해상황을 살펴볼 수 있었다"고 말했다. 여객선을 타고 연평도를 탈출한 김옥순(57·여)씨는 "백령도에 소방차가 한 대밖에 없어 불 끄기 힘들 것이다. 가뜩이나 건조한 날씨라 민가와 산이 모두 타지 않을까 걱정된다"고 말했다.

한편 해경은 연평도로 향하는 모든 항로를 통제했다. 백령도·연평도를 오가는 여객선 3척은 경비함정의 호위를 받으며 인천항으로 되돌아왔다. 해경은 또 서해상에서 조업 중인 어선 87척을 안전한 곳으로 대피시켰다. 인근 백령도 주민들도 연평도 사태에 귀를 기울이며 긴장을 늦추지 못했다.

■ 北 민가까지 무차별 포격 → 화염·산불 →軍 응사… '전쟁터 방불'(2010.11.24.)

조용한 연평도에 북한의 포탄이 날아든 것은 23일 오후 2시 34분이다. 하지만 북한의 공격 징후는 이날 오전부터 나타났다. 북한군은 해병대가 한 달에 한 번씩 해오던 포사격 훈련에 대해 불만을 드러내면서 오전 8시 20분 우리 측에 전통문을 보내왔다. 내용은 오전부터 연평도와 백령도에서 실시될 포사격 훈련을 좌시하지 않겠다는 취지였다. 우리 군은 북한의 이 같은 반응을 무시하고 계획된 훈련을 했다. 오전 10시부터 시작된 해병대의 K9 자주포 사격 훈련은 연평도와 백령도에서 중국을 바라보는 서해 쪽과 우리측 해역인 남쪽을 향해 이뤄졌다.

北, 오전 "호국훈련 좌시 않겠다"

북한군은 우리 군의 포사격 훈련이 시작된 후 4시간여가 지나 연평도를 향해 포사격을 시작했다. 오후 2시 34분부터 2시 55분까지, 오후 3시 10분부터 3시 41분까지 2차례에 걸쳐 서해 연평도 북방 개머리 해안포 기지와 무도 기지에서 연평도로 해안포 등 수십 발을 발사했다. 우리 군은 즉시 K9 80발 이상을 발사했다. 북한군의 도발로 해병대 병사 2명이 숨지고 16명이 부상했다. 마을 주민 3명도 경상을 입었으며 다른 주민들은 연평도 일대에 준비된 방공호로 대피했다. 이 가운데 수십 발이 주민이 거주하는 마을로 떨어져 민간인 3명이 부상했다. 합참 이붕우 공보실장은 "우리 군이 일상적인 해상사격 훈련을 서해 남쪽으로 실시하던 중 북한이 수십 발의 해안포를 발사했고 수발은 연평도에 떨어졌다"면서 "이로 인해 연평도에 산불이 발생하고 인명피해가 났다"고 밝혔다.

북한측 지역도 큰 피해 추정

우리 군은 연평도를 직접 타격한 북한의 해안포 기지가 있는 육상으로 K9 자주포로 대응사격을 했다. 또 추가 도발 시 강력히 응징하겠다는 내용의 경고 방송도 했다. K9 자주포는 북한의 해안포에 비해 10배 이상의 위력을 가지고 있어 북한측 지역도 많은 피해를 입었을 것으로 군은 추정하고 있다. 또 공군 제10전투비행단에서 북한의 추가 도발에 대비한 대응전력으로 서해5도 지역에 전투기를 출격시켰다. 출격한 전투기는 F-15K와 F-16 기종으로 알려졌다. 오후 3시 40분부터 20분간 한민구 합참의장과 월터 샤프 주한미군사령관이 만나 연합위기관리태세 선포를 검토키로 했다.

軍, "사격훈련 해역 사전에 통지"

이어 국방부는 오후 5시 55분 남북 장성급회담 수석대표 명의로 북측에 전화통지문을 보내 도발 행위를 즉각 중지할 것으로 강력히 촉구하고 경고 후에도 계속 도발할 경우 단호히 대응하겠다고 경고했다. 합참 관계자는 "오전 10시가 조금 넘어 매달 이뤄진 해상 포사격 훈련을 실시했으며 국제해상 항행통신망을 통해 훈련 해역을 알렸고 백령도 서쪽 및 연평도 남쪽 우리측 해상으로 사격을 했다"고 말했다. 북한의 해안포 공격은 3시 41분에 중지됐으며, 우리 군은 북한의 움직임을 집중 감시하고 있다. 육군도 군사분계선(MDL) 인근 경계를 강화하고 추가 도발에 즉시 대응하기 위해 모든 부대 장병들을 부대에 대기하도록 했다.

■ "다시 도발 못 하도록" MB 강공 가닥 (2010.11.24.)

청와대가 북한의 유례없는 무력 도발에 강경 대응 쪽으로 가닥을 잡았다. 북한이 민간인에게까지 서슴없이 포격을 가하는 도발을 했기 때문이다. 북한에 쌀과 비료 지원을 하는 등 그간 인도적 지원을 아끼지 않았지만, 이번 사태로 정부의 대북정책도 본격적인 '강공모드'로 돌입할 것으로 전망된다. 이명박 대통령도 23일 밤 서울 용산의 합동참모본부를 전격 방문해 지난 3월 26일 천안함 사태 때와는 달리 직설적으로 강도 높은 발언을 쏟아냈다. "(북한이)다시는 도발할 수 없을 정도로 막대한 응징을 해야 한다", "백번의 성명보다 행동으로 대응하는 것이 군의 의무"라는 발언이 이어졌다. 앞서 열린 긴급 외교안보 장관회의에서도 이 대통령은 "북한의 해안포 부근에 미사일 기지가 있는 만큼 경우에 따라 타격하라. (북한의 사격에) 몇 배로 응징하라"며 이례적으로 북한에 대해 이전과는 다르게 강공책을 쓸 것임을 예고했다. 실제로 이번 사태로 당장 우리 쪽이 먼저 나서서 추가공격을 하지는 않겠지만, 북한의 민간인에 대한 공격으로 부상자까지 발생한 상황에서 앞으로 우리 군의 북한 도발에 대한 대응도 달라질 것으로 보인다. 북한과의 교전이 벌어지면, 이른바 '비례성의 원칙'이 지켜지지는 않을 것이라는 뜻도 청와대는 분명히 했다.

청와대 고위 관계자는 "지금껏 '비례성의 원칙'에 따라 북한이 2발을 쐈다면, 우리도 이에 대응해 2발을 응사해 왔지만, (북한이) 민간인에 대한 공격까지 한 상황에서 앞으로 이런 원칙을 지킬 필요는 없다는 것"이라고 말했다. 또 북한의 미사일 기지 공격에 대한 선제타격까지는 당장 하지 않더라도, 북한 도발의 명백한 징후가 보일 때는 우리가 먼저 공격을 할 수 있는 등 보다 유연성을 갖게 될 것으로 보인다. 때문에 이번 '11·23' 도발과 관련한 북한의 사과 내지 의미있는 행동 변화가 없는 한 우리 정부의 대북 강경 조치는 지속될 것으로 전망된다. 일각에서는 이 대통령이 이번에 강경 대응을 택한 것은 지난번 천안함 사태 때 북한의 소행임을 짐작하면서도 초기에 지나치게 신중하게 대응한 것이 정치적으로도 손해였고, 이번 사태의 단초를 제공했다는 청와대 내부의 정무적인 판단이 작용했다는 분석도 나온다. 반면, 국가정보원 쪽에서는 북한의 추가 도발 가능성을 예의주시하면서 강경 대응에 반대하고 있는 것으로 알려졌다. 이 대통령은 한편 청와대 지하 벙커에서 관계 수석비서관회의를 가졌다. 이어 한민구 합참의장 및 해·공군작전사령관 등과의 화상회의도 이어졌다. 수석비서관회의가 끝난 뒤에는 같은 장소에서 긴급 외교안보장관회의를 가졌다. 이날 회의는 밤 9시 50분쯤 끝났다.

■ **北, 휴전 이후 최악 도발 왜(2010.11.24.)**

북한이 휴전 이후 최악의 도발을 한 표면적 이유는 지난 22일부터 시작된 우리 군의 '호국훈련' 때문이다. 23일 우리 해병대가 예정대로 포사격 훈련을 했는데, 북한이 항의 차원에서 맞대응을 한 것으로 분석된다. 북한이 오전 우리 측에 수차례 전통문을 보내 우리 해병대가 백령도·연평도에서 진행 중인 호국훈련이 (북한에 대한) 사실상의 공격이 아니냐며 항의를 한 것도 이를 방증한다. 북한은 전날에도 대남기구인 조국평화통일위원회 웹사이트 '우리민족끼리' 논평을 통해 호국훈련을 "악랄한 도전이며 용납 못할 반민족적 범죄행위"라고 비난했다. 김희정 청와대 대변인은 "북한이 호국훈련에 반발해 공격을 감행했는지를 확인 중"이라고 밝혔다. 합참도 북한이 호국훈련을 핑계로 의도적 국지 도발을 한 것으로 판단하고 있다. 그러나 북한이 민간인에게 포격을 가할 정도로 무모한 도발을 한 것은 북한 내부의 복잡한 사정과 무관치 않은 것으로 보인다. 최근 김정일 국방위원장의 후계자로 자리를 굳힌 김정은 체제의 조기 구축을 위한 측면도 있다는 분석이다. 후계 구축 과정에서 대내외적으로 건재와 리더십을 과시함과 동시에 김정은에 대한 충성심 유도 차원에서 군부에 힘을 실어 주고, 주민들의 불만을 가라앉혀 내부 결속을 다지려는 의도로 관측된다. 또 최근 우라늄 농축용 원심분리기를 공개한 이후 국제사회에서 궁지에 몰리고 있는 북한으로서는 외부 도발을 감행하면서 국면 전환을 꾀한 것으로도 보인다. 김근식 경남대 교수는 "남북 관계가 민감한 '강(强) 대 강(强)' 대치 상황에서 북한이 우리 측의 통상적인 해상 훈련에 과도한 반응을 보인 것은 일련의 전략적인 도발로 보인다"면서 "북한이 최근 우라늄 농축용 원심분리기를 공개하는 '벼랑끝 전술'을 통해 미국을 협상 테이블로 나오도록 압박한 데 이어 남측에 대해서도 강경한 이명박 정부의 정책 전환을 유도하기 위해 초강수를 들고 나온 것"이라고 말했다. 김 교수는 이어 "북측이 원하는 대로 남측을 움직이기 위해 남북관계에서 가장 민감한 지역인 서해안 도발을 의도적으로 감행한 것"이라며 "이번 해안포 사격으로 인명 피해를 발생 시키는 등 과거보다 강도가 센 도발을 통한 국면 전환 압박용으로 관측된다"고 덧붙였다.

정부 소식통은 "북한이 최근 이산가족 상봉, 적십자회담 등을 통해 유화적인 대화 공세를 펴면서도 뒤로는 호전적인 공격을 감행하는 등 겉으로는 대화, 속으로는 도발을 지속하는 기존의 태도에서 달라진 것이 없다"며 "최악의 상황에서 단호한 대응이 필요하다"고 말했다. 일각에서는 북한이 오는 25일 남북 적십자회담에 앞서 대규모 쌀·비료 지원, 금강산관광 재개를 요구한 상황에서 이번 도발을 통해 협상을 유리하게 이끌려는 의도도 있었다고 분석하지만, 우리 측이 적십자회담 무기 연기를 결정하면서 역효과를 낳았다는 평가도 있다.

■ **국제법적 대응은(2010.11.24.)**

북한의 연평도 공격을 두고 전문가들은 명백한 '무력공격(armed attack)'에 해당한다고 평가했다. 법적으로 추가적 군사 대응도 가능하기는 하지만, 실제로 군사적 위협을 가하는 것이 현실적으로 힘들 것이라는 의견을 보였다.

유엔헌장 51조는 '자위권'을 국가의 고유한 권리로 인정하고 있다. 51조는 회원국에 대해 '무력공격'이 발생한 경우 유엔의 어떠한 규정도 개별적 또는 집단적 자위의 고유한 권리를 침해하지 않는다고 규정한다. 북한의 해안포 발사가 51조에서 규정한 '무력공격'이라는 데에는 전문가들 사이에서도 이견이 없었다. 따라서 자위권 행사 역시 당연한 것이라고 해석했다. 익명을 요구한 한 국제법 전문가는 "우리나라 영토와 국민의 생명과 재산에 큰 손해가 갔기 때문에 무력공격에 해당한다"면서 "국지전이기는 하지만 일종의 전쟁으로까지 볼 수 있었던 상황"이라고 말했다. 국제법을 전문으로 하는 경희대 김찬규 명예교수는 "우리도, 북한도 유엔 회원국이기 때문에 모두 유엔헌장의 적용을 받는다"면서 "해안포를 이렇게 쐈다는 것은 국제관습법상으로도 확립된 무력공격으로 볼 수 있고, 우리나라 역시 자위권 행사로서 반격을 가할 수 있다"고 분석했다.

하지만 실제로 추가적인 군사적 대응이 가능할지에 대해서는 회의적인 시각이 많았다. 김 명예교수는 "국제법적인 해석과 별도로 우리에게는 교전수칙이라는 것이 있는데, 상대방이 공격해왔을 때 자위권 행사로서 반격을 가하고 상대방이 침묵할 때까지만 무력 공격과 반격을 계속한다고 되어 있다"면서 "법적으로 그 이상을 할 수 있기는 하지만, 현실적으로 우리나라가 확전을 원치 않는 측면도 있고 전투 규모가 커지면 우리의 손실 역시 크기 때문에 국제법적으로 허용된 '풀 익스텐트(full extent)'로 대응하는 것이 아니라 적당한 선에서 멈추면 될 것"이라고 말했다.

■ 美 "北 도발 강력규탄" 이례적 새벽 성명 (2010.11.24.)

미국·일본·중국·러시아 등 6자회담 당사국들은 23일 북한의 연평도 포격과 관련, 비상체제를 구축하고 즉각적인 대책 마련에 나섰다. 버락 오바마 미국 대통령은 북한이 연평도에 해안포 도발을 감행한 사실을 미국 시간으로 이날 새벽 3시 55분에 보고받았다. AP통신은 "오바마 대통령이 오전 4시가 채 되기도 전에 톰 도닐런 국가안보보좌관의 연락을 받고 잠에서 깼다"고 미 행정부 고위 당국자의 전언을 이용해 보도했다. 오바마 대통령은 이날 인디애나주 크라이슬러 공장 착공식 참석을 위해 떠나기에 앞서 연평도 포격사태와 관련한 정보사항을 청취하는 등 이번 사태의 진전 상황을 면밀히 체크하고 있다고 AP통신은 보도했다.

이날 백악관이 로버트 기브스 대변인 명의로 새벽 시간에 이례적으로 규탄 성명을 발표한 것도 오바마 대통령의 즉각적인 지시에 따른 것으로 알려졌다. 기브스 대변인은 성명에서 "미국은 이번 공격을 강력하게 규탄하며, 북한에 호전적인 행위의 중단과 정전협정의 완전한 준수를 촉구한다"고 밝혔다. 기브스 대변인은 이어 "미국은 현재 한국 정부와 지속적이고 긴밀하게 접촉하고 있다"면서 "미국은 한국의 안보와 지역의 평화와 안정을 유지하는 데 확고한 입장을 갖고 있다"고 강조했다.

일본 정부는 포격전 소식이 알려진 직후 총리 관저의 위기관리센터에 정보 연락실을 설치하는 등 긴박하게 움직였다. 간 나오토 총리는 이날 근로감사의 날 휴일을 맞아 휴식을 취하다가 북한의 포사격 사실을 보고받고 오후 4시 45분쯤 총리실로 출근, 센고쿠 요시토 관방장관, 기타자와 고시미 방위성 등과 모여 대응책을 논의했다. 이날 밤에는 관련 부처 각료회의도 열었다. 간 총리는 전 부처에 정보 수집에 전력을 기울이는 한편 만일의 사태에 대비하라고 지시했다. 북한이 연평도에 포격을 한 것과 관련해 일본 정부가 독자적으로 추가 제재를 검토할 수 있다는 뜻을 내비쳤다고 교도통신이 23일 보도했다. 센고쿠 관방장관은 이날 관계 각료회의 후 기자회견에서 "독자적으로 할 수 있는 일이 있으면 할 것이다"라며 북한에 대한 독자 추가 제재를 검토하고 있음을 내비쳤다.

중국 정부는 "이번 사태에 대해 관심을 갖고, 관련 보도를 예의주시하고 있다"고 밝혔다. 훙레이(洪磊) 중국 외교부 대변인은 이날 정례 브리핑에서 "구체적 상황에 대한 사실을 확인할 필요가 있다"면서 이같이 말했다. 그는 "각 측이 냉정을 유지하며 자제해 한반도 내의 평화와 안정을 보호하기 위해 함께 노력하길 희망한다"고 강조했다. 이어 북한의 우라늄 농축시설 공개에 대한 중국의 입장을 묻는 질문에 "대화와 협상을 통해 한반도 비핵화를 실현하자는 게 중국의 일관된 입장"이라고 밝혔다. 또 "가장 시급한 것은 6자회담을 하루빨리 재개하는 것"이라며 "중국은 관련 각

측이 함께 노력, 6자회담 재개를 위한 조건을 만들어 북핵 문제를 시급히 대화와 협상의 궤도로 올려놓을 수 있기를 희망한다"고 덧붙였다.

러시아 외무부는 지난 천안함 사태 때와 달리 북한을 강도 높게 비판하며 책임을 묻고 나섰다. 세르게이 라브로프 러시아 외교부 장관은 "이번 사건은 비난받아 마땅하며, 남한의 섬에 대한 포격을 주도한 자들은 분명히 큰 책임을 져야 한다"고 강조했다. 인테르팍스 통신은 익명의 외무부 관계자 말을 인용해 "이번 사태가 한반도의 상황 악화로 이어지지 않는 것이 중요하다"고 말했다고 전했다. 러시아 외교부도 공식 성명을 발표하고 "국가 간의 어떠한 무력 사용도 강하게 비난한다"고 밝혔다.

다른 국가들도 북한의 도발을 강력히 비난하고 나섰다. 캐서린 애슈턴 유럽연합(EU) 외교·안보정책 고위대표는 성명을 내고 "한국군과 민간인 사상자를 낸 오늘 한반도에서 발생한 사건에 깊이 우려한다"면서 "북한의 공격을 비난하며, 추가 행위를 자제하고 정전협정을 충실히 존중하길 촉구한다"고 밝혔다. 영국 정부는 윌리엄 헤이그 외교장관 명의의 성명에서 "북한의 정당한 이유 없는 도발을 강력히 규탄한다"고 강조했다. 귀도 베스터벨레 독일 외무장관은 "이번 군사적 도발이 이 지역의 평화를 위태롭게 하고 있다"면서 "사태 악화를 막으려는 이명박 대통령의 노력을 지지한다"고 덧붙였다.

■ [사설] 北 핵위협에 해안포 공격… 軍 단호히 대응하라(2010.11.24.)

북한이 어제 오후 연평도 부근에 100여 발의 해안포를 발사해 남측이 엄청난 피해를 입었다. 연평도 일부 지역이 쑥대밭이 되면서 주민뿐만 아니라 일부 군병력까지 사망하거나 중경상을 입었다. 우라늄 핵폭탄 개발 위협도 모자라 서해 북방한계선(NLL) 너머로 무차별 포사격을 해대는 북의 무모함에 치를 떨지 않을 수 없다. 정부와 군은 북의 호전적 도발 의도가 무엇이든 자위 차원에서 의연하고도 단호하게 대응해야 한다. 북한의 이번 해안포 공격은 한국전 휴전 후 가장 심각한 고강도 국지 도발로 간주된다. 북의 해안포 도발은 어제오늘의 일이 아니긴 하다. 북측은 연초에도 NLL 북방 인근까지 포탄을 날려 보낸 적이 있다. NLL 수역에서 긴장을 고조시켜 이를 무력화하려는 기도는 북의 오랜 습성이었지만, 이번 도발은 차원을 달리한다. NLL 남쪽의 육지로 조준해 포사격을 한 데다 큰 인명피해까지 입혔다는 점에서다. 북측은 NLL 남쪽을 겨냥한 우리 해군의 '사격훈련'과 관련해 그들의 영해에 대한 공격이라고 억지를 쓰며 남측에 책임을 떠넘겼다. 하지만 훈련 자체가 NLL 남쪽에 대한 북의 잇단 도발, 특히 천안함 폭침에 따른 우리의 평상시 대응훈련 성격을 띠고 있지 않은가. 더욱이 NLL 너머로 무차별 포사격을 하게 되면 민간인을 포함한 불특정의 인명 사상 가능성이 농후함을 삼척동자도 알 수 있는 일 아닌가. 북의 이번 도발이 다분히 의도적인, 결코 용납할 수 없는 만행이라는 얘기다. 따라서 우리 측이 즉각 대응 사격을 하고 추가도발 시 강력한 응징을 경고한 것은 지극히 당연한 조치였다. 오히려 우리 측은 초동단계에서 비례성과 충분성이란 교전수칙을 엄격히 적용했는지 되짚어 봐야 할 것이다. 북의 이런 호전적 자세는 총칼에 의지해 세습독재 체제를 지켜내려는 발상과 무관치 않을 게다. 이는 선군주의란 미명으로 주민들을 굶기면서 막대한 비용을 들여 플루토늄탄에 이어 우라늄탄에 이르기까지 핵 개발을 강행하는 태도의 연장선 상에 있다. 이런 북을 상대하려면 평소 대화의 문은 열어놓되 유사시 단호한 억지력을 보여줘야 한다. 정부와 군, 그리고 국민 모두 확고한 안보관과 국가관을 다져 나갈 때다.

■ 軍 "남측이 먼저 포사격" 주장, '의도적 선제공격' 부인(2010.11.24.)

북한은 23일 연평도 해안포 도발에 대해 "남측이 북측 영해에 포사격을 하는 군사적 도발을 해 물리적 타격으로 대응했다"고 주장했다. 조선중앙통신에 따르면 북한 조선인민군 최고사령부는 연평도 해안포 공격에 관한 '보도'에서 "남조선 괴뢰들이 우리의 거듭된 경고에도 불구하고 23일 13시부터 조선 서해 연평도 일대의 우리 측 영해에 포사격을 가하는 무모한 군사적 도발을 감행했다"면서 "우리 혁명무력은 괴뢰들의 군사적 도발에 즉시적이고 강력한 물리적 타격으로 대응하는 단호한 군사적 조치를 취했다"며 우리 측에 책임을 떠넘겼다. 오후 7시 정각에 맞춰 나온 북한 인민군 '보도'는 연평도에 해안포 사격을 퍼붓기 시작한 지 4시간 20여분 만에 나온 북한의 첫 반응이다. '보도'는 또 "우리 측 영해에 쏘아댄 괴뢰들의 포탄은 무려 수십발에 달한다"며 "괴뢰들의 군사적 도발은 이른바 '어선단속'을 구실로 괴뢰해군함정들을 우리 측 영해에 빈번히 침범시키면서 날강도적인 '북방한계선'을 고수해 보려는 악랄한 기도의 연장"이라고 주장했다. '보도'는 이어 "도발자들의 불질을 무자비한 불벼락으로 다스리는 것은 우리 군대의 전통적인 대응방식"이라며 "남조선 괴뢰들은 빈말을 하지 않는다는 우리 혁명무력의 엄숙한 경고를 똑똑히 새겨들어야 한다"고 위협했다. 이와 함께 "조선 서해에는 오직 우리가 설정한 해상군사분계선만 존재할 것"이라면서 "앞으로도 우리 혁명무력은 남조선 괴뢰들이 조국의 영해를 0.001㎜라도 침범하면 주저하지 않고 무자비한 군사적 대응타격을 계속 가하게 될 것"이라고 협박했다.

■ 보따리 메고 어린 자녀 손잡고 '피난행렬' (2010.11.25.)

인천 해경부두에는 연평도를 '탈출'한 주민들의 '피난행렬'이 이틀째 이어졌다. 전날 연평도 대피소에서 뜬눈으로 공포의 밤을 지새운 주민들은 24일 인천해경과 해군 등에서 지원한 함정을 타고 인천항을 통해 속속 '상륙'했다. 오후 1시 30분쯤, 인천해경 함정 두 척이 346명의 주민들을 태우고 해경부두에 도착한다는 소식이 전해졌다. 항구에서 대기하던 주민 가족 100여명은 초조함을 감추지 못한 채 발을 동동 굴렀다. 16개월 된 딸아이를 분홍색 포대기로 감싸 안고 시어머니를 기다리던 김훈이(32)씨는 "오늘 아침에 처음으로 어머니와 통화가 됐다. 그 전까지 연락이 안 돼 얼마나 가슴이 떨렸는지 모른다"면서 "빨리 배가 도착해 어머니 손부터 잡아봤으면 좋겠다"고 말했다. 김씨는 "연평해전 등 이전에 있었던 북한의 도발은 주민들에게 직접 피해가 없어 먼 얘기처럼 느껴졌는데 이번에는 마을 집들이 무너지고 산이 불타는 모습을 보니 너무 무섭고 불안하다"며 고개를 내저었다. 주민들을 실은 해경 312호 함정이 항구에 도착하자 주민들이 쏟아져 내렸다. 얼굴은 하나같이 공포에 질린 표정들이었다. 손에 든 파란색 담요로 얼굴을 감싼 조순애(47·여)씨는 함께 온 초등학교 6학년 딸 박소원(12)양의 손을 꼭 붙잡고 배에서 내렸다. 조씨는 "우리 집이 포탄에 맞아 폭삭 무너졌다. 아무것도 못 챙겨서 나왔다"며 오열했다. 첫 번째 해경 함정을 타고 먼저 부두에 도착한 오여제(83) 할머니는 두 번째 함정을 타고 들어오는 며느리를 기다리며 안절부절못했다. 오 할머니는 "며느리와 함께 배를 타려고 했는데 사람들이 너무 많아 첫 번째 배에 나밖에 못 탔다"면서 "우리 막내 아들은 아직도 연평도에 있는데 빨리 가족들을 만나고 싶다"며 한숨을 내쉬었다. 30분쯤 뒤인 오후 2시 무렵, 172명의 주민을 태운 두 번째 해경 함정이 도착하자 부둣가에서는 이들을 기다리던 가족들이 마치 이산가족 상봉하듯 이름을 부르며 애타게 찾는 모습도 보였다. 큰 가방과 보따리 등을 이거나 메고 어린 자녀들과 함께 배에서 내리는 모습은 흡사 전쟁통의 피란민을 연상케 했다. 도착한 주민들은 연평도 부두에서 해경함정을 타기 전의 혼란스러웠던 순간을 기억했다. 윤종균(58)씨는 "아내를 먼저 태우려고 했는데 사람들에게 떠밀려 내가 먼저 배에 타게 됐다"면서 "아내가 다음 배를 타고 온다고 했지만 떨어지는 순간에는 정말 깜짝 놀랐다"고 말했다. 초등학생 딸과 함께 인천 부두에 먼저 도착한 김영길(49)씨는 "첫 번째 배에는 어린 아이들과 보호자 한명만 우선적으로 탈 수 있었다"면서 "아이 엄마는 어쩔 수 없이 떨어져 다음 배를 타야 했다"고 말했다. 이어 오후 3시쯤에는 해군에서 제공한 고속함정을 이용해 또 다른 179명의 주민들이 해경부두에 도착했다.

■ 안보리 '연평도 포격' 긴급개최 논의 (2010.11.25.)

유엔 안전보장이사회(안보리) 상임이사국과 이사국들이 비공식 전화 접촉 등을 통해 북한의 연평도 포격 문제를 다룰 긴급회의 개최에 대해 논의하기 시작했다. 안보리 순회 의장국인 영국의 마크 라이얼 그랜트 유엔대사는 23일(현지시간) 반기문 유엔 사무총장과의 전화통화에서 "북한 공격의 심각성에 비춰볼 때 긴급회의를 소집할 필요가 있다"고 말한 것으로 알려졌다. 중동 문제에 관한 비공개 안보리 회의에 참석한 한 외교관은 그랜트 대사가 이 회의에서 안보리 14개 회원국 대표들과 연평도 문제를 어떻게 대처할지 협의 중이라는 말을 했다고 전했다. 다만 그랜트 대사는 긴급회의를 당장 개최할 것이냐는 기자들의 질문에 대해서는 "오늘(23일) 중에는 없을 것"이라고 답했다.

하지만 유엔 안팎에서는 이번 연평도 사태는 남북 간 국지적 분쟁에 속하기 때문에 '지역 분쟁은 당사국 간 우선 해결' 원칙에 따라 일단 당사자 간의 군사정전위원회 채널 등을 통한 대화 노력이 먼저라는 관측이 많다. 이와 관련, 유엔 주재 한국 대표부의 한 관계자는 "한국 정부가 입장을 명확히 정한 뒤에 안보리 긴급회의 소집 여부가 결정될 것"이라면서 "지금으로서는 일정한 절차가 필요할 것"이라고 밝혔다.

따라서 한국 정부가 북한에 대해 군사정전위 등의 채널을 통해 적절한 조치를 취하기 위한 노력을 하고, 해결이 나지 않을 경우 안보리 논의로 넘어오는 것이 순서인 셈이어서 빨라야 이번 주말쯤 논의를 시작할 수 있을 것이라는 예상이 많다. 안보리 결의 1718호와 1874호 등을 통해 이미 북한에 대한 실효적 제재 수단을 모두 동원한 만큼 이번 사안에 대한 안보리 논의에서는 북한의 도발을 비난하고 대북 압박을 강화하는 데 초점이 맞춰질 것으로 보인다.

한편 유엔 주재 북한 대표부 박덕훈 차석 대사는 로이터통신과의 인터뷰에서 "(연평도 사건) 문제는 안보리에서 다룰 사안이 아니라 남북한이 논의할 문제"라며 안보리 논의 자체를 반대했다. 그는 "유엔 안보리는 국제평화와 안보에 위협이 되는 문제들을 다루고 있다"면서 "이번 사태는 남북한 간의 지역적 문제"라고 덧붙였다.

■ 日 독자 대북제재 검토 '비난 결의안' 오늘 채택(2010.11.25.)

일본 정부가 북한의 연평도 포격과 관련해 기존의 대북제재 외에 추가로 독자적인 제재안을 검토하기로 했다. 가이에다 반리 경제재정담당상은 24일 기자회견에서 "북한에 대한 경제 제재의 수위를 높이는 것을 고려하고 있다"고 말했다. 한편 일본 여야는 북한의 연평도 포격을 비난하는 결의안을 이르면 25일 중의원과 참의원 본회의에서 채택하기로 합의했다. 민주당과 자민당 등 여야는 결의안의 문안 조정에 들어갔다.

■ [사설] 北에 즉각적·궤멸적 대응 왜 못하는가(2010.11.25.)

연평도가 시커먼 연기로 뒤덮인 채 '북한군 포격 계속'이라는 자막이 뜬 그제 오후, 생방송을 지켜본 국민은 경악과 함께 끓어오르는 분노를 참기 어려웠을 것이다. 아울러 우리쪽 대응이 늦어지면서 불안·초조해지는 마음을 다스리기도 힘들었을 것이다. 북한군은 민가를 무차별 포격하는데 우리 군은 도대체 무엇을 하는가, 이번에도 속수무책으로 당하기만 하는가.

북한군의 '연평도 포격'은 1953년 정전협정 이래 처음인 우리 민간인에 대한 직접적 공격이었다. 그동안 북쪽이 군인이나 군사시설을 기습 공격한 일은 여러 차례 있었지만, 이번처럼 민간인 살상조차 아랑곳하지 않겠다는 식으로 무차별 공격을 감행한 적은 없었다. 그런 만큼 이번 사태는 우리로서는 결코 용납할 수 없는 만행이다. 그런데도 군은 평소 한국과 미국의 군사 당국이 공언한 것과는 달리 '즉각적이고 궤멸적인 대응'을 하지 못했다.

지난 3월 발생한 천안함 폭침 이후 한·미 양국은 서해상에서 다양한 합동군사훈련을 해왔다. 북한에 천안함 폭침의 책임을 묻는 한편으로 무력 도발을 또 다시 일으킬 때에는 결코 용납하지 않겠다는 경고 메시지이기도 했다. 그 기저에는 철저한 응징을 다짐하는 결의가 깔려 있음은 물론이다. 한·미 군사 당국의 결의를 굳이 빌려다 쓸 필요도 없다. 우리 군의 교전수칙에는 북한이 도발할 때 '비례성과 충분성'의 원칙을 적용하도록 했다. 즉, 북한군이 한 발을 사격한다면 우리는 그 이상으로 대응하며, 필요하다면 사격 원점까지 격파하도록 규정한 것이다. 교전수칙만 제대로 지켰어도 북한군의 2차 공격을 차단하는 실질적인 효과를 거둘 수 있었을 터이다.

그런데도 군은 소극적으로 대응했다. 첫 공격이 있은 뒤 13분이나 지나서야 반격에 나섰고 대간첩작전에나 적용할 법한 '진돗개 하나'를 발령했다. 게다가 김태영 국방부장관은 어제 국회 답변에서 '13분 후 반격'을 "훈련이 잘 됐을 때 가능한 일"이라고 옹호했다. 첨단기기가 총동원되는 현대전에서 13분이 '빠른 대응'이라니 기막힌 주장이 아닐 수 없다. 만약 북한이 연평도 포격에 그치지 않고 전면전을 시도했다면 13분 사이에 얼마나 큰 타격을 받을지 국방부장관은 정녕 모른다는 얘기인가. 더구나 북의 해안포는 약 5분간 포격한 뒤 동굴 진지 안으로 이동하므로 발포 준비 후 10분 이내에 정밀타격하지 않으면 궤멸이 불가능하다는 사실을 알면서도 '적절한 대응'이라 강변할 수 있는가. 연평도에 보유한 자주포 6문 가운데 2문이 고장나 사용하지 못했다는 대목에 이르러서는 더 이상 할 말이 없을 따름이다. 더욱 안타까운 일은 '연평도 포격'을 보고받은 직후 이명박 대통령이 처음 한 지시가 "확전되지 않도록 관리를 잘하라"였다고 알려진 것이다. 다행히 이 대통령의 지시는 "교전수칙에 따라 단호하게 대응하라"는 것으로 확인됐지만, 이같은 혼선이 빚어지게 된 책임은 엄중히 물어야 한다.

우리는 분단 현실이 평화적으로 해결되기를 원한다. 설사 통일의 대업이 다소 늦춰지더라도 남북의 한겨레가 더이상 전쟁의 상흔 없이 서로를 보듬어 안는 그날을 차분히 기다릴 것이다. 그러나 우리가 상대해야 하는 북쪽의 지배자 집단은 불행하게도 광기에 찬 집단이다. 그래서 그들은 끊임없이 도발을 감행하고 있고, 우리는 그에 철저히 대비해야 한다. 이 시점에서 우리는 1962년 '쿠바사태'의 교훈을 되새길 필요가 있다. 당시 소련은 미국의 턱 밑인 쿠바에 핵미사일 기지를 건설하려 했고, 이에 존 F. 케네디 미 대통령은 해상봉쇄 조치를 취했다. 결국 소련이 미사일을 철수해 사태가 종결됐다. 역사는 케네디 대통령의 결단이 미·소 간 충돌 위기를 극복했다고 평가하지, 그를 모험주의자로 폄훼하지 않는다. 남북이 군사적으로 대치하고 북의 지배층이 바뀌지 않는 한 북의 무모한 도발은 앞으로도 되풀이될 가능성이 높다. 중요한 건 도발을 응징하고 전쟁을 억지할 힘을 우리가 갖추는 일이다. 북의 공격에 "즉각적이고 궤멸적인 대응"을 하는 것만이 저들이 더욱 무모한 도발을 기도하지 못하게 막는 힘이다. '연평도 포격'이 발생한 그때 우리 군은 왜 즉각적이고 궤멸적인 대응을 하지 못했는가. 군은 국민 앞에 그 이유를 명백히 밝히고, 국민의 생명과 재산을 확실히 지킬 수 있는 실질적인 대응책을 내놓아야 한다. 언제까지 말로만 '응징'하고 사후약방문으로 국민을 불안하게 만들 것인가.

■ 中 압박하는 美(2010.11.25.)

북한의 연평도 포격에 대한 미국의 대응은 동맹국인 한국에 대한 확고부동한 지원을 재천명하는 동시에 북한에 영향력을 미칠 수 있는 중국을 압박하는 것으로 요약된다. 버락 오바마 대통령은 23일(현지시간) 오후 백악관에서 외교안보팀 긴급회의를 주재하고 이번 사태에 대한 추후 대응방안을 논의했다. 회의에는 톰 도닐런 국가안보보좌관, 힐러리 클린턴 국무장관, 로버트 게이츠 국방장관, 제임스 클래퍼 국가정보국(DNI) 국장, 마이크 멀린 합참의장, 제임스 카트라이트 합참 부의장, 수전 라이스 유엔 주재 미국 대사 등이 참석했다. 대응책이 제한된 상황에서 미국은 군사적 대응보다는 외교적 해결책을 모색하고 있으며 특히 외교적으로 거의 유일하게 북한을 견제할 수 있는 중국에 보다 적극적인 역할을 촉구하고 있다. 오바마 대통령이 이날 ABC방송과의 인터뷰에서 중국이 이번 사건에 대해 분명한 입장을 취해 줄 것을 요구한 것을 비롯해 이미 중국과의 협의가 진행 중인 것으로 알려졌다. 천안함 사건과는 달리 가해 주체가 명백하고, 북한의 도발적 행동들이 미국과 중국의 국익에 위협이 되며 동북아의 안정을 위해 미·중 간의 공조 강화가 필요하다는 점을 강조하고 있는 것으로 전해진다. 내년 1월 중순으로 예정된 후진타오 중국 국가주석의 미국 국빈 방문을 앞두고 외교적 성과에 민감한 중국에 급부상한 글로벌 위상에 걸맞은 책임 있는 역할을 촉구하고 있는 것으로 알려졌다. 의회도 민주·공화당을 떠나 한목소리로 중국을 압박하고 나섰다. 하워드 버먼(민주) 미 하원 외교위원장은 "중국은 도발 행위에는 대가가 따른다는 점을 북한에 보여주기 위해서라도 당장 북한에 대한 경제, 에너지 지원을 보류해야 한다"고 촉구했다. 칼 레빈 상원 군사위원장과 공화당의 존 매케인 의원도 중국이 보다 직접적이고 책임있는 역할을 할 것을 강조했다.

■ "北 무력도발 철저 응징"… 그러나 '강한 채찍'은 딜레마(2010.11.25.)

"단호하게 대응한다고는 했지만…" 이명박 대통령은 북한의 연평도 포격과 관련, 강경한 발언을 이어갔다. 24일에도 "어제(23일)와 같은 국지도발 상황이 벌어질 경우 더 적극적인 대응이 가능한 방향으로 교전규칙을 수정할 필요가 있는지를 검토하라"고 참모들에게 지시했다. 지난 3월 발생한 천안함 사태 때 좌고우면하는 듯한 모습을 보였던 것과는 달리 신속하게 강경 대응 방침을 천명한 것은 주목되는 대목이다. 당시 북한의 소행일 가능성이 높은데도, 지나치게 신중한 태도를 지속하다가 결국 주된 지지계층인 보수층의 반발을 자초했다는 점도 감안한 것으로 풀이된다. 이번 만큼은 확실히 '채찍' 쪽에 무게가 실린 것으로 보인다.

그러나 실제로 대북 강경책과 관련해 우리가 선택할 수 있는 방법이 많지 않다는 게 고민이다. 일부 보수세력은 '선제타격'까지 주장하고 있지만, 북한의 추가 도발이나 명백한 도발 조짐이 보이지 않는 한 군사적으로는 선택하기 어려운 카드다. 군사적 대응과 관련해서는 지난번 천안함 사태 때와 마찬가지로 "또 한번 도발하면 좌시하지 않겠다"는 식의 레토릭(수사)에 그칠 가능성이 높은 게 사실이다. 북한이 도발하자마자 비례성, 충분성의 원칙에 따라 우리 공군이 전폭기로 북한의 해안포 기지를 정밀 폭격했어야 한다는 지적도 나왔지만 이미 실기(失機)한 상태다.

홍상표 청와대 홍보수석은 "이번 사안 자체는 종료됐으며, 앞으로 북한이 어떻게 나올지 우리가 경계태세를 갖고 저쪽을 주시하는 상황"이라면서 "이 사건을 어떻게 정부 차원에서 풀어 가야 할지 숙의하고 있지만, 현재 특별하게 알려드릴 만한 사항은 없다"고 말했다. 때문에 현실적으로는 국제사회의 공조를 통해 북한에 '응분의 대가'를 치르게 하는 방법이 거론된다. 유엔 안전보장이사회에 이 문제를 회부하는 방법이 있지만, 천안함 사태의 전례에서 보듯 실효성이 없다는 점에서 정부 내에서조차 '무용론'이 제기되고 있다.

대신 미국·일본 등 우방과의 공조를 통해 북한을 실질적으로 압박하는 방법이 있다. 24일 한·미, 한·일 정상은 전화통화를 통해 북한의 도발에 대한 제재를 더욱 강화해야 한다는 데에 인식을 같이했다. 결국 국민들의 불안감을 해소할 만한 '묘안'을 찾지 못할 경우, 이번에도 '강경대응' 방침이 말로만 끝나면서 지지부진하게 사건이 마무리될 수도 있다. 이 경우 보수계층의 이탈이 늘어나면서 이 대통령의 레임덕(권력 누수 현상)이 한층 빨라질 것이라는 전망도 나오고 있다.

■ 주민들 '전쟁 트라우마' 최고 수준(2010.11.26.)

'포탄 세례'를 경험한 연평도 주민들이 겪고 있는 가장 큰 위협은 바로 '공포감'이다. 이 공포감을 엄밀히 말하면 '외상후 스트레스 장애(PTSD)', 흔히 말하는 '트라우마'다. 의료계 및 심리전문가들은 포격의 현장에 있었던 연평도 주민들이 겪을 외상후 스트레스 장애를 우려하고 있다. 이른바 '멍 때리는' 정서적 마비, 작은 소리에도 깜짝깜짝 놀라는 증상, 악몽, 환청, 재경험 회피 등의 증상이 두드러질 것이라는 게 전문가들의 진단이다. 또 전쟁 트라우마는 현존 인류가 겪을 수 있는 최고의 공포감이라는 것. 때문에 연평도 주민들이 겪을 외상후 스트레스 장애 역시 전례 없는 수준이며, 전문가들도 증상을 예측해 조언하기가 쉽지 않다는 반응을 보였다. 권정혜 고려대 심리학과 교수는 "이번 북한의 포격으로 받은 외상은 천재지변·교통사고·강간·건물붕괴 등과는 다른 '첫 경험'일 뿐 아니라, 개인적인 수준을 넘어 국가적·집단적인 피해 상황이기 때문에 그 후유증은 개인 스스로 통제하기 힘들 것"이라고 진단

했다. '전쟁의 악몽'을 극복하기 위한 대책으로 의료진 모두 주민들에 대한 심리치료와 더불어 국가의 전폭적인 지원을 통한 심리적 안정감 회복을 첫 번째로 꼽았다. 김경란 연세대 세브란스병원 정신과 교수는 "의료진을 급파해 심리상담·치료를 실시해야 하며, 특히 어린이들의 심리적 안정이 1순위"라고 조언했다. 하지현 건국대병원 신경정신과 교수는 "객관적 사건 실체보다 주관적으로 사건을 어떻게 해석하느냐에 따라 후유증이 달라질 수 있다"면서 "주민들에게 생존했다는 사실을 부각시키고, 국가가 최대한 지원을 해 줄 것이라는 신뢰감을 심어 줘야 외상후 스트레스 단계로 넘어가는 것을 막을 수 있다"고 강조했다.

■ '北 연평도 공격' 안보리 갈 듯(2010.11.27.)

북한의 연평도 포격 도발 만행의 여파로 남북관계가 악화일로를 치닫고 있다. 통일부는 26일 연평도 도발의 대응 차원으로 현재 중국 단둥에 보관 중인 시멘트 3,700톤과 의약품 5억 8,000만원어치 등 대북 수해지원 물자를 한국으로 전격 회수하기로 결정했다. 이에 따라 연평도 도발 직후 정부가 천명한 인도적 지원 중단 방침은 상당 기간 지속될 것으로 보인다. 외교통상부도 유엔 안전보장이사회 상임이사국의 일원인 러시아가 북한의 연평도 도발을 비난하고 나서고 영국 등 우방국들이 적극적인 지지입장을 보임에 따라 이 사건을 안보리에 회부하는 쪽으로 가닥을 잡은 것으로 알려졌다. 국방부는 오는 29일 오후 국방부 대회의실에서 주한 외국공관의 무관단을 대상으로 북한의 연평도 포격도발과 관련, 긴급 현안 설명회를 개최하기로 했다.

반면 북한은 이날 한국 해병대 포병부대를 정밀 조준해 포격했음을 처음 시인하는 등 호전적 언동을 계속했다. 북한 조국평화통일위원회는 "우리 영해에 직접 불 질을 한 괴뢰군 포대를 정확히 명중 타격해 응당한 징벌을 가했다"고 했다. 그러면서 "우리의 존엄과 자주권을 침해하는 도발자들은 누구이건 가차없이 무자비한 본때를 보여 줄 것"이라고 위협, 조지워싱턴호가 참여하는 28일 서해 한·미 연합훈련을 앞두고 한반도에 긴장감이 높아지고 있다.

우리 합참은 북한의 연평도 포격에 따른 한국군의 대응 사격으로 북측의 개머리와 무도 진지에 다수의 피탄 흔적이 식별됐고 화재가 발생한 것으로 파악됐다고 이날 밝혔다. 그러나 군 당국은 지난 23일 북한의 기습도발을 예상하고 전군에 대비태세를 하달했으면서도 연평도에 대한 직접 타격은 예상치 못했던 것으로 드러났다. 정부는 북한의 포격을 받은 연평도 주민들의 주택 피해 복구비용과 치료비 전액을 '민방위기본법'에 의거해 지원키로 했다. 사망자 유족에게는 위로금을 지급한다.

■ 대피 행렬…백령·대청도 등 서해5도 주민들 육지로(2010.11.27.)

28일부터 시작되는 서해상의 한·미 합동훈련에 대해 북한이 보복 타격을 공언하고 나서면서 서해5도 주민들이 술렁이고 있다. 특히 26일 오후 연평도에서 북한군 훈련으로 추정되는 포성이 들리면서 긴장의 밀도가 한층 높아지고 있다. 포성이 들리자 연평도에 남아 있던 일부 주민들은 서둘러 해안가나 대피소로 대피하기도 했다. 백령도, 대청도 등 일부 주민들은 육지로 대피했으며 남은 주민들도 만일의 사태에 대비해 비상식량 등 대피 준비를 하는 모습이었다. 백령도 주민들도 북한 공격에 대한 두려움을 감추지 못했다. 서해5도 인근에서 일어난 잦은 교전을 봐온 터라 웬만한 사건에는 끄떡도 하지 않는 이들이지만 "정말 전쟁이 날지도 모른다"는 걱정이 앞선 듯 보였다.

북포리 이장 박준철(65)씨는 "북에서 공격한다고 하니 주민들 모두 걱정이 크다"면서 한숨을 내쉬었다. 박씨는 "젊은 사람들이야 섬을 빠져나갔지만 늙은 사람들은 대부분 마을에 남아 있다"면서 "마을을 책임지는 사람으로서 떠날 수가 없었다"고 말했다. 면사무소에서는 공격이 있을 때에 대비해 각 이장들에게 컵라면 2박스씩을 나눠 줬다. 주민 이순자(65·여)씨는 "자식들이 육지로 나오라고 난리지만 우리만 살려고 나갈 수가 없었다"면서 "정부에서 지켜 줄 거니까 걱정 말라고 안심시켰다"고 말했다. 진촌1리에서 민박집을 운영하는 김모(54·여)씨는 "전쟁이 날 거라는 소문에 민심이 흉흉하다"면서 "일부 주민들과 군인 가족들은 육지로 나갔다더라. 물·라면·과자 등 비상식량을 챙겨 둔 사람도 있다"고 전했다. 슈퍼를 운영하는 전모(56)씨는 "사재기 수준은 아니지만 라면을 비롯한 비상식량을 사가는 사람들이 늘고 있다"고 말했다. 진촌2리에서 식당을 하는 강모(49)씨는 "천안함 사건 때 주민들이 안타까워하기는 했지만 불안감을 비치지는 않았는데 연평도 포격 이후 우리도 당할 수 있다고 생각하는 사람이 늘고 있다"면서 "어제, 오늘 피난을 겸해 볼 일도 볼 겸 육지로 간 사람들이 주변에 많다"고 말했다. 오전 여객선을 타고 인천으로 떠난 염모(34)씨는 "육지에 있는 어머니가 너무 걱정해 섬을 나가기로 했다"면서 "28일 훈련도 있다고 해서 며칠 육지에 나가 있을 생각"이라고 말했다. 때문에 인천항과 백령도를 오가는 여객선은 연평도 사태 이후 운항이 재개된 지난 25일 표가 매진됐으며, 26일에도 좌석이 거의 찼다. 선사 관계자는 "승객 수가 관광철을 상회하는 수준"이라면서 "평상시에 비해 하루 100~200명 더 나간 것 같다"고 말했다.

■ [사설] 전략 요충지 연평도 '유령의 섬' 안 돼야(2010.11.27.)

서해 최북단의 전략 요충지 연평도가 북한군의 무자비한 공격을 받고 텅 비어 버렸다. 백령도 등 인근 서해5도까지 비어 가고 있다. 지난 23일 북한군의 공격 뒤 연평도 주민들은 육지로 피란, 찜질방과 모텔 등을 전전하며 고달프게 살아가고 있다. 연평도에는 군과 해경, 공무원 등 70여 명과 일부 주민만이 남아 있다. 주민들은 28일 항공모함까지 동원된 한·미 연합훈련을 빌미로 북이 재도발할 것을 우려해 섬을 떠났다. 연평도를 포함해 백령도·소청도·대청도·우도 등 서해5도 전체 주민들이 정신적 공황 상태를 치유 받고, 일상으로 돌아갈 수 있도록 범국가 차원의 지원이 절실한 때다. 전략 요충지 연평도가 외신들의 표현처럼 '유령의 섬'이 되지 않도록 해야 한다.

어제까지 긴급 피해 조사를 마친 정부는 파손된 사유재산에 대해서는 예비비를 신속히 지원하기로 했다. 부상자 치료비는 전액 지원한다. 서해5도 전역의 낡은 주민 대피시설 117개를 현대화하고 신설도 한다. 북한의 이번 포격으로 주택 31채가 파손됐다. 내연 발전소가 파손되고 고압변압기도 고장나 연평도 전체 841가구 중 270가구가 정전된 상태다. 피해 규모는 크게 늘어날 수 있다고 한다. 그런데도 정부의 연평도 공동화 방지 방안은 턱없이 부족하고, 안이하다는 것이 우리의 판단이다. 절박한 주민들의 요망 사항이 별로 반영되지도 않는 지원책은 피란 간 주민들을 다시 섬으로 되돌리기 역부족일 것 같다.

연평도를 포함해 서해5도가 빈 섬이 되면 서해5도는 사실상 북한의 영향권에 들어갈 우려가 있다. 따라서 서해5도 주민들이 이주하지 않고 마음 놓고 살 수 있게 해주어야 한다. 특별재난지역 선포나 특별법 제정 등을 통한 특단의 경제적 지원, 학생 대입 시 우대 등도 신속히 검토해야 한다. 대피소에는 취사·난방시설, 컴퓨터 등을 완벽히 갖추어야 한다. 임시 발전 설비도 필요하다. 말로만 전략 요충이어선 안 된다. 섬 전체를 난공불락의 요새로 만들어야 한다. 고위 인사들은 가벼운 언행을 결코 되풀이 해서는 안 된다. 전 국민이 북의 사정권인 최북단 서해5도에 성원을 보내야 한다. 그래야 민과 군이 전열을 재정비해 최전방의 방패 구실을 해낼 수 있을 것이다.

■ 日의회 北비난 결의안(2010.11.27.)

일본 참의원과 중의원이 26일 본회의를 열고 북한의 연평도 포격을 강력하게 비난하는 결의안을 채택했다. 일본 의회는 이번 결의에서 북한이 연평도 민간인 거주지에 "무차별적이고 충격적인 폭력 행위를 가했다"면서 "일본은 민간인 피해까지 초래한 북한의 무력 도발을 용납할 수 없는 것으로 간주한다"고 선언했다. 결의안에는 또 한국과 한국 국민에 대한 애도의 표현도 포함됐다. 북한에는 도발 행위와 핵 야욕을 포기하고 해묵은 일본인 납치 문제를 해결할 것을 촉구했다. 결의안은 이와 함께 일본 정부가 한국에 완전한 지지를 보내고, 북한에 대한 국제적인 압박 수위를 높이기 위해 한국 및 다른 당사국들과 협력할 것을 요청했다. 간 나오토 총리는 결의안 채택 후 본회의에서 "한·미 등 관련 국가와 협력해 유엔 등의 여러 채널을 통해 (북한이 초래한 위기를) 단호히 다룰 것"이라고 밝혔다.

■ 서해 EEZ 내 조업 허용(2010.11.27.)

북한군의 연평도 포격 이후 조업중단 조치가 내려진 서해 특정해역에 대한 어선 출어가 허용된다. 인천해양경찰서는 26일 오전 6시를 기해 인천 옹진군 울도 서쪽에서 서해 배타적 경제수역(EEZ)에 이르는 특정해역(5,200㎢)에서 민간 어선이 조업을 재개하도록 조치했다고 밝혔다. 인천해경은 지난 23일 특정해역에서 조업 중인 민간 어선을 대피시키고 안전이 확보될 때까지 조업을 자제해줄 것을 요청했다. 해경 관계자는 "해군과 협의한 결과 조업에 안전상의 문제가 없다고 판단, 조업을 재개해도 좋다고 어선과 유관기관에 통보했다"면서 "경비함정을 배치해 민간 어선의 안전운항을 돕겠다"고 말했다.

■ 中외교부 "美항모 서해진입 반대"(2010.11.27.)

중국이 미국 항공모함 조지 워싱턴호(9만 7,000톤급)가 참가하는 한국과 미국의 서해 연합 군사훈련에 대해 공식적인 반대 입장을 밝혔다. 중국 외교부의 훙레이(洪磊) 대변인은 26일 성명을 내고 "우리는 이번 이슈에 대해 명백하고 일관된 입장을 견지하고 있다"며 "우리 배타적 경제수역(EEZ) 내에서 허락 없이 어떠한 군사적 행동을 취하는 것에도 반대한다"고 밝혔다. 이 같은 입장은 미국 항공모함의 서해 진입에 대해 반대입장을 명확히 한 것이다. 중국은 서해의 상당 부분을 일방적으로 자국의 EEZ라고 주장하고 있고, EEZ내 군사 행동 반대는 곧 미국 항모의 진입 및 한·미 연합 군사훈련에 대한 반대를 의미한다. 중국은 천안함 사건 때에도 같은 논리를 내세우며 미국 항모의 서해 진입과 한·미 연합군사훈련을 반대했었다. 중국은 앞서 지난 25일에도 정례브리핑을 통해 "관련 보도를 주의 깊게 지켜보고 있고, 우려를 표시한다"며 한·미 합동 군사훈련에 대해 반대 입장을 밝힌 바 있다. 지난 23일 북한의 연평도 포격 사건 이후 한·미는 28일부터 나흘간 서해상에서 미 항공모함 조지 워싱턴호가 참가하는 합동 군사 훈련을 실시하기로 했다. 한편 양제츠 외교부장은 이날 연평도 포격 도발 이후 처음으로 지재룡 주중 북한대사를 만났다고 신화통신이 중국 외교부 발표를 인용해 보도했다. 양 부장은 지 대사를 만나 대화를 나누고, 한국과 미국의 카운터파트와 각각 전화 통화를 했다고 통신은 전했다.

■ 北 "민간인 사망 유감… 인간방패는 南 책임"(2010.11.29.)

북한이 연평도 도발을 감행한 지난 23일부터 연일 우리 측에 책임을 떠넘기며 '군사적 대응타격'을 가하겠다고 위협하고 있다. 27일에는 "민간인 사상자가 발생한 것이 사실이라면 지극히 유감스러운 일"이라면서도 "'인간방패'를 형성한 남측 책임"이라고 주장해 주목된다. 한·미 연합훈련이 시작된 28일 북한 조선중앙통신에 따르면 노동당 기관지 노동신문은 논평에서 "우리 조국의 영해를 침범하는 도발 책동에 대해 무자비한 군사적 대응 타격을 가할 것"이라고 위협했다. 노동신문은 또 "남조선 통치배들과 그 비호 세력은 정세를 일촉즉발의 상태로 몰아가는 일체 군사적 도발소동을 걷어치워야 한다"며 "만약 그들이 이번 사태에서 교훈을 찾지 않고 또 도발을 걸어온다면 우리의 보다 강력한 군사적 타격을 면치 못할 것"이라고 강조했다. 북 대남 선전단체인 조선평화옹호전국민족위원회도 성명에서 "미국과 괴뢰패당이 핵항공모함 따위로 우리를 놀래우려 한다면 우리는 더한 것에도 대처할 모든 준비를 갖추고 있다"며 "미친 개에게는 몽둥이가 제격"이라고 위협했다.

"中, 북에 피곤함 느꼈을 것"

그러나 북한이 연평도 도발 나흘 만인 27일 '유감'을 표명한 것은 상당히 이례적이다. 1976년 8·18 도끼만행 사건 때 김일성 주석이 사흘 만에 유감의 뜻을 담은 성명을 유엔군사령관에게 전달했고, 2008년 7월 금강산 관광객 피격사건에 대해 북한 명승지종합개발지도국이 사건 발생 하루 뒤 대변인 담화를 통해 "유감스럽게 생각한다"고 밝히면서도 "책임은 전적으로 남측에 있다"고 주장한 사례 정도다. 전문가들은 민간인 사망에 대해 국제사회의 비난이 거센 데다 27일 다이빙궈(戴秉國) 중국 국무위원의 방한에 앞서 26일 양제츠 중국 외교부장이 지재룡 주중 북한대사를 만나는 등 중국이 북한에 모종의 메시지를 전달했을 가능성에 주목한다. 김용현 동국대 교수는 "민간인 사상으로 북한이 궁지에 몰릴 수밖에 없다는 판단에 따라 북·중 간 조율해 민간인 피해에 대해 불끄기를 하려는 것"이라고 말했다.

중국이 북한의 민간인 사상 입장 발표에 입김을 넣은 것으로 관측됨에 따라 향후 북·중 관계에도 미묘한 기류 변화를 보일 수 있다는 전망도 나온다. 정부 소식통은 "중국이 당장 태도를 바꾸지는 않겠지만 북한에 대해 피곤함을 느끼는 것은 사실"이라며 "천안함 사건은 내부적으로 용인하고 넘어갔지만, 민간인 사상이 발생한 연평도 도발에는 중국 측도 그냥 있으면 안 되겠다는 생각을 한 것 같다"고 말했다. 중국의 대북 입장은 최근 중국 내 언론 보도에서도 변화가 감지된다. 환구시보(環球時報)는 지난 26일 사설에서 "북한은 사실상 독약을 마신 것이나 마찬가지이며 이런 식으로 계속 간다면 미래가 없을 것"이라고 지적했다. 또 "연평도에서의 남북 포격 사건 발생 후 한국은 매우 비통해 하고 중국은 외교적인 어려움에 빠졌으며 미국과 일본은 분노하고 있는데 북한만이 기를 펴고 활개를 치고 있다"고 비판했다.

■ 당·정, 서해5도 지원 특별법 만든다(2010.11.29.)

한나라당은 북한의 포격 도발로 생존의 위협을 받는 서해5도 주민들을 위한 '서해5도 특별법'을 제정하기로 했다. 바다를 사이에 두고 북한과 직접 대치하고 있는 특수성을 반영하면서 안정적인 거주를 확보하기 위한 종합개발계획을 수립하는 것을 주요 내용으로 한다. 한나라당과 정부는 28일 오전 국회에서 긴급 당정회의를 갖고 서해5도 특별 지원방안을 논의했다. 김무성 원내대표는 "기존의 '접경지역지원법'은 육지 중심의 접경지역을 위주로 한 법안으로 서해5도의 특수성이 잘 반영되지 않았다"면서 "안보상 위험 요소가 큰 서해5도 주민들이 안심할 수 있도록 특별법을 제정하기로 했다"고 밝혔다. 이 지역 출신인 박상은 의원(인천 중·동구·옹진군)의 대표 발의로 한나라당 의원 전원이 동참해 29일 제출할 계획이다. 민주당도 유사한 법안의 발의를 추진 중이다. 서해5도 종합개발계획에는 도로포장, 선착장, 체육시설을 설치하는 도서종합개발계획과 어항시설 및 공원조성 등의 접경지역 종합발전계획이 포함돼 있다. 주민지원강화 방안으로는 노후주택 개량에 대한 보조금 지원, 고교 재학생 교육지원, 농어업 분야 소득 보전 등을 담고 있다. 김 원내대표는 "국가 차원의 일반적 보상과 정주(定住)생활지원금을 지원하고 TV 수신료, 상수도·전기·전화요금 등 각종 공공요금을 할인하는 수단을 적극적으로 마련하도록 하겠다"고 덧붙였다. 이와 관련 당정은 서해5도 종합발전계획의 타당성 검토와 부처별 재정지원 등을 연계하기 위한 부처간 정책심의 기구가 필요하다는 지적에 따라 '서해5도 지원위원회'를 구성하기로 했다. 국무총리를 위원장으로 하고 관계부처 장관, 민간 전문가들이 참여한다. 당정은 또 예비비를 활용해 정신적 충격까지 포함한 주민 치료비 지원을 검토하고 인천에 대피하거나 연평도에 잔류한 주민 모두에게 생계 유지비를 지원하는 방안도 검토하기로 했다. 또 대피시설이 대부분 35년이 넘어 제 기능을 할 수 없는 것으로 드러난 만큼 서해5도 지역에 새로 42개의 대피시설을 짓기로 했다.

■ 연평면 통제구역 지정(2010.11.30.)

지난 23일 북한군의 포격을 당한 연평도가 통합방위법에 따라 29일 통제구역으로 설정됐다. 통합방위법이란 적의 침투나 도발 등에 대응해 국가를 방위하는 데 필요한 사항을 규정한 법이다. 1997년 제정됐으며, 법 제정 이후 통제구역이 실제로 설정된 것은 처음이다. 통합방위법 12조에 따르면 적의 침투·도발이나 위협이 있을 경우에는 갑종·을종·병종으로 나뉘어 통합방위사태가 선포된다. 갑종 사태는 적의 대규모 병력 침투나 대량살상무기 공격 등의 도발이 있을 때, 을종 사태는 여러 지역에서 적의 침투·도발로 인해 단기간 내 치안 회복이 어려운 때 각각 선포된다. 병종 사태는 적의 침투·도발이 예상되거나 소규모의 적이 침투해 단기간 내에 치안을 회복할 수 있는 경우에 해당된다. 현재 연평도 전역에는 통합방위 을종 사태가 선포돼 있다. 통합방위법 16조는 통합방위 사태가 선포된 뒤 해당 지역 군부대의 작전 지휘관이 지방자치단체장에게 통제구역 설정을 제청할 수 있도록 규정하고 있다. 군의 요청이 있을 경우 지자체장은 대통령령이 정하는 바에 따라 인명·신체에 대한 위해를 막기 위해 통제구역을 설정할 수 있다. 옹진군은 지난 28일 해병대 연평부대의 통제구역 설정 요청에 따라 통합방위협의회 위원을 상대로 서면 심의를 벌였으며, 위원 과반이 찬성하자 이날 낮 12시를 기해 연평면(7.29㎢)을 통제구역으로 설정했다. 이에 따라 연평부대는 북한군 해안진지가 있는 개머리 해안이 보이는 조기박물관 전망대와 한전 연평도 발전소, 새마을리, 연평부대 인근 도로의 통행을 전면 금지하는 등 섬 내 통행금지 구역을 대폭 확대했다. 연평부대는 그러나 "군시설 접근 및 관측 가능한 지역의 통행만 금지하고 마을 중심가와 부두에서는 자유로운 통행 및 활동이 가능하다"고 밝혔다.

■ 연평도 보상대상 선정 논란(2010.11.30.)

인천으로 피난 나온 연평 주민들에 대한 보상 논의가 본격화되면서 보상대상 선정 문제를 둘러싸고 연평도 주민들로 구성된 비상대책위원회와 옹진군청 관계자들이 고심하고 있다. 보상대상 주민을 주민등록상 거주자 대상으로 해야 할지 실거주자 대상으로 해야 할지를 두고 이견이 발생했기 때문이다. 29일 옹진군청에 따르면 연평도 주민등록상 거주자는 1,756명이지만, 실거주자는 1,400여명이다. 주소지만 연평면에 두고 있는 350여명은 대부분 타지로 학교를 다니는 학생이나 학생들과 함께 나간 학부모들, 또는 타지에서 일하는 회사원들이다. 문제는 주민등록상 연평도에 적을 두고 있는 사람들 중 일부가 '나도 연평도 주민'이라며 위로금 지급 및 보상 대상에 포함시켜 달라고 주장함에 따라 실거주자들이 반발하고 있다. 연평도 실거주 주민들은 지난 23일 북한의 포탄 공격에 의해 실제로 피해를 본 사람들은 연평도에 거주하면서 생활을 한 사람들이지 주소만 두고 있는 사람들이 아니라며 보상에 반발하고 있다. 연평 주민들로 이뤄진 비상대책위원회는 '실거주자'를 기준으로 보상금을 지급해야 한다는 입장이다. 김성일 대책위원장은 "실거주자가 아닌 사람은 피해자가 아닌데 왜 지원을 해야 하느냐"면서 "살지도 않으면서 보상을 요구하는 사람들이 일부 있지만 보상대상에 포함시킬 수 없다"고 말했다. 그는 "지금도 주소만 두고 있는 자들이 보상대상에 포함시켜 달라고 요구하고 있지만 말도 안 된다"고 덧붙였다. 옹진군청은 아직 보상 대상을 정하지 못 했다는 입장이다. 옹진군 상황실 관계자는 "전례가 없는 일이라 위로금 지급의 법적근거도 없다"면서 "주민등록상 주민으로 줘야 하는지, 실거주자로 줘야 하는지 아직 논의 중"이라고 밝혔다. 앞서 송영길 인천시장과 조윤길 옹진군수는 초등학생 이하는 1인당 50만원, 중학생 이상은 100만원씩 주민들에게 위로금을 지급하겠다고 밝힌 바 있다.

■ 이주단지·안전망 조성이 귀향 열쇠(2010.12.2.)

피난 나온 연평도 주민들은 언제 돌아갈 것인가. 언제, 얼마 만한 인원이 섬으로 돌아갈지 현재로서는 가늠하기 어렵다. 주민들의 요구 조건을 정부 및 인천시가 얼마나 수용하느냐가 귀향 시기 및 인원을 결정하는 변수로 작용할 전망이다. 피난민들은 '인천시장과의 대화'에서 "연평도에 다시 들어간다고 해도 불안해서 살 수 있겠느냐"면서 "주민의 70~80%가 육지 이주를 원하고 있다"고 주장했다. 하지만 시일이 지나고 주민들이 심리적 안정을 되찾으면 대부분 연평도로 되돌아갈 것이라는 시각이 적지 않다. 특히 '꽃게'라는 연평도의 확실한 생계보장 품목을 포기하기에는 현실적 여건이 녹록지 않다. 연평도에 남아 있는 한 주민도 "당국이 거액의 정착금을 주고 뚜렷한 직장을 마련해 주지 않는 한 육지로 이주할 사람은 많지 않을 것"이라고 말했다. 주민들이 연평도에 재정착하는 데는 시일이 걸릴 수 있다는 견해도 나온다. 주민들이 원하는 귀향 조건과 정부나 인천시가 생각하는 지원책 사이에 차이가 클 경우 재정착 협상에 난항이 예상되기 때문이다. 시는 기반시설 복구에 필요한 재원조차 충분하지 않다고 하소연한다. 따라서 연평 주민들의 귀향을 위한 필요충분조건이 성숙되지 않은 상태에서 주민들의 섬 복귀까지는 시간이 필요하다는 예상이 설득력을 얻고 있다. 연평면사무소 관계자는 "복귀하는 주민들이 잇따르고 있지만 아직은 소수인데다 집을 돌보기 위해 잠시 들어온 사람도 있다"고 말했다. 결국 남북관계 정상화 여부, 섬 내 이주단지 조성, 방공호를 비롯한 안전망 구축 등에 따라 주민들의 귀향 속도가 결정될 것으로 보인다. 북한군의 포격 이후 섬에 남은 주민은 19명에 불과했으나 1일 현재 복귀 주민은 59명으로 늘었다.

■ [사설] ICC의 천안함·연평도 도발 조사 환영한다(2010.12.8.)

유엔 국제형사재판소(ICC)가 북한의 비인도적 만행을 단죄하려는 절차를 시작했다. 연평도 포격과 천안함 폭침에 대한 북한 지도부의 국제법적 책임을 묻기 위한 예비조사다. 물론 정식조사를 거쳐 최종 판단이 이뤄지기까지 갈 길이 먼 데다 실효성을 놓고 안팎의 회의적 시각도 없지 않다. 그러나 당장 전면적 무력 응징이 현실적으로 어려운 터라 이런 국제법적 대응이 선택 가능한 차선의 대안일 것이다. 무엇보다 우리는 그 실효성 여부를 떠나 북측의 최근 일련의 도발은 ICC 제소 대상이 되기에 충분하다고 믿는다. 북한은 우리의 젊은 수병 46명을 수장시킨 것도 모자라 이번에 연평도에서 앞길이 구만리인 해병 2명을 희생시켰다. 그것도 모자라 평화로운 마을을 쑥대밭으로 만들면서 무고한 민간인 2명의 생명까지 앗아가지 않았던가. 북측의 도발이 이 정도라면 우리 국민들이 인내할 수 있는 레드라인(금지선)을 넘어도 한참 넘었다고 봐야 한다. 더욱이 민간인이나 군사시설이 아닌 대상물에 대한 고의 포격은 엄연한 국제법상의 전쟁범죄에 해당한다. 정부가 즉각적 무력 응징의 기회를 이미 놓쳤다면 당연히 가용한 외교수단을 총동원해 그러한 북측의 죄상을 국제사회에 낱낱이 알려야 한다. 다만 우리는 북한의 비인도적 도발에 대해 ICC 직접 제소를 망설이고 있는 정부의 고충도 일면 이해한다. ICC는 '로마규정'에 의거해 지난 2002년 설립된 국제재판소다. 대량학살 등 반인도행위, 전쟁도발 등 국제적으로 중대범죄를 저지른 '개인'을 처벌하기 위해서다. 그렇다면 ICC의 예비조사는 북한 김정일 국방위원장과 3남 김정은의 전쟁범죄 구성요건 성립 여부를 일차 검토한다는 뜻이다. 김 부자에 대한 신병확보가 결국 불가능한 한 국제여론 환기 이상의 의미를 지니기 어렵다는 얘기다. 그러나 유엔 안보리 회부 같은 또 다른 국제 제재도 중국이 제동을 걸면 벽에 부딪힐 수밖에 없다. 이는 우리가 피해 당사국으로서 ICC의 이번 예비조사에 성실하게 협조해야 할 이유가 된다. 공신력 있는 국제기구의 관심 그 자체만으로도 북측의 추가 만행 가능성에 경종을 울리는 효과는 충분하지 않겠는가.

■ '호시탐탐' 中·日… '막무가내' 政爭… 멍드는 안보(2010.12.13.)

북한의 연평도 포격 이후 한반도에 격랑이 일고 있다. 북한을 감싸기만 하는 중국, 이에 맞서 한·미·일 3각 안보협력체제를 구축해 중국과 맞서려는 미국. 이 틈새를 이용해 군사력 증강에 나서고 있는 일본 등 동북아 주변국들 간에 이해관계가 복잡다기하게 얽히고설키는 형국이다.

특히 한반도 사태를 틈탄 일본 정부의 움직임이 심상치 않다. 자위대 증강 차원을 넘어 "한반도에 전쟁이 발발하면 일본인 구출을 위해 자위대를 파견하겠다"는 총리의 발언까지 나왔다. 북한의 도발에 맞서 한반도의 항구적 평화체제를 이뤄내야 하는 우리 정부로서는 단기적으로 미국 및 일본과의 안보협력을 추진하면서도 중장기적으로 거세지는 중·일의 군사력 강화를 경계해야 하는 안보 딜레마에 놓인 형국이다. 그만큼 한반도의 미묘한 정세변화에 능동적이고도 정밀한 대응이 중요한 시점을 맞고 있는 것이다. 간 나오토 총리는 지난 10일 도쿄 시내 한 호텔에서 북한에 의한 일본인 납치 피해자 가족들을 만난 자리에서 "(한반도 유사시 일본인 납북 피해자 등을 구출하기 위해) 직접 자위대가 상대국(한국)의 내부를 통과해 행동할 수 있는 룰(규칙)이 정해져 있지 않다"고 지적했다. 이어 "만일의 경우 (일본인 납북 피해자들을) 구출할 수 있도록 일·한(한·일) 사이의 결정 사항을 확실히 해두지 않으면 안 된다고 생각한다"면서 "지금 몇 가지 논의를 추진하고 있다"고 밝혔다. 일본 언론도 간 총리의 발언이 "현실성이 없고 헌법과 자위대법을 어길 가능성도 있다"고 보도했다. 자위대법은 해외에서 긴급 사태가 벌어졌을 때라도 안전이 확보된다는 걸 전제로만 자위대가 자국민을 수송할 수 있다고 정해놓고 있다. 간 총리는 논란이 확산되자 "자위대 수송기 등을 (한국이) 받아들일 수 있는지그런 부분에 대해 생각하지 않으면 안 된다"고 해명했다. 간 총리의 이번 발언은 지지도 하락으로 어려움을 겪고 있는 민주당이 일본 내 보수세력의 지지를 얻으려는 '의도적인 실언'으로도 해석된다. 그러나 전문가들은 최근 한·일 방위안보 협력을 강화하려는 일본 측의 움직임과 연관지어 보고 있다. 북한의 한반도 포격을 빌미로 자위대의 군사력 증강을 추진하는 동시에 중국과 맞서는 데 한국을 끌어들이려는 움직임이 본격화되고 있다는 분석이다. 중국 변수 등을 고려해 현명한 판단을 내리는 안보 리더십이 절실한 시점이다.

■ 러 외무, 박의춘 면전서 "北 연평도 포격 규탄"(2010.12.15.)

세르게이 라브로프 러시아 외무장관이 지난 13일 러시아를 방문한 박의춘 북한 외무상에게 북한의 연평도 포격에 대해 규탄받아 마땅한 행동이라고 비판했다고 러시아 외무부가 밝혔다. 라브로프 장관은 핵무기를 제조할 수 있는 북한의 우라늄 농축 능력에 대해서도 매우 우려하고 있다고 말했다. 박의춘 외무상은 3박 4일간의 러시아 방문을 위해 12일 모스크바에 도착해 양국간 외무장관 회담을 가졌다. 러시아 외무부는 회담이 끝난 뒤 내놓은 언론발표문에서 "러시아는 일련의 대규모 군사훈련으로 증폭되고 있는 한반도의 군사·정치적 긴장 고조에 대해 우려를 표시했다"고 밝히고 특히 "인명피해를 초래한 남한 영토에 대한 포격이 비난받아 마땅하다는 점을 확인했다"고 강조했다. 발표문은 이어 "(러시아는) 한반도 사태의 모든 당사자들에게 최대한의 인내력을 발휘, 상황을 악화시킬 행동을 하지 말 것을 촉구했다"면서 "라브로프 외무장관은 특히 북한이 우라늄 농축시설을 구축했다는 소식에 깊은 우려를 표시하고 북한이 유엔 안보리 결의 1718호와 1874호를 이행할 것을 촉구했다"고 밝혔다. 발표문은 그러나 군사훈련과 연평도 포격의 주체는 명시하지 않았다. 한편 박 외무상의 방러 목적과 관련, 한 대북 소식통은 14일 "중국은 북한을 옹호하면서 더 많은 내정 간섭을 하고 있기 때문에 북한이 중국에 대한 의존도를 줄이기 위해서라도 러시아 등 다른 나라들을 찾는 것"이라고 분석했다. 러시아가 이번 연평도 포격을 비판하고는 있으나 과거 북한의 마카오 방코델타아시아(BDA)은행 자금 동결 사태 등 고비 때마다 나서 북한을 지원한 적이 있는 만큼 북한으로서는 러시아를 중국에 대한 협상 지렛대로 활용, 지원을 얻어내려 하는 것이 아니냐는 관측이다.

■ 한·미·일 vs 북·중·러 '연평도 외교대치'(2010.12.20.)

유엔 안전보장이사회가 연평도 사격훈련 등 최근 한반도 긴장 사태와 관련, 19일(현지시간) 오전 11시(한국시간 20일 새벽 1시) 긴급회의를 열었다. 그러나 미국·일본은 물론 영국·프랑스 등 우리나라를 지지하는 국가와 중국·러시아 등 북한을 지지하는 나라들이 확연하게 입장 차이를 드러내면서 정면 충돌 양상을 보이고 있다. 양측은 한반도 긴장 고조의 책임론과 북한과의 협상을 위한 전제조건 등을 둘러싸고 서로 입장을 달리하고 있다. 회의가 시작되기에 앞서 양 진영은 양자 또는 다자 접촉을 위해 입장을 정리하는 등 결속을 다지는 분위기였다. 이에 따라 한국이 20일 또는 21일 실시할 예정인 연평도 사격훈련이 국제적 문제로 비화되면서 사태가 장기화할 것으로 우려된다. 이해관계가 얽혀 있는 한·미·일 대(對) 북·중·러의 외교적 대립 양상으로 치닫고 있는 상황이다.

한국 정부는 영토에서 진행하는 정당한 군사훈련을 놓고 러시아와 중국 등이 우려를 제기하며 유엔 안보리 긴급회의까지 소집한 현 상황에 대해 곤혹스러움을 감추지 못하고 있다. 더욱이 북한의 연평도 포격과 우라늄 농축시설 공개와 관련해 유엔 차원의 대응이 상임이사국 간 이견 때문에 별 진전이 없는 시점에서 연평도 사격훈련에 대한 러시아의 발빠른 딴죽은 자칫 본말을 전도시키는 것 아니냐는 우려마저 낳고 있다.

비탈리 추르킨 유엔 주재 러시아 대사는 지난 18일 기자들과 만나 남북한 간 대치로 긴장감이 높아지고 있는 한반도 상황에 대해 심각한 우려를 표시하고 이 문제를 논의하기 위한 유엔 안보리 긴급회의 소집을 요구했다고 밝혔다. 러시아는 당초 이날 오후 회의 소집을 요구했지만 일부 안보리 이사국들이 본국과 협의를 해야 한다는 입장을 밝혀 일정이 하루 늦춰졌다. 유엔의 한 관계자는 "최근 한국군의 연평도 사격훈련 계획에 대해 북한이 '2차 3차의 자위적 타격'으로 맞서겠다고 밝히는 등 한반도 긴장이 고조되고 있는 상황들이 안보리에서 논의될 것으로 안다"고 말했다. 북한의 연평도 포격에 대해 이례적으로 강도 높게 비판했던 러시아 정부는 지난 17일 한국의 연평도 사격훈련 계획 취소와 북한의 군사력 사용 자제를 촉구하는 공식 성명과 언론발표문을 발표했다. 중국은 17일과 18일 연달아 류우익 주중 한국 대사를 외교부로 불러 훈련 취소를 요구하는 동시에 공식 성명을 잇따라 냈다. 앞서 필립 크롤리 미 국무부 공보담당 차관보는 정례브리핑에서 한국군의 연평도 훈련은 계속되고 있는 북한의 도발들에 대한 정당한 권리라면서 한국이 신중하게 대응할 것으로 믿는다고 지지입장을 밝혔다.

■ 中, 끝까지 北비난 문구 반대…안보리 성명 채택 무산(2010.12.21.)

한국의 연평도 포격훈련 재개를 앞두고 러시아의 긴급 제의로 소집된 유엔 안전보장이사회가 8시간여의 마라톤 회의 끝에 아무런 합의 없이 지난 19일(현지시간) 저녁 종결됐다. 안보리는 오전 11시(한국시간 20일 새벽 1시)부터 오후 7시 30분까지 8시간 30분 동안 한반도 문제를 논의했으나 지난달 23일 북한의 연평도 포격을 규탄하는 내용을 의장성명에 포함시키는 방안을 중국이 끝내 반대하면서 결론을 내지 못했다. 결국 이번 회의는 한반도 문제에 대한 주변국들의 인식과 해법이 얼마나 큰 간극을 두고 있는지를 보여 준 자리가 됐다. 특히 이날 회의는 사실상 러시아가 남북한의 자제를 강조하며 한국의 연평도 사격훈련을 중단시키기 위해 소집한 것으로, 한·미·일과 북·중·러의 외교적 대립이 보다 강화될 것으로 전망된다. 또 지난달 23일 북한의 연평도 포격 도발 이후 27일 만에 이뤄진 유엔 안보리 논의에서 '북한의 도발'과 '남북한의 자제'가 대등하게 논의된 점은 우리 외교가 중국과 러시아의 움직임에 선제적으로 대응하지 못한 결과가 아니냐는 평가가 나온다. 결과적으로 서해 북방한계선(NLL)이 국제적 논란의 대상으로 떠오른 점도 부담이 아닐 수 없다. 회의를 소집한 러시아는 북한의 연평도 포격에 대해 전혀 언급하지 않고 남북 모두에 '최대한 자제'를 촉구하는 내용의 성명 초안을 제안했지만 미국 등 서방국들의 반대에 직면했다. 두 차례 수정안을 마련했지만 중국은 이마저도 반대했다.

미국과 영국, 프랑스, 일본 등은 한반도 위기의 원인을 제공한 북한의 연평도 공격을 비난하는 내용이 포함되지 않은 성명은 비생산적이며 불가하다는 강력한 입장을 밝혔다. 안보리 의장국인 미국의 수전 라이스 유엔대표부 대사는 "회의에서 다수 이사국들이 북한의 천안함 폭침과 연평도 포격을 강하게 규탄했다"고 말해 중국과 러시아를 제외한 나머지 13개 이사국 대다수가 북한의 도발 행위를 성명에 담을 것을 주장했음을 시사했다.

터키와 레바논, 오스트리아 등 다른 이사국들도 이에 동조, 15개 이사국 중 중국과 러시아를 제외한 대다수가 서방 진영의 입장을 지지했던 것으로 알려졌다. 영국은 러시아의 애매모호한 중립적인 성명 초안에 반대, "지난 11월 23일 연평도 포격을 강력히 규탄한다"는 내용이 들어간 별도의 초안을 회람시켰다. 러시아가 '연평도'를 삭제한 채 "11월 23일 포격을 규탄한다"는 내용으로 수정해 최종안을 돌리면서 14대1의 구도로 바뀌었지만 중국이 이마저도 제동을 걸어 무산됐다. 중국은 국제적으로 고립된 북한을 유일하게 싸고돌았다. 중국은 한국이 무리하게 연평도에서 포사격 훈련을 강행함으로써 위기가 증폭되고 있고, 북한을 자극할 경우 한반도 위기가 더욱 악화될 것이라며 북한에 대한 규탄을 포함시켜서는 안 된다고 완강히 버텼다.

안보리 협의 과정에서 한국과 북한 대표는 당

사국 자격으로 비공개 회의에 참석해 약 7분씩 각자 입장을 밝혔다. 한국의 박인국 대사는 "지난 3월 천안함 침몰과 11월 23일 연평도 포격은 명백한 한국에 대한 공격행위"라면서 "이를 규탄하지 않는 성명 채택은 용납될 수 없다"는 우리 정부의 입장을 개진했다. 또 연평도 훈련은 우리 영해에서 이뤄지는 정당한 것이라는 점을 강조했다. 반면 신선호 북한 대사는 서해5도는 북한 영토이고 NLL은 일방적으로 그어진 것이라면서 전쟁이 발발한다면 한반도에 국한되는 게 아니라 전 세계로 확대될 것이라고 주장했다.

■ 2015년까지 서북도서 요새화(2011.1.19.)

연평도를 비롯한 서북도서가 2015년까지 요새화된다. 군 고위관계자는 18일 "북한의 포격 도발로 확인된 서북도서의 취약점을 보완하는 요새화 계획을 2015년까지 완료할 예정"이라고 밝혔다. 그동안 서북도서는 상륙전에 대비한 방어 진지로 활용돼 왔으며, 유사시 북한의 허리를 자르는 상륙작전의 기지 성격을 띠고 있다. 하지만 앞으로 군은 서북도서를 대화력전 수행과 방어를 동시에 진행할 수 있는 요새로 만든다는 계획이다. 군은 지난해 11월 북한의 포격 도발 이후 연평도에 227㎜ 다연장로켓(MLRS) 발사대를 즉시 투입하는 등 요새화 작업을 준비해 왔다. 군은 현재 서북도서 주민과 병력의 생존성 향상, 상륙 저지 능력 강화, 대공 방어능력 제고, 북한 도발 시 타격능력 강화 등을 핵심 과제로 검토하고 있다. 군 관계자는 "북한이 도발했을 때 주민의 생존성을 높이려면 민간 대피소를 완비하고 대피소에서 상당기간 생활할 수 있는 긴급 구호장비와 비상식량, 비상전력 등을 갖추고 무기와 군 장비를 보호하는 시설 확충도 검토 중"이라고 설명했다. 하지만 대피소와 대피소를 연결하는 등 타이완의 진먼다오(門島)식 요새화는 사실상 어려울 것이라고 전했다. 기간과 막대한 예산이 필요하기 때문이다. 또 서해5도에 K9 자주포와 MLRS 외에 신형 대포병레이더 '아서'와 지대공 미사일 '천마', 북한 해안포 정밀타격용 유도미사일 '스파이크' 등도 보강된다. 또 타격 원점을 찾을 수 있는 K77 사격 지휘 체계와 음향표적 장비, 전술 비행선 등도 내년까지 배치될 예정이다. 북한군의 상륙 저지 능력을 강화하기 위해 낡은 해안포도 현재 개발 중인 신형 해안포로 모두 교체할 방침인 것으로 전해졌다. 군은 이와 함께 서북도서 방어를 총괄하는 서북해역사령부도 하반기에 창설할 예정이다. 육·해·공군, 해병대가 합동군으로 구성될 서북해역사령부는 사단급 규모로 해군 또는 해병대가 지휘부를 맡게 된다.

■ 남북 고위급 군사회담 열린다(2011.1.21.)

북한이 20일 천안함 피폭 및 연평도 포격 도발을 의제로 한 남북 고위급 군사회담을 전격 제의했다. 우리 정부는 이를 받아들이고 고위급 군사회담 개최를 위한 예비회담과 함께 별도로 비핵화 문제를 논의할 고위급 당국 간 회담도 북측에 제의하기로 했다. 국방부는 이날 오후 "북한이 오전 11시 46분쯤 김영춘 인민무력부장 명의로 남북 고위급 군사회담 개최를 제의하는 통지문을 보내왔다"고 밝혔다. 북측은 김관진 국방부 장관 앞으로 보낸 통지문을 통해 우리 측이 당국 간 회담 의제로 상정하는 문제들이 군 당국과 관계되는 군사적 성격의 문제이므로 이를 해결하기 위한 남북 고위급 군사회담을 개최하자고 제안했다. 이어 군사회담의 의제로 "천안호 사건과 연평도 포격전에 대한 (북측의) 견해를 밝히고 조선반도의 군사적 긴장상태를 해소할 것에 대하여 회담을 열자"라고 명시했다.

이에 대해 통일부는 '북한의 군사회담 제의에 대한 입장' 발표를 통해 이를 수용한다고 밝혔다. 통일부는 "천안함 폭침과 연평도 포격 도발에 대한 책임 있는 조치 및 추가 도발 방지에 대한 확약을 의제로 하는 남북 고위급 군사회담에 나갈 것"이라며 "이러한 방향으로 예비회담 등 구체적 사항들을 21일이나 다음주 북측에 제의할 계획"이라고 밝혔다. 장광일 국방부 국방정책실장은 "통상 장성급 이상 회담을 고위급이라고 하는데 이번에 장관급 회담이 될지 장성급 회담이 될지는 예비회담을 통해 정해질 것"이라고 말했다. 특히 장 실장은 "북한의 책임 있는 조치와 추가 도발 방지에 대한 확약이 예비회담에서 전제되지 않는다면 고위급 회담이 이뤄지지 않을 가능성도 있다"

고 설명했다. 국방장관회담이 열리게 되면 2007년 이후 4년 만이다.

■ 南 "도발 사과 먼저" 北 "군사 긴장완화"(2011.2.9.)

남북한 군 당국자들이 8일 연평도 포격 도발 이후 처음으로 만나 9시간의 마라톤회담을 가졌다. 양측은 고위급 군사회담과 관련한 의제 등에 대해 결론을 내지 못하고 서울과 평양으로 각각 발길을 돌렸지만 3번의 정회와 4번의 속개를 거듭하는 등 진지한 태도로 회담에 나서 9일 이어질 회담에서 합의점에 도달할 가능성이 높아졌다. 국방부는 "판문점 남측 지역인 '평화의 집'에서 오전 10시부터 열린 남북 군사실무(예비)회담에서 고위급 군사회담의 의제를 비롯한 회담 관련 문제들에 대한 이견을 좁히기 위해 노력했다"면서 "회담이 9일 오전 10시 다시 열릴 예정"이라고 밝혔다. 양측은 고위급 군사회담의 필요성에는 이견이 없었지만 의제 설정 등에서는 입장이 서로 달랐다. 국방부는 회담 종료 후 발표한 자료를 통해 "우리 측은 고위급 회담의 의제를 '천안함 폭침과 연평도 포격에 대하여'로 제기했으며 북한 측은 '천안호 사건, 연평도 포격전, 쌍방 군부 사이의 상호 도발로 간주될 수 있는 군사적 행동을 중지할 데 대하여'란 의제를 제기했다"고 설명했다. 국방부는 이어 "천안함 폭침과 연평도 포격 도발에 대한 북측의 책임 있는 조치와 추가 도발 방지 확약이 있어야만 남북관계가 진전될 수 있다는 점을 강조했다"면서 "하지만 북측은 두 사건만을 다루고자 하는 것은 고위급 군사회담을 거부하는 것과 같다고 강변했다"고 전했다. 회담에서 우리 측은 "천안함과 연평도 사건에 대한 사과 등 책임 있는 조치가 선행돼야 한다는 점을 강조했으며 고위급 군사회담에서 두 사건에 대한 만족할 만한 결과가 도출되면 그 다음날이라도 북측이 제기한 군사적 긴장 완화 등을 포함한 상호 관심 사안을 협의할 수 있다는 입장을 밝혔다"고 국방부 관계자는 전했다. 수석대표 수준에 대해 우리 측은 "국방부 장관과 인민무력부장 또는 합참의장과 총참모장 수준"을 제기했지만 북측은 "차관급인 인민무력부 부부장 또는 총참모부 부총참모장"을 수석대표급으로 제안했다. 한편 통일부는 북한 조선적십자회가 이날 오후 4시 우리 측 대한적십자사 앞으로 전통문을 보내, 지난 5일 서해 연평도 인근 북방한계선(NLL)을 통해 남하한 북한 주민 31명(여성 20명, 남성 11명)과 선박의 조속한 송환을 요구해 왔다고 밝혔다.

■ "남북 고위급 군사회담 연평도에서 열릴뻔했다"(2011.2.10.)

우리 정부가 고위급 군사회담을 열기 위한 실무회담을 연평도에서 개최하는 방안을 검토했던 것으로 뒤늦게 밝혀졌다. 10일 정부 소식통에 따르면 남북 고위급 군사회담을 개최하기에 앞서 열린 관계부처 회의에서 회의 장소를 연평도로 하는 방안을 검토했다. 이 소식통은 "지난 수십년간 판문점 등 분단의 상징에서만 회의를 해 왔지만 우리가 천안함·연평도 사건에 대해 주도권을 갖고 회담을 하려면 시원하게 제안할 필요가 있다고 봤다"고 말했다. 정부는 북한이 천안함 사건 때 국방위원회에서 검열단을 보내겠다고 했던 만큼 북한도 이 제안을 받아들일 가능성이 높다고 본 것으로 전해진다. 특히 이 방안이 성사될 경우 남북의 군부가 참상의 현장에서 만났다는 것만으로도 극적인 화해의 의미가 있고, 이후 회담에도 긍정적인 영향을 미칠 수 있다고 봤다. 그러나 이 방안은 북한이 북방한계선(NLL)을 넘어오는 전례를 만들 수 있다는 점에 부담을 느낀 청와대에서 최종적으로 반대한 것으로 알려졌다. 북한은 NLL을 무력화하고 이 지역을 서해평화협력특별지대로 만들자고 주장해 왔고 군사회담에서도 이같은 주장을 되풀이할 가능성이 높다.

■ 北, 도발 방지 확약 묻자 박차고 퇴장(2011.2.10.)

양측은 핵심의제인 '천안함·연평도'에 대해 끝내 의견 조율을 이루지 못하고 성과 없이 등을 돌리고 말았다. 기대만큼 남북관계 복원이 쉽지 않다는 것을 다시 한번 보여줬다. 회담 첫날인 지난 8일 양측은 회담 의제인 '천안함·연평도'의 범위에 대해 입장을 조금씩 양보하는 듯했다. 우리 측이 '천안함 폭침과 연평도 포격에 대하여'로, 북측은 '천안호 사건, 연평도 포격전, 쌍방 군부 사이의 상호 도발로 간주될 수 있는 군사적 행동을 중지할데 대하여'로 한 발짝씩 물러나는 모양새였다.

北 "천안함은 모략극"… 의견차 못 좁혀

하지만 회담 둘째날 오전까지 차분했던 분위기는 점심 식사 이후 싸늘하게 반전되기 시작했다. 국방부에 따르면 오후 2시 20분부터 속개된 회담에서 우리 측 수석대표인 문상균 대령이 북측의 리선권(대령급) 대좌에게 "북한 측이 제안한 천안함 사건, 연평도 포격전에 대한 논의가 우리 측이 제안한 (두 사건에 대한) 책임 있는 조치와 재발 방지의 확약을 담은 내용으로 봐도 되느냐"는 질문을 던지자 "천안함 사건은 철저하게 우리와 무관한 사건"이라면서 "미국의 조종하에 남측의 대북 대결정책을 합리화하기 위한 특대형 모략극이다. 남측이 연평도를 도발의 근원지로 만들었기 때문에 발생했다"고 비난했다.

문 대령은 "북한의 주장에 대해 우리 측도 동족의 머리 위에 포탄을 발사해 민간인이 사망하고 막대한 재산피해를 발생케 해 놓고 도발이 아니라고 하는 것은 어불성설이라고 질타했다"고 전했다. 결국 오후에 속개된 회담은 10여분 간의 설전 끝에 북한 측이 자리를 박차고 일어나면서 종료됐다. 의제 합의에 다소 진전을 보였던 북한이 태도를 바꾼 것은 천안함·연평도가 선결되어야 그다음 논의를 할 수 있다는 우리 정부의 입장에는 변함이 없다는 것이 확인됐기 때문으로 보인다. 북한은 일단 고위급회담을 열면 천안함·연평도 등에 대해 원하는 수준으로 해결하겠다고 주장해 왔다. 이번 회담이 과거 다른 회담과 다른 점은 우리 정부도 원칙이 확고했다는 점이다. 과거에는 북한이 고자세로 나오면 우리가 양보하거나 받아들이는 식이었다. 그러나 이번 회담에서는 우리 측도 "천안함·연평도에 대한 사과와 책임 있는 조치"에 대해 한발도 물러서지 않겠다는 명확한 선이 있었다.

남북 모두 고위급 회담 필요성 인식

김영수 서강대 정치외교학과 교수는 "이번에는 우리 정부가 남북관계의 패러다임을 바꾸겠다는 의지가 강했고 패러다임을 전환하는 과정의 첫 회담이었다"면서 "북한이 남측의 이런 자세를 처음 접해 다소 생소했을 것"이라고 분석했다. 이어 "과거에 회담이 결렬됐던 사례와 비교해 이번에는 아직 인식 차를 좁히지도 못했다"면서 "그런 점에서 결렬은 이미 예견됐던 것"이라고 덧붙였다. 일각에서는 이날 오전 통일부가 북측의 남북적십자회담 제의에 동의한 것을 두고 회담이 순탄치 않은 것 같다는 분석도 흘러나왔다. 북측을 움직이기 위한 당근이 필요했고, 회담이 결렬될 것에 대비해 대화의 고리를 만들어 놓았다는 것이다.

전문가들은 이번 예비회담이 결렬됐다고 해서 남북관계의 대화 국면이 완전히 와해된 것으로 보기는 어렵다고 분석하고 있다. 남과 북 모두 고위급 회담을 필요로 하고 있기 때문이다. 양무진 북한대학원대학 교수는 "고위급 회담이 열리지 않을 경우 국제사회의 비난 대상이 되기 때문에 양측 모두 고위급 회담을 여는 것 자체에 대해서는 입장이 변하지 않았을 것"이라고 분석했다. 김근식 경남대 정치외교학과 교수도 "고위급 군사회담과 적십자 회담이 연계돼 있기 때문에 대화의 틀은 유지하려고 할 것이고 어느 쪽이 먼저 판을 깬다고 나서지는 않을 것"이라고 말했다.

통일부도 '결렬'이라기보다는 '중단'이라고 표현했다. 남북은 다음 회담 날짜를 정하지 못하고 헤어졌으나 당분간 전화 통지문을 통해 회담 일정 등을 협의해 나갈 것으로 알려졌다. 이와 관련, 청와대 관계자는 "우리가 먼저 만나자고 제안할 계획은 없다"고 못 박았다. 3월에는 키리졸브 훈련과 천안함 1주기(26일)가 있기 때문에 양측 모두 고위급 군사회담을 이달을 넘겨 개최하기는 부담이 클 것으로 보인다.

■ [사설] 南과 상종 못한다는 北과 대화 되겠나(2011.2.11.)

북한의 적반하장(賊反荷杖)은 끝이 없다. 북한은 그제 남북 군사실무회담이 결렬된 책임을 우리 쪽에 떠넘기는 구태를 되풀이하고 있다. 북한 군사회담 대표단은 어제 관영 조선중앙통신 발표를 통해 "겉으로는 대화에 관심이나 있는 듯 흉내

내고 속으로는 북남대화 자체를 거부해 6자회담 재개와 조선(한)반도 주변국의 대화 흐름을 막고 대결과 충돌국면을 지속시키려는 역적패당의 속내"라고 회담결렬 책임을 우리 쪽에 전가했다. 이어 "이런 조건에서 우리(북한) 군대와 인민은 더 이상 상종할 필요를 느끼지 않는다"고 밝혔다. 북한의 생떼는 어제오늘의 일도 아니지만, 적반하장도 유분수지 나아질 기미가 전혀 보이지 않는다. 군사실무회담 결렬의 주요인은 북한이 천안함 폭침과 연평도 포격에 대해 사과는커녕 인정도 하지 않기 때문이다. 북측은 그제 판문점에서 열린 군사실무 회담에서 "천안함 사건은 미국의 조종하에 남측의 대결정책을 합리화하기 위한 특대형 모략극"이라고 주장했다. 북측은 연평도 포격과 관련, "남측이 연평도를 도발의 근원지로 만들어 발생한 것"이라는 억지를 부리며 회의장을 떠났다. 지난 8, 9일 군사실무회담이 열린 것은 북한의 제의에 의한 것이다. 북한은 버락 오바마 미국 대통령과 후진타오 중국 국가주석이 지난달 20일 정상회담을 갖고 남북대화를 촉구하는 공동성명을 낸 지 8시간 만에 군사회담을 제의했다. 북한은 김영춘 인민무력부장 명의의 전통문을 김관진 국방부 장관 앞으로 보내 "천안호(함) 사건과 연평도 포격전에 대한 견해를 밝히겠다"면서 군사회담을 제의했다. 북한에 큰 기대를 걸지도 않았지만 역시 북한은 변한 게 없다. 북한은 사과할 뜻도 없으면서 국제사회의 지원과 미국과의 대화를 노리고 남북대화를 하는 시늉을 하는 것이라는 많은 전문가들의 예상이 맞았다. 진정성이 없는 북한에 기대할 것은 현 시점에서는 별로 없다. 남북대화의 문은 열어놓되 서두를 필요는 없다. 북한은 식량이 부족해 전 세계를 상대로 구걸하러 다닌다는 말이 나올 정도다. 이명박 정부 출범 뒤 대북 퍼주기가 사라지면서 북한의 경제난은 심각하다. 시간이 갈수록 북한에는 불리할 수밖에 없다. 아울러 북한이 국면 탈출을 위해 추가 도발할 가능성이 있는 만큼 군의 철저한 대비도 필요하다.

■ 연평도 주민 "국가에 손배소"(2011.2.15.)

연평도 주민들이 국가를 상대로 북한군 포격 피해에 대한 손해배상 청구 소송을 내기로 했다. 김재식(50) 연평주민대책위원장은 14일 "당시 포격 징후가 있는데도 국가공무원이 단순한 위협 행위라고 오인, 경고방송 또는 대피 조치를 제대로 하지 않는 바람에 주민들의 피해가 더 커졌다"면서 "포격 후유증으로 정신과 치료를 받는 성인 기준으로 1인당 1,000만원의 위자료를 청구할 수 있을 것"이라고 밝혔다. 대책위는 오는 18일 주민들의 임시 거처인 경기 김포 LH 아파트 입주기간이 끝나 주민 대부분이 연평도로 돌아가면 소송 제기 여부를 구체적으로 논의할 방침이다. 연평도 피격 이후 우울증, 외상후 스트레스장애 등 심리 검사를 받은 주민 278명 가운데 252명이 고위험군 증세를 보인 것으로 나타났다. 한편 대책위는 지난 11일 옹진군청에서 주민 300여명이 참석한 가운데 향후 거취에 관해 주민 입장을 수렴하는 자리를 가졌다. 일부 주민들은 이 자리에서 "포격으로 파손된 주택에 대해 현지 복구가 이뤄지지 않아 돌아가기 어렵다"며 "정부와 지방자치단체가 복구를 서두르거나 인천에 별도의 임시 거처를 마련, 입주토록 해야 한다"고 요구했다.

■ 대북전단 25~26일 백령도서 살포(2011.3.23.)

북한의 임진각 조준사격 발언 등으로 한동안 중단됐던 대북전단 살포가 한달여 만에 재개된다. 자유북한운동연합 등 20여개 탈북자 단체는 22일 "천안함 폭침 1주년을 맞아 오는 25~26일 이틀간 백령도 삼청각에서 대북 전단을 살포할 예정"이라고 밝혔다. 이들 단체들은 대북 전단 20만장과 동영상을 담은 DVD, USB, 1달러짜리 지폐 1,000장 등을 북쪽으로 날려 보낼 예정이다. 박상학 자유북한운동연합 대표는 "서풍이 불어 위도상 위쪽에 있는 백령도에서 전단을 날리면 평양 쪽으로 갈 것으로 보인다"고 말했다. 이들 단체는 지난 12일 임진각에서 공개적으로 대북 전단 20만 장을 날려 보낼 예정이었으나 10일 한 단체의 간부 어머니가 살해되면서 전단 살포를 잠정 연기했다.

■ 서해5도에 장기 대피시설 42곳 신설 (2011.4.9.)

북한의 도발에 대비해 서해5도 및 휴전선 접경지역에 대규모 주민 대피시설 100곳이 추가 설치된다. 육지로 이동하기가 쉽지 않은 서해5도에는 장기 대피시설을 만들기로 했다. 소방방재청은 연평도 등 서해5도에 올해 말까지 718억원을 들여 주민 대피시설 100곳을 새로 설치한다고 8일 밝혔다. 서해5도에는 100~500명을 수용할 수 있는 장기 주민 대피시설 42곳이 신설된다. 지금까지 117개 대피시설이 있었으나, 모두 단기용이었다. 지역별로는 연평면이 7곳, 백령면이 26곳, 대청면이 9곳으로 모두 530억원의 예산이 투입된다. 화생방 상황에 대비해 가스 여과기를 설치하고 급수시설과 식당, 자가발전기 등 편의시설도 갖췄다. 이로써 서해5도 대피시설 확보율은 32%에서 100% 이상 올라가게 된다. 휴전선 접경지역에는 인천(강화) 6곳, 경기 32곳, 강원 20곳 등 58개 단기 대피소를 확충한다. 국비와 특교세, 지방비 등 총 188억원을 들여 지역별 여건에 맞게 학교, 마을회관, 읍·면사무소 등 부지를 활용해 100~200명을 수용할 수 있게 할 방침이다. 이 지역들이 휴전선에 가까운 점을 감안, 기존 대피시설보다 기준을 강화해 1인당 면적 기준은 기존 0.83㎡에서 1.43㎡로 늘리고 벽체 두께는 50㎝이상, 출입구는 방폭문을 설치한다.

■ 서해5도 독점 운송업체 "대북전단 선적 중단" 논란(2011.5.16.)

지난 3월 말, 국제농업개발원 이병화 원장은 평소 친분이 있는 중국인 사업가 J씨로부터 대북 전단 한 장이 든 편지 한 통을 받았다. 북의 3대 세습을 비난하는 내용이었다. 이 대북 전단은 북한과 석탄무역을 하는 J씨가 3월 초 평양 바로 북쪽에 접해 있는 평안남도 평성시 평성역에서 주운 3장의 전단 가운데 하나로, 이 원장은 "(이 전단이) 탈북자 단체인 기독북한인연합이 올 3월 7일 백령도에서 띄운 것으로 확인됐다"고 말했다. 평성시는 백령도에서 200㎞ 정도 떨어진 곳이다. 이에 대해 김승배 기상청 대변인은 "3월부터 남서풍이 불기 시작하기 때문에, 풍선이 지상에서 1㎞ 정도만 뜨면 200㎞ 이상도 쉽게 날아갈 수 있다"고 말했다.

주민들 "北서 조준 사격할까 겁나"

하지만 대북 전단이 남서풍을 타고 평양으로 날아드는 일은 당분간 발생하지 않을 것으로 보인다. 15일 탈북단체·경찰 등에 따르면 백령도·연평도 등 서해5도 화물을 독점 운송하는 해운업체인 '미래해운'이 지난 3월 26일부터 대북 풍선 관련 장비를 싣지 못하도록 조치를 취했다. 미래해운 관계자는 "주민 대표들이 찾아와 (대북 풍선) 장비를 싣지 말라고 강하게 반대하는데 어떻게 실어 주겠느냐"면서 "우리도 영리를 추구하는 기업인데 주요 고객들이 이렇게 강하게 반대하는 일이라면 아무리 취지를 공감하더라도 어쩔 수 없다"고 설명했다. 백령도 주민인 손명서(52)씨도 "지난해 천안함·연평도 사건으로 조업도 제대로 못 하고 있는 데다 관광객들까지 줄어 주민들이 민감한 상황이고, 또 북에서는 조준 사격까지 하겠다고 하는데 풍선 띄우는 걸 찬성할 수 있겠냐"고 말했다.

단체들 "대북 전단, 北 위한 최소한의 인권운동"

이에 대해 이민복 대북풍선단장은 "우리가 대북 전단 풍선을 띄우는 것은 북한 사람들의 눈과 귀를 열어주는 최소한의 인권운동이다. 북에서는 늘 거짓으로 조준 사격을 하겠다고 하지만 실제로 발생한 적이 없는데 이 때문에 진실도 제대로 알지 못한 채 굶주리고 있는 북한 주민들을 내버려둘 수는 없는 노릇"이라면서 "정당한 이유 없이 우리 장비의 운송를 거부하는 것은 차별이다. 현재 법적 대응을 검토하고 있다"고 주장했다. 해운법 제31조에는 "비상업적인 이유로 하주를 부당하게 차별하여서는 아니 된다"고 돼 있다. 경찰 등에 따르면 대북 전단 풍선은 2005년 1회, 2006년 1회, 2007년 10여 회, 2008년 20여 회에서 2009년 100여 회로 늘어났고, 지난해 110여 회, 올 4월까지 30여 회가 북한으로 날려 보내졌다. 특히 지난해 단 한 해 동안 띄워진 대북 전단만 8,000여만 장으로 이는 북한 전체 인구의 3배 이상이 되는 수다. 1년에 30회 이상 대북 풍선을 띄우는 탈북단체로는 기독북한인연합, 자유북한운동연합, 탈북인단체총연합, 북한민주화국제연합 등이 있다.

■ 서해5도에 10년간 총 9109억원 투입 (2011.6.23.)

연평도 등 서해5도 지역의 주거환경 등을 개선하기 위해 올해부터 2020년까지 10년간 민자를 포함해 총 9,109억원이 투입된다. 정부는 22일 세종로 정부중앙청사에서 김황식 국무총리 주재로 제2차 서해5도 지원위원회를 열어 이 같은 내용을 담은 '서해5도 종합발전계획'을 심의, 의결했다.

교육비 지원 · 원격 진료 시스템도

종합발전계획이 이뤄지면 6,310억원의 생산유발 효과와 6,640개의 일자리 창출 등 지역경제 활성화에 큰 도움을 줄 것으로 정부는 예상했다. 앞으로 10년간 진행될 사업 항목으로는 78개가 선정됐다. 세부 계획에 따르면, 오는 2020년까지 서해5도 주민의 생활 안정을 위해 정주생활지원금, 생활필수품 해상운송비, 교육비 지원은 물론 원격진료 시스템이 갖춰진다. 쾌적한 주거환경 조성을 목표로 노후주택 개량 및 민박과 펜션 등의 시설도 확충된다. 상·하수도 등 생활기반시설 정비를 비롯해 주민의 안전을 확보하기 위해 대피시설 42곳을 올해 안에 새로 짓고, 노후 대피시설에 대한 개·보수도 추진한다. 연평도에는 안보교육관을 지어, 보존 중인 피폭 주택 등과 함께 안보 관광지로 만든다.

여객 · 쾌속선 투입… 편의 향상

주민과 관광객의 해상교통 편의도 향상된다. 백령 항로에 2,500톤급 대형 여객선, 연평항로에는 500톤급 초쾌속선을 투입한다. 식수난 해결을 위해서는 소연평도와 소청도에 해수담수시설을 설치키로 했다. 지역 주민들의 생활 안정을 위한 대책도 잇따른다. 대청도 선진포항과 옥죽포항, 소연평항 등은 어항으로서의 기능이 강화된다. 일자리 창출을 위해 서해5도에 수산물 가공·저장 시설이 조성되고 꽃게·까나리 액젓 등이 지역 명품으로 개발된다. 행정안전부 관계자는 "지난해 말 서해5도 지원법이 국회를 통과함에 따라 다각적인 검토를 거쳐 종합대책을 마련하게 됐다"면서 "백령도와 연평도에는 해양복합 관광시설과 갯벌체험 공간이 각각 조성되고, 백령도에는 경비행장 건설 방안도 장기 과제로 검토될 것"이라고 밝혔다.

■ 서해5도 발전계획 예산 절반 넘게 '싹둑' (2011.11.15.)

정부가 발표한 인천 옹진군 서해5도 종합발전계획 실천을 위한 내년도 예산이 크게 깎여 실질적인 사업을 펼 수 없게 됐다. 14일 국회 예산결산위원인 민주당 신학용(인천 계양갑) 의원에 따르면 기획재정부는 행정안전부가 요구한 내년도 서해5도 종합발전계획 예산 250억 5,400만원 가운데 151억 4,000만원을 삭감해 99억 1,400만원만 반영했다. 특히 재정부는 서해5도 노후주택 개량 사업비 160억원 가운데 18%인 28억원만 반영했으며, 안보교육장 건립비는 49억원에서 29억 600만원으로 줄였다. 행안부는 당초 노후주택 개량 사업을 위해 80채 신·개축비 64억원, 240채 개·보수비 96억원을 산정했다. 하지만 재정부는 신·개축비를 전액 삭감하고, 개·보수 대상 주택을 240채에서 140채로 줄였다. 개·보수비도 국토연구원 용역 결과 제시된 동당 5,000만원에서 2,000만원으로 줄인 결과다. 그러나 오래된 주택이 많은 곳이어서 신·개축 수요가 많은 데다, 개·보수비도 절반 이하로 줄어들어 실질적인 주택개량사업을 펼 수 없게 됐다. 해당 예산에 대한 국비 지원이 80% 이상 축소된 마당에 옹진군은 자체적으로 사업을 펼쳐야 하지만 재정자립도가 22.7%에 불과해 난감하다.

앞서 재정부는 행안부 요구대로 노후주택 개량사업 예산을 지원해 줄 것을 요청한 조윤길 옹진군수에게 다른 낙후지역과의 형평성을 내세워 불가 입장을 밝혔다. 이에 따라 지난해 11월 북한의 연평도 포격 이후 서해5도 주민들의 열악한 정주(定住)여건을 국가적 차원에서 개선한다며 제정한 '서해5도 지원특별법'이 효력을 잃는 게 아니냐는 우려마저 커지고 있다. 더욱이 지난해 11월 연평도 피격 직후 대통령과 국무총리가 잇따라 서해5도에 대한 적극 지원을 약속한 게 주민들을 달래기 위한 일시적인 수사(修辭)에 그쳤다는 지적이 거세다. 신 의원은 "정주여건을 개선한다고 해놓고 최우선 과제인 주택개량사업 예산을 대폭 삭감한 것은 취지와 반대"라고 맞섰다.

■ 살해당한 대한민국 해양주권(2011.12.13.)

서해상 영해에서 중국 어선의 불법조업을 단속하던 해양경찰관이 중국인 선원이 휘두른 흉기에 찔려 사망하는 사건이 또 발생했다. 2008년 9월 전남 신안군 가거도 해상의 피살사건에 이어 두 번째다. 따라서 당시 사고 후 강화된 해경의 대응 매뉴얼이 무용지물이었다는 지적과 함께, 정부가 중국 어선의 불법행위에 대한 외교적 차원의 해결 노력은 외면한 채 해경 측에 적극적인 대처를 주문하지 못한 결과라는 분석이 나온다.

12일 오전 7시쯤 인천 옹진군 소청도 남서쪽 85㎞ 해상에서 불법조업을 하던 중국 어선을 나포하는 과정에서 인천해경 소속 이청호(41) 경장이 흉기에 옆구리를 찔려 숨졌다. 함께 단속에 나선 이낙훈(33) 순경은 배를 다쳐 치료를 받고 있다. 이로써 지난 5년간 중국 어선 나포 과정에서 숨진 경찰관은 2명, 부상자는 28명에 이른다. 이 경장 등 해경 10명은 고속단정을 타고 중국 어선에 접근, 중국인 선원 8명의 저항을 뚫고 어선에 올랐으나, 조타실 문을 잠근 채 끝까지 버티던 선장 칭다위(42)가 갑자기 휘두른 흉기에 변을 당했다. 이 경장과 이 순경은 방검조끼를 입은 상태였지만, 조끼로 가려지지 않은 부위인 옆구리와 배를 각각 찔렸다. 이 경장 등은 헬기로 인하대병원으로 이송됐으나, 이 경장은 출혈이 심해 오전 10시 10분쯤 사망했다. 나포된 중국 어선과 선장을 포함한 선원 등 9명은 인천해경으로 압송됐다. 해경은 현장에서 낫과 손도끼 등을 압수했다. 아울러 선장 칭다위에 대해 살인, 상해, 배타적 경제수역(EEZ)법 위반 혐의로 구속영장을 신청했다.

이날 사고를 계기로 불법조업을 하며 저항하는 중국인 선원에 대한 총기사용 매뉴얼을 보완·강화해야 한다는 지적이 일고 있다. 해경은 지난 3월 중국 어선의 나포 및 압송 과정에서 발생할 수 있는 대원 피해를 방지하기 위해 '위기 매뉴얼'을 수립했다. 해경은 이와 관련, "현재까지는 고무탄 발사기·전자충격총 등 비살상무기를 1차적으로 사용하고, 경찰관이 신변에 위협을 느낄 경우 총기를 사용한다는 방침이었다"면서 "앞으로는 중국 선원들이 흉기를 소지한 채 저항할 경우 접근 단계에서부터 총기를 사용, 무력화시키는 방안을 검토 중"이라고 밝혔다. 한편 정부는 이날 대책회의를 열어 해경 단속 인력·장비 보강, 효율적인 단속방안 등 종합대책을 마련하기로 했으며, 해경은 고(故) 이청호 경장에 대한 1계급 특진을 상신했다.

■ [사설] 해경특공대 목숨 앗아간 중국 불법어로(2011.12.13.)

중국 어선의 불법조업을 단속하던 해양경찰관이 흉기에 찔려 숨지고 1명은 부상을 입었다. 중국 어선 불법조업 단속과 관련한 해경 사망사고는 두 번째로 지난 2008년 이후 3년 만이다. 언제까지 해상주권이 중국 어선에 유린당해야 하는 것인지 답답하고 참담하다. 해경에 따르면 어제 오전 7시 인천시 옹진군 소청도 남서방 85㎞ 해상에서 특공대원 이평호 경장이 중국 어선을 나포하다 선장이 휘두른 유리창에 옆구리를 찔려 병원에서 숨졌다. 함께 진압하던 이낙훈 순경은 배를 찔려 치료 중이다. 이 경장은 방검조끼로 가려지지 않은 곳을 찔려 변을 당했다.

이번 사건은 해경이 불법조업 일제단속을 실시한 지 한 달도 안돼 발생한 것이어서 충격이 크다. 우리 해경의 단속 의지가 중국 선원들에게 먹히지 않고 있다는 것을 말해주기 때문이다. 해경은 지난달 서해와 남해에서 헬기와 특공대를 동원해 특별단속을 벌여 중국 어선 20여척을 나포했다. 그러나 66톤급 중국 어선은 이날 이런 경고도 아랑곳하지 않고 서해 깊숙이 들어와 고기를 잡다 해경에 적발됐다. 특히 9명의 중국 선원은 16명이 투입된 해경에 비해 인원은 물론 장비면에서 열세인데도 격렬히 저항하다 공권력의 상징인 경찰관의 목숨까지 앗아갔다.

중국 어선의 불법조업은 해가 갈수록 기승을 부리고 있다. 불법조업 단속실적을 보면 올해는 11월 현재 471척이 나포돼 지난해의 370척에 비해 46%가량 늘어났다. 중국 어선들이 서해와 남해에서 불법조업을 일삼는 것은 벌금을 물어도 2배 이상의 수익이 보장되기 때문이다. 게다가 중국인들이 생선에 맛을 들이면서 수산물 가격은 더욱 치솟고 있다. 이러니 중국 어부들이 기를 쓰고 영해를 침범하고 적발되면 폭력으로 저항한다. 정부는 이달부터 불법조업 벌금 상한액을 7,000만원에서 1억원으로 상향조정했으나 언 발에 오줌누기다.

정부는 더이상 해상공권력이 조롱당하는 사태를 용인해선 안 된다. 중국 선원들의 저항이 흉포화되는 만큼 총기 사용의 범위를 과감히 확대, 주권 훼손에 엄정 대응해야 한다. 1만여 명의 해경이 290척의 경비함정으로, 국토 면적의 4.5배에 이르는 해역을 지키기에는 한계가 있는 만큼 해군과 공조하는 방안도 적극 검토해야 한다. 무엇보다 중요한 것은 중국에 우리의 단호한 의지와 결기를 보이는 것이다.

■ 진압봉 하나에 의지한 채 조타실 진입 中선장 휘두르는 흉기에 옆구리 찔려 (2011.12.13.)

인천해양경찰서 경비함 '3005함'이 인천 옹진군 소청도 남서쪽 87㎞ 해상에서 배타적 경제수역(EEZ)을 침범해 불법조업 중이던 중국 어선 두 척을 발견한 것은 12일 오전 5시 40분쯤이었다. 진압대원 10명은 오전 6시 모함에 탑재된 고속보트 2척에 나눠 타고 중국 어선을 향해 출동했다. 대원들이 '요금어15001호(66톤급)'에 접근해 정선할 것을 명령하자 배가 주춤했다. 상공에는 해경 헬기가 선회했다. 이청호(41) 경장 등 9명이 오전 6시 25분 진압봉, 전기충격총 등 진압장비를 갖춘 채 섬광탄을 터뜨리며 요금어호에 올라타 쇠파이프 등을 휘두르며 저항하던 중국인 선원 8명을 30여분 만에 제압했다. 그러나 선장 칭다위(42)는 조타실 문을 걸어 잠근 채 버텼다. 이 경장이 출입문을 부수고 조타실에 뛰어들어가는 순간, 선장이 휘두르는 흉기에 왼쪽 옆구리를 찔렸고, 뒤따라 들어간 통역 요원 이낙훈(33) 순경도 상처를 입었다. 이 경장은 1996년 특전사 예비역 중사로 전역한 뒤 1998년 순경 특채를 통해 해경에 투신했다. 그는 특수구조단, 특수기동대, 특공대 폭발물 처리팀 등을 거치며 줄곧 바다를 지켰다. 이 경장은 나포 작전 때 늘 선봉에 나서며 다른 대원들의 모범이 됐다. 여섯 차례에 걸쳐 인명구조 유공 표창을 받았다. 이번 작전에서도 조타실 투입조 5명 중 가장 먼저 진입했다가 변을 당했다. 순직한 이 경장의 유족으로는 부인(37)과 딸(14), 아들 둘(12·10살)이 있다. 인천해경 특공대 문병길(37) 경사는 "해경 임용 동기인 이 경장은 누구보다 성실하고 책임감이 강했다"면서 "주말이면 가족끼리 함께 시간을 보내곤 했는데 이렇게 가다니 허망하기만 하다"고 말했다.

한편 우리 측 EEZ에서 불법조업을 하다 나포된 중국 어선은 2007년 494척, 2008년 432척, 2009년 381척, 2010년 370척, 올 들어 지난 7월까지 208척이다. 지난 2년간 줄어들더니 올 들어 다시 늘어나는 추세다. 이 기간 중 구속된 중국 선원은 571명이고, 선주에게 청구된 담보금은 277억원에 이른다. 중국 어선들이 극성인 이유는 1차적으로 중국 측의 어업환경 때문이다. 중국은 어선의 난립과 남획 등으로 어장 황폐화가 가속화돼 사실상 어로행위가 불가능한 것으로 알려졌다. 선원들이 극렬하게 저항하는 것은 거액의 담보금과 이중처벌을 두려워하기 때문이다. 한 번 나포되면 선주는 4,000만~7,000만원의 담보금을 내야 하는데, 선주는 담보금을 선원들에게 분담시키곤 한다. 담보금을 내고 석방되더라도 중국 정부로부터 다시 처벌을 받는다.

■ 중국 선원들이 극렬하게 저항한 이유는 (2011.12.14.)

중국 어선 '루원위호'의 칭다위(42) 선장 등 중국인 선원들이 해경에게 극렬하게 저항한 것은 불법조업 해역이 가중처벌을 받을 수 있는 '특수금지구역'이었기 때문이다. 14일 해경에 따르면 중국 어선도 우리나라 농림수산식품부로부터 사전에 허가를 받으면 배타적 경제수역(EEZ)에서 정상적으로 조업을 할 수 있다. 그럼에도 늘 불법조업이 문제되는 곳은 EEZ다. 허가받는 데 절차상의 번거로움도 있지만, 중국에는 허가 요건이 되지 않는 무등록 선박이 많기 때문이다. 현재 우리 측 EEZ에서 허가받고 조업하는 중국 어선은

1,700여척. 반면 불법조업 중인 어선은 5,000~7,000척에 이른다는 것이 해경 측의 분석이다. 이 경사가 피살된 인천 옹진군 소청도 남서쪽 87㎞ 해상은 EEZ이지만 아예 조업 허가가 나지 않는 특정금지구역이다. 이 구역은 한·중 어업협정 당시 중국 어선이 진입하지 못하도록 협약을 맺었다. 북방한계선(NLL)에 인접해 남북한 충돌 가능성 등 예민한 해역이기 때문이다. 그러다 보니 다른 해역보다 어족자원이 풍부한 '황금 어장'이다. 이 경사를 작업용 칼로 살해한 칭다위 선장은 지난 4월 25일 제주 차귀도 북서쪽 27.5㎞ 해상 EEZ에서 조업을 하다 적발됐다. 정상 조업이 가능했지만 삼치 760㎏을 잡고도 조업일지에 480㎏만 잡았다고 허위 기재했기 때문이다. 칭다위 선장은 담보금 2,000만원을 내고 풀려났고, 어획물을 되돌려받았다. 해경 관계자는 "처벌이 엄한 특정금지구역이라는 사실은 중국인 선원들이 이미 알고 있었다"고 말했다.

■ '해경 살해' 중국인 선장 사형 구형 (2012.4.5.)

인천지검 공안부는 불법조업을 단속하던 해경대원 이청호(42) 경사를 흉기로 찔러 숨지게 한 혐의로 구속 기소된 중국 어선 '루원위호' 선장 청모(43)에게 사형을 구형했다고 4일 밝혔다. 또 특수공무집행방해 혐의로 구속된 리모(47) 등 루원위호 선원 8명과 해경 나포 작전을 방해한 '리하오위호' 선장 류모(31)에 대해서는 징역 2~3년과 벌금 2,000만원을 각각 구형했다. 인천지법 제12형사부 심리로 열린 결심공판에서 검찰은 "청의 살인이 계획적인 데다 치밀하게 이뤄진 점, 한 나라의 공권력에 대한 도전이며 사안이 중한 점 등을 종합적으로 고려할 때 엄한 처벌이 불가피하다"고 밝혔다. 청은 지난해 12월 12일 인천 옹진군 소청도 남서쪽 87㎞ 해상에서 불법조업을 하던 중 이 경사 등 해경대원 10명에게 체포당할 위기에 처하자 흉기를 휘둘러 이 경사를 숨지게 한 혐의로 구속 기소됐다.

■ '해경 살해' 중국선장 징역 30년형 (2012.4.20.)

불법조업을 단속하던 해양경찰관을 흉기로 찔러 숨지게 한 혐의(살인)로 구속 기소된 중국 어선 '루원위호' 선장 청모(43)씨에게 징역 30년에 벌금 2,000만원이 선고됐다. 또 특수공무집행방해 혐의로 함께 구속 기소된 리모(47)씨 등 루원위호 선원 8명과 나포작전을 방해한 '리하오위호' 선장 류모(31)씨 등에 대해서는 징역 1년 6개월~5년과 벌금 1,000만~2,000만원이 각각 선고됐다. 인천지법 제12형사부(부장 박이규)는 19일 선고공판에서 "피고인들의 불법조업을 단속하던 경찰관이 생명을 잃고 다른 경찰관들은 심각한 상해를 입어 가족은 물론 전 국민의 충격과 분노를 자아냈다"며 "또 다른 비극을 막기 위해 단호한 책임 추궁이 불가피하다"고 밝혔다. 청씨는 지난해 12월 12일 인천 옹진군 소청도 남서쪽 87㎞ 해상에서 배타적 경제수역(EEZ)을 침범해 불법조업을 하던 중 이청호(42) 경사 등 해경대원 10명에 의해 나포당할 위기에 처하자 흉기를 휘둘러 이 경사를 숨지게 한 혐의로 사형을 구형받았다. 이에 대해 중국 외교부 류웨이민(劉爲民) 대변인은 이날 정례 브리핑에서 "한국이 일방적으로 배타적 경제수역 법에 따라 중국 어민을 판결한 것을 받아들이지 않는다"고 말했다.

■ 연평도 간 MB "NLL 목숨 걸고 지켜야", 민주 "의도적 대선국면 개입" 강력 반발 (2012.10.19.)

이명박 대통령은 18일 "요즘 이런저런 이야기가 있지만 우리 군은 통일이 될 때까지는 서해 북방한계선(NLL)을 목숨을 걸고 지켜야 한다"면서 "그것이 바로 평화를 지키는 것"이라고 말했다. 이 대통령은 NLL에서 불과 1.5㎞ 떨어진 연평도를 전격 방문한 자리에서 이같이 밝혔다. 연평도 방문은 역대 대통령 가운데 처음이다. 이 대통령은 "NLL은 평화를 지키고 도발을 억제하기 때문에 이 선을 확보해야 하는 것은 남북에 다 도움이 된다"면서 "정부도 NLL을 확고히 지켜야 한다는 방침을 갖고 있다"고 말했다. 민주통합당은 이 대통령의 연평도 방문에 강력 반발했다. 박용진 대변인은 "여당이 만들어 놓은 색깔론 정쟁의 한복판에 개입해 대선 국면에 영향을 미치겠다는 의도로 연평도를 방문했다면 대선에서 국민의 준엄한 심판을 면치 못할 것"이라고 비난했다. 그러나 박정하 청와대 대변인은 "최근 동부전선 22사단 철책 사건 이후 안보에 대한 국민들의 걱정이 많고, NLL 상에서 북한 어선을 통한 침략 시도도 있었다"면서 "다음 달 23일 연평도 포격 2주년을 고려하고 우리 군의 경계태세 강화를 점검하기 위해 이 대통령이 방문하게 된 것"이라고 말했다. 이 대통령은 "(북한이) 도발하면 반격을 강하게 해야 한다. 우리가 준비를 하면 북한의 도발을 억제할 수 있다"면서 "북한이 어떻게 한다는 것은 위장 전술이고 그럴 때일수록 경계를 해야 한다. 우리 군 전체를 봤을 때 걱정스러운 것은 오랜 대치로 방심할 수 있다는 것"이라고 말했다.

■ 뿔난 서해5도 주민들 "中 불법조업 더 못 참겠다"(2012.11.1.)

중국 어선들의 불법조업으로 인한 피해가 갈수록 커지면서 어민들이 육지로 나와 집단행동을 하는 지경에 이르렀다. 인천시 옹진군 백령·대청·연평도 어민 150여 명은 31일 인천시청 앞에서 중국 어선 불법조업을 강력히 단속할 것을 촉구하는 집회를 가진 데 이어 1일에는 중국대사관과 국회 인근에서 집회를 가질 예정이다. 서해5도 어민들이 중국대사관과 국회에서 항의 집회를 벌이는 것은 처음이다.

옹진군에 따르면 지난 9월 말부터 중국 어선 455척(연평도 37척, 소청도 303척, 백령도 115척)이 서해5도 해역에 나타나 불법조업을 일삼고 있다. 백령·대청 해역에서는 10월 한 달간 259틀의 어구를 도난당하거나 파손돼 3억 6,000만원의 피해를 입었다. 제주에서도 중국 저인망 어선들이 해마다 7월부터 10월까지 동해 북한수역 조업을 위해 제주해역을 지나면서 우리 어선 어구를 훼손시키는 사례가 빈발, 지난해만 7억여 원의 피해가 발생했다. 어획량도 덩달아 줄어 제주의 갈치 어획량은 2008년 3만 2,000톤에서 2009년 2만 2,000톤, 2010년 1만 7,400톤으로 계속 감소됐다. 농림수산식품부는 우리 측 배타적 경제수역(EEZ)에서 불법조업을 하는 중국 어선이 연간 2,000~2,500척(합법 1,650척)에 달하는 것으로 파악하고 있다. 농식품부 관계자는 "중국 어선들이 낮에는 잠정조치수역에서 머물다 밤이 되면 EEZ로 들어와 불법조업을 하는 행위를 되풀이하고 있다"고 밝혔다. 농식품부 측은 중국 어선 불법조업으로 인한 피해액을 연간 600억원으로 추산하고 있다.

이 같은 현상이 반복되자 어민들 사이에서 정부를 비난하는 목소리가 터져나오고 있다. 신승원 연평도 어민회장은 "중국 어선의 불법조업에 따른 대책을 당국에 수차례 건의했음에도 우리 어선의 야간조업, 월선조업에 대한 통제는 강력하게 하는 반면 정작 중국 어선에 대해서는 미온적으로 대처하고 있다"고 말했다. 홍석휘 제주도 선주협회장은 "불법조업 자체도 문제지만 중국 어선들이 우리 어선이 설치해 놓은 어구를 마구잡이로 파괴하는 것도 심각한 문제"라고 말했다. 어민들은 아울러 정부에 수차례 어업지도선 현대화 및 불법조업 방지시설을 요청했지만 반영되지 않았다고 강조했다. 백령·대청·연평 해역에는 6척의 어업지도선이 배치돼 불법조업을 단속하고 있지만 2006년에 건조된 1척을 제외하고는 선령이 15년 이상된 노후 선박이다. 옹진군 관계자는 "어업지도선 예산 지원과 인공어초를 비롯한 불법조업 방지시설이 시급하다"면서 "접적해역에서의 안전조업은 단순한 지자체 업무가 아닌 국가사무인 만큼 중앙정부가 적극 나서야 한다"고 밝혔다. 정부와 해경은 지난 8월부터 불법조업으로 적발된 중국 어선들이 담보금 납부 후 풀려나면 곧바로 불법 어업을 자행하는 악순환의 고리를 끊기 위해 어구 몰수 등 강력처방을 하고 있으나 불법조업은 사라지지 않고 있다. 제주해경 관계자는 "고기잡이 장비를 뺏긴 어선들이 중국으로 돌아가 어구를 새로 구입할 경우 5,000여만원의 추가 비용이 발생하지만 중국 어선들은 아랑곳하지 않고 불법조업을 일삼는다"고 설명했다.

■ 서해5도 발전계획 발표 18개월 옹진군 지원금 1년새 절반 깎여(2012.11.23.)

23일 연평도 포격 2주년을 맞았지만 정부가 연평도 등을 지원하기 위해 마련한 서해5도 종합발전계획 추진 상황이 미진하다는 지적이 일고 있다. 정부는 2020년까지 9,109억원을 투입해 주거환경 개선 등 78개 사업을 추진하는 내용의 서해5도 종합발전계획을 지난해 6월 발표했다. 옹진군에 따르면 올해 국비 지원금은 218억 7,400만원으로 지난해 424억 4,000만원의 절반 수준이다. 가장 시급했던 대피소(백령도 26개, 연평도 7개, 대청도 9개) 신축은 지난달 모두 공사를 마쳤고, 30년 이상 된 노후주택 개량사업, 유류운반비 지원 등이 진행돼 왔다. 서해5도 주민에게 월 5만원씩 제공되는 정주생활지원금도 국비로 지원되고 있다.

그러나 이들을 제외한 상당수의 사업은 시급하지 않다는 등의 이유로 예산에 반영되지 않았거나 부족해 추진에 애로를 겪고 있다. 취로사업의 경우 예산이 1억 5,000만원에 불과해 연평도는 격주로 취로사업을 펼치고 있다. 연평도 주민 최모(62)씨는 "취로사업은 일당이 3만 7,000원에 불과해도 특별한 일거리가 없는 사람들에게는 아주 요긴한데 드문드문 실시해 불만이 많다"고 말했다. 낡은 병원선 교체나 어업지도선 개량도 예산 부족으로 아직까지 실행되지 않고 있다. 서해5도 문화예술 지원, 아트지구 조성 등은 현재 섬의 실정과 맞지 않는다는 이유로 후 순위로 밀렸다. 옹진군 관계자는 "문화 관련 사업은 우선 기본 인프라를 갖춘 뒤 추진해야 할 사안이라 정부에서 내후년부터 추진하기로 한 것으로 알고 있다"고 말했다. 관광객을 끌어들이고 섬 주민에게 혜택을 주고자 뱃삯을 지원하는 팸투어 사업은 옹진군이 군비로 도맡아 하고 있다. 옹진군은 서해5도 종합발전계획 사업을 추진하기 위해 내년도분 국비 917억 8,100만원을 신청했다. 이 가운데 얼마가 반영될지는 미지수지만 정부의 어려운 재정 상황을 감안할 때 상당액이 반영되지 못할 것으로 판단되고 있다. 옹진군 관계자는 "서해5도 발전계획은 장기적인 사업이지만 올해와 내년이 가장 중요한데 필요한 만큼 국비 지원이 이뤄지지 않아 종합적이고 체계적인 사업을 펼치는 데 애로가 많다"고 말했다.

■ 불법 조업 中선원 24명 구속(2012.12.10.)

우리 해역에서 불법 조업을 하던 중국 선원들이 또 다시 무더기로 구속됐다. 인천해양경찰서는 9일 우리측 배타적 경제수역(EEZ)에서 불법 조업을 하다 적발되자 격렬히 저항을 하며 단속을 방해한 혐의(특수공무집행방해 등)로 중국 선원 24명을 구속했다. 이들은 지난달 27일 인천 소청도 남동쪽 33㎞ 해상에서 30톤급 어선 3척에 나눠 타고 불법 조업을 하던 중 해경이 접근하자 어구를 던지고 쇠파이프를 휘두르는 등 격렬하게 저항했다. 이 과정에서 해양경찰관 4명이 중국 선원들이 휘두른 쇠파이프 등에 맞아 다쳤다.

■ 백령도에 하늘길 열리나(2013.2.15.)

서해 최북단 백령도에 민간 항공기가 다닐 수 있도록 소형 공항을 신설하는 방안이 추진된다. 14일 인천시 옹진군에 따르면 군은 백령도 진촌리 솔개공구의 간척지에 소형 공항을 건설하기로 하고 용역에 착수할 방침이다. 옹진군은 관광객 유치와 주민 교통 편의를 위해 백령공항 신설이 반드시 필요하다는 입장이다. 현재 육지와 백령도를 오가는 교통수단은 여객선(3척)이 전부로, 인천에서 백령도까지 4시간 30분 이상 소요된다. 군은 배편만으로는 관광객 유치에 한계가 있다고 주장한다. 백령공항이 건설되면 서울 김포공항에서 30분이면 갈 수 있을 것으로 보고 있다. 군 관계자는 "바다를 추가로 매립하지 않아도 돼 공항 건설비용이 많이 들지 않는다"면서 "관광객도 크게 늘어날 것"이라고 말했다. 그러나 백령도에 공항을 짓기 위해서는 넘어야 할 난관이 있다. 현재 백령·대청·연평도 등 서해5도는 민항기 비행금지구역으로 묶여 있다. 공항을 지으려면 먼저 항공법을 개정해야 한다. 백령공항 신설 계획에 대해 군부대도 난색을 표했다. 북한 장산곶과 불과 17㎞ 떨어진 서해 최북단 도서에 공항을 짓게 되면 군사작전 수행에 차질이 있을 수 있다는 것이다.

■ 군사분계선 역할하는 '해상경계선' (2013.6.25.)

서해 북방한계선(NLL) 논란의 근원은 1951~53년 정전협정 협상 과정에서 육상 군사분계선(MDL) 및 비무장지대(DMZ)에 대해 합의한 것과는 달리 해상분계선 설정에 실패한 데서 비롯됐다. 유엔사령부는 해상분계선으로 육상 군사분계선 연장선 상하 3해리를 주장했지만, 북한은 12해리를 주장해 합의하지 못했다. 전략적으로 특히 중요한 연평도, 백령도 등이 몰려 있는 서해가 문제였다. 1953년 8월 30일 유엔군 철수를 앞두고 당시 유엔군사령관인 마크 클라크 미군 대장은 한반도 해역에서 우리 해·공군의 북상을 제한해 우발적 충돌을 막기 위한 목적으로 NLL을 '일방적으로' 설정했다. 북한 해군 전력의 우위가 남한을 넘어선 1970년대부터 논란은 시작됐다. 북한은 1973년 10월부터 한 달간 43회에 걸쳐 NLL을 의도적으로 침범한 서해사태를 유발, 논란을 공식화했다. 같은 해 12월 제347차 군사정전위원회에서 북한은 NLL을 인정하지 않는다고 밝혔다. 한동안 NLL을 존중하는 듯하더니 1999년 9월 '조선서해해상군사분계선'을 선포하면서 NLL은 무효라고 공표했다. 정부는 NLL을 실효적으로 관할해 왔고 해상 군사분계선의 기능과 역할을 해왔기 때문에 실질적인 해상경계선이라고 못 박고 있다. 국제법에서 말하는 응고의 원칙과 실효성의 원칙, 묵인의 법리가 작용한다는 것이다.

■ 서해5도 中어선이 안보이네… 무슨 일이? (2013.11.27.)

인천 옹진군 연평도 면사무소 한쪽 칠판에는 인근 해역에서 불법조업을 펼치는 중국 어선 수가 매일매일 기록된다. 해경 경비함이 레이더로 파악한 것을 통보받은 것이기에 거의 오차가 없다. 26일 칠판에 적혀 있는 중국 어선 수는 '제로(0).' 이런 현상은 지난달부터 계속되고 있다. 불법조업을 일삼던 중국 어선들이 두 달째 종적을 감춘 것이다. 지난 9월에는 하루 평균 20여 척이 포착됐다. 이 또한 매년 가을 꽃게 조업철(9~11월)이면 적게는 70~80척, 많게는 200~300척의 중국 어선이 어김없이 몰려오던 것에 비하면 큰 변화다. 백령도와 대청도의 사정도 비슷하다. 따라서 서해5도 북방한계선(NLL) 인근에서 해경과 중국 어선이 쫓고 쫓기며 숨바꼭질을 펼치던 장면은 더이상 보기 힘들다.

이로 인해 중국 어선들이 우리나라 어민 어구를 훔쳐 가거나 망가뜨리는 피해도 현저히 줄어들었다. 옹진군에 따르면 지난해 서해5도에서 발생한 어구 분실·파손 등의 피해액은 6억원에 달한다. 하지만 올해 집계된 피해액은 아직 없다. 중국 어선들이 느닷없이 사라진 이유에 대해서는 여러 가지 가설이 나오고 있다. 일각에선 서해5도 어장의 꽃게 자원 감소에서 원인을 찾고 있다. 꽃게 양이 풍성하지 않으니 자연히 찾아들지 않는다는 것이다. 꽃게 대표 산지인 연평어장의 경우 올해 어획량이 700톤으로 지난해 880톤의 80% 정도로 줄어들기는 했지만, 먹잇감을 보면 물불을 가리지 않던 중국 어선들의 기존 행태로 볼 때 설득력이 떨어진다.

한·중 간 외교 등 정치상황과 무관치 않다는 시각도 있다. 박근혜 대통령이 시진핑 중국 주석과 지난 6월 정상회담을 가진 게 어떠한 형태로든 영향을 미쳤을 것이라는 분석이다. 그러나 회담 당시 불법조업 문제가 주 이슈로 다뤄지지 않은 데다, 중국 어선들이 그동안 중국 당국의 단속에도 아랑곳하지 않고 불법조업을 펴 왔다는 점에서 고개가 갸웃거려진다. 또 다른 추론은 올 들어 북한의 김정은 체제가 강화된 이후 NLL에서 남북 긴장이 고조되고, 북한이 중국 어선 불법조업을 강력하게 조치하고 있기 때문 아니냐는 것이다. 연평도 어민 곽모(54)씨는 "무슨 꿍꿍이인지는 모르겠지만 어쨌든 중국 어선들이 보이지 않으니 막힌 속이 뚫리는 듯하다"면서 "사연을 떠나 이번 기회에 중국 어선 불법조업이 근절됐으면 좋겠다"고 말했다.

■ 서해5도 지원 역대 최저… 발전계획 용두사미?(2014.3.7.)

연평도 피격사건 이후 시작된 인천시 옹진군 서해5도에 대한 정부 지원이 올해 최저 수준인 것으로 나타났다. 2010년 11월 발생한 연평도 사건 직후 제정된 '서해5도 지원 특별법'에 따라 정부가 수립한 서해5도 종합발전계획이 용두사미에 그치는 것 아니냐는 지적이 일고 있다. 6일 인천시에 따르면 정부가 올해 서해5도 발전사업을 위해 반영한 예산은 401억원으로 파악됐다. 이는 서해

5도 발전사업이 시작된 2011년 이후 가장 적은 액수다. 2011년 531억원에 달했던 것이 2012년 482억원, 지난해 478억원으로 줄더니 올해는 400억원을 겨우 넘겼다.

정부가 3년간 투입한 예산은 1,491억원으로 올해분을 포함하더라도 2,000억원을 넘지 못한다. 정부는 계획 발표 당시 2020년까지 9,100억원의 재원을 투입하겠다고 강조했으나 이 추세라면 절반에도 못 미칠 것으로 보인다.

정부는 주민생활 안정과 삶의 질 향상, 주민대피체계 강화, 일자리·소득창출기반 구축, 관광개발·국제평화거점 육성 등 6대 추진전략을 제시했었다. 지역 사회에선 이들 사업을 위해 연간 1,000억원 규모의 재원이 투입될 것으로 기대했다. 하지만 실제 정부 지원비가 당초 계획보다 적다 보니 섬 정주환경 개선을 위한 각종 사업이 차질을 빚고 있다. 30년 이상 된 노후주택을 대상으로 개량사업을 펼치고 있으나 수요에 비해 사업비가 적어 절절매고 있다. 매년 400여 가구가 주택개량을 신청하지만 130여 가구만 혜택을 보는 실정이다. 서해5도 주민 5,300명에게 1인당 매달 5만원씩 지급하는 정주생활지원금에 대한 주민 불만도 적지 않다. 정모(56·연평도)씨는 "위험을 감수하면서 섬에 살라는 취지의 지원금이겠지만 용돈도 안 된다"고 말했다. 주민들은 두 배가량 늘려 줄 것을 원하고 있으나 현재 예산으로는 1만원도 늘리기 어려운 형편이다. 지역 일자리 창출 차원에서 진행하는 취로사업도 일정한 틀 없이 들쭉날쭉해 주민들이 불만을 토로한다.

서해5도를 지원하는 데 중앙부처 간의 손발이 맞지 않는 것도 문제점으로 지적된다. 현재 서해5도 지원사업은 안전행정부가 총괄하고 해양수산부, 교육부, 문화체육관광부 등이 개별 사업을 펴고 있다. 하지만 부처별 사업은 규모가 당초 계획보다 줄어드는 경우가 적지 않아 실질적인 효과를 보지 못하고 있다. 옹진군 관계자는 "낙후된 서해5도 특성상 정주환경 개선사업이 본 궤도에 오를수록 비용은 늘어날 수밖에 없는 구조지만 정부 지원은 갈수록 줄어들고 있어 걱정"이라고 밝혔다. 안행부 관계자는 "일부 세부 사업의 경우에는 예산 규모가 늘어난 것도 있다"면서 "서해5도에 대한 국가적 관심이 줄어든 것은 아니다"라고 말했다.

■ 대청도 야산서 지뢰 폭발… 벌목 인부 2명 사망(2014.10.7.)

인천 옹진군 대청도 군부대 인근 야산에서 지뢰가 폭발해 벌목 작업을 하던 근로자 2명이 사망했다. 변을 당한 인부들은 사고가 발생한 지 5시간 넘게 방치됐다가 사망한 채로 발견돼 구조작업의 또 다른 문제점을 드러냈다. 6일 인천지방경찰청과 군부대 등에 따르면 이날 오후 2시 47분쯤 대청도 해병대 6여단 65대대 본부 뒷산에서 근로자 9명이 벌목을 하던 중 땅에 매설된 지뢰가 터졌다. 사고가 난 뒤 작업 중이던 9명 중 6명은 현장을 탈출한 뒤 오후 5시 22분쯤 119 헬기에 의해 이송됐으나 3명은 아직 땅에 묻혀 있을지 모르는 지뢰 때문에 구조가 지연되다가 오후 8시 22분쯤 백령도 6여단 공병단에서 긴급 파견된 지뢰제거팀에 의해 발견됐다. 그러나 김모(55)씨 등 2명은 이미 사망한 상태였다. 군부대는 이날 지뢰 폭발 지점까지 조금씩 진로를 개척하느라 구조작업이 늦어졌다. 해병대 관계자는 "탐지기로 지뢰를 탐지하면서 조금씩 300여m를 전진해 사고 지점까지 도착하는 데 2시간 넘게 걸렸다"고 말했다. 사고 지점의 지뢰는 6·25전쟁 당시 매설된 것으로 알려졌다. 군부대 측은 사고가 난 지역이 지뢰매설 지대로 표시된 지역은 아니라고 설명했다. 사고가 나자 대청 119지역대 대원 14명과 중앙 119구조대·인천소방본부 헬기, 소방차, 구급차 등이 긴급 출동해 구조를 지원했다. 사고 당시 사망자들 외 7명은 산림조합의 의뢰에 의해 산 정상에 조금 못 미친 지점에서 벌목 작업을 하던 중이었다. 군부대와 소방 당국은 정확한 사고 경위를 조사 중이다.

■ "中선원들 해경 해체에 만세 불러… 수백 척 싹쓸이 조업 어떻게 막나"(2014.11.20.)

"해경이 해체돼도 기본 조직은 유지된다고 하지만 어민들의 마음은 불안하기 짝이 없습니다." '중국어선 불법조업 대책위원회' 곽윤직(65·대청도 선주) 위원장은 19일 서울신문과의 인터뷰에서

해경 해체에 따른 부작용을 우려했다. 그는 "정부조직법 공포로 해경이 역사 속으로 사라지게 되자 대부분의 서해5도 어민들이 불안감을 드러내고 있다"고 강조했다. 최근 중국 어선의 대규모 불법조업에 이어 엎친 데 덮친 격으로 해경마저 해체되자 어민들의 시름이 깊어지고 있다는 것이다.

"이달 4일부터 중국 어선 700~1,000척이 선단을 이뤄 대청도 동쪽, 백령도 북쪽 해상에 있는 박스(어장)에 들어와 치어까지 싹쓸이하고 어구, 어망을 파손해 피해가 막심합니다." 박 위원장은 "오래전부터 중국 어선들이 우리 해역에서 불법 조업을 해 왔지만 많아야 200~300척이었는데 500척이 넘는 선단이 조업에 나선 것은 처음"이라며 "밤에는 선단에서 나오는 불빛이 수㎞씩 이어진다"고 말했다. 중국 어선들이 섬 400~500m까지 근접하는 일도 빈번하다고 한다.

곽 위원장은 이 같은 현상이 해경 해체와 직접적인 관련이 있다고 주장했다. "중국 선원들이 해경 해체 소식을 듣고 만세를 불렀다는 얘기를 들었습니다. 해경은 중국 어선을 막아내고 어선이 고장 나면 먼바다까지 나와 도와줬는데 앞으로는 어떻게 될지 모르겠습니다." 곽 위원장은 "예전 해경 인력으로도 중국 어선을 막기엔 부족함이 있었는데 국민안전처로 편입되면 해양경비 인원이 축소된다는 얘기가 있다"며 "게다가 해경은 사기로 먹고사는 집단인데 경찰복을 벗긴 뒤 흉기로 무장한 중국 선원들과 맞서라고 하면 솔직히 기분이 나겠습니까"라고 반문했다. 박태원 연평어촌계장도 "바다에서 촌각을 다투는 비상 상황이 벌어졌을 때 해경이 곁에 있어 든든했다"며 "새로운 조직이 생긴다고 하지만 과거 해경 업무와 차이가 있을 수밖에 없을 것"이라고 말했다.

■ "中어선 방치 말라" 서해5도 어민들 해상 시위(2014.11.27.)

인천 옹진군 서해5도 어민들이 중국 어선들의 불법조업에 항의해 26일 어선을 몰고 대규모 해상 시위를 벌였다. 대·소청도와 백령도 등 서해5도 어민 160여명은 이날 오전 8시쯤부터 어선 80여 척에 나눠 타고 대청도 인근 해상으로 집결했다. '생존권 보장'이라는 글씨가 적힌 머리띠를 두른 어민들은 "중국 어선 방치하면 영토주권 소용없다", "정부는 생계대책 마련하라"고 적힌 플래카드를 배에 걸고 시위를 벌였다. 어민들은 "생업을 포기하고 해상 시위에 나섰다"며 "우리의 생존권을 지킬 다른 방법을 찾을 수 없어 선택한 시위"라고 목청을 높였다. 중국 어선 700~1,000척은 선단을 이뤄 지난 4일부터 대청·백령도 어장에 들어와 치어까지 싹쓸이하고 어구, 어망을 파손해 어민들이 피해를 보고 있다. 오래전부터 중국 어선들이 우리 해역에서 불법조업을 해 왔지만 많아야 200~300척이었는데 500척이 넘는 선단이 조업에 나선 것은 처음이다. 시위에 참가한 어선들은 이날 대청도에서 서해를 따라 경인아라뱃길을 거쳐 여의도까지 이동할 예정이었으나 해경과 옹진군 어업지도선 등의 만류로 오전 11시 30분쯤 대청도로 돌아갔다. 어민들은 다음 달 초까지 해양수산부 등 관계 기관이 대책을 내놓지 않으면 해상 상경 시위를 다시 시도한다는 방침이다.

정부는 지난 20일 정홍원 국무총리 주재로 국가정책조정회의를 열고 '중국 어선 불법조업 대응방안'을 발표했다. 정부는 단속에 저항하는 중국 어선들의 폭력 행위에 대응하기 위해 함정, 헬기, 특공대로 구성된 중국 어선 전담 단속팀을 운영할 예정이라고 밝혔다. 그러나 서해5도 어민들은 직접적인 피해 보상책이 빠졌다며 반발하고 있다. 올해 서해5도 해상에서 불법조업을 하다 나포된 중국 어선은 모두 34척으로 선원 53명이 구속되고 41명이 불구속 입건됐다. 2012년과 지난해에는 각각 62척과 42척이 나포됐다. 인천경실련은 이달 대청도 어장 어구 피해액만 7억 6,000만원에 달하는 것으로 집계했다.

■ 서해5도 어장 확장 다소 시일 걸릴 듯 (2015.1.27.)

인천시 옹진군 백령·대청도 등 서해5도민이 요구하는 중국 어선 불법 조업 대책을 정부는 최대한 수용한다는 입장이다. 하지만 해법에는 여러 난관이 도사리고 있다. 서해5도민이 제기한 사항에 대해 정부는 무엇을 수용할 수 있고, 무엇을 들어줄 수 없는지를 사안별로 분석해 본다.

서해5도 어민들로 구성된 '중국 어선 불법조

업 대책위원회'는 큰 맥락에서 ▲ 불법 조업에 대한 근본적 방지책 ▲ 어구피해 및 조업 손실에 대한 보상 ▲ 서해5도 지원 특별법 개정 ▲ 침적폐기물 수거사업 ▲ 서해5도 어업허가 자율화, 어장 확장 등을 정부에 요구하고 있다고 26일 밝혔다.

시는 어장을 81㎢가량 늘리기 위해 국방부와 협의하고 있지만 부대의 실사 등을 거쳐야 하기에 다소 시일이 걸릴 것으로 전망했다. 해양수산부는 서해5도 조업구역 내 어업허가 자율화는 지난해 1월 관련 규정 개정으로 옹진군 재량 아래 추진할 수 있다고 했다. 옹진군은 허가선박 수 조정을 위한 자원량 조사연구를 하고 있다. 국민안전처는 기동전단을 4척에서 8척으로 늘려 4척씩 2교대로 24시간 운영, 중국 어선 불법 조업을 강력 단속하기로 했다. 또 해양수산부는 북방한계선(NLL) 인근에 인공어초 등 불법조업 방지시설 설치를 위한 예산 10억원을 확보했다. 침적폐기물 수거사업에 대해서는 인천시의 구체적인 사업 요청이 있으면 적극적으로 반영하겠다는 입장이다. 아울러 연안어장 환경개선사업비를 늘리기 위해 상반기에 기초조사를 하며 이 과정에 어업인들이 참여토록 할 방침이다.

행정자치부는 어구피해 및 조업손실 보상에 대해 법적 근거가 마련돼야 하기에 서해5도 지원특별법에 반영될 수 있도록 전향적 자세를 약속했다. 박남춘 새정치민주연합 의원은 '서해5도 지원 특별법 일부개정법률안'을 대표 발의했다. 그러나 서해5도 여객선 공영제 도입은 해당 항로가 보조 항로가 아닌 일반 항로여서 어렵다는 입장이다. 또 나포된 중국 어선에 부과하는 범칙금(담보금)을 어민 지원보상금으로 활용해 달라는 요구에 대해 범칙금은 법 원칙상 국고 귀속이 타당하며, 대청도 경비정 전진기지 구축은 해당 해역의 수심이 낮아 계류가 어려운 점을 들어 성어기에 특공대·고속단정을 배치하는 대안을 제시했다. 이와 함께 옹진군 신규 어업지도선 건조는 지자체 사업이어서 국비 지원이 어렵지만, 서해5도 지원위원회를 통해 지원 방안을 논의하겠다는 방침이다.

■ "北 접경 옹진, 수도권에서 제외돼야" (2015.1.30.)

인천 옹진군은 정부의 수도권 규제 완화가 민감한 이슈로 떠오르는 상황에서 대표적 접경 지역인 옹진군이 수도권에서 제외돼야 한다고 강조하고 나섰다. 천안함 사건이 발생한 서해 최북단 백령도와 북한군 포격 도발이 있었던 연평도 등이 수도권에 포함돼 규제 대상이 되는 현실은 수도권 정책의 가장 큰 모순이라는 것이다. 29일 옹진군에 따르면 조윤길 군수는 제4차 전국 시장·군수·구청장협의회 공동회장단회의에서 "수도권에 백령도, 연평도도 포함돼 있는 등 수도권 규제로 인한 피해가 많아 옹진군이 수도권에서 제외될 수 있도록 국토교통부에 건의했으며 수도권 규제는 정부 및 국회에 맡겨야 한다"며 수도권 규제 완화에 대한 적극적인 찬성 의사를 밝혔다. 옹진군은 특히 2011년 12월 접경 지역인 강화군, 경기 연천군과 공동으로 군민 10만 7,961명의 서명을 받아 이들 지자체를 수도권 범위에서 제외해 줄 것을 국토부에 건의한 바 있다. 이후에도 접경 지역 시장·군수·구청장협의회와 지역 국회의원을 통해 관계 기관에 수도권 제외를 지속적으로 건의해 왔다. 군 관계자는 "박근혜 대통령의 수도권 규제 완화 정책에 맞춰 옹진군이 수도권에서 제외되도록 행정력을 집중할 방침이며 수도권의 성장이 지방경제 활성화에 기여한다는 인식이 필요하다"고 말했다.

■ 서해5도 조업어장, 여의도 면적의 28배 늘어난다(2015.2.10.)

다음달 서해5도에서의 조업어장이 여의도(2.9㎢) 면적의 28배만큼 늘어난다. 11년 만에 최대 규모다. 해양수산부는 9일 중국 어선의 불법 조업 등으로 어려움을 겪고 있는 이 지역 어업인들의 소득 증대를 위해 서해5도 지역에서 81㎢의 어장을 추가로 허용할 계획이라고 밝혔다. 2013년 어장(12㎢)을 마지막으로 확장한 지 2년 만이다. 이에 따라 현재 어장은 1,519㎢에서 1,600㎢까지 조업 허용 구역이 늘어날 예정이다. 연평도 주변 어장과 소청도 남방어장은 각각 25㎢, 56㎢ 늘어난다.

서해5도 어장은 북한과 인접한 지역이라는 안보 차원의 특수성 때문에 현지 어업인들에 한해 지정된 구역에서만 조업을 허용하고 있다. 해수부는 국방부 등 관계부처와 협의를 거쳐 오는 24일까지 행정예고를 마친 뒤 어선안전조업규정을 다음달 완전히 마무리할 예정이다. 해수부 관계자는 "어민들의 실질적인 소득 증가로 이어질 수 있도록 서해 꽃게 봄 조업기간인 4월 이전에 필요한 절차를 마무리할 계획"이라고 말했다.

해수부는 1969년부터 5차례에 걸쳐 서해5도 어장을 확장해 왔다. 어장 확대는 경제 사정이 나아지던 1992년 280㎢로 가장 많이 늘어났으며 이번에 추가로 풀리는 규모는 2004년 이후 최대치다. 그동안 국방부는 북한과 바로 인접한 지역에서 우리 어선의 나포 우려와 작전상 지장을 줄 수 있다는 이유로 확장에 난색을 표해 왔다. 군의 관리 체계가 넓어지고 불필요하게 북한을 자극할 수 있다는 점도 고려됐다. 해수부 관계자는 "레이더 발달 등 군의 기술 수준이 높아지면서 조업 어장을 관리할 수 있는 범위도 넓어졌다"고 설명했다.

■ 서해5도 지원 특별법 5년, 여전히 힘겨운 주민들(2015.3.25.)

2010년 발생한 천안함 폭침과 연평도 피격사건을 계기로 서해5도 지원 특별법이 제정돼 이듬해부터 정부의 각종 지원책이 펼쳐지고 있다. 하지만 백령·대청·연평도 등 서해5도 주민들의 생활은 여전히 팍팍하다. 24일 인천 옹진군 등에 따르면 백령도에서 이용할 수 있는 대중교통은 공영버스 2대뿐이다. 배차간격은 등·하교 시간을 제외하면 2시간~2시간 20분이나 된다. 연평도와 대청도는 한 대의 버스만 운영되고 있다. 관광객은 대중교통으로는 섬을 돌아볼 수 없어 렌터카를 이용해야만 한다. 소연평도와 소대청도는 버스가 아예 없다. 이 때문에 주민들의 불만이 높지만 군은 공영버스 추가 투입은 엄두도 못 내고 있다. 인천시로부터 연간 4000만~5000만원을 지원받고 있지만, 인건비와 유류비를 충당하기에도 벅차다.

서해5도 지원 특별법 16조에는 공공시설(교통시설 등)을 우선 지원하도록 돼 있지만, 주민들의 피부에 와 닿지 않는다. 백령도 주민 김모(67·여)씨는 "차도 없고 운전도 할 줄 모르는 노인들은 배를 타러 나가려면 비싼 택시비를 물어야 한다"고 하소연했다. 문화시설은 올 하반기 연평도에 착공 예정인 복합커뮤니티센터가 1호로 등록될 전망이다. 주민들은 연평도 피격 이후 신축된 대피소의 여유공간을 문화시설로 이용하는 실정이다. 대중목욕탕은 유일하게 백령도에 있지만 월, 수, 토요일에만 문을 연다.

의료서비스도 원활치 않다. 인천시는 지난해 2월 163억원을 들여 서해5도에 하나밖에 없는 병원인 백령병원(30병상)을 개축했으나 제 기능을 못하고 있다. 6개 진료과 의사 8명 중 6명이 공중보건의로, 1년 이상 머무는 경우가 없어 진료 연속성이 떨어진다. 특수지역인 백령도에서 1년간 근무하면 2년 차에는 자신이 원하는 지역에 1순위로 지원할 수 있기 때문이다. 게다가 외과가 없어 수술을 필요한 환자는 육지로 나가야 한다. 백령병원 관계자는 "육지에서 너무 떨어져 있어 그런지 1년 이상 근무하는 공중보건의를 찾아볼 수 없다"고 말했다.

정부는 2011년 특별법 제정 당시 2020년까지 78개 사업에 9,109억원을 지원하겠다고 밝혔으나 지금까지 투입된 사업비는 1,749억원(지방비 430억원은 별개)에 불과하다. 30년 이상 된 노후주택에 대한 개량사업(예산지원 80%, 자부담 20%)은 주민들에게 호평을 받고 있다. 2012년부터 지금까지 연평도 210가구, 백령도 176가구, 대청도 131가구 등 모두 517가구가 개조됐다. 하지만 리모델링을 원하는 가구에 비해 예산이 부족해 언제까지 진행될지 알 수 없는 상황이다.

■ 62년 만에… 서해5도서 잡은 농어·꽃게 배 여의도 왔다(2015.4.21.)

한강에 서해5도에서 조업하던 어선이 들어왔다. 62년 만에 한강과 서해를 잇는 뱃길이 열린 것이다. 연평·대청도 어민 11명은 20일 낮 12시 20분쯤 배 3척에 광어, 농어, 꽃게 등의 수산물을 가득 싣고 서울 여의도 임시 선착장에 들어왔다. 이어 새정치민주연합 박남춘 의원, 새누리당 이학재 의원 등 국회의원과 시민들의 환송을 받은 뒤 국회 후생관 앞에서 시식·시판회를 열었다. 이들은 당초 연평도에서 출발할 예정이었으나 기상 악화가 예상되자 이틀 전 일단 인천 연안부두로와 정박한 뒤 이날 8시 30분 여의도로 향했다. 이들이 거친 뱃길은 서해5도~강화해협~아라뱃길~양화진~여의도다. 여기다 마포나루까지 더하면 지난날 유명했던 서해 북단 항로가 된다.

6·25전쟁 전까지 서해5도 등에서 잡히는 수산물을 서울로 실어 나르던 주요 통로였으나 휴전 협정 이후 완전히 끊어졌다. 항로가 북방한계선(NLL)과 그리 멀지 않기 때문이다. 연평도 선적 '어촌 1호' 선장 송동만(70)씨는 "62년 만에 배를 타고 한강으로 왔다"면서 "8살 때 생선을 팔러 가던 아버지를 따라 연평도에서 마포나루로 왔던 생각이 나 감회가 새롭다"고 말했다. 이번 운항은 당국의 승인을 받아 이뤄졌지만 어민들은 항로를 상설화시켜 줄 것을 요구하고 있다. 서해5도에서 잡은 수산물을 서울에 직접 공급하면 유통마진 절감 등으로 수익이 30%나 늘어나고, 수도권 주민에게는 싱싱한 생선을 공급할 수 있다고 주장한다. 중국 어선의 불법 조업이 극심해지면서 생계에 어려움을 겪는 현실과도 맞물려 있다. 해양수산부도 서해5도민을 위해 검암수산물센터(아라뱃길) 건립비 50억원을 지원키로 한 만큼 어민들의 요구에 부정적이지만은 않다. 다만 서울의 어느 길목까지 항로를 개방하느냐가 문제다. 검암수산물센터까지의 뱃길 개방은 무난할 것이라는 전망이 나온다.

박태원(55) 연평어민회장은 "북한의 군사적 위협으로 관광객이 줄고, 중국 어선의 불법 조업으로 앞이 막막한 상황에서 수산물을 소비자들에게 직접 선보여 판로를 개척하기 위해 130㎞의 뱃길을 달려 왔다"고 말했다. 이날 어민들은 국회와 정부에 지원을 요청하는 서한을 전달했다. "한반도의 화약고인 서해5도에 거주하는 1만여 명은 전쟁 위험에도 불구하고 버티고 있다. 한반도의 평화와 미래가 달린 서해5도에 관심을 가져 달라"는 요청이다. 옹진군 관계자는 "서해5도민이 삶의 터전을 버리지 않도록 수산물 판매 수익을 높이는 방안을 정부와 논의하고 있다"고 밝혔다.

■ 백령도에 소형 공항 건설 급물살(2015.7.28.)

서해 최북단 백령도에서 소형 공항 건설이 급물살을 타고 있다. 27일 인천시에 따르면 인천시·옹진군·국토교통부·군 관계자들은 다음달 5일 백령도 소형 공항 조성과 관련해 확대 실무회의를 추진한다. 회의 뒤 2일간 현지 실사도 한다. 백령도 소형 공항 조성사업은 오래전부터 지역사회 숙원사업이었지만, 남북이 민감하게 대치하는 지역이라 관계기관의 이해가 엇갈렸다. 그러나 지난 2월 시와 백령도를 관할하는 옹진군이 지방의회 동의 절차를 거쳐 공항부지를 내놓기로 하면서 관계기관 논의가 빠르게 진행되고 있다. 그동안 백령도 공항 조성을 요구하는 옹진군, 이를 지원하는 인천시, 공항업무를 담당하는 국토교통부, 백령도에 부대를 둔 해병대사령부만 몇 차례 실무회의를 가졌으나 이번 확대 실무회의에는 국방부와 합동참모본부, 공군 등이 참여한다. 시 관계자는 "공항을 민과 군이 함께 사용하면, 군 작전능력과 전력 향상에 도움이 될 수 있기 때문에 군도 이번에는 긍정적인 입장인 것 같다"고 말했다. 시와 옹진군은 올 하반기 수립이 완료되는 '제5차 공항개발 중장기 계획'에 백령도 공항조성사업을 반영할 계획이다. 옹진군은 활주로·착륙대·계류장·여객터미널·주차장 등 공항시설을 조성하는 데 약 776억원이 들 것으로 추산한다.

■ 여전히 불안한 서해5도…정부 지원액 갈수록 줄어(2015.9.17.)

옹진군은 남북대결 국면이 펼쳐질 때마다 이목이 집중되는 지역이다. 천안함 폭침 사건이 발생한 백령도, 제1·2 연평해전과 북한군 포격 도발이 발발한 연평도 등은 모두 옹진군 관내다. 옹진군은 원래 경기도에 속해 있었으나 1995년 행정구역 개편으로 인천시로 편입된 이후 오늘에 이른다. 2010년 11월 발생한 연평도 피격은 서해5도의 거주환경을 바꾸는 요인으로 작용했다. 포격으로 파손된 집·상가 32채는 당국의 지원으로 신축됐고 228채의 노후주택은 개량됐다. 백령도는 244채, 대청도는 165채가 개량됐다. 주민 부담이 20%에 불과해 리모델링 사업이 인기는 끄는데 비해 책정된 예산은 적어 신청 가구의 3분의 1 정도만 혜택을 받고 있다.

서해5도 지원 특별법에 따른 정부 지원예산은

갈수록 줄어들고 있다. 2011년 426억원, 2012년 370억원, 2013년 381억원, 2014년 262억원, 올해 232억원이다. 정부는 지원계획 발표 당시 2020년까지 9,109억원의 재원을 투입하겠다고 했으나 이 추세라면 약속한 재원의 4분의 1에도 못 미칠 것으로 보인다. 지난해에는 주택개량사업비가 부족해 군비 10억원을 편법 투입하기도 했다. 옹진군 서해5도지원팀 관계자는 "정부가 약속과는 달리 지원액을 갈수록 줄이고 있어 걱정"이라며 "뭐든 시간이 지나면 잊는 경향이 있는 것 같다"고 말했다.

게다가 서해5도 인근 해역에서의 중국 어선 불법조업이 기승을 부려 주민들의 불안을 부채질한다. 지난 11일부터 본격적인 가을철 꽃게잡이가 시작돼 어획량이 지난해 가을보다 15%가량 높아질 것이라는 예상이 나오긴 했지만, 어민들은 마음이 편치 않다. 박태원 연평도 어촌계장은 "어획량이 늘어난다고 하는데 중국 어선이나 남북관계 등 불안정한 서해5도 환경 때문에 안심할 수 없다"고 말했다.

하지만 옹진군의 미래가 어둡지만은 않다. 어획량이 날로 떨어지는 현실에서 잡는 어업에서 기르는 어업으로 전환하기 위해 수산종묘 방류와 인공어초 확대, 바다목장화 사업 등으로 어업소득을 높일 수 있는 기반이 형성되고 있다. 섬을 좌우하는 또 다른 포인트는 관광이다. 세월호 참사 이후 관광업이 위축된 것은 사실이지만 군은 관광을 지렛대 삼아 지역경제를 살리기 위해 여객선운임 지원, 관광상품 개발, 섬 둘레길 조성, 민박 현대화 등 다양한 인프라를 구축하고 있다. 인천시도 시 차원에서 관광 활성화를 위해 '행복섬 만들기' 사업을 추진하기로 했다. 시는 옹진군으로부터 관광객 유인, 주민소득 증대 등에 효과가 큰 사업을 제안받은 뒤 내년부터 시비를 지원한다. 또 옹진·강화·김포를 연계한 지역행복생활권 협력사업을 발굴하기로 했다.

■ 펄떡이는 서해5도 수산물 아라뱃길 통해 서울로 직송(2015.10.28.)

백령·대청·연평도 등 서해5도 수산물이 서해와 한강을 잇는 아라뱃길을 통해 서울로 직송된다. 27일 서해5도 어민회와 옹진수협에 따르면 28일과 다음달 13일 두 차례에 걸쳐 인천 옹진군 서해5도에서 생산된 수산물을 실은 어선들이 서울 성동구 뚝섬나루터에 입항한다. 어촌1호, 원양호, 원영호 등 어선 3척은 농어·우럭·광어를 비롯한 활어 300kg과 굴 40kg, 꽃게 200kg 등 수산물을 싣고 오전 4시에 연평도를 출발, 연안부두와 경인아라뱃길 인천터미널을 거친 뒤 한강을 통해 오후 2시에 뚝섬 나루터에 도착할 예정이다.

이번 어선 입항은 성동구와 뚝도시장번영회가 지역경제 활성화 차원에서 마련한 '아라뱃길과 한강을 활용한 수산물축제'에 참여하기 위해서다. 뚝섬나루터에서는 전통시장 이용객 감소와 경기침체로 이중고를 겪는 뚝도시장의 소비 촉진을 위해 수산물 활어축제가 열린다. 서해5도 어민들은 이번 행사에서 자신들이 잡은 수산물을 홍보하고 직접 판매에 나선다. 앞서 지난해 8월 아라뱃길과 올해 4월 여의도에서 서해5도 수산물 직판이 이뤄진 바 있다.

서해아라뱃길 정책추진단은 국비 50억원을 들여 아라뱃길 인근인 인천 서구 검암동에 '서해5도 수산물 복합센터' 건립을 추진하고 있다. 최혜자 서해아라뱃길 정책추진단 사무국장은 "서해5도 어민들이 삶의 터전을 버리지 않도록 실질적인 수익 증진을 도모하기 위해 각종 노력을 하고 있다"고 밝혔다.

■ 軍, NLL 침범 中 선박에 첫 경고 사격(2015.12.9.)

군 당국이 8일 서해 백령도 인근 북방한계선(NLL)을 침범한 중국 어선 단속정에 경고 사격을 가해 퇴거시켰다. 군이 NLL에서 북한이 아닌 중국 선박에 사격을 가한 것은 처음이다. 서해에서 중국 어선들의 불법 조업이 늘어난 가운데 북한이 그 존재를 인정하지 않고 있는 NLL을 둘러싼 논란이 중국과의 외교 문제로 확산될 우려가 제기되고 있다. 군 관계자는 "오늘 오후 2시 46분쯤 서해 백령도 동쪽에서 미확인 선박 1척이 중국 어선들을 단속하던 중 NLL을 1.8㎞ 침범했다"면서 "우리 해군 고속정이 6회의 경고 통신을 보냈으나 불응했고 다시 10발의 경고 사격을 실시하자 오후 3시 8분쯤 NLL 북쪽으로 물러났다"고 말했다. 이 관계자는 "처음에는 이 선박이 고속 질주해 북한 단속정일 것으로 추정하고 대응했으나 중국 어선단에서 자체적으로 운영하는 중국 단속정으로 확인됐다"면서 "처음부터 중국 배인 줄 알았으면 해경에 맡겼겠지만 일단 우리 영해인 NLL을 넘어왔으니까 교전수칙대로 경고 사격을 한 것"이라고 설명했다.

그동안 중국 어선들은 남북 대치 상황을 이용해 북한의 묵인하에 NLL 인근에서 대규모 조업 활동을 벌여 왔다. 국민안전처에 따르면 지난해 서해 NLL에 출몰한 중국 어선은 월평균 3,800여 척이었지만 올해는 4,900여 척으로 증가했다. 하지만 서해에서 불법 조업 중 해경에 나포된 중국 어선은 2011년 435척, 2012년 420척, 2013년 413척, 지난해 259척으로 줄었고 올해도 6월까지 158척에 그쳐 나날이 흉포화, 집단화되는 중국 어선 단속이 쉽지 않음을 보여준다.

외교부는 지난달 26일 제8차 한·중 어업문제 협력회의에서 중국 측에 이에 대한 실효적인 조치를 취할 것을 촉구한 바 있다. 김종대 정의당 국방개혁기획단장은 "NLL 수역은 군사적 관점에서 보면 우리 영해 개념으로 이해하지만 중국 입장에서는 공해라고 주장할 수 있다"면서 "외교적 문제로 비화할 소지가 있다"고 지적했다.

■ 서해5도 발전계획 부처별 이행률 10~20%(2016.4.11.)

북한군의 연평도 포격 도발 직후 수립된 '서해5도 종합발전계획'이 시행 5년이 지나도록 제 속도를 내지 못하고 있다. 당초 9개 중앙부처가 솔깃한 계획을 발표했지만 이행률이 대체로 10~20%에 머물고 있다.

11일 행정자치부에 따르면 2011년 6월 사업비 9,109억원 규모의 서해5도 종합발전계획(2011~2020년)을 수립했다. 하지만 발전계획에 담긴 78건의 사업 가운데 현재 완료된 사업은 14건(17.9%)에 불과하다. 사업비로 따졌을 때는 2,291억여원으로 전체의 22.9%다. 현재 진행 중인 사업은 38건이고 아직 시작조차 하지 않은 사업도 26건에 달한다. 해양수산부가 추진하는 사업은 27건 가운데 1건만 완료됐고 문화체육관광부가 맡은 사업은 13건 중 2건만 마무리됐다. 보건복지부·농림축산식품부·국민안전처는 각각 4건 중 1건을 완료했으며 환경부는 6건 중 아직 1건도 마무리하지 못했다.

이 같은 현상은 정부가 재정난에 허덕이면서 사업비를 제대로 확보하지 못하기 때문으로 풀이된다. 옹진군 관계자는 "정부가 나름대로 노력을 하지만 워낙 사업 규모가 방대하다 보니 애로가 있는 것으로 안다"고 말했다. 현실성이 떨어지는 사업도 적지 않아 당국이 연평도 사건 직후 민심 동요를 막기 위해 '페이퍼워크' 차원에서 발전계획을 급조했다는 지적도 있다. 문체부가 추진하기로 한 국제평화거점 및 국제관광휴양단지 조성 사업이 대표적인 예다. 민간자본 2,600억원을 유치해 뱃길로 4~5시간 거리인 백령도에 골프장, 크루즈항, 컨벤션센터 등을 만들겠다는 구상인데 지역 주민들조차 헛웃음을 짓는다.

이에 따라 옹진군은 사업을 재조정하기 위해 이달 말 '서해5도 종합발전 변경계획안' 수립 용역에 착수하기로 했다. 이를 통해 추상적인 개발 사업은 정리하고 주민들에게 실질적인 도움을 줄 방안을 만들어 행자부에 건의할 방침이다. 행자부 관계자는 "사업 한계를 인식하고 있다"면서 "옹진군이 변경안을 제출하면 긍정적으로 검토해 관계 부처와 협의해 추진하겠다"고 말했다.

■ 연평도 근해서 어민들이 중국 어선 직접 2척 나포(2016.6.5.)

서해 북방한계선(NLL) 남방 연평도 인근 해역에서 정박 중이던 중국 어선 2척을 어민들이 직접 나포했다. 해경 측은 갈수록 심해지는 중국 어선 불법조업에 흥분해 있던 어민들에 의한 돌발상황으로 보고 처리에 고심하고 있다.

5일 인천해양경비안전서에 따르면 이날 오전 5시 23분쯤 NLL 남방 0.3해리, 연평도 북방 0.5해리에 닻을 내리고 정박해 있던 중국 어선 2척을 연평도 어선 5척이 로프를 걸어 연평도로 끌고 와 해경에 인계했다. 중국 어선을 나포한 어선은 오전 4시 50분쯤 연평부대장의 출항허가를 받고 바다로 나간 우리 어선 19척 중 일부다. 해군은 연평도 레이더 기지에서 이들 어선이 출항한 지 30분 만에 허가된 어장을 이탈해 연평도 북방으로 움직이는 것을 확인했다.

나포된 중국 어선 22톤급에는 7명, 15톤급에는 4명이 타고 있었다. 중국 어민들은 잠을 자던 중이어서 별다른 저항 없이 나포됐다고 해경 측은 설명했다. 중국 어선이 나포된 지역은 NLL과 가까워 우리 어선도 조업이나 항해를 할 수 없는 해역이다.

해경은 일단 나포된 중국 어민들에 대해 불법 조업과 영해 침범 여부 등을 조사하고 있다. 우리 어민에 대해서도 조업구역 무단이탈과 관련해 조사를 벌일 방침이다. 연평도에서는 2005년에도 우리 어민들이 불법 조업하는 중국 어선 4척을 나포한 적이 있지만 어민들은 처벌받지 않았다. 이번 사태는 갈수록 심해지는 중국 어선 불법조업이 빌미가 된 것으로 보이다. 이날 새벽에도 연평도 북쪽 바다와 NLL 사이 해역에 70～100척의 중국 어선이 머물고 있었던 것으로 해경은 파악하고 있다. 선장 진모(57)씨는 "중국 어선들이 우리 어장을 파괴해 굶어 죽게 생겼는데 바다를 새까맣게 메운 중국 어선들을 보고 순간적으로 화가 나 어민들이 집단행동에 나선 것"이라고 말했다.

연평도 북방 해상은 NLL과 불과 1.4～2.5㎞ 가량 떨어져 있는 데다 북한군 해안포에 노출돼 있어 우리 어민에게 허가된 어장이 없다. 이런 점을 노린 중국 어선들은 NLL과 연평도 사이 바다에서 상습적으로 불법조업을 하다가 우리 해군이 나포 작전에 나서면 북한 해역으로 도주하곤 한다.

더구나 중국 어선들은 쌍끌이 저인망식 조업을 펴 치어까지 싹쓸이함으로써 어획량 감소의 근본적인 원인을 제공해 서해5도 어민들의 속이 시커멓게 타들어가고 있다. 어민들이 미리 바다에 던져놓은 통발까지 깡그리 훼손하는 일도 다반사로 일어나고 있다. 옹진군의 집계에 따르면 중국 어선 탓에 매년 수십억원의 어구 손실을 보고 있다. 백령도 주민 김재홍씨는 "어두운 밤 두무진이나 장산곶 인근을 보면 시커먼 바다가 훤한데 그게 다 중국 어선"이라며 "갈고리로 어구까지 싹 쓸어가 버리니 손실이 어마어마 하다"고 말했다. 연평도 박태원 어촌계장은 "어떤 때보면 중국 어선들이 연평도 200~300m 접근해 고기를 잡는 등 과감하기 그지없다"면서 "그들은 우리 영해에 있는 수산물을 싹쓸이 해간다고 해도 결코 과장이 아니다"고 강조했다. 2014년 봄·가을 조업기간에는 어선 77척이 바다에 쳐놓은 통발 778틀을 잃어버렸다. 안강망 8틀, 주낙 어구 384바퀴, 닻 71개도 회수하지 못했다. 피해액 106억 5,700만원 가운데 어구 피해가 14억 1,700만원, 조업하지 못해 난 손실이 92억 4,000만원에 이른다. 옹진군 관계자는 "피해가 워낙 광범위해 지난해 자료는 아직 통계조차 잡히지 않았다"며 "어민들이 신고한 건수를 토대로 피해 액수를 산정하는데 실제 피해는 더 클 수 있다"고 말했다.

최근 중국 어선들은 NLL을 넘어 한강하구까지 침입해 불법 조업을 하고 있다. 지난 4월 말 꽃게잡이 철이 본격적으로 시작하면서 중국 어선들이 거의 매일 교동도 서쪽과 북쪽 구역에 출몰하고 있다. 교동도 해안 500m 이내까지 접근하는 바람에 이곳을 지키는 해병대가 경고 방송을 하는 경우도 빈발하고 있다고 군 관계자가 전했다. 지난해까지 중국 어선들은 주로 연평도 근해에서 조업했지만 최근 어선끼리 경쟁이 심해지면서 한강하구까지 밀려든 것으로 보인다. 다만 해당 지역은 북한과 가깝고 유엔군사령부가 관할하는 중립지역이기 때문에 우리 당국의 단속이 쉽지 않은 실정이다.

■ "꽃게 씨 말랐는데… NLL 제집 드나들 듯" 성난 어민들 집단행동(2016.6.6.)

휴일인 5일 오전 5시 6분쯤 해군은 레이더를 통해 서해에서 조업하던 연평도 어선 19척이 북상하는 정황을 포착했다. 이 어선들은 평상시와 다름없이 오전 4시 50분 연평부대에 정상조업을 신고한 터였다. 정밀탐지에 나선 해군 2함대는 연평도 고속함 4척과 고속단정 3척을 급히 보내 선단의 북상을 차단하도록 조치했다. 연평도 선단은 오전 5시 23분쯤 마침내 연평도 북동방 0.5해리(0.93㎞)에서 멈췄다. 중국 선단을 뒤쫓아 가다 5척이 때마침 가박(假泊·휴식을 위해 바다 위에서 잠시 정박함) 중이던 목선 2척을 발견하곤 닻줄을 걸어 나포한 것이다.

해군은 국민안전처 인천해양경비안전서에 이 같은 사실을 통보했다. 해경도 경비함정 2척과 연평특공대 소속 고속단정 1척을 사고해역으로 보냈다. 해경은 북상해 우리 어선과 중국 어선을 연평도 당섬 선착장으로 무사히 예인했다. 만약을 대비해 우리 어민과 중국 어민을 분리해 조사를 시작했다. 해경은 사고 경위 조사에서도 중국 어선은 물론 우리 어선의 조업구역 무단이탈과 관련해 선박안전조업규칙 등 관련 법률을 어겼는지를 캐내는 데 초동 조사의 초점을 맞추고 있다. 인천해경 관계자는 "해당 장소는 우리 어선들에도 조업을 금지한 북방한계선(NLL) 인접구역으로 군작전지역에 속한다"며 "6일 오전 5~6시까지 중국 어선들에 대해 초동 조사를 벌인 뒤 인천 해경전용 부두로 옮겨 본격적으로 조사할 것"이라고 설명했다. 또 다른 관계자는 "중국 어선 2척의 선장 2명에 대해 구속영장을 신청하고 나머지 선원 9명에 대해선 출입국사무소를 통해 중국으로 돌려보낼 예정"이라고 말했다. 해경에 따르면 중국 선원들은 중국 랴오닝성(遼寧省) 둥강시(東港市) 둥강항에서 출항했다고 주장하고 있다. 이에 따라 해경은 중국 선주협회에 이들 선박의 등록증서와 선주 이름, 소속 회사, 선원들에 대한 정보를 요청한 상태다.

인천해경은 중국 어선들을 나포한 연평도 어민들로부터 자세한 경위를 듣고 있다. 우리 어선들이 중국 어선들을 나포한 지점은 해경 레이더에 모두 기록돼 있는 만큼 설명을 들은 다음 해경 입장을 정리한다는 방침을 세웠다. 안전처는 또 외교부, 해양수산부, 합동참모본부 등 군 당국과 긴급 대책회의를 열어 향후 재발 방지 및 연평도 근해 불법 조업 문제에 대해 긴밀히 대응하기로 했다고 밝혔다.

이번 사태는 갈수록 심해지는 중국 어선의 불법 조업이 빌미를 제공한 것으로 보인다. 연평도 북방 해상은 NLL과 불과 1.4~2.5㎞가량 떨어져 있는 데다 북한군 해안포에 노출돼 있어 우리 어민에게 허가된 어장이 없다. 이런 점을 노린 중국 어선들은 NLL과 연평도 사이 바다에서 상습적으로 불법 조업을 하다가 우리 해군이 나포 작전에 나서면 북한 해역으로 도주하곤 한다. 더구나 중국 어선들은 쌍끌이 저인망식 조업을 펴 치어까지 싹쓸이함으로써 어획량 감소의 근본적인 원인을 제공해 서해5도 어민들이 골머리를 앓고 있다.

최근 중국 어선들은 특히 NLL을 넘어 한강하구까지 침입해 불법 조업을 일삼는다. 중국 어선끼리도 경쟁이 심해졌기 때문이다. 지난 4월 말 꽃게잡이 철이 본격화하면서 거의 매일 교동도 서쪽과 북쪽 해역에 출몰하고 있다. 교동도 해안 500m 이내까지 접근하는 바람에 우리 측이 경고 방송을 하는 경우도 잦다고 해병대 관계자가 전했다. 그러나 해당 지역은 북한과 가깝고 유엔군 사령부가 관할하는 중립지역이기 때문에 우리 당국의 단속이 쉽지 않은 실정이다.

■ 선 넘은 中 어선 2만 9640척… 2년 새 두 배 늘었다(2016.6.6.)

북방한계선(NLL) 경계에서 중국 어선이 불법 조업을 하는 것은 어제오늘 일이 아니다. 특히 4~6월 꽃게 철에는 어민들의 생계가 심각하게 위협받는다. 연평도 북방 해상은 NLL과 불과 1.4~2.5㎞가량 떨어져 있고, 북한군 해안포와 함정에 항상 노출돼 있어 우리 해군이나 해경의 불법 조업 단속도 제한적으로 이뤄진다.

이런 점을 노린 중국 어선들은 NLL과 연평도 사이의 바다에서 며칠씩 불법 조업을 하고 밤에는 닻을 내리고 휴식한다. 중국 어선들은 서해 NLL 남쪽 해역에서 조업을 하다가 나포 작전에 나선 우리 해군이나 해경 경비함정이 보이면 북한 해역으로 도주한다. 10㎞ 안팎인 서해 NLL을 넘어가는 데 채 30분도 걸리지 않는다.

5일 해양수산부에 따르면 불법 조업을 벌이다 우리 정부의 단속에 적발된 중국 어선은 해마다 늘고 있다. 2010년부터 올 4월까지 적발된 중국 어선은 총 2,845척에 이른다. 하지만 이는 무단 침입하는 전체 중국 어선 규모에 비하면 극히 미미한 수치다. 봄 어기인 4~6월 서해 NLL 인근 해상에서 우리 해군 레이더망에 포착된 중국 어선 수는 2013년 1만 5,560척(하루 평균 172척)에서 2014년 1만 9,150척(하루 212척), 2015년 2만 9,640척(하루 329척)으로 증가하며 2년 새 2배가 됐다. 해수부 관계자는 "중국 어선들이 서해 NLL 북한 수역에 입어 신청을 하고 정작 조업은 우리 쪽에서 한다"며 "중국 정부가 나서지 않으면 우리 측 단속만으로는 한계가 있다"고 말했다.

쌍끌이 저인망 중국 어선들에 의한 통발 등 우리 어민들의 어로장비 훼손도 심각하다. 인천 옹진군에 따르면 어구 손상과 조업 손실 등 중국 어선의 불법 조업에 따른 피해가 2010~2014년 106억원으로 집계됐다. 꽃게 어획량도 2013년 9,984톤에서 지난해 6,721톤으로 33% 줄었다. 특히 올 4월의 꽃게 어획량은 약 17만kg으로 지난해 같은 달(77만kg)보다 78% 감소했다. 백령도 어민들의 가장 큰 소득원인 봄철 까나리도 중국 어선이 쓸어가 막대한 피해가 발생하고 있다. 수협 관계자는 "한창 꽃게 조업을 해야 하는데 중국 어선들이 워낙 많다 보니 물고기를 싹쓸이해 어민들의 수익이 급감하고 있다"며 "북한과의 관계 때문에 강하게 단속하기 어려운 상황을 중국 어선들이 교묘하게 이용하고 있다"고 전했다.

양희철 한국해양과학기술원 해양정책연구소장은 "중국 어민들이 남북 간 특수성을 잘 알고 있기 때문에 해경이 보이면 북한 수역으로 도주해 공격적인 단속에 한계가 많다"면서 "NLL 부근 수역에서 중국과 우리 정부가 공동 단속을 펴거나 해상경계를 서둘러 획정해 바다의 국경선을 명확히 하는 게 실효성 있는 법 집행의 대안이 될 것"이라고 말했다. 임영훈 해수부 지도교섭과장은 "지도 단속을 위한 실무회의와 한·중 어업협정 회의, 어업공동위원회 등 다양한 양국 간 외교 경로를 통해 중국 정부에 문제를 제기하고 중국 어선을 압박하겠다"고 밝혔다.

■ 연평도 어민들 뿔났지만···단속 어려운 중국 어선 서해5도 불법조업, 이유는? (2016.6.6.)

서해 북방한계선(NLL)과 인접한 서해5도(백령도, 대청도, 소청도, 연평도, 우도) 해역에서 중국 어선의 불법 조업이 10년 넘게 기승을 부리고 있다. 심지어 지난 5일에는 참다못한 연평도 어민들이 직접 중국 어선 2척을 나포해 해양경찰에 인계하는 일까지 발생했다. 제집처럼 한국 해역을 침범하는 중국 어선들에 대한 정부의 강력한 대응이 요구되고 있다. 이를 위해 국민안전처 해양경비안전본부는 지난 3월 서해5도 해역에 경비함정을 3척에서 6척으로 늘리고 해상특수기동대를 추가 배치하며 불법조업 엄단에 나섰다. 하지만 중국 어선 불법조업은 좀처럼 수그러들지 않고 있다.

중국 어선은 서해5도 코앞에 거대한 선단을 이루고 불법조업을 한다. NLL 해역에서는 지난 4월부터 중국 어선이 증가해 일일 평균 어선 수는 216척에 달한다. 연평도 북방해역이 141척으로 가장 많고, 소청도와 백령도 북방해역에도 각각 43척, 32척이 조업하는 것으로 파악됐다. 이들 중국 어선 대부분은 서해5도에서 비교적 거리가 가까운 랴오닝성 동북 3항(다롄, 동강, 단둥) 선적의 10~60톤급 중소형 목선이다. 중국 어선은 백령도, 대청도, 연평도 해역에 꽃게 어장이 형성되는 4~6월, 9~11월 매년 6개월간 집중적으로 NLL 주변 수역에 나타나 꽃게, 범게, 조개류, 까나리 등을 싹쓸이한다.

해군과 해경이 중국 어선의 불법조업을 원천적으로 막지 못하는 것은 남, 북 군사적 충돌 위험성이 큰 NLL 해역의 특수성 때문이다. 1999년과 2002년 1·2차 연평해전도 모두 꽃게잡이 조업과 관련해 교전이 촉발됐을 정도로 NLL 해역은 화약고나 다름없는 곳이다. 군·경이 대대적인 나포작전을 벌이다가 자칫 NLL을 조금이라도 넘어가면 북한에 도발의 빌미를 제공할 수 있다. 서해 NLL 해역은 해경 단독으로 나포작전을 할 수 없는 곳으로 반드시 해군 지원을 받아야 한다. 해경 항공기·헬기 투입이 허용되지 않아 입체적 단속이 어렵고, 북한 해안포 사격권에 늘 노출돼 있어 단속에 제약이 많다.

중국 어선은 이런 난감한 상황을 교묘히 악용하며 불법조업을 일삼고 있다. 연평도는 NLL까지 거리가 1.4~2.5km에 불과하다 보니 중국 어선들은 해경의 나포작전이 시작되고 나서 3~30분이면 NLL 북측 북한 해역으로 도주해 버린다. 해경본부 관계자는 "NLL 해역에서 나포작전을 수행할 땐 북한 경비함정과 해안포의 동향도 파악하고 나서 해군 함정과 합동단속을 해야 하는 등 현실적인 제약이 많다"면서 "주로 나포까지는 아니어도 NLL 북측으로 쫓아내는 방식으로 우리 어족자원을 지키고 있다"고 말했다.

■ [사설] 연평바다 메운 中 어선 직접 나포한 어민들(2016.6.7.)

서해 연평도 어민들이 그제 중국 어선 2척을 나포해 우리 해경에 인계했다고 한다. 꽃게 철을 맞은 중국 어선들의 싹쓸이 조업이 얼마나 심각했으면 우리 어민들이 직접 나섰을까 하는 안타까움이 앞선다. 남북 대치 속에 단속의 어려움을 고려하더라도 그동안 우리 해경의 대응이 미흡했다는 점을 지적하지 않을 수 없다. 우리 어민들이 중국 어선을 나포한 곳은 북방한계선(NLL)에서 남쪽으로 550m 떨어진 대연평도 북쪽 지점이다. 새벽에 조업을 나갔던 어선들이 NLL 인근에서 불법 조업 중인 중국 어선 70~80척을 발견하고, 무리에서 떨어져 있던 2척에 로프를 걸어 연평도로 끌어온 것이다. 나포 이유는 이들의 불법 조업으로 꽃게 어획량이 줄어 피해가 크기 때문이다. 실제로 인천 해역에서 잡히는 꽃게 어획량은 2013년 9,984톤에서 지난해 6,721톤으로 30% 줄었다고 한다. 올해 1~5월에는 620톤으로 지난해 같은 기간 1,743톤의 35.5% 수준으로 급감했다.

환경적인 요인도 있지만, 중국 어선의 불법 조업으로 꽃게의 씨가 마르고 있다는 게 어민들의 생각이다. 봄어기(4~6월) 우리 군 레이더망에 포착된 중국 어선 수가 2013년 1만 5,560척에서 2014년 1만 9,150척, 2015년 2만 9,640척으로 급증한 사실이 이를 잘 뒷받침해 준다. 꽃게 어획량이 '절벽'에 맞닥뜨린 상황에서 참다못한 어민들이 생존권 차원에서 직접 물리력까지 행사한 것이다.

어민들은 "중국 어선 때문에 피해가 갈수록 심각해지는데 정부는 제대로 단속하지 않는다"고 불만을 토로한다. 해경도 단속에 어려움이 크다는 점을 안다. 중국 어선들은 불법 조업을 하다 해경이 단속에 나서면 NLL 북쪽으로 달아나 버린다. 해경이 나포작전 중 자칫 NLL를 넘어가면 북한에 도발의 빌미를 줄 수도 있다. 해경 측은 이런 나포의 어려움을 들어 NLL 북쪽으로 중국 어선들을 쫓아내는 방식을 주로 쓰고 있다. 적발에 비해 나포 어선 수가 미미한 수준인 것은 그 때문이다. 그러나 쫓아내기 방식은 음식에 들러붙는 파리 떼를 손을 저어 쫓는 것과 다를 게 없다. 손만 거두면 언제든 다시 몰려든다. 중국 어선들이 우리 수역에 발을 못 붙이게 하려면 과감한 나포와 엄벌밖에 방법이 없다. 이를 위해 해경의 단속 인력과 장비를 대폭 강화해야 함은 물론이다. 중국 어선들이 우리 어장을 제집 드나들 듯하게 놔둬서야 되겠는가.

■ 연평 어민의 마르지 않는 눈물 "中 불법 조업, 18년째 참아왔다"(2016.6.7.)

"국가가 지켜줘야 할 상황들을 참다 못해 어민이, 국민이 한 겁니다." 지난 5일 새벽 5시 30분쯤 인천 옹진군 연평도 어민 2명이 연평도 인근 해역에서 불법으로 조업하던 중국 어선 2척을 나포한 일에 대해 박태원 연평도 어촌계장이 한 말이다. 박 계장은 "(중국 어선의 불법 조업이) 18년째 자행되고 있다"면서 "(서해5도 해역) 생태계는 초토화됐다"고 토로했다. 7일 박 계장은 CBS 라디오 '김현정의 뉴스쇼'와의 인터뷰에서 "17년이 넘게 이렇게 (서해5도 해역) 어장을 (불법 조업하는 중국 어선들이) 황폐화 시키도록 대비책이 한 번도 서 있지 않았던 게 아쉽다"면서 "저희 주민들끼리 하는 얘기가, 투표권이 적어서 정부가 신경을 안 쓰는 거 아니냐는 말에 다들 공감을 하고 있다"고 하소연했다.

박 계장은 현재 해군과 해경이 중국 어선의 불법 조업을 단속하기 어려운 사정을 호소했다. 그는 "영해를 넘어온 선박들은 해경이 퇴치를 한다. 그런데 원체 세력이 많고 큰 데다가 우리 단속선들이 뜨면 서해 북방한계선(NLL)을 넘어간다"면서 "해군이 남·북의 민감한 상태에서 경계근무를 서야 하는데 사실상 해경 세력으로는 도저히 이것(단속)을 할 수 있는 상황이 아니다"라고 말했다.

중국 어선들의 잇따른 불법 조업에 따라 피해도 극심한 것으로 나타났다. 박 계장은 "야간에는 우리 조업선 옆에까지 내려와 가지고, 자기들 바다인냥 쌍끌이를 해서 어족자원 씨를 말리고, 폐기물을 버리고, 기름을 유출시켜 가지고 지금 연평도 어장 같은 데는 해조류에서 기름 냄새가 나고 있다"면서 "(알을 벤 꽃게를) 잡아서는 안 되는

데 이 사람들(불법 조업 중국 어선)은 그런 거 가리지 않는다"면서 불만을 터뜨렸다.

박 계장은 정부의 소극적인 대처로 연평도 어민들이 직접 중국 어선을 나포한 일이 이번에 처음은 아니라고 말했다. 그는 "2003년도하고 2005년도로 기억되는데, 당시에 저도 꽃게잡이를 하고 있었다. 그때도 너무 화가 나가지고 쫓아가서 나포해 온 그런 경험도 있다"면서 "그런데 너무 오랜 시간이 지났는데도, 또 우리 어민들이 참고 참았다가, 결과적으로 돌발적인 상황(지난 5일 연평도 어민들의 불법 조업 중국 어선 나포)이 벌어진 것도 저희들 입장에서 당연한 거 아니냐 생각한다"고 전했다.

인터뷰에서 박 계장은 "정부에서 너무 손을 놓고 안일하게 생각한 것 같다"면서 답답함을 호소하기도 했다. "18년째 지금 이런 게 자행되고 있는데 거의 뭐 생태계는 초토화됐고, 조개류까지 싹쓸이하다 보면, 그럼 대통령께서 이때쯤 되면 뭔가 서해에다 불법 중국 어선에 대한 특별법을 제정해서 어민들이 제도화 속에서 뭔가 새로운 색다른 방법으로 조업을 할 수 있는 그런 대안이 나와야 된다고 생각합니다."

■ 칼 빼든 정부 "中어선 완전 철수 때까지 작전 계속"(2016.6.11.)

해군과 해경, 유엔사가 10일 공동으로 '한강하구 중립수역'까지 들어와 불법 조업을 하는 중국 어선들에 대한 퇴거 작전을 실시한 것은 1953년 정전 협정 이후 처음이다. 우리 정부는 꽃게잡이 철을 맞아 연평도 일대 어장뿐 아니라 한강하구까지 내려와 불법 조업을 일삼는 중국 어선들의 만행이 도를 넘었다고 판단했고, 유엔사 역시 이들의 불법 조업이 정전협정을 위반했다고 규정했다. 하지만 일각에서는 이 수역이 새로운 남북 간 우발적인 군사충돌 가능성이 있는 지역으로 떠오를 수 있다는 우려도 제기된다.

합동참모본부는 이날 브리핑을 통해 "작전은 불법 조업 중이던 중국 어선에 근접해 한강하구 수역에서 이탈하라는 경고방송을 여러 차례 실시하는 방식이었다"고 설명했다. 이어 "간조로 오후 3시 40분 작전이 종료됐다"면서 "내일 만조가 되면 유사 작전을 다시 시작하게 될 것이며 중국 어선이 완전히 철수할 때까지 작전은 계속될 것"이라고 말했다. 이번 작전은 해군과 해병대, 해양경찰, 유엔사 군사정전위원회 요원 등으로 '민정경찰(Military Police)'을 편성해 한강하구에서 불법 조업을 하는 중국 어선을 차단, 퇴거하는 것이 목적이다. 민정경찰은 선박(고속단정·RIB) 4척과 24명으로 편성됐고, 군사정전위원회 인원 2명도 동승해 작전을 참관했다.

중국 어선은 서검도와 볼음도 인근 수역에서 2014년까지만 해도 연 2~3회 불법 조업을 했지만, 지난해에는 120여회, 지난 5월에는 520여회까지 급증하고 있어 대책 마련이 시급하다. 과거에는 1회 불법 조업 때 10척이 들어왔으나 최근에는 1회에 30척이 떼로 몰려다니며 범게, 꽃게, 숭어 등 어족자원을 싹쓸이하고 있어 우리 어민의 피해가 상당한 것으로 전해진다. 우리 군이 민정경찰을 투입하기로 한 것은 이런 사정을 고려한 고육지책이라고 볼 수 있다.

문제는 이 중립수역이 DMZ처럼 남북한 군사력이 첨예하게 대치하고 있는 곳이라는 점이다. 이날 우리 군이 해병대와 해군의 고속단정 2~4척을 이용해 한국말과 영어, 중국어로 경고방송을 하자, 10여 척의 중국 어선은 황급히 북한 측 100m 수역 이내 연안으로 도주했다. 정전협정에 따르면 중립수역에서 운용되는 민정경찰 선박은 상대편의 만조 기준 수제선(땅과 물이 이루는 경계선) 100m 안으로 들어가면 안 된다. 합참은 이날 작전에 대해 "북한군의 특이 동향은 없었다"고 밝혔지만, 북한 측 연안으로 대피한 중국 어선들에 대해 북한이 어떤 식으로 반응할지 아직 알 수 없다.

우리 군의 고속단정이 북한의 만조 기준 수제선 100m 선에 근접하거나, 안쪽으로 들어갈 경우 북한군의 도발을 초래할 수 있다. 북한군 역시 민정경찰을 투입해 우발적 충돌이 발생할 가능성도 있다. 또한 해군과 해경이 권총 등 개인 화기를 소지한다는 점도 북한을 자극할 수 있는 대목이다. 우리 군은 우발적 상황에 대비해 해군 함정이 언제든지 출동할 수 있도록 대비하고 있는 것으로 알려졌다. 중국 정부가 불법 조업을 하는 중국 어선들에 대한 통제에 미온적이라는 점도 변수가 될 수 있다. 우리 정부가 외교 또는 국방 채널을 통해 중국 정부에 10여 차례나 한강하구의 불법 조업 문제를 제기했지만 뚜렷한 대책은 없었다. 특히 단속 과정에서 중국 정부가 반발할 경우 외교적 문제로 비화할 가능성도 있다. 국방부 관계자는 "중국 정부도 한강하구 중국 어선들의 불법 조업에 대해 이해는 하고 있지만, 입장이 확인은 안 된다"면서 "지속적인 외교적 노력을 강구하겠다"고 밝혔다.

■ 해경대원 태운 채 북쪽으로 도주한 중국 어선 나포(2016.6.12.)

나포를 위해 승선한 해경 대원들을 그대로 태운 채 북한 쪽으로 달아나려 한 중국 어선이 붙잡혔다. 인천해양경비안전서는 서해 북방한계선(NLL) 인근 해상에서 50톤급 중국 어선 1척을 나포했다고 12일 밝혔다. 이 어선은 11일 오후 4시 40분쯤 NLL을 8.6㎞가량 침범한 뒤 인천 옹진군 연평도 남서방 50㎞ 해상에서 조업을 벌이다 해경에 적발됐다. 어선을 발견한 해경이 정선 명령을 내렸으나 중국 어선은 도주하려 했다. 이에 해상특수기동대원 14명이 어선에 오르자 중국 어민들은 조타실 철문을 봉쇄하고 NLL 북쪽 해상으로 1㎞가량 달아났다. 그대로 방치하면 NLL을 침범할 위기를 느낀 대원들은 중국 어선 엔진의 공기흡입구를 그물에 달린 부이로 막아 운항을 강제로 중단한 뒤 조타실 철문을 절단기로 열어 선원들을 붙잡았다. 인천해경 관계자는 "대원들이 단속에 나서면 보통 중국선원들은 조타실 문을 잠그고 북쪽으로 뱃머리를 돌린다"며 "하지만 대원들이 어선에 탄 상태인데도 NLL을 넘으려 한 것은 매우 드물고 위험한 일"이라고 말했다. 인천해경은 어선에 타고 있던 중국인 선원 7명을 인천으로 압송해 처벌할 방침이다. 인천해경은 올들어 서해 NLL 인근 해역에서 불법조업 중인 중국 어선 26척을 나포하고 2340척을 퇴거 조치했다.

■ 中어선 10여척 北연안에… 한강하구 작전 재개 검토(2016.6.13.)

우리 군과 해경, 유엔군사령부 군사정전위원회로 구성된 '민정경찰'의 한강하구 중립수역 투입 사흘째인 12일까지 불법 조업을 하던 중국 어선 수척이 이곳을 빠져나간 것으로 확인됐다. 군과 해경, 유엔사는 앞으로 중국 어선 퇴거 작전을 재개할지 검토 중이다. 북한군의 특이 동향은 이날까지도 없었던 것으로 전해졌다. 군 관계자는 이날 "민정경찰의 중국 어선 퇴거 작전으로 한강하구 중립수역에서 불법 조업을 하던 중국 어선 수척이 수역을 빠져나갔다"면서 "남아 있는 중국 어선은 10척 안팎"이라고 밝혔다. 한강하구 중립수역에 남아 있는 중국 어선들은 민정경찰의 단속을 피해 북한 연안에 머무르고 있다. 중국 어선들이 북한 연안에 머무르기만 한다면 군이 작전을 재개할 필요가 없어 군과 해경, 유엔사는 중국 어선 퇴거 작전을 잠정 중단한 상태다. 한편 백령도와 연평도 등 서해5도 북방한계선(NLL)을 넘나들며 불법 조업을 하는 중국 어선들을 막기 위해 대형 인공 어초(魚礁)의 설치 확대가 추진된다. 해양수산부는 어초를 늘려 달라는 어민들의 요구 등을 반영해 당초 제출했던 규모보다 최소 1.5배 늘어난 50억원 이상을 내년 예산으로 기획재정부에 요청하기로 했다. 인공 어초는 상단부에 갈고리 모양의 어망 걸림 장치가 있어 쌍끌이 저인망 조업을 할 때 그물을 망가뜨리는 효과가 있다.

■ 中 불법조업 막을 1억짜리 대형어초 대폭 확대 추진(2016.6.13.)

백령도와 연평도 등 서해5도 북방한계선(NLL)을 넘나들며 불법 조업을 하는 중국 어선들을 막기 위해 대형 인공 어초(魚礁)의 설치 확대가 추진된다. 해양수산부는 어초를 늘려 달라는 어민들의 요구 등을 반영해 당초 제출했던 규모보다 최소 1.5배 늘어난 50억원 이상을 내년 예산으로 기획재정부에 요청하기로 했다. 12일 정부 관계자들에 따르면 지난 10일 윤학배 해수부 차관 주재로 열린 '서해5도 어업인 지원 및 안전조업 관계부처 대책회의'(1차)에서는 다양한 대책들이 논의됐다. 특히 중국 어선의 불법 조업을 막기 위해서는 대형 인공 어초 설치가 지금보다 확대돼야 한다는 공감대가 형성됐다.

인공 어초는 상단부에 갈고리 모양의 어망 걸림 장치가 있어 쌍끌이 저인망 조업을 할 때 그물을 망가뜨리는 효과가 있다. 어류가 숨을 수 있는 서식처를 제공해 수산 자원을 보호하고 남획을 막는 데도 도움이 된다. 해수부는 인공 어초 설치에 총 900억원의 예산이 필요하다고 보고 내년도 인공 어초 예산을 대폭 증액하겠다고 밝혔다. 해수부 관계자는 "당초 내년도 예산을 올해 수준인 20억원으로 기재부에 요청했지만 최근 중국 어선의 NLL 지역 불법 어로가 기승을 부리고 옹진군과 어민들이 어초 설치에 예산 50억원이 필요하다고 밝힌 만큼 내부적으로 타당성을 적극 검토해 예산안에 반영해 달라고 요청할 계획"이라고 말했다. 해수부는 이를 위해 이번 주 실제 어초에 걸린 중국 어선의 그물들을 확인하는 등 현장 조사를 벌일 예정이다. 해수부는 예산안이 최종 확정되는 9월 전까지 효과를 반영해 예산 확대의 당위성을 강조할 방침이다. 해수부는 조기 사업 완료를 위해 50억원 이상의 추가 증액도 검토하고 있는 것으로 전해졌다.

박태원 연평도 어촌계장은 "중국 어선들이 불법 조업을 하지 못하게 지속적으로 대형 어초를 설치해 달라고 요청했지만 제대로 반영되지 않고 있다"고 말했다. 이는 제작비, 사업비, 사후 모니터링 비용 등 개당 1억원이 넘는 대형 인공 어초 효과에 대한 부처 간 견해가 엇갈리기 때문이다. 기재부 관계자는 "어초의 불법조업 방지 효과에 대한 검증이 필요한 만큼 효용성을 따져 보고 결정하겠다"고 말했다.

■ 중국 어선에 성난 서해5도민 단체행동 움직임(2016.6.15.)

당국의 강력한 단속에도 중국 어선의 불법조업 행태가 계속되자 서해5도 어민들이 단체행동에 나설 움직임을 보이고 있다. 15일 '서해5도 중국 어선 불법조업 대책위원회'에 따르면 오는 28일 국회 정론관에서 '서해5도 국민주권과 해양주권 촉구' 기자회견을 열 예정이다. 대책위는 2014년 꾸려져 정부에 중국 어선 불법조업 대책을 요구한 뒤 별다른 활동이 없었으나 지난 5일 연평도 어민들이 불법 조업을 벌이던 중국 어선을 직접 나포한 뒤 다시 가동되기 시작했다. 연평도 어촌계, 대청도·백령도 선주협회, 인천해양도서연구소 등으로 구성된 대책위는 "결국 가장 근본적인 문제는 해양주권"이라며 정부에 포괄적인 대책 마련을 주문했다. 대책위는 정부 각 부처에 한중 어업협정 개정, 중국 어선 담보금 수산발전기금 귀속, 서해 생태계 파괴에 대한 피해조사, 해경의 단속 자율권 부여, 서해5도 생활여건 개선 등의 요구 사항을 전달할 계획이다. 대책위는 정부의 대응을 지켜보며 인천 앞바다에서 대규모 해상시위를 벌이는 방안도 고려하고 있다. 서해5도 어민들은 2014년 11월에 대청도 해상에서 어선 80여 척을 모아 대규모 해상시위를 벌인 바 있다. 이들은 당시 "정부가 발표한 중국 어선 불법조업 대응 방안에 어민들에 대한 직접적인 보상대책은 전혀 없다"며 경제적인 보상책 마련을 요구했다. 허선규 대책위 공동위원장은 "아직 섬마다 구체적인 요구 사항을 수렴하고 있는 단계"라며 "정부의 대응이 미약하거나 이전과 같을 경우 대규모 해상시위도 불사할 것"이라고 말했다.

■ 중국의 불법 어로, 조선과 대한민국(2016.6.18.)

연평도 인근 해상에서 중국 어선들이 집단적으로 자행하는 불법 어로, 정확히 말하자면 대한민국 영해 침범 행위가 빈번하다. 꽃게 산란철을 코앞에 두고 더 극성을 부린다. 단속을 강화하면 되겠지만, 남북 관계의 악화로 이도 쉽지 않다. 해경과 해군의 단속 기미를 알아챈 중국 어선이 북방한계선(NLL)을 넘어 북한 쪽으로 도주해 버리면 사실상 속수무책이기 때문이다. 정부로서는 그저 베이징에 대책을 촉구할 뿐 영토주권을 스스로 행사하는 데 애를 먹고 있다.

이런 답답한 상황은 오늘만의 문제가 아니다. 조선시대에도 비일비재했다. 특히 조선 후기 17~18세기에 걸쳐 조선인과 청인(淸人)은 부단히 경계를 넘어 상대국의 공간에 들어가 경제적 이득을 취하곤 했다. 이른바 범월(犯越)로 불린 사안들이 죄다 이런 경우다. 적발되면 최고 참수형을 당하는데도, 그것을 무릅쓰면서까지 이들이 노린 것은 바로 삼(蔘)이었다. 당시 동아시아 국제무대에서 조선이 갖고 있던 교환가치, 곧 국제 경쟁력을 갖춘 상품은 삼이 거의 유일하다시피 했는데,

이는 삼이야말로 외국 상인들이 좋아하는 상당한 수준의 교환가치였음을 의미한다. 그러니 목숨을 걸 만했다.

청나라 사람들의 조선 범월은 육상에만 국한되지 않았다. 배를 타고 무리를 이뤄 조선 인근 해상에 나타나 조기와 전복 등 해산물을 도둑질했다. 이들 배는 황당선(荒唐船)으로 불렸는데, 조선과 청의 관계가 비교적 안정기에 접어든 18세기에는 국경 단속이 강해진 탓에 황당선의 해상 범월이 오히려 잦았다. 청나라 어선이 자주 출몰하는 지역은 연평도와 흑산도 주변의 바다였다. 섬 인근에 어족이 풍부하기 때문에 예나 지금이나 불법 어로를 하려는 중국 어선들의 출몰이 잦은 곳이다.

그러면 당시 조선 조정은 황당선에 대해 어떻게 대처했을까. 21세기 정부의 태도와 놀랍도록 같았다. 직접 단속에 나서 범월자들을 일망타진하는 게 아니라 대개 베이징에 연락을 취해 단속을 강화해 달라고 요청하는 외교적 방식에 의존했다. 당시 청은 종주국이고 조선은 번국(藩國)이었으므로 비록 위법했을지라도 하국(下國)인 조선으로서는 상국인(上國人)에 대해 무력을 행사하며 체포하는 일을 부담스러워했다.

그런데 청나라의 방침 또한 현재의 베이징이 보이는 태도와 흡사했다. 임현채의 연구에 따르면 18세기 내내 강희제, 옹정제, 건륭제 등 청나라의 황제가 조선에 내린 칙서의 골자는 한결같았다. 금령(禁令)을 어기는 배는 추적해서 무력으로 진압하고, 그 과정에서 사로잡은 자가 있으면 압송하되 상국인이라 하여 주저하지 말라는 것이었다. 이는 청으로서도 일일이 단속하기 어려우니 조선의 영해는 조선 스스로 지키되 단속에 불응하면 청나라 사람이라고 어려워하지 말고 군사작전을 펼쳐서라도 일망타진하라는 주문이었다.

그렇지만 조선의 반응은 여전했다. 저런 칙서를 받고도 조선은 무력을 동원해 단속에 나서기를 꺼려 했다. 스스로 물러가도록 해상에서 시위하는 선에 머물렀지 군사작전을 펼쳐 무력으로 제압하는 일은 매우 드물었다. 이유는 역시 하국인이 상국인을 살상할 경우 혹시라도 그에 따른 후폭풍이 있을지 모른다는 부담감 때문이었다. 따라서 황제의 칙서 곧 단속 허가를 공식적으로 받고도 조선 조정은 그 황지(皇旨)에 따르기를 주저했다. 그리고 늘 그랬듯이 베이징에 서신을 보내 단속 강화를 호소했다. 그러면 베이징에서도 예전처럼 조선이 스스로 단속하라는 강한 어조의 답신을 보냈다.

조선이 취한 저런 태도는 그래도 타당한 면이 있다. 당시 조선이 국제무대에서 국가의 안녕을 위해 취할 태도는 오직 베이징과의 우호 관계를 계속 유지하는 것이었다. 베이징에 중심을 둔 청(淸) 질서에 꼭 붙어 있는 것 외에는 다른 대안이 없었다. 따라서 영해의 해산물을 정기적으로 탈취당하는 것을 감수할지언정 베이징과의 관계에 조금이라도 문제가 발생할 소지가 있는 사안에 대해서는 철저하게 저자세를 취했던 것이다. 문제는 조선시대의 패턴을 21세기 대한민국 국민들이 왜 판박이로 지켜봐야 하는가다. 자신의 영토·영해·영공을 스스로 단호하게 지키지 못하면서 주변국에 외교적으로 호소하는 나라는 국제무대에서 무시당하는 법이다. 북한 핑계만 댄다고 책임이 없어질 일도 아니다.

■ '민정경찰' 한강하구 中 어선 퇴거 작전… 北 "무모한 군사적 도발" 비난(2016.6.21.)

우리 군과 해경, 유엔군사령부로 구성된 '민정경찰'이 한강하구 수역에서 중국 어선 퇴거작전을 한 것에 대해 북한이 20일 '군사적 도발'이라며 거세게 비난했다. 이에 국방부는 북한이 "억지 주장을 한다"며 일축했다. 북한 조선중앙통신은 이날 '대결과 충돌위험을 조장격화시키는 무모한 군사적 준동'이라는 제목의 보도에서 "무모한 해상침범과 선불질과 같은 군사적 도발을 절대로 허용할 수가 없다"며 "도발자들은 연평도 포격전의 처절한 피의 교훈을 되새겨볼 필요가 있다"고 위협했다. 이어 "최근 남조선 괴뢰군부 호전광들이 그 무슨 3국 어선의 불법어로활동을 '단속'한다고 하면서 이름만 들어도 이가 갈리는 '유엔군'과 괴뢰를 상징하는 저주받을 기발(깃발)까지 빼젓이 띄운 전투함선들을 이른바 '한강 작전'이라는 미명 밑에 서해열점수역을 벗어나 한강하구까지 대량 들이밀고 있다"고 주장했다. 이번 보도는 민정경찰이 지난 10일부터 한강하구에서 불법 조업하는 중국 어선을 대상으로 벌여온 퇴거작전에 대해 북한 매체가 공식적으로 보인 첫 반응이다.

이와 관련, 문상균 국방부 대변인은 정례브리핑에서 "한강하구 민정경찰 운영은 중국 어선의 불법 조업을 단속하기 위해 정전협정에 따라 적법한 절차를 거쳐 정당하게 실시하는 작전"이라며 "군사적 도발 운운하는 것은 억지 주장에 불과하다"고 북한의 주장을 반박했다. 이어 "한강하구 수역은 지난 수십년간 남북 양측이 사실상 출입하지 않았던 점을 감안해 민정경찰 운영 전에 북한에 유엔사 군정위 명의의 대북 전통문을 사전 발송하고, 군정위 요원이 동승한 가운데 단속 활동을 실시하고 있다"고 덧붙였다.

■ 해경정까지 공격·침몰시킨 '해적' 中어선(2016.10.10.)

불법 조업 중국 어선이 우리 해역의 고속단정을 침몰시키는 충격적인 사건이 발생했다. 쇠파이프나 손도끼 등 흉기로 저항하는 경우는 많았지만 어선을 이용한 '충돌 공격'은 처음이다. 해경의 인원과 장비 부족뿐 아니라 그동안 외교 문제를 내세운 정부의 미온적인 대응이 화를 자초했다는 지적이 제기된다.

국민안전처와 인천해양경비안전서 등은 지난 7일 오후 3시 8분쯤 인천 옹진군 소청도 남서쪽 76㎞ 해상에서 단속 중이던 해경 3005경비함의 고속단정 한 척을 인근 불법 조업 중국 어선이 들이받아 침몰하는 사고가 발생했다고 9일 밝혔다. 이주성 중부해경본부장은 "이번 중국 어선의 충돌 공격은 살인미수와 같은 행위"라며 "앞으로 자제했던 무기 대응 등 극단의 조치를 할 것"이라고 중국 어선의 불법 조업과 도 넘은 폭력 저항에 대한 강력 대응을 시사했다.

하지만 해경의 단속 능력이 너무 떨어진다는 주장이 나온다. 해경 관계자는 "2014년 해양경찰청 해체 이후 불법 중국 어선이 급증했지만 상대적으로 해경의 대응 능력은 제자리"라면서 "해경을 부활시키지 못한다면 최소한 서해5도에 해경 인력과 장비를 지금의 2~3배는 더 투입해야 한다"고 주장했다.

또 안전처는 사건 발생 31시간 만에 보도자료로 알리면서 사건 축소 은폐 의혹에 시달렸다. 안전처 관계자는 "고의적 충돌인지 등을 판단하는 데 시간이 걸렸다"며 은폐 의혹을 부인했다. 외교부는 "주한 중국대사관 총영사를 초치해 강한 유감과 항의의 뜻을 전달하고 재발 방지를 위한 중국 측의 적극적인 노력을 촉구했다"고 설명했다.

■ [사설] 해경 선박 침몰시킨 中 불법조업 이대론 안 돼(2016.10.10.)

인천 옹진군 소청도 남서쪽 서해 우리측 배타적 경제수역(EEZ)을 침범해 불법 조업하던 중국 어선이 해경 고속단정을 고의로 충돌해 침몰시킨 뒤 도주한 사건이 발생했다. 불법 조업 단속에 맞선 중국 어선들의 저항이 점점 더 조직화·흉포화하고 있다. 불법 조업도 모자라 폭력 저항까지 일삼는 중국 어선들에 우리 공권력이 속수무책으로 위협받는 상황이 속출하고 있는 것이다. 여론이 악화되고 단속이 강화되면 잠시 수그러들었다가 얼마 지나지 않아 또 다시 기승을 부리는 중국 어선들의 불법 조업과 폭력 저항의 악순환 고리를 이제는 끊어야 한다.

인천해양경비안전서에 따르면 해경은 지난 7일 오후 불법 조업 중인 중국 어선 40여척을 단속하려고 3000톤급 경비함인 3005함과 4.5톤급 고속단정 2척을 출동시켰다. 중국 어선들은 정지하라는 명령에 불응한 채 도주를 시작했고, 고속단정 1호기가 그중 100톤급 중국 어선에 근접해 대원들을 승선시켰다. 하지만 그 순간 다른 중국 어선이 고속단정 1호기 측면을 강하게 들이받아 침몰시켰다. 홀로 남아 있던 단정장은 가까스로 구조됐고, 다른 대원들도 고속단정 2호기를 통해 철수했지만 그야말로 살인미수나 마찬가지의 극악한 '충돌 공격'이었던 셈이다.

게다가 사고 후 중국 어선들은 유유히 자국 해역으로 달아났다고 한다. 어선들은 선체에 쇠창살을 수십 개씩 꽂고 우리 해경 대원들이 배에 오를 수 없도록 등선방지 그물까지 설치했다니 처음부터 단속에 극력 저항할 의도를 갖고 있었다고밖에 볼 수 없다. 중국 어선들의 폭력 저항은 어제오늘 일이 아니다. 2011년 12월에는 인천해경

이청호 경사가 중국 선원이 휘두른 흉기에 찔려 숨지는 사고까지 발생했다. 수십 척의 어선을 밧줄로 묶어 위력을 과시하는가 하면 승선한 단속 요원들에게 쇠파이프와 손도끼 등 흉기를 휘두르는 일도 흔하다.

중국 어선들의 이 같은 적반하장식 불법 조업과 폭력 저항이 난무하는 것은 일차적으로 중국 정부에 책임이 있다. 중국 어선들의 불법 행태가 문제 될 때면 중국 정부는 어김없이 엄중한 계도나 단속을 약속하지만 결국 똑같은 일이 반복되고 있지 않은가. 해경 해체 이후 중국 어선들의 불법 조업 행태가 급증했지만 상대적으로 우리 측 대응력은 답보 상태라는 점도 문제다. '해적' 수준의 중국 어선들이 고속단정 몇 척에 위축될 리 만무하다. 오죽하면 어민들이 위험을 무릅쓰고 직접 중국 어선들을 나포하겠는가. 한·중 양국 모두 특단의 대책을 세워야 한다.

■ 고속단정 침몰 닷새만에… 백령도서 불법 조업 중국 어선 나포(2016.10.12.)

12일 서해 최북단 백령도 해상에서 중국 어선 2척이 해경에 나포됐다. 인천해양경비안전서는 이날 배타적 경제수역에서의 외국인어업 등에 관한 법률 위반 혐의로 106톤급 중국 어선 2척(쌍타망 강선)을 나포했다. 불법조업 중국 어선의 공격을 받고 해경 고속단정이 침몰한 사건이 발생한 지 닷새만이다. 이들 중국 어선은 이날 0시 1분쯤 인천시 옹진군 백령도 남서방 46㎞ 해상에서 특정금지구역을 2.2km 침범해 불법 조업한 혐의를 받고 있다. 적발 후 중국 쪽 해역으로 달아나려다가 고속단정 2척으로 나포 작전에 나선 해경에 붙잡혔다. 단속 과정에서 별다른 저항은 하지 않아 함포사격 등의 강경 대응은 하지 않았다. 검거 당시 중국 어선 2척에는 까나리와 잡어 등 어획물 60톤이 실려 있었다. 해경은 어선 2척의 선장 등 승선원 19명을 인천으로 압송해 불법조업 경위를 조사할 예정이다. 인천해경 관계자는 "중국선원들이 물리력을 사용하지 않아 함포나 권총 사격은 없었다"며 "대형함정 4척과 헬기 1대 등으로 구성된 기동전단을 투입해 단속 활동을 강화하고 있다"고 말했다. 인천해경은 올해 들어 불법조업 중국 어선 46척을 나포해 관련법에 따라 70명을 구속했다. 또 담보금 14억 3,000만원을 징수했다.

■ 해경, 中 어선에 첫 공용화기 사용… M60 기관총 약 700발 경고사격(2016.11.2.)

해경이 불법 조업 단속에 저항하는 중국 어선에 처음으로 공용화기를 사용했다. 국민안전처가 지난달 11일 "중국 어선이 폭력 저항하면 함포 등 공용화기를 적극 사용하겠다"는 대책을 내놓은 이후 첫 사례다. 1일 중부해양경비안전본부에 따르면 이날 오후 5시 6분쯤 인천 옹진군 소청도 남서방 51마일 해역에서 불법 조업 중이던 중국 어선 2척을 해경이 발견하고 3000톤급인 3015함과 3012함에서 각각 고속단정 2대를 내려 중국 어선을 나포했다. 이 작전에는 특수대원 36명(고속단정 1대당 9명)이 동원됐다. 이어 나포한 중국 어선을 육지로 압송하려 하자 주변에 있던 중국 어선 40여척이 호위 중이던 고속단정으로 달려들어 나포된 어선들을 탈취하려고 위협했다. 이후 충돌을 시도하려는 움직임마저 보이자 해경 함정들은 M60 기관총을 발사했다. 공중을 향해 위협사격을 가해 어선 파손이나 인명 피해는 발생하지 않았다고 해경은 밝혔다. 중국 어선들은 해경 경고사격에 서둘러 도주했다. 발포 당시 현장에는 3000톤급 경비함 2척, 1500톤급 경비함 1척, 1000톤급 경비함 2척 등 5척이 있었으며 이 가운데 4척이 M60 기관총 600~700발을 쐈다. 이들 함정은 중국 어선 불법 조업 합동단속을 위해 구성된 기동전단이다. 한편 나포된 중국 어선은 2척은 인천 해경부두로 압송됐다.

■ [사설] 중국 어선 위협에 기관총 사격 합법적 대응이다(2016.11.3.)

해경이 서해에서 불법 조업을 하던 중국 어선이 단속에 저항하자 기관총을 발사했다. 불법 조업 중인 중국 어선에 해경이 공용화기로 위협사격을 한 적은 있었다. 하지만 중국 어선을 정조준해 직접 발사한 것은 처음이다. 그제 중부해경 기동전단은 인천 소청도 해상에서 조업 중인 중국 어선 30여척을 발견했다. 대부분은 100톤급 철선으로 2척이 나포된 뒤에도 나머지 어선들이 우리 경비함을 뒤쫓으며 위협했다. 잇따른 경고에도 불구하고 계속 따라붙자 물대포 발사에 이어 강경 대응을 한 것이다. 해경의 적극적인 대응은 지난달 중국 불법 어선에 강경 대응하기로 정부 방침을 바꾼 데 따른 조치였다. 지난달 초 서해상에서 해경 고속단정이 중국 어선의 공격으로 침몰하자 정부는 적극적 무기 활용 대책을 내놨다. 권총이나 소총 등 개인화기를 사용하는 데 그치지 않고 중국 어선이 저항하면 M60 기관총을 비롯해 함포 등 공용화기를 동원하겠다는 내용이었다. 상황에 따라 함정을 직접 충돌시키는 제압 방식까지도 감행하겠다고 경고했다. 이번 작전에는 해군 함정과 헬기도 동원됐다. 말로만 위협하고 넘어갈 줄 알았을 중국 어선들은 우리의 입체적 대응에 놀라 즉각 물러났다. 그동안의 수세적인 자세를 벗어나 불법 중국 어선에 본때를 보여준 대응은 환영할 일이다. 안전수칙에 따른 합법적 대응이었던 만큼 중국 정부도 반발할 여지가 없다고 본다.

지금까지의 미온적 대처로는 무엇도 얻어진 게 없었다. 우리 해경이 번번이 최소한의 자위권조차 발동하지 않고 넘어가니 중국 어선들의 눈에 더 호락호락하게 비쳤을 뿐이다. 자칫 중국 선원이 목숨이라도 잃게 되면 외교 마찰이 생기지 않을까 지나치게 우려한 탓이다. 앞으로도 우리 해상에서의 공권력 침해 행위는 어떤 상황에서도 일관되게 엄중히 다스려져야 한다. 해경이 중국 불법 조업 어선을 나포하는 비율은 최근 5년 평균 0.07%에 불과하다. 무법천지로 휘젓고 다니는 중국 어선들의 현실을 생각한다면 앉아서 그저 당하고만 있었던 꼴이다. 이렇게 물렁물렁한 대처로는 중국 정부와 어선들이 생각을 고쳐 먹으려야 먹을 수가 없다. 폭력을 일삼으며 불법으로 저항하는 중국 어선들에 한 치의 관용을 베풀 까닭이 앞으로도 없다. 해양 주권은 누구도 아닌 우리 스스로 지켜 내야 하는 일이다.

■ 백령도·연평도가 수도권?… '규제'묶여 기업유치 장애(2016.12.30.)

"백령도와 연평도가 수도권이라니 말이 됩니까?" 조윤길 인천 옹진군수의 지속적인 비판이다. 인천항에서 178㎞나 떨어진 서해 최북단으로 천안함 폭침 사건이 발생한 백령도와 북한으로부터 피격된 연평도 등이 수도권정비계획법의 적용을 받는 게 납득되지 않는다는 항변이다. 옹진군 관계자도 29일 "지도만 펼쳐 놓고 봐도 백령도가 수도권으로 묶여 있다는 것은 난센스"라며 "기업 유치에 장애가 많다"고 했다. 강화군도 행정구역상 인천시에 속한다는 이유로 수도권정비계획법 규제를 받는다. 여기에 '군사기지 및 군사시설보호법', '문화재보호법', '국토계획 및 이용에 관한 법률' 등 촘촘한 법 그물이 추가된다. 1982년 수도권정비법 제정 이후 1980년 9만명을 넘었던 강화군 인구는 6만 8000명으로 줄었고, 옹진군은 3만 8000명에서 2만 1000명으로 감소했다. 지역 경제가 침체하고 마을이 낙후되는 상황으로 이어졌다. 한국개발연구원이 지자체 244곳의 낙후도를 조사한 결과 강화군은 116위, 옹진군은 76위였다. 두 군은 수도권 규제 대상에서 제외해 줄 것을 수차례 정부에 건의했다. 정부는 대체로 이런 지적에 공감하지만, 두 군을 수도권에서 제외하면 경기 동북부 지역 해제 요구도 거세질 것이라는 이유로 거부하고 있다.

■ 中 불법조업 근절 '서해5도 특별경비단' 창설(2017.1.12.)

지난해 문제가 된 중국 어선의 불법 조업을 근절하기 위해 '서해5도 특별경비단'이 만들어지고, 민간기업 인프라를 활용한 재난구호물자 지원체계가 구축된다. 국민안전처는 11일 이 같은 내용의 추진 과제를 담은 새해 업무계획을 발표했다. 안전처는 오는 3월 서해5도 특별경비단을 창설해 서해 북방한계선(NLL)상 중국 어선 불법 조업을 뿌리 뽑기로 했다. 불법 조업을 하다 몰수된 외국 어선을 폐선 조치하고 선주에 대한 벌금도 현재 2억원에서 3억원으로 크게 높인다. 박인용 장관은 새해 업무보고와 관련해 열린 언론 브리핑에서 "한·중 어업협정 회의에서 중국 측이 어선 불법 조업에 대해 우리가 원하는 방안에 근접한 의견을 냈다"며 "중국의 변화된 태도에 기대하고 있다"고 말했다. 박 장관은 특히 지난해 10월 인천 소청도 해역에서 인천해경 3005함 소속 고속단정을 들이받아 침몰시킨 중국 어선에 대한 처리 문제에서 중국이 '국격'에 맞는 결과를 내놓아야 한다고 강조했다. 해경에서는 이 선박에 대한 자료를 중국 당국에 넘겼으나 중국에서의 수사는 아직 큰 진전을 보이지 않고 있다.

■ 서해 특별경비단 中어선 단속 '효과' (2017.4.19.)

서해 대표 꽃게 산지인 인천 연평어장 등에서 봄철 꽃게 조업이 시작됐지만, 불법 중국 어선이 예년에 비해 눈에 띄게 줄었다. 국민안전처 해양경비안전본부는 상반기 성어기(고기가 많이 잡히는 시기)를 맞아 '서해5도 특별경비단'(서특단) 단속 활동을 통해 중국 어선 불법 조업 단속에 큰 효과를 내고 있다고 밝혔다. 해경본부는 지난 4일 서특단을 창설하고 서해 북방한계선(NLL) 해역 전담 경비함정을 3척에서 7척으로 늘렸다. 군 특수부대 출신 경찰관으로 구성된 특수진압대를 연평도(2팀 12명)와 대청도(1팀 6명)에 상시 배치하는 등 불법 조업 감시·단속체계를 강화했다. 서특단은 창단 뒤 15일까지 중국 어선 5척을 나포하고 38척을 퇴거하는 실적을 거뒀다. 또 해경 단속요원 8명이 참여한 민정경찰(비무장지대 병력)이 지난달부터 한강하구 중립수역에서 중국 어선 침범을 차단하고자 활동하고 있다. 덕분에 NLL 해역은 지난해 4월 1~15일 하루 평균 210척의 중국 어선이 나타났지만, 올해는 4일에 194척이 출현한 뒤로 계속 줄어들어 최근에는 50척 미만으로 감소했다. 특히 연평도 북방해역은 지난해 같은 기간에 하루 평균 130여척이 조업해 우리 어민들을 불안케 하였으나 올해는 지난 11일부터 한 척도 보이지 않고 있다.

■ "연평·백령도 북방, 해상 개성공단으로" (2018.1.18.)

김영춘 해양수산부 장관이 지난 16일 서울신문과의 단독 인터뷰에서 북방한계선(NLL) 해상에 남북이 공동으로 운영하는 파시(波市·바다 위에서 열리는 시장)를 추진하겠다고 밝히자 서해5도 민들은 환영과 동시에 구체적인 방안을 제시하고 나섰다. '서해5도 생존과 평화를 위한 인천시민대책위원회'는 17일 남북관계 개선 분위기가 확산되는 점 등으로 미뤄 해상 파시가 실현될 수 있다는 기대감을 드러냈다.

해상 파시는 NLL 해상에 대형 바지선을 띄워 남북한의 수산물을 교역하는 방식이다. 어민들은 해상 파시를 통해 NLL의 긴장을 완화하고 남북한 수산업도 활성화되는, 두 마리의 토끼를 잡을 수 있다고 강조했다. 즉 분쟁의 요소가 많은 NLL을 '바다 위 개성공단'으로 만들자는 취지다. 어민들은 해상 파시로 중국 어선 불법조업을 방지하는 효과도 볼 수 있다고 주장했다. 이해를 함께하는 남북 어민들이 공동으로 중국 어선 불법조업을 견제하게 된다는 것이다. 그동안 중국 어선들이 치어까지 싹쓸이하다가 NLL을 넘어가면 손을 쓸 수 없는 게 현실이었다. 대책위는 파시 설치 장소로 백령도와 북한 장산곶 사이 바다와 연평도 북방 NLL 해상을 제시했다. 어자원이 풍부한 데다 중국 어선 이동로여서 최상의 해상 파시 조건을 갖췄다는 것이다. 나아가 남북한이 종묘기술 교류를 통한 공동양식으로 생산된 어자원을 수출함으로써 공동의 수익을 거둘 수 있다고 강조했다. 북한은 다시마 양식이 세계 2위를 차지하는 등 수산기술이 뛰어난 것으로 알려졌다. 조현근 인천해양연구소 정책위원장은 "북한 어선은 대개 목선으로 성능이 열악한 만큼 우리 측이 FRP어선 50~100척을 지원하고 그 비용을 수산물로 보전받는 방안도 검토해 볼 수 있다"고 밝혔다. 어민들은 NLL 주변에 남북공동어로구역을 설정하는 방안도 제시했다. 박태원 연평도 어촌계장은 "남북공동어로구역이 만들어지면 해상 파시는 더욱 빛을 발하게 된다"면서 "해수부, 선주, 어민, 전문가 등으로 태스크포스(TF)를 꾸려 이러한 문제들을 다뤄야 한다"고 말했다.

■ '공동 어시장' 꿈꾸는 서해 NLL (2018.5.1.)

4·27 남북정상회담에서 서해 북방한계선(NLL) 일대를 평화수역으로 만들어 군사적 충돌을 방지하고 안전한 어로활동을 보장하기로 합의하자 인천 옹진군 서해5도민들은 안전과 경기 활성화를 기대하는 속내를 드러내고 있다. 박태원

(58) 연평도 어촌계장은 "이번 기회에 남북 충돌의 고리를 끊고 어민들의 숙원사업인 NLL 인근 해역에서의 조업이 가능해지길 바란다"면서 "그동안 어민들이 요구해 온 남북 공동 파시(波市) 등도 실현될 기대감에 젖어 있다"고 말했다. 현재 어민들은 연평도 남서방에 조성된 어장에서 꽃게 등을 잡고 있으며, 섬 북쪽 NLL 해상에서는 군사적 위험 때문에 조업이 금지돼 있다. 연평도 주민 박정숙(53·여)씨는 "연평도 피격사건 때 전쟁이 난 줄 알고 옷가지도 챙기지 못한 채 피난 갔던 기억이 생생하다"면서 "두 정상이 한반도에 더는 전쟁이 없을 것이라고 전 세계인 앞에서 공언한 만큼 이제는 전쟁의 공포에서 벗어날 수 있으면 좋겠다"고 했다.

정상회담 등 남북관계 해빙 효과인 듯 중국 어선 불법조업도 눈에 띄게 줄어들었다. 연평도 해역에서 조업을 펼친 중국 어선은 지난 27일 15척, 28일 13척, 29일 13척, 30일 19척으로, 예년 하루 평균 100여척에 비해 크게 감소했다. 연평면사무소 관계자는 "중국 어선들이 낮에 우리 해역에서 고기를 잡다 밤이면 북한 수역으로 도망가곤 했는데 이제 그 수법이 안 통한다고 생각하는 것 같다"고 밝혔다. 2010년 천안함 폭침 사건을 코앞에서 접한 백령도 주민들의 감회도 남다르다. 강은미(58)씨는 "천안함 사건 당시 꽃다운 젊은이들이 영문도 모른 채 죽었다"면서 "다시는 그 같은 비극적인 일이 발생하지 말아야 한다"고 말했다. 관광 활성화에 대한 기대도 나왔다. 요식업을 하는 정윤희(51)씨는 "서해5도에서 남북이 충돌하거나 북한이 미사일을 쏠 때마다 관광객이 줄어하는 현상이 되풀이돼 왔다"면서 "이번 회담을 계기로 관광객이 늘어날 것으로 기대한다"고 말했다.

■ 국방부 '판문점 선언 이행 TF' 구성… 남북군사회담 준비(2018.5.5.)

정부가 남북정상회담 '판문점 선언'의 후속 조치 이행을 위해 발 빠르게 나서고 있다. 국방부는 '판문점 선언 이행 추진 태스크포스(TF)'를 구성하기로 했고 국방·통일·외교·해양수산부 장관은 5일 연평도와 백령도를 방문해 주민대표 간담회를 갖는다. 국방부 관계자는 4일 "판문점 선언 이행을 위한 후속조치를 준비하는 TF가 구성될 예정"이라며 "외부 전문가들이 참여하는 자문위원회의 조언도 받을 계획"이라고 밝혔다. TF는 송영무 국방부 장관 주관으로 국방부 실·국장과 합동참모본부 주요 인사는 물론, 외부 전문가들도 자문위원으로 참여할 예정이다. 국방부는 우선 판문점 선언의 첫 이행조치로 시작된 군사분계선(MDL) 일대의 대북 확성기를 늦어도 이번 주말까지 모두 철거한다는 계획이다. 북측도 최전방 지역의 대남 확성기와 전단 살포 시설의 철거 작업을 이번 주 내 끝낼 것으로 알려졌다. TF는 또 이달 중 열릴 남북 장성급 군사회담을 비롯한 군사당국자회담, 국방장관회담 등도 준비할 계획이다. 장성급회담 남측 대표로 내정된 김도균(육사 44기·소장) 청와대 국방개혁비서관도 국방부 대북정책관으로 보임했다. TF는 비무장지대(DMZ)의 실질적 평화지대화, 서해 북방한계선(NLL) 일대의 평화수역 조성, 남북 교류협력을 위한 군사적 보장 방안 등 판문점 선언에 명시된 남북 간 군사적 긴장 완화 방안을 구체화 시킬 것으로 보인다. 통일부는 지난해 7월 구성한 '한반도 신경제지도 TF' 활동을 지속하면서 조명균 통일부 장관이 '판문점 선언 이행 추진위원회'의 총괄 간사를 맡아 남북 관계 발전 분과를 주도할 것으로 보인다. 외교부는 한반도평화교섭본부를 중심으로 비핵화·평화체제 분과를 뒷받침하는 TF를 구상 중이다. 송 장관, 조 장관과 함께 강경화 외교부 장관, 김영춘 해수부 장관은 연평도와 백령도에서 서해 NLL 일대 평화수역 조성에 대한 주민 의견을 수렴한다는 계획이다. 해수부는 해양경찰을 통해 어민들의 안전한 어로 활동을 지원하고 외교부는 이 같은 평화수역에 대해 주변국의 협조를 구한다는 방침이다. 국방부 관계자는 "백령도와 연평도 주민과의 소통을 위해 외교·안보·해수부 장관이 함께 가서 긴장 상태를 어떻게 해소할 것인지, 남북 어민들이 평화롭게 어로 활동을 할 수 있는지 등에 대한 소통을 위한 답사"라고 설명했다.

■ 조명균 "서해 NLL 기본 유지… 평화수역은 군사회담 통해 설정"(2018.5.7.)

송영무 국방부 장관과 조명균 통일부 장관, 강

경화 외교부 장관, 김영춘 해양수산부 장관이 지난 5일 처음으로 함께 서해 북방한계선(NLL) 일대 평화수역 조성과 관련한 주민 의견을 청취하기 위해 연평도와 백령도를 방문했다. 이번 방문은 남북 정상 간 '판문점 선언'에서 합의한 서해 NLL 평화수역 조성과 관련한 남북 간 후속 회담을 앞두고 이뤄진 첫 조치다. 송 장관은 연평도 주민 간담회에서 "다 결정해서 선물하러 온 건 아니고 무슨 요구를 하시는지 듣고 북한과 얘기할 때 반영하려고 (왔다)"라고 말했다. 주민들은 공동어로수역에 대한 의견을 제시하며 야간 조업 규제 완화와 중국 어선 불법 조업 단속 문제 등을 제기했다. 또 서해5도 어민만 이용할 수 있는 어장 확보와 육지와 연결하는 여객선 항로 단축 등도 요청했다.

성도경 연평도 선주협회장은 "연평도 주민들은 전쟁 이후 두 번의 연평해전과 피폭으로 하루하루 불안 속에 산다"며 "야간 조업, 유사시 사격 훈련 통제 등 많은 규제를 받았다. 규제를 완화해 주시고 어민들의 힘든 점을 반영해 정책을 세워 달라"고 호소했다. 박태원 연평도 어촌계장은 "군사적 문제만큼은 남북이 모두 절대 무력행위를 안 한다는 전제가 붙고 그다음에 NLL이든 공동해역이든 해야 한다"고 강조했다. 이에 대해 송 장관은 "정부 입장이 딱 그렇다. 대통령님도 그렇게 생각한다"고 설명했다.

주민들은 짧은 시간 안에 큰 변화가 있을 것이라는 기대감을 보였지만, 장관들은 장기적 계획을 위해서는 선행 과정이 먼저라며 신중한 태도를 보였다. 김 장관은 "(남북) 정상회담을 통해 새로운 분위기가 만들어지겠지만 장밋빛 환상을 가지지 않아야 한다"며 "공동수역 얘기도 과거에 (북측과) 잘 진행이 안 됐다. 먼저 국방장관 중심으로 저쪽(북측)이랑 군사회담이 있어야 한다"고 설명했다. 조 장관은 NLL 문제에 대해 "서해 NLL은 기본을 유지하는 게 전제"라면서 "(남북) 공동어로든 평화수역이든 NLL선을 바꾸는 것이 아니고 NLL은 완전히 남북 관계가 달라지고 평화협정을 체결하면 모르겠지만 그 전에는 NLL을 손대지 않는다"라고 강조했다. 그는 이어 "이건 1992년 남북 기본 합의서에 합의된 내용이고 다시 논의하기 전까지는 NLL을 건드리지 않는다"며 "공동수역, 평화수역은 군사회담을 통해 북과 설정할 것이고 통일부, 국방부, 해수부 모두 긴밀히 협의해 안을 잘 만들겠다"고 덧붙였다.

강 장관은 중국 어선 불법 조업 문제에 대해 "근본적인 해결은 군사적 긴장을 해소해 남북이 자유롭게 어업활동을 하면 중국은 물론 제3국 선박이 안 올 수 있게 되겠지만 그 전에는 중국에 불법 어업 중단을 촉구하고 있다"고 설명했다. 장관들은 이날 연평도·백령도 주민들과 차례로 간담회를 갖고 연평부대와 해병 6여단을 방문해 작전현황을 청취했다. 서해 NLL 평화수역 조성 문제는 이달 중 열릴 것으로 보이는 남북 장성급 군사회담에서 논의될 것으로 예상된다.

■ [사설] 서해 NLL 평화수역 지정, 北 태도가 관건이다(2018.5.7.)

국방·통일·외교·해양수산부 4개 부처 장관이 그제 연평도와 백령도를 찾아 남북 정상의 서해 북방한계선(NLL) 일대 평화지대화 합의와 관련한 주민 의견을 청취했다. 문재인 대통령과 김정은 국무위원장의 정상회담 이후 나온 '4 · 27 판문점 선언'의 후속 조치다.

그동안 서해 NLL은 '한반도의 화약고'로 불렸다. 1, 2차 연평해전과 대청해전 등 숱한 남북 무력 대결이 펼쳐졌고, 전면전으로 번질 뻔한 적도 한두 번이 아니었다. 그런 만큼 NLL을 평화수역으로 지정하고, 공동어로구역으로 만들겠다는 의미는 결코 작지 않다. 우선 북한의 비핵화와 평화체제 구축, 교류 활성화 등 남북정상회담에서 합의한 판문점 선언의 신뢰도를 가늠할 수 있는 척도가 된다. 정상회담 이후 진행된 대남 · 대북 비방 확성기 철거와 달리 NLL 평화수역 지정은 직접 무력 충돌의 뇌관을 제거하는 것이고, 남북 정상 간 합의의 신뢰성을 전 세계에 보여 주는 것이기 때문이다. 1953년 8월 30일 NLL 설정 이후 야간 어로 금지 등으로 생계에 지장을 받아 온 어민들에게 어느 정도 보상이 이뤄질 수 있다는 점에서도 그 의미는 크다. 우리 바다에서 불법 조업을 일삼던 중국 어선 문제를 자연스럽게 해결할 수 있다는 점도 긍정적이다.

하지만 평화수역 지정까지는 갈 길이 멀고 험

하다. 2007년 노무현 전 대통령과 김정일 북한 국방위원장이 합의, 발표한 '10·4선언'에도 '공동어로수역' 지정과 '평화수역' 선포가 들어 있었지만, 기준선을 유엔군이 설정한 NLL로 할지, 아니면 북측이 설정한 '서해경비계선'으로 할지를 놓고 이견만 노출하고 무산됐다. 북한이 판문점 선언문에 NLL을 그대로 쓰는 등 태도 변화 조짐을 보이기는 했지만, 이달 열리는 남북 군사당국 회담에서도 같은 입장을 보일지는 알 수 없다.

조명균 통일부 장관은 연평도 주민들과의 간담회에서 "NLL은 평화협정을 체결하면 모르겠지만, 그 전에는 손대지 않는다"는 입장을 분명히 밝혔다. 결국 NLL의 평화지대화는 북한 태도에 달려 있는 셈이다. 북측이 진정한 한반도의 평화체제 구축을 원한다면 먼저 실체적 존재인 NLL의 인정을 통해 진정성을 보여야 한다. 서해 NLL에서의 남북 간 긴장완화 조치와 신뢰구축이 선행돼야 한다. 한 번의 군사 당국자 간 회담에서 성과를 도출하기는 어렵다. 군사 회담과 별개로 남북 고위급 회담을 통해 NLL 문제를 함께 풀어 나가는 방안도 선택지에 넣었으면 한다.

■ 北, 서해 해안포 운용 사실상 중단 (2018.5.10.)

북한 군이 '판문점 선언' 이후 서해 해안가에 설치한 해안포 운용을 사실상 중단한 것으로 확인됐다. 최전방 확성기 철거에 이은 군사적 긴장 상태 완화 조치의 일환으로 보인다. 우리 군도 백령도를 비롯한 서해5도에 배치한 K9 자주포와 다연장포 등의 북한 해안포 대응 무기체계를 탄력적으로 운용한다는 방침인 것으로 알려졌다. 남북의 이 같은 조치가 판문점 선언에 명시된 서해 북방한계선(NLL) 일대의 평화수역화와 '단계적 군축'의 첫 시범 사례가 될지 주목된다.

9일 군 소식통에 따르면 북한 군의 서해 해안포 동굴진지 문이 판문점 선언 이후 한 차례도 열리지 않고 있다. 북한 군은 예전에는 동굴진지 문을 수시로 열어 해안포를 노출시키는 방법으로 긴장을 고조시켰지만 판문점 선언 이후에는 해안포를 노출시키지 않고 있다는 것이다. 군 관계자는 이날 "북한 군 해안포 동굴진지는 육안으로도 확인되는데 지난달 말 이후 현재까지 열리지 않고 있다"면서 "작전을 일시적으로 중단한 것인지, 아니면 긴장 완화를 위해 해안포 운용을 중단한 것인지는 알 수 없다"고 말했다.

김정은 북한 국무위원장이 지난달 27일 남북 정상회담에서 연평도 주민들의 불안감을 거론한 점에 비춰 보면 서해 해안포 운용 중단 지시가 내려갔을 가능성도 배제할 수 없다. 당시 김 위원장은 문재인 대통령과 환담하면서 "(남쪽으로) 오면서 보니 실향민과 탈북자, 연평도 주민 등 언제 북한 군의 포격이 날아오지 않을까 불안해하던 분들도 우리 오늘 만남에 기대를 갖고 있는 것을 봤다"며 "이 기회를 소중히 해서 남북 사이에 상처가 치유되는 계기가 됐으면 좋겠다"고 말했다.

북한 군은 백령도와 마주 보고 있는 장산곶과 옹진반도 등에 구형 76㎜ 해안포와 130㎜ 대구경 해안포 등 4종의 해안포 1000여문을 동굴진지에 은폐해 놓고 있는 것으로 알려졌다. 2010년 11월 23일에는 연평도에 170여발의 해안포와 방사포를 발사해 민간인 2명이 사망하고 해병부대원 2명이 전사했다.

■ 남북 함정 핫라인 10년 만에 정상화 (2018.7.2.)

남북 함정 간 해상 핫라인인 국제상선공통망이 10년 만에 정상 가동됐다. 남북이 서해 북방한계선(NLL) 일대에서 시행한 첫 군사 긴장 완화 조치다. 또 국방부는 비무장지대(DMZ)에서 5~10㎞ 내에 있는 군 부대 시설의 신축 공사 일정을 전면 보류했다.

국방부는 1일 "남북 군사 당국은 판문점 선언과 제8차 남북장성급군사회담 합의 사항 이행 차원에서 서해상의 우발적 충돌 방지를 위한 국제상선공통망 운용을 정상화했다"고 밝혔다. 이날 오전 9시 연평도 근해에서 실시된 국제상선통신망의 시험 통신에서 남측 해군 경비함이 북측 경비함을 호출하자 북측이 즉각 응답했다. 향후 양측은 이 핫라인으로 소통하며 상대의 NLL 침범 사실을 알리거나 우발적인 군사 충돌을 방지한다. 남북 함정의 호출 부호는 각각 '한라산'과 '백두산'이다. 남북은 2004년 6월 제2차 장성급군사회담에서 서해 경비함정 간 해상 핫라인에 합의했다. 하지만 이명박 정부의 출범으로 남북 관계가 경색된 2008년 5월부터 북측은 호출에 응답하지 않았다. 또 이날 국방부는 "제3국(중국) 불법조업 선박 정보 교환을 서해지구 군 통신선 복구와 연계해 추진할 예정"이라고 밝혔다. 노후된 서해지구 군 통신선이 향후 광케이블로 교체되면 남북은 불법 어선 정보를 교환하며 공동 단속에 나설 수 있다.

■ [사설] 남북 함정 핫라인 재개통, 긴장 완화 촉진제 되길(2018.7.2.)

서해에서 우발적 충돌을 막기 위한 남북 함정 핫라인인 국제상선공통망이 어제 개통됐다. 1일 오전 9시 연평도 부근의 해군 경비함이 북측 함정을 뜻하는 부호인 '백두산'을 호출했고, 북측은 남측 호출 부호인 '한라산'으로 응답하는 시험 통신도 했다. 함정 간 핫라인은 처음이 아니다. 남북은 2004년 6월 장성급회담 합의에 따라 함정 핫라인을 실행했다. 그러나 북한이 이명박 정부 출범 직후인 2008년 5월 이후 핫라인 호출에 응하지 않아 불통 상태에 들어갔다. 함정 핫라인이 10년 만에 재가동됨으로써 1~3차 서해교전 같은 충돌을 예방할 수 있게 됐다.

남북 정상은 4·27 판문점 선언 2조에서 "첨예한 군사적 긴장 상태를 완화하고 전쟁 위험을 실질적으로 해소하기 위해 공동으로 노력한다"고 합의했다. 첫 조치로 5월 초 군사분계선 상의 대남·대북 확성기가 철거됐다. 선언은 또 상대에 대한 적대행위를 전면 중단하고 비무장지대(DMZ)를 평화지대로 만들며, 서해 북방한계선(NLL) 일대를 평화수역으로 조성하기로 했다. 어느 것 하나 간단한 문제가 아니다. 하지만 남북이 다시 긴장 완화의 단추를 끼운 만큼 뒤돌아보지 말고 굳세게 전진해야 한다.

북한과 미국 간에 진행되고 있는 비핵화 대화와는 별개로 남북 긴장 완화는 한반도의 항구적 평화체제 구축을 위한 기반이다. 남북 간 군사적 신뢰가 쌓이면 군축도 단계적으로 이뤄져야 할 것이다. 군 당국이 DMZ에서 5~10㎞ 떨어진 군부대 시설의 신축 공사 일정을 전면 보류했다는 소식도 들려온다. 향후 남북 최전방 부대의 후방 배치를 염두에 둔 조치라는 분석이 유력하다. 앞으로 예정된 군사 당국자 회담에서는 서울을 사정권으로 하는 북한 장사정포의 후방 배치도 전향적으로 거론해 수도권 주민들이 느끼는 실질적인 위협을 줄이는 노력을 기울여야 한다.

남북 이벤트가 몰려 있다. 4, 5일 평양에서 열리는 남북 통일농구경기를 위해 선수·대표단 100명이 내일 방북한다. 4일에는 남북 산림협력 분과회의도 열린다. 북측 지역의 황폐해진 산림 복원을 다룬다. 국제사회의 제재와 무관하기 때문에 빠르게 진전될 전망이다. 또한 경의선 개성~신의주 구간의 현지 조사와 남북공동연락사무소 설치를 위한 개보수 공사에 이어 8월의 이산가족 상봉까지 앞두고 있다. 교류와 협력, 긴장 완화에 속도감을 내 누구나 남북관계 개선을 체감하기를 기대한다.

■ 포성과 더불어 살던 연평도… 한반도기 걸고 평화 낚는다(2018.7.18.)

"평화요? 학교 지하 대피소를 수영장으로 만들어 주는 거죠." 지난 12일 아침 인천 옹진군 연평도 내 연평초등학교에서 만난 안효유(12)군은 평화에 대해 묻자 자신의 생각을 이렇게 말했다. 옆에 있던 이희재(11)양은 주변 어른들이 말해 준 듯 네 살 무렵 기억을 전했다. "대포 소리가 안 들리는 게 평화예요. 네 살 때 어린이집에서 자고 있는데 포탄이 어린이집 창문을 뚫고 떨어져 대피했었어요."

6·25전쟁 때 포탄이 단 한 발도 떨어지지 않아 '평화의 섬'이라 불렸다는 연평도는 2010년 11월 발생한 연평도 포격 사건 이후 일상적으로 대피 훈련을 하는 곳이 됐다. 하지만 주민들은 지난 4월 남북정상회담 이후 대포 소리가 전혀 들리지 않는 등 평화가 다시 찾아왔다고 소개했다. 노유빈(11)양은 "평화는 서해 북방한계선(NLL)이 없어져서 인천까지 가는 배가 빨리 가는 것"이라고 했다. 신민혁(11)군은 "구리동 해수욕장에서 잃어버린 주황색 니모 튜브가 NLL을 넘어 북한으로 가버렸는데 평화는 북한 사람들이 잃어버린 튜브를 찾아주는 것"이라고 설명했다. 연평도는 북한 땅

인 석도, 갈도, 장재도 등에서 3㎞ 정도 떨어져 있고 1.5㎞ 앞에는 NLL이 있다. 면적은 여의도의 약 2.5배로 2,200여명이 살고 있다.

이곳 주민들은 남북 정상회담에서 북한 김정은 국무위원장이 말한 게 현실화되길 간절히 바랐다. 김 위원장은 당시 문재인 대통령에게 "연평도 주민, 실향민 등 언제 북한군의 포격이 날아올까 불안해하던 분들도 우리 오늘 만남에 기대를 갖고 있는 것을 봤다"며 "남북 사이에 상처가 치유되는 계기가 됐으면 좋겠다"고 언급했다. 김종녀(79·여)씨는 "내 고향이 황해도 연백군 일심면 소무개 마을인데 날이 좋으면 연평도 언덕에서 고향 땅 밭이 보인다"며 "60년간 보기만 했던 고향 땅에 가는 게 내겐 통일"이라고 말했다. 어민들은 남북 관계가 더 진전되면 연평 해역에서 중국 배들을 몰아낼 수 있을 것으로 기대했다. 연안통발어선 평화호 오현석(49) 선장은 "평화수역이 조성돼서 중국 배들을 몰아내고 남북이 함께 평화롭게 조업하는 날이 왔으면 좋겠다"고 말했다.

이날도 연평도 어민들은 배에 서해5도(백령·대청·소청·연평·우도)가 그려진 한반도기를 걸고 바다에 나섰다. 판문점 선언 이후 평화를 염원하는 마음에서 어민들은 한반도기를 건 채 조업을 하고 있다. 다만 장밋빛 기대만을 하는 것은 아니다. 박태원(58) 연평면 어촌계장은 "남북 정상이 판문점 선언에서 남북 평화수역 조성을 합의했지만 하루 이틀에 되는 일이 아니기 때문에 차분히 기다리는 심정"이라고 설명했다. 특히 7월부터 금어기에 들어간 꽃게잡이 어선은 성어기인 오는 9~11월 '평화의 바다'에서 만선의 꿈을 꿀 수 있을지 남북관계 진전에 촉각을 곤두세우고 있다. 한 어민은 "평화가 계속돼 대청·소청도 남방과 연평도 서방 어장이 확대되고 야간 조업도 허가됐으면 좋겠다"며 "그러다 나중에 통일되면 가까운 북한 땅까지 다리도 생기지 않겠냐"고 말했다.

■ 군사 방어시설 '용치' 서해5도서 철거하라(2018.7.25.)

남북 해빙무드를 계기로 인천 옹진군 서해5도 해변에 설치된 군사 방어시설 '용치'(龍齒)를 제거해야 한다는 주장이 제기됐다. 용치는 적 고무보트의 상륙이나 진격을 저지하기 위해 1970~80년대에 철이나 콘크리트 구조물을 해변에 설치한 것으로 용의 이빨처럼 생겨 용치라고 불린다. 인천녹색연합은 24일 "과거에는 안보와 국방을 위해 존재 했지만 현재는 쓰임이 없는 용치가 오히려 주민의 생존을 위협하는 상황"이라며 "분단과 대립의 상징인 용치는 철거돼야 한다"고 주장했다. 인천녹색연합이 이달 들어 현장을 조사한 결과 백령도 1,500개, 대청도 600개, 연평도 1,200개 등 서해5도에 3,000~4,000개의 용치가 설치된 것으로 파악됐다.

멸종 위기 종인 점박이물범의 주요 서식지인 백령도 하늬해변, 국가지질공원 인증을 추진 중인 대청도 옥죽포 해안, 관광객의 발길이 이어지는 연평도 구리동해수욕장 등지에도 용치가 설치돼 있다. 인천녹색연합은 용치로 인해 어항 기능 상실, 해수욕장 폐쇄, 어선 파손, 경관 훼손 등 주민들이 심각한 피해를 겪고 있다고 밝혔다. 아울러 대부분의 용치가 부식된 채로 묻혀 있는 등 관리도 제대로 되지 않아 방어시설 기능도 떨어진다고 주장했다. 장정구 황해섬보전센터장은 "용치가 전력상 방어시설로 필요하다면 관리를 철저히 하고 수요에 따라 보강을 해야겠지만, 대다수 용치는 이미 군에서 버린 시설이나 다름없는 만큼 조속히 철거해야 한다"고 말했다. 인천녹색연합은 용치 철거 건의서를 국방부·인천시·옹진군에 전달할 계획이다.

■ '화약고' 서해 NLL 볕 든다… 평화수역·공동어로구역 설정(2018.9.20.)

남북이 19일 '판문점 선언 이행을 위한 군사분야 합의서'에서 서해 평화수역과 시범적 공동어로구역 설정에 합의하면서 판문점 선언에서 합의한 서해 북방한계선(NLL) 일대 평화수역화가 시작될 것으로 보인다. 그러나 구체적인 경계선 설정에 대해서는 남북 간 이견을 보여 향후 구성될 군사공동위원회에서 협의하기로 했다. 서해 평화수역과 공동어로구역 설정은 지난 2007년 남북 정상회담에서 '10·4 정상선언'을 통해 합의한 내용이기도 하다. 국방부 관계자는 "정부는 평화수역과 시범적 공동어로구역은 NLL을 존중, 준수하는 가운데 등면적 원칙으로 적용해야 한다는 입장"이라며 "NLL은 그대로 준수하고 변화가 없다"고 말했다. 평화수역은 양측이 관할하는 섬의 지리적 위치, 선박의 항해밀도, 고정항로 등을 고려해 설정하기로 했다. 평화수역에는 원칙적으로 비무장 선박만 출입하도록 하고 해군 함정은 불가피하게 진입할 필요성이 제기되는 경우 상대측에 사전 통보 후 승인을 받아야 한다. 시범적 공동어로구역은 남측 백령도와 북측 장산곶 사이에서 구체적인 경계선을 설정하고 이 구역 내 조업어선은 출입신청 문건을 출입 예정 48시간 전까지 상대측에 제출하도록 했다. 남북은 평화수역과 시범적 공동어로구역에서 제3국 불법 어선 차단 및 남북 어민활동 보장을 위해 공동순찰 방안도 마련하기로 했다.

■ "남북 어민들 함께 바다 위 시장 열자" 평화시대 최전방에 선 서해5도(2018.9.21.)

남북이 서해상에 평화수역과 시범 공동어로구역을 설정하기로 합의하자 인천 옹진군 접경지역 주민들이 크게 반기고 나섰다. 특히 2010년 3월 천안함 폭침에 이은 11월 연평도 피격, 1999년 6월과 2002년 6월 연평해전 등 아찔한 사건을 몸소 겪었던 서해5도(백령도·대청도·소청도·연평도·우도) 주민들은 이제야 맘 놓고 살 수 있는 세상을 맞았다며 감격스러운 표정을 감추지 못하고 있다.

서해5도민들은 북방한계선(NLL) 일대에 평화수역과 공동어로구역을 만들면 자연스럽게 안전한 어로활동과 어장 확대, 조업규제 완화로 이어진다며 경기 활성화를 기대하는 속내를 드러내고 있다. 박태원(58) 연평도 어촌계장은 20일 "이번 합의로 남북 충돌의 고리를 끊고 어민 숙원인 NLL 인근 해역에서의 조업을 기대하게 됐다"면서 "줄곧 요구해 온 남북 공동 파시(波市, 바다 위에서 열리는 시장) 등도 실현될 수 있다는 꿈에 부풀었다"고 말했다. 어민들은 파시 설치 장소로 백령도와 북한 황해도 장연군 해안면 장산곶 사이 바다 및 연평도 북방 NLL 해상을 제시했다. 어자원이 풍부한 데다 불법 중국 어선 이동로여서 최상의 공동어로 조건을 갖춰서다.

서해5도 평화수역운동본부와 평화도시 만들기 인천네트워크는 "한반도 평화와 서해 평화의 역사적 전기를 이룰 평양공동선언을 환영한다"는 논평을 냈다. 이들은 "서해 평화를 향한 본격적인 발걸음의 시작을 환영한다"면서 "합의된 서해상에서의 평화수역과 공동어로구역 설정에 대한 후속 조치를 빠른 시일에 마련하길 기대한다"고 밝혔다.

'한반도 화약고'로 불리는 서해5도에서 살고 있는 주민들은 이번 합의를 역사적인 사건으로 받아들였다. 백령도 주민 심모(55)씨는 "합의문 발표 뒤 모두 흥분되고 들뜬 분위기"라며 "공동어로구역 설정 땐 야간조업까지 가능해져 주민들 입장에선 획기적"이라고 덧붙였다. 대청도 주민 이모(56)씨는 "NLL 인근 공동어로구역 지정 땐 조업할 수 있는 기존 어장의 어족자원 감소로 시름하는 서해5도 어민에게는 더없이 반가운 소식"이라며 활짝 웃었다. 관광 활성화에 대한 기대도 나왔다. 백령도에서 요식업을 하는 정모(51)씨는 "서해5도에서 남북 충돌, 또는 북한 미사일 발사 때마다 관광객 감소를 되풀이하곤 했다"면서 "사실상 종전선언이나 다름없는 이번 회담을 계기로 악순환 고리를 끊고 관광객 증가라는 소식을 들을 것으로 기대한다"고 말했다.

■ "공동어로구역보다 서해5도어장 확장이 먼저"(2018.10.2.)

인천 옹진군 서해5도 어민들이 남북이 합의한 공동어로구역 조성에 앞서 서해5도 어장 확장부터 이뤄져야 한다고 요구하고 있다. 어민들은 남북 군사회담 합의에 따라 다음달 1일부터 군사분계선 일대에서 남북 간 적대행위가 중단되는 만큼 그에 맞춰 서해5도 주변 어장부터 확장해야 한다고 주장하고 있다. 어민들은 평화수역 조성과 공동어로구역 운영이 실제로 이행되기까지는 상당한 시간이 걸릴 수 있다며 우선 서해5도 주변 어장부터 확장해 달라는 것이다. 이에 따라 연평도 서남방 어장과 소청도 동남방 B어장을 연결해 확장할 것을 요구한다. 이 경우 조업구역이 배가량 늘어나 사실상 '서해5도 한바다 만들기'가 이뤄진다고 강조한다. 나아가 2단계로 북방한계선

(NLL) 쪽으로도 어장이 확대돼야 한다고 주장한다. 하지만 남북 공동어로구역이 조성되면 자연스레 NLL로 진출하는 효과가 있기 때문에 이 문제는 서두르지 않고 있다.

박태원 서해5도평화수역운동본부 상임대표는 "서해5도 어장을 늘려 달라는 것은 60여년간 안보를 이유로 제한받았던 어업공간을 되찾자는 것"이라고 말했다. 조업시간 확대도 주장하고 있다. 현재 일출 30분 전과 일몰 1시간 후로 조업시간이 제한돼 있으나 24시간 조업이 이뤄져야 한다는 것이다. 이 경우 생산성이 향상되고 중국 불법 어선을 차단하는 일석이조 효과가 기대된다고 강조한다. 조현근 인천해양연구소 정책위원장은 "어장 확장 등을 논의하기 위해 이달 안에 민관합의체(서해5도민, 시민단체, 해양수산부, 국방부, 인천시 등)가 구성된다"고 밝혔다.

■ 백령도~대청도~소청도 순환 차도선 추진(2018.10.17.)

교통 사각지대인 인천 옹진군 백령도와 인근 대청도, 소청도를 순환하는 차도선(사람과 차량을 같이 싣는 배) 운항이 추진된다. 옹진군은 내년 초에 '도서 접근성 개선을 위한 공영제 타당성 용역'에 착수한다고 17일 밝혔다. 이번 용역은 백령도～대청도～소청도를 순환하는 차도선을 도입하기 위해 진행된다. 옹진군은 용역을 거쳐 정원 150여명에 차량 20대를 실을 수 있는 280톤급 차도선을 도입할 계획이다. 옹진군은 직접 비용을 들여 차도선을 건조한 뒤 공영제로 운영하는 방안과 민간 선사가 차도선을 운영하게 한 뒤 적자 비용을 보전해 주는 준공영제를 모두 검토하고 있다. 차도선을 건조하면 34억원이 들 것으로 추산된다. 차도선 운영비는 하루 4차례 순환 시 유류비·인건비·유지비 등을 합쳐 연간 14억원이 들 것으로 전망됐다. 순환 차도선이 운항되면 대청도와 소청도 주민들은 비교적 큰 섬인 데다 슈퍼마켓 등 편의시설을 갖춘 백령도를 오가며 생활필수품을 사는 등 동일 생활권이 기대된다. 또 보건소만 있는 대·소청도와 달리 백령도에는 전문의료진을 갖춘 종합병원도 있어 진료를 받기도 수월하다. 옹진군 관계자는 "백령도～소청도～대청도를 순환하는 차도선은 여객선과 달리 승객이 많지 않아 적자가 예상된다"면서 "그럼에도 추진하는 이유는 대청도와 소청도 주민들의 백령도 접근성을 높이기 위한 것"이라고 말했다.

■ 남북 135㎞ 해안포 포문 폐쇄… 연평주민 "2~3년 지나야 北 신뢰"(2018.11.2.)

남북이 해전을 치르고 포탄을 주고받던 연평도에 모처럼 평화가 감지됐다. 1일 남북이 지상·해상·공중 완충 지역에서 적대행위를 전면 중단하면서 연평도 일대 수역의 해안포 포문을 폐쇄한 것이다. 서해 최북단 연평도의 해병대 연평부대에서 바라본 북측 수역과 섬들은 고요했다. 연평도 북쪽 1.5㎞에 위치한 북방한계선(NLL) 이북에서는 중국 어선 10여척이 조업을 하고 있을 뿐이었다. 연평부대 관측소(OP)에 오르니 북측 갈도와 장재도, 서도, 육지인 개머리지역이 선명히 들어왔다. 갈도는 연평도에서 5㎞, 장재도는 7㎞, 개머리지역은 12㎞, 서도는 3㎞ 떨어져 있다. 장재도와 서도, 개머리지역에는 몇 달 전까지만 하더라도 해안포 포문들이 남측을 향하고 있었다. 개머리지역에는 지난 2010년 북측의 포 도발 당시 연평도를 집중 포격한 122㎜ 장사포들이 전개돼 있다. 김정은 북한 국무위원장이 지난해 포함 네 차례 장재도를 방문했고, 2016년에는 갈도를 찾으면서 긴장이 높아지기도 했다. 2010년 11월에는 북측이 포탄 260여발을 연평도에 발사하는 도발을 벌이기도 했다. 북측의 포탄이 남측 군부대와 민간 지역에 떨어져 군인 2명과 민간인 2명이 목숨을 잃었다.

하지만 '9·19 남북 군사분야 합의서'에 따라 연평도를 포함해 서해 남측 덕적도 이북에서 북측 남포 인근 초도 이남까지 135㎞ 수역의 남북 해안포 포문이 폐쇄되면서 분위기는 반전됐다. 군 관계자는 "연평도뿐만 아니라 백령도 등 우리가 확인 가능한 지역에서 북측 동·서해 해안포의 모든 포문을 폐쇄했음을 확인했다"고 밝혔다. 북측은 일대 해안에 250~300여문의 해안포를 설치했으며, 이 중 연평도 등 서북도서와 해안을 사정권에 둔 해안포는 50~60여문인 것으로 알려졌다. 다만 연평부대 OP에서 육안으로 확인되는 개머리 지역의 해안포 포문 1개는 아직 열려 있었다. 군 관계자는 "개머리 지역의 포문 1개가 전에는 닫혀 있었는데 지난달 25일부터 계속 열려 있다"면서 "우리 군 당국이 북측에 포문 1개가 개방돼 있으니 조치해 달라고 하니 북측이 '상부에 보고해서 조치하겠다'고 했다"고 전했다.

연평도에서 나고 자라며 수차례 군사 충돌을 체험한 박태원(58) 전 어촌계장은 적대행위가 중단된 데 대해 "아직까진 피부로 와닿지 않는다"고 했다. 그는 "노무현 정부 때도 잘 진행되다가 갑자기 돌변했고 그 후 서해5도에 많은 아픔이 잔재해 있었다"며 "한 단계 한 단계 풀어서 2~3년 후 남북 관계가 진전된다면 그때나 조금 믿음이 갈 수 있을 것 같다"고 말했다.

한편 청와대 정의용 국가안보실장은 국가안전보장회의(NSC) 상임위원회를 연 뒤 브리핑에서 "남북 군사 긴장을 완화하고 신뢰 구축을 촉진하는 실질적인 전쟁 위험을 제거하는 중요한 전기가 마련됐다"고 '2018년 11월 1일'의 의미를 평가했다. 정 실장은 "수차례 교전이 발생한 서해 완충 구역에서 양측이 함포와 해안포 포구·포신에 덮개를 설치하고 포문을 폐쇄함으로써 우발적 충돌 가능성을 현저히 낮춘 것은 의미가 크다"고 말했다. 청와대 고위관계자는 "적대행위 전면중지 이행은 또 하나의 역사적 진전"이라며 "남북 군사 분야 합의서 이행이 원활하게 진행되고 있다"고 언급했다.

■ 적대행위 중단된 서해5도 여객선 직행, 야간조업 실현될까(2018.11.5.)

남북 군사당국이 이달부터 지상·해상·공중의 완충구역에서 적대행위를 전면 중단한 것을 계기로 인천 옹진군 서해5도에도 많은 변화가 일어날 전망이다. 백령도 행 여객선 항로 직선화, 서해5도 어장 확대, 야간조업 허용 등 그동안 남북 대치 상황 탓에 요원하던 문제가 해결의 실마리를 찾을수 있을 것으로 기대된다. 5일 인천시에 따르면 조만간 인천~백령도 간 여객선 직항 운항과 야간조업 허가를 해양수산부에 건의할 예정이다. 서해 북방한계선(NLL) 해상에서도 남북 간 적대행위가 중단됨에 따라 이제는 각종 제약으로부터 벗어날 수 있을 정도로 한반도 긴장이 완화됐다는 판단에 따른 것이다. 현재 인천~백령도 항로 여객선 3척은 백령도가 서해 NLL과 가까운 지리적 특성 탓에 안전을 고려해 최단 경로가 아닌 우회 경로로 운항하고 있다. 이들 여객선이 최단 경로를 이용하면 기존 222㎞인 항로 거리가 194㎞로 줄고 운항 시간도 기존 4시간에서 3시간 30분으로 단축된다. 여기에 지금은 통제된 서해5도행 여객선의 야간 운항까지 허용되면 '당일치기'도 가능해져 서해5도 섬이 1일 생활권에 포함될 수 있다. 특히 어장 확대는 서해5도 어민들이 가장 원하는 숙원이다. 서해5도 어민들은 그동안 남북이 대치하는 특수성으로 인해 연평도와 대·소청도의 남측, 백령도 좌측 등 구역이 정해진 어장에서만 조업했다. 섬 북쪽 NLL 인근 해상에서는 조업이 금지돼 있기 때문이다. 연평도 어민 박모(61)씨는 "제한된 어장에서 야간조업도 할 수 없어 그동안 어민들 피해가 컸다"며 "서해 평화수역에서 남북 어민들이 공동어로를 하는 것도 좋지만 그 전에 서해5도 어장을 확장해야 한다"고 강조했다. 인천시도 백령·대청어장과 연평어장 등 3,209㎢ 규모인 서해5도 어장을 3,515㎢로 확장해야 한다는 입장이다. 백령·대청 어장을 226㎢ 넓히고, 연평어장을 좌우로 40㎢씩 총 80㎢를 확대하는 계획이다. 일몰 후 금지된 서해5도 야간 조업도 앞으로는 일몰 후 3시간까지, 일출 전에도 1시간까지 조업을 허용하는 방안을 해수부와 국방부 등 관계부처에 건의할 방침이다. 현재는 일몰 이후에 조업할 수 없어 하루 조업시간이 12시간(오전 6시~오후 6시) 남짓에 불과하다.

■ 서해5도 어장 '여의도 84배' 확장… 야간 조업 부활(2019.2.21.)

서해5도에 여의도 면적의 84배에 달하는 새 어장이 조성되고, 야간 조업도 55년 만에 허용된다. 정부는 또 남한 백령도와 북한 장산곶 사이 해역을 남북공동어로수역으로 지정하는 방안을 추진한다. 해양수산부는 서해5도 어장을 현행 1,614㎢에서 1,859㎢로 245㎢ 확장한다고 20일 밝혔다. 이는 여의도 면적(2.9㎢)의 84배로, 1992년 280㎢를 늘린 이후 최대 규모다. 서해5도 어장은 어선 202척이 꽃게, 참홍어, 새우, 까나리 등을 연간 4,000톤(300억원 상당)가량 잡는 주요 어장이다. 이번 어장 확대로 어획량이 10% 이상 늘어날 것이라는 게 해수부의 설명이다. 어장 확대와 함께 조업시간도 일출 전과 일몰 후에 각각 30분씩, 총 1시간 연장된다. 이로써 1964년 이후 금지됐던 야간조업이 이뤄지게 됐다. 김영춘 해수부 장관은 "이번 어장 확장과 조업시간 연장이 어업소득 증대에 기여하고, 서해5도를 비롯한 한반도 평화 정착에 마중물이 될 것"이라고 말했다. 해수부는 봄철 성어기가 시작되는 오는 4월 1일부터 조업이 가능하도록 다음달 '어선 안전 조업 규정'을 개정할 계획이다. 해수부는 또 국방부 등과 협의해 남북공동어로수역 설정도 추진할 예정이다. 이는 남북 군사공동위원회에서 결정해야 하는데, 아직 군사공동위가 구성되지는 않았다. 김 장관은 북미 정상회담이 잘 진행된다는 것을 전제로 "(남북공동어로수역 설정 관련) 가장 관심이 가는 지역은 백령도와 장산곶 사이 해역"이라면서 "어민 의견 수렴 절차 등을 거쳐 우리 안을 국방부에 이미 전달했다"고 설명했다.

■ 서해평화수역 남북공동순찰대, 백령도에 전진기지 구축(2019.3.21.)

지난해 9월 '평양공동선언'의 군사 분야 합의에 따라 해경이 서해평화수역에서 남북공동순찰대를 운용하기 위해 서해 최북단 백령도에 전진기지를 구축한다. 21일 해양경찰청에 따르면 오는 2022년까지 인천시 옹진군 백령도 용기포항 일대에 남북공동순찰대 전진기지를 만들 계획이다. 이는 지난해 9월 남북이 서해평화수역을 조성하고 이 안에 시범적으로 공동어로구역을 설정하기로 합의한 데 따른 것이다. 남북공동순찰대의 우리 측 경비세력은 남북 합의에 따라 250톤급 경비함정 3척으로 운용된다. 북한도 비슷한 규모의 경비함정 3척을 운용할 것으로 알려졌다. 남북공동순찰대는 서해평화수역이 조성되면 불법 외국어선을 차단하고 조난을 당한 어선을 구조하는 임무를 맡는다. 백령도 전진기지는 해경 함정 전용부두와 함께 사무실과 생활관 등 대원들이 생활할 3층 짜리 건물로 지어질 예정이다. 해경 관계자는 "서해평화수역 안에 조성될 시범 공동어로구역이 남측 백령도와 북측 장산곶 사이에 설정될 예정"이라며 "평화수역 조성 시기가 결정되지 않았지만 남북공동순찰대를 운용하기 위한 준비는 미리 해야 한다"고 말했다.

■ 서해5도 꽃게어장 '봄이 오나 봄'(2019.4.1.)

남북한 충돌이 빈번해 어업에 제한을 받았던 인천 옹진군 연평도 등 서해5도의 봄철 조업(4~6월)이 어장 확장과 함께 1일 시작된다. 이번 조업이 주목받는 것은 남북 화해 무드에 힘입어 정부가 서해5도 어장을 기존 1,614㎢에서 1,859㎢로 확장시켰기 때문이다. 서해5도 어장에서 1964년 이후 55년간 금지된 야간조업도 이날부터 1시간씩 허용된다.

옹진군은 새로 늘어난 어장이 서울 여의도 면적의 84배에 이르는 데다 그동안 안보문제 등으로 조업이 금지돼왔기에 황금어장으로 평가되는 곳이라고 31일 밝혔다. 중국 어선들은 이번에 확장된 해역에서 간헐적으로 조업해왔으나 2017년 4월 해경 서해5도 특별경비단이 출범한 이후 자취를 감췄다. 특히 꽃게잡이로 유명한 연평어장은 815㎢에서 905㎢로 90㎢(동쪽 46㎢, 서쪽 44㎢)가 늘어나 어자원 고갈과 중국 어선 불법 조업 등으로 해가 갈수록 줄어드는 어획량이 예년보다 10~30% 증가할 것으로 예상된다. 박태원(59) 서해5도평화수역운동본부 상임대표는 "꽃게잡이 어장이 확장된 데다 지난겨울 기후 변화에 따라 플랑크톤이 풍부해져 올해 어획량이 최대 30%가량 늘어날 것으로 보인다"고 말했다.

봄철 꽃게잡이에 나서는 어선이 대연평도 33척, 소연평도 7척 등 모두 40척으로 지난해 36척보다 늘어난 것도 어획량 증가 요인으로 작용할 것으로 분석된다. 연평면사무소 관계자는 "확장된 어장은 그동안 무주공산처럼 여겨져 어자원이 풍부할 것"이라면서 "어획량이 늘면 어민들에게 큰 도움이 될 것"이라고 기대했다. 국립수산과학원 서해수산연구소도 올해 봄철 연평어장의 꽃게 어획량이 지난해보다 10~30% 증가할 것으로 전망했다. 환경 요인으로 치어 개체 수가 늘어난 것을 고려한 분석이지만 어장 확대가 주요 요인으로 꼽힌다. 연평어장은 1980년대부터 꽃게 산지로 유명했으나 2010년 이후 어획량이 계속 줄었다. 2009년 295만kg를 정점으로 2010년 242만kg, 2011년 225만kg, 2012년 189만kg으로 하락세를 보이다가 2013년 역대 최저인 97만kg에 그쳤다. 2014년 이후에는 100만～154만kg대를 유지했다.

해경은 서해5도 어장 증가에 따라 불법 중국어선이 늘어날 경우에 대비하고 있다. 해경 관계자는 "초기부터 조업질서를 확립해 어민들이 안전하게 어업 활동을 할 수 있도록 철저히 관리하겠다"고 밝혔다.

■ '평화 길잡이' 연평도 등대 45년 만에 다시 불 밝힌다(2019.4.5.)

백령도 등대는 새로 짓고 내년 운영. 우리나라 최북단인 서해5도 해상 길잡이 역할을 하다가 안보문제로 가동이 40여년간 중단된 인천 옹진군 연평도 등대와 백령도 등대가 다시 불을 밝힌다. 해양수산부는 남북관계 및 서해5도 조업여건 변화에 따라 판문점선언 1주년 즈음해서 연평도 등대를 재가동하기로 결정했다고 4일 밝혔다. 연평도 서남단 해발 105m 지점에 있는 연평도 등대는 1960년 설치돼 전국에서 몰려드는 조기잡이 배의 길잡이 역할을 했다. 하지만 등대 불빛이 북한 간첩의 해상침투를 쉽게 할 수 있다는 지적에 따라 1974년 가동을 멈췄다. 이후 등대는 45년 동안 한 번도 불을 밝히지 못했고, 남북분단의 상징과도 같은 존재로 남았다. 하지만 해수부는 남북정상회담 이후 북방한계선(NLL) 인근에 남북공동어로구역이 추진되고 서해5도 야간조업이 실시되는 등 여건이 변하자 연평도 등대를 다시 가동하기로 방침을 세웠다. 특히 인천항과 북한 해주·남포항을 잇는 항로가 개설되면 연평도 등대가 인천항～해주 항로의 길목에 있어 남북을 오가는 선박의 안전운항에 필요할 것으로 보고 있다. 북한산 바닷모래를 실어 나르기 위해 인천항~해주 항로가 운영될 당시인 2005년에도 연평도 등대를 재가동하는 방안이 추진됐으나 군부대 반대로 무산됐다.

해수부는 지난해 8～10월 3차례에 걸쳐 연평도 등대를 실사한 결과 보수작업을 거치면 재가동에 별문제가 없다고 판단했다. 건물 보수는 인천지방해양수산청이 맡아 지난해 12월 공사를 발주했다. 해수부는 국방부와 협의해 연평도 등대 재가동에 대한 조건부 동의를 받았다. 국방부는 등대 불빛이 북한에서 보이지 않도록 빛의 세기(광도)를 조절하고, 유사시 해수부와 협의해 등대를 소등할 수 있는 통제 권한을 요구했다. 등대의 광도는 빛이 도달하는 거리를 기준으로 하는데 연평도 등대의 경우 북한에 빛이 닿지 않으려면 20㎞ 이내에서 광도를 조절하는 게 적당한 것으로 조사됐다. 이는 촛불 1만개(1만 칸델라) 밝기 정도다.

■ 남북관계 악화 속 서해5도, 안보 넘어 평화를 꿈꾼다(2020.6.22.)

인천에서 대청도로 가는 쾌속선을 탄 17일은 개성연락사무소 폭파 다음 날이었다. 서해5도 중에서도 북한과 가장 가까이 붙어 있는 남북 긴장의 최전선은 어떤 모습일지 궁금했다. 정작 대청도와 백령도는 외지인들의 값싼 호기심을 철저히 '배신'했다.

주민들은 여느 때와 다름없이 고기를 잡으러 다니고 식당은 정상영업이다. 백령도에서 방문한 한 치킨집은 밀려드는 배달 주문으로 눈코뜰새 없었다. 정작 불안에 떠는 건 외지인들이었다. 이경주 인하대 '평화와 법 센터' 소장은 "남북긴장이 높아질 때마다 외신에서 '서울이 불안하다'는 뉴스를 내보낼 때 우리가 느끼는 황당함과 하나도 다를 게 없는 모습 아니겠느냐"고 지적했다.

서해5도만의 위험 감지법... 중국 어선의 역설

당초 인하대 평화와 법 센터와 함께 2박3일 일정으로 대청도·백령도를 방문하기로 한 건 한국전쟁 70년을 맞아 서해5도를 평화의 바다로 만들기 위한 다양한 상상력을 모색해 보자는 취지였다. 그때만 해도 지금처럼 남북간 긴장이 이렇게 높아질 거라고는 전혀 예상하지 못했다. 하지만 방문 며칠 전부터 상황이 급변했다. 2010년 연평도 포격이 떠오르지 않을 수 없었다. 일행 가운데 4명은 출발 하루 전에 일정을 취소했다.

대청도와 백령도 어민들과 대화를 나눠보면 "긴장 속 서해5도"에서 더 멀어졌다. 대청도 어민들이 계속 강조한건 4년째 꽃게가 제대로 안잡혀 힘들다, 어장 확대가 필요하다, 중국 어선 불법조업을 막아달라, 그리고 8월 시행을 앞둔 어선안전조업법에 대한 분노였다. 김영호 대청도 어촌계장은 "당장 꽃게잡이가 안되어 빌어먹게 생겼는데 개성공단 얘기는 먼 얘기 아니겠느냐"고 반문했다. 백령도 어민들 역시 크게 다르지 않았다.

얼핏 무심한 듯 둔감한 듯 보이는 건 주민들이 자포자기했다는 의미가 결코 아니다. 오히려 그 반대다. 갖가지 전쟁위기와 불안 속에서도 묵묵히 버티며 살아온 주민들은 외지인들은 쉽게 느끼기 힘든 그들만의 위험수준 평가법이 있다. 허선규 인천해양도서연구소장은 "남북간에 뭔가 큰 일이 일어난다 싶을때는 어김없이 중국 어선이 사라진다"면서 "서해5도 주민들은 중국 어선에 불만이 많으면서도 막상 중국 어선이 보이지 않으면 불안해 한다"고 설명했다. 이들에게 중국 어선은 원흉인 동시에 경고등 구실도 하는 역설적인 존재인 셈이다.

대청도에서 만난 김형도 옹진군의원은 "주민들이 불안해하지 않는다고 할 수는 없지만 내색은 하지 않는다. 오랫동안 접경지역에서 살아온 영향이 있다"고 귀띔했다. 남편을 따라 대청도로 이사온지 22년차라는 류석자씨는 "서해5도 주민들은 총알받이 비슷하게 살아가고 있다"면서 "개성연락사무소 폭파 뉴스가 나오자 시아버지가 '애미야 언제 피난갈지 모르니까 밥 많이 해놔라' 그러시더라"고 밝혔다.

서해5도 주민들은 지난 70년간 외풍에 시달렸다. 북쪽에서 불어오기도 하지만 서울과 인천시, 때론 옹진군에서 불어오는 일도 다반사다. 2007년 10·4공동선언이 서해 평화협력지대를 합의하고, 2018년 4월 판문점선언에서 "서해 북방한계선 일대를 평화수역으로 만들어 우발적인 군사적 충돌을 방지하고 안전한 어로활동을 보장하기 위한 실제적인 대책"을 세우기로 했다지만 훈풍보단 삭풍이 더 많았다. 2010년 11월 연평도 포격과 2012년 대선 당시 'NLL포기 논란'은 외풍에 시달리는 서해5도를 상징하는 장면이었다.

연평도 포격은 백령도와 대청도에도 지울 수 없는 흔적을 남겼다. 대청도 농여해변은 바위와 자갈만 남아 있었다. 대청도에서 문화해설사로 활동하는 김옥자씨는 "농여해변은 우리 대청도에서도 아름답기로 손꼽히는 곳이었다"면서 "해변에 군사시설 공사를 하고 나서부터 그 많던 모래가 다 쓸려나갔다"고 안타까워했다. 백령도는 산봉우리보다 높게 솟은 군사시설과 콘크리트로 섬을 둘러친 참호가 눈살을 찌뿌리게 한다.

안보 불안은 곧 생계 걱정

주민들에게 '안보'란 정확히 '생계'와 반비례 관계다. 안보가 사람들 입에서 오르내리면 당장 생업에 제약을 받는다. 특히 NLL과 중국 어선 문제만큼 평화가 곧 경제라는 걸 극명하게 보여주는 사례도 없다. 남과 북이 긴장과 갈등 속에 시간만 보내는 사이 황금어장은 20여년 전부터 중국 어선에 거덜 나고 있었다. 특히 4년째 꽃게가 제대로 안잡히는 대청도 어민들은 "중국 어선이 꽃게 싹쓸이하고 갖가지 쓰레기를 무단투기하니 꽃게가 남아나겠느냐"고 호소했다.

박삼용 인천해경 대청파출소장은 "중국 어선이 한창 몰려올 때는 섬 하나가 바다를 떠다니는 것 같았다"면서 "중국 어선 한 척에서 홍어만 10톤을 압수한 적도 있다"고 말했다. 신현일 인천해경 백령파출소장은 "우리가 출동하면 NLL 북쪽으로, 북측에서 출동하면 NLL 남쪽으로 도망가기 때문에 단속 자체가 쉽지 않다"면서 "중국 어선들을 눈앞에서 지켜봐야 하는 어민들로선 불만이 안 생길 수가 없다"고 설명했다.

평화와 생계라는 '두 마리 토끼'를 잡을 방법은 없을까. 일각에서는 남북 간 긴장 완화뿐 아니라 중국 어선의 남획을 막을 수 있다는 차원에서 남북 공동어로구역을 고민하고 있다. 이석우 인하대 법학전문대학원 교수는 "홍해(요르단-이스라엘), 통킹만(베트남-중국), 북해(아일랜드-영국) 등 국가간 합의를 통해 평화수역을 만든 사례가 여럿 있다"면서 "지금 같은 때일수록 과감한 상상력이 필요하다"고 강조했다.

장태헌 백령도 선주협회장은 "백령도와 장산곶 사이에 남북공동어로구역이 생기면 중국 어선이 들어오는 길목을 막을 수다. 현재 백령도 북쪽으로는 해안에서 800m 바깥으론 조업을 못하도록 돼 있는데 어장이 확대될 수도 있을 것"이라고 지적했다. 한 대청도 어민 역시 "야간조업을 못하는 바람에 손해를 많이 본다"면서 "남북간에 사이가 좋아지면 어장 확대도 가능하지 않을까"라고 말했다.

백령도에서 인천으로 가는 여객선을 타기 전에 짬을 내서 두무진을 방문했다. 기암괴석으로 유명한 이 곳에선 한반도에서 중국과 가장 가깝다는 장산곶이 보인다. 두무진에서 장산곶은 16㎞ 밖에 안된다. 그에 비해 대청도와 인천은 직선거리로 170㎞나 된다. 육지까지 거리만 놓고 보면 제주도나 울릉도보다도 더 멀다. 얄궂게도 인천시 옹진군에 속한 대청도와 30㎞ 밖에 안되는 북한 땅은 황해남도 옹진군이다. 70년을 안보에 포획된 이 섬이 평화를 위한 전진기지로 거듭날 수 있을까. 판문점선언 자체가 2년만에 폐기될지 모른다는 불안이 흐르는 와중에 해경 관계자한테서 들었던 "오늘도 중국 어선이 보여서 다행"이라는 역설을 곱씹는다.

■ "그런 法 있었나?"… 밀실행정이 자초한 '어선안전조업법' 논란(2020.6.24.)

"의견 수렴은 고사하고 당사자들에게 알리지도 않고 법을 시행하는 게 말이 되느냐."(김영호 대청도 어촌계장)

"이미 실행 중인 것을 법규정으로 명문화한 것이다. 서해5도 주민들로서는 지금과 달라질 게 없다."(해양수산부 관계자)

지난해 국회를 통과한 뒤 시행을 두 달밖에 남겨 놓지 않은 '어선안전조업법'을 두고 논란이 거세지고 있다. 법이 시행되면 직접적인 적용 대상인데도 정작 법률 제정은 물론 시행 준비 과정에서도 소외됐던 서해5도 주민들이 뒤늦게 소식을 전해 들으면서 갈등이 더 증폭되고 있다. 해수부는 23일 "어선안전조업법은 서해5도가 아니라 전반적인 해양 안전에 관한 법률"이라고 하지만 이해당사자인 서해5도 주민들은 오랫동안 누적된 소외감에 더해 "정부가 우리를 무시한다"며 목소리를 높이고 있다.

어선안전조업법은 2016년 유기준 새누리당 의원이 대표 발의한 뒤 2019년 국회를 통과했다. 해수부에 따르면 이 법은 어선의 안전한 조업과 항행을 위해 필요한 규범 체계를 구축해 건전한 어업 질서를 확립하고 국민의 생명·신체·재산을 보호하자는 취지를 담고 있다. 이 가운데 서해5도와 관련한 법조항은 제16조와 제17조, 제30조다. 특히 서해 접경 해역 출입항을 "관할 군부대장이 통제할 수 있다"고 한 17조, 서해 접경 해역에서 통제에 불응한 자에게 1년 이하 징역 혹은 1,000만원 이하 벌금에 처하도록 한 30조가 논란의 핵심이다.

법 시행이 두 달도 안 남은 시점이 돼서야 논란이 격화되는 것은 정책 결정 과정에서 의견 수렴이나 숙의가 전혀 이뤄지지 않았기 때문이다. 해수부는 공청회를 거쳤다고 하지만 확인 결과 공청회에 참석한 '어민 대표' 중 서해5도와 관련된 사람은 아무도 없었다. 김 계장은 "지난달 초 '법률이 통과됐으니 주민들에게 알려 달라'는 연락을 받고서야 그런 법률이 있다는 걸 처음 알았다"고 말했다.

서해5도의 군사 긴장만 높아지게 만들 수 있다는 지적도 나온다. 이석우 인하대 법학전문대학원 교수는 "접경 해역에서 민간인 통제를 해군이 하겠다는 건데 그것이 오히려 접경 해역에서 군사적 긴장을 높이는 부작용을 초래할 수도 있다"고 우려했다. 이 교수는 "서해5도 주민들의 경제권을 제한할 수 있는데도 이해 당사자들의 의견을 반영하지 않았다. 행정편의주의라는 비판을 피하기 어렵다"면서 "서해평화협력지대를 추진하는 문재인 정부에서 정작 군의 통제를 강화하는 법안이 통과됐다는 게 이해가 안 된다"고 말했다.

옥상옥이라는 지적도 나온다. 장태헌 백령도 선주협회장은 "서해5도 어민들은 기왕에 해경 통제를 받고 있는데 국방부도 통제를 할 수 있게 해놨다. 이건 완전히 옥상옥 아니냐"고 했다. 이와 관련, 익명을 요구한 해경 관계자는 "우리는 법을 시행하는 입장이긴 하지만 솔직히 걱정이 된다"고 털어놨다. 이에 해수부 관계자는 "해군과 해경의 협의를 거쳐 법률이 통과됐다. 해군 통제는 '국가 안보 및 작전상 필요한 경우'로 한정한다. 주민들로서는 지금과 달라질 게 없다"고 반박했다. 그는 "국회 상임위 논의를 거쳤고 공청회도 했다"며 "서해5도 주민들 사이에 불만이 나올 수 있겠지만 이 법은 서해5도만 대상으로 한 법안이 아니다"라고 말했다.

■ 무늬만 '서해5도 종합발전계획'… 이번엔 '졸속 딱지' 뗄 수 있을까(2020.6.25.)

대청도 어민회장을 지냈던 강신보씨는 2011년 당시 이명박 정부가 발표했던 '서해5도 종합발전계획'을 보면서 "이제 주민들 살기 좋아지겠구나 희망을 가졌다"고 회상했다. 10년째가 되는 현재 종합발전계획은 서해5도를 얼마나 바꿔놨을까.

장태헌 백령도 선주협회 회장은 최근 기자와 만나 "주민들이 자꾸 섬을 떠나고, 남은 사람들은 늙어간다"고 털어놨다. 10년을 목표로 삼았던 서해5도 종합발전계획은 현재 거대한 말잔치로 끝났다는 게 분명해졌다. 24일 행정안전부에 따르면 정부는 새로운 종합발전계획을 준비하고 있다. 새로운 종합발전계획은 '졸속 딱지'를 뗄 수 있을까.

시작은 2010년 11월 23일이었다. 연평도 포격에 충격을 받은 주민들 거의 대부분이 섬을 떠나려고 했다. 이명박 정부가 "서해5도의 실효적 지배"를 위해 부랴부랴 내놓은 서해5도 지원 특별법은 그해 12월 8일 국회 본회의를 통과했다. 이를 근거로 2011년 6월 종합발전계획이 나왔다. 2020년까지 9,100억원을 투입해 정주 여건을 개선하겠다고 했다. 1조원 가까운 종합발전계획을 계획하고 확정하는데 반년도 걸리지 않았다.

2010년 11월 30일 국회 행정안전위원회 전체회의에서 한 야당 위원이 "상징성 있는 법을 하나 만들고 싶다. 이런 취지인가요?"라고 묻자 맹형규 당시 행정안전부 장관은 "그런 의도도 있고…"라고 답한 것에서 보듯 정부는 줄곧 보여주기와 안보 관점만 중시했다. 그 야당 위원은 현재 행안부 수장인 진영 장관이다.

종합발전계획은 대피시설 현대화, 초쾌속선 도입, 수산물 가공·저장시설 조성, 관광인프라 개선 등을 포괄했다. 하지만 지난해 말 기준 예산 집행률은 40%도 채 안 된다. 대피소 설치와 항만 정비, 도로 개설 정도만 이행됐을 뿐이다. 그중 민간자본 투자사업인 국제회담장 건설, 평화관광 육성 등은 제대로 시작도 못해 계획 대비 집행률은 겨우 4% 정도다. 연평도에 신항을 건설한다는 계획은 부처 간 의견조율 실패로 첫 삽도 못 뗐다. 허선규 인천해양도서연구소장은 "실제 주민들의 정주여건 개선에 들어간 건 전체 집행액의 10%도 안 된다"며 "서해5도 주민들이 '종합발전계획으로 딱 하나 좋아진 건 군 내무반'이라고 농담을 할 정도"라고 꼬집었다.

종합발전계획을 점검하고 보완하기 위해 구성하도록 돼 있는 서해5도 지원위원회는 관계부처 관계자들이 1년에 한 번, 그것도 서면으로 이행 상황을 점검하는 역할만 하고 있다. 민간전문가를 위원으로 위촉하도록 돼 있지만 실제 위촉된 민간인은 아무도 없었다. 그나마 2015년 7월 시행령 개정으로 민간위원 관련 조항마저 삭제됐다. 당시 정종섭 행정자치부 장관은 개정 이유에 대해 "지원위원회를 관련기관 협의체로 바꿔 정책조정·자문 등이 원활히 이뤄지도록 민간위원을 위원 구성에서 제외하는 것"이라고 목적을 밝혔다.

종합발전계획은 올해 말로 끝난다. 행안부와 기획재정부 등 관계부처는 현재 새로운 종합발전계획을 논의 중이다. 올해 초 논의 초기 일각에서 "종합발전계획을 그냥 종료해야 한다"는 의견까지 나왔을 정도로 정부 안에서도 회의적 시각이 적지 않았다고 한다. 특히 기재부는 "예산 계획에 비해 집행률이 형편 없이 떨어지는데다 특정 지역에만 과도한 지원을 하는게 타당하냐"고 문제 제기를 했다는 후문이다. 행안부 관계자는 "다음달까지 구체적인 윤곽을 완성하는 것을 목표로 현재 부처간 협의를 진행 중"이라고 말했다.

■ '서해5도 종합발전계획' 5년 연장… 사업 현실성 높인다(2020.7.21.)

정부가 올해로 종료 예정이던 서해5도 종합발전계획을 5년 연장하기로 했다. 기존 계획에 들어있던 국제컨벤션센터나 대형호텔 조성 등 현실성 없는 전시성 사업을 백지화하는 대신 병원선 건조, 공공하수도 건설, 해상운송비 지원, 노후주택 개량 등 주민들에게 실질적인 도움이 되는 예산

위주로 사업계획을 대폭 수정했다.

20일 행정안전부에 따르면 정부는 이날 정부서울청사에서 정세균 총리 주재로 제10차 서해5도 지원위원회를 열고 '서해5도 종합발전계획 변경계획'을 심의·의결했다. 총사업비는 9,109억원에서 7,585억원으로 줄어들지만 민간투자사업은 2,280억원 줄어들고 국비는 958억원 늘어나 실제 정부 예산 투입이 대폭 확대된다.

서해5도 종합발전계획은 2010년 연평도 포격 사건을 계기로 서해5도 주민들을 지원하기 위해 2011년 이명박 정부가 발표했다. 하지만 애초 1조원 가까운 계획을 반년 만에 마무리하면서 졸속 논란이 끊이지 않았다. 백령도에 컨벤션센터·대형호텔 등을 포함한 국제관광휴양단지를 만들겠다는 민자유치사업은 시작도 못 하는 등 지난해 말 기준 예산 집행률이 40% 수준에 그쳤다. 국비사업도 올해 말 기준 이행률이 62% 수준에 그칠 것으로 예상된다.

행안부는 기간을 5년 연장하되 비현실적 계획을 폐기하고 주민 정주여건 개선, 안전·편의시설 확충, 일자리·소득 기반 마련 등 주민들에게 실질적 도움이 되는 사업 위주로 재편했다. 이에 따라 의료시설이 열악한 서해5도 지역을 순회하는 200톤급 병원선을 신규 건조하고 백령 용기포 신항 개발, 소청 답동항·백령 장촌항 개발 등 대형 사회간접자본(SOC)사업도 차질 없이 진행하기로 했다.

연평항 건설, 백령항로 대형여객선 도입, 서해5도 통신망 품질 개선 등 지역주민 숙원 대형 사업들은 2차 종합계획과 별도로 관계부처와 중장기적으로 검토해 추진해 나가기로 했다. 정 총리는 "정주생활지원금, 노후주택 개량, 병원선 신규 건조, 일자리 창출 등 지역 주민이 희망하는 사업을 최대한 반영하려고 노력했다"고 밝혔다.

■ 한반도 주변 해역 경쟁 격화 속 낮잠만 자는 정부(2020.9.8.)

서해5도 현장 취재를 위해 대청도와 백령도를 찾은 건 개성에서 남북공동연락사무소가 폭파된 바로 다음날이었다. 일행 중 일부가 불안하다며 동행을 포기할 정도로 분위기가 뒤숭숭했는데 막상 황해도가 맨눈으로도 보이는 대청도와 백령도 주민들은 긴장한 빛이 보이지 않아 신기했다. 왜 그런가 들어 보니 서해 북방한계선(NLL)을 따라 불법 조업하는 중국 어선이 보이기 때문이란다. 반대로 중국 어선이 사라지면 그건 정말로 위기가 발생할 수 있는 징후라는 얘기를 들으며, 한반도 주변 바다의 움직임이야말로 대한민국의 안전을 보여주는 지표라는 생각이 들었다.

'삼면이 바다'라는 얘기를 입버릇처럼 하면서도 정작 우리는 영토의 4배가 넘는 주변 바다에 관심이 없다. 어쩌다 한 번씩 독도 문제로 시끄럽지만 그때뿐이다. '일본해가 아니라 동해'라고 외치지만 정작 1990년부터 2015년까지 국제학술지에 실린 동해 관련 논문 중 75%가 일본에서 나왔다. 황해 역시 15년 전쯤부터 중국에 연구 우위를 빼겼다.

우리만 잘 모르고 있을 뿐 한반도 주변 바다는 북극해와 남중국해, 태평양으로 이어지는 핵심 해상교통로다. 이는 곧 군사활동 요충지라는 의미인 동시에 언제라도 우리 의지와 무관하게 미중 갈등의 최전선이 될 수 있음을 의미한다. 더구나 아직 해양경계 확정이 안 돼 있어 이웃 나라들과 해양 관할권이 중첩되기 때문에 언제라도 갈등이 폭발할 가능성을 안고 있다.

이를 잘 보여 주는 사례를 두 가지만 들어 보자. 대략 6년 전부터 중국측 조사선이 한중 간 중첩 수역에 있는 이어도 해양과학기지 주변은 물론이고 동해에서도 공세적으로 각종 조사를 벌이고 있다. 중국 조사선의 조사 지점을 점으로 찍어보면 한반도 주변 바다가 온통 새까맣게 될 정도다. 며칠 전에는 일본 해상보안청이 제주 남부 우리쪽 수역에서 근접 해양조사를 무단으로 벌이기도 했다.

한일 간에는 한일대륙붕협정이 2028년 종료된다. 2025년이면 일본에서 협정 파기를 선언할 가능성도 배제할 수 없다. 이에 대응해 자료 조사와 분석, 전략적 대응 체계 마련을 위한 정책 개발까지 남은 시간은 4년 남짓이다. 하지만 막상 정책 연구자들한테서 들을 수 있는 건 깊은 한숨뿐이었다. 해양정책의 기본이 되는 해양법 분야만 해도 로스쿨마다 돈이 안 된다는 이유로 수업 개설조차 제대로 안 되고, 전공자들은 자리를 잡지 못하는 형편이다.

연구자 재생산이 안 되다 보니 해양정책을 종합적으로 다룰 수 있는 전문가 집단이 우리나라를 다 뒤져도 15명밖에 안 된다. 그나마 5년쯤 뒤에는 5명 정도만 현업에 남는다고 한다. 외교부나 해양수산부, 해경, 해군에서 운영하는 교육 프로그램이 있지만 해양정책에 눈이 트일 때쯤 되면 순환근무 때문에 다른 자리로 옮겨 가야 하니 몇 년마다 원점에서 새 출발이다. 중국과 일본이 국제분쟁, 영유권, 해양법, 지역정치와 국제해사 등 다양한 분야 전문가를 100여명씩 정부 차원에서 보유·육성하는 것과 비교하면 한숨만 나온다.

좋은 정책은 하루아침에 나오지 않는다. 정책 역량은 공공재다. 정부가 나서지 않으면 정책 연구를 가능하게 하는 지식생태계가 붕괴한다. 서둘러 유관 부처를 아우르는 해양정책 연구를 위한 허브를 구축하지 않으면 말 그대로 우리 바다에서 눈뜨고 코 베이지 않는다고 자신할 수 있을까. 국익이 걸린 문제를 경제적 타당성을 조사한다며 허송세월하고 있는 정부를 보고 있으면 "제발 책임감을 가져 보라"는 말밖에 안 나온다.

대한매일

1999년 6월 15일(화) 1면

서해 북방한계선 봉쇄 돌입

軍, 초계함·고속정등 10여척 전진배치
北어뢰정3척 완충구역 침범…긴장고조

연평도·백령도 부근 꽃게잡이 전면 허용

군 당국은 14일 밤 해군 초계함 및 고속정 등 함정 10여척을 북방한계선(NLL)까지 전진 배치하는 등 북한의 서해 영해 침범을 막기 위한 봉쇄작전에 돌입했다.

군 관계자는 "북한의 NLL 침범 장기화를 막기 위해 북한 경비정과 어선이 이날 오후 5시쯤 NLL 북쪽으로 퇴각한 뒤 해군 함정 10여척을 NLL 인근으로 보내 재침범을 사전에 차단토록 했다"고 밝혔다. ▶관련기사 3·23면

그는 또 "이제까지는 고속정 이외 초계함이나 호위함 구축함 등의 전력을 완충구역 남단에 배치했으나 앞으로는 NLL에 근접 배치하고 나머지 함정들도 완충구역까지 전진시켜 합동 포위·추격작전을 전개하며 북한 경비정과 어선의 NLL 침범을 봉쇄할 것"이라고 말했다.

이에 따라 지난 7일 이후 8일째 NLL을 넘어왔던 북한 경비정과 어선이 15일 이후 또다시 침범해올 경우 남북한 함정간 물리적 충돌이 예상된다. 이에 앞서 조성태(趙成台)국방부장관은 기자간담회를 갖고 "이제까지 NLL을 넘어온 북한 경비정을 밀어내는 작전을 했으나 사태가 장기화될 경우 북한의 NLL 침범을 사전에 차단하는 봉쇄작전을 펼칠 방침"이라고 말했다.

한편 합참에 따르면 북한 어뢰정 3척이 13일 오후 4시부터 3시간 동안 NLL을 넘어 4~5㎞까지 내려와 '고속 기동시위'을 한 뒤 해주기지로 돌아갔다.

●김인철 조현석기자 ickim@kdaily.com

2면으로 ☞

철야경계 북한이 서해 북방한계선 침범에 어뢰정 3척을 추가로 투입하면서 긴장이 고조되고 있는 가운데 14일 밤 북방한계선 인근으로 전진 배치된 우리 해군의 초계함이 불을 환히 밝힌 채 경계활동을 펴고 있다. ●연평도 김명국기자 Daunso@kdaily.com

"무력충돌로 확대 안되게 대처"

金대통령, 국무회의서 강조

김대중(金大中)대통령은 14일 북한 경비정의 서해 북방한계선 침범과 관련, "확고하게 나라의 권익을 지키되 무력충돌이나 더이상 큰 사태로 번지지 않도록 하라"고 지시했다. ▶관련기사 4면

김대통령은 국무회의에서 조성태(趙成台)국방부장관으로부터 서해사태 추이 및 유엔사·북한 간의 판문점 장성회담 대책을 보고받은 뒤 이같이 지시했다고 박준영(朴晙瑩)청와대대변인이 밝혔다.

김대통령은 "그동안 유엔사령부와 긴밀하게 협조하고 상의해왔다"면서 "앞으로도 안보회의는 계속 열어서 대처해 가도록 하라"고 말했다. 아울러 김대통령은 "중국과 일본, 러시아 등에도 이번 사태에 대해 설명하고 협조를 받으라"고 지시했다.

●이도운기자 dawn@kdaily.com

대한매일

1999년 6월 11일(금) 7면

북, 경비정침범 중단하라

북한 경비정이 3일 동안 잇따라 서해 연평도 부근 북방한계선(NLL)을 넘어 우리 영해를 침범하는 위험한 도발을 계속하고 있다. 우리 군의 적절한 대응으로 지금까지 큰 불상사는 없어 다행이지만 양쪽 경비정이 해상 접촉사고를 일으키는 등 위태로운 긴장사태가 이어지고 있다. 자칫 무력충돌 가능성마저 없지 않으며 최근 들어 모처럼 조성되고 있는 남북대화 분위기마저 깨뜨릴까 걱정된다.

북방한계선은 지난 53년 휴전협정 후 줄곧 지켜져온 해상의 군사분계선이다. 군사협정상에는 바다의 분계선이 명시돼 있지 않지만 북방한계선을 경계로 서해 5도 인근 해역을 우리가 관할해왔고, 북한도 이를 묵시적으로 인정해 왔다. 그뿐 아니라 지난 92년 발효된 남북기본합의서는 '남과 북의 경계선은 휴전협정에 규정된 군사분계선과 지금까지 쌍방이 관할해오던 구역으로 한다'고 명시하고 있다.

물론 북한 경비정이나 어선이 북방한계선을 넘어온 것은 이번이 처음은 아니다. 해마다 20~30회씩 있어온 일이며 우리 경비정이 월경(越境)을 경고하면 그대로 물러가는 것이 상례였다.

그러나 이번 북한의 행위는 과거와 분명히 다르다. 비록 완충지역을 벗어나지는 않고 있지만 우리 경비정의 경고도 무시한 채 장시간 버티며 대치하고 9일부터 같은 상황을 날마다 되풀이하고 있다. 더구나 북한은 이번 사태가 일어나기 전인 지난 6일부터 방송을 통해 '남한 전투함선이 북한 영해를 침범하는 도발행위를 감행했고 거듭되는 군사도발로 무력충돌이 일어날 수 있는 긴박한 사태가 조성됐다'며 책임을 우리측에 떠넘기기까지 하고 있다.

우리는 지금 북한의 식량난 해소를 돕기 위해 25만t의 비료를 북한에 보내고 있다. 오는 21일에는 남북 차관급회담이 합의돼 있다. 모처럼 남북의 화해분위기가 익어가는 시점에 북한이 느닷없이 긴장사태를 조성하는 의도가 무엇인지 도무지 이해하기가 어렵다. 우리의 방어태세를 시험해 본다거나 꽃게 황금어장을 더 많이 확보하려는 의도라는 것은 납득하기 힘들다. 휴전 후 46년간 기정사실화된 북방한계선을 인정하지 않으려는 의도도 부질없어 보인다. 어떤 이유로든 남북대화 분위기를 깬다는 것은 현재로서 북한에 아무런 도움이 되지 않는다.

북한은 무모한 경비정 침범행위를 즉각 중단해야 한다. 불필요한 긴장조성은 남북 모두에 불행할 뿐이다. 정부도 포용정책과 함께 북한의 도발은 강력히 응징한다는 확고한 의지와 자세를 보여주어야 할 것이다.

대한매일

1999년 6월 15일(화) 23면

9일만에 출어 긴장속 滿船꿈

조업해제 소식에 장구·그물등 손질 끝내
北어뢰정 대항 고속정·전투함 이중경계

■ 北경비정 침범 8일째 현지표정

북한 경비정의 북방한계선(NLL) 침범사건이 8일째 계속된 14일 연평도 앞바다는 군 당국의 조업제한 해제 결정에도 불구하고 팽팽한 긴장감이 감돌았다.

특히 13일에 이어 14일에도 북한이 고성능 어뢰정까지 동원했다는 소식이 전해지면서 일촉즉발의 위기감이 군 부대를 중심으로 곳곳에서 감지됐다.

낮에도 뿌연 바다안개가 걷히지 않은 연평도 서쪽 바다에서는 우리 해군 전투함과 고속정들이 북한 배들의 움직임을 주시하면서 초계임무를 수행했다. 그 후방에는 해군의 최신예 전투함인 광개토대왕함과 구조함 등이 돌발사태에 대비, 포신을 북쪽으로 겨누고 있었다.

연평도 주둔 해병부대는 북한에서 어뢰정까지 동원했다는 소식에 비상근무 태세를 한층 강화했다. 해안수색대는 탱크 및 개인화기 무장을 강화하고 해안에 놓인 파일 등 장애물을 점검했다. 정찰 횟수도 평소보다 2배 이상 늘렸다.

북한 땅이 손에 잡힐 듯 선명히 보이는 106고지에서 대공감시 포반장으로 근무하는 해병대 이현(李顯·25)하사는 "3조 3교대로 24시간 내내 공중 및 해상상황을 상부에 수시로 보고하고 있다"면서 "언제라도 돌발상황에 대응할 준비가 돼 있다"고 결연한 목소리로 말했다.

이웃 공군 비행단에서도 대비태세를 더욱 강화, 비상출격 시간을 단축한 상태이며 F-5,F-4,F-16 등 전투기들이 쉴 새 없이 뜨고 내리면서 연평도와 부근 바다를 면밀히 감시했다. 연평도 부근의 레이더 사이트들은 '0분 대기'를 하면서 근무 인원을 평소보다 30% 이상 보강했다.

한편 연평도 어민들은 이날 오전 7시 군 당국으로부터 조업제한이 전면 해제됐다는 통보를 받고 장구 손질 등 출어 준비를 서둘렀다. 하지만 주민들은 이날도 북한의 경비정과 어선들이 북방한계선을 침범했다는 소식에 '다시 조업이 제한되는 것 아니냐'면서 불안해 했다.

어민들은 그러나 오전에는 썰물로 바닷물이 포구에서 빠져 조업을 나가지 못했고 한번 출어하면 10시간이 넘게 걸리기 때문에 오후에도 조업을 포기하고 15일 일찍 출어키로 했다.

주민 김귀신(金貴新·54)씨는 "7년만에 찾아온 씨알 굵은 꽃게들을 그냥 놓칠 수는 없다"면서 "꽃게들이 이미 산란을 시작했기 때문에 15일에는 꼭 어장에 나가 망가진 그물을 손질하고 꽃게잡이를 시작할 것"이라고 말했다. 1주일만의 출어에 어민 모두가 기대에 부푼 모습이었다.

● 연평도 전영우기자 ywchun@kdaily.com

꽃게잡이 조업제한 풀려 북한 경비정의 북방한계선 침범으로 8일째 조업을 못나간 꽃게잡이 어선 가운데 일부가 본격 출어를 하루 앞둔 14일 연평도 인근 바다에서 그물에 걸린 꽃게를 낚아 올리고 있다.
● 연평도 김명국기자 Daunso@kdaily.com

북한산 꽃게 시장점령 채비

연평도어장 조업위축 여파

북한경비정의 계속되는 서해상 영해침범행위로 옹진군 연평도 어민들이 1주일 이상 조업을 못한 가운데 북한산 꽃게의 시장잠식이 우려되고 있다.

15일부터 조업이 재개된다 하더라도 국내 전체 꽃게 생산량의 80% 정도를 차지해온 연평도 어장이 크게 위축된데다 최근 첫선을 보인 북한산 꽃게가 가격면에서 유리한 입장에 있기 때문이다.

국내산보다 kg당 5,000원 싸… 대량반입 준비
어민들 "못잡은 것도 억울한데… 반입 막아야"

경남 S통상은 지난 5월 말 중국을 통해 북한에서 반입한 암꽃게 1.6t을 인천 연안부두 공동어시장내 도·소매상을 통해 판매하고 있다. 원산지가 '북한 해주'로 표기된 이 꽃게는 황해도 연안에서 잡은 것으로 맛이 국내산과 같은데다 연평도에서 잡힌 꽃게에 비해 kg당 5,000원가량 싸게 판매되고 있다.

S통상은 북한산 꽃게가 소비자들의 호응을 얻자 이번 사태가 진정되는대로 북한산 꽃게를 대량반입, 판매를 준비중인 것으로 알려졌다.

연평도 어민회장 신승원(申承元·60)씨는 "우리 조업구역을 침범하면서까지 어획한 북한산 꽃게를 반입한다는 것은 있을 수 없는 일"이라면서 "이는 생계 이전에 자존심의 문제"라고 말했다.

● 옹진 김학준기자 hjkim@kdaily.com

■ 어민피해 얼마나

"8일간 40억원 손실" 조업기간 연장 요구

북한 경비정 북방한계선(NLL) 침범으로 꽃게잡이를 못해 옹진군 연평도 어민들이 입은 손실은 얼마나 될까.

연평도 어민들은 54척의 어선으로 꽃게철인 4월부터 산란기가 시작돼 조업이 금지되는 7월전까지 3개월간 꽃게를 잡아 생계를 이어왔다.

어민들은 14일 대책회의를 열어 정부가 금전적인 피해보상을 해주거나 조업을 못한 날짜만큼 조업기간을 늘려달라고 요구했다.

옹진군은 어민들이 안개가 낀 날을 제외하고 순수하게 조업통제된 6일동안 척당 4,200만원씩 모두 23억1,000만원의 피해를 본 것으로 추정하고 있으나 어민들은 8일을 기준해 40억원이라고 주장하고 있다.

● 옹진 김학준기자

대한매일

1999년 6월 16일(수) 1면

北함정 1척 격침·5척 대파

北경비정 선제공격… 南·北해군 교전
아군함도 피해… 서해5도 '워치콘2'
韓·美 태평양전력 한반도 투입 합의

북한 경비정의 영해 침범 9일째인 15일 연평도 인근 서해상에서 남북 해군 함정 사이에 함포사격을 동원한 교전사태가 발생했다.

교전으로 북한 어뢰정(승조원 17명) 1척이 침몰하고 경비정 1척은 불 붙은 상태에서 반침몰 상태에 빠졌고 경비정 4척은 대파된 채 북방한계선(NLL) 북쪽으로 달아났다. 북한군의 인명 피해는 확인되지 않고 있으나 수십명이 죽거나 다친 것으로 알려졌다. 우리 고속정 4척과 초계함 1척도 기관실 등이 일부 파손됐으며 고속정 정장과 대원 등 7명이 부상, 수도통합병원으로 긴급 후송됐다.

군 당국은 연평도와 백령도 등 서해5도 지역에 대북 전투준비태세인 '데프콘 3'에 준하는 전투대비령과 적의 도발 위협이 심각할 때 내리는 '워치콘2'를 발령, 비상경계에 돌입했다.

합참은 이날 "우리 고속정들이 북방한계선을 넘어 영해를 침범한 북한 경비정과 어뢰정 수척을 저지하는 과정에서 북한 경비정의 기관포 공격을 받자 즉각 응사, 북한 어뢰정 1척을 침몰시키는 등 경비정 5척에 치명타를 가했다"고 발표했다. ●김인철 조현석기자 ickim@kdaily.com

☞2면으로

南-北해군 충돌 특집

부상자 긴급 후송 15일 오전 남·북한 해군 사이에 교전사태가 발생한 서해 연평도 인근 해상에서 군 헬기가 우리측 부상자들을 긴급 후송하고 있다. ●연평도 김명국기자 Daunso@kdaily.com

對北포용정책 유지

金대통령 "무모한 도발은 단호대처"

안보회의 "북측에 엄중 항의"

정부는 15일 서해상 교전사태와 관련, 북한의 무력도발에 강력 대처하되 북한의 긍정적 변화 여건을 조성하는 취지의 대북 포용정책의 큰 기조는 유지하기로 했다.

김대중(金大中) 대통령은 이날 낮 학술단체 대표자 140여명을 청와대로 초청, 오찬을 함께 하며 "민족의 장래와 우리의 생존을 위해 확고한 안보태세로 북한의 무모한 무력도발을 막아야 한다"면서 "그러나 대북정책을 과거처럼 냉전 일변도로 나가선 안된다"고 말했다.

정부는 오후 남북회담사무국에서 열린 국가안전보장회의(NSC) 상임위에서 북한 함정의 선제 사격이 치밀한 계획하에 이뤄진 사건이라는데 의견을 모으고 북측에 엄중 항의키로 하는 한편 사태재발시 강력 대응키로 의견을 모았다.

정부는 특히 대북 비료지원과 베이징 차관급 회담을 예정대로 추진하기로 하고 금강산관광 사업도 계속키로 했다.

그러나 서해 상황의 불안정성을 감안, 이날 저녁 북한 남포항으로 들어가게 돼 있었던 비료 수송선 갈리나3호를 일단 인천항으로 회항시키고, 북측의 신변안전 보장 회신이 오면 수송을 재개키로 했다.

●구본영기자 kby7@kdaily.com

오늘 與野총재회담

南·北교전 超黨대처 논의… 趙국방 상황 설명

김대중(金大中) 대통령은 16일 오전 청와대에서 여야 3당 대표와 만나 서해 교전사태에 대해 의견을 교환하고 국가안보를 위한 여야정치권의 단결과 초당적 협조를 당부한다.

회담에는 한나라당 이회창(李會昌) 총재, 자민련 박태준(朴泰俊) 총재, 국민회의 김영배(金令培) 총재 권한대행과 박준규(朴浚圭) 국회의장이 참석한다. 조성태(趙成台) 국방장관은 사태에 대한 전말을 보고할 예정이다. ▶관련기사 6면

박준영(朴晙塋) 청와대대변인은 15일 "여야 총재회담에서는 서해안 무력충돌로 빚어진 사태에 대해 의견을 교환할 것"이라면서 "야당의 요청도 있었으며, 서해 사태에 대해 여야가 사심없이 이해와 인식을 같이 하고 공동대응할 필요가 있다는 판단에 따라 회담을 갖기로 한 것"이라고 설명했다.

한편 여야 3당총무는 이날 오후 국회 의장실에서 회담을 갖고 16일 국회 본회의에서 국방장관과 통일부장관으로부터 이번 사태에 대한 보고를 청취키로 합의했다. 여야는 특히 3당총무와 국회 국방위원장·통일외교통상위원장 등으로 '서해안사태 관련 국회 5인비상대책위(가칭)'를 구성, 16일 첫 회의를 갖기로 했다.

●양승현 오풍연기자 yangbak@kdaily.com

'NLL 死守' 방침 불변

軍당국 대책과 사태 전망

반격에 대비…해군력 후진 배치
선제공격 않는한 무력대응은 자제
北 게릴라식 보복사격 되풀이 할듯

15일 오전 9시25분 '한반도의 화약고' 서해에서 마침내 남북간 첫 교전이 벌어졌다. 교전 후 남북 함정들이 후방으로 철수해 서해상은 일단 안정을 되찾았지만 팽팽한 긴장은 계속되고 있다.

군 당국은 교전 직후 북한측의 충돌적 반격에 대비하기 위해 일단 고속정과 초계함 등 해군세력을 완충구역 아래로 후진 배치했다. 북한 경비정과 어선도 교전 이후 NLL 북쪽으로 모두 물러갔다. 때마침 열린 판문점 장성급 회담에서 유엔사측은 남북 해군이 북방한계선(NLL)을 존중하고 군사력을 철수시킬 것을 권고했다.

군 당국은 첫 교전 해역이 북한 서해안 옹진반도 연안에 집중 배치된 사거리 83~95㎞ 샘릿·실크웜 등 지대함 미사일 및 100㎜ 해안포 등의 사정권에 들어 있고 공격을 받을 경우 자칫 국지전 등으로 확대될 수 있어 일단 군사력을 물린 뒤 북측의 대응을 관망하기로 했다.

어뢰정과 경비정이 퇴각한 뒤 북한군의 별다른 군사행동은 아직까지는 포착되지 않고 있다.

군 당국은 북한이 어떤 식으로든 보복공격을 감행할 것으로 예상하고 있다. 그러나 우리측의 강경한 대응과 해상 군사력의 열세 등으로 인해 국지전이나 전면전 등 본격적인 전쟁을 도발하기가 쉽지 않아 '고민'을 거듭할 것으로 보고 있다.

북한이 옹진반도 연안에 배치한 샘릿과 실크웜 미사일 등으로 대함 공격 등을 할 수 있지만 전면전 상황으로 비화할 수 있어 이같은 모험을 감행할 가능성도 희박하다는 게 군 당국의 분석이다. 군 고위관계자는 "지난 14일 현재 서해안 이외 다른 북한 지역에서 별다른 군사적 움직임이 없는 것으로 관측됐다"면서 "북한이 서해상의 대치 상태를 전면전이나 국지전 등으로 확대하지는 않을 것으로 전망된다"고 말했다.

그럼에도 북한은 이번 교전의 완패로 인해 구겨진 자존심을 만회하고 분계선 무력화를 위해 당분간 다양한 형태의 무력시위를 벌이며 지루한 신경전을 계속할 것으로 군 당국은 전망했다. 북한은 이번에 격침된 어뢰정보다 기동력과 무장이 월등한 유도탄정 등을 NLL 남쪽으로 내려보내 우리 함정에 선제사격 후 도주하는 '게릴라식 보복공격'을 시도하는 등 신경전을 계속할 것으로 관측된다.

군 당국은 이에 대해 당분간 적극적인 군사작전은 최대한 자제하되 '힘으로 NLL을 지킨다'는 작전 지침에는 변화가 없다고 밝히고 있다. 특히 북한측이 선제 공격을 강행하면 '자위권 차원'에서 반드시 응징할 것이라고 강조했다. 특히 우리 함정은 컴퓨터로 목표물에 대한 거리 및 각도를 측정, 하푼미사일 등을 자동발사하는 시스템을 갖추고 있어 교전시 백전백승이라는 게 해군측 설명이다.

●김인철기자 ickim@kdaily.com

경계근무 강화 15일 연평도 주둔 해병대원들이 북한군의 해안 침투에 대비해 경계근무를 하고 있다.

●연평도 김명국기자 Daunso@kdaily.com

■국방부 대변인 문답

"사태 악화 대비…韓美 對北 감시장비 풀가동"

北 계획된 도발… 승조원 대부분 구조돼 돌아갔을것

국방부 차영구(車榮九) 대변인은 15일 성명을 발표, "북한은 북방한계선(NLL) 침범행위와 무력 사용을 즉각 중단하고 대화를 통해 모든 문제를 평화적으로 해결해야 한다"고 촉구하고 "우리 군은 어떠한 무력도발도 용납하지 않겠다"고 강조했다. 다음은 일문일답.

●교전사태 발생과정은.

북측이 9일째 NLL을 침범했다. 전날 조성태(趙成台) 국방부장관이 밝힌 대로 NLL 침범을 사전에 차단하는 '봉쇄작전'을 수행하는 과정에서 북측이 먼저 총격을 가해 자위권 차원에서 불가피하게 대응 사격했다.

●우리측의 대책은.

오전 11시 대북 정보감시 기능을 강화하기 위해 서해5도 지역에 '워치콘 2'를 발령했다. 한·미연합사와 협조해 대북 첩보수집을 위한 감시장비를 모두 가동하고 있다. 한·미연합사에 '데프콘3'을 발령해 주도록 요청하는 등 대비태세를 보다 강화할 방침이다.

●우리 해군의 피해는.

우리 해군 승조원 7명이 경상을 입었다. 고속정 4척이 다소 피해를 봤고 초계함 기관실에 총탄을 맞았지만 항해에는 지장이 없다.

●북측의 피해는.

북한의 소형 어뢰정 1척이 침몰했고 중형 경비정 1척은 불이 붙으면서 반쯤 물에 잠겼다. 경비정 4척은 선체가 파손됐으나 북쪽으로 예인돼 갔다. 북측의 도발이 계획된 것이어서 경비정 등의 승조원은 대부분 구조돼 돌아간 것으로 보이나 확인되지 않고 있다.

●조현석기자 hyun68@kdaily.com

서해5島 지역은 '한반도의 화약고'
정예군·최신예 함정·미사일등 배치

■서해안 남북 군사력비교

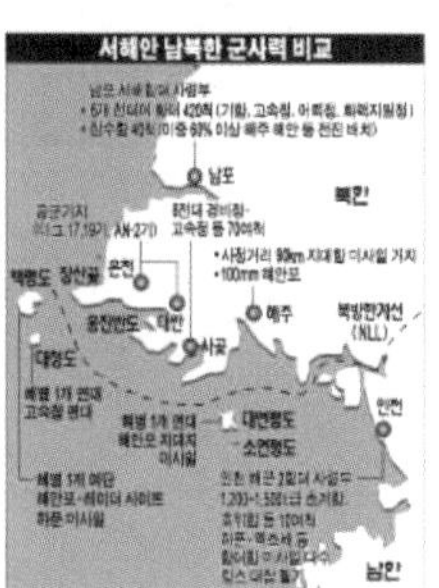

15일 남·북한 해군 함정 사이에 교전이 발생한 서해5도 지역은 '한반도의 화약고'로 불릴 정도로 가장 긴장감이 감도는 곳이다. 지리적으로도 서해5도의 최북단인 백령도와 북한의 장산곶은 17㎞ 거리에 불과해 육안으로도 상대를 바라볼 수 있다.

그런 만큼 양쪽은 어느 대치지점보다 최신예 함정이나 정예부대를 배치해 놓고 있다.

우선 '적진 속의 기지'라 할 백령도에는 해병 1개 여단과 해안포, 레이더사이트 및 사정거리 130㎞의 하푼미사일 등이 배치돼 있다. 해병여단은 외부지원이 끊겨도 최소 3개월을 버틸 수 있는 물자와 장비를 갖추고 있다. 모든 군사시설이 북측 화생방 공격에 대비해 완벽한 지하요새로 구축돼 있다.

연평도·대청도에는 해병 1개 연대와 중대 및 고속정 편대가 각각 배치돼 있고 대연평도에는 해안포 지대지 미사일 등이 북측을 노리고 있다.

북방한계선(NLL)은 인천의 해군 2함대 사령부가 총괄한다. 사령부에는 1,200~1,500t 규모의 초계함 호위함을 포함, 함대함 미사일을 보유한 10여척의 함정이 경계활동 중이다. 유사시에는 잠수함 8척과 200여척의 함정, 60여대의 항공기 지원이 이뤄진다.

북한은 해주와 옹진반도 해안에 사정거리 20㎞ 정도에 달하는 100㎜ 해안포 등을 배치했다. 또 인근 해안에는 사정거리 83~95㎞의 '실크웜' '샘릿' 등 지대함 미사일 기지가 다수 설치돼 있다.

평안남도 남포의 서해함대사령부 산하에는 6개의 전대가 420척의 함정을 보유하고 있다. 함정은 대부분 유도탄고속정·어뢰정·화력 지원정 등으로 170~400t급의 소형 전투함이다. 이 함정들의 60% 이상이 NLL 인근의 해주와 사곶 등 서해안 해상에 전진배치돼 있는데 고속인 데다 미사일까지 장착하고 있어 위력적이다.

유도탄 고속정은 사정거리 46㎞의 대함 STYX 미사일 2~4기를 장착하고 있다. 상어급을 포함한 40여척의 잠수함도 보유하고 있지만 서해안은 갯벌이 많아 잠수함이 작전을 펴기에는 부적절하다.

●강충식기자 chungsik@kdaily.com

우리 해군 1,000t급 초계함 미스트랄 미사일 장착
격침된 北어뢰정·경비정은 60년대 만든 舊소련製

■교전치른 남북 함정 제원

남북한 함정 제원 비교

구분	명칭	톤	속력(노트)	무장(사정거리)	승조원(명)
남한	고속정	170	32	40㎜(12㎞) 30㎜(4.5㎞)	30
	호위함	1,500	16	76㎜(16㎞), 30㎜ 하푼미사일(130㎞)	145
	초계함	1,076~1,300	30	76㎜, 40㎜(10㎞) 엑조세미사일(66㎞)	95
북한 함정	50t급	215	35	85㎜, 37㎜, 14.5㎜	30~40
	신흥급	134.8	36.5	37㎜, 25㎜	15
	[illegible]	410	10	100㎜, 57㎜, 25㎜, 14.5㎜	75~80

15일 우리 해군에 의해 격침되거나 파손된 북한 어뢰정과 경비정은 60년대에 건조된 '낡은 함정'인 것으로 알려졌다.

북한 어뢰정은 61년 옛 소련에서 도입한 'P6급'과 소련제 P4급 어뢰정을 모방해 자체 건조한 '신흥급' 등 두 가지. P6급은 최대속력 43노트(시속 77.4㎞)로 25㎜ 기관포 2문과 사거리 3㎞인 어뢰 2발을 장착하고 있다. 신흥급은 최대속력 52노트(시속 93.6㎞)로 14.5㎜ 기관포 2문과 사거리 3㎞인 어뢰 2발을 탑재할 수 있다. 신흥급에는 우리 함정이 발사하는 포탄을 교란시킬 수 있는 장애물도 탑재하고 있는 것으로 알려졌다.

북한 함정을 격퇴한 우리 해군의 1,000t급 초계함(PCC)은 89년 건조된 대함용(對艦用)으로 대공(對空) 미스트랄(Mistral) 미사일을 장착하고 있다. 또 76㎜ 컴팩트포와 40㎜ 브레다 기관포가 뱃머리와 꼬리에 1문씩 있다. Mk46 경어뢰 6발, 잠수함 공격용 폭뢰 12개도 보유하고 있다. 폭뢰는 2차대전 때 만들어진 구식이지만 북한의 주력 잠수함인 위스키급에는 아직도 효력이 있는 것으로 알려졌다. 최대속력 30노트(시속 56㎞)에 승선인원은 95명.

우리 해군은 82년 '동해함'을 시작으로 모두 27척의 초계함을 보유하고 있다. 15일 충돌한 초계함은 89년 건조된 '천안함'인 것으로 전해졌다. 동해에 배치된 초계함에는 포클랜드 전쟁에서 위력을 떨친 프랑스제 함대함(艦對艦) 미사일인 엑조세(Exocet)도 탑재돼 있다.

'들이받기식' 공격을 펼친 우리 고속정(PKM)은 40㎜ 함포와 20㎜ 발칸포 1문씩을 갖추고 있다. 150t 소형으로 30명 가량 탈 수 있다. 최대속력은 30노트(시속 50.4㎞).

●문호영기자 alibaba@kdaily.com

대한매일

1999년 6월 16일(수) 5면

"도발엔 단호대응 대화는 계속"

黃源卓 청와대 외교안보수석 문답

차관급회담등 남북대화 예정대로 추진
北, 금강산 관광객 신변보장 확답 보내와

황원탁(黃源卓) 청와대 외교안보수석은 15일 오후 삼청동 남북대화사무국에서 열린 국가안전보장회의 상임위원회가 끝난 뒤 서해 교전(交戰)사태에 대한 정부의 공식 입장을 발표하고 기자들과 일문일답을 가졌다.

■ 발표문 전문

정부는 6·15 북한 함정의 서해 북방한계선 침범 및 무력 도발로 인해 야기된 교전사태에 대하여 북측에 엄중히 항의한다.

북한측의 북방한계선 침범행위와 무력도발행위는 중대한 도발로서 우리는 이러한 행위를 용납하지 않을 것이다. 북측이 이러한 행위를 또다시 자행할 경우 우리 군은 이에 강력히 대응할 것이다.

북한은 무모한 도발을 즉각 중단하고 모든 문제를 대화를 통해 평화적으로 해결할 것을 촉구한다.

정부는 앞으로 튼튼한 안보를 바탕으로 한 대북 포용정책을 일관성있게 추진해나갈 것이다.

■ 일문일답

●21일 베이징에서 열리는 차관급 회담과 비료 지원이 계획대로 추진되나.

차관급 회담은 그대로 추진될 것이다. 비료 수송은 오늘 제6항(第6港)에서 선적이 진행중인데, 지시에 남포로 들어갈 예정이었다. 서해안 사태가 대단히 민감해 안전을 위해 일단 항행을 중지시켰다. 북한에 신변안전 보장을 묻는 통지문을 보냈다. 그 결과에 따라 후속조치를 할 것이다.

●현재 북한에 머물고 있는 국민의 신변안전 대책은.

금강산 관광사업은 변함없이 그대로 계속된다. 금강산 사업과 관련, 현대를 통해서 북측에 신변안전 보장을 요구했는데, 북측의 회답이 접수됐다. 이 사업의 민족적인 사업인데 문제가 되지 않는다. 서해 사태를 문제삼지 말고 합의한 대로 이행하자는 답변이 왔다.

●북측과 접촉이 이뤄지고 있나. 차관급 회담에 대해 북한측이 의견을 제시했나.

아직 특별한 의견 제시는 없었다. 또 서해안 사태에도 불구하고 북한군의 특이한 동향은 발견되지 않았다.

●북측이 도발한 원인은 어떻게 분석하나.

그 문제가 판문점 장성급 회담에서 논의됐다. 그러나 왜 이런 사태가 야기됐느냐에 대한 분명한 대답은 나오지 않았다. 대화가 이뤄지고 회담이 진행되면 의도가 밝혀질 것이다.

●유엔 안보리 상정 등 외교적인 대책도 논의됐나.

현재 유엔에 상정하겠다는 계획은 검토된 바 없다. 주변 여러나라에 이미 사태를 잘 알려주고 있고, 많은 나라에서 관심을 갖고 있다.

●차관급 회담에서 이번 사태에 대해 거론하나.

베이징에서는 우선적으로 이산가족 문제를 협의한다. 그 외의 문제에 대해 대화는 이뤄지겠지만 공식적으로 거론하겠다는 합의는 없었다. ●이도운기자 dawn@kdaily.com

西海 교전사태 논의 15일 오후 삼청동 남북대화사무국에서 긴급소집된 국가안전보장회의(NSC) 상임위원회에 앞서 홍순영 외교·조성태 국방장관, 천용택 국정원장, 정해주 국무조정실장(오른쪽부터)이 서해안 교전사태 속보가 실린 석간신문을 보고 있다. ●이종원기자 Jongwon@kdaily.com

"긴급상황…北추가도발 다각대비"

■ 軍수뇌부 움직임

15일 오전 9시25분쯤 서해 북방한계선(NLL)을 침범한 북한경비정과 우리 해군간에 포격전이 벌어지자 국방부는 조성태(趙成台) 국방장관, 김진호(金辰浩) 합참의장 등을 비롯한 군수뇌부 긴급회의를 소집하는 등 긴박하게 움직였다. 조장관과 김의장은 상황이 벌어지자 곧바로 지하벙커의 지휘통제실에 들어가 해군작전사령부로부터 상황을 접수하면서 해상작전을 진두지휘했다.

조장관은 특히 해군의 첨단전술지휘통제체계(KNTDS)를 통해 현장상황을 즉각적으로 체크하며 해군작전사령부에 작전을 지시했다.

김의장은 이날 오후 3시 존 틸럴리 한·미연합사령관과 긴급 회동, 한반도의 사태에 대한 한·미 공조를 논의했다. 주한미군측도 위기관리반을 가동하는 등 긴급상황에 돌입했으며 우리 군 지휘부와 작전상황에 대한 의견을 주고 받고 사태의 원만한 종결과 확전 방지를 위한 긴밀한 협조를 다짐했다.

특히 지하벙커의 '위기대응반'은 해군작전사령부와 2함대사령부에서 올라오는 북한측의 동향을 분석하는 한편 향후 우려되는 북한의 도발에 다각적인 대응전략을 수립하고 있다.

군 수뇌부는 이와 함께 북한의 추가 도발에 대비, 서해안 지역에 전투태세 준비단계에 들어가라고 지시했다.

군 수뇌부는 또 대북 전투준비태세인 '데프콘'과 대북 정보감시태세인 '워치콘'을 격상하는 문제를 놓고 논의했으나 정치·경제 등 전반적인 상황을 고려할 때 '너무 성급하다'는 자체 판단을 내렸다.

이에 따라 데프콘은 기존 4단계를 유지하되 워치콘만 3단계에서 2단계로 한단계 높였다. 워치콘이 올라가면 대북 정보감시태세의 각종 정보체계가 자세히 분석된다.

●주병철기자 bcjoo@kdaily.com

"남측 고의적 도발" 덮어씌우기

"사죄 요구·군사적 보복" 엄포… 피해 상황 보도

■ 北 공식반응

북한이 서해상에서의 선제 공격 직후 첫 공식 반응을 보였다. 남측의 대응을 '무장도발행위'로 덮어씌우며 거꾸로 사죄를 요구해온 것이다. 북한 관영 중앙통신은 15일 '남조선 당국자들이 엄중한 무장도발을 감행, 인민군 군인들의 생명이 엄중히 위협당했다'고 보도했다. 이어 '함선 1척이 침몰되고 3척이 심히 파손됐다'는 피해 상황까지 전했다.

북한은 이번 사태를 지속적으로 쟁점화하려는 움직임을 보였다. 중앙통신은 '즉시 사죄하라'며 '만약 군사적 도발을 계속 감행하면 전쟁의 보복타격을 면치 못할 것'이라고 '경고'하기도 했다. 그러면서 북측은 타협의 여지를 남겼다. '사태가 전면전으로 번지지 않은 것은 전적으로 인민군 군인들의 인내력과 자제력의 결과'라는 중앙통신 보도내용이 이를 말해준다.

한편 북한 중앙방송은 선제 총격에 앞서 이날 오전 7시 북한 해군이 서해상에서 남한의 '해상도발'을 단호히 격퇴하고 있다고 주장하면서 이를 김정일(金正日)총비서의 '현명한 영도의 결실'이라고 주장했다.

●구본영기자 kby7@kdaily.com

韓·美연합 3개 군사핫라인 가동

군사협력 긴밀 유지
北움직임 예의주시
군사적 행동엔 신중

국방부와 한·미연합사령부는 남북한 해군간 포격전 이후 북한의 움직임을 예의주시하되 군사적인 행동에는 신중을 기한다는 방침이다.

국방부와 연합사는 이번 사건을 우발적인 사건으로 규정하고 있다. 국지전이나 전면전으로 비화될 것으로 보지는 않는 듯한 분위기다.

우리 해군 함정의 '충돌식 밀어내기'에 쫓기던 북한군이 위협사격으로 강경대응하면서 빚어진 포격전이라는 시각이다.

연합사가 대북 전투태세인 '데프콘'을 격상하지 않고 대북 정보감시태세인 '워치콘'의 등급만 3에서 2로 올린 것도 이 때문이다.

이는 94년 한·미연합사령부로부터 평시 작전권을 넘겨받은 우리측이 주도적으로 사태 변화에 대처해 나간다는 것을 의미한다.

이같은 원칙 아래 국방부와 연합사는 군사 협력을 긴밀하게 유지하는 문제에 주안점을 두고 있다.

우선 핫라인을 대폭 늘려 실시간대에 정보를 공유할 수 있도록 했다. 양측은 정보·작전·전략 등 분야별로 핫라인을 개설해 두었다.

특히 지난 7일 북한경비정이 서해안을 침범한 이래 한국군과 미군 수뇌부는 5~6차례나 회동했다. 15일에는 김진호(金辰浩) 합참의장과 존 틸럴리 한·미연합사사령관이 한·미군사위원회(MC) 차원에서 정식 회의를 갖는 등 군사위원회를 본격적으로 가동시키기로 합의했다.

이날 회담에서는 일본과 하와이 등에 주둔중인 미태평양사령부 전력 중 조기공중경보기(AWACS)와 F-15E 전투기 등 항공 전력 및 전함 등을 빠른 시일 내에 한반도에 투입키로 합의한 것으로 알려졌다.

이같은 협력 관계는 96년 강릉 북한잠수함 침투사건이 터지기 전까지만 해도 긴밀하게 이뤄지지 않았다는 게 군 관계자의 설명이다. 잠수함 침투 사건 이후 양측은 협조관계의 필요성을 절감, '한·미 군사협력에 관한 양해각서'를 마련해 체계적으로 정보를 공유해 오고 있다.

양측의 협조는 미 국무부의 브리핑에서도 잘 드러나고 있다.

96년 잠수함 침투사건 때만 해도 미 국무부는 브리핑을 통해 '남한과 북한은 자제해야 한다'는 식의 내용이 주류를 이루었다. 그러나 이번에는 '북한 경비정이 북방 한계선을 침범했으며 이를 예의주시하겠다'고 발표해 양측이 긴밀하게 공조하고 있음을 보여줬다. ●주병철기자 bcjoo@kdaily.com

김진호 합참의장(왼쪽)과 존 틸럴리 주한미군사령관이 15일 오후 합참의장실에서 만나 남북한 해군의 교전 사태에 대한 한·미연합군의 대처방안을 논의하고 있다. ●사진공동취재단

미국 "北 잘못"… 포용정책 손상 우려
일본 北서 모종의 의도성 가지고 도발
중·러 대화와 협상통한 분쟁해결 촉구

■ 한반도 주변4國 반응

15일 서해에서의 남북 무력충돌에 대해 주변국들은 한반도에 미칠 악영향을 우려, 사태추이에 촉각을 곤두세우며 분석하느라 분주한 모습이다. 특히 미국은 발칸전쟁에 이어 터진 준전시 상황의 남북한 교전에 대해 난감해 하면서 모처럼 조성되고 있는 한반도 평화와 안정 분위기가 흐트러지지 않을까 걱정했다.

●미국 백악관 국가안보회의 마이크 해머 대변인은 "북한은 잘못하고 있다"며 북한 함정들은 북측 영해 내에 머물러야 한다고 경고했다.

해머 대변인은 "북한 함정들은 북방한계선 이북에 머물러야 한다는 사실을 분명히 하기 위해 북한 정부와 연락을 취하는 중"이라면서 미국은 서해사태를 예의 주시, 한국정부와 긴밀히 연락하고 있으며 한반도 긴장고조로 연결되는 북측의 상황오판을 원치 않는다고 밝혔다. 미 정부는 국무부가 한국 정부와 추진해온 대북 포용정책의 와중에서 발생한 군사적 긴장상태에 대해 상당히 곤혹스러워하는 상태인 것으로 전해졌다.

한편 외교 관측통들은 미국 정부가 돌발사태 대비책을 강구하는 한편 이번 사태로 한반도 평화와 안정이 무너지지 않도록 대화를 통한 해결을 적극 중재해 나갈 것으로 전망했다.

●일본 외무성을 비롯, 일본 정부는 언론들의 높은 관심과는 달리 공식적인 논평을 하지 않는 등 비교적 신중한 자세를 보였다.

일본정부는 이번 사태가 북한측이 모종의 의도성을 갖고 시작했다는 점을 중시하면서도 왜 이같은 시점에 '도발'을 일으켰는지에 대해서는 판단을 유보하며 사태를 지켜보고 있다.

●중국 장치위에(章啓月) 중국 외교부 대변인은 "남북 경비정 충돌, 교전 사태에 깊은 관심을 갖고 있다"면서 "한반도의 평화와 안정유지는 양측의 공통 이익에 부합된다"고 말했다. 장 대변인은 "관계 당사자는 자제력을 지켜 이번 사태를 악화시킬 행동을 더 이상 취하지 말고, 대화와 협상을 거쳐 평화적 방식으로 관련 문제를 해결하기 바란다"고 강조했다.

●러시아 러시아 외무부는 한국과 북한이 서해상에서 교전을 벌인 데 대해 유감을 표시하고 양측의 자제와 대화를 촉구했다. 외무부는 공식 자료를 통한 논평에서 "양측이 자제해 분쟁을 대화의 방법으로 해결해 나갈 것을 촉구한다"고 밝혔다.

●워싱턴 최철호특파원
황성기기자 marry01@kdaily.com

安保理의장에 '北의 선제공격' 설명

한반도 주변4國등에 '조정역할' 요청

■ 외교부 대응책

정부는 15일 서해상 남북간 교전 상황을 접한 뒤 즉각 우방을 비롯한 관련 국가에 사태의 본질을 설명하는 등 단계적인 외교 대응에 나섰다. 외교부는 장재룡(張在龍)차관보 주재로 긴급회의를 갖고 긴장상황이 더이상 확대되지 않도록 해야한다는 기본원칙에 따라 신속한 외교조치에 착수한다는 방침을 세웠다. 우선 국제사회 지지를 최우선 목표로 정하고 이번 사태가 '북한의 선제 공격 및 남한의 자위권 발동'이란 점을 집중 부각할 방침이다.

이에 따라 미·일·중·러 등 한반도 주변 4국은 물론 아세안, 유럽 국가 등 주요 우방국에 해상 교전사실을 전하고 협조를 당부했다. 특히 외교부는 북한에 일정한 영향력을 갖고 있는 중국과 러시아 등에게 '조정 역할'을 요청하는 한편 '대화 해결'이란 우리 정부의 확고한 원칙을 전달한 것으로 알려졌다.

외교부는 이번 사태가 한·미·일 3국 정부가 추진해 온 대북 포용정책에 좋지 않은 영향을 미칠 수도 있다고 보고 사태 분석에 착수했다. 윌리엄 페리 대북정책 조정관의 방북 이후 포괄적 대북접근 구상에 대한 북한측 공식반응이 나오지 않은 상황에서 이번 사태가 터진 데 대해 우려를 감추지 못하고 있다. 그러나 외교부 당국자는 "판문점 남북 장성급회담 결과 등 상황 진전을 지켜봐야 북한의 행동에 대한 구체적인 분석이 가능할 것 같다"며 신중한 자세를 견지했다.

외교부는 사태 장기화에 대비, 유엔안보리에 이번 사건을 보고하는 문제를 신중히 검토하고 있다. 우선 유엔안보리 의장에게 사건의 경위와 정부의 향후 대책을 설명하도록 주 유엔대표부에 지시했다. 이에 따라 이시영(李時榮) 주 유엔대사는 안보리의장인 바쿠카르 자그네 유엔주재 감비아 대사와 면담을 갖고 서해 교전사태가 북한의 선제사격에 의해 촉발됐음을 설명하고 향후 북한이 이러한 도발을 자행할 경우, 강력 대응 방침을 전달했다.

외교부 당국자는 "북한이 추가 도발을 해오면 안보리에 이번 사건을 정식의제로 다뤄줄 것을 요청하는 등 후속조치를 마련중"이라고 전했다. ●오일만기자 oilman@kdaily.com

남북 北京회담 '기대반 우려반'

離散등 긍정적해결 힘들듯
대표단 명단 공개도 보류

21일 베이징 남북 차관급회담의 전도에 암초가 나타났다. 한치 앞을 내다볼 수 없을 정도로 시계도 흐려졌다. 북한 경비정의 잇단 북방한계선(NLL) 침범이 교전사태로 비화된 탓이다.

당국자들도 굳이 이같은 분위기를 감추지 않았다. 통일부의 한 당국자는 15일 "총격전까지 벌어진 마당에 웃으면서 회담하는 게 국민정서상 제대로 납득이 될지 모르겠다"고 말했다.

현재 우리측은 베이징 회담 대표단 명단 공개도 보류한 상태다.

정부는 당초 이번주 초 판문점 연락관 접촉을 통해 명단을 북측에 통보할 참이었다.

그럼에도 불구, 정부는 어렵사리 성사된 당국간 회담에 대한 기대를 버리진 않고 있다. 북한이 먼저 거부하지 않는 한 회담을 예정대로 추진키로 가닥을 잡은 데서도 분명해진다.

물론 이번 사건이 당국자들에게도 큰 시름을 안겨준 것은 사실이다. 회담이 성사되더라도 긍정적 결실을 맺기 어려운 분위기 때문이다.

사실 우리측은 이번에는 이산가족 문제에 대해 북측이 호응할 가능성에 기대를 걸어왔다. 베이징 비공개 접촉에서 북측의 언질을 받았던 셈이다.

북측은 15일 그러한 기대에 찬물을 끼얹었다. 회담에 앞서 우리측이 비료를 지원하고 있는 상황에서 교전사태를 유도했기 때문이다. 햇볕정책을 추진하는 국민의 정부를 궁지로 몰아넣으려는 북측의 의도가 엿보이는 대목이다.

다만 남북관계는 언제나 대화와 대결국면이 병존하는 이중성이 주된 특징이었다. 한 당국자는 이를 지적하면서 "단선적인 접근으로 남북관계를 완전히 경색시키는 우를 범해선 안된다"고 말했다. 군사적 도발에는 단호히 대처하되 대화 창구까지 닫을 필요가 없다는 뜻이었다.

●구본영기자 kby7@kdaily.com

외신들 '교전사실' 긴급보도

향후 남북관계 악영향 우려

|워싱턴 최철호특파원·도쿄 베이징 런던 外信| 해외 언론들은 15일 남북한 해군의 연평도 인근 해역에서의 교전 사실을 주요 뉴스로 일제히 보도하며 비상한 관심을 보였다.

언론들은 이번 사태로 14개월 만의 첫 정부 차원의 남북 접촉인 오는 21일로 예정된 베이징(北京) 차관급 회담의 성사 여부에 촉각을 곤두세우며 남북관계의 전반적인 악화를 우려했다.

미국의 CNN방송은 사건 발생 직후 짤막한 사실보도로 시작, 이후 서울특파원을 직접 연결해 충돌상황을 상세히 보도했다.

NBC와 CBS 등 주요방송들도 코소보 관련 뉴스와 함께 주요 소식으로 보도했다. 방송들은 처음엔 화면 없이 한반도 지도를 배경으로 자막 처리하다가 한국 국방부가 제공한 북한 경비정 자료화면을 띄우면서 방송 중요도를 높여나갔다.

뉴욕타임스도 이날자에서 서해상의 남북 해군 함정간 교전 사실과 한국군의 비상경계태세를 상세히 보도했다.

타임스는 '한국 해상 교전으로 북한측 함정 격침'이란 제목의 도쿄(東京)발 기사를 통해 한국 국방부 발표와 그간의 남북 해군 대치상황을 전했다.

아사히(朝日) 요미우리(讀賣) 등 일본의 주요 신문들은 15일 석간의 머리기사로 비중있게 취급했다. 방송들도 이날 낮 뉴스 시간부터 서울 특파원을 연결, 첫 소식으로 전했으며, 공영 NHK TV도 정오 뉴스부터 주요 소식으로 보도했다.

일본 언론들도 이번 충돌이 베이징 차관급 회의에 악영향을 미칠 것으로 보인다면서 남북관계의 악화를 조심스럽게 점쳤다.

AP, AFP, 중국의 신화(新華)통신 등 세계 주요 통신은 오전 10시 직후부터 교전뉴스를 전세계로 긴급 타전했다. 베이징 방송은 "북한이 단 한번도 북방한계선을 인정한 적이 없어 쌍방간 군사대치가 끊이지 않았다"고 덧붙였다.

홍콩 라디오 방송(RTHK)과 영국 BBC 방송 등도 이날 이 사건을 주요 뉴스로 신속히 보도하는 등 남북관계의 변화 추이에 관심을 보였다. ●hay@kdaily.com

대한매일

1999년 6월 16일(수) 22면

첩보위성 北동향 샅샅이 추적

■ 對北 감시체계 운영실태

15일 서해상에서 교전이 발생함에 따라 북한군의 동향을 24시간 감시하는 조기경보체계가 바빠졌다. 한·미 연합사는 이날 오전 11시를 기해 대북 정보감시태세를 적의 도발 위협이 심각한 상황에서 발령하는 '워치콘 2'로 격상시켰다.

'워치콘 2'의 주요 활동은 첩보위성을 통한 사진 촬영, 정찰기 가동, 전자신호정보 수집 등인 것으로 알려졌다. 주파수 등 전자신호를 통해 주고받는 정보도 수집한다. 전방지역 고지에 설치된 통신감청소에서도 북한 지상군의 무선교신을 감청한다.

이와 함께 미군은 일본 오키나와에 배치된 E-3C 공중조기경보관제기(AWACS)를 수시로 한반도에 출동시켜 북한의 움직임을 관찰하고 있다. '하늘의 정보사령실'로 불리는 E-3C는 반경 350~400㎞ 이내의 항공기 및 차량의

北영공 수시로 통과… 30~100㎝ 물체 식별

U-2R정찰기·조기경보기등 육해공 상시 관찰

한반도 상공에는 KH9, KH11 등의 첩보위성이 떠 있으며, 이 첩보위성들은 지상 200~500㎞ 높이에서 하루에도 몇 차례씩 북한 영공을 통과하면서 북한군의 동향을 감시하고 있다. 첩보위성은 30~100㎝ 크기의 물체까지 식별할 수 있는 능력을 갖춘 것으로 전해졌다.

정찰기를 이용한 정보 수집은 전략정찰기인 U-2R과 팬텀 전술정찰기 RF-4C에 의해 이루어진다.

경기도 오산에서 발진하는 U-2R은 24㎞ 상공에서 휴전선을 따라 비행하고 있다. 휴전선 북쪽 40~100㎞까지 감시할 수 있다. 이들 정찰기는 북한군의 통신을 엿듣거나 움직임을 샅샅이 포착하는 것은 물론, 적기를 추적해 미사일 발사 명령까지 내리는 지휘 및 관제능력도 갖고 있다. 보통 고도 1만m 상공을 마하(음속) 0.72로 비행한다. 승무원 17명이 탑승하며 중부전선에 떠 있으면 동·서부전선은 물론 동·서해상까지도 감시가 가능하다.

우리 군은 이같은 감시활동을 통해 북한군의 전면 남침의 조짐을 최소한 12~16시간 전에는 파악할 수 있다. 나아가 전면 남침에 필요한 기계화군단 등의 전방 이동을 감시함으로써 4~5일 전에 전면 남침의 징후를 포착할 수 있는 것으로 알려졌다.

●주병철기자 bcjoo@kdaily.com

'데프콘3'는 전투준비태세 강화 단계

평시·정전상태엔 데프콘4

위기고조때 3·2·1로

워치콘은 정보감시 태세

위기 때 한·미 연합군 사령관이 내리는 '데프콘'(방어준비태세)에는 4·3·2·1의 4단계가 있다. 위기가 클수록 번호가 낮아진다. '데프콘 4'는 평시 또는 정전상태 중 국지적 긴장이 존재, 군사적 경계가 요구될 때 발령된다.

'데프콘 3'는 군사 개입의 가능성이 있을 때 발령되며, 외출·외박이 금지된다. 군 당국은 15일 교전 직후 서해 5도상에 '데프콘 3'에 준하는 '전투준비태세 강화'를 내렸다.

'데프콘 2'는 계엄령 또는 동원령과 함께 내려지며, 모든 장병에게 탄약이 지급된다.

최고 단계인 '데프콘 1'은 전쟁계획 시행을 위한 준비가 요구되는 전면전 발발 직전의 상태를 뜻한다.

'데프콘'은 '워치콘'과 동시에 발령된다. '워치콘'은 대북 정보감시태세를 가리키며 5단계로 나뉜다.

한·미 연합군 사령관은 이날 오전 11시를 기해 국가이익에 현저한 위험이 초래될 징후가 보일 때 내리는 '워치콘 2'를 발령했다.

●김인철기자 ickim@kdaily.com

지축 흔든 포성에 섬 전역 긴장 팽팽

연평도 표정 - 軍 동향

전부대원 전투배치… 비장한 작전명령

초계함·전함 속속 출동… 공중초계도 강화

15일 오전 연평도 앞바다에서 북한과 우리 해군 사이에 교전이 벌어졌다는 소식이 전해지자 이곳 군부대는 즉각 전투태세에 돌입했다.

"꽝 꽝 꽝"하는 포성이 터지자마자 지휘관들은 전 부대원을 전투배치한 뒤 참모들과 함께 지하벙커 상황실에 자리잡고 상부에서 내려오는 작전명령을 점검하는 등 부산하게 움직였다.

연평도에 주둔하며 레이더로 해상감시 임무를 수행하는 해군 293부대는 전 부대원이 완전군장을 갖추고 비상근무에 돌입했다.

연평도 앞바다 2㎞ 지점에 설치된 해군 바지선 근처에서는 150t급 고속정은 물론, 1,000t이 넘는 대형 초계함과 전함들이 빠른 속도로 기동했다. 부두에서 배를 타고 나간 남편과 시아버지를 초조하게 기다리던 주민 김순용(金順容·39)씨는 초계함과 전함을 가리키며 "연평도에서 계속 살았지만 대형 군함이 기동하는 것은 처음"이라면서 불안한 모습을 감추지 못했다.

연평도 경비를 담당하고 있는 해병대 9518부대도 106고지 대공감시 포병반에 "서해에서 교전으로 예상되는 포성이 들린다"는 급보가 날아들자 즉각 비상경계 태세에 돌입했다.

해안경비 소대장 강병석(姜炳錫·25)중위는 "소대원들은 이런 때를 대비해 평소 충실히 훈련했다"면서 "어떠한 상황이 닥쳐도 충분히 대응할 수 있다"고 자신에 찬 목소리로 말했다.

이웃 공군기지에서는 조종사들이 비상출동 명령이 내려지면 즉각 출동할 수 있도록 시동을 걸고 기내 '전투대기'에 돌입했다.

백령도 등 서해 5개 도서와 인근 바다에 대한 전투공중초계(CAP)도 강화됐다.

회항한 어선들 15일 오전 조업제한이 해제된 이후 첫 조업에 나섰던 꽃게잡이배 50여척이 남북 함정간의 포격전으로 긴급 회항 지시가 내려지자 연평도로 돌아와 정박해 있다. ●연평도 김명국기자 Daunso@kdaily.com

꽃게그물 버려두고 황급히 귀항

면사무소 만일사태 대비 대피계획 점검

친지들 안부전화 빗발쳐 한때 통화 불통

■ 주민 동향

"꽝꽝 꽝꽝 꽝꽝"

짙은 회색구름이 하늘을 가린 15일 오전 9시25분 연평도 난데없는 포성이 섬을 뒤흔들었다. 앞바다에 정박해 있던 150t급 고속정 5척이 편대를 이뤄 흰물결을 가르며 수평선 너머로 출발했다.

집안에 있던 주민들은 포성에 놀라 밖으로 뛰어나왔다. 일부 주민들은 "난리가 난 것 아니냐" "훈련이 있다면 면사무소에서 미리 방송을 했을 텐데…"하고 웅성거렸다.

조업제한이 해제된 뒤 첫 조업에 나서게 된 꽃게잡이배 50여척은 마음이 급한 듯 새벽 5시부터 시동을 걸고 출어만을 기다렸다. 아침 7시 '풍어의 노래'가 나오자 어선들은 '부웅~'하는 뱃고동을 울리며 10~15노트의 전속력으로 연평도 서쪽 어장으로 출어했다.

"꽝 꽝 드르륵" 요란한 포성과 총성이 울린 것은 어선들이 그물을 풀어놓고 한창 작업에 열중하던 때였다. 선원들은 "북쪽에서 발포한 것 아니야"라면서 일손을 멈추고 북쪽을 불안하게 바라봤다. 9시45분, "긴급사태 발생, 모든 선박은 즉시 가까운 포구로 귀환하라"는 어업지도선의 급박한 지시가 무전기로 흘러나왔다. 꽃게잡이 배들은 그물을 바다에 버려둔 채 급히 돌아왔다.

12시가 지나도 돌아오지 않은 선원의 가족들은 발을 동동 굴렀다. 오후 1시20분이 돼서야 모든 선박들이 당섬 부두와 소연평도에 닻을 내렸다.

연평도에는 교전 소식을 들은 뭍의 친지들로부터 안부 전화가 빗발쳐 한때 전화가 불통됐다. 면사무소와 파출소 직원들은 주민 대피 계획을 점검하며 부산하게 움직였다.

7년째 꽃게잡이를 하고 있는 제3길용호 선장 김재선(金在善·42)씨는 "올해 꽃게잡이는 글렀다"면서 허탈한 표정으로 수평선만 바라보고 있었다.

●연평도 전영우기자 ywchun@kdaily.com

동해 최북단 저도어장도 조업중단

■ 교전 파장 이모저모

15일 오전 서해상에서 해군과 북한 경비정간의 교전이 벌어지자 서해지역은 물론 강원도 동해안 일대에도 긴장의 파고가 높아지고 있다.

●동해안 북방지역을 경비하는 해군 제1함대와 속초해경은 최북단 어장인 고성군 현내면 대진리 앞바다 저도어장에서의 조업을 전면 중단시켰다. 군·경은 새벽 5시쯤 북위 38도33분 북방 900m 저도어장으로 고기잡이를 나갔던 대진어촌계 소속 60여척의 어선들을 오전 10시10분쯤 모두 항구로 귀항조치했다.

"실제와 혼동우려" 어제 민방위훈련 취소

부상 장병들 대부분 포탄파편 맞은 경상

●정부는 이날 오후 민방공 대피훈련과 함께 실시키로 했던 제292차 민방위의 날 훈련을 전면 취소했다. 행정자치부는 "민방공훈련은 국민들에게 실제상황과 혼동을 줄 우려가 있고, 공무원들이 비상근무를 할 수 있도록 일체의 민방위 훈련을 취소했다"고 밝혔다. 남북 안보상황으로 훈련이 취소된 것은 이번이 처음이다.

●교전에서 부상한 해군 장병들은 이날 오후 헬기편으로 서울 강서구 국군수도통합병원으로 긴급후송돼 응급수술을 받았다. 부상자는 해군2함대 소속으로 위관급 장교 2명, 하사관 4명, 사병 1명 등 모두 7명이다. 병원측은 "부상자는 모두 경상으로 포탄 파편에 손가락과 얼굴이 찢어지는 등의 파편상을 입었다"면서 "이 가운데 5명은 병원 D동 응급실에서 2~3시간에 걸친 봉합수술을 받고 일반병실로 옮겨졌다"고 밝혔다.

●이날 아침 인천 연안부두를 출항, 연평도와 백령도로 떠났던 여객선 3척이 모두 회항조치됐다. 오전 8시 연평도 주민 36명을 포함, 승객 92명과 차량 8대를 싣고 인천 연안부두를 떠났던 연평도행 카페리 실버스타호(569t급)는 오전 10시48분쯤 해군 당국의 무전지시를 받고 오후 1시45분에 되돌아왔다. 또 오전 8시~9시30분 사이 각각 승객 119명과 35명을 싣고 백령도로 출항했던 페가서스호(342t급)와 백령아일랜드호(287t급)도 오전 10시20분과 40분쯤 모두 회항조치됐다.

●박현갑 동해 조한종 이종락 김성수기자 eagleduo@kdaily.com

대한매일

1999년 6월 16일(수) 5면

'꽝' 순간 북한군 소총 난사… 즉각 응전

부상장병들이 말하는 교전순간

갑판서 치열한 총격전… 뒤늦게 부상 깨달아
예상못한 상황서도 훈련한대로 신속 대응

"예상하지 못한 상황이어서 당황했지만 훈련받은 대로 행동했습니다"

15일 연평도 앞바다 교전에서 부상을 당해 서울 강서구 등촌동 국군수도병원에 입원한 장병 7명은 이날 밤 기자들과 만나 교전 순간을 생생하게 설명했다.

이날 오전 9시20분. 다시 영해를 침범한 북한군 경비정의 함미(艦尾)를 우리 해군 2함대 소속 325 고속정이 선수(船首)로 들이받았다. 우리 고속정의 선수는 북한경비정에 깊이 박혀 빠지지 않을 정도였다. 정장 안지영(29) 대위는 최대한 엔진출력을 올려 후진을 시도, 배를 빼내려 했다. 북한 함정이 끌려올 정도였다.

순간 갑판 위에 납작 엎드린 채 AK47 소총을 겨냥하고 있는 북한군 3~4명이 시야에 들어왔다. 북한군은 갑자기 사격을 가해왔다. 총알은 안대위의 목과 아래턱을 관통했다.

수술을 받은 뒤 붕대를 감고 병상에 누워있는 안대위는 "지휘관을 믿고 싸워준 장병들이 자랑스럽다"고 부하들을 칭찬했다.

기관실에 있던 이경민(21)하사는 교전이 시작되자 M16소총과 탄창 20여개를 들고 갑판 위로 뛰어 올라갔다.

"설마했는데 총알이 날아오기 시작했어요. 바로 응사했지요" 정신없이 응사한 지 수분 뒤 주변에 보이는 모든 함정에서 검은 연기가 솟아오르고 있었다.

이하사는 그때야 자신의 왼쪽 군복바지가 붉은 피로 흥건하게 젖어있는 것을 알았다. 이하사는 "예상하지 못했던 상황이라 너무 쉽게 당해 분하다"면서 "회복되면 다시 나가 싸우겠다"고 전의를 불태웠다.

조타실에 근무하는 유중삼(21)하사는 지난해 10월 하사관으로 입대한 풋내기이지만 함교위에서 소총으로 응사하는 20여명의 장병들에게 탄약을 나눠주기 위해 정신없이 뛰어다녔다.

교전이 시작되면서 우리측도 발칸포와 76㎜ 함포 등 모든 무기를 동원해 응전했다. 열심히 탄약을 나르던 유하사는 갑자기 눈 앞이 아찔해졌다. 파편이 왼쪽 대퇴부를 관통한 것이다.

M60 사수인 서득원(24)하사도 배가 충돌하고 북한군의 사격이 계속되자 정신없이 방아쇠를 당겼다. 얼마나 흘렀을까. 서하사는 뒤늦게 왼쪽 사타구니에 관통상을 입은 것을 발견했다. 서하사는 부상자 7명 가운데 상처가 가장 심했다.

이날 밤 국군수도병원을 방문한 조성태(趙成台) 국방부장관은 부상장병들을 위로하고 의료진에게 진료에 최선을 다해줄 것을 당부했다.

부상자는 다음과 같다.

▲대위 안지영 허욱 ▲상사 문봉진 ▲하사 서득원 유중삼 이경민 ▲상병 안대성.

■김영중 김상수기자 jeunesse@kdaily.com

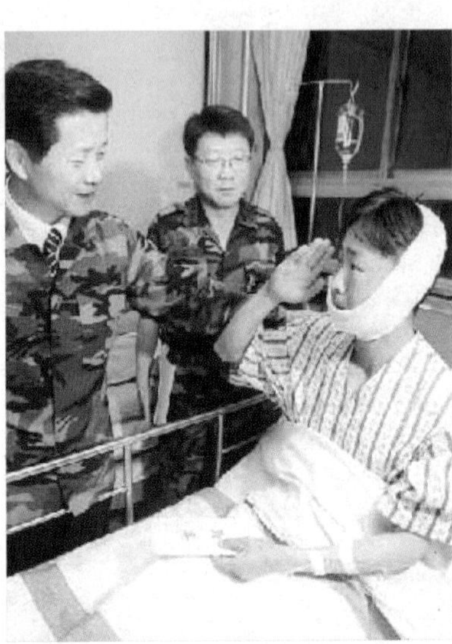

부상장병 위로 조성태 국방부장관이 15일 밤 서울 강서구 국군수도병원을 방문, 서해상 교전에서 부상당한 고속정 정장 안지영 대위의 어깨를 두드리며 위로하고 있다. ■최병규기자 cbk91065@kdaily.com

당혹… 불안… 분개… 차분한 대처

생필품 사재기 없어 "이번에 버릇 고치자" 강경대응 목소리도

■ 시민반응

15일 아침 연평도 해상에서 남북한 해군의 교전 소식이 전해지자 시민들은 불안한 마음으로 뉴스에 귀를 기울였다. 고속버스 터미널과 철도역 대합실 등에서는 뉴스 속보가 방송되는 TV 앞에 모여 상황 변화에 촉각을 곤두세웠다.

많은 시민들이 불안감에 일찍 귀가, 도심의 유흥가는 한밤에도 한산한 편이었다.

그러나 '생필품 사재기' 등 동요하는 모습은 거의 찾아볼 수 없었다. 대형 할인점과 백화점 식품매장의 생필품 판매량은 평소와 비슷했다. 경실련은 성명을 통해 "남북한 당국은 유엔사의 제안대로 서해 완충구역의 병력을 철수시키고 남북합의서 12조에 따라 하루빨리 군사공동위원회를 열어 대화로 문제를 풀기 바란다"고 밝혔다.

휴가 장병 속속 귀대 15일 오전 서해 5도 지역에 '전투태세 강화지시'가 발령됨에 따라 휴가 나온 장병들이 부대에 복귀하기 위해 서둘러 서울역으로 향하고 있다. ■이언탁기자 utl@kdaily.com

주부 김명숙(金明淑·34·경기도 고양시 일산구 마두동)씨는 "9일 전 북한 경비정이 침범했을 때부터 불안감을 느꼈는데 교전소식을 듣고 전쟁이 날 것 같아 두렵다"고 털어놓았다. 의류 수출입업체 직원 강인남(姜仁南·25·여)씨는 "경기가 회복되는 시점에서 이런 일이 터져 외국인 바이어들이 발길을 돌릴까 걱정된다"고 말했다.

성균관대 정치외교학과 김성주(金成柱·48)교수는 "정부의 햇볕정책이 포용과 유연성만을 강조하는 문제점이 있다는 것을 드러낸 사건"이라면서 "정전협정 이후 체결했던 협약들은 계속 유지하되 대북 문제는 합리적으로 대처해야 한다"고 지적했다.

■김성수 이상록 김미경기자 sskim@kdaily.com

임관후 줄곧 해상근무 '바다 사나이'

교전중 부상 325호 고속정장 안지영 대위

올 3월 정장 맡은뒤 통솔력 발휘 "힘든일 마다 않는 철저한 성격"

"나에겐 조국이 있어 외롭지 않습니다"

15일 오전 연평도 해상에서 북한군과 교전하다 상처를 입고 국군수도통합병원으로 긴급 후송된 해군 고속정 정장 안지영(29) 대위가 되뇌이던 말이다. 이날 안대위의 동기생들은 부상 소식에 안타까워하며 '바다를 애인처럼' 여기며 살아왔다고 전했다.

그는 어려서 부모를 여의고 하나뿐인 여동생과 함께 외롭게 지내다 얼마 전엔 여동생을 시집 보냈다. 거의 모든 날들을 바다에서 보내야 하기 때문에 여자친구를 사귈 틈도 없다.

해사 47기로 93년 임관한 안대위는 해상 근무를 희망, 전투병과를 지원했다. 이후 줄곧 초계함과 고속정의 통신관, 작전관, 포실장 등 힘든 보직을 맡아 바다를 누볐다.

96년 대위로 진급한 뒤 지난 3월부터 첫 지휘관 보직인 '정장'을 맡았다. 30여명의 부하를 통솔해 전투에 임해야 하는 중요한 자리다. 고속정이 침몰하거나 부서지면 목숨까지 잃을 수 있는 최일선 지휘관이다.

이번 전투에서 그는 325호 고속정의 정장으로 맨 앞에서 고속정을 진두지휘하다 부상했다.

해사 동기인 김태호(28) 대위는 "안대위는 화목한 분위기를 좋아해 형처럼 따뜻하게 부하를 대하지만 전투에 임하면 불같이 달려드는 성격"이라면서 "이번에도 고속정의 선두에서 적함을 물리치다 다쳤을 것"이라고 말했다.

■조현석기자 hyun68@kdaily.com

경찰 '작전비상 을호' 발령

수도권·강원지역 12개署

경찰청은 15일 서해안 남북한 함정 교전사태와 관련, 인천 중부서를 비롯, 휴전선 인근 관할 경찰서에 '작전비상 을호'를 발령했다.

작전비상 을호가 발령되면 해당 경찰서 경찰관의 외출·외박·휴가가 중지되며, 평상시보다 강화된 경계근무태세를 유지하고 전투병력의 출동대기 태세를 갖춰야 한다.

작전비상 을호가 발령된 경찰서는 인천 강화·중부경찰서, 경기도 의정부·파주·김포·연천·포천경찰서, 강원도 철원·화천·양구·인제·고성경찰서 등 12개 경찰서다.

경찰은 이밖에 전국 해안지역 경찰서에 경계 태세를 강화하도록 지시했다.

■이지운기자 jj@kdaily.com

대한매일

1999년 9월 3일(금) 4면

北 서해NLL 무효화 파장

해외언론 반응

美·日 "남북관계 악화 우려"

CNN·NHK등 주요 뉴스로 보도… 큰 관심 보여

| 워싱턴 최철호특파원·황성기기자·베이징연합 | 미국의 CNN방송은 2일 북한의 북방한계선(NLL) 무효화 선언을 즉각 주요뉴스로 보도했다.

CNN방송은 서울발 로이터통신을 인용, "북한 인민군 총참모부가 해상군사통제수역을 선포하고 동시에 북방한계선의 무효화를 선언했다"고 보도했다.

CNN은 북한의 미사일발사 문제로 남북한이 긴장관계에 놓여있는 상황에서 북한의 이같은 조치가 나와 남북관계가 더 악화될 우려가 있다고 분석했다.

중국 관영 신화(新華)통신도 북한 인민군 총참모부가 북·미장성급회담 결렬 하루 만인 2일 서해에 해상군사통제수역을 선포했다고 조선중앙통신을 인용, 신속히 보도했다.

신화통신은 북한 인민군 총참모부가 해상군사통제수역 선포와 함께 서해 북방한계선의 무효를 선언했다고 보도했다. 이 통신은 북한이 여러가지 수단과 방법으로 서해의 해상 군사분계선에 대한 자위권을 행사할 것임을 강조했다고 덧붙였다.

아사히(朝日) 요미우리(讀賣) NHK 등 일본의 신문과 방송들도 북한의 조치를 주요 기사로 다루며 큰 관심을 나타냈다.

아사히는 "북한군은 1일 판문점에서 열린 유엔군사령부와의 장관급 회담에서 경계선 문제와 관련, '자주권을 지키기 위해 단호하고 결정적인 조치를 취하겠다'고 말했다"고 전하고 이 '조치'의 하나가 NLL 무효선언과 독자의 경계선 설정이라고 보도했다.

요미우리도 북한의 기존 NLL의 무효화 선언을 보도하면서 "북한이 일방적으로 선언한 해상 군사경계선은 한국전쟁 후 유엔군측이 북쪽에 통보해 사실상의 남북경계로서 운영돼온 NLL보다 훨씬 남쪽으로 끌어내려진 것"이라고 설명했다.

●hay@kdaily.com

■ 北 발표문 요지

조선반도의 불안정한 군사정세는 언제 전쟁이 터질지 모를 긴장한 상태에서 지속되고 있다. 이러한 상태는 지난 6월 15일 서해 해상교전이 있은 이후 더욱 엄중한 단계에 이르고 있다. 서해해상 충돌이 있은 직후 우리는 문제 수역에서 충돌의 재발을 막고 긴장을 완화하기 위하여 6차례의 조미(朝美)군부 장령급회담을 주동적으로 소집하고 그 실현을 위하여 모든 노력을 다하여 왔다.

그러나 미군측은 정전협정과는 배치되게 이 문제 토의를 외면하고 가동되지도 않고 있는 북남 군사공동위원회에 밀면서 실무접촉을 거부하였으며 놈들이 우리 영해에 일방적으로 그어놓은 북방한계선을 그대로 유지하려고 교활하게 책동하였다.

따라서 북방한계선을 유지해야 한다는 미국측의 주장은 우리 공화국의 자주권에 대한 엄중한 침해로 된다. 더욱이 문제 토의에서 회피하려는 미군측의 처사는 조선정전협정에 따라 주어진 자기들의 권한과 의무를 다 포기하였다는 것을 그대로 보여주고 있다.

조선인민군 총참모부는 서해해상 군사분계선 문제를 협상의 방법으로 해결하려고하지만 미군 측이 끝내 문제 토의를 외면하고 비법적이고 강도적인 북방한계선을 계속 고집하고 있는 조건에서 우리의 당당한 해상 군사통제수역을 지키기 위하여 다음과 같이 엄숙히 선포한다.

1. 조선서해 해상 분사분계선은 ▲정전협정에 따라 그어진 선인 황해도와 경기도의 도 경계선과 우리측 강령반도 끝단인 등산곶, 미군측 관할하의 섬인 굴업도 사이의 등거리점(북위 37도18분30초, 동경 125도31분00초) ▲우리 측섬인 웅도와 미군측 관할하의 섬들인 서격렬비도, 소협도 사이의 등거리점(북위 37도1분2초, 동경 124도55분) ▲그로부터 서남쪽의 점(북위 36도50분45초, 동경 124도32분30초)을 지나 우리 나라와 중국과의 해상경계선까지 연결한 선으로 하며 이 선의 북쪽 해상수역을 조선인민군측 해상군사통제수역으로 한다.

2. 조선서해 해상영해안에 제멋대로 설정한 미군측의 강도적인 북방한계선은 무효임을 선포한다.

3. 조선서해 해상군사분계선에 대한 자위권은 여러가지 수단과 방법에 의하여 선포될 것이다.

■ NLL이란

53년 유엔군사령관이 일방 선포
北 이의제기 안해 南서 실질 관할

유엔군과 북한군은 53년 정전협정을 체결하면서 내륙의 군사분계선은 명확히 정했으나 서해상의 경계선은 긋지 못한 채 협정에 서명했다.

유엔군사령관은 그러나 같은해 8월 우리 해군함정의 경비활동 통제 등을 목적으로 백령도와 연평도 등 '서해 5도'를 남한에 귀속하게 하는 선에서 서해 북방한계선(NLL: NORTHERN LIMIT LINE)을 일방 선포했다.

북한은 55년 일방적으로 12해리 영해를 선포했지만 이후 20년간 NLL에 대해 특별한 이의를 제기하지 않았고, 한국군은 NLL 남쪽을 실질적으로 관할해왔다. 북한은 그러나 70년대들어 12해리 영해가 국제적으로 일반화되자 73년부터 수시로 NLL을 침범하는 등 문제를 제기하기 시작했다.

그러나 북한은 84년 NLL에서 수재구호물자가 실린 배를 우리측에 인계하는 등 NLL의 실체를 인정하는 양면성을 보였다. 특히 북한은 91년 '남북의 경계선과 구역은 군사분계선과 지금까지 쌍방이 관할해 온 구역으로 한다'는 내용이 포함된 남북기본합의서 (11조) 에 서명했다. 이로써 북한은 NLL 남쪽을 남한측의 수역으로 공식적으로 인정했다는 게 우리측의 설명이다.

● 우득정기자 djwootk@kdaily.com

■ NLL관련 일지

- 99. 6. 7 북한경비정, NLL 첫 침범
- 〃 6. 15 남북한 해군함정 NLL 인근서 교전
- 〃 7. 21 북, 장성급회담서 서해상의 새 해상경계선 설정 제의
- 〃 8. 26 북, 자주권차원서 결정적 조치를 취하겠다고 경고
- 〃 9. 1 북, 새 해상경계선 설정위한 실무급 협상 제의
- 〃 9. 2 북, 새 해상경계선 일방 선포

대한매일

1999년 9월 3일(금) 23면

北 서해NLL 무효화 파장 서해5도 표정

"北 상투적 협박" 의연한 일상

2일 북한이 서해상의 북방한계선(NLL)을 무효화하고 일방적으로 해상경계선을 설정하겠다고 선포하자 북방한계선 바로 밑에 사는 섬주민들은 애써 담담한 표정을 지었다.

대다수 주민들은 만선의 꿈으로 설레는 출어기를 눈앞에 두고 고기잡이를 걱정했으나 지난번 서해교전에서도 보듯 우리 군의 굳건한 안보태세만은 시작하려 했다"면서 "북한이 북방한계선을 암묵적으로 인정하던 지금까지도 자주 침범했는데 이를 무효화시키면 얼마나 자주 침범하겠는가"라고 우려했다.

이로 인해 주민들의 상당수는 북방한계선이 무력화되면 '생계의 문제'가 아니라 '생명의 위협'을 받게 될 수도 있다는 불안감을 느끼고 있다.

"꽃게 손실 만회할 출어기 앞두고 또 무슨 생떼"
"이제는 생존터전까지 위협하나" 불안·긴장도

한치의 틈새도 없을 것이라고 입을 모았다.

북방한계선 남방 3.5km 지점에 위치해 지난 6월 9일간에 걸친 북한경비정의 어장침범으로 조업을 통제당해 막대한 피해를 입은 인천시 옹진군 연평도 주민들은 '이게 또 무슨 일이냐'며 당혹해 하면서도 평시와 다름없이 하루를 보냈다.

당시 생업인 꽃게잡이를 못해 40억여원의 손실을 입은 어민들은 금어기(7월 1일~8월 31일)가 해제되자 출어준비를 하고 있던 터여서 착잡한 심정이었던 게 사실이다.

어민회장 신승원(申承元·61)씨는 "지난번의 손실을 만회하기 위해 오는 5일부터 54척의 어선이 일제히 조업을 주민들은 이날 오후 4시 긴급 어민회의를 가진 뒤 해군함대 증원과 경비태세 강화 등 당국이 강력한 대책을 마련해줄 것을 요구했다.

그러나 이곳은 여자도 예비군이 결성돼 있는 등 주민들의 투철한 안보의식에 힘입어 걱정에 앞서 생업에 여념이 없는 표정이다.

진촌5리 이장 조만용(趙萬龍·44)씨는 "북한의 상투적인 협박에 겁을 먹을 주민들은 많지 않을 것"이라면서 "만약에 위급한 상황이 발생하더라도 지난번 서해교전에서 증명됐듯이 북한 함정보다 월등히 우수한 장비를 보유한 우리 해군이 물리칠 수 있을 것"이라고 말했다.

●옹진 김학준기자
hjkim@kdaily.com

'NLL 무효 선언' 철저 대비를

북한은 2일 인민군 총참모부 특별발표를 통해 서해 북방한계선(NLL)을 무효화하고 일방적인 해상군사수역을 선포했다. 북한이 일방적으로 선포한 해상군사수역에는 백령도를 비롯한 서해5도가 포함돼 있어 NLL을 둘러싼 남북간의 긴장고조는 물론 군사적 충돌의 위험성까지 높아지고 있다. 북한은 장성급회담을 통해 새로운 해상경계선의 설정을 주장했으며 이같은 논의가 성사되지 않을 경우 결정적 조치를 취하겠다는 위협을 가했고 마침내 NLL 무효선언이라는 돌출카드를 던졌다. 북한의 결정적인 조치가 군사적 내용을 포함하고 있어 제2의 서해교전사태의 가능성을 배제할 수 없다.

물론 북한이 북방한계선의 무효를 선언하고 나선 이면에는 몇가지 현실적 의도가 깔려 있다고 본다. 강성대국을 과시하고 있는 북한으로서는 지난6월 서해교전에서 입은 상처와 불명예를 회복하기 위한 군사적 조치가 필요했을 것으로 판단된다. 더욱이 이번 해상군사수역 선포는 6.25동란때의 실지(失地) 회복이라는 상징적 의미까지 포함돼 있다. 또 오는 7일 독일 베를린에서 열리는 북·미고위급회담에서 협상의제로 상정하기 위한 전략으로 볼 수 있다.

미국을 위협했던 미사일문제가 최근 위협효과가 떨어짐에 따라 새로운 분쟁카드가 필요했다는 분석도 가능하다. NLL 무효선언 이후 대미평화협정체결 전략추진을 강화할 것은 불을 보듯 자명하다.

우리의 대북포용정책을 무력화시키고 남북기본합의서 이행을 기피하기 위한 대남전략도 함께 작용했다고 보아 마땅하다. 그러나 북한의 이같은 의도는 명분없는 도발이라는 비난을 피할 수 없다. 북방한계선은 53년 휴전협정이후 46년간 준수돼온 남북간의 실질적인 해상 경계선이다. 때문에 북한이 국제해양법의 등거리 원칙에 의거한 새로운 해양경계선의 설정을 주장하려면 합법적 방법을 강구해야 한다.

남북기본합의서에 따라 남북군사공동위원회에서 논의하고 해결방법을 찾을 수 있다. 북한이 이같은 합리적 방법을 외면하고 일방적 해상군사수역을 선포한 것은 어떤 이유로도 정당화 될 수 없다.

따라서 정부는 북한의 부당성을 엄중하게 경고하고 앞으로 예상되는 북한의 군사도발 가능성에 철저한 대비책을 갖춰야 한다. 우리 군(軍)도 북한이 해상뿐만 아니라 육상과 공중 등 전방위적인 돌출행동을 자행할 것으로 예상됨으로 대북경계태세에 만전을 기해야 한다. 그런면에서 국방부 합동참본부가 "북한이 북방한계선을 침범할 경우 이를 도발로 간주하고 결코 용납하지 않겠다"는 단호한 입장을 밝힌 것은 시의적절한 대응으로 평가된다. 북한은 무모한 도발모험을 즉각 중단하고 냉철한 판단으로 한반도 평화정착에 협력하기 바란다.

대한매일

1999년 9월 4일(토) 22면

어선 정상出漁 '긴장의 조업'

北 NLL무효 선언이후 서해5도 표정

주민 동요없게 군·경 협조체제 강화
해군 돌발사태 대비 한계선 조업 통제

"또다시 조업을 못하게 되면 올해 꽃게농사는 완전히 망치는데…'

3일 오후 인천시 옹진군 연평도 당섬부두. 7~8월의 금어기가 지나 5일 조업재개를 앞두고 그물과 닻을 손질하는 등 막바지 준비작업에 바쁜 어민들의 손놀림이 가볍지만은 않았다.

북측의 돌발행동으로 인해 조업재개 시기가 연기되는 것이 아닌가 하는 우려 때문이다.

이곳 어민들은 일단 북한의 북방한계선 무효화 선언에 개의치 않고 5일부터 54척의 모든 어선이 정상조업에 나선다는 확고한 방침을 세웠다. 이날도 10여척이 어장에 나가 봄철에 남긴 어구를 철거하는 등 조업에 강한 의욕을 보였다. 오랜만에 나가본 어장에는 꽃게가 예년보다 많아 어민들의 가슴은 더욱 설렜다.

어민회 총무 이진구(李鎭龜·40)씨는 "지난번 북한경비정 침범으로 9일간 조업을 못해 척당 수천만원의 손실을 입었는데 이번에도 그런 사태가 되풀이되면 섬 전체가 큰 혼란에 빠질 것"이라고 걱정했다.

한편 백령도 어선 130여척 대부분은 이날 오전 6시쯤 모두 정상 출어에 나섰다. 주민들은 아직까지 별다른 동요의 모습을 보이지 않고 있으나 언제 돌발사태가 발생할지도 모른다는 우려 때문에 군부대의 움직임을 예의주시하고 있다.

대청도와 소청도 어선 120척도 이날 오전 5시쯤부터 우럭과 노래미 잡이에 나섰으나 평소와는 달리 매우 조심스럽게 조업하고 있다.

특히 이곳 어민들은 4월부터 6월초, 9월초부터 11월초까지 단 두차례에 걸친 우럭 및 노래미 잡이가 생계에 큰몫을 차지하고 있어 자칫 조업이 중단되면 큰 타격을 받을 수밖에 없는 심각한 상황이다.

대청도 어촌계장 이권씨(41)는 "어선 한척당 하루종일 우럭과 노래미를 잡아봐야 최고 500만원을 넘지 못한다"며 "영세한 어민들이 많기 때문에 조업이 중단되는 일은 없어야 할것"이라며 한숨지었다.

한편 해경은 이날 어민들에게 출어시 2척 이상씩 선단을 이뤄 조업을 하고 어선통신망을 24시간 청취하는 동시에 북방한계선 가까이 북상해 조업하지 말것을 당부했다.

●옹진 김학준기자
hjkim@kdaily.com

평온한 포구 서해 최북단의 백령도 두무진포구 어민들이 3일 하루의 어로작업을 마치고 귀항해 잡아온 고기를 손수레에 옮겨 싣고 있다. 북한의 북방한계선 무효화 주장으로 긴장감이 고조되고 있는 것과는 달리 주민들의 일상은 여느 때와 크게 다르지 않았다. ●백령도 연합

대한매일

2000년 3월 24일(금) 1면

北, 서해5도 항로 일방설정

'통항질서' 공포… "위반땐 영해침범 간주" 위협

국방부·유엔司 "용납 못해… NLL침범땐 강력 대응"

국방부와 합참은 23일 북한군이 '서해상 군사분계선과 관련된 후속조치로서 5개섬 통항질서'를 공포한 데 대해 "절대로 용납할 수 없으며 북방한계선을 침범할 경우 도발로 간주할 것"이라는 공식입장을 발표했다. ▶관련기사 3·27면

군당국은 이날 박정화(朴貞和) 해군본부 대변인 명의로 발표한 '우리 군의 입장'에서 "북방한계선(NLL)은 지난 53년 이래 남북간 해상경계선으로 유지돼 왔고 92년 남북기본합의서에서도 합의됐으며 현재도 실질적인 해상경계선임을 분명히 밝혀둔다"고 밝혔다.

이날 오후 청와대에서 열린 국가안전보장회의(NSC)상임위에서 이같이 결정됐다.

유엔군사령부도 이날 "남북간 새로운 해상 불가침 경계선 설정시까지는 현재의 북방한계선이 준수돼야 한다"면서 북측 주장을 일축했다. 합참은 이 날짜로 서해해상에 경계강화령을 내리는 등 북한군의 움직임을 예의주시하고 있다.

이에 앞서 북한 인민군 해군사령부는 23일 서해해상 군사분계선 확정에 대한 후속조치로 6개항의 '5개섬 통항질서'를 발표, 백령도 등 서해 5도 출입은 지정된 수로를 통해서만 가능하다고 일방적으로 공포했다.

'5개섬 통항질서'는 제1항에서 백령도, 대청도, 소청도를 포괄하는 주변수역을 제1구역으로, 연평도 주변수역을 제2구역으로, 우도 주변수역을 제3구역으로 지정했다. 제2항에서는 제1구역으로 드나드는 모든 미군측 함정들과 민간선박들은 제1수로를 통해, 제2구역은 제2수로를 통해서만 통항할 수 있다고 규정했다.

또 서해 5도에는 원칙적으로 비행기들이 드나들 수 없으며 부득이한 경우 모든 비행기들은 제1,2 수로 상공을 통해서만 비행할 수 있다고 못박았다. 또 미군측 함선들과 민간선박들은 제1, 2, 3구역과 제1, 2수로에서 국제항행 규칙들을 준수해야 하며 함선과 선박들이 지정된 구역을 벗어날 경우 북한 영해 및 군사통제수역과 영공을 침범하는 것으로 간주할 것이라고 덧붙였다. 한국 해군 및 민간선박의 통항에 대해선 언급조차 하지 않았다.

북한 해군사령부는 특히 "제정된 통항질서가 지켜지지 않을 경우 언제, 어디에서, 어떤 일이 벌어지리라는 것은 그 누구도 예측할 수 없다"면서 "우리의 노력에 도전한다면 우리 혁명무력은 경고없는 행동으로 대답할 것"이라고 위협했다.

노주석기자 joo@kdaily.com

대한매일

2000년 3월 24일(금) 3면

영토분쟁 쟁점화로 '실리 챙기기'

北 '통항질서' 속셈

북한 인민군 해군사령부가 23일 서해상 '5개섬 통항질서'를 발표한 것은 대미·대남 협상에서 유리한 위치를 선점하기 위한 것으로 해석된다.

영토분쟁을 쟁점화해 미국과 남측으로부터 양보를 얻어내고 현재 진행중인 각종 협상에서 유리한 위치를 점하는 수단, 즉 협상카드로 이용하려는 의도가 담겨있다는 분석이다.

특히 북미협상이 중요한 전기를 맞고 있는 상황에서 서해의 안전을 담보로 미국을 압박, 북측의 명분을 강화하면서 실리도 거머쥐겠다는 계산도 깔려있는 것으로 보인다.

대미·대남 협상서 고지 선점 카드

"외교·경제 성과 포장 내부 결속용"

북한은 그동안에도 핵 또는 미사일로 '한반도의 위기상황'을 연출, 이를 외교적 협상자원으로 활용하며 미국 등으로부터 경제적·외교적 실익을 챙겨왔다.

이같은 시각에서 북측의 발표도 입장과 명분을 강화하고 협상력을 높이기 위한 포석이지 실제적인 행동을 염두에 둔 것으로는 보이지 않는다. 북측은 해당 수역이 남측에 의해 확보돼 있는 상황을 무시하고 물리력을 동원, 문제를 일으키진 않을 것이란 분석도 같은 맥락에서다.

북측이 이번 발표에서 해상 영유권을 주장하면서도 우리측 섬들의 해로를 이용할 수 있도록 설정한 것도 국제사회를 의식한 합리성 확보 노력으로 보인다.

정부 당국에선 이번 발표가 지난해 9월 북측의 북방한계선(NLL) 무효화 발표 이후 후속 조치의 성격을 갖고 있다고 해석한다. 대내적인 체제결속과 합리화를 위한 성격도 갖고 있다는 평가다. 경제난과 체제붕괴 위기에 직면해 있는 북한으로선 정권 차원에서 대남·대외관계의 성과를 과시할 필요가 있다는 것이다. 지난해 6월 '서해해전'에서의 '참패'를 어떤 식으로든 합리화하고 정리하는 계기가 필요했다는 해석이다.

한편 일부 전문가들은 북측이 이 문제를 대남 관계정상화의 속도를 조절하는 수단으로 이용할 수도 있다고 주목하고 있다. 북측이 이번 발표와 관련, 행동에 어느 정도의 강도와 무게를 부여할지 남북관계 진전의 새로운 풍향계가 될 것이란 해석이다.

이석우기자 swlee@kdaily.com

정부 대응 어떻게

박정화 해군본부 대변인이 23일 북한군이 일방적으로 선포한 백령도 등 서해 5도에 대한 '통항질서'에 대한 군의 공식 입장을 밝히고 있다. 연합

군은 23일 북한 해군사령부가 '백령도·연평도 등 서해 5도 출입은 지정된 수로를 통해서만 가능하다'는 내용의 '5개섬 통항질서'를 선포한 데 대해 즉각 '절대 수용불가' 입장을 천명했다. 또 현행 북방한계선(NLL)을 그대로 사수하겠으며 북측이 이를 침범할 경우 도발로 간주, 응징하겠다는 단호함도 보였다.

군의 이같은 입장은 이날 예정돼 있던 국가안전보장회의(NSC) 상임위에서 폭넓게 논의된 끝에 결정된 것으로 알려졌다. 지난해 9월 북한군 총참모부가 이른바 '조선 서해해상 군사분계선'을 선포하자 곧바로 합동참모본부 명의로 대응했듯이 이번에도 북측의 발표기관과 '격'을 맞춰 해군본부 대변인 명의로 정부의 입장을 천명했다.

꽃게잡이 철·총선 앞둔 엄포 판단

첩보위성등 통해 北 움직임 주시

북측이 이날 방송을 통해 서해안 '5개섬 통항질서'를 발표하자 국방부와 합참은 곧바로 김종환(金鍾煥·육군 중장)정책보좌관과 정영진(丁永振·육군중장)합참작전본부장 주재로 각각 긴급 대책회의를 열고 군의 대응태세를 점검했다. 주한미군과의 긴밀한 협의절차도 진행된 것으로 전해졌다.

군은 북한의 '엄포'가 꽃게잡이철과 4·13 총선을 앞두고 우리 사회 내부의 혼란을 조성하려는 의도에서 비롯된 것이라고 분석하고 일단 맞대응은 하되 지나치게 강경하게 대응하면 북한의 전술에 휘말릴 소지가 있다고 판단하고 있다. 즉 북한의 '5개섬 통항질서' 선포는 정치성 짙은 계산된 행위로 파악하고 있다.

그러나 만약의 사태에 대비해 첩보위성과 정찰기 등을 통해 북한군의 움직임에 촉각을 곤두세우고 있다. 북측의 도발유형에 따른 대응태세 시나리오를 정밀 재점검하는 작업에도 들어갔다.

정 합참작전본부장은 "오늘자로 서해에 경계강화 지시를 내린 것 외에 별도의 군사적 조치는 취하지 않았다"면서 "그러나 만일의 사태에 대비해 북한군의 동향을 예의주시하고 있다"고 말했다.

군은 6월부터 시작되는 꽃게잡이철을 앞두고 지난해의 연평해전과 같은 북한군의 도발이 있을 수 있는 것으로 보고 만반의 대응태세를 갖추고 있다.

노주석기자 joo@kdaily.com

서해교전사태 이후 NLL 관련 주요일지

1999. 6.15(유엔사·북 판문점 장성급 회담)=북측, 서해사태 피해보상 요구
7. 2(유엔사·북 판문점 장성급 회담)=북측, 서해상 남북 함정간 충돌방지 5개안 제안
7.21(유엔사·북 판문점 장성급 회담)=북측, 새로운 서해해상분계선 제시
8.26(유엔사·북 판문점 장성급 회담)=북측, 해상군사분계선 논의 위한 장성급 회담을 거부하면 "결정적 조치" 경고
1999. 9. 2(북한군 총참모부 특별보도)=NLL 무효화 선언
9.10(북한 노동당 등 23개 정당·단체 공동 성명)=북측, 분계선을 침범할 경우 "자위권 총동원해 타격하겠다"고 위협
2000. 3. 2(북한 해군사령부 대변인 담화)=NLL을 '유령선'이라고 주장
3.23(북한 해군사령부 중대보도)=5개섬 통항질서 공포

NLL관련 최근의 北움직임

서해의 남북 긴장이 다시 고조되는 양상이다.

북한군 해군사령부는 23일 서해 해상 군사분계선 확정(99. 9. 2 군총참모부 특별보도)에 대한 후속조치로 서해 5도의 통항 내용을 규정한 '5개섬 통항질서'를 발표했다. 지난해 서해교전(6월15일) 보름만인 7월2일 북한당국은 해상 경계선 재확정을 위한 5개안을 유엔사령부측에 제안했다.

해상경계선 재확정 요구·NLL 무효 선언

北·유엔사 장성급회담 성과 없이 공방만

같은달 21일 북한 당국은 북·미 양국과 남한 관계자들이 참석하는 실무급 접촉을 요구했으며 다음달인 8월17일에도 북·미 실무접촉을 8월 하순에 개최할 것을 요구했다. 그러나 북한과 유엔사측은 수차례에 걸친 북·유엔사 장성급 회담에서도 전혀 합의점을 찾지 못했다.

북한은 지난해 9월1일 '결정적 조치'를 취할 것이라고 경고한 데 이어 다음날인 2일 군총참모부 특별보도를 발표, NLL 무효를 선포하고 서해 해상군사통제수역을 일방적으로 발표했다.

그후 남북한 간에는 서해 해상분계선과 관련해 몇차례의 공방이 오갔으나 별사건없이 해를 넘겼다. 그러나 지난달말쯤 심상치 않은 조짐을 보였다.

북한당국은 남한 전투함들이 지난달 22, 25일 NLL을 넘나들었고 23, 24일에는 백령도·연평도 일대에 배치한 155㎜ 신형 자주포의 실전 사격 훈련을 실시했다고 주장했다. 우리 군 당국은 '사실무근'이라고 일축했다.

이어 북한 해군사령부는 지난 2일 대변인 담화를 발표, 지난해 9월2일 '특별보도'를 통해 밝힌 '해상 군사분계선'을 공명정대한 것이라고 강조했다.

이석우기자

北 발표 '통항질서' 요지

조선 인민군 해군사령부가 23일 발표한 '5개섬 통항질서'의 요지는 다음과 같다.

1. 백령·대청·소청도 주변수역을 1구역, 연평도 주변수역을 2구역, 우도 주변수역을 3구역으로 한다.

제1·2·3구역에서의 미군측 함정들과 민간선박들은 우리측에 적대적인 통항이 아닌 이상 통항 자유를 가진다.

2. 제1구역으로 드나드는 모든 미군측 함정들과 민간선박들은 제1수로를 통하여, 제2구역으로 드나드는 모든 미군측 함정들과 민간선박들은 제2수로를 통해서만 통항할 수 있다.

원칙적으로 우리측 영해에 있는 미군측 관할하의 섬들에 비행기가 드나들 수 없으며 부득이한 경우 모든 비행기들은 이 수로상공을 통해서만 비행할 수 있다.

3. 제1·2·3구역과 제1·2수로들에서 미군측 함선들과 민간선박들은 공인된 국제항행 규칙들을 엄격히 준수하여야 한다.

4. 미군측 함정들과 민간선박 및 비행기들이 지정된 구역과 수로를 벗어나는 경우 그것은 곧 우리측 영해 및 군사통제수역과 영공을 침범하는 것으로 된다.

5. 제정된 수로통항시 우리측의 행동에 그 어떤 위협이나 지장을 주어서는 안되며 이 수로들과 통항구역이 우리 함정들과 민간선박들의 통항을 가로막는 구역이나 수로로 될 수 없다.

6. 이번에 제정한 통항구역과 수로는 어디까지나 미군측 관할하의 섬들이 우리측 영해에 위치하고 있는 점을 고려하여 설정한 것이며 이 구역과 수로가 미군측 수역으로는 될 수 없다.

대한매일

2000년 3월 24일(금) 27면

"또 北위협…생업지장 걱정" 서해 5도 주민들 불안감

어민들 '北통항질서' 사태주시

북한의 '통항질서' 발표소식이 전해진 23일 연평도와 백령도 등 서해 5도 주민들은 지난해 6월 연평해전을 떠올리며 불안감을 감추지 못했다.

특히 꽃게철이 내달로 다가온 시점에서 '사태'가 터지자 또 조업통제 등으로 생업에 지장을 받을 것같다고 우려했다. 주민은 올 꽃게잡이를 위해 많은 돈을 들여 어선을 교체하는 등 많은 돈을 들여온 터다.

연평도 어민회 신승원의장(61·인천 옹진군의원)은 "북한의 위협이 어제 오늘의 일이 아니지만 걱정이 앞선다"며 "꽃게 조업이 본격화되기 전까지 사태가 잘 해결되길 바란다"고 말했다.

일부에서 꽃게잡이를 놓고 우려하는 것과 달리 많은 섬지역 주민들은 그동안 수차례 반복되어 온 북한의 위협에 무감각해진 듯 애써 담담해 하려는 기색이 역력했다.

백령도의 부두회집 주인 김명산(69)씨는 "북한의 통항질서 발표는 언어도단"이라며 "북한이 또다시 남침 위협을 했다고 해서 눈하나 깜짝하지 않는다"" 고 말했다.

한편 인천 지방해양수산청과 해양경찰청은 북한의 '서해 5도 통항질서' 전문을 파악하는 등 사태를 주시하며, 인천~백령항로와 연평 연안항로의 안전한 여객선 운항 등에 대한 대책 마련에 부심하고 있다.

인천 김학준기자 kimhj@kdaily.com

대한매일

2000년 3월 25일(토) 6면

'北 터무니없는 주장' 일축 '만약 사태' 엔 확고히 대비

■ '서해5도' 정부 대책은

고의적인 이슈화 판단 맞대응은 자제

각종현안 논의 직접대화 여지 열어놔

북한의 23일 '서해 5개섬 통항질서' 발표에 대한 정부 대응은 겉으론 별 움직임이 보이지 않을 만큼 차분하다.

비상사태에 대비, 확고한 안보태세를 갖추겠지만 '무반응이 상책'이란 태도다. "북측 시도가 국제법을 위반한 터무니없는 행위"라고 일축하면서도 의미 부여는 크게 하지 않겠다는 자세다.

이를 부각시켜 대내외적으로 '문제화'(이슈화)하는 것이 북측 의도란 분석이다.

정부는 북측의 통항질서 발표 직후 박재규(朴在圭) 통일부장관 주재로 국가안전보장회의(NSC) 상임위원회를 열어 대응책을 논의했지만 정부차원의 입장 발표는 하지 않았다.

북측이 조선인민군 해군사령부 명의로 발표한 것을 감안, 해군본부 대변인 성명으로 공식입장을 발표하도록 했다.

정부는 그러나 남북이 직접 이 문제를 논의할 수 있다는 입장이다. '영토문제는 협상 대상이 될 수 없다'는 입장이지만 북측이 요구할 경우 "남북군사공동위원회 등 남북기본합의서상의 절차에 따라 논의할 수 있다"는 것이다.

또 이참에 남북간 군사긴장을 완화하기 위한 각종 현안을 논의할 당국간 직접대화를 북측에 촉구할 방침이다.

아울러 유엔군사령부와 북한간의 중단된 서해 북방한계선(NLL) 관련 회담의 재개 여부에도 주목하고 있다. 북한은 지난해 9월 NLL 무효화 선언 이후 유엔군사령부측과의 관련회담을 중단해왔다.

북한의 무력도발에 대한 정부의 입장은 단호하다. 지난해 6월 서해 해전과 같은 사건이 또다시 발생할 경우, "힘으로 대응한다"고 강조하고 있다.

북측이 육지의 포병을 이용, 우리 선박을 국지적으로 공격할 가능성에도 대비하고 있는 것으로 알려지고 있다.

정부는 북한의 이번 발표가 '한반도의 불안정성'을 강조, 대내외적으로 명분을 강화하고 실리를 취하겠다는 시도로 보고 있다. 따라서 북측 의도에 말리지 않는 것이 필요하다고 강조한다.

● 이석우기자 swlee@kdaily.com

봄~초여름 꽃게 황금어장

■ 서해5도 어획 현황은

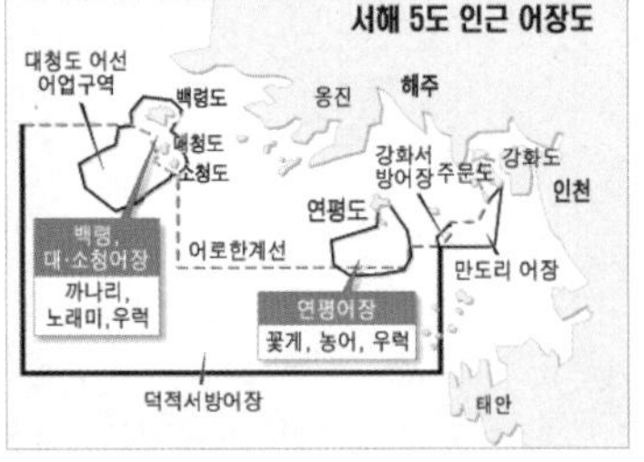

2~3개월 어획이 1년 소득 좌우

北어민엔 귀중한 외화벌이 터전

남북한 어민들에게 서해 5도와 황해도 연안은 말 그대로 꽃게의 황금어장으로 불린다. 우리 어민들에게는 봄부터 초여름까지 2~3개월간의 꽃게잡이가 일년 소득을 좌우하고, 북한 어민들에겐 귀중한 외화벌이의 터전이다.

꽃게는 인천 옹진 앞바다의 덕적도와 연평도 일원, 서산, 태안, 안면도, 대천, 군산 등이 주산지다. 이 가운데 연평도 인근 해역이 국내 꽃게 어획량의 33%를 차지하고 있다. 이 해역에서 우리 어선들이 잡는 꽃게는 3,294t(99년 4~6월 집계)에 이른다.

대청도와 소청도 주변해역에서는 고급어종인 우럭도 잘 잡힌다. 우럭은 4월부터 10월까지가 성어기로 지난해 이 기간에 총 6,060t을 잡은 것으로 해양수산부는 집계하고 있다. 이 외에도 백령도 주변에서는 액젓의 원료로 각광받는 까나리와 홍어·농어 등이 연간 1,000여t 잡힌다.

서해안 꽃게는 4월 말부터 6월까지가 제철로 노란 알이 가득 고이고 하얀 속살이 단단해 최상품으로 친다. 게장도 이때 잡은 꽃게로 담근 것이 최상품으로 꼽힌다.

북한이 이번에 이른바 '통항질서'를 발표하며 또 다시 '도발의도'를 드러낸 것은 값비싼 꽃게를 잡을 어장 확대를 꾀하는 과정에서 시작됐을 것으로 수산전문가들은 보고 있다. 지난해 6월 발생한 '서해교전'의 배경과 맥락이 닿아 있다는 분석이다.

북한은 군사적으로 긴장된 북방한계선(NLL) 해역에서 해마다 봄철이면 15척에서 최대 30척의 어선이 북한 경비정의 호위 아래 밤 늦게까지 조업해왔다.

● 함혜리기자 lotus@kdaily.com

대한매일

2000년 3월 25일(토) 7면

북방한계선 유린 좌시못해

북한은 23일 인민군 해군사령부 중대보도를 통해 '서해5도 통항질서(通航秩序)'라는 것을 공포함으로써 또다시 서해상의 긴장을 고조시키고 있다. 북한이 일방적으로 공포한 통항질서는 백령도를 비롯한 서해5도 출입은 자신들이 지정한 수로를 통해서만 가능하다는 것이다. 만약 통항질서가 지켜지지 않을 경우 "혁명무력은 경고없는 행동으로 대답할 것"이라는 협박성 발언까지 했다. 북한의 이번 통항질서 공포는 지난 53년 휴전협정 체결시 유엔사측이 설정한 북방한계선(NLL)의 무효화 기도를 위한 계획된 도발행위다.

지난해 6월 서해교전사태 이후 초래된 긴장분위기가 9개월만에 다시 악화되는 양상을 보이고 있어 귀추가 주목된다. 특히 북한의 이번 조치는 북방한계선 유린행위일 뿐만 아니라 휴전협정을 위반한 고의적 도발행위라는 점에서 심각성을 더해주고 있다. 서해5도 주민들의 통항과 이 지역에 주둔하고 있는 병력의 이동배치 등 안보문제와 직결되고 있어 자칫 대규모 군사충돌 사태가 발생할 것으로 우려된다는 점을 고려하면 더욱 그렇다.

북한이 국제해양법 상에도 없는 요상한 개념의 통항질서라는 것을 공포한 저의에는 몇가지 현실적 의도가 깔려 있다고 본다. 막대한 경제적 이익이 걸려 있는 꽃게잡이 철을 맞아 꽃게어장을 확보하려는 속셈이 강하다. 또 국회의원 선거를 앞둔 민감한 시기에 전격적으로 발표함으로써 남한의 정치·사회적 불안을 야기시키려는 전형적 대남전략 의도가 깔려 있다.

이번 조치를 담보로 남한과 미국으로부터 최대한의 양보를 얻어내려는 목적도 함께 작용한 것으로 분석된다. 그리고 북방한계선 문제를 공론화해서 휴전협정을 파기시키고 미국과의 평화협정체결을 위한 고도의 압박전술이라는 분석도 가능하다.

이와함께 서해5도에 대한 관할권 문제를 제기함으로써 북한 내부의 침체된 분위기를 전환시켜 보려는 등 다목적 카드를 마련하기 위한 조치라고 볼 수 있겠다. 정부는 북한의 이같은 의도를 정확히 간파하고 냉철한 자세로 대처해야 한다. 무엇보다 지난해와 같은 군사적 충돌은 없어야 할 것이다. 북방한계선 문제수역에 남북 공동어로구역을 설정함으로써 돌파구를 찾는 것도 바람직한 방안이다. 이번 조치가 4·13총선에 악용돼서는 안되며 위기를 기회로 만드는 전향적 대응방안을 모색해야 할 것이다. 북한은 서해상에서의 무모한 도발을 자제하고 남북기본합의서에 따라 합법적 해결방법을 강구해야 한다. 북한이 이같은 합리적 방법을 외면하고 일방적 해상군사수역을 선포한 것은 어떤 이유로도 정당화될 수 없다. 북한은 무모한 도발모험을 즉각 중단하고 한반도 평화정착에 협력하기 바란다.

대한매일

2000년 3월 27일(월) 26면

주민들 동요없이 평온한 일상

■ 北 '통항질서' 발표이후 백령도 표정

북한의 장산곶이 선명하게 보이는 서해안의 접경지역 백령도는 아무런 동요없이 평온했다. 26일 오후 인천시 옹진군 백령도 선착장.

여객선 운항시간 30분 늘어

북한이 지난 23일 우리의 서해5도에 대해 일방적으로 소위 '통항질서'라는 것을 발표했지만 인천과 이곳을 오가는 여객선은 정상운항되고 있었다. 이날 낮 12시40분 인천을 출발한 데모크라시호는 5시간 만인 오후 5시40분 백령도에 안착했다. 혹시 있을지 모를 북한의 도발에 대비해 평소 이용하던 항로인 북위 37도20분에서 남쪽으로 5마일 가량 떨어진 37도 15분 항로를 이용했기 때문에 운항시간이 30분 늘어났다. 선장 김성칠(金成七·42)씨는 "새 항로는 파도가 심하고 우회하기 때문에 여러모로 불편하다"면서 "하루빨리 항로가 정상화돼야 할 것"이라고 말했다.

백령도는 북한의 황해도 장산반도와 불과 17㎞ 간격을 두고 대치하고 있어 남북한 긴장관계가 형성될 때마다 주목을 받는 지역이다.

장병들도 평상처럼 철통경계

그러나 이곳을 지키는 해병 흑룡부대 장병들은 이러한 시선이 오히려 부담스럽다. 북한의 도발에 언제든지 응전할 준비가 돼 있기에 '긴급사태'라는 말이 어울리지 않는다. 지난해 9월 북한이 일방적으로 북방한계선(NLL) 무효를 선언했을 때도 전혀 흔들림없이 평상시처럼 경계태세를 펼쳤던 장병들이다.

양형준(梁亨準·21)일병은 "전략적 요충지인 이곳을 지키지 못하면 나라 전체가 위험에 빠지므로 한치의 땅도, 바다도 적에게 내줄 수 없다"고 단호하게 말했다.

북한군의 일방적인 항로 설정으로 백령도 등 서해 5개 섬에 긴장이 감도는 가운데 26일 대청도 부근 해역에서 해군 함정이 어로작업을 하는 우리 어선 한 척(왼쪽위)을 호위하고 있다. ●손원천기자 angler@kdaily.com

만선꿈 어선들 출어준비 부산

단호한 군의 경계태세와는 달리 주민들은 지극히 평온한 생활을 유지하고 있다. 고기잡이 등 생업에만 열중할 뿐 북한의 동태에는 누구도 신경쓰지 않는다. 이날도 평소와 다름없이 어선들은 정상조업에 나섰다. 오히려 '언론이 호들갑을 떨어 불안감을 조성한다'며 불만마저 털어놓는다. 이번 북한 선언에 대해서도 주민들은 '또 문제를 일으킬 때가 됐나 보다'는 정도의 반응만 보인다. 항상 위기상황에서 살아온 사람들만이 가질 수 있는 여유가 듬뿍 배어 있는 것이다.

그렇다고 안보의식이 희박한 것은 절대 아니다. 백령도에서 일정기간 있어본 사람들은 이곳만큼 주민들의 반공정신이 투철한 지역도 드물 것이라고 입을 모은다. 백령도는 6·25 당시 황해도 일대에서 활동하는 유격대와 켈로부대의 전초기지였고 주민의 상당수가 북한에서 남하한 실향민이다. 따라서 반공정신이 자동적으로 몸에 배어 있다. 고등학생들이 아직까지 사격과 유격훈련 등으로 구성된 교련을 받고 있으며 전국에서 유일하게 여자예비군이 편성돼 있다.

엄명용(嚴明鎔·53)씨는 "무슨 일이 있을 때마다 언론이 관심을 가져주는 것은 고맙지만 백령도만큼 안전한 지역도 없다는 사실을 알아줬으면 한다"고 말했다.

●백령도 김학준기자 hjkim@kdaily.com

서울신문에 실린 서해5도 관련 주요 기사

대한매일

2000년 8월 4일(금) 7면

한·중 어업협정 이후

한·중 어업협정이 마침내 타결됐다. 3일 양측 대표가 지난 93년 이후 7년동안 끌어오던 어업협정에 공식 서명함으로써 양국간 최대 외교 현안 하나를 마무리지었다. 그동안 핵심 쟁점이던 양쯔강(揚子江) 조업을 우리측이 단계적으로 포기하는 대가로 중국 어선이 우리 서해5도 특정금지수역에서 조업을 하지 못하도록 하는 선에서 절충점을 찾아낸 것이다.

이번 협정은 서·남해의 어족자원 보호와 조업질서 유지를 위한 최초의 법적 장치라는 점에 우리는 주목한다. 특히 중국측에 양쯔강 연안 보호라는 명분을 주는 대신 안보적으로 민감한 서해5도 문제를 해결하고 우리측 어업손실을 크게 줄였다는 점에서 근래 보기 드문 실리외교의 성과로 평가하고 싶다. 사실 이번 협정은 한·일 어업협정과 달리 우리 어민의 이익보호를 위해서도 우리측에 반드시 필요한 것이었다. 협정이 지연될 경우 국내 수역에서 중국 어선의 어획량이 우리 어선의 중국 수역 어획량보다 연간 20만t 이상 많은 불리한 상황을 감내해야 할 처지였다.

그러나 협정이 발효되기까지는 아직 넘어야 할 산이 많다. 먼저 양국 이해가 첨예하게 맞서는 배타적경제수역(EEZ)내에서의 입어(入漁)교섭이라는 중대한 실무협상이 기다리고 있다. 중국측이 제시한 EEZ내 입어희망 어선수효와 어획량은 우리측의 5배를 웃돌고 있다. 정부는 마늘협상에서 경험했듯이 중국과의 협상은 끝까지 방심해서는 안된다는 점을 염두에 두고 국익을 극대화하는 협상안을 내놓아야 한다.

양국 공동관리 수역내의 조업문제도 해결해야 할 과제다. 이번 협정이 한·일 어업협정의 재판(再版)이 되지 않도록 공동관리 수역의 어획량과 어족분포 상황을 철저히 파악하는 한편 어민 대표와 조업범위, 입어희망 어선수효, 작업시간 등을 면밀히 상의한 뒤에 실무협상에 나설 것을 촉구한다.

그동안 양쯔강 연안에서 꽃게, 갈치, 병어 조업을 해온 어민 피해를 보상하는 것도 서둘러 해결해야 할 현안이다. 실제로 양쯔강 수역문제가 불거진 지난해부터 근해 꽃게·장어 통발어선들은 어장을 확보하지 못해 폐업위기로 내몰리고 있는 실정이라고 한다. 정부는 양쯔강 어장 상실로 상당한 타격을 입게 될 어민들에 대한 보상과 지원대책을 내놓아야 할 것이다.

또 정부와 어민들은 수산업이 시대적으로 전환기에 처해 있다는 사실을 더이상 외면해서는 안된다. 우리 것으로 주장할 수 있는 수역은 이미 명확해졌기 때문이다. 그런 의미에서 한·중 어업협정은 '잡는 어업'에서 '키우는 어업'으로 방향을 과감히 전환하는 계기로 삼아야 할 것이다.

대한매일

2000년 11월 16일(목) 5면

서해5도 영해 다툼 재연 조짐

北 "南함정 영해 침범" 보도
합참 "NLL 안넘었다" 해명
남북교류에는 영향 없을듯

지난 6월 남북 정상회담을 전후로 잠잠해졌던 서해 5도 인근 수역의 남북 관할권 다툼이 북측의 '남한 함정 영해침범' 주장으로 재연될 조짐이다.

●**북측 주장** 북한 조선중앙통신은 지난 14일 밤 남측 함정 4척이 이날 오전 8시30분쯤 여러 척의 어선에 끼어 장산곶 서쪽 영해를 침범했다고 주장했다.

지난 3월23일 백령·대청·소청·연평·우도 등 서해 5도에 대한 일방적으로 통항로를 지정·선포한 지 9개월만에 영해침범 주장을 되풀이했다. 우리측은 정전체제의 평화체제 전환을 바라는 북측 의도와 관련이 있는 것으로 분석하고 있다.

●**합참의 해명** 합참은 15일 '북측 주장에 대한 해명'을 통해 "북한 영해를 침범했다는 북한측 보도는 사실이 아니며 양측 모두 북방한계선(NLL)을 넘지 않았다"고 밝혔다.

합참에 따르면 북측 경비정은 오전 8시55분부터 10시22분까지 NLL 북방 0. 5마일 해상에서, 우리측 고속정은 NLL 남방 2. 5마일 해상에서 오전 8시56분부터 10시26분까지 각각 기동했다. 지난 5일, 6일, 13일에도 동일한 상황이 반복됐다고 강조했다.

●**남북관계 영향은** 오는 30일부터 시작되는 제2차 이산가족 교환방문, 28일로 예정된 제4차 장관급회담 등에는 큰 영향이 없을 것 같다. 그러나 경의선 복원에 따른 남북군사실무협의와 유엔사와의 비무장지대 관할권 다툼, 제2차 남북국방장관회담 등 군사분야 협상일정에는 다소 차질이 예상된다.

●노주석기자 joo@kdaily.com

대한매일

2001년 6월 5일(화) 3면

北월선 "일과성 아니다" 비상

■ 정부 관계부처 움직임

국방부 강경… 군사대응 시점·방법 숙의

통일부선 화해 기조속 항의통지등 부심

북한상선 1척이 4일 또다시 소흑산도 서쪽 해상에서 영해를 침범하자 국방부와 통일부 등 정부 관련부처는 대책회의를 열고 사태 파악 및 대응책 마련에 진력하는 모습이었다.

●**통일부** 이날 오후 부랴부랴 대북 통지문을 보내 엄중 항의하는 등 부산한 움직임을 보였다.

통일부는 지난 2일 북한 상선 3척이 처음으로 제주해협을 침범했을 때만 해도 '일과성 시위' 가능성에 무게를 두었다. 우리의 영해 개념을 흔들려는 의도보다는 일본의 대북 지원 쌀 30만t을 최단거리로 수송하려는 뜻이 강할 것이라는 판단이었다.

그러나 보수세력을 중심으로 '주권포기'라는 반발이 제기되고 북한 선박의 영해침범이 또다시 이어지자 당혹스러운 표정을 감추지 못했다. 한 당국자는 "남한 정부를 완전히 무시하는 북측 행태 때문에 국민을 설득하기가 쉽지 않아 고민"이라고 말했다.

통일부는 일단 대북통지문 전달을 기점으로 더 이상의 무단 영해침범을 용인하지 않겠다는 뜻을 분명히 했다. 당국자는 "통지문을 보낸 만큼 향후 무단 영해침범은 단계별로 강력 대응하겠다"고 밝혔다.

통일부는 그럼에도 불구하고 이번 사태가 남북화해의 걸림돌이 돼선 안된다는 입장이다. 따라서 지난 3일 국가안전보장회의(NSC)에서 사전통보를 조건으로 영해 통과를 허용키로 한 정책기조는 이어 나가기로 했다. 고위 당국자는 "상선의 경우 사전통보를 조건으로 북방한계선(NLL)도 통과할 수 있도록 남북간 해운합의서를 체결하는 방안을 추진하겠다"고 말했다.

●**국방부** 국회 국방위에 참석중 북한 대흥단호의 남해안 영해침입 사실을 보고받고 국방부로 급거 복귀한 김동신(金東信) 국방장관은 "비상사태에 준하는 마음가짐으로 근무하라"고 참모들에게 지시했다. 이어 합참 통제실로부터 북한상선의 움직임을 실시간으로 보고받으며 참모진과 대책을 숙의했다.

합참 고위 관계자는 "장관이 북한상선을 영해 밖으로 몰아내기 위해 군사력을 사용해야 할지, 사용한다면 시점은 언제로 할지 등을 고심중인 것으로 안다"고 말했다.

합참은 그러나 오후 3시15분쯤 영해를 침범한 대흥단호가 다시 영해 밖으로 나가 영해기선을 따라 항해하는 바람에 영해침범으로 봐야하는지 여부를 놓고 우왕좌왕했다. 결국 제주해협 진입을 영해침범으로 판단키로 결정했다는 후문이다.

김 장관과 조영길(曺永吉) 합참의장은 대흥단호가 오후 9시30분쯤 제주해협으로 본격 진입하자 오후 11시쯤 긴급 대책회의를 소집했다. 해군과 해경은 초계함 1척과 고속정 편대(3대), 해경함 1척 등 5척을 동원해 합동으로 영해 침범 차단작전을 펼쳤다. 하지만 대흥단호가 제주해협에 진입한 시간이 야간인데다 6,000t이 넘는 대형 선박이어서 움직임을 제지하는 데 큰 어려움을 겪고 있는 것으로 알려졌다.

●노주석 진경호기자 jade@kdaily.com

북한의 영해침범 일지

91년 4월 13일	북한 경비정 1척 백령도 근해 NLL침범
96년 4월 19일~8월 27일	북한 어뢰정 경비정 등 13차례 서해NLL 침범
97년 5월 29일	북한 경비정 1척 백령도 서북방 5.6km NLL침범
6월 5일	북한 경비정 백령도 서북해상 12.9km NLL침범
7월 2, 4일	북한 경비정 NLL 침범
98년 11월 24일	강화 간첩선 출몰 도주
99년 6월8~15일	북한 경비정 및 어선 서해 NLL 침범
6월 15일	서해교전
99년 9월 2일	북한 NLL 무효화 선언
2000년 3월 23일	북한 서해 5개섬 통항질서 공포
11월 14일	북한 경비정 1척 서해 NLL 침범
2001년 1월 8일	북한 상선 1척 서해 NLL 침범
2월 6일~6월 1일	북한 경비정 10차례 서해 NLL 침범
6월 2~4일	북한 상선 제주 인근 영해 및 NLL 침범

'열린 빗장' 다시 칠수 있을까

■ 北상선침범과 남북관계

막힌 대화 재개 기대

국내 보수반발 부담

한번 열린 빗장을 다시 잠글 수 있을까. 북한 민간선박 2척이 북방한계선(NLL)을 넘어 북한으로 돌아간데 이어 4일 또다시 1척이 제주해협 통과를 강행중이다.

북측으로서는 우리 정부의 영해 및 NLL 고수 의지를 '시험'해 본 것으로 해석된다. 정부가 이를 저지하려면 유엔사의 교전규칙에 따라 차단, 경고, 위협사격 순으로 군사력을 동원하는 길밖에 없다. 국방부와 합참 등 군수뇌부의 표정에는 2년전 서해 연평해전이 재현될 수 있다는 일촉즉발의 팽팽한 위기감이 흐르고 있다.

●**영해 통과 허용에 따른 득** 정부가 야당 및 국내 보수세력의 반발을 무릅쓰고 영해 및 NLL 통과를 허용한 데는 극심한 유류난을 겪고 있는 북한의 처지를 감안, 6·15 남북정상회담 정신을 바탕으로 한 남북경협 차원의 배려가 깔려 있다. 답보상태에 놓인 남북관계를 풀어 보겠다는 고육지책이기도 하다.

통일부 당국자는 이와 관련, "일본이 북한에 지원하는 쌀 50만t 가운데 아직 30만t가량이 남아있기 때문에 북한이 이를 운반하기 위한 최단거리 이동통로를 확보하려는 의도도 있는 것으로 보인다"고 말했다.

일본에서 북한 남포나 해주방면으로 이동하는 선박의 경우 제주해협을 통과한 뒤 서해상에서 NLL을 우회하지 않고 곧바로 해주항으로 들어가면 이틀정도 일정을 줄일 수 있다는 합참의 풀이도 이를 뒷받침한다.

●**영해 통과 허용에 따른 실** 정부가 청진2호 등 3척의 영해 운항과 NLL 월선을 전격 허용한 것은 초동단계에서 대응미숙이라는 지적이다. 앞으로 사전통보나 허가요청 등 필요한 조치를 취하는 북한 민간선박에 한해 제주해협 통과는 물론 NLL 통과도 긍정 검토키로 한 것은 북한의 '계산된 전술'에 말려든 결과라는 지적도 만만치 않다.

제주해협을 통과한 북한상선 2척이 '보란듯이' NLL을 통과한 뒤 또다른 1척이 제주해협 통과를 강행한 점이 북측의 계산된 의도를 잘 반영한다. 군사력 등 물리력을 동원, 영해를 지키지 않는 한 이같은 시도는 계속될 것이라는 전망이 우세하다.

북측이 우리 정부의 인도주의적 방침을 정치적으로 이용, 새로운 항로 개척이라는 명분 아래 정전협정과 NLL 무력화를 계속해 기도할 경우 남북간의 새로운 분쟁거리가 될 뿐이라는 주장이다. ●노주석기자

"NLL 무효화" 분석 우세

■ 북한 해상침범 왜했나

북한이 4일 민간 선박을 내세워 제주 인근 영해를 침범한 데 이어 서해 북방한계선(NLL)을 통과한 속셈에 궁금증이 쏠리고 있다.

일본 홋카이도를 떠나 북한 해주로 향해 하던 북한 상선 청진 2호는 3일 우리 영해인 제주해협을 침범한 뒤 공해로 나갔다가 4일 서해 백령도 인근 NLL을 아래서부터 침범해 해주항으로 입항했다.

청진2호의 이동 통로는 북측이 일방적으로 주장하고 있는 해상 군사분계선 안쪽이므로 북측으로서는 전혀 문제가 되지 않는다는 입장인 것으로 알려졌다. 우리측의 주장과 정면으로 충돌하고 있는 것이다.

이 때문에 당초 일본과 중국을 오가는 민간선박의 경비절감을 위해 제주해협의 '무해(無害)통항권'을 요구하는 것으로 분석됐던 북측의 노림수는 한 단계 더 나아가 'NLL 무효화'가 아니냐는 지적이 제기되고 있다. 북한은 이미 99년 9월2일 NLL 무효화 선언에 이어 같은 해 10월 노동당 등 23개 정당·단체의 성명을 통해 "해상 군사분계선을 침범하면 자위권을 총동원해 타격하겠다"고 발표한 바 있다. 그 뒤 해군사령부 중대보도를 통해 '서해 5도 통항질서'를 공포했다.

북한의 일련의 조치는 긴장 고조를 통해 주민들의 내부결속을 다지려는 의도를 담고 있는 것으로 해석된다. 전문가들은 북한이 북·미 대화 등을 겨냥, NLL 문제를 새로운 협상카드로 활용하려 한다는 분석을 제기하고 있다. 향후 군사협상에서 유리한 고지를 선점하겠다는 속셈에서 'NLL 카드'를 다시 꺼내들었다는 것이다.

제성호(諸成鎬) 중앙대 교수는 "북한이 미 부시 행정부와의 대화 재개를 앞둔 시점에서 해양문제를 새로운 대미 협상 카드로 만들려는 의도가 보인다"고 내다봤다.

우리 정부의 차분한 조치에 긍정적인 반응을 보이는 시각도 있다. 세종연구소 이종석(李鍾奭)연구위원은 "북한이 남북의 6·15 공동선언 이행의지를 시험하는 동시에 경제 항로를 개척하려는 두가지 의도를 가진 것 같다"며 "정부의 차분한 대응은 북한 협상파의 입지를 강화시킬 수 있을 것"이라고 주장했다.

●박찬구기자 ckpark@kdaily.com

김동신 국방장관(앉은 이)이 4일 북한 상선의 영해 침범사건과 관련, 국방위 전체회의에서 의원들의 질의에 답변하기에 앞서 참모진과 숙의하고 있다. ●오장식기자 osing@kdaily.com

여야 "對北 미온대응" 맹공

■ 국회국방위 전체회의

정부서 안일한 조치

김국방 "재발 막겠다"

국회 국방위는 4일 북한 상선의 우리나라 영해 침범과 관련, 김동신(金東信) 국방부 장관을 출석시킨 가운데 전체회의를 소집, 대응 방안을 논의했다. 여야 의원들은 한 목소리로 정부의 단호한 대응을 촉구했다.

●**추궁** 다수 의원들이 정부의 미온적 대응을 추궁하며 강력한 대책마련을 주문했다. 특히 정부의 안일한 조치로 대북 협상의 중요한 카드 하나를 놓쳐선 안된다는 점을 지적했다.

민주당 이인제(李仁濟)의원은 "영해에 진입한 것인가 침범한 것인가"를 묻고 김 장관이 "침범"이라고 답하자 "왜 영해를 '침범'한 선박에 정선(停船) 등 물리적인 조치를 취하지 않았느냐"고 따졌다.

무소속의 강창희(姜昌熙)의원은 "침범이 확실하다면 무해(無害)통항권이 우선하느냐, 유엔교전규칙이 우선하느냐"고 추궁, 김 장관으로부터 "유엔 교전규칙이 우선"이라는 답을 이끌어낸 뒤 "그렇다면 배에 승선해 나포하든 정선을 시켜야 하는 것 아니냐"고 나무랐다.

한나라당의 이연숙(李姸淑)의원은 "북한 체제에서 민간 상선이 있을 수 있느냐, 왜 상선이라고 하느냐"고 반문한 뒤 "'트로이의 목마'처럼 무기를 싣고와 대포를 쏘면 어떻게 대응하려고 하느냐"며 정부의 안일한 대응을 나무랐다. 같은당 박세환(朴世煥)의원도 "교전규칙에 따르면 정선을 시키고, 군인이 탑승해 육안으로 확인한 뒤 나포 또는 영해를 벗어나게 하든가 해야 한다"면서 "국방원칙이 무너졌다"고 질타했다.

민주당 장영달(張永達)의원은 "그러나 '앞으로 무단 침범하는 상선에 대해 나포 등 단호한 조치가 취해져야 한다"면서도 "과거 정부 같으면 만신 전환용으로 상선을 침몰시켰을 수 있지만 쉽게 판단할 문제가 아니다"고 지적했다.

●**답변** 김장관은 교전규칙을 지키지 않았다는 지적에 "무력 사용을 제외하고 모든 방안을 동원했다"고 해명했다. 그는 이어 "재발할 경우 교전규칙뿐 아니라 다른 군사적 조치도 강구하고 있다"고 덧붙였다.

●강동형 이지운기자 yunbin@kdaily.com

■ NLL이란

동·서해상에 그은 분계선

70년대들어 북한과 분쟁

북방한계선(NLL:Northern Limit Line)은 내륙으로부터 동해 앞바다 200마일, 서해 앞바다 50마일까지 그어진 해상 군사분계선이다.

유엔군과 북한군은 53년 정전협정을 체결하면서 내륙의 군사분계선은 명확히 정했으나 해상 경계선은 긋지 못했다. 유엔군사령관은 같은 해 8월 경비활동 등을 목적으로 백령도와 연평도 등 서해 5도를 남한에 귀속시키는 선에서 NLL을 선포했다. 북한은 이후 20년 동안 NLL에 대해 대체로 이의를 달지 않고 한국군은 NLL 남쪽을 실질적으로 관할해 왔다.

북측은 그러나 70년대 들어 NLL을 침범하는 등 문제를 제기하기 시작했다. 특히 99년 6월 꽃게잡이 어선 보호를 내세워 북한 경비정 및 어선의 서해 NLL 침범이 일주일 이상 이어지면서 같은달 15일 전쟁일보 직전의 서해교전까지 벌어졌다.

북한은 이후 같은 해 9월2일 NLL무효화를 선언한 데 이어 지난해 3월23일에는 '서해 5도 통항질서'를 발표, 백령도 등 서해 5도 출입은 지정된 수로를 통해서만 가능하다고 일방 선포했다. ●노주석기자

대한매일

2001년 6월 30일(토) 21면

해경 '특정해역' 삼엄한 경비

'한중漁協 발효' 인천 앞바다 르포

한중어업협정 발효를 하루 앞둔 29일 해양경찰 소속 함정들이 서해 해상에서 경비업무를 수행하고 있다. 중국어선의 조업이 전면금지되는 서해의 황금어장 특정해역등에서는 중국 어선들이 서서히 물러가고 있지만 언제 몰려올지 몰라 해경은 경비를 강화하고 있다. ■이종원기자 jongwon@kdaily.com

중국어선 40여척 금지수역 밖으로 철수
해경대원들 "우리어민 보호" 결연한 의지
'쫓고 쫓기는' 불법어업 9월이후 증가예상

한·중 어업협정 발효를 하루 앞둔 29일 인천시 옹진군 소청도 서남방 20마일 해역.

비가 간간이 내리고 짙은 안개가 낀 가운데 해양경찰청 소속 경비정 267함(250t)은 시속 7~8노트의 저속으로 항해하며 중국어선들의 동향을 감시하고 있었다. 중국어선들도 어업협정을 의식한듯 서너척씩 무리를 지어 특정해역(북위 37도 이북, 동경 124~126도) 밖으로 이동하고 있었다.

특정해역은 황금어장으로 알려져 중국어선들이 자주 출현, 꽃게잡이 등을 하던 곳이었으나 한·중 어업협정에 따라 30일부터 중국어선의 조업이 금지된다.

충남 격렬비열도 인근 해역에서 조업을 하던 40여척의 중국어선도 28일부터 29일 사이 서북방으로 철수했다.

배타적경제수역(EEZ)의 경우 중국어선의 조업이 허가제로 바뀌는 반면 특정해역은 전면금지되기 때문에 한·중 어업협정의 성패가 달린 곳. 따라서 이곳을 지키는 해경대원들의 표정에는 긴장감이 흐르고 있다. 강신만(姜信晩·49·경감) 267함장은 "지금은 중국어선들이 특정해역밖으로 물러나고 있지만 다시 이곳으로 몰려들지 않으리라고는 아무도 장담할 수 없기 때문에 경계를 늦출 수 없다"고 말했다.

해경의 고민은 여기에 있다. 중국어선들이 다시 등장할 가능성은 농후하지만 경계해역이 종전 영해 12해리에서 배타적경제수역 80~100해리로 대폭 늘어났기 때문이다. 면적으로 치면 8만6,000㎢에서 44만7,000㎢로 늘어났다. 자그만치 이남 면적의 4.5배에 해당되는 해역이다.

더구나 중국어선의 불법조업은 날이 갈수록 늘어나는 추세다. 지난해 모두 62척이 불법조업을 하다 나포됐으나 올해 들어서는 6월초 현재 49척이 검거됐다. 해경측은 어업협정 발효 직후인 7월 1일부터 9월 15일까지 북위 35도 이북(목포 이북) 지역이 금어기이기 때문에 중국어선과의 쫓고 쫓기는 숨바꼭질은 9월 이후에 본격화될 것으로 전망했다.

하지만 해경의 인원과 장비는 전과 다름이 없다.

해경이 보유하고 있는 237척의 경비정 가운데 배타적경제수역에서 임무수행이 가능한 함정으로 평가되는 200t급 이상 중형은 49척에 불과하다. 특히 높은 파도나 안개 등 기상이 좋지 않을 때도 단속이 가능한 1,000t급 이상 대형 경비정은 11척에 지나지 않는다. 강 경감은 "장비탓만 할 수 없는 상황이므로 기존의 경비정과 인원을 최대한 효율적으로 활용해 우리 어업수역을 중국어선으로부터 보호하겠다"는 결연한 의지를 밝혔다. ■서해 소총도 서남방해역 해경 267함상 김학준기자 kimhj@kdaily.com

대한매일

2002년 7월 5일(금) 3면

꼬이는 南·北·美관계

6·29서해교전 이후 남북한과 미국의 관계가 꼬여가고 있다. 가뜩이나 북한 정권을 신뢰하지 못하는 미국 부시 행정부는 다시 강경쪽으로 선회하고 있다. 우리 정부는 한반도 안정을 위해 북·미 대화가 필요하다고 보고 있지만 시간이 필요하다는 점을 인정하는 분위기다. 그나마 북한이 유연한 태도로 나오는 것이 한반도 긴장상태를 다소나마 누그러뜨리고 있다. 남북한, 미국 등 3자의 입장을 살펴본다.

對北 유화책 거두는 美

"햇볕 조율"

■ 강수 두는 워싱턴

| 워싱턴 백문일특파원 | 콜린 파월 미 국무장관은 3일(현지시간) 북한과의 대화를 위해서는 최소한 3단계를 거쳐야 한다고 피력했다. 서해교전의 진상파악이 우선이고 다음에 동맹국인 한국과의 대화가 필요하며 이후 평상심을 되찾는 것이라고 했다. 각 단계마다 얼마만큼의 시간이 걸릴지 예측할 수 없으나 북·미간 냉각기는 한동안 지속될 것이라는 전망이다.

서해교전의 진상파악에는 국방부를 중심으로 한 부시 행정부내 강경파들이 주도하고 있다. 월드컵 행사동안 한반도 상공에서 24시간 활동하던 미 U-2 정찰기와 공중조기경보통제기(AWACS), 첩보위성 등으로부터 입수된 각종 위성사진과 통신, 감청자료 등을 총체적으로 활용하고 있다.

워싱턴의 군사 소식통은 "북한 함정의 움직임을 분석한 결과 북한이 치밀하게 주도한 무력도발이라는 데 미 국방부내에서 이견이 없는 것으로 안다."며 "다만 공격명령 등 군사상 지휘계통을 추적하느라 최종 결론을 내리지 못하는 것 같다."고 말했다. 이 소식통은 누가 최종 결정을 내렸는지를 찾으려 한다면 분석작업은 수개월이 걸리고 이때부터는 한국과의 대화도 병행할 가능성이 높다고 말했다. 다만 이 과정에서 대북 강경파의 목소리는 '햇볕정책'과 마찰을 빚을 수밖에 없다고 덧붙였다.

한국과의 대화에는 그리 많은 시간이 걸릴 것 같지 않다. 한국 정부로서는 '햇볕정책'에 지장을 주지 않도록 지금이라도 북·미 대화가 재개되기를 바라는 심정이다. 부시 행정부가 다시 대화할 준비가 됐다는 평상심은 북한의 대응에 달렸다. 파월 장관은 다음 '기회의 창구'를 보겠지만 모든 상황에 확신이 서야 한다는 전제를 달았다. 이는 북한의 정확한 해명과 재발방지 다짐 등을 의미하기도 한다.

31일 브루나이에서 열리는 아세안지역안보포럼(ARF)에서 남·북, 북·일, 북·미간 대화재개의 발판이 마련될 것이라는 분석도 나오고 있다. 실제 한국과 일본은 백남순 북한 외무상과의 회담을 추진할 것으로 알려졌으며 북·미 대화도 주선할 가능성이 높다. 그러나 파월 장관은 북한 대표단과 만날 가능성은 있으나 북·미간 고위급 회담은 없을 것이라고 일축했다.

"평상심 찾은뒤 북한과 접촉"
北美관계 냉각기 오래 갈 듯

이 때문에 북·미간 대화재개는 북한의 전향적인 자세와 부시 행정부내 강경파의 입지 및 미국의 대화의지에 전적으로 달렸다고 볼 수 있다. 셋중 하나라도 어긋나면 특사파견은 고사하고 대화재개의 움직임조차 기대하기가 어려울 수 있다.

mip@kdaily.com

대한민국 상이군경회와 전몰군경 유족회 등 국가유공자단체 회원 5000여명이 4일 서울 여의도공원에서 북한의 서해 무력도발에 대한 규탄대회를 갖고 있다. ■도준석기자 pado@kdaily.com

무조건 대화 촉구했던 南

강경 '동조'?

■ 정부 입장 변하나

서해교전 및 미국의 대북특사 방북 철회로 드러난 한·미 이견해소와 한반도 긴장조성을 방지하기 위한 정부의 1단계 해법은 우선 '한·미 공조 회복'이다.

이와 함께 북한이 미측의 대화는 거절하면서도, 조국평화통일위원회(조평통) 성명으로 발표한 대남(對南) 유화 제스처에 주목하고 있다.

그동안 기대해온 '북·미 대화를 통한 남북관계 개선'이라는 희망 그래프를 그 반대로 돌려보겠다는 얘기다. 정부는 그러나 미국과 공동으로 진행중인 서해교전의 성격 규명 작업 결과 북한의 의도적 도발로 명확히 판명날 경우, 대북정책의 전면적 수정도 검토중인 것으로 알려졌다.

■일단 공조로 정부는 특사파견 철회를 계기로 표면에 드러난 한·미 이견과 관련, "현실로 존재하는 시각차"라면서 "한·미간 서해교전 진상 규명을 한 뒤 대북정책 재조율에 본격 착수할 것"이라고 말했다.

도발 판명땐 정책수정 검토
'先남북관계'로 해결 기대도

정부 관계자는 "북한이 여러번 약속을 어기는 바람에 현재로선 미측에 북한을 믿어달라고 설득할 명분이 없어졌다."고 말해 당분간 북한과 대화 테이블을 펴지 않겠다는 미측 입장에 어느 정도 보조를 맞출 것임을 시사했다.

대미 특사 파견도 서해교전 원인이 규명된 뒤 특사의 급과 시기를 본격 검토한다는 방침이다.

그러나 정부는 기본적으로 북·미 관계 경색이 장기화될 경우 자칫 2003년도 위기설이 현실화될 수 있다는 우려를 하고 있다.

따라서 남북한과 미국·일본의 외무장관이 한자리에서 만나는 이달 말의 브루나이 아세안지역안보포럼(ARF)을 적극 활용한다는 계획이다.

■정부내 자성론 정부내에선 서해교전의 성격 규명이 안된 상태에서 미측에 무조건 대북 대화를 촉구하고, 민간교류 지속 방침을 밝힌 데 대한 비판론도 일고 있다. 정부 당국자는 "국민들의 정서와 거리가 먼 정책을 추진할 수는 없는 것이며 2보전진을 위한 1보 후퇴도 가능하다."고 말했다.

서해교전 성격이 북측의 명백한 도발로 규명된다면 대북 정책에 대한 일부 수정도 고려되고 있다는 시사로 풀이된다.

■김수정기자 crystal@kdaily.com

교전·특사파문 확산 불원 '제스처'

■ 北 유화손짓 배경

북한이 4일 조국평화통일위원회(조평통) 성명과 비망록, 노동신문 등을 통해 내놓은 내용들은 적극적 대남 유화 메시지로 가득하다. '대화와 협력관계 지속' '6·15공동선언 정신'을 뚜렷이 부각했다. 서해교전이라는 불씨가 있음에도 남한을 비난하는 내용은 찾아볼 수가 없다. 북·미 대화가 어긋난 지금 남북관계 타개에 나설 뜻을 분명하게 드러낸 것이란 분석이다.

북한 당국의 비망록과 조평통 성명은 모두 7·4남북공동성명 30주년을 기념한 것이다. 대부분의 성명에서 북한은 '평화통일을 위해서는 남북간 신뢰구축이 필요하다.' '전쟁과 대립이 아니라 화해와 협력을 해야 한다.'는 등 전향적 입장을 피력했다.

북·미 대화를 위한 미국의 특사 파견 철회나 서해교전 등으로 인한 국제사회의 부정적 대북 시각의 확산을 막고 긴장 국면을 조속히 일단락짓겠다는 의지로 풀이된다.

북한의 대남 유화 메시지는 서해교전 사태 이후 꾸준히 이어져 왔다. 서해교전 직후 이광근 북한 축구협회장은 남한의 월드컵 4강 진출을 축하하는 서신을 보내온 바 있다. 또한 2002 민족통일대축전을 준비중인 남측 인사들의 9~13일 평양 방문에 동의했다. 또 대북 경수로 북측 책임자 안전규제요원 25명을 남한에 보냈다. 한반도에너지개발기구(KEDO)와의 약속을 지키면서 민간 부문의 교류와 경제협력을 이어가려는 모습을 내비쳐왔다.

정부 당국자는 "북한은 항상 북·미관계가 안될 때 남북관계에 나서는 등 북·미와 남북이라는 두축을 한꺼번에 틀리지 않는 경향이 있다."면서 "현재로선 남북대화에 응하고 싶다는 긍정적 제스처로 보인다."고 말했다.

그러나 남북 당국간 대화가 조기에 이뤄질 것으로 보기는 어렵다는 게 대체적인 전망이다. 한·미 양측의 서해교전 진상규명 결과가 곧 나올 것이고 현 분위기에선 북한이 책임에서 배제되는 결론이 나오기 어렵기 때문이다. 이 때문에 남북한간 상당기간 냉각기가 필요하다는 설명이다.

정부 당국자는 "이같은 상황과 별도로 "이날 내놓은 성명 가운데 북측의 적극성을 시사한 대목이 두드러지게 많아 북측이 가까운 시일내 대화를 제의해 올 가능성도 없지 않다."고 말했다.

■박록삼기자 youngtan@kdaily.com

1959년 북한조선중앙연감의 황해남도 지도에 연평도 인근 군사분계선(점선부분)이 유엔사가 설정한 북방한계선(NLL)과 비슷하게 표시돼 있다. ■통일부 제공

"北 NLL 인정 했었다"

■ 국방부 5가지 증거 제시

6·29서해교전 사태로 다시 논란을 빚고 있는 북방한계선(NLL)을 북한 스스로 인정했던 증거가 있다.

국방부는 북한이 1959년 발간한 조선중앙연감의 지도 등 북측의 NLL 불인정 주장을 반박하는 증거 다섯가지를 담은 '한반도 군비통제' 보고서를 4일 공개했다.

■조선중앙연감에 NLL 표시 북한의 조선중앙통신사가 1959년 11월10일 인쇄하고 같은 달 30일 발행한 연감의 국내편 지도를 보면 현재의 NLL을 점선으로 표시했다. 즉 강화 교동도 북쪽과 북한 연백평야 남쪽 사이를 지나는 군사분계선은 굵은 선으로 표시했고, 우도 북쪽 해안부터 이어지는 NLL은 연평도 북쪽을 감싸고 돌은 뒤 서쪽의 백령도도 우리측 관할로 표시했다. 지도는 황해도와 서해의 축척을 120만분의1로 줄였는데도 시·도·군 소재지와 도로 및 철도, 명승지 등을 세밀하게 그렸다. 특히 북한은 지도에 대한 설명에서 NLL에 대해 '서해상의 군사분계선'이라고 스스로 밝히고 있다.

59년 조선중앙연감지도 'NLL=군사분계선' 표시
ICAO 국제비행정보구역 북방 한계선 중심 재설정

■NLL 이북에 있던 선박에 대한 공격은 부당 주장 1963년 5월 연평도 인근 해상으로 북측의 간첩선이 내려오다 우리 해군에 발각돼 공격받고 도주하는 사건이 발생했다. 당시 북측은 판문점에서 열린 제168차 군사정전위원회에서 서해상의 지도를 제시하며 "문제의 선박이 NLL 이북 해역에 있었는데 남측이 공격했다."며 도리어 항의했다.

■NLL 선에서 수해물자 전달 84년 9월29일~10월5일 북한 적십자사는 우리측에 수해 구호물자를 전달하면서 전달 지점을 북한 비압도 앞 NLL 선상으로 정했다. 당시 북측은 정전협정 및 국제법상의 서해 관할권 문제를 들어 군함이 포함된 호송선단이 NLL을 서로 넘지 않도록 하자고 제안했다.

■NLL을 중심으로 국제비행정보구역 설정 지난 93년 국제민간항공기구(ICAO)는 한반도의 비행정보구역을 재설정하면서 변경안을 항공항행계획(ANP) 문서로 공고하고 해당 국가의 이견을 물었다. ICAO는 북한과 남한의 비행정보구역을 구분하는 경계를 대체로 휴전선보다 북쪽인 북위 38도 38분으로 정했다. 이 직선은 연평도 북쪽 9㎞쯤을 지나는데 현재의 NLL과 거의 일치한다. 그러나 북측은 아무런 불만도 제기하지 않았던 것으로 확인됐고 지금도 이 비행정보구역은 유효하다.

■99년 교전 이후에도 NLL 월선을 경고하면 순순히 후퇴 북측은 99년 서해교전이나 지난달 29일 교전이 끝난 뒤에 무장함정을 NLL 북방으로 후퇴시켰다. 현재 우리 해군도 만일의 사태를 대비해 NLL로부터 8.1㎞ 떨어진 어로저지선(적색선) 부근에 있다.

■김경운기자 kkwoon@kdaily.com

대한매일

2003년 6월 7일(토) 4면

서해 NLL주변 남북이 함께 꽃게 잡는다면…

■ 공동어로수역 현실성있나

서해 북방한계선(NLL) 주변지역을 남북 공동어로수역으로 설정하자는 논의가 활발하게 이뤄지고 있다.

지난 몇 년간 꽃게잡이 철인 6월에 북한 어선의 NLL 월선이 남북간의 군사적 충돌로 이어졌기 때문에 아예 남북 당국의 합의 하에 공동어로수역을 지정, 군사충돌 가능성을 사전에 방지하자는 것이다. 남북 공동어로수역 설치의 논의 과정과 가능성을 짚어 보자.

● 전두환정권때 일부학자 처음 제기

남북 공동어로수역이 처음 거론되기 시작한 것은 80년대 중반부터이다. 당시 전두환 정권에서 남북이 공동어로수역을 논의할 분위기는 아니었지만 일부 학자들이 장기적인 남북경제협력 차원에서 문제를 제기했다고 한다.

92년에는 수산청이 노태우 당시 대통령에게 남북교류협력 차원의 공동어로수역 추진방안을 보고한 바 있다.

정부내에서 공동어로구역 논의가 본격화된 것은 김대중 정부 들어서이다. 처음에는 남북경협사업의 일환으로 검토됐으나 1999년과 2002년 서해 교전을 겪으며 남북긴장 완화차원으로 논의의 방향이 바뀌었다.

남북공동어로수역 아이디어는 미국에서도 나왔다. 한반도 전문가인 셀리그 해리슨 미 국제정책연구소 선임연구원은 지난해 국내신문 기고를 통해 조기와 게가 풍부한 연평도 북쪽에서 공동어로수역에 합의해야 한다고 제안했다.

해리슨 연구원은 "남북이 모두 이 수역에 어선을 띄울 수 있어야 한다."면서 "군함은 물론 안된다."고 밝혔다. 해리슨 연구원은 "이런 목표를 우선 실현한 뒤, 훨씬 더 어려운 목표인 NLL을 대체하는 새로운 남북 해상경계선 설정 협상에 들어가야 한다."고 주장했다. 그는 "남북은 새 경계선을 어떻게 그을지를 놓고 매우 엇갈린 제안을 내놓았지만 둘 다 해양법 원칙에 맞지 않는 것이었다."면서 "그럼에도 남쪽은 경계선 획정을 두고 평양과 유엔군사령부가 참여하는 3자협상을 제안해야 한다."고 주장했다.

● 정치권·시민단체 '적극 찬성' 정부 '신중'

정치권과 시민단체, 언론계 일부에서는 공동어로수역 설치를 적극 지지하고 있다. 장영달 국회 국방위원장은 지난 3일 성명을 내고 "꽃게철만이라도 NLL 부근에서 공동어로수역을 설정하라."고 정부에 제안했다. 민노당은 5일 "서해에 공동어로구역을 설정하라."고 정부에 촉구했다.

'긴장' 풀리나 서해 북방한계선(NLL) 주변지역에 대한 남북 공동어로수역 설정 논의가 활발한 가운데 6일 연평도 어민들이 잡아온 꽃게를 손질하고 있다.

연평도 이두걸기자 douzirl@

참여연대 등이 3일 'NLL, 평화적 관리방안을 찾아라' 라는 주제로 개최한 토론회에서는 공동어로수역 설치와 관련한 다양한 의견이 제시됐다. 정욱식 평화네트워크 대표는 NLL 이남과 어로저지선 이북 사이를 '남북한 공동어로구역' 으로 지정하자고 제안했다. 정 대표는 구체적인 방법으로 ▲특정 기간에 공동어로구역에서 남북한 어선이 공동으로 조업하는 방식 ▲남북한 어선이 하루씩 교대로 조업하는 방식 ▲남한이 북한에 대가를 지불하고 공동어로구역을 사는 방식 등을 제시했다. 한국외대 이장희(법학과) 교수도 남북쌍방은 평화통일 시점까지 서해5도 주변의 3해리를 섬 연안수역으로 인정하고 나머지 수역에 대해서는 '꽃게잡이 남북공동어로수역' 으로 지정, 경협차원에서 남북공동어로협력합의서를 체결하자고 주장했다.

그러나 정부는 신중한 태도를 보인다. 국방부는 확실한 '불가' 통일부는 "시간을 두고 검토할 문제"라고 말한다.

● 北입장·경제적 가치 검토해야

정부내 일부에서는 서해 뿐만 아니라 동해까지 묶어 공동어로수역을 추진해보자는 아이디어도 나온다.

지난 2000년 전국어민총연합회는 북측의 민족경제협력연합회측과 남북어업협력합의서를 체결한 바 있다. 내용은 북측의 동해 은덕어장에서 남측의 어선이 조업할 수 있도록 한다는 것이다. 당시 합의는 정부의 사전승인을 받지 않아 논란이 일어나는 바람에 더이상 추진되지 못했다.

그러나 북측이 지난 2000년 12월 4차 남북장관급회담에서 "남측에 동해 어장을 제공할 의사가 있다."고 밝히며 어업협력 문제가 공식화됐다. 이에 따라 양측은 이 문제를 협의하기로 합의는 했으나 구체적인 날짜는 잡지 못하고 있는 상태다.

이와 관련, 통일부 관계자는 "먼저 북측이 제공할 정확한 어장을 설정한 뒤 경제적 가치가 있는지 등의 기본적인 조사부터 선행돼야 한다."고 말했다.

정부 고위관계자는 "공동어로수역은 정치·군사 등 남북관계의 전반적인 협력관계가 순조롭게 이뤄질 때 가능한 것"이라면서 "단순히 어업 문제만 따로 떼내어 논의할 수는 없을 것"이라고 말했다.

이도운기자 dawn@

■ NLL인정않는 북한 남북당국 논의까진 '험로'

북방한계선(NLL)은 휴전 직후인 1953년 8월 유엔군 사령부가 서해상에서 남북간 함정과 항공기가 활동할 수 있는 한계선을 그은 것이다. 북한은 유엔사가 사전 협의없이 일방적으로 설정했다는 점을 들어 지금까지 이를 인정하지 않고 있다.

그동안 북한의 어선과 경비정들이 NLL을 넘은 사례가 적지 않았으며, 이를 두고 우리 정부는 북한이 의도적으로 NLL 무력화 시도를 하고 있다고 보고 있다.

북한은 지난 99년에는 해상군사분계선을 설정, 이 선의 북쪽 수역을 인민군측 해상 군사통제수역으로 한다고 일방적으로 선언하기도 했다.

이 선은 NLL에서 남서쪽으로 훨씬 내려 그은 것으로 그럴 경우 남측 영토인 서해 5도가 모두 북측 지역에 편입되게 된다. 이런 상황에서 남북 공동어로수역 지정 논의는 시작부터 난관에 봉착하게 된다. 논의가 시작되려면 그 전제로 북한이 NLL 자체를 인정해야 하기 때문이다.

남북공동어로구역 거론 해역

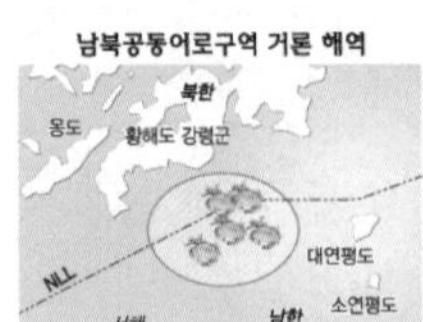

한 북한 전문가는 4일 "우리측이 공동어로수역 지정을 제안한다고 하더라도 북측이 이를 거부할 가능성이 크다."고 내다봤다.

또 우리측도 공동어로수역 지정을 받아들이기 어려운 현실적인 배경이 있다. 꽃게가 집중 서식하고 있는 백령도와 연평도 사이 해역은 현재 NLL 아래쪽에 위치한 남측 해역인 만큼, 공동어로수역을 지정할 경우 북한 어선들에만 이득을 가져다 줄 가능성이 높기 때문이다.

조승진기자 redtrain@

대한매일

2003년 9월 29일(월) 1면

텅빈 통발 최근 중국어선들이 우리 해군의 단속이 어려운 서해 북방한계선을 따라 백령도 앞바다까지 침범, 싹쓸이하는 바람에 꽃게어장에서 꽃게를 찾아보지 못할 지경이 되고 있다. 물살이 센 그름날인 지난 26일에도 어쩔 수 없이 조업에 나섰던 백령도 어민들이 텅 빈 통발을 끌어올려 배 한편에 쌓아놓고 있다. 도준석기자 pado@

가을 꽃게철을 맞아 중국어선들이 백령도 앞바다를 휩쓸고 있다. 남북 관계 등을 고려해 우리 어선은 서해 북방한계선(NLL) 아래 어로한계선을 넘지 못하는 반면 중국어선들은 맘대로 돌아다니는 것이다. 이같은 중국어선은 지난 5~6월 한 번에 수백척씩 나타났다가 자취를 감추더니, 가을 꽃게철이 돌아오자 이달 들어 다시 부쩍 늘고 있다.

남북 빠진 NLL 꽃게어장

中어선 '싹쓸이'

백령도 인근 해상 중국어선 출몰지역

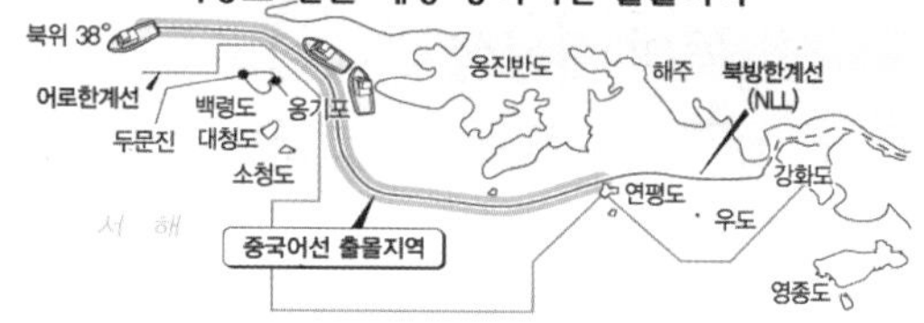

▌백령도 현지어장 르포

"저 놈들 또 나타났구먼. 북쪽으로 조금 더 올라가자우.", "중국 배들이 어로한계선 위쪽에 있어 가기 어려울 것 같은데요….", "그래도 갈 데까지는 가 봐야지. 왜 여기까지 오는 거야. 에이…."

26일 오후 3시, 북위 38.03도 동경 124.38도 백령도 두문진 북서쪽으로 채 1㎞도 되지 않는 해상에 중국 어선 2척이 눈앞에 들어왔다. 해군·해경과 함께 백령도 어로해상을 지키는 옹진군 어업지도선 인천 227호의 항해사 김원국(42)씨의 손놀림이 금세라도 쫓아갈 듯 빨라졌다.

그러나 잠시 뒤 해병대 레이더 기지에서 "어로한계선을 이탈하지 말라."는 지시가 무선을 통해 전달됐다. 해군 소속 함정을 제외한 어떠한 선박도 북위 38도 부근인 어로한계선을 이탈할 수 없기 때문이다. 김 항해사는 "눈 앞에서 중국 배들이 우리 물고기들을 다 잡아가고 있는데…."라고 아쉬워하며 선수를 남쪽으로 돌렸다.

중국 어선들이 북쪽으로 도망가면 손 쓸 수 없어

이날 오전 6시 하루 일과를 시작한 42t급 인천 227호 어업지도선에는 아침부터 긴장감이 팽팽하게 감돌았다. 가을 꽃게철을 맞아 중국 어선들이 밤낮을 가리지 않고 백령도 해상에 출몰하고 있기 때문이다. 이들은 수십척에서 많게는 400~500척씩 일렬로 몰려 다니며, 백령도와 대청도, 소청도 해상에서 바닥까지 긁는 저인망그물로 꽃게, 광어, 멸치, 고등 등을 마구잡이로 잡아들인다. 심지어 북쪽 땅인 황해도 해주 해상 NLL을 따라 연평도까지 내려온다.

하지만 이들에 대한 단속은 쉽지 않다. 어업지도선이나 해군 경비정이 다가가면 NLL 북쪽으로 달아나기 때문이다. 인천 227호 주용진(29) 기관사는 "중국 배들은 10t 정도 소형 선박이 대부분이고 낡은 탓에 최고 속력이 7.8노트(1노트는 시속 약 1.8㎞)로 느리다."면서도 "다들 레이더를 장착하고 있어 우리가 20노트 이상의 속력으로 다가가면 NLL을 사이에 두고 숨바꼭질하듯 북쪽 해상으로 얼른 달아난다."고 털어놨다.

인천 227호는 이날 이틀째 중국에서 우리 해상으로 들어오는 길목인 백령도 북쪽과 서쪽 대청서방 어업구역을 순찰했다. 김 항해사는 "해군이 '외교 문제가 생길 수 있다.'며 중국 배를 단속하지 않아 우리 어민들만 죽어나고 있다."고 분통을 터뜨렸다. 그는 "오늘은 그믐이라 물살이 거세고 고기가 잘 잡히지 않아 중국어선이 적지만 물살이 잔잔해 지면 수십 수백척씩 온다."고 말했다.

백령도 이두걸기자 douzirl@

12면에 계속 ☞

'서울신문

2005년 3월 25일(금) 11면

"꽃게 싹쓸이" 中에 879억 손배소

백령도·연평도·대청도 등 서해 5도 어민 293명은 24일 "중국 정부가 중국 어선들의 싹쓸이 조업을 방치해 막대한 피해를 주고 있다."면서 중국 후진타오 주석과 리빈 주한 중국대사를 상대로 879억원의 손해배상 청구 소송을 서울중앙지법에 냈다.

이들은 소장에서 "2000년부터 서해 북방한계선을 중심으로 중국 어선이 몰려와 꽃게와 어패류 등을 싹쓸이해 서해어장이 황폐화되고 있다."면서 "중국 정부가 지난 1998에 체결된 한·중 어업협정을 제대로 이행하지 않고 자국 어선단에 대한 관리·감독을 소홀히 한 탓에 이들의 불법조업으로 서해 5도 어민들이 재산상 막대한 손해를 입었다."고 주장했다. 김효섭기자 newworld@seoul.co.kr

서울신문
2007년 10월 5일(금) 18면

"공동어로수역 어획 쿼터제 실시해야"

2007 남북정상선언 서해5도 주민 기대속 어족고갈 우려… 경기북부 관광개발 부푼 꿈

남북 접경지역인 서해 5도 주민과 경기 북부지역 주민들은 4일 발표된 남북정상회담 내용에 대한 기대감을 표시했다. 하지만 실천의 중요성을 주문했다.

서해5도 주민들은 서해 북방한계선(NLL) 인근의 남북 공동어로수역 설정 합의 내용에 대한 기대가 컸다. 많은 주민은 공동어로수역 설정에 따른 어획량 증대와 지역경제 활성화에 기대를 내비쳤다. 백령도 어민 이근수(55)씨는 "NLL 쪽으로 나아갈수록 꽃게가 더 많이 잡히지만 지금까지는 접근하지 못했는데 앞으로 이 수역에서 조업을 할 수 있게 되면 어민들 살림도 펴지게 될 것"이라고 기대했다.

하지만 일부 주민들은 그동안 통제돼 있던 NLL 인근 수역이 개방되면 무분별한 조업으로 어족자원이 고갈될 가능성이 있다며 '쿼터제' 등을 통한 어획량 제한조치가 필요하다고 주장했다. 김재식(46) 연평도 선주협의회장은 "NLL 인근은 많은 어족들의 산란장 역할을 해왔는데 앞으로 이곳에서 조업이 무분별하게 이뤄지면 어족자원이 1년도 못 가 고갈되는 최악의 상황도 예상된다."고 말했다.

경기 북부권 주민들도 앞으로 농업뿐만 아니라 경제, 관광, 문화, 산업 등 다양한 분야로 교류가 확대될 것으로 기대했다. 경기 북부지역의 개발도 가속화될 것으로 예상했다.

파주시 문산읍 주민들은 '남북관계 발전과 평화번영을 위한 선언'에 문산~개성간 경의선 화물열차 운행이 포함됐다는 소식이 전해지자 지역발전을 앞당기게 됐다며 환영을 표시했다.

주민들은 화물열차가 운행되면 민자로 추진되고 있는 서울~문산간 고속도로 개통 시기가 앞당겨지고 화물기지가 설치돼 지역상권이 활성화되는 계기가 될 것으로 기대했다.

경기도는 남북교류사업과 관련, 우선 민선 4기 출범 직후부터 추진해온 한강 하구 퇴적 모래 채취사업을 본격 추진할 수 있을 것으로 기대했다.

한강, 예성강, 임진강 등 한강하구(유역면적 130만㎢) 지역은 남북분단 이후 준설작업을 하지 않아 엄청난 양의 골재가 있을 것으로 추정되는 지역이다. 한강 하구에서 수도권 연간 수요량(4500만㎥)의 24배에 달하는 10억 8000만㎥의 골재를 채취할 수 있을 뿐 아니라 높아진 하상(河床)을 낮춰 한강, 임진강 유역의 수해도 예방하고 해운을 활성화할 수 있을 것으로 전망했다. 특히 생태계의 보고로 알려진 파주시 군내면~연천군 신서면에 이르는 휴전선 DMZ 남·북측 지역 80㎢에 평화생태공원을 조성하는 방안도 본격적으로 추진할 방침이다. 판문점, 땅굴 견학 등 단순한 안보관광에서 벗어나 생태·역사·문화·군사유적지를 체험하고 전쟁의 상흔을 피부로 느낄 수 있도록 다양한 프로그램과 테마파크를 건립하는 방안을 검토하고 있다.

양진철 정책기획심의관은 "남북 정상이 폭넓은 교류협력사업을 펼치기로 합의함에 따라 그동안 경기도가 추진해 왔거나 구상했던 각종 사업들이 보다 구체화될 수 있는 계기가 마련됐다."고 말했다.

수원 김병철 인천 김학준기자
kbchul@seoul.co.kr

서울신문

2007년 10월 10일(수) 15면

공동어로수역 설정땐 서해5도 주민만 조업

남북 정상선언의 후속 조치로 서해에 남북 공동어로수역이 설정되면 연평·소청·백령도 등 서해5도 주민들에게만 이 해역에서의 어업권이 보장될 것으로 보인다.

강무현 해양수산부 장관은 9일 인천 연평도와 백령도를 방문, 이 지역 어민들과 간담회를 갖고 이같이 밝혔다.

남측 공동어로수역은 북방한계선(NLL)을 중심으로 백령도와 연평도 사이 해역에 설정될 가능성이 크다.

강 장관은 "공동어로구역의 조업은 다른 지역 어업인들과 협의해 서해 5도 주민들만 조업할 수 있도록 유도할 예정"이라고 밝혔다. 그는 이어 "남측 어선이 북측 바다에 가서 어업을 할 수 있겠지만 북측 어선이 남측으로 내려와 어업을 할 가능성은 낮다."고 말했다.

강 장관은 또 "공동어로구역이 확정되면 바다목장화 사업 등 합리적인 방법으로 중국 어선의 싹쓸이조업 때문에 고갈 위기에 처한 어족 자원을 회복시키고 백령도 신항만 개발공사 사업이 조기 완공될 수 있도록 노력하겠다."고 덧붙였다.

연평도 김학준기자 kimhj@seoul.co.kr

北 "서해상 안전항해 담보못해"

판문점대표부 "南 PSI 전면참여는 선전포고"… 군사적 타격 위협

북한이 27일 남한 정부의 대량살상무기 확산방지구상(PSI) 전면 참여를 선전포고로 규정하고 실제적인 행동조치로 대응할 것이라고 경고했다. 우리 정부가 북한의 제2차 핵실험에 대응해 PSI에 전면 참여하기로 결정한 지 하루 만이다.

북측은 서해 안전을 담보할 수 없다고 주장, 서해 5개섬 인근에서의 도발 가능성이 점점 높아지고 있다.

북한군 판문점대표부는 이날 성명을 통해 남한 정부의 PSI 전면 참여가 조선반도(한반도)를 전쟁상태로 몰아넣었다고 주장했다.

성명은 남한의 PSI 전면 참여를 "우리(북한)에 대한 선전포고로 간주할 것"이라며 "평화적인 우리 선박들에 대한 단속, 검색행위를 포함해 그 어떤 사소한 적대행위도 우리 공화국의 자주권에 대한 용납 못할 침해로 낙인하고 즉시 강력한 군사적 타격으로 대응할 것"이라고 했다.

성명은 "(북)조선 서해 우리(북한)의 해상군사분계선 서북쪽 영해에 있는 남측 5개섬(백령도, 대청도, 소청도, 연평도, 우도)의 법적 지위와 그 주변수역에서 행동하는 미제 침략군과 괴뢰 해군 함선 및 일반 선박들의 안전항해를 담보할 수 없게 될 것"이라고 강조했다. 북한은 1999년 6월 제1차 연평해전이 발발한 뒤인 그해 9월2일 인민군 총참모부 '특별보도'를 통해 서해 격렬비열도부터 등산곶까지의 해상 대부분을 북쪽 관할 수역으로 한다고 일방적으로 발표했다.

이종락 김정은기자 jrlee@seoul.co.kr

▶2면에 계속

北 핵실험 축하 평양 군중대회 북한이 2차 핵실험을 강행한 이튿날인 지난 26일 평양의 평양체육관에서 핵실험을 축하하는 군중대회를 가졌다고 북한 조선중앙통신이 보도했다. 연합뉴스

李대통령·합참 "냉철·단호 대응"

합동참모본부는 27일 북한이 서해 5도 주변의 선박 안전항해를 위협한 것과 관련, "만일 북한이 도발할 경우 단호하게 대응할 것"이라고 밝혔다.

합참 이기식(해군준장) 정보작전처장은 이날 성명을 통해 "우리 군은 북한 핵실험 사실을 인지한 직후 대북감시와 경계태세를 강화했다."면서 "(26일) 전군 주요지휘관 회의를 열어 대응방향을 결정하고 군사대비태세를 확립하고 있다."면서 그같이 말했다.

합참은 "우리 군은 강력한 한·미 연합방위태세를 바탕으로 북한이 도발할 경우에는 단호하게 대응할 것"이라고 강조했다. 이어 "국민 여러분께서는 우리 군의 확고한 대비태세를 믿고 안심하길 바란다."고 당부했다.

군 당국은 특히 서해 북방한계선(NLL) 일대 대비태세를 강화하고 있다. 군은 NLL 해상에 한국형 구축함 1척을 전진배치하고 백령도와 연평도에도 K-9 자주포와 대공미사일을 증강배치했다.

이명박 대통령은 이날 대통령 외교안보자문단과의 오찬 도중 조선인민군 판문점 대표부의 성명에 관해 보고 받고, "관련 부처들이 냉철하게 대응하라."고 지시했다.

안동환기자 ipsofacto@seoul.co.kr

’서울신문

2009년 5월 28일(목) 31면

北 서해 도발에 철저히 대비하라

정부가 대량살상무기 확산방지구상(PSI) 전면 참여를 선언한 지 하루 만에 북한의 반응이 나왔다. 북한군 판문점대표부는 어제 “선전포고로 간주할 것”이라면서 서해 5개도를 둘러싼 무력시위 가능성을 예고했다. 백령도 등 남측 5개도의 법적 지위와 주변 수역의 안전항해를 담보할 수 없다고 엄포를 놓았다. 일반 선박까지 공격할 수 있다고 밝힌 것은 북한 당국이 이성을 잃고 있음을 시사한다. 때문에 이전과는 다른 특단의 안보 대비책이 필요하다.

북한은 1999년 9월과 2000년 3월에 서해 북방한계선(NLL)을 부정하는 발표를 한 적이 있다. 그래도 그때는 좁은 지역이나마 우리 선박의 운항 수로를 인정했었다. 이번에는 서해 5도를 고립시키겠다는 뜻을 밝히면서 정전협정의 무력화를 주장했다. 북한은 2차 핵실험을 하면 미국·중국 등이 유화적으로 나올 줄로 기대했을 것이다. 그러나 오바마 행정부는 유엔 안보리 제재와는 별개로 북한을 테러지원국으로 재지정하고 금융제재도 병행하는 방안을 검토중이다. 중국 역시 강경하다. 궁지에 몰린 북한이 대화로 나와야 마땅하지만 판단력을 잃고 어떤 도발을 할지 심히 우려스럽다. 지금 서해 5도가 도발의 1차 대상으로 떠오르고 있는 것이다.

북한의 무모한 무력시위가 가져올 파장은 가늠하기 어렵다. 서해 5도 NLL 해역뿐 아니라 군사분계선(MDL) 전역에서 경계 수위를 한층 높여야 한다. 해상과 육상을 넘어 영공 침범도 초전 격퇴할 수 있는 태세를 갖추길 바란다. 주한미군과의 협조체제를 완벽히 구축함으로써 도발징후를 미리 포착해 사전 대응을 하는 게 중요하다. 그리고 재래식 전투와 함께 북한의 핵위협에 맞서 중장기적인 관점에서 안보 전략을 재검토해야 한다. 북한이 핵 재처리 시설을 재가동하고 미사일 실험을 하는 한편으로 군사적으로 국지도발을 감행하더라도 우리 정부와 국민은 흔들림 없이 의연하게 대처해 나가야 할 것이다.

서울신문
2009년 6월 2일(화) 3면

〈금어기〉

中 어선 철수는 禁漁期 때문?

어선 99~231척 들쭉날쭉
"당국 지시 아닌 자진 철수"

백령도·연평도 등 서해5도 인근 해상에서 불법 조업을 하던 중국 어선이 최근 갑자기 사라진 것과 관련해 각종 설이 제기되고 있다.

1일 해경에 따르면 서해 북방한계선(NLL) 인근 해상에서 조업을 하던 중국 어선 480여척 가운데 70% 이상이 북한이 서해5도 선박 운항을 위협한 직후 공해상으로 빠져나갔다. 이를 두고 일각에서는 북한의 도발 가능성을 예고하는 징후일 수 있다는 진단이 나오고 있다. 즉, 북한 측이 도발에 앞서 장애가 될 수 있는 중국어선들에 직접 철수를 지시하거나 중국 당국에 요청해 철수 조치가 이뤄졌다는 분석이다.

또 중국 당국이 자체 판단에 따라 자국 어선들에 철수를 지시했을 것이라는 분석도 나온다. NLL을 오르내리며 조업하는 중국 어선들이 남북한 경비정이 단속하는 과정에서 충돌할 수 있기 때문에 이를 예방하려는 조치라는 것이다.

하지만 무엇보다 설득력이 있는 것은 중국 금어기(禁漁期)가 임박해 중국 어선들이 스스로 철수했을 것이라는 관측이다. 중국 금어기는 6월1일 시작되는데, 남북간 사태에 불안감을 느낀 중국 어민은 북한의 발표 직후 철수하고, 심각성을 못 느낀 어민은 철수를 늦추고 있다는 것이다.

실제로 북한이 서해5도의 안전을 위협한 지난달 27일 481척이었던 중국 어선은 28일 231척, 29일 120척으로 급격히 줄어들었다가 30일에는 149척으로 다소 늘어났다. 31일에도 149척이 유지됐으며, 1일에는 99척으로 또다시 줄어들었다. 때문에 북한 또는 중국 당국의 통제 아래 이뤄진 조직적인 철수였다면 이같이 들쭉날쭉할 리 없다는 분석이 제기된다.

연평도 김학준기자
kimhj@seoul.co.kr

'서울신문

2009년 6월 10일(수) 2면

서해 NLL인근 조업 중국어선 모두 철수

해군, 함정 증강 배치

연평도 등 서해 5도 북방한계선(NLL) 인근에서 불법 조업 중이던 중국어선이 모두 철수한 것으로 나타났다. 해군은 NLL 인근에 함정을 증강 배치해 북한군의 도발에 대비하고 있다.

군의 한 소식통은 9일 "예기치 않은 사태에 대비해 NLL 인근에 함정을 증강 배치했다."고 밝혔다. 해군은 이달 초 실전 배치된 440t급 고속경비정 윤영하함과 3200t급 한국형 구축함 KDX1을 NLL 인근에 전진배치한 데 이어 7일 추가로 함정을 증파한 것으로 알려졌다.

현재 NLL 인근에는 구축함과 호위함 등 해군 함정 수십척이 북한이 보유한 실크웜 미사일의 사거리 밖에 배치돼 경계 태세를 취하고 있다.

군 당국에 따르면 북한군의 특이 동향은 포착되지 않고 있다. 그러나 군은 북한이 해안포나 미사일을 발사하는 등 도발을 일으킬 경우 K-9 자주포와 F-15K 전투기, 해군 함포 등 육·해·공군 전력을 가동해 발사 지점을 타격한다는 계획을 세웠다.

안동환기자 ipsofacto@seoul.co.kr

서울신문

2010년 1월 28일(목) 2면

"北 자꾸 쏴대니 불안" 백령도 주민들 촉각

뒤숭숭한 서해5도

북한 측이 27일 오전과 오후 연거푸 백령도 인근 북방한계선(NLL) 해상에 포사격을 가하자 어지간한 북한의 도발에는 민감하게 반응하지 않던 백령도 주민들이 이번에는 사태의 추이에 촉각을 곤두세우고 있다.

북한이 NLL 인근에 포사격을 한 것은 이번이 처음인데다, 우리 군도 즉각 대응에 나서는 등 남북 간 긴장이 높아지고 있기 때문이다.

특히 이번에 북한군이 쏘아댄 해안포는 북한 서해안에 집중 배치돼 백령도와 대청도, 연평도 등이 사정권에 들어가기 때문에 서해5도 주민들은 뒤숭숭한 분위기가 더욱 역력하다.

북한이 백령도 인근 북방한계선(NLL) 북쪽 해상으로 해안포를 잇따라 발사한 27일 인천 연안여객터미널에 도착한 백령도발 여객선에서 내리는 우리 장병들의 표정에 긴장감이 돌고 있다. 연합뉴스

"잇단 도발… 北 뭔가 작정한 듯"

백령면 진촌리 어촌계장 김복남(51)씨는 "집이 바닷가 가까이에 있어 북한이 쏘는 포소리를 모두 들었다."면서 "처음에는 대수롭지 않게 생각했는데 자꾸 쏴 대니까 불안하다."고 말했다.

진촌5리 주민 이모(60·여)씨는 "백령도 동쪽에 있는 북한 월래도 쪽에서 포성이 들려왔다."면서 "북한이 하루에 세번씩 도발하는 것을 보니 뭔가 작정을 한 것 같다."고 말했다.

백령면사무소 직원 최진국(33)씨는 "오전 9시30분쯤부터 5분여간 포성이 들렸으나 늘 있는 군부대 사격 훈련으로 알고 걱정하지 않다가 뒤늦게 북한의 포사격 사실을 알고 놀랐다."고 상황을 전했다.

백령도근해 조업 어선 긴급귀항

백령도 근해로 조업을 나갔던 대청도와 소청도 어선들은 포사격 직후 군부대로부터 긴급연락을 받고 섬으로 귀항하는 등 한바탕 소동이 빚어지기도 했다.

이날 오전 8시와 8시50분에 인천항을 각각 출발한 백령도행 여객선 '데모크라시호'와 '프린세스호'는 만일의 사태에 대비해 정상항로에서 서쪽으로 13㎞가량 떨어진 항로로 우회해 운항했다.

데모크라시호를 타고온 조모(48·여)씨는 "배 안에 설치된 TV 긴급뉴스를 보고 북한 측의 포사격 사실을 알았다."면서 "대청해전이 일어난 지 얼마 지나지 않았는데 이런 일이 생겨 잔뜩 신경쓰인다."고 말했다.

오전 9시30분 백령도에 입항 예정이던 화물선 '미래호'는 도착을 앞두고 포소리가 요동을 치자 대청도로 잠시 피했다가 백령도로 들어오는 바람에 도착이 30분가량 늦어졌다.

백령도 주둔 해병대는 북한의 도발 직후 비상태세에 돌입하는 등 긴박한 움직임을 보이고 있다.

해병대 관계자는 "북한의 어떠한 도발에도 즉각 대응하도록 된 교전수칙에 따라 북한과 마주 보고 있는 해안가에 배치된 벌컨포로 100여발의 경고사격을 했다."고 긴박했던 순간을 전했다.

김학준기자 kimhj@seoul.co.kr

개성공단 정상가동

남북 해사당국 통신도 평소대로

북한이 27일 서해 백령도 인근 북방한계선(NLL)의 북한쪽 해상 2곳으로 해안포를 발사했지만 남북간 해사(海事) 당국간 통신은 정상적으로 이뤄졌다. 개성공단을 비롯한 남북교류협력현장도 별다른 특이동향 없이 정상적으로 가동됐다.

이종주 통일부 부대변인은 브리핑을 통해 "남북 해사 당국간 통신은 오전 9시30분 평소대로 정상적으로 이뤄졌다."며 "북측은 오늘도 자기 측 선박의 남측 해역 운항 계획을 통보해 오는 등 평소와 다름없이 관련 업무를 진행했다."고 말했다.

해사당국간 통신은 통상적으로 남북한을 운항하는 선박의 운항계획를 상호 통보하고, 운항시간 등을 알려주는 목적으로 개설됐다.

서해상에는 인천과 남포를 운항하는 정기선과 해주 등지에서 모래를 운반하는 모래 운반선 등이 운항하고 있다. 북한 해역에는 우리 측 모래 선박 한 척이 운항 중에 있으나 특이사항은 없었던 것으로 알려졌다.

경의선과 동해선쪽 육로 통행도 별다른 문제없이, 통상적인 절차대로 진행됐다. 개성공단을 비롯한 북한 지역에는 1035명의 우리 국민이 체류하고 있다. 파주 도라산 출입사무소를 통한 개성공단 출·입경도 정상적으로 이뤄졌다. 김정은기자 kimje@seoul.co.kr

긴급 안보대책회의

국방부, 北에 '위협중단' 경고전통문
玄통일 "개성공단 실무회담 예정대로"

정부는 27일 북한이 백령도 인근 북방한계선(NLL)에 해안포를 발사한 것과 관련, 정정길 대통령실장 주재로 긴급 안보대책회의를 열어 상황을 점검했다.

오전에 열린 회의에는 김태영 국방부 장관, 현인택 통일부 장관과 청와대 외교안보라인 비서관들이 참석했다. 이명박 대통령의 인도 순방을 수행했던 유명환 외교통상부 장관과 김성환 청와대 외교안보수석은 참석하지 못했다. 이 대통령은 스위스로 떠나기 직전 숙소에서 김 수석을 통해 상황을 보고받았다.

국방부는 오후 1시27분쯤 남북 장성급군사회담 우리 측 수석대표인 류제승 육군 소장 명의로 장성급 군사회담 북측 단장에게 전통문을 보내 실제 포사격으로 불필요한 긴장을 조성하는 북측의 위협적인 행위에 심각한 우려를 표명하면서 이러한 모든 행위를 즉각 중단할 것을 촉구했다.

전통문은 "북측이 지난 25일 서해상 우리 해역에 항행금지 및 사격구역을 설정한 것은 명백히 정전협정과 남북 간 불가침합의를 무시한 중대한 도발행위"라며 "이를 즉각 취소하라."고 요구했다. 전통문은 "우리 군은 북측의 도발행위에 단호하게 대처해 나갈 것이며, 이후 야기되는 모든 사태에 대한 책임은 전적으로 북측에 있다."고 엄중 경고했다.

현인택 장관은 서울 프레스센터에서 열린 한반도 미래재단 창립 세미나에서 기자들과 만나 "현재로서는 개성공단 실무회담(2월1일)을 예정대로 진행할 것"이라고 말했다.

정치권 "北 군사도발" 일제히 비난

정치권은 한목소리로 북한의 해안포 사격에 대해 '군사적 도발'이라고 비판했다.

한나라당 조해진 대변인은 "북한의 행동은 영해에 대한 침범행위이고 휴전협정 정신을 위반한 것"이라면서 "서해 NLL이 사실상의 해상 경계선으로 존재하는데 북한이 임의로 항행금지구역을 설정하고 군사적 도발을 하는 것은 북한에도 전혀 도움이 되지 않는다는 것을 인식하고 즉각 중단해야 한다."고 밝혔다.

민주당 우상호 대변인은 "북측의 강경파들이 남북대화에 저해되는 군사적 도발을 한 것에 대해 강력한 유감을 표시한다."면서 "개성관광, 금강산관광 등 남북 간에 막혔던 교류협력이 재개되려는 이 시점에 이런 군사적 행동은 남북관계와 한반도 평화에 결코 도움이 되지 않는다."고 강조했다.

자유선진당 박선영 대변인은 논평을 통해 "명백한 국토침범이자, 대한민국에 대한 도전"이라면서 "북한의 도발에는 강력한 응징만이 묘약"이라고 성토했다.

김정은 허백윤기자 kimje@seoul.co.kr

北, NLL에 주·야간 해안포 발사

北, NLL에 주·야간 해안포 발사

1면에서

이어 "오전에 3차례, 오후에 2차례 해상통신망을 통해 북측에 경고통신을 보냈다."고 말했다.

합참은 백령도 해병부대로부터 상황을 접수한 뒤 위기조치를 취하고 육·해·공군의 합동전력을 대기시켰다. 당시 해상에 어선은 없었으며 서해 5도를 오가는 여객선도 정상 운항 중이라고 합참은 밝혔다.

사태 발생 직후 정부는 청와대에서 정정길 대통령실장 주재로 긴급 안보대책회의를 열어 상황을 점검했다. 정부는 북한의 해상포 발사를 명백한 도발행위로 규정하고 엄중하지만 차분한 대응을 하기로 했다.

북한군 총참모부는 조선중앙통신 보도를 통해 "서해 해상에서 연례적인 포 실탄 사격훈련을 진행했다."면서 "우리 수역에서 계획적으로 진행하는 훈련에 대해서는 그 누구도 논할 여지가 없다."고 주장했다.

한편 현인택 통일부 장관은 기자들에게 "북한의 태도는 적잖게 실망스럽고 불필요한 긴장 조성은 즉시 중단돼야 한다."고 말했다.

서울신문

2010년 11월 24일(수) 3면

北 민가까지 무차별 포격→화염·산불→軍 응사… '전쟁터 방불'

(오후 2시34~55분·3시10~41분)

북한
개머리 해안포 기지
북, 연평도에 해안포·곡사포 100여발 발사
연평도 부근과 연평도에
100여발 북 해안포 떨어짐
북방한계선(NLL)
연평도
남한
K9 자주포로 대응사격
마을 및 군부대 피해
해병대 병사 2명 사망, 16명 부상
민간인 3명 부상
● 북 해안포 사격 시간대별 현황
오전 8시 20분 북측 호국훈련 사격중단 전통문 발송
오전 10시 남측 호국훈련 기간에 호국훈련과 무관한 정기 사격훈련 개시
오후 2시 34~55분 북측 1차 해안포 수십 발 발사
오후 2시 47분 남측 1차 대응사격 실시
오후 2시 50분 국지도발 최고 대비태세인 진돗개 하나 발령
오후 3시 10~41분 북측 2차 해안포 수십 발 발사
오후 3시 25분 남측 2차 대응사격 실시
오후 3시 50분 남측 북한 장성급 회담 대표에게 사격 중지 촉구 전통문 발송
오후 3시 40분~4시 한민구 합참의장과 월터 샤프 주한미군사령관 연합위기관리 선포 검토
오후 4시 30분 해병대원 첫 사망자 발생
K9 자주포
중량: 47t
최대속도: 60km/H
탑승인원: 5명
최대사거리: 40km
발사속도: 최대6발(분당)
급작 사격시 15초 이내 3발 발사 가능
지속 사격시 1시간 동안 분당 2~3발 발사

대낮 연평도 포격전 상보

조용한 연평도에 북한의 포탄이 날아든 것은 23일 오후 2시 34분이다. 하지만 북한의 공격 징후는 이날 오전부터 나타났다. 북한군은 해병대가 한달에 한번씩 해오던 포사격 훈련에 대해 불만을 드러내면서 오전 8시 20분 우리 측에 전통문을 보내왔다. 내용은 오전부터 연평도와 백령도에서 실시될 포사격 훈련을 좌시하지 않겠다는 취지였다. 우리 군은 북한의 이 같은 반응을 무시하고 계획된 훈련을 했다.

北 해안포 등 52분간 발사
주민들 방공호 긴급대피
공군전투기 서해5도 출격

오전 10시부터 시작된 해병대의 K9자주포 사격 훈련은 연평도와 백령도에서 중국을 바라보는 서해쪽과 우리측 해역인 남쪽을 향해 이뤄졌다.

北, 오전 "호국훈련 좌시 안겠다"

북한군은 우리 군의 포사격 훈련이 시작된 후 4시간여가 지나 연평도를 향해 포사격을 시작했다. 오후 2시 34분부터 2시 55분까지, 오후 3시 10분부터 3시 41분까지 2차례에 걸쳐 서해 연평도 북방 개머리 해안포 기지와 무도 기지에서 연평도로 해안포 등 수십발을 발사했다. 우리 군은 즉시 K9 80발 이상을 발사했다.

북한군의 도발로 해병대 병사 2명이 숨지고 16명이 부상했다. 마을 주민 3명도 경상을 입었으며 다른 주민들은 연평도 일대에 준비된 방공호로 대피했다. 이 가운데 수십발이 주민이 거주하는 마을로 떨어져 민간인 3명이 부상했다. 합참 이붕우 공보실장은 "우리 군이 일상적인 해상 사격 훈련을 서해 남쪽으로 실시하던 중 북한이 수십 발의 해안포를 발사했고 수발은 연평도에 떨어졌다."면서 "이로 인해 연평도에 산불이 발생하고 인명피해가 났다."고 밝혔다.

북한측 지역도 큰 피해 추정

우리 군은 연평도를 직접 타격한 북한의 해안포 기지가 있는 육상으로 K9 자주포로 대응사격을 했다. 또 추가 도발시 강력히 응징하겠다는 내용의 경고방송도 했다. K9 자주포는 북한의 해안포에 비해 10배 이상의 위력을 가지고 있어 북한측 지역도 많은 피해를 입었을 것으로 군은 추정하고 있다.

또 공군 제10전투비행단에서 북한의 추가 도발에 대비한 대응전력으로 서해 5도 지역에 전투기를 출격시켰다. 출격한 전투기는 F-15K와 F-16 기종으로 알려졌다.

오후 3시 40분부터 20분간 한민구 합참의장과 월터 샤프 주한미군사령관이 만나 연합위기관리태세 선포를 검토키로 했다.

軍 "사격훈련 해역 사전에 통지"

이어 국방부는 오후 5시 55분 남북장성급회담 수석대표 명의로 북측에 전화통지문을 보내 도발행위를 즉각 중지할 것으로 강력히 촉구하고 경고 후에도 계속 도발할 경우 단호히 대응하겠다고 경고했다. 합참 관계자는 "오전 10시가 조금 넘어 매달 이뤄진 해상 포사격 훈련을 실시했으며 국제해상 항행통신망을 통해 훈련 해역을 알렸고 백령도 서쪽 및 연평도 남쪽 우리측 해상으로 사격을 했다."고 말했다.

북한의 해안포 공격은 3시 41분에 중지됐으며, 우리 군은 북한의 움직임을 집중 감시하고 있다. 육군도 군사분계선(MDL) 인근 경계를 강화하고 추가도발에 즉시 대응하기 위해 모든 부대 장병들을 부대에 대기하도록 했다.

오이석기자 hot@seoul.co.kr

北軍 "남측이 먼저 포사격" 주장

'의도적 선제공격' 부인

북한은 23일 연평도 해안포 도발에 대해 "남측이 북측 영해에 포사격을 하는 군사적 도발을 해 물리적 타격으로 대응했다."고 주장했다.

조선중앙통신에 따르면 북한 조선인민군 최고사령부는 연평도 해안포 공격에 관한 '보도'에서 "남조선 괴뢰들이 우리의 거듭된 경고에도 불구하고 23일 13시부터 조선 서해 연평도 일대의 우리 측 영해에 포사격을 가하는 무모한 군사적 도발을 감행했다."면서 "우리 혁명무력은 괴뢰들의 군사적 도발에 즉시적이고 강력한 물리적 타격으로 대응하는 단호한 군사적 조치를 취했다."며 우리 측에 책임을 떠넘겼다.

오후 7시 정각에 맞춰 나온 북한 인민군 '보도'는 연평도에 해안포 사격을 퍼붓기 시작한 지 4시간 20여분만에 나온 북한의 첫 반응이다.

23일 북한 조선중앙TV 아나운서가 북한이 연평도에 해안포 사격을 가한 것은 남한 측이 먼저 군사적 도발을 해 대응조치를 취한 것이라는 북한군 최고사령부의 주장을 전하고 있다. 연합뉴스

'보도'는 또 "우리 측 영해에 쏘아댄 괴뢰들의 포탄은 무려 수십발에 달한다."며 "괴뢰들의 군사적 도발은 이른바 '어선단속'을 구실로 괴뢰 해군함정들을 우리 측 영해에 빈번히 침범시키면서 날강도적인 '북방한계선'을 고수해 보려는 악랄한 기도의 연장"이라고 주장했다.

'보도'는 이어 "도발자들의 불질을 무자비한 불벼락으로 다스리는 것은 우리 군대의 전통적인 대응방식"이라며 "남조선 괴뢰들은 빈말을 하지 않는다는 우리 혁명무력의 엄숙한 경고를 똑똑히 새겨들어야 한다."고 위협했다. 이와 함께 "조선 서해에는 오직 우리가 설정한 해상군사분계선만 존재할 것"이라면서 "앞으로도 우리 혁명무력은 남조선 괴뢰들이 조국의 영해를 0.001㎜라도 침범하면 주저하지 않고 무자비한 군사적 대응타격을 계속 가하게 될 것"이라고 협박했다.

김미경기자 chaplin7@seoul.co.kr

'서울신문

2010년 11월 25일(목) 6면

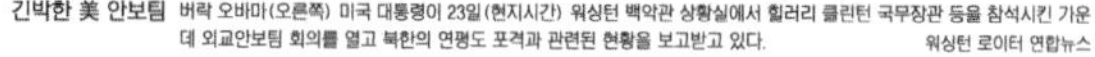

긴박한 美 안보팀 버락 오바마(오른쪽) 미국 대통령이 23일(현지시간) 워싱턴 백악관 상황실에서 힐러리 클린턴 국무장관 등을 참석시킨 가운데 외교안보팀 회의를 열고 북한의 연평도 포격과 관련된 현황을 보고받고 있다. 워싱턴 로이터 연합뉴스

日 대책본부 소집 간 나오토(오른쪽) 일본 총리가 24일 도쿄 총리 관저에 설치된 '북한 포격 대책본부'를 찾아 "중국이 한반도 긴장완화를 위해 영향력을 발휘해야 한다."고 말하고 있다. 도쿄 AFP 연합뉴스

오바마 "中 태도 분명히 해야… 필요땐 韓·美 합동훈련"

3국 정상 "北 도발할수록 더더욱 제재 강화해야" 뜻 모아

오바마 "24시간 강력한 공동대응"… 간 "용납 못 할 행위"

李대통령, 美·日 정상 전화통화

이명박 대통령은 24일 버락 오바마 미국 대통령, 간 나오토 일본 총리와 각각 전화 통화를 하고 북한이 연평도 포격과 같은 도발을 할수록 더더욱 제재를 강화해야 한다는 데 인식을 같이 했다.

이 대통령과 오바마 대통령의 통화는 오전 11시 30분부터 30분간 이뤄졌다. 이 대통령은 통화에서 "이번 북한의 도발은 과거와는 다르다. 일반 주민에 대한 무차별 공격이 이뤄졌고, 북한이 영변 고농축 우라늄 프로그램 발표 이후 저지른 도발이라는 점에서 계산된 것으로 보인다."고 말했다. 오바마 대통령은 도발과 관련, "중국이 북한에 대해 분명한 태도로 임해야 한다. 중국이 대북관계에 있어 협력해야 한다."면서 "나도 통화하겠다."고 밝혔다.

이 대통령은 이에 대해 "북한이 그동안 부인했던 고농축 우라늄 프로그램을 공개했고 이어 민간에 대해 스스로 도발을 했다고 밝힌 만큼 중국도 협조해 줄 것을 기대한다."고 말했다.

양국 정상은 통화에서 이번 북한의 도발은 대한민국 영토와 민간에 대한 무차별적이고 계획된 도발이라는 데 의견을 같이했다. 두 정상은 이에 따라 어느 때보다 북한에 대해 공고히 대응하고, 특히 24시간 긴밀하고 강력한 공동대응 태세를 유지해 나가기로 했다.

오바마 대통령은 항공모함 조지워싱턴호의 서해 파견에 대해 설명하면서 "앞으로도 필요 시 한·미군사훈련을 함께 하자."고 말했다. 두 정상은 또 북한이 대화를 원한다면 진정한 변화를 보여야 한다는 메시지를 계속 보내기로 의견을 모았다.

이 대통령은 이어 정오부터 30분간 간 총리와 전화통화를 했다. 간 총리는 "북한의 이번 행위는 우발적 행위가 아니다."라면서 "북한은 즉시 더 이상의 도발을 중단해야 하고, 이를 위해 국제사회가 협력해야 하는데, 특히 한·미·일이 긴밀히 협력해야 한다."고 말했다. 간 총리는 특히 "북한에 대한 중국의 영향력이 큰 만큼 북한에 영향을 줄 수 있게 중국이 단호한 태도를 보여야 한다."면서 "일본도 이러한 메시지를 중국에 전달하겠다."고 말했다.

이 대통령은 일본 정부가 북한의 도발을 즉각 규탄하고 한국을 지지하겠다는 입장을 표명한 데 대해 감사의 뜻을 표했다. 이 대통령은 이어 데이비드 캐머런 영국 총리와도 통화를 했다. 캐머런 총리는 "북의 책임 있는 행동변화를 유도하는 데 중국도 동참할 것을 요구할 것"이라면서 "북한이 응분의 책임을 져야 하고, 북한의 행동은 국제사회로부터 지탄을 받아야 하며, 유럽연합(EU) 모든 나라가 영국과 같은 생각"이라고 말했다. 이 대통령은 저녁에는 앙겔라 메르켈 독일 총리와도 전화통화를 했다.

김성수기자 sskim@seoul.co.kr

안보리 '연평도 포격' 긴급개최 논의

정전위 논의 부진 땐 이르면 주말 시작

유엔 안전보장이사회(안보리) 상임이사국과 이사국들이 비공식 전화접촉 등을 통해 북한의 연평도 포격 문제를 다룰 긴급회의의 개최에 대해 논의하기 시작했다.

안보리 순회 의장국인 영국의 마크 라이얼 그랜트 유엔대사는 23일(현지시간) 반기문 유엔 사무총장과의 전화통화에서 "북한 공격의 심각성에 비춰볼 때 긴급회의를 소집할 필요가 있다."고 말한 것으로 알려졌다.

중동 문제에 관한 비공개 안보리 회의에 참석한 한 외교관은 그랜트 대사가 이 회의에서 안보리 14개 회원국 대표들과 연평도 문제를 어떻게 대처할지 협의 중이라는 말을 했다고 전했다. 다만 그랜트 대사는 긴급회의를 당장 개최할 것이냐는 기자들의 질문에 대해서는 "오늘(23일) 중에는 없을 것"이라고 답했다.

하지만 유엔 안팎에서는 이번 연평도 사태는 남북 간 국지적 분쟁에 속하기 때문에 '지역 분쟁은 당사국 간 우선 해결' 원칙에 따라 일단 당사자 간의 군사정전위원회 채널 등을 통한 대화 노력이 먼저라는 관측이 많다. 이와 관련, 유엔 주재 한국 대표부의 한 관계자는 "한국 정부가 입장을 명확히 정한 뒤에 안보리 긴급회의의 소집 여부가 결정될 것"이라면서 "지금으로서는 일정한 절차가 필요할 것"이라고 밝혔다.

따라서 한국 정부가 북한에 대해 군사정전위 등의 채널을 통해 적절한 조치를 취하기 위한 노력을 하고, 해결이 나지 않을 경우 안보리 논의로 넘어오는 것이 순서인 셈이어서 빨라야 이번 주말쯤 논의를 시작할 수 있을 것이라는 예상이 많다. 안보리 결의 1718호와 1874호 등을 통해 이미 북한에 대한 실효적 제재 수단을 모두 동원한 만큼 이번 사안에 대한 안보리 논의에서는 북한의 도발을 비난하고 대북 압박을 강화하는 데 초점이 맞춰질 것으로 보인다.

한편, 유엔 주재 북한 대표부 박덕훈 차석 대사는 로이터통신과의 인터뷰에서 "(연평도 사건) 문제는 안보리에서 다룰 사안이 아니라 남북한이 논의할 문제"라며 안보리 논의 자체를 반대했다. 그는 "유엔 안보리는 국제평화와 안보에 위협이 되는 문제들을 다루고 있다."면서 "이번 사태는 남북한 간의 지역적 문제"라고 덧붙였다.

강국진기자 betulo@seoul.co.kr

1·2차 연평해전과 다른 점

해상서 '지상전'으로… 민간인 희생 불러

11·23 연평도 피격은 위치적 특성 때문에 1, 2차 연평해전을 떠오르게 한다. 연평도는 서해 최북단 섬으로 북한의 도발이 자주 있었던 곳이다. 백령도, 대청도 등 서해 5도 중 경계 1순위 지역으로도 꼽힌다. 전문가들은 1, 2차 연평해전과 11·23 연평도 피격에는 큰 차이가 있다고 지적한다. 남북 관계에 큰 변화가 있었고, 무엇보다 민간인이 피해를 입었다는 점에서 이전과 다르게 봐야 한다는 것이다.

■1, 2차 연평해전과 11·23 연평도 공격

	1차 연평해전	2차 연평해전	11·23 연평도 공격
일시	1999년 6월 15일 오전 9시 7분	2002년 6월 29일 오전 10시 25분	2010년 11월 23일 오후 2시 34분
위치	연평도 서쪽 10km 해상 (NLL 남쪽 2km)	연평도 서쪽 22.4km 해상 (NLL 남측 4.8km)	연평도
피해상황	남측 : 고속정 · 초계함 등 5척 선체 일부 파손 9명 경상	남측 : 고속정 1척 침몰 6명 사망, 19명 부상	남측 : 군인 2명 사망, 16명 부상 민간인 2명 사망, 3명 부상, 군부대 및 건물 22채 파괴 (11월 24일 집계 상황)
	북측 : 어뢰정 · 경비정 2척 침몰 경비정 3척 파손 (30명 이상 사망 추정)	북측 : 경비정 1척 파손	북측 : 황해도 강령군 소재 개머리 및 무도 기지 피해 입었을 것으로 추정
남북 관계 영향	6월 22일 남북차관급 회담에서 북측의 사과 요구, 남측 거부. 이후 북측은 "서해 사태는 금강산관광과 무관" 하다고 밝히는 등 남북 관계에 별 영향 없음	북측, 핫라인 통해 "우발적 사고"라며 유감 표명 및 재발 방지 약속 8월 12일 7차 남북장관급 회담 개최로 해소	북측은 "앞으로 영해를 0.001mm라도 침범하면 군사적 대응타격 가하겠다" 고 응대 11월 25일 예정됐던 남북적십자회담 무기한 연기 등 남북 관계 경색

■北 포 조준력 낮아 거주지로 확산

11·23 연평도 피격은 이전과 비교해 대상에 차이점이 있다. 1, 2차 연평해전은 군인끼리의 교전이었다. 장소도 해상이었고, 군인 인명 피해는 있었지만 민간인 피해는 없었다. 그러나 11·23 연평도 피격은 민간인 거주지역에 포탄이 대거 떨어져 피해가 컸다. 김용현 동국대 북한학과 교수는 "그간 해상에서만 벌어지던 교전이 육상으로 옮겨 왔다."면서 "민간인이 피해를 입었다는 점이 큰 차이점"이라고 지적했다.

이에 따라 군사적인 분쟁 수준으로 정리됐던 대응책도 달라야 한다고 주문했다. 단, "의도적으로 민가를 향한 것이 아니라 북한 해안포가 정교성이 떨어져 발생했을 것"이라고 추정했다. 양무진 북한대학원대학교 교수도 "민간인을 일부러 노렸다기보다는 북한 포의 조준력이 떨어져 육상에 무차별적으로 쏘는 과정에서 피해가 발생했을 것"이라고 말했다.

■남북 긴장 계속 땐 국지전 발생

두 번째 차이점은 남북 관계다. 양 교수는 "연평교전 당시에는 화해 무드가 조성된 탓에 남북 간에 '핫라인'이 설치돼 있었지만 지금은 통신 채널이 없다."면서 "긴장 상태가 계속되면 다른 지역에서 국지전이 발생할 수도 있다."고 말했다. 이어 "북한을 압박하게 되면 북한이 '핵 보유국'이라는 최후의 카드를 꺼낼 것이다."라고 덧붙였다. 김 교수도 "남북 관계가 좋지 않았다가 그나마 회복되려는 상황에서 발생했다."면서 "남북 관계가 급경색될 것으로 보인다."고 말했다.

이민영기자 min@seoul.co.kr

서울신문
2010년 11월 25일(목) 11면

"집잃고 조업 못하고… 살길이 막막…"

서해5도 주민들 생계 막막

"무차별 포격에 조업금지까지, 엎친 데 덮친 격이네요. 어떻게 살아갈지 막막하기만 합니다."

인천 옹진군 연평도를 비롯해 인근 서해 5도 어민들의 시름이 깊어지고 있다. 북한의 포격 도발로 연평도 어민들은 삶의 터전이 망가졌고, 인근 도서지역 어민들 역시 꽃게·우럭·노래미철임에도 군 당국의 출어금지 조치로 생계가 막막하다며 한숨만 내쉬고 있다.

"꽃게·홍어철 손발 묶여… 장기화땐 폐사 추가 피해"

인천~연평도 등 4개 항로 통제로 관광객 발길 뚝

연평도 등 서해 5도 어민들은 대부분 연근해에서 꽃게, 홍어, 까나리 등을 잡아 생활하고 있다. 연평어장에서는 9월 들어 어획철 금어기가 해제되면서 꽃게 조업이 한창이었다. 연평어장은 인천 꽃게 어획량의 4분의1을 차지하는 등 추가 피해가 우려된다. 날씨가 추워지면서 살이 올라 가격이 오르고 있지만 조업 중단으로 어민들은 더 이상 꽃게를 잡지 못하고 있다.

이번 포격으로 인한 조업중단이 장기화될 경우 당장 국내 수요를 감당하지 못해 수입이라도 해야 할 형편이다. 옹진군청 수산과 관계자는 "조업이 중단되면서 어구에 잡힌 꽃게가 폐사하는 등 추가 피해를 볼 수 있다."면서 "어민들의 생계 유지 대책을 마련하고 있다."고 말했다. 연평도 주민 최모(51)씨는 "마음에 직접 포탄이 떨어지고, 조업이 중단되니 이제 어떻게 살아가야 할지 답이 없다."며 고개를 떨어뜨렸다.

인근 서해 5도 주민들도 답답하기는 마찬가지. 서해 5도에는 235척의 선박이 등록돼 있다. 전체 인구 8300여명 가운데 2000여명이 어민이다. 옹진군청 관계자는 "서해 5도 어민들이 하루 조업을 못하면 지역경제에 수억원의 손실이 발생한다."고 말했다. 게다가 인천~연평도 등 4개 항로가 통제되면서 서해 5도의 민박집과 횟집 등을 찾는 관광객도 모두 끊겼다.

백령도의 경우 올 초 천안함 침몰사고 직후인 4~8월 관광객은 3만 1230명으로 지난해 같은 기간의 4만 2078명에 비해 25%가 급감했었다. 백령도 어민 이모(46)씨는 "이산가족 상봉 등으로 남북 긴장이 완화되는 줄만 알았다."면서 "연평도 포격 등 긴장 분위기는 조업 활동은 물론 지역경제에 직격탄"이라고 말했다. 대청도 어민 손모(66)씨도 "연평도 포격 전에는 중국 어선들이 물고기 씨를 말리고 어구를 훔쳐가는 등 피해가 컸다."면서 "포격까지 더해져 설상가상이 됐다. 힘든 상황이 빨리 정리됐으면 좋겠다."고 말했다.

김호섭기자 newworld@seoul.co.kr

"없어진 다리 찾아달라" 유족들 오열

故 서정우 하사·문광욱 일병 27일 '해병대葬'

오전10시 국군수도병원서… 대전현충원 안장

국군수도병원 합동 분향소

해병대 연평부대 고 서정우 하사와 문광욱 일병의 시신이 안치된 성남 국군수도병원 합동분향소는 유족들의 오열과 부상 병사 가족들의 안도의 한숨이 교차했다.

24일 오전 서 하사의 시신을 살펴본 유족은 "훼손돼 없어진 시신의 한쪽 다리를 찾아 달라."고 울부짖었다. 장병 2명의 유족들은 전평훈 해병대 부사령관(준장)이 사건 브리핑을 했지만 사망원인을 명확하게 알기 전까지는 장례절차를 논의하지 않겠다며 성의있는 답변을 요구했다. 서 하사의 작은아버지는 "많은 휴가자 가운데 왜 서하사와 최주호 병장, 구교석 일병 3명만 달랑 떨어져 있었는지, 인솔자가 누구인지, 최초 시신 수습자와 목격자는 누구인지 등 기본적인 사실을 왜 못 밝히나."고 거세게 항의했다.

한편 전사한 서정우 하사와 문광욱 일병의 유족은 오는 27일 오전 10시 성남 국군수도병원 체육관에서 해병대장(5일장)으로 영결식을 갖기로 24일 해병대사령부와 합의했다. 두 전사자 시신은 성남시립 화장장에서 화장하고 오후 3시 대전 국립현충원에 안장하기로 했다.

부상자들은 응급치료를 받고 안정을 취하고 있는 것으로 알려졌다. 얼굴에 파편이 박히고 15㎝나 찢기는 중상을 입은 한규동 일병의 아버지 한일봉(54)씨는 "파편을 제거하고 봉합수술을 받은 뒤 안정을 취하고 있다."고 전했다. 이어 "순직한 병사와 더 심하게 다친 병사를 생각하면 팔다리가 멀쩡한 것만도 오히려 감사해야 할 상황"이라며 "이렇게 무차별적이고 야만적인 도발 행위가 과연 있을 수 있는 일이냐."며 북한의 만행을 비난했다.

분향소에는 두 병사를 추모하기 위한 선후배 해병대원들과 정치인의 발길들이 이어졌다. 국회 국방위원장 원유철 의원, 전 국방장관 김장수 의원, 민주당 손학규 대표 등 정치권 인사들과 군 관계자들의 발길이 이어지고 있다. 여야의원들과 손학규 민주당 대표, 이정희 민주노동당 대표, 조승수 진보신당 대표 등도 찾아와 유족들을 위로했다. 김문수 경기지사도 조문했다.

서 하사가 재학했던 단국대 장호성 총장과 한민호 총학생회장 등 학생대표들도 분향소를 찾아와 조문했다. 분향소 안쪽에는 이명박 대통령을 비롯해 정·관계와 각 군 수뇌부가 보내온 조화 60여개가 놓여 있다. 김병철기자 kbchul@seoul.co.kr

"아들아" 어머니의 눈물 24일 국군수도병원 장례식장에 마련된 연평도 전투 전사자 합동분향소에서 고 서정우 하사의 어머니(오른쪽)가 오열하고 있다. 도준석기자 pado@seoul.co.kr

전력·통신 재개… 임시주택 제공

치료비 지원·세제 감면… 다음주 주택·시설물 보수

연평도 복구·피해주민 지원은

북한의 포격으로 공동체 기능이 마비된 연평도에 대한 복구작업이 24일 시작됐다. 주민가옥 등에 대한 복구는 시일이 오래 걸리는 만큼 당장 시급한 전기, 통신, 소방 분야 복구에 해당기관 행정력이 총동원되고 있다.

한국전력 인천본부는 전력 복구를 위해 오전 8시 수송선에 직원 20명과 발전기, 크레인 등 복구 장비를 싣고 연평도로 들어와 복구를 시작했다. 연평도 전체 820가구 가운데 420가구의 전력 공급이 끊겼다. 지원팀은 도착하자마자 현지 직원들과 함께 밤새 복구작업을 펼쳐 대부분의 주택과 공공시설에 대한 전력 복구를 마쳤다. 연평도 발전소 김춘교 팀장은 "이제부터 계속해서 복구 작업을 벌여 오후 1시 30분쯤 최종 송전했다."며 "하지만 여전히 46가구에 전기가 공급되지 않고 있다."고 말했다. 김 팀장은 25일에 전력이 모두 복구될 것이라고 덧붙였다. 현지에 남아 있는 일부 주민들은 집 밖으로 나와 전력 복구작업을 도왔다.

통신사들의 복구작업도 빠르게 진행되고 있다. SK텔레콤과 KT, LG유플러스 등 통신 3사는 차량 33대, 인원 59명으로 긴급복구반을 꾸려 마비된 이동통신 기지국 복구작업을 벌였다.

인천시 소방본부는 소방차 21대와 소방인력 86명을 연평도로 보내 포격으로 발생한 산불 진화작업을 펼쳐 오후 4시쯤 완전 진화했다. 119대원과 의용소방대원들은 가옥 등에 대한 진화작업을 폈다. 소방본부는 연평도 전체 임야의 70% 정도가 불로 소실된 것으로 분석했다.

파손된 주택 등 시설물 복구는 다음 주부터 본격화될 전망이다. 인천시는 주택 20동과 창고 2동을 복구하는 데 20억원이 소요되고, 파손된 연평보건소와 종합운동장 등 공공시설물 8동을 보수하는 데 7억원이 필요할 것으로 추정했다.

시는 복구 비용을 시비로 충당한 다음 정부에 지원을 요청할 계획이다. 송영길 시장은 "주민들을 위한 숙소, 가옥 복구, 부상자 치료 등의 대책을 마련하고 있다."며 "파손된 22채의 가옥에 그대로 살기를 원하면 임시 조립식 건물을 지어주고 인천에 있겠다고 하면 거처를 마련해주겠다."고 밝혔다.

행정안전부는 "연평도가 준전시 상황인 만큼 '민방위기본법'에 따라 파괴된 주택 신·개축 비용과 부상당한 주민의 치료비를 지원하기로 했다."고 밝혔다. 연평도 피해 주민에 대한 세제 지원도 이뤄진다. 주택·선박 취득세 등은 최대 9개월까지 납기가 연장되며 자동차나 주택, 선박이 파손된 주민은 2년 이내에 같은 재산을 사들이면 취득·등록세와 면허세가 면제된다. 김학준·이재연기자 kimhj@seoul.co.kr

"휴전상황 실감… 가슴 한구석 두려움"

추가도발 긴장속 시민들 반응

북한의 '11·23 연평도 포격' 다음 날인 24일 겉으로 보이는 시민들의 생활에는 큰 변화가 없어 보였지만 표정에는 긴장된 모습이 역력했다. 특히 민간인 2명이 사망했다는 소식이 전해지면서 시민들은 분노에 휩싸였다.

"민간인까지 사망… 북한에 분노감"

대학생 이정남(23)씨는 "군인이 2명이나 전사했다는 소식에 화가 났는데, 민간인까지 사망했다니 울화가 치민다."면서 "민간인 사망 소식이 추가로 들려올까 봐 걱정된다."고 말했다. 회사원 이영택(52)씨는 "처음에는 민간인이 가벼운 부상을 입었다고 해서 불행 중 다행이라고 생각했는데, 민간인까지 사망했다는 소식을 듣고 북한에 대해 분노감을 느낀다."고 말했다.

최근의 서해교전이나 천안함 사태와 달리 북한군이 민간인을 직접 겨냥했다는 사실 때문에 상당수 시민들은 '추가 도발이 있을 것', '전면전으로 확전되는 게 아니냐.'는 등 두려움을 토로했다. 회사원 조강근(44)씨는 "하루가 지났는데도 가슴이 진정되지 않는다."면서 "가슴 한구석에는 두려움이 있는 게 사실이다."라고 말했다. 김재균(33)씨는 "한반도가 휴전 상황이라는 사실을 국민들이 잊고 있었던 것 같다. 전쟁은 아직 끝난 것이 아니라 잠시 중단된 상태임을 깨달았다."고 말했다.

"정부 신뢰 못해… 적극 대응해야"

군과 정부의 소극적 대응에 대한 불만을 드러낸 시민들도 있었다. 이모(35·여)씨는 "대통령과 국방장관의 해명을 들으면서 정부를 신뢰할 수 없다는 생각이 든다."면서 "정부가 적극적으로 북한의 도발에 대응했어야 했다."고 지적했다. 이민영기자 min@seoul.co.kr

"혹시…" 생수·라면 등 판매 급증

북한의 무력도발이 발생한 지난 23일 우려되던 식료품 사재기 현상은 다행스럽게 일어나지 않았다. 그러나 지난주와 비교하면 라면, 생수, 쌀, 즉석식품 등의 매출이 증가해 국민들의 불안한 마음을 엿볼 수 있다. 특히 이런 현상은 연평도 인근 인천 지역에서 두드러진 것으로 나타났다.

24일 GS슈퍼마켓에 따르면 23일 송도 등 인천 지역 14개 점포에서 지난주보다 라면은 58.5%, 생수는 59.2%, 통조림은 27.8%, 즉석식품은 24.4%의 매출 증가를 보였다. 연평도와 가까운 송도점의 경우 봉지라면 매출이 무려 107.4%, 생수는 77.2%까지 치솟았다.

또 북한과 비교적 가까운 고양, 파주, 의정부, 포천 등 경기 북부 지역 점포에서도 라면은 53.1%, 생수는 42.7% 매출이 뛰었다. 전국적으로도 라면 44.2%, 생수 31.1%, 즉석식품 17.4%, 통조림 10.8%의 매출 증가세를 보였다.

반면 신세계 이마트, 홈플러스, 롯데마트 등 대형 할인점에서는 동일 상품의 매출 증가가 두드러지지 않았다.

대형 할인점 관계자는 "슈퍼마켓 쪽에서 매출 증가가 두드러진 것은 대형할인점보다 접근성이 좋은 점이 작용한 것 같다."면서 "어수선한 분위기 속에서 23일 밤 귀가를 서두른 시민들이 집 근처의 가게에 들러서 라면이나 생수 등을 무더기로 산 것으로 보인다."고 말했다.

박상숙기자 alex@seoul.co.kr

"올스톱" 음반 발매·촬영 등 연기

북한의 연평도 도발에 대중문화계도 급속히 얼어붙고 있다. 가수들이 새 앨범 발표를 줄줄이 뒤로 미루는가 하면 영화 촬영이 취소되는 등 타격이 적지 않다. 지난 3월 천안함 사태 때 한달 가까이 '올스톱 상태'를 경험했던 연예계는 사태 추이에 촉각을 곤두세우고 있다.

당장 불똥이 떨어진 곳은 가요계. 25일 새 앨범을 발표할 예정이었던 걸그룹 '씨스타'와 힙합듀오 '언터처블'은 상황이 안정될 때까지 음반 발매를 연기했다.

'언터처블' 소속사인 TS엔터테인먼트는 24일 "연평도 사태로 사회 분위기가 얼어붙고 방송사 음악 프로그램이 결방될 가능성 등이 있어 다음 달 초로 음반 발매를 미뤘다."고 밝혔다. 그룹 SS501 출신의 박정민은 오는 27일로 예정된 솔로 앨범 쇼케이스(신곡 발표회)를 취소했다.

영화·공연계도 사정은 비슷하다. 인천을 배경으로 영종도 바닷가에서 촬영 중이던 영화 '악인은 너무 많다' 팀은 북한의 도발이 있은 직후 현장에서 철수했다. 로맨틱 뮤지컬 '판타스틱'은 24일 개최하려던 언론 공개 리허설을 취소했다. 그런가 하면 MBC는 오는 29일 중국 칭다오에서 잡혀 있던 '위대한 탄생' 오디션 현장 공개를 취소했다. 일부 예능과 가요 프로그램도 결방 결정이 나오고 있다.

이은주기자 erin@seoul.co.kr

올 예비군 일반훈련 전면 중지

현역 부대의 전투력 강화를 위해 올해 예정된 예비군 훈련이 전면 중지됐다. 북한의 연평도 포격 도발에 따른 군사대비태세를 강화하기 위한 방안이다.

국방부는 24일 "현역 부대의 군사대비태세 강화를 보장하고 전 예비군 중대의 향토방위작전태세를 점검하기 위해 올해 계획된 모든 예비군 일반훈련을 11월 24일 17시부로 중지한다."고 밝혔다. 다만 이미 진행되고 있는 동원훈련은 전시대비 훈련이기 때문에 정상적으로 실시하고 25일 모두 종료된다고 국방부는 설명했다.

훈련 중지 대상자는 모두 13만 7000명으로 이 가운데 24시간 내에 계획됐던 훈련은 이수한 것으로 처리할 예정이다. 또 이번 조치로 중지되는 일반훈련은 내년 3월 보충훈련을 통해 이뤄지게 된다.

국방부 동원기획 담당 관계자는 "예비군 훈련이 현역부대에서 이뤄지고 있어 현역 장병의 전투력이 분산되고 있다."면서 "현역 장병의 전투력을 집중시켜 군사대비태세를 강화하기 위한 조치"라고 말했다. 오이석기자 hot@seoul.co.kr

'예비군 동원령' 허위문자 유포 20대 검거

경기지방경찰청 사이버범죄수사대는 24일 북한군의 연평도 포격 도발과 관련, '예비군 동원령이 내려졌다.'는 내용의 허위 문자메시지를 발송한 혐의(전기통신법 위반)로 유모(26·무직)씨를 불구속입건했다.

경찰에 따르면 유씨는 지난 23일 오후 6시 53분쯤 자신의 휴대전화를 이용, 군대 선후배와 사회친구 등 33명에게 '[특보] 2010.11.23.18:50 전시상황 인한 예비군 병력 동원 소집령 선포 M+55까지 입영바람'이라는 내용의 문자메시지를 발송한 혐의를 받고 있다.

조사결과 유씨는 대량문자발송 사이트를 이용, 자신의 휴대전화번호 대신 허위의 발신자번호로 문자메시지를 보낸 것으로 드러났다. 유씨는 "TV보도를 보다 장난삼아 문자메시지를 보냈다."고 경찰에서 진술했다.

유씨의 문자메시지를 받은 일부 수신자는 국방부와 예비군 중대본부에 확인전화를 하는 등 소동을 빚은 것으로 조사됐다. 경찰은 수신자 1명이 한국인터넷 진흥원에 스팸메시지로 신고한 사실을 확인, 유씨를 붙잡았다.

김병철기자 kbchul@seoul.co.kr

'서울신문

2010년 11월 26일(금) 1면

北 연평도 포격 당시 사진 첫 공개 북한의 연평도 포격 도발이 시작된 23일 오후 2시 32분쯤 해병 연평부대 K9자주포가 포사격 훈련을 종료하기 직전 포탄 공격을 받은 모습이 처음으로 공개됐다. 국방부는 25일 이 사진을 공개하면서 해병대 정훈과 송모 하사가 사격 훈련 장면을 찍기 위해 대기했다가 촬영한 장면이라고 설명했다. 국방부 설명에 따르면 K9자주포가 훈련을 위해 연평도 남서쪽 방향을 바라보고 있던 중 북한의 포탄이 후방 진지에 떨어졌다. 이때 튄 파편이 사격 훈련 때 사용되는 장약으로 튀어 불꽃을 만들어냈으며, 자주포에 탑승하고 있던 포반장이 포탄 소리에 놀라 밖으로 나와 주변을 살피고 있다. 국방부 제공

김태영 국방장관 전격 경질

후임에 이희원 안보특보 유력… 오늘 발표

이명박 대통령이 25일 전격적으로 김태영(사진) 국방장관의 사의를 수용했다. 사실상의 경질이다.

후임 국방장관은 26일 발표될 예정인 가운데 이희원 대통령 안보특보가 유력한 것으로 알려졌다. 청와대는 지난 23일 북한의 연평도 포격 도발 이후 후임 국방장관 인선에 착수했다.

이 특보는 안보특보를 지내면서 군 개혁 작업을 맡아와 천안함 및 연평도 사태 이후 군 분위기를 쇄신하는 데 적임자라는 평가를 받아 왔다. 천안함 사태 직후인 지난 5월 초 신설된 안보특보에 임명됐으며 1971년 27기로 육사를 졸업한 뒤 51사단장과 수도군단장, 육군 항공작전사령관, 한·미연합사 부사령관 등을 역임한 뒤 2006년 예편했다. 군 생활 대부분을 야전 부대에서 잔뼈가 굵은 대표적인 야전통 인사로 분류된다.

물러난 김 장관은 지난 5월 천안함 사태 이후 사표를 제출했지만, 6개월 만에 사의가 수용됐다. 임태희 대통령실장은 이날 밤 청와대에서 기자회견을 갖고 "이 대통령이 오늘 오후 김 장관의 사의를 받아들이기로 했다."면서 "최근 계속되는 군 사고와 군 분위기 쇄신 차원에서 사의 수용을 결정했다."고 밝혔다.

이 대통령은 또 분위기 일신을 위해 김병기 청와대 국방비서관도 교체키로 했다. 후임 국방비서관 인선은 며칠 더 걸릴 것으로 알려졌다.

김성수기자 sskim@seoul.co.kr

▶관련기사 2면

양제츠 中외교부장 방한 돌연 연기 ▶기사 4면

서해5도에 지대지 미사일 배치

민간공격때 대응강화… 교전규칙 개정
비대칭 軍전력 교정위해 예산 우선투입

북한이 민간인에 대해 공격을 할 때는 대응 수준을 훨씬 강화하는 쪽으로 군의 교전규칙을 전면적으로 바꾼다. 또 연평도와 백령도 등 서해 5도에 지대지 미사일 등 세계 최고 수준의 군사장비를 배치하는 등 군 전력을 대폭 증강한다.

정부는 25일 청와대에서 이명박 대통령 주재로 김황식 국무총리 등 안보·경제 분야 장관과 청와대 참모가 참석한 가운데 긴급 안보경제점검회의를 갖고 이같이 결정했다.

정부는 민간인에 대한 공격과 군에 대한 공격을 구분해서 대응 수준을 차별화하기로 하는 등 군의 교전규칙을 전면적으로 보완하기로 했다.

북한의 추가 도발에 대비하기 위해 서해 5도의 지상 전력을 포함한 군 전력도 대폭 보강하기로 했다. 이에 따라 지난 2006년 결정됐던 서해 5도 지역 해병대의 병력 감축 계획이 백지화된다. 북한과의 비대칭 군 전력 위협을 교정하기 위한 예산도 우선적으로 투입된다. 국방부는 서해 5도에 적외선 유도로 북한의 진지를 타격할 수 있는 사거리 25㎞의 지대지 미사일인 '스파이크 미사일' 배치를 추진키로 했다.

이 대통령은 회의에서 "서해 5도와 같은 취약지는 국지전과 비대칭 전력에 대비해 세계최고의 (군) 장비를 갖춰 철저하게 대응하라."고 지시했다.

서해 5도 지역의 주민 안전대책도 이주대책을 포함해 주민들의 의견을 들어 종합적으로 점검해 개선키로 했다.

김성수기자 sskim@seoul.co.kr

▶관련기사 2, 3, 4, 5, 6, 8, 9, 10면

25일 오후 2시 40분 연평도 당섬 선착장. 오장육부(五臟六腑)가 뒤집힐 정도로 지독한 배멀미 끝에 연평도에 도착했다. 텅 빈 해안가는 숨이 멎을 만큼 조용했다. 바닷바람은 칼로 살을 에는 듯 차가웠다. 경찰 SUV 차량으로 연평파출소까지 가는 데 채 5분이 걸리지 않았다. 2차선 도로 양옆으로 펼쳐진 개펄을 지나 마을 초입에 들어섰지만 눈을 씻고 봐도 사람 그림자조차 보이지 않았다.

2차공포 확산… 주민 총대피령

'유령섬 된 연평도' 본지 기자 현지 르포

한·미훈련때 또 도발 우려
軍·경찰·의료진 등만 남아
주민 "다신 여기 살기 싫다"

열에 여덟아홉으로 단층 슬레이트집 유리창은 박살 나 흉가 몰골을 하고 있고, 주인 잃은 자전거만 여기저기 널브러져 뒹군다. 북한군의 집중 포격을 맞은 2010년 11월의 연평도. 60년 전인 6·25전쟁 때와 너무 닮아 있었다.

형광색 옷을 입은 건설·통신 복구 작업 인부들이 차에 올라타는 모습이 보여 섬을 둘러보기로 했다. 매캐한 냄새가 코를 찌른다. 거의 모든 집 유리창이 안팎으로 산산조각 났고, 창틀도 녹아내렸다. 포탄이 떨어진 주변은 지붕이 폭삭 주저앉는 등 잿더미로 변해 있다. 집 안에도, 밖에도 위험한 곳 천지이고 고치려는 사람은 없다.

오후 3시 30분. 파출소 뒤 우체국의 직원들이 깨진 창을 라면박스로 막고 있다. "창만 막았는데도 훨씬 낫다."면서 "전기나 난방이 안 돼 석유버너로 라면을 끓여 먹거나 적십자사에서 주는 배식품으로 밥을 해 먹는다."고 말했다.

파출소에서 150m쯤 떨어진 연평면사무소의 직원은 "조금 있으면 잔류 주민 230명도 다 섬을 나갈 것"이라고 했다. "상황이 끝난 것이 아니어서 대피하게 했다."고 설명했다. 항공모함 조지 워싱턴호의 서해훈련이 끝나는 다음 달 1일까지 인천으로 내보낸다. 워싱턴호의 서해 한·미연합훈련에 북한이 어떻게 반응할지 모르기 때문이란다. 주민이 완전 소개(疏開)되면 남는 사람은 군인을 제외하고 경찰, 소방서, 보건소 직원 등 100여명. 잠은 책상에 앉아서 자거나 연평초·중·고에서 새우잠을 청한다. 텐트가 설치됐지만 날이 너무 추워서 밤에는 이용하는 사람이 거의 없다.

25일 오후 연평도 당섬 선착장에서 한 할머니가 해경 특공대원(SSAT)의 등에 업혀 육지로 나가는 배를 타러 가고 있다. 안주영기자 jya@seoul.co.kr

연평도 백민경·김양진기자 white@seoul.co.kr

▶2면에 계속

서울신문

2010년 11월 27일(토) 1면

北 포성 '위협'… 내일부터 한·미 연합훈련… 긴장 고조되는 한반도

北 또 20발

공격 사흘만에… NLL남쪽에 떨어지진 않아

軍 "내륙 훈련 추정"… 연평도 주민 긴급대피

북한의 서해 연평도 포격도발로부터 사흘이 지난 26일 오후 연평도 북방 북한 내륙지역에서 다시 6차례의 포성이 들렸다. 그러나 북방한계선(NLL) 남쪽으로 포탄이 떨어지지는 않은 것으로 파악됐다.

합동참모본부 관계자는 "낮 12시 20분부터 오후 3시 조금 넘는 시간까지 북한 개머리 방향 내륙지역에서 간헐적으로 수차례 포성이 들렸다."면서 "우리 측 지역이나 해상으로 떨어지지는 않았다."고 밝혔다.

합참 관계자는 이어 "해안지역이 아닌 내륙지역에서 실시한 일반적인 사격훈련으로 추정된다."면서 "북한쪽 동향을 예의 주시하고 있다."고 말했다.

연평도에서 포성이 청취된 것은 6차례였지만 모두 20여발의 포를 발사한 것으로 군은 추정하고 있다. 군은 일반적인 내륙에서의 북한군 자체 포사격 훈련으로 판단하고 있다. 군 관계자는 "북한이 발사한 포는 이번에 연평도를 공격한 해안포나 방사포는 아닌 것으로 보이며 우리 측 지역이나 해상으로 떨어진 포탄도 없는 것으로 안다."고 전했다. 수차례 포성이 들리자 군 당국은 연평도 주요 도로를 차단하고 병력을 배치했으며, 연평도 발전소 직원이나 주민들을 긴급 대피토록 했다.

오이석기자 hot@seoul.co.kr

▶관련기사 2, 3, 4, 5, 6, 8, 9면

보금자리 뒤로하고… 26일 뒤늦게 배를 타고 인천 여객터미널에 도착한 연평도와 백령도, 대청도 등 서해 5도 주민들이 가족들의 손을 잡고 육지로 나오고 있다.

류재림기자 jawoolim@seoul.co.kr

대피 행렬

백령·대청도 등 서해5도 주민들 육지로

남은 사람들도 라면 등 비상식량 준비

28일부터 시작되는 서해상의 한·미 합동훈련에 대해 북한이 보복 타격을 공언하고 나서면서 서해 5도 주민들이 술렁이고 있다. 특히 26일 오후 연평도에서 북한군 훈련으로 추정되는 포성이 들리면서 긴장의 밀도가 한층 높아지고 있다.

포성이 들리자 연평도에 남아 있던 일부 주민들은 서둘러 해안가나 대피소로 대피하기도 했다. 백령도, 대청도 등 일부 주민들은 육지로 대피했으며 남은 주민들도 만일의 사태에 대비해 비상식량 등 대피 준비를 하는 모습이었다.

백령도 주민들도 북한 공격에 대한 두려움을 감추지 못했다. 서해 5도 인근에서 일어난 잦은 교전을 봐온 터라 웬만한 사건에는 끄떡도 하지 않는 이들이지만 '정말 전쟁이 날지도 모른다.'는 걱정이 앞선 듯 보였다.

북포리 이장 박준철(65)씨는 "북에서 공격한다고 하니 주민들 모두 걱정이 크다."면서 한숨을 내쉬었다. 박씨는 "젊은 사람들이야 섬을 빠져나갔지만 늙은 사람들은 대부분 마을에 남아 있다."면서 "마을을 책임지는 사람으로서 떠날 수가 없었다."고 말했다. 면사무소에서는 공격이 있을 때에 대비해 각 이장들에게 컵라면 2박스씩을 나눠 줬다.

주민 이순자(65·여)씨는 "자식들이 육지로 나오라고 난리지만 우리만 살려고 나갈 수가 없었다."면서 "정부에서 지켜 줄 거니까 걱정 말라고 안심시켰다."고 말했다. 진촌1리에서 민박집을 운영하는 김모(54·여)씨는 "전쟁이 날 거라는 소문에 민심이 흉흉하다."면서 "일부 주민들과 군인 가족들은 육지로 나갔다더라. 물·라면·과자 등 비상식량을 챙겨 둔 사람도 있다."고 전했다.

연평도·인천 김학준·백민경·서울 이민영기자
kimhj@seoul.co.kr

▶2면에 계속

北포탄의 손글씨 ①번 숫자

북한이 지난 23일 연평도 포격 도발에 사용한 122㎜ 방사포 로켓 포탄에서 '①'(큰 사진)이라고 표기된 숫자가 발견됐다. 지난 5월 천안함 사건에 대한 민·군 합동조사단이 쌍끌이 어선으로 발견한 어뢰 추진체에 써있던 숫자 '1번'(작은 사진)처럼 손글씨다. 군 당국은 26일 포탄의 하단 추진체(노즐 조립체) 부분을 공개하면서 "천안함을 공격했던 어뢰 추진체의 글씨체와 유사하다."면서 "북한의 도발을 다시 한번 확인했다."고 설명했다.

오이석기자 hot@seoul.co.kr

'서울신문

2010년 11월 27일(토) 27면

씨줄날줄

옹진반도

1950년 4월 20일 옛 소련의 국방장관이 스탈린에게 보낸 극비문서에 따르면 "올 들어 지난 15일까지 모두 37건의 38선 침범사례가 발생했으며 발포는 모두 남쪽이 시작했다."라고 보고하고 있다. 사실과는 다르지만 이 밖에도 평양에서 모스크바에 보낸 비밀문서 등에는 이승만 대통령의 북진설에 근거, 옹진반도 국사봉과 두락산, 까치산을 중심으로 한 치열한 남북 군사충돌 상황이 상세하게 기록돼 있다.

스탈린이 김일성에게 제시한 '한국전쟁 3단계 작전지침'에도 옹진반도가 등장한다. 스탈린은 "전쟁이 나도 미국은 절대 개입하지 않을 것이며, 20만 남로당원이 들고 일어나 단숨에 끝날 것"이라는 김일성의 허풍에 넘어갔다. 그러나 의심 많은 스탈린은 1단계로 38선에 병력을 집결시키되 평화통일을 제의할 것, 2단계로 남쪽이 거부하면 옹진반도를 일단 점령할 것, 3단계 남쪽이 반격하면 그때 전선의 폭을 넓힐 것 등 단계적 전쟁 확대 지침을 제시했다. 전면전이 아니라 전략적 요충지인 옹진반도를 점령하라는 조건부 전쟁 승인이었음을 알 수 있다. 전쟁 초기 맥없이 무너진 17연대의 옹진반도 패전이 군 사기에 미친 악영향도 무시하지 못 한다.

동서쪽으로 뻗은 옹진반도는 멸악산맥의 지맥이 침강한 길이 58㎞의 리아스식 해안으로 천연 요새를 이루고 있다. 고조선사에 낙랑군에 이어 대방군 영토로 이름이 나오며, 삼한시대에는 고구려의 영지였다. 삼국사기에는 '옹천이 지금의 옹진'이라는 기록이 전한다. 독을 눕혀 놓은 듯하다고 해서 독벼루(甕遷)이고, 독을 엎어 놓은 듯한 나루가 있다고 해서 독나루(甕津)라고 불렸다. 통일신라까지 지명은 주로 옹천이 쓰였다. 475년 고구려군이 백제를 정벌할 때 고구려군의 해상기지 역할을 톡톡히 했다.

북한군이 무차별 포 공격을 가한 연평도의 행정구역은 인천광역시 옹진군 연평면이다. 8·15광복 당시 옹진반도는 38선 이남이었다. 한국전쟁이 일어났을 때 옹진반도의 대부분은 남한 땅이었고 행정구역상 경기도에 속했다. 1953년 휴전협정으로 백령도·연평도·대청도·소청도·우도 등 이른바 서해 5도를 제외한 미수복 지역이 북의 수중으로 넘어갔을 뿐이다. 북은 혹독한 전쟁을 치른 대가로 요충지 옹진반도를 점령하는 데 성공했지만, 서해 북방한계선(NLL) 바깥 서해 5도를 우리에게 내줬다. 눈엣가시일 것이다. 연평도와 서해 5도는 옹진반도의 '눈'이기 때문이다.

노주석 논설위원 joo@seoul.co.kr

장관만으론 안 된다… 軍 전면 쇄신하라

김태영 국방장관과 김병기 청와대 국방비서관을 경질한 것만으로는 안 된다. 북한의 연평도 공격에서 다시 확인된 군의 무사안일과 총체적인 문제점을 바로잡기 위해서는 전면적인 쇄신이 절실하다. 장관 경질은 쇄신의 시작일 뿐이다. 먼저 군 수뇌부를 전면 물갈이해야 한다. 천안함 폭침에도 불구하고 한 치의 변화도 이뤄내지 못한 수뇌부를 그대로 두고선 국민의 불안을 해소할 수 없다. 인사는 만사다. 인사를 바로잡지 않고는 쇄신을 기대할 수 없다. 후임 장관으로 내정된 김관진 전 합참의장뿐 아니라 군 수뇌부에는 경험이 풍부한 야전군 출신이 중용돼야 한다. 또한 청렴하고 강직한 인물이어야 한다. 지금까지는 행정이나 정책 분야에서 큰 군인들이 득세한 탓에 원칙을 따르기보다 약삭빠르게 대응하거나 정치권의 눈치를 보는 경우가 있었다는 평가가 많다. 군인은 군인다워야 한다. 군인의 본분은 적으로부터 국민의 재산과 생명을 사수하는 것이다.

새 육·해·공군 체제가 들어서면 군의 조직, 교전 시스템을 재점검하는 동시에 기강을 확립해야 한다. 군의 미숙하고 안이한 대응, 최근의 잇따른 사고는 기강이 해이해진 탓이 크다. 북의 공격에 대해서는 즉각 응징하는 체제를 서둘러 만들어야 한다. 현대전에서 곧바로 대응하지 못한다는 것은 몇 분 사이에 자국의 주요 시설이 모두 파괴된다는 것을 뜻한다. 더욱이 이번처럼 13분,15분 만에 응전한다는 것은 군의 존재 이유를 되묻게 하는 것이다. '비례성의 원칙'과 확전 방지에 얽매인 교전규칙은 도발 즉시 적의 공격 원점에 궤멸 수준의 타격을 가할 수 있도록 개정해야 한다.

북한은 여전히 북방한계선(NLL)을 인정할 수 없다며 지속적으로 무력행동에 나설 것임을 위협하고 있다. 이명박 대통령이 지시했듯이 즉각 서해 5도의 전력을 대폭 증강해야 한다. 아울러 새 수뇌부는 국방선진화위원회가 확정한 국방개혁 과제를 차질 없이 추진해야 한다. 특히 국방비의 효율적 집행과 군 장비 획득의 투명성 확보 등 '군수비리'를 뿌리 뽑아야 한다. 국민은 말로만 명품인 무기나, 말로만 최강인 군대가 아니라 실질적으로 적을 무력화할 수 있는 무기체계와 불퇴전의 강군을 원한다. 강력하면서도 전면적인 쇄신만이 땅에 떨어진 군의 신뢰를 되찾을 수 있는 유일한 길이다.

전략 요충지 연평도 '유령의 섬' 안 돼야

서해 최북단의 전략 요충지 연평도가 북한군의 무자비한 공격을 받고 텅 비어 버렸다. 백령도 등 인근 서해 5도까지 비어가고 있다. 지난 23일 북한군의 공격 뒤 연평도 주민들은 육지로 피란, 찜질방과 모텔 등을 전전하며 고달프게 살아가고 있다. 연평도에는 군과 해경, 공무원 등 70여명과 일부 주민만이 남아 있다. 주민들은 28일 항공모함까지 동원된 한·미 연합훈련을 빌미로 북이 재도발할 것을 우려해 섬을 떠났다. 연평도를 포함해 백령도·소청도·대청도·우도 등 서해 5도 전체 주민들이 정신적 공황 상태를 치유받고, 일상으로 돌아갈 수 있도록 범국가 차원의 지원이 절실한 때다. 전략 요충지 연평도가 외신들의 표현처럼 '유령의 섬'이 되지 않도록 해야 한다.

어제까지 긴급 피해 조사를 마친 정부는 파손된 사유재산에 대해서는 예비비를 신속히 지원하기로 했다. 부상자 치료비는 전액 지원한다. 서해 5도 전역의 낡은 주민 대피시설 117개를 현대화하고 신설도 한다. 북한의 이번 포격으로 주택 31채가 파손됐다. 내연 발전소가 파손되고 고압변압기도 고장나 연평도 전체 841가구 중 270가구가 정전된 상태다. 피해 규모는 크게 늘어날 수 있다고 한다. 그런데도 정부의 연평도 공동화 방지 방안은 턱없이 부족하고, 안이하다는 것이 우리의 판단이다. 절박한 주민들의 요망 사항이 별로 반영되지도 않는 지원책은 피란 간 주민들을 다시 섬으로 되돌리기 역부족일 것 같다.

연평도를 포함해 서해 5도가 빈 섬이 되면 서해 5도는 사실상 북한의 영향권에 들어갈 우려가 있다. 따라서 서해 5도 주민들이 이주하지 않고 마음 놓고 살 수 있게 해 주어야 한다. 특별재난지역 선포나 특별법 제정 등을 통한 특단의 경제적 지원, 학생 대입 시 우대 등도 신속히 검토해야 한다. 대피소에는 취사·난방시설, 컴퓨터 등을 완벽히 갖추어야 한다. 임시 발전 설비도 필요하다. 말로만 전략 요충이어선 안 된다. 섬 전체를 난공불락의 요새로 만들어야 한다. 고위 인사들은 가벼운 언행을 결코 되풀이 해서는 안 된다. 전 국민이 북의 사정권인 최북단 서해 5도에 성원을 보내야 한다. 그래야 민과 군이 전열을 재정비해 최전방의 방패 구실을 해낼 수 있을 것이다.

'김정은 대장님' 카페 엄중처벌해야 마땅

포털사이트 네이버에 개설된 친북 카페 '사이버민족방위사령부' 회원들이 지난 23일 벌어진 북한의 연평도 포격 사건에 대해 '위대한 당의 위대한 력사가 완성되었다.'며 찬양하는 글을 올렸다. 이 카페의 매니저 황길경은 '북방한계선(NLL)에 대한 분명한 입장을 무력으로 확인해 준 사건'이라고 연평도 포격에 의미를 부여하며 '김정은 대장님이 하고 계시니 여러분은 늘 긴장하고 준비하는 지혜가 필요하다.'고 덧붙였다. 개탄을 넘어 경악스럽다. 이 카페에 대해 지난 3년 동안 네티즌들의 신고가 수천건이나 된다는데 관계 당국은 그동안 뭘 했는지 묻고 싶다. 무엇보다도 네이버는 어떻게 이런 카페가 버젓이 운영되도록 방치해 왔는지 납득이 가지 않는다.

'사이버민족방위사령부'에 올라온 글의 내용과 댓글은 북한 찬양 일색이다. 매니저 황길경은 지난 9월 말 김정은 등장 당시 '기백의 장군 김정은 대장의 공식 출현을 기쁜 마음으로 맞이합니다'라는 편지 글에서도 김정은을 할아버지 수령님의 풍모를 그대로 갖춘 진짜 청년이라고 찬양하기도 했다. 김정일에 대해서는 폐하라고 표현했다. 장난이나 소영웅주의로 보기에는 어이없는 내용들이다. 이적(利敵) 목적으로 글을 올렸다면 법에 따라 엄중처벌해야 마땅하다.

첨단 매체를 이용한 사이버 친북 행위가 눈에 띄게 늘고 있다. 경찰이 지난해 인터넷상 친북 불법 선전물을 적발해 수사한 뒤 삭제조치한 것만 1만 4430건이나 된다. 선전물은 김일성·김정일 부자의 사상과 업적을 전파하고 대남 혁명투쟁을 선동한다. 친북 성향 사이트들은 북한의 선군(先軍)정치를 노골적으로 찬양하고 반미·반정부 감정을 부추긴다. 젊은 층에 왜곡된 판단력을 심어 줄 개연성이 크다는 점에서 우려하지 않을 수 없다. 배후 세력을 가려내 엄벌해야 한다. 대한민국 민주주의의 기본질서를 파괴하려는 세력을 절대 용납해선 안 된다.

서울신문

2010년 11월 29일(월) 4면

한 발의 포성→늑장 대피방송… 주민들 '공포의 40분'

(오전 11시17분) (11시22분)

한·미 연합훈련 첫날 연평도

장면1 28일 오전 10시 30분 연평면사무소 앞. 주민 김정희(47·여)씨는 면사무소를 향해 고함을 질렀다. "빵도 없고 기름도 없다. 면사무소 직원들은 뭐 하나. 피엑스 문 닫으면 닫는다고 말해 주고 팔하고 기름하고 어디서 사야 하는지 말해 줘야지. 면사무소 찾아와서 물어봐도 아무도 모른다고 그러고, 외지에서는 구호물품 보내서 차고 넘친다는데… 보내지 말라고 해. 받지도 못하는데." 장면2 오전 11시 17분 한 발의 포성이 울린 1분 뒤, 외부에서 걸려온 전화를 받은 면사무소의 한 직원은 다급한 목소리로 "대피, 대피"를 외쳐댔다. 한·미 합동훈련 첫날 연평도는 '야단법석'이었고 '우왕좌왕'했다.

무장군인·구호직원이 주민들보다 먼저 대피 생필품 동났는데… 공무원들 "걱정말라" 말뿐

오전부터 한·미 연합훈련이 시작되면서 북한의 추가 도발에 신경을 곤두세우고 있는 주민들은 섬에 마지막 남은 상점인 GS 연평점 직원들이 낮 12시 30분 배로 인천으로 피신하자 '생필품 전쟁'에 봉착했다. 주민들의 애타는 요청에 면사무소 측이 상점 문을 열도록 했으나 그것도 잠시. 개점 2시간 만에 상점 문은 완전히 닫혔다. 25일 섬에 유일하게 기름 공급을 하던 미래주유소가 문을 닫은 데 이어 하나 남은 상점마저 문을 닫자 31명의 연평 주민들은 극도로 불안한 모습을 보였다. 면사무소는 군으로부터 주 2회 정도 쌀·유류 등을 공급받기로 했으니 안심하라고 다독거렸지만 점점 커가는 주민들의 불안감을 해소시키는 데는 역부족이었다. 생필품을 구할 수 없다며 면사무소에 몰려와 항의하는 주민들은 "기름이 없어 난방이 어려운데 아무런 조치도 해주지 않고 있다."며 격하게 반응했다.

단 한 발의 포성이었지만 섬은 크게 동요했다. 면사무소 직원 10여명과 취재진이 하던 일을 멈추고 50m쯤 떨어진 연평초등학교 대피소로 급히 몸을 피했다. 주민들의 임시 거처를 짓고 있던 전국재해구호협회 직원 25명과 군인 15명도 급히 대피했다. 한치 앞을 가늠하기 어려울 정도로 상황이 급박하게 돌아가고 있었지만 주민 대피용 방송이나 사이렌은 철체절명의 위기상황에서는 '먹통'이었다. 대피 안내방송은 면사무소 직원이 전화를 받은 지 5분이 지난 11시 22분에 처음 나왔다. 5분 동안 주민들은 아무런 보호를 받지 못한 것이다. 북에서 포탄이 날아왔다면 넋 놓고 당할 수밖에 없는 상황이다.

취재진을 더욱 놀라게 한 것은 대피소에 이미 들어와 있던 장병들이었다. 어디서 소식을 들었는지 대피소 가장 구석자리에 일시 거처 지원병력 15명이 이미 자리를 잡고 있었다. 방탄조끼를 입고 전투모를 쓰고 총을 들고 있었지만 주민 대피를 돕는 장병은 아무도 없었다. 방송 시스템 점검도 시급했다. 주민 신유택(71)씨는 측사에서 돼지들에게 먹이를 주고 있다가 긴급대피 방송을 듣지 못했다. 확성기 숫자가 적고 소리가 작아 노인이나 섬 외곽 지역 주민들은 대피방송을 듣기 어렵다. 신씨는 "아무 일이 없어 다행이지만 방송 소리가 더 컸으면 좋겠다."고 말했다. 면사무소 관계자는 "방송을 하도록 하는 규정은 있지만 설치 개수나 소리 크기에 대한 규정은 없다."고 말했다.

오후 3시쯤 해병대 연평부대장 명의로 섬 곳곳에 '공지'가 나붙었다.

"1. 민간인 신변안전 및 원활한 군사작전을 위해 군의 요구사항(연평도 출입, 도서 내 이동, 검문검색, 군 작전 사항 취재 및 보도 금지 등)에 적극 협조해 주시기 바랍니다. 2.현재 연평도 지역은 적의 추가 도발 가능성이 있으므로 안전을 위해 주민, 언론 등 민간인은 육지로 이동할 것을 권고합니다. 해병대연평부대장"

오후 5시 11분 면사무소 직원. "당섬 부두에서 기자단 철수를 위한 해경 함정이 출항할 예정이니 6시 50분까지 모여 주시기 바랍니다." 하지만 기자들은 대부분 불안해하는 주민들과 섬에 남았다.

연평도 김양진기자 ky0295@seoul.co.kr

공무원들 긴급 대피 서해에서 한·미 연합훈련이 시작된 28일 오후 연평도에서 북한 포대의 포성이 들리는 등 이상 징후가 관측되자 연평면사무소에 근무하던 공무원들이 긴급대피 사이렌에 맞춰 황급히 대피소로 뛰어가고 있다. 연평도 안주영기자 jya@seoul.co.kr

'무용지물' 서해5도 대피소

지상에 노후… 포격땐 붕괴 우려 방독면 등 비상물품도 비치 안돼

28일 오전 11시 30분. 긴급대피를 알리는 안내방송이 확성기를 타고 섬 전체에 울리자 연평도에 남은 주민 김상옥(79·여)씨는 급히 집 근처 대피소로 몸을 피했다. 김씨가 "너무 당황해서 발걸음이 안 떨어지더라. 긴장해서 뛸 수도 없었다."고 할 정도로 상황은 급박했다. 하지만 주민들이 피신한 비상대피소는 말이 대피소지 열악하기 짝이 없었다.

주민들 "대피소가 더 불안하다"

한·미 합동훈련을 하루 앞 둔 27일 연평면사무소에서 연평도19개 대피소를 긴급 점검해 비상식량·담요 등 구호물품을 비치해 놨지만 대피소에 들어온 주민들은 "(들어오니) 더 불안하다."는 반응을 보였다. 35년 전에 지어진 대피소의 출입문은 낡아 찢어진 비닐로 돼 있었고, 라디오·통신장비·방독면 등 기본적인 전시 비상물품도 찾아볼 수 없었다.

'4등급 방재시설' 관리도 엉망

28일 인천시 소방방재본부에 따르면 연평도를 비롯한 서해 5도에 있는 비상대피소 117곳은 모두 지상에 지어져 있고, 발전기와 급수시설은 물론 라디오 한 대조차 비치돼 있지 않은 것으로 나타났다. 전쟁의 위험이 상존한 서해 5도의 특성에 맞는 대피소 설치기준도 없고 관리도 엉망이다. 이들 대피소는 대피소 등급 가운데 최하등급인 4등급으로 분류돼 있다. 60㎡로 기준면적보다 좁고 지상에 지어져 실제로는 4등급에도 못 미치는 임시대피소에 지나지 않는다. 방재본부 관계자도 "편의상 4등급으로 분류하고 있으나 실제로는 4등급에도 못 미칠 만큼 (대피소 사정이) 열악하다."고 털어놓았다.

대피소는 소방방재청의 '민방위시설장비 관리지침'에 의해 건립되고 관리된다. 그러나 북한과 인접한 곳이나 인구밀집지 등 전쟁에 취약한 지역에 더 튼튼하고 안전한 대피소를 우선적으로 건립해야 한다는 기준은 관리지침 어디에서도 찾아볼 수 없다. 연 4회 분기별 점검 기준은 있으나, 실제 전시에 필요한 방독면·식량·물·전기·라디오 등 의무 비치 물품 목록이나 매뉴얼도 마련돼 있지 않다.

'위험지역' 고려한 대피소 기준 전무

방독면 등 화생방 방호시설은 1등급 비상대피시설에만 비치하도록 규정했다. 규정상 일상적으로 포탄 사격소리를 들으며 전쟁위험에 노출돼 살아 가는 연평도 주민들이 화생방 방호시설 같은 '호강'을 누릴 수는 없다. 1등급 비상대피시설은 광역 시·도 및 인구 50만명 이상 도시에만 확충토록 권장하고 있다.

이 때문에 지난 23일 북한의 연평도 공격 때 물·식량 등 기본적인 물품도 없어 대피소를 찾은 주민들이 더 큰 불안감을 느꼈고, 섬을 떠나는 결정적인 계기 중 하나로 작용했다. 주민 이기옥(50·여)씨는 "포격이 있기 전에는 대피소가 이렇게 형편 없는 줄 몰랐다."면서 "관리는커녕 버려져 있는 곳에서 주민들이 불안에 떨었다. 피신할 곳도 없는데 (연평도를) 떠나는 건 당연한 것 아니냐."고 목소리를 높였다.

연평도 김양진기자 ky0295@seoul.co.kr

"K9자주포 대폭 늘려도 北해안포 타격 어렵다"

서해5도 근무 전·현직 해병들 '허술한 전력' 증언

'40년도 넘은 대포병레이더(AN/TPQ 37), 북한에 닿지도 않는 20㎜ 발칸포·미사일, 5000여명 남짓한 병력….'

북한의 연평도 공격을 계기로 되돌아본 서해 5도 방어 전력의 현주소다. 군이 해안포에 맞설 사실상 유일한 대응책으로 'K9 자주포' 증강 계획을 밝혔지만, 연평도와 백령도에서 근무중이거나 근무했던 전직 및 현직 해병대원들은 회의적인 반응을 보였다. K9 자주포의 포탄과 보급 등이 제대로 이뤄지지 않는 데다 전투기 등 항공 전력이 뒷받침되지 않아 해안포 공격이 무용지물에 그칠 가능성이 높다는 것이다.

"무기·병력 등 北에 절대적 열세 포탄도 모자라 '총알받이' 전락"

연평도 등에서 10여년간의 해병대 근무를 마치고 최근 전역한 A중사는 "K9 자주포 몇 개 늘린다고 동굴 안에 숨은 북한의 해안포에 맞서 싸우기는 힘들다. 자주포의 포탄도 부족하고 이를 관리하고 옮길 시설과 장비 등도 허술하다."면서 "전쟁으로 확전되면 우리 군은 실제 대응할 정도의 전력은 안 되고 미군이 올 때까지 시간을 버는 '총알받이' 역할을 하게 될 것"이라고 털어놨다.

백령도에서 근무하는 현직 해병은 군의 복잡한 보고체계를 개선해야 할 점으로 꼽았다. '선보고, 후조치'로 신속한 대응이 힘들다는 것. 그는 "23일 도발 때 13분 만에 대응사격이 이뤄진 것도 어찌 보면 놀랍다."면서 "통상 훈련 지휘자가 대위인데 비상사태 때라고 하더라도 최종 결정권자인 대통령의 허락이 떨어져야 대응사격이 가능하기 때문에 13분 걸린 것도 굉장히 빠른 편에 속한다."고 말했다.

인천 연안부두여객터미널에서 만난 한 해병은 현재 전 대원에게 '함구령'이 내려진 상태라며 "K9이 최신형 자주포라지만 증강해도 큰 의미는 없다."면서 작은 섬이라 병력 확대보다 첨단 무기 배치가 관건인데 여태까지 육군에만 예산을 쏟아붓고 실제 최전방인 이곳에는 제대로 싸울 수 있는 무기조차 지급하지 않았다."고 답답하게 말했다. 또 "미국만 믿는, 방어위주의 교전원칙도 문제"라고 덧붙였다.

전문가들은 항공, 해상 등 삼위일체의 전력 보강을 주문했다. 김연수 국방대학교 안전보장대학원 교수는 "서해 5도 방어를 위해서는 사정거리가 긴 K9과 같은 최신형 무기 확대뿐 아니라 항공전력도 함께 증강해야 한다."고 말했다.

인천 백민경·윤샘이나기자 white@seoul.co.kr

압록강변 北여군 28일 북한 신의주와 중국 단둥의 접경지역인 압록강변에서 북한 여군들이 경계근무를 서고 있다. 단둥 AP 특약

'북한=主敵' 부활 검토

올 국방백서 수정·보완

북한의 연평도 포격 도발로 국방백서에 '북한=주적(主敵)' 개념이 부활할 것으로 보인다.

또 올해 발간되는 국방백서에는 북한의 연평도 포격 도발사건의 의미와 배경 등이 상세히 서술될 예정이다.

28일 복수의 정부 소식통에 따르면 국방부는 당초 이달 말 '2010년 국방백서'를 발간할 예정이었지만 북한의 기습적 연평도 포격으로 군인과 민간인 4명이 숨지고 수십명이 부상을 당해 국민들의 대북 감정이 극도로 악화됐고, 주적 개념 명문화로 군의 정신무장을 강화할 필요가 있다는 주장이 힘을 얻으면서 백서의 내용을 수정·보완하고 있다.

주적 개념은 1994년 제8차 실무 남북접촉에서 북한 측 박영수 대표의 '서울 불바다' 발언이 나오면서 1995년 국방백서에서 처음 사용됐다가 참여정부 시절인 2004년 국방백서 이후 '직접적 군사위협', '현존하는 북한의 군사적 위협' 등으로 대체됐다.

앞서 정부는 지난 3월 천안함 사태를 계기로 2010년 국방백서에 '북한=주적' 개념 부활 방안을 검토했다. 하지만 '천안함 출구전략' 등이 논의되면서 명기하지 않는 쪽으로 가닥을 잡았다. 중장기적으로 남북 협력관계를 구축하는 데 장애가 될 수 있다는 우려 때문이었다.

대신 지난 9월 배포한 육군판 국방백서인 2010년 육군정책보고서에서 '북한은 우리의 주적'이라는 표현을 한 바 있다.

김정은기자 kimje@seoul.co.kr

北 "민간인 사망 유감… 인간방패는 南 책임"

中 '모종의 메시지' 전달했나

북한이 연평도 도발을 감행한 지난 23일부터 연일 우리 측에 책임을 떠넘기며 '군사적 대응타격'을 가하겠다고 위협하고 있다. 27일에는 "민간인 사상자가 발생한 것이 사실이라면 지극히 유감스러운 일"이라면서도 "인간방패'를 형성한 남측 책임"이라고 주장해 주목된다.

한·미 연합훈련이 시작된 28일 북한 조선중앙통신에 따르면 노동당 기관지 노동신문은 논평에서 "우리 조국의 영해를 침범하는 도발책동에 대해 무자비한 군사적 대응 타격을 가할 것"이라고 위협했다. 노동신문은 또 "남조선 통치배들과 그 비호세력은 정세를 일촉즉발의 상태로 몰아가는 일체 군사적 도발소동을 걷어치워야 한다."며 "만약 그들이 이번 사태에서 교훈을 찾지 않고 또 도발을 걸어온다면 우리의 보다 강력한 군사적 타격을 면치 못할 것"이라고 강조했다. 북 대남 선전단체인 조선평화옹호전국민족위원회도 성명에서 "미국과 괴뢰패당이 핵항공모함 따위로 우리를 놀래우려 한다면 우리는 더한 것에도 대처할 모든 준비를 갖추고 있다."며 "미친 개에게는 몽둥이가 제격"이라고 위협했다.

"中, 북에 피곤함 느꼈을 것"

그러나 북한이 연평도 도발 나흘 만인 27일 '유감'을 표명한 것은 상당히 이례적이다. 1976년 8·18 도끼만행 사건 때 김일성 주석이 사흘 만에 유감의 뜻을 담은 성명을 유엔군사령관에게 전달했고, 2008년 7월 금강산 관광객 피격 사건에 대해 북한 명승지종합개발지도국이 사건 발생 하루 뒤 대변인 담화를 통해 "유감스럽게 생각한다."고 밝히면서도 "책임은 전적으로 남측에 있다."고 주장한 사례 정도다.

전문가들은 민간인 사망에 대해 국제사회의 비난이 거센 데다 27일 다이빙궈(戴秉國) 중국 국무위원의 방한에 앞서 26일 양제츠 중국 외교부장이 지재룡 주중 북한대사를 만나는 등 중국이 북한에 모종의 메시지를 전달했을 가능성에 주목한다. 김용현 동국대 교수는 "민간인 사상으로 북한이 궁지에 몰릴 수밖에 없다는 판단에 따라 북·중 간 조율해 민간인 피해에 대해 불끄기를 하려는 것"이라고 말했다.

금강산 피격땐 하루만에 유감

중국이 북한의 민간인 사상 입장 발표에 입김을 넣은 것으로 관측됨에 따라 향후 북·중 관계에도 미묘한 기류 변화를 보일 수 있다는 전망도 나온다. 정부 소식통은 "중국이 당장 태도를 바꾸지는 않겠지만 북한에 대해 피곤함을 느끼는 것은 사실"이라며 "천안함 사건은 내부적으로 용인하고 넘어갔지만 민간인 사상이 발생한 연평도 도발에는 중국 측도 그냥 있으면 안 되겠다는 생각을 한 것 같다."고 말했다.

중국의 대북 입장은 최근 중국 내 언론 보도에서도 변화가 감지된다. 환구시보(環球時報)는 지난 26일 사설에서 "북한은 사실상 독약을 마신 것이나 마찬가지이며 이런 식으로 계속 간다면 미래가 없을 것"이라고 지적했다. 또 "연평도에서의 남북 포격 사건 발생 후 한국은 매우 비통해하고 중국은 외교적인 어려움에 빠졌으며 미국과 일본은 분노하고 있는데 북한만이 기를 펴고 활개를 치고 있다."고 비판했다.

김미경기자 chaplin7@seoul.co.kr

서울신문
2010년 11월 29일(월) 8면

당·정, 서해 5도 지원 특별법 만든다

오늘 한나라 의원 전원 발의
생활지원·공공요금할인 포함
주민치료·생계유지비도 검토

한나라당은 북한의 포격 도발로 생존의 위협을 받는 서해 5도 주민들을 위한 '서해 5도 특별법'을 제정하기로 했다. 바다를 사이에 두고 북한과 직접 대치하고 있는 특수성을 반영하면서 안정적인 거주를 확보하기 위한 종합개발계획을 수립하는 것을 주요 내용으로 한다.

한나라당과 정부는 28일 오전 국회에서 긴급 당정회의를 갖고 서해 5도 특별지원방안을 논의했다.

김무성 원내대표는 "기존의 '접경지역 지원법'은 육지 중심의 접경지역을 위주로 한 법안으로 서해 5도의 특수성이 잘 반영되지 않았다."면서 "안보상 위험요소가 큰 서해 5도 주민들이 안심할 수 있도록 특별법을 제정하기로 했다."고 밝혔다.

이 지역 출신인 박상은 의원(인천 중·동구·옹진군)의 대표발의로 한나라당 의원 전원이 동참해 29일 제출할 계획이다. 민주당도 유사한 법안의 발의를 추진 중이다.

서해 5도 종합개발계획에는 도로포장, 선착장, 체육시설을 설치하는 도서종합개발계획과 어항시설 및 공원조성 등의 접경지역 종합발전계획이 포함돼 있다. 주민지원강화 방안으로는 노후주택 개량에 대한 보조금 지원, 고교 재학생 교육지원, 농어업 분야 소득 보전 등을 담고 있다.

김 원내대표는 "국가 차원의 일반적 보상과 정주(定住)생활지원금을 지원하고 TV 수신료, 상수도·전기·전화요금 등 각종 공공요금을 할인하는 수단을 적극적으로 마련하도록 하겠다."고 덧붙였다.

이와 관련, 당정은 서해 5도 종합발전계획의 타당성 검토와 부처별 재정지원 등을 연계하기 위한 부처간 정책심의 기구가 필요하다는 지적에 따라 '서해 5도 지원위원회'를 구성하기로 했다. 국무총리를 위원장으로 하고 관계부처 장관, 민간 전문가들이 참여한다.

당정은 또 예비비를 활용해 정신적 충격까지 포함한 주민 치료비 지원을 검토하고 인천에 대피하거나 연평도에 잔류한 주민 모두에게 생계 유지비를 지원하는 방안도 검토하기로 했다. 또 대피시설이 대부분 35년이 넘어 제기능을 할 수 없는 것으로 드러난 만큼 서해5도 지역에 새로 42개의 대피시설을 짓기로 했다.

허백윤기자 baikyoon@seoul.co.kr

'서해 5도 특별법 계획' 발표 한나라당 박상은(오른쪽) 의원이 28일 오전 여의도 한나라당 당사에서 기자간담회를 열어 북한의 포격 도발로 생존의 위협을 받는 서해 5도 주민들을 위한 '서해 5도 특별법' 발의 계획을 밝히고 있다. 왼쪽은 김무성 원내대표. 연합뉴스

"北 의도대로 연평도가 무인도 되는 일 없을 것"

연평도 지역구 박상은 의원

연평도 등 서해 5도가 지역구에 속해있는 한나라당 박상은 의원은 28일 "연평도 주민 대부분이 잠시 고향을 떠나 있지만, 연평도를 지키겠다는 주민들의 생각에는 변함이 없다."면서 "북의 의도대로 연평도가 무인도로 남는 일은 결코 없을 것"이라고 말했다.

박 의원은 서울신문과의 인터뷰에서 "북한의 방사포 로켓 포탄으로 집을 잃은 채 인천으로 피신해있는 연평도 주민들이 '그래도 연평도는 내 삶의 보금자리'라고 힘주어 말할 때마다 가슴이 뭉클하다. 지역 주민들은 지난 몇년간 연평해전, 대청해전 등 숱한 북한의 도발에도 불구하고 연평도를 지켜주셨다."면서 이같이 전했다. '불침(不沈) 전함'으로 불리는 연평도는 북한의 육상 전력을 견제하는 역할을 해온 군사 요충지로, 남북 간 해상경계선인 북방한계선(NLL)을 결정짓는 곳이기도 하다.

北 파편공개로 상업주의 논란도

박 의원은 "이런 연평 주민들에게 무한한 책임감을 느낀다."면서 "지역 주민들을 위해 '서해5도 지원 특별법' 추진 등 지역 피해 복구 등에 최선을 다하겠다."고 밝혔다. 현재 연평도에는 30여명의 주민이 남아있고 1500여명의 주민은 인천으로 이동해 있다.

한편 박 의원은 23일 북한의 연평도 포격 도발 직후 송영길 인천시장, 조윤길 옹진군수 등과 함께 옹진군 병원선을 타고 연평도 피격 현장을 방문했다가 현장에서 북한의 122㎜ 방사포(다연장로켓) 파편을 가져왔으며, 이를 지난 25일 국회에서 열린 한나라당 최고위원회의에서 공개했다가 '안보 상업주의' 논란을 일으키기도 했다.

이를 놓고 인터넷에선 찬반 여론이 극명히 갈렸다. 일각에선 북한 공격에 대한 군 당국의 정밀 조사가 진행 중이라는 점에서 박 의원의 북한 포탄 반출을 비난했다. 반면 북한의 만행을 국민들에게 소상히 알렸다는 점에서 그를 두둔하는 여론도 있다.

박 의원은 "북은 150여발의 포를 연평도를 향해 쐈는데, 현장에 그 파편이 주변에 널려있는 것을 보고, 북한이 민가에 이런 폭탄을 퍼부었다는 데 분노를 느껴 공개의 필요성을 느꼈다."면서 "군 당국에 수거한 방사포 추진체 부분을 신고한 뒤 협의 과정을 거쳐 다음날 공개했고, 회의 직후 다시 국방부측에 해당 포탄을 반환했다."고 설명했다.

박의원 "국방부에 포탄 반환" 해명

박 의원은 "지금은 연평도 주민 전원이 다시 예전처럼 생활할 수 있도록 하는 것이 최우선 과제"라면서 "이것은 국가 안보의 문제인 동시에 연평도 주민들에 대한 우리의 의무"라고 강조했다.

김정은기자 kimje@seoul.co.kr

'숫자1'로 시름 놓은 국방부

천안함 어뢰추진부 北 제조 증거 찾은 셈

"이제는 딴말 못하겠지."

26일 밤 11시. 국방부 조사본부 2층의 한 사무실에 윤종성 조사본부장을 비롯해 조사본부 관계자들이 대거 모였다. 늦은 밤이지만 심각한 표정과 상기된 표정이 함께 얼굴에 묻어난다. 이들은 북한의 서해 연평도 무력도발 '증거1'인 다연장 방사포 포탄의 탄체를 분석하기 위해 소집된 것이다. 하지만 가장 먼저 이들의 관심을 받은 것은 증거1에 쓰인 손글씨 '①'이다. 윤 본부장 등은 "천안함 사건에서 발견했던 숫자 '1번'처럼 손글씨로 쓰인 것으로 볼 때 이제 (천안함을 공격한) 어뢰 추진체에 대해 북한이 부인할 수 없다."고 확신에 찬 목소리로 말했다.

그 동안 국방부와 군은 천안함 사건의 스모킹건(Smoking Gun)으로 어뢰 추진체를 발견해 내놓았지만 북한에서 제작한 것인지 여부를 두고 논란이 일어왔다. 특히 어뢰 추진체 안쪽에 파란색 유성펜으로 쓰인 '1번'이란 글자는 많은 논란을 만들어냈다. 북한은 당시 자신들은 무기를 조립하면서 손으로 글씨를 쓰지 않고 기계로 번호를 찍어 사용한다며 어뢰추진체와의 연관성을 강하게 부인했다.

그런데 이번에 발견된 방사포 탄체에도 손글씨로 숫자 '①'이 쓰인 것이 확인되면서 국방부는 천안함 사건의 스모킹건인 어뢰추진부의 북한 제조를 증명하는 증거를 찾게됐다고 설명했다. '1번'의혹만 나오면 시달려오던 조사본부 과학분석팀도 한시름 놓은 셈이다.

이들은 군이 연평도에서 수거한 방사포 로켓탄 탄체에 대한 기본적인 외형 분석을 끝냄에 따라 이날 탄체를 넘겨받았다. 탄체의 재질과 탄체에 남아 있는 여러 흔적을 분석하기 위해서다. 어떤 방식으로 제조되었는지와 탄체로부터 얻을 수 있는 고폭탄의 성분 등을 통해 북한의 무기 개발 방식을 확인하는 작업이다.

오이석기자 hot@seoul.co.kr

서울신문

2010년 11월 30일(화) 6면

임시거처 15동 설치… 긴장 속 복구 '구슬땀'

재해구호협회·軍지원병력 "따뜻한 집 마련 보람느껴"

대통령 담화 본 피난민들 "구체적 대책 없어 아쉬워"

북한군의 포격 7일째. 연평초등학교 운동장에는 피난민들이 돌아와 거처할 임시 목조주택 건립이 한창 진행되고 있다. 29일 오전 10시 살얼음이 생길 정도로 추운 날씨였지만, 소방방재청 재해구호협회 회원들과 주택 건립을 지원 나온 군인들의 얼굴에는 구슬땀이 송글송글 맺혔다. 주택 외장작업은 거의 다 됐고, 보일러도 설치됐다. 적은 예산 때문에 15동밖에 건립하지 못하는 아쉬움도 배어 있다. 6일째 작업하는 김기선(45)씨는 "집을 잃고 불안해할 주민들에게 부족하지만 따뜻한 집을 갖게 해 줄 수 있어 보람을 느낀다. (주민들이) 돌아오셔서 일상으로 빨리 복귀했으면 좋겠다."고 말했다.

한·미 연합훈련 이틀째, 연평도엔 팽팽한 긴장감이 감돌았다. 상공에서는 군 작전 헬기가 수시로 이동했고, "통합방위령 을종사태지역으로 초병의 지시에 협조하라."는 확성기의 날카로운 소리는 얼마 안 되는 주민들과 취재기자들을 바짝 긴장하게 만들었다. 해가 진 뒤에는 바깥출입도 통제된다는 군 관계자의 말에 맥이 풀렸다. 포격으로 파괴된 가옥의 복구는 전혀 진행되지 않고 있다. 연합훈련이 끝나고 어수선한 상황이 정리되면 파괴된 가옥에 대한 복구작업이 진행될 것으로 보이지만 이도 장담하기 어렵다. 포격으로 부서진 현장을 안보의 산교육장으로 활용하자는 논의가 일각에서 이뤄지고 있기 때문이다.

상점 문을 다 닫아 식료품이 떨어진 주민들은 급식소에서 허기를 채웠다. 한 주민이 기증한 꽃게 200마리로 주민들과 경찰, 자원봉사자, 취재진 200여명은 별미를 맛봤다. 급식소를 찾은 이유성(83)·박연섭(77)·신유택(70)씨는 "나간 사람들 빨리 돌아와 본업을 해야 마을이 제대로 굴러간다."고 말했다.

이날 오전 이명박 대통령의 대국민 담화를 지켜본 피난민들과 시민들의 반응은 엇갈렸다. 연평도를 떠난 피난민들은 대통령이 직접 담화를 발표한 데 대해 대체적으로 긍정적인 반응을 보였으나 구체적인 방안이 제시되지 않은 점에 대해서는 아쉬움도 나타냈다. 최성일(47) 연평면 비상대책위원장은 "대통령 담화를 들어보면 연평도 주민들을 위해서 종합적인 대책을 세우려고 노력한 것은 보인다."면서도 "연평도 포격으로 상당한 충격을 받은 우리 연평주민들에 대한 위로나 심정적인 언급이 없어 아쉽다."고 평가했다.

연평면 동부리에서 피난 온 염홍권(63)씨는 "대통령까지 나서 대책을 마련하라고 당부한 것은 잘한 일"이라면서도 "한평생을 연평도에서 보낸 우리 주민들이 정말 다시 연평도로 돌아갈 수 있도록 구체적인 말이 있어야 했다."고 지적했다. 회사원 박정민(37)씨는 "천안함 사건 때도 단호하게 대응하겠다고 했다."면서 "구체적인 행동을 보여줘야 국민들이 신뢰한다."고 말했다.

서울 이민영·윤샘이나·연평도 김양진기자 min@seoul.co.kr

연평면 통제구역 지정

軍, 통행금지 구역 확대

지난 23일 북한군의 포격을 당한 연평도가 통합방위법에 따라 29일 통제구역으로 설정됐다. 통합방위법이란 적의 침투나 도발 등에 대응해 국가를 방위하는 데 필요한 사항을 규정한 법이다. 1997년 제정됐으며, 법 제정 이후 통제구역이 실제로 설정된 것은 처음이다.

통합방위법 12조에 따르면 적의 침투·도발이나 위협이 있을 경우에는 갑종·을종·병종으로 나뉘어 통합방위사태가 선포된다. 갑종 사태는 적의 대규모 병력 침투나 대량 살상무기 공격 등의 도발이 있을 때, 을종 사태는 여러 지역에서 적의 침투·도발로 인해 단기간 내 치안회복이 어려운 때 각각 선포된다. 병종 사태는 적의 침투·도발이 예상되거나 소규모의 적이 침투해 단기간 내에 치안을 회복할 수 있는 경우에 해당된다. 현재 연평도 전역에는 통합방위 을종 사태가 선포돼 있다.

통합방위법 16조는 통합방위 사태를 선포된 뒤 해당 지역 군부대의 작전 지휘관이 지방자치단체장에게 통제구역 설정을 제청할 수 있도록 규정하고 있다. 군의 요청이 있을 경우 지자체장은 대통령령이 정하는 바에 따라 인명·신체에 대한 위해를 막기 위해 통제구역을 설정할 수 있다. 옹진군은 지난 28일 해병대 연평부대의 통제구역 설정 요청에 따라 통합방위협의회 위원을 상대로 서면 심의를 벌였으며, 위원 과반이 찬성하자 이날 낮 12시를 기해 연평면(7.29㎢)을 통제구역으로 설정했다.

이에 따라 연평부대는 북한군 해안진지가 있는 개머리해안이 보이는 조기박물관 전망대와 한전 연평도발전소, 새마을리, 연평부대 인근 도로의 통행을 전면 금지하는 등 섬내 통행금지 구역을 대폭 확대했다. 연평부대는 그러나 "군시설 접근 및 관측가능한 지역의 통행만 금지하고 마을 중심가와 부두에서는 자유로운 통행 및 활동이 가능하다."고 밝혔다.

백령도 김학준기자 kimhj@seoul.co.kr

"영어수업 재밌어요" 29일 인천시 당하동 인천영어마을에 입소한 연평도 초·중·고 학생들이 원어민 교사에게 영어 교육을 받고 있다. 인천시와 옹진군은 북한의 포격 이후 인천으로 피신한 연평도 학생들에게 5박 6일간의 숙박형 영어캠프를 지원키로 했다. 이종원 선임기자 jongwon@seoul.co.kr

일주일만에 수업… 되찾은 친구·웃음

연평도 초·중·고생 인천영어마을서 공부

"하하, 호호. 친구들과 모여 수업을 들으니까 연평도 교정으로 돌아간 기분이에요."

29일 인천 당하동의 인천영어마을 교실. 북한의 포격 이후 인천으로 피신했다가 엿새 만에 다시 모인 100명의 연평 초·중·고생들의 얼굴엔 웃음꽃이 만발했다. 정말 반가운 듯 예전처럼 서로 장난을 걸기에 바빴다. 연평중 3학년 원지회(15)양은 "찜질방으로, 친척집으로 흩어졌던 친구들을 다시 만나게 돼 기쁘다."며 함박웃음을 지었다.

인천에서의 피난 생활이 계속되면서 제대로 학교수업을 받지 못했던 연평도 학생들이 5박 6일간의 합숙 영어캠프에 참가했다. 40만원이 넘는 비용은 모두 영어마을과 인천시가 부담한다. 이번 캠프는 피난민들의 임시숙소인 찜질방에 머물면서 학교에 가지 못하는 학생들의 학습의욕을 되살리고 아픈 기억을 잊게 하기 위해 계획됐다. 수업에 참여한 연평초 5학년 이강훈(11)군은 "찜질방에만 있을 때 너무 답답했는데 영어마을에 와서 수업도 받고 놀이도 해서 신난다."고 말했다.

오전 11시 캠프에 도착한 학생들은 10명씩 한반을 이뤄 오후 6시까지 매 시간 다른 수업을 들었다. 고교생에게는 '셰익스피어 연극', 초·중학생들은 '레스토랑 매너'와 '세계의 리더' 같은 다양한 주제의 수업이 마련됐다. 모든 수업은 영어로 진행되지만 익숙하지 않은 학생들을 위해 담임교사가 한국어로 수업진행을 도왔다. 김성겸 인천영어마을 교학부장은 "오늘 반나절 수업을 받은 아이들이 아침 입소식 때와 달리 표정도 밝고 원어민 교사에게 먼저 말을 거는 등 많이 활발해졌다."면서 "길어지는 피난 생활에 지친 아이들이 활동적인 수업에 몰입하면서 고통스러운 기억을 하루빨리 잊길 바란다."고 밝혔다.

인천 윤샘이나기자 sam@seoul.co.kr

어린이 심리치료 공간 마련

소방방재청은 심각한 심리적 공황장애에 시달리고 있는 연평도 어린이들을 위한 심리치료 전용 공간을 마련할 방침이라고 29일 밝혔다. 연평도민 400여명이 머무르고 있는 인천 옹진군 '인스파월드'에서 지난 27일부터 간이 심리상담소를 운영하고 있는 방재청은 대부분이 정신적 고통을 호소하고 있으며, 특히 어린이들의 피해 상황이 심각하다고 밝혔다.

소방방재청 관계자는 "우선 학교에 가지 못하고 있는 어린이들을 위한 어린이 심리상담소를 인스파월드 1층에 설치할 계획"이라고 설명했다.

박성국기자 psk@seoul.co.kr

'서해5도 특별법' 추진 반겨… "대피소 부실" 호소

긴장감속 백령도 주민들은

한·미연합훈련 이틀째인 29일 우리나라 최북단인 백령도.

주민들은 긴장감 속에서도 대체로 평상시처럼 생업에 종사했다. 음식점이나 일반 가게 등도 정상 영업했다. 인천을 오가는 여객선도 육지로 빠져나가려는 주민이 몰리지 않았다. 주민들은 특히 이 지역 종합개발의 근거를 담은 '서해5도 지원특별법' 추진을 크게 반겼다. 여유도 생겼다. 백령면 18개리 이장단은 연평도 주민을 돕기 위해 성금을 모으기로 했다.

이명박 대통령의 대국민 담화에 대해서는 기대와 불만이 엇갈렸다. 전모(56·여·진촌리)씨는 "대통령이 북한에 단호하게 대처하겠다고 결연한 표정으로 말하는 것을 보니 마음이 놓인다."고 말했다. 그러나 손모(68·진촌3리)씨는 "천안함 사건 때와 똑같은 얘기"라며 "그때 말과 같이 확고하게 대처하지 못했기 때문에 연평도 사태가 일어났다."고 주장했다.

대청도·소청도 주민들은 상당수가 섬을 비웠다. 해경소청파출소 관계자는 "3분의1가량이 집을 비운 것 같다."면서 "피난했다기보다는 어업을 주로 하는 주민들이 휴어기를 맞아 볼일을 보러 육지로 나갔기 때문"이라고 밝혔다.

한편 백령도 주민들은 연평도 피격 이후 제기된 부실한 대피시설에 대해선 한목소리를 냈다. 손씨는 "연평도 피격 당시 집 옆 대피소로 갔는데 바닥에 콘크리트 뭉치가 떨어져 있었고 벽과 천장에는 철근이 삐져나와 아찔한 생각이 들었다."고 말했다. 1974~1976년에 만들어진 백령도 대피소는 각종 문제점으로 시설개선이 계속 요구돼 왔지만 예산이 없어 번번이 무산됐다.

김정섭 백령면장은 "대청해전부터 최근 천안함 사건 때까지 (정부에) 거듭 대피소 시설 개선을 건의했다."면서 "그때는 정부도 필요성을 공감하는 것 같더니 곧 흐지부지됐다. 이번에는 어떨지…"라고 말했다.

백령도 김학준기자 kimhj@seoul.co.kr

주민등록상 거주자 1756명… 실거주자 1400여명뿐

연평도 보상대상 선정 논란

인천으로 피난 나온 연평 주민들에 대한 보상 논의가 본격화되면서 보상대상 선정 문제를 둘러싸고 연평도 주민들로 구성된 비상대책위원회와 옹진군 관계자들이 고심하고 있다.

보상 대상 주민을 주민등록상 거주자 대상으로 해야 할지 실거주자 대상으로 해야 할지를 두고 이견이 발생했기 때문이다.

29일 옹진군에 따르면 연평도 주민등록상 거주자는 1756명이지만, 실거주자는 1400여명이다. 주소지만 연평면에 두고 있는 350여명은 대부분 타지로 학교를 다니는 학생이나 학생들과 함께 나간 학부모들, 또는 타지에서 일하는 회사원들이다.

문제는 주민등록상 연평도에 적을 두고 있는 사람들 중 일부가 '나도 연평도 주민'이라며 위로금 지급 및 보상 대상에 포함시켜 달라고 주장함에 따라 실거주자들이 반발하고 있는 것이다. 연평도 실거주 주민들은 지난 23일 북한의 포탄 공격으로 실제 피해를 본 사람들은 연평도에 거주하면서 생활을 한 사람들이지 주소만 두고 있는 사람들이 아니라며 보상에 반발하고 있다.

연평 주민들로 이뤄진 비상대책위원회는 '실거주자'를 기준으로 보상금을 지급해야 한다는 입장이다. 김성일 대책위원장은 "실거주자가 아닌 사람은 피해자가 아닌데 왜 지원을 해야 하느냐."면서 "살지도 않으면서 보상을 요구하는 사람들이 일부 있지만 보상 대상에 포함시킬 수 없다."고 말했다.

옹진군은 아직 보상 대상을 정하지 못했다는 입장이다. 옹진군 상황실 관계자는 "전례가 없는 일이라 위로금 지급의 법적 근거도 없다."면서 "주민등록상 주민으로 줘야 하는지, 실거주자로 줘야 하는지 아직 논의 중"이라고 밝혔다.

고(故) 김치백·배복철씨 등 민간인 희생자 장례 문제는 유족이 정부와의 협상에서 일단 한 발 물러서면서 해결의 실마리가 풀렸다. 전날 의사자 선정을 강력히 요구한 유족들은 이날 오후 인천 길병원 장례식장에서 기자회견을 열고 "고인들이 '의사자'에 준하는 예우'를 받을 수 있다면 꼭 의사자가 아니어도 좋다."고 밝혔다. 송 시장은 유족에게 추모비 건립 방안을 제시했다. 옹진군은 의사자 인정을 보건복지부에 직권 신청했다.

인천 윤샘이나기자 sam@seoul.co.kr

연평도 애틋한 사연 2제

군무원 남편두고 피난살이 박춘옥씨

그저 눈물만…

"지금 비상이라 길게 통화 못해. 거기(찜질방) 많이 불편할 텐데 노인네(어머니) 잘 부탁해. 아프지 말고…." 사흘 만에 듣는 남편의 반가운 목소리. 휴대전화를 붙잡은 박춘옥(47·연평면 남부리)씨의 눈가에 눈물이 맺혔다. 애써 울음을 삼킨 박씨가 짐짓 밝은 목소리를 내며 농담인 양 말을 꺼냈다.

'사지'에 있는 남편 생각에 애타

"살아만 돌아와. 나중에 보면 당신 좋아하는 우럭 매운탕 끓여 줄게. 나랑 어머니 걱정은 말고." 피곤한 탓인지 낮게 잠긴 남편의 음성. '얼마나 두려울까. 잠은 잘 잘까.' 그는 혼자 두고 온 남편 생각에 목이 메었다. 연평도 토박이인 박씨는 북한의 해안포 공격 당일 밤 11시 인천으로 빠져나왔다. 여든이 넘은 시어머니 박선비(85)씨와 함께였다. 30년째 해병대 군무관으로 근무하고 있는 남편 김모(54)씨는 그대로 섬에 남았다.

피난길 내내 남편과 쌓아 왔던 30여년간의 추억이 주마등처럼 스쳐갔다. 남편은 '아저씨'라고 부르며 따랐던 이웃 동네 오빠였다. 두 사람은 1984년 부부의 연을 맺었다. 나이 차가 있어서인지 유난히 자상하고 착한 남편이었다.

연락 끊긴 사흘간 꼬박 밤샘

그런 남편만 '사지'에 두고 온 것 같아 박씨의 속은 까맣게 타들어갔다. 북한의 추가 도발 관련 소식만 들리면 다른 피난민보다 애간장이 더 탔다. 노모는 "죄인 같은 심정"이라며 잠도 제대로 자지 못했다.

박씨는 김장을 하다 이웃집이 포탄에 맞아 불타는 것을 바로 눈앞에서 목격하고 맨발로 뛰쳐나왔다. 부둣가에서 남편에게 전화를 걸었다. "어디야? 안 들려, 안 들려."라는 말만 들리고 전화가 바로 끊겼다. 그 뒤 남편과의 생이별로 연락이 끊긴 사흘간 그는 뜬눈으로 밤을 지새웠다. 29일 피난민들이 모여 있는 인천 신흥동 찜질방에서 붉게 충혈된 눈의 박씨를 만났다. 혹시 남편에게 해가 갈까 봐 한사코 남편 이름과 본인 사진 공개를 꺼렸다. 지금 심정을 묻는 기자에게 그가 대답했다.

"몸 건강히, 잘 있을 거예요. 아니 잘 있어야 해요. 꼭…." 백발의 노모가 옆에서 말없이 고개를 숙였다. 인천 백민경기자 white@seoul.co.kr

강운태 광주시장·故서정우 하사

특별한 인연

북한의 연평도 포격으로 산화한 고 서정우 하사와 강운태(왼쪽) 광주시장의 작은 '인연'이 뒤늦게 알려져 관심을 끌고 있다.

정치인 강운태-초등생 서 하사

광주 남구 출신인 서 하사는 초등학교 6학년 때 한 '정치인'에게서 받은 '사인'을 대학에 진학해서까지도 책상에 고이 간직해 가족들에게 자랑하곤 했다. 강 시장이 2000년 16대 총선 때 남구 국회의원 후보로 출마해 사인해준 여러명의 초등학생 중 한명이 서 하사였던 것이다.

'강운태 사인' 성인될 때까지 간직

이 같은 사실은 지난 23일 경기 성남 국군수도병원에 마련된 빈소를 찾은 강 시장의 위로를 받는 자리에서 서 하사의 유족들이 공개했다. 당시 유족들은 강 시장의 위로에 감사를 전했고, 강 시장은 서 하사와의 인연을 떠올리며 더욱 슬픔에 잠겼다는 후문이다.

강 시장은 또 서 하사 유족들이 서 하사의 사라진 시신 일부를 수습해야 한다며 장례절차를 한때 거부할 때 이를 설득해 장례가 무사히 치러지도록 하는 데 일조했던 것으로 알려졌다. 강 시장은 지난 27일 열린 서 하사의 영결식에도 참석했다.

광주 최치봉기자 cbchoi@seoul.co.kr

서울신문

2010년 12월 1일(수) 6면

靑 "北 레짐(정권교체) 체인지 검토한 적 없다"

일부 언론 보도 공식 부인
발언 인사 "해석의 차이"
대북 초강경기류 반영된 듯

'확전자제 발언'에 이어 이번엔 북한의 '정권교체'(레짐 체인지) 발언까지….

북한의 연평도 포격 도발과 관련, 청와대가 북한의 정권교체를 적극 검토하고 있다는 일부 언론보도가 30일 나오면서 파문이 일고 있다. 청와대 고위관계자의 발언을 인용했지만, 청와대는 공식적으로 관련 사실을 전면 부인했다.

그러나 단순히 묻고 가기에는 다소 납득하기 어려운 부분이 있다. 북한의 정권교체를 검토조차 하지 않았다는 해명이 명쾌하지 못하기 때문이다.

발언의 당사자인 청와대 고위관계자는 "(대북강경책에 레짐 체인지가 포함되느냐는 기자의 질문에) 무엇이 포함되고 말고가 중요한 게 아니다."라면서 "북한이 알아서 스스로 짐작할 수 있어야 한다."고 말했다. 듣기에 따라서는 이 문제를 검토할 수도 있다는 뜻으로 해석된다.

이 관계자는 "레짐 체인지를 포함하는 것으로 해석해도 되지 않으냐."는 질문에 대해서는 "그렇게 해석할 수도 있겠지만 나는 그렇게 이야기 하지 않았다."면서 "무엇이 포함되고 무엇이 포함되지 않는다는 말을 안 하겠다는 한 것"이라고 밝혔다. 그러면서 다만 "레짐 체인지고 뭐고 아직 어떤 대안도 (청와대 내에서) 검토한 것은 없다."고 강조했다.

이명박 대통령은 앞서 지난 29일 담화에서 향후 초강경 대북정책 기조로 전환할 것임을 분명히 했다. "이제 북한 스스로 군사적 모험주의와 핵을 포기하는 것을 기대하기 힘들다는 것을 알게 됐다."는 이 대통령의 발언은 북한의 자발적인 변화가 불가능해진 만큼 외부에서 강한 압박이 필요하다는 뜻으로 읽힌다.

문제는 현재까지 생각해 볼 수 있는 대북 강경책은 실효성이 떨어진다는 데 있다. 이미 천안함 사건 때 썼던 유엔안보리 회부나 대북 금융제재 등은 기대한 만큼의 효과를 거두지 못했다. 북한이 이번에 다시 연평도 포격 도발을 한 사실이 이를 방증한다.

이런 맥락에서 실현 가능성 여부를 떠나 청와대 내에서 '북한 정권의 교체'라는 초강경수까지 검토되는 게 아니냐는 의문이 나오는 배경이다.

김희정 청와대 대변인은 그러나 "우리 정부는 북한의 레짐 체인지를 검토하거나 정책화한 바 없다."면서 "이 대통령도 이와 관련된 어떠한 언급을 한 적이 없다."고 반박했다. 정진석 청와대 정무수석도 "청와대 내에서 그런 논의가 전혀 이뤄진 적이 없다."면서 "그런 것(레짐 체인지)을 우리가 한다고 해서 되는 것도 아니지 않으냐."고 말했다.

김성수기자 sskim@seoul.co.kr

연평도 현안 논의 30일 오전 청와대에서 국무회의가 열리기에 앞서 이명박(오른쪽) 대통령과 김황식(가운데) 국무총리, 김성환 외교통상부 장관 등이 심각한 표정으로 차를 마시며 북한의 연평도 공격 등 현안에 대해 의견을 나누고 있다.

김명국기자 daunso@seoul.co.kr

"가장 호전적 집단과 대치 잊지 말라"

李대통령, 국무회의서 안보 강조
연평도 전사자 2명에 훈장 추서

이명박 대통령은 30일 "이번 연평도 포격 도발 사건이 전 국민의 안보의식을 강화하는 계기가 돼야겠지만, 국무위원들이 먼저 안보의식을 갖는 것이 필요하다."고 말했다.

이 대통령은 북한의 연평도 포격 도발 사건 이후 처음으로 청와대에서 주재한 국무회의에서 "경제를 뒷받침하는 것은 안보다. 안보가 뒷받침되지 않으면 경제발전도 없다."면서 이같이 밝혔다. 이 대통령은 "국가 비상사태가 발생하면 전 국무위원들은 즉시 위치가 국회든, 어디든 상관없이 제자리로 돌아와 상황을 점검해야 한다."면서 "상황이 발생했는데도 너무 안일한 생각에 빠져 있으면 안 된다."고 말했다. 이미 교체가 확정된 김태영 국방장관이 지난 23일 오후 북한의 연평도 포격 도발 당시 국회 예산결산특별위원회에 출석하다가 청와대 외교안보장관회의에 늦게 참석하는 등 군 비상지휘 체계에 문제가 있었다는 점을 다시 한번 지적한 것이다.

이 대통령은 "국가 위급 사태에 대한 대비가 국방부만 관계 있고 다른 부처는 관계 없다고 인식하고 있는 듯하다. 분단된 나라에서는 전 부처가 안보와 관련이 있다."고 강조했다. 이 대통령은 이어 서울 삼성동 코엑스에서 열린 제47회 무역의 날 기념식에 참석, "대한민국은 세계에서 유일하게 남아 있는 분단 국가이고 세계에서 가장 호전적인 집단과 대치하고 있다."면서 "그래서 때로는 비바람이 불고 때로는 태풍을 만나지만 우리는 한치의 흔들림 없이 대한민국의 경제 성장을 지속해 나갈 것"이라고 말했다. 그러면서 "이럴 때일수록 정부의 확고한 안보 태세는 물론, 우리 모두가 각자 자리에서 소임을 다해야 한다."고 강조했다.

국무회의에서는 북한의 연평도 포격 도발로 전사한 해병 연평부대 서정우 하사와 문광욱 일병 등 2명에게 화랑무공훈장을 추서하는 안건을 심의, 의결했다. 또 대기업이 운영하는 대형마트 등이 중소상인의 경영안정에 현저히 나쁜 영향을 미칠 경우 개업시기를 연기하거나 품목을 축소하라고 권고·명령할 수 있도록 사업조정 대상을 확대하는 내용의 '대·중소기업 상생협력 촉진에 관한 법률' 개정안을 의결, 공포했다. 이 법은 전통시장이나 전통상점가의 반경 500m 안에 기업형 슈퍼마켓(SSM)의 입점을 제한한 '유통산업발전법'과 함께 'SSM 규제법'으로 일컬어진다. 이와 함께 효율적인 군사력 증강을 위해 방위사업의 주요 정책기능을 국방부 장관이 수행하도록 하는 '방위사업법' 개정안 등 법률공포안 1건, 법률안 6건, 대통령령안 11건, 일반안건 5건 등을 처리했다.

김성수·유지혜기자 sskim@seoul.co.kr

연평도 요새화 3대 문제점

❶ 전력 보강땐 '표적'만 늘어나
❷ 軍 민가 점령… 무인도화 가속
❸ 보안 취약… 최정예 무기 노출

군의 주먹구구 식 전시행정이 되풀이되고 있다. 군은 북한의 추가 도발에 응징을 벼르며 최정예 무기를 연평도에 집결시키고 있지만 안전과 안보를 담보하지 않은 전력 배치와 무인도화를 부추기는 전력 보강에 대한 비판의 목소리가 적지 않다.

군은 최근 북한의 추가 포격에 대비해 연평도에 1개 포대 규모인 M270 다연장로켓포(MLRS) 6문과 K9 자주포 6문, 자주포탄 자동운반차량인 K10 등을 추가로 배치했다.

이와 함께 사거리 250㎞의 이스라엘제 지대지 미사일인 딜라일라와 개량형 K55 자주포 등도 배치할 것으로 전해졌다. 하지만 좁은 연평도에 추가 장비가 들어설 방어 시설은 턱없이 부족해 야산과 도로, 심지어 민간 시설에 최정예 무기들이 그대로 노출돼 있다. 군 내부에서조차 "북한이 추가 도발에 나선다면 새로운 표적만 될 뿐"이라는 비판이 일고 있다.

국방부가 서해5도의 전력 증강 명목으로 사거리 200~300㎞인 지대지·지대공 미사일 구입비용을 예산으로 신청한 것을 두고도 말이 많다. 사거리가 긴 미사일을 최전방에 배치해 북한의 타격을 불러들일 수 있다는 이유에서다. 더구나 지대공 미사일은 전투기에 탑재해 쏠 수 있는 무기다.

급조된 K9 자주포와 MLRS가 도로와 민가를 점령하면서 연평도의 무인도화를 조장하고 있다는 원성도 흘러나온다. 무인도화는 북한에 상륙·점거 빌미만 내줄 것이라는 지적이다. 더욱이 늘어나는 병력과 무기 체계에 불안을 느끼지 않을 주민이 없는 만큼, 군이 보다 깊이 있는 검토와 체계적인 계획에 따라 전력을 보강하거나 대책을 마련해야 한다는 것이다.

군은 30일 MLRS 등의 전력보강에 대해 "확인해줄 수 없다."고 밝혔다. 하지만 MLRS 등의 전력보강은 이미 전날 연평도 현지 취재진을 통해 확인된 사실이다. MLRS 등의 이동 모습, 배치 장면이 카메라에 고스란히 포착됐기 때문이다.

이에 대해 합동참모본부 관계자들은 "언론이 군 전력을 북한에 속속들이 알려주고 있는 셈"이라고 비난했다. 하지만 위장막도 없이, 보란 듯이 최정예 전력무기들을 옮긴 군이 언론을 상대로 '보안'을 강조하는 것은 옹색한 변명일 뿐이다.

홍성규기자 cool@seoul.co.kr

지대공 '천마' 내년 연평도 배치 북한의 공중침투에 대응할 수 있도록 우리 독자기술로 개발한 단거리 지대공 유도무기 '천마'가 백령도에 배치돼 있는 모습. 김태영 국방부 장관은 30일 국회 국방위원회 전체회의에서 "'천마'를 연평도에 배치하겠다."고 밝혔다. 연합뉴스

"北, 포격직전 비상소집령"

대북 매체 '데일리NK' 보도

북한이 연평도를 포격 도발한 지난 23일 노농적위대 등 민간 무력과 일반 주민에게 '비상소집령'을 내려 전투태세를 점검한 것으로 알려졌다.

대북 매체 '데일리NK'는 30일 북한이 연평도 포격 도발 직전인 이날 오전 교도대와 노농적위대에 '비상소집령'을 내리고 밤에는 주민들을 대상으로 등화관제 훈련을 했다고 전했다. 소집령은 25일 해제됐다.

이 매체는 또 북한 내 소식통의 말을 인용, "교도대와 적위대 소속 주민들은 튀긴 옥수수, 건빵 등 3일간 먹을 건식과 함께 유해가스를 막기 위한 방독면, 연기가 나지 않는 싸리나무 등을 준비하라는 지시가 내려왔다."며 "(연평도 포격 도발 이후) 조선민주여성동맹(여맹)과 각 인민반에서는 '연평도 포격은 남측의 공격에 따른 대응'이라는 내용의 교양모임도 진행됐다."고 전했다.

북한의 교도대는 만 17세 이상 주민(남 45세·여 30세 이하)들이 행정구역이나 직장별로 조직돼 있는 민방위 조직으로, 유사시 정규 사단으로 재편된다. 노농적위대는 만 46세 이상 60세 이하 노동자·농민·사무원 등으로 편성된 예비병력이다.

김미경기자 chaplin7@seoul.co.kr

"서해훈련 후 北추가도발 가능성"

金국방 "北피해 아직 확인불가"

김태영 국방부 장관은 30일 북한의 추가 도발과 관련, "충분히 가능성이 있다. 무력 도발 시 철저히 응징하도록 준비할 것"이라고 밝혔다.

최성용 납북자모임 대표 "北1명 사망"

김 장관은 국회 국방위원회 전체회의에 출석해 한나라당 유승민 의원이 "한·미 연합훈련이 끝나면 북한의 추가 도발 가능성이 있지 않겠느냐."고 묻자 이같이 답변했다. 그는 그러나 서해5도에서 평양 등 북한 후방부를 직접 타격할 수 있는 사거리 250㎞급 지대지 미사일 '딜라일라' 등 중·장거기리 미사일을 배치할 것이라는 보도에 대해 "정확치 않은 보도"라면서 "합참이 발표한 서해5도 전력 증강 계획이 현재로선 가장 정확한 것"이라고 일축했다.

김 장관은 북한의 연평도 포격 도발 때 우리 군의 대응 포격과 관련해서는 "인명 살상 등을 정확하게 확인할 수는 없지만 분명히 북한에 피해를 줬을 것"이라고 답했다. 그는 북한 피해를 묻는 의원들의 질의에 "미군이 제공한 자료를 보면 적 시설 인근에 우리 포탄 흔적이 나타난다. 건물 일부나 교통호 일부 매몰 등이 보인다."면서 "중국의 다이빙궈(戴秉國) 국무위원도 북측에 상당한 피해가 있었다는 얘기를 했다고 한다."고 말했다. 그는 다만 "우리 군의 공격이 몇명을 살상했고, 북한 장비를 얼마나 파괴했는지는 아직 확인할 수 없다."고 덧붙였다.

그러나 최성용 납북자가족모임 대표는 "북한의 연평도 포격에 대한 우리 군의 대응 과정에서 북한군 1명이 사망하고 2명이 중상을 입은 것으로 안다."며 "국내 정보기관과 북한 내부의 소식통 등을 통해 이를 확인했다."고 주장했다. 최 대표는 이어 "우리 군의 대응사격으로 북한군에서는 개머리 해안포·무도기지에 있던 병사 1명이 사망하고 2명이 크게 다쳤다고 들었다."며 "큰 부상을 입은 2명의 북한군은 현재 입원 치료 중이며 생명이 위독한 상황인 것으로 안다."고 덧붙였다. 그는 또 "북한 내 정보원에 따르면 연평도 포격 도발은 황해도 지역을 총괄하는 북한군 4군단장인 김격식 대장이 주도했다."며 "북한은 연평도 포격일(D-day)을 정해 놓고 주요 20개국(G20) 서울 정상회의 전후로 고민을 거듭하는 등 사전에 치밀하게 준비했다."고 주장했다.

내년 국방예산 7332억 증액 의결

여야 국방위원들은 이날 마지막으로 국회에 출석한 김 장관에게 "후임 장관이 내정된 상태에서도 끝까지 최선을 다해 준 데 대해 감사하다."며 경의를 표했다. 국방위원회는 정부가 제출한 내년도 국방예산(31조 2795억원)에서 7332억원을 순증시켜 의결했다.

한편 현인택 통일부 장관은 예산결산특별위원회에 출석해 "현재로서는 북한과 대화할 여건이 마련돼 있지 않다."고 밝혔다. 현 장관은 "지금이 북한과 대화할 적절한 시점이 아니냐."는 취지의 진보신당 조승수 의원의 질의에 "(남북 관계의) 기본원칙에서 대화는 필요하지만 지금은 아니다."라면서 "대화를 앞에 내세워 얘기하는 것은 전체적 분위기에 맞지 않는다."고 말했다.

이창구기자 window2@seoul.co.kr

"美·中, 서해훈련 사전조정 있었다"

장성민 前의원 주장… "美 전직 고위관리, 3개사항 합의"

북한의 연평도 포격 도발 사건으로 남북관계가 악화일로를 치닫고 있는 가운데 미국과 중국이 현재 실시 중인 서해 한·미 연합훈련을 앞두고 막후 의견교환을 통해 크게 3가지 사항에 합의했다고 장성민 전 민주당 의원이 주장했다. '세계와 동북아 포럼' 대표이기도 한 장 전 의원은 30일 서울신문과의 전화통화에서 "미국의 전직 고위관리로부터 입수한 정보"라면서 그 내용을 소개했다.

장 전 의원에 따르면, ❶미국은 서해 훈련에 대한 중국의 우려를 수용해 항공모함 조지워싱턴함이 충남 태안반도 이북으로 올라가지 않고 ❷대신 중국은 훈련 기간 중 북한의 추가 도발을 억제하기 위해 중국에서 북한으로 들어가는 석유 파이프를 차단하는 한편 ❸미·중 양국은 서해 훈련이 끝난 뒤 6자회담 재개를 추진하는 등 대화국면 전환을 위해 노력하기로 했다는 것이다.

장 전 의원은 "미군이 연평도 인근까지 올라가서 강력한 대북 무력시위를 했으면 하는 한국민의 바람과 달리 미 항모가 태안반도 이남에서 훈련을 하는 것은 이런 내막 때문"이라면서 "지난 천안함 사건 때에 비해 이번엔 중국의 반발이 약한 것도 미·중간 사전 교감 때문"이라고 했다.

그는 이어 "이번 훈련 기간 중 중국은 북한으로 가는 송유관 3개 중 1개를 차단키로 했다."고 말했다. 지난 2003년 우라늄 농축 의혹을 받아온 북한이 제네바 합의 파기를 선언하자 중국은 미국의 요구에 따라 단둥(丹東)에서 신의주로 이어지는 송유관을 3일간 잠근 전례가 있다.

그러나 미·중이 6자회담 재개를 추진키로 했다는 ❸번 합의사항은 최근 나타나고 있는 기류와 상반되는 것이다. 지난 28일 중국은 6자회담 수석대표 회동을 제안했고, 이에 대해 한·미·일 등은 즉각 부정적 입장을 보였다.

이에 대해 장 전 의원은 "한반도에 무력충돌 가능성이 위험수준에 다다랐다고 미·중 양국이 판단, 위기 관리 국면으로 전환해야 한다고 공감했을 수 있다."고 말했다.

김상연기자 carlos@seoul.co.kr

서울신문

2010년 12월 1일(수) 8면

급식 봉사자마저 철수… "이젠 끼니도 걱정해야 하나"

'전시 비상사태' 연평도 르포

주민 18명 짐 챙기러 잠시 들러
일부 취재진 떠나… 본지는 잔류
HID회원 100여명 순찰 등 봉사

서해의 차가운 바닷바람이 연평도에 겨울이 왔음을 실감케 했다. 30일 이른 아침, 보일러를 단열재로 감싸는 등 방한 준비를 하는 주민들이 눈에 띄었다. 포격으로 불타 무너져 내린 가옥의 종잇장처럼 구겨진 슬레이트 지붕은 연방 '끼익, 끼익'거리는 기괴한 마찰음을 만들어 냈다. 포격 8일째, 어디에서도 사람의 말소리를 듣기 어려운 아침, 일찍 조용하고 차분하게 하루가 시작된 것 같아 보였지만 그것은 '공포의 고요'일 뿐. 말을 잃은 주민들의 속은 불 탄 서까래처럼 타들어 가고 있었다. 준전시 상태의 연평도는 그렇게 두려운 아침을 열고 있었다.

오전 8시, 인천적십자사가 배식을 시작하자 군인·경찰·공무원·취재진들이 모여들었다. 통합방위령 을종, 일종의 '전시 비상사태'가 선포된 지금의 연평도에서 주민을 찾아보기란 좀체 쉽지 않았다. 따뜻한 쇠고기 국밥 한 그릇에 몸을 데우며 간간이 웃음소리도 들렸다. 하지만 따뜻한 급식도 이날 아침이 끝이었다. 위생 장갑을 끼고 밥을 나눠주던 자원봉사자 조명자(44·여)씨는 일일이 인사를 건네며 "저희 오늘 떠나요. 점심 때부터는 식사 못 해드려서 어떡하죠."라고 말했다. 일회용 국그릇을 들고 차례를 기다리던 한 주민은 "그럼 이제 끼니도 걱정해야 하나."라고 말하며 헛헛하게 웃었다. 마지막 남은 상점이 지난 29일 문을 닫았기 때문이다. 이런 마당에 급식마저 끊겼으니….

이날 삶의 터전인 연평도로 되돌아온 주민은 18명. 하지만 대부분 생활이 목적이 아니라 옷가지 등을 챙기기 위해 잠시 들른 사람들이었다. 인천에서 피란 중인 주민 박도근(70)씨는 "인천 찜질방에서 일주일째 생활하다 짐 좀 챙기러 잠시 들어왔다."면서 "언제 폭탄 맞을지 모르는데 어떻게 사느냐."고 말했다.

29일 인천 옹진군청이 통합방위법에 따라서 연평도 전역을 통제구역으로 설정하자 취재진들도 회사별로 철수를 서둘렀다. 방송사 취재진·외신기자 140여명이 가장 먼저 연평도를 떠났다. 한 방송사 기자는 "지금은 전시와 같다. 군 작전에 방해가 돼서는 안 된다."고 떠나는 이유를 말했다. 하지만 서울신문 취재진은 '상황이 정리될 때까지는 역사의 현장 연평도를 떠날 수 없다.'고 뜻을 모으고 잔류를 결정했다.

이날 낮 12시에는 대한민국특수임무수행자회(HID) 회원 100여명이 여객선을 타고 연평도에 들어왔다. 정병호(47) 조직부장은 "순찰이나 재난구조 등의 자원봉사를 할 계획"이라면서 "어수선한 치안을 틈탄 간첩 침투를 막는 활동도 계획하고 있다."고 말했다. 이들은 연평초등학교에 숙소를 꾸린 뒤 운동장에 모여 큰 소리로 애국가와 군가를 불렀다. 한 주민은 "주민들 불안해할까 봐 포사격도 취소되는 마당에 군가를 불러 오히려 불안감만 키운다."고 말했다.

시민단체인 활빈단 관계자 2명도 같은 배편으로는 연평도에 들어왔다. 이들은 곧바로 연평면사무소로 가 주소지 이전신청을 했다. 그러나 면사무소 관계자는 "연평면이 통합방위법에 따라 통제구역으로 정해져 주소 이전을 해 줄 수 없다."며 신청을 반려했다가 받아들이는 진통을 겪기도 했다. 그런가 하면 주인이 떠난 집에 홀로 남겨진 동물들을 구호할 수의사 2명과 동물보호단체 회원 2명이 연평도를 찾았다. 허주형 인천수의사회 회장은 "주인이 떠나 굶주렸거나 다친 개들을 보살피러 왔다."면서 "마을을 살펴 실태를 파악하고 사나운 큰 개들을 격리하는 등의 조치를 할 계획"이라고 말했다.

연평도 김양진기자 ky0295@seoul.co.kr

얼마나 급했으면… 30일 연평도 연평중고교 교실 책상 위에 지난 23일 북한 포격으로 학생들이 시험을 치르다 안경도 챙기지 못한 채 급히 대피한 흔적이 그대로 남아 있다.

연평도 안주영기자 jya@seoul.co.kr

아파트 곳곳 파편자국 연평도 포격 사태 발생 8일째인 30일 연평도 한 아파트에 북한군의 포격 때 산산조각이 난 유리창과 파편자국이 선명하게 남아 있다. 연평도 안주영기자 jya@seoul.co.kr

자연재해 때보다 더 많은 액수 지원한다

정부, 주택 복구에 실비 지급
"거주지 이전대책 검토 안해"

북한의 포격으로 주택이 파손된 연평도 주민들에게 자연재해 때보다 많은 액수의 지원금이 지원될 것으로 보인다. 하지만 일부 주민들과 옹진군 등이 주장하는 정부 차원의 주민 이주대책은 없을 것으로 예상된다.

행정안전부는 30일 이 같은 내용의 연평도 주민 피해복구 및 지원 원칙을 세우고 기획재정부 등과 협의 중이라고 밝혔다.

행안부는 우선 주택 피해 주민들에게는 이번 사건의 특수성을 고려해 평상시보다 더 높은 수준으로 책정한다는 방침을 세웠다. 당초 정부는 피해 주민들에 대한 보상 기준을 민방위기본법에 준하기로 결정했다. 하지만 민방위기본법에 따른 보상 및 지원 전례가 없어 구체적인 기준이나 규모 등이 마련돼 있지 않다. 따라서 행안부는 연평도의 경우 주택파손 등 주민피해를 복구하는 데 필요한 비용은 실비 지원키로 하고 자연재해에 따른 피해 보상액보다는 더 많이 지원해 준다는 방침을 따로 정했다. 자연재해로 인해 주택이 완전히 파괴됐을 경우 900만원, 반파는 450만원을 지원해 왔다. 행안부가 인천시 옹진군 관계자, 감정평가사 등과 함께 연평도 피해 현황에 대한 실사를 한 결과 주택 29채가 완전히 파손됐고, 5채는 반파, 80채는 부분 파손된 것으로 조사됐다. 또 포격으로 파손된 자동차 10여대는 보험사의 등록가격 등을 토대로 지원금액을 결정하기로 했다.

이와 달리 행안부는 일부에서 주장하는 거주지 이전대책 마련에는 난색을 표하고 있다. 옹진군은 서해5도 주민에 대한 안정 지원 대책과 함께 연평도 주민들의 분산이주대책을 촉구했다.

안양호 행안부 2차관은 이날 MBC 라디오 '손석희의 시선집중'에 출연, "정부로서는 연평도 주민들이 육지에 완전히 이주하기 보다는 여태까지 살아오던 본래 삶의 터전에서 다시 안정된 생활을 할 수 있도록 도와주고, 피해시설들을 빨리 복구해 편안하고 안정된 연평도 생활을 계속할 수 있으면 하는 것이 바람"이라고 밝혔다. 행안부 관계자는 "연평도 주민들의 거주지 이전에 대해서는 검토하고 있지 않다."고 설명했다. 섬을 완전히 비우는 것은 국토 관리 차원에서 있을 수 없는 일이며 거주지 이전이 모든 주민들의 공통된 의견도 아니라는 것이 행안부의 입장이다.

박성국기자 psk@seoul.co.kr

피란민 긴급 생활지원금 대상·금액 확정

'서울신문 보도 그후 《11월 30일자 6면》

실거주자·학생 등 622명
5억9000만원 우선 입금

연평도 주민 보상 대상자 선정을 둘러싸고 주민비상대책위원회와 인천 옹진군 관계자들이 고심하고 있다는 서울신문 보도 이후 피란민에게 임시 생활위로금의 대상과 금액이 확정됐다.

주민 임시 생활위로금은 긴급 생활지원금의 성격이지만 앞으로 보상 대상 선정에도 같은 기준이 적용될 가능성이 높다. 30일 옹진군 등에 따르면 앞으로 지급될 보상금도 이번에 마련된 주민 임시 생활위로금의 3가지 지급 대상기준에 미달할 경우에는 지급하지 않는다는 원칙을 마련했다. 앞서 옹진군과 대책위는 주민등록 거주자 1756명과 실거주자 1326명 가운데 보상대상을 어떻게 해야 하는가를 두고 논란을 벌였다.

이번에 마련된 주민 임시 생활위로금 지급기준은 ▲주민등록상 연평도에 적(籍)을 두고 실제 거주할 것 ▲최소 연 3회 여객선 승선 기록이 있을 것 ▲학생은 주소지와 상관없이 무조건 지급할 것 등이다. 다만 주소지가 연평도로 되어 있어도 업무 특성을 고려해 공무원은 대상에서 제외하기로 했다. 하지만 공무원 가족은 지급받을 수 있다.

옹진군은 이날 622명의 주민 임시 생활위로금 5억 9150만원의 입금을 마쳤다. 전날 오후 옹진군 관계자와 연평도 주민비상대책위원회 등 11명으로 구성된 연평도 주민 임시 생활위로금 심의위원회는 지급 대상과 금액을 결정했다. 주민 임시 생활위로금은 연평도 주민 가운데 1089명이 신청했다. 대책위는 인스파월드에 머물고 있는 600여명 외에 친척집 등 외부 숙소에 머물고 있는 피란민에게도 일일이 전화를 걸어 생활위로금 지급 사실을 알렸다.

금액은 0~13세는 50만원, 14세 이상은 100만원이다. 옹진군에 따르면 622명을 제외한 나머지 467명은 실제 거주 여부나 승선기록이 확인되는 즉시 지급할 예정이다. 또 이번에 신청하지 못한 주민들에게도 추가로 주민 임시 생활위로금을 지급할 방침이다.

어렵게 기준이 마련됐지만 아직 해결해야 할 점도 여전히 남아 있다. 피란 나온 주민 가운데 상당수는 급하게 섬을 빠져 나오면서 통장을 미처 챙기지 못했다. 고령인 주민들은 은행계좌를 못 외우는 경우도 많았다. 또 신분증이나 도장이 없는 경우도 많아 보상금이 입금되더라도 당장 은행에서 이를 찾을 방법이 없다.

인천 백민경기자 white@seoul.co.kr

30일 오후 인천 당하동 발산초등학교 학생들이 연평도 친구들을 위해 성금을 모으고 있다.

인천 초등생들 '고사리 온정'

"연평도 친구 돕고싶어"
저금통 털고 편지 쓰고

"연평도를 탈출한 또래 친구들이 우리 동네에서 수업 받는다고 생각하니 뭐라도 돕고 싶어서…. 인형 사려고 모은 용돈인데, 이걸로 학용품 사서 계속 공부 열심히 했으면 좋겠어요."

연평도 초·중·고생들이 모여 수업을 받는 인천 당하동 영어마을 인근에 사는 초등학생들이 '연평도 친구' 돕기에 나섰다. 저금통을 털고, 격려 편지를 쓰며 '고사리 온정'을 펼쳐 주위를 훈훈하게 하고 있다.

30일 당하동 이정원(8·발산초교 1학년)양의 집. 영어마을 바로 옆 '이웃학교'인 발산초교 1·2학년생 40여명이 한자리에 모였다. 뉴스를 통해 극도의 불안상태에 빠진 연평도 학생들이 인근 학교에서 수업을 받는다는 소식을 듣고 도움의 손길을 주기 위한 것. 학생들은 커다란 저금통 앞에 모여 평소 꼭꼭 숨겨뒀던 용돈을 꺼내 집어넣었다.

편지에 마음을 담아 실어 보낸 어린이들도 있다. 원당·도천초교 학생 20여명은 '얼마나 무섭고 힘들었을지 상상도 안 되지만, 전 국민이 너희를 걱정하고 응원하고 있으니 힘내.', '아프지 마.'라며 격려의 마음을 담아 옹진군청에 편지를 전달했다.

글·사진 백민경기자 white@seoul.co.kr

"60년전 포탄 피해 연평도 왔는데 이젠 영감도 없이 또 피란 나오다니"

6·25 피란민들 '기구한 삶'

"6·25 때 피란을 내려와서 연평도를 고향 삼아 살았는데, 여기서 다시 피란을 나오게 될 줄은 꿈에도 몰랐지."

60년 전, 29살의 젊은 나이에 전쟁을 피해 남쪽으로 내려온 라애자(사진·89) 할머니는 일주일 전 다시는 경험하고 싶지 않았던 두 번째 피난길에 올랐다. 북한의 포탄 공격이 있은 뒤 딸과 함께 배를 타고 연평도를 빠져나올 때는 60년 전 고향 평안남도 진남포에서 총성을 피해 남쪽으로 내려오던 기억이 생생하게 떠올랐다. "6·25 피란을 내려올 때 아버지와 같이 열차를 타면서 너무 경황이 없어 어머니랑 생이별을 했던 것이 기억나. 참 많이 울었지…." 인천 찜질방에서 라 할머니는 종종 멍하니 생각에 잠겼다.

"전쟁 악몽 자꾸 떠올라"

연평도 포격이 발생한 지난 23일 친정 나들이 온 둘째딸을 배웅하고 침대에 누워 눈을 붙이던 라 할머니는 '쾅쾅'하고 포탄이 떨어지는 소리에 소스라치게 놀랐다. 현관문이 저절로 열리고 폭발 소리가 이어지면서 6·25전쟁 당시의 기억이 떠올랐다. 라 할머니는 "과거 전쟁 때 머리 위로 비행기들이 뱅뱅 돌던 소리가 생각나면서 겁이 났다."고 말했다. 피란의 최종 정착지였던 연평도에서 만난 남편은 황해도 해주 사람이었다. 북한의 연평도 공격 일주일 전인 지난 16일 숨을 거둔 할머니의 남편 손성준(85)씨는 군인 출신으로 6·25 전쟁 당시 우리군과 영국함대 등에 서해 뱃길을 안내하는 공을 세워 국립이천호국원에 묻혔다. 라 할머니는 "돌아가신 우리 영감이나 나나 어렵게 피란을 와서 평생을 연평도에서 살았는데, 영감이 돌아간 다음에 나 혼자 또다시 피란길에 오르게 될 줄은 꿈에도 몰랐다."고 말했다.

"포탄 떨어지는 소리 아직도 생생"

역시 찜질방에서 기거하는 김상진(66)씨도 6·25전쟁 당시 피란길에 올랐던 이북 출신이다. 당시 배를 타고 인천 팔미도 쪽으로 피란을 내려온 김씨는 "(6·25 당시) 함께 피란 내려온 부모님과 민가에 숨어들어 주먹밥 하나로 하루 끼니를 때웠다."고 돌이켰다. 두번째 피란생활을 하는 김씨는 "수백명이 한데 모여 생활하니 신경이 날카로워지고 포탄에 우리 마음이 폐허가 된 모습이 악몽으로 남아 내내 지워지지 않는다."고 덧붙였다.

김씨는 "그땐 '따콩총'(당시 북한 인민군이 사용하던 총을 지칭) 소리도 듣기 힘들었는데 이번에는 내가 살던 마을에서 머리 위로 '쉭쉭'하며 포탄 떨어지는 소리가 생생하게 기억나 더 끔찍하다."면서 "목숨이 붙어있는 게 다행"이라며 고개를 가로저었다.

인천 백민경·윤샘이나기자 sam@seoul.co.kr

목조 조립주택 15동 완공

보일러·샤워기 등 설치 "구호단체 너무 고마워"

30일 오전 인천 연평도 연평초교 운동장. 붉은색 지붕을 얹은 가로 6m, 세로 3m, 높이 2.2m 크기의 목조 조립주택 15동(사진)이 완공돼 공개됐다. 북한의 포격으로 집을 잃고 뭍으로 피신한 연평도 주민들이 임시로 거처할 '구호주택'이다. 전국재해구호협회가 모금한 1300여만원으로 마련됐다. 2~3인 가족이 머물도록 설계된 임시주택은 집이 파괴된 주민들에게 선착순으로 제공된다.

내부로 들어가 보니, 기름보일러가 설치돼 있어 난방에는 큰 문제가 없어 보였다. 화장실에는 변기와 샤워기가 있고, 주방에는 싱크대가 설치돼 있었다. 다만, 방은 어른 3명이 한꺼번에 눕기엔 다소 좁아 보였다. 주민이 입주 신청을 하면 곧바로 전기·수도 등 기반 시설이 제공된다.

주민들은 "정부도 하지 못 하는 일을 구호단체가 해 줘 너무나 고맙다."고 입을 모았다. 하지만 한 주민은 "연평도의 집이 파괴돼 사람이 살 수 없게 된 주택이 42동이나 된다. 더 많은 임시거처가 마련돼야 한다."고 말했다. 인천 찜질방에서 생활하는 30대 주민은 "연평도로 들어갈 마음도 없지만 언제 포탄을 맞을지 모르는 상황에서 임시거처에 거주하는 것은 실효성이 떨어진다."고 주장했다. 이에 대해 재해구호협회 관계자는 "일단 선착순으로 임시주택을 공급한 뒤 필요한 주민이 더 있으면 주택을 추가로 지을 방침"이라고 밝혔다.

연평도 김양진기자 ky0295@seoul.co.kr

'서울신문

2010년 12월 3일(금) 1면

"北 연내 경기도 포격"… 추가 도발 긴장 고조

軍 "전투기도 출격 北진지 초토화"

日언론 "한국군함에도 타격"

北정찰총국 간부 인용 보도

"국정원도 3~4건 도발 징후"

중부전선 비상훈련 북한의 연평도 도발 이후 연내 경기도를 목표로 추가 포격 가능성이 거론되는 등 긴장이 고조되는 가운데 2일 육군 15사단 초병이 강원 철원군 중부전선에서 진행된 비상훈련에서 전방을 향해 총구를 겨누고 있다. 철원 연합뉴스

북한 인민무력부 정찰총국 간부가 연내 경기도를 목표로 새로운 포격이 있을 것이라고 밝혔다고 일본 도쿄신문이 2일 서울발로 보도했다. 국회 정보위 권영세 위원장은 "국가정보원 측이 3~4건의 북한 도발 가능 징후를 꼽았다."면서 "심각한 수준은 아니지만 간과할 수 없으며 모든 가능성을 검토해야 할 것"이라고 말했다. 국정원은 북한의 도발가능 징후로 북한군이 긴장을 유지한 상태에서 훈련을 계속하고 있고, 대북 확성기를 겨냥해 조준 포격 훈련을 하고 있는 점 등을 꼽은 것으로 알려졌다.

이에 청와대는 강력 응징 방침을 천명하는 한편 우리 군은 연평도를 비롯한 서해 5도 해상 사격훈련을 이번 주 강행키로 하는 등 한반도에서 군사적 긴장이 누그러지지 않고 있다.

군은 북한이 장사정포로 수도권을 도발하면 다연장로켓포(MLRS)와 K9자주포, 미사일 등은 물론 전투기를 출격시켜 상대 진지를 초토화시킨다는 작전 계획을 세운 것으로 알려졌다.

도쿄신문은 '북한 정보에 정통한 소식통'의 말을 인용해 "북한의 연평도 포격 직후인 지난달 하순 정찰총국 간부가 '새해가 되기 전 경기도를 목표로 한 새로운 포격이 있을 것이다'라고 말했다."고 보도했다. 신문이 인용한 소식통은 중국 쪽 인사인 것으로 전해졌다.

신문은 "구체적인 공격을 전제로 한 발언인지는 불분명하지만 섬이 아닌 한국 본토에 대한 추가 도발 가능성을 언급함으로써 파문이 커질 것으로 보인다."고 말했다. 신문은 이 간부의 발언이 지난 1일 끝난 한·미 연합훈련 실시가 결정된 후에 나온 것으로 보인다고 분석했다. 신문은 또 정찰총국 간부가 "서해상의 한국 군함에도 큰 타격을 가할 것이다."라는 말도 덧붙였다고 전했다.

미국 자유아시아방송(RFA)은 '북한 사정에 밝은 대북 소식통'의 말을 인용, "황해남도 연안의 군부대 관계자들에게 확인한 결과 서해사건(연평도 포격) 이후 인민군 총참모부 지휘성원(지휘관)들이 서해부대로 내려가 갱도 안에서 군인들과 숙식하며 전투력과 정신무장 상태를 점검하고 있다고 한다."고 보도했다.

함경북도 소식통도 "청진시의 9군단에도 '싸움준비를 완성하라'는 총참모부 지시가 내려와 교도대(민방위대 해당) 무력까지 총동원 체제에 들어갔다."고 말하는 등 전후방을 막론하고 북한군이 긴장상태에 돌입했다고 RFA는 보도했다.

청와대 관계자는 북한의 연내 경기도 포격 보도와 관련, "실제로 일어난다면 지금까지와는 수준이 다른 도발인 만큼 즉각 한·미 공조 등 국제적 대응을 통해 강력히 응징할 것"이라면서 "현재 그런 징후가 포착된 것은 없지만 만일의 사태에 대비한 계획은 이미 수립하고 있다."고 밝혔다.

김성수·김상연기자 carlos@seoul.co.kr

▶2면에 계속/관련기사 2, 3, 4, 5면

美·日 오늘부터 사상최대 훈련… 韓, 옵서버 첫 참가

'연평도' 공동대응 본격화

韓·美·日 7일 외교회담

美의회 잇단 대북 결의안

북한의 연평도 포격 도발에 대한 한·미·일 3국의 공동대응 움직임이 본격화되고 있다.

미국은 지난 1일 서해상의 한·미 연합훈련을 끝내자마자 3일부터 일본 전역과 오키나와 등 남부 해역에서 사상 최대 규모의 미·일 공동통합훈련에 돌입한다. 10일까지 8일간 전개될 훈련에는 한국도 사상 처음 옵서버 자격으로 참여한다.

동중국해에 인접한 오키나와 해상에서 훈련을 전개하는 것은 북한 도발에 대한 억지력 과시는 물론 사실상 중국에 대한 견제의 의미도 담은 것이어서 중국의 반발이 예상된다.

2일 일본 방위성은 "'예리한 칼'(Keen Sword)로 명명된 이번 훈련은 한·미 연합훈련의 6배 규모로 미·일 군사훈련으로는 사상 최대 규모"라고 밝혔다. 훈련에는 일본의 육·해·공 자위대 3만 4100명, 미국 육·해·공군과 해병대 1만 400명 등 총 4만 4500명이 참가한다. 일본의 유사시를 상정하고 북한을 견제해 동해 지역에서 해상 자위대 소속 이지스함이 참가하는 탄도미사일 대응훈련이 실시된다. 시가현 미·일 공동훈련 등 양국 간 합동군사훈련이 내년 3월 초까지 이어질 계획이다.

군사적 압박과 별개로 외교 채널을 통한 대북 압박도 전개된다. 미국 국무부는 지난 1일(현지시간) 한·미·일 외교장관회담이 오는 7일 워싱턴에서 개최될 것이라고 밝히고 이번 회담은 3국 공조 체제 및 한반도 안보와 역내 안정을 위한 미국의 안보공약 이행을 실증하는 것이라고 강조했다.

미 하원은 이날 북한의 연평도 포격 도발을 규탄하는 대북 결의안을 압도적으로 가결했으며, 상원도 초당적 결의안을 제출했다. 하원 결의안은 북한에 대해 추가 공격 행위 중단 및 휴전협정을 비롯한 국제의무 준수를 촉구하고 있다. 상원 결의안도 북한이 1953년 정전협정을 위반해 한국을 공격한 것을 비난하고 중국의 역할을 촉구하는 등 7개항의 결의를 담았다.

워싱턴 김균미·도쿄 이종락특파원 kmkim@seoul.co.kr

■ 한·미·일 군사훈련 일정

2010년 12월 3~10일	미·일 공동통합훈련
6~12일	한국군 해상 사격훈련
6~15일	미·일 공동훈련
12월~2011년 1월 중	한·미 연합훈련 수차례
2011년 2월 중순~3월 초	미·일 공동훈련

〈자료 : 니혼게이자이신문〉

'서울신문

2010년 12월 8일(수) 2면

ICC, 체포영장 발부땐 김정일·정은 '戰犯수배' 불명예

국제형사재판소 '연평도·천안함' 예비조사 의미·전망

정부는 국제형사재판소(ICC)가 북한의 연평도 포격 만행과 천안함 사건에 대해 6일 예비조사에 착수한 것과 관련, 7일 환영의 뜻을 밝혔다. 정부 당국자는 "우리는 ICC의 당사국(회원국)인 데다 피해자인 만큼 법 절차를 통해 정의가 실현되도록 ICC의 조사에 적극 협조한다는 입장"이라고 말했다. 정부는 그동안 두 사건을 ICC에 제소하는 방안을 검토해 왔으나, 이보다 앞서 한국 내 일부 시민단체가 ICC에 탄원을 제출함에 따라 ICC 검사가 예비조사 결정을 내린 것으로 알려졌다.

민간인 공격땐 전범 규정 즉시적 처벌 실효성보다 영원한 심리적 압박 효과

정부 "ICC조사 적극협조"

ICC는 예비조사를 통해 이 사건들이 전범행위로 기소할 성격이라고 판단되면 정식조사에 착수하고, 그렇지 않으면 더 이상 조사를 진행하지 않고 종결하게 된다. 정부 관계자는 "예비조사 기간이 얼마나 될지는 알 수 없다."면서 "길게는 수년씩 걸릴 수도 있다."고 했다. 또 "ICC 헌장 격인 '로마규정'에 따르면 민간인 또는 민간시설에 대한 고의적 공격을 전쟁범죄로 규정하고 있다."며 연평도 사건이 ICC의 처벌 대상이라는 시각을 내비쳤다. 반면 천안함 사건은 민간인에 대한 공격이 아니기 때문에 처벌 대상에 포함되는지에 대해 정부는 확신하지 못하는 눈치다.

ICC 검사가 예비조사 결과 정식조사가 필요하다고 판단할 경우, 피해자·가해자 조사 등을 거쳐 용의자를 선정한 뒤 체포영장 발부→신병확보→재판의 수순을 밟게 된다. 이 경우 ICC 회원국이 아닌 북한은 조사에 응하지 않을 것이 명약관화하다. 그렇더라도 ICC는 용의자에 대해 체포영장을 발부하게 된다.

예컨대 김정일 국방위원장과 김정은이 용의자로 지목되면 이들에 대해 체포영장이 발부되는 것이다. 하지만 김정일 부자를 체포하는 것은 현실적으로 불가능한 만큼, 체포영장이 집행될 가능성은 희박하다. 체포영장 집행은 ICC 회원국인 114개국에만 의무가 있고, 회원국이 아닌 중국·러시아·미국 등은 집행할 의무가 없기 때문이다. 김정일이 중국에 가도 체포영장은 집행되지 않는 것이다. ICC는 궐석재판을 허용하지 않고 있어 재판도 진행되지 않는다. 다만 ICC의 체포영장에는 시효가 없기 때문에 김정일 부자는 '영원히' ICC의 현상수배자 명단에 오르는 셈이다.

이처럼 체포영장이 발부되더라도 처벌의 즉시적인 실효성은 없다. 하지만 당사자한테는 엄청난 심리적 압박이 될 것이란 분석이 있다. 명색이 국가원수로서 전 세계에 현상 수배자로 낙인 찍히는 것은 큰 불명예이기 때문이다. 정부 관계자는 "과거 북한이 미국의 테러지원국 지정을 해제해 달라고 애원했던 것도 범죄국 오명을 견디기 힘들어서였다."고 했다.

범죄 용의자가 실질적으로 신변의 위협을 느낄 수도 있다. 북한 정권 붕괴시 체포영장이 김정일 부자를 법정에 세울 근거가 될 수 있기 때문이다. 과거 김정일은 사담 후세인 이라크 대통령이 전범으로 체포돼 사형당하는 것을 보고 "후세인처럼 될까 두렵다."고 토로했다는 보도가 나온 적이 있다. 지금까지 ICC가 재판을 통해 형을 선고한 사례는 없다. 오마르 알 바시르 수단 대통령처럼 체포영장이 발부된 경우만 있다. 일각에서는 ICC의 예비조사 결정이 연평도 사건의 유엔 안전보장이사회 회부 분위기 조성에 일조할 것이란 분석도 있다. 정부는 아직 회부 여부에 대해 공식 입장을 밝히지 않고 있다.

김상연기자 carlos@seoul.co.kr

용어 클릭

국제형사재판소(ICC) 집단살해, 전쟁범죄, 반인도적 범죄를 저지른 개인을 형사처벌하기 위해 만든 상설국제법정이다. 냉전이 끝난 1990년대 르완다 등 세계 곳곳에서 집단학살사건이 벌어지자 국제 사법기구를 만들자는 논의가 불붙어 1998년 120개국이 채택한 'ICC에 관한 로마규정'을 바탕으로 2002년 설립됐다. ICC의 핵심인 재판부는 임기 9년의 재판관 18명으로 구성됐다. 송상현 서울대 명예교수(법학)가 2009년 2월부터 소장을 맡고 있다.

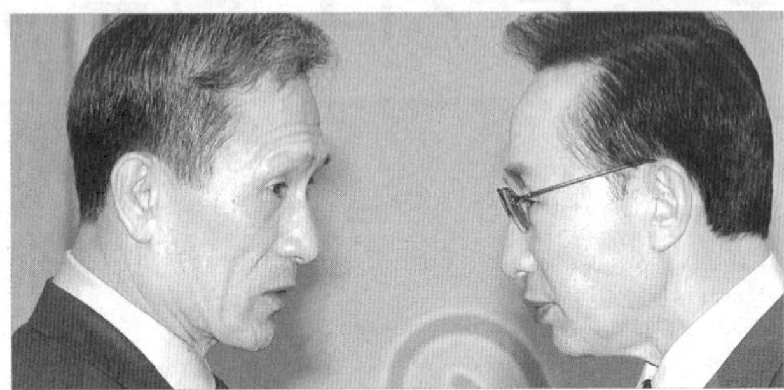

심각한 대통령과 국방장관 이명박(오른쪽) 대통령이 7일 청와대에서 국무회의를 주재하기에 앞서 김관진 국방부 장관과 심각한 표정으로 대화하고 있다.
김명국기자 daunso@seoul.co.kr

李대통령 "서해5도 군사요새화 추진"

金門島처럼 지하화… "한·미FTA 안보가치도 평가해야"

이명박 대통령은 7일 서해 5도와 관련, "군사적으로 요새화를 점진적으로 추진하고 주민들이 계속 거주할 수 있도록 일자리 등 여건을 만드는 데도 여러 부처들이 협력해 달라."고 말했다.

이 대통령은 제51차 국무회의를 주재한 자리에서 서해 5도 예비비 지급과 관련한 보고를 받고 이같이 밝혔다고 김희정 청와대 대변인이 전했다. 청와대 관계자는 "섬을 무인도화해서는 안 되며, 북의 도발 시 주민들의 생존성을 높이기 위해 방공호를 비롯한 대피시설을 보강하는 등 지하화를 추진해야 한다는 것으로, 타이완의 진먼다오(金門島)와 같은 요새를 만들라는 뜻으로 보면 된다."고 말했다.

이에 따라 군 당국도 진먼다오에 건설된 지하 요새를 모방해 서해 5도의 주민 및 군사기지 보호시설을 건설하는 방안을 검토 중인 것으로 알려졌다. 군의 한 소식통은 합동참모본부와 방위사업청, 해병대사령부, 해군 합동으로 구성된 진먼다오 시찰단이 오는 20일쯤 진먼다오의 지하 요새를 시찰할 계획이라고 밝혔다. 소식통은 이어 "합참 차원에서 진행 중인 서해 5도의 주민 및 군사기지 보호대책의 일환으로 진먼다오 시찰 방안이 추진되고 있다."면서 "진먼다오에 건설된 지하 요새가 서해 5도의 보호시설을 구축하는 데 참고가 될 것으로 보인다."고 말했다.

진먼다오는 타이완의 부속 섬이지만 중국 본토와의 거리가 불과 1.8㎞이며 동서 20㎞, 남북 길이 5~10㎞인 섬 전체가 땅속으로 그물망처럼 연결돼 있다. 지하에는 폭 1m, 높이 2m의 지하통로가 2㎞나 이어진 민간 대피소들이 12곳이나 만들어져 있으며 긴급 구호장구와 비상식량 등을 갖추고 있다. 각 대피소 길이를 연결하면 무려 10㎞나 되는 갱도가 거미줄처럼 도시 곳곳으로 이어져 있다. 갱도는 차량 2대가 교차 통행이 가능하다. 지하 2층으로 건설된 지하도시와 같으며 4만여명의 주민 전체가 대피해 생활할 수 있는 모든 기반시설이 갖춰져 있으며 화생방 방어시설과 지하 비행장 등이 있다.

김성수·홍성규기자 sskim@seoul.co.kr

슬라이드 직접 만든 金국방 "전투형 군대로"

형식 깬 전군지휘관회의

김관진 국방부 장관 주재로 7일 국방부 대회의실에서 열린 전군 주요 지휘관회의는 북한의 연평도 포격 도발에 따라 비장한 분위기 속에서 진행됐다.

회의에서 김 장관은 '선(先) 조치 후(後) 보고' 개념의 자위권 행사, 전투형 부대로의 변화를 강조한 것으로 전해졌다. 그는 특히 본인 스스로 형식에 얽매이지 않는 모습으로 이목을 끌었다. 전통적인 지휘관 회의의 형식과 격식을 깨고 본인이 직접 작성한 10쪽짜리 장관 지휘지침을 슬라이드 화면으로 설명해 참석자들을 놀라게 했다고 김민석 국방부 대변인이 전했다.

김 장관이 파워포인트로 투박하게 작성한 화면에는 부대관리형 행정부대에서 과감히 탈피해 당장 전투에 투입할 수 있는 전투형 야전부대를 육성해달라는 지휘지침이 담겨 있었다.

그는 "평시 군대의 특징인 전시 환경 망각 실태, 무사안일주의 만연, 전투임무보다 서류작성에 많은 시간을 할애하는 관행이 군을 망치고 있다."고 질타하면서 "앞으로 보고서, 검열, 시범 등 불필요한 행정지시에서 탈피해 확고한 훈련으로 싸워 이길 수 있는 전투형 야전부대가 돼야 한다."고 강조한 것으로 전해졌다.

홍성규기자 cool@seoul.co.kr

'서울신문

2010년 12월 21일(화) 5면

꽝! 훈련 포성에 초긴장… "이런 불안 이젠 없었으면"

"고향 지키며 농사 지어야 장병들 밥 안 거르지…"

"훈련도 다 밥 먹고 살자고 하는 일 아니오."

우리 군의 서해 해상 사격훈련이 임박한 20일 낮 12시 인천 옹진군 연평도. 전 주민이 북한의 추가 포격을 우려해 방공호로 대피하는 등 긴박한 상황에도 불구하고 한 노인이 낡은 유모차를 지팡이 삼아 느릿느릿 면사무소로 들어섰다. 현재 연평도에 남아 있는 주민 가운데 최고령자인 이기문(사진·89)옹. 이옹은 농협 창고로 가더니 허리를 조심스레 펴고는 쌓아 둔 벼포대를 일일이 쓸어 만지며 수를 셌다. 올해 자신이 추수해 수매할 벼를 확인하고서야 입가에 엷은 미소를 띠었다. 그는 "북한군의 추가 포격이 걱정되지만, 내가 추수해야 고향을 지키는 우리 장병들이 밥을 거르지 않을 것 아니오."라며 발길을 돌렸다.

이씨는 지난달 23일 북한군의 무차별 포격을 피해 연평도를 떠나 인천의 한 찜질방에서 생활했다. 그러다가 이달 11일 혼자서 연평도로 돌아왔다. 자식들과 아내가 말렸지만 고집스럽게 뿌리쳤다. 무엇보다 쌀 수매 시기를 놓치지 않으려는 것이 이유였다. 이날 오후 2시쯤 주민들이 인근 방공호로 대피하는 순간에도 이씨는 홀로 집을 지키며 농사일과 군인들에 대한 걱정을 털어놨다. 그는 "난 살 만큼 살았고, 농사도 짓고 싶을 만큼 다 지어 봤는데 뭐가 겁나겠느냐."면서 "훈련하는 군인들 밥 거르지 말아야 할 텐데…."라며 주름진 얼굴로 한동안 찌푸린 북녘 하늘을 응시했다.

1921년 황해도에서 태어난 그는 50년 한국전쟁이 일어나자 전쟁의 포화를 피해 아내와 두 아들을 데리고 연평도로 넘어왔다. 이씨는 "다 익은 벼를 베지도 못하고 그냥 두고 나와 자식을 두고 온 것처럼 한동안 눈물이 났었다."면서 "그해 1년을 열심히 일하고도 아내와 자식들 먹일 것이 없어 힘든 겨울을 보낸 기억이 생생하다."고 말했다. 그 뒤로 60년 동안 줄곧 벼농사를 지어 왔고, 두 자식도 대를 이어 연평도에서 농사를 짓고 있다. 그는 "북한이 허투루 행동을 하지 못하도록 우리 정부가 강력하게 대응해야 한다."면서도 "그래도 전쟁은 안 났으면 좋겠어. 죽고 다치는 게 모두 젊은 군인들일 테고, 힘없는 서민들 아니겠어."라며 안타까운 듯 연신 입맛을 다셨다.

연평도 김양진기자 ky0295@seoul.co.kr

서해5도 주민들 엇갈린 반응

"北에 끌려다니면 안돼" "추가 도발하면 어쩌려고"

연평도 해병부대의 해상 포사격 훈련이 실시된 20일 백령·대청·소청도 등 서해 5도 주민들은 낮시간 대부분을 대피소에서 불안과 긴장 속에 보냈다. 주민들은 차츰 안정을 찾아가는 터에 이뤄진 사격훈련에 각기 다른 생각을 드러내면서도 대체로 "언제까지 불안한 상황이 계속될 것인가."라며 불안해했다.

서해 최북단 백령도에서는 오전 9시부터 포사격훈련이 곧 실시된다는 안내방송이 나오자 주민 2000여명이 섬내 대피소 66곳으로 나누어 긴급 대피했다가 오후 6시 30분쯤 대피령이 해제되자 귀가했다.

6개 초·중·고교 수업 앞두고 긴급대피

김정섭 백령면장은 "주민들이 연평도 피격 당시 대피한 경험이 있어서인지 면사무소 통합 안내방송에 따라 별다른 동요 없이 질서 있게 대피했다."고 밝혔다. 6개 초·중·고교 학생들도 수업을 앞두고 긴급 대피했다. 대청중·고 관계자는 "오전 8시 조금 넘어 대피 사이렌이 울려 수업 시작 전 학생들을 대피소로 보냈다."고 말했다. 북한의 추가 도발 위협에도 불구하고 사격훈련을 강행한 것에 대해서는 찬반이 엇갈렸다. 백령도 주민 이모(51)씨는 "만날 북한에 끌려다니면 안 된다."면서 "사격훈련으로 인해 북한 대포알이 백령도에 떨어진다고 해도 우리가 할 것은 단호하게 해야 한다."고 말했다.

민간어선 조업 전면금지

하지만 다른 주민 이모(52)씨는 "한반도를 둘러싼 긴장감이 고조되는 상황에서 지금 꼭 사격훈련을 해야만 하는 것인가."라면서 "북한이 정말 추가 도발을 하면 어쩌려는 건지 모르겠다."고 걱정했다. 서해 5도 인근 해상에서의 조업은 전면 통제됐다. 해경은 이날 오전 8시를 기해 인천 옹진군 울도 서쪽에서 서해 배타적경제수역(EEZ)에 이르는 '특정해역'(5200㎢)에서 민간어선의 조업을 금지했다. 경기 파주 통일촌과 해마루촌, 대성동마을 등 3개 민통선 마을 주민 790여명도 연평도 포사격훈련이 시작되기 직전에 마을회관 지하 등 지정된 대피장소로 피했다.

인천 김학준기자 kimhj@seoul.co.kr

불안… 초조… 담담… 연평도 표정

20일 아침. 해무(海霧)가 연평도를 에워쌌다. 해가 떠 있었지만 5m 앞 사물도 분간하기 어려울 만큼 짙은 안개였다. 해안을 따라 뻗은 연평로는 밤새 내린 서리로 희끄무레했다. 스산한 날씨가 팽팽한 긴장감을 부추겼다. 주민들은 군·관의 대피 요구에 적극 협조했다. 담담한 모습이 도리어 낯설게 느껴졌다.

주민등 260여명 적극적 협조 방송 1시간만에 대피 완료

대피소엔 완전무장 군인 배치 말 잃은 주민들 숨죽인 하루

오전 8시 7분. "해상사격훈련이 예정대로 실시됩니다."라는 면사무소 방송이 흘러나왔다. 막 아침 식사를 마친 최경희(81·여)씨는 별일 아니라는 표정이다. 장바구니에 프라이팬, 식용유, 고구마를 담았다. 최씨가 텃밭에서 직접 기른 연평도 토종 백고구마였다. 어른 종아리만 하다. 최씨는 "얼마나 오래 대피소에 갇혀 있을지도 모르는데 주민들과 함께 고구마튀김이나 해 먹으련다."고 웃으며 말했다.

여유는 그리 오래가지 않았다. 오전 9시 "군·경찰·면사무소의 지시를 따라 대피소로 이동해 주십시오."라는 방송이 나오자 최씨의 발걸음이 바빠졌다. 남편 정진섭(87)씨의 손을 꼭 잡고 집에서 20m 거리에 있는 대피소로 이동했다. 지난번 북한군 포격 때 부서진 연평파출소 오른편에 있는 '74-7B' 대피소였다. 대피소 앞에는 해병 2명이 서 있었다. 방탄 헬멧에 방독면, 소총에 방탄조끼로 완전무장하고 있었다. 대피소에 군인까지 배치된 건 북의 연평도 포격 이후 처음이다. 경찰 6명과 주민 6명도 대피소를 찾았다. 연평면사무소에 따르면 이곳 대피소를 포함한 대연평도 내 10개 대피소로 대피한 인원은 주민 102명, 군경 72명, 공무원 44명, 기자 43명을 포함해 264명이었다. 대피가 완료된 시간은 오전 10시. 대피 방송이 나오고 1시간 만이다. 주민들의 적극적인 협조로 가능했다.

오전 11시. 옹진농협 연평출장소 옆 대피소에서는 TV에서 '해상사격훈련이 1시 이후로 미뤄졌다.'는 방송이 나오자 일부 주민들이 "집으로 돌아가 식사를 하겠다."고 해 주민들을 통제하던 군인들과 마찰이 빚어지기도 했다. 일부 주민은 집으로 돌아갔고, 주민들의 복귀를

방독면 쓴 할머니 20일 우리 군의 연평도 해상포격 훈련으로 대피령이 내려지자 연평도의 한 주민이 방독면을 쓰고 대피소로 피하고 있다. 연평도 사진공동취재단

종용하는 방송이 연이어 울렸다. 같은 시간 다른 대피소에서는 '고구마 파티'가 열렸다. 대피한 이웃들이 함께 고구마를 썰고 튀김가루를 묻혀 튀기면서 긴장된 마음을 누그러뜨렸다. "들었어?" 오후 2시 30분. 사격훈련을 시작한 우리 군의 첫 번째 포격소리가 울렸다. 기상 악화로 오전 11시쯤으로 예정된 사격훈련이 3시간 넘게 지연돼 실시된 것이다. 한 주민이 "북한놈들 깜짝 놀라게 이번엔 확실히 좀 했으면 좋겠다."고 운을 떼자 다른 주민들은 "맞다."고 호응한다. 그러나 "콰광, 콰광" 계속되는 포성에 주민들은 말 없이 이불을 뒤집어쓰고 서로 다른 곳을 응시했다. 일부는 일부러 잠을 청하기도 했다. 대피소에는 라디오도 없고 휴대전화도 안 터진다. 말을 잃은 주민들 표정에선 불안감이 감지된다. 포성은 오후 4시 4분까지 이어졌다. 서해의 요란한 포 소리와 주민들의 긴 침묵이 묘한 대조를 자아냈다.

오후 6시 30분 주민대피령이 해제됐다. 9시간 30분만이었다. 대피소 밖은 이미 어둠이 짙게 드리워 있었다. 연평우체국장 정창권(56)씨는 "이제 북한이 별 대응 못한다는 게 확인됐으니까, 주민들도 안심하고 돌아오게 될 것"이라고 말했다. 연평도의 긴박했던 하루는 그렇게 저물었다.

연평도 김양진·최두희기자 ky0295@seoul.co.kr

'서울신문
2010년 12월 29일(수) 15면

어선소유 서해5도 어민 1인당 1억원 자금 지원

인천시·정부 생업대책 마련

서해 5도에서 어선을 소유한 어민에게 1인당 1억원의 자금이 지원된다. 이 지역 조업 가능 어장도 확장된다.

인천시와 정부는 북한의 연평도 포격 등으로 생업에 지장을 받은 어민들을 위해 이 같은 내용의 지원책을 마련했다고 28일 밝혔다.

인천시는 내년도 업무보고에서 북방한계선(NLL) 인근 해역에 남북 공동조업구역 설정과 어장 확대 등을 담은 서해 5도 주민들을 위한 지원계획안을 보고했다. 시는 남북 공동조업구역 설정을 위해 조업대상 수역, 어업형태, 안전조업·어획량 처리방안 계획 등을 마련하기 위해 내년 초 연구용역을 발주할 방침이다.

어민에게 지원되는 자금은 시중 금리보다 싼 연 3% 수준이다. 기존 대출금에 대해서는 상환기간을 연장하고 이자도 깎아주기로 했다. 태풍 등의 피해에 대비, 600여척의 서해 5도 어선에 보험료를 지원하는 사업도 추진한다.

시는 또 국방부 및 농림수산식품부와 협의, 서해 5도 꽃게·까나리 어장을 확대하고 멸치·새우 등 특정기간에 많이 잡히는 어종에 한해 어업 허가가 없는 어민에게도 2~3개월 조업하도록 할 방침이다. 간접 지원도 확대된다. 연안부두 종합어시장에 꽃게·홍어·다시마·홍합·우럭 등 서해 5도 위주의 수산물 전문판매장을 개설하고 직거래장터를 마련, 특산품을 관광상품화하는 방안을 추진한다.

각종 개발규제도 풀기로 했다. 인천시는 접경지역인 서해 5도와 강화군을 수도권정비계획법상 수도권에서 제외시켜 줄 것을 정부에 공식 건의했다. 여기에는 경기 연천군도 포함됐다. 1982년 제정된 수도권정비계획법은 서울을 중심으로 주변에 집중된 인구 및 산업을 분산시키기 위해 행정구역 중심으로 수도권 범위를 설정한 뒤 각종 규제를 적용하고 있다. 이들 지역은 상대적으로 낙후됐음에도 수도권이라는 굴레에 갇혀 개발이 더디고 인구 또한 지속적으로 줄고 있다. 옹진군은 1980년 3만 9000명이던 인구가 1만 8000명으로 줄었고, 강화군도 같은 기간 9만명에서 6만 7000명으로 감소했다. 수도권에서 제외되면 개발촉진지구 지정을 통한 국비지원, 양도소득세 감면, 전통주 비과세, 골프장 개별소비세 및 체육진흥기금 면제 등 다양한 혜택을 받을 수 있다.

조윤길 옹진군수는 "백령도와 연평도를 수도권이라고 하면 설득력이 있겠느냐."며 "서해 5도에 비수도권과 동일한 지원을 해야 한다는 것은 지극히 상식적인 주장"이라고 강조했다.

한편 국토해양부는 백령도(용기포항), 연평도(연평항), 대청도(대청항) 등 서해 5도 항구 3곳을 국가가 직접 개발·관리하는 '국가관리항'으로 지정할 방침이다.

김학준기자 kimhj@seoul.co.kr

서울신문
2010년 12월 30일(목) 3면

서북해역사령부 창설… 싸워서 이기는 군대 만든다

‹서해 5도·NLL 방어›

국방부

국방개혁 戰力강화

北 장사정포 대응 수도권 전력 대폭 보강
신병훈련 8주로 연장·복무 가산점 재추진
합동군사령부 신설… 군정·군령권 일원화

국방부가 29일 이명박 대통령에게 보고한 새해 업무계획에서는 '북한과 싸워 이길 수 있는 군대'를 만들겠다는 다짐이 강조됐다. 특히 내년에도 북한의 도발이 있을 것이란 판단에 따라 철저히 응징할 수 있도록 준비하기로 했다. 올 한해 북한의 천안함 폭침 사건과 연평도 포격 도발로 전투 준비가 돼 있지 않은 군의 현주소가 적나라하게 드러남에 따라 새롭게 태어나겠다는 의지를 담아낸 모습이다.

서북도서 스파이크 미사일 배치

국방부 장광일 정책실장은 업무보고 후 브리핑을 통해 "김관진 국방부장관이 비장한 각오로 업무보고에 임했다."면서 "북한 도발에 대한 철저한 대비와 실천의지를 강조했다."고 전했다.

국방부는 올 한해 북한의 무력도발이 이어진 서해 5도와 북방한계선(NLL)을 방어하기 위한 '서북해역사령부'를 내년 말 창설키로 했다. NLL 이남 해상 작전을 책임지고 있는 해군 2함대사령부와 해병대가 주축을 이루고 육군과 공군이 참모 성격으로 참여하게 된다. 병력규모는 1만 5000명 정도가 될 것으로 알려졌다. 국방부는 또 서북도서 일대의 전천후 감시 및 탐지능력을 강화하고 유사시 도발 원점 타격과 기습 상륙에 대비해 스파이크 미사일 등 핵심 전력을 배치키로 했다. 특히 수도권을 위협하는 북한의 장사정포를 무력화시키기 위한 감시 및 타격 전력을 보강키로 했다.

업무보고에선 해병대 연평부대 전 부부대장 경두호 중령과 F15K 대대장 김태욱 중령이 참석해 11월 23일 연평도 포격도발과 지난 20일 실시된 해상사격 훈련의 상황을 이 대통령에게 설명했다.

국방부는 또 국방 선진화 추진위원회가 제시한 71개 국방개혁안을 반영해 모두 73개 개혁과제를 선정했다. 이 과제들은 내년부터 단기·중기·장기 과제로 구분해 추진된다. 일단 군은 내년부터 2012년까지 북한에 대해 '적극적 억지전략'을 추진키로 했다. 북한의 화력, 잠수함, 특수전부대, 대량살상무기(WMD) 등 비대칭 위협과 도발을 자위권 차원에서 적극적으로 응징한다는 것이다.

또 작전과 인사·행정이 분리된 상부 지휘구조를 일원화하기로 했다. 합동군사령부를 창설해 현재 합동참모본부와 각군으로 분리된 지휘체계를 통합해 효율성을 높이겠다는 것이다. 장병들의 생산적 복무여건을 마련하기 위해 군 복무 가산점제도 재도입을 추진키로 했다.

2013년부터 시작되는 중기 개혁과제는 2015년 말 전시작전통제권 전환에 대비해 군의 능력을 키우기로 했다. 한국군의 독자적인 감시정찰 능력과 조기경보 및 정밀타격 능력이다. 또 육군의 장교 양성과정도 현재 8개에서 4개로 통합된다. 2016년 이후부터는 전면전 등 포괄안보위협에 대처 가능한 군사구조로 변화하기로 했다.

대북 '적극적 억지전략' 추진

국방부는 북한이 '주적'이란 개념에 대해 장병들을 대상으로 내년 1월부터 3월까지 강도 높은 정신교육을 실시키로 했다. 또 행정 업무에 지친 일선 부대가 언제든 전투에 나설 수 있도록 교육훈련과 전투준비에 전념할 수 있는 환경을 만들기로 했다. 간부들의 능력을 키우기 위해 '임관종합평가제도'도 신설하기로 했다.

병사들도 신병 교육을 받은 후 바로 전투를 수행할 수 있도록 교육기간을 현재 5주에서 8주로 연장키로 했다. 군사 전문성을 중시하는 인사관리체계 구축을 위해 출신과 기수, 연차를 배제한 '자유경쟁 진급심사' 제도를 정착시키겠다고 보고했다. 지난 60년간 이어진 군내 기수 문화를 깰 수 있을지 주목되는 대목이다.

오이석기자 hot@seoul.co.kr

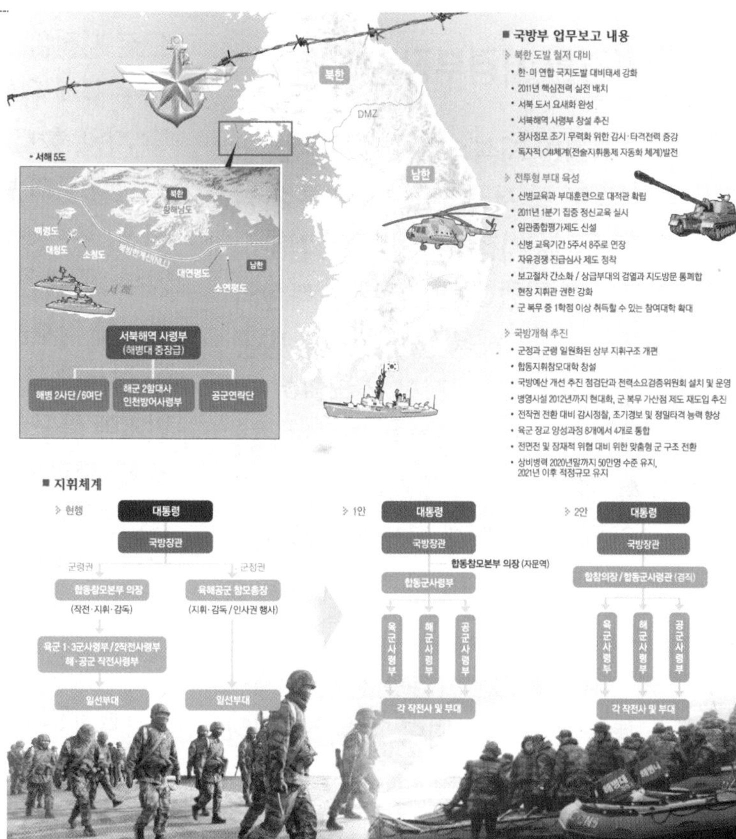

서울신문
2010년 12월 30일(목) 4면

서해5도 '꽃게 특구' 지정 검토

최경환 지경부장관 밝혀

최경환 지식경제부 장관은 29일 연평도 등 서해 5도를 지역특화 발전특구로 지정하는 방안을 검토하겠다고 밝혔다. 최 장관은 북한의 폭격으로 피해를 본 연평도를 방문해 "무엇보다 안정적 소득원이 있어야 주민들이 생활할 수 있다."면서 "주 소득원이 꽃게니까 옹진군, 인천시와 협의해 꽃게 특구를 지정해 달라고 요청하면 적극 검토하겠다."고 말했다.

지역특구는 지경부 장관이 지역특화발전특구위원회 위원장의 권한으로 지정할 수 있으며, 서해 5도의 경우 꽃게 유통 다변화, 가공산업개발 지원, 향토자원과 연계한 관광프로그램 등의 방안을 검토하고 있다. 지경부는 농림수산식품부, 국토해양부, 행정안전부 등 관계 부처와 협의를 마치는 대로 내년 상반기 중에 상세한 특구계획을 마련한 뒤 하반기에 특구 지정을 서둘 계획이다.

최 장관은 또 정상적인 생활로 돌아올 때까지 전기료를 감면해 달라는 주민들의 요청에 "5~6개월 정도 전기료 면제를 추진하겠다."고 답했다.

윤설영기자 snow0@seoul.co.kr

서울신문
2011년 2월 1일(화) 15면

서해5도 관광프로젝트 추진

인천시, 백령도 등에 관광단지 조성·카지노 운영도 고려

북한의 잇따른 도발로 긴장이 고조되고 있는 서해5도에 대한 관광 프로젝트가 추진된다. 31일 인천시에 따르면 지난해 북한의 천안함 폭침와 연평도 포격 등으로 군사적 긴장이 고조된 서해5도에 관광단지를 조성해 '평화지대'로 만들기로 했다.

우리나라 최북단 섬인 백령도는 솔개지구 133만 4000㎡에 대한 관광단지 지정과 관광콘텐츠 개발이 추진된다.

1단계로 2013년까지 진촌리 일대 72만 9424㎡에 콘도미니엄과 게스트하우스, 수상 펜션, 수상레포츠타운, 자전거도로 등을 만들 예정이다. 2013년부터는 2단계로 승마장, 자생식물원, 경비행장, 골프장 등을 2015년까지 추가로 조성한다는 구상이다. 시는 또 중국인을 비롯한 외국인 관광객을 서해5도에 유치하기 위해 백령도에 카지노를 설치·운영하는 방안과 비자면제 지역으로 지정하는 방안 등을 장기 과제로 추진한다. 오는 4월까지 관련 연구용역을 실시한 뒤 하반기에 세부계획을 수립할 방침이다. 인천국제공항 주변을 항공산업 거점으로 육성하기 위해 항공산업 클러스터도 구축하기로 했다.

인천공항 인근 자유무역지역 191만 4000㎡에 항공기부품 배송센터와 부품 제작센터를, 운북지역 49만 2000㎡에는 엔진정비센터와 조종사·승무원 훈련시설을 각각 유치한다. 아울러 저비용 항공사를 인천에 유치하기 위해 인천공항 내 저비용 항공사 전용터미널 건립도 지원하기로 했다.

김학준기자 kimhj@seoul.co.kr

서울신문

2011년 3월 5일(토) 2면

1 연평도 포격 다음 날인 지난해 11월 24일 방공호에 대피해 있던 주민과 관광객들이 해양경찰청 선박을 타고 인천 해양경찰부두에 도착하고 있다. 2 북한의 포격으로 주택가 건물이 처참하게 파괴됐다. 3 섬 곳곳에 포탄 170여발이 떨어져 연기가 오르고 있다.
서울신문 포토라이브러리

연평도의 봄

"아파트가 좋다고? 고향땅 밟으니 아픈 몸도 금세 다 나았어"

활기 찾아가는 연평주민

포격으로 폐허가 됐던 연평도 곳곳이 눈에 띄게 깨끗해졌다. 깨져 널려 있던 유리 파편이 사라지고, 거리마다 나뒹굴던 쓰레기들도 말끔히 치워졌다. 피폭으로 집을 잃은 주민들에게는 잠시나마 묵을 수 있는 보금자리도 생겼다. 연평초등학교 운동장에 지어진 임시 가옥이 그곳이다.

"내 마을 내가 돌보니 정말 좋아"

4일 오전 10시, 연평도 남동쪽에 위치한 해경파출소 옆에서는 '취로사업'에 참여한 남부리 주민 99명이 부서진 건물 잔해 등 주변 쓰레기를 치우고 있었다. 취로사업은 지난달 24일부터 시작됐다. 사업은 5월까지 이어진다. 인천시가 행정안전부로부터 20억원의 예산을 배정받아 연평도 주민들을 대상으로 벌이는 사업이다. 한 사람당 기본 5만원에 식대를 더해 5만 3000원을 일당으로 지급한다.

"아파트든 뭐파트든 그게 무슨 소용이야. 고향 돌아오니까 이렇게 좋은데. 아프던 몸도 금세 다 나았어." 취로사업에 참여한 조연화(81) 할머니가 밝게 웃으며 동료 할머니들에게 농담을 건넸다.

옆에서 일하던 윤선비(74) 할머니가 "내 고향 내가 치우고, 돈도 벌고, 얼마나 좋아."라고 말을 받았다. 인천의 찜질방을 전전하다 없던 병을 얻고, 두고 온 집 걱정에 한시도 편하게 잠을 청한 적이 없었던 할머니들이 고향에 돌아오자 기운이 솟는 모양이었다. 황해도 해주에서 태어난 조 할머니는 6·25 때 연평도로 피란 와 연평도에서 지금은 돌아가신 남편을 만난 뒤 자식들을 낳아 길러 뭍으로 내보냈다. 60년 넘게 연평도에서만 살았다. 조 할머니는 "처음엔 아파트라고 해서 좋은 줄만 알았지. 그런데 가서 보니 남의 집에 산다는 게 여간 불편한 일이 아니야."라고 말했다.

"임시가옥이지만 친구들 있어서 행복해"

"임시가옥에서 살아도 연평도에 오니 좋아요." 지난 3일 오전 11시, 연평초등학교 4학년이 된 고성현(10)군이 인천연안부두에서 연평도행 코리아나이스프레스 여객선에 혼자서 탔다. 사흘 전부터 연평도에 들어가려고 했지만 계속되는 기상악화로 인천에 더 머물러야 했다. 연평도 포격으로 피란길에 오른 후 처음으로 돌아가는 길이다. 어려서 부모가 따로 사는 탓에 할아버지·할머니 품에서 자랐지만 구김살이 없었다. 되레 맑고 검은 눈동자가 밝게 빛났다. "친구들 보러 빨리 가고 싶어요." 성현이는 새 교과서, 새 담임 선생님과 새 교실에서 공부할 생각에 한껏 기대가 부풀어 있었다.

하지만 돌아갈 집이 없다. 포격으로 몽땅 파괴됐기 때문이다. 그래서 성현이는 가족들과 당분간 연평초등학교 운동장에 설치된 임시주택에서 살아야 한다. 할아버지·할머니·큰아버지·성현이 그리고 강아지 '가을이'까지

> 나뒹굴던 쓰레기 말끔 치워
> 돌아온 아이들 떠들며 축구
> 보일러수리 등 거의 마무리

다섯 식구를 하나로 묶어 주는 소중한 거처다. 전국재해구호협회가 국민 성금으로 지은 임시주택 39채에 포격으로 집을 잃은 32가구 89명이 입주했다.

머리를 감으려면 화장실 문을 열고 엉덩이를 쑥 빼야 할 만큼 좁고, 몸만 누워도 몸을 뒤집지 못할 정도로 협소하지만 성현이 가족은 오히려 감사했다. 할아버지 고영선(72)씨는 "우리를 위해 국민들이 성금을 모아 마련해 준 집인데 어떻게 불평할 수 있겠느냐. 감사하다."고 말했다.

오후 3시, 성현이가 연평도에 도착한 지 2시간도 채 지나지 않은 시간이다. 성현이는 연평마트 앞 인조잔디 축구장으로 나가 반 친구들과 축구를 하며 뛰어 놀았다. 구김없이 큰소리로 떠들고 까불었다. '남의 동네'인 인천에서는 할 수 없었던 '놀이'였다. 올해 성현이의 가장 큰 소망은 빨리 새집이 생기는 것이다. 새집이 마련되면 아빠가 새 책상과 침대를 사준다고 했기 때문이다. 그때는 아빠도 다시 볼 수 있다. 성현이는 "빨리 새집이 생겼으면 좋겠다."면서 눈을 반짝였다.

"가슴의 상처 빨리 치유됐으면…"

"이웃들이 돌아오니 내 마음이 부자가 된 거 같아요." 4일 오전 8시 30분 남부리 연평교회 맞은편. 이기옥(51·여)〈서울신문 2010년 12월 22일자 1면〉씨가 집을 나섰다. 요즘 매일 아침 9시면 두꺼운 점퍼를 세 겹이나 껴입고 집을 나선다. 오전 9시부터 시작되는 취로사업에 참가하기 위해서다. 이씨는 "내 마을을 내 손으로 다시 세운다는 데 자부심을 느낀다."면서 "사람들 모두 새로운 삶에 대한 기대는 큰데 상처는 여전히 깊게 남아 있는 것 같다."고 토로했다.

북한의 포격 후 100일 동안 그에게 일어난 일 가운데 가장 기쁜 일은 해병대 연평부대에서 복무하던 아들 성기림(24)씨가 돌아온 일이다. 성씨는 포격으로 숨진 고(故) 서정우 하사의 해병대 입대 동기로, 지난달 10일 만기제대했다.

그간 이씨는 아들을 지척에 두고도 연평도 사태 이후 계속되는 비상근무로 얼굴을 보지 못해 속을 끓였다. 이씨는 "아들이 가족 품으로 돌아온 게 지난 100일 동안 내게 일어난 가장 감사하고 고마운 일"이라면서 다시 빗자루를 들며 웃었다.

주민들에 매달 5만원씩 지원

연평도 복구작업은 마무리 단계에 접어들었다. 이날도 한국전기안전공사가 직원 11명을 파견해 연평도 곳곳의 전기선로 교체작업을 벌였다.

연평면사무소에 따르면 창문·창틀 교체작업은 99%, 대문·방문 교체작업도 98% 끝났다. 상수도도 수리를 신청한 228가구 중 199가구, 보일러는 171가구 중 160가구가 공사를 마쳤다. 난방용 기름도 차질 없이 공급돼 추위를 덜 수 있게 됐다.

또 올 1월 시행된 '서해 5도 지원 특별법'으로 인해 이달부터 6개월 이상 거주한 주민은 매달 5만원씩 정주지원금을 받는다. 여기에다 올 7월 '서해 5도 종합발전계획'이 확정되면 노후주택 개량지원, 생필품 구매대금 지원 등 추가 지원이 이뤄질 것으로 보인다.

연평도 김양진기자 ky0295@seoul.co.kr

인천 옹진군 연평도가 북한군 포격의 악몽에서 벗어나 새봄을 준비하고 있다. 4일 주민들이 외벽에 시멘트를 바르는 등 집수리를 하고 있다.
연평도 이언탁기자 utl@seoul.co.kr

"떼쓰는 모습 안된다는 쓴소리에 복귀한 주민들 고맙죠"

조윤길 옹진군수 인터뷰

조윤길(사진·61) 인천 옹진군수에게 지난해는 잊고 싶은 한해로 남았다. 백령도와 연평도에서 천안함 폭침사건, 북한군 포격사건 등이 잇따라 발생했기 때문이다. 그는 백령도와 연평도를 11차례나 다녀왔다. 뱃길로 총 3650㎞에 이르는 거리다. 특히 연평도 사건 때에는 주민들이 직접 피해를 입은 탓에 조 군수가 온몸으로 사태를 수습해야만 했다. 발품 못지않게 수습에 밑거름이 된 것은 조 군수의 직선적이면서도 인간적인 면모. 목소리가 큰 주민대책위원회 사람들이 호통을 듣고도 순순히 뜻을 따를 만큼, 그는 주민들의 신뢰를 듬뿍 받고 있다.

◆최근 연평도를 둘러봤는데.

-육지로 피란 갔던 주민들이 대부분 돌아와 정상화되고 있다. 보일러, 상·하수도, 창문 등에 대한 보수작업도 거의 마무리됐다. 환경정비를 위한 특별취로사업이 실시돼 하루 400~500명의 주민이 참가하고 있다. 한·미 연합훈련에도 아랑곳하지 않고 바다에서는 굴 캐기 작업이 한창이다.

◆일부 주민들이 육지에 더 머물게 해줄 것을 요청했는데.

-그런 얘기가 있었지만 섬에 하루빨리 들어가서 생업에 종사하는 것이 정상화를 앞당기고 국민의 성원에 보답하는 길이라고 설득했다. '떼쓰는 모습으로 비쳐서는 안 된다.' '주민 없는 연평도는 더 이상 연평도가 아니다.'라는 쓴소리도 했다. 섭섭하게 느낀 주민들도 있었겠지만 대부분이 서둘러 복귀한 것에 대해 고마움을 느낀다.

◆사건을 수습하면서 아쉬웠던 점은.

-주민들에게 더 많은 보상을 해주고 싶었지만 위로금 형식 이외에 별도 보상을 할 수 있는 법적 근거가 없다. 위로금으로 33억원을, 생활안정지원금으로 37억원을 지급했다. 특히 선원처럼 연평도에 거주하면서도 주민등록이 안 돼 있어 위로금마저 받지 못한 경우는 안타깝다. 다른 지역 사고를 검토한 결과 모두 주민등록자 위주로 보상이 이뤄졌기에 어쩔 수 없었다. ↗

연평도의 봄

1 4일 인천항을 출발해 연평도로 향하는 쾌속선 갑판에 승객들이 가지고 가는 화물들이 가득 쌓여 있다. 2 인천 옹진군 연평도에서 마을 노인들이 바닷가로 산책을 나가고 있다. 3 연평도의 한 포구에서 상인들이 마을 주민들에게 붕어빵 등 요깃거리를 팔고 있다.

연평도 이언탁기자 utl@seoul.co.kr

"섬으로 돌아오면 다 살게 해준다더니 피해조사도 아직…"

4일 인천 옹진군 연평도의 한 포구에서 어민들이 배에 통발 등을 가득 싣고 만선의 꿈을 키우며 출항 준비를 하고 있다.

연평도 이언탁기자 utl@seoul.co.kr

화합 꿈꾸는 연평마을

"섬으로 돌아오면 다 살게 해준다는 군수님 말만 믿고 2주 전에 왔는데, 아직 피해 조사조차 안 됐다니…."

지난 3일 오후 연평도 대복식당. 주인 유대근(33)씨가 피해 조사를 나온 옹진군청 공무원을 향해 거칠게 쏘아붙였다. 유씨가 손으로 냉동창고 문을 열어젖히자 구역질이 날 정도로 역한 냄새가 코를 찔렀다. 북한의 포격 이후 한동안 전기가 끊기면서 시가 500만원 상당의 꽃게 330kg이 썩은 채 방치돼 있었던 것. 공무원은 코를 막고 얼굴을 돌린 채 "적절한 보상이 이뤄지도록 최선을 다하겠다."는 말만 되풀이했다. 북한의 포격 도발 이후 100일이 지났지만, 여전히 봉합되지 않고 있는 연평도 주민과 정부·인천시와의 갈등을 단적으로 보여준 광경이었다.

요즘 연평도에는 피폭가옥 복구, 어망 손실 등을 놓고 인천 옹진군과 주민 간 첨예한 신경전이 계속되고 있다. 보상이 차일피일 미뤄지면서 주민들의 속도 까맣게 타들어 간다. 그런 가운데서도 주민들은 봄이 밀려오듯 갈등이 금세 사라지고 섬 전체가 화합하는 꿈을 꾼다.

■아직은… "불법 증축" "살던 대로" 갈등

북한의 포격으로 전파 또는 반파된 가옥 49동을 둘러싼 주민과 인천시와의 갈등이 깊어지고 있다. 시는 지난해 12월 파손된 가옥들을 '안보관광지역'으로 지정해 보존하겠다고 밝혔다. 국비 50억여원을 들여 연평중·고교에 체험관을 세우고 주변 피해가옥 3개 동을 한곳에 모아 영구 보존하는 방안을 구체화했다. 나머지 45개 동은 포격을 당한 자리에 그대로, '건축물 대장'에 등록된 평수대로 새로 지을 계획이다.

이에 대해 피해 주민들은 "통상적으로 별다른 신고 없이 증축과 개축을 해 온 연평도 실정에 맞지 않는 조치"라고 반발한다. 주민 김모씨는 "인천시 계획대로라면 20~30년 전 집 지을 당시 모습 그대로 '13~15평짜리 새마을 보급주택'에서 살라는 말과 같다."고 주장했다.

실제로 포격으로 가옥 피해를 입은 30가구 가운데 29가구가 건축물 대장에 적힌 평수와 실제 평수가 달랐다. 신고 없이 증축한 것이다. 포격으로 집과 식당을 모두 잃은 이향미(34·여)씨는 "지난해 7월 2층으로 증축하고, 북한 포격 이후 아직 신고를 못한 상태"라면서 "무허가 증축 건물이 많을 수밖에 없는 섬의 실정을 이해해 줬으면 한다. 살던 집 그대로 지어달라는 것이 왜 무리한 요구인지 모르겠다."고 한숨을 내쉬었다.

주민들은 최근 '피해주민 재건축대책위원회'를 구성했다. 자체적으로 설문조사까지 해 결과를 군수에게 전달할 예정이다. 조사 결과 '보존지역 지정'에 대해서는 반대한 가구가 없었다. 또 '재건축할 장소를 군에서 선정하면 이전해 갈 것인가'라는 질문에 19가구는 찬성, 6가구는 반대했다. 하지만 원하는 건축 방법에 대해서는 '실평수대로'가 18가구였던 데 비해 '대장면적대로'라는 응답은 4가구에 불과했다. 대책위는 "포격 당시 살던 모습대로 피해 주택을 재건축해야 한다는 것이 다수 의견"이라고 밝혔다.

피해가옥 복구·어망 보상 등
주민·옹진군 첨예한 신경전
北추가도발 협박에 전전긍긍

■그러고… 공무원 피해조사에도 시큰둥

이날 연평도 전역에서는 공무원 45명이 피해 조사를 벌였다. 지난달 18일부터 시작해 4일 피해조사를 마칠 예정이었으나 예상보다 상황이 심각해 조사기간이 다음주까지 연장됐다. 군도 피해 조사를 벌이고 있다. 재산피해(건축물 파손 피해), 물품피해(어망 피해, 자동차나 생활용품 피해), 영업피해(식당이 영업을 하지 못해 생긴 피해, 식자재 피해), 소득피해(근로 활동을 하지 못해서 생긴 피해) 등을 각각 조사하고 있다.

하지만 주민들의 반응은 시큰둥하다. 피해조사를 한다고 그대로 보상이 이뤄지는 것이 아님을 알기 때문이다. 특히 건축물 복구를 위한 보상기준만 정해졌을 뿐 나머지 피해에 대해서는 아직 법적 근거조차 마련되지 않은 상태다. 군 관계자는 "주민들을 도와주려고 나섰지만 포격에 의한 피해는 대한민국 건국 이래 처음 있는 일이라 아직 구체적인 기준이 없어 난감하다."고 말했다.

석달 넘도록 방치된 피해 어구에 대한 보상 방안도 아직 없다. 최철영(45) 연평면사무소 상황실장은 "인천시와 옹진군, 어민들 사이에서 보상 논의가 이루어지고는 있지만, 아직 합의를 하지 못한 상황"이라고 전했다.

■그래도… "힘 보태 화합의 섬 만들 것"

포격의 상흔이 옅어지고 봄 꽃게철이 다가오면서 주민들의 바람도 부풀어 오른다. 삶의 터전이 하루 빨리 복구되기를 바라는 주민들의 꿈, 조업이 재개돼 연평도 특산인 꽃게와 농어를 배 한가득 잡고 싶은 어부의 꿈, 그리고 북한군이 다시는 삶의 터전을 위협하지 않았으면 좋겠다는 어린이들의 꿈까지….

섬 전역에서 실시되는 취로사업에 참여하고 있는 중부리 주민 이기숙(70) 할머니는 "우리 삶의 터전인 연평도가 예전처럼 깨끗한 모습을 되찾을 수 있도록 나부터 작으나마 힘을 보탤 것"이라며 밝게 웃었다. 포격 당시 중국음식점을 운영하던 이향미(34·여)씨의 바람 역시 하루빨리 마을이 복구되는 것이다. 이씨는 "우리 식당도 급하지만 다른 주민들의 생활터전이나 집이 빨리 복구돼 삶이 안정되길 기원한다."고 말했다.

주민들은 무엇보다 북한의 추가 도발을 막을 확실한 방법을 간절히 희망했다. 장인석(57) 새마을이장은 "마을 사람들이 몇명만 모이면 북한이 또 도발하는 것 아니냐며 불안해한다."면서 "북한이 '키 리졸브' 훈련을 앞두고 서울을 불바다로 만들겠다고 했다던데 서해 5도에 피해가 오지 않을까 전전긍긍하며 살고 있다."고 말했다. 최정권(50) 동부리 이장도 "서해 5도 특별법이 마련되기는 했지만 연평도는 직접 포격을 받은 지역인 만큼 정부 차원의 또 다른 지원이 필요하다."고 말했다. 최 이장은 "연평도를 오가는 교통편이 불편해 섬의 물가가 비싸다. 정부에서 화물선을 운항하든지 면세해 주는 방안을 고려해 줬으면 좋겠다."고 덧붙였다.

연평도 김양진·서울 윤샘이나기자 ky0295@seoul.co.kr

"市, 복구비 더 분담해야… 특례입학 빠진 특별법 아쉬워"

◆복구비용은 어떻게 분담하나.

-국비 80%와 지방비 20%가 가이드라인으로, 국비 717억원은 이미 내려왔다. 지방비 101억원은 인천시와 옹진군이 절반씩 부담한다는 것이 시의 방침이지만 군은 부담할 능력이 없다. 시와 군이 7대3 비율로 분담하는 것이 적절하다고 본다.

◆정부가 제정한 '서해 5도 특별지원법'에는 만족하는지.

-서해 5도민에게 정주수당 지급, 학자금·물류비 지원 등을 골자로 하는 특별법은 섬 주민 정주 의식을 높이는 계기가 될 것이다. 다만 대형 여객선 도입, 소연평도 등 작은 섬에 거주하는 학생에 대한 특례입학 등이 배제된 것이 아쉽다.

김학준기자 kimhj@seoul.co.kr

연평도의 봄

1면에서

그는 "작년 상반기에는 2억원을 벌었는데 5억원은 벌어야 그물값 메우고 선원 월급 주고, 나도 먹고산다."고 풍어를 기대했다.

변화는 바닷가뿐이 아니다. 이튿날인 4일 오전 8시 연평초등학교 앞. 활기가 느껴진다. 3학년 김세웅(9)군이 파란색 자전거를 타고 숨을 헐떡이며 교문으로 들어섰다. 이날 연평 초·중·고등학교에 따르면 초등학생 82명, 중학생 27명, 고등학생 22명 등 등록된 학생 전원이 이상 없이 등교했다. 오후 1시 어린이집 놀이터. 연평초등학교 2학년 단짝인 방서준(8)·박상열(8)군이 뒤엉켜 그네를 타고 있다. 서준이는 "연평도에 돌아오니까 좋아요. 마음이 편해요. 상열이랑 마음껏 놀 수 있어 좋아요."라고 밝게 말했다. 닫혔던 상점들도 문을 열었다. 서부리에서 장춘상회를 운영하는 방춘자(59·여)씨가 가게 앞을 쓸고 있었다. 피란 가던 당시를 상기시키며 "안 돌아온다면서요."라고 농담하자 방씨는 환하게 웃으며 "삼촌아. 님(남)들 다 돌아왔잖아. 가게 문 닫고 있으면 되나."라고 되받는다. 서부리의 한 호프집 문엔 참으로 오랜만에 '오픈'(open)이라는 팻말이 걸렸다. 연평도가 다시 숨쉬고 있는 것이다.

서울신문

2011년 6월 3일(금) 14면

서해5도 낡은 집 1810동 신축

연평도 등 20년 이상 주택
2016년까지 295억 투입
비용 70% 정부 부담키로

천안함 폭침과 북한군 포격 도발이 발생한 백령도와 연평도 등 서해5도의 주택 개선 사업이 본격적으로 추진된다.

2일 인천시에 따르면 정부가 이달 완료할 '서해5도 종합발전계획' 연구용역 보고서에는 서해5도 노후 주택 신축 등 주거 환경 개선 사업이 최우선 과제로 포함돼 있다.

이에 따라 정부는 내년부터 2016년까지 295억원을 들여 20년 이상된 노후 주택 1810동을 새로 지을 예정이다. 섬별로는 백령도 979동, 대청도 466동, 연평도 365동 등이다.

신축될 주택은 국토연구원의 안전 점검 결과 대부분 철거를 해야 하는 D·E등급 판정을 받은 낡은 건

신축될 주택은 국토연구원의 안전 점검 결과 대부분 철거를 해야 하는 D·E등급 판정을 받은 낡은 건

물들이다. 정부는 이 중 신축이 시급하다고 판단되는 목조주택 492동을 우선 새로 짓겠다는 계획을 세웠다. 백령도 395동, 대청도 65동, 연평도 32동인 것으로 파악됐다.

신축비는 정부가 70%를 지원하고 나머지 30%는 주민들이 부담하는 방식으로 추진된다.

정부는 이와 함께 서해5도에 있는 불량 주택 840동에 대해서도 지붕 개량 등의 개선 사업을 펼치기로 했다. 이 사업에는 420억원의 예산이 투입되며, 정부가 수리 비용의 80%를 지원한다.

서해5도 주거 환경 개선 사업은 지난달 30일 서해5도를 방문한 김황식 국무총리가 직접 약속한 것이기도 하다.

김학준기자 kimhj@seoul.co.kr

"백령도에 한·중 카페리 기항지 유치"

숙박 시설·승마장 등 평화관광단지도 조성
인천시, 서해 5도 경제활성화 프로젝트 마련

천안함 폭침을 코앞에서 지켜본 인천 옹진군 백령도에 한·중 카페리가 중간 기항하고, 평화관광단지가 조성되는 방안이 추진된다.

13일 인천시 경제수도추진본부에 따르면 시는 인천발전연구원을 통해 이 같은 정책 과제를 담은 '서해5도 관광프로젝트(안)'를 마련했다. 백령도에 중국 관광객 등을 유치하기 위해 인천과 중국을 오가는 1만~2만 9000t급 카페리의 중간 기항지를 유치하고, 용기포항에 카페리 접안을 위한 항만시설을 건설할 계획이다.

■ 백령도 종합개발 계획
- 한·중 카페리 중간 기항 인천~스다오, 웨이하이, 단둥 항로 등
- 평화관광단지 조성 숙박시설, 컨벤션시설, 골프장, 승마장, 경비행장 등
- 교통수단 개선 3000t급 여객선과 초고속선(위그선) 투입
- 관광콘텐츠 개발 물범·동백나무 테마단지 조성, 역사문화유산 발굴

〈자료: 인천시 경제수도추진본부〉

카지노 설치·무비자 제도 검토

1990년 열린 한·중 카페리 항로는 중국 웨이하이(威海)를 비롯해 칭다오(青島), 톈진(天津), 스다오(石島), 단둥(丹東), 다롄(大連), 옌타이(煙臺) 등 10개 도시를 운항하는 10개 노선으로 여객이 연 평균 3.2%씩 성장, 지난해 148만 5000명에 이르렀다. 시는 항로와 카페리 속도 등을 감안해 중국 산둥(山東)반도 북쪽의 스다오와 웨이하이, 단둥 등을 백령도 중간 기항 유력 후보로 꼽고 있다.

시는 양국 선사 협의체인 한·중화객선사협의회 등과 협의가 이뤄지면 성사될 가능성이 높은 것으로 전망하고 있다.

특히 서해5도 관광객 유치를 극대화하기 위해 카페리에 선상 카지노를 설치·운영하는 방안과 출입국사무소와 세관 등을 설치, 백령도에 한해 무비자 제도를 도입하는 방안도 적극 검토하기로 했다.

이와 함께 백령도 솔개지구 내 옹진군 군유지를 활용한 전략적 숙박시설지구 조성도 추진된다. 시는 우선 400억원 규모의 민자를 유치해 100실 규모의 저층형 빌리지·콘도를 건립하고 주변에 평화조각공원과 아트갤러리, 오션가든, 해수테라피센터 등을 조성할 방침이다. 장기적으로는 주변 263만㎡에 숙박시설과 컨벤션시설, 승마장, 경비행장 등이 포함된 '솔개지구 평화관광단지'를 조성하기로 했다.

市 "정부 종합발전계획과 접목"

시는 이 밖에 3000t급 여객선과 초고속인 50인승 위그선을 투입하고, 백령도 물범 및 동백나무 테마단지와 고려문화권 역사문화유산 등 관광콘텐츠도 개발할 예정이다.

시 관계자는 "천안함 폭침 및 연평도 포격 사건 이후 침체된 서해5도 관광을 활성화시키기 위한 시 차원의 종합적 대책"이라면서 "정부가 추진 중인 서해5도 종합발전계획과 접목시키겠다."고 말했다.

김학준기자 kimhj@seoul.co.kr

서울신문
2011년 6월 21일(화) 12면

인천시 "서해5도 공무원 처우개선"

연평도 사건후 이직률 높아… 수당 신설 등 검토

북한의 천안함 폭침 및 연평도 포격 사건 이후 서해5도에서 근무하는 공무원들의 이직률이 높아지자 인천시가 대책 마련에 나섰다.

20일 시에 따르면 천안함과 연평도 사건 등이 잇따라 발생하면서 연평·백령·대청면사무소 등에 근무하는 공무원 115명 가운데 9명이 사직(의원면직)하고 1명이 휴직을 신청했다. 특히 사직 후에 신규로 임용된 공무원이 4명이나 되는 것으로 나타났다.

시는 서해5도에서 각종 사건·사고가 잇따르자 이들이 심리적 불안감을 이기지 못하고 사직한 것으로 보고 있다. 더욱이 서해5도는 주거·교통이 불편하고 문화복지 혜택이 전혀 없는 등 여건이 열악해 근무 기피로 이어지고 있다.

현재 서해5도에 근무하는 공무원들은 특수지 근무수당 월 3만~6만원을 받고 있으며, 근무평점은 0.013~0.025점을 추가로 받는 수준에 그치고 있다.

이에 따라 시는 최근 행정안전부 주재로 열린 16개 시·도 부단체장 회의에서 '서해5도 지방공무원 처우개선 건의안'을 제출했다. 특수업무수당을 신설하고 특수지 근무수당 증액, 근무평점 가점 확대 등이 주요 내용이다. 시는 우선 서해5도의 공공기관이나 시설에 근무하는 공무원을 대상으로 특수업무수당을 지급하고 액수는 인천시 조례로 제정할 것을 제안했다. 현재 근무지 위험도에 따라 3만~6만원을 지급하고 있는 특수지 근무수당도 많게는 20만원까지 늘려야 한다고 요청했다.

인사고과에 반영되는 근무평점 가점도 현실화해야 한다는 게 인천시 방침이다.

현재 0.013~0.025점인 가점을 0.015~0.04점으로 늘리는 방안을 제시했다. 가점 최대한도는 0.63~1.0점이다.

김학준기자 kimhj@seoul.co.kr

서울신문
2011년 6월 23일(목) 11면

서해 5도에 10년간 총 9109억원 투입

정부, 주택 개량·수도 정비 등 환경 개선키로 종합발전계획 의결… 6640개 일자리 기대

연평도 등 서해 5도 지역의 주거환경 등을 개선하기 위해 올해부터 2020년까지 10년간 민자를 포함해 총 9109억원이 투입된다.

정부는 22일 세종로 정부중앙청사에서 김황식 국무총리 주재로 제2차 서해5도 지원위원회를 열어 이 같은 내용을 담은 '서해 5도 종합발전계획'을 심의, 의결했다.

김황식(오른쪽 두번째) 국무총리가 22일 서울 세종로 정부중앙청사에서 열린 '서해5도 종합발전자문위원회' 회의를 주재하고 있다.
도준석기자 pado@seoul.co.kr

교육비 지원·원격 진료 시스템도

종합발전계획이 이뤄지면 6310억원의 생산유발 효과와 6640개의 일자리 창출 등 지역경제 활성화에 큰 도움을 줄 것으로 정부는 예상했다. 앞으로 10년간 진행될 사업 항목으로는 78개가 선정됐다.

세부계획에 따르면, 오는 2020년까지 서해 5도 주민의 생활안정을 위해 정주생활 지원금, 생활필수품 해상운송비, 교육비 지원은 물론 원격 진료 시스템이 갖춰진다.

쾌적한 주거환경 조성을 목표로 노후주택 개량 및 민박과 펜션 등의 시설도 확충된다. 상·하수도 등 생활기반시설 정비를 비롯해 주민의 안전을 확보하기 위해 대피시설 42곳을 올해 안에 새로 짓고, 노후 대피시설에 대한 개·보수도 추진한다. 연평도에는 안보교육관을 지어, 보존 중인 피폭 주택 등과 함께 안보관광지로 만든다.

여객·쾌속선 투입… 편의 향상

주민과 관광객의 해상교통 편의도 향상된다. 백령항로에 2500t급 대형 여객선, 연평항로에는 500t급 초쾌속선을 투입한다. 식수난 해결을 위해서는 소연평도와 소청도에 해수담수시설을 설치키로 했다.

지역 주민들의 생활안정을 위한 대책도 잇따른다. 대청도 선진포항과 옥죽포항, 소연평항 등은 어항으로서의 기능이 강화된다.

일자리 창출을 위해 서해 5도에 수산물 가공·저장시설이 조성되고 꽃게·까나리 액젓 등이 지역명품으로 개발된다.

행정안전부 관계자는 "지난해 말 서해 5도 지원법이 국회를 통과함에 따라 다각적인 검토를 거쳐 종합대책을 마련하게 됐다."면서 "백령도와 연평도에는 해양복합관광시설과 갯벌체험 공간이 각각 조성되고, 백령도에는 경비행장 건설 방안도 장기과제로 검토될 것"이라고 밝혔다.

황수정기자 sjh@seoul.co.kr

서울신문
2011년 8월 5일(금) 12면

행안부 서해5도 지방직 공무원 수당 인상 고민

"6만원→50만원으로" vs "他 특수지와 형평성 고려"

"북한의 연평도 포격사태를 계기로 서해 5도에서 일하는 지방공무원 수당인상이 필요하긴 한데..."

행정안전부가 서해5도 지방직 공무원의 특수지 근무수당 인상 문제로 고민에 빠졌다.

문제는 지난달 24일 인천시와 옹진군이 제기했다. 백령도·연평도·대청도 등 서해 5도에 근무하는 지방공무원들의 특수지 근무수당을 6만원에서 50만원으로 인상할 수 있도록 도와달라고 것이었다. 인천시는 특수지 근무수당 지급을 지방자치단체 조례로 결정할 수 있도록 관련 규정을 개정해 달라고 구체적으로 제시했다. 북한의 군사도발로 다른 특수지역보다 근무여건이 열악해 전출을 원하는 직원들이 많다는 점을 내세웠다.

특수지는 교통이 불편하고 문화·교육시설이 거의 없는 지역이다. 전국적으로 옹진군 특수지 6곳을 포함해 400곳이 있다. 지역사정에 따라 특지·갑지·을지·병지 등 4지역으로 나뉜다. 옹진군의 연평리(연평면)·진촌리·가을리·연화리(이상 백령면)·대청리·소청리(이상 대청면)는 이 가운데 특지에 해당한다.

행안부는 인천시 요청을 긍정적으로 검토한다는 입장이다. '서해5도 지원 특별법'에 근거, '지방공무원 수당 등에 관한 규정'의 제12조에서 '서해 5도에 대해서는 행정안전부 장관의 승인을 얻어 해당 자치단체의 조례로 정하는 금액을 지급할 수 있다.'는 항목을 추가할 방침으로 알려졌다.

행안부 관계자는 "아직 확정된 건 없지만, 전에 없었던 북한 포격 피해를 보고 그 충격이 큰 서해5도지역에 정부가 지원하는 것에 대해 국민들도 충분히 받아들일 것으로 보고 인천시의 제안을 긍정 검토 중"이라고 밝혔다.

하지만 형평성이 제기될 수 있다. 6개 특지에 근무하는 지방공무원에게만 8배 이상 많은 50만원을 지급하면 전라남도 신안군 등 다른 특지지역은 물론 경기도 연천군 중면 횡산리·파주시 군내면 점원리·강원도 양구군 해안면 현리 등 옹진군 지역을 제외한 다른 접경지역 특지 3곳에 대한 형평성 문제가 논란이 될 수 있다는 점이다. 나머지 갑지, 을지, 병지에서도 특수지 근무수당 인상을 요구할 수 있다. 뿐만 아니라 특수지에 근무하는 국가직공무원이나 군인들의 특수지 근무수당 인상도 고려하지 않을 수 없다.

행안부 관계자는 이에 대해 "다른 지역에서도 인천시와 같은 건의를 한다면 어떻게 할지는 좀 더 신중하게 접근해야 할 것 같다."고 말했다.

김양진기자 ky0295@seoul.co.kr

서울신문에 실린 서해5도 관련 주요 기사

서울신문
2011년 8월 18일(목) 14면

연평도 새 대피소 '늑장 건설' 논란

지자체 "착공까지 9개월은 정상… 연말께 준공"
주민들 "北 추가 위협에 불안… 조기 완성 원해"

지난해 11월 북한군의 연평도 포격사건에 이어 지난 10일 연평도 해상 해안포 사격 당시에도 제 구실을 못했던 '대피소' 신축을 놓고 주민과 지자체 간 뜨거운 공방이 벌어지고 있다. 주민들은 아직까지 새 대피소가 건설되지 못한 것은 늑장 행정이라고 지적하지만, 해당 지자체는 최대한 일정을 서두르고 있다고 항변하고 있다.

17일 인천 옹진군에 따르면 연평도에 7곳(대연평 6곳·소연평 1곳)의 현대식 대피시설을 짓기 위한 공사를 지난달 시작했다. 연평도 포격사건이 발생한 지 9개월 만이다. 이어 다음 달에는 백령도에 26곳, 대청도에 9곳의 대피소가 착공된다. 군은 공사일정을 서둘러 이들 대피소를 연말 일제히 준공한다는 방침이다.

●기존 대피소 물 새고 전기 끊겨

그러나 서해5도에 대한 북한의 추가 도발 위협이 상존하는 상황에서 주민들에겐 연말이 멀기만 하다. 실제로 지난 10일 북한군의 연평도 해상 해안포 사격 당시 일부 주민들은 기존 대피소를 찾았지만 전과 다름없이 물이 흐르고 전기가 들어오지 않아 고개만 절레절레 저어야 했다. 정모(55)씨는 "새 대피소 부지가 변경되는 등 사정이 있는 건 알고 있지, 주민 염원과는 달리 대피소 건설이 더디다."고 불만을 터뜨렸다.

하지만 군은 제반 여건을 고려할 때 대피소 착공까지 9개월이 걸린 것은 정상적인 절차라고 강조한다. 군은 "냉·난방시설, 방송실, 자가발전기 등을 갖춘 첨단 대피소를 건설하기 위해선 설계와 계약심사, 발주까지 일정기간이 소요될 수밖에 없다."고 설명했다. 건설업계도 이 같은 점은 인정한다. 군 관계자는 "새 대피소는 기존 대피소의 문제점을 모두 보완해야 하기 때문에 치밀한 준비가 필요했다."고 말했다.

게다가 사업비 확보 문제도 간단치 않다. 연평도 대피소 신축비 100억원은 지난해 12월 전액 국고로 지원됐지만 아직 인천시가 갖고 있다. 관련 규정상 재배정이 곤란하기 때문이라고 전해진다. 백령·대청도 사업비는 430억원(국비 80%·시비 10%·군비 10%) 가운데 200억원만 옹진군에 내려보내졌다. 옹진군 관계자는 "인천시가 국고 지원액을 갖고 있더라도 공사비를 집행하는 데는 지장이 없지만 아무래도 긴박성이 떨어지는 것은 사실"이라고 말했다.

●서해5도 대피소 대부분 폐기 전망

한편 서해5도에 산재돼 있는 대피소 117곳 대부분은 폐기될 전망이다. 군이 정밀조사에 나선 결과 지나치게 낡아 보수를 통한 활용이 어렵다는 진단이 내려졌기 때문이다. 1970년대 중반 설치된 기존 대피소는 한 곳당 면적이 33㎡ 안팎으로 좁은 데다 발전·급수시설이 없어 소수 주민의 임시대피만 가능한 실정이다.

지난해 연평도 피격 당시 대피소로 피한 서해5도 주민들은 문제점을 강하게 제기했고, 정부는 이 점을 받아들여 대피소 신축을 서해5도 종합발전계획의 핵심 과제로 선정했다.

김학준기자 kimhj@seoul.co.kr

서울신문
2011년 8월 30일(화) 14면

위그선

수상비행기

수륙양용버스

경기 '위그선·수상비행기' 띄운다

관광수요 겨냥 '신개념 교통수단' 도입 추진
경기개발硏 "수익·안전성 문제"… 논란 예고

경기도가 위그선, 수상비행기, 수륙양용버스 등 신개념 교통수단 도입을 추진한다. 특히 수륙양용버스는 경제성이 높은 것으로 분석돼 제일 먼저 운행할 것으로 보인다.

도는 새로운 관광수요 창출과 서해 도서주민의 교통서비스 개선을 위해 이들 교통수단 도입을 적극 검토하고 있다고 29일 밝혔다.

도가 구상하고 있는 위그선과 수상 비행기 노선은 ▲화성시 전곡항~풍도 등 4개 섬을 운항하는 57㎞ 경기도서 순환노선 ▲화성시 전곡항~4개 섬~인천항을 연결하는 85㎞ 인천시 연계노선 ▲충남 태안군 영목항까지 운항하는 경기~충남 124.7㎞ 노선 등이다. 또 강과 육지를 모두 오갈 수 있는 수륙양용버스는 남이섬 노선에 도입한다는 구상이다.

위그선은 수면에서 5m 정도 뜬 상태에서 시속 112㎞의 고속 운행이 가능하다. 기존 선박과 항공기의 장점을 결합한 새로운 개념의 미래형 초고속 선박으로 주목받고 있으며, 구입 비용은 대당 17억원이다. 또 도가 도입을 추진 중인 50인승 수륙양용버스는 육상에서 최고 시속 112㎞, 수상에서 37㎞로 갈 수 있으며 대당 6억원가량이다.

신개념교통수단 특징 및 가격

기종	가격(1대당)	특징
위그선	17억원	수면에서 5m 정도 뜬 상태에서 시속 112㎞의 고속 운행
수륙양용버스	6억원	육상에서 최고 112㎞, 수상에서 37㎞ 운행
수상비행기	75억~130억원	물에서 이착륙 가능

물에서 이착륙이 가능한 수상비행기는 대당 75억~130억원으로 예상하고 있다. 도는 위그선과 수상비행기는 서해 도서주민들의 대체 교통수단으로, 수륙양용버스는 관광수요를 겨냥해 도입을 추진하고 있다고 설명했다. 특히 풍도, 육도 등 도서 지역 주민들의 왕래에 초점을 맞췄다. 섬과 육지를 오가는 여객선이 하루 1편에 불과한 데다 속도마저 느려 생활에 큰 불편을 겪고 있는 게 현실이다.

도는 국회에 계류 중인 '복합형 교통수단의 등록 등에 관한 법률(안)' 등의 관련 법령 및 제도 정비가 완료되는 대로 이들 노선에 우선 도입한 뒤 향후 시화호 노선(유니버설스튜디오 코리아 리조트~공룡알 화석지~공단역)과 4대강 구간(이포보)까지 운행을 확대한다는 방침이다.

그러나 최근 경기개발연구원이 실시한 신개념 교통수단 도입에 대한 타당성 연구 결과 일부 교통수단의 경우 수익성과 안전성에 문제가 제기돼 논란이 예상된다.

연구원의 분석 결과에 따르면 가평버스터미널~가평역~남이섬선착장~남이섬의 5㎞ 노선에서 수륙양용버스를 운행할 경우, 비용 대비 편익비율(B/C)이 1.58(1이상이면 경제성 있음)로 나왔다.

반면 위그선은 수익성과 안전성이, 수상비행기는 수익성이 부족한 것으로 분석됐다. 이에 따라 연구원 측은 보고서를 통해 "민간 참여 유도를 통한 창의적인 운영과 비용 절감 방안을 마련, 공공의 재정 부담을 덜어야 한다."고 조언했다.

도 관계자는 "단순히 수익성만을 따져 도입 타당성을 결정하기보다 거시적인 안목이 필요하다."며 "수상비행기와 위그선, 수륙양용버스 등은 섬 주민들에게 빠른 수송 서비스를 제공하는 동시에 관광수요 창출에 이바지할 것"이라고 말했다.

김병철기자 kbchul@seoul.co.kr

서울신문
2011년 11월 8일(화) 16면

서해 5도엔 외과의사 한 명도 없다

16억 들여 진료소 만들었지만… 맹장수술도 못 해

인천시 옹진군 서해5도에 외과 전문의가 단 한명도 없어 문제점으로 지적되고 있다.

7일 정부와 인천시에 따르면 연평도 포격사건 이후 북한 위협이 상존하는 백령·연평·대청·소청·우도 등 서해5도에 의료장비 확충 필요성이 제기됨에 따라 내년부터 2014년까지 16억 8000만원을 들여 42개 주민대피시설에 간이수술대 등을 갖춘 비상진료소를 설치할 계획이다. 비상진료소에 장비를 들여놓더라도 진료 인력을 보건지소에 의존할 수밖에 없지만 비상상황 발생 때 메스를 잡을 수 있는 공중보건의를 두지 않았다.

천안함 사건이 발생한 백령도의 보건지소에는 의대를 갓 졸업해 전공이 없는 의과일반의 1명과 수련의(인턴) 과정을 끝낸 내과 전문의 1명, 한의과·치과 전문의 등 모두 4명이 배치됐다. 북한군 포격사건이 일어났던 연평도와 대청도도 매한가지다. 서해5도의 유일한 종합병원인 백령병원에도 정형외과 전문의 1명과 응급의학 전문의 2명이 있을 뿐, 실제 수술을 할 수 있는 외과 전문의가 없어 간단한 맹장수술조차 해병대 의무대나 육지로 후송하는 실정이다.

옹진군보건소 관계자는 "전국적으로 외과 전문의가 부족하다 보니 보건복지부로부터 외과 공중보건의를 배정받기란 쉽지 않다."면서 "따라서 섬 주민 실생활에 필요한 내과·가정의학과 중심으로 의료진을 구성하고 있다."고 말했다.

그나마 서해5도에 근무하는 한 내과 공중보건의는 "아무리 급박한 상황이라도 메스를 들었다가는 의사생학 전문의 2명이 있을 뿐, 실제 수술을 할 수 있는 외과 전문의가 없어 간단한 맹장수술조차 해병대 의무대나 육지로 후송하는 실정이다.

옹진군보건소 관계자는 "전국적으로 외과 전문의가 부족하다 보니 보건복지부로부터 외과 공중보건의를 배정받기란 쉽지 않다."면서 "따라서 섬 주민 실생활에 필요한 내과·가정의학과 중심으로 의료진을 구성하고 있다."고 말했다.

그나마 서해5도에 근무하는 한 내과 공중보건의는 "아무리 급박한 상황이라도 메스를 들었다가는 의사생활을 접을 수도 있다."며 "결국 눈앞에서 환자가 죽어가도 응급 헬기를 기다리는 수밖에 없다."고 고개를 떨궜다.

따라서 장비를 다룰 줄 아는 전문의가 없는 터에 수십억원을 들이는 정부 의료장비 지원책은 '헛 구호'에 그치기 십상이다. 지난 9월부터 운영한 의료전용 헬기(닥터 헬기)도 실제 도움을 주지 못한다. 최근 주민 송모(70)씨가 헬기를 기다리다 숨지기도 했다. 보건소는 송씨를 응급처치한 뒤 오전 7시쯤 헬기를 운영하는 인천 길병원에 이송하려 했지만 물거품으로 돌아갔다. 헬기 운항시간이 오전 8시 30분부터 일몰 30분 전까지로 제한돼 있어서다. 운항범위도 반경 50㎞로 묶여 이용할 수 없어서 도입 취지를 더욱 무색케 한다.

김학준기자 kimhj@seoul.co.kr

서울신문
2011년 11월 15일(화) 16면

서해5도 발전계획 예산 절반 넘게 '싹둑'

재정부, 행안부 요구 250억원 중 151억원 삭감해 주택 개량사업비 18%만 반영… 사업 차질 불보듯

정부가 발표한 인천 옹진군 서해5도 종합발전계획 실천을 위한 내년도 예산이 크게 깎여 실질적인 사업을 펼 수 없게 됐다.

14일 국회 예산결산위원인 민주당 신학용(인천 계양갑) 의원에 따르면 기획재정부는 행정안전부가 요구한 내년도 서해5도 종합발전계획 예산 250억 5400만원 가운데 151억 4000만원을 삭감해 99억 1400만원만 반영했다. 특히 재정부는 서해5도 노후주택 개량사업비 160억원 가운데 18%인 28억원만 반영했으며, 안보교육장 건립비는 49억원에서 29억 600만원으로 줄였다.

행안부는 당초 노후주택 개량사업을 위해 80채 신·개축비 64억원, 240채 개·보수비 96억원을 산정했다. 하지만 재정부는 신·개축비를 전액 삭감하고, 개·보수 대상 주택을 240채에서 140채로 줄였다. 개·보수비도 국토연구원 용역 결과 제시된 동당 5000만원에서 2000만원으로 줄인 결과다.

그러나 오래된 주택이 많은 곳이어서 신·개축 수요가 많은 데다, 개·보수비도 절반 이하로 줄어들어 실질적인 주택개량사업을 펼 수 없게 됐다. 해당 예산에 대한 국비 지원이 80% 이상 축소된 마당에 옹진군은 자체적으로 사업을 펼쳐야 하지만 재정자립도가 22.7%에 불과해 난감하다.

앞서 재정부는 행안부 요구대로 노후주택 개량사업 예산을 지원해 줄 것을 요청한 조윤길 옹진군수에게 다른 낙후지역과의 형평성을 내세워 불가 입장을 밝혔다.

이에 따라 지난해 11월 북한의 연평도 포격 이후 서해5도 주민들의 열악한 정주(定住) 여건을 국가적 차원에서 개선한다며 제정한 '서해5도 지원특별법'이 효력을 잃는 게 아니냐는 우려마저 커지고 있다.

더욱이 지난해 11월 연평도 피격 직후 대통령과 국무총리가 잇따라 서해5도에 대한 적극 지원을 약속한 게 주민들을 달래기 위한 일시적인 수사(修辭)에 그쳤다는 지적이 거세다.

신 의원은 "정주여건을 개선한다고 해놓고 최우선 과제인 주택개량사업 예산을 대폭 삭감한 것은 취지와 반대"라고 맞섰다.

김학준기자 kimhj@seoul.co.kr

北 포격에 K9 자주포 응징→KF16 전투기 미사일로 초토화

'리멤버 1123'… 오늘 육·해·공군·해병대 합동 기동훈련

◉北방사포 연평도 포격
도발원점 파악 후 대반격
KF16·F15K 전투기 출격
후방 지원세력까지 격파

◉北공기부양정 백령도 침투
호위·구축함 긴급 해상이동
AH1S 코브라 헬기 출동
미사일로 공기부양정 격침

#시나리오1# 0월 0일 오후 1시, 해병 연평부대가 K9 등 공용화기로 연평도 남동쪽 해상 사격 구역을 향해 사격 훈련을 실시하고 있는 도중, 오후 2시 33분 북한군이 개머리지역에서 연평도 지역으로 122㎜ 방사포 수십 발을 발사하며 도발을 감행해 왔다.

#시나리오 2# 연평도 포격 도발이 시작된 직후 북한군 특수부대인 해상저격여단을 태운 공기부양정이 백령도를 기습 점령하기 위해 고속으로 기동하기 시작했다.

합동참모본부는 23일 북한의 연평도 포격 도발 1주년을 맞아 북한의 재도발과 백령도 기습 점령 시도 상황을 이처럼 가정하고 육·해·공군과 해병대가 모두 참가하는 합동 기동훈련을 실시한다고 22일 밝혔다.

이번 합동 기동훈련은 오후 2시 34분 북한군이 연평도 북쪽 12㎞ 거리의 개머리 지역에서 쏜 122㎜ 방사포탄 수십 발이 연평도를 포격하고, 같은 시간 북한군 해상저격여단이 고암포 기지에서 공기부양정으로 기동하는 상황에서부터 훈련이 시작된다.

지난해 북한의 연평도 포격 도발 때와 같은 시간대에 훈련을 진행함으로써 뼈아픈 상처를 다시는 남기지 않겠다는 의지를 드러낸 것이다. 특히 이번 훈련에는 ▲도발 원점뿐 아니라 후방 지원세력에 대한 응징 ▲서북도서방위사령부에 의한 1차 대응 ▲공대지 미사일을 탑재한 전투기 동원 등 연평도 사태 이후 개편된 작전 체계가 적용된다.

1차 대응은 '선(先)조치-후(後)보고' 원칙에 따라 연평도 사태 이후 3배가량 증강된 연평도 K9 자주포의 반격으로 시작된다. 신형 대포병탐지레이더인 '아서'와 음향탐지장비인 '할로'를 통해 실시간으로 파악된 북한군의 도발 원점이 반격 목표가 된다. 또 백령도에서는 새로 증강된 AH1S 코브라 헬기가 긴급 출동해 토 미사일을 발사하며 북한군의 공기부양정을 침몰시키고 저지한다.

곧바로 위기조치반이 소집된 합참에선 정승조 합참의장이 육·해·공군 및 해병 합동 전력의 투입 준비 및 경계태세 강화를 전군에 지시하게 된다. 이에 따라 초계 비행 중이던 KF16 전투기가 연평도 인근 상공으로 이동하는 한편 후방의 F15K 전투기는 사거리 278㎞의 지상공격용 미사일인 AGM84H(슬램ER)를 장착하고 출격한다. 백령도 남방 해역에서 초계 중이던 호위함(2300t급)이 북한군의 공기부양정 침투 지역으로 이동하고 서해상에서 임무를 수행 중이던 한국형 구축함 KDX1(3800t급)도 유도탄과 함포사격을 할 수 있는 전투 대기 태세에 들어가게 된다.

육군은 수도군단 산하 K9 자주포 부대를 전개하고 적의 추가 도발과 기습 침투에 대비한 경계태세에 돌입한다.

북한군의 첫 포탄이 연평도에 떨어진 지 5분 만인 오후 2시 39분, 반격에 나선 K9 자주포탄은 북한의 개머리 포 진지를 무력화시킨다.

북한군이 무도 해안포기지에서 2차 포격을 감행하자 정승조 합참의장은 KF16과 F15K 전투기에 미사일 발사 명령을 하달한다.

전투기들은 서해 북방한계선(NLL) 이남지역에서 도발 원점인 무도 갱도 속에 숨은 해안포들을 향해 직격탄을 발사해 무력화시킨 데 이어 슬램ER 미사일을 발사해 적 후방 지휘소와 지원세력까지 초토화시킨다. 이 미사일은 NLL 이남에서 발사하면 평양의 노동당사까지 정밀 타격이 가능하다.

합참 관계자는 "북한이 또 무모한 도발을 감행한다면 우리 군은 공군을 포함한 합동전력으로 도발 원점과 지원세력까지도 단호히 응징할 것"이라고 강조했다.

홍성규기자 cool@seoul.co.kr

前·現정권 통일연구원장 인터뷰

지난해 11월 23일 발발한 북한의 연평도 포격 도발은 남북관계 등 한반도 정세에 엄청난 영향을 미쳤다. 천안함 폭침 사태와 달리 연평도 도발은 '남남갈등'을 해소했다는 평가도 받지만 배경과 해법에 대해서는 의견이 엇갈린다. 노무현 정부 때 통일부 차관을 지냈던 이봉조 전 통일연구원장과 이명박 정부 들어 지난 8월까지 통일연구원장을 지냈던 서재진 전 원장으로부터 연평도 도발 배경과 남북관계 등에 대한 의견을 들었다.

"남북 대화채널 확보해야 北 추가도발 막을 수 있어"

이봉조 前원장

◆연평도 사태 발생 배경은.

-북한은 연평도 포격 도발을 통해 그들에게 유리한 협상국면을 조성하려 했던 것으로 본다. 남북관계는 천안함 사건으로 인해 이미 5·24조치가 취해지고 있었기 때문에 더 잃을 것도, 더 나빠질 것도 없는 상황이었다. 연평도 도발은 남북관계를 겨냥했다기보다 미국과 중국 양국에 한반도 상황의 안정화 필요성을 다시 확인시키려는 의도로 봐야 할 것이다. 이와 함께 막 출범한 김정일 후계체제에 대한 내부 결속을 다지기 위해 대담한 조치를 취할 필요도 고려했을 것으로 보인다.

◆이명박 정부는 북한의 책임 있는 조치를 요구하고 있다. 이 문제를 어떻게 풀어야 하나.

-우리 정부는 5·24조치를 풀기 위해서는 북한의 진정성 있는 조치가 있어야 한다는 입장이다. 문제는 북한이 그런 조치를 취할 가능성이 없어 보인다는 것이다. 결국 문제 해결을 위해서는 남북 간 고위급회담을 개최하거나, 6자회담 진전 과정에서 북한이 적절한 조치를 취하는 방안이 검토될 수 있을 것이다. 북한과의 대화를 위해 정부는 북한의 선(先)조치가 있어야 한다는 입장에서 벗어날 필요가 있다.

◆북한의 추가 도발 가능성과 향후 남북관계 전망은.

-시간은 북한 편이 아니라는 것을 북한도 잘 알고 있다. 북한이 협상국면 조성을 위해 유연한 전략을 구사하고 있지만 성과 없이 시간만 허비한다고 판단하면 다시 도발 카드를 꺼내들 것이다. 내년에는 더욱 면밀히 북한 내부 상황을 지켜보되 사전 대비 차원에서라도 남북 대화채널 확보가 요구된다. 김미경기자 chaplin7@seoul.co.kr

"핵포기 때까지 냉정 대처 먼저 유화적 제스처 안돼"

서재진 前원장

◆연평도 포격 도발의 배경과 영향은.

-천안함 폭침 이후 남한 사회는 '전쟁이냐 평화냐.'의 논란으로 남남갈등이 심해졌다. 북한이 이에 반색하며 한 번만 더 공격하면 이명박 정부가 무너질 수도 있겠구나 싶어 연평도 포격이라는 결정적인 카드를 사용했는데 오히려 역효과가 난 것이다. 국민들은 북한이 잇따라 도발했다고 확신하게 됐고 분열됐던 여론이 통일됐다.

◆연평도 이후 한반도 정세는.

-중국이 북한 편을 들면서 국제사회에서 입장이 난처해졌다. 한·미 공조가 강화되자 중국은 지난 1월 후진타오 국가주석의 방미를 통해 북한에 대한 억지력 조치에 합의했고, 이는 북한의 추가 도발을 용납하지 않겠다는 분명한 메시지가 됐다. 대중 의존성이 커진 북한의 대남 도발에 대한 제약성을 강화하는 결과를 가져왔다. 결과적으로 북한의 입지가 좁아졌고 5·24조치를 연장시키고 대북 제재가 강화되는 역할을 했다고 본다. 연평도 도발 이후 우리가 서북도서방위사령부 등 시스템을 갖춘 만큼 북한의 대남 도발은 앞으로 어려울 것이다.

◆북한의 잇단 도발로 남북관계가 막혀 있다. 해법은.

-현재는 우리에게 유리한 국면이다. 북한이 핵을 완전히 포기하고 나오면 모르겠지만 우리가 상황을 바꾸기 위해 먼저 나설 필요는 없다고 본다. 북한의 군사 공격 등을 우려해 유화적 제스처를 보일 필요도 없다. 오히려 침착하고 냉정하게 대응하면서 북한이 달라지도록 기다려야 한다. 내년 선거를 앞두고 풀어줄 것이 아니라 지속적으로 사과와 책임을 추궁해야 한다.

김미경기자 chaplin7@seoul.co.kr

보훈처 "피해 장병 내년 7월부터 보상"

국가보훈처는 연평도 포격 피해 병사들에 대한 합당한 피해 보상이 이뤄지지 않는 데 대해 국가유공자 개정법을 마련해 내년 7월 1일부터 보상하겠다고 밝혔다. 박승춘 국가보훈처장은 22일 정부청사에서 열린 국무회의에서 "국가유공자 선정 기준에 미달돼 유공자로 선정되지 못하는 경우라도 합당한 치료와 보상을 받을 수 있도록 내년 7월 1일 시행을 목표로 보훈대상자 지원 개정안을 마련하고 있다."고 말했다고 문화체육관광부 박선규 2차관이 전했다.

이는 연평도 포격 1주기인데도 불구하고 당시 피해 병사들에 대한 치료와 보상이 제대로 이뤄지지 않고 있다는 문제 제기에 따른 것이다.

주현진기자 jhj@seoul.co.kr

'서울신문

2012년 2월 1일(수) 16면

서해5도 주택개량사업비 확대 지원

가구당 2000만원→ 3000만원 인상 추진

북한군 포격으로 피해를 입은 옹진군 연평도와 백령도 등 서해5도 주택개량사업비가 확대 지원될 전망이다.

31일 옹진군에 따르면 설 연휴 전 한나라당 박근혜 비상대책위원장이 연평도를 방문했을 당시 주민들이 서해5도 주택개량사업비 국고 지원분을 늘려줄 것을 요구함에 따라 행정안전부는 올 예산에 편성된 가구당 2000만원에서 3000만원으로 지원 규모를 늘리는 방안을 추진 중이다. 이경옥 행안부 차관보는 서해5도 노후주택 실태를 파악하기 위해 이날 연평도를 다녀왔다.

이에 따라 서해5도 종합발전계획에 따라 지원되는 주택개량사업비는 당초 국고 지원 2000만원, 지방비 500만원 등 가구당 2500만원에서 국고 지원 3000만원, 지방비 1000만원으로 확대돼 4000만원씩 지원될 것으로 보인다. 옹진군 관계자는 "군의 재정이 어렵지만 중앙정부가 국고 지원을 확대하면 매칭펀드 비율에 따라 지자체 지원액을 늘리지 않을 수 없다."고 말했다.

행안부는 추가 소요되는 국고 지원금을 특별교부세로 지원하는 방안을 모색 중인 것으로 알려졌다.

서해5도 내 국고 지원 대상 개·보수 주택은 모두 140가구다. 행안부는 당초 320가구를 개량 대상 주택으로 정해 국비 160억원을 지원하는 방안을 추진했다. 80가구 신·개축비 64억원, 240가구 개·보수비 96억원을 산정했다. 하지만 기획재정부는 신·개축비를 전액 삭감하고, 개·보수 대상 주택을 240가구에서 140가구로 줄였다. 개·보수비도 국토연구원 용역 결과 제시된 가구당 5000만원에서 2000만원으로 줄여 28억원의 예산만 반영했다.

이에 대해 연평도 등 서해5도 주민들은 북한의 연평도 포격사건 이후 제정된 '서해5도 지원특별법'에 따라 정주환경 개선을 위해 지원되는 주택개량사업비가 생색내기 수준에 그치고 있다며 불만을 제기해 왔다.

한나라당 박상은(인천 중·동·옹진) 의원은 "서해5도는 오래된 주택이 많은 곳이어서 주택개량이 절실하다."면서 "연평도는 특히 북한 포격의 직접 피해지역인 만큼 주택개량비를 다른 서해5도 지역과 차등 지원하자는 차원에서 지원금 확대를 추진하고 있다."고 말했다.

김학준기자 kimhj@seoul.co.kr

'서울신문
2012년 2월 21일(화) 6면

우리 군이 20일 서북도서 지역 해상에서 사격훈련을 벌이는 동안 북한의 무력대응에 대비해 백령도 주민들이 섬 안의 대피소로 피신해 모여 앉아 있다(백령도 주민 홍남곤씨 제공). 연합뉴스

北, 해안포 전방이동 포착 주민 3000여명 긴급대피

긴장속 서북도서 사격훈련 종료

군이 20일 북한군 도발에 대비해 최전방 사단의 포병 화력과 레이더를 대기 상태로 유지한 가운데 백령도와 연평도 등 서북도서 지역의 해병대 해상사격훈련을 종료했다. 북한군은 해안포 등 포병 전력 일부를 전방으로 이동시키는 등 위협 태세를 유지한 것으로 나타났다.

●北 대함유도탄 레이더도 한때 가동

합동참모본부 관계자는 "오전 9시30분부터 2시간 동안 서북도서 지역에서 해상사격훈련을 실시했다."며 "서북도서방위사령부의 전투력 유지를 위해 진행된 통상적 훈련"이라고 밝혔다.

북한군도 해안포 전력 등을 전방으로 이동시킨 것으로 포착됐다. 2010년 11월 연평도 포격 도발을 감행했던 북한군 개머리기지 등 일부 포병 전력이 우리 군의 훈련 시작 전 전방으로 이동됐고, 대함유도탄 레이더도 한때 가동된 것으로 알려졌다. 그러나 최근 기동을 시작한 황해도 고암포의 북한군 공기부양정기지는 특별한 징후가 포착되지 않은 것으로 전해졌다.

군은 서북5도 일대의 북한군에 대한 정밀감시 태세를 유지하고 있다. 24일까지 서해 군산 앞바다에서 한·미연합 잠수함 훈련이, 오는 27일부터는 키 리졸브 한·미 연합훈련이 예정된 만큼 북측 기습 도발에 대비해 대북 감시 체계를 총가동한다는 방침이다.

이번 훈련에는 해병부대에 배치된 사정거리 40여㎞의 K9 자주포와 105㎜ 박격포, AH1S 코브라 공격헬기가 동원됐다. 포탄 사격은 예년 수준인 5000여발에 그쳤고, 모두 백령도와 연평도 남방 우리 측 관할수역에 떨어졌다.

●北 "무서운 징벌줄것" 이틀째 위협

북측은 이틀째 위협 공세에 나섰다. 북한군 전선서부지구사령부의 지난 19일 공개 통고에 이어 대남기구인 조국평화통일위원회는 이날 "우리 경고에도 무모한 선불질을 강행한다면 연평도 포격전의 몇 천배 되는 무서운 징벌을 면치 못할 것"이라고 위협했다.

조평통은 "군사적 긴장을 격화시켜 불리한 선거 정세를 역전시켜 보려는 데 그 음흉한 속심이 있다."고 맹비난했다. 노동신문도 군이 예고했던 키 리졸브 및 독수리 훈련을 비난하며 주한 미군 철수와 정전협정 체결을 요구했다. 이에 대해 통일부 당국자는 "우리 영해 내에서 이뤄지는 연례적이고 통상적인 훈련"이라고 일축했다.

한편 서해5도 주민에게는 긴급 대피령이 발령됐다. 인천 옹진군은 이날 오전 8시 30분을 전후해 서해5도 주민 3058명(백령도 2075명, 대청도 496명, 연평도 487명)이 110개 대피소로 피신한 후 훈련 종료 후 귀가했다고 설명했다. 대피자 수는 서해5도 전체 주민 8706명의 35%였다.

안동환·하종훈·인천 김학준기자 ipsofacto@seoul.co.kr

■서해5도 연합훈련과 군 병력 현황

백령도·대청도·소청도

해병대 6여단 병력 4000여명
K9 자주포, 155mm 견인포
105mm 견인포, 90mm 해안포
M48 전차, 벌컨포, 4.2인치 박격포
81mm 박격포 등 배치

연평도·우도

병력 1200여명
K9 자주포, 105mm견인포
90mm해안포, M48전차
벌컨포, 81mm 박격포 등 배치

연평도 포격에 집이 무너졌어도…

송대운 김소현 최진수

서해5도 수험생 44명 전원 대학합격… 첫 시행 '특별전형' 11명 포함

서해 5도에 긴장감이 고조된 가운데 이 지역 대학 수험생 전원이 대학에 합격해 화제다. 행정안전부는 2010년 11월 연평도 포격 이후 마련된 '서해 5도 특별전형'이 처음 시행된 올해 대학입시 결과 이 지역 고교 졸업자 11명이 특별전형으로 대학에 진학하는 등 희망자 44명 전원이 대학에 합격했다고 20일 밝혔다.

백령종합고, 연평고, 대청고 등 서해 5도 3개 고교 졸업생 24명이 서강대, 숙명여대, 중앙대 등 국내 4년제 대학에 합격했다. 19명은 호서전문대, 부천대 등 전문대학에 진학한다. 1명은 미국 캘리포니아주립대 입학이 결정됐다. 서해 5도 특별전형으로는 인하대와 관동대에 각 3명, 인천대에 5명이 합격했다.

이 가운데 송대운(연평고)군은 연평도 포격이 있던 날 인천으로 피난 와 인천시가 마련한 영어마을 숙소에 따로 지내면서 공부를 계속해 인천대 생명공학과에 합격했다. 김소현(연평고)양은 북한군의 포격으로 집이 무너지는 바람에 초등학교에 마련된 임시주택에서 살아야 했지만 흔들리지 않고 노력한 결과 농어촌 특별전형으로 동국대 사회복지학과에 진학했다.

이 밖에 홀어머니와 함께 사는 최주란(백령고)양도 서해 5도 특별전형으로 인천대 중어중문학과에 합격했다. 대청도에 서식하는 식물을 연구해 식물도감을 펴낸 최진수(대청고)군은 지난해 10월 캘리포니아주립대 입학이 결정됐다.

맹형규 행안부 장관은 "앞으로 서해 5도 지역의 정주 여건 개선과 지역주민 소득 증대, 생활안정 등을 위해 노력하겠다."고 말했다. 박성국기자 psk@seoul.co.kr

서울신문

2012년 2월 21일(화) 31면

북은 무얼 위해 대화는 거부하고 협박만 하나

세습권력 교체기의 북한이 남북대화를 외면하며 대남 공세를 노골화하고 있다. 어제 서북해역에서 실시된 우리 군의 연례적 사격훈련을 트집잡고 나섰다. 엊그제 북한군 전선서부지구사령부 명의로 '무자비한 대응타격' 운운하며 남측 민간인들에게 "안전지대로 대피하라."고 위협하더니, 어제는 대남 기구인 조국평화통일위원회가 "연평도 포격전의 몇 천배 되는 무서운 징벌"을 공언했다. 남북 구성원 누구에게도 도움이 안 되는 개탄스러운 행태다.

북한 당국이 일련의 거친 언사로 스스로 고립을 부르는 꼴이다. 이산가족 상봉을 위한 적십자 실무접촉 등 남측이 내민 대화의 손길을 뿌리치면서 의도적으로 긴장 조성에 열을 올리면서다. 진행 중인 한·미 연합 잠수함 훈련이나 27일 예정된 키리졸브 연습 등은 모두 우리 측의 연례적인 훈련이다. 특히 이번 해병대의 사격훈련은 천안함 폭침이나 연평도 포격 사태 등과 같은 북한의 도발 재연에 대비한 방어훈련일 뿐이다. 북한의 시비는 적반하장인 셈이다. 물론 연평도를 포함한 서해5도 인근 해상의 분쟁수역화와 북방한계선(NLL) 무효화를 노린 계산된 도발일 것이다. 어찌 보면 북한의 대내적 불안정성이 강경한 대남 공세로 투사되고 있는 측면도 있다. 김정일 사망 이후 김정은으로의 권력 이양 과정에서 대남 긴장을 고조시켜 내부적 결속을 도모하려는 것으로, 타기해야 할 구태다.

그러나 의도가 어디에 있든 북한의 이런 행태는 자충수가 될 수밖에 없을 것이다. 천안함 사태 이후 움츠러든 남쪽의 대북지원 여론을 더욱 꽁꽁 얼어붙게 할 수 있다는 차원에서다. 우리는 짐짓 남북 간 공포 분위기를 조성하려는 북한의 의도를 꿰뚫어 보면서 이에 말려들지 말아야 한다. 서해 5도 주민들이 해병부대의 사격훈련 기간 중 질서 있게 대피소로 이동하는 등 동요하지 않고 성숙한 대응 자세를 보인 것은 그래서 다행스럽다. 물론 정부는 혹시라도 북한이 연평도 포격과 같은 만행을 다시 저지를 경우 도발의 원점을 타격해 제거한다는, 정해진 매뉴얼을 의연하게 실천에 옮겨야 한다. 하지만 북한의 거친 언사에 미리 불필요한 입씨름으로 맞설 이유는 없다고 본다.

서울신문
2012년 6월 26일(화) 15면

최북단 백령도 해군기지 건설 '탄력'

인천시, 국방부서 신청한 공유수면 매립 승인 425억 들여 2014년 6월 완공… 1개 중대수용

우리나라 최북단 섬인 백령도에 해군기지가 건설된다.

2010년 11월 북한군의 연평도 포격도발 이후 서해5도 인근 해상의 해군력 강화 차원에서 정부가 추진해 온 것이다.

25일 인천시에 따르면 국방부가 해군 전용부두 건설을 위해 신청한 옹진군 백령도 진촌리 용기포항 일대 2만 3489㎡에 대한 공유수면 매립 실시계획을 승인해 고시했다.

2010년 북한 도발이후 추진

해군기지 건설을 맡고 있는 국방부 산하 국방시설본부는 이달 말부터 부두 건립을 위한 바다 매립에 들어가 2014년 6월 완공할 방침이다. 사업비는 425억원으로 알려져 있다.

북한, 고남포 일대에 기지 건설중

새로 들어설 백령도 해군기지는 1개 독립 중대급을 수용할 수 있는 규모의 계류(부두)시설과 지원시설 등을 갖추게 된다. 육상시설로는 장병들이 생활할 수 있는 통합생활관과 물양장, 체육·조경시설, 연병장 등을 건설한다.

백령도와 연평도, 대청도, 소청도, 우도를 가리키는 서해5도에는 대형 해군 함정이 정박할 수 있는 접안시설을 갖추지 않아 연평도 포격사건 이후 서해5도에 해군 전진기지 역할을 수행할 부두 건설이 시급하다는 지적을 줄곧 받았다.

북한은 서해5도에서 50여㎞ 떨어진 고남포 일대에 대규모 해군기지를 건설하고 있다. 이 기지는 상륙정으로 특수부대 침투를 감행할 수 있는 것으로 전해졌다. 이 기지 공사는 연평도 포격 도발을 전후해 시작된 것으로 분석됐다.

김학준기자 kimhj@seoul.co.kr

서울신문

2012년 7월 10일(화) 14면

530억 들인 서해 5도 대피소 '부실'

곳곳서 물 새고 결로·벽 균열 등 발생 연평·백령도선 옹벽 무너져 내리기도

2010년 11월 연평도 포격 당시 대피소 부실 문제가 제기된 후 새로 지은 서해5도 대피소들이 또다시 부실 논란에 휩싸였다. 이번 장마 때 취약점을 드러낸 연평도 대피소에 이어 백령·대청도 대피소에도 비슷한 현상이 나타난다는 증언이 잇따르고 있다.

9일 인천시 옹진군에 따르면 530억원을 들여 서해5도의 42개(백령도 26개, 대·소청도 9개, 연평도 7개) 현대식 대피소 설치를 지난해 9~11월 착공했다.

하지만 지난 4월 준공식을 한 연평도 대피소의 경우 지난 5~6일 집중호우 당시 각종 문제점이 발생했다.

27억원이 투입된 제1대피소(660㎡)의 경우 천장과 벽면 10여곳에서 물이 새 양동이로 받아내는 모습이 목격됐다. 16억원이 소요된 제2대피소(330㎡)는 밖의 옹벽이 10여m 무너져 내려 인근 창고를 덮쳤다. 연평 주민 김모(51·여)씨는 "정부가 수백억원을 들여 대피소를 새로 지어준다고 해 좀 안심하나 했더니 이런 일이 또 생겼다."고 말했다. 연평도 대피소는 2개 업체가 1~5공구로 나눠 공사를 진행해 왔다.

지난 3~6월 대피소가 완공된 백령·대청도의 사정도 비슷하다.

진촌리에 지은 대피소는 장마가 시작되기 전부터 벽면에 균열과 결로현상이 생기고 바닥에 물이 고여 있었다고 공사 관계자가 전했다. 마감재 접촉 불량으로 천장, 벽 등이 들떴다는 말도 나왔다.

용기포항 인근 대피소의 경우 옹벽이 무너져 흙이 유실됐다. 주민들 사이에서 대피소 부실 문제는 몇달 전부터 제기돼 왔다. 대청도 대피소에서도 결로현상이 발생하고 있다.

백령 주민 손모(63)씨는 "대피소는 냉난방 등 첨단 시설 도입이 중요한 게 아니라 튼튼해야 한다."면서 "건설업체에 책임을 물어야 한다."고 주장했다. 백령·대청도에서는 7개 업체가 1~8공구로 나눠 시공을 맡았다. 이들 대부분은 도급 순위에 들지 않는 인천 지역 영세업체로 알려졌다.

옹진군 담당자는 "연평도는 아직 정식으로 준공 처리되지 않았고 백령·대청도는 준공됐지만 업체 측에 하자 책임을 물을 수 있는 만큼 이른 시일 내에 시정하겠다."고 말했다.

김학준기자 kimhj@seoul.co.kr

서울신문
2012년 7월 12일(목) 14면

대피소 유지비 年 8억 서해5도 지자체 '비명'

서해 5도에 마련된 현대식 비상대피소에 종전보다 수십배 늘어난 액수가 유지관리비로 들어갈 것으로 보여 관할 지방자치단체가 부담을 호소하고 나섰다. 11일 옹진군에 따르면 서해 5도에 42개의 대피소(백령도 26개, 연평도 7개, 대·소청도 9개)를 건설했거나 마무리 공사를 벌이고 있다. 대피소를 짓는 데 국비 444억원과 시·군비 86억원 등 530억원이 투입됐다.

하지만 건설비 못지않게 유지관리비가 문제다. 기존 대피소가 긴급 대피용이라면 신축 대피소는 체류형이다. 165~660㎡의 대피시설에는 일정기간 이재민이 머물 수 있도록 주방·화장실, 전기·수도·통신, 냉·난방 등의 시설이 설치됐다.

군은 이들 대피소 관리를 위해 지난달 백령도 2명을 포함해 연평도와 대·소청도에 1명씩 관리요원을 채용했다.

사정이 이러해 대피시설 유지관리비로 연간 6억~8억원이 들 것으로 추산되고 있다. 1970년대에 지어진 기존 대피소에 비하면 엄청나게 불어난 액수다. 서해 5도에는 110개의 구형 대피소가 있지만 도색이나 청소를 하는 정도여서 연간 관리비가 1000만~2000만원에 불과했다. 군은 올해 자체적으로 대피소 유지관리 예산 3억 5000만원을 세웠지만 크게 부족할 것으로 보인다. 따라서 내년부터는 유지관리비 전액을 국비로 지원해 줄 것을 행정안전부와 기획재정부에 요청한 상태다.

김학준기자 kimhj@seoul.co.kr

서울신문
2012년 8월 28일(화) 17면

주민 "평당 6만원은 받아야 대체농지 구한다" 軍 "감정평가로 1만원선 책정… 작물도 보상"

백령도 군사시설 부지 보상 갈등

연평도 포격 사건 이후 정부가 서해5도 전력 증강을 추진하고 있는 가운데, 백령도 주민과 군이 군사시설 부지 수용 문제를 놓고 마찰을 빚고 있다.

27일 옹진군 백령면사무소와 주민들에 따르면 국방부는 백령도 연화1리에 있는 논 3만 3000㎡를 사들여 항공시설(헬기장)을 건설하는 방안을 추진하고 있다. 국방부는 해당 부지 수용에 따른 보상가격을 감정평가를 토대로 평(3.3㎡)당 1만원 선으로 책정한 것으로 알려졌다. 이와 별도로 작물 보상비로 평당 7000~8000원을 책정했다.

그러나 토지 소유주들은 보상가격과는 상관없이 땅을 팔 의사가 없다고 강조하고 있다. 대대로 농사를 지어 온 절대농지인 점을 들어 당국의 수용 방침에 반발하고 있다. 일부 주민들은 평당 6만원은 받아야 대체농지를 구할 수 있다고 주장한다.

노대식(52) 이장은 "논 1000평이면 서너 식구가 먹고살 수 있는데 보상가로 1000만원을 받아 어디에 쓸 수 있느냐."면서 "국방부가 터무니없이 땅값을 매겼다. 이 돈으로는 백령도는 물론 육지로 나간다고 해도 집 한 칸 장만할 수 없다."고 말했다.

주민들은 군이 지난해에도 연화1리 땅 15만 1800㎡을 매입하려다 주민 반발로 1만여㎡를 사들이는 데 그쳤다고 설명했다. 당시 보상가는 작물 보상비를 포함해 평당 2만 9000원이었다. 보상 문제와 얽힌 연화1리 토지 소유주는 12명으로, 이들은 국방부가 토지를 강제수용할 경우 집단행동도 불사한다는 방침이다. 또 다른 주민은 "군이 우리 마을 농경지를 앞으로도 계속 사들이려는 의도가 있는 것 같다."면서 "땅값도 문제지만 헬기가 마을을 떠다니면 시끄러워서 어떻게 살겠느냐."고 하소연했다.

김학준기자 kimhj@seoul.co.kr

서울신문
2012년 11월 1일(목) 8면

뿔난 서해5도 주민들 "中불법조업 더 못참겠다"

오늘 中대사관·국회서 시위 어구 훼손 등 피해 연600억
"어업지도선 현대화등 촉구"

중국어선 단속실적

2005년	584척	2006년	522척
2007년	494척	2008년	432척
2009년	381척	2010년	370척
2011년	537척	2012년(9월 말 현재)	363척

중국 어선들의 불법조업으로 인한 피해가 갈수록 커지면서 어민들이 육지로 나와 집단행동을 하는 지경에 이르렀다.

인천시 옹진군 백령·대청·연평도 어민 150여명은 31일 인천시청 앞에서 중국 어선 불법조업을 강력히 단속할 것을 촉구하는 집회를 가진 데 이어 1일에는 중국대사관과 국회 인근에서 집회를 가질 예정이다. 서해5도 어민들이 중국대사관과 국회에서 항의집회를 벌이는 것은 처음이다.

옹진군에 따르면 지난 9월 말부터 중국 어선 455척(연평도 37척, 소청도 303척, 백령도 115척)이 서해5도 해역에 나타나 불법조업을 일삼고 있다. 백령·대청 해역에서는 10월 한 달간 259틀의 어구를 도난당하거나 파손돼 3억 6000만원의 피해를 입었다. 제주에서도 중국 저인망 어선들이 해마다 7월부터 10월까지 동해 북한수역 조업을 위해 제주해역을 지나면서 우리 어선 어구를 훼손시키는 사례가 빈발, 지난해만 7억여원의 피해가 발생했다.

어획량도 덩달아 줄어 제주의 갈치 어획량은 2008년 3만 2000t에서 2009년 2만 2000t, 2010년 1만 7400t으로 계속 감소됐다.

농림수산식품부는 우리 측 배타적 경제수역(EEZ)에서 불법조업을 하는 중국 어선이 연간 2000~2500척(합법 1650척)에 달하는 것으로 파악하고 있다. 농식품부 관계자는 "중국 어선들이 낮에는 잠정조치수역에서 머물다 밤이 되면 EEZ로 들어와 불법조업을 하는 행위를 되풀이하고 있다."고 밝혔다. 농식품부 측은 중국 어선 불법조업으로 인한 피해액을 연간 600억원으로 추산하고 있다.

이 같은 현상이 반복되자 어민들 사이에서 정부를 비난하는 목소리가 터져나오고 있다.

신승원 연평도 어민회장은 "중국 어선의 불법조업에 따른 대책을 당국에 수차례 건의했음에도 우리 어선의 야간조업, 월선조업에 대한 통제는 강력하게 하는 반면 정작 중국 어선에 대해서는 미온적으로 대처하고 있다."고 말했다. 홍석휘 제주도 선주협회장은 "불법조업 자체도 문제지만 중국 어선들이 우리 어선이 설치해 놓은 어구를 마구잡이로 파괴하는 것도 심각한 문제"라고 말했다.

어민들은 아울러 정부에 수차례 어업지도선 현대화 및 불법조업 방지시설을 요청했지만 반영되지 않았다고 강조했다. 백령·대청·연평 해역에는 6척의 어업지도선이 배치돼 불법조업을 단속하고 있지만 2006년에 건조된 1척을 제외하고는 선령이 15년 이상 된 노후 선박이다.

옹진군 관계자는 "어업지도선 예산 지원과 인공어초를 비롯한 불법조업 방지시설이 시급하다."면서 "접적해역에서의 안전조업은 단순한 지자체 업무가 아닌 국가사무인 만큼 중앙정부가 적극 나서야 한다."고 밝혔다. 정부와 해경은 지난 8월부터 불법조업으로 적발된 중국 어선들이 담보금 납부 후 풀려나면 곧바로 불법어업을 자행하는 악순환의 고리를 끊기 위해 어구 몰수 등 강력처방을 하고 있으나 불법조업은 사라지지 않고 있다. 제주해경 관계자는 "고기잡이 장비를 뺏긴 어선들이 중국으로 돌아가 어구를 새로 구입할 경우 5000여만원의 추가 비용이 발생하지만 중국 어선들은 아랑곳하지 않고 불법조업을 일삼는다."고 설명했다.

인천 김학준기자 kimhj@seoul.co.kr
제주 황경근기자 kkhwang@seoul.co.kr
목포 최종필기자 choijp@seoul.co.kr

서울신문

2012년 11월 23일(금) 9면

"민간인 희생자 유족 여전히 눈물납니다"

北포격에 남편 잃은 강성애씨

성금 내준 초등학생에 아직 고맙단 말 못해

강성애씨가 2010년 11월 남편 김치백씨가 사망하자 오열하던 당시의 모습. 서울신문 포토라이브러리

"하늘만 쳐다봐도 서러웠지요. 파란 하늘 보면서… 왜 하필 우리 남편이… 뭐 그런 생각도 했고 그래도 요즘은 많이 나아졌어요."

22일 수화기 너머로 들리는 강성애(61)씨의 목소리는 차분했다.

전사자 추모하는 해병대 전역자들 북한의 연평도 포격 도발 2주년을 하루 앞둔 22일 서울역 광장에서 '연평도 포격도발 전사자 추모 및 영토수호 범국민대회'가 열렸다. 2년 전 그때 현장에서 복무했던 해병대 전역자들이 거수경례를 하고 있다. 박지환기자 popocar@seoul.co.kr

■"서러웠지만 이젠 좀 나아져"

강씨는 2010년 11월 23일 북한의 연평도 포격 도발 때 사망한 김치백(당시 61세)씨의 아내다. 김씨는 포탄이 비 오듯 쏟아지던 그날 연평도 해병부대 관사 신축공사 일을 하다가 변을 당했다. 당시 포격으로 숨진 민간인은 김씨 외에 배복철(당시 60세)씨가 있었다.

몇 번을 들어도 믿기지 않았던 남편의 죽음. 강씨를 달래준 것은 시간이었다. 서울신문과 통화가 닿았을 때 강씨는 "김장거리를 사러 시장에 나와 있다."고 했다.

"남편과 손 잡고 병원 가고 운동 다니는 내 또래 여자들을 보면 우리 그이 생각이 많이 나지요. 우리 남편은 손재주가 좋아서 수도가 막히거나 전기가 끊어지면 다 고쳐 줬지요. 애들이 암만 엄마한테 잘하려고 애써도 남편만 한 사람은 없는 것 같아요."

척추협착증을 앓고 있는 강씨는 딸 내외와 함께 살고 있다. 외로움은 덜하지만 살림살이는 여유가 없다. 전사하거나 부상당한 군인들은 국가로부터 보상을 받았지만 숨진 김씨는 민간인 신분이었던 터라 그런 게 전혀 없었다. 인천시가 장례비를 지원한 게 고작이었다.

■"의사자 인정받지 못해"

북한의 공격 때문에 사망한 것이니 "남편을 의사자로 인정해 달라."고 국가에 요청해 봤지만 받아들여지지 않았다.

"한때는 국가가 너무 야속하다는 생각도 했는데 지금은 다 지난 일이죠. 그래도 국민들이 모아 준 성금이 있어서 우리 가족은 슬픔을 이겨내고 다시 일어설 수 있었어요. 시민 모금액 중 초등학교 2학년생이 보내 준 2000원도 있었는데 정신이 없어 고맙다는 말도 못했네요."

대통령 선거 후보들이 다양한 노선의 대북·안보 정책을 내놓고 있는 데 대해 강씨는 "남편이 죽었을 때는 우리 군이 좀 더 강력하게 대응했어야 하는 것 아니었나 하는 생각이 들기도 했다."면서도 "하지만 정치인들은 다 비슷한 것 같다. 선거철에만 우리 말을 들어주는 것처럼 행동하고 당선되면 그만인 것 같다."고 말했다.

지난해 연평도 포격 1주년 때 김씨와 배씨가 숨진 현장 인근에는 '연평도 피격 민간인 사망자 추모비'가 건립됐다.

하지만 시간이 지나면서 남편의 죽음이 사람들 뇌리에서 잊혀져 갈 것이란 걸 강씨는 잘 알고 있다. "연평도가 안정을 되찾아 다행이지만 졸지에 가장을 잃은 우리들은 여전히 눈물 속에서 살아갑니다."

유대근기자 dynamic@seoul.co.kr

"연습한 대로 응사… 우리는 이겼다"

포병 교리의 절차따라 응전 신속하지 못했단 지적 섭섭

당시 포격지휘 김정수 대위

"포탄이 떨어졌을 때 불길이 치솟고 포성으로 전혀 들리지 않는 가운데서도 저희 중대원들은 평소 연습한 대로 두려움 없이 맞섰죠. 저희 중대에서 한 명의 부상자도 없어 이 전투는 이겼다고 분명히 얘기할 수 있습니다."

2010년 11월 23일 북한의 포격 도발 당시 연평부대 포7중대장으로 대응사격을 지휘한 해병대 김정수(사진·31·사관후보생 99기) 대위는 지난 19일 연평도를 방문한 자리에서 취재진에게 당시 전투 상황에 대한 소회를 밝혔다.

연평부대 포7중대는 당시 북한군의 방사포와 해안포 공격에 K9자주포 4문으로 80발의 대응사격을 한 부대다.

연평도를 찾을 때마다 고향에 온 느낌이라는 김 대위는 지난해 1월까지 포7중대장으로 근무했으며 현재는 해병대 사령부 작전참모처 소속이다.

김 대위는 당시 대응사격에 13분이 걸려 신속하지 못했다는 지적에 대해서는 섭섭한 감정을 드러냈다. 그는 "일반적으로 얻어맞고 바로 친다고 생각할 수 있지만 포병 교리상 한 부대가 맞으면 다른 부대가 대응사격을 한다."면서 "다른 포병 부대가 없는 가운데 생존성을 높이기 위해 장비 등을 대피시켜야 하기 때문에 그 절차대로 수행한 것"이라고 밝혔다.

김 대위는 "연평도 포격 이전에는 그저 적이 도발을 할 것이라는 단순한 의심만 했으나 이제 적은 무조건 도발한다는 확신을 갖게 됐다."며 "당시 인천으로 피난을 떠나는 연평도 주민에게 '지켜주셔서 감사합니다'라는 문자 메시지를 받고 눈물이 왈칵 날 뻔했다."고 말했다.

군 당국에 따르면 당시 연평부대 포7중대에서 복무했던 병사들은 모두 제대했다. 당시 간부 16명 가운데 10명은 다른 부대로 갔고 1명은 전역해 현재 5명만 연평도에 남아 있다.

연평도 국방부 공동취재단
하종훈기자 artg@seoul.co.kr

서해5도 발전계획 발표 18개월 옹진군 지원금 1년새 절반 깎여

취로·선박 개량사업 등 '미진'

23일 연평도 포격 2주년을 맞았지만 정부가 연평도 등을 지원하기 위해 마련한 서해5도 종합발전계획 추진 상황이 미진하다는 지적이 일고 있다.

정부는 2020년까지 9109억원을 투입해 주거환경 개선 등 78개 사업을 추진하는 내용의 서해5도 종합발전계획을 지난해 6월 발표했다.

옹진군에 따르면 올해 국비 지원금은 218억 7400만원으로 지난해 424억 4000만원의 절반 수준이다.

가장 시급했던 대피소(백령도 26개, 연평도 7개, 대청도 9개) 신축은 지난달 모두 공사를 마쳤고, 30년 이상 된 노후주택 개량 사업, 유류운반비 지원 등이 진행돼 왔다. 서해5도 주민에게 월 5만원씩 제공되는 정주생활 지원금도 국비로 지원되고 있다.

그러나 이들을 제외한 상당수의 사업은 시급하지 않다는 등의 이유로 예산에 반영되지 않았거나 부족해 추진에 애로를 겪고 있다.

취로사업의 경우 예산이 1억 5000만원에 불과해 연평도는 격주로 취로사업을 펼치고 있다. 연평도 주민 최모(62)씨는 "취로사업은 일당이 3만 7000원에 불과해도 특별한 일거리가 없는 사람들에게는 아주 요긴한데 드문드문 실시해 불만이 많다."고 말했다.

낡은 병원선 교체나 어업지도선 개량도 예산 부족으로 아직까지 실행되지 않고 있다.

서해5도 문화예술 지원, 아트지구 조성 등은 현재 섬의 실정과 맞지 않는다는 이유로 후순위로 밀렸다. 옹진군 관계자는 "문화 관련 사업은 우선 기본 인프라를 갖춘 뒤 추진해야 할 사안이라 정부에서 내후년부터 추진하기로 한 것으로 알고 있다."고 말했다. 관광객을 끌어들이고 섬 주민에게 혜택을 주고자 뱃삯을 지원하는 펨투어 사업은 옹진군이 군비로 도맡아 하고 있다.

옹진군은 서해5도 종합발전계획 사업을 추진하기 위해 내년도분 국비 917억 8100만원을 신청했다. 이 가운데 얼마가 반영될지는 미지수지만 정부의 어려운 재정상황을 감안할 때 상당액이 반영되지 못할 것으로 판단되고 있다.

옹진군 관계자는 "서해5도 발전계획은 장기적인 사업이지만 올해와 내년이 가장 중요한데 필요한 만큼 국비 지원이 이뤄지지 않아 종합적이고 체계적인 사업을 펼치는 데 애로가 많다."고 말했다.

연평도 김학준기자 kimhj@seoul.co.kr

北 "南 승전행사땐 제2 불바다 될 것"

김관진 국방, 철저대비 주문

북한은 우리 정부가 북한의 연평도 포격 도발 2주년을 맞아 계획한 각종 추모행사에 대해 '제2의 연평도 불바다'를 거론하며 위협했다.

조선중앙통신은 22일 북한군 서남전선사령부 대변인 명의로 "연평도 불바다 세례를 받은 2돌을 맞아 괴뢰들이 무슨 참배식이니 위령탑 제막식이니 하는 해괴한 놀음을 벌여 놓는다고 한다."면서 "거짓으로 포장된 승전기념식 추태는 제2의 연평도 불바다로 이어질 것이며 괴뢰들이 다시 도발을 걸어 온다면 그 기회를 절대로 놓치지 않겠다는 것이 우리의 의지"라고 주장했다.

정부는 23일 서울 용산 전쟁기념관에서 연평도 포격 2주년 추모 행사를 개최한다. 군 당국은 이날 서북도서방위사령부와 해군작전사령부, 공군작전사령부 중심으로 연평도 등에서 북한의 포격 도발과 기습 강점을 상정한 지휘소 연습과 기동훈련 등을 실시한다.

한편 김관진 국방장관은 22일 경기도 용인의 3군사령부를 방문해 "북한이 대선 전에는 우리 국민들을 '전쟁이냐 평화냐'라는 구도로 몰고 가기 위해, 대선 후에는 새 정부를 시험하고 길들이고자 도발할 수 있다."고 말했다. 김 장관은 "폭력배가 위협하고 돈을 빼앗으려고 하면 몽둥이로 격퇴해야 하는 것"이라며 군의 철저한 대비 태세를 주문했다.

하종훈기자 artg@seoul.co.kr

서해 5도 첫 해양환경조사 실시

농식품부·수산과학원 기후변화·어종 등 점검 내년 예비 조사하기로

정부가 백령도, 대청도, 소청도, 연평도, 우도 등 서해 5도 주변 접경 해역에 대한 첫 해양 환경 조사를 실시한다.

서해 5도는 우리나라 해역 가운데 유일하게 해양 조사가 이뤄지지 않고 있는 곳이다. 북방한계선(NLL) 갈등 등 북한과의 관계를 의식한 때문이다.

농림수산식품부와 국립수산과학원은 11일 서해 5도 주변 해양 환경에 대해 내년 예비조사를 거쳐 2014년부터 정밀 조사에 들어간다고 밝혔다. 기후변화에 따른 해양 환경 변화를 주로 조사할 예정이다. 오염 실태, 유·무기 물질(영양염), 어종 등도 조사한다. 이를 위해 내년 예산 5000만원을 확보한 뒤 점차 늘려 나갈 방침이다. 구체적인 조사 시기와 방법, 규모 등은 18일 발표할 예정이다.

강영실 수산과학원 서해수산연구소장은 "해양과학조사법에 따라 다른 해역의 조사는 적극 장려되고 있지만 서해 5도는 (북한과의) 접경 수역이라 조사가 이뤄지지 못했다."면서 "이 지역 자원을 활용하든 하지 않든 간에 과학적 연구를 통해 자원을 확보하는 것은 매우 중요한 작업"이라고 설명했다.

학계도 조사의 당위성에 공감한다.

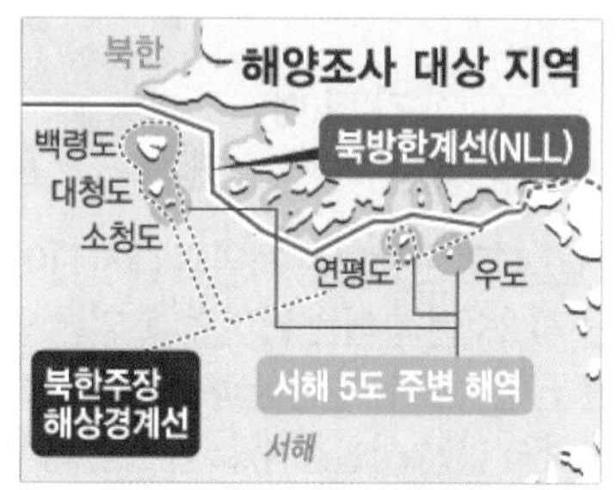

해양 환경을 제대로 알아야 기후변화 등에 따른 수산 자원의 변동을 예측할 수 있고 그래야 더 효율적으로 자원을 활용할 수 있기 때문이다.

남기완 부경대 자원생물학과 교수는 "해양 환경 조사는 무슨 일이 있다고 해서 하고 정권이 바뀌었다고 안 하는 차원의 것이 아니다."라면서 "평소 꾸준한 모니터링을 해 둬야 훗날 비교 활용할 수 있기 때문에 늦었지만 지금부터라도 (서해 5도 지역 해양 환경 조사를) 서둘러야 한다."고 말했다.

조사 지역이 북한이 주장하는 해상경계선 안쪽에 포함돼 있어 자칫 남북 관계에 부정적인 영향을 줄 수 있다는 우려도 나온다.

최준호 환경운동연합 정책실장은 "원칙적으로 서해 5도 지역도 다른 해역처럼 환경 조사가 이뤄져야 하지만 자칫 북한을 자극할 가능성이 있다."면서 "중국 싼샤댐으로 인한 서해 담수화 문제 등에서 보듯 서해는 우리나라뿐 아니라 중국, 북한과도 접해 있기 때문에 공동 조사를 실시할 필요가 있다."고 제안했다.

김양진기자 ky0295@seoul.co.kr

'서울신문
2013년 3월 19일(화) 30면

서해5도 주민들의 긴장피로

지방시대

김 민 배
인천발전연구원장

지난 11일은 동일본 지역의 대지진이 일어난 지 2주년이 되는 날이었다. 일본 언론들은 당일 추모식에 한국과 중국의 대표가 참석하지 않은 사실을 주요 뉴스로 다루었다. 중국이 불참한 이유를 '타이완 대표단을 다른 140개 국가와 같이 지명 헌화하도록 한 데 대한 반발'로 추측하고 있다. 우리나라는 '의도적인 것이 아니라 사무적인 실수'라고 했다고 한다. 지난해에는 두 국가가 모두 참석했던 사실에 비추어 일본 정부 내에서 우려하는 목소리가 있었던 것 같다.

되돌아보면 지난해에 중국, 일본, 한국 등에서 새로운 지도자들이 등장하면서 기대 섞인 전망들이 있었다. 그러나 기대보다 우려가 현실화되고 있다. 북한의 도발과 핵실험, 희토류, 영토문제, 엔저 정책 등에서 대립하고 있기 때문이다. 한반도 안보 차원에서 보면 북한의 도발이나 위협 강도가 과거와 다르다. 북한의 도발 압박이 일상화될수록 서해 5도 주민들의 삶이 더 고달프게 된다는 점도 문제다. 생업을 정상적으로 영위하기도 어렵고, 밤잠조차 편히 잘 수도 없기 때문이다.

그나마 다행인 것은 연평도 포격사태 이후 대피시설 등이 보완되었다는 점이다. 군도, 정부도 철통경계 태세에 들어가 있다. 하지만 그들의 많은 상처를 치유하는 데는 많은 시간이 필요하다. 북한군의 포격으로 부서진 집이 새로 단장되고 정주지원금이 주어지고 있지만 그들의 기대치를 만족시키는 데는 크게 부족하다. 정부가 약속한 서해 5도 특별법에 따른 지원이 성에 차지 않는다는 불만이 주민들에게 배어 있다. 또한 언제까지 불안정한 상태가 반복되어야 하는가 하는 보다 근원적인 문제도 제기된다. 분단국가와 정전체제가 계속되는 한 피할 수 없는 상황일 것이다. 그동안 서해 5도 주민들이 입은 정신적 내지 신체적 고통에 대해서는 크게 주의를 기울이지 않았다. 서해 5도에 거주한다는 이유만으로 대피, 비상식량, 자식걱정 등을 염두에 두고 24시간 긴장상태에서 살아가야 한다는 것은 불행한 일이다. 그런데도 우리는 그들의 '피로'나 '트라우마' 등에 대해서는 깊은 관심을 갖지 않았다.

올해에만 동일본 지진 지역의 37개 자치단체 공무원 가운데 522명이 질환 등을 이유로 장기 휴가를 요청했다고 한다. 관심을 끄는 것은 이 가운데 57%인 296명이 우울증 등의 정신질환을 호소하고 있다는 점이다. 또한 생활환경의 변화나 건강 악화 등을 이유로 지진 이후 올해 1월까지 퇴직한 공무원이 912명이라고 NHK는 전했다. 보도를 접하면서 서해 5도에 근무하는 공무원이나 주민 그리고 군인들에 대해 정신적 혹은 건강 차원에서 어떤 대책이 있었던가를 되돌아보게 한다. 물론 동일본 지역의 경우, 대지진의 후유증과 후쿠시마 원자력발전소의 파괴에 따른 재앙 요소들이 복합적으로 연계돼 있기 때문에 단순 비교할 수는 없다.

하지만 서해 5도는 크고 작은 군사적 충돌이 반복되고 있다. 지친 주민들을 위로하기 위해 송영길 인천광역시장과 정홍원 국무총리가 현장을 찾았다. 향후 서해 5도와 북방한계선(NLL) 지역을 박근혜 대통령이 직접 방문하는 것이 필요하다. 그것은 긴장 피로에 지쳐 있는 서해 5도 주민과 공무원 그리고 군인들의 정신건강에 큰 힘이 되기 때문이다.

서울신문
2013년 11월 27일(수) 12면

서해5도 中어선이 안보이네… 무슨 일이?

연평도 인근 불법조업 선박 감소에 궁금증 증폭
어획량 감소·양국 관계 변화·北조치 등 추측 난무
어민들 "이유 모르지만 중국 어선 사라져 속시원"

인천 옹진군 연평도 면사무소 한쪽 칠판에는 인근 해역에서 불법조업을 펼치는 중국어선 수가 매일매일 기록된다. 해경 경비함이 레이더로 파악한 것을 통보받은 것이기에 거의 오차가 없다.

26일 칠판에 적혀 있는 중국어선 수는 '제로(0)'. 이런 현상은 지난달부터 계속되고 있다. 불법조업을 일삼던 중국어선들이 두 달째 종적을 감춘 것이다. 지난 9월에는 하루 평균 20여척이 포착됐다. 이 또한 매년 가을 꽃게조업철(9~11월)이면 적게는 70~80척, 많게는 200~300척의 중국어선이 어김없이 몰려오던 것에 비하면 큰 변화다. 백령도와 대청도의 사정도 비슷하다. 따라서 서해 5도 북방한계선(NLL) 인근에서 해경과 중국어선이 쫓고 쫓기며 숨바꼭질을 펼치던 장면은 더 이상 보기 힘들다.

이로 인해 중국어선들이 우리나라 어민 어구를 훔쳐 가거나 망가뜨리는 피해도 현저히 줄어들었다. 옹진군에 따르면 지난해 서해 5도에서 발생한 어구 분실·파손 등의 피해액은 6억원에 달한다. 하지만 올해 집계된 피해액은 아직 없다.

중국어선들이 느닷없이 사라진 이유에 대해서는 여러 가지 가설이 나오고 있다.

일각에선 서해 5도 어장의 꽃게 자원 감소에서 원인을 찾고 있다. 꽃게 양이 풍성하지 않으니 자연히 찾아들지 않는다는 것이다. 꽃게 대표 산지인 연평어장의 경우 올해 어획량이 700t으로 지난해 880t의 80% 정도로 줄어들기는 했지만, 먹잇감을 보면 물불을 가리지 않던 중국어선들의 기존 행태로 볼 때 설득력이 떨어진다.

한·중 간 외교 등 정치상황과 무관치 않다는 시각도 있다. 박근혜 대통령이 시진핑 중국 주석과 지난 6월 정상회담을 가진 게 어떠한 형태로든 영향을 미쳤을 것이라는 분석이다. 그러나 회담 당시 불법조업 문제가 주 이슈로 다뤄지지 않은 데다, 중국어선들이 그동안 중국 당국의 단속에도 아랑곳하지 않고 불법조업을 펴 왔다는 점에서 고개가 갸웃거려진다.

또 다른 추론은 올 들어 북한의 김정은 체제가 강화된 이후 NLL에서 남북 긴장이 고조되고, 북한이 중국어선 불법조업을 강력하게 조치하고 있기 때문 아니냐는 것이다.

연평도 어민 곽모(54)씨는 "무슨 꿍꿍이인지는 모르겠지만 어쨌든 중국어선들이 보이지 않으니 막힌 속이 뚫리는 듯하다"면서 "사연을 떠나 이번 기회에 중국어선 불법조업이 근절됐으면 좋겠다"고 말했다.

김학준 기자 kimhj@seoul.co.kr

서울신문
2014년 3월 7일(금) 29면

서해 5도 지원 역대최저… 발전계획 용두사미?

올해 401억… 4년전보다 100억↓섬 환경개선 각종 사업 차질
주택개량 신청가구 30%만 혜택 정주지원금도 "5만원이 뭐냐"

서해5도 주요 지원사업

정주생활지원금 지급	1인당 5만원
노후주택개량사업	30년 이상 된 주택
지역일자리 창출	일당 4만 1000원의 취로사업
해상운송비 지원	주민 생활필수품 운반비만 지원

연평도 피격사건 이후 시작된 인천시 옹진군 서해 5도에 대한 정부 지원이 올해 최저 수준인 것으로 나타났다. 2010년 11월 발생한 연평도 사건 직후 제정된 '서해5도지원특별법'에 따라 정부가 수립한 서해 5도 종합발전계획이 용두사미에 그치는 것 아니냐는 지적이 일고 있다.

6일 인천시에 따르면 정부가 올해 서해 5도 발전사업을 위해 반영한 예산은 401억원으로 파악됐다. 이는 서해5도 발전사업이 시작된 2011년 이후 가장 적은 액수다. 2011년 531억원에 달했던 것이 2012년 482억원, 지난해 478억원으로 줄더니 올해는 400억원을 겨우 넘겼다.

정부가 3년간 투입한 예산은 1491억원으로 올해분을 포함하더라도 2000억원을 넘지 못한다. 정부는 계획 발표 당시 2020년까지 9100억원의 재원을 투입하겠다고 강조했으나 이 추세라면 절반에도 못 미칠 것으로 보인다.

정부는 주민생활 안정과 삶의 질 향상, 주민 대피체계 강화, 일자리·소득창출기반 구축, 관광개발·국제평화거점 육성 등 6대 추진전략을 제시했었다. 지역 사회에선 이들 사업을 위해 연간 1000억원 규모의 재원이 투입될 것으로 기대했다.

하지만 실제 정부 지원비가 당초 계획보다 적다 보니 섬 정주환경 개선을 위한 각종 사업이 차질을 빚고 있다. 30년 이상 된 노후주택을 대상으로 개량사업을 펼치고 있으나 수요에 비해 사업비가 적어 쩔쩔매고 있다. 매년 400여 가구가 주택개량을 신청하지만 130여 가구만 혜택을 보는 실정이다. 서해 5도 주민 5300명에게 1인당 매달 5만원씩 지급하는 정주생활지원금에 대한 주민 불만도 적지 않다. 정모(56·연평도)씨는 "위험을 감수하면서 섬에 살라는 취지의 지원금이겠지만 용돈도 안 된다"고 말했다. 주민들은 두 배가량 늘려 줄 것을 원하고 있으나 현재 예산으로는 1만원도 늘리기 어려운 형편이다. 지역 일자리 창출 차원에서 진행하는 취로사업도 일정한 틀 없이 들쭉날쭉해 주민들이 불만을 토로한다.

서해 5도를 지원하는 데 중앙부처 간의 손발이 맞지 않는 것도 문제점으로 지적된다. 현재 서해 5도 지원사업은 안전행정부가 총괄하고 해양수산부, 교육부, 문화체육관광부 등이 개별 사업을 펴고 있다. 하지만 부처별 사업은 규모가 당초 계획보다 줄어드는 경우가 적지 않아 실질적인 효과를 보지 못하고 있다.

옹진군 관계자는 "낙후된 서해 5도 특성상 정주환경 개선사업이 본 궤도에 오를수록 비용은 늘어날 수밖에 없는 구조지만 정부 지원은 갈수록 줄어들고 있어 걱정"이라고 밝혔다.

안행부 관계자는 "일부 세부 사업의 경우에는 예산 규모가 늘어난 것도 있다"면서 "서해 5도에 대한 국가적 관심이 줄어든 것은 아니다"라고 말했다.

김학준 기자 kimhj@seoul.co.kr

쾅!쾅!쾅! 北 포탄 100여발… 軍 즉각 3배이상 대응 포격

긴박했던 대치 상황

'사격' 통지 후 대포병 레이더 가동
北 8차례 걸쳐 500여발 일제히 발사
공군 F15機 발진… 서해도서 경계 강화

"쾅…쾅…쾅."

조용한 백령도에 북한의 포성이 처음 울린 것은 31일 낮 12시 15분이다. 하지만 북한은 이날 오전부터 서해 인근 NLL에서 포 사격훈련을 하겠다고 예고해 군 당국은 아침부터 긴박하게 움직였다.

이날 오전 8시 경기 평택시 해군 2함대사령부는 북한 서남전선사령부의 전화통지문을 받았다. 내용은 오전부터 황해도 장산곶에서 대수압도 전방 지역까지 서해 북방한계선(NLL) 이북 7개 지역에서 사격훈련을 하겠다는 것.

우리 군은 즉각 반발했다. 합동참모본부는 북측에 NLL 이남으로 사격할 경우 강력히 대응하겠다고 통보했다. 백령도와 북한 장산곶의 거리가 17㎞에 불과하고 사거리 20㎞가 넘는 각종 해안포와 방사포탄을 피할 수 없다는 점에서 북한이 작심하고 도발하면 자칫 2010년 11월 연평도 포격과 같은 참사가 재현될 수 있었다. 군은 즉각 백령도와 연평도에 각각 배치된 신형 대포병 탐지 레이더 '아서' 등을 가동해 정밀 감시에 돌입했다.

오전 9시 30분부터는 북한 장산곶, 강령반도 일대의 포문이 열리고 모든 해안포 진지에서의 병력 움직임이 눈에 띄게 증가했다. 북한의 사격이 시작된 것은 발사를 예고한 지 4시간여 만인 낮 12시 15분. 백령도 인근 장산곶부터 연평도 인근 대수압도까지 7개 지역의 해안포와 방사포가 일제히 불을 뿜었다. 북한은 이날 오후 3시 30분까지 8차에 걸쳐 해안포와 122㎜ 방사포, 240㎜ 방사포 등 500여발을 일제히 발사했다. 북한이 NLL 북쪽 해상에 다수의 사격구역을 정해 놓고 포탄을 대량 발사하기는 처음이다.

우려했던 일은 현실이 됐다. 백령도 동북쪽 지역에서 북한 포탄 100여발이 최대 3.6㎞까지 NLL 남쪽을 침범해 떨어졌다. 북한의 포격에 바닷물이 하늘 높이 요란하게 솟구쳤다. 우리 군도 즉각 K9 자주포 300여발로 대응사격을 시작했다.

군은 북한의 포격 유형 중 특이한 사항을 감지했다. 7개 해역에 쏟아진 포탄 500여발 가운데 유독 백령도 동북쪽 NLL 이남 지역에 100여발이 집중된 것이다. 해당 해역은 지난 27일 우리 해군이 엔진 고장으로 표류한 북한 어선 2척을 나포했던 곳이다. 유엔군 사령부 군사정전위원회는 이날 오후 2시 50분 북측에 통지문을 보내 사격 중지를 촉구하고 2시간 이내 장성급 회담을 할 용의가 있다고 통보했지만 북한은 답이 없었다. 북한의 포 사격은 오후 3시 30분 종료됐다.

하종훈 기자 artg@seoul.co.kr

북 서해 NLL 해상사격훈련 및 남측 대응 상황

북 서해안 주요기지 / 북 포탄 탄착 지점 / 북한이 선포한 해상사격 구역 (총 7개 지역)

북, 2013년 초 서해와 동해 최전방 부대 중심으로 개량형 240㎜ 배치, 하반기에는 4군단 예하 도서 포병부대에 122㎜ 방사포 50~60여문 배치

120㎜ 방사포 - 사거리 20㎞ - 발사속도 20분 40발 - 운용원 6명

개량형 240㎜ (사진은 240㎜ M-1991) - 사거리 65~70㎞

북측 포탄 100여발 NLL 이남 낙탄

황해남도 / 고암포 / NLL / 장산곶 / 북 해안포 사거리 / 백령도 / 해주시 / 북 해안포 1000여문 배치 지역 / 대청도 / 소청도 / 사곶 / 개머리기지 / 등산곶 / 연평도 / 북한 / 경기도 / 서울 / 인천 / 한국

K9 자주포 최대사거리 40km 발사속도 최대 6발(분당)

F15K 전투기

- 31일 오전 8시 북한 서남전선사령부 명의로 우리 해군 2함대사령부에 'NLL 인근 해상에서 사격훈련한다'고 전화통지문 우리 육·해·공군 합동지원세력 비상대기 돌입
- 오전 9시 30분 북한 장산곶·강령반도 일대 포문 열려
- 오전 10시 서북 도서 해상 조업 중이던 우리 어선 복귀 조치
- 낮 12시 15분 북한 실제 사격훈련 돌입
- 낮 12시 20분 우리 군 K9 자주포 대응 포격 시작+F15K 전투기 초계비행
- 낮 12시 40분 해병대 백령·연평부대, 안내방송과 함께 주민 대피 조치
- 오후 2시 50분 유엔군 사령부 군사정전위원회, 북측에 사격 중지 촉구 통지문
- 오후 3시 30분까지 북한, 7개 지역에 총 500여발 포 사격, 이 중 100여발 NLL 이남에 낙탄, 우리 군, NLL 이북 해상으로 K9 자주포 총 300여발 대응사격
- 오후 5시 30분 긴급 국가안전보장회의(NSC) 상임위원회 개최

식판 팽개치고… 조업중단… 긴급 대피

불안에 떤 서해5도 주민들

대공포·비행기 소리에 불안
여객선, 도착 20분전 피항도
"본격 꽃게잡이철인데 어쩌나"

북한군이 31일 해상사격 훈련 중 서해 북방한계선(NLL)을 향해 발사한 포탄 중 수십 발이 NLL 남쪽 해상으로 떨어지자 백령도와 연평도 등 NLL 인근 서해 5도 주민들은 대피소로 긴급히 대피하는 등 불안에 떨었다.

백령도 주민 3049명은 이날 낮 12시 15분쯤부터 북한과 인접한 바다에서 포소리가 들린 뒤 12시 24분 면사무소에서 대피명령이 떨어지자 섬 내 26곳에 있는 대피소로 황급히 이동했다. 이날 오전 북한군의 해상 사격이 예정돼 있다는 사전 방송이 나갔으나 이를 듣지 못한 주민들은 당황하는 모습이 역력했다. 주민 강옥분(56·여) 씨는 "마을 방송이 자주 나오니까 귀담아 듣지 않는 경우가 많다. 대피소에 있는 동안 중간에 포소리가 뜸한 적도 있었지만 2시까지 계속돼 불안했다"면서 "대피소가 신설된 이후 오늘과 같이 많은 주민들이 대피하기는 처음"이라고 말했다.

연평도에서도 한바탕 소란이 빚어졌다. 특히 이곳은 2010년 11월 발생한 북한군 포격 사건으로 포소리에 민감해져 있는 터라 똑같은 일로 이어질까봐 주민들은 불안감에 휩싸였다. 주민 633명은 12시 40분 대피령이 내려지자 섬 내 7개 대피소로 분산 대피한 뒤 방송 뉴스에 귀를 기울였다. 유창미(52·여) 씨는 "북한군의 사격연습이라고 들었지만 포소리가 큰 데다 대피명령이 5시간 가까이 해제되지 않아 초조했다"면서 "육지에 피난 나갔다가 복귀할 당시 정부는 다시는 이런 일이 없을 것이라고 하지 않았느냐"고 불만을 터뜨렸다. 꽃게 잡이 어선 선주 곽용근(55) 씨는 "내일부터 봄철 꽃게 잡이가 시작되는데 이런 일이 계속돼 조업중지로 이어지지 않을까 걱정"이라고 말했다.

북한이 서해상으로 발사한 포탄 중 일부가 남쪽 해상에 떨어져 연평도 등 서해 5도 초·중·고교에 긴급 대피령이 내려진 31일 연평초중고 구내식당에 학생들이 대피하며 남긴 식판이 긴박했던 당시 상황을 보여 주고 있다.

연합뉴스

해경은 이날 오전 10시쯤 서해 5도 어장에서 조업 중이던 24척의 어선에 복귀 명령을 내려 도서 항구로 되돌아오거나 인근 항구로 피항토록 했다. 백령도와 연평도행 여객선 운항도 차질을 빚었다. 이날 오전 8시 50분 인천항을 출발한 백령도행 여객선 하모니플라워호(2071t급)는 백령도 도착을 20여분 앞두고 북한군의 포소리가 들리자 12시 30분쯤 대청도에 비상 정박했다. 승객 351명은 여객선에서 내려 대청도 내 대피소로 긴급 이동했다.

김학준 기자 kimhj@seoul.co.kr

보고 없이 현장대응… 매뉴얼 따라 고강도 작전

軍 대응 2010년과 어떻게 달라졌나

주력 F15K 초계비행 등 수위 높여
北도 함정 위에서 방사포 '새 전술'

군 당국은 31일 북한군의 포탄이 서해 북방한계선(NLL) 남쪽 지역을 침범하자 확전 가능성 등 정치적 고려를 염두에 두고 '저강도'로 대응했던 과거와 달리 준비된 매뉴얼에 따라 즉각적으로 반격했다. 2010년 11월 연평도 포격 사건으로 우리 영토가 직접적인 공격을 받은 이후 비례성 원칙보다 자위권 차원에서 강경하게 대응한다는 기조가 반영된 것으로 보인다.

북한군이 2010년 1월 27~28일 이틀에 걸쳐 백령도 인근 NLL 북쪽에서 100여발의 해안포를 발사했을 때 우리 백령도 해병부대는 벌컨포 100여발을 1차로 '경고' 사격하고, 경고 성명 대신 전화통지문을 전달하는 것으로 대신했다. 같은 해 8월 9일 북한군이 서해상에 117발의 해안포를 발사했을 때는 "즉시 중단하라"는 경고 방송 외에 사격 등은 하지 않았다.

하지만 군은 이날 NLL 남쪽 해상에 북한군이 발사한 100발의 포탄이 떨어지자 300발로 대응하는 '3배 타격'의 기조를 보였다. 또 주력 전투기인 F15K의 초계비행을 강화했다. 군 관계자는 "북한이 도발하면 더 이상 상부에 대응사격을 실시할지 물어보고 상응한 수준으로 대응하는 식이 아닌 현장 지휘관 판단에 따라 몇 배가 되는 응징하게 한 것"이라면서 "우리 해역을 넘어왔기 때문에 자위권을 발동한 것"이라고 설명했다.

북한도 이날 함정인 화력지원정에서 122㎜ 방사포를 발사하는 등 2010년 연평도 포격 도발 때와는 다른 새 전술을 선보였다. 군 당국에 따르면 북한은 옹진반도 인근 마압도 해상에서 122㎜ 방사포를 화력지원정 함교 위에 탑재해 백령도를 향해 수십 발을 발사했고 이 중 일부가 NLL이남 해상에 떨어졌다. 이 함정은 82t급으로 길이 27.7m, 폭 6.4m, 시속 74㎞로 20여명이 승선하며 북한은 이 함정을 18척 보유한 것으로 알려졌다.

안석 기자 ccto@seoul.co.kr
하종훈 기자 artg@seoul.co.kr

서울신문
2014년 4월 2일(수) 10면

현대화 했다지만… 연평도 노후 대피소 11곳 그대로

北 도발에 안행부 긴급 점검

"옛날 대피소요? 에휴, 앉아 있을 수도 없었어요. 냄새도 많이 나고 먼지가 많아 숨쉬기도 힘들었어요."

지난달 31일 오전 10시 30분. 연평도(인천 옹진군 연평면) 전역에 북한의 해상 사격훈련을 알리는 예비방송이 울려 퍼졌다. 그로부터 약 두 시간 뒤, 인근 대피소로 대피하라는 경고 방송이 나왔다. 당시 섬에 있던 주민 663명은 하던 일을 멈추고 대피소로 빠르게 걸음을 옮겼다.

이씨는 "예전 대피소는 지어진 지 30~40년이 넘어 천장이랑 벽이 무너지지 않을까 걱정했는데 안전한 대피소가 건설돼 다행"이라고 말했다.

정부가 1일 연평도에 있는 주민대피시설에 대한 긴급 점검에 나섰다. 국가 재난안전 및 비상대비 업무를 맡고 있는 안전행정부 이경옥 제2차관 등 관계자 6명이 연평도를 방문해 대피시설을 둘러봤다.

연평도에는 현재 노후 대피소 11곳과 노후시설 내부를 리모델링한 대피소 4곳, 신규 대피소 7곳 등 총 24곳의 대피시설이 있다. 신규 대피소들은 2011년 수립된 '서해5도 종합발전계획' 중 주민대피시설 현대화 사업(530억원 투입)으로 지어진 시설들이다. 여기에는 예전 대피소에는 없던 취사실, 화장실, 비상진료소 등이 마련돼 있다. 신성만 연평면장은 "새로 지은 대피시설에 대한 주민들의 만족도가 높다"면서 "평상시에는 체력단련실, 마을행사 등 주민들을 위한 공간으로 활용한다"고 덧붙였다.

하지만 일부 주민들은 '언제 큰일이 벌어질지 모른다'는 불안감에 여전히 시달리고 있었다. 고령일수록 이런 경향은 두드러졌다. 70여년을 줄곧 연평도에서 살고 있는 임복인(76) 씨는 "평온했던 마을인데 이제는 맨날 긴장 상태다. 어디에 오래 앉아 있는 것도 불안할 정도"라고 말했다. 김모(76) 씨는 "정부가 노후주택을 개선해준 것은 좋지만 기본적으로 일자리를 많이 만들어 줬으면 좋겠다"면서 "중국의 무분별한 불법 조업으로 생계수단마저 빼앗겼다"고 하소연했다.

연평도 오세진 기자 5sjin@seoul.co.kr

서울신문
2014년 4월 30일(수) 8면

北, 서해상서 또 50여발 포격훈련… NLL이남으론 안 넘어와

어제 오후2시부터 10여분간 발사
지난달 500여발 보다 강도 약해져
軍, 남측 떨어진 것 없어 대응안해

"김정은 훈련 미흡 질책의 만회성"
"4차 핵실험 등 '큰 한방' 전초전"

北 서해 해상사격훈련 시간대별 상황

1 오전 8시 52분 북한, 우리측에 서해 북방한계선(NLL) 인근 해상 2곳에서 사격훈련 실시 통보
2 오후 2시 북 해상사격훈련 시작, 군, F15K 4대 긴급출격 초계비행 및 서해5도 주민 긴급 대피령
3 오후 3시 10여분 북, 해안포 50여발 발사 후 소강상태
4 오후 3시 30분 군, 서해5도 주민대피령 해제

북한이 29일 서해 북방한계선(NLL) 이북 해상에서 사격훈련을 실시했다. 지난달 31일에 이어 한 달 만이다.

지난 25일 열린 한·미 정상회담에 대한 반발과 더불어 서해에서 긴장을 조성하기 위한 무력도발인 것으로 분석된다. 하지만 포탄이 NLL 이남을 침범하지 않는 등 지난번 훈련보다 수위를 낮춘 것으로 보여 그 의도가 주목된다.

합동참모본부 관계자는 "북한군 서남전선사령부가 오늘 오후 2시부터 10여분간 사전 통보한 사격 구역인 월래도와 무도 인근 바다로 50여발의 포탄 사격을 실시했다"면서 "이 중 NLL 남쪽으로 떨어진 탄이 없어 대응사격을 하지 않았다"고 밝혔다. 북한은 앞서 이날 오전 8시 52분 우리 해군 2함대에 백령도 동쪽 월래도와 연평도 서북쪽 무도 인근 2개 지역에서 해상 사격훈련을 실시하겠다고 우리 측에 통보해왔다. 이에 박근혜 대통령은 "북한 포탄이 NLL 이남으로 떨어지면 원칙에 따라 대응하라"고 지시해 한때 긴장이 고조되기도 했다.

군 당국은 북한이 130㎜ 해안포를 동원해 NLL 북쪽 해상 3㎞ 이내 지역에 각각 25발가량 사격한 것으로 파악하고 의도를 분석 중이다. 북한이 사격구역으로 설정한 월래도 해상은 백령도에서 13㎞, 무도 해상은 연평도에서 9㎞ 떨어진 곳이다. 이는 지난달 31일 북한이 NLL 인근 7곳에서 240㎜ 방사포와 각종 해안포를 상당수 동원해 3시간여 동안 500여발을 퍼부은 것과 대조적이다. 당시 북한이 발사한 포탄 중 100여발이 NLL이남에 떨어지자 우리 군은 NLL 인근 북쪽 해상으로 300여발의 대응사격을 실시했다.

북한의 이날 사격훈련은 예정된 수순이었다는 분석이 나온다. 북한은 지난 27일 조국평화통일위원회 대변인 성명을 통해 한·미정상회담 내용을 원색적으로 비난한 데 이어 28일에는 국방위원회 대변인 성명을 통해 오바마 대통령의 방한 당시 발언을 강하게 비판했다.

조선중앙통신은 지난 26일 김정은 국방위 제1위원장이 인민군 제681부대 관하 포병구분대의 포사격 훈련이 미흡하다고 질책하면서 "전쟁은 예고 없이 일어나며 그에 대처해 경상적 전투동원 준비를 철저히 갖출 것"을 지시했다고 보도했다. 북한 단속정(어업지도선) 2척이 지난 25일 새벽 백령도 인근 소청도 해상에서 서해 북방한계선(NLL)을 침범했다가 우리 해군의 경고사격을 받고 되돌아간 것도 도발을 앞둔 포석이었다는 분석이다. 지난달 31일 북한의 해상 포사격 훈련 나흘 전인 지난달 27일에도 어선 1척이 백령도 동북쪽 NLL을 넘어와 우리 해군에 나포된 적이 있다.

군 당국은 이날 북한이 오전 사격훈련을 하겠다는 내용의 전화통지문을 남측에 보내기 전까지 특별한 움직임을 보이지 않아 사실상 기습적 도발로 규정했지만 예상과 달리 훈련 수위는 저강도였다고 평가했다.

이번 포 사격 훈련이 4차 핵실험과 같은 '큰 한방'을 예상하고 있는 우리 정부에 혼선을 주며 성동격서식의 도발을 일으키기 위한 전초전이라는 분석도 나온다. 김영수 서강대 정외과 교수는 "이번 훈련은 북한군 내부적으로 지난 26일 김 제1위원장의 질책을 만회하는 훈련 성격이 강하다"고 평가했다.

일각에서는 북한이 세월호 참사 등 남측의 상황을 어느 정도 반영해 남북관계를 최악의 국면으로 끌고 가지 않겠다는 의도를 보인 것으로 풀이해 북한이 핵실험 대신 저강도 무력시위를 통한 국면 전환을 시도한 것 아니냐는 분석도 나온다. 정영태 통일연구원 선임연구위원은 "북한이 박근혜 대통령의 드레스덴 제안이나 오바마 대통령에 대해 반발하는 성격의 무력시위를 보여주면서도 기본적으로 대화를 위한 분위기 조성에 나서고 있다"고 평가해 핵실험 가능성에는 회의적 시각을 나타냈다.

하종훈 기자 artg@seoul.co.kr
안석 기자 ccto@seoul.co.kr

北 순천공군기지 위성 공개… 러시아제 전투기 즐비 관영 신화통신 등 중국의 뉴스 사이트들이 29일 북한의 순천 공군기지를 찍은 위성 사진 21장을 공개했다. 중국 언론들은 "북한의 정예 공군력이 모두 순천기지에 있다"고 설명했다. 미그-29, 수호이-25, 미그-21BS, 미그-19 등 대부분 러시아제 전투기들이 배치돼 있다. 북한의 군사 정보가 담긴 사진이 중국 관영 사이트에 공개된 것은 이례적이다.

시나닷컴 연합뉴스

연평도·백령도 주민 대피령 "세월호 와중에… 北 예의도 없나"

한때 긴박했던 서해 5도

주민 2700여명 대피소로 피신
포 사격 중지 한시간 뒤에 해제

북한군이 29일 서해 북방한계선(NLL) 인근 해상에서 사격훈련을 단행하자 인천시 옹진군 백령·연평도 등 서해 5도 주민들은 지난달 31일에 이어 또다시 대피하는 소동을 빚었다.

북한이 이날 오전 사격훈련을 실시하겠다고 우리 측에 통보함에 따라 해병대 백령부대와 백령면사무소, 민방위본부 등은 오전 10시 전후로 여러 차례에 걸려 "북한의 움직임이 심상치 않으니 대피할 준비를 하라"는 방송을 마을 곳곳에 내보냈다. 아울러 연평도와 대청도 등에서도 주민 대피준비 명령이 떨어졌다.

이에 따라 주민들은 옷가지를 챙기는 등 대피 준비를 했으며 면사무소 직원들도 대피소 문을 개방해 놓고 비상대기에 들어갔다. 그러나 오전 11시쯤 군부대로부터 대피준비 명령이 취소되면서 성급한 마음에 대피소로 향하던 주민 수십명이 다시 집으로 돌아가는 일이 빚어졌다.

하지만 오후 2시쯤 백령도 인근 해상 등에서 포소리가 들리고 실제 대피령이 떨어지자 백령도 주민 2217명은 섬에 산재된 26개 대피소로 분산 대피했다. 연평도 주민 577명도 대피소(7개)로 서둘러 향했다. 백령도 주민 전순옥(58·진촌4리)씨는 "세월호 참사로 온 국민이 슬퍼하는 마당에 북한이 왜 또 이러는지 모르겠다"면서 "아무리 서로 으르렁거리는 사이라도 기본적인 예의는 있어야 하는 것 아니냐"며 분개했다. 대피령은 오후 3시 28분 해제됐다.

이날 인천항과 서해5도를 오가는 여객선들은 정상항로에서 5마일가량 남쪽으로 떨어진 항로로 운항했다. 낮 12시 인천항을 떠날 예정이던 연평도행 '플라잉카페리호'는 출발 예정시각 30여분을 앞두고 운항을 취소했다. 서해 5도 해상으로 조업을 나갔던 60여척의 어선도 정오를 전후해 모두 복귀했다.

김학준 기자 kimhj@seoul.co.kr

서울신문

2014년 5월 29일(목) 31면

해경 최후까지 中 불법 조업 단속 임무 다하라

세월호 사태를 틈탄 중국 어선들의 서해 상 불법 조업이 기승을 부리고 있다. 지난달 16일 침몰 사고 발생 이후 한 달 반 동안 연평도와 백령도, 흑산도 등 우리의 서해 배타적경제수역(EEZ)과 영해까지 침범하는 경우가 잦아졌다. 서해 북방 해역에는 이들 어선이 떼지어 나타나 본격적인 어획철을 맞은 꽃게는 물론 조기, 멸치 등을 싹쓸이하고 있다고 한다. 해경의 경비정과 인력이 사고 해역에 투입돼 단속 여력이 적다는 점을 악용한 몰염치한 행위다.

중국 어선들의 우리 공해 상 불법 조업 심각성은 새삼스러운 것은 아니다. 최근 수년간 우리 해역을 침범해 불법으로 조업하는 경우가 잦아지면서 이들에 대한 단속은 해경의 가장 중요한 임무로 자리하고 있다. 한·중 어업협정안에 따르면 해마다 우리의 EEZ에서 조업 허가를 받는 중국 어선은 1600척에 이른다. 보통 500여척이 EEZ에 들어와 조업을 하는데 요즘은 보통 800척을 훌쩍 넘어섰다. 어민들에 따르면 이들 가운데 300여척이 불법 조업에 나선 어선이다. 허가를 받은 어선들도 불법 조업을 일삼는 건 마찬가지라고 한다. 이로 인해 연평도 등 서해 5도 해역 어획량의 30% 정도가 중국 어선들이 가져가는 것으로 추정되고 있다. 더 심각한 것은 선단(船團)을 이룬 이들이 바다 밑바닥까지 훑는 저인망 방식으로 치어까지 잡는다는 점이다. 최근에는 불법 노하우도 많아졌다고 한다. 기상 악화 등을 이유로 제주항 등에 대피한 뒤 출항하면서 서해로 올라오며 불법 어획을 일삼는다. 당국은 이를 알지만 인력 부족으로 단속에 나서지 못하고 있는 실정이다.

해경 조직은 지금 매우 어수선하다. 조직 해체가 예정돼 있고, 단속을 전담하는 특공대원 등의 인력은 아직도 진도에 있다. 중국 어선 단속의 공백을 해경 구조대원이 메우고 있는 실정이다. 이로 인해 나포한 중국 불법 어선수도 크게 줄어들었다. 목포수협의 경우 어획량이 지난 해의 절반밖에 안 된다고 한다. 그동안 느슨했던 단속 기능을 강화해야 한다. 해경 구성원의 지금 심정을 헤아리지 못하는 것도, 중국 선원의 위해를 무릅쓴 단속 노고를 폄하하는 것도 아니다. 단속에 나선 해경이 중국 선원이 휘두른 흉기로 인해 목숨을 잃은 경우도 있다. 그렇지만 주어진 임무는 다해야 한다. 이는 공직자의 의무다. 조직 기능이 국가안전처로 이관된다고 해서 해양 단속 업무가 없어지는 것은 아니지 않은가. 소수의 불만이겠지만 "이 마당에 누가 목숨을 걸고 단속에 나서겠느냐"는 반응은 안 될 말이다.

서울신문에 실린 서해5도 관련 주요 기사

서울신문

2014년 9월 23일(화) 29면

서해5도 노후주택 개량 신청 가구의 30%만 혜택

만족도 높아 신청 봇물… 예산은 부족
2016년 이후 정부 지원 여부도 불확실

2010년 북한의 연평도 포격을 계기로 정부가 인천 옹진군 서해5도 노후주택 개량을 지원하고 있으나 예산이 적게 배당돼 신청 가구의 3분의1 정도만 혜택을 받고 있다.

22일 옹진군에 따르면 2012년부터 서해5도에 위치한 지은 지 30년이 넘은 노후주택을 기존 건축물 면적 내에서 개량하면 공사비의 80%(최대 4000만원)를 지원하고 있다. 정부가 연평도 피격 이후 제정한 '서해5도지원특별법'에 따른 것이다.

이에 따라 국비 80%, 지방비 20%의 비율로 최근 3년간 160억원이 투입돼 517가구가 혜택을 받았다. 이 사업은 서해5도 주민들로부터 좋은 반응을 얻고 있다. 지난해 지원을 통해 집을 다시 지은 한 백령도 주민은 "섬에는 바람이 많이 불어 웃풍이 세다"며 "새집은 지을 때 단열재를 많이 넣어 전보다 난방비를 절반 가까이 아낄 수 있게 됐다"고 말했다.

사업 첫해인 2012년 주택 개량을 신청한 534가구 중 243가구(45%)가 혜택을 받았지만 이듬해부터 지원 대상자 선정 비율이 뚝 떨어졌다. 지난해 402가구가 신청했지만 134가구(33%)만 선정됐고, 올해는 485가구 중 140가구(28%)만 지원을 받았다.

주택 개량사업은 2016년에 끝날 계획이지만 신청자 수는 줄지 않고 있다. 정부는 2011년 기준으로 서해5도의 30년 이상 된 주택을 845가구로 예상했지만 사업이 진행되는 5년간 추가로 '30년 기준'에 충족되는 주택 수는 포함시키지 않았다. 게다가 개·보수가 아닌 신축이 필요한 290가구도 지원 대상에 넣지 않았다.

군은 2016년까지 360가구가 추가로 30년 기준을 넘길 것으로 예상했다. 신축 대상 주택까지 포함하면 사업 기간이 끝나는 2016년 이후에도 650가구의 노후주택에 대한 지원이 필요한 실정이다. 이를 위해서는 260억원의 예산이 더 필요하지만 2016년 이후 정부의 지원 여부는 불확실하다.

군 관계자는 "서해5도 주민들의 만족도를 볼 때 2016년 이후에도 노후주택 개량을 계속 지원할 필요성이 제기된다"고 말했다.

김학준 기자 kimhj@seoul.co.kr

순천, 의약단체 손잡고 봉사단 결성

전남 순천시가 의사·약사 등 의약단체와 연합봉사단을 결성하고 의료안전 도시 구축에 나섰다. 22일 순천시에 따르면 최근 서면 동산여중 체육관에서 12개 병원·12명 약사·시보건소 공무원들이 함께하는 '의·약·정 연합봉사단' 발대식과 함께 읍·면·동 간 상호 업무협약을 체결했다. 진료는 모두 무료다.

의·약·정 연합봉사단은 13개 지역 봉사대에 각각 1개씩 사무국을 두고 130여명이 활동하게 된다. 거동이 불편한 농촌 지역의 어려운 노인들과 장애인 및 고혈압, 당뇨 등 만성질환자에 대한 의료 봉사 활동이 보다 체계적이고 효율적으로 운영될 것으로 기대된다. 의사들은 읍·면·동에서 각종 재난 상황이 발생할 경우 해당 지역 환자들을 직접 찾아가 진료하고, 약사들은 의약품을 지원하게 된다.

순천 최종필 기자 choijp@seoul.co.kr

서울신문

2014년 11월 20일(목) 2면

"中선원들 해경 해체에 만세 불러 수백척 싹쓸이 조업 어떻게 막나"

곽윤직 中어선 불법조업 대책위원장

밤마다 中선단 불빛이 수㎞ 이어져
흉기 무장하고 우리 어망 파손 심각
어민들 해양경비 인력 축소에 걱정

"해경이 해체돼도 기본 조직은 유지된다고 하지만 어민들의 마음은 불안하기 짝이 없습니다."

'중국어선 불법조업 대책위원회' 곽윤직(사진·65·대청도 선주) 위원장은 누구보다 해경 해체에 따른 부작용을 우려했다. 그는 19일 "정부조직법 공포로 해경이 역사 속으로 사라지게 되자 대부분의 서해5도 어민들이 불안감을 드러내고 있다"고 강조했다. 최근 중국 어선의 대규모 불법 조업에 이어 엎친 데 덮친 격으로 해경마저 해체되자 어민들의 시름이 깊어지고 있다는 것이다.

"이달 4일부터 중국 어선 700~1000척이 선단을 이뤄 대청도 동쪽, 백령도 북쪽 해상에 있는 박스(어장)에 들어와 치어까지 싹쓸이하고 어구, 어망을 파손해 피해가 막심합니다."

박 위원장은 "오래전부터 중국 어선들이 우리 해역에서 불법 조업을 해 왔지만 많아야 200~300척이었는데 500척이 넘는 선단이 조업에 나선 것은 처음"이라며 "밤에는 선단에서 나오는 불빛이 수㎞씩 이어진다"고 말했다. 중국 어선들이 섬 400~500m까지 근접하는 일도 빈번하다고 한다.

곽 위원장은 이 같은 현상이 해경 해체와 직접적인 관련이 있다고 주장했다.

"중국 선원들이 해경 해체 소식을 듣고 만세를 불렀다는 얘기를 들었습니다. 해경은 중국 어선을 막아내고 어선이 고장 나면 먼바다까지 나와 도와줬는데 앞으로는 어떻게 될지 모르겠습니다."

곽 위원장은 "예전 해경 인력으로도 중국 어선을 막기엔 부족함이 있었는데 국민안전처로 편입되면 해양경비 인원이 축소된다는 얘기가 있다"며 "게다가 해경은 사기로 먹고사는 집단인데 경찰복을 벗긴 뒤 흉기로 무장한 중국 선원들과 맞서라고 하면 솔직히 기분이 나겠습니까"라고 반문했다. 박태원 연평어촌계장도 "바다에서 촌각을 다투는 비상 상황이 벌어졌을 때 해경이 곁에 있어 든든했다"며 "새로운 조직이 생긴다고 하지만 과거 해경 업무와 차이가 있을 수밖에 없을 것"이라고 말했다. 김학준 기자 kimhj@seoul.co.kr

서울신문
2014년 11월 27일(목) 8면

"中 어선 방치 마라" 서해5도 어민들 해상 시위

"치어 싹쓸이해 생존권 위협 느껴" 어선 80척 집결… 피해보상 촉구

인천 옹진군 서해5도 어민들이 중국어선들의 불법조업에 항의해 26일 어선을 몰고 대규모 해상 시위를 벌였다.

대·소청도와 백령도 등 서해5도 어민 160여명은 이날 오전 8시쯤부터 어선 80여척에 나눠 타고 대청도 인근 해상으로 집결했다. '생존권 보장'이라는 글씨가 적힌 머리띠를 두른 어민들은 '중국어선 방치하면 영토주권 소용없다', '정부는 생계대책 마련하라'고 적힌 플래카드를 배에 걸고 시위를 벌였다.

어민들은 "생업을 포기하고 해상 시위에 나섰다"며 "우리의 생존권을 지킬 다른 방법을 찾을 수 없어 선택한 시위"라고 목청을 높였다. 중국어선 700~1000척은 선단을 이뤄 지난 4일부터 대청·백령도 어장에 들어와 치어까지 싹쓸이하고 어구, 어망을 파손해 어민들이 피해를 보고 있다. 오래전부터 중국어선들이 우리 해역에서 불법조업을 해 왔지만 많아야 200~300척이었는데 500척이 넘는 선단이 조업에 나선 것은 처음이다.

시위에 참가한 어선들은 이날 대청도에서 서해를 따라 경인아라뱃길을 거쳐 여의도까지 이동할 예정이었으나 해경과 옹진군 어업지도선 등의 만류로 오전 11시 30분쯤 대청도로 돌아갔다.

어민들은 다음달 초까지 해양수산부 등 관계 기관이 대책을 내놓지 않으면 해상 상경 시위를 다시 시도한다는 방침이다.

정부는 지난 20일 정홍원 국무총리 주재로 국가정책조정회의를 열고 '중국어선 불법조업 대응방안'을 발표했다. 정부는 단속에 저항하는 중국어선들의 폭력행위에 대응하기 위해 함정, 헬기, 특공대로 구성된 중국어선 전담 단속팀을 운영할 예정이라고 밝혔다. 그러나 서해5도 어민들은 직접적인 피해 보상책이 빠졌다며 반발하고 있다.

올해 서해5도 해상에서 불법조업을 하다 나포된 중국어선은 모두 34척으로 선원 53명이 구속되고 41명이 불구속 입건됐다. 2012년과 지난해에는 각각 62척과 42척이 나포됐다. 인천경실련은 이달 대청도 어장 어구 피해액만 7억 6000만원에 달하는 것으로 집계했다.

김학준 기자 kimhj@seoul.co.kr

서울신문
2015년 1월 27일(화) 12면

서해5도 어장 확장 다소 시일 걸릴 듯

어민들 中 불법 조업 대책 요구

옹진군, 허가 선박 수 조정 연구 중
정부 부처, 어선 단속·환경개선 추진
여객선 공영제·경비정 기지 등은 난색

서해5도민 요구사항·정부 반응

서해5도민	정부
어장 확장	81㎢ 가량 확장 추진
어업허가 자율화	옹진군에서 조사연구 중
불법조업 방지시설	관련 예산 10억원 확보
어업피해 보상	전향적 검토
범칙금 지원금 활용	불가
서해5도 여객선 공영제	불가

인천시 옹진군 백령·대청도 등 서해5도민이 요구하는 중국어선 불법 조업 대책을 정부는 최대한 수용한다는 입장이다. 하지만 해법에는 여러 난관이 도사리고 있다. 서해5도민이 제기한 사항에 대해 정부는 무엇을 수용할 수 있고, 무엇을 들어줄 수 없는지를 사안별로 분석해 본다.

서해5도 어민들로 구성된 '중국어선 불법조업 대책위원회'는 큰 맥락에서 ▲불법 조업에 대한 근본적 방지책 ▲어구피해 및 조업손실에 대한 보상 ▲서해5도지원특별법 개정 ▲침적폐기물 수거사업 ▲서해5도 어업허가 자율화, 어장 확장 등을 정부에 요구하고 있다고 26일 밝혔다.

시는 어장을 81㎢가량 늘리기 위해 국방부와 협의하고 있지만 부대의 실사 등을 거쳐야 하기에 다소 시일이 걸릴 것으로 전망했다. 해양수산부는 서해5도 조업구역 내 어업허가 자율화는 지난해 1월 관련 규정 개정으로 옹진군 재량 아래 추진할 수 있다고 했다. 옹진군은 허가선박 수 조정을 위한 자원량 조사연구를 하고 있다.

국민안전처는 기동전단을 4척에서 8척으로 늘려 4척씩 2교대로 24시간 운영, 중국어선 불법 조업을 강력 단속하기로 했다. 또 해양수산부는 북방한계선(NLL) 인근에 인공어초 등 불법조업 방지시설 설치를 위한 예산 10억원을 확보했다. 침적폐기물 수거사업에 대해서는 인천시의 구체적인 사업 요청이 있으면 적극적으로 반영하겠다는 입장이다. 아울러 연안어장 환경개선사업비를 늘리기 위해 상반기에 기초조사를 하며 이 과정에 어업인들이 참여토록 할 방침이다.

행정자치부는 어구피해 및 조업손실 보상에 대해 법적 근거가 마련돼야 하기에 서해5도지원특별법에 반영될 수 있도록 전향적 자세를 약속했다. 박남춘 새정치민주연합 의원은 '서해5도지원특별법 일부개정법률안'을 대표 발의했다.

그러나 서해5도 여객선 공영제 도입은 해당 항로가 보조 항로가 아닌 일반 항로여서 어렵다는 입장이다. 또 나포된 중국어선에 부과하는 범칙금(담보금)을 어민 지원보상금으로 활용해 달라는 요구에 대해 범칙금은 법 원칙상 국고 귀속이 타당하며, 대청도 경비정 전진기지 구축은 해당 해역의 수심이 낮아 계류가 어려운 점을 들어 성어기에 특공대·고속단정을 배치하는 대안을 제시했다. 이와 함께 옹진군 신규 어업지도선 건조는 지자체 사업이어서 국비 지원이 어렵지만, 서해5도지원위원회를 통해 지원 방안을 논의하겠다는 방침이다.

김학준 기자 kimhj@seoul.co.kr

서울신문
2015년 2월 24일(화) 11면

서해 5도 어민 속태우는 '꼬부랑' 어업지도선

지도선 있어야 어선 출항 가능한데 새 배 마련 국비 지원 10년째 보류

중국 어선 불법조업으로 막대한 피해를 입고 있는 인천 옹진군 서해 5도 어업지도선들이 잇따라 폐선될 예정이지만 뾰족한 대책이 없어 어민들의 불안감이 가중되고 있다.

23일 옹진군에 따르면 노후 상태가 심각한 어업지도선 '인천 214호'를 올해 폐선하고, 내년부터 선령 20년을 넘기게 되는 노후 지도선 4척도 순차적으로 없앨 방침이다. 전국에 있는 어업지도선 77척 가운데 가장 오래된 인천 214호는 1977년 건조돼 선령이 38년에 달한다.

서해 5도 어장은 북방한계선(NLL)에 인접, 북한군의 위협에 직면해 있어 어업지도선이 배치돼야만 어선 출어가 가능하다. 옹진군은 어업지도선 6척을 운영하고 있지만 대체로 노후화돼 효과적인 어업 지도에 어려움을 겪고 있다. 2척은 선령 20년, 2척은 19년이며 '인천 232호'만 선령 9년으로 교체 대상이 아니다.

접경지역 어장의 지도·단속은 국가 사무지만 중앙정부가 사실상 관장하지 않으면서 해당 지방자치단체인 옹진군이 맡고 있다. 연간 40억원에 이르는 어장 관리·운영비도 지방비로 부담한다. 지방세 수입이 연간 120억원 밖에 되지 않는 옹진군으로서는 척당 80억원이 소요되는 새 어업지도선 건조에 엄두도 내지 못하는 실정이다. 인천시도 국비 매칭사업을 제외하면 올해 서해 5도 지원사업 7건에 배정한 사업비는 7억 3300만원에 불과하다.

서해 5도 어업인들은 지난해 세월호 참사 여파로 중국 어선 불법조업이 극심해지자 정부에 어업지도선 건조를 위해 국비를 지원해 달라고 요구했다. 이에 대해 해양수산부는 "국비 지원은 어렵지만 국무총리실 소속 서해5도지원위원회에서 방안을 논의하겠다"는 답변만 내놓은 상태다.

군 관계자는 "10여년 전부터 중앙정부에 새 어업지도선 마련을 위한 국비 지원을 요구하고 있지만 아직도 받아들여지지 않고 있다"면서 "어업지도선이 없으면 군부대에서 어선 출항 자체를 통제하기 때문에 지도선은 필수불가결한 존재"라고 말했다.

지난해 서해 5도 인근 해상에서 벌어진 중국 어선 불법조업으로 인한 어구 피해액만 통발 748틀 등 12억원에 이른다. 어민들은 조업 손실액을 포함하면 피해 규모가 90억원에 달한다고 주장하고 있다.

김학준 기자 kimhj@seoul.co.kr

'서울신문
2015년 3월 25일(수) 14면

백령도 공영버스 2대 뿐… 공중보건의 잦은 전출… 노후주택 개량 지지부진

서해5도지원특별법 5년, 여전히 힘겨운 주민들

2010년 발생한 천안함 폭침과 연평도 피격사건을 계기로 서해5도지원특별법이 제정돼 이듬해부터 정부의 각종 지원책이 펼쳐지고 있다. 하지만 백령·대청·연평도 등 서해5도 주민들의 생활은 여전히 팍팍하다.

24일 인천 옹진군 등에 따르면 백령도에서 이용할 수 있는 대중교통은 공영버스 2대뿐이다. 배차간격은 등·하교 시간을 제외하면 2시간~2시간 20분이나 된다. 연평도와 대청도는 한 대의 버스만 운영되고 있다. 관광객은 대중교통으로는 섬을 돌아볼 수 없어 렌터카를 이용해야만 한다. 소연평도와 소대청도는 버스가 아예 없다. 이 때문에 주민들의 불만이 높지만 군은 공영버스 추가 투입은 엄두도 못 내고 있다. 인천시로부터 연간 4000만~5000만원을 지원받고 있지만, 인건비와 유류비를 충당하기에도 벅차다.

서해5도지원특별법 16조에는 공공시설(교통시설 등)을 우선 지원하도록 돼 있지만, 주민들의 피부에 와 닿지 않는다. 백령도 주민 김모(67·여)씨는 "차도 없고 운전도 할 줄 모르는 노인들은 배를 타러 나가려면 비싼 택시비를 물어야 한다"고 하소연했다. 문화시설은 올 하반기 연평도에 착공 예정인 복합커뮤니티센터가 1호로 등록될 전망이다. 주민들은 연평도 피격 이후 신축된 대피소의 여유공간을 문화시설로 이용하는 실정이다. 대중목욕탕은 유일하게 백령도에 있지만 월, 수, 토요일에만 문을 연다.

의료서비스도 원활치 않다. 인천시는 지난해 2월 163억원을 들여 서해5도에 하나밖에 없는 병원인 백령병원(30병상)을 개축했으나 제 기능을 못하고 있다. 6개 진료과 의사 8명 중 6명이 공중보건의로, 1년 이상 머무는 경우가 없어 진료 연속성이 떨어진다. 특수지역인 백령도에서 1년간 근무하면 2년 차에는 자신이 원하는 지역에 1순위로 지원할 수 있기 때문이다. 게다가 외과가 없어 수술을 필요한 환자는 육지로 나가야 한다. 백령병원 관계자는 "육지에서 너무 떨어져 있어 그런지 1년 이상 근무하는 공중보건의를 찾아볼 수 없다"고 말했다.

정부는 2011년 특별법 제정 당시 2020년까지 78개 사업에 9109억원을 지원하겠다고 밝혔으나 지금까지 투입된 사업비는 1749억원(지방비 430억원은 별개)에 불과하다. 30년 이상 된 노후주택에 대한 개량사업(예산지원 80%, 자부담 20%)은 주민들에게 호평을 받고 있다. 2012년부터 지금까지 연평도 210가구, 백령도 176가구, 대청도 131가구 등 모두 517가구가 개조됐다. 하지만 리모델링을 원하는 가구에 비해 예산이 부족해 언제까지 진행될지 알 수 없는 상황이다. 김학준 기자 kimhj@seoul.co.k

서울신문

2015년 9월 17일(목) 15면

행정선이 집무실… 新관광 인프라 가득한 '살고 싶은 섬'으로

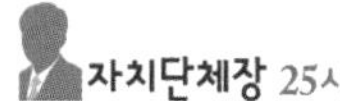

자치단체장 25시

조윤길 인천 옹진군수 동행 르포

조윤길 옹진군수는 지난 7일 오전 10시 30분 덕적도 방문을 위해 인천 중구 용현동에 있는 군청사를 나섰다. 관내 전체가 섬으로 이뤄졌기에 그의 주된 일과는 섬 방문이다. 청사를 나오자마자 "부두까지 차가 2대나 갈 필요가 있느냐"면서 현관 앞에 주차된 군수 관용차 대신 간부들이 타고 있는 미니버스에 오른다. 사정을 잘 모르는 사람들은 일종의 '보여주기'로 생각할 수 있지만 이게 조 군수 스타일이다.

지난 7일 행정선을 타고 덕적도 진리선착장에 내린 조윤길(오른쪽) 옹진군수가 군 간부 공무원들에게 부두 보수 방향에 대해 지시하고 있다.

조윤길 옹진군수의 하루

9월 7일 : 이동 거리 170km 만난 사람 100여명

10시 군의회 개원식 참석
10시 50분 연안부두 출발, 선상 회의
12시 20분 덕적도 도착
12시 30분 진리선착장에서 보수 방향 지시
12시 50분 주민자치센터 리모델링 현장 방문
13시 20분 덕적종합운동장에서 군민의 날 행사 준비 점검

13시 40분 주민들과 식사
14시 30분 서포리방조제 보수 현장 방문

15시 주민들과 노상 간담

15시 30분 덕적도 출발
17시 연안부두 도착

배에서 참모들과 회의… '섬 잇는 군수'
방조제 공사현장에선 전문용어 '줄줄'
업무는 깐깐… 주민엔 '동네 아저씨'

"지역발전세 65억 안 주는 인천시 불만 주민청원 참고해 경기도 환원 고려해야"

버스를 타고 가던 조 군수는 잠시 후 길가에 차를 세우게 하더니 수행비서에게 "행정선 선원들에게 줄 음료와 과일 좀 사 와"라고 말한다. 퉁명스럽게 말해도 곁에 있는 사람들이 고깝게 받아들이지 않는 것이 조 군수 특유의 인간적 풍모다. 행정선(인천517호) 선장 김정기(50)씨는 "그냥 동네 아저씨로 보면 된다"고 간단하게 설명했다.

출발하자마자 배 안은 집무실로 변했다. 조 군수는 도시가스 미공급 도서에 대한 LPG 저장탱크 배관 설치에 관한 보고를 받고 국비와 지방비를 합쳐 최대 3억원을 확보하라고 지시했다. 백령도에 들어서는 발전소용 LNG는 피폭 시 안전할 수 있도록 산 뒤쪽에 설치하라고 강조한다. 이어 인천시의 섬 발전 프로젝트를 점검하고는 늘 거창하게 말만 한다며 불만을 여과 없이 드러낸다. 시장에게 직언하는 참모를 찾아보기 힘들다고 일침을 가하면서 굴업도 해양관광단지 건설이 마냥 지연되는 현실을 지적했다. 경기도 전곡항 마리나시설과 대비시키기도 했다. 인천시가 영흥도 화력발전소에서 받은 지역발전세 65억원을 안 주고 있는 것에 대해서는 "지난해에도 겨우 받았다. 이런 상황에서 인천시에 속해 있을 이유가 있는지 모르겠다"고 말했다. "강화군 주민청원을 참고해 경기도로 환원하는 문제에 대해 알아보라"고 말하는 순간에는 간부들 사이에 긴장감이 돌았다. 시 정책에 대한 불만과 대안이 오가는 사이 배는 덕적도 진리선착장에 도착했다.

조 군수는 내리자마자 현재 사선인 부두를 높여 수평으로 만들고 옆에 잔교를 설치하라고 지시한다. 그래야 덕적도~소야도 간 교량 건설로 인한 부두이용 불편을 없애고 유사 시 방파제 역할을 할 수 있다는 것이다. 곧이어 찾아간 주민자치센터 리모델링 현장. 과거 면사무소였던 이곳은 신설 구조를 놓고 주민들 간에 이견이 있는 상태다. 조 군수는 구석구석을 둘러본 뒤 1층에 노인 무료급식소, 아동용 독서실, 다용도 컴퓨터실 등을 설치하라고 구체적으로 지시했다. 주민자치위원회 회의실이 들어서야 된다는 의견에 대해서는 "회의는 가급적 면사무소 회의실을 이용하고, 정 회의실이 필요하다면 2층에 작은 공간을 마련하라"고 단호하게 말한다. 면장에게 "조그만 섬에 무슨 회의할 것이 그렇게 많으냐"고 호통치는 장면에서는 아슬아슬하기까지 하다. 2010년 연평도 피격 직후 정부에 주민지원금을 더 내놓으라고 윽박지르던 담력이다.

오는 21일 군민의 날 행사가 열리는 덕적종합운동장을 순시한 자리에서도 조 군수의 과단성은 드러났다. 경기장은 좁고 예산이 적으니 배구·줄다리기·족구 등 생활체육 위주로 경기를 진행하고, 군민들의 이동 편의를 위해 항만청과 협의된 특별 여객선 운항, 참가자 숙소 등을 다시 점검하라고 강조한다. "VIP 식당은 별도로 마련하지 말고 동네 노인정을 활용하라"는 대목 역시 조 군수답다. 장기웅(70) 덕적도 체육회장은 "주민들은 군수의 직선적인 스타일을 은근히 좋아한다"고 말했다. 조 군수는 점심 식사 도중 바다에서 조업 중인 어민에게서 전화를 받고 "우럭 많이 잡았느냐"고 하더니, 김남철 덕적면장에게는 "송씨네 밤은 잘 열렸느냐"고 묻는다. 소소한 주민 사정까지 꿰고 있다는 얘기다.

차로 섬을 이동하는 중에도 조 군수의 지시는 멈추지 않는다. 20년 전 폐교돼 매각이 추진되고 있는 서포초등학교를 가리키며 "입찰가를 높여 시·도의 폐교처럼 제값을 받을 수 있도록 하라"고 말했다. 덕적도에 있는 공무원연수원에 대해서는 "현재 별 소용이 없으니 매각하거나 다른 용도로 활용하는 방안을 연구하라"고 했다. 서포리방조제 보강공사 현장으로 가던 중 "저 언덕 밑은 누구네 땅이냐"고 묻자 한 주민은 "OOO네 땅"이라고 답한다. 조 군수가 "저렇게 좋은 적송이 많은 땅에 힐링타운을 지으면 좋을텐데"라고 말하는 순간, 돌발상황이 벌어졌다. 길에서 여성 4명이 차를 세우더니 신설 중인 주민자치센터 급식소와 관련된 민원을 제기했다. 조 군수가 차에서 내려 "이미 반영했다"고 답하자 임영표(66) 덕적도 부녀회장은 "군수님이 오셨다는 얘기를 듣고 이때다 싶어 만나러 온 것"이라며 웃었다. 방조제 공사현장에서는 3선 군수답게 거푸집, 월파벽, 재활골재 등 전문용어를 써 가며 유순진(55) 현장소장에게 올해 말까지 공사를 끝내 주민 불편을 줄여 달라고 당부했다.

육지로 돌아오는 배에서 조 군수는 추자도 낚싯배 사고를 언급하면서 선박 입·출항 관리의 문제점을 제기했다. 세월호 참사 이후 입·출항 관리 업무가 해운조합 운항관리실에서 선박안전기술공단으로 이관된 것을 두고 "선박통제 기준이 들쭉날쭉해져 일종의 개악"이라고 규정한 뒤 "상대적으로 정확한 기상정보를 갖고 있는 해경이 입·출항을 관리하는 것이 맞다고 본다"고 강조했다. 조 군수는 옹진군과 함께 '아름다운 섬 발전협의회'를 구성하고 있는 전남 신안군, 경북 울릉군과 공동으로 문제를 제기하라고 참모에게 지시하는 것으로 이날 깐깐한 섬 행보를 마무리했다.

글·사진 김학준 기자 kimhj@seoul.co.kr

여전히 불안한 서해5도… 정부 지원액 갈수록 줄어

기르는 어업·관광 활성화로 활로

옹진군은 남북대결 국면이 펼쳐질 때마다 이목이 집중되는 지역이다. 천안함 폭침 사건이 발생한 백령도, 제1·2연평해전과 북한군 포격 도발이 빈발한 연평도 등은 모두 옹진군 관내다. 옹진군은 원래 경기도에 속해 있었으나 1995년 행정구역 개편으로 인천시로 편입된 이후 오늘에 이른다.

2010년 11월 발생한 연평도 피격은 서해5도의 거주환경을 바꾸는 요인으로 작용했다. 포격으로 파손된 집·상가 32채는 당국의 지원으로 신축됐고 228채의 노후주택은 개량됐다. 백령도는 244채, 대청도는 165채가 개량됐다. 주민부담이 20%에 불과해 리모델링 사업이 인기는 끄는 데 비해 책정된 예산은 적어 신청 가구의 3분의1 정도만 혜택을 받고 있다.

서해5도지원특별법에 따른 정부 지원예산은 갈수록 줄어들고 있다. 2011년 426억원, 2012년 370억원, 2013년 381억원, 2014년 262억원, 올해 232억원이다. 정부는 지원계획 발표 당시 2020년까지 9109억원의 재원을 투입하겠다고 했으나 이 추세라면 약속한 재원의 4분의1에도 못 미칠 것으로 보인다. 지난해에는 주택개량사업비가 부족해 군비 10억원을 편법 투입하기도 했다. 옹진군 서해5도지원팀 관계자는 "정부가 약속과는 달리 지원액을 갈수록 줄이고 있어 걱정"이라며 "뭐든 시간이 지나면 잊는 경향이 있는 것 같다"고 말했다.

게다가 서해5도 인근 해역에서의 중국어선 불법조업이 기승을 부려 주민들의 불안을 부채질한다. 지난 11일부터 본격적인 가을철 꽃게잡이가 시작돼 어획량이 지난해 가을보다 15%가량 높아질 것이라는 예상이 나오긴 했지만, 어민들은 마음이 편치 않다. 박태원 연평도 어촌계장은 "어획량이 늘어난다고 하는데 중국어선이나 남북관계 등 불안정한 서해5도 환경 때문에 안심할 수 없다"고 말했다.

하지만 옹진군의 미래가 어둡지만은 않다. 어획량이 날로 떨어지는 현실에서 잡는 어업에서 기르는 어업으로 전환하기 위해 수산종묘 방류와 인공어초 확대, 바다목장화 사업 등으로 어업 소득을 높일 수 있는 기반이 형성되고 있다.

섬을 좌우하는 또 다른 포인트는 관광이다. 세월호 참사 이후 관광업이 위축된 것은 사실이지만 군은 관광을 지렛대 삼아 지역경제를 살리기 위해 여객선운임 지원, 관광상품 개발, 섬 둘레길 조성, 민박 현대화 등 다양한 인프라를 구축하고 있다. 인천시도 시 차원에서 관광 활성화를 위해 '행복섬 만들기' 사업을 추진하기로 했다. 시는 옹진군으로부터 관광객 유인, 주민소득 증대 등에 효과가 큰 사업을 제안받은 뒤 내년부터 시비를 지원한다. 또 옹진·강화·김포를 연계한 지역행복생활권 협력사업을 발굴하기로 했다.

김학준 기자 kimhj@seoul.co.kr

서울신문
2015년 11월 24일(화) 31면

연평도 포격 5년 만에 반토막 난 정부 지원

북한이 연평도에 기습적인 포격을 한 게 어제로 5년이 됐다. 북한은 당시 170여발의 포탄을 발사해 해병대 장병 2명과 민간인 2명이 숨지고 16명이 다쳤다. 북한이 우리 영토에 직접적인 포격을 가한 것은 6·25 전쟁 이후 처음이었다. 천안함 피격 사건이 일어난 지 불과 8개월 만의 일이라 국민들은 충격이 더 컸다. 연평도 포격 사건은 어떤 이유로도 정당화할 수 없는 명백한 무력도발로 국민들은 국가 안보에는 한 치의 허점도 없어야 한다는 교훈을 얻었다. 정부도 연평도 포격 사건 이후 대대적인 전력 증강과 서해 5도 주민들에 대한 지원 계획을 밝혔다. 하지만 5년이 지난 지금 이 계획의 절반도 지키지 못하고 있다고 하니 우려스러운 일이다.

정부는 연평도 포격 사건 이듬해인 2011년 서해 5도 종합발전계획을 마련했다. 10년 동안 78개 사업에 민간 자본을 포함해 9109억원을 들여 생활안정자금 등을 지원한다는 게 골자다. 하지만 올해까지 지원 액수는 2583억원으로 목표의 절반에 그치고 있다고 한다. 정부 지원 예산도 첫해인 2011년 426억원에서 올해는 232억원으로 5년 만에 거의 반 토막이 됐다. 관광객도 줄면서 서해 5도를 '안전하고 살기 좋은 고장'으로 만들겠다는 정부의 약속이 헛구호가 아니냐는 비난도 크다.

전력 증강도 충분치 않다. 연평도 포격 이후 K9 자주포 배치를 3배 이상 늘렸지만 서북 도서에서는 6·25 때 쓰던 전차의 포탑을 활용한 해안포를 여전히 사용하고 있다고 한다. 북한이 섬 상륙작전을 시도하면 제대로 막아 내기 어렵다는 지적이다. 북한군 동태를 24시간 감시하기 위해 2012년까지 도입하려던 전술 비행선도 사업이 좌초돼 올해 다시 계획을 세우고 있다고 한다. 또 서북 도서에 민간인 대피소가 모두 42곳인데, 북한의 화생방 공격으로부터 주민들을 보호해 줄 가스여과기를 갖춘 곳은 5곳밖에 없는 등 대피시설도 부실하다. 시급히 개선해야 할 일이다.

8·25 합의 이후 오는 26일 판문점에서 남북이 당국자 실무접촉을 갖기로 하는 등 남북 교류가 확대되고 있다. 남북 장관급 회담이 8년 만에 열릴 것이라는 기대감도 크다. 남북 관계가 경색 국면에서 벗어나는 것은 바람직한 일이다. 하지만 이와는 별개로 안보태세와 관련해서는 긴장의 끈을 늦춰서는 안 된다. 오히려 연평도 도발 5주년을 서북 도서 우리 군의 전력증강 실태를 전면 재점검하는 계기로 삼아야 한다. 북한이 연평도 포격과 관련해 아직 한 마디의 사과도 하지 않았다는 사실을 잊어서는 안 된다.

서울신문
2016년 1월 27일(수) 11면

인천시, 서해 5도 여객선 준공영제 전국 첫 추진

새달 용역 발주… 배삯 인하 모색 선사 지원 범위·정부 연계 등 검토

올해 운임 50% 지원 중단 후 관광객 감소 해결 필요성 제기 옹진군 등 섬 주민도 부담 줄 듯

인천시는 옹진군 서해 5도 등의 도서민과 관광객의 뱃삯 부담을 낮추기 위해 여객선 준공영제 도입을 추진하기로 했다. 주민들의 편익을 도모하는 것은 물론 옹진군 섬의 생명줄과도 같은 관광을 활성화시키기 위해서다.

26일 시에 따르면 여객선 준공영제 도입을 골자로 하는 용역을 다음달 발주할 계획이다. 전국적으로 여객선 준공영제를 실시하는 지방자치단체는 아직 없다.

여객선 준공영제는 여객선사에 운영비를 지원하는 것으로, 결과적으로 여객선 운임을 낮추는 파급 효과를 낳게 된다. 이 제도가 도입될 경우 올 들어 중단된 여객선 운임 지원제를 대체하는 효과가 있을 것으로 예상된다. 인천시는 옹진군과 함께 각각 연간 7억원씩을 들여 서해 5도 등을 찾는 관광객에게 여객운임의 50%를 지원해 왔으나 올해 들어 중단해 민원이 제기되고 있는 상태다.

서해 5도 등 인천 지역 섬을 방문하는 관광객들은 고액의 여객선 운임으로 접근성에 제약을 받고 있다. 인천항~백령도의 왕복 운임은 13만 1500원으로 제주도 비행기 값보다 비싸다. 또 인천항~대청도는 12만 4900원, 인천항~연평도는 11만 8100원이다.

이 같은 현상으로 도서 지역 관광이 활성화되지 못하고, 결과적으로 섬 경제가 침체되는 악순환이 계속되고 있다는 지적이다. 조윤길 옹진군수는 "섬 문제의 근본적인 해결 방안은 여객선 준공영제에서 찾아야 한다"면서 "여객선도 대중교통이라는 인식을 갖고 시내버스와 같이 준공영제를 실시해야 한다"고 강조했다.

여객선 준공영제가 도입되면 섬 주민들도 여객선을 상대적으로 낮은 가격에 이용할 수 있을 것으로 보인다. 지역 전체가 섬으로 이뤄진 옹진군의 주민들은 여객선을 5000~7000원에 이용하고 있으나 육지 왕래가 잦아 부담이 적지 않다.

인천시 관계자는 "용역을 통해 여객선사 지원 범위 등 제반 사항을 점검할 것"이라면서 "여객선 준공영제 시행은 단지 지자체만의 문제가 아니기 때문에 중앙정부와 연계 여부를 모색하겠다"고 말했다.

한편 인천항과 옹진군 섬을 잇는 여객선을 운영하는 선사들의 적자는 연간 20억원에 달하는 것으로 알려졌다.

김학준 기자 kimhj@seoul.co.kr

서울신문
2016년 3월 10일(목) 15면

개성공단 폐쇄에 우는 서해5도 어민들

조업 앞두고 통발 구입 차질
주문 밀려 2~3개월 뒤 받아

봄철 조업을 앞둔 인천시 옹진군 서해 5도 어민들이 개성공단 폐쇄 유탄을 맞고 있다.

그동안 개성공단 입주기업이 생산한 저렴한 통발을 구입해 사용했지만, 공단 폐쇄로 전남 목포 등지에서 생산하는 비싼 통발을 구입해야 하는 데다 제작기간 문제로 제때 공급받기도 어려운 실정이다.

9일 옹진군에 따르면 서해 5도 연안에서 통발을 이용해 조업하는 배는 백령도 53척, 대청도 42척, 연평도 7척 등 모두 102척에 달한다. 서해 5도의 경우 전체 어업 중 통발 조업이 90%가량을 차지한다.

이들 어선은 척당 평균 1500개의 통발을 설치해 꽃게와 잡어 등을 잡는다. 그러나 올해는 개성공단 폐쇄로 목포 등지에서 생산하는 통발을 개당 5000원이나 비싼 1만 50000원에 구입해야 한다. 어선 한 척당 750만원, 통발 어선 전체로 보면 모두 7억 5000만원의 추가 비용이 들어가는 셈이다.

게다가 봄철 조업을 코앞에 둔 어민들은 제때 통발을 구하지 못해 마음을 졸이고 있다. 비싼 가격을 감수하고서 개성공단 폐쇄 소식이 들린 지난달 서둘러 통발을 주문했지만, 주문량이 많아 어민들의 손에 들어오기까지는 2~3개월이 걸릴 것으로 보인다. 통발 제조업체 측은 다음달 말까지 납품할 수 있다고 통보한 것으로 알려졌다.

이 때문에 어민들은 통발 비용 부담과 조업 차질 우려 등으로 이중고를 겪고 있다. 백령도 어민 김모(56) 씨는 "보통 통발 1500개를 설치하는데 현재는 지난해 쓰던 300개가 전부"라며 "중국 어선들이 통발을 끊거나 훔쳐가는 상황에서 개성공단까지 폐쇄돼 피해가 이만저만 아니다"고 말했다.

김학준 기자 kimhj@seoul.co.kr

서해 5도 발전 계획, 물 건너가나

수립 5년 넘도록 82% 미이행
9개 부처, 재정난에 속도 못 내
골프장 등 대부분 급조된 공약
옹진군, 사업안 재조정하기로

북한군의 연평도 포격 도발 직후 수립된 '서해 5도 종합발전계획'이 시행 5년이 지나도록 제 속도를 내지 못하고 있다. 당초 9개 중앙부처가 솔깃한 계획을 발표했지만 이행률이 대체로 10~20%에 머물고 있다.

11일 행정자치부에 따르면 2011년 6월 사업비 9109억원 규모의 서해 5도 종합발전계획(2011~2020년)을 수립했다. 하지만 발전계획에 담긴 78건의 사업 가운데 현재 완료된 사업은 14건(17.9%)에 불과하다. 사업비로 따졌을 때는 2291억여원으로 전체의 22.9%다. 현재 진행 중인 사업은 38건이고 아직 시작조차 하지 않은 사업도 26건에 달한다.

해양수산부가 추진하는 사업은 27건 가운데 1건만 완료됐고 문화체육관광부가 맡은 사업은 13건 중 2건만 마무리됐다. 보건복지부, 농림축산식품부, 국민안전처는 각각 4건 중 1건을 완료했으며 환경부는 6건 중 아직 1건도 마무리하지 못했다. 이 같은 현상은 정부가 재정난에 허덕이면서 사업비를 제대로 확보하지 못하기 때문으로 풀이된다. 인천 옹진군 관계자는 "정부가 나름대로 노력을 하지만 워낙 사업 규모가 방대하다 보니 애로가 있는 것으로 안다"고 말했다.

서해5도 종합발전계획 부처별 진행 상황

	사업	완료
행정자치부	16	7
해양수산부	27	1
문화체육관광부	13	2
농림축산식품부	4	1
환경부	6	0
보건복지부	4	1
교육부	2	1
국민안전처	4	1
산림청	2	0

〈자료: 옹진군〉

현실성이 떨어지는 사업도 적지 않아 당국이 연평도 사건 직후 민심 동요를 막기 위해 '페이퍼워크' 차원에서 발전계획을 급조했다는 지적도 있다. 문체부가 추진하기로 한 국제평화거점 및 국제관광휴양단지 조성 사업이 대표적인 예다. 민간자본 2600억원을 유치해 뱃길로 4~5시간 거리인 백령도에 골프장, 크루즈항, 컨벤션센터 등을 만들겠다는 구상인데 지역 주민들조차 헛웃음을 짓는다.

이에 따라 옹진군은 사업을 재조정하기 위해 이달 말 '서해 5도 종합발전 변경계획안' 수립 용역에 착수하기로 했다. 이를 통해 추상적인 개발사업은 정리하고 주민들에게 실질적인 도움을 줄 방안을 만들어 행자부에 건의할 방침이다. 행자부 관계자는 "사업 한계를 인식하고 있다"면서 "옹진군이 변경안을 제출하면 긍정적으로 검토해 관계 부처와 협의해 추진하겠다"고 말했다.

김학준 기자 kimhj@seoul.co.kr

’서울신문
2016년 6월 6일(월) 3면

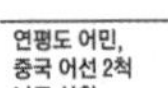

5월 오전 연평도 북방 0.5해리(NLL 남방 0.3해리)에서 연평도 어선 5척이 22t, 7급 중국 어선 2척을 닻줄에 걸어 나포

“꽃게 씨 말랐는데… NLL 제집 드나들 듯” 성난 어민들 집단행동

어민들, 왜 中 어선 직접 나포했나

北과 인접한 지정학적 불안 악용
쌍끌이 조업에 치어까지 싹쓸이
최근엔 한강 하구서도 불법조업

해경 “中 선장 2명 영장 신청”
조업구역 무단이탈 등 초동조사

휴일인 5일 오전 5시 6분쯤 해군은 레이더를 통해 서해에서 조업하던 연평도 어선 19척이 북상하는 정황을 포착했다.

이 어선들은 평상시와 다름없이 오전 4시 50분 연평부대에 정상조업을 신고한 터였다. 정밀탐지에 나선 해군 2함대는 연평도 고속함 4척과 고속단정 3척을 급히 보내 선단의 북상을 차단하도록 조치했다. 연평도 선단은 오전 5시 23분쯤 마침내 연평도 북동방 0.5해리(0.93㎞)에서 멈췄다. 중국 선단을 뒤쫓아 가다 5척이 때마침 가박(假泊·휴식을 위해 바다 위에서 잠시 정박함) 중이던 목선 2척을 발견하곤 닻줄을 걸어 나포한 것이다.

해군은 국민안전처 인천해양경비안전서에 이 같은 사실을 통보했다. 해경도 경비함정 2척과 연평특공대 소속 고속단정 1척을 사고해역으로 보냈다. 해경은 북상해 우리 어선과 중국 어선을 연평도 당섬 선착장으로 무사히 예인했다. 만약을 대비해 우리 어민과 중국 어민을 분리해 조사를 시작했다.

해경은 사고 경위 조사에서도 중국 어선은 물론 우리 어선의 조업구역 무단이탈과 관련해 선박안전조업규칙 등 관련 법률을 어겼는지를 캐내는 데 초동 조사의 초점을 맞추고 있다. 인천해경 관계자는 “해당 장소는 우리 어선들에도 조업을 금지한 북방한계선(NLL) 인접구역으로 군 작전지역에 속한다”며 “6일 오전 5~6시까지 중국 어선들에 대해 초동 조사를 벌인 뒤 인천 해경전용 부두로 옮겨 본격적으로 조사할 것”이라고 설명했다.

또 다른 관계자는 “중국 어선 2척의 선장 2명에 대해 구속영장을 신청하고 나머지 선원 9명에 대해선 출입국사무소를 통해 중국으로 돌려보낼 예정”이라고 말했다. 해경에 따르면 중국 선원들은 중국 랴오닝성(遼寧省) 둥강시(東港市) 둥강항에서 출항했다고 주장하고 있다. 이에 따라 해경은 중국 선주협회에 이들 선박의 등록증서와 선주 이름, 소속 회사, 선원들에 대한 정보를 요청한 상태다.

인천해경은 중국 어선들을 나포한 연평도 어민들로부터 자세한 경위를 듣고 있다. 우리 어선들이 중국 어선들을 나포한 지점은 해경 레이더에 모두 기록돼 있는 만큼 설명을 들은 다음 해경 입장을 정리한다는 방침을 세웠다. 안전처는 또 외교부, 해양수산부, 합동참모본부 등 군 당국과 긴급 대책회의를 열어 향후 재발 방지 및 연평도 근해 불법 조업 문제에 대해 긴밀히 대응하기로 했다고 밝혔다.

이번 사태는 갈수록 심해지는 중국 어선의 불법 조업이 빌미를 제공한 것으로 보인다. 연평도 북방 해상은 NLL과 불과 1.4~2.5㎞가량 떨어져 있는 데다 북한군 해안포에 노출돼 있어 우리 어민에게 허가된 어장이 없다. 이런 점을 노린 중국 어선들은 NLL과 연평도 사이 바다에서 상습적으로 불법 조업을 하다가 우리 해군이 나포 작전에 나서면 북한 해역으로 도주하곤 한다. 더구나 중국 어선들은 쌍끌이 저인망식 조업으로 치어까지 싹쓸이함으로써 어획량 감소의 근본적인 원인을 제공해 서해5도 어민들이 골머리를 앓고 있다.

최근 중국 어선들은 특히 NLL을 넘어 한강 하구까지 침입해 불법 조업을 일삼는다. 중국 어선끼리도 경쟁이 심해졌기 때문이다. 지난 4월 말 꽃게잡이 철이 본격화하면서 거의 매일 교동도 서쪽과 북쪽 해역에 출몰하고 있다. 교동도 해안 500m 이내까지 접근하는 바람에 우리 측이 경고 방송을 하는 경우도 잦다고 해병대 관계자가 전했다. 그러나 해당 지역은 북한과 가깝고 유엔군 사령부가 관할하는 중립지역이기 때문에 우리 당국의 단속이 쉽지 않은 실정이다.

송한수 기자 onekor@seoul.co.kr
김학준 기자 kimhj@seoul.co.kr

5일 서해 북방한계선(NLL) 남방 연평도 인근 해역에서 우리 어민들에게 나포돼 연평도 당섬 선착장으로 끌려온 중국 어선 모습. 나포된 2척의 어선은 중국 정부에도 등록되지 않은 무허가 어선으로, 별다른 저항 없이 11명의 중국 어민이 승선한 채로 끌려왔다. 연평도 주민 제공

선 넘은 中 어선 2만 9640척… 2년 새 두 배 늘었다

中 어선 싹쓸이 조업실태

“굶게 생겼다” 꽃게 어획량 30%↓
“해상경계 획정… 국경선 명확히”
해수부 “中 정부에 문제 제기 압박”

북방한계선(NLL) 경계에서 중국 어선이 불법 조업을 하는 것은 어제오늘 일이 아니다. 특히 4~6월 꽃게철에는 어민들의 생계가 심각하게 위협받는다. 연평도 북방 해상은 NLL과 불과 1.4~2.5㎞가량 떨어져 있고, 북한군 해안포와 함정에 항상 노출돼 있어 우리 해군이나 해경의 불법 조업 단속도 제한적으로 이뤄진다.

이런 점을 노린 중국 어선들은 NLL과 연평도 사이의 바다에서 며칠씩 불법 조업을 하고 밤에는 닻을 내리고 휴식한다. 중국 어선들은 서해 NLL 남쪽 해역에서 조업을 하다가 나포 작전에 나선 우리 해군이나 해경 경비함정이 보이면 북한 해역으로 도주한다. 10㎞ 안팎인 서해 NLL을 넘어가는 데 채 30분도 걸리지 않는다.

5일 해양수산부에 따르면 불법 조업을 벌이다 우리 정부의 단속에 적발된 중국 어선은 해마다 늘고 있다. 2010년부터 올 4월까지 적발된 중국 어선은 총 2845척에 이른다. 하지만 이는 무단 침입하는 전체 중국 어선 규모에 비하면 극히 미미한 수치다. 봄어기인 4~6월 서해 NLL 인근 해상에서 우리 해군 레이더망에 포착된 중국 어선 수는 2013년 1만 5560척(하루 평균 172척)에서 2014년 1만 9150척(하루 212척), 2015년 2만 9640척(하루 329척)으로 증가하며 2년 새 2배가 됐다. 해수부 관계자는 “중국 어선들이 서해 NLL 북한 수역에 입어 신청을 하고 정작 조업은 우리 쪽에서 한다”며 “중국 정부가 나서지 않으면 우리 측 단속만으로는 한계가 있다”고 말했다.

쌍끌이 저인망 중국 어선들에 의한 통발 등 우리 어민들의 어로장비 훼손도 심각하다. 인천 옹진군에 따르면 어구 손상과 조업 손실 등 중국 어선의 불법 조업에 따른 피해가 2010~2014년 106억원으로 집계됐다. 꽃게 어획량도 2013년 9984t에서 지난해 6721t으로 33% 줄었다. 특히 올 4월의 꽃게 어획량은 약 17만㎏으로 지난해 같은 달(77만㎏)보다 78% 감소했다. 백령도 어민들의 가장 큰 소득원인 봄철 까나리도 중국 어선이 쓸어가 막대한 피해가 발생하고 있다.

수협 관계자는 “한창 꽃게 조업을 해야 하는데 중국 어선들이 워낙 많다 보니 물고기를 싹쓸이해 어민들의 수익이 급감하고 있다”며 “북한과의 관계 때문에 강하게 단속하기 어려운 상황을 중국 어선들이 교묘하게 이용하고 있다”고 전했다.

양희철 한국해양과학기술원 해양정책연구소장은 “중국 어민들이 남북 간 특수성을 잘 알고 있기 때문에 해경이 보이면 북한 수역으로 도주해 공격적인 단속에 한계가 많다”면서 “NLL 부근 수역에서 중국과 우리 정부가 공동 단속을 펴거나 해상 경계를 서둘러 획정해 바다의 국경선을 명확히 하는 게 실효성 있는 법 집행의 대안이 될 것”이라고 말했다. 임영훈 해수부 지도교섭과장은 “지도 단속을 위한 실무회의와 한·중 어업협정 회의, 어업공동위원회 등 다양한 양국 간 외교 경로를 통해 중국 정부에 문제를 제기하고 중국 어선을 압박하겠다”고 밝혔다.

세종 강주리 기자 jurik@seoul.co.kr

中어선 막을 '1억대 대형 인공어초' 확대한다

해수부, 예산 50억 요청키로
당초 기재부 제출안의 2.5배

백령도와 연평도 등 서해 5도 북방한계선(NLL)을 넘나들며 불법 조업을 하는 중국 어선들을 막기 위해 대형 인공 어초(魚礁)의 설치 확대가 다시 추진된다. 주무부처인 해양수산부는 어초를 늘려 달라는 어민들의 요구 등을 반영해 당초 제출했던 규모보다 1.5배 늘어난 50억원을 내년 예산으로 기획재정부에 요청하기로 했다.

12일 정부 관계자들에 따르면 지난 10일 윤학배 해수부 차관 주재로 열린 '서해 5도 어업인 지원 및 안전조업 관계부처 대책회의'(1차)에서는 꽃게 방류, 수산물 가공 공장 설치 등이 어민 지원 방안으로 거론됐다. 특히 중국 어선의 불법 조업을 막기 위해서는 대형 인공 어초 설치가 지금보다 더 확대돼야 한다는 공감대가 형성됐다.

나포된 中 어선 인천 옹진군 연평도 남서방 50㎞ 해상에서 불법 조업을 하던 중국 어선이 지난 11일 우리 해양경찰 단속요원에 나포돼 인천 중구의 해경 부두로 들어오고 있다. 이 선박의 선원들은 배를 몰고 서해 북방한계선(NLL) 북쪽 해상으로 1㎞가량 도주했지만 조타실을 열고 들어간 해경 요원들에게 붙잡혔다. 인천해양경비안전서

인공 어초는 상단부에 갈고리 모양의 어망 걸림 장치가 있어 쌍끌이 저인망 조업을 할 때 그물을 망가뜨리는 효과가 있다. 사실상 조업이 불가능하다. 또 수산 자원을 보호하고 남획을 막는 데도 도움이 된다.

박태원 연평도 어촌계장은 "중국 어선들이 불법 조업을 하지 못하게 지속적으로 대형 어초를 설치해 달라고 요청했지만 제대로 반영되지 않고 있다"고 말했다. 이는 제작비, 사업비, 사후 모니터링 비용 등 개당 1억원이 넘는 대형 인공 어초 효과에 대한 부처 간 견해가 엇갈리기 때문이다.

해수부는 지난해 NLL 부근 인공 어초 설치를 위해 50억원의 예산을 배정해 줄 것을 기재부에 요청했지만, 기재부는 "어초의 효과에 대한 검증이 필요하다"며 20억원만 배정했다. 해수부 관계자는 "내년에도 올해와 같은 20억원의 예산을 배정해 달라고 기재부에 요청한 상태"라면서 "그러나 최근 중국 어선의 NLL 지역 불법 어로가 기승을 부리고 정부 차원의 대책 마련에 대한 어민들의 요구가 커지고 있어 어초 설치 예산을 50억원으로 늘려 달라고 요청하기로 했다"고 말했다. 해수부는 이를 위해 실제로 어초에 걸린 중국 어선의 그물들에 대한 확인 등 밀도 있는 현장 조사를 통해 예산 확대의 당위성을 강조할 방침이다.

세종 강주리 기자 jurik@seoul.co.kr

서울신문
2016년 7월 12일(화) 4면

불법 中어선 단속 전담 특공대 신설

인공어초 80기 추가 설치

중국 어선의 서해 북방한계선(NLL) 해역 불법조업 단속을 전담하는 특수조직이 신설된다. 불법조업을 하다 적발된 어선의 선장은 구속수사를 원칙으로 한다. 해양수산부와 행정자치부, 국민안전처 등은 11일 이런 내용을 담은 중국 어선의 불법조업 단속 및 서해 5도 어업인 지원 방안을 공동으로 발표했다.

정부는 국민안전처 산하에 서해 5도 중국 어선 불법조업 단속을 전담하는 태스크포스(TF)팀을 신설하기로 했다. 이에 따라 특공대 2개 팀이 서해 5도 수역에 상주한다. 꽃게철이 시작되는 4~6월, 9~11월에는 무장과 기동성을 갖춘 중형 함정과 방탄보트 및 인력을 추가로 배치할 계획이다.

불법조업을 하다 적발된 선장은 구속 수사를 원칙으로 하되 법에서 정한 법정 최고 벌금이 구형될 수 있도록 할 방침이다. 또 양국 허가가 없는 어선은 몰수·폐선을 의무화한다. 특히 영해 침범, 무허가 조업, 공무집행 방해 등 위반 사항이 중대하다고 판단될 경우 국내 사법처리와 별개로 중국 해경에 직접 인계해 이중 처벌을 유도하기로 했다.

정부는 또 오는 11월까지 불법조업 방지용 인공어초 80기를 추가로 설치한다. 윤학배 해수부 차관은 "불법조업을 하다가 북한 해역 쪽으로 달아나는 경우 단속에 현실적인 어려움이 있다"면서 "인공어초를 연평도 북단과 NLL 사이에 설치하기 때문에 불법조업 방지 효과가 있을 것으로 보고 있다"고 말했다.

우리 어민들을 위해서는 오는 9~11월 꽃게 성어기에 연평도 어장 서쪽 끝단 일부에 해당하는 14㎢(가로 7㎞, 세로 3.9㎞) 규모 수역에서 조업을 시범적으로 허용키로 했다.

정부는 12~14일 열리는 '한·중 지도단속 실무회의', 9월 '한·중 어업공동위원회' 등 외교 채널을 통해 두 나라 공동 단속이 확대될 수 있도록 중국 측에 제안할 계획이다. 그러나 사드의 한반도 배치 결정을 놓고 중국 정부와의 외교적 마찰이 예상되고 있어 양국 공조가 순조롭지 못할 것이라는 우려도 나오고 있다.

세종 오달란 기자 dallan@seoul.co.kr

'서울신문
2016년 10월 10일(월) 2면

해경이 어망 제거하자… 도주하던 中어선 고속단정에 돌진 '쾅'

긴박했던 '충돌 공격'… 무슨 일이

해경 고속단정, 中어선 40척 추격
대원 8명 올라타 선원과 대치 틈타
中 '어망 제거' 고속정 측면 들이받아
따라오던 中어선도 해경선 위 덮쳐
남아있던 조동수 경위 목숨 잃을 뻔

"중국어선이 우리 해역을 불법 침범했다. 즉각 출동하라."

지난 7일 오후 2시 10분쯤 인천 옹진군 소청도 남서쪽 76㎞ 해상에서 불법 조업하던 중국어선이 인천해양경비안전서 경비함 3005함(3000t급) 레이더에 포착됐다.

무전 연락을 받은 조동수(50·단정장) 경위 등 19명은 4.5t급 고속단정 2척에 9명, 10명씩 나눠 타고 출동했다. 합동작전을 펴기로 한 1002함(1000t급) 단정도 불법 조업 현장의 나포 작전에 투입됐다.

중국어선에는 쇠창살들이 상당히 촘촘히 꽂혀 있었다. 조 경위는 길이 10m짜리 폐쇄형 단정(1호기)을 몰아 쇠창살 일부를 부순 뒤 합동작전 중인 1002함 단정이 진입하기를 기다렸다. 그때 갑작스러운 작전 철수 지시가 내려왔다. 중국어선들이 전부 도망치기 시작했기 때문이다.

3005함으로 복귀하던 조 경위의 눈에 중국어선들이 해상에 버리고 간 어망이 들어왔다. 불법 조업하는 중국어선들은 단속이 뜨면 추진력을 얻고자 어망에 부유물을 매달아 던지고 달아난다. 단속이 끝나면 중국어선들이 어망을 찾으러 되돌아오기 때문에 조 경위는 어망 제거를 시도했다. 그 순간 이를 본 중국어선들이 다시 달려들기 시작했다. 중국어선 40여척과 해경 고속단정 간 엎치락뒤치락하는 혼전이 벌어졌다. 이때 조 경위는 무리에서 떨어진 중국어선 1척을 발견해 쇠창살을 부쉈고 나머지 대원 8명이 어선에 올라탔다.

오후 3시 8분쯤 혼란을 틈타 인근에 있던 다른 중국어선이 고속단정 1호기 측면을 강하게 들이받았다. 1호기에 홀로 있던 조 경위는 고속단정이 침몰하기 시작하자 바다로 뛰어들었다. 곧바로 다른 중국어선이 뒤집힌 고속단정 위로 배를 몰았다. 조 경위는 인근에 있던 고속단정 2호기에 의해 구조됐지만 하마터면 중국어선에 부딪혀 목숨을 잃을 뻔했다. 이후 주변의 다른 중국어선 수십척이 몰려와 고속단정 2호기까지 위협했다.

해경은 자위권 차원에서 40㎜ 다목적 발사기, K1 소총, K5 권총 수십발을 중국어선을 향해 사격했다. 이후 해경은 사고 방지를 위해 중국어선에 승선한 대원 8명을 태워 3005함으로 철수했다. 그사이 중국어선들은 본국 해역으로 달아났다. 김학준 기자 kimhj@seoul.co.kr

중국 불법어선 '충돌 공격'… 그날 무슨 일이
7일 오후 2시 10분, 인천해경 경비함 3005함 레이더에 불법조업 중국어선 40여척 포착
조동수 경위 등 19명, 고속단정 2척에 나눠 타고 출동, 중국어선의 쇠창살을 부수자 도주
조 경위 등 해경대원, 합동작전 벌일 해경 1002함 단정 기다리던 중 갑작스러운 철수 지시
오후 3시 8분, 복귀하던 해경 단정이 중국어선의 어망 제거하려 하자 도주하던 중국어선이 다시 돌진해 혼전 벌이던 중 충돌, 조 경위 등 해경대원은 바다로 뛰어들고 단정은 전복
조 경위 등 해경대원, 다른 해경 단정에 의해 구출, 그사이 중국어선은 자국 해역으로 도주
8일 오후 4시 30분, 한 언론사가 고속단정 침몰 사실 보도
오후 10시 20분, 해경이 뒤늦게 침몰 알리는 보도자료 배포해 사건 은폐 의혹 불거짐
북한
백령도
대청도
소청도
NLL
연평도
한국
침몰지점
서해

지난 7일 불법 조업 중이던 중국 어선과 충돌해 침몰한 인천해경 3005함 소속 고속단정의 훈련 때 모습. 연합뉴스

中 40척 vs 해경 2척… 손도끼 휘둘러도 외교마찰 우려 고무탄만

中어선 흉포화… 대응은 제자리

해경 4.5t짜리 고무보트로 막아
매뉴얼엔 다리·허벅지 총격 허용
"흔들리는 배서 조준 힘들어" 토로
아르헨, 中어선 격침… 러도 사격
"정부 소극 태도 불법조업 부추겨"

서해 배타적경제수역(EEZ)에서 불법 조업하던 중국 어선이 해경 고속단정을 고의 충돌해 침몰시키는 등 나포 작전에 맞선 중국 선원들의 저항이 갈수록 흉포화하고 있다.

하지만 단속에 나서는 우리 해경의 인력과 장비는 늘어나는 불법 조업 중국 어선을 따라가지 못하고 있다. 중국과의 외교 마찰 등을 우려한 정부의 소극적인 태도도 불법 조업을 부추긴다는 지적이다.

500~3000t급의 해경 함정은 수십, 수백t에 불과한 중국 어선을 직접 상대할 수 없어 고속단정(폼형 고무보트, 4.5t급, 길이 10m, 폭 3.3m)을 내려보내 불법 조업 선박을 단속한다. 고속단정은 정원 15명의 작은 배에 불과하다. 사고가 난 지난 7일에도 해상을 순찰 중이던 3005함은 고속단정 2척에 대원을 9명씩 태워 출동시켰다. 이 정도 규모에 중국 선원들이 위압감을 느끼지 않는 것은 물론이다. 사고 당시 중국 어선은 40여척에 달했다.

중국 어선을 단속하는 경비함도 부족하다. 중국 어선의 불법 조업이 가장 기승을 부리는 서해 5도를 비롯한 광활한 해역을 관장하는 인천해경의 300t 이상 경비함은 9척뿐이다. 조현근 서해 5도 중국 어선 대책위원회 간사는 "사건이 있을 때만 찔끔 단속 인력과 장비를 보강해서는 중국 어선의 불법 조업을 뿌리 뽑을 수 없다"면서 "200~300명 규모의 서해 5도 전담 해양경비안서를 신설해야 한다"고 주장했다.

또 중국 어선과 관련된 사고만 나면 문제점으로 대두되는 게 대응 매뉴얼이다. 해양경비법 17조에는 "선박과 범인의 도주를 막거나 자기 또는 다른 생명·신체의 위해를 방지하기 위한 경우 무기류를 사용할 수 있다"고 돼 있다. 총기를 사용할 때는 상대의 생명에 지장이 없도록 다리나 허벅지 등 하반신에 쏠 것을 권고하고 있다.

그러나 일선 해경 대원들은 "규모가 작아 흔들리는 정도가 심한 중국 배에서 하반신을 맞히기란 매우 어려운 일"이라고 고충을 토로한다. 중국 선원에 대한 총격이 살인으로 이어졌을 경우 중국과의 외교적 충돌은 불 보듯 뻔하기에 해경 대원들이 총기를 적극적으로 사용하기란 현실적으로 어렵다. 해경 안팎에서 "맹수의 발톱을 뽑고 사냥은 그대로 하라는 것과 같다"는 볼멘소리가 나오는 것은 이 때문이다.

중국 선원들은 해경 대원들이 어선을 나포하고자 배에 오르려고 하면 쇠파이프와 손도끼 등 둔기를 휘두르며 강하게 저항하는 것이 일상적이다. 해경 대원들은 이들을 제압하기 위해 고무탄을 발사하거나 진압봉을 사용하는 게 전부다. 2011년 12월 사망한 이청호 경사도 중국인 선장이 조타실 문을 잠그고 강하게 저항하자 문을 부수고 들어가다가 흉기에 옆구리를 찔려 숨졌다.

정부의 미온적인 대응도 불법 조업이 판치는 원인이란 지적이다. 아르헨티나 해군은 지난 3월 불법 조업하는 중국 저인망 어선을 총격해 격침시켰고 중국과 외교적으로 친밀한 러시아도 2012년 8월 중국 어선이 불법 조업하자 함포 사격을 가하는 등 다른 나라는 바다를 지키는 일에 적극적이다. 따라서 이번 사건을 계기로 우리 정부도 강경한 대응에 나서야 한다는 지적이 나온다. 김민상(53·대청도)씨는 "날로 포악해지는 불법 중국 어선에 대한 대응이 강력해지지 않는다면 우리의 어족 자원을 다 잃을 것"이라면서 "우리 정부가 단속 인력과 장비를 대폭 확충하고 '전쟁' 수준으로 대응해야 한다"고 말했다. 김학준 기자 kimhj@seoul.co.kr

안전처 찜찜한 해명… "인명피해 없어 조사에 시간"

31시간만에 공개… 은폐 의혹

국민안전처가 인천해경 소속 4.5t급 고속단정이 지난 7일 오후 중국 어선과 충돌해 침몰한 사실을 하루 늦게 공개한 것과 관련해 일각에서는 사건을 은폐하려 했다는 논란이 일고 있다. 이에 안전처 관계자는 9일 "인명피해를 입지 않은 데다 당시 충돌 개연성도 충분했던 상황이라 공개를 늦춘 것 같다"고 말했다.

이 관계자는 "사고 이후에도 중국 선단과 격렬한 싸움을 벌여야 했던 데다 단속을 위해 중국 어선에 승선해 있던 대원 8명에 대한 안전한 철수 등 현장 수습과 외교 관계를 고려한 정확한 사고 경위 조사에 장시간을 소요했다"고 밝혔다. 때문에 사고가 일부 언론의 보도로 알려진 뒤 31시간 만에 공개할 수밖에 없었다는 것이다.

안전처는 이날 주지중 주한 중국대사관 부총영사를 불러 강력하게 항의하고 재발 방지를 요청하는 한편 혐의 어선에 대해 수배령을 내렸다. 이주성 중부해양경비안전본부장은 주 부총영사에게 사고 당시 영상을 보여주며 "해경 고속단정을 들이받아 침몰시키고 달아난 중국 어선 2척을 신속히 검거해 엄벌하고 중국 정부 차원의 자체 단속과 예방 활동도 강화해 달라"고 요구했다. 또 "이처럼 급박한 상황이라면 총기 사용을 고려할 수밖에 없다"고 항의했다. 이에 주 부총영사는 자국민인 중국 선원들에 대한 극단적인 처방을 자제해 줄 것을 요청했다.

한편 안전처는 고속단정을 침몰시킨 중국어선의 움직임을 채증한 사진 자료를 판독해 100t급 철선인 'N' 선박명을 확인, 전국 해경서 및 유관 기관에 수배 조치했다. 송한수 기자 onekor@seoul.co.kr

서울신문

2016년 10월 11일(화) 6면

'공격' 산둥성 어선 추적… "국내 재판땐 살인미수죄"

해경 "中서 사고 선박 통보받아"
中정부 "냉정하게 이성적 처리를"
주범만 인도·자국 처벌 그칠수도

'통합 2년차' 안전처·해경 엇박자
오늘 中불법어선 단속 대책 주목

불법 조업을 단속하던 우리 해경 고속단정을 고의로 들이받아 전복시키고 달아난 어선은 중국 산둥성 룽청시에 선적을 두고 활동하는 어선으로 밝혀졌다. 해경 관계자는 10일 중국 측으로부터 사고 선박을 특정했다는 통보를 받았다"고 말했다. 해경은 이날 "만약 해당 중국 선원들이 국내에서 재판을 받게 되면 살인미수죄를 적용받을 수 있다"고 밝혔다.

해경은 지난 7일 인천 옹진군 소청도 해상에서 경비함(3005함) 고속단정(4.5t급)을 들이받고 달아난 중국 어선의 선명을 확인하고 중국 해경국을 통해 수배 조치를 했다.

해당 중국 어선의 이름은 '노영어 ○○○호'이며 100t급 철선으로 추정됐다. 선체에 적힌 선명이 페인트에 가려 뚜렷하지 않았지만 해경은 단속 과정에서 촬영한 사진과 영상의 화질을 개선해 배 이름을 확인했다. '노영어'는 중국 산둥성 룽청시를 기반으로 활동하는 어선들이 공통으로 사용하는 선명이다. 따라서 가짜 번호를 쓰지 않은 무허가 어선만 아니면 확인이 가능하다.

나포된 中 '해적' 어선들 10일 인천 동구 만석부두에 불법 조업에 나섰다가 나포된 중국 어선들이 가득 차 있다. 지난 7일 서해 배타적경제수역(EEZ)에서 불법 조업하던 중국 어선이 해경 고속단정을 고의로 들이받아 침몰시키는 등 나포 작전에 맞선 중국 선원들의 저항이 갈수록 흉포화하고 있다. 연합뉴스

해경 관계자는 "서해5도와 북방한계선(NLL)을 무대로 활동하는 중국 어선 중에는 무허가 어선이 많고 서해 배타적경제수역(EEZ)에서 조업하는 어선은 허가가 난 경우가 많은 것으로 알고 있다"고 말했다. 지난 7일 오후 3시 8분쯤 고속단정 전복 사고가 발생한 소청도 남서방 76㎞ 해상은 EEZ에 속한다.

하지만 중국 당국이 사고를 낸 선박을 확인해 줬더라도 어느 선까지 수사에 협조해 줄지는 미지수다. 익명을 요구한 해경 관계자는 "그동안 자국 선원들의 불법 조업에 미온적으로 대처해 온 중국 당국의 태도로 미뤄 주범의 신병만 우리나라에 인도하거나 아니면 이마저도 기피하고 자국에서 처벌하겠다고 나설 가능성이 크다"고 말했다. 중국 정부는 이번 해경 고속단정 전복 사태에서도 우리 정부에 "이성적 처리"를 요청했고, 이번 사건으로 양국의 관계가 악화되길 바라지 않는다고 해 '살인미수죄' 적용 등은 쉽지 않을 것으로 예상된다.

이번 사건과 관련, 지방해양경비안전본부를 총괄 지휘하는 해양경비안전본부와 국민안전처 간 엇박자로 순발력 있는 상황 대처가 어렵다는 지적이 나오고 있다. '해경'이 2014년 세월호 참사 이후 국민안전처 산하 '해양경비안전본부'로 흡수 통합되면서 조직은 비대해졌지만 사실상 유기적인 업무 협조가 이뤄지지 않는다는 것이다. 하나의 조직으로 합쳐진 지 2년째에도 사고 현장을 지휘하는 해경과 소방이 국민안전처라는 하나의 조직으로 융합되어서 작동하는 모습은 보이지 않았다. 안전처는 11일 정부서울청사 합동브리핑실에서 이춘재 해양경비안전조정관 주재로 중국 어선 단속 강화대책 브리핑을 실시한다.

한편 최완현 해양수산부 어업자원정책관은 "문제의 어선들은 양국 어느 곳의 허가도 받지 않아 '해적선'이나 다름없다"며 "한·중 어업공동위원회 개최를 위한 3차 준비회담이 열리면 이번 사건에 대해 중국 측에 강력하게 항의하고 재발방지 대책 등을 촉구할 계획"이라고 밝혔다.

인천 김학준 기자 kimhj@seoul.co.kr
서울 최훈진 기자 choigiza@seoul.co.kr

세계 각국 中불법조업에 골머리

아프리카까지 출몰… '공공의 적' 된 中어선

印尼, 中어선 발포 뒤 나포 항의하자 F16 전투기 배치

베트남·필리핀 외교 공방 '親中' 러시아도 얼굴 붉혀

"阿 해역에만 500여척 조업" 어종 고갈…통제 힘든 수준

지난 7일 서해안에서 불법 조업 중이던 중국 어선이 우리 해경 경비정을 들이받아 침몰시켜 논란이 되는 가운데 전 세계가 '공공의 적'이 된 중국 어선들로 골머리를 앓고 있다. 중국 정부는 한국에 대해 양국관계가 악화되길 바라지 않는다는 뜻을 내비쳤다. 겅솽(耿爽) 외교부 대변인은 10일 정례 브리핑에서 이번 사건에 대한 중국 정부의 입장을 묻자 "유관 부분을 통해 현재 상황을 알아보고 있다"면서 "우리는 한국이 양자 관계와 지역 안정의 대국적인 측면에서 냉정하고 이성적으로 유관 문제를 처리하길 바란다"고 밝혔다.

관련업계에 따르면 중국 어선의 '글로벌 불법 조업'은 통제가 불가능한 수준에 이르렀다. 중국의 인접국가인 한국과 일본, 대만, 베트남, 필리핀, 인도네시아 등에서는 배타적경제수역(EEZ·해당국의 경제주권이 인정되는 수역)에 무단 침입해 불법 조업한 중국 어민이 억류됐다 풀려나는 일이 일상화되고 있다.

특히 동중국해와 남중국해에서는 관련국 간 영유권 주장까지 맞물리면서 외교 문제화되고 있다. 인도네시아에서는 올 5월 남중국해와 맞닿아 있는 나투나 해역에서 해군이 조업 중이던 중국 저인망 어선을 향해 발포해 나포했다. 6월에도 같은 해역에서 불법 조업 중이던 중국 어선을 향해 총격을 가했다.

중국 정부는 인도네시아 정부의 총기 사용에 항의했지만 인도네시아는 되레 이 지역에 F16 전투기를 배치하는 등 더 강하게 맞섰다. 2014년에는 불법 조업 단속 의지를 보여 주고자 나포선박 220여척을 폭파해 침몰시키기도 했다.

최근 베트남은 중국 어선 단속에 한계를 느껴 수산자원감시대 소속 선박에 기관총과 고사총 등의 무기류를 탑재하기 시작했다. 필리핀은 2014년 EEZ 불법 조업 혐의로 억류된 중국 어민 11명에 대한 신병 처리 문제를 두고 중국과 외교적 공방전을 벌이기도 했다.

중국의 맹방 러시아도 중국 어민의 불법 조업에 애를 먹고 있다. 2012년 러시아 해군이 EEZ에서 불법으로 조업하다 도주하는 중국 어선 4척에 함포 사격을 가했다. 이 과정에서 선원 한 명이 실종돼 갈등을 빚었다.

중국과 멀리 떨어진 아프리카나 남미 국가도 중국 어선 출몰에 긴장하기는 마찬가지다. 남아프리카공화국은 올해 5월 불법 조업 혐의로 세 척의 중국 어선을 억류하고 100명 가까운 선원을 체포했다. 남미 국가인 아르헨티나 역시 지난 3월 중국 저인망 어선이 경비정을 들이받으려 하자 총을 쏴 선체에 구멍을 뚫어 침몰시키기도 했다. BBC는 지난 6월 그린피스 보고서를 인용해 아프리카 해역에서 불법 조업 중인 중국 어선 수가 500여척에 달한다고 보도했다.

서울 류지영 기자 superryu@seoul.co.kr
베이징 이창구 특파원 window2@seoul.co.kr

정치권 "강력 대응" 한목소리

與 "무법 일벌백계" 野 "사드 탓 소극적" ⋮ 靑 "유감스러운 일"

지난 7일 해양경찰 고속단정이 서해에서 불법 조업을 하던 중국 어선의 공격으로 침몰한 사건에 대해 정치권은 10일 한목소리로 강력한 대응을 촉구했다. 특히 야권은 사건 발생 31시간 만에 언론에 공개되는 등 은폐 의혹이 불거진 데 대해 진상조사 및 책임자 문책은 물론 정부의 미온적 대응이 사드(고고도미사일방어체계) 배치에 대한 중국의 반발과 맞물린 것 아니냐는 의구심도 제기했다.

새누리당 정진석 원내대표는 기자간담회에서 "이런 무법자들에 대해 해경만 '무기사용 자제' 원칙을 지켜야 하는지, 국가 공권력이 무력화한 건 아닌지 근본적 의문이 든다"며 "서해 5도 전담 해양경비안전서 신설과 장비 보강 등을 검토하겠다"고 밝혔다. 김성원 대변인도 브리핑에서 "관용을 보일 때가 지났다"며 "폭력 사태를 일으킨 중국 어선과 승선자들에 대한 수배와 검거 등 일벌백계를 통해 어민 보호는 물론 국민적 분노를 풀어 주기 위한 강력한 조치가 이뤄져야 한다"고 말했다.

더불어민주당 추미애 대표는 최고위원회의에서 "국민안전과 국격을 지키는 시작은 은폐가 아니라 잘못된 책임에 대한 규명에서부터 시작된다"며 "책임자들에 대해 철저한 조사와 함께 책임을 물어야 한다"고 촉구했다. 우상호 원내대표도 "국제법상 해적에 가까운 행위는 무력을 동원해 진압할 수 있다. 군과 해경이 공동작전을 펴야 한다"고 요구했다.

국민의당 김성식 정책위의장은 비상대책위원회 회의에서 "이번 사건으로 '확인침몰'이라는 단어가 생겼다. 대한민국 공권력을 우습게 본다는 뜻"이라며 "엄중 항의하겠다는 수준에 머물러서는 안 되고 아예 해당 선박과 선원들을 넘겨 달라고 요구해야 한다"고 밝혔다. 조배숙 비대위원은 "사드 배치 발표로 외교갈등을 우려해 소극 대응을 하는 게 아니냐는 지적도 나온다"고 말했다.

이와 관련, 청와대 정연국 대변인은 "유감스러운 일"이라고 밝히고 "외교부 등 관련 부처에서 항의와 함께 유감의 뜻을 전달한 것으로 안다"고 말했다.

송수연 기자 songsy@seoul.co.kr
김상연 기자 carlos@seoul.co.kr

국민안전처 문제점과 대안 전문가 제언

박두용 한성대 기계시스템공학부 교수 · 한국안전학회 부회장

"예방의학실과 응급실이 다르듯 예방과 사고대응은 차원이 달라"

"안전처는 이를 한데 묶어 이것도 저것도 못 해"

"조직이 잘못됐다면 근본적 재구조화 필요"

이동규 동아대 석당인재학부(재난 전공) 교수

"안전처는 '총괄 대응' 아니라 '총괄 지원'을 해야"

"소방 연구 · 개발(R&D) 예산 확보, 초기 대응력 높여야"

"안보 중심 민방위 조직, 재난 중심으로 다시 짜야"

윤명오 서울시립대 재난과학과 교수

"재난 문제로 실험적 정책 펴선 안 돼"

"새 조직 전문성 갖추는 동안 피해는 국민의 몫"

"국민도 정부가 하루아침에 대책 내놓아야 한다는 강박 버려야"

지진·태풍·中어선… 보고하다 시간 허송

'현장 지각' 안전처

표류하는 국민안전처… '문제점·대안' 전문가 제언

초기 대처 기능 지자체 넘기고 총괄 지원 역할로 재편 나서야 현장 대응력 향상 최우선 과제

"국민안전처는 서로 차원이 다른, 예방과 사고 대응 기능을 합친 조직이에요. 병원으로 치면 예방의학실과 응급실을 합친 것과 같죠. 그러니 재난이 발생해도 이도 저도 못하는 겁니다."

박두용(한국안전학회 부회장) 한성대 기계시스템공학부 교수는 국민안전처의 조직적 한계에 대해 이렇게 평했다.

2014년 4월 세월호 참사를 계기로 재난안전관리의 혁신이란 명목으로 국민안전처가 같은 해 11월 출범했지만 지진, 태풍, 중국 어선의 해경 고속정 고의 침몰 사건 등 대형 악재 속에 안전처는 제 구실을 못하고 표류하고 있다.

전문가들은 현장의 대응력을 높이고 안전처는 이를 총괄 지원하는 방향으로 기능을 재편해야 한다고 지적했다. 아예 안전처를 허물고 각 부처의 안전 관련 기능을 보강하는 쪽으로 정부 조직을 재구성해야 한다는 주장도 나왔다.

박 교수는 12일 서울신문과의 인터뷰에서 "재난안전 컨트롤타워는 통수권자인 대통령의 몫이지 부처를 따로 만들어 담당하게 할 일이 아니다"라며 "촌각을 다투는 급박한 재난 상황에선 안전처를 거치지 않고 시스템이 바로 작동하도록 해야 한다"고 강조했다. 예컨대 지진 발생을 기상청이 안전처에 보고하고, 보고받은 안전처가 재난 문자를 보내는 지금까지의 시스템으론 아무리 서두르더라도 대처가 늦을 수밖에 없다는 지적이다.

박 교수는 "지진과 태풍을 잇따라 겪는 동안 시스템이 잘 작동하지 않았다면 구조를 근본적으로 개편해야 한다"며 "실패를 인정하고 과감하게 안전처를 허무는 결단을 내릴 필요가 있다"고 말했다.

안전처는 전문가들의 충분한 의견 수렴, 국민 공감대 없이 뭔가를 해야 한다는 초조함 속에 서둘러 출범했다. 윤명오 서울시립대 재난과학과 교수는 이를 '실험적 정책'이라고 꼬집으며 "그림은 그럴듯하지만 전문성을 갖추는 데 시간이 걸리고, 새 조직이 적응하는 동안 생기는 어마어마한 비용은 고스란히 국민의 몫이 된다"고 지적했다. 그는 "조직을 만들면 일할 것이란 도식에 집착해선 안 된다. 일희일비와 임기응변으로는 절대 재난에 대응할 수 없다"고 강조했다.

'안전처 해체'라는 극단의 처방까지 내리진 않더라도 전문가들은 안전처가 쥐고 있는 재난 대처 기능의 상당 부분을 지방자치단체로 넘겨 현장에서, 현장의 판단으로 즉각 대응할 수 있게끔 해야 한다고 입을 모았다.

윤 교수는 "건물이 무너지지 않게 평소 잘 관리하는 것은 중앙 정부의 일이고 일단 일이 터지고 나서는 초기 대응이 중요한데 이는 현장의 사정을 잘 아는 지자체가 해야 한다"며 "기술력, 조직력, 자원이 모자라 지자체의 힘만으로 대응하기에 무리가 있다면 그때 정부가 적극적으로 지원해야 한다"고 지적했다.

재난전문가인 이동규 동아대 석당인재학부 교수도 "안전처가 나서 총괄 대응을 할 게 아니라 지역의 현장 대응력을 높여 줘야 하는데, 현장의 소방공무원들은 소방 장갑도 자기 돈 주고 사야 하는 상황"이라며 "시·군·구를 중심으로 재난 발생 시 지휘체계를 세우고 중앙에서 자꾸 판단하려 들 게 아니라 지역에서 요청하면 묻지도 따지지도 않고 무조건 지원하는 식으로 새롭게 학습해야 한다"고 말했다. 현장 대응은 '오피스(사무)의 영역'이 아니란 얘기다.

이 교수는 소방 연구·개발(R&D) 예산을 확충하고 안전 비전을 확립하며 안보 중심인 민방위 조직을 재난 중심으로 재편해 현장 대응력을 강화할 것을 주문했다. 낙후한 소방 장비를 보강하고 첨단 장비를 도입하려면 R&D 예산이 필요한데 현재 안전처 산하에는 이를 전문적으로 하는 기관도 없고 자체 인력도 없다. 이 교수는 "최근 R&D 관련 인력을 한 명 채용했다는데 이 정도로는 미래창조과학부와 기획재정부를 설득하기에 역부족"이라고 말했다. 아울러 민방위 훈련도 재난에 대비해 실제 상황처럼 실시하고 자원봉사단체의 역량과 전문 분야를 파악해 비상 상황 발생 시 바로 연락해 보낼 수 있도록 자원을 잘 활용해야 한다고 제언했다.

인식 전환의 필요성도 제기됐다. 이 교수는 "미국은 '캡틴'이라 불리는 믿음직한 현장 지휘관이 있지만 우리는 해경만 해도 승진에서 밀리면 그제야 현장에 간다. 역사와 경험이 없는 현장 지휘관을 어떻게 믿을 수 있겠느냐"고 꼬집었다.

윤 교수는 "국민도 정부가 하루아침에 대책을 내놓아야 한다는 강박을 버려야 한다"며 "비현실적인 것을 주문하고 정부에 책임만 물어선 안 되며 정부도 '항구적 대책을 마련하겠다', '발본색원하겠다'는 등의 상투적인 행태로 상황을 넘기려 하지 말아야 한다"고 강조했다.

세종 이현정 기자 hjlee@seoul.co.kr

안전처 '中 어선에 함포 사용' 방침에 해경 "모기 잡는데 칼로 베는 격" 부글

국민안전처가 지난 11일 "중국 어선이 폭력 저항하면 함포 등 공용화기를 적극 사용하겠다"는 대책을 내놓자 대다수 일선 해경대원들이 실효성에 의문을 제기했다.

총기 사용의 제한성을 누구보다 잘 알고 있는 해경대원들은 정부가 현장 상황을 이해하지 못한 채 극단적인 처방을 내놨다며 폄하하는 분위기다.

서해 5도 해역에서 근무하는 이모 경사는 12일 "중국 선원들의 폭력 저항은 우리 대원들이 소형 고속단정을 타고 가 중국 어선에 올라 나포하는 과정에서 발생하는 것이므로 함포 사격 운운은 당국자들이 사정을 잘 이해하지 못한 데서 비롯된 것"이라고 말했다. 설사 우리 대원들이 빠져나왔다 하더라도 함포는 경비함에서 중국 선박을 향해 발사하는 것이므로 무분별한 살상이 발생할 수 있다는 것이다.

조모 경장은 "중국 선원들이 점차 해적화돼 가는 것은 사실이지만 그래도 비무장 민간인인데 중화기를 쓴다는 것은 과도한 대응이라고 생각된다"고 말했다. "모기는 잡거나 쫓아야지 칼로 베려고 하면 안 된다"는 비유적인 표현도 나왔다.

간부들은 대체로 말을 아꼈다. 중부해양경비안전본부의 한 간부는 "발표(함포 사용 관련) 이후의 중국 선원들의 폭력 저항 정도를 지켜보고 변화가 없으면 함포를 발사할 수도 있는 것 아니냐"면서 "다만 함포 사용에 따른 구체적인 매뉴얼이 마련돼야 할 것"이라고 밝혔다.

시민단체들은 부정적인 반응을 보인다. 김송원 인천경실련 사무처장은 "총기 사용이 가능한데도 중국과 마찰을 우려해 사용하지 못하는 상황에서 함포 운운하는 것은 난센스"라며 "보다 근본적인 접근은 해경을 부활하고 본청을 세종시에서 인천으로 이전하는 것"이라고 주장했다.

중국 어선 불법조업으로 직접적인 피해를 보는 서해 5도민들도 회의적인 반응을 보였다. 연평도 어민 곽모(57)씨는 "아무리 긴박한 상황이 벌어진다 하더라도 함포사격까지 할 수 있을지 의문"이라며 "당국이 문제가 생길 때마다 말 잔치만 거듭해 왔기에 별로 믿고 싶지 않다"고 시큰둥하게 말했다.

김학준 기자 kimhj@seoul.co.kr

12일 인천 중구 인천해양경비안전서 부두에서 이날 새벽 나포된 중국 어선 선원들이 검역을 받고 있다. 정부가 불법조업을 하는 어선에 함포를 사용하는 등 강경 대응하겠다고 밝힌 뒤 처음 나포된 어선으로 단속 과정에서 별다른 저항이 없어 총기 사용은 하지 않았다. 박윤슬 기자 seul@seoul.co.kr

'함포 대응' 하루만에… 해경, 中어선 2척 나포

선장 등 선원 19명 인천 압송 침몰 사건 中어선 아직 못찾아

정부가 불법조업 중국 어선이 폭력 저항하면 함포 등 공용화기를 적극 사용하겠다는 강경 대책을 내놓은 지 하루 만인 12일 서해 상에서 중국 어선 2척이 해경에 나포됐다.

106t급인 이들 어선(승선원 19명)은 이날 0시 1분쯤 인천 옹진군 백령도 남서방 46㎞ 해상에서 불법조업을 하다가 고속단정 2척으로 나포 작전에 나선 해경에 붙잡혔다. 나포 과정에서 중국 선원들은 별다른 저항을 하지 않았다. 인천해경은 올 들어 중국 어선 46척을 나포해 선원 70명을 구속했다.

한편 지난 7일 해경 고속단정을 침몰시키고 달아난 중국 어선의 선적이 밝혀졌음에도 행방은 여전히 묘연하다. 이날 중부해양경비안전본부에 따르면 현장 영상을 분석해 사고를 낸 중국 어선이 '노영어 OOO호'임을 밝혀내고 중국 해경국에 수사 공조를 요청했다. 이에 중국 측은 해당 어선이 산둥성 룽청시 소속 선적이라는 사실을 확인해 주고 어선 제원 등 관련 자료를 전달했다.

해경은 이 어선이 중국 영해로 도주했을 가능성에 무게를 두고 있으나 우리나라 배타적경제수역(EEZ)에서 조업을 계속할 가능성도 배제하지 않고 있다. 해경은 중국 해경국에 조속한 검거를 촉구하는 동시에 인천부터 제주에 이르기까지 서·남해 EEZ에서 검문검색을 강화하며 해당 선박을 쫓고 있다.

김학준 기자 kimhj@seoul.co.kr

’서울신문
2017년 1월 12일(목) 8면

中 불법조업 근절 ‘서해5도 특별경비단’ 창설

국민안전처

‘불법 선주’ 벌금 2억→3억원↑ 조류인플루엔자 대응체계 정비

지난해 문제가 된 중국 어선의 불법 조업을 근절하기 위해 ‘서해5도 특별경비단’이 만들어지고, 민간기업 인프라를 활용한 재난구호물자 지원체계가 구축된다. 국민안전처는 11일 이 같은 내용의 추진 과제를 담은 새해 업무계획을 발표했다.

안전처는 오는 3월 서해5도 특별경비단을 창설해 서해 북방한계선(NLL) 상 중국 어선 불법 조업을 뿌리 뽑기로 했다. 불법 조업을 하다 몰수된 외국 어선을 폐선 조치하고 선주에 대한 벌금도 현재 2억원에서 3억원으로 크게 높인다.

박인용 장관은 새해 업무보고와 관련해 열린 언론 브리핑에서 “한·중 어업협정 회의에서 중국 측이 어선 불법 조업에 대해 우리가 원하는 방안에 근접한 의견을 냈다”며 “중국의 변화된 태도에 기대하고 있다”고 말했다.

박 장관은 특히 지난해 10월 인천 소청도 해역에서 인천해경 3005함 소속 고속단정을 들이받아 침몰시킨 중국 어선에 대한 처리 문제에서 중국이 ‘국격’에 맞는 결과를 내놓아야 한다고 강조했다. 해경에서는 이 선박에 대한 자료를 중국 당국에 넘겼으나 중국에서의 수사는 아직 큰 진전을 보이지 않고 있다.

거의 매년 발생하는 전국 단위 가축 전염병에 대한 대응 체계도 재정비한다. 특히 조류인플루엔자(AI)는 발생 원인 등을 철저하게 분석해 대응 매뉴얼을 다시 짜기로 했다.

적립액이 2조 4000억원에 달하는 재난관리기금도 적극적으로 활용해 사고 예방 프로젝트 등 국민들이 직접 체험할 수 있는 사업을 발굴한다.

CJ그룹 등 민간기업 재난구호 인프라를 활용한 지원체계를 확립하고 골든타임을 유지하기 위해 연 2회 민관 합동 훈련도 실시한다.

소방안전 교부세를 지원해 ‘소방장비 노후율 0%’를 달성하고 안전체험관 건립과 구조헬기 구매도 추진한다. 병설유치원과 산후조리원 등에 대한 스프링클러 설치를 법제화하고, 현행 7인승 이상 자동차에만 적용해 온 소화기 의무 설치를 모든 자동차로 확대 실시한다.

류지영 기자 superryu@seoul.co.kr

서울신문
2017년 2월 13일(월) 39면

역사속 공무원

>> 조선 선조시대의 해경

1600년 중국 해적 '해랑적' 기승
병선 빼앗기고 입던 옷도 벗겨 가
어선 위장해 해적 유인 체포령도
해경과 대치 불법 中어선과 닮아

불법 중국 어선이 활개 치는 4월 성어기를 앞두고 서해5도 특별경비단이 331명의 인원과 중형함 6척, 방탄정 3척 등의 규모로 3월에 창설된다. 해경이 중국 어선과 목숨 건 혈투를 벌인 것은 조선 시대에도 마찬가지였다.

왜구에 가려 잘 알려지지 않았지만 중국 해적들의 노략질이 본격화된 것은 1600년대 초부터다. 해금(海禁)정책을 펴던 명나라가 쇠퇴하고, 청나라가 들어서면서 요동반도 앞바다 섬들을 근거지로 하는 해적들이 황해도와 경기도 일대 해안에 출몰해 온갖 약탈을 일삼기 시작했다.

'선조실록' 1607년 3월 13일 일곱 번째 기사는 우리 해경정을 침몰시키는 오늘날 중국 어선의 행태와 다르지 않다.

"우리나라는 무용도 기세도 없는 나라구나. 변방의 장수라는 것들이 용렬하기 짝이 없다. 회초리로 잡을 수도 있는 해랑도(海浪島, 요동반도 앞 해역 군도 중 하나로 해적들의 주요 근거지여서 훗날 중국 해적을 해랑적이라 함)의 두건 쓴 도적도 감당하지 못하다니, 이것이 산송장이지 사람이라고 할 수 있겠느냐. 말하기도 부끄럽다. 병사 권준과 군졸들은 물론 그 지방의 관원들까지 모두 잡아들여 처벌하라."

선조가 이처럼 크게 화를 낸 것은 해랑적 소탕에 나선 수군이 병선을 빼앗겼기 때문이기도 하지만, 4년 전부터 단속 강화를 명했는데도 무기력하게 당했기 때문이다.

선조 36년인 1603년이다. 실록 7월 1일 네 번째 기사는 비변사가 해랑도 해적에 대해 보고한 것이다. 해랑적이 강화도 미곶(彌串)에서 양곡을 실은 배를 약탈해 큰 이익을 본 이후로 해적들의 출몰이 크게 늘었다. 우리 병선의 무기를 강화하고, 어선이나 화물선으로 위장해 해적들을 유인하는 방법으로 체포하자고 건의했고, 임금이 흔쾌히 이를 윤허했으며 이후로도 여러 차례 강조했다는 내용이다.

우리 백성이 해랑도를 약탈한 사건도 있었다. '성종실록' 1494년 10월 17일 두 번째 기사는 의금부의 보고로 양민 장잉질동(張仍叱同) 등이 법을 어기고 해랑도에 들어가 육포 2070첩, 가죽 101장, 곡물 80석을 빼앗아 왔다는 것이다. 이는 사형에 해당하는 중죄지만, 바다에서는 경계를 구분할 수 없고 살려 준 전례도 있어 사형은 과하다는 것이었다. 죄를 짓거나 세금을 피해 해랑도로 들어가는 조선인도 많았다.

중국 해적인 해랑적은 10여명씩 작은 배를 나눠 타고 떼를 지어 다니다가 자신들보다 약한 선단이나 배를 골라 공격했다. 광해군 즉위년인 1608년에도 병선을 빼앗겼는데, 이전보다 더 큰 수모였다. 같은 해 9월 2일 두 번째 기사는 법성포 소속 조곡선의 호송 임무를 담당하는 장수의 배가 해적선 8척을 만났는데, 중과부적이어서 배를 버렸다는 내용이다. 육지로 도망한 이들은 풀숲에 숨어 목숨은 구했으나, 적에게 배를 내주었다.

인조 18년인 1640년 1월 20일에는 해적선에 군량미를 빼앗기기도 했다. 충청도 비인현에서 서쪽으로 가던 양곡선이 홍원곶 앞바다에 이르렀을 쯤, 낫과 긴 창으로 무장한 200여 명이 탄 해적선 2척의 공격을 받아 군량미 전량을 빼앗기고 7~8명이 다쳤다.

중국 어선의 불법 조업과 우리 해경에 대한 폭력은 우리 수군과 어민을 죽이고, 심지어는 입고 있던 옷까지 벗겨 갔던 조선 시대 해랑적과 크게 다르지 않다.

최중기 명예기자
(국가기록원 홍보팀장)

'서울신문
2017년 3월 15일(수) 12면

中어선 꽃게 싹쓸이 막아라… '서해5도 특경단' 뜬다

새달 4일 창단… 불법조업 차단
총경급 단장·경찰 400여명 구성
함정 9척·고속 방탄정 3척 규모
고속단정 크기 확대·성능 개선
특수 진압대 백령·연평도 상주

봄철 꽃게 성어기를 맞아 중국 어선들의 불법 조업을 차단하기 위한 '서해5도 특별경비단'(서특단)이 다음달 창단된다. 중국 어선 단속에 쓰이는 고속단정의 성능도 크게 개선된다.

국민안전처 해양경비안전본부는 어업 자원을 보호하고 어민 활동을 지원하기 위해 이 같은 내용의 상반기 불법 중국 어선 단속 대책을 마련했다고 14일 밝혔다.

해경본부에 따르면 4~6월은 서해 북방한계선(NLL) 해역에서 꽃게가 가장 많이 잡히는 시기로 중국 어선 불법 조업이 기승을 부린다. 올해에도 많게는 하루 200척 이상 중국 어선이 이 지역에 나타날 것으로 보고 있다.

해경에 따르면 중국 전체 어선 104만척(동력선 67만척, 무동력선 37만척) 가운데 한·중 어업협정에 따라 우리 해역에서 활동할 수 있는 배는 1560척에 불과하다. 그러나 최근 중국 연안 오염이 심각해지고 어족 자원 남획으로 어획량도 줄어 상당수의 배가 우리 해역으로 넘어와 불법 조업을 하고 있다.

이에 따라 해경은 서해 NLL 해역을 전담해 불법 조업 중국 어선을 단속하는 서특단을 다음달 4일 창단한다. 총경을 단장으로 경찰관 400여명과 함정 9척(대형 3척·중형 6척), 고속방탄정 3척 규모다. 중국 어선이 자주 출몰하는 연평도와 대청도 주변에는 해경 특공대 출신 특수진압대를 꾸려 연평도에 2개팀(12명), 대청도에 1개팀(6명)을 상주시키기로 했다.

서특단은 인천의 옛 인천해양경비안전서 건물에 입주하며, 긴급상황 발생 시 신속하게 작전을 수행할 수 있게 백령도 해군기지를 전진기지로 사용한다. 백령도와 연평도에 전용부두 건설도 추진한다.

해경은 또 해군과 해수부 등 유관기관과의 합동 단속도 강화해 중국 어선 불법 조업에 효과적으로 대응하기로 했다. 오는 23일 서특단과 해군이 합동훈련을 실시하고 단속요원에 대한 역량 강화 교육도 실시한다. 해경이 직접 들어가기 힘든 한강하구 남북한 중립수역 내 조업을 막기 위해 민정경찰(비무장지대 전담 부대)에 중국 어선 단속 장비와 인력을 지원한다. 서해 배타적경제수역(EEZ) 해역에도 단속 전담 기동전단을 투입해 중국 어선 조업을 통제할 계획이다.

이와 함께 해경은 단속 실효성을 높이고자 고속단정 성능을 대대적으로 보강하기로 했다. 이달 말까지 지방해경본부 주관으로 고속단정 119척에 대한 일제 점검을 실시한다. 고속단정 주요설비를 점검한 뒤 성어기 전에 정비를 마무리해 불법 조업 어선 단속에 차질이 없게 한다는 게 해경의 구상이다. 해경은 2012년부터 대형 함정에 탑재된 노후 소형고속단정을 지속적으로 교체하고 있다.

지금까지 모두 36척이 신형으로 교체됐으며 올해도 18척을 추가로 바꾼다. 신형 고속단정은 길이가 기존 6.5m에서 10m로 크게 늘어났다. 단정에는 등선방해용 쇠창살을 제거하기 위한 프레임과 총기 거치대 등이 설치돼 중국 어선 단속이 훨씬 수월해진다.

홍익태 해양경비안전본부장은 "중국 어선 불법 조업으로 인한 우리 어민의 피해를 최소화할 수 있도록 모든 수단을 동원해 어업자원 보호와 해양주권 확보에 총력을 다하겠다"고 밝혔다.

류지영 기자 superryu@seoul.co.kr

서울신문

2018년 5월 7일(월) 4면

조명균 "서해 NLL(북방한계선) 기본 유지… 평화수역은 군사회담 통해 설정"

장관 4명 연평도 첫 동시 방문

주민들 "무력행위 금지가 우선" 야간 조업 규제 완화 등 요청

송영무 "요구 사항 반영할 것" 강경화 "中 불법 조업 중단 촉구"

송영무 국방부 장관과 조명균 통일부 장관, 강경화 외교부 장관, 김영춘 해양수산부 장관이 지난 5일 처음으로 함께 서해 북방한계선(NLL) 일대 평화수역 조성과 관련한 주민 의견을 청취하기 위해 연평도와 백령도를 방문했다. 이번 방문은 남북 정상 간 '판문점 선언'에서 합의한 서해 NLL 평화수역 조성과 관련한 남북 간 후속 회담을 앞두고 이뤄진 첫 조치다.

송 장관은 연평도 주민 간담회에서 "다 결정해서 선물하러 온 건 아니고 무슨 요구를 하시는지 듣고 북한과 얘기할 때 반영하려고 (왔다)"라고 말했다. 주민들은 공동어로수역에 대한 의견을 제시하며 야간 조업 규제 완화와 중국 어선 불법 조업 단속 문제 등을 제기했다. 또 서해 5도 어민만 이용할 수 있는 어장 확보와 육지와 연결하는 여객선 항로 단축 등도 요청했다.

성도경 연평도 선주협회장은 "연평도 주민들은 전쟁 이후 두 번의 연평해전과 피폭으로 하루하루 불안 속에 산다"며 "야간 조업, 유사시 사격훈련 통제 등 많은 규제를 받았다. 규제를 완화해 주시고 어민들의 힘든 점을 반영해 정책을 세워 달라"고 호소했다. 박태원 연평도 어촌계장은 "군사적 문제만큼은 남북이 모두 절대 무력행위를 안 한다는 전제가 붙고 그 다음에 NLL이든 공동해역이든 해야 한다"고 강조했다. 이에 대해 송 장관은 "정부 입장이 딱 그렇다. 대통령님도 그렇게 생각한다"고 설명했다.

주민들은 짧은 시간 안에 큰 변화가 있을 것이라는 기대감을 보였지만, 장관들은 장기적 계획을 위해서는 선행 과정이 먼저라며 신중한 태도를 보였다. 김 장관은 "(남북) 정상회담을 통해 새로운 분위기가 만들어지겠지만 장밋빛 환상을 가지지 않아야 한다"며 "공동수역 얘기도 과거에 (북측과) 잘 진행이 안 됐다. 먼저 국방장관 중심으로 저쪽(북측)이랑 군사회담이 있어야 한다"고 설명했다. 조 장관은 NLL 문제에 대해 "서해 NLL은 기본을 유지하는 게 전제"라면서 "(남북) 공동어로든 평화수역이든 NLL선을 바꾸는 것이 아니고 NLL은 완전히 남북 관계가 달라지고 평화협정을 체결하면 모르겠지만 그 전에는 NLL을 손대지 않는다"라고 강조했다. 그는 이어 "이건 1992년 남북 기본 합의서에 합의된 내용이고 다시 논의하기 전까지는 NLL을 건드리지 않는다"며 "공동수역, 평화수역은 군사회담을 통해 북과 설정할 것이고 통일부, 국방부, 해수부 모두 긴밀히 협의해 안을 잘 만들겠다"고 덧붙였다.

강 장관은 중국 어선 불법 조업 문제에 대해 "근본적인 해결은 군사적 긴장을 해소해 남북이 자유롭게 어업활동을 하면 중국은 물론 제3국 선박이 안 올 수 있게 되겠지만 그 전에는 중국에 불법 어업 중단을 촉구하고 있다"고 설명했다. 장관들은 이날 연평도·백령도 주민들과 차례로 간담회를 갖고 연평부대와 해병6여단을 방문해 작전 현황을 청취했다. 서해 NLL 평화수역 조성 문제는 이달 중 열릴 것으로 보이는 남북 장성급 군사회담에서 논의될 것으로 예상된다.

강윤혁 기자 yes@seoul.co.kr

송영무 국방부 장관 등 현 정부 장관들이 5일 백령도 해병 6여단을 방문해 남북 정상의 서해 북방한계선(NLL) 일대 평화지대화 합의와 관련한 주민의 의견을 듣고 있다. 앞줄 왼쪽부터 송 장관, 강경화 외교부 장관, 조명균 통일부 장관, 김영춘 해양수산부 장관. 국방부 제공

서해 NLL은 '한반도 화약고'… 北, 1999년 연평해전 이후 본격 무력 도발

남북 NLL 충돌사

문재인 대통령과 김정은 북한 국무위원장이 '판문점 선언'에서 합의한 '서해 북방한계선(NLL) 일대 평화수역화'는 우발적 충돌 방지와 안전한 어로 활동 보장에 초점이 맞춰져 있다. 국방·외교·통일·해양수산부 등 4개 부처 장관이 지난 5일 처음으로 함께 서북도서를 돌아본 것도 그 후속 대책을 모색하기 위한 것으로 보인다.

●서해 NLL 동해보다 무력충돌 가능성 커

두 정상 간 이 같은 합의 이면에는 서해 NLL에서 동해 NLL이나 육상의 군사분계선(MDL)보다 남과 북의 무력충돌 가능성이 월등히 높다는 인식에서 비롯됐다. 실제로도 수많은 충돌이 있었다. 평화 체제 정착을 위해서는 이른바 '한반도의 화약고'로 불리는 서해 NLL을 평화수역으로 만드는 것이 급선무인 셈이다.

정전 후 20여년간 서해 NLL을 인정하고 준수해 왔던 북측이 서해 NLL 무력화에 나선 것은 1970년대 초반부터다. NLL 설정 당시 해군력이 괴멸됐던 북측은 서해상에서 실효적 지배선 훨씬 이남으로 NLL을 설정한 유엔군사령부 조치를 내심 반기며 받아들였지만 1960년대 이후 해군력을 증강하면서 NLL을 부정하기 시작했다. 북측은 경비정 60여 척을 동원해 1973년 10월부터 같은 해 말까지 43차례에 걸쳐 서해 NLL을 침범하는 등 '서해 사태'를 도발해 NLL 무력화를 시도했다.

●최근까지 서해 NLL 일대 긴장감 지속

1999년 이후부터는 본격적으로 무력 도발에 나서는 등 서해 NLL 일대를 분쟁 수역으로 만드는 데 주력했다. 1999년 6월 15일 첫 번째 연평해전을 일으켰고, 같은 해 9월에는 경기도와 황해도의 경계선을 기준으로 삼은 '서해 해상 군사분계선'을 일방적으로 발표했다. 이듬해 3월에는 서해 5개 도서(백령도, 대청도, 소청도, 연평도, 우도) 출입 시 북측의 승인을 받으라고 요구하기도 했다.

이어 2002년부터 2010년까지 북측은 제2 연평해전(2002년 6월), 대청해전(2009년 11월), 천안함 폭침(2010년 3월), 연평도 포격(2010년 11월) 등 잊을 만하면 대형 도발에 나섰다.

그러다 보니 남측도 서해5도 사수 등을 명분으로 2011년 6월 서북도서방위사령부를 창설해 대응하는 등 서해 NLL 일대의 긴장감은 최근까지도 지속됐다.

북측은 무력도발과는 별도로 남북 군사회담 등의 계기를 이용해 새로운 해상 불가침경계선 설정을 요구해 왔다. 2007년 '10·4 정상선언' 후속 협상 과정에서도 NLL을 서해 공동어로수역의 기준으로 삼을지 여부를 놓고 남북은 팽팽하게 맞섰다.

박홍환 선임기자 stinger@seoul.co.kr

3부 서해5도 관련 기사

'서울신문

2018년 7월 18일(수) 3면

포탄 소리와 더불어 살던 연평도… 한반도기 걸고 평화 낚는다

서해 수역 누비는 평화의 깃발 평생을 긴장 속에서 조업을 하던 연평도 어부가 평화 수역을 염원하며 어선에 한반도기를 달고 17일 출항하고 있다. 휴전 이후 남과 북의 정규군 무력충돌이 발생한 연평도. 불가능할 것 같았던 남북 평화와 통일의 꿈이 무르익고 있다. 해병대의 통제를 받으며 늘 조마조마한 마음으로 출어에 나서는 어부의 가슴에도 희망이 싹튼다. 연평도 정연호 기자 tpgod@seoul.co.kr

포탄 떨어지는 소리에 놀랄 일 없이 학교 대피소는 수영장으로 변하고 NLL 넘어간 튜브, 北이 찾아줬으면

하루이틀엔 안 돼도 차분히 기다려 멀리 보이는 내 고향 65년 만에 밟고 그 자체로 소중한 평화 속에 살기를

연평도 사람들이 소망하는 평화

"평화요? 학교 지하 대피소를 수영장으로 만들어 주는 거죠."

지난 12일 아침 인천 옹진군 연평도 내 연평초등학교에서 만난 안효유(12)군은 평화에 대해 묻자 자신의 생각을 이렇게 말했다. 옆에 있던 이희재(11)양은 주변 어른들이 말해 준 듯 네 살 무렵 기억을 전했다.

"대포 소리가 안 들리는 게 평화예요. 네 살 때 어린이집에서 자고 있는데 포탄이 어린이집 창문을 뚫고 떨어져 대피했었어요."

6·25전쟁 때 포탄이 단 한 발도 떨어지지 않아 '평화의 섬'이라 불렸다는 연평도는 2010년 11월 발생한 연평도 포격 사건 이후 일상적으로 대피 훈련을 하는 곳이 됐다. 하지만 주민들은 지난 4월 남북 정상회담 이후 대포 소리가 전혀 들리지 않는 등 평화가 다시 찾아왔다고 소개했다.

노유빈(11)양은 "평화는 서해 북방한계선(NLL)이 없어져서 인천까지 가는 배가 빨리 가는 것"이라고 했다. 신민혁(11)군은 "구리동 해수욕장에서 잃어버린 주황색 니모 튜브가 NLL을 넘어 북한으로 가버렸는데 평화는 북한 사람들이 잃어버린 튜브를 찾아주는 것"이라고 설명했다.

연평도는 북한 땅인 석도, 갈도, 장재도 등에서 3㎞ 정도 떨어져 있고 1.5㎞ 앞에는 NLL이 있다. 면적은 여의도의 약 2.5배로 2200여명이 살고 있다.

이곳 주민들은 남북 정상회담에서 북한 김정은 국무위원장이 말한 게 현실화되길 간절히 바랐다. 김 위원장은 당시 문재인 대통령에게 "연평도 주민, 실향민 등 언제 북한군의 포격이 날아올까 불안해하던 분들도 우리 오늘 만남에 기대를 갖고 있는 것을 봤다"며 "남북 사이에 상처가 치유되는 계기가 됐으면 좋겠다"고 언급했다.

김종녀(79·여)씨는 "내 고향이 황해도 연백군 일심면 소무개 마을인데 날이 좋으면 연평도 언덕에서 고향 땅 밭이 보인다"며 "60년간 보기만 했던 고향 땅에 가는 게 내겐 통일"이라고 말했다.

어민들은 남북 관계가 더 진전되면 연평 해역에서 중국 배들을 몰아낼 수 있을 것으로 기대했다. 연안통발어선 평화호 오현석(49) 선장은 "평화 수역이 조성돼서 중국 배들을 몰아내고 남북이 함께 평화롭게 조업하는 날이 왔으면 좋겠다"고 말했다.

이날도 연평도 어민들은 배에 서해 5도(백령·대청·소청·연평·우도)가 그려진 한반도기를 걸고 바다에 나섰다. 판문점 선언 이후 평화를 염원하는 마음에서 어민들은 한반도기를 건 채 조업을 하고 있다.

다만 장밋빛 기대만을 하는 것은 아니다. 박태원(58) 연평면 어촌계장은 "남북 정상이 판문점 선언에서 남북 평화 수역 조성을 합의했지만 하루이틀에 되는 일이 아니기 때문에 차분히 기다리는 심정"이라고 설명했다.

특히 7월부터 금어기에 들어간 꽃게잡이 어선은 성어기인 오는 9~11월 '평화의 바다'에서 만선의 꿈을 꿀 수 있을지 남북 관계 진전에 촉각을 곤두세우고 있다. 한 어민은 "평화가 계속돼 대청·소청도 남방과 연평도 서방 어장이 확대되고 야간 조업도 허가됐으면 좋겠다"며 "그러다 나중에 통일되면 가까운 북한 땅까지 다리도 생기지 않겠나"고 말했다.

연평도 강윤혁 기자 yes@seoul.co.kr

서해5도 꽃게어장 '봄이 오나 봄'

남북 화해 분위기 힘입어 어장 확장
옹진 "여의도 84배 늘어 황금어장"
55년간 금지됐던 야간조업도 허용
오늘부터 시작… 어획량 30% 늘 듯
해경 "불법 中어선 철저 관리할 것"

"좋은 시절이 다시 올 수 있을까."

남북한 충돌이 빈번해 어업에 제한을 받았던 인천 옹진군 연평도 등 서해 5도의 봄철 조업(4~6월)이 어장 확장과 함께 1일 시작된다. 이번 조업이 주목받는 것은 남북 화해 무드에 힘입어 정부가 서해 5도 어장을 기존 1614㎢에서 1859㎢로 확장시켰기 때문이다. 서해 5도 어장에서 1964년 이후 55년간 금지된 야간조업도 이날부터 1시간씩 허용된다.

옹진군은 새로 늘어난 어장이 서울 여의도 면적의 84배에 이르는 데다 그동안 안보문제 등으로 조업이 금지돼왔기에 황금어장으로 평가되는 곳이라고 31일 밝혔다. 중국 어선들은 이번에 확장된 해역에서 간헐적으로 조업해왔으나 2017년 4월 해경 서해 5도 특별경비단이 출범한 이후 자취를 감췄다.

특히 꽃게잡이로 유명한 연평어장은 815㎢에서 905㎢로 90㎢(동쪽 46㎢, 서쪽 44㎢)가 늘어나 어자원 고갈과 중국 어선 불법 조업 등으로 해가 갈수록 줄어드는 어획량이 예년보다 10~30% 증가할 것으로 예상된다. 박태원(59) 서해5도평화수역운동본부 상임대표는 "꽃게잡이 어장이 확장된 데다 지난겨울 기후 변화에 따라 플랑크톤이 풍부해져 올해 어획량이 최대 30% 가량 늘어날 것으로 보인다"고 말했다.

봄철 꽃게잡이에 나서는 어선이 대연평도 33척, 소연평도 7척 등 모두 40척으로 지난해 36척보다 늘어난 것도 어획량 증가 요인으로 작용할 것으로 분석된다. 연평면사무소 관계자는 "확장된 어장은 그동안 무주공산처럼 여겨져 어자원이 풍부할 것"이라면서 "어획량이 늘면 어민들에게 큰 도움이 될 것"이라고 기대했다.

국립수산과학원 서해수산연구소도 올해 봄철 연평어장의 꽃게 어획량이 지난해보다 10~30% 증가할 것으로 전망했다. 환경 요인으로 치어 개체 수가 늘어난 것을 고려한 분석이지만 어장 확대가 주요 요인으로 꼽힌다.

연평어장은 1980년대부터 꽃게 산지로 유명했으나 2010년 이후 어획량이 계속 줄었다. 2009년 295만kg를 정점으로 2010년 242만kg, 2011년 225만kg, 2012년 189만kg으로 하락세를 보이다가 2013년 역대 최저인 97만kg에 그쳤다. 2014년 이후에는 100만~154만kg대를 유지했다.

해경은 서해 5도 어장 증가에 따라 불법 중국 어선이 늘어날 경우에 대비하고 있다. 해경 관계자는 "초기부터 조업질서를 확립해 어민들이 안전하게 어업 활동을 할 수 있도록 철저히 관리하겠다"고 밝혔다. 김학준 기자 kimhj@seoul.co.kr

4~6월 봄철 조업기를 맞아 연평도 꽃게잡이 배들이 출항하고 있다. 서울신문 DB

서울신문
2019년 4월 5~6일 14면

'평화 길잡이' 연평도 등대 45년 만에 다시 불 밝힌다

1960년 설치 조기잡이 배 길잡이 역할
北 해상침투 우려 지적에 1974년 중단
남북 화해무드 타고 해수부 실사 마쳐
판문점 선언 1주년 되는 27일 재가동
백령도 등대는 새로 짓고 내년 운영

우리나라 최북단인 서해 5도 해상 길잡이 역할을 하다가 안보문제로 가동이 40여년간 중단된 인천 옹진군 연평도 등대와 백령도 등대가 다시 불을 밝힌다.

해양수산부는 남북관계 및 서해 5도 조업 여건 변화에 따라 판문점선언 1주년인 오는 27일 연평도 등대를 재가동하기로 결정했다고 4일 밝혔다.

연평도 서남단 해발 105m 지점에 있는 연평도 등대는 1960년 설치돼 전국에서 몰려드는 조기잡이 배의 길잡이 역할을 했다. 하지만 등대 불빛이 북한 간첩의 해상침투를 쉽게 할 수 있다는 지적에 따라 1974년 가동을 멈췄다. 이후 등대는 45년 동안 한 번도 불을 밝히지 못했고, 남북분단의 상징과도 같은 존재로 남았다.

하지만 해수부는 남북정상회담 이후 북방한계선(NLL) 인근에 남북공동어로구역이 추진되고 서해 5도 야간조업이 실시되는 등 여건이 변하자 연평도 등대를 다시 가동하기로 방침을 세웠다. 특히 인천항과 북한 해주·남포항을 잇는 항로가 개설되면 연평도 등대가 인천항~해주 항로의 길목에 있어 남북을 오가는 선박의 안전운항에 필요할 것으로 보고 있다. 북한산 바닷모래를 실어 나르기 위해 인천항~해주 항로가 운영될 당시인 2005년에도 연평도 등대를 재가동하는 방안이 추진됐으나 군부대 반대로 무산됐다.

재가동을 위해 보수작업을 거쳐 새롭게 단장된 연평도 등대. 옹진군 제공

해수부는 지난해 8~10월 3차례에 걸쳐 연평도 등대를 실사한 결과 보수작업을 거치면 재가동에 별문제가 없다고 판단했다. 건물 보수는 인천지방해양수산청이 맡아 지난해 12월 공사를 발주했다.

해수부는 국방부와 협의해 연평도 등대 재가동에 대한 조건부 동의를 받았다. 국방부는 등대 불빛이 북한에서 보이지 않도록 빛의 세기(광도)를 조절하고, 유사시 해수부와 협의해 등대를 소등할 수 있는 통제 권한을 요구했다. 등대의 광도는 빛이 도달하는 거리를 기준으로 하는데 연평도 등대의 경우 북한에 빛이 닿지 않으려면 20㎞ 이내에서 광도를 조절하는 게 적당한 것으로 조사됐다. 이는 촛불 1만개(1만 칸델라) 밝기 정도다.

해수부는 우리나라 최북단 섬인 백령도에 있는 등대도 재가동하기로 했다. 국방부와의 협의 당시 백령도 등대를 다시 가동하기로 의견을 모았다. 그러나 시설이 워낙 낡아 다시 사용하기 어려울 것으로 보고 현 등대를 허물고 새 등대를 만들어 내년 이후 운영할 방침이다. 1963년 설치된 백령도 등대도 1974년 연평도 등대와 함께 가동이 중단됐다.

김학준 기자 kimhj@seoul.co.kr

서울신문
2020년 6월 17일(수) 4면

"평화 무드에 연평도 돌아왔는데… 다시 떠나야 하나" 주민 한숨

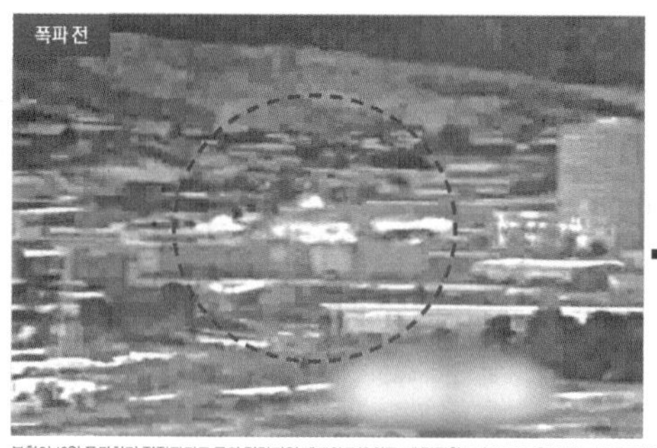

북한이 16일 폭파하기 직전까지도 군의 접경지역 폐쇄회로(CC)TV에 멀쩡한 모습으로 포착됐던 남북공동연락사무소(빨간색 원 안)가 폭파된 후 자욱한 연기로 뒤덮여 있다. 국방부 제공

긴장감 감도는 접경지 표정

갑지기 '쿵' 하는 폭음과 함께 집 흔들려
개성공단 쪽서 검은 연기 수십m 치솟아
꽃게 조업 이달 끝나는데 별일 없었으면
지역경제 악화 우려… 지나가길 바랄 뿐

16일 오후 3시쯤 갑작스럽게 개성 연락사무소 폭파 소식이 전해지자 10년 전 북의 포격 도발을 겪었던 연평도에는 긴장감이 고조됐다.

연평도에서 미용실을 운영하는 백순옥(62)씨는 한쪽 눈을 찡그린 채 뉴스에서 흘러나오는 속보를 손님들과 함께 보고 있었다. 백씨는 "연평도에 평화 분위기가 조성됐다고 해서 몇 년 전 섬으로 다시 돌아왔다"면서 "이렇게 북한의 도발 소식이 들려오면 두려운 마음에 다시 떠나고 싶어진다"며 한숨을 내쉬었다. 어민들은 꽃게 금어기를 앞두고 막바지 조업이 한창이다.

어촌계장 출신 박태원 서해5도 평화수역운동본부 상임대표는 "꽃게 조업은 이달 30일을 끝으로 당분간 중단된다"며 "7월부터 시작하는 금어기까지 별일 없어야 우리 어민들이 생계를 유지할 수 있다"고 말했다.

남한 비무장지대(DMZ) 안에 있는 유일한 민간 마을이자 북한과 마주한 우리 지역 최전방인 경기 파주 대성동 주민들도 폭파 소식으로 불안감에 휩싸였다.

주민들은 이날 오후 북한이 개성 남북공동사무소를 폭파한 것과 관련, "폭음과 함께 불이 난 것처럼 연기가 피어올랐다"며 긴급했던 당시 상황을 떠올렸다.

조영숙 대성동마을 부녀회장은 "오전 농사일을 마치고 더위를 피해 집 안에서 휴식을 취하는데 갑자기 '쿵' 하는 소리에 집이 흔들렸다"면서 "마을에서 뭐가 터졌나 집 밖으로 나와 보니 개성공단 쪽에서 검은 연기가 수십m 하늘까지 치솟아 올랐다"고 말했다.

대성동마을 주민 신모씨는 "오후에 갑자기 '펑' 하는 소리와 함께 개성공단 쪽에서 연기가 피어올랐다"면서 "마치 가스 폭발이 일어난 것 같았다"고 했다.

대성동 인근 임진강 북쪽 마을인 통일촌 박경호 청년회장은 "뉴스를 보고 밖으로 나와 보니 도라산 위까지 연기가 피어올랐다"면서 "폭발 후 상공 40~50m까지 검은 연기가 퍼졌다"고 덧붙였다.

접경지역 주민들은 남북 관계 악화로 지역경제가 더 어려워질 것을 우려했다. 파주 민통선 내에 있는 통일촌의 이완배 이장은 "지난해 9월부터 아프리카돼지열병(ASF) 및 코로나19 감염 우려 때문에 관광객들이 크게 줄어들어 접경지 지역경제가 최악"이라면서 "오늘 사태가 접경지 지역경제를 더 어렵게 하지 않았으면 좋겠다"고 했다.

이희건 경기개성공단사업협동조합 이사장도 "과거 연평 포격도 있었고, 서해에서는 전투도 있었지만 다시 좋아지기도 했던 만큼 이 역시 지나가기만을 바랄 뿐"이라고 말했다.

한상봉 기자 hsb@seoul.co.kr

'서울신문

2020년 6월 25일(목) 10면

무늬만 '서해5도 종합발전계획'… 이번엔 '졸속 딱지' 뗄 수 있을까

정책 돋보기

연평도 포격 후 1조원 지원 특별법 제정
주민들 정주 여건 개선보다 안보에 치중
지난해 말 기준 예산 집행률 40%도 안 돼
신항 건설 계획은 부처 간 이견으로 스톱
지원委에 민간위원 참여 조항도 삭제해
행안부 "새달까지 새 발전案 윤곽 완성"

대청도 선진포항 모습. 서해5도 종합발전계획 이후 10년 동안 여건 개선을 체감할 수 없었다는 게 대다수 대청도 주민들의 의견이었다.

대청도 어민회장을 지낸 강신보씨는 2011년 이명박 정부가 발표했던 '서해5도 종합발전계획'을 보면서 "이제 주민들 살기 좋아지겠구나 희망을 가졌다"고 회상했다. 10년째가 되는 현재 종합발전계획은 서해5도를 얼마나 바꿔 놨을까.

장태헌 백령도 선주협회장은 최근 기자와 만나 "주민들이 자꾸 섬을 떠나고, 남은 사람들은 늙어 간다"고 말했다. 10년을 목표로 삼았던 서해5도 종합발전계획은 현재 거대한 말잔치로 끝났다는 게 분명해졌다. 24일 행정안전부에 따르면 정부는 새로운 종합발전계획을 준비하고 있다. 새로운 종합발전계획은 '졸속 딱지'를 뗄 수 있을까.

시작은 2010년 11월 23일이었다. 연평도 포격에 충격을 받은 주민들 거의 대부분이 섬을 떠나려고 했다. 이명박 정부가 "서해5도의 실효적 지배"를 위해 부랴부랴 내놓은 서해5도지원특별법은 그해 12월 8일 국회 본회의를 통과했다. 이를 근거로 2011년 6월 종합발전계획이 나왔다. 2020년까지 9100억원을 투입해 정주 여건을 개선하겠다고 했다. 1조원 가까운 종합발전계획을 계획하고 확정하는 데 반 년도 걸리지 않았다.

2010년 11월 30일 국회 행정안전위원회 전체회의에서 한 야당 위원이 "상징성 있는 법을 하나 만들고 싶다. 이런 취지인가요?"라고 묻자 맹형규 당시 행정안전부 장관은 "그런 의도도 있고…"라고 답한 것에서 보듯 정부는 줄곧 보여 주기와 안보 관점만 중시했다. 그 야당 위원은 현재 행안부 수장인 진영 장관이다.

종합발전계획은 대피시설 현대화, 초쾌속선 도입, 수산물 가공·저장시설 조성, 관광 인프라 개선 등을 포괄했다. 하지만 지난해 말 기준 예산 집행률은 40%도 채 안 된다. 대피소 설치와 항만 정비, 도로 개설 정도만 이행됐을 뿐이다. 그중 민간자본 투자 사업인 국제회담장 건설, 평화관광 육성 등은 제대로 시작도 못해 계획 대비 집행률은 겨우 4% 정도다. 연평도에 신항을 건설한다는 계획은 부처 간 의견 조율 실패로 첫 삽도 못 떴다. 허선규 인천해양도서연구소장은 "실제 주민들의 정주 여건 개선에 들어간 건 전체 집행액의 10%도 안 된다"며 "서해5도 주민들이 '종합발전계획으로 딱 하나 좋아진 건 군 내 무반'이라고 농담을 할 정도"라고 꼬집었다.

종합발전계획을 점검하고 보완하기 위해 구성하도록 돼 있는 서해5도지원위원회는 관계 부처 관계자들이 1년에 한 번, 그것도 서면으로 이행 상황을 점검하는 역할만 하고 있다. 민간 전문가를 위원으로 위촉하도록 돼 있지만 실제 위촉된 민간인은 아무도 없었다. 그나마 2015년 7월 시행령 개정으로 민간위원 관련 조항마저 삭제됐다. 당시 정종섭 행정자치부 장관은 개정 이유에 대해 "지원위원회를 관련 기관 협의체로 바꿔 정책조정·자문 등이 원활히 이뤄지도록 민간위원을 위원 구성에서 제외하는 것"이라고 목적을 밝혔다.

종합발전계획은 올해 말로 끝난다. 행안부와 기획재정부 등 관계 부처는 현재 새로운 종합발전계획을 논의 중이다. 올해 초 논의 초기 일각에서 "종합발전계획을 그냥 종료해야 한다"는 의견까지 나왔을 정도로 정부 안에서도 회의적 시각이 적지 않았다고 한다. 특히 기재부는 "예산 계획에 비해 집행률이 형편 없이 떨어지는 데다 특정 지역에만 과도한 지원을 하는 게 타당하냐"고 문제 제기를 했다는 후문이다. 행안부 관계자는 "다음달까지 구체적인 윤곽을 완성하는 것을 목표로 현재 부처 간 협의를 진행 중"이라고 말했다.

글·사진 대청도·백령도 강국진 기자 betulo@seoul.co.kr

서울신문
2020년 9월 8일(화) 30면

한반도 주변 해역 경쟁 격화 속 낮잠만 자는 정부

데스크 시각

강국진
정책뉴스부 차장 betulo@seoul.co.kr

서해 5도 현장 취재를 위해 대청도와 백령도를 찾은 건 개성에서 남북공동연락사무소가 폭파된 바로 다음날이었다. 일행 중 일부가 불안하다며 동행을 포기할 정도로 분위기가 뒤숭숭했는데 막상 황해도가 맨눈으로도 보이는 대청도와 백령도 주민들은 긴장한 빛이 보이지 않아 신기했다. 왜 그런가 들어 보니 서해 북방한계선(NLL)을 따라 불법조업하는 중국 어선이 보이기 때문이란다. 반대로 중국 어선이 사라지면 그건 정말로 위기가 발생할 수 있는 징후라는 얘기를 들으며, 한반도 주변 바다의 움직임이야말로 대한민국의 안전을 보여 주는 지표라는 생각이 들었다.

'삼면이 바다'라는 얘기를 입버릇처럼 하면서도 정작 우리는 영토의 4배가 넘는 주변 바다에 관심이 없다. 어쩌다 한 번씩 독도 문제로 시끄럽지만 그때뿐이다. '일본해가 아니라 동해'라고 외치지만 정작 1990년부터 2015년까지 국제학술지에 실린 동해 관련 논문 중 75%가 일본에서 나왔다. 황해 역시 15년 전쯤부터 중국에 연구 우위를 뺏겼다.

우리만 잘 모르고 있을 뿐 한반도 주변 바다는 북극해와 남중국해, 태평양으로 이어지는 핵심 해상교통로다. 이는 곧 군사활동 요충지라는 의미인 동시에 언제라도 우리 의지와 무관하게 미중 갈등의 최전선이 될 수 있음을 의미한다. 더구나 아직 해양경계 확정이 안 돼 있어 이웃 나라들과 해양 관할권이 중첩되기 때문에 언제라도 갈등이 폭발할 가능성을 안고 있다.

이를 잘 보여 주는 사례를 두 가지만 들어 보자. 대략 6년 전부터 중국측 조사선이 한중 간 중첩 수역에 있는 이어도 해양과학기지 주변은 물론이고 동해에서도 공세적으로 각종 조사를 벌이고 있다. 중국 조사선의 조사 지점을 점으로 찍어 보면 한반도 주변 바다가 온통 새까맣게 될 정도다. 며칠 전에는 일본 해상보안청이 제주 남부 우리쪽 수역에서 근접 해양조사를 무단으로 벌이기도 했다.

한일 간에는 한일대륙붕협정이 2028년 종료된다. 2025년이면 일본에서 협정 파기를 선언할 가능성도 배제할 수 없다. 이에 대응해 자료 조사와 분석, 전략적 대응 체계 마련을 위한 정책 개발까지 남은 시간은 4년 남짓이다. 하지만 막상 정책 연구자들한테서 들을 수 있는 건 깊은 한숨뿐이었다. 해양정책의 기본이 되는 해양법 분야만 해도 로스쿨마다 돈이 안 된다는 이유로 수업 개설조차 제대로 안 되고, 전공자들은 자리를 잡지 못하는 형편이다.

연구자 재생산이 안 되다 보니 해양정책을 종합적으로 다룰 수 있는 전문가 집단이 우리나라를 다 뒤져도 15명밖에 안 된다. 그나마 5년쯤 뒤에는 5명 정도만 현업에 남는다고 한다. 외교부나 해양수산부, 해경, 해군에서 운영하는 교육 프로그램이 있지만 해양정책에 눈이 트일 때쯤 되면 순환근무 때문에 다른 자리로 옮겨 가야 하니 몇 년마다 원점에서 새 출발이다. 중국과 일본이 국제분쟁, 영유권, 해양법, 지역정치와 국제해사 등 다양한 분야 전문가를 100여명씩 정부 차원에서 보유·육성하는 것과 비교하면 한숨만 나온다.

좋은 정책은 하루아침에 나오지 않는다. 정책 역량은 공공재다. 정부가 나서지 않으면 정책 연구를 가능하게 하는 지식생태계가 붕괴한다. 서둘러 유관 부처를 아우르는 해양정책 연구를 위한 허브를 구축하지 않으면 말 그대로 우리 바다에서 눈뜨고 코 베이지 않는다고 자신할 수 있을까. 국익이 걸린 문제를 경제적 타당성을 조사한다며 허송세월하고 있는 정부를 보고 있으면 "제발 책임감을 가져 보라"는 말밖에 안 나온다.

갈등 높아지는 한반도 주변해역, 긴장감 가져야

In&Out

이석우
인하대 법학전문대학원 교수

인천 앞바다에서 출발해 서해를 가로질러 남쪽으로 향하다가 제주도를 끼고 독도까지 가는 건 어지간히 큰 배로도 3박4일이 걸린다. 서울에서 부산 가는 데 서너 시간이 채 안 걸리는 것과 비교하면 그만큼 한국은 엄청나게 넓은 바다 영토를 보유하고 있다. 하지만 한국 주변 바다만큼 첨예한 군사경쟁과 신경전이 벌어지는 곳을 찾기가 쉽지 않은 것 또한 사실이다.

한반도 주변 해역은 온갖 종류의 분쟁 가능성을 안고 있는 갈등지역이다. 오히려 허리 잘린 한반도로 인한 남북 간 갈등이 단순해 보일 정도다. 일본과 합의한 동해 북부대륙붕 경계선을 빼고는 주변국과 해양경계를 확정하지 못해 중국, 일본, 러시아와 해양 관할권이 중첩되는 모호한 상황이 계속되고 있다. 북방한계선을 둘러싸고 서해5도 수역에서 발생하는 끊임없는 긴장과 갈등도 그 연장선에 존재한다.

거기다 최근 미중 지역패권 경쟁이 격화되면서 한반도 접경수역과 주변해역은 미중일러 등 세계적인 군사강국들이 호시탐탐 노리는 요충지가 되고 있다. 기후변화로 인해 동해와 남해 해역이 북극해와 남중국해를 잇는 핵심 바닷길로 부상하면서 자칫 우리 바다가 장기적인 지역분쟁의 무대가 되지나 않을까 하는 우려가 커지는 게 냉정한 현실이다.

상황을 더 어렵게 만드는 건 바다의 헌법이라고 할 수 있는 유엔해양법협약이 1994년 발효된 이후 해양공간 자체의 전략적 가치가 증대하고 있다는 사실이다. 협약 발효 이후 국제사회는 배타적경제수역(EEZ)에서 벌이는 군사활동, 해적 대응, 해양과학조사와 군사조사 규제 등을 둘러싸고 논리 개발과 의제 확산에 온 힘을 기울이고 있다. 미국과 중국이 남중국해에서 '항행의 자유'와 '연안국 안보이익'을 두고 공공연히 맞부딪치는 것도 그런 흐름과 무관하지 않다.

한국 정부는 독도나 이어도 등지에서 혹시라도 발생할지 모를 문제에 대해 유엔해양법협약에 근거해 강제분쟁해결절차의 적용을 배제한다는 방침이다. 하지만 주변국이 소송을 제기하는 걸 완전히 배제하는 건 현실적으로 불가능하다. 2016년 중재재판소가 남중국해 사건에서 중국이 협약을 위반했다고 최종판결했던 사실을 유심히 살펴봐야 한다. 우리 역시 독도종합관리대책에 따라 독도종합해양과학기지를 만들어 놓고도 일본의 소송 제기 가능성에 따라 서해에 있는 소청초로 이동 설치했던 선례가 있다.

국제사법기관의 적극적인 관할권 행사, 해양문제의 국제소송화 가능성 확대 등은 국제해양법 체제에 대한 깊은 이해와 전문 역량이 없다면 치명적인 결과를 초래할 수도 있다는 걸 보여 준다. 독도를 포함한 해양영토 정책이 한순간에 좌초될 수도 있다. 한국의 주변 바다를 냉정히 살피고 전략적인 정책개발을 할 수 있도록 인재를 키우고 머리를 맞대는 노력이 아쉽기만 하다.

서울신문·KIOST '서해5도 수역 법제화' 업무협약

'서해5도를 다시 보다' 기획보도 연장선
신문 연재·백서 발간·콘퍼런스 등 협력
고광헌 사장 "해양 잠재력 향상 도울 것"

고광헌(앞줄 왼쪽 네 번째) 서울신문 사장과 김웅서(다섯 번째) 한국해양과학기술원(KIOST) 원장이 4·27 판문점선언 3주년인 27일 서울 중구 프레스센터에서 열린 '서해5도 및 접경 수역 법제화 프로세스 학술대회'에 앞서 업무협약서에 서명한 뒤 교환하자 최영준(여섯 번째) 통일부 차관과 김민배(세 번째) 전 인천연구원장을 비롯한 학술대회 참가자들이 박수를 치고 있다. 박윤슬 기자 seul@seoul.co.kr

4·27 판문점선언 3주년인 27일 서울신문사(사장 고광헌)와 한국해양과학기술원(KIOST·원장 김웅서)이 업무협약서를 체결했다. 두 기관은 지난 1월 15일부터 3월 5일까지 서울신문에 연재됐던 '서해5도를 다시 보다' 기획의 연장선에서 사단법인 아시아국제법발전연구회(DILA 코리아)가 주관하고 서울신문 평화연구소와 KIOST 해양법정책연구소가 공동 주최한 '서해5도 수역 법제화 프로세스와 서해평화체제 구축' 학술대회에 앞서 협약서에 서명했다.

협약서는 서울신문과 KIOST가 서해 5도를 포함한 해양현안 및 해양과학기술 분야의 대중 인식 증진과 관심을 고취하고 해양현안에 대한 이해를 증진시키는 것을 목적으로 하며 서해5도 및 접경 수역에 대한 대중의 관심을 끌어올리기 위해 신문 연재, 백서 발간, 콘퍼런스 개최, 관련 자료의 데이터베이스 구축 등에 협력한다는 내용이 골자다.

고광헌 사장은 개회사를 통해 "서해5도 수역의 법제화 프로세스에 모든 회사의 역량을 동원해 해양 잠재력을 키우는 데 힘을 보태겠다"고 다짐했다. 김웅서 원장은 환영사를 통해 "잊히고 고립되고 희생의 굴레에 갇힌 서해5도 주민들의 한을 풀고 평화와 협력의 공간을 만드는 데 힘을 보태겠다"고 약속했다. 더불어민주당 대표 경선에 나선 송영길 국회 외교통일위원장은 동영상을 보내 서해5도를 평화수역으로 만드는 데 힘을 보태겠다는 의사를 밝혔고, 이인영 통일부 장관 대신 참석한 최영준 차관도 "판문점선언은 여전히 유효하며 제도화된 평화를 향해 정부는 한발 한발 걸어 나가겠다"고 다짐했다.

이어진 학술대회에서는 황성기 평화연구소장을 비롯해 이진영 인하대 국제관계연구소장, 최태헌 상설중재재판소 중재위원의 사회로 세 세션으로 나눠 연구자들의 주제 발표 후 김민배 전 인천연구원장 사회와 강국진 서울신문 정책뉴스부 차장, 권동혁 통일부 남북접경협력과장, 우승범 인하대 경기씨그랜트 센터장, 황소장 등이 참여해 종합토론을 벌였다. 앞으로 외신기자들과 함께 서해5도를 돌아보는 간담회, 백서 및 총서 발간으로 이어진다.

임병선 평화연구소 사무국장 bsnim@seoul.co.kr

로동신문에 실린 서해5도 관련 주요 기사

예대열(순천대)

1955년 5월 28일 (토요일) 로동신문 제148호 [루계 제3007호] [二]

현장에 대한 지도

조선민주주의인민공화국 수산상 성명

조선민주주의인민공화국 수산상 성명

수산상이 남북 수산 당국 간 협상을 제기하였다.

모내기 경쟁

평북도 박천군에서

당생활문답

원사 절약에서의 성과

농업 협동 조합 내 당 사업의 중심을 어디에 둘 것인가

원쑤와 싸워 이긴 서해의 영웅들

우리의 어선과 어로공들을 랍치하려고 우리 연해에 불법 침입하여 온 적 무장 간첩단과의 투쟁에서 영웅적 위훈을 세운 해주 수산사업소 《안강망 1080 호》선원들에 대한 이야기

그림 리재룡

장성하는 캄보쟈의 경제

프 놈 펜

시 하 누 크 항

> 원쑤와 싸워 이긴 서해의 영웅들
>
> 최고인민회의상임위원회가 <안강망 1080호> 선원들에게 훈장을 수여하였다.

남조선근로인민들의 살 길은 반역《정권》타도에 있다

투쟁으로써만 쟁취할수 있는 참된 삶

한 자살자의 유서

《정리해고는 극약》

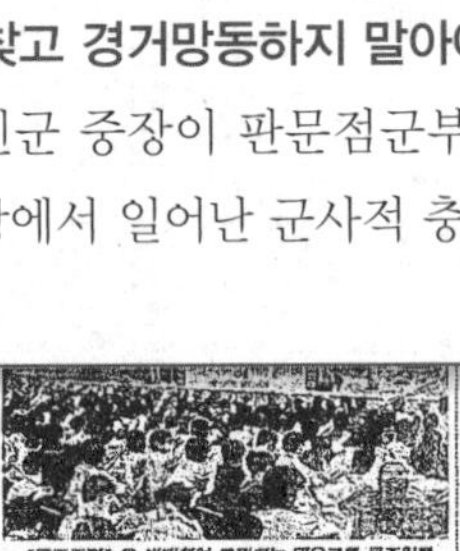

《구조조정》을 반대하여 투쟁하는 대우그룹 로조원들

생존의 권리를 쟁취하기 위한 투쟁에 떨쳐나선 남조선로동자들

> 미국과 남조선괴뢰들은 서해해상사건에서 심각한 교훈을 찾고 경거망동하지 말아야 한다
>
> 조선인민군 중장이 판문점군부장령급 회담에서 서해해상에서 일어난 군사적 충돌에 대해 항의하였다.

미국과 남조선괴뢰들은 서해해상사건에서 심각한 교훈을 찾고 경거망동하지 말아야 한다

판문점군부장령급회담 진행

【판문점 6월 22일발 조선중앙통신】 서해해상에서 일어난 군사적충돌과 관련하여 22일 판문점에서 군부장령급회담이 다시 진행되였다.

회담에는 조선인민군 중장 리찬복을 수석대표로 하는 우리측 성원들이, 미군소장 마이클 던을 수석대표로 하는 미군측 성원들이 참가하였다.

회담에서는 우리측 수석대표 리찬복중장이 먼저 발언하였다.

그는 서해해상사건의 진상이 이미 우리측 성명을 통하여 밝혀졌으나 최근 미국과 남조선괴뢰들이 사건의 책임을 우리에게 넘겨씌우려고 외곡된 여론을 내돌리고있는 조건에서 다시한번 명백히 하지 않을수 없다고 하면서 다음과 같이 말하였다.

다 알고있는바와 같이 쌍방이 충돌하고있는 문제의 수역은 정전협정의 요구로 보나 정전후 지 ... 끝을 우리측 령해에 불법침입시켜 평화적인 어로작업을 하고있는 우리 인원들의 신변을 위협하였으며 고기잡이를 방해하여 나섰다.

우리측 수석대표는 남조선괴뢰들이 지어 우리의 평화적어선들을 보호하기 위하여 자위적인 순찰활동을 하고있던 조선인민군 해군함정들의 앞길을 막아서며 충돌을 시도하는 등 무분별한짓도 서슴없이 감행하였다고 하면서 이번 사건을 처음부터 끝까지 괴뢰군상층부가 직접 나서서 지휘한데 대하여 다음과 같이 지적하였다.

남조선괴뢰 국방부 장관과 합참의장이 주동이 되여 《충돌식공격작전》이라는것을 고안해내였고 정상적인 순찰임무를 수행하는 아군경비함정들을 끝이밟으라는 지시를 하달하였으며 이 작전을 현지에서 직접 지휘하였다.

9일부터 11일사이에 이른바 ...

재일본조선인과학기술협회결성 40돐 기념모임

도쿄에서 진행

윤성식선생

신천박물관을 참관

로씨야련방대사관 성원들이

고창협동농장의 농사일을 도왔다

웰남조국전선 중앙위원회대표단 귀국

라오스외무성대표단 귀국

로동신문에 실린 서해5도 관련 주요 기사

위대한 수령님을 민족의 영원한 어버이로 높이 모시고 그이의 영생을 기원하자

《한민전》 중앙위원회 상무위원회 확대회의에 관한 공보 발표

《한국민족민주전선》 중앙위원회
주체88(1999)년 6월 15일
서 울

조선인민과의 국제적련대성월간에 즈음하여

세계직업련맹이 성명 발표

조선의 통일과 평화를 위한 국제련락위원회 호소문 발표

적들의 서해해상도발과 관련한 조선인민군 해군사령부보도

조선인민군 해군이 남측의 영해 침범 행위에 대해 경고하였다.

적들의 서해해상도발과 관련한 조선인민군 해군사령부보도 (제4호)

주체88(1999)년 6월 25일

《한국로총》 무기한총파업을 재천명

정치 및 민주개혁을 요구하는 1,000인선언 발표

《민주로총》 현 집권자와의 담판을 주장

학생, 민간인들을 대상으로 한 군사야영훈련 획책

괴뢰정보원의 비렬한 매수공작과 사찰행위 또 탄로

철도차량제작부문 로조원 2,700여명 서울에서 시위

《파업유도》사건의 진상규명과 책임자처벌을 요구

《김대중〈정권〉 반대한다》, 《구조조정 중지하고 실업문제 해결하라》

로조단체들 주장

미국유도미싸일순양함들 부산항에 입항

우리 나라 주재 경제 및 무역참사단 신천박물관 참관

민족자주, 통일만이 살길이다

조 영 길

다시금 드러난 통일의 원쑤의 정체

본사기자 최 협 순

3부 서해5도 관련 기사

[5] 로 동 신 문 주체88(1999)년 7월 3일 (토요일)

어버이수령님 유훈 받들고 힘차게 전진해온 주체과학

— 한없는 그리움을 안고 지난 5년간 큰 일을 한 과학자들 —

과학자, 기술자들의 영원한 어버이

끝을 모르는 어버이사랑

과학원 함흥분원을 찾아서

과학과 기술로 당을 받들어갈 결의에 넘쳐있다. —과학원에서—

포전길을 걷는 과학자들

농업과학원 일군들과 과학자들

비약적인

미국과 남조선괴뢰들은 부당하게 설정한 ≪북방한계선≫을 철회하고 우리의 현실적제안에 응해나와야 한다

조선인민군 중장이 판문점군부장령급 회담에서 북방한계선을 철회할 것을 주장하였다.

미국과 남조선괴뢰들은 부당하게 설정한 《북방한계선》을 철회하고 우리의 현실적제안에 응해나와야 한다

판문점군부장령급회담 진행

[5] 로 동 신 문 주체88 (1999)년 7월 4일 (일요일)

자주, 평화통일, 민족대단결의 3대원칙은 불변의 통일원칙

한 웅 호

조선의 통일과 평화를 위한 국제련락위원회 성명 발표

[조선중앙통신]

재일조선인평화통일협회, 범민련 재일조선인본부 합동회의 도쿄에서 진행

침략자, 도발자들은 무자비한 보복타격을 면치 못할것이다

평양종합인쇄공장 로동자들의 현장집회 진행

부정협잡질에 미쳐돌아가는 《호남마피아》

편사기자 조 해 성

도발자들에게 값비싼 대가를 받아내자

김책공업종합대학 학생들의 복수결의모임 진행

이른바 《서해안무력충돌사건》의 진실은 무엇인가?

범민련 남측본부가 현 집권자에게 보내는 공개질문장 발표

> 이른바 ≪서해안무력충돌사건≫의 진실은 무엇인가?
>
> 범민련 남측본부가 <서해안무력충돌사건>에 관한 공개질문장을 발표하였다.

국제고려인통일련합회대표단 도착

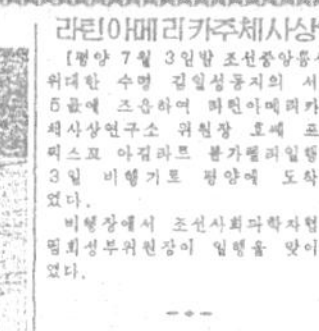
국제고려인통일련합회대표단

재카나다조선인련합회 회장 도착

재카나다조선인련합회 회장

중화전국총공회대표단 귀국

라틴아메리카주체사상연구소 위원장일행 도착

라틴아메리카주체사상연구소 위원장일행

신일본프로레스링주식회사 회장일행 도착

신일본프로레스링주식회사 회장일행

조국반도에서의 군사적 대결구조를 없애야 한다

범민련 해외본부 성명 발표

소식지 《민족의 진로》를

범민련 남측본부가 발행

태 양 은 영 원 하 다

《한민전》 평양대표부 대표 박광기

우리는 《북방한계선》이란것을 모른다

우리는 ≪북방한계선≫이란 것을 모른다

남측이 주장하는 북방한계선이란 정전협정에도 없고 쌍방이 합의한 적도 없는 유령선이다.

조국해방전쟁승리 46돐에 즈음하여

로씨야고롱련 성명 발표

캄보쟈왕국 국왕 노로돔 시하누크페하의 일부 수행원들 귀국

에쥬트민족민주당대표단 도착

수리아아랍공화국 외무성대표단 귀국

범민련 사무총장이 떠나갔다

미국회 상원의원일행 도착

범민련 일본지역본부 의장이 떠나갔다

중국항일혁명렬사 채세영가족일행 귀국

총련의 방문단들이 떠나갔다

신일본프로레스링주식회사 회장일행 귀국

민족의 자주와 대단결을 위한 99통일대축전, 10차 범민족대회 공동준비위원회 제1차회의 진행

반인민적인 로동정책에 항의하여 파업투쟁을 벌리는 남조선녀성로동자들

로동신문에 실린 서해5도 관련 주요 기사

위인이 계시여 민족음악이 찬란히 개화발전한다

서해해상사건은 계획적인 도발행위

재외대표부들에서 기자회견 진행

남조선괴뢰들의 서해해상도발사건과 관련하여 꾸바주재 우리 나라 대사와 파키스탄주재 우리 나라 림시대리대사와 무관, 유엔식량 및 농업기구주재 우리 나라 상임대표가 6월 23일과 26일 기자회견을 가지였다.

기자회견들에는 꾸바와 파키스탄, 이딸리아의 신문, 통신, 방송 기자들이 참가하였다.

기자회견들에서는 우리 나라 정세가 통보되였다.

꾸바주재 우리 나라 대사는 이번 서해사건은 미국의 조종밑에 남조선괴뢰들이 감행한 고의적인 도발책동이며 조선정전협정에 대한 란폭한 위반이라고 하면서 미국은 이를 계기로 남조선강점 미군무력을 대대적으로 증강하고있다고 지적하였다.

파키스탄주재 우리 나라 림시대리대사와 무관은 발언에서 이번 사건은 미제의 조선침략계획인 《작전계획 5027-98》실현의 일환이라고 하면서 미국과 남조선괴뢰들은 무장도발책동으로 초래된 모든 후과에 대한 전적인 책임을 져야 한다고 강조하였다.

유엔식량 및 농업기구주재 우리 나라 상임대표는 이번 사건은 남조선괴뢰들이 조선민주주의인민공화국 령해를 불법침입하여 감행한 무장도발로서 그들의 반공화국, 반통일 정책의 산물이라고 지적하였다.

그는 적들은 사건에 대한 외곡선전과 대대적인 무력증강책동을 당장 중지해야 한다고 지적하고 그들이 감히 전쟁의 불을 지른다면 우리 인민군대의 섬멸적인 타격을 면치 못할것이라고 경고하였다.

[조선중앙통신]

단마르크공산당(맑스-레닌주의) 위원장이 규탄

[평양 7월 12일발 조선중앙통신] 단마르크공산당(맑스-레닌주의) 위원장은 피터슨이 서해해상사건과 관련하여 6월 28일 이 나라 주재 우리 나라 대사에게 보낸 편지에서 남조선괴뢰들이 또다시 전쟁의 불을 지르려고 하고있다고 하면서 단마르크공산당(맑스-레닌주의)은 그들의 군사적도발을 강력히 규탄한다고 강조하였다.

그는 남조선괴뢰들의 이번 서해해상도발사건은 그들이 떠드는 이른바 《해빛정책》이란 조선인민에게 아무런 도움도 주지 못하는 허울에 불과하다는것을 똑똑히 보여주었다고 지적하였다.

그는 이 기회에 조선로동당과 김정일동지께 그리고 전체 조선인민에게 드리는 자신과 자기 당의 뜨거운 련대성의 인사를 전하여드릴것을 부탁한다고 말하였다.

《구국의 소리》방송 남조선여론조사단체의 조사결과를 발표

서울에서의 《구국의 소리》방송이 남조선의 여론조사단체인 《바른소리센터》가 현 집권세력이 미제의 비호밑에 일으킨 서해해상에서의 무장도발사건과 관련한 여론조사결과를 발표한데 대해 전하였다.

방송은 이 단체가 남조선각지 청년학생들과 대학교수, 재야인사와 언론인, 일반시민 등 각계각층 1,320명을 상대로 《서해사건을 어떻게 보는가》라는 물음으로 설문조사를 한 결과 응답자의 97.5프로가 《통치위기수습 및 제2의 유고슬라비아전쟁 도발용》이라고 답변하였다고 하면서 다음과 같이 전하였다.

《그 근거는 무엇이라고 생각하나?》라는 물음에 《통치위기수습용》이라고 대답한 사람들은 미국과 김대중《정권》에 대한 국민적불신, 특히 검찰의 조페공사《파업유도》사건과 《고급옷로비의혹》사건, 《구조조정》강행 등으로 폭발한 국민각계의 강력한 반《정부》투쟁을 전화시키기 위해 총격사건을 일으킨것이라고 설명했다.

또한 응답자의 77.5프로는 력대 통치자들이 심각한 통치위기에 처할 때마다 충격적인 사건을 일으켰던 사실을 고려할 때 이번 서해사건 역시 그러한 위기수습용총격료법같다고 대답했다.

《제2의 유고슬라비아전쟁 도발용》이라고 대답한 사람들은 서해사건은 미국의 《유화정책》이 실패한 점과 미국과 나토가 조선반도전쟁을 위한 시험전쟁, 예비전쟁으로 불리우는 유고슬라비아에 대한 공습을 중단한것과 때를 맞춘 점 등을 볼 때 무력으로 북을 압살하려는 전쟁도발구실을 마련하기 위해 의도적으로 일으킨것이 분명하다고 응답했다.

그리고 전체 응답자의 80프로가 서해사건의 배후조종자는 미국이라고 주장했다.

그들은 그 근거로서 군통수권이 없는 현 통치자가 그처럼 위험천만한 군사도발을 자의대로 일으킬수 없다고 하면서 서해사건은 미국이 조선반도에서 제2의 유고슬라비아전쟁을 감행하기 위해 김대중《정권》을 배후조종한것이라고 말하였다.

방송은 또한 응답자들이 《〈북방한계선〉을 어떻게 보는가?》라는 물음에 대해 85프로가 《인정되지 않는다》고 주장했다고 하면서 그들은 그 근거로 《북방한계선》은 정전협정에도 기입되지 않았을뿐아니라 정전협정 당사자들인 북이 인정하지 않고있고 미국무성 대변인도 공식 인정한바 없다고 밝힌 사실을 들었다고 전하였다.

[조선중앙통신]

서해해상사건은 계획적인 도발행위
재외대표부가 서해해상사건과 관련해 남측의 책임을 주장하였다.

민족의 자주와 대단결을 위한 99통일대축전, 10차 범민족대회 공동준비위원회 보도

일본의 군국화책동을 폭로

《조국통일의 전환적국면을 열어나가자》 《민족시보》 주장

《로사정위원회》참가거부를 천명

생계형민사소송 급격히 증가

자루속의 송곳은 삐여져나오기마련이다

부패방지법제정 등을 요구하여 롱성

《교육개혁정책》을 반대

《북방한계선》을 합리화하려는 도발적인 무력증강책동

에짚트민족민주당대표단 만경대 방문, 여러곳 참관

극악무도한 반통일파쑈광 (4) 북침불장난에 광분한 전쟁미치광이

중국방문 조국통일민주주의전선 중앙위원회대표단 출발

호전분자들은 그 어떤 술책으로써도 이번 《서해사건》의 도발자이고 진범인임을 절대로 숨길수 없다

《서해교전사건》에 관한 상보

《한국민족민주전선》중앙위원회 선전국
주체88(1999)년 7월 10일 서울

전쟁머슴군들의 무모한 도발소동

로동관계법의 개정을 주장

남조선괴뢰들 전쟁장비기동전개 및 공수작전연습 감행

치권의 비도덕성을 비난

암담한 사회상을 개탄

마약사용자 계속 증가

《국가보안법》페지를 위한《전주교련대》결성

여러 단체들 서명운동 등 전개

우리 나라 주재 국제기구 대표부성원들 백두산지구 참관

에티오피아주체사상연구조직 대표 만경대 방문, 여러곳 참관

총련의 대표단, 방문단들 도착

남조선경제의 숨통을 누르는 강도적인 통상압력

괴뢰당국의 로동악정에 항의하여 도로를 봉쇄하고 시위투쟁을 벌리는 남조선로동자들

> 호전분자들은 그 어떤 술책으로써도 이번 《서해사건》의 도발자이고 진범인임을 절대로 숨길수 없다
>
> 한민전이 서해해상사건에 관해 진상을 폭로하는 상보를 발표하였다.

로동신문에 실린 서해5도 관련 주요 기사

《민족의 사랑 받으시는 천출명장 우리의 김정일장군!》

끊임없이 감행되는 북침전쟁연습

미국과 남조선괴뢰들은 우리가 제기한 서해해상경계선을 받아들여야 한다

조선인민군 중장이 판문점군부장령급 회담에서 북측의 서해해상경계선을 받아들이라고 주장하였다.

미국과 남조선괴뢰들은 우리가 제기한 서해해상경계선을 받아들여야 한다

판문점 조미군부장령급회담 진행

【판문점 7월 21일발 조선중앙통신】 21일 판문점에서는 우리측의 제의에 의하여 서해해상사건과 관련한 조미군부장령급회담이 진행되었다.

회담에는 리찬복중장을 수석대표로 하는 조선인민군측 성원들과 마이클 던 미군소장을 수석대표로 하는 미군측 성원들이 참가하였다.

회담에서는 먼저 우리측 수석대표 리찬복중장이 발언하였다.

그는 조선반도에서 전쟁의 포성이 멎은 때로부터 반세기가 되어오고있지만 오늘까지 전쟁도 아니고 평화도 아닌 불안정한 정전상태가 계속되고있는데 대하여 지적하고 다음과 같이 말하였다.

조선반도의 정세는 나날이 전쟁국면에로 치닫고있으며 그 발화점이 될 군사적충돌도 수시로 발생하고있다.

이번 서해해상사건은 그 뚜렷한 실례이다.

시해해상에서 발생한 충돌사건은 그 도발적성격과 내용, 충돌규모에 있어서 지금까지 있어보지 못한 엄중하고 심각한 양상을 띠고있다.

잡지 《백두-한나》 제6호 발행

괴뢰들의 파쑈억압을 반대하여 대규모의 시위행진을 벌리는 남조선로동자들

괴뢰륙군부대의 병력이동훈련 획책

조국평화통일위원회 서기국보도

미일남조선 3각군사동맹의 위험한 움직임

남조선괴뢰들 최전연일대에서 북침전쟁연습 감행

3부 서해5도 관련 기사

로동신문에 실린 서해5도 관련 주요 기사

《김정일장군님은 희세의 거장, 통일의 거성이시다》

조국평화통일촉진협의회 상무위원 윤성식

《김 일 성

1994. 7. 7.》

입석이조의 효과를 노린 파쑈모략술수

《남조선피해도당은 그 어느때보다도 파쑈적폭압을 강화하고있으며 남조선인민들속에 반공사상을 고취하기 위하여 악랄하게 책동하고있습니다.》

아랍 정당들과 민족해방운동세력이

서해해상사건과 관련하여 공동성명 발표

《미회》안에서 권력을 위한 개싸움을 벌리는 남조선의회의원들

란장판속에 끝난 《림시국회》

《한나라당》이 《정권》규탄대회 진행

미국회사가 《국민》집권자들 협박

통치배들을 당황케 한 필옥수의 일기장

특지 환경파괴책동을 규탄

서해무장도발사건을 일으킨 장본인

본사기자 조 영 길

중국정부민항대표단

만경대 방문, 여러곳 참관

중국정부민항대표단 만경대고향집을 방문 기념하여 사진을 찍었다.

《보안법》은 통일대화를 가로막는 암적존재

본사기자 김 일 호

총련 조선대학교 학생조국방문단

신 천 박 물 관 참 관

총련의 대표단들과 방문단 도착

서해무장도발사건을 일으킨 장본인

서해무장도발사건은 남측이 고의적으로 일으킨 사건이다.

남조선당국의 《해볕정책》은 불피코 북남대결과 전쟁밖에 가져올것이 없다

조선민주주의인민공화국 외무성 대변인은 남조선당국자들이 반민족적이고 반통일적이며 반북대결적인 《해볕정책》에 집요하게 매여달리고있는것과 관련하여 그 반동적인 진상을 폭로단죄하는 다음과 같은 성명을 발표하였다.

조선민주주의인민공화국 외무성 대변인성명

오늘 조선반도의 평화와 안정, 통일에 대한 국제적관심은 날이 갈수록 높아가고있다.

사상과 제도를 초월하여 민족의 자주와 대단결로 나라의 통일문제를 해결하기 위한 우리 공화국의 일관하고 성의있는 노력은 커다란 공감을 불러일으키고있으며 반면에 남조선당국의 이른바 《해볕정책》은 내외의 가는곳마다에서 배격을 당하고있다.

그럼에도 불구하고 남조선의 현 당국자들은 저들이 들고나온 《해볕정책》이 북남관계의 개선을 위한 새로운 방책이나 되는것처럼 광고하면서 그에 대한 지지를 구걸해보려고 동분서주하고있다.

남조선당국자들의 이러한 분별없는 책동이 조선반도의 평화와 안정, 북남관계에 미칠수 있는 위험천만한 후과를 고려해볼 때 그들의 《해볕정책》의 진상을 파헤치는것이 필요하다고 인정한다.

남조선당국자들이 들고나온 《해볕정책》은 한마디로 말하여 미국의 《평화적이행전략》의 변종으로서 《화해》와 《협력》의 미명하에 우리를 《개혁》, 《개방》에로 유도하여 저들의 《자유민주주의체제》에 《흡수통일》하려는 모략책동이다.

민족의 자주와 대단결을 위한 99통일대축전 10차 범민족대회

서울에서 성과적으로 진행

미국과 남조선괴뢰들은 침략적인 전쟁연습을 당장 중지하며 서해해상군사분계선문제토의에 지체없이 응해나와야 한다

조선인민군 중장이 판문점군부장령급회담에서 서해해상군사분계선 문제에 관한 토의에 응하라고 주장하였다.

미국과 남조선괴뢰들은 침략적인 전쟁연습을 당장 중지하며 서해해상군사분계선문제토의에 지체없이 응해나와야 한다

판문점 군부장령급회담 진행

민족의 자주와 대단결을 위한 99통일대축전 10차 범민족대회 공동준비위원회 제5차회의 진행

미제와 남조선괴뢰들의 《99을지 포커스 렌즈》합동군사연습 본격적인 단계에로 돌입

남조선의 40여개 도시에서 전쟁연습소동

파쑈도당 8.15범민족통일대축전 참가자 480여명을 련행

[5] 로 동 신 문 주체88 (1999)년 8월 27일 (금요일)

인덕정치의 위대한 성인

남조선의 정치학교수 강남…

희세의 정치경륜

광폭의 위력

인덕의…

서해해상군사분계선 설정문제와 관련하여 국내외기자회견 진행

북측이 서해해상군사분계선 설정문제와 관련한 국내외 기자회견을 진행하였다.

일조우호 후꾸오까현의회대표단 만경대 방문, 여러곳 참관

일조우호 후꾸오까현의회대표단은 만경대방문을 기념하여 사진을 찍었다.

미국회 하원의원일행 도착

범민족통일대축전에 참가하였던 해외동포대표단들이 떠나갔다

일조우호 오이따현대표단 귀국

서해해상군사분계선 설정문제와 관련하여

국내외기자회견 진행

서해해상군사분계선 설정문제와 관련하여 국내외기자회견이 진행되었다.

《김정일령수께서는 모든 정치를 민중행렬차속에서 펴나가신다》

남조선각계의 다함없는 흠모의 정

파쑈폭군들의 계속되는 만행

조선인민군은 서해해상에서 우리의 자주권을 수호하기 위한 결정적인 조치를 취할것이다

판문점군부장령급회담 진행

가이아나인사가 남조선당국의 《해별정책》을 규탄배격

《국민회의》 본격적인 창당작업 개시

《전국녀성로동조합》 출범식 진행

《일제의 〈쇠말뚝풍수침략〉은 고도의 심리전이였다》

남조선잡지에 실린 글

스위스단체가 미국과 남조선괴뢰들의 합동군사연습을 규탄

괴뢰군의 훈련장건설책동을 배격

북침을 노린 《미싸일위협》 소동

여지없이 벗겨진 《인권대통령》의 허울

조선인민군은 서해해상에서 우리의 자주권을 수호하기 위한 결정적인 조치를 취할것이다

조선인민군 중장이 판문점군부장령급회담에서 해상군사통제수역을 수호하기 위한 조치를 취할 것이라고 하였다.

3부 서해5도 관련 기사

주체88 (1999)년 9월 23일 (목요일) 로 동 신 문 [6]

위대한 공산주의혁명투사 김정숙동지는 혁명가의 위대한 귀감이시다

여러 나라에서 행사 진행, 출판보도물이 글 발표

계획적인 반총련모략소동

방글라데슈인사가

조선서해 해상군사분계선 선포를 전폭적으로 지지환영한 우리 나라 정당, 단체련합성명을 지지

총련을 재일동포들에게 참답게 복무하는 동포대중단체로 더욱 발전시키자

총련중앙위원회 제18기 제3차회의 확대회의 진행

재미교포들

과거 일제시기의 강제징용피해보상을 요구하여 소송 제기

남조선당국자들은 통일애국인사들을 즉시 석방하라

재일본조선학생위원회 성명 발표

괴뢰도당 동부피모르파병안을 통과

남조선과 일본의 해상경찰 합동훈련을 계획

모든 인권침해행위의 중지를 요구

일자리에서 밀려나고있는 대학졸업생들

호전광들이 내돌리는 《북방한계선》이란 없다

호전광들이 내돌리는 《북방한계선》이란 없다
로동신문 기자가 북방한계선은 근거가 없고 서해해상분계선이 법적으로 타당하다고 주장하였다.

악독한 친일사대매국노 (6)

현대판 《을사오적》들의 구역질나는 행위

ㄱ-911465 편 집 위 원 회

주체88(1999)년 10월 7일 (목요일) 로 동 신 문 [6]

위대한 김정일강성대국의 래일을 내다보며

잔말말고 당장 휴지통에 처넣으라

엄 일 규

남 조 선 잡 지 가

남부윁남에서의 괴뢰군의 만행을 폭로

비팔신문 조선의 통일을 지지하는 글 발표

동부띠모르에 괴뢰군을 보낸 범죄행위

고엽제피해자들 미국에 손해배상 요구

심 각 한 교 육 위 기

떨어진 농가소득, 늘어난 농가빚

인간의 탈을 쓴 야수의 무리

어민들 일본순시정들 가로막고 해상시위

피쓰적인 김정행위를 배격

> **누구도 인정하지 않는 강도적인 《북방한계선》**
>
> 로동신문 기자가 북방한계선은 근거가 없고 서해 해상분계선이 법적으로 타당하다고 주장하였다.

예속적인 국제금융기금의 신탁통치에 의한 손해배상을 요구하여 시위운동을 벌리는 남조선인민들

전쟁장비를 계속 끌어들이는 괴뢰도당

괴뢰호전광들 미국제 미싸일을 끌어들이려고 책동

《한민전》 평양대표부 성원들 협산협동농장에서 벼가을

총련의 대표단, 방문단이 떠나갔다

누구도 인정하지 않는 강도적인 《북방한계선》

본사기자 전 증 호

큰 피해를 받는 어민들

광업과 제조업 분야 근무자 감소

ㄱ-911542 편 집 위 원 회

[5] 로 동 신 문 주체88(1999)년 12월 14일 (화요일)

《김정일장군님의 사랑의 품에 안겨살고싶다》

누구도 인정하지 않는 《북방한계선》

최근 괴뢰국방부가 그 무슨 《북방한계선관련립장》이라는것을 발표하였다. 거기에서는 1953년 8월 30일 미군측이 우리측과 아무런 토의나 합의도 없이 《북방한계선》을 일방적으로 설정하였다는것을 밝혔다. 이것은 괴뢰들스스로가 《북방한계선》이 부당하고 비법적인것이라는것을 인정한것으로 된다.

괴뢰들스스로의 인정으로서 이른바 《북방한계선》이 그 어떤 근거도, 법적타당성도 없는 천만부당한 유령선이라는것이 세계앞에 다시금 확인되였다.

우리가 이미 천명한것처럼 《북방한계선》의 타당성이 인정되자면 무엇보다도 그것이 정전협정에 의거한것이라야 한다. 정전협정이 정전후 쌍방간의 군사적문제해결의 법적기초로 되기때문이다. 그런데 정전협정의 그 어느 조항에도 《북방한계선》을 운한 문구가 없다. 《북방한계선》은 해상경계선설정의 보편적기준으로 인정되고있는 국제해양법에도 맞지 않는다. 12마일령해권과 쌍방의 해안선 십등포부터의 등거리원칙에 관한 국제법의 초보적인 요구조차 무시한 엉터리선이 바로 《북방한계선》이다. 문제해결에서 필수적인 쌍방의 협의나 합의같은것은 더우기 없었다. 《북방한계선》이야말로 미군측이 조선정전협정과 국제법을 무시하고 일방적으로 우리 령해안에 그어놓은 철저히 비법적이며 강도적인 선이다.

미제의 파렴치한 령해강탈행위는 공정한 내외여론의 항의와 규탄 대상이 되고있다. 남조선각계에서 《북방한계선》의 강도적성격과 부당성을 론하면서 그 설정경위를 밝힐것을 요구해나선것은 너무도 응당한것이다.

괴뢰들이 이번에 《북방한계선》의 비법성을 인정한것은 그의 강도적성격을 더이상 숨길수도 부인할수도 없는 막다른 처지에서 울며 겨자먹기로 한 사실고백인것이다.

그러고도 괴뢰들은 《북방한계선》의 비법성을 가리워보려고 황당갈이 누구의 《인정》이요 《협의》요 하는 수작질을 하고있다.

이미 명백히 밝힌바 있지만 우리는 미군측으로부터 《북방한계선》설정에 대해 통지받은적이 없다. 설사 통지받았다 하더라도 민족적 존엄과 자주권을 생명처럼 귀중히 여기는 우리는 공화국의 주권과 령해를 엄중히 침해하는 《북방한계선》을 절대로 인정할수 없다.

실제상 미군측은 정전후 서해의 5개 섬을 드나들 때 공해로 에돌아다녔으며 우리측도 지난 수십년간 군사정전위원회에서 서해군사분계선문제토의를 제기했었다. 이런 사실은 지난 시기 우리가 언제한번도 《북방한계선》이라는것을 인정하지도 허용하지도 않았다는 명백한 증거이다.

도발자들에게는 정당한 론리란 있을수 없으며 자기 변호에서도 이렇듯 궁색하기마련이다. 미제와 괴뢰들에게는 《북방한계선》을 계속 고집할 그 어떤 론거도 구실도 없다. 미제와 괴뢰들은 이제 더는 《북방한계선》에 대해 운운하지 말아야 한다.

《북방한계선》의 비법성이 명백해진 이상 미제와 괴뢰들은 공화국의 주권과 령해를 엄중히 침해하고 북남사이의 대결과 북침전쟁위험을 고조시키는 강도적인 《북방한계선》을 당장 철회하여야 한다. 그리고 우리가 정전협정과 국제법에 맞게 설정한 공정한 서해해상군사분계선을 지체없이 받아들여야 한다.

전 종 호

누구도 인정하지 않는 《북방한계선》

로동신문 기자가 북방한계선은 법적 근거가 없다고 주장하였다.

조선민족의 평화적통일실현에 적극 협력할것을 호소한다

전련맹불쉐비크공산당이 호소문 발표

아시아지역주체사상연구소가
우리 나라 정부, 정당, 단체들의 호소문을 지지

로조단체들 강력한 반《정부》투쟁을 선언

탄광지역 주민 2만여명
집회와 시위 진행

사법시험제도에 대한 심판을 요구

괴뢰국방부 장관
고엽제살포에 대한 《정부》의 책임을 인정
군사분계선일대에 19만리터의 고엽제 살포

새로운 전쟁장비도입에 열을 올리는 괴뢰들

피뢰권력층의 기만적인 체포소동

남조선경제를 죽이는 《이리》

심해지는 여당내의 혼란

서울복판에 있는 《쪽방촌》사람들의 비참한 처지

남조선에서 일자리를 찾아헤매는 실업자들

고엽제살포는 현대의 야만행위

권력층의 부정부패행위 폭로

거세찬 반미열풍으로 피맺힌 원한을 풀자

남조선녀성을 무참히 살해한 천인공노할 만행

살인귀들에게 복수의 무쇠주먹을

인두겁을 쓴 야수들

온 민족이 치를 떤다

미제살인마들을 단호히 징벌하라

고려봉사관리국 종업원들의 현장집회 진행

남조선녀성을 야수적으로 살해한 미제침략자들의 만행을 규탄하는 고려봉사관리국 종업원들의 현장집회가 진행되였다.

> **조선서해 우리측 해상군사통제 수역에서 긴장상태 날로 격화**
>
> 북측이 남측 군대가 해상군사통제수역에서 긴장상태를 조성하고 있다고 주장하였다.

남조선괴뢰들의 무모한 군사적도발책동으로
조선서해 우리측 해상군사통제 수역에서 긴장상태 날로 격화

【평양 2월 28일발 조선중앙통신】 최근 남조선괴뢰들은 조선서해 우리의 해상군사통제수역에서 긴장상태를 날로 격화시키는 군사적도발행위들을 계속 감행하고 있다.

알려진바와 같이 우리는 지난해 9월 2일부 조선인민군 총참모부 특별보도를 통하여 조선서해 해상분계선을 명백히 확정하고 미제가 제멋대로 설정한 강도적인 《북방한계선》은 무효이며 조선서해 해상군사분계선에 대한 우리의 자위권은 여러가지 수단과 방법에 의하여 행사될것이라는데 대하여 엄숙히 선포하였다.

그럼에도 불구하고 남조선괴뢰들은 함부로 우리의 해상군사통제수역에 전투함선들을 끌어들여 돌아치게 하고 있다.

남조선괴뢰군 침투함선들은 아직도 미제상전이 자의대로 그어 놓은 《북방한계선》이라는것을 뚱대고 마구 싸다니는가 하면 지어 지난 2월 22일과 26일에도 그러했던것처럼 그 허깨비 《한계선》을 도적고양이처럼 넘나들며 [illegible] 있다.

더우기 지나칠수 없는것은 남조선괴뢰들이 2월 20일부터 3월 30일까지를 《전투준비완료기간》으로 정하고 이른바 《연평해전교훈》에 비추어 이 지역에 현대적인 전쟁장비들을 급격히 증강하고 있는것이다.

최근에만 하여도 남조선괴뢰들은 백령도와 연평렬도에 여러문의 신형 155미리자행곡사포와 많은 포탄들을 끌어 들여 2월중순에 이어 23일과 24일에는 그 누구의 함선을 《소멸》하는 시험사격까지 하였다.

또한 놈들은 백령도, 대청도, 소청도, 연평렬도 등 우리의 해상군사통제수역안에 있는 섬들에 수많은 각종 유도무기발사기들을 추가배치하는 범죄적인 책동을 서슴없이 감행하였다.

우리는 이와 같은 심상치 않은 군사적움직임들이 남조선괴뢰군부가 서해안에 배치된 괴뢰군부대들의 지휘체계를 새롭게 개편한데 이어 요즘 괴뢰2함대 사령관과 해병대사령관을 비롯한 숱한 고위급전쟁사환군놈들을 백령도를 비롯한 서해 5개 섬 일대에 파견하여 《실전능력》을 검토하고 각종 명목의 전쟁연습을 강화하고 있는것과 때를 같이하여 벌어지고 있는데 대하여 더욱 엄중시하지 않을수 없다.

제반 사실들은 미제의 부추김밑에 남조선괴뢰들이 조선서해 해상에서 새로운 교전을 공공연히 준비하고 있으며 그것을 계기로 우리 공화국을 반대하는 침략전쟁의 불집을 터뜨리려 하고 있다는것을 여실히 보여 주고 있다.

남조선괴뢰들은 지금 우리 인민군대가 놈들의 일거일동을 높은 전투적경각성을 가지고 예리하게 주시하고 있다는것을 똑바로 알아야 하며 오늘의 정세하에 무엇이 뒤따르게 될것인가를 심사숙고하고 분별있게 처신해야 한다.

남조선의 호전광들은 제놈들의 경거망동이 가져 올 무서운 후과에 대하여 전적인 책임을 지게 될것이다.

유고슬라비아련방공화국 외무상일행 만경대 방문, 여러곳 참관

유고슬라비아련방공화국 외무상일행은 만경대고향집을 기념하여 사진을 찍었다.

팔레스티나해방조직대표단 만경대 방문, 여러곳 참관

팔레스티나해방조직대표단은 만경대고향집을 기념하여 사진을 찍었다.

남조선은 《부익부, 빈익빈》의 암흑사회의 표본

남조선에서 《부익부, 빈익빈》현상이 갈수록 심화되고 있다.

《부익부, 빈익빈》이란 부자들은 나날이 더 부유해지고 가난한 사람들은 점점 더 가난해진다는 뜻이다.

3부 서해5도 관련 기사

로동신문에 실린 서해5도 관련 주요 기사

위인의 믿음은 기적을 낳는다

김종태전기기관차공장 단조직장 일군들과 로동계급

리지찬동지의 서거에 대한 부고

조선로동당 중앙위원회

불속에서 효성다한 소녀

계급적원쑤들의 본성은 변하지 않는다

영원히 아물수 없는 상처

순결한 량심을 지닌 전사

사리원시안전부 사회안전원이였던 조경춘동무

위대한 수령 김일성동지께

금수산기념궁전을 찾아 총련경제참관단이 경의 표시

하루일을 마친 즐거운 저녁

조선서해에는 오직 우리가 선포한 해상군사분계선만이 있을뿐이다

조선인민군 해군사령부 대변인담화

조선서해에는 오직 우리가 선포한 해상군사분계선만이 있을뿐이다

조선인민군 해군사령부가 서해에서는 북측이 선포한 해상군사분계선만 있다고 주장하였다.

일심단결의 빛나는 원형을 창조하시여

본사기자 리 수 근

먼 외국방문의 길에서도

본사기자 박 철 선

불멸의 령도업적으로

최 용 규

변모된 현실을 놓고

신계군 룡수리당위원회에서

로동신문 조 광 성

웅변모임을 통하여

이천농기계작업소 부문당위원회에서

로동신문 정 영 수

조선인민군 해군사령부 중대보도

조선서해 해상군사분계선설정과 관련한 후속조치로서 《5개 섬 통항질서》를 공포함에 대하여

조선인민군 총참모부는 국토의 안정과 평화를 보장하려는 입념으로부터 주체88(1999)년 9월 2일 조선서해 해상군사분계선을 확정하여 세상에 선포하였다.

우리가 선포한 서해해상군사분계선은 조선정전협정에는 물론 국제법에도 전적으로 부합되는 가장 합리적이고 현실적이며 공명정대한 해상분계선이다.

세계여론은 물론 남조선정계, 사회계, 학계에서도 《북방한계선》의 불법성과 새로운 서해해상군사분계선의 법적타당성을 인정하면서 《상당한 론리를 갖춘것》으로 평가하고 있다.

미군측이 《북방한계선》의 《묵시적인 인정》이요, 《고수》요 하는것은 우리가 선포한 서해해상군사분계선의 당위성과 그 공명정대성으로 하여 더는 어쩔수 없는 처지에서 벗어 나 보려는 궁색한 변명에 지나지 않는다.

우리는 조선정전협정에 따라 미군측 관할하의 섬들인 백령도, 대청도, 소청도, 연평도, 우도가 우리 령해안에 있는 현실을 고려하여 이 섬들에 드나드는 배들의 통항문제를 비롯한 쌍방간에 제기될수 있는 문제들을 협상의 방법으로 해결해 보려고 여러모로 노력해 왔다. 그러나 미군측은 아무런 법적타당성도 없이 일방적으로 그어 놓은 《북방한계선》을 계속 고집하면서 마치 지난 서해교전에서 그 무슨 《승리》나 거둔것처럼 여론을 오도하고 있는가 하면 우리측 군사통제수역에 함정들을 계속 침입시키면서 오만하게 행동하고 있다.

미군측의 이와 같은 행위는 남조선괴뢰들을 부추겨 조선서해에서 또다시 충격적인 사건을 일으키고 정세를 일촉즉발의 사태에로 몰아 가기 위한 고의적이며 계획적인 책동이라고밖에 달리는 볼수 없다.

우리는 서해해상군사분계선을 준수함에 있어서 제기될수 있는 문제들을 협상을 통하여 해결할 용의가 있지만 미군측이 끝내 문제토의를 거부하고 있는 조건에서 이제 더이상 실무토의에 응해 나오기만을 무한정 기다릴수 없게 되였다.

이로부터 조선인민군 해군사령부는 위임에 의하여 서해해상군사분계선 북쪽수역에 위치한 《5개 섬 통항질서》를 다음과 같이 확정공포한다.

1. 우리 령해에 있는 미군측 관할하의 5개 섬들중 백령도, 대청도, 소청도를 포괄하는 주변수역을 제1구역으로, 연평도주변수역을 제2구역으로, 우도주변수역을 제3구역으로 한다.

1) 제1구역의 북쪽계선은 북위 38도선으로 하고 동쪽과 남쪽, 서쪽계선은 백령도, 대청도, 소청도의 평해기산선으로부터 2키로메터 축으로 평행되게 그은 선으로 한다.

2) 제2구역의 북쪽계선은 북위 37도 41분 24초선으로 하고 동쪽과 남쪽, 서쪽계선은 연평도의 평해기산선으로부터 2키로메터 축으로 평행되게 그은 선으로 한다.

3) 제3구역계선은 우도평해기산선으로부터 2키로메터 축으로 평행되게 련결한 선으로 한다.

4) 제1, 2, 3구역안에서의 미군측 함정들과 민간선박들은 우리측에 적대적인 통항이 아닌 이상 통항의 자유를 가진다.

2. 제1구역으로 드나드는 모든 미군측 함정들과 민간선박들은 제1수로를 통하여, 제2구역으로 드나드는 모든 미군측 함정들과 민간선박들은 제2수로를 통하여서만 통항할수 있다.

1) 제1수로는 서해해상군사분계선상의 북위 37도 10분 3초, 동경 125도 13분 19초지점과 소청도의 제일 높은 고지정점을 련결한 선을 축으로 하여 좌우 1마일 폭을 가진다.

2) 제2수로는 서해해상군사분계선상의 북위 37도 31분 25초, 동경 125도 50분 38초지점과 대연평도의 제일 높은 고지정점을 련결한 선을 축으로 하여 좌우 1마일 폭을 가진다.

3) 원칙적으로 우리측 령해에 있는 미군측 관할하의 섬들에 비행기들이 드나들수 없으며 부득이한 경우 모든 비행기들은 이 수로상공을 통하여서만 비행할수 있다.

3. 제1, 2, 3구역과 제1, 2수로들에서 미군측 함선들과 민간선박들은 공인된 국제항행규칙들을 엄격히 준수하여야 한다.

4. 미군측 함정들과 민간선박 및 비행기들이 지정된 구역과 수로를 벗어 나는 경우 그것은 곧 우리측 령해 및 군사통제수역과 령공을 침범하는것으로 된다.

5. 제정된 수로통항시 우리측의 행동에 그 어떤 위협이나 지장을 주어서는 안되며 이 수로들과 통항구역이 우리 함정들과 민간선박들의 통항을 가로 막는 구역이나 수로로 될수 없다.

6. 이번에 제정한 통항구역과 수로는 어디까지나 미군측 관할하의 섬들이 우리측 령해에 위치하고 있는 점을 고려하여 설정한것이며 이 구역과 수로가 미군측 수역으로는 될수 없다.

우리가 이번에 《5개 섬 통항질서》를 공포하는것은 서해해상에서의 충돌을 막고 섬주민들의 생활상 편의를 주려는 최대의 아량의 표시이다.

미군측은 서해해상군사분계선을 존중하여야 하며 제정된 통항질서를 엄격히 지켜야 한다.

서해해상에서 제정된 통항질서가 지켜 지지 않을 경우 언제 어디에서 어떤 일이 벌어 지리라는것은 그 누구도 예측할수 없다.

만약 미군측이 이른바 《연평해전승리》에 대하여 떠들고 있는 남조선괴뢰들의 희떠운 소리에 공감하면서 서해해상충돌을 막고 평화와 안전을 보장하려는 우리의 성의 있는 노력에 감히 도전해 나선다면 우리 혁명무력은 경고 없는 행동으로 대답할것이라는것을 엄숙히 공포한다.

주체89(2000)년 3월 23일

조선인민군 해군사령부 중대보도

조선인민군 총참모부가 <5개섬통항질서>를 공포하였다.

김일성민족의 존엄과 영예를 빛내여 갈 우리 인민의 확고한 의지

위대한 수령님의 유훈을 철저히 관철하여 이 땅우에 강성대국을 건설할 결의에 넘쳐 있다. —평양시 중구역에서— 본사기자

1950년대의 천리마기수들처럼

7월6일철도공장 차륜직장 용해공들

본사기자 김 동 철

위급한 정황속에서도

원산시 중청동 28인민반 주민들

《우 리 어 머 니》

순안구역 역전동 박송희녀성

본사기자

불 타 는 열 정

김책공업종합대학 정보과학기술

본사기자 리 은 실

조국의 최북단 끝마을에서

본사기자 로 혜 숙

송 현 수

남조선군당국자들은 서해해상에서의 무장충돌사건에 대한 책임에서 결코 벗어 날수 없다

조선인민군 해군사령부대변인 기자의 질문에 대답

〔평양 6월 30일발 조선중앙통신〕 조선인민군 해군사령부 대변인은 남조선군당국이 서해해상에서 발생한 무장충돌사건에 대한 거짓선전을 벌리고 있는것과 관련하여 6월 30일 조선중앙통신사 기자가 제기한 질문에 다음과 같이 대답하였다.

이미 보도된바와 같이 29일 서해해상에서는 남조선해군함선의 무모한 무장도발로 하여 뜻밖의 교전이 벌어졌으며 그 과정에 쌍방간에 인원과 함선손실이 있었다.

그런데 이와 관련하여 남조선군 합동참모본부는 인민군해군 경비정 2척이 조업을 하는 어선과 함께 《북방한계선》을 넘어 왔으며 우리 경비정이 선제사격을 가해 왔기때문에 남측해군이 대응사격을 해나섰다는 날조된 자료를 언론에 넘겨 주어 대대적인 허위선전을 벌리게 하였다.

이것은 사건의 책임을 우리에게 넘겨 씌우려는 불순한 기도밑에 계획적으로 감행된 비렬한 날조극이다.

남조선군부가 우리 함선들이 《북방한계선》을 넘어 섰다고 하였는데 《북방한계선》이라는것은 1950년대에 제멋대로 그어 놓은 비법적인 유령선이며 우리가 그것을 한번도 인정해 본적이 없다는것은 세상이 다 아는 사실이다.

남조선군부가 이러한 유령선을 코에 걸고 문제의 수역에 숱한 어선과 전투함선들을 들이밀었다는 그자체가 저들의 침범행위를 스스로 인정하는것으로 된다.

더우기 당시 그곳 수역에는 우리의 어선이 한척도 없었음에도 불구하고 그 무슨 《조업하는 어선들》에 대해 떠들어 대는것은 남측 보도의 허위성을 잘 말해주고 있다.

우리 인민군해군은 남조선해군함선들과 어선들이 최근에 거의 매일과 같이 우리 령해깊이 침범해 왔지만 북남사이의 군사적긴장상태를 완화하려는 념원으로부터 그리고 세계축구선수권대회가 열리고 있는 사정을 고려하여 어디모로 자제력을 발휘해 왔다.

그런데 남조선군부는 그곳 수역에 전투함선들을 증강하여 우리 해군함선에 비해 2배이상의 수적우세를 보장한 조건에서 기습적인 공격을 감행하게 했다.

상식적으로 보아도 2척밖에 안되는 경비정으로 수적으로 비할바없이 우세한 전투함선집단에 대하여, 그것도 상대측 해안포의 사격권안에서 선제공격한다는것은 말도 되지 않는다.

남조선군당국자들이 이번에 이와 같은 엄중한 군사적도발을 감행한것은 세계축구선수권대회가 열리고 있는 때에 충격적인 사건을 조작하고 그 책임을 우리에게 전가시킴으로써 남조선인민들속에서 세차게 일어 나고 있는 북남화해와 통일열기에 찬물을 끼얹고 우리의 국제적권위를 훼손시키려는데 그 목적이 있다.

상으로 이번 서해해상에서의 무장충돌사건은 남조선군부당국자들의 반통일적이며 매국배족적인 책동의 산물이다.

그런데 남조선군당국자는 이번 사태를 두고 우리를 걸고 들면서 그 무슨 《책임》과 《사과》에 대하여 떠들어 대고 있다.

그야말로 적반하장격의 언어도단이다.

남조선군당국자들은 그 어떤 허위선전으로써도 결코 저들이 저지른 범죄행위에 대한 책임에서 벗어 날수 없다.

요컨대 남조선군당국자들은 이른바 《북방한계선》의 비법성부터 인정해야 한다.

언론들은 허위와 진실을 똑바로 가려 보고 비법한 모략책동의 시녀가 되지 말아야 한다.

우리 나라 신임특명전권대사 카나다총독에게 신임장 봉정

〔평양 6월 30일발 조선중앙통신〕 우리 나라 박길연신임특명전권대사가 6월 24일 카나다총독 에드리엔 클락슨에게 신임장을 봉정하였다.

친누이의 심정으로

단천시 신풍협동농장 축산작업반 분조장 리영춘동무는 인민군군인들을 친동생처럼 아끼고 그들을 위해 모든것을 다 바치고 있다.

로동신문사

씨 앗 과 열 매

김만유병원 뇌신경외과 과장 로영남동무

본사기자

로영남동무 (가운데)

남조선군당국자들은 서해해상에서의 무장충돌사건에 대한 책임에서 결코 벗어 날수 없다

조선인민군 해군사령부 대변인이 남측 군 당국자들의 책임을 묻는 기자회견을 진행하였다.

로동신문에 실린 서해5도 관련 주요 기사

위대한 수령님의 조국통일령도업적을 만대에 길이 빛내이자

위대한 장군님의 령도를 일심으로 받들어 어버이수령님의 조국통일유훈을 기필코 실천하고야 말것이다

《한국민족민주전선》 중앙위원회 상무위원회 확대회의에 관한 공보

《한국민족민주전선》 중앙위원회

주체91 (2002)년 6월 30일 서 울

통일의 태양을 우러러

김정일장군님 계시여 통일은 확정적이다

대구의 재야인사가 칭송

《절세의 위인상 존칭어로 본다》

통일운동가가 글 발표

《만고의 영웅, 불세출의 령장 김일성주석》

허 영 민

남조선에서 새 노래들 창작, 보급

만경대 가보

6월에 살자

6월선언으로 통일합시다

서해해상사건의 근본원인으로 되고 있는 《북방한계선》은 비법적유령선이다

외무성 대변인이 북방한계선은 법적 근거가 없다고 주장하였다.

서해해상사건의 근본원인으로 되고 있는 《북방한계선》은 비법적유령선이다

조선민주주의인민공화국 외무성 대변인대답

【평양 7월 1일발 조선중앙통신】 조선민주주의인민공화국 외무성 대변인은 최근 서해해상에서 일어 난 무장충돌사건을 두고 미국이 우리를 걸고 들고 있는것과 관련하여 1일 조선중앙통신사 기자가 제기한 질문에 다음과 같이 대답하였다.

미국은 지난 6월 29일 서해해상에서 있은 무장충돌사건을 정상속의 《무장도발행위》라고 하면서 함부로 우리를 걸고 들었다.

이 사건은 남조선군이 우리측 수역에 침범하여 정상적인 해상경계근무를 수행하고 있던 우리 인민군해군경비함분에 먼저 수백발의 총포사격을 가함으로써 발생한 무장충돌사건이다.

사건의 진상이 보여 주는바와 같이 남조선군의 영해침범과 선제사격은 명백히 도발행위이며 그에 대한 우리의 대응사격은 자위적조치이며 정당방위이다.

우리 인민군해군경비함들이 《북방한계선》을 침범하였다고 떠들고 있는데 대해 말한다면 그 《북방한계선》이라는것은 정전협정에도 없는것으로서 미국이 정전협정체결이후 우리와의 그 어떤 합의도 없이 우리 수역에 제멋대로 그어 놓은 비법적인 유령선이다.

그러한 유령선을 코에 걸고 우리측 영해 깊숙이 숱한 전투함선들과 어선들을 침투시킨 그 자체가 엄중한 침략행위이다.

남조선의 군통수권을 틀어 쥐고 있는 미국이 남조선군 전투함선들의 이러한 침범과 도발행위에 대하여 모를리 없으며 미국은 그 책임에서 절대로 벗어 날수 없다.

그럼에도 불구하고 미국이 오히려 우리를 걸고 드는것은 언어도단이며 적반하장격이 아닐수 없다.

제반 사실은 이번 사건이 철두철미 미국의 비호밑에 일어 난것으로서 전에부터 북남관계진전을 달가와 하지 않고 제동을 걸어 온 미국이 북남관계에 쐐기를 치기 위하여 만들어 낸 결과물이라는것을 명백히 보여 주고 있다.

조선반도의 평화와 안전에 관심을 가지고 있는 제3자들은 이번 사건의 내막에 대하여 잘 알지도 못하면서 서뿔리 이러쿵저러쿵 하기에 앞서 사건의 근본원인으로 되고 있는 《북방한계선》의 비법성에 응당한 주의를 돌려야 한다.

그렇지 않으면 허위와 진실을 가려 보지 못하고 비열한 음모책동에 말려 들게 될것이다.

대화는 대화이고 자주권은 자주권이다.

우리는 앞으로도 우리의 자주권을 침해하는 도발행위에 대해서는 그가 누구이든 추호도 용납하지 않을것이며 모든 수단을 다하여 단호한 자위적대응조치를 취해 나갈것이다.

조선기자동맹 중앙위원회에서 국제기자동맹 서기국에 편지를 보내였다

국제기자동맹 서기국 앞

조선기자동맹 중앙위원회

주체91 (2002)년 7월 1일 평 양

미군측은 판문점에서 우리 군인들을 자극하는 도발행위들을 중지하여야 한다

판문점공동경비구역 현지경무관 기자의 질문에 대답

《비렵한 남조극》, 《해상무장충돌의 책임은 남조선군부에 있다》

조선인민군 해군사령부 대변인대답을 여러 나라 신문, 통신, 방송이 보도

미국신문 남조선인민들의 반미감정에 불안 표시

쌀수입개방 반대

핀란드조선협회대표단 귀국

주체91 (2002) 년 7월 9일 (화요일) 로 동 신 문 【4】

선군의 기치 높이 주체혁명위업을 끝까지 완성해 나갈 불 타는 맹세

《대원수님을 그리는 야영의 밤》 진행

석암소년단야영소에서

어버이수령님을 그리는 인민의 절절한 마음

위대한 어버이를 경모하는 인민의 찬가

온 나라에 뿌리 내린 선물식물들

지난 8년간 각지에 퍼진 진귀한 식용열매나무 100여종에 8만 4,000여그루

실천과 결부하여

위대한 수령 김일성…

청진주재 중국, 로씨야총령…

지방의 여러 대표단들 꽃바…

대외문화련락위원회에서

영화감상회 마련

로병의 진정

만경대구역 축전1동 김춘옥녀성

서해해상에서 충돌사건을 막자면 비법적인 《북방한계선》부터 철회하여야 한다

조선인민군 판문점대표부 대변인은 미국과 남조선의 호전세력들이 비법적인 《북방한계선》이라는것을 고집하며 우리를 걸고 드는것과 관련하여 8일 다음과 같은 담화를 발표하였다.

조선인민군 판문점대표부 대변인담화

이미 보도된바와 같이 지난 6월 29일 우리 나라 서해해상에서는 자기 령해에서 정상적인 해상경계근무를 수행하던 조선인민군 해군경비정과 남조선해군함선들사이에 교전이 벌어 졌다.

…

> **서해해상에서 충돌사건을 막자면 비법적인 《북방한계선》부터 철회하여야 한다**
>
> 조선인민군 판문점대표부 대변인이 북방한계선을 철회하라고 주장하였다.

[5] 로동신문 주체91(2002)년 8월 2일 (금요일)

《북방한계선》의 허황성을 폭로단죄하는 조국평화통일위원회 서기국 백서

위대한 수령 김일성동지께

금수산기념궁전을 찾아 라이왕국 국회상원대표단 경의 표시

《8.9월인민체력검정월간》 개막

조선통일지지 벌가리아위원회에서 불레찐 발행

8.15민족통일대회 개최합의를 지지환영

중화전국총공회대표단 만경대 방문, 여러 곳 참관

중화전국총공회대표단이 조국해방전쟁승리기념관을 참관하였다.

라이왕국 국회상원대표단 만경대 방문, 여러 곳 참관

라이왕국 국회상원대표단은 만경대혁명사적지를 기념하여 사진을 찍었다.

총련일군대표단 만경대 방문

공동선언리행과 반전평화를 위한 통일선봉대 결성

일본 돗도리현 지사일행 귀국

≪북방한계선≫의 허황성을 폭로단죄하는

조국평화통일위원회 서기국 백서

조국평화통일위원회 서기국이 북방한계선의 허황성을 폭로하는 백서를 발표하였다.

【5】 로 동 신 문 주체91 (2002) 년 12월 12일 (목요일)

미군학살만행진상규명 전 민족특별조사위원회 공동백서 (3)

1. 도시와 농촌파괴와 주민대량학살만행

남조선군이 서해 우리측 령해깊이 전투함선들과 어선들을 불법침입시키는 군사적도발 감행

[평양 12월 11일발 조선중앙통신] 11일 남조선군이 서해 우리측 령해깊이 전투함선들과 여러 척의 어선들을 불법침입시키는 군사적도발을 또다시 감행하였다.

이날 9시경부터 남조선군은 황해남도 강령군 등암리남쪽 우리측 령해깊이 2척의 전투함선들과 5척의 어선들을 장시간 불법침입시켰다.

또한 12시 22분부터 57분사이에는 연평렬도 서남해상에 있던 남조선군 호위함 1척이 우리측 수역에 침범하여 저들의 전투함선들과 어선들의 주위를 돌아 치는 도발행위를 감행하였다.

11월에 이어 또다시 감행된 남조선군의 이러한 도발행위는 우리에 대한 고립압살책동에 피눈이 되어 날뛰는 미제상전의 조종밑에 서해상에서 또 한차례의 충격적인 사건을 일으키고 그 책임을 우리에게 넘겨 씌우려는 남조선군부당국자들의 계획적이며 고의적인 책동이다.

남조선군부당국자들은 이와 같은 군사적도발행위가 북남사이의 대화와 협력에 돌이킬수 없는 후과를 가져 올수 있다는것을 명심하고 함부로 날뛰지 말아야 한다.

남조선군이 서해 우리측 령해깊이 전투함선들과 어선들을 불법침입시키는 군사적도발 감행
북측이 남측 군대가 영해를 불법 침입한 군사적 도발을 감행하였다고 주장하였다.

미국무부장관의 서울행각을 규탄하여 반미투쟁 전개

미군에 의한 무죄판결을 배리는 남조선인민들 초불시위를 규탄하여

도박범들 무리로 적발

여러 나라 방송, 신문이 조국통일민주주의전선 중앙위원회 호소문을 보도

여러 나라 방송, 신문이 전 민족에게 보내는 조국통일민주주의전선 중앙위원회 호소문을 보도하였다.

11월 25일 나이제리아의 소리방송은 다음과 같이 전하였다.

북조선의 조국통일민주주의전선 중앙위원회는 북과 남, 해외의 전체 조선민족의 단합된 힘으로 미국의 핵소동을 파탄시킬것을 호소하였다.

주체91(2002)년 12월 11일 평 양

선군태양의 빛발아래 6.15공동선언을 관철하기 위한 이남민중의 투쟁은 승리할것이다

《한국민족민주전선》 평양대표부 대표 국내외기자들과 회견

남녘겨레가 안고 사는 6월의 추억

6.15북남공동선언발표 3돐에 즈음한 친선모임 진행

위험천만한 전쟁흉계

우리 민족에게 온갖 불행과 재난을 들씌우는 미제침략군을 남조선에서 몰아 내자!

조선로동당 중앙위원회 구호에서

침략자와는 투쟁으로 맞서야 한다

기어이 피값을 받아 내리

남조선군전투함선들이 조선서해 우리측 령해를 또다시 침범

【평양 6월 12일발 조선중앙통신】 군사소식통에 의하면 남조선군부가 서해 우리측 령해에 전투함선들을 침입시키는 군사적도발을 련일 감행하고 있다.

12일 새벽 4시경 남조선군의 쾌속정 2척과 경비함 1척이 강령군 쌍교리 룡산곶남쪽 우리측 령해에 침범하여 장시간 돌아 쳤다.

이보다 앞서 11일에는 12차에 걸쳐 근 20척의 전투함선이, 10일에는 10차에 걸쳐 15척의 전투함선이 우리 령해에 침입하는 군사적도발을 감행하였다.

요즘 더욱 빈번히 감행되고 있는 남조선군전투함선들의 우리측 령해침범행위로 하여 이 수역의 정세는 날이 갈수록 긴장되고 있다.

우리 인민군군인들은 지금 남조선군의 일거일동을 높은 경각성을 가지고 날카롭게 주시하고 있다.

만일 남조선군당국자들이 우리의 자제력을 오판하고 이 수역의 정세를 일촉즉발의 위기에로 몰아 간다면 예측할수 없는 사태가 빚어 지게 될것이며 그로부터 초래되는 모든 후과에 대하여 전적인 책임을 지게 될것이다.

> **남조선군전투함선들이 조선서해 우리측 령해를 또다시 침범**
>
> 북측이 남측 군대가 영해를 또다시 불법 침입하였다고 주장하였다.

초불시위탄압중단을 주장

김일성사회주의청년동맹 …

부르는 《꿈》

[5] 로 동 신 문 주체92 (2003)년 8월 14일 (목요일)

조국애와 민족애는 민족대단결의 사상적기초

의로운 투쟁이 죄로 될수 없다

《만경봉-92》호에 의한 정상적인 조국방문을 바라는 간또지방 동포들의 모임 진행

전쟁반대 평화실현 결의대회 진행

조선학생위원회 대변인담화

남조선군이 서해 우리측 령해깊이 전투함선들을 침입시키는 군사적도발 감행

【평양 8월 13일발 조선중앙통신】 군사소식통에 의하면 최근 남조선군이 서해 우리측 령해에 전투함선들을 불법침입시켜 이 수역의 정세를 극도로 긴장시키는 군사적도발행위를 련이어 감행하고 있다.

13일 남조선군전투함선 3척이 강령군 등산곶남쪽 우리의 령해에 불법침입하여 장시간 이 수역을 돌아 쳤다.

이보다 앞서 11일과 12일에도 여러척의 남조선군전투함선들이 5차에 걸쳐 우리측 령해를 불법침입하였다.

군사분계선대밑에 땅크들을 끌어 들이는 군사적도발행위와 때를 같이 하여 서해 해상에서 련이어 감행하는 이러한 령해침범행위들은 남조선군당국자들이 침략적인 《울지 포커스 렌즈》합동군사연습을 계기로 지상과 해상에서 대결분위기를 극도로 고조시키고 정세를 전쟁접경에로 몰아 가려는데 그 주되는 목적이 있다.

남조선군부당국은 서해해상에서 감행하는 무모한 군사적도발이 예측할수 없는 후과를 가져 올수 있다는것을 똑바로 명심하고 경거망동하지 말아야 한다.

남조선군이 서해 우리측 령해깊이 전투함선들을 침입시키는 군사적도발 감행

북측 군사소식통은 남측 전투함선들이 영해를 침범하였다고 주장하였다.

중국녀성대표단 성원들과의 친선모임 진행

평화와 통일을 위한 8.15민족대회에 참가할 해외동포들 도착

범민련 공동사무국 범민식사무총장일행

《재일한국민주통일련합》 대표단

재오스트랄리아동포전국련합회대표단

혁명진지, 계급진지를 반석같이 다지자

포악한 인간백정

원수들과 끝까지 싸울 각오로

승냥이미제를 이 땅에서 영영 쓸어 버릴 결사의 각오에 넘쳐 있다. —순천시계급교양관에서— 김광혁 찍음

옹진군에서 감행한 미제의 야수적만행

피를 즐기는 승냥이

미군의 남조선주둔은 불법, 비법의 군사적강점

불레찐 《통일》 특간호 발행

재우즈베끼스딴동포들 예술축전

《2003부천시민통일문화제》 행사 진행

조국평화통일위원회 서기국보도 제844호

파쑈와 전쟁의 화근 《한나라당》을 규탄한다

역적당 《한나라당》 해체하라

남조선각계가 배격

통일운동가에 대한 탄압 규탄

끼르기즈스딴고려련 서기장 담화 발표

북남철도 및 도로련결을 위한 제6차 실무접촉 진행

국제고려련 사무국장이 담화 발표

남조선군이 서해 우리측 령해에 전투함선들을 침입시키는 군사적도발 련이어 감행

핵페기장건설반대시위자들을 탄압

대구에서 립지사고

북침전쟁준비를 위해 남조선에 끌어 들인 미군의 군사장비들

> 남조선군이 서해 우리측 령해에 전투함선들을 침입시키는 군사적도발 련이어 감행
>
> 북측 군사소식통은 남측 전투함선들이 또다시 영해를 침범하였다고 주장하였다.

[5] 로 동 신 문 주체92 (2003) 년 9월 3일 (수요일)

6.15공동선언관철을 위한 북남청년학생통일선언

6.15공동선언관철을 위한 북남청년학생대표자회의 금강산
2003년 9월 2일

6.15공동선언관철을 위한 북남청년학생대표자회의 진행

민족의 기상, 통일의 의지를 남김없이 시위

— 제22차 세계대학생체육경기대회에 참가하였던 우리 선수단과 응원단 —

하늘땅을 진감한 통일의 함성

글 강진철
사진 한영채

《미녀응원단》의 파문 - 우리는 하나

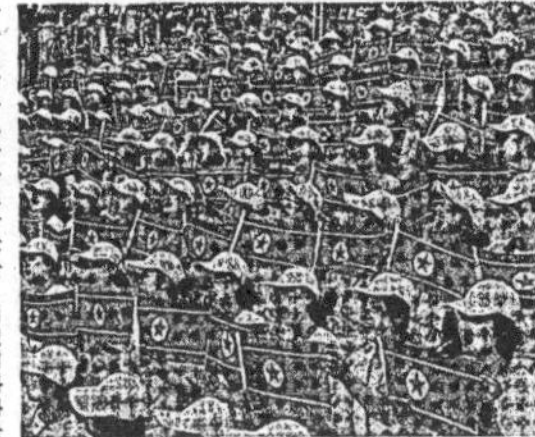

본사기자

꺼지지 않는 조선녀자축구 《신화》

《민족은 하나라는 감동을 확인한 축전의 마당》

— 남조선 각계의 반향중에서 —

《남과 북이 함께 응원하니 통일이 다된것 같다》

본사기자

우승의 금자탑을 세운 북조선녀자축구팀

본사기자

남조선군이 서해 우리측 령해에 전투함선들을 침입시키는 군사적도발 감행

【평양 9월 2일발 조선중앙통신】 군사소식통에 의하면 서해해상에서 련이어 감행되는 남조선군전투함선들의 령해침범행위로 말미암아 이곳 수역의 정세는 날로 긴장되여가고 있다.

남조선군은 2일 0시 5분경부터 10시경까지의 사이에 만도 강령군 룡산곶 남쪽 우리측 령해에 5차에 걸쳐 전투함선들을 불법침입시키는 군사적도발을 감행하였다.

남조선군은 이에 앞서 1일에는 9차, 8월 30일에는 11차나 이곳 수역에 전투함선들을 침입시켰다.

남조선군부가 서해해상에서 새로운 《교전》의 재발을 막기 위하여 발휘하고 있는 우리의 높은 자제력과 인내성을 외면하고 계속 전투함선들을 불법침입시킨다면 그로부터 초래되는 엄중한 후과에 대하여 전적인 책임을 지게 될것이다.

로동악법 배격

남조선 《MBC》방송에 의하면 민주로총과 《한국로총》이 부당한 로동관련법안의 《국회》통과를 반대하여 8월 29일 서울 여의도에서 집회를 가졌다.

단체들은 《국회》가 로동계의 항의에도 불구하고 일방적으로 채택한 로동관련법은 중소영세기업들과 비정규직로동자 그리고 녀성들에 대한 차별을 규정한 악법이라고 규탄하였다.

단체들은 로동조건을 더욱 악화시킨 독소조항들을 받아들일수 없다고 하면서 악법을 반대하는 총력투쟁을 전개할것이라고 밝혔다.

【조선중앙통신】

남조선군이 서해 우리측 령해에 전투함선들을 침입시키는 군사적도발 감행

북측 군사소식통은 남측 전투함선들이 또다시 영해를 침범하였다고 주장하였다.

《우리 민족끼리》는 온 겨레가 들고나가야 할 불변의 리념

《해빛만을 주는 위대한 사랑의 정치》

남녘겨레의 끝없는 흠모

조선의 통일과 평화를 위한 국제련락위원회에서 불레찐 발행

《파병반대 10가지 리유와 3가지 제안》

남조선의 한 대학교수가 글 발표

이 땅에서는 로동자와 농민, 빈민들이 억압받고있다

로조지회장이 남긴 유서

조선통일지지 도미니까위원회가 고려민주련방공화국창립방안을 지지

혁명진지, 계급진지를 반석같이 다지자

태평양에 서린 원한

남조선군이 서해 우리측 령해에 전투함선들을 침입시키는 엄중한 군사적도발 감행

【평양 10월 29일발 조선중앙통신】 군사소식통에 의하면 최근 남조선군이 서해 우리측 령해에 전투함선들을 련이어 침입시키면서 이 수역의 정세를 극도로 긴장시키고 있다.

남조선군은 29일 1시 15분경부터 2시경까지의 사이에 2척의 전투함선들을 강령군 쌍교리 남쪽 우리측 령해깊이 불법침입시킨데 이어 7시 40분경부터 수차에 걸쳐 같은 수역에 전투함선들을 침입시켰다.

이보다 앞서 남조선군은 28일에는 11차, 26일에는 4차, 24일과 25일에는 각각 6차에 걸쳐 전투함선들을 련이어 침입시키는 군사적도발을 감행하였다.

남조선군당국자들은 이러한 령해침범행위가 새로운 《서해교전》을 몰아올수 있는 위험천만한 모험이라는것을 명심하고 함부로 날뛰지 말아야 한다.

남조선륙군부대 기동훈련

남조선 《KBS》방송에 의하면 륙군 《번개》부대가 28일부터 30일까지의 사이에 인천과 경기도 부천지역에서 기동훈련을 실시할것이라고 공포하였다.

융생력량과 각종 전쟁장비가 기동하게 되는 이번 군사연습에서는 주야간 공포탄도 발사할것이라고 군당국은 밝혔다.

【조선중앙통신】

중국공산당친선참관단 만경대 방문, 여러곳 참관

중국공산당친선참관단은 만경대옛집방문을 기념하여 사진을 찍었다.

이 원한을 반드시 갚고야말리

제2차세계대전시기 오끼나와에서 감행된 일제의 조선인학살만행

천백배로 복수하리

미제침략자들을 천백배로 복수할 길의에 넘쳐있는 참관자들

남조선군이 서해 우리측 령해에 전투함선들을 침입시키는 엄중한 군사적도발 감행

북측 군사소식통은 남측 전투함선들이 또 다시 영해를 침범하였다고 주장하였다.

[5] 로동신문 주체92(2003)년 11월 25일 (화요일)

장본인은 미국이다

조국의 벅찬 숨결을 느끼며

애국위업에 대한 믿음을 북돋아준 공연

도적패당이 갈 곳은 력사의 《무덤》뿐이다

핵페기물처리장건설반대집회와 시위

법학교수들 《테로방지법》제정을 반대

문화유적파괴행위 규탄

미국의 지배와 간섭을 규탄하여 반미시위를 벌리는 남조선인민들

당국과 보수언론의 태도를 규탄

매향리미군폭격장철거를 요구

남조선군이 서해해상에서 우리 해군경비정에 포사격을 가하는 엄중한 군사적도발 감행

[평양 11월 24일발 조선중앙통신] 군사소식통에 의하면 24일 13시 10분경 남조선군전투함선들이 월내도 서남해상에서 정상적인 해상경계근무를 수행하고 있던 우리 해군경비정에 여러발의 포사격을 가하는 엄중한 군사적도발행위를 감행하였다.

남조선군당국자들은 이와 같은 무분별한 군사적도발행위로 하여 초래될 엄중한 후과에 대하여 심사숙고하고 경거망동하지 말아야 한다.

남조선군이 서해해상에서 우리 해군경비정에 포사격을 가하는 엄중한 군사적도발 감행

북측 군사소식통은 남측이 해군경비정에 포사격을 가하는 도발을 감행하였다고 주장하였다.

미2사단본부앞에서 기자회견

목에 걸린 뭉치돈

로씨야방문 외교단사업총국대표단 출발

우리 나라와 웰남사이의 규격화, 계량, 품질관리분야에서의 협조에 관한 협정 조인

주체93 (2004) 년 6월 5일 (토요일) 로동신문 [4]

위대한 령장을 모시여 반제군사전선의 바다진지는 금성철벽

영원히 승리만을 떨치리

참관기 또다시 준엄한 날이 온다면

조국해방전쟁승리기념관 해군관을 찾아서

본사기자 로주봉

우리는 일당백으로 준비되였다

> 서해해상에서 우발적충돌방지와 군사분계선지역에서의 선전활동중지 및 선전수단제거에 관한 합의서
>
> 남북이 서해해상에서 우발적 충돌 방지에 관한 합의서를 체결하였다.

로씨야국립아까데미야내무성협주단 첫 공연

제2차 북남장령급군사회담 진행

서해해상에서 우발적충돌방지와 군사분계선지역에서의 선전활동중지 및 선전수단제거에 관한 합의서

주체93 (2004) 년 6월 4일

《보천보홰불상》 체육경기대회 개막

중국대사관성원들 태암협동농장의 농사일을 도왔다

활발히 진행되는 전국문학축전

조선작가동맹 중앙위원회에서

《내 민족 살리고 내 민족 번영케 하는 선군정치》

영구강점기도를 드러낸 망발

국제고등련 사무국장 담화 발표

《대학생 5월한마당》 전야제

민족의 단합과 통일에 역행하는 반통일악법

전면적투쟁으로 《보안법》을 철폐시키자

남조선각계의 힘찬 투쟁

《보안법》의 무조건적폐지 요구

《국회의원》 과반수가 《보안법》개정, 폐지를 주장

공안당국의 방해책동을 단죄

일본우익보수세력의 발광적인 반공화국악법제정책동

남조선군이 서해 우리측 령해에서 군사적도발 감행

【평양 6월 4일발 조선중앙통신】 군사소식통에 의하면 남조선군이 4일 서해 우리측 령해깊이 전투함선들을 불법침입시켜 우리의 평화적어선들을 위협하는 군사적도발을 감행하였다.

이날 8시 50분경 남조선군은 3척의 전투함선을 황해남도 강령군 구월봉 남쪽 우리측 수역에 깊이 침입시켰으며 9시 25분경에는 정상적인 어로작업을 하고있던 우리의 평화적어선들을 향하여 방송으로 《돌아가지 않으면 사격하겠다》고 반복하여 불어댔다.

남조선군은 같은 시각에 전투기들을 2대씩 편대를 지어 어미치에나 연평렬도상공에 출동시키면서 우리의 어선들을 위협하였다.

하늘과 바다에서 동시에 감행된 이와 같은 군사적도발행위는 두차례나 서해교전을 불러왔던 문제의 수역에서 또다시 고의적으로 긴장을 격화시키려는 남조선군당국자들의 계획적인 도발책동이라고밖에 말하는 볼수 없다.

최근 날로 더욱 로골화되는 남조선전투함선들의 우리측 령해침범행위는 비제가 제멋대로 그어놓은 그 무슨 《북방한계선》이라는것을 끝까지 고집하면서 이 수역의 관할권을 행사하려는 남조선군당국자들의 어리석은 기도와 결코 무관하지 않다.

북남장령급군사회담에서 채택된 합의서의 잉크가 마르기도 전에 감행된 남조선군의 이러한 도발책동과 차후 움직임에 대하여 우리는 높은 경계심을 가지고 주시하고있다.

남조선군당국자들은 문제의 수역에서 또다시 무력충돌이 벌어질 경우 초래될 파국적후과에 대하여 심사숙고하고 함부로 날뛰지 말아야 한다.

쌀시장개방을 위한 재협상시도 반대

보도에 의하면 《전국농민회총련맹》(전농)과 시민단체들이 당국의 쌀시장개방을 위한 재협상시도를 규탄하여 5월 27일 서울에서 기자회견을 가지였다.

기자회견에서 《전농》 의장 문경식, 《전국민중련대》 상임대표 정광훈, 민주로동당 《국회의원》 당선자 강기갑 등이 발언하였다.

발언자들은 당국이 내놓은 재협상안은 《우리 쌀을 지키려 하기보다는 국민을 기만하는 내용으로 일관되어있다》고 비난하였다.

그들은 쌀시장개방을 막기 위한 투쟁을 범국민적운동으로 벌릴것이라고 밝혔다.

기자회견에서는 회견문이 발표되였다.

이어 참가자들은 쌀시장개방반대시위를 벌렸다.

한편 이에 앞서 5월 12일 《전농》과 시민단체들은 련석회의를 열고 미국을 비롯한 다른 나라들과의 쌀시장개방재협상에 맞서기 위한 공동대응방안을 토의하였으며 《식량주권사수 범국민운동본부》를 결성하기로 하였다.

【조선중앙통신】

남조선군이 서해 우리측 령해에서 군사적 도발 감행

북측 군사소식통은 남측 전투함선들이 군사적 도발을 감행하였다고 주장하였다.

로동신문에 실린 서해5도 관련 주요 기사

북남관계발전과 평화번영을 위한 선언

남북 정상이 <북남관계발전과 평화번영을 위한 선언>에 합의하였다.

동신문

튼튼히 무장하자!

조선로동당 중앙위원회기관지

제278호 [루계 제22134호] 주체96(2007)년 10월 5일 (금요일)

위대한 령도자 김정일동지의 사상과 령도를 한마음 한뜻으로 받들어나가자!

북남관계발전과 평화번영을 위한 선언

조선민주주의인민공화국 김정일국방위원장과 대한민국 로무현대통령 사이의 합의에 따라 로무현대통령이 2007년 10월 2일부터 4일까지 평양을 방문하였다.

방문기간 력사적인 상봉과 회담들이 있었다.

상봉과 회담에서는 6.15공동선언의 정신을 재확인하고 북남관계발전과 조선반도평화, 민족공동의 번영과 통일을 실현하는데 따른 제반문제들을 허심탄회하게 협의하였다.

쌍방은 우리 민족끼리 뜻과 힘을 합치면 민족번영의 시대, 자주통일의 새시대를 열어나갈수 있다는 확신을 표명하면서 6.15공동선언에 기초하여 북남관계를 확대발전시켜나가기 위하여 다음과 같이 선언한다.

1. 북과 남은 6.15공동선언을 고수하고 적극 구현해나간다.

북과 남은 《우리 민족끼리》정신에 따라 통일문제를 자주적으로 해결해나가며 민족의 존엄과 리익을 중시하고 모든것을 이에 지향시켜나가기로 하였다.

북과 남은 6.15공동선언을 변함없이 리행해나가려는 의지를 반영하여 6월 15일을 기념하는 방안을 강구하기로 하였다.

2. 북과 남은 사상과 제도의 차이를 초월하여 북남관계를 호상존중과 신뢰의 관계로 확고히 전환시켜나가기로 하였다.

북과 남은 내부문제에 간섭하지 않으며 북남관계문제들을 화해와 협력, 통일에 부합되게 해결해나가기로 하였다.

북과 남은 북남관계를 통일지향적으로 발전시켜나가기 위하여 각기 법률적, 제도적장치들을 정비해나가기로 하였다.

북과 남은 북남관계의 확대와 발전을 위한 문제들을 민족의 념원에 맞게 해결하기 위해 량측 의회 등 각 분야의 대화와 접촉을 적극 추진해나가기로 하였다.

3. 북과 남은 군사적적대관계를 종식시키고 조선반도에서 긴장완화와 평화를 보장하기 위해 긴밀히 협력하기로 하였다.

북과 남은 서로 적대시하지 않고 군사적긴장을 완화하며 분쟁문제들을 대화와 협상을 통하여 해결하기로 하였다.

북과 남은 조선반도에서 어떤 전쟁도 반대하며 불가침의무를 확고히 준수하기로 하였다.

북과 남은 서해에서의 우발적충돌방지를 위해 공동어로수역을 지정하고 이 수역을 평화수역으로 만들기 위한 방안과 각종 협력사업에 대한 군사적보장조치문제 등 군사적신뢰구축조치를 협의하기 위하여 북측 인민무력부장과 남측 국방부 장관사이의 회담을 금년 11월중에 평양에서 개최하기로 하였다.

4. 북과 남은 현 정전체제를 종식시키고 항구적인 평화체제를 구축해나가야 한다는데 인식을 같이하고 직접 관련된 3자 또는 4자수뇌들이 조선반도지역에서 만나 종전을 선언하는 문제를 추진하기 위해 협력해나가기로 하였다.

북과 남은 조선반도핵문제해결을 위해 6자회담의 《9.19공동성명》과 《2.13합의》가 순조롭게 리행되도록 공동으로 노력하기로 하였다.

5. 북과 남은 민족경제의 균형적발전과 공동의 번영을 위해 경제협력사업을 공리공영과 유무상통의 원칙에서 적극 활성화하고 지속적으로 확대발전시켜나가기로 하였다.

북과 남은 경제협력을 위한 투자를 장려하고 경제하부구조건설과 자원개발을 적극 추진하며 민족내부협력사업의 특수성에 맞게 각종 우대조건과 특혜를 우선적으로 부여하기로 하였다.

북과 남은 해주지역과 주변해역을 포괄하는 《서해평화협력특별지대》를 설치하고 공동어로구역과 평화수역설정, 경제특구건설과 해주항활용, 민간선박의 해주직항로통과, 림진강하구공동리용 등을 적극 추진해나가기로 하였다.

북과 남은 개성공업지구 1단계 건설을 빠른 시일안에 완공하고 2단계 개발에 착수하며 문산—봉동간 철도화물수송을 시작하고 통행, 통신, 통관문제를 비롯한 제반 제도적보장조치들을 조속히 완비해나가기로 하였다.

북과 남은 개성—신의주철도와 개성—평양고속도로를 공동으로 리용하기 위해 개보수문제를 협의추진해가기로 하였다.

북과 남은 안변과 남포에 조선협력지구를 건설하며 농업, 보건의료, 환경보호 등 여러 분야에서의 협력사업을 진행해나가기로 하였다.

북과 남은 북남경제협력사업의 원활한 추진을 위해 현재의 《북남경제협력추진위원회》를 부총리급 《북남경제협력공동위원회》로 격상하기로 하였다.

6. 북과 남은 민족의 유구한 력사와 우수한 문화를 빛내이기 위해 력사, 언어, 교육, 과학기술, 문화예술, 체육 등 사회문화분야의 교류와 협력을 발전시켜나가기로 하였다.

북과 남은 백두산관광을 실시하며 이를 위해 백두산—서울직항로를 개설하기로 하였다.

북과 남은 2008년 베이징올림픽경기대회에 북남응원단이 서해선렬차를 처음으로 리용하여 참가하기로 하였다.

7. 북과 남은 인도주의협력사업을 적극 추진해나가기로 하였다.

북과 남은 흩어진 가족과 친척들의 상봉을 확대하며 영상편지교환사업을 추진하기로 하였다.

이를 위해 금강산면회소가 완공되는데 따라 쌍방대표를 상주시키고 흩어진 가족과 친척의 상봉을 정상적으로 진행하기로 하였다.

북과 남은 자연재해를 비롯하여 재난이 발생하는 경우 동포애와 인도주의, 상부상조의 원칙에 따라 적극 협력해나가기로 하였다.

8. 북과 남은 국제무대에서 민족의 리익과 해외동포들의 권리와 리익을 위한 협력을 강화해나가기로 하였다.

북과 남은 이 선언의 리행을 위하여 북남총리회담을 개최하기로 하고 제1차회의를 금년 11월중 서울에서 가지기로 하였다.

북과 남은 북남관계발전을 위해 수뇌들이 수시로 만나 현안문제들을 협의하기로 하였다.

2007년 10월 4일 평양

조선민주주의인민공화국	대한민국
국방위원장	대통령
김정일	**로무현**

[5] 로 동 신 문 주체98(2009)년 2월 13일 (금요일)

백두령장을 우러러 터치는 격정의 목소리

성명의 무게를 결코 약화시킬수 없다

6.15공동선언실천 북측위원회 청년학생분과위원회 대변인성명

반역 《정권》 퇴진을 주장

영국단체들 리명박패당의 살인만행을 규탄

살인만행의 진상을 은폐하려는 검찰을 단죄

더이상 통할수 없는 《북방한계선》

더 이상 통할수 없는《북방한계선》

조국평화통일위원회는 서해해상군사경계선에 관한 합의를 폐기한다고 공식 선포하였다.

강성대국건설의 위대한 전환을 안아온 력사의 기적

조 선 중 앙 통 신 사 보 도

> 우리 군대는 우리가 설정한 조선서해해상군사분계선을 물리적힘으로 수호해나갈것이다
>
> 조선인민군 해군사령부가 조선서해해상군사분계선을 물리적 힘으로 수호해 나갈 것이라고 발표하였다.

우리 군대는 우리가 설정한 조선서해해상군사분계선을 물리적힘으로 수호해나갈것이다

조선인민군 해군사령부 대변인성명

우리의 거듭되는 경고에도 불구하고 남조선군부호전광들과 보수세력들의 고의적인 군사적도발책동으로 하여 조선서해해상에는 의연히 험악한 사태가 지속되고있다.

조선서해 우리측 령해에 대한 남조선군부호전광들의 빈번한 해상침범행위는 최근 모험적인 포사격행위로까지 번져지고있다.

남조선의 군부호전광들과 보수세력들은 계획적인 군사적도발행위를 통하여 불법무법의 《북방한계선》을 고수하면서 그 남쪽수역을 저들의 령해로 기정사실화해보려고 어리석게 획책하고있다.

조선인민군 해군사령부는 조선서해해상에 조성된 엄중한 사태에 대처하여 다음과 같이 성명한다.

1. 남조선군부호전광들의 무모한 군사적도발책동에 대응하여 우리 해군은 아군 서해해상군사분계선수역을 우리의 해안 및 섬포병구분대들의 평시 해상사격구역으로 선포한다.

2. 아군 해상사격구역에서 모든 어선들과 기타 함선들은 피해가 없도록 자체의 안전대책을 스스로 세워야 할것이다.

3. 조선서해에는 불법무법의 《북방한계선》이 아니라 오직 우리가 선포한 해상군사분계선만이 유일하게 존재한다는것을 다시금 내외에 천명한다.

주체98(2009)년 12월 21일
평 양

다음해생산준비를 착실히

검 덕 광 업 련 합 기 업 소 에 서

비날론폭포 쏟아질 그날을 앞당기기 위하여 혁신과 비약의 불꽃날리는 2.8비날론련합기업소 본사기자 장 청 일 찍음

흙보산비료생산에 힘을 넣어

평 산 군 에 서

〔5〕 로 동 신 문 주체99 (2010) 년 12월 9일 (목요일)

미국과 남조선호전광들은 연평도포격사건의 책임에서 절대로 벗어날수 없다

조국평화통일위원회 서기국 상보

> 미국과 남조선호전광들은 연평도포격사건의 책임에서 절대로 벗어날수 없다
>
> 조국평화통일위원회 서기국이 미국과 남측이 연평도 포격사건의 책임에서 벗어날 수 없다고 발표하였다.

투철한 계급의식을 지니고 사회주의진지를 철벽으로!

계급투쟁의 진리를 새겨준 예술선동

신천군 석당리 당위원회에서

침략자들을 무자비하게 쓸어버릴 멸적의 의지

인민군군인들과 근로자들, 청소년 … 교양관 련일 참관

교정에 비낀 두 모습

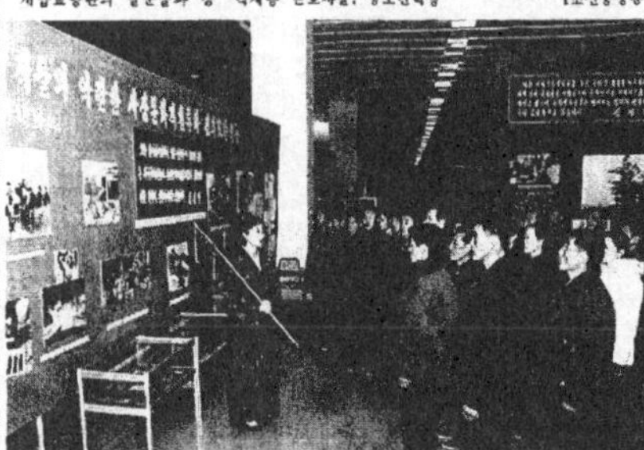

제국주의자들의 사상문화적침투책동과 심리모략전을 단호히 짓부셔버릴 결의에 넘쳐있다. —중앙계급교양관에서— 리 진 팡 찍음

대고조진군길에 타오른 불길－《산울림》 창조기풍

선군시대 기념비적걸작을 창조한 국립연극단의 경험을 두고 (1)

사리원시 혁신동 영예군인 리원남동무의 생활에서

내 조국 한없이 좋아라

우리 공화국의 신성한 령해에 대한 도발적인 연평도포사격계획을 즉시 철회하여야 한다

북남장령급군사회담 우리측 단장 남조선괴뢰군부에 엄숙히 통고

우리 공화국의 신성한 령해에 대한 도발적인 연평도포사격계획을 즉시 철회하여야 한다
장령급회담 북측 단장이 남측 군부에 연평도포사격계획을 즉시 철회하라고 경고하였다.

독자의 편지 우리 집은 당의 품

혁명사적지답사를 교수교양과 결부하여

운산농기계전문학교에서

사회주의 내 조국의 따뜻한 품을 노래하며 희망의 꽃을 활짝 피워간다.
－만경대학생소년궁전에서－
본사기자 (촬영)

우리라는 정다운 부름속에

철산군연면보안서 아래단위 인민보안원 리광남동무

경영활동의 정보화 실현

(조선중앙통신)

3부 서해5도 관련 기사

[5] 로 동 신 문 주체99(2010)년 12월 24일 (금요일)

무비의 담력을 지니신 천하무적의 장군

통일을 안아오는 선군정치

선군정치에 대한 칭송의 목소리

민족수호의 위대한 령장

천재적인 령군술에 매혹되여

우리 조국의 전진을 가로막을 힘 이 세상에 없다

재중조선인총련합회 경축보고회 진행

범국민적인 독재 《정권》 심판투쟁을 호소

전쟁위기를 고조시키는 괴뢰당국을 단죄

북침전쟁소동에 날뛰는 역적패당

재미동포인터네트신문 《민족통신》이 론평

무모한 군사적대결책동을 규탄

방글라데슈단체 콩크리트장벽해체를 요구

흉악한 대결망동, 어리석은 야망

괴뢰호전광들 조선동해에서의 도발적인 해상훈련실시를 공표

생존권보장을 요구하여 투쟁하는 남조선의 비정규직로동자들

반민중적인 민영화정책 철회를 요구

《북방한계선》은 긴장격화의 근원

≪북방한계선≫은 긴장격화의 근원

로동신문 기자가 북방한계선은 긴장격화의 근원이라고 주장하였다.

《절세의 위인을 모신 조선의 미래는 휘황찬란하다》

비법적인 《북방한계선》 조작자의 정체

비법적인 ≪북방한계선≫ 조작자의 정체

로동신문 기자가 북방한계선은 근거가 없는 선이므로 철회되어야 한다고 주장하였다.

대화는 조선반도문제를 해결하는 가장 좋은 방도

중국신문이 글 게재

일본의 비난을 배격

미국의 군사작전확대시도를 단죄

팔레스티나독립국가창설을 지지

이스라엘의 침략행위를 규탄

여러 나라들 협조

약 250만편전의 탐뢰원화석 발견

자주적인 삶을 위하여

천연림보호사업

나무모생산

메탄올공장 건설

유색금속 수출

메칠르에서 가스가공공장건설

미군 파키스탄에 대한 공습 또 감행

나토군의 살인만행

유럽땅을 뒤흔드는 금융위기

비난받는 지구온난화방지웨방군

ㄱ-012371 편 집 위 원 회

≪천안≫호사건에 이어 감행된 연평도포격도발의 흑막을 폭로한다

국방위원회 검열단이 연평도 포격사건의 실상을 발표하였다.

【5】 로 동 신 문 주체100(2011)년 2월 24일 (목요일)

《천안》호사건에 이어 감행된 연평도포격도발의 흑막을 폭로한다

조선민주주의인민공화국 국방위원회 검열단 진상공개장 (2)

우리 국방위원회 검열단은 지난해 11월 2일 진상공개장 (1)을 통하여 《천안》호사건이야말로 미국과 남조선역적패당이 날조한 민족사상 초유의 특대형모략극이라는것을 과학적으로, 공명정대하게 온 세상에 폭로하였다.

그 이후에도 남조선의 전문가들이 《천안》호선체와 어뢰부분품의 흡착물질형성과정을 주사굴절미경으로 정밀분석하는 등 총 11가지 실험을 진행하여 괴뢰들의 조사결과를 전면 반박한 사실이 세상에 공개되였다.

뒤이어 함선침몰의 결정적물증으로 내놓았던 어뢰추진체내부에서 꽃모양의 흰색물질이 붙어있는 조개껍질이 발견되여 이것이 1~2달이 아니라 오랜 기간 바다물속에 있은것이라는 확고한 증거가 나타나자 괴뢰국방부가 서둘러 그것을 떼버린 《조개껍질제거》사건이 더껴 사람들의 쓴웃음만 자아냈다.

그런가 하면 사고수역에 대한 수색에 동원되였던 장교가 미군잠수함구조작업중에 죽은것으로 확인되여 다시금 확대되고있는 《〈천안〉호와 미군잠수함충돌의혹》 등 남조…

조사평가하자는 우리의 대범하고 아량있는 제의에 끝내 응해나오지 못하고있는 리유에 대하여서는 삼척동자도 알수 있을것이다.

그럼에도 불구하고 역적패당은 이미 거덜이 날대로 난 《천안》호사건을 반공화국대결에 악용해보려고 아직까지 생억지를 부리는가 하면 연평도포격전의 책임도 우리에게 전가시켜보려고 발악하고있다.

2월 8일과 9일에 있은 북남고위급군사회담개최를 위한 예비회담과정에 우리의 면전에서 먼저 회담장을 뛰쳐나가고도 상대가 일방적으로 퇴장한듯이 진실을 오도하는 역적패거리들이 무슨 일인들 꾸며내지 못하겠는가.

연평도포격행위는 《천안》호사건이 특대형모략극으로 락인되여 내외의 커다란 비난과 규탄을 받게 되자 그 죄과를 무마해버리고 북남관계를 전쟁접경에로 끌어가기 위해 무모한 선불질로 우리 군대에 직접적인 군사적대결을 강요해나선 계획적인 도발이다.

《천안》호사건이 외세와 공조하여 우리 공화국에 대한 전면적인 …

1. 연평도포격전의 실상

2. 연평도포격행위는 뿌리깊은 체계적도발의 연장

3. 연평도포격도발을 통해 추구한 역적패당의 범죄적기도

4. 연평도포격도발의 배후조종자

5. 연평도포격전이 주는 심각한 교훈

주체100(2011)년 2월 23일

평 양

[5] 로 동 신 문 주체100(2011)년 5월 23일 (월요일)

조국통일5개방침과 더불어 길이 빛날 불멸의 업적

온 민족이 우러르는 위대한 태양

《자유무역협정》 체결저지를 위한 련대투쟁 선언

집권위기모면을 위한 무분별한 탄압을 단죄

운명이 경각에 달한자들의 망동

로동악법을 반대하여 투쟁하는 남조선로동자들

전쟁《정권》에 대한 민심의 분노

제2의 연평도사건조작을 노린 위험한 책동

> 제2의 연평도사건조작을 노린 위험한 책동
> 로동신문 기자가 연평도 포격사건에 이어 백령도에서 준비되고 있는 군사행위에 대해 경고하였다.

[5] 로 동 신 문 주체100(2011)년 7월 20일 (수요일)

북남공동선언은 조국통일3대헌장의 빛나는 구현

태양의 미소를 그리며

미군이 렬화우라니움탄을 보관한 사실 폭로

반역통치배들을 권력의 자리에서 내쫓아야 한다

통일운동에 대한 파쑈적탄압을 단죄

미제와 남조선괴뢰호전광들 북침합동전쟁연습을 계획

로조탄압을 중지할것을 요구

민족의 평화통일념원에 역행하는 미제와 괴뢰당국을 규탄

조국통일범민족련합 남측본부 론평 발표

《북방한계선》 고수를 노린 음흉한 책동

《북방한계선》 고수를 노린 음흉한 책동

로동신문 기자가 <서해5도 종합발전계획>은 북방한계선 고수를 노린 책동이라고 규탄하였다.

〔5〕 로 동 신 문 주체100(2011)년 10월 7일 (금요일)

조선반도의 평화와 안정파괴를 노린 전쟁소동

민족의 운명을 지켜주는 선군정치

민족공동행사를 파탄시킨 당국을 규탄

《민생경제살리기공약》은 거짓말이였다

미군범죄자에 대한 엄격한 처벌 요구

남조선의 민주민생평화통일주권련대가 9월 30일 성명을 발표하여 남조선녀학생을 성폭행한 미제침략군범죄자를 처벌할것을 주장하였다.

성명은 동두천에서 감행한 미군의 성폭행범죄가 국민들의 커다란 분노를 자아내고있는데 대해 언급하였다. 그러나 당국이 남조선미국《행정협정》을 구실로 범죄자에 대한 처벌을 회피하고있다고 성명은 비난하였다.

성명은 반값등록금실현을 요구하는 사람들을 폭대포로 억누르면서도 국민의 생명을 위협하는 미군의 범죄행위에 대해서는 무난히 처리하려는 당국의 태도에 격분을 금할수 없다고 지적하였다.

성명은 당국이 미군범죄자를 즉시 구속하고 법정에서 엄하게 처벌할것을 요구하였다.

이번에도 미군범죄근절을 위한 근본적인 대책을 세우지 않는다면 거대한 초불항쟁에 부딪치게 될것이라고 성명은 경고하였다.

【조선중앙통신】

괴뢰호전광들 조선서해 섬들에서 사격연습 감행

【평양 10월 6일발 조선중앙통신】 남조선 《MBC》방송에 의하면 괴뢰호전광들이 6일 백령도와 연평도를 비롯한 조선서해 섬들에서 광란적인 사격연습을 감행하였다.

괴뢰호전광들은 섬들에 배치된 각종 포들을 비롯한 화력무기들을 동원하여 전쟁연습을 올렸다.

이번 사격연습은 《유엔군사령부》 요원들이 지켜보는 속에서 벌어졌다 한다.

북남공동선언들의 리행으로 평화와 통일을 이룩할것을 주장하는 겨레의 목소리가 더욱 높아가고있는 때에 괴뢰호전광들은 민족의 지향에 정면도전하며 전쟁책동에 계속 매달리고있다.

괴뢰호전광들 조선서해 섬들에서 사격연습 감행

MBC는 백령도와 연평도 부근에서 사격훈련이 진행되었다고 보도하였다.

《제주해군기지건설 중지하라!》

삶의 터전을 지키기 위하여

제주해군기지건설을 반대하여 투쟁하는 남조선인민들

결사의 의지안고

기지건설에 항의하는 대학생들을 폭행

국제적인 지지성원

로동신문에 실린 서해5도 관련 주요 기사

《혈연적으로 굳게 이어진 령도자와 민중의 혼연일체》

위대한 인민적풍모

그 어떤 탄압을 가해도 신념은 변함이 없다

범민련 남측본부 관계자들 법정에서 언명

본격화되는 야권통합움직임

폭압강화책동 비난

시국선언 발표

제주해군기지건설중지와 미군철수를 주장

진보세력의 단결을 호소

청년들을 대상으로 한 유치한 놀음

협정체결책동

《자유무역협정》을 반대하여 투쟁하는 남조선인민들

> **서해 5개 섬일대에서 벌어지는 전쟁소동**
> 로동신문 기자가 남측이 서해5도 부근에서 전쟁소동을 벌이고 있다고 주장하였다.

서해 5개 섬일대에서 벌어지는 전쟁소동

최근 서해 5개 섬일대를 둘러싼 군사적긴장상태는 날로 첨예화되고있다.

무엇보다 주목되는것은 괴뢰군의 《서북도서방위사령부》의 작전지침이 바뀌고 작전범위가 크게 확장된것이다. 보도에 의하면 괴뢰들은 백령도와 연평도 등에서 그 누구의 《도발》이 있는 경우 《서북도서방위사령부》가 작전을 주도적으로 펼치도록 하였다. 남조선호전광들이 북남사이의 군사적대결의 축소판으로 되고있는 서해 5개 섬일대에 대한 작전태세를 새롭게 변경시킨것은 스쳐지날 문제가 아니다.

《서북도서방위사령부》는 남조선호전광들이 연평도사건이후 그 무슨 《도발》에 대비한다는 명목밑에 해병대사령부를 모체로 조작한것이다.

《서북도서방위사령부》의 창설당시 남조선호전광들은 그 누구의 《도발》때 서해 5개 섬 및 해안 2㎞이내의 《방어》는 《서북도서방위사령부》가 주도하고 괴뢰해군 2함대가 지원하도록 하며 서해섬해안 2㎞밖의 《방어》는 괴뢰해군 2함대가 주도하고 《서북도서방위사령부》가 지원하는것으로 작전지침을 수립하였었다.

그러나 그후 괴뢰군부는 초기의 [illegible] 서해 5개 섬일대에서 [illegible]을 가져올수 있고 [illegible]》을 할수 없다고 [illegible] 《서북도서방위사령부》가 작전을 주도하도록 [illegible] 이것은 《서북도서방위사령부》가 북침을 위한 하나의 [illegible] 침략기구로서의 [illegible] 공격작전에 대응할수 있다는것을 말해준다.

더우기 [illegible]것은 괴뢰군부가 [illegible] 5개 섬일대에서 예상되는 《도발씨나리오》[illegible]하여 그에 대응 [illegible] 《서북도서방위사령부》와 [illegible]이 각각 주도적으로 [illegible] 설치면서 화력 [illegible] 지휘하도록 합동화력 [illegible]다. 완성한것이다. [illegible] 최근 남조선군부는 연평도 등 서해 5개 [illegible] 각종 괴뢰군무력과 [illegible]을 집중적으로 배비하고있다.

이미 서해 5개 섬일대의 해병대병력을 증강한데 이어 사거리가 23～36㎞인 130㎜다련장로케트 《구룡》과 시속 351㎞인 공격직승기를 고정배비하였다. 또한 서해해상분계선과 가까운 수역에 구축함 2척과 초계함 1척을 배치하고 투하훈련을 수시로 감행하고있을뿐아니라 《P—3C》해상초계기를 그 수역에로 접근비행시키며 전쟁열을 올리고있다.

호전광들은 《북해안포를 정밀타격》한다고 고아대면서 서해 5개 섬일대에 최신형 《스파이크》미싸일을 배치하려고 책동하고있다. 이와 함께 이 일대에서 작전임무를 수행하는 전투기에 공대지미싸일을 탑재하는 권한도 지난 3월 합동참모본부 의장에게서 공군작전사령관에게로 넘어갔다.

이러한 사태는 남조선호전광들이 서해상에서 연평도사건과 같은 군사적도발을 감행하고 그것을 북침전면전쟁에로 확대하려 하고있다는것을 보여주고있다.

조선서해일대에서 괴뢰군의 무장도발과 북침전쟁연습들도 더욱 빈번해지고있다.

지난 9월에만도 남조선호전광들은 80여척의 해군함정들을 조선서해 우리측 수역에 침범시키는 도발행위를 감행하였다. 남조선군부는 백령도, 연평도일대를 작전무대로 미제침략군과의 련합지휘체계를 구축한데 이어 서해상에서의 그 누구의 《도발》에 대비한다는 명목밑에 미국과 《공동국지도발대비계획》이라는것을 작성하고있다.

지난 10월 괴뢰호전광들은 백령도와 연평도일대에서 우리 공화국을 반대하는 도발적인 해상사격훈련을 광란적으로 감행하였다.

올해에 들어와 세번째로 감행된 이 훈련에는 괴뢰들이 연평도사건때 리용한 《K—9》자행포 등 각종 포들과 화력무기들이 동원되였다. 《유엔군사령부》 요원들까지 참가하여 2시간동안이나 감행된 이번 사격훈련으로 가뜩이나 첨예한 서해 5개 섬일대의 정세는 더욱 악화되였다.

괴뢰호전광들은 사격훈련시작을 앞두고 섬주민들을 대피시킨다, 어선출항을 통제한다 하고 북닥소동을 피우며 살벌한 분위기를 고취하였다.

이뿐이 아니다. 남조선호전광들은 미제침략군과 함께 《2011 호국》전쟁연습의 일환으로 백령도일대에서 대규모의 지상, 공중, 해상합동군사연습을 감행하였다.

남조선호전광들이 연평도사건을 구실로 그 누구의 있지도 않는 《추가도발》과 《위협》에 대해 요란히 떠들며 서해 5개 섬일대를 북남사이의 군사적대결소동의 거점, 북침공격기지로 전락시킴으로써 조선반도에는 자그마한 군사적충돌도 삽시에 전면전쟁으로 번져질수 있는 위험천만한 정세가 조성되고있다.

현실은 조선반도에서 도발자, 긴장격화의 장본인이 누구인가 하는것을 똑똑히 보여주고있다.

본사기자 송 영 석

주체100 (2011) 년 11월 30일 (수요일) 민 주 조 선 【4】

우주는 인류공동의 재부이다

조선중앙통신사 백서

우주개발의 세계적추세

세계제패를 노린 우주독점야망

어리석은 망상은 걷어치우라

전쟁광신자들을 행성에서 쓸어버리자

재중조선인총련합회 성명 발표

야아 에이. 제이. 제이. 자메흐 감비아대통령으로 재선

미국에서 자본주의반대시위

월간국제정세개관

침략과 전쟁의 길로 치닫는 반평화세력들

괴뢰호전광들 조선서해에서 북침기동연습 감행

어린이들을 미국에 팔아먹는 남조선괴뢰패당의 반민족적행위

괴뢰호전광들 조선서해에서 북침기동연습 감행

연합뉴스는 남측 군부가 서해에서 군사훈련이 진행되었다고 보도하였다.

민족의 머리우에 핵참화를 들씌우려는 전쟁광신자들을 준렬히 단죄한다

역적패당의 유치한 말장난

가리울수 없는 … 의 정체

위험한 불씨를 안고있는 서해 5개 섬일대

로동신문 기자가 남측이 서해5도 부근에 긴장한 정세를 조성하고 있다고 주장하였다.

평화를 위협하는 불장난소동

위험한 불씨를 안고있는 서해 5개 섬일대

본사기자

한상렬목사에 대한 중형을 취소하고 석방하라

재중조선인총련합회 성명 발표

재일동포들에 대한 남조선당국의 탄압을 규탄

대결분자들의 광란적인 폭압소동

매국협정을 철폐시킬 견결한 의지

남조선인민들의 투쟁 확대

주목을 끄는 통합진보당

《자유무역협정》의 날치기처리를 강행한 매국노들을 단죄규탄하는 남조선인민들

로동신문에 실린 서해5도 관련 주요 기사

반통일보수세력은 온갖 민족적불행의 근원

선군령장의 손길아래 자라난 무적의 강군

한상렬목사를 무조건 석방하라

재일조선인평화통일협회 회장 담화 발표

애국위업의 한길에서

그때처럼 투쟁하리

활성화되는 분회들

단평 쌍둥이 독재광

남조선단체 반역패당을 규탄하여 성명 발표

최악의 정치

괴뢰호전광들 조선서해에서 포가격연습 감행

연합뉴스는 남측 군부가 서해에서 포사격 연습을 감행하였다고 보도하였다.

시위자들에 대한 탄압에 광분하는 남조선의 파쑈경찰들

괴뢰호전광들 조선서해에서 포사격연습 감행

남조선 《련합뉴스》에 의하면 괴뢰해병대가 12일 조선서해 백령도와 연평도에서 위험천만한 포사격연습을 감행하였다.

괴뢰호전광들은 《유사시 즉각응징태세수립》이니 뭐니 하며 섬들에 배치된 각종 포들을 동원하여 무려 2시간동안 수천발에 달하는 포탄을 주변수역에 대고 무차별적으로 쏘아댔다.

북과 남이 첨예하게 대치하고있는 조선서해에서 호전광들은 불장난소동을 계속 벌려놓고있다.

연평도포격사건때의 교훈을 잊고 어떻게 하나 전쟁도발의 구실을 만들려는 괴뢰역적패당의 무분별한 전쟁발광증은 온 겨레의 치솟는 격분을 자아내고있다.

조직적인 은폐시도가 있다고 주장

남조선 《MBC》방송에 의하면 9일 남조선의 민주당 싸이버테로진상조사위원회는 《한나라당》이 범죄행위를 조직적으로 은폐하려고 하였다는 사실들이 확인되였다고 주장하였다.

위원회는 경찰의 수사결과를 믿을수 없다고 하면서 진상을 철저히 밝히기 위한 특검법안을 제출할것이라고 밝혔다.

파쑈경찰 대학생들을 체포

3부 서해5도 관련 기사

【5】 로 동 신 문 주체101 (2012) 년 1월 27일 (금요일)

통일위업완성의 토대를 마련하신 불멸의 업적

자주정치의 빛나는 계승

남조선인민들 칭송

잡지 《백두-한나》 1월호 발행

가져다준 배국정책

통일언론활동의 강화를 선언

부정부패의 원흉

괴뢰호전광들 조선서해섬들에서 포사격연습 감행

【평양 1월 26일발 조선중앙통신】 남조선 《KBS》방송에 의하면 26일 괴뢰해병대가 조선서해의 백령도와 연평도에서 우리에 대한 선제공격을 가상한 포사격연습을 감행하였다.

이날 섬들에 배치된 해병대무력이 각종 포들을 동원하여 주변해상에 대고 여러 시간에 걸쳐 실탄을 쏘아대며 전쟁열을 올렸다.

2010년 11월 연평도에서 우리측 령해에 대고 선불질하였다가 불벼락을 맞은데 앙심을 품은 리명박역적은 《천추의 한이 된다.》느니, 《울화통이 터진다.》느니 하며 호시탐탐 기회를 노려왔었다. 그리하여 조선서해 5개 섬들에서의 북침공격연습이 전례없이 늘어났다.

지난해 11월에는 1년전 연평도포격사건때의 정황을 가상하여 각 군종무력의 투입하에 대규모선제공격연습이 벌어져 위기일발의 사태를 초래하였다.

올해에 들어와 괴뢰들은 이곳 섬들에서 미제침략군과의 전술토의, 지형정찰, 해상사격훈련들의 확대를 기본으로 하는 야외기동훈련을 해마다 정례적으로 감행할 음모를 로골적으로 드러내보였다.

앞에서는 우리와의 대화를 바라는듯이 여론을 내돌리고 뒤에 돌아앉아 침략전쟁연습으로 연평도포격사건때의 사태를 재현하려는 역적패당의 철면피성과 호전적정체를 온 겨레와 인류는 똑똑히 보고있다.

폭압분위기를 조성하는 당국을 규탄

《대화》간판밑에 감행되는 대결소동

> 괴뢰호전광들 조선서해섬들에서 포사격연습 감행
>
> KBS는 남측 군부가 서해에서 포사격연습을 감행하였다고 보도하였다.

조선인민군 최고사령관 김정은동지께서 서해안전방초소를 지키고있는 초도방어대를 시찰하시였다

조선인민군 최고사령관 김정은이 초도방어대를 시찰하였다.

김정일동지의 혁명사상으로 철저히 무장하자!

조선로동당 중앙위원회기관지

제70호 [루계 제23752호] 주체101(2012)년 3월 10일 (토요일)

전당, 전군, 전민이 일심단결하여 선군의 위력을 더 높이 떨치자!

조선인민군 최고사령관 김정은동지께서
서해안전방초소를 지키고있는 초도방어대를 시찰하시였다

조선인민군 최고사령관이시며 우리 당과 인민의 최고령도자이신 경애하는 김정은동지께서는 서해안전방초소를 지키고있는 초도방어대를 시찰하시였다.

조선인민군 총참모장인 조선인민군 차수 리영호동지, 인민무력부장인 조선인민군 차수 김영춘동지, 조선인민군 대장들인 김원홍동지, 박재경동지, 김영철동지, 조선인민군 상장들인 조경철동지, 윤동현동지가 동행하였다.

또한 조선로동당 중앙위원회 정치국 후보위원이며 국방위원회 부위원장인 장성택동지, 조선로동당 중앙위원회 정치국 후보위원이며 당중앙위원회 비서인 박도춘동지, 조선로동당 중앙위원회 제1부부장 리재일동지, 조선로동당 중앙위원회 부부장 황병서동지가 함께 동행하였다.

조선인민군 최고사령관 김정은동지를 현지에서 초도방어대장을 비롯한 방어대의 지휘관들이 맞이하였다.

최고사령관기와 공화국기가 세차게 휘날리고있는 방어대에는 천만군민이 생명보다 더 귀중히 여기는 백두산위인들의 절대적인 권위를 감히 중상모독한 역적패당을 총대로 모조리 쓸어버리고 조국통일의 력사적위업을 기어이 이룩할 인민군대의 충정의 맹세가 담겨진 《경애하는 김정은동지를 수반으로 하는 당중앙위원회를 목숨으로 사수하자!》를 비롯한 구호들이 나붙어있었다.

조국과 혁명에 대한 성스러운 책임감을 안으시고 단 한순간의 공백도 없는 최대의 격동상태에서 전선시찰의 길을 끊임없이 이어가시는 경애하는 최고사령관동지를 자기들의 초소에 모시게 된 무한한 영광과 행복으로 하여 방어대 군인들의 가슴은 세차게 끓어번지고있었다.

조선인민군 최고사령관 김정은동지께서 도착하시자 군인들은 파도사나운 초도의 풍랑길을 헤치시며 자기들의 초소에 찾아오시였던 어버이장군님의 사랑을 그대로 안으시고 멀고 험한 초도방어대에 시찰의 자욱을 새기시는 최고사령관동지를 우러러 폭풍같은 《만세!》를 목메여 불렀다.

경애하는 최고사령관동지께서는 열광의 환호를 올리는 초도의 군인들에게 뜨거운 답례를 보내시였다.

조선인민군 최고사령관 김정은동지께서는 초도방어대의 군인들이 사회주의조국을 수호하기 위한 성스러운 투쟁에서 언제나 자랑찬 군공을 떨쳐가리라는 기대를 표명하시면서 방어대에 쌍안경과 자동보총을 기념으로 주시고 그들과 함께 기념사진을 찍으시였다.

경애하는 최고사령관동지를 모시고 뜻깊은 기념사진을 찍은 군인들이 또다시 터쳐올리는 《만세!》의 환호와 《김정은 결사옹위!》의 우렁찬 구호의 합성이 높고낮은 산발들에 메아리쳐갔다.

군인들에게 손을 저어주시며 걸음을 옮기시던 경애하는 최고사령관동지께서는 병영밖에서 감격에 겨워 발을 동동 구르며 《만세!》를 부르는 군인가족들을 보시고 그들을 곁으로 불러주시였다.

꿈만 같은 행운에 접하여 눈물로 두볼을 적시는 군인가족들을 사랑의 한품에 안으시고 기념사진을 찍으시였다.

경애하는 최고사령관동지께서는 지휘관들의 안내를 받으시며 혁명사적교양실과 연혁실을 돌아보시였다.

이곳 방어대는 1996년 11월 23일 섬에서 병사들이 기다린다고 하시며 쏟아붓는 비와 배전을 치며 부러는 바다물을 한몸에 맞으시며 사나운 풍랑길을 헤치신 어버이장군님의 혁명전설과 더불어 우리 군대와 인민들속에 널리 알려진 부대이다.

2면으로 계속

조선인민군 최고사령관 김정은동지께서 오중흡7련대칭호를 수여받은 조선인민훈 해군 제123군부대를 시찰하시였다

조선인민군 최고사령관 김정은이 조선인민군 해군 제123군부대를 시찰하였다.

주체101 (2012)년 3월 10일 (토요일) 로 동 신 문 【2】

조선인민군 최고사령관 김정은동지께서

오중흡7련대칭호를 수여받은 조선인민군 해군 제123군부대를 시찰하시였다

조선인민군 최고사령관이시며 우리 당과 인민의 최고령도자이신 경애하는 김정은동지께서는 오중흡7련대칭호를 수여받은 조선인민군 해군 제123군부대를 시찰하시였다.

조선인민군 총참모장인 조선인민군 차수 리영호동지, 인민무력부장인 조선인민군 차수 김영춘동지, 조선인민군 대장들인 김원홍동지, 박재경동지, 김영철동지, 조선인민군 상장들인 조경철동지, 윤동현동지가 동행하였다.

또한 조선로동당 중앙위원회 정치국 후보위원이며 국방위원회 부위원장인 장성택동지, 조선로동당 중앙위원회 정치국 후보위원이며 당중앙위원회 비서인 박도춘동지, 조선로동당 중앙위원회 제1부부장 리재일동지, 조선로동당 중앙위원회 부부장 황병서동지가 함께 동행하였다.

조선인민군 최고사령관 김정은동지를 현지에서 조선인민군 해군사령관인 조선인민군 대장 정명도동지, 조선인민군 상장 오철산동지와 군부대의 지휘관들이 맞이하였다.

최고사령관기와 공화국기가 펄펄 날리는 군부대에는 《경애하는 김정은동지를 수반으로 하는 당중앙위원회를 목숨으로 사수하자!》, 《경애하는 최고사령관 김정은동지를 위하여 복무함!》을 비롯한 구호들이 나붙어있었으며 군항의 계류장에 줄지어 늘어선 함선들에서는 해군기와 장식기들이 세차게 휘날리고있었다.

군부대장병들의 가슴마다에는 민족의 대국상앞에 두무릎을 꿇고 천백번 빌어도 시원치 않을 대역죄를 저지르고도 우리 군대와 인민뿐아니라 온 세계가 한결같이 태양으로 우러르는 백두산위인들의 높으신 권위를 헐뜯는 천추에 용납 못할 특대형도발행위를 감행한 역적무리들을 한놈도 남김없이 모조리 수장해버림으로써 쌓이고쌓인 천한을 기어이 풀고야말 천추격멸의 의지가 차넘치고있었다.

사회주의조국수호전의 력사에 빛나는 장을 아로새기며 끊임없는 전선시찰의 길을 이어가시는 경애하는 최고사령관동지를 부대에 모시는 최상의 영광을 지니게 된 해병들은 끝없는 감격과 기쁨에 휩싸여 있었다.

어둠이 가셔지지 않은 이른새벽 머나먼 길을 달려 군항에 도착하신 경애하는 최고사령관동지께서는 구잠함 202호를 타시고 군부대를 향해 풍랑길을 헤쳐가시면서 함선의 무장장비상태와 해병들의 전투동원준비실태를 료해하시였다.

함선의 해병들은 우리 조국의 바다로 기여드는 그 어떤 대적도 단매에 수장하고 당과 수령을 결사옹위하는 만능해병들로 튼튼히 준비하기 위한 백두의 훈련열풍을 일으켜 많은 성과를 거두고있다.

해병들은 경애하는 최고사령관동지께 그 어떤 해상 및 수중작전도 성과적으로 진행할수 있게 평시에 련마해온 자기들의 싸움준비상태를 보여드리였다.

최고사령관동지께서는 함의 모든 해군지휘관들과 해병들이 싸움준비를 철저히 갖추기 위한 투쟁에 박차를 가하여 조국의 바다를 든든히 지킬수 있는 무적의 전투대오로 자라난데 대하여 커다란 만족을 표시하시였다.

아침식사도 번지시고 바람세찬 구잠함의 지휘소에서 함장의 지휘모습도 보아주시고 속도를 더 내라고 고무도 해주시는 경애하는 최고사령관동지를 우러러 지휘관들과 해병들은 뜨거운것을 삼키였다.

군항에 닻을 내린 구잠함에서 내리시는 최고사령관동지를 우러러 부두와 함선들에 줄지어 늘어선 해병들이 터치는 《만세!》의 폭풍같은 환호성이 망망한 대해로 울려퍼지였다.

최고사령관동지께서는 감격의 눈물을 머금으며 열광적으로 환호하는 해병들앞을 지나시며 따뜻한 답례를 보내시였다.

경애하는 최고사령관동지께서는 지휘관들의 안내를 받으시며 혁명사적교양실과 연혁실을 돌아보시였다.

어버이장군님께서 헤치신 초도의 세찬 풍랑길과 더불어 우리 군대와 인민들의 마음에 뜨겁게 새겨져있는 이곳 군부대에는 백두산3대장군의 불멸의 령도업적이 수많이 아로새겨져있다.

혁명사적교양실에 전시된 백두산절세위인들의 사적자료들을 하나하나 주의깊게 보시면서 해군무력의 강화발전을 위하여 온갖 로고와 심혈을 다 바치오신 위대한 수령님과
어버이장군님의 불멸의 업
은 조국청사에 길이 빛날것
라고 말씀하시였다.
어버이장군님께서 준엄
고난의 행군시기에 총대
조국을 수호할 비상한 각오
안으시고 사생결단의 의지
헤쳐가신 초도의 항해길은
민군대의 강화발전과 사회주
수호전의 력사와 더불어 길
빛날것이라고 말씀하시였다.
경애하는 최고사령관동지께
는 위대한 수령님
어버이장군님의 손길아래 군
대가 걸어온 빛나는 전투행
를 헤아려주시였다.
함선에서 주의깊게 보
조타수의 손에 대해 이야기
시면서 기재를 다루는데 불
하다고 장갑을 끼지 않는
이 없게 하라고, 해풍에 손
트지 않게 대책을 세워주라
하시면서 추운 날씨에
찬 바다물에 손을 적시고
투기술기재들을 다루고있
해병들을 위해 온정깊은 조
를 취해주시였다.
세상을 놀래운 서해해전
가 보여주듯이 우리 해병
의 사상정신상태가 대단
좋다고, 그들은 조국과 인
을 수호하기 위해서라면
손도 생명도 아낌없이 바
는 당과 혁명의 귀중한 보
물이라고 말씀하시였다.
경애하는 최고사령관동지께
는 군인회관, 도서실, 병사
부식물창고, 가공장 등을 돌아보시면
해병들의 정치사상교양사업실태와 생
정형을 구체적으로 료해하시였다.
군인회관에 들리신 최고사령관동지께
는 직관물들을 하나하나 보아주시면서
인들속에서 혁명교양, 계급교양을 강화
기 위해서는 직관물을 통한 교양사업
짜고들어야 한다고, 말로 하는것보다
으로 보게 하는것이 교양사업에서 실효
며 크다고 가르쳐주시였다.
군인회관의 리용정형에 대해 물
주신 최고사령관동지께서는 공훈국가
창단의 군부대들에 대한 순회공연의
로정을 이곳 해군부대에 정하게 하라
동행한 일군들에게 지시하시였다.

3 면 으 로 계 속

조선인민군 최고사령관 김정은동지께서

서해안전방초소를 지키고있는 초도방어대를 시찰하시였다

1 면 에 서 계 속

최고사령관동지께서는 어버이장군님의 불멸의 령도업적을 전하는 귀중한 사적자료들을 구체적으로 보아주시면서 장군님의 헌신의 로고속에 난공불락의 요새로 다져진 초도방어대의 자랑스러운 행로를 감회깊이 회고하시였다.

초도는 서해의 관문이며 초도뒤에는 평양이 있다고 하시면서 방어대의 군인들이 어버이장군님의 가르치심을 항상 명심하고 전투진지들을 더욱 철벽으로 다져야 한다고 지시하시였다.

경애하는 최고사령관동지께서는 이어 가파로운 언덕길을 톺으시며 높은 산정에 자리잡고있는 전방지휘소에 오르시였다.

최고사령관동지께서는 방어대장으로부터 정황보고를 들으신 다음 방어대가 담당한 드넓은 방어전연을 바라보시면서 지형지물과 력량배치정형에 대하여 구체적으로 료해하시였다.

방어대가 맡고있는 작전지대로 침범할수 있는 적들의 력량과 기재, 천수들을 방어전연전방에서 격퇴하기 위한 작전전술과 전투임무분담, 화력밀도에 대해 상세히 물어주시였으며 작전도를 주의깊게 보아주시면서 싸움준비에서 나서는 문제들을 명철하게 밝혀주시였다.

방어대지휘관들과 군인들이 우리 당의 주체적인 군사전략전술사상과 전법으로 철저히 무장하고 초도를 적들의 그 어떤 불의의 침공과 화력타격에도 끄떡하지 않는 요새로 다지였으며 린접부대들과의 협동을 잘하고있는데 대하여 커다란 만족을 표시하시였다.

초도는 불퇴의 진지이라고, 여기서는 한발자국도 물러설 곳이 없다는것을 항상 명심하고 싸움준비에 박차를 가함으로써 침략자들이 덤벼들면 무자비하게 짓뭉개버려야 한다고 지시하시였다.

우리 인민의 영원한 삶의 보금자리인 사회주의조국은 혁명선렬들이 피로써 쟁취한 고귀한 전취물이라고 하시면서 방어대군인들은 조국의 수호자로서의 사명감을 깊이 자각하여야 한다고 말씀하시였다.

경애하는 최고사령관동지께서는 전방지휘소에 세워진 어버이장군님의 현지지도표식비앞에서 부대관하 중대군인들과 기념사진을 찍으시였다.

최고사령관동지의 품에 안겨 한없는 사랑을 받아안은 군인들은 굽이굽이 산길을 내려시는 최고사령관동지의 야전차를 따라 달리며 격정에 겨워 《만세!》를 부르고 또 불렀다.

경애하는 최고사령관동지께서는 이날 군인회관, 도서실, 식당을 돌아보시면서 섬초소군인들의 생활을 세심히 보살펴주시였다.

군인회관의 좌석수도 알아보시고 공훈국가합창단을 보내주면 군인들과 군인가족들이 좋아할것이라고 하시였으며 도서실에 들리시어서는 필독도서들을 공급받은 정형도 알아보시였다.

초도를 지키고있는 군인들에게 고기와 남새, 두부를 비롯한 여러가지 부식물을 더 많이 먹어야 한다고 말씀하시였다.

방어대군인들은 륙지와 멀리 떨어진 쓸쓸한 외진 섬에서 살고있지만 오직 조국과 인민의 안녕만을 위하여 모든것을 다 바치는 참된 애국자들이라고 하시면서 지휘관들은 늘 그들의 생활을 친어버이사랑으로 따뜻이 보살펴주어야 한다고 강조하시였다.

점심식사시간으로부터 많은 시간이 흘러서야 시찰을 마치신 경애하는 최고사령관동지께서는 지휘관들에게 초도를 동무들에게 맡긴다고, 건강하여 싸움준비완성에서 더 큰 성과를 바란다고 당부하시였다.

경애하는 최고사령관동지께서 초도에 오시였다는 소식에 접한 군인가족들과 인민들이 저저마다 떨쳐나와
최고사령관동지께서 타신 차를 눈물속
에 따라섰다.
야전차가 보이지 않을 때까지 바람부
는 산정에서 바래우는 인민들과 차창밖
으로 손을 흔들어주시는 경애하는
최고사령관동지의 자애로운 모습은
최고사령관동지와 사상도 뜻도 숨결도
함께 하는 우리 군대와 인민만이 펼칠수
있는 혼연일체의 숭엄한 화폭이였다.
초도방어대의 전체 군인들은 머나먼
외진 섬초소에까지 찾아오시여 부대가
나아갈 길을 휘황히 밝혀주시고 전사들
을 친부모의 사랑으로 따뜻이 보살펴주
신 조선인민군 최고사령관 김정은동지에
대한 끓어오르는 감사의 정을 금치 못해
하면서 최고사령관동지께서 제시하신
전투적과업을 철저히 관철하여 조국의
서해관문을 금성철벽으로 지켜갈 불타는
결의에 충만되여있었다.

본사정치보도반

조선인민군 최고사령관 김정은동지께서 서해안전방초소를 지키고있는 초도방어대를 시찰하시였다

조선인민군 최고사령관 김정은이 초도방어대를 시찰하였다.

[3] 로 동 신 문 주체101 (2012)년 3월 10일 (토요일)

조선인민군 최고사령관 김정은동지께서 오중흡7련대칭호를 수여받은 조선인민군 해군 제123군부대를 시찰하시였다

2면에서 계속

도서실에 들리시여서는 장서능력이 얼마인가, 필독도서들을 제때에 받는가, 해병들속에서 독서기풍이 서있는가를 구체적으로 알아보시고 사상교양사업에 언제나 선차적인 관심을 돌려야 한다고 말씀하시였다.

전선시찰의 길에서 늘 관심하시는 콩농사정형에 대해서도 다시금 물어주시고 해병들에게 콩은 정상적으로 먹이는가도 알아보시였으며 취사원들을 만나시여서는 해병들을 위해 수고하라고 따뜻이 말씀하시였다.

해병들은 어렵고 복잡한 바다조건에서 생활하는것만큼 그들의 생활에 언제나 깊은 관심을 돌려야 한다고 하시면서 그를 위한 구체적인 방도들을 가르쳐주시였다.

조선인민군 최고사령관 김정은동지께서는 군부대해병들이 조국의 바다를 더욱 믿음직하게 지켜가리라는 기대와 확신을 표명하시면서 그들과 함께 기념사진을 찍으시였다.

경애하는 최고사령관동지께서는 격정을 금치 못하는 해병들에게 손을 저어 답례하시고 떠나시기 위해 군항으로 나오시였다.

군항에 정박하고있는 제정보영웅호를 돌아보시고 해병들에게 뜨거운 사랑을 안겨주신 최고사령관동지께서는 군부대의 윤전수들을 곁으로 부르시였다.

경애하는 최고사령관동지의 전선시찰의 길을 보장해드리는 영광을 지닌것으로 하여 행복감에 가슴설레이던 윤전수들은 기념사진을 찍고싶은 자기들의 마음속 소원도 헤아려주신 최고사령관동지에 대한 고마움으로 눈물을 쏟고야 말았다.

군항에 떨쳐나온 해병들은 구잠함 202호를 타시고 떠나시는 경애하는 최고사령관동지를 격정속에 바래워드리였으며 최고사령관동지를 호위하여 따라선 정들에서도 《만세!》의 환호성이 그칠줄 몰랐다.

최고사령관동지께서는 바람세찬 함지휘소에 오래도록 서시여 해병들에게 손저어주시였다.

군함에 도착하신 경애하는 최고사령관동지께서는 구잠함 202호의 해병들을 한품에 안으시고 그들과도 기념사진을 찍으시였다.

군부대 전체 군인들은 이른 새벽부터 점심식사시간이 퍼그나 지나도록 온 하루 전사들과 함께 계시며 전투력강화를 위한 귀중한 가르치심을 주시고 생활의 구석구석까지 세심히 보살펴주신 조선인민군 최고사령관 김정은동지께 가장 뜨거운 감사를 드리면서 우리의 운명이시고 미래이신 최고사령관동지를 결사옹위하는 총폭탄으로 억세게 준비하여나갈 굳은 결의를 다지였다.

본사정치보도반

조선인민의 최고령도자 김정은각하께 삼가 올립니다

경애하는 김정은각하

산림 및 경관회복에 관한 국제토론회에 참가한 우리는 각하께 이 편지를 올리게 되는것을 커다란 영광으로 생각합니다.

우리는 위대한 령도자 김정일각하에 대한 애도기간임에도 불구하고 평양에서 국제토론회를 성과적으로 진행하도록 하여주신데 대하여 각하께 깊은 사의를 표합니다.

이번 토론회는 위대한 김일성주석 탄생 100돐을 맞이하는 뜻깊은 시기에 열린것으로 하여 그 의의가 크다고 생각합니다.

우리는 각하께서 3월초 몸소 나무를 심으시여 나라의 수림화의 중요성을 강조하시였다는것을 알고 매우 감동되였습니다.

각하께서 보여주신 숭고한 모범은 토론회참가자들을 크게 고무하였으며 조선민주주의인민공화국이 산림 및 경관회복을 위한 사업에서 얻은 경험들은 세계 여러 나라들에서 진행하는 활동들보다 훌륭하다는것을 느끼게 하였습니다.

우리는 각하께서 이처럼 성대하고 의의있는 국제토론회를 평양에서 진행하도록 관심을 돌려주신데 대하여 충심으로 되는 감사를 드립니다.

토론회는 귀국과 외국의 전문가들이 산림 및 경관회복과 관련한 과학기술분야에서 이룩한 다방면적인 경험들을 서로 나누는 장으로 훌륭한 계기로 되였습니다.

귀국 전문가들의 훌륭한 토론들을 통하여 우리는 조선민주주의인민공화국의 환경보호를 위한 현실적인 정책들과 인민들에게 보다 좋은 … 위한 정부의 노력 … 습니다.

우리는 앞으로 … 생태회복분야에서 … 전문가들과 호상 … 를 하기 위하여 … 니다.

여기에서 각하의 … 크게 고무할것입니 …

각하께서 전강 … 나라를 건설하기 … 령도하시는 고귀한 … 저두시기를 충심으 …

산림 및 경관회복에 관한 국제토론회에 참가한 외국대표들일동

2012년 3월 9일 평 양

조선인민군 최고사령관 김정은동지께서

전략로케트사령부와 판문점을 시찰하신 소식을 여러 나라에서 보도

조선인민군 최고사령관 김정은동지께서 조선인민군 전략로케트사령부와 판문점을 …

라오스통신, 싱가포르 아시아소식통로TV방송, 윁남의 중앙TV방송과 신문들이 《련도 …

… 시여 적정을 구체적으로 료해하시였다.

그이께서는 모든 전초병들이 …

부대의 전투력을 강화하는데서 지침으로 되는 강령적인 과업들을 제시하시였다.

… 군대에게 있어서 싸움준비보다 더 중요한것은 없다는것을 자각하고 싸움준비를 빈틈없이 갖추어야 한다고 지적하시였다.

… 친필비를 보시고 그앞에서 동행한 일군들과 함께 사진을 찍으시였다.

이어 판문각 로대에 오르 …

… 전초병들의 병실, 식당, 체육관을 비롯한 여러곳을 돌아보시면서 그들의 사업과 생활에 대하여 자세히 알아보시였으며 …

… 조선인민군 전략로케트사령부와 판문점을 시찰하신 소식을 전하였다.

본사기자

조선인민군 최고사령관 김정은동지께서 오중흡7련대칭호를 수여받은 조선인민훈 해군 제123군부대를 시찰하시였다

조선인민군 최고사령관 김정은이 조선인민군 해군 제123군부대를 시찰하였다.

[5] 로동신문 주체101(2012)년 6월 19일 (화요일)

시대에 역행하는 《종북세력척결》 소동

쓰레기언론들의 추악한 모략선전

은정철

《북인권법》 조작으로 초래되는 엄중한 후과에 대한 책임은 전적으로 보수패당이 지게 될것이다

조선민주법률가협회 대변인담화

주체101(2012)년 6월 18일 평양

6.15정신으로 자주, 평화, 통일을 이룩하기 위해 힘차게 싸워나가자

기념집회

기념식 진행

본사기자

무모한 단계에 이른 북침전쟁책동

백령도일대에서 대규모기동훈련 감행

련합해상훈련 획책

종합훈련실시를 공표

본사기자

남조선인민들 당국의 반인민적교육정책을 단죄규탄

학교페쇄조치에 항의

[조선중앙통신]

괴뢰패…

[조선중앙통신]

《변화》의 가면은 벗겨졌다

본사기자 김향미

민간인불법사찰에 대한 진상규명을 요구

언론의 자유를 말살하는 괴뢰당국을 규탄

[조선중앙통신]

> **무모한 단계에 이른 북침전쟁책동**
>
> KBS는 남측 군부가 백령도 일대에서 대규모 기동훈련을 감행하였다고 보도하였다.

주체101 (2012)년 9월 10일 (월요일) 로동신문 [4]

조선민주주의인민공화국창건 64돐에 즈음하여

만수대예술단 음악무용종합공연

청년학생들의 경축무도회

각지에서 진행

—당창건기념탑광장에서—

여러 나라 주체사상연구조직대표단, 대표들 만경대 방문, 여러곳 참관

어김없이 서해를 도발자들의 최후무덤으로 만들것이다

조선인민군 서남전선사령부가 남측 군부를 향해 참패를 안길 것이라고 경고하였다.

어김없이 서해를 도발자들의 최후무덤으로 만들것이다

조선인민군 서남전선사령부 공개보도

지금 서남전선에는 전쟁전야의 긴장이 흐르고있다.

이러한 긴장은 하루도 번짐이 없이 계속되는 괴뢰군부호전광들의 무모한 군사적도발책동과 직접적으로 관련되여있다.

우리의 경고에도 불구하고 괴뢰해군함선들의 아군령해침범행위는 매일과 같이 계속되고있으며 백령도와 대청도, 연평도를 비롯한 서해 5개 섬지역과 그 주변수역에서의 도발적인 총포탄평울은 우리의 자주권을 엄중히 위협하고있다.

9월 10일부터 14일까지 기간에도 연평도와 대청도 주변수역에서 괴뢰해군함선집단들의 광기어린 함포사격과 괴뢰공군비행대들의 분별없는 공중타격이 매일 아침부터 저녁늦게까지 감행된다고 한다.

하루강아지 범무서운줄 모르고 놀아대는 격이다.

사태의 엄중성은 괴뢰군부호전광들의 이러한 군사적도발이 매번 미국상전의 묵인, 조종을 받으며 《유엔군사령부》의 간판을 도용한 미제침략군의 지원밑에 감행되고있는것이다.

도발자들은 조선인민군 서남전선사령부가 오래전부터 만단의 멸적태세를 갖추고있다는것을 똑바로 알아야 한다.

전선판하 모든 장병들은 지난 8월 17일 우리의 경애하는 최고사령관동지께서 전선의 최남단 섬방어대들을 현지시찰하시며 하달하신 명령대로 우리의 자주권이 행사되는 신성한 령해와 령토에 단 한점의 불찌라도 떨어진다면 그즉시 조선서해를 도발자들의 최후무덤으로 만들 각오로 심장을 불태우고있다.

전선의 모든 부대, 구분대들은 우리의 최고사령관동지께서 직접 검토하고 비준하여주신 최고사령부 작전계획대로 이미 결전에 진입할 준비를 끝낸 상태에 있다.

이제 남은것은 통일대전을 위한 최후명령뿐이다.

《도발에는 즉시적인 대응타격으로, 침략전쟁에는 정의의 조국통일대전으로!》, 이것이 경애하는 최고사령관동지께서 내외에 천명하신 우리 군대와 인민의 원칙적인 립장이고 확고부동한 불변의 의지이다.

여기에는 우리 천만군민에 대한 끝없는 사랑과 도발자들에 대한 불타는 증오가 차넘치고있다.

우리 서남전선관하 모든 부대, 구분대들은 이 호소를 심장으로 받들고 백두산강군의 무진막강한 위력으로 도발자들이 움쩍하기만 하면 놈들에게 연평도불바다이상의 쓰디쓴 참패를 안기게 될것이다.

조선인민군 서남전선사령부

주체101 (2012)년 9월 9일

병사들의 어머니된 심정으로

김책시 대동2동 리현순동무

끝없는 감사의 정, 보답의 마음안고

전승절경축행사에 참가하였던 각지의 전쟁로병들과 그 가족들

당과 수령을 위하여 한목숨 바쳐싸운 영웅전사들의 불굴의 투쟁정신을 본받아 선군청년전위로서의 본분을 다해나갈 결의에 넘치었다.

—무산광업대학에서— 본사기자 김진명 찍음

[5] 로 동 신 문 주체101 (2012)년 9월 14일 (금요일)

민족반역무리들을 쓸어버리고 자주통일의 전환적국면을 열어나가자

외세추종의 시대적잔재를 청산해야 한다

대결광기를 불어넣는 《정신교육》놀음

단평 비굴한 처사

조 남 수

괴뢰해병대 연평도부근에서 사격훈련 감행

남조선 《KBS》방송에 의하면 괴뢰해병대가 12일 연평도부근에서 사격훈련을 감행하였다.

이날 호전광들은 박격포와 기관총 등을 동원하여 광란적인 불장난소동을 벌렸다.

우리의 경고에도 불구하고 괴뢰호전광들은 조선서해 5개 섬과 그 주변수역에서 무모한 군사적도발책동을 끊임없이 감행하고있다.

하루강아지 범무서운줄 모르고 날뛰는 도발자들에게 차례질것은 비참한 파멸과 죽음뿐이라는것을 괴뢰호전광들은 똑똑히 명심해야 할것이다.

> 괴뢰해병대 연평도부근에서 사격훈련 감행
>
> KBS는 남측 해병대가 연평도 부근에서 사격훈련을 감행하였다고 보도하였다.

범민련 대구경북련합 의장의 집을 강제수색

12일 괴뢰대구지방경찰청소속 보안수사대가 악명높은 《보안법》에 걸어 조국통일범민족련합(범민련) 대구경북련합 의장의 집을 강제수색하였다.

불의에 달려든 보안수사대 요원들은 집안팎을 발칵 뒤지면서 그의 몸주머니에 있는 자료들을 복사하고 범민련 남측본부, 《정통사》의 활동과 관련한 자료, 도서들을 압수해갔다.

【조선중앙통신】

조소와 규탄을 자아내는 《인권》모략극

《유신》독재부활책동에 맞서

생존권사수를 위해 투쟁하는 남조선인민들

세차게 타번지는 미군철수투쟁의 불길

시국선언운동참가자들의 복직을 주장

〔5〕 로 동 신 문 주체101(2012)년 9월 28일 (금요일)

온 민족이 힘을 합쳐 반통일분자들의 대결책동을 짓부셔버리자

전쟁과 평화를 가르는 기준

민심을 거역하는

> **괴뢰해군 조선서해에서 북침연습 감행**
> 통일뉴스가 남측 해군이 서해에서 전쟁연습을 감행하였다고 보도하였다.

> **조선반도의 군사적긴장을 고조시키는 해상차단훈련 규탄**
> 평통사가 군사적 긴장을 고조시키는 해군의 해상차단훈련에 대해 규탄하였다.

조국평화통일위원회 대변인대답

괴뢰해군 조선서해에서 북침전쟁연습 감행

조선반도의 군사적긴장을 고조시키는 해상차단훈련 규탄

고의적인 북침도발사건

> **고의적인 북침도발사건**
> 로동신문 기자가 서해5도 주변에서 벌어지고 있는 사격훈련에 대해 경고하였다.

초무연탄을 땔감으로 적극 리용

독자의 편지

정말 고마운 일군들입니다

중국국가라지오영화TV방송총국대표단, 중국과학원대표단

만경대 방문, 여러곳 참관

중국과학원대표단 만경대 방문

중국국가라지오영화TV방송총국대표단 당창건기념탑 참관

완공의 날을 앞당기며 끊임없는 혁신을 창조해간다

—대성산유희장개건보수전투장에서—

사무치는 그리움은 우리의 힘

조선인민군 림광영소속부대 군인들

혁명적랑만과 위훈

불타는 열정, 높은 책임성

여러 단위의 일군들과 과학자, 교원들

군대와 인민이 한마음되여

불법무법의 《북방한계선》 고수에 매달릴수록 차례질 것은 시체와 죽음뿐이다

국방위원회 정책국 대변인이 남측의 북방한계선 고수 주장은 대결선언에 다름 아니라고 주장하였다.

불법무법의 《북방한계선》 고수에 매달릴수록 차례질것은 시체와 죽음뿐이다

조선민주주의인민공화국 국방위원회 정책국 대변인 기자의 질문에 대답

국제축구련맹 2012년 17살미만 녀자월드컵경기대회 소식

우리 나라 팀 다음단계경기에 진출

백살장수자가정에 넘치는 기쁨

제31차 윤이상음악회 폐막

제13차 평양국제영화축전에 참가하였던 여러 나라와 지역의 대표단, 대표들이 떠나갔다

제8차 평양가을철국제상품전람회에 참가하였던 여러 나라와 지역의 대표단들이 떠나갔다

조선로동당대표단과 라이를 위한 당대표단 회담

인도네시아청년 및 체육국무상일행 귀국

기네농업성 농업과학총국장 도착

재일동포조국방문단 도착

10월중 지자기현상

만경대를 언제나 심장에 안고

평양시건설사단 만경대구역려단 려단장 로력영웅 김룡화동무와 돌격대원들

위훈으로 새겨…

> **조선서해에는 우리가 설정한 해상군사분계선만이 존재하게 될것이다**
>
> 국방위원회 정책국 대변인이 서해에는 북측이 주장하는 해상분계선만 존재한다고 주장하였다.

조선서해에는 우리가 설정한 해상군사분계선만이 존재하게 될것이다

조선민주주의인민공화국 국방위원회 정책국 대변인 기자의 질문에 대답

선군조국의 밝은 해빛아래 재능을 마음껏 꽃피우고있다.
—평양학생소년궁전에서— 본사기자 김철우 찍음

불같은 정열을 지니고

조선로동당 중앙위원회 비서 김영일동지 이란이슬람교련합당대표단을 만났다

조선로동당 중앙위원회에서 이란이슬람교련합당대표단을 위하여 연회 마련

조선민주주의인민공화국 외무성 군축 및 평화연구소 대변인담화

주체101(2012)년 10월 20일
평 양

우리 세대의 본분

신의주시 백사동 정금란, 차광일부부

웰남방문 조선농업근로자동맹대표단 출발

[5]
로 동 신 문
주체101(2012)년 10월 29일 (월요일)
북침전쟁도발책동에 미쳐날뛰는 호전광들에게 무자비한 징벌을!
《북방한계선》은 추호도 용납될수 없다
상전과 주구의 위험한 전쟁공조
반역집단의 가소로운 책임회피극
평화를 파괴하는 호전세력
발광적으로 벌어지는 북침전쟁준비책동
군사적긴장을 고조시키는 괴뢰당국을 규탄
남조선에서 일제가 박아놓은 쇠말뚝들을 발견
반드시 철폐되여야 할 파쑈악법
반인민적보건정책에 항의

북침전쟁도발책동에 미쳐날뛰는 호전광들에게 무자비한 징벌을!

로동신문 기자가 북방한계선은 용납할 수 없다고 주장하였다.

해내외 온 겨레에게 보내는 호소문

조국통일범민족련합 북측본부
조국통일범민족련합 남측본부
조국통일범민족련합 해외본부
주체101(2012)년 11월 1일

자주시대의 앞길을 밝힌 투쟁의 홰불

본사기자

이 땅에 전쟁의 불구름을 몰아오는 호전광들을 단호히 징벌하자

전쟁연습중지를 강력히 요구

본사기자

괴뢰호전광들의 무모한 반공화국 도발책동을 견결히 반대배격한다

재중조선인총련합회 성명 발표

뻬루정당, 단체 공동성명 발표

본사기자

미제와 괴뢰호전광들

《호국》훈련에 광분

《북방한계선》은 불법무법의 유령선

본사기자 은정철

《도발대비》간판밑에 강화되는 북침공조

본사기자 라설하

《북방한계선》은 불법무법의 유령선

로동신문 기자가 북방한계선은 근거가 없는 유령선이라고 주장하였다.

[5] 로동신문 주체101(2012)년 11월 4일(일요일)

《유신》독재일당의 정수장학회강탈진상을 고발한다

조선민주법률가협회 진상공개장

잡지 《백두—한나》 10월호 발행

무모한 전쟁도발책동을 당장 걷어치워야 한다

재중조선인총련합회산하 조직들 강력히 주장

조국평화통일위원회 서기국

해고로동자들에 대한 복직을 요구

민주로총 비정규직철폐를 요구하여 집회

리명박역적패당은 포악무도한 파쑈깡패무리

재로조선공민중앙협회 성명 발표

조선인민과의 련대성집회 프랑스에서 진행

민권련대 공동위원장에게 실형 선고

《선거》를 노린 《북방한계선》 여론화소동

≪선거≫를 노린 ≪북방한계선≫ 여론화소동

로동신문 기자가 남측에서 대선을 앞두고 북방한계선을 여론화하기 위한 소동이 벌어지고 있다고 주장하였다.

주체101 (2012) 년 11월 22일 (목요일) 로동신문 [4]

불멸의 전승업적을 대를 이어 빛내여갈 불타는 신념과 의지

조국해방전쟁승리기념관건설장에서

선군시대의 또 하나의 기념비적창조물로

여기도 전선이다

조선인민군 김금철소속부대 군인건설자들

우리는 대답하리라

조선인민군 허창연소속부대에서

하나로 고동치는 심장

불러세우지 못한 발길

별들만이 아는 위훈

글 및 사진 현지보도반

위대한 김일성동지와 김정일동지의 동상에

조선민주주의인민공화국 적십자대회 참가자들 꽃바구니 진정

총련일군대표단

만경대 방문, 여러곳 참관

총련일군대표단 경상유치원 참관

괴뢰들이 벌리는 《연평도승전》 기념식추태는 제2의 연평도불바다로 이어지게 될것이다

조선인민군 서남전선사령부 대변인 기자의 질문에 대답

[조선중앙통신]

우리 나라 특명전권대사

산토메 프린시페자주민주행동당 총비서를 의례방문

[조선중앙통신]

재중조선인녀성대표단이 떠나갔다

[조선중앙통신]

괴뢰들이 벌리는 《연평도 승전》 기념식추태는 제2의 연평도불바다로 이어지게 될 것이다

조선인민군 서남전선부사령부 대변인이 남측의 <연평도 승전> 기념식에 대해서 비판하는 성명을 발표하였다.

[5] 로 동 신 문 주체101(2012)년 11월 23일 (금요일)

패전을 《승전》으로 둔갑시키고있는 해괴한 광대극

괴뢰들의 《연평도포격전 2주년 기념행사》놀음을 평함

군사론평원

패전을 ≪승전≫으로 둔갑시키고있는 해괴한 광대극

군사논평원이 남측의 <연평도포격전 2주년 기념행사>에 대해 패전을 승전으로 둔갑시키는 행위라고 비판하였다.

감출수 없는 연평도사건의 도발적내막

교훈을 망각하면 차례질것은 파멸이다

만평 저승길을 가는자들의 장송곡

리호진

괴뢰호전광들 연평도일대에서 무모한 전쟁연습 획책

본사기자

괴뢰호전광들의 선불질의 대가로 불바다가 되었던 연평도

부정부패의 온상

본사기자 김향미

괴뢰호전광들 군사분계선일대에서 대규모야외기동훈련 획책

본사기자

주체101 (2012)년 11월 24일 (토요일) 로 동 신 문 【2】

연평도포격전의 승리를 조국통일대전의 승리로 이어갈 선군조선의 불굴의 기상

조선인민군 제4군단 장병들과 강령군 인민들 군민련환모임 진행

사상도 기술도 문화도 주체의 요구대로!

애국주의교양을 중심고리로 틀어쥐고

평성시당위원회 일군들의 사업에서

행정경제일군들의 책임성과 역할을 높여

심금을 울린 해설사업

신천군 우룡리당위원회에서

영예등록장리용을 실효성있게

리원군 구읍농장 초급당위원회에서

대중을 기술혁명의 참된 주인으로

희천일용품생산협동조합에서

연평도포격전의 승리를 조국통일대전의 승리로 이어갈 선군조선의 불굴의 기상

조선인민군 제4군단 장병들과 강령군 주민들이 연평도 포격전에 대한 기념 행사를 진행하였다.

[5] 로동신문 주체101 (2012)년 12월 3일 (월요일)

주체적해외교포운동의 시원은 이렇게 열려졌다

《안보》의 간판을 내건 도발소동

호전광들 북침전쟁연습에 광분

《보안법》페지를 강력히 주장

감출수 없는 대결흉심

말이 아니라 행동으로 보여주라

반인륜적범죄행위 단죄

남조선에서 위성발사 실패

제2의 연평도사건을 노린 광대극

제2의 연평도사건을 노린 광대극

로동신문 기자가 남측에서 벌어지는 연평도 사건 기념행사에 대해 패전을 승전으로 둔갑시키는 행위라고 비판하였다.

위대한 대원수님들께서 조국통일성업에 쌓으신 불멸의 업적을 빛내여나가자

백두산위인들의 필생의 념원

민족의 태양, 조국통일의 구성

《조선은 하나다!》

해돋이를 보시면서도

민족적단합은 조국통일의 생명

인민의 믿음에 보답하는 길

조국과 민족을 위한 참된 길

숭고한 유훈을 하루빨리 현실로

새로운 대고조진군

총련교육일군들의 반향

반역적정체를 드러낸 대결소동

《북방한계선》고수의 간판을 내건 전쟁책동

절망속에 새해를 맞는 남조선로동자들

권력에 의한 민간인학살죄행 인정

≪북방한계선≫ 고수의 간판을 내건 전쟁책동

로동신문 기자가 북방한계선 고수 주장은 전쟁책동일 뿐이라고 주장하였다.

조선인민군 최고사령관 김정은동지께서 백령도가 지척에 바라보이는 서부전선 최대열점 지역의 전초기지인 월내도방어대를 시찰하시였다

조선인민군 최고사령관 김정은이 백령도 부근 월내도방어대를 시찰하였다.

위대한 김정일동(…)으로 철저히 무장하자! | 조선로동당 중앙위원회기관지 | (…)향하여 앞으로!
제71호 [루계 제24119호] 주체102(2013)년 3월 12일 (화요일)

조선인민군 최고사령관 김정은동지께서 백령도가 지척에 바라보이는 서부전선 최대열점 지역의 전초기지인 월내도방어대를 시찰하시였다

적들의 광란적인 침략전쟁소동이 최절정으로 치닫고있는 일촉즉발의 첨예한 정세가 조성되고있는 때인 3월 11일 조선로동당 제1비서이시며 조선민주주의인민공화국 국방위원회 제1위원장이시며 조선인민군 최고사령관이신 경애하는 김정은원수님께서는 백령도가 지척에 바라보이는 서부전선 최대열점지역의 전초기지인 월내도방어대를 시찰하시였다.

최룡해동지, 김격식동지, 김영철동지, 박정천동지, 림광일동지, 안지용동지가 동행하였다.

조선인민군 최고사령관 김정은동지를 방어대의 지휘관들이 맞이하였다.

경애하는 최고사령관동지께서 이른아침 작은 발동선을 타시고 날바다를 헤치시며 방어대에 도착하시자 군인들과 군인가족들은 감격의 눈물을 하염없이 흘리며 폭풍같은 《만세!》의 환호를 터쳐올리였다.

경애하는 최고사령관동지께서는 배가 기슭에 닿기도 전에 차디찬 바다물속에 뛰어들며 열광의 환호를 올리는 군인들과 군인가족들에게 어서 나오라고, 물이 차다고 거듭 만류하시였다.

경애하는 최고사령관동지께서는 어머니들의 손을 잡고 발을 동동 구르는 섬방어대 어린이들을 한명한명 따뜻이 품어주시며 그들을 사랑의 한품에 안으시고 기념사진을 찍으시였다.

너무도 위험천만한 곳에 경애하는 최고사령관동지를 모신 섬방어대 군인들은 격정에 겨워 노래 《불타는 소원》을 목메여 불렀다.

경애하는 최고사령관동지께서는 오랜 시간 방어대의 오솔길을 걸으시며 섬의 지형지물과 화력기재들의 배치상태, 군인들의 생활실태를 구체적으로 료해하시였다.

경애하는 최고사령관 김정은원수님께서는 감시소에 오르시여 방어대장으로부터 적정에 대한 보고를 청취하시였다.

경애하는 최고사령관동지께서는 육안으로 뚜렷이 보이는 백령도에 도사리고있는 남조선괴뢰 6해병려단의 배치상태와 대상물들을 하나하나 료해하시고 적들이 기도하고있는 도발책동에 대처하여 부대가 만단의 전투동원태세를 갖출데 대하여 치하하시였다.

경애하는 최고사령관동지께서는 앞으로 화력밀도를 더욱 높일데 대하여서와 적의 변화되는 배치상태에 맞게 화력임무분담과 포무기리용에 대한 방안을 끊임없이 수정보충할데 대하여 지시하시였다.

경애하는 최고사령관동지께서는 방어대지휘관들과 동행한 제4군단 포병지휘성원들에게 괴뢰6해병려단의 전파탐지초소들과 포발견탐지기들, 《하푼》발사기지와 130㎜방사포, 155㎜자행곡사포중대들을 비롯한 적대상물들을 소멸하기 위한 타격순차와 진압밀도를 구체적으로 규정하여주시였다.

또한 적함선들이 군사분계선 해상수역에 접근할 때에는 위압적인 경고사격을, 침범할 때에는 강력한 조준격파사격을 가할데 대한 새로운 해상작전규정을 비준하여주시였다.

경애하는 최고사령관동지께서는 서남전선의 최전방 최대열점지역에 위치한 섬방어대들을 시찰하는것은 전투준비실태를 정확히 료해하고 타격대상물들에 대한 정밀타격순차를 최종적으로 확정해주기 위해서라고 말씀하시였다.

지금 적들이 당장이라도 포탄이 날아올것만 같아 안절부절 못하고있는데 적아간의 대립이 가장 예민한 수역에서 년례적인 훈련이요 뭐요 하면서 정세를 긴장시켜놓고 오히려 저들이 바빠한다고 말씀하시였다.

경애하는 최고사령관동지께서는 속담에 불을 좋아하는 놈 불에 타죽는다는 말이 있다고 하시면서 불에 타죽으려고 책하면 예민한 열점지역에서 불장난질을 해대고있는 적들을 자신께서 명령만 내리면 모조리 불도가니에 쓸어넣으라고 말씀하시였다.

경애하는 최고사령관동지께서는 현재 우리의 화력밀도가 대단히 높다, 백령도의 적대상물들을 3중4중으로 타격할수 있다, 백령도를 불바다로 만들수 있다고 확신에 넘쳐 말씀하시였다.

그러시면서 싸움의 날 불바다에 잠기고 처참하게 짓이겨지는 적진을 방어대장이 직접 사진을 찍어 최고사령부에 전송하라고 말씀하시였다.

방어대지휘관들은 경애하는 최고사령관동지께서 명령만 내리시면 연평도를 불바다로 만들어 인민군포병의 위력을 온 세상에 과시한 무도영웅포병들보다 더 잘 싸워 백령도 역시 불바다로 만들고 괴뢰 6해병려단을 최후무덤에 처넣겠다고 신심에 넘쳐 보고드리였다.

경애하는 최고사령관동지께서는 일단 명령이 내리면 미친 광증에 걸린 적들의 허리를 부러뜨리고 명줄을 완전히 끊어놓아 백두산혁명강군의 진짜전쟁맛을 제대로 보여주라고 말씀하시였다.

경애하는 최고사령관동지께서는 장재도방어대와 무도영웅방어대를 시찰하면서도 당부하였지만 월내도방어대의 포병들도 최고사령관의 명령이 내리면 조국통일대전의 첫 포성, 신호탄을 쏘아올려야 한다고 강조하시였다.

경애하는 최고사령관동지께서는 전면대결전준비를 철저히 갖출데 대한 최고사령부의 의도대로 감시소를 비롯한 전투진지들을 잘 꾸렸다고, 모든것이 만족하다고 하시면서 이 섬방어대는 백점, 만점짜리 부대, 방어기지로부터 타격기지로 전환된 부대라고 대만족을 표시하시였다.

그러시면서 방어대를 난공불락의 요새, 빨치의 전환으로 만든 방어대장과 정치지도원에게 최고사령관의 명령으로 현지에서 직접 한등급의 높은 군사칭호를 수여해주시였다.

경애하는 최고사령관동지께서는 감시근무를 수행하는 초급병사 김광철동무와 방어대지휘관들을 한품에 안으시고 기념사진을 찍으시였다.

2면으로 계속

조선인민군 최고사령관 김정은동지께서 조선인민군 제641군부대관하 장거리포병구분대를 시찰하시였다

조선인민군 최고사령관 김정은이 조선인민군 제641군부대관하 장거리포병구분대를 시찰하였다.

[3] 로 동 신 문 주체102 (2013) 년 3월 12일 (화요일)

조선인민군 최고사령관 김정은동지께서

조선인민군 제641군부대관하 장거리포병구분대를 시찰하시였다

조선로동당 제1비서이시며 조선민주주의인민공화국 국방위원회 제1위원장이시며 조선인민군 최고사령관이신 경애하는 김정은원수님께서는 3월 11일 침략도발책동에 열을 올리고있는 백령도의 적들을 타격소멸할 화력임무를 맡고있는 조선인민군 제641군부대의 싸움준비실태를 점열하시기 위하여 군부대관하 장거리포병구분대를 시찰하시였다.

최룡해동지, 김격식동지, 김영철동지, 박정천동지, 렴광일동지, 안지용동지가 동행하였다.

경애하는 최고사령관동지를 맞이하는 군부대에는 최고사령관기와 공화국기가 펄펄 휘날리고있었다.

조선인민군 최고사령관 김정은동지를 현지에서 군부대지휘관들이 맞이하였다.

경애하는 최고사령관동지께서 최전방에 위치한 구분대에 도착하시자 폭풍같은 《만세!》의 환호와 《김정은 결사옹위!》의 구호를 터쳐올리는 군인들은 혁명의 최전방에 최고사령부를 두시고 우리의 사회주의조국을 수호해주시는 백두의 천출명장을 뜨거운 격정속에 맞이하였다.

최고사령관동지께서는 격정의 눈물로 두볼을 적시는 군인들에게 손을 저어 답례하시며 그들에게 따뜻한 인사를 보내시였다.

조선인민군 최고사령관 김정은동지께서는 구분대의 군인들이 당의 선군혁명령도를 충직하게 받들어 가리라는 기대와 확신을 표명하시면서 쌍안경과 자동보총을 기념으로 주시고 그들과 함께 기념사진을 찍으시였다.

경애하는 최고사령관동지께서는 지휘관들로부터 구분대의 전투준비실태에 대한 구체적인 보고를 받으시였다.

경애하는 최고사령관동지께서는 군부대가 최고사령부의 작전전술적기도에 맞게 전투준비를 빈틈없이 갖추고있으며 타격할 적대상물들을 빠짐없이 장악하고 사격명령을 기다리고있는데 대하여 높이 평가하시였다.

구분대가 장비한 주체포들을 보아주신 경애하는 최고사령관동지께서는 백령도의 적들이 움쩍하기만 하면 괴뢰6해병려단 본부와 관하해병대대들을 무자비한 화력타격으로 초토화할데 대한 임무를 수립하시였다.

경애하는 최고사령관동지께서는 구분대군인들의 화력복무훈련을 지도하시면서 사격준비시간을 판정하시였다.

우리 당의 5대훈련방침과 4대훈련원칙을 새 년도 전투정치훈련에 빛나게 구현하여 일당백의 전투력을 다져온 군인들은 단숨에의 공격정신으로 불이 번쩍나게 포전투준비를 갖추었다.

포병들의 훈련모습을 보신 경애하는 최고사령관동지께서는 군인들이 이제 당장이라도 포탄을 날릴수 있게 튼튼히 준비된데 대하여 치하하시였다.

경애하는 최고사령관동지께서는 전시에는 싸움을 잘하는 군인이 영웅이고 애국자이지만 평시에는 훈련을 잘하는 군인이 영웅이고 애국자이라고 하시면서 앞으로도 훈련을 드세게 강도높이 진행하여 모두 백발백중의 명포수들로 준비하여야 한다고 지적하시였다.

경애하는 최고사령관 김정은원수님께서는 현대전은 포병전이며 포병싸움준비이자 인민군대의 싸움준비라고 하시면서 군부대의 전투동원준비를 빈틈없이 갖추는데서 지침으로 되는 강령적인 과업들을 제시하시였다.

경애하는 최고사령관동지께서는 지금의 하루하루는 말그대로 실지 전쟁상태나 다름없으며 포병들이 명포수가 되는것은 미룰수 없는 전투과업이라고 말씀하시였다.

백발백중의 명포수로 준비하는것은 포병들의 마땅한 본분이며 결전진입태세에 사는 포병들의 자세라고 하시면서 모든 포병들은 첫째도 둘째도 셋째도 포사격의 명중률을 높이는데 기본을 두고 포병훈련을 본때있게 벌려야 한다고 지시하시였다.

군부대의 무장장비가 개선되고 적들의 작전적기도가 변하는데 맞게 우리 식에 맞는 새로운 포병전법을 부단히 연구완성하여 포병작전전투조직과 지휘를 더욱 짜고듦으로써 포무기의 위력을 최대로 발휘하도록 하여야 한다고 말씀하시였다.

전쟁은 예고없이 일어나는것만큼 아무리 잘 훈련된 군대라고 하여도 전투동원준비를 제대로 갖추지 않으면 적들의 불의적인 침공을 즉시에 진압할수 없고 작전과 전투에서 주도권을 쥘수 없다고 말씀하시였다.

그러시면서 포무기와 전투기술기재의 전투준비를 다그치며 포진지와 포탄준비, 기동로준비를 비롯한 경상적전투동원준비를 철저히 갖추어야 한다고 말씀하시였다.

경애하는 최고사령관동지께서는 자신께서는 이곳 포병부대를 중시하신다고 하시면서 적들이 무분별하게 날뛴다면 상상할수 없는 위력한 타격으로 정의의 불벼락을 들씌워 침략의 무리들이 다시는 살아날뛰지 못하게 모조리 짓뭉개버리라고 말씀하시였다.

경애하는 최고사령관동지께서는 구분대관하 중대의 교양실, 침실을 돌아보시면서 군인들의 생활에 깊은 관심을 돌리시였다.

지휘관들이 병사들에게 훌륭한 생활조건을 마련해주기 위하여 이악하게 노력하여야 한다고 하시면서 그를 위한 방도들을 밝혀주시였다.

경애하는 최고사령관동지께서는 서부전선지구에 위치한 군부대들의 지휘관들과 군인들이 당과 혁명, 조국과 인민을 목숨바쳐 사수하기 위해 모든 작전지역들을 난공불락의 요새로 전변시킨데 대하여 다시금 커다란 만족을 표시하시였다.

경애하는 최고사령관동지께서는 적들의 무모한 침략도발광란에 의해 서부전선지구는 당장이라도 전쟁이 일어날수 있는 최대열점지대라고 하시면서 일촉즉발의 첨예한 정세가 조성된 조건에 맞게 최대의 격동상태를 유지하고있다가 적들이 우리의 자주권이 행사되는 조국의 바다에 0.001㎜라도 침범한다면 원쑤의 머리우에 강력한 보복타격을 안기라고 힘주어 말씀하시였다.

크나큰 믿음을 안겨주신 경애하는 최고사령관 김정은원수님께 지휘관들은 판가리싸움의 그날이 오면 침략자들을 씨도 없이 무자비하게 쓸어버리고 전승의 축포오르는 열병식광장에 최고사령관동지를 모실 불타는 결의를 다지였다.

본사정치보도반

조선인민군 최고사령관 김정은동지께서 대연평도, 백령도타격에 인입되는 열점지역 포병구분대들의 실전능력판정을 위한 실탄사격훈련을 지도하시였다

조선인민군 최고사령관 김정은이 대연평도, 백령도 타격을 위한 실탄사격훈련을 지도하였다.

위대한 … 김정일동지의 혁명사상으로 철저히 무장하자!

… 동지 … 따라 최후의 승리를 향하여 앞으로!

조선로동당 중앙위원회 기관지

제73호 [루계 제24121호] 주체102(2013)년 3월 14일 (목요일)

조선인민군 최고사령관 김정은동지께서

대연평도, 백령도타격에 인입되는 열점지역 포병구분대들의 실전능력판정을 위한 실탄사격훈련을 지도하시였다

적들의 침략전쟁연습소동으로 하여 정세가 날로 첨예해지고있는 속에서 조선로동당 제1비서이시며 조선민주주의인민공화국 국방위원회 제1위원장이시며 조선인민군 최고사령관이신 경애하는 김정은원수님께서는 대연평도, 백령도타격에 인입되는 열점지역 포병구분대들의 실전능력판정을 위한 실탄사격훈련을 지도하시였다.

최룡해동지, 현영철동지, 김격식동지, 박도춘동지, 리영길동지, 손철주동지, 김영철동지, 박정천동지, 림광일동지, 리성국동지, 리영래동지, 김명남동지, 안지용동지가 동행하였다.

조선인민군 최고사령관 김정은동지를 현지에서 서부전선대련합부대의 지휘관들과 사격훈련에 참가한 군부대지휘관들이 맞이하였다.

조선인민군 최고사령관 김정은동지의 명령에 따라 조직된 이번 실탄사격훈련은 대연평도와 백령도타격에 인입되는 포병구분대들이 실전과 류사한 조건에서 분담된 목표에 대한 화력타격가능성과 격파능력을 확정하며 포무기들의 성능을 검열하고 대책을 세우는데 목적을 두었다.

조선인민군 최고사령관 김정은동지께서는 실탄사격계획과 포병구분대들의 배치상태에 대한 보고를 받으시고 포실탄사격을 진행할데 대한 명령을 주시였다.

순차에 따라 포사격이 시작되였다.

천지를 진감하며 노호하는 포성과 함께 대기를 헤가르며 번개같이 날으는 포탄들이 대연평도와 백령도에 도사리고있는 연평도서방어부대 본부, 피뢰6해병려단 본부, 《하푼》발사기지, 90㎜땅크포진지, 155㎜자행곡사포중대, 전파탐지기초소, 130㎜방사포진지를 비롯하여 적대상물들로 가상한 목표들을 집중적으로 타격하였다.

경애하는 최고사령관동지께서는 포병들이 목표들을 타격할 때마다 잘한다고, 정말 잘한다고 하시며 커다란 만족을 표시하시였다.

경애하는 최고사령관동지께서는 쌍안경으로 서남전선 최대열점지역에 위치한 섬방어대 포병들이 쏜 명중포탄들이 통쾌하게 작렬하는것을 보시며 장재도방어대와 무도영웅방어대가 제일이라고, 무도영웅방어대의 영웅포가 역시 다르다고 높이 치하하시였다.

적진과의 실지거리를 타산하여 진지를 차지한 주체포와 방사포들에서 날린 포탄들도 목표들을 정확히 때렸다.

경애하는 최고사령관동지께서는 장거리포병들이 자기들이 쏜 포탄이 어떻게 목표들을 타격하는가를 눈으로 보지는 못하지만 복수심으로 불타는 심장으로 볼것이라고 말씀하시였다.

《적진》은 불도가니로 화하였다.

훈련에서는 장재도방어대와 무도영웅방어대의 포병들이 평시에 련마해온 포사격술을 남김없이 과시하고 경애하는 최고사령관동지로부터 가장 높은 평가를 받았다.

훈련은 적들이 감히 우리의 령해, 령토에 단 한점의 불꽃이라도 떨군다면 무자비한 포병화력타격으로 적진을 아예 벌초해버릴데 대한 경애하는 최고사령관동지의 전투명령을 철저히 관철할수 있게 준비된 조선인민군 포병의 실전능력을 뚜렷이 보여주었다.

2면으로 계속

[5] 로동신문 주체102(2013)년 3월 21일 (목요일)

우리의 자주권수호의지는 누구도 꺾을수 없다

어리석은 모험을 하지 말라

조남수

조선민주주의인민공화국 외무성 대변인대답

핵전쟁도발자들은 자멸을 면치 못할것이다

조국평화통일위원회 대변인담화

주체102(2013)년 3월 20일 평양

핵선제타격훈련에 광분하는 미제침략군

남조선괴뢰들 조선서해 섬들에서 전쟁소동

남조선 《KBS》방송에 의하면 괴뢰호전광들이 19일 조선서해의 섬들인 연평도와 백령도에서 발광적인 전쟁소동을 일으켰다.

연평도의 괴뢰해병대는 땅크와 포를 비롯한 공격무기들로 여러 시간에 걸쳐 실탄을 쏘아대며 전쟁열을 올렸다. 동시에 섬안의 민간인, 행정관리들과 경찰까지 전쟁연습에 내몰았다. 백령도에서도 통합훈련의 미명하에 이러한 전쟁발작증이 일어났다.

괴뢰호전광들은 기어이 전쟁의 불꽃을 일으킬 심산으로 최대열점지역으로 되고있는 조선서해 섬들에서 전쟁책동에 더욱 매달리고있다.

【조선중앙통신】

> 남조선괴뢰들 조선서해 섬들에서 전쟁소동
>
> KBS는 남측 군부가 연평도와 백령도 부근에서 사격훈련을 감행하였다고 보도하였다.

투철한 계급의식을 지니고 사회주의진지를 철벽으로!

사회주의는 인민의 락원, 자본주의는 근로대중의 무덤

꽃피는 행복, 짓밟힌 권리

구름들에서 린 원한

미제야수들에게 천백배의 복수를! —중앙계급교양관에서— 본사기자 찍음

특파기자 리승철

[5] 로 동 신 문 주체102(2013)년 3월 26일 (화요일)

북침야망에 미친자들의 함선침몰사건조작책동은 철저히 결산될것이다

46명의 생명을 제물로 삼은 극악한 음모

《북어뢰공격설》은 날조이다

남조선 각계가 주장

3월 26일과 반공화국대결의 계단식확대

본사기자 라설하

모략적인 함선침몰사건의 진상규명과 북침전쟁연습을 반대하는 남조선인민들의 투쟁

멸망을 재촉하는 대결광대극

본사기자

《인권》간판밑에 벌어진 흉악무도한 모략

최철순

불행과 재앙의 화근인 날강도 미제를 몰아내기 위한 반미성전에 과감히 떨쳐나서야 한다

미군범죄진상규명 전민족특별조사위원회 북측본부 대변인담화

주체102(2013)년 3월 25일 평양

괴뢰호전광들 백령도에 군용비행장건설 획책

민족의 화해와 평화실현을 주장

[조선중앙통신]

괴뢰호전광들 백령도에 군용비행장건설 획책

연합뉴스가 백령도에 군용비행장 건설계획을 보도하였다.

[5] 로동신문 주체103(2014)년 3월 25일 (화요일)

외세추종의 구태의연한 태도를 버려야 한다

해외동포단체 인터네트에 실린 글

신뢰와 대결은 결코 량립될수 없다

조선서해에서 남조선군 해상기동훈련 감행

23일 남조선 《KBS》방송에 의하면 우리 공화국을 노린 《독수리》합동군사연습이 계속 강행되고있는 속에 남조선해군이 경기도 평택서쪽 조선서해해상에서 기동훈련을 벌려놓았다.

이지스함, 구축함을 비롯한 각종 함선들과 직승기 등 대규모의 해군무력이 투입되여 그 누구의 《북방한계선》을 넘어서는 정황을 가상한 군사연습에 골몰하였다.

조선서해에서 남조선군 해상기동훈련 감행

KBS는 남측 해군이 평택 앞바다에서 북방한계선을 넘는 정황을 가상한 훈련을 하였다고 보도하였다.

정보원은 《간첩조작전문제작소》

재미동포언론인의 글

단합의 힘으로 헤쳐온 3년

영원한 투쟁의 길동무로

본사기자 허영민

미제는 우리 민족의 불구대천의 원쑤

우리는 빈말을 하지 않는다

조선인민군 군관 주영호

진짜불맛을 보려거든 덤벼들라

지배인 한헌일

내 조국의 미래는 누구도 해칠수 없다

모란봉구역 장현소학교 부교장 고영희

숭미사대에 물젖은 현실을 개탄

심각해지는 청년실업문제

[조선중앙통신]

남조선에서 조류독감에 의한 피해 확대

[조선중앙통신]

일본반동들의 군국주의 부활책동을 폭로규탄하는 남조선인민들

예민한 서해열점수역을 박근혜군사불한당들의 첫 무덤으로 만들것이다

조선인민군 서남전선군사령부가 남측이 서해해상경비계선을 넘을 경우 군사적으로 대응할 것을 경고하였다.

련시 백두산에 계승자대오가 행군해간다

장혜명

이분이 우리의 최고사령관이시다

오직 총대로!

기념사진

밀림이 설레인다

백두의 용암처럼 끓어번진다

한마디 더 쓰는 시

예민한 서해열점수역을 박근혜군사불한당들의 첫 무덤으로 만들것이다

조선인민군 서남전선군사령부 보도

주체103(2014)년 5월 23일

조선인민군 서남전선군사령부

조선민주주의인민공화국 올림픽위원회 우리 선수단의 제17차 아시아경기대회 참가를 결정

로동자들을 생산적앙양에로 불러일으키기 위한 정치사업을 참신하게 벌려고있다.

일요일에 진행될 체육경기들

농사에 모든 력량을 총집중하여

농촌지원에 한사람같이 떨쳐나

평안북도에서

진심으로 도와주는 훌륭한 기풍

함경남도국토환경보호관리국에서

주인된 마음으로

독자의 편지 고마움의 큰절을 드립니다

몽골인민당대표단 귀국

조국통일의 창창한 미래를 앞당겨오는 력사의 발걸음

로씨야고려련, 재유럽동포들 공동선언발표 14돐을 기념

가장 현실적인 평화통일방안

조선교육문화직업동맹 중앙위원회 대변인담화

공동선언에 대한 《존중》인가, 우롱인가

《만경봉-92》호 입항금지조치의 해제를 주장

괴뢰해병대부대들 조선 동,서해일대에서 침략전쟁연습 감행

국제무대를 들었다놓은 조선의 음악신동

유럽미학생 국제피아노축전에서 대절찬

과학기술중시와 일군들의 관점문제

명학란광 일군들의 사업에서

괴뢰해병부대들 조선 동, 서해일대에서 침략 전쟁연습 감행

조선중앙통신이 남측 해병대의 동서 해안 일대에서 감행한 군사훈련을 비판하였다.

크나큰 은덕을 노래하며 나날이 흥하는 창성

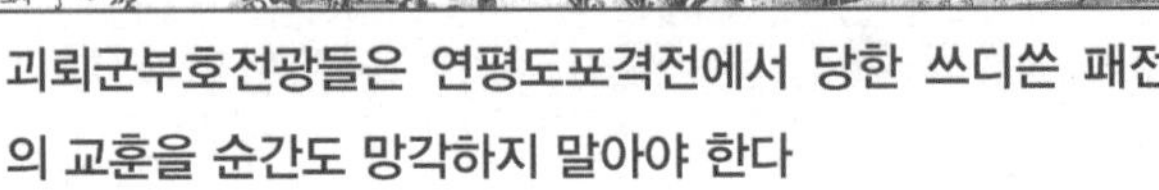

괴뢰군부호전광들은 연평도포격전에서 당한 쓰디쓴 패전의 교훈을 순간도 망각하지 말아야 한다

조선인민군 서남전선군사령부가 남측에 대해 연평도 포격전에서 당한 교훈을 잊지 말라고 경고하였다.

괴뢰군부호전광들은 연평도포격전에서 당한 쓰디쓴 패전의 교훈을 순간도 망각하지 말아야 한다

조선인민군 서남전선군사령부 보도

주체103(2014)년 11월 21일

조선인민군 서남전선군사령부

제18차 전국체육과학기술성과전시회 폐막

우리 나라 설경선수 2014년 청도그랜드상 유술경기대회에서 금메달 쟁취

당의 은정에 보답할 일념안고

어린이건강의 날에 즈음한 행사 진행

다음주에 진행될 체육경기들

언제나 앞채를 메고

〔5〕 로 동 신 문 주체103(2014)년 11월 24일 (월요일)

반공화국《인권》모략소동을 단호히 짓부셔버릴것이다

동족대결의 못된 악습부터 버려야 한다

《인권》모략의 대가는 무자비한 징벌

인간생지옥, 최악의 인권불모지

사상과 표현의 자유를 억누르는 인권유린행위

언론탄압에 미쳐날뛰는 괴뢰패당을 규탄

연평도패전의 교훈을 잊지 말라

로동신문 기자가 남측에 대해 연평도 포격전에서 당한 교훈을 잊지 말라고 경고하였다.

로씨야대통령에게

우리 나라 특명전권대사 신임장 봉정

2014년 청도그랜드상 유술경기대회에 참가하였던 우리 선수들 귀국

독자의 편지

수십년을 변함없이

연평도패전의 교훈을 잊지 말라

끝없이 밝고 창창한 선군조선의 미래

남을 걸고들 체면이 있는가

괴뢰호전광들은 연평도의 불벼락이 결코 지나간 일이 아니라는것을 똑바로 알아야 한다

조국평화통일위원회 서기국보도

괴뢰호전광들은 연평도의 불벼락이 결코 지나간 일이 아니라는 것을 똑바로 알아야 한다
조국평화통일위원회 서기국이 연평도 포격사건이 단지 과거의 일이 아님을 잊지 말라고 경고하였다.

로씨야 미국과 나토의 군사훈련계획 비난

단평 조롱당하는 흑인대통령

이란에서 반미, 반서방시위

세계제패를 위한 무모한 망동

침략적인 군사쁠럭은 해체되여야 한다

사람잡이를 업으로 삼는 경찰들

계속되는 총기류범죄

인권유린의 란무장—미국사회

[5] 로동신문 주체104(2015)년 7월 26일 (일요일)

위대한 천출명장을 모시여 7.27의 전통과 력사는 굳건히 이어지리

경애하는 원수님의 축하연설을 받아안은 제4차 전국로병대회 참가자들의 격정에 넘친 목소리

경애하는 김정은원수님의 축하연설을 받아안고 기쁨에 넘쳐있는 제4차 전국로병대회 참가자들 본사기자 김진명 찍음

박근혜의

미국은 서남해상을 최악의 열점수역으로 만든 범죄적책임에서 절대로 벗어날수 없다

조선인민군 판문점대표부 대변인이 미국에 대해 서해해상을 열점수역으로 만든 책임에서 벗어날 수 없다고 비판하였다.

미국은 서남해상을 최악의 열점수역으로 만든 범죄적책임에서 절대로 벗어날수 없다

조선인민군 판문점대표부 대변인담화

주체104(2015)년 7월 25일 판문점

조선은 미국과의 대결에서 승리할것이다

오스트리아 조선의 평화적통일을 위한 로조원들의 련대성위원회 위원장 강조

[조선중앙통신]

주체104(2015)년 11월 23일 (월요일) 로동신문 [4]

주체혁명위업의 최후승리를 앞당기기 위한 강위력한 무기

경애하는 김정은동지께서 제4차 3대혁명붉은기쟁취운동선구자대회 참가자들에게 보내신 력사적인 서한을 받아안은 각계의 반향

강성국가건설의 힘있는 보검

령도업적단위의 영예를 끝없이 빛내이겠다

과학기술의 힘으로 경제의 비약적발전을

당, 행정일군들 평양어린이식료품공장 참관

청년전위들의 충정의 이어달리기대렬 함경남도 통과

5년전 연평도불바다의 쓰디쓴 참패를 잊지 말아야 한다

조선인민군 서남전선군사령부가 남측에 대해 연평도 포격전에서 당한 교훈을 잊지 말라고 경고하였다.

우리 나라 엄윤철선수 영예의 제1위 쟁취, 또다시 세계기록 갱신

2015년 세계력기선수권대회에서

5년전 연평도불바다의 쓰디쓴 참패를 잊지 말아야 한다

조선인민군 서남전선군사령부 대변인담화

주체104(2015)년 11월 22일

조선인민군 서남전선군사령부

우리 공화국의 대외정책적리념과 원칙을 밝힌 강령적지침

리 경 수

> 남조선군부호전광들이 서해열점수역에서 또다시 무모한 침범행위 감행
>
> 남측 군부가 또다시 해상분계선을 넘어 침범행위를 감행하였다.

대결정책유지를 노린 역겨운 놀음

남조선군부호전광들이 서해열점수역에서 또다시 무모한 침범행위 감행

피해자들을 모독하는 최악의 범죄행위

《재단》설립을 반대하는 기자회견 진행

당국의 망동을 규탄하는 글 게재

일본대사관앞에서 수요집회

《포함외교》의 비참한 종말이 눈앞에 있다

사회적진보와 발전을 위하여

양강과의 광산

자연피해

ㄱ-610922 편집위원회

비참한 파멸은 식민지고용군의 숙명

성노예피해자들을 모독하지 말라

잡지 《통일》 7월호 발행

《싸드》배치결정의 전면철회를 강력히 요구

전형적인 불평등협약

경상남도 곳곳에서 항의투쟁

이 땅 어디에도 들어올수 없다

남조선단체들 기자회견

미국미싸일방위체계의 확대

남조선교수가 주장

괴뢰호전광들 서해열점수역에서 대규모 해상사격훈련 감행

괴뢰호전광들 서해열점수역에서 대규모 해상사격훈련 감행

뉴시스는 백령도와 연평도에 주둔한 군대가 자신들의 수역을 향해 대규모 해상사격훈련을 감행하였다고 보도하였다.

도발자, 핵범죄자는 누구인가

친일매국의 더러운 피줄은 갈데 없다

[5] 로동신문 주체105(2016)년 10월 16일 (일요일)

전국민이 박근혜 《정권》을 매장하기 위한 결사항전에 총분기하자

전국민에게 보내는 호소문

반제민족민주전선 중앙위원회
2016년 10월 15일 서울

첨예한 서해열점수역에서 ≪선제타격≫의 기회를 마련해 보려고 괴뢰군부호전광들이 군사적도발행동 감행

조선중앙통신이 남측이 <선제타격>의 기회를 엿보기 위해 서해에 군사적 도발행동을 감행하였다고 보도하였다.

첨예한 서해열점수역에서 《선제타격》의 기회를 마련해보려고 괴뢰군부호전광들이 군사적도발행동 감행

남조선에서 우심해지는 야만적인 어린이학대행위는 박근혜역적패당의 반인민적정치가 낳은 필연적귀결이다

조선민주녀성동맹 중앙위원회 대변인대답

극적인 소식들에 비낀 판이한 두 현실

본사기자 김치곤

반미계급교양을 더욱 심도있게

살인귀 미제야수들을 천백배로 복수할 불같은 결의에 넘쳐있다. -신천박물관에서- 본사기자 찍음

주체106(2017)년 2월 23일 (목요일) 로동신문 [4]

강원도정신의 창조자들처럼 수령의 유훈과 당정책을 결사관철해나가자!

화차리용률을 높이는데 증송예비가 있다

개천철도국 수송지휘처 일군들의 사업에서

제힘으로 일떠선 긍지와 자랑

덕천지구탄광련합기업소 탄광부재공장에서

비날론이 쏟아진다

2.8비날론련합기업소 수평방사직장에서

영광의 일터, 높아가는 증산의 동음

희천일용품생산협동조합에서

서해열점수역에서 벌어지고있는 침략자들의 광란적인 군사적준동
조선중앙통신이 서해에서 벌어지고 있는 남측의 군사적 행동에 대해 비판하는 내용을 보도하였다.

서해열점수역에서 벌어지고있는 침략자들의 광란적인 군사적준동

제32차 김일성종합대학 과학기술축전 개막

2월25일상보링경기대회 진행

우리 민족의 자랑―조선옷

조국수호자의 날에 즈음하여 로씨야특명전권대사와 대사관 무관 연회 마련

주체106(2017)년 4월 30일 (일요일) 로동신문 [6]

력사의 반동들을 단호히 쓸어버려야 한다

대결광신자들의 무모한 광대극

서해열점수역에서 우리측 령해에 대한

괴뢰해군함선들의 침범행위 폭발적으로 급증

서해열점수역에서 우리측 령해에 대한 괴뢰해군함선들의 침범행위 폭발적으로 급증

남측 해군 함선들의 북측 영해에 대한 침범행위가 폭발적으로 급증하고 있다.

미국의 《싸드》배치와 전략자산 전개책동의 즉시중지를 요구

미제침략군 남조선에서 《패트리오트》미싸일전개훈련 감행

월간국제정세개관

강력한 자위력은 평화수호의 근본담보

조국의 청년대군과 어깨겯고 반미대결전의 앞장에서 나아갈것이다

재중조선인청년련합회 대변인이 담화 발표

미국과 일본이 대조선침략을 노린 공중합동군사연습에 광분

유럽에서 폭풍피해

주체106(2017)년 8월 8일 (화요일) 로동신문 [4]

과학자, 기술자들과의 사업을 강화하여 만리마대진군을 힘있게 추동하자

과학기술인재와의 사업에서 중시한 문제

안변군당위원회 일군들의 사업에서

알아야 책임질수 있다

믿음은 기적을 낳는다

실력이 높아야 단위를 이끌수 있다

국가과학원 조종기계연구소 초급당위원회에서

본사기자 최영길

함께 책임지는 립장

명학탄광 초급당위원회에서

본사기자 손영희

따뜻한 손길

본사기자 김승표

자강력제일주의기치를 높이 들고 생산에서 혁신을 일으키도록 고무추동하고있다.
―통성베아링공장에서― 본사기자 찍음

괴뢰군부호전광들이 서해열점수역에서 또다시 도발적인 포실탄사격훈련 감행

당사상…

강연준비에…

글 및 사진 본사기자

우리 인민의 정의의 위업을 지지

괴뢰군부호전광들이 서해열점수역에서 또다시 도발적인 포실탄사격훈련 감행

조선중앙통신이 남측의 서해 해상에서 감행하고 있는 포실탄사격훈련에 대해 비판하는 내용을 보도하였다.

위대한 수령 김일성동지와
위대한 령도자 김정일동지
혁명사상 만세!

로동신문

조선로동당 중앙위원회기관지

제328호 [루계 제25837호] 주체106(2017)년 11월 24일 (금요일)

당의 령도따라 내 나라,
내 조국을 더욱 부강하게 하기
위해 힘차게 일해나가자!

경애하는 최고령도자 김정은동지께

몽골조선친선의원단 위원장이 선물을 드리였다

조선식사회주의는 인민의 심장속에 굳게 간직되여있다

스위스단체들 공동성명 발표

위대한 령도자 김정일동지회고위원회

여러 나라에서 결성

연평도포사격전투승리 7돐기념 군민련환모임 진행

연평도포격사건 승리를 기념하는 군민대회가 강령군에서 개최되었다.

연평도포사격전투승리 7돐기념 군민련환모임 진행

3부 서해5도 관련 기사

【3】 로 동 신 문 주체107(2018)년 4월 28일 (토요일)

경애하는 최고령도자 김정은동지께서 문 재 인 대 통 령 과 함 께 《조선반도의 평화와 번영, 통일을 위한 판 문 점 선 언》에 서 명 하 시 였 다

경애하는 최고령도자 김정은동지께서 문재인대통령과 함께 《조선반도의 평화와 번영, 통일을 위한 판문점선언》에 서명하시고 선언문을 교환하시였다.

경애하는 최고령도자동지께서는 우리 민족의 한결같은 지향과 요구를 반영한 력사적인 판문점선언의 탄생을 축하하여 문재인대통령과 뜻깊은 기념사진을 찍으시고 뜨겁게 포옹하시였다.

서명식에는 우리측에서 조선로동당 중앙위원회 부위원장들인 리수용동지, 김영철동지, 조선로동당 중앙위원회 제1부부장 김여정동지, 조국평화통일위원회 위원장 리선권동지, 조선로동당 중앙위원회 부부장 조용원동지가 참가하였다.

남측에서는 임종석 청와대 비서실장, 정의용 청와대 국가안보실 실장, 서훈 국가정보원 원장, 조명균 통일부 장관, 송영무 국방부 장관, 강경화 외교부 장관, 윤영찬 청와대 비서실 국민소통수석비서관이 참가하였다.

북남수뇌분들께서는 서명식이 끝난 후 판문점선언과 관련한 공동발표를 하시였다.

력사적인 판문점선언은 조선반도의 평화와 통일을 념원하는 온 겨레의 일치한 지향과 요구에 맞게 북남관계의 전면적이며 획기적인 발전을 이룩함으로써 끊어진 민족의 혈맥을 잇고 공동번영과 자주통일의 미래를 앞당겨나가는데서 전환적의의를 가지는 새로운 리정표로 될것이다.

조선반도의 평화와 번영, 통일을 위한 판문점선언

남북 정상이 <조선반도의 평화와 번영, 통일을 위한 판문점선언>에 합의하였다.

조선반도의 평화와 번영, 통일을 위한 판 문 점 선 언

조선민주주의인민공화국 김정은국무위원장과 대한민국 문재인대통령은 평화와 번영, 통일을 념원하는 온 겨레의 한결같은 지향을 담아 조선반도에서 력사적인 전환이 일어나고있는 뜻깊은 시기에 2018년 4월 27일 판문점 《평화의 집》에서 북남수뇌회담을 진행하였다.

북남수뇌들은 조선반도에 더이상 전쟁은 없을것이며 새로운 평화의 시대가 열리였음을 8천만 우리 겨레와 전세계에 엄숙히 천명하였다.

북남수뇌들은 랭전의 산물인 오랜 분단과 대결을 하루빨리 종식시키고 민족적화해와 평화번영의 새로운 시대를 과감하게 열어나가며 북남관계를 보다 적극적으로 개선하고 발전시켜나가야 한다는 확고한 의지를 담아 력사의 땅 판문점에서 다음과 같이 선언하였다.

1. 북과 남은 북남관계의 전면적이며 획기적인 개선과 발전을 이룩함으로써 끊어진 민족의 혈맥을 잇고 공동번영과 자주통일의 미래를 앞당겨나갈것이다.

북남관계를 개선하고 발전시키는것은 온 겨레의 한결같은 소망이며 더이상 미룰수 없는 시대의 절박한 요구이다.

① 북과 남은 우리 민족의 운명은 우리스스로 결정한다는 민족자주의 원칙을 확인하였으며 이미 채택된 북남선언들과 모든 합의들을 철저히 리행함으로써 관계개선과 발전의 전환적국면을 열어나가기로 하였다.

② 북과 남은 고위급회담을 비롯한 각 분야의 대화와 협상을 빠른 시일안에 개최하여 수뇌회담에서 합의된 문제들을 실천하기 위한 적극적인 대책을 세워나가기로 하였다.

③ 북과 남은 당국간 협의를 긴밀히 하고 민간교류와 협력을 원만히 보장하기 위하여 쌍방당국자가 상주하는 북남공동련락사무소를 개성지역에 설치하기로 하였다.

④ 북과 남은 민족적화해와 단합의 분위기를 고조시켜나가기 위하여 각계각층의 다방면적인 협력과 교류, 래왕과 접촉을 활성화하기로 하였다.

안으로는 6.15를 비롯하여 북과 남에 다같이 의의가 있는 날들을 계기로 당국과 의회, 정당, 지방자치단체, 민간단체 등 각계각층이 참가하는 민족공동행사를 적극 추진하여 화해와 협력의 분위기를 고조시키며 밖으로는 2018년 아시아경기대회를 비롯한 국제경기들에 공동으로 진출하여 민족의 슬기와 재능, 단합된 모습을 전세계에 과시하기로 하였다.

⑤ 북과 남은 민족분렬로 산생된 인도적문제를 시급히 해결하기 위하여 노력하며 북남적십자회담을 개최하여 흩어진 가족, 친척상봉을 비롯한 제반 문제들을 협의해결해나가기로 하였다.

당면하여 오는 8.15를 계기로 흩어진 가족, 친척상봉을 진행하기로 하였다.

⑥ 북과 남은 민족경제의 균형적발전과 공동번영을 이룩하기 위하여 10.4선언에서 합의된 사업들을 적극 추진해나가며 1차적으로 동, 서해선철도와 도로들을 련결하고 현대화하여 활용하기 위한 실천적대책들을 취해나가기로 하였다.

2. 북과 남은 조선반도에서 첨예한 군사적긴장상태를 완화하고 전쟁위험을 실질적으로 해소하기 위하여 공동으로 노력해나갈것이다.

조선반도의 군사적긴장상태를 완화하고 전쟁위험을 해소하는것은 민족의 운명과 관련되는 매우 중대한 문제이며 우리 겨레의 평화롭고 안정된 삶을 보장하기 위한 관건적인 문제이다.

① 북과 남은 지상과 해상, 공중을 비롯한 모든 공간에서 군사적긴장과 충돌의 근원으로 되는 상대방에 대한 일체의 적대행위를 전면중지하기로 하였다.

당면하여 5월 1일부터 군사분계선일대에서 확성기방송과 삐라살포를 비롯한 모든 적대행위들을 중지하고 그 수단을 철폐하며 앞으로 비무장지대를 실질적인 평화지대로 만들어나가기로 하였다.

② 북과 남은 서해 《북방한계선》 일대를 평화수역으로 만들어 우발적인 군사적충돌을 방지하고 안전한 어로활동을 보장하기 위한 실제적인 대책을 세워나가기로 하였다.

③ 북과 남은 호상협력과 교류, 래왕과 접촉이 활성화되는데 따른 여러가지 군사적보장대책을 취하기로 하였다.

북과 남은 쌍방사이에 제기되는 군사적문제를 지체없이 협의해결하기 위하여 인민무력상회담을 비롯한 군사당국자회담을 자주 개최하며 5월중에 먼저 장령급군사회담을 열기로 하였다.

3. 북과 남은 조선반도의 항구적이며 공고한 평화체제구축을 위하여 적극 협력해나갈것이다.

조선반도에서 비정상적인 현재의 정전상태를 종식시키고 확고한 평화체제를 수립하는것은 더이상 미룰수 없는 력사적과제이다.

① 북과 남은 그 어떤 형태의 무력도 서로 사용하지 않을데 대한 불가침합의를 재확인하고 엄격히 준수해나가기로 하였다.

② 북과 남은 군사적긴장이 해소되고 서로의 군사적신뢰가 실질적으로 구축되는데 따라 단계적으로 군축을 실현해나가기로 하였다.

③ 북과 남은 정전협정체결 65년이 되는 올해에 종전을 선언하고 정전협정을 평화협정으로 전환하며 항구적이고 공고한 평화체제구축을 위한 북, 남, 미 3자 또는 북, 남, 중, 미 4자회담개최를 적극 추진해나가기로 하였다.

④ 북과 남은 완전한 비핵화를 통해 핵없는 조선반도를 실현한다는 공동의 목표를 확인하였다.

북과 남은 북측이 취하고있는 주동적인 조치들이 조선반도비핵화를 위해 대단히 의의있고 중대한 조치라는데 인식을 같이하고 앞으로 각기 자기의 책임과 역할을 다하기로 하였다.

북과 남은 조선반도비핵화를 위한 국제사회의 지지와 협력을 위해 적극 노력해나가기로 하였다.

북남수뇌들은 정기적인 회담과 직통전화를 통하여 민족의 중대사를 수시로 진지하게 론의하고 신뢰를 굳건히 하며 북남관계의 지속적인 발전과 조선반도의 평화와 번영, 통일을 향한 좋은 흐름을 더욱 확대해나가기 위하여 함께 노력하기로 하였다.

당면하여 문재인대통령은 올해 가을 평양을 방문하기로 하였다.

2 0 1 8 년 4 월 2 7 일 판 문 점

조선민주주의인민공화국 국무위원회 위원장 **김 정 은**

대 한 민 국 대 통 령 **문 재 인**

경애하는 최고령도자 김정은동지께서와 문재인대통령이 《9월평양공동선언》과 관련한 공동발표를 하시였다

조선로동당 위원장이시며 조선민주주의인민공화국 국무위원회 위원장이신 우리 당과 국가, 군대의 최고령도자 김정은동지께서 9월 19일 문재인대통령과 함께 《9월평양공동선언》과 관련한 공동발표를 하시였다.

경애하는 최고령도자 김정은동지께서 《9월평양공동선언》과 관련하여 발표를 하시였다.

경애하는 최고령도자동지께서는 판문점선언리행의 풍성한 수확을 안고 문재인대통령과 력사적인 선언에 서명한데 대하여 언급하시였다.

이번에 북남관계의 전진을 더욱 가속화하여 민족적화해와 평화번영의 새로운 시대를 계속 이어나가기 위한 문제들을 진지하게 론의한데 대하여 말씀하시였다.

로 발전시켜나가기 위한 실천적대책들에 대해 의논하고 군사분야의 합의서를 채택하였으며 조선반도를 핵무기도 핵위협도 없는 평화의 땅으로 만들기 위해 적극 노력해나가기로 확약한데 대하여 강조하시였다.

각계각층의 래왕과 접촉, 다방면적인 대화와 협력, 다양한 교류를 활성화하여 민족화해와 통일의 대하가 북남삼천리에 용용히 흐르도록 하기 위한 구체적방도를 협의한데 대하여 언급하시였다.

선언에는 새로운 희망으로 높뛰는 민족의 숨결이 있고 강렬한 통일의지로 불타는 겨레의 넋이 있으며 머지않아 현실로 펼쳐질 우리모두의 꿈이 담겨져있는데 대하여 말씀하시였다.

경애하는 최고령도자동지께서는 문재인대통령에게 [illegible] 번영에로 향한 성스러운 려정에 언제나 두손을 굳게 잡고 앞장에 서서 함께 나아갈 의지를 표명하시였다.

9월평양공동선언

남북 정상이 <9월 평양 공동선언>에 합의하였다.

이어 문재인대통령이 발표를 하였다.

문재인대통령은 남과 북이 한반도에서 전쟁을 일으킬수 있는 모든 위험을 없애기로 합의하고 《남북군사공동위원회》를 가동하여 합의사항의 리행을 위한 상시적협의를 진행하기로 한데 대하여 언급하였다.

남과 북이 한반도의 완전한 비핵화를 위해 국제사회와 긴밀하게 협의하고 협력해나가기로 한데 대하여 말하였다.

력사적인 판문점선언이후 한반도와 그 주변에는 거대한 력사적사변이 일어나고있다고 하면서 남과 북이 교류와 협력을 더욱 증대시키고 민족경제를 균형적으로 발전시키기 위한 실질적인 대책들을 취하기로 한데 대하여 강조하였다.

김정은위원장이 서울방문요청을 쾌히 수락하였다고 하면서 김정은위원장의 서울방문으로 남북관계의 획기적인 전기가 마련될것이라는 확신을 표명하였다.

오늘 김정은위원장은 한반도비핵화의 길을 명확히 보여주었고 핵무기도 핵위협도 전쟁도 없기를 바라는 온 겨레와 세계의 여망에 부응하였다고 하면서 김정은위원장의 결단과 실행에 깊은 경의를 표한다고 강조하였다.

문재인대통령은 남북관계가 흔들림없이 이어져갈것이라고 확언하면서 지난봄 한반도에는 평화와 번영의 씨앗이 뿌려졌고 오늘은 가을의 평양에서 평화와 번영의 열매가 열리고있는데 대하여 기쁨을 표시하였다.

본사정치보도반

9 월 평 양 공 동 선 언

조선민주주의인민공화국 김정은국무위원장과 대한민국 문재인대통령은 2018년 9월 18일부터 20일까지 평양에서 북남수뇌회담을 진행하였다.

수뇌분들께서는 력사적인 판문점선언이후 북남당국사이의 긴밀한 대화와 협상, 다방면적민간교류와 협력이 진행되고 군사적긴장완화를 위한 획기적인 조치들이 취해지는 등 훌륭한 성과들이 있었다고 평가하였다.

수뇌분들께서는 민족자주와 민족자결의 원칙을 재확인하고 북남관계를 민족적화해와 협력, 확고한 평화와 공동번영을 위해 일관되고 지속적으로 발전시켜나가기로 하였으며 현재의 북남관계발전을 통일로 이어갈것을 바라는 온 겨레의 지향과 념원을 정책적으로 실현하기 위하여 노력해나가기로 하였다.

수뇌분들께서는 판문점선언을 철저히 리행하여 북남관계를 새로운 높은 단계로 전진시켜나가기 위한 제반 문제들과 실천적대책들을 허심탄회하고 심도있게 론의하였으며 이번 평양수뇌회담이 중요한 력사적전기가 될것이라는데 인식을 같이하고 다음과 같이 선언하였다.

1. 북과 남은 비무장지대를 비롯한 대치지역에서의 군사적적대관계종식을 조선반도 전 지역에서의 실질적인 전쟁위험제거와 근본적인 적대관계해소로 이어나가기로 하였다.

① 북과 남은 이번 평양수뇌회담을 계기로 체결한 《판문점선언 군사분야리행합의서》를 평양공동선언의 부속합의서로 채택하고 이를 철저히 준수하고 성실히 리행하며 조선반도를 항구적인 평화지대로 만들기 위한 실천적조치들을 적극 취해나가기로 하였다.

② 북과 남은 북남군사공동위원회를 조속히 가동하여 군사분야합의서의 리행실태를 점검하고 우발적무력충돌방지를 위한 항시적인 련계와 협의를 진행하기로 하였다.

2. 북과 남은 호혜와 공리공영의 원칙에서 교류와 협력을 더욱 증대시키고 민족경제를 균형적으로 발전시키기 위한 실질적인 대책들을 강구해나가기로 하였다.

① 북과 남은 올해안에 동, 서해선철도 및 도로련결과 현대화를 위한 착공식을 가지기로 하였다.

② 북과 남은 조건이 마련되는데 따라 개성공업지구와 금강산관광사업을 우선 정상화하고 서해경제공동특구 및 동해관광공동특구를 조성하는 문제를 협의해나가기로 하였다.

③ 북과 남은 자연생태계의 보호 및 복원을 위한 북남환경협력을 적극 추진하기로 하였으며 우선적으로 현재 진행중인 산림분야 협력의 실천적성과를 위해 노력하기로 하였다.

④ 북과 남은 전염성질병의 유입 및 확산방지를 위한 긴급조치를 비롯한 방역 및 보건의료분야의 협력을 강화하기로 하였다.

3. 북과 남은 흩어진 가족, 친척문제를 근본적으로 해결하기 위한 인도적협력을 더욱 강화해나가기로 하였다.

① 북과 남은 금강산지역의 흩어진 가족, 친척상설면회소를 빠른 시일안에 개소하기로 하였으며 이를 위해 면회소시설을 조속히 복구하기로 하였다.

② 북과 남은 적십자회담을 통하여 흩어진 가족, 친척들의 화상상봉과 영상편지교환문제를 우선적으로 협의해나가기로 하였다.

4. 북과 남은 화해와 단합의 분위기를 고조시키고 우리 민족의 기개를 내외에 과시하기 위하여 다양한 분야의 협력과 교류를 적극 추진하기로 하였다.

① 북과 남은 문화 및 예술분야의 교류를 더욱 증진시켜나가기로 하였으며 우선적으로 10월중에 평양예술단의 서울공연을 진행하기로 하였다.

② 북과 남은 2020년 여름철올림픽경기대회를 비롯한 국제경기들에 공동으로 적극 진출하며 2032년 여름철올림픽의 북남공동개최를 유치하는데 협력하기로 하였다.

③ 북과 남은 10.4선언발표 11돐을 뜻깊게 기념하기 위한 행사들을 의의있게 개최하며 3.1인민봉기 100주년을 북남이 공동으로 기념하기로 하고 그를 위한 실무적방안을 협의해나가기로 하였다.

5. 북과 남은 조선반도를 핵무기와 핵위협이 없는 평화의 터전으로 만들어나가야 하며 이를 위해 필요한 실질적인 진전을 조속히 이루어나가야 한다는데 인식을 같이하였다.

① 북측은 동창리엔진시험장과 미싸일발사대를 유관국 전문가들의 참관하에 우선 영구적으로 페기하기로 하였다.

② 북측은 미국이 6.12조미공동성명의 정신에 따라 상응조치를 취하면 녕변핵시설의 영구적페기와 같은 추가적인 조치를 계속 취해나갈 용의가 있음을 표명하였다.

③ 북과 남은 조선반도의 완전한 비핵화를 추진해나가는 과정에서 함께 긴밀히 협력해나가기로 하였다.

6. 김정은국무위원장은 문재인대통령의 초청에 따라 가까운 시일안에 서울을 방문하기로 하였다.

조선민주주의인민공화국 국무위원회 위원장	대 한 민 국 대 통 령
김 정 은	**문 재 인**

2 0 1 8 년 9 월 1 9 일

경애하는 최고령도자 김정은동지께서 문재인대통령과 오찬을 함께 하시였다

조선로동당 위원장이시며 조선민주주의인민공화국 국무위원회 위원장이신 우리 당과 국가, 군대의 최고령도자 김정은동지께서는 9월 19일 력사적인 북남수뇌상봉을 위하여 평양을 방문하고있는 문재인대통령과 오찬을 함께 하시였다.

경애하는 최고령도자동지께서와 리설주녀사께서는 옥류관앞에서 문재인대통령과 김정숙녀사를 따뜻이 맞이하시였다.

조선로동당 중앙위원회 부위원장들인 김영철동지, 리수용동지, 조선로동당 중앙위원회 제1부부장 김여정동지, 평양시당위원회 위원장 김능오동지, 조국평화통일위원회 위원장 리선권동지, 평양시인민위원회 위원장 차희림동지를 비롯한 당과 정부의 간부들이 오찬에 참가하였다.

오찬에는 정의용 청와대 국가안보실 실장, 조명균 통일부 장관, 강경화 외교부 장관, 송영무 국방부 장관, 도종환 문화체육관광부 장관, 김현미 국토교통부 장관, 김영춘 해양수산부 장관, 서훈 국가정보원 원장, 김재현 산림청 청장, 주영훈 청와대 경호처 처장, 김현철 청와대 경제보좌관, 김종천 청와대 의전비서관, 윤건영 청와대 국정기획상황실 실장, 김의겸 청와대 대변인을 비롯한 남측수행원들이 참가하였다.

경애하는 최고령도자 김정은동지께서와 리설주녀사께서 문재인대통령내외분과 함께 오찬회장에 나오시자 참가자들은 열렬한 박수로 환영하였다.

오찬은 시종 화기애애한 분위기속에서 진행되였다.

본사정치보도반

경애하는 최고령도자 김정은동지께서 문재인대통령과 만찬을 함께 하시였다

조선로동당 위원장이시며 조선민주주의인민공화국 국무위원회 위원장이신 우리 당과 국가, 군대의 최고령도자 김정은동지께서는 9월 19일 문재인대통령과 평양대동강수산물식당에서 만찬을 함께 하시였다.

평양시민들은 뜻밖에 찾아오신 북남수뇌분들을 뵈옵게 된 격정과 환희에 넘쳐 열렬히 환영하였다.

경애하는 최고령도자동지께서와 문재인대통령은 열광의 환호를 올리는 시민들에게 따뜻한 인사를 보내시였다.

조선로동당 중앙위원회 부위원장들인 김영철동지, 리수용동지, 조선로동당 중앙위원회 간부들인 한광상동지, 김여정동지, 평양시당위원회 위원장 김능오동지, 조국평화통일위원회 위원장 리선권동지, 평양시인민위원회 위원장 차희림동지와 남측수행원들이 만찬에 참가하였다.

만찬은 화기에 넘치는 단란한 분위기속에서 진행되였다.

만찬에 앞서 문재인대통령내외분은 식당에서 평양시민들을 만나 담소도 나누었다.

본사정치보도반

서해5도 평화백서
서해5도를 다시 보다

초판발행 2022년 10월 4일

엮은이 (사)아시아국제법발전연구회·한국해양과학기술원 해양법·정책연구소·서울신문사 평화연구소
펴낸이 안종만·안상준

편 집 장유나
기획/마케팅 손준호
표지디자인 BEN STORY
제 작 고철민·조영환

펴낸곳 (주) 박영사
서울특별시 금천구 가산디지털2로 53, 210호(가산동, 한라시그마밸리)
등록 1959.3.11. 제300-1959-1호(倫)
전 화 02)733-6771
f a x 02)736-4818
e-mail pys@pybook.co.kr
homepage www.pybook.co.kr
ISBN 979-11-303-4171-2 93360

정 가 120,000원